森泽煤矸石综合利用示范园区阻燃新材料项目

★城乡建设全面提速。2013年，城乡建设完成投资15.73亿元，城镇化率41.3%。总投资3亿元的北大街主街建设全面完成。总投资28.5亿元的20个棚户区改造已铺开18个。总投资5.6亿元的聚雅公路完成路基工程。总投资1.38亿元的八石公路和总投资4800万元的清河西路庙湾段改线工程全线通车。太中银铁路柳林南站站前广场建设及其附属工程全面推进。

通道绿化

★生态环境继续改善。在通道沿线绿化全覆盖的基础上，造林绿化进一步向“多树种、多层次、多色彩”的科学化、生态化迈进。全年造林完成投资2亿元，森林覆盖率32.8%。扎实推进“净空、净水、减排”三大环保攻坚行动，重点实施柳林电厂和华润福龙水泥厂脱硫、脱硝工程，全面启动柳林泉保护、三川河河道治理工程和“省级环保模范城”创建工作。城区空气质量二级以上天数357天。

★民生保障整体加强。全年投入到各项民生事业的资金占到县级可用财力的85%以上。全县五保、低保、养老、医保等城乡居民各项社会保障救助标准全部达到全市最高水平。足额兑现了从2011年开始3年的公务员津补贴和事业人员绩效工资的增加政策。青龙、鑫飞、庙湾幼儿园投入使用，高考达线人数创历史新高。清河雕塑园、展览馆、文化馆、图书馆免费开放。安全生产、信访稳定工作扎实推进，效果明显。

（柳林县政府办　供稿）

汇丰、鑫飞高级中学

县城一角

经济适用房

图书在版编目（CIP）数据

山西经济年鉴．2014/《山西经济年鉴》编辑委员
会编．—太原：山西经济出版社，2014.12
ISBN 978－7－80767－847－2

Ⅰ.①山…　Ⅱ.①山…　Ⅲ.①区域经济—山西省—
2014—年鉴　Ⅳ.①F127.25－54

中国版本图书馆 CIP 数据核字（2014）第 286094 号

山西经济年鉴 · 2014

编　　者：《山西经济年鉴》编辑委员会
责任编辑：李慧平
特约编辑：任永玲
装帧设计：太原方正新锐广告设计有限公司

出 版 者：山西出版传媒集团·山西经济出版社
社　　址：太原市建设南路 21 号
邮　　编：030012
电　　话：0351－4922133（发行中心）
　　　　　0351－4922085（综合办）
E － mail：sxjjfx@163.com
　　　　　jingjshb@sxskcb.com
网　　址：www.sxjjcb.com

经 销 者：山西出版传媒集团·山西经济出版社
承 印 者：利丰雅高印刷（深圳）有限公司

开　　本：787mm×1092mm　1/16
印　　张：55
字　　数：1758 千字
版　　次：2014 年 12 月第 1 版
印　　次：2014 年 12 月深圳第 1 次印刷
书　　号：ISBN 978－7－80767－847－2
定　　价：300.00 元

山西经济年鉴

YEARBOOK OF SHANXI ECONOMY

2014

《山西经济年鉴》编辑委员会　编

山西出版传媒集团　山西经济出版社

编 辑 说 明

1. 本年鉴是由山西省人民政府组织编纂的一部反映山西经济发展实绩的资料性工具书，由山西省人民政府办公厅主管。

2. 本年鉴于 1985 年创刊，现在出版的是第 30 辑。

3. 本年鉴 2014 年卷的内容分为 28 个部分：(1)特载，(2)山西概况，(3)固定资产投资，(4)经济法制，(5)宏观管理，(6)农业，(7)工业，(8)交通、邮电，(9)住房和城乡建设，(10)测绘、地质、防震减灾，(11)贸易，(12)出入境检验检疫、海关，(13)旅游业，(14)财政、税收，(15)金融业，(16)保险业，(17)证券、期货，(18)科学事业，(19)教育事业，(20)文化、新闻、广播、出版事业，(21)卫生、体育，(22)人民生活，(23)县域经济发展概况，(24)转型跨越发展专文，(25)国民经济统计资料，(26)地方经济法规、规章，(27)山西经济大事记，(28)光荣榜。

4. 本年鉴采用分类编辑法，以部类（如工业）为单元，由分目（如煤炭工业、冶金工业等）和条目组成。条目是辑录资料和介绍情况的主要形式，条目标题用黑体字加【 】表示。较长的条目根据内容需要加楷体字插题，以备读者检索。

5. 作者署名均在文内条目之后，如遇同一作者撰写数个条目，则只在最后一个条目后署名。

6. 本年鉴辑录的文章，分别由山西省人民政府各有关部门，各市、县人民政府，工贸企业及有关单位指定专人撰写，并经《山西经济年鉴》编辑委员会编辑审定。

7. 本年鉴辑录的统计资料，由山西省统计局整理提供。《特载》部分由于文稿数字为年度快报数，与书中其他相关数据可能不尽一致。

8.《山西经济大事记》记录了 2013 年《山西日报》发表的经济消息和山西省人民政府各有关部门、各市、县人民政府和工贸企业提供的经济情况。

《山西经济年鉴》编辑委员会

山西经济年鉴社

责任编辑：（按姓氏笔画为序）

马天天　杜天生　魏小勇

编　　审： 马振东　李仁贵　杨汉城　陈靖北

特约编辑： 张清利　张志坚　赵成全　李　鹏

陈高晋　聂日旺　银培秀　张　静

白涿军　张林海　李　改

专栏编辑： 李吉喜　侯双平

编　　务： 马燕燕　尹晓强　刘　勇

照　　排： 孙　静　张建莉

校　　对： 张　玲

策马扬鞭疾奋蹄 跨越发展谱华章

——娄烦县国家税务局

娄烦县国家税务局局长　徐光远

在太原市偏远的西北山区工作的娄烦县国家税务局全体干部职工，他们牢记“为国聚财、为民收税”的神圣使命，发扬“脚踏实地、自强不息、奋勇争先”的娄烦国税精神，甘于淡泊、勇于奋进、敢于创新，全局征管质量和效率稳步提升，依法行政和纳税服务水平不断提高，干部队伍建设进一步加强，各项工作取得了可喜的成绩。

★立足实际，“精细化管理”见成效

按照“为民、务实、清廉”的总要求，以及国家税务总局“服务税户、服务基层、服务大局；任务求实、干事踏实、说话朴实；执法禁贪、服务禁懒、管理禁散”的“三个三”要求，娄烦县国税局立足实际，积极开展了“精细化管理年”建设活动。近年来，面对组织收入诸多不利因素的影响，全局上下坚定信念、迎难而上，不断加强税收征管，采取堵漏增收多项措施，连续多年超额完成税收任务，2013年组织各项税收4.7亿元，再创历史新高，为娄烦县的经济社会发展做出了积极贡献。2013年全局入库率、滞纳金加收率等征管指标均达到100%，存根联采集率、审核检查完成率等金税指标均达到100%，在太原市国税系统名列前茅。

徐光远局长慰问老干部

★推陈出新，“便民办税春风”暖人心

娄烦县国税局积极落实国家税务总局的“便民办税春风行动”要求，丰富服务内容，创新服务手段，努力为纳税人提供高效便捷的服务。主要做法，一是开展“如果我是纳税人”换位体验活动，由税务人员扮演纳税人，办理涉税业务，感受办税过程，并从中发现问题，加以改进。二是全面落实对纳税人的各项减负政策，取消26个涉税文书报表，取消29个进户执法项目。三是推出“纳税人学校流动课堂”“不限时服务”“便民服务箱”等多项便民措施。其中，“便民手推车”服务，得到了办税人员的一致称赞，进一步融洽了税企关系。在太原市国税系统2013年纳税人满意度测评中，娄烦县国税局从17个基层单位中脱颖而出，获得第一名。

★亮点纷呈，辛勤工作结硕果

经过全局上下的共同努力，娄烦县国税局的各项工作结出了累累硕果，树立了良好国税形象，受到社会各界的广泛赞誉。2011年，荣获“太原市集体一等功”和“太原市优秀志愿者服务组织”称号；2012年，荣获“山西省军民共建社会主义精神文明先进单位”、山西省“青年文明号”、太原市“三八红旗集体”、“省城‘创安’活动平安单位”等荣誉称号；2013年，荣获“山西省文明单位”、太原市“依法治理示范单位”、“太原市先进妇女组织”称号，办税服务厅荣获太原市“巾帼文明岗”称号。

“潮起海天阔　扬帆正当时。”面对税收工作的新形势、新任务、新挑战，娄烦国税人将继续秉承时不我待、奋发有为的进取精神，上下齐心、携手共进，全力推动整体工作再上新台阶，为全县经济社会转型跨越发展做出新贡献！

（娄烦县国税局　供稿）

工作人员举行税法宣传活动

出席中国工会“十六大”的山西代表

山西省人大常委会副主任、省总工会主席田喜荣向“金秋助学”受助学生发放助学金

服务转型跨越　服务职工群众

——山西省总工会

山西省总工会是山西省委和中华全国总工会领导下的山西省工人阶级群众组织，是山西省各地方工会组织和产业工会地方组织的领导机关，迄今已有80多年的历史。目前，全省共有11个市总工会，119个县(市、区)总工会，15个省级产业工会(工委)。截至2013年底，全省基层工会组织达5.9万个，覆盖企业、事业、机关单位16.9万个，工会会员771.5万人。

2013年，省总工会始终坚持围绕中心、服务大局，始终贯穿“继承、完善、创新、提高”的总体思路，重点开展了“农民工有困难找工会、拿不到工资找工会”专项行动、全省工会“调查研究年”等活动，各项工作取得新成效。

★紧扣转型跨越主题，创新工作载体，进一步激发了职工的创造活力。继续深入开展“当好主力军、建功‘十二五’”和“转型跨越杯”劳动竞赛活动。推动山西省转型综改试验区建设劳动竞赛上升到国家层面，被列为全国示范性劳动竞赛，建功立业活动不断深化。重点培养选树了以省电建二公司职工贾向东为代表的新时代劳模，在2014年全国劳模座谈会和全国道德模范表彰大会上两次受到习近平总书记的亲切接见。“劳模精神在一线、转型跨越勇争先”活动在11个市同步举行，省总组织100名劳模深入企业，为广大职工送去技术、文化、医疗、法律。突出抓好提升职工素质工程，全省选树了10名技术带头人，表彰了10项职工优秀技术创新成果，4项成果在全国获奖。普遍开展了行业职工职业技能大赛，在打造有智慧、有技术、能发明、会创造的技术工人队伍上迈出新步子。

★围绕践行社会主义核心价值观，唱响时代旋律，进一步凝聚了职工的思想共识。大力开展“中国梦•劳动美”主题宣传活动，组织主要新闻媒体对19个先进典型进行实地采访，集中报道。举办首届职工读书节，激发职工“阅读强素质•共筑中国梦”热潮。积极探索职工书屋创建模式，创建、命名全省“职工电子书屋”示范点暨山西省图书馆数字分馆，全年新建职工书屋337个，圆满完成全年任务。

山西省总工会在中铁大桥局北中环桥项目部开展“关爱职工、夏送清凉”活动仪式

全省工会干部知识竞赛决赛在山西电视台举行

“牵手三月——工会帮你搭鹊桥”大型公益相亲会

2013年4月18日全国工会推进企业民主管理工作会议在长治召开

2013年6月19日全国工会参与社会管理暨职工法律援助维权服务工作推进会在太原召开

2013年3月25日山西省总工会十二届五次全委(扩大)会议

★着眼健全服务职工工作体系，增强维权意识，进一步发展、维护了职工合法权益。强化职工维权，重点维护农民工的劳动报酬权，在全省开展了“农民工有困难找工会、拿不到工资找工会”专项行动，要求各级工会建立临时应急救助专项资金，直接帮助4004名农民工追讨工钱3492万元。大力推进集体合同制度、工资集体协商制度建设，工资集体协商覆盖企业9.4万家，增长22%，覆盖职工474.5万人。引深“安康杯”竞赛活动，组织班组安全建设成果展示、班组安全文化宣传展板比赛和“安全生产月”活动，推广工会参与职业病防治工作模式，切实维护职工安全健康权益。做大做强送温暖、金秋助学等帮扶品牌，送温暖活动共筹资1.2亿元，慰问困难企业3514家、困难职工27.2万人；金秋助学活动共筹集资金3574.4万元，发放助学款3457.8万元，资助困难职工和困难农民工子女1.5万人。

★立足发展和谐劳动关系，强化机制建设，进一步促进了职工队伍稳定和社会和谐。健全完善以职工代表大会为基本形式的企事业单位民主管理制度，以非公企业和中小型企业为重点，开展厂务公开、职代会建制专项行动，推动扩面提质，非公有制企业厂务公开、职工代表大会建制率均在全国排名第一。加强劳动关系矛盾调解组织建设，职工200人以上企业建立劳动争议调解组织建制率增长17.8%。加大执法检查和法律援助力度，参与全省劳动用工、工资协商等法律监督检查和农民工工资支付情况专项检查，为农民工追讨欠薪1.7亿元，实施法律服务和援助案件48件。

★把握建设职工之家这一根本，夯实工作基础，进一步加强了工会组织建设。深入开展“调查研究年”活动，围绕10个方面的课题，深入基层抓热点、解难题。以运用网格化、实现全覆盖为主要内容，开展“工会组建月”活动，全年新增建会企业2.1万个，新发展会员29.4万人。

同时，工会财务、经审、女职工、工运研究、资产监管、对外交流、职工物价监督、产业工会等工作进一步加强。全总在长治市召开“全国工会推进企业民主管理工作现场观摩会”，推广了首钢长钢公司的“职工代表民主评价会经验”。省总获得“全国推动厂务公开民主管理先进单位”“全国维护妇女儿童权益先进集体”等称号，工会组建工作获全国一等奖。在全总十六届二次执委会、全国非公企业劳动竞赛推进会等工作经验交流现场会上，省总工会多次作了经验介绍。

（宋海兵、冯千　供稿）

山西省总工会机关召开“党的群众路线教育实践活动”动员大会

山西省总工会在全省开展“农民工有困难找工会、拿不到工资找工会”专项行动

2013年8月19日山西省银行系统职工职业技能大赛

省信访局班子全体成员

创新群众工作方法 解决信访突出问题

——山西省委省政府信访局

文明和谐单位标兵

山西省直机关精神文明建设委员会

省信访局是省委、省政府主管信访工作的机构，由省委办公厅管理，正厅级建制。

2013年，在省委、省政府的坚强领导下，局领导班子团结带领全局干部职工，迎难而上、顽强拼搏，推动全省信访工作在创新中发展、在规范中提升、在压力下奋进，圆满完成各项目标任务。全年省、市、县三级信访总量15.9万件，比2012年下降16.4%，保持了全省信访形势持续向好、平稳可控的态势。我省创新群众工作方法、解决信访突出问题的做法，受到中央政法委书记孟建柱的充分肯定，并在全国推广。

★以“省委常委、副省长定期直接接待群众来访”为引领，深入推进领导干部接访下访，使大量矛盾和问题在市县层面得到解决。党的群众路线教育实践活动开展以来，在省领导的示范带动下，省市县各级领导接访下访、化解难题，形成了信访工作从源头做、全过程做、靠大家做的格局和各部门协调配合的强大合力，把大量信访群众吸附在基层、大量信访问题解决在属地。

信访工作“规范化建设”交流会

省信访局被评为“目标责任优秀单位”

省委副秘书长、省信访局局长李体柱在介休调研

党的群众路线教育实践活动中，李体柱局长与魏晓勤副巡视员谈心

★以“钉钉子”精神为法宝，深入推进疑难信访问题攻坚，最大限度减少信访存量、控制信访增量。通过党的群众路线教育实践活动、书记点评会、疑难信访问题再攻坚等方式，交办化解了3450件疑难信访事项。健全常态化督导机制，推动疑难信访问题解决，全年新发生的信访问题98%以上得到有效处理、妥善化解。

★以“四项规范、四项追究”为着力点，深入推进信访秩序规范，有效维护了群众的合法权益。畅通和拓宽信访渠道，规范信访工作行为，规范解决信访问题责任者行为，规范信访事项制造者行为，规范信访人信访行为，对不作为、乱作为和作风简单粗暴引发信访问题的严肃追究责任，信访形势呈现出“信升网升访降”的良性发展态势。

★以“信访系统大调研”为契机，深入推进改革创新，探索完善用群众工作理念抓信访工作的新办法新机制。出台《山西省信访督查工作规则》，制定市级信访工作、部分省直部门企业等考核办法，健全正面宣传和舆论引导机制，在全社会形成了大力支持信访工作、共同做好群众工作的良好氛围。

★以党的群众路线教育实践活动为抓手，开展全系统“走群众路线、解百姓忧难、树信访新风”活动，树立了信访干部可亲可敬、信访部门可信可靠的良好形象。局领导班子带头深入基层调研走访，培树了6个市级、14个县级“用群众工作统揽信访工作创新项目”，强化了基层基础建设工作。市县信访接待大厅覆盖率90%，初信初访办理率100%，重信重访控制在20%以内。

（省信访局　供稿）

省政府信访案件交办会

“百日双千案”动员会

山西省监狱管理局党委书记、局长　句铁旺

局党委召开民主生活会

创建平安监狱　维护社会稳定

——山西省监狱管理局

局领导与服刑人员家属交谈

2013年，山西省监狱管理局以创建平安监狱为统领，扎实推进各项工作，连续7年实现无押犯脱逃、无重大狱内案件、无重大疫情、无较大安全生产事故的“四无”目标，圆满完成省委、省政府下达的各项考核指标，在目标责任考核中被省委、省政府评为“优秀”等次，受到省委、省政府表彰。

★扎实开展党的群众路线教育实践活动，积极转变工作作风，领导班子的凝聚力和战斗力进一步增强。抓学习，强化理论武装；抓规范，强化班子运行质量；抓落实，强化干部选拔公信力；抓作风，党的群众路线教育实践活动成效明显。出台并严格落实《关于改进工作作风密切联系群众十项规定》，在局、狱两级班子推行“一线工作法”，建立局领导深入一线通报制度。开展局党委成员当一日普通民警活动和领题调研活动，增强了对基层工作指导的针对性。

★坚持政治建警、素质强警、从严治警，民警队伍素质进一步提升。在全系统深入开展学习贯彻党的十八大、十八届三中全会精神活动，以集中辅导、专题培训等方式，推进党员、干部全员培训，全面提升民警队伍政治素养。在开展岗位练兵、技术比武的基础上，与武警联合开展应急处突演练，开展纪律作风和监管秩序两项整顿，致力打造高素质的民警队伍。

★完善机制，坚持源头治腐，加强过程管控，党风廉政建设和反腐败工作成效进一步巩固。组织制定党风廉政建设和反腐败工作任务责任分解意见，建立党政领导、职能部门和纪检监察机关“三位一体”的责任体系。扎实开展专项治理工作，认真开展行风评议活动，行风政风建设受到社会各界的好评。

山西省监狱管理局局长句轶旺参加“政风行风热线”节目直播

山西省监狱管理局政委李效民在基层监狱检查

局领导视察“四防一体化”推进情况

局领导检查监狱布局调整和基本建设工作

★强化安防设施建设，完善监狱管理制度体系，规范执法行为，创新改造手段，安全稳定长效机制进一步建立。加大安全投入，提高安防设施水平，极大地改善了全省监狱系统监管安全和生产安全基础条件。加强监狱管理制度体系建设，出台《服刑人员大病统筹管理办法》等30余项制度规定，进一步规范了执法工作。加大协调力度，规范执法行为，实现了法律效果与社会效果的统一。创新教育改造手段，实现了罪犯九年制义务教育纳入所在地区教育规划，且培训经费由监狱局自筹到省财政预算拨款、罪犯职业教育纳入正规技校教育的突破。

（省监狱管理局　供稿）

全省减刑、假释工作会议

应急演练

中共中央政治局委员、中央书记处书记、中央组织部部长赵乐际与十二届全国人大代表、太原铁路局局长杨绍清亲切交谈

省长李小鹏到太原铁路局调度指挥中心、货运服务中心检查春运期间客货运输工作

深化运输改革　推进精细管理
全力服务国民经济和山西省转型跨越发展

——太原铁路局

太原铁路局管辖南北同蒲、大秦、侯月、石太、太中(银)、京原、石太客运专线等12条干线和西山、介西、宁岢、口泉、云冈等13条支线，共有职工11.8万人。路网纵贯三晋南北，横跨晋冀京津两省两市，线路总延长8682千米，营业里程3328.2千米。配属机车1111台，客车1916辆，CRH380AL高速动车组1组，CRH5型动车组6组。太原铁路局是全路18个铁路局中货运量最大、重载技术最先进的铁路局，主要担负着山西省的客货运输和冀、京、津、蒙、陕等省市区的部分货运任务，用户群辐射全国26个省市自治区、15个国家和地区，在山西省综合交通运输体系中居于骨干地位。

2013年，太原局在山西省委、省政府和铁路总公司的正确领导下，围绕转型跨越发展、再造一个新山西的总体战略，努力为山西省资源型经济转型综合配套试验区建设提供坚强的运力支持，全年旅客发送量6022.5万人，比2012年增运102.1万人，增长1.7%；货物发送量5.78亿吨，增运2327.2万吨，增长4.2％；煤炭发送量4.64亿吨，增运468.5万吨，增长1%；晋煤外运量完成4.36亿吨，增运1041万吨，增长2.4%，各项工作始终保持健康有序的发展态势。

充分释放煤运通道能力，全力服务山西能源发展战略。大力实施投入小、见效快、产出大的“短平快”扩能改造工程，先后在南北同蒲、石太、太焦、宁岢等线增设中间站，对湖东、榆次、东港、魏家滩、店坪等多个车站实施了增设和延长站线、改造道岔等站场扩能改造，疏通运输“瓶颈”，提高区段、车站通过和接发能力。提高京原线原平至灵丘间、石太线榆次二场至榆次客站间、孝柳线东槽至孝西间、南同蒲线礼元至侯马北等6条干支线牵引重量，增加了南北同蒲跨区域机车直通交路40对，开行了侯马北至原平的直通列车，确保各煤运大通道高效畅通。

中国铁路总公司党组成员、副总经理彭开宙到路局客服中心检查指导工作

太原铁路局局长杨绍清在现场指挥抢险

主动协调对接，全力助推区域经济发展。密切关注省内经济发展对铁路运输的要求，根据区域经济发展需要，动态调整运力。与省内多家大宗客户签订战略互保协议，与2300多个客户建立营销服务关系，率先开行了管内沿零列车。对节日物资、煤炭、粮食、石油等重点物资运输进行重点组织，做到“优先承运、优先配车、优先装车、优先挂运、优先放行”。积极组织管内煤焦、剥岩土循环运输，省内电煤“点对点”直达运输。主动掌握省内各企业生产、储备、销售、需求等第一手资料，主动上门提供运输服务，支持地方企业发展。

坚持“人民群众满意”根本标准，全力满足人民群众出行需求。千方百计增加客运能力，优化服务环境，提高服务品质，全力为山西人民出行提供便利条件。充分发挥窗口售票、代售点、“售票广场”、自助售票机、电话订票、互联网售票和POS机购票等多元化售票功能，地级市车站安排专人引导旅客自助购票，多次优化客运产品，多种途径为旅客进站上车提供便利；培育了太原站“改梅助困室”“李静导购台”、大同站“001服务队”、太原车务段吕梁站“老区窗口”、介休车务段“古城客厅”、太原客运段“晋之星高速动车组”“雁之情旅客快车”、客服中心“12306—耳畔真情”、太原车辆段“晓睿机械师示范岗”等客运服务“十大品牌”，太原站连续27年荣获全路“文明车站”，13对旅客列车荣获全路“红旗列车”，服务质量受到社会各界的一致好评。

太原铁路局召开全局货运改革推进现场会

正在建设中的太原南站外景

中央电视台报道大秦线集中维修施工

积极拓宽利民惠民渠道，全力改善职工生产生活条件。始终把职工利益与安全、运输、经营、建设工作放在同等重要的位置，努力解决职工最关心、最直接、最现实的利益问题，集中对大秦、侯月、太焦等沿线车间、工区的"小伙食团、小单身、小浴室、小庭院、小互助会、小文化室（小书屋）、小活动场、小药箱"等"八小"设备设施进行更新补充，积极开展站区集中联片供热改造，加大生产生活设施整治力度。积极推进"路地"合作，在管内较大城市大力推进保障房项目建设进度，对怀仁铁路地区棚户区进行了改造。新增定点医院8家、定点药店7家，有计划地安排职工进行健康休养和健康体检，推行实施高温津贴政策，对远离家居地的职工进行择优调剂，对重、特困等职工积极实行帮扶救助机制，使职工群众真真切切地享受到企业发展的成果。

2013年，太原铁路局荣获"山西省模范单位"等多项殊荣，在中国企业500强排名中位列225名、中国服务业企业500强中位列第80名。

（太原铁路局　供稿）

K374次服务小分队进车厢服务在旅客身边

劳模先进观摩路局保障性住房建设成果

大秦线集中维修施工现场

煤炭运输基地装车现场

2013年5月，省长李小鹏为公路煤炭交易上线暨中国太原煤炭交易价格指数发布揭幕

交易中心与新华社签订中国太原煤炭交易价格指数合作协议

立足山西　服务全国　面向世界

——CTCTC 中国（太原）煤炭交易中心

中国（太原）煤炭交易中心（以下简称“交易中心”）是由国务院批准、目前唯一冠以“中国”字样的全国性煤炭交易中心，承担着煤炭交易体制机制创新、探索现代能源交易体系建设和搭建基于第三方的大宗商品电子交易平台等重要职能。自2007年成立以来，在煤炭交易、物流配送、信息咨询、贸易融资、商务会展等多方面进行创新性的工作，为全国煤炭交易市场化改革，以及山西省转型跨越发展做出了积极贡献。

交易中心始终坚持公开、公平、公正的“三公原则”，以煤炭产地现货交易为特征，积极探索新型煤炭交易方式，实现了交易市场建设的多项创新。一是根据国家相关法规政策，结合我国煤炭行业特点，研究编制了《中国（太原）煤炭交易中心运行制度和交易规则》，涵盖了煤炭交易的各个环节；二是提出了包括年度交易、日常交易和专场交易三种交易模式，设计了挂牌交易、竞价交易、邀约交易和协商交易四种交易方式；三是自主研发建设了融煤炭物流、信息流和资金流为一体的全国性煤炭电子交易平台。煤炭交易模式创新及电子交易平台研发建设项目经省科技厅专家鉴定为国际领先水平。合作研究的《国家煤炭动态战略（应急）储备及监测预警系统研究》获得国家能源局2012年度软科学研究优秀成果二等奖。

按照“先铁路、后公路，先省内、后省外，先现货、后期货”等一系列战略方法和步骤，交易中心实现了煤炭现货交易的平稳快速发展。2012年2月23日铁路煤炭正式上线交易，2013年5月23日全省公路煤炭上线交易，至2013年底，注册交易商7556户，其中省内2630户，省外4926户，遍及31个省市区。煤炭现货交易总量19.31亿吨，交易总额13130.49亿元。交易中心已成为国内交易商最多、交易额交易量最大的煤炭现货交易市场。

依托自主构建的“交易服务、信息服务、物流服务、金融服务”四位一体交易综合服务体系，除满足对交易商的日常全程化多方位服务外，交易中心还在全国煤炭年度产需衔接上率先实现了年度合同供需双方自主协商、自主定价的纯市场化电子交易。2012年底召开的2013年度交易大会签订年度合同7.88亿吨；2013年底，交易中心主办的2014年度交易大会除创下签订年度合同9.55亿吨历史最高水平外，还联合全国5家具有区域代表性的煤炭交易市场和中国煤炭运销协会采取“6+1”模式，在搭建了全国主要煤炭供需企业自主协商平台的同时，又搭建了主要区域煤炭交易市场交流与协同发展平台，“能源太交会”品牌初具影响。交易中心还成功研发了具有主产地特色和市场风向标作用的“中国太原煤炭交易价格指数”，2013年5月23日与新华社合作发布后，得到全国煤炭上下游产业链交易商的普遍认可。

目前，交易中心正围绕“立足山西、面向全国、走向世界”的奋斗目标，按照“提升完善现货、积极开展场外、努力争取期货”的战略部署，努力构建多层次多元化现代能源交易体系。在全国率先研发煤炭等能源系列商品场外交易，并取得队伍建设、业务设计、制度设计、交易平台建设等方面的实质性进展，得到了国家有关部委的关注与支持。2013年10月，中国证

2014中国煤炭市场高峰论坛暨煤炭交易会于2013年12月在交易中心举行

交易中心与中国能源研究院共同承担的国家能源局课题《国家煤炭动态战略储备及监测预警系统研究》评审会在京召开

监会成立"煤炭场外市场专题工作组",专项研究在交易中心开展"商品场外衍生品交易试点工作"。一个多层次、现代化的能源交易市场正在逐步形成。

交易中心场区建设于2011年9月份全部竣工并投入使用。其中,展览中心场馆建筑面积5.2万平方米,可布设1176个标准展位,是华北最大的单体展馆,同时拥有2.3万平方米的室外展场,可为重型、大型机械展览、饮食文化节和车辆试乘试驾活动的举办提供便利场所;会议中心拥有多功能大厅、贵宾厅、会见厅、交易大厅及六个百人会议室,均具有高规格的专业会议配套设施,可以承办大型会议、演出、论坛等活动。多功能大厅是目前山西省面积最大、功能最完备的多功能大厅,可以容纳1000人同时用餐或2000多人的会议接待。庆典广场和中心广场两个室外广场,面积分别为2万平方米和1万平方米,可以举办大型的室外活动。交易大楼及会展配套设施被住建部授予"鲁班奖"。

交易中心已成功承办了第六届中博会、首届世界晋商大会、中国北方旅游交易会、首届文博会、农博会、国际汽车展览会等高规格展会。2011~2013年,自办、承办、主办各种展会活动92场,承接各种外部会议活动156次,繁荣了山西会展市场,促进了地方经济发展,也使交易中心成为一个展示山西新形象的窗口,提高了山西在全国的影响力。

(中国(太原)煤炭交易中心　供稿)

交易大厅

交易中心举行月度大讲堂联盟签约仪式

2013年(第三届)国际炼焦煤资源与市场高峰论坛在交易中心开幕

第三届中国(山西)特色农博会于2013年10月在交易中心开幕

中院院长石治文受省人大常委会及省高院委托，为铁路两级法院审判人员颁发任命书

中院院长石治文为太原铁路局中青年干部培训班讲法制课

发挥跨行政区划管辖优势 深入推进铁路法院依法治理工作

——太原铁路运输中级法院

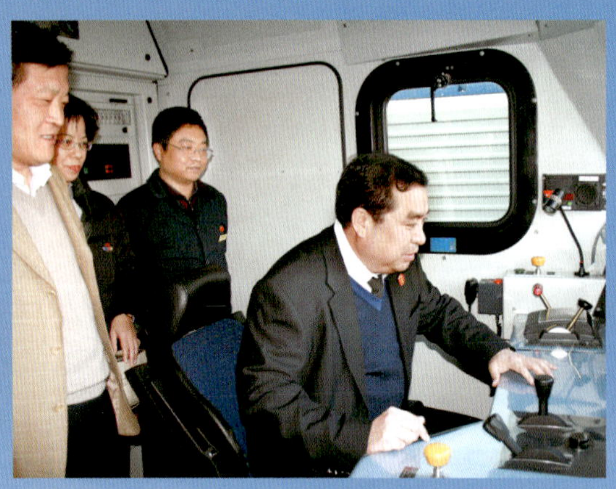

中院院长石治文深入铁路一线了解铁路运输企业及职工法律需求

太原铁路运输中级法院是国家设立在铁路的专门法院，接受山西省委、山西省人民代表大会及其常委会、山西省高级人民法院的领导和监督指导。对辖区发生在铁路运输和铁路建设领域的刑事、民商事和执行案件实行跨行政区划专属管辖。中院下辖太原、大同、临汾三个基层铁路运输法院，案件管辖范围与太原铁路局管辖范围一致。

近年来，太原铁路运输中级法院根据省委、省高院关于依法治理工作的总体要求，结合铁路法院工作实际，认真落实依法治理工作，深入开展法制宣传教育，扎实推进依法治理，取得了较好成效。

★领导重视机构健全，为做好依法治理工作提供了有力保证。成立了以中院党组书记、院长石治文为组长的依法治理领导小组，结合铁路法院实际，研究制定并实施依法治理工作规划和年度计划，各项工作落到实处。

★建立健全规章制度，不断提高依法治理工作水平 。一是以信息化推动审判管理科学化规范化。在两级法院高标准建设了国内一流、省内领先的科技法庭、数字法院系统（审判流程管理系统）、电子卷宗管理、法律文书校

省委对中院依法治理工作进行检查验收

举办铁路法院案件管辖研讨会

对、档案管理、审判质效评估等一系列信息化系统。二是积极推行司法公开。将铁路法院的主要职责、办案程序、服务承诺、联系电话等内容通过司法公开平台、立案大庭公示，建立官方微博等手段，向群众公布。三是建立健全执法责任制、执法过错和错案追究制、执法督查制。做到公正司法、严格执法、依法办事。铁路中级法院连续被评为省高院宣传工作先进集体。妥善处理了大量案件，信访工作连年被省高院评为先进。

★突出公正廉洁司法，反腐倡廉建设取得新进展。紧紧围绕法院岗位权力防控，全面构建教育、制度、监督、惩处并重的惩防体系，全方位实施"利剑工程"，铁路两级法院反腐倡廉建设取得新进展，荣获"全省法院党风廉政建设先进集体"称号。

（太原铁路运输中级法院　供稿）

组织全体干警深入高速铁路一线调研学习

深入铁路一线开展以案讲法

举行法院开放日活动

团结奋进的监狱领导班子

建设高素质监狱民警队伍

奋进中的山西省阳泉第二监狱

阳泉第二监狱始建于1982年，监狱企业阳泉固庄煤矿属国有中型企业，设计年生产、洗选煤炭150万吨。近年来，监狱党委紧紧围绕"12345"总体工作思路，以创建平安监狱、推进转型发展为统领，沉着应对各种挑战，整体工作持续保持健康稳步发展的良好态势，监管安全连续12年实现"四无"，井下生产连续4年杜绝死亡事故，罪犯教育改造质量稳步提高，各项任务指标圆满完成。连续三次荣获"全国文明单位"称号，2014年被授予"山西省模范单位"称号。

★坚持安全为天，综合安全状况持续稳定。监管安全全面推行狱内110、120、快反小分队联动机制，严格执行监狱领导进监带班、民警双岗值班、监管安全隐患排查、分监区民警一日工作规范等制度，不断强化狱情犯情的摸排掌握和分析研判，监管改造秩序持续稳定。安全生产始终突出超前预防，坚持安全大检查和隐患排查治理贯穿始终，大力完善井下安全避险"六大系统"等安全设施，夯实安全工作基础，综合安全状况持续稳定。

★严格执法施教，罪犯教育改造质量稳步提高。严格落实各项管理制度，认真组织开展减刑、假释、暂予监外执行专项整治，持续深化狱务公开，确保执法工作零差错。严格落实"5+1+1"教育改造模式，建立并不断完善各种心理功能室，积极探索出、入监教育和严管罪犯"累进制"教育改造法，教育改造工作创新发展。

职工技术大赛

关注民生

★科学规范管理，努力提高经济运行质量。强化管理，密切协作，精心组织煤炭生产。坚持大客户战略和快提缓降、多提少降的价格策略，狠抓煤炭质量，全力推进煤炭销售工作。突出“四全”管理，全员行动挖潜节约，提高经济运行质量。

★密切关注民生，文明和谐建设稳步推进。大力实施棚户区改造工程、天眼工程、居民区管网改造、天然气引进等民生工程，着力解决民警职工群众关心关注的热点问题。出台《阳泉二监困难职工帮扶实施办法》，足额兑现职工政策性待遇，切实保障民警职工合法权益，在全监营造了健康、向上、文明、和谐的良好氛围。

（阳泉第二监狱　供稿）

文化活动丰富多彩

生产区全景

武汝慧，女，1967年7月生，中共党员，研究生学历，现任太原市地方税务局不锈钢产业园区分局局长。先后多次被省、市劳动竞赛委员会荣记“一等功”，被省政府评为扶残助残先进个人，被团省委、团市委授予“优秀团干”“新长征突击手”“太原市优秀团干标兵”“太原市十大杰出青年”等称号。2014年获得“山西省劳动模范”“太原市三八红旗手标兵”称号。

聚财为国　执法为民

——太原市地方税务局不锈钢产业园区分局

太原市地方税务局不锈钢产业园区分局成立于2008年8月，副处级建制，实行市局与园区管委会双重领导、以市局领导为主的管理体制。主要负责辖区内地方税收征收管理及教育费附加、残疾人保障基金、工会经费等规费的代征工作。

武汝慧同志自担任不锈钢分局局长以来，抓班子带队伍，出色地完成了各项工作任务。她重视学习抓素质，倡导学习型机关建设的理念，率先垂范，在全市地税系统征管质量考核中，多次荣获第一，并有两人获得省级“征管能手”称号，两人获得市级“征管能手”称号。她全力以赴抓税收，经常深入征管一线，及时了解税源变化情况，解决征管工作中的倾向性问题，提出对重点税源要“跟踪服务、上门服务”，实行办税“绿色通道”，积极倡导热情为纳税人服务的理念，办税大厅被评为“太原市地税系统十佳办税服务厅”。她以身作则抓廉政，她所领导的单位没有发生一起向纳税人“吃拿卡要报”等违法违纪问题，受到各级领导的好评。　　（不锈钢产业园区地税分局　供稿）

武汝慧局长在不锈钢产业园区房地产开发公司等重点税源企业调研

朔州地税直属二分局领导班子

窗口服务

为民　务实　清廉

——朔州市地方税务局直属二分局

朔州市地方税务局直属二分局承担着全市房地产税收和“契耕”两税的征收管理。近年来，朔州地税二分局创新收入理念，壮大收入规模；创新征管方式，提高征管质量；创新服务形式，拓展服务内涵；创新队伍建设，汇聚发展动力，各项工作取得较好成绩。2009-2013年，地税二分局累计完成各项收入34.64亿元，年均增长61.4%，占全市地税收入的比重由建局前的3.5%上升为16.7%。2013年，二分局累计完成工商税收及契、耕两税12.94亿元，同比增长73.5%，绝对额增收5.48亿元，为地方可用财力的不断壮大做出了积极贡献。先后被授予全省地方税务系统“文明单位”、市级“青年文明号”、市级“文明单位”、省级“青年文明号”、省级“五好党支部”、市级“工人先锋号”、市级“先进基层党组织”“山西省模范集体”等称号。

（朔州地税二分局　供稿）

客户至上 始终如一

——中国农业银行山西省分行

中国农业银行山西省分行党委书记、行长　杨继荣

职工代表大会

职工羽毛球比赛

中国农业银行山西省分行辖11家二级分行，132个一级支行，357个二级支行和分理处。共有员工1.4万余人。多年来，山西农行坚持以服务经济为己任，为全省经济建设、社会发展和民生改善，特别是服务“三农”领域做出了积极贡献。

★有力承担服务经济重任。近5年，累放贷款2500多亿元，增量在全省16家全国性商业银行中排名第二；办理直接融资536亿元，在全省商业银行中排名第一，有力支持了我省煤炭资源整合、重点工程和大型企业。连续4年被省政府授予“支持地方经济发展突出贡献奖”。

★认真践行服务“三农”使命。在同业率先推出“三农”普惠金融服务。投资近2亿元，在全省近2万个行政村布放了金融机具，向500多万农户发放惠农卡700多万张，使广大农民足不出村就能享受刷卡消费、转账付款等基础金融服务。2011年，荣获首届全国金融机构服务“三农”最佳社会责任奖。

★积极创新服务民生举措。秉承“客户至上，始终如一”的服务理念，对全省400多家网点进行标准化改造，在全部网点开展文明标准化服务建设和“软转型”，提高了窗口服务水平。开办私人银行、理财产品、贵金属销售等金融服务，为群众拓宽了增加财产性收入的渠道。连续3年被省政府评为“政风行风评议先进行业”，2014年被中共山西省委、山西省人民政府评为“山西省模范单位”。

（中国农业银行山西省分行工会委员会　供稿）

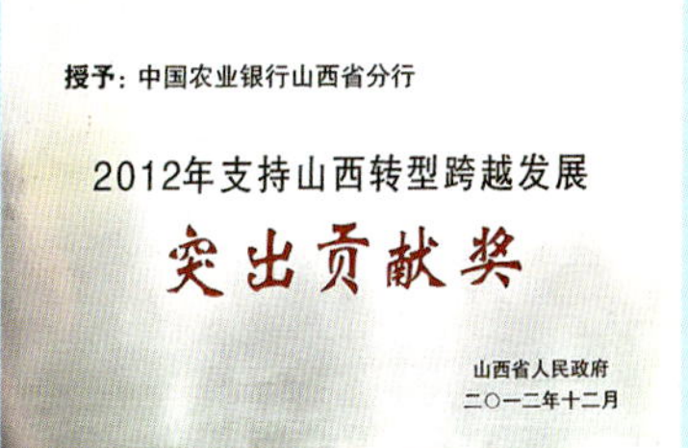

中国建设银行监事长张福荣在建行山西省分行调研

中国建设银行首席财务官曾俭华在建行山西省分行调研

热忱服务 积极支持 全力以赴助推山西省经济发展

——中国建设银行山西省分行

建行山西省分行副行长解陆一在太原河西支行调研

建行山西省分行副行长斛文锋与省中小企业局签署战略合作协议

2013年，建行山西省分行认真贯彻省委、省政府金融领域重点工作部署，努力加大信贷投放力度，不断拓展企业融资渠道，在推进山西经济转型发展及综改区建设中发挥了积极作用。

★认真贯彻落实战略合作协议，积极支持山西经济发展和建设，重点支持煤炭、铁路、电力、制造等行业发展。截至2013年底，建行山西省分行人民币贷款新增151亿元，比2012年多增17亿元，其中，煤炭行业累计投放249亿，新增投放43.74亿元。在存款同比少增212亿元的情况下，新增存贷比达到98%。

★大力发展投行业务，为重点项目多渠道开展融资服务。大力发展财务顾问、债券承销、信托类理财、股权融资、股权收益权融资、资产收益权融资、委托并购、项目投资业务等投行产品，积极支持地方经济转型发展。截至2013年底，通过投行业务共为客户融资206亿元，多增40亿元。加上151亿元的人民币贷款投放，共投放信贷类资产357亿元。

★大力支持教育、卫生行业，重点支持高校园区建设。先后与太原市等地方政府、省文化厅、太原市自来水公司、山西省医科大学等签订战略合作协议，对太原理工大学等省内20多家本科院校给以信贷支持，重点

建行山西省分行行长高强在太原师范学院调研

建行山西省分行副行长陈东平陪同人总行领导调研征信工作

支持高校园区建设。与全省17家医院开展业务合作。截至2013年底，建行山西省分行机构类贷款余额41亿元，新增12亿元，多增5.35亿元。

★发展“助保贷”特色业务，推动中小企业健康发展。在继续推广“速贷通”“成长之路”等专为小企业服务的传统产品、业务的基础上，着力推广“助保贷”“信用贷”等产品，成效显著。目前该产品已在太原、晋城、阳泉等10个市推开，与49个县级政府签订合作协议，组建助保金池54个，为200多家民营企业提供信贷资金15亿元。截至2013年底，小企业贷款92亿元，新增45亿元，增幅96%，增幅排名连续两年保持系统第一。

★丰富的产品配置，积极服务和支持外向型经济。支持进出口量居全省第一的太钢集团、首钢长钢等大型国有企业、具有区域特点的大型煤、焦、钢铁等民营企业及优质中小客户的进出口业务，推动山西省外向型经济发展。截至2013年底，建行山西省分行累计完成国际结算量38.6亿美元，完成结售汇量23.6亿美元，实现中间业务收入7404万元。进出口贸易融资余额41.56亿元人民币。

★主动承担社会责任，融入全省民生建设。加大人力、物力投入力度，积极支持社保一卡通工程和新农保工作推进，社保卡发卡业务占到全省市场份额的40%。完善服务机制，提升服务效率，加快个人住房贷款投放。截至2013年末，个人贷款共投放2.7万笔，投放金额47亿元，比2012年多投放23亿元。加强服务创新，延伸金融服务进社区。大力推广社区金融创新模式，有效延伸了金融服务。

（建行山西省分行　供稿）

建行山西省分行副行长于凡参加工作考核会议

建行山西省分行风险总监杨利亚在太原河西支行参加省分行“合规伴我行”巡回演讲暨主题教育活动

晋商银行董事长上官永清在侯马开发区东部产业承接工业园区调研

晋商银行党委中心组织集中学习

以客户为中心　创转型新局面

——晋商银行

晋商银行行长阎俊生检查第二届小微企业金融服务月活动

晋商银行与山西省连锁经营协会合作座谈会在太原举行

2013年，晋商银行围绕全省经济社会发展的大局、立足打造民族品牌银行战略的实施，不断优化信贷投向，加大信贷投量、改善金融服务、创新业务产品，在服务支持山西经济转型跨越的伟大实践中取得了新成绩。截至2013年12月末，全行资产总额1315.13亿元，较年初增加267.02亿元，增长25.5%，上缴税收8.21亿元，成为山西纳税最多的金融企业。

★ 优化信贷投向，倾力支持经济转型升级。立足于山西“十二五”规划产业结构，优化信贷投向，在持续支持能源、装备制造业、钢铁、焦化、冶金等支柱经济产业的同时，着力提升小微客户、个人贷款客户的贷款比例，加大对节能环保、循环经济项目的信贷支持力度。对省级重点工程项目实行名单管理和资金跟进。2013年，累计向各类企业提供一般贷款370.69亿元，其中167.24亿元贷款集中投入到煤炭、化工、冶金、电力等山西支柱型产业上，90.12亿元贷款投入到制造业、流通业等中小企业，为我省经济转型跨越发展提供了积极有效的金融支持。

★ 履行社会责任，持续助力小微企业发展。2013年，晋商银行对小微业务条线进行改革，从垂直业务管理转变为分支行经营管理，按照“简单、标准、规范、效率”的原则，通过建立简单、标准和规范化的小微业务审贷流程，以及发挥小微业务议价能力较强等比较优势，不断探索小微业务特色化、标准化、品牌化的可持续发展模式。截至12月末，全行小微企业贷款余额130.91亿元，达到“两个不低于”的要求。在有效防控经营风险的基础上，积极推进小微业务批量化、集群化发展，为重点项目、产业链、核心客户上下游、商圈、票据贴现等5种模式制定了相关业务指引，拟定了2013年重点产业链名单，围绕煤炭、有色金属、汽车、白酒、铝生产及加工、煤焦铝6大产业链和相关42户核心企业客户、48个重点项目、36个商圈开展批量集群业务，针对33个小企业批量集群业务下达批复，累计金额27.84亿元。

晋商银行党的群众路线教育实践活动

全国政协副主席齐续春率民革中央深化金融体制改制调研组莅临晋商银行调研

★ 践行晋商责任，全力服务综改试验区建设。紧紧围绕转型综改试验区建设，积极支持新兴产业做大做强。2013年，全行累计向产业转型、生态治理、城乡统筹和改善民生等四大转型领域提供一般贷款102.23亿元，余额达到99.83亿元。其中，40亿元投入到以新能源、新材料、信息技术为代表的新兴产业项目，19.52亿元投放到旅游、文化娱乐等现代服务业项目，有力地支持了山西转型综改试验区的建设。

★ 提升服务水平，着力增强核心竞争力。围绕“以客户为中心”这一主题，着力推进经营转型，通过完善网点和渠道建设，研发推出各类金融产品，不断提升服务水平，满足客户的多样化金融需求，不断增强自身的核心竞争力。在加快布局物理网点的同时，积极推进电子银行建设，实现了网上银行、手机银行从无到有的快速发展，累计增加网银客户6.7万户、手机银行客户9409户，建立了“晋商E家”品牌体系；与支付宝、财付通等三方支付平台合作，开通电子支付业务，覆盖国内95%以上的电子商务网站，为客户提供了更加方便快捷的金融服务；形成分级分口的金融服务体系，促进全行金融服务水平有效提升，被省总工会评为“优质服务竞赛先进单位”，被省银行业协会评为“山西省百姓喜爱的银行”。在“山西省银行业文明规范服务百佳示范单位”评选中，连续两年有8家支行荣获“山西省银行业文明规范服务百佳示范单位”称号。桥西支行、并州支行营业部、龙城支行营业部被中国银行业协会评为“2012年度中国银行业文明规范服务千佳示范单位”。

2013年，晋商银行被中国银协推选为全国城商行工作委员会常委单位，被评为“2013年中国最佳城商行零售银行”“2013年最具成长性城商行”“服务三农及实体经济先进单位”；“信义贷”产品获“2013年服务小微企业二十佳金融产品”称号；连续3年跨入全球前1000家银行行列，目前全球排名601位，较上一年度上升41位。

（晋商银行　供稿）

省委常委、常务副省长高建民在晋商银行调研

山西银监局局长王占峰在晋商银行“金融知识进万家”活动咨询点调研

中国银行业协会城市商业银行工作委员会成立，晋商银行当选常委单位

山煤集团董事长郭海(右二)在井下调研

山煤集团总经理苏清政(中)在煤矿调研

科学驾驭局面 理性调整战略 戮力创出企业发展新业绩

——山煤集团

2013年,山西煤炭进出口集团有限公司(简称"山煤集团")紧紧围绕打造"绿色山煤、幸福山煤、百年山煤"的战略愿景,按照"量效并举、改革创新"的工作方针,科学驾驭复杂局势,理性调整发展战略,圆满完成各项目标任务,实现了危机中目标不动摇、改革不停步、发展不减速,取得新的明显成效。

★坚持量效并举,主要经济指标再创历史新高。2013年山煤集团煤炭产量1617万吨,比2012年增加105万吨;营业收入1431.8亿元,增长29.97%;资产总额达714.16亿元,企业规模稳定扩张。

★突出"三保四强",企业运营状况总体稳中向好。以"保安全、保生产、保工资和强文化、强管理、强考核、强执行力"为工作要点,明确目标、细化任务,落实措施、严格考核,各项工作稳步推进,整体运营呈现稳中向好态势。安全上通过"七个抓大",细化安全责任落实,深化安全"三基"建设,强化安全专项整治,固化安全文化引领,安全工作体系更加完善,保持了良好的安全发展态势,大安全格局进一步形成。煤炭产销按照确定的"增产促销"原则,煤炭产能再创佳绩。所有生产矿井全部顺利完成年初下达的生产计划;各基建矿井工程建设管理工作进一步加强,责任体系逐步形成,矿井建设水平和速度显著提升,较快地推动了基建矿井的建设及手续办理和验收工作,其中两座矿井圆满完成试生产任务,其余各矿基建和手续办理工作均取得突破性进展。煤炭贸易按照"套上煤矿对用户,锁定用户找煤源"的思路,逐步推行矿贸一体化,着手强化贸易风险管控,想方设法做实煤炭贸易。投资板块收益管理工作持续加强,非煤贸易规模和盈利不断增强,增添新实力。房地产板块项目开发和管理力度继续加大,内蒙古和大同等项目取得新进展;酒店服务业在顺利开业的基础上完善管理,优化服务,取得了良好的社会效益,为山煤的企业品牌和形象亮出新名片。项目上也按计划成功实现了相应的有效控制、顺利调整和快速推进。

山煤集团与灵丘县签订战略合作协议

山煤集团精细化管理动员大会

山煤集团2013年度重点用户座谈会

山煤集团大同富利达房地产公司增资扩股签约仪式

山煤集团办公大楼

山煤集团井下综采设备

山煤集团现代化矿井生产工作面

山煤集团煤矿职工岗位技能竞赛

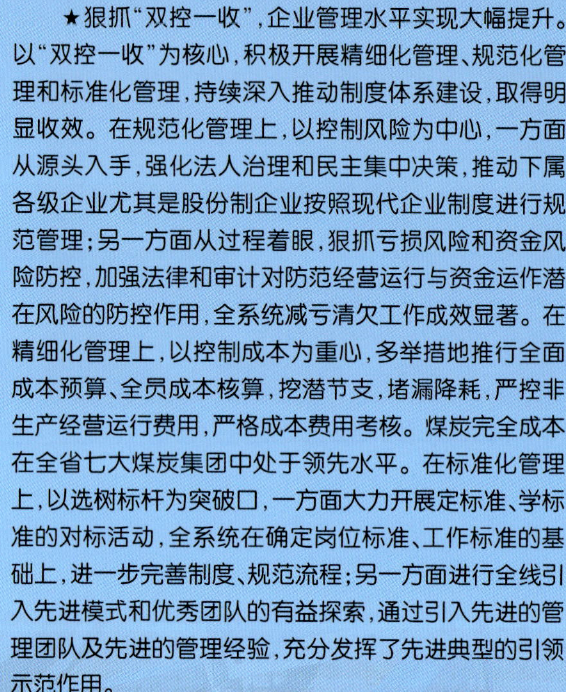

★狠抓“双控一收”，企业管理水平实现大幅提升。以“双控一收”为核心，积极开展精细化管理、规范化管理和标准化管理，持续深入推动制度体系建设，取得明显收效。在规范化管理上，以控制风险为中心，一方面从源头入手，强化法人治理和民主集中决策，推动下属各级企业尤其是股份制企业按照现代企业制度进行规范管理；另一方面从过程着眼，狠抓亏损风险和资金风险防控，加强法律和审计对防范经营运行与资金运作潜在风险的防控作用，全系统减亏清欠工作成效显著。在精细化管理上，以控制成本为重心，多举措地推行全面成本预算、全员成本核算，挖潜节支，堵漏降耗，严控非生产经营运行费用，严格成本费用考核。煤炭完全成本在全省七大煤炭集团中处于领先水平。在标准化管理上，以选树标杆为突破口，一方面大力开展定标准、学标准的对标活动，全系统在确定岗位标准、工作标准的基础上，进一步完善制度、规范流程；另一方面进行全线引入先进模式和优秀团队的有益探索，通过引入先进的管理团队及先进的管理经验，充分发挥了先进典型的引领示范作用。

山煤集团非煤产业——内蒙古晟基房地产公司房产项目

★推进改革创新，体制机制改革取得较大突破。一是推进机构改革。通过组建强化集中管理和业务参与的财务管理中心，解决了原有财务功能模糊、母子公司管理定位不清、集团管控职能发挥受阻的问题；通过对

山煤集团太行海运船队之长治号

山煤集团港口公司作业场景

山煤集团太原凯宾斯基饭店

连续多年亏损、经营局面无力扭转的一些公司进行撤并，降低了亏损企业的经营风险。二是推进人事制度改革。及时采取约谈、降职、降薪等一系列有效措施，从问题较为突出的亏损临界企业着手，对资金风险及市场风险较大且已经出现亏损问题的公司，果断调整了企业负责人，启用了一批有思路、有点子、有活力的年轻干部，增强了经营者的责任感和荣辱意识。三是推进薪酬改革。通过实行集团对板块公司、板块公司对三级企业的薪酬总额控制，实现了下属企业的业绩与薪酬挂钩。同时在集团本部启动了以"薪随效动"为原则的分配机制改革，使员工薪酬与自身工作量、工作难度以及部门考核结果、企业经营目标完成情况直接挂钩，促使大家正确看待"小我"与"大我"、"个人"与"集体"的关系，工作态度上逐步发生转变；通过日、周、月三层日常考核，增强了员工主动工作的意识，有效实现了职能处室工作的日清月结，提高了工作效率，形成了比学赶帮超的良性工作状态。

★瞄准争先进位，企业综合实力明显增强。各项主要经济指标的攀升和各项工作取得的成效，为山煤集团的争先进位奠定了坚实基础，为企业的赶超跨越注入了强大动力。在2013年中国企业500强排名中，山煤集团排名第106位，较2012年前进45位；中国煤炭企业100强排名第15位，较2012年前进1位；中国煤炭企业产量50强排名第42位，较2012年前进5位。

（山煤集团　供稿）

原中共中央政治局委员、全国人大常委会副委员长、中华全国总工会主席王兆国视察指导西山帮扶工作

省长李小鹏深入西山煤电慰问一线矿工

情系职工解难济困 凝心聚力共建和谐

——山西焦煤西山煤电集团公司

中华全国总工会副主席范继英深入矿区指导帮扶工作

山西省人大常委会副主任、省总工会主席田喜荣慰问老劳模

太原市人大常委会副主任、市总工会主席冯晋生调研西山工会工作

山西焦煤集团公司党委常委，西山煤电集团公司董事长、党委书记薛道成（左一）看望慰问困难职工

原中华全国总工会副主席王玉普，原山西省人大常委会副主任、省总工会主席郭海亮深入井口服务站调研

中华全国总工会纪检组长、书记处书记王瑞生慰问西山煤电

近年来，山西焦煤西山煤电集团公司秉承“做强企业，造福员工”的企业宗旨，在企业改革发展的同时，针对煤炭企业长期以来历史包袱重、单身职工多、困难职工基数大的实际情况，致力于关注民生，改善职工生活，特别注重困难职工帮扶工作机制建设。经过多年的探索实践，逐步形成了“3110”帮扶机制。“3”是企业帮扶三级网络，是常态化长效化帮扶工作的基础；“1”是“一助一、献爱心”结对帮扶活动，是常态化长效化帮扶工作的核心；“10”是十项帮扶救助金，是常态化长效化帮扶工作的保证。

山西焦煤集团公司董事长、党委书记武华太深入一线慰问矿工

山西焦煤集团公司总经理金智新中秋慰问坚守工作岗位的一线职工

西山煤电集团公司总经理王玉宝慰问困难职工

西山煤电集团公司党委副书记、工会主席刘志安慰问女工家属协管员

中华全国总工会调研西山帮扶工作

全煤系统帮扶现场会在西山召开

★基本做法

——建立三级帮扶网络，实现帮扶工作全覆盖。一是建立帮扶机构。2005年8月，西山煤电根据中华全国总工会《关于建立困难职工帮扶中心的意见》，在全省国有大型企业中率先建立困难职工帮扶中心，所属二级单位相应建立帮扶工作站，区、科、车间建立帮扶点，各级工会主席负责具体运作。截至目前，已经建立30个帮扶站，162个帮扶点，形成了以帮扶中心为龙头、以帮扶站为支撑、以帮扶点为基点的三级帮扶网络体系。二是履行帮扶职能。困难职工帮扶中心在西山煤电集团党政的领导下，发挥组织协调、政策咨询、信息汇总、资金管理等职能，指导帮扶站、点规范运作。二级单位的帮扶站、点面向职工、服务一线，开展帮扶工作。三级帮扶网络第一时间知情、第一时间报告、第一时间帮扶，通过信访接待、职业介绍、技能培训、法律援助、生活救助、心理咨询、精神支持等多种形式，帮助困难职工解决就业、就医、子女就学问题及生活中遇到的其他困难，及时给予贴身贴心的帮助扶持。三是规范帮扶运作。西山煤电按照保证人员配备、保证办公场所、保证资金投入、保证制度落实的“四保证”标准，大力建设标准化三级帮扶网络；制定了《帮扶中心章程》《困难职工档案管理办法》等一整套规章制度，帮扶中心、帮扶站、帮扶点的工作职责、工作流程、救助标准、申请条件等全部上榜公示，接待有记录、落实有反馈，公开公正、联网运作；建立了困难职工信息报告制度和困难职工帮扶档案数据库，动态准确掌握困难职工的基本情况，保证每一名困难职工都进入关爱视野，得到及时救助，做到了广覆盖、不遗漏；及时在《西山帮扶信息》上公布帮扶动态、交流帮扶经验、宣传帮扶事迹，加强信息交流，推动工作进展。

——开展“一助一、献爱心”帮扶活动，实现帮扶工作常态化。一是确立帮扶人员。2004年初，西山煤电组织所有工会干部与困难职工开展了“一助一、献爱心”帮扶活动。2005年12月，西山煤电将“一助一、献爱心”帮扶活动的帮扶人扩大到处级以上干部，基层单位则在科级干部、区队干部中开展结对帮扶活动。对于短期可以脱贫的一般困难家庭，一般采取“一助一”帮扶形式；对于短期难以脱贫的特困家庭，采取包括“多助一”在内的多种帮扶形式，汇集

官地矿踊跃为“光远基金”捐款

为百岁矿工过生日

山西省煤矿职工子女助学金发放仪式在西山举行

成立全省首家企业慈善基金会

多方力量重点帮扶。二是实行帮扶考核。为保证帮扶活动有序开展、规范进行，西山煤电制定了《"一助一、献爱心"帮扶活动考核管理办法》，印制了《帮扶活动工作手册》和结对帮扶活动联系卡，建立了定期走访慰问、定期回访联系等工作机制，并把活动开展情况作为考核工会建家工作的重要内容，作为年度考核工会干部的重要依据。集团每年考核帮扶实效，并召开帮扶工作推进会，总结帮扶经验，解决存在问题，保证活动有力推进、持久开展。三是拓展帮扶内涵。"一助一、献爱心"帮扶活动开展迄今，各单位高度重视，各级领导身体力行，工会干部无私奉献，职工群众广泛参与，帮扶主体由单人帮扶发展到群体帮扶，帮扶对象由贫特困户扩展到边缘困难户，帮扶内容由单一的物质帮扶发展到物质、精神双重帮扶，帮扶形式由单一的捐赠财物形式发展到就业帮扶、就医帮扶、子女就学帮扶、救急救难帮扶等多种形式，帮扶时态由应急救助发展到常态帮扶，"一助一、献爱心"帮扶活动成为职工群众交口称赞的民心工程。

成立敬老中心、发展养老事业

向地震灾区捐款，奉献爱心

兴办西山福利厂，解决残疾职工就业

基层矿井成立"病友协会"服务患病职工

基层矿井着力推进帮扶工作

职工群众踊跃捐款

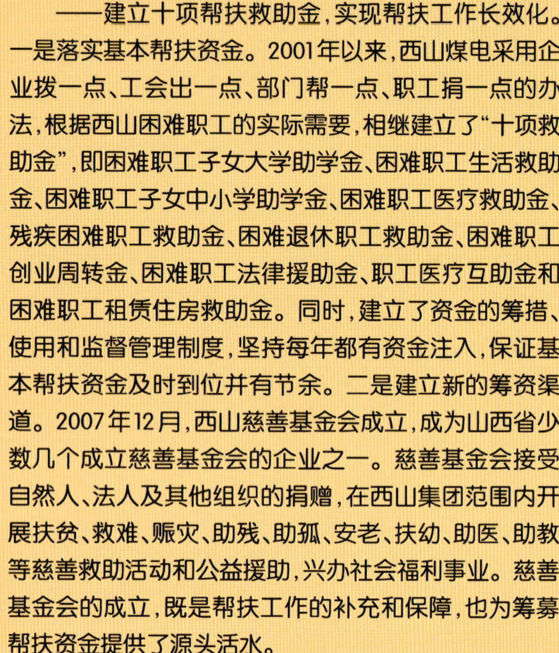

——建立十项帮扶救助金，实现帮扶工作长效化。一是落实基本帮扶资金。2001年以来，西山煤电采用企业拨一点、工会出一点、部门帮一点、职工捐一点的办法，根据西山困难职工的实际需要，相继建立了"十项救助金"，即困难职工子女大学助学金、困难职工生活救助金、困难职工子女中小学助学金、困难职工医疗救助金、残疾困难职工救助金、困难退休职工救助金、困难职工创业周转金、困难职工法律援助金、职工医疗互助金和困难职工租赁住房救助金。同时，建立了资金的筹措、使用和监督管理制度，坚持每年都有资金注入，保证基本帮扶资金及时到位并有节余。二是建立新的筹资渠道。2007年12月，西山慈善基金会成立，成为山西省少数几个成立慈善基金会的企业之一。慈善基金会接受自然人、法人及其他组织的捐赠，在西山集团范围内开展扶贫、救难、赈灾、助残、助孤、安老、扶幼、助医、助教等慈善救助活动和公益援助，兴办社会福利事业。慈善基金会的成立，既是帮扶工作的补充和保障，也为筹募帮扶资金提供了源头活水。

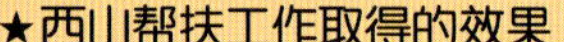

★西山帮扶工作取得的效果

——帮扶工作惠及了困难职工。"决不让一名职工看不起病，决不让一名职工子女上不起学，决不让一个家庭生活难以为继"，这是西山煤电的庄重承诺。据不完全统计，西山煤电困难职工帮扶中心及帮扶站、点近几年来发放救助金2460余万元，直接救助困难职工2.8万人次，为1.4万人次提供了多种形式的生活帮扶，为1350人次提供了政策咨询和法律援助；结对帮扶干部为困难职工家庭个人捐助资金300余万元，为困难职工购买生活用品6700多件，个人出资无偿借给困难职工

慈善助困金捐款现场

爱心超市惠及矿区困难职工

发放困难职工子女大学助学金

资金50.6万元，帮助困难职工开办小摊点158个，帮助462名困难职工家属实现就业，近80%贫特困户实现脱贫。帮扶工作已经成为推动完善社会保障制度、参与社会管理和建设的具体行动，成为为党和企业分忧、为职工群众解难、促进共建共享和谐社会的重要手段。

——帮扶工作实现了“五个转变”。一是工作方法上变被动为主动，变上访为下访，由过去困难职工上门找工会要救济变为工会干部主动上门扶贫解困；二是帮扶对象上变部分为全部，由过去只对部分特困职工救助变为对整个弱势群体的帮扶；三是运作机制上变零散随机为规范有序，由过去随机性救助变为有计划有针对性的长效帮扶；四是帮扶措施上变单一型救助为全方位、多渠道帮扶，由过去仅仅从一方面救助变为现在多管齐下网络型帮扶；五是帮扶效果上变救急为解困、“输血”为“造血”，达到了标本兼治的目的。

——帮扶工作促进了矿区和谐。帮扶工作在西山已不是工会一家唱“独角戏”，而是发展为凝聚各方力量、共同奉献爱心的系统工程。通过开展帮扶活动，为困难职工解决生产生活中的实际困难，协调劳动关系，理顺职工情绪，化解劳资矛盾，第一时间把党和企业的关怀和温暖送到职工群众心坎上。困难职工由过去无原则地提条件提要求变为现在有理智地谈问题说事由，由过去消极悲观对待生活变为现在积极进取与命运抗争，由过去不稳定的因素变为现在企业发展乐章中和谐的音符。帮扶工作所激发出的善心善举，既点燃了困难职工对未来的希望，又营造了行善举、传美德、献爱心的良好风尚。

（西山煤电　供稿）

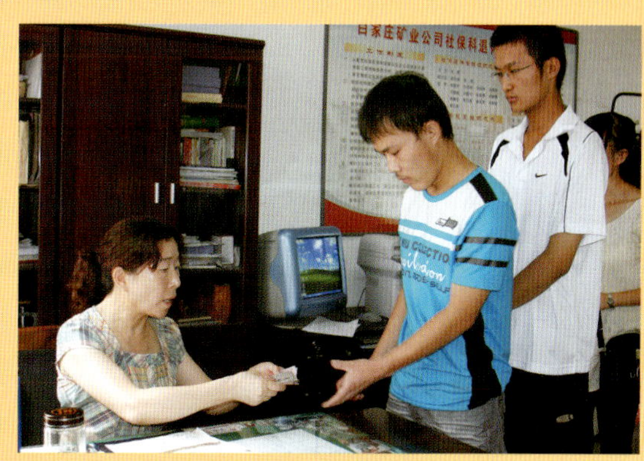

经济困难的大学生领取救助金

井口服务站为矿工送上热腾腾的饺子

建设国内一流 国际先进的大型煤电一体化能源上市公司

——山西漳泽电力股份有限公司

山西漳泽电力股份有限公司(以下简称"漳泽电力")是一家以火力发电为主营业务的电力类上市公司，控股股东为大同煤矿集团有限责任公司。目前拥有11个全资公司、10个控股公司、5个参股公司、4个前期项目，总管控容量684.85万千瓦，是山西省内最大的发电企业。

2013年，漳泽电力立足省内，面向全国，加大资本运营力度，加快转型升级，优化产业结构，提升发展速度、质量和效益，逐步形成"火力发电、新型能源、工程检修、综合产业、高新技术"五大产业布局，实现了由单一生产型向"生产经营+资本运营型"转变，由单一发电型向"煤电联营+煤电一体化"转变，由单纯生产利润型向"经营利润+资本利得型"转变，由项目自建扩张型向"自建+资本并购型"转变，取得了良好的经济效益和社会效益。主营业务规模、资产规模实现了双翻番，总股本由上市初的1.45亿股，增至22.54亿股，增长14.5倍；装机容量由上市初的104万千瓦，增加到684.85万千瓦，增长5.6倍；资产总额由上市初的12.42亿元，增加到297.84亿元，增长23倍。2013年发电量321.72亿千瓦小时，火电机组利用小时累计5039小时，高于全省平均水平106小时，营业收入95.39亿元，实现利润7.56亿元。荣获"2013年度中国证券市场年会金凤凰奖""山西省文明单位""2014年主板上市公司诚信50强""2014年上市公司资本品牌溢价百强"等称号，并荣登2014年中国500强企业排行榜。

漳泽电力将在省委、省政府的正确领导下，在全体股东的大力支持下，坚持"煤电联营、煤电一体化"的发展方向不动摇，积极发展风电、光伏发电等新能源项目，进一步加快发展步伐，强化资本运作，创新经营管理，力争到"十二五"末装机容量达到1500万千瓦以上，着力打造效益漳电、绿色漳电、创新漳电、幸福漳电，全力以赴把公司建设成为国内一流、国际先进，各项指标优于国内五大发电集团平均水平的大型煤电一体化能源上市公司。

(漳泽电力　供稿)

公司全景

积极发展新能源

现代化集中控制室

全力推进节能减排

河津发电分公司

塔山发电公司

同华发电公司

漳泽发电分公司

做强铜业　开发镁业
拓展多元　延伸发展

——中条山有色金属集团有限公司

中条山集团董事长、党委书记　王树琪

中条山集团总经理　刘广耀

中华全国总工会决定
授予中条山有色金属集团有限公司
全国五一劳动奖状。

全国五一劳动奖状
证书

国家科学技术进步奖
证书

中条山有色金属集团有限公司（以下简称“中条山集团”）成立于1956年，是以铜为主，多业并举，集采矿选矿、冶炼加工、运输发电、建筑建材、物流贸易、科研设计为一体的大型联合企业集团，为省政府授权资产经营企业、山西省首批创新型企业。2007年荣获“山西省模范单位”“全国有色金属工业创建节约型企业先进单位”称号，2009年、2014年两次荣获“中国有色金属行业先进集体”称号，2012年荣获“全国有色金属矿产资源开发利用先进单位”称号，2014年荣获“全国五一劳动奖状”。连续多年荣列中国制造业企业500强，中国有色金属工业销售收入50强、山西省工业企业30强。

2013年，面对持续低迷的市场，中条山集团坚持稳中求进，科学决策稳健经营，加快结构调整转型发展，各项工作取得了良好成绩。

中条山集团总部办公楼

省长李小鹏在中条山集团调研

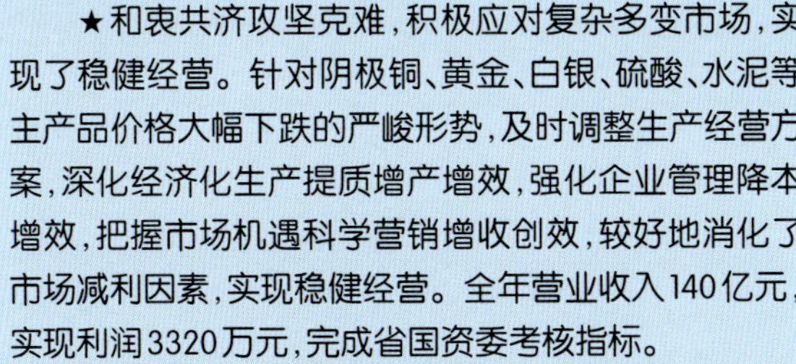

★和衷共济攻坚克难，积极应对复杂多变市场，实现了稳健经营。针对阴极铜、黄金、白银、硫酸、水泥等主产品价格大幅下跌的严峻形势，及时调整生产经营方案，深化经济化生产提质增产增效，强化企业管理降本增效，把握市场机遇科学营销增收创效，较好地消化了市场减利因素，实现稳健经营。全年营业收入140亿元，实现利润3320万元，完成省国资委考核指标。

中条山集团阴极铜生产场景

★加快结构调整转型升级，建设“绿色矿山、绿色冶炼”。利用高新技术和先进适用技术对矿山、冶炼产业进行改造升级，两大转型发展重点项目取得重要突破。“绿色矿山”项目——铜矿峪矿二期工程，成为全国最大非煤地下矿山，矿产资源开采回采率、选矿回收率、废水利用率、绿化覆盖率等“绿色矿山”指标达行业先进水平，成为国家第三批“绿色矿山”试点单位。“绿色冶炼”项目——垣曲冶炼厂年处理50万吨多金属矿综合捕集回收技改工程，工艺技术先进，节能环保，资源综合回收利用率高。

★坚持创新驱动，企业核心竞争力不断提升。《铜矿峪矿自然崩落法采矿技术研究》项目获省财政技术创新奖励，《铜冶炼副产品及中间产品中稀贵金属综合回收利用的研究》通过省科技厅鉴定，连续5年荣获山西省“科技奉献奖”集体特等奖，2013年被确定为“山西省首批创新型企业”。

★狠抓安全环保和节能减排，促进企业可持续发展。全面落实安全生产主体责任，基层单位创新实行安全生产约谈问责等措施，实现了较大人身伤亡事故、较大设备事故、较大火灾事故、重大交通事故为零的目标。全面实施结构减排、工程减排、管理减排，实现污染物全面达标排放，杜绝了环境污染事故。

★持之以恒改善民生，抓好企业文化建设，百里矿区和谐稳定。以棚户区改造和社区环境治理为重要抓手，不断改善职工人居环境。广泛开展文明单位、文明小区、文明家庭、文明职工等企业文化和精神文明创建活动，物资设备部等单位分别荣获“山西省精神文明先进单位”“山西省省属企业文明单位标兵”称号。

★着眼未来科学谋划，加快企业转型跨越步伐。按照“做强铜业，开发镁业，拓展多元，延伸发展”的思路，着力构建铜业、镁业两大板块，重点发展技术含量高、填补国内基础材料空白、市场空间大等高附加值产品。到2020年，营业收入确保800亿元、力争1000亿元，利税突破54亿元，铜业综合实力迈入全国前三名，镁业成为可持续发展的环保型、效益型领军企业。

（中条山集团　供稿）

省长李小鹏在公司考察调研

太原市市长耿彦波在公司调研投资企业

创新发展　再创辉煌

——山西省科技基金发展总公司

监督检查经费落实情况

山西省科技基金发展总公司创建于1993年6月，注册资本2亿元，是山西省经贸投资控股集团有限公司的全资子公司。2013年，科技基金公司进一步改善发展软环境，提高经营管理效率，探索与公司相适应的发展方式，在日趋严峻的经济形势和市场竞争中提升公司业绩，取得了较好成绩。公司各项收入1.34亿元，比2012年增长24.3%，完成集团公司目标任务的134.4%；利润总额1524万元，增长15.1%，完成集团公司目标任务的110.4%，超额完成年度经营考核指标。

★创新投资管理机制。2013年，为适应新形势，谋划发展了管理公司，以实现基金出资人与管理者分置，使管理方式更专业化和项目开发更优质化，通过分类管理，从已投资股权企业中筛选出有退出前景和科技亮点

总经理成飞龙参加“五一奖”颁奖大会

国家知识产权局专利局太原代办处揭牌仪式

的好苗子，实施重点管理，加快企业改制、募资和上市进程，为公司创造增值退出的条件，以增加公司投资收益，延续公司业绩，提升公司形象。同时，努力打造、培养、锻炼一支崭新的创业风险投资人才队伍。

★重点项目和投资亮点。重点产业培育项目——河津市远东特种铝业有限公司“四万吨薄水铝石”，该公司产品各项技术指标均达到国际先进水平，部分产品经深加工后销往美国、欧洲等市场。重点人才引进项目——山西傲维光视光电有限公司“大功率激光光源集成和散斑消除”，科技基金公司继续加大力度跟进傲维视光的产品商业化与技术产业化，该项目的市场化运作正在有序推进。重点上市储备项目——山西澳坤量子农业科技有限公司“日产30吨杏鲍菇”，澳坤量子扩建项目基本达产，产能位居国内前三强。该项目获得深圳市创新投资集团有限公司及其关联机构的股权融资4500万元，获得世行“奥地利政府贷款项目”35万欧元贷款，加快上市步伐。被评为“临汾市小型生态灌溉与监测工程示范项目”。

★围绕成果转化开展综合服务。协助省科技厅组织召开“山西省创新基金工作推进会”，负责全省创新基金申报工作，2013年度创新基金共组织申报项目500多项，推荐科技部项目240项，获得国家立项132项，获得国家资金8490万元，立项数和资金额均为2012年的2.2倍，增幅全国第一。着力在充实服务功能方面开拓新亮点。5月29日，国家知识产权局专利局太原代办处在公司下设的山西省技术产权交易中心正式落户，对激活山西省科技成果转化存量和山西省科技型中小企业的快速发展起到了积极的推动作用。

2013年，公司荣获“山西省省属企业精神文明标兵”称号，公司团支部荣获省国资委“五四红旗团支部”称号，被中国投资协会股权和创业投资专业委员会评为“2013年度中国优秀股权投资机构提名奖”。公司投资项目“山西中电科新能源有限公司”和“山西澳坤量子农业科技有限公司”分别荣获“2013年度中国优秀股权和创业投资项目铜奖”和提名奖。公司总经理成飞龙被中国投资协会股权和创业投资专业委员会评为“2013年度中国优秀股权和创业投资家杰出成就奖”。

（省科技基金发展总公司　供稿）

董事长王会生观摩采煤区班前会

总裁冯士栋参观班组建设

忠诚　求实　激情　创造

——国投大同能源有限责任公司

国投大同能源有限责任公司成立于2004年8月，原为山西国投云峰能源有限责任公司，2007年12月更名为国投大同能源有限责任公司，由国投煤炭有限公司和大同市南郊区云峰资产经营有限责任公司合资组建。公司为煤电一体化能源企业，拥有一座240万吨选煤厂和一座2×135兆瓦煤矸石电厂，铁路装车系统在建。经营范围包括煤炭生产及深加工、煤炭经营、电力开发及综合利用、煤炭投资。

2008年投产以来，公司收入和利润稳步增长，取得了良好的经济效益和社会效益。截至2013年10月，累计生产原煤1357万吨，发电31.04亿千瓦小时，累计实现营业收入51.67亿元，实现利润17.08亿元，上缴税费15.21亿元。生产经营指标呈现上升趋势，职工收入稳定增长，创建了建设项目投入低、回报高、速度快、效益好的"短、平、快"投入产出模式，形成了经营管理高效化、基建管理精益化、环保节能绿色化、组织结构精干化、生产装备现代化、安全管理精细化、以人为本常态化、党团建设特色化、班组建设模式化、社会效益最大化的十大经营管理特色。近三年，公司荣获中国煤炭企业100强、国家级安全质量标准化矿井、国家级绿色矿山（试点单位）、全国新班组建设最佳超越奖、全国新班组建设最佳安全标杆奖、全国新班组建设最佳绩效奖、山西省五一劳动奖状、山西省"转型跨越"五四青年奖状、山西省企业环境行为绿色等级、山西省现代化矿井、国投集团"二次创业"突出贡献集体等称号，连续三年被评为"国投集团先进集体"。尤其是国投大同塔山煤矿采煤三班，号称"钢铁班"。多年来，该班组在生产任务、安全管理、质量标准化、班组文化建设等各项指标考核中均名列前茅，连续五年安全生产。在狠抓班组管理过程中，不断探索新方法、新工具，特别是创建了全员管理班组特色模式，让每一个员工都当班长，充分体验班组长职责，进行角色互换，大大提高了员工综合素质，为安全生产奠定了良好基础。2014年"钢铁班"荣获"全国工人先锋号"称号。

（国投大同能源有限责任公司　供稿）

国家安监局领导在公司调研

大同市工会主席张志伟在班前会上发言

公司组织参加国投集团“党的群众路线教育实践活动”动员大会

“人人都是班组长”班组建设经验推广培训班

案例分享会

绝活交流

湖东车辆段领导班子

太原铁路局局长杨绍清在湖东车辆段检查工作

发展率先 机制领先 管理争先

——大秦铁路股份有限公司湖东车辆段

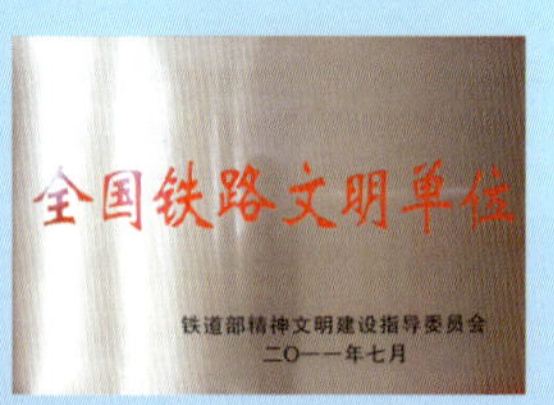

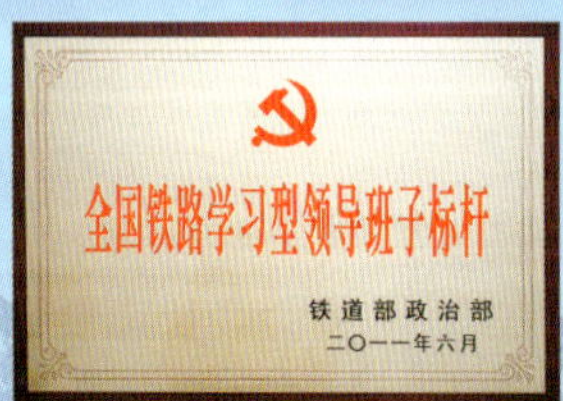

近年来，湖东车辆段围绕铁路科学发展主题和转变发展方式主线，瞄准三年创建全路一流货车车辆段、构建“五大格局”奋斗目标，抓具体、抓过程、抓落实，圆满完成各项工作任务。

★以内部挖潜提效为依托，着力在优化布局、扩能改造中提升了现代化大生产新水平。围绕能力、流程、配件、落成四项重点，新建了厂修预分解库、配件检修库，湖东、大同厂段修台位增至93个，形成了“单元化”管理、“模块化”组装新模式，全段厂段修任务每年以11.5%速度持续增长。抓住轮对供应“瓶颈”，建成单班年设计能力1.2万条轮轴大修基地。

★以提升装备质量为重点，着力在创新体制、整列扣修中打造重载列车大进大出新格局。依托HMIS、AEI、走行公里系统，实行了重载货车“客车化”管理；积极推进集中整备，临修甩车率下降70%；整合湖东、茶坞“两大”机检中心，重载货车运行品质大幅提升。

★以安全风险管理为主线，着力在提前预想、超前防范中开创安全生产新局面。深入推进安全风险管理，自主研发了“货车安全风险预警系统”，变“预报故障修”为“预警故障修”；实行14类“重点车”分层管理、分级控制，“一事一令”动态跟踪、闭环销号，先后整治了10个“砸锅惹祸”车辆故障、10个严重安全管理漏洞；针对惯性“顽症”，开展10项车辆故障专项攻关，消灭了行车责任一般D类及以上事故。

★以规范生产流程为支撑，着力在依托技防、提高标准中构建检修显性化控制新体系。紧盯检修生产全过程，创新工装设备智能化、作业流程自动化、检修过程可视化、技防措施显性化、状态管理信息化“五化”管理，强化入线

太原铁路局党委书记张义平走访湖东车辆段轮轴车间

湖东车辆段段长邢东现场指导

湖东车辆段党委书记栗维佳现场指导

湖东车辆段重载货车整备线

摆车、配件修理、落成试验等远程动态监控，实现了定检"零过期"、轮对"零过限"、制动"零关门"目标，车辆检修一次交验合格率持续保持在97%以上。

★以打造行业品牌为己任，着力在研判规律、科学实践中形成重载管理新标准。秉承"一流企业定标准"的思路，在重载安全管理、技术管理、科技创新、劳动组织等多方面探索实践，制定了3大系列、24册、1316项的重载管理和技术标准，引领了全路货车车辆段向高品质发展。开创了货车客车化管理、走行公里检修、整列整备、5T应用，以及取消中间技检作业等一系列中国铁路重载运输的先河。闸瓦厚度、钩舌使用、撑杆改造等多项科研成果被总公司和路局纳入规章范畴，提升了重载检修、质量保障、安全保障能力。全段获得"山西省安全文化建设示范企业""全国企业文化建设先进单位""全国五一劳动奖状单位"称号。

（湖东车辆段　供稿）

湖东车辆段5T检测中心

湖东车辆段修配车间配件库内景

太原机务段段长王建峰、段党委书记张建平与太原机务段动车队全体成员合影

被誉为三晋“第一动哥”的太原机务段动车队任青云荣获“山西省劳动模范”称号

全国工人先锋号

——大秦铁路股份有限公司太原机务段动车队

作为山西省唯一的高铁、旅客列车动力牵引单位，大秦铁路股份有限公司太原机务段，拥有职工6032人，19个生产车间、14个科室、265个班组，担当任务区段覆盖华北、西北地区，横贯京、晋、冀、陕一市三省，牵引里程3706千米，日担当旅客列车任务105趟，高铁任务34趟，货车任务474趟。

太原机务段动车队组建于2009年5月1日，担当着太原至北京西间的24趟高铁、动车组列车任务和10趟直达特快旅客列车任务以及太原至石家庄间的10趟高铁、动车组列车驾驶任务，是山西省高速动车组列车的先行军。

自2009年5月建队至今，始终承负使命，扎实工作，积极倡导“职业就是事业，本职就是天职”的核心价值观，认真践行“精神抖擞、专心致志、一丝不苟、精益求精”要求，严格按照《太原机务段动车组司机文明值乘标准》要求规范动车组司机行为。规范车队管理，制定完善了《动车组安全措施及办法》《太原机务段动车组塑形制度》《动车组司机模块化作业标准》等规章制度，坚持按章办事、按标作业。全面推行“一岗一标准、一事以流程”标准化流程，将动车组司机作业模块化，使作业过程始终处于可控之中。贯彻“客车大于天，动车无小事”的安全理念，深入开展安全意识教育，查找安全隐患，防控风险，坚持把“零失误、零缺陷、零风险”作为安全管理的“三零”目标，通过“模块化”深入落实安全风险管理，坚决确保动车组行车安全，为确保高铁动车组和直达特快旅客列车运行的安全、正点和平稳做出了突出贡献，在山西省高铁发展历程中谱写出了精彩篇章。截至2014年6月1日，动车队安全生产1819天，安全行驶1300余万千米，担当重点、专运任务车次380趟，确保了石太客运专线、京广高铁、大西高铁太原至西安段顺利开通运营。先后获得铁道部“全国铁路创先争优基层组织”、太原铁路局“优秀党支部”“先进集体”“青年文明号”“晋之星”优秀客运品牌等称号。

（太原机务段动车队　供稿）

太原机务段动车队队长黄惠清与动车司机共同学习《动车组司机作业指导书》

太原机务段着力打造"任青云劳模创新工作室"

太原机务段动车队高铁司机在调度室进行出勤作业

太原机务段动车队高铁司机严格落实交接班制度。图为高铁司机在太原站执行站接任务

太原机务段动车队高铁司机严格执行手比眼看呼唤制度

2014年7月1日，大西高铁太原至西安段开通运营，太原机务段高铁司机彭俐担当首趟值乘任务

董事长李振会

法国波尔多葡萄酒研究中心总经理、格瑞特酒庄法方技术总顾问德尼先生

格瑞特
打造华夏葡萄酒首席酒庄

酿酒葡萄

格瑞特酒庄位于华夏文明发祥地和华夏葡萄酒起源地的山西夏县，正是因为坐拥华夏文化宝地，格瑞特酒庄决心打造属于华夏大地的中国葡萄酒。

★梦想：传承灿烂的华夏葡萄酒文化

运城（古称河东）的葡萄酒发展史可谓华夏葡萄酒文化的缩影。唐人李肇在其《唐国史补》中记载了唐朝的16种名酒，“酒则有郢州之富水，……剑南之烧春，河东之乾和葡萄……”其中，产自河东（今山西运城）的乾和葡萄酒名列第六且是当时唯一的葡萄名酒。“乾和”切合了中国传统文化中“乾乃天，乾和寓意天地人和”的思想，“河东乾和”可谓中国葡萄酒品牌文化之源，是最能代表中国传统文化特色的葡萄酒品牌。

★领军：建设坐拥首席的高规格酒庄

2011年，格瑞特在有“华夏之摇篮，文明之先河”的河东鸣条岗，开始了新酒庄的建设。新酒庄地处北纬35°，海拔450~560米，具有黄土层深厚、昼夜温差大、矿物质含量高、光照时间长、无霜期长、降雨适量等特点，是国际公认的葡萄酒原料生产黄金地带，与世界著名葡萄酒产地法国波尔多条件基本相同，被国内外葡萄酒专家称之为“中国最适宜发展葡萄酒的地区”。格瑞特酒庄园区分三期建设，2013年第一期工程竣工，第二期工程预计在2014年完成，第三期工程预计2015年完成。

中国葡萄酒协会会长、格瑞特酒庄中方技术总顾问李华教授

酒窖

★整合：打造横跨一、二、三产业的绿色庄园

格瑞特酒庄以自营性庄园为核心，大力实施农业产业化和工业旅游化，致力于打造集葡萄种植、葡萄酒酿造、葡萄酒营销、葡萄酒主题旅游为一体的横跨一、二、三产业的全产业链绿色庄园。公司以"工业化理念、产业化思维、市场化手段"，打造集观光农业、特色农业，设施农业、有机农业为一体的综合经济体，形成"土地变绿色工厂、农民变产业工人"的"三农"发展新模式。

★使命：让味蕾绽放荣耀

葡萄酒的酿造，讲究"三分工艺、七分原料"。为保证原料的安全优质，酒庄从种植、定型、修剪、施肥、浇水到选果、采摘，各个环节严格把关，保证纯天然有机葡萄的品质，保障原果绿色、健康、无污染；同时在亩产上进行严格"控产"，保证葡萄原果的矿物质和有机物含量。酒庄的生产工艺严谨完美，对葡萄进行"三重原料检验"，采用国家标准GB15037、GB2760和国际葡萄与葡萄酒组织OIV"三重生产标准"，原酒储藏通过"三重沉淀处理""三重除菌过滤"，最大限度地保障葡萄酒丰富的营养、独特的香气和口感。此外，酒庄实施严格的365天全年葡萄酒质量数据监测。

未来的格瑞特酒庄，还将通过与葡萄专业合作社的合作，向农户提供产、供、销和栽培技术服务，以农业开发公司和庄园为中心辐射周边村庄，形成优质葡萄种植基地1000公顷，带动农户5000余家，参与农民2万余人，既要确保格瑞特葡萄酒的品质，又要促进农民持续增收，实现企业与农业的"双赢"，使公司的发展更具有持续性。

酿酒车间

酒庄主楼

酒庄总部：山西省运城市夏县温泉路5号
电话：0359-8553199
太原营销中心：山西省太原市长风桥西丽华西路
电话：0351-5606628
运城营销中心：山西省运城市学府嘉园
电话：0359-2623269

依托传统特色 打造国药经典

——山西广誉远国药有限公司

代代传承的特色制作技艺

山西广誉远国药有限公司前身为山西中药厂，2003年8月由西安东盛集团重组，是专业从事中成药生产、销售、研发的中成药现代制药企业。

公司始创于明嘉靖年间(1541年)，曾与同仁堂、胡庆余堂、陈李济并誉为“清代四大药店”。1955年公私合营改名为“广誉远制药厂”，1973年改名“山西中药厂”，一度被列为全国8个重点中药厂之一，并在全国21家重点中药企业排行中名列前茅。2006年被商务部列入首批“中华老字号”企业，是山西省唯一入选中华老字号的医药企业。

公司现有丸剂、胶囊剂、酒剂、片剂、颗粒剂、散剂、口服液、煎膏剂等8个剂型104个“国药准字”号产品和保健食品“远字牌龟龄集酒”。主导产品龟龄集系中国最早的中药复方升炼剂，它采取多种珍贵药材，应用道家特有升炼技术炼制而成，享有“炼丹活化石”之称，是祖国医药宝库中的一份独特遗产，2008年列入国家级非物质文化遗产保护名录。另一传统独特产品定坤丹，系清代乾隆年间全国名医集体创造，为我国妇科综合制剂的最高总结，1995年联合国第四次世界妇女大会唯一指定专用妇科中成药，2011年列入“国家级非物质文化遗产”名录。龟龄集、定坤丹均被科技部、国家保密局联合认定为国家级保密处方及工艺技术。此外，公司拥有安宫牛黄丸、三鞭温阳胶囊、牛黄清心丸、麝雄至宝丸、龟龄集酒等系列产品，均为处方精深、炮制独到，疗效至上的珍贵品种。

部分精品产品展示

2013年，公司开始实施精品战略和广誉远“百家千店”工程，以在全国各大重点城市建立1000家国药堂、100家国医馆为目标，以精品专卖的形式，实现老字号的再次复兴。公司连续多年获“山西省消费者信得过单位”“山西省守合同重信用企业”“山西省质量信誉AAA级”等称号。“远”字牌商标历年被评为山西省著名商标。2011年公司进入中药工业企业主营业务收入百强，名列国家级“非物质文化遗产生产性保护示范基地”名单。

（山西广誉远国药有限公司　供稿）

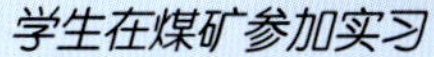
学生在煤矿参加实习

学生在建筑工地实习

特色发展　争创名校

——山西省雁北煤炭工业学校

山西省雁北煤炭工业学校1981年建校，是省属大型国家级重点中专学校。开设高职、中专、中学三种学历教育层次，设有采矿技术、矿山机电、测量工程技术、矿井通风与安全、电子技术应用、煤化工以及建筑类、经济类、信息技术类等20个专业，在校生4600余人。

近年来，学校坚持立足煤炭企业，兼顾相关行业；优化专业结构，扩大办学规模，以为地方经济和社会发展服务为办学方向。坚持以中职教育为主，坚持层层办学，多渠道招生；坚持发展中职，办好高职，拓宽培训，稳定高中的原则；坚持最大限度地发挥学校的办学资源优势为企业和社会服务的层次定位。始终贯彻以教学为中心，以质量求生存，以特色求发展；强化管理，争创名校；增强学生就业竞争能力，以让每个学生走向就业成功为办学理念。坚持以就业为导向，以职业素质、岗位能力为教育核心，以培养适应生产建设、管理服务第一线需要的，具有良好职业道德素质的中高级技术应用型人才为培养目标。

——抓教改，促管理，努力提高教学质量。在内部管理上学校采取了一系列量化考核措施，择优劣汰，竞争上岗，有效调动了广大教职工的工作积极性。在教学上积极开展教学改革，从课程设置、实验实习手段上进行大胆的改革，突出实践性教学环节，从而提高教育教学质量。重视师资队伍建设，采取走出去培训深造，请专家示范教学，下厂矿锻炼提高的办法，师资力量大幅提升。目前，全校专职教师学历合格率100%，一批学科带头人，专业骨干教师活跃在教学第一线，承担着学校教学改革发展重任。

——强技能，重实训，努力形成办学特色。始终贯彻“知识传授”“技能训练”“能力培养”三者并重的原则，适应市场要求，迎合企业需求，实现了“学历＋技能”的培养模式。同时，加大硬件建设，学校先后新建了计算机实验室、多媒体电教室、采煤通风安全实验室、采掘实验室、电工电子实验室、会计模拟实验室、机加工车间等。

——拓“出口”、保“入口”，确保毕业生就业。围绕学生就业深化教育改革，以拓宽“出口”来保证“入口”的畅通，开展了包括订单培养、岗位培训等多种形式的培养模式，先后与广东、深圳、上海、内蒙古和全省各大矿务局建立了固定的用人联系渠道，历届毕业生就业率都在90%以上。

学校先后荣获山西省煤炭厅教育先进单位、山西省教委首批精神文明学校、山西省职业教育先进单位、山西省教改先进学校等荣誉称号。连续10年被山西省大同市评为市级模范单位。2005年采矿技术专业被山西省教育厅批准为省级示范专业，同年被教育部、财政部认定为“2005年中央职业教育实训基地”。2014年荣获“全国教育系统先进集体”称号。

（雁北煤校　供稿）

公司党委书记、董事长　杜国强

全国五一劳动奖章获得者　冯冰

扶老爱幼

以人为本　服务于民

——大同市公共交通有限责任公司

大同市公共交通有限责任公司是具有公益服务属性的国有企业，公司下属7个运营分公司及大修厂等13个基层单位。现有在册职工3877名，运营车辆1066辆，运营线路50条，线路总长度863.9千米，年客运量2.1亿人次。

近年来，公司在董事长杜国强领导下，坚持以科学发展观为统领，坚持“以人为本、服务于民”的经营理念，弘扬“团结奉献、务实创新”的企业精神，以“办人民满意公交”为目标，转变观念开拓进取，全力开新线、建新站、更新车，着力引进科学新技术，不断提升服务质量，积极推动城乡公交一体化建设，为公众提供了安全、便利、舒适、快捷的出行环境，赢得了社会各界的广泛关注和一致好评。2013年，被省交通运输管理局授予“全省道路运输行业先进企业”称号，被大同市政府授予“扶残助残先进集体”称号。公交驾驶员冯冰被称为“大同李素丽”“公交活雷锋”，2014年荣获全国“五一劳动奖章”。

（大同公交公司　供稿）

弘扬雷锋精神　争当时代先锋

——大同永安出租汽车有限责任公司

大同市市委常委、宣传部长马斌在雷锋车队调研

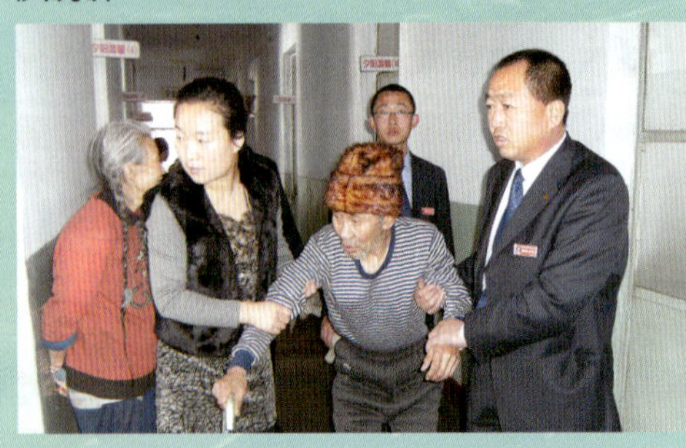
关爱老年人

2008-2009年度山西省学习型组织
先进班组
山西省创争活动领导小组
二〇一〇年一月

大同市永安出租汽车有限责任公司成立于1997年8月，现拥有高、中、低档客运出租汽车500余辆，在大同市客运行业中颇具实力。

2004年初，面对大同出租汽车市场出现的拒载、不打表、绕路、拼客等混乱现象，公司的司机决定组建一支既能正常运营，又能为社会做些公益事业的示范车队，以此来带动大同市整个出租车行业风气的好转。2004年3月5日，大同首家出租车示范车队——“雷锋车队”成立。他们把“弘扬雷锋精神、共创优质服务、建设社会文明”作为服务宗旨，向社会公开承诺“四心、三员、二服务、一帮助”，把文明和真情奉献给每位乘客，成为扮靓古城窗口的一张流动“名片”。9年来，雷锋车队共做各种好人好事2000多件。2005年被省建设厅评为“山西省客运系统2005年度先进集体”，并授予“文明车队”称号，2006年被大同市政府评为“扶贫助残先进集体”、“雷锋车队”苟兴权同志被评为“2006年度绿州杯大同市十大新闻人物”，2012年“雷锋车队”被评为“感动山西十大人物提名奖”，2014年荣获“全国工人先锋号”称号。

（永安出租汽车公司　供稿）

智善金融　天下大同

——记大同银行党委书记、董事长　李桦

李桦同志从事经济金融工作至今已有31年，现任大同银行党委书记、董事长。该行的前身是大同市商业银行，两年前因体制僵化、机制不活、风险高、效益差而受到银监会重点关注。两年间，李桦凭着丰富的银行工作经验和独到的战略眼光，带领全行干部职工坚持以科学发展观为指导，以“稳中求进、进中求质”为工作总基调，全面深化管理体制和运行机制改革，坚定不移地走市场化现代银行之路，打基础、建机制、抓管理、强内控，在改革中谋转变、在转变中促发展、在发展中求跨越，实现了由“风险行”向“好银行”的转型，并成功升级更名为“大同银行”。

李桦，大同银行党委书记、董事长，2014年被评为“山西省劳动模范”。

地址：大同市城区迎宾街迎宾园大同银行办公大楼
网址：www.chndtb.com
服务热线：0352-96588　4001196588

大同银行改革发展、转型跨越取得显著成绩：一是资产负债规模稳步扩大。截至2013年末，全行总资产275.15亿元，各项存款余额257.6亿元，各项贷款余额121亿元，创历史最高水平。二是经营利润成倍增长。2013年末，全行实现账面利润3.24亿元，净利润2.01亿元，利润增长率96%，分别是2011年和2012年的6倍和2倍。三是管理质效全面提高。2013年不良贷款率由2011年的3%下降到0.7%，低于全国城商行平均水平；2013年资本充足率12.3%；拨备覆盖率627.7%，高于全国城商行平均水平；流动性比例52.1%。各主要监管指标在全省排名靠前，整体达到全国城商行平均水平以上。四是履行社会责任的能力进一步提升。各项贷款余额在全市同业中排名第二，对小微企业的支持达到银监会两个“不低于”的要求，连续两年被中国中小企业家协会评为“全国支持中小企业发展十佳商业银行”，金融服务在全市政风行风评议工作中连续两年名列第一。2012年和2013年连续两年纳税均超亿元，名列市属企业第二，跨入市属企业纳税大户行列。2012年被评为“全国五星级服务机构”，2013年被评为“中国地方金融2013十佳成长性银行”，2014年李桦董事长被评为“山西省劳动模范”。

（大同银行　供稿）

平陆县县委书记郭宏听取工作汇报

县委书记郭宏在基层调研

难得“六多”书记

——记全省落实计划生育国策好书记、平陆县县委书记 郭宏

荣誉证书

授予：郭宏

落实计划生育国策

好书记

在2014年全省人口和计划生育工作会议上，平陆县县委书记郭宏被省人口计生领导小组授予“落实计划生育国策好书记”称号。群众称赞郭宏同志为“六多”书记：对人口和计划生育工作重视多、支持多、关心多、调研多、指导多、温暖多。

★重视多。在郭宏同志上任平陆县委书记第一年的全县人口和计划生育工作会议上，他提出“稳定、巩固、突破、创新、提高”十字方针，确定“11234”工作目标。将人口和计生工作列入县委的重要议事日程，每年至少召开两次县委常委会，专题研究人口和计划生育工作，解决人口计生工作中的问题；将人口计生工作纳入重大事项督查范围，同经济工作同安排、同部署、同考核、同奖惩；实行人口计生工作党政一把手责任制，严格追究，一票否决。

★支持多。针对各单位就职能抓职能，合力不强的现状，郭宏同志亲自召开协调会，重申各部门计生职责，并就存在的问题，现场协调，现场沟通，现场办公，形成了县人口计生领导组成员单位各负其责，各尽其职，相互沟通，相互配合，齐抓共管的良好局面。

★关心多。郭宏同志非常关心计生干部，在2012年、2013年两次干部调整中，为县人口计生局配备了两名副局长和一名纪检组长。在计生系统，提拔两名副科级干部担任其他部门主要领导，将两名业务骨干提拔到副科级领导

县委书记郭宏在社区调研计生工作

县委书记郭宏在基层检查计生工作

岗位。2013年机构改革时，针对部门撤并出现的人心不稳，工作不力情况，他亲自与省市人口计生部门领导座谈，提出了稳定队伍、稳定人心、稳定工作的工作思路，解除了人口计生干部的后顾之忧。

★调研多。他经常深入乡镇人口计生服务站和村级人口服务室，看资料，查档案，听汇报，问情况，与育龄群众促膝长谈，与乡村干部座谈交流，探寻如何抓好新型势下农村人口计生工作的新路子。

★指导多。针对留守儿童，他提出了建立个人档案，实行动态管理；建立联系制度，实行联合管理；建立结队帮扶，实行爱心管理的"三建立三管理"服务模式；针对失独家庭，他要求人口计生干部必须摸清底数，了解需求，做到用爱心去温暖，用诚心去感化，用贴心去服务，让失独家庭重拾生活信心。

★温暖多。2013年全县贫困计生家庭子女上大学资助额全部提高到5000元。在中考、移民搬迁、医疗保险、新农合、济困救助等方面出台了优惠政策，给计生家庭予以倾斜优待，让计生家庭优先享受到改革发展的成果，得到实实在在的实惠。

（平陆县委办　供稿）

全县人口计生工作会议

资助计划生育户贫困学生

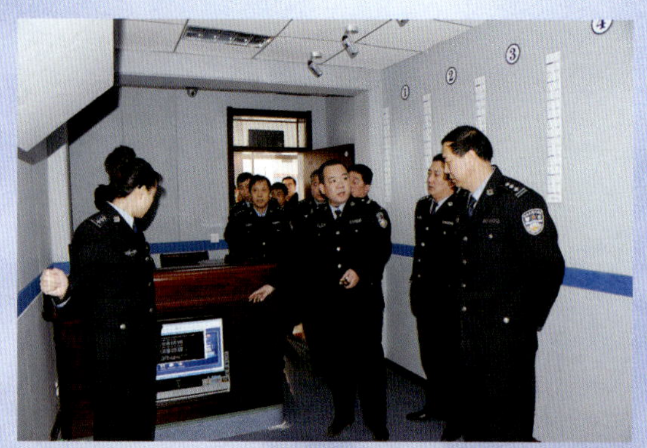

张明川同志深入基层派出所指导执法办案场所建设

张明川同志到有车单位征求意见和建议

发扬部队的光荣传统和作风 努力创造一流的工作业绩

——记阳泉市公安局副局长、交警支队支队长 张明川

张明川，1961年8月生，山西阳高县人，大专学历。1979年12月入伍，1983年3月加入中国共产党，2007年12月转业到阳泉市公安局工作，任市公安局党委委员、副局长，2012年10月任市局党委委员、交警支队支队长。2014年荣获“全国模范军队转业干部”称号。

张明川同志转业后始终保持军人的本色不变，部队的作风不丢，踏踏实实做事，老老实实做人，时时处处率先垂范。分管法制工作被省公安厅表彰为“法制工作先进集体”，盂县公安局被公安部命名为“全国执法规范化建设示范单位”，分管的巡警支队连续3年被团中央授予“全国青年文明号单位”称号，分管消防工作5年没有发生重特大火灾事故，没有发生因火灾死亡的事故。2013年阳泉市交警支队被市公安局荣记集体三等功，被山西省劳动竞赛委员会荣记集体三等功。

★爱岗敬业，一心一意谋工作。转业后，面对全新的工作岗位和工作环境，他边工作边学习，撰写了5万多字的学习笔记，在报纸杂志上发表理论文章5篇，丰富了公安业务知识。他深入基层一线调查研究，走遍了全市66个派出所和所有的基层消防、巡警中队，及时协调解决基层民警工作中的实际问题，对症下药破解难题，制定《阳泉市公安执法规范化建设五年规划》，建立了基层办案流程，规范了民警办案程序；主动向市委、市政府建言献策，保证了全市道路畅通工程顺利实施。

★以身作则，脚踏实地干工作。他工作作风踏实，率先垂范，坚持与民警同吃同住同学习。对全市63个执法部门现场指导，规范了基层单位的“四区”“七室”建设，省公安厅领导对阳泉市执法规范化建设工作给予了高度评价。他走遍了6个交警大队所属的34个中队，为各中队实施民警“五小”工程，提高基层一线交通协管员的工资福利待遇。他履职尽责当表率。对全市公安机关网上办案强制入轨，实现了办案网上流转。对市区25个主要路口进行现

张明川同志在“畅通工程”现场办公

张明川同志在车管服务大厅指导工作

场指导，市区道路拥堵问题得到极大缓解，人民群众出行难的问题有了明显改善。他廉洁自律当榜样，严格要求自己，从不利用手中的权力为朋友、亲友乱办事、谋私利。

★开拓创新，扎扎实实抓工作。他创新工作，实施“12371”工程、“畅通工程”，交通管理工作迈上一个新台阶。他带一流队伍，集中培训、创建优秀警营文化，树立文明威武的交警形象，提高了公安交警的凝聚力、战斗力和向心力。巡警支队被市委、市政府授予“模范集体”称号、荣立集体三等功。消防支队2011年被评为“省级和谐文明标兵单位”，所属11个基层大、中队全部进入文明单位行列，其中5个大队全部进入市级文明单位行列。2013年1月28日，中央电视台国际频道（CCTV4）播出阳泉交警广纳民意治“拥堵”新闻报道，引起全省乃至全国高度关注。

（阳泉市交警支队　供稿）

张明川同志在出晋安全检查站检查工作

张明川同志慰问退休老干部

张明川同志到一线看望执勤民警

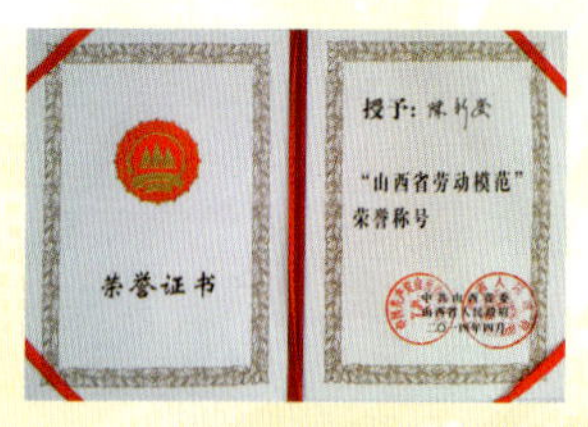

陈新安，男，汉族，山西临猗人，1968年9月出生，1990年7月参加工作，1994年7月加入中国共产党，大学学历，1996年至1997年在职就读于中国社科院工业经济系研究生班。2009年12月，任运城市城市建设投资开发有限公司常务副董事长兼总经理；2011年9月，任运城市城市建设投融资管理中心主任、运城市城市建设投资开发有限公司董事长，兼任运城市东部生态新区建设指挥部常务副总指挥；2013年7月，兼任运城市盐湖区人民政府副区长。

打造实力城投　建设魅力运城

——记运城市城市建设投资开发有限公司董事长、盐湖区副区长　陈新安

★2013年，在市委、市政府的正确领导下，在市直有关部门的大力支持下，陈新安同志带领运城市城投公司全体干部职工，以"一园六路"重点项目建设为中心，开拓创新、攻坚克难、奋力拼搏，重点项目建设成绩显著。一是坚持开拓性融资、开创性经营理念，全年累计筹集资金10.53亿元，投入运城市东部新区禹都公园、河东东街延长线、邑东路等省、市重点工程14.74亿元，完成计划投资的102%，约占运城市"八区联动"当年总投资的1/3。二是科学管控，全力推进重点项目建设。在重点项目建设中，针对公司人手少、任务重、职能缺失的不利因素，陈新安同志科学组织、统筹安排、强化管控，在项目责任、项目投资、项目进度、项目质量、项目安全等方面，研究探索出一套行之有效的工程管控新体系，确保重点项目建设速度快、质量高、效果好，为全市重点项目建设树立了标杆。三是高起点规划、高标准建设省、市重点项目，坚持"规划是城市第一资源"的理念，邀请理念先进、实力雄厚、信誉卓著的策划规划咨询团队，在运城市东部新区实施东部生态新区整体策划，确立了东部新区作为"黄河金三角"中央商务区（CBD）和中央娱乐区（CED）的功能定位与产业重点。东部新区城市形象设计、禹都公园音乐喷泉、公共艺术设计效果都达到国内一流水平，以高起点的策划规划，确保东部新区高品位、高质量、高标准建设。四是积极探索融资类平台公司的发展新路径，提出发展混合经济、化解政府债务风险的前瞻性意见；深入调研、科学决策，就加大城投公司土地资产运营力度，缓解重点项目建设资金压力，实现城投公司可持续发展提出可行性意见，得到政府支持。

★2009年，陈新安同志荣获"山西省五一劳动奖章"称号。2011年8月，当选为中共山西省第十次党代会代表，同年10月，光荣出席中国共产党山西省第十次代表大会。2012年，荣立山西省社会主义劳动竞赛个人二等功，荣获"运城市2011年度招商引资先进个人"称号。2013年6月，荣获运城市"十佳招商引资标兵"称号。2014年4月，荣获"山西省劳动模范"荣誉称号，荣立运城市"八区联动推进城镇化进程个人特等功"。

公司承建的黄河文化博物馆

公司承建的学苑北路立交桥

运城市第一座城市大型跨水桥梁——飞雁桥

运城市市长王清宪在东部生态新区城镇化项目建设工地调研

运城市的国家、省、市、县、乡五级人大代表到东部生态新区视察项目建设情况

运城市政协主席柴林山在东部生态新区建设现场视察

运城市副市长王俊飚在东部生态新区现场办公

★运城市城市建设投资开发有限公司（简称运城城投）成立于2003年6月，直属于运城市人民政府，注册资本两亿元人民币。根据运城市政府〔2010〕5号文件精神，公司以"政府主导，市场机制，企业运作"为指导，以"打造实力城投，建设魅力运城"为己任，主要承担城市建设项目的投融资、土地储备和一级开发、基础设施建设和其他特许项目经营四大职能。

公司现辖八个子公司，涉及城市引水供水、供气、热电联产、污水处理、交通建设、房地产开发、文化传媒等行业。公司本部设办公室、人力资源部、党群工作部、财务部、融资部、投资发展部、土地开发部等28个职能部门和项目部。到2013年末，公司账面资产总额159.14亿元，是2010年公司改制重组前25.6亿元的6.2倍。2010年改制后，先后投资建设了学苑北路立交桥、黄河文化博物馆、东郊城镇化建设项目等一批省、市标志性重点工程，为改善城市功能、提升城市品位、打造城市特色、增强城市竞争力做出了不懈努力。目前，公司的经营职能进一步明晰，资产规模迅速扩张，融资能力显著增强，信用等级稳步提升，内控体系逐步完善，企业竞争能力和综合实力明显提升，在全省同行业处于领先地位。

陈新安董事长在东部生态新区邑东路了解道路建设情况

2011年4月，公司荣获"山西省五一劳动奖状"。2012年4月，公司融资部荣获"山西省工人先锋号"称号，公司荣获"运城市集体二等功""运城市2011年度招商引资先进单位一等奖"和"运城市新农村建设暨扶贫攻坚工作先进单位"称号。2013年4月，公司荣获运城市"模范单位"称号和"运城市2012年度招商引资先进单位二等奖"，公司技术部荣获"运城市工人先锋号"称号。2014年5月，荣获"运城市2013年度目标责任考核优秀单位"称号，公司团支部被评为"市直机关2013年度五四红旗团支部"。

（运城市城市建设投资开发有限公司　供稿）

杨杰经理(右三)在洪洞供电公司督导检查

杨杰经理(左一)在翔山220千伏智能变电站检查工作

实干兴企　服务地方

——记临汾供电公司经理　杨　杰

杨杰，1966年9月生，中共党员，大学本科学历，高级工程师。2013年7月至今任临汾供电公司经理。

杨杰经理恪守“实干兴企、服务地方”发展理念，重责尽职、倾心奉献、专注前行，带领临汾供电公司一步一个脚印稳健前行，服务地方社会经济转型跨越，以出色的工作成绩交出了一份令人民满意、政府放心的优秀答卷。公司获得全国“安康杯”安全生产竞赛优胜单位称号，公司工会荣获国家电网公司“工会工作先进单位”称号，公司团委荣获国家电网公司、团省委“五四红旗团委”称号，洪洞县公司“黎明共产党员服务队”被授予“国家电网十佳共产党员服务队”称号。

★抓关键，求真务实塑新风。他思路清晰、善抓关键、重视落实，提出了以机制突破、能力突破、质效突破、观念突破、心智突破等“五个突破”为着力点的发展理念，全面启动“深化安全管理”活动，落实领导点评和分片包干负责制，保持了平稳有序、稳中有升的良好局面。

★精管理，深化协同强机制。紧密结合公司实际，提出构建安全生产和依法治企两个全面协同机制，深化“三集五大”体系建设，细化同业对标，强化班组和供电所管理。“三集五大”体系建设得到国家电网公司和省公司高度评价。全面开通账户网银业务，强化在线监控，降低财务风险。投运标准化区域库，评标专家管理等5项指标系统第一。

★谋发展，专注改革助跨越。紧盯电网项目规划建设，主动为省市重点项目服务，积极服务乔李民航机场复航改造工程，全力支持为大西、中南部电气化铁路建设。2013年开工建设110千伏及以上电网建设项目34项。高效建成第一座110千伏智能变电站，初步建成110千伏双环供电的坚强西山电网。临汾地区110千伏电网项目优质工程率100%，连续10年在全市政风行风评议中荣获服务行业第一名。

(临汾供电公司　供稿)

标准 责任 服务 发展

——记山西思软科技有限公司总经理 赵 鹏

赵鹏,1973年生,山西太原人,副教授,山西思软科技集团创始人。山西大学计算机应用研究生,山西大学计算机与信息技术学院校外硕士生导师,中北大学硕士生导师,太原师范学院计算机应用技术副教授、硕士生导师,太原师范大学大数据应用与分析协同创新中心副主任。曾在国家级、省级刊物发表论文16篇,编写著作1部,主编及参编教材4部,参与承担省级项目4项,面向企业ERP实施的中间件界面重构技术获山西省科技厅二等奖,2012年、2013年被工信部授予"全国软件专业人才设计与开发大赛"优秀指导老师称号。被山西省人社厅授予"山西省新兴产业领军人物"称号。图为赵鹏总经理为实训人员授课

山西思软科技有限公司成立于2010年6月,是一家集计算机高端实训、软件开发、人才服务外包、在线O2O教育为一体的创新型企业。公司总部位于太原市高新区数码港A座。是山西省经济和信息化委员会授予唯一一家"山西省软件人才实训基地",北京软件出口山西人才培训基地,大学生科技创业实训基地,全国服务外包职业能力认定测评中心,中北大学、太原师范学院、大连理工大学专业硕士联合培养基地。

山西思软科技有限公司成立后,赵鹏带领团队调研了500余家IT企业、100余所高校,最终形成了思软独特的员工式实训模式。该实训模式整体强调学员的动手实践能力,要求具备实际研发经验人员现场开发企业案例授课,项目模块驱动教学,实例贯穿课堂,加大学员的编码工作量,启发编程思想。同时通过组建开发团队保证学员体会到企业当前使用最广泛、主流的技能,并且通过大量典型的企业项目实战演练和企业真实项目开发,让学员通过实训拥有真正的IT企业需要的工作经验。

探索出一套完整的实训模式后,赵鹏及团队面临着另外一个问题,如何才能真正做到实训项目企业化?经过思考,他决定设立思软科技研发分公司,承接软件开发项目。仅2013年,研发分公司承接软件开发项目多达36个,其中大型项目17个。他在创业的同时,不忘回馈社会,开办了免费大学生就业指导讲座,帮助大学生以最快的方式找到适合自己的发展道路。免费接纳各大高校实习生,为大学生走向社会、自主创业做好思想准备和业务准备。

(山西思软科技有限公司 供稿)

山西软件园软件人才培训平台评审会

大学生创业大赛

山西省首家软件人才实训基地挂牌

年轻有为的思软科技公司员工

大手笔描绘大蓝图

——山西安民集团

省长李小鹏在山西安民集团公司调研

省委常委、宣传部长胡苏平在山西安民集团公司调研

运城市市长王清宪在山西安民集团公司现场办公

公司生产的红木家具

山西安民木业集团有限公司是省市重点民营企业，创建于1981年，集团总部与运城关公机场毗邻。集团公司下辖山西安民木业有限公司、斯杰房地产开发有限公司等13个子公司，资产10亿元。安民红·晋作红木家具、运城义乌国际商贸城、中国北方家居产业基地是其三大靓丽品牌。

30多年来，薛安民董事长始终秉承诚实守信的原则，以自我超越的勇气，不断加压奋进；以敏锐的发展眼光，抢抓市场机遇；以执着的创业精神，坚持攻坚克难。科技强企，跨越发展，在文化产业及“飞地经济”建设中成绩斐然。

2010年，在原安民木器厂的基础上，组建成立山西安民木业有限公司，主攻高端木器生产，发展创意经济，实现二次创业。薛安民董事长大胆创新，将“鲤鱼跃龙门”“大禹治水”“桃园三结义”等美丽的地方传说与至尊红木相结合，使河东文化、三晋文化与红木文化融合对接，打造出材质优良、做工精致、外观精美、内涵丰富的安民红·晋作红木家具，远销北京、天津、西安等城市，被誉为红木家具之典范。

2012年，他果断决策，加盟义乌中国小商品城集团，成为义乌小商品城集团山西省唯一代理商。运城义乌国际商贸城建设共分三期，投资50亿元，集购物、餐饮、娱乐、休闲、物流配送为一体，全面运营后可提供3万多个就业岗位，实现年利税18亿元。商贸城一期A区试运营半年来，始终保持良好的发展势头。省长李小鹏实地考察运城义乌国际商贸城后大加赞赏。

2013年，他成功引进运城中国北方家居产业基地，促成运城市政府与深圳家具行业协会、山西安民集团签署了运城中国北方家居产业基地合作建设协议。运城中国北方家居产业基地投资623亿元，建成后将成为集家具制造、物流仓储、商贸流通、园区社会于一体的转型家具产业集聚基地，预计实现年产值1200亿元、利税72亿元、财政收入30亿元，带动20万人就业。3月19日，运城中国北方家居产业基地项目以独特的创意、恢宏的设计、丰富的内涵精彩亮相第29届深圳国际家具展，并与50家品牌家具生产企业签署了《首批企业入园建设协议》。

薛安民董事长兴企为民，回报社会，努力打造有社会责任感的企业。近年来，在积极纳税、安置就业人员的同时，大力投入公益事业，以各种形式回馈社会、造福人民，用于捐资助教、抗震救灾、扶贫济困等方面的投入达数百万元。先后安置大学生、下岗工人和贫困村民800余人就业。

（安民木业集团公司　供稿）

目　录

特　载

山西概况

固定资产投资

经济法制

宏观管理

农　　业

工 业

交通·邮电

住房和城乡建设

测绘·地质·防震减灾

贸　　易

出入境检验检疫·海关

旅游业

财政·税收

金融业

保险业

证券·期货

科学事业

教育事业

文化·新闻·广播·出版事业

卫生·体育

人民生活

县域经济发展概况

转型跨越发展专文

2013 年国民经济统计资料

地方经济法规·规章

·法 规·

·规 章·

山西经济大事记

光 荣 榜

彩色专栏目录

前环衬：柳林县

文明单位

先进单位

三晋功勋

转型综改试点市县

特色市县

1 特载

TEZAI

政府工作报告

——2014年1月18日在山西省第十二届人民代表大会第二次会议上

山西省省长　李小鹏

各位代表：

现在，我代表省人民政府向大会报告工作，请予审议，并请省政协委员和其他列席人员提出意见。

一、2013年工作回顾

过去的一年，我们深入贯彻落实党的十八大、十八届二中、三中全会精神和习近平总书记一系列重要讲话精神，高举中国特色社会主义伟大旗帜，以邓小平理论、“三个代表”重要思想、科学发展观为指导，坚持主题主线和稳中求进工作总基调，攻坚克难，开拓创新，全省经济持续健康发展，社会保持和谐稳定，人民生活水平不断提高，各项工作稳中有为、稳中有进，实现了良好开局。

我们积极应对经济下行压力，经济发展取得新成效。认真落实中央宏观调控政策和各项决策部署，结合我省实际，及时制定实施煤炭20条、低热值煤发电20条、煤层气20条、保障工业运行12条等一系列政策措施，对稳增长发挥了重要作用。

优化投资结构，提高投资效益，“六位一体”推进重点工程建设，全社会固定资产投资首次突破万亿元。大西客运专线、山西中南部铁路通道等铁路建设加快推进，太原地铁2号线开工建设；在建高速公路1250公里，改造国省干线924公里，新建改建农村公路2290公里；吕梁机场建成试航，临汾、五台山机场加快建设；大水网四大骨干工程完成隧洞开挖105公里；新投产电力装机312万千瓦，其中风能和太阳能发电装机120万千瓦；新增燃气管网里程1303公里，总里程达到7019公里，覆盖人口1200多万。

努力扩大社会消费，加快农产品流通体系和社区便民商圈建设，促进电子商务发展，推动全省重点公共场所无线局域网免费覆盖，积极开展“美丽山西休闲游”“山西品牌中华行”等消费促进活动，城乡消费持续增长。努力稳定和拓展外需，太原武宿综合保税区封关运行，机电产品和高新技术产品出口分别增长11.5%、25.7%，外贸转型升级步伐加快。

大力支持实体经济发展，引导煤炭企业增量、稳价、降本、提效，暂停提取有关费用，减轻企业负担近60亿元。支持工业企业挖潜改造，加强产销衔接服务，加大电力外送和省内消纳，促进企业健康发展。实施财政、金融扶持政策，设立20亿元创业投资基金支持创业，投入10亿元支持中小微企业改造升级和科技创新，免征13.5万户小微企业增值税和营业税，“营改增”试点惠及企业2.79万户。全年小微企业新增3.57万户。中小微企业成为促进就业、推动经济发展的重要力量。

据初步统计，2013年全省地区生产总值增长约9%左右，全社会固定资产投资增长22%，社会消费品零售总额增长14%，进出口总额增长5%，公共财政预算收入增长12.1%，城镇居民人均可支配收入增长10%，农民人均纯收入增长12%以上，居民消费价格涨幅3.1%、控制在年度目标3.5%以内，城镇登记失业率3.3%、低于4.2%的控制目标。9项约束性指标全部完成。

一年来，全省上下齐心协力、克服困难，经济社会实现平稳健康发展，全面建成小康社会又迈出了坚实的一步！

我们加快推进经济结构调整，转型发展迈出新步伐。大力改造提升传统产业，煤炭行业建成现代化矿井54座，全省煤炭产量达到9.6亿吨、外运量达到6.2亿吨，11户大型煤炭集团产量占全省的70%以上；焦化行业兼并重组基本完成，企业减少到80户，户均产能由70万吨提高到200万吨；淘汰落后钢铁产能204万吨、焦炭产能756万吨、电力产能21万千瓦、水泥产能350万吨，淘汰落后产能任务全部完成。

加快培育壮大新兴产业，继续实施新兴产业“512”工程，出台加快发展节能环保产业实施方案和行动计划，先进装备制造业、现代煤化工、新型材料工业、特色食品工业等发展势头强劲。太重高铁零部件等项目建成投用，潞安煤制油、太钢不锈钢和硅钢冷连轧、吕梁数据中心等项目加快推进。实施服务业发展“1511”工程，现代物流、信息服务、文化旅游等服务业发展加快，旅游总收入达到2305亿元、增长27.2%，服务业占地区生产总值的比重超过40%。

积极推进节能减排和生态建设，狠抓重点行业和企业节能，扎实推进千项节能改造项目，全省万元地区生产总值综合能耗下降3.8%左右。落实国家大气污染防治措施，制订出台我省实施方案和年度行动计划，大力推进以细颗粒物为重点的大气污染防治，加强水污染防治和城镇污水处理，主要污染物减排任务可全部完成。加大生态环境治理修复力度，治理水土流失面积364万亩，完成高速公路沿线绿化1030公里，全年营造林454万亩。长治、晋城荣获"国家森林城市"称号。强力推进省城环境综合治理，关停污染企业232家，改造拆除小锅炉1.16万台，新增集中供热面积2159万平方米，公交车、出租车基本实现气化，环境质量明显改善。

强化科技和人才支撑，山西科技创新城筹建工作正式启动，水煤浆水冷壁气化炉、煤层气脱氧催化剂、动车轮对关键零部件制造等核心技术取得突破，新建省级重点实验室16家、省级工程技术研究中心7家、省级以上企业技术中心35家。新建院士工作站14个，引进海外高层次人才62名，选拔省级学术技术带头人202名、新兴产业领军人才64名，"千人百县"服务基层活动取得新成效。

一年来，全省上下顶住经济下行压力，保持转型发展定力，转型之路越走越宽广！

我们加大"三农"工作力度，农业农村面貌发生新变化。新实施10项强农惠农富农政策，资金总规模达到60亿元。

加强农田水利基本建设，98座病险水库除险加固全部完成，新启动百座小型水库更新建设，推进大型灌区节水改造，农田实灌面积超过2000万亩。克服严重干旱、冰雪灾害等不利影响，粮食总产量达到131.3亿公斤，再创历史新高。深化农业结构调整，实施七大产业振兴和翻番工程，加快设施蔬菜、水果、中药材等特色产业发展，扶持发展"一村一品"专业村6000个、"一县一业"基地县60个，农产品加工龙头企业销售收入突破千亿元。启动百企千村产业扶贫开发工程，在58个贫困县实施项目209个、总投资690亿元。扎实推进连片特困地区扶贫攻坚，深入开展干部下乡住村包村增收活动，又有47万贫困人口实现脱贫。为农民兄弟新办"五件实事"，改造农村困难家庭危房10万户，易地搬迁特困群众11万人，改扩建村级幼儿园546所，为农村配备保洁人员7.2万名、垃圾清运车3.6万台，为1.8万个村安装太阳能路灯36.8万盏，行政村街道亮化任务率先完成。

一年来，全省上下带着感情抓"三农"，千方百计促进农业增产、农民增收、农村繁荣，农民群众得到了更多的实惠！

我们着力改善民生和加强社会治理，人民生活质量有了新提高。实施义务教育标准化建设工程和农村薄弱学校改造计划，新建改扩建标准化公办幼儿园216所。进城务工人员随迁子女实现在就读地参加中考。对在读的家庭经济困难儿童、孤儿和残疾儿童每人每年给予1000元的生活补助。创建山西传媒学院、太原学院两所本科院校，建成朔州、晋城两个本科校区，11个设区市实现本科教育全覆盖。9所高校近7万名师生入住高校新校区。

深化医药卫生体制改革，县级公立医院改革试点扩大到83个县，同步推进医药卫生一体化综合改革，试点医院实行药品"零差率"销售。开展贫困地区儿童营养改善试点，2.4万名儿童受益。新建城市社区卫生服务机构92所，省儿童医院新院区启动建设。全省人均基本公共卫生服务经费由25元提高到30元，43项基本公共卫生服务惠及城乡居民。

实施"百县强基""万村千乡"等文化惠民工程，省图书馆、科技馆正式投用，省晋剧艺术中心开工建设。文化精品创作成果丰硕，《粉墨春秋》获全国舞台艺术最高奖"文华大奖"。哲学社会科学、新闻出版、广播影视繁荣发展。全民健身活动丰富多彩，竞技体育水平进一步提高，我省体育健儿在第12届全运会上取得10金8银的优异成绩。

制定实施促进高校毕业生就业的16条措施，包括对城乡低保家庭应届毕业生每人给予1000元求职补贴，组织1万名高校毕业生就业见习并给予补贴，招录公务员、事业单位人员和选聘大学生村官、农村特岗教师2.3万人等，缓解了高校毕业生就业困难。深入开展创业型城市创建活动，加强创业培训和职业指导，为就业困难人员提供"一对一"就业帮扶。全年城镇新增就业51.5万人，转移农村劳动力37万人。

着力提高城乡居民收入，调整高温津贴及一线艰苦岗位津贴标准，企业工资基准线和最低工资标准增长15%以上，落实带薪年休假制度和基层机关事业单位津补贴，提高机关、企事业单位人员取暖补贴标准，为领取保险金的失业人员发放取暖补贴，为全省农户免费发放880多万吨取暖煤。通过发展富民项目、加大补贴力度、转移劳动力、支持返乡创业、干部下乡包村等措施，促进了农民收入持续增加。

全面加强社会保障，城镇职工基本养老、医疗、失业、工伤、生育5项保险实现制度全覆盖。城乡居民基础养老金每人每月增加10元、最低达到65元，企业退休人员基本养老金月人均达到2170元。启动城乡居民大病保险试点，城镇居民医保和新农合财政补助标准提高40元、达到每人每年280元。失业保险金和工伤保险待遇标准平均提高15%。城乡低保标准每人每月分别由308元、148元提高到351元、181元，惠及239万人。为集中供养孤儿、散居孤儿每人每月补助1000元、600元。对2.5万名贫困残疾人实施康复救助。

加快保障性安居工程建设，全年新开工城镇保障性住房24.2万套、基本建成22.1万套，完成农村住房抗震改建1万户、受灾群众住房改建1.86万户。深入开展平安山西建设，实施"六六创安"工程，加强基层治理体系建设，认真做好信访和人民调解工作，积极排查化解社会矛盾。加强食品安全专项检查，扎实开展药品质量集中整治，食品药品安全保障水平进一步提高。

放宽城市城镇落户条件，全面实行居住登记和居住证制度。健全社会治安防控体系，推进民生警务、亲民公安建设，依法打击违法犯罪活动，妥善应对和有效处置各类突发事件，社会保持和谐稳定。

一年来，全省上下不断加大民生投入力度，财政支出总量和增量的八成以上用于民生及相关事业，发展成果更多地惠及广大人民群众！

我们坚持不懈狠抓安全生产，安全生产工作取得新成绩。坚持把安全生产作为最大的民生工程，始终牢记"三个决不能过高估计"，始终牢记"三个敬畏"，坚决落实政府监管责任，坚决落实企业安全生产主体责任。加强对安全生产的领导，调整安委会组成人员，明确16个行业领域的安全监管责任；深入开展安全生产大检查和"回头看"活动，对重点领域的6.2万户企业进行拉网式排查，关闭非法违法企业1238家；深刻汲取省内外安全生产事故教训，严肃处理南吕梁山隧道爆炸、潞安天脊苯胺泄漏、焦煤汾西正升煤矿透水等事故。全省生产经营性事故起数和死亡人数分别下降7.3%、9.1%，煤炭百万吨死亡率0.077、下降15.4%。安全生产形势持续明显好转，为全省经济社会发展奠定了坚实基础！

我们着力推进改革开放，转型综改区建设实现新突破。坚持以转型综改区建设为统领，制订实施"十二五"后三年实施方案和2013年行动计划，转型综改区建设进入实质性推进阶段。构建和谐煤电关系成效明显，同煤集团成功重组漳泽电力，晋能公司成立运营，全省34户省调主力火电企业有26户实现煤电联营，省内七大煤炭企业分别与有关发电企业签署中长期电煤购销协议，21户企业开展大用户直供电试点。现代煤炭交易体系初步形成，继2012年启动铁路运煤上线交易后，2013年又启动公路运煤上线交易，至此我省煤炭销售全部实现网上交易，中国（太原）煤炭交易中心注册交易商达到7556户。成功发布太原煤炭交易价格指数，这是我国首个煤炭主产地价格指数。动力煤期货交易试点前期工作进展顺利。行政审批制度改革取得重大突破，获准国家授权低热值煤发电项目核准权，已为装机812万千瓦的10个项目发放"路条"，积极推进煤炭和煤层气矿业权审批制度改革。承接国务院下放行政审批项目33项，取消、下放和调整减少省级行政审批项目435项。在32个县（市、区）推进工商登记制度改革试点。土地管理体制改革深入推进，积极开展城乡建设用地增减挂钩、矿业存量土地整合利用、工矿废弃地复垦利用等试点工作，有效保障了全省建设用地需求。金融创新步伐加快，山西股权交易中心正式挂牌运营，20个县级农信社改制为农村商业银行，金融服务体系不断完善，全省新增各类融资4180亿元。同时，财税体制改革、"飞地经济"发展等积极推进。对外开放进一步扩大，深化省际、省部、省校、省企合作，成功举办文博会、农博会，积极参加中博会等重大展会，招商引资取得新成效。扎实开展对口援疆工作，23项年度重点工程全部完成。

一年来，转型综改试验区建设取得了实实在在的成效，为经济社会发展注入了强大的动力和活力，进一步坚定了全省上下推动转型跨越发展的信心和决心！

我们扎实开展党的群众路线教育实践活动，政府作风焕发新气象。按照中央部署和省委安排，严格执行中央八项规定和我省实施办法，坚决反对"四风"，着力解决人民群众反映强烈的突出问题，以为民、务实、清廉为主要内容，扎实推进教育实践活动各环节工作。坚持立说立行、边查边改，文风会风明显改进，公款吃喝得到有效遏制，停止新建楼堂馆所和清理办公用房工作全面完成，在年初压减省直部门会议经费20%的基础上，又压减部门一般性支出10%，将节省出的经费全部用于改善民生。坚持标本兼治、重在治本，修订完善涉及11个方面的38项制度，制定136条整改措施，明确责任领导和责任部门，整改落实、建章立制工作扎实推进。稳步推进政府机构改革，加强政府系统廉政建设，强化行政监察和审计监督，行政效能和服务水平进一步提升。

加强民主法制建设，自觉执行人大及其常委会的决议、决定，支持人民政协履行职能，全年共办理人大代表建议827件、政协提案748件，向省人大常委会提请审议地方性法规草案9件，制定政府规章1件。"六五"普法深入开展，"法治山西"建设取得新成效。

各位代表，一年来我们走过的道路并不平坦，成绩来之不易。这是党中央、国务院正确领导、亲切关怀的结果，是中共山西省委总揽全局、科学决策的结果，是省人大、省政协大力支持、有效监督的结果，是全省人民齐心协力、艰苦奋斗的结果。在此，我代表省人民政府，向全省人民、人民解放军、武警官兵、公安干警和中央驻晋单位，向各民主党派和人民团体，向所有关心、支持、参与山西改革发展的海内外各界朋友，表示崇高的敬意和衷心的感谢！

我们清醒地看到，我省经济社会发展还存在不少困难和问题，主要是：经济发展规模不大、结构不优、质量效益不高等长期积累的矛盾和问题仍然突出，一煤独大的局面还未根本改变，当前煤炭工业运行困难、企业效益明显下滑、财政增收难度加大，新老问题叠加，加剧了经济运行的压力和困难；节能减排和环境保护任务艰巨，科技创新能力不强，发展方式依然粗放；城乡区域发展差距较大，农民增收特别是贫困地区脱贫困难不小；民生社会事业欠账较多，安全生产基础仍不牢固。

我们还清醒地看到，政府工作仍然存在不少缺点和不足，形式主义、官僚主义、享乐主义和奢靡之风还不同程度存在，思想解放、改革创新不够，调查研究不够深入，对基层、群众工作重视不够，抓落实、求实效下功夫不够，勤俭节约传统有所淡忘，政府职能转变相对滞后，政务环境不优，一些部门推诿扯皮、吃拿卡要现象仍然存在，违规违纪、腐败问题还时有发生。

正视问题为的是解决问题，克服困难才能不断前行。我们要以对党和人民高度负责的态度，事不避难、勇于担当，改革攻坚、创新图强，奋力开创转型跨越发展新局面！

二、2014 年工作安排

2014 年是全面贯彻落实党的十八大和十八届三中全会精神、扎实推进转型跨越发展的关键一年。

当前，我们仍处于发展的重要战略机遇期，经济长期向好的基本面没有改变；党的十八届三中全会开启了全面深化改革的新征程，改革红利、发展动力、市场活力将得到进一步释放；国家深入实施内陆开放战略、中部崛起战略，重点支持中西部地区城镇化发展，政策支撑更加有力；中央继续实施积极的财政政策和稳健的货币政策，加之 2013 年以来我省出台的一系列政策举措，集成效应将不断显现；特别是我省转型综改区建设向纵深推进，国家综合能源基地建设步伐加快，以煤为基、多元发展的产业格局正在形成，发展的基础和条件更加有利，发展空间更为广阔。但前进道路上也面临诸多挑战，外部经济形势严峻复杂，不稳定、不确定因素依然存在。受外部需求不旺、产能过剩和环保约束等因素影响，我省传统支柱产业运行困难，经济下行压力仍然较大。我们必须增强机遇意识和忧患意识，坚定信心、攻坚克难，推动各项工作再上新台阶。

做好今年的政府工作，要贯彻落实好省委十届五次全会提出的工作总要求："高举中国特色社会主义伟大旗帜，以邓小平理论、'三个代表'重要思想、科学发展观为指导，全面贯彻落实党的十八届三中全会和中央经济工作会议精神，坚持稳中求进、改革创新的总要求，以转型综改试验区建设为统领和切入点，全面深化改革，强化创新驱动，加快先行先试，加快转变发展方式和调整经济结构，着力保障和改善民生，增强市场和社会活力，推进经济、政治、文化、社会和生态文明建设，以教育实践活动为抓手加强党的建设，切实提高经济发展的质量和效益，促进经济持续健康发展，保持社会和谐稳定，为走出资源型地区转型跨越发展新路、全面建成小康社会努力奋斗。"

2014 年我省经济社会发展的主要预期指标是：地区生产总值增长 9%左右，全社会固定资产投资增长 20%，社会消费品零售总额增长 14%左右，公共财政预算收入增长 9%左右，城镇居民人均可支配收入、农民人均纯收入分别增长 10%左右和 10%以上，城镇新增就业岗位 51 万个，城镇登记失业率控制在 4.2%以内，居民消费价格涨幅控制在 3.5%左右。

约束性指标是：万元地区生产总值综合能耗下降 3.5%，万元地区生产总值二氧化碳排放量下降 3.7%，二氧化硫、化学需氧量、氨氮、氮氧化物减排完成国家下达任务，烟尘、粉尘排放量均下降 0.5%，万元工业增加值用水量下降 5.5%。

今年，要在全面做好各项工作的同时，重点抓好以下几个方面的工作：

（一）大力推进转型综改区建设。认真贯彻省委《关于深入贯彻落实党的十八届三中全会精神加快推进转型综改区建设的若干意见》，深入推进各项改革。大力实施转型综改三年实施方案和 2014 年行动计划，积极开展"转型综改攻坚年"活动，力争在一些事关转型全局的重大改革方面取得突破。着力抓好国家赋权的三项重大改革。依法依规推进低热值煤发电项目审批及煤炭、煤层气矿业权审批，以动力煤为试点，引入期货交易机制，探索开展区域性商品衍生品交易。深化国有企业改革。推进国有企业股权多元化，积极发展混合所有制经济。健全法人治理结构，推进财务等重大信息公开，健全国有资本经营预算和收益分享制度，改进国企负责人考核评价机制，合理增加市场化选聘比例，改革国企管理人员和职工收入分配、福利待遇等制度。推进资源配置市场化改革。实施煤炭资源市场化配置，完善矿业权交易市场。开展自然资源资产化管理试点，加强资源管理。深化资源性产品价格改革，完善居民水、电、气等阶梯价格制度，推进引黄原水直供，加快实施分质供水。深化财税体制改革。改革预算管理制度，推动绩效预算，清理、整合、规范专项转移支付，规范政府融资平台，建立健全政府性债务管理制度和风险预警机制，积极推进煤炭清费立税和资源税从价计征改革，继续推进"营改增"。深化投资体制改革。确立企业投资主体地位，建立民间资本投资开放项目库，支持民间资本以独资、参股、控股等多种方式进入基础设施、市政公用设施和金融、电信、文化、卫生等领域，鼓励非公有制企业参与转型综改重大项目。积极稳妥地推进高速公路投资建设管理体制改革。加快金融创新发展。加强银企对接，创新金融产品，扩大股权、债权融资，积极发展私募基金，提高直接融资比重；支持具备条件的民间资本依法发起设立中小型银行等金融机构；探索新型抵押担保手段，稳步推进土地流转预期收益抵押贷款，加大对小微企业、"三农"和结构调整的金融服务力度，发展普惠金融；优化金融环境，防范化解金融风险。推进土地管理制度改革。深化城乡建设用地增减挂钩等改革，积极推进朔同地区重度盐碱地转为建设用地等试点工作，探索建立城乡统一的建设用地市场，开展农村集体经营性建设用地出让、租赁、入股试点工作，稳妥推进不动产登记制度改革。

进一步扩大对外开放，加快建设外贸转型升级示范基地，扩大优势产品和高附加值产品出口，鼓励先进技术、关键设备和重要原材料进口。充分发挥太原武宿综合保税区的作用，加强口岸建设，促进贸易便利化。创新开发区和各类园区管理体制，积极发展"飞地经济"。加强区域合作，主动融入环渤海经济圈、中原经济圈，加快推进晋陕豫黄河"金三角"产业转移示范区建设，积极对接丝绸之路经济带。深化与中央部委、高校、科研院所和央企等各类企业的合作，全面落实好各项合作协议。办好能博会、文博会、晋商大会和特色农产品北京展销周等活动，做好中博会等重大展会参展工作。改革开放永无止境，转型综改重在行动。我们要解放思想、转变观念，大胆探索、先行先试，扎实稳妥、有序推进，努力开创改革开放新局面！

（二）促进经济平稳健康发展。进一步扩大消费。支持企业提供优质、大众、绿色、低碳的产品和服务。鼓励信息消费和新兴服务类消费。加快发展电子商务，支持太原建设国家电子商务示范城市。引深“山西品牌中华行”等消费促进活动。推进城市商贸中心、特色商业街和“15分钟便民商圈”建设，加快农产品现代流通示范区建设，发展一批乡村基本生活综合服务中心。严厉打击制售假冒伪劣产品、价格欺诈、计量欺骗等不法行为，让人民群众安全、放心消费。

促进投资增长和结构优化。“六位一体”推进重点工程建设，加强基础设施、产业发展、城镇化和生态环保、民生和社会事业等重点领域投资，发挥好政府投资的引导作用，多渠道筹措建设资金，促进全社会固定资产投资完成1.3万亿元。完成大西客运专线建设任务，实现太原至西安段通车运营；加快中南部铁路通道建设，全面完成山西段建设任务；加快其他在建铁路项目建设，积极推进大张线、太焦线、太榆城际铁路、阳泉城际铁路等项目前期工作。新建续建高速公路732公里，新建改建国省干线公路800公里、农村公路1000公里。实现临汾机场建成试航，加快五台山机场建设。抓好大水网四大骨干工程、引黄配套工程和百座小型水库建设，加快古贤水利枢纽工程前期工作。

支持各类企业健康发展。加快推进大企业“双千亿”“双百亿”工程建设，引导大企业加快技术升级和品牌培育。实施中小微企业成长工程，落实扶持政策，完善服务体系，新培育年销售收入超亿元的“小巨人”企业100户以上。深化工商登记制度改革，推行公司注册资本认缴登记制，实行企业年检改年报，试行先照后证，为各类企业发展创造良好环境。

（三）加快转变经济发展方式。积极推进国家综合能源基地建设。落实好煤炭“20条”，促进煤炭工业可持续发展，加快整合重组矿井技术改造和现代化矿井建设，加大煤炭就地转化力度，延伸煤电铝、煤焦化、煤建材等循环产业链。推动电力工业高效清洁发展，推广应用大容量、高参数、节能环保型机组和先进技术，加快低热值煤发电项目、电力外送通道和电网建设，完善多边交易机制，扩大大用户直供电试点范围。推进煤电一体化发展，鼓励煤电企业以股权为纽带实现联营，鼓励双方签订中长期购销协议。加快煤层气产业发展，加大勘探开发、管线连通和推广应用力度，新增覆盖人口300万。积极发展风能、太阳能、生物质能等新能源产业。

大力改造提升传统产业。按照尊重规律、分业施策、多管齐下、标本兼治的原则，全面清理、分类处置违规项目，严禁上马新增产能过剩项目，提高并严格执行能耗、环保、安全等行业准入标准，有效化解钢铁、焦化、水泥、电解铝等行业产能过剩矛盾，做好职工安置、债务化解等工作。积极应用信息技术和先进适用技术，提升装备水平，促进集群发展。大力推进焦化行业化工产品深加工，推动钢铁产业置换升级和铝镁产业链条延伸，加快建材行业技术改造，提升产品附加值和竞争力。

加快发展新兴产业和服务业。做大做强煤炭机械、重型机械等优势装备制造业，培育壮大煤化工装备、煤层气装备、铁路装备等潜力装备制造业。加快潞安180万吨煤制油、焦煤60万吨甲醇制烯烃、同煤40亿立方米煤制天然气等项目建设。围绕资源循环利用、节能环保服务及装备制造等重点领域，加快发展节能环保产业，力争在半导体照明、高效节能锅炉、低温余热发电装备等方面取得突破。推进“宽带山西”和“三网”融合建设，加快发展物联网、云计算等新一代信息技术。推进太原、晋城国家新能源汽车推广应用示范城市建设，带动全省新能源汽车产业加快发展。大力发展新型材料、特色食品、现代医药等新兴产业，推进太钢高端碳纤维、汾酒工业园等项目建设。落实好支持服务业发展的各项政策措施，着力打造“晋善晋美”文化旅游品牌，积极发展现代物流、研发设计、检验检测等生产性服务业，大力发展育幼养老、家政服务、健康休闲等生活性服务业。

实施创新驱动发展战略。高起点推进山西科技创新城建设，以产业链配置创新链，以创新链配置资金链，引进和培育一流的研发机构、科研项目和科技企业，努力打造国家煤基科技及产业创新高地。启动实施国家创新驱动发展战略山西行动计划和低碳创新行动计划，围绕煤炭安全、高效、清洁、低碳利用以及煤层气开发利用等领域，重点布局一批科技攻关项目。深化科技体制改革，加大科技投入，完善科技投融资体系，引进风险投资基金，建立产学研协同创新机制，强化企业技术创新主体地位，提高自主创新能力。坚持高端引领、以用为本，加大人才培养、引进力度，建立健全人才发现、评价、激励、流动等机制，完善服务保障措施，为转型跨越发展提供强有力的智力支撑。

（四）进一步做好“三农”工作。始终坚持把“三农”工作作为重中之重，以促进农民增收为核心，全面深化农村改革，加快推进农业现代化和新农村建设。

稳定发展粮食生产。加大强农惠农富农政策支持力度，今年再出台10项政策，新增10亿元补贴资金，调动农民种粮务农的积极性。加快灌区节水改造、病险水库除险加固和“一村一井”建设，推进中低产田改造和粮食高产创建工程，增强农业综合生产能力，搞好粮食收储，确保粮食安全和重要农产品有效供给，确保农产品质量安全。

大力发展特色现代农业。加快推进现代农业示范区和雁门关生态畜牧经济区建设，深入实施“一村一品”“一县一业”和七大产业振兴翻番工程。发展壮大农产品加工龙头企业，健全农业社会化服务体系。加快推进农业科技创新和农业机械化。培育推广优良品种，发展若干骨干种子企业。切实做好农村土地承包经营权确权登记颁证工作，有序推进农村土地流转，发展多种形式规模经营。鼓励发展专业大户、家庭农场、农民合作社、农业企业等新型农业经营主体。

深入实施百企千村产业扶贫开发工程。建立完善示范带动、项目支撑、政策支持、考核激励等机制，加大农企对接力度，加快项目落地和资金落实，完善利益共享机制，带动贫困地区实施区域化、规模化产业扶贫开发，促进农民增收和企业转型。整合扶贫资源，改进扶贫方式，实施精准扶贫，深入推进连片特困地区扶贫攻坚，扎实开展领导干部包村增收、机关定点扶贫工作，今年再实现47万贫困人口脱贫。

着力改善农村人居环境。制定和实施改善农村人居环境规划纲要，坚持改善农村人居环境与巩固两轮“五个全覆盖”成果、办好“五件实事”相结合，与实施百企千村产业扶贫开发工程相结合，与工业化、城镇化相结合，与国民经济和社会发展规划相结合，因地制宜、分类指导，分步实施、长期推进，大力实施以农村基础设施和公共服务为重点的完善提质工程，以采煤沉陷区治理、易地搬迁、危房改造为重点的农民安居工程，以垃圾污水治理为重点的环境整治工程，以美丽乡村建设为重点的宜居示范工程，加大中心村建设力度，逐步改善农村生产生活条件。

扎实办好“五件实事”。今年再改造农村困难家庭危房15万户，改造农村幼儿园300所，易地搬迁农村贫困人口10万人，深入推进乡村清洁工程，在已完成行政村街道亮化工程的基础上，今年再将10万名新型职业农民培训纳入“五件实事”。为农民办实事，政府责无旁贷。我们就是要办一件、成一件，成一件、增一件，持续不断地为农民办好事，让农民兄弟的日子越过越红火！

（五）积极稳妥推进特色新型城镇化。认真贯彻落实中央城镇化工作会议精神，从省情出发，坚持遵循规律、因势利导、顺势而为、水到渠成的指导思想，坚持以人为本、优化布局、生态文明、传承文化的基本原则，按照国家新型城镇化规划，完善和实施我省城镇化规划，努力提升城镇化质量和水平。

推进“一核一圈三群”建设。加快太原城市群建设，支持太原率先发展，大力推进地铁2号线、汾东商务区等重点工程。推动太原晋中同城化，今年在道路互通、公交对开、通信一体、金融同城等方面取得新突破，促进太原与吕梁、忻州、阳泉融合发展。加快大同都市区、上党城镇群、百里汾河新型经济带等城镇组群发展。积极推进区域性中心城市扩容提质，抓好新区建设和城中村、棚户区等旧区改造。探索“以矿建镇”模式，推进矿区城镇化，促进资源型城市可持续发展。高标准规划建设大县城和重点镇，促进工业、商贸等各类产业园区发展，完善基础设施和公共服务，增强县城和小城镇的辐射力和带动力。

提高城镇建设和管理水平。严格实施城乡规划，保持规划的权威性、连续性、协调性。加强建筑质量管理，实行建筑质量终身负责制。推进智慧城市、公交都市、卫生城市建设，增加城市公共绿地和活动场所。严守生态红线，盘活存量土地，切实保护耕地、园地、菜地等农业空间，强化建设用地效益考核，提高城镇建设用地集约化程度。

完善城镇化健康发展体制机制。建立透明规范的城市建设投融资机制，鼓励社会资本参与城市公用设施投资运营。深化户籍制度改革，落实我省放宽城镇和城市落户条件的有关政策，促进有能力在城镇稳定就业和生活的农业转移人口有序实现市民化，稳步推进城镇基本公共服务常住人口全覆盖。

（六）加快文化改革发展。培育和践行社会主义核心价值观，大力弘扬山西精神，切实抓好文化建设“六大工程”，加快建设文化强省。

深化文化体制机制改革。按照政企分开、政事分开原则，推动政府部门由办文化向管文化转变。坚持正确舆论导向，加强对互联网的引导和管理。促进转企改制国有文艺院团改革发展，推动经营性文化单位建立完善法人治理结构。扩大政府文化资助和文化采购，探索建立政府购买公共演出服务机制。在公益性文化事业单位逐步推行全员聘用制和岗位责任制。

提高公共文化服务水平。抓好山西广电中心、晋剧艺术中心等重点工程，推进市县文化场馆建设，整合基层宣传文化、体育健身等设施，建设综合性文化服务中心。积极创建公共文化服务示范区，扎实开展“文化惠民在三晋”系列活动。实施哲学社会科学创新工程，发展新闻出版、广播影视、文学艺术事业。加强文物和非物质文化遗产保护，依法打击破坏和盗窃文物等违法犯罪行为。

加快发展文化产业。培育壮大省属骨干文化产业集团，大力扶持中小微文化企业健康发展，实施重大文化产业项目带动战略，鼓励社会资本投入文化领域。大力推动文化产业园区建设和动漫、院线等新型文化业态发展，促进文化与科技、旅游等产业深度融合。完善文化市场准入、运行、竞争和退出机制，健全现代文化市场体系。创作文化精品、讲好山西故事，加强对外交流、唱响山西品牌，让独具魅力的三晋文化走向全国、走向世界！

（七）在改善民生和创新社会治理中加强社会建设。加快教育综合改革和健康发展。新建、改扩建200所标准化公办幼儿园。统筹城乡义务教育资源均衡配置，实施义务教育学校标准化建设，加快农村义务教育薄弱学校改造，积极破解择校难题。将农村初中、小学生均公用经费补助标准提高60元，分别达到760元、560元。普及高中阶段教育。加快发展现代职业教育，抓好实训基地建设。推进继续教育、特殊教育改革发展。探索省市共建高校模式，加强特色学科和急需专业建设，推动高等教育内涵式发展。完善高校新校区各项配套设施。推进筹建山西艺术学院前期工作。支持引导民办教育发展。加强教师队伍和师德建设。切实减轻学生课业负担，促进学生身心健康。健全家庭经济困难学生资助体系。

积极推进考试招生制度改革，实行进城务工人员随迁子女在就读地参加高考。

积极扩大就业。实施更加积极的就业政策，建立经济发展和扩大就业联动机制，建立健全城乡统筹的公共就业服务体系，加强劳动者技能培训和权益保护，全面做好高校毕业生、农村转移劳动力、城镇困难人员、退役军人等群体的就业工作。实施大学生创业引领计划和离校未就业毕业生就业促进计划，政府购买基层公共管理和社会服务岗位更多用于吸纳高校毕业生就业。开展创业型城市创建活动，实行劳动者创业“先贷后补”办法，降低创业门槛，激发创业活力。

着力增加居民收入。深化收入分配制度改革，形成合理有序的收入分配格局。完善最低工资制度，强化企业职工工资调控，实现规模以上企业工资集体协商全覆盖。加强监督检查，确保基层机关事业单位工资和津补贴正常发放。提高住房公积金覆盖率。突出抓好农民增收，提升农业生产经营水平，保障农户宅基地用益物权，完善征地补偿制度，加大以煤补农、以工补农力度，健全农民工工资支付保障机制，多渠道增加农民收入。

完善社会保障体系。整合城乡居民基本养老保险制度，推进机关事业单位养老保险制度改革，稳步推进企业年金、职业年金等补充养老保险。企业退休人员基本养老金提高10%。加强养老机构建设。整合城乡居民医保制度，完善医疗保险异地就医结算办法。城镇居民基本医保和新农合年人均财政补助标准由280元提高到320元。城乡低保标准每人每月分别提高25元、22元，达到376元、203元。农村“五保”对象集中供养、分散供养省级补助标准提高10%。建立一级重度残疾人护理补贴和贫困一级重度残疾人生活补贴制度，每人每年补贴480元，对5万名贫困残疾人进行康复救助。稳定物价水平，完善社会救助和保障标准与物价上涨挂钩的联动机制。

加快推进保障性住房建设。完善基本住房保障和供应体系，今年再开工建设城镇保障性住房23万套、建成18万套。规范保障性住房管理、分配，推进公共租赁住房和廉租住房制度并轨运行。加大普通商品住房土地供应，增加中小户型商品房供给，促进房地产市场健康发展。

大力发展医药卫生事业。健全全民医保体系，完善重特大疾病医疗保险和救助制度。巩固和发展县级公立医院综合改革成果，探索城市公立医院改革。加强疾病预防控制，推进城乡基本公共卫生服务均等化，完善社区卫生服务体系。加强全科医生培养，支持和鼓励社会办医。加快推进省儿童医院新院区建设。扶持中医药事业发展。做好人口计生工作，启动实施一方是独生子女的夫妇可生育两个孩子的政策。广泛开展全民健身活动，办好第14届省运会。

加强和创新社会治理。健全和落实重大决策社会稳定风险评估机制，改革信访工作制度，建立畅通有序的诉求表达、心理干预、矛盾调处、权益保障机制，有效预防和化解社会矛盾。扎实推进城镇社区“网格化”管理，做好社区矫正工作。探索农村社区管理新模式，健全农村留守儿童、妇女和老年人关爱服务体系。加快建立最严格的食品药品安全监管制度，努力形成生产、流通、消费全过程追溯体系，保障人民群众饮食、用药安全。加强应急管理和防灾减灾能力建设，妥善应对各类突发事件。加强社会治安综合治理，依法严密防范和惩治各类违法犯罪活动，扎实推进平安山西建设。

民生无小事，枝叶总关情。我们要更加关注民生、切实保障民生、不断改善民生，把关系民生的工作一项一项抓紧抓好、一件一件落到实处，让人民群众共享改革发展新成果！

（八）深入推进生态文明建设。建立健全生态文明制度体系，加快实施主体功能区战略，促进绿色发展、循环发展、低碳发展。

着力推进节能降耗。推进工业、建筑、交通、公共机构等领域节能降耗，做好煤炭、焦化、冶金、电力、化工、建材等重点行业节能工作。深入开展能效对标活动，推进千项重点节能改造项目建设，实施企业电机和锅炉系统能效提升计划，推进千家企业节能低碳行动和企业清洁生产。实施节能产品惠民工程，推广应用节能、节水、节材的产品、技术和设备。

强力推进减排治污。深入开展重点行业脱硫、脱硝、除尘改造，推进市区重污染企业搬迁改造，加快淘汰黄标车，推进油品升级，加大天然气、煤层气等清洁能源供应推广力度，扩大集中供热实施范围，强化扬尘治理，加强细颗粒物监测和区域联防联控，有效防治大气污染，减少雾霾天气。启动实施水清洁行动计划，加快城镇污水、垃圾处理设施建设，加强农业面源污染治理。继续抓好省城环境质量改善，如期实现“三年大见成效”的目标。积极开展节能量、碳排放权、排污权、水权交易试点，建立吸引社会资本投入生态环境保护的市场化机制。加大环境执法力度，严肃查处违法行为。

加快推进造林绿化和生态治理修复。深化集体林权制度改革，完善林权抵押贷款、森林保险等配套政策。继续实施林业“六大工程”，重点加强吕梁山生态脆弱区林业生态建设，推进高速公路、国省道和旅游公路沿线绿化工程，全年营造林450万亩。开展汾河、桑干河等6条重要河流及15条中小河流治理，启动引黄输水沿线水源地生态保护工程。完善生态补偿机制，全面推进采空区、沉陷区、水土流失区、煤矸石山的生态环境治理修复。启动晋祠泉复流工程，让千古名泉早日重现昔日风采。

大力发展循环经济。着力构建循环型工业体系，实施工业园区循环化改造。加强共生和伴生矿产资源回收利用，推进废水、废渣、废气和余压、余热循环利用，重点抓好粉煤灰、煤矸石、尾矿等大宗固废综合利用，支持朔州加快建设全国工业固废综合利用示范基地，推动废旧家电和机电产品等再生资源产业化发展。发展生态友好型农业，推广秸秆综合利用。启动晋城、孝义国家循环经济示范城市创建工作。

恢复生态、治理环境、建设美丽家园，是我们的共同职责。全省上下要齐心协力、扎实工作，使三晋大地天更蓝、水更清、山更绿、环境更宜人！

（九）切实抓好安全生产。强化安全发展理念，坚持“三个决不能过高估计”的基本判断，敬畏生命、敬畏责任、敬畏制度，严格落实安全生产责任，形成人人都有责任心、事事都有责任制、处处都把责任落到实处的工作机制和氛围。坚持并落实好一系列行之有效的安全生产规章制度，完善安全生产长效机制。按照“全覆盖、零容忍、严执法、重实效”的要求，采取不发通知、不打招呼、不听汇报、不用陪同，直奔基层、直插现场的方式，加大抽查、督查力度。切实抓好煤矿、非煤矿山、尾矿库、道路交通、危险化学品、特种设备、建筑施工、水库等领域及学校、商场等人员密集场所的安全隐患排查治理。加大安全投入，强化人员培训，推进科技兴安，深化安全质量标准化建设。严格落实安全生产目标责任考核“一票否决制”，严肃对待事故、严格追究责任，坚决遏制重特大事故、减少一般性事故，为改革发展提供安全保障。

安全生产是民生，是最基本的民生；是责任，是比泰山还重的责任；是红线，是任何人、任何时候、任何地方都不可触碰的高压红线。我们要时刻绷紧安全生产这根弦，扎实抓好安全生产工作，促进全省安全生产形势持续明显好转，并向稳定好转坚实迈进！

支持国防和军队建设，深入开展双拥工作，发展人民防空事业，促进军民融合式发展。落实民族宗教政策，做好外事、侨务、对台等工作，发展妇女儿童、老龄、残疾人和红十字会等事业，抓好气象、地震、科普、档案、参事、史志等工作。搞好第三次经济普查和地理国情普查。积极推进援疆工作。

一分部署，九分落实。今年的改革发展任务十分繁重，做好各项工作，必须强化改革创新意识，努力建设法治政府、服务政府、责任政府、廉洁政府和学习型政府。加快职能转变。进一步简政放权，深化行政审批制度改革，认真做好国务院下放审批事项的承接工作，继续取消和下放省级行政审批项目，公布省级政府行政审批清单，优化审批流程，提高审批效率。完善政府机构设置和职能配置，严格控制机构编制，财政供养人员只减不增。省级政府机构改革一季度完成，市县机构改革年内基本完成。加快事业单位分类改革，推进行业协会、商会与行政机关脱钩。建立健全政府购买公共服务机制。探索省直管县体制改革，推进扩权强县、扩权强镇改革试点。完善目标责任考核评价体系，推行绩效管理。严格依法行政。自觉接受人大及其常委会的监督，主动接受政协的民主监督，广泛听取民主党派、工商联、无党派人士意见，充分发挥工会、共青团、妇联等人民团体作用。支持法院、检察院依法独立公正行使职权。完善科学民主决策机制，增强公共政策制定的透明度和公众参与度。发展基层民主，做好第十届村委会换届选举工作。善于运用法治思维和法治方式履行职能，做好政府立法，推进综合执法，加强行政复议，开展普法教育，完善法律援助。实行严格的行政问责制，大力整治行政不作为、乱作为现象，严厉查处失职、渎职行为。加强廉政建设。贯彻落实十八届中央纪委三次全会精神，认真执行中央建立健全惩治和预防腐败体系规划，全面落实政府系统党风廉政建设责任制，严格执行廉洁从政各项规定，将廉政建设的要求贯穿于改革工作全过程。加强行政监察和审计监督，建立健全多种形式的监督机制，促进政府部门全面正确履行职责。加强电子政务建设，完善办事公开制度，依法公开权力运行流程。严格执行中央厉行节约、反对浪费的有关规定，严控“三公”经费，规范公务接待，严肃查处各类违法违纪案件，做到干部清正、政府清廉。改进工作作风。巩固党的群众路线教育实践活动成果，抓好建章立制和整改落实，深入开展第二批教育实践活动。认真执行中央改进工作作风的各项规定和我省的一系列制度办法，加大“四风”和庸懒散奢治理力度，切实解决门难进、脸难看、话难听、事难办等问题。加强学习，深入调研，提升素质和能力，大兴苦干实干之风，始终保持昂扬的精神状态，牢记党的宗旨，行使好人民赋予的权力，对人民负责，为人民服务，不负人民重托！

各位代表，全面深化改革的号角已经吹响，转型跨越发展的步伐更加坚实有力。让我们紧密团结在以习近平同志为总书记的党中央周围，在省委的坚强领导下，紧紧依靠全省人民，进一步凝聚改革发展的正能量，锐意进取，真抓实干，为实现转型跨越发展、全面建成小康社会的宏伟目标而努力奋斗！

关于山西省2013年国民经济和社会发展计划执行情况与2014年国民经济和社会发展计划草案的报告

——2014年1月18日在山西省第十二届人民代表大会第二次会议上

山西省发展和改革委员会主任　王　赋

各位代表：

受省人民政府委托，我向大会报告山西省2013年国民经济和社会发展计划执行情况，以及2014年国民经济和社会发展计划草案，请予审议，并请省政协委员和其他列席会议的同志们提出意见。

一、2013年全省国民经济和社会发展计划执行情况

2013年，面对错综复杂的外部经济环境，在省委、省人大、省政府、省政协的坚强领导和监督支持下，全省上下认真贯彻省委十届四次全会暨全省经济工作会议、省“两会”精神，坚持主题主线和稳中求进工作总基调，突出转型综改试验区建设的统领作用，科学应对经济下行压力，及时出台一系列稳增长、调结构、促转型、惠民生的政策措施，确保全省经济运行保持在合理区间内，经济增长质量有了新提高，民生和社会事业取得新进展，省十二届人大第一次会议确定的各项目标任务顺利完成。

初步核算，全省地区生产总值12602.2亿元，增长8.9%。全社会固定资产投资11200.2亿元，增长22.1%，历史上首次突破万亿元大关。社会消费品零售总额4988.3亿元，增长14.0%。公共财政预算收入1700.2亿元，增长12.1%。城镇居民人均可支配收入22456元，增长10.0%。农民人均纯收入7154元，增长12.5%。城镇新增就业岗位51.5万个，超额完成年度任务。城镇登记失业率3.3%，低于4.2%的控制目标。居民消费价格涨幅3.1%，控制在年度目标3.5%以内。万元地区生产总值能耗下降3.8%左右，万元地区生产总值二氧化碳排放量下降3.7%，万元工业增加值用水量下降5.2%，二氧化硫、化学需氧量、氮氧化物、氨氮、烟尘、粉尘等主要污染物减排全部完成年度任务。

（一）投资规模首次超万亿元，稳增长工作成效突出。全力扩大投资。在年初确定9600亿元重大项目投资盘子的基础上，针对重大基础设施投资减少和经济下行压力较大的实际情况，及时新增铁路、保障性住房等领域投资计划300亿元，有效保障了全省投资快速增长，全年投资完成11200.2亿元，增长22.1%，投资规模历史性地突破万亿元大关，为稳增长、调结构作出了重要贡献。充分发挥重点工程的带动作用。变“四位一体”为“六位一体”，统筹推进项目储备、签约、落地、开工、建设和投产各环节工作。建立健全省级重点工程项目包干联系推进工作责任制、“3个24小时直通车”制度，主动协调解决重点工程实施过程中的困难和问题，加快施工进度，全年省级重点工程完成投资4870.4亿元，完成投资计划的110%。大幅下放省级投资审批权限、优化审批流程。省发改委下放投资项目审批权限8项，随审批权下放的审批流程2项，下放审批工作量比例达60%，部分领域达80%以上。优化固定资产投资项目审批管理流程图，实现了投资审批流程扁平化。加快省级政府投资计划下达进度。加强协调，强化服务，省级政府投资计划6月份下达超过90%，9月份基本下达完毕，引领和带动作用明显增强。拓宽融资渠道。预计全社会融资总额实现4180亿元，同比多增380.1亿元，其中新增贷款1807.1亿元，债券融资844.5亿元，股票市场再融资129.8亿元，表外工具融资1398.7亿元。优化投资结构。以重大项目建设为抓手带动战略性新兴产业投资快速增长，全年战略性新兴产业投资完成5281亿元，增长24%，占全省投资的47.2%。激发民间投资活力。引导民间资本投向基础

设施、金融服务、现代农业等领域，全年民间投资完成6089亿元，增长33.8%，占全省投资的54.4%，同比提高4.8个百分点，稳居全省投资的“半壁江山”。小微企业加快发展，全年新创办小微企业3.57万户，比上年多增4000户。中小微企业“小巨人”提升工程加快推进，全年营业收入超亿元企业新增100户以上。

优化投资项目审批管理流程

经请示省政府同意，省发改委正式发布了新的全省固定资产投资项目审批管理流程图。优化后的流程图从5张减少为3张；审批制流程图前置条件由6项减少为3项，核准制流程图前置条件由6项减少为4项；审批环节由26项减少为12项，核准环节由18项减少为9项，备案环节由15项减少为4项。

抓好重大基础设施建设。铁路建设预计完成投资570亿元，大西客运专线、中南部大通道等项目加快推进。公路建设预计完成投资400亿元，在建高速公路里程1250公里，改造国省干线924公里，新建改建农村公路2290公里，重点支持左权至黎城、岢岚至临县等项目建设。机场建设预计完成投资17亿元，吕梁机场建成试航，五台山、临汾机场加快推进。水利建设预计完成投资193亿元，晋中东山供水、中部引黄、辛安泉引水、小浪底调水等大水网骨干工程稳步推进，完成隧洞开挖105公里；万家寨引黄配套工程加快实施，汾河、桑干河、滹沱河、涑水河4条重要河流河道治理工程全部开工建设；大中型灌区节水改造、西山沿黄提灌等工程有序推进，农田水利基础设施进一步改善。电力建设预计完成投资409亿元，新投产电力装机容量312万千瓦，其中风能和太阳能发电装机120万千瓦，全省电力总装机达到6095万千瓦。“十二五”低热值煤发电项目核准工作有序推进，已分两批发放了10个项目的“路条”，装机容量合计812万千瓦。

积极促进消费、扩大外贸。加快城市核心商圈建设，推进农村商贸流通体系及商业信息化建设。开展“幸福暖家工程”“晋人晋莱晋味道”“山西品牌中华行”等消费促进活动，提高山西品牌影响力和市场占有率。大力发展旅游经济，开展“美丽山西休闲游”等推介活动，提升我省景区知名度和接待量，全年旅游总收入实现2305.4亿元，增长27.2%。

积极争取国外贷款支持医疗卫生、职业教育、基础设施等领域重点项目。核准华润、中华煤气等外商投资项目。不断拓宽深化与德国北威州、美国西弗吉尼亚州等区域的交流合作，全年实际利用外资28.1亿美元。积极培育新的外贸增长点，扶持外贸企业转型升级，机电产品和高新技术产品出口比重进一步提高，出口结构明显改善，全年进出口总额实现158亿美元，比上年增长5%。

及时研究出台稳增长政策措施

省政府按月召开经济形势分析联席会，针对经济运行中出现的新情况、新问题，研究实施了强农惠农富农10项政策、农村五件实事、保工业经济稳定运行12条、支持中小微企业发展27条、金融支持结构调整和转型升级11条、促高校毕业生就业16条以及促进煤炭经济可持续增长、低热值煤发电核准、促进煤层气产业发展3个“20条”等政策措施，在短时间内提振了信心，稳定了预期，取得了立竿见影的效果，并为实现长期可持续发展奠定了坚实基础。

（二）“1235”行动计划全面实施，转型综改试验区建设步伐加快。完善顶层设计。召开全省转型综改试验区建设大会，确定了“总体方案—实施方案—行动计划”的推进模式，出台了2013～2015年3年“5111”实施方案和2013年“1235”行动计划，省直各部门及各市、试点县、试点企业也相应出台了具体改革方案，形成了省、市、县三级相互衔接配套的顶层设计体系，转型综改试验区建设进入实质性推进阶段。

“1235”行动计划完成年度目标任务。10项重大改革和20项重大事项16项已经完成，14项取得阶段性进展，结转到2014年继续深入推进。30项重大项目完成年度投资计划，3个项目建成投产，15个项目部分建成投产。5项重大课题形成研究成果。63项部门专项改革任务基本完成。11个市、11个省级试点县、12户省级试点企业改革创新深入推进、效果明显。

2013年转型综改“1235”《行动计划》

《行动计划》是对转型综改“5111”《实施方案》三年任务中2013年工作任务的具体安排，主要包括10项重大改革、20项重大事项、30个重大项目和5个重大课题。其中，重点推进建立健全生态环境保护与恢复治理补偿机制、深化户籍制度改革等10项重大改革；抓好提升中国（太原）煤炭交易中心功能、探索“飞地经济”发展模式等20项重大事项；实施30个重大项目建设，项目全部建成后，预计新增销售收入3723亿元，新增利润365亿元，新增税收242亿元；同时，重点开展资源型产业与非资源型产业均衡发展机制研究等5个课题研究。

重点领域改革创新取得明显进展。促进能源产业发展的体制机制改革进一步深入，煤电一体化改革迈出实质性步伐，煤炭交易机制和市场体系逐步健全；促进城镇化发展的体制机制改革开始起步，用地制度、户籍制度改革稳步推进；金融机制和金融产品创新效果明显，山西股权交易中心挂牌运营，城镇化私募基金开展试点；生态环境保护治理体制机制创新不断深化，循环经济试点有序推进，晋城国家低碳城市试点方案获批并启动实施，大同国际太阳能十项全能竞赛成功举办；招商引资和招才引智进一步加强，开发区体制机制创新取得突破，海关通关模式创新取得积极进展，人才政策体系进一步完善。

基层首创取得一批成果。鼓励发扬基层首创精神，加强对基层经验的总结和推广，形成了太原行政审批制度改革、朔州工业固废综合利用、阳泉“飞地经济”、11个综改试点县金融创新改革等顺应发展趋势、具有山西特色的改革范式。

省部合作取得重要进展。与国家有关部委、金融机构、央企等签署了30多个合作协议或备忘录。太原晋中电信并网升位、煤制油减免消费税、煤炭资源税改革、资源综合利用产品税收优惠等政策诉求已上报国家，有望通过部省合作机制取得突破；行政区划调整、争取国家下放环评审批权、企业登记制度改革正在完善前期工作。

（三）争取国家支持做到“无缝对接”，政策项目资金各领域成果丰硕。三大政策诉求取得突破。经过不懈的努力，争取国家同意委托我省核准“十二五”1920万千瓦低热值煤发电项目，在全国尚属首次，是国家电力核准体制的重大改革和突破；基本同意将我省作为煤层气矿业权下放管理试点，困扰多年的煤层气矿权问题有望化解；同意中国（太原）煤炭交易中心开展动力煤期货交易试点前期工作。此外，争取国家授权我省对国家规划矿区内净增生产能力120万吨/年以下和国家规划矿区之外的煤矿项目履行核准程序；争取将我省大同、阳泉、长治、临汾、晋中、太原万柏林区列入《全国老工业基地调整改造规划（2013～2022年）》支持范围；争取将原平—大同—张家口铁路和太原至焦作铁路扩能改造列入原铁道部《2013年铁路勘察设计计划》；争取国家对蒙西至华中地区煤运通道、和邢铁路开展可研评审。

争取重大项目和资金再创佳绩。项目方面：争取国家批复煤炭、电力等项目共56项，总投资1398.5亿元。资金方面：争取中央预算内资金支持100.3亿元；争取国家核准我省发行企业债券216亿元，首次突破200亿元大关，比上年增长110%，超额完成了150亿元的全年目标。

（四）重大项目顺利实施，产业转型升级加快推进。加大传统产业改造升级力度。煤炭行业：巩固煤炭资源整合成果，出台《关于进一步推进现代化矿井建设的意见》，建成了同煤塔山、同忻、潞安高河等54座现代化矿井。全省有6户大型煤炭企业进入世界500强。煤电一体化：全省34户省调主力火电企业中，有26户实现煤电联营，18户与煤炭企业签订了电煤供应长协合同，煤电关系由“背靠背”走向“肩并肩”。冶金行业：重点支持太钢集团不锈钢及硅钢冷连轧项目、山西华拓铝业年产15万吨铝合金棒锭及铝制品加工等项目。焦化行业：严格落实《山西焦化行业兼并重组指导意见》，通过关小上大、同业重整、上下联合等方式加快推进重组步伐，全省焦化企业数量减少到80户，初步形成4个千万吨级、14个500万吨级的焦化集聚区。

加快发展壮大新兴产业。实施新兴产业“512”工程，突出抓好“7+2”领域重大项目建设，抓紧推进山西科技创新城建设前期工作，全省战略性新兴产业迈入整体布局、规模发展的新阶段。现代煤化工：重点抓好潞安、焦煤、同煤三个现代煤化工项目，优化建设工期，加快工作进度。潞安煤制油项目累计投资76.2亿元，合同签订总金额163.9亿元，部分设备正在安装，主要装置正在桩基施工；焦煤甲醇制烯烃项目累计投资6.3亿元，开始长周期设备订货准备和征地拆迁工作；同煤煤制天然气项目加快项目相关专篇报批，临建设施完成，开始场地通平工作。装备制造业：太重集团煤机成套装备制造、高速列车轮轴国产化项目二期工程等一批重大项目竣工投产，大运重卡扩建项目、金鼎煤机等一批带动性强的重大项目全面开工、进展顺利。全年装备制造业增长15.5%，高于工业增速5个百分点，工业第三大行业的地位得到进一步巩固。新能源产业：全省新能源发电装机新增170万千瓦，全年预计达到777万千瓦，增长28%，约占全省电力总装机12.7%。煤层气、天然气：预计全年煤层气抽采量达到76亿立方米，增长10%；天然气消费量达到32亿立方米，增长23%。全省新增管网1303公里，总里程达到7019公里，覆盖人口1200多万。新材料：特殊钢、LED光电、轻合金产业基地和集聚区已初具规模。太钢高性能碳纤维复合材料项目开工建设。生物医药：亚宝药业、中科鸿基平遥生物科技产业园等项目有序推进。全年非传统产业投资占工业投资比重首次超过传统产业，达到53%，非传统产业增加值占工业增加值比重超过20%，均创近年新高。

加快推进现代服务业发展。山西股权交易中心挂牌开业，山西省金融服务平台正式运营。太原武宿保税区封关运行，太原地区铁路货运（物流）中心获批并开工建设。山西煤炭物流配送体系省内项目中已有8个项目基本建成并试运营。重点旅游景区基础设施建设不断提速，服务设施明显改善。2013年服务业增加值占地区生产总值比重达40%，创近年来新高。

进一步夯实农业基础地位。继续执行中央及我省各项强农惠农富农政策，新实施十项强农惠农富农政策。大力实施农田水利工程，加快建设新增粮食产能、中低产田改造、保护性耕作以及朔同盆地盐碱地改造等提高耕地综合生产能力项目，全年粮食总产量131.3亿公斤，再创历史新高。加快推进现代农业示范区、农产品加工“513”工程和“一县一业”基地县建设。积极培育大型农业企业集团，着力扶持农业科技创新能力建设、基层农技推广、农产品质量安全、动物防疫等社会化服务体系建设，农业产业化水平不断提高，农产品加工龙头企业全年销售收入预计突破千亿元。

（五）节能减排、循环经济工作扎实推进，生态环境建设显著加强。着力抓好减排治污。出台我省落实大气污染防治行动计划实施方案和2013年行动计划。2013年全省11个省辖市城市空气PM2.5日均值达标率在43.7%～85.2%之间，均达到年度考核目标。抓好以太原市为重点的城市环境综合整治。大力推进火电、水泥行业脱硝、钢铁烧结机脱硫、污水处理厂改扩建和管网配套、机动车尾气控制等减排工程，城市污水处理率、垃圾无害化处理率提前完成“十二五”目标。

积极开展造林绿化和生态治理恢复。全力做好生态环境综合治理“2+10”工程，治理成效逐步显现。继续推进水土保持淤地坝、坡改梯、坝滩联治等重点工程建设，全年新增水土流失治理面积364万亩。重点推进林业“六大工程”建设，全年完成454万亩的造林任务，全省重点区域、流域生态环境明显改善。

大力发展循环经济。全面推进循环经济试点工作，完成国家和省级试点企业阶段性评估验收。协调推进《兴县循环经济园区规划》修编和项目建设。争取将太原市不锈钢产业园区列为国家园区循环化改造示范试点，晋城市、孝义市列为国家循环经济示范市(县)。建立循环经济评价考核体系，公布11个循环经济地方标准。全省大宗工业固废综合利用率预计达到60.8%。加快淘汰落后产能。全年淘汰落后产能电力装机21万千瓦，完成年度任务；淘汰水泥350万吨、焦炭756万吨、钢铁204万吨、电石30.9万吨、铁合金12.9万吨，均超额完成年度任务。强化节能工作。对固定资产投资项目全部实行了节能评估审查或节能登记备案。对公益性工程全面执行绿色建筑标准，完成既有居住建筑供热计量和节能改造750万平方米，完成1000万支高效照明产品的推广任务。积极开展低碳试点示范。争取国家发改委批复同意《晋城市低碳城市试点工作实施方案》，并启动试点工作。布局建设了全国首个覆盖全省主要城市的温室气体观测网络。

(六)社会事业全面进步，民生改善明显提速。坚持不懈抓好安全生产。坚持把安全生产作为最大的民生工程，强化"红线"意识，严格执行安全生产制度，落实安全生产主体责任，深入开展隐患排查和整改治理，全省安全形势持续明显好转。全年各类生产经营性事故起数、死亡人数分别下降7.3%、9.1%，全省煤矿百万吨死亡率0.078，下降14.3%。

积极扩大就业。推进创业型城市创建活动，开展就业困难人员"一对一"帮扶，突出做好就业困难群体就业工作。全年城镇新增就业51.5万人，转移农村富余劳动力37万人，应届高校毕业生就业率达91.7%，城镇登记失业率低于年度控制目标。积极推进收入分配制度改革。出台关于提高城乡居民收入水平的15项政策措施，提高了最低工资标准，颁布了2013年企业工资指导线，全面落实职工带薪休假制度，提高艰苦岗位等津贴补贴标准和社保待遇水平。大力发展医疗卫生事业。全省城乡居民参保(合)率达到98%和99.3%，基本实现了人人享有基本医保。大病医保实施方案和大病保险招投标管理办法已正式出台并试点，县级公立医院改革深入推进，新增试点县49个，改革试点扩大到83个县区。加大对教育、养老等社会事业的支持力度。统筹安排中央、省级资金7.5亿元，加大对农村初中校舍改造、中小学标准化建设、中等职业学校教学用房的支持力度。编制出台了《山西省基本公共服务体系"十二五"规划》，养老、卫生、就业、社区服务等公共服务设施项目有序推进，启动实施了1000个农村老年人日间照料中心建设。

实施百企千村产业扶贫开发工程。出台《百企千村产业扶贫开发工程的指导意见》，支持引导国有、民营大中型企业带动数千个贫困村实现区域化、规模化产业扶贫开发，促进农民增收和企业转型。目前58个贫困县正在实施和开工建设的项目有209个，涉及总投资690亿元。抓好农村"五件实事"。改造农村困难家庭危房10万户，易地搬迁特困群众11万人，改扩建村级幼儿园546所，为农村配备保洁人员7.2万名、垃圾清运车3.6万台，为1.8万个村安装太阳能路灯36.8万盏，行政村街道亮化任务率先完成。继续为全省农户免费发放880多万吨冬季取暖用煤。加大对保障性住房的支持力度。新开工城镇保障性住房24.2万套，基本建成22.1万套，完成农村住房抗震改建及受灾群众住房改建2.86万户。同时，积极实施援疆项目。全年确定的23项工程已全部完工，2.32亿元援助资金全部拨付到位。

全省农村"五件实事"进展顺利

2013年《政府工作报告》提出，用三到五年，投入400亿元，为农民群众办五件实事，即全面完成农村困难家庭危房改造、特困群众易地搬迁、行政村街道亮化、村级幼儿园改扩建和乡村清洁工程。一年来，行政村街道亮化工程已提前完成，其他4件全部完成序时任务。省委十届五次全会暨全省经济工作会议上，省委、省政府承诺2014年将新型职业农民培训列入"五件实事"，继续扎实推进，同时承诺为农民群众办实事要持续不断地推进，办成一件、新增一件，让群众得到更多的实惠。

2013年，我省经济社会发展虽然取得显著成绩，但受外部市场需求不振等因素影响，煤炭工业运行困难，新兴产业不大不强，消费增长动力不足，经济总量不大、结构不优、质量不高、效益不好等长期积累的矛盾和问题依然突出。同时，我省转型综改试验区建设破题不深、先行先试力度不大，与全省人民的期盼还有差距。

二、2014年全省经济社会发展总体安排和主要任务

当前，宏观经济发展长期向好的基本面没有变，改革创新动力不断激发，转型升级出现积极变化，内需潜力巨大。同时，经济形势仍然错综复杂，外部环境不容乐观，经济稳中向好的基础还不稳固，下行压力依然存在。

2014年是全面深化改革的重要一年，也是我省继续办好"两件大事"、加快实现"十二五"规划目标的关键一年。全省上下要贯彻落实好省委十届五次全会提出的工作总要求："高举中国特色社会主义伟大旗帜，以邓小平理论、'三个代表'重要思想、科学发展观为指导，全面贯彻落实党的十八届三中全会和中央经济工作会议精神，坚持稳中求进、改革创新的总要求，以转型综改试验区建设为统领和切入点，全面深化改革，强化创新驱动，加快先行先试，加快转变发展方式和调整经济结构，着力保障和改善民生，增强市场和社会活力，推进经济、政治、文化、社会和生态文明建设，以教育实践活动为抓手加强党的建设，切实提高经济发展的质量和效益，促进经济持续健康发展，保持社会和谐稳定，为走出资源型地区转型跨越发展新路、全面建成小康社会努力奋斗。"

按照实事求是、积极进取、科学合理的原则，2014年全省国民经济和社会发展主要目标是：

预期性指标：地区生产总值增长9%左右，全社会固

定资产投资增长20%，社会消费品零售总额增长14%左右，公共财政预算收入增长9%左右，城镇居民人均可支配收入增长10%左右，农民人均纯收入增长10%以上，城镇新增就业岗位51万个，城镇登记失业率控制在4.2%以内，居民消费价格涨幅控制在3.5%左右。

约束性指标：万元地区生产总值能耗下降3.5%，万元地区生产总值二氧化碳排放量下降3.7%，二氧化硫、化学需氧量、氨氮、氮氧化物减排完成国家下达的任务，烟尘、粉尘排放量均下降0.5%，万元工业增加值用水量下降5.5%。

为顺利实现上述目标，要按照省委、省政府的统一部署，找准着力点和突破口，认真做好以下重点工作：

（一）全面推进转型综改试验区建设，加快释放改革红利。转型综改试验区建设是贯彻落实党的十八届三中全会精神的切入点，也是我省全面深化改革的抓手。省委、省政府确定2014年为“转型综改攻坚年”，初步确定了“3675”行动计划。全省要以更大的勇气和智慧、更有力的措施和办法，充分发挥市场在资源配置中的决定性作用，扎实推进转型综改各项工作。

抓好30项重大改革。继续推进矿产资源市场化配置、生态环境保护与恢复治理补偿机制、资源性产品价格改革、收入分配制度改革等4项结转任务，重点推进根据“5111”实施方案新确定的19项任务，以及省委、省政府新确定的工商注册制度便利化、建立健全自然资源资产产权制度、农村产权制度改革等7项任务。

抓好60项重大事项。继续推进太原晋中同城化、提升中国（太原）煤炭交易中心功能、采煤沉陷区治理等10项结转任务，重点推进根据“5111”实施方案新确定的40项任务，以及省委、省政府新确定的煤层气及相关产业发展、朔州煤化工基地建设、地方政府债务管理、铁路等基础设施建设等10项任务。

抓好70个重大项目。推出70个重大项目（2013年结转25个，2014年新增45个），确保潞安煤制油、太钢不锈钢及硅钢冷连轧等一批重大项目建成投产。

抓好5个重大课题。推广和应用2013年5项重大课题研究成果，开展好能源经济转型体制机制、资源产业收益分配体制、资源和生态环境产权制度、公共资源均衡配置、行政区划调整等5项重大课题研究。

通过省部合作争取一批国家重大政策。争取国家赋予我省更多的改革和政策授权，重点在采空区和沉陷区治理、粉煤灰综合利用、煤炭资源税改革试点、山西科技创新城比照享受“中关村”相关政策等方面，取得国家支持。

（二）充分发挥投资关键作用，统筹推进稳增长工作。发挥好投资对经济增长的关键作用。进一步扩大投资总量、优化投资结构。准确把握国家产业政策和投资方向，集中在重大基础设施、产业转型、城镇化和生态环保、民生和社会事业等重点领域谋划一批带动性强的大项目、好项目，带动全社会投资完成1.3万亿元，其中，重大基础设施项目投资1018亿元，产业投资6560亿元（传统产业投资1959亿元，新兴产业投资4601亿元），民生和社会事业投资2809亿元，城镇化和生态环保投资1333亿元。继续发挥重点工程的“火车头”作用。健全“六位一体”工作机制，完善重点工程领导包项、办事“直通车”工作制度，做到“第一时间”解决问题，深入现场解决问题，以重点工程的快速推动带动全省固定资产投资的快速增长。深化投资体制改革。加强对政府投资项目的事中事后监督，确保下放的投资审批事项规范高效实施。继续落实好国家、省鼓励和支持民间投资的政策，探索实施民间投资“负面清单”管理模式。

增强消费对经济增长的基础作用。加强流通领域基础设施建设。加强农产品冷链、城市物流配送等物流基础设施建设。继续实施“15分钟便民商圈”示范工程，建设高效畅通的农产品流通链条。支持电子商务重点企业发展，推进电子商务园区建设，研究制定电子商务统计监测体系。培育新的消费热点。积极发展信息消费和养老、健身、家政等服务消费，鼓励新能源汽车、家电、家具建材、成品油等大宗消费，推动节能环保和再生产品消费。继续开展“山西品牌中华行”等形式多样的特色促消费活动，进一步扩大城乡消费，带动消费升级。

提升对外开放水平。创新区域合作机制，推广“飞地经济”发展模式，主动承接京津冀、长三角、珠三角地区产业转移。积极融入环渤海、中原经济圈。深化与德国北威州、美国西弗吉尼亚州的合作交流。扩大利用外资规模，优化外资利用结构，引导外资投向现代服务业、节能环保等新兴产业。探索实行准入前国民待遇加“负面清单”的外商投资管理模式，完善建立外商投资项目审批绿色通道。积极支持省内企业投资或并购国外资源、农业、装备制造业等生产型企业和研发机构。

（三）突出抓好产业转型升级，加快推动经济发展方式转变。坚定不移地推进化解产能过剩工作。按照国务院《关于化解产能严重过剩矛盾的指导意见》和我省实施方案，对钢铁、焦化、水泥、电解铝等重点行业进行全面清理整顿，加快推进兼并重组，大幅提高产业集中度，优化产业布局。支持企业通过产能等量或减量置换实施升级改造和延伸产业链。

推进传统产业优化升级。把化解过剩产能与优化产业布局、加大技改提升、延伸产业链条结合起来，坚持用高新技术和先进适用技术改造提升传统产业，提高产业素质和竞争优势。焦化行业要围绕“上下联产、焦化并举”，着力推进焦化产品深加工，加快千万吨级、500万吨级焦化集聚区建设。冶金行业要围绕钢铁产业置换升级和铝镁产业链条延伸，加快应用新技术、新工艺、新装备，开发高附加值产品。建材行业要围绕节能节电、污染减排、余热发电，积极推进技术改造。继续抓好煤电一体化发展。坚持推进坑口煤电一体化，新建低热值煤发电项目必须按煤电一体化或煤电联营模式运营。促进电力产业清洁发展。加快晋电外送通道建设，稳步开展大用户直供电试点工作。加快落实低热值煤发电核准20条，力争今年一季度全部发放项目“路条”，督促项目早日开工、早日建成。

推动新兴产业加快发展。研究完善新兴产业发展政策，加快部署支持煤层气及相关产业、现代煤化工、电站设备制造、铁路装备、信息产业、新能源汽车、节能环保产业等新兴产业发展。装备制造业：重点抓好煤矿机械、重型机械等优势装备制造业，培育壮大煤化工装备、煤层气装备、铁路装备等潜力装备制造业,加快实施太原锅炉集团循环流化床锅炉、长治易通低温余热发电机等项目建设。现代煤化工:继续抓好潞安煤制油、同煤煤制天然气、焦煤甲醇制烯烃项目建设。抓紧编制利用晋北盐碱地建设新型煤化工园区规划,依托煤炭资源、盐碱地、引黄水、环境容量等条件,大力发展现代煤化工项目。煤层气产业:深化落实煤层气产业发展20条,出台加气站、管网等专项规划,加大资源勘探开发力度,加强管线建设和互连互通,继续稳步开拓市场。支持建设煤层气勘探开发基地和相关产业园区,推进煤层气开发、运输、储存、利用、设备制造等上下游产业发展。2014年煤层气地面抽采量、利用量增长10%,新增气化覆盖人口300万,达到1500万人。新能源产业:全面加快发展风能、太阳能、生物质能、地热能等新能源,全省新能源发电装机力争达到1100万千瓦,推进太原、晋城国家新能源汽车推广应用示范城市建设,推动单一煤电基地向综合能源基地转变。节能环保产业:落实好《山西省关于加快发展节能环保产业实施方案》,积极扶持我省节能环保企业,通过骨干企业带动、关键技术创新,促进节能环保产业加快发展。新一代信息技术:实施太原、阳泉、吕梁天网工程,加快推进中天信安防设备产业园区建设。突出抓好山西科技创新城建设。加快编制科技创新城发展规划,大力支持核心区开发建设,努力打造国家煤基科技及产业创新高地。加快现代服务业发展。突出抓好文化旅游、现代物流等重点领域,着力发展研发设计、现代物流、融资租赁、检验检测等生产性服务业,加快发展健康、养老等新型服务业态。落实好国家和我省相关优惠政策,推动民间投资有序进入基础设施、市政公用设施和金融、电信运营、教育、文化、医疗卫生等服务业领域。

(四)继续强化"三农"工作,促进农业农村经济提质增效。加强农业农村基础设施建设。抓好以水利为重点的农业基础设施建设,加快推进大水网建设,继续实施大中型灌渠建设和节水改造项目,加快百座小水库更新建设。全力推动农村公路及干线公路危桥改造。继续推进农村电网改造、沼气、电气化、小水电代燃料等农村能源工程建设。

大力发展现代农业。继续落实好各项强农惠农富农政策,支持家庭经营、集体经营、合作经营、公司经营等农业经营新方式,提高种粮大户积极性,提升粮食综合生产能力,确保全省粮食播种面积稳定在4900万亩以上,力争粮食生产再获丰收。积极培育现代农业示范县和特色农产品生产基地,继续实施农产品加工"513"工程。支持以农载牧、以牧富农,加强畜牧养殖与深加工服务体系建设,推动畜牧业园区化、规模化发展。

扎实推进为农服务体系建设。稳步推进农村土地通过多种方式入市流转。构建科技知识培训平台及人才培训体系,构建多种模式并存的农产品市场流通体系。建立覆盖范围广的农业信息服务网络,形成新型农技服务及科技推广模式。建设一批为农服务培训中心、收购及技术指导服务站、营销信息网络平台、检疫及化验中心以及配套生产流通设施等。

加快实施百企千村产业扶贫开发工程。完善支持政策,强化激励考核,抓好资源与资本、品牌与市场的对接,加快实施一批有示范意义、带动性强的产业扶贫大项目。

(五)坚持推动城乡统筹发展,积极稳妥实施新型城镇化。坚持以人为本、四化同步、科学布局、绿色发展、文化传承的新型城镇化道路。加快推进"一核一圈三群"建设。重点支持太原都市圈建设,加快培育晋北、晋南、晋东南三大城镇群,优先推进11个区域性中心城市扩容提质,重点推进太原晋中同城化、大同都市区、长治上党城镇群、临汾百里汾河新型经济带等城镇群组发展。积极发展大县城和重点镇。进一步增强县城及小城镇的辐射力和带动力,完善基础设施和公共服务,抓好产业发展和集聚,促进产业和城镇融合发展。开展"以矿建镇"试点。统筹大型煤矿与城镇化建设协调发展,以产业化带动城镇化,推进矿区城镇化。加快实施农村人居环境改善工程。巩固农村两轮"五个全覆盖"成果,继续办好农村"五件实事",将10万名新型职业农民培训列入新的"五件实事"。统筹扶贫开发、移民搬迁、地质灾害治理、环境整治、新农村建设等重点任务,加大规划、政策、资金、项目集中支持力度,尊重农民意愿,因地制宜,有序推进农村人居环境改善,加快美丽乡村建设。

围绕落实国家新型城镇化规划,认真做好三方面工作:抓紧编制我省规划。参照国家即将发布的新型城镇化规划,编制实施我省相关规划,分解落实主要目标、重点任务、改革举措,明确责任部门和工作要求。及时出台配套政策。加快研究出台户籍、土地、资金、住房、基本公共服务等配套政策。对接落实国家促进中小城市发展的支持政策,因地制宜制定农业转移人口落户标准,引导农业转移人口在城镇的落户预期和选择。积极开展试点示范。根据国家统一部署,围绕建立农业转移人口市民化成本分担机制、多元化可持续的城镇化投融资机制、降低行政成本的设市模式、改革完善农村宅基地制度,布局开展试点,探索积累经验。

(六)积极推动绿色低碳发展,切实加强生态建设。积极落实我省大气污染防治行动计划实施方案。大力发展风电、光伏发电等清洁能源,加大燃气管网建设力度,加快市县加气站建设。加强对PM2.5的监测分析,及时发布监测预警信息,采取有效应急措施。发挥市场机制作用,完善价格、税收等环境经济政策。

实施低碳创新行动计划。围绕煤、电、煤层气的高效、清洁、低碳发展,重点布局一批科技攻关项目。推进低碳试点示范工程,加快构建多元化低碳产业发展格局。推动个人和家庭践行绿色低碳生活理念,构建低碳消费模式。

继续抓好生态修复重点工程。支持汾河、桑干河、滹沱河等6条重要河流治理和列入国家规划的90条中小河流治理等生态工程建设,建设农村污水净化设施、垃圾收集处理设施及农业废弃物处理设施。继续实施林业"六大工程"和重点生态环境建设工程,重点抓好吕梁山生态脆弱区工程建设,确保全年完成营造林450万亩、森林覆盖率再提升1个百分点;在太行山区、吕梁山区、汾河上游等重点区域实施坝滩联治、水土保持综合治理等工程,力争全年完成水土流失治理面积300万亩。深化采煤沉陷区治理，做好试点推进工作，有效遏制地面塌陷和次生地质灾害。

继续推进节能减排降耗。加大燃煤电厂、水泥行业脱硝治理，加快推进非电行业脱硫治理。开展燃煤电厂、冶金、水泥行业除尘改造。开展节能降耗全民行动，倡导文明、节约、绿色、低碳的生产和消费模式。继续加强既有建筑节能改造、高效照明产品补贴推广等重点领域节能工作。加快太原市“公交都市”试点城市建设，探索构建节能型交通网络。

深入推进循环经济发展。促进煤炭、冶金、电力、化工等传统产业全产业链循环，重点推进煤矸石、粉煤灰等固废综合利用规模化、高端化。开展园区循环化改造，加强园区企业间水、电、气、路等设施共享。加强循环经济技术指标体系和政策体系研究，提高我省循环经济技术创新和支撑能力。组织指导开展国家循环经济示范城市(县)的创建工作。

(七)着力强化底线民生，加快实现基本公共服务均等化。努力做好稳定物价工作。今年新涨价因素较多，加之受上年翘尾因素影响，保持物价稳定压力较大，特别要重点监测食品类、服务类价格，认真做好稳定预期、保障供给、加强监管工作。同时，积极稳妥实施居民用水、电、气等阶梯价格制度，完善社会救助和保障标准与物价上涨挂钩的联动机制。

加快推进教育卫生事业全面发展。以加快实现基本公共服务均等化为目标，继续加大对贫困地区、革命老区以及薄弱学校的投入，逐步提高农村地区和薄弱学校教育质量。加大对基层医疗卫生机构基本建设的投入，重点支持贫困地区、革命老区等卫生欠发达地区。健全社会福利体系。积极应对人口老龄化，重点实施综合福利院、老年护理院、老年公寓、乡镇中心敬老院等项目，继续推进农村社区老年人日间照料中心建设。实施人口和计划生育服务体系建设工程。继续完善公共文化服务体系建设。推进市、县图书馆、文化馆、体育场等公共文体设施建设，尽快健全重点文物保护单位和主要旅游景区配套设施，积极支持文化企业做大做强。

全力促进就业。实施更加积极的就业政策。加强公共就业服务，实行劳动者创业“先贷后补”办法，降低创业门槛，鼓励自主创业，重点帮扶困难群体就业。健全社会保障。整合城乡居民基本养老保险制度，推进机关事业单位养老保险制度改革，适时调整企业退休人员基本养老金、城乡居民基础养老金标准。稳步推进企业年金、职业年金等补充养老保险。加快推进城乡居民医保制度整合，提高城镇居民医保财政补助标准。继续提高失业、工伤保险待遇。

扎实推进保障性住房建设。继续抓好续建工程，再开工城镇保障性住房23万套，建成18万套。坚持不懈地促进安全生产形势稳定好转。严格落实安全生产各项规定，强化落实“两个主体”责任，加大安全投入，坚决遏制和杜绝重特大事故，减少一般性事故，促进全省安全生产形势持续明显好转，并向稳定好转迈进。继续抓好对口援疆各项工作。按照规划任务，再启动实施一批援建项目。此外，继续做好国民经济动员工作，加快促进军民融合式发展。

(八)密切跟踪研究经济形势，提高经济运行调控能力。密切关注国内外宏观经济形势，更好地研判、把握走势，增强经济工作的前瞻性，把握工作主动权。系统总结梳理过去几年稳增长、调结构、促改革、惠民生工作，把有效的做法、成功的经验、规律性的认识提炼上升到政策和制度层面。加强政策预研究，强化政策储备，及时准确应对经济运行中可能出现的困难和问题，并对政策实施效果进行跟踪评估。

抓紧出台我省主体功能区规划。在“十二五”规划中期评估基础上，启动“十三五”规划前期研究工作，调研梳理事关全局的重大问题，研究提出“十三五”规划的基本思路。

三、2014年省级政府投资计划安排建议

(一)省级政府投资安排规模。2014年省级政府用于建设的资金按122.52亿元安排。其中，省财政预算内资金4.2亿元，重大水利工程建设基金6亿元，引黄专项基金17亿元，省煤炭可持续发展基金95.32亿元。

(二)财政预算内资金安排建议。2014年财政预算内资金安排投资4.2亿元，其中直接安排在项目上的资金1.95亿元，主要包括太原机场改扩建、支线机场建设、省直机关住房补贴、归还汾河二库借用引黄水资源补偿费、政府投资项目前期工作经费；预备资金2.25亿元，主要用于省委、省政府临时交办的重大事项，突发事件、重大灾害应急处置等。

(三)重大水利工程建设基金和引黄专项基金安排建议。根据省有关部门意见，拟安排重大水利工程建设基金6亿元，主要用于百座小水库、柏叶口水库、张峰水库、应急水源还贷等工程建设；拟安排引黄专项基金17亿元，主要用于左云供水、清徐原水直供、泵站二期扩机等引黄工程配套工程建设。

(四)省煤炭可持续发展基金安排建议。2014年省煤炭可持续发展基金按95.32亿元安排。

安排的原则：根据省政府专题会议精神，2014年省煤炭可持续发展基金安排的基本原则为：一是确保省委、省政府议定的重大事项。初步汇总，省委、省政府对有关行业和领域安排的重大事项资金需求大约为72.75亿元，占资金总盘子的78.2%。二是坚持保续建、保配套、保急需。优先安排当年竣工投产和在建项目，优先安排中央投资项目的配套资金，优先安排民生等急需工程；优先安排转型综改重大项目。三是集中力量办大事，项目集中度进一步提高。除省委、省政府安排的重大事项、民生改善类项目外，各行业、领域安排项目个数要在2013年基础上继续压缩，确保重大项目占比进一步提高。四是坚持资金跟着项目走，项目跟着原则走，不搞切块安排。资金安排要全部落实到具体项目上，项目组织要紧紧围绕省政府确定的基本原则，资金不搞切块下达。五是坚持程序完善合规。所有列入省本级投资计划的项目必须完成规划选址、土地预审、环境影响评价、节能评估等相关手续，前期工作达到应有深度，基本具备实施条件。六是行业和领域原则上按照

国家规定的5∶3∶2比例安排。即跨区域生态环境治理资金占50%，转型转产和重点接替产业资金占30%，与省煤炭可持续发展相关的社会事业资金占20%。

安排的重点：一是围绕“四化”要求，突出创新驱动发展战略。按照省委、省政府的部署和要求，集中安排21亿元支持“7+2”战略性新兴产业和服务业发展，主要用于核心关键技术开发应用等重大自主创新和转型升级工程；安排20亿元用于山西科技创新城基础设施建设等，布局科技创新产业链和科技创新综合服务平台建设。二是加大对“三农”的投入力度。加强农业农村基础设施建设，为粮食安全提供保障。重点投向农田整治、水利建设、特色农业、林业、新农村物流、为农服务业、农村教育卫生、农村广播电视、扶贫等领域。涉农各领域安排的资金超过27亿元，占比达到30%。三是继续推进节能减排和环境治理工程建设。重点推进生态环境治理、大气污染防治等重大工程及重大流域生态综合治理，对循环经济、节能减排等领域的示范项目予以倾斜支持。四是加快城镇化建设步伐。按照“一核一圈三群”总体布局，加快推进以人为核心的新型城镇化建设。重点支持城市快速交通和城乡连接线、市政公共设施、公共服务设施、太原市城市管网新建及老旧管网改造等项目建设，加快推进城乡一体化进程。五是大力支持民生和社会事业发展。以构建和谐社会为目标，以基本公共服务均等化为重点，支持与人民生活紧密相关的采煤沉陷区治理、保障性住房配套基础设施、教育、医疗、文化体育、就业社保、社会养老及其他社会公益领域。

安排的计划：在省煤炭可持续发展基金95.32亿元的盘子中，安排项目前期准备资金6.31亿元，主要用于不确定、不可预见的重大项目建设需要，重大项目可行性研究及咨询评估等前期准备费用，重点行业及领域发展总体规划、专项规划等；其余89.01亿元按照国家规定的5∶3∶2比例安排，分别用于跨区域生态环境治理、转型转产和重点接替产业、与煤炭可持续发展相关的社会事业。

1. 跨区域生态环境治理43.69亿元，占49.1%。生态保护19.8亿元。主要用于大水网重点水利工程建设、重要河道治理、灌区节水改造以及民生水利等工程建设，继续实施六大林业工程、农田整治、现代农业示范区等工程建设及采煤沉陷区治理、生态扶贫开发等。

环境综合治理17.62亿元（含山西科技创新城基础设施建设15亿元）。主要用于城市大气污染防治、集中供热、天然气输配、污水处理及回用、垃圾处理、矸石山治理、城区绿化、河道城区段综合治理等，以及山西科技创新城基础设施建设。

节能和淘汰落后5.3亿元。包含社会领域节能、工业领域节能、淘汰落后三个领域。社会领域节能主要用于高效照明产品推广、既有建筑节能改造等。

循环经济0.97亿元。主要用于试点企业、试点园区、重点县（区）资源综合循环利用，实现资源和能量合理流转与配置的示范性循环经济项目等。

2. 转型转产和重点接替产业27.14亿元，占30.5%。新兴产业发展8.45亿元。主要用于安排高端装备制造、新材料、节能环保、生物医药、现代煤化工、煤层气、新一代信息技术等“7+2”战略性新兴产业项目；农产品加工“513”工程、“一县一业”基地县、现代农业示范区及中小企业成长工程；工业转型升级及公共服务平台、工程实验室、工程研究中心和企业技术中心等产学研联合的自主创新体系建设、行业领域研发创新平台、重大技术瓶颈突破及产业链延伸等。

传统产业提升0.8亿元。主要用于煤矿安全改造国家投资配套等传统产业升级改造、产业链延伸。

服务业17.89亿元（含山西科技创新城基础设施建设5亿元）。主要投向省政府确定的服务业重点项目，包括旅游服务业、铁路建设贴息、物流基础设施、现代物流示范项目、电子政务、社区信息化、重点信息化产品生产、为农服务体系、就业和社会保障、文化体育产业等。

3. 与煤炭可持续发展相关的社会事业18.18亿元，占20.4%。分离企业办社会8.1亿元。

教育基础设施建设2.76亿元。主要用于太原理工大学、山西煤炭职业技术学院等高等院校以及职业教育基础设施建设，农村初中校舍改造、学前教育推进工程基础设施建设等中央投资配套。

卫生基础设施建设1.76亿元。主要用于省儿童医院等省级医院基础设施，县乡村三级医疗机构网、农村卫生服务体系建设等中央投资配套。

其他社会事业发展5.56亿元。主要用于科技、文化、广电、体育、劳动技校、人口和计划生育、残疾人服务、社会养老、文物保护、民政、政法基础设施、武警、消防、部队、基础测绘等能力建设。

各位代表，过去一年全省经济社会发展取得了显著成绩，为全面建成小康社会奠定了坚实的基础。新的一年，全省加快转型发展、全面深化改革任务十分艰巨。让我们在省委、省人大、省政府、省政协的正确领导和监督支持下，认真贯彻落实省委十届五次全会暨全省经济工作会议精神，凝心聚力，真抓实干，开拓创新，攻坚克难，依法行政，提高效率，为全面开创转型综改试验区建设新局面、促进经济持续健康发展、社会和谐稳定做出新的贡献！

关于2013年全省和省本级预算执行情况及2014年全省和省本级预算草案的报告

——2014年1月18日在山西省第十二届人民代表大会第二次会议上

山西省财政厅厅长 **武 涛**

各位代表：

受省人民政府委托，我向大会提出2013年全省和省本级预算执行情况与2014年全省和省本级预算草案的报告，请予审议，并请省政协委员和其他列席会议的人员提出意见。

一、2013年全省和省本级预算执行情况

2013年，面对错综复杂的形势，在省委、省政府的正确领导下，全省上下坚持主题主线和稳中求进总基调，着力稳增长、调结构、抓改革、惠民生、促和谐，经济社会各项事业发展取得了新的成绩。在此基础上，全省和省本级预算执行情况良好，财政工作取得新进展。

（一）全省和省本级预算变动情况。2013年全省和省本级预算经省十二届人大一次会议审查批准后，各市县人民代表大会相继批准了本级预算，省政府于2013年7月汇总各市县财政预算报送省十二届人大常委会备案。在预算执行中，根据财政部追加转移支付及各级预算调整情况，全省和省本级预算作了相应变动。2013年全省公共预算收入为1699.22亿元，与备案预算一致；因中央转移支付补助增加271.67亿元，各级用当年超收、上年净结余及调入资金等安排支出增加55.49亿元，地方政府性债券安排支出81.05亿元（连同还本支出，共计安排91亿元），全省公共预算支出由3037.42亿元变动为3445.63亿元。省本级公共预算收入为421.42亿元，与备案预算一致；因中央转移支付补助增加271.67亿元，当年专项收入超收等安排支出31.82亿元，地方政府性债券安排支出38亿元，增加各市县转移支付补助相应减少省级支出359.69亿元，省本级公共预算支出由782.16亿元变动为763.96亿元。

（二）全省和省本级预算执行情况。2013年全省公共财政收入完成1700.22亿元，为预算的100.1%，增收183.84亿元，增长12.1%；公共财政支出执行3030.5亿元，为变动预算的88%，增支271.04亿元，增长9.8%。其中，教育、医疗卫生、社会保障和就业、住房保障、文化体育与传媒、农林水事务、城乡社区事务、节能环保、粮油物资储备及交通运输等民生支出总量和增支额分别占到全省公共财政支出总量和增支额的81.8%和84%。省本级公共财政收入完成456.62亿元，为预算的108.4%，增收52.4亿元，增长13%；公共财政支出执行625.18亿元，为变动预算的81.8%，减支88.82亿元，下降12.4%，主要是2013年起属于市县的基本建设支出项目由省级改列市县预算所致。初步汇总2013年全省和省本级预算执行情况，全省可实现当年收支基本平衡，省本级略有结余，部分市县可消化一部分赤字。

2013年全省政府性基金收入完成988.25亿元，为预算的128.5%，增长23.2%；支出执行951.42亿元，为预算的65.2%，增长28.8%。省本级政府性基金收入完成314.03亿元，为预算的110.7%，增长5.6%；支出执行194.8亿元，为预算的49.6%，下降21.4%，主要是2013年起属于市县的基本建设支出项目由省级改列市县预算所致。

2013年全省国有资本经营收入完成11.85亿元，为预算的101.8%，增长90.8%；支出执行10.16亿元，为预算的94.7%，增长136.3%。省本级国有资本经营收入完成4.65亿元，为预算的93%，下降12.8%；支出执行6.13亿元，为预算的94.5%，增长

59.2%。

上述预算执行数字在全省决算汇总后，还会有些变化，具体结果待各级决算编制完毕后再向省人大常委会报告。

回顾过去一年，全省各级财政部门认真贯彻落实省委、省政府决策部署，着眼全局，主动作为，克服困难，改革创新，全力服务我省转型跨越发展大局，全省财政收入任务圆满完成，重点支出得到有力保障，为我省经济社会发展做出了积极贡献。这是省委、省政府正确领导、亲切关怀的结果，是省人大、省政协依法监督、民主监督的结果，更是全省人民团结奋斗、共同努力的结果，全省各级财税部门为此也做了大量扎实有效的工作。

1. 增强调控能力，努力促进经济平稳较快发展。认真贯彻执行中央和我省一系列稳增长政策措施，全力拉动经济平稳较快增长。一是着力支持中小微企业发展。制定并以省政府名义出台支持中小微企业发展财政“15条”，从企业融资、鼓励出口、科技创新、节能减排、增加就业、提升素质、做大做强、发展品牌等八个方面发力，使我省每年财政支持中小微企业的资金达到10亿元以上，2013年全省新增小微企业3.57万户。二是着力减轻企业税费负担。落实支持煤炭企业发展“20条”，暂停提取煤炭企业矿山环境恢复治理保证金和煤矿转产发展资金等，减轻煤炭企业负担56亿元。加强行政事业性收费管理，累计取消和免征74项行政事业性收费。落实结构性减税政策，对不达起征点的13.5万户小微企业免征增值税和营业税。大力推进营业税改增值税改革，“营改增”试点惠及企业2.79万户，有力促进了文化创意、鉴证咨询、技术开发等服务业发展。三是着力扩充我省建设资金规模。争取地方政府债券资金91亿元，增加26亿元，增长40%，省级留用38亿元，转贷市县53亿元，大部分用于基础性公益性项目建设。争取一般性转移支付666亿元，增加60亿元，其中均衡性转移支付199亿元，增加16.44亿元。四是着力拉动消费增长。深化收入分配制度改革，提高城乡低保、企业退休养老金等民生项目的财政补助标准，大力推进事业单位绩效工资改革，努力促进居民收入增加。支持“新网工程”建设，推进商业流通和物流配送等企业发展。支持我省大型网络交易企业快速发展，促进提升消费能力。五是着力均衡省以下财力分配。继续完善省以下财政体制，省对县级各项以奖代补资金增长30.1%，省对市县财政均衡性转移支付资金增长19%，县级基本财力保障奖补资金增长31.2%。省直管县财政改革试点县扩大到74个，享受扩权强县财政奖补政策的县扩大到27个。

2. 立足转型跨越，推动结构调整和方式转变。一是认真落实资源型经济转型综合配套改革试验2013年行动计划，累计筹措资金403亿元，支持铁路、公路、民航、水利等基础设施和转型标杆项目建设。二是大力支持科技创新。全面落实支持科技创新的财税优惠政策、产业发展政策、人才引进政策及金融服务政策，筹措资金24亿元用于山西科技创新城建设。支持科技成果转化重点项目72个，带动银行投资近50亿元。三是推进产业结构调整。发挥新能源产业资金优势，集中财力支持发展风电、太阳能、新能源装备等。拨付资金2.4亿元，支持十大文化产业集团做大做强，带动全省文化事业繁荣发展。四是积极推进节能减排和淘汰落后产能。拨付资金5.9亿元，支持实施节能重点工程和淘汰落后产能项目。设立节能环保创业投资基金，扶持节能环保领域创新型企业发展。鼓励高效节能产品推广应用，简化补贴资金兑付程序，促进节能产品普及推广。五是着力支持生态环境综合整治。安排资金支持三河三湖水污染防治、跨界断面水质考核生态补偿奖励及水土保持，推进实施造林绿化工程和天然林保护二期工程。省对县级生态转移支付补助范围由2012年的18个县扩大到30个县，对国家重点生态功能区和生态建设较好的县奖补8.2亿元。

3. 加大强农惠农力度，推进城乡统筹发展。支持新实施10项强农惠农富农政策，省本级惠农资金规模达到60亿元。支持启动百座小型水库更新建设，支持中低产田改造、高标准农田建设和盐碱地治理，夯实农业发展基础。认真落实良种补贴、农机具购置补贴等政策，继续兑现产粮（油）大县奖励政策，促进粮食稳产高产。大力支持“一村一品”“一县一业”、设施蔬菜、水果业基地、中药材基地等特色农业项目发展，支持现代农业示范区、雁门关生态畜牧经济区建设，提高我省现代农业发展水平。支持农业科技成果转化、农业技术推广和农业社会化服务体系建设，不断扩大农业保险保费补贴范围，保障抗旱、应对冰雪灾害等经费需要，促进农业可持续发展。支持吕梁山、太行山集中连片特困扶贫开发试点，全省又有47万贫困人口脱贫。着力推进实施农村“五件实事”，改造农村困难家庭危房10万户，易地搬迁特困群众11万人，改扩建村级幼儿园546所，为农村配备保洁人员7.2万名、垃圾清运车3.6万台，为1.8万个村安装太阳能路灯36.8万盏，行政村街道亮化任务率先完成。深化农村综合改革，深入开展“一事一议”财政奖补试点，支持启动美丽乡村建设试点，农村生产生活条件进一步改善，农民群众得到更多实惠。

4. 保障改善民生，努力提高人民群众生活水平。加大民生投入力度，全年财政用于民生的支出总量和增支额分别占全省公共财政支出的81.8%和84%。一是兑现了一批民生提标政策。城乡居民养老保险基础养老金每人每月增加10元，企业退休人员基本养老金水平提高10%，城乡居民医疗保险财政补助标准每人每年提高40元，城乡低保标准每人每月分别由308元、148元提高到351元、181元，失业保险金和工伤保险待遇标准提高15%，基本公共卫生服务项目财政补助标准提高到人均30元，农村中小学公用经费标准提高95元，到村任职高校毕业生补助标准由年人均5000元提高到1万元，提高了优抚对象抚恤补助水平。二是推动教育事业发展。高校生均拨款达到1.38万元，着力支持高校强校工程及重点学科、教学实验平台、科研平台和专业能力实践基地、公共服务体系、人才培养和创新团队建设；支持中职教育免学费和职业教育实训基地建设；支持实施义务教育标准化建设工程和农村薄弱学校改造计划；家庭经济困难学生资助体系实现各类教育家庭经济困难学生全覆盖。三是完善就业政策体系。支持落实好职业培训、职业介绍、社会保险、公益性岗位各项就业政策，重点促进大学生就业，对城乡低保家庭应届毕业生每人给予1000元一次性求职补贴，按每人每年1万元的标准支持大学生从事农技推广工作，全年城镇新增就业51.5万人。四是支持医疗卫生事业发展。推进医药卫生一体化综合改革，支持药品实行“零差率”销售。支持县级公立医院改革和村卫生室建设。扩大城乡医疗救助试点范围，重大疾病救助病种扩大到20个。确定在电力企业和运城、阳泉两市开展城乡居民大病医疗保险试点。五是支持建设保障性住房。全年新开工城镇保障性住房24.2万套，基本建成22.1万套。在大同、朔州、忻州启动实施了农村住房抗震改建试点。采取集中与分散相结合、新建与修缮相结合等多种方式，全面推进农村危房改造。六是推动文化事业发展。支持大剧院、图书馆、科技馆和体育中心开馆运营，推进公益性设施免费开放，加强城市社区文化中心和文化活动室建设，为群众开展文化体育生活提供便利。大力推进公共文化服务体系建设，保障群众文化权益。支持开展文化信息资源共享、农村电影放映、农家书屋等文化惠民工程，支持建设农村体育活动场所，努力提高人民群众文化生活水平。

5. 加强财政管理，提升科学理财水平。一是大力压减一般性支出。省直部门在年初压减会议费20%的基础上，按10%的比例对一般性支出进行了压缩，压下来的3.49亿元资金，集中用于解决新建100座小水库和农村救灾房屋建设。二是全面推进国库集中支付制度改革。乡级所有预算单位财政性资金全部纳入国库集中支付制度改革范围，实现了“横向到边、纵向到底”的改革目标。三是规范预算管理。提出了《关于加强财政支出管理硬化预算约束的意见》，对省级预算从编制执行到追加调整等做出了制度约束；出台了《省级财政专户资金管理办法》，对财政专户设置、开户行选择决定等做了程序性规范。四是推进财政信息公开。省市两级和115个县公开了2013年财政预算。省本级公开了2012年财政决算。省本级、4个市和32个县公开了2013年汇总“三公”经费预算，财政工作透明度进一步增强。五是强化绩效管理考核。在加强省级预算绩效目标设定、预算绩效考评、考评结果运用工作的基础上，着力推动县级加强预算绩效管理，将县级财政支出管理绩效综合评价结果与县级基本财力保障奖补机制相结合，激励县级提高支出绩效管理水平。六是加强财政监督。继续开展对民生资金和重大专项资金的监督检查，确保各项民生政策的有效落实。会计和注册会计师行业监督、煤炭基金稽查、地方金融类企业监管力度加大。

在看到成绩的同时，我们也清醒地认识到财政运行和财政工作中存在的问题。比如，财政收入结构不合理、收入质量不高，财政增收基础不够稳固，财政支出结构调整难度加大，盘活财政存量资金的力度仍需加大，财政管理仍需加强，地方政府债务风险不容忽视等。这些问题事关全省经济社会发展大局，需要高度重视，采取有效措施，认真加以解决。

二、2014年全省和省本级预算草案

按照国务院关于2014年预算编制的通知精神，综合考虑我省今年财政经济发展的各种因素，2014年全省财政预算安排总的指导思想是：全面贯彻落实党的十八大和十八届二中、三中全会精神，按照中央和全省经济工作会议以及全国财政工作会议的决策部署，继续实施积极的财政政策，深化财税体制改革，发挥财税改革在整体改革中的基础性和支撑性作用，调整优化支出结构，促进经济转型升级和民生改善，从严控制一般性支出，加强和改进预算管理，提高财政资金使用绩效，促进全省经济持续健康发展、社会和谐稳定。

贯彻上述指导思想，2014年全省和省本级预算草案如下：

全省公共财政收入预算安排1853亿元，比上年完成数增长9%；公共财政支出预算安排2770.2亿元，比2013年向省人大常委会备案预算同口径增长8.1%(剔除中央专项转移支付提前下达数后同口径比较，下同)。全省公共财政支出预算主要项目安排情况是：一般公共服务支出239.84亿元，增长7.3%；公共安全支出147.63亿元，增长7.7%；教育支出557.91亿元，增长8.5%；科学技术支出37.97亿元，增长9.7%；文化体育与传媒支出63.58亿元，增长8.6%；社会保障和就业支出353.94亿元，增长8.2%；医疗卫生与计划生育支出207.14亿元，增长8.7%；节能环保支出64.83亿元，增长9.1%；城乡社区支出182亿元，增长9.7%；农林水支出273.05亿元，增长10.1%；交通运输支出148.98亿元，增长4.5%；资源勘探信息等支出38.25亿元，增长4.9%；国土海洋气象等支出187.7亿元，增长10.8%；住房保障支出37.9亿元，增长11.3%；预备费31.5亿元，增长7.3%；其他支出141.51亿元，增长5.2%。上述全省预算草案为省代编预算，待市县人代会开过之后，省财政将汇总各级人民代表大会批准的预算，再加上上年结转支出，一并报省人大常委会备案。

省本级公共财政收入预算安排471.9亿元，比上年完成数同口径增长6.9%。省本级公共财政支出预算安排685.26亿元(其中，当年财力安排支出478亿元，中央提前下达转移支付安排支出207.26亿元)，比2013年向省人大常委会备案预算增长11.6%，剔除资源价款收入增收数及下划市县支出后同口径增长0.5%。省本级主要支出项目安排情况是：一般公共服务支出52.76亿元，同口径增长3.9%；公共安全支出31.22亿元，增长16%；教育支出73.56亿元，同口径增长8%；科学技术支出10.01亿元，同口径增长1.1%；文化体育与传媒支出13.72亿元，增长11%；社会保障和就业支出113.23亿元，同口径增长5.2%；医疗卫生与计划生育支出20.94亿元，同口径增长4.8%；节能环保支出24.69亿元，同口径增长

19.3%；农林水支出80.99亿元，同口径增长2.8%；国土海洋气象等支出69.98亿元，增长226.3%；粮油物资储备支出11.06亿元，下降3.6%；预备费6亿元，增长20%。

经汇总，2014年省本级行政单位、事业单位和其他单位使用财政拨款安排的“三公”经费预算为5.71亿元，比上年预算减少0.53亿元，下降8.5%。其中，因公出国(境)经费0.29亿元，下降3.2%；公务接待费1.28亿元，下降20.2%；公务用车购置及运行维护费4.14亿元，下降4.6%。

2014年全省政府性基金收入预算安排1012.45亿元，其中，煤炭可持续发展基金收入190亿元。基金支出安排1011.45亿元。省本级政府性基金收入预算安排321.24亿元，其中，煤炭可持续发展基金收入121亿元。基金支出安排329.24亿元。

2014年全省国有资本经营收入预算安排7.18亿元。支出安排7.18亿元，其中，国有企业改革和转型发展资本性支出4.28亿元，调入公共财政预算资金2.9亿元。省本级国有资本经营收入预算安排2亿元，支出安排2亿元。

2014年全省公共财政收入预算安排增长9%，比2013年实际增速调低了3.1个百分点。这样安排，一是考虑了今年经济发展形势严峻。世界经济仍将延续缓慢复苏态势，我国经济进入以个位数增长的速度换挡期，市场能源需求不旺、煤炭价格低迷造成我省部分企业生产经营困难，经济下行压力较大，财政收入增长面临较大困难。二是考虑了财政减收因素。煤炭价格和企业效益下降对税收产生了下拉影响，推进“营改增”扩面、暂免征收小微企业增值税和营业税、免征和取消74项行政事业性收费等也将减少一部分收入，2013年清理历年结转的200亿元非即期收入因素也将不复存在。三是国家高度关注和支持我省能源基地建设和革命老区发展，转型综改试验区建设加快推进，重大先行先试政策不断落地，去年我省出台的一系列稳增长、调结构，打基础、利长远的政策集成效应不断显现，为增强财政实力提供了有力支撑。另外，完成“十二五”期间我省财政收入翻番目标、保障经济社会转型跨越发展、确保社会公益项目建设和社会保障提标扩面等一系列惠民政策的落实，需要保持一定的收入增长速度。需要看到的是，收入预算安排增长9%，与今年全省地区生产总值增长预期一致，体现了中央继续实施积极财政政策的要求，但实现这一目标存在一定困难和不确定因素，需要各方面共同努力。

三、2014年财政工作任务

(一)优化调控方式，推动经济持续健康发展。支持稳定经济增长。调整优化投资结构，压减散碎项目和一般竞争性领域项目，增强民间投资活力。支持重大基础设施建设，支持农村流通体系和电商物流设施建设，支持太原建设国家电子商务示范城市。完善促进养老、健康、信息、文化等服务消费发展的财税政策，加大对市场信用体系、标准体系以及监管执法的支持力度，优化消费环境。

支持转变发展方式。将财政资金扶持重点转移到加强引导、制定标准、支持创新等方面。进一步发挥煤炭工业可持续发展试点政策的积极效应，支持我省由单一煤电基地向综合能源基地转变。完善产业发展政策，大力支持发展煤层气、节能环保装备制造等新型产业和文化旅游、现代物流、电子商务等新兴服务业发展。支持推进太原、晋城国家新能源汽车推广应用示范城市建设。

支持激发市场活力。完善国有资本经营预算和收益分享机制，创新推进国有企业改革发展的财政支持方式。落实好中央和我省出台的扶持政策，支持中小微企业健康快速发展。发挥信用担保基金、贷款贴息、出口信用保险等政策工具的作用，缓解中小企业融资难问题。

支持实施创新驱动战略。改进科研项目和资金管理，推进省级科研经费优化整合，重点支持各项创新项目、创新工程，支持知识产权推广和发明创造运用。建立各类科技计划(专项、基金等)的绩效评估、动态调整和终止机制。落实好促进企业创新的税收政策，支持布局一批科技攻关项目。支持山西科技创新城加快建设，吸引全国一流科技创新资源向科技创新城聚集。支持启动实施国家创新驱动发展战略山西行动计划和低碳创新行动计划。加大人才培养和引进力度。

大力推进城镇化建设。支持建立多元可持续的资金保障机制，研究通过完善地方政府债券制度、发挥好政策性金融机构作用、以一定比例的国有资产融资等多种方式，拓宽融资渠道。引导和带动民间资本增加投入，支持我省“一核一圈三群”以及大县城和重点镇建设。

支持生态文明建设。清理对产能过剩行业的优惠政策，整合资金压缩过剩产能。全面落实省级配套资金，支持高耗能行业和千家企业重点节能工程项目顺利实施。加大环境保护投入力度，推进跨界水质断面考核机制及排污权交易。完善资源有偿使用制度和生态补偿制度。

(二)加大“三农”投入，推进城乡统筹发展。加大强农惠农政策力度。省级新增10亿元补贴资金，支持我省再出台10项强农惠农富农政策。加强农业基础设施建设。继续实施中低产田改造，支持水利工程建设和病险水库除险加固，强化农业科技支撑作用，促进农业社会化服务体系建设，增强农业防灾减灾能力和农业综合生产能力，保障粮食安全。大力发展现代农业。加快推进现代农业示范区和雁门关生态畜牧经济区建设，推动实施“一村一品”“一县一业”和七大产业振兴翻番工程，支持特色农产品产业支撑项目建设。探索土地流转扶持经费列入预算、对流转土地并形成适度规模经营的农户给予补贴等形式，鼓励农民流转土地，发展适度规模经营。支持加大扶贫开发力度。支持建立完善示范带动、项目支撑、政策支持、考核激励等机制，着力实施百企千村产业扶贫开发工程，深入推进连片特困地区扶贫攻坚，支持做好领导干部包村增收等工作。深化农村综合改革。着力推进农村公益事业、农村集体产权、农村公共服务、乡村治理等制度创新，积极开展美丽乡村建设，创优农民生产生活条件。积极筹措建设资金，支持办好15万户农村困难家庭危房改造、300所农村幼儿园改造、10万农村贫困人口易地扶贫搬迁、实施乡村清洁工程、开展10万名新型职业农民培训等“五件实事”，让人民群众得到更多实惠。

（三）着力改善民生，全力增进民生福祉。支持教育优先发展。推动城乡义务教育统筹发展，将农村初中、小学生均公用经费补助标准提高60元，分别达到760元、560元。改善贫困地区义务教育薄弱学校办学基本条件，新建、改扩建200所标准化公办幼儿园。支持普及高中阶段教育，推进职业教育、继续教育、特殊教育改革发展，引导企业、个人和社会多渠道投资职业教育。保障重点学科建设经费需要，建立完善以改革和绩效为导向的高校生均拨款制度。健全家庭经济困难学生资助政策。

支持扩大就业。继续支持实施更加积极的就业政策，强化政策落实力度，促进高校毕业生、农村转移劳动力、城镇困难人员、退役军人等群体的就业。支持实施大学生创业引领计划和离校未就业高校毕业生促进计划，政府购买基层公共管理和社会服务岗位更多用于吸纳高校毕业生就业。建立健全城乡统筹的公共就业服务体系，加强职业技能培训，推动实现更高质量的就业。

着力增加居民收入。积极争取国家支持，做好机关事业单位津补贴调整工作。加强督促检查，确保市县特别是贫困县机关事业单位工资和津补贴正常发放。支持农民以承包经营权入股发展农业产业化经营，鼓励农村发展合作经济，增加生产经营性收入；强化农民工职业技能培训，增加工资性收入；强化以转移支付和社会保障为主要手段的再次分配，增加转移性收入。

加大社会保障投入力度。企业退休人员基本养老金水平再提高10%。城乡低保标准每人每月分别提高25元和22元，城乡低保管理工作经费补助标准由人均3元提高到10～15元，农村“五保”分散和集中供养省级补助标准每人再提高10%，优抚医院、光荣院集中供养人员生活费每人每月分别提高410元和360元，对全省重度一级残疾人按每人每年480元的标准发放生活补贴或护理补贴。完善临时救助制度，完善社会救助和保障标准与物价上涨挂钩的联动机制。

支持保障性安居工程建设。落实好公租房和廉租房并轨运行制度。通过投资补助、贷款贴息、资本金注入等方式，吸引银行贷款、社会资金支持保障性安居工程建设特别是已建成保障房的配套设施建设。

支持深化医药卫生体制改革。城镇居民医疗保险补助和新型农村合作医疗保险补助标准由280元提高到320元。完善重特大疾病医疗保险和救助制度，加大新农合和城镇居民医保资金中用于购买大病保险的比例。按照“建设靠政府、运行靠服务”的原则，完善公立医院综合改革补偿机制和基层医疗卫生机构运行机制。探索城市公立医院改革。支持推进以全科医生为重点的基层医疗卫生人才队伍建设。

促进文化发展。设立文化旅游产业发展基金，引导、鼓励社会资本参与文化旅游产业发展。推动经营性文化单位建立完善法人治理结构。加大政府文化资助和文化采购力度，探索建立政府购买公共演出服务机制。支持公共文化服务体系建设，推动基层公共文化资源整合和统筹利用。促进全民体育健身活动开展，支持大型体育场馆免费或低收费开放。支持文化产业园区建设和软件、动漫等新型文化业态发展。探索建立新型国有文化资产管理体制。

（四）大力深化财税体制改革。改进预算管理制度。建立健全全口径预算管理制度。制定省级预算稳定调节基金管理办法。预算执行出现超收，主要增加预算稳定调节基金，预算执行出现短收，主要通过削减支出、调入预算稳定调节基金等方式解决。着力推进重点领域、重点项目特别是专项资金和项目的绩效管理，建立和完善绩效考评、约谈和问责制度。深入推进政府和部门预决算公开，细化预决算公开内容，扩大预决算公开范围，加大“三公”经费公开力度。全面清理规范财税优惠政策，今后原则上不再出台新的区域性税收优惠政策。试编权责发生制政府综合财务报告。

盘活财政存量资金。进一步加快预算执行进度，提高预算执行的及时性、有效性和安全性。加强财政结转结余资金管理，清理财政暂付款，腾出来的资金重点用于保障和改善民生，向亟须的农业、教育、社会保障、卫生、环境保护倾斜。控制新增财政存量资金，除救灾等应急支出通过动支预备费解决外，原则上不出台新的一般性增支政策。进一步优化转移支付结构，增加一般性转移支付，加大对财政困难地区的转移支付力度，清理规范整合专项转移支付，严格规范新设专项转移支付，确需新设要报经省政府批准。

加强地方政府债务管理。建立健全政府性债务管理制度，把政府性债务分门别类纳入全口径预算管理，严格政府举债程序，对政府性债务实行总量控制和风险预警。进一步规范政府融资平台公司管理，实行融资平台公司名录管理制度，增强融资平台公司投融资能力和风险承载能力。坚决制止违法融资行为，严禁通过担保公司、融资公司等借道融资举债。按照“化解旧债、控制新债”原则，充分发挥市场在资源配置中的决定性作用，支持社会资本积极参与城镇供水、供气、供热、公共交通、污水垃圾处理等市政公用事业和基础设施的投资、建设与运营，剥离可以通过市场化运营的政府性债务。

落实税制改革政策。加快营改增改革步伐，在全省范围内实施铁路运输和邮政业营改增试点。全面清理涉煤企业收费，积极推进煤炭资源税从价计征改革。

（五）加强财政管理，提升财政管理水平。积极加强法治财政建设。推进财政行政审批制度改革，完善财政管理制度体系，进一步提升财政法律制度建设和执行质量。强化税收收入征管，加大税源补查力度，特别是堵塞电子商务偷漏税行为。从严控制一般性支出。牢固树立过紧日子的思想，严格控制“三公”经费等一般性支出，省本级 2014 年一般性项目支出原则上压缩 10%，“三公”经费支出数严格控制在预算数之内，实现只减不增。加强行政事业单位资产管理，行政单位依法取得的国有资产收益和处置等非税收入必须按时足额上缴国库，严格实行“收支两条线”管理。建立健全公务活动经费开支标准与经济发展水平、市场价格变动相适应的动态调整机制，合理确定我省公务活动经费开支范围和开支标准。加强财政监督检查。加快嵌入业务流程的财政支出监督机制建设，推进财政内部控制体系建设。完善监督成果利用机制，切实将监督结果与预算编制和资金分配挂钩。

各位代表：2014 年的改革发展任务十分繁重，需要凝聚智慧和勇气，需要付出艰辛和汗水。让我们在省委、省政府的正确领导下，在省人大的监督支持下，坚定信心，团结一致，攻坚克难，真抓实干，圆满完成全年预算工作任务，为我省转型跨越发展、全面建成小康社会提供有力支撑和保障！

2 山西概况

SHANXI GAIKUANG

山西概况

自然地理

【山西地势概貌】 地理位置。山西省是中国的一个内陆省份。位于黄河中游东岸，华北平原西面的黄土高原上。省境四周山环水绕，与邻省(区)的自然境界分明。东以太行山与河北省为邻；西、南隔黄河与陕西省、河南省相望；北以外长城为界与内蒙古自治区毗连。全省疆域轮廓呈东北斜向西南的平行四边形，南北间距较长，最南端在芮城县南张村南，北纬34°34′；最北端在天镇县远头村北，北纬40°44′。纵长约682千米。东西间距较短，最东端在广灵县南坑村东，东经114°33′；最西端在永济市长旺村西，东经110°14′。宽约385千米。全省总面积为15.67万平方千米，占全国总面积的1.6%。

地貌特点。山西省是典型的为黄土广泛覆盖的山地高原，地势东北高西南低，高原内部起伏不平，河谷纵横，地貌类型复杂多样，有山地、丘陵、台地、平原，山多川少，山地、丘陵面积为12.55万平方千米，占全省总面积的80.1%，平川、河谷面积仅3.12万平方千米，占19.9%。全省大部分地区海拔在1500米以上，最高点为五台山主峰北台顶(叶斗峰)，海拔3061.1米，有“华北屋脊”之称；最低点为垣曲县亳清河入黄河处的河滩，海拔仅180米。与东部海拔几十米的华北大平原相对照，山西地貌呈现整体隆起的地势，在高原中部，分列着一列雁行排列的断陷盆地。中部断陷盆地把山西高原斜截为二，东西两侧为山地和高原，使山西的地貌截面轮廓很像一个“凹”字形。

总的来看，山西地貌有以下几个特点：1. 山西是典型的黄土覆盖的山地高原，山地多、平原少。

2. 山西地貌以高峻的中山地貌为骨架，山脉脉络清晰，延伸方向多为东北—西南展布。

3. 山西地貌单元与地质构造吻合，北斜成山，南斜成谷。

4. 山西黄土地貌类型繁多，黄土堆积地貌有黄土塬、黄土阶地等，黄土侵蚀地貌有黄土梁、黄土峁、黄土峡谷、黄土墙等，黄土重力地貌有黄土滑坡、崩塌、陷穴等。

5. 山西地貌分区明显，中部为一系列彼此相隔的断陷盆地，东西两侧为隆起的山地、高原。

地貌分区。山西地貌按其明显的特征从东到西可分为3个区域：1. 东部山地区。东部山地区北起阳高县，南至芮城县，从北到南由贯穿省境东部和东南部的六棱山、恒山、五台山、系舟山、太行山、太岳山、中条山等山脉组成，山势大体呈东北—西南走向，海拔一般在1500米以上。该区山地在形成过程中因受构造断裂作用，与其东侧的华北平原、西侧的山西中部各盆地的界线十分清楚。山地北部，在六棱山、恒山、五台山之间，为浑河、滹沱河上游谷地。山地南部，在系舟山、太行山、太岳山、中条山之间，由于沁河、丹河、浊漳河等河流的侵蚀和堆积，形成黄土丘陵和长治、武乡—襄垣、黎城、高平、晋城、阳城等山间小盆地，一般称为“晋东南高原”或“沁潞高原”，是东部山地区的主要农业区。

2. 中部断陷盆地区。中部断陷盆地区，北起天镇县，南至永济市，纵贯省境中部，自东北至西南由一系列彼此分割的断陷盆地组成，依次为大同盆地、忻定盆地、太原盆地、临汾盆地、运城盆地。其中大同盆地、太原盆地和临汾盆地的面积均在5000平方千米以上。各盆地都以断层与山地相接，盆地之间由分水岭隔开；大同盆地与忻定盆地之间相隔宁武山(属恒山山系)，忻定盆地与太原盆地之间相隔石岭关(属系舟山系)，太原盆地与临汾盆地之间相隔韩侯岭(属太岳山系)，临汾盆地与运城盆地之间则以峨嵋台地相隔。盆地内部海拔的高低，由北向南地势逐渐降低，呈阶梯状，北端的大同盆地海拔在1000米以上，南端的运城盆地海拔在400米左右。盆地内广泛分布黄土和洪积冲积物，地势平坦，尤以中南部盆地区，土壤肥沃，气候适宜，灌溉便利，农业发达，城市密集，人口稠密，是山西经济最发达的地区。

3. 西部高原区。晋西高原区，又称西山地区，北起左云县，南至乡宁县，地处长城以南，黄河以东，吕梁山以西，由贯穿省境西部的一系列山地、高原组成，为我国黄土高原的主体部分之一。区内以吕梁山为主干，自北向南分布有采凉山、七峰山、洪涛山、黑驼山、管涔山、云中山、芦芽山、关帝山、紫荆山、龙门山等一系列东北—西南走向的山脉，海拔多在1500米以上。这些山脉东侧以断层与中部各盆地相接，山势雄伟，高出盆地700～1500米，山坡陡直，是山西的主要宜林区；西侧坡度则较平缓，形成了北高南低，由东向西倾斜的高原，地面普遍覆盖着较厚的黄土，称为“晋西高原”，高原境内河流大都短促，流水对地表侵蚀切割，水土流失严重，一遇暴雨，急流冲刷，致使地形破碎，千沟万壑，农业生产条件恶劣，是山西经济比较落后的地区。

【山西的主要山脉】 山西省境内多山，从北到南，主要山脉有：

恒山山脉。主山恒山是中国的名山之一，为五岳中之“北岳”。它是桑干河与滹沱河上游的分水岭，又是大同盆地和忻定盆地的界山。山脉呈北东走向延伸，西南端与省境西部的云中山、管涔山相邻，东北连接六棱山伸入河北省。在山西境内长约250千米，宽约20千米，海拔在2000米以上，山体两侧均有断层，北坡陡，断崖陡壁如削，内长城依山蜿蜒而筑，雄伟壮观，雁门关、阳方口、茹越口、平型关等著名关隘，自古就是兵家必争的战略要地。南坡倾斜稍缓，逐步过渡到繁峙、代县滹沱河谷地。属于该山脉的共有67座山。

五台山脉。主山五台山是驰名中外的中国佛教四大名山之一。位于五台县、繁峙县、代县之间，因由5个平台状的山峰组成而得名。北邻滹沱河谷地，西南与系舟山相接，东与太行山合为一体。山脉呈北东走向延伸，长约130千米。主峰北台叶斗峰，海拔3061.1米，是山西省第一高峰，也是华北地区的最高山峰。五台山四周群山层叠，北麓坡度陡峭，南麓倾斜徐缓，间有许多山间断陷盆地。属于该山脉的共有56座山。

太行山脉。主山太行山是山西东部山地区的主干，北接五台山，南抵晋城南端，在省境内长约350千米，宽约40～50千米，海拔一般在1500～1800米，最高地段海拔在2000米以上。山脊东侧，断崖壁立，西侧坡度缓斜，多是低山丘陵。太行山是山西、河北、河南3省间的界山，又是华北平原与黄土高原的天然分界线，属于该山脉的共有232座山。

太岳山脉。主山太岳山又称霍山，位于太行山西侧，北起介休市绵山，南至绛县的横岭关与中条山相连，长约200千米，是汾河与沁河的分水岭。西翼以霍山大断层与太原盆地、临汾盆地相接，山势陡峻，主峰霍山海拔2348米。太岳山森林茂密，是省内主要林区之一。属于该山脉的共有105座山。

中条山脉。主山中条山位于省境内西南部，东北起自绛县横岭关，向西南延伸至黄河岸边，长约150千米，宽约10～20千米，海拔1200～2000米。山势东段较为宽阔，山顶平坦，以舜王坪为最高，海拔2321米；西段较窄，山势挺拔，兀立在运城盆地和黄河谷地之间，以雪苍山为最高，海拔1825米。山体北坡陡峻，南坡缓斜，为典型的地垒状山地。属于该山脉的共有45座山。

吕梁山脉。吕梁山脉位于省境西部高原山区，自北而南包括管涔山、芦芽山、云中山、关帝山、紫荆山、龙门山，绵延400千米，宽约30～100千米。北段山势

五台山

高峻，海拔2000～2500米，山脉分为东西两列，东为云中山，西为管涔山和芦芽山，两山之间为静乐盆地。中段关帝山，是吕梁山最高山段，群峰汇集，主峰关帝山海拔2830米。南段山势较低，海拔1500米左右。吕梁山北中段山高林密，是山西的主要林区和夏季牧场。吕梁山末端的龙门山，近东西走向，被黄河穿切，形成落差10余米的黄河壶口瀑布和峡谷。属于该山脉的共有316座山。

王莽岭

【山西的主要河流】 山西河流源于东西高原山地，分属黄河、海河两大水系。向西向南流的属黄河水系，向东流的属海河水系。全省共有大小河流1000余条，其中，我国第二大河流黄河，沿山西境界流程968千米。境内流域面积大于10000平方千米的河流有5条(不包括黄河)，小于10000平方千米大于1000平方千米的河流有48条，小于1000平方千米大于100平方千米的河流有397条。汾河是山西境内第一大河，干流全长694千米。山西属于黄河水系的较大河流有汾河、沁河、丹河、涑水河、三川河等142条，属于海河水系的较大河流有桑干河、滹沱河、浊漳河、清漳河等81条。黄河流域在山西境内的面积有9.71万平方千米，占全省总面积的62%；海河流域在山西的流域面积为5.91万平方千米，占全省总面积的37.7%。主要特点是河流较多，但以季节性河流为主，水量变化的季节性差异大。以径流量和开发条件比较，清漳河、沁河、滹沱河、浊漳河的条件较为优越，水能蕴藏量占到全省的80%～90%。山西省的主要水资源量由地表水资源和地下水资源组成，水资源的主要补给来源是当地降水。由于降水量分布不均及水文下垫面条件的差异，在地域上水资源分布极不均匀，总的趋势是由东南向西北递减。山西是全国水资源贫乏省份之一。1956～2000年系列全省多年平均水资源总量123.8亿立方米，其中，河川径流量为86.77亿立方米，地下天然水资源量为(即降水入渗补给量)84.04亿立方米，河川基流量(重复量)为47.01亿立方米。全省水资源可利用量为83.8亿立方米，为全国的67.7%，且多分布于盆地边缘及省境四周，人均占有量为全国的17%，亩均占有水量只有全国的11%。

黄河。黄河在山西省西部和南部边境。西面的一段流经晋、陕峡谷，纵贯南北，水流急湍，南达风陵渡后，折向东流。黄河流经省境地段，水量为全省河流水量的3倍，由于河床低，水流急，航运、灌溉比较困难，但水力资源丰富，可供开发利用。除在保德已建成天桥水电站外，还建设了规模宏大的偏关万家寨引黄入晋枢纽工程。

汾河。汾河是山西第一大河，也是黄河第二大支流，发源于宁武县管涔山的雷鸣寺，全长695千米，纵贯省内中部，流经太原、临汾盆地，至河津市禹门口入黄河。流域面积3.95万平方千米，是山西省主要的农业地带。主要支流有岚河、潇河、文峪河、昌源河、洪安涧河、浍河等。

沁河。沁河是山西第二大河，发源于沁源县西北的太岳山二郎庙沟，流经沁源、安泽、沁水、阳城等县，然后穿过太行山流向河南省境注入黄河，全长456千米。在山西省境内流长363千米，流域面积1.86万平方千米。主要支流有丹河、阳城河、端氏河等。沁河是山西省境内水量丰富、水质最清的河流。

涑水河。涑水河在山西南部，发源于绛县横岭关，流经绛县、闻喜、夏县、运城、临猗、永济汇入黄河，全长193千米，流域面积5565平方千米。由于流域内气温高，降水少，蒸发量大，河水经常断流干涸，下游河床已垦为农田。在涑水河南侧，有700平方千米的闭流区，分布着盐池、硝池、鸭子池、汤里滩、伍姓湖等湖群，水面有170平方千米，盛产食盐、芒硝、白钠镁钒等矿产。

桑干河。桑干河在省境东北部，发源于宁武县管涔山的天池，上源叫恢河，至朔州市与源子河汇合后称桑干河，流经大同盆地，至阳高县出省境，在河北省境内注入海河的支流永定河。在山西省境内流长252千米，流域面积1.55万平方千米。主要支流有黄水河、浑河、御河等。

滹沱河。滹沱河在省境东部，发源于繁峙泰戏山，流经五台山的北麓和西麓，贯穿忻定盆地折向东流，穿过太行山进入河北省，注入海河的支流子牙河。在山西省境内流长330千米，流域面积4282平方千米，较大支流有阳武河、云中河、牧马河、永兴河、清水河等。

漳河。漳河在山西省境内分为清漳河和浊漳河两支。清漳河又分东源与西源，东源发源于昔阳县境，西源发源于和顺县境，在左权县境汇合后，经黎城县流入河北省，全河长146千米，流域面积4159平方千米。浊漳河有南、北、西三源，南源发源于长子县境，北源发源于榆社县境，西源发源于沁源县境，三源于襄垣县境汇合，流经长治盆地，在平顺下马塔以东进入河南省，全河长237千米，流域面积1.17万平方千米。清漳河和浊漳河在河北省涉县交漳镇合流后称为漳河，它是河北省与河南省的界河，在河北省境内注入海河的支流卫河。

【山西气候雨量】 四季气候。山西地处中纬度地带的内陆，在气候类型上属于温带大陆性季风气候。由于太阳辐射、季风环流和地理因素影响，山西气候具有四季分明、雨热同步、光照充足、南北气候差异显著、冬夏气温悬殊、昼夜温差大的特点。山西省各地年平均气温介于4.2℃～14.2℃之间，总体分布趋势为由北向南升高，由盆地向高山降低；全省各地年降水量介于358～621毫米之间，季节分布不均，夏季6～8月降水相对集中，约占全年降水量的60%，且省内降水分布受地形影响较大。1. 春季。春季气温受北方寒冷干燥气团控制减弱，太阳辐射增强，大地回暖很快，但时冷时暖，东西山区和北部地区常有急剧降温，出现早霜冻。由于暖湿气团尚未深入，春季多风少雨，因此常发生干旱。

2. 夏季。夏季受东南气流控制，暖湿空气进入省境，气温较高，7月最热，全省平均气温20℃～27℃，极端最高温出现在南部运城，达42.7℃。全年降水多集中在夏季，7、8、9月的降水量占全年的60%，且多为大雨、暴雨，易引起山洪暴发等自然灾害。

3. 秋季。秋季由于受北方冷空气控制，降温迅速，晴天较多，气候凉爽，平均气温逐月降低5℃～7℃。由于秋季正处于气流交替时期，冷气团南下，将暖气团抬升，降水亦多，占年降水量的20%～30%，常出现秋涝灾害。

4. 冬季。冬季气候寒冷，1月最冷，平均气温介于－2℃～－16℃之间，极端最低温度出现在五台山山顶，曾达－44.8℃。冬季在寒冷干燥气团控制下，多刮西北风，降雨(雪)最少，仅占年降水量的2%～3%。

区域气候。山西气候按地理纬度和地形高低条件，分为6个气候区。1. 晋北温带寒冷半干旱气候区。包括内长城以北，除灵丘、广灵外的大同、朔州两市所辖地区，忻州市西北的岢岚、五寨、偏关、神池、宁武等地，年平均气温在7℃以下，积温2000℃～3200℃，无霜期100～130天，年降水量380～460毫米。

2. 暖温带冷湿半湿润气候区。包括恒山、五台山、系舟山、芦芽山、吕梁山等山区，及其周围的低山、丘陵、河谷和盆地。年平均气温4℃～8℃，积温1600℃～3000℃，无霜期80～140天，年降水量450～700毫米。

3. 暖温带冷温重半干旱气候区。包括忻定、太原、阳泉、寿阳等盆地。年平均气温8℃～10.5℃，积温3100℃～3600℃，无霜期145～165天，年降水量400～490毫米。

4. 暖温带冷温轻半干旱气候区。包括黄河沿岸，从晋西北的保德、河曲到晋西南的吉县、乡宁，以及吕梁山以西的黄土高原区。年平均气温6.5℃～9℃，积温2600℃～3700℃，无霜期145～185天，年降水量400～500毫米。

5. 暖温带冷温半湿润气候区。包括和顺、榆社以南，太岳山以东的晋东南地区。年平均气温8℃～10℃，积温2600℃～3300℃，无霜期120～160天，年降水量550～670毫米。

6. 暖温带温和重半干旱气候区。包括临汾盆地和除中条山东段山区以外的运城市。年平均气温12℃～14℃，积温3900℃～4600℃，无霜期185～205天，年降水量480～570毫米。

雨量分布。山西的降水，由于受地形的影响较大，除少数山区外，大部分地区年降水量为400～600毫米，由东南向西北递减，总的趋势是山地多于盆地，迎风坡多于背风坡。晋东南的太行山区和中条山区、五台山区、吕梁山区是山西3个多雨区，年降水量普遍在600毫米以上，以五台山区降水最多，年降水量800毫米。这是由于山区迎风坡对夏季暖湿气流的抬升所致，降水量随山地高度的增加而增加。大同盆地、忻定盆地、吕梁山以西的黄土丘陵区则是山西的3个少雨区，年降水量一般在400～450毫米。这是由于受高山迭降的影响，阻止暖湿气流深入内地，所以成为少雨区。

山西全省降水有两个特征：一是由于季风环流的交替，降水的季节分布很不均匀，夏季受来自太平洋和印度洋暖湿气流的影响，故夏季降水高度集中，强度较大，约占年降水量60%以上；冬季和春季雨雪稀少，12月至2月的降水量仅占年降水量的2%～4%，3月至5月的降水量占12%～25%。二是降水的年际变化很大，有的年份少雨，有的年份多雨，形成这种情况主要是季风环流逐年进退有早有迟，影响有强有弱所致。以太原为例，平均年降水量为459.5毫米，少水年只有216毫米，多水年多达749毫米，两者相差2.5倍。

（李仁贵）

经济地理

【山西矿产资源】 山西省矿产资源极为丰富，已发现的地下矿种达120种，其中，探明储量的有70种，保有资源储量居全国前十位的有36种。目前，山西煤炭保有资源储量2767.85亿吨，约占全国保有资源储量的20.1%；煤层气保有资源储量1825.16亿立方米，占全国保有资源储量的88.2%；铝土矿保有资源储量14.16亿吨，占全国保有资源储量的36.5%。此外，锰、银、金、石墨、膨润土、高岭岩、石英岩、含钾岩石、花岗岩、沸石等10种矿产也有着良好的勘查、开发前景。

【山西植物资源】 山西植物资源丰富，目前已知的维管植物有2700多种，其中，木本植物有463种。山西植被从南到北可分为:南部和东南部是以落叶阔叶林和次生落叶灌丛为主的夏绿阔叶林或针叶阔叶混交林分布区,也是植被类型最多、种类最丰富的地区;中部是以针叶林及中生的落叶灌丛为主、夏绿阔叶林为次分布区,是森林分布面积较大的地区;北部和西北部是温带灌草丛和半干旱草原分布区,森林植被较少,优势植物是长芒草、旱生蒿类和柠条、沙棘等。山西野生植物资源丰富,国家一级保护植物有南方红豆杉,国家二级保护植物有连香树、翅果油树、水曲柳、核桃楸、紫椴等。野生药用植物有1000多种,广泛分布在丘陵山地,比较著名的有党参、黄芪、甘草、连翘等。山西省森林覆盖率18.03%。

【山西动物资源】 山西野生动物以陆栖类为主,已知的有439种(含历史记录种类)。属于国家重点保护的珍稀动物有71种,其中,一级保护动物有17种:褐马鸡、金雕、朱鹮、白鹳、黑鹳、玉带海雕、白尾海雕、虎头海雕、丹顶鹤、大鸨、胡兀鹫、遗鸥、虎、金钱豹、梅花鹿、原麝、林麝。二级保护动物有54种,包括鸟类42种,两栖类1种,兽类11种。属于省级重点保护的有苍鹭、星头啄木鸟等27种。属于有益的,有重要经济、科学研究价值的野生动物有315种。

【山西旅游资源】 山西是中华文明发祥地之一,是旅游资源富集省份。"华夏古文明,山西好风光"是对山西旅游的高度概括。山西省现存有国家级重点文物保护单位452处,位居第一,其中,大同云冈石窟、平遥古城、五台山为世界文化遗产。全国保存完好的宋、金以前的地面古建筑物70%以上在山西境内,山西享有"中国古代建筑艺术博物馆"的美誉。四大佛教圣地之一的五台山,寺庙群集千年之萃。建于北魏的恒山悬空寺悬于悬崖峭壁之上,以惊险奇特著称。太原的晋祠是形式多样的古建筑荟萃的游览胜地。平遥古城是全国现存三座古城之一,被列入世界文化遗产名录。芮城永乐宫是典型的元代道观建筑群,宫内壁画是我国绘画艺术的珍品。解州关帝庙是全国规模最大的武庙。云冈石窟是全国三大佛教石窟之一,气势雄伟。因拍摄《大红灯笼高高挂》而闻名的祁县乔家大院,加上祁县渠家大院、灵石王家大院、太谷三多堂等,共同展现了山西晋中的大院民俗文化。

山西名山大川遍布,自然风光资源丰富优美。北岳恒山是五岳之一,国家级风景名胜区。绵山气候宜人,自古就是避暑胜地。黄河壶口瀑布是仅次于黄果树瀑布的全国第二大瀑布,国家级风景名胜区。庞泉沟、芦芽山、历山、蟒河等自然保护区,风景秀丽,景致各异。

山西是老革命根据地,革命活动遗址和革命文物遍布全省。著名的有八路军总部旧址、黎城黄崖洞八路军兵工厂、文水刘胡兰纪念馆等。

【山西省土地利用空间布局】 按照《山西省土地利用总体规划(2006~2020年)》,到2020年山西省域土地利用空间布局为:

农业、林业、牧业生产用地布局。1. 农业生产用地布局及主要方向。建设以六大盆地区为主体、以其他农业地区为重要组成的粮食生产发展格局。重点建设以临汾、运城盆地为主体的晋南优质强筋小麦、优质棉花主产区,以雁同、忻定、晋中、晋东南盆地丘陵区为主的优质玉米主产区,以东西两山为主的优质杂粮生产区。

2. 林业生产用地布局及主要方向。建设以东西两山为生态屏障,以太行山、吕梁山、中条山、太岳山等山地为骨架,以"三北"防护林体系、太行山绿化、平原绿化为重点,以自然保护区、森林公园、风景名胜区、饮用水源和泉域保护区等组成的林业发展格局。重点建设五大林业生产体系:建设和完善以九大森林管理局范围为主的商品林与生态防护林并重的生产基地,在黄河流域建设以治理水土流失为主的生态防护林体系,在晋北建设以防沙治沙为主的林草生态防护林体系,在东西部土石山区营造以涵养水源为主的生态防护林体系,在六大盆地和通道沿线营造以保护农田、改善城乡环境为主的景观防护林和苗木商品生产体系。

3. 牧业生产用地布局及主要方向。北部盆地重点发展优质奶牛业,中南部盆地重点发展生猪和蛋鸡、肉鸡及肉牛生产,东西两山重点发展肉牛、肉羊和绒山羊养殖生产。重点建设雁门关生态畜牧经济区。

城乡居民点用地布局。1. 城镇用地空间布局。强化省域中心城市功能,将以太原为中心的城市群建设成为我国中西部重要的城市密集区。以南北纵贯的同蒲大运沿线串珠状分布的城市为主脉,以两翼地带拓展的东西向交通线和基础设施为支脉,共同组合成"叶脉型"的城镇体系布局框架体系。全省的城镇用地布局以"一圈、一带、两轴、多点"为发展重点。支持以太原为中心的经济圈建设用地,同时考虑大运经济带、太焦轴带、太旧—太汾柳轴带及其他发展轴线,适当安排城镇发展建设用地。

2. 农村居民点用地布局。以新农村建设为契机,合理调整农村居民点用地规模与布局。重点加强集镇和中心村建设,积极改造城中村和城边村。对于位置偏远且生产生活条件差的村庄,以及位于采矿沉陷区需治理搬迁的村庄,要积极做好村庄迁建规划。加强城乡居民点用地空间管制,实行建设用地扩展边界控制。

工矿生产用地布局。建设新型能源和工业基地是山西省的一项长期战略任务,要按照战略部署,统筹煤炭工业和非煤产业发展、煤炭开发与生态环境协调发展,合理布局和安排工矿生产建设用地。全省的工业用地要进一步向工业园区集中。大运经济带要重点发展资源经济转型和循环经济产业。煤炭产业要重点支持晋北、晋中、晋东"三大"煤炭基地建设。电力工业用地重点支持大型坑口电站、煤矸石电厂、热电联产等项目建设,以及晋北、晋东、晋东南"三大"外送电力基地的项目建设,积极支持风电和太阳能发电等新能源项目建设。

交通发展建设用地布局。全省的交通发展建设及用地布局,将围绕"四大网络"(铁路、高速公路、一般干线公路、乡村公路)建设,以"煤运通道、高速公路、快速铁路客运系统"为重点。1. 公路建设用地布局。全省

公路建设用地主要支持以高速公路为运输主通道、一般干线公路为集散通道(次骨架和连接层)、农村公路为出入道路(基础)的综合公路网体系建设。根据《山西省高速公路网调整规划》,全省高速公路网布局规划为"3纵11横11环",即由3条纵线、11条横线和11条环线及连接线组成,形成纵贯南北、承东启西、覆盖全省、通达四邻的高速公路网络。

2. 铁路发展建设用地布局。全省铁路建设用地主要支持的是围绕新型能源和工业基地建设,加强快速铁路客运系统及晋煤外运通道的建设,具体考虑全省从北而南形成的三大铁路运输通道和十字形快速铁路客运系统,还要完善与国铁配套的地方铁路、铁路专用线及大型煤炭集运站建设。

水利发展建设用地布局。全省水利发展总体布局为"西引黄河,东抓拦蓄,腹部盆地突出水资源节约和保护,两翼边山全方位实施生态恢复与建设",要以实现水资源的优化配置和可持续发展为目标,扎实抓好以应急水源工程为重点的全省兴水战略,保障水利建设的顺利开展。规划期间,共安排水利建设用地指标1.34万公顷,拟规划建设一批包括水库、水电站及引/供水工程的国家和地方重点水利建设项目。

【山西省土地利用区域划分】 按照《山西省土地利用总体规划(2006～2020年)》,到2020年山西省土地利用区域划分为:

晋北区域。本区域范围包括大同市和朔州市的17个县(区),土地总面积为2.47万平方千米。在本区域内又分为3个二级区,即朔同盆地平原区——包括大同市城区、矿区、南郊区、大同、应县、朔州市朔城区、山阴、怀仁等县(区),晋西北山地丘陵区——包括左云、右玉、平鲁、新荣等县(区),晋东北山地丘陵区——包括阳高、天镇、广灵、灵丘、浑源等县。

本区域土地利用管理重点及调控措施为:在改造提升煤电产业的同时,加强资源型经济转型,发展高新技术产业、旅游业、高载能工业和环保产业。重点保障煤电基地和运煤通道建设用地及引黄北干等重要水利设施用地。加强工矿废弃地复垦、污染防治和采煤塌陷区治理。新增建设用地要充分利用荒沟、荒坡、荒滩等未利用地资源和工矿废弃地。引导农业结构调整,支持商品粮基地建设,增加大宗农产品生产能力。大力发展畜牧产业及畜牧产品加工,重点建设雁门关生态畜牧经济区。支持盐碱地的改良和未利用地开发,加强风沙治理和生态建设。

中部区域。本区域范围包括太原、忻州、阳泉、吕梁和晋中等5个市的53个县(市、区),土地总面积为7.41万平方千米。在本区域内又分为5个二级区,即晋中盆地区——包括太原市的6个城区及阳曲、清徐、榆次、太谷、祁县、平遥、介休、文水、汾阳、孝义、交城、灵石等县(市、区),忻定原盆地区——包括忻府区、原平市、定襄县等3个县(市、区),晋西山地区——包括方山、古交、岚县、静乐、娄烦、宁武、岢岚等7个县(市),晋西黄土丘陵区——包括兴县、临县、离石区、柳林、中阳、偏关、河曲、保德、神池、五寨、石楼、交口等县(区),太行山山地丘陵区——包括盂县、寿阳、阳泉郊区、昔阳、平定、代县、繁峙、五台、榆社、左权、和顺等县(区)。

本区域土地利用管理重点及调控措施为:采取积极的城镇发展战略,建设以太原—榆次为核心,包括介(休)孝(义)汾(阳)、阳泉、忻(州)定(襄)原(平)在内的太原经济圈。适应城镇化和工业化加快进程,适当提高区域建设用地比重,积极培育人口及经济集聚能力。重点保障晋中煤电基地和石太铁路客运专线、同蒲铁路客运专线、太中银铁路、汾平高速等交通基础设施建设用地。在介孝汾、离柳等地建立煤炭能源重化工产业循环经济示范区。开发区建设要以节约集约用地为重点,提高项目用地投资强度、土地产出效益等用地标准和准入门槛,引导发展技术和知识含量高的制造业和现代服务业。加强区内基本农田保护,积极实施农田基本建设整理工程,促进稳产高产商品粮油基地建设。要加强晋西黄土丘陵区、太行山山地丘陵区的水土保持和生态屏障建设,加强汾河治理和环境保护。

晋南区域。本区域范围包括运城市和临汾市的30个县(市、区),土地总面积为3.45万平方千米。在本区域内又分为3个二级区,即晋南盆地区——包括尧都区、洪洞、襄汾、新绛、侯马、曲沃、翼城、永济、临猗、盐湖区、夏县、闻喜、绛县、霍州、万荣、河津、稷山等17个县(市、区),太岳中条山区——包括芮城、平陆、垣曲、古县、安泽、浮山等6个县,晋西南黄土丘陵山地区——包括乡宁、吉县、大宁、隰县、蒲县、永和、汾西等7个县。

本区域土地利用管理重点及调控措施为:加强临汾、运城、侯马等3个中心城市的建设,适当增加城镇建设用地。改造与提高焦化、煤炭、化学工业,扶持轻型工业和高新技术产业发展。加强区内基本农田保护,重点发展优质小麦、棉花,支持商品粮、棉基地建设,增加大宗农产品生产能力。加强区内汾河流域的综合治理和晋西南黄土丘陵山地区的水土流失治理,搞好东西两山的生态屏障建设。

晋东南区域。本区域范围包括长治市和晋城市的19个县(市、区),土地总面积为1.63万平方千米。在本区域内又分为3个二级区,即晋东南川谷盆地区——包括潞城、襄垣、屯留、长治城区、长治郊区、长治、长子、晋城城区、高平、泽州、阳城等11个县(市、区),太行山南部山区——包括武乡、沁县、平顺、壶关、黎城、陵川等6个县,晋东南西部山区——包括沁源、沁水等2个县。

本区域土地利用管理重点及调控措施为:着力完善中心城市功能,建立煤化工产业循环经济示范区。适当增加建设用地供给,积极培育人口及经济集聚能力。加强废弃煤矿、乡镇企业用地整理,开发未利用地,为工业化、城市化提供新的发展空间。合理安排建设用地,加大对基础设施建设的支持力度,促进公路、铁路、航运等交通网的完善和枢纽建设,提高区域的整体发展能力。重点加强太行山区生态建设、中部川谷盆地区环境治理和耕地资源保护。

【山西省林业生态建设总体布局】 按照《山西省生态功能区划》,全省划分为5个生态区、15个生态亚区、44个生态功能区。与这些生态功能区域相衔接,结合各地自然条件和树木生长特性,山西省林业生态建设的总体布局是:以汾河两岸为中轴线,以太行山和吕梁山为重点,集中建设四大生态屏障,发展五大产业集群,推进城乡全面绿化。

四大生态屏障。四大生态屏障是指晋北晋西北防风固沙林区、吕梁山黄土高原水土保持林区、太行山土石山水源涵养林区、中南部盆地防护经济林区。1. 晋北晋西北防风固沙林区。在晋北晋西北建设以防风治沙为主要功能的乔灌草防护林体系,建设范围包括大同县、大同新荣区、大同城区、大同矿区、左云县、阳高县、天镇县、大同南郊区、浑源县、灵丘县、广灵县、右玉县、朔州平鲁区、朔城区、应县、山阴县、怀仁县、河曲县、保德县、偏关县、神池县、五寨县、岢岚县、宁武县、静乐县、繁峙县、代县等27个县(区)。通过大力植树造林,特别是大规模发展沙棘、柠条等灌木林,形成乔灌草相结合的绿色屏障,使晋北晋西北的风沙基本得到遏制。

2. 吕梁山黄土高原水土保持林区。在吕梁山脉及周边地区建设以治理水土流失、降低土壤侵蚀模式为主要功能的防护林体系,建设范围包括原平市、忻州忻府区、兴县、临县、岚县、孝义市、石楼县、柳林县、方山县、中阳县、交口县、交城县、汾阳市、吕梁离石区、娄烦县、古交市、太原晋源区、太原尖草坪区、太原万柏林区、隰县、永和县、大宁县、吉县、乡宁县、蒲县、汾西县、新绛县、稷山县、河津市、万荣县等30个县(市、区)。通过实施退耕还林、天然林资源保护、"三北"防护林建设等国家重点林业工程,有效改善黄河东岸严重的水土流失状况,努力形成固土凝水、降温保湿、植被良好、林茂粮丰的可喜局面。

3. 太行山土石山水源涵养林区。在太行山区域建设以涵养水源为主要功能的防护林体系,建设范围包括五台县、阳曲县、太原迎泽区、太原杏花岭区、榆社县、和顺县、左权县、寿阳县、昔阳县、灵石县、平定县、盂县、阳泉城区、阳泉矿区、阳泉郊区、平顺县、黎城县、壶关县、武乡县、沁源县、沁县、霍州市、安泽县、翼城县、古县、浮山县、陵川县、沁水县、阳城县、垣曲县、平陆县、芮城县等32个县(市、区)。通过大力造林、封山育林、积极护林,有效涵养太行土石山区珍贵的水资源,从根本上逐步改善山西十年九旱、长期缺水的自然状况。

4. 中南部盆地防护经济林区。在山西中南部盆地建设防护经济林区,建设范围包括定襄县、清徐县、太原小店区、介休市、平遥县、祁县、太谷县、晋中榆次区、文水县、屯留县、长治县、潞城市、长子县、襄垣县、长治郊区、长治城区、高平市、泽州县、晋城城区、侯马市、襄汾县、曲沃县、临汾尧都区、洪洞县、运城盐湖区、临猗县、永济市、闻喜县、夏县、绛县等30个县(市、区)。通过大力营造干鲜果经济林,既获取经济效益,又发挥生态功能,收到大地增绿、林业增效、农民增收的良好效果。

五大产业集群。全省发展五大林业产业集群,主要是:干鲜果经济林建设,速生丰产用材林建设,林木种苗花卉产业,森林旅游产业,林下资源开发和灌木林产业。

推进城乡全面绿化。继续坚持"山上治本、身边增绿"的发展理念,以国家六大重点林业工程为骨架,以省十大造林绿化工程为重点,全力推进通道绿化、交通沿线荒山绿化、村镇绿化、环城绿化、厂矿区绿化、城市绿化、河流流域行洪河道两侧的滩涂绿化、城郊森林公园建设、生态庄园建设、碳汇造林等重点区域绿化,努力实现城乡绿化一体化。

【山西省现代农业发展区域布局】 区域布局。全省现代农业发展的总体布局分为大同盆地、忻定盆地、晋中盆地、上党盆地、晋南盆地和太行山、吕梁山七大特色板块。大同盆地重点建设雁门关生态畜牧经济区,忻定盆地重点发展玉米、杂粮,晋中盆地重点发展蔬菜、水果、花卉等设施农业,上党盆地重点发展玉米、畜牧业,晋南盆地重点发展粮食、水果和蔬菜,太行山、吕梁山重点发展杂粮、林果业。

产业发展布局。按照区域布局,规划建设一批优势农产品产业区和产业带,形成跨区域、大规模、集群式、板块化推进的格局。

1. 粮食产业布局。规划建设太行山、大同盆地、忻定盆地、晋中盆地和晋南盆地玉米优势生产区,到2015年,优势区玉米面积占全省的比重达到70%。规划建设南部运城、临汾、晋城中熟冬麦区,到2015年,小麦种植面积达到64万公顷,占全省的96%以上。以晋西北、太行山为重点,规划建设谷子、荞麦、莜麦、杂豆、马铃薯五大作物优势区域,优势区小杂粮的优质率、商品率、加工转化率达到80%、50%、60%。

2. 畜牧产业布局。规划建设一批生猪、蛋鸡、肉鸡、奶牛、肉牛和肉羊优势生产基地县,力争到2015年基地县畜产品产量占到全省70%左右。

3. 水果产业布局。规划建设晋南丘陵区、晋西边山丘陵区、晋中丘陵区三大优质苹果生产板块,忻定、晋中、晋东南和晋南4个优质梨生产区。

4. 蔬菜产业布局。重点在晋南、晋中、忻定、上党和大同五大盆地内具有优势的70个县发展蔬菜产业,播种面积、产量均占到全省播种面积、产量的85%以上。

现代农业示范区布局。以城乡统筹发展,推进农业现代化为目标定位,打造全省一流、全国领先的现代农业示范样板区。继续推进大同(包括阳高等5个县)、晋中(包括榆次等4个县区)和运城(包括盐湖等7个县区)三大现代农业示范区建设,实施朔州、临汾、忻州、长治、阳泉、太原、吕梁、晋城等8个市10个县现代农业示范县(区)及现代农垦示范场建设。以所在板块的主导产业为主,发展粮食、做强畜牧、提升果菜、深化加工。突出粮食高产创建、标准化规模健康养殖、设施蔬菜、高效园艺以及农产品加工增值等重点建设,因地制宜打造一批示范园和综合示范园。

(李仁贵)

行政区划

【山西行政区划的历史变迁】 山西省是我国文化发祥地之一。相传尧都平阳，舜都蒲坂，禹都安邑，都建在今山西境内南部地区。西周时为唐国，后改为晋国，山西省简称晋即由此而来。战国时分属于赵、魏、韩。秦置代、雁门、太原、河东、上党5郡。西汉时置并州，辖代、雁门、太原、上党4郡，朔方辖西河郡，司隶部辖河东郡。东汉时并州辖定襄、雁门、太原、西河、上党5郡，司隶部辖河东郡，幽州辖代郡。三国时魏置并州辖雁门、新兴、西河、太原、东平、上党6郡，司州辖河东、平阳2郡，幽州辖代郡，冀州辖灵丘县，此外，天镇、山阴、平鲁西北属拓跋鲜卑，五寨、临县以西属羌。西晋时并州辖雁门、新兴、上党3郡及太原、东平、西河3国，司州辖河东、平阳2郡，幽州辖代郡，山阴以北仍属拓跋鲜卑，五寨、临县以西属羌。北魏置朔、恒、汾、肆、并5州，霍县、高平以南属司州。隋代改州为郡，置马邑、雁门、娄烦、离石、太原、龙泉、西河、临汾、文水、河东、绛、长平、上党13郡。唐代置河东道，辖太原府及云、蔚、朔、代、岚、忻、石、隰、汾、晋、慈、绛、蒲、辽、沁、潞、泽17州。五代后唐置太原、河中2府及云、蔚、应、寰、朔、代、岚、忻、石、隰、汾、晋、慈、绛、辽、沁、潞、泽19州。后晋置太原、河中2府及代、岚、宪、忻、石、隰、汾、晋、慈、绛、辽、沁、潞、泽14州，云蔚、应、寰、朔、代5州属契丹。后汉行政区划未变。北宋时置河东路，辖太原、隆德2府，代、忻、宪、岚、石、隰、汾、慈、晋、绛、辽、泽12州及火山、保德、岢岚、宁化、晋宁、平定、威胜7军，永兴路辖解州及河中府。大同府及朔、应、蔚3州属辽的西京道。金于山西置河东南路，河东北路，雁门关北属西京路。河东南路辖河中、平阳2府及隰、耿、绛、解、泽、潞、沁、辽8州，河东北路辖太原府及澳、保德、岢岚、岚、宁化、管、忻、代、石、汾、平定11州。西京路辖大同府及武、朔、应、蔚4州。元代置河东山西道，隶中书省，领大同、冀宁、晋宁3路，大同路辖应、朔、武、浑源4州及大同、白登等5县，冀宁路辖兴、岚、管、坚、代、崞、忻、台、临、石、汾、盂、平定12州及阳曲、文水等10县，晋宁路辖河中府及隰、吉、霍、绛、解、辽、沁、潞、泽9州及临汾等12县。明代置山西布政使司，辖大同、太原、平阳、潞安4府，汾、辽、沁、泽4州，共95县。清代山西省，辖朔平、大同、宁武、太原、汾州、平阳、潞安、泽州、蒲州9府，保德、代、忻、平定、辽、隰、霍、沁、绛、解10州及归化、绥远、萨拉齐、托克托、和林格尔等6厅，共辖108县。6厅及朔平、大同2府的北部系今长城以北的土默特、呼和浩特、集宁、丰镇等地区，民国二年（1913年）划归绥远、察哈尔两特别区。民国三年（1914年）山西省设雁门、冀宁、河东3道。雁门道辖晋北的26县，冀宁道辖晋中及晋东南的44县，河东道辖晋南的35县。1930年废道，县由省直辖。

1937年抗日战争爆发后，中国共产党在山西境内建立了晋冀鲁豫、晋绥、晋察冀3个边区抗日民主政府，其在山西境内辖区面积约占全省总面积的70%以上。解放战争初期，山西解放区各县分属太行、太岳、晋察冀、晋绥4个行政公署，行署下设专区，分别领导各县。

1945年8月抗日战争胜利后，阎锡山政府迁回太原，抢占了铁路沿线主要城市，按每个行政督察区辖5～7个县的原则，把全省划为18个区。1949年4月，随着太原的解放，全省复归统一，阎锡山政府的行政区划遂告结束。

【新中国成立以来山西行政区划的变化】 新中国成立以来，为适应社会主义建设发展的需要，山西省行政区划曾有过多次的调整。1949年10月，将雁北地区划归察哈尔省，山西省共设忻县、兴县、榆次、汾阳、临汾、运城、长治7个专区、92个县及太原市、阳泉工矿区、长治城关区和运城镇。1951年撤销汾阳专区。1952年撤销兴县专区。1952年11月察哈尔省撤销后，原雁北专区13个县及大同市划回山西省，全省共辖雁北、忻县、榆次、临汾、运城、长治6个专区及太原、阳泉、长治、大同4个市和运城镇，103个县。1958年，全省公社化后，行政区划进行了较大的合并，将6个专区并为晋北、晋中、晋南、晋东南4个专区，103个县合并为41个县，设太原市1个省辖市和大同、阳泉、长治、榆次、侯马5个专辖市。

20世纪60年代初期，全省行政区划又几经调整，原来合并的县先后分设，到1965年，全省设雁北、忻县、晋中、晋南、晋东南5个专区，太原、大同、阳泉3个省辖市，长治市为专辖市，县数为96个。1970年专区改为地区，同年撤销晋南专区，设立临汾、运城2个地区。

1971年，晋中地区分为晋中和吕梁2个地区，恢复侯马、临汾、榆次3市及古县、方山、娄烦3县，新设置柳林、交口2县，全省县数为101个。

1983年，对全省部分市、县区划及名称作了调整变动。全省划分为7个地区、4个省辖地级市、6个省辖县级市、96个县。

1985年，撤销晋东南地区，将其所属各县分别划归长治市和晋城市，晋城市升格为省辖地级市，全省设6个地区、5个地级市、5个县级市和96个县。

1989年设朔州市（地级市）和古交市（县级市）。

1990年霍县撤县建霍州市（县级市）。

1992年原平、孝义撤县建市（县级市）。

1993年撤销雁北地区，将其所辖县分别划归大同市和朔州市。同年，介休、高平县撤县建市（县级市）。

1994年潞城、永济、河津县撤县建市（县级市）。

1996年离石、汾阳撤县建市（县级市），晋城市郊区撤区建立泽州县。

1997年太原市城区行政区划重新调整，将原北城区、南城区、河西区、北郊区、南郊区等5城区调整为：杏花岭区、迎泽区、万柏林区、尖草坪区、小店区、晋源区等6个城区。

1999年撤销晋中地区，成立晋中市（地级市），原榆次市改为榆次区。

2000年撤销忻州地区、运城地区、临汾地区，成立忻州市、运城市、临汾市（地级市），原县级忻州市、运城市、临汾市改为忻府区、盐湖区、尧都区。

2003年撤销吕梁地区，成立吕梁市（地级市），原离石市（县级）改设为离石区。

【2013年乡镇以上行政区划】 截至2013年年底，山西省共设太原、大同、阳泉、长治、晋城、朔州、忻州、晋中、临汾、运城、吕梁等11个地级市，11个县级市，85个县，23个市辖区。现有202个街道，1196个乡镇，其中564个镇、632个乡，合计1398个乡级行政单位。2013年全省乡镇以上行政区划如下：

太原市

迎泽区

柳巷街道 文庙街道 庙前街道 迎泽街道 桥东街道 老军营街道 郝庄镇

杏花岭区

巨轮街道 三桥街道 鼓楼街道 杏花岭街道 坝陵桥街道 大东关街道 职工新街街道 敦化坊街道 涧河街道 杨家峪街道 中涧河乡 小返乡

万柏林区

千峰街道 下元街道 和平街道 兴华街道 万柏林街道 杜儿坪街道 白家庄街道 南寒街道 东社街道 化客头街道 神堂沟街道 西铭街道 长风西街街道 小井峪街道 王封乡

小店区

坞城街道 营盘街道 北营街道 平阳路街道 黄陵街道 小店街道 北格镇 西温庄乡 刘家堡乡

尖草坪区

尖草坪街道 光社街道 上兰街道 南寒街道 迎新街道 古城街道 汇丰街道 柴村街道 新城街道 向阳镇 阳曲镇 马头水乡 柏板乡 西墕乡

晋源区

义井街道 罗城街道 晋源街道 金胜镇 晋祠镇 姚村镇

清徐县

清源镇 徐沟镇 东于镇 孟封镇 马峪乡 柳杜乡 西谷乡 王答乡 集义乡

阳曲县

黄寨镇 大盂镇 东黄水镇 泥屯镇 高村乡 侯村乡 凌井店乡 西凌井乡 北小店乡 杨兴乡

娄烦县

娄烦镇 静游镇 杜交曲镇 庙湾乡 马家庄乡 盖家庄乡 米峪镇乡 天池店乡

古交市

东曲街道 西曲街道 桃园街道 屯兰街道 河口镇 镇城底镇 马兰镇 阁上乡 嘉乐泉乡 梭峪乡 岔口乡 常安乡 邢家社乡 原相乡

大同市

城　区

南关街道 北关街道 东街街道 西街街道 南街街道 北街街道 新建南路街道 新建北路街道 大庆路街道 新华街街道 西花园街道 老平旺街道 向阳里街道 振华南街街道

矿　区

新胜街道 新平旺街道 煤峪口街道 永定庄街道 同家梁街道 四老沟街道 忻州窑街道 白洞街道 雁崖街道 挖金湾街道 晋华宫街道 马脊梁街道 大斗沟街道 王村街道 姜家湾街道 新泉路街道 民胜街道 口泉街道 马口街道 燕子山街道 杏儿沟街道 青磁窑街道 平泉路街道 四台沟街道 和瑞街道 和顺街道

南郊区

古店镇 高山镇 云冈镇 口泉乡 新旺乡 水泊寺乡 马军营乡 西韩岭乡 平旺乡 鸦儿崖乡

新荣区

新荣镇 破鲁堡乡 郭家窑乡 花园屯乡 西村乡 上深涧乡 堡子湾乡

左云县

云兴镇 鹊儿山镇 店湾镇 管家堡乡 张家场乡 三屯乡 马道头乡 小京庄乡 水窑乡

大同县

西坪镇 倍加造镇 周士庄镇 吉家庄乡 峰峪乡 杜庄乡 党留庄乡 瓜园乡 聚乐乡 许堡乡

天镇县

玉泉镇 谷前堡镇 米薪关镇 逯家湾镇 新平堡镇 三十里铺乡 南河堡乡 贾家屯乡 赵家沟乡 南高崖乡 张西河乡

浑源县

永安镇 西坊城镇 蔡村镇 沙圪坨镇 王庄堡镇

大磁窑镇　东坊城乡　裴村乡　驼峰乡　西留村乡
下韩村乡　南榆林乡　吴城乡　黄花滩乡　大仁庄乡
千佛岭乡　官儿乡　青磁窑乡

广灵县
壶泉镇　南村镇　一斗泉乡　蕉山乡　加斗乡
宜兴乡　作疃乡　梁庄乡　望狐乡

灵丘县
武灵镇　东河南镇　上寨镇　落水河乡　史庄乡
赵北乡　石家田乡　柳科乡　白崖台乡　红石塄乡
下关乡　独峪乡

阳高县
龙泉镇　罗文皂镇　大白登镇　王官屯镇　古城镇
东小村镇　友宰镇　长城乡　北徐屯乡
狮子屯乡　下深井乡　马家皂乡　鳌石乡

阳泉市

城　区
上站街道　下站街道　北大街街道　南山路街道
义井街道　坡底街道

矿　区
平潭街街道　桥头街道　蔡洼街道　赛鱼街道
沙坪街道　贵石沟街道

郊　区
荫营镇　河底镇　义井镇　平坦镇　西南舁乡
杨家庄乡　李家庄乡　旧街乡

盂　县
秀水镇　孙家庄镇　路家村镇　南娄镇　牛村镇
苌池镇　上社镇　西烟镇　仙人乡　北下庄乡
下社乡　梁家寨乡　西潘乡　东梁乡

平定县
冠山镇　冶西镇　锁簧镇　张庄镇　东回镇
柏井镇　娘子关镇　巨城镇　石门口乡　岔口乡

长治市

城　区
东街街道　西街街道　英雄南路街道　英雄中路街道
紫金街道　常青街道　太行西街街道　太行东街街道
五马街道　延安南路街道

郊　区
长北街道　故县街道　老顶山镇　堠北庄镇
大辛庄镇　马厂镇　黄碾镇　西白兔乡

潞城市
潞华街道　成家川街道　店上镇　微子镇
翟店镇　辛安泉镇　合室乡　黄牛蹄乡
史迴乡

长治县
韩店镇　苏店镇　荫城镇　西火镇　八义镇
贾掌镇　郝家庄乡　西池乡　北呈乡　东和乡
南宋乡

襄垣县
古韩镇　王桥镇　侯堡镇　夏店镇　虒亭镇　西营镇
王村镇　下良镇　善福乡　北底乡　上马乡

屯留县
麟绛镇　上村镇　渔泽镇　余吾镇　吾元镇　张店镇
丰宜镇　李高乡　路村乡　西贾乡　河神庙乡

平顺县
青羊镇　龙溪镇　石城镇　苗庄镇　杏城镇
西沟乡　东寺头乡　虹梯关乡　阳高乡　北耽车乡
中五井乡　北社乡

黎城县
东阳关镇　上遥镇　西井镇　黄崖洞镇　黎侯镇
西仵乡　停河铺乡　程家山乡　洪井乡

壶关县
龙泉镇　百尺镇　店上镇　晋庄镇　树掌镇
集店乡　黄山乡　东井岭乡　石坡乡　五龙山乡
鹅屋乡　桥上乡

长子县
丹朱镇　鲍店镇　石哲镇　大堡头镇　慈林镇
色头镇　南漳镇　岚水乡　碾张乡　常张乡
南陈乡　宋村乡

武乡县
丰州镇　洪水镇　蟠龙镇　监漳镇　故城镇　墨镫乡
韩北乡　大有乡　贾豁乡　故县乡　上司乡　石北乡
涌泉乡　分水岭乡

沁　县
定昌镇　郭村镇　故县镇　新店镇　漳源镇　册村镇
段柳乡　松村乡　次村乡　牛寺乡　南里乡　南泉乡
杨安乡

沁源县
沁河镇　郭道镇　灵空山镇　王和镇　李元镇
中峪乡　法中乡　交口乡　聪子峪乡　韩洪乡
官滩乡　景凤乡　赤石桥乡　王陶乡

晋城市

城　区
东街街道　西街街道　南街街道　北街街道
矿区街道　钟家庄街道　西上庄街道　北石店镇

泽州县
南村镇 下村镇 大东沟镇 周村镇 犁川镇
晋庙铺镇 金村镇 高都镇 巴公镇 大阳镇
山河镇 大箕镇 柳树口镇 北义城镇
川底乡 李寨乡 南岭乡

高平市
北城街道 东城街道 南城街道 米山镇 三甲镇
陈区镇 北诗镇 河西镇 马村镇 野川镇
寺庄镇 神农镇 建宁乡 石末乡 原村乡
永禄乡

陵川县
崇文镇 礼义镇 附城镇 西河底镇 平城镇
杨村镇 潞城镇 夺火乡 马圪当乡 古郊乡
六泉乡 秦家庄乡

阳城县
凤城镇 北留镇 润城镇 町店镇 芹池镇 次营镇
横河镇 河北镇 蟒河镇 东冶镇 白桑乡 寺头乡
西河乡 演礼乡 固隆乡 董封乡 驾岭乡

沁水县
龙港镇 中村镇 郑庄镇 端氏镇 嘉峰镇
郑村镇 柿庄镇 樊村河乡 土沃乡 张村乡
苏庄乡 胡底乡 固县乡 十里乡

朔州市

朔城区
北城街道 南城街道 神头街道 北旺庄街道
神头镇 利民镇 下团堡乡 小平易乡
滋润乡 福善庄乡 南榆林乡 贾庄乡
沙塄河乡 窑子头乡 张蔡庄乡

平鲁区
井坪镇 凤凰城镇 白堂乡 陶村乡 下水头乡
双碾乡 阻虎乡 高石庄乡 西水界乡 下面高乡
榆岭乡 下木角乡 向阳堡乡

山阴县
玉井镇 北周庄镇 古城镇 吴马营乡
马营乡 下喇叭乡 合盛堡乡 岱岳镇
安荣乡 薛圐圙乡 后所乡 张家庄乡
马营庄乡

应　县
金城镇 南河种镇 下社镇 镇子梁乡 义井乡
臧寨乡 大黄巍乡 杏寨乡 下马峪乡 南泉乡
大临河乡 白马石乡

怀仁县
云中镇 吴家窑镇 金沙滩镇 毛家皂镇
何家堡乡 亲和乡 新家园乡 海北头乡
马辛庄乡 河头乡

右玉县
新城镇 右卫镇 威远镇 元堡子镇
牛心堡乡 白头里乡 高家堡乡 丁家窑乡
杨千河乡 李达窑乡

忻州市

忻府区
南城街道 长征街道 新建路街道 播明镇
奇村镇 三交镇 庄磨镇 豆罗镇
董村镇 曹张乡 高城乡 秦城乡
解原乡 合索乡 阳坡乡 兰村乡
紫岩乡 西张乡 东楼乡 北义井乡

原平市
北城街道 南城街道 轩煤矿街道 东社镇
苏龙口镇 崞阳镇 大牛店镇 阎庄镇
长梁沟镇 轩岗镇 新原乡 南白乡
子干乡 中阳乡 沿沟乡 大林乡
西镇乡 解村乡 王家庄乡 楼板寨乡
段家堡乡

定襄县
晋昌镇 河边镇 宏道镇 杨芳乡 南王乡
蒋村乡 神山乡 季庄乡 受禄乡

五台县
台城镇 台怀镇 耿镇镇 豆村镇 白家庄镇
东冶镇 沟南乡 东雷乡 高洪口乡 门限石乡
陈家庄乡 建安乡 神西乡 蒋坊乡 灵境乡
阳白乡 茹村乡 石咀乡 金岗库乡

代　县
上馆镇 阳明堡镇 峨口镇 聂营镇 枣林镇
滩上镇 新高乡 峪口乡 上磨坊乡 胡峪乡
雁门关乡

繁峙县
繁城镇 砂河镇 大营镇 下茹越乡 杏园乡
光裕堡乡 集义庄乡 东山乡 金山铺乡 柏家庄乡
横涧乡 神堂堡乡 岩头乡

宁武县
凤凰镇 阳方口镇 东寨镇 石家庄镇
薛家洼乡 榆庄乡 涔山乡 化北屯乡
西马坊乡 新堡乡 圪壕乡 迭台寺乡
怀道乡 东马坊乡

静乐县
鹅城镇 杜家村镇 康家会镇 丰润镇 堂尔上乡
中庄乡 双路乡 段家寨乡 辛村乡 王村乡
娑婆乡 神峪沟乡 娘子神乡 赤泥洼乡

神池县

龙泉镇 义井镇 八角镇 东湖乡 太平庄乡
虎北乡 贺职乡 长畛乡 烈堡乡 大严备乡

五寨县

砚城镇 小河头镇 三岔镇 前所乡 李家坪乡
孙家坪乡 梁家坪乡 胡会乡 新寨乡 韩家楼乡
东秀庄乡 杏岭子乡

岢岚县

岚漪镇 三井镇 神堂坪乡 高家会乡
李家沟乡 水峪贯乡 西豹峪乡 温泉乡
阳坪乡 大涧乡 宋家沟乡 王家岔乡

偏关县

新关镇 天峰坪镇 老营镇 万家寨镇 窑头乡
楼沟乡 尚峪乡 南堡子乡 水泉乡 陈家营乡

河曲县

文笔镇 楼子营镇 刘家塔镇 巡镇镇 鹿固乡
前川乡 单寨乡 土沟乡 旧县乡 沙坪乡
社梁乡 沙泉乡 赵家沟乡

保德县

东关镇 义门镇 桥头镇 杨家湾镇
腰庄乡 韩家川乡 林遮峪乡 冯家川乡
土崖塔乡 孙家沟乡 窑洼乡 窑圪台乡
南河沟乡

晋中市

榆次区

北关街道 锦纶街道 新华街道 西南街道
路西街道 经纬街道 安宁街道 新建街道
晋华街道 乌金山镇 东阳镇 什贴镇
长凝镇 北田镇 修文镇 郭家堡乡
张庆乡 庄子乡 东赵乡

介休市

北关街道 西关街道 东南街道 西南街道
北坛街道 义安镇 张兰镇 连福镇
洪山镇 义棠镇 龙凤镇 绵山镇
城关乡 宋古乡 三佳乡

榆社县

箕城镇 云簇镇 郝北镇 社城镇 河峪乡
北寨乡 西马乡 岚峪乡 讲堂乡

左权县

辽阳镇 桐峪镇 麻田镇 芹泉镇 拐儿镇
石匣乡 粟城乡 羊角乡 寒王乡 龙泉乡

和顺县

义兴镇 李阳镇 松烟镇 青城镇 横岭镇
喂马乡 平松乡 牛川乡 马坊乡 阳光占乡

昔阳县

乐平镇 皋落镇 冶头镇 沾尚镇 大寨镇
李家庄乡 界都乡 三都乡 赵壁乡 孔氏乡
阎庄乡 西寨乡

寿阳县

朝阳镇 南燕竹镇 宗艾镇 平头镇 松塔镇
西洛镇 尹灵芝镇 平舒乡 解愁乡 温家庄乡
景尚乡 羊头崖乡 上湖乡 马首乡

太谷县

明星镇 胡村镇 范村镇 侯城乡 北洸乡
水秀乡 阳邑乡 小白乡 任村乡

祁　县

昭余镇 东观镇 古县镇 贾令镇 城赵镇
来远镇 峪口乡 西六支乡

平遥县

古城街道 城东街道 城南街道 古陶镇 段村镇
东泉镇 洪善镇 宁固镇 南政乡 中都乡
岳壁乡 卜宜乡 孟山乡 朱坑乡 襄垣乡
杜家庄乡 香乐乡

灵石县

翠峰镇 静升镇 两渡镇 夏门镇 南关镇 段纯镇
马和乡 英武乡 王禹乡 坛镇乡 梁家墕乡
交口乡

吕梁市

离石区

凤山街道 城北街道 滨河街道 莲花池街道
吴城镇 田家会街道 西属巴街道 交口街道
信义镇 红眼川乡 枣林乡 坪头乡

孝义市

新义街道 中阳楼街道 振兴街道 崇文街道
兑镇镇 阳泉曲镇 下堡镇 西辛庄镇
高阳镇 梧桐镇 柱濮镇 大孝堡乡
下栅乡 驿马乡 南阳乡 杜村乡

汾阳市

文峰街道 太和桥街道 贾家庄镇 杏花村镇
冀村镇 肖家庄镇 演武镇 三泉镇
石庄镇 杨家庄镇 峪道河镇 西河乡
阳城乡 栗家庄乡

文水县

凤城镇 开栅镇 南庄镇 南安镇 刘胡兰镇
下曲镇 孝义镇 南武乡 西城乡 北张乡
马西乡 西槽头乡

交城县

天宁镇 夏家营镇 西营镇 水峪贯镇 西社镇
庞泉沟镇 洪相乡 岭底乡 东坡底乡 会立乡

兴　县

蔚汾镇 魏家滩镇 瓦塘镇 康宁镇
高家村镇 罗峪口镇 蔡家会镇 交楼申乡
恶虎滩乡 东会乡 固贤乡 奥家湾乡
蔡家崖乡 贺家会乡 孟家坪乡 赵家坪乡
圪垯上乡

临　县

临泉镇 白文镇 城庄镇 兔坂镇
克虎寨镇 三交镇 湍水头镇 林家坪镇
招贤镇 碛口镇 刘家会镇 丛罗峪镇
曲峪镇 木瓜坪乡 安业乡 玉坪乡
青凉寺乡 石白头乡 雷家碛乡 第八堡乡
大禹乡 车赶乡 安家庄乡

柳林县

柳林镇 穆村镇 薛村镇 庄上镇 留誉镇
下三交镇 成家庄镇 孟门镇 李家湾乡 贾家垣乡
陈家湾乡 金家庄乡 石西乡 高家沟乡 西王家沟乡

石楼县

灵泉镇 罗村镇 义牒镇 小蒜镇 龙交乡
和合乡 前山乡 曹家垣乡 裴沟乡

交口县

水头镇 康城镇 双池镇 桃红坡镇 石口乡
回龙乡 温泉乡

方山县

圪洞镇 马坊镇 峪口镇 大武镇 北武当镇
积翠乡 麻地会乡

中阳县

宁乡镇 金罗镇 枝柯镇 武家庄镇 暖泉镇
下枣林乡 车鸣峪乡

岚　县

东村镇 岚城镇 普明镇 界河口镇 土峪乡
上明乡 王狮乡 梁家庄乡 顺会乡 河口乡
社科乡 大蛇头乡

临汾市

尧都区

解放路街道 鼓楼西街道 水塔街道 南街街道
乡贤街道 辛寺街道 路东街道 滨河街道
车站街道 汾河街道 屯里镇 乔李镇
大阳镇 县底镇 刘村镇 金殿镇
吴村镇 土门镇 魏村镇 尧庙镇
段店乡 贾得乡 贺家庄乡 一平垣乡
枕头乡 河底乡

侯马市

路东街道 路西街道 浍滨街道 上马街道
张村街道 新田乡 高村乡 凤城乡

霍州市

鼓楼街道 北环路街道 南环路街道 开元街街道
退沙街道 白龙镇 辛置镇 大张镇
李曹镇 陶唐峪乡 三教乡 师庄乡

曲沃县

乐昌镇 史村镇 曲村镇 高显镇 里村镇 北董乡
杨谈乡

翼城县

唐兴镇 南梁镇 里砦镇 隆化镇 桥上镇 西阎镇
中卫乡 南唐乡 王庄乡 浇底乡

襄汾县

新城镇 赵康镇 汾城镇 南贾镇 古城镇
襄陵镇 邓庄镇 陶寺乡 永固乡 景毛乡
西贾乡 南辛店乡 大邓乡

洪洞县

大槐树镇 甘亭镇 曲亭镇 苏堡镇 广胜寺镇
明姜镇 赵城镇 万安镇 刘家垣镇 淹底乡
兴唐寺乡 堤村乡 辛村乡 龙马乡 山头乡
左木乡

古　县

岳阳镇 北平镇 古阳镇 旧县镇 石壁乡 永乐乡
南垣乡

浮山县

天坛镇 响水河镇 张庄乡 东张乡 槐埝乡
北王乡 北韩乡 米家垣乡 寨圪塔乡

吉　县

吉昌镇 屯里镇 壶口镇 车城乡 文城乡
东城乡 柏山寺乡 中垛乡

乡宁县

昌宁镇 光华镇 台头镇 管头镇 西坡镇
双鹤乡 关王庙乡 尉庄乡 西交口乡 枣岭乡

蒲　县

蒲城镇 薛关镇 黑龙关镇 克城镇 山中乡
古县乡 红道乡 乔家湾乡 太林乡

大宁县

昕水镇 曲峨镇 三多乡 太德乡 徐家垛乡
太古乡

永和县
芝河镇　桑壁镇　阁底乡　南庄乡　打石腰乡
坡头乡　交口乡

汾西县
永安镇　对竹镇　勍香镇　和平镇　僧念镇　佃坪乡
团柏乡　邢家要乡

隰　县
龙泉镇　午城镇　黄土镇　阳头升乡　寨子乡
陡坡乡　下李乡　城南乡

安泽县
府城镇　和川镇　唐城镇　冀氏镇　马壁乡　杜村乡
良马乡

运城市
盐湖区
中城街道　东城街道　西城街道　南城街道
北城街道　安邑街道　大渠街道　姚孟街道
龙居镇　陶村镇　东郭镇　三路里镇
北相镇　泓芝驿镇　解州镇　席张乡
金井乡　冯村乡　王范乡　上郭乡　上王乡

永济市
城西街道　城北街道　城东街道　虞乡镇　卿头镇
开张镇　栲栳镇　蒲州镇　韩阳镇　张营镇

河津市
城区街道　清涧街道　樊村镇　小梁乡　柴家乡
赵家庄乡　僧楼镇　下化乡　阳村乡

临猗县
猗氏镇　嵋阳镇　临晋镇　七级镇　东张镇　孙吉镇
三管镇　牛杜镇　楚侯乡　庙上乡　角杯乡　北辛乡
耽子镇　北景乡

芮城县
古魏镇　风陵渡镇　陌南镇　西陌镇　永乐镇
大王镇　阳城镇　东垆乡　南磑乡　学张乡

万荣县
解店镇　通化镇　汉薛镇　荣河镇　万泉乡
里望乡　西村乡　南张乡　高村乡　皇甫乡
贾村乡　王显乡　光华乡　裴庄乡

新绛县
龙兴镇　三泉镇　泽掌镇　北张镇　古交镇　万安镇
阳王镇　泉掌镇　横桥乡

稷山县
稷峰镇　西社镇　化峪镇　翟店镇　清河镇　蔡村乡
太阳乡

闻喜县
桐城镇　郭家庄镇　畖底镇　薛店镇　东镇镇
礼元镇　河底镇　神柏乡　阳隅乡　侯村乡
裴社乡　后宫乡　石门乡

夏　县
瑶峰镇　庙前镇　裴介镇　水头镇　埝掌镇
泗交镇　尉郭乡　禹王乡　胡张乡　南大里乡
祁家河乡

绛　县
古绛镇　横水镇　陈村镇　卫庄镇　磨里镇　南樊镇
安峪镇　大交镇　郝庄乡　冷口乡

平陆县
圣人涧镇　常乐镇　张店镇　张村镇　曹川镇
三门镇　洪池乡　杜马乡　部官乡　坡底乡

垣曲县
新城镇　历山镇　古城镇　王茅镇　毛家湾镇
蒲掌乡　英言乡　解峪乡　华峰乡　长直乡
皋落乡

（李仁贵）

2013年山西省国民经济运行情况

【全省经济继续保持健康发展】 2013年，全省生产总值12602.2亿元，比2012年增长8.9%，快于全国平均水平1.2个百分点。其中，第一产业增加值741亿元，增长4.7%；第二产业增加值6712.9亿元，增长10.1%；第三产业增加值5148.3亿元，增长7.6%。

粮食总产量、单产双双创新高。2013年，粮食总产、单产双双实现新突破、创新高。全省粮食播种面积327万公顷，其中，高产作物玉米种植面积167万公顷，占粮食作物面积的51%；玉米总产量95.6亿千克，占粮食总产量的72.8%。在玉米等高产作物种植面积持续增长的推动下，全省粮食总产量达到131.3亿千克，增长3%，快于全国平均水平0.9个百分点；粮食平均亩产267千克左右，双双创历史新高。农产品供应充足，对促进经济平稳较快发展、平抑物价起到了基础性作用。

工业经济保持较快增长。2013年，在外部经济环境异常复杂煤炭市场偏弱的情况下，全省规模以上工业增加值一季度、上半年、前三季度、全年增速分别为10.9%、10.8%、10.7%、10.5%，总体保持平稳较快增长态势。全年全省规模以上工业增加值增速快于全国平均水平0.8个百分点。煤炭工业、装备制造业、冶金工业等主导行业对全省工业经济平稳增长起到了重要支撑作用。全年全省原煤、焦炭、生铁、粗钢、钢材、原铝、氧化铝、水泥、发电量9种主要工业产品产量,除原铝下降1.3%外,其余8种保持增长。其中,原煤产量突破9.6亿吨,增长5.3%。

煤电"联姻"互利双赢。为破解煤、焦、冶、电等传统产业发展困境,省政府适时出台"煤炭20条""加快焦化产业兼并重组""促进省内工业产品销售"等一系列政策措施,帮扶企业减负,加快推进传统产业新型化进程。煤电一体化改革实现重大突破,七大煤炭集团分别与中央五大电力集团以及浙能、格盟等地方电力集团签订与煤炭交易价格指数挂钩的中长期供煤协议,煤电关系由"激烈博弈"走向全面合作。2013年全省煤炭产量、外运量均创历史同期最高水平。此外,低热值煤发电项目、煤层气分级审批试点两项重大国家级审批权限下放山西,焦化行业兼并重组加快推进,非煤矿山、钢铁和水泥等行业整合重组、转型升级加快,传统产业新型化进程逐步加快。

装备制造跃升为工业第三大支柱行业,前六位工业行业序列发生重大转变。2013年,全省装备制造业增长15.5%,快于全省规模以上工业平均增速5个百分点,占规模以上工业增加值的比重为8.3%,比2012年提升1个百分点,成为煤炭、冶金之后的第三大支柱产业。食品工业发展加快,占比明显提升。全省食品工业占全省规模以上工业增加值的比重为3.7%,较2012年提升0.6个百分点,超越化学工业,接近焦炭工业,同时成为全省工业经济平稳健康增长的重要支撑。至此,全省工业前六大行业由2010年的煤炭、冶金、焦炭、装备制造、电力、食品,转变为2013年的煤炭、冶金、装备制造、电力、焦炭、食品。

服务业比重达到40%。2013年,全省地区生产总值中,三次产业占比分别为5.9%、53.3%和40.9%,与2012年相比,一产提升0.1个百分点,二产下降2.3个百分点,服务业比重提升近2.2个百分点。全年全省旅游总收入2305.4亿元,增长27.2%,相当于全省经济总量的18.3%。

财政收入保持较快增长。2013年,全省公共财政预算收入1701.6亿元,比2012年增长12.2%。公共财政收入中税收收入增长8.6%,非税收入增长19.9%。

【经济增长协调性增强】 固定资产投资增长较快。2013年是全省投资项目推进年,为加快项目实施落地,省委、省政府先后建立全省项目建设储备、签约、落地、开工、建设和投产"六位一体"推进工作机制,在全省固定资产投资力度不断加大的同时,投资内部结构也进一步优化。全年全社会固定资产投资完成11200.2亿元,增长22.1%。

全年全社会固定资产投资中,第一、二、三产业完成投资714亿元、4657.9亿元、5828.3亿元,分别增长95%、12.6%、24.7%,三次产业比重由2012年的4∶45.1∶50.9,转变为6.4∶41.6∶52,一产、三产投资比重明显提升,第二产业投资比重下降。民间投资超过半壁江山。2013年全省民间投资增长33.6%,增幅比2012年加快0.5个百分点,占全社会固定资产投资的比重为52.9%。民间投资活力的不断释放,对于民间资本相对富集的山西未来发展具有特殊的意义。非传统产业投资高速增长。在加快推进投资进度的同时,省委、省政府先后出台一系列政策措施,下大力气优化投资结构,加快新兴产业投资进程。全年全省非传统产业投资占全省工业资产投资比重为52.9%,提高近9个百分点。传统产业投资下降4%。非煤产业投资占比显著提升。全年全省非煤产业投资增长27.5%,快于全省工业投资平均水平近14个百分点,占全省工业投资的75.4%,比2012年提高近8.1个百分点。投资结构的不断优化,使经济转型的基础进一步夯实。

2013年全省房地产开发投资完成1308.6亿元,增长29.5%,比2012年加快1.6个百分点,快于全国平均水平9.7个百分点。

消费市场总体呈现平稳上升趋势。2013年,在外部需求环境趋弱,住宿、餐饮业零售额增速大幅回落的背景下,全省社会消费品零售额一季度、上半年、前三季度分别增长13.1%、13.2%、13.4%,消费市场保持平稳上升趋势。全省社会消费品零售总额5139.3亿元,增长14%,快于全国平均水平0.9个百分点。农村快于城镇。全省社会消费品零售总额中,城镇增长13.9%,乡村增长14.3%。家具、生活用品类消费增长较快。全省限额以上批发和零售业商品零售类值中,日常生活刚性需求和提升生活环境质量的粮油食品、服装鞋帽、家具、建筑装潢类商品等增速超过20%,汽车、石油类商品零售额分别增长10.3%和6.4%。

高新技术、机电产品出口大幅增长。2013年,全省海关进出口总额158亿美元,比2012年增长5%,增速加快3个百分点。其中,出口额80亿美元,增长14%;进口额78亿美元,下降2.8%。全年进出口总额中,高新技术产品出口总额增长66.2%,机电类产品出口总额增长26%。进口商品类值中,铁矿砂进口额下降2.3%,机电类产品进口总额下降20.2%。

【经济运行环境明显改善】 用电量、货运量较快增长。2013年,全省全社会用电量1832.3亿千瓦小时,比2012年增长3.8%,增速回落3.2个百分点;其中,工业用电量1475.5亿千瓦小时,增长2.9%。

2013年,全省铁路货运量7.32亿吨,比2012年增长2.5%;其中,太原铁路局铁路货运量中晋煤外运量4.3亿吨,增长1.2%。公路货运量8.28亿吨,增长13.1%。

金融支持力度加大。截至2013年年底,全省金融机构本外币各项存款余额26269亿元,比2012年增长8.7%。金融机构本外币各项贷款余额15025.5亿元,增长13.7%。各项贷款中,中长期贷款余额8040.7亿元,增长12.1%;短期贷款余额6089.8亿元,增长15.4%,继续保持活跃。

居民消费价格涨幅实现控制目标。2013年,全省居民消费价格指数总体保持平稳态势，进入下半年以来，各月价格水平开始出现波动，7月、9月、10月、11月当月价格涨幅较快，分别为3.5%、3.5%、3.9%、3.5%。进入12月价格出现回落，比2012年同期上涨2.1%，为全年当月最低，低于全国平均水平。全年全省居民消费价格上涨3.1%，控制在3.5%目标之内。

工业生产者出厂价格降幅扩大。2013年，全省工业生产者出厂价格比2012年下降9.3%，降幅提高3.8个百分点。

【民生保障持续加强】 农民增收快于城镇居民。2013年，山西省城镇居民人均可支配收入22456元，比2012年增长10%，快于全国平均水平0.3个百分点。农村居民人均纯收入7154元，增长12.5%，快于全国平均水平0.1个百分点。农村居民收入快于城镇居民收入2.5个百分点。

财政支出向民生倾斜。近年来，省委、省政府始终把保障和改善民生作为一切工作的出发点和落脚点，民生改善力度加大，民生投入进一步加强。2013年全省公共财政预算支出3030.1亿元，增长9.8%。公共财政支出中用于教育、医疗卫生、社会保障和就业、文化教育传媒等民生方面的财政支出占全省公共财政支出的比重超过80%。

就业形势总体稳定。2013年，全省城镇新增就业目标任务50万人，完成51.5万人，其中，创业带动就业12.9万人，完成全年目标任务的129%；失业再就业18.2万人，完成全年目标任务的121.3%；就业困难人员再就业5.3万人，完成全年目标任务的132.5%。农村劳动力转移就业目标任务37万人，完成42.2万人，完成全年目标任务的114.2%。城镇登记失业率3.3%，在4.2%的年度控制目标内。

（董晓玲）

3

固定资产投资

GUDING ZICHAN TOUZI

固定资产投资

综述

【全社会固定资产投资完成情况】 2013年，全社会固定资产投资完成11200.2亿元，比2012年增长22.1%。其中，房地产开发投资完成1308.6亿元，增长29.5%；农户投资完成286.5亿元，增长12.9%。

按构成分。2013年，在全社会投资中，全省建筑安装工程投资完成7943.7亿元，比2012年增长24.7%；设备工器具购置投资完成2041亿元，增长18.7%；其他费用投资完成1215.5亿元，增长11.9%。

按经济类型分。2013年，在全社会投资中，全省国有固定资产投资5035.1亿元，比2012年增长11.4%，增幅回落5.6个百分点；全省非国有固定资产投资6165.1亿元，增长32.4%，增幅回落0.2个百分点；其中，外商及港澳台投资完成132.9亿元，下降19.9%，增幅回落33个百分点。

按隶属关系分。2013年，全省全社会固定资产投资中，中央项目完成投资648.9亿元，比2012年下降31.1%，中央项目投资在全社会投资的比重为5.8%。地方项目投资完成10551.4亿元，增长28.1%，增幅上升2.3个百分点。地方项目投资在全社会投资的比重为94.2%。

按三次产业分。2013年，在全省全社会投资中，第一产业投资完成714亿元，比2012年增长95%，增幅上升54.4个百分点；占全省全社会投资的6.4%，上升2.2个百分点。第二产业投资完成4657.9亿元，增长12.6%，增幅回落11.2百分点；占全省全社会投资的41.6%，回落3.6个百分点。第三产业投资完成5828.3亿元，增长24.7%，增幅上升0.9个百分点；占全省全社会投资的52%，上升1.3个百分点。

按资金来源分。2013年，在全省全社会投资中，国家预算内资金投资完成647.1亿元，比2012年增长37.7%，增幅提高17个百分点；占全省全社会投资的5.8%，上升0.7个百分点。国内贷款投资完成799.2亿元，下降15.1%，增幅回落17.6个百分点；占全省全社会投资的7.1%，下降3.2个百分点。利用外资投资完成29.4亿元，增长28.4%，增幅提高14.5个百分点；占全省全社会投资的0.3%，与2012年持平。自筹资金投资完成7642.1亿元，增长21.6%，增幅下降4.9个百分点；占全省全社会投资的68.2%，下降0.3个百分点。其他资金投资完成898.3亿元，增长12.6%，增幅提高11.2个百分点；占全省全社会投资的8%，回落0.7个百分点。

按国民经济行业分。2013年，在全省全社会投资中，农林牧渔业投资完成766.2亿元，比2012年增长100.9%，增幅上升60.2个百分点；占全省全社会投资的6.8%，提高2.6个百分点。

工业投资完成4700.4亿元，比2012年增长13.8%，增幅回落9.9个百分点；占全省全社会投资的42%，回落3个百分点。其中，采矿业投资完成1475亿元，下降6.7%，增幅回落17.6个百分点；占全省全社会投资的13.2%，下降4个百分点。制造业投资完成2538.8亿元，增长30.8%，增幅回落11.4个百分点；占全省全社会投资的22.7%，提高1.5个百分点。电力、热力、燃气及水的生产和供应业投资完成687亿元，增长13.3%，增幅上升2.5个百分点；占全省全社会投资的6.1%，下降0.5个百分点。

建筑业投资完成11.7亿元，比2012年下降31%，增幅回落107个百分点；占全省全社会投资的0.1%，回落0.1个百分点。

批发和零售业投资完成248.9亿元，比2012年增长27.1%，增幅回落5.1个百分点；占全省全社会投资的2.2%，提高0.1个百分点。

交通运输、仓储和邮政业投资完成1124.6亿元，比2012年下降15.2%，增幅回落22.5个百分点；占全省全社会投资的10%，下降4.5个百分点。

住宿和餐饮业投资完成82.2亿元，比2012年增长35.4%，上升18个百分点；占全省全社会投资的0.7%，与2012年持平。

信息传输、软件和信息技术服务业投资完成63.3亿元，比2012年增长77.8%，增幅上升40.9个百分点；占全省全社会投资的0.6%，提高0.2个百分点。

金融业投资完成3.9亿元，比2012年增长95%，增幅上升77.4个百分点；占全省全社会投资的0.03%，提高0.01个百分点。

房地产业投资完成2480.7亿元，比2012年增长33.6%，增幅上升8个百分点；占全省全社会投资的22.1%，提高1.9个百分点。

租赁和商务服务业的投资完成58.3亿元，比2012年增长125.2%，增幅提高61.2个百分点；占全省全社会投资的0.5%，提高0.2个百分点。

科学研究和技术服务业投资完成39.3亿元，比2012年增长12.6%，增幅回落31.6个百分点；占全省全社会投资的0.4%，与2012年持平。

水利、环境和公共设施管理业投资完成1246.6亿元，比2012年增长68%，增幅上升16.7个百分点；占全省全社会投资的11.1%，提高3个百分点。

居民服务、修理和其他服务业投资完成23.3亿元，比2012年增长52.3%，增幅回落7.1个百分点；占全省全社会投资的0.2%，与2012年持平。

教育业投资完成152.2亿元，比2012年下降9.7%，增幅回落44个百分点；占全省全社会投资的1.4%，下降0.4个百分点。

卫生和社会工作投资完成56.8亿元，比2012年增长4.6%，增幅上升0.2个百分点；占全省全社会投资的0.5%，回落0.1个百分点。

文化、体育和娱乐业投资完成86.7亿元，比2012年增长4.3%，增幅回落2.6个百分点；占全省全社会投资的0.8%，回落0.1个百分点。

公共管理、社会保障和社会组织业投资完成54.8亿元，比2012年增长17.1%，增幅回落171.8个百分点；占全省全社会投资的0.5%，与2012年持平。

【全省固定资产投资情况分析】 2013年，全省上下认真落实省委、省政府“项目推进年”的决策部署，以转型综改试验区建设为统领，加快推进经济结构调整步伐，以“六位一体”工作机制为抓手，着力发挥重点工程项目带动作用，促进了全省固定资产投资合理增长。2013年，全省固定资产投资规模进一步扩大，投资总量再攀新高，首次跨越万亿元台阶，投资结构进一步优化，投资水平进一步提高，投资运行的质量和效益明显提升，为全省经济持续健康发展奠定了坚实的基础。

投资规模突破万亿元，投资水平再上台阶。1. 建设项目明显增加，投资规模进一步扩大。2013年，全省固定资产投资施工项目12689个(不含房地产开发项目)，比2012年增加1912个，增长17.7%，增速比2012年提高9.3个百分点。其中，新开工项目8458个，增长16.1%，增速提高6.1个百分点；占施工项目的比重为66.7%，提高0.1个百分点。施工项目计划总投资3.16万亿元，增长18.9%，其中，新开工项目计划总投资8865亿元，增长19.7%，增速回落1.6个百分点。

2. 从全省投资速度看，连续11年保持22%以上的较快增速。山西省经济具有典型的投资主导特征，近年和未来较长一个时期，全省仍处于大投入带动大发展的发展区间。自2003年以来，山西省全社会固定资产投资始终保持22%以上的增长速度，成为经济增长“稳定器”。2013年，全省全社会固定资产投资比2012年增长22.1%，增速虽较2012年回落2.4个百分点，但仍保持较快增长的运行态势。投资规模突破万亿元，达到1.12万亿元，占全省生产总值的比重进一步提升，高于2012年13个百分点，拉动经济增长的贡献份额显著提高。

中电投晋北铝业公司

3. 从全国、中部和周边省份比较看，投资水平进一步提高。2013年，全省固定资产投资完成1.07万亿元（不含跨省和农户投资），增长25.2%，快于全国平均增速5.6个百分点，总量和增速分别居全国第18位和10位，比2012年分别前移2位和5位。人均固定资产投资2.9万元，低于全国0.3万元。在中部六省和周边五省中，山西固定资产投资总量居末位，但投资增速居首位，人均固定资产投资分别居第3位和第4位。

4. 从近三年看，转型投资规模强劲扩张，为资源型经济转型发展奠定了坚实基础。进入“十二五”时期，山西省固定资产继续保持较快增长的态势，投资规模强劲扩张，投资效益进一步提高。2011～2013年，全省陆续建成投产固定资产投资项目2.1万个，累计完成全社会固定资产投资2.77万亿元，相当于“十一五”时期投资总量的1.4倍，“十五”时期投资总量的4.6倍，尤其是部分重点行业和领域固定资产投资得到快速扩张。随着投资乘数效应的逐步发挥，将对全省经济转型跨越发展产生重大的带动作用。

一是农、林、牧、渔业投资快速扩张。2011～2013年，全省累计完成农、林、牧、渔业投资1321.4亿元，相当于“十一五”时期的1.9倍，“十五”时期的近10倍。二是非煤产业投资快速扩张。2011～2013年，全省累计完成非煤产业投资8435.4亿元，相当于“十一五”时期的1.2倍，“十五”时期的3.2倍。三是非传统产业投资快速扩张。2011～2013年，全省累计完成非传统产业投资5582.3亿元，相当于“十一五”时期的1.6倍，“十五”时期的6.2倍。四是民间投资快速扩张。2011～2013年，全省累计完成民间投资1.41万亿元，相当于“十一五”时期的1.6倍，“十五”时期的近5倍。五是服务业投资快速扩张。2011～2013年，全省累计完成服务业投资1.41万亿元，相当于“十一五”时期的1.4倍，“十五”时期的5.6倍。其中，基础设施投资6003.7亿元，分别相当于“十一五”和“十五”时期的1.3倍和4.7倍。

投资结构显著优化，投资质量明显提升。2013年，全省全社会固定资产投资保持较快增长，同时增长的内生动力与协调性明显增强，投资方向出现积极变化，投资结构不断优化，投资效率和效益进一步提升。

1. 第一、三产业投资呈现高速和快速增长，服务业投资占比超过50%。2013年，山西省在推动跨越发展中坚定转型，全省三次产业投资结构得到进一步改善，与整个产业结构调整、转型和优化目标相适应。

2013年，山西省全社会固定资产投资中，第一、二、三产业投资分别完成714亿元、4657.9亿元和5828.3亿元，比2012年分别增长95%、12.6%、24.7%，一、三产业投资增速分别加快54.4个和0.9个百分点，二产投资增速减缓11.2个百分点。2013年，第一、二、三产业占全省投资的比重分别为6.4%、41.6%、52%，与2012年比较，一、三产业投资比重分别上升2.2个、1.3个百分点，二产投资比重下降3.6个百分点。

2. 民间投资持续快速增长，投资行业和领域进一步拓宽。2013年，山西省进一步落实促进和鼓励民间投资政策措施，民间投资活力明显增强，在2011年、2012年分别增长42.5%和32.6%的基础上继续保持较快增长，占全省全社会固定资产投资的比重明显提升，特别值得关注的是投资领域进一步拓宽，在基础产业和基础设施投资中民间投资份额明显提高。

2013年，全省全社会民间固定资产投资完成6078亿元，比2012年增长33.6%，增速比全社会固定资产投资高10.9个百分点，明显快于全国民间固定资产投资增速（23.1%），占全省全社会固定资产投资的比重高达54.3%，达到近年来的新高。2013年，民间投资对全省全社会投资增长的贡献率为75.5%，比2012年提升12.5个百分点。

从民间投资行业和领域投向看，2013年全省民间固定资产投资中，制造业和房地产业投资比重最高，占全省民间固定资产投资的比重分别为31.8%、30.3%，占到六成的投资，而农林牧渔业和基础设施投资比重由2012年的6.7%、5.7%分别提升至9.5%、7.4%。

3. 战略性新兴产业投资增速较快，投资比重有所提升。2013年，山西省出台《关于推进战略性新兴产业发展的若干措施》，全面实施战略性新兴产业“512”工程，促进了战略性新兴产业投资较快增长。2013年，全省全社会固定资产投资中，战略性新兴产业投资完成5281亿元，比2012年增长24%，增速比全社会固定资产投资高1.9个百分点，占全省全社会固定资产投资的比重为47.2%，比2012年上升0.8个百分点，对全省全社会投资增长的贡献率为50.4%，拉动全省全社会投资增长11.1个百分点。

4. “三农”投资保持强劲增势，投资比重明显上升。2013年，山西省再度出台10项新的扶持政策，进一步加大强农惠农富农力度，加强农业基础设施建设，大力发展特色现代农业，加快发展“一村一品”“一县一业”，深入推进现代农业示范区和生态畜牧经济区建设，又启动100个新农村集中连片示范区和3000个重点村建设，全省“三农”固定资产投资呈现强劲增势。2013年，全省投向“三农”的固定资产投资完成1697.3亿元，比2012年增长57.6%，增速加快19个百分点，占全省全社会固定资产投资的15.2%，提升3.5个百分点。

5. 工业投资中制造业特别是装备制造业、非传统产业、非煤产业投资增势强劲，投资比重大幅提升。2013年，全省工业投资完成4700.4亿元，比2012年增长13.8%，增速减缓9.9个百分点；占全省全社会固定资产投资的42%，下降3个百分点。从不同分类看，工业行业内部转型升级势头向好。

一是三大门类行业投资中，制造业投资继续保持快速增长。2013年，全省工业投资中，采矿业投资完成1475亿元，比2012年下降6.7%。制造业投资完成2538.8亿元，增长30.8%，继续保持快速增长态势；其中，装备制造业发展势头强劲，投资增长51.2%。电力、燃气及水的生产和供应业投资完成687亿元，增长13.3%，增速加快2.5个百分点。

2013年，制造业投资占全省工业投资的比重为54%，比2012年上升7个百分点；其中，装备制造业投资比重15.2%，上升3.7个百分点。

二是非传统产业投资保持迅猛增势，传统产业投资下降。2013年，山西省继续大力改造提升传统产业，加快培育壮大新兴产业。全省工业投资中，非传统产业（除煤炭、炼焦、冶金、电力外）完成投资2485.8亿元，比2012年增长35.8%，增速回落12.5个百分点，仍保持迅猛增长态势；占全省工业投资的比重过半，达到52.9%，比2012年上升8.6个百分点。传统产业完成投资2214.6亿元，下降4%；占全省工业投资的47.1%，下降8.7个百分点。

三是非煤产业投资增速加快，煤炭工业投资下降。2013年，全省工业投资中，非煤产业投资完成3542.5亿元，比2012年增长27.5%，增速回落4.8个百分点，仍保持较快增长态势；占全省工业投资的比重高达75.4%，上升8.1个百分点。煤炭工业投资完成1158亿元，下降14.4%。

6. 服务业投资和民生领域等非基础设施投资保持高速增长，比重显著提升。2013年，山西省出台《山西省国家级服务业标准化试点项目管理办法》，进一步完善服务业发展扶持政策，提高服务业整体发展水平和行业竞争力，着力实施服务业发展"1511"工程，重点围绕服务业18个领域，统筹推进各类服务业发展，服务业投资结构进一步改善。

2013年，全省服务业投资非基础设施投资完成3527.8亿元，比2012年增长33.3%，继续保持高速增长态势，增速加快6.2个百分点；占全省服务业投资的60.7%，上升4.1个百分点。其中，民生领域投资完成2000亿元，占服务业投资的比重34.4%，这1/3的投资份额，为经济的协调增长注入了新的活力。

【制约投资快速增长的因素需要重视和关注】 近年来，山西省不断加大投资力度，不断优化投资环境，固定资产投资经历了持续的快速增长，特别是"十二五"前三年全社会固定资产投资年均增长25.3%，2013年全社会固定资产投资总量已经超过万亿元。但制约投资快速增长的因素不容忽视，需要引起关注。

*基础设施投资增速减缓，交通运输业投资大幅下降。*2013年，全省基础设施投资完成2269.7亿元，比2012年增长13.7%，增速减缓6个百分点。其中，交通运输业投资下降15.2%。下降的主要原因：一是跨省铁路项目投资大幅下降。2013年，山西省大西、中南、朔州至准格尔等跨省铁路项目完成投资168.4亿元，下降46.2%，下拉全省全社会投资增速1.6个百分点。二是高速公路项目投资大幅下降。2013年，全省高速公路完成投资291.3亿元，减少202.3亿元，下降41%，下拉全省全社会投资增速2.2个百分点。

*亿元及以上项目投资增长减缓，大项目带动作用亟须加强。*2013年，全省固定资产投资中（不含房地产开发投资），亿元及以上项目完成投资6770.4亿元，比2012年增长16.9%，增速减缓12.7个百分点；其中，5亿元及以上项目完成投资3751.3亿元，增长15.2%；10亿元及以上项目完成投资2838.7亿元，增长17.2%。

*部分高耗能行业投资过快增长，节能减排任务依然艰巨。*2013年，全省六大高耗能行业投资增长18.6%，增速虽比2012年回落9.7个百分点，但比全国平均水平快4.4个百分点，占全省工业投资的38.3%，提高1.6个百分点。其中，石油加工、炼焦及核燃料加工业和有色金属冶炼及压延加工业投资呈现高速增长，分别增长93.7%、44.8%，增速分别加快90.3个、22个百分点；电力、热力的生产和供应业投资增长10%，增速加快1.8个百分点；化学原料及化学制品制造业、非金属矿物制品业投资分别增长20.5%、17%，增速分别下降16.6个、61.1个百分点；黑色金属冶炼及压延加工业投资下降12.1%。六大高耗能行业中，除黑色金属冶炼及压延加工业、电力、热力的生产和供应业外，其余4个行业投资增长较快，增速均快于全国平均水平，快于全省工业投资，部分"两高"行业投资大幅或快速增长，对山西省未来的节能减排将带来较大压力。

*投资到位资金增长趋缓，建设资金供应总体偏紧。*从项目建设资金情况看，2013年山西省固定资产投资到位资金增速一直滞后于投资增速，表明投资资金供应总体偏紧，由于资金紧张，建设领域拖欠款明显增加。2013年，全省全社会固定资产投资到位资金增长17.6%，增速减缓2.7个百分点，比全省全社会固定资产投资增速低4.5个百分点。全省投资各项应付款增长31.2%，增速加快16.3个百分点，其中，应付工程款增长39.7%。

（邸慧东）

房地产开发

【2013年全省房地产开发企业基本状况】 2013年，全省房地产开发经营企业有2269家，比2012年增加48家。其中，内资企业2254家，增加53家；港澳台企业9家，减少4家；外资企业6家，减少1家。年末从业人数5.5万人，增加0.2万人。

从企业的资质等级看，一级企业15家，增加1家，所占比重0.7%；二级企业175家，增加36家，占比7.7%；三级企业364家，减少5家，占比16%；四级企业1122家，增加77家，占比49.4%；四级以下的企业593家，减少61家，占比26.1%。

【房地产开发企业投资规模】 2013年，全省房地产业开发项目计划总投资5789.3亿元，比2012年增长26.9%。房地产开发完成投资1308.6亿元，增长29.5%。

按构成分，建筑工程投资980

亿元，增长38.5%；安装工程投资132.4亿元，增长30.3%；设备工器具购置14.4亿元，增长17.1%；其他费用182亿元，下降3.8%。

按用途分，住宅投资958.8亿元，增长30.3%，占全省房地产开发投资的73.3%。其中，90平方米及以下住房投资290.3亿元，增长34%，占住宅投资的30.3%；办公楼投资48.4亿元，增长112.4%，占全省房地产开发投资的3.7%；商业营业用房投资182.6亿元，增长31.1%，占全省房地产开发投资的14%。

按注册类型分，国有企业投资119.2亿元，增长41.9%，占全部房地产开发投资的9.1%；民营企业投资1171.4亿元，增长30.1%，所占比重89.5%；港澳台投资企业投资3.9亿元，下降68.5%，所占比重0.3%；外商投资企业投资14亿元，增长5.3%，所占比重1.1%。

【房地产开发企业资金来源情况】 2013年，房地产开发企业到位资金1377.2亿元，比2012年增长33.2%，加上2012年结余资金共计1622.1亿元，增长21.2%，是当年投资完成额的1.2倍。

在当年到位资金中，国内贷款65.8亿元，增长8.1%，占当年到位资金的4.8%。自筹资金758.3亿元，增长37.7%，占比55.1%。其他资金553.1亿元，增长31%，占比40.2%。

【房屋施工、竣工及造价情况】 2013年，全省房屋施工面积1.4亿平方米，比2012年增长19.9%。其中，住宅施工面积1.08亿平方米，增长15.6%；办公楼施工面积327.1万平方米，增长51%；商业营业用房施工面积1647.8万平方米，增长31.5%；其他类房屋施工面积1310.2万平方米，增长38.6%。

2013年，全省房屋新开工面积3673.3万平方米，比2012年下降11.8%。其中，住宅新开工面积2723.4万平方米，下降16.7%；办公楼新开工面积76.5万平方米，增长14.8%；商业营业用房新开工面积472.8万平方米，增长6.9%；其他类房屋新开工面积400.7万平方米，增长3.8%。

2013年，全省房屋竣工面积2284.8万平方米，比2012年增长31.8%。其中，住宅竣工面积1848万平方米，增长28.7%；办公楼竣工面积30.8万平方米，增长106.4%；商业营业用房竣工面积273万平方米，增长49.5%；其他类房屋竣工面积133.1万平方米，增长33.3%。

2013年，全省房屋竣工价值498.5亿元，比2012年增长24.9%，平均每平方米造价2182元，减少122元/平方米。其中，住宅竣工价值401.6亿元，增长21.6%；平均每平方米造价2173元，减少127元/平方米。办公楼竣工价值7.1亿元，增长117.8%；每平方米平均造价2315元，增加121元/平方米。商业营业用房竣工价值62.2亿元，增长34.5%；平均每平方米造价2279元，减少254元/平方米；其他房屋竣工价值27.5亿元，增长41.4%；平均每平方米造价2068元，增加118元/平方米。

【商品房销售情况】 2013年，全省商品房销售面积1642.8万平方米，比2012年增长9.7%。其中，现房销售面积651万平方米，下降0.3%；期房销售面积991.8万平方米，增长17.4%。商品住宅销售面积1484.4万平方米，增长6.8%。其中，现房销售面积547.9万平方米，下降8.8%；期房销售面积936.5万平方米，增长18.5%。在商品住宅销售中，90平方米及以下住房销售面积286.9万平方米，增长26.4%；144平方米以上住房销售面积299.3万平方米，增长8.1%；别墅和高档公寓销售面积21.1万平方米，增长292.1%。办公楼销售面积15.3万平方米，增长61.6%。其中，现房销售面积8.5万平方米，增长81.6%；期房销售面积6.8万平方米，增长40.1%。商业营业用房销售面积116万平方米，增长45.9%。其中，现房销售面积73.6万平方米，增长91.6%；期房销售面积42.4万平方米，增长3.2%。其他商品房销售面积27.1万平方米，增长47.5%。其中，现房销售面积21万平方米，增长121%；期房销售面积6.1万平方米，下降31.2%。

2013年，全省商品房销售额728.3亿元，比2012年增长25.6%。其中，现房销售额215.7亿元，增长12.8%；期房销售额512.5亿元，增长31.9%。商品住宅销售额625.1亿元，增长21.8%。其中，现房销售额165.9亿元，下降1.1%；期房销售额459.3亿元，增长33%。在商品住宅销售中，90平方米及以下住房销售额104亿元，增长42.9%；144平方米以上住房销售额176.8亿元，增长30%；别墅和高档公寓销售额21.4亿元，增长637.9%。办公楼销售额14.6亿元，增长95.9%。其中，现房销售额4.2亿元，增长43.7%；期房销售额10.5亿元，增长129%。商业营业用房销售额80.9亿元，增长48.2%。其中，现房销售额39.8亿元，增长116.3%；期房销售额41.1亿元，增长13.6%。其他商品房销售额7.6亿元，增长65.2%。其中，现房销售额5.9亿元，增长168.2%；期房销售额1.7亿元，下降31.5%。

2013年，全省房地产开发各类商品房平均销售价格4433元/平方米，比2012年增长14.5%。商品住宅平均销售价格4211元/平方米，增长14.1%。在住宅销售价格中，90平方米及以下住房平均销售价格3624元/平方米，增长13.1%；144平方米以上住房平均销售价格5907元/平方米，增长20.3%；别墅和高档公寓平均销售价格1万元/平方米，增长85.4%。办公楼平均销售价格9570元/平方米，增长22.1%。商业营业用房平均销售价格6974元/平方米，增长1.6%。其他商品房平均销售价格2789元/平方米，增长10.5%。（注：商品房平均销售价格是由全省商品房销售额除以销售面积计算得出，只是参考价格，并不能代表房地产市场交易价格）

2013年年底，全省商品房待售面积1057.5万平方米，比2012年增长39.5%。其中，待售1至3年（含1年）的房屋面积451.3万平方米，增长59.7%；待售3年以上（含3年）房屋面积9.9万平方米，增长14.6%。商品住宅待售面积799.5万平方米，比2012年增长39%。其中，90平方米及以下住房待售面积159.3万平方米，增长80.4%；144

平方米以上住房待售面积 206.2 万平方米，增长 88.5%；别墅和高档公寓待售面积 6.5 万平方米，下降 3%。办公楼待售面积 18 万平方米，增长 64%；商业营业用房待售面积 172.6 万平方米，增长 36.1%；其他商品房待售面积 67.4 万平方米，增长 50.1%。

【房地产经营效益】 2013 年，全省房地产企业资产总计 4770.1 亿元，比 2012 年增长 27.6%；所有者权益 595 亿元，增长 21%，其中，实收资本合计 546.2 亿元，增长 16.4%；负债合计 4175 亿元，增长 28.6%；主营业务收入 533.4 亿元，增长 15.8%；主营业务成本 405.6 亿元，增长 11.8%；主营业务税金及附加 48.2 亿元，增长 37.1%；利润总额 4.4 亿元，下降 13.7%。

（郝志军）

4

经济法制

JINGJI FAZHI

经济法制

经济法规

【政府法制建设综述】 *政府立法工作*。2013年，省政府法制办公室认真总结政府立法工作经验，坚持完善立法机制和程序，确立了对立法项目的遴选采取“政府立法坚持与经济社会发展水平相适应、一切从实际出发、克服部门利益”的三项原则，制定了《地方性法规省政府规章草案征求意见的规定》，建立了办务会议集体讨论审改立法草案制度，并积极与省人大常委会就立法工作事项进行协商和沟通。

省政府法制办公室根据中共山西省委批准的省人大常委会2013年立法工作计划，积极组织开展地方性法规计划项目草案的起草、调研、审查、论证、协调和报送省政府常务会议审议等工作，圆满完成了年度地方性法规立法计划项目草案送审稿的审查、协调和上报工作任务。全年共依法审查、协调并向省政府常务会议报送8件地方性法规项目草案送审稿，具体包括《山西省信息化条例（草案送审稿）》《山西省实施 < 中华人民共和国国防动员法 > 办法（草案送审稿）》《山西省森林公园条例（草案送审稿）》《山西省高速公路管理条例（修订草案送审稿）》《山西省发展中医药条例（草案送审稿）》《山西省志愿服务条例（草案送审稿）》《山西省土地整治条例（草案送审稿）》和《山西省城镇住房保障条例（草案送审稿）》。省政府常务会议对经省政府法制办公室审查并提交的8件地方性法规项目草案送审稿进行了认真讨论和审议，在常务会议通过后，以省政府名义向省人大常委会提交了《关于提请审议 < 山西省信息化条例（草案）> 的议案》（3月25日，晋政函〔2013〕21号）、《山西省人民政府关于提请审议 < 山西省实施中华人民共和国国防动员法办法（草案）> 的议案》（4月28日，晋政函〔2013〕43号）、《山西省人民政府关于提请审议 < 山西省森林公园条例（草案）> 的议案》（4月29日，晋政函〔2013〕44号）、《山西省人民政府关于提请审议 < 山西省高速公路管理条例（修订草案）> 的议案》（7月5日，晋政函〔2013〕66号）、《山西省人民政府关于提请审议 < 山西省发展中医药条例（草案）> 的议案》（7月5日，晋政函〔2013〕67号）、《山西省人民政府关于提请审议 < 山西省志愿服务条例（草案）> 的议案》（9月7日，晋政函〔2013〕92号）、《山西省人民政府关于提请审议 < 山西省土地整治条例（草案）> 的议案》（11月5日，晋政函〔2013〕114号）和《山西省人民政府关于提请审议 < 山西省城镇住房保障条例（草案）> 的议案》（11月7日，晋政函〔2013〕115号）。

省政府为加强社会管理创新，保障流动人口的合法权益，规范流动人口服务管理，维护社会秩序，促进经济发展和社会和谐，根据有关法律法规规定，结合山西实际，制定《山西省流动人口服务管理办法》，经4月2日省人民政府第7次常务会议讨论通过后，以山西省人民政府令第234号向社会公布，该办法自2013年4月15日起施行。为规范专职消防队伍建设和管理，提高专职消防队伍火灾预防、扑救和社会应急救援能力，保障人民生命财产安全，委托山西省公安厅起草《山西省专职消防队伍建设管理办法（草案）》，该草案送审稿经过省政府法制办公室的依法审查和有关问题的论证、协调工作后，报送到省政府常务会议等待审议。为加强露天煤矿和新能源管理，为综改试验区建设服务填补制度空白，省政府法制办公室完成对《山西省露天煤矿管理办法（草案送审稿）》和《山西省石油天然气管道建设和保护办法（草案送审稿）》的依法审查和有关问题的调研、论证、协调工作，并将两个办法草案送审稿的修改稿和审查说明报送省政府常务会议等待审议。

省政府为贯彻落实党的“十八大”提出的“推进科学立法”“完善中国特色社会主义法律体系，加强重点领域立法”的精神，根据《山西省地方立法条例》和《关于报送省十二届人大及其常委会五年立法规划建议项目的通知》（晋人函〔2013〕1号）要求，拟订了省十二届人大及其常委会五年立法规划建议项目（一类建议项目40件，二类建议项目23件），于7月4日向省人大常委会报送《山西省人民政府关于报送五年立法规划建议项目的函》（晋政函〔2013〕64号）。

政府推进依法行政工作。一是精心部署和积极牵头推进依法行政工作。二是树立“以学习强意识、以

活动促行动、以考核增力度、以创新谋突破、以机构保牵头”的工作理念，研究采取新措施，努力发挥牵头推进和督促指导作用。省政府法制办公室与省委组织部联合在省委党校举办两期领导干部依法行政专题研讨班，对提高领导干部依法行政意识，增强依法行政观念，强化依法行政理念，促使依法行政的自觉性和积极性，具有重要的理论与实务结合的指导意义和推动作用。三是加强依法行政宣传工作。坚持每年 8 月开展“依法行政宣传月”活动，在督促指导各市、省直各部门采取多种形式进行广泛深入宣传的基础上，以朔州市县级政府和市直部门为重点进行实地走访调研，了解和总结全省依法行政的新经验新举措新做法，形成《关于 2013 年“依法行政宣传月”活动情况的报告》，呈报省政府。四是创新工作机制，加强部门联动，积极开展依法行政经验交流。10 月 25 日，省政府法制办公室组织召开省委依法治省领导组依法行政联席会议暨依法行政经验交流会，促进政府部门之间推进依法行政工作的方法和经验的相互学习与交流。五是加强督促指导和监督检查推进依法行政工作。12 月集中开展依法行政督促检查活动，对全省 11 个设区的市、11 个县（市、区）和 40 多个政府执法部门进行抽查检查和督促指导，在此基础上对全面推进依法行政的经验和有关情况及问题进行分析研究和总结，形成《2013 年全省依法行政工作的情况报告》，呈报省政府。

*政府行政执法和行政执法监督工作。*2013 年，省政府法制办公室坚持以推行行政执法责任制为基础，以开展行政执法案卷评查、行政执法资格管理、规范行政执法自由裁量权为抓手，不断创新方法，加大行政执法力度，促进执法部门严格、规范、公正、文明执法。在推行行政执法责任制工作方面，省政府法制办公室牵头，分别与省农业厅、省林业厅联合，对全省的农业、林业系统落实行政执法责任制工作情况进行抽查检查，使农业、林业系统的执法行为更加规范、严格和文明。在行政执法案卷评查工作方面，省政府法制办公室指导省住建厅、民政厅、烟草专卖局在各自系统开展行政执法案卷评查活动，并对其评查工作进行检查验收。在加强行政执法资格管理方面，省政府法制办公室通过督促指导各市各部门严把行政执法人员资格确认关，进一步优化网上行政执法人员证件管理系统，积极探索研发“山西省行政执法人员资格认证考务系统”，完善行政执法证件的申领、审核、发放程序，全年共审查核发行政执法证件 4707 个，为全省推进依法行政和开展规范、严格、文明执法活动创造了良好条件。在推进行政执法体制改革方面，省政府法制办公室指导介休市、柳林县在城市管理领域开展了相对集中行政处罚权工作，全省行政执法体制改革工作进一步深化。

*政府行政复议与行政应诉工作。*一是抓行政复议规范化建设工作。对 11 个设区的市的行政复议规范化建设工作进行考核，并将考核结果进行通报，以此督促各市在推广先进经验和做法基础上着力整改存在的问题，行政复议规范化建设工作有序推进。二是抓行政复议案件的受理审理工作。全年共收到行政复议申请 134 件，其中，依法受理的行政复议申请 115 件，依法不予受理的行政复议申请 19 件。在受理的 115 件行政复议案件中，办结 94 件（撤销 2 件，维持 36 件，驳回申请 11 件，以其他方式处理 45 件）。三是抓行政应诉工作。全年共参与 10 起行政诉讼案件的应诉和 2 起行政诉讼上诉案件的应诉，并跟踪督办了国务院法制办公室进行行政裁决的 4 个行政复议案件，对进一步纠正政府错误的或者不当的行政行为、规范政府依法行政行为发挥了有效的监督作用。四是抓督促下级行政复议机关依法受理行政复议案件工作。组织开展“行政复议案件零突破活动”，针对

开门问政对话会

行政执法部门存在的执法不规范问题和重要典型行政复议案件的办理情况，采取送达行政复议建议书的方式，督促指导下级行政复议机关依法受理行政复议案件，严格规范行政执法主体行政执法行为。五是抓《行政复议法》的贯彻实施。省人大常委会对省政府贯彻实施《行政复议法》情况进行监督检查，省政府法制办公室代省政府起草《山西省人民政府关于行政复议法实施情况的报告》，并向省人大常委会做了汇报，得到了省人大常委会的肯定。六是抓行政复议工作方式创新。省政府法制办公室（省人民政府行政复议办公室）组织人员学习交流行政复议权工作的经验和做法，积极探索在山西开展行政复议委员会试点的有关具体工作。此外，省政府法制办公室（省人民政府行政复议办公室）主动落实与省高级人民法院建立的联席会议制度，加强工作上的沟通衔接，并分析研究行政复议和行政诉讼中出现的新情况新问题，商讨应对的措施。

*政府行政规范性文件的审查备案工作。*省政府法制办公室全年依法审查以省政府或者省政府办公厅名义发文的行政规范性文件草案49件，依法前置审查省直各部门的行政规范性文件草案99件，依法对11个设区的市政府报送的110件行政规范性文件进行备案审查，进一步提高了依法行政的制度建设质量。

*政府法制的宣传、培训、理论研究和法规规章的译审、编纂工作。*省政府法制办公室充分利用政府法制网站、政府法制杂志、政府法制工作简报等平台和媒体，积极开展政府法制工作的宣传和信息传报，全年共出版政府法制杂志36期，编印政府法制工作简报9期，在政府法制网站登载信息文章177篇，在晋政信息刊发信息5篇，被国务院法制办公室网站转发信息26篇。对近3年来全省行政机关新增加的行政执法人员进行了摸底，制定培训方案，300名新增行政执法人员接受了法制事务培训；与浙江大学联合举办两期“行政复议干部更新知识专题研修班”，对全省130余名行政复议干部进行了专题培训。积极开展政府法制理论研究与交流工作，撰写发表《日益减少的自然资源与日益增加的排放》《城镇化建设的法治保障》《农村生态环境与“生态人”伦理法制观》《农村集体土地征收纠纷的救济》《规范行政裁量权服务转型跨越发展》《耕地“上山”现象的法律思考》等论文20余篇。组织完成省政府规章《山西省流动人口服务管理办法》的英文翻译和2012年《山西省法规规章汇编》的编辑出版工作。

*政府办理议案、提案和政府法律顾问工作。*省政府法制办公室全年共办理省人大代表和省政协委员提出的议案、提案12件，办理法律、行政法规、地方性法规的草案征求意见稿并答复意见19件。加强政府法律顾问工作，组织法律顾问参与省政府涉法事务工作68人次。

【地方性经济法规建设】 2013年，山西省第十二届人民代表大会常务委员会经过第二次至第六次常委会会议的审议，共通过并公布9件地方性法规，具体包括《山西省人民代表大会常务委员会关于修改<山西省人民防空工程建设条例>的决定》《山西省人民代表大会常务委员会关于废止<山西省暂住人口治安管理条例>的决定》《山西省实施<中华人民共和国国防动员法>办法》《山西省信息化条例》《山西省森林公园条例》《山西省人民代表大会常务委员会关于修改<山西省实施中华人民共和国道路交通安全法办法>的决定》《山西省高速公路管理条例》（修订）《山西省发展中医药条例》和《山西省志愿服务条例》。

《山西省信息化促进条例》的制定。《山西省信息化促进条例》于2013年8月1日山西省第十二届人民代表大会常务委员会第四次会议通过，山西省人民代表大会常务委员会以山西省人民代表大会常务委员会公告第4号向社会公布，自2013年10月1日起施行。

为加快山西信息化发展，提高信息化水平，规范信息化行为，保障信息安全，促进经济发展和社会进步，省第十二届人民代表大会常务委员会将《山西省信息化条例》列入2013年立法工作计划。省人民政府根据中共山西省委批准的省第十二届人大常委会2013年立法工作计划，委托省经济和信息化委员会代省人民政府起草《山西省信息化条例（草案）》。省经济和信息化委员会根据省人民政府2013年立法工作计划安排，成立立法起草小组，制定了具体的立法工作方案。起草小组形成《山西省信息化条例（草案初稿）》，经过征求省直有关部门意见、对不同意见进行讨论沟通协商和多次对《山西省信息化条例（草案初稿）》进行修改后，形成报送省政府法制办公室审查的《山西省信息化条例（草案送审稿）》及其说明。省政府法制办公室经过依法审查、书面征求11个设区的市人民政府和省政府组成部门意见、会同省经济和信息化委员会进行省外立法学习调研、召开立法征求意见会和协调会，以及在充分吸收采纳意见的基础上对《山西省信息化条例（草案送审稿）》进行了多次的条款内容修改和文字表述修改，形成了报省政府常务会议审议的《山西省信息化条例（草案修改稿）》。2013年3月20日山西省人民政府第5次常务会议对《山西省信息化条例（草案修改稿）》进行认真讨论和研究，通过后形成了提请省人大常委会审议的《山西省信息化条例（草案）》。省人民政府于2013年3月25日向省人大常委会提出了《关于提请审议<山西省信息化条例（草案）>的议案》的法规案。

省政府提请省人大常委会审议的《山西省信息化条例（草案）》，分为总则、信息化规划与建设、信息资源共享与开发利用、信息产业发展、信息技术应用与服务、信息安全保障、法律责任和附则，共8章62条。主要就信息化管理体制、规范信息基础设施建设要求、信息化工程建设管理、信息资源开发利用、促进信息产业发展、规范信息技术的应用与服务、信息安全保障等内容和行为，进行了信息化管理体制设计、信息化管理制度设计、推进信息化发展模式设计、鼓励引导发展信息产业的政策措施设计、信息技术应用与服务行为规范设计、信息安全保障制度设计等，体现了山西推进工业化与信息化深度融合、推动信息化对传统产业的改造升级、加快信息技术在民生领域应用、加大个人信息保护的地方立法特色。

省第十二届人民代表大会常务委员会经过第三次和第四次常委会会议的审议，主要对省人民政府提请审议的《山西省信息化条例（草案）》（以下简称《草案》）作了以下修改：(1) 关于条例的名称。根据省人大常委会组成人员在审议和调研中提出的标题范围太广、山西信息化发展相对不足、草案中多数条款内容属于鼓励和引导性的，要求对条例名称进行修改的建议，将条例的名称由“山西省信息化条例”修改为“山西省信息化促进条例”。(2) 关于“三网融合”的内容。将《草案》第十一条第二款规定的“县级以上人民政府及有关部门应当根据国家有关规定，推进公共信息基础设施的共建共享和互联互通，加快宽带网络建设，推进电信网、广播电视网、互联网三网融合”内容修改为：“县级以上人民政府应当采取措施推动公共信息基础设施的共建共享和互联互通，推进电信网、广播电视网、互联网在业务、网络和终端等层面的融合。”即省第十二届人民代表大会常务委员会第四次常委会会议通过并公布实施的《山西省信息化促进条例》的第八条内容。(3) 关于信息产业发展的内容。将《草案》第二十八条规定的“省人民政府应当制定鼓励信息产业发展的优惠政策和措施，加大对信息产业、示范企业和信息技术自主创新的扶持力度，推动信息技术创新与应用”“省信息化主管部门应当制定信息产业发展规划，协调区域布局，支持信息产业基地和园区建设，加大对园区配套基础设施和公共服务设施的资金投入，引导产业并购整合，实现集群发展”内容修改为：“省人民政府应当制定鼓励信息产业发展的优惠政策和措施，加大对信息产业、示范企业和信息技术自主创新的扶持力度，发展集成电路、软件、高端元器件、电子设备等基础产业，培育有特色的信息产业，推动信息技术创新与应用”“县级以上人民政府应当根据本行政区域信息化发展规划和经济社会发展需要，支持信息产业基地和园区建设，加大对园区配套基础设施和公共服务设施的资金投入”，即省第十二届人民代表大会常务委员会第四次常委会会议通过并公布实施的《山西省信息化促进条例》的第二十一条内容。(4) 关于教育信息化的内容。增加一条：“县级以上人民政府应当加强教育信息化建设，实现优质教育资源共享，推进义务教育均衡发展，提高各类教育水平”“高等院校应当加强信息化建设，采用先进的信息技术，提高教学与科研水平”，作为省第十二届人民代表大会常务委员会第四次常委会会议通过并公布实施的《山西省信息化促进条例》的第三十四条内容。(5) 关于民生领域的信息化建设内容。将《草案》第四十二条规定的“县级以上人民政府有关部门和公共服务机构，应当建立健全社会管理综合信息系统，及时、准确提供与民生相关的公共信息服务，提高社会管理信息化水平”“整合社区公共服务信息资源，构建居民社区综合便民服务平台，提高社区公共服务水平”内容修改为：“社会保障、环境保护、交通运输、教育、卫生、广播电视、气象等部门以及供电、供水、供气等公共服务机构，应当建立健全公共服务信息系统，及时、准确提供与民生相关的公共信息服务”，即省第十二届人民代表大会常务委员会第四次常委会会议通过并公布实施的《山西省信息化促进条例》的第三十六条内容。(6) 关于不适宜地方立法规定和照抄照搬法律、行政法规条款的内容。删除了《草案》第三条、第七条、第十九条、第二十条、第五十一条、第五十二条、第五十三条、第五十八条、第五十九条、第六十条规定的内容。

山西省第十二届人民代表大会常务委员会第四次常委会会议通过并公布实施的《山西省信息化促进条例》分为总则、信息化规划与建设、信息资源共享与开发利用、信息产业发展、信息技术应用与服务、信息安全保障、法律责任和附则，共 8 章 52 条。

《山西省森林公园条例》的制定。《山西省森林公园条例》于 2013 年 8 月 1 日经山西省第十二届人民代表大会常务委员会第四次会议审议通过，山西省人民代表大会常务委员会以山西省人民代表大会常务委员会公告第 5 号向社会公布，自 2013 年 10 月 1 日起施行。

为培育、保护和合理利用森林风景资源，规范森林公园建设和管理，促进生态文明建设，满足人民群众提高生活质量的要求，省人大常委会将《山西省森林公园条例》的立法列入 2013 年立法工作计划一类项目。省政府根据中共山西省委批准的《山西省第十二届人大常委会 2013 年立法工作计划》安排，委托省林业厅代省人民政府起草《山西省森林公园条例（草案）》。省林业厅起草了《山西省森林公园条例（草案初稿）》。省林业厅以书面形式征求全省林业系统、森林公园管理机构和省直有关部门对《山西省森林公园条例（草案初稿）》的意见，结合所提意见和建议，对《山西省森林公园条例（草案初稿）》作了多次修改后，形成报送省人民政府法制办公室审查的《山西省森林公园条例（草案送审稿）》及其说明。

省人民政府法制办公室经过依法审查，在以书面形式征求 11 个设区的市和省政府组成部门意见的同时，召开了由各市林业主管部门负责人、基层森林公园负责人、投资开发森林公园的投资开发商代表等参加的座谈会；针对所提意见的主要分歧和突出矛盾，召开了由省林业厅、省社会科学院、山西大学法学院、山西大学环境学院、山西科贝律师事务所等单位的专家学者参加的立法论证会；针对省直有关部门所提意见难以达成一致或者共识的情况，召开了 4 次由省发展和改革委员会、省财政厅、省编制委员会办公室等 19 个部门参加的立法协调会，就“森林公园发展规划应当符合哪些总体规划并与哪些专业规划相衔接”“以国有森林风景资源为主体设立的森林公园及其景区（点）、旅游项目经营权流转”“森林公园门票及相关服务收费标准如何确定”“森林公园门票及相关服务收费如何管理”等问题进行了立法协调，达成基本共识，形成了较为科学的表述。在充分征求意见、采纳意见、协调意见和多次对《山西省森林公园条例（草案送审稿）》进行修改的基础上，形成了报省政府常务会议讨论的《山西省森林公园条例（草案送审修改稿）》。2013 年 4 月 23 日省人民政府第 10 次常务会议对《山西省森林公园条例（草案送审修改稿）》进行讨论，通过后形成了提请省人大常委会审议的《山西省森林公园条例（草案）》。2013 年 4 月 29 日，省政府向省人大常委会提出《山西省人民政府关于提请审议 < 山西省森林公园条例（草案） > 的议案》（晋政函〔2013〕44 号）。

省政府提请省人大常委会审议的《山西省森林公园条例（草案）》（以下简称《条例（草案）》）包括总则、设立与建设、资源保护、利用与管理、法律责任和附则，共 6 章 51 条。《条例（草案）》的主要内容包括六个方面：一是明确了森林公园性质及主体功能。如《条例（草案）》第四条规定：“森林公园是国家生态建设的重要组成部分，是自然文化资源和珍稀动植物基因资源的重要保护地，其建设和保护属于社会公益事业”“森林公园的主体功能是保护森林风景资源和生物多样性，普及生态文化知识，开展森林生态旅游”。二是明确了政府、部门以及森林公园管理机构的职责。如《条例（草案）》第六条和第七条分别规定了“县级以上人民政府应当将森林公园纳入当地国民经济和社会发展规划，加强对森林公园建设、保护、利用、管理工作的组织领导，加大政策扶持和财政投入”和“县级以上林业行政主管部门主管本行政区域内的森林公园工作；其他相关部门按照各自职责做好与森林公园相关管理工作”“省林业行政主管部门所属的森林公园管理机构（以下简称省森林公园管理机构）承担全省森林公园指导和监督管理的具体工作，其管理经费由其门票收入予以负担，不足部分由财政补助”的内容。三是建立森林公园准入制度。《条例（草案）》第十三条、第十五条、第十六条和第十七条分别就申请设立国家级、省级和县级森林公园的条件、程序、审批时限和经批准设立森林公园应当组建森林公园管理组织及其职责等进行了明确规定。四是加强森林风景资源的保护工作。如《条例（草案）》设立专章第三章“资源保护”，用了 6 条内容（第二十七条至第三十二条）分别从森林公园管理机构和森林公园管理组织的保护职责及具体事项、保障森林公园林地性质和用途、在森林公园内的禁止行为等方面进行了规定和规范，凸显了保护森林风景资源的重要性。五是规范森林公园经营权的流转行为及其内容。如《条例（草案）》第三十五条从森林公园景区（景点）和旅游项目经营权可以依法流转、以国有森林风景资源为主体的森林公园经营权如何流转、以集体所有森林风景资源为主体的森林公园经营权如何流转、省林业行政主管部门应当建立森林风景资源价值评估体系与做好评估的评定及培训工作四个层面，进行了具体规定。六是明确森林公园建设资金来源体系。如《条例（草案）》第六条和第八条分别从“政府加大政策扶持和财政投入”“鼓励国内外经济组织或者个人参与森林公园景区（景点）及项目的建设和经营”两个方面进行了规定。

省第十二届人民代表大会常务委员会经过第三次和第四次常委会会议的审议和讨论、调研，主要对省人民政府提交的《条例（草案）》作了如下修改：一是关于森林公园管理机构职责及其经费保障。将《条例（草案）》第六条规定内容修改为：“县级以上人民政府应当加强对发展森林公园事业的领导，将森林公园公共基础设施建设纳入当地国民经济和社会发展规划，为森林公园的森林风景资源保护和森林公园管理机构提供必要的条件和经费保障，统筹、协调解决森林公园建设、保护、利用和管理中的重大事项”（即正式公布实施《条例》的第四条），将《条例（草案）》第七条规定内容修改为：“县级以上人民政府林业主管部门负责本行政区域所属森林公园的监督管理工作，其他有关部门按照各自职责做好与森林公园相关的管理工作”“县级以上人民政府林业主管部门所属森林公园管理机构负责本行政区域所属森林公园的业务指导和监督管理的具体工作”（即正式公布实施《条例》的第五条）。二是关于森林公园的设立审批。将《条例（草案）》第十一条规定的“森林公园分为国家级、省级和县级森林公园”修改为“森林公园分为国家级、省级、市级和县级森林公园”，将《条例（草案）》第十五条规定的“设立省级森林公园，由申请人向所在地县级林业行政主管部门提出申请，经所在地县级人民政府和市林业行政主管部门同意后，报省林业行政主管部门。省林业行政主管部门征得省国家禁止开发区域相关行政主管部门同意后，予以批准设立”“设立县级森林公园，由申请人向所在地县级林业行政主管部门提出申请，经县级人民政府同意后，报市林业行政主管部门。市林业行政主管部门征得市国家禁止开发区域相关行政主管部门同意后，予以批准设立，并报省林业行政主管部门备案”“省直国有林单位申请设立森林公园，经省直国有林局审核同意后，报省林业行政主管部门批准”内容修改为正式公布实施《条例》第十条内容，即：“设立省、市、县级森林公园，申请人向所在地县级林业主管部门提出申请，分别由同级林业主管部门审核，报同级人民政府批准，报上一级林业主管部门备案。设立省级森林公园，还应当事先征得所在地县、市级人民政府同意；设立市级森林公园，还应当事先征得所在地县级人民政府同意”“国有林单位申请设立森林公园，应当符合当地森林公园发展规划。省直国有林单位申请设立省级森林公园，由省林业主管部门审核，报省人民政府批准，报国务院林业主管部门备案；市直国有林单位申请设立市、省级森林公园，分别由市、省级林业主管部门审核，报市、省级人民政府批准，报上一级林业主管部门备案”“森林公园批准设立后，由批准机关向社会公布”。三是关于保护森林资源和合理开发、利用的关系。将《条例（草案）》第五条规定的“森林公园的建设、保护、利用和管理，应当坚持严格保护、科学规划、统一管理、合理利用、协调发展的原则”内容修改为正式公布实施《条例》第三条第二款内容，即：“森林公园的建设和保护属于社会公益事业。森林公园的建设、保护、利用和管理，应当坚持统筹规划、分级管理、严格保护、科学利用、协调发展的原则，实行政府主导、林业主管、部门合作、社会参与的运行机制”。四是关于法律责任。增加一条“违反本条例规定，有关法律法规有法律责任规定的，从其规定”内容，作为正式公布实施《条例》第三十七条；删除《中华人民共和国刑法》、《中华人民共和国森林法》、《中华人民共和国野生动物保护法》、《中华人民共和国旅游法》等相关法律法规已有的处罚规定，即删除《条例（草案）》第四十六条、第四十七条和第四十八条分别规定的“违反本条例规定，擅自改变森林公园林地用途的，由县级以上林业行政主管部门根据《森林法实施条例》第四十三条规定进行处罚”“违反本条例规定，不按照国家规定进行森林公园景区（点）经营权流转的，由管理该国有资产的部门和监察机关根据有关法律法规和相关规定进行处罚”和“违反森林公园门票价格及相关服务收费标准收费的，由县级以上价格主管部门根据有关法律规定进行处罚”的内容；将《条例（草案）》第四十四条和第四十五条采取的列举式违法行为处罚修改为相对应条款违法行为的处罚，即正式公布实施《条例》第三十八条至第四十条规定内容。

经省第十二届人民代表大会常务委员会第四次会议审议通过并公布实施的《山西省森林公园条例》分为总则、规划建设、保护利用、服务管理、法律责任和附则，共6章41条。

《山西省高速公路管理条例》的修订。《山西省高速公路管理条例》于2013年9月29日经山西省第十二届人民代表大会常务委员会第五次会议修订通过，山西省人民代表大会常务委员会以山西省人民代表大会常务委员会公告第7号向社会公布，自2014年1月1日起施行。

2005年12月2日山西省人民代表大会常务委员会第二十一次会议通过，自2006年3月1日起施行的《山西省高速公路管理条例》，经2011年12月1日山西省第十一届人民代表大会常务委员会第二十六次会议第一次修订后继续施行。随着山西高速公路里程的快速增长，高速公路投资、建设、经营等主体的多元化，广大人民群众对高速公路经营、管理、服务的要求越来越高，使修订《山西省高速公路管理条例》显得极为迫切，省人大常委会将修订《山西省高速公路管理条例》列为2013年正式立法计划项目。

省人民政府根据中共山西省委批准的山西省第十二届人民代表大会常务委员会2013年立法工作计划安排，委托省交通运输厅代为起草《山西省高速公路管理条例（修订草案）》。省交通运输厅对《山西省高速公路管理条例（修订草案初稿）》进行了多次修改，形成报送省政府法制办公室审查的《山西省高速公路管理条例（修订草案送审稿）》。省政府法制办公室对《山西省高速公路管理条例（修订草案送审稿）》进行依法审查，书面征求11个设区的市政府和省直有关部门意见，并通过政府法制信息网征求社会意见，针对“在高速公路用地范围内设置非公路标志的许可”“在高速公路上行驶车辆扬尘污染防治”“高速公路经营者实施养护作业如何做好水土保持设施保护”“建立高速公路交通安全隐患排查机制”等主要矛盾和问题召开立法论证会和立法协调会，对《山西省高速公路管理条例（修订草案送审稿）》进行了多次修改，形成了报省人民政府常务会议讨论的《山西省高速公路管理条例（修订草案送审稿修改稿）》。2013年7月2日，省政府第19次常务会议审议通过《山西省高速公路管理条例（修订草案送审稿修改稿）》，形成正式提请省第十二届人大常委会会议审议的《山西省高速公路管理条例（修订草案）》。2013年7月5日，省政府向省人大常委会提出《山西省人民政府关于提请审议<山西省高速公路管理条例（修订草案）>的议案》（晋政函〔2013〕66号）。

《山西省高速公路管理条例》（以下简称“原《条例》”）分为总则、养护管理、服务与收费、路政管理、交通安全管理、法律责任和附则共6章48条。省政府提请省人大常委会审议的《山西省高速公路管理条例（修订草案）》（以下简称“《修订草案》”）分为总则、养护管理、经营与服务、服务区管理、路政管理、超限运输管理、交通安全与应急管理、法律责任和附则共9章63条。《修订草案》对原《条例》主要作了以下修改：删除了原《条例》中15条内容，对保留的部分进行了修订，形成了28条修订内容，新增加35条内容。具体修订内容包括：一是删除了原《条例》中与上位法相抵触和简单重复的15条内容。二是增加了“服务区管理”和“超限运输管理”两章内容。三是增加了高速公路突发事件的预防和应急处置的三条规定。四是对行政处罚标准作了进一步的细化，既增强了具体操作性、可执行性，又防止了行政处罚的随意性、不公平性，还抑制了行政处罚中腐败现象的滋生。五是进一步明确了高速公路管理主体及其职责权限和责任。

山西省第十二届人民代表大会常务委员会经过第四次和第五次常委会会议的审议，对省政府提交的《修订草案》主要作了以下修改：一是删除了《修订草案》8条内容。即：《修订草案》第四条第二款规定的“省人民政府公安机关主管全省高速公路的交通安全管理、治安管理工作，其所属的交通管理部门具体负责高速公路的交通秩序、交通事故处理和治安、刑事案件的先期处置工作”内容；《修订草案》第十二条规定的“高速公路管理机构、高速公路经营者应当按照国家规定的技术规范和操作规程对高速公路及其桥梁、隧道进行检测和评定；对经检测发现不符合通行安全要求的，应当进行维修，及时向社会公告，并通知公安机关交通管理部门”内容；《修订草案》第十三条规定的“高速公路管理机构应当依法对高速公路经营者履行养护义务实施监督检查。对达不到高速公路养护规范要求的，应当责成高速公路经营者限期采取相应措施”内容；《修订草案》第十五条第一款规定的“在高速公路设置除车辆通行费收费站之外任何形式的固定检查站，应当事先征求省交通运输主管部门的意见并报省人民政府批准”内容；《修订草案》第二十二条第三款规定的“公安、安全、检察、法院等机关依法调取高速公路影像资料，涉及国家秘密、商业秘密和个人隐私的，应当依法保守秘密”内容；《修订草案》第二十四条规定的“审计、财政、税务、价格主管部门依法对高速公路的收费和收缴行为实施监督检查”内容；《修订草案》第三十一条第二款规定的“从高速公路用地外缘起 50 米，匝道、连接线外缘起 20 米的区域为高速公路建筑控制区”内容；《修订草案》第三十六条规定的“货运车辆行驶高速公路应当规范装载，装载物不得触地拖行。车辆装载物易掉落、遗洒或者飘散的，应当采取厢式密闭等有效防护措施”内容。二是增加了两条内容：一是山西省第十二届人民代表大会常务委员会第五次会议通过并公布实施的《山西省高速公路管理条例》第二十五条：“省人民政府交通运输主管部门应当加强路政执法队伍建设，配备的路政执法人员和装备应当与高速公路的车辆流量、通行里程相适应”“省高速公路管理机构应当向经营性高速公路派出路政管理机构和人员，依法做好高速公路保护工作”。二是山西省第十二届人民代表大会常务委员会第五次会议通过并公布实施的《山西省高速公路管理条例》第三十六条第二款：“省界公路超限检测站的设置，由省人民政府交通运输主管部门提出方案，报省人民政府批准”。

经山西省第十二届人民代表大会常务委员会第五次会议审议通过并公布实施的《山西省高速公路管理条例》包括总则、养护管理、经营与服务、服务区管理、路政管理、超限运输管理、应急管理与交通安全、法律责任和附则，共 9 章 55 条内容。

【省人民政府经济规章的制定】 2013 年，在经济规章立法方面，为加强露天煤矿和新能源管理，为综改试验区建设服务填补制度空白，省政府法制办公室完成了对《山西省露天煤矿管理办法（草案送审稿）》和《山西省石油天然气管道建设和保护办法（草案送审稿）》的依法审查和有关问题的调研、论证、协调工作。

（任刚军）

经济司法

【始终坚持服务大局，充分发挥审判职能作用】 2013 年，山西省法院紧紧围绕省委、省政府的重大决策部署，认真开展前瞻性研究，制定出台《关于贯彻落实党的十八大精神，全面服务和保障转型综改试验区建设的指导意见》和《关于开展“优化投资环境，依法保障综改试验区建设”活动，服务全省“项目推进年”工作的指导意见》。两项《指导意见》出台后，全省各级法院结合当地实际贯彻能动司法理念，找准司法定位，谋求司法作为，切实履行司法职责。2013 年，全省法院共受理各类案件 24.2 万件，审执结 23 万件，分别比 2012 年上升 7.9%和 10.6%；结案标的额 292.45 亿元，增长 15.3%。省高院审执结各类重大案件 3468 件，与 2012 年基本持平。审限内结案率、结案均衡率、裁判自动履行率等各项指标持续向好。

大力推进平安山西建设。根据省委《平安山西建设五年规划》，制定了《关于为深化平安山西建设提供坚强司法保障的实施意见》。全省法院紧密关注影响人民群众安全感的突出问题，严格落实新修订的刑事诉讼法，充分发挥刑事审判惩治和预防犯罪的职能作用，依法严惩危害国家安全、公共安全和人民群众生命财产安全等犯罪活动，严肃制裁坑害投资商、创业者和破坏市场经济秩序的商业贿赂、虚假出资、合同诈骗、串通投标等行为，认真做好涉未成年人案件审判工作，规范减刑、假释和暂予监外执行工作，加强改进对刑释解教人员、社区矫正对象等特殊人群的帮教管理，全力维护良好的经济社会秩序。全省法院共审结一审刑事案件 2.2 万件，判处罪犯 2.9 万人，

太铁中院深入基层送法到一线

其中，5年以上有期徒刑直至死刑的3203人。参与社会管理综合治理，创新少年审判工作，判处未成年罪犯1001人，对其中498名处以非监禁刑，比2012年增长45.6%。规范减刑、假释和暂予监外执行工作，审结减刑、假释案件1.3万件，下降20.4%。依法向管制犯、缓刑犯发出禁止令，积极推进社区矫正，做好对特殊人群的帮教管理工作。针对办案中发现的漏洞和问题，向企业和相关部门提出整改司法建议779件，全力维护社会安全稳定。在民事、行政审判中，进一步加大了涉诉矛盾源头化解力度，对征地拆迁、劳动保障、医患关系、交通事故、环境污染等重点领域多发性纠纷，实现与多元纠纷解决机制的有效对接，促进矛盾的实质性解决。各类案件一审服判息诉率89.1%，上升1.9个百分点。

*积极保障法治山西建设。*认真贯彻省委、省人大推进法治山西建设的各项要求，坚决抵制和杜绝地方保护、部门保护主义，从法治层面努力营造全省良好的投资发展环境。在坚持依法公开、公正审判好每一起案件的同时，继续下大力气解决涉诉信访突出问题，部署开展集中治理赴省进京滞留访、越级访的百日攻坚活动，730件“两访”案件中70%以上的案件得到化解。正确把握罪刑法定、疑罪从无和非法证据排除等原则，坚决防止冤假错案，尊重和保障人权，为316名符合法律援助条件的被告人指定了辩护人，对12名证据不足、指控犯罪不能成立的被告人依法宣告无罪。围绕山西省经济转型和产业调整，省高院及时制定企业破产重整案件立案审查的司法意见，规范企业破产重整行为，全省法院审慎审理相关案件215件，既保护债权人的合法权益，又促进企业依法转型升级。坚持把行政审判作为监督依法行政、优化经济发展软环境的重要平台，共审结各类一审行政案件1296件，比2012年增长16.7%。其中，确认具体行政行为违法或无效、判决履行法定职责、撤销具体行政行为的274件，占21.1%。认真纠正公权力对私权利的不当侵害，审结行政赔偿和国家赔偿案件68件，赔偿金额51.7万元。加强与行政机关的良性互动，推动行政首长出庭应诉，定期与行政执法单位沟通，分析通报行政案件败诉原因，促进了法治政府建设。积极履行司法审查职责，审理行政机关申请非诉执行案件1191件，支持了重点工程、重大项目建设的顺利推进。

*认真推进诚信山西建设。*在各项审判工作中，注重发挥司法的教育、评价、指引和示范等功能，在妥善处理转型综改试验区建设进程中常见多发、涉及面宽的融资借贷、合同违约、项目转让、知识产权、工程建设、土地流转等纠纷的同时，强化各类市场主体依法经营、诚信交易的责任，严肃惩处不讲诚信、恶意欺诈、扰乱市场、损害公共利益等行为，努力营造公平、开放的法治环境和社会诚信环境。2013年，全省法院共审结各类一审民商事案件13.5万件，比2012年增长19.9%，涉案标的147.08亿元。为破解执行难，省高院积极建立失信被执行人数据库，并召开新闻发布会，首批公布794个失信被执行人名单，加大对失信被执行人的惩戒力度，对16名有执行能力而拒不履行法律义务的被执行人依法予以司法制裁，实现对潜在失信者的有力震慑。全年共执结各类案件3.6万件，增长13.8%，实际执行率77.3%，执行标的额123.89亿元。认真组织开展全省党政机关执行法院生效裁判专项积案清理工作，督促主动履行法律义务，执结案件630件，标的金额6.2亿元，维护了诚实、守信的良好社会信用环境。

【努力践行司法为民，不断满足人民群众的司法需求】 2013年，全省法院积极部署开展“密切联系群众，司法为民大走访、大调研、大服务”活动。各级法院努力强化服务意识，增强群众观念，提升群众工作能力，让亲民、爱民、护民理念贯穿司法全过程。

*进一步增强法院工作与群众需求的契合度。*一是采取“走出去、请进来”的方式，对本级、本辖区内的人大代表、政协委员、廉政监督员和人民陪审员进行面对面走访、座谈、联络，虚心听取意见建议。二是选择典型案件，走访了解案件当事人对人民法院处理案件的意愿要求、在日常生产生活中遇到的困难等相关情况，妥善化解矛盾纠纷，为群众排忧解难。三是对2013年以来审执结案件的当事人进行抽查回访，一方面检查审判人员办案态度和效率、答疑解惑能力，以及有无吃拿卡要等现象，另一方面了解当事人对案件处理结果的意见，了解所审结的案件是否存在矛盾激化、涉诉上访的隐患。四是组织干警分期、分批深入社区、厂矿、企业、学校，了解人民群众对司法工作的新需求、新期盼。五是在广泛征求群众意见的基础上，不断创新完善法官驻村驻社区、巡回审判、司法救助等便民举措，使司法为民得到进一步体现。六是加强司法建议工作，强化司法服务功能。七是健全民意沟通机制，更好地回应社会关切。八是深入调查研究，推动法院工作科学发展。

*依法维护人民群众合法权益。*高度重视关乎人民群众生产生活切身利益的案件审理，坚持在维护人民群众权益上下功夫。依法严惩人民群众深恶痛绝的危害食品药品安全、制售假冒伪劣商品、破坏耕地、污染环境等违法犯罪案件310件，人民群众的安全感进一步增强。妥善审理涉及劳动、医疗、工伤等劳动和社会保障类案件6462件，财产权属、财产损害、相邻关系等所有权纠纷案件6822件，房屋拆迁、土地使用权转让等房地产开发纠纷案件1158件，切实保障群众的基本权益。依法审结农村土地承包、土地流转、山林权属、农资供应、农产品销售等涉农纠纷案件673件，保障农民权益，服务城乡统筹发展。在婚姻家庭、继承纠纷、劳动争议等普通民事、行政案件的审理中，充分尊重当事人对诉讼程序的选择权，鼓励当事人通过速裁程序或调解、和解、仲裁等方式解决问题，一审民事案件调解、撤诉率达71.4%，上升3.1个百分点；一审行政案件和解率达19.8%，上升1.8个百分点。力促案结事了，减轻群众诉累。

继续深化便民利民服务。针对人民群众反映的打官司难问题，全省法院进一步在立案、审判、执行、信访等各个环节认真查找存在问题的根源，有针对性地推行多种多样的便民利民举措。部分法院对立案信访窗口进行升级改造，配置手机、电脑短信平台、群众满意评价器等硬件设施，窗口接待实现“一站式”服务，为当事人提供立案告知、法律咨询、立案预约等多项法律服务，最大限度地为群众提供各种便利。进一步强化司法救助工作，累计缓减免交诉讼费2210.8万元，让困难群众打得起官司。坚持法官驻村驻社区制度，直接让服务点“落户”基层，让司法服务“住在”百姓身边，开展巡回审判8932次，密切了法院、法官同人民群众的联系，降低了群众诉讼成本，为群众的日常生活和基层组织的工作开展提供司法服务。

（马云跃）

经济检察

【充分发挥检察职能作用，服务和保障经济社会发展】 2013年，山西省人民检察院主动服务转型综改区建设。以落实“服务保障转型综改区建设12条意见”为抓手，立足检察职能，扎实做好服务保障工作。积极参与“项目推进年”活动，围绕重点工程建设项目，开展职务犯罪专项预防486件，查办职务犯罪152件；围绕优化投资环境，起诉破坏市场经济秩序犯罪嫌疑人1366人，查办商业贿赂犯罪48件；查办破坏土地资源、矿产资源和生态环境相关职务犯罪99件；针对一些国家机关、国有企业怠于履行职责、导致国有资产流失的问题，部署开展督促起诉专项活动，依法督促相关单位清收国有资产24.1亿元。

*维护社会稳定，保障人民安居乐业。*2013年，山西省人民检察院与有关部门密切配合，深入开展打黑除恶专项斗争，突出打击危害公共安全犯罪、严重暴力犯罪和多发性侵财犯罪，共批准逮捕各类犯罪嫌疑人1.8万人，提起公诉2.9万人。在严厉打击犯罪的同时，全面贯彻宽严相济刑事政策，依法开展逮捕、羁押必要性审查，不批捕3902人，提出变更强制措施建议1552人。学习借鉴“枫桥经验”，开展涉法涉诉信访工作改革试点，进一步完善和落实检调对接机制，办理刑事和解案件663件，民事申诉和解案件759件；落实检察长接访、巡访、下访等制度，处理群众举报、控告、申诉信访1.3万件（次）。

*注重为农村发展提供有力的法治保障。*2013年，山西省人民检察院坚持把保障农村发展稳定作为服务经济社会发展的重要举措，依法严厉打击侵害农民合法权益、损害农业生产发展、危害农村和谐稳定的各类犯罪。围绕保障中央、省委、省政府强农惠农政策的落实，针对涉农领域职务犯罪多发易发的情况，组织各地开展“小专项”行动，查办职务犯罪923件。在农村重点地区设立派驻乡镇检察室93个，到偏远乡村开展巡回检察2200余次，为农民群众提供便捷的法律服务。

*严厉惩治侵害群众切身利益的犯罪。*2013年，山西省人民检察院起诉生产销售假药劣药、有毒有害食品等犯罪嫌疑人270人，查办食品安全事件背后的渎职犯罪4件。开展危害民生刑事犯罪专项立案监督活动，监督行政执法机关移送涉嫌犯罪案件160件，监督侦查机关立案117件。扎实开展查办发生在群众身边、损害群众利益的职务犯罪专项工作，查办职务犯罪924件。同步介入矿难、溃坝等重大安全责任事故调查，查办事故背后的渎职犯罪89人。

*积极开展服务群众工作。*2013年，山西省人民检察院开展“阳光检察”活动，建立综合性检务大厅，为群众和律师提供“一站式”服务，拉近检察机关与人民群众的距离。完善12309举报电话、网上信访、来信、来访“四位一体”诉求表达机制，坚持开展形式多样的“举报宣传周”活动，丰富检察门户网站内容，开通“山西检察”官方微博，拓宽联系和服务群众渠道。

【加大查处和预防职务犯罪力度】 *加大查办职务犯罪力度。*2013年，山西省人民检察院共查办各类职务犯罪1349件1829人，追缴赃款3.6亿元。查办贪污贿赂犯罪884件1279人，其中，大案704件，比2012年增长18.5%；县处级以上领导干部要案80人（厅局级7人），增长66.3%。查办渎职侵权犯罪465件550人，其中，立案重特大案件206件，增长24.8%；查办县处级以上要案11人。

*突出抓好职务犯罪预防工作。*2013年，山西省人民检察院认真贯彻习近平总书记“预防职务犯罪出生产力”的重要论述，深入推进《山西省预防职务犯罪工作条例》落实。整合预防资源，加强警示教育基地建设，将预防教育纳入党校和行政学院培训课程，使国家工作人员每年至少接受一次警示教育。山西省有5个警示教育基地被最高人民检察院评为“百优警示教育基地”。省检察院成立预防职务犯罪宣讲团，分6个专题，深入全省国家机关、企事业等单位巡回宣讲，受众达10万余人次；针对全省发生的多起重大安全事故，制作《责任重于泰山》警示教育片，在党政机关和大中型企业播放；针对涉农职务犯罪多发情况，制作《廉风惠农五入户》宣传片，在全省各地主流媒体播放。

【认真履行诉讼监督职责，努力维护司法公正和法制权威】 山西省人民检察院与相关部门共同出台16个规范性文件，细化了办理没收违法所得、精神病人强制医疗等案件的具体程序。积极履行新增检察职能，着力保障当事人的诉讼权利和律师执业权利，在检察环节听取律师意见187件（次），纠正有关单位阻碍辩护人行使诉讼权利379件。以晋中市检察机关为试点，探索建立保障修改后民事诉讼法实施的18项工作机制，并在全省检察机关推行。

【强化刑事诉讼监督】 2013年，山西省人民检察院共监督侦查机关应当立案而不立案1771件，不应当立案而立案1541件，促进了侦查活动的规范化。加强对刑事审判活动的监督，对认为确有错误的刑事裁判提出抗诉439件，法院审结334件。加强对刑罚执行和监管活动的监督，纠正减刑、假释、暂予监外执行不当555人。针对2010年5月1日以前羁押至今未审结的案件，与其他政法机关密切配合，清理久押不决148人，纠正超期羁押17人。积极开展社区矫正法律监督工作，依法纠正脱管漏管769人次。完成派驻看守所检察室与看守所监控图像和执法信息的联网工作，实现了对监管执法活动的24小时动态监督，发现违纪违法问题和安全隐患1068件。

【**加强民事行政检察工作**】 2013年，山西省人民检察院共受案1.5万件，比2012年增长73.7%。省检察院采取提高办案效率、充实办案力量、推行三级院一体化办案模式等措施，加强办案工作，全年共审查处理1.4万件，增长76.8%。其中，提出抗诉219件，发出再审检察建议333件，对民事行政审判活动中的违法情形提出检察建议1481件；制定实施加强执行活动监督意见，办理执行监督案件2625件，促进了“执行难”问题的解决；办理支持起诉3073件，督促有关单位履行职责4190件。

（尹桂珍）

5

宏观管理

HONGGUAN GUANLI

宏观管理

宏观经济管理

【扎实开展"项目推进年"活动，投资规模首次超万亿元】 2013年，面对错综复杂的外部环境，全省上下坚持主题主线和稳中求进工作总基调，突出转型综改试验区建设统领作用，科学应对经济下行压力，及时出台一系列稳增长、调结构、促转型、惠民生政策措施，扎实推进经济社会发展各项工作，促进全省经济运行保持在合理区间，经济增长质量有了新提高，民生和社会事业取得了新进展。

落实"项目推进年"各项部署，"六位一体"推动重点工程建设，以重点工程的快速推动带动全省固定资产投资的快速增长。2013年全省固定资产投资规模历史性地突破万亿元大关，完成11200.2亿元，比2012年增长22.1%。一是抓好重大基础设施建设。大西客运专线、中南部大通道等项目加快推进。在建高速公路里程1250千米，重点支持左权至黎城、岢岚至临县等项目建设。吕梁机场建成试航，五台山、临汾机场加快推进。农田水利基础设施进一步改善。电力建设加快推进，新投产电力装机容量312万千瓦。二是大幅下放省级投资审批权限、优化审批流程。省发改委下放投资项目审批权限8项，随审批权限下放的审批流程2项，下放审批工作量比重达60%，部分领域达80%以上。优化固定资产投资项目审批管理流程图，实现了投资审批流程扁平化。三是优化投资结构。以重大项目建设为抓手带动战略性新兴产业投资快速增长，全省战略性新兴产业投资完成5281亿元，增长24%，占全省固定资产投资的47.2%。四是激发民间投资活力。及时发布投资政策信息，鼓励和引导民间投资健康发展。全省民间投资完成6078亿元，增长33.6%，占全省固定资产投资的54.3%，提高4.5个百分点。五是省级项目储备增量提质。省级储备库储备项目2万多个，总投资20万亿元以上，其中，新兴产业项目投资占比60%。

【全面实施"1235"行动计划，转型综改试验区建设步伐加快】 *完善顶层设计。*召开全省转型综改试验区建设大会，确定"总体方案—实施方案—行动计划"的推进模式，出台了3年"5111"实施方案和2013年"1235"行动计划，省直各部门及各市、试点县、试点企业也相应出台具体改革方案，形成了省、市、县三级相互衔接配套的顶层设计体系，转型综改试验区建设步伐加快，进入实质性推进阶段。

*"1235"行动计划年度任务。*10项重大改革和20项重大事项16项已经完成，14项取得阶段性进展，结转到2014年继续深入推进。30项重大项目完成年度投资计划，3个项目已建成投产，15个项目部分建成投产。5项重大课题形成成果。63项部门专项改革任务基本完成。11个市、11个省级试点县、12户省级试点企业改革创新深入推进、效果明显。

*重点领域改革创新取得明显进展。*促进能源产业发展的体制机制改革进一步深入，煤电一体化改革迈出实质性步伐，煤炭交易机制和市场体系逐步健全；促进城镇化发展的体制机制改革开始起步，用地制度、户籍制度改革稳步推进；金融机制和金融产品创新效果明显，山西股权交易中心挂牌运营，城镇化私募基金试点；生态环境保护治理体制机制创新不断深化，循环经济试点有序推进，晋城国家低碳城市试点方案获批并启动实施，国际太阳能十项全能竞赛成功举办；招商引资和招才引智进一步加强，开发区体制机制创新取得突破，海关通关模式创新取得积极进展，人才政策体系进一步完善。

*基层首创形成一批改革范式。*充分发挥基层首创精神，加强对基层经验的总结和推广，形成了太原行政审批制度改革、朔州工业固废综合利用、阳泉"飞地经济"、11个综改试点县地方金融创新改革等顺应发展趋势、具有山西特色的改革范式。

*省部合作取得重要进展。*与国家有关部委、金融机构、央企等签署30多个合作协议或备忘录。太原晋中电信并网升位、煤制油减免消费税、煤炭资源税改革、资源综合利用产品税收优惠等多项重大政策建议已上报国家。行政区划调整、争取下放环评审批权、企业登记制度改革正在积极完善前期工作。

【顺利实施重大项目，产业转型升级加快推进】 加大传统产业改造升级力度。煤炭行业：巩固煤炭资源整合成果，建成同煤塔山、同忻、潞安高河等54座现代化矿井，有6户大型煤炭企业进入世界500强。电力行业："十二五"低热值煤发电项目核准工作有序推进，已分两批发放10个项目的"路条"，装机容量合计812万千瓦。煤电一体化：全省34户省调主力火电企业中，有26户实现煤电联营，18户与煤炭企业签订电煤供应长协合同，煤电关系由"背靠背"走向"肩并肩"。焦化行业：焦化企业数量减少到80户，初步形成4个千万吨级、14个500万吨级的焦化集聚区。

加快发展壮大新兴产业。实施新兴产业"512"工程，突出抓好"7+2"领域重大项目建设，抓紧推进山西科技创新城建设前期工作，全省战略性新兴产业迈入整体布局、规模发展的新阶段，全年非传统产业投资占工业投资比重首次超过传统产业，达到53%，非传统产业增加值占工业增加值比重超过20%，均创近年新高。现代煤化工：优化建设工期，加快工作进度，潞安、焦煤、同煤等现代煤化工项目进展顺利。装备制造业：太重集团煤机成套装备制造、高速列车轮轴国产化项目二期工程等一批重大项目竣工投产，大运重卡扩建项目、金鼎煤机等一批带动性强的重大项目全面开工、进展顺利。新能源产业：全省新能源发电装机新增170万千瓦，全年达到777万千瓦，增长28%，约占全省电力总装机的12.7%。煤层气、天然气：全年煤层气抽采量76亿立方米，增长10%；天然气消费量达到32亿立方米，增长23%。全省新增管网1303千米，总里程达到7019千米，覆盖人口1200多万人。新材料：特殊钢、LED光电、轻合金产业基地和集聚区已初具规模。太钢高性能碳纤维复合材料项目开工建设。生物医药：亚宝药业、中科鸿基平遥生物科技产业园等项目有序推进。

加快推进现代服务业发展。山西股权交易中心挂牌开业，山西省金融服务平台正式运营。太原铁路枢纽（北六堡）物流中心获批并开工建设。山西煤炭物流配送体系省内建设项目中已有8个项目基本建成并试运营。重点旅游景区基础设施建设不断提速，服务设施明显改善。2013年服务业增加值占地区生产总值比重达到40%，创近年来新高。

进一步夯实农业基础地位。继续执行中央及山西省各项强农惠农富农政策，新实施十项强农惠农富农政策。大力实施农田水利工程，加快建设新增粮食产能、中低产田改造、保护性耕作及朔同盆地盐碱地改造等提高耕地综合能力项目。加快推进现代农业示范区、农产品加工"513"工程和"一县一业"基地县建设。积极培育大型农业企业集团，农产品加工龙头企业全年销售收入突破千亿元。

（赵江燕）

【制定实施山西省国家资源型经济转型综合配套改革试验2013年行动计划】 重大改革。1. 建立健全生态环境保护与恢复治理补偿机制。巩固完善煤炭开采生态环境综合补偿机制，将其推广至铁矿、铝矾土、石膏矿等非煤矿山企业。建立完善矿山地质灾害治理和矿山环境恢复治理保证金制度，健全资金使用效果和生态环境修复评价制度。完善跨流域生态环境补偿机制。成立环境风险评估和污染损害鉴定中心，建立环境安全风险防控应急体系，争取《山西省生态补偿条例》进入立法程序。

2. 理顺煤炭等矿产资源有偿获得开发利用体制。以国土资源交易中心为平台，继续推进煤炭等矿产资源矿业权有偿取得制度。除国家规定情形外，新设立的煤炭等矿产资源矿业权原则上采用招标、拍卖、挂牌等市场竞争方式出让。矿业权价款收益地方留成部分除用于资源勘查、保护和管理支出外，主要用于支持转型发展、改善民生和分离国有矿山企业办社会职能。

3. 深化资源性产品价格改革。推进水、电、煤、气、热等资源性产品价格改革，按照国家统一的会计制度对资源性产品进行成本核算，全面、规范地把矿业权取得、资源开采、环境治理、生态修复、安全投入、基础设施建设、企业退出和转产等费用列入资源性产品的成本构成，实现资源开发外部成本的内部化。

4. 深化户籍制度改革。制定和出台户籍管理制度改革实施意见，在设区的市、县级市市区、县人民政府驻地镇和其他建制镇积极推进户籍管理制度改革，健全完善配套改革措施，保障新落户人员在子女教育、医疗卫生、社会保障、保障性住房等方面的权利，有序推进农业转移人口市民化。逐步改革依附于户籍管理制度的城乡差别的相关政策。

5. 创新地方金融发展机制。建设山西省金融服务平台。在长治市、晋中市开展民间融资规范发展创新试点。在运城市开展农村土地流转收益权登记转让改革试点。推进科技与金融有效融合，培育金融科技"小巨人"。加快金融要素市场发展，推动山西股权交易中心、资产交易中心建设，加快产权交易中心发展。推动保险资金支持转型项目建设。开展融资再担保业务的创新。规范全省投融资平台。支持城镇化建设融资创新。

6. 推进收入分配制度改革。提出山西省贯彻国务院深化收入分配制度改革若干意见的实施细则。深化工资制度改革，完善企业、机关、事业单位工资决定和增长机制，建立健全农民收入稳步增长机制，努力实现居民收入增长和经济发展同步，劳动报酬增长和劳动生产率提高同步。建立完善地区、行业、企业工资指导线和最低工资标准动态调整机制。健全税收、社会保障、转移支付等再分配调节机制，稳步提高城镇职工各项社会保险待遇水平，提高城乡居民养老、医疗待遇水平。

7. 创新"五规合一"规划统筹协调机制。探索建立经济社会发展、城乡建设、土地利用、产业发展、生态环境保护等规划的编制协调机制。在太原都市圈（包括太原、晋中、阳泉、忻州、吕梁）率先开展"五规合一"试点工作。

8. 深化行政审批制度改革。进一步精简、下放省本级行政审批事项，创新服务方式，优化发展环境。深化审批公开，实施电子监察，推行"阳光审批"。完善转型项目审批机制，探索链条式、基地式和园区式审批。

9. 推进煤电一体化改革。统筹煤炭和电力两个市场建设，推进煤电联营，促进煤电一体化发展，鼓励长期合同，创新交易方式，完善价格机制，构建和谐煤电关系，新增煤电一体化企业集团2～3家。

10. 深入推进用地管理改革。在全省范围内推进城乡建设用地增减挂钩试点，建立耕地占补平衡机制。争取工矿废弃地复垦利用试点范围，在朔州、长治、晋城、临汾4个市的基础上扩大到全省。推进朔同地区成片盐碱地改造利用。在不改变用途的前提下，探索开展以农村集体土地入股共享企业发展成果的试点。

重大事项。1. 将中国(太原)国际能源产业博览会高峰论坛打造成为低碳发展高峰论坛。

2. 启动晋城国家低碳城市试点建设。成立晋城市国家低碳城市试点工作领导组，建立试点工作制度，编制低碳城市发展规划和温室气体排放清单。争取国家将山西列为碳排放权交易试点，推动成立碳排放权交易机构。

3. 办好国际太阳能十项全能竞赛。加强与大同市政府举办赛事活动工作的衔接协调，做好赛事活动组织运营，确保赛事圆满成功，并以此为平台和契机，推动山西省太阳能技术的应用和拓展，促进新能源产业发展。

4. 推进太原晋中同城化。建立领导协调机制，按照“一个规划统筹、一个标准建设”的原则，编制完成建设规划，率先在通信、城市道路、公交等基础设施建设方面取得实质性突破。

5. 提升科技创新能力。推动科技创新平台建设。新建一批产业技术创新战略联盟。着力推进实施现代煤化工、装备制造、电子信息三大领域科技重大专项，力争在劣质煤大型气化技术、煤化工产业链中关键催化技术、高速铁路关键部件、LNG重型牵引车及关键部件、大型矿山机械、激光投影技术、SVAC安防监控技术等七个方面取得突破。按照“一企一策”原则，给予高技术企业特殊优惠政策。

6. 提升中国(太原)煤炭交易中心功能。在煤炭交易、煤炭物流和煤炭金融服务体系建设方面开展配套改革和体制机制创新。争取开展煤炭中远期交易。

7. 继续推进循环经济试点省建设。将循环经济作为项目准入门槛。大力发展循环经济园区和生态工业园区，推广煤炭、电力、冶金、化工等行业典型企业循环经济发展模式，每县推进一个循环经济试点企业，争取有11个试点企业升级为循环经济示范企业。

8. 加快煤层气开发和综合利用。依托沁水、河东两大煤层气基地，加强晋煤集团与省属大型煤炭企业、省属企业与中石油等央企合作，加快煤层气开发利用。扩大工业用气规模和范围，加快燃气发电和燃气分布式能源项目建设。

9. 探索“飞地经济”发展模式。在运城市、晋城市按照“飞地经济”发展模式，对接长三角、珠三角等发达地区，承接飞出地产业转移，各建设一个“飞地经济”工业园。

10. 加快生态环境治理修复保护重点工程建设。全面推进汾河流域、大同十里河、阳泉桃河、长治浊漳河、晋城丹河、朔州桑干河上游、忻州南云中河、吕梁三川河、晋中潇河、临汾涝巨河、运城涑水河等11条重点河流生态环境综合治理工程建设。加快国家规划的大同矿区、平朔矿区、朔南矿区、轩岗矿区、河保偏矿区、岚县矿区、西山矿区、东山矿区、汾西矿区、霍州矿区、离柳矿区、乡宁矿区、霍东矿区、石隰矿区、晋城矿区、潞安矿区、阳泉矿区和武夏矿区等18个重点矿区采煤沉陷区、采空区、水土流失区、煤矸石山的生态环境治理修复保护重点工程建设。

11. 加强全省大气污染防治。紧紧围绕控制PM2.5污染、减少雾霾天数，全面推进设区市建成区大气污染综合整治重点工程。突出抓好重点企业烟气脱硫、脱硝、除尘提效工作。加大扬尘污染控制、淘汰黄标机动车、重污染企业搬迁改造力度。二氧化硫、氮氧化物、颗粒物、挥发性有机污染物四项主要污染排放总量及PM2.5浓度达到国家控制目标要求。

12. 加快山西大水网建设。实施隧洞掘进、输水线路等连通工程，推进中部引黄、东山供水、辛安泉改扩建、小浪底引黄等骨干工程建设。

13. 推进矿区城镇化。建立和完善以矿建镇机制，以市为主，规划设计500万吨以上煤矿所在地发展非煤产业，以产业多元化带动矿区城镇化。

14. 构建全省大物流体系。加快三晋综合保税物流港、太原武宿综合保税区、山西煤炭物流配送体系等物流体系建设。推进全省现代物流公共服务平台建设。推进山西煤炭运销集团公司在朔州、大同、临汾等地建设15个煤炭储配基地，在河北、山东等地建设7个煤炭储配基地。推进山西煤炭进出口集团公司在忻州、晋中、长治等地建设6个煤炭储配基地，在河南、江苏、福建等地建设10个煤炭储配基地。

15. 争取国家财政加大对山西的支持力度。争取国家在测算均衡性转移支付标准财政支出时，充分考虑山西省生态修复和环境保护支出、解决民生社会欠账等因素，加大对山西的均衡性转移支付力度，逐步使中央财政对山西的转移支付达到中部省份平均水平。争取国家对以劣质“三高”(高硫、高灰、高灰熔点)煤为原料生产的煤制油给予减免消费税。

16. 争取国家对特定项目委托或授权我省核准。积极争取国家对山西省兼并重组整合改造煤矿项目实行委托或授权核准。争取国家对山西省“十二五”期间总装机容量1920万千瓦的低热值煤发电项目实行委托或授权核准。

17. 争取国家下放环评审批权限。争取国家下放150万吨/年及以下重组整合改造煤矿项目、不新增产能的兼并重组整合焦化项目的环评审批权限。

18. 积极稳妥推进行政区划优化调整。争取调整大同市中心城区的城、郊、矿区设置。解决运城市“一市一区”问题。对具备基础条件的朔州市怀仁县、晋城市阳城县、长治市襄垣县等县，争取撤县设市，对中心城市周边具备条件的县实施县改区。适时启动撤乡设镇工作。

19. 积极推进人才强省战略。围绕重大项目建设，加大财政投入力度，积极培养引进人才。制定“引进国内高层次人才政策”和“转型跨越突出贡献人才奖励办法”。实施好“高端创新人才工程、新兴产业领军人才工程、高技能人才工程和专业技术人才继续教育工程”。深入开展“千人百县”专家服务基层活动。

20. 建立完善转型综改统计指标体系。突出资源型经济转型导向，从产业转型、生态修复、城乡统筹、民生改善等四个方面构建反映转型综改试验区建设进展和效果的统计指标体系和统计方法制度。

重大项目。(1)太榆地区科技创新城项目。(2)山西潞安矿业(集团)有限责任公司高硫煤清洁利用油化电热一体化示范项目。(3)山西焦煤集团山西焦化股份有限公司年产60万吨焦炉煤气制烯烃项目。(4)大同煤矿集团有限责任公司、中海油新能源公司低变质烟煤清洁利用气电热一体化示范项目。(5)大同煤矿集团有限责任公司同煤广发化学工业有限公司年产60万吨甲醇、60万吨烯烃项目。(6)阳煤集团太原化工新材料有限公司太化(搬迁)清徐化工新材料园区项目。(7)山西晋城无烟煤矿业集团有限责任公司100亿立方米煤层气抽采利用项目。(8)山西省国新能源发展集团有限公司“气化山西”项目。(9)太原重型机械集团有限公司高速列车关键零部件国产化及煤机成套装备制造基地项目。(10)富晋精密工业(晋城)有限公司晋城市富士康科技工业园A区项目。(11)山西大运汽车制造有限公司大运重卡项目。(12)山西新能源汽车工业有限公司新能源汽车零部件产业化项目。(13)山西信发化工有限公司铝系综合循环项目。(14)华润集团公司、中国铝业公司兴县循环经济产业项目。(15)东方希望晋中化工有限公司晋中(灵石)铝工业循环经济园项目。(16)中国华能集团公司太原东山低碳工业园项目。(17)山西中煤平朔鑫源有限责任公司年处理20万吨粉煤灰综合利用示范项目。(18)大同协和新能源科技有限公司多晶硅及光伏产业循环经济项目。(19)太原钢铁(集团)有限公司不锈钢冷连轧及硅钢冷连轧扩建项目。(20)百度云计算技术(山西)有限责任公司阳泉百度云计算中心项目。(21)山西绿云云计算技术股份有限公司山西云计算中心项目。(22)五台山风景名胜区政府五台山风景名胜区改造提升工程。(23)平遥县九成文化旅游投资有限公司“印象平遥”系列文化演艺建设项目。(24)武乡八路军文化产业园区。(25)榆社云竹湖风景区开发有限公司云竹湖风景区旅游产业综合开发项目。(26)山西杏花村酒业集中发展区投资开发有限公司杏花村产业集中发展区建设项目。(27)太原市生态环境综合整治工程。(28)临汾市百里汾河生态治理修复工程。(29)太原市轨道交通发展有限公司太原市轨道交通2号线一期工程项目。(30)大同、晋中、运城三大现代农业示范区建设工程。

重大课题。1. 资源型产业与非资源型产业均衡发展机制研究。着眼于促进生产要素在资源型产业和非资源型产业之间合理流动，重点围绕建立健全煤炭等矿产资源收益合理共享机制、接续替代产业发展促进机制、国有资本经营预算产业调控机制等开展研究。

2. 创新煤炭销售体制机制研究。着眼于增强山西省煤炭产业的市场竞争力，重点围绕煤炭流通体制、煤炭价格形成机制、煤炭期货交易等开展研究。

3. 完善生态环境补偿机制研究。着眼于加快生态环境保护和治理修复，重点围绕构建非煤矿山生态环境补偿机制、资源加工转化企业环境综合补偿机制、生态受益地区对生态损耗地区的生态补偿机制等开展研究。

4. 新型科技投融资体系研究。着眼于提高科技对转型发展的支撑作用，重点围绕创新投融资模式、建立以企业为主体的多元化投入机制等开展研究。

5. 适合矿业特点的差别化土地政策研究。着眼于提高用地保障能力，在坚持严格保护耕地、节约集约利用土地的前提下，重点围绕露天采矿用地改革、工矿废弃地复垦利用等适合山西省矿业特点的差别化土地政策开展研究。

（李仁贵）

【突出抓好节能减排和循环经济发展，生态环境持续改善】 不断加大环境治理力度。加大对以太原市为重点的城市环境综合整治工程的支持力度。加快污水处理厂升级改造和配套管网建设，安排8600万元用于贫困县垃圾处理工程配套资金，城市污水处理、垃圾无害化处理率提前完成“十二五”目标。

大力发展循环经济。全面推进循环经济试点工作，完成国家和省级试点企业阶段性评估验收。协调推进《兴县循环经济园区规划》修编和项目建设。争取将太原市不锈钢产业园区列为国家园区循环化改造示范试点，晋城、孝义两市列为国家循环经济示范市(县)。建立循环经济评价考核体系，公布11个循环经济地方标准。

强化节能工作。对固定资产投资项目全部实行节能评估审查或节能登记备案。对公益性工程全面执行绿色建筑标准，完成既有居住建筑供热计量和节能改造750万平方米，完成1000万支高效照明产品的推广任务。

积极开展低碳试点示范。争取国家发改委批复同意《晋城市低碳城市试点工作实施方案》，并启动试点工作。布局建设了全国首个覆盖全省主要城市的温室气体观测网络。

【持续保障和改善社会民生，促进社会事业全面进步】“农村五件实事”稳步推进。牵头提出山西省“农村五件实事”工作建议并被采纳。及时筹措下达行政村街道亮化工程投资5亿元。争取国家新增计划支持山西省2013年易地搬迁农村贫困人口1万人，提前下达搬迁工程省级配套投资计划。改扩建幼儿园546所。

深化医药卫生体制改革。全省城乡居民参保(合)率分别达到98%和99.3%，基本实现了人人享有基本医保。大病医保实施方案和大病保险招投标管理办法已正式出台并试点，县级公立医院改革深入推进，新增试点县49个，改革试点扩大到83个县(区)。

贯彻落实《百企千村产业扶贫开发工程的指导意见》。提出山西省发改委贯彻实施方案，从下放审批权限、建立“绿色通道”、简化前置条件等方面提出10条服务措施。

加大对保障性住房的支持力度。审批城镇保障性住房项目340个，共计23万套，争取国家投资28.9亿元。其中，新开工国有工矿棚户区改造170万平方米，1.7万户。

加大对教育、养老等社会事业的支持力度。统筹安排中央、省级资金7.5亿元，加大对农村初中校舍改造、中小学标准化建设、中等职业学校教学用房的支持力度。编制出台《山西省基本公共服务体系“十二五”规划》，养老、卫生、就业、社区服务等公共服务设施项目有序推进，启动实施了1000个农村老年人日间照料中心。

【争取国家支持做到“无缝对接”，政策项目资金各领域成果丰硕】 三大政策诉求取得突破。争取国家同意委托山西省核准“十二五”1920万千瓦低热值煤发电项目，在全国尚属首次，是国家电力核准体制的重大改革和突破；基本同意将山西省作为煤层气矿业权下放审批试点，困扰多年的煤层气矿业权问题有望化解；同意中国（太原）煤炭交易中心开展动力煤期货交易前期工作。此外，争取国家授权山西省对国家规划矿区内净增生产能力120万吨/年以下和国家规划矿区之外的煤矿项目履行核准程序；争取将大同、阳泉、长治、临汾、晋中、太原万柏林区列入《全国老工业基地调整改造规划（2013～2022年）》支持范围；争取将原平—大同—张家口铁路和太原至焦作铁路扩能改造列入原铁道部《2013年铁路勘察设计计划》；争取国家对蒙西至华中地区煤运通道、和邢铁路开展可研评审。

争取重大项目和资金再创佳绩。争取国家批复煤炭、电力等项目共56项，总投资1398.5亿元。争取中央预算内资金支持100.3亿元。争取国家核准山西省发行企业债券216亿元，首次突破200亿元大关，比2012年增长110%，超额完成150亿元的全年目标。

【积极拓展对外交流与合作，区域合作取得新突破】 积极争取国外贷款支持医疗卫生、职业教育、基础设施等领域重点项目。核准华润、中华煤气等外商投资项目。不断拓宽深化与德国北威州、美国西弗吉尼亚州等区域的交流合作，2013年实际使用外商直接投资金额28.1亿美元，比2012年增长12.1%。积极培育新的外贸增长点，扶持外贸企业转型升级，机电产品和高新技术产品出口比重进一步提高，出口结构明显改善，全年进出口总额158亿元，增长5%。

（赵江燕）

【实施中部地区崛起战略】 继续深入贯彻落实国家促进中部地区崛起的有关政策措施。一是进一步贯彻落实《促进中部地区崛起规划》和《国务院关于大力实施促进中部地区崛起战略的若干意见》，配合国家发改委起草研究中部崛起政策，积极组织有关专家起草贯彻实施意见。二是积极开展山西省实施中部崛起战略的重大领域研究，完成《中部崛起战略之山西区域协调发展研究》。三是大力推进晋陕豫黄河“金三角”承接产业转移示范区建设。在国家发改委的大力支持下，国家发展改革委批准设立“晋陕豫黄河金三角承接产业转移示范区”。2013年，国家发展改革委在运城市召开《晋陕豫黄河金三角区域合作规划》编制工作会，正式启动规划编制工作，并积极与陕西、河南两省发改委联系会商，指导协调相关市做好晋陕豫黄河“金三角”承接产业转移示范区建设。

【煤层气、天然气产业发展情况】 煤层气天然气开发利用。2013年，全省地面煤层气新增钻井1485口，累计钻井达1.1万口。地面煤层气新增产能10.8亿立方米，累计产能达到75.8亿立方米。全年地面抽采量达到28亿立方米，利用量达到23亿立方米。全年煤矿瓦斯抽采量达到52亿立方米，利用量达到18亿立方米。2013年天然气消费量达到32亿立方米。

中下游建设方面。全年新增里程1303千米，全省管线总里程（包括国家管线1620千米）达到7019千米。新增气化人口200万人，比2012年增长21%，全省气化总人口达到1200万人。

推进页岩气地质调查。为推进页岩气地质调查，了解山西省页岩气资源状况，山西省发改委批复了由省煤炭地质局牵头实施的《山西省页岩气地质调查及评价可行性研究报告》。项目组收集整理了大同煤田、河东煤田、沁水煤田、宁武煤田共计246个钻孔资料，采集了15条剖面和22个钻孔的泥页岩样品，进行了页岩气井设计的编制工作，并于9月30日在隰县开钻了山西省第一口页岩气井。下一步将加大对重点领域资金支持力度，统筹煤层气、天然气上、中、下游协调推进，继续加大对煤层气勘探开发企业的支持力度，加大管线互连互通建设力度，继续推进市场开拓、创优发展环境等方面工作。

（潘俊香）

出台加快推进煤层气产业发展的20条政策措施。1. 总体要求和发展目标。以资源型经济转型综合配套改革试验区建设为统领，以“气化山西”目标为导向，以改革创新为动力，以安全发展为保障，按照“政府引导、市场运作、有序竞争、强化监督”的原则，着力健全和完善体制机制，着力创优发展环境，全力推进煤层气产业健康、安全、高效、可持续发展，把煤层气产业打造成为山西省资源型经济转型重要的战略性新兴产业。

到“十二五”末，实现地面煤层气总产能195亿立方米，煤矿瓦斯抽采量52亿立方米，全省管线总里程突破1万千米，管网实现四个全覆盖，即：119个县（市、区）全覆盖、重点工业用户全覆盖、重点旅游区全覆盖、重点镇全覆盖，气化人口2000万人。到2020年，地面煤层气总产能力争达400亿立方米，全省管线总里程突破1.5万千米，气化人口基本实现全覆盖。结合天然气、煤制天然气的推广，逐步实现燃气在民用领域全面替代燃煤，在重点工业领域部分替代燃煤。

2. 产业布局。着力打造“11265”煤层气产业开发布局，即：组建一个具有国际水平的煤层气综合研发机构，设立一个煤层气矿权改革试点区，建设太原、晋城两个煤层气装备制造业基地，形成六大煤层气勘探开发基地：河曲—保德、临县—兴县、永和—大宁—吉县、沁南、沁北、三交—柳林，构建五大瓦斯抽采利用园区：晋城矿区、阳泉矿区、潞安矿区、西山矿区和离柳矿区。

在完善“三纵十一横”管网布局的基础上，结合全省城镇规划布局，大力构建“一核一圈多环”管网格局，即：围绕太原榆次同城化，建设大太原外环管网（一核）；以“东纵”、“西纵”管线为基础，以长治—临汾、保德—原平两横管线为连接，构建省级气源调配大环网（一圈）；在全省11个设区市建设环城输（储）气管网（多环），形成覆盖全省的大燃气网。

加快下游市场利用步伐，重点实施改造各县（市、区）城市燃气工程，加快建设1000座加气站，大力推进太原、大同、长治、临汾、吕梁等应急调峰设施群建设，加快在建燃气电厂建设，积极推进新建燃气电厂的前期工作。

3. *加大资源勘探开发*。充分调动各类企业开发主体的积极性，加大勘探开发阶段资金、技术、人才等投入力度，通过不断加强勘探、资源评价等工作，进一步摸清全省煤层气资源的地质储量，掌握资源埋深状况、赋存规律等地质特征，通过研发具有针对性的开发技术，加速由勘探阶段向开发阶段的转化，进一步提高开发投资收益。同时，加快实施对页岩气等资源的评价，尽快摸清资源总量、赋存特征等。鼓励和支持煤炭矿业权人在自有煤炭矿业权内申请煤层气矿业权，勘查开发利用煤层气；鼓励和支持多个煤炭矿业权人联合连片在自有煤炭矿业权内申请煤层气矿业权，勘查开发利用煤层气；鼓励和支持有煤层气勘查开发资质的企业与煤炭企业在签署安保协议后，在保障煤炭生产的前提下到煤炭矿业权内申请勘查开发煤层气；鼓励和支持具有煤层气勘查开发资质的企业与煤炭企业联合成立公司在煤炭矿业权内申请勘查开发煤层气。

4. *加大煤矿瓦斯抽采*。加大煤矿矿井瓦斯、风排瓦斯和乏风的综合利用项目投入，坚持应抽尽抽、先抽后采、以抽保用、以用促抽的瓦斯治理与利用方针，加大推进地面、井下立体化抽采，不断提高煤矿瓦斯抽采量。同时，加大在发电、民用和工业燃料、压缩和液化煤层气等领域的煤矿瓦斯利用技术推广，不断提高煤矿瓦斯综合利用水平。

5. *加快应急、调峰等储气设施建设*。加快太原、大同、长治、临汾、吕梁等应急调峰储气设施群建设，推进城市环形输（储）气管网、应急调峰站建设，进一步优化用气结构，实施煤层气、天然气、煤制天然气等多气源建设，加快管网的互联互通，建立健全应急预警、保障机制，多层次、多途径确保供气安全。

6. *加快重点项目建设*。加快煤层气勘探开发项目的推进步伐，对已完成核准的项目要尽快达产；对已取得路条和正在勘探的项目，要加快产能建设；对采煤采气一体化项目，要协调矿权，加快产能建设、提高产气量。在已设置煤层气矿业权的区域，根据国家煤炭建设规划5年内需要建设煤矿的，按照煤层气开发服务于煤炭开发的原则，采取合作或调整煤层气矿业权范围等方式，保证煤炭资源开发需要，并有效开发利用煤层气资源。同时，加快推进配套管线、加气站、液化工厂、应急调峰设施及燃气电厂等项目建设。各项目投资主体要制定项目推进方案，分解任务、明确分工、倒排工期，加大推进力度。

7. *加大市场开拓力度*。进一步摸清全省煤层气开发利用现状、用气结构等。大力推进能源置换步伐，严格落实污染企业节能减排指标，继续加快民用、汽车、分布式能源、燃气发电等领域应用。将晋城市作为“气化山西”示范区，实施城市、农村、工业等全面气化工程。

8. *加强生态环境保护*。煤层气建设项目应依法开展环境影响评价，项目选址应避开自然保护区、饮用水源地等生态敏感区域，进一步加强对水资源及饮用水源地的保护力度；煤层气生产过程中产生的废水、废气等做到达标排放，妥善处置固体废物，避免对土壤、地下水造成污染。

9. *大力发展煤层气装备制造业*。依托山西省装备制造业优势，坚持自主创新和引进消化吸收相结合，重点建设太原、晋城两个煤层气装备制造业基地，发展勘探装备、抽采装备、压缩装备、安全防护装备、重卡运输装备和发电设备等，打造先进的煤层气装备制造业基地。

10. *加大政府支持骨干企业力度*。充分发挥骨干企业引领和带动作用，加大对煤层气骨干企业扶持力度，打造煤层气勘探开发龙头企业；积极扶持一批重点燃气骨干企业做大做强，鼓励企业间开展多种形式合作，提升运营、管理、服务水平。将勘探开发示范工程列入省综改试验区重点项目，对重大开发项目给予一定贴息支持。同时，继续争取国家提高对煤层气抽采利用的补贴标准，研究提高省级财政对开发利用煤层气的补贴标准。

11. *健全监管体系*。进一步强化综合监管体系建设，健全上中下游安全发展规范和制度，完善煤层气行业各项技术规范和标准，建立健全煤层气开发利用中各种安全生产制度、安全监督管理机制、安全预警应急机制和应急救援保障体系等，依法打击非法违法建设、生产及经营的力度，增强对燃气突发事件的预警处置能力，建立健全责任主体明确、监管调控有效、协调配合到位的全方位安全监管体系。

12. *创优投资环境*。全面清理整合涉及煤层气产业建设管理的行政审批事项，简化环节，开辟“绿色通道”，对重点煤层气项目在规划、用地、环评等环节上实行联合会审、一站式服务。加快加气站项目审批制度改革，将全省加气站审批权下放至各设区市和扩权强县的县（市）。

13. *深化矿权管理改革*。进一步做好煤层气矿权两级管理试点工作，尽快制订具体工作方案，选择试点区域，做好试点各项前期准备，尽快取得国家对煤层气矿业权审批制度改革试点授权。进一步完善准入和退出机制，提高勘探阶段最低投入标准，实行限期开发制度，严格把好矿权延续关，做好探矿权转采矿权工作，合理配置资源，提高资源开发利用效率。

14. 加强科研教育人才培养。支持山西省大型煤炭、煤层气企业与教育、科研机构建立多种形式的合作，组建国际水平的煤层气综合研发机构，开展关键技术攻关；依托省内高校、高等职业技术院校、技工学校等，加强与国际、国内相关院校的合作，开设与煤层气相关的专业，加强校企合作，多层次培养煤层气产业发展急需的专业技术人才和技能人才；依托"山西省高端创新型人才培养引进工程"，加强煤层气领域高层次人才的引进和培养，建立省级煤层气专家库，实现煤层气开发利用"产学研用"无缝对接。

15. 建立健全法规体系。加快地方立法等制度化建设步伐，研究制定煤层气勘探、开发、输配等环节的法规和规章，推进煤层气产业发展规范化、法制化，适时出台《山西省石油天然气管道建设和保护管理暂行办法》和《山西省煤层气(煤矿瓦斯)抽采利用条例》等。

16. 完善价格形成机制。坚持"公平合理、公共利益优先"的原则，减少中间环节，合理补偿企业成本，使其获得回报并兼顾消费者承受能力，参照国家天然气的定价原则和机制，建立科学合理的煤层气价格体系。2013 年 9 月完成煤层气价格形成机制方案。

17. 加强金融创新。各类金融机构要在防范风险的基础上，加强对煤层气重点项目投资的金融服务，继续完善对煤层气企业重点项目投资的融资担保制度。积极引导社会资金进入煤层气产业，支持设立各类民间煤层气创投基金，吸引煤层气风险投资资金，拓宽风险勘探阶段的融资渠道。同时，支持煤层气企业使用短期融资券、中期票据、非公开定向债务等融资工具进行融资。

18. 深化对外合作。实施大引进、大招商、大合作战略，积极推动山西省企业与中央企业等开展合作，实现煤层气资源整合和共享。鼓励不同所有制企业以资源、资本、市场、技术为纽带，通过强强联合、优势互补，适时组建大型煤层气企业集团，提高煤层气综合开发能力。凡在山西省从事煤层气勘探开发的企业，都要依法在山西省注册登记，按照国家规定享受相关税收优惠政策。

19. 调整完善产业发展规划。按照国家煤层气规划和山西省煤层气产业发展的新目标、新布局、新措施，结合综合能源基地建设，进一步调整和完善山西省煤层气产业发展规划，做好目标任务的分解，制订具体实施方案，确保规划目标任务的完成。

20. 加强组织领导。进一步调整和充实省煤层气(天然气)综合开发利用领导组，领导组组长由省长担任，副组长由各分管副省长担任，相关部门主要负责人为领导组成员，领导组办公室设在省发展改革委，统一协调解决煤层气开发利用过程中的重大问题。各设区市也要相应调整和充实组织机构，加强领导和协调，落实好相关配套政策。2013 年 8 月完成领导组的调整工作。

(李仁贵)

【分布式能源工作】 为落实国家发改委等四部委《关于发展分布式能源的指导意见》，优化山西省能源结构，规划指导山西省天然气分布式能源产业发展，开展了天然气分布式能源专项规划的编制和研究工作。规划编制历时一年，编制完成《山西省分布式能源专项规划》及《山西省天然气分布式能源专项规划研究》。

规划分为五章，包括规划背景、基本原则和目标、总体布局和工作重点、环境社会影响分析、保障措施等。指导思想突出了以提高能源综合利用效率为导向，以建设资源型经济转型综合配套改革试验区为契机，积极推进以天然气(煤层气)为基础的分布式能源系统，为优化山西省能源结构、探索能源利用新模式等开辟新途径。基本原则为统筹兼顾，因地制宜，以点带面，逐步推广。总体目标以"一核一圈三群"城镇化布局为基础，到 2015 年，建设 40 个左右天然气分布式能源项目，总装机规模达到 100 万千瓦。到 2020 年，建设天然气分布式能源项目 150 个以上，总装机规模达到 300 万千瓦以上。在未来 5～10 年内，以煤层气分布式能源为重点，有序发展一大批天然气分布式能源项目，建立起较为完善的天然气分布式能源产业体系。

【国有工矿棚户区改造】 2013 年全省国有工矿棚户区改造。总改造规模约 12 万户，总建筑面积约 1200 万平方米(新建面积)，涉及人口 41.8 余万人，总投资 300 亿元。立项并开工建设 6.3 万户，建筑面积 625 万平方米，可安置 22 万人，已争取国家投资 10.42 亿元。2013 年新开工面积 170 万平方米，1.7 万户，可安置 6.2 万人，总投资 45 亿元，基础设施配套投资争取国家投资 2.21 亿元，省级补助资金 2.45 亿元，已全部完成国家下达的计划。对建设竣工的住宅小区及时做好验收工作，并督促企业落实职工搬迁安置。

【采煤沉陷区地质灾害治理试点工作】 山西是全国重要的煤炭生产基地，在煤炭资源长期高强度大规模开发的同时，山西也付出了非常沉重的代价，特别是因采煤引起的地质灾害在全国最为严重，其特点是，沉陷区面积大、受灾人口多、治理任务繁重。据初步调查，全省因采煤造成的采空区面积 5000 余平方千米，其中塌陷区面积约 3000 平方千米。严重影响到人民群众生命、财产安全，由采煤引发的地质灾害急需治理。"十一五"期间，实施了国有重点煤矿采煤沉陷区治理，工作重点是改善人居环境，主要是对采煤沉陷区群众进行合理搬迁和妥善安置。"十二五"期间，适时启动了国有重点煤矿采煤沉陷区人员搬迁后地质灾害的综合治理，目的是消除地质灾害及地质灾害隐患，有效遏制地面塌陷和诱发次生地质灾害，控制水土流失，保护环境，恢复生态，保障社会和谐可持续发展。

同煤集团晋华宫矿(云冈)采煤沉陷区地质灾害综合治理示范项目，一、二期工程已完成。《山西省煤层自燃地质勘查与治理方法研究》项目已完成野外地质勘查，资料整理和汇编全部完成。2013 年开展的 4 个采煤沉陷区地质灾害综合治理试点项目，总投资额 2.62 亿元，当年完成投资 1.31 亿元，项目进展顺利。

(潘俊香)

【进一步促进全省煤炭经济转变发展方式实现可持续增长的20条政策措施】 1. 暂停提取两项煤炭资金。从2013年8月1日起至2013年12月31日止，暂停提取煤炭企业矿山环境恢复治理保证金和煤矿转产发展资金。已经提取的资金仍按现行规定管理，尽快组织制定新的提取和管理办法。

2. 减半收取煤炭交易服务费。从2013年8月1日起至2013年12月31日止，中国（太原）煤炭交易中心交易服务费减半收取。

3. 鼓励电力企业清洁高效就近用煤。从2013年8月1日起，对省内实施煤电联营、煤电一体化和签订煤电长期合作协议等的发电企业，给予发电指标倾斜，鼓励其节省运力，节约成本，清洁高效，就近用煤。

4. 妥善解决煤炭企业参与高速公路建设投入资金问题。2013年8月31日前，妥善处理部分煤炭企业参与高速公路建设所投入资金的问题。

5. 积极争取国家宏观政策支持。积极争取国家有关部门宏观政策支持，进一步加强煤炭质量市场监管，严格限制高硫、高灰、低发热量煤炭进入市场。

6. 做好清费立税工作，规范企业社会责任。按照国家推行煤炭资源税改革的要求，对涉煤税费项目、标准进行全面清理，依法合规的予以保留，乱收费、乱摊派的一律取缔。同时，要积极研究资源税地方留成部分的分配办法。进一步规范煤炭企业承担的社会责任，推进企业与社会、企业与乡村、企业与政府协调和谐发展。

7. 推动金融机构对煤炭企业的债务重组。推动银行等金融机构对山西省煤炭企业的债务进行重新组合，支持煤炭企业降低融资成本，增强融资能力和还贷能力。

8. 积极稳妥地建立政府煤炭储备机制。政府引导、市场运作，建立山西煤炭储备机制。

9. 解决好重组整合遗留问题。进一步深入研究重组整合遗留问题，对符合条件的，要妥善合理地加以解决，进一步简化办事程序，加快手续办理。

10. 建立和谐煤电关系。继续推进煤电联营、煤电一体化，鼓励煤电企业以资本为纽带，相互参股，共同发展。

鼓励煤炭企业与电力、冶金、焦化等重点用户签订长期协作合同，建立长期稳定的战略合作伙伴关系，探索价格实现机制，实现企业合作共赢。

11. 进一步加强煤矿安全生产监管。进一步强化政府安全监管责任，推动企业主体责任落实，确保制度到位、投入到位、措施到位、管理到位、工作到位，扎实抓好我省煤矿安全工作。

12. 大力发展现代煤炭清洁高效、就地转化项目。大力发展现代煤炭清洁高效、就地转化项目，提高我省煤炭现代高端、就地转化能力。已经核准的项目，要加快建设进度，早日达产达效。正在前期规划的项目，要积极争取，早日立项开工。

13. 加快现代化矿井建设。按照省政府进一步推进现代化矿井建设的要求，对照山西省制定的六大标准体系，加大煤矿固定资产投资力度，提升重组整合矿井的装备建设水平，全力推进机械化、信息化、自动化、智能化、数字化的现代化矿井建设。

14. 进一步完善现代企业制度。要积极推动国有重点煤炭集团公司股权多元化，吸纳不同类型资本进入，健全企业法人治理结构，按照现代企业制度规范运行。

15. 进一步提升企业经营管理水平。企业要切实立足自身、加强管理，开源节流并重、增收节支并举，强化成本管理控制，进一步提高财务管理水平。

要严格费用支出，严控不合理开支，严控办公费、差旅费、会议费、赞助费等非生产性资金支出，严控低效益项目投资。

要加大营销力度，稳定老用户、开拓新市场，确保市场份额。

16. 加强煤炭企业绩效考核。进一步完善煤炭企业绩效考核体系，增加反映企业经营质量考核指标的权重，科学合理地评价煤炭对全省经济发展的贡献。

17. 改革完善煤炭资源配置办法。加强对煤炭资源的宏观调控，科学规划资源配置，煤炭资源要优先向规模化、集约化、现代化的大型煤炭企业和大型煤炭基地倾斜。同时，要进一步完善市场配置机制，积极采取竞价方式配置出让煤炭资源。

18. 探索煤炭资源勘探、开采的价格补偿机制。完善市场经济条件下的煤炭价格形成机制，探索煤炭资源勘探、开采的价格补偿机制，加大矿区生态环境恢复治理的补偿力度。

19. 稳步推进煤炭现货、期货交易。积极争取国家有关部门支持，稳步推进煤炭现货、期货交易。进一步更新观念，提升服务，优化程序，完善规则，把中国（太原）煤炭交易中心建设成为服务全国、面向世界的高水平交易服务平台。

20. 坚持全省煤炭经营的市场化改革方向。充分发挥山西煤炭资源生产贸易大省的优势，坚持全省煤炭经营的市场化改革方向，积极参与和推进中国煤炭市场化改革进程，进一步加强全省煤炭经营监管，进一步规范煤炭经营交易行为，维护公开、公平、公正的市场环境，加强宏观调控能力，确保国家能源供应安全。

（李仁贵）

【对口支援新疆工作】 按照《山西省对口支援新疆综合规划》，全面做好援疆各项工作，加快政府援建项目建设，推进科技和产业援疆，着力抓好干部人才交流培训工作，继续深化结对支援，实现深层全覆盖，进一步加大援疆工作宣传力度。2013年，山西省会同受援地有关部门在项目前期工作、资金到位、施工进度、质量控制、竣工验收等方面狠抓落实，援建项目建设进展顺利。2013年援建的23项工程全部完成，2.32亿元援助资金拨付到位。

（潘俊香）

国有资产监督管理

【主要经济指标完成良好】 2013年，山西省国资委系统监管企业实现营业收入1.72万亿元，实现利润129.2亿元，上缴税金782.5亿元。营业收入和利润总额两项指标分别列全国地方国有企业第2和16位。其中，省属企业实现营业收入1.69万亿元，实现利润115.4亿元，完成增加值2614亿元，上缴税金742亿元，职工薪酬1096亿元，营业收入、利润总额、增加值、职工薪酬分别列全国省级国资委监管企业第2、13、2、1位。2013年，6户省属企业入围《财富》杂志世界500强企业，10户省属企业进入中国企业500强，7户跻身全国百强。焦煤集团和晋能集团2户企业营业收入跨入两千亿元级别。

【省属企业发展与改革】 省属企业经济运行。2013年1～4月，受煤炭、钢铁等产品价格大幅下滑影响，省属企业经营情况恶化，利润持续下滑。为了应对经济下行压力，省委、省政府陆续出台《进一步促进全省煤炭经济转变发展方式实现可持续增长的措施》《关于加快推进煤层气产业发展的若干意见》和《山西省低热值煤发电项目核准实施方案》。省国资委加大经济监测力度，省属企业经济运行分析会议全年召开四次，指导企业采取保增长措施。省属企业保增长活动持续开展，与中央5大电力集团和浙能集团等地方发电企业开展的中长期煤炭购销合作深入推进，焦煤集团、同煤集团煤炭销量实现增长，太重集团成套订货、国际订货增幅20%以上，建工集团与地方政府、兄弟省属企业合作签约一批项目；煤炭企业部分资源整合矿井项目停建缓建，投资风险得到控制；焦煤集团的焦化产业，山煤集团的贸易产业，中条山集团的炼铜产业实现扭亏减亏。同煤集团、太钢集团财务公司成立。晋煤集团、中条山集团集中采购增效数亿元。太钢降低采购成本、提质减废、优化物流，降本增效17亿元。焦煤集团商品煤综合成本下降15.6%。山煤集团吨煤完全成本控制到260元。通过努力，自5月份起，省属企业利润总额实现连续8个月降幅收窄。

省属企业项目投资。2013年，省属企业完成投资2076亿元，为历年之最。省属企业当年开工建设重点项目116个，完成投资1210亿元；竣工投产18个。承担的8个省级重大项目完成投资271亿元，占项目总投资的21%。在全部投资中，“双千亿”企业投资占比达到90%以上，11户省属企业全年完成落地投资额2300亿元。2013年，太钢集团中频感应炉、太重集团煤机成套装备制造、同煤集团60万吨甲醇、中条山集团50万吨多金属矿综合捕集回收技术改造、晋能集团18个物流节点及王家岭煤矿等一批项目基本建成。焦煤集团60万吨烯烃项目，同煤集团60万吨烯烃项目，晋煤集团高硫煤洁净利用循环经济工业园化电热一体化项目，阳煤集团化工产业“九大园区、十大项目”启动开工。潞安集团180万吨高硫煤清洁利用油化电热一体化项目，交投集团总长150千米的3个高速公路项目，经贸集团、山投集团房地产项目，国控集团“三园两院”项目推进迅速。

省属企业产业转型。截至2013年年底，省属企业385座资源整合保留矿井中，在产或进入联合试运转107座，在建241座，释放产能8485万吨。2013年，晋煤集团总氨产量超过1400万吨，阳煤集团化工实物产量近千万吨，创历史新高。太钢集团不锈钢产销量继续领跑世界，全年出口不锈钢近50万吨，创历史最高水平。国际能源、同煤集团、焦煤集团、晋能集团在运、在建控股装机容量达到2580万千瓦，一批项目进入全省1920万千瓦低热值煤发电政策范围。晋煤集团、国新能源、国际能源、晋能集团等企业，全年完成煤层气抽采25亿立方米，累计建设长输管线5000多千米，覆盖11个市、98个县，气化人口1210万人。

省属企业整合重组。2013年，省属企业煤电一体化进程加速。煤销集团与国际电力合并重组为晋能集团，40座煤矿、9座电厂打捆项目启动建设。焦煤集团重组大唐集团460万千瓦发电机组项目启动。潞安集团与国际能源煤电联营、交叉持股，整合电力装机1202万千瓦、煤矿产能3030万吨。煤、化等产业整合重组和资源整合深入推进，焦煤集团重组运城盐化集团和焦炭集团，重组唐山300万吨焦化正在推进。晋煤集团全年内部消化无烟煤1730万吨，煤炭内部转化率40%。阳煤集团布局规划9个循环经济产业园区，建成后年可消耗煤炭5000万吨。省市国有企业合作加强，忻州忻通公司与阳煤集团合作取得实质性进展，忻州水务与省水务集团成功重组。2013年省国资委监管企业户数调整到19户。

省属企业改革。截至2013年年底，省属企业混合所有制企业比重达到64.4%，控股上市公司16家，上市公司中非国有股权比例达到48.8%。国新能源上市获证监会有条件通过。省直机关所属企业脱钩改革工作深入推进，清产核资、产权变更进行过半，已划转企业生产经营秩序正常，部分进行了改制重组，8户委托监管企业中，5户已经基本调整到位。全省厂办大集体改革实施意见上报国家部委。全年8户企业的破产计划获批，全省5270名国企职教幼教退休教师按期得到生活补贴。经贸集团、国控集团、商贸资产等企业历史遗留问题得到妥善解决。各市国资委因地制宜探索改革路径，阳泉市出台国有企业改革发展实施方案和改制重组工作方案，长治市出台市属工业企业改革实施方案和企业改制三年推进计划，晋中市拟定厂办大集体改革意见，太原市推进破产企业人员、辅(物)业土地资产的移交工作和改制企业“回头看”工作，临汾市完成5户企业政策性破产工作，大同、晋城、吕梁、忻州、运城企业破产、改制、脱钩等工作正在推进。

省属企业科技创新。2013年，14户省属企业进驻山西科技创新城，计划投资约100亿元，规划建设29个研发、工程中心。省属企业全年科技活动经费累计支出497亿元，约占营业收入的3%。山西省首家企业类国家重点实验室在太钢集团建成。潞安集团与中科院上海高研院、山西煤化所等机构合作的产学研一体化高端创新合作平台成果突出。我国首台自主研发的高海拔极低温海陆两用5兆瓦风电机组在太重集团下线。省属企业省级技术中心新增9个，国家级技术中心新增两个，国家创新型企业新增3户。太钢集团、太重集团技术中心进入全国十强，潞安天脊技术中心进入全国百强。晋煤集团、焦煤集团推荐的项目和汾酒承担的课题分别获得2013年国家科技进步奖二等奖和国家技术发明奖二等奖。太钢集团荣获首届中国政府质量奖提名奖。建工集团获得詹天佑奖、鲁班奖、国家优质工程奖三个国家级大奖。

省属企业社会责任。2013年，省属企业"百企千村产业扶贫开发工程"启动实施，省国资委出台"14·46·36·500"产业扶贫方案，推动省属企业与省农信社300亿元信贷支持战略合作框架协议签订。省属企业下属47个农业开发公司成立，在36个贫困县的59个项目启动，规划投资总额218.9亿元，同煤现代农业产业园区、阳煤万吨羊肉屠宰加工等12个项目开工建设，当年完成投资25.9亿元。2013年，省属企业免费供应低收入农户取暖用煤700余万吨，让利110余亿元。全年新增就业岗位3.4万个。同煤、晋煤、阳煤数万户职工当年喜迁新居。太钢集团技术改造，为太原市14万个家庭提供冬季取暖热源。大同、阳泉、忻州、临汾等市国资委投入大量资源建设保障房。太原、大同的国有企业配合拆迁工作，支持市政建设。"百日双千案攻坚战"和"学习枫桥经验、及时就地化解矛盾纠纷"等活动在省属企业广泛开展。

【国有资产监督管理】 2013年，省国资委进行国资监管立法探索，全面清理了国资监管规范性文件。完善直接监管和委托监管并行的监管模式，精简下放5项审核审批事项。将划转到省国资委系统的省直厅局脱钩企业纳入国资委常规监管，国资委参与股权多元化企业的股东会决策，进一步落实出资人职能。监事会针对企业管理短板、债务风险加强专项监督。财务监督、产权管理、绩效评价、收益管理、薪酬管理等监管工作全面加强。省市国资委按照新的产权登记办法，对所属企业进行了产权重新登记。阳泉市国资委全面清理规范性文件，考核办法进一步改进。太原市国资委加强监事会监督。运城市国资委开展收取国有资本收益试点工作。大同市国资委全面推行资产处置进场交易。

（郎卫平）

安全生产监督

【全省安全生产形势持续好转】 2013年，全省全面完成国家下达的安全生产控制指标，实现"六个下降"。一是各类安全生产事故死亡人数继续下降。各类事故死亡2327人，比2012年减少192人，下降7.6%。二是各类生产经营性事故起数、死亡人数继续呈现双下降。事故起数减少167起，下降7.3%；死亡人数减少115人，下降9.1%。三是一次死亡3人以上事故起数、死亡人数继续呈现双下降。全年全省发生一次死亡3人以上事故46起，死亡175人，事故起数减少9起，下降16.4%；死亡人数减少76人，下降30.3%。其中，一次死亡3人以上生产经营性事故17起，死亡76人，事故起数减少7起，下降29.2%；死亡人数减少41人，下降35%。四是发生一次死亡10人以上事故起数、死亡人数呈现双下降。事故起数减少2起，下降66.7%；死亡人数减少30人，下降75%。五是部分重点行业领域事故起数、死亡人数呈现双下降。道路交通事故起数、死亡人数分别下降5.1%、7%。其中，生产经营性道路交通事故起数、死亡人数分别下降9.7%、8.2%；冶金等工贸行业事故起数、死亡人数分别下降36.4%、46.7%。特种设备事故起数、死亡人数均下降50%；工商贸其他行业事故起数、死亡人数分别下降41.2%、55.6%。六是四项相对指标继续下降。煤矿百万吨死亡率、亿元生产总值死亡率、道路交通万车死亡率、工矿商贸就业人员10万人死亡率下降幅度均超过10%。

【学习贯彻中央领导重要指示，牢固树立安全发展理念】 2013年，省委、省政府多次召开会议，专题组织传达学习习近平总书记、李克强总理等中央领导关于加强安全生产的重要指示精神，制定下发《山西省人民政府办公厅关于贯彻落实习近平总书记重要讲话精神切实加强当前全省安全生产工作的通知》等文件，对传达学习做出具体安排部署。各级、各部门和各企业认真学习贯彻落实党中央、国务院指示精神，根据省委、省政府决策部署，以"三个敬畏"（敬畏生命、敬畏责任、敬畏制度）的态度，按照"三个绝不能过高估计"（绝不能过高估计全省安全生产形势，绝不能过高估计干部群众对安全生产重要性的认识，绝不能过高估计各级各部门各企业安全生产能力和水平）的要求，统一了抓好年度安全生产工作的思想认识。通过举办"安全生产月""三晋安全行"、新闻发布会等系列宣教活动，广泛宣传安全发展理念和安全生产各项政策措施，动员全社会支持安全生产工作，形成了安全标准更高、安全管理更严、安全责任更细、安全措施更实的齐抓共管氛围。

【明确年度任务，强化监管责任落实】 2013年年初，省政府下发《山西省人民政府关于做好2013年安全生产工作的通知》，确定2013年为安全生产"责任落实年"，对全省安全生产工作进行全面安排部署。针对部分行业领域职责不清的问题，制定下发《关于进一步明确部分行业领域安全生产监管职责的通知》，对16个行业领域安全监管责任进行细化分解。以安全生产目标责任考核为抓手，制定《山西省人民政府办公厅关于印发山西省安全生产考核指标和考核办法的通知》，重新修订11个市政府、33个省直部门和11个市安监局、16个大型企业的年度安全目标责任书，并组织逐个签订，强化目标责任落实。认真执行安全生产"三落实"、安全生产挂牌责任制、安全监管五人包保等制度，省政府下发明电，从工作实际出发，对煤矿安全生产挂牌责任制实施落实规定进行了修订，确定每位挂牌责任人挂牌煤矿数原则上不超过12座。

【开展安全生产大检查，及时消除事故隐患】 根据国务院统一部署，从2013年6月10日至9月30日，按照“全覆盖、零容忍、严执法、重实效”要求，在全省开展了彻底的安全生产大检查。之后，又进行了一个半月的大检查“回头看”。各级、各部门都成立了以“一把手”为组长的领导机构，制订大检查方案，在全面检查的同时，针对山西省事故多发行业领域，突出重点，边查边改，排查治理安全隐患20.2万处，纠正违规违章行为78万起。在日常巡查、交叉检查、异地检查、专项督查、联合执法等多种方式的基础上，采取突查夜查、有奖举报、直插基层、直奔现场等方式开展检查。省政府安委办组织成立4个督导组，对全省11个市和省直各部门大检查工作情况开展不间断的督导，各市、县区和省直各厅局都对下级政府及其部门进行督查检查。大检查期间，全省共组织督查、检查组9454个，其中，暗查、突击督查组3174个，交叉检查组1612个，出动检查人员20万人次，检查企事业单位和场所19.8万家(次)。责令改正、限期整改、停止违法行为10.3万起，责令停产、停业、停止建设4475家，暂扣或吊销有关许可证、职业资格236个，关闭非法违法企业1238家，处罚罚款8034万元。通过大检查工作，促进了全省安全生产形势持续好转。

【强化重点行业领域监管，有效防范重特大事故】 *把煤矿安全作为山西省安全生产工作的重中之重*。深入落实《煤矿矿长保护矿工生命安全“七条规定”》，扎实推进“七大攻坚举措”，推行瓦斯防治“20条”针对性措施。3月，召开会议对1004名矿长和281名董事长、总经理进行了宣传贯彻。开展“百日煤矿安全集中整治行动”和煤矿安全生产突查行动，扎实排查治理安全隐患。进一步加强教育培训工作，实施煤矿从业人员素质提升工程，变招工为招生，先培训、后上岗，煤矿安全保障水平明显提升。

积极推进金属非金属矿山整顿关闭工作。2013年，列入关闭计划的119座尾矿库，已闭库115座。针对露天矿山防范高陡边坡排土场垮塌、地下矿山中毒窒息和片帮冒顶、尾矿库洪水漫顶和溃坝等事故风险，分别开展了专项整治。突出防汛、度汛工作，专门下发安全度汛通知，对非煤矿山和尾矿库逐一进行排查，落实监管责任，通过短信平台，及时发布气象信息，对重点库实施专人盯守。大同市坚持一矿一库的政策，尾矿库由560座压减到21座。

积极推进危险化学品安全监管。加强建设项目安全设施“三同时”管理。组织开展提升危险化学品领域本质安全水平专项行动，积极推进涉及第二批重点监管危险化工工艺自动化改造和未经正规设计危险化学品生产储存在役装置诊断工作，涉及首批“两重点一重大”(重点监管的危险化学品、重点监管的化工工艺、重大危险源)危化企业自动化改造基本完成。排查出的应搬迁的13户企业，已有7户搬迁或停产，其余6户2015年年底完成搬迁整治工作。

积极推进冶金等工贸行业安全治理。积极推进冶金等工贸行业煤气区域、交叉检修、有限空间、高温液态金属吊运、粉尘爆炸、餐饮场所燃气等较大安全风险作业和场所的专项治理。在全省12家试点冶金企业开展自动报警与安全连锁专项改造，提升了煤气安全管理水平。

积极推进职业危害申报工作。全省累计申报存在职业危害的企业9684家。以焦化、水泥、石材加工等行业为重点，深入开展职业危害专项治理，责令停产整顿39家，提请关闭41家。

积极推进道路安全生命防护工程。开展“道路客运安全年”活动和集中整治客货运车辆交通违法行为等专项行动。狠抓事故多发点、易发段整改，对全省11个市、58个县（区）的159处国省道交通事故多发点、易发段，逐一制订整治方案，对5处省级事故多发路段进行联合复核和挂牌督办。深入实施“文明交通行动计划”，有效提高了全民交通安全意识。

【从严查处安全生产事故，用事故教训推动工作】 认真汲取国内外典型事故教训。2013年元旦，李小鹏省长召集各市、各有关部门和企业负责人在中铁隧道集团瞒报事故现场召开会议，剖析事故原因，汲取事故教训。将山西省连续发生的几起典型事故制作成警示教育片，在全省安全生产工作会议上播放和点评，并下发各级、各部门和各企业组织观看。针对美国德州化肥公司硝铵爆炸、山东保利民爆、吉林禽业火灾等事故，省政府安委办召开会议，下发通知，组织开展长输管道、液氨、民爆、燃气、化工、仓储等行业的专项治理。青岛“11·22”输油管线爆燃事故发生后，李小鹏省长带队到阳煤化工企业检查调研，并安排四位省领导立即带队深入油气管网进行突查，努力做到“别人犯过的错我们不能再犯，自己犯过的错我们不能重犯”。对瞒报事故实行“零容忍”，对“12·25”中铁隧道集团爆炸事故，“12·31”潞安天脊苯胺泄漏等瞒报、迟报事故，提高事故调查等级，由省级调查处理。省政府安委办对17起生产经营性较大事故进行挂牌督办。严格约谈制度，省政府安委会主任对连续发生较大事故的阳泉市政府、潞安集团等单位负责人进行约谈，省政府安委办对太钢负责人进行约谈。为规范事故报告工作，省政府办公厅下发《关于进一步做好生产安全事故报告工作的通知》，规范了事故报告主体、报告程序和内容。严格事故责任追究，2013年，全省各级安全监管监察部门共查处各类事故55起，结案48起，给予党纪政纪处分336人，移送司法机关追究刑事责任29人。

【加强安全生产基层基础，提高安全生产保障能力】 在全省广泛组织开展以“知责、履责”为主题的安全生产无事故竞赛活动。按照省政府118条规定，各级对企业落实领导现场带班制度、煤矿“六大员”、非煤矿山“五大员”等进行督导，有效促进了企业安全管理。在全省各行业企业全面开展安全标准化建设。全省生产煤矿矿井全部达标，2100多座非煤矿山和尾矿库、4100多家危险化学品和烟花爆竹企业、2200多家冶金工贸企业达标。加强各级各类人员的教育培训，全年全省培训党政干部400多人，企业从业人员61

万人(次)。全省共建成2.1万个“安全乡村”,占总数的68.2%,全面完成年度目标。11个市、78个县建立了安全生产应急管理机构,组织开展应急演练3342次,应急管理水平有较大提高。

【**2013年重大以上安全事故**】 2013年9月28日3时10分,山西省吕梁市汾阳市境内,山西焦煤集团汾西矿业公司正升煤业公司东翼回风巷发生透水事故,造成10人死亡。

(成 龙)

审 计

【**2013年审计工作**】 2013年,全省各级审计机关共审计和审计调查单位6471个,查出违法违规金额1497.37亿元、损失浪费金额3.54亿元,促进增收节支和挽回损失501.37亿元。移送案件线索526件277人,移送处理金额40.83亿元。提交报告信息3213篇,提出审计建议1.2万条,促进建立健全规章制度109项,发布审计结果公告90多篇。

监督检查中央和全省重大决策部署贯彻落实情况。组织省市县三级审计机关对大同、长治等10个市本级及所辖109个县(区)和1144个乡(镇),截至2012年年底和2013年6月底的政府性债务情况进行了审计,揭示了影响经济社会安全运行的风险和隐患,提出了规范债务管理、防范财政风险等建议。围绕山西省综改试验区建设的重大决策部署,省审计厅对山西煤销集团和山西国际电力集团合并重组、阳煤集团托管重组太原化学工业集团、晋煤集团托管重组太原煤气化集团实施情况进行了跟踪审计。

财政审计。开展了对省财政厅、省发改委等31个部门预算执行情况审计,延伸审计401个二、三级预算单位和506个项目实施单位。审计发现在政府预算编制、财政收入支出预算执行、财政改革、固定资产投资计划执行等方面存在应交未交预算收入451.51亿元、资金滞留闲置235.96亿元、擅自处置国有资产1.08亿元等问题,从体制机制制度和政策层面查找漏洞、分析原因,提出改进管理、完善制度的建议,提高了财政资金使用绩效。

专项审计和调查。开展了对全省778个单位管理使用的649.35亿元专项资金审计,涉及农业、教育、医疗卫生、林业、水利、扶贫、环保等重点民生领域,查处了挤占挪用、滞留截留、损失浪费、分配不公等影响资金管理和使用效益的问题,促进了各项惠民政策的落实。

政府重大投资建设项目审计。围绕山西省深入开展“项目推进年”活动,开展了对全省18条高速公路、省属10所高校新校区、山西大水网等31个政府重大投资建设项目的跟踪审计,核减投资额60.1亿元,提高了项目管理绩效。同时完成了对41项省重点工程的包干联系推进督查工作。

金融审计。组织实施对省农村信用联社及全省60户农村信用社2011年度、2012年度资产负债损益情况的审计,重点揭示反映信贷资金投向结构不合理,违规融资、投资、担保等方面的问题和风险,切实加大对金融领域重大违法违规问题和经济犯罪案件线索的查处力度,提出防范和化解风险的对策建议,促进企业防范金融风险,完善金融监管。

企业审计。组织开展对省经济建设投资公司、建筑工程总公司等4户国有企业2011年度、2012年度资产负债损益情况的审计,通过对企业重大决策、项目、资金使用、资源利用等相关权力和责任的监督,揭示了企业资产质量不高、决策不规范、损失浪费以及影响企业科学发展的制度性、体制性等问题,推动企业深化改革、加强经营管理、防控重大风险,确保国有资产安全完整、保值增值。

外资审计。开展对国际农发基金/世界粮食计划署山西晋北农业综合开发项目等14项国外贷援款项目的公证审计,提高国外贷援款项目的审计质量,提升外资利用水平。

经济责任审计。认真贯彻两办规定,推动出台《山西省关于贯彻执行<党政主要领导干部和国有企业领导人员经济责任审计规定>的实施意见》。全省有89个审计机关建立经济责任审计工作联席会议制度,113个成立经济责任审计领导组。全年共审计领导干部1318名,查出领导干部负直接责任问题金额10.42亿元。

(宁红伟 郑钰卿)

工商行政管理

【**2013年工商行政管理工作概况**】 放宽准入条件,各类市场主体总量突破134万户。2013年省工商局采取一系列有力措施,促进各类市场主体发展。一是根据省政府常务会议决定,以“公司注册资本实行认缴登记制、放宽公司注册资本登记条件、放宽市场主体住所登记条件、年检制度改为年报制度”为主要内容,在省级综改试验县、扩权强县试点县和太原市城区等32个县(区)启动工商登记制度试点改革。二是推出“9+2”措施,出台《支持中小微企业发展若干措施》9条、《个体工商户转变为企业组织形式登记实施意见》和《农民专业合作社联合社登记管理暂行办法》。三是全面推进企业网上年检和远程名称核准工作。四是免收企业注册登记费和个体工商户注册登记费。五是高效服务招商引资,确保外资企业健康有序发展。截至2013年年底,全省私营企业总数达到22万户,个体工商户总数100万户,农民专业合作组织总数6.3万户,加上5.8万户内资企业、3595户外资企业(含分支机构),全省各类市场主体总数达到134.4万户,较2012年净增9万户。

推进“品牌兴省”,全省有效注册商标量大幅增加。实施商标战略是增强市场竞争能力的重要途径。一是推进商标注册。2013年全省商标注册申请量达1.2万件,比2012年增长25%,有效注册商标累计达到5.1万件。二是推进品牌争创。依法认定山西省著名商标430件,总数达到1051件;向国家工商总局推荐中国驰名商标20件,认定11

件，总数达到 78 件。以省政府名义召开“全省实施商标战略、深入推进品牌兴省工作会”，明确提出“政府主导、工商主推、企业主体”工作思路，进一步激发了企业争创品牌热情。

加大执法力度，保持市场安全稳定。一是开展食品安全专项整治，查处案件 193 件，实现流通环节食品安全辖区无责任事故，实现与新建机构食品安全监管工作平稳过渡。二是开展市场主体监管工作，规范 1.7 万户，取缔 2078 户。三是严厉打击侵犯知识产权和制售假冒伪劣商品专项行动，查处商标侵权案件 938 件。四是查处不正当竞争案件 480 件、限制竞争案件 48 件、商业贿赂案件 74 件，查处其他经济违法案件 2462 件。省局经检总队查处一批经济违法大要案件。五是指导监督省市主要媒体落实广告管理制度，加大广告市场整顿力度，查处案件 1515 件。六是严厉打击传销，开展“无传销城市”创建活动，查处传销案件 15 起，捣毁传销窝点 257 个。七是查处合同违法案件 792 件，点评涉嫌不公平格式合同 281 种。八是加大农资质量检测力度，查处农资违法案件 791 件。九是治理超限超载，查处案件 224 件。此外，评选 74 家省级“诚信示范市场”；开展网络市场监管，建立 8164 户经营主体数据库，查办案件 12 件。向总局推荐公示山西省“守合同重信用”企业 181 家。开展了成品油市场监管、禽流感防控等工作。

提升维权效能，全系统共受理消费者咨询、申诉、举报近 10 万件。一是畅通维权渠道。全省各级工商行政管理机关受理消费者咨询 8.2 万人次、申诉 1.2 万件、举报 3898 件，做到有询必应、有诉必接、有案必查。二是提升维权效能。加大消费引导力度，强化服务领域消费维权工作，开展银行业、电信业合同格式条款专项整治工作，纠正了“苹果”等电子产品侵犯消费权益的行为。三是打击侵权行为。查处案件 858 件，为消费者挽回经济损失 5696 万元。

推进信用建设，完善全省企业信用信息体系。一是升级改造企业信用分类监管系统，加大企业信用信息归集整合力度，形成了较为完善的信用信息数据库。二是圆满完成省纪委交由省工商局承担的工程建设领域和中介组织机构的信用体系建设任务，建成项目信息和信用信息公开共享栏目 1742 个，整合发布项目信息 126 万条、信用信息 185 万条。三是初步建立“山西省市场主体信用信息公示系统”，为推进登记制度改革奠定了基础。

推进依法行政，全面深化法治工商建设。一是召开“全系统深化法治工商建设大会”，出台《关于进一步深化法治工商建设的实施意见》《考核评价标准》和《工商所法制员工作规定》。二是按照省委依法治省领导组部署，牵头建立并推进依法经营联席会议工作机制。三是深入开展“依法行政示范单位”创建活动，全系统被省委依法治省领导组命名两个“省级依法治理标兵单位”、31 个“省级依法治理示范单位”。四是全系统法制机构加强执法监督、办案指导，核审案件 2 万件，经核审变更 47 件。各级案件评审委员会评审大要案件 428 件。对山西省法治工商建设工作，总局《工商行政管理》杂志用 8 个页码进行了专题报道。

（官　频　薛宝元）

国土资源管理

【保护耕地资源】 高举耕地保护大旗，严守耕地红线。开展市级人民政府耕地保护责任履职情况检查，省、市、县、乡、村层层签订了耕地保护目标责任状，全面分解落实耕地保护责任。

规范运行 30 亿元耕地开发专项资金，大力开发造地。省级新立造地项目 85 个，可新增耕地 1 万公顷；市级占补平衡项目立项 886 个，可新增耕地 1.4 万公顷；省、市共验收 855 个项目，新增耕地入库 1.4 万公顷，全面落实了 2 万公顷造地任务，守住 405 万公顷耕地红线，解决了重点工程占补平衡难题。大力加强耕地质量建设，确定 37 个高标准基本农田建设示范县、重点县，建设高标准基本农田 13.6 万公顷，有效提高了耕地综合生产能力。

【保障发展用地】 大力拓展用地空间。2013 年争取国家下达和奖励山西省计划指标 1.1 万公顷，安排重点工程使用国家控制的计划指标 0.8 万公顷，全年使用新增用地计划指标 1.9 万公顷。深入推进城乡建设用地增减挂钩、露天采矿用地改革、矿业存量土地整合利用、批而未用计划指标调剂使用等用地新机制，拓展用地空间 0.6 万公顷。全年共提供建设用地 2.5 万公顷，为历史最高。

加强宏观调控，保障重点项目及时落地。继续推行用地计划指标上半年“笼子”管理，下半年集中收回剩余指标实行项目先报先批。推行省级重点项目用地预报制，为重点项目“戴帽”下达计划，有效避免了下达计划指标闲置的问题，保障了重点项目及时落地。全年共批准建设用地 822(宗)批、2.3 万公顷，供应土地 1.7 万公顷，保障了全省重点项目、民生项目及时落地。

推进节约集约用地。印发《山西省建设用地节约集约利用考核办法》，将节约集约用地纳入全省年度目标责任考核体系，今后每年向社会公布考核结果。出台闲置和低效用地清理处置政策下发各市执行。开展农村集体建设用地使用权流转调研，确定永济等 15 个条件较好的县(市、区)作为试点。

【矿产资源管理】 煤矿企业兼并重组整合换发采矿许可证工作成果进一步巩固。2013 年，共办理煤炭资源采矿权登记 275 宗，其中，为兼并重组煤矿办理延续 152 宗，换发长期采矿许可证 48 宗，其他日常管理(包括变更、延续、划界延期、补证、核查换证、抵押备案等)75 宗。

非煤矿产资源开发整合采矿登记工作基本完成。2013 年，办理非煤资源采矿权登记 316 宗，其中，变更、延续、新立等事项办理 133 宗，划界、划界延期、转让和抵押备案等事项办理 183 宗。除经非煤资源整合工作领导组同意继续完善相关手续的 98 座矿山外，其余全部完成。

开展省级和各市发证权限的矿

业权设置方案、非国家规划矿区煤炭矿业权设置方案的编制工作以及煤炭国家规划矿区矿业权设置方案修编工作。23个省级非煤矿业权设置方案全部完成评审，11个市矿业权设置方案均已通过省级评审，相关数据已报国土资源部备案。完成7个非国家规划矿区煤炭矿业权设置方案，完成6个国家煤炭规划矿区矿业权设置方案的修编工作。

*严格规范采矿权审批、审核程序。*制定采矿权审批、备案、审核等事项的申报、审查要点和市级审查意见三项《办事指南》，印制成册并向社会公布，规范审查标准和审查程序，推进行政审批的公开化、规范化、透明化，显著提高国土资源管理部门的服务质量。

*完成2012年度矿山企业年检工作。*全省应检矿山4794座，其中，部级发证95座，省级发证1278座，市级发证276座，县级发证3145座，实检4791座，占应检总数的99.9%，合格率95.9%，抽检矿山266座，抽检率为5.5%；指导完成全省煤、铁、铝土、铜、金、锰、铅、钼、磷、硫铁、石墨、耐火黏土12个重要矿种的“三率”调查与评价及实地核查工作。

*加强矿产资源储量监督管理。*完成建设项目压覆重要矿产资源审批262件。审结“建设项目压覆重要矿产资源评估报告”278个，各类建设项目压覆煤炭资源总计16.82亿吨（保有16.32亿吨），铝土矿资源储量590.8万吨。完成山西省晋城市环城高速公路工程、太原至兴县铁路工程、吕梁市至临县高速公路工程、山西中南部铁路通道工程（长治段）、太中银铁路建设工程、新建蒙西至华中地区铁路通道建设工程等6个国家和省重点工程建设项目压覆报批。

【煤层气矿业权审批制度改革试点工作】 这是继2010年争取国土资源部与省政府签署《创新矿业用地机制合作协议》后，山西省国土资源管理的又一次重大突破。2013年4月摸清全省煤层气和煤炭矿业权设置情况，提出具体改革建议。6月形成《山西省煤层气矿业权审批制度改革试点方案》初稿，与国土资源部地质勘查司多次交换意见。6月20日，常务副省长高建民带队与国土资源部副部长汪民沟通协调煤层气矿业权审批制度改革问题。7月8日，省政府及相关部门与国土资源部就煤层气矿业权审批制度改革有关事宜积极磋商。8月23日，省部联合领导小组召开会议，集体审议并原则通过《山西省煤层气矿业权审批制度改革试点方案》，形成第一次会议纪要，提出按照“部控省批”原则，将沁水盆地煤炭、煤层气矿业权审批权限部分下放山西省国土资源厅。9月25日山西省正式商请国土资源部联合印发《煤层气矿业权审批制度改革试点工作方案》（晋政函〔2013〕102号）。试点方案已征得国家发改委、国务院法制办同意，在报国务院备案后，将全面开展试点工作。

【地质灾害防治】 2013年，全省降雨量打破历史同期纪录，极端气候频发、多发，地质灾害防治形势严峻、任务繁重。省市国土部门加大巡查检查力度，强化预警预报，发布地质灾害气象风险预警56次，成功避让地质灾害9起，转移安置445人，避免人员伤亡135人，避免直接经济损失717万元，基本做到了大汛面前无大灾。一是会同省应急办、水利厅、气象局、气象台、地震局召开年度地质灾害趋势预测会商会，形成2013年度地质灾害趋势报告，严格责任分工，强化部门协调配合。二是加大经费投入，推进防治工程建设。2013年国家和省级财政累计投入1.69亿元，治理29个地质灾害工程项目。“四个体系”建设逐步铺开，监测预警指挥平台开始筹建，建成30个高危隐患点降雨量监测站。地质灾害群测群防“十有县”实现全省域覆盖。三是强化宣传演练。组织一千余个检查组和万名防治专家深入乡村和隐患点展开“进村入户”宣传教育活动，组织各类突发地质灾害应急演练318次，参与人员4.5万人。四是2013年汛期共发布三级以上地质灾害气象风险预警52次，发送短信17.5万余条，应急分队出动应急处置34次，170余人次参与了灾情调查、抢险方案制订和转移群众。

【地质环境保护】 （1）深入推进山西省“矿山复绿”工作。2013年2月26日，省政府成立“矿山复绿”行动领导组，晋中市、长治市、忻州市的领导组相继成立。编制完成《山西省“矿山复绿”行动实施方案》，通过国土资源部的技术评审。（2）大同晋华宫国家矿山公园南部矿山地质环境治理工程完成地裂缝回填及夯实、护坡、截排水、植被恢复、引水管路、道路修复等工程，治理面积10.5公顷，取得较好的环境效益与社会效益。（3）制定《山西省矿山地质环境治理项目管理办法》《山西省矿山地质环境保护与恢复治理监督管理办法》等管理制度，对矿山企业履行矿山地质环境保护与恢复治理义务及财政投资的矿山地质环境治理项目进一步规范管理。（4）推进全省《矿山地质环境保护与治理恢复方案》编制、评审与备案工作。全省煤矿应编制“治理方案”905个，完成编制903个，完成率99.8%；已备案901个，完成率99.6%。非煤矿山完成《矿山地质环境保护与治理恢复方案》审查备案203个。（5）2013年4月22日，作为科普教育、科学研究和旅游观光胜地的山西陵川王莽岭国家地质公园顺利揭碑开园。

【国土资源执法监察】 完成2012年度土地矿产卫片执法检查。土地卫片方面：立案查处1208宗，收缴罚款9205.5万元。没收违法建筑物、构筑物497.5万平方米。拆除违法建筑物5.7万平方米。没收违法所得59.7万元。移送司法机关追究刑事责任13人。申请法院强制执行615件。矿产卫片方面：立案138宗，收缴罚款269.5万元。没收违法所得748.9万元。吊销采矿许可证2个。移送公安机关追究刑事责任27人。分别对太原、忻州、吕梁、阳泉、长治等6个市，小店区、左云县、朔城区、忻府区、文水县、寿阳县、盐湖区等21个县（区）进行了警示约谈。

*严厉打击非法违法采矿行为。*与省监察厅联合组成5个检查验收组，检查验收11个市33个县（市、区）的打击土地矿产违法行为专项行动。出动巡查人数9.4万人次，排查已关闭矿井6346处，取缔非

法违法采矿点154处，越界开采15处，查处非法采矿51处，炸毁和填埋坑点465处，查扣非法采矿设备165台（件），没收非法矿产品815吨，收缴罚没款216.6万元，行政拘留43人，刑事处罚21人，复垦恢复地貌6公顷。

开展卫星遥感监测和视频监控网建设试点。经省政府批准与中国资源卫星应用中心签订合作协议，并在晋城市、河津市、岚县圆满完成视频监控网建设试点工作任务。

【国土资源基础工作】 圆满完成2012年度土地变更调查工作。全省集体土地所有权颁证率96.5%，农村宅基地和集体建设用地使用权颁证有序推进。开展基层国土所争星创优活动，全省评定“五星级”国土所86个，推进了基层国土所规范化建设。安排地质勘查经费5.6亿元，批准立项找矿项目95个，验收往年地质勘查项目75个。新增煤炭资源30.88亿吨，铁矿资源量2381.3万吨，铝土矿资源量2180.8万吨，冶镁白云岩资源量8.52亿吨。征缴矿产资源价款300.02亿元，实现土地出让价款634.6亿元，全省国土收益934.62亿元。

（张　峰）

物价管理

【稳定价格总水平工作取得新经验】 2013年，山西省居民消费价格总水平上涨3.1%，从总体上看全年价格走势平稳。受国际国内多种因素影响，2013年，由于农产品价格、服务价格上涨，推动山西省价格总水平上涨，给群众生活带来一定的影响。全省物价系统按照稳中求进的宏观调控总基调，充分发挥职能作用，统筹兼顾、综合施策，不断创新调控手段，努力稳定价格总水平。

领导重视、综合施策。省委、省政府高度重视物价工作。各级政府和物价部门结合实际，针对问题，及时提出综合性的对策和措施，加大力度平抑物价，收到明显效果。

注重防范，提高预警预报能力。加强与群众生活密切相关的商品和服务价格监测，提高监测质量和效率，完善应急监测制度。加强居民生活必需品价格监测、加强重要节假日和重点时段价格监测，提高应急反应能力、提高监测分析能力；及时分析监测数据和监测情况，及时预警预报，有效防范价格异常波动。

突出重点，稳定蔬菜价格。2013年下半年，由于蔬菜等价格上涨，带动全省居民消费价格指数上涨。省物价部门提出“两稳一平”的稳价措施，稳定关键时段蔬菜价格、稳定关键环节蔬菜价格，推出平价蔬菜销售试点等措施。首批确定的试点包括各市人民政府所在地的城区，以及浑源等11个县（市）。采取“定价格、定品种、定时段、定销点”的“四定”办法，稳定蔬菜价格。

严格征管，充分发挥价格调节基金作用。2013年，全省征收价格调节基金16.37亿元，其中，省本级收入3.99亿元。在加强征管的同时，各级各地注重发挥基金调节作用，安排近5亿元价格调节基金，用于支持副食品基地建设、政府重要商品储备、稳定重大节日市场价格、平价商店建设等，为稳定市场物价发挥了重要作用。

【运用价格杠杆，推进转型发展】 全面推进燃煤电厂脱硝脱硫除尘加价。进一步加大脱硝加价力度，每千瓦时加价提高到1分钱。充分调动发电企业脱硝积极性，实施脱硝加价的燃煤发电机组容量累计1971万千瓦。在做好脱硝加价工作的同时，继续实施脱硫电价政策，累计执行脱硫装机容量3558.6万千瓦。

争取国家支持，适当少降低山西省火电上网电价。为落实国务院《大气污染防治行动计划》，国家发改委于2013年9月统一调低全国火电企业上网电价，腾出电价空间用于节能环保。考虑到山西的实际情况，此次调整，山西省上网电价每千瓦时降低0.9分钱，少降0.31分钱，少降幅度26%，省内燃煤电厂年少降价总额约4.07亿元；网对网送京津唐、河北南网电价降低0.7分钱，少降0.51分钱，少降幅度42%，年少降价约0.76亿元；按照山西省点对网上网电价同步少降0.31分钱测算，年少降价约1.48亿元。上述三项合计，实际为山西省火电企业增收6.31亿元。

积极研究测算山西省电网输配电价，推进大用户直供电电价改革。为进一步完善电价形成机制，引入竞争，扩大火电用户选择权，积极研究测算山西省电网输配电价，推进大用户直供电电价改革工作。经国家批复确认，山西省大用户直供电电网输配电价为0.078元/千瓦时，其中，110千伏用户为0.064元/千瓦时，220千伏用户为0.05元/千瓦时。

继续完善主要污染物排污权交易基准价。会同有关部门调整4种主要污染物排污权交易基准价。全省交易达269宗，交易金额达2.12亿元。

【减轻社会负担推出新措施】 取消部分涉企行政事业性收费。2013年，取消和免征部分行政事业收费62项，其中，取消51项，免征11项。

降低部分行政事业性收费。降低机动车抵押登记费等20项行政事业性收费标准。总计年可减轻各方面负担286.6万元。

继续实施有关收费减免措施。继续落实支持小微企业发展的政策措施，对小微型企业以及从事个体经营的失业人员、残疾人、退役士兵以及毕业两年以内的普通高校毕业生实行减免政策，进一步鼓励各类劳动者创办微型企业，促进小微型企业健康发展。

继续实施重大节日小型轿车免收通行费和绿色通道政策。累计免费车辆874.7万辆，免收车辆通行费2.3亿元。绿色通道减免车辆187万多辆，减免通行费5.2亿元。继续贯彻执行焦炭生产排污费收费减免政策，累计减轻企业负担11亿多元。

着力规范教育收费。大力规范部分考试收费标准。从严核定中小学教材教辅材料价格。制定出台幼儿园收费管理暂行办法：统一明确全省各级各类幼儿园的收费项目、标准和定价权限。明确财政补贴比例，规定各级政府要加大对学前教育的财政投入，生均财政拨款标准不低于生均保育教育成本的50%，保教费标准不高于保育教育成本的50%。

规范和降低部分经营服务性收费标准。一是规范气象专业服务收费。减少项目,降低收费标准。收费项目由原来的8大项91个小项,规范为3大项28个小项,大幅度降低了防雷技术服务收费标准,平均降低幅度30%左右。每年可减轻企业负担约600万元。二是清理和规范部分经营服务性收费。清理规范进出口环节经营服务性收费、省图书馆非基本服务收费、司法系统部分服务收费、殡葬服务收费。三是降低太原武宿国际机场停车收费和公证服务收费,每年可减轻用户负担220万元。四是停止收取机动车治安网络信息服务费,每年可减轻车主负担3500万元。

【加强民生价格监管】 推进农副产品平价商店建设。认真贯彻落实国家发改委《关于充分发挥价格职能作用进一步推进农副产品平价商店建设的指导意见》精神,在全省各市开展平价商店建设。截至2013年年底,在低收入群体相对集中的地区已建立500多家平价商店,以低于市场均价销售蔬菜、粮油等农副产品,稳定了"菜篮子"价格。积极搭建街办社区与农副产品生产企业合作平台,通过产销对接,减少流通环节,降低成本费用,确保平价蔬菜价格低于当地同类市场均价15%以上,平价粮油肉蛋类价格低于当地同类市场均价5%以上。

降低部分药品价格。调整和降低呼吸解热镇痛和专科特殊用药等药品价格,涉及400多个品种,1460个剂型规格,平均降价15%,调整降低奥美拉唑等4种单独定价药品最高零售限价,平均降幅20%。

实施部分旅游景点门票优惠价格措施。根据国家发改委、省政府有关规定要求,实施重大法定节假日旅游景点门票价格优惠措施,涉及80多家重要景点。

【推进资源性产品价格改革,促进山西省支柱产业发展】 推进水价改革,完善改革方案。为充分发挥价格杠杆在促进节约用水、优化水源结构中的重要作用,按照省政府要求,积极开展水价改革研究论证,形成推进水价改革、理顺比价关系的《关于推进水价改革理顺水源比价关系全面实施阶梯式水价的指导意见》。

认真落实省政府"煤炭二十条"政策,制定出台配套措施。贯彻落实《山西省人民政府关于印发进一步促进全省煤炭经济转变发展方式实现可持续增长措施的通知》,及时出台配套的细化措施。减半收取煤炭交易费,减轻煤炭企业和用户负担。降低中国(太原)煤炭交易中心煤炭交易费。由向买卖双方各收取0.1元/吨,暂降为向买卖双方各收取0.05元/吨。煤炭交易费新标准执行以来,累计为煤炭生产企业和用户减负2215.8万元。

认真落实省政府"煤层气二十条",研究相关配套措施。落实《山西省人民政府关于加快推进煤层气产业发展的若干意见》,研究探索煤层气价格形成机制。在广泛调研、部门研讨基础上,形成《关于推进山西省煤层气价格形成机制改革的指导意见(初稿)》。

【着力规范市场价格秩序】 着力规范市场价格秩序,不断加大执法力度,在强化日常监管和节日市场监管的同时,开展涉农收费、服务行业水电气热价格、旅游行业价格、教育收费和涉企收费等专项检查工作。配合国家检查组完成对建设银行、中信银行等商业银行的重点检查工作。全省查处价格违法案件1748件,实施经济制裁1.3亿元。受理价格举报案件2.3万件,办结率99.6%。煤炭价格稽查工作顺利开展,上缴财政管理费5800万元,水资源费156万元。

【各项基础工作进展顺利】 对10多个行业定价成本实施监审,核减不合理费用17.9亿元。价格认证工作稳步推进。涉案价格鉴定、复核裁定案件、价格认证等标的总额1092.8万元。价格法制工作取得新进展。"六五"普法、法律"六进"、法制培训、立法项目建设、规范性文件审查取得新成效。《山西省南北区域火电成本差异上网电价研究》和《山西省煤炭成本构成及水平分析》两项课题研究取得新成果。出台《山西省价格信用体系建设行动方案(试行)》,进一步推进价格信用体系建设,规范市场价格秩序,维护公平的市场竞争环境。开展广泛的多层次的价格咨询服务。充分利用报纸、电台、电视、网络,开展价格宣传。

(祁治荣　马润卯)

质量技术监督

【推进质量强省,促进名牌发展】 省政府出台《关于质量发展纲要的实施意见》和2013年行动计划,召开全省质量工作会议,对质量强省建设工作进行全面部署。积极向总局推荐4家企业申报首届中国质量奖,对太钢不锈钢予以重点指导帮助,最终位列第三,实现了重大突破。组织晋城等地申报创建"全国质量强市示范城市",辐射带动各地质量强市建设。向总局推荐两家企业申报创建国家中小学质量教育社会实践基地,全面启动省级基地创建,在阳泉等地试点开展市级基地创建。建立省、市级政府质量奖励制度。初步完成全省企业质量信用档案数据库建设。组织开展山西省质量信誉企业评定,854家企业获评A级以上质量信誉企业。扎实推进质量统计分析工作,认真开展全省产品质量合格率调查统计,全省各地均编制完成2013年产品质量状况分析报告。

大力推进"全国知名品牌创建示范区"建设。指导已批准筹建的汾阳市白酒集中产区、祁县玻璃器皿产业集中发展区和大同云冈旅游示范区扎实开展创建工作。太原经济技术开发区获总局批准筹建全国能源装备产业知名品牌创建示范区。科学规划名牌发展路径,组织开展2013年山西省名牌产品推选,302个产品获山西省名牌产品称号。与省商务厅联合在北上广等地广泛开展"山西品牌中华行"宣传活动,积极扩大山西省地理标志保护产品数量,并向国家总局申报。

【开展质量提升行动，严打质量违法】 深入开展建筑扣件、儿童用品等9类重点产品质量提升行动。不断加大证后监督力度，重点对电线电缆、防爆电器等4类产品的170余家生产企业进行监督检查。扎实推进工业产品和检验机构质量分类监管，获证企业分类监管率达100%。对16家承担国抽、省抽和工业产品发证检验任务的技术机构进行现场考核和分类评价，对25家机动车安检机构进行了监督抽查。

深入开展农资、建材等5项“质监利剑行动”和“双打”专项行动。2013年，全省质监部门共出动执法人员14.7万人次，查处各类违法案件3000余起，查获假劣产品货值9100余万元，捣毁制假售假窝点110余个。强化产品质量监督抽查，共抽查39类6105批次产品，合格率88.6%，山西省产品合格率超过94%。加强监督抽查后处理，发布监督抽查通报24期和消费警示1期，发出不合格产品处理通知单298份，不合格产品生产企业处理已完成95%。

【圆满完成食品安全监管任务】 2013年8月，省级食品生产加工环节质量安全监管职能和相关机构人员正式移交省食药监局。深入推进风险隐患排查、食品生产加工小作坊、食品标签标识标注3个专项整治，开展添加“亚硝酸盐”和肉制品生产企业监督检查，严厉打击违法违规行为。制定出台小作坊监管办法和食品安全事故应急预案，试点开展企业信用体系建设，严把许可受理关、现场核查关和产品检验关，共发放食品、食品添加剂和食品相关产品生产许可证338张，注销258张。对21类34种食品的58个风险因素进行风险监测，白酒、食醋等重点产品覆盖率100%。积极开展食品安全宣传周，举办“食品安全大家行”和“食品检验机构开放日”活动，与省监察厅联合制作完成《民以食为天》宣传警示教育片。

加强特种设备安全监察。积极探索资质管理、监督检查、安全监察、检验检测和行政执法“五位一体”监管模式，在安全监察机构中实行“定人、定位、定岗、定责”。全面开展特种设备安全大检查大整治活动，重点突出燃气安全、小型锅炉和快开门式压力容器、冶金工贸以及危化企业使用特种设备、液氨生产使用单位、电梯安全使用等方面。检查生产、使用单位2.8万家次，排查设备2.9万台(套)，检验设备14.5万台(套)、气瓶28万只，发现和整改安全隐患2.2万个，下达监察指令书4273份，立案697件。督促生产使用单位严格落实主体责任，共约谈企业1万余家。着力提升检验检测能力，新增检验项目12项、安全阀自校机构2家、气瓶检验机构6家。广泛宣传《特种设备安全法》。2013年，全省特种设备安全方面零死亡、零事故。

【规范质监标准，提高质监水平】 地方标准制定发布。大力加强节能减排、循环经济评价、特色农业、高速公路建设和旅游业5个重点领域标准体系建设，共征集201项地方标准制修订项目，立项、审查、发布106项，山西省年度标准发布数量首次突破百项。

农业、循环经济和服务业标准示范试点项目建设。指导太原、长治、晋城、运城4个市完成4项循环经济标准体系制定。第八批国家级农业标准化示范区项目申报工作全部完成。晋中市国家级旅游服务业标准化试点工作通过国标委终期评估。

循环经济认证标准体系建设。承担国家质检总局《基于认证技术的循环经济评价基础研究》的科研项目顺利通过验收，并完成成果登记和成果鉴定。《煤化工园区循环经济评价实施指南》《煤炭行业循环经济评价实施指南》《循环经济评价通则》《区域循环经济评价导则》等4个地方标准正式发布。

国家级和省级质检中心建设。对已批准筹建的晋中纺机、祁县玻璃、晋城煤层气、阳泉耐火材料、长治煤基合成油、省计量院煤矿安全计量器具和省质检院不锈钢等6个国家质检中心进行专项督导，国家能源安全计量器具质检中心获准正式运行。对全省18个已授权、4个已批准筹建和7个拟申报的省级质检中心(站)进行督导和考察，新批准筹建省级中心2个，另有3个省级中心列入省局规划。质监综合检验检测园区正式开工建设。

【扎实开展计量工作】 出台《山西省贯彻落实国务院计量发展规划实施意见》。组织开展月饼等食品包装计量监督检查，加大限制商品过度包装计量监管力度。计量惠民七件实事全部落实，加油机受检率、集贸市场公平秤配备率、煤矿用安全计量器具受检率均达到100%，出租车计价器实现零差错，免费提供家用日常计量器具检定服务，民用“四表”首检做到全覆盖，诚信计量示范活动深入推进。

【不断加强认证认可工作】 推行3C产品联合监管模式和区域监管责任制，在阳泉市试点开展3C产品和自愿性认证体系“双项”全覆盖拉网式检查。对全省11个市8个领域的100家实验室进行抽查检查，对177家实验室开展3个参数的能力验证活动。部署开展强制性认证产品质量安全专项整治活动，抽检17个生产企业23家经销商的50批次样品，合格率100%。

【着力提升依法行政水平】 2013年，共办理各类案件3100余起，无一发生行政诉讼或行政复议。审理重大案件24起，妥善处置17起上级批转行政复议案件，及时处理25起基层食品安全行政复议案件。全面开展案卷评查，着力推进依法行政示范单位创建活动，组织开展全系统执法打假大比武活动。全面清理整顿质监执法人员，共清理3890人。深化行政审批制度改革，将原有的24项行政许可项目压缩为11项，并缩短时限，减少环节，再造流程，整体审批时限平均缩短46%，各项审批流程被列入《山西省本级行政审批项目办事指南》。优化审批窗口服务，受理企业各类申请2060件，按时办结率100%。

（李　昆）

人力资源与社会保障

【2013年山西省人力资源和社会保障工作概况】 2013年，全省城镇新增就业人数51.5万人，完成目标任

山西省最低工资标准

单位:元

类别	全日制用工		非全日制用工	适用区域
	月标准	小时标准	小时标准	
一类	1290	7.4	14.0	太原市迎泽区、尖草坪区、杏花岭区、万柏林区、晋源区、小店区、古交市,大同市城区、矿区、南郊区,阳泉市城区、矿区、郊区,长治市城区,晋城市城区、泽州县,朔州市朔城区,晋中介休市,吕梁孝义市,运城河津市
二类	1190	6.8	13.0	太原市清徐县,大同市新荣区,长治市郊区、潞城市、襄垣县,晋城高平市,朔州市平鲁区、怀仁县、山阴县,忻州市忻府区、原平市,吕梁市离石区、汾阳市,晋中市榆次区,临汾市尧都区、侯马市、霍州市,运城市盐湖区、永济市
三类	1090	6.3	12.0	太原市阳曲县,大同市左云县、浑源县、大同县,阳泉市盂县、平定县,长治市长治县、屯留县、沁源县,晋城市阳城县、沁水县、陵川县,朔州市应县,忻州市定襄县、代县、宁武县,吕梁市交口县、交城县、柳林县,晋中市灵石县、左权县、和顺县、昔阳县、寿阳县、太谷县、祁县、平遥县,临汾市翼城县、襄汾县、洪洞县、古县、汾西县、吉县、乡宁县、蒲县、隰县、曲沃县,运城市临猗县、稷山县、绛县、新绛县、芮城县
四类	990	5.7	11.0	太原市娄烦县,大同市阳高县、广灵县、天镇县、灵丘县,长治市平顺县、沁县、武乡县、壶关县、长子县、黎城县,朔州市右玉县,忻州市繁峙县、神池县、五寨县、河曲县、保德县、偏关县、岢岚县、静乐县、五台县,吕梁市兴县、方山县、岚县、临县、中阳县、石楼县、文水县,晋中市榆社县,临汾市大宁县、永和县、安泽县、浮山县,运城市闻喜县、平陆县、垣曲县、夏县、万荣县

务的102.6%;城镇登记失业率3.3%,低于4.2%的年度控制目标;转移农村劳动力42万人。城镇居民人均可支配收入22456元,完成增长10%的目标。城镇职工基本养老、城镇基本医疗、失业、工伤、生育、城乡居民社会养老保险参保人数分别为672.4万人、1086.3万人、400.7万人、548.9万人、445万人、1533.7万人,五项社会保险参保率全部达95%以上,各项社会保险基金征缴730亿元,累计制发社会保障卡2100万张,提前两年完成“十二五”目标任务。引进两院院士15名,新增高层次专技人才8228名、高技能人才6.4万名。

【着力推进就业创业工作】 突出抓好高校毕业生就业工作。积极推进16条政策措施的落实,将工作职责和工作指标分解到16个就业联席会议成员单位和11个市。组织“公共就业服务进校园”活动,在44所综合性高校举办专场招聘会,组织3540个单位提供就业岗位4.3万余个,达成就业意向2.3万余人。通过公务员考录、事业单位和国有企业公开招聘,以及“三支一扶”招募和大学生村干选聘等实现就业1.4万人。制定出台《离校未就业高校毕业生实名制登记实施办法》,将9300人纳入实名制管理。提高就业见习补贴标准,下达就业见习计划2万个。制定政府购买基层公共服务岗位办法,把这项政策作为兜底安置措施。省政府专门组织联合督查组,对全省各地落实16条政策措施情况进行了专项督查。全年应届高校毕业生就业率达91%,超过2012年。

狠抓创业带动就业工作。深入开展创业型城市创建活动,推广晋城创建经验,对有创业意愿的,开展创业培训和职业指导,提供“一条龙”创业服务,创业孵化基地覆盖80%的县,新增个体工商户10.3万户,带动就业30余万人。

加强职业技能培训。完成各类培训93万人次。4所高级技校被省政府批准为技师学院。举办晋津两地校企对接洽谈会,组织天津用工企业与山西省10所技工院校进行对接。3.6万名技校毕业生就业率达96%。

强化公共就业服务。省、市、县三级同步启动“春风行动”“民营企业招聘周”等5个大型公共就业专项活动,举办“高校毕业生就业服务周”和“山西太原人才智力交流大会”“山西中小微企业高校毕业生千企万人金秋招聘会”,以及各类专场招聘活动1190场次,提供岗位90万个。把就业困难人员列为重点帮扶对象，提供“一对一”的就业帮扶，帮助4.1万名就业困难人员实现就业。

积极开展就业创业宣传。在山西新闻联播开设《直击就业季》专栏，连续报道山西省高校毕业生就业工作。制作播出以“小平台、大作为”为主题的就业公益宣传广告，引导高校毕业生转变择业观念，到中小企业和民营企业就业。多家中央媒体对山西省就业活动进行了深度宣传报道。

【不断提高城乡居民收入和社会保障水平】 着力提高城乡居民收入。一是提高职工工资和津补贴。省政府自2013年4月1日起对现行最低工资标准进行调整，提高最低工资标准。将现行月最低工资标准由一类1125元、二类1035元、三类945元、四类855元，依次调整为1290元、1190元、1090元、990元。同时，相应提高小时最低工资标准。调整后，全日制小时最低工资标准依次为一类7.4元、二类6.8元、三类6.3元、四类5.7元；非全日制用工小时最低工资标准依次为一类14元、二类13元、三类12元、四类11元。通过提高最低工资标准、发布企业工资指导线、提高高温津贴和煤矿井下艰苦岗位津贴标准，国有企业在岗职工年平均工资提高2600元，比2012年增长5%；其他企业职工年平均工资提高4000元，增长10%。落实市县机关事业单位津补贴，机关事业单位在岗职工年平均工资提高3800元，增长10%，有效拉动城镇居民收入增长。二是提高社保待遇水平。五项社会保障待遇平均增长10%以上，惠及1000万人以上。为企业退休抗美援朝志愿军老战士和新中国成立前参加革命工作的老工人发放了生活补助和医疗照顾补助。三是提高政府性补贴。落实带薪年休假制度，对应休未休年假者按200%支付工资报酬。提高冬季取暖补贴标准，全省企业离退休人员和省直机关事业单位在岗职工增加取暖费1000元，其他各市参照执行。两项补贴可使在岗职工人均年增加3500元。

着力提高社会保障水平。推行五项社会保险费一票征缴、一站式服务，大同、朔州、晋中、晋城、临汾、运城等市取得实质性进展。各项社会保险参保率均达95%以上，全部超额完成目标任务；各项社保基金征缴730亿元，比2012年增长12%。积极推进新农保和城居保合并实施工作，46个市县实行了统一的城乡居民养老保险制度。太原、大同、朔州、忻州、晋中、晋城、临汾、运城等8个市实现医保异地就医和即时结算。社保卡应用工作全面展开，省市两级数据中心和覆盖城乡的社保信息专网启动运行，制发社保卡2100万张，服务终端覆盖80%的县，晋城市实现城乡居民养老保险数字化管理，朔州市实现社保卡服务网点全覆盖。推行社保基金非现场监督，基金安全完整。

（刘大宇）

山西省失业保险金标准

单位：元

类别	月失业保险金标准	适用区域
一类	930	太原市迎泽区、尖草坪区、杏花岭区、万柏林区、晋源区、小店区、古交市，大同市城区、矿区、南郊区，阳泉市城区、矿区、郊区，长治市城区，晋城市城区、泽州县，朔州市朔城区，晋中介休市，吕梁孝义市，运城河津市
二类	860	太原市清徐县，大同市新荣区，长治市郊区、潞城市、襄垣县，晋城高平市，朔州市平鲁区、怀仁县、山阴县，忻州市忻府区、原平市，吕梁市离石区、汾阳市，晋中市榆次区，临汾市尧都区、侯马市、霍州市，运城市盐湖区、永济市
三类	790	太原市阳曲县，大同市左云县、浑源县、大同县，阳泉市盂县、平定县，长治市长治县、屯留县、沁源县，晋城市阳城县、沁水县、陵川县，朔州市应县，忻州市定襄县、代县、宁武县，吕梁市交口县、交城县、柳林县，晋中市灵石县、左权县、和顺县、昔阳县、寿阳县、太谷县、祁县、平遥县，临汾市翼城县、襄汾县、洪洞县、古县、汾西县、吉县、乡宁县、蒲县、隰县、曲沃县，运城市临猗县、稷山县、绛县、新绛县、芮城县
四类	720	太原市娄烦县，大同市阳高县、广灵县、天镇县、灵丘县，长治市平顺县、沁县、武乡县、壶关县、长子县、黎城县，朔州市右玉县，忻州市繁峙县、神池县、五寨县、河曲县、保德县、偏关县、岢岚县、静乐县、五台县，吕梁市兴县、方山县、岚县、临县、中阳县、石楼县、文水县，晋中市榆社县，临汾市大宁县、永和县、安泽县、浮山县，运城市闻喜县、平陆县、垣曲县、夏县、万荣县

调整山西省失业保险金标准。根据《失业保险条例》（国务院令第258号）规定，省政府决定从2013年4月1日起，全省城镇失业人员失业保险金标准，在现行标准基础上依次调整为每人每月一类地区930元，二类地区860元，三类地区790元，四类地区720元。其中，已经实行市级统筹的市失业保险金标准统一调整为每人每月930元。

（李仁贵）

【创新人才发展机制】 加大高层次创新创业人才培养引进力度。坚持高端引领，遴选中国工程院院士候选人3名，院士后备人选14名；选拔省级学术技术带头人202名，山西省新兴产业领军人才64名；确定“国家特支计划”领军人才人选10

人，“百千万人才工程”国家级人选15人，新设博士后科研工作站4个。

实施“千人百县”高层次人才服务基层计划。征集基层服务项目1000多个，选派1145名高层次人才组成服务团开展对口服务活动1776次，培训指导基层专业技术人员1万余人，惠及农户2.8万人，有力助推地方经济社会发展。

加强高技能人才培养。设立高技能人才培训基地和技能大师工作室20个，两所学校被评为国家级高技能人才培训基地项目单位，4个工作室被评为国家级技能大师工作室建设项目单位，评选出“三晋技术能手”89名和“山西省享受政府津贴高级技师”42名。

【深化干部人事制度改革】 进一步加强公务员队伍建设。2013年，全省考录行政机关公务员2420名，基层项目专项招录比例12.6%。为集中连片特困地区计划定向招录87人，缓解了基层行政机关“招人难、留人难”的问题。为部分省直单位公开遴选公务员33名，首次开展聘任制公务员试点。组织全省行政机关17万余名公务员参加培训学习。评选推荐第八届全国“人民满意的公务员”3名、“人民满意的公务员集体”2个。

不断规范事业单位人事管理。全面推行各级各类事业单位新进人员公开招聘制度，修订了专业技术岗位结构比例控制标准，事业单位公开招聘、人员聘用、岗位管理、绩效工资等4项制度全面入轨，制定出台绩效考核暂行办法、竞聘上岗暂行办法和培训指导意见，全省事业单位人事管理有章可循、有法可依。

扎实做好军转安置工作。2013年，安置军转干部651名，其中，计划安置598人，安置工作公平公正，企业军转干部总体保持稳定。

【加强和谐劳动关系建设】 加大综合治理欠薪力度。省政府出台了《关于建立健全治理欠薪工作机制的意见》，强化对拖欠工资的治理，对农民工工资支付重大拖欠案件实行社会公布制度，对34家涉案单位进行了曝光，并提请相关部门记入诚信信息档案。

开展专项检查活动。先后在全省范围开展清理整顿人力资源市场秩序、最低工资标准、社会保险执行情况和农民工工资支付专项执法检查，为6.4万名劳动者追发工资及经济补偿金3.8亿元，督促缴纳社保费1.43亿元。

推进用工备案和劳动合同工作。将劳动用工备案列入劳动监察年审的重要内容，初步实现了对用人单位的动态监管。深入推进企业工资集体协商，集体合同覆盖全省90%已建立工会的企业，企业劳动合同签订率达98%，劳动用工备案率达90%。

依法规范劳务派遣用工管理。设立劳务派遣行政许可，明确经营条件和办理流程，受理劳务派遣单位行政许可申请21户，涉及2.5万人。

信访维稳和调解仲裁工作扎实有效。积极开展矛盾排查，源头治理和预防，化解信访积案，全系统接待来信来访件次和人次显著下降。全省劳动人事争议案件结案率达91.3%，劳动人事争议处理效能明显提高。

【开展服务提升年活动】 以“转作风、强服务、办实事、惠民生”为主题，以群众满意为目标，紧密结合党的群众路线教育实践活动，在全系统深入开展“服务提升年”活动，取得明显成效。一是大力推进社会保障卡应用。将“社保一卡通”作为服务提升年的标志性工程来抓，建成省、市、县三级综合服务窗口141个，服务终端覆盖80%的县，初步形成全省统一的社保卡综合业务服务体系，持卡人达到2100万人，城镇约800万人已经投入使用。二是改进社保经办服务。省社保局和省医保中心均启用了电子叫号排队等候系统、自助查询服务和电子信息显示屏，实行综合柜员制，提高了窗口服务质量和工作效率。晋城、朔州实现了城乡居民养老保险数字化科学管理，山西省社保管理服务信息化水平领先全国。三是规范服务行为。针对教育实践活动中梳理出的群众提出的整改意见，在就业服务、社会保险、劳动监察、信访仲裁、职称评定及12333咨询服务平台等直接服务群众的业务窗口全面推行综合柜员制和服务承诺制。编制《应知应会600题》，分级开展业务培训，努力提升干部职工的服务理念、业务素质和工作效率，着力解决人民群众反映强烈的突出问题，全系统服务能力得到明显提升。

（刘大宇）

【启动实施城乡居民大病保险试点】 总体目标。2013年，阳泉、运城作为省城乡居民大病保险试点市，率先在全省启动实施；新农合要建立市级统筹为主大病保险制度，城镇居民医保要规范和完善大病保险制度；通过两年左右的经验积累，到2014年，在省内全面推开，使全省城乡居民人人享有大病保障。

保障内容。1. 保障对象。依法依规参加并享受城镇居民医保和新农合的人员，均为城乡居民大病保险的保障对象。

2. 保障范围。保障对象因患大病发生高额的住院医疗费用，经城镇居民医保、新农合按规定支付后，仍需个人负担的合规医疗费用纳入大病保障范围。

合规医疗费用是指城乡居民大病保险资金不予支付费用以外的项目的费用。城乡居民大病保险资金不予支付费用的项目范围包括：(1) 服务项目类。挂号费、院外会诊费、病历工本费等。出诊费、检查治疗加急费、点名手术附加费、优质优价费、自请特别护士等特需医疗服务。(2)非疾病治疗项目类。各种美容、健美项目以及非功能性整容、矫形手术等，各种减肥、增胖、增高项目，各种健康体检，各种预防、保健性的诊疗项目（除围产期保健），各种医疗咨询、医疗鉴定。(3)诊疗设备及医用材料类。应用正电子发射断层扫描装置(PET)、电子束CT、眼科准分子激光治疗仪等大型医疗设备进行的检查、治疗项目，眼镜、义齿、义眼、义肢、助听器等康复性器具，各种自用的保健、按摩、检查和治疗器械，物价部门规定不可单独收费的一次性医用材料。(4)治疗项目类。各类器官或组织移植的器官源或组织源，除肾脏、心脏瓣膜、角膜、皮肤、血管、骨、骨髓移植外的其他器官或组织移植，近视眼矫形术，气功疗法、音乐疗法、保健性的营养疗法、磁疗等辅助性治疗项目。(5)其他。各种不育(孕)症、性功能障碍的诊疗项目，各种科研性、临床验证性的诊疗项目。(6)就(转)诊交通费、急救车费，空调费、电视费、电话费、婴儿保温箱费、食品保温箱费、电炉费、电冰箱费及损坏公物赔偿费，陪护费、护工费、洗理费、门诊煎药费，膳食费，文娱活动费以及其他特需生活服务费用。(7)基本医疗保险药品目录和新农合药品目录以外的药品。(8)在国外或者香港、澳门特别行政区以及台湾地区治疗的，按照国家和省规定应当由个人自付的。(9)在城镇居民医保和新农合非定点医疗机构就诊的，但急诊除外。(10)国家和省规定的其他项目。

3. 保障水平。保障对象在统筹年度内发生的医疗费用，经城镇居民医保、新农合按规定支付后，累计超过城乡居民大病保险起付标准以上至最高支付限额以内合规的个人自负医疗费用，由大病保险资金按规定支付。起付标准暂定为1万元、最高支付限额为40万元。(1)支付比例。起付标准以上至5万元、5万元以上至10万元、10万元以上至20万元、20万元以上至30万元、30万元以上的部分，分别由大病保险资金按55%、65%、75%、80%、85%的比例给予支付。(2)二次补偿。为有效避免和减少“家庭灾难性医疗支出”导致的城乡居民因病致贫返贫问题发生，住院医疗费由城乡居民大病保险资金按规定支付后，合规的个人自付超过5万元以上部分，再按50%的比例给予支付。

随着筹资、管理和保障水平的不断提高，由省人社厅、卫生厅、发改委(医改办)、财政厅及时调整大病保险政策，最大限度地减轻群众的医疗费用负担。

(李仁贵)

食品药品监督

【监管体制改革情况】 按照国务院和省政府的决策部署，山西省食品药品监督管理局抓住改革这个重大历史机遇，统筹谋划，顶层设计，大力度推动食品药品监管体制改革。2013年，省市两级改革已经到位，县乡改革正在推进中。全省体制改革到位后，省级食药监部门增加行政编制19名、事业编制49名；市级增加行政编制93名、事业编制198名；县级增加行政编制454名、事业编制950名；乡镇设食品药品监管站888个、增加事业编制6024名。全省增加编制7800余名，增幅达192.3%，全省食药监系统队伍近1.2万人。县、乡两级监管队伍占全系统的82%，真正形成省、市、县、乡四级正金字塔式的队伍规模。

【食品安全监管情况】 加强高风险聚集性餐饮单位监管。提出加强聚集性就餐单位监管的15条意见和措施，强化对学校食堂、建筑工地食堂以及大型餐饮单位的监督检查和规范管理。2013年，全省共检查学校食堂6362所，责令整改1844所，立案查处191起，学校食堂量化分级率达到92.8%，管理水平有了明显提高。全省约谈餐饮单位负责人310人，责成省城江南餐饮集团、星河湾酒店、金港大酒店等15家大型饭店向社会做出公开承诺。

集中开展保健食品专项整治。针对保健食品非法生产、非法经营、非法添加和非法宣传等突出问题，在全省部署开展“打四非”专项行动，采取摸底排查、检验筛查、公开曝光等方式，严厉打击各种违法违规行为。全省共立案查处850起，罚没款306万元，移送公安14起。邀请省内外主流媒体召开新闻发布会，对查处的129种违法保健食品和21起典型案件予以曝光，警示消费。

强化食品生产源头质量监管。承接食品生产环节监管职能后，山西省食品药品监督管理局立即抓住婴幼儿奶粉、中秋月饼等重点品种，采取专项检查、监督抽验、警示公告等手段，加强食品生产企业监督管理，重点监督检查了两家婴幼儿配方乳粉生产企业和17家乳制品生产企业，对发现的17个问题隐患，督促企业立即整改，严把食品源头质量关。对监督抽检中发现的10批次不合格月饼，及时以监管公告的形式向社会公布，发出安全警示。用管理药品的方式对婴幼儿配方乳粉实施严格管理，在全国第一家制定出台《药店专柜销售婴幼儿配方乳粉管理办法(试行)》，并在全省范围内遴选70家药店，开展了专柜销售婴幼儿配方乳粉试点工作。

【药品、医疗器械监管】 深入开展药品“两打两建”专项行动。在全省开展严厉打击药品违法生产和经营行为，加强药品生产经营规范建设和监管机制建设的专项行动，重点对生产企业原辅料购进把关不严格、擅自变更工艺流程、检验检测不真实、不按质量规范操作，经营企业购进渠道不规范、储存条件不达标以及异地设库、出租证照、挂靠销售等问题进行了集中整治。2013年，全省共责令整改1671家，停产停业9家，收回质量管理规范(GMP)证书1张，净化了药品市场环境，有效防范了药害事件的发生。

集中开展中药质量专项整治。组织行政执法人员和中药专家组成专项工作组，采取督查检查、监督抽验、严查重处等措施，重点整治中药材、中药饮片增重染色、掺杂使假、重金属超标等问题，共抽验中药材510种688批次，发现39个品种47批次不合格，责令改正437家，立案201起，罚没款65.9万元。

加快推进实施药品质量供应规范。加强药品生产企业实施质量管理规范(GMP)、药品经营企业实施供应规范(GSP)情况跟踪检查，全省跟踪药品生产企业156家、经营企业1985家，对49家存在问题的企业责令限期整改。把推动制药企业实施新版质量管理规范(GMP)认证，作为促进企业兼并重组、转型升级的重要途径，对14家逾期未通过新版质量管理规范(GMP)认证的药品生产企业，全部责令停产，实施严密管控。

强化医疗器械薄弱环节质量监管。抓住医疗器械企业质量管理基础薄弱的问题，重点整治医疗器械注册审批不严格、生产质量管理体系不落实、购销记录不真实、使用行为不规范等问题。2013年，全省共查办医疗器械案件631件、罚没款276万元，比2012年分别增长37.2%、36.7%。

【监管方式创新】 山西省食品药品监督管理局在全系统实行“网格化监管、格式化检查、痕迹化管理”的“三化”监管模式，网格化监管解决责任到人、监管覆盖无空白的问题，格式化检查解决监管到位、检查项目无遗漏的问题，痕迹化管理解决行为规范、监管问责有依据的问题。在此基础上，提出“三化”向“四化”迈进，把监管信息化建设提升到战略层面，在全系统大力推进“责任网格化、检查格式化、管理痕迹化、监管信息化”监管模式。省级监管信息化平台已经建成，系统构架了一个基础信息库和六大应用系统(网格监管、行政执法、动态监管、应急管理、政务公开、投诉举报)。省局率先推进实施保健食品化妆品监管信息化工作，基本实现全系统保化监管信息化，全省11个市、119个县(市、区)应用信息化监管系统实施保化监督检查5.3万家次。吕梁市初步实现对“四品一械”的信息化监管，纳入信息化监管的企业占到总数的63.8%。

【案件查办情况】 山西省食品药品监督管理局把检验检测作为行政监督的重要支撑，充分运用技术检测手段，及时发现和处置安全隐患和问题。2013年对食品、药品、保健食品、医疗器械开展监督抽验和风险监测1.6万批次，做到了问题早发现、早查处。在全省11个市、119个县开通了“12331”举报投诉电话，建立了无休日、全天候投诉举报受理平台，及时受理投诉举报。加强与公安部门打假联控联防，与省高院、省高检、省公安厅联合制定《办理食品药品涉刑案件物证检验鉴定工作规定》，开辟了涉刑案件快速检验鉴定的绿色通道，对制假售假案件及时移送，追根溯源，查流向、捣窝点。2013年，全系统共查处各类案件1.1万起，罚没款3129万元，捣毁各类制假窝点106个，移送公安涉刑案件145起。

【医药产业发展情况】 山西省食品药品监督管理局抓住国家实施药品生产新标准这一机遇，采取“五个加强”推进措施，加强外引内联、加强银企合作、加强政策引导、加强责任落实、加强跟踪服务，推动省内一批企业兼并重组，推动国药集团、华润集团、石药集团等国内优势企业来山西投资合作，推动资源整合和转型升级，已有38家制药企业实施了资源整合，提高了产业集中度，增强了山西制药企业的核心竞争力。选择交通银行、民生银行作为战略合作伙伴，引导金融机构把医药产业作为重点投资领域。加快山西省制药企业认证进程，有38家企业209条生产线率先通过新版质量管理规范(GMP)认证，全省医药产业呈现出转型发展、快速发展的势头。

(高　翔)

6 农业

NONGYE

农　　业

综　　述

【三个重大突破】 （一）粮食生产实现“四连增”，再创历史新高。2013年，面对干旱、低温、洪涝等多重自然灾害，始终不放松粮食生产，突出抓了“一抗两保”“以秋补夏”，科学防灾抗灾减灾，深入推进粮食高产创建，切实加强大秋作物田间管理，实现了抗灾夺丰收。粮食产量达到131.3亿千克，比2012年增长3%（全国增幅2.1%），实现了连续4年超百亿千克、连续4年创历史新高的最好成绩。

（二）农民人均收入突破7000元大关，继续保持两位数增长。面对经济下行压力，全省上下咬定农民收入翻番目标，多措并举，综合施策，通过产业增收、劳务增收、政策增收、干部包村增收，千方百计增加农民家庭经营性收入、工资性收入、财产性收入和转移性收入。全省农民人均纯收入7154元，比2012年增长12.5%，高于全国平均增幅（12.4%），连续三年超过城镇居民收入增速。

（三）农产品加工销售收入突破1000亿元，提前两年完成“十二五”规划目标。通过政策引导、项目拉动、银企对接，深入实施农产品加工“513”工程，强力推进特色农产品产业支撑项目建设，全省农产品加工销售收入1056亿元，比2012年增长29%，成为山西省又一个“千亿产业”。涌现了一大批年加工销售收入过亿的龙头企业，其中，超30亿元企业3家，10亿～30亿元的7家，5亿～至10亿元的15家。

【两个没有发生】 （一）没有发生重大农产品质量安全事件。全年坚持源头治理，标本兼治，一手抓标准化生产，一手抓执法监管，大力发展“三品一标”，全力推进乡镇农产品质量安全监管站建设全覆盖。坚持属地管理，落实监管责任。深入开展农药及农药使用、“瘦肉精”、生鲜乳违禁物质、兽药、农资打假等五大专项整治行动，确保了农产品质量安全。

（二）没有发生区域性重大动物疫情。制定出台《山西省中长期动物疫病防治规划（2013～2020年）》，扎实开展春秋两季集中免疫，重大动物疫病强制免疫密度100%。紧急启动H7N9禽流感防控工作，加强病死动物及动物产品无害化处理，保障了畜牧业健康稳定发展。

【七个显著成绩】 （一）强农惠农富农政策力度加大。省政府出台新的10项强农惠农富农政策。一是对新型农业经营服务组织给予补贴，二是加大农业规模经营奖补力度，三是加大膜下滴灌及旱作农业补贴力度，四是加大设施农业补贴力度，五是加大干鲜果业基地建设补贴力度，六是实施中药材基地种苗等补贴，七是加大牛羊良种、牧草基地补贴力度，八是加大连片特困地区扶贫攻坚试点补助和易地搬迁特困户补贴力度，九是实施农机具安全技术检验和保险费补贴，十是加大对新型农民培训补贴力度。新增补贴资金10亿元，重点支持种养大户、家庭农场、农民合作社等新型农业经营主体和畜牧、设施蔬菜、水果、中药材等特色产业发展。2009年以来，山西省已连续5年出台强农惠农富农政策，累计出台60项，资金规模总量60亿元。

（二）新型农业经营主体培育步伐加快。制定出台山西省贯彻中央1号文件实施意见，依法积极稳妥推进土地流转，大力培育种养大户、家庭农场、农民合作社等新型农业经营主体。实施了种粮大户奖补。制定山西省家庭农场认定办法，开展农民合作社示范社创建活动。全省土地流转面积45.5万公顷，占家庭承包经营面积的14.2%，比2012年增加1.5个百分点。全省6.7公顷以上的种粮大户发展到5823个。新认定家庭农场8300多个。注册登记的农民合作社6.3万家，位居全国前列。

（三）特色现代农业发展势头强劲。以“一村一品”“一县一业”为主攻方向，大力实施粮食高产创建、杂粮产业振兴、畜牧产业翻番、设施农业建设、果业提质增效、中药材产业崛起、酿造业提升等七大产业振兴翻番工程。深入推进大同、晋中、运城三大现代农业示范区和雁门关生态畜牧经济区、晋中盆地设施农业示范工程建设。全年扶持发展“一村一品”专业村2000个，“一县一业”基地县60

个。建设各类现代农业产业园区1193个。新建各类养殖园区555个，新增设施蔬菜1.9万公顷，改造老果园和发展新果园2.3万公顷，新发展道地中药材3.1万公顷，特色农业产业优势初步显现。

（四）农业合作交流和引导社会资本投资现代农业成效显著。省政府与农业部签署《共同推进山西特色现代农业发展战略合作备忘录》。与北京市、天津市签署了农产品产销合作框架协议。成功举办第三届中国（山西）特色农产品交易博览会。大力实施农产品“走出去”战略和出口基地建设。积极推动农超对接、农批对接和农产品电子商务。制定出台鼓励和引导社会资本投入农业的政策措施，先后引进新西兰恒天然、中粮集团、天津宝迪、广东温氏等知名企业来晋投资。全省社会资本投资现代农业项目840多个，完成投资700亿元，投资在亿元以上的项目310个。同时，加大在建农业项目推进力度，加快项目实施。

（五）农业科技创新推广明显加强。全面落实中央“一个衔接，两个覆盖”政策，着力解决农技推广“最后一公里”问题，健全县、乡、村农技服务网络，开展农业部安排山西省的创新基层农技推广补助机制试点工作。大力实施“双百”转化工程和百万农民素质提升工程，开展百名专家万名农技人员送科技下乡活动。全年共培训农民110万人，新转移农村劳动力33.5万人。全省农业科技贡献率54%，比2012年提高1个百分点。

（六）农业依法行政能力进一步增强。以规范执法队伍和提升执法能力建设为重点，开展农业综合执法“素质提升年”活动，分层次组织实施执法人员培训，大力开展农业综合执法规范化建设，加大执法检查和案件查处力度。全省建设农业综合执法规范化示范单位69个，查处各类违法案件1388起，为农民挽回经济损失896万元。严格实施饲料行政审批和备案，对全省265家饲料生产企业进行检查备案，取缔了20家不合格饲料生产企业。

（七）农村街道亮化工程圆满完成。行政村街道亮化工程是省政府确定为民“五件实事”之一，由山西省农业厅牵头实施。工程总投资20亿元，涉及行政村1.8万个。经过方案制订、资金筹措、招标采购、施工验收等连续作战，共安装太阳能路灯36.8万盏，全省基本实现“村村亮”。牵头开展全省改善农村人居环境大调查活动，研究提出今后几年改善农村人居环境规划纲要，为全面启动农村人居环境治理做了前期准备工作。

（马小波）

【加快山西省特色“三农”保险发展】

试点保险品种和试点区域。1.积极开展中央政策性农业保险试点。2013年山西省中央政策性的保险试点补贴品种除现有的小麦、玉米、能繁母猪、奶牛、森林5种外，积极争取其他中央政策性保险试点补贴品种。小麦、玉米、能繁母猪、奶牛、森林保险在全省范围内试点。

2.积极试点地方特色政策性“三农”保险补贴品种。2013年，省政府为经检测设备或人工检验合格的拖拉机（含手扶拖拉机）、联合收割机，提供一定比例的交强险保险费补贴。

各市、县（市、区）政府根据当地“三农”发展特点及风险需求情况，结合山西省“一县一业”现代农业发展战略，与保险机构合作，自行选择开展具有地方特色的“三农”保险品种，由市、县（市、区）政府财政给予一定比例的保险费补贴，建立适合当地、具有地方特色的政策性“三农”保险。如：设施蔬菜大棚、苹果、梨、核桃、红枣、鲜食杏、仁用杏、花椒、马铃薯、棉花、种子、特色杂粮、基础母羊、农村住房、人身保险等。具体保险费补贴品种和比例由各市、县（市、区）自主确定。

2013年，各设区市至少要确定一个新增品种作为政策性“三农”保险费补贴试点项目，开展“三农”保险试点。

核桃保险可在阳泉、吕梁、长治、临汾、运城市试点，仁用杏保险可在大同、朔州市试点，苹果保险可在运城、临汾市试点，梨保险可在晋中市试点。高平市开展农业保险全覆盖试点。

3.广泛开展商业性“三农”保险。在做好政策性“三农”保险业务的同时，鼓励农户和农业生产经营组织根据自身风险保障需求，增加投保商业性“三农”保险，扩大保障范围，提高保障水平。鼓励和支持省内保险机构充分发挥行业的自身优势和保险功能，结合山西省农村经济发展情况和农业产业特点，积极与农户、农业生产经营组织加强联系，不断创新“三农”保险产品，开展多种形式的特色农产品、农房、小额人身等“三农”商业保险，提高保险业服务农村经济社会发展的能力。

保险责任范围。1.中央政策性农业保险的保险责任范围。（1）小麦、玉米种植业保险责任为因雹灾、冻灾、暴雨、洪水、风灾造成的损失。（2）能繁母猪、奶牛养殖业保险责任为重大病害、自然灾害、意外事故和政府强制扑杀所导致的承保个体直接死亡的损失。①动物疫病。能繁母猪：猪丹毒、猪肺疫、猪水泡病、猪链球菌、猪乙型脑炎、附红细胞体病、伪狂犬病、猪细小病毒、猪传染性萎缩性鼻炎、猪支原体肺炎、旋毛虫病、猪囊尾蚴病、猪副伤寒、猪圆环病毒病、猪传染性胃肠炎、猪魏氏梭菌病，口蹄疫、猪瘟、高致病性蓝耳病及强制免疫副作用。奶牛：口蹄疫、布鲁氏菌病、牛结核病、牛焦虫病、炭疽、伪狂犬病、副结核病、牛出血性败血症、牛病毒性腹泻/黏膜病及强制免疫副反应。②自然灾害。主要包括：暴雨、洪水（政府行蓄洪除外）、风灾、雷电、地震、冰雹、冻灾。③意外事故。主要包括：泥石流、山体滑坡、火灾、爆炸、建筑物倒塌、空中运行物体坠落。④政府强制扑杀。在保险期间内，由于发生重大病害中列明的高传染性疫病，政府实施强制扑杀导致被保险母猪、奶牛死亡，保险人也负责赔偿，但赔偿金额以保险金额扣减政府扑杀专项补贴金额的差额为限。（3）森林保险的责任范围为：因自然灾害及病害造成被保险林木的死亡。在保险期间内，由于火灾、暴风、暴雨、洪水、泥石流、冰雹、霜冻、暴雪、病虫害等原因直接造成被保险林木的损失。最终责任范围以山西省公布的政策性森林保险实施方案为准。

2. 省级政策性“三农”保险责任范围。拖拉机、联合收割机交强险责任包括：被保险人发生交通事故时，致使受害人遭受人身伤亡或者财产损失，依法应当由被保险人承担的损害赔偿责任，保险人按照交强险合同的约定对每次事故的死亡伤残、医疗费用及财产损失在赔偿限额内负责赔偿。

3. 地方特色政策性“三农”保险责任范围。原则上应覆盖保险标的所在区域内的主要风险。具体险种的责任范围，由地方政府商保险机构共同确定。保险责任应符合财政部门有关规定。

上述中央、省级及地方特色“三农”保险的责任范围是“三农”保险的基础责任范围。具体范围以“三农”保险参保者与保险承办机构签订的保险合同为准。

保障水平的确定原则及保险费率。2013 年，中央政策性农业保险保险费补贴以“低保障、广覆盖”为原则确定保障水平。

种植业保险补贴险种的保险金额原则上为保险标的生长期内所发生的直接物化成本，包括种子、化肥、农药、灌溉、机耕和地膜等成本。每亩具体保险金额、费率及保险费：小麦 300 元、费率 5%，每亩保险费 15 元。玉米 260 元、费率 7%，每亩保险费 18.2 元。

养殖业保险保险费补贴险种的保险金额参照投保个体的生理价值（包括购买价格和饲养成本）确定，其中：能繁母猪保险金额每头 1000 元、费率 6%，每头保险费 60 元；奶牛保险金额每头 4000 元、费率 7%，每头保险费 280 元。森林保险原则上以保险林木损失后的再植成本（包括林地清理、整地、苗木、栽植、管护等一次性直接费用）为主要确定依据，具体保障水平及保险费标准以我省公布的政策性森林保险实施方案为准。

拖拉机（含手扶拖拉机）、联合收割机交强险每次事故赔偿责任限额按《机动车交通事故责任强制保险条款》规定，在下列赔偿限额内负责赔偿：死亡伤残赔偿限额为 11 万元，医疗费用赔偿限额为 1 万元，财产损失赔偿限额为 2000 元。被保险人无责任时，无责任死亡伤残赔偿限额为 1.1 万元，无责任医疗费用赔偿限额为 1000 元，无责任财产损失赔偿限额为 100 元。每台拖拉机（含手扶拖拉机）、联合收割机交强险保险费参考《拖拉机交强险费率方案》执行。其他地方特色政策性“三农”保险的保险金额，应充分考虑参保者的风险保障需求、财政资金的支付能力以及保险承办机构的风险承担能力。具体险种的保险金额、费率及保险费水平，由地方政府商保险机构共同确定，并报保监会备案。

鼓励“三农”保险参保者在政策性“三农”保险基本保障水平的基础上，根据实际需求情况加保商业保险，以提高保障水平，满足不同风险保障需求。

承办机构。2013 年政策性保险的承保工作由具备经营农业保险资格的中国人民财产保险股份有限公司山西省分公司、中国人寿财产保险股份有限公司山西省分公司、中煤财产保险股份有限公司山西分公司按照规定程序承办。

涉农拖拉机（含手扶拖拉机）、联合收割机交强险由具有交强险经营资格和服务能力的保险机构按照规定程序承办。

财政补贴。根据目前国家有关农业保险保险费补贴政策，2013 年山西省试点险种分为中央补贴险种、省级补贴险种和地方补贴险种，并实行不同的财政保险费补贴政策。

1. 中央补贴险种。包括小麦种植保险、玉米种植保险、能繁母猪养殖保险、奶牛养殖保险和森林保险。（1）小麦、玉米种植保险。中央财政补贴 40%，省级财政补贴 25%，市、县级财政各补贴 10%，参保者承担 15%。（2）能繁母猪养殖保险。中央财政补贴 50%，省级财政补贴 12%，市、县级财政各补贴 9%，参保者承担 20%。（3）奶牛养殖保险。中央财政补贴 50%，省级财政补贴 12%，市级财政补贴 9%、县级财政补贴 4%，参保者承担 25%。（4）森林保险的补贴政策按照山西省公布的标准执行。

2. 省级补贴险种。拖拉机（含手扶拖拉机）、联合收割机交强险，省级财政每台补贴 40 元保险费，其余保险费由参保者承担。

3. 地方补贴险种。根据本地农户缴纳保险费能力，各市、县（市、区）财政可以提供一定比例的保险费补贴，具体比例由各市、县（市、区）自主确定。

（李仁贵）

种植业

【全省种植业生产保持快速增长势头】 *粮食总产量刷新纪录*。2013 年，全省粮食产量 131.28 亿千克，比 2012 年增长 3%（全国增幅 2.1%），实现了连续 4 年超百亿千克、连续 4 年创历史新高的最好成绩，成为全省经济社会发展的突出亮点。全省 10 个市增产，9 个市创历史新高。

设施蔬菜发展势头强劲。2013 年，全省新增设施蔬菜 1.9 万公顷，年度新增设施蔬菜面积名列全国前三。山西省设施蔬菜总面积达到 11.2 万公顷，省内冬春蔬菜自给率由“十一五”末的 35%提高到 50%以上，设施蔬菜发展势头强劲。自 2010 年设施蔬菜“百万棚行动计划”实施以来，山西省共创建部、省级蔬菜标准园 160 个，其中，部级蔬菜标准园 50 个，省级蔬菜标准园 110 个。2013 年完成创建部级蔬菜标准园 11 个，省级蔬菜标准园 50 个。

惠农政策力度进一步加大。2013 年，中央和省共安排粮食直补、生产资料综合补贴资金 34.5 亿元，补贴标准为小麦每亩 85 元，玉米及马铃薯每亩 60 元，小杂粮每亩 80 元，已在春耕前全部兑付到农户手中。中央财政安排良种补贴资金 3.8 亿元，继续对玉米、小麦、棉花、水稻四种作物实施全覆盖，补贴资金已全部兑现。省财政还安排 1 亿元专项资金，对 5823 户种粮面积在 6.7 公顷以上的种粮大户开展农田基础设施、仓储晾晒

设施建设等给予奖补。

深入推进粮棉高产创建活动。2013年，山西省利用中央财政专项资金，在全省11个市的77个县建设245个部级粮棉万亩高产创建示范片，其中，粮食作物235个（玉米131个、小麦80个、马铃薯10个、杂粮8个、大豆6个），棉花10个。在1个县、12个乡（镇）开展整建制推进试点。每个万亩高产创建示范片中央财政安排资金16万元，主要用于大面积推广区域化、标准化成熟技术的物化投入和推广服务补助。省财政安排粮棉油高产创建资金2000万元，建立省级粮食作物万亩、千亩高产示范片60个，部、省级万亩和千亩粮食高产创建示范片达到305个，落实面积20万公顷，增产粮食31.6万吨，皮棉2705.1吨。

【落实抗灾技术措施】 针对春季严重干旱等灾害，重点抓了地膜覆盖、小麦一喷三防等抗灾技术的推广。利用中央现代农业资金和旱作农业技术推广项目资金共1.35亿元，对30万公顷以玉米为主的粮食作物地膜覆盖技术进行补助，比2012年增加6.7万公顷，每亩补助30元。制定地膜回收补助办法，在8个县开展地膜回收试点。实施以秋补夏。采取有效措施，积极组织南部地区扩大复播玉米面积3.3万公顷。利用中央资金5165万元，对全省68.9万公顷冬小麦开展“一喷三防”给予补助，每亩补助标准为5元，实现全省小麦“一喷三防”补助全覆盖，确保了夏粮收成。

【加强种子市场监管、质量管理、品种管理，创优种业发展环境】 组织开展万户千店百企种子市场整治行动。全省各级种子管理部门按照“预防为主、标本兼治、检打联动、综合治理、属地管理”的基本原则，全面加强种子市场监管，严厉打击未审先推、无证生产、抢购套购、套牌侵权和制售假劣种子等违法行为，严格“三关”管理，有效维护了种子市场秩序。一是严把种子市场准入关。严格执行《山西省农作物种子生产经营许可管理实施办法》，种子生产经营许可全部在全国种子生产经营许可信息管理系统平台进行网上申报，实行联网统一申请、统一出证和统一查询，依法管理种子市场准入。二是严把种子生产经营关。省、市、县三级同步推进，突出种植大户、经销门店、种子企业三大重点，采取“正着打与倒着查”的方式，加大种子市场检查和种子门店清查力度，规范种子企业市场行为。此次专项行动共跟踪调查种植大户1.3万户，检查种子经销店2452个、种子企业841家，查处侵犯知识产权、制售假劣、未审先推等种子案件25起，有效规范了种子市场秩序。三是严把企业登记备案关。以各县种子管理站为主体，对种子经营门店进行信息汇总和登记造册，建立种子企业信息档案，逐步完善全省种子经营门店管理信息平台，为加强种子企业日常监管、信用评价和分类分级管理创造条件。

强化种子质量管理，确保农业用种安全。一是加大种子质量抽查力度。积极承担完成农业部抽查任务。先后赴河北、山东、甘肃等省完成冬季企业督查和春季市场抽查、夏季基地检查和秋季专项抽查任务4次，累计抽查138家企业种子样品256份，全部按照农业部要求完成检测并上报结果。组织开展全省种子质量抽查工作。冬季企业监督抽查中，对全省注册资金500万元以上种子企业生产经营的杂交玉米种子进行质量监督抽查，共抽查23家企业玉米种子30个，样品合格率96.7%。春季种子市场质量抽查中，共抽查玉米、瓜菜种子262个，玉米种子合格率95.7%，瓜菜种子合格率84.3%。种子生产基地检查中，共检查玉米、小麦种子生产基地1.3万余公顷，从生产源头上消除了质量隐患。二是高标准开展田间种植鉴定。2013年是山西省连续第6年承担全国玉米种子质量抽查品种纯度田间小区种植鉴定任务，本次鉴定样品数量、涉及品种、占地规模均为历年最多的一次。667份鉴定样品全部按照农业部要求进行种植管理，为农业部组织专家鉴定提供了科学规范的现场，并将全国玉米种子海南种植鉴定任务委托山西省承担。另外，山西省完成了全省玉米、小麦等主要作物的种植鉴定工作，鉴定样品1032个，为确保农业用种安全提供了强有力的技术支撑。

严格品种管理，加快新品种推广步伐。一是科学组织品种试验。完成23种作物660个品种54个区组102个试验点的国家区域试验，组织了41种作物896个品种75个区组479个试验点的省级区域试

襄垣县文王山观光农业园

验，开展了5个区组42个品种的玉米引种试验。二是严格品种审定。组织召开六届一次品种审定会议，审定通过28种作物81个品种，审议通过外省审定在山西省同一适宜生态区引种的玉米品种14个。同时，加强主要农作物品种标准样品的征集和保存，共征集424个主要农作物品种1696份样品，其中，1272份样品送国家种质资源库，424份留省里保存。合理有序组织品种退出，公告退出44个主要农作物品种。三是加大新品种展示示范力度。在全省11个市的21个粮棉油主产县率先开展农作物品种展示示范场创建活动。在春播玉米主产区的忻府区、长子县、介休市、小店区、孝义市等5个县(市、区)，重点对大丰30、潞玉36、屯玉99等13个山西省骨干种子企业育成、通过省级或国家审定、拟大力推广的自主知识产权品种进行了展示示范。

太谷农家乐采摘

【大力开展病虫害防治】 2013年，全省农作物病虫害发生面积1140万公顷次，比2012年减少10.2万公顷次。但是受冬春连旱、夏秋高温多雨等异常气候的影响，全省农作物病虫害总体偏重发生，危害程度重于常年。

喜湿性病害大面积流行，喜湿性虫害区域性突发。2013年，山西省农作物病虫发生的总体走势延续着近3年来多雨气候带来的喜湿性病虫偏重发生的态势。二、三代粘虫、玉米大斑病、马铃薯晚疫病、辣椒疫病等大发生，小地老虎、玉米螟、玉米茎基腐病、棉盲蝽象等喜湿性病虫在局部偏重发生。

玉米病虫重于小麦病虫，粮食作物病虫重于经济作物病虫。受春季干旱高温及4月几次明显的降温和大范围降雪天气的影响，小麦病虫总体偏轻发生，除麦蜘蛛、麦蚜发生程度接近常年外，其他病虫的发生均轻于常年，特别是病害发生明显较轻。入夏以来，全省降水明显偏多，二、三代粘虫和玉米大斑病大发生，南部的玉米蓟马、忻定盆地和吕梁平川的二代玉米螟，北中部的玉米双斑萤叶甲，南部、中部低洼下湿地的玉米茎基腐病均呈偏重发生年。与粮食作物病虫相比，经济作物病虫明显轻于常年。

常发性病虫整体平稳，新发生病虫点片严重。2013年，山西省常发性病虫整体发生平稳，蝗虫、蚜虫和螨类等喜旱性病虫明显轻于常年。针对2013年农作物病害种类多、流行范围广以及虫害局部暴发、突发形势严重的情况，省农业植保部门紧急行动，加大监测预警，强化技术指导，充分发挥专业服务组织和应急防治队的作用，有效控制了小地老虎、玉米粘虫、玉米螟、玉米大斑病、马铃薯晚疫病等重大病虫的发生危害。2013年，全省共防控农作物病虫害933万公顷次，占发生面积的82.5%；专业化统防统治面积237万公顷次，占防治面积的1/4以上。此外，全省农田杂草防除面积2087公顷次，农田灭鼠50万公顷次。挽回粮食损失156万吨、棉花1450万千克、蔬菜143万吨、水果152万吨、油料1.8万吨，挽回经济损失49.38亿元。

【加强基础设施建设，大力推进科技兴农】 全面开展测土配方施肥行动。2013年，山西省共有115个县(市、区)的108个项目实施单位开展测土配方施肥工作，实现了测土配方施肥工作全覆盖。全省在玉米、小麦、棉花、果树、蔬菜、小杂粮等作物上共推广测土配方施肥面积314万公顷，配方肥施用面积143.9万公顷，免费为640多万户农民提供测土配方施肥技术服务。全省共采集测试土壤样品7.2万个。设立田间肥效试验1269个，配方校正试验1194个。全省建设百亩示范方7226个，千亩示范方587个，万亩示范方235个。发放测土配方施肥建议卡606万份，在村民集中活动场所和肥料销售网点张贴测土配方信息、施肥指导方案1.7万张。在全面完成县域耕地地力评价工作的基础上，开展了冬小麦—玉米轮作区耕地地力评价工作。整建制测土配方施肥工作稳步推进，3个县、99个乡镇和2935个村实现整体推进，总结出示范带动、配方站带动和配方肥直供3种整建制推进模式。通过实施测土配方施肥，作物单产水平提高十分明显。小麦应用测土配方施肥技术面积65.3万公顷，亩均增产4%左右；玉米应用面积163.3万公顷，亩均增产4.5%左右；棉花应用面积3.3万公顷，亩均增产4.8%左右；马铃薯应用面积16.3万公顷，亩均增产5%左右；谷子应用面积20万公顷，亩均增产4.2%左右；果树、蔬菜应用面积45.7万公顷，亩均增产6%左右。

着力实施中低产田和盐碱地改造工程。2013年，实施中低产田改造16.1万公顷。其中，实施坡耕地综合治理4.8万公顷、沟坝地整治与培肥1万公顷、沟川地补灌与培肥0.7万公顷、旱平地改造与培肥4.7万公顷、盐碱地改造1.1万公顷、高产稳产农田建设3.9万公顷。在大同盆地9个县（区），实施盐碱地改造7000公顷，其中，实施轻度盐碱地改良4000公顷，中度盐碱地改造2000公顷，重度盐碱地综合治理1000公顷。

通过两大工程建设，取得了显著的经济、生态和社会效益。中低产田改造过程亩均增产粮食70.9千克、增产蔬菜87.7千克、增产经济作物23.1千克，16.1万公顷工程田总增产粮食1.61亿千克、增产蔬菜888.8万千克、增产经济作物83万千克，总增产值3.65亿元，节约成本2588.9万元，增纯收益3.91亿元。大同盆地盐碱地改造工程亩均增产粮食82.2千克、增产经济作物38.8千克，0.7万公顷工程田总增产粮食728.6万千克、增产经济作物56.2万千克，总增产值1318.2万元，节约成本54.4万元，增纯收益1372.6元。平顺县阳高乡侯家滩村等9个村实施沟川地整治与培肥，通过采取平田整地、整修石埂、加厚土层、整修生产路、玉米秸秆还田及加厚耕作层、增施有机肥、施用硫酸亚铁和抗旱保水剂等综合配套措施，“三跑田”变成了“三保田”，土层厚度由35厘米提高到50厘米以上，土壤有机质提高0.3个百分点，玉米亩增产53千克，项目区3751玉米亩产达403千克，总增产19.9万千克。

积极推进旱作节水农业工程。2013年，以开展农田节水示范活动为抓手，以国家旱作农业示范基地建设为依托，以灌区节水和旱区蓄水为主攻方向，积极推进旱作节水农业工程，显著提高了水资源的利用率。一是在全省开展农田节水示范活动，全省建设高标准农田节水示范区22个，其中，部省共建5个，省市共建17个。集成推广少耕穴灌聚肥节水技术1000公顷、日光温室水肥一体化技术1433公顷、膜下滴灌技术1333公顷、“W”膜盖集雨补灌技术9000公顷、秸秆覆盖蓄水保墒培肥技术77.5万公顷，涌现出柳林宽膜多沟全覆盖抗旱种植、阳曲县全膜双垄沟播种植、五寨县渗水地膜覆盖等先进典型。二是认真组织实施旱作节水农业项目。在大同、阳高县实施农业部膜下滴灌技术示范面积400公顷，累计节水102万吨，节肥22.4吨，共节支增收680万元，取得了显著的经济效益。实践证明，这项技术可节水60%以上，肥料利用率提高20个百分点，亩节约成本增效一般大田作物150～200元，果树、日光温室达1000元以上，是一项具有节水、节肥、节药、省工、省地、增产、增收、改良土壤、改善农产品品质等“九大”功效和巨大推广潜力的新型实用技术。三是加强农田土壤墒情监测工作。2013年，省级土壤墒情监测点累计取得1.1万多个土壤水分监测数据，国家级20县农田墒情监测点累计取得墒情监测数据近1.2万个。各监测县结合农事活动，在作物生长关键时期适当增加监测次数，并对监测结果进行认真分析比较，及时通报有关部门。

组织开展土壤有机质提升工作。2012～2013年，山西省在永济、稷山、盐湖、夏县、襄汾、尧都、洪洞、曲沃等8个县（市、区）的45个乡（镇）、401个村实施夏玉米秸秆粉碎还田腐熟技术，推广应用5.3万公顷，在浑源、原平、长子等3个县（市、区）的11个乡（镇）、52个村实施增施商品有机肥培肥地力技术，推广应用7000公顷，建设200公顷以上连片核心示范区11个，设置观察点55个，通过公开招标购置秸秆腐熟剂2076吨，购置商品有机肥1万吨。示范田较对照田土壤有机质平均增加0.26克/千克，全氮、有效磷、速效钾分别增加0.03克/千克、0.62毫克/千克、8.2毫克/千克；土壤容重平均下降0.1克/立方厘米。示范田平均亩产小麦396千克，比对照亩增产19.6千克，增产5%，亩增收39元。5.4万公顷小麦示范田共增产小麦1568万千克，共计增收3120万元。通过项目实施，项目区畜禽粪等农业有机废弃物随意排放现象得到有效控制，消纳有机废弃物总量38万吨，减少化肥施用10%，农田生态环境明显改善，为无公害和绿色农产品的生产奠定地力基础。

【努力构建耕地质量保护长效机制】 狠抓补充耕地质量验收与评定的整体推进工作。运城、晋中两市农委在《山西省补充耕地质量验收评定工作管理办法（试行）》与《山西省补充耕地质量验收评定技术规范（试行）》的基础上因地制宜制定了各自的评定办法与实施方案。10月在运城举办了58个县、83人参加补充耕地质量验收评定技术培训班。2013年全省以农业部门参加补充耕地质量评定的项目达20个，专家实地踏查20人次，现场采集土样105个，分析化验652项次，组织专家评定次数20次，出具评定意见20份，完成评定面积1040公顷，其中，后期有培肥改良措施的面积为280公顷，占到参加评定项目的26.9%。

（张软斌　武少东）

扶贫开发

【启动百企千村产业扶贫开发工程】 山西是新一轮扶贫工作的重点省份，尚有58个贫困县，贫困人口达412万人，占全省总人口的17.1%。为让贫困地区和贫困农民尽快迈向小康，走出一条资源型地区扶贫开发的新路子，2013年4月，山西省委、省政府出台《关于实施百企千村产业扶贫开发工程的指导意见》，支持引导各类社会资本、民营资本、工商资本进入贫困地区，充分发挥企业资本、管理、技术、市场优势和贫困地区土地、劳动力、特色资源优势，通过实施区域化、规模化的产业扶贫开发，为农民增收提供产业支撑，为扶贫开发提供新的动力，实现农业现代化、工业化、城镇化、生态化一体推进，使企业在“地下”回报“地上”“黑色”反哺“绿色”中开拓新的产业，培植新的增长点，形成企业和农村、工业和农业共生共长，相互促进的全面、协调、可持续发展的新格局。

该工程是以吕梁山、太行山两大连片特困地区为主战场，旨在促进农民收入翻番，发挥组织、政策和资源优势，支持引导百家以上大中型企业，带动数千个贫困村实现区域化、规模化产业扶贫开发，促进农民增收和企业转型，加快改变贫困地区面貌，推动全省经济实现可持续发展的重大工程。“百企”将以省属国有企业为龙头，包括中央驻晋企业、市属国有企业、省内民营骨干企业，以及省外企业在内的各级各类规模以上企业。“千村”是指以吕梁山、太行山两大连片特困地区扶贫攻坚县为重点，贫困人口相对集中、农民人均纯收入低于2300元的贫困村。通过实施百企千村产业扶贫开发工程，在全省形成一批年度投入产业开发资金亿元以上、开发土地面积万亩以上、带动贫困劳动力就业千名以上的大型农业开发企业，促进贫困地区农业现代化、工业化、城镇化和生态化建设一体推进，实现各类各业企业多元发展，农民收入大幅增加。到2015年，带动贫困村2000个以上，培育发展一批带动农民增收效果显著的产业扶贫开发项目，区域内农民人均纯收入年均增幅高于全省平均水平，提前实现翻番目标。到2020年，带动贫困村5000个以上，全省易地扶贫搬迁任务全面完成。

为促进这项扶贫开发工程，山西省出台包括加大企业发展现代特色农业项目支持力度等在内的十大政策措施。

（李仁贵）

【2013年山西省扶贫开发工作概况】 2013年，全省58个县农民人均纯收入5761.2元，比2012年增长19%；36个国家扶贫开发工作重点县农民人均现金收入4378.2元，增长18.8%；21个连片特困地区县农民人均纯收入4275.2元，增长18.5%，三项增幅均超过全省农民人均纯收入12.5%的增长水平。新解决47万人口的脱贫问题。

1. 扶贫资金投入。2013年，全省安排财政扶贫资金17.83亿元，比2012年增加2.32亿元。其中，中央财政扶贫资金11.79亿元，增加1.39亿元；省级财政扶贫资金6.04亿元，增加9285万元。用于两个国家连片特困地区21个贫困县的财政专项扶贫资金达到7.34亿元，其中，中央财政扶贫资金5.99亿元，省级财政扶贫资金1.35亿元。2013年，中央安排给山西省以工代赈资金1.66亿元，比2012年增加200万元；省本级财政安排以工代赈资金1.87亿元。中央安排的少数民族发展资金561万元，省本级财政安排100万元。还有1亿元彩票公益金支持山西省革命老区整村推进项目建设。

2013年，山西省严格落实中央加快资金拨付和计划安排进度的要求，通过召开资金安排协调会、限定计划申报时间等措施，推进项目资金计划下达。确保了片区扶贫开发项目、连片特困地区扶贫攻坚试点项目、整村推进项目、易地扶贫搬迁项目、特困群众移民搬迁项目、劳动力转移培训项目、教育扶贫项目等各项重点工作的顺利开展。

2. 百企千村产业扶贫开发工程。百企千村产业扶贫开发工程启动实施以来，各级各部门谋划储备项目，制定出台优惠政策，搞好服务创优环境，积极支持引导企业参与产业扶贫开发。到2013年年底，58个贫困县正在实施和开工建设的项目209个，项目内容覆盖设施农业、规模养殖、特色农业、农产品加工流通、易地扶贫搬迁、开发性农业建设、生态旅游等领域，涉及总投资690.8亿元，可吸纳带动贫困村劳动力就业10万人以上。其中，总投资亿元以上项目119个，开发、流转土地或带动基地建设万亩以上的项目32个。

3. 连片特困地区扶贫攻坚。山西省扶贫办组织21个连片特困地区扶贫攻坚县，在国家吕梁山、燕山—太行山片区开发总体规划的基础上完成了县级扶贫攻坚“实施规划”和“产业扶贫规划”。在对县级“实施规划”和“产业扶贫规划”项目进行筛选、分类，吸收相关厅局审核补充修改意见的基础上，完成省级扶贫攻坚“实施规划”和“产业扶贫规划”，并经省政府批复后上报国务院扶贫办和国家有关部委。扎实推进两个连片特困地区内10个县的扶贫攻坚试点项目。2013年，共安排财政扶贫资金2亿元，对2012年启动实施的五台、天镇、岢岚、临县、大宁5个试点县和天镇—阳高—大同、大宁—吉县、临县—兴县—岚县—岢岚3个示范片的试点项目继续连续扶持。项目涉及200余个贫困村，4万户14万人，其中，贫困户2.6万户8.6万人。试点工作以特色优势产业开发为突破口，一个试点县重点规划一项主导产业，一个示范片重点规划2～3个主导产业，通过连续扶持，以试点示范效应，引领推进全省扶贫攻坚工程。

4. 易地扶贫搬迁。全年投入财政扶贫资金5亿元，安排搬迁任务10万人，项目涉及11个市、82个农业县（区）。采取调查研究与督导检查相结合的方式，通过召开易地扶贫搬迁现场推进会和学习借鉴省内外成功做法，完善易地扶贫搬迁政策措施，改革工作推进机制，以政策倾斜、指标优先等激励易地扶贫搬迁工作加快推进。2013年全省搬迁开工9.4万人，开工率94.2%；主体工程完工7.4万人，完工率73.7%，超额完成两个60%的年度目标任务。

5. 片区扶贫开发工程。2013年，投入财政扶贫资金2.4亿元，以发展产业基地、建设农产品龙头企业和市场服务体系、实施培训工程等建设内容，实施平鲁区荞麦产业、黎城核桃产业、石楼核桃产业、交口核桃产业、垣曲核桃产业、灵丘核桃产业、榆社核桃产业、静乐绒山羊产业、古县核桃产业、武乡核桃产业、昔阳核桃产业、安泽有机玉米产业等12个片区扶贫开发项目，覆盖12个县783个村（含自然村）的22万农村人口，其中，贫困人口13.2万人。

6. 整村推进。2013年，分三批下达扶持410个贫困村整村推进扶持资金2.05亿元，新扶持整村推进项目村290个。帮扶连片特困地区内国家扶贫开发工作重点县13个县114个村，帮扶连片特困地区外国家扶贫开发工作重点县15个县176个村。按照《关于少数民族聚集村扶贫开发专题会议》决定精神，2012年年底分别对平陆县4个民族村、吉县1个民族村、壶关县2个民族村、阳高县1个民族村，共8个民族村，按照村均省级财政扶贫资金50万元的补助标准统筹安排到县，主要用于贫困农民增收的产业项目，以及围绕产业项目的基础设施建设。

7. *扶贫龙头企业*。2013年，对177家扶贫龙头企业、172个支撑项目、161个其他项目企业以及贫困县的主导产业进行全面摸底调查。对符合条件的29.8亿元支撑项目贷款给予5547万元的财政贴息。对32家国家扶贫龙头企业进行动态调整。在广灵、隰县、大宁、岢岚、五寨、临县、岚县等7个连片特困地区扶贫攻坚县开展无公害农产品、绿色食品、有机农产品"三品"认证绿色扶贫工作。对筛选认证的16个企业（合作社）、30个产品安排帮扶资金100万元。推进扶贫金融合作，在山西省金融服务平台上发布贫困县需要贷款企业名单，并向金融机构进行推介。

8. *外资扶贫*。亚行贷款山西河川流域农业综合开发项目继续实施。2013年完成年度投资2.23亿元，其中，良种养殖产业基地建设，完成投资1.11亿元，涉及1626户；特色高效优势农业产业基地建设，完成投资2864.9万元，建设624.2公顷经济林，涉及1872户；高效节水设施农业产业基地建设，完成总投资8310.4万元，涉及2853个受益户。示范小区基础设施配套工程，完成计划申报和方案编制，共有6461户农户受益。2013年，山西省还实施了亚行赠款项目"通过地下水管理适应气候变化"（项目名称），完成4个项目县示范工程建设及验收工作。培训13期，直接受益328户、996人，间接受益5500余人。亚行赠款"山西妇女经济赋权试点项目"，组织4个村完成两轮小额信贷110.8万元，完成提款5.4万美元，累计完成提款申请19.5万美元。完成外部监测评价报告及项目终期报告，召开项目交流总结会。

9. *机关定点扶贫*。2013年，省、市、县三级共抽调3.2万名机关单位干部组成9410支农村工作队，对1.5万个行政村进行定点帮扶。全年共帮助新上项目5954个，投入和引进资金10.62亿元，帮助引进人才1573人，资助贫困学生1.9万人。山西省委农村工作队由170支779人组成，进驻39个县进行帮扶，覆盖国家扶贫开发工作重点县36个县，派驻工作队覆盖全省39个县的3760个村庄，分别占全省119个县（区）2.8万个村的32.8%、13.4%。中央单位驻晋定点帮扶单位由原来的16家增加到2013年的23家，实现中央单位对36个国家扶贫开发重点县帮扶全覆盖。

10. *领导干部包村增收活动*。2013年，结合省市县三级换届，领导干部调整变动较大的实际，对全省领导干部包村增收活动包扶的6010个村的情况进行摸底统计；对6个市、26个县的243个包扶村进行了调整。全年共规划实施项目1.5万多个，年内新开工项目7848个。

11. *雨露计划*。2013年，省级安排贫困地区劳动力转移培训5万人，依托129个"雨露计划"培训基地，通过实施外出就业技能、技能提升、劳动预备制和创业分类培训，促进扶贫对象稳定就业、增加收入。安排农业实用技术培训7万人次，瞄准在乡务农的青壮年劳动力，集中抓好服务当地产业开发的实用技术培训、科技项目示范和新技术推广，帮助扶贫对象提高产业开发能力。截至2013年年底，共完成劳动力转移培训4.5万人、农业实用技术培训6.2万人次。

12. *教育扶贫*。2013年继续实施教育扶贫"万人助学"工程。下达教育扶贫资金3000万元，扶持贫困大学生2542名、贫困中职生4645名、贫困高中生1万名，教育扶贫当年受助生规模累计达到1.7万人。

13. *彩票公益金项目*。2013年，省扶贫办印发《关于做好申报2013年中央专项彩票公益金支持贫困革命老区整村推进项目入库工作的通知》（晋开发办〔2013〕88号），启动项目入库工作。经过评审，最终选择和顺、平陆、右玉、中阳、武乡、宁武县、河曲县、保德县8个革命老区县为山西省2013年中央专项彩票公益金项目县，下达了县均1250万元，共计1亿元的彩票公益项目资金。协助国务院扶贫办外资中心完成"2010年彩票公益金整村推进项目"实施评估工作。上报"山西省2011～2012年彩票公益金整村推进项目"实施进展情况，实地验收了方山、娄烦、左权和壶关等县"2010～2012年彩票公益金实施项目"。

14. *村级互助资金*。山西省贫困村互助资金试点工作从2006年开始，至2013年年底，资金总规模达4663.3万元。其中，中央财政扶贫资金3097.8万元，省级财政扶贫资金1128.2万元，农户交纳互助金437.2万元。共有1.6万户农户加入互助组织，其中，贫困户1.1万户，占入户成员的71.8%，累计借款人次1.3万人，累计发放借款5957.6万元。用于发展种植业2496.9万元，占36.9%；用于发展养殖业1995.2万元，占33.5%；用于发展商业及运输业674.7万元，占11.3%；用于发展加工业552.6万元，占9%；其他212.2万元，占3%。累计还款4740.2万元。

（刘世锋）

畜牧业

【畜牧业生产稳步增长】 2013年，全省肉、蛋、奶等主要畜产品产量分别为83.2万吨、80万吨和87.2万吨，分别比2012年增长7.5%、7.1%和7.7%。在全国畜产品生产增速普遍放缓的情况下，山西省畜牧业增幅高于全国水平。

【畜牧业工作主要特点】 *加大政策扶持力度，畜牧业政策效应发挥好。*面对重大动物疫病挑战，进一步加大政策调控力度。H7N9事件后，及时研究制定家禽业的政策措施，中央和省财政安排5000万元，对种鸡场户和加工龙头企业给予补助。确保畜牧业生产安全,不断完善政策扶持体系,加大产业结构优化调整力度,先后新增和整合资金1.3亿元,重点对牛羊等优势产业在良繁体系、棚圈建设、草地建设等方面给予扶持,牛羊产业发展的政策体系进一步完善。积极争取国家政策扶持,风沙源治理县由2012年的13个增加到23个,项目资金达到9000多万元。在上半年生猪产业发生波动时,及时启动监测预警工作,实行价格周报制度,加强对生猪市场价格变动情况及生产情况的监测,为开展生猪收储政策提供了重要依据,并及时指导养殖户调整生产结构,促使生猪业于8月开始走出亏损状态。

加快转变发展方式,现代畜牧业推进力度大。推动畜牧产业和企业加快转型升级,在发展中积极寻找机遇,鼓励工商资本投资畜牧业、发展畜牧业。近两年来,山西省通过大力开展招商引资活动,业内外资本顺势发展,加大投资、兼并整合,在家禽、生猪、牛羊、奶业等领域跑马圈地、抢占市场。

加大畜牧技术攻关力度,科技支撑能力提升快。坚持把科技作为发展现代畜牧业的核心,围绕畜牧业发展的关键环节,积极开展科研攻关和技术推广。在良繁体系建设上,自主培育的"晋汾白猪"新品种,通过国家畜禽遗传资源委员会的审定。右玉边鸡被列为国家级畜禽遗传资源保护范围。新建10个肉牛种牛场,肉牛冻精改良实现全覆盖。首次在全省推广奶牛性控冻精2万份。新建30个种羊场,推广神池县母羊多胎繁育技术,畜禽生产性能进一步提高。在饲草饲料生产上,积极开展区域性重点草种生产试验,规范牧草生产技术,编定的《紫花苜蓿栽培技术规程》和《无芒雀麦栽培技术规程》通过省质量技术监督局审查,全年推广利用秸秆等粗饲料650万吨,比2012年增长5%。

强化责任制度落实,"两个确保"成效显著。努力确保不发生区域性重大动物疫情和确保不发生重大畜产品安全事件,是2013年年初确定的安全监管的重大目标。2013年未发生区域性重大动物疫情和畜产品安全事件。在重大疫病防控上,出台《山西省中长期动物疫病防控规划》,对重大疫病防控工作作了全面部署。全面强化以强制免疫为主的综合防控措施,及时组织春秋集中免疫,确保口蹄疫、禽流感、猪瘟、猪蓝耳病的免疫密度和免疫效果。安排部署H7N9禽流感监测和排查,不断扩大对抗体和抗原的监测比例,及时组织消毒灭源工作。全面落实防控责任制和责任追究制,完善应急处置预案。认真落实农业部动物检疫执法"六条禁令",依法规范动检人员的执法行为,切实加强对养殖、流通、屠宰环节的监督管理。重大疫病防控总体水平进一步提升。在畜产品安全监管上,进一步深入开展以瘦肉精、生鲜乳、兽药抗生素为主要内容的专项整治行动,规范生产经营行为,明确各级主体资格责任,确保监管到位。全年饲料产品抽检合格率98.6%,鲜奶和畜产品兽药残留合格率均达到100%,畜产品安全水平明显提升。

【推进现代畜牧业稳健发展,确保畜产品质量安全】 紧扭规模化发展方向,加快发展方式调转。2013年,通过部、省同步创建、严格审核赛选、加强技术培训、提前介入指导等措施,积极开展畜禽养殖标准化示范创建活动。同时,作为全省畜牧业重点建设区域的雁门关生态畜牧经济区,开展以自繁自育为主的家庭牧场生态养殖示范工程建设。

以牛羊产业发展为重点,进一步增强政策保障能力。为切实加快山西省牛羊产业发展步伐,提高畜牧业的整体发展能力,2013年省政府出台的10项惠农政策中,新增了牛羊良种补贴项目和牧草基地建设补贴项目。省政府组织召开全省牛羊产业发展座谈会,决定整合中央现代农业资金、农业综合开发资金、扶贫资金和省财政资金共1亿元,对牛羊生产实行"四补一贴"政策,即对牛羊良繁体系建设补助、标准化牛羊养殖场建设补助、养殖户种草补助、秸秆青贮氨化补助和企业贷款贴息。这些政策的充分落实将大大提高全省牛羊产业乃至整个畜牧业的发展动力。

大力开展招商引资工作,进一步推进产业化发展步伐。2013年中国(山西)第三届特色农产品交易博览会上,畜牧招商引资工作取得扎实成效,突出表现为"签约金额大、项目种类多"。签约项目92个,总投资额近274亿元,招商引资额238亿元,分别比2012年提高109%、68%、83%。签约项目种类涉及畜禽养殖、屠宰加工、饲料生产等多个方面。新西兰恒天然、天津宝迪、中粮、中国新农村、广东温氏等一批大集团、大企业纷纷入驻山西投资畜牧业,加快了山西省畜牧业龙头企业驱动和大项目引领发展的进程。

以落实完善综合防控措施为主,进一步做好动物疫病防控。认真实施《山西省中长期动物疫病防治规划(2013~2020年)》,扎实开展春秋两季集中免疫工作以及H7N9禽流感监测和流行病学调查,进一步强化以政府为主导的防控责任体系建设,严格落实疫病防控综合措施,确保全省没有发生一起区域性重大动物疫情的好成绩。完成全国执业兽医资格考试山西考区任务,共有712名考生参加考试,严密组织考务管理,没有发生一起违纪行为。解决了人员工资补贴问题,全省115个农业县中,已有111个县全额落实乡镇兽医人员工资;全省2.2万名村级防疫员全部解决了补助待遇,其中有70个县每人每月补助标准达到200元以上,有力促进了防疫工作的开展。

积极构建内堵外查监管网,进一步提高畜产品质量安全水平。不断强化动物检疫工作,保证产地检疫率和动物屠宰检疫率100%。大力开展动物防疫条件审查和跨省引进乳用种用动物卫生监督专项整治行动,积极推进畜禽标识追溯体系建设,全力做好病死动物无害化处理工作,严格落实生猪无害化处理补贴经费。严格实施饲料行政审批和备案,对全省265家饲料生产企业进行检查备案,取缔20家不合格饲料生产企业。认真开展饲料和生鲜乳质量安全专项整治市际间交叉检查,重点检查了66个生鲜乳收购站、40辆运输车、27个供生产婴幼儿奶粉的奶站、所有供应奶吧生鲜乳的奶站。进一步加大各类兽药、饲料的监测频次,共完成饲料产品抽检628批次,抽检合格率98.6%,合格率比2012年提高1.5个百分点;完成畜产品兽药残留例行监测2104批次,抽检合格率100%,畜产品质量安全水平明显提高。

(兰志杰)

农垦事业

【垦区经济保持平稳较快发展】 2013年,山西农垦系统共有企业29个,分布在全省9个市、26个县(区)境内,其中,省属企业8个,市属企业10个,县属企业11个。垦区总人口2.8万人,土地总面积2.5万公顷,其中,耕地6767公顷。到2013年年底,共有以农牧业为主的企业26个,工业企业1个,商业企业2个。全省垦区总资产9.7亿元,总负债8.43亿元,所有者权益1.31亿元,资产负债率86.5%。

2013年,全省垦区地区生产总值5.84亿元,比2012年增长26.6%。垦区粮食生产再创历史新高,总产量3.2万吨,增长3.2%;奶牛存栏1.3万头。职工人均纯收入1.6万元。

【2013年山西农垦工作特点】 *以"一场一品"为发展主题,在农垦现代农业示范区和养殖示范场建设上下功夫。*2013年,农业部农垦局提出"两个率先"发展目标,即率先实现农业现代化、率先全面建成小康社会。省农垦局紧紧围绕加快全省现代农业建设的发展思路,结合农场实际,创建以"一场一品"为主题、具有农垦特色的现代农业示范园区,并已初显成效。一是全力打造现代畜牧养殖示范园区。山阴农牧场以发展奶牛养殖为主导产业,建设4个标准化千头牧场,并建成万亩优质饲草基地和股份制饲料厂。二是全力打造万亩优质蔬菜示范园区。忻定农牧场以发展蔬菜和玉米种植为主导产业,列入全国100个农垦现代农业示范园区,已建成日光温室蔬菜大棚50座,拟再建150座。三是全力打造休闲观光农业示范园区。大同云城乳业利用城郊优势,建成200个果蔬日光温室。四是全力打造现代农业科技示范园区。朔州红旗牧场实施667公顷(1万亩)膜下滴灌示范工程,建成300栋蔬菜温室大棚,4个现代化奶牛示范场;长治果树场开发建设66.7公顷现代农业示范园区,占地16.7公顷的62个标准日光大棚已产生可观的效益。

*以建设"和谐、美丽、小康"新农场为宗旨,在民生改善上下功夫。*2013年,农垦系统在22个农场、4760户的危房改造及配套基础设施建设项目中,3369户主体工程基本完工,完工率70.8%;累计完成投资4.38亿元,投资完成率56.4%。2011年,山西省开始实施农垦危房改造项目,两年来共为农场争取危房改造及配套基础设施建设资金1.74亿元。

*以落实政策资金为契机,在增强农场实力上下功夫。*2013年,省农垦局为农场争取扶贫开发资金620万元、国有农场办社会职能改革资金335万元、税费改革资金524万元、"一事一议"奖补30万元、特困企业医疗补助118万元、民政救灾补助60万元、公路建设500万元,困难职工补助等各类政策性资金2400多万元。积极开展土地确权和维权工作。为忻定农牧场争取到基本农田整理项目,项目总投资1488.8万元,批准整理土地409.2公顷,新增耕地14.4公顷。这些政策、项目、资金的有效落实,切实减轻了农场农工负担,激发了农场的发展活力。

*以技术培训和科技带动为手段,在提高职工组织化程度上下功夫。*深入落实中共中央、国务院《关于加快发展现代农业,进一步增强农村发展活力的若干意见》,着力构建集约化、专业化、组织化、社会化相结合的新型农业经营体系,进一步解放和发展农场社会生产力,稳步提高农垦职工组织化程度。加强农产品质量安全管理。以被农业部批准为农产品质量追溯创建单位的大同市云城有机蔬菜种植有限公司为核心,示范带动其他农场、地方农业企业、农民专业合作社开展追溯系统建设,推动农垦农产品质量安全水平的提升。多层次、多渠道、多形式地开展农场职工培训,提高农场职工的生产技能,重点对农业节水灌溉、蔬菜大棚高产、奶牛养殖高产等农业实用技术培训进行了专题培训。

*以全面加强安全生产工作为重点,在确保垦区生产、生活安全环境上下功夫。*全省农垦系统继续贯彻落实"安全第一,预防为主,综合治理"的思想方针,确保安全生产无事故。加大安全生产宣传力度,各企业积极组织开展安全生产自查和隐患排查治理,预防安全事故的发生。开展"安全生产月"活动,确保垦区生产安全和社会稳定。

(许云麒)

林　业

【2013年全省造林绿化工作成效显著】 2013年,全省完成造林面积30.3万公顷,完成年计划任务30万公顷的101%。

按造林方式分:人工造林24.1万公顷,飞播造林1732公顷,封山育林新封6万公顷。

按省级六大工程分:"两山"造林工程14.3万公顷,"两网"绿化工程5.2万公顷,"两林"富民工程6.7万公顷,"两区"增绿工程2.1万公顷,"双百"示范工程2万公顷。

国家林业重点工程完成造林14.7万公顷,占全部造林面积的48.5%。其中,"天保"工程造林4.2万公顷,退耕及巩固退耕还林成果专项任务造林5.1万公顷,京津风沙源治理工程造林1.5万公顷,"三北"防护林工程造林2.8万公顷,太行山绿化工程造林1.1万公顷。野生动植物保护及自然保护区建设工程,全省自然保护区45处,保护区总面积109.9万公顷。太岳山国有林管理局灵空山自然保护区由省级晋升为国家级,国家级保护区增至7个,面积11.7万公顷。

完成四旁植树1.05亿株,完成义务植树5294.8万株。育苗5.6万公顷,其中,新育苗2.4万公顷。

【高位推动，凝聚力量，林业投入持续增加】 进一步加强晋西地区林业生态治理，各地陆续召开推进造林绿化部署会。太原市全力建设“青山绿水之城和蓝天白云之城”，大同市将生态建设工程列入市政府十大工程，忻州市将2014年、2015年确定为“林业生态建设年”。

各级财政对林业建设的支持力度不断加大。2013年，全省林业投资完成110.1亿元，比2012年增长7.4%。其中，国家预算内资金77.64亿元（中央投资23.48亿元，地方投资54.16亿元），利用外资740万元，自筹资金32.39亿元。在总投资中地方投资占国家投资的69.8%，增长3倍，成为拉动山西省林业投资增长的主要因素。

【统筹布局，合理规划，规模造林得以突显】 *突出重点布局*。各地围绕高速公路通道绿化和吕梁山生态脆弱区集中布局实施造林绿化工程。左权县捆绑各级资金，整合各类工程，高标准完成汾邢高速通道绿化1533公顷。左云县投资3.5亿元在大呼高速沿线连片实施高标准造林667公顷。中阳县在吕梁山生态脆弱区交通沿线30千米路段，集中布局造林绿化工程3333公顷。

集中连片布局。大同市、长治市集中连片的造林工程占到总任务的50%以上。临汾市新建667公顷以上工程11处，334公顷以上13处，133公顷以上26处。晋中市2013年新扩建667公顷以上绿化工程9处，67公顷绿化工程近百处。

新旧衔接布局。大同市新荣区、灵丘县新旧工程连片治理面积1.3万公顷。朔州市平鲁区开通200千米生态廊道，完成7个7000公顷生态精品工程。晋城市对泽州县和高平市相邻区域的百个村进行连片绿化，整体治理。沁县、平定、偏关等县新实施的规模造林都与以往工程有机衔接，构成完整的生态防护体系。

【科学造林，严格管理，营林水平有新提升】 *科学造林成效显著*。“2+2”或“2+3”的容器苗成为全省荒山造林的首选，身边增绿所选用的阔叶树苗木胸径基本控制在5厘米以下。全省混交造林、阔叶树造林所占比重正在加大。长治市所有荒山造林工程全部采用混交模式。武乡县荒山造林增加了榆树、臭椿等乡土阔叶树种。浮山、隰县、安泽等地针对地形支离破碎、梁峁沟壑纵横的情况，采取多模式整地、多林种造林、多树种混交的办法，对区域生态进行综合治理。

管理抚育措施切实到位。各地依托省级未成林造林地抚育管护项目，加强对新造林的抚育管护。大同市对2012年以来新实施的工程全部进行拉网封禁。晋中市县两级2013年用于新造林管护资金达到4000万元，重点用于身边增绿重点区域的新造林管护。晋城市级财政投资500万元启动地方森林抚育工作。

产业富民造管并举。各地把核桃、双季槐、仁用杏、连翘等经济林作为富民增收的重要途径，加大规模、强化管理，呈现出种植基地化、管理园区化的发展态势。偏关县对发展仁用杏补助200元/亩，连续补5年，建成667公顷仁用杏经济林基地。晋城市建成67公顷以上核桃园19处，新发展连翘灌木经济林1.2万公顷。运城市新发展以核桃为主的干果经济林1.7万公顷。在经济林管理上，全省依托核桃低效林改造项目，管理意识和管理水平进一步提升。

【政策先导，机制驱动，开发式造林有效延伸】 *集体林权改革基本完成，加快推进配套改革*。出台林权抵押贷款、林权流转管理、森林保险等政策措施。省委办公厅、省政府办公厅印发《关于深化集体林权制度改革的实施意见》，出台《山西省集体林权流转办法》，为进一步深化林改指明了方向，提供了政策保障。拟定了《财政支持农民林业专业合作社建设项目评审实施方案》《林业专业合作社申报项目指南》等。

太原市开发式造林逐步深入，在东西两山建成12个总面积5333公顷的城郊森林公园。襄垣县、沁源县按照“政府扶持引导、农民出地入股、企业大户出资、利益比例分成”的模式，引导企业大户流转农村闲置土地，大力建设经济林产业园区。合作造林机制持续。省直林局按照“政府协调土地、林局造林管护、收益比例分成”的模式与市县政府广泛开展合作造林，模式新、机制活、成效好。五台林局、黑茶林局、关帝林局合作造林均在667公顷以上。以煤补林机制深化。晋城市采取政府下计划、部门定标准、工程进乡村、煤矿管实施的办法，完成企业造林1867公顷。高平市35家煤矿完成80个村庄的绿化工程。忻州市启动实施“企业林”建设，全市9个县30多家企业共投资1.9亿元用于造林绿化。工程运作机制规范。全额投入的造林绿化工程严格实行招标、监理、报账、合同等“四制”管理，选用专业造林公司施工，工程建设质量得到有效保证。阳泉市全面推行招投标制，重点工程全部由造林专业队伍组织施工。

【严格保护，综合管护，资源管理再上新台阶】 全面落实天然林保护工程目标、任务、资金、责任四到位和综合保护措施，森林资源得到有效保护。2013年发生森林火情220起，过火面积2147公顷，受害森林面积421公顷，森林火灾受害率0.15‰，大大低于省政府确定的0.5‰的年度控制目标，全省未发生重大森林火灾。各级森林公安机关共查处森林和野生动物案件3350起，林政处罚5585人次，为国家挽回直接经济损失1000余万元。全省各地重点实施林业有害生物防治23.2万公顷，成灾率1.15‰，远低于4.3‰的控制指标，有效遏制了有害生物的蔓延。

【注重民生，重点推动，林业产业发展稳步推进】 按照生态建设产业化、产业发展生态化思路，山西省坚持增绿与增收并举，林业产业稳步发展，实现持续增长。2013年林业产值345.87亿元，比2012年增长11%。森林旅游业继续领跑第三产业，全年林业旅游业产值7.16亿元，增长50.1%。旅游直接带动的其他产业产值8.08亿元，增长64.1%。全年森林旅游人次826.9

万人，增长83.8%。经济林发展依然是民生林业建设重点。全省各类经济林总面积130.9万公顷，增长9.5%。

（张桂香）

【持续开展创建林业生态县活动】建设目标。到2015年全省35%的县（市、区）达到林业生态县标准，力争到2020年60%以上的县（市、区）达到林业生态县标准。

创建标准。1.森林覆盖率。晋北晋西北风沙区森林覆盖率达到22%以上，吕梁山黄土高原区森林覆盖率达到32%以上，太行山土石山区森林覆盖率达到31%以上，中南部盆地森林覆盖率达到18%以上。林业用地面积小，无法达到森林覆盖率指标的，宜林地林木绿化率达到95%以上。

2.森林蓄积量和固碳量。晋北晋西北风沙区森林蓄积年净增率达到2.5%以上，吕梁山黄土高原区森林蓄积年净增率达到3%以上，太行山土石山区森林蓄积年净增率达到3.4%以上，中南部盆地区森林蓄积年净增率达到4%以上。森林固碳量年净增率不低于该区域森林蓄积年净增率。

3.路网水网绿化。高速公路两侧可绿化路段绿化率达到95%以上，一、二级国省道两侧可绿化路段绿化率达到90%以上，其他等级公路可绿化路段绿化率达到80%以上。铁路可绿化路段绿化率达到90%以上。主要河流两侧可建护岸林建成率达到90%以上。所有公路、铁路、主要河流两侧第一山脊线或1000米范围内宜林地林木绿化率达到90%以上。

4.城乡绿化。县（市、区）城建成区林木绿化率达到35%以上，周边3千米范围内宜林地林木绿化率达到90%以上，建成一处以上城郊森林公园。全县（市、区）80%以上的行政村居住区林木绿化率达到20%以上（大同、朔州市达到15%以上），且每个行政村建成一处以上公共休闲绿地。

5.平原绿化。平原县农田林网控制率达到90%以上。

6.企业绿化。煤炭企业从吨煤10元生态环境治理保证金中，划出20%～30%重点用于本企业矿区造林绿化。不具备绿化条件的要统筹安排，实行异地造林。

7.林地保护。验收当年和上年度森林火灾受害率控制在省政府与各市签订的年度目标责任制考核指标范围之内，无重特大森林火灾和人员伤亡事故；验收当年和上年度林业有害生物成灾率控制在省政府与各市签订的年度目标责任制考核指标范围之内，无重大外来有害生物入侵和蔓延；征占用林地审核审批率达到95%以上，无重特大林业案件。

8.保护区系建设。自然保护区、森林公园（包括城郊森林公园）、自然保护小区、湿地公园总面积占国土总面积的比重，山区达到9%以上，半山区和丘陵区达到6%以上，平原区达到3%以上。古树名木建档保护率达到100%。

9.领导重视程度。县（市、区）财政每年对林业生态建设投入的增长幅度高于财政经常性收入的增长比例。自申报年度起全面完成林业“六大”工程建设任务。建立县级森林生态效益补偿制度。新造林地按照千亩专人管护、万亩设站管护、2000公顷以上建场管护的要求得到有效保护。林权证发放率达到95%以上。机关、企事业单位职工义务植树建卡率达到80%以上，尽责率达到70%以上。积极组织开展碳汇造林。

【山西省林业生态县功能区划名单】（一）晋北晋西北防风固沙林区：包括大同县、大同市新荣区、大同市城区、大同市矿区、左云县、阳高县、天镇县、大同市南郊区、浑源县、灵丘县、广灵县、右玉县、朔州市平鲁区、朔州市朔城区、应县、山阴县、怀仁县、河曲县、保德县、偏关县、神池县、五寨县、岢岚县、宁武县、静乐县、繁峙县、代县等27个县（区）。

（二）吕梁山黄土高原水土保持林区：包括原平市、忻州市忻府区、兴县、临县、岚县、孝义市、石楼县、柳林县、方山县、中阳县、交口县、交城县、汾阳市、吕梁市离石区、娄烦县、古交市、太原市晋源区、太原市尖草坪区、太原市万柏林区、隰县、永和县、大宁县、吉县、乡宁县、蒲县、汾西县、新绛县、稷山县、河津市、万荣县等30个县（市、区）。

（三）太行山土石山水源涵养林区：包括五台县、阳曲县、太原市迎泽区、太原市杏花岭区、榆社县、和顺县、左权县、寿阳县、昔阳县、灵石县、平定县、盂县、阳泉市城区、阳泉市矿区、阳泉市郊区、平顺县、黎城县、壶关县、武乡县、沁源县、沁县、霍州市、安泽县、翼城县、古县、浮山县、陵川县、沁水县、阳城县、垣曲县、平陆县、芮城县等32个县（市、区）。

（四）中南部盆地防护经济林区：包括定襄县、清徐县、太原市小店区、介休市、平遥县、祁县、太谷县、晋中市榆次区、文水县、屯留县、长治县、潞城市、长子县、襄垣县、长治市郊区、长治市城区、高平市、泽州县、晋城市城区、侯马市、襄汾县、曲沃县、临汾市尧都区、洪洞县、运城市盐湖区、临猗县、永济市、闻喜县、夏县、绛县等30个县（市、区）。

（李仁贵）

水利事业

【2013年山西省水利工作概况】2013年，山西省累计完成水利投资180.52亿元。全省建成水库637座，其中，大型水库10座，中型水库67座，现有大中型水库库容48.56亿立方米。全年实际灌溉面积133.9万公顷。小型水利设施8535处，小型水利灌溉面积9.3万公顷。累计除涝面积8.9万公顷。万亩以上灌区118处，万亩以上机电灌站70处，防渗长度8874.5千米。累计堤防长度1万千米。水利工程总供水量69.67亿立方米。地下水开采量33.99亿立方米，水土流失累计治理面积547.6万公顷，新增水土流失累计治理面积24.3万公顷。改善和提高农村饮水安全标准人口60.4万人。城乡供水工程年供水量11.69亿立方米。全省

小水电全年发电量3.41亿千瓦小时。水产品总量4.6万吨，较2012年增长10.6%。

【水政工作】 法规建设。2013年3月1日，《山西省节约用水条例》正式施行。10月，编制水利立法项目计划报送省法制办，建议将《山西省实施〈中华人民共和国水土保持法〉办法》（修订）和《山西省实施〈中华人民共和国渔业法〉办法》（修订）列入2014年人大立法项目；呈报《山西省农村饮水管理办法》列入省政府2014年政府立法项目。

制定《山西省水库标准化建设与管理指导意见》（试行），意见适用于山西省水库主要建筑物达到设计标准，病险水库除险加固任务已完成，组建有水库管理单位的大中小型水库。分为总则、工程及设施、组织机构、安全管理、运行管理、积极管理6个部分46条。

水行政执法。2013年6月，山西省水利厅取消办理“水利工程开工审批”和“水文监测资料使用审查”两项行政审批事项。截至2013年底，由省水利厅负责实施行政许可项目15项。省水利厅组织全省各市县开展对河湖执法情况进行专项检查活动，各地共查处各类河湖违法案件170余次，限期整改80余起。各市、县共对180余起违法采砂行为进行集中打击和清理，取缔违法采砂点16家，拆除洗砂设施6处。执法检查活动取得明显成效，净化了河道采砂环境，同时对河维费的征收起到有力的促进作用。8月，省水利厅配合省人大赴大同、忻州、吕梁等市进行了“一法一例”（《防洪法》、《抗旱条例》）专项检查。

（王秀芳）

【水资源开发利用和环境质量状况】 山西省地下水资源开发利用状况。山西省地下水资源地域分布不均。全省地下水天然资源总量89.4亿立方米/年，其中，黄河流域（占全省总面积的62.2%）地下水天然资源量48.2亿立方米/年，约占全省地下水天然资源量的53.9%；海河流域（占全省总面积的37.8%）地下水天然资源量41.2亿立方米/年，约占全省地下水天然水资源量的46.1%。

山西省地下水资源开发强度不断加大。随着经济社会的不断发展，地下水开发利用量已由20世纪80年代初的11亿立方米增加到近年来的40多亿立方米，占总用水量的60%以上。

山西省地下水资源超采问题突出。根据2007年《山西省1：50万水文地质图说明书》：全省已形成集中开采水源地降落漏斗22个，其中，孔隙水16个、裂隙水2个、岩溶水4个，地下水超采面积达1.1万平方千米，严重超采区面积达4946平方千米。超采区开采量为16.92亿立方米，超采量为7.33亿立方米，超采量占43.3%。近年来，通过关井压产、实施许可证制度以及水价调控等一系列管理措施，地下水超采问题得到有效节制，形成的降落漏斗水位均有不同程度的回升，但由于地下水多年的过量开采和降水量的偏小，地下水天然流场短期内尚难以恢复。

山西省地下水环境质量状况。根据山西省地下水资源水质评价，全省Ⅰ类水分布面积70平方千米，占全省总面积的0.05%；Ⅱ类水分布面积7316平方千米，占全省总面积的4.7%；Ⅲ类水分布面积12.4万平方千米，占全省总面积的79.5%；Ⅳ类水分布面积1.9万平方千米，占全省总面积的12.5%；Ⅴ类水分布面积5224平方千米，占全省总面积的3.3%。总的分布特征是：Ⅰ、Ⅱ、Ⅲ类水主要集中在经济相对落后、人类活动影响较小流域和上、中游山区；Ⅳ、Ⅴ类水主要分布于经济相对发达、地下水开发利用程度高的盆地、工矿企业和人口密集的城镇及岩溶大泉排泄区。虽然Ⅳ类、Ⅴ类分布面积占全省比重不高，但其所处区域战略位置重要，对全省经济社会发展以及水资源合理开发利用和保护影响较大。

根据2011年《山西省集中式饮用水水源环境状况评估报告》，全省11个地级城市的21个地下水水源地中，有19个地下水水源达标，阳泉市娘子关排泄区和临汾市土门两个水源地总硬度、硫酸盐超标，均属受自然地质环境因素影响所致。

（李仁贵）

【水生态系统保护与修复前期工作】 根据水利部批准山西省为全国首个水生态系统保护与修复试点省份文件精神，开展了娘子关、辛安、神头、晋祠、兰村、柳林、雷鸣寺等19个岩溶地下水的水生态保护与修复工作，编制了《山西省岩溶大泉水生态环境保护与治理修复工作指导意见及工程实施方案技术大纲》；在对2000年划定的全省地下水超采区复核的基础上，编制完成《山西省地下水超采区评价报告》，划定了地下水限采和禁采范围。

积极协调省政府法制办、省国土资源厅等有关部门，对全省19处岩溶大泉进行全面系统调查，分析了各个岩溶泉域水量、水质的变化特征，以及影响泉流量和水质的主要因素，分泉源、水量、水质重点区域对岩溶泉域保护区范围重新提出划定方案，明确了泉域保护的主要目标，年底之前将上报省政府批复。

重点组织开展了晋祠、神头泉等岩溶泉综合治理工程，晋祠风峪沟店头村—龙泉寺段2千米堤防修复、河岸绿化等水生态修复工程已完工；朔州市神头泉东西海泉组和小泊泉组水源地保护治理工程施工正在进行，东西海泉组治理工程共完成泉域清淤5万立方米、浆砌石1000立方米。

为进一步优化水资源配置，提高水资源利用效率，在地表水源覆盖的太原、大同、朔州、忻州、晋城、运城等区域，专题研究并开展关井压采工作，通过行政手段，运用地表水源置换包括岩溶水在内的地下水源，实现地下水采补平衡。编制完成《山西省地下水关井压采规划及实施方案》，报省政府批复后将全面实施。

水权交易。根据《水法》的有关规定，结合山西省新时期治水思路，起草了《关于推进水权制度建设的指导意见》。按照水利部水量分配工作方案，组织技术支撑单位初步完成“全省用水总量控制指标地市分解方案”编制工作。组织各市完成全省地下水和岩溶大泉的水资源调查评价和开发利用现状调查，提出全省地下水和19个岩溶泉用水水量控制指标方案。全面实施取水许可制度和水资源有偿使用制度，将取水许可发证和换证作为加强水资源权属管理的重要环节来抓，并进一步加强取水许可监督管理工作，在全省范围内基本建立了计划用水、节约用水和水资源管理统计等取水许可管理制度。

转型综改。1.加快全省用水总量控制指标分解工作。按照水利部水量分配工作方案，2013年9月中旬初步完成“全省用水总量控制指标地市分解方案”编制工作。

2.细化全省用水总量控制指标。按照水利部要求，完成2015年全省各市用水效率年度控制指标分解方案。积极推动太原、晋城、阳泉和侯马等市全国节水型社会建设试点工作。2013年5月，阳泉市节水型社会试点通过海河水利委员会组织的中期评估。对2008年公布的《山西省用水定额》工业和生活部分进行了修订，并增加农业部分的内容。

3.开展入河排污口调查和主要河流水功能区水域纳污能力分析工作。2012年提出的《山西省水功能区纳污能力核定和分阶段限制排污方案》已根据有关专家意见修改完毕，上报省政府征求各市政府意见。按照水利部开展的水资源保护规划要求，提出入河纳污控制及水污染治理初步方案。《山西省水资源保护规划》编制工作全面开展。

【水利规划】 确立用水总量控制红线。按照水利部水量分配工作方案，加快全省用水总量控制指标分解工作，组织技术支撑单位初步完成“全省用水总量控制指标地市分解方案”编制工作。组织各市完成全省地下水和岩溶大泉的水资源调查评价和开发利用现状调查，提出全省地下水和19个岩溶泉用水水量控制指标方案。加强水权水市场制度建设，起草了山西省《关于推进水权制度建设的指导意见》。全面实施取水许可制度和水资源有偿使用制度。

完成《开展大同十里河等10条河流生态环境治理修复与环境保护工程》技术审查工作。组织专家完成《开展大同十里河等10条河流生态环境治理修复与环境保护工程》部分河流治理工程的技术审查工作。出台7个意见：《阳泉市桃河流域白南铁路桥至阳五高速公路桥段河道治理工程初步设计报告的审查意见》（晋水规计〔2013〕185号），《潇河干流（大沟桥—北合流旧桥段）综合治理工程可行性研究报告的审查意见》（晋水规计〔2013〕225号），《涅河沁县段河道治理工程可行性研究报告的审查意见》（晋水规计〔2013〕251号），《运城市2013年涑水河上游红沙河河道治理工程可行性研究报告的审查意见》（晋水规计〔2013〕251号），《晋中市潇河城区段河道治理工程（东郝桥—西郝桥、汇通桥—108桥段）初步设计报告的审查意见》（晋水规计〔2013〕294号），《临汾市尧都区涝洰河生态建设河道治理工程初步设计报告的审查意见》（晋水规计〔2013〕368号），《长子县雍河河道治理工程初步设计报告的审查意见》（晋水规计〔2013〕482号）。

【水利基本建设】 工程建设。1.大水网建设。截至2013年12月19日，四大骨干工程共有183个隧洞施工作业面，累计完成隧洞开挖101千米，占年度建设目标的101%；完成投资41.2亿元，占年度投资目标的102%。其中，中部引黄工程54千米，完成投资18.6亿元；东山供水工程22.4千米，完成投资8.2亿元；小浪底引黄工程15.9千米，完成投资7.6亿元；辛安泉供水工程8.4千米，完成投资6.8亿元。淜头水电站工程于11月29日大坝封顶，小浪底引黄板涧河水库工程于10月30日大坝截流。

2.病险水库除险加固和中小河流治理。2013年，50座重点小(2)型水库主体工程全部完工，并超额完成13座水库主体工程建设，工程完成率126%。35座一般小(2)型水库主体工程全部完工，工程完成率100%。16个项目全部完工并验收，工程完成率100%。

工程管理。1.大水网工程。在2012年制定17个大水网工程建设管理办法的基础上，2013年针对大水网工程建设管理中的薄弱环节，又先后制定了5个大水网工程建设管理制度，分别为：《大水网工程年度投资计划管理暂行办法》，明确要将年度投资计划与工程建设具体任务相一致。《大水网工程项目贷款管理办法》，规范了项目贷款的申请、审批、资金使用、还贷等工作程序。《关于规范大水网工程施工地质资料的指导意见》，规范了大水网工程施工地质资料的整编工作，进一步明确隧洞围岩类别的鉴定工作程序。《关于加强水利工程评标工作的意见》和《山西省水利厅水利工程评标专家抽取办法(试行)》，对参与评标的招标人、评标专家、行政监督、招标代理等工作人员提出明确的责任要求，确保招标工作公平、公正。实行大水网建设进度日报制。实施大水网工程绩效管理考核。加强施工现场的监督检查，全年组织了8次专项检查。同时积极组织省内外技术专家召开大水网工程设计、施工、地质等专题会议，及时研究解决工程建设技术问题及不良地质洞段施工中出现的突泥、涌水、冒顶等问题的处理方案。

2.水库和河道管理。进一步加大对病险水库除险加固和中小河流治理项目的监督检查力度，全面落实“三项制度”，严格资金使用、规范财务管理。强化质量与安全意识，建立健全质量与安全管理体系，全面加快工程进度，提高建设管理水平。对进度滞后、管理违规、整改不力的市县，将视情况在省内进行通报或削减项目投资。完善旬报月报制和情况通报制，强化考核按期完工。制定验收工作计划，及时组织验收。

【加强防汛抗旱工作】 防汛。1.汛情灾情。2013年6月28日晚至29日凌晨，10小时内忻州市代县接连出现两次强降雨过程，两个最大降雨区域降雨分别达到116.4毫米和101.6毫米，达到暴雨或大暴雨级别，无人员伤亡；7月3日晚，绛县普降大到暴雨，全县无人员伤亡。7月，漳河上游的漳泽、关河、后湾3

座大型水库雨前预留防洪库容，汛期与河道洪水错峰调度，把漳河干流洪水流量控制在200秒立方米左右的安全泄量范围。大同孤山水库在上游流量达到480秒立方米的情况下，通过科学调度，使御河洪水通过大同市区时流量控制在200秒立方米以下。全省各大中型水库均不同程度地削减了洪峰流量，大大减少了下游防洪压力。特别是太岳、中条山区300多座水库汛前全部腾空，参与缓洪削峰，使全省大部中小河流洪水得以缓滞，保证了全省洪水可控，行洪安全。

2. 防汛工作。在全省组织开展水库蓄水安全大检查，启动实施了110座水库的应急专项除险加固和41座功能基本丧失水库的报废处理，要求110座存在安全隐患的水库汛期全部空库度汛。安排500万元专项资金用于小水库和骨干淤地坝汛期巡查补助，确保巡查到位。4月～6月，在全省开展了"百县百河"河道清淤、清障疏浚整治工作。

全年开展了45个县山洪灾害防治非工程措施建设。共新建自动雨量站658个，简易雨量站3879个，自动水位站131个，简易水位站158个，自动雨量水位站62个；乡级预警站点473个，村级预警点4089个。监测范围覆盖777条山洪沟道，山洪灾害危险区面积4.1万平方千米，涉及471个乡镇、4832个村、283万人。截至11月底，45个县山洪灾害防治非工程措施项目已全部建设完成并通过初步验收，在当年发挥了重要的减灾效益。

旱情旱灾。1. 旱情灾情。2012年冬至2013年春，山西省遭受了50年一遇的大旱，为1989年以来的第三个少雨年。4月上旬，全省受旱面积高达177万公顷。4月中旬，全省平均降水量13毫米。但长期干旱的大同、朔州仍无有效降雨，全省抗旱工作由全省转向北部。在北部播种的关键时期迎来降雨。

2. 抗旱工作。2013年抗旱期间，全省投入抗旱人员64万人，投入各类水利设施4.1万眼(处)，出动拉运水车辆和流动灌溉设备9000台(套)，全年完成浇地面积229万公顷(次)。2013年，全省115支抗旱服务队共新建维修小型水利工程设施1200眼(处)，维修各类设备6000台(套)，出动各类抗旱设备1.8万台(次)，扩浇旱地3.2万公顷，浇灌果树380万株，通过拉运水方式解决人饮困难22万人。挽回粮食损失1250万千克，挽回经济损失3880万元，抗旱减灾成绩显著。

抗旱期间，省防汛指挥部下达中央特大抗旱补助资金5000万元和省级抗旱专项资金2000万元，用于全省抗旱应急工程设施的维修配套、应急水源工程建设补助，抗旱服务队开展抗旱扩浇和应急送水油价电价补贴等。各市县累计投入抗旱资金1560万元，群众自筹近3.1亿元。全省继续执行高扬程灌溉电价水价补贴政策，沿黄高扬程泵站灌溉水价每立方米控制在0.25元以下，极大地调动了群众抗旱浇地的积极性。同时对旱地扩浇面积按照每亩30元补贴标准，确保抗旱服务队和群众春浇的油、电等费用开支。

【农村水利建设】 农业灌溉目标任务完成良好。2013年，全省共完成农田实灌面积133.9万公顷，继续保持了继2008年以来全省平均每年新增6.7万公顷农田实灌面积的良好势头。

农田水利基本建设。1. 大中型灌区、泵站改造项目。继续对现有9处大型灌区、6处大型泵站和部分中型灌区进行续建配套和节水改造。截至2013年年底，2012年下达的8处灌区节水改造任务中，桑干河、汾河、汾西、潇河和文峪河5个灌区主体工程建设任务基本完成；夹马口、禹门口、大禹渡、尊村、汾南、西范等6处大型泵站更新改造任务完成投资的85%。

2. 小型农田水利重点县建设。2013年，山西省新增小型农田水利重点县13个，全省小农水重点县累计达到57个，占到全省农业县的近半数，覆盖了全省所有产粮大县和农业大县。着力开展中央牧区水利、产粮核心区、规模化节水项目以及省级农水配套工程建设等工程项目，并于年底前完成年度建设任务。

政策扶持。一是落实灌区电价水价补贴政策。积极加大补贴范围，公布了第四批享受泵站电价水价补贴政策名单，全省享受补贴政策的泵站达到74处。严格计费水量测算，确保了各泵站灌区上水量与补贴水量相符。二是落实末级渠系补贴政策。2013年共安排末级渠系建设补贴省级补助资金2亿元，完成末级渠系配套建设5010千米。

基层建设。2013年，山西省重点推进了以乡镇水管站、农民用水合作组织和抗旱服务队为主要内容的基层水利服务体系建设，并取得实质性进展。省水利厅、省编办、省财政厅和省人社厅联合印发《山西省完善基层水利服务体系实施意见》，明确提出完善基层水利服务体系建设的指导思想、总体目标、基本原则、建设内容和保障措施。

体制改革。工程立项方面，继续积极深化竞争立项机制建设，通过采取公开、公平、公正的竞争遴选，择优确定工程项目。工程建设方面，继续全面推广"基建＋农建"的建设模式，骨干工程以国家投资为主，采取基建管理模式；末级渠系配套工程以群众自筹为主，采取农建管理模式，有效地加快工程建设进度。工程管理方面，针对不同类型的工程，积极探索与之相适应的管理模式，在井灌区推行以初始水权分配、实行用水计量和地下水位监测为重点的清徐县节水型社会建设做法，在大中型灌区推行回龙提黄泵站地表水、地下水区域化统一管理模式，实现地表水、地下水的统一调度和节约保护。灌溉管理方面，大力推广夹马口灌区"一票收费"和"阳光作业"，坚持水量、水价、水费三公开制度。积极推行大禹渡灌区"一个灌区、一杆秤"的经验，堵住中间环节漏洞，避免水事纠纷。

【水土保持工作】 预防监督管理。2013年，山西省深入贯彻新《水土保持法》，水保方案编报率、实施率大幅提高，特别是针对高速公路人为水土流失突出的问题，省市县水行政主管部门对全省境内20条高速公路建设项目水土保持方案落实情况开展了水土保持联合监督执法行动。配合水利部海河水利委员会等流域机构对43个部批水土保持方案的生产建设项目进行了监督检查。全省全年共开展水土保持执法检查2300多次，检查项目1300多个，省市县三级审批生产建设项目水土保持方案400多个，核定防治责任范围7万公顷，征收水土保持补偿费2亿多元。

“四荒”治理。全省共有71家大企业达成“四荒”治理开发初步意向，有17个治理开发项目完成签约，涉及“四荒”地近1.2万公顷。临汾市所辖17个县以及长治市沁县共18个县出台了“四荒”治理开发鼓励扶持政策。省政府出台《关于实施百企千村产业扶贫开发工程的指导意见》(晋办发〔2013〕13号)，明确提出要利用山西丰富的“四荒”资源，采取多种方式，实施开发性农业建设。

淤地坝运用。2013年，全省运用1300万元资金对一批病险淤地坝进行了除险加固。对1800多座大中型淤地坝开展了全方位的防汛安全检查，对发现的安全隐患现场制定除险加固预案，及时消除安全隐患。临汾市在全市范围内组织开展了淤地坝防汛抢险应急实战演练。太原市娄烦县为全县淤地坝管护人员派发管护责任卡，建档管护人员信息，细化管护人责任。

【城乡供水工作】 农村饮水安全。2013年，山西省新建和改建农村饮水工程2881处，解决3017个村、114.5万农村人口和10.1万学校师生的饮水问题。全年共批复总投资100万元以上农村饮水工程设计近30个。建成县级水质检测中心12个，全省累计达到45个。

实施农村饮水水价补贴。2011年以来，省政府将农村饮水水价补贴列为强农惠农政策之一，每年列支5000万元财政资金专项用于农村饮水水价补贴。省财政厅、水利厅对井深大于400米或总扬程超过200米的农村饮水工程给予水价补贴，其中，国家及省定贫困县的农村饮水工程每立方米水补贴0.5元，非贫困县农村饮水工程每立方米水补贴0.3元。

【地方水电建设】 农村电气化建设。“十二五”水电新农村电气化项目包括：新建泽州县三姑泉二级水电站、技改平顺县赤壁水电站，总装机2490千瓦。截至2013年年底，平顺县赤壁水电站建设任务已全部完成，三姑泉二级水电站完成4千米的进站道路、1千米施工道路。

小水电代燃料项目建设。2013年在建的小水电代燃料项目共4个，分别为：左权县苏公项目二级站、灵丘县上沿河项目、灵丘县北泉项目、交城县旮旯项目，总装机6460千瓦，发展代燃料户5227户。

绿色小水电评价试点工作。2013年，山西省积极推动绿色小水电评价试点工作，对省汾河二库水电站、晋城市东焦河水电站等10个电站的典型材料已复核。

【渔业建设】 渔业经济。2013年，山西省水产品总产量4.6万吨，较2012年增长10.6%。养殖产量4.4万吨，增长10.9%；捕捞产量1122吨，与2012年持平。渔业经济总产值7.34亿元，增长9.9%。渔民人均纯收入7015元，增长16.2%。

水产健康养殖。2013年，向农业部推荐申报5家养殖单位为农业部第八批水产健康养殖示范场创建单位，经考核验收，有4家创建单位获得农业部水产健康养殖示范场称号。遴选了26家养殖单位为2012年省级水产健康养殖示范场创建单位，经考核验收，有22家创建单位获得省级水产健康养殖示范场称号。全面实施池塘标准化改造建设工程，全年改造老旧池塘236.8公顷，新建标准化池塘192公顷。池塘养殖面积达到2820公顷，较2012年增长15.8%。

中央财政扶持“菜篮子”水产品生产项目深入推进。山西省选择了11家省部级水产健康养殖示范场为项目申报单位，最终有7家渔民专业合作社和1家渔业企业通过了验收考核。通过实施“菜篮子”项目，年新增优质水产品5000吨，产品质量100%符合水产品质量安全国家和行业标准，新增渔业产值6800万元，增加渔民人均纯收入1500元以上。

水产品质量安全。2013年，全省水产品质量安全抽检范围和抽检数量进一步扩大，省、市、县三级累计抽检水产品1057个样，水产良(苗)种场、水产健康养殖示范场、无公害水产品产地“三类基地”抽检覆盖率达到100%；产地水产苗种和市场水产品药残抽检合格率继续保持100%，产地水产品药残抽检合格率98.9%，较2012年下降0.6个百分点。农业部对山西省的产地水产品质量安全监督抽查合格率为100%，比2012年提高3.3个百分点；市场水产品质量安全例行监测合格率为95.6%，提高5.6个百分点。全年新认定无公害水产品产地25个，认定面积236公顷，新认证无公害水产品39个，认证产量3500吨。临猗县黄河甲鱼养殖专业合作社养殖的吴王渡牌黄河鳖率先荣获农业部颁发的地理标志水产品登记保护证书，实现了山西省地理标志水产品零突破。圣母湖河蟹通过有机食品认证，并注册“圣母湖”商标。

水产种业建设。2013年，从中国水产科学研究院淡水渔业研究中心引进530万尾福瑞鲤夏花在全省26家鲤鱼养殖单位开展了鲤鱼品种更新换代研究与示范，累计示范面积达到196.5公顷，占全省鲤鱼养殖面积的19.2%；引进6000尾福瑞鲤后备亲本在永济、沁县、原平3家省级水产良种场进行了保种选育。积极开展全国和全省现代渔业种业示范场创建活动，完成国家级临猗县黄河甲鱼良种场建设项目竣工验收任务。山西省水产育种养殖科学实验中心所属清徐实验场、朔州实验场和永济市兴茂养鱼专业合作社3家省级水产原良种场申请单位通过山西省水产苗种审定委员会组织的现场考评验收，被省水利厅批准为省级水产良种场。组织开展《山西省水产苗种发展规划》《山西省水产苗种补贴办法》编制工作。

水生动物防疫。2013年，山西省对全省10个市、25个县、31个测报点、5种养殖方式的9种病害发生情况进行测报，测报总面积1058公顷。启动实施草鱼无规定疫病区试点建设，试点面积200公顷，发病率下降10%左右。

休闲渔业。开展全国休闲渔业示范基地和省级休闲渔业示范园区创建活动，有5家单位被农业部评为“全国休闲渔业示范基地”，12家单位获得2013年(第三批)省级休闲渔业示范园区称号。2013年，山西省休闲渔业产值3421.1万元，较

2012 年增长 19.4%。

渔业资源和环境保护。2013 年，山西省在 9 个市的水生生物增殖放流活动中，共放流各种经济鱼类 1384 万尾。对沁河特有鱼类，国家级水产种质资源保护区移殖的乌苏里拟鲿、唇〔鱼骨〕、鲶鱼、雅罗鱼野生亲本，进行了人工暂养驯化、保种和亲本培育。启动"山西省渔业资源信息管理平台"建设，完成"鱼类遗传与分子生物学实验室""渔业环境模拟与控制实验室建设"项目的验收，完成山西省环境规划院委托的《汾河水库水生生物多样性调查报告(2011 年)》，并组织开展《山西渔业资源》编纂出版工作。

渔政执法。全年共出动执法人员 1195 人(次)，检查水产养殖生产单位 509 家。在违规渔具专项清理行动中，共出动宣传车 46 辆(次)，人员 335 人(次)，检查船艇 57 艘(次)，检查渔船 109 艘，没收违规渔具 63 套，教育违法违规人员 15 人(次)。

渔船管理。2013 年，全省共检验 3 家船用产品生产企业的各类设备共计 809 台，累计检验各类渔业船舶 192 艘，受检率超过 90%。全年各类船员安全生产、应急操作等组织培训共 5 期，受训船员 200 余人。

【科技外事工作】 科研计划项目执行情况及成果。2013 年，围绕大水网建设、河道治理与水工建筑物、水资源水生态保护及修复、高效节水灌溉及土壤改良、水土保持、农村供水与排水、水产养殖等 7 大类技术需求，共安排 35 个科研项目，按预期目标顺利完成。山西省引黄办完成的"万家寨引黄入晋工程南干线水源区水之保护综合技术研究"项目获得省科技进步二等奖，山西省水保科学研究所承担的"晋北水蚀风蚀交错区沟道拦沙工程技术体系研究"项目获得水利部大禹奖三等奖，省水利科学研究院完成的"非充分广水条件下灌溉预报研究"项目获得国家农业节水科技奖二等奖。另有 6 个项目通过省科技厅鉴定，省水资源研究所完成的"汾河下游及入黄口水环境模拟与污染物总量控制研究"项目和省水土保持科学研究所完成的"小流域水土保持措施对淤地坝拦沙效应的影响"项目鉴定结论为达到国际领先水平，山西省水利科学研究院完成的"民爆物品实时安全监控系统研究及应用"等项目达到国际先进水平，山西省水产科学研究所完成的"渔业环境模拟与控制实验室"和"鱼类遗传育种与分子生物学实验室"已通过科技厅验收，省水利科学研究院完成的"太原市城市生活饮用水源地——汾河水库水质趋势分析及保护对策研究"已向山西省科技厅提交验收申请，山西省中部引黄工程建设管理局承担的"中部引黄工程长距离输水洞水力计算、模型试验及施工支洞的仿真分析与优化""中部引黄工程水价体系研究""中部引黄工程隧洞结构纤维混凝土支护技术研究"3 个项目已取得阶段性成果。

地下水位监测网建设。全年完成太原、长治、运城、忻州 4 个市、22 个县 328 套监测设备加装太阳能供电设施改造工作，监测井在线率达到 80%。

水利信息化建设。完成办公自动化系统建设方案的编制工作。委托航天科工集团仿真技术有限责任公司开展山西大水网远程监控与调度系统工程可行性研究报告编制与工程设计，《大水网远程监控与调度系统工程可行性研究报告》初稿已编制完成。完成全省水利系统重要信息系统和网站安全专项检查摸底及检查工作。

(王秀芳)

农机事业

【全省农机事业呈现全面、持续、健康发展态势】 农机装备水平大幅提高。2013 年，全省农机总动力 3183.3 万千瓦，比 2012 年增长 4.2%。其中，大中型拖拉机保有量 10.7 万台，玉米联合收割机 1.4 万台，分别比 2012 年增长 9.2% 和 37%。畜牧、设施农业、林果及农产品加工机械快速发展，全省农机装备结构得到有效调整。

农机作业水平稳步提升。2013 年，全省机耕、机播、机收面积分别完成 260.9 万公顷、252 万公顷、170.3 万公顷，机耕、机播、机收水平分别达到 71.3%、64.7%、43.8%，与 2012 年相比分别提高 1.5 个、2 个和 4.9 个百分点。全省主要作物机械化综合水平 61.1%，提高 2.7 个百分点，超出全国平均水平 2 个百分点。

农机化经营效益持续增加。2013 年，全省农机化经营总收入 121.9 亿元，增长 5.9%。其中，农机户经营纯收入 58.13 亿元，增长 2%。

农机安全生产形势稳中向好。2013 年，全省共发生 17 起一般性农机事故，农机事故千台重伤率 0.052，未发生一次死亡 3 人以上的农机事故。事故起数、伤亡人数和每千台重伤率均低于省政府下达的农机安全生产考核指标，比 2012 年分别下降 6%、25% 和 13%。

【抓补贴促发展，抓服务增效益，抓科技强支撑，抓监管保安全】 认真落实农机购置补贴政策。2013 年，全省共落实农机购置补贴资金 7.26 亿元，其中，中央补贴资金 7 亿元，比 2012 年增加 3000 万元；省财政投入 2620 万元。共补贴 8.2 万户农民购买各类机具 12.1 万台，带动全省农机经销企业销售额 24 亿余元。在全省推行"全价购机、资金到县、直补到卡"补贴方式，进一步规范了工作流程；认真落实"主要领导负总责、分管领导负全责、工作人员直接负责"和"谁办理、谁负责，谁核实、谁负责"的责任制度，做到了目标到岗、责任到人；构建农机购置补贴互动平台，适时公开农机补贴信息，广泛接受社会各界监督。

精心组织重要农时季节机械化生产。2013 年，春耕春播期间，全省投入各类机具 45.3 万台(件)，完成机械化耕整地 187 万公顷、机械播种 154 万公顷。"三夏"期间，投入各类作业机具 43 万台(件)，完成小麦机收面积 66 万公顷，机收水平 98%，比 2012 年提高 2.9 个百分点；秋粮机械复播面积 41 万公顷，增加 3.2 万公顷，机械复播率达到 92%，创历史新高。"三秋"期间，投入各类农业机械31.8万台(件),安排玉米机收、马铃薯机收和机械化柠条平茬等作业补贴资金1.03亿元,完成玉米机收面积85.8万公顷,机收水平50.5%,提高13.3个百分点,超出全国平均水平1.5个百分点;完成薯类机收面积11.5万公顷,机收水平43%,提高7个百分点;完成柠条机械化平茬面积1万公顷。

稳步推进机械化保护性耕作发展。全省新增保护性耕作面积12.6万公顷,累计实施面积99.3万公顷,受益农民近1100万人,增产粮食7.4亿千克,节约生产成本4.4亿元,总节本增效20.68亿元。在没有专项补贴资金的情况下,全省完成农机深松整地面积18.5万公顷。省农机部门重点抓了4个方面工作:一是制定《2013年山西省保护性耕作项目实施方案》,为全省更好地发展保护性耕作技术提供了实施指南。二是组织举办保护性耕作工程建设项目管理专题培训班,有效提高了项目县项目实施综合能力。三是培育保护性耕作适度规模经营典型。到2013年年底,全省保护性耕作适度规模经营农场达到60个,累计实施面积6000公顷,占经营土地面积的96%;增产粮食455万千克,节约生产成本413万元。四是强化国家保护性耕作工程建设项目监管。对屯留县、尧都区两个2010年度项目进行了验收,对2011年度和2012年度项目县工程进展情况进行了督查,组织20个县申报了2013年度保护性耕作基本建设计划任务。

强化农机科研和农机化技术推广。围绕全省农业产业结构调整,推介实施玉米机收、马铃薯机收等20项主推技术,示范推广新装备8000余台(件),完成机具"三性"试验考核130余项;新建示范基地133个、省级现代农机化示范区4个,新建改建56个农村油坊磨坊、农产品加工示范点76个。成功举办第三届中国(山西)特色农产品交易博览会农机展,展示了省内外80余个农机生产企业生产的700多种农机产品,组织了农机贸易项目签约、农机新技术新机具推介、农机化法律法规及有关政策知识竞答、农机化发展成就新闻发布等系列活动。在农机科研方面,"穴播式铺膜播种机的研究"等7项科技攻关项目通过结题验收,"废弃秸秆沼气集中供气工程机电一体化装备和控制技术研究"等4项农机科研成果通过省级科技成果鉴定,均达到国际先进水平;《马铃薯全程机械化生产技术示范推广》项目获2012年山西省农村技术承包奖一等奖,《4YZ-3多功能自走式玉米收获机》项目获山西省科技进步二等奖。

加快农机社会化服务体系建设。2013年,全省新发展农机合作社286个、农机大户1138个,农机合作社和农机大户分别达到1884个和5773个。省农机部门与山西省总工会农林水工会联合组织开展了全省农机化生产"三大作业"劳动竞赛,在全省营造出良好的生产氛围。建设50个全国农机合作社示范社。制定实施《关于规范推进农机合作社发展的意见》和《山西省农机维修网点规范化建设标准》,有效规范了农机合作社和农机维修业发展秩序。狠抓农机专业合作社社长培训和农机维修人员技术培训,共培训农机专业合作社社长600人,核发维修工职业技能鉴定证书400个。探索企社共建模式,指导信联集团和文水县刘胡兰村宝丰农机合作社联合共建"文水县刘胡兰村信联农机合作社"。

狠抓农机安全生产。集中开展农机安全生产隐患大排查、百日农机安全生产、农机安全执法检查和农机安全生产大检查等专项行动,农机安全生产形势持续向好。全省新注册登记拖拉机、联合收割机2.1万台,检验机车9万台,新训新考驾驶员1.3万人,深入开展"平安农机"和"为民服务创先争优"示范窗口创建活动,襄汾等4个县被国家农业部、国家安监总局评为全国"平安农机"示范县。组织开展"消费安全3·15"农机质量维权宣传活动,联合工商、质监等部门,查处伪劣农机具及配件4749件,受理农机质量投诉案件20起,结案18起,为农民挽回经济损失38万元。对19个企业、211台玉米收获机产品进行质量调查,对74家经销企业质量保障能力进行督导检查,进一步规范了补贴产品市场秩序。完成省部级推广鉴定127项、各类监督检验425项。制定《山西省支持推广的农业机械产品目录》,向农业部推荐4家企业3类5个型号产品进入《2012～2014年国家支持推广的农业机械产品目录》。

(秦永红)

气象事业

【2013年山西省天气气候基本特征】 2013年,山西省年降水量较常年偏多,气温偏高,大部分地区年日照时数偏少。2013年山西省主要气象灾害及气候事件有暴雨、冰雹、高温、大风、寒潮、低温冷害等,灾害性天气给全省工农业生产及人民生活造成了一定的影响,暴雨、冰雹造成的影响较为严重。

【基本气候概况】 夏冬季降水偏多,春秋季降水偏少。2013年(1～12月),山西省年平均降水量565.5毫米,较常年值偏多97.2毫米(偏多21%),较最多年1964年偏少149毫米,较2012年偏多91.4毫米。从历年降水量变化来看,2013年降水量在近10年中的降水量由多到少排位中处于第二位,略少于2011年的569.6毫米。2013年全省各地年降水量介于370.2～791.9毫米之间。与常年相比,山西大部分地区年降水量较常年偏多,局部地区较常年显著偏多,南部的运城大部、晋城东部地区降水偏少。

年平均气温偏高,冬季气温接近常年,其余季节气温偏高。2013年山西省各季节平均气温的主要特点为:春、夏、秋季气温偏高,冬季气温接近常年。2013年(1～12月),全省年平均气温10.8℃,较常年偏高1.0℃,较2012年偏高1.4℃,居有气象记录以来第四位。年平均气温空间分布为由北向南逐渐升高,且中部盆地高于同纬度东西两侧山区。与常年相比,全省除个别县市的年平均气温略偏低外,其余地区年平均气温均偏高,有一半以上地区气温偏高1.0℃以上,最大偏高 2.3℃。

年日照时数偏少，夏季日照时数偏少明显。2013 年山西省日照年内分布状况为：春季日照接近常年略偏多，夏季和冬季日照偏少，秋季全省大部日照正常。2013 年（1～12 月），山西省平均日照时数为 2419.9 小时，较常年偏少 29.5 小时。在统计的 108 个县（市）中，55 个县（市）日照时数偏少，14 个县（市）偏少 200 小时以上；有 10 县（市）日照时数较常年偏多 200 小时以上。

【主要气象灾害、气候事件及其影响】 2013 年，山西省主要气象灾害及气候事件有暴雨、冰雹、高温、大风、寒潮、霜冻等，灾害性天气给工农业生产及人民生活造成了一定的影响，暴雨、冰雹造成的影响较为严重。

暴雨，7 月降水异常偏多。7 月，山西省连续出现强降水天气过程。全省平均雨日数为 16.6 天，较常年偏多 4.6 天。雨日最少的灵丘县为 11 天，最多的平遥县达 22 天。从时间分布看，山西省降水较强的时期主要集中在 7 月上中旬。其中，7 月 8～15 日连续 8 天全省的日均雨量均在 6 毫米以上；7 月 18 日最强，全省平均日雨量达 31.3 毫米，有 23 站达暴雨级别。全省月平均降水量 243.9 毫米，较常年偏多 1.3 倍，降水量为历史同期第一位。

由于 7 月降水密集且强度大，山西多地发生洪水和降水引发的滑坡等地质灾害，损失较为严重。①寿阳县 7 月 8 日夜间开始出现 2013 年最强降水天气过程。截至 7 月 16 日 8 时，部分乡镇降水超过 200 毫米。寿阳县出现灾情，涉及 11 个乡镇，累计受灾人口 6021 人，受灾面积为 472.2 公顷，直接经济损失约 320 万元。②盂县 7 月 8 日 20 时至 9 日 20 时 24 小时降雨量达到 149.3 毫米，为气象记录历史极值，致使全县范围内形成洪涝灾害。全县共有 4.3 万余人受灾，农作物受灾面积 2900 公顷，造成直接经济损失 3380 万元。③离石区 7 月 9 日出现暴雨，10 日至 14 日连续出现中到大雨天气，降水总量达到 100～180 毫米，全区所有乡镇全部出现灾情。转移安置人数 1102 人，农作物受灾面积 642 公顷，造成经济损失 1234 万元。④沁源县 7 月有 4 次较大的降水过程，均达到暴雨级别。受灾人口达 3.1 万人，受灾面积 2517 公顷，直接经济损失 4400 余万元。⑤长治市 7 月 8～23 日出现了 3 次暴雨天气过程，降水持续时间长、降水强度大。7 月 8～14 日，全市受灾人口 33 万人，因灾死亡 4 人，农作物受灾面积 2.3 万公顷，直接经济损失 6.13 亿元。⑥潞城市 7 月 8 日 18 时至 13 日 19 时出现强降水过程，15 日 17 时至 21 时、22 日至 23 日又出现分布不均的雷阵雨天气，3 次过程降水量累计达 279.8 毫米。强降雨过程使 5.5 万人受灾，灾情造成直接经济损失 3.44 亿元以上（含水利、工矿企业、禽畜牧损失）。⑦长子县 7 月 8 日至 13 日连续 6 天出现持续强降水天气。县城降雨量 200.2 毫米，全县 14 个乡镇中有 3 个乡镇降雨总量超过 200 毫米，其余乡镇都超过 100 毫米，平均降水总量 165 毫米。持续六天的强降雨过程，造成长子县发生暴雨灾害。受灾人口 1.2 万人，农作物受灾面积 1400 公顷，经济损失约 1033.2 万元。

干旱。2013 年春季，由于降水少、气温偏高，中、南部的吕梁市、晋城市和运城市以及北部的大同市发生不同程度的阶段性干旱。3 月，山西省降水异常偏少、气温偏高，全省大部分地区发生了中度及以上气象干旱。全省 3 月上旬、中旬和下旬的平均降水量分别为 0.1 毫米、1.4 毫米和 0.6 毫米，较常年同期平均降水量明显偏少，而旬平均气温分别较常年偏高 5.0℃、3.3℃和 2.1℃。由于持续降水偏少加之气温偏高，全省气象干旱迅速发展，截至 3 月底，全省大部均发生中度以上等级气象干旱。运城市累计降水量 46 毫米，比历年同期偏少 58.9 毫米，比 2012 年同期偏少 114.8 毫米，是自 1970 年以来第 3 个同期降水量最少的年份，尤其是自 2013 年 1 月中旬以来，气温迅速回升，平均气温持续偏高 4℃左右。3 月 8 日，夏县最高气温达到 32.1℃，打破近 40 年来的历史记录。持续的高温少雨天气造成运城市干旱严重，造成经济损失 1.18 亿元。4 月部分县市少雨，干旱仍持续。大同市区、左云县整层土壤严重干旱。晋城市 4 月总降水量介于 11.1～24.6 毫米之间，较历年同期偏少 4.5～15.2 毫米，大部分县（市）干旱仍然持续发展，晋城市小麦全部受旱，干旱也影响了春播工作的顺利进行，部分地段因干旱而无法下种。5 月上旬，大同市气温特高，降水特少，旱情蔓延加重。5 月 9～22 日全市无有效降水，且多大风天气，土壤失墒加快，部分地区旱情持续发展。5 月 24～25 日和 27～28 日全市普降小到中雨，土壤墒情得到明显改善，对春播作物苗期生长有利，但由于降水分布不均，部分县区仍存在不同程度干旱。

2013 年秋季，山西省降水量偏少，气温偏高，尤其是南部的部分地区干旱较为严重。8 月中旬至 10 月，运城市降水持续偏少，造成东南部旱情非常严重，耕作层出现重度干旱，影响到秋播的进度和播种质量。10 月，晋城市降水量为 17.3～31.4 毫米，比历年同期偏少 2～5 成，由于降水持续偏少，旱情发展持续。11 月，晋城市降水量为 8.7～26.4 毫米，旱情仍然持续。

冰雹。2013 年，全省共出现冰雹 81 站（次），低于常年均值 124.5 站（次），从时间分布看，冰雹主要出现在夏季的 6 月和 8 月。6 月 10 日 15：45 至 17：20，运城市的万荣县皇甫、汉薛、解店三个乡镇遭受冰雹袭击。冰雹最大直径达 2 厘米，持续时间 95 分钟。受灾最严重的皇甫乡的 9 个村，直接经济损失 2895 万元。7 月 9 日 20 时，神池县八角镇出现冰雹，持续约 10 分钟，并伴有大风。八角镇 16 个村庄受冰雹、大风影响，农作物有不同程度受损，受灾面积 445 公顷、受灾人口 4250 人，农业直接经济损失 353.4 万元。7 月 31 日，广灵出现短时大风冰雹、雷雨天气，致使农作物受灾，直接经济损失 190 万元。7 月 31 日 15 时～16 时，娄烦县发生冰雹天气过程，冰雹造成大约 80 公顷庄稼绝收。8 月，大同市出现多次冰雹、雷电、大风等强对流天气。8月2～3日广灵县出现强降雨和大风天气，壶泉镇遭受冰雹袭击，造成4.6万人受灾，农作物受灾面积4800公顷，直接经济损失2386万元。

寒潮。2013年，山西省较大范围的寒潮天气有11次，主要出现在2～3月。范围最大的一次寒潮天气出现在2月17～19日，先后有54个县市出现寒潮天气。其中，静乐县24小时降温幅度最大，达13.2℃；右玉县48小时降温最大，为14.3℃。年内降温幅度最大的寒潮天气出现在1月20～22日，右玉县48小时降温达17.5℃，日最低气温－23.7℃（1月22日）。

低温冷冻害。受较强冷空气影响，2013年4月18～19日，山西省出现大范围明显雨（雪）天气，造成气温骤降。明显降水缓解了全省前期旱情，有利于冬小麦的生长发育，对春耕春播工作也较为有利，但强降温造成部分地区的冬小麦、果树受冻。4月18日夜间～19日，太原市出现暴雪低温天气，造成太原市的尖草坪、清徐县、娄烦县、阳曲县、小店区和古交市的大田作物、设施农业、经济果蔬经济损失约4.07亿元。4月19日，晋城市出现雨夹雪天气，20日早上气温降至零下，全市出现低温冻害天气，果树受灾面积290.1万公顷，设施蔬菜受灾15.5万公顷，露地蔬菜受灾146.3万公顷，小麦受灾418.7万公顷。阳城县约7.5万余公顷桑园严重受损，预计蚕农收入减少约1000余万元。4月4～6日，运城市出现强降温天气，除盐湖区外其余12个县（市、区）均出现霜冻，地面最低温度在－0.5～－3.0℃之间。此次霜冻造成临猗、夏县等地小麦、苹果、葡萄、豆角等林果和经济作物受灾，受灾面积5226公顷，造成农业经济损失3200万元。4月8日下午，河津市开始降温，9～10日部分地区出现霜冻，农作物受灾面积2161.1公顷，经济损失达2000万元。4月9～11日，平陆县出现霜冻，农作物受灾面积8478公顷，经济损失达6800万元。

高温。2013年，山西省高温出现站次少于常年，主要出现在5～8月，6月出现站（次）最多。受高温和降水偏少影响，局部地区出现阶段性旱情。

大风。2013年，山西省大风出现站次少于常年，从时间分布看，主要出现在3～5月，占全年的58％，其中以4月最多。

春季阶段性气温偏高。2013年3月，山西省各地月平均气温介于1.1℃～13.1℃之间，全省平均气温7.4℃，较累年均值偏高3.3℃，较2012年偏高3.9℃，为山西省历史同期最高气温。

【2013年山西省气候对生产、生活的影响】 气候对农作物的影响。冬小麦。2013年，山西省冬小麦生育期内积温大部较常年偏多，降水和日照大部偏少。期间光、温、水分条件在关键生育期匹配较差，产量形成关键期持续性干旱、拔节抽穗期低温冻害及收获期出现的局地强对流天气过程，造成有效穗数、穗粒数及千粒重均低于2012年同期水平。2012年秋播期间降水充沛，冬小麦足墒播种，顺利出苗；但因冬前受干旱及积温偏少等因素影响，冬小麦群体偏小；越冬期麦区雨雪天气多，冬小麦安全越冬。返青期气温偏高，墒情大部适宜，冬小麦春生分蘖增多；拔节期气温异常偏高，降水显著偏少，麦区大部旱象露头，不利于小穗分化，同时局部麦区出现降雪降温天气，部分冬小麦遭遇低温冻害；抽穗到灌浆期南部部分麦区旱情持续，尤其是旱地冬小麦生长受到影响；乳熟后期降水充足，中部冬小麦灌浆乳熟顺利。麦收期间多次出现强降水过程，东南部和中部冬小麦收晒受到较大影响。总体上看，2013年山西省冬小麦生育期间农业气象条件对其生长发育及产量形成的影响是弊大于利，冬小麦产量低于2012年水平。

玉米。2013年玉米生育期内光、温、水分条件匹配良好。产量形成关键期基本未受干旱、连阴雨等影响，气象条件总体好于2012年，有利于玉米产量增加。春播期墒情大部适宜，玉米大部足墒播种；苗期表层土壤出现阶段性干旱，但底墒较好，利于根系下扎；拔节到抽雄吐丝期降水充沛，春（夏）玉米顺利拔节和抽雄；灌浆乳熟期土壤墒情适宜，气温正常，玉米灌浆充分；成熟收获期天气晴好，收晒顺利。

气候对水资源的影响。2013年全省降水资源量约为882.1亿立方米，较累年值偏多152.1亿立方米，较2012年偏多142.5亿立方米。根据降水资源及丰枯标准，山西省2013年降水资源总量属丰水年份。从各地市降水资源总量分布看：2013年山西省各地降水资源较为丰沛或正常。全省11个市中有3个市属异常丰水，5个市为丰水，3个市为正常。与2012年同期相比：各地市降水资源均有增加。其中，长治市增加最多，为34.6亿立方米。

气候对人体舒适度的影响。2013年山西省舒适日数为141天，比累年均值偏多1天，较2012年偏多6天。晋西北地区舒适度日数较少，不足120天。北部大部和中部的东西部部分地区在120～140天之间。其余地区在140天以上，局部区域达到160天及以上。

从各季节历年变化来看：2013年山西省夏季、冬季舒适度日数偏少，春季和秋季的舒适度日数偏多。其中夏季全省舒适度日数为67天，较常年偏少6天；冬季全省舒适度日数为9天，较常年偏少4天。春季全省舒适度日数为34天，较常年偏多6天；秋季全省舒适度日数为30天，较常年偏多3天。

气候对交通的影响。2013年影响山西省交通的天气事件主要有大范围雨雪天气、暴雨、雾霾等。冬季前期山西省出现的降雪（雾霾）天气，影响人们出行和道路交通安全。2013年1月19～21日出现的全省大范围降雪过程，使省境内多条高速公路受影响一度被封闭，对交通运输等均造成明显的不利影响。

春季中后期出现的雨（雪）、雾霾天气给交通运输和人们出行带来不便。4月18～19日，山西省出现大范围明显雨（雪）天气。部分县（市）积雪明显，雨雪、道路湿滑、道路结冰等给公众出行、城市交通、货物运输等均造成明显的不利影响。5月，山西省局部地区出现雾霾天气，对交通运输有一定不利影响。

夏季中期大范围的强降雨及洪涝灾害致部分道路设施被冲毁，城市内涝较严重，部分路段交通积水、堵塞，严重影响了人们的正常出行。

秋季前期山西省北中部降水较多，造成部分路段有短时积水，另外，局部暴雨、大雾等天气都给交通运输带来一些不利影响。中期，山西省多地有雾霾天气出现，能见较低，对交通运输行业和市民出行等户外活动都产生了一定影响。

气候对水利电力的影响。2013年夏季前期北中部降水偏多，水库蓄水水位正常。中期全省平均降水量异常偏多，充沛的降水有利于地下水资源的涵养，但降水的分布不均匀，局部地区短时强降水致使部分河流超过警戒水位，给一些水库、塘坝造成压力。另外，强降水引发的洪水冲毁部分堤坝、水渠、涵洞、自来水管道以及电力通信设施。

气候对植被的影响。根据遥感植被指数监测信息，气象卫星资料显示山西省植被长势较好。从2013年7月与2012年7月植被指数监测比较图可见，2013年全省大部分地区的植被长势与2012年持平至略好。

2013年气候对林果业的影响。2013年对林果业影响的气候事件主要有干旱、局部地区强对流及阴雨天等。春季山西省降水偏少、气温偏高，空气干燥，加之大风沙尘天气较多，给森林防火工作带来不利影响。4月中旬前期和4月25～26日，长治市由于气温较高，风速较大，空气相对湿度较小，火险气象等级较高，加大了森林火险压力。其中，长子县、壶关县、潞城市等地出现火情。

夏秋季局部地区出现的强对流天气对林果业造成一定影响。6月10日运城市万荣县皇甫、汉薛、解店三个乡镇遭受冰雹袭击，受灾最严重的为皇甫乡，直接经济损失达2895万元。7月31日夜间至8月1日，运城市普降中到大雨，造成万荣、平陆两个县的部分地区果类及其他经济作物等损失约2.7亿元。9月16～21日，忻州市出现持续阴雨天气，局部雨量偏大，对红枣等经济果林造成较大的损害。

【气象服务水平不断加强】 气象应急服务和决策气象服务成绩突出。2013年2月15日，山西省临汾市洪洞县曲亭水库发生垮塌事故。事故发生后，省气象局第一时间启动应急预案，对水库受灾区进行航拍、监测，为灾区救援和重建工作提供了宝贵资料。2013年，省级气象部门发布灾害性天气预警84次，市级发布676次，县级发布2698次；省级气象部门提供各类气象服务材料444期次，各市、县提供气象服务材料1.4万期次，为各级政府和社会公众有效防御气象灾害提供了优质的气象服务。

气象预警服务能力不断增强。开展中小河流洪水和山洪地质灾害监测预警业务，汛期期间正式在省、市、县三级气象部门开展预报预警工作，发布预警产品。2013年6月，成立“山西省预警信息发布中心”，主要负责省级预警信息的收集、分析、研判、发布等工作。在省中心建设的带动下，市、县级突发事件预警信息发布系统建设工作取得明显成效。朔州市政府批准在市气象局设立副科级地方事业编制单位“国家突发事件预警信息发布中心朔州分中心”。全省30余个县（市、区）已基本完成本级预警中心建设任务，全省统一协调、上下联动、协作互通的突发事件预警信息发布体系逐步形成。

气象为农服务扎实开展，稳步推进防灾减灾体系建设。在全省11个县开展了中央财政“三农”专项建设，气象部门为农服务能力得到进一步提升。2013年新增乡村气象信息服务站824个，电子显示屏217块，农村大喇叭自动广播系统846套。全省已建成乡村气象信息服务站7260个，覆盖1/4乡（镇）、村；建成电子显示屏1311块，覆盖100%乡镇；建成农村大喇叭自动广播系统9828套，覆盖1/3行政村。寿阳县试点建设气象预警调频接收系统，运城市试点建设北斗卫星气象预警信息发布系统，针对无线数据通信盲区实现了气象预警信息的有效发布。建成针对干旱监测、灾害保障、病虫害、作物产量等领域的一系列农业气象业务服务系统；建立了包括大田作物、设施农业、特色农业全生育期各类农事活动的关键气象服务指标和灾害防御指标体系。建立了3.7万人的防灾减灾责任人队伍和3.1万人的气象信息员队伍，乡村100%全覆盖。实现了气象灾害预警信息对各级政府防灾减灾责任人、应急管理责任人、气象信息员手机短信全覆盖和重大气象灾害预警信息手机短信全网免费发布。

人工影响天气成效显著。2013年，共组织实施飞机人工增雨作业106架（次），人工增雨作业影响面积117.3万平方千米，增雨总量27.22亿立方米。开展地面高炮火箭增雨（雪）作业294次，发射“37”人雨弹1306发，各型火箭弹2257枚，地面燃烧烟条36根；开展防雹作业149门（架）次，发射“37”人雨弹2646发，火箭弹33枚。

3月下旬，受大风天气影响，全省森林火险等级居高不下。省降雨办启动《森林火灾、环境污染突发气象灾害应急预案》，申报救灾飞行计划，出动增雨飞机协助森林防火办进行火灾侦察1架（次），空中飞行两小时，侦查森林火灾区域4片。为应对雾霾天气，山西省与北京、天津、河北联合开展人影消减雾霾作业。山西省在全省范围开展飞机消减雾霾增雪作业3架（次），作业后污染物浓度有不同程度降低。

重要天气过程预报准确，精细化城镇天气预报、短期气候预测准确率稳中有升。准确预报多次重要天气过程，包括：1月1～3日寒潮、19～21日暴雪、22～23日雾霾，4月7日大风、7～8日寒潮、19日暴雪，5月22～23日暴雨，6月19～22日暴雨局部大暴雨，7月3～4日暴雨、7～8日暴雨、7～15日持续降水、17～19日暴雨、22日暴雨、25～26日暴雨，8月12～13日暴雨，10月13～15日寒潮以及11月多次雾霾等天气过程。与国土等部门联合开展地质灾害、山洪气象风险预报。1～10月全省24小时晴雨、最高、最低气温预报准确率分别为90.5%、73.8%、75.1%，预警信号准确率78.1%。

不断推进温室气体观测站网建设，积极开展环境温室气体观测评估业务。2013年1月，“山西省温室气体观测站网（一期）建设项目”山西省温室气体监测中心站和太原、大同、临汾子站正式投入运行，标志着山西省成为全国第一个在线布网监测环境温室气体浓度的省份。观测项目包括：温室气体二氧化碳、甲烷浓度，反应性气体臭氧、一氧化碳、二氧化硫、氮氧化物浓度，PM10、PM2.5、PM1 等气溶胶颗粒物浓度，以及黑炭浓度、气溶胶光学厚度、气溶胶散射系数等。“山西省温室气体观测站网（二期）建设项目”正在实施中。定期编制了山西省温室气体监测月报、季报和年报。根据 2013 年年初我国东部发生大范围严重雾霾天气情况，山西省气象局开展了霾评估业务，编制了“山西省霾评估周报”和“山西省霾评估月报”，及时了解和掌握山西省霾天气时空分布和变化情况。随着气象部门大气颗粒物监测能力的提升，3 月开始编制“山西省大气颗粒物监测周报”和“山西省大气颗粒物监测月报”，并通过与全国和周边省市重点城市的比较，分析山西省 PM10、PM2.5、PM1 浓度的特征，为治理和改善山西省环境空气质量提供依据。

气象观测与网络传输系统建设进一步加强。五台山中台国家级无人气象站建设完成投入运行，阳泉 713 数字化雷达建设完成并投入运行，吕梁新一代天气雷达和五台山风廓线雷达基础设施建设完成。全省北斗通信系统站点建设完成。五寨、代县升级国家基准站调整任务顺利实施，109 个国家级气象站进行了台站业务改革。44 个国家级气象站建设了新型自动气象站，配备了 31 套大型蒸发观测仪，实现了蒸发自动观测。扩大固态降水自动观测仪布设规模，国家级台站布设固态降水自动观测仪达到 23 套。41 个国家级气象台站安装了能见度观测仪，实现了能见度监测自动化。省观象台购置建设了 1 套地基多通道微波辐射计，在省气象台、省人工降雨防雷办公室、太原市气象台和晋中市气象台 4 个客户端，地基微波辐射计通过对大气微波辐射的遥感测量，反演获得对流层大气温度、湿度廓线、大气柱积分水汽量、大气柱积分云水含水量等信息，通过综合分析和反演，可实现对中尺度强天气系统大气层结的监测和预警、云物理特征的监测和人工影响天气科研及业务的应用、雾霾天气等边界层大气环境质量的监测，对山西省的精细化预报和防灾减灾意义重大。

（郭继瑞）

7

工 业

GONGYE

工 业

综 述

【2013年全省工业经济运行概况】 工业经济下行压力较大，总体保持平稳运行。2013年，全省规模以上工业增加值增长10.5%，增速较2012年回落1.4个百分点，高于全国平均水平0.8个百分点，全国排名22位。一季度、上半年、前三季度，全省工业经济分别增长10.9%、10.8%和10.7%。分轻重工业看，全年轻工业增长8.6%，占全省工业比重6.1%；重工业增长10.6%，占比93.9%。分隶属关系看，全年中央企业、省属企业、省属以下企业分别增长5.5%、6.5%、14.2%，占全省工业比重分别为14.8%、28.5%、56.7%。分区域看，全省11个市中，运城、晋中、忻州、临汾、吕梁、晋城和朔州分别增长13.1%、13%、13%、12.6%、12%、12%和11.5%，高于全省平均水平；长治增长10.5%，与全省水平持平；太原、大同和阳泉工业增速低于全省水平，分别增长10.1%、10%和7.5%。全省规模以上工业企业销售收入18404.7亿元，增长2%；实现利税1445.8亿元，下降18.3%；实现利润547.9亿元，下降31.4%；销售利润率3%，下降1.5个百分点。截至2013年年底，全省规模以上企业3946户，从业人员平均人数205.4万人；亏损企业1406户，亏损面35.6%，比2012年提高3.2个百分点；资产负债率71.3%。

传统行业增长动力不足，非煤产业成为重要支撑。2013年，非煤产业的快速增长，对全省工业平稳较快增长起到重要支撑作用。全年非煤产业增长10.5%，拉动全省工业经济增长4.5个百分点，对工业增长贡献率达到42.4%，占全省工业比重45.1%，比2012年提高2.9个百分点；装备制造业增长15.5%，占比8.4%，提高1.1个百分点，替代焦炭、电力行业，成为煤炭、冶金之后的山西省第三大产业；食品工业发展加快，占比3.7%，提高0.6个百分点。煤焦冶电等传统行业占比80%左右，仍然是全省工业经济增长的主要动力。受宏观经济增速减缓影响，四大传统行业市场需求萎缩，增长动力不足。装备、食品、医药等新兴产业增长较快，但总量不大，规模偏小，短期内难以弥补煤炭等传统行业增速下滑的影响。

主导产品产量稳定增长，发电量、货运量增长缓慢。2013年，全省煤炭产量9.63亿吨，比2012年增长5.3%；焦炭扭转了2012年连续10个月负增长的局面，持续保持平稳增长，全年产量9076.8万吨，增长5.4%；钢材产量4487万吨，增长18.1%；粗钢产量4671.4万吨，增长18.3%；氧化铝产量784.6万吨，增长54.3%；水泥产量5269.1万吨，增长3.8%；原铝产量104.2万吨，下降1.3%。焦炭煤炭在市场需求明显减少的情况下，产量保持平稳增长，特别是12月份突破9000万吨，达到9272万吨，创历史新高。

2013年，全省发电量2603.72亿千瓦小时，比2012年增长2.7%，增速回落5.4个百分点；全社会用电量1832.3亿千瓦小时，增长3.8%，增速减缓3.2个百分点；工业用电量1475.5亿千瓦小时，增长2.9%，增速减缓3.7个百分点；外送电793.1亿千瓦小时，增长3.1%。

2013年，全省铁路货运量7.32亿吨，比2012年增长2.5%；煤炭货运量5.95亿吨，增长0.5%；其他货运量8790.2万吨，增长5%。

产品价格持续低位运行，产销衔接总体状况较差。上半年，受市场需求影响，山西省煤炭、焦炭、钢材、尿素等主导产品价格总体呈持续下行走势，进入下半年特别是9月份以来，随着宏观经济逐步回暖，部分产品价格才止跌有所反弹，但比2012年仍大幅下降，总体处于低位运行区间。全省工业品出厂价格下降9.3%，连续22个月全国降幅最大。由于价格下降影响，全省减少增加值600亿元以上。2013年，全省规模以上工业企业销售收入增长2%，比2012年回落7.7个百分点，低于全国水平9.2个百分点；实现利润下降31.4%，低于全国水平43.6个百分点；销售利润率3%，下降1.5个百分点，低于全国水平3.1个百分点；资产负债率达到71.3%，企业经营风险大幅增加。全年全省规模以上工业企业实现销售产值16633.1亿元，增长1.9%，比2012年回落5.1个百分点；产销率95.3%，下降0.1个百分点。从各市情况看，大同、阳泉、长治、忻州和吕梁5个市产销率低于全省平均水平；太原、阳泉、长治、晋城、朔州、忻州和临汾7个市产销率比2012年下降，市场有效需求仍然不足。

【主要工业行业运行概况】 煤炭行业。2013年，全省煤炭产量9.63亿吨，比2012年增长5.3%。全省煤炭出省销量6.16亿吨，增长5.9%。其中，铁路出省销量4.77亿吨，增长2.7%；公路出省销量1.39亿吨，增长18.5%。全年销售收入7341.4亿元，下降2.3%；实现利润329.6亿元，下降51.4%，降幅扩大19.9个百分点；销售利润率4.5%，下降4.8个百分点。1235户规模以上煤炭企业中526户亏损，亏损面42.6%，提高8.6个百分点；亏损企业亏损额169.6亿元，增长48.3%。

冶金行业。2013年，全省粗钢、钢材产量分别为4671.4万吨和4487万吨，比2012年分别增长18.3%、18.1%；不锈钢294万吨，下降0.8%；氧化铝784.6万吨，增长54.3%；电解铝104.2万吨，下降1.3%；全省日均粗钢产量12.4万吨，6月达到13.9万吨的年度峰值。全年销售收入4146.2亿元，增长6.4%；实现利润41.8亿元，增长50.4%；销售利润率1%，提高0.3个百分点；583户规模以上冶金企业中183户亏损，亏损面31.4%，下降0.3个百分点；亏损企业亏损额45.8亿元，下降18.9%。

电力行业。2013年，全省发电装机容量5767.3万千瓦，较2012年增加312.3万千瓦，发电设备利用小时4732小时，减少36小时。全年销售收入1602.3亿元，增长6.5%；实现利润103.5亿元，增长1.8倍；销售利润率6.5%，提高4个百分点，高于全省水平3.5个百分点。117户规模以上电力企业中43户亏损，亏损面36.8%，下降3.8个百分点；亏损企业亏损额21.4亿元，下降33.5%。

焦炭行业。2013年，全省焦炭产量9076.8万吨，比2012年增长5.4%，增速加快10.2个百分点。月度产量看，所有月份单月产量均在700万吨以上，特别是1月、9月两个月突破800万吨，生产总体保持稳定。全年收入1326.1亿元，下降2%；实现利润盈亏相抵净亏损48.2亿元，减亏19.1亿元。177户规模以上焦炭企业中110户亏损，亏损面62.1%，下降7.7个百分点；亏损企业亏损额68.4亿元，下降13.7%。

化工行业。2013年，全省化肥(折纯)产量446.1万吨，增长14.6%；尿素(折含N100%)404.5万吨，增长15.6%；精甲醇216.5万吨，增长35.7%；聚氯乙烯树脂47.4万吨，增长13.3%。由于化工产品价格持续低位运行，企业亏损严重，生产经营困难。2013年，化工行业销售收入844.9亿元，下降0.7%；实现利润盈亏相抵净亏损9.1亿元，由盈转亏。277户规模以上化工企业中95户亏损，亏损面34.3%，下降1.6个百分点；亏损企业亏损额38.1亿元，增长1.1倍。

机电行业。2013年，机电行业占全省工业比重8.4%，已替代焦炭、电力成为全省第三大支柱产业。机电行业销售收入1640.1亿元，增长5.1%；实现利润45.8亿元，下降13.9%；销售利润率2.8%，下降0.5个百分点。595户规模以上机电企业中164户亏损，亏损面27.6%，提高3.2个百分点；亏损企业亏损额15.1亿元，增长33.5%。

食品行业。2013年，食品行业完成工业增加值231.8亿元。

医药行业。2013年，医药行业完成工业增加值46亿元，增长8.5%。

软件行业。2013年，软件行业主营业务收入27.9亿元。其中，软件产品收入14.8亿元，信息系统集成服务收入9.3亿元，嵌入式系统软件收入2.3亿元，信息技术咨询服务业收入1亿元。

(乔丽刚　石　卉)

煤炭工业

【2013年山西煤炭工业发展概况】 2013年，全省煤炭行业以转型发展为方向，以“七高一文明”为目标，以“八化工程”为路径，以“六大标准”为手段，推动全省煤炭工业经济发展质量、工业面貌、转型发展、安全生产形势、现代文明建设，发生新变化、取得新成绩、跨越新发展。

煤炭经济。2013年，山西省加强宏观调控，规范经营秩序，科学应对煤炭市场形势变化，出台“山西煤炭20条”，为国家层面出台煤炭“国5条”进行率先探索，促进全省煤炭经济发展质量进一步提高。2013年，全省煤炭产量9.63亿吨，比2012年增长5.3%；煤炭出省销量6.16亿吨，增长5.9%。销售收入14178.22亿元，增长19.4%。其中，非煤收入10154.09亿元，增长26.5%。实现税费1149.95亿元，煤炭对全省规模以上工业经济增长的贡献率为57.6%，拉动全省规模以上工业增加值6.1个百分点。

煤炭发展标准建设。2013年，对《煤矿安全质量标准化标准及考核评级办法》《煤矿企业办矿标准》《煤矿现代化矿井标准》《煤矿管理标准》《煤矿建设标准》《煤矿建设施工管理标准》六个标准进行修订完善，出台《六个标准贯彻落实评价考核实施办法》；制定《露天煤矿管理标准》，完成全省办矿企业首次等级审核评定，完善煤炭现代化标准体系。

煤炭基本建设。2013年，全行业完成煤炭固定资产投资1718亿元；初步建成现代化矿井54座，命名表彰25座；重组整合矿井竣工验收82座，从2010年至2013年累计竣工验收170座；全力推进68个煤矿建设省重点工程项目，全年完成投资429.2亿元。加强煤炭生产管理，出台《生产煤矿回采率管理实施细则》，审查批复82座矿井的生产能力核定。

煤炭转型发展。全行业在建较大非煤转型项目107个，非煤固定资产投资610亿元，比2012年增长6.3%。省煤炭厅制定2013年行动计划4个专项《实施方案》，包干联系28个非煤项目，督促指导项目单位完成投资272亿元。潞安180万吨煤制油、焦煤60万吨煤制烯烃、同煤40亿立方米煤制天然气等一批标杆项目各有进展，为全省煤炭产业延伸拓展发展空间起到引领示范作用。

煤矿安全生产。2013年，全省煤矿共发生事故40起，死亡75人，比2012年减少8人，下降9.6%；煤炭百万吨死亡率0.077，减少0.014，下降15.4%，比全国平均水平低0.211，煤矿安全各项指标均大大低于国家下达山西省的控制目标，煤矿百万吨死亡率创出山西煤炭现代开发史以来的最低值。

1. 创新安全理念。认真落实“三个决不能过高估计”的新判断和“三个敬畏”的新要求，提出“安全生产是天大的事”“人人都是通风员”新理念，进一步创新发展了煤矿安全理念体系。

2. 加强督促检查。全年开展5次全省性、集中性、持续性的督查检查，累计督查矿井2251矿次。充分发挥突击执法检查的作用，采取暗查、暗访、夜查和突查的方式，全覆盖跟踪巡查、督查重大隐患的整改，打击了非法违法煤炭生产建设行为。

3. 严格安全管理。突出建设矿井安全管理，进一步严格落实建设、施工、监理三方责任，有效防止煤矿建设重特大事故；突出“治瓦斯、摸清水”两个重点，出台瓦斯防治八项规定，严格水害防治；突出安全质量标准化管理，全省全年共建成292座安全质量标准化矿井；突出应急救援工作，全省煤矿安全应急救援体系基本建成，应急救援能力显著提升。

4. 强化隐蔽性致灾因素排查治理。以整合改造建设矿井为重点，集中开展隐蔽性致灾因素“大会诊”，水文地质会诊954矿次，瓦斯会诊865矿次，针对会诊出来的问题，全部采取了针对性的整改措施。同时，加强煤矿瓦斯抽采利用，抽采量52.5亿立方米，比2012年增长14.6%；利用量18.2亿立方米，增加17.4%。

【煤炭现代文明建设】 煤炭科技工作。煤矿现代化综采装备、煤炭绿色开采技术得到大力推广，全行业有68项科技成果获得中国煤炭科学技术奖，由晋煤集团、汾西矿业、霍州煤电等单位共同完成的“煤矿岩巷全断面高效掘进关键技术与装备”研究项目获国家科技进步二等奖。

煤炭人才建设。全省累计培训各类从业人员23万人次，确定省内19所专业定向培养院校，举办首次校企洽谈会，全年变招工为招生2.9万人。举办第二届“同煤杯”职工职业技能大赛，推行“送教下矿”。全省煤炭职业中专招生15万人。75%的特种作业人员和班组长接受了职业教育，煤矿安全培训和职业教育水平稳步提高。

绿色生态和谐矿区建设。积极协调促进矿区生态环境恢复和采煤沉陷区地质灾害治理，全行业完成造林0.2万公顷，绿化280万平方米，加强煤矿职业卫生防治，保障从业人员职业健康权益，推动实施“以矿建镇”工作，5家煤炭企业开展试点，进一步推进了绿色和谐文明矿区城镇化建设。

（王德善）

煤矿安全监察

【煤矿安全形势稳定好转】 2013年，全省煤矿共发生安全生产事故40起，比2012年上升2.6%；死亡75人，下降9.6%。其中，一般事故发生34起，死亡40人；晋中、吕梁、阳泉、长治、大同辖区各发生1起较大事故，共死亡25人；吕梁辖区发生1起重大事故，死亡10人；未发生重特大事故。煤矿百万吨死亡率0.077。

【监察执法情况】 2013年，全省煤矿安全监察系统共现场监察3412矿（次），其中，“三项监察”2418矿（次）；查处安全生产隐患1.1万条（重大隐患97条）；下达执法文书7339份，责令停产整顿矿井39个，暂扣安全生产许可证13个。行政罚款1.45亿元。

不断强化煤矿安全监察执法。贯彻落实总局《关于进一步深化安全生产行政执法工作的意见》《关于进一步加强煤矿安全监管监察工作的通知》精神，在完善执法程序、提高执法水平、创新执法方式上下功夫，在超前防范事故上见实效。晋城、忻州、太原、晋中、阳泉分局（站）分别制定了瓦斯抽采达标、矿井防治水、职业危害防治、安全费用、安全装备专项监察办法，提高监察执法的针对性和实效性。坚持突出重点，做好煤矿瓦斯治理重点监察和煤矿防治水专项监察，对违规生产矿井坚决责令停产整顿。加大对兼并重组整合建设矿井监察力度，严防持证生产建设矿井在改扩建区域生产或建设矿井未取得相关证照违法组织生产。

积极宣传贯彻落实《七条规定》。按照“铁七条、刚执行、全覆盖、真落实、见实效”的要求，以落实《煤矿矿长保护矿工生命安全七条规定》为主要内容，组织开展“保护矿工生命，矿长守规尽责”主题百日宣教活动。一是制定《七条规定》宣传贯彻具体措施，要求各监察分局（站）、各煤矿企业将规定宣传到每一位矿工、每一位矿工家属。省局组织3个宣讲组，深入地市进行专题宣讲。二是积极配合总局第八督导调研组，组织对全省1022名煤矿矿长和173名煤矿主体企业负责人进行《七条规定》现场宣贯、现场签订承诺书、现场考试，推动规定贯彻落实。三是由局领导带队进行督导调研，深入煤矿检查规定宣传贯彻落实情况，开展《七条规定》贯彻落实情况专项监察和异地交叉专项监察，严肃查处违反规定行为。

组织开展煤矿安全生产大检查。制订《山西煤矿安全监察局关于开展煤矿安全生产大检查工作方案》，成立煤矿安全生产大检查领导组，明确了重点检查的15项内容。按照“全覆盖、零容忍、严执法、重实效”和“六个一批”的总要求，省局督查组和各监察分局、站采取随机抽查、回头复查和专家解剖等检查方式的同时，开展突击夜查、明察暗访，检查前不下通知、不打招呼、不听汇报、不用陪同，直奔现场，查处煤矿在生产过程中存在的隐患和突出问题，共检查煤矿856座，查处隐患4628条，停产整顿、停止建设矿井44座，停止回采掘进工作面39个。

继续深化安全生产隐患排查治理。健全完善隐患排查、治理和报告制度，推行“隐患整改回执”制度，抓好隐患整改的跟踪问效，实现监察闭合。加大对重大隐患处罚力度，对存在重大隐患仍然进行生产的矿井，立即依法责令停产整顿，暂扣其安全生产许可证，并按《国务院关于预防煤矿生产安全事故的特别规定》有关程序进行整顿和验收。坚持隐患排查治理与“打非治违”专项行动相结合，重点开展矿井瓦斯、水患、火灾隐患排查治理专项整治工作，加大“打非治违”工作力度，严格落实“四个一律”要求。发挥舆论和群众监督作用，及时曝光典型非法违法案例。

严格行政审批和事故查处工作。行政审批方面：严格执行行政审批标准，严格安全许可准入，严格建设项目安全设施设计审查、“三同时”竣工验收，严把安全准入门槛。全年共审查办结安全生产许可证261个，审查安全设计136个，安全设施竣工验收101个，颁（换）发矿山救护队资质32个，申报和换发安全技术服务机构资质7个。事故查处方面：按照“科学严谨、依法依规、实事求是、注重实效”和“四不放过”原则，对全年发生的40起煤矿事故进行严肃查处，已结案36起，对513名事故责任者追究相关责任；整理制作典型煤矿事故案例光盘，下发并在煤矿企业进行宣讲，20万人次接受警示教育。

持续推进煤矿安全生产基础工作。一是利用媒体、网站、简报等形式，大力宣传安全生产法律法规，扎实开展“敬畏生命”大讨论，围绕“强化安全基础、推动安全发展”主题，组织开展“安全生产月”活动。二是举办煤矿安全文化建设专题培训，完善创建办法，召开推进会议，开展论文征集，举办专家讲座，组织现场考评等，推进示范创建和安全文化建设。三是组织开展“安全科技周”活动，在全省组织开展煤矿安全重点科技项目评审申报工作，推进煤矿标准化、机械化、信息化和自动化建设。四是做好矿山救护队资格培训、达标建设、资质晋级等工作，指导完善应急救援预案和应急演练，提高煤矿突发生产安全事故的应急处置能力。

（郭凤美）

电力工业

【山西电网概况】 2013年，山西电网共投产发电机组30台（座），容量3484兆瓦，全部为省调发电机组。其中，接入500千伏电压等级机组3台，容量1530兆瓦；接入220千伏系统机组20台（座），容量1661.5兆瓦；接入110千伏及以下系统机组7台（座），容量292.5兆瓦。按照发电机组类型，投产火电机组8台，容量2200兆瓦；风电场20座，容量1234兆瓦，光伏2座，50兆瓦。600兆瓦及以上机组2台，容量1200兆瓦，为神泉电厂1号、2号机组。2013年，山西电网关停机组1台，为太一号16机组，容量50兆瓦。

截至2013年年底，山西电网总装机58230.7兆瓦。按调度单位划分，国调装机3300兆瓦，阳城电厂以点对网方式送江苏电网；华北网调直调机组容量5920兆瓦；省调装机容量45586.74兆瓦；地区小电厂合计容量3423.96兆瓦。省调机组按性质划分，光伏电站4座，容量65兆瓦；风电场39座，容量3357.5兆瓦；煤层气电厂3座，容量181.24兆瓦；水电厂4座（含抽水蓄能），容量2288兆瓦；火电机组146台，容量39695兆瓦（供热机组83台，容量18255兆瓦，占比46%；空冷机组111台，容量31105兆瓦，占比78.4%；循环流化床机组48台，容量6595兆瓦，占比16.6%）。

国、网、省调系统发电装机容量共54805.2兆瓦，接入500千伏系统机组59台，容量28570兆瓦；接入220千伏系统123台，容量23696.5兆瓦；接入110千伏系统44台，容量2473.7兆瓦；接入35千伏系统4座，容量65兆瓦。

【国家电网山西省电力公司经营概况】 公司概况。国家电网山西省电力公司（简称公司）是国家电网公司全资子公司，属国有特大型企业，以电网规划、建设、运行管理及电力调度、经营等为主营业务，下设11个市供电公司、99个县级供电公司，供电区域覆盖全省除12个趸售县以外的108个县（市、区），肩负着山西省3580万人民电力供应的基本使命，承担着向京津唐、河北、江苏、湖北、山东等地外送电力的重要任务，服务客户约822万户，拥有资产588亿元，员工3万余人。

2013年售电量1735.28亿千瓦小时，外送电量303.65亿千瓦小时，比2012年增长7.2%。

2013年，公司深入开展安全管理提升，基础管理全面夯实。扎实推进安全大检查，变电站全停隐患排查整治，大规模风电有序并网，电网风险分析全面强化，省地运行方式协调联动，确保了特高压大电网安全运行和电力可靠供应。生产、基建、农网、营销作业现场安全有序，集体企业、信息系统、保密、消防安全保持平稳，未发生人身伤亡事故，重大及以上电网、设备事故和误操作事故。健全完善应急体系，省际特高压应急救援联动机制有效运转，电力应急指挥中心三级全覆盖，主备调48小时切换、区外电源黑启动和迎峰度夏联合应急实战演练，增强大面积停电防控能力，省调调度运行安全超过1万天，“一户一案”供用电抢险救援成为全国典型范例。

电网建设与发展。2013年3月，国家电网与山西省进一步加强合作，加快特高压等电网项目建设，推动山西综合能源基地转型发展，实现互利共赢。4月，山西省政府召开第11次常务会议，研究讨论《山西省人民政府关于加快推进全省电力建设的若干意见》，逐一确定项目核准、建设进度、晋电外送、新能源发展、体制改革等各环节目标措施，落实责任部门，举全省之力加速推进电力建设。7月，李小鹏省长赴国家发改委、能源局协商加快特高压发展，形成支持特高压外送大通道建设的良好外部环境。9月，山西省公布《关于继续取消和下放一批行政审批项目等事项的决定》，要求简化500千伏输变电项目核准流程，缩减审批时限。12月，电网前期工作全面提速，在国家电网公司首个完成“十二五”规划的全部500千伏项目核准，五寨—兴县等4个“十三五”初500千伏电网项目取得“路条”，施工受阻、变电站土地手续等多项难题得到有效解决。

建设进度质量管控有力，全年完成固定资产投资84.86亿元，110千伏及以上交流线路开工2908.6千米，投产2841.6千米；变电容量开工1158.6万千伏安，投产1157.7万千伏安，继续保持各季度均衡开工投产。±800千伏哈密南—郑州特高压直流输电线路工程（山西段）按期竣工进入试运行，500千伏榆次北等一大批输变电工程建成投运，太原城市配网提升和2010～2012年农网改造升级工程通过验收，无电人口通电问题圆满解决。500千伏左权电厂送出工程荣获国家优质工程奖，220千伏荫城变电工程获得国家电网公司质量管理流动红旗，110千伏及以上优质工程率实现100%。

输变电设备投产情况及规模。2013年，山西电网投运500千伏变电站1座，主变2台，容量2000兆伏安；220千伏变电站投产10座，主变21台，容量3600兆伏安。总计投产变电站11座，增加主变23台，容量5600兆伏安。

2013年，山西电网新建500千伏线路1条，π接增加2条，共计增加3条，线路长度增加63.7千米。220千伏线路投产线路48条，线路长度1059.3千米，退役220千伏线路15条，线路长度541.9千米，共计增加线路33条，线路长度增加517.4千米。220千伏及以上电压等级共计增加线路36条，增加长度581.1千米。

截至2013年年底，山西电网220千伏及以上电压等级变电站188座，主变414台，变电容量85631.6兆伏安。其中，特高压变电站1座，变压器2台，容量6000兆伏安；500千伏变电站17座（含榆社开闭站），主变32台，容量26500兆伏安；220千伏变电站170座，主变380台，容量53131.6兆伏安。

截至2013年年底，山西电网220千伏及以上输电线路576条，线路长度16953.8千米（不含跨省输电线路）。其中，500千伏线路74条，长度4662.8千米；220千伏线路502条，12290.9千米（省调线路444条，11220.2千米）。另有跨省输电线路29条，长度3433.7千米。

电力平衡情况。2013年直调用电量增速呈现缓步回升态势，一、二季度处于触底回升阶段，三季度后温和增长，四季度部分地区高耗能、高污染行业停产、限产，用电量增速出现回落。

一季度，受经济、政策环境及部分地区安全事故影响，省内用电需求再现低迷苗头。节日期间用电负荷比2012年持平甚至出现负增长。综合考虑节日和日历天数因素，日均用电量仅比2012年增长1.6%。二季度，直调用电量增长3.2%，仍保持低速增长。4月至5月中旬期间，全省降雨较少，南部抗旱负荷明显增加且持续时间较长，用电量分别增长5.1%、4.6%；6月份中下旬降水集中，未出现持续高温天气，用电量增速大幅回落为0.1%。三季度，直调用电量增长6%，增速较一、二季度加快。7月份全省降雨偏多，用电量增长1.7%；8月起，全省高温天数增多，空调负荷大幅增加，用电量增长9.3%；9月随着宏观经济面向好，工业等用电量增加，用电量增长7.3%。四季度，直调用电量增长4.9%，增速较三季度回落1.1个百分点。受环保因素影响，部分地区控制高耗能、高污染企业，10月、11月、12月直调用电量平均增速为6.3%、5%、3.7%，呈现逐步下降趋势。

发电设备利用水平。2013年，省调电厂共完成发电量1974.7亿千瓦小时，比2012年增长4.4%。其中，火电机组完成发电1867.8亿千瓦小时，增长3.41%，完成省经信委年度计划的101.2%，完成比例最高103.8%（榆社电厂），最低97.1%（安平电厂）。67座火电发电单元中，66座完成偏差小于3%。超过3%偏差电厂1座，为安平电厂（12月25日至1月2日非停，完成率97.1%，不满足偏差3%）。

水电发电量36.1亿千瓦小时，比2012年增长－11.9%；抽水蓄能机组发电量1.15亿千瓦小时，增长267.5%；风电发电量58.4亿千瓦小时，增长72.9%；光伏发电量0.47亿千瓦小时，增长129.4%；煤成气发电量10.76亿千瓦小时，增长6.8%。

2013年，全省省调发电机组利用小时4571小时，比2012年下降207小时。其中，火电机组利用小时4931小时，下降215小时；水电利用小时3317小时，下降424小时。全年调用西龙池电站机组启动419次，增长299%；运行小时数1138.6小时，增长332%；发电量1.14亿千瓦小时，增长336%；抽水电量1.6亿千瓦小时，增长331%。风电利用小时2284小时，增长136小时；光伏利用小时1359小时，增长1359小时；煤层气6036小时，增长372小时。

经营管理。公司以“线损管理年”活动带动提升管理精益水平，依托特高压大力拓展外送电市场，挖潜增效、内生外拓，实现经营逆势上扬。截至12月底，建成用电信息采集线损综合管理平台，累计安装智能电能表655万只，省市县关口采集全覆盖，3286个台区采集线损双达标，综合线损率比计划下降1.9个百分点。灵活组织月度增供交易，比2012年增加17亿千瓦小时，增幅55%，公司外送电量首次突破300亿千瓦小时。初步建成公司内控体系，创新开展基建、农网改造工程在线审计，实施供电服务、盘活利库等效能监察，依法规范水平不断提升。深入推进县供电公司、乡镇供电所管理提升工程，公司领导“抓两头、带中间”对口帮扶，完成县供电企业（副职）负责人和供电所长培训，基层管理进一步夯实。

安全生产。2013年，公司安全工作认真贯彻“安全第一、预防为主、综合治理”的方针，以杜绝人身事故、防止大面积停电、防范重大设备损坏为首要任务，深入开展“安全管理提升年”活动，不断强化安全生产基础管理，努力践行“九个一”工作要求，扎实开展“安全大检查”，着力推进安全生产标准化和精益化，全力保障“三集五大”体系顺利建设。坚持“三遵循、两减少”，推进“综合大检修”，圆满完成春（秋）检、迎峰度夏（冬）及各项生产、建设任务，安全生产局面保持稳定，实现无重大设备事故5217天。公司研发应用的高危及重要客户供用电安全管理移动作业管控平台成功上线试运行，实现供用电安全精益管控向客户现场的穿透，实现全公司用检工作人员现场作业标准统一、行为规范、项目齐全。按季开展煤矿等高危及重要客户供用电安全隐患排查，持续强化客户隐患治理整改的专业指导、跟踪服务，督导客户做好隐患整改消缺，动态修订和完善客户事故应急抢险保电“一户一案”，持续增强应急预案的针对性、实效性和可操作性。全年现场巡检煤矿等高危及重要客户4532户次，组织编制客户事故应急抢险保电应急预案1027例，滚动修订“一户一案”2319户次，巡检率、“一户一案”制定率、全年滚动修订率达到100%，发现客户责任隐患1579条，做到“通知、报告、服务、督办”四个100%。

农电工作。2013年，全省农网改造升级工程投资17.5亿元，新建和改造35千伏变电站2座、线路14千米，10千伏线路2820千米、配变3700台，低压线路3395千米。通过近四年(2010～2013年)农网建设与改造，公司在全省范围累计投资82.55亿元，公司所辖11个市98个县域的农村电网结构、设备水平、供电能力、供电可靠性和抵御自然灾害能力得到提高，有力促进了农村经济社会发展。

2013年，朔州平鲁区、原平市、大同市新荣区、潞城市、古县、闻喜县、阳城县、孝义市、介休市、阳曲县等10个县（市、区）供电公司全面完成新农村电气化县建设任务。共建设120个电气化乡，2400个电气化村。截至2013年年底，全省共建成34个电气化县，361个新农村电气化乡（镇）、6800个新农村电气化村。闻喜县、阳城县等十县（市）荣获山西省“新农村电气化县”称号。积极配合政府开展电力科技扶贫活动，投资300余万元，对偏关县高寒、高效反季节蔬菜基地的供电设施进行改造，提高了生产率，降低了人工成本，促进当地农民脱贫致富。

电能替代工作全面启动。贯彻“以电代煤、以电代油，电从远方来”发展战略，对全省各地区能源消耗总量、产业电气化特点、冬季供暖基本情况、农村电气化应用等进行全面调研摸底，协助政府出台相关文件，制订有针对性的电能替代实施方案，统筹安排部署公司电能替代工作。开展电能替代示范项目，在山西耀华电力节能供热有限公司研发出谷期电集中供暖及分户控制系统的基础上，促成太原市4个新建小区约43.1万平方米安装该系统实施电采暖，通过发热电缆与蓄能管结合的发热体，在电网低谷时段将电能转换为热能，报装总容量达3.5万千伏安。

公司积极与省、市政府相关部门沟通，争取政府对电动汽车产业及应用的支持，大力推动电动汽车产业在山西省的发展。助力太原市和晋城市申报新能源汽车推广应用城市。太原市、晋城市被列入国家第一批新能源汽车推广应用城市或区域名单。推进电动汽车充换电设施建设与运营工作，建设完成7座充换电站，新开工建设临汾侯马、晋城高平两座充换电站。

科技与信息化。2013年，公司以重点领域攻关为突破，加快科技创新，智能用电小区建设模式研究等12项重点科研项目取得重大进展，特高压与环境兼容性评估等21项成果获国家电网公司及以上科技进步奖。公司参与的“1000千伏特高压交流输电系统与环境兼容性评估及工程应用”、主导研发的“碳纤维复合材料在山西电网中的应用研究”、省电科院的“直接空冷机组冷端性能诊断及优化关键技术研究与应用”、省检修公司的“超特高压输电线路带电检修技术实用化研究”等4个项目分获国家电网公司科技进步二、三等奖。国网长治供电公司参与的“农村电网智能化关键技术研究及示范工程建设”、公司参与的“宁东—山东±660千伏直流输电示范工程”、省电科院参与的“大型空冷电站给水泵汽轮机排汽新型冷却方式研究及工程示范”等3个项目分获中国电力科学技术奖二、三等奖。国网大同供电公司“输电线路安全运行在线监视和现场作业管控技术的研究及示范”获山西省科技三等奖。“输电线路基础施工专用钻机”“灰土智能加湿系统”等其他11个项目分获电力建设科学技术成果二、三等奖。

2013年共申请专利960项，其中，发明专利278项，发明专利申请量国家电网公司排名第12位。专利授权687项，其中，发明专利46项，发明专利授权量国家电网公司排名第11位。截至2013年年底，累计拥有有效专利1166项，其中，发明专利83项，发明专利拥有量排名12位。2013年公司系统共发表科技论文1247篇，其中，EI等检索或收录的高等级论文36篇，出版论著6部，登记软件著作权51件。公司通过扶持群众性创新和知识产权培育，鼓励全员参与“小创造、小发明、小改进、小成果、小创新”科技创新，加大了对创新成果、专利的奖励力度。

（龙　云）

冶金工业

【2013年山西冶金工业发展概况】 2013年年底，山西省有规模以上冶金工业企业583户，其中，黑色金属企业473户，有色金属企业110户；从业人员25.8万人，其中，黑色金属企业19.6万人，有色金属企业6.2万人。形成生产能力：粗钢6193万吨、生铁6185万吨、钢材5814万吨，铜10万吨、电解铝112万吨、金属镁70万吨、氧化铝1020万吨。粗钢产能100万吨以上企业21户(200万吨以上企业13户)。

2013年，粗钢产量4671.4万吨(全国排名第五位，全国占比5.8%)，比2012年增长18.3%，其中，太钢不锈钢产量294万吨，下降0.8%；生铁4310.7万吨(全国排名第五位，全国占比6.1%)，增长7.5%；钢材4487万吨(全国排名第六位，全国占比4.2%)，增长18.1%；铁矿石9830万吨(全国排名第四位，全国占比6.8%)，增长19.2%；铁合金183万吨，减少3.1%。十种有色金属137万吨(全国排名第十位，全国占比3.4%)，减少1.8%。其中，铜8.9万吨(全国排名第14位，全国占比1.3%)，减少9.8%；铝104万吨(全国排名第九位，全国占比4.7%)，减少1.3%；镁24万吨，减少0.3%；氧化铝 785 万吨(全国排名第三位,全国占比 17.7%),增长 54.3%。

2013 年,出口钢材 77 万吨,下降 0.5%;其中,不锈钢 36.8 万吨,增长 23.4%。出口镁及其制品 5.6 万吨,增长 11.1%。全年进口铁矿砂 2344.1 万吨,下降 0.9%;进口金额 29.6 亿美元,增长 2.6%。

2013 年,全省规模以上冶金工业企业主营业务收入 4146 亿元,比 2012 年增长 6.4%,占全省的 22.5%;实现利税 127.8 亿元,增长 10.2%,占全省的 8.8%;实现利润 41.8 亿元,增长 50.4%,占全省的 7.6%。

【冶金工业发展特点】 山西冶金工业为资源型经济,依靠山西丰富的煤炭资源和冶金矿产资源,发展冶金工业有其独特的优势,经过多年的发展,已经建立了雄厚的基础,粗钢、生铁、钢材和氧化铝及金属镁排名在全国靠前,太钢为全球最大的单体不锈钢企业。但冶金工业的装备水平低,技术水平差,产品技术含量低,产品附加值少,企业经济效益差。钢材除太钢产不锈钢产品外,其他企业基本上以建筑用材为主(占到全省钢材总量的 60% 以上),同质化竞争激烈。铝工业,虽然山西有丰富的铝土矿及氧化铝优势,但由于电价高企,西部低电价产能释放,近年来电解铝行业效益不佳,铝及铝合金深加工产品很少,高附加值产品更少,没有竞争优势。规划中的电解铝项目进展缓慢,甚至有萎缩的趋势。金属镁行业由于耗能高、镁及镁合金深加工产品不足,缺乏竞争优势。

由于全国性的钢铁行业和有色金属行业主要产品产能相对过剩,普遍存在价格接近或低于成本,2013 年 12 月末,钢协钢材综合价格指数为 99.14 点,钢材回到 1994 年的价格水平。2013 年,国内电解铝行业吨铝电耗在 1.4 万千瓦小时左右,行业平均成本 1.5 万元/吨,12 月底电解铝价格在 1.4 万元/吨左右。山西省冶金企业处于微利或亏损边缘,部分企业面临生存危机。

【提速转型跨越进程,推进重点工程建设】 2013 年,冶金行业重点推进 87 个技改项目,总投资 2047 亿元。太钢的重点项目主要布局在 4 个方面:一是以品种结构优化升级为特征的钢铁主业项目,正在建设的 90 万吨不锈钢冷连轧项目、100 万吨硅钢冷连轧项目和 80 万吨高速铁路专用钢项目是重中之重。7 月 15 日,太钢不锈钢铬钢连续酸洗线热负荷试车一次成功,该项目的工艺设计、设备制造均由太钢工程技术公司自主集成,具有完全知识产权,并创造了多项新成果。二是产业链建设项目,4 个境内外原辅料项目正在快速达产达效,不锈钢 10 万平方米加工配送项目在建。三是新材料项目,非晶带材、钛合金、高端碳纤维项目已投产。四是绿色发展项目,年产 20 万立方米蒸压加气砼板项目已投产,全球最大的钢渣综合利用项目 6 条生产线 5 条已经建成,陆续投产;热熔渣制矿棉、高炉渣超细粉等 8 个循环经济项目正加快建设,同步加快推进城市集中供热、城市污水处理等城市废弃物资源化利用项目,实现由企业内部小循环向城市和社会大循环深度转变。

太钢充分利用综保区政策优势,成立太钢保税综合服务有限公司。2013 年 10 月 30 日,该公司成为武宿综保区内首家具备运营资质的企业。

年初成立的太钢集团财务有限公司充分发挥金融服务功能,成立不到一年创效 8200 多万元,业务不断拓展,功能逐步显现。

太钢不断整合内部工程技术优势,加速推进成套工程技术输出步伐。在完成集团公司内部工程业务的同时,不断加大外部市场开拓,先后完成新疆、广西、天津等多处工程技术项目。2013 年利润比 2012 年增长 28.8%,成为太钢多元发展新效益增长点。

中阳钢铁一体系改造全面建成投产,包括 1780 立方米高炉和 2×120 吨转炉。在做大做强钢铁主业的同时,做强白酒、墙体涂料等非钢产业,使非钢产业成为公司经济效益的重要组成部分,打造"主体带动、两翼齐飞、多元发展"的新格局。立恒钢铁,工业经营农业,以租用方式流转农民 233.3 公顷盐碱地,进行连片综合治理,特种水产养殖区试养的大闸蟹养殖成功,双千亩莲鱼共养的主体工程完工,晋国文化旅游区的仿古四合院基本形成,高科技智能温室区加快建设步伐。

山西华兴铝业 100 万吨氧化铝建成投产。山西复晟铝业有限公司一期工程 2013 年 8 月开工奠基,计划投资 70 亿元,年产 160 万吨砂状冶金级氧化铝。中条山 50 万吨多金属矿综合捕集回收技术改造项目基本建成,项目建成后,金回收率 95.6%、银 94.6%、铜 98.3%、硫 96.8%。同德铝业 100 万吨氧化铝,孝义信发铝循环项目进展顺利。

【加大淘汰落后步伐和节能减排力度】 2013 年,山西省淘汰落后炼铁产能 104 万吨,粗钢产能 300 万吨(太钢主动淘汰临钢 200 万吨),铁合金 12.3 万吨。

太钢率先集成世界最先进的节能环保技术,形成完整的固态、液态、气态废弃物循环经济产业链。焦炉煤气脱硫脱氰制酸、高炉冲渣水余热回收、饱和蒸汽发电、膜法污水处理、钢渣肥料制造等节能技术填补了行业空白。在行业内率先启动 PM2.5 减量工作,能耗、水耗、污染物排放等主要指标行业领先。太钢的固态废弃物、工业废水、工业废酸均实现了 100% 循环利用。二次能源回收使用量占到生产所需能源的 48.6%。由于采取了废水处理后循环再利用技术,节约了大量的新水使用,2013 年吨钢耗新水降至 1.5 吨,耗水量全球同行业最低。太钢还加快由自身的小循环向城市和社会的大循环转变。每年处理城市居民生活污水近 2000 万吨,为城市提供集中供暖热源 1400 多万平方米。同时,加快推进消纳处理废旧汽车、塑料、轮胎、电池等城市废弃物的消纳处理,不锈钢特色产品广泛应用于城市交通、建筑、日常生活各个领域。

首钢长钢公司坚持低碳发展、可持续发展理念,加大"三废"治理和综合利用力度,不断推进产业延伸,节能减排取得长足进步,转型发展迈出坚实步伐。与 2009 年相比,长钢公司吨钢综合能耗降低 46 千克标准煤,吨钢综合电耗降低

30.5千瓦小时，吨钢耗新水量降低2吨；污水日处理能力提升至1.5万吨，每年减少取新水量480万吨。

山西华泽铝电有限公司2013年投资5049万元对电解槽进行节能技术改造，年可节电1.3亿千瓦小时；投资6200余万元，对两台自备机组脱硫及脱硝系统进行改造，实现了达标排放。"十二五"以来，累计完成节能量7.4万吨标煤。在电解生产中，通过新式阴极钢棒结构技术、"五低三窄一高"新型槽控技术等行业领先技术的应用，实现了铝液交流电耗指标的持续优化。

山西华圣铝业围绕低电压运行的技术核心，在电解槽密封保温、新式阴极钢棒和磁流体稳定技术等方面做了不断的探索和优化，形成一系列集技术与生产操作为一体的低电压配套技术，成效非常显著，系列平均电压降幅达0.25伏，直流电耗降幅达428千瓦小时/吨。

中电投山西分公司对焙烧4台平盘各真空受液槽及气液分离器进行增加中心管。改造后，平盘真空泵的运行电流值较改造前下降幅度达150安，平盘系统可节约用电7000千瓦小时/天，每年可为公司降低成本约127万元。改造雨排系统，对雨排废水进行回收，可回收生产废水50立方米/小时，实现了氧化铝生产废水零排放，既符合环保要求，同时每年可节约新水消耗费用约130余万元。

中铝山西分公司2013年度完成节能量7.9万吨标准煤，超额完成当年节能目标1.3万吨标准煤。

【以科技创新驱动结构调整】 适应国家装备制造业发展和钢材标准升级的要求，太钢充分发挥山西省不锈钢工程技术研究中心、山西省铁道车辆用钢工程技术研究中心、先进不锈钢材料山西省重点实验室、先进不锈钢材料国家重点实验室等创新平台的优势，集中力量研发汽车、铁路、造船、工程机械、核电、石油、化工等领域的专用和紧缺钢材，形成以不锈钢为核心，包括铁路用钢、高强韧系列钢材在内的高效、节能、长寿型产品集群，为推进关键钢铁材料的国产化进程、建设钢铁强国发挥了重要作用。太钢在铁路客货车用不锈钢、化学品船用不锈钢、液化天然气(LNG)用钢、超超临界电站锅炉专用钢等领域的20多个品种国内市场占有率第一，30多个品种替代进口。其中，车轴钢用于90%以上中国制造的火车上，不锈钢板材引领城市地铁新型客车华丽转身，并成为货车箱体升级换代材料。耐腐蚀不锈钢材料和低温合金材料用于远洋化学品船、冷藏集装箱和海水淡化设备的制造，高等级管线钢和不锈钢用于西气东输管道和液化石油气储罐建造。双相不锈钢筋成为港珠澳大桥唯一的不锈钢筋材料，结束了国内桥梁无不锈钢筋的历史，将极大地延长桥梁使用寿命。不锈钢复合板用于三峡水利工程，耐高温腐蚀和防辐射钢材为新型核电工程安全保驾护航，高等级冷轧硅钢成为核电机组核心电磁材料。多种高端材料应用于我国载人飞船、潜艇、军舰的关键部位。

首钢长钢公司面对钢铁市场的严峻形势，紧盯市场，坚持"以销定产"，加大品种开发力度，科学组织生产"适销对路"产品，先后成功研发高强度锚杆钢、耐候H型钢、硬线钢、焊线钢、钢绞线用钢等5个系列11个新品种。

中阳钢铁以"做专、做精"为指导，开发冷墩钢、弹簧钢为目标，向汽车、铁路、桥梁使用的标准件加工等领域推进，形成较强的差异化竞争优势。

中铝山西分公司创新串联法生产氧化铝工艺技术的核心项目——"烧结法赤泥快速分离项目"带料试车，标志着这一新工艺、新技术、新装备首次在氧化铝工业中得到应用，是烧结法溶出浆液分离洗涤工艺及装备的重大变革。

"低碳纳熟料溶出工艺"的应用，降低烧结法粗液碳酸钠浓度至6克/升，减少排盐过程中造成的返工浪费及无效循环损失，创造年效益1004万元。

"低A/S熟料烧结工艺技术"的应用，大幅增加烧结法赤泥配吃量10吨/小时以上，产生年效益2000万元。

（康建基）

机械电子工业

【2013年山西省机械电子工业发展概况】 2013年，山西机电工业规模以上企业工业总产值1733.7亿元，比2012年增长11.2%；工业增加值524.4亿元，增长15.6%；主营业务收入1628.5亿元，增长7.9%；实现利税76.7亿元，下降8.1%；实现利润45.8亿元，下降14.6%；机电产品出口46.48亿美元，增长35.2%，其中，电器和电子产品出口33.82亿美元，占机电产品出口的72.8%。在电子产品中，出口手机1441.7万台，价值28.9亿美元，分别增长90.3%和77.7%。欧盟、美国和东盟分列山西省手机出口前三大市场。2013年，太原富士康生产的iphone5和iphone4S系列智能手机有62%直接出口境外。在全国经济形势复杂多变的情况下，山西省装备制造业得到平稳健康发展，特别是电子信息产业，在富士康的带动下产业规模大幅增长，但效益下滑较为严重。

【科技成果及新产品】 国家级企业技术中心再添两丁。2013年11月，晋西工业集团有限责任公司技术中心和山西蓝天环保设备有限公司技术中心被国家发改委、科技部、财政部、海关总署、国家税务总局认定为国家级企业技术中心。

太重跻身国家级技术中心前10名。2013年10月，国家发改委公布国家级企业技术中心2013年度评价结果，太重技术中心在全国887家国家级技术中心评价中排名第9位，跻身全国国家级技术中心十强，位居全国重型机械行业首位。太重集团大力实施自主创新战略，创新实力获得国家认可，成为全国首批创新型企业。

太原重工入选中国企业自主创新"TOP100"。2013年12月，经国务院发展研究中心核准，中国企业评价协会主办的"2013年中国企业自主创新TOP100"评价发布，太原重工荣膺2013年中国企业自主创新TOP100。

太重集团快速锻压机被列为2013年度国家重点新产品计划。2013年9月，国家科技部印发《关于下达2013年度有关国家科技计划项目的通知》，太重集团申报的“72/80MN双柱式快速自由锻造液压机”项目（项目编号2013GRA30001）被列入“2013年度国家重点新产品计划”。

72/80MN双柱式快速自由锻造液压机是太重集团具有自主知识产权的首台快锻压机，它的研发成功，标志着太重设计、制造特大型快速锻造压机已达到世界领先的技术水平，填补了我国双柱式快速自由锻造液压机装备制造的空白。

山西省煤机装备产业技术创新战略联盟成立。2013年9月，由太重煤机有限公司牵头，相关14家企业、2家科研机构、3家高等院校为成员单位，正式成立山西省煤机装备产业技术创新战略联盟。

联盟的构建，旨在探索建立长效稳定的产学研合作机制，围绕解决煤机装备制造业共性、关键性、前沿性的技术问题，共同突破产业发展的技术瓶颈；为煤炭综采成套装备技术水平的整体提升搭建技术支撑平台，推动科技成果的转化和应用，实现行业科技进步和产业升级，提升煤机装备制造业自主创新能力。

三项科研成果获得国家科技奖。2014年1月，2013年度国家科技奖获奖名单公布，山西省装备制造业两项研究项目“大吨位系列履带起重机关键技术与应用”“煤矿岩巷全断面高效掘进关键技术与装备”获得2013年度国家科学技术进步奖二等奖。“高性能谐振式传感器关键技术及其应用”项目获国家技术发明奖二等奖。

太重集团5项创新成果喜获山西省科技奖。太重与太原科技大学共同研发的基于复合连杆机构驱动的全液压滚切剪机研制技术，荣获山西省科技进步一等奖。75MN短行程节能型铝合金挤压机和Φ325三辊Assel轧管机组成套设备研制荣获山西省科技进步二等奖。480/100t-21.4m铸造起重机研制及150万吨/年5.5米捣固式焦炉成套设备开发项目荣获山西省科技进步三等奖。

两企业荣登“2013装备中国创新先锋榜”。2013年11月，中国机械工业联合会会刊——《中国机电工业》杂志主办的“2013装备中国创新企业年会暨装备中国创新先锋榜颁奖盛典”在北京举行。山西蓝天环保设备有限公司、中国北车永济新时速电机电器有限责任公司光荣上榜。

国内首套高速动车组用永磁牵引电机研发成功。2013年3月，由中国北车永济新时速电机电器有限责任公司承担的“十二五”科技重大专项“700千瓦高速动车组用稀土永磁同步牵引电机研发项目”完成两台样机试制，取得阶段性成果。公司以我国CRH3型高速动车组运行工况为基础，依靠自主研发，攻克永磁电机额定参数确定、电磁计算、电机转子磁路结构及转子强度、永磁电机关键材料的选用、装配工艺、绝缘结构设计等7大难题，成功开发了国内首套高速动车组用永磁牵引电机。在现有动车组装配条件下，使高速动车组单轴（动力轴）牵引功率由560千瓦提高到700千瓦，减少能耗达15%，并延长我国目前高速动车组的寿命周期。

国内最大风光互补变流器研制成功。2013年3月，中国北车集团永济新时速电机电器有限责任公司的一套自主研制装置将风能与太阳能发电合并利用变成现实。该厂首次自主研制的我国最大功率750千瓦风光互补变流器，在青海省乌兰光伏发电基地成功完成并网发电验证试验。该装置在实现风能和太阳能组合发电的基础上，能自动调配电量，有效解决电能平稳馈送电网等难题。

该厂此次自主研制的风光互补变流器，以风资源利用为主，光伏发电资源为补充，通过调节变流器，合理分配风力资源、光伏资源发电量大小。在风力资源能完全满足发电机组额定发电功率时，光伏发电从变流器切除，从而确保发电设备、风电场安全可靠运行。

太重研制成功世界最大承载能力轧机油膜轴承。2013年3月，世界上承载能力最大的轧机油膜轴承在太重油膜轴承分公司诞生。该轴承系为南京钢铁有限公司生产的宽厚板轧机油膜轴承，其工作直径1670毫米，轴承工作长度1452毫米，单个轴承最大载荷7247吨，即一对轴承载荷量可达1.4万吨。该轴承不仅在载荷量上是当今世界最大，而且在长度和直径上也属世界之最。

阳煤集团首套智能放炮监控系统试用成功。2013年4月，阳煤集团首套智能放炮监控系统，在一矿井底存车巷成功试用。该监控系统，在读取安全监控系统中设定位置的瓦斯、煤尘、喷雾开关、风速、供电的数据时，如超过规定值，放炮监控终端机将终止作业，从而实现数据不达标就不能放炮。同时该系统还可实现实时监测监控，对井下收集的数据，通过有线传输到达地面调度，并对相应数值进行分析处理、显示完成，地面数据和命令通过线路再传输到井下，对放炮监控终端机进行管理和控制，实现智能监测监控。

大同机车造出最牛“大力士”。2013年4月，由中国北车大同电力机车有限责任公司研制，具有完全自主知识产权的HXD21001号八轴大功率电力机车在大包铁路顺利完成运用考核，完全符合机车运用考核大纲的要求，目前世界上最先进的大功率交流传动电力机车。HXD21001号电力机车牵引功率为9600千瓦，最高牵引速度为120千米/小时，单辆机车能够牵引1万吨重载货物运输。机车的网络控制系统、牵引传动系统、转向架、变压器等核心部件和关键技术均实现国产化，该公司具有完全自主知识产权。

太重造出超百吨电机转子。2013年5月，太重有史以来生产的第一件超百吨级的33万千瓦电机转子在太重大锻件分公司锻造成功。这件电机转子所采用的钢锭重达205吨，太重大锻件分公司使用自行设计、刚刚投产运行的1.2万吨压机进行锻造，锻造成功后的标准重量为109吨。从它的起吊、热运到进入锻造工序的整个过程，在太重历史上均为首次尝试。这件超百吨的33万千瓦电机转子整体质量，达到国内大型电站锻件的一流水平，标志着太重锻造技术及整体加工能力跻身于国内领先水平，成为全国大锻件理事会仅有的5家成员单位之一。

大功率煤矿智能综采设备试车成功。2013年7月，国内首套大功率井下智能成套综采装备在太重煤机工业园试车成功。该项目是国家“十二五”智能制造发展专项的重点项目之一，项目总投资4.4亿元，其中，国家补贴1亿元，是国家“十二五”期间发展智能制造专项中补贴资金最大的项目。

该套设备是由太重煤机、平阳重工、山西煤机、山西科达等8家单位协同攻关研制成功的，在15个核心智能研发方面取得突破。该套综采设备的最大亮点是智能化水平高和成套设备大型化。综采成套设备的采煤机能自动完成采煤工艺所要求的各种采煤工序，实现与液压支架及刮板运输机协调控制，具备完善的自诊断、故障预警及通讯功能。采煤机重165吨，装机功率2660千瓦，实现了大型液压支架、刮板运输机和运输系统的智能化控制。

世界最大处理量破碎站在太重诞生。2013年7月，太重生产的世界上矿石处理量最大的半移动破碎站交付使用。

该套世界上矿石处理量最大的半移动破碎站是太重为太钢袁家村铁矿生产的，主要由主体钢结构总成、破碎机、大运量带式输送机、电气自动控制系统、液压系统、碎石机、随站悬臂起重机等设备组成。额定生产能力7650吨/小时，最大可达9180吨/小时，用于年产2000万吨以上的大型露天矿采剥工作。是目前世界上小时产量最大的半移动破碎站。

太重WK系列大型矿用挖掘机通过科技成果鉴定。2013年7月，经山西省科技厅组织的专家组鉴定认为，由太重集团研发制造的“WK系列大型矿用机械正铲式挖掘机”项目研究成果，填补了我国大型机械正铲式挖掘机装备制造的空白，产品的性能指标均达到或超过国际同类产品，综合技术处于国际先进水平，在挖掘机的动力驱动及智能控制、回转和行走传动系统等技术方面处于国际领先水平。

截至2013年底，太重生产的大型挖掘机在国内市场占有率已超过92%。太重生产的挖掘机不仅能够满足国内市场需要，还先后出口俄罗斯、秘鲁、哈萨克斯坦、印度、缅甸、蒙古、智利、南非等国家。

永济新时速电机电器有限责任公司研制成功大功率IGBT模块。2013年8月，全球电流等级最高的1700V/3600AIGBT模块产品在永济新时速电机电器有限责任公司成功下线，填补了我国在大电流领域的空白，实现了我国IGBT高端器件产业化的重大突破。该产品广泛应用于智能电网、电动汽车、新能源发电、工业控制领域。

永济电机公司成为世界第四个、国内第一个能够封装6500伏以上电压等级IGBT的企业，打破了长期依赖进口的局面。

“世界第一起重机”潞安显神力。2013年9月，由中化二建集团、太重集团、中科合成油技术有限公司共同研发制造的6400吨液压复式起重机在潞安集团首次发威，将潞安油化电热一体化示范项目油品合成装置区费托合成反应器一次吊装成功，这台世界上起吊能力最大的液压起重机正式进入了市场应用阶段。

该设备具有可独立使用和拆分使用的灵活工况组合，既可以“分身”为两个分别可提升3200吨重物的“大力士”，又能够组合成一个将6400吨重物提升至120米高度的“钢铁巨人”。作为我国自主设计、生产制造的一种新型超级超限起重设备，这台6400吨液压复式起重机的国产化率达到100%。它的面世不仅填补了世界大型起重机械的技术空白，而且还将大大缩短国家煤化工等行业的施工建设周期，实现了我国在大型吊装行业的一次历史性跨越。

太重TZM500全地面起重机成功下线。2013年10月，太重集团拥有完全自主知识产权的“TZM500全地面起重机”成功下线。该产品最大起吊能力500吨，主臂全伸状态起重臂总长84米，可与固定副臂、塔臂联合起吊并带有超起功能，整机机动性好、转场快捷方便。该起重机设备性能达到国际同类设备先进水平。

TZM500全地面起重机可广泛应用于风电、石油、化工、核电、冶金、市政工程、大型体育设施、建筑等行业，以方便、多样的臂架组合来适应不同高度、不同幅度、不同吊载的作业工况。

太重制造两用风电机组成功安装。2013年11月，由太重自主研发、设计、制造的我国首台5兆瓦高海拔海陆两用风电机组在内蒙古察右中旗辉腾锡勒的华电风场成功安装。标志着太重风电机组研发、制造的整体水平已达到国际先进水平。

该产品总重量805吨，塔筒直径6米、轮毂高度95米，叶片长62米、叶轮直径128米，额定功率5000千瓦，单台机组年发电量可满足1万个家庭全年用电需求。与同类产品比较，太重制造的5兆瓦高海拔海陆两用风电机组重量轻，度电成本低，电网适应性好，具有适应极低温、高海拔、大湍流风场以及海陆两用等特点。

“潞安高效多晶”电池下线开始量产。2013年11月，由潞安太阳能公司研发的“潞安高效多晶”电池正式下线，进入量产阶段。

“潞安高效多晶”电池主要是基于市场主流的P型多晶硅片，采用背面钝化技术，实现电池转换效率的大幅提升，这是潞安太阳能公司通过技术创新开发的一款新产品，是光伏行业的又一次重大突破。

北方机械6台高效高压永磁同步电动机出厂。2013年11月，山西北方机械制造公司研制的高效高压永磁同步电动机，首批订单6台产品正式出厂。

高效高压永磁同步电动机综合节电率高达7%～15%，以其效率高、节电率高、安全本质度高及温度低、噪音低、维护成本低，即“三高三低”的优势越来越受到国家、地方政府及各电机用户单位的关注和认可。经权威专家鉴定，认为高效高压永磁同步电动机节能效果显著，整体技术达到国际先进水平。

【技术改造成果丰硕】 全国首个无人机研发基地落户太原。2013年4月，太原市民营经济开发区与山西煤炭资产经营有限公司签订“联航航空科技产业园项目”合作框架协议，全国首个无人机研发基地正式落户太原。该产业园位于民营区工业新区，总投资20亿元，占地约33.3公顷，成为全省首家航空遥感研发中心和全省首家通用航空培训服务基地。

“联航航空科技产业园”由山西煤炭资产经营有限公司携手太原航友航空科技有限公司联合打造，投产后初步估算可实现年销售收入12亿元，上缴税金7500万元，安置200余人就业。

*晋西集团轨道交通及高端装备制造基地项目开工。*2013年5月，中国兵器工业集团晋西工业集团公司轨道交通及高端装备制造基地项目在太原工业新区破土动工。该项目是公司调整产业结构、打造“百亿车轴”产业体系的重要组成部分，也是山西省、太原市发展高端装备制造和节能环保的重点项目。项目建成后，将进一步提升企业在重载货车、动车及其核心零部件等方面的研发和生产能力，对山西省打造全国重要的现代装备制造业基地具有重要意义。

项目占地面积40.8公顷，总投资22亿元，建设期为3年，建设项目主要有铁路产品铸钢件生产线、锻件生产线、转向架生产线、高端环保装备制造生产线及科研综合楼等。项目建成达产后，可实现年销售收入18亿元，利润总额2.85亿元。并将进一步推动垃圾无害化处理产业快速发展和促进新兴环保节能产业的推广，产业带动效应明显，社会和经济效益显著。

*江铃重汽福特发动机项目太原开建。*2013年5月，江铃重汽福特发动机项目在太原开工建设。江铃重汽是太原市引进的高端装备制造业重点项目，由江铃汽车与美国福特汽车公司合作建设，该项目通过增加投资34.15亿元，最终建成包括福特、江铃品牌在内的年产10万辆的重型载货汽车企业，销售收入超过150亿元。

该项目规划面积18.7公顷，一期工程将建设发动机缸体、缸盖机加工和装配生产线以及相关的配套设施，设计年产能为1万台发动机，预计于2015年下半年建成投产。

*太重榆液上海液压项目开工。*2013年10月，太重榆液上海液压项目正式开工建设。该项目总投资5000万元，主要建设安装先进的工艺设备及检测装置等，全部完成后可实现年产智能化液压系统3亿元。

太重榆液上海液压项目是太重榆液三大异地子公司战略项目之一，是“十二五”实现300亿太重、30亿太重榆液目标的重要支撑板块。

*山西青云集团飞机制造项目获得国家发改委批复核准。*2013年11月，国家发改委以发改高技〔2013〕1994号文下发《关于山西青云集团有限公司合资生产HPC450直升机和ViperSD-4飞机项目核准的批复》。青云集团成为全国首家得到发改委核准的民营航空制造企业。公司现拥有17款中德合作机型，在建通用航空科技产业基地项目总投资159.3亿元，建设内容包括通用飞机设计研发与制造基地、产品支援基地、销售与服务基地、通用航空飞机体验与培训、娱乐基地和国展中心等5个模块，建筑面积166.3万平方米。项目竣工后，每年将拥有5000架具有国际先进水准的通用飞机制造能力，年销售收入200亿元。

*榆液产业园晋升“国字号”。*2013年12月，中国液压气动密封件工业协会认定榆次液压产业基地为第二批国家液压液力气动密封产业集群示范基地。这是继2013年11月国家科技部火炬中心将榆次液压产业集群列为国内液压行业唯一创新型产业集群试点（培育）后，获得的又一个国家级殊荣，标志着榆次液压双百亿产业集群升格为国家级重点发展行业领军集群。该产业园已集聚215家民营液压企业，从业者达4万多人，年销售收入约80亿元。产销总量处于全国第一方阵，液压元件销售占国内市场的15%以上，液压系统的国内覆盖率达25%～30%，销量居全国第一。

【对外合作进一步加强】 *太重集团与西屋电气公司合资建立太重派尔核电有限公司。*2013年4月，太重集团与美国西屋电气公司签署合作协议，共同出资成立太重派尔核电有限公司。项目总投资1001.7万美元。

美国西屋电气公司是世界核能的开拓者、商用核电站设备和技术的先进供货商。目前世界上运行的约半数核电站是基于美国西屋技术建成的，最先进的第三代核电技术AP1000也出自美国西屋电气公司。

太重集团是中国50家最大机械制造企业之一，拥有国内最大的起重机制造基地、挖掘设备制造基地和锻压设备制造基地。近年来，太重大力投入核电等新能源产业的研发和制造，已成为国内核电起重设备的重要供应商，核电业务在公司的比重不断增加。截至2013年底，太重自行设计制造的核电站环形起重机的生产技术和规模处于国内领先地位，已为秦山二期扩建工程、海南昌江核电项目、广西防城港项目、江苏田湾核电项目、阳江核电项目、福清核电项目等提供了环吊、乏燃料吊车、汽机房吊车、吊装运输平台小车等近百台起重设备，同时还承接了国内首台AP1000核电站环形吊车生产任务。

*新能源汽车产业基地落户晋中。*2013年8月，晋中市政府与北京北达新兴能源投资基金管理有限公司签署《新能源汽车产业基地项目合作协议》。项目建设规模为年产40万台新能源发动机、40万台变速箱和10万台汽车整车项目，计划总投资约100亿元，分两期实施。项目投产后，新增产值384亿元。

*山西省首家3D打印项目落户太原。*2013年10月，北京五矿利国国际贸易有限公司与太原市阳曲县就3D打印国防科技产业园项目签订协议，标志着山西省首个3D打印项目正式落户太原市。同时，这也是太原市国防科技产业园迎来的首个签约项目。

该项目由北京五矿利国公司与中北大学合作进行建设，总投资20亿元，预计4年建成。该项目竣工后，市场运营内容主要包括：3D打印设备及配套材料的生产与销售；3D打印制造、快速经济模具、快速精密铸造等加工服务。项目一期年产值可达1.5亿元，预计实现年利润5000万元；二期年产值预计可达

15亿元，实现年利润总额5亿元。

【市场开发步伐加大】 山西液压支架出口实现零突破。2013年1月，经山西出入境检验检疫局检验合格，山西平阳重工机械有限责任公司首批2台货值3.5万美元的液压支架顺利出口乌克兰，实现山西液压支架出口零突破。平阳重工公司是国家液压支架及高端液压支架定点生产企业，拥有目前国内最大的液压支架总装厂房，年产液压支架5000～6000架，所产液压支架已装备国内30多家大型煤炭企业的400余个综采工作面。

百台永济电机首次出口印度。2013年1月，第100台1.5兆瓦直驱永磁风力发电机在中国北车永济电机公司完成总装。历时两个月，我国风电企业首次出口印度最大批量订单全部交付。

直驱永磁风力发电机是一种由风力直接驱动的发电机，该电机采用多极电机与叶轮直接连接进行驱动的方式，免去齿轮箱这一传统部件，具备低风速时高效率、低噪音、高寿命、机组体积小、运行维护成本低等诸多优点，深受欧美等发达国家风电市场的欢迎。中国北车永济电机公司作为我国最大的风力发电机配件供应商，已掌握了与国内三大主流风电机组配套的笼型、双馈和永磁电机产品的核心制造技术，产品功率覆盖600千瓦至5千瓦等级，产品在国内风电市场占有率接近30%。

中国货运机车首获独联体"通行证"。2013年3月，中国北车同车公司研制的中白货运1型机车通过独联体铁路机车车辆认证，成为中国获得独联体国家"通行证"的首款大功率货运机车产品。

中白1型电力机车是针对白俄罗斯铁路运营特点研制的宽轨八轴大功率交流传动货运电力机车，机车设计既符合独联体国家标准体系，又实现与欧洲标准和国际标准的有机融合。该机车供货合同总计12台，是我国大功率货运电力机车首次出口海外，也是中国铁路机车首次登陆欧洲铁路的高端电力机车产品。

太重集团WK-55大型矿用挖掘机首次出口南非。2013年6月，由太重集团矿山设备分公司为南非英美资源公司生产的WK-55型矿用挖掘机正式在天津港装船发运。这是太重首次将WK-55型挖掘机出口到非洲。

WK-55型矿用挖掘机是大型露天矿成套设备中的关键设备，其标准斗容量为55立方米，单斗物料重量110吨。该矿用挖掘机是太重在现有系列矿用挖掘机产品设计制造技术的基础上，结合消化、吸收已有的国外产品设计制造的先进技术和国际最新发展的电机及电气控制技术，采用新技术、新工艺、新材料研发出具有自主知识产权的大型矿用挖掘机，是我国2000万吨级以上大型露天矿成套设备中的关键设备，可满足当今世界上所有露天矿山的采掘条件。

国内首套大型挖掘机履带板出口澳大利亚。2013年7月，由太重特种铸造分公司研发生产的国内首套出口澳大利亚大型挖掘机履带板装车发运，将由上海港运往澳大利亚。

该产品是太重特种铸造分公司为澳大利亚力拓公司生产的58立方米大型矿用挖掘机专用国内首台出口澳大利亚大型电铲履带板，总长度11.7米，重160吨，其工作承载重量为1480吨。制造全部过程由第三方国际检测BV公司负责监造。国际第三方检测BV公司最终评价，太重产品达到国际先进水平。

太重超大型耐磨件首次出口智利。2013年8月，由太重特种铸造分公司自主研发制造的两件超大型耐磨件产品送达智利。这是我国企业生产的大型耐磨件产品首次出口智利，也是我国企业生产的此种产品首次进入南美洲市场。

此次太重特种铸造分公司生产的两件超大型耐磨件，是为智利SALVADORA矿山使用的美国国际名牌艾利斯60-109型矿山破碎机配套的关键部件，全部系精密耐磨件打造，每件直径6.2米，高2.2米，重达近百吨。产品完工后，国际第三方检测BV公司评价，太重特种铸造分公司自主研发制造的两件超大型耐磨件产品，达到国际先进水平。

（姚文举）

国防科技工业

【国防科技工业经济保持平稳较快发展】 2013年，山西省国防科技工业销售收入360.9亿元，比2012年增长12.6%；工业增加值77.09亿元，增长11.1%；实现利润12.57亿元，增长59.9%；实现利税21.75亿元，增长28.6%；职工年均收入4.2万元，增长10.5%。民爆、民口配套、中电科、船舶、核工业、地方军工电子和航空等6个行业，高于全省军工平均增长水平。晋西工业集团有限责任公司销售收入突破100亿元。

坚持创新驱动，武器装备科研生产取得新进展。2013年，全省国防科技工业承担的以神舟十号、嫦娥三号配套任务为代表的高新技术武器装备科研生产任务全面完成，全行业未发生重大质量问题。大力推进科技进步，企业自主创新能力不断增强。全省国防科技工业武器装备科研成果获得国家科学技术进步奖一等奖1项、二等奖1项、国防专项奖23项，获得山西省国防科技创新奖23项。积极支持、引导和鼓励符合条件的民口企事业单位、社会资本参与武器装备科研生产和建设，严格准入制度，规范武器装备科研认证许可，及时发布信息，协调落实民口配套单位享受税收等方面的优惠政策，努力推动省内高端制造企业获得许可，省内参加军品协作配套单位不断增加。

大力发展民品，军民融合取得新进展。2013年，山西军工民品销售收入比2012年增长15.6%。其中，主要民品铁路产品销售收入33.31亿元，增长4.2%；矿用产品销售收入20.18亿元，增长26.2%；特种车辆及汽车零部件收入13.24亿元，增长14.1%；特种化工产品销售收入44.92亿元，增长42.5%。民爆器材收入34.76亿元，增长65.9%，成为支撑全省军工特种化工发展的主要力量；军工电子信息产品销售收入6.34亿元，增长20.8%；机电装备产品销售收入50.44亿元，增长 45.4%。

1. 坚持以提升装备制造业为重点，不断加大产业和产品结构调整步伐，努力提高产品研发和制造水平，着力提升核心竞争力。注重顶层设计和政策引领。省国防科工办全力促成出台《山西省人民政府关于加快推进军民结合产业发展的意见》(晋政发〔2013〕19 号文件)，并制定《关于全省军民结合产业推进的意见》《山西省军民结合产业发展专项资金管理办法》和《军民结合专项资金支持项目申报指南》等配套措施。组织召开全省军民结合产业发展推进会，印发《军民结合项目信息汇编》，发布合作条件比较成熟、技术先进、具有较高经济效益、符合山西省转型方向的军民结合项目 119 项，现场推介项目总投资 248 亿元。

2. 狠抓项目推进和对接签约，一批军民结合项目全面推进。全省军工共储备军民结合项目 119 项，新签约 5 项，落地 8 项，开工 11 项，建设 12 项，投产 8 项，累计完成投资 46 亿元，其中，10 个与五大军工集团战略合作项目累计完成 16.53 亿元，对 17 个军民结合项目进行了专项资金支持，申报省科研项目 15 项，经费达 2.08 亿元。

3. 不断完善横向协调和纵向沟通机制，在总结与太原市、大同市经验基础上，与临汾市、长治市和晋中市加强协同，在建立军地协调机制上达成共识，形成框架性意见，省国防科工办组织 18 户军工单位与晋中市政府进行了军地协作全面对接。

4. 以项目为支撑，全力构建军民结合产业特色园区。2013 年，山西军工已初步建成中电科光伏及电子信息产业园、中航晋中特种装备及车辆科技产业园、晋西集团轨道交通装备制造工业园、长治康庄航天工业园、晋西春雷铜带箔加工工业园等 5 个军民结合产业示范园，有 12 个重点项目入园落地实施，实现聚集化发展；命名太原民营经济开发区(晋西集团交通装备制造工业园)、长治康庄工业园(长治康庄航天工业园)为省级军民结合示范园区。通过政策支持，资金引导，推进军民结合项目法人责任制改革。

5. 发挥市场优化配置资源的基础作用，进一步加大招商引资力度，促进项目投资主体多元化。吸纳社会资本参加股权投资，引导、推动军民结合产业项目实行新项目、新法人、新机制，全省军民结合项目普遍建立了项目法人责任制，市场在优化配置资源方面作用明显，项目投资主体多元化呈现加快趋势。2013 年 5 月，山西平阳重工机械有限责任公司与山西煤销集团装备有限公司、阳煤忻州通用机械有限责任公司三方合资组建美新集团。晋西工业集团有限责任公司积极与上海环境发展有限公司合作，承担社会公益责任，投资垃圾焚烧发电 BOT 项目。中国电子科技集团公司第二研究所与中国电子科技集团公司、山西省科技基金公司、山西省创业风险引导基金公司共同出资组建山西中电科新能源有限公司，实现太阳能电池硅片及成套装备的产业化。

质量管理、安全生产工作全面加强。坚持军品质量第一，进一步完善武器装备科研生产工艺管理，加强过程控制，加大责任事故追究。全系统质量问题"零容忍"文化正在形成，企业质量管理进一步规范化、法制化，全行业未发生重大质量问题。

针对军工和民爆行业的特殊性，切实加强军工和民爆行业安全监管。召开全省军工行业安全生产工作例会和工作推进会，制定《安全生产大检查工作方案》，成立 7 个督查组，在全省军工系统和民爆行业扎实开展安全生产大检查，开展安全生产专项整治、百日大检查和安全生产月活动，认真履行政府部门和企业安全生产监管主体责任。发现并完成 395 个安全问题和隐患的整改。全省民爆行业围绕安全生产，从国家争取新增产能 7.2 万吨，率先实现"十二五"现场混装炸药产能占工业炸药 50%以上的目标。着力抓好闭环管理、杜绝违章、班组达标、签订零死亡责任书等四项重点。扎实推进全系统安全生产标准化建设，制定《山西军工行业安全生产标准化建设方案》。加强目标考核管理，加强事故责任追究，制定《山西省国防科技工业生产安全事故报告和调查处理工作制度》，明确军民品事故报告、调查处理流程，工作更加规范化。全省军工和民爆安全生产继续保持平稳势头，连续 8 年高标准完成省政府下达的责任考核目标。

【军工企业民品发展成效显著】 2013 年，山西国防科技工业加大民品开发力度，调整产品产业结构，一批新开发的产品研制成功、新的民品项目陆续建成投产，为军工民品发展提供了新动力。晋西机器工业集团有限公司新建 5 万吨高精度铜板带生产线建设项目整体进入试生产阶段，设备及单项工程开始进行内部验收。太原市生活垃圾焚烧发电厂 BOT 项目进展顺利。马钢晋西轮轴研发制造项目，一线设备安装调试完成，开始试生产；山西北方机械制造有限责任公司开发生产的具有自主知识产权的系列高效高压永磁同步电动机，通过工信部节能技术鉴定；长治清华机械厂积极推进军工民品发展和军民结合产业发展，航天技术应用产品全年实现收入 16.5 亿元，实现了军民品同步增长；山西平阳重工机械有限责任公司民品产业保持持续发展，液压支架实现产值 13.87 亿元，新产品电液阀、氢氧发生器、碎纸机等实现新发展；北方通用动力集团研发生产的新型能源产品核电柴油发电机组，市场形势良好，2013 年实现收入 1.74 亿元；中国电子科技集团公司第二研究所年产 100 兆瓦太阳能电池硅片及成套装备产业化项目增强了自主创新能力和研发实力，液晶显示器专用设备板块已具备模块组线和系统集成能力，在国内具有领军地位，广泛应用于国内外一流液晶生产企业。

【加强民爆安全监管，民爆行业保持平稳较快发展】 年初与全省 20 家民爆企业全部签订安全生产责任书，完善各项管理制度，并对 62 项法规制度进行梳理、汇编。按照"全覆盖、零容忍、严执法、重实效"的总体要求，在全省继续深入开展安全生产专项整治和打击非法违法生产经营建设专项行动。6 月，对全省民爆生产企业和销售企业进行全面检查，并对查出的问题进行严格整改。认真开展安全生产标准化达标考评，对全省9家生产企业、11家销售企业进行安全生产标准化达标考核，全省所有的现场混装炸药车实现视频监控，关键设备实现安全连锁控制。着力行业结构调整，制定《山西民爆行业结构调整指导意见》，完成全省民爆生产和销售企业的联合重组工作，全省民爆产业结构进一步优化，现场混装炸药产能达31.9万吨，占工业炸药总产能的57%，率先实现了国家"十二五"规划50%的目标。山西同德化工股份有限公司、山西壶关化工集团有限公司、山西金恒化工集团股份有限公司、山西江阳兴安民爆器材有限公司等企业实现了生产、销售、爆破服务一体化，山西全盛化工集团右玉地面站和山西同德化工集团五台地面站建成并通过国家组织的验收。加快技术进步，山西壶关化工集团有限公司引进美国高强度塑料导爆管生产线，通过工信部组织的技术鉴定和生产验收，达到国内领先、国际先进水平，填补了国内空白；山西同德化工股份有限公司膨化炸药生产线、山西金恒化工集团股份有限公司导爆管雷管生产线和聚能射孔弹生产线，按照技术指导意见，完成技术改造，并通过验收。2013年，全省民爆行业销售收入34.76亿元，比2012年增长65.9%。实现利润2.66亿元。完成工业炸药产量41.8万吨，增长11.8%；完成工业雷管产量1.25亿发，增长17.9%。

（赵登斌）

化学工业

【2013年全省化工经济运行呈现积极向好的发展态势】 截至2013年底，全省化工行业规模以上企业264户，资产总计1489亿元，同口径比2012年增长6.9%。全行业主营业务收入906亿元，增长1.5%；亏损企业亏损额37.8亿元，增长92.1%；实现利润544万元。逐月来看，行业经济呈现震荡中逐步上行的发展态势，特别是6月以来，受到甲醇等产品需求旺盛等影响，经济回暖步伐明显加快，月主营业务收入稳定在80亿元左右，行业亏损面逐步收窄，亏损额持续下降。

2013年，山西省化肥、甲醇、聚氯乙烯等主要产品产量保持较高增速，合成氨产量520万吨，比2012年增长0.7%，排全国第2位；尿素（折含N100%）产量405万吨，增长15.6%，排全国第2位；甲醇产量217万吨，增长35.7%，排全国第5位；聚氯乙烯（PVC）产量47.4万吨，增长13.3%，排全国第10位。电石、烧碱、子午线轮胎等部分产品产量均出现不同程度下滑，电石产量25.6万吨，下降41.4%；烧碱产量49.5万吨，下降11.3%；子午线轮胎154万条，下降3.7%。

【发布"十二五"行业规划】 2013年11月，省政府发布《山西省煤化工产业发展"十二五"规划》。围绕低质煤的高效清洁利用，大力发展现代煤化工产业，延伸拓展特色煤化工产业，优化提升传统煤化工产业被确定为山西省煤化工产业"十二五"发展的重点。"十二五"末，山西省将力争形成现代煤化工为主导、传统煤化工为基础、精细化工、化工新材料为特色的产业格局。在规划布局方面，山西省将根据煤炭资源和大型企业分布状况，综合考虑煤种适应性、水资源、土地资源和环境等支撑条件，结合城镇化发展规划，在晋东、晋中、晋北规划建设各具特色的三大现代煤化工产业基地，培育壮大15个具有鲜明循环经济特色的煤化工精品园区，进一步优化产业布局，实现集约发展。

【加快推进项目建设】 2013年，全行业完成固定资产投资482亿元，比2012年增长46.7%。在建项目319个，增长10.8%；竣工项目199个，增长11.2%。中科院煤化所和太钢集团联合建设的T800级聚丙烯腈碳纤维项目、同煤集团60万吨/年甲醇项目、宏特公司年产6万吨/年（一期3万吨）超高功率石墨电极项目等项目基本建成；潞安集团高硫煤清洁高效利用油化电热一体化示范项目、阳煤清徐新材料园区项目、兰花集团20万吨/年己内酰胺项目、山西焦煤集团60万吨/年MTO项目、晋煤集团百万吨清洁燃料项目、同煤集团60万吨/年烯烃项目、襄矿集团20万吨/年乙二醇项目等项目顺利推进；同煤集团40亿立方米/年煤制天然气项目获得国家发改委批准开展前期工作。

【节能减排工作进一步加强】 山西省质量技术监督局与山西省经济和信息化委员会发布《山西省煤制甲醇单位产品综合能耗限额》《山西省合成氨联产甲醇单位产品综合能耗限额》《山西省煤层气制甲醇单位产品综合能耗限额》《山西省焦炉煤气制甲醇单位产品综合能耗限额》等4个原料路线的地方甲醇能耗限额标准。山西省化工行业重点耗能产品电石、合成氨、烧碱、甲醇等全部有了地方能耗限额标准，为山西省高载能行业产业优化升级、能效对标、节能目标考核评价等相关政策实施，提供了政策和技术依据。

【信用建设成绩突出】 2013年8月，由省政府"信用山西"建设领导组办公室、省工商局、省民政厅民间组织管理局指导，山西省信用企业协会主办，山西信用共建联盟承办的"山西省第四届信用示范企业评选活动"评选结果揭晓。由省煤化工协会推荐的山西焦化集团有限公司、山西晋丰煤化工有限责任公司、山西天泽煤化工集团股份公司、山西丰喜化工设备有限公司、山西山阴县石星化工有限责任公司、山西侨友化工股份有限公司、晋城煤业集团天溪煤制油分公司等16户企业荣获"信用示范企业"称号。

（霍建星）

建材工业

【产业结构调整进展良好】 产业结构进一步优化。全省建材工业行业紧紧抓住产业结构调整的有利时机，认真贯彻落实国家及山西省建材工业产业发展政策和新材料及建材各产业的"十二五"规划，积极采取措施，推动建材各产业的产品结构、技术结构、组织结构和产业链结构的优化调整和转型升级。2013年全省建成投产新型干法水泥生产线7条，新增水泥产能1150万吨，水泥总产能8250万吨。新型干法水泥占有率接近100%，基本完成“十二五”目标。平板玻璃、建筑陶瓷、新型墙材、石膏、珍珠岩、铸石、石材、高岭土等非金属矿物材料工业及防水材料、化学建材等产业产生了一批拥有技术优势、品牌优势，达规模、上水平的优势企业。

深化水泥行业淘汰落后产能工作。省建材行业办配合省经信委开展了2013年度水泥行业淘汰落后产能相关企业的预审查等工作。2013年，全省淘汰落后水泥产能350万吨，涉及企业24户。完成2013年度全省关闭小企业资金申报材料的审核工作。

推进优势企业兼并重组。积极推动省内外优势企业的产业投资和企业间的兼并联合重组。向省经信委提交《关于推进全省水泥工业兼并重组的调研报告》，积极扶持和推动冀东集团、山水集团、华润集团、北京金隅、吉港水泥、浙江金圆等大企业大集团的兼并重组和发展。目前六大集团的水泥总产能占全省总产量的一半，产能占比由2012年的34.9%提高到50%，已发展成为新的龙头优势企业。墙体材料、耐火材料、建筑陶瓷和煤系高岭土等行业通过技术改造和联合重组，得到明显的优化升级，增加了企业的发展后劲。

【建材工业经济运行情况】 2013年，全省建材行业规模以上工业企业共265户，其中亏损企业122户。亏损企业亏损面46%，亏损总额8.8亿元，比2012年增亏1.4亿元；主营业务收入245亿元，实现利润4亿元。

主要建材产品产量情况。全省统计的20种主要建材产品，有8种保持增长，12种出现不同程度下降。其中，水泥5269.1万吨，比2012年增长3.8%；平板玻璃2065.3万重量箱，增长4.5%；商品混凝土720.2万立方米，增长7.9%。主要建材产品均呈低速增长的态势。

做好全省建材行业经济运行分析工作。根据国家相关统计制度规定要求，对全省建材工业重点企业的月度、季度经济运行报表进行收集整理和统计分析，按季度对全省建材工业经济运行情况进行分析和形势预测并及时通过网络、《会讯》向社会公布。

制定建材产品能耗限额标准。完成山西省铝硅系耐火熟料及制品和蒸压加气混凝土砌块单位产品综合能耗限额标准的起草工作，两个标准均已正式发布实施。深入调研，摸底调查、收集素材，展开对煅烧煤系高岭土单位产品综合能耗限额标准的起草工作，已通过专家初审，正在修改完善中。

积极开展节能评估工作。省建材行业管理办公室在省建材工业设计研究院配合下，按要求对4户新建和技改固定资产投资建材项目开展节能评估工作，1户企业的节能评估报告已通过省经信委组织的专家评审。

认真做好全省水泥行业能效对标准备工作。建材行业办着力在全省水泥行业深入开展能效对标活动，2013年开发出能效对标的申报软件，已在全省日产2500吨熟料以上的新型干法水泥企业中全面展开。

认真抓好水泥行业质量管理工作。行办、协会组织人员对14户新投产水泥企业的化验室按国家《规程》规定要求进行评审考核，经考核和后期整改合格后颁发了水泥企业化验室合格证和水泥检验报告专用章。组织各市建材主管部门完成对全省水泥企业化验室合格证的年度考核工作和申报星级化验室评定的现场审核工作，对部分年度考核不合格的企业和国家及省明令关闭淘汰的企业将注销其化验室合格证和检验报告章。

做好网站建设和会讯出版工作。2013年共出刊《山西省建材工业协会会讯》10期，并对“山西省建材网”再次进行更新、改版，加大上网信息的数量和频率，力求通过网站建设推动行办、协会各项工作的开展。通过《会讯》和网站，在宣传行业动态、宣传会员企业、提供信息服务等方面发挥了积极作用。

做好委托管理企业破产工作。在2013年的政企脱钩工作中，省国资委又委托省建材行办继续对省供销公司和省建材。工业公司劳动服务公司等四公司进行管理。一是全面完成山西省农房公司和山西装饰总厂的破产安置工作。二是积极推进省建材供销公司的破产方案准备工作。

（樊　宇）

医药工业

【全省医药行业总体呈现持续向好态势】 2013年，省医药行业工业总产值138亿元，销售收入131亿元。2013年医药工业销售收入上10亿元的有3户，分别为威奇达、振东、亚宝；上亿元的企业有18个，分别为康宝、普德、云鹏、太原、宝泰、仟源、石药银湖、同达、晋城海斯、同星、同药、华康、广生胶囊、华卫、广生医药包装、广誉远、中远威、佳能达华禹、千汇等。2013年医药工业企业百强榜按主营业务收入排，振东制药列第87名。

【发布《山西省医药生物产业发展“十二五”规划》】 由山西省医药行业管理办公室起草的《山西省医药生物产业发展“十二五”规划》，经过反复论证修改，于2014年2月由省政府正式发布。

规划制定了“十二五”发展指导思想：深入贯彻落实科学发展观，以转型发展、跨越发展为主题，抓住综改试验区先行先试的政策机遇，立足发挥山西省医药资源、地缘和产业传统比较优势，围绕“发展化学原料药、促进中药现代化、开发非专利药、加快新药研发”四条发展主线，突出特色，打造品牌，加大重组整合步伐，全面提高药品流通企业集中度，推进企业集团化、产品规模化、品牌国际化，不断提升行业风险控制能力，实现医药产业由潜力产业向新兴支柱产业跨越发展。

发展目标：到2015年，医药工业销售收入400亿元，商业销售收入完成300亿元。打造1户100亿元以上旗舰企业，两户50亿元龙头企业，10户10亿元以上重点企业。

推进大同、太原、晋中、运城、晋东南、侯马六大医药产业集群集聚发展，形成一批具有国际影响力的品牌、市场占有率高的产品和具有核心竞争力的企业集团，打造形成全国最具优势的晋北化学原料药生产基地、华北最大的晋南注射剂生产基地和晋东南生物医药和创新药物基地。形成化学原料药及制剂、经典国药及现代中药和现代医药物流为特色、在全国处于中上游水平的山西医药生产、流通体系。

发展重点：一是做大做强龙头骨干企业。重点培育亚宝、威奇达、振东、康宝、普德、仟源、同星、广生等8户产业龙头企业和山西双鹤药业、国药山西公司等两户商业龙头企业做强做大；扶持石药银湖、云鹏、太原药业、博康、华康、同达、晋新双鹤、华元、中远威、晋城海斯、津华、曙光、万荣三九、广誉远、华卫、天生、云中、德元堂、三宝、旺龙药业等骨干企业。在全省形成亚宝、振东、太行三大中药材规范化种植、中成药生产及中药科研开发为一体的中药现代化产业龙头，威奇达、博康、同星三大以发酵工艺为主的抗生素、土霉素、半合成抗生素原料药及制剂产业龙头，康宝为主的生物医药和创新药物产业龙头，中国医药集团山西有限责任公司现代医药物流及电子商务配送中心立足山西、面向全国的零售连锁配送体系。依托产业龙头及现代物流体系的辐射带动作用，通过市场化运作，促进一批骨干企业向规模化、集团化方向发展。到2015年，龙头骨干企业销售收入比重占到全省85%以上。二是发展壮大六大特色产业集群。依托大同、太原、晋中、运城、晋东南、侯马六大医药产业园区，加强公用工程、交通运输、环保治理等公共服务体系建设，聚集医药企业和重点项目，形成六大特色医药产业集群。三是建设晋药道地药材种植基地。发挥山西省中药材资源品种多、道地药材种植和中成药规模化生产的比较优势，培育全国道地药材种植生产基地。建设形成以陵川党参为特色的晋东南种植区，以浑源黄芪为特色的雁北种植区，以安泽连翘、万荣柴胡、新绛远志、临汾地黄、芮城丹参等为特色的晋南种植区。全力支持药材种植基地通过GAP种植认证，达到规范化种植。四是建设全省医药物流配送中心。加大药品流通企业整合力度，重点扶持大型药品流通企业发展。鼓励具有条件的药品批发企业优化资源配置，延伸产业链条，建立并完善现代物流配送体系，实现物流配送中心的自动化、标准化、智能化。继续推进农村药品供应网建设，支持大型药品批发企业向农村配送质优价廉的药品，减少流通环节。大力推进大型医药零售连锁、物流配送，技术咨询服务、药品专利事务等服务体系建设，着力增强医药服务企业的市场覆盖能力、物流配送能力、客户服务能力和品种保证能力。重点建设以太原为中心，大同、临汾、运城区域医药物流配送体系为支撑，覆盖全省、辐射周边的现代药品物流配送中心，降低流通成本，提高晋药在全国市场的占有率。五是建设医药公共技术支撑平台。完善山西省医药生产质量、技术标准体系和创新体系，大力度提高山西省新产品研发能力，主动提前介入，加快自主知识产权新药的开发进程。引导企业和社会资金积极参与医药研发，推动重点医药企业与省内外科研院所搭建科技创新平台，建立国家级、省级技术研发中心、重点实验室和产业化试验基地。着力建设以山西大学、山西医科大学、山西中医学院等高等院校，山西中医药研究院、省医药与生命科学研究院、中国辐射防护研究院等科研院所及重点企业技术中心为载体，创建新药研发、临床研究、技术转让相衔接，产、学、研一体化机制，重点推进新药研发、临床研究、安全评价、信息服务和人才培养的公共技术支撑平台建设。

在此基础上，结合山西省医药发展环境，规划提出加大资金扶持力度、加大招商重组力度、着力培育企业集团、加大技术创新力度、加强人才引进培育、创优产业发展环境、推进企业诚信建设、发挥行业协会作用等政策措施，确保医药“十二五”规划的顺利实施。

【全省医药行业工作取得长足进展】

起草《山西省医药行业转型综改试验实施方案》。结合山西省医药行业现状和特点，山西省医药行业管理办公室起草了《山西省医药行业转型综改试验实施方案》。

医药产业是山西省潜力产业，近年来，在省委省政府的大力支持下，山西省医药产业取得了长足发展，成为山西省转型跨越发展的重点产业，为贯彻落实《山西省国家资源型经济转型综合配套改革试验总体方案》，要大力发展医药产业，使医药产业成为山西省主要接续替代产业。

完成《医药行业“十二五”中期评估报告》。2013年8月，《医药行业“十二五”中期评估报告》完成。对2010年到2013年上半年山西省医药行业主要经济指标、重点任务完成情况、规划提出的措施执行情况分别进行了梳理，对存在问题和面临的形势进行了细致的分析，对“十二五”规划（中期）实施情况进行了评估，并提出后续推进措施。

山西省中药学——校企研究生教育创新中心成立。2013年11月，由山西中医学院、山西振东制药股份有限公司、亚宝药业集团股份有限公司、山西同达药业有限公司、国药集团山西有限公司、山西中医学院中西医结合医院和山西省食品药品监督管理局7家单位共建，构建了中药学全行业、全过程硕士研究生培养体系，创建了政产学研用硕士学位研究生培养模式。中药学一级学科下设的中药化学实验室为国家中医药管理局三级实验室、省级基础课示范实验室、省级医学重点实验室。中药分析实验教学示范中心为山西省实验教学示范中心，面积480平方米，拥有各种大型现代化分析仪器。同时学院有共享的山西中医学院科研实验中心，面积718.7平方米，该中心实行集中优势、资源共享的实验室建设与管理体制，拥有各类先进的教学科研仪器设备213台件，总值1045万元，其中，10万元以上大型仪器设备29台件，价值860余万元。内设分子生物学实验室、分析实验室、药理毒理实验室、生物化学实验室、中药制剂技术实验室、细胞培养室、动物实验室等。创新中心和研究基地的建设，为硕士研究生人才培养奠定了坚实基础。

山西省省级医药企业技术创新中心增添新成员。2013年12月，经省经信委、省科技厅、省财政厅、省国税局、省地税局、太原海关等相关部门审核批准，山西云鹏制药有限公司企业技术中心成为山西省第17批省级企业技术中心。山西省已拥有国家级企业技术中心1户，省级企业技术中心17户。山西省企业技术创新水平有了进一步提高。

新版GMP认证工作有序推进。2013年，山西省医药企业积极筹措资金进行搬迁改造。已有亚宝药业集团股份有限公司、山西昂生药业有限责任公司、山西振东道地药材开发有限公司、石药银湖制药有限公司、山西康宝生物制品股份有限公司、山西皇城相府药业有限公司、国药集团山西瑞福莱药业有限公司、山西康源堂生物科技有限公司、山西同达药业有限公司、山西琳泽制药有限公司、山西新宝源制药有限公司、山西仟源制药股份有限公司、国药集团威奇达药业有限公司、大同长兴制药有限责任公司、山西诺成制药有限公司、山西晋新双鹤药业有限责任公司、山西浑源万生黄芪开发有限公司、山西普德药业股份有限公司、长治市三宝生化药业有限公司、晋城海斯制药有限公司、山西威奇达光明制药有限公司、山西振东泰盛制药有限公司、山西星火维敏制药有限公司、山西太行药业股份有限公司、山西丕康药业有限公司、山西华康药业股份有限公司等28家医药企业领取46张证书，其中，无菌药15家，领取证书22张；非无菌药21家，领取24张。同时，一批企业正积极筹措资金，按照新版GMP要求准备认证。多家企业已提出认证申请，相关工作在积极推进中。

（张　桢）

纺织工业

【2013年山西纺织工业整体规模保持增长】 主要指标完成情况。2013年，全省63户规模以上企业资产总额117.77亿元，比2012年增长20.2%；工业总产值108.91亿元，增长27.9%；营业收入89.84亿元，增长9.1%。

生产增速回升，但成本压力更加凸显。2013年，全省统计的八大类纺织产品中，粗布减产2.1%和绒线减产3.5%外，纱、印染布、蚕丝、蚕丝被、无纺布和服装都比2012年增长，其中，印染布、蚕丝、蚕丝被和无纺布的增长幅度在两位数以上。从行业来看，纺织、服装和纺织机械三大行业的现价工业总产值增幅分别为31.1%、21.2%和28.5%，而化纤行业的降幅达45.2%。与此同时，企业生产成本持续增加。首先，用工成本快速上涨。随着人口老龄化的加剧和国家最低工资制度的不断强化，纺织服装产业面临的用工压力进一步凸显，“招工难”已经成为普遍现象，企业的用工成本压力持续加大。劳动力成本的快速上涨已经直接危及企业的生存。其次，欧美量化宽松政策推高了以化纤、能源为主的原料进口价格，使纺织企业输入性成本增加，而纺织产品出厂价格指数并没有大的波动，企业利润空间进一步缩小。再次，棉花价格高位运行，国内棉花价格远高于国外棉花价格，二者价格严重扭曲，棉纺织企业承受着较大的成本压力，导致下游的服装生产和出口也受到很大影响。2013年与2012年相比，全省纺织工业63户规模以上企业营业成本增长7.9%，销售费用增长1.2%，管理费用增长29.1%，财务费用增长8.9%，营业利润下降22.7%。

销售小幅反弹，但面临困难仍较大。2013年，全省63户规模以上企业主营业务收入86.51亿元，比2012年增长9.2%；产成品资金占用7.12亿元，减少500万元，降幅仅为0.7%；应收账款12.59亿元，增长13.6%。从行业来看，纺织的主营业务收入41.46亿元，增长33.6%；纺织机械行业的主营业务收入28.99亿元，增长9.8%；化纤和服装两个行业的主营业务收入比2012年大幅下降，降幅分别达42.9%和26.4%。纺织机械行业的产成品资金占用为1.42亿元，减少37.9%；而服装行业的产成品资金占用为1.91亿元，增长35.5%。

效益有所好转，但亏损问题仍严重。2013年，全省63户规模以上企业利税总额4.7亿元，比2012年增长13.5%。其中，实现利润2.25亿元，增长22.9%；税金总额2.45亿元，增长6.1%。利税的增长主要靠纺织行业，增长幅度高达238.2%；其次是服装行业，增长幅度为20.9%。而纺织机械行业的利税则下降63.8%，化纤行业则处于亏损状态。全省63户规模以上企业中，有19户企业亏损，减少1户，但亏损企业亏损额达1.36亿元，增长8.8%。特别是纺织机械行业亏损企业亏损额为0.67亿元，占全省亏损总额的49.3%，增长12.4倍。

【加快淘汰落后产能】 根据国家淘汰落后产能的通知精神，全省有4户纺织企业进行了申报，山西凯通印染有限公司、山西华晋纺织印染有限公司、山西森鹅服装有限公司、晋城凤凰织品有限公司。山西省纺织工业行业管理办公室配合省经济和信息化委员会对这4户企业上报的申请国家淘汰落后产能奖励资金的申报材料进行审核，主要是按照财政部《淘汰落后产能中央财政奖励资金管理办法》的要求，从项目审批、近3年生产情况、生产规模、设备型号、环保达标等诸方面进行严格审核。经过评审，山西凯通印染有限公司、山西华晋纺织印染有限公司、晋城凤凰织品有限公司列入国家工业和信息化部淘汰落后产能公示名单。

【技术创新成果突出】 印染工程技术中心正式挂牌。2013年7月，山西彩佳印染有限公司、西安工程大学印染工程技术中心暨西安工程大学硕士研究生课题研究、本科生实习基地挂牌仪式在山西彩佳印染有限公司隆重举行。至此，校企产学研合作正式拉开帷幕。

山西彩佳印染有限公司是一家专业印染企业，具有较强的技术力量和生产能力，是山西省的高新技术企业。西安工程大学是一所以纺织服装为特色，工、理、文、管、经、法、教等多学科的高等院校。双方充分发挥各自的优势，促进科技成果转化，推动企业技术进步，本着平等互利的原则，在产品开发、技术支持、市场开拓及人才培养等方面建立多层次的长期合作关系，并在此基础上合作成立印染工程技术中心。

纺织技术创新示范企业。为推动纺织行业全面实施创新驱动发展战略，增强企业自主创新能力，通过创新企业的示范作用，引领和带动更多的纺织企业开展技术创新，中国纺织工业联合会在全行业开展“纺织技术创新示范企业”的认定工作，并在2013年11月1日在北京人民大会堂召开“纺织之光”2013年度纺织工业联合会科技教育奖励大会，山西彩佳印染有限公司被大会认定为“纺织技术创新示范企业”。

国家火炬计划立项项目清单。2013年山西纺织工业有两个项目入选2013年度国家火炬计划立项项目清单，其中，序号为131，项目编号为2013GH030118的项目是山西绿洲纺织有限公司的“年产120万米湿纺大麻布”。序号为1745，项目编号为2013GH051672的项目是山西彩佳印染有限公司的“棉织物双氧水连续快速冷堆练漂工艺”，该工艺技术是中国纺织工业协会产业化示范项目，曾于2012年9月被中国印染行业协会列入第六批中国印染行业节能减排先进技术推荐目录。

“聚苯硫醚长丝生产技术开发”技术创新项目验收。2013年12月，省纺织工业行业管理办公室在太原理工大学轻纺工程学院主持召开“聚苯硫醚长丝生产技术开发”技术创新项目验收会。该项目由山西新新纺织行业技术中心承担。该项目对耐高温、耐腐蚀聚苯硫醚长丝组织生产技术开发，探索出长丝生产的整套工艺技术。项目在执行过程中，综合分析温度、速度等因素对产品结构和性能的影响，摸索出适合工业化生产的工艺条件和参数，并对生产系统和部分设备进行了适应性改造，同时取得4项专利成果。项目的成功开发，填补了全省该领域高性能纤维生产的空白，为降低大气中PM2.5含尘量，提升空气环境质量，对山西省能源重化工基地的可持续发展提供了支持。

【服装行业发展迅速】 两款面料获奖。一是山西彩佳印染有限公司研发的“防静电、防水、防油、防污及酸碱整理面料”在全国印染行业协会第十二届新材料、新技术、新工艺、新产品技术交流会上被评为“中国优秀印染面料”一等奖。该产品纤维主要成分含棉60%、涤40%，对经纬方向等距离潜入防静电丝，成为防静电性能优异的坯布。染整加工中，全套工序选用环保性能优异的染料、选用具有户外防护功能性能突出的多功能而环保的整理剂，前处理采用低碱低温短工艺进行练漂，染色采用节能性新工艺、选用同浴性能好的助剂进行整理，可实现全工艺过程节能减排，面料质量品质符合多功能防护指标的要求。该面料将各种功能融为一体，有防静电、防油、防污、防水、防酸碱等功能，可供石油、化工、煤炭、电业、陆海空加油站等户外人员作业防护服之用。二是山西绿洲纺织有限公司研发的“有机大麻湿纺平布”在“2013年中国国际面料设计大赛暨2014/2015秋冬中国流行面料入围评审会”上荣获“优秀奖”，并入围第30届(2014/15秋冬)中国流行面料，该公司也被中国纺织信息中心和纺织产品开发中心授予“2014/2015秋冬中国流行面料入围企业”称号。“有机大麻湿纺平布”诠释一种绿色、保健、环保的设计理念，产品选用高品质有机大麻原料，后整理选用环保染料，色泽选用贴近自然的天蓝色，形成的面料除具有大麻纺织品特有的抗霉抑菌、吸湿透气、屏蔽紫外线、消散音波的优良性能外，织物布面平整、手感滑爽，色泽淡雅，获得评委团的一致好评。至此，该公司已经连续30次共有46种面料入围“中国流行面料”。

全国纺织行业技术能手。2013年11月，“纺织之光”2013年度中国纺织工业联合会科技教育奖励大会在北京人民大会堂举行。际华3534制衣有限公司郑莉莉以良好的职业素质，精湛的技艺技能，勤奋的敬业精神，得到全国纺织行业技术能手评审委员会、全国纺织行业技能人才评选活动领导小组、中国纺织工业联合会的一致认可，荣获“纺织之光”2013年度全国纺织行业技术能手称号，也是全省纺织工业唯一获此殊荣的人。

际华工业物流园。2013年12月，际华3534制衣有限公司举行运城空港工业物流园入驻项目签约仪式。项目位于运城市空港新区南区，规划占地面积100公顷左右。一期规划用地45公顷。主要建设以际华3534制衣有限公司为龙头的高档服装研发生产示范线，把服装制造工艺链拉长，分包缝制等简单工艺，并以3534的市场优势、管理优势、装备优势、技术优势，向中小服装企业、中小投资商提供订单、技术、生产管理等服务，逐步实现从制造型企业向服务制造型企业转变，达到两头大，中间小的经营格局。以恒森包装为核心兴建山西省最大的纸制品包装、研发生产基地，已完成9幢7.8万平方米的厂房建设，2万平方米恒森包装厂房、1万平方米服装厂房已投入生产运营，一幢12层3万平方米的沿街商用及职工公寓项目主体已完成，预计2014年6月底投入使用。所有配套工程年底前将全部完成，投入使用。

军服统检荣获佳绩。山西兵娟制衣有限公司作为中国人民解放军总后勤部被装五年协议供应商，严格落实质量保证制度，产品质量严抓车间主任负责制、工序责任追究制、检验分级责任制、产品返工考核制的“四制”管理，切实做到层层负责、环环把关、全方位监控。同时，加大对新技术、新设备、新模具的引进，不断向精益化管理迈进，实现管理创新、技术创新、产品质量提升。中国人民解放军总后勤部被装产品质量统检通报，山西兵娟制衣有限公司被抽检的3个品种经综合评比，均获全优产品。

绿洲服饰荣膺“中国劳动防护行业企业50强”称号。2013年，中国安全生产协会劳动防护专业委员会首次开展劳动防护行业50强企业评选活动，山西绿洲纺织有限责任公司服饰分公司入选“中国劳动防护行业50强企业”。山西绿洲纺织有限责任公司服饰分公司是一家设计、制作特种防护服和各种职业装的专业性公司，在生产特种防护服方面具有同行业先进水平，其自主研发的《矿用防静电反光服》获得国家专利，被中国劳动保护工业企业协会推荐为优质劳动防护产品。

【组建太原理工大学轻纺工程学院】 经省教育厅批准，撤销太原理工大学轻纺工程与美术学院，组建成立太原理工大学轻纺工程学院和太原理工大学艺术学院，并于2013年7月1日正式挂牌。轻纺工程学院现有教师50余名，其中，教授、副教授等高级专业技术人员23名。学院教学科研机构设"两系一所一中心"，即纺织系、服装系、轻纺工程研究所和实验中心。开设纺织工程、服装设计与工程、服装与服饰设计3个全日制本科专业，在校学生1100余人。

纺织科学与工程学科是学院具有悠久历史和鲜明特色的学科，已形成纺织材料——纺织品设计——服装设计与制作一条龙的教学和科研基地。现拥有"材料工程"二级学科博士点和"纺织材料与纺织品设计"硕士点，纺织材料与纺织品设计是山西省重点建设学科。

学院拥有省内行业领先、功能齐全的纺织材料、功能纤维试验中心、分析检测、织物设计、纺织品CAD、数控大提花织机室、服装制作车间、服装训练表演厅、专业机房等各类实验、实训场所20余个。同时，学院牵头省内骨干企业组建成立山西新新纺织行业技术中心，为促进学科发展及推进校企之间的产、学、研合作构建了平台。

（孙宝民）

轻工业

【2013年轻工业运行概况】 轻工经济。2013年，山西省轻工业增加值350亿元，比2012年增长7.6%；销售收入860亿元，增长9.1%。利润、利税相比2012年不同程度减少。全省共有规模以上食品企业262户，直接从业人员8万余人，销售收入707.43亿元，增长12.2%。

主要产品产量：乳制品产量54万吨，食醋产量56万吨，饮料酒产量55千升，软饮料产量150万吨，家具产量3.8万件，机制纸及纸板（外购原纸加工除外）产量35万吨，合成洗涤剂产量10万吨，塑料制品产量26万吨，日用玻璃制品产量30万吨，日用陶瓷产量20亿件。

【政策规划不断推出】 2013年1月，《山西省工业园区和新型工业化产业示范基地"十二五"发展规划》发布。规划提出，"十二五"时期，山西省各市要围绕区域优势和园区特色，做强做大园区优势主导产业，努力创建新型工业化产业示范基地。其中，轻工产业有太原市的醋产业的规模化建设，大同市集中建设绿色食品工业园区。朔州市以建设乳品工业、陶瓷工业等五大基地为目标，推进怀仁金沙滩陶瓷工业园区等八大工业园区。吕梁市加快推进杏花村酒业集聚区的建设。临汾市大力发展食品加工等新兴产业。

2013年3月，《山西省食品工业发展"十二五"规划》公布。到2015年，山西省将建立健全食品企业诚信不良记录收集、管理、通报制度和行业退出机制。"十二五"期间，山西省将基本建立起符合国家食品安全体系要求的食品标准体系、食品安全法规体系、控制技术和检测技术体系、食品安全认证体系、风险监测和风险评估体系，以及比较健全的食品企业诚信体系和食品安全信息体系，力争食品生产环节监督抽查合格率超过97%。山西省还将开展食品企业诚信体系试点，及时总结推广试点经验，完善相关规范和标准。加强食品安全监督检查，排查食品安全隐患，建立食品企业诚信不良记录收集、管理、通报制度和行业退出机制。发挥行业协会作用，加强行业自律，强化质量检测人员安全意识教育和技能培训。引导企业规范行为和履行社会责任。此外，山西省还将充分利用山西省综改实验区先行先试的政策，加大对食品工业发展的政策资金支持。对符合产业政策和规划的重点食品工业项目，污染物排放总量指标优先配给，用地优先纳入当地用地规划和年度供地计划，加大财政对食品工业的资金扶持力度。

2013年3月，《山西省轻工业发展"十二五"规划》发布。到"十二五"末，山西省轻工业销售年收入要力争突破1480亿元。其中，食品产业实现销售收入1000亿元。此外，还要争取新增中国驰名商标5个，新增1个国家级企业技术中心、5个省级企业技术中心。

【推进、奖励企业创新】 2013年1月，山西长治维特衡器有限公司、长治金泽生活工程有限公司等37家企业被省科技厅、省国资委、省总工会研究并确定为第三批创新型试点企业，旨在加快培育创新型企业，强化企业技术创新主体地位。

2013年2月6日，中国日用化学工业研究院的直接法制备醇醚羧酸盐（AEC）的工艺工程技术获得2012年度中国轻工业联合会科学技术奖二等奖，山西杏花村汾酒集团有限责任公司汾青酒厂的酿酒用风冷式冷凝器项目获得2012年度中国轻工业联合会科学技术优秀奖。

2013年8月，山西太谷通宝醋业有限公司的山西老陈醋净化技术获得2012年度省科学技术奖科技进步类二等奖。2013年10月1日，GB/T19777-2013地理标志产品山西老陈醋标准实施。

2013年12月，轻工行业五家企业山西五台山沙棘制品有限公司、太原双合成食品有限公司、山西亚华制盖有限公司、山西厦普赛尔食品饮料股份有限公司、山西明禾陶瓷有限责任公司共5家被认定为山西省第一批技术创新示范企业。轻工行业太原市金大豆食品有限公司技术中心、太原双合成食品有限公司技术中心、太原六味斋实业有限公司技术中心、山西恒丰实业有限公司技术中心、长治市金泽生物工程有限公司技术中心、汾州裕源土特产品有限公司技术中心认定为山西省第17批省级行业技术中心。

【加快淘汰落后产能】 2013年，山西轻工行业淘汰落后产能主要是造纸行业，太原市龙盛伟纸业有限公司、文水县纸箱包装工业有限公司、芮城县中宝纸业有限公司三家造纸企业共淘汰落后产能9.1万吨。

【龙头企业效应凸显】 2013年2月，汾酒集团在内的全省11家本土企业在内的中国内地和香港、澳门、台湾的50类500个品牌企业入选“影响世界的中国力量品牌500强”排行榜。

汾酒集团“汾”商标于2012年12月被国家工商总局商标局正式认定为中国驰名商标，汾酒集团已获得“杏花村”“竹叶青”和“汾”三件中国驰名商标，成为全省唯一一家拥有3件中国驰名商标的企业。

2013年2月，山西三地创建“全国品牌示范区”，包括杏花村白酒和祁县玻璃器皿。汾阳清香型白酒品牌示范区集聚吕梁市34家白酒品牌企业，建设集生产、营销、旅游度假、文化为一体的低碳高效园区，创建工作正在推进。祁县正在建设一个面积为3平方千米，集设计、研发、生产、展示、销售、配送等功能于一体的玻璃器皿工业区。

2013年4月，太原市民营经济转型跨越发展推进会暨表彰大会召开。山西宏艺股份有限公司被授予“太原市诚信经营十佳民营企业”称号。

2013年5月，山西彤康食品有限公司经过5年多的努力，用山楂果酿出“泽州红”。2007年，彤康公司在泽州县高都镇大兴村兴建“彤康庄园”。经过5年的建设，彤康庄园保护性认养上万株百年山楂老树，建设了以有机种植为标准的333.3公顷山楂基地，并进行了地理标志保护，开发出拥有自主知识产权的、国际领先的、用山楂清汁酿造红酒的工艺技术，形成年产2500吨山楂酒的生产能力，使当地村民人均年收入增加数千元。

2013年6月至12月，山西近年来规格最高、品牌最多、跨度最广、时间最长的品牌推广活动——“山西品牌中华行”，先后在北京、呼和浩特、广州、成都、上海、重庆、南昌、武汉等8个城市举办推介活动，受到各方欢迎。山西省轻工业多家企业参加活动，现场签订合同，销售产品。活动现场销售1100多万元，签订的供货合同金额突破10亿元。

【出口领域不断扩大】 山西省日用陶瓷一改往日粗、笨的“面孔”，开始探索高档陶瓷产品的开发和研究，2013年先后有3家企业开发成功中高档骨质日用瓷产品，成功打入新西兰和澳大利亚等国际市场。

2013年4月，一批货值2.8万美元的辣椒红色素顺利出口印度，这是山西首次出口此类产品。

2013年4月，山西广灵荞宝生物科技有限公司首单20吨出口货物启运，这是该公司为台湾省和马来西亚客商提供的第一单货物。山西广灵荞宝生物科技有限公司所生产的苦荞芦丁香茶、苦荞香米及苦荞方面食品和以苦荞壳为填料的家纺用品等3大系列40多个品种远近闻名、供不应求。2012年，台湾、马来西亚客商与广灵荞宝生物科技有限公司签订8000万元苦荞产品的供货合同。在该公司的辐射带动下，该县共建成黑苦荞基地4000公顷，7个乡镇近60个村的8万多农户受益，户均增收8000元。

【加快推进轻工业重点项目建设】 2013年3月，山西天元集团大型“城市矿产”再生资源循环经济产业园区绿色节能洗衣机项目竣工投产，生产线试车成功。该项目规划总投资20亿元，占地53.3公顷，年产环保节能洗衣机、电冰箱、空调、小家电共1500万台，实现产值50亿元、利税12.5亿元，安置就业人数4800人。

2013年4月，祁县与伊利集团合作建设太原钜星液态奶山西生产基地合作建设。该项目位于祁县经济开发区，总投资10亿元，是山西省最大的液态奶生产基地，项目达产后，年产值可达30亿元，实现税收1.2亿元。

【地方轻工业经济迅速发展】 晋城市在实施农业综合开发过程中，重点推出山西彤康年产1500吨山楂果酒加工、200公顷优质高粱种植示范基地、133.3公顷优质核桃示范基地、2500吨食用菌加工生产成线、5000吨灵芝和虫草生产基地扩建等8大项目。

繁峙县做大农业加工龙头，园区化带动现代农业。该县将扶持农业龙头企业宝山鼎盛、宏钜大磨坊提档加速改造，提高农产品加工的科技含量和附加值，并依托这两个企业建设农业加工园区。宝山鼎盛科技有限公司将投资6000万元，上马亚麻酸及亚麻酸油深化开发二期工程项目，新建日处理30吨浓香压榨亚麻油、亚麻籽饼浸出生产线各1条，扩建日处理20吨的亚麻油生产线；宏钜大磨坊投资3460万元，实施小杂粮加工基地建设项目，新建加工、包装车间8960平方米，转化农产品4000万千克。

长子县积极帮助现有发展潜力较大、市场前景较好的中小企业技改壮大，延伸扩规。重点抓好昌利食品软包装、浩润蔬菜深加工、福源淀粉葡萄糖及10万吨麦芽糖醇等加工项目的技改。并突出抓好雨润集团10万头生猪养殖、方兴园区蔬菜检测加工及物流配送中心、晋西牧业和鑫利源牧业两个万头肉牛养殖、绿生源千亩双孢菇生产等农业龙头企业的扩能改造，力争全年农业龙头企业销售收入增长20%，全县的农业副产品加工转化率达到50%。

岚县通过大力实施招商引资，基础设施和150万千克/座的5座原种窖已开工建设，建成后可成为全省最大的马铃薯脱毒种薯原种繁育基地；宜芳食品有限公司2013年新建年产1000吨马铃薯粉条、粉丝生产线，建成后年可实现销售收入820万元，加上原有的年加工7.2万吨马铃薯精淀粉生产线，可带动全县3万农户种植马铃薯1.3万公顷。

2013年，祁县荣获“全国绿化模范县”称号，该县连续获得“中国玻璃器皿之都”“国家外贸转型升级专业型示范基地”“国家级生态示范区”等11个国字号品牌，祁县的软实力和竞争力进一步提升。

2013年5月，忻州市唯一的农副产品精深加工园区——神池县绿色食品工业园区正式奠基，山西长祥圆食品有限公司等4家农产品加工业龙头企业首批入园。园区占地面积164.7公顷，规划有小杂粮深加工区、肉类加工区、油料生产区、饲草饲料加工区等七大功能区。

【展会、协会宣传活动形式多样】 2013年2月，第二届工艺美术大师命名大会召开。太原市政府决定命名赵英等15人为太原市第二届工艺美术大师，命名高林珍等13人为太原市第二届民间工艺美术大师。包括漆器、青铜器、雕塑、美术陶瓷、堆锦、刺绣、木版年画、澄泥砚、玻璃、皮影、木雕、石雕、砖雕、仿古工艺工艺美术行业。

2013年5月，中博会在河南省郑州市举行。山西省酒类、醋类、特色食品类、饮品类、地方土特产类、民用及工艺品类、流通企业类七大类19家企业参展，囊括了从汾酒、老陈醋、柳林红枣、沁州黄小米等山西传统代表产品到陶瓷、不锈钢餐刀、酒杯等新型的名优产品。

2013年6月，以“社会共治同心携手维护食品安全”为主题的2013年山西省食品安全宣传周活动展开。省经信委、公安厅、农业厅、商务厅、卫生厅、质监局等十部门组织开展丰富多彩、形式多样、社会广泛参与的宣传教育活动，推进食品安全科普宣教活动全面开展，增强食品企业及从业者的主体责任和道德诚信意识，大力宣传诚实守信典型，动员各方力量关心、支持和参与食品安全工作，促进全社会协同共治食品安全。

2013年7月，“中国黄河金三角稷山翟店第二届包装印刷贸易洽谈会”在稷山县翟店镇举办。本次洽谈会由中国包装联合会纸制品包装委员会、运城市果业发展中心、稷山县人民政府联合主办。来自黄河金三角秦晋豫3个省4个市以及山东、河北、大连等全国各地的、纸包装客商、印刷包装生产企业等600余人参加了贸易洽谈会。在项目推介会上，推介了年产40万吨高强瓦楞纸生产线等4个项目；在产品购销签约中，共签约9个合作项目及部分产品购销合同。江南大学等4所大专院校与本地包装印刷企业达成技术转让成果一项、校企合作意向两份。本届贸易洽谈会成交额5亿元，达成项目合作意向签约金额3.2亿元，贷款融资协议5450万元。活动期间共发布企业用工需求信息1000余条。

2013年8月和10月，由省财政厅、省商务厅主办，省醋产业协会承办的山西老陈醋中华行活动分别在贵州和大连召开。山西的13家大型骨干酿醋企业集体亮相。他们将传统工艺生产的纯天然、纯绿色、不添加任何防腐剂的正宗山西老陈醋展现给当地广大消费者。

2013年11月，来自祁县、太原、闻喜三地的玻璃器皿企业参加了第114届广交会。山西大华玻璃实业有限公司成交804万美元，占山西省玻璃器皿类成交额的39.3%。玻璃工艺品成为第114届广交会第二期最大成交商品。山西省是全国玻璃器皿出口生产基地，每年玻璃器皿出口创汇1亿美元以上，各玻璃生产企业订单大多靠在广交会上看样成交，因此，广交会玻璃工艺品成交是山西省关注的重点和热点。本届广交会山西省玻璃器皿成交2045万美元，占比55.1%，是第二期山西省最大成交商品。

（袁　珊　何运燕）

【2013年山西省城镇集体工业发展概况】 2013年，山西省城镇集体工业联合社系统工业总产值157亿元，比2012年增长8%；工业增加值71亿元，增长7%；销售收入145亿元，增长11%；上缴利税43亿元，增长9%；利润21亿元，增长10%。

【加快城镇集体企业转型跨越发展】 2013年，山西省城镇集体工业联合社全面实施“十二五”规划，着力推进转型跨越发展，贯彻落实山西省委《关于贯彻落实党的十八大精神加快推进转型跨越发展的指导意见》（晋发〔2013〕1号）和山西省政府《关于印发2013年省人民政府重点工作目标责任分解的通知》（晋政发〔2013〕7号）文件中关于继续推进集体企业改革的精神，结合全省城镇集体经济改革发展的实际，树立“依法治社、以德兴业”理念。围绕一个中心，即出台《关于加快全省城镇集体企业改革发展的意见》和相配套的《全省城联集体企业关闭重组实施方案》；两条主线，即以山西省集体合作经济协会、山西省工艺美术协会为平台，以山西省集体合作经济和山西省工艺美术行业为主线，做大山西城联资产管理投资（集团）有限公司和山西工艺美术集团有限公司两大集团；三大任务，一是以集体资产为纽带，用法律和市场经济的手段运营城联社资产，加快城镇集体企业改革重组。二是依照《中华人民共和国城镇集体所有制企业条例》，维护各级城联社和成员单位及其职工的政治、经济地位与合法权益。三是建立和完善财政供养与创收增收相结合的城联社经费保障新机制。坚持“四权”原则：抓住所有权，放活经营权，强化监督权，提升收益权；完成五项指标，力争在“十二五”期末，全省城联系统和工艺美术成员单位实现产值300亿元，增加值200亿元，利税100亿元，出口交货值10亿元，集体资产总额保持在200亿元。打造全省城联系统和工美行业的百强企业。

2013年，山西省城联社主要工作是以转型跨越为中心，从10个方面实现全行业的转型跨越发展。由单一的集体企业向股份合作制企业转型，由劳动密集型企业向小微技能劳动密集型企业转型，由封闭单一的行业经济向县域经济转型，由二轻行业管理向集体资产监管运营转型，由传统手工业向低碳产业、为一村一品和“三农”服务上转型，工艺美术向文化旅游产业转型，传统二轻优势行业向山西省十大产业链的延伸上转型，招商引资向东南沿海省份产业梯度转移的接续上转型，发挥各级联社机关和成员企业区位优势向现代服务业上转型，发挥联社合作经济优势向服务城镇化建设上转型。

【省城联社直属企事业单位改革初见成效】 省城联社18户直属单位中有4户事业单位职能任务全部转型。山西省二轻职工学院更名为山西省职工工艺美术学院，山西省二轻工业技工学校更名为山西省工业造型设计技工学校，临汾二轻职工中专会计学校转制为山西省临汾会计学校，山西省二轻文教事业发展中心派生出太原市国文学校、山西美好文化传播有限公司。

新成立两户事业单位：山西省工艺美术馆、山西省集体经济组织服务中心。新成立6户股份公司：山西城联资产管理投资（集团）有限公司、山西工艺美术集团有限责任公司、山西城联物流储运有限公司、山西城联物业管理有限公司、山西城联对外经济贸易有限公司、山西太行海鸥锯业有限公司。

调整股权结构两户企业:山西省宏艺首饰股份有限公司、山西省塑料集团股份公司。改革重组两户企业:山西省轻工产品设计包装研究所、山西省塑料总厂。歇业妥善安置职工3户企业:山西省广告装潢公司、山西省工艺美术研究所、山西省二轻迎泽交易大厦。关闭4户企业:山西省五金家电公司、山西省五金家电日用机械公司、山西省迎泽物资供销公司、山西省晋辉装潢材料有限公司。关闭待破产两户国有企业:山西省皮革工业公司、山西省皮革实验工厂。

通过改革,剥离不良贷款2.3亿元,支付安置职工成本3000余万元,清理职工拖欠工资3200万元,股权投资2786万元。

【重点项目建设】 1.运城市城联社项目建设年进展顺利。森特集团实施"大项目"战略,洁净煤大型铆焊车间一期工程试运营后正式投产,二期工程正在建设中。山西华恩汽配投资9200万元树脂砂铸造工艺项目正在建设。宇达集团投资6000万元新建大型青铜雕塑树脂砂造型生产线和创意青铜生产线项目。山西翱翔生物科技兴建3万吨辣椒深加工综合利用项目。天之润枣业扩建2.5万吨红枣综合深加工项目,提供400余个就业岗位。

2.长治武乡联社所属4个煤矿120万吨矿井改造进展顺利。壶化集团起爆具项目进入试产阶段。武乡联社投资上亿元参股八路军文化园项目和长治市直属企业红枫家具公司现代家具城项目。上党堆锦研究所与长治市委宣传部、长治市旅游局合作"中国堆锦艺术博物馆"项目主体工程完工。

3.晋城市陵川县城联社重点建设项目见成效。行源化工乙炔综合开发项目列为2013年省市重点观摩项目和全县重大综改项目,已完成投资2.5亿元,累计投资3.8亿元。两座日产400吨石灰窑土建工程与钢结构制作已全部完成,4座电石炉设备厂房的主体4层平台全部浇筑完成,厂区110千伏变电站进线塔基架设完成,生产区附属工程冷却棚、机修车间、备品备件库、电极糊库完成基础及部分框架主体工程。

4.阳泉市平定县联社实现转型发展,带动全县就业效果明显。由县联社牵头在交通服务业方面投资1900万元建成东方驾校,投资3058万元建成东方世纪公交公司,投资520万元建成东方时尚出租汽车公司、平定公交广告公司等公司化企业。2013年9月,联社牵头整合全县交通服务资源,用多元化投资和公司化管理模式筹集资金2004万元组建山西新东方交通集团,成为全县交通服务业发展中的中坚力量,安排就业人员1300余人。联社实现了由制造业向服务业转型,由单一投资的集体所有制向多元化投资、公司化管理的转型。

【山西工艺美术集团有限责任公司成立】 山西省工艺美术行业2009年被列入山西省文化产业发展的"十二五"规划中,2011年山西工艺美术集团筹备期被列入山西省十大文化产业集团之一。2013年12月,经山西省人民政府批准,山西工艺美术集团有限责任公司正式注册成立。

山西省城联社注册成立的山西工艺美术集团有限责任公司,注册资本金5000万元。集团下属4个分公司:山西工艺美术集团进出口公司、山西工艺美术创作基地有限责任公司、太行山夕阳红休闲文化(度假村)有限责任公司、山西木偶皮影演艺研究院有限责任公司。

山西省城联社将现有的直属单位进行整合后,筹备了15个平台建设:山西省工艺美术协会秘书处(行业服务平台),山西省工艺美术馆、山西黄河画院、画廊(公共展示平台),山西省工艺美术职称评审办公室(职称评审中心),山西省职工工艺美术学院(学历教育基地),山西省工业造型设计技工学校(技工教育基地),山西省二轻文教事业发展中心、国文培训学校(工美培训基地),山西城联对外经济贸易有限公司(进出口交易中心),山西美好文化传播有限公司(文化传播机构),山西省工艺美术国际交流合作与展览服务中心(合作交流中心),山西省工艺美术研究所(研发设计中心),山西省轻工产品设计包装研究所、山西省广告装潢公司(包装设计中心),五台山旅游服务中心山西工美连锁专卖店(景区销售基地),山西省非物质文化遗产手工技艺展示中心(非遗保护基地),大师工作室、非遗传承人传习所、皮影剧社(非遗保护机构),中国工美珍宝馆·太原店(全国连锁专卖)。

【山西城联资产管理投资(集团)有限公司组建成立】 2013年,山西省城联社投资5000万元,注册成立山西城联资产管理投资有限公司。

山西省城联社将现有部分直属单位进行整合,筹备11个企业平台和建设基地。包括:山西省临汾会计学校、山西省工业造型设计技工学校(学历教育基地),山西省小微企业服务中心、山西省集体经济组织服务中心(企业服务平台),山西省集体合作经济协会、山西省二轻生产力促进中心(跨行业会员平台),山西太行海鸥锯业有限公司、小微企业创业孵化基地(山西省最大制锯企业),年拆解40万台旧家电项目和再生资源回收利用基地(山西太行海鸥五金工业园),山西塑料总厂(山西最大PVC大波纹管材生产基地),山西城联物流储运有限公司(仓储基地),山西城联物业管理有限公司(后勤保障),山西城联对外经济贸易有限公司(进出口窗口),山西宏艺首饰股份有限公司(黄金首饰加工销售华北之最),山西同元集团公司。山西君道集团有限公司(合作企业)。

(冯晓东)

中小民营企业

【全省中小微企业发展稳中有进、稳中有为、稳中向好】 社会贡献继续扩大。2013年,全省中小微企业(法人单位)户数达13.5万户,比2012年净增2.2万户,占全省企业总数的99.7%;从业人数367万人,净增22万人,占全省企业从业人员总数的73.8%;完成增加值5570.2亿元,占全省生产总值的44.2%,比

2012年提高1个百分点；上缴税金995亿元，占全省公共财政收入的58.5%。

全省规模以上中小工业企业营业收入7608.8亿元，占全省规模以上工业的39.6%，比2012年增长5.6%，快于全省规模以上工业增速2.8个百分点。

发展走势稳中有降。从全年发展走势来看，全省中小微企业营业收入增长11.6%，增幅比2012年降低6.5个百分点；12月与前11个月相比，环比下降2.1个百分点。

从季度走势来看，一季度增长17.7%，二季度增长15%，三季度增长16.2%，四季度增长11.6%，全年呈现前高后低、稳中有降之势。

分地市看，营业收入增速高于全省平均速度的有6个市，长治市增长18.5%，晋城市增长17.2%，忻州市增长15.5%，运城市增长15.3%，忻州市增长15.2%，朔州市增长13.9%。其他5个市增速低于全省。

企业成长进展明显。2013年，随着省委省政府扶持小微企业政策的落实到位，全省创业热情进一步迸发，为中小微企业快速发展注入新的活力。2013年，全省新增规模以上工业企业256户，规模以上中小工业企业总数达3240户。

2013年，全省新创办小微企业近3万户，新培育营业收入超亿元的“小巨人”企业120个。新认定“中小企业技术中心”42个。新创建“小微企业服务站”120个。新认定中小企业创业基地26个。

2013年，全省小微企业贷款余额3323.49亿元，与年初相比增加793.72亿元，增长31.4%，高于全省银行业各项贷款平均增速17.6个百分点。

列入工信部重点监测的中小企业1500户，重点监测的特色产业集群20个，12种产品出厂价格和44种产品产量纳入统计监测范围，200户小微企业纳入全省手机快速调查直报系统。

投资总额较快增长。2013年，全省中小微企业完成固定资产投资1782.07亿元，比2012年增长8.8%，环比增幅回落10.9个百分点。分产业看，第一产业完成投资44.99亿元，增长11.9%；第二产业完成投资1174.91亿元，增长1.1%；第三产业完成投资562.17亿元，增长29.1%，增幅高出三次产业投资平均增幅20.3个百分点。在第二产业中，工业完成投资1127.09亿元，增长0.7%。其中，煤炭工业完成投资215.76亿元，下降3.2%；非煤工业完成投资907.32亿元，增长1.3%；煤、焦、冶三大传统产业完成投资342.98亿元，下降16.2%；非传统产业完成投资699.57亿元，增长6.6%。

工业生产销售稳定。2013年，全省中小工业企业营业收入增长8.7%，与2012年相比增幅下降5.9个百分点，12月与前11个月相比，环比下降5.3个百分点。

从产销情况来看，1～12月全省中小企业规模工业产销率94.2%，比2012年上升0.7个百分点，12月比前11个月上升0.1个百分点。

从主要工业产品产量看，1～12月，全省重点监测的44种主要工业产品中，22种产品产量比2012年增长，22种产品产量下降。传统产业产品，如洗精煤、铁矿石、铁精矿粉、成品钢材、粗钢增长较快，罐头食品、乳制品、白酒、饮料、电石、生铝矾土、硅铁等产品降幅较大，成品中药产量下降，西药制品产量增长。

产品价格多有起伏。2013年，从重点监测的13种主要工业产品价格变化看，12月与1月相比，9种产品出厂价下跌，占监测产品种类的69.2%；3种产品持平，占23.1%；1种产品价格上升，占7.7%。在出厂价格下降的9种产品中，主焦煤每吨下降50元，主焦洗精煤下降130元，配煤每吨下降230元，电煤每吨下降130元，焦炭每吨下降41元，生铁每吨下降170元，钢坯每吨下降234元，钢材每吨下降199元，电石每吨下降50元。而精矿粉每吨由年初的1048元涨至1222元，每吨平均涨174元。水泥和砖出厂价格稳定不变。

出口形势缓中趋稳。2013年，全省中小企业完成出口交货值143亿元，比2012年减少0.7%，增幅回落近1个百分点。全年来看，山西省中小企业出口呈触底回升态势，第一季度出口交货值增速高负，4月由负转正。此后各月增幅在4.2%～7.9%之间波动，后半年发展形势趋稳。

全年煤炭出口企业7家，出口煤炭21万吨，出口产品交货值8.21亿元；金属镁出口企业12家，出口金属镁9160吨，实现交货值1.8亿元；活性炭出口企业5家，出口活性炭1.4万吨，实现交货值1.03亿元；铁合金出口企业4家，出口铁合金9600吨，实现交货值1.49亿元；玛钢件出口企业17家，出口玛钢件4.1万吨，实现交货值4.65亿元；铸铁件出口企业28家，出口铸铁件11.3万吨，实现交货值13.31亿元；汽车配件出口企业5家，出口汽车配件1.1万吨，实现交货值1.68亿元；法兰出口企业52家，实现交货值13.39亿元；玻璃器皿出口企业43家，出口玻璃器皿12.1亿件，实现交货值19.18亿元；陶瓷制品出口企业4家，出口陶瓷制品3648万件，实现交货值1.17亿元；芦笋出口企业7家，出口芦笋4150吨，实现交货值6240万元；药品出口企业9家，出口药品1.36亿片(粒/支)，实现交货值5.8亿元。

住宿餐饮业持续低迷。2013年，全省中小微企业住宿业营业收入增速比2012年下降21.9%，环比降幅扩大近10个百分点。餐饮业营业收入增长速度继续大幅度下降，第四季度表现尤为明显。1～10月餐饮业营业收入下降25.5%，1～11月营业收入下降26%，1～12月下降26.7%。

产业集群生产稳定。2013年，全省重点监测的20个产业集群，涉及企业2144户。全年营业收入增长速度达到两位数的产业集群6个，分别是万荣水泥添加剂、祁县玻璃器皿、原平皮带、定襄法兰、大同医药、榆次液压；营业收入下降的产业集群两个，分别为太原不锈钢和阳城陶瓷；其余12个产业集群营业收入增长在0.7%～7.8%之间。

【助推中小微企业快速、健康发展】 *强化政策引导，优化中小微企业发展环境*。省政府先后两次研究出台财政“15条”、金融“12条”专项政策措施，各级各部门在推进技术创新、改善融资服务、开展人才培训、加强品牌建设等方面，出台了一系列配套的扶持措施。省级中小企业扶持资金增加2.35亿元，市县两级各类扶持资金增加近3亿元。

积极落实税费优惠政策，切实减轻企业负担。全年免征5万户小微企业增值税、营业税近2亿元。“营改增”试点惠及中小微企业2.8万户。对主营业务收入首次达到2000万元以上的工业企业，按当年新增增值税省级留成部分的50%给予奖励。中小企业研发费用所得税前加计扣除，技术转让、软件企业所得税减免等优惠政策得到进一步落实。暂免征收小微企业行政事业性收费26项，减轻企业负担近5000万元。

强化综合协调，促进全省中小微企业稳增长。积极应对经济下行压力，不断完善覆盖13个行业、21个特色产业集群、1500户重点企业的中小微企业运行监测制度，及时了解发展动态，全面掌握运行情况，强化预测预警分析，为各级各部门指导中小微企业发展提供决策依据。2013年，全省中小微企业增加值比2012年增长17%，高于全省生产总值增速8.1个百分点；在全省生产总值中的占比提高1个百分点、达到44.2%。分市看，增速高于全省平均水平的有7个市，长治、晋城、忻州增速居全省前三位，大同、吕梁、阳泉增速居全省后三位。

坚持多措并举，缓解中小微企业融资难题。1. 完善客户推介机制。2013年，累计向金融机构推荐中小微企业2800多户，帮助落实贷款195亿元。

2. 深化“政银企保”合作机制。各级中小企业管理部门与金融机构进一步拓展合作内容、创新合作方式，融资服务更加务实有效。联合建行山西省分行，建立“助保贷”融资平台，全省已有10个市、45个县(区)设立“助保资金池”50个，为335户中小微企业提供贷款14.87亿元；联合国开行山西省分行，建立中小微企业统贷平台，获得授信额度3亿元。

3. 设立总规模20亿元、全国首家省级中小企业创业投资基金。省财政首批注资1亿元，吸收社会资本3亿元，扶持小微企业800余家。

4. 落实中小微企业担保优惠政策。为开展中小微企业担保业务业绩突出的10家担保公司，申请国家风险补偿资金4100万元；免征3家担保机构营业税；筹措5000万元，支持14家担保机构扩大对中小微企业的融资业务。

5. 建立中小微企业股权融资市场化服务平台。发挥山西省股权交易中心作用，推荐876家中小微企业进行挂牌展示。省中小企业局联合晋中市政府设立天津股权交易所山西运营中心，为中小微企业提供股权挂牌和融资服务。

6. 推动金融机构改善对中小微企业的服务。省内各银行业金融机构全部设立中小企业专营机构，针对中小微企业资金需求特点，推出100余种金融产品和服务。到2013年底，全省小微企业贷款余额3323.49亿元，较年初增加793.72亿元，增长31.4%，增速高于全省银行业各项贷款平均增速17.6个百分点。小微企业贷款占全部贷款22.1%，较年初上升2.9个百分点。

7. 推动构建多元化小微企业金融服务体系。全省村镇银行新增10家、达40家，小额贷款公司新增20家、达542家，担保公司新增8家、达219家，典当行新增24家、达211家，多元化的小微企业金融服务体系逐步完善。

坚持分类指导，助推中小微企业快速成长。实施“星火”培育工程。简化工商登记，降低创业门槛，进一步掀起创业兴业热潮。全省累计培训创业者3万人次以上，新创办小微企业3.6万户，超额完成1万户的年度任务，创出山西省历史上年创办小微企业数量之最，为全省经济发展注入了新活力。

实施“小升规”成长工程。支持小微企业专营一个领域、专攻一门技术、专注一个产品，走“专精特新”发展之路。全省有217户小微企业进入规模以上工业企业行列，成为工业经济发展的新骨干。

实施“小巨人”提升工程。加强规划引导，制定梯队培育计划，完善定点帮扶机制。全省新培育销售收入超亿元的非煤工业企业“小巨人”120户，超额完成100户的年度任务。全省“小巨人”企业总户数突破900户，成为中小微企业发展的新龙头。

加快结构调整，推进中小微企业转型升级。1. 着力推进产业转型。加强对中小微企业转型发展的分类指导，支持中小微企业改造升级和科技创新，引导新兴产业发展。中小微企业中采掘业企业数量占比下降到3%以下。

2. 着力推进技术创新。新认定省级中小企业技术中心41个。69个省级中小企业技术中心拥有全国领先技术33项、发明专利35项、实用新型专利38项、外观设计专利21项。积极开展产学研合作，签订校企合作项目47个，投资额4.58亿元，技术交易额1.08亿元。全省科技型中小微企业达1232户，拥有院士工作站1个、博士工作站10多个，与清华、北大等高校共建产学研基地20余个。

3. 着力推进协作配套。以铸造行业为重点，搭建协作配套服务平台，累计为200户左右中小微企业发布产品供需信息，帮助100余户中小微企业与省内外大企业建立了稳定的协作关系。

推动管理创新，提升中小微企业整体素质。1. 实施管理素质提升计划。发挥管理咨询机构的专业优势，广泛开展管理咨询服务。在装备制造、特色食品等中小微企业相对集中的行业中，树立管理标杆企业30个，开展对标示范。

2. 切实加强人才培训。筹措1500万元，实施“3个1”经营者素质提升工程。分两批组织100名优秀小微企业家，在清华大学举办两期管理创新高级研修班；分三批组织1000名有发展潜力的小微企业家，参加创业能力提升培训；分地域组织1万名小微企业管理人员，参加专题培训。全省累计组织415名企业家参加各类高端培训，1350名企业经营管理人员参加“银河培训”，4.1万人次参加各类专业技术培训，10.5万人次参加企业自主培训。全省多层次、广覆盖的中小微企业公益性人才培训体系基本形成。

3. 鼓励实施品牌发展战略。筹措2000万元，首次对全省中小微企业中159件新认定的和201件重新认定的山西省著名商标进行奖励，对企业在省级以上主流媒体开展的品牌推广活动进行资金补助。

创新服务机制，不断完善中小企业公共服务体系。1. 推动平台网络建设。全省中小企业公共服务平台网络建设有序推进，省级综合枢纽平台基本完工，8个窗口平台与省平台实现互联互通，16个专业应用平台全面上线测试。

2. 组建中小企业服务联盟。首批筛选500余家专业性服务机构，组建山西省中小企业服务联盟。通过政府购买服务方式，引导服务机构为中小微企业提供全方位专业性服务。

3. 建设小微企业服务站。整合现有资源，新建小微企业服务站120个，为各类创业人群提供创业辅导、政策咨询、策划指导等一站式、面对面的免费服务，为广大小微企业提供人才、技术、项目、管理、信息等专业性公益服务。

4. 建设小微企业创业基地。在晋源区开工建设占地面积220公顷的山西省中小企业创业示范基地。新认定省级中小企业创业基地26个，省级中小企业创业基地达55个。厂房面积1730万平方米，带动投资32.8亿元，入驻企业2000多户，吸纳就业近2万人。全省正在建设和完善的小微企业创业基地达80多个。

5. 举办"2013山西中小微企业高校毕业生千企万人金秋招聘会"。组织装备制造、特色食品、生物制药、高新技术等20多个行业、1304家成长型中小微企业参会，提供就业岗位2.5万个，达成就业意向1.6万人(次)。

6. 帮助中小微企业开拓市场。组织200多家中小微企业参加"百度·翔"计划，通过互联网免费进行产品推广，拓宽企业发展空间。先后组织175家中小微企业参加第十届中博会、上海中小企业精品展、苏州铸造博览会等大型展会，累计签订合同、协议30余项，资金总额48亿元。

7. 启动山西省中小企业发展研究院。开展中小企业信息的收集整理、数据的统计分析、决策咨询服务和战略性、前瞻性的政策研究。完成《山西中小微企业发展与城镇化建设研究》《山西中小微企业用工问题研究》《山西省中小微企业服务需求调查数据分析报告》等5个课题。

8. 积极探索政府购买服务有效形式。筹措1100万元，根据为中小微企业提供专利申请、法律维权、质量认证等专业性服务的具体业务量，对39家中小企业服务联盟成员单位率先实行政府购买服务。在全省筛选确定50家工程咨询单位，为小微企业申报国家和省级中小企业发展资金免费编制项目资金申请书。

（原晋军）

【进一步支持中小微企业发展的27条政策措施】 1. 设立山西省中小企业发展基金。省财政每年筹措1亿元，5年筹措5亿元，采取基金运作方式，吸收社会资本15亿元共同建立总规模达到20亿元以上的中小企业创业投资基金，用于支持初创期和成长期的中小微企业发展。

2. 支持各类担保公司扩展中小微企业担保业务，缓解融资困难。2013年起，省级中小企业发展专项资金新增5000万元，对担保公司开展的担保费率低于当期银行基准利率50%，且每笔担保额不超过500万元的中小微企业担保业务给予财政补助。

3. 建立小微企业贷款风险补偿机制。从2013年起，省财政每年安排1000万元，市县财政安排相应配套资金，对金融机构为小微企业发放贷款增量30%以上的部分，给予一定风险补偿和奖励。

4. 鼓励企业运用出口信用保险工具控制风险参与国际竞争。省财政安排专项资金2600万元，对山西省企业贸易出口、承揽国际工程和境外投资办厂参加出口信用保险所缴纳的保费给予补助。

5. 提升开发区和创业基地对小微企业的综合服务能力。2013年起，省财政统筹安排6000万元，对开发区和小微企业创业基地的基础设施、公共服务建设项目，给予贷款贴息或补助支持。

6. 支持中小微企业进行技术创新。省财政每年安排3500万元，支持山西省中小微企业开发和应用符合国家高新技术领域范围内的新技术、新工艺、新材料、新设备，提高自主创新能力，提升产品和服务质量。

7. 加大对中小企业节能减排扶持力度。支持采用新型合同能源市场化节能方式，以减少能源消耗的资金支付节能服务公司完成的项目费用。对已完工可正常运行的合同能源项目，每节约吨标煤财政奖励400元。

8. 鼓励劳动密集型小微企业吸纳就业。对当年新招用符合小额担保贷款申请条件的人员且签订一年以上期限劳动合同的，可按人均10万元的额度申请最高不超过200万元的小额担保贷款，并由财政全额贴息。对符合申请小额担保贷款条件并直接向指定金融机构申请到创业扶持贷款的，参照此政策执行。

9. 实施"3个1"经营者素质提升工程。省财政每年安排专项资金1500万元，对选出的100名小微企业优秀经营者到高等院校进行系统进修培训、1000名有发展潜力的小微企业主进行创业能力提升培训、10000名小微企业管理人员进行专题培训。

10. 加强对行政事业单位、国有及国有控股企业、重点工程项目采购活动的管理，杜绝采购活动中的不正之风。要本着厉行节约的原则，同等条件下"就地就近"优先选购中小微企业生产或销售的产品。

11. 支持中小微企业加快技术改造。中小微企业固定资产由于技术进步原因需加速折旧的，可按规定采取缩短折旧年限或者加速折旧方法。

12. 加快中小微企业资金流转。政府工程、大型企业、综合超市、大型商场在采购或销售中小微企业的商品时，应按商品的属性在合同中明确约定货款支付的期限，约定支付期限最长不得超过收货后的60天，在约定期限内及时支付货款。

13. 鼓励创办劳动密集型和科技型小微企业。自工商登记之日起2年内，经人力资源社会保障、科技、财政等部门认定，可享受缴纳企业所得税、增值税和营业税省级留成100%、市县留成50%的财政补助。

14. 促进中小企业加速壮大。对当年主营业务收入首次达到2000万元以上的工业企业，按其当年度新增增值税省级留成部分的50%给予奖励。

15. 鼓励中小微企业实施品牌发展战略。省财政每年安排专项资金2000万元,对新获得国家驰名商标和省级著名商标的中小微企业给予财政奖励,并对其在省级以上媒体为提高企业品牌的知名度、美誉度和特色度而开展的广告、代言、冠名等宣传推广活动给予一定比例补助。

16. 提高中小微企业贷款审批效率。各金融机构网点对前来咨询申请贷款的中小微企业实行首问负责制,加强辅导和跟踪服务。各银行明确贷款申请办理工作时限,并向社会公告,承诺限时办结,未达到授信条件的,要及时告知中小微企业。

17. 增设小微企业金融专业服务机构。引导股份制银行、城市商业银行、农村商业银行、农村信用社、村镇银行设立小微专业支行。鼓励小微企业贷款余额和客户数量达到规定比例的商业银行增设小微专业支行(网点),2013年全省县(市、区)平均至少增加1家小微专业支行(网点)。

18. 降低小微企业融资成本。2013年新增的中小企业发展专项资金5000万元,对以小微企业担保业务为主的融资性担保公司,担保费率低于当期银行基准利率50%的差额部分,给予补贴,每笔担保额在300万元以上至500万元以下(含500万元)给予差额部分50%的补贴,每笔担保额在100万元以上至300万元以下(含300万元)给予差额部分75%的补贴,每笔担保额在100万元以下(含100万元)给予差额部分100%的补贴。省中小企业局尽快出台具体落实办法。

19. 降低小微企业金融服务费用。禁止金融机构对小微企业贷款收取承诺费、资金管理费,严格限制向小微企业收取财务顾问费、咨询费等费用,监管部门要设立小微企业金融服务投诉电话,继续开展清理纠正金融服务不合理收费专项行动。

20. 设立民间融资登记中心。成立为中小微企业服务的民间融资登记中心,鼓励有借贷需求的中小微企业,通过融资登记中心的服务,减少融资环节,降低借贷成本,自主开展合法借贷。组建山西省股权交易中心,为中小微企业提供股权、债券转让等融资服务。

21. 创新中小微企业金融产品。推进中小微企业发行短期融资券、集合票据、集合债券,发挥各行业协会作用,推荐本行业符合条件的中小企业参与各类债券发行。开展免担保免抵押流动资金小额贷款业务,通过知识产权质押、仓单质押、订单质押、商铺经营权质押、应收账款质押、商业保理、典当等多种方式进行融资,同时通过出口信用保险进行保单融资。省金融办尽快出台具体落实办法。

22. 拓宽地方金融机构支持小微企业资金来源。支持地方银行业法人机构发行小微企业专项金融债,对募集的资金实行专户管理,资金全部用于小微企业贷款。优先选择小微企业金融服务成效显著、风险管控水平较高的商业银行,开展资产证券化业务试点。

23. 提高小额贷款公司小微贷款比例。积极引导省内小额贷款公司服务小微企业,对向小微企业发放贷款达到全部贷款70%以上的小贷公司,放宽单一投资者持股比例至30%,允许在全省范围内开展业务。取消小额贷款公司增资扩股变更申请"距上一次行政许可批准之日起6个月以上"的时间间隔限制。2013年实现全省小贷公司新增资本金不少于50亿元,贷款余额增长20%。

24. 拓展融资担保机构服务中小微企业功能。积极培育融资担保机构服务中小微企业,发展资本金在1亿元以上的融资性担保公司,组建资本金在10亿元以上的融资再担保公司。2013年实现全省融资性担保公司新增资本金50亿元,担保金额增长20%。

25. 促进科技型小微企业发展。对科技型小微企业开展委托贷款、产业链上下游企业授信贷款、知识产权融资贷款等特色化融资。对风险投资形式、股权投资形式的科技型中小企业给予信用贷款支持。支持中小科技型企业进入多层次资本市场,在中小板、创业板和其他板块上市融资。

26. 加强融资对接服务。在山西省金融服务平台中建立为中小微企业服务的常态化融资服务板块,实时推介新型金融产品,发布中小微企业融资需求,为中小微企业融资提供对接服务。

27. 抓好政策措施落实。省政府对驻晋金融机构、省属金融机构支持服务中小微企业情况进行评比,与年度表彰奖励挂钩;定期组织有关部门对执行金融服务中小微企业政策措施情况进行督查。

(李仁贵)

8 交通·邮电

JIAOTONG YOUDIAN

交通·邮电

铁　路

【山西铁路概况】　2013年，全省铁路营业里程3786千米，与2012年持平。铁路货运量7.32亿吨，比2012年增长2.5%；铁路货运周转量2313.73亿吨千米，增长7.9%。铁路客运量6294万人，增长1.4%；铁路旅客周转量189.82亿人千米，下降0.1%。

【太原铁路局经营概况】　基本情况。太原铁路局是全路18个铁路局中货运量最大、重载技术最先进的铁路局，也是全路唯一运输主业整体改制上市的铁路局。路网纵贯三晋南北，横跨晋冀京津两省两市，主要担负着山西省客货运输和北京、天津、河北、内蒙古、陕西等省（市、区）的部分货运任务，用户群辐射全国26个省（市区）、15个国家和地区。2013年，路局管辖南同蒲、北同蒲、大秦、侯月、石太、太中银等多条普速线路和25.4千米客运专线，隧道311座，道岔9409组，线路总延长8639.793千米，营业里程3225.044千米；配属机车1115台，客车1999辆，CRH5型动车组6组。与4个铁路局交界：京包线K225+000处（郭磊庄站）、京原线K234+000处（灵丘站）、石太线K117+000处（赛鱼站）、石太客专线K222+400处（太原东）分别与北京铁路局分界，南同蒲线K849+500处（风陵渡站）、侯西线K76+650处（禹门口站）、太中线K1173+650处（吴堡站）分别与西安铁路局分界，太焦线K190+700处（夏店站）、侯月线K147+273处（嘉峰站）分别与郑州铁路局分界，京包线K380+500处（古店站）与呼和浩特铁路局分界。

安全生产。1.持续加大安全投入，运输设备基础明显改善。集中人力、物力、财力，开展设备大修和更新改造。全局主要干线客车通道基本消灭了木枕道岔，主要干线Ⅲ型轨枕比重提升20.7%；微机联锁、自动闭塞和电气化覆盖率分别达到80.6%、96.6%和82.3%，光缆主干通道实现全覆盖；消灭超大修期接触网295条千米，电力设备载荷增加41%；空调客车占比提升21%。

2.全面加强安全科技监测体系建设，强化安全关键环节控制。基本建成机务四大、车辆五大检修基地，工务四大、电务三大生产调度指挥中心，三个区域性行车（客运）调度指挥中心及全覆盖的视频监控网络、集成化的信息网络；机车6A、车辆5T、供电6C、车务防错办等科技安全监测技术装备投入运用。全局基本建成集调度集中、网络覆盖、过程卡控、安全防护等于一体的安全检测监测体系，形成了人机结合、主要依靠机控的主动式安全控制新模式。

3.深化企业文化建设，促进干部职工养成良好行为习惯。大力推进安全、作业、设备管理标准化建设，深入开展“三标共创”，强推“6S”现场管理。按照“问题在现场、原因在管理、根子在干部”的思路，对所有问题件件分析管理原因、倒查干部责任，深入开展管理“打假”，强化干部履职能力和职工落标意识。把加强安全管理、遵守规章制度上升到企业文化建设的高度来认识，从15个方面抓具体、抓落实。2013年防止事故161起。

运输经营。1.运输任务高产高效。立足市场，不断优化运输组织，科学编制运输方案，提高6条干支线牵引重量，拉通南北同蒲机车交路20对，枢纽通过能力充分释放。全局主要运输指标逆势而上，装车、卸空车、货物发送量、大秦运量、运输总收入等5项指标先后20次刷新历史纪录。特别是大秦线单日运量最高达到134.2万吨，全局单日运输总收入最高达2.49亿元，提前9天完成全年662.82亿元的运输任务指标。

2.大力实施运输组织改革。牢固树立“人民铁路为人民”宗旨，深入开展“旅客满意、货主满意”主题实践活动，大力推进实名制售票和网络、电话订票等业务。调图优化客运产品24次，新增自动取票机35台，培育客运服务“十大品牌”。推进货运组织改革，以实货制运输为核心，打造“前店”货运办理平台，改进“后厂”运输组织方式，推行“一口价”收费。与61个大宗客户签订战略互保协议，与2394个客户建立营销服务关系，开行了管内沿零列车。

3.非运输业开启二次创业新篇章。深入推进多元化经营战略，货改后第一批17个重点项目全部实施。宁岢线岢岚基地竣工，吴城基地开工建设，完成太原南站商业广告开发的主体工程和招商引资，餐饮业一举实现全行业扭亏为盈。2013年，全局非运输业营业收入191.55亿元，实现利润3.63亿元。全局完成盈亏总额156.8亿元，超总公司考核目标8.8亿元，名列全路第一。

设备基础建设。1. 以高效数字化管理为主攻方向，集成整合，扩充网络，信息化水平实现由低到高的明显提升。推进集成化信息网络建设，建成集通信传输网络、TDMS、CTC/TDCS、GSM-R网络、调度通信系统等铁路核心技术为一体的路局信息管理中心，构建大容量、快速化、高可靠性的干线信息通道网络，推进全局所有信息系统和各单位、车间、班组数字化联网，远程教学、在线考试、视频会议及完备的信息通道，为服务生产、确保安全、提升效率奠定了坚实基础。

2. 以适应运输发展需求为主攻方向，新建基地，强化工装，设备检修能力实现由小到大的快速扩充。一大批检修基地陆续建成投产，全部采用自动化、智能化、数控化、现代化、流水化检修工艺，形成年检修和谐型机车二年检200台，中修电力机车315台、内燃机车225台，段修C80、C70货车4.1万辆、客车1000辆，检修大型养路机械100台、自轮运转设备200台，钢轨焊接120千米，满足动车组一、二级检修库停的自主检修能力。

3. 以生产现场全方位监控为主攻方向，统筹资源，全面覆盖，视频监控系统实现了由散到全的规模发展。按照"统一规划、全面覆盖、集中管理、资源共享"的思路，将全局视频监控资源进行统筹运用，4178个摄像头覆盖车务、客运、货运、机务、工务、电务、车辆等系统所有关键区域，实现对安全、服务、作业等全方位实时监控，形成了远程化的现场监控新模式，给安全管理安上了"千里眼"。

机制和人才建设。通过优化创新经营管理机制，推动安全、运输和管理工作高效运转。在适应货运改革方面，组建三级货运营销机构，整建制移交职工3702名；健全"前店"货运营销体系，畅通受理渠道，优化业务流程，做到物资运输敞开受理、随到随办；健全"后厂"组织保障体系，强化结合部管理，做到"前店""后厂"无缝衔接。在适应新线开通、高铁发展方面，新成立两个站段，相关站段和处室增设高铁管理机构。在内部分配和正激励方面，全面推行计件工资，建立货运营销人员上不封顶的工资分配新模式，分配导向更加明显；围绕中心工作，坚持重奖快奖，充分发挥工资杠杆作用。在劳动用工管理方面，科学配置劳动力资源，既满足运输生产需要，又实现职工总量控制目标；以制定岗位作业指导书，实施"一岗一卡"管理为标志，作业标准化体系更加完善；实施主要工种积分考核和非在岗"一人一档"管理，建立高铁和施工防护人员准入制度，主要工种建设更加规范；完成储备人员培养，新线开通所需人员全部到位；优化工务班组设置，实施专业化、集约化和检、修分开的大工区管理新模式；全面整肃劳动纪律，持续开展非在岗、非本职和临时用工专项整顿，劳资安全风险管理有效卡控。在人才队伍建设方面，打破技师高级技师"一聘定终身"，实施动态"双考核"；发挥典型引领作用，创建省部级"技能大师工作室"；拓宽成才渠道，在路局机关实行行政级别和技术职务"双轨制"；增强企业吸引力，对国家和省级技能人才实施万元重奖，大幅提升高校毕业生待遇。

科技创新。持续加大科教投入，促进技术装备水平和职工队伍素质双提升。立足运输效率提升，先后组织16次牵引试验，提高5个区段牵引定数2815吨；组织太原南站及津秦客专并线区段联调联试，运行136趟，累计1280千米。建成三大TFDS集中检测中心，为93台客运机车加装LAIS设备，24个多方向站场进行TDCS3.0系统升级。建成太原职工培训基地、忻州高铁供电实训基地。完成科研攻关及成果推广100项，7项成果获国家、省部级奖励。编制32项企业标准，93项质量管理成果获国家及省部级奖励。表彰301项路局科技进步及合理化建议奖，奖励2060人次。

工程建设。2013年，全局在建大中型基本建设项目12个，其中，新开工项目1个，开通项目3个，开通双线电气化铁路146.8千米，全年完成基建投资363.8亿元。

1. 开通项目高标兑现。太原南站石太场安全按期开通，太中银线同步引入太原南站。北同蒲韩家岭至应县增建四线和应县至原平新建取直线竣工(运营线名合称为"韩原线")，动检车平均上行1.63分、下行1.24分，全线消灭2级分，线路质量达到高铁标准。

2. 在建项目强力推进。黄韩侯铁路完成西贺村至禹门口7站改造，百底、稷山、河津站在一个天窗点内同步开通，5个天窗拆铺道岔144组，创下一个建设单位、一个施工单位同一时间、同步开通3站，及单位天窗拆铺道岔最多的纪录。太原南动车所、大西客专太原站以南代建任务全部完成。太原至兴县铁路完成西张、镇城底站改造，柳林河一号大桥合龙，隧道贯通48座。太原枢纽新建西南环线Ⅱ标段340孔梁全部架完。吕梁至临县铁路11.8千米的极高风险车赶隧道顺利贯通。完成榆次Ⅱ场增加到发线，恢复太焦线路家庄、阳乐、聂村3站，坡头站信号改造等更新改造任务，累计完成31个站改任务。

3. 质量安全稳定可控。2013年共实施3861项既有线和邻近既有线施工，细化落实框构顶进、接触网施工、隧道开挖支护、高墩架梁、光电缆及管网改移等风险防控措施，实施隧道、路基、起重机械、脚手架、既有线及邻近既有线施工专项整治，杜绝了"黑施工"和铁路交通一般C类及以上事故，工程质量稳定。

(孙淑环)

【山西地方铁路集团有限责任公司经营概况】 基本情况。山西地方铁路集团有限责任公司(以下简称"集团公司")是2003年由山西省地方铁路局依法改制成立的国有独资大型一类企业，2004年2月18日正式挂牌。现下属4个全资子公司、1个分公司、4个控股公司和1个参股公司。集团公司主要业务为省内地方铁路基本建设及客货运输经营，铁路专用线的社会共用服务管理，省内地方铁路的煤台建设与经营管理，大秦铁路煤炭集运站的建设、设备管理、配件经销、维修及人员培训，铁路专用物资的经销，旅游开发、经济信息咨询等。经营管理有孝（义）——柳（林）、武（乡）——左（权）、沁（县）——沁（源）和宁（武）——静（乐）等4条地方（合资）铁路，铁路正线里程350千米，线路总里程420千米。年货物发运量3000万吨以上。与太原铁路局联合经营、行业管理的90条铁路专用线，运输总里程420千米，计费总里程达994.5千米，年货物发运量1亿吨以上，为大秦铁路承担着大量的煤炭发送任务。

主要经济指标。2013年，集团公司营业收入23.33亿元，比2012年增长52.4%；实现利润1.04亿元，增长11.2%；铁路运输累计完成货运量3998.3万吨，增长27.2%；与太原铁路局联合经营、行业管理的铁路专用线的货运量为1.05亿吨，增长2.4%；实现增加值6.48亿元，完成项目投资5亿元。全年无一般B类及以上责任事故的发生。

国有资产保值增值。截至2013年底，集团公司资产总额46.8亿元，比年初增加4.5亿元；扣除少数股东权益，集团公司净资产8.3亿元，较2012年增加0.5亿元；国有资产保值增值率106.8%，提高0.1个百分点，国有资产实现增值。

改革与发展。1. 大力发展铁路运输主业。一是对运输组织进行优化。在调度指挥上实行科学管理，注重与各发货单位的信息沟通，详细了解生产情况和发运计划，摸排货源去向，提高计划兑现率，调配提升机车使用率和列车中转率，压缩车辆周转时间，实现平衡作业，加强列车盯控，实行快速排空，严格规范作业流程，提升区间通过能力，提高运输效率。二是坚持推行大客户战略。加强外部沟通，提升服务质量，以提供优质服务为宗旨，与各大煤企密切联系，详细了解掌握区内企业的生产情况和发运需求，积极合理地进行调配，保障在运输组织上的有效衔接。三是完善升级基础设施。要求各运输单位在基础设施的关键部位进行必要、合理的投入，强化提升线路设施及配套装备的技术等级，切实为各大发煤客户提供安全、可靠、充足的运力保障。

2. 积极应对货运组织改革。一是加强前期宣传。通过召开货主专题会、制作手册画报、媒体宣传等形式向客户传达货改精神。二是成立货运营销中心。在货运站设立营销网点和货运营业厅，并同时增设客户查询机和客户网络电脑，简化货运承办受理手续。三是实行货源分片管理。专人负责，与客户形成一对一的营销关系。四是组织学习和培训。提升服务水平，提高服务质量，同时加强现场检查指导。五是加强请车上报的协调指导工作。确保货运营销中心、营销点和发运企业之间信息畅通、协同动作。

同时，集团公司要求各运输单位在客户服务上进行改革，将客户准确分级，对发运稳定的大型客户，实行长期合作并给予充足的运力；对其他非协议运输客户，以最方便、最快捷的方式敞开受理，做到随到随办，有货就发。

3. “煤炭运销”与“行业管理”同步发展。煤炭运销方面，集团煤运公司为拓展经营地域，先后组建宁武分公司、静乐分公司、晋北公司3家分（子）公司，在宁武、大同、临汾、静乐等地区开辟出多个煤炭销售市场，利用自身的人力和资源优势，不断发展壮大。与内蒙古绿缘公司合作组建的河北铁盛贸易有限公司煤炭经销业务逐步做强，已成为地铁集团经营收入增长的重要力量之一。行业管理方面，在近几年新纳入的专用线中，既有的井坪、刘家口、金海洋等10条年收入过千万的重点线路全年为集团公司创收1.6亿元；小河头专用线和铁丰线作为行业管理阵营中的后起之秀，对行业管理业务的增运增收贡献突出；新纳入的年运量超600万吨的五寨万通线以及重新运营的大同焦煤矿线，增收作用明显。

4. 快速推进重点工程。按照山西省项目建设“六位一体”的要求以及关于煤炭物流发展的总体规划，集团公司集中力量积极推进在建工程和计划在2013年内实现落地的重点项目。作为山西省和集团公司“十二五”规划重点项目的静乐至静游地方铁路，2013年完成了工商注册、实地勘界、图纸设计、项目初审、设计文件批审、发改委批复、项目招标等各项前期手续，完成土地丈量，房屋测量和清点地表附着物等工作，征地拆迁的协调工作已基本完成，项目控制工程已经启动。线路总长23.2千米，投资估算11.99亿元的武乡至沁县地方铁路项目，是集团公司2013年实现落地的重点项目。该项目的6项预审工作已审批完成，已报请省发改委进行核准。孝柳公司离石集运站快速装车系统项目共计投资7100万元，2013年10月20日项目建设完工，调试阶段全部完成后即可投入使用。

5. 加强企业内部管控。在财务管理上，强化财务预决算工作，加强日常费用报销的审核、控制和大额资金收支的监控力度，加大对应收、预付账款的监督和催收力度；加强资金管理，积极筹措资金，确保资金保值增值。在考核管理上，按照考核工作规程，对下属单位经营业绩及领导班子业绩进行考核认定；完善和修订考核目标责任条款，细化考核，实行经营完成情况月汇总，对经营业绩考核进展情况跟踪分析，确保目标考核工作的准确性和时效性。在人事管理上，完善人才发展机制，建立地铁集团后备人才库；严格考勤管理，强化职工的劳动纪律意识，规范职工带薪年休假制度；全面掌握全系统军转干部情况，切实维护企业军转干部的利益。在法律审计管理上，建立企业法律顾问工作机构，制定企业法律顾问工作制度；组织系统内干部进行网络法制学习，开展“六五”普法考试，进一步增强了干部职工的法制意识。

6. 夯实安全生产各项工作。围绕全年安全生产工作目标和“夯实双基管理，严查安全隐患，健全监控体系”的工作主题，全系统扎实开展安全生产的各项工作。修订、完善各类完全制度，制定有关专项整治、检查活动方案，组织安检部门有关人员定期深入基层一线检查，对各运输单位进行机车LKJ2000监控分析和现场授课，组织机关干部职工观看警示教育片和纪实专题片，进一步提升安全责任意识。

（樊　璐）

公　路

【山西公路概况】 2013年，全省公路线路里程13.9千米，比2012年增长0.7%；其中，高速公路5011千米，与2012年持平。每百平方千米公路平均里程89.1千米。公路货运量8.28亿吨，增长13.1%；公路货运周转量1278.57亿吨千米，增长6.3%。旅游运量2.85亿人，下降15.4%；旅客周转量196.62亿人千米，下降14.7%。

【交通基础设施建设稳步推进】 山西省交通运输厅编制并报省政府批准了“三纵十二横十二环”高速公路网规划调整方案。2013年，交通基础设施建设完成投资379.2亿元，为计划的126%。高速公路在建里程达到1250千米，长治至平顺、王庄堡至繁峙、广灵至浑源3条高速公路通车运营。国省干线公路新改建工程开工924千米，完工599千米，晋城至高平一级公路改造工程竣工通车。农村公路新改建工程开工2290千米，完工2005千米。集中连片特困地区交通扶贫战略启动。争取到交通运输部投资18亿元，完成国省干线公路9个项目189千米，开工建设重要县乡公路改造23个项目329千米。运输枢纽及站场建设加快。续建新建一级汽车客运站6个、二级汽车客运站17个，晋城客运东站、运城客运东站建成并投入运营。重点工程建设质量稳步提高。在建高速公路项目实体工程抽检合格率93.3%，关键指标抽检合格率96.1%，比2012年分别提高0.6个、3.3个百分点。

【公路管理养护与治超工作继续加强】 *公路养护水平不断提高*。高速公路建立了特大桥梁技术状况定期检测制度与特长隧道联防机制，全年实施养护专项工程180项，检测桥梁1289座。普通公路完成大中修工程328千米、安全保障工程1625千米、危桥改造152座，108国道改造示范工程通过交通运输部验收。2013年，高速公路、国省干线公路、县乡公路优良路率分别达到99.8%、81.5%、75%。全省收取车辆通行费152亿元，比2012年增长17%，并为197万辆鲜活农产品运输车辆和1208万辆小客车减免通行费8亿元。晋中市龙城高速公路实行养护托管的模式，既降低了养护成本，又保证了养护质量。晋中公路分局依靠地方政府实行干线公路路政共管机制，委托沿线县、乡政府和村委会对路域环境综合治理，有效解决了过村镇路段脏、乱、差的问题。吕梁市、临汾市持续加大农村公路管养经费投入，长治市集中实施农村公路安保工程，农村公路服务水平明显提升。

治超长效机制建设加快推进。全省一半以上的公路超限检测站实现了标准化、永久化、规范化，源头治超远程监控平台实现省、市、站三级联网，投入运行的公路超限检测站和高速公路匝道入口全部实现不停车检测。建立源头治超“黑名单”制度。全年共检测货运车辆9568.4万辆，查处非法超限车辆996辆，卸载3925.4吨，非法超限超载率稳定控制在0.2%以内。

【进一步强化公路运输服务水平】 *高速公路公共服务水平明显提高*。把提升高速公路公共服务列入山西省综改试验区建设2013年专项行动计划，着力推动科技进步、管理创新、服务提升。不停车收费系统(ETC)建设取得重大进展。ETC专用车道覆盖率42%，服务网点718个，ETC用户9.2万个。军车ETC投入运行。山西省与京津冀鲁四省市实现高速公路不停车收费跨省联网。服务区标准化建设成效明显。完成13个服务区服务设施的升级改造，在71个收费站建设综合性便民服务大厅、便民服务候车亭。实施服务区“温馨工程”，开展服务环境整治。信息服务系统得到完善。建立以省市交通台、96500出行热线、12122紧急救援专线和沿线可变情报板为主干的高速公路综合信息系统。高速公路标志完善工程全面完成。

城乡公交发展迈出新步伐。城市公交优先发展战略全面实施。全省新增更新城市公交车辆1318台，总运力达到9772辆，2013年运送旅客14.6亿人次，比2012年增长6.6%。太原市创建国家“公交都市”示范城市取得重大进展，公交出行分担率由2012年的18%提高到29%。大同市、阳泉市城市公交分担率达到20%以上，晋中市11个县（区、市）全部开通了城市公交。朔州市、运城市实施了城市公交国有化改造。忻州市政府投资100万元建成公交智能化管理系统。太原市、晋城市公共自行车系统基本建成。城际公交、农村客运公交化改造步伐加快。山西高校新校区至太原、晋中公交网基本建成、运行良好。全省镇村公交线路达到323条，28.5%的乡镇、21%的建制村通了农村公交。临汾市、晋城市出租汽车“电召”“网召”服务系统投入运营。

【道路运输转型发展取得新进展】 省交通运输物流公共信息平台投入运行，并与国家交通运输物流公共信息平台对接。2013年，全省物流企业362家，年产值18亿元。货运站72个，年吞吐量652万吨。甩挂运输企业21户，甩挂车辆2218辆，年运输量788万吨。汽车租赁业发展提速。

【公路建设成绩斐然】 *吉河高速公路建设全面展开*。2013年3月14日，吉河高速公路建管处召开“全面推行‘五化’管理，掀起工程建设高潮”动员大会，标志着吉县至河津高速公路建设全面展开。吉县至河津高速公路是山西省高速公路网规划“三纵十一横十一环”西纵主干线的重要组成部分。全线纵跨临汾、运城两市，途径吉县、乡宁、稷山、河津四县（市），全长53.3千米，建设工期3年。

黎城至左权高速公路正式开工。2013年4月8日，黎城至左权高速公路正式开工。黎城至左权高速公路是山西省高速公路网规划建设的“三纵十一横十一环”中的东纵天黎高速公路的重要组成部

分，起点位于左权县殷家庄，终点与黎城至长治高速公路拓宽改造工程黎城北枢纽相接，路线全长78千米，其中黎城县境内37.6千米，途径黄崖洞、西井、东阳关、停河铺等4个乡镇29个村。工程全线采用四车道高速公路标准，建设工期3年，预计2015年年底建成通车。

长平高速公路全线正式通车运营。2013年5月29日，长平高速公路主线段正式通车运营，标志着长平高速公路全线贯通。长治至平顺高速公路，是山西省高速公路“三纵十一横十一环”规划网中第九横的重要组成部分，同时也是长治市公路网“三通一环”的重要路段，全长98千米，概算投资78.02亿元，分环城段和主线段两期建设。其中环城段起点位于潞城市西贾村，接长邯高速公路，终点位于长治县官道村，接长晋高速公路，全长58千米，已于2011年4月通车。主线段起点位于山西、河南两省交界处的河坪栈，终点位于壶关县逢善村，全长40千米。

长平高速公路的建成通车，进一步完善了长治地区以及山西省高速公路网络，为沿线丰富的矿产、旅游资源的输出打开了一条便捷的通道。

长治至临汾高速公路建设工程开工。2013年6月7日，长治至临汾高速公路工程建设正式开工。长临高速是青岛至兰州国家高速公路在山西省境内的重要组成部分，同时也是山西省规划的高速公路网“三纵十一横十一环”公路主骨架中的第九横，起点接长邯高速公路，终点接已建成的临吉高速公路，路线全长166.2千米，桥隧比例为19.7%，途径长治市境内的屯留、长子和临汾市境内的安泽、古县、洪洞、尧都区、襄汾共两市7个县（区）。

省道长晋线高平至晋城一级公路投入运行。2013年6月18日，省道长晋线高平至晋城一级公路正式建成通车投入运行。省道长晋线高平至晋城一级公路起于高平市北城办事处南王庄村北，与高平市北环路相接，终于城区北石店镇七岭店新村，与陵沁一级公路相接，全长36.8千米，设计行车速度80千米/小时，为双向四车道，路基宽度为24.5米。高平至晋城一级公路的建成通车，有效改善了晋城市城区、泽州、高平的区域交通运输环境，进一步提升了城市功能和城市品位，对实现晋城市“一城两翼”和“六区联动、组团发展”的未来城市空间布局结构具有重要意义。

山西、陕西、内蒙古运煤通道全线通车。2013年7月23日，山西、陕西、内蒙古运煤通道绕开神池县城的外环公路全线通车。该路段全长12.5千米，最宽处24米，最窄处12米。东西出入口为双向两车道，中部为双向四车道。

山西省高速公路军车ETC通行正式启动。2013年8月1日，山西省高速公路军车ETC通行正式投入运营，山西省在全国11个省（市）军车开通试用ETC技术上取得率先突破。

山西首发3条“旅游景区直通车”。2013年8月2日，山西省“美丽山西休闲游”系列活动首发3条“旅游景区直通车”，200余名游客体验了常家庄园一日游。“旅游景区直通车”是山西省“美丽山西休闲游”系列活动之一，由山西省旅游集散中心依据自身的项目模式开通，依托山西汽运集团遍布全省、辐射全国的客运班次线、场站网络及综合服务体系，结合全省道路交通客运状况，实现全省及周边旅游景区的串联和旅游服务一体化。首发的3条线路均采用套票的形式发售。

太茅路实现全线主路通车。作为2013年太原市道路改造中的一条南北交通主干道，经过5个多月的紧张施工，太茅路于2013年10月8日实现全线主路通车。太茅路北起晋阳街，南至小店高速路口，全长5.3千米。总投资预计3.5亿元，拆迁2.3万平方米，完成投资2.67亿元。

王繁高速公路正式通车运营。2013年11月9日，山西省高速公路网第三横（灵丘驿马岭—偏关天峰坪）和东纵（天镇马市口—泽州道宝河）的重合路段—王庄堡至繁峙高速公路正式通车运营。

王繁高速公路起于浑源县王庄堡镇东北，止于繁峙县楼岗村南，途经7个乡镇，全长58.7千米。东接灵丘和山阴高速公路，直抵京津冀；西接繁峙至大营高速公路，可通陕甘宁。王繁高速与繁大、灵山高速组成了山西省北部又一条东西向大通道，对于拉动大同、忻州两市经济社会发展，强化煤炭产业区之间、旅游产业区之间的便捷连接等方面，具有非常重要的意义。

广灵至浑源高速公路开通运营。2013年11月18日，广灵至浑源高速公路开通运营，标志着大同市“县县通高速、打造一小时经济圈”的目标圆满实现。

广源高速公路是山西省高速公路网规划“三纵十一横十一环”中第二横“广灵加斗——平鲁二道梁”的重要组成部分，起点位于广灵县蕉山工业园区与河北省暖泉镇交界处，接北京至蔚县高速公路，与张石、张涿高速公路联通至冀、京、津，终点位于浑源县南榆林乡，与同源高速公路、灵山高速公路相接，途经广灵、浑源9个乡镇，全长77.3千米。

大同至呼和浩特高速公路通车。2013年2月5日，内蒙古呼和浩特至杀虎口高速公路试运营，大同至右卫段西口收费站正式运营，至此大同至呼和浩特高速全线通车。

大呼高速公路全长197千米，山西境内大同至右卫段103千米，于2009年1月开工建设，2010年12月26日通车运营。

【行业安全生产形势稳中向好】 以道路运输、水上交通、公路施工、人员密集场所为重点，认真组织开展“道路客运安全年”活动和“百日安全生产大检查”等专项整治行动，共排查安全隐患1.1万项，除28项正在整改外，其余全部得到整改。加快构建军民融合、平战结合、平急结合的应急体系。开展长大隧道危化品运输车辆事故、水上应急救援、工地防汛抢险、人员密集场所消防疏散等专项应急演练，成功实施临汾曲亭水库溃坝事故滞留旅客疏散和中储棉侯马仓库火灾事故物资应急抢运。

【科技教育和节能减排成效明显】“高等级公路大纵坡路段沥青路面结构与材料研究”等9项成果获省、部科技进步奖，《高速公路交通安全设施设计指南》等3项交通运输地方标准发布施行，在全国率先开展高速公路货车不停车收费系统研究与试验。省交通科学研究院坚持科技研发、成果转化与高新技术产业化一体推进，走出一条创新驱动发展的新路子。交通教育质量不断提高，山西交通职业技术学院新校区投入使用，省交通技师学院国家级示范校建设积极推进，省交通干部学校干部培训与成人教育规模逐年扩大。“车、船、路、港”千家企业低碳交通运输专项行动不断深入，全行业23个单位获交通运输部节能减排项目专项资金1724万元。交通运输部、国家发改委重点支持项目雁门关隧道节能照明改造工程和晋中、河津服务区节能环保改造工程竣工投入运营。交通运输部重点支持的全国第一个省级交通环境监测项目山西省交通环境监测网络基本建成。省政府下达的油罐车油气治理年度任务完成。新建高速公路服务区全部规划了加气站。运输市场老旧车辆“三年淘汰计划”圆满完成，共淘汰老旧车辆1.7万辆。全省城际客运和货运物流燃气汽车总量达到3万辆。

【法制建设和行政效能建设不断深入】省人大常委会通过了新修订的《山西省高速公路管理条例》，并于2014年1月1日起施行。《太原市客运出租汽车服务管理条例》经省人大常委会批准，以地方法规发布。建立了交通建设贯彻国防要求协商会议制度。完成对全系统270个单位的行政执法评议考核。交通运输执法标志标识、执法证件、执法服装实现全省统一。深入开展“路政管理规范年”活动，基层基础建设明显加强，路政队伍素质明显提高。深化行政审批制度改革，省级行政审批（许可）事项由20项精简为8项，全部纳入厅综合政务大厅集中管理，实现了“一条龙作业、一个窗口办理”。

（梁锦华）

煤炭运销

【晋能有限责任公司成立运营】晋能有限责任公司是2013年2月25日经山西省人民政府批准，由省国资委和11个市国资委出资，在原山西煤炭运销集团有限公司与山西国际电力集团有限公司的基础上合并重组，组建的以煤炭生产、电力、贸易物流、新能源、燃气、多元等产业为一体的现代综合能源集团，资产总额1650亿元。

两大能源集团合并重组，组建新的现代综合能源集团是山西省落实《煤炭产业政策》及《山西省电力产业调整和振兴规划》，推进山西综改试验区先行先试，创新能源基地发展模式，最大程度发挥产业聚合效应，实现煤电一体、和谐发展的重大举措。

晋能集团的发展战略是以煤电和新能源产业为基础，以煤炭贸易物流为支撑，适度多元、链式发展，建设国内、国际一流的现代化综合能源集团。

晋能集团将按照“板块化运营、专业化管理、市场化服务”的原则，通过战略主导、资本运作和风险管控，依托上市公司通宝能源，做实企业优良资产，做优集团融资平台，努力培育企业核心竞争力，打造山西综合能源基地的企业航母。

到“十二五”末，晋能集团将实现煤炭产量超1亿吨、煤炭贸易量超3亿吨、发电装机超1000万千瓦、焦炭产量超1000万吨、新能源发电装机超200万千瓦，营业收入超2500亿元、利税超200亿元、利润超100亿元。

（李仁贵）

【企业运行稳中有进】主要指标全面完成。2013年，在宏观经济下行、市场形势低迷、煤炭价格下跌的情况下，集团全面完成主要经济指标，企业综合实力进一步增强，在世界500强企业中排名上升到390位。

2013年公司营业收入2280亿元，比2012年增长23%；资产总额1896亿元，增长15%；煤炭产量6027万吨，增长19.6%；煤炭贸易量3.4亿吨，增长17.2%；发电量85.9亿千瓦时，增长10.3%；售电量71.6亿千瓦时，增长9.9%；售气量5亿立方米，增长42%；实现利税97.7亿元；实现利润22.8亿元，在省属国有企业中排名第一。其中，长治公司、阳泉公司、地方电力公司开源节流、降本增效，取得了较好的经济效益。

安全生产井然有序。集团积极贯彻国家安监总局“双七条”的要求，健全完善安全生产责任制体系，狠抓办矿理念、六大阶段性目标的落实，不断完善和丰富“三个五”的工作要求，突出瓦斯和水害综合治理，大力培育以“崇尚安全、敬畏生命、行为规范、自主保安”为核心的安全文化，全年安全生产保持平稳健康的发展态势。

【核心产业板块形成】煤炭产业快速发展。2013年，全省煤销系统原煤产量超过6000万吨。基建转生产矿井9座，联合试运转矿井8座，生产矿井达到35座，总产能4920万吨/年。开工建设矿井64座（列入集团重点建设矿井40座），停建、缓建矿井60座。所有生产和联合试运转矿井实现一井一面和综合机械化开采，18座矿井采用厚煤层一次采全高，6座生产矿井实现无轨胶轮车运输。王庄煤业、保安煤业分别纳入国家级防治水和瓦斯治理示范矿井，三元煤业被省煤炭厅命名为“安全质量标准化建设模范矿井”，沙坪煤业、王庄煤业被省煤炭厅命名为“现代化矿井”。科技创新初见成效，全年取得专利授权17项。晋城公司矿井建设推进迅速，临汾公司和吕梁公司在矿井法人治理结构完善上成效显著。选煤厂建设进展顺利，全年新建成4座选煤厂，新增入选能力1120万吨/年；生产选煤厂19座，入选能力3930万吨/年。

电力突破发展瓶颈。集团现控股运营电厂4个，装机容量238.8万千瓦，其中，水电12.8万千瓦。在建项目8个，装机容量546万千瓦，其中，燃气发电86.4万千瓦；2013年核准和获得“路条”项目5

个，装机容量275万千瓦，是全省“1920”项目获批“路条”最多的企业。长治热电和榆次热电股权收购顺利完成。以阳光、耀光电厂为试点，大力探索煤电一体化发展模式，取得积极进展。地电公司12个县区供电平稳运行，基础管理和服务水平持续提升。

*燃气产业扎实起步。*长输管道建设和城网建设取得较大成效，燃气集团投运输气管线447千米，在建输气管线688千米，投运中压管网296.8千米。加气站建设加快步伐，压缩天然气公司、燃气集团、大元公司2013年完工液化天然气(LNG)、压缩天然气(CNG)加气站及合建站27座，在建34座，在全省主要运煤通道初步形成网络覆盖。液化天然气(LNG)加工项目开始起步，临县、永和液化项目已获得核准，原平液化项目已通过专家评审。积极落实气源，燃气集团取得中石油4个分输口的开口供气批复，并与中石油煤层气公司、中联煤层气公司签署保德、三交等5个煤层气区块的购销协议。

*贸易物流逆势增长。*铁路公司积极适应运输改革的变化，转变经营理念，大力推进与战略性大客户的合作，开通7条“点对点”铁路直达运输班列，全年发运量6219.7万吨，贸易量4820万吨。山西统配煤炭经销总公司全年完成煤炭发运量3200多万吨，实现利润7463万元，比2012年增长21%。公路公司调整优化贸易结构，实施大客户战略，形成了一批千万吨级、百万吨级的大客户，全年贸易量2.9亿吨，配送量1.1亿吨。晋中公司在管理职能日益弱化形势下，探索创新煤炭贸易商业模式，全年贸易量突破8000万吨，位列集团前茅。阳泉、长治、晋城等公司充分发挥自产煤炭的支撑作用，做实市场化营销。香港公司、晋神经营公司、港口公司在占领市场、提高效益上取得较大成效。晋中华耀煤炭储配中心、吕梁孝龙综合物流园区项目完成建设；朔州公司成功收购东方长宏并投入运营；曲阳煤炭超市、忻州北义井物流中心、运城盐湖区综合商贸物流园、临汾张台铁路专用线、长治东田良集运站改扩建等重点项目正在加快建设。

*新能源板块形成。*建设综合能源集团，新能源产业成为最大亮点。集团积极发展光伏、风电项目，发电装机已达9.1万千瓦。2013年核准7项，装机容量37.9万千瓦，取得“路条”4项，装机容量47万千瓦。

*多元产业集聚。*房地产业实现快速起步，万景源、太原坤泽十里城、晋城兰煜龙湾、国电阳泉满庭春等重点项目进展顺利。装备制造业首战告捷，初步形成掘进机、皮带运输机、刮板输送机、液压支架、煤矿电器设备、新能源车辆等系列产品的生产能力。文化产业、现代农业开始起步，初显成效。

“三全”管理初见成效，促进了各产业板块的有机融合和快速发展。初步构建各级公司计划和预算管理体系，完善了经济运行分析制度。有效保障资金供给，筹集资金166亿元，资金收支持平，略有盈余。大力开展降本增效，原煤成本吨煤比2012年下降54.6元，基建预结算审减节约投资10.66亿元，可控费用节省开支4.34亿元。通过提升煤炭质量、开拓市场用户等措施，在市场滞销，煤价下降的情况下，保持了企业盈利经营。成立资产管理公司，加强对煤炭厅划转9户企业的管理。按照省委、省政府决策，顺利完成焦炭公司的移交工作。

（杨　蓓）

【山西省公路煤炭上线交易】 2013年5月23日，山西省公路煤炭在中国(太原)煤炭交易中心正式上线交易，自此，山西省全部煤炭资源告别传统交易模式，全部实现上线交易。2012年9月，山西铁路运煤率先试上线交易，上线交易后运行良好。2012年底，中国(太原)煤炭交易中心成功举办煤炭交易大会，实现交易平台网签年度煤炭合同7.88亿吨，加上山西各重点矿山和山西煤销集团已签订年度公路煤炭销售合同1.88亿吨，这都为山西公路煤炭上线交易奠定了基础。

此次公路煤炭将实现四个“上线”，即公路煤炭交易合同网上签订、票据上线、调度上线、货款结算上线。这对于进一步创造公开、公平、公正的市场环境，进而促进不同所有制企业、不同隶属关系企业的平等竞争，都将产生积极意义。山西公路煤炭上线交易后，交易量将大幅提高，全年公路煤炭交易量将超过3亿吨。

上线交易是目前我国煤炭行业出现的一种新兴市场模式。它是建立在现代网络信息技术基础上，利用数字签名技术打造电子交易平台，为煤炭产运需企业提供安全、及时、便捷的场内和场外交易、交收、结算和信息服务，并实时发布煤炭供求信息和价格信息。这种现代交易模式不仅可以有效帮助供需企业增加交易机会，规避交易风险，提高交易效率，降低交易成本，也标志着煤炭大省山西彻底实现了煤炭交易模式由传统向现代的转变。

（李仁贵）

民用航空

【山西省民航机场集团公司(管理局)经营概况】 *以实现标准化制度化为抓手，安全形势持续平稳。*山西省民航机场集团公司(管理局)始终坚持“持续安全”和“没有安全，一切归零”的理念，认真贯彻国家、省、民航安全生产工作部署，狠抓制度建设。落实安全责任，将安全大检查、岗位标准化作业、安全生产专项整治、安全生产月、百日安全大检查、安全大督查活动与全年工作相结合，贯穿于整个安全生产全过程。2013年，山西省内4个运营机场未发生机场责任原因造成的航空严重差错以上不安全事件，顺利实现全年安全目标。

1. 明确责任划分，严格安全管控。根据管控模式调整情况，形成“横向到边、纵向到底”的安全责任体系。针对全年的季节特点和不同时期安全工作的特殊要求，及时下发各类指导性文件，对机场防汛、防雷击、夏季航空安全、秋冬季防火、危险品运输、空防安全和贯彻落实省政府、民航局各类安全生产电视电话会议和安全生产文件，提出具体要求；持续加强机场净空保护工作，2013年共受理净空审核申请54

项;针对"7.5"敏感期、"7.20"首都机场爆炸案事件和"11.6"山西省委连环爆炸案,及时启动二级响应措施,进一步加强机场人身和旅客的安全检查,在候机楼出入口增加防爆检测,加大候机楼巡视检查力度;持续加强机场空防安全管理,制定《山西民航机场航空安保测试规范》,定期组织安保测试,结合危险源管控,制定措施并持续监控。

2. 完善应急程序,提升处置能力。制定《应急管理体系建设实施意见》,进一步理顺和完善应急管理体制机制;下发《突发事件信息管理办法》,完善突发事件信息接报及处置程序,落实24小时值班制度,实现山西省民航机场集团公司(管理局)与省内各机场安全信息的无缝对接;强化和规范机场空防安全应急突发事件处置工作,较好的完成"5.18"MU5836(太原—昆明)和"8.5"MF8161福州—太原)两次非法干扰事件的处置工作;组织"安全武宿—2013"非法干扰应急处置、"驰救—2013"航空器应急救援、"飓风行动"防爆反恐演练,达到检验应急预案、锻炼队伍、磨合机制的目的。

*以开拓市场为导向,运输生产快速发展。*2013年,山西省民航机场集团公司(管理局)继续加强航空市场开发力度,针对国家政策调整、经济增长放缓和高铁冲击加剧等负面影响,航空市场立足于开发国内干线航空市场,通过优化干线网络布局,扩大省内机场航线辐射范围。继续完善地区及国际航线,进一步加快航空口岸建设步伐。同时,积极加强对外合作,与山西省旅游局开展"美丽山西休闲游"大型旅游惠民活动,拉动省内航空市场发展;加入"东北腹地及环渤海区域相关机场航空市场战略联盟",共享区域性市场优势。

1. 以干带支,优化网络布局。2013年,全省机场依托国内干线航班业务量提升,带动整体客运量稳步增长,太原机场新增拉萨、海拉尔、丽江、常州、宁波等29条国内航班,加密太原至杭州、昆明、南京、乌鲁木齐、西安、成都、福州和运城等航线,除石家庄外与全部省会城市通航,改善了太原机场"东密西疏,南强北弱"的航线结构,航线网络布局日趋合理;长治机场新增太原—长治—福州、海口—长治—天津、武汉—长治—太原等3条航线。大同机场新增西安—大同—沈阳、深圳—运城—大同航线。运城机场新增海口—重庆—运城、海口—长沙—运城航线。

2. 挖掘市场潜力,完善地区及国际航线。新增太原—高雄航线,地区航线达到每周I9班;新开太原—暹粒国际航线,加密太原—仁川与太原—海口—新加坡航线,太原至仁川、曼谷和新加坡航线已基本实现全年不断航。国庆期间执行了太原—岘港的临时客运包机。大同机场临时航空口岸顺利开放,并于9月11日开通大同—香港航线。

3. 积极开拓货运市场。新增候机楼急件货物收运业务、货物配送业务、国内门到门货物运输等经营项目,有力提升了货运量和货运收入。初步形成省内机场间货物中转运营网络,实现了省内各机场间航线网络与货物资源的共享。

2013年,全省民用机场共保障运输起降9.7万架次,完成旅客吞吐量974.7万人次,货邮吞吐量5万吨,比2012年分别增长11.5%、14.4%、4.2%。其中,太原机场通航航线110条,通航城市60个,全年保障运输起降7.5万架次,旅客吞吐量780万人次,货邮吞吐量4.4万吨,分别增长11.9%、14.5%、4.8%;长治机场通航航线9条,通航城市11个,全年保障运输起降0.7万架次,完成旅客吞吐量57.4万人次,货邮吞吐量919.5吨,分别增长8.4%、14.4%、—43.1%;大同机场开通国内航线14条,通航城市17个,全年保障运输起降0.5万架次,旅客吞吐量35.9万人次,货邮吞吐量1965.1吨,分别增长16.4%、27.1%、—7.9%;运城机场开通国内航线18条,通航城市21个,全年保障运输起降0.9万架次,旅客吞吐量101万人次,货邮吞吐量2818.7吨,分别增长—1.4%、9.4%、16%。

*以提高效益为核心,经营水平有效提升。*山西省民航机场集团公司(管理局)通过整合现有资源,强化细节管理。实现了经营效益的稳步提升。

1. 加强经营管控,提升经营水平。一是理顺财务机制。完善机构调整后各公司的财务核算体系建设,明确山西省民航机场集团公司(管理局)与各公司之间的业务和资产划界。二是积极开源节流,争取地方政府、民航局对航线开发、房产税减免、基础建设、贷款贴息、信息化建设和节能减排等方面的资金支持。三是加强经营考核和管理,出台与山西省民航机场集团公司(管理局)新管控模式相适应的《年度目标责任考核办法》,促进经济效益和管理水平不断提高。四是加强资产管理,全面开展清产核资工作,促进资产的科学管理和高效利用。五是采取公开招标形式,对Tl航站楼商铺进行招商,最大限度地挖掘Tl航站楼商业价值。六是加大节能减排考核力度,推进能源设施技术改造,有效降低能源消耗。七是与财税部门协调,顺利完成营改增工作。

2. 激励非航发展,推进项目落地。建立招商引资奖励机制,激发了广大干部员工吸引外部投资发展非航业务的积极性和主动性。大力扶持新组建非航公司发展,帮助新公司业务稳步启动。积极推进非航业务对外合作项目的落地,与山西省农业资产经营有限责任公司共同合资组建山西龙腾空港进出口贸易有限公司,扩大业务范围,拓宽销售渠道。与山西压缩天然气集团有限公司合资成立天然气公司,完成气站建设的前期工作。与山西神飞公务机有限公司就共同建设公务机楼和合作组建公务机地面服务公司签订战略协议。与中国航油集团山西石油有限公司就太原机场飞行区新建车辆加油设施签订协议,并进入建设阶段。与顺丰速运集团就建立分拨转运中心等达成了初步合作意向。

*以改革创新为动力,管理模式不断优化。*山西省民航机场集团公司(管理局)紧紧抓住机构改革有利契机,不断创新管理思路,努力破解发展难题,理顺体制机制,实现了企业管理模式的优化升级。

1. 着眼长远规划,明确发展思路。编制完成《山西省民航发展规划》初稿,草拟完成《山西省关于加快通用航空发展若干意见》初稿。会同航科院专家赴省内各市及省直有关部门，就山西省通用航空发展规划研究及编制工作进行实地调研，听取了对山西省通用航空发展的意见及建议，编制完成《山西省通用航空发展规划》初稿。

2. 加快一体化进程，提升专业化水平。继2012年受托管理大同机场后，2013年7月17日，与吕梁市人民政府签署吕梁机场托管协议，组建吕梁机场工作组，对机场开航前的各项筹备工作进行指导。会同吕梁市政府赴华北局就吕梁机场开航各项事宜进行协商，积极寻求民航上级部门的大力支持。推动吕梁机场顺利完成校飞、试飞、开航等工作。2013年11月17日，与忻州市政府签署《五台山机场委托管理意向和人员托管协议》，标志着全省民航机场一体化管理工作又向前迈进。

3. 完善制度体系，加强行政管理。根据山西省民航机场集团公司（管理局）管控模式变化，重新修订质量/环境/职业健康安全管理体系相关手册，将民航局航空安全管理体系（SMS、SEMS）建设要求融入三体系文件中，实现多体系的融合；制定《山西省民航机场山西省民航机场集团公司（管理局）服务质量标准》，建立健全服务质量管控体系，实现了服务水平规范化、人文化、差异化；规范和加强政务信息公开工作，加大信息公开力度。

4. 推进培训工作，提升人员素质。注重将提升综合素质和提高专业能力相结合，坚持培训工作的动态化和全覆盖。开展2013年新员工入职培训。与美国心脏协会国际培训中心合作建立了山西省首家、民航业内规模最大的“美国心脏协会（AHA）心血管急救（ECC）培训中心”，为省内机场急救人员进行专业技能培训奠定了基础。

以增强保障能力为目标，基础建设扎实推进。1. 省内机场建设方面。太原机场改扩建收尾工程全部完工。长治机场航站区改扩建工程包括航站楼改造、停车场及相关配套设施建设，已开工建设。大同机场航空口岸临时开放改造工程完成，顺利通过评审并获得国家口岸办批复。吕梁机场于2009年10月开工建设，已全部完工并完成校飞、试飞工作。五台山机场改扩建工程可研报告、总规及初设均已批复，并开工建设，预计飞行区工程于2014年11月完工。航站区工程于2015年10月完工，五台山机场预计2015年底建成并通航。临汾机场复航改造工程及航站区扩建工程可研报告、总体规划及初步设计均已批复并开工建设。

2. 内部建设方面。2013年，完成续建的飞行区保障用房及室外管网建设、新建警体训练馆及配套设施设备、视频会议系统建设、生产运营系统改造、航站楼门禁及监控系统改造、1号航站楼启用项目、自助值机、除冰雪等各类生产保障设施设备购置项目，启动了物流仓库、公务机候机楼等4个大型项目的前期工作。积极协调太原市公交公司，申请市政府公益基金300余万元，在太原机场区域设立10个公共自行车服务站点，共投放317辆自行车，有效缓解了机场范围内出行距离较远、场区道路狭窄、停车资源不足、上下班高峰道路交通拥堵等问题。

（郝　睿）

【2013年东航山西分公司经营概况】 安全态势总体平稳。始终坚持“安全为根”准则，以“五星机长”评选为契机，践行安全文化“四个一”理念，整章建制、规范管理，严肃作风、狠抓训练，促进沟通、营造氛围，2013年安全飞行5.9万小时，比2012年增长1.5%，未发生严重差错及不安全事件，安全态势总体平稳。大力支援联航、武汉公司飞行，全年累计3579小时。

1. 夯实安全基础管理。航空安全管理（SMS）体系下基层组织有序，着力提升业务骨干掌握风险管理方法的能力；安全大整顿开展有力，查找隐患42项；把握空防安全形势，注重勤务训练，妥善处置两起机舱扰乱事件。

2. 高效实施运行保障。一是持续强化QAR译码监控，注重飞行品质提升，全年QAR水平保持在3.8，实现近年来最高水平，位列东航737机队前列。二是实现部分太原基地过夜飞机候机楼桥位过夜，优化了运行保障环境。三是做好航线运行审定和试飞验证工作，代表东航圆满完成温州机场新跑道验证飞行；机组建立Ⅱ类运行资质工作受到公司肯定。四是建立机长、副驾驶和乘务长微信群，以“空地聊天室”为平台，加强运行保障互动交流。

营销业绩来之不易。2013年，分公司围绕指标想办法，千方百计提收入。积极探寻航线与收益的匹配途径、优化投产效能，积极争取边际收益、加班包机创效益，积极应对高铁冲击、“四个提速”争客源，积极运用信息化工具，带着数据跑市场。尽最大努力将市场冲击和外部非可控因素对收益的影响降至最低。

2013年分公司在册飞机日利用率9.7小时，比2012年提升1.1%，完成T2目标。完成进出港客运收入11.41亿元、集团客户1.78亿元，分别提高13.2%、78%。客机腹舱收入818万元，超T1指标。一是不断优化航线结构。石家庄基地调整后，运力改放虹桥和浦东两场，开飞暹粒、胡志明、济州航线；抓住旺季，加飞大连、西宁、银川以及海拉尔航线；抓住昆明机场放量机会，加密太原昆明航线，开通版纳航线，取得市场主导权；经昆明、上海中转东南亚1.2万余人次，经上海中转欧、美、澳450余人次，两项国际中转销售收入1571万元，同比翻番；完成台北、香港地区航线销售收入3991万元，增长42.3%；完成联盟销售643万元。二是着力强化营销管理。建立与总部的上下联动机制，围绕舱位监控、分控销售及机型匹配等，畅通纵向信息传导。2013年1～7月，通过机型“大改小”，降低成本926万元，通过“小改大”增收260余万元。大力发展常旅客，全年完成T3指标。在山西地区33家上市公司中，完成19家两方集团客户签约。争取到地方政府和机场各类补贴1.42亿元。全年完成逾重行李和机上升舱等非航收入306万元。三是努力加强货运销售。遵循抓大客户、保中客户、争小客户的销售策略，赢得圆通、顺丰等忠实客户。根据市场需求，完成6次调整和补充运价。加强中转货销售工作，增加了西安等中转产品。

服务品质持续提升。2013年空中投诉率均完成T3指标，且有9个月投诉率为零。太原出港航班正常率68.6%，放行正常率87.9%，未发生人为原因延误事件。

1. 打造硬件服务平台。太原机场东航自营贵宾室投入运营，分公司高端硬件服务资源得以优化。专用自助值机设备同步投入使用，省内自助值机、网上值机、手机值机明显攀升，3～9月自助化值机率23.4%。

2. 强化服务管理职能。重新修订《服务质量考核办法》，突出激励因素。建立并试运行地服部《员工考核评价系统》，增强绩效管理能力。下大力气抓飞机外表清洁，重新签订《飞机清洁服务协议》，强化监督检查。客舱"服务文化建设年"活动推进顺利。

基础管理有序推进。一是质量体系建设不断推进。完成第一批共43篇流程审定项目，已审定发布38篇，将进入试运行环节。二是管理点项目申报14项，批准立项6项，其中3项已结项。三是基础管理继续夯实。可控费用管控良好，未突破指标。人事信息系统项目顺利推广、各类培训组织有序、人员招聘进展顺利，首次招聘6名"211"院校大学生，加强人才储备。行政和法律事务管理更趋规范和集约，出台《分公司业务接待管理办法》、修订《合同管理规定》等。

（顾　骁）

通信业

【中国移动通信集团山西有限公司2013年经营概况】 全省电信业概况。2013年年底，全省市话达到433.6万户，比2012年下降10%；农话达到150.9万户，下降25.7%；移动电话3105.5万户，增长12.3%；移动短信291亿条，增长9.8%。

加强网络建设。2013年，山西移动累计投资超过65亿元用于通信网络建设，新建2G、3G网络基站7200余个，网络覆盖遍及全省100%的乡镇、100%的行政村，以及99.5%以上的道路和99%以上的铁路，满足了全省人民的通信及信息需求。

1. 全力推进TD-LTE(4G)网络的建设运营。2013年，新建TD-LTE网络基站4003个，于2014年元旦期间在全省11个市推出4G业务，为广大用户提供了高速、顺畅的4G网络体验。截至2013年底，山西移动基站总数超过4.4万个。加强传输网及宽带接入网建设，2013年新增光纤长度5万余皮长千米，光纤传输网络总里程达到38万皮长千米，居全国领先水平。努力提升CMNET网络数据业务带宽能力，构建综合业务接入区，CMNET出口带宽达到400G。积极推进信息服务网络建设，面向全业务运营，加大对业务网、支撑网的投资力度，强化系统支撑能力，新增局房面积3万余平方米，业务接入半径缩小至1千米内，接入能力明显改善。

2. 千方百计提高网络质量，提升客户感知。扎实推进四网协同，深入实施GSM、TD、TD-LTE及WLAN网络的协同优化，深入开展室内覆盖竞赛，积极开展"工兵行动"、WLAN优化整治等活动，排查解决各类问题，促进网络质量提升。2013年，山西移动持续提升IDC运营服务能力，在中国移动集团公司举行的运营质量测评中，成为除"北上广"之外，唯一拥有五星级IDC机房的省公司。

大众信息化建设。2013年，山西移动服务的移动用户总数超过2500万户，其中，3G用户超过500万户。

1. 着力推动宽带山西建设。山西移动在全省范围内加快宽带网络布局，构建高速无线网络覆盖，WLAN网络热点总数达到3.1万个，AP总数达到31.5万个，网络规模排名全国前列，实现了对机场、车站、高校、宾馆、大型会展中心、商场等主要数据业务热点区域的网络覆盖。同时不断优化网络结构，提升WLAN网络质量，为全省用户提供了无线上网的飞速体验。

2. 着力推进IDC(互联网数据中心)基础设施建设。为有效支撑移动互联网及宽带业务发展，同时加快优质内容资源引入，山西移动积极探索实施云平台建设，提升移动互联网发展能力，有效提升了山西省互联网用户网站访问速度。2013年，山西移动加快实施通宽带工程，累计完成400余所农村中小学的宽带建设任务。山西移动积极开展宽带普及提速工作，截至2013年底，4兆以上带宽客户超过50万户。

3. 积极推动数字山西建设，大力实施无线城市建设运营。以民生、政务类应用为重点，不断丰富内容应用。2013年，共上线便民、政务、医疗、交通、旅游等九大类1300余项应用，全年访问次数7300万人次，较2012年增长2倍多。积极推广手机视频、手机电视、手机阅读、手机支付、移动应用商场等3G、4G业务，满足了广大客户更加丰富、更加快捷的个性化服务需求。2013年，山西移动手机上网用户近1800万户。

行业信息化建设。2013年，围绕省委、省政府转型跨越发展战略，结合山西省产业特点，山西移动持续加大在煤炭、环保、交通、旅游等行业的信息化应用推广力度，先后在高校信息化、环保执法、污染源监控、煤炭票据中心、E矿山、物流信息平台、高速交警卡口、新农合项目、智慧旅游、文物局安防监控、移动办公等信息化建设中取得重要进展。先后建成大学城信息化项目、社保信息服务平台、公安交警数字集群系统及忻州交警卡口项目、运城教育局三通两平台等一批有较大影响力的信息化项目，助力政企客户提升信息化水平。山西移动共为全省8.8万家集团及政企客户提供了信息化服务，并不断扩展服务内容，提升服务质量。

积极推进物联网发展，在电力、交通、环保等行业实现规模应用。电力抄表、车辆定位、环保监测等终端用户超过30万户。持续探索物联网技术在煤炭开采、煤炭物流、节能减排、气象监测、水文监测、林业防火监控、旅游信息、金融POS和消防监控等方面的应用，着力为山西转型跨越发展提供移动信息化支撑。

不断提升客户服务品质。山西移动狠抓全员服务意识，努力从服务管理、窗口服务、投诉处理、问题解决、服务传播等五方面推动服务模式转型，客户服务品质进一步提升。推出的“灵活账期”、营业无纸化、客户信用服务体系等差异化服务举措受到客户欢迎。山西移动持续完善服务质量体系和产品质量体系，严格落实手机实名制，新入网客户实名登记率超过99%。不断完善渠道体系，方便客户随时随地办理业务。在全省推出4G业务，通过良好的网络覆盖、优质的产品、丰富的业务、差异化的服务，为客户创造价值。

全面提升企业标准化、规范化、集中化管理水平。以客户及市场需求为导向，加强流程制度的常态化管理，梳理生产运营中的重点管理内容168项，并持续推动改进提升。山西移动创新管理模式，成立流量经营、四网协同等六个虚拟项目组，纵贯上下、横跨部门的协同作用得到良好发挥，有效支撑公司战略落地。通过开展“管理提升”活动，全面优化了关键运营领域的98项重点内容、165条流程和46项制度，建立流程监控平台，提升OA运转效率，基础管理工作进一步夯实。完善集团专线快速通道等流程，客户需求得到更快响应。

1. 全面加强创新管理。设立专项创新资金，建立创新孵化模式。全年投入创新费用1500万元，累计实施9个技术创新项目、131个创新孵化项目。1218人(次)参与公司各类创新活动，获得专利8项、申报中国移动集团公司创新成果32项。《基于用户需求的多网协同运营体系》项目被省科技厅鉴定为国际先进水平，《面向全业务的基础资源网络全景规划》被评为中国移动集团公司最佳实践。

2. 以推进“管理提升”为主线，全面提升企业管理水平。以人为本、注重激励的集中化人力资源管理体系日趋完善。优化人力资源管理制度，加强经理人员及专家人才队伍建设，注重员工能力素质提升。

积极履行社会责任。2013年，山西移动在省内交纳税费超过18亿元，占到通信行业的80%以上。公司成立以来，累计交纳税费超过140亿元。

山西移动积极创造各种就业机会。通过提供劳务机会、代维、代办等方式，直接及间接提供的就业岗位10万余个。

2013年，山西移动积极为社会提供应急通信保障，先后完成森林火灾、防汛抢险等重大活动及事件的大型应急通信保障106次，出动应急车498车次，应急通信人员4376人(次)。开展“协同2013”(中国移动大区)军地联合应急演练。积极实施基础通信设施共建共享，提高社会资源使用效率。先后建设15个大学生就业见习基地，为超过万名学生提供就业见习机会。持续加大实施手机淫秽色情专项整治及垃圾短信治理，切实保障客户权益。落实定点扶贫工作，支援贫困地区经济建设发展。

(纪红兵)

【中国联合通信有限公司山西分公司经营概况】 截至2013年底，山西省联通分公司下辖11个市分公司、97个县分公司。2013年公司主营收入87.78亿元，比2012年增长17%。其中，移动业务收入增长10.8%，固网业务收入增长1.5%，宽带业务收入增长11.7%，集团客户业务收入增长13.3%，创新型业务收入增长7.1%，信息导航业务收入增长18.8%。收入市场份额达到32.5%，较2012年末提升0.1个百分点。其中，新增收入市场份额34.1%。利润总额累计1.67亿元，收入利润率1.9%。

支撑能力不断提高。2013年，山西联通将投资效益贯穿网络建设全过程，提高建设精准性和投资有效性，公司的支撑能力不断提高。3G基站新增1985个，达到1.2万个；室内分布系统新增覆盖楼宇554栋，达到5797栋。结合“宽带山西2013专项行动”，宽带接入新建82.9万线，老旧设备退网21万线，总能力达到624.9万线，其中FTTB/H占比53%。4M以上宽带用户占比71.8%，较2012年提升25.1%。结合传送网目标架构，UTN核心汇聚层完成11个市、45个县城的覆盖，接入3874个3G基站，市区基站覆盖率达到76%。

以“两个服务承诺”为抓手，开展“网络提质、服务提升”竞赛、“短板指标改善帮扶督导”等活动，提升网络运行质量和服务水平。专项优化与基站断站整治相结合，基本实现移动网络“保良争优”目标，为经营发展奠定了扎实基础。

基础管理工作持续加强。一是全面实施企业“管理创新”工作。以信息化手段为支撑，进行市场营销管控、网络管控等8个专业体系优化及信息化支撑项目开发建设，建立扁平、闭环的管理考核体系。二是宽带资源配置效率提升明显。FTTH实占率达到51.9%，较2012年提升8.8个百分点。三是初步建立投资效益评价、名单制项目管理、前评估管理、后评价和投资责任体系，实现项目全生命周期闭环管理。四是物资采购效率及响应速度进一步提高，库存物资资金月均占用额下降26.7%。持续开展安全生产检查，优化完善安全生产千分量化考评标准，大力推行合同标准文本，加强合同审核规范管理；妥善处理各类法律纠纷，诉讼案件数量和涉案金额均为北方十省最低。推进2013版内控规范落地实施，年内未发生重大风险事项。强化网间结算管理。建立审计问题整改责任制，强化本地网、各专业部门整改责任落实。建立了存续企业经营业绩考核体系。

山西省第一家互联网社会渠道——山西乐语上线销售。2013年初，省分公司采用“六统一”管理模式，即统一管理、统一签约、统一结算、统一佣金、统一库管、统一稽核，建立了全省统一的电子渠道专有管理运营机制，山西省第一个互联网社会渠道——山西乐语上线销售，这是山西省第一家互联网社会渠道代理销售商，与京东、拍拍、小米等互联网合作商洽谈，上半年陆续上线。该网商的上线销售，标志着山西省互联网社会渠道的起步，进一步推动了公司各项业务向互联网销售渠道渗透和覆盖。

全面开展宽带风暴行动。2013年4月至9月，山西联通全面组织开展宽带风暴行动。行动总体围绕“双提升”工作展开，即对内提升发展效益，对外提升客户感知。对内提升发展效益，通过“六个提升”，即提升用户发展速度、提升有效发展率、提升光纤小区实占率、提升包年用户续费率、提升IPTV业务发展水平、提升宽带收入增幅,促进宽带用户量的稳步增长,实现宽带用户净增总数保证57万户,力争60万户,有效发展率达到60%以上;宽带包年到期用户平均续费率达到80%以上,宽带收入增幅达到北方十省平均水平的具体目标。对外提升客户感知,通过在全省承诺区域内推行宽带"480,网络覆盖无盲区"服务、"点亮光小区"工程实施、宽带无条件(预)受理工作推进,以及宽带受理渠道能力拓展等具体内容开展,全面提升客户感知,重塑宽带服务品牌。

多措施开展"5·17"世界电信日营销活动。一是举办第二届"沃3G"智能手机节活动。将集团主推的14个品牌16款21M智能手机进行布展、演示,整合终端厂家、渠道、自有媒体等资源在"5·17"电信日集中开展主题营销活动,集中引爆"21M智能手机"宣传,以终端促进3G业务规模发展。二是为尽快扭转宽带经营面临的被动局面,全面提升客户感知和发展效益,重点推进宽带风暴行动。三是通过集中曝光、栏目植入等方式开展宣传推广工作。与新浪山西合作,通过专题报道、微博互动等方式进行业务宣传,组织开展"丢掉2G用3G""全民3G赛网速""极速好网络智能新生活"等微话题和微活动。四是省线路维护中心针对太原地区大规模城市道路施工建设,严重威胁干线光缆安全的情况,对道路施工沿线开展军民联合护线宣传活动。活动期间,直接参与此活动的用户超过2万户,覆盖人数超过700万人。

山西联通与山西广播电视传媒集团、中国网络电视台共同签订山西省三网融合IPTV业务合作协议。2013年7月9日,山西省三网融合IPTV业务合作协议签约仪式举行。为加快业务转型,公司积极探索三网融合工作,先后建设"新农村综合信息化平台"和"魅力山西"平台,2012年又与山西省政府签订"三网融合"工作推进协议。公司把"三网融合"作为重点项目纳入"十二五"规划,"十二五"期间,将投资150亿元,从网络建设、技术创新、业务发展、应用推广等方面入手,为用户提供普遍高速宽带以至超高速宽带服务;助力电子政务发展,为电子政务向市、县、乡的延伸提供"安全、保密、统一"的骨干传输网络支撑服务;助力农业农村信息化发展,加快光纤到村、光纤到户及农业农村信息化平台建设;加快物联网及云计算建设,在全省建立3～5个IDC或云计算中心,推进物联网技术应用;以IPTV为切入点,优化网络资源配置,开发增值业务,共同推进山西"三网融合"进程。

"联通万家、千万用户大走访"专项行动效果明显。2013年11月至12月,山西联通走访用户16.7万户,带动3G发展12.2万户、宽带发展4.4万户,挖掘集团客户商机127条,首批310个应急项目已付诸实施。初步建立包括网上营业厅、自助终端营业厅、MINI终端营业厅、短信营业厅、手机营业厅、微信营业厅、支付宝钱包营业厅、集团客户电子沃店等电子销售服务渠道。电子商务营业额累计完成20.5亿元,增长36%。网上商城发展3G用户7.2万户,其中终端合约用户占比51%。全省实现网上预受理宽带业务,完成网上宽带受理7908笔。电子渠道服务量占比38.8%,ECS业务定制量完成146万户,手机营业厅渗透率达到22.7%。

(黄云霞)

【中国电信集团公司山西分公司经营概况】 中国电信山西分公司2013年业务收入22.89亿元,比2012年增长16.3%。公司总资产56亿元,用户总数320万户。

聚焦党政、产业、民生三个领域,发挥综合信息服务优势。2013年,中国电信山西分公司发挥综合信息服务优势,落实与省政府签订的"信息化建设"和"智慧城市"两个战略协议,围绕"以煤为基、多元发展"核心任务,聚焦党政、产业、民生三个领域,服务推进转型综改试验区建设,助力转型发展和服务型政府建设。

1. 在"电子政务"党政服务应用方面,持续提升省委党务内网办公系统服务,已向80余个委办厅局提供信息报送通道接入和应用服务;完善省政府应急移动办公系统建设,向省委、省政府领导及应急成员单位提供应急专报、值班要情、应急预案、应急通讯录等服务。服务"三位一体"社会管理创新,实现长治市网格化社会管理服务创新,涉及组织、纪检、宣传、信访、民政、卫生、人口、水电煤等综合管理职能,网格信息员联动所在区域党政部门、企事业单位,强化政府服务职能,矛盾化解在源头。

2. 在智慧行业方面,建设环保治理平台,实现环保信息采集、分析、监控、预警,实现环保信息公众实时发布和环保现场执法。服务矿山安全生产,提供煤矿一体化通信与安全监控,立足省内406个煤矿,服务2.5万名煤矿工作人员。

3. 在"信息惠农"方面,推进农村信息化提升。与省农业厅合作开展农技推广,整合专家和信息,利用"农技宝"提供农技信息和发布渠道;与省团委合作实施"点亮村小"工程,建设乡镇中小学宽带网络,关爱留守儿童,让信息化惠及下一代;与省科协合作开展科普惠农工作,丰富科普内容,拓展惠农渠道;进行县乡通信网络和服务网络(农村支局)重点建设,助力全省强县改革。

4. 在推进智慧民生建设方面,建立妇女儿童保护与法律援助平台;在太原地区持续推进面向老年人居家养老的健康老人手机,3.1万余名社区老人享受到了中国电信居家养老服务带来的便捷和健康;建立远程心电监控707个卫生点,为偏远山区老百姓提供了心电监控服务。

加强网络建设,提升社会信息化服务能力。做好无线网络建设,提升差异化网络品质。无线网建设突出3G,提升热点区域体验,打造差异化的网络覆盖优势。覆盖率高速公路99.9%,郊区农村89.2%,重要旅游景区100%。持续提升光纤覆盖范围,进一步推进FTTH光纤覆盖建设,做好覆盖率的提升和网络优化改,进一步提升全省11个市中心城区及一、二类县域中心城区楼宇覆盖率。开展网络优化,提升网络性能,网络质量明显改善。加快省网及城域网出口带宽扩容,消

除宽带业务流量瓶颈。积极推进掌上装维建设工作和应用工作,修障工作效率提升6.7%,装机工作效率提升28%。积极进行各类应急通信保障任务,有力支撑了临汾霍州、临汾壶口省政府重要活动以及忻州公安大客户等重要通信保障。

*积极提升服务质量,改善客户感知。*开展全业务服务标准贯标、触点服务能力提升、实名制、用户信息安全、投申诉管控、降低宽带业务故障投诉、维系体系建设、星级客户维系等工作,2013年服务工作平稳,没有出现群体性服务事件,没有出现"三强"事件,全业务投诉量、越级申诉率均符合企业管控要求。

*坚持创新驱动,增强发展活力。*一是推进企业向销售服务型公司转型。开展直销客户经理、渠道服务经理、店面销售经理、VIP客户维系经理、装维服务经理和10000客服代表6支队伍建设,6支队伍占比提升11个百分点。对一线营销服务人员实施定岗定编,明确岗位、责任到人;压缩生产单位的非生产人员,提升触点能力;鼓励岗位创新创收,多贡献、多受益。二是优化提升人力资源管理和效率。建立业绩导向、一线导向的干部选拔机制;建立科学有效的评价体系与激励机制;推行总量控制,实施减员增效。三是推进市场化运作,激发内部活力。深入开展划小核算单元工作。全面启动营销单元划小、营业厅划小及投资划小工作,完成所有县域公司承包工作。创新资源配置方式,发挥资源的时间效益和区域效应,推行资源抢盘机制;开展县域市场经营承包,实现100%县域承包,经济效益有效提升;实施县分公司分级管理,激励加速发展。

(赵　苇)

邮　政　业

【开辟服务经济社会和民生发展新领域,着力推进企业转型发展】 邮政业务平稳发展。2013年,全省有邮政支局所(处)1483个,较2012年减少33个;邮路长度15.1万千米,下降11.2%。全省邮路452条,其中,航空39条,铁路5条,汽车334条。2013年,全省邮政业务总收入27.38亿元,比2012年增长7.8%。其中:函件收入增长1.7%、报刊收入增长8.4%、集邮收入增长31.9%、电子商务收入增长28.7%、分销收入增长77.7%、代理邮储收入增长7.1%、代理保险收入下降13.5%。全年新增代理邮储余额68亿元,余额总规模1182.77亿元;代理保险新增保费38.26亿元,市场占有率继续位列各大金融机构之首。

*邮票发行助力文化强省建设。*2013年,山西省邮政公司深入挖掘山西丰富的历史文化资源,积极寻找邮票发行与山西文化的契合点,积极争取多套邮票在山西首发。全省先后共举办《桃花》《感恩母亲》《中国古镇》《金铜佛造像》《琴棋书画》《毛泽东诞生120周年》等6套邮票首发活动。2013年3月16日,《桃花》纪念邮票发行仪式在太原、阳泉两地举行。山西省邮政公司策划开发纪念封、极限片、《桃花》专题邮册等丰富多彩的文化产品,同时结合长治、临汾、运城等地的"桃花节"文化活动,开展形式多样的集邮文化主题活动。2013年5月11日,《感恩母亲》特种邮票首发活动与"中华母亲节推动大会·太谷孟母文化节"同步举行。山西省邮政公司推出《感恩母亲》纪念封、极限片、《孟母故事》专题册等系列邮品。2013年5月19日,《中国古镇(一)》特种邮票发行,山西灵石静升镇位列其中。2013年6月16日,《金铜佛造像》特种邮票首发仪式在五台山和玄中寺举办。山西省邮政公司开发了封、片、折、册等相关文化邮品。2013年7月13日,《琴棋书画》特种邮票发行活动被纳入第二届中国(晋城)太行山国际文化旅游节活动内容。2013年11月16日,《毛泽东同志诞生一百二十周年》纪念邮票首发活动在山西长治举行,山西省集邮巡回展暨长治市第八届集邮展览于同日开幕。

*与交通运输行业合作促进共同发展。*2013年9月26日,省交通运输厅与省邮政管理局联合下发《关于加强交通运输与邮政行业合作促进共同发展的意见》。意见指出,全省交通运输行业和邮政业要本着有偿互惠的原则,在邮件运输、代办邮政业务、票务、数据库营销解决方案、形象宣传、金融业务、速递物流业务、农村物流以及"自邮一族"会员等方面广泛开展业务合作,以更好地服务社会、服务民生、服务经济建设。要出台相应的优惠政策,支持交通运输行业和邮政业快速、健康发展,内容包括支持邮政企业加入交通运输相关企业联盟,运邮车辆享受联盟企业的优惠待遇,支持邮政车辆使用高速公路ETC电子收费卡,在国家政策允许范围内给予最大幅度优惠;对邮政企业承担普遍服务和拉运党报党刊及机要邮件且长期行驶固定路线的车辆,在行经有关收费站时,可根据省交通运输厅、省财政厅和省物价局批复该收费站优惠包缴的规定,享受包缴优惠,并由收费站给予优先通行的便利;对喷有快递专用标识的小型车辆给予通行便利;支持邮政企业根据国家相关规定对使用邮政产品和服务、代理经营邮政业务的交通运输企业给予最大的优惠。

为实现交通运输行业和邮政业之间的有效合作,意见要求全省各级交通运输和邮政企业及相关单位要充分认识加强交通运输与邮政行业合作的重要意义,增强合作的积极性、主动性和创造性;要发挥各自资源优势,推进资源共享共用,适应交通运输和邮政行业集约发展、协调发展、可持续发展的需要;要建立联席会议制度、业务技术交流制度等长效合作协调协同机制,加强工作协调,不断取得合作成果。

*积极打造邮政综合便民服务平台。*邮政综合便民服务平台是邮政企业充分发挥网络资源优势,以邮政电子商务信息系统为基础运行平台,在做好普遍服务和特殊服务基础上,积极叠加丰富的社会公共服务,倾力打造的一个"覆盖城乡、功能齐全、惠及民生、政府满意、多方共赢"的综合服务平台。邮政综合便民服务平台定位为服务广大城乡居民的社区便利店,主要经营缴费类、票务类、代理销售类、商旅服务类和部分邮政基础业务等五大类业务。2010年9月,邮政综合服务平台建设在全省范围内正式启动。截

至2013年底，全省已累计建成以代收费、代售票、代销农资和快消品为主要功能的邮政便民（三农）服务站7000余个，叠加了代收电费、话费、机票火车票彩票等业务，极大地方便了人民群众生产生活。2013年当年代收费总额1.63亿元，销售化肥2万吨，快消品分销额达8000余万元。

【能力建设持续推进】 2013年，装修改造标准化邮政服务网点244处，更新各类电子化营业终端设备2700余台（套）、新增ATM和CRS120台、叫号机129台，邮政窗口形象和服务能力显著提升。依靠中央和省财政普遍服务、机要通信基础设施项目投资和"三农"配套资金，改造55处机要场地，建设17处仓储中心。加大便民（三农）服务站建设力度，新建开办业务站点2424个，总数达到4072个，为城乡居民就近使用邮政业务、缴纳与日常息息相关的各类费用提供了便利。积极推进空白乡镇局所补建运营工作，完工364个、接收63个、运营33个，为做好邮政普遍服务提供了有力支撑。持续提升投递能力，配备投递汽车70辆、三轮电动车258辆、摩托车160辆、图形终端282台、手持终端424台。更新和新增邮运车辆26辆，新配一批网运自动化处理设备，邮件运输处理能力得以提升。加大信息技术与传统邮政的融合，自主开发并上线运行一批信息系统，提升了邮政科技含量。

【企业管理不断加强】 持续推进人力资源优化工作，企业人工效能有效提升。构建以利润为导向的财务管理体系，引导各级邮政企业树立效益意识，转变发展方式，有效提升企业经营效果。实施普邮全程时限集中管控，推行限时分拣作业，推进散件外走处理，改革封装运输方式，强化分拣到段功能，延伸市网管控范围，开展分拣品质提升和缺报短刊治理，提高了邮政网络运行效率和效益。加强企业安全生产，层层落实安全生产责任制，夯实安全生产基础。推行集中审计，加大"小金库"治理力度，深入开展效能监察，堵塞管理漏洞，规范企业经营行为。

【服务质量稳步提高】 着力推进服务质量检查方式转型，努力实现由产品检查向履职检查、一般检查向重点检查、程序检查向效果检查的转变，提升邮政服务质量。开展"服务质量三晋行"明察暗访活动，以县（区、分）局为重点，从"两岗"履职、营投、邮储窗口服务质量、邮件安全等方面，对11个市局、49个县（市）局、97个营投窗口进行检查，提高基层单位通信服务质量。加强邮件时限管控，全程时限达标率稳步提高。公布承诺服务内容，主动接受社会监督。开展11185客户回访活动，发展监督信息员1782人，进行用户满意度电话回访1.4万人次，收集意见和建议3000余条。认真处理客户投诉，努力改进服务水平。

（孙久臣）

9

住房和城乡建设

ZHUFANG HE CHENGXIANGJIANSHE

住房和城乡建设

建筑业

【2013年山西省住房和城乡建设概况】 2013年，山西省城镇化率达到52.8%，比2012年提高1.5个百分点。城镇化质量进一步提高。保障性住房新开工、建成、投资任务均顺利完成。重点工程建设项目储备、签约、落地、开工、建设、投产任务均超额完成。房地产业、建筑业持续健康发展。乡村清洁工程、农村困难家庭危房改造两件实事积极推进。建筑节能和城镇生活减排等约束性指标圆满完成。住房公积金缴存使用同步增长。建筑工程质量、安全生产和信访维稳形势总体平稳，各项年度目标任务圆满完成。

城镇化水平不断提高。山西省按照“一核一圈三群”城镇化总体布局，以城乡规划为引领，以城镇基础设施、公共服务设施和产业园区建设为抓手，以体制机制创新为动力，大力实施城镇旧区改造、新区建设等扩容提质工程，城镇组群、中心城市、大县城和百镇建设协调推进，城镇化取得新的进展，有力拉动了全省经济社会发展。

规划编制与实施不断加快。围绕城镇化发展战略，城镇群、城镇组群、市县域城镇体系、城镇总体规划、城镇控制性详规和各类专项规划等6大类规划编制不断加快。太原都市区、孝汾平介灵城镇组群、太原晋中同城化建设规划和吕梁、忻州、侯马城市总体规划等300余项规划编制完成，实现了“一核一圈三群”和城市总体规划的全覆盖，设区城市控规覆盖率达到50%。

大力支持太原都市圈建设。支持太原率先发展，指导太原市完善城市规划，加快重大项目建设，实施棚户区和城中村改造，进一步提升了省城人居环境水平。积极支持山西科技创新城建设，科学编制山西科技创新城规划。加快推进太原晋中同城化，在规划、道路、公交、通信同城等方面率先突破，共同构建辐射带动能力强的省域中心。

城镇组群快速发展。指导编制了大同都市区、朔州东部新区、临汾百里汾河城镇带、运城盐临夏城镇组群、长治上党城镇群、晋城“一城两翼”等城镇组群规划，18项区域基础设施建设项目实施。长治上党城镇群以城际快速路网建设为切入点，配套出台有利于人口自由流动的政策措施，初步形成以主城区为中心、以周边6个县城为支撑的一体化发展格局。临汾市集聚优势资源，以重点城镇、产业园区和文化旅游景区建设为载体，“四化一体”统筹推进，百里汾河城镇带建设势头强劲。长治、临汾加快城镇组群构建的经验，为全省提供了典型示范。

大县城和重点镇建设顺利推进。以项目化管理办法集中推进大县城建设，制定《大县城建设实施方案》和《11个大县城建成小城市推进方案》，按照小城市的标准规划建设大县城，确保大县城建设顺利推进，涌现出一批好典型。孝义市实施全域城镇化战略，集中力量，搞好一流主城区建设，县城集聚了全市约76%的城镇人口。长治县大力推进“一轴两区”建设，通过园区带动和撤村建区扩大城市区规模，通过小城镇建设和以企带村发展城镇区，创造了就地城镇化的新模式。怀仁县规划建设6个现代化产业园区，统筹谋划园区建设和城镇发展，把产业园区建成新型城区，促进县城做大做强。大力推进百镇建设，100个重点镇以县城的标准规划建设，完善功能、改善环境，共开工建设基础设施类项目334项、居住社区类项目93项、公共服务类项目159项，完成投资22亿元，镇容镇貌和集聚带动能力进一步提升。

重视历史文化名城名镇名村保护。在推进城镇化中高度重视历史文化名城名镇名村保护，传承历史文脉，彰显城镇特色。山西省泽州县周村镇为新增中国历史文化名镇，长治市长治县荫城镇为山西省历史文化名镇；襄汾县新城镇丁村、沁水县嘉峰镇郭壁村、高平市马村镇大周村、泽州县晋庙铺镇拦车村、泽州县南村镇冶底村、平顺县阳高乡奥治村、祁县贾令镇谷恋村、高平市寺庄镇伯方村、阳城县润城镇屯城村等为新增中国历史文化名村，阳泉市平定县娘子关镇上董寨村、晋城市泽州县大箕镇秋木洼村等23个村为山西省历史文化名村。重点加大云冈石窟、平遥古城等世界文化遗产景区改造提升力度。指导云冈石窟实施五华洞保护性窟檐修建和岩体抢救性加固保护工程，平遥古城实施环境整治、旅游通道两侧破损院落和传统民居修缮工程，进一步提升了古城形象。

【城镇基础设施建设】 围绕“四化山西”，加快城镇燃气、供热、污水和垃圾处理等市政基础设施建设，全省市政公用设施运营能力进一步提升。2013年完成城市（含县城）市政公用设施建设投资410亿元，比2012年增长5.3%。一是燃气管网建设。新建城镇燃气管网900千米，总长度达到1.6万千米，城镇燃气普及率达到84.8%，比2012年增长0.2个百分点。二是供热管网建设。新建供热管网600千米，总长度达到1.2万千米，新建换热站350座，城镇集中供热面积达到5.24亿平方米，较上个采暖季新增3800万平方米，城镇集中供热普及率81.5%，提高2.4个百分点。三是污水配套管网建设。新敷设污水配套管网748千米，总长度达到4600千米。全年可处理污水8.3亿立方米，城镇污水处理率达到84%，提高0.1个百分点；削减COD（化学需氧量）25万吨，削减氨氮2.3万吨。四是垃圾处理设施建设。新建成10座生活垃圾处理厂，总数达到80个。全年可处理生活垃圾470万吨，城镇生活垃圾处理率达到65%，提高7.5个百分点。五是加强城市园林绿化建设。全省城市建成区绿化覆盖率达到37.1%、绿地率达到31.7%、人均公园绿地面积达到10.7平方米，分别提高0.6个百分点、0.1个百分点、0.2平方米。大力推进园林城市（县城）创建，大同、朔州、黎城、洪洞、古县、阳城、长子、灵石等8个市县接受了住建部国家园林城市的综合评审。

城镇保障性住房建设。为加快改善城镇低收入家庭住房条件，拉动固定资产投资增长，各级政府及其住建等有关部门采取签订目标责任书细化任务，逐月调度考核排名，加大监督检查力度，帮助解决项目手续办理、土地落实、资金筹措中存在的困难问题，开工、建成和投资三项任务均提前超额完成年度目标任务。2013年，全省新开工城镇保障性住房24.2万套，为国家下达任务的134.5%，为山西省自定任务的105.2%；基本建成22.1万套，为国定下达任务的130%，为山西省自定任务的105.2%；完成投资542.85亿元，为年度投资任务的138.5%。

阳泉恒大花园

棚户区改造。山西省认真落实国务院常务会议、全国棚户区改造会议精神和省政府工作报告关于改造集中连片棚户区的部署，把棚户区改造作为保障性住房建设的重点，组织对棚户区（含城中村）进行调查摸底，起草制定了《关于加快棚户区改造工作的实施意见》，大力推进棚户区改造。2013年新开工城市棚户区改造10.5万户、工矿棚户区改造1.9万套。截至2013年年底，全省已累计开工建设城市棚户区安置房38.4万套、工矿棚户区安置房7.7万套，分别为“十二五”规划目标任务的152.9%和123.2%。

（李国红　米玉婷）

【重点工程建设】 “六位一体”推进重点工程建设。为贯彻落实党的“十八大”精神，实现“再造一个新山西”的宏伟目标，省政府决定建立项目储备、签约、落地、开工、建设和投产“六位一体”推进工作机制，在“项目落地年”基础上推动“项目推进年”工作。

2013年全省重点工程工作年度目标任务。储备项目总投资额动态保持10万亿元。签约项目投资总额达到1.5万亿元。落地项目投资总额达到1.5万亿元。开工项目投资总额达到1万亿元。年度重点工程建设完成投资1万亿元。投产项目投资总额达到1万亿元。

（李仁贵）

全省重点工程建设情况。2013年，全省项目储备投资额22.71万亿元，完成年度计划227.1%；签约项目投资额2.63万亿元，完成年度计划175.1%；落地项目投资额1.62万亿元，完成年度计划107.8%；开工项目投资额1.19万亿元，完成年度计划119.3%；省市重点工程建设投资额1.13万亿元，完成年度计划112.8%，其中，省重点工程建设投资额4870.36亿元，完成年度计划110%；投产项目投资额1.08万亿元，完成年度计划108%，充分发挥了重点工程促进产业结构调整、拉动投资增长的火车头、主力军和排头兵作用。吕梁机场建成试航，大西客运专线、中南部大通道和五台山、临汾机场建设加快推进，4个项目均已完成年度投资计划。

（李国红 米玉婷）

【**太原地铁2号线开工建设**】 2013年11月2日，太原地铁2号线正式开工建设。地铁2号线一期工程南起人民南路，北至西涧河站，长23.7千米，共设21座车站，其中换乘站5座。整个工期预计从2013年至2018年。

2013年至2030年，太原市将用17年时间，建设覆盖全市主要城区的7条地铁交通线网。这7条地铁线将分三个阶段建设。2013年至2018年，为近期建设阶段，其间将建成1、2号线一期工程，形成“力”字形基本骨架，通车里程49.2千米；2018年至2020年，为建设发展阶段，主要在中心城区内形成城市轨道交通线网的骨干网络，建成3、4号线和2号线二期工程，轨道交通通车里程将达116.2千米；2020年至2030年，为建设完善阶段，全部7条线网建成，通车里程达到233.6千米。

（李仁贵）

【**乡村清洁工程**】 按照省政府“五年投资50亿元，实施乡村清洁工程全覆盖”的部署，制定出台指导意见、实施方案和考核管理办法，建立完善工作推进机制，开展专项督促检查，确保乡村清洁工程顺利实施。2013年，全省所有行政村乡村清洁工程全部启动，共落实省级补助资金3.46亿元、市县配套资金8.1亿元；配备清扫保洁人员7.2万名、垃圾收运车辆3.6万台，初步建立起较为完备的乡村清洁工程工作体系。

农村困难家庭危房改造。山西省各地重点开展对象认定、建设管理、质量安全、信息录入等方面工作，合理安排进度，加强监督检查。2013年，计划的10万户农村危房改造全部竣工，完成投资31.95亿元。启动农村住房抗震改建试点，1万户抗震改建试点全部竣工。

【**建筑业**】 加强建筑业发展指导，强化统计分析研究，对行业运行进行跟踪监测指导；扶持培育建筑业企业做大做强，发挥骨干企业的带动引领作用，提升了245项企业资质等级，培育了38家骨干建筑业企业，山西省建筑业队伍更趋壮大；加强市场监管，开展招投标专项检查和建筑市场监督执法督查，严肃查处违法违规行为，对650家企业进行处罚，建筑市场秩序进一步规范。2013年，完成建筑业总产值3034.4亿元，比2012年增长13.7%。

建筑安全生产。全省建筑工程安全生产实行责任制，安全生产组织体系进一步加强。加快建设覆盖全省的建筑工地远程视频监控系统，长治、晋中、晋城、吕梁、临汾市的15个县（区）的27个工地94个视频监控信息点已接入省平台。在全省范围内开展春季复工、在建保障房项目、建筑施工企业、全系统安全生产大检查等多项检查，累计排查建筑工程一般隐患约1.9万项，全部进行了整改。强化对全省城市供水、供气、供热、污水和垃圾处理企业的安全运营监管，重点开展燃气行业安全专项检查，保障市政设施的安全运营。

建筑节能。积极贯彻落实国家“绿色建筑行动方案”，着力抓好新建建筑节能监管、既有建筑节能改造、可再生能源推广应用等工作。城镇新建居住建筑65%节能标准执行率达96.8%，超目标1.8个百分点；新建公共建筑全面执行50%节能标准。全省既有居住建筑改造797.4万平方米，完成率106%。新增可再生能源建筑应用面积1271万平方米，超全年任务71万平方米，应用比例35.3%。新增绿色建筑171万平方米，完成率171%。阳泉、晋城、大同城区、怀仁县成功申报住建部国家智慧城市建设试点，4个市、县全部获批。

【**房地产业**】 加强房地产业发展指导，建立房地产业分析调度制度。加强对5亿元以上项目的跟踪调度，及时协调解决项目推进中的困难和问题。集中开展房地产市场检查和商品房预售专项检查，查处255项违法违规行为，房地产市场秩序进一步规范。积极开展创建活动，分别创建4项国家康居示范工程、7个国家级物业示范项目，充分发挥示范效应，住房品质和物业管理水平进一步提升。2013年，完成房地产开发投资1308.6亿元，在全国排第23位，比2012年上升1位，在周边五省（区）中排第5位。房地产开发投资增长29.5%，比全国平均水平（19.8%）高9.7个百分点，增幅在全国排第9位，在周边五省（区）中排第1位。认真做好控制房价的各项工作，11个设区城市新建商品住房价格涨幅控制在10%以内。

保障性住房管理。山西省在加大建设力度的同时，进一步规范保障性住房的分配和运营管理，指导各市认真执行保障性住房建设、分配、运营等“六个办法”，出台实施细则。推进公共租赁住房和廉租住房并轨运行，起草了指导意见。加强保障性住房物业管理，起草了《山西省保障性住房物业管理办法》。积极推进住房保障立法工作，《山西省城镇住房保障条例》报省人大审议。在全国率先开展全省城乡住房全面调查，编制完成《山西省住房发展规划》，山西省的住房调查经验在全国建设工作会议上进行了交流。

住房公积金。2013年，全省新增缴存职工26.7万人；新增缴存额210亿元，比2012年增长5.2%；提取77.07亿元，增长18.3%；发放个人住房贷款76.73亿元，增长41.8%；实现增值收益15.55亿元，增长40.7%。太原、朔州、晋中、运城积极开展利用住房公积金贷款支持保障性住房建设试点，发放和回收贷款额做到了应发尽发、应收尽收。

（李国红 米玉婷）

引黄工程

【**山西省引黄入晋工程驶向发展快车道**】 供水运营：两个“首次”结硕果。一是年供水总量创历史新高，自2003年供水以来首次达到2.85亿立方米。二是首次实现输水运行10年来5座泵站三机联合运行并圆满成功。

供水运营是引黄工程从以建设为主转入以运营和建设并重阶段后

的主要工作任务，也是引黄事业发展的根本所在。2013年初，省引黄局提出了“十二五”期间供水能力和供水量“双翻番”的目标。2013年，引黄工程完成供水2.85亿立方米，其中，生态供水1.54亿立方米，生活和工业供水1.31亿立方米，是自2003年通水以来供水量最多的一年。2013年10月11日至12月13日，引黄工程成功实现输水运行10年来5座泵站首次三机联合运行，创造了安全稳定输水63天、1亿立方米的新纪录。全年供水运行期间，泵站累计运行近6万小时，安全稳定无事故，“非停”次数、单方水耗电量均有所下降，工程经济运行水平显著提升。

建设项目：“两头”兼顾促发展。2013年，省引黄局提出“双翻番”目标。确定了以运营供水为依托，围绕供水及其相关经营，不断做强、做细、做优供水市场的开拓发展，延伸工程价值链，走向外延扩展和经营供水相结合的可持续发展道路。既要双管齐下、“两头”兼顾，又要齐头并进；既要积极推进在建工程建设，又要有序推进后续项目的顺利进展。

2013年，在建工程进展顺利。其中，连接段呼延调蓄工程全部完工，并完成蓄水安全鉴定。北干线的大部分标段，均完成了合同完工验收和工程结算。总干线、南干线泵站扩机工程有序推进。大同黄河原水直供——配水支线工程于2013年8月开工建设，工程进展顺利。

2013年，省引黄局按照“整体规划、重点推进、分步实施”的原则，规划了一批支线配水项目：清徐原水直供工程、大同黄河原水直供——配水支线工程、泵站扩机工程、二期扩机、左云供水工程、忻州西南部三县供水工程、阳曲供水工程、北坪工业园区供水工程、山西科技创新城供水工程。这些项目有的已经审批立项，有的已经开工建设，有的正在积极推进前期工作。

“分质供水”是世界范围内合理用水模式的新趋势。我国分质供水工程也正在兴起。2013年，省引黄局提出“分质供水、原水直供”的战略思路。“分质供水、原水直供”广义上说，就是不同的水供给不同的用户。对引黄来说，就是要在引黄供水区重点实施点对点直接供水，把引黄原水直接供给大型工业用户和其他用水大户。“分质供水、原水直供”是一项能够在最短时间内全面发挥工程效益最大化的战略措施，同时它也是合理、高效配置山西水资源，并为山西转型跨越提供充足的水资源保障的有效途径。

引黄原水直供企业，一是可以迅速扩大引黄供水量，尽快提升工程经济效益。二是可以大幅降低企业生产成本，实现引黄和用水户的利益双赢。对水资源严重匮乏的山西来讲，特别是对北部地区来讲，实施分质供水，能有力促成地表水和地下水、工业农业和城市生活用水、生产生活和生态用水的合理有效配置。国家和山西省在引黄供水区加快布局一批能源化工转型项目，用水需求很大，大同的大唐电厂、塔山电厂、煤化工园区，阳煤集团在岢岚建设的晋北能源循环经济产业园区、平鲁北坪循环经济园区等几个大型项目已经向引黄总公司提出用水申请，原水直供，有充足的水市场需求作保证。

（李佳丽）

环境保护

【政务信息及环境信访】 2013年共编印《山西环保信息》12期、《山西省环境保护厅公报》4期，向省委省政府、环保部报送信息320条，100余条信息被环保部和省委、省政府采用。

2013年，制定了《2013年环境信访工作要点》，对全年环境信访工作进行安排部署，提出工作重点。印发《山西省环保系统环境污染矛盾纠纷排查化解实施办法》，提出工作原则、工作目标和要求，对全省环保系统开展环境污染矛盾纠纷排查化解工作进行统一部署。5月份开始在全省环保系统开展为期3个月的环境信访“积案化解专项行动”。集中解决一批复杂疑难信访问题，进一步规范信访秩序。全年共受理各类信访件9814件，比2012年增长18%。受理各类环境信访事项178件，增长63%。受理信访件在规定期限内全部办结。

【规划与财务】 2013年，编制印发《山西省环境保护“十二五”规划中期评估工作方案》，明确规划中期评估的主要任务和任务分工，全年共完成《省“十二五”规划〈纲要〉》中涉及环保的内容和指标的中期评估、《山西省环境保护“十二五”规划》中期评估、山西省“十二五”中期城乡生态化战略推进研究课题、国家环境保护“十二五”规划评估四项评估内容。2013年，省级环保专项资金、三河三湖水污染防治资金以及重金属污染防治资金共计安排项目90个，下达环保治理资金3.49亿元，带动社会投入31.65亿元。下达省级财政补助资金5000万元，在全省36个重点区域完成环境应急指挥系统建设、市级应急监测及装备建设以及县（市）级应急监测及装备建设。组织开展国家环境空气监测网山西省建设项目（二期），投入5710万元，在大同、长治、临汾、阳泉、朔州、忻州、晋中、晋城、吕梁和运城10个市建设完成49个监测点位，配备空气监测仪器设备共计501台（套）。

【污染物减排】 2013年，始终将污染减排作为转型跨越发展、改善生态环境质量、推进生态文明建设的重要举措，作为必须完成的硬任务、硬指标。各级政府、各有关部门认真履职，综合施策，突出八个坚持，强力推进污染减排。即：坚持科学把握，突出重点，合理安排减排计划；坚持能源优化，清洁发展，从源头控制增量；坚持环保前置，增减挂钩，以发展倒逼减排；坚持抓住重点，全面推进，以项目拓展空间；坚持部门联动，多措并举，以合力破解难点；坚持严格执法，科学管控，以监管提升效能；坚持调度预警，督办约谈，以考核落实责任；坚持加大投入，市场引导，以政策激发动力。截至2013年底，75个责任书重点项目全面完成，脱硝机组装机容量占火电总装机容量比重达到72%，较2012年提高36个百分点，减排支撑能力大幅度提升，主要污染物排放总量持续下降。与2012年相比，化学需氧量排放量削减3.2%，氨氮排放量削减2.8%，二氧化硫排放量削减3.6%，氮氧化物排放量削减6.9%，均超额完成年度目标。

【环境监测】 2013年，对679家国控废气重点源、340家废水重点源、502家集中式污水处理厂、36家国控重金属企业实施监督性监测，对120个国、省控污染源进行了现场比对抽测。开展城市环境空气、地表水、地下水、集中式饮用水源地、酸雨、噪声、农村、土壤、生态等环境质量监测，共收集环境监测数据近63万个。与省气象局联合下发《山西省重污染天气监测预报预警方案（试行）》，编制完成重污染天气预报预警系统建设方案，实行环境空气质量日报制度。指导企业开展废水、废气、噪声和企业周边环境质量全指标自行监测。圆满完成全省重点生态功能区县域生态环境质量考核工作。对10个市、17个县（市）环境监测站进行标准化建设达标验收。完成7起突发性环境污染事故的应急监测工作。对长治县、屯留县的环境空气监测点位进行报停、变更，对运城市、晋中市的环境空气监测点位的变更进行现场勘查。对太原、大同、朔州、运城市四市环境监测站的人员进行考核，颁发了山西省环境监测人员上岗证。

【污染防治】 2013年，山西省污染防治工作全面推进，环境质量明显改善。完成国务院重点流域"十二五"水污染防治规划中期考核任务。划定840个乡镇集中式饮用水水源地并全部取得省政府批复，完成全省地级以上、地级以下城市集中式饮用水水源环境状况评估工作。完善地表水跨界断面水质考核生态补偿机制，增加22个扩权县出入境断面，对全省45条河流及沟渠的88个断面进行监测考核，细化扣缴奖励机制，全年共扣缴2.19亿元，奖励3890万元。结合国家的有关技术规范，建立全省噪声功能区划定与调整工作评估体系。结合我国自主研发的天地图系统，率先利用遥感技术真实反映城镇建设。在全省开展噪声环境功能区划定与调整工作。积极推进安静小区创建工作。制定了重金属"十二五"规划2013年度实施方案，开展废气重金属污染物排放量的摸底调查，对重金属项目的治理进度进行督办。建立重金属项目总量置换制度、会签会商制度、考核制度、会议制度、协调制度。依据《清洁生产促进法》有关规定，对各市上报名单进行汇总审定后，印发了2013年应实施清洁生产审核的125家企业名单，为推动全省企业开展清洁生产审核工作提供了依据和动力。对忻州市创建国家环保模范城的申报和规划工作进行指导推荐；对清徐县、蒲县创建省级环保模范城工作进行指导和审查。

【雾霾治理】 2013年，山西省高度重视大气污染防治和雾霾治理工作，省政府先后印发《山西省落实大气污染防治行动计划实施方案》《山西省大气污染防治2013年行动计划》和《山西省大气污染防治省直有关部门重点任务分解》，与各市政府签订《大气污染防治目标责任书》。省及11个市全部编制了重污染天气应急预案，并对社会进行发布。组织修编《山西省机动车环保检验机构"十二五"规划》，全省11个市环保局均设立专人负责机动车监督管理工作。省政府与省公安厅签订"十二五"主要污染物总量消减目标责任状，明确机动车氮氧化物减排工作职责。印发《山西省油气污染治理工作方案》，全力推进储油库、加油站和油罐车油气污染治理工作；对物料、堆场抑尘剂喷洒站建设及运营、公路扬尘控制工作进行全面治理；建立和完善秸秆禁烧工作目标管理责任制，印发《关于加强秸秆燃烧对空气中颗粒物污染影响分析的通知》，量化分析秸秆焚烧对细颗粒物的贡献量。印发《关于开展环境空气中PM2.5源解析工作的通知》和《大气颗粒物来源解析技术指南（试行）》，推动和规范各省辖市PM2.5源解析工作。

开展省城环境质量改善攻坚行动，印发《全面改善省城环境质量实施方案》，确定五大工程和五项整治。截至2013年底，太原市集中供热扩网面积2148万平方米，完成替代分散采暖锅炉543台；燃气等清洁能源替代常年运行燃煤锅炉228台；拆除城中村和棚户区649万平方米，拔掉黑烟囱1.2万根；关停污染企业232个。

【自然生态保护】 2013年，山西省生态示范建设继续深入，芮城县、孝义市被命名为省级生态县，忻州市台怀镇等4个乡镇被命名为国家级生态乡镇。全年共创建省级生态乡镇37个、生态村169个。建立自然保护区信息数据库，进一步掌握了全省自然保护区情况，初步实现数字化管理。矿山生态环境保护工作稳步推进，对全省相关技术单位进行《矿山生态环境保护与恢复治理方案编制导则》培训，同时配合环保部举办了全国矿山生态保护技术规范培训班。各市环保局对本辖区范围内煤炭开采企业逐个进行检查，基本掌握了《矿山生态环境保护与恢复治理方案》编制及实施情况。组织相关部门对全省11个市的矿山生态恢复治理工作进行督察，督促煤炭企业对存在的问题进行整改，推进了矿山生态恢复治理工作。

【农村环境保护】 2013年，山西省继续组织实施农村环境连片整治，完成748个村庄的环境综合整治，建设了一批饮用水源地保护设施、生活污水收集管网、生活污水处理设施、生活垃圾转运设施和畜禽养殖污染防治设施。着力解决影响农民群众集体健康的"问题村"，根据环保部《关于2013年优先安排存在突出环境与健康问题的村庄治理资金有关事项的通知》，省、市、县级财政投入600万元，对洪洞县下柳树村、孔家崖村、后河头村的农村环境进行了集中治理。

【辐射安全监管】 2013年，共出动执法人员280余人次对全省重点核技术利用单位和41起群众投诉进行执法检查。下达限期整改28份。对58家130枚闲置的废源进行收贮。放射性同位素转让审批64家，放射源283枚。放射性同位素异地使用备案58家，放射源739枚。全年共举办辐射工作人员上岗资质培训6期，907人领取了《辐射安全培训合格证》。截至2013年底，全省共有核技术利用单位2145家,其中涉源单位496家,放射源3923枚。射线装置使用单位1649家,射线装置3925台。

【危险废物安全监管】 2013年,山西省加强危险废物规范化管理,对全省319家危险废物产生单位及经营单位进行规范化管理考核,对15家考核不达标企业进行网上公示。严格行政审批,对11家申报或更换危险废物经营许可证的单位进行审核办理。对80家申请跨省转移处置危险废物的单位及时给予批复,共向申请转移企业、转移途径省市和接受地省市发函130余份。加强危险废物处置能力建设,鼓励各市在现有基础上,高标准建设水泥窑共处置危险废物设施,鼓励企业自有危险废物利用处置设施提供对外经营服务,鼓励危险废物经营企业通过提升改造,拓展经营范围,提高处置能力。组织对炼焦、金属冶炼等七大重点行业的危险废物产生规律进行研究,形成技术报告。组织完成历史遗留铬渣无害化处置的验收工作,并进行了后督查。积极推动省级固体废物管理信息系统运行,以实现高效便捷的信息化管理。

【环境监察与排污收费】 2013年,山西省组织开展整治违法排污企业保障群众健康环保专项行动,对群众反映强烈的大气、废水污染企业以及医药制造、涉重金属排放等重点行业开展专项执法检查,检查工业企业2.3万余家,查处环境违法案件68起。6月初至9月底,开展了全省环境安全大检查活动,累计检查企业1640户,尾矿库253座,整改环境安全隐患359个。3月至12月,在全省范围内开展扬尘污染专项执法检查,累计排查扬尘污染源2000多个,集中查处了一批典型环境违法案件。7月中旬至8月,开展集中式饮用水源地、跨省界河流环境安全专项检查,检查企业157户,排查隐患225处。此外,还对自然保护区、风景名胜区等环境敏感区域和矿山开采项目进行全面巡查,取缔关闭一批违法建设的金属非金属矿山开采项目。对全省焦化企业进行逐一排查,对文峪河流域污染排放企业开展专项执法检查。对环保部通报的同煤集团等9户企业和新闻媒体曝光的黎城太行钢铁有限公司等7家企业典型环境违法案件进行了查处。对全省发生的突发环境事件13起进行了有效处置。对全省10个市、21个县(市、区)环保局的248个工业污染源现场环境监察档案、107份环境行政处罚案卷开展稽查,下达《环境监察稽查意见书》31份。对2011年115个省级建设项目验收整改情况、污染减排重点项目落实减排措施及污染防治设施运行情况、112家省级建设项目居民搬迁情况和3起环保部2012年后督察环境违法案件落实整改情况开展了后督察。

2013年,全省共征收排污费14.98亿元,其中,一般排污费10.63亿元,焦炭生产排污费4.35亿元。排污费征收全程信息化系统建设全面推进,除忻州、大同、晋中外,其他8个市均完成升级。按照环保部要求对11个市的水泥制造业排污费征收情况进行了稽查,及时将国投安平电厂、兆丰铝业自备电厂、同煤塔山热电厂纳入省级排污费征收范围。

【环境宣传教育】 2013年,山西省环境保护宣传教育工作有效提高。"六·五"世界环境日启动山西青少年环保公益行动,策划拍摄"环境保护,我们在行动"公益宣传广告,在山西卫视、山西日报、街头LED电子显示屏等进行宣传,起到了良好的宣传效果。编辑出版《应对PM2.5,我们共同行动》宣传手册。组织开展"生态三晋美丽山西"环保公益摄影展。加强环境新闻发布工作,增加了新闻发言人,完善了新闻发言人机制,畅通了信息发布渠道。在中国环境报发表《美丽山西离不开美丽乡村》《PM2.5有望成为约束性指标》《用硬措施改善省城环境》《山西转型发展的聚力模式》《把环境保护作为政治责任》《山西形成全省通盘治气大格局》等环境报道,引起较大反响。由中国环境出版社出版的研究报告《山西之变》,系统总结了"十一五"期间山西环境工作的经验与成就。大力推进绿色创建工作,举办以"节能环保低碳畅行"为主题的征文活动,命名大同富乔垃圾焚烧发电有限公司为"山西省中小学环境教育社会实践基地",并推荐其荣获"全国环境教育社会实践基地"称号。开展全省第九批"绿色学校"考核工作,组织了环境小记者项目太原行动。

(*石振龙*)

【山西省2013～2020年大气污染治理目标和措施】 *空气质量改善目标*。到2015年,11个设区的城市空气中细颗粒物(PM2.5)和可吸入颗粒物(PM10)的年均浓度平均比2010年分别下降4%和10%以上,SO_2和NO_2保持稳定达到二级标准。

到2020年,11个设区的城市空气中细颗粒物(PM2.5)和可吸入颗粒物(PM10)的年均浓度平均比2010年分别下降12%和20%以上,SO_2和NO_2继续保持稳定达到二级标准。

加强大气污染防治的主要措施。1.优化能源利用结构与布局,提高能源利用效率。快速提高清洁能源使用比例。到2015年,城市燃气普及率达到94%以上,县城燃气普及率达到80%以上,发展农村清洁能源。力争到2015年,燃气资源供应条件较好的工业开发区、产业园区完成燃煤锅炉清洁能源改造;燃气资源供应条件较差的,完成集中供热、集中供蒸汽等分散燃煤锅炉改造。完成11个设区市城区范围内的集中供热全覆盖,鼓励燃气管线基础较好、供气量充裕的市实施燃煤锅炉清洁能源改造。到2020年,燃气和电在能源消费总量中的比重不低于15%;太原市城区燃气和电在能源消费总量中的比重不低于30%,其他10个设区市城区燃气和电在能源消费总量中的比重不低于15%。在11个设区市和11个县级市市区及各县县城实施燃煤设施清洁能源改造,继续推进农村地区清洁能源采暖工程。

有效控制城区低矮面源污染。11个设区城市制订城中村集中供热改造或整村拆迁安置方案并推动实施,用3年时间完成,严格控制城区低矮面源燃煤污染,各市城区取消原煤散烧。到2015年，城市集中供热普及率达到85%以上，县城集中供热普及率达到70%以上；在有条件的地区，改用燃气、电、太阳能等清洁能源。太原市建成区除集中供暖设施覆盖区域以外全面禁煤，持续扩大"限煤区"范围。

加强城区餐饮油烟管理。现有饮食服务场所污染扰民或超过国家规定排放标准的，2013年6月前必须安装油烟净化设施，实现达标排放，2013年6月1日起，不能达标排放的，责令停业整顿或关闭。新建饮食服务业油烟排放必须达到国家规定的饮食业油烟排放标准。禁止在城区内露天烹调、烧烤食品。在城市规划区及人口密集的地区禁止焚烧沥青、油毡、橡胶、塑料、皮革、垃圾以及其他产生有毒有害烟尘和恶臭气体的物质。

2. 严格工业布局与污染治理要求，加强颗粒物污染控制。实施生态工业园区建设。新建企业要入园，提高工业产业聚集度，各类工业开发区(园区)应进一步规范管理，明确产业发展方向，提升技术水平，实施清洁生产，发展循环经济，加强生态建设，减少污染排放。11个设区市城区规划范围上风向严禁新建、扩建大气污染项目。

提高企业环境准入门槛。制定和实施更加严格的水泥和钢铁行业大气污染物排放标准，鼓励企业开展清洁生产，加大污染治理力度，降低污染排放。加强监督检查，不达标企业限期关停。2015年前水泥厂必须完成烟气脱硝治理。研究制定油漆、涂料等溶剂产品的挥发性有机物含量限值标准，建立严格的含挥发性有机物产品市场准入机制，减少溶剂使用过程中的挥发性有机物污染。

加快落后产能淘汰步伐。11个设区城市要根据电力、钢铁、建材和焦化等行业淘汰落后产能要求，制订辖区淘汰工作方案。逐步淘汰单机容量10万千瓦及以下的常规小火电机组；淘汰1000立方米以下的炼铁高炉、50吨以下转炉和电炉以及与其配套的烧结、连铸、轧钢系统，涉及生铁产能约1800万吨。建立污染减排、落后产能淘汰与新建项目相结合的机制，实现"等量置换"或"减量置换"。

加强和落实颗粒物污染控制要求。在山西省中北部城市群(太原、大同、朔州和忻州)落实《重点区域大气污染防治"十二五"规划》中相关要求的基础上，全省范围内全面实施该规划关于颗粒物的相关污染控制要求，省内自行考核。具体涉及对火电行业、钢铁行业、水泥行业和工业燃煤锅炉的烟粉尘排放提出更为严格的控制要求。提高山西省大气污染重点行业环境准入标准。火电行业颗粒物排放限值标准由50毫克/立方米提高至30毫克/立方米；水泥行业尽快出台和实施《山西省水泥行业大气污染物排放标准》。钢铁行业烧结(球团)除尘装备全部采用袋式除尘器或电除尘器。燃煤工业锅炉控制方面，11个设区的市城区淘汰10吨以下锅炉，其他地区淘汰6吨以下锅炉；11个设区的市城市区烟尘排放浓度不能稳定达到80毫克/立方米的，其他地区不能稳定达到120毫克/立方米的，全部进行高效除尘技术改造。所有沸腾炉和煤粉炉应安装袋式除尘装置。

3. 积极发展绿色公共交通，控制机动车污染。大力发展绿色环保公共交通系统。完善和优化城区公交网络，提高公共交通的出行比例。加快太原市轨道交通建设。2015年中心城区公共交通出行比例达到30%，2020年力争达到40%以上。同时，加快自行车道和步行道的建设，鼓励绿色出行。

积极推广使用新能源及燃料替代型车。加大纯电动车、混合动力车等新能源车和液化天然气等燃料替代型车的使用和推广力度，在公交、环卫等行业以及政府机关率先使用，鼓励个人购买使用新能源汽车。优先规划建设城市公交企业加气站，确保城市公交气源供应，并为城市出租汽车提供加气服务。太原市城区公交燃气化改造率达到90%以上。

有效控制新增机动车污染。实施机动车总量监管，防止机动车过快增长。重点地区视情况实施机动车总量控制。提高新车准入标准。2014年全面实施机动车尾气排放国Ⅳ新标准，并配套供应相应标准的油品。

加强在用车污染控制。条件成熟后，逐步实施机动车限行，控制在用车使用强度；采用强制治理或淘汰等手段杜绝或减少冒黑烟机动车的使用；严格在用车排放定期检测和环保标识管理，确保在用车达标排放。

加快淘汰高排放老旧机动车。采取经济鼓励手段，促进老旧机动车淘汰，到2015年完成"十二五"淘汰8万辆国Ⅰ标准(含)以下的老旧机动车的目标；到2020年，再强制淘汰国Ⅱ标准(含)以下老旧机动车约7万辆。

4. 加强生态建设，提高环境自净能力，增加环境容量。加快绿化步伐。到2015年，全省森林面积达到376.7万公顷，全省森林覆盖率达到23%。

实施生态修复。矿区开采实行边开采、边恢复、边治理，特别要加强对煤矿、金属矿、石灰矿和采砂场、采石场等关停废弃矿区的治理，恢复生态植被和景观。矿区内开采面得到有效治理，减少扬尘污染，明显改善区域生态环境。

增加森林碳汇。积极践行"低碳"生活，加大碳汇造林力度，不断创新碳汇造林组织形式，深入开展碳汇计量检测，积极构建碳汇交易平台，引导和发动社会各界参与碳汇造林。强化森林资源保护，积极开展以中幼林抚育和低质低效林改造为主要内容的森林经营，提高森林质量，增加森林蓄积，全面提升森林固碳能力，切实提高环境的自净能力。

5. 进一步提高城市扬尘污染控制水平。加强扬尘综合整治管理工作，将扬尘控制工作作为城市环境综合整治的重要内容，纳入各级领导干部政绩考核体系。

创建扬尘污染控制区。以控制施工扬尘和渣土遗撒、开展裸露地面治理、加强道路清扫保洁为重点，创建扬尘污染控制区，不断扩大扬尘污染控制区面积。到2015年底，城市扬尘污染控制区面积不低于建成区总面积的80%。到2015年一般控制区的城市建成区主要车行道机扫率达到70%以上，重点控制区的城市建成区主要车行道机扫率达到90%以上。

开展绿色文明施工。推行绿色文明施工管理模式，可能产生扬尘污染的单位，应当制定扬尘污染防治责任制度和防治措施。控制建设施工工地土石方作业施工面积，减少裸露作业面。城区建筑施工工程及土石方施工现场全封闭作业；应用洗轮机、吸扫车、防尘墩和抑尘剂等技术，落实工地边界无尘责任区。实施渣土运输车辆资质管理，杜绝渣土遗撒。及时清运处置各类垃圾，堆存点要实施防尘抑尘措施。提高道路保洁标准，控制交通扬尘污染。提高城市道路保洁水平，城区所有道路必须实施机械化吸尘保洁作业，城市主干路以及施工工地周边道路必须实施冲刷保洁作业，降低路面尘负荷，尽量避免道路起尘。

6. 完善监测体系和信息发布制度，加强重污染日预警和应急管理。优化和完善监测网络。例行监测点全面开展PM2.5监测，并于2013年建立卫星遥感监测体系，基本形成地面和立体相结合的空气质量监测网。研究增设火电、焦化和钢铁产业集中区PM2.5例行监测站点，提供PM2.5控制的科研基础信息。

实时发布PM2.5监测数据，加强公众监督。在国家新标准和监测技术规范颁布后，逐步发布PM2.5的实时监测数据，各市、县成熟一个发布一个，实现11个设区城市所有空气质量监测站点全部开展PM2.5监测并实时发布。

建立重污染日预警和应急管理制度。在极端不利气象条件下，城市区域大气环境可能会出现重污染日。为保护公众健康，应进一步完善空气质量重污染日应急预案，要加强对公众的预警，提醒市民特别是敏感人群做好防护，减少户外活动，中小学生可停止体育课、课间操等活动。

7. 加强绿色环保宣传，推动全民监督控污。政府各部门应制定完善相关政策、规定，加大污染减排监管力度，在绿色出行和节能环保方面率先垂范，同时引导公众对我省空气质量改善有良好、正确的预期。企事业单位要落实污染减排主体责任，积极采用污染治理技术，大力控制生产过程中的污染排放。社会公众要不断提高环保意识，践行绿色生活和消费模式。

（李仁贵）

山西经济年鉴

YEARBOOK OF SHANXI ECONOMY

测绘·地质·防震减灾

CEHUI DIZHI FANGZHENJIANZAI

测绘·地质·防震减灾

测　　绘

【2013年山西测绘地理信息工作概况】　基础测绘工作稳步推进。2013年，组织实施了全省剩余1089幅1∶10000基础地理信息数据采集任务。完成山西省1∶10000基础地理信息数据库整合升级。国家GNSS连续运行基准站的新建和改造工作有序推进。省测绘地理信息局加大对县级基础测绘的支持力度，为13个非贫困县落实390万元项目建设经费，未开展县级基础测绘的31个县(市)已全部开展。

地理国情普查开局良好。印发《山西省人民政府关于开展第一次全国地理国情普查的通知》(晋政发〔2013〕15号)，并成立普查领导小组。按时完成普查项目陵川试点任务，成果数据及时上交国家测绘地理信息局。选取朔州市作为试生产区域，开展了试生产任务。普查经费得到落实。

三大平台建设实现突破。先后完成朔州市、太原古交市等5个市、县数字城市项目建设任务。高平、原平、霍州等7个市(县)数字城市建设陆续启动。"数字太原"已在全市30余个部门推广应用，完成数字城市建设的太原、晋城、晋中、阳泉4个市，实现与"天地图"国家级节点的连接。太原市启动两项智慧城市(二期)国家863计划项目，2013年8月29日正式启动"智慧太原时空信息云平台建设"，在全国率先开始数字城市向智慧城市的转型升级。山西省公共地理信息服务平台完成政务版和公共版两次省级节点数据更新；整合交通、国土、林业、公安等政府部门专题信息，新增10余个部门的应用系统。

服务保障能力持续增强。完成"航空与航天影像快速获取与处理系统""山西省全省及区域地籍测量控制及服务体系"和"山西省重点城市建设用地遥感监测系统"等3个重点测绘项目。启动"山西省高程测量现代化"和"山西省突发地质灾害遥感监测指挥系统"等4个新开发项目。2013年11月15日组织了测绘应急保障演练，演练成功使用"突发地质灾害应急监测移动平台"和JD3飞艇航摄系统、无人飞机、地面三维激光扫描设备等，达到检验"预案"、锻炼队伍的目的。积极为省重大项目山西科技创新城选址方案制作各种图件上百幅，提供了专业、快速的技术支持。利用GIS、遥感等技术手段为国家土地督察北京局华北五省土地督察提供技术支撑和保障服务，拓展了服务领域。

测绘科技发展成效明显。与中国工程院李建成院士团队合作成立"山西省测绘地理信息院士工作站"，投入研发资金1115万元，落实5个科研支撑项目，已完成两个项目。考察遴选了7位科技带头人，全年资助科技项目10项，资助总额98万元，各单位配套科技经费152.7万元。全局有12项科研成果获得省部级科技奖励，"山西省地理信息公共服务平台"项目获得省"科技进步奖"一等奖。共举办9期"测绘地理信息大讲堂"，全局近2000人次参加学习。与省人社厅、总工会联合举办了第一届全省测绘地理信息行业职业技能竞赛。

测绘市场监管不断加强。完善测绘地理信息市场信用体系建设，完成首次全省测绘资质单位信用等级评价和发布。开展了行政处罚案卷评查工作。投入100多万元，加强测量标志管理和维护。

【测绘地理信息各项重点工作取得新突破】　重点项目。"全省及区域地籍测量控制及服务体系建立"项目，完成项目建设全部任务，并于2013年10月23日通过专家验收。"山西省高程测量现代化建设"项目顺利完成年度生产任务。"航空与航天影像快速获取与处理系统建设"项目完成全部工作，并于2013年12月19日通过山西省测绘地理信息局、山西省财政厅组织的专家评审验收。"全景影像数据库建设"项目，完成全部DLG、DOM数据整理，运城、晋中城市全景影像数据获取以及运城市辖区300余千米高速公路全景影像数据采集。

《山西省汾河主河道流域生态地理环境影像信息系统建设》项目进行科技项目成果鉴定。该项目设计了先进的数字航空摄影测量生产体系，完成汾河流域航空影像获取和正射影像生产，开发建立汾河流域影像数据管理系统和汾河流域三维电子沙盘系统，技术路线先进，产品质量和生产效率显著提高，成果整体达到国际先进水平，在机载

GPS/IMU 数据处理实现无地面控制数字航空摄影测量应用方面达到国际领先水平。

地理信息公共服务平台。2013年,山西省测绘地理信息局完成对天地图·山西门户网站的全面升级。集成交通、旅游、统计、气象、环保等专题信息,不仅提供了地图浏览、搜索、驾车、API 频道、应用示范展示等基本地理信息服务功能,还提供了统计年鉴数据展示、历史影像、矢量影像联动显示、街景等特色功能。年内两次对天地图·山西的省级节点数据进行全面更新,包括电子地图、地理实体、遥感影像、地名、POI 数据及专业厅局各类专题数据。同时顺利通过国家测绘地理信息局的地图更新任务审核。

在节点建设方面,完成省级数据与晋中、晋城两个市级节点数据的融合,并在省级节点统一发布服务,丰富了平台数据,现势性得到提高。平台应用推广方面,通过公众网接入的单位有省交通环境保护站、省气象局、省地质环境监测中心、省交通厅信息中心、省环保厅、中国联通运城分公司等 7 个单位,通过政务内网接入的单位有省政府办公厅、省水利厅、省民政厅、省武警总队等。

基于模块化搭建的软件开发思路,完成环保噪声应用专题地图、旅游专题应用、太原市工商银行分布专题图、太原市农业银行分布专题图、太榆科技创新城选址方案、山西省天气专题地图、山西省高考服务系统、山西省环保空气质量日报 GIS 发布系统、基于 Web 的信息采集系统、基于天地图 Web 制图平台等 10 个专题的应用开发。

在国家测绘地理信息局举办的以“共舞天地图,畅想中国梦”为主题的第一届天地图应用开发大赛中,山西省综合地理信息中心的参赛作品“天地图·万里茶路”荣获大赛二等奖。

智慧城市试点。太原市智慧城市研发中心编制完成《太原市智慧城市总体规划》,并通过专家评审。“智慧太原时空信息云平台建设试点”项目有序推进。2013 年 8 月 29 日,国家测绘地理信息局、山西省测绘地理信息局、太原市共同启动“智慧太原时空信息云平台建设试点”项目。“智慧太原智能公交方案”获第三届巴塞罗那国际智慧城市博览会“智慧城市大奖决赛奖”。

地理国情普查。完成普查工作机构建设。2013 年 4 月 15 日,省政府印发《山西省人民政府关于开展第一次全国地理国情普查的通知》。5 月 17 日,省政府印发《山西省人民政府办公厅关于成立山西省第一次全国地理国情普查领导小组的通知》。8 月 7 日,省测绘地理信息局组建“山西省第一次全国地理国情普查领导小组办公室”,明确了机构、成员和工作职责。

根据国家关于地理国情普查工作的总体部署,陵川县地理国情普查工作被列为第二批试点项目。4 月 25 日,陵川县试点项目启动暨技术培训会在晋城市举行,正式启动试点项目。在为期两个月的试点普查工作中,按时完成 1700 平方千米的普查试点任务。6 月 21 日,向国家测绘地理信息局上交了试点县普查成果数据。10 月 28 日,又选取朔州市作为试生产区域,下达试生产任务。

9 月 30 日,常务副省长高建民主持召开第一次全国地理国情普查领导小组会议,审议通过《第一次全国地理国情普查山西省实施方案》。方案涵盖普查目标、任务与时点、普查范围、对象与内容、普查技术方法等内容。在落实国家要求和标准的基础上,结合山西省的省情特点,增加或扩展城市发展变迁动态监测、地质灾害隐患点、重点矿区采煤塌陷区、主体功能区、文化和旅游产业发展、大水网建设等相关信息的普查内容,既与国家级普查内容保持体系一致,又符合山西转型跨越发展的实际需求,同时突出了山西资源大省、文化大省的特色,具有较强的针对性。

【测绘法制建设与市场监管取得新成绩】 测绘立法。山西省测绘地理信息局向省人大城建环保工委报送省十二届人大及其常委会五年立法规划建议项目、2014 年立法计划建议项目,《山西省测绘管理条例》列入省十二届人大及其常委会五年立法规划二类项目。向省政府法制办报送 2013 年、2014 年测绘地理信息立法计划建议项目。参加了省人大法工委、省政府法制办组织召开的立法准备汇报会,对立法准备情况进行了专题汇报。组织起草《山西省地理空间数据交换和共享管理办法(草案)》(送审稿)、《山西省测绘地理信息市场管理办法(草案)》(送审稿),经局务会议讨论通过,上报省政府法制办。组织起草《山西省测绘地理信息局测绘资质巡查办法》,经上报省政府法制办审查备案后已印发。修订印发《山西省测绘地理信息局测绘作业证实施细则》。

测绘普法。2013 年 8 月 29 日,山西省人民政府、国家测绘地理信息局在太原联合主办 2013 年全国测绘法宣传主场宣传活动。主题是“依法普查地理国情,测绘服务美丽中国”。共发放各类宣传资料 15 万份。向社会发布测绘法宣传公益短信 200 万条。

组织开展 2013 年依法行政宣传月和“12·4”全国法制宣传日宣传活动。

依法行政。省测绘地理信息局安排部署了 2013 年测绘行政执法证注册及新领证工作。此次注册及新领证工作采取“限制范围、工作必需”的原则进行,全省共注册测绘行政执法证 172 人;新申请领取测绘行政执法证 242 人。继续深化行政审批制度改革工作,印发《山西省测绘地理信息局行政审批办事指南》。组织开展依法实施的行政审批项目清理,建议两项行政许可项目改为日常服务性工作,两项日常服务性工作下放市级测绘地理信息行政主管部门。年底,将测绘作业证件审核发放、距离永久性测量标志 400 米范围内新建大功率无线电发射设施审批两项日常服务性工作下放市级测绘地理信息行政主管部门。启用了升级后的省行政审批电子监察平台。

山西省测绘地理信息局政务服务大厅 2013 年共接收各项行政许可申请 489 件,全部办结。

测绘执法。省测绘地理信息局组织开展 2013 年测绘地理信息行政执法检查工作,对《测绘法》《山西省测绘管理条例》贯彻实施情况进行了全面检查;11 月初,组织对 11

个市的行政执法检查情况进行了监督检查。组织市级测绘地理信息行政主管部门开展了2013年度测绘资质巡查工作。对太原航空摄影有限公司、山西航遥地理信息勘测中心和太原并测科技有限公司等单位涉嫌违法测绘的举报事宜进行调查核实，并就其中两家单位未取得测绘资质证书从事地名要素征集活动的情况进行了全省通报。

市场信用体系建设。省测绘地理信息局进一步完善测绘地理信息市场信用体系建设，组织开展全省测绘资质单位测绘地理信息市场不良信用信息征集。完成首次全省乙、丙、丁级测绘资质单位信用等级评价和发布工作。依据《测绘地理信息市场信用信息管理暂行办法》有关规定，在测绘地理信息市场信用信息平台上发布了2012～2013年度全省乙、丙、丁级测绘资质单位信用评价结果，460家测绘资质单位中，信用等级评价为B级的453家，信用等级评价为C级的7家，无不合格单位。

国家版图意识宣传教育。山西省测绘地理信息局以进学校为重点，深入开展国家版图意识宣传教育"进学校、进社区、进媒体"活动。制定了"投资300万元，以进学校为重点，以初中生为对象，用三年时间对全省初中学生进行一次版图教育全覆盖"的规划。自主编制完成太原、朔州、晋城、临汾4个市的《版图教育知识读本》18.5万册。2013年8月，与省教育厅联合在太原市三十七中学开展版图教育进学校和赠书活动，向太原、朔州、晋城和临汾4个市的17.3万中学生免费赠送国家版图意识教育读本。

出台《2013年全省地图市场重点监管内容及工作方案》，对全省互联网地图、地图导航定位产品中的违法违规行为，不符合现行公开地图内容表示规定、损害国家主权的有关地图的监督管理检查工作做了统一安排部署。全省全年共开展地图市场检查185次，收缴违法违规地图产品690件。

测绘资质管理。省测绘地理信息局按时完成2013年全省"测绘资质证书"的年度注册工作，全省应参加注册的单位498家，通过注册的单位450家，缓期注册42家，注销测绘资质单位6家。依法开展测绘作业证件审核发放。

截至2013年年底，全省共有测绘资质单位540家，其中，甲级21家，乙级59家，丙级155家，丁级305家。

测量标志管理。省测绘地理信息局投资18万元，为临汾市西部8个县(市)安排设置测量标志警示牌。投资4万元，对已建成的"山西省测量标志管理数据库"进行数据维护和更新。指导各市县测绘行政主管部门进行《山西省测量标志动态管理系统》的维护和更新。投资55万元，用于全省11个市部分测量标志维修。投资12.5万元用于太原、大同、朔州、忻州等地5座测量标志的恢复重建。投资12万元，用于太原市2座景观性测量标志建设。

【基础测绘工作实现新发展】 省级基础测绘。2013年，山西省级财政共投入基础测绘经费3136万元，有力保障了省级基础测绘工作。运城、晋城测区833幅1∶10000基础地理信息采集项目的DLG成果(478幅)已通过验收；汾河流域、左权测区1089幅1∶100000基础地理信息数据采集项目的项目外业调绘工作已全部完成。编制完成《山西省1∶10000基础地理信息数据库整合升级实施方案》，并组织完成专家评审。

市、县基础测绘。太原市落实基础测绘经费600万元，组织实施城区360平方千米内1∶500地形图修补测，主城区330平方千米(0.2米分辨率)高精度雷达点云高程模型数据，制作城区100平方千米三维模型。补充城区420平方千米地址地名和专题数据。购置六城区1000平方千米0.5米分辨率卫星影像图。县级基础测绘经费全面落实。古交落实经费30万元，清徐落实经费30万元，阳曲、娄烦各落实基础测绘经费15万元，共完成80平方千米1∶2000影像图制作，5平方千米1∶500线划图的修测、补测。

忻州市投入1390余万元，开展原平、保德、偏关等11个县(市)的基础测绘工作，加上已完成基础测绘工作的宁武、河曲、忻府区(市局代做)，全市14个县(市、区)实现县级基础测绘数据全覆盖。

晋城市市、县两级多渠道筹措资金，主动开展基础测绘工作。市级争取财政资金预算经费598万元，开展市区85平方千米1∶1000基础测绘工作。泽州县争取财政资金100万元，开展1∶1000基础测绘30平方千米；阳城县争取财政资金72万元，开展1∶2000基础测绘80平方千米；沁水县组织矿山企业投资60余万元，开展1∶2000基础测绘。

长治市基础测绘更新工作扎实开展，实现县级基础测绘全覆盖。潞城市结合"数字城市"项目建设，投入基础测绘经费345万元，制作完成建成区三维景观图8平方千米及全市615平方千米的正射影像图；黎城县、壶关县努力争取资金，完成基础测绘任务；长子县落实基础测绘经费80万元，完成长子县宋村工业园区7.6平方千米1∶500地形图测绘，完成县城东湖开发区5平方千米1∶500地形图测绘工作；长治县、长子县、沁源县编制完成《领导工作实用图册》《长子县政区图》和《沁源县地图集》；武乡县政府投入资金10万元，更新"武乡县行政区域规划图"，印刷"武乡县行政区域规划图"1000份。

吕梁市文水县基础测绘已完成10平方千米。

运城市对实施基础测绘项目的9个县共补助经费180万元。稷山、河津、新绛、临猗、闻喜的外业调绘及内业数据处理已完成。

大同市广灵县完成基础测绘工作，天镇县等7个县(区)完成航摄任务。

数字城市建设。2013年，数字古交、数字昔阳、数字朔州、数字介休和数字孝义项目建设工作相继完成并通过验收。先后启动数字怀仁、数字高平及数字原平项目。年底完成数字忻州、数字运城数字城市项目建设。"数字太原"成果应用方面落实项目经费500万元，积极开展林业、园林、民政、卫生、体育等12个部门应用系统的建设，年底投入使用。截至年底，全市共建成部门应用系统33个。

测绘仪器检定。全年共检定水准仪、经纬仪、全站仪、GPS接收机、测距仪4000余台，检出不合格仪器389台。完成测距仪基线检定场、GPS接收机检定场、经纬仪检定台、精密水准仪校正台、频率计、多齿分度台、因钢尺等检定设备的周期检定工作，完成新建测距仪基线检定场及GPS接收机检定场建标考核工作。加强实验室能力验证工作，先后与内蒙古测绘质检站，河南测绘质检站，山西省计量科学研究院等兄弟单位完成经纬仪检定装置、水准仪检定装置、测距仪检定装置、GPS接收机检定装置的比对试验。

【加强地图管理与地图服务】 地图编制审查。2013年，省测绘地理信息局共完成《山西省交通图》《山西省县域经济发展图集》数字朔州等普通地图、地图册及网络地图审查32项。

大型地图集编制项目。完成朔州、阳泉、晋城、太原4个市的《山西省县域经济发展地图集》编制工作；同时启动大同、晋中、忻州3个市分卷的编制工作。该图集以市、县域为单位，用地图语言进行系统展现与梳理，客观反映出不同县域的经济发展状况、制约发展的相关因素以及未来发展规划。

《山西省非物质文化遗产地图集》编制方面，已召开图集的选题论证会，实施了图集的总体设计及部分资料的分析整理工作。该图集由总图、非物质文化遗产的分布和内容、传承与保护、创新与发展、非遗与现代文明几部分组成。

《山西省行政区划历史沿革地图集》开展了资料收集、分析、整理和样本、样图试制工作。图集内容主要分为历史图组、现代图组、行政区划沿革统计(1949年10月1日至2013年12月31日)三大部分。

为政府决策服务。2013年，省测绘地理信息局共为中央和国家领导人赴晋视察和省领导日常公务提供工作用图570余幅。山西省地图院编制完成反映全省及各市政区、交通、旅游综合情况的《山西省地图册》(16开本)，赠送省人大、省政协共计1900册。

完成《2013版省领导工作用图》编制工作。完成《长治县实用工作图册》以及《朔州市领导工作用图网络版》的研发工作。全年为全省11个市和108个县(区)免费制作城区影像图和县域地势交通图。

【积极推进测绘地理信息成果管理与应用】 为突发事件服务。在长治市天脊化工厂苯胺泄漏事故、临汾市曲亭水库溃坝事故和吕梁市交口县“11·27”山体滑坡事件发生后，省测绘地理信息局迅速启动应急预案，及时提供事发地高分辨率卫星影像图和矢量地图，以及基于政务内网的在线应急服务。“2·18襄汾县地税局家属楼爆炸案”和汾西“8·24”恶性伤害儿童案发生后，山西省综合地理信息中心及时为省公安厅提供地形图、影像图，为案件的顺利侦破提供了技术支援。

为经济建设服务。“山西省煤层自燃遥感调查”项目顺利通过验收。该项目在全省首次运用航空航天遥感、地理信息等先进技术，对全省六大煤田、5个煤产地煤层自燃的火区范围、灾害现状进行调查，查清了全省煤层自燃的区域面积、火点数量及其特征，为煤层自燃火区治理和生态环境恢复工程的全面实施提供了科学的决策依据。

“山西省重点城市建设用地遥感监测系统”建设项目顺利通过验收。项目对全省11个重点城市2500平方千米范围内的建设用地现状进行了调查及监测，系统投入运行后，将对打击土地违法占用行为，建立土地利用动态监测机制，确保土地利用的可持续发展具有重要的意义。在该项目建设过程中，山西省遥感中心完全自主开发了基于平板电脑的外业核查系统软件。该软件不仅可以高效完成土地利用现状外业核查工作，同时还可满足于地理国情普查乃至更大范围的外业核查工作需要。

为社会服务。山西省测绘地理信息局向52家用户提供1∶10000基础地理信息数据1551幅，数据量达45GB;向12家用户提供1∶50000基础地理信息数据44幅，数据量近1GB。向有关部门无偿提供基础地理信息数据1078幅，数据量达4GB;提供各种比例尺地形图4200张，各种控制点640余个。

为重点项目服务。山西省测绘地理信息局为山西科技创新城项目的规划制作了山西科技创新城区域系列图、乌金山影像图、乌金山1∶10000地形图、1∶50000地形图、东山地势图等140余张。向山西科技创新城建设办公室提供了覆盖山西科技创新城规划区范围510平方千米的0.5米分辨率最新正射影像图;规划区范围510平方千米的最新1∶100000地形图34幅;北部主体区(核心区)20.3平方千米的1∶2000、1∶500地形图;南部主体区(产业区)80平方千米的1∶2000、1∶500地形图。

为政府部门服务。开发完成的“山西省地理信息空间数据库快速更新发布系统”，实现了公共服务平台数据更新的业务化运行，并通过由国家测绘地理信息局组织的成果鉴定。

山西省森林资源信息管理系统”已在省林业厅稳定运行，该系统的县级版本在全省119个县、11个省直林局、400多个林场得到推广。顺利完成“山西省集体林权管理数据库”项目建设任务。山西省综合地理信息中心还派专人长期为林业系统提供现场技术服务，并为国家公益林一张图的数据采集汇总工作提供相关技术支持。

涉密测绘成果管理。省测绘地理信息局制定《山西省涉密测绘成果跟踪检查工作方案》，对全省48家测绘成果领用单位组织自查和抽查。2013年11月，按照《关于开展全国地勘行业涉密测绘成果和地质资料使用与管理专项检查的通知》(国测成发〔2013〕11号)要求，开展为期一个半月，覆盖全省地勘行业114家地勘资质单位的涉密测绘成果和地质资料使用与管理专项检查，并选定太原、晋中、阳泉、大同、忻州、晋城、长治、临汾、运城等9个市的12家单位作为重点检查单位，对发现的涉嫌泄密或严重违规问题，当场取证，依法查扣涉案成果资料和计算机、存储介质等涉案设备。

山西省测绘地理信息局组织忻州、晋中、晋城、阳泉等市的测绘成果管理人员和测绘资质单位相关人员共计300余人参加涉密测绘成果管理人员岗位培训，101人取得涉密测绘成果管理人员岗位培训证书。

测量标志管理。《山西省测绘地理信息局测量标志管理实施办法》从2013年3月1日起实施。全年办理测量标志迁建行政审批事项5件。省测绘工程院实施完成临汾市西部8个县(市)测量标志警示牌设置。印发《关于维修部分测量标志的通知》,委托11个地级市测绘地理信息行政主管部门对部分测量标志进行维修。临汾市在两座国家Ⅰ等水准点上建立景观亭,分别命名为"经纬亭""子午亭"。

【**大力开展科技、标准化与国际合作工作**】 科技奖励。2013年,省测绘地理信息局有12项科研成果获得省部级科技奖励。"山西省地理信息公共服务平台"项目获得山西省"科技进步奖"一等奖。"利用卫星定位系统建立与维持高精度坐标框架的关键技术及推广应用"项目获得国家测绘地理信息局、中国测绘学会"测绘科技进步奖"一等奖。"全栈式GIS平台uninpho的研制与应用"项目获中国地理信息产业协会,国家测绘地理信息局"地理信息科技进步奖"二等奖。"基于连续运行参考站系统进行GNSS接受机RTK检定方法的研究"获得国家测绘地理信息局、中国卫星导航定位协会"卫星导航定位科技进步奖"二等奖。"山西省突发事件地理信息应急服务一体化建设技术研究"获得国家测绘地理信息局、中国地理信息产业协会二等奖。"山西省以工代赈管理信息系统"获得国家测绘地理信息局、中国测绘学会三等奖。"数字阳泉地理空间框架建设项目"荣获中国地理信息产业协会优秀工程银奖。"山西省专题地图数据库"获得中国测绘学会银奖。"山西省汾河主河道流域生态地理环境影像信息系统"获中国地理信息产业协会中国地理信息产业优秀工程银奖。"太原市1:2000数字线划图缩编项目"获得中国测绘学会铜奖。"数字晋城地理空间框架建设项目"获得中国测绘学会铜奖。"山西省全省GPS D级控制点建立"获中国测绘学会优秀测绘工程奖铜奖。

(任玉荣)

地质勘探

【**2013年地勘工作成果显著**】 2013年,省地质勘查局共组织实施中央和省财政各类地质勘查项目147项,累计完成钻探工作量42.6万米,开展地质调查15.9万平方千米,新增资源储量煤94.1亿吨、铝土矿3.9亿吨、铁矿7.3亿吨、铜矿4.1万吨、钼矿4.9万吨、冶镁白云岩6.5亿吨、石墨3533万吨,实现了全省找矿突破战略行动三年有重大进展的目标。圆满完成省内重点片区页岩气、煤层气勘查选区论证和实施方案的编制以及《山西省国土资源志》中地质勘查、地质科技等成果资料的编撰工作。加强地质科研工作,由局属省地质调查院承担实施的山西省六大盆地地下水资源及其环境问题调查评价项目和忻州幅1:25万区域地质调查项目工作成果显著,荣获国土资源部科学技术二等奖,应县幅1:25万区域地质调查等5个项目获中国地调局成果二等奖。列入省委、省政府2013年度考核的创新项目——高精度重力和磁测联合勘查深部铁矿试验研究成果经省内外专家验收评审,达到国内先进水平。开展生态地球化学研究专利技术联合攻关、成果转化和推广应用等工作,在大豆钼肥包衣剂、玉米锌锰包衣剂以及富硒农产品研究开发等方面取得积极进展。组织2013年度省矿业权价款项目申报工作,全局申报的63个地质勘查项目获得省国土资源厅批准,占全省设立项目的66.3%、总经费的72.5%。省地质调查院申报的省级博士后工作站获得有关部门批准。

【**确立"1234"发展思路**】 一个中心,即坚持发展地勘经济为中心不动摇;两个开发,即开发优势传统产业和新兴产业;三个拓展,即拓展多元思维方式、拓展服务领域、拓展工作地域;四个创新,即思想上要有创新理念、机制上要有创新元素、措施上要有创新内容、目标上要有创新成果。提出了做强地质勘查业、做优工勘施工业、做实矿产开发业、做好新兴产业的"四做"目标,多策并举,主动作为,密切与国土资源部、中国地调局、省国土厅等业务管理部门和有关涉外公司的关系,明晰了局机关职能部门和局属单位的工作定位,为地勘工作发展营造了良好的内外环境。分别召开全局产业经济发展及海外工作专题会议,从政策引导、资金投向等方面积极推进产业结构调整。对全局占有的矿权进行梳理排查,选择217队、地调院和三勘院的3个多金属探矿权进行风险勘查。安排专项资金扶持地勘单位进行土地资源开发,投资3000多万元引进大型煤层气钻机,着力培育新的经济增长点。按照两个开发、三个拓展的思路,加大市场经营力度,国内市场承揽实施矿产资源勘查、地质灾害评估治理、工勘施工等各类社会地质项目3500多个,全年经营收入增长8.1%。境外市场在巩固水井施工、供水工程和工勘施工市场的同时,积极拓展矿产资源勘查开发领域,共完成经营收入1.9亿元,全局经济发展总体实现了稳中有进、稳中向好。

(曹拥军)

防震减灾

【**2013年山西地震发生情况**】 2013年,山西地区发生M≥1.0级地震159次。其中,1.0~1.9级地震110次,2.0~2.9级地震42次,3.0~3.9级地震7次,最大地震是2013年2月22日大同3.6级地震。其中,3级以上地震大同盆地2次,临汾盆地2次,东部山区2次,西部山区1次。地震活动具有以下特点:一是小震活动保持较高水平。从山西地区地震年频度统计结果分析,2013年度M≥1.0级地震次数与2012年度(777次)相比略有增多;M≥3.0级地震本年度发生了7次,与2012年显著增多,与2010年、2011年度持平。二是3级地震空间分布较为集中。M≥3.0地震集中在大同盆地、忻定盆地,临汾盆地有

2013 年山西省 M≥3.0 级地震目录

序号	发震时间	纬度(°)	经度(°)	震级(M)	深度(km)	地点
1	2013—02—22	39.89	113.83	3.6	8	大同市
2	2013—04—04	35.34	111.62	3.5	14	垣曲县
3	2013—06—29	39.03	113.37	3.0	5	繁峙县
4	2013—07—09	38.63	113.02	3.0	9	定襄县
5	2013—10—22	37.91	112.53	3.0	22	太原市
6	2013—11—09	39.28	112.42	3.3	15	朔州市
7	2013—11—12	39.28	112.42	3.4	14	朔州市

零星分布。

【2013 年山西地震工作概况】 会商情况。2013 年，共召开年度地震趋势会商会 1 次，年中会商会 1 次，周、月会商会 53 次，临时、紧急、加密、应急会商会 25 次，现场核实异常 12 次。

台网运行管理。2013 年，全省测震台网运行台站 32 个，全年平均实时运行率 97.2%，全年平均数据完整率 97.1%；前兆台网运行仪器 83 台套，共计 237 个测项，平均运行率 99.1%，连续率 99.1%，完整率 99.1%；信息服务网络运行信息节点 18 个，区域中心局域网运行率 99.9%，区域中心到国家中心骨干网运行率99.9%，市县运行率 98.6%，台站信息节点运行率 99.8%。

监测预报管理。2013 年，牵头组织山西、河北、内蒙古三省(区)联防工作，并启动了山西、内蒙古、河北三省(区)以及中国地震局地球物理研究所、北京大学“三省一校”合作的专项跟踪工作。优化人员及管理模式，对各学科技术管理组成员和“山西省地震预测预报意见评审委员会”成员进行调整，对镇川井等 7 个流体台站的管理模式进行了调整。修订、完善一系列规章制度，研究制定《山西省地震速报技术管理规定(2013 年修订版)》《山西省自动地震速报实施细则》《长治地震灾害备份中心职责》《中国大陆构造环境监测网络山西省 GNSS 基准站运行维护管理办法》。加强市县监测预报工作指导，出台市县前兆手段建设指南，开展市县数据共享项目。

项目建设情况。2013 年，完成临汾龙祠地震台优化改造、省财政市县骨干台站优化改造项目；完成中国地震局背景场项目、钻孔应变组网观测试验与应变实时监视系统项目、仪器升级改造项目、极低频项目的年度建设任务。

观测环境保护。太原基准地震台搬迁进入新址勘选环节，大同中心地震台和离石中心地震台迁建工作正在推进，临汾中心地震台应急道路建设进入征地环节。

科研工作。2013 年，局属科研项目批准下达 32 项。与中国地震局地球物理研究所、中国地震台网中心、中国地震局地质研究所正式签署科技合作交流共建框架性协议。争取到省部级科研项目 9 项，共计 39.3 万元。选择 5 个科研项目开展地震科技成果推广应用。局防震减灾优秀成果奖励评审工作完成，评出获奖项目 13 项。

有感地震应对处置。2013 年，山西地区共发生 3.0 级以上有感地震 7 次，根据《山西省地震局地震应急预案》要求，省地震局全年共启动 1 次Ⅳ级地震应急响应和 6 次Ⅴ级地震应急响应，对突发地震事件进行了妥善处置。

地震应急预案体系建设。2013 年 9 月，正式印发新修订的《山西省地震应急预案》，新预案与原预案相比调整了应急响应判别依据、建立了指挥部成员 AB 角负责制、地震谣传等地震事件的应对机制，并借鉴芦山地震经验与启示，充实了应急处置内容，将应急联动机制的建立纳入牵头部门职责，完善了应急保障内容，调整了省抗震救灾指挥机构的组成与职责等，科学性和可操作性明显提高。

地震应急演练。2013 年“5·12”全国防灾减灾日，省地震局组织了由 25 个成员单位 80 余人参加的省抗震救灾指挥部地震应急桌面推演，有效检验了《山西省地震应急预案》的可操作性、各成员单位的履职和协调配合情况。全年全省共在机关、学校、企业等组织各类应急演练 3000 余次。

地震应急队伍建设。建立救援队管理人员联络册，完成省地震救援二队年度 120 万元政府装备采购。组建了由安监、住建、国土、卫生部门组成的救援专家组，并举办专家组成员研讨会。制定《专家组管理办法》《专家组应急行动方案》。与山西蓝天救援队开展协调交流会议，建立应急联络机制，确保震后能够为车辆、通讯、救援等提供保障。

地震应急保障。2013 年，经省发改委审核评审，启动国家发改委 4 个新建应急避难场所建设项目，除太原迎泽公园因城市建设原因外，其他 3 处应急避难场所基本建成。2013 年成功申报国家发改委 5 个Ⅰ类新建应急避难场所建设项目，获中央预算投资 2400 万元，地方配套 3561 万元，拟投资 5961 万元。

为建立全省震情、灾情等地震信息快速、高效、统一的发布机制，提高灾情速报时限，为全省 11 个市地震局建设地震短信服务平台。震后，自动将地震定位结果和最终测定的地震参数发送至各市地震短信服务平台，实现省、市地震速报信息同步发布，也可为市地震局提供日常工作短信服务。

建立了全省武警地震灾情速报员网络。截至 2013 年年底，6 个市 71 个县配置了 92 部依星电话。

应急指挥技术系统建设。编制并反复修改震情、灾情、辅助决策建议报告模板(WORD 和 PPT)，完善震情背景(震型分区、构造、断裂)、灾情(山西历史、近代 3 次大阳地震等)、地震案例(全国)、各类各级应急预案、山西基本信息(人口经济地理行政危险源等)、应急专题图集、防震减灾三大体系等方面的资料。

编制了国家地震社会服务工程前方指挥子系统操作说明书、现场通讯信息管理系统操作手册、地震快速触发响应系统笔记本虚拟机登录界面、基于公里格网的地震应急辅助决策系统笔记本单机版软件使用手册等。

抗震设防要求管理工作。积极推进各市开展抗震设防要求管理工作，太原、大同、阳泉、吕梁、忻州、晋城、临汾等市将抗震设防要求监管纳入基本建设管理程序。全年全省完成抗震设防要求审批 1062 项，地震安全性评价 635 项。吕梁市小区划工作完成并验收，朔州市小区划正在紧张地进行收尾工作，进入送审阶段，阳泉市小区划进行了初可研评审，晋中市震害预测项目正在积极推进。

地震安全示范社区创建。稳步推进全省地震安全示范社区创建活动。积极推进省级防震减灾科普示范学校和示范社区创建工作，2013 年共评定 57 个示范社区（总计 119 个），54 个示范学校（总计 1345 所），有两家社区被中国地震局评定为国家级示范社区。

农村民居地震安全工作。各市积极开展农村民居地震安全示范工程创建工作，共创建 441 个农村地震安全示范工程，大同和忻州开展了示范企业创建工作，共创建 22 个示范企业。由省住建厅牵头、省地震局配合，在大同、朔州、忻州 3 个市 9 个县开展农村住房抗震改建试点工作，通过原址加固、异地新建等方式完成了 9545 户农村住房抗震改建任务。

国家社会服务工程。社会服务工程震害防御项目完成分区域村镇场地评价系统、oracle 数据库、中间件软件以及安全认证系统等设备采购。对万荣县、娄烦县、清徐县提交的数据进行了检查。参加了项目牵头单位中国地震局地球物理研究所组织的数据检查，并根据检查结果对数据进行了完善。社会服务工程应急项目完成“国家热线平台”“地震应急专家协同和行业服务平台集成项目”、指挥部成员单位专用服务信息处理子系统硬件设备、“国家地震应急联动接入子系统硬件设备”“国家救援队联络网络硬件设备”“灾区场景与分析系统”“省级灾情处理平台集成”项目的招标、采购。完成“地震应急联动数据库”的数据整理、检察与入库，完成“前方指挥平台”通讯车的初步验收。

省局合作协议签署。2013 年 6 月 6 日，省政府与中国地震局签署《中国地震局山西省人民政府共同加强山西防震减灾能力建设合作协议》。《合作协议》的签署是中国地震局和山西省人民政府为贯彻落实《国务院关于进一步加强防震减灾工作的意见》和《国务院关于山西省国家资源型经济转型综合配套改革试验总体方案的批复》，全力实施国家和山西省防震减灾规划，率先实现国家防震减灾 2020 年目标，以最大限度减轻地震灾害损失为根本宗旨，强化社会管理，拓展公共服务，全面提升山西防震减灾综合能力，促进防震减灾和经济社会融合发展，为山西全面实现转型跨越创造良好条件。

（车海兵）

【开展农村住房抗震改建试点工作】

工作目标。2013 年是农村住房抗震改建试点启动年，先期在大同、朔州、忻州 3 个市开展 1 万户农村住房抗震改建试点，通过新建、加固等方式，指导农户建设安全、舒适、节能、美观的住宅，整体提高农房抗震水平，并不断总结经验，逐步推广。

实施对象和建设方式。1. 实施对象。(1) 改建村庄。指试点范围内，符合下列条件的村庄：70% 以上农房不符合抗震要求，60% 以上住房不符合抗震要求的农户自愿申请参加，符合县域村镇体系规划布局要求。符合以上条件的乡镇驻地村、中心村优先安排实施。(2) 改建农户。指改建村庄内，符合下列条件的农户：现有住房不符合抗震要求，自愿申请参加。新建住宅应是本村农民在集体土地上建设的自用住宅，商品房开发不予补助。城市和县城建成区内的村庄，不在实施范围内。

2. 建设方式。根据县域经济发展水平、农户经济能力和改造意愿、房屋结构类型及质量状况，因地制宜、分类指导，整合相关资金，整村成片推进，在提高农村住房抗震节能水平的同时，与新农村建设、乡村清洁工程、古村镇保护相结合，注重乡村特色塑造，改变村庄整体面貌，改善农民生活环境，实现既建新房，又见新村。

(1) 村庄建设。①合村并点型。对镇区周边规模较小、区位相近、分布零散的村庄，按规划整村搬迁，通过宅基地置换、提供住房抗震节能补助等优惠政策，鼓励农户向小城镇和中心村集中，购置或建设符合抗震节能要求的住房。按照一户一处宅基地的要求，收回原有宅基地，原村址复垦，防止一户多宅现象发生。②整村迁建型。对生存条件恶劣、有地质灾害安全隐患的村庄，结合易地扶贫搬迁、煤矿沉陷区治理、压煤村搬迁等政策，实施整村搬迁，集中安置，新建符合抗震节能标准的住房。新村选址应避开地震断裂带、抗震不利地段和滑坡、泥石流、塌陷、洪水等自然灾害易发地段。③旧村改造型。对县域村镇体系规划确定的中心村，结合乡村清洁工程，以补充完善基础设施和公共服务设施、改善人居环境为重点，注重对原有村庄形态和住宅性能的充分利用，有机更新，合理确定新建或加固方式，对农村住房进行梳理式抗震节能改造。④以企带动型。对大企业驻地及周边村庄，通过村企联建的方式，由企业、村集体共同组织建设符合抗震节能要求的住房，同步配套基础设施和公共服务设施，形成集中居住区。

(2) 农房建设。①集中新建。对村庄内连片的危旧房，或按规划实施整村搬迁的村庄，鼓励按照农村新社区标准，统一组织建设集中居住区，同步配套建设基础设施和公共服务设施，促进城乡公共服务均等化，实现人口集聚，土地集约。②分散新建。充分尊重民意，鼓励集中建设农村新社区的同时，支持农户在符合规划的前提下，对没有加固价值的危旧房，按照抗震节能标准，就地就近新建。③原址加固。对不符合抗震要求，但仍有加固价值的房屋，根据农户经济状况和改建意愿，可采取增设圈梁、构造柱、预制楼板角钢拉结、墙体加固等抗震方式，以及屋面和墙体加设阻燃性聚苯板、平开中空玻璃窗等节能措施，加固后居住。④置换加固。对住房没有加固价值，又无力新建的农户，可在本村置换解决，盘活空闲房。在原住户自愿前提下，收购现有依法批准建设的空置住房，进行抗震节能改造后，置换居住，原有旧房予以拆除，交还宅基地。

3.建设标准。(1)建筑面积。新建住房建筑面积应按户籍人口确定，人均面积控制在30平方米左右；加固住房主要对居住用房进行抗震节能改造，加固面积应控制在80平方米内；置换住房可参照加固住房面积标准掌握；享受农村危房改造政策的农户依照农村危房改造标准进行建设。(2)抗震标准。新建农房须满足《建筑抗震设计规范》(GB50011－2010)要求，加固项目须满足《建筑抗震加固技术规程》(JGJ116－2009)要求。上述规范未做出规定的内容，按国家《农村危房改造抗震安全基本要求(试行)》(建村〔2011〕115号)规定执行。(3)节能标准。新建或加固农房须满足《严寒和寒冷地区农村住房节能技术导则(试行)》(建村〔2009〕115号)要求，重点对墙体、门窗、屋面、地面等围护结构采取节能措施。

补助标准和资金管理。1.补助标准。对新建或加固符合抗震和节能要求住房的农户，各级财政平均每户补助3万元。享受西部大开发政策的县，补助资金由省、市两级财政按7∶3分担，其他县由省、市、县三级财政按4∶3∶3分担。具体每户补助标准，由市、县人民政府根据当地实际，按照农户经济状况、改建方式、人口多少、面积大小的不同，制定分类补助标准。试点工作的摸底调查、建立档案、工作培训、监督管理，改建村庄的规划设计费，改建完工后验收等工作经费由试点县承担。

2.资金管理。由试点县财政、住房城乡建设部门按照改建工程进度支付补助资金，并加强管理，确保改建工作质量及资金效益。

(李仁贵)

山西经济年鉴

YEARBOOK OF SHANXI ECONOMY

贸易

MAOYI

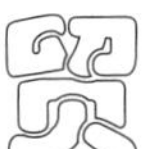

贸易

综述

【山西省深化流通体制改革加快流通产业发展的顶层设计】 加强现代流通体系建设。一是构建商品流通骨干网络。加强农产品现代流通体系建设，支持大型流通企业在粮食、果蔬生产大县建设一批农产品产地集配中心，在设区的市建设一批现代粮食物流中心、大型农产品批发市场和生鲜物流配送中心，完善城市农产品零售网络。加强工业品流通体系建设。支持大型流通企业在设区的市建设一批大型综合物流基地，在县城和中心乡镇建设一批区域性物流配送中心，完善以各类零售网点为基础的工业品零售网络。加强城乡废旧商品回收体系建设，支持规模较大的废旧商品回收企业升级改造，建设集回收站、分拣中心、交易市场、加工中心为一体的再生资源循环流通网络。

二是优化城市流通网络布局。加强城市商业网点建设的统筹规划，在城市中心区，有序发展购物中心、超市、专业店、专卖店等商业网点，规划建设具有综合功能的商业设施、特色商业街区。在居民聚居区，支持便利店、早餐店、家政服务点、再生资源回收点、菜市场、生鲜超市、社区菜店、平价菜店、放心粮油店等社区居民生活必备商业网点建设，大力发展洗染、美容美发、摄影、休闲娱乐等各类便民服务网点，构建便民生活服务网络。在交通便利的城市郊区，有序发展大型物流配送中心、批发市场、大型超市和仓储式会员店。

三是提升农村流通网络功能。支持大型流通企业向农村延伸经营网络，在中心乡镇建设具有分级配送功能的商贸中心，全面推进农村便利店信息化改造，建设城乡一体化营销网络。推进工业消费品联合采购，鼓励发展共同配送，提高商品统一配送率。推进万村千乡市场工程、新网工程、放心粮油工程三网合一，大力发展一网多用，完善农村便利店综合服务功能。充分发挥供销合作社在农村流通中的重要作用，提高农民专业合作社、农村便利店物流配送能力和营销服务水平，畅通农产品进城和工业品下乡双向流通渠道。

推进现代流通方式创新。一是大力推进产销衔接。支持农产品经营主体在产地建设生产基地，在销地建设农产品展销中心、直销店或直销专区，在具备条件的社区发展周末蔬菜、粮油直销市场，推广农超对接、农批对接、农校对接、农社对接等产销衔接方式，构建上联生产基地、下接零售终端的农产品产销一体化流通链条。支持工业品流通企业加强与上下游企业合作，开展工商对接，共同拓展设计、展示、配送、分销、回收等业务，构建稳定高效的现代商品供应链。

二是加快发展电子商务。创建电子商务示范城市、示范基地和示范企业，引导营销网、物流网、信息网的有机融合。整合建设全省流通领域公共信息服务平台，支持流通企业信息化改造，推动信息系统互联互通，提高企业仓储、采购、运输、订单等环节科学管理水平。支持流通企业建立或依托第三方电子商务平台开办网上商城，发展网上购物、电话购物、电视购物等网络商品与服务交易。

三是积极发展现代物流。加强流通领域现代物流示范工程建设，吸引国内外品牌物流企业进驻山西省，发挥示范引领作用，构建以大型物流总部基地为核心、以遍布城乡的多级配送中心为节点、以物流信息服务平台为支撑的现代物流体系。加强与期货交易所合作，建设山西省焦炭、有色金属、玉米等期货交易品种交割库，规范有序推动大宗商品中远期交易体系建设。

四是推进城市配送与商贸服务网点、农村配送与农村便利店的有效衔接，建设城乡一体化物流配送体系。

五是整合仓储配送、货运代理、交通运输等物流资源，大力培育第三方物流企业，促进企业内部物流社会化。

提升流通企业核心竞争力。一是培育大型流通企业集团。支持大型零售企业创建自有品牌，提高自营业务比重，通过参股控股、特许经营等方式跨行业、跨地区兼并重组，培育一批拥有自主品牌、主业突出、核心竞争力强的大型零售企业。支持大型批发市场提升展览展示、信息集散、价格形成、物流配送等综合服务能力，培育一批辐射范围广、配送能力强的大型专业批发市场。

二是扶持特色中小企业发展。建立健全中小流通企业促进与服务体系，扶持发展一批专业服务机构，为中小流通企业提供融资、市场开拓、科技应用和管理咨询等服务。支持中小流通企业特别是小微企业的商标、老字号品牌建设，积极开展品牌营销和品牌创新，向特色化、专业化方向发展。

三是充分发挥连锁经营优势。支持大型流通企业建设辐射城乡的现代物流中心，积极发展统一配送，跨区域拓展经营业务，建设全省工业消费品、农业生产资料连锁经营服务网络。支持连锁经营向多行业发展，推动粮油、餐饮、家政、汽车、药品流通等行业连锁经营，构建网络化连锁经营体系。鼓励大企业与中小企业合作，利用特许加盟、自愿连锁等方式，提高中小企业组织化水平和市场竞争力。

提高市场保障供应能力。一是完善重要商品储备制度。健全省、市两级重要商品储备机制，优化储备品种和区域结构，适当扩大粮油、肉类、食糖、食盐、化肥等重要商品储备规模，落实饮用水、方便食品等应急商品储备。城市人民政府根据消费需求和季节变化，建立小包装粮油和冬春季节耐贮大路蔬菜动态储备制度。

二是健全生活必需品应急调控机制。培育一批能承担重要商品收储投放和应急供应等调控任务的骨干企业，支持建设改造农产品流通设施、重要商品储备设施、大型物流配送中心等公益性流通设施。完善应急商品投放网络，发挥公益性流通设施重要作用，综合运用信息引导、区域调剂、收储投放、进出口等手段，促进供求平衡，保障生活必需品应急供应。

大力规范市场经济秩序。一是深入开展重点整顿活动。严厉打击侵犯知识产权、制售假冒伪劣商品、商业欺诈和商业贿赂等违法行为。严厉打击囤积居奇、误导市场、加剧恐慌等扰乱市场秩序行为。

二是改进监管手段和检验检测技术条件，深入开展畜禽屠宰、酒类流通等专项整顿，加大流通领域商品质量监督检查力度。进一步规范零售商与供应商交易行为，建立平等和谐的零供关系，维护公平交易秩序。

三是加快建立长效监管机制。加强对关系国计民生、生命安全等商品的流通准入管理，形成覆盖准入、监管、退出的全程管理机制。充分利用社会检测资源，建立涉及人身健康与安全的商品检验制度。建立健全粮油、肉类、水产品、蔬菜、水果、酒类、中药材、农资等商品流通追溯体系。完善电子商务信用与统计监测体系，强化网络零售交易监督管理。加快商业诚信体系建设，完善信用信息采集、利用、查询、披露等制度，推动相关部门和机构信息共享。

深化流通领域改革开放。一是建立健全流通管理体制。加快建立分工明确、权责统一、协调高效的流通管理体制。健全部门协作机制，强化政策制定、执行与监督相互衔接，堵塞流通领域监管漏洞，提高管理效能。加快流通管理部门职能转变，强化社会管理和公共服务职能，指导和促进流通产业健康发展。加强基层流通管理部门建设，充实基层队伍和一线力量，保证基层流通管理工作通畅有效。

二是加快推进统一市场建设。积极开展现代流通综合试点，加强统筹协调，推进大流通、大市场建设。

三是消除地区封锁和行业垄断，全面清理和取消妨碍公平竞争、设置行政壁垒、排斥外地商品、服务和经营者进入本地市场的规定，严厉查处经营性垄断、行政性垄断等排除、限制竞争的行为。

四是鼓励民间资本进入流通领域，保障民营企业合法权益，促进民营企业健康发展。

五是提升流通对外开放水平。支持流通企业引进国内国际先进的现代物流和信息技术升级改造。支持有条件的流通企业"走出去"，通过新建、并购、参股、增资等方式建立海外物流和营销网络。支持内外贸企业重组与合作，在国内大中城市建设山西名优特产品展示中心，借助外贸企业营销网络扩大出口，培育流通企业对外贸易功能。

加快制订完善流通网络规划。制订实施全省农产品和工业品现代流通发展规划，统筹指导大型流通设施布局。各市人民政府要科学制订商业网点规划，将其纳入城市总体规划、土地利用总体规划以及相应的年度计划，在编制控制性详细规划和修建性详细规划时予以落实。及时发布商业网点建设指导目录，制定实施大型商业网点建设听证制度，促进商业网点合理布局。制定社区居民生活必备商业网点建设运营管理办法，政府出资购买部分商业用房，通过投资入股、产权置换、公建配套、回购回租等多种方式，完善社区商业网点配置，确保新建社区（含廉租住房、经济适用住房、公共租赁住房、限价商品住房等保障性住房小区、棚户区改造和旧城改造安置住房小区）商业和综合服务设施面积比例不低于社区总建筑面积的10%。严格社区商业网点用途监管。乡镇商业网点建设纳入小城镇建设规划并予以落实。

加大流通企业用地支持力度。制定政府鼓励的流通设施目录，对纳入目录的项目用地予以支持，对流通业用于物资储备、中转的场所用地按工矿仓储用地对待。各市在土地利用年度计划和土地供应计划时，要按照土地利用总体规划、城市总体规划和流通业建设项目用地标准，统筹安排流通业各类用地，优先保障符合规划的农产品批发市场、农贸市场、物流配送中心等流通基础设施用地。鼓励企业以租赁、入股等方式获得用地，利用旧厂房、闲置仓库等存量土地建设符合规划的流通设施，涉及原划拨土地使用权转让或租赁的，经批准可采取协议方式办理出让。政府对旧城区改建需搬迁的流通业用地，在收回原国有建设用地使用权后，经批准可以协议出让方式为原土地使用权人安排用地。支持依法使用农村集体建设用地发展流通业。依法加强流通业用地管理，严禁农产品批发市场擅自改变用途从事商业性房地产开发，严禁以物流中心、商品集散地等名义圈占土地，防止土地闲置浪费。

加快完善财政金融支持政策。省级财政设立商贸发展专项资金，重点支持商贸流通领域服务业发展项目、农村物流体系发展项目和中小商贸企业发展项目等相关工作。

发挥省煤炭可持续发展基金的促进作用，支持大型流通骨干企业建设。改造公益性流通设施、农产品和农村流通体系。发挥价格调节基金作用，推进农副产品平价商店建设。通过资本补充、风险补助等方式，同时修改完善补贴发放机制，支持融资性担保公司为商贸流通业提供融资担保服务。鼓励银行业金融机构针对流通产业特点，创新金融产品和服务方式，探索开展动产、仓单、商铺经营权、租赁权等质押融资。改进信贷管理，发展融资租赁、商圈融资、供应链融资等业务。发挥小额贷款公司、典当等行业对中小微流通企业融资的补充作用。支持符合条件的大型流通企业上市融资、债务融资，支持符合条件的各类型流通企业完成股份制改造，利用多层次资本市场直接融资。引导金融机构创新消费信贷产品，培育消费信贷增长点。

落实流通企业税收优惠政策。通过完善财政转移支付等方式，进一步落实总分支机构汇总纳税政策，促进连锁经营企业跨区域发展。按规定落实员工制家政服务免征营业税政策，促进生活服务业发展。认真落实国家促进废旧商品回收体系建设税收政策，一定期限内免征农产品批发市场、农贸市场城镇土地使用税和房产税政策，免征鲜活农产品流通环节增值税政策。按照国家部署做好山西省营业税改增值税相关准备工作。

全面减轻流通企业费用负担。制订出台降低流通企业费用综合性实施方案。依法清理向流通企业收取行政事业性收费和经营服务性收费，取消违规收费、不合理收费以及只收费不服务等搭车收费项目，省级以下人民政府批准减征、免征、缓征属于本级收入的行政事业性收费。加快推进工商用电用水同价，研究制定公益性流通设施用电用水优惠政策。优化银行卡刷卡费率结构，降低总体费用水平。规范农产品市场收费、零售商供应商交易收费等流通领域收费行为。落实好鲜活农产品运输“绿色通道”政策，确保所有整车合法装载运输鲜活农产品车辆全部免缴车辆通行费。

完善法规规章和标准体系。研究制定山西省《商业网点管理条例》《农产品批发市场管理条例》等有关法规。积极完善流通标准体系，开展流通标准化建设示范，围绕节能环保、流通设施、流通信息化等关键领域，选取具有代表性、典型性的行业和企业，加大流通标准应用与宣传力度。

健全统计监测制度。加快建立科学规范的流通统计调查体系和信息共享机制，加强零售、电子商务、居民服务、生产资料流通等重点流通领域的统计数据开发应用，提高流通统计工作水平。充分利用城乡市场信息网、新农村商网，建立健全覆盖农产品和工业品生产、流通、消费的综合信息数据库和服务平台，与全国及国际网络互联互通，强化市场运行分析和预测预警，增强市场调控的前瞻性和预见性。

加强组织领导。建立由省商务厅牵头的流通工作厅际联席会议制度，负责指导、协调解决流通产业改革发展的重大问题，提出促进流通产业发展的方针政策，督促检查流通产业发展政策的贯彻落实。联席会议办公室设在省商务厅，承担联席会议日常工作。各成员单位按照职责分工抓好落实。各市人民政府要建立相应工作机制，制定具体实施细则，完善配套政策措施，促进流通产业持续健康发展。

【制定山西省加快推进放心早餐工程的规划】 发展目标。用三年时间，在全省中心城市推进放心早餐工程，培育一批早餐经营龙头企业，形成以主食加工配送中心为支撑，以连锁早餐网点为载体，以统一采购、统一加工、统一配送为核心的，布局合理、经营规范、品种丰富、卫生达标、价格合理的早餐服务体系。到 2015 年底，实现中心城市社区早

山西新华现代出版物连锁有限责任公司

餐网点全覆盖，满足居民早餐服务和大众化餐饮需求。

主要任务。(1)建设主食加工配送中心。各市要选择2～3家行业影响力大、示范作用强的企业，支持其进入早餐市场，根据城市早餐需求规模，按照商务部《主食加工配送中心建设规范》要求，建设或改造提升主食加工配送中心。各实施企业主食加工配送中心的建设重点：一是建立健全食品安全检测系统。二是建设信息管理中心。三是建设冷链配送体系。(2)全面发展连锁早餐网点。各市要将放心早餐网点建设作为完善城市功能、加强社区商业建设的一项重要内容，制订放心早餐网点布局规划，纳入商业网点规划，指导实施企业发展和建设以固定门店为主，以早餐车、早餐亭为补充的放心早餐网络，逐步实现早餐网点覆盖所有社区。到2015年，各实施企业都要建成主食加工配送中心，每个配送中心配送网点不少于100个，增强主食加工配送中心的带动作用，面向餐饮企业、超市、便利店以及学校、机关开展配送服务，扩大服务范围和覆盖面，提升辐射带动效应。(3)加强早餐经营规范管理。各市要依据有关行业规范，结合当地居民对放心早餐的需求，指导和监督放心早餐工程实施企业按规范要求进行主食加工配送中心、早餐连锁店建设和早餐车、早餐亭的设置。深入开展早餐市场经营秩序整顿，依法取缔无照经营网点和非法“马路餐桌”，营造安全卫生、竞争有序的早餐市场环境。

【2013年搞活流通扩大消费取得新成效】 现代流通发展不断加快。2013年，大力推进电子商务发展，开展“太原网购狂欢节”活动，本土电商企业影响力得到提升。推动淘宝“特色中国·山西馆”顺利开馆并实现开门红，首批入驻267户商家。利用新农村商网开展农产品网上对接，帮助农户销售玉米、蔬菜、干鲜果等超2亿元。加强农产品流通体系建设，太原、长治、运城3个市10个农产品现代流通综合试点项目顺利建成并投入使用，带动就业30万人，辐射产地农户超2万个。积极开展农超、农校、农餐对接，发展鲜活农产品基地671个，2543个农民专业合作社与超市或流通企业实现对接，销售额达30亿元。“晋中农产品现代流通综合示范区”项目顺利启动。积极推动农村流通信息化，支持大型流通企业下乡，扶持建成19个农村物流配送中心和乡镇商贸中心，美特好超市连锁公司晋中3万平方米冷链保鲜基地顺利开工。支持5000个农家店配备POS机，实现了配送中心与农家店采购、配送、结算作业信息化管理。

商贸服务业集聚发展。实施骨干流通企业“515”工程，推动省建行为流通企业量身定制流动资金贷款、国内保理、速贷通等融资服务，扶持美特好、江南餐饮等大型流通企业不断发展壮大。推进“15分钟便民商圈”建设，先行试点建成30个“15分钟便民商圈”，完善了社区商业服务功能，促进了居民便利消费，全国社区商业工作现场会在山西召开。积极创建特色商业街，组织开展特色商业街的认定培育工作，太原长风第六馆、鼓楼食品街等一批特色商业街开业运营。大力推进“放心早餐工程”，积极协调解决餐饮企业水电费偏高、融资难等问题，扶持双合成等9家早餐经营企业建成中央厨房和一批早餐经营网点，促进了早餐消费便利化。

促消费活动成效显著。大力推进“山西品牌中华行”。2013年组织了近200家名优特企业分赴北京、广州、上海等6个中心城市巡回展销，现场销售968万元，签订供货合同5.8亿元，设立了山西名优特商品(北京)展销中心，推动山西省品牌直接进入全球采购供应链，提升了山西品牌形象和市场占有率，有效促进了农产品生产和产业转型。深入开展“晋人晋菜晋味道”活动，组织开展以“告别奢华，回归大众”为主题的晋菜征集评比、千企万店让利百姓、晋菜美食进社区等活动，推动高端餐饮企业放下身段，积极向大众化餐饮转型，遏制了餐饮消费大幅下滑的势头。积极开展“幸福暖家”活动，组织全省134家品牌家具建材生产和销售企业，为保障房家庭和低保户让利销售家具类产品8.4亿元，带动全省家具类销售增长56%。多次组织开展各类主题的节庆促消费活动。坚持政府引导，市场运作，利用国庆黄金周、“双十一”等节假日，举办了近百场主题消费活动，现场销售近30亿元。

【市场调控和监管进一步加强】 市场监测和调控得到强化。进一步加强市场运行监测，省商务厅联合省统计局认真落实企业“一套表”联网直报制度，调整充实限额以上流通企业名单，提高消费品市场统计质量。确定了500余家市场监测样本企业，建立完善部省市县四级网上直报平台，山西省市场监测分析工作由全国第25名提升至第9名。积极引导大宗商品消费，联合公安、工商等部门开展打击黑车黑站黑点净化成品油消费环境专项整治，出台山西省汽车上牌落户优惠政策，促进了汽车、成品油等大宗商品消费。落实省市两级重要商品和生活必需品储备制度，按要求落实了猪肉、白糖、饮用水、方便面、饼干的地方储备，健全市场应急协作机制，确定39家应急商品生产流通企业，提升了应急商品生产供应能力。节日期间对部分市场进行了投放，维护了市场稳定。

市场环境进一步改善。强力推进“双打”工作。重点强化“两法”衔接，建成“两法”衔接信息共享平台，积极推进行政处罚案件信息公开。2013年，全省行政执法机关共立案1.1万件，办结9662件，移送司法机关86件，捣毁制假售假窝点243个。全省市、县级政府机关100%完成了使用正版软件工作。加强单用途商业预付卡管理，对全省327家发卡企业进行规范整治。组织开展商贸流通企业用水用电用气用热价格政策落实情况专项督查。积极推进肉菜药酒溯源体系建设，建成太原市肉菜流通追溯体系，形成以肉菜追溯管理平台为核心、581个消费节点为基础的溯源体系，全面提升省城肉菜安全保障能力。大力推进酒类随附单信息化管理，市县两级建立完善随附单领取的台账制度，全省4000余家酒类批发企业全部实行了随附单管理。深入开展商务综合执法。全省商务行政处罚案件1663件，涉及畜禽屠宰、酒类流通、成品油管理、特许经营、再生资源回收、报废汽车、拍卖、典当、洗染业、商业预付卡等10多个行业，进一步规范了市场秩序。

【开放型经济水平稳步提高】 外贸转型升级步伐加快。2013年，大力推进外贸主体培育"231"工程，建立"231"企业外贸运行监测体系，进一步加大政策资金支持力度，积极培育新的外贸出口增长点。加快外贸转型升级示范基地建设，扶持全省43家省级外贸转型升级示范基地、基地企业、基地公共服务平台项目升级改造，全省机电产品和高新技术产品进出口占外贸进出口比重稳步提高，进出口结构进一步优化。推动企业走出去开拓国际市场，引导企业利用广交会、亚欧博览会、东盟博览会等展会平台，积极开拓中东、北非、东盟等境外市场，支持中国(巴西)投资开发贸易中心、中国玻璃器皿之都(祁县)有限公司建设国际营销网络试点。大力发展服务贸易，利用上交会、京交会等服务贸易平台，积极推动山西省技术、文化及软件服务企业"走出去"。积极应对贸易摩擦，协助指导太钢不锈钢公司等4家企业成功应对台湾省、美国及欧盟的反倾销调查，帮助企业避免了损失，巩固了海外市场。

利用外资质量稳步提升。2013年，认真开展"外资企业服务年"活动。多次组织在晋世界500强企业高管召开座谈会、投资论坛、金融服务论坛，建立跟踪回访制度，为在晋投资的29家世界500强企业提供"一对一"个性化服务，为7家企业协调解决了生产经营中遇到的困难。积极推进外资项目落地。重点跟踪服务66个已签约的外资项目，主动服务山西焦煤集团、交城宏特集团外资合作项目，协调推动6个重大项目完成审批注册手续。山西省落户的世界500强投资项目达到46个。利用外资结构不断优化，2013年48家新设外商投资企业中，属于山西省鼓励发展的战略新型产业项目达20家，比重进一步增大，占比41.7%。投资行业涉及太阳能及新能源开发利用、煤层气及LNG(液化天然气)的生产和销售、融资租赁、精密及重型机械零配件制造加工、现代物流仓储业等领域。同时，大项目比重增大，新批准48个项目中，投资总额1000万美元以上企业29家，占比60.4%。

"走出去"步伐明显加快。加快完善"走出去"扶持政策。拟定支持企业"走出去"开展跨国经营的指导意见，不断完善企业"走出去"促进、管理、服务、保障体系建设。大力推进外经合作"511"工程，建成对外劳务合作服务平台，扶持中铁十二局、省国际公司等5家公司开展对外劳务合作；支持太钢集团、太重集团等10家公司开展对外投资，推动成熟产能"走出去"，培育跨国公司；引导中铁三局、省建总公司等10家企业联合与合作，打造山西省对外承包工程团队，共同开拓国际市场。推进山西晋非经济贸易合作区建设，完善晋非经贸合作区领导体制和工作机制，制定鼓励投资晋非经贸合作区政策，重新定位了园区规划。晋非投资有限公司与新京集团签署合作意向协议，启动伊甸园广场项目。

【开发区建设发展步入新轨道】 加强开发区基础管理。2013年，对全省开发区进行系统的摸底调研，制定山西省开发区考核办法和审核评分标准，完成了首次开发区考核任务。出台山西省开发区统计制度，建立山西省开发区建设统计考核系统，夯实了开发区管理工作基础。

创新开发区体制机制。省商务厅联合省委组织部、省编办等部门成立创新开发区管理体制和运行机制推进工作组，省委组织部、省编办进一步明确了开发区领导体制等有关问题。拟定创新开发区体制机制的若干意见，积极探索在孝义实行与地方党政主要领导交叉任职，在太原民营经济区推行异地扩区管理体制等试点，推进山西省开发区体制机制创新。

探索"飞地经济"发展模式。省商务厅联合省相关部门和运城、晋城市政府，成立了探索"飞地经济"发展推进工作组，拟定促进"飞地经济"发展的指导意见，大力推进"飞地经济"合作事宜。运城、晋城、阳泉三市探索创新，通过合作共建、托管建设、BOT等合作模式，积极打造"飞地经济"园区，摸索出一条"政府主导、市场运作、互利共赢、组合发展"的飞地经济发展路子，作为转型综改典型向全省推广。列入全省转型综改重大项目的富士康晋城科技工业园A区项目完成投资42亿元，已顺利竣工并全面投产。

加强海关特殊监管区域建设。以省政府办公厅名义印发《关于促进海关特殊监管区域科学发展的实施意见》，省编办批准成立太原武宿综合保税区管理委员会，联合太原市政府研究制定太原武宿综合保税区管理办法，及时高效推进太原武宿综合保税区建设，已正式通过海关总署等10部委组织的联合验收。综合保税区招商引资工作正积极推进。

(周建东)

国内贸易

【2013年山西省消费品市场基本情况和主要特点】 消费规模稳步扩张，带动经济持续增长。2013年，全省社会消费品零售总额5139.34亿元，比2012年增长14%。全省消费规模平稳较快增长，占全省生产总值的比重为40.8%，对经济增长的带动作用稳固增强，是2005年以来消费对经济增长拉动最强劲的一年。

城镇消费增长稳定，乡村消费快速发展。2013年，全省城镇社会消费品零售总额4192.53亿元，比2012年增长13.8%，低于乡村增速1.1个百分点。城镇社会消费品零售总额占全省社会消费品零售总额的81.6%，继续保持较快增长势头和强势主导地位。乡村社会消费品零售总额946.81亿元，增长14.9%，增长势头迅猛。乡村消费的快速增长主要得益于近年来山西省农村社会保障体系日趋完善，农民收入逐步提高，"万村千乡"农家店等"五个全覆盖"工程进一步改善了乡村流通基础设施，为乡村消费市场提供了便利安全的消费环境。

中小商贸企业发展加快，消费结构进一步优化。受国内外经济运行的大环境和国家层面刺激消费政策的陆续退出，这种下行压力对中高端消费市场的影响逐步显现，但是限额以下大众消费市场成为2013年消费的主要亮点。

【加强市场体系建设】 城市社区商业工作取得新突破。省商务厅与省发改委、财政厅、住建厅、工商局、国税局、地税局等7个部门联合下发《关于实施“15分钟便民商圈”示范试点工程的通知》，在全省建设30个“15分钟便民商圈”，即驱车15分钟可达购物中心、步行10分钟可达超市和餐饮店、5分钟可达便利店和各类服务网点。召开政策说明会和工作座谈会，对“15分钟便民商圈”示范试点工程的规划布局、商圈项目、项目招商等有关事项进行政策解读和说明，对全省商务部门、社区组织、县级市政府和承办企业约170余位领导和负责人进行全省网点规划暨“15分钟便民商圈”培训。

农村市场体系建设工作取得新进展。积极推进万村千乡市场信息化工程。与省农行、省移动联合，支持5000个农家店配备POS机，进行信息化改造。2013年，5000个农家店信息化终端设备全部安装到位，实现刷卡消费，代缴电费、手机费、电话费，小额取现和转账等“一网多用”综合服务功能。申请资金5000万元，支持农村乡镇商贸中心建设。在全省建设了19个县域农村物流配送中心。

农产品现代流通工作取得新成绩。制定《山西省鲜活农产品现代流通发展规划》，提出到2015年，在全省重点发展20个骨干农产品批发市场、100个鲜活农产品产地集配中心，新增20个大型生鲜物流配送中心。在晋中市、吕梁市的汾阳市、孝义市、交城县、文水县和太原市的小店区、晋源区、清徐县等地集中连片建设晋中农产品现代流通和农村市场体系建设综合示范区。重点支持农产品批发市场、农贸市场、农产品物流中心、产地集配中心、乡镇商贸中心等10个项目。在全省建设20多个农产品产地集配中心，大大超过省政府目标责任制10个农产品产地集配中心的建设任务。

商业网点规划和内贸行业规划工作取得新成果。省商务厅与省发改委、财政厅、国土厅、住建厅联合下发《关于加强商业网点规划工作的指导意见》，明确了指导思想、基本原则、规划重点、保障措施和组织实施，建立了商业网点规划工作联席会议制度。指导地级市开展商业网点规划修编工作，推进县级市完成商业网点规划编制工作，将商务部33个行业规划和指导意见汇编成册，转发各市商务局和有关处室，指导全省内贸工作。

【继续提高商贸服务管理水平】 建立部门联动机制，借力推动流通业发展。以省政府办公厅名义下发《深化流通体制改革加快流通产业发展重点工作部门分工方案》，省商务厅与省发改委等8部门联合下发《关于促进城市夜经济发展的指导意见》、与省国土厅等6部门联合下发《关于实施骨干流通企业“515”工程方案》、与省环保厅等5部门联合下发《关于2013年再生资源回收体系建设工作推进方案》、与省住建厅联合下发《关于认定和培育“山西省特色商业街”工作方案》、与省旅游局联合下发《关于厉行勤俭节约、反对铺张浪费的指导意见》等，为顺利推进重点工作奠定了基础。

积极推进骨干流通企业“515”工程建设。“515”工程即打造5个年销售50亿元以上的商贸流通企业、10个年销售10亿元以上的商贸流通企业、50个年销售亿元以上的商贸流通企业。通过对全省骨干流通企业情况进行摸底，在全面掌握情况的基础上，确定了65家企业名单。出台《关于实施骨干流通企业“515”工程的方案》，从加快制度创新，建立现代企业制度；抓好资本运营，推动企业联合重组；大力发展现代营销方式，不断增强企业发展后劲；实施“走出去”战略，进一步拓宽发展空间；加强企业管理，提高综合素质；加大政策扶持力度，营造有利于企业快速发展的环境等六方面提出了具体措施。

加快发展连锁经营、物流配送等新型业态。积极推荐申报商务部物流共同配送试点城市，并做好各项筹备工作，太原市列入全国城市共同配送试点城市，获资金支持4000万元，成为山西省首家试点城市。长治市、朔州市成为商务部中小商贸流通企业服务体系建设试点城市。组织开展特色商业街认定培育工作，太原长风第六馆、鼓楼食品街等一批特色商业街开业运营。利用展会发展连锁经营，拓展省外市场。参加第十七届“西洽会”，签约8个项目，总投资41.86亿元，拟引资额40.76亿元；参加第八届中部博览会山西特色商品展，现场销售133.6万元，签订供货合同2399万元，签订意向供货合同1248万元。

积极开展“山西品牌中华行”活动。这项活动是山西近年来规模最大、效果较好、社会评价较高的品牌推广活动，山西省品牌集中亮相省外，展示了近年来山西省转型发展的新成果；社会各界高度评价，提升了山西的新形象；深度对接洽谈，山西品牌切入全球采购供应链；产品推介和先进营销模式相结合，打造“山西品牌网上行”；活动丰富多样，扩大了山西影响。2013年，组织近200家名优特企业分赴北京、广州、上海等6个中心城市巡回展销，现场销售968万元，签订供货合同5.8亿元。

推动“放心早餐工程”建设。以省政府办公厅名义出台《关于加快推进全省放心早餐工程的意见》，进一步明确了推进“放心早餐工程”的总体思路、推进原则、发展目标、主要任务、支持政策和保障措施。2013年，全省新建或改造中央厨房(主食加工配送中心)13个，固定标准化餐饮网点308个，并对太原双合成食品有限公司等9家企业进行扶持，扶持资金共计930万元。

积极推动实施家政服务体系建设。通过指导家政服务体系建设，积极培育服务消费热点，有效满足了群众需求，增加了社会就业，推进已开展家政体系建设试点的城市进一步提升家政服务网络中心功能，拓宽服务领域。2013年，完成建立1家家政服务网络平台，3家大型龙头家政服务企业，10家中小专业型家政服务企业，培训了6000名家政服务人员。

加快推进电子商务发展。2013年，山西省加大对电子商务支持力度，建成侯马国家级电子商务示范基地。推动山西企业与大型电商合

2013年山西省进出口市场地区分布

市场	进出口		出口		进口	
	金额(万美元)	比上年增减%	金额(万美元)	比上年增减%	金额(万美元)	比上年增减%
国家及地区	1579785	5.0	799649	14.0	780136	−2.8
亚洲	553348	−1.0	299232	11.6	254116	−12.7
香港	35865	24.7	35769	24.9	96	−5.2
印度	51836	62.9	42669	87.0	9167	1.9
日本	62420	−30.0	23924	−10.1	38496	−38.5
韩国	86584	1.7	58555	−7.2	28030	26.9
印度尼西亚	41454	−5.2	10870	−16.3	30584	−0.5
马来西亚	17357	−5.1	11935	−16.9	5422	37.6
新加坡	22469	3.5	19939	2.0	2529	16.8
泰国	15912	56.0	15391	59.7	521	−7.0
中国	49484	−2.0	0	—	49484	−2.0
台湾	35573	−17.3	23383	−4.1	12191	−34.5
土耳其	19141	27.0	9836	78.9	9305	−2.8
伊朗	15058	−23.7	2861	−3.2	12198	−27.3
越南	11315	−18.5	6276	81.0	5039	−51.6
哈萨克斯坦	43890	−1.6	306	8.7	43583	−1.7
非洲	67678	12.0	29053	−15.3	38625	47.9
南非	35722	10.8	9044	−14.0	26678	22.8
安哥拉	6523	30.8	6523	30.8	0	—
埃及	1638	−2.8	1638	−2.7	0	−100.0
欧洲	365007	25.1	241362	44.4	123645	−0.9
英国	27087	9.0	20182	38.9	6905	−33.1
德国	61672	−13.0	19812	40.7	41860	−26.3
法国	10140	27.4	3901	−1.9	6239	56.5
意大利	40232	31.4	25453	25.6	14779	42.7
荷兰	94331	54.1	92445	60.5	1886	−47.5
俄罗斯	30231	67.5	18770	130.4	11460	15.8
拉丁美洲	192257	3.3	46875	−3.7	145382	5.8
阿根廷	1240	−27.3	1240	−26.8	0	−100.0
巴西	119446	10.8	17581	−18.8	101865	18.2
古巴	9187	−47.0	142	93.2	9045	−47.6
墨西哥	18008	112.5	16101	133.1	1907	21.9
秘鲁	6538	337.7	1281	−14.2	5257	—
北美洲	186469	−5.7	165589	1.5	20880	−39.8
加拿大	15819	−27.9	15229	−16.1	591	−84.4
美国	170649	−3.0	150360	3.7	20290	−34.3
大洋洲	215014	2.9	17539	−12.8	197475	4.6
澳大利亚	208594	3.2	15238	−18.6	193356	5.4
新西兰	2318	71.5	2255	68.5	62	374.1
东盟组织	113183	−1.1	68849	9.6	44335	−14.1
欧盟组织	315449	24.9	220250	40.8	95199	−0.9

作，淘宝“特色中国·山西馆”顺利开馆，太原唐久便利与京东商城联合开设网上大卖场，形成“网上卖场＋实体店＋物流配送网”的全渠道架构，重新定义了O2O服务规则和模式。山西籍电商企业贡天下特产网将总部迁回山西，加强与“1号店”的深度合作，年销售额由2012年的7200万元提升到2013年的2亿元。正在建设的太原市电子商务园区将促进电商企业集聚，带动物流配送等相关产业发展。

【积极维护市场秩序】 推进“双打”工作上台阶。制定下发《2013年全省打击侵权假冒工作安排意见》，建立健全“两法”衔接联席会议、案件咨询、走访检查、统计通报、定期培训等制度，加快“两法”衔接信息共享平台建设，进一步完善两法衔接信息平台建设。2013年，行政执法机关共立案1.2万件，涉案金额3679万元，办结1.1万件，移送司法机关89余件，捣毁制假售假窝点268个。全省各级公安机关破获制假售假案件1121起，抓获犯罪嫌疑人1077人，捣毁制假犯罪窝点36

2013年山西省主要出口商品构成

商品	金额(万美元)	比上年增减(%)
总值	799649	14.0
焦炭	14046	-25.9
煤及褐煤	15918	-40.7
医药品	15219	74.6
其中:抗生素(制剂除外)	11275	127.2
中式成药	14	47.1
肥料	4072	3.5
纺织纱线、织物及制品	14772	27.9
其中:棉机织物	9161	46.7
未锻造的锰	2152	1694.3
镁及其制品(包括废碎料)	16121	-0.5
钢材	129443	-1.1
其中:不锈钢	88636	10.1
黏土及其他耐火矿物	9350	-22.8
自动数据处理设备的零件	609	-87.0
铁合金	1851	-65.2
工程机械零件(用于品目8425-8430所列机械的零件)	8361	-5.5
电话机及零件	303993	82.0
其中:手持或车载无线电话机	288550	77.7
铁道及电车道机车等车辆的零件	8809	-25.6
体育运动或户外游戏用品及设备	4457	-5.4
活性炭	6970	15.1
玻璃制品	11315	-6.3
机电产品	464795	35.2
其中:金属制品	43999	-6.8
机械设备	33739	-23.2
电器及电子产品	338235	66.9
运输工具	27567	4.9
仪器仪表	3468	45.4
其他产品	17787	-17.2
高新技术产品	322815	68.0
其中:生物技术	0	—
生命科学技术	1639	23.6
光电技术	59	25.9
计算机与通信技术	316162	69.9
电子技术	621	-44.8
计算机集成制造技术	3033	45.0
材料技术	988	-18.2
航空航天技术	138	-5.3
其他技术	174	94.0
农产品	11017	1.0

个,涉案金额1.32亿元。检察机关以生产假冒伪劣产品罪批捕犯罪嫌疑人135人。

加强单用途商业预付卡的管理。在统一单用途商业预付卡监管方面实现七个创新:一是全国首家出台了规模以下发卡企业备案编码规则。二是联合省工商局出台单用途商业预付卡交易合同示范文本。三是对单用途预付卡的卡面规范管理作出规定。四是针对可能出现的风险制订相应的应急预案。五是制定了绩效考核办法,被商务部采纳并印发。六是联合省金融办出台资金监管办法,在全国是首家。七是制定推广单用途商业预付卡现场检查"十三步检查法"。对单用途商业预付卡明确了"1081监管模式",其核心是10项制度、8个统一、1个标杆。2013年,全省已有334家发卡企业完成备案工作。

全力打造肉菜流通体系试点工程。积极推进太原市肉菜追溯体系项目建设,落实配套资金500万元。太原市将建成统一的肉菜追溯管理平台,建成以6个生猪定点屠宰场、3个蔬菜批发市场、4个肉类批发市场、24个标准化菜市场、10个农贸市场、6个大型连锁超市(64个门店)、250个蔬菜产销对接企业、210个肉类专卖店和10个大型团体消费单位为重要节点(581个)的肉类蔬菜流通追溯体系,全面完成肉菜流通追溯体系建设任务,提升省城太原流通行业食品安全保障能力。

构建和谐零供关系。巩固清理整顿成果,在全省继续推广使用《山西省商品购销合同》和《山西省商品代销合同》示范合同文本;组织54家大型零售企业和供应商违规收费工作有奖问卷调查活动;组织零售商、供应商积极开展零售商供应商公平交易管理立法调研工作;下发《关于认真组织开展零售企业向供应商违规收费自查自纠工作的通知》,全省54家大型零售商企业按要求进行了自查自纠;牵头组织工商、税务、公安、纪检等相关部门,对9个市、18家大型零售企业进行现场检查,落实清理整顿内容,禁止违规收费项目,明码标价事项。积极做好直销工作,征求意见复函4家,新增服务网点25个、变更29个,设立分支机构1个。

规范成品油市场秩序。为整顿和规范成品油市场经营秩序,净化全省成品油市场环境,维护消费者合法权益,下发了《全省规范成品油市场秩序,整治黑加油站、黑加油点、黑油罐车专项行动工作方案》,对全省非法违规建设的黑加油站、黑加油点、非法从事成品油运输和非法流动售油等违法违规行为进行集中整治专项行动。共查封黑加油站155座,取缔黑加油点189处,取缔无证无照的黑油罐车109台。

*积极推进药品流通管理工作。*推动建立中药材追溯体系市场化运作的长效机制，依托中药材产、供、销发展规模较大的晋中、长治、运城三市，通过政府推动，市场化运作，充分发挥项目承办企业的主体作用。积极引导山西省医药企业建设智能化药房，开展信息增值服务、院内物流和药房托管，培育了一批龙头示范带动企业。国药控股山西公司投入资金1650多万元，开展物流服务延伸项目8个，开发二级以上医院300多家。积极开展中医药服务贸易，首次组织晋中、长治5家药品流通骨干企业参加第二届北京国际服务贸易交易会中医药服务贸易专题活动，积极为企业搭建服务交易平台，推广宣传山西省中医药特色优势。

*加强市场运行监测分析。*2013年新增样本企业17家(其中，生产资料7家、重点流通企业1家、茧丝绸企业8家、应急商品数据库1家)，淘汰落后弱小样本6家，市场运行监测样本企业达到514家。城乡市场监测样本结构明显优化，代表性显著提高，促进了监测样本的可持续发展。推广信息泵的安装使用，扩大信息泵数据开发利用范围，努力提高数据采集的智能化水平，替换信息泵4台。以保障市场供应、稳定物价水平和引导消费预期为重点，进一步加强“商务预报”信息发布工作，增强了信息发布的针对性和实效性。

(周建东)

2013年山西省主要进口商品构成

商　　品	金　额 (万美元)	比上年 增减(%)
总　　值	780136	−2.8
煤及褐煤	38162	−2.1
铁矿砂	296243	2.6
镍及其制品	16113	−35.4
其中:镍锍、氧化镍烧结物及其他	9045	−52.5
未锻轧镍	7054	19.8
铁合金	74658	−10.2
铬矿砂	30940	27.3
氧化铝	0	—
废塑料、废纸和废金属	514	−95.9
其中:废钢	183	−98.5
锰矿砂	23228	109.8
铜矿砂	12562	126.3
金属加工机床	8308	−77.1
其中:加工中心	1165	−96.1
数控机床	5229	64.9
金属轧机及零件	2895	−8.9
集成电路	6195	−9.5
计量检测分析自控仪器及器具	13014	−44.1
机电产品	212868	−19.3
其中:金属制品	10142	−11.4
机械设备	79393	−34.8
电器及电子产品	98702	10.1
运输工具	7149	−45.2
仪器仪表	17236	−35.2
其他产品	247	−80.3
高新技术产品	94347	−32.5
其中:生物技术	0	—
生命科学技术	2769	53.8
光电技术	1967	−60.4
计算机与通信技术	59186	4.2
电子技术	9129	−7.4
计算机集成制造技术	18887	−70.6
材料技术	1218	0.9
航空航天技术	1081	13.0
其他技术	110	163.2
农产品	12302	302.8

对外贸易

【2013年山西省进出口贸易概况】　2013年，全省进出口总额157.98亿美元，比2012年增长5%。其中，出口79.96亿美元，增长14%；进口78.01亿美元，下降2.8%。2013年，全省进出口额居全国第24位，增幅居第26位；出口额居全国23位，增幅居第14位；进口额居全国25位，增幅居第27位。

【对外贸易呈现主要特点】　*进出口总额创历史最高，结束了自2009年以来山西省外贸进出口连续4年的贸易逆差。*2013年，山西进出口总额157.98亿美元，创历史新高。其中，出口总额创历史次高，仅低于2008年(92.53亿美元)，占进出口总额的50.6%。全省贸易实现顺差1.95亿美元，扭转了自2009年以来山西省外贸进出口连续4年的贸易逆差，基本上实现了贸易平衡化。

*加工贸易成为拉动山西省外贸出口增长的主要动力。*2013年，全省加工贸易进出口57.02亿美元，比2012年增长28.9%，占全省进出口总值的36.1%，占比比2012年提高6.7个百分点。绝对值增加12.78亿美元，占全省进出口增加额7.55亿美元的169.3%。其中，出口40.16亿美元，增长42.6%，占全

侯马开发区大宗商品交易中心

省出口总值的50.2%，提高10.1个百分点；进口16.87亿美元，增长4.9%，占全省进口总值的21.6%，提高1.6个百分点。一般贸易进出口90.4亿美元，下降7%，占全省进出口总值的57.2%，下降7.4个百分点。其他贸易方面，对外承包工程出口货物8230万美元，增长42.2%；保税仓库进出口货物9.56亿美元，增长31.7%。

企业结构形成“三足鼎立"局面，外资企业增速较高。(1)2013年，外商投资企业进出口54.21亿美元，比2012年增长22.3%，占全省进出口总额的34.3%，比2012年提高4.8个百分点。其中，出口36.04亿美元，增长62.7%；进口18.16亿美元，下降18.1%。(2)私营企业进出口51.98亿美元，增长4.6%，占全省进出口总值的32.9%，与2012年基本持平。其中，出口25.96亿美元，下降5.8%；进口26.02亿美元，增长17.5%。(3)国有企业进出口46.94亿美元，下降10%，占全省进出口总值的29.7%，比2012年下降4.9%。其中，出口17.22亿美元，下降10%；进口29.72亿美元，下降8.7%。

外贸进出口实绩企业过少，对大型企业依赖度过高。2013年，山西省有进出口实绩的企业1189家，仅占对外贸易经营者备案登记企业5407家的22%，其中，全省进出口额上亿美元的企业24家，进出口额合计115.23亿美元，占全省进出口总值的72.9%。进出口额5000万美元以上、1亿美元以下企业12家，进出口额合计9.29亿美元，占比5.9%。进出口额在1000万～5000万美元的企业92家，进出口额合计18.8亿美元，占比11.9%。以上企业共128家，合计进出口额143.33亿美元，占全省进出口总额的90.7%，平均进出口额1.12亿美元。

机电、高新技术产品出口大幅增长。2013年，全省机电产品进出口67.77亿美元，比2012年增长11.5%。占全省进出口总额的42.9%，比2012年提高2.5个百分点。其中，出口46.48亿美元，增长35.2%，占全省出口额的58.1%，提高9.1个百分点。高新技术产品进出口41.72亿美元，增长25.7%，占全省进出口总额的26.4%，提高4.4个百分点；其中，出口32.28亿美元，增长68%，占全省出口总额的40.4%，提高12.9个百分点。

对欧盟、非洲和金砖国家进出口增长较快，对日本进出口降幅较大。从地区看，2013年山西省与欧洲、非洲、拉丁美洲、大洋洲的贸易额均有所增长，但与北美洲和亚洲贸易额出现小幅下降。与亚洲贸易额最大，与欧洲贸易增长最快。按贸易额排序，与亚洲完成55.33亿美元，比2012年下降1%；与欧洲完成36.5亿美元，增长25.1%；与大洋洲完成21.5亿美元，增长2.9%；与北美洲完成18.65亿美元，下降5.7%；与拉丁美洲完成19.23亿美元，增长3.3%；与非洲完成6.77亿美元，增长12%。从国别看，山西省前三大贸易市场分别为欧盟31.54亿美元、澳大利亚20.86亿美元、美国17.06亿美元，三者合计69.46亿美元，占全省进出口总值的43.9%。居前三位的出口市场分别为欧盟22.03亿美元、美国15.04亿美元、东盟6.88亿美元，对前三位市场出口额43.95亿美元，占全省出口总额的54.9%。居前三位的进口市场分别为澳大利亚19.34亿美元、欧盟9.52亿美元、巴西10.19亿美元，前三位市场进口额39.05亿美元，占全省进口总额的50.1%。传统市场中，山西省与美国进出口额17.06亿美元，下降3%；与日本进出口额6.24亿美元，下降30%。与金砖国家贸易额普遍增长，与印度市场进出口额5.18亿美元，增长62.9%；与巴西进出口额11.94亿美元，增长10.8%；与南非进出口额3.57亿美元，增长10.8%；与俄罗斯进出口额3.02亿美元，增长67.5%。

（周建东）

对外经济

【利用外资情况】 外商直接投资额。2013年，全省利用外资继续平稳快速增长，新批外商直接投资企业48家，比2012年增长23.1%。合同利用外资9.62亿美元，增长170.1%；实际利用外资28.07亿美元，增长12.1%。

新批企业产业结构进一步优化，三大产业项目亮点纷呈。48家新设外商投资企业中，属于山西省鼓励发展的战略新型产业项目20家，比重进一步增大。投资行业涉及太阳能及新能源开发利用、煤层气及LNG(液化天然气)的生产和销售、融资租赁、精密及重型机械零配件制造加工、现代物流仓储业等领域。同时，大项目比重增大，新批准48个项目中，投资总额1000万美元以上企业29家，占比60.4%。

外商直接投资行业。2013年，外商直接投资项目中，第一产业企业5家，占10.4%；第二产业企业19家，占39.6%；第三产业企业24家，占50%。

外商直接投资来源。2013年，新批外商直接投资企业中，有23家投资外方来自香港，合同外资7.18亿美元(含增资项目)。投资性公司各投资设立7家企业，合同外资2.23亿美元(含增资项目)。英国、新加坡、韩国、美国、台湾省、英属维尔京群岛和澳大利亚各投资设立2家企业，塞舌尔、奥地利、波兰、加拿大各投资设立1家企业。

外商直接投资企业生产经营情况。2013年，参加年检的559家外商投资企业，合计营业收入1505.21亿元，比2012年增长18.7%；利润103.16亿元，增长40.9%；纳税100.09亿元，增长24.1%。

利用外资资金到位情况。2013年，外资到位来源地以香港为主，港资到位21.97亿美元，占全部到位资金的78.3%；投资性公司资金到位1.57亿美元。从企业方式看，独资企业资金到位6.59亿美元，占比23.5%；合资企业资金到位16.89亿美元，占比60.2%；合作企业到资5405万美元，占比1.9%；股份制企业资金到位3.82亿美元，占比13.6%。从行业情况看，第一产业资金到位2.2亿美元，占比7.8%；第二产业资金到位17.15亿美元，占比61.1%；第三产业资金到位8.71美元，占比31%。

对外承包工程、劳务合作和对外直接投资业务情况。2013年，全省对外工程、劳务合作新签合同额2.36亿美元，完成营业额7.65亿美元，工程项目期末在外人数4073人。2013年，境外直接投资新核准30个对外投资项目，其中新设境外企业24家(含境外机构)，变更或增资6家，中方协议投资7.6亿美元，中方实际投资5.4亿美元，累计投资约17亿美元。

(周建东)

开发区建设

【开发区建设概况】 2013年，山西省有省级以上开发区25个，其中，国家级5个(包括太原经济技术开发区、太原高新技术产业开发区、大同经济技术开发区、晋中经济技术开发区和晋城经济技术开发区)，省级开发区20个。

2013年，全省25个省级以上开发区地区生产总值1551.22亿元，占全省生产总值的12.3%；固定资产投资960亿元，占全省的8.6%；税收收入161亿元，占全省的7%；进出口总额58.15亿美元，占全省的36.8%；实际利用外资17亿美元，占全省的60.5%。

2013年，全省25个开发区批准规划面积合计241.6平方千米，已开发面积199.3平方千米。工业项目实际用地面积95.1平方千米，占已开发面积的47.7%；基础设施实际用地面积42.1平方千米，占已开发面积的21.1%。

2013年年底，全省25个开发区现存入区企业1.5万家，其中，规模以上工业企业500家，限额以上商贸流通企业和有资质建筑业、房地产企业1026家，外商投资企业125家，进出口企业234家，世界500强投资企业88家。

(周建东)

物资流通

【主要经济指标再创历史新高】 截至2013年年底，山西省物资产业集团有限责任公司(简称集团公司)营业收入84.77亿元，比2012年增长13.6%；实现利润7220万元，增长22.2%；实现增加值2.22亿元，增长9.3%。

【主营业务持续健康发展】 贸易类企业经营规模持续扩大，10亿元和亿元级企业各增一户。面对市场需求和经营产品价格双双下滑的压力，各贸易类企业逆势而上，加强市场分析，调整经营结构，奋力开拓市场，市场占有率进一步提高。进出口公司针对煤炭市场持续疲软、价格大幅下跌的严峻现实，一方面集中精力加大与上游大型客户的合作，主动调整经营结构，在巩固原有客户的同时，大力开发新品种、新客户，先后与天津军粮城电厂等企业建立电煤销售业务，新开发鞍钢喷吹煤市场，与陕西子长县永兴洗煤公司、临汾钢铁集团签订气煤供应协议，开创了公司气煤经营的先河。另一方面对公司客户进行系统评价和梳理，采取扶持一批、稳定一批、淘汰一批的策略，花大力气清收预付账款和应收账款，努力减少资金沉淀，确保经营资金流转不断链，实现经营规模的持续增长。2013年营业收入62.1亿元，比2012年增长5.7%。民丰化工公司根据产品不同特点，采取不同的购销策略，针对工业萘和纯苯价格波动幅度较小的特点，充分利用山焦、神华等大型焦化企业的固定供货资源优势，实施薄利多销、以销定进、送货上门、全程服务以及从网上竞拍取得低价货源等措施，努力扩大销售；在塑料经营方面，以准确研判出产品价格轮番上涨市场走势为基础，采取批量购进、滚动销售的策略，通过实行无休息日提货、送货上门、直达到厂、短件破损包赔等服务承诺，有效扩大了市场占有率；加强与润华公司合作，代理销售北欧化工特种塑料1.8万余吨。通过以上措施，民丰化工公司全年营业收入首次突破10亿元大关，达到10.29亿元。物产金属公司面对钢材市场的持续疲软，在稳定老客户的同时，采取“走出去”的战略，加大与战略客户的合作，新增供应四川川威钢厂钢坯业务和为能投公司两个集运站建设供应钢材业务，使经营规模大幅度提高，全年钢材销售量增长87.9%，销售收入达到8.45亿元。物产再生公司紧抓报废汽车回收主营业务，积极拓展大宗业务，保持了全省所有部队报废退役设备独家回收的格局；稳步扩大氧化铝购销业务，全年营业收入首次突破亿元大关，达到1.56亿元。

稳步推进新基地建设，物流企业实现平稳过渡。现代物流公司一方面推进集散中心项目建设，完成新基地原租赁户搬迁以及生产生活用水管道接入铺设、变压器过户更名、项目土地内道路加高、垃圾清运、草坪绿化等基础工作，初步规划建设一个建筑面积10万平方米的公共仓，客户以原有客户为主，新增医药行业客户，设计招标工作已经完成。另一方面克服太原南站施工和周边路网建设带来的困难，积极争取拆迁补偿，落实拆迁补偿资金800万元；全力开拓以海尔仓储和质押监管为重点的主营业务，2013年实现仓储物流收入1371万元，增长21.1%，质押监管业务规模累计达到81.8亿元，增长22.5%。同时还对现址进行规划，计划建设省内领先、国内一流的“总部商贸物流基地”。现代物流公司被中国物流与采购联合会评为3A级物流企业。长风物流公司一面开展城市物流中心项目前期工作，积极办理土地证过户手续，走访太原市经济技术开发区了解入驻要求，探讨新型物流项目的可行性，项目可研报告正在完善；一面利用项目闲置土地，努力扩大商品车物流代理，全年储存、配送车辆2.1万台，实现收入218万元。两个物流企业实现平稳过渡。

房地产企业积极谋变，合作项目硕果初显。宝佳房地产公司各个项目均取得不同程度进展。(1)龙城大街项目：已于2013年8月拿到土地证，正在办理修建性详规审批和建设工程规划许可证；委托同济大学建筑设计研究院(集团)有限公司编制规划方案，完成在省发改委立项工作；拆迁和地块接收工作进展顺利。(2)胜利街宝佳胜景花园项目：取得《建设用地规划许可证》和《建设工程规划许可证》，编制了基坑支护造价预算，项目基础工程已开工建设。(3)做好已交付项目后续工作。提出建设并州路小区活动中心及地下两层车库方案。现场办理宝佳丽景综合楼业主产权证。以现场公开摇号方式销售宝佳丽景综合楼地下车库车位，实现销售收入2142万元。(4)集团公司与“万科”合作开发的万科紫台楼盘销售势头良好，合作硕果初步显现，项目一期决算投资分红收益7882万元，为集团项目建设和转型发展提供了资金保障。

【企业改革持续推进】 转制搞活类企业稳中求进。财务公司一方面继续履行担保职责，发挥“稳压器”的作用，另一方面利用欧美酒业平台，积极安置下岗人员就业。旧车交易中心以确保集团公司利益为前提，提前收回上缴全年租赁经营费38万元。木材公司利用有限资金优先解决较为急迫的民生问题。物业公司围绕并州路改造和三营盘宿舍区微循环路建设，最大限度地争取利益，共节约资金约150万元。

破产企业关闭工作有序推进。破产企业人员分流安置工作取得新进展。为符合提前退休条件的126名人员办理提前退休审批手续；由集团破产企业离退休人员管理中心接管没有存续企业的退休人员431人，确保了破产企业离退休人员管理的有效接续；秉承先易后难、分步实施的工作方法，先后为358名职工支付了安置费，办理了解除劳动合同及相关手续；协助220名职工办理了失业保险。2013年，第二批4户破产企业应分流558人，已分流安置502人，占应分流人员的90%，破产企业职工安置工作取得阶段性成果。

【内控管理进一步加强】 摸清家底，制订规章。先后制定出台《2013年度发展类企业负责人经营业绩考核方案(试行)》《房屋土地出租管理暂行办法》《“五险一金”管理办法》等规章制度，从内容到审批流程进行细化和规范。宝佳公司学习和借鉴“万科”成功的管理经验，相继出台24项管理制度，逐一理顺各项管理流程，在实际工作中千方百计节省费用，仅龙城大街项目节约配套费3739.3万元、耕地占用税76.9万元，有效提高了工作质量和效率。

大力压缩应收账款和预付账款，严防资金风险。出台《关于积极清收欠款盘活存量资产加速资金周转的通知》和《关于认真贯彻落实山西能源交通投资有限公司〈关于加强应收账款及预付账款管理的意见〉的通知》，明确压缩目标，实行企业主要领导负责制。各企业采取有效措施，建立重点客户约谈机制，对久清未果的货款采取法律手段清收，2013年，共压缩应收账款及预付账款6.2亿元，一定程度上化解了资金风险。

强化内部审计监督作用。集团公司成立纪监法审部，对集团7户发展类企业全部资产情况进行核查摸底，全年协助相关部门进行专项审计5次，对存在的问题逐一整改，遗留问题得到有效解决。

【着力解决民生问题，积极化解信访矛盾】 集团公司坚持在发展的同时，用企业发展成果惠及广大职工，2013年发展类企业职工工资平均增长10%。彻底解决了破产企业留守人员及大病人员33人的“五险一金”问题。组织参加省总工会金秋助学活动，发放金秋助学资金3万元。对破产企业职工住宅小区及房屋基本情况进行核查，投入30余万元为破产企业机电公司住宅小区进行维修和实施集中供热工程，对困难企业补贴取暖费60余万元。民丰公司对河西小区住宅楼的地下管网进行维修改造，确保职工安全过冬。筹措资金26万元，帮扶庙湾乡圪塔上村养殖场实施种羊繁殖扩建项目，组织送医送药下乡进村服务活动，受到当地农民的好评。

提高信访接待和信访问题解决率。2013年，集团公司接待上访人员38批次、387人次，其中，集体上访29批次376人次，绝大部分得到有效解决，较好维护了集团公司和谐稳定局面。

(张　博)

供销合作社

【全省供销系统经济运行持续向好】 利润总额再创新高。2013年，全省供销社企业实现利润1.61亿元，比2012年增长25.9%。其中，省直企业实现利润6104万元，增长25.9%；市县级企业实现利润7718万元，增长22.7%；基层社实现利润2237万元，增长38.5%。

营业收入持续增长。2013年，全省供销社营业收入186.01亿元，比2012年增长15.7%。其中，省直企业营业收入43.65亿元，增长9.8%；市县级企业营业收入92.09亿元，增长14.7%；基层社营业收入50.27亿元，增长23.5%。

资产结构不断优化。2013年，全系统资产总额118.24亿元，比2012年增长4.5%；负债总额91.82亿元，增长1.9%；所有者权益26.42亿元，增加3.33亿元，增长14.4%；全系统资产负债率77.7%，下降1.9个百分点；全系统资产收益率5.7%，增加0.9个百分点。

经济总量和经济效益同步提速。2013年，全省供销系统购进总额325.9亿元，比2012年增长24%；销售总额353.49亿元，增长24.6%。在全国总社综合业绩考核中排名第17位，比2012年前移4位。超额完成全省供销社的年度目标责任考核任务：规范提升农村便民连锁商店任务200个，完成324个，完成率162%；改造基层供销社任务50个，完成63个，完成率126%；创办农村综合服务社（创新指标）任务10个，完成14个，完成率140%；建设改造农资配送中心任务25个，完成33个，完成率132%；建设改造开展开库直销和测土配方施肥的农资配送中心（创新指标）任务8个，完成率100%；建设改造日用消费品配送中心任务38个，完成48个，完成率126%；碘盐覆盖率、合格碘盐食用率99.2%和98.3%，分别超额完成4.2个和8.3个百分点。

【基层组织建设成效明显】 一是加快兼并、重组、加盟步伐，大力进行基层社改造重组和资源整合。运城盐湖区供销社投资1600万元对王范、东郭等4个基层社进行改造；晋中榆社县组建北寨、河峪、潭村3个基层社，带动当地和周边乡镇106个便民店和35个合作社的发展，填补了基层社空白。二是加快综合服务社基础设施建设。太原尖草坪、晋城泽州、长治襄垣、大同灵丘等县（区）的乡级综合服务社通过农资购销、日用品销售、烟花爆竹、家电维修、移动信息等基础建设项目的建成投用，为农民提供了“全方位、多样化、一站式”的便捷高效服务。三是加快专业合作社和各类行业协会建设步伐。2013年新增108个专业合作社、36个各类行业协会、17个市县级农村合作组织联合会。

【“新网工程”建设稳步推进】 全省供销社加强合作，稳步推进“新网工程”建设。一是按照“政府引导、企业承办、市场运作”的原则不断完善农资配送中心建设。吕梁市社积极争取市政府政策和资金扶持，建立了覆盖全市的县、乡、村三级农资配送销售网络；长治壶关、运城闻喜等县社加大农资便民店建设力度，商品配送率达到85%，配送覆盖率达到90%。二是各县供销社采取控股、参股、入股等多种合作形式加快日用消费品配送中心建设。忻州、朔州、阳泉、临汾等市的县级配送网络不断完善，连锁配送功能不断提升，有的已成为集采购、储运、销售、服务为一体的连锁配送企业。三是着力推进农产品综合物流园区、批发交易市场和配送中心建设。运城黄河国际农产品综合物流中心建成农资标准仓库2.1万平方米，可储备农资2万余吨；长治金鑫瓜果批发市场投资1200余万元改建3700平方米整车交易区、4300平方米时令水果交易区，2013年市场交易额3.2亿元。

【社有企业提质增效活动扎实开展】 2013年，全系统社有企业营业收入186.01亿元，比2012年增长15.7%；实现净利润1.4亿元，增长34.6%。一是紧抓全省综改试验区建设契机，向土地综合开发、车用加气站、废旧汽电回收拆解、农副产品网络购销等领域延伸。山西锦源房地产公司的两个地产项目完成规划方案等前期工作。省盐业公司完成5个加气站的前期手续并取得了“四气”从业资格。长治市社在“淘宝网”开设“好实惠商城山西特产店”。二是做强做大传统主营业务，服务功能不断增强。山西农资集团2013年销售玉米种子1.8万千克，销售粮食4.3万吨，销售收入9091万元；销售各类水肥、种肥1万多吨，销售收入3000余万元。

（司昌平）

粮油购销

【2013年山西粮食购销概况】 2013年，全省各类粮食企业收购粮食777万吨，比2012年增长6.4%。其中，国有粮食经营企业收购155.4万吨，占总收购量的20%。全年销售粮食852.9万吨，增长6.2%。其中，国有粮食经营企业销售190万吨，占总销售量的22.3%。

2013年，山西年消费粮食1380万吨左右，小麦缺口250万吨，稻谷缺口100万吨，全部靠调人，玉米需销往省外380万吨。总体上看，山西粮食产量总量不足，结构不平衡，产粗吃细，小麦不足，玉米有余。

截至2013年末，全省共有国有粮食企业600户，在册职工2.1万人。其中，国有粮食购销企业263户，在册职工1.4万人。山西国有粮食企业总仓容780万吨，符合储粮要求的仓房容量541.3万吨。

【加强宏观调控，保障粮食市场繁荣稳定】 精心组织粮食收购。2013年，全省粮食系统及时调研安排夏、秋两季粮食收购工作，分别召开全省夏粮收购工作会议和秋粮收购工作会议，积极帮助基层落实好收购资金，发布市场信息服务收储企业和农户。督促基层粮食企业严格执行国家粮食局“五要五不准”收购守则，确保国家粮食收购政策落实。按照“积好粮”的要求，把好粮食收购质量关，确保入库粮食质量合格，储存安全。按照“好积粮”的要求，提前做好仓容、检化验仪器、人员培训等各项准备，保证收储能力。全年收购粮食比2012年增加47万吨。在全省粮食大丰收的形势下，粮食购销顺畅有序，保护了农民利益。

适时投放储备粮源。充分发挥市场的决定性作用，同时成立保供稳价领导组，加强对市场动态的监测预警，适时调控，通过山西省粮油交易中心公开竞价，向市场投放政策性粮食24万吨，增加市场有效供给。全省粮食市场呈现了开放有序、繁荣稳定的好形势。同时，省粮食局对重要节日粮油市场供应工作及时做出安排部署，太原、晋城、运城、阳泉等市安排市级成品粮油储备1.2万吨，以低于市场5%左右的价格投放市场，稳定和丰富了节日市场供应。

引深省际产销合作。针对山西省粮食产需品种结构严重失衡的特点，省粮食部门不断加强省际粮食产销对接，保障粮食供需平衡。2013年省际产销衔接调入粮食完成206.5万吨，有效保障了省内粮食供给。2013年10月下旬由中国粮食行业协会、山西省粮食局主办的“山西粮食(玉米、小杂粮)产销衔接会”在忻州市召开，全省11个市62个县及120家企业展示了730种小杂粮产品，共达成粮食产销合作协议253份，签约总量926万吨，其中，调出玉米、小杂粮530万吨，调入小麦323万吨，大米10.5万吨，面粉29万吨。

加快构建应急体系。2013年，山西省将省级粮油价格监测直报点由47个增加到80个，实行价格周报制度。建立粮食应急供应网点1517个，覆盖全省11个市119个县的所有乡镇(社区)。建立粮食应急配送中心140个，确定粮食应急加工企业107个。投资1763万元，在全省实施4个粮油应急加工提升改造项目，提升面粉日处理能力380吨、大米日处理能力400吨、小包装食油日罐装能力230吨。充实应急成品粮油储备，市级应急成品粮油储备分别保持在6万吨和1.1万吨以上。同时，积极充实粮油储备库存。协调有关部门，落实新增省级食油储备800万千克。向国家粮食局争取省外移库中央储备粮50万吨，已完成37万吨。

提升军粮供应水平。进一步加强军粮应急储备管理，军粮供应保障能力进一步提高。一是加强军粮质量管理，建立军粮供应厂家军粮质量档案，从源头上把好质量关。二是切实做好节日期间的调供工作，在节日期间为驻晋部队官兵调剂粮油品种。三是开展优质服务，坚持军粮送货上门。

【加强监督检查，维护粮食流通秩序】 认真开展粮食库存监督检查工作。2013年，山西省作为全国粮食库存检查的6个重点省份之一，省粮食局下发《山西省粮食局2013年粮食库存检查工作方案》，周密安排部署，并进行实地演练，先后完成企业自查、市级普查、省级复查、国家抽查四个阶段的工作，对检查发现的问题，省粮食局分别向各市粮食局、省粮油集团公司、中储粮山西分公司下达整改通知，责成完成整改。

抓好粮食收购市场专项检查和收购企业核查。组织开展夏秋两季粮食收购市场专项监督检查。2013年6月和10月，省粮食局分别下发《山西省粮食局关于开展2013年夏粮收购专项检查工作的通知》和《关于做好2013年秋粮收购检查工作的通知》，对所有从事秋粮收购的经营主体的收购活动进行全程监督，重点检查质价执行情况、粮款结算情况、制度规定执行情况和政策性粮食购销情况。对粮食收购资格、收购政策、储备粮轮换、统计制度执行情况等环节进行专项检查。全年全省共检查从事粮食收购活动的经营者和收购主体4375个，查处违规案件553起。

组织开展政策性粮食销售出库检查。重点对中央政策性粮油和省、市储备粮油购销活动进行监督检查。着力解决企业出入库合同、交割方面出现的争议，督促企业履行协议，承担职责，确保国家和各级政策粮食宏观调控政策的顺利实施。

推进监督检查体系建设。2013年，省粮食局制定出台《山西省粮食流通监督检查示范单位创建活动方案》《省级粮油库存检查人才库管理办法》《关于创建粮食收购资格行政审批电子监察平台的实施意见》和《山西省粮食行政审批电子监察绩效量化考核办法》，并起草和印发《山西省省级政策性粮食出库管理暂行办法》，明确出库监管的职责分工、出库管理、纠纷处理和罚则，填补了省级政策性粮食出库监管空白，解决了省局监管面广、人力不足的矛盾，强化了省级粮食宏观调控和监督实施。在库存检查中，主动将纪检监察人员纳入检查组，对检查纪律进行监督，邀请人大代表和政协委员92人次全程参与监督，增强了监督检查透明度。

【加强仓储设施建设，储粮技术创新取得新突破】 2013年，省级安排仓储设施提升改造和维修改造资金7150万元，比2012年增长90.3%；农户科学储粮专项安排3440万元。重点推进四方面的项目建设：一是仓储技术现代化项目。在全国率先整体推进地方储备粮绿色储粮新技术，在建的4个绿色充氮气调储粮技术改造试点项目和48个无线数字式粮情检测项目，已全部竣工并投入使用，仓储设施提升改造项目运行效果良好。当年安排的10个储备库实施绿色充氮气调储粮技术和2个储备库实施墙体外保温隔热项目试点已完成招标进入实施阶段。二是简易建筑费和建仓贴息资金项目，共安排资金2158万元，为全省81个企业的仓库进行维修改造和设备购置。三是“危仓老库”提升和维修改造共安排59个项目，涉及仓容45万吨，以国家启动“粮安工程”为契机，从2013年起，计划5年内完成全省“危仓老库”改造。四是农户科学储粮项目。在2010～2012年累计为全省10.5万户农户配置标准化储粮装具的基础上，2013年实施建设的8万套科学储粮标准化储粮装具建设任务全部完成。其中，中央投资补助1040万元，省级配套资金1334万元，农户自筹1066万元，专项计划涉及10个市55个县。计划到“十二五”末，完成全省40万户任务，每年可为全省农民减少1200万千克粮食产后损失，帮助农民减损增收近3000万元。

【加强质量监管，粮食质量安全工作取得新进展】 一是省粮食局下发《关于做好2013年度收获粮食质量安全监测工作的通知》，组织开展收获粮食的质量安全监测，全年完成小麦样品160个、玉米样品280个的检测任务。国家级计划监测样品110份，其中，小麦样品40份，玉米样品70份；省级质量安全监测与品质测报样品330份，其中，小麦样品120份，玉米样品210份。监测范围为11个市57个县。二是开展储备粮质量抽查，全年共扦样检测82份。对轮换入库粮油全部由省质量监测中心进行质量检验，安全储粮省级抽查增加质量检验项目；对储存期间发生异常情况的粮食进行跟踪检验。三是推进粮食质量监测体系建设。山西省粮食质量监测中心项目建设获得省发改委批准。3个市级质检站向国家粮食局申报纳入国家粮食质量体系。山西粮食质量监测中心和太原市粮食质监站新增250万元的先进检验设备。

【加强经营管理，国有粮食企业改革发展取得新成效】 国有粮食企业改革重组工作稳步推进。2013年改革的重点是县级国有粮食企业，按照“一县一企，一企多点”的模式进行重组改革。截至年底，超过40个县完成改革重组。

国有粮食企业经营形势总体向好。2013年初，省粮食局与各市粮食局、集团公司，各市粮食局、集团公司分别与各县粮食局、集团公司所属储备库层层签订扭亏增盈责任状，强化责任，明确目标，强化经营考核，分月对各市及集团扭亏增盈指标完成情况进行通报。在2012年全省国有粮食企业实现粮食市场放开8年来首次统算盈利的基础上，2013年全省国有粮食企业统算实现利润1669.3万元，保持良好发展势头。

粮食部门招商引资工作继续推进。2013年落地项目9个，新签订合同协议项目11个。

（祝志光）

烟草专卖

【2013年经济效益再创历史最高水平】 2013年，全省烟草系统实现税利69.99亿元，比2012年增长3.3%；上缴财政税金32.09亿元，增长4.8%。

经济运行实现稳中有进。一是卷烟销量主动调减。受年底调控因素影响，2013年实际完成147.6万箱，下降1.7%。二是卷烟结构持续优化。单箱销售收入2.4万元，提高0.1万元/箱。一、二类烟销量分别增长9.3%、7.7%，三至五类烟分别下降1.3%、4.1%、11.9%，一至三类烟占比66.8%，提高1.9个百分点。三是重点品牌较快发展。行业28个重点品牌的销量和收入分别增长1.3%、6%，占比分别提高到81%、92.1%。行业“双15”品牌的销量和收入分别增长5%、8.7%，占比分别提高到58.3%、78.4%。全省卷烟规格由348个下降为272个（不含雪茄烟），规格偏多偏散问题得到有效控制。四是经济效益保持稳定增长。销售收入352亿元，增长3.7%。实现税利69.99亿元，增长3.3%。销售收入费用率6.6%，下降0.4个百分点。五是烟叶生产水平进一步提高。严格按计划组织生产，全省烟叶生产落实种植面积3066.7公顷，完成国家局下达的730万千克种植收购计划。烟叶收购均价21.2元/千克，提高2.3元/千克；户均种烟2.1公顷，提高14.8%；烟农收入1.55亿元，上缴财政税金3091万元，均创历史最高水平。加快推进现代烟草农业建设，优化烟叶结构，提高烟叶品质，积极推广先进适用技术，在省工商登记注册的烟农合作社达到21个，平陆、长子清洁型特色烟叶实验、示范项目建设进展顺利。

市场营销水平持续提升。一是实施品牌联合会诊。采取省市县“两级会诊、三级联动”、工商零消“四位一体”的方式实行“五步诊断”，省公司先后组织了七匹狼、苏烟、双喜、贵烟、娇子品牌的会诊工作，取得良好效果。二是狠抓现代终端建设。围绕“四同”要求，通过形象改善、系统推广、综合培训、功能发挥，现代终端建设取得初步成效。2013年，全省发展现代零售终端客户7688户，占全省客户总数的5.9%。三是创新客户服务。以稳定客户盈利、实现客户满意为宗旨，积极开展标准化、个性化、亲情式和增值性服务，落实事件营销、网上营销、跨行结算、资金借贷、弱势帮扶、应急用烟绿色通道等服务措施。全省网上订货比重达到93.1%，平均电子结算率99.1%，零售客户综合满意度保持在95%以上。四是持续提升物流建设管理水平。吕梁新物流配送中心历时两年建设，2013年底顺利投入运营。完成大同改造项目、长治选址论证、运城改造项目技术论证，晋中改造项目和忻州五寨中转站新建项目正按计划进行。扎实推进“科技、精益、人本物流”建设和“两标一评”工作，持续推动物流管理升级。全面实施配送中心非法人实体化运作。完成国家局《卷烟配送中心非法人实体化运作管理规范》课题研究任务，全面加快实质性运作步伐。启动卷烟包装箱循环利用工作，全省已回收包装箱27.1万个，完成率82.6%。

【企业管理进一步加强】 全面加强财务管理。认真落实“八项规定”，坚决压缩各项重点费用。2013年，全省系统重点费用支出下降26%。省公司出台《国有资产管理办法》《资金管理办法》《部分费用性项目预算定额标准》《物流费用核算管理实施细则》，从制度层面使财务管理工作更加规范。

继续开展管理创一流活动。以体系建设为主线，完善9项工作机制，全面构建和运行“六统一”管理模式。建立全省系统统一的75项专业对标指标体系，并延伸至县级局（营销部）层面。积极开展科技创新活动，临汾市公司QC成果获行业三等奖。试点导入精益管理，得到国家局肯定并在行业企业管理现场会上作了经验介绍。

持续提升信息化水平。出台《山西省烟草商业系统信息化工作管理办法》，对21项信息化管理制度进行全面修订，建立起覆盖全面的信息化管理体系和治理机制。以“信息系统全面梳理、全面诊断、全面加固”为抓手，全面加强信息安全和运维工作。山西烟草云计算平台2013年9月正式上线运行，实现软硬件平台、应用系统的集成整合和资源共享，形成符合行业发展方向的信息技术架构。

狠抓安全生产管理。以防火、交通、施工安全管理为重点，严格落实安全生产责任制，深入推进安全管理标准化、信息化和企业安全文化工作，加大基础设施建设、隐患排查治理、应急预案演练、安全教育培训力度，有力保障全省系统的安全发展。

提升采购管理规范水平。认真落实《烟草企业采购管理规定》，进一步完善决策机制，突出工作重点，严格工作程序。建立全省统一的办事公开民主管理工作模块，形成具有山西烟草特色的办事公开民主管理机制。2013年，全省系统工程投资、物资采购和服务采购（含宣传促销）实施公开招标项目金额占比87.7%。

加大审计监督力度。以落实“审计整改年”任务为重点，集中整改了近3年审计发现的各类问题710个，整改比例84.7%。完成大同、晋城2个市局（公司）法人代表和39个县级局（营销部）负责人的任期经济责任审计，积极开展工程项目、烟叶基础设施建设跟踪审计及物资采购等专项审计和审计调查。

【继续保持卷烟打假打非高压态势】 2013年，共查处假烟案件2960起，其中案值5万元以上80起，查获假烟3379万支，捣毁假烟窝点49个；查处卷烟非法流通案件5282起，查获非法流通卷烟8507万支；依法拘留65人，追究刑事责任56人；破获网络案件22起，长治市局“9·12”销售假烟网络案件被国家局、公安部列为督办案件，晋城市局“1·09”制售假烟网络案被公安部列为集群战役的发起案件。积极开展卷烟真伪鉴别工作，全年检验样品近3万个，出具检验报告8000多份，为卷烟打假提供了有力的技术支持。

（朱永胜）

12

出入境检验检疫·海关

CHURUJING JIANYAN JIANYI HAIGUAN

出入境检验检疫·海关

出入境检验检疫

【2013 年山西出入境检验检疫工作概述】 2013 年，山西出入境检验检疫局共检验检疫出入境货物 1.9 万批次、货值 46.75 亿美元，比 2012 年分别下降 9.5%、17.7%；签发各类原产地证书 1.2 万份，签证金额 7.65 亿美元，分别减少 1.7%、4.4%；检疫查验出入境人员 32.1 万人次，增长 38.4%；健康检查 6600 人次，增长 23.6%；从出入境货物中检验出不合格商品 189 批、不合格金额 1.15 亿美元；在出入境人员健康体检中，检出艾滋病 2 例、性病 6 例、肺结核 2 例、肝炎 40 例、澳抗 110 例；截获入境旅客携带的禁止进境物 1584 批。

【强化质量安全管理工作】 宏观质量管理进一步加强。2013 年，积极向省政府报送进出口商品质量分析、工作专报和调研报告，加强对行业性、区域性、系统性问题的分析；通过走访、座谈会等形式，加强与各市政府的联系；努力探讨、积极争取将进出口产品质量安全情况纳入政府绩效考核体系，积极推动质量强省(市)工作。

加强对外合作。2013 年，山西出入境检验检疫局与江苏、天津、山东、新疆和珠海等兄弟局，与省商务、农业、环保、食药等部门建立广泛深入的合作，扶持山西更多产品“走出去”，力促地方产业升级、转型发展。

推进企业质量诚信建设。探索建立与检验监管模式、优惠政策、通关验放模式、奖惩体系挂钩的综合诚信管理平台，对企业诚信管理评级率达到 100%。

营造全社会关注质量的氛围。开展“质量月”活动，召开“促进外贸发展座谈会”、开展政策巡讲活动，增强了地方政府部门、企业对检验检疫法律法规的了解和掌握；落实新闻发布制度，扩大检验检疫工作影响力。

【检验检疫能力进一步提升】 2013 年，加强质量安全风险防控和企业质量安全管理，开展质量安全风险排查整治、业务督查、证书质量评比、计收费业务督察和配合质检总局开展“一审双查”等 7 个专项督查活动，对发现的 70 多个不符合项进行了整改。围绕创新监管模式，整合现有监管要素，初步形成符合山西实际的出口工业产品综合监管模式；“集中审单”和“新版电子监管”系统应用全面推进。加强认证认可管理，严格注册备案准入，积极引入工作监督机制，认证审核、监督与检验检疫业务监管工作有机结合，增强监管工作有效性。围绕国门口岸安全、消费品安全、产品质量和食品安全，大力提高疫情疫病截获率、媒介生物检出率和不合格商品检出

永济芦笋出口加工

吉县出口苹果

率。2013年检出不合格出入境货物189批，比2012年增长22%；截获入境旅客携带的禁止进境物1584批次、有害生物20种次，分别增长114%、186%；进出境集装箱检疫查验率100%。“双打”行动中，共出动执法人员671人次，检查企业311次。

【服务山西经济社会发展】 突破外贸瓶颈有创新。针对山西地处内陆、出口不畅的短板，对现有检验检疫通关放行模式进行探索，在全省推出“检验检疫口岸直通车”新通关模式，扶持10家进口企业获得“晋津直通车”试点资质，既为企业带来具体经济效益，又提高了全省经济外向度。

服务综改区建设有新举措。围绕“打造精品，为民服务”窗口建设的总要求，努力打造服务型检验检疫“名片”，出台13条服务综改试验区发展措施。帮扶太原综保区项目建设通过验收。推荐4种产品获得国家地理标志产品、7家企业获得出口欧盟普惠制原产地试点资质。新增6家企业、13种出口产品获准“绿色通道”。对省重点工程项目山西成功汽车集团进口旧机电设备提供审核服务。口岸核心能力建设顺利通过考核验收，帮助太原航空口岸获批进境水果指定口岸。支持大同机场口岸临时开放，保障了国际太阳能十项全能竞赛的顺利举办。

服务经济发展有亮点。通过加强与地方政府合作机制，大力创建质量安全示范区，促进地方优势产品扩大出口，带动地方经济的质量提升、产业升级和农民增收，调动了地方政府抓示范区建设和扩大当地“拳头”产品出口的积极性。在质检总局公布的144个国家级出口食品农产品质量安全示范区名单上，山西出入境检验检疫局水果、芦笋、杂粮杂豆等7个示范区榜上有名，在全国直属局中位列前5名。

【探索特色质检工作之路】 转变检验监管模式，加强理论研究，积极探索符合山西实际的由“检”向“管”转变的监管新模式；变“管得多”为

2013年太原海关主要业务情况

业务类别	指标值	与2012年相比(%)
监管货运量(万吨)	2442	27.2
出口	69	24.7倍
进口	2373	23.8
进出口报关单(张)	6264	13.5
出口	740	4.7
进口	5524	14.8
进出口报关单记录(条)	15648	13.7
集装箱标准数量(箱次)	17165	18.9
出口	827	−21.7
进口	16338	22.1
集装箱载货量(吨)	303039	50.0
出口	14742	−29.1
进口	288297	34.6
税收入库(万元)	480220	0.4
关税	43199	−8.9
进口环节税	437021	1.4
出口税(万元)	6289	50.3
实际减免税(万元)	37642	−11.4
加工贸易合同备案(份)	79	6.8
其中:金额(万美元)	23220	−61.2
企业注册累计(家)	2452	8.4
其中:合资企业	126	−6.0
合作企业	6	20.0
独资企业	55	7.8
国有企业	210	1.0
私营企业	1992	10.5
实际进出口企业(家)	1189	2.1
监管进出境飞机(架次)	2886	26.3
监管进出境人员(人次)	331782	41.6
采取强制措施(人次)	26	4.2倍
罚没入库(万元)	1478	25.4倍

“管得住、管得精、管得好”。成立8个课题组开展特色质检工作研究，对法检改革的影响进行摸底评估，进一步明确了改革的方向和思路。

【安全生产工作常抓不懈】 一是明确领导机构。成立安全生产大检查领导小组，进一步强化组织领导。二是明确检查范围和原则。确定国门安全情况，实验室安全、机关内部安全管理，所辖熏蒸处理企业的安全管理等4个检查重点。明确了检查以听、看、查、改为主，即听汇报、看制度、查记录、改问题，把握“四个一”原则，即应当排查的问题一个不漏，应当建立的制度一项不缺，应当监督的环节一个不少，应当规范的操作一项不乱。三是针对自身工作开展自检自纠。查制度，全面检查检疫除害处理监督管理制度等涉及安全生产管理的规章制度建立情况；查落实，检查相关规章制度的执行情况，重点检查各类应急预案的建立、演练和处置等是否落实并符合要求，实验室检测、检疫除害处理、卫生处理所使用的危险化学品、有毒有害物的出入库记录、使用核销记录是否规范，实验室生物安全认可完成情况、实验室有毒有害品和生物安全管理情况；查重点，围绕口岸，重点检查口岸核生化有害因子发现及处置情况，口岸核生化监测检测设备运行情况，口岸信息化及检验检疫电子监管设施配备使用情况，口岸集中查验场设置监管情况，疫情疫病有毒有害物质截获情况，口岸区域食品、饮用水和公共场所卫生监督；围绕机关内部基础设施安全管理。四是针对企业开展排查。对辖区的卫生处理单位和口岸涉及卫生安全的企业进行排查，对15家企业进行监管检查，其中，卫生处理除害单位1家，口岸食品生产经营企业2家，口岸食品餐饮单位12家。五是梳理问题，加强整改。重点抓好所辖进出口企业商品生产、储运等环节的安全生产监管，帮助企业建立完善自身防控体系，在有条件的进出口企业中推行OHSAS18000（职业安全卫生）体系认证。

（郑　罡）

山煤集团太行海运船队之长治号

海　关

【2013年太原海关业务运行概况】 2013年，太原海关税收入库48.02亿元，比2012年增长0.4%；监管货运量2442万吨，增长27.2%；货值49.3亿美元，增长15.2%；监管进出境飞机2886架次，增长26.3%；监管进出境人员33.2万人次，增长41.9%。

【太原武宿综合保税区通过国家验收】 2013年，把支持太原武宿综合保税区建设作为一项重要工作来抓，指定专人对接综保区指挥部，积极参与相关工作，从综保区规划选址、基础建设、监管设施、产业项目、管理机构机制、政策解读等方面提出政策建议，帮助指挥部开展规划、设计、招商等工作。2013年8月，太原海关牵头联合省内10个厅局对综保区进行预验收。9月，海关总署牵头组织国家10部委对太原武宿综合保税区进行正式验收，并颁发验收合格证书。12月，太原武宿综保区正式开始办理海关业务。

【真诚服务地方政府和企业】 2013年，关区各业务部门组织进出口企业培训，深入企业送政策上门，帮助企业了解掌握海关规定。认真研究、改进和完善统计预警分析工作，向省、市政府和商务部门提供海关统计数据和进出口贸易重点商品的进出口情况分析，积极为各级领导科学决策提供依据。畅通“12360”海关服务热线。启动通关作业无纸化改革试点工作，提高通关效率。与外贸企业紧密合作，继续落实大客户服务制度。科学配置管理资源，为省内增加的国际航班做好监管服务，支持了全省的对外开放工作。加强与各市政府和重点企业的联系沟通，2013年先后与运城市、朔州市签订合作备忘录，明确了海关支持地方和重点企业发展的具体措施，建立了沟通顺畅的紧密合作机制。太原海关已与省内7市、3个兄弟单位和5个大型企业签订合作备忘录。

【打击走私取得新突破】 2013年，认真贯彻全国打击走私工作会议精神，开展打击走私专项斗争和联合行动，确定了打击“洋垃圾”走私、毒品走私、武器弹药走私、重点涉税商品走私、濒危野生动植物走私、违法携带货币等物品进出境行为等6个工作重点，会同省公安厅、环保厅等单位联合制定出台5个专项行动方案。立案调查行政违规案件54起，案值 4803 万元；办结 37 起，案值 3992.4 万元。立案侦办走私犯罪案件 6 起，其中走私进口废塑料案 4 起，查证涉嫌走私进境废塑料 2.3 万吨，案值约 9265.2 万元；立案侦办邮递渠道走私进境象牙案 1 起，查扣涉案象牙 84.7 千克，估值 352.7 万元，实现了关区侦办固体废物走私、珍稀动物制品走私案件零的突破。2013 年，太原海关共查获超量携带货币现钞进出境案件 9 起，其中，违规携带 1300 万元进境案件是 2013 年全国最大的一起该类案件。

【依法拍卖没收走私车辆】 2013 年，先后于 3 月 22 日、3 月 29 日、12 月 27 日组织 3 次公开拍卖活动，对 2009 年侦办的“10・10”走私汽车案的 33 辆没收走私车进行拍卖。3 次拍卖成交额 1314.5 万元，比拍卖底价高出 652 万元，溢价率 98.4%，实现了国有资产的保值增值。

（张新年）

山西经济年鉴

YEARBOOK OF SHANXI ECONOMY

旅游业

LÜYOUYE

旅游业

旅游业

【旅游经济稳定增长】 2013年，全省共接待旅游者2.48亿人次，比2012年增长26.5%。旅游总收入2305.44亿元，增长27.2%。2013年共新增旅游直接从业人员5.8万人，新增间接从业人员14.5万人。截至2013年底，全省旅游直接从业人员43.9万人，间接从业人员188万人。乡村旅游已成为贫困地区脱贫致富重要途径。全省新增乡村旅游点50余个，总数达到200多个。2013年，全省乡村旅游接待游客2400余万人次，旅游收入近130亿元。

【政策支持、宣传推介力度不断加大】 出台“美丽山西休闲游”若干措施。2013年，省政府《关于推动“美丽山西休闲游”的若干措施》出台，是山西省贯彻落实《旅游法》和《国民旅游休闲纲要（2013～2020年）》的实际行动，是发展旅游产业、促进转型跨越发展的具体措施，也是扩大消费、提高人民生活质量的现实需要。全省旅游系统抓住这一重大政策机遇，及时召开“美丽山西休闲游”新闻发布会，在平遥古城举办了“美丽山西休闲游”启动仪式，组织国内外近百家主流媒体对“美丽山西休闲游”若干措施进行集中宣传报道。特别是在省旅游局组织的7个省（区、市）和香港推介会以及其他形式的宣传推广中，都把“美丽山西休闲游”作为重要内容进行宣传，不断扩大了优惠政策的知晓度，为山西旅游业保持平稳发展起到了“雪中送炭”的作用。

《若干措施》的出台，也得到了广大旅游企业的积极响应。东方国旅在台湾高铁、站台、公交、机场等公共场合进行宣传营销，掀起了台湾游客“美丽山西休闲游”的新热潮，组织百架包机、万名台胞入晋旅游；宝华国旅利用“美丽山西休闲游”的契机，重新整合并迅速推出8条山西旅游精品线路，逐步开通太原直飞越南岘港、印尼巴厘岛、美国塞班岛、关岛等国际旅游包机，把众多海外游客通过直飞包机航班吸引到山西来旅游；山西康辉国旅组织了全国“百家康辉进山西”活动。省旅游局也会同省政府协调领导小组成员单位，及时跟踪《若干措施》执行情况，联合财政厅出台《“美丽山西休闲游”奖励办法》，兑现奖励600余万元，增强了各大旅行社充分利用优惠政策，更多地组织包机、专列等大宗入晋旅游的积极性。

宣传促销成效显著。2013年，继续采取省、市联动的办法，在中央电视台等主流媒体，在纽约时代广场、太原公交电视、北京至太原动车、北京西客站、国内主要城市机场等公共场合和宣传平台，高强度地宣传山西旅游整体形象。与新浪网合作，策划了“晋善晋美·风云三晋旅行侠微任务集结令”专题宣传推广活动。与旅游时代杂志社合办《旅游时代·山西旅游》，向国内和港澳地区定期公开发行，重点宣传山西旅游资源和旅游线路产品。与《山西晚报》合作，组织开展山西旅游纪念品创意设计大赛和“山西三宝”评选活动。与好运达传媒公司合作，组织“美丽山西休闲游·我为家乡做贡献”首都山西籍大学生大型社会公益宣传活动，首都21所高校、2035名学生参与，累计发放宣传册10万册，宣传范围遍及首都高校周边地区、交通枢纽、社区、各大公园、景点、旅行社、酒店等场所，受到了首都市民及外地游客的好评。与全国大学生广告艺术大赛合作，共参加省外高校活动10场，省内19场，面向大专院校师生，宣传和推广“晋善晋美”品牌。与省农业厅共同组织开展了“最美乡村”评选。

特别是从2013年7月开始，由省旅游局带队，组织各市旅游局、各景区、旅行社、媒体先后赴北京、天津、广东、河北、河南、陕西、内蒙古等7个省（区、市）和香港进行宣传推介，共有900家旅行社参加了推介、对接、签约活动，450家主流媒体和新媒体作了集中报道。在省旅游局的带动下，各市、各县也纷纷到外市、外省和国外进行推介，宣传促销力度之大为历年之最。2013年市、县自主组团到省外进行宣传促销达114次，促销地点包括韩国、台湾等国家和地区，以及北京、上海、广州、南京、呼和浩特、包头、杭州、洛阳等城市。山西旅游知名度和美誉度有了新的提升，“晋善晋美”被《环球时报》评为全国10个最受欢迎的旅游主题宣传口号之一。

【转型发展促进旅游产业建设规模上新台阶】 资源型企业大规模转

型发展旅游业。截至2013年年底，全省已有215家资源型企业投资开发旅游景区、星级饭店、休闲度假区和娱乐设施，总投资320亿元。其中，超过5亿元的项目14个，超过10亿元的项目9个。资源型企业转型投资旅游业，使山西的旅游业摆脱了长期以来投入不足的困境，呈现出投资规模大、建设标准高的良好局面，同时也推动山西省旅游产业自身的转型升级，较好地适应了大众旅游和休闲度假的市场需求，提高了山西旅游的发展水平。

A级景区创建工作取得好成绩。2013年，全省共完成9处国家A级旅游景区创建。完成12家省级休闲旅游度假区评定，全省省级休闲旅游度假区达到25家。平遥作为全国旅游标准化10个试点县之一，通过终期评估验收初审。

【提升公共服务水平，整顿规范市场秩序】 2013年，省旅游局借助《旅游法》的颁布实施，召开全省贯彻落实《旅游法》专题电视电话会议，对全省旅游系统全面贯彻落实《旅游法》作了动员部署。按照《旅游法》要求，会同省工商局、省物价局下发《关于开展旅游市场联合检查的通知》，建立健全综合协调机制、联合执法机制和旅游投诉、受理、转办机制。10月1日《旅游法》实施后，省旅游局组织全省11个市旅游局行管、质监部门进行交叉检查，检查企业105家，发现39件涉嫌违规违法问题线索，并进行调查取证和督办整改，进一步规范了旅游市场秩序。继续组织游客满意度调查工作，引导和督促全省各地改进和提升服务质量。举办“乌金山杯”山西省导游员大赛，促进了导游员服务意识和服务水平的提高。积极推进行政审批制度改革，下放了旅行社审批权限。严格落实“一岗双责”、企业安全生产责任和行业监管责任，狠抓重要时节、重点环节的安全整治和“安全生产活动月”活动，重点对旅行社、导游、租用旅游客用车辆资质情况进行检查，对黑社、黑导、黑车进行了查处。2013年，全省各级旅游行政管理部门开展旅游安全检查2142次，出动检查人员7585人次，对166家存在安全隐患的旅游企业发出书面整改意见并督促跟进，整改率100%。全省没有发生任何旅游安全事故，省旅游局连续10年被省政府评为安全生产先进单位。

【成功推出《又见平遥》大型旅游情景演艺项目】 《又见平遥》大型旅游情景演艺项目，是印象系列演艺在中国北方地区的第一个项目，也是中国第一部室内情景体验剧。《又见平遥》的成功上演，实现了文化与旅游水乳交融、高端嫁接和协同发展，成为山西省文化旅游产品中的知名品牌，取得了良好的经济和社会效益。2013年，《又见平遥》旅游演艺节目共吸纳演职人员320人，85%在当地消化，带动周边居民上千人从事相关旅游服务。为山西省旅游与文化深度融合创造了经验。

【地方旅游产业体制机制改革有新突破】 长治市大力度对壶关太行山大峡谷景区进行了资源整合和体制机制改革创新，长治市旅游发展有限公司、壶关县旅游发展有限公司、山西常平集团联合组建太行山旅游发展有限公司，注册资金1亿元。太行山旅游发展有限公司组建后，整合了太行山大峡谷范围内过去由10个主体(包括民营企业和个人)经营的10家景区，实现了统一规划、统一管理、统一开发、统一品牌、统一经营，形成了“一个品牌、一个公司、一张门票”的发展模式。2013年4月，太行山旅游发展有限公司与西安曲江集团托管团队签约，由曲江集团派出10人管理团队对景区进行经营管理。从2013年5月1日至12月底，太行山大峡谷景区接待游客超过30万人次，比2012年增长40%；同期门票收入由1200万元提高到2100多万元，增长75%。

（王海叶）

财政·税收

CAIZHENG SHUISHOU

财政·税收

财　政

【2013年财政收入与支出】 财政收入。2013年，山西省公共财政收入1701.6亿元，为年度预算的102.2%，比2012年增长12.2%，增收185.2亿元。其中：税收收入1136.9亿元，占公共财政收入的66.8%，增长8.8%，增收97.1亿元；非税收收入564.7亿元，占公共财政收入的33.2%，增长19.8%，增收93.5亿元。分级次看，省级公共财政收入458亿元，增长13.3%，增收53.8亿元；市级公共财政收入449.5亿元，增长11.7%，增收47亿元；县级公共财政收入794.1亿元，增长11.9%，增收84.4亿元。

财政支出。2013年，山西省公共财政支出3030.1亿元，占年度预算的88.6%，比2012年增长9.8%，增支270.6亿元。分级次看，市级、县级增幅大于全省水平，分别增长21.5%和16.8%；财政支出重心向下倾斜，2013年省、市、县各占全省总支出的比重分别为20.4%、19.2%、60.4%，市、县两级支出比重比2012年提高1.8个和3.6个百分点。全省公共支出用于与人民群众生活直接相关的教育、文化体育传媒、社会保障就业、医疗卫生、城乡社区事务、节能环保和住房保障等民生支出2482.1亿元，为年度预算的90.1%，增长10.2%，增支229.2亿元，民生支出总量和增支额分别占全省公共财政支出的81.9%和84.7%。

【大力支持经济转型发展】 落实积极的财政政策。2013年，全省累计筹措资金403亿元，支持铁路、公路、民航、水利等基础设施和转型标杆项目建设，发挥重点项目投资对经济增长的拉动作用。争取中央代理发行地方政府债券资金91亿元，比2012年增加26亿元，增长40%，省级留用38亿元，转贷市县53亿元，大部分用于基础性、公益性项目建设。深化收入分配制度改革，提高城乡低保、企业退休养老金等民生项目的财政补助标准，推进事业单位绩效工资改革，促进居民收入增加。支持“新网工程”建设，推进商业流通和物流配送等企业发展。支持省内大型网络交易企业快速发展，促进提升消费能力。减轻企业税费负担，落实支持煤炭企业发展“20条”，暂停收取煤炭企业矿山环境恢复治理保证金和煤矿转产发展资金等，减轻煤炭企业负担56亿元，发挥财政逆周期调节作用，帮助煤炭企业渡过难关。加强行政事业性收费管理，累计取消和免征74项行政事业性收费。落实结构性减税政策，对不达起征点的13.5万户小微企业免征营业税。推进营业税改增值税改革，“营改增”试点惠及企业2.8万户，促进了文化创意、鉴证咨询、技术开发等服务业发展。

着力均衡省以下财力分配。继续完善省以下财政体制，巩固省直管县改革试点成果，构建促进县域经济加快发展的财政体制。完善促进县域经济发展和扩权强县改革试点的增收奖励政策，下达省对县级各项奖励资金9.63亿元，比2012年增加2.23亿元，增长30.1%，其中22个扩权试点县增收奖励资金3.92亿元。将潞城市、太原市尖草坪区、朔州市平鲁区、阳泉市郊区、运城市盐湖区等5个省级转型综改试点县(区)纳入扩权强县财政奖励政策范围。2013年，对大同县、潞城市实施省直管县财政管理改革，实施省直管县财政改革的县扩大到74个，下达省直管县各类转移支付资金577.1亿元。2013年中央下达山西省均衡性转移支付199.3亿元，比2012年增加16.44亿元，增长9%。加大对市县转移支付力度，完善对市县财政均衡性转移支付方案，共下达各类转移支付资金1129.1亿元，下达对市县财政均衡性转移支付资金216.6亿元。完善县级基本财力保障机制，2013年下达县级基本财力保障奖补资金51.3亿元，增长31.2%。加大对县级生态转移支付力度，省对县级生态转移支付补助范围由2012年的18个县扩大到30个县，对国家重点生态建设较好的县奖补8.2亿元。

支持中小微企业发展。制定并以省政府名义出台实施支持中小微企业发展财政“15条”，从企业融资、鼓励出口、科技创新、节能减排、增加就业、提升素质、做大做强、发展品牌等8个方面发力，使全省支持中小微企业的资金达到10亿元以上，2013年新增小微企业3.6万户。全省各市加大帮扶力度，太原市的“助保贷”政策撬动银行资本12亿元投向中小微企业，忻州、晋中、运城、晋城等地通过加强融资担保体系建设等措施，推动中小微企业发展。创新支持方式。注重运用股权投资基金方式支持企业，打造全省中小微企业发展基金群；统筹中央和省级资金9100万元，对担保公司低费率业务给予补贴，提高中小企业增信融资能力，帮助中小企业缓解融资难、融资贵问题；推动财企银融合，建立省级贷款风险补偿机制，鼓励省内银行提高对中小微企业的贷款比重；对全省276户外贸企业的14.5亿美元出口投保出口信用保险保费给予补助，对38户外贸企业的出口信用保险保单融资贷款10.2亿元给予贴息补助，提振了企业走出去参与国际竞争的信心。

支持科技创新。落实支持科技创新的财税优惠政策、产业发展政策、人才引进政策及金融服务政策，筹措资金24亿元用于山西科技创新城建设。支持科技成果转化重点项目72个，带动银行投资近50亿元。安排科技专项资金4.4亿元，支持科技重大专项、成果推广计划、基础研究计划、攻关计划、星火计划等科研项目800多项。继续实施科普惠农计划，2013年下达专项资金1400万元，同时争取中央基层科普行动计划专项资金1680万元。

支持生态文明建设。落实资源节约利用和循环经济发展的财税政策，支持各项节能工作，促进资源综合利用和循环经济发展，支持全省重点流域水污染防治和乡村清洁工程，2013年全省节能环保支出98.2亿元，为年度预算的75.8%，增长11.3%，增支10亿元。加强重点流域水污染防治，拨付中央三河三湖专项资金1.7亿元，重点用于支持50个水源地保护、畜禽养殖污染防治、区域水环境综合整治项目建设，对2011～2012年跨界断面水质明显改善、对实现考核目标的大同、长治等4个市奖励3290万元。支持太原市环境综合治理工程，省财政筹措资金4亿元，重点支持太原市新增清洁供热扩网、城中村整村拆除、污染企业关停淘汰搬迁等重点工程项目建设。推进农村环境连片整治示范，省财政补助4.2亿元。开展乡村清洁工程，拨付全省乡村清洁工程清扫保洁人员的工资补助3.3亿元。支持节能、淘汰落后产能及新能源项目建设，下达省煤炭可持续发展资金10.95亿元，支持资源综合利用、循环经济和新型产业发展；下达2013年省级淘汰落后产能资金1.5亿元，支持水泥、电力、焦炭、钢铁、铁合金等行业共81个项目淘汰落后产能；下达资金2.29亿元，支持山西省社会领域节能。

【积极落实强农惠农富农政策】 2013年，全省农林水事务支出339.7亿元，为年度预算的89%，增长9.7%，增支30.1亿元。支持新实施10项强农惠农富农政策，新增补贴资金10亿元，确保农民务农种粮有效益。支持山西大水网建设，安排大水网及重大水利工程建设投入20.46亿元。支持启动百座小型水库更新建设，支持中低标准农田建设和盐碱地治理，夯实农业发展基础。落实良种补贴、农机具购置补贴等政策，兑现产粮(油)大县奖励政策，促进粮食稳产高产。支持"一村一品""一县一业"、设施蔬菜、水果业基地、中药材基地等特色农业项目发展，支持现代农业示范区、雁门关生态畜牧经济区建设，提高全省现代农业发展水平。支持农业科技成果转化、农业技术推广和农业社会化服务体系建设，扩大农业保险保费补贴范围，保障抗旱、应对冰雪灾害等经费需要，促进农业可持续发展。支持吕梁山、太行山集中连片特困扶贫开发试点，全省又有47万贫困人口脱贫。推进实施农村"五件实事"。改造农村困难家庭危房10万户，易地搬迁特困群众11万人，改扩建村级幼儿园546所，为农村配备保洁人员7.2万名、垃圾清运车3.6万台，为1.8万个村安装太阳能路灯36.8万盏，行政村街道亮化任务率先完成。深化农村综合改革，开展"一事一议"财政奖补试点，支持启动美丽乡村建设试点。继续支持农业保险保费补贴工作，2013年共拨付保费补贴资金3.72亿元(中央1.82亿元元、省级1.04亿元、市县0.86亿元)，占保费总额的84.2%，增长14.3%，积极向财政部申请纳入中央财政森林保险保费补贴试点省份得到财政部的批准，政策性森林保险工作有序开展。

【支持保障和改善民生】 加强社会保障和就业工作。加强城乡社会保障体系建设，提高城乡弱势群体保障标准和优抚对象的补助标准，提高企业退休人员基本养老金及实施更加积极的就业政策。2013年全省社会保障和就业支出419.0亿元，为年度预算的95.6%，增长18.2%，增支64.4亿元。支持全省城镇职工养老、医疗、失业、生育保险参保率达到95%以上；下拨城乡居民养老保险24.21亿元，全省城乡居民养老保险基础养老金提高10元，达到65元，惠及全省365万城乡老年人；做好企业退休人员基本养老待遇调整工作，下拨养老保险财政补助92.35亿元，企业退休人员养老金提高10%，全省162万企业退休人员及时足额领取到养老金；城乡低保标准每人每月分别由308元、148元提高到351元、181元，失业保险金和工伤保险待遇标准提高15%。印发《山西省财政厅关于印发〈省自主就业退役士兵一次性经济补助金管理办法〉的通知》，规范退役士兵经济补助金管理，省财政按照4500元的补助标准，下达退役补助资金5595.6万元，对8191名自主就业退役士兵进行一次性经济补助，切实维护了退役士兵的合法权益，推动了退役士兵安置改革工作顺利实施。实施生活困难群体临时救助制度，省级财政下达1000万元补助资金，按照救急救难的原则，对发生突发性、临时性的困难家庭给予生活救助，在全省每县3万元基本补助的基础上，对45个建立制度的县又增加4万元奖励资金，促进了临时救助制度落实和救助工作顺利开展，有力推动了全省城乡社会救助体系建设。拨付资金15.5亿元，支持落实职业培训、职业介绍、社会保险、公益性岗位各项就业政策。对城乡低保家庭应届毕业生每人给予1000元一次性求职补贴。省级财政安排4000万元，按每人每年1万元的标准，支持4000名高校毕业生到乡镇基层从事农业工作。2013年，全省城镇新增就业51.5万人。

推动教育优先发展。完善义务

教育保障机制，加大学前教育和高等教育投入。2013年全省教育支出542.4亿元，为年度预算的94.8%，比2012年下降2.8%，减支15.6亿元。完善义务教育保障机制，农村中小学生均公用经费提高165元，其中小学生生均公用经费由500元增加到560元，初中生由700元增加到760元，取暖费由50元增加到95元。及时准确下达各项资金，2013年下达农村中小学公用经费19.91亿元，免费教科书经费3.74亿元，农村义务教育薄弱学校改造计划资金6.27亿元，城市义务教育阶段免学杂费经费2.35亿元，农村义务教育学生营养改善计划专项资金1.98亿元，进城务工人员随迁子女在城市接受义务教育专项资金1.58亿元，家庭经济困难寄宿生生活补助2.14亿元。家庭经济困难学生资助体系实现各类教育家庭经济困难学生全覆盖，2013年共计下达普通本科高校、高等职业学校、中等职业学校、普通高中、幼儿园各类奖助学金和资助经费8.85亿元。高校生均拨款1.4万元，着力支持高校强校工程及重点学科、教学实验平台、科研平台和专业能力实践基地、公共服务体系、人才培养和创新团队建设。支持中职教育免学费和职业教育实训基地建设，提升职业教育服务经济发展能力。2013年共计安排骨干校、示范校、实训基地建设和免学费资金10.06亿元，支持两所国家级骨干高职院校、4所省级示范性高职院校、11所国家级示范中职学校建设。扶持87所学校的实训基地项目建设。支持省政府承诺为人民办的五件实事，全年完工546所幼儿园，新增学位7.4万个。

支持医疗卫生事业发展。提高基本医疗和大病保障水平、新农合和城镇居民医疗保障补助标准，扩大大公立医院改革试点范围，支持开展城乡医疗救助，减轻贫困人口医疗费用负担。2013年全省医疗卫生支出201.6亿元，为年度预算的94.1%，增长11.8%，增支21.3亿元。其中，公立医院支出30.9亿元，基层医疗卫生机构支出20.6亿元，公共卫生支出30.7亿元，医疗保障支出108.4亿元。推进医药卫生一体化综合改革，支持药品实行“零差率”销售；支持县级公立医院改革和村卫生室建设，公立医院改革试点县从34个扩大到68个；支持开展城乡医疗救助，减轻贫困人口医疗费用负担；扩大城乡医疗救助试点范围，重大疾病救助病种扩大到20个；确定在电力企业和运城、阳泉两市开展城乡居民大病医疗保险试点。完善城乡居民医疗保险制度，新农合和城镇居民医疗保障财政补助标准均提高40元，达到每人每年280元。支持基本公共卫生服务项目，财政补助标准提高到人均30元；下达基本公共卫生服务省级补助资金1.8亿元，支持为全省城乡居民提供43项免费公共卫生服务，保证了国家基本公共卫生服务项目落实到位，提高了基本公共卫生服务均等化水平。支持中医药事业发展，继续安排中医药事业发展专项资金1000万元，积极推进全省中医药三大工程建设，重点补助基层中医药服务能力提升工程400万元，中医药人才提升工程300万元，中医药优势技术攻关工程300万元，支持全国基层中医药工作先进单位创建工作，推动县级“名医堂”、中医治未病基地和中药现代化产业基地等项目建设，进一步提高了基层中医药服务能力。

支持保障性住房建设。推进城镇保障性住房和棚户区改造住房建设。2013年全省住房保障支出95.6亿元，为年度预算的79.1%，增长11.7%，增支10亿元。其中，廉租住房保障资金20.9亿元，棚户区改造资金24.5亿元，农村危房改造资金8.8亿元，公共租赁住房资金12.8亿元。全年新开工城镇保障性住房24.2万套，基本建成22.1万套。大同、朔州、忻州启动实施了农村住房抗震改建试点。采取集中与分散相结合、新建与修缮相结合等多种方式，推进农村危房改造。

推动文化事业发展。加强图书馆、博物馆、文化馆等重点文体场馆基础设施建设，提高和改善群众文体娱乐活动条件和质量。2013年全省文化体育与传媒支出66.7亿元，为年度预算的94.6%，增长10.8%，增支6.5亿元。支持山西大剧院、图书馆、科技馆和体育中心开馆运营，推进公益性设施免费开放，加强城市社区文化中心和文化活动室建设，为广大群众开展文化体育活动提供便利。推进农村基本公共服务体系建设，2013年下达农村文化建设专项资金2.52亿元，用于文化信息共享工程村基层服务点的宽带接入、运行维护及开展文化宣传讲座，农家书屋的书报更新、日常运行及举办读书活动，农村文艺演出活动补助，农村体育活动补助和农村电影放映活动补助。下达1.25亿元用于支持公共博物馆、纪念馆、爱国主义教育基地、公共图书馆、美术馆、文化馆（站）等公共文化设施全部免费开放。争取中央补助地方文化体育与传媒事业发展专项资金1.05亿元，重点支持公益文化单位的设备购置和日常维修改造。

【切实加强财政管理】 坚持厉行节约，反对铺张浪费。2013年压缩省级公共预算安排“三公”经费5%、会议费20%、省级预算部门一般性支出10%，共减支省直部门“三公”经费3.49亿元。加强预算绩效管理，印发《山西省财政厅预算绩效管理内部工作规程》，以省政府名义出台全面推进预算绩效管理的指导意见。规范预算管理行为，拟定《关于加强财政支出管理硬化预算约束的意见》，对省级预算从编制执行到追加调整等做出制度约束；出台《省级财政专户资金管理办法》，对财政专户设置、开户行选择决定等作了程序规范。全面推进国库集中支付制度改革，乡级所有预算单位财政性资金全部纳入国库集中支付制度改革范围，实现了“横向到边、纵向到底”的改革目标。加强政府采购管理，将政府采购预算与部门预算统一布置、统一编报、统一审核汇总，全省采购规模180亿元，比2012年增长20%。在事业单位分类改革中严格把关，确保财政供养人员只减不增，严控经费自理编制转为财政补助事业编制。严格财政监督，继续开展对民生资金和重大专项资金的监督检查，确保各项民生政策的有效落实。严格投资评审，省级评审机构评审项目214个，审减资金31.2亿元，审减率10.3%。加强财政科研工作，开展亚行技术援助项目《促进资源型地区转型发展的财税机制》研究。做好会计专业资格考试工作，首次组织全省初级资格无纸化考试。

（张小三）

国家税收

【2013年国税收入情况】 2013年，全省国税收入1158.1亿元，比2012年下降12%，减收158.6亿元。其中，地方级完成299.4亿元。分税种看：增值税完成841.57亿元，下降13.7%，减收133.06亿元，占税收收入总额比重72.7%；企业所得税完成206.72亿元，下降12.9%，减收30.65亿元，占税收收入总额比重17.8%；消费税完成43.47亿元，增长0.3%，增收1298万元，占税收收入总额比重3.8%；储蓄存款利息个人所得税完成1160万元，下降52.9%，减收1300万元，占税收收入总额比重0.01%；车辆购置税完成66.24亿元，增长8.3%，增收5.08亿元，占税收收入总额比重5.7%。

【税收收入特点与分析】 2013年全省国税收入呈现五大特点。一是税收总量有所回落，年度增幅出现负增长。二是月度收入低位运行，全年月度平均收入规模96.51亿元，较2012年月均减少13.22亿元。三是主导行业减收严重，煤炭生产及运销行业占国税收入比重由2012年的54.1%降至45.7%，减收183.53亿元。四是市域收入普遍下降，仅运城、太原两市有所增长。五是纳税大户数量减少，纳税5000万元以上企业351户，较2012年减少65户，入库税款减少175.24亿元。

全省国税收入下降主要原因。2013年全省国税收入下降，主要是受主导行业煤炭价格持续走低，企业利润大幅下滑以及非即期收入减少等因素共同影响。一是受市场需求下降、产能集中释放、进口煤大量增加等因素影响，煤炭市场结构性矛盾凸显，价格进入深度下行通道，因价格下跌导致煤炭生产行业增值税减少约118亿元。二是高端消费下滑，消费税持续减收，比2012年下降14%，减收1.86亿元。三是煤炭行业实现利润大幅下滑，企业所得税减收明显，下降28.8%，减收25.47亿元。同时，因跨省合资铁路企业所得税征缴入库办法调整，交通运输业所得税下降42.5%，减收13.17亿元。四是非即期税款大幅减少，2013年入库上年结转批缓和延期申报税款15.17亿元，下降78%，减少53.79亿元。

【持续推进税收法治建设】 一是全面清理现行税务行政审批项目，取消11项税务行政审批项目。将纳税人依申请事项由138项压缩为125项。二是制定规范税务行政处罚裁量权实施办法，在1个市局、4个县（区）局开展规范税务行政处罚裁量权试点工作。三是开展依法行政考核，落实税收执法责任制，实施税收执法预警监控，防范税收执法风险。四是开展重大税务案件审理、税务行政复议工作，维护纳税人合法权益。五是制定全省国税系统依法行政示范单位创建实施办法，评选出11个县（区）局为“全省国税系统依法行政示范单位”，1个市局和3个县（区）局分别被省委依法治省领导组评为“省级依法治理标兵单位”和“省级依法治理示范单位”。

【税种管理水平不断提高】 一是认真做好“营改增”试点工作，确保2013年8月1日试点顺利转换。全省纳入营改增试点的“1+7”行业共2.8万户，其中，一般纳税人4336户，小规模2.2万户，入库税款9.01亿元，共计减税5.6亿元，89%的试点纳税人税负下降。二是开展车辆购置税专项检查。对全省2010～2012年度的车辆购置税业务进行一次大梳理，推行车辆购置税自助办税，方便纳税人，推广应用车辆合格证电子信息系统，防范执法风险。三是全面落实企业所得税政策。全省享受企业所得税优惠的企业9339户，减免企业所得税38亿元；加强所得税税前审核，调减应纳税所得额14.82亿元；强化总分支机构监管，理顺管理机制，保证总分机构税务机关间的信息共享。四是开展生产企业出口货物退（免）税专项检查，查补税款4111.9万元。认真落实海关进口增值税专用缴款书“先比对后抵扣”管理办法，堵塞税收征管漏洞；强化预警分析与函调，严防出口骗税案件发生，全年办理出口货物退（免）税31.61亿元。

【有效提升纳税服务质量】 一是开展税法宣传咨询，充分利用纳税服务网、12366服务热线、办税服务厅等平台，积极宣传税收政策。二是减轻纳税人负担，对涉税信息实行“一次性”采集、“一户式”管理，统筹安排纳税评估、税收调查、税务稽查，防止多头检查、重复进户。三是推进服务平台建设，147个办税服务厅全部实现标准化，“一窗通办”窗口达293个，建立起全省统一的12366服务热线和纳税服务网，开通了12366短信服务。四是提升服务质效，90%的一般纳税人通过网上申报纳税，50%的办税服务厅安装使用自助办税终端。五是维护纳税人权益，开展纳税人权益保护工作，建立纳税人涉税风险提示制度，组织开展纳税人需求调查375次，参与调查的纳税人7.6万户次，办理“局长信箱”纳税人来信41件。

【强化税收征管工作】 一是全力推进金税三期工程上线。编制53个初始化采集模板，完成351种业务岗位、485项工作流、70类业务代码和参数设置，采集和维护初始化记录57万条，完成系统初始化；比对代码4.1万项，核实历史数据1.2亿条，人工清理错误数据55万余条，成功迁移数据表261张，完成数据迁移；对网上申报、机打票系统等9个本地特色软件的关联关系分析、升级改造、接口程序开发、内部测试、实验室联调和双轨测试，完成外围软件衔接；完成单轨割接，实现综合征管软件向核心征管系统过渡。2013年10月8日，金税三期正式上线平稳运行。二是深化税收征管改革。出台全省改革指导意见，开展税收征管试点工作，建立59个税收风险分析指标。三是做好税收风险管理。规范内外部涉税信息采集和交换，完善风险分析指标体系，明确省市两级风险分析监控机制。四是做好“营改增”征管工作。及时明确试点纳税人接收确认、信息录入、发票使用等工作步骤和详细工作内容。五是加强风险推送和纳税评估工作。全年共评估1.9万户次，实现评估入库税款27.58亿元。六是规范普通发票管理。完善发票真伪查询系统功能，全年共印制普通发票3.94亿份。七是强化税收征管质量考核。制定管户流失率、非正常户变动率、发票使用率、涉税信息采集率、风险应对贡献率、滞纳金加收率、欠税增减率、处罚率等8个税收征管质量考核评价指标。

【强化税收服务与管理】 大企业税收服务与管理。一是探索大企业税收专业化管理改革。建立省、市两级大企业税收专业化管理体制和工作机制，完善大企业税收专业化管理相关业务体系和建立大企业涉税事项协调会议制度，开展大企业税务审计。二是大企业税收管理信息系统正式上线，实现总局、省局二级部署模式。三是开展对石油石化、烟草、银行、电信和电力等五个行业总局定点联系大企业，进行税收风险测评，建立全行业税收风险特征库；对中国烟草、工商银行和大唐电力企业集团驻晋51户企业，开展全流程风险管理。

国际税收管理。一是加强国际税收管理，建立非居民企业股权转让信息交换机制，开展全省非居民企业股权转让清理核查，清理核查入库非居民企业所得税160万元。二是加大反避税工作力度，立案调查全国最大一起境外股权转让反避税案，税额达2亿元。

【加强税务稽查力度】 2013年，全省国税系统各级稽查部门共检查纳税人4711户，查补税款16.74亿元。一是着力推进“市级一级稽查”体制改革，“案源统一管理，检查统一实施，审理统一组织，人员统一调配，资源优化配置”的“全市稽查一体化”新型稽查工作模式全面运行。二是各项税收检查深入开展，对成品油批发零售企业、办理电子家具服装类产品等出口退(免)税企业、证券基金公司、经销钢材水泥及其水泥制品的建材经销企业税收专项检查，检查企业1632户，查补总额7.98亿元；对部分煤炭生产运销行业、农产品加工企业、矿产品(包括煤炭)采选经销企业及走逃、注销企业等虚开发票易发、多发行业开展区域税收专项整治，检查企业180户，查补税款5127万元；对重点税源企业税收检查，检查168户，查补收入2.34亿元，调减企业亏损1.14亿元；全面展开打击发票违法犯罪活动整治工作，检查企业5916户，查处违法企业3630户，查处非法发票3.9万份，查补收入4.82亿元，协助配合公安机关立案189件，抓获犯罪嫌疑人117人，移送起诉案件22起，捣毁发票犯罪窝点6个，打掉团伙1个，缴获作案机器6台，缴获发票份数161.9万份，涉税案值金额23亿元。

(董其文)

地方税收

【2013年山西省地方税收继续增长】 2013年，全省地税系统各项收入达到1381.21亿元，比2012年增长10.4%，增收130.24亿元。其中，各项税收完成1065亿元，增长12.8%，增收121.12亿元；地方公共财政收入完成824.92亿元，增长17.1%，增收120.43亿元；其他收入完成316.21亿元，增长3%，增收9.12亿元。其中，煤炭可持续发展基金完成193.62亿元，增长1.8%，增收3.35亿元。

【地方税收呈现七大特点】 税收规模实现历史性突破。2013年，全省地税系统组织的各项税收达到1065亿元，首次突破千亿元大关，实现了历史性突破。2006～2013年，各项税收年均增长23.1%。2013年各项税收增长12.8%，高于2009年1.9个百分点，分别低于2011年和2012年16.2个和11.4个百分点，呈现明显的振荡运行状态。

税收收入规模与增幅在全国排位均有所后移。2013年，全省完成各项税收规模在全国地税30个省(市、自治区)中位列第20位，后移3位，在中部六省中居末位；增幅比全国地税平均增幅高0.7个百分点，在全国地税位列第20位，后移16位，在中部六省中居末位。与周边省份相比，税收规模低于河北、内蒙古与陕西，增幅分别比河北、内蒙古、陕西高3.1个、4.9个和1.8个百分点。

地方公共财政收入比重有所提高。2013年，全省地方公共财政收入1700.22亿元，比2012年增长12.1%。全省地税部门组织地方公共财政收入824.92亿元，占全省地方公共财政收入的48.5%，比重提高2.1个百分点。另外，地税系统组织的属于地方公共财政收入的教育费附加和地方教育附加分别完成40.72亿元和24.68亿元，分别增长6%和4.8%。

主体税种比重基本稳定，小税种提升较快。各税种中，营业税和个人所得税比重继续提升，比2012年分别提高0.8个和0.2个百分点。土地增值税、耕地占用税和契税，分别从2006年的0.42亿元、1.24亿元、3.89亿元增加到2013年的24.74亿元、13.82亿元、39.55亿元，分别增长57倍、10倍和9倍，合计占各项税收的7.3%，比2012年提高2.8个百分点，充分体现了房地产税收一体化管理的积极成果。资源税、土地使用税、房产税等财产类税种的比重也提高0.9个百分点，而企业所得税受全省煤炭行业利润大幅下降的影响，比重下降4.3个百分点，下降幅度比较明显。

煤炭行业税收仍为龙头，建筑和房地产业税收比重明显提高。2013年，煤炭行业共完成税收302.72亿元，占各项税收的28.4%，比重比2012年下降5.2个百分点，但仍占据各行业中的主导地位；焦炭、冶金、电力等其他3个传统行业占各项税收的2.8%，比重下降0.4个百分点。比重明显提高的是建筑业和房地产业，分别完成税收181.25亿元和147.1亿元，占各项税收的17%和13.8%，比重分别提高1.9个和3个百分点；合计增长34.3%，增收83.78亿元，拉动各项税收增长8.9个百分点，成为各项税收增长的主要拉动力。

市县级收入增幅和贡献高于其

他。2013年,市县级收入合计完成624.14亿元,比2012年增长18.2%,增收96.21亿元,增幅分别高于中央级和省级17.9个和4.5个百分点,贡献率高于中央级和省级78.9个和59.4个百分点。中央级收入完成240.08亿元,增长0.3%,增收0.69亿元,受企业所得税中央级收入下降4.6%的影响,增幅回落22.9个百分点。省级收入完成200.78亿元,增长13.7%,高于各项税收增幅0.9个百分点。其中,省本级金融业和重点工程建筑业营业税分别完成31.99亿元和4.27亿元,合计增长23.5%,增收6.89亿元,占省级收入增收额的28.4%,成为省级收入增长的主要拉动力。

*各市均圆满完成地方公共财政收入目标。*从规模看,太原、长治和吕梁3个百亿大市合计完成各项税收437.91亿元,占全省各项税收的41.1%,比2012年提高1.5个百分点。从增长情况看,朔州、太原和大同增长较快,分别增长23.2%、22.9%和22.6%,3个市合计增收68.81亿元,拉动各项税收增长7.3个百分点;运城、长治和临汾增幅分别为9.8%、8.2%和0.8%,增长不足两位数,阳泉则下降13.6%。从地方公共财政收入年度目标完成情况看,14个征收单位均完成年度目标。

【提升征管质效,优化服务环境】 *金税三期核心业务在全国率先上线。*2013年10月,金税三期核心业务顺利上线,标志着山西省地税进入了"大数据"时代,将大幅提高征管质量、规范执法行为,并且有利于优化纳税服务、降低税收成本,对山西地税长远发展必将带来深刻影响,也为全国税务系统信息化建设提供了经验、树立了样板。

*税收管理创新稳步推进。*重点税源监控体系逐步完善,数据分析决策应用平台试点稳步推进,风险管理工作模式初步形成。财产行为税税源监控平台应用逐步深化,监控比对成效明显。营业税征管不断加强,车船税管理经验在全国推广,土地增值税征管清算进一步强化,城镇土地使用税"以地控税"试点稳步推进。跨境税源管理及时跟进,国际税收管理不断加强。深化企业所得税分行业分事项管理,汇算清缴成效明显。金税三期个人所得税管理系统顺利上线,年所得12万元以上自行纳税申报人数持续增长,为132万人开具完税证明。契耕"两税"及房地产税收一体化管理不断加强,统一规范执法标准、完善巩固评估机制、深化拓展项目管理、清理市场违规行为、化解社会纠纷矛盾取得新的进展。规范简并规费票据,实施税费信息比对,规费管理成效明显。煤炭可持续发展基金管理全面加强,查验补征监管力度不断加大。征管状况监控分析、税源专业化管理、纳税评估、大企业税收管理等重点工作深入推进。网上申报和财税库银横向联网电子缴税继续完善,POS机刷卡缴税全面开通,机打发票覆盖面稳步扩大。信息安全与运维体系建设不断加强,广域网络改造扎实推进,数据中心全面建成。

*纳税服务体系不断完善。*积极跟进转型综改试验区建设,广泛开展税收科研和税收政策研究,认真落实地税专项行动方案,积极争取有利于山西的税收政策。扎实推进"营改增"试点工作,确认试点纳税人2.3万户。降低娱乐业营业税税率,落实税收优惠政策,2013年为纳税人减免税收116.89亿元。按照要求取消部分税务发票工本费,减轻纳税人负担6717万元。开展纳税人涉税需求征集分析响应,出台优化纳税服务的实施意见,制定分解细化的具体措施。加强办税窗口建设和办税服务工作,开展办税服务厅标准化建设督查验收,实施办税服务厅绩效和星级管理。推进12366服务热线升级改造,开通应用热线短信平台,完善网站功能。建立税法宣传咨询常态化机制,第22个税收宣传月和"公益微税收"宣传活动取得良好成效。"两个操作示范"修订完善工作全面启动。

【依法行政深入推进】 加强法制宣传教育,强化规范性文件管理,开展执法督察和优惠政策执行情况检查,推进行政复议规范化建设,健全法律顾问制度。加强涉税政策把关审核,192条意见建议被省政府及有关部门采纳。稽查体制更加完善,稽查质效明显提高,2013年查补收入11亿元,查处百万元以上案件24件,查处违法受票企业1144户,查处非法发票9981份。完善目标责任考核体系。开展政务基础工作检查,加强政务管理制度建设,公文运转、安全保密、信访工作不断强化。量入为出、勤俭节约、科学理财,经费收支、基本建设、固定资产管理和政府采购更加规范,后勤管理服务保障能力持续提升。

(徐　鸿)

山西经济年鉴

YEARBOOK OF SHANXI ECONOMY

金融业

JINRONGYE

金融业

综述

【金融市场运行情况】 存款增速下滑，存款分流现象凸显。2013年，全省金融机构本外币各项存款余额26269.02亿元，比2012年增长8.7%，季度环比增速分别回落3.6个、1.4个和4.3个百分点。贷款平稳增长，信贷结构继续优化。2013年，全省金融机构本外币各项贷款余额15025.46亿元，增长13.7%。中长期贷款和地方法人金融机构贷款余额增长较快，分别占到各项贷款增量的48.1%和28.8%。信贷投向重点突出。一是大力支持山西省国家资源型转型综合配套改革试验区建设。截至2013年年末，全省银行机构投入转型综改"四大领域、十二大项目"的贷款余额达到9476.1亿元，增长15.7%，占各项贷款余额的63.1%。二是大力支持重点行业和薄弱领域发展，截至2013年年末，全省涉农贷款、小微企业贷款分别增长22.5%、29.3%，均高于其他各项贷款增幅。三是积极满足保障房建设、下岗人员再就业和大学生"村干"创业等民生领域的资金需求。截至2013年年末，累计发放保障性安居工程贷款9.9亿元，下岗失业人员贷款7754万元，大学生"村干"创业贷款1711.7万元。

金融市场发展稳健，融资渠道进一步拓宽。(1)银行间市场发展迅速。2013年全省进入全国银行间同业拆借市场、债券市场的金融机构分别为29家、65家。在这两个市场上全年累计成交额分别为166.48亿元和56138.49亿元。商业汇票业务增长迅速，全省金融机构累计签发银行承兑汇票7802.27亿元，比2012年增加4257.74亿元。累计办理贴现6865.2亿元，增加3060亿元。融资结构继续改善，全年共有41家企业发行短期融资券、中期票据、非公开定向债务融资工具和资产支持票据，募集资金884.4亿元，其中，短期融资券新增234.4亿元，中期票据新增101亿元，非公开定向融资工具新增544亿元。发行短期融资券和中期票据的企业以能源类企业为主，分布在煤炭、冶金、焦化、制造、化工、交通运输、电力、重工、投资、酒类等10个行业。全省票据市场的迅速发展，对银行信贷渠道形成有力的补充。(2)外汇市场运行平稳。全省跨境外汇收支总额315.1亿美元，增长43.8%。其中，跨境外汇收入154.7亿美元，增长55.1%；支出160.4亿美元，增长34.5%；资金净流出5.6亿美元，下降71.3%。银行结售汇总额164.9亿美元，增长21.2%。其中，结汇收入72.8亿美元，增长38.9%；售汇支出92.1亿美元，增长10%；逆差19.3亿美元，下降38.3%。从全年数据来看，年度结汇增长率明显高于售汇增长率，银行结售汇增幅偏弱而逆差较大。

【金融服务与创新】 信贷政策导向作用逐步凸显。中国人民银行太原中心支行以支持转型综改试验区建设为主线，以深化"十项重点推进"工作为抓手，综合运用窗口指导、存款准备金、再贷款、再贴现等货币政策工具，科学调控信贷总量与结构，加强和改善流动性管理，促进货币信贷和社会融资规模平稳适度增长，有力地支持了山西经济转型发展。先后出台《关于金融支持山西省重点工程项目建设指导意见》《关于山西省进一步借助银行间市场加快债务融资工具发展的指导意见》，引导金融机构加强对重大项目、转型项目、"三农"和小微企业的支持力度。大力发展直接融资，与省政府、中国银行间交易商协会签署了推进债券融资业务发展《三方合作备忘录》，支持企业通过发行短期融资券、中期票据、资产支持票据等融资工具进行融资。跨境人民币结算实现全省覆盖，2013年累计办理跨境贸易人民币结算金额达142.65亿元，比2012年增长1.8倍。

金融稳定工作扎实推进。"两管理、两综合"工作进一步深化。加强新设金融机构开业申报管理，落实新设机构首次会谈制度，促进申报工作进一步规范。2013年共接收88家新设金融机构的开业申报，累计申报事项438项，组织开展了对邮政储蓄银行、农村信用联社的综合执法检查，完成对26家银行业金融机构的综合评价工作。创新金融风险监测方式，开发完成涉及6大类23个监测项目的山西省金融风险监测系统，将银证保、准金融机构、金融市场、表外业务、融资平台、民间融资等纳入风险监测范围。

支付系统结算环境持续改善。

2013年，顺利完成第二代支付系统阶段性上线工作和支付管理信息系统上线工作。全省178家银行业金融机构加入现代化支付系统，73家银行机构加入账户管理系统，43家机构加入电子商业汇票系统，44家机构加入同城票据交换。2013年全省各类支付系统共处理业务4.98亿笔，金额522523.12亿元，比2012年分别增长24.7%、12.7%。非现金支付工具投放和使用量持续上升，新型支付工具在农村地区的推广工作取得新进展。截至2013年年底，全省共有发卡机构22家，银行卡发卡量1.06亿张。农村地区发放惠农卡、福农卡、邮政绿卡、社保卡等银行卡，新增765.5万张，增长15.7%；各行政村平均布设助农银行卡终端机具2.3台，覆盖率达100%；发展手机支付用户784户，累计交易8329笔、1230.8万元。积极开展支付服务市场整顿监管工作，22家拟退市的支付机构中，16家完成退市工作，6家停止新增发卡；继续开展支付业务准入许可初审工作，4家获得《支付业务许可证》；合规开展行政许可事项，办理银行账户开立16万户、撤销9.3万户、变更4.2万户；受理并上报总行联网核查社会公众投诉73笔，协助人民法院查询结算账户5021户；全面完成个人银行账户信息真实性核实工作，各地方性金融机构及外资银行需核实的存量个人人民币银行存款账户共计668.3万户，核实进度100%。

国库服务水平不断提升。制定国库会计数据集中系统业务处理办法和操作指南等规章制度，提升国库会计核算质量。深化国库直补工作，创新开展国库拥军直补，全年累计支付各类政府补助资金453万笔、28.6亿元。制定实施《山西省国债业务维权管理办法》，大力开展国债维权、国债催兑和国债知识宣传。

反洗钱监管工作持续深入。认真贯彻风险为本的监管理念，开展对90家金融机构的反洗钱现场检查、对142家金融机构的反洗钱监管评估、对18家新设立金融机构的现场核验、对7家财务公司和5家村镇银行走访摸底和对8家金融机构进行后续跟踪检查。落实法人监管制度，出台《关于进一步做好地方法人机构反洗钱工作的指导意见》。组织开展“5C评估标准”试点和金融机构编码申请工作。积极推进山西证券可疑交易报告综合试点工作。认真开展反洗钱调查和协查工作，甄别移送重点可疑交易线索58份。加强反洗钱合作，与山西省税务部门签署反洗钱《合作备忘录》。

大同银行

反假货币工作保持常态。2013年，全省人民银行继续强力推进银行业金融机构对外误付假币专项治理工作，广泛开展反假货币宣传，加大反假货币知识培训力度，加强对银行业金融机构的监督检查，全面深化和规范反假货币管理，积极配合公安部门严厉打击和防范假币犯罪活动，为全省金融稳定健康发展奠定了良好基础。2013年全省累计收缴假人民币1058.3万元、11.9万张，比2012年分别增长16.1%、18.9%。

金融生态环境全面改善。积极推动中小企业和农村信用体系建设，为5.5万户中小企业和381万农户建立信用信息档案，其中，5046户中小企业累计获得银行贷款3078亿元，208万户农户累计获得贷款707亿元。推动农村青年信用示范户工程，累计投放贷款32.17亿元，支持了4.4万名农村青年创业。信用评级和机构信用代码工作健康平稳运行。全省全年推荐参加主体资信评级1154户，比2012年增长55.8%。截至2013年年末，全省完成44.7万户机构的信息采集和代码证发放工作。征信系统运行平稳，防范信贷风险和社会服务的功能日趋完善。2013年山西省企业和个人征信系统为22万户企业和1460.3万自然人建立信用档案，全年查询企业系统50.9万次、个人系统183万次，累计受理公检法、审计、保险、海关等部门查询537次。金融机构通过查询征信系统拒绝有潜在风险的贷款188.8亿元。

金融科技支撑作用有效发挥。继续加强金融信息化建设，圆满完成银行业金融机构代码证发放、金融领域安全IC卡与移动支付等试点任务。积极推广小微金融机构专用接入平台应用，做好技术标准符合性和系统安全性审核。指导晋中市金融IC卡在公交行业率先应用，完成金融IC卡电子现金跨行圈存推广工作。

金融创新力度进一步加强。人民银行太原中心支行积极推进金融创新，召开全省创新融资模式服务实体经济推进会，鼓励金融机构创新金融产品和服务，在一定程度上解决了贷款同质化问题。华夏银行太原分行利用债务融资工具承销业务、信托融资工具及资金监管业务、中期票据等新兴工具，通过推广国内信用证、出口双保理、内保外贷等产品，全力满足客户融资需求。民生银行太原分行积极创新小微业务商业模式，通过推行评审革新、售后前移，整合前中后台业务流程，成立小微综合金融服务设计工作室，提供全过程综合服务。招商银行太原分行积极推进担保方式创新，结合山西本地市场实际开发区域性标准化贷款产品，在平衡收益和风险的基础上实现小微企业贷款的最佳业务结构。中信银行太原分行围绕"一链两圈三集群"的模式，通过"抵押贷、联保贷、租权贷、循环贷、物流贷"和"商户通、市场通、园区通、商会通、贸易通"等特色品牌，利用小企业集合票据、集合债券及股权私募融资等直接融资和结构化融资方式，为企业搭建融资平台。

【金融法制环境建设】 金融法制基础进一步夯实。《证券法》《公司法》《消费者权益保护法》《商标法》等法律的修订为金融业的持续、健康发展创造了更为公平的市场环境，也为金融创新提供了法律支持。采取多种形式面向社会开展反洗钱、征信知识、票据管理、反假货币、支付结算、银行卡管理、金融消费权益保护等方面的金融法制宣传活动，社会公众办理金融业务时遵守金融法律的自觉性和依法维权意识明显提高。2013年，人民银行山西辖内各级分支机构共作出行政处罚决定200件，共计罚款242.6万元，有力地维护了辖区金融秩序。

金融消费权益保护工作深入开展。2013年，人民银行太原中心支行单独设立法律事务处（金融消费权益保护处），完善了基层人民银行金融消费权益保护工作的组织架构和工作体系。2013年全省人民银行共受理金融消费者投诉273件，办结273件；受理金融消费者咨询1895件。

（张　杰）

中国工商银行山西省分行

【主营业务快速发展，主要业务指标保持平稳增长】 2013年，实现拨备前利润74.23亿元，比2012年增长11.2%；净利润52.23亿元，增长11.7%；实现经济增加值（EVA）27.59亿元，增长11.8%。截至2013年年末，本外币各项贷款较年初增加222亿元，增长12.7%，较系统平均水平高2个百分点，增量四大行占比37.8%，排第一位。坚定不移推进信贷结构调整，突出抓好新兴领域拓展、小贷业务突破和融资产品创新，坚持贷款多元化发展方向，努力构建信贷业务均衡发展局面。2013年末，"四大新市场"贷款较年初增加197.98亿元，增长31.6%；个人贷款和信用卡贷款分别较年初净增40.07亿元和14.66亿元，分别增长32.8%和31.4%，增速分别高于系统内平均水平14.2个和5.2个百分点。截至2013年年末，人民币全部存款（含同业）时点较年初增加113.59亿元，四大行占比26%，排第二位，日均增加195.49亿元。其中，储蓄存款时点增加170.59亿元，四大行占比35.7%，排第一位，日均增加122.26亿元；对公存款时点负增长，日均增加29.63亿元。

【优化经营结构，各项业务健康快速发展】 纵深挖掘市场潜力，加快贷款投放节奏，继续保持信贷业务良好增势。紧密契合"综改区"建设步伐，围绕"两个纵深"挖掘市场潜力，依托"两个提前"抢抓窗口机遇，转换思路应对行业限额管理，坚持存量转化和增量拓展双线并进，继续巩固煤炭、冶金、电力、公路、铁路等传统行业战略地位，深入推进"双千百亿"工程，积极做大贷款规模和客户总量，2013年贷款投放再创新高，稳居省内信贷市场主导地位。成功开办太钢岚县矿业链融资业务，复制启动重点钢铁企业上游和煤炭行业下游链融资业务推进工作，为链融资业务承接对重点企业的融资支持打开了新局面，2013年共建成省级以上供应链5条，融资102亿元。大力拓展非信贷融资途径和信贷产品创新，多渠道满足大型集团客户融资需求。2013年创新融资416亿元，比2012年增长近110%。

加大市场攻坚力度，夯实客户发展基础，稳步推动存款业务持续均衡发展。积极推进"竞争力提升工程"，依托"大宣传、大走访、大营销"活动，深入挖掘和准确对接客户需求，通过综合化服务优势，有效拉动存款均衡增长。按照"拓户增存"的发展思路，加大账户拓展和客户营销力度，通过考核激励促进拓户工作的放量提质。2013年新增有效账户1.4万户，比2012年增长40%，新增账户增加存款99.57亿元，全年账户没有出现大开大销的大幅波动。从"守住大户资金、竞争同业客户、拓展新增客户"三个方面入手，运用系统监测、专业督导、工作问责等多种手段，扭转公司存款负增长的被动局面。通过跟进省级财政集中支付、抢抓社保基金归行、创新医保资金结算模式等工作举措，着力打造"财政、社保、公积金"三大核心板块，积极竞标成为全资格省级财政国库集中支付代理行，同步拓展军队、教育、同业等多领域业务合作，深入挖掘民生金融市场潜力，保持了机构存款持续向好发展。积极构建专业联动、产品带动、精准营销、层层督导等工作机制，深入开展个人金融资产专项营销活动，持续加大中高端客户拓展力度，带动个人金融资产和储蓄存款稳健增长，储蓄存款存量和增量始终保持四大行第一的位置。

着力"双擎两翼"工程，突出重点业务发展，努力寻找中间业务突破路径。围绕中间业务"二次起飞"，深入推进"双擎两翼"工程，力推重点业务和重点项目，坚持传统业务和新兴产品同步发展。2013年，全行中间业务收入20.12亿元（含银行卡还原收入），增长4.1%，四大行占比36.4%，排第一位。对投行业务进行地毯式市场梳理，加快重点投行项目的落地转化进程，品牌类投行项目取得明显成效，全年投行收入2.8亿元，其中，完成品牌类投行项目21个，实现融资118亿元，是2012年的6.5倍。加大金融资产服务业务拓展力度，着力推动债券投资、养老金、贵金属、私人银行、资产托管、国际业务等多点开花，比2012年分别增长32%、35%、13%、26%、24%和12%，不断提升金融资产服务板块的收入贡献，支撑中间业务收入持续增长。以电子银行和银行卡业务大发展为抓手带动交易类业务规模增长，做大客户群和交易量。推动电子银行量质并举，2013年末，柜面业务可分流率29.5%，较年初下降7.4个百分点；交易离柜率在80%以上的活跃客户占比33.5%，上升7.7个百分点，高于系统内平均水平4.5个百分点。依托项目带动和产品创新继续做大发卡规模，加快牡丹连晋旅卡、公积金联名卡、ETC一站式等项目推广步伐，推出小微商户逸贷公司卡业务，打造特色收单工程，推动信用卡业务持续健康发展，全年新增发卡33.4万张，中间业务收入4.25亿元，增长31.2%，继续保持同业第一。

深入推进网点效能提升和运营标准化建设。拓展自助渠道服务，2013年改造附行式自助网点123个，增设各类自助设备967台，加快了流程优化和业务集中改革步伐。

【加强内控案防工作，提升风险防范和管控能力】 2013年，在全行范围内深入开展“合规文化建设工程”，围绕集中学习、风险排查、强化教育三项重点，以“重塑合规文化、根植合规理念”为目标，分专业、分板块有序推进。引申运营风险管理，强化重点环节风险防控，加强网点现场管理、远程授权、对账、柜员等四类人员履职管理，内部风险暴露水平为万分之6.6，较年初下降36%。积极开展营业机构核算印章综合改革试点，分批完成143个网点柜面用印机的推广，实现印章管理由传统实物向电子化、信息化管理的转变，在加强用印风险管控、提高用印效率方面走在了全国前列。牢牢把握“看住人”和“看住贷后”两条主线，创新实施一级包一级的员工行为动态排查模式，不断加强员工警示教育。进一步强化贷后投后管理，创新组建特约检查员队伍，深入探索“三级联动＋换手管理”贷后管理新模式，开展大规模的贷后投后风险排查，严把贷后管理风险关口。以“两打一防”“案件风险百日专项排查”等活动为抓手，开展对机构、网点、业务三纬度的100%风险排查，保持案防工作的高压态势。加大不良资产清收处置力度，全年累计清收处置不良贷款7.03亿元，现金清收1.78亿元。加强被诉案件源头治理，大幅压降被诉案件数量和金额，构建全方位法律风险防控体系。认真落实安全责任，提升安全管理水平，强化外部风险防控，深入开展覆盖全机构的安全大检查，维护安全稳定的经营环境。

（李文杰）

中国银行山西省分行

【主营业务稳健发展，经营水平不断提高】 经营效益逆市增长。2013年，实现经营净收入58.6亿元，拨备前利润29.6亿元，净利润22.47亿元，分别比2012年增长11.9%、15.1%和25.7%，创年度盈利最高水平。

资产质量持续改善。不良余额和不良率持续实现双降，不良率首次控制在1.5%以内。其中，授信资产不良余额13.04亿元，比2012年下降2.39亿元；不良率1.4%，下降0.4个百分点。

业务规模稳步扩大。2013年各项存款突破2000亿元，其中，人民币各项存款余额1999.32亿元，比2012年新增100.88亿元。外币各项存款余额8.34亿美元，新增2.76亿美元。各项贷款突破900亿元，其中，人民币各项贷款余额898.6亿元，新增80.85亿元。外币各项贷款余额3.37亿美元，新增0.2亿美元。客户基础继续增强，公司有效客户突破1万户，新增512户，增长5.2%。个人有效客户458.7万户，新增58.6万户，增长14.7%。个人网银、手机银行交易客户数分别为50.2万户和8.3万户，分别新增22万户和7.9万户，指标完成率位居系统内前列；企业网银交易客户数1.6万户，新增6935户，增长76.5%。

特色业务继续保持领先。国际结算业务市场份额35.3%，跨境人民币市场份额33.9%，继续领跑省内同业。

【创新融资模式，服务地方经济】 经营理念转型，服务社会之需。结合全省综改区建设的金融需求，山西中行积极发挥集团化、国际化、专业化的经营优势，认真落实与山西省政府签订的战略合作协议，到2013年年末，为全省企业提供表内外融资747.67亿元。认真梳理研究全省个人贷款多样化需求，积极拓展住房、个人投资经营、商铺抵质押循环、个人营运汽车、益农贷等多层次、全方位的贷款品种，为全省需要购房、购车、经商的市民提供满意的金融服务。到2013年年末，累计发放个人贷款35.7亿元，比2012年增长19.5亿元。大力拓展社会保障服务，支持社会保障事业发展，通过开辟绿色通道、上门服务、延伸服务渠道等方式，继续加快社保卡发放进度，累计发放社保卡240万张。

功能定位转型，解决社会之急。紧贴市场脉搏，充分发挥多渠道、多平台的业务优势，认真贯彻全省“以煤为基、多元发展”的发展战略，以山西综改区建设为契机，积极支持传统产业的优化升级和新兴产业的规模扩大，利用短融、超短融、中期票据、企业债、信托计划、投资银行理财、私募债、贸易金融等融资产品，帮助企业解决转型过程中的融资难题，有效降低了客户筹融资成本。紧紧围绕省政府确定的重点工程、重大基础设施建设项目，积极跟进配套贷款，切实保障重点项目资金供应的持续性和有效性。截至2013年年底，累计为省内大型企业提供授信支持248.35亿元，为铁路公路大型项目融资32.45亿元。深入贯彻落实中央关于支持小微企业发展的金融政策，加快小微企业“信贷工厂”服务模式的推广应用，完善小微企业信贷管理体系，组建“钻石服务团队”，不断提升专业化服务水平。围绕省内核心企业，大力发展供应链融资业务，把资金注入处于相对弱势的上下游配套小微企业。与中银保险联动，为小微企业提供企贷保业务。加大与担保公司的合作，开展联保联贷业务，有效化解小微企业因质押担保不足、信息不对称、抗风险能力弱而带来的融资难题。截至2013年年底，累计为小微企业提供授信支持12.24亿元，比2012年增长7.23亿元。积极做好直接融资的同时，根据经济特点和企业需求，提供专业化和个性化的金融产品和服务，特别注重将贷款营销与当地经济特色有机结合，提高服务经济发展的针对性，为当地提供更多便利的、适用性强的金融产品。同时，重点支持县域经济发展，积极为工业园区、特色产业园区提供优良的金融服务，有计划增设金融服务网点，积极推广“银园”合作模式，通过为商户办理POS机、结算等业务，全方位为园区企业提供多元化、个性化的金融服务。

改革创新转型，服务社会大众。进一步加大改革创新力度，通过机构功能升级、金融产品创新和电子渠道拓展，不断填补金融服务薄弱区域。加强基层和基础建设，确立“抓机构增量建设，抓存量机构深度转型”的指导思想，加快机构网点建设，提高网点覆盖面，扩大业务辐射范围，有效支持了地方经济发展。一方面，积极拓展县域机构，加快网点铺设，延伸服务半径，截至2013年年底，全省共有网点机构311家，其中县域网点97家，已开业自助银行346家，自助设备总量投放达到1160台。另一方面，通过深化网点转型，丰富网点功能，突出业务优势，加快大中型全功能网点和小型专业特色化网点建设，满足了大、中、小、微企业的融资需求，方便了广大居民办理存取款、理财、投资等日常业务，有效夯实了客户基础。2013年，公司有效客户1万余户，比2012年增长512户，个人有效客户344.5万户，增长27.7万户。围绕市场和客户需求，对现有优势业务进行改良，积极研发新的金融产品，利用投行理财产品、资本市场融资工具等帮助大型重点企业优化融资方案，更好地满足企业资金需求。到12月末，累计叙做直接融资业务145亿元，表外融资业务308.12亿元，增加53.79亿元。继续发挥在外汇方面的品牌优势、传统优势以及全球网络优势，通过外汇业务创新和海内外联动，大力发展海外代付、内保外贷、人民币跨境、本外币保函、供应链融资等业务，积极支持全省企业“走出去”拓展海外市场，为助推山西外向型经济发展。到12月末，累计为省内企业办理国际贸易结算业务95.71亿美元，增加30.34亿美元；叙做跨境人民币结算业务54.6亿元，增加34.75亿元。紧跟互联网金融和电子金融发展的趋势，大力拓展电子渠道建设，结合大型企业的金融需求，为其提供银企直连项目，进一步提高其财务分析能力和现金管理能力；结合民生民用需求，加强与第三方公司的合作，重点拓展通信、水煤电、交通、有线电视和教育等领域代缴费项目，开通手机银行取款业务，方便广大居民，特别是广大农民朋友的日常生活，足不出户，即可享受优质的金融服务。

【加强风险管理，保持健康发展】 山西中行加快管理模式转型，由相对粗放式的管理模式向精细化、高效化的模式转变。强化信用风险管理，建立大风险管理模式，制定信用风险管理实施方案，完成组织架构搭建、制度建设和人员准备等工作。下发《促进中型及小型企业授信业务发展若干补充意见》和2013年中型企业授信业务指引，完善中型客户授信管理。建立“八纵两横”的盘存方式，覆盖全部信贷业务产品。改进押品评估工作、完善授信档案管理，使授信业务保持质和量的协调发展。提高操作风险管控水平。积极开展操作风险与控制评估，做好日常反洗钱监测与分析。建立健全“重点可疑交易层级上报机制”，成功投产G—MAP系统，运用监控录像查看、凭证影像查询、电子报表检索等手段，提高专项调查和常规核查的质效，构建“流程＋系统＋现场”的管控模式。狠抓案件防控工作。打牢案件防控工作基础，重点抓好基层机构负责人及重点岗位员工的案防教育及交易监控工作，通过组织“晨会案防一分钟”、员工参与非法集资排查、新版“双十禁”学习宣讲等活动，重点整治理财经理及行内员工参与民间借贷、“飞单”“私售”等违规行为，不断增强全员的防范意识，杜绝案件风险隐患。加强声誉风险管理。初步搭建多层次、多媒介的宣传平台，出台声誉风险管理办法和应急预案，坚持属地管理和条线负责相结合，坚持正面引导和品牌宣传，坚持从源头上控制风险，声誉风险管理从被动应付转向主动应对。

（李　鹏）

中国建设银行山西省分行

【各项业务稳健发展，经营效益大幅提升】 2013年，主营业务收入84亿元，比2012年增加10亿元；实现考核利润43亿元，增加7亿元。存款业务实现预期目标，全口径存款余额2620亿元，新增125亿元，位居四行第一位；一般性存款余额2594亿元，新增154亿元，四行占比29.4%，位居第一。其中，企业存款余额1182亿元，由2012年的四行第三位升至第二位；新增37亿元，四行占比83.4%，位居第一。个人存款余额1411亿元，新增117亿元，四行占比24.4%，位居四行第二。信贷投放创出历史新高。各项贷款余额（含信用卡透支）1248亿元，新增144亿元。人民币贷款新增151亿元，增速13.8%，首次超过存款增速4.3个百分点。加上投行业务融资206亿元，全年信贷类资产新增达到357亿元，创出历史新高。其中，对公类贷款余额1094亿元，新增96亿元，四行第二；个人类贷款余额150亿元，新增44亿元，四行第一。中间业务市场份额稳步提升。实现净收入16.5亿元，增长14.1%，主营业务收入占比20.5%；毛收入16.9亿元，市场占比30.4%，继续保持四行第二。同比增量四行第一，同比增幅四行第三。不良贷款实现持续双降，不良贷款额8.04亿元，减少1.11亿元；不良贷款率0.6%，下降0.2个百分点。

【认真贯彻落实战略合作协议，全力支持地方经济建设】 2013年，在山西省煤炭工业处于下行通道的背景下，建行山西省分行积极落实与省政府签订的综改区战略合作协议，履行大银行应有的社会责任，通过拓展多种信贷融资渠道，支持服务地方主体经济，重点支持了山西省

建行山西省分行

煤炭、铁路、电力、制造等行业的发展。截至2013年年末，建行山西省分行人民币贷款新增151亿元，比2012年多增17亿元；一般性存款新增154亿元，在存款同比少增212亿元的情况下，新增存贷比达到98%。同时，通过投行业务为客户提供信贷融资206亿元，多增40亿元。加大对山西省重点产业的支持力度，其中，煤炭行业累计投放249亿，新增投放44亿元。

【各项业务多点开花，系统居前同业占优】 2013年，机构业务社保存款余额246亿元，新增47亿元。其中，6家发卡行社保存款余额110亿元，占全行社保存款45%；新增29亿元，占比63%。同时，与19家客户达成“一卡通”合作协议与意向。代理信托计划业务收入3473万元，计划完成率110%。鑫存管存量签约客户28万户，新增2.4万户，居同业第一。投资托管业务总规模达85亿元。其中，企业年金托管规模37.5亿元，新增6亿元。投行业务发行理财类、债券类产品49笔207亿元。其中，财务顾问业务收入9244万元，理财业务收入27851万元，债券承销收入5229万元。资金渠道进一步拓宽，通过个金、财私、电子银行等渠道销售67亿元。房金业务个人贷款投放2.7万笔、65亿元，余额150亿元，新增44亿元。其中，个人住房贷款新增39亿元，个人消费经营类贷款新增4.48亿元，均居四行第一。住房资金存款余额216亿元，居四行第一；新增26亿元，占对公存款新增的84%。住房公积金贷款余额91.7亿元，新增26亿元，均为四行第一。小企业业务贷款余额92亿元，新增45亿元，增长95%。其中，非贴贷款余额84亿元，新增45.7亿元。信用卡业务累计发卡102万张，同业排名第二；新增发卡36万张，同业排名第一。消费交易额272亿元，同业排名第二。信用卡分期贷款余额8.5亿元，新增4亿元，增长90%。实现信用卡分期交易额13.96亿元。电子银行业务客户总量1240万户，新增315.5万户。个人网银活跃客户、手机银行活跃客户、短信银行分别新增29.4万户、20万户、78万户。电子银行账务性交易量比44.5%。学生惠签约总量30万户，新增签约17万户。悦生活年度交易量76.7笔。E动终端网日均签约量11.1笔。票据业务累计办理贴现业务307亿元，累计办理电子银行承兑汇票贴现20亿元。

大力发展投行业务，为重点项目多渠道融资。大力发展财务顾问业务、债券承销业务、信托类理财业务、股权融资业务、股权收益权融资业务、资产收益权融资业务、委托并购业务、项目投资业务等投行产品，积极支持地方经济转型发展。2013年先后与七大煤业、大型国企、地方民企等33家企业开展深度合作，通过投行业务为客户融资206亿元，比2012年多增40亿元，加上151亿元的人民币贷款投放，共投放信贷类资产357亿元，创出信贷投放的历史新高。

加大银政合作力度，大力扶持教育、卫生行业。调整信贷结构，加大扶持与民生息息相关的行业。先后与太原、临汾、朔州市政府，山西省文化厅、太原市自来水公司、山西医科大学、山西中医学院、太原师范学院等签订战略合作协议。对太原理工大学、太原科技大学、中北大学、山西财经大学等省内20多家本科院校给予信贷支持，重点支持了高校园区建设，与全省所有全日制本科院校均建立起业务合作关系。与全省17家医院开展了业务合作。2013年，建行山西省分行机构类贷款新增12.5亿元，比2012年多增5.35亿元。

主打“助保贷”等特色业务，助推中小企业健康发展。在继续推广“速贷通”“成长之路”等传统产品和业务的基础上，建行山西省分行不断加大创新力度，推出“助保贷”“信用贷”“善融贷”“供应贷”“网银循环贷”等产品，成效显著。其中“助保贷”已在太原、晋城、阳泉等10个市推开，与49个县级政府签订合作协议，组建助保金池54个，为200多家民营企业提供信贷资金15亿元。同时，建行山西省分行先后与山西省中小企业局签订“创新小微企业金融服务战略合作”协议，与太原市政府签订“助保金贷款业务战略合作”协议。2013年，建行山西省分行小企业贷款

92 亿元，新增 45 亿元，增幅 96%，增幅排名连续两年保持系统第一。

积极发展国际业务，支持山西省外向型经济发展。以丰富的产品配置、优质贴切服务以及在业务流程和行业限额管理上给予贸易融资业务一定的优惠政策，支持了进出口量居全省第一的太钢集团和首钢长钢等大型国有企业，具有山西省区域特色的大型煤、焦、钢铁等民营企业及优质中小客户的进出口业务。截至 2013 年年末，建行山西省分行累计完成国际结算量 38.6 亿美元，完成结售汇量 23.6 亿美元，进出口贸易融资余额 42 亿元，累计办理跨境人民币结算业务 24 亿元。

【主动承担社会责任，融入全省民生建设】 积极支持省人社厅社保一卡通工程和新农保工作的推进。成立社保联名卡工作团队，在全省取得了 6 个市的城镇人口发卡资格和新农保发卡资格，社保卡发卡业务占全省市场份额的 40%。2013 年，建行山西省分行社保卡累计发卡 768 万张，新增发卡 384 万张，累计发卡和新增发卡均居同业和系统第一。

完善服务机制，提升服务效率，加快个人住房贷款投放。进一步完善个人贷款中心的服务模式，在经营机制、业务操作流程、客户服务规范等方面建立标准运作模式。让利于民，给予部分楼盘项目小幅让价还量政策支持，对优质项目给予贷款利率优惠。截至 2013 年年末，建行山西省分行个人贷款共投放 2.7 万笔、47 亿元，比 2012 年多投 23 亿元。新增 44 亿元，增加 16 亿元，位居四行第一。

加快服务创新，延伸金融服务进社区。社区金融是建行山西省分行个人网点营销模式创新的典范和样板。2013 年继续在全省大力推广社区金融创新模式，在太铁社区和太重社区等多家社区推行社区金融，并在太重社区首次实现电子银行代缴电费业务的创新。通过介入物业代收费系统平台，增加建行山西省分行自助设备缴费圈存功能，实现其他缴费项目向电子渠道的迁移；在金融社区建立多功能“自助银行超市”。社区金融的推广创新延伸了金融服务深度，为居民大众提供了便利。

【加快业务转型，提升信贷资产质量】 建行山西省分行转变“一煤独大”观念，下大力气抓非煤产业。一方面及时收紧煤炭行业的信贷投入政策，信贷资源尽可能向机构类客户、个人类贷款、信用卡透支倾斜，在风险可控的前提下，适时、适度加快小企业贷款增速；另一方面，密切关注行业走势，监测客户经营情况，始终保持市场变化的敏感性，提高反应速度，及早化解风险，严格控制新暴露不良资产的新增，同时，加大存量不良资产的化解与处置，特别是加强了对关注类贷款的管理，尽可能实现向上迁移，确保减值准备与不良指标控制在目标内。2013 年，建行山西省分行非信贷不良资产处置取得重大突破，债转股处置 4.2 亿元，回收现金 5.77 亿元，实现溢价收入 1.98 亿元；抵债资产处置 4836 万元，实现溢价收入 2139 万元。不良贷款、不良贷款率实现双降。

【建立创新激励机制，营造全行创新氛围】 出台《产品创新奖励办法》，规范产品管理与创新流程，在省分行网站开通专栏，搭建信息资源共享平台。2013 年完成 14 个产品创新项目，23 项知识产权获奖，并获得建总行“知识产权管理奖”。截至 2013 年年底，五台山卡销售 170 万张，五台山金销售 340 千克。着手打造“自助超市服务”新模式，在传统自助银行功能和服务的基础上，新增客户服务与拓展、产品营销与互动、创新客户自助服务产品等多种功能的自助银行，进一步开阔了创新视野，丰富了创新内容。

（赵建伟）

中国农业银行山西省分行

【各项业务持续、稳定、健康发展】 2013 年末，全行各项存款余额 2767 亿元，比 2012 年增加 5.7 亿元。各项贷款余额突破千亿元，达到 1037 亿元，增加 120 亿元。

【加大服务全省经济建设的力度】 一是在国家宏观调控政策趋紧的情况下，大力支持山西城乡经济转型跨越发展。2013 年，主动与山西省委、省政府确定的“项目推进年”和相应投资规划相衔接，重点支持全省在建续建重大基础设施项目和煤矿技术改造、循环经济项目。继续支持了同煤、晋煤、阳煤等省属大型煤企，集中支持了全省煤炭、电力、公路、铁路等支柱产业和重点民生项目。二是积极在优势行业、重点领域中筛选具有良好发展潜力的中小客户，加紧培育优质小微企业客户群，有效解决了一批中小企业融资困扰。三是努力拓宽融资渠道，针对企业资金需求与信贷规模紧张的矛盾，积极创新融资手段，大力发展直接融资，既解决企业资金需求的难题，又降低企业的融资成本，带动了关联企业的发展。累计为山西省煤运、潞安集团等办理债券融资、理财融资 188 亿元，直接融资余额 536 亿元，继续保持同业领先水平。四是利用系统优势，组织跨省联合贷款。在本行规模不足的情况下，联系有规模没项目的兄弟省农行给山西企业投放贷款，支持山西企业发展。

【积极探索服务“三农”新路子】 围绕国家强农政策，大力支持农业产业化龙头企业发展。2013 年，共发放涉农贷款余额 313.86 亿元，较年初增加 63.05 亿元，增速 25%，重点支持了汾酒集团、忠民集团、水塔老陈醋有限公司、山西大象农牧集团有限公司等一大批“513”国家级和省级农业产业化龙头企业扩大生产，带动了农村经济的发展。

围绕国家富农政策，积极开展链金融服务。改变传统的单一支持某个企业、某个农户的信贷方式，为以产业链为依托，向产业链上各个主体提供整体金融服务，助推城乡经济一体化发展。制定产业链金融服务名单，明确了客户营销、资金结算量和带动农户数。针对当地县域产行业特点，按照“一县一特色”“一行一路径”和“一企一对策”的原则，制定工作方案，确保产业链金融服务工作进度。2013 年末，全行产业链金融服务共涉及 113 个产业链、695 户各类客户；贷款余额 20.47 亿元，资金结算总量16万笔、381.5亿元，带动农户50.3万户。同时，重点选择依托产业集群和位于龙头企业带动的“产业链”条上的农业项目经营户进行贷款支持。全行农户小额贷款余额5.21亿元，农村个人生产经营贷款余额1.18亿元。

实施金穗“惠农通”工程，建好“农民身边的银行”。通过实施金穗“惠农通”工程全覆盖，使现代金融服务的网络遍及全省村庄，惠及2000万农民，广大农民足不出村就可享受到刷卡消费、转账结算、资金汇划等现代金融服务。2013年末，全省共布放金穗“惠农通”转账电话4万部，发放惠农卡650.5万张；转账电话全年金融性交易318.2万笔，交易金额214.81亿元。在做好“三代”（代理新农保、新农合、其他涉农财政补贴）的同时，积极拓展公共事业代缴费业务，为广大农民提供便利。2013年末，全省累计代理电费、移动和联通话费等公用事业代缴费172万笔、3.6亿元。全省共有98个县支行代理新农合业务，覆盖率85.2%；共有56个县支行代理新农保业务，覆盖率48.7%；共有64个县支行代理各项涉农补贴共计182项。“三项代理”累计归集资金61.14亿元，发放资金48.32亿元。借商务部在全国开展“万村千乡市场工程”信息化建设之机，在全省选定5000家试点进行农商通设备布放，对配送企业、农家站开展多种金融服务，大力提升农村地区信息化水平和金融服务水平。

【积极创新服务民生举措】 一是认真规范服务收费。严格执行信贷业务“七不准”禁止性规定和服务收费标准。在全省营业网点公告公示有关服务项目、服务内容和收费标准。建立投诉、举报、回应机制。二是加强服务渠道建设。积极推进网点标准化建设，已完成400多家网点的标准化改造。大力发展电子服务渠道，2013年投放ATM机540台、自助服务终端机329台、离行式自助银行90个，总量分别达到1607台、863台和220个，形成了11万部智能支付终端为渠道的金融服务网络，成为全省电子渠道覆盖最广的国有商业银行，可以为广大客户提供全天候、全方位的优质金融服务。开办了私人银行、理财产品、贵金属销售等金融服务。三是不断提高服务质量。完善一系列促进和提升网点文明标准服务的制度，完成近500个网点的规范化服务导入工作，外聘专业机构对全行网点组织了3次“神秘人”暗访，同时，通过视频监控系统对200多个网点实时营业情况进行了远程内部抽查。四是认真开展金融宣传。组织开展“金融知识进万家”银行业金融知识宣传服务月活动和开展“进单位、进社区、进市场”活动，向公众宣传基础银行业金融知识，引导社会公众科学合理使用银行产品和服务，提升公众保障自身资金财产安全的意识和能力，主动防范金融诈骗风险，进一步增强和提升公众金融知识水平。

【全力强化内控风险管理】 农行山西分行全力做好风险防控工作，着力防控信用风险，加强贷款行业和客户准入管理，从源头上防范风险。一是积极推进流程改造，在个贷集中作业的基础上，进一步上收法人贷款授信审批各项职能，在系统内率先实现信贷全品种集中作业，提高了贷款管理的制度化、规范化、程序化水平。二是加快推进柜台流程再造，完成262个营业网点的高低柜分流，实现了柜面全远程集中授权，集中作业品种扩大到21项，减轻了网点负担，提高了柜面处理效率。三是加强运营风险防控，积极探索分级负责的运营风险防控新体系。省分行重点通过集中授权、集中监控，强化远程在线监督；二级分行重点通过现场检查，强化对重点部位、重点环节的监督；网点充分发挥运营主管作用，强化账账、账实核对管理，有效预防风险。

（贾　峰）

中国农业发展银行山西省分行

【主要业务经营概况】 2013年，农发行山西分行发放各类贷款108.6亿元，各项贷款余额343.1亿元，较年初增加6.2亿元，支农作用不断增强；各项存款日均余额95.7亿元，全省综合存贷比27.7%，高于全国水平11.3个百分点；实现账面利润5.02亿元，经营效益保持较高水平。

【提升信贷支农水平】 认真做好粮棉收储资金供应。坚持履行粮棉油收储资金供应与管理的基本职能，落实粮食宏观调控政策，维护粮食安全和保护农民利益，确保政策指令性粮食收购资金供应。2013年累计发放中储粮轮换贷款6.9亿元，支持企业收购粮食2.99亿千克；发放地储粮轮换贷款1.3亿元，支持企业收购粮食0.55亿千克。按时完成中央储备稻谷跨省串换轮入玉米贷款发放工作，新增中储贷款1.66亿元。累计发放贷款8.4亿元，支持搞好中央政策性粮食跨省移库和贷款划转工作。同时，加强对农发行收购资金占粮食市场份额的考核比重，加大对战略性优质客户和骨干调控企业市场化粮食收购的支持力度，确保夏、秋粮收购平稳进行。在夏粮、秋粮收购开始前，对小麦、玉米的生产、收购价格等进行调研，与省粮食局召开收购工作联席会议，提前做好收购贷款企业资格认定工作。全年累计发放市场性粮食收购贷款29.58亿元，支持企业收购粮食15.55亿千克。累计发放棉花收购贷款2.13亿元，支持收购皮棉785万千克。

着力加快农业农村基础设施建设信贷业务发展。一是提高银政合作层次。重点对支持山西科技创新城项目进行研究并提出方案，进一步确立了该项目主办行地位。先后组织省金融办、财政厅及有关涉农厅局等12个部门召开项目融资对接会，专题研究项目落实工作。二是全面推动项目营销进度。充分利用银政高层合作成果，找准信贷支农与地方政府需求的结合点，围绕政府重点项目开展营销与政策宣传。重新启动晋城公路局贷款15.6亿元及临汾尧都区土地收储整理贷款8亿元项目，并通过总行贷审会审议。新营销和上报长治市襄垣县河东新区新农村建设贷款12.3亿元、太原王家峰城中村改造贷款15亿元、长治县压煤区农民整村搬迁贷款10亿元等一批地方政府关注的项目。三是完善营销办贷机制。研究制定《项目营销办贷工作机制实施方案》,实行省分行项目营销办贷联系人包片负责制,成立地方政府和各级行有关人员组成的项目办贷小组,推行项目受理、评估、贷款报审"一条龙"服务,减少办贷环节消耗,切实提高办贷效率。全年累计发放贷款32亿元,支持续建项目23个、新建项目14个。年末,该类贷款余额134.87亿元,共支持项目135个,其中,省级4个,市级24个,县级107个。此外,2013年全行已审批未放项目31个、贷款67.65亿元,比2012年增加14.52亿元。

*择优扶持产业化龙头企业和农村流通体系建设。*按照"严控风险、择优扶持、有进有退、优化结构"的信贷策略,落实商业性贷款项目预报、预审制度,审慎发展商业性信贷业务。做好现有商业性客户维护工作,督促和帮助企业加强经营管理,提高经营效益。2013年累计发放各类农业产业化龙头企业贷款51.59亿元,重点支持了山西长治市金泽生物工程有限公司、山西华晋纺织印染有限公司、山西振东制药股份有限公司等重点企业做大做强;累计发放农村流通体系建设贷款3.1亿元,重点支持了太原市河西农产品有限公司等企业。累计发放贷款5.43亿元,重点支持了太原市糖酒公司糖储备、山西天泽煤化工集团化肥储备等业务,重点营销了太原市清徐县美特好农产品配送物流等贷款业务,为稳定农产品和农业生产资料市场价格,满足居民生活和农业生产需求发挥了积极作用。

【优化信贷资产质量】 *坚持不良贷款清控攻坚目标不动摇。*对每户不良贷款企业逐笔、逐科目进行分析,测算分解各行的不良贷款"双降"任务。按照落实"清收方式、清收资金来源、清收时间进度、清收责任人"的"四落实"要求,针对具体企业分别制定清收处置方案。建立周报制度,加强监测分析,推进工作落实。加大考核奖惩力度,对有不良贷款的二级分行和县级机构,按不良贷款现金清收、处置、新增额度,直接进行奖惩兑现。

*加大不良贷款清收处置力度。*积极采取支持地方经济与征得政府支持解决不良贷款问题相结合,依法维权与联合制裁相结合,支持企业兼并重组与盘活存量贷款相结合等多种有效措施,强力开展不良贷款清收处置工作。晋中市分行成为全省第四个零不良贷款的市分行,新绛县、沁县、祁县、五台县等6个县支行实现不良贷款结零,45户企业实现不良贷款零余额。

*积极化解信贷风险。*在全省开展为期一个半月的贷款风险集中排查工作,涉及企业738户、贷款326亿元。针对大额风险贷款,成立资产保全督导组,进驻企业核查资产负债及经营的真实情况。建立定期会商制度,进行资产保全起诉,促使当地政府、企业与农发行联合签订"贷款清偿协议"。

【夯实基础管理】 *加强信贷基础管理。*一是完善制度建设。完善规范商业性贷款管理,先后下发《关于进一步加强商业性贷款管理的通知》《关于加强商业性贷款客户资金监督管理工作的意见》。规范信贷项目审查审议工作,制定《信贷事项主质询办法》。二是强化贷款管理。加强中储轮换管理,下发《地方储备粮贷款管理办法》,积极推进地方储备粮集中管理。规范粮油收购贷款报备管理和信贷审批项目报审报备工作。加强粮棉促销收贷,2012年棉花年度收购贷款提前四个多月实现"双结零",购销贸易企业粮食收购贷款也全部实现"双结零"。加快落实已批未放中长期贷款的贷前条件,加强对项目资本金的审核,做足做实担保措施。三是提高办贷效率。下发《关于明确贷款项目报送审批时限的通知》,对信贷项目在受理、推荐上报、调查、审查等各环节办理的时效进行明确,提高办贷效率。

*加强财会基础管理。*一是夯实财会基础。组建财会检查辅导大队。开展财会业务技能竞赛。推广人民银行二代支付系统和综合业务系统改造模块上线工作,综合业务系统保持安全稳定高效运行。二是严格费用管理。修订《财务资源配置办法》,合理测算分配财务费用指标,从严控制消费性支出。

*加强合规管理。*细化合规管理要求,完善市县两级行信贷、财会专业合规管理达标标准,严格达标考核。强化发现问题整改,组织对全省新发生信贷、财会业务进行跟进审计,发挥审计的监督作用。推广内部监督管理信息系统,组织内部监督管理信息系统推广应用培训,确立晋中、吕梁市分行为内部监督管理信息系统应用试点。

【提高经营效益】 *加强存款营销。*落实存款营销责任,拓宽营销渠道,重点采取延长贷款项目下游企业存款链条、提高承兑汇票保证金比例、吸收政府涉农资金存款等有效措施,千方百计增加存款来源。

*提高资金计划运用效率。*合理安排全行信贷计划。落实资金流动性平台分级管理责任,加强对全省资金流动性监测和预警,满足全省系统业务办理现金流的正常需要。出台商业性贷款利率定价管理办法,根据客户信用等级评定情况,结合客户存款增长、中间业务和国际业务对农发行的贡献度确定利率上浮幅度,不断提高资金使用效益。2013年全行资金营运率102.1%,比2012年提高0.5个百分点。

*加强利息收回。*加强与地方财政部门的沟通协调,第三次粮食政策性财务挂账贷款利息补贴当年应到1.72亿元,实际到位1.36亿元,到位率79.1%。加大企业应付利息收回,大力清收企业历年欠息。2013年贷款综合利息收回率93.4%,提高0.6个百分点。

(牛晓辉)

交通银行山西省分行

【各项业务稳健快速增长】 截至2013年末,全行本外币资产总额较2012年增长16.3%,人民币大口径存款余额增长16.6%,人民币各项存款增长15.8%,人民币各项贷款余额增长14.9%。本外币不良贷款余额减少1.53亿元，占比下降40个基点，降至0.5%。外币存款平均余额增量(含离岸)完成总行任务的450%，国际结算有了新突破，累计办理国内信用证超百亿美元，全行跨境跨业跨市场经营能力不断增强。全年经营利润增长13.3%，中间业务净收入增长18.9%。

2013年，全行实现各项考核指标“争先进位”和管理服务的提升。一是交通银行山西省分行在总行系统内绩效考核名列第一，较2012年前移一位，继续保持系统“年度经营管理优胜单位”称号。二是各项指标完成计划全面性强、完成率好、得分度高，考核指标整体完成情况系统第一。三是在总行服务提升排名保持前三，蝉联系统“服务提升工作集体一等奖”。四是各项存款增长表现突出，人民币各项存款时点、日均增量均保持“超百亿”增长，存款增幅高出总行平均水平6.9个百分点。

【盘活存量，用好增量，支持山西经济发展】 2013年，交通银行山西省分行在支持山西实体经济增长中，各项融资投放有力，效果显著。全年交通银行山西省分行人民币各项贷款、实质性贷款比2012年分别增加72亿元、77亿元。一是实质性贷款增长快于山西省的总贷款增长速度，贷款规模进一步提升。认真履行大型银行支持地方经济的政治责任，主动压缩票据规模，实质性贷款增长快于总贷款增长1.9个百分点，高于同业3.7个百分点，在同业排名第三。二是全行2013年非信贷融资投放多于贷款融资投放。充分发挥综合化集团经营优势，传统表外业务融资增加快速质量优，新型表外业务融资增加创新高。全年交通银行山西省分行新增贷款与非贷款融资规模之比高于全省金融机构，盈利结构进一步优化。三是全年累计融资近千亿元，有力支持了山西经济发展。不断挖掘融资潜力，充分发挥交易型业务优势，盘活存量，用好增量；用足传统手段，用活创新工具，通过传统信贷、表外业务、新型业务，2013年累计为山西融资近1000亿元。在支持山西转型发展中，分行业务、客户结构持续向好。

【强化风险控制，实现不良贷款双降】 2013年，进一步强化风险管控目标管理，细化目标任务，强化队伍建设和考核力度，加大对各环节、各节点的风险管控，不断提高商业银行跨周期经营管理能力。全行板块、前中后台相互激励，各项管控措施齐头并进，实现信贷资产“不良双降”。一是实现了不良贷款余额、占比双下降。不良率降至0.5%。二是不良率三维比较效果均好于以往。不良率低于山西省银行业金融机构平均水平3.9个百分点，低于境内分行平均水平51个基点。三是全行的信贷风险识别与控制能力进一步提高。在2013年行业风险频发的不利形势下，加大对贷款的贷中、贷后管理，细化管理内容和项目，积极行动，做到发现早、行动快，及时化解风险，努力做到风险可控。四是全面风险管控卓有成效。2013年全行资产质量与结构指标完成总行任务，安全营运无案件。

【实现市级分行全覆盖】 2013年，分别在忻州市和吕梁市设立两个辖属分行。至此，交行山西省分行在全省11个市全部设立了分行。市级分行的全覆盖，进一步方便了客户办理业务，增强了对全省经济发展的支持力度。

（阎瑞生）

光大银行太原分行

【2013年经营概况】 截至2013年年末，光大银行太原分行共有营业网点21家(含2家异地分行)，资产总规模近500亿元，各项存款余额400多亿元，各项贷款余额300多亿元，全年共发放小微贷款10多亿元，有力支持了山西省的经济建设，实现了光大太原分行战略目标。

【加大业务结构调整力度】 一是以存款为重，千方百计保证存款增长。全年通过加大对纯负债客户的营销力度，积极拓展财政性存款客户，提高信贷投放的存款回报率、利用高资质理财产品拉动等措施，保证存款的相对稳定，分行对公存款年底前开始企稳回升。二是客户为先，筑好业务发展的根基。分行通过产品绑定、激励配套、全员营销等措施，在全行大力开展各类型对公客户拓展营销工作。全年增加核心客户15户，带动新增上下游客户185户，分行对公客户基础薄弱的情况有所改善。三是加大客户结构调整力度。面对信贷资源有限的局面，加大结构调整力度，盘活存量客户，营销增量客户。对不符合分行市场定位，占用资源多、产出少，综合收益不足的大型企业，有计划地压缩退出，转向支持优质中小企业及新兴产业，将有限的资源用好、用足。进一步提升管理部门对营销部门的支持力度，实行客户经理、产品经理和风险经理联合平行作业制度，将方案设置和风险揭示前置，提升业务成功率。四是以模式化为推手，加快发展中小企业业务。深入挖掘拓展本地大型企业、行业龙头企业的上下游中小企业，形成中小企业链式融资模式。积极营销大型集团客户下属经营效益较好、业务稳定性高的子公司，通过领用母公司授信额度的方式开展业务合作。继续开展“酒类模式化”、汽车“全程通”模式等已成熟的中小企业模式化授信业务。全年分行对公中小企业有效授信客户有了明显增长。五是积极拓展中间业务收入。全年做深做透传统票据业务，大力拓展非银资产业务，严格控制资金成本，保持了各项业务健康平稳运行。在非银业务方面，成功营销了分行首笔9亿元的高收益非银资产业务；在托管业务上积极创新，集中力量营销信托计划托管业务，积极开拓证券、基金类托管业务，全年累计托管资金140亿元。其中，国际能源跨行通业务四期项目测试上线的完成，标志着分行的跨行通业务系统达到同业领先水平，全年跨行通交易量位列系统第一。

【夯实零售业务比较优势】 2013年，分行零售业务坚持小微金融和财富管理双轮驱动的发展策略，以零售团队建设与机制优化为依托，围绕零售六大金融，不断强化客户获取能力和综合经营能力。一是多方着手，夯实基础储蓄。通过基础储蓄“一托四”和“四个联动”，做大做强批量代发业务、出国金融业务、三方存管业务以及联名卡等基础性项目，带动整个零售业务加速发展。截至2013年年末，分行储蓄存款成功突破200亿元大关。二是紧跟市场热点，多元拓展中间业务收入。2013年共计发售理财产品404亿元，代理基金券商保有量24亿元，“理财银行”的地位进一步夯实，分行零售业务收入格局进一步优化。三是积极探索私人银行业务，抢占业务发展制高点。分行私人银行业务不断创新高端产品研发思路，持续拓宽投资渠道，初步搭建起较为完整的私行客户产品体系。2013年信托、券商及基金子公司等渠道累计募集资金43.16亿元，有效带动了私行客户和资产规模的快速增长。积极打造私行高端服务体系，尝试探索“私人定制”服务等方式，力求打造便捷、尊贵、专属的贵宾增值服务体系。四是信用卡业务亮点不断，继续引领同业。2013年，分行信用卡业务继续保持强劲发展势头，全年累计清算金额197.3亿元，全省排名第二，保持了分行信用卡业务市场占比的绝对优势。

【加大创新力度，有力支持地方经济发展】 一是以集团联动为契机，加强业务联动，多管齐下促进业务升级。2013年，光大太原分行持续加大集团联动，不断深化与集团内各企业和相关金融机构的合作力度，积极推进高资质理财、投行、保险债权计划等多种产品的升级和应用。先后与光大证券、光大永明资产管理公司、光大金融租赁公司等集团内企业合作，综合利用多种融资渠道和产品，累计为山西省内企业融资近100亿元。二是积极践行“客户下沉”战略，大力发展小微业务。2013年，光大太原分行坚决贯彻总行“客户下沉”战略，大力发展小微金融业务。根据山西区域经济特点，围绕“圈”“链”经营模式开展业务，全年累计批复模式化项目34个，先后支持了小食品、服装城、居然之家、酒类批发商等多个商圈，全年累计实现小微投放11.91亿元。三是加大科技创新力度，着力打造“网络上的光大银行”。2013年，分行按照打造“最具创新能力银行”的战略要求，本着“便民服务”的原则，加快发展电子银行业务，大力发展“网络里的光大银行”。全年手机银行开户数25.7万户，“瑶瑶缴费”开户数5.1万户，电子渠道交易笔数稳步提高。积极探索电子银行经营模式，系统首家电子银行旗舰店在太原开业，实现了电子渠道和物理网点有效衔接，为探索全新的电子金融运营模式奠定了基础。

（申毅刚）

华夏银行太原分行

【各项业务稳健发展】 截至2013年年底，华夏银行太原分行共有同城支行11个，异地分支行5个，员工总数691人，资产总额620亿元。

客户开发持续推进。在公司、个人、国际、中小四个条线持续开展客户倍增计划，建立客户延伸台账，确定目标客户，加快客户开发与有效户的提升，推动客户质、量双增。2013年末，对公客户7321户，对公有效户1045户，较年初净增152户；全行个人贵宾客户累计1.7万户，较年初新增4244户，个贷客户5272户，较年初新增1698户；新增理财客户9619户；年末国际结算客户340户，增长71.7%；贸易融资客户165户，增长63.4%；新增小微企业结算客户934户。

产品运用和服务能力增强。围绕主流经济和重点客户，以传统业务为依托，积极运用新业务手段，利用债务融资工具、中期票据、委托贷款、票据池、同业代理等产品，全力满足客户融资需求。2013年，为交通厅办理委托贷款50亿元，为潞安集团、能交投等企业发行非公开定向债务融资工具33亿元，协助长治市投资建设开发有限公司成功发行企业债13亿元。围绕“龙盈理财”品牌推广，累计销售理财产品303.4亿元，较年初增长40%；理财余额54.1亿元，较年初增长48%。通过推广国内信用证、出口双保理、内保外贷等产品发展国际结算业务，国际结算量完成14.1亿美元。

信贷投放稳健审慎。在总体信贷规模紧张的情况下，合理调整贷款结构，积极退出低效客户，不断优化新增贷款规模和风险资产配置，新增贷款绝大多数投向电力热力、交通运输、煤炭等重点行业。2013年人民币对公贷款新增24亿元，年末纯贷款余额328亿元，在支持基础和重点项目建设的同时，适度加大能源资源、综合运输、涉农贷款投放。以质量和效益为核心，调整信贷结构，逐步提升贷款定价水平和能力。

电子银行业务发展加快。加快推进电子银行应用，新增POS特约商户537家，激活低效POS特约商户128户，特约商户余额突破千户，新增TPOS 1320台；个人网银客户新增2.3万户，个人电子银行动账交易113万笔；企业网银客户新增748户，交易27万笔；签约煤炭交易中心交易商客户406户，新增网银跨行互联归集261户。电子银行在提升营销、服务和效益等方面发挥了积极作用。

【优化管理，提升服务】 *内控建设深入推进*。坚持把内控建设、合规管理与案件防控相结合，强化制度精细管理，从制度源头提高风险防控和操作能力，夯实内控建设基础。开展服务收费自律检查和“不规范经营专项治理回头看”活动，连续16年实现全行“零案件”。2013年，在山西银监局监管评级中继续保持一级行，在人民银行“两综合、两管理”工作中继续被评为A类行，连续两年被总行评为内控合规先进分行。

科技保障管理进一步加强。出台《华夏银行太原分行科技管理委员会工作规则》，创新科管会工作职能，引入科学的决策机制，优化资源配置，提升全行IT管理水平；利用建设同城灾备中心之机，“科技搭桥、营销助力”，同中国移动山西分公司签订全面战略合作协议，为业务营销创造了条件。

服务能力进一步提升。大同分行、平阳路支行、襄垣支行3家机构相继开业，完成滨汾街、亲贤街两家小微支行筹建并试营业，提高了网点服务能力。桃南支行再次被中国

银行业协会评为“全国百佳服务示范单位”。

（韩　雪）

民生银行太原分行

【规模效益持续向好】 截至 2013 年年末，民生银行太原分行总资产 850 亿元，各项贷款余额 703 亿元，累计上缴税金超过 30 亿元，市场份额连续多年保持太原股份制同业首位。

【积极调整业务方向，助力经济结构升级】 民生银行太原分行及时调整业务布局，将资源向产业升级、消费升级、节能环保、内需拉动、新型城镇化等发展主题转移，积极拓展现代服务业、城市基础设施等弱周期行业优质基础资产，聚焦市场潜力空间巨大的新兴市场。新增公司业务重点聚焦天然气、节能环保、物流冷链、医药流通、医疗器械等未来持续增长的大体量新兴产业。在此基础上，通过批量开发模式深度开发区域特色业务，创新商业模式，择优介入当地优质区域特色产业集群、交易平台以及产业园区，努力提升集团类批量总对总营销合作力度。

【支持重点项目，服务地方经济】 民生银行太原分行紧紧围绕山西省转型跨越发展，集中力量全力支持和参与省内重点项目。对山西省 175 项重点工程项目中的 20 个项目企业给予重点信贷支持，涉及煤炭兼并重组、大西客运专线等重点铁路项目、省内多条重点高速公路项目、农业产业化龙头企业等。对 20 项升级综改标杆项目中的杏花村产业项目、忻州五台山、太重集团装备制造基地等项目提供了信贷支持。

创新推出产业链金融，围绕重点项目及核心企业，积极延伸产业链营销，选择产业链上下游经营规范、资信良好、有稳定销售渠道和回款资金来源的企业进行业务营销和金融扶持，现货质押和未来货权质押相结合，将金融服务贯穿上游客户、核心客户和下游客户，将供应商、制造商、分销商、零售商、最终用户连成一个整体，实现“全链条”金融服务。

【实施“两小金融”战略，繁荣实体经济】 不断延伸发展小微金融服务内涵。截至 2013 年末，小微企业贷款余额 96 亿元，在当地占比 33.9%，占太原市 13 家商业银行的 50.6%，继续保持当地同业排名第一。2012 年以来，太原分行加大小微金融创新力度，推出小微金融 2.0 版，倡导为小微企业提供全方位的综合金融服务。一是为小微企业发展搭建平台。组织山西省内 37 家小微重点商圈客户及市场管理方，成立山西省小微企业金融服务促进会，在促进会的统一管理下，按照区域、行业、产业链、商圈四种模式在各商圈组建成立了 277 家城市商业合作社，现有会员超过 7 万名。在山西省最大的家装建材集散地——现代装饰城设立全省及民生银行系统第一家小微专业支行，并陆续在省内成立 6 家小微专营支行，小微企业专营服务网点数量居全省所有金融机构之首。二是大力倡导产品创新，破解小微企业贷款难题。分行创新信用融资模式，推出“商户卡”“经营微贷”“流水贷”“联保贷”“循环贷”等金融产品，拓宽小微企业融资渠道，降低小微企业融资门槛。推出“乐收银”“手机商户版网银”等现代化结算、交易产品，重点围绕商圈和产业链为小微企业提供订单销售、资金结算、融资等方面服务。三是为小微企业提供交易撮合服务。创建《城市商业合作社会刊》，成为小微客户信息共享及订单撮合的重要载体，在广大小微企业间形成了广泛的影响力。

创新推广小区金融，打造金融惠民工程。2013 年，民生银行太原分行创新推出小区金融，大力拓展机构及便民自助网点建设，积极拉动“两小金融”融合，丰富完善金融便民服务内涵。一是加大机构网点及便民自助网点建设力度。2013 年，同城、县域支行达 36 家。高速推进社区自助网点建设，已建成各类自助网点近 200 家。二是促进“两小金融”融合，繁荣地方经济。借助服务小微企业的庞大客户群体优势，围绕社区居民衣食住行需求，组建小微企业特惠商户，建立“山西好购网信息导航网站”，并组织近百场各类特惠商户进社区活动，以线上或线下的形式将优质产品、服务送入社区，在为社区百姓提供优质、优惠服务的同时，提升小微企业业务量，累计实现交易量 7000 余万元。三是创新推出系列便民、惠民产品。推出消费微贷，批量开发实现社区居民消费融资需求；开发物业联名卡，实现小区生活一卡通，独立开发“腾云物业云平台”，提供居民通信、水电、燃气、有线电视、采暖、停车、物业等生活缴费服务；开辟医疗绿色通道，推出“小区私人管家一号通”为广大居民提供便捷、高效的非金融服务。

（王　晶）

信 托 投 资

【2013 年各项经济指标实现大幅增长】 2013 年，山西信托股份有限公司营业收入 5.9 亿元，比 2012 年增长 43%；其中，信托手续费收入 5.09 亿元，增长 67.7%，占比 86%；固有业务收入 8170 万元，占比 14%。费用支出 1.95 亿元，增长 15%。利润总额 3.02 亿元，增长 61%；净利润 2.06 亿元，增长 55%。截至 2013 年年底，公司固有资产总额 19 亿元。信托业务规模 672 亿元，增长 42%。

【主营业务持续向好发展】 信托业务获得长足进步，信托规模和收入实现大幅增长。2013 年，共新增信托项目 202 个，新增信托规模 483 亿，比 2012 年增长 29%。新增项目存续期可为公司带来 5.17 亿元的收入，增长 6%。在大力开展信托业务的同时，公司坚持受益人利益最大化原则，认真履行受托职责，通过审慎管理，诚信服务，最大限度地保证委托人利益，全年如期足额兑付信托项目 140 个，到期实收信托 305 亿元，信托收益累计给付 24.26 亿元，累计实现信托报酬 3.21 亿元。

截至2013年年底，公司存续信托项目275个，存续信托规模672亿元。

信托业务规模与收入稳步增长。截至2013年末，公司信托规模比2012年增长42%，集合资金信托规模增长39%，单一资金信托规模增长48%。信托业务收入增长68%。

积极拓展信托业务，部门业务呈现均衡发展态势。公司各业务部门紧紧围绕年初分解下达的经济指标，积极拓展业务，所有业务部门均实现盈利，特别是异地业务部门取得可喜的经营业绩。2013年异地部门信托业务收入2亿元，占公司信托业务收入总额的40%。

工商企业投融资规模稳步增长，切实将"金融业服务实体经济"落到实处。根据国家"金融业服务实体经济"总体要求，各业务部门积极开展符合国家政策、监管导向和市场需求的各类信托业务，特别是加大对房地产以外的其他工商企业的投融资力度，2013年该类业务规模达378亿元，比2012年增长66%，为公司带来2.13亿元的收入，占比43.4%。

积极支持政府民生工程，业务范围向公益、绿色环保方面进一步拓展。2013年，公司在大力开展信托业务的同时，积极履行社会责任，充分发挥信托职能优势，进一步支持政府的民生、公益项目。继2012年向太原市公交控股(集团)公司提供1.9亿元的贷款后，2013年继续向其提供2亿元的资金支持，用于太原市公共自行车建设项目，改善省城交通环境取得实效。按照财政部、省财政厅关于做好农业综合开发投资参股经营工作的要求，进一步加强对参股企业的管理，在参股企业实现经济效益增长的同时，为国家实现国有股权收益382.5万元。

柜台直销规模再创新高，有效助推业务发展。截至12月底发行信托集合理财产品，募集资金规模72亿元，其中，柜台直销45亿元，比2012年增长42%，占比62.5%。公司柜台直销募集资金能力大幅增强，服务客户水平进一步提高，有效助推了业务发展。

*固有业务继续保持平稳发展。*截至2013年末，自有资金收入8170万元。一是自有资金管理部门通过合理配置资金资源，投资收益较高的信托计划，获得良好效益，截至12月末，共投资信托计划8.96亿元，获得收益2362万元。二是进一步加强对自有资金的管理，通过同业往来，有效提高自有资金的使用率和收益水平，全年共获得利息收入1438万元。

【夯实内部管理，严控经营风险】 *加强内部制度建设，确保公司规范发展。*一是对现有制度进行全面梳理和修订，修订完善后的制度共计87个，流程44个，涉及公司经营管理的各个方面。二是制定出台《履职过失问责办法》(试行)，进一步明确了项目责任到人，加强监督和约束，督促员工履职尽责，维护公司、股东和投资人权益。

*加强项目管理，严防项目风险。*进一步加强项目的审议和管理，严把项目合规准入关，加强项目事中管理检查，并做好项目事后跟踪监督。一是编撰《合规工作手册》，为项目的合规开展和审查起到了积极的促进作用。二是严把项目评审关，进一步加强项目评审的专业性。三是审计稽核部门与会计师事务所签订聘用合同，共同组成项目事中检查组，加大对项目的事中管理和检查力度，确保项目安全运行。四是召开合规风控专题会议，要求全体员工坚持防范风险原则，持续增强风险防控意识。五是由班子成员带队，分组对2013年末到期自主管理的信托项目进行事中检查。

*调整内设机构，优化资源配置，加强员工培训，提升专业素质。*一是调整内设机构，新设3个部门，对部分中层和员工的岗位进行了相应调整，优化人力资源配置。二是采取"请进来，走出去"的方式对员工进行分层次、差异化培训，邀请业内知名专家授课；委派8名业务骨干参加中国信托业协会组织的从业人员资格培训，并全部通过考试；举办五期内部培训，员工从业能力不断提高。

*积极配合各项监管检查，借力提升经营管理水平。*2013年，高度重视并积极配合上级部门与监管机构的各项检查。一是山西银监局于2013年5月、11月分别对公司银信合作业务、不规范经营专项治理"回头看"及房地产贷款质量分类真实性分别进行了专项现场检查。二是省财政厅监事会对公司2012年度各项经营管理工作进行为期两个月的严格检查。根据检查意见，逐条对照整改，通过监管检查进一步提升自身业务风险管控能力，确保合规运营。三是根据中国人民银行太原中心支行反洗钱工作检查要求，完成反洗钱制度建设，进一步提升反洗钱工作质量和水平，在2013年人民银行反洗钱工作综合评级中，获得"B"类评级。

*加强案防安保工作，确保安全运营。*一是制定《"两打一防"和"高管谈案防"活动方案》，进一步提升案防安保质量和水平。二是召开安全生产会议，就重点工作进行安排部署，确保安全运营。三是修订完善公司《重大突发事件应急预案》与《地震应急预案》，举办公司2013年度消防安全培训，强化员工消防安全意识，掌握正确的应急处置方法、消防安全知识和地震逃生技能，避免特大事故发生。

*做好品牌形象宣传和推广，提升公司知名度和美誉度。*2013年，公司结合改制更名的契机，本着"提升宣传质量，保证宣传效果"的原则，对现有公司品牌宣传媒介及发布形式进行了调整，力求"投入最小化，效果最大化"，不断提升公司的知名度和美誉度。

【重点工作持续推进】 *完成公司股份制改造，有序推进增资扩股工作。*公司圆满完成股份制改造工作，并有序推进战略投资者的引进工作。2013年4月，公司获得中国银监会核准关于公司变更组织形式及名称等有关事项的申请(银监复〔2013〕183号)。根据批复，公司完成了一系列更名、换领金融许可证以及工商登记变更等工作。5月，召开山西信托股份有限公司发起人大会暨第一次股东大会、董事会和监事会，并对该重大临时事项进行了公告。目前，公司已完成增资扩股的资产评估工作，已将评估报告向省财政厅进行了报告备案，同时，继续与拟入股股东进一步加强沟通联络。

制订公司5年发展规划，明确公司发展方向和任务。完成《五年发展规划(2013～2017年)》的制定工作。《五年发展规划》指出，到2017年，公司信托财产规模达到1500亿元左右，营业收入达到10亿元，净利润力争突破6亿元。《五年发展规划》确立了公司的主要目标，指明了发展方向，明确了工作重点，为公司继续保持健康持续发展提供科学的指导和帮助。

推进信息系统建设，有效支持业务发展。一是完成信托综合业务系统平台的搭建、部署、测试、上线使用等工作，完成了综合业务系统操作手册的印制，下发至各部门，做好新系统使用的培训、指导工作。二是与用友公司签订数据接口开发合同，使恒生估值系统数据能落地导入用友财务系统，简化公司会计核算工作步骤，提高财务部门工作效率。三是解决各部门对新系统提出的实际问题，对该系统进行不断的改进与完善。

（王　鑫）

山西经济年鉴

YEARBOOK OF SHANXI ECONOMY

保险业

BAOXIANYE

保险业

综　述

【2013年山西保险市场总体运行平稳】 2013年，山西保险业全年实现原保险保费收入412.38亿元，比2012年增长7.2%。财产保险市场继续保持较快增势，保费收入149.63亿元，增长17.1%。人身保险市场企稳回升，保费收入262.75亿元，增长2.3%。

截至2013年末，行业有效保单承保保额6.62万亿元，比2012年增长24.9%。其中，财产保险保额4.82万亿元，增长27.5%。人身保险新增保额1.59万亿元，增长20.3%。全省保险密度1142.1元/人，比2012年增加76.8元/人。全省保险深度3.3%，比2012年提高0.1个百分点。

2013年，全省累计发生赔付支出169.32亿元，比2012年增长41.9%，增幅提高26.7个百分点。在一系列重大灾害事故中，保险业较好履行了抗灾救灾、保险理赔等责任。如长治苯胺泄漏事故，责任保险单笔赔付405万元；祁县、太谷等地发生冰雹、风灾，农业保险赔付1952万元。

2013年，保险资金新增在晋投资194亿元，是以往年度投资总和的1.2倍。

2013年末，全省共有保险公司总公司1家，省级分公司43家，其中，财产保险省级分公司24家，人身保险省级分公司19家，保险公司分支机构合计2257家。全省共有保险专业中介法人机构68家。

【财产保险市场运行情况】 财产保险市场集中度继续降低。2013年，市场份额位居前五位的公司市场份额之和为82.2%，较2012年下降3.1个百分点。

车险业务保费继续增长。2013年，车险业务保费收入120.54亿元，比2012年增长13.5%。其中，交强险保费收入38.76亿元，增长9.4%，交强险在车险保费中占比

2013年山西省各财产保险公司原保险保费收入及市场占比情况

公　司　名　称	原保险保费收入（万元）	市场占比（%）
中国人民财产保险股份有限公司山西省分公司	625754.1	41.8
中国人寿财产保险股份有限公司山西省分公司	222563.2	14.9
中国平安财产保险股份有限公司山西分公司	185354.9	12.4
中国太平洋财产保险股份有限公司山西分公司	134049.7	9.0
中国大地财产保险股份有限公司山西分公司	62381.1	4.2
中煤财产保险股份有限公司山西分公司	47653.2	3.2
永安财产保险股份有限公司山西分公司	32441.1	2.2
太平财产保险有限公司山西分公司	29558.2	2.0
阳光财产保险股份有限公司山西省分公司	28294.8	1.9
英大泰和财产保险股份有限公司山西省分公司	18187.8	1.2
华泰财产保险股份有限公司山西分公司	16611.2	1.1
天安保险股份有限公司山西省分公司	14743.1	1.0
永诚财产保险股份有限公司山西分公司	14412.3	1.0
天平汽车保险股份有限公司山西分公司	14078.9	0.9
华安财产保险股份有限公司山西分公司	12440.4	0.8
信达财产保险股份有限公司山西分公司	9051.2	0.6
都邦财产保险股份有限公司山西分公司	5517.6	0.4
中银保险有限公司山西分公司	4763.2	0.3
紫金财产保险股份有限公司山西分公司	4674.7	0.3
中华联合财产保险股份有限公司山西分公司	3550.0	0.2
中国出口信用保险公司山西分公司	3422.6	0.2
安诚财产保险股份有限公司山西分公司	2796.6	0.2
安邦财产保险股份有限公司山西分公司	2054.9	0.1
渤海财产保险股份有限公司山西分公司	1930.9	0.1
合　计	1496296.7	100

2013年山西省各人身保险公司原保险保费收入及市场占比情况

公 司 名 称	原保险保费收入(万元)	市场占比(%)
中国人寿保险股份有限公司山西省分公司	959716.9	36.5
中国人寿存续	33552.9	1.3
中国太平洋人寿保险股份有限公司山西分公司	451550.6	17.2
中国人民人寿保险股份有限公司山西省分公司	311814.9	11.9
新华人寿保险股份有限公司山西分公司	298139.2	11.4
中国平安人寿保险股份有限公司山西分公司	192629.1	7.3
泰康人寿保险股份有限公司山西分公司	129931.7	4.9
太平人寿保险有限公司山西分公司	98534.4	3.7
农银人寿保险股份有限公司山西分公司	35686.7	1.4
中国人民健康保险股份有限公司山西分公司	24039.2	0.9
阳光人寿保险股份有限公司山西分公司	20479.9	0.8
民生人寿保险股份有限公司山西分公司	16580.1	0.6
生命人寿保险股份有限公司山西分公司	16418.4	0.6
合众人寿保险股份有限公司山西分公司	10085.7	0.4
光大永明人寿保险有限公司山西分公司	7166.6	0.3
平安养老保险股份有限公司山西分公司	6042.1	0.2
幸福人寿保险股份有限公司山西分公司	5758.4	0.2
国华人寿保险股份有限公司山西分公司	4453.4	0.2
英大泰和人寿保险有限公司山西分公司	4226.6	0.2
泰康养老保险股份有限公司山西分公司	736.8	—
合 计	2627543.7	100

普通寿险新单成倍增长。普通寿险新单保费增长近10倍,在寿险公司总保费的占比达到19%,提高6.3个百分点。

赔款与给付支出增长快速。2013年,全省人身保险公司累计发生赔款与给付支出83.84亿元,比2012年增长55.4%。其中,赔款支出4.39亿元,死伤医疗给付5.41亿元,满期给付67.16亿元,年金给付6.89亿元。

人身保险公司渠道结构不断调整。银行邮政代理渠道保费收入82.03亿元,比2012年下降12.5%,占比降至31.2%,降低5.8个百分点;个人代理渠道保费收入150.41亿元,增长12.9%,占比57.2%,提高4.6个百分点;直销渠道保费收入26.86亿元,增长15.5%,直销渠道中,新渠道业务发展较快,电话营销业务实现保费收入2.35亿元,网络营销业务实现保费收入101.2万元。

大病保险试点工作稳步推进。在阳泉市、运城市试点,覆盖504万城乡居民。试行在基本医保基础上为每位参保人提供40万元的大病医疗保障。

32.2%。非车险业务保费收入29.09亿元,增长13.7%。

赔款支出总额大幅增加。2013年,全省财产保险市场综合赔付率61.6%,比2012年提高2.2个百分点。全年累计发生赔款支出85.48亿元,增长30.8%。

农业保险原有品种覆盖面拓宽,地方特色险种有序推进。2013年,农业保险保费收入4.73亿元,比2012年增长21%。参保数量412.3万户次,提供风险保障80.9亿元。全年农业保险赔款支出2.9亿元,增长110.7%。出口信用保险对小微企业的支持保障作用进一步发挥。2013年,短期出口贸易信用保险为出口企业提供风险保障13.95亿美元,增长11.6%;支持企业融资1.76亿美元,增长27.5%。重点领域责任保险业务继续保持稳步增长。2013年,责任保险保费收入6.49亿元,增长30.2%。其中,煤矿安全责任服务保险保费收入1.55亿元,赔款支出1290.8万元;环境污染责任保险签单334笔,实现签单保费收入4774.3万元,赔款支出496万元;承运人责任险保费收入1.2亿元,增长71.1%;医疗责任险保费收入5468.3万元,增长43.4%;火灾责任险保费收入1087.8万元,增长23.5%。保证保险累计保费收入5637.3万元,增长240.2%,增速位居全国第一位。

车险理赔服务质量改善。2013年,车险赔款支出72.88亿元,比2012年增长25%;车险综合赔付率63.8%,提高1.9个百分点;车险已决赔案件数173.3万件,结案率91.7%,提高2.8个百分点;车险已决赔款68.22亿元,金额结案率65.6%,降低0.6个百分点。

【人身保险市场运行情况】 寿险业务平缓增长。2013年,全省寿险业务实现续期保费收入143.85亿元,比2012年增长9.8%,续期占比由2012年的55.9%升至60%。新单保费收入95.85亿元,下滑6.9%。保险保障度高、保障期和交费期长的业务发展较快。

【持续加强保险市场监管】 保护保险消费者利益。一是加大车险理赔难综合治理力度。严格落实"四机制一标准",加强理赔服务质量测评和信息通报,督促公司清理未决赔案,与山西省交管局联合推进快速理赔中心建设,促进车险理赔服务质量的提高。二是持续整治寿险销售误导。督促公司落实关键信息强制录入、自动校验及投保风险短信提示等制度,推动人身保险公司建立投保单信息审核责任人制度、客户资料真实性自查自纠机制和销售误导行为责任认定及追究办法,开展销售误导定期评价。三是认真做好信访投诉办理和诉调对接工作。信访投诉方面,重点加强对保险公司信访投诉件办理质量和效率的监督考核。2013年,山西保监局受理的有效信访投诉量减少11.7%,办结率100%,全年未发生信访投诉人复查、复议及群访群诉等问题。诉调对接方面,在完善省级对接机制的基础上,指导晋中、长治、大同与当地法院建立"诉调对接"机制。全年共受理保险纠纷案件380件，成功调解324件，涉案金额1530.8万元。四是大力推进提升服务质量工作。推动保险行业协会出台服务承诺监测检查制度，切实发挥保险业社会监督员作用，积极参与行风政风热线节目，促使行业更广泛地接受社会监督。

加强市场监管。一是加强市场准入退出管理。科学调控保险机构准入节奏，2013年新增各级保险机构98家，比2012年少增7家。依法清理298家保险兼业代理机构，推动16家兼业代理机构向专业代理机构转型。二是加大现场检查力度。重点对车险市场非理性竞争、寿险销售误导、保险机构内部管控以及保险中介业务等进行专项检查，依法对违规的9家保险机构、10名责任人实施了行政处罚，取缔非法保险代理机构1家，并首次对银行保险代理机构实施处罚。三是深入推进基层市场监管巡查。在对119个县（区）实行巡查全覆盖的基础上，逐步将巡查工作向乡镇延伸，着力调查掌握基层市场存在的问题，同时抓好相关问题的解决落实。四是积极开展保险反欺诈工作。与山西省公安厅联合建立保险反欺诈工作基本框架。借助现代科技手段，排查保险欺诈线索，并将发现的案件线索移送公安机关。

防范化解风险。落实风险排查报告制度，加强对基层市场重点业务、重点环节和重点机构风险隐患的排查与化解。针对满期给付、非正常退保，制定应急预案，建立旬报监测、年报预判体系。与山西银监局等部门建立风险防范合作机制。针对信息安全风险，开展专项检查，从技术、制度和管理上查找风险隐患。为增强行业突发事件应急能力，联合省政府金融办、应急办、省委宣传部、公安厅等8个部门，开展突发事件应急演练，提高联合应对和处置保险风险的能力。通过完善制度机制，狠抓落实，及时果断处置苗头性事件，确保行业安全稳定。

优化发展环境。协调山西省政府有关部门出台《加快发展"三农"保险的指导意见》《关于推行煤矿安全责任服务保险的指导意见》《关于在我省大力推行科技保险工作的通知》《山西省森林保险保费补贴试点实施方案》等政策文件。联合政府有关部门召开新闻发布会，通过制作宣传专题片、走进电视专栏等形式，积极营造有利于行业发展的舆论环境。围绕"保险让生活更美好"，深入开展保险公众宣传日活动，普及保险知识，进一步扩大行业的社会影响。

（省保监局办公室）

中国人民财产保险股份有限公司山西省分公司

【业务发展平稳健康，经营效益持续良好】 2013年，人保山西分公司实现保费收入62.58亿元，比2012年增长3.3%，市场占比41.8%，保持区域市场引领地位。承保持续盈利。在大幅增提未决赔款准备金基础上，持续保持承保盈利，4个市分公司综合成本率控制在95%以内。服务品质提升。车险万元以下案件理赔周期11.5天，提速23.7%，排名系统前列；亿元保费投诉量减少23.6%。品牌价值彰显。累计承担各类保险责任金额1.88万亿元，超过同期全省生产总值总额，尤其是农险、大病保险、各类责任险、工程险保障金额达6708.52亿元，服务社会民生和在大格局中谋发展的能力进一步提高；处理各类赔案77.7万件，累计支付赔款42.86亿元，增长31.5%；上缴税金4.52亿元。

【深化服务提质，内在品质不断提升】 *增强战略定力，精品建设走向深入*。立足总公司新时期发展战略，以"三位一体"精品创建为转型发展引擎，强化大格局理念和价值创造思维，坚定不移推进精品战略、对标市场、效益导向、品质提升"四个不动摇"，全省建成37个精品区县窗口，涵盖城区、县支、理赔中心和出单中心，辐射带动，精品意识日益成为行动自觉。

坚持对标市场，发展格局不断优化。实施"以增量调存量，以车险促转型，以非车险增价值"策略，车险结构优化，启动"一把手"工程，突出家庭自用车发展，加强优质客户获取。2013年实现车险保费收入46.61亿元，家庭自用车增长13.5%，第一客户群日益扩大。重大项目巩固，推广市场地图，落实重要客户服务区域责任制，新增中小企业客户500个，省属重点企业主导地位巩固，工程险市场份额提升7个百分点。蓝海拓展显效，深度参与社会管理，省级政府合作领域达到12个，启动食品安全生产责任险战略合作，环境污染责任险试点企业深度开拓，非煤矿山安全生产责任险保费翻番，晋中、阳泉实现大病保险市级统保。农网产能释放，以"三农"综合保险全覆盖为目标，推广"龙岩模式"，自主开发10个区域性农险产品，政策性和地方特色险种达到16个，涉农险种达到29个。销售渠道丰富。开展电销"三进入"、网销"人人有单、全员体验"活动，新型渠道保费突破10亿元，保持区域第一品牌，手机远程销售终端市级全覆盖。

严格成本管控，盈利基础持续夯实。坚持效益第一，深入推进低成本战略，强化承保风险识别，推广ARC定报价系统，车险折扣率比2012年下降1.7个百分点；完善理赔稽查机制，推行人伤案件诉调对接，挤水分，降案均，综合赔付率明显改善；完善销售费用差异化配置，对接市场，分类管理，优质业务占比稳步提升；实施费用预算管理，厉行节约。

丰富客户体验，服务品质明显改进。以客户需求为原点，推进客户服务标准化、差异化建设，健全服务质量闭环管理体系。开展"优化客户体验、争创一流服务"大讨论和"后台体验前台、前台体验客户"活动，推行服务标准话术和平台限时服务承诺，客户响应能力明显提升；创新小额案件快处机制，一日结案率超过50%；完善客户俱乐部建设，新增增值服务21项；健全投诉问责机制，亿元保费投诉量下降23.6%。

完善内控机制，风险防范体系健全。开展"合规文化宣导月"活动，全员主动合规意识不断增强；前置风险管控，实现流程评估、内控评价、风险排查常态化管理；落实"正风肃纪"专项治理，集中清理会员卡，

上报“个人会员卡零持有报告”。全省坚守合规经营底线，全年无重大行政处罚案件发生。

（茹哲峰）

中国人寿保险股份有限公司山西省分公司

【业务发展态势持续向好】 预算执行状况较好。2013年，首年标保、新单保费、首年期交、首年10年期和短期险，分别完成全年预算的79.1%、73.9%、90.6%、99.3%和102.3%。其中，个险首年期交、首年5年期、首年10年期，分别完成预算的96.4%、96.3%和95.5%。团体短期险、意外险分别完成预算的110%和114.6%。整体预算达成创近3年最高水平。

业务转型势头强劲。业务发展呈现“一稳一调五增长”的态势。“一稳”，即总体业务稳增长。2013年，总保费收入95.97亿元，与2012年持平。“一调”，即首年3年期交深度调整，保费收入0.99亿元，回调37.1%。“五增长”，即五项价值业务较快增长：首年期交保费收入11.81亿元，增长25.6%；首年5年期保费收入3.76亿元，增长19.8%；首年10年期保费收入6.3亿元，增长59.6%；短期险3.38亿元，增长15.3%，首年标保5.75亿元，增长30.5%。五项价值业务增长率均居于全国系统领先位次。

市场控制能力增强。2013年，总保费市场份额36.5%，变动率处于可控范围。个险首年期交、银保首年期交和团体短期险等价值业务的市场份额分别达到34.6%、30.2%和38.9%，与2012年相比，分别提升4.8个、7.6个和3.2个百分点。公司成功获得阳泉市城镇居民大病保险、运城市7个县（区）新农合和6个县（区）城镇居民大病保险、吕梁孝义市新农合大病保险和忻州市城镇居民大病保险的承办权，落实了总公司以战略性眼光抓好大病保险的部署。此外，完成代理产险业务1.73亿元，代理企业年金1.28亿元，展现了综合竞争实力。

经营效益显著提升。2013年新单费用比2012年增长37%，净增8700万元。同时，费用预算控制率87.6%，业务推动预算执行率70%，重点行政办公预算执行率72%，会议费、招待费分别下降37%和31%。特别是落实“变花的为发的”的经营思想，员工薪酬创历史新高，达到3.3亿元；人均薪酬增长14%，人均工资增长12.3%。此外，死亡重疾给付控制率、续期收费率、退保率等利润指标执行情况良好。

满期高峰平稳度过。2013年累计处理满期业务19.8万件，实付满期金49.82亿元；办理退保业务10.7万件，给付退保金18.03亿元。累计处理相关纠纷8394件，经受住了满期给付和退保高峰的考验，坚守住了不发生区域性、系统性风险底线。

【新型经营管理体制良好运行】 提升预算达成水平。一是进一步调整经营管理的着力点和指挥棒。大力宣导预算指标是衡量业绩的准确标尺，淡化全国排位规模位次，对接经营指标和职能指标。注重发挥预算指标的调控作用，追求市场控制、价值提升、经营效益等多目标的平衡，特别是主动调整新单和3年期交保费，提升发展的质量和效益，实现规模与价值协调发展。二是积极推进销售组织方式创新。个险精心搭建“黄金风暴产说会”“客户升级办理会”等创新销售平台，银保学习借鉴“我爱3300”“精品网沙”“HPC”等创新销售项目，团险创新拓展“政保业务”“对公寿险”“计生保险”等新型业务，提高了渠道预算的对标刻度和业绩平台。三是严格执行公司治理标准，加强绩效考核结果运用。坚决对不完成预算的行为“零容忍”。坚持“用制度管事，按规则行事，以指标评事”，省公司根据绩效考核及排名结果，对3名市级公司经营班子领导降级使用。

加快渠道专业化进程。一是落实垂直管理职能，增强渠道专业经营能力。2013年个险新单创费比2012年增长49.9%；同时，获得总公司制度成本8100万元，其中，基本法支出5780万元。团险增量增效成效明显，业务总量由2012年的2.2亿元提到2.7亿元；短期险赔付率37.1%，下降8个百分点；实现新单创费7725万元，增长42.2%。二是把握制度经营杠杆，加强基础管理工作。个险开展高管、主管、营销员三个层面的基本法路演，建立了与基本法配套的职场、会议、品质等管理办法，构建起多层次的“周经营、月分析、季辅导”工作模式；银保初步构建了以统一的保险规划师基本法为核心的7项基础管理制度；团险完善代理制人员管理，实现了销售人员管理系统上线。三是遵循队伍发展规律，构建队伍建设长效机制。个险建立以“1020”工程为载体的长效举绩机制，启动以“龙腾”为主题的人力发展三年规划，完善“新人生产线”和“代资考”训练；全年月均举绩人力9021人，月均增员率1.4%，季均晋组率2.5%。银保制订实施在销售、底薪、培训、项目运作等方面，全方位支持销售队伍的保障方案。团险按照“围绕业务发展、增员管理并重、集中常态结合”的新策略，启动“抱团打天下”增员工作。

实施倾斜基层和销售的政策。一是加大专项投入。省公司在“个险队伍建设”“银保队伍定期保障”“销售队伍培训支持”和“农村网点建设”等方面的投入高达2100万元。二是优化资源配置。统一制定区县公司开门费、综合费用最低标准，实行定额加提成的费用配置方式。全省系统非人员经营管理费用支出，市县公司占比高达92.2%，省本部占比仅7.8%。员工薪酬和职工工资总额增量全部倾斜基层。各市公司投入销售条线的资源明显高于行政运营部门，机动资源也由原来的“事后补予”变为“事前分配”，公司系统机动调剂资源降到历史最低水平。三是深入推进首年新单与个人收入直接挂钩的激励机制。

提升运营服务效能。一是加快推进展管实质分离，优化运营条线省级集中管理。优化岗位配置和职能设置，实现了条线绩效省级直接考核和薪酬省级集中发放；制定实施涵盖全体客服人员的绩效考核办法，从工作量、工作质量、服务满意度、执行力等多个维度实施考核；健全客服条线的考试考核与排队排名制度，深入开展阶梯式、制式化培训，提升了客服人员的专业技能。二是积极推行运营集约化项目。实施电话核保、打印外包等，推行日清日结制度，搭建起理赔统一作业平台；契约端对端时效由11.7天优化到7.4天，保全给付转账率由70%上升到95%以上，5日内结案率从93.1%提升到97.6%；新开通电话通知服务24项，续期缴费提醒短信发送成功率67.7%，95519电话服务好评率99.7%；信息技术平均工单处理时效从8.8小时降低到1.9小时。三是大力开展形式多样的服务活动。开展了农村客户集中服务创新活动，服务农村网点166个，服务农村客户3.1万人次；积极组织开展"颗粒归仓"保单复效专项活动，公司系统共计复效保单2.3万件，复效保费9060万元；扎实开展保单借款催还活动，借款超长展期率由60%下降至43%；组织开展"信息学习季""信息安全季""信息服务季"系列活动，信息技术支持水平显著提升。

*着力增强风险管控能力。*一是继续开展销售误导综合治理工作，营销员违规案件比2012年减少46.2%，新单和犹豫期电话回访成功率分别为99%和95.8%，处于全国系统领先位次。二是加强监督检查。针对关键岗位人员实施现场检查267人次，配合区域审计中心等单位开展内审14批次，组织开展7份审计意见书的整改工作。深入开展集资诈骗案件专项治理工作，组织开展专项检查80余次，发现并整改23处不规范问题。三是严防媒体危机。持续加强媒体舆情监测，成功应对并果断处理负面舆情35次，以维护公司品牌形象和经营环境。

（刘建珍）

中国太平洋财产保险股份有限公司山西省分公司

【2013年主要业务经营概况】 2013年，太平洋产险山西分公司共实现保费收入13.4亿元，比2012年增长15.3%。其中，机车险保费收入11.06亿元，增长19.2%；非车险保费收入2.35亿元，与2012年持平。车险与非车险结构比为82∶18。赔款支出7.09亿元，简单赔付率52.9%，上升3.7个百分点。结案率87.5%，下降1.2个百分点。未到期责任准备金提取充足，投保人的权益得到充分保障。截至2013年底，公司共上缴各类税费19.97亿元，为山西经济发展做出了积极贡献。

【各级机构大力拓展业务，巩固市场阵地】 2013年，地市中支公司积极参与市场竞争，实现快速发展。全年业务平均增速20.8%，业务规模占比达到70.9%，成为带动全司业务发展的火车头，为公司业务增长做出了突出贡献。县级支公司崭露头角，逐渐显露出发展的潜力。2013年县级机构保费收入3.72亿元，占地市机构业务总规模的39%，成为地市机构业务增长的生力军。

【各条线强化专业优势，销售能力不断增强】 *车险条线。*一是合理运用核保政策，提高车险产品的市场竞争能力。2013年多次对车险核保参数进行调整，适应了市场需求，优化了业务品质。二是实施分类指导，对机构现状、使用性质、满期赔付、综合成本等因素进行多维度综合考虑，实施分类核保策略，适用性明显增强。三是优化基础管理，核保效率有效提升。进一步完善实务流程，将太原本部的系统核保与柜面初审合并为一人操作，减少了流程环节。四是全力推动业务发展。组织开展一系列销售竞赛活动，加强车险续保管理工作，积极服务团体业务的拓展，强化业务数据的分析应用和业务督导，提升车险精细化管理水平。

*非车险条线。*一是加强竞赛督导，激发销售动力。针对地市中支和公司本部，分别组织开展了一系列非车险季度销售竞赛活动，通过"周快报、月总结"的形式，对机构进行有效的竞赛督导。二是创建有效机制，强化续保管理。建立续保业务预警管理机制，借助平台和电话密切沟通，对大额业务及时进行续保预警提示，督促机构进行业务维护，制定续保方案。三是发展分散型业务，为非车险注入活力。为加强非车险业务的稳定性，加强了分散型业务的发展推动力度。四是强化重点险种培训，不断提升销售能力。五是提高服务水平，促成大项目达成。不断强化非车险条线核保队伍的专业技能和服务意识，积极参与了大唐二电、华润煤业、西山煤电等一系列大项目的投标活动，促成项目成功签约。

【渠道条线完善机制，专业优势逐步显现】 *车商渠道。*持续开展车商业务的销售推动活动，加深与车商客户的密切联系。梳理全司各级机构的车商管理人员及专员，完善车商渠道专业化管理工作流程，提升条线的执行能力。通过车商渠道管理系统的上线应用，提高车商渠道的数据分析能力，对合作车商的业务数据和销售专员的个人保费产能进行准确评价，使车商送返修资源可以得到充分的整合运用。发挥公司的品牌优势，不断拓展与新品牌车商的战略合作。通过对车商销售专员的持续管理和培育，提高车商专员团队的销售能力。

*银保渠道。*确立了2013年银保渠道总体发展思路、任务目标和主要工作措施，下发相关制度，对银保渠道及专员的责、权、利等方面予以明确。加强对各地市机构银保渠道业务发展进行过程管控。通过对大同和朔州等两家机构的实地调研和督导，重新完善发展举措。通过大量拜访及有效沟通，进一步稳固与国开行、农行、农发行等有合作历史的客户关系，搭建了较好的省对省合作平台。与光大银行和浦发银行签署合作协议，为下一步全面合作进行了前期沟通和准备工作，催生新的业务增长点。制定银保渠道业务单渠道费用政策，给予银保渠道非车险业务追加费用的支持政策。组织开展银保业务竞赛活动，推动了银保业务的发展。

*代理人渠道。*对全年系统垃圾数据进行了清理，加快代理业务结算效率，提高机构渠道数据真实性。根据集团公司审计发现的问题，进

一步强化渠道基础管理，严格系统的审核。开展渠道合规检查工作，对分公司渠道相关规章制度的贯彻落实情况进行检查，同时对吕梁、晋中渠道合规工作及基础管理进行了重点培训。出台《渠道部费用管理办法》，集中各渠道费用结算工作，建立跟踪监督制度，防范费用风险。进一步强化手续费预算管理，提高手续费比例的准确性。提高兼业机构及营销员换证通过率。全年共申报、延期兼业代理机构35家、申报B2B远程出单点25家，营销员换证929名、报名考试375名。

经纪人渠道。继续发挥公司的品牌优势，主动拜访，积极沟通，巩固与经纪人公司的合作关系。整合资源，精心准备，参与了河北电力财产险等重大项目的招标活动。

交叉渠道。建立垂直化交叉销售管理体系，打造过硬的交叉销售专员队伍。完善了分公司—中支公司—县支公司交叉销售垂直化业务推动和管理体系，建立了素质过硬的专员队伍。优化手续费结算流程，保障寿险营销员的权益。实行司内渠道费用无差别政策，继续优化手续费的结算流程，进一步调动了寿险营销员的展业积极性。充分发挥制度牵引作用，促进交叉销售业务的发展。加强续保管理，巩固交叉销售业务基础，按照《交叉销售车险续保管理办法》的各项要求，依托车险续保管理系统，对交叉销售"寿代产"业务续保数据进行系统、有序管理。对续保动作、流程落实情况定期反馈，制定实施改善续保率的激励政策，促进续保率的提升。

电销渠道。开展电销数据提取和分析，理清了电销数据业务分类及占比，为电销工作顺利开展提供了有力的数据支撑。开展呼出数据收集工作，借助理赔第三方进行收集。呼出数据收集工作有较大突破。合理匹配电销礼品投放和费用政策倾斜，引导基层公司大力发展A类业务，提升电销业务的价值。加强电销条线相关人员业务学习和交流，促进电销业务发展。

【综合治理理赔难，持续提升客户体验】 客户服务条线。深化窗口规范化服务，持续提升服务形象。强化柜面基础管理工作，继续提升服务质量与效率。加强单证管理及考核，坚持开展单证日常管理检查及单证考核工作，对单证各项指标实施监控。持续开展"增值服务"工作，设立"增值服务专员"，切实推进"增值服务"及优享汇会员收集及管理工作，有效提升了客户数量及客户满意度。健全客户投诉管理体系，2013年投诉一次解决率98.9%。增强95500服务功能，不断优化客户体验。

理赔服务条线。一是围绕指标开展工作。抓住持续推进3G移动、智能理算和省级集中3项重点工作，提高公司理赔条线的信息化、智能化和集约化水平，确保考核指标的达成。二是继续夯实理赔基础。继续完善小额案件的快赔机制，提高"3G移动视频案件覆盖率"和"24小时财务支付案件"占比，加强诉讼案件和人伤案件的"一对一服务"，落实纠纷调处机制，提升了客户的服务体验。三是大力控制理赔成本。加强理赔费用的管控，制定科学的赔款预算，堵塞理赔漏洞和规避理赔风险，抑制了理赔成本的过快增长。深入基层调研督导。对全辖10家中支的理赔工作进行全面摸底检查，提高了公司理赔条线的标准化和执行力。四是积极开展防灾防损。充分发挥风险查勘和及时预警的作用，制定防范灾害的工作计划和预案，积极开展防灾防损工作。

（陶　莹）

中国太平洋人寿保险股份有限公司山西省分公司

【2013年主要业务经营概况】 2013年，太平洋寿险山西分公司积极实施"条线化经营、专业化推动、差异化投入、标准化评估"的经营策略，持续优化和调整业务结构，累计实现原保险保费收入45.16亿元，比2012年增长9.1%，继续保持了稳固的市场地位，总体规模保费在山西省保险市场位居第二。截至2013年底，全省设点11家地市机构，100余家县（区）机构。

2013年，分公司处理各类理赔案件9692件，累计给付理赔金1.14亿元。其中，身故及残疾理赔案件1883件，理赔金6574.6万元；重大疾病理赔案件1688件，理赔金3621.9万元；医疗及医疗补贴理赔案件6121件，理赔金1257.5万元。

【条线业务稳健发展，经营品质不断提升】 个险营销条线。个险条线深入贯彻落实"聚焦产能提升、聚焦人力增长"的经营思路，以专业化推动为手段创新"双轮驱动"，坚持有效新增，着力推进基础管理动作的有效实施，抓举绩，保增量队伍的留存，提产能，促存量队伍的健康；以差异化投入为保证实现"城区突破"和机构优化；建立标准化评估体系，落实条线化经营，持续优化投产比。2013年，山西分公司个险完成保费收入30.88亿元，比2012年增长16.6%。

银行保险条线。2013年，银保条线累计实现保费5.07亿元，比2012年增长23.1%，标保平台逐年稳步上升。通过持续推动网点经营、客户经营和新渠道经营业务协调发展，客户经营模式占比逐年提升，新渠道经营发展呈上升态势。截至2013年末，山西分公司银保全辖11家中心支公司有10家机构入围全国百强中支，太原公司位列全国第八位。

团体直销条线。团险条线各项关键指标达成良好，截至2013年末，团险条线实现准保费1.55亿元，比2012年增长9.6%。意外险保费收入7946.1万元，增长24.2%，意外险支柱业务"安贷宝"保费收入4842.2万元，增长33%。全年职团开拓累计实现保费2026.1万元，职团开拓占标准保费份额的13%，个团交叉业务累计实现保费581.2万元。

【基础服务持续优化，技术助推战略转型】 2013年，山西分公司不断优化业务流程模式，相继修订或制定出台《山西分公司个人新契约业务承保品质考核管理办法》等制度文件，组织核保、理赔、保全等专业条线人员集中培训，公司营运条线业务支持能力和客户服务能力得到明显改善，各项营运工作规范有序推进。

2013 年，山西分公司移动销售终端“神行太保”中的高级定制、电子签名、电子回执等 19 项功能全部上线。截至 2013 年末，山西分公司电子签名占比 64.9%，电子回执占比 41.9%，移动保全、移动理赔等客户服务功能全面推广，有效推动公司业务、管理及服务水平再上一个新平台。2013 年，太平洋寿险官方微信平台“中国太保”正式面世，秉承“太平洋保险，在你身边”这一服务承诺，功能不断扩展，为关注（或绑定）客户随时提供保单、缴费、积分、佣金（限业务员）查询、服务办理及参加各种有奖活动等，“中国太保”微信已成为公司一种全新的营销工具和服务模式。2013 年 9 月，“太平洋寿险山西分公司”微信公众账号正式开通、投入运营，作为山西分公司品牌宣传及业务推广的平台，2013 年末，该微信平台关注用户已超过 3000 人。

【有效提升客户体验】 2013 年，公司坚持推进“以客户需求为导向”的战略转型，创新商业模式，优化营运流程，大力推动“承保理赔透明化”“神行太保”、移动保全 GPS 等多个项目，先后推出“理赔自动化”“移动理赔”等多项理赔服务举措。全年共处理各类赔案 9692 件，理赔平均时效明显提升。

公司围绕“关注客户需求，改善客户界面，提升客户体验”，着力打造“在你身边”的保险公司，为客户提供全方位、高层次的优质服务。2013 年 6 月，太平洋寿险华北首家坐享服务门店——太原客户体验中心投入运行。该体验中心将传统的柜台式服务改变为面对面的坐享式服务模式，依托公司专有的移动保全 GPS 系统和 AMS 门店容量管理系统，为客户提供“便捷、坐享、自助”的优质服务。

【财务管理日趋完善】 2013 年，山西分公司财务预算工作围绕总公司“新业务价值持续增长，投产比持续改善”，变动费用合理优化，固定费用刚性压缩的要求，在预算管理上实行以条为主，条块结合的预算管理模式，特别是在固定费用标准化管理、机构差异化投入以及经营指标的追踪、评价及考核方面做了大量工作，资源配置效率明显提升，财务工作在引领业务发展和服务转型发展上起到了积极作用。一是财务预算管理工作方面，实行条线化、差异化管理和投入，推进预算核算一体化，推进预算标准化、流程化、制度化，引入全成本核算和投入产出比考核指标。二是财务会计核算、资金管理方面，完善修订各项财务管理制度及操作流程，开展会计达标活动，完成长险预缴退税工作，进一步拓宽省级集中收付费渠道，完成农、工、建、邮的总公司集中收付费工作，新增两个省级集中收付费渠道。

【合规经营防范风险】 2013 年，山西分公司在加强内控建设、防范化解风险、强化合规经营、推进反洗钱工作、法务集约化管理以及队伍文化建设等方面均取得良好成绩。一是制定《2013 年山西分公司合规与风险管理检查工作规划》，在 3 年内覆盖所有三四级分支机构、所有条线。从检查方式、检查对象侧重点、现场检查方法方面做了相应改进，严肃责任追究，增加合规执行评估，将评估结果运用到绩效考核，为总经理室经营决策提供参考依据。二是建立合规条线督导制度。明确对分支机构的督导责任人，机构督导责任人负责该机构日常合规事项追踪、合规问题咨询解答等，并实行分支机构合规事项与督导责任人挂钩制。三是反洗钱工作获殊荣。山西分公司获得总公司《反洗钱宣传成果征集暨宣传活动优秀组织奖》。阳泉获得“反洗钱优胜单位称号”，大同连续 3 年被评为“反洗钱 A 级单位”称号。四是建立合规考核体系。对分公司专职合规人员、中支合规专员、中支总经理、业务条线分管总、部门经理、分公司部门经理等分条线分别设置合规考核指标，合规考核结果实行季度考核通报，年终与绩效挂钩。

（刘志平）

中国平安财产保险股份有限公司山西省分公司

【促进合规经营，实现稳健发展】 截至 2013 年末，平安产险山西分公司下设 10 个中心支公司、37 家营销服务部及 22 家支公司。公司业务规模逐年攀升，业务发展稳健。

2013 年，平安产险山西分公司实现原保险保费收入 18.54 亿元，比 2012 年增长 21%，市场占比 12.4%，居产险主体第三位。在业务稳健增长的同时保持了较好的盈利能力。2013 年，先后承保大唐山西发电有限公司、左黎高速、山西国贸大厦等多项大型保险项目，参与了山西旅责险、校责险、承运人责任险等统保项目。

【车险理赔服务持续领先行业】 在山西省保监局 2013 年车险理赔服务质量评价中，分公司在 23 家财产保险公司位列第三，在年保费亿元以上保险公司中排名第一。分公司狠抓服务，强化队伍，提升理赔时效，降低客户投诉，全案赔付周期领先同业，件数结案率和金额结案率均有增长，2013 年全案周期仅 7.7 天，万元以下时效 5.8 天。

【提升服务效率，优化客户体验】 2013 年，在车险“快易免”、微信群、ipad、远程、微信定损、四证合一等多项业内创新举措和服务，全面提升了从出险到赔款到账日的整体作业效率及服务质量。2013 年，“低碳行”“春节平安护航”等活动获得消费者赞许，提升了广大消费者对平安品牌的认可。

【注重人力经营，深化文化建设】 2013 年，平安产险山西分公司有正式员工 1501 名。随着公司业务规模的不断扩大以及网点铺设，员工队伍不断壮大，分公司以“选、用、育、留”四个环节为抓手，全面提升员工专业技能和素质，为分公司可持续发展储备充足的后备人才。

2013年，分公司积极推进企业文化建设，履行企业社会责任，在环境公益、教学公益等方面持续投入，形成了“中国平安希望小学支教行动”“低碳100”等有社会影响力的公益品牌。

（胡　丹）

中国平安人寿保险股份有限公司山西省分公司

【2013年业务经营概况】 经营收入稳步增长。2013年，平安人寿山西分公司率先转变业务经营模式，由初期单纯追求保费规模的粗放式经营向重视利润和品质的集约化经营道路转型，分公司缴费结构日趋健康合理。2013年，个人代理业务累计实现保费收入16.54亿元，比2012年增长10.3%。截至2013年年末，分公司营销员共有1.2万人，持证率100%。2013年，分公司有10家中心支公司，累计实现保费收入8.55亿元，比2012年增长20.3%。

分支机构稳健发展。截至2013年末，山西分公司机构总数为60个，其中省级分公司1个，中心支公司（二级分公司）10个，支公司27个，营销服务部22个。期末职工人数766人，期末营销人员1.2万人，比2012年增长12.5%。

持续升级经营模式。平安人寿山西分公司拥有个险、银保、电销三大销售渠道，产品体系清晰完整，涵盖从传统的储蓄型、保障型产品，到非传统的分红型、投资型产品，努力为客户提供“一个账户、多个产品、一站式”服务。2013年，山西分公司将继续秉承总公司提出的“专业让生活更简单”的服务理念，从队伍销售模式、销售渠道、销售方法等方面进行探索和创新，重点结合日常的周单元经营，同时狠抓基础管理与培训体系的搭建，全面提升内外勤员工的专业能力。

【着力提升理赔服务】 平安人寿山西分公司从服务时效和服务品质两方面入手做好理赔服务，2013年提出两项服务承诺，包括“标准案件，资料齐全，两天赔付”“足不出户，上门理赔服务”，不断提升对客户的服务质量，着力提升理赔服务。截至2013年末，分公司赔款（给付）累计2.48亿元，其中，赔款支出715.9万元，满期给付累计1.48亿元，死伤医疗给付7628.9万元，年金给付1616.3万元。赔款支出方面，意外险316.4万元，短期健康险399.6万元。短期健康险简单赔付率35.9%。

2013年，平安人寿山西分公司标准案件共结案1万件，标准案件2日结案率96.5%，进一步提升了分公司理赔服务。

【加强风险防范，确保合规经营】 2013年，分公司合规工作以内控评估项目和制度执行管理活动为契机，以建立合规经营文化，有效落实合规经营，实现永续发展为目标，积极推动全员树立合规操作、合规管理、合规经营意识，全面防范风险，提升制度执行力和合规管理水平。开展了2013年内控自评项目，全面覆盖公司各业务条线和工作流程。通过对公司内控状况的自我评估，对公司合规经营状况进行了全面检视和完善。进一步推动公司制度化建设、巩固制度执行管理工作成果，全面开展2013年制度执行管理工作。围绕“合规范”，全面实施“合规伴我行”文化宣导活动，重点开展法律法规、行业规则规范和内部管理制度的学习，促进合规内控理念和文化深入人心。

（张　倩）

永安财产保险股份有限公司山西省分公司

【2013年各项经营指标完成情况】 2013年，永安财险山西分公司完成保费收入3.24亿元，比2012年增长1.6%。其中，车险保费收入2.91亿元，下降0.5%，在全省居第6位；财产险保费收入2431万元，增长31.2%；意健险保费收入956万元，增长17%。保费业务达成率在永安系统22家分公司中排名第8位，在全省排名第7位。综合成本率102.6%，综合费用率39.9%。精算赔付率60.8%。

【优化组织机构，提高人均产能】 一是坚持绩效导向、严格考核制度。建立健全机构经营考核机制，加强经营考核目标过程管控，按月考核预算执行情况，确保目标落实到位。二是推进“点对点”政策支持，深挖三级、四级机构产能。通过“点对点”的政策支持，提高差异化和精细化经营管理水平。加大资源倾斜，扶持有潜力的公司实现快速发展。对人均产能低，发展乏力、经营效益差的机构，限期整改，直至整合撤并。三是以落实《保险销售从业人员监管办法》为契机，全面规范和优化销售队伍管理。在全辖大力推广实施销售基本法，规范和优化销售队伍管理，精干队伍，严格考核，以增量换存量，着力提高人均产能。同时，按照保监会要求，做好销售人员从业资格证书和执业证书的培训、考试和管理工作。

【加大理赔垂直化管理力度】 一是强化理赔队伍垂直化管理。加强理赔队伍专业化建设，基本实现理赔队伍省级集中管理，实现对定岗、定级、培训考核、薪酬发放的统一管理；对机构分管理赔工作的班子成员和理赔负责人，实行垂直考核、垂直任命。二是加大理赔质量检查力度。将理赔质量检查作为一项常态性工作来抓，逐步建立长效工作机制，重点关注“结案率、案件重开率、多次出险率、估损偏差率”等四个关键指标，各级机构理赔管理工作迈上新台阶。三是狠抓理赔服务不放松。在进一步提高理赔服务规范化、标准化的基础上，重点推出一至两项特色服务举措，不断提升客户体验和感受。同时加大理赔服务工作考核力度，实现奖优罚劣。

2013年，对分公司承保的柳林县森泽煤铝有限责任公司发生的火灾事故，进行了查勘、核定和赔付。

（武永明）

证券·期货

ZHENGQUAN QIHUO

证券·期货

证券期货管理

【2013年山西省资本市场继续平稳健康发展】 资本市场直接融资情况。2013年，面对IPO暂停等不利形势，多渠道丰富融资手段，推动山西资本市场直接融资。截至2013年12月末，辖区资本市场直接融资获批691.28亿元(不含中期票据、短期融资券、定向工具等银行间市场融资工具)，实现555.3亿元，比2012年增长59.5%。其中，股票非公开发行再融资129.77亿元、私募股权基金48亿元、创投基金30亿元、公司债融资57亿元、企业债融资186亿元、城投债15.5亿元、中小企业私募债融资0.5亿元、资产支持证券5亿元、其他83.53亿元。

上市公司情况。截至2013年12月末，全省共有A股上市公司34家，其中，主板29家，中小板3家，创业板2家；总股本526.87亿股，流通股本492.68亿股；总市值3633.64亿元，流通市值3321.48亿元，总市值在全国排第14位，在中部六省排名第5位。

上市公司所属行业由煤炭开采业以及炼焦业为主，发展为兼有金融、医药、零售、化工等非煤行业。通过股份制改造上市、股权分置改革、专项治理等活动，一批“产权清晰、责权明确、政企分开、管理科学”、具有现代企业制度的上市公司脱颖而出，促进了山西国有大型企业的建设和发展。

证券经营机构情况。截至2013年12月末，山西辖区有2家证券公司、19家证券分公司和139家证券营业部(其中15家筹建中)。其中，辖内证券公司营业部73家，辖外证券公司营业部66家，比2012年末新增15家证券分公司和18家证券营业部。另有2家证券营业部正在撤销中。

截至2013年12月末，2家证券公司注册资本30.19亿元，总资产158.22亿元，比2012年增长10.3%；净资产76.8亿元，增长14%；净资本45.69亿元，下降6.6%。2013年，2家证券公司营业收入12.37亿元，比2012年增长32.7%；实现净利润3.63亿元，增长55.1%。

截至2013年12月末，辖区证券投资者开立资金账户164.7万户，比2012年增长0.6%；客户交易结算资金余额71.08亿元，下降18.2%；全年辖区证券市场交易量累计10646.18亿元，增长41.4%；辖区证券营业部营业收入12.6亿元，增长31.3%；净利润4.69亿元，增长96.2%。

期货经营机构情况。截至2013年12月末，辖区共有4家期货公司(山西三立期货、和合期货、中辉期货、晟鑫期货)和30家期货营业部，其中，外埠营业部共24家，5家期货交割库和47家IB证券营业部，比2012年新增2家期货营业部、2家期货交割库。

截至2013年12月末，辖区4家期货公司注册资本金2.17亿元，净资本2.78亿元。公司资产总额15.17亿元，比2012年增长8.2%；净资产总额2.6亿元，增长11.1%；期货投资者开户数5.1万户，增长54.5%；客户保证金余额11.85亿元，增长6.9%。

2013年，辖区4家期货公司代理交易量5695.8万手，比2012年增长21.3%；代理交易额43443.91亿元，增长26.2%；营业收入19974.9万元，增长0.1%；净利润95.3万元，下降86.7%。

基金行业发展情况。公募基金销售资格首获突破。2013年8月1日晋商银行股份有限公司顺利获批开放式基金销售资格，成为山西省首家具备基金销售资格的法人银行。另外，有多家具备基金销售资格的银行及独立销售机构在山西省设立分支机构，其中，北京恒天明泽、渣打银行等机构已完成设立的相关工作。目前，山西省尚无公募基金管理机构，山西证券股份有限公司申请公募基金管理业务资格的工作正在推进中。

私募基金产业呈现出快速发展势头。截至2013年12月末，全省注册登记的创投基金70家、股权投资企业37家，80%以上的机构均为2011年之后挂牌成立。全省各类基金募集资金累计实现97亿元，主要为近两年来实现的增量。

上市公司再融资情况。一是山西焦化、晋西车轴、太工天成、漳泽电力、关铝股份、山西证券等6家公司通过定向增发方式实现再融资94.58亿元。二是永泰能源、山西证券通过发行公司债实现融资57亿元(获批67亿元)。三是太钢不锈、

太原(中国)煤炭交易中心大厅

元增加到27亿元,已具备开展公募基金业务条件;公司在行业内率先取得柜台交易业务试点资格,8月设立柜台市场,已发行两只柜台交易产品,融资额1.3亿元;公司注资山西股权交易中心,首日推荐挂牌企业866家;由直投子公司设立中小企业直投基金,初期已募集1亿元。大同证券获批融资融券业务和代销金融产品资格。2013年全省证券经营机构通过股票增发、并购重组、定向资管、约定购回、股票质押、城投债、中小企业私募债、企业债等融资手段累计为企业融资136亿元。三是为适应监管要求,督促三立期货和晟鑫期货公司增资。指导期货经营机构与期货交易所、山西省期货业协会合作,开展国债期货、动力煤期货等培训。

太原重工发行短期融资券实现融资75亿元,山煤国际通过非公开定向债务融资工具实现融资10亿元(另漳泽电力获批短期融资券20亿元、大同煤业获批中期票据12亿元)。2013年,全省上市公司直接融资获批278.58亿元,实现236.58亿元。

上市公司并购重组实现新突破。一是漳泽电力与同煤集团完成重组,在有效化解漳泽电力暂停上市风险的同时,开创了全国煤电一体化先河。二是积极推动美锦能源并购重组,重组金额118亿元,创省属企业并购规模记录,此举开创了上市公司煤焦化一体化经营模式,企业竞争力和带动转型发展能力大大提升。三是国新能源成功借壳重组＊ST联华,实现了立足资本市场平台,通过资本运作和产业整合,加快“气化山西”步伐。四是山西证券收购格林期货,公司业务布局更加全面。五是拓展煤电一体化示范效应,积极推动通宝能源和晋能集团重组。

积极化解退市风险。2013年辖区绩差上市公司重整激活效果良好,有效化解风险改善经营状况。一是关铝股份和太工天成完成重大资产重组,有效化解了关铝股份的退市风险和太工天成的暂停上市风险。二是＊ST生化解决资金占用,优化股改承诺,消除公司恢复上市的实质性障碍,成功化解公司退市风险。三是＊ST天龙大股东通过债务豁免、现金捐赠等方式解决公司净资产连续两年为负的问题,化解公司暂停上市风险,并推动公司积极筹划重大资产重组,重塑公司主营业务,恢复公司盈利能力。截至2013年底,公司暂停上市风险基本化解,重大资产重组正在积极推进。

证券期货机构创新发展。2013年,积极推动证券期货经营机构向多元化模式转型,提升服务能力。一是鼓励山西证券多方位筹措资金弥补经营活动中的资金不足问题,公司申请公开发行20亿元公司债申请已经获得证监会核准,一期发行10亿元的资金已顺利到位。鼓励大同证券增资扩股提升市场竞争能力,首次拟增资至5亿元。二是强力推动山西证券新业务和新产品的发展,创新业务收入占全部收入比重由2012年的2%提高到2013年的15%;开展约定购回式证券交易、股票质押式回购交易及质押式报价回购交易业务;投资者覆盖面从年初的961人增加到1.4万人,融资融券授信额度从年初的9亿元增加到65亿元,融资融券余额从年初的1.9亿元增加到12.5亿元;公司客户资产管理规模由年初的5亿

【继续加强资本市场监督管理】 资本市场监管工作。一是推动上市公司完善自我规范内生机制,强化上市公司现场检查,加强中介机构监管,强化上市公司规范运作培训特别是“一对一”上门培训。二是实行上市公司分类监管,对天龙集团和振兴生化等高风险和次高风险类公司前移监管关口。督促4家具有退市和暂停上市风险公司及其控股股东(实际控制人)采取有效措施,积极推动振兴生化和关铝股份顺利恢复上市,推动漳泽电力和太工天成成功解除暂停上市风险警示。三是进一步建立健全证券公司全面风险管理机制和期货公司风险防控机制,指导证券公司进一步完善信息隔离墙制度,督促期货公司完善法人治理和内控制度建设,推动辖区证券期货经营机构提升合规管理能力;不断提高证券期货市场信息系统安全运行能力;进一步完善现场检查工作机制,改进非现场检查手段;先后开展辖区证券公司、证券营业部分类评价工作,完成辖区期货公司分类评价工作。四是依法做好证券期货经营机构行政许可审核工作,并做到全过程公开。核准晋商银行基金代销资格,使其成为山西省首家取得该项资格的城商行。五是有序开展基金监管工作,同时做好私募基金监管准备工作。六是做好信访投诉处理和投资者保护工

作，维护中小投资者合法权益。七是严厉查处证券市场违法违规行为，构建辖区内幕交易综合防控体系，有效遏制辖区非法证券活动，扎实做好安全维稳工作。八是完成行政处罚权下放准备工作。

资本市场改革发展加快。一是推动山西中小企业私募债试点。分别与深交所、上交所签订合作备忘录，正式成为中小企业私募债试点地区。山西金虎便利企业成功发行山西省第一单中小企业私募债3000万元。二是推动山西证券、银河证券、信达证券参与资产证券化业务。三是利用金融创新支持县域经济发展。选择灵石、武乡、襄垣3个试点县设立规模25亿元的城镇化建设基金，已投向产业化、城镇化、“三农”等重点项目近4亿元。四是推动组建山西股权交易中心。首批挂牌企业达到866家，创投基金与30多家挂牌企业形成合作意向，并与6家挂牌企业代表签署合作协议。五是推动新三板挂牌融资工作。协助中介机构推动山西省高新技术企业改组改制，组织政府相关部门、企业参加相关业务培训，已有3家企业提交挂牌融资申请。六是指导推动长治市、朔州市“五位一体”综合融资服务平台试点建设取得进展。七是指导山西焦煤、安泰集团、山西焦化等企业积极稳妥探索利用期货市场套期保值功能对冲现货市场风险，部分焦炭类企业与期货交易所合作建立期货交割仓库；指导朔州市山西天鹏农牧有限公司积极运用农业财政补贴参与期货套期保值。八是积极开展调研活动，牵头承担或支持科技金融体系、资本市场发展、城镇化建设基金和中国（太原）煤炭交易中心开展煤炭现代交易市场体系建设等省内4个课题研究工作。九是推进山西省私募基金产业发展。规划山西省私募基金产业发展方案，与省属相关部门合力培育科技发展基金、农业风投基金、旅游文化发展基金、医疗卫生产业基金和中小企业发展基金。十是继续实施“资本市场双千人工程”，接受三批52名地方干部挂职，完成了200余名在校学生系统培训，对全省119个县分管财政金融副县长和金融办、发改委主任举办三期“山西省资本运营服务县域经济发展专题研讨班”，为3个县金融办选派挂职干部，指导部分市县金融创新工作。十一是加强资本市场宣传引导工作。

中国太原煤炭交易价格指数发布仪式

投资者保护工作。2013年，扎实做好辖区投资者保护工作，督促上市公司健全投资者关系管理长效机制，举办上市公司业绩网上集体说明会，加强上市公司舆情监控。督导证券期货经营机构落实各业务环节投资者保护要求，与上交所共同召开山西辖区中小投资者和专业投资机构座谈会，与中金所、山西省期货业协会联合开展“国债期货山西行”培训活动13场，培训人数3000人，编写下发《国债期货实务手册》。完善“特约咨询员”制度，畅通与投资者沟通渠道。

依法打击查处证券市场违法违规行为。2013年，严厉查处证券市场违法违规行为，加大稽查工作力度，依法完成协查案件11起。总结上市公司和拟上市公司违法违规问题，强化对机构的警示。加强宣传教育，组织开展大规模打非和防控内幕交易专项宣传活动。全面推进依法监管，努力提高依法行政水平，维护资本市场正常秩序。

进一步维护辖区资本市场稳定发展。一是完善与地方政府及部门建立的“打击与整治非法证券活动协作机制”，有效打击非法证券活动。二是开展并引导辖区市场主体开展投资者教育活动。组织各类投资者教育培训班、报告会50场，利用“山西资本网”、证监局门户网站、《资本》杂志、《信息专刊》上传投资者教育宣传材料5万字，编发投资者教育手册5000册，制作投资者教育与服务产品7件。引导市场机构开展4次投资者保护宣传月活动。三是积极组织开展投资者保护检查和调查工作。四是完善投资者信访处理机制，做好信访工作。2013年接待投资者信访投诉电话261个、来访9人次、来信12件，处理办结率100%。

（张　军）

【山西股权交易中心揭牌开业】 2013年8月29日，山西股权交易中心有限公司在太原举行揭牌开业仪式。股权交易中心的成功组建为完善山西省资本市场体系建设奠定了基础，为拓宽中小微企业融资渠道、激活民间资本、支持科技创新企业发展搭建了平台。

山西股权交易中心是山西省政府批准设立的公司制、市场化运作的区域性交易市场，主要为非上市公司、特别是中小企业拓宽融资渠道，提供企业挂牌展示、股权登记、托管、转让、结算交收、代理分红派息及企业私募债券发行、转让等综合金融服务。

山西股权交易中心具有六大功能，即中小企业及私募产品的挂牌展示、投资、融资、股权交易、托管和拟上市公司培育。作为现有沪深交易所和商业银行体系之外的场外市场，该中心具有门槛低、零成本、不强制公开披露信息、无交易所上市阻隔、市场自治等特色。

该交易中心由山西省国信投资(集团)公司作为第一大股东牵头筹建，山西证券参股，注册资本金为1亿元。首批在山西股权交易中心挂牌的866家企业来自能源、机械装备制造、生物制药、高新技术、新材料、物流、文化、旅游等众多行业领域。

(李仁贵)

山西经济年鉴

YEARBOOK OF SHANXI ECONOMY

18

科学事业

KEXUE SHIYE

科学事业

科学事业

【2013年山西省科技工作综述】 科研机构概况。2013年，山西省有科研机构158个，其中，自然科学研究机构129个，社会科学研究机构17个，情报科学研究机构12个。全省科研机构从事科技活动人员8396人，其中，从事自然科学研究7408人，从事社会科学研究677人，从事情报科学研究311人。

2013年，山西省获省科学技术奖190项，其中，科技进步奖159项，技术发明奖9项，自然科学奖22项。

出台《关于深化科技体制改革加快创新体系建设的实施意见》。 2013年8月，《关于深化科技体制改革加快创新体系建设的实施意见》（以下简称《实施意见》）出台。《实施意见》共分为7个部分，全面阐述了深化科技体制改革加快创新体系建设的总体要求、主要指标、主要任务、具体举措等内容。

1.《实施意见》提出了“十二五”时期的主要目标：全社会研发经费占地区生产总值2.2%，大中型企业平均研发投入占主营业务收入比例提高到1.5%，行业领军企业逐步实现研发投入占主营业务收入的比例与国际同类先进企业相当，科技进步贡献率达到55%左右，每万名就业人员的研发人力投入达到37人年，全省公民具备基本科学素质的比例超过5%。

2.《实施意见》提出关于促进企业成为技术创新主体的三方面内容：一是企业主导产业技术研发创新的体制机制。鼓励和引导研发投入以企业为主、研发机构主要设在企业、发明专利分布在企业的具体措施。二是针对“512”战略性新兴产业发展专项部署创新链。围绕煤炭高效清洁利用等领域实施一批科技重大专项和示范工程。三是加强农业科技创新力度、提升农业科技服务水平的具体措施。

3.《实施意见》提出要实施一批产学研相结合的协同创新项目，组建产业技术创新战略联盟。要按照政府主导、市场运作，开放合作、创新驱动，绿色低碳、生态宜居的原则，建设山西科技创新城。关于科技管理体制改革方面提出，完善公益类院所改革，深化转制类院所改革，组建产学研相结合的工业技术研究院；强化科技资源开放共享，组建科技资源统筹中心，建立统一的数据库，依法向社会开放；改革科技项目管理机制，项目立项要探索网络和视频评审办法，研究成果的基本信息全面向社会公开；规定了科学技术奖励主要面向企业。

4. 从制度上保障科技人员发挥自主性、积极性和创造性，是科技创新的根本。《实施意见》提出从三方面调动科技人员创新创业的积极性。一是允许和鼓励高校、科研院所和国有事业、企业科技人员创办、领办或合办科技型企业，3年内保留其原有的身份和职称，档案工资正常晋升。二是科技人员到企业兼职可以计入专业工作经历，在聘任专业技术职务时优先予以考虑。三是允许和鼓励高校、科研院所科研人员在完成本职工作前提下在职创业，其收入归个人所有。

5. 关于保障促进科技创新的长效机制方面，《实施意见》提出营造科技创新的良好环境，加强财政对科技创新的投入力度是关键。一是规定“十二五”末，省级财政一般预算支出中科学技术经费支出所占比例应达到全国地方平均水平，设区的市、县（市、区）财政科学技术经费支出在本级财政一般预算支出中所占比例应达到国家科技进步考核指标要求。二是加强经费监督管理。规定各级财政投入的科技经费任何部门都不准挪用、不许截留，确保专款专用。三是积极落实企业所得税优惠政策。

高度重视高新技术产业发展，不断加强自主创新能力建设。 着力促进科技成果转化，为构建以煤为基、多元发展的现代产业新体系，推动高碳资源低碳发展、黑色煤炭绿色发展的战略型转变提供了有力的技术支撑。2013年，有9项科研成果摘得2012年度国家科学技术奖，5项成果喜获国家科技奖励。新增6家国家火炬计划重点高新技术企业，分别是山西平阳重工机械有限责任公司、交城义望铁合金有限责任公司、山西普德药业股份有限公司、山西方盛液压机电设备有限公司、长治钢铁（集团）锻压机械制造有限公司、山西东睦华晟粉末冶金有限公司，山西的国家火炬计划重点高新技术企业数量累计达到22

家。科学技术部确认山西省2家产业基地通过国家火炬特色产业基地，即原平煤机配套装备特色产业基地、临猗运输配套装备特色产业基地，山西省拥有的国家火炬特色产业基地增加为7家。以新能源汽车推广应用城市建设为契机，全面推进新能源汽车的技术研发、关键零部件和整车生产，健全政策保障体系，加快新能源汽车推广应用及基础设施建设，努力打造全省战略性新兴产业增长，太原、晋城两市进入国家新能源汽车推广应用城市行列。

*提升矿区水资源承载能力，助力节水型社会建立。*山西晋城无烟煤矿业集团有限责任公司联合太原理工大学组织多名专家学者针对工业以太网的矿区用水水量监测及管理决策系统进行研究。该研究可以监测各个节点的用水流量，记录用水情况，统计用水数据，分析用水曲线，计算用水费用，管理用水分配，识别、定位爆管故障，力图解决水资源的利用不合理、利用效率低等问题。该系统经山西晋城无烟煤矿业集团寺河矿地面生活区长达一年的工业运行实验结果表明：系统性能稳定、报警可靠、操作简单、显示准确，具有很强的抗干扰能力，尤其是其良好的组网方式和精确的监测系统确保了水量监控的准确性、及时性以及浏览的便捷性。系统促进了工矿企业用水的合理性，提升水资源的承载能力，为水资源的计费提供依据，提高供水系统的自动化管理程度，具有显著的经济效益和社会效益。为加快我国节水型社会建设提供了重要技术支持。

*国家国际合作专项“基于温和热解的低阶煤高效分级利用关键技术与过程集成”项目启动。*该项目是中日共同支持的首批4项联合研究项目之一，通过合作研究，解决低阶煤分级转化利用中重大科学和工程问题，突破低阶煤大规模分级转化的技术瓶颈，推动其工业实施。该研究的开展将大大增加煤炭资源的利用率和转化经济效益，推动行业技术发展和技术更新。

以科技重大专项为抓手，推动山西新能源产业发展。“十二五”山西省科技重大专项“低碳与循环经济发展技术及示范”专项中，由山西煤炭进出口集团公司承担的“煤矿废热循环利用技术开发及示范”项目取得阶段性成果，该项目示范工程第一阶段“煤矿矸石砖厂余热循环利用技术示范工程”已建设完成。“十二五”山西省科技重大专项“新能源关键技术”专项部分项目已取得阶段性成果。“十二五”山西省科技重大专项“现代煤化工关键技术及示范”专项自2011年启动以来，紧扣产学研联合创新的发展思路，取得了多项阶段性成果。其中，由山西大学承担的“基于甲醇、苯下游精细化学品产业链中催化剂研究及催化工艺技术的产业化开发”项目，已成功开发出3000吨/年顺酐催化加氢连续生产丁二酸酐联产丁二酸工艺包。山西阳煤丰喜(集团)公司承担的“水煤浆水冷壁气化炉技术开发”项目，已完成世界首套可使用水煤浆气化的水冷壁气化炉的连续稳定运行，有效地解决了山西“三高”煤气化难的问题，使我国自主研发的水煤浆水冷壁煤气化技术跻身世界先进行列。科技部对依托太原钢铁(集团)有限公司建设的“先进不锈钢材料国家重点实验室”进行了验收。

国内首套高速动车组用永磁牵引电机研发取得阶段性成果。“十二五”山西省科技重大专项中，由长钢(集团)锻压机械制造有限公司承担的“重型三辊卷板成套设备研发”项目取得重大进展。山西省成立省内第一个国家级农业产业技术创新战略联盟——“高粱产业技术创新战略联盟”。

*积极推进山西科技创新城建设工作。*2013年8月20日，省长李小鹏主持召开省政府第24次常务会议，研究山西科技创新城建设工作。8月23日，省委常委召开会议，听取山西科技创新城建设总体方案的汇报，做出具体部署。会议原则通过山西科技创新城建设总体方案。会议强调，建设科技创新城，要做一篇以煤为基的科技大文章，重点是围绕优势产业链配置创新链，打造“创新型山西”引领区；加快产业升级，打造高新技术产业集聚区；完善城市功能，打造低碳智慧新区；改善生态环境，打造环境友好绿色新区；完善平台载体，打造高端服务业集聚区。要高度重视科技创新城建设，抓紧成立领导机构和工作机构，制定相关规划和方案，研究提出人才激励、土地保障、金融服务、政策支持等具体措施，启动核心区征地拆迁和基础设施建设工作，按照总体部署和责任分工，狠抓落实，通力合作，全力推进。按照综改试验总体方案和省年度目标考核工作要求，山西省科技厅会同省发改委、省综改办研究编制了《山西省科技创新园建设管理办法(征求意见稿)》，并征求了相关部门意见。

*签署《科学技术部　山西省人民政府工作会商制度议定书》。*2013年12月6日，科技部与山西省政府在太原举行部省工作会商会议，双方签署了《科学技术部　山西省人民政府工作会商制度议定书》(2013～2018年)。新一轮部省工作会商制度议定书会商内容主要有3项：创新科技体制机制，加快区域创新体系建设；突出低碳发展，支撑山西产业转型和生态建设；推动农业及社会领域科技发展，保障和改善民生。同时提出2013年部省工作会商议题4项：着力推进山西科技创新城建设，着力推进“气化山西”建设工作，着力推进山西绿色、循环、低碳发展，着力推进山西新能源汽车发展。

【科研成果成绩显著】　*山西省9项科研成果摘得2012年度国家科学技术奖。*在2013年1月18日召开的国家科学技术奖励大会上，由山西省相关单位主持和参与完成的9项科研成果获2012年度国家科学技术奖。其中，获国家科学技术进步奖特等奖1项、二等奖8项；主持完成项目2项，参与完成7项。在9个获奖项目中，由企业主持或参与的达到6项，且均是与高校、科研院所产学研合作完成。这标志着，近几年来随着科技创新体系建设力度的不断加大，全省产学研用合作进一步密切，企业的技术创新与开发能力大大增强，已逐渐成为技术创新的主体。

山西省电力公司参与完成的《特高压交流输电关键技术、成套设备及工程应用》项目获国家科学技术进步奖特等奖。大同煤矿集团有限责任公司主持完成的《大同矿区复杂开采条件煤炭火灾防治关键技术》项目、西山煤电(集团)有限责任公司主持完成的《煤矿通风瓦斯超限预控与监管技术及系统》项目获国家科学技术进步奖二等奖。山西省农业科学院谷子研究所参与完成的《抗除草剂谷子新种质的创制与利用》、山西省农业科学院果树研究所参与完成的《苹果矮化砧木新品种选育与应用及砧木铁高效机理研究》、太原钢铁(集团)有限公司参与完成的《难造块铁矿资源制备优质炼铁炉料的关键技术》、山西太钢不锈钢股份有限公司参与完成的《现代轧制技术、装备和产品研发创新平台》、山西省农业遥感中心参与完成的《主要农作物遥感监测关键技术研究及业务化应用》、山西晋城无烟煤矿业集团有限责任公司参与完成的《煤矿井下随钻测控千米定向钻进技术与装备》等6个项目获国家科学技术进步奖二等奖。

*山西省5项科研成果获得国家科技奖励。*山西省共有5项科研成果获得2013年国家科学技术奖励。其中,"基于风味导向的固态发酵白酒生产新技术及应用"和"高性能谐振式传感器关键技术及其应用"两个项目获国家技术发明奖二等奖,"大吨位系列履带起重机关键技术与应用""煤矿岩巷全断面高效掘进关键技术与装备""旱作农业关键技术与集成应用"3个项目获得国家科学技术进步奖二等奖。

【重要科技活动丰富多彩】 *参加中国国际高新技术成果交易会。*2013年11月16日至21日,第十五届中国国际高新技术成果交易会(简称高交会)在深圳举办,山西代表团携30个参展项目参展。高交会期间,山西省代表团分别与香港逸飞集团、中国新兴产业研究院、深圳市发改委、深圳(山西)商会代表等单位和个人就项目和高新技术政策等进行对接洽谈,为扩大招商引资、发展对外贸易搭建平台。

*山西千余科普惠农优质农产品两度亮相上海滩。*2013年5月和7月,分别举办了"山西科普惠农优质农产品上海展示会"和"山西科普惠农特色优质农产品上海展销会",为上海市民提供了丰盛的农产品盛宴,同时为山西的农企迎来无限商机。省科协和山西科技新闻出版传媒集团组织受表彰的科普惠农兴村计划农产品基地、科普惠农绿色通道农产品示范基地及特色优质农产品企业参展。展会期间,举办了山西科普惠农特色优质农产品示范基地成果展及评选活动、农产品营销论坛、《山西科普惠农特色优质农产品产销联盟》成立、科普惠农特色优质农产品产销座谈会、山西科普惠农特色优质农产品电子商务平台和微信公众平台的开通以及科普惠农优质农产品、食品安全知识讲座等活动。

*参加第二十届杨凌农业高科技成果博览会。*2013年11月,省科技厅组织全省28家特色农业企业参加第二十届杨凌农商会,共展出农业机械、农药、化肥、种子、种苗、民间传统手工艺制品等新品种、新技术、新成果100多项。山西产品以传统技艺特色鲜明、科技含量高、易于合作推广等优势,吸引了国内外观展客商,获得本届展会的优秀组织奖、优秀展示奖和优秀成交奖三项大奖。

*参加第十四届中国西部国际博览会。*2013年10月,山西省科技厅组织太原太航德克森流体控制技术有限公司、阳煤集团山西吉天利科技有限公司、山西中网信息产业有限公司等高新技术企业共10个单位的13个项目参加了第十四届中国西部国际博览会。重点展示山西省在精密装备制造、电子信息、节能环保等领域取得的重大科技成果、新技术和新产品。

*2013年度山西省"科技奉献奖"评选结果揭晓。*2013年10月,2013年度山西省"科技奉献奖"评选结果揭晓,共评出先进集体103个,其中,特等奖10个,一等奖30个,二等奖31个,三等奖32个;先进个人240名,其中,特等8名,一等奖62名,二等奖85名,三等奖85名。

*山西省科技代表团圆满完成芬兰、丹麦、冰岛出访任务。*为推动山西省与芬兰、冰岛、丹麦在电子信息、先进制造、能源技术等高新技术领域的交流合作,应芬兰国家技术研究中心、冰岛雷克雅未克市政府、A.P.穆勒—马士基集团的邀请,山西省科技代表团于2013年9月赴芬兰、丹麦、冰岛进行访问,圆满完成访问任务,推动了多个科技项目合作。

*科技惠民计划正式启动。*山西省首批科技惠民计划项目包括2项国家项目和5项省级项目,共集成30项先进适用的成熟技术,总投入1.76亿元,其中,国家、省级财政支持总额3949万元,直接受益人群100万人。为保障惠民计划项目顺利实施,山西省设立省级财政专项配套资金1000万元,建立了相关省级行业主管部门组成联席会议制度和省级专家组咨询论证制度,明确了项目合同管理、目标任务责任、经费监管、中期评估和结题验收、群众参与和宣传普及等机制。

*袁隆平院士莅临山西考察指导F型杂交小麦研究工作。*2013年5月16日,"杂交水稻之父"、中国工程院院士袁隆平来到山西运城,专程考察指导山西F型杂交小麦科研工作。F型杂交小麦研究近年来取得阶段性突破,实现三系配套。项目研究列入"十二五"国家"863"计划和2013年国家科技支撑计划。

(宋培贤)

【山西省科技馆新馆正式投用】 2013年10月1日,山西省科技馆新馆正式开馆。山西省科技馆新馆坐落在太原市长风商务区文化岛上,科技馆占地4.7公顷,分为地下一层,地上三层,总建筑面积3万平方米。

新馆的功能主要包括:常设展览、短期专题展览、特效科普影视(包括穹幕影院、XD动感影院等)、天文观测、科普讲座、科学实验、科技培训及科普休闲等。新馆常设展览分为五个主题展厅,共有282个展项。

(李仁贵)

农业科技

【农业研究硕果累累】 2013年,山西省农业科学院共开展各类研究课题992项，其中，国家级135项，省级378项，横向协作课题45项，院级434项。在新上的国家级项目中，国家自然科学基金项目4项，国家星火计划项目3项，国家农业科技成果转化资金项目7项，国家支撑计划项目5项，科技部科技基础性工作项目1项，农业部公益性行业专项5项，农业部“948”项目1项。

2013年全院共鉴定科研新成果17项，其中，4项达到国际领先水平，6项达到国际先进水平。1项协作科研成果获2013年度国家科技进步二等奖(山西省农业科学院排名第七)；1项协作科研成果获2012～2013年度中华农业科技奖科学研究成果二等奖(山西省农业科学院果树研究所排名第二)，2项协作科研成果获2012～2013年度中华农业科技奖科学研究成果三等奖(1项完成单位中，山西省农业科学院生物技术研究中心排名第二；另1项完成单位中，山西省农业科学院谷子研究所排名第二、山西省农业科学院作物科学研究所排名第三)，1项主持科研成果获2011～2013年度全国农牧渔业丰收三等奖；4个农作物新品种通过国家品种审定委员会审(鉴)定，53个农作物新品种通过省级品种审定委员会审(认)定。

2013年全院获国家授权专利69件，其中，发明18件，实用新型47件，外观设计4件。发布农业地方标准48项，占全省年度地方标准的57.8%。发表省级以上科技论文378篇，SCI收录论文13篇，出版专著26部。

一项成果获国家科技进步类二等奖。山西省农业科学院参与完成的“旱作农业关键技术与集成应用”，历经15年，首次探明了旱作区农田降水转化定量关系和作物耗水结构特征，揭示了土壤储水供水特性、作物水分适应性、水碳氮关系等对提高降水利用的作用机理。重点突破了旱作农业“集、蓄、保、提”共性关键技术，创造性地研制出春玉米秋覆膜和秸秆还田秋施肥、冬小麦培肥聚墒丰产等“秋(夏)储冬保春用”核心技术，以及春玉米机械化集雨保墒和冬小麦高留茬少耕全程覆盖等高效轻简技术，使旱作农田降水利用率最高达到74.9%，旱作春玉米和冬小麦水分利用率分别达到1.83千克/(毫米·亩)(折2.75千克/立方米)和1.62千克/(毫米·亩)(折2.43千克/立方米)的国际领先水平。系统集成了与降水特点相吻合的半湿润偏旱区稳粮增效循环农林牧综合、半干旱区增粮提效防蚀林粮复合、半干旱偏旱区防蚀稳产增益农牧结合、西南季节性干旱区增产增效集雨补灌等技术体系与模式，并在试验区普遍应用，平均降水利用率由项目实施前的57%提高到68%，作物水分利用效率由0.67千克/(毫米·亩)提高到1.35千克/(毫米·亩)，水土流失降低40%以上。2009～2011年，有关技术和产品累计应用142万公顷，新增粮食99.5亿千克，新增产值200.3亿元，经济、社会和生态效益巨大。

一项成果获中华农业科技奖科学研究成果类二等奖。果树研究所参与完成的“砀山酥梨配套新品种选育及规范化高效栽培关键技术研究与应用”，历经27年，以砀山酥梨为亲本，选育出砀山新酥、晋蜜梨、硕丰梨、玉酥梨、晋早酥、秋水晶6个配套新品种。在全国率先开展了冬季温度升高对砀山酥梨生长发育的影响研究及砀山酥梨乔化开心形密植和矮化密植栽培技术研究与应用，并在树体改造、平衡施肥、花果管理、病虫害安全防控、果园生草和覆盖等技术方面进行集成研究与应用，取得显著成绩。1997年“尧山牌”砀山酥梨获绿色认证，1998年陕西蒲城被授予“中国酥梨之乡”称号，2000年安徽省政府批准建立“砀山酥梨种质资源省级自然保护区”，2004年“砀园牌”砀山酥梨荣获国家“地理标志保护产品”称号，2011年“砀山酥梨”品牌进入中国农产品区域公用品牌价值百强行列并位居第10位。在安徽、山西、陕西、河南、江苏、山东等地推广149万公顷，新增产值321.52亿元，新增效益184.49亿元。

两项成果获中华农业科技奖科学研究成果类三等奖。1. 生物技术研究中心参与完成的“盐碱地枣产业优质高效配套技术体系研究与示范”，筛选出耐盐碱冬枣新品系1个，抗盐砧木新品系1个，建立了枣良种光雾工厂化快繁技术体系。研究出盐碱地枣无公害标准化栽培技术措施，提高了盐碱地合理开发及改良利用率。研究出适合盐碱地的枣直播建园技术及配套栽培技术，大大提高盐碱地建园成活率和枣园早期丰产性。对枣树抗盐分子机理进行初步研究，首次发现并从枣树中克隆出枣树水通道蛋白基因(ZjPIP2)，为提高枣树的抗逆性奠定了理论基础。在黄骅地区和新疆南疆区域推广9033公顷，增加产值5.6亿元。

2. 谷子研究所和作物科学研究所参与完成的“优质高产谷子新品种选育与应用”，历经15年，先后育成适合我国华北、西北和东北三大谷子产区种植的冀谷18、冀谷19号、晋谷36号、长农35号、长农36号、龙谷31等，6个优质高产多抗谷子新品种均被评为一级优质米并成为我国谷子三大产区骨干品种，其中，冀谷19号为华北夏谷区对照品种，长农35号为西北春谷区对照品种。建立产业化示范基地8个，核心示范区7200公顷；2009～2011年累计推广57.8万公顷，增产粮食2.1亿千克，新增经济效益5.6亿元。建设小米生产线9条，其中，万吨级3条；培育小米品牌7个。

一项成果获全国农牧渔业丰收类三等奖。蔬菜研究所主持、食用菌研究所等单位参与完成的“抗病、丰产晋西葫芦8号高效集成栽培技术推广”，建立了亲本原种和原原种繁殖基地及杂交种繁殖基地，在全国建立标准化中试与示范点35个、辐射点185个及良种服务点185个。2011～2013年累计推广3333公顷，增加经济效益5000万元。

一项成果获山西省自然科学类一等奖。旱地农业研究中心主持完成的“植物抗旱机理的新发现及相关重要基因发掘”，在国际上首次发现木本果树梨的甜菜碱合成与其耐旱性密切相关，并发现植物信使脱落酸(ABA)调控木本植物干旱诱导的甜菜碱生物合成，植物激素茉莉酸(JA)参与了植物甜菜碱生物合成的调控。首次发现果树中有ABA专一结合位点，从葡萄中发现并成功获得ABA激活的钙依赖蛋白激酶基因ACPK1，发现其是ABA调节植物抗旱信号通路中的一个新组分。在SCI发表论文11篇，产生了广泛的国际影响。

两项成果获山西省科技进步类一等奖。1. 小麦研究所主持完成的“小麦产量品质同步提高抗逆栽培技术体系”，探明液培和田间试验相对指标（氮素胁迫/正常供氮）的相关性，构建了液培筛选、田间验证的氮高效基因型品种鉴定技术。探明小麦品种感温性与发育进程的关系，解决了小麦——玉米双季高产光热资源不足的问题，使小麦——玉米一年两收种植区北移1个纬度。系统研究了病虫草害不同防治药剂、防治时期对品质的影响，构建了稳产保优病虫草害防控技术。通过“冬水前移两增一减技术”解决了秸秆还田旋耕播种，耕层悬虚、C/N失调，冬前小麦个体弱、群体不足，冬春冻害严重，单产低、品质差等问题。综合应用这一技术体系，山西小麦单产提高15.6%，亩节水10立方米，水分利用率提高36.7%、氮当季利用率达46.9%～51.7%，实现亩产705.9千克的高产纪录。2010～2012年在山西、河南、陕西、河北累计推广342.7万公顷，新增小麦17.13亿千克，新增效益38.87亿元。

2. 畜牧兽医研究所主持完成的“奶牛健康养殖技术集成与示范”，集成了DHI、TMR饲养管理、奶牛营养调控、饲粮优化利用以及奶牛联合遗传评估、牛群改良与快速繁育等技术。在21个奶牛场的1.4万头奶牛中推广应用，形成集繁殖、营养、生产管理、乳品质调控和疾病预防为一体的技术体系，减缓了奶牛泌乳早期能量负平衡，降低了围产期疾病和营养代谢病的发生率，提高了饲料转化率，改善了泌乳性能和奶牛繁殖状况。在示范场区奶牛泌乳期平均产奶量达7500千克以上，乳蛋白、乳脂率平均达到3.1%和3.7%以上，年增产值7800多万元。

4项研究成果达到国际领先水平。1. 农业环境与资源研究所完成的“设施土壤生态活性调理剂的研制与应用”，针对设施蔬菜连作形成的枯萎病等土传性病害严重问题，首次分离筛选出强力抑制以番茄为靶植物的枯萎病病原菌的PB－4（T4,4）菌株，系统研究了抑菌机理、定殖能力及防治枯萎病的效果；以豆制品生产黄浆废水为基础原料，优化发酵生产PB－4（T4,4）菌剂的配方及生产工艺；研发出促生抑菌调理剂、有机物料腐熟剂和解磷释钾养分调理剂三种产品，经示范推广，具有显著的经济、生态、社会效益和良好的应用前景。

2. 农业环境与资源研究所完成的“日光温室土壤环境变化与蔬菜养分资源运筹技术研究与应用”，系统开展日光节能温室土壤环境变化特征、主要蔬菜养分需求规律、有机肥氮素矿化特征、不同水肥管理对蔬菜生长和土壤环境的影响等研究，明确了日光温室土壤环境变化特征和土壤退化机理，建立了日光温室蔬菜高产高效生产的养分资源运筹技术，水分生产力和氮肥生产力分别提高1.6倍和2.6倍。

3. 农业环境与资源研究所完成的“薯类作物生态培肥与配方施肥技术研究”，提出以调控土壤C/N比与菌群结构为主要措施的生态配方施肥技术，降低薯类作物病情指数17.4%，增加薯类产量10.9%，提高商品薯率6%，改善了产品品质，实现了土壤生态培肥与薯类优质生产的双重效果，为薯类作物的生态培肥与抗连作障碍提供了培肥技术措施。

4. 棉花研究所完成的“芦笋木蠹蛾绿色高效防控技术的创新与应用”，明确了芦笋木蠹蛾的生活史、习性、发生规律、寄主范围及食性专化度，筛选出灯光诱杀芦笋木蠹蛾的最佳波长，鉴定出芦笋木蠹蛾性信息素的化学成分，研发出仿生诱芯，提出芦笋避虫栽培和茎基减量、靶标用药高效防治技术，建立了对芦笋木蠹蛾的农业防治、理化诱杀、生态调控、减量用药的绿色防控体系。

6项研究成果达到国际先进水平。1. 畜牧兽医研究所完成的国家“十一五”科技支撑计划项目“奶牛健康养殖技术集成与示范”，集成DHI、TMR饲养管理、奶牛营养调控、饲粮优化利用以及奶牛联合遗传评估、牛群改良与快速繁育等技术。在21个奶牛场的1.4万头奶牛中推广应用，形成集繁殖、营养、生产管理、乳品质调控和疾病预防等于一体的技术体系，减缓奶牛泌乳早期能量负平衡，降低围产期疾病和营养代谢病的发生率，提高饲料转化率，改善了泌乳性能和奶牛繁殖状况。在示范场区奶牛泌乳期平均产奶量7500千克以上，乳蛋白、乳脂率平均达到3.1%和3.7%以上。

2. 园艺研究所完成的山西省科技攻关项目“观赏植物种质资源利用及产业化发展关键技术研究”，通过对山西省野生观赏植物资源进行调查研究，绘制出山西省野生观赏植物分布图及分科检索表，形成山西省野生观赏植物数据库，建立了山西省野生观赏植物网络共享图库。研发出观赏凤梨、安祖花、蝴蝶兰等重要商品花卉产业化关键技术和荞麦叶大百合、野罂粟等10余种野生花卉种苗组培快繁及栽培技术，克隆出萱草抗旱基因3个和凤梨花期调控基因3个，建立了安祖花遗传转化体系，培育出大花萱草等一批新的观赏植物种质。

3. 蔬菜研究所完成的“冷凉沙化区芦笋防风固沙栽培技术”，通过品种筛选、穴盘育苗、深栽稀植、留母茎采收等技术研究，提出冷凉沙化区芦笋防风固沙栽培技术模式，在土壤沙化严重、风沙较大的冷凉区种植芦笋首次取得成功，产生了良好的经济和生态效益。

4. 农产品加工研究所完成的“燕麦全粉加工与利用关键技术研究”，建立了燕麦加工品质评价方法，筛选出适宜燕麦全粉加工的专用品种。通过微波灭酶、挤压膨化等技术，优化了燕麦全粉制粉工艺；研发出燕麦全粉制作面条的工艺，确定了产品配方及产品品质评价方法。研制的面条保持了燕麦的自然香味和生物活性，提高了产品的感官品质，为燕麦综合加工与利用提供了技术支撑。

5. 园艺研究所完成的“壶瓶枣裂果机理及其防裂技术研究”，从果实细胞组织、生理生化代谢、水分运用规律等方面对枣裂果机理进行深入研究，得出半红期至全红期枣果皮细胞的凋亡和死亡是裂果的关键因素，发现这一时期枣果实存在渗透吸水，果肉组织间存在的水势差是裂果的内因，果皮部位长时间聚集的雨水或露水是裂果的外因，初步阐明了壶瓶枣裂果机理。从减缓果皮细胞衰老、控制雨水与果面接触、阻止水分渗透系统的形成等方面入手，通过选择适宜树形及修剪方法，形成了套袋防裂果技术体系。

6. 饲料科技研究中心完成的“提高仔猪成活率营养调控技术研究”，从提高妊娠母猪后期免疫力入手，通过添加酶制剂、酸化剂及微生态制剂，克服仔猪生理缺陷，建立了一套提高仔猪成活率的技术体系；应用分子生物学技术，研究确定了仔猪肠道优势微生物区系。累计推广应用仔猪5.7万头，降低仔猪病死率5.6%，提高仔猪日增重16.9%，实现经济效益559.9万元。

4个新品种通过国家级审（鉴）定。1. 高粱研究所选育的能源甜高粱新品种晋甜杂3号，平均生育期137天，平均株高374.2厘米，茎粗2.1厘米，分蘖2.1个。纺锤形中散穗，穗长28.9厘米，穗粒重24.6克，千粒重23.4克，含糖锤度18.9%，出汁率55.9%。籽粒粗蛋白4.2%、粗纤维38.3%、粗脂肪26克/千克、粗灰分5.2%、可溶性总糖10.6%、水分6%。2011～2012年参加全国区试，平均亩产5688.1千克，比对照辽甜6号增产24.7%，比对照辽饲杂1号增产36.5%。适宜在东北三省、北京、山西、河南、山东、宁夏、新疆、内蒙古、湖南等省区种植。

2. 谷子研究所王节之等人选育的谷子新品种长生10号，属白谷黄米，春播中晚熟品种。平均生育期121天，平均株高138.4厘米，穗长20厘米，穗粗3.1厘米，单穗重19.8克，穗粒重16.7克，千粒重3.3克，出谷率84%。籽粒粗蛋白（干基）13.6%，粗脂肪（干基）4.4%，直链淀粉（脱脂样品）15.8%，胶稠度132.5毫米，糊化温度（碱消指数级别）3.8级，维生素$B_1$0.4毫克/100克。全国区试中，抗倒性、抗旱性1级，谷锈病2级，谷瘟病、纹枯病1级，黑穗病、线虫病、白发病、红叶病发病率分别为0%、0%、1.3%、2.1%，蛀茎率1.6%。2011～2012年参加国家区试，平均亩产322.2千克，比对照长农35号增产10.9%。2012年参加生产试验，平均亩产338.3千克，比对照增产10.8%。适宜在山西长治、晋城、晋中，陕西杨凌，河北承德，辽宁阜新、朝阳等无霜期150天以上地区春播种植。

3. 作物科学研究所马建萍等人选育的谷子新品种晋谷55号，属黄谷黄米。平均生育期120天，主茎高160厘米，穗长25厘米，单穗重20.5克，穗粒重16.2克，千粒重3克，出谷率78.8%。蛋白质12.1%，脂肪4%，直链淀粉15.4%，胶稠度132.5毫米，糊化温度3.8级，维生素$B_1$0.5毫克/100克，6项指标中4项超过国家二级米标准，糊化温度指标超过国家一级米标准。2011～2012年参加国家区试，平均亩产310.6千克，比对照长农35号增产6.9%。2012年参加生产试验，平均亩产346.1千克，比对照增产13.4%。适宜在山西春播中晚熟区及无霜期150天以上的我国西北春谷中晚熟丘陵山区旱地种植。

4. 经济作物研究所杨成元等人选育的谷子新品种晋汾02，属白谷黄米。平均生育期128天，平均株高158.6厘米，穗长17.7厘米，单穗重20.9克，穗粒重16.3克，千粒重3克，出谷率78.1%。籽粒粗蛋白13.6%，粗脂肪2.4%，赖氨酸0.2%，胶稠度116.5毫米，糊化温度3.8级，维生素$B_1$0.3毫克/100克，含铁5.7毫克/100克，锌30.7毫克/千克，在全国第九届优质食用粟评选中被评为一级优质米。抗倒性2.5级，耐旱性0级，谷锈病、谷瘟病1.5级，纹枯病1级，黑穗病、线虫病、白发病、红叶病发病率分别为0%、0%、10.1%、6.9%，蛀茎率1.8%。2010～2011年参加国家区试，平均亩产301.7千克，比对照长农35号增产3.1%。2012年参加生产试验，平均亩产320.3千克，比对照增产4.9%。适宜在山西省吕梁、晋中、阳泉、忻州、临汾、长治、晋城等地区，省外陕北地区、河南三门峡地区及无霜期150天以上地区春播、无霜期180天以上地区复播种植。

【农业技术推广示范行动取得新成效】 农业技术推广示范行动。2013年，示范行动以“一村一品，一县一业”为主线，以“核心示范上水平，推广辐射上规模”为中心，做到高产高效和节本增效、技术创新和技术集成、技术进村入户和农民三个相结合，全面提升示范行动服务全省农业的水平。全院550名科技人员在全省60个县实施52个农技推广项目，推广新品种235个，集成先进适用技术260项，配套高产高效技术模式32项，累计示范6200公顷，累计推广17.3万公顷，粮、油、瓜、果、菜、畜牧、食用菌、药材、贮藏保鲜等示范推广累计增加社会经济效益12.5亿元。

集成配套32项高产高效技术模式。主要示范推广的技术模式有：玉米农机农艺相结合超高产技术，晋东南玉米秸秆覆盖旱作高产技术，晋南小麦——玉米一年两作高产技术，旱作粮菜节水高产高效种植技术，高寒区玉米套种蔬菜立体种植高产高效技术，晋中小麦——蔬菜高产高效技术，玉米深松耕农机农艺配套高产栽培技术，玉米良种良法配套技术，谷子“112”简约高产栽培技术，甜糯玉米两茬及复播蔬菜高效种植技术，调控施肥技术，宽幅渗水地膜“VVV型”覆盖旱作精密沟穴播技术，大豆高产栽培技术，脱毒马铃薯高垄、宽行种植高产技术，酿造专用高粱高产高效栽培技术，玉米豌豆套种复播荞麦立体高效种植技术，燕麦新品种高产配套技术，露地蔬菜高产高效种植技术，设施蔬菜高产高效种植技术，设施蔬菜水肥一体化高效技术，旱地幼龄果树立体种植技术，新型无公害苹果高效生产技术，苹果高光效树形技术，鲜食枣套袋防裂果高产高效技术，规模化禽畜高效繁育及疾病防控综合技术，智能数字化及饲料技术组装示范养猪技术，淡水新品种集成技术，药粮间作立体高效种植技术，日光温室集约化高效栽培双孢蘑菇技术，设施瓜果立体高效栽培技术，小型节能冷库及果蔬贮运高效保鲜技术，废弃果枝资源化生产香菇技术。

创建一批高产示范典型。①临汾市优质小麦玉米一年两作超高产示范，尧都区吴村镇洪堡村146.7公顷小麦示范田，平均亩产633.5

千克，创山西省水地小麦单产最高纪录。②高寒冷凉区玉米高产新品种并单16及配套技术示范推广，五寨县小河头乡小河头村旱地示范田，平均亩产893千克，比对照增产200多千克，创山西省高寒冷凉区玉米单产新高。③晋中盆地甜糯玉米立体高效种植模式示范，太谷县范村镇闫村6.7公顷玉米样板田，平均亩收入3332.8元，创山西省甜糯玉米新纪录。④谷子优质高产轻简化集成技术示范推广，沁县册村乡西北村、长子县宋村乡谷村、高平市西河底镇焦河村9.9公顷谷子样板田，平均亩产574.6千克，比对照增产124.4千克，增产27.6%。⑤酿造专用高粱新品种及高产高效栽培技术示范与推广，沁县段柳乡段柳村133公顷高粱样板田，平均亩产716.5千克，比对照增产19%。⑥脱毒马铃薯高产高效栽培技术示范推广，大同市左云县三屯乡，广灵县梁庄乡、望狐乡，新荣区168.7公顷马铃薯示范田，平均亩产2858.3千克，最高亩产3134.7千克。⑦燕麦优质丰产新品种及高产配套技术示范推广，神池县大严备乡、八角镇、烈堡乡、长畛乡7.3公顷样板田，平均亩产201.7千克，极大地带动了当地农民种植燕麦的积极性。

（朱俊菲）

社会科学

【深入开展党的“十八大”精神和中国特色社会主义理论体系的学习研究】 许淑贤专著的《中国特色社会主义理论与实践的探索》（中共中央党校出版社2013年），该书较好地宣传了党的“十八大”精神，使中国特色社会主义理论的宣传有了很好的载体。张志芳撰写的《马克思主义大众化理论视野的新扩展——党的十八大对推进马克思主义大众化认识的新贡献》（《当代世界与社会主义》2013年第3期）提出，以大众化视野不断推动理论创新，是中国共产党实现马克思主义与中国实际相结合的鲜明特色。它启示我们，推动马克思主义大众化，要培育以大众视野推动大众化进程的战略性视角，要把握以大众关切推动大众化发展的现实性视点，要有以创新发展推动大众化进程的前瞻性视野。潘峰撰写的《深入掌握和运用十八大报告的科学理论思维》（《理论探索》2013年第1期）认为，“十八大”报告集中展示的科学理论思维显著特征，集中概括有：站立时代前沿、引领前进方向，珍惜成功经验、深化规律把握，立足国情实际、执着宏伟目标，驾驭事业全局、稳操五位一体，突出战略重点、着力前沿突破，直面困难问题、勇于攻坚克难，超越两极摇摆、凸显辩证驾驭，强化“三个自信”、聚集主体能量，高扬创新创造、永葆前进动力，力推自身革新、担好历史重任。李中元撰写的《社会主义核心价值观的理论旨趣、内在逻辑与践行原则》（《新疆师范大学学报》2013年第5期）指出，“十八大”报告以“三个倡导”提出的社会主义核心价值观是面向世界、引导未来、凝聚民族精神的兴国之魂、立国之本、强国之基。它明确了“富强、民主、文明、和谐”的民族复兴目标，明确了“自由、平等、公正、法治”的社会发展根基，明确了“爱国、敬业、诚信、友善”的公民道德准则。崔建周撰写的《马克思主义执政党创新的路径选择》（《中国特色社会主义研究》2013年第2期）指出，建设创新型的马克思主义执政党，是党的“十八大”报告对于全面提高党的建设科学化水平提出的重大目标之一。马克思主义执政党的创新活动是一项复杂的系统工程，必须坚持以我为主开放式的创新路径。李中元撰写的《面向世界　引导未来　凝聚民族精神的兴国之魂》（《前进》2013年第2期）认为，“十八大”报告把核心价值体系上升到“兴国之魂”的高度，明确提出了层次有序、简明凝练、内涵丰富的24字核心价值观。高建生撰写的《坚持人民主体地位是中国特色社会主义事业发展的首要要求》（同上，第1期）指出，党的“十八大”报告在对中国特色社会主义作了进一步全面阐述的基础上，为新的历史条件下夺取中国特色社会主义新胜利，提出了八方面必须牢牢把握的基本要求，而其中的首要性要求，就是“必须坚持人民主体地位”。杨茂林撰写的《在深化改革中推进国家治理体系和治理能力现代化》（同上，第12期），十八届三中全会《决定》指出，全面深化改革的总目标是完善中国特色社会主义制度，推进国家治理体系和治理能力现代化。这是在党的决定这样的高层次上首次提出的重大论断，为完善社会主义制度总目标明确了定位。韩克勇撰写的《关于提高居民收入水平的若干思考》（《兰州商学院学报》2013年第4期）认为，党的“十八大”报告提出2020年城乡居民人均收入比2010年翻一番，强调千方百计增加居民收入，指出实现两个同步，提高两个比重，着力促进农民增收，规范收入分配秩序，坚持走共同富裕道路等重要论断，是我国经济快速发展的必然要求，是贯彻落实科学发展观的重要体现，是转变经济发展方式的必然选择，是实现全面建成小康社会宏伟目标的重要内容，是对重大社会关切的应有回应。刘兆征撰写的《学习贯彻十八大精神　加快经济发展方式转变》（《前进》2013年第1期）指出，党的“十八大”高度重视加快经济发展方式转变，在报告的第四部分单独成篇进行了详细阐述。深入学习、深刻领会和贯彻落实“十八大”关于加快经济发展方式转变的精神，努力加快经济发展方式转变步伐，是我们当前紧迫而重要的任务。胡羽撰写的《在问题倒逼中全面深化改革》和冯进成撰写的《反对享乐主义　坚持艰苦奋斗》）（载《山西日报》2013年12月10日、12月31日），前文认为改革是由问题倒逼而产生，又在不断解决问题中而深化。后文指出，以全心全意为人民服务为根本宗旨的中国共产党，从成立伊始就坚决反对享乐主义，大力提倡艰苦奋斗。享乐主义有悖于中华民族勤劳俭朴的传统美德，有悖于共产党人艰苦奋斗的优良传统，我们必须旗帜鲜明地加以克服和坚决反对。

【突出山西特色问题的研究】 晋文化研究。高春平主编的《国外珍藏晋商资料汇编》（第一辑）（商务印书馆出版2013年），该书收录了散落在欧美、俄罗斯、蒙古、日本等国的晋商文献、碑刻资料和票号书简等原始材料40万字和珍贵历史图片50余幅，是晋商研究资料收集整理的一重大成果，具有较高的史料价值。王志超专著的《山西地域文化散论》(三晋出版社2013年)为山西社科研究与普及书系之三。该书展示了丰富多彩、精彩纷呈的山西地域文化，通过地域性又展示着文化共性的特点。孟万忠、王尚义撰写的《北魏平城的水环境研究》(《晋阳学刊》2013年第3期)，为国家自然科学基金项目、山西省高等学校哲学社会科学研究项目、山西省哲学社会科学课题《转型发展背景下的山西流域法制研究》的阶段性成果。狄宝心撰写的《元好问文编年考》(《晋阳学刊》2013年第2期)，为教育部人文社会科学研究2011年度规划项目。张德一撰写的《明太原县城与晋阳古城之渊源探析》(《山西社会主义学院学报》2013年第3期)认为，明太原县城(今太原市晋源区晋源镇旧城)是建筑在晋阳古城遗址之上的一座明代小城。“太原县”名是从晋阳古城时期流传下来的，明太原县城建在古晋阳城遗址上。高春平主编的《晋商与明清山西城镇化研究》为山西社科研究与普及书系之三。该书从人口学、经济学、生态学、社会学角度，探讨晋商与城镇发展演变的本质特征，中小商贸城镇发展壮大过程中的户籍管理与改革，从而对明清时期城镇的兴衰根源，移民对城镇发展的作用与影响得出有益的借鉴。李茂盛撰写的《论明清晋商崛起的历史经验》(《河北广播电视大学学报》2013年第3期)认为，明清晋商的崛起，除了明代实行“开中法”、清朝统一中国后大力发展北方边贸等客观因素外，有着多方面的内在因素，其中包括善抓机遇、敢为人先的理念，思想解放、观念开放的认知，不断探索、锐意改革的闯劲，诚信为本、信誉第一的风范，以人为本、尊重人才的聪慧。晋商发展中留下的这些历史经验，对当前发展市场经济，培育市场主体，重振地方商业实力有很多值得借鉴和反思的地方。杨在平撰写的《晋商文化——儒家文化的成功实践模式》(《沧桑》2013年第3期)认为，晋商是儒家文化的成功实践模式，晋商文化承载了儒家文化的精髓，晋商文化获得新生必须重新超越儒家文化。乔俊海、高春平、杨晓青主编的《明清晋商人物·祁县帮》(三晋出版社2013年)、高春平撰写的《晋商人物齐梦彪》和陕劲松撰写的《晋商与慈禧西逃》(均载《山西画报》2013年第1期)、赵俊明撰写的《晋商研究最新成果》(《发展导报》2013年11月29日)等，均为研究晋商的佳作。

文化强省的建设和研究。康玉庆主编的《太原历史文化》(北岳文艺出版社2013年)，为山西社科研究与普及书系之三。全书26万字，出版后即成为太原大学等高校教材，很好地结合了研究与普及。张建武等撰写的《关于山西文化产业集群发展的思考》(《山西日报》2013年11月5日)认为，推进文化产业集聚发展，是国内外先进地区加快文化产业发展的重要经验，是加快文化产业发展的必由之路，也是山西省文化产业发展的必然要求。孙轶琼撰写的《三晋大地唱响文化传奇——山西文化改革发展综述》(《黄河之声》2013年第14期)指出，在风雨兼程的文化蝶变中，在锐意进取的文化建设中，山西正以昂首阔步的姿态迈入文化强省的行列。杨建荣撰写的《深刻认识推动社会主义文化大发展大繁荣的重大意义》、蒋世欣撰写的《从文化建设到文化管理》、山西省社科联课题组撰写的《山西文化创意产业发展对策研究》均获2013年山西省第十届精神文明建设“五个一工程”优秀作品奖。

转型跨越发展研究。李中元主编的《孝义发展报告》(上下卷)(山西人民出版社2013年)，该书按照“五位一体”总布局，就经济建设、政治建设、文化建设、社会建设、生态文明建设对孝义市进行调查，并就相关问题展开研究。该书对全省、特别是县域率先走出资源性经济转型发展新路和全面建成小康社会提供了有益借鉴。刘兆征撰写的《资源城市转型需要处理好的几个问题》(《科学社会主义》2013年第4期)指出，煤炭资源城市转型，必须善于把握时机，及时推动；必须因地制宜，发挥比较优势；必须遵循市场经济的规律，充分发挥市场机制的作用；必须紧跟产业发展的时代步伐和国内国外发展的大趋势；必须由中央政府、地方政府、企业共同来推进。李淳、闫海旺、刘巧梅撰写的《山西经济转型发展路径研究》(《理论探索》2013年第1期)提出，当前山西的转型发展必须以科学发展观为统领，大力发展战略性新兴产业和高新技术产业，不断优化经济结构；大力发展循环经济，不断提高可持续发展能力；大力改造和提升传统产业，不断提高产品的科技含量和实现节能降耗；大力发展第三产业，不断优化国民经济整体结构。王云、李连济撰写的《转型期产能过剩问题及防治机制》(《山西日报》2013年2月5日)指出，20世纪90年代后期以来，中国经济逐步进入“高增长平台”，也同时出现了部分行业的产能过剩现象，必须建立健全我国产能过剩的评估指标体系及预警制度，构建防治产能过剩的长效机制。贺建平撰写的《经济转型背景下的山西资本市场发展》(《中共山西省委党校学报》2013年第2期)认为，大力发展资本市场对山西顺利实现经济转型有着至关重要的作用，必须解放思想、提高认识，创新环境，采取增加上市公司数量、加强上市公司规范管理、用好债券融资平台等措施，大力推进山西资本市场发展。郭卫东撰写的《转型跨越拓新路——我说中国梦》(6)(《山西日报》2013年6月18日)认为，转型跨越要走出一条改革创新之路，转型跨越要走出一条科学发展之路，转型跨越要走出一条全面开放之路。王云珠、黄桦撰写的《区域经济发展新格局与山西转型跨越发展》(《科技创新与生产力》2013年第8期)分析了“十二五”时期我国经济格局和区域发展的新变化，提出了山西转型跨越发展方向和对策。庞丽峰撰写的《承图强精神　促转型跨越》(《山西日报》2013年5月14日)指出，图强承载了三晋文化的厚重积淀，彰显了当代核心价值的生命力，凝聚了转型跨越的强大动力。在推进山西转型发展、深度发展的进程中，我们尤其需要不断强调和进一步弘扬山西人励志奋进、奔竞不息的“图强”精神。潘晔、黄翰林、

王云撰写的《综改区背景下山西合同能源管理的政策研究及发展建议》(《经济问题》2013 年第 9 期)认为,在山西建设国家综合配套改革试验区的进程中,若能提高对合同能源管理的重视和促进这种富有效率的专业化节能服务机制发展,将对解决山西资源型经济转型中工业新型化、城乡一体化、资源合理开发利用、生态环境治理等一系列问题发挥积极作用,为山西经济发展方式的转变特别是资源型地区的可持续发展提供重要制度支持。刘晔撰写的《资源型经济转型策略探析——以山西为例》(《资源开发与市场》2013 年第 5 期),文章运用资源型经济的形成机制理论及相关理论方法剖析山西省资源型经济的主要症状,运用资源型经济的规避和转型机制理论提出山西省资源型经济转型的策略和实现途径,为资源型经济地区加快转型发展提供参考与借鉴。荣庶民、李永清、张福生撰写的《转型发展阶段的现代农业建设》(《高等财经教育研究》2013 年 S1 期)指出,在山西资源型经济转型建设的进程中,传统农业转型建设的取向选择是,改善和提升生态环境的承载能力与生态服务功能,推进资源组合利用方式的调整变革,创造资源型经济转型产业布局、结构调整、要素重组的实现条件,构建黄土高原现代农业的产业体系。王云珠撰写的《中小企业要在创新与转型上谋发展》(《山西日报》2013 年 8 月 6 日)指出,国家要进一步为中小企业创造公平竞争的环境,中小企业要增强自身的机遇意识、忧患意识、创新意识,主动调整战略,加快转型步伐,才有持续发展的可能。

【其他学科方面的研究】 哲学方面的研究。薛勇民、杨珺撰写的《马克思自然观的新现代性意蕴》(《江西社会科学》2013 年第 11 期)认为,尽管马克思的自然观念产生于现代性典型呈现的时代,但是正是在批判现代性的过程中预见到超越现代性思潮的出场,马克思的自然观念既评判当时的资本主义发展,更科学地建构了人类发展的生态愿景,呈现出鲜明而丰富的新现代性价值取向。杨珺撰写的《生态共生的伦理规制——基于马克思自然观的分析》(《中共中央党校学报》2013 年第 4 期)指出,马克思的自然观把人作为人本身,给予人更多的伦理规范和约束,在对人类社会可持续发展的健康模式的探索中体现着对于生态共生的伦理规制。杨根龙撰写的《企业价值构成的哲学分析》(《马克思主义哲学研究》2013 年 10 月)指出,马克思主义价值哲学的研究不能仅仅停留在基础理论的层面上,更应走向现实的生活,具体地、深入地研究企业价值。刘景钊撰写的《转型期如何摆脱价值危机——兼论价值整合与价值共同体的建构》(《探索与争鸣》2013 年第 1 期)认为,转型时期的中国价值观混乱与迷失使得价值危机凸显,摆脱价值危机,走出价值困境的可行路径是进行价值整合。只有汇聚东西方人类智慧,顺应时代潮流和大众意愿的核心价值观才具有价值整合力。十八大提出的民主、和谐、自由、法治、公正、诚信等就是价值整合的结果,同时也构成价值共同体建构的基本要素。谢耀亭撰写的《思孟学派考辨》(《史学集刊》2013 年第 2 期)指出,思孟学派可以看作是以子思、孟子为代表,其可溯源于孔子、曾子,且在一定程度上受到仲弓、子游等人思想影响,在战国前中期儒学发展中占有较强优势的一个儒家学派。耿振东撰写的《朱熹〈管子〉研究的历史考察》(《新疆大学学报》2013 年第 2 期),为国家社科基金青年项目"《管子》学史"研究的阶段性成果。刘景钊撰写的《当代中国哲学何以成为"自由的学校"》(《东岳论丛》2013 年第 4 期)指出,"自由的学校"是联合国教科文组织对哲学重要功能的比喻。创建一所跨学科、重问题、共话语和自觉沟通与配置哲学与人文社会科学各学科资源的"自由的学校"是当代中国哲学应对挑战走向创新的战略性选择。在某种意义上,建构"自由的学校"也就是建构当代中国哲学新形态的话语系统。吴晓峰撰写的《试论关公文化演进中的政府行为及现实意义》《华东师范大学学报》2013 年第 2 期)指出,关公文化所倡导的"忠、义、仁、智、信、勇",不仅涵盖了东方儒家哲学所追求的道德理念,也与缘自古罗马的西方哲学中的"好、善、美、公平、正义、自由"等等价值理念相交互。徐宏伟撰写的《相似性:创造性思维的中介》(《经济师》2013 年第 6 期),文章从相似性是实现创造思维的前提的基础,创造思维中的原理,创造性思维中的作用三个方面论述任何发明创造都是在有所继承的"同"的基础上加以"变异"的产物。李洪强撰写的《辩证理性科学观》(《科学技术哲学研究》2013 年第 1 期》提出,与传统理性主义科学观和非理性主义科学观相比,科学修辞语境中的辩证理性科学观为我们提供了一种更为符合科学实践同时也更富有前途的指向。

五台山相关问题的研究。周祝英撰写的《窥基法师的五重唯识观(《五台山研究》2013 年第 3 期)指出,窥基法师是唯识宗的实际创始人,五重唯识观是窥基对唯识学说的重要贡献。崔正森撰写的《茶禅一味》(《宝鸡文理学院学报》2013 年第 1 期)指出,"茶禅一味"是宋代临济宗杨岐派圜悟克勤禅师书写的一幅墨宝,这幅墨宝现存于日本大德寺酬恩庵,他们体悟到了"茶禅一味"的理趣,并充分发挥了它的茶道精神。李瑞芳、郑国璋撰写的《五台山低碳旅游发展模式研究》(《山西师范大学学报》〈自然科学版〉2013 年第 4 期),文章在分析五台山旅游资源的基础上,通过旅游发展的各要素对五台山旅游资源进行低碳化的开发研究,构建五台山低碳旅游发展和运行模式,为五台山旅游业可持续发展提供科学依据。崔正森撰写的《毛泽东主席与五台山的历史情结》(《五台山研究》2013 年第 1、2 期)认为,山西得天独厚的地理形势,为山地游击战争提供了战略上的优势,丰富的物产为军事活动提供了物质基础和经济实力。在抗日战争中,党中央和毛主席把山西作为重要的战略基地,尤其是五台山,成为全国敌后抗日根据地的典型。1952 年,毛主席特命山西省文教厅组织了五台山寺庙补修委员会,对文物进行保护、管理,从而使这一珍贵的佛教文化遗产留存至今。

社会学方面的研究。秦谱德、

崔晋生、蒲丽萍著的《生态社会学》(社会科学文献出版社,2013年),该书为《现代社会学文库》第二辑,共33.8万字。全书提出了生态社会学的主要理论和理论架构,介绍了它的方法论和研究方法体系,初步构建了生态社会学学科的知识体系,开启了社会学研究的生态化转向。高艳云、马瑜撰写的《多维框架下中国家庭贫困的动态识别》(《统计研究》2013年第12期),为2010年国家统计局统计科研项目“中国农村多维贫困的测度及分析”的部分研究成果。研究认为,加强教育等人力资本投资、改善人口结构、平衡地区发展差距等都是改善贫困的重要方面。孙月蓉、李永清撰写的《我国农地征收中的农地产权研究》(《经济问题》2013年第1期)指出,农地产权制度不仅影响土地资源配置及其效率,而且影响农村社会稳定和社会公平正义。从保障农地产权的角度提出我国农地征收制度的完善必须在理念上确立制约征收权、保障农地产权的立法精神,在法律程序的设计上必须强化对征收权的制约和农地产权的保障。刘雯、杭斌撰写的《老龄化背景下我国城镇居民储蓄行为研究》(《统计研究》2013年第12期)认为,社会老龄化程度的加深会提高居民储蓄率;我国尚待完善的养老保险制度在一定程度上可以解释居民的高储蓄率现象。陈红爱撰写的《社会学视野下的山西精神》(《山西日报》2013年8月27日)认为,山西精神的提炼和弘扬是一种文化行为,也是一种社会活动。运用社会学理论分析和看待山西精神,可以使我们进一步拓宽理性思维的视野,在弘扬践行山西精神的现实途径和方式上得到新的启迪。安培培撰写的《山西省农民工外出务工劳动保障问题研究》(《经济与社会》2013年第12期),李中元撰写的《创新社会管理服务百姓民生——关于孝义市社区管理实践与创新模式的调研报告》获山西省人社厅2013年度山西省首届公共管理领域优秀成果一等奖;何静撰写的《山西省青年就业状况分析研究》获共青团山西省委2013年度研究课题一等奖。冯春燕撰写的《浅谈山西省城乡居民收入差距问题》(《山西财政税务专科学校学报》2013年第6期),介绍了山西省城乡居民收入差距的现状,对山西城乡居民收入差距产生的原因进行了分析,并提出解决山西省城乡居民收入差距问题的对策。

*关于妇女与性别的研究。*畅引婷、邸晓星撰写的《当代中国妇女研究与学科建设的人文价值》(《马克思主义与现实》2013年第4期),为国家社科基金项目“妇女解放路径的中国特色研究”的阶段性成果。畅引婷、许英、邸晓星撰写的《社会性别观念与妇女地位的关系探讨》(《太原理工大学学报》2013年第4期)认为,社会性别观念是人们对男女两性关系及其存在方式的一种基本认识和看法,具有落后与先进、传统与现代之分。因此,要构建先进的性别文化和制度,一方面要将性别意识纳入国家决策的主流,另一方面通过妇女学学科建设和学校教育将性别平等的理念向青年一代广泛传播。常利兵撰写的《塑造婚姻与农民国家观念的形成——以贯彻1950年〈婚姻法〉为考察对象》(《晋阳学刊》2013年第3期),为国家社会基金项目“农业合作化时期山西农民生活研究”的阶段性成果。文章通过解析新中国第一部塑造人们婚姻家庭生活的法律是如何“送法下乡”的过程,去探讨建国初期农民国家观念形成的问题。吉志强撰写的《现代乡村治理视域中的农村妇女政治参与》(《中共山西省委党校学报》2013年第3期)指出,乡村治理是乡村社会政治发展的一种新型政社权益关系结构状态,是社会主义新农村建设的现实目标和长远机制,而吸纳农村妇女参与政治则是实现乡村治理的必然要求。庞丽峰撰写的《山西妇女对身心健康的感性认知》(《山西日报》2013年1月29日)认为,“妇女健康是通向全民健康的必由之路”。近年来,山西省在推进社会经济可持续发展的同时,正在有规划有规模地进行一系列具有重要意义的妇女健康工程。陈立群撰写的《新时期我国女性人力资源管理现状研究》(《学理论》2013年第2期)指出,女性人力资源作为我国人力资源非常重要的一部分,正在发挥着积极的作用。

*人口学方面的研究。*谭克俭撰写的《城镇化进程中农村老人的两难选择与破解对策》(《中共山西省委党校学报》2013年第1期)指出,农村老人困境的形成是个渐变的过程,也是城镇化和现代化的必然。破解这个难题需要政府、家庭和老年人以积极的态度对待,做出正确的抉择。冯锦彩、张琳、段军撰写的《加快我国养老机构发展的几点建议》(《现代商业》2013年第29期)指出,随着我国人口老龄化的步伐加快,越来越多的城市独居老人和农村“空巢老人”面临如何养老的难题,养老问题已经由家庭问题演变成为一个政府和社会关注的社会问题。顾宝昌、王涤、周长洪、谭克俭、陈友华撰写的《基层计划生育工作者对现行生育政策的认识——来自江浙沪粤的调查》(《人口学刊》2013年第6期),根据对江浙沪粤三省一市人口和计划生育基层干部的调查,通过他们的视角与他们在工作实践中遇到的现实问题,对现行人口和计划生育政策调整的迫切性与重要性提出自己的观点。赵建华、张杏梅撰写的《山西省人口老龄化对消费结构影响的灰色关联度分析》(《山西师范大学学报》〈自然科学版〉2013年第3期)认为,山西省从2003年已经进入人口老龄化社会,老龄人口比重对居民消费结构具有一定的影响。文章选取2000年到2011年山西省65岁及以上人口比重与各年份8项人均消费支出进行灰色关联度分析,排出关联序,并分析了其形成原因。韩卫平、吕世辰撰写的《山西省基本养老保障均等化现状及对策》(《山西档案》2013年第3期)指出,基本养老保障均等化包含机会均等、过程均等和结果均等。政府需要进一步采取有效措施,促进山西省基本养老保障均等化水平的不断提高。郭明敏撰写的《山西流动人口管理创新研究》(《经济师》2013年第10期)指出,加强和创新流动人口管理是山西省转型跨越发展和综改区建设中亟须解决的突出问题。郅润明撰写的《以人为本服务为先——山西流动人口服务管理创新的思考》,获山西省第十届精神文明建设“五个一工程”优秀作品奖。

政治学方面的研究。李中元专著的《高危时代与人类文明转型》（中国社会科学出版社2013年），在对现代危机认识和工业文明反思的基础上，对文明转型的关键性问题进行研究，探寻现代危机的治理和人类文明出路，通过对人类文明发展的横向和纵向研究，来全方位认识和理解文明转型和可持续发展，提出超越工业文明的新文明形态。艾斐撰写的《拿出“纳谏”的诚意来——坚持党的群众路线系列谈之十》（《人民日报》2013年9月3日）认为，开展党的群众路线教育实践活动的一个重要环节，这个过程在一定意义上可以类比为我国历史上传为美谈的进谏与纳谏。要做到虚心听取群众的意见和建议，就要拿出“纳谏”的诚意来。潘峰、田忠宝、孟永华撰写的《关于领导干部改进作风和开展群众路线教育实践活动的问卷调查》（《中共山西省委党校学报》2013年第4期），调研围绕对改进作风的认识、改进作风带来的变化、应采取的措施、党校学员的管理、意见建议、对即将开展的群众路线教育实践活动的期望值及应注意的事项等七个方面展开，旨在为上级部门制定决策提供有价值的参考意见。郅润明撰写的《浅论党的群众路线思想理论体系的形成发展与实践创新》（《经济师》2013年第12期）指出，毛泽东是中国共产党的群众路线的创造者、推进者和实践者。经过长期革命和建设的实践，使党的群众路线形成发展为思想理论体系，历届中央领导集体继承和发扬了党的群众路线的思想理论体系，并在实践的基础上不断进行创新和发展，把党的群众路线的思想理论推向了一个崭新的发展阶段。周荣、闫文涛撰写的《“四风”问题——根源、危害及解决对策》（《中共山西省委党校学报》2013年第5期），指出了“四风”问题产生的根源、危害表现以及解决“四风”问题的方法。智效民撰写的《文采消失的背后是触目惊心的学术腐败》（《文化学刊》2013年第5期）认为，近20年来学术论文普遍没有文采，文采消失的根本原因就是学术的腐败。常瑞撰写的《简政放权“两面观”》（《山西日报》2013年7月9日）认为，建立科学合理的权力配置机制是现代民主政治理念的基本要求。我国是单一制的中央集权国家结构，简政放权是推进行政体制改革、促进市场经济发展的核心环节，也是上层建筑领域的一次深刻改造和自我完善。沈莹、张爱英撰写的《基于需求层次论的大学生劳动供给决策模型研究》（《经济问题》2013年第9期），文章以马斯洛的需求层次论为出发点，运用规范分析方法，通过对建立大学生劳动供给决策模型的研究，为扩大大学生就业提供理论支撑。马志敏、吴朝阳撰写的《城乡统筹视阈下我国农村公共产品供给的路径探讨》（同上，第5期）认为，农村公共产品供给是建设社会主义新农村的重要内容和有力保障。重构农村公共产品供给机制需要切实统筹城乡发展，缩小城乡差距，建立健全相关法律制度，进一步转变政府职能。李中元撰写的《乡村文明的传承、保护与转型》（《行政管理改革》2013年第7期），文章以山西为例对我国乡村文明面临的困境进行分析，并就乡村文明的传承、保护与转型，提出了走“特色城镇与生态乡村有机结合、城市文明与乡村文明共存共生”的城乡一体化发展之路。郭秀兰撰写的《大学生村官与农村经济发展的正相关分析——以山西省为例》（《经济问题》2013年第4期）和《大学生村官两委主干培养工程探微——以山西省为例》（《经济师》2013年第4期），前文认为大学生村官与农村经济发展之间存在一种正相关关系。高校毕业生到村任职促进了农村经济的发展，农村也为他们提供了更广阔的舞台。并指出在具体实践过程中仍存在一些不容忽视的问题，在此基础上提出了有针对性的对策建议。后文为山西省软科学研究计划课题“进一步完善选聘高校毕业生到村任职工作长效机制的研究”阶段性成果。程淑兰撰写的《以优秀成果推动形成实现“中国梦”的强大精神力量》，获山西省直机关开展精神文明建设工作30周年征文理论类成果一等奖。

法学方面的研究。姚俊廷撰写的《道德诉求法律化的理论思考》（《理论月刊》2013年第6期）认为，道德诉求法律化并非解决道德困局的真正出路。法律的实效不容乐观，要谨慎于道德法律化的限度。用一种理性的，而非常识的视角，看待并回应公众的道德诉求，进行科学合理的国家立法。杨在平撰写的《犯罪预防与犯罪控制——我国古代犯罪预防思想与西方犯罪控制理论的比较分析》（《太原大学学报》2013年第2期）认为，为解决西方犯罪学在我国的本土化问题，有必要把我国古代有关预防犯罪的思想融入西方犯罪学理论中，进而为西方犯罪学在我国的本土化提供理论支撑与历史链接。杨在平撰写的《当前犯罪学研究热点问题透析》（《中共山西省委党校学报》2013年第3期）指出，综观目前国内外犯罪学研究的总体态势，关注的热点问题主要包括恢复性司法、刑事被害人学、刑事政策学等几个方面，以及对一些特殊类型的犯罪学与犯罪学各主要分支学科的研究。李晓燕撰写的《论劳动教养制度的废存及违法行为教育矫治法的制定》（《法学杂志》2013年第3期）指出，我国劳动教养制度经历了56年的历程，每一个发展历程都反映了那个时代的特色。《违法行为教育矫治法》取代了劳教制度，立法仍然需要对一些具体问题进行深入探讨。孟艾芳主编的《中国红色经典案例》获山西省党建研究会2013年度优秀著作奖。孟艾芳著的《点评红色山西》（党建读物出版社2013年）以红色经典案例为正文，以分析点评为特色，将山西红色文化资源所凝结的典型事例、著名战例、杰出人物、精神风范等用案例形式呈现给广大读者，既保持个案中概括抽象出来的具有启迪性的思考与教益，又具备较为深刻的哲理色彩。秦永雄撰写的《山西煤矿兼并重组后构建和谐矿地关系长效机制研究》（《山西高等学校社会科学学报》2013年10期）认为，煤矿兼并重组是利益格局的调整。但山西煤矿兼并重组后，能不能处理好煤矿企业与当地政府及农村农民的利益关系，关系到兼并重组的成败和矿地关系的和谐稳定。王宏纲撰写的《征地中的土地承包经营权独立补偿》（《中共山西省委党校学报》2013年第6期）指出，土地承包经营权能否得到独立补偿已成为土地征

收补偿中的焦点问题，但是在征收实践中土地承包经营权的独立地位并未得到充分关注。依照《物权法》规定的土地征收制度，土地承包经营权人有权基于其用益物权请求征地补偿。

经济学方面的研究。刘吟霄、韩克勇撰写的《马克思的经济危机理论及其对当代中国的启示》(《福建论坛》2013 年第 1 期)认为，马克思对经济危机产生的根源、实质、周期性以及经济危机的后果和意义都做过精辟的论述，并指出经济危机并非资本主义特有的经济现象。我们以马克思的经济危机理论为指导，提高政府宏观调控水平，促进经济又好又快发展；推进收入分配制度改革，提高居民消费能力；加强对金融体系的监管，合理促进虚拟经济的健康发展；扩大内需，把对外依存度控制在合理的范围，对于预防经济危机有着十分重大的意义。由李中元任主编，潘云任执行主编的《山西经济社会蓝皮书(2014)》(山西经济出版社 2013 年出版)，是山西省社科院编撰出版的第 13 本“蓝皮书”。武小惠撰写的《经济学视野下的山西精神》(《山西日报》2013 年 7 月 9 日)指出，“山西精神”表述为“信义、坚韧、创新、图强”，如何试图用经济学的思维来阐释山西精神，就成为一个值得深入思考的问题。景世民、郭卫东撰写的《山西参与泛首都经济圈产业合作机制研究》(《经济问题》2013 年第 3 期)指出，目前首都经济圈已经上升为国家战略，在未来将成为我国重要的经济增长极，山西应该充分发挥自身参与首都经济圈的比较优势，积极融入首都经济圈，成为泛首都经济圈中的重要组成部分，为转型综改试验区的发展提供开放的发展平台。张文丽、孙秀玲、潘晔撰写的《山西经济周期性波动的特点及成因分析》(同上，第 7 期)，文章用直接法和趋势分解法分析改革开放以来山西经济波动周期及其与全国经济周期的相关性，分析山西经济周期性波动原因，既有经济周期性运动的规律性调整，又有国际环境的影响。认识山西经济运行规律，对制定山西经济社会中长期发展战略有着重要的指导意义。刘晔撰写的《山西发展实体经济的问题及对策研究》和黄桦撰写的《促进山西实体经济发展的对策建议》(载《科技创新与生产力》2013 年第 3、4 期)，前文明晰实体经济的内涵，剖析实体经济发展的机遇与挑战，客观把握山西实体经济发展的现状和问题，提出促进实体经济发展的对策措施；后文在深刻认识到发展实体经济是山西省经济持续发展的重要保证的基础上，通过从金融服务、产业转型、企业发展、创新驱动、项目园区和体制机制等方面入手，分析了山西省发展实体经济的具体对策，以期为加快山西省实体经济又好又快发展，增强其综合实力和竞争力提供强有力的理论依据。潘云、张文丽、李小伟、黄桦撰写的《“四化”同步推进——发展县域经济的创新与实践》获山西省委宣传部 2013 年度全省宣传思想文化工作调研成果特别奖。王云撰写的《基于转变经济发展方式党的“十二五”中部地区发展模式研究》和武小惠撰写的《城乡一体化进程中农村公共产品供给机制与政策研究》，均获山西省人社厅 2013 年度山西省首届公共管理领域优秀成果一等奖。王云珠、武小惠撰写的《加快推进体制改革　促进农民工市民》(《科技创新与生产力》2013 年第 7 期)，为 2012 年山西省软科学研究课题、2011 年山西经济社会发展重大课题的阶段性研究成果。文章认为要促进越来越多的农民成为稳定就业的产业工人和稳定居住的城镇居民，应当推进制度改革与创新，消除农民转移就业和融入城市在户籍制度、就业制度、社会保障、土地制度、住房和子女就学等方面的制度性壁垒和政策限制，积极稳妥地推进农民工融入城市社会的进程。戎爱萍撰写的《贷款对农户收入影响分析》(《经济问题》2013 年第 11 期)，文章运用协整理论和 VAR 模型，对农村居民户均贷款与户均纯收入的关系进行实证分析。孙秀玲、赵旭强、潘晔撰写的《太原市城乡居民收入差距实证研究》(《山西经济管理干部学院学报》2013 年第 3 期)，文章基于 1978～2010 年的时间序列数据实证分析太原市城乡居民收入差距现状，然后从定量和定性两个视角对太原市城乡收入差距与经济增长之间的关系进行分析。陈新风撰写的《山西工业经济周期性波动与对策研究》(《经济问题》2013 年第 5 期)和《经济周期波动对山西工业结构变动影响因素评析》(《经济师》2013 年第 10 期)，均为山西经济社会发展 2012 年度重大课题的阶段性研究成果。吴晓峰撰写的《创新直接融资模式促进中小企业发展》(《山西日报》2013 年 10 月 8 日)认为，在世界范围内，中小企业是数量最大、新陈代谢率最高的企业群体，同时中小企业融资难也在各个经济体内普遍存在，甚至成为诸多经济体无法健康可持续发展的一大困扰。直接融资能更好地满足中小企业多样化融资需求，是解决中小企业资金瓶颈的有效途径。武小惠撰写的《山西财政支出绩效评价分析》(《山西财税》2013 年第 4 期)认为，财政支出是以结果为导向的公共支出管理活动，不仅需要公开透明，还要实现支出的效果，注重支出的经济性、效率性和效益性。张梅、韩身智撰写的《财务风险、会计师事务所变更与低价揽客——来自上市公司的经验证据》(《经济问题》2013 年第 7 期)，文章以 2001～2010 年沪深两市上市公司数据为样本，检验了公司财务风险与会计师事务所变更的相关性以及变更导致的会计师事务所在审计市场的行为。黄蕙、韩克勇撰写的《商业银行资本缓冲水平的决定因素——基于我国上市银行的实证分析》(《商业经济与管理》2013 年第 4 期)，文章使用动态面板数据对我国 13 家上市银行 2000 年至 2010 年间持有的资本缓冲水平与经济周期、资本收益率、资产风险水平和资产规模之间的关系进行实证分析。结果表明我国上市银行的资本缓冲水平与经济周期和银行规模之间存在显著的正相关关系，此外资本缓冲水平还受到资本调整成本、资本收益率和资产质量的显著影响。最后在实证分析的基础上为我国银行监管部门如何落实《巴塞尔协议Ⅲ》的资本缓冲要求提出政策建议。韩克勇、王劲松撰写的《股票价格对投资的影响——资产负债表效应分析》(《财经理论与实践》2013 年第 5 期)指出，资产负债表效应是股票价格影响投资的重要渠道。研究股票价格对投资的影响，即对资产负债表效应的研究，对于研究股票价格对物价稳定的影响具有重要的理论意义和实践价值。

关于旅游经济的研究。李永宠撰写的《论旅游服务业》(《经济问题》2013年第12期)认为，将旅游业界定为旅游服务业，淡化旅游业的产业属性或者去产业化，强化旅游业的服务属性和功能，能够从理论上澄清和明确旅游业的性质、作用和特点，从而理顺旅游业与关联带动产业的关系。郅润明撰写的《旅游产业强省的战略思考》(《山西日报》2013年12月10日)指出，山西是旅游资源大省，旅游资源大省为何难成旅游产业大省和旅游经济强省？这是一个非常值得认真思考和研究的问题。原小军撰写的《浅析山西旅游景点导游词翻译的现状》(《山西财政税务专科学校学报》2013年第6期)指出，山西省的旅游业正处在发展的黄金时期，目前影响山西涉外旅游发展的短板有哪些呢？该文从旅游景点导游词翻译的角度进行了相关的初步探讨。郭永伟撰写的《跨区域文化旅游资源整合初探——以晋、陕、蒙文化旅游资源整合为例》(《经济师》2013年第3期)，文章从目前晋、陕、蒙三省的文化旅游资源现状入手，分析三省现有旅游产品的基本情况，对三省文化旅游资源进行整合的可行性进行了探讨。郅润明撰写的《关于加快太行山和晋西北革命老区旅游开发的思考》(《经济问题》2013年第12期)，文章通过深入分析山西太行山、晋西北革命老区旅游开发的现状及存在的问题，提出加快发展当地旅游产业的七大政策与项目建议，对促进当地经济发展和改善人民群众的生产生活条件，将发挥积极作用。李永宠撰写的《山西文化旅游业迎来跨越发展新机遇》，2013年获山西省第十届精神文明建设“五个一工程”优秀作品奖。

关于能源经济的研究。由李中元任主编、韩东娥任执行主编的《山西城乡生态化建设研究》(山西经济出版社，2013年出版)，该书是山西经济社会发展重大研究课题“山西城乡生态化建设研究”和山西省软科学研究项目“山西城乡生态化路径选择和政策措施研究”的最终研究成果。该书系统阐述了城乡生态化建设的理论和实践问题，创新型地构建了评价指标体系，提出了建设思路和框架，丰富了建设内容和体系。刘晔撰写的《生态乡村建设模式与途径分析》(《经济问题》2013年第6期)，文章剖析生态乡村的层次内涵及建设体系，明确生态乡村类型和模式，提出推进生态乡村建设的具体途径，为切实提高生态乡村建设水平提供参考。董红琴撰写的《城市改造中生态文明建设的着力点》(《中共山西省委党校学报》2013年第5期)指出，城市改造中生态文明建设应立足我国GDP总量居前但人均还不理想的基本国情，资源枯竭环境恶化的现实，把握好几个着力点：一是要以尊重财富、节约发展为出发点，二是要着眼长远规划，三是精细化管理要跟进，四是要培育和提高全社会的生态文明素养。刘晔撰写的《山西城乡生态一体化制度建设路径研究》(《中共山西省直机关党校学报》2013年第5期)，文章以构建城乡生态一体化的管理运作模式、补偿机制和支撑体系为切入点，探讨加快推进山西城乡生态一体化制度建设的路径，为提高全省城乡生态文明水平提供制度保障。张复明、曹海霞撰写的《我国矿产资源产权残缺与租值耗散问题研究》(《经济学动态》2013年第6期)，文章从矿产资源产权残缺属性入手，研究资源开发中存在的产权公共域和租值耗散问题，尝试建立“产权残缺—公共领域租值耗散”的理论范式，并以此解析我国矿产资源产权制度的变迁，即从产权残缺到产权逐步完整，产权公共域不断缩小、租值耗散程度持续下降。刘晔撰写的《当前焦化产业发展形势及对策分析》(《山西冶金》2013年第5期)，从政策和产业层面全面剖析焦化产业发展环境，总结焦化产业发展形势及面临的挑战，据此有针对性地提出加快推进焦化产业发展方式转变的对策。王云珠撰写的《山西生物质能开发利用现状及发展对策》(《科技创新与生产力》2013年第2期)，该文对山西省生物质能资源状况及其开发利用现状进行阐述，指出当前山西省生物质能开发利用存在的问题，分析了山西发展生物质能的战略意义，提出了促进山西省生物质开发利用的重点方向和对策建议。

图书馆学、情报学方面的研究。张喜梅专著的《馆里馆外——文化名人与中国近代图书馆的创建和理论探索》(中国时代经济出版社2013年)，为山西社科研究与普及书系之三。全书以人系事，重点介绍了193位文化名人与中国近代图书馆的关系。展现了中国近代图书馆产生与发展的历史。霍春英、赵国良撰写的《论学科建设与社科图书馆创新服务》(收入《图书馆·情报与文献学研究的新视野——中国社科情报学会2012年学术年会论文集》，中国书籍出版社，2013年出版)，文章从社科图书馆与学科建设的关系、社科图书馆在学科建设中的地位与作用、社科图书馆为学科建设服务的对策等三方面论述了如何围绕学科建设开展创新服务。武三林撰写的《地方高校图书馆学术性机构建设支撑点的研究——以山西财经大学图书馆为例》(《大学图书馆学报》2013年第3期)指出，我国高等教育体制和科技体制改革的不断深化，为地方高校图书馆开展知识创新和服务创新提供了更加宽广的空间，图书馆不再只是担当文献服务的角色，而是同时担负起为高校教学科研和地方经济建设提供文献信息利用与知识转化服务的重任，科学、高效、创造性强的高校图书馆学术性机构建设成为了研究的焦点。王晴撰写的《论图书馆作为公共文化空间的价值特征及优化策略》(《图书馆建设》2013年第2期)指出，作为公共文化空间的重要形式之一，图书馆在文化服务中发挥了重要的作用，已经成为公众生活中不可或缺的场所。图书馆作为公共文化空间表现出了伦理性、社会性和人文性等诸多价值特征。齐向华撰写的《图书馆评价类型及其要素分析》(《情报理论与实践》2013年第1期)指出，基于业务统计的图书馆评价、基于用户感知的图书馆评价和基于影响/效果的图书馆评价是目前最主要的3种图书馆评价类型，文章分析了每一种评价类型所包含的具体内容及其评价特点。郭江涛撰写的《关于对图书馆网络管理的思考》(《硅谷》2013 第 6 期),从网络系统与运行环境、网络安全、系统应用及发展趋势等方面描述了对图书馆网络管理的思考。郭江涛撰写的《浅谈社科院网站建设若干问题研究》(《科技与企业》2013 年第 11 期)认为,社科院网站是一个重要的理论阵地和传播知识文化的窗口,当前的各地社科院网站在更新、功能完善、安全防御上普遍存在着缺陷,需要在报送机制、获取信息、搜索引擎和安全方面等进行改进,从而使社科院网站更好地为科研服务。吴艳撰写的《探析数字图书馆在高校教育教学中的作用》(《农业网络信息》2013 年第 11 期)认为,数字图书馆正逐渐成为当今及未来高校发展中的主流信息服务系统,在教育教学中发挥着第二课堂、服务育人、加快产学研步伐等越来越大的作用。齐向华撰写的《图书馆电子服务质量评价研究》(《情报理论与实践》2013 年第 7 期),文章分析了网络环境对用户感知图书馆电子服务质量的影响,指出因为图书馆电子服务中交互质量的改变,用户感知服务质量的路径、机理和内容也随之改变。而图书馆电子服务质量的研究尚处于初级发展阶段,最后指出了图书馆电子服务质量评价研究可能的发展方向。颉艳萍撰写的《电子图书的版权困境及解决思路》(《图书馆工作与研究》2013 年第 3 期),文章介绍了电子图书的概念及发展趋势,指出电子图书发展中的版权困境,并对不同类型的电子图书面临的版权问题提出了相应的解决思路。贾君枝、郝倩倩撰写的《DDC 到〈中图法〉类目映射方法研究》(《中国图书馆学报》2013 年第 1 期),为国家社科基金项目"叙词表与分众分类系统的集成研究"的研究成果之一。该文在对 DDC 和《中图法》理学领域共计 4639 个类目进行人工直接映射的基础上,通过统计其匹配依据,得出结论:理学类目下数学、物理、化学、天文、地理等不同学科内匹配依据的总体分布呈现一致性的特点,这为检验计算机自动匹配准确性提供了方法。建议实现计算机自动匹配时,除类目自身信息外,还需考虑书目记录的匹配。贾君枝、李婷撰写的《图书标签与书目记录的对比分析》(《情报理论与实践》2013 年第 11 期),文章以图书资源为对象,对豆瓣网的图书标签与中国国家数字图书馆的书目记录进行对比分析,旨在从不同角度揭示两者之间的异同与关联。王晴公撰写的《云计算大数据时代图书馆的挑战与机遇——兼论公共图书馆的应对策略》(《公共图书馆》2013 年第 1 期),文章介绍了云计算和大数据的内涵及特征,及其给图书馆带来的挑战和机遇,并给出了公共图书馆的应对策略。韩芳芳、范群、韩青青撰写的《我国大数据领域研究论文的计量分析》(《图书馆学研究》2013 年第 8 期),文章以 CNKI 为数据源,从文献、作者、关键词三个角度分析我国大数据领域的相关文献。结果表明:我国大数据研究基本呈平稳快速发展状态,逐渐成为当前的研究热点;形成了较为稳定的核心发文机构,却并未形成核心作者群,研究力量相对分散且薄弱;研究主题主要以资源的管理与利用、信息服务、关键技术为重点。

教育学方面的研究。王霞、侯怀银撰写的《20 世纪中国马克思主义教育学的理论传统》(《高等教育研究》2013 年第 11 期)指出,中国马克思主义教育学理论逐渐形成了以历史唯物主义和辩证唯物主义为指导的思维层面的传统,以教育和人为核心、以时代发展为主题的内容层面的传统以及契合中国文化精神的阐释层面的传统等,凸显了中国马克思主义教育学的理论特色。侯怀银、张小丽撰写的《论"教育学"概念在中国的早期形成》(《教育研究》2013 年第 11 期),为国家社科基金"十一五"规划课题"20 世纪中国马克思主义教育学传统研究"的研究成果之一。文章指出,"教育学"概念在中国的形成,既是中国传统学术向现代学术形态转型的需要,又是师范教育兴起和发展的需要。教育学概念在中国早期的形成具有独特的过程和标志,既经历了由"教育"到"教育学"成为一门课程的过程,又经历了成为近代知识系统中的一门学科的过程。李玉萍撰写的《"中国梦"与中国教育改革及发展趋势》(《山西青年管理干部学院学报》2013 年第 4 期)认为,教育作为实现中国梦的基础,要适应新形势下社会、经济的发展需要,就必须进行深入的改革,而这种改革的目的是"十八大"报告中提出的"办好人民满意的教育"。智效民撰写的《民国时期的大学校长与大学教育》(《民主与科学》2013 年第 1 期)指出,近年来,我在研究中国现代知识分子的时候,接触到许多大学校长的材料,让更多的人认识、了解这些大学校长的人生经历、教育思想和人格风范,很有必要。吴文清、高策、王莉撰写的《地方高校学科建设与区域经济转型适配性研究》(《清华大学教育研究》2013 年第 1 期)提出,学科建设水平一定程度上决定了地方高校服务区域经济建设的能力,但学科建设本身的多维性、滞后性决定了二者并不成绝对的正相关。文章通过解析区域经济转型发展思路,对地方高校学科建设调整进行了分析。赵英撰写的《教师改变:一个亟待拓展的教师教育理论范畴》(《教育学术月刊》2013 年第 8 期),为教育部人文社会科学重点研究基地重大项目"中国教师专业发展数据库研究"的阶段性成果。文章认为,教师改变理论是 20 世纪 90 年代在国外逐步兴起的一种教师教育理论,目前其衍生的理论体系已经成为诸多教师教育政策和实践所依赖的重要理论基础。当前我国的教师改变理论研究尚处于起步阶段,我国教师改变理论研究的关注度、聚焦度亟待提高。闫建璋、郭赟嘉撰写的《论大学教师的三种生存方式》(《高等教育研究学报》2013 年第 2 期)指出,教学、读书、研究是大学教师的主要生存方式,大学教师要正确理解和把握好三者及其相互关系,重视三者之间的相互结合,努力成为专业者、学习者和研究者于一体的优秀教师。张向向、孙征撰写的《孔子"君子"人格对当代大学生人格塑造的启示》(《教育与教学研究》2013 年第 2 期)认为,孔子"君子"人格思想具有丰富的层次性和深刻的内涵,实质上彰显了"君子"仁、义、礼、知、信的基本品质。在信息网络化、文化多元化、市场经济运行的当代背景下,大学生理想人格之塑造亟待汲取“君子”人格思想之养分。庞桂甲撰写的《浅析以“中国梦”统领大学生理想信念教育》(《山西高等学校社会科学学报》2013年第5期)指出,习近平关于“中国梦”的论述是马克思主义理想信念与中国当代实际相结合的产物,具有丰富的内涵。中国梦与大学生个人理想信念之间存在着价值观上的内在一致性。

语言学方面的研究。孟维智著《孟维智语文选集》(山西教育出版社,2013年出版),该书共收录论文46篇,论文主要包括语言学理论方面、汉语语法方面、修辞方面、词汇、汉字等方面。对于语言学研究具有一定的借鉴和参考价值。于靖嘉著的《于靖嘉先生文集》和戚桂宴著的《戚桂宴先生文集》(均由三晋出版社2013年出版),两部文集均属山西大学山右学术丛编之一集。严艳群、刘丹青撰写的《民族语人称代词的语音象似性》(《云南师范大学学报》2013年第4期),文章对中国国内121种民族语的人称代词的语音象似性进行了考察。发现它们的声母、韵母、有声调语言的声调遵守着多样的原则,体现着不同程度的语音象似性。高冬生撰写的《基于功能语法的详述复合句中英汉衔接的对比研究》(《开封教育学院学报》2013年第8期)指出,英汉两种语言的语法、语义衔接连贯大同而小异。但英汉两种语言的句子组成结构存在巨大不同,两者存在本质性差异。李婧撰写的《冒犯性话语的直接冲突回应语用浅析》(《语文研究》2013年第2期),文章探讨了具有平等租约关系双方之间冒犯性话语的直接冲突回应的语用情况,认为冒犯性话语的直接冲突回应具有对撞性、蓄意性和顺应性等语用特征,冒犯性话语的直接冲突回应具有表达不满、否定与讽刺对方和激将对方等语用功能。徐浩、高彩凤撰写的《跨语言构式启动中句法和语义的启动力研究》(《现代外语》2013年第1期),该实证研究探讨跨语言构式启动中句法和语义的启动力,即句法因素和语义因素对跨语言构式启动的激活能力。乔全生、高国庆撰写的《高本汉对中国音韵学传播的重大影响》(《现代传播》2013年第6期)认为,《中国音韵学研究》在民国时期开始成为汉语音韵学研究的经典名著,汉语音韵学研究也出现了新的气象。文章回顾了汉语音韵学研究,特别是高本汉汉语音韵学研究及对中国音韵学传播的重大影响。乔全生撰写的《古无轻唇音述论》(《古汉语研究》2013年第3期),为国家社科基金重大项目、山西省高校优秀创新团队支持计划。文章指出,“古无轻唇音”这一命题一般认为是清代学者钱大昕提出的。其实,与钱氏同时代的李元在其《音切谱》中即已提出并加以证明。最后指出“古无轻唇音”的“古”,绝不仅限于“上古”,中上古汉语都没有轻唇音。余跃龙撰写的《〈等韵精要〉音系基础再论——从入声韵归并看〈等韵精要〉的音系基础》(《山西大学学报》2013年第4期),为国家社科基金重大招标项目“近代汉语方言文献集成”“官话子课题”,山西省普通高校人文社科重点研究基地项目“地理语言学视角下的山西中部方言研究”的阶段性成果。该文认为《等韵精要》音系基础是中原官话,而非北方官话。得出该韵书音系“反映的是清代平阳府临汾县及其周边地区一带方言”的结论,为该韵书的进一步研究提供了重要依据。安志伟、高艳撰写的《新时期汉语新语汇的确认》(《河北大学学报》2013年第4期),提出新时期新语汇指改革开放以来语言生活中出现的新成语、谚语、惯用语和歇后语等。温朔彬撰写的《论〈新华语典〉的原创性》(《辞书研究》2013年第4期)认为,《新华语典》是一部同《新华字典》《新华词典》相配套的原创性辞书,文章着重从立目、释义、设例三个方面论述其原创性。刘艳平、安志伟撰写的《建设文化强国背景下我国辞书的品牌策略》(《出版发行研究》2013年第8期)认为,辞书作为文化的浓缩和体现,在文化强国建设中具有重要地位。创建辞书品牌是推动辞书事业不断发展的必由之路。裴瑞玲撰写的《“浮上而杀下”确诂》(《语文研究》2013年第2期)指出,对于《论衡》中的“浮上而杀下”句,学术界有三种不同理解。文章通过与其他同类资料的比较并结合上下文语境认为,“浮上而杀下”的正确解释是“身体的上部大、下部小”,在文中指的是仙士张开手臂飞舞时身体呈上大下小的样子。李丹撰写的《英语名词可数性原则的运用与意义》(《长春工业大学学报》2013年第6期)认为,为了对英语中大量存在的常规名词在可数性方面灵活运用这一现象做出统一解释,必须结合动态认知观点。英语常规名词的可数性无法预先设定,而需从语言使用者所要表达的动态认知角度加以确定,其可数性取决于是否用于表达对个体有界性或分门别类的认知。张苗苗、魏香杰撰写的《英汉“吃”类动词的词化程度分析》(《山西师范大学学报》〈社会科学版〉2013年S2期)指出,在英语、汉语中普遍存在着“词化”现象。一般情况下英语的词化程度都比汉语高。通过对比分析,可以发现两种语言既有在某些词表达上的共性,也有各自在某些词表达上的特性。杨林秀、郭志莹撰写的《系统功能语言学视角下的景点翻译研究——基于山西省部分旅游景点的调查研究》(《晋中学院学报》2013年第1期),文章通过对山西省部分旅游景点翻译现状的实地调查研究表明了目前景点翻译存在的问题。李蕾撰写的《关于高校英语语言学教学的反思》(《太原城市职业技术学院学报》2013年第9期),论文通过对高校英语语言学的定位、作用、课程内容进行思考,分析了我国高校英语语言学的教学现状,发现了一些当前教学中存在的问题,并提出了相应的教学对策,对语言学教学的改革进行了思考。张永鲜撰写的《解析英语学习中的句法迁移》(同上),论文从探讨语言迁移的本质入手,进而对句法迁移做了深入的研究。

关于山西方言的研究。乔全生、崔容撰写的《晋方言与官话非同步发展(三)——见组细音字的超前演变》(《汉语学报》2013年第2期),为国家社科基金重点项目“晋方言语音百年来的演变”的阶段性成果之一。该文是《晋语与官话非同步发展》的续篇。该文主要讨论晋方言与官话非同步发展中超前演变的一面。乔莎莎撰写的《清徐方言的词汇特点》(《长治学院学报》2013年第6期),文章通过清徐方言与普通话的对比，发现清徐方言词汇的构词特点主要有加词缀、重叠、合音、分音四种形式。乔全生、王晓婷撰写的《清徐方言两字组重叠式的变韵现象》(《晋中学院学报》2013 年第 2 期)，为山西省高等学校优秀创新团队项目、山西省高校重点研究基地项目、国家社科基金重大招标项目。文章指出，清徐方言两字组重叠时，前字大多要发生变韵。清徐方言重叠变韵是异化作用下的语音变化形式，这种异化与并州片普遍的元音高化相关。何莉芳撰写的《山西太原南郊区方言词汇构词分析》(《忻州师范学院学报》2013 年第 6 期)指出，南郊方言属于晋阳小片方言区是太原话的典型代表之一。该词汇系统较好地保留了古语词的词形或词义在形成过程中也产生了南郊地区独有的词汇，还吸收了相邻方言与外来词的成分。通过对方言词中的单纯词与合成词构成情况的详细分析，可以看出南郊方言比普通话的构词法更为生动丰富。王耀芳撰写的《浅析阳曲方言的声韵特点——以泥屯镇方言为例》(《安阳工学院学报》2013 年第 3 期)，该文在前人研究的基础上，对泥屯方言的声韵特点作一些研究。乔全生、刘芳撰写的《长治方言“将”的共时用法及历时演变》(《山西大学学报》2013 年第 4 期)为国家社科基金项目“山西方言与普通话之间的话者识别研究”、山西省高等学校人文社会科学重点研究基地项目“地理语言学视角下的山西中部方言研究”、2012 年山西省哲学社会科学规划课题“晋东南晋语语音的比较研究”的成果。尚连山撰写的《浅谈山西朔州方言与朔州大秧歌之关系》(《语文知识》2013 年第 3 期)指出，朔州方言有一个最主要的特征那就是入声，所以本地区的大秧歌在演唱中也大量采用入声调，这在整个山西民族音乐中是极其少有的。

文学方面的研究。艾斐撰写的《文艺评论的作用及其实现方式》(《创作与评论》2013 年第 2 期)认为，文艺评论作为文艺创作的一种评鉴机制和驱动力量，有其不可替代的特殊功能与巨大作用。我们在倡扬和提振文艺评论的同时，也必须赋予其足以担当时代重任的粹质与能力。樊丽红撰写的《坚守文艺评论的良知——当前文艺评论的问题与思考》，2013 年获山西省第十届精神文明建设“五个一工程”优秀作品奖。周萍撰写的《华文文学创作特征异同考察——以东南亚华文文学与美华文学为例》(《华文文学》2013 年第 4 期)认为，把格雷马斯为叙事语义学创立的意义系统建立在华文文学文化背景与个性特征的宏观考察，来揭示不同区域华文文学的内部演变规律以及潜在的叙事结构规则，对于作家不同的思维方式和意识形态认知，厘清作品产生环境对于审美价值取向的影响并建构华文文学不同文本研究的个性化、多元化路径，佐证意义生成的可能性与产生条件互为制约的规律性，不失为华文文学理论研究方法的又一种补充。艾斐撰写的《博文写作的文学探寻——评老杜博文传 C 卷》(《南方文坛》2013 年第 1 期)认为，在信息时代，写作博文是一种最常见的社会文化现象。《老杜博文选》C 卷微言大义，举实诉理；由近及远，自浅入深。触发热点，针砭时弊；钩稽世相，布达经纬。刘福燕、延保全撰写的《元好问、严羽宋诗持论考察》(《兰州大学学报》2013 年第 1 期)，为国家社会科学基金重点项目。文章指出，金与南宋对峙，其文艺思想、诗学批评差异很大。作为当时南北诗学的代表人物，元好问和严羽对宋诗持论同中有异。陈仕国撰写的《从咏剧诗看清代文人对〈桃花扇〉的接受》(《戏剧艺术》2013 年第 3 期)指出，《桃花扇》横空而出，引起学术界高度重视。清代不少文人墨客以诗歌形式，对《桃花扇》或点评，或记录观演活动，或感时抒怀，以此来寄托自己的情感。这些咏剧诗不仅有助于勾勒出清代文人对《桃花扇》的批评接受轮廓，且有助于深入了解清代文人在不同历史时段接受《桃花扇》的心态和审美取向。王春林撰写的《莫言小说创作与中国文学传统》(《山西大学学报》2013 年第 1 期)，文章认为，莫言的小说创作之所以能够取得巨大成就，与他在写作过程中对于中国古典文学传统和中国现代文学传统的自觉传承存在着内在紧密的关系。周萍撰写的《三维空间驰骋的“向心”之作——新移民华文作家潘郁琦创作研究》(《海南师范大学学报》2013 年第 10 期)认为，无论是诗、散文，还是儿童诗歌，潘郁琦都驾驭得迎刃有余、倾心不舍。揭示潘郁琦创作的不同面向，不仅是对于海外华文创作传承中华文化、坚守人文情怀的“向心”气息的再度把握，更是对于当代文学价值、审美思维方式在人性异化和物欲压力下能否矫正改变的再度拷问。张勇风撰写的《大众传媒背景下戏曲传承和发展的内在障碍探析》(《戏剧文学》2013 年第 1 期)认为，随着地方戏的濒危和“非遗”成为一门显学，对地方戏传承和保护的探讨遂成为当前的热门话题。文章主要对大众传媒背景下戏曲传承和发展的三大内在障碍：戏曲分布区域化、戏曲行业局限性强和戏曲艺术编码化进行了分析，以期对地方戏的传承和保护能够起到一定的借鉴作用。车文明撰写的《中国古代剧场类型考论》(《戏曲艺术》2013 年第 2 期)认为，中国古代的剧场大致有商业性剧场、神庙剧场、宫廷剧场、临时性剧场等几种类型。其中，中国神庙剧场是中国古代剧场中绵延不绝、范围最广、数量最多的剧场类型。不同的剧场类型对戏曲的剧种、风格的形成有一定的影响。

历史学方面的研究。车效梅专著的《全球化与中东城市发展研究》(人民出版社，2013 年出版)，该书在时间上从远古中东城市诞生起，直到 21 世纪初在空间范围上涵盖了中东地区 18 个国家的主要城市。采取了历史与现状相结合，历史与逻辑相统一的研究思路和以历史发展为脉络的比较分析方法，研究中东城市过去、现在和未来的重点问题。张海亮主编的《三晋古今历史名人大典》(人民出版社，2013 年出版)，该书是一部全面展示三晋古今历史名人的经典力作，全书记载了 340 位三晋名人，分上古篇、夏商周篇、秦汉篇、魏晋南北朝篇、隋唐篇、宋元篇、明清篇、政治篇、科教篇、文化篇、经济篇，系统阐述了三晋名人的生平事迹和主要贡献，是山西省加快转型跨越发展、实施文化强省战略的又一重要成果。刘毓庆撰写的《文史研究突围与历史大循环的

发现》(《晋阳学刊》2013 年第 1 期)指出,“封建割据”式的学科划割,形成了一道道遮蔽研究视野的学科隔离墙。研究者如想突出重围,就必须打破现代学科“划地为界”的学术格局,放弃“具体问题具体分析”的思维模式,站在超越学科界域的制高点上,在对历史的宏观把握中,用“具体问题整体分析”的战略思想策划突围方案。正是在宏观把握与整体分析中,我们发现了同一现象在多个领域的同时出现,和历史在时间序列中的大面积重演,发现了中国历史的三次大循环。郭永琴撰写的《〈禹贡〉中“贡”与“赋”的关系》(《山西师大学报》〈社会科学版〉2013 年第 1 期)指出,《禹贡》是最早记录我国先秦时期山川地理和经济、政治制度的一部重要文献,也是研究我国古代田赋贡纳制度的一把钥匙。其中贡和赋之间的关系是认识当时田赋贡纳制度的关键。李卫民撰写的《反映人际矛盾是口述历史的一大特点:口述历史性质探研之一》(《晋阳学刊》2013 年第 3 期)认为,反映人际矛盾,是口述历史的重要特点。口述历史的这个特点,可以促使历史真相越辩越明,也对口述历史的执笔者提出了较高要求。侯晓斌撰写的《山西传统婚俗的历史演变及其特点》(《经济师》2013 年第 9 期)认为,山西文化渊源久远,以婚俗为重要方面的礼俗文化内容特别丰富。对山西婚俗的产生、发展、特点、现实意义等进行研究分析,必将对山西的礼俗文化研究、民间文化建设、社会发展等发挥切实有效的作用。李书琴主编的《谱牒学论丛》(第六辑)(三晋出版社,2013 年出版),全书近 18 万字,收录谱牒学相关论文近 30 篇,为港、澳、台同胞及海外侨胞“寻根访祖”提供了方便。郝正春、张玮撰写的《新区土改时期的地方干部群体——以晋中新区为例》(《安徽史学》2013 年第 1 期),为国家社科基金项目“‘晋西农村’跟踪调查研究”的阶段性成果。文章认为,中共在新区土改期间各项政策的贯彻执行无不依赖于一定数量与质量的地方干部,但其时恰处中共即将获得政权并不断巩固政权的关键时段,大批干部被分散于各项社会建设中,专注于土改的干部资源明显不足。为此,中共不断采取措施以积极应对,虽然各项举措并未完全达到预期效果,但对中共在土改中及土改后的干部队伍建设和执政能力提升助益颇多。徐岩红撰写的《洪洞水神庙元代壁画的制作技术》(《艺海》2013 年第 5 期),为山西省哲学社会科学课题项目“洪洞水神庙壁画中的科学文化研究”阶段性研究成果。该文利用现已发现的洪洞水神庙壁画考古资料,结合有关历史文献和学术界已有的研究成果,从科学技术的层面对洪洞水神庙壁画进行分析研究与探讨,以期能够丰富洪洞水神庙壁画艺术的研究内容,为研究元代的科学技术发展状况提供可信的参考资料。

【2013 年版山西社科著作选介】 ①《中国特色社会主义理论与实践的探索》,许淑贤著,中共中央党校出版社 2013 年出版。从哲学视角深度解读中国特色社会主义理论体系,在对省情市情及典型案例的描述中客观生动地展现中国特色社会主义实践特色,运用定性定量实证分析方法细致入微地探究中国特色社会主义社会建设新篇章。②《孝义发展报告》(上下卷),李中元主编,山西人民出版社 2013 年出版。该书对全省、特别是县域率先走出资源性经济转型发展新路和全面建成小康社会提供了有益借鉴。③《生态社会学》,秦谱德、崔晋生、蒲丽萍著,社会科学文献出版社 2013 年出版。该书为《现代社会学文库》第二辑,共 33.8 万字。④《高危时代与人类文明转型》,李中元著,中国社会科学出版社 2013 年出版。该书通过对人类文明发展的横向和纵向研究,来全方位认识和理解文明转型和可持续发展,提出超越工业文明的新文明形态。⑤《点评红色山西》,孟艾芳著,党建读物出版社 2013 年出版。该书将山西红色文化资源所凝结的典型事例、著名战例、杰出人物、精神风范等用案例形式呈现给广大读者,既保持个案中概括抽象出来的具有启迪性的思考与教益,又具备较为深刻的哲理色彩。⑥《山西经济社会蓝皮书(2014)》,李中元主编、潘云执行主编,山西经济出版社 2013 年出版。全书 27 万字,是山西省社科院编撰出版的第 13 本“蓝皮书”。⑦《山西城乡生态化建设研究》,李中元主编、韩东娥执行主编,山西经济出版社 2013 年出版。该书是山西经济社会发展重大研究课题“山西城乡生态化建设研究”和山西省软科学研究项目“山西城乡生态化路径选择和政策措施研究”的最终研究成果。⑧《企业家的经营哲学——德鲁克与松下幸之助企业经营理念比较》,周芳玲编著,中国社会出版社 2013 年出版。⑨《馆里馆外——文化名人与中国近代图书馆的创建和理论探索》,张喜梅著,中国时代经济出版社 2013 年出版。该书在世界近代化过程中新型图书馆诞生的背景下,全面探索中国近代图书馆的建立、成长和发展的历程,提供了一个中国近代图书馆历史发展的大轮廓和这个轮廓下的种种构件。⑩《孟维智语文选集》,孟维智著,山西教育出版社 2013 年出版。全书共收录论文 46 篇,对于语言学研究具有一定的借鉴和参考价值。⑪《全球化与中东城市发展研究》,车效梅著,人民出版社 2013 年出版。该书是国家社科基金项目的最终成果。全书共 10 章,近 45 万字。是一部全面系统研究中东城市发展的学术著作,其研究成果不仅拓宽了中东史研究领域,而且在中国中东研究的学术史上,也具有填补空白和继往开来的意义。⑫《国外珍藏晋商资料汇编(第一辑)》,高春平主编,商务印书馆 2013 年出版。该书收录了散落在欧美、俄罗斯、蒙古、日本等国的晋商文献、碑刻资料和票号书简等原始材料 40 万字和珍贵历史图片 50 余幅,是晋商研究资料收集整理的一重大成果,具有较高的史料价值。⑬《晋商与明清山西城镇化研究》,高春平主编,三晋出版社 2013 年出版。为山西社科研究与普及书系之三。⑭《明清晋商人物·祁县帮》,乔俊海、高春平、杨晓青主编,三晋出版社 2013 年出版。⑮《晋商兴衰史》(增订本),张正明、张舒著,山西经济出版社 2013 年出版。该书对明清晋商的经营管理制度进行了比较全面的论述,对明清晋商的理念、精神进行系统总结,肯定了明清晋商的历史地位与价值。⑯《山

西地域文化散论》，王志超著，三晋出版社2013年出版。全书38万字，展示了丰富多彩、精彩纷呈的山西地域文化，通过地域性展示了文化共性的特点。⑰《三晋古今历史名人大典》张海亮主编，人民出版社2013年出版。全书记载了340位三晋名人，是一部全面展示三晋古今历史名人的经典力作。⑱《太原历史文化》，康玉庆主编，北岳文艺出版社2013年出版。全书26万字，出版后立即成为太原大学等高校教材，使研究与普及很好地结合起来了。⑲《谱牒学论丛》（第六辑），李书琴主编，三晋出版社2013年出版。全书近18万字，收录谱牒学相关论文近30篇，为港、澳、台同胞及海外侨胞"寻根访祖"提供了方便。

【2013年山西社科界主要学术活动】①山西省社会科学院文化与旅游研究中心揭牌仪式在孝义市举行。②"山西省社会科学院人祖文化研究基地"揭牌仪式在吉县吉州宾馆举行。③"县域改革发展座谈会"在太原召开。④寻找好声腔与非物质文化保护研讨会在省人大举行。⑤山西省文学艺术界联合会第八次代表大会、山西省作家协会第六次代表大会、山西省社会科学界联合会第二次代表大会在太原召开。⑥山西省社会科学院纪念建院30周年座谈会在太原召开。⑦以"感知美丽新山西"为主题的第八届全国网络媒体山西行活动在晋举行。

（霍春英）

山西经济年鉴

YEARBOOK OF SHANXI ECONOMY

教育事业

JIAOYU SHIYE

教育事业

综述

【深入学习贯彻党的“十八大”精神，高校党建思想政治工作开创新局面】 把学习贯彻党的“十八大”精神作为首要的政治任务，不断引深学习贯彻活动。举办了三期高校班子成员专题培训班，并邀请“十八大”报告起草组成员为高校领导、师生代表作专题辅导，在全省教育系统持续掀起深入学习贯彻“十八大”精神的高潮，广大师生进一步把思想和行动统一到以习近平同志为总书记的党中央周围，齐心聚力，共促发展。召开了全省高校党的建设工作会议、高校党委书记座谈会，认真贯彻第二十一次高校党建会议精神和全国宣传思想工作会议精神，全面加强和改进高校党建、意识形态和思想政治工作，深入推进“十八大”精神进教材、进课堂、进头脑。促进高校贯彻落实《中国共产党普通高等学校基层组织工作条例》，高校党的基层组织建设进一步加强。通过主题征文、网上接力、摄影和微电影创作大赛等形式，深入开展“中国梦”主题教育活动，在广大学生中广泛凝聚共筑“中国梦”的智慧和力量。

【以农村教师为重点，教师队伍建设取得新进展】 强化师德建设，制定实施《全国教书育人楷模、全省师德标兵学习宣传活动方案》，充分利用各类媒体大力宣传师德标兵的先进事迹，充分发挥示范引领作用。严格师德考核，制定出台《山西省高等学校教师师德考核办法》，3名教师荣获2013年度“全国师德标兵”称号。继续实施“特岗教师计划”，为全省农村小学和教学点补充教师1916名，安排到758所农村学校任教。制定出台《山西省边远贫困地区和革命老区人才支持计划教师专项计划实施意见》，选派689名教师到边远贫困地区和革命老区支教。加大力度，强化教师培训，义务教育阶段以“国培计划”为引领，积极组织教师业务培训，同时送培下乡51个县，对近4万名农村义务教育学校骨干教师进行培训；示范性远程培训幼儿园骨干教师800人，远程培训幼儿教师1.3万人；组织670名中等职业学校专业骨干教师、152名高职学校教师参加国家级培训，30名教师出国培训，317名教师参加企业实践锻炼，评选双师型教师教学名师20个。深化中小学教师职称制度和资格制度改革，评选出首批中小学正高级教师23名，启动教师资格考试改革与定期注册制度试点工作，进一步严格教师入口关。

【以规划纲要满意度测评为契机，全省教育工作有了新目标】 2013年，省人大常委会决定听取和审议省政府关于教育规划纲要实施情况报告，并对报告进行满意度测评。从2013年7月上旬开始，省人大常委会组成人员先后赴吕梁市、晋中市、太原市的中小学和省高校新校区、省实验中学、省招生考试基地进行视察。7月30日，省人大常务委员会全体会议听取了省教育厅《关于教育改革发展规划纲要实施情况报告》，8月1日，会议对教育规划纲要实施情况报告以无记名方式进行了满意度测评，59票满意，1票基本满意。本次常委会会议对教育改革发展规划纲要实施情况报告测评结果总体满意。

【着力解决热点难点问题，教育公平开创新局面】 2013年秋季开学前，制定下发规范中小学办学行为12条规定，开学后组织督查组对各地执行情况进行了全面检查，在解决“择校”问题、“大班额”现象方面取得突破。深入推进高考“阳光招生”，将平行志愿扩大到第二批本科，全面实行网上阅卷，招生录取工作平稳有序，社会满意度较高，省监察信访部门没有一件高考群众来信来访。关注弱势群众，保障进城务工人员随迁子女受教育权，从2013年起首次实现在流入地参加中考，已有2.6万名随迁子女享受到该政策，2014年可在流入地参加高考。面对严峻的就业形势，强化学生就业创业教育，实施“1＋3”高校毕业生就业服务方案，延长服务时间，并对就业困难学生实施帮扶，高校毕业生就业率达到70.7%，实现了稳中有升。

【加强安全能力建设，教育系统保持安全稳定】 在广大中小学开展“珍爱生命，规避风险”活动，组织编写3～8年级《安全》教材，推进安全教育课程化、安全演练常态化、安全责任全员化，学校师生安全防范能力不断提高。在山西师范大学筹备建立山西省安全教育实践基地，负责开展全省教育安全研究培训工作。全面落实学校安全稳定工作责任制，深入排查化解安全隐患和矛盾纠纷，大力治理校园及周边治安环境，组织开展全省学校安全专项整治和大检查专项行动，推动“平安校园”创建各项措施落到实处。加强重要时段和敏感时间的安全工作，全省教育系统保持了和谐稳定局面。

基础教育

【学前教育】 基本情况。2013 年，全省共有幼儿园 5882 所，比 2012 年增加 393 所。入园幼儿 44.3 万人，增加 2.3 万人；在园幼儿 95.1 万人，增加 3.7 万人；离园幼儿 34.2 万人，增加 1.6 万人。其中，民办幼儿园 2504 所，占全省幼儿园总数的 42.6%，比 2012 年降低 1.3 个百分点；在园幼儿 36.6 万人，占全省在园幼儿总数的 38.5%，降低 1.8 个百分点。幼儿园专任教师 4.1 万人，增加 3123 人。学前三年毛入园率 80.4%，提高 5.4 个百分点。

加快城乡幼儿园建设，学前教育普及达到新水平。一是利用农村闲置校舍改扩建 546 所村级幼儿园。二是按照《山西省学前教育三年行动计划(2011～2013 年)》，继续建设 216 所公办标准化幼儿园，新增幼儿学位 5 万多个，有效缓解了“入园难”的问题，学前教育三年行动计划任务圆满完成。

【义务教育】 基本情况。1. 小学。2013 年，全省共有小学 8946 所，比 2012 年减少 1096 所。另有不计校数的教学点 1555 个。在校生 229.6 万人，减少 32.1 万人；招生 39.4 万人，减少 4.6 万人；毕业生 47.7 万人，减少 7 万人。其中，民办小学 181 所，在校生 17.3 万人，分别占全省小学校数和在校生数的 2% 和 7.5%。小学学龄儿童净入学率 99.8%。

全省共有小学专任教师 18.1 万人，比 2012 年减少 3778 人；专任教师学历合格率 99.9%。

全省小学(含教学点)共有校舍建筑面积 1766.6 万平方米，比 2012 年增加 18.6 万平方米。小学体育运动场（馆）面积达标学校占比 29.4%，体育器械配备达标学校占比 38.1%，音乐器械配备达标学校占比 36%，美术器械配备达标学校占比 36.8%，数学自然实验仪器达标学校占比 39.7%。

全省小学在校生中有寄宿制学生 37.7 万人，进城务工人员随迁子女 20.6 万人，农村留守儿童 10.4 万人，分别占全省小学在校生总数的 16.4%、9% 和 4.5%。

2. 初中。2013 年，全省共有普通初中学校 1991 所，比 2012 年减少 32 所；招生 41.3 万人，减少 4.9 万人；在校生 129.1 万人，减少 21.1 万人；毕业生 54.1 万人，减少 3.7 万人。其中，民办普通初中 221 所，在校生 25.4 万人，分别占初中阶段教育学校数和在校生数的 11.1% 和 19.6%。

全省初中共有专任教师 11.7 万人，比 2012 年减少 797 人；专任教师学历合格率 99.3%，比 2012 年提高 0.3 个百分点。

全省初中学校共有校舍建筑面积 1458.5 万平方米，比 2012 年增加 57.8 万平方米。初中学校体育运动场(馆)面积达标学校占比 48.3%，体育器械配备达标学校占比 57%，音乐器械配备达标学校占比 54.5%，美术器械配备达标学校占比 53.7%，理科实验仪器达标学校占比 61.1%。

全省初中学校在校生中有寄宿制学生 56.8 万人，进城务工人员随迁子女 7.8 万人，农村留守儿童 6.4 万人，分别占全省初中在校生总数的 43.9%、6.1% 和 4.9%。

建设督导两手抓，义务教育均衡发展迈上新台阶。一是大力改善农村薄弱学校办学条件。全省所有 8 人以上教学点实现优质数字资源全覆盖；投入 5.6 亿元，在 35 个县(市、区)实施农村义务教育薄弱学校改造计划，为 3070 所中小学校配备标准化设备，使这些学校达到义务教育学校标准化建设要求。又有 20 个县达到义务教育学校标准化建设要求。21 个县的农村义务教育学校营养改善试点工作推进顺利，成效显著。二是全面加强教育督导。进一步充实强化督导力量，制定“义务教育均衡发展督导评估指标体系”，建立了县域均衡发展督导评估机制，广泛开展责任督学挂牌督导工作，有力促进各项教育政策落实。太原市迎泽区顺利通过国家义务教育发展基本均衡县（区）评估认定，成为山西省首家通过国家验收的县（区）。27 个县级标准化教研室通过省级督导评估验收。

【高中阶段教育】 普通高中。1. 基本情况。2013 年，全省共有普通高中 504 所，比 2012 年减少 7 所；招生 28.9 万人，减少 3804 人；在校生 84.8 万人，减少 6522 人；毕业生 28.6 万人，增加 848 人。其中，民办普通高中 150 所，招生数 5.9 万人；在校生 16.8 万人，毕业生 6.1 万人；分别占全省普通高中总校数的 29.8%、招生数的 20.4%、在校生数的 19.8% 和毕业生数的 21.5%。

全省普通高中共有专任教师 5.9 万人，比 2012 年增加 1822 人；专任教师学历合格率 95.9%，比 2012 年提高 0.2 个百分点。

全省普通高中共有校舍建筑面积 1531.2 万平方米，比 2012 年增加 35.5 万平方米。普通高中体育运动场(馆)面积达标学校占比 74%，体育器械配备达标学校占比 76.4%，音乐器械配备达标学校占比 76.2%，美术器械配备达标学校占比 75.8%，理科实验仪器达标学校占比 77.8%。

2. 大力推动普通高中教育优质特色发展。认真贯彻落实国家和山西省加强高中教育管理的有关政策规定，坚持“稳定规模、内涵发展、注重特色”的工作方针，通过招生人数的调整和控制，不断优化高中教育结构，满足学生多样化的就学需求，引导普通高中教育发展从数量扩张、规模扩大转变为加强内涵建设、特色建设和质量提升。一批普通高中学校在多样化发展方面进行了有益尝试，涌现出怀仁一中、泽州一中、太谷二中等一大批突出典型，特别是新绛中学高中学生三年期间半天上课、半天自主学习的教改经验，被新华社作为我国教育改革的典型介绍到国内外，产生了较大影响。

中等职业教育。2013年，全省中等职业教育（包括普通中专、成人中专、职业高中、技工学校、其他机构、附设中职班）共有学校507所，比2012年减少49所。招生16.5万人，减少5万人；在校学生50.5万人，减少9.5万人；毕业生18.5万人，减少1.8万人。另有“送教下矿”职业中专生4.5万人。

1. 普通中专学校。2013年，全省共有普通中专学校92所（中等技术学校88所，中等师范学校4所）。招生4.9万人（普通中专学生4.8万人，职业高中学生316人），比2012年减少7898人；在校生16.4万人（普通中专学生13.7万人，职业高中学生2.7万人），减少1.5万人；毕业生5.3万人（普通中专学生5.2万人，职业高中学生1494人），减少9402人。全省有民办中等技术学校13所，招生2692人，在校生8245人，毕业生3826人，分别占全省普通中专学校总校数的14.1%，招生数的5.5%，在校生数的5%，毕业生数的7.2%。

全省普通中专学校共有教职工1.2万人，其中，专任教师7943人，比2012年增加40人；副高级以上职称专任教师1958人，占专任教师总数的24.7%；中级职称专任教师2976人，占专任教师总数的37.5%。具有本科及以上学历的专任教师7187人，占专任教师总数的90.5%，比2012年降低0.3个百分点。普通中专学校师生比为1∶20.6。

全省普通中专学校占地面积652.6万平方米，比2012年减少1.5万平方米；校舍建筑总面积319.7万平方米，增加2.8万平方米。固定资产总值30.16亿元，增加2.33亿元；教学实习仪器设备资产值6.52亿元，增加1.02亿元；图书514.8万册。

2. 成人中等专业学校。2013年，全省共有成人中等专业学校119所。招生4098人，比2012年减少5695人；在校生2.4万人，减少1.1万人；毕业生1.3万人，减少6298人；教职工4202人，专任教师3470人。

3. 职业高中。2013年，全省共有职业高中学校234所，比2012年减少12所。招生7.1万人，减少1.2万人；在校生19.4万人，减少2万人；毕业生7.3万人，减少6324人。全省有民办职业高中学校82所，招生1.6万人，在校生4.1万人，毕业生1.6万人，分别占全省职业高中学校总校数的35%，招生数的22.3%，在校生数的21.1%，毕业生数的21.7%。

全省职业高中共有专任教师1.4万人，比2012年增加209人；专任教师学历合格率83.7%，比2012年提高1.9个百分点。共有校舍建筑面积298.7万平方米。

4. 其他机构、附设中职班。2013年，全省有其他中等职业教育机构9所和附设中职班74所（不计校数），招生1.9万人，比2012年减少3468人；在校生5.5万人，减少607人；毕业生2万人，减少1923人。

5. 技工学校。2013年，全省有技工学校62所。招生2.2万人，在校生6.8万人，毕业生2.5万人。

深化人才培养模式改革，职业教育发展取得新成效。将高中阶段招生增量放在职业教育上，加快普及高中阶段教育。大力加强职业教育基础能力建设，支持建成国家级实训基地29个，省级实训基地60个，获批建设11所国家级中等职业教育改革发展示范校，积极争取亚行贷款支持职业教育示范项目建设，职业教育办学水平持续提升。巩固中职教育免学费成果，严格验收并开展“回头看”，督促各市、县建立长效机制，保证全日制学历教育正式学籍在校中职学生免费就学。大幅扩大“三二分段”五年制职业教育试点范围，招生规模由2012年的6000人增加到1.6万人，中高职衔接发展取得新进展。以技能大赛为抓手，强化实践教学，努力提高技能型人才培养质量。深化集团化办学、校企合作，广泛开展顶岗实习、订单培养，教育教学和人才培养模式改革持续推进。培训农民、企业职工、退役士兵、进城务工人员300万人次，面向煤炭类专业人才、关键岗位培训1.6万人次，有效提高各类劳动人员的文化技能水平。

高等教育

【高等教育基本情况】 研究生教育。2013年，全省共有培养研究生单位13个（普通高校10个，科研机构3个），比2012年增加1个。全省研究生招生9384人（博士生479人，硕士生8905人），增加172人，增长1.9%；在学研究生2.7万人（博士生2315人，硕士生25158人），增加1375人，增长5.3%；毕业生7754人（博士生320人，硕士生7434人），减少17人，下降0.2%。

普通高等教育。2013年，全省共有普通高等学校70所（本科院校21所，高职高专院校49所），比2012年增加3所。另有独立学院8所（不计校数）。全省有民办普通高等学校7所（本科院校1所，高等职业学校6所）。

2013年，全省普通高等教育本专科共招生21.5万人，比2012年增加7174人，增长3.5%。其中，本科11.4万人，增加9834人，增长9.4%；高职（专科）10.1万人，减少2660人，下降2.6%。在校生67.7万人，增加3.9万人，增长6.2%。其中，本科39.1万人，增加3.7万人，增长10.4%；高职（专科）28.6万人，增加2570人，增长0.9%。毕业生17.3万人，增加1.1万人，增长6.6%。其中，本科7.6万人，增加4135人，增长5.7%；高职（专科）9.7万人，增加6553人，增长7.3%。全省民办高校普通高等教育本专科招生1.1万人，在校生3.2万人，毕业生7623人，分别占全省总数的5.4%、4.8%、4.4%。2013年，全省高等教育毛入学率34%，比2012年提高1.5个百分点。

全省普通高等学校校均规模9669人，比2012年增加157人，增长1.7%。其中，21所本科院校的在校生规模36.2万人（不含独立学院在校生），校均规模1.7万人，增加319人，增长1.9%。

全省普通高等学校共有教职工6.1万人，比2012年增加2863人，增长4.9%。其中，专任教师4.1万人，增加2640人，增长6.9%。具有高级职称的教师1.3万人，占专任教师总数的32.9%，下降0.4个百分点；具有研究生及以上学历学位教师2.3万人，占专任教师总数的57.4%，提高2.4个百分点。

全省普通高校占地面积3384.2万平方米，比2012年增加313.3万平方米，增长10.2%。校舍建筑面积1853.9万平方米，增加223万平方米，增长13.7%，生均27.4平方米；教学行政用房面积869.5万平方米，增加122.1万平方米，增长16.3%，生均12.8平方米；学生宿舍面积468.6万平方米，增加74.4万平方米，增长18.9%，生均6.9平方米。全省普通高校教学仪器设备资产值53.08亿元，增加5.73亿元，增长12.1%，生均教学仪器设备值7843元。学校藏书5284.5万册，增加418.6万册，增长8.6%，生均78.1册。

成人高等教育。2013年，全省共有成人高等学校12所（职工高等学校7所，管理干部学院2所，教育学院2所，广播电视大学1所），比2012年减少1所。2013年共招生6.3万人（本科2.4万人，专科3.9万人），增加680人，增长1.1%；在校生18.9万人（本科7.8万人，专科11.1万人），增加7449人，增长4.1%；毕业生5.3万人（本科2.4万人，专科2.9万人），增加5485人，增长11.5%。

全省成人高等学校共有教职工2675人，比2012年减少372人，下降12.2%。其中，专任教师1503人，减少307人，下降16.9%。专任教师中副高级以上职称有581人，占专任教师总数的38.7%，提高0.5个百分点。具有研究生及以上学历学位的教师341人，占专任教师总数的22.7%，下降4.9个百分点。

全省成人高校占地面积90.5万平方米，校舍建筑面积75.3万平方米，教学行政用房建筑面积37.7万平方米，学生宿舍建筑面积16.3万平方米，教学仪器设备值1.29亿元，图书162.2万册。

【加强内涵建设，高等教育质量有新提高】 高等教育布局结构进一步优化。高校新校区在2013年秋季开学如期投入使用，9所高校近7万名师生顺利入驻，长期制约山西省高等教育办学空间不足的瓶颈问题得以解决。新增山西传媒学院、太原学院两所本科院校，全省普通本科院校数达到21所。中北大学朔州校区和太原科技大学晋城校区开始招生，实现了全省11个设区市本科教育资源全覆盖。山西能源学院筹建工作进展顺利，全省高等教育结构进一步优化。

加强特色优势专业建设。主动适应转型综改需要，制定《山西省普通高等学校本科专业设置意见》，研究确定了20个直接服务山西省产业发展的特色专业，遴选出6个本科、10个专科煤炭类专业进行重点建设，新获批15个国家本科专业综合改革试点专业、6门国家级精品特色共享课，积极推进煤层气相关专业建设，学科专业建设更具特色。

加强高层次人才队伍建设。实施"131领军人才工程"，第一批共遴选聘任院士43人，知名学者、学术带头人207人，优秀中青年拔尖创新人才469人，积极引进培育高层次创新人才，2013年又有3名专家当选"三晋学者"，高校人才层次大幅提升。

加强高校科研基础能力。利用政府债券资金支持高校创新基地建设，遴选资助了4个重点项目、10个一般项目、6个培育项目和24个山西省高校大学生创新平台建设项目，支持学校重点学科购置大型仪器设备和改善基本办学条件，评选支持了一批重点项目和重点课题，高校教学研发能力显著增强。

高校科研服务取得新成果。新增太原师范学院为硕士学位授予单位，长治医学院为培养专业硕士试点单位。全省高校共获得国家自然基金项目258项，国家社科基金项目46项，均占全省项目总数的92%。有1个团队入选教育部创新团队。6人入选教育部"新世纪优秀人才支持计划"。有4项成果获得教育部第六届高等学校科学研究优秀成果奖（人文社会科学），其中，二等奖1项、三等奖3项。获省科学技术一等奖9项，社会科研优秀成果一等奖15项，占总数的60%。高校共获得专利授权467件，比2012年增长45%，一批优秀科研成果成功转化，取得良好经济社会效益。

（秦志伟）

【组建山西传媒学院】 山西传媒学院是国家新闻出版广电总局和山西省人民政府共建高校，2013年4月经教育部批准，在原广播电影电视管理干部学院基础上改制建立的一所全日制普通本科院校。学校前身是创办于1983年的华北广播电视学校，1990年经教育部批准，在华北广播电视学校基础上成立国家广电部管理干部学院，隶属国家广播电影电视总局。2000年9月，按照国务院高校管理体制改革精神划转山西省，由山西省人民政府领导，国家新闻出版广电总局共管，更名为广播电影电视管理干部学院。2013年7月15日，山西传媒学院揭牌，是继中国传媒大学、浙江传媒学院后独立设置的我国第三所公立传媒本科院校。学院是国家新闻出版广电总局动画教学研究基地和国家新闻出版广电总局干部培训基地。

学院有24个专业及专业方向，面向全国招生，全日制在校生约7000人，年培训全国广电系统各级各类人员1000余人。

【组建太原学院】 太原学院（原太原大学）创办于1984年，由山西省人民政府批准成立，太原市人民政府主办。2002年，山西省人民政府整合教育资源，将太原市教育学院、太原师范学校、太原市园林技校并入。2013年4月，正式更名为太原学院，升格为全日制本科院校。有着29年办学历史的太原大学成为太原市本土第一所以所在城市命名的公办本科院校，结束了太原作为省会城市没有以城市名称直接命名的本科院校的历史。

截至2013年，学院有2个独立学院、10个教学系、4个教学部，专业涵盖8个学科门类，共有58个本、专科专业，面向全国20个省、市、自治区招生。在校学生1万余人。

（李仁贵）

YEARBOOK OF SHANXI ECONOMY

文化·新闻·广播·出版事业

WENHUA XINWEN GUANGBO CHUBANSHIYE

文化·新闻广播·出版事业

文化事业

【文化事业概况】 2013年，全省有无线广播电台1个，中短波发射台和转播台15个；有电视台3个，100瓦以上电视发射台145个；广播人口覆盖率96.8%，电视人口覆盖率98.5%。

2013年，全省有文化艺术机构4447个（不包含非公有制艺术表演团体），从业人员近4万人。有艺术表演团体155个，文化馆119个，公共图书馆127个，博物馆98个。全省公共图书馆总藏量1465.7万册（件），其中，省级公共图书馆300.7万册（件），市级公共图书馆257.6万册（件），县级公共图书馆907.4万册（件）。全省博物馆、文物机构藏品90.7万件，其中，一级藏品354件。

2013年，全省制作电视剧7部、199集，制作电影故事片12部。

2013年，全省有出版社8个，从业人员465人。国有书店142个，从业人员4475人。全年出版图书4025种，总印数1.35亿册；出版期刊198种，总印数3384万份；出版报纸77种，总印数21.97亿份。

【文化强省出台新举措】 *打开文化改革发展新境界。*2013年，山西文化部门在深入学习“十八大”精神的基础上，认真领会十八届三中全会精神，进一步明确改革创新的重点，增强了推进文化体制机制改革创新的紧迫感；学习领会习近平总书记系列重要讲话，增强理论自信、道路自信、制度自信和实现“中国梦”，展现文化之美、之为的责任感；学习领会全国全省宣传思想工作会议精神，进一步深化对新形势下宣传思想工作一系列理论和实践问题的认识；学习领会省委十届五次全会暨全省经济工作会议、全省宣传部长会议和全国文化厅局长会议精神，进一步增强文化工作强起来、硬起来、亮起来、实起来的责任意识和“像挖煤炭资源一样挖文化资源”的进取精神，明确文化工作的前进方向。

*签署省部合作协议，助推文化强省建设。*2013年7月，全国文化厅局长座谈会在太原召开。会议期间，省长李小鹏和文化部部长蔡武签署《山西省人民政府、文化部关于共同推进文化建设战略合作框架协议》，省部协议的签署是加强省部合作、创新文化发展的一项重大举措。协议签署后，文化部在转型综改试验区建设、非遗项目保护利用、对外文化交流合作等9个方面给予指导支持，成为山西省文化改革发展的强大助推力。

*打造文化发展新高地。*2013年，实现了山西大剧院与保利文化集团的战略合作，成立山西大剧院管理中心，每年引进100场中外剧目，5月25日首演以来已演出67场。启动“长风之夜”常态化周末惠民演出，赢得广泛赞誉。省图书馆顺利完成建馆50多年来的首次搬迁，新馆于7月1日正式开放，日均接待读者万余人次，为全省人民提供了一所设施完备、功能齐全的“终身学校”和“城市书房”。山西晋剧艺术中心建设项目是省政府2013年重点工程，10月30日奠基开工。省级标杆文化设施建设，有效带动了全省各级文化服务设施体系的建设。

*借助优势企业和金融机构，为文化产业发展注入新动力。*2013年，省文化厅与保利文化集团签订战略合作协议，在山西文化保税区和山西文化广场两个项目上达成合作意向。与建设银行山西分行签订合作协议，并协调省建行与山西演艺集团、山西唐是文化艺术设计公司等5个文化企业就多个产业项目达成合作意向。理顺了与省文化发展基金会和省工艺美术协会的关系，山西工美集团注册成立。第四届山西动漫艺术节成功举办。山西高新博澳文化产业股份有限公司被认定为国家重点动漫企业。广灵剪纸文化产业园、平遥漆器文化产业园、平定刻花瓷文化产业园等文化产业示范基地建设顺利推进。配合省委宣传部举办山西省首届文化产业博览会。参加第九届深圳文化产业博览会、第八届北京国际文化创意产业博览会等国内知名文化产业会展活动。启动山西省民营文化企业协会组建工作。

*创新人才培养模式，强化文化队伍建设。*加快“三区”人才培养工作。举办省直文化系统处级干部、县（市、区）级文化局长、全省艺术院校舞蹈教师素质提升等21个培训班，培训各类人才1000多名。与省

人社厅联合承办全国“文化生态保护区非物质文化遗产保护和利用”高级研修班，与省建行联合举办“文化金融大讲堂”，与北京舞蹈学院联办高级舞蹈研修班，与上海戏剧学院联办高级编导研修班。在太原举办全省工美行业小微企业扶持政策培训班，在北京大学举办山西省工艺美术小微企业管理和设计人才研修班。省文化厅、省戏曲职业学院推动建立了王爱爱工作室。运城市蒲剧青年实验团团长景雪变获“中国戏剧表演奖·二度梅花奖”、演员贾菊兰获得“梅花表演奖”。至此，全省已有44人获此殊荣，其中，4人为“二度梅”。在全国少儿戏曲“小梅花”比赛中，山西省艺术院校6人获得“十佳”称号。大小梅花数量均居全国榜首。山西戏剧职业学院与中国戏曲学院联办首届中国戏曲学院晋剧班返晋实习，创排剧目40余部，实践演出5场。高雅艺术进校园演出活动举办28场。积极申报艺术科学规划课题，参与山西省第八次社会科学研究优秀成果评奖工作。

优化文化发展环境，提升山西文化影响力。认真落实文化部、中宣部等九部门文件精神，积极支持转企改制文艺院团改革发展。对省直五院团和学院两个舞剧团以及部分市县院团给予资助，帮助它们提升发展能力，促进国有、集体和民营院团竞相发展局面的形成。全省演出、娱乐、艺术品、网吧、网络音乐、网络游戏六大市场总规模达到31.18亿元。省文化厅将9项审批事项缩减为4项，5项下放到基层，放开网吧审批，简化流程和环节。开展“文化市场综合行政执法岗位大练兵大比武”活动，全面提升文化市场综合执法规范化专业化水平。全省出动3万余人次开展执法检查，净化了社会文化环境。加快山西文化走出去步伐，2013年实施交流项目41项，出国（境）展演人数492人次，与往年相比有较大提升。精心组织“山西—乌兰巴托中国文化中心合作项目”，山西省在乌兰巴托举办6项活动，蒙古国文化代表团来晋开展活动3项。太原歌舞杂技团、长治市杂技团、临县大唢呐艺术培训中心等实施“山西文化进台湾”项目，为晋台文化交流谱写了新篇章。

【文化强省又取得新成果】 文艺创作硕果累累，获奖情况实现新突破。在第十届中国艺术节上，山西艺术职业学院的舞剧《粉墨春秋》荣膺“文华大奖”，全国仅有9个省市区获此奖项，成为继话剧《立秋》获奖之后，6年来登上全国舞台艺术最高领奖台的又一山西精品剧目；山西戏剧职业学院的说唱剧《解放》获“文华优秀剧目奖”，吕梁市晋剧院的晋剧《刘胡兰》获“文华剧目奖”。14个基层选送的节目荣获“群星奖”，获奖数与浙江省并列全国第三；山西省图书馆系统服务总分馆建设、山西省农村流动书库工程等5个项目获单项奖，取得历史最好成绩。在第十三届中国戏剧节上，山西省晋剧院的《巴尔思御史》、太原市晋剧艺术研究院的《上马街》获得优秀剧目奖。省文化厅在芮城召开全省艺术创作工作会议，对“讲好山西故事”进行部署，表彰了一批文艺院团先进集体和个人。围绕“山西精神”塑造，省演艺集团创作了话剧《立春》、京剧《紫袍记》等省级重点舞台艺术作品。山西画院积极组织开展以“美丽山西”为主题的系列美术作品创作工作。省文化厅获得文化部“2011～2012年度国家舞台艺术精品工程组织工作奖”。晋剧《大红灯笼》、舞剧《粉墨春秋》入选国家舞台精品工程重点资助剧目。全省已有7部精品获此殊荣，在全国名列前茅。

基层文化服务能力再上新台阶。2013年，开展“省市县三级公益文化设施达标率”测评，对做好农村文化活动场所全覆盖工程后期维护及日常开放工作作出安排，对98个公共图书馆评估定级；落实中央及省级年度建设资金1亿元，推进大同、忻州、临汾等地7个市级项目的建设，完成县级标准化建设项目20个；落实中央及省级农村文化建设资金1.97亿元，为每个村级文化活动室安排专项经费7000元；深入推进“三馆一站”免费开放，落实设备购置及日常免费开放资金1亿元，为基层文化单位配送流动舞台车81辆、流动文化服务车148辆；84个图书馆通过文化部验收，达到三级以上等级馆标准。长治市通过文化部“公共文化服务体系示范区”验收，太原市文广新局“文化精品惠民基层行”通过文化部国家示范项目验收。朔州市入选第二批“国家公共文化服务体系示范区”创建资格名单，晋中市文广新局“民办文化的扶持、引导与规范管理”、大同市文广新局“红领巾艺术团再建设”入选创建项目名单。

文化惠民政策落实取得新成效。2013年，山西文化系统落实中央资源共享工程建设资金350万元、“数字图书馆”建设资金75万元、电子阅览室建设资金893万元，建设全省联合书目数据库图书馆100个。全省59个老区县级公共文化设施、670个老区乡镇综合文化站、1.5万个老区农村文化活动场所实现全覆盖。成功举办第二届农民工歌手大赛、第四届少年儿童粉笔画大赛、第五届网络摄影大赛、山西省“金秋风韵”老年才艺大赛、“手牵手·让梦想成真”系列公益活动。开展“三下乡”“四进社区”活动，省直院团深入基层为群众演出超过1000场。完成“春雨工程——山西省文化志愿者新疆行”文化交流任务。省文化厅到垣曲古城镇、武乡砖壁村开展送戏、送文化、送器材活动。

非遗保护工作开创新局面。以晋中文化生态保护区建设为试点，探索非遗整体性保护体制机制，开展4个选题调研，推进太原市小店区等8个综合传习中心建设和4个濒危项目抢救保护工作，编纂、出版20个项目的图书，复排12部传统剧目，完成3个省级文化生态保护区总体规划编制工作。推荐50个项目参加第四批国家级名录项目评审。完成第四批省级名录项目评审工作，新增省级名录项目50项，项目保护单位120个。推荐6个项目保护单位参加第二批国家级“非物质文化遗产生产性保护示范基地”评审。成立山西省非物质文化遗产保护促进会。主办第8个“文化遗产日”宣传活动。各市选送优秀非遗项目参加第九届深圳文博会非遗专题展、第四届成都国际非遗节和中国与蒙古国文化交流展览展示活动，较好地展示了山西省的非遗保护成果。

（杨　渊）

文物事业

【文物保护工作】 公布第七批国保单位。2013年3月，国务院核定公布第七批全国重点文物保护单位，共1943处。山西省申报430处，约占全国申报总量的7.7%；最终入选181处，约占全国入选总量的9.3%，为本批国保单位入选数量最多的省份。新入选国保单位的类型分布为：古遗址16处、古墓葬7处、古建筑144处、石窟寺及石刻4处、近现代重要史迹及代表性建筑9处、其他1处。至此，加上前六批的271处，山西省国保单位总数为452处，占全国省国保单位总量的10.5%，继续位居全国第一。

世界文化遗产地保护。①五台山菩萨顶等4处寺庙的维修设计方案编制和维修工程招投标工作完成，菩萨顶碑亭等12项子工程完工。②云冈石窟五华洞第11～13窟岩体加固工程完工，窟檐建设木构件加工已完成90%，彩塑壁画抢险保护方案已获批复，第9～10窟加固方案已上报国家文物局审批。③平遥古城6段内墙抢险修缮方案正在审批，3段墙体抢险维修工程正在组织实施，城墙岩土监测开始试运行。双林寺、镇国寺等文物保护规划、修缮设计方案报国家文物局审批。

文物保护重点工程。①山西南部早期建筑保护又有16处项目保护规划编制完成，16处项目维修方案获批复，20处项目开工，11处完工项目进行了验收。截至2013年底，南部工程105处项目已有56处完工，38处在建，整体进展顺利。②太原西山文化带文物保护有关晋阳古城考古遗址公园建设正在全力推进。窦大夫祠、净因寺、多福寺、晋祠舍利生生塔等维修工程完工，晋祠堡墙、唐叔虞祠大殿维修工程正在实施。天龙山石窟抢险加固保护工程设计方案、龙山石窟周边环境整治方案及保护加固维修工程设计方案编制完成。③濒危木构古建筑及古村落保护完成100余处濒危文物建筑的抢险保护工作。湘峪村列入国家文物局古村落保护利用综合试点，试点工作实施方案已经上报。④彩塑壁画保护有6处修缮方案完成编制、4处数字化项目顺利立项、2处完成招投标。⑤长城与大遗址保护有关明长城偏关寺沟段、繁峙平型关段保护工程开始施工。蒲津渡与蒲州故城遗址列入第二批国家考古遗址公园项目。陶寺遗址保护规划经省政府批准公布。

【重要考古发掘】 九原岗北朝壁画墓发掘。2013年6月，经国家文物局批准，由山西省考古研究所与忻州市文物管理处组成联合考古队对位于忻州市忻府区兰村乡下社村东北约600米的九原岗北朝壁画墓进行抢救性发掘。经发掘，该墓坐北朝南，由墓道、甬道、墓室等三部分组成，南北总长约40米。墓道长31米，从地表向下逐渐延伸，底部深约6米，墓道两壁呈阶梯状，由上至下分为四层，每层均绘有壁画。该墓葬的发掘对研究北朝社会生活、绘画艺术以及我国古代建筑史都具有非常重要的意义。

开化墓群发掘。2013年6月，在太原晋源区开化墓群陆续发现汉、北齐、明清时期墓葬。其中，发现的汉墓规模之宏大、结构之复杂，在山西实属罕见。3座北齐墓共出土135件色泽鲜艳的釉彩陶俑。

太原龙山童子寺佛阁发掘。2013年12月，太原龙山童子寺佛阁遗址考古取得重大成果，新发现北齐佛龛和中原地区保存年代最早的唐代寺院壁画，揭示了佛阁布局。童子寺是现存中国最早的佛阁实例。其佛阁遗址内精美的北齐佛像、多个大佛头顶螺残件，以及从崖壁崩塌下来的大型佛龛造像，对于复原大佛及佛龛壁面具有重要意义。

此外，山西省文物局2013年配合全省重点工程建设项目受理文物保护事项14项，考古勘探面积280余万平方米，考古发掘面积2.3万平方米，发掘清理古墓葬367座，出土各类器物1400余件（套）。

【可移动文物普查】 2013年4月，国务院安排部署在全国范围内开展国有可移动文物普查工作。山西省成立第一次可移动文物普查领导小组及办公室，召开了山西省第一次全国可移动文物普查电视电话会议。经过举办培训班、摸清全省普查单位情况并与重点收藏单位座谈后，先期在文物系统收藏单位开展了普查工作。截至2013年底，已登录文物4万余件（套）。

【博物馆建设】 博物馆展览与交流。2013年，山西省文物局举办首届全省文博系统书画摄影作品展。山西博物院策划举办了“傅抱石画展”“文明的足迹——中国社会科学院考古研究所优秀成果展”“江山入画——钱松喦画展”“蛇国探奇春节特展”“溢彩流光——贵州少数民族服饰艺术展”“沧海观澜——刘海粟画展”“美洲原住民摄影作品展”“金陵画派书画展”等15个大型展览。对外策划了“晋国遗珍——山西出土两周文物精华展”在广东、海南展出，“山西金代戏曲砖雕艺术展”在内蒙古博物院展出，“丝绸之路——虞弘墓石椁展”在澳大利亚国立新南威尔士艺术博物馆展出。山西省民俗博物馆推出民间刺绣、木版年画、民间老油灯等8个民俗系列专题展。2013年，全省各级博物馆共举办各类展览400余个，接待观众2300余万人次。

博物馆宣传教育与公共服务。2013年，全省各级各类博物馆本着服务社会大众的理念，开展多元化、多形式、多渠道的博物馆教育活动。山西博物院共开展动手体验活动、讲座、文化社区宣讲、小讲解员培训等各类社教活动501次，受众人数5.2万人次。圆满完成中央及省部级领导参观接待任务，全年共接待观众100余万人次，提供讲解服务5098批次。山西省民俗博物馆开办国学大讲堂、文庙道德讲堂，为市民讲授国学和精神文明道德规范等方面内容。八路军太行纪念馆入选首批“山西省党史教育基地”和全国文化系统“廉政文化教育基地”。侯马晋国古都博物馆、盐湖区博物馆和马邑博物馆晋级为国家三级博物馆。

参展首届山西省文化产业博览会。2013年,为做好首届山西省文化产业博览会博物馆衍生品展区的组展、招展工作,山西省文物局选定本土文创产品的优秀代表山西博物院、云冈石窟研究院、山西晋之源文化公司和山西新今鼎文化发展有限公司作为基础单位,同时引进上海博物馆、首都博物馆等国内一流博物馆文创企业,共同打造山西博物馆的文创板块。参展商以不同的文创项目烘托主题,阐释博物馆与生活的精神内涵,共同搭建博物馆文创品牌。博物馆衍生品展区荣获7个优秀展示奖、1个优秀组织奖、4个优秀个人奖。

【文物保护与安全监管】 文物保护立法工作。山西现存古建筑2.8万余处,被列入国保、省保单位的古建筑有490处,仅占现存古建筑总量的0.02%,其余是大量的市保、县保单位和尚未核定公布为文物保护单位的古建筑,保护任务重、难度大。为加快社会力量参与文物保护法制化进程,山西省人大常委会与山西省文物局结合社会力量参与文物保护实际,将《山西省社会力量参与古建筑保护利用条例》列入全省5年立法规划项目。本次立法拟解决的主要问题是:在政府投资、全力保护国保、省保单位古建筑精华的基础上,采取自愿投资保护、减免税收和开发利用等优惠政策,鼓励、吸引社会资金进入文物保护领域,解决市、县级文物保护单位和尚未核定公布为文物保护单位的古建筑的保护利用问题,探索建立政府主导、社会参与的文物保护新体制。同时,《山西省文物建筑构件保护管理办法》印发实施,《北方地区文物保护工程预算定额》等行业标准编制完成。

加强文物安全监管。2013年,山西省文物局认真贯彻落实国务院《关于进一步做好旅游等开发建设活动中文物保护工作的意见》,联合山西省旅游局成立联合检查工作领导小组,组建联合检查工作组,通过约见当地政府负责人、听取汇报和实地检查相结合的方式,对全省9个市18个县(区)的16个国保单位、9个省保单位、2个历史文化名镇名村进行检查,并针对检查中发现的问题提出整改意见,要求当地政府制定整改措施,有效履行了文物安全监管职责。2013年,山西省文物局配合公安机关查处文物犯罪案件6起,进行司法鉴定41起,涉案文物2550件,有效打击了文物犯罪行为。

(王振华)

新闻事业

【精心组织新闻宣传报道】 组织习近平总书记系列讲话精神的宣传报道。在山西日报、山西广播电视台、黄河新闻网开设"学习贯彻习近平总书记系列讲话精神"专栏,围绕党的"十八大"以来习近平总书记关于"实现中华民族伟大复兴的中国梦""全面深化改革开放""推动科学发展""意识形态工作""党的建设"等方面的论述进行宣传阐释,积极报道全省干部群众学习讲话精神的生动场面,充分反映山西省把学习贯彻讲话精神同研究解决山西改革发展稳定的重大问题结合起来,推动转型跨越发展的实际成效。

组织党的十八届三中全会精神的宣传报道。开设"三中全会精神宣传·记者走基层""三中全会精神在山西"等专栏,刊发系列评论文章,围绕全会主题,深入宣传习近平总书记在全会上的重要讲话精神,宣传全会重要决议和全面深化改革的重大决策部署,报道山西省学习贯彻全会精神的实际行动,充分宣传党的"十八大"以来山西省推进重点领域和关键环节改革的显著成绩,反映广大群众共享改革发展成果的生动局面。

组织党的群众路线教育实践活动主题宣传。开设"党的群众路线教育实践活动""力戒四风、服务群众""改进作风惠及群众""整改进行时"等多个专栏,连续刊播系列评论,及时宣传中央和山西省有关精神和决策部署、工作安排和进展情况、实际效果和典型经验。

组织"8·19"讲话精神的宣传。在山西日报、山西广播电视台开设专栏,充分报道宣传思想文化战线和社会各界深入学习习近平总书记重要讲话的情况,宣传山西省各地各部门用讲话精神指导实践,加强和改进宣传思想工作的有力措施、新鲜经验和实际成效。在山西日报专版刊发宣传思想文化系统有关单位领导同志的学习体会和理论文章,为学习贯彻"8·19"讲话精神营造了浓厚氛围。

组织"共筑中国梦、建功在三晋"主题宣传。在省内主要新闻媒体和主要都市类媒体开设"共筑中国梦、建功在三晋"专栏,通过配发社论、评论、消息、综述以及典型报道等多种形式,集中展示了"十八大"以来山西省各级各部门和各条战线上涌现出的新人新事新气象和先进典型,掀起了"中国梦"宣传热潮。

组织"践行群众路线、弘扬右玉精神"主题宣传。组织中央驻晋媒体、省直各新闻单位和香港媒体、网络媒体集中开展"践行群众路线、弘扬右玉精神"采风活动,紧扣山西省党的群众路线教育实践活动,将"右玉精神"作为重大典型和生动教材,深入挖掘"右玉精神"蕴涵的时代意义,集中推出了一批重点报道、重头文章,为宣传和弘扬"右玉精神"、深化党的群众路线教育实践活动提供了强大的舆论支持。

组织"项目推进年"和"转型综改试验区建设"主题宣传。组织省直主要新闻单位统一开设"项目推进年""转型综改进行时""山西媒体综改行""说改革话落实"等专栏专题,对全省转型综改建设和项目推进工作的政策措施、进展情况、典型经验进行持续深入的宣传,营造了浓厚的舆论氛围。

组织扶持中小微企业发展的重点报道。开设"支持中小微企业"专栏,对山西省扶持中小微企业发展的政策措施、形势任务、作用成效进行了长时间、全方位、多角度的报道,为山西省中小微企业发展提供了有力的舆论支持。

组织"最美基层干部"的重点报道。开设"最美基层干部"专栏,对全省36名优秀基层干部进行集中宣传,充分展示了山西省基层干部心系群众、任劳任怨、忘我工作的良好形象。

圆满完成全国和全省其他重要

活动的宣传任务。在做好重大主题宣传、重点工作报道的同时，圆满完成全国和山西省“两会”“首届山西文博会”“十二届全运会”和省记协、作协、文联、社科联换届工作等重要会议、重大活动的报道，组织了评选全国道德模范、“百企千村”产业扶贫开发工程、太原国际马拉松比赛等报道。

【进一步改进新闻报道工作】 建章立制严规范。根据中央“八项规定”要求，以省委办公厅、省政府办公厅文件制定下发《关于改进工作作风、规范新闻报道的实施办法》，以省委宣传部文件下发《〈关于印发山西日报、山西广播电视台贯彻落实八项规定改进新闻报道实施细则〉的通知》。党的群众路线教育实践活动期间，根据征求意见情况，制定出台《进一步改进新闻报道的意见》。这些意见办法对领导同志调研、考察、会议、出访等活动作了详细规定，为改进新闻报道工作提供了制度依据。

狠抓落实见成效。各新闻单位认真贯彻落实省委《关于改进工作作风、规范新闻报道的实施办法》《〈关于印发山西日报、山西广播电视台贯彻落实八项规定改进新闻报道实施细则〉的通知》，领导同志各类活动新闻报道数量明显减少和压缩，改进新闻报道取得明显的成效。2013年，山西日报头版有关领导同志会议活动的报道压缩至40%，山西广播电视台《山西新闻联播》中播出领导同志出席各类会议活动时长压缩至30%。

深入督查促深化。每月20日对山西日报、山西广播电视台上月20日至当月19日改进新闻报道落实情况进行统计和督查，对不符合规定的情况提出整改意见，并将督查结果报省委督查室和省政府办公厅督查室。在定期召开的新闻通气会上，对山西日报、山西广播电视台改进新闻报道情况进行通报，并提出指导意见。不定期对各市改进新闻报道情况进行督查，督促各市按照规定改进新闻报道。

【扎实做好突发事件和社会热点的舆论引导工作】 面对当前国内国际的复杂舆论形势以及山西省转型跨越发展的重大战略举措和利益关系不断调整的局面，坚持将解疑释惑、理顺情绪、化解矛盾、凝心聚力作为目标，多措并举，做好突发事件和社会热点的舆论引导工作。2013年，针对长治苯胺泄漏、曲亭水库垮塌、大同册田水库死鱼事件、高平古建筑保护不力、山西煤炭线上交易、朔州饭店爆炸事故、美特好牛羊肉混卖、中储棉侯马代储库火灾、煤炭经济“20条”、寿阳选煤厂建设工地挡土墙坍塌事故、临汾“8·24”伤害案、汾阳正升煤矿透水事故、迎泽大街“11·06”爆炸案、交口“11·27”山体崩塌等突发事件和社会关注的热点问题，组织新闻媒体及时回应社会关注和质疑，舆论引导平稳适度，维护了社会稳定，营造了良好的舆论氛围。

【狠抓新闻队伍建设】 强化作风建设。按照“走转改”要求，继续组织省直各新闻单位青年编辑记者赴乡镇实践锻炼活动。青年编辑记者深入基层、深入群众，经受基层的淬火锻炼，撰写了大量鲜活生动的报道，得到新闻媒体和基层干部群众的一致好评。

深入开展马克思主义新闻观培训。按照中宣部等四部门通知要求，制定下发《关于在全省新闻战线深入开展马克思主义新闻观培训的通知》和《关于切实做好马克思主义新闻观培训工作的通知》，对全省新闻战线马克思主义新闻观培训工作做出全面部署。集中专门时间，组织省市两级新闻媒体有关负责同志100余人举办全省新闻战线马克思主义新闻观培训班，邀请有关专家、教授和领导分别就马克思主义新闻观、经济形势分析等内容做了专题讲座。定期检查各市和省直新闻单位马克思主义新闻观培训工作开展情况，推广培训工作先进单位经验做法，督促存在不足的新闻单位改进提高，促进了培训的深入开展。

积极做好新闻系列高级职称评审工作。下发《2014年度全省新闻系列高级专业技术职务任职资格评审工作安排意见》，认真做好接收材料、分类整理、初审初评、召开评审会等各个环节的工作。顺利完成2013年度新闻系列高级职称评审工作。

【积极做好出版工作】 强化出版管理，确保正确导向。以制度建设为重点，加强全省出版工作的宏观管理，进一步建立完善各项管理制度。大力支持新闻出版部门开展精品报刊建设工程，组织全省报刊参加全国“百强报刊”评选，《山西日报》《新型炭材料》《日用化学品科学》被评为全国“百强报刊”。

规范出版秩序，加大案件查处力度。以规范出版秩序为重点，深入开展“出版规范年”活动。按照中宣部部署，加大对青少年读物的规范管理，组织协调省新闻出版局和“扫黄打非办”，加大对违规出版及新闻从业人员违法违规行为查处力度，对有违规行为的杂志社进行处罚。

组织出版物开展“讲文明，树新风”公益广告宣传。组织省内各级党报、晚报、主要时政类期刊，积极围绕培育和践行社会主义核心价值观、规范道德行为、建设生态文明等重点，开展“讲文明树新风”公益广告宣传，尤其是重点突出中央倡导的“厉行勤俭节约，反对铺张浪费”专题和以“信义、坚韧、创新、图强”为核心的山西精神宣传，做到形式多样、主题突出、效果良好。

开展专项整治，加大违法违规广告治理。根据中宣部等中央13部门《关于开展虚假违法广告专项治理的通知》精神，协调省内有关部门组成联合工作组，对药品、医疗、保健食品、违背社会良好风尚、致富信息以及招生等六个方面的虚假违法广告和省内出版物进行专项治理，对刊登违法医药广告的几家出版单位，交由工商部门依据《广告法》依法查处。

（骞 进）

广播电视事业

【2013年山西省广播影视事业基础扎实规范】 2013年，山西省开办229套广播电视节目（广播111套，电视118套）。其中，省级广播播出7套节目，省级电视国内播出9套节目。

2013年，全省广播每天播出时间1092小时。其中，省级广播机构每天播出158小时。全省每周电视播出时间9188小时，其中，省级电视机构每周播出时间1055小时。

2013年，全省广播综合覆盖人数3493.8万人，综合覆盖率96.8%。电视综合覆盖人口3554.8万人，覆盖率98.5%。全省有线网络总长10万千米，有线广播电视用户498.9万户。

2013年，全省广播电视从业人员2.2万人。其中，省级广播电视从业人员3951人，市级广播电视从业人员7369人，县级广播电视从业人员10368人。全省广播电视从业人员中大专以上学历1.5万人，研究生及以上学历231人；专业技术人员1.1万人，高级781人，中级3821人。截至2013年底，山西广播电视系统资产总额78.52亿元，其中，省级广电系统资产总额26.09亿元。

【2013年山西广播影视事业蓬勃健康发展】 新闻宣传引导力不断提升。2013年，紧紧围绕省委、省政府的中心工作和重点任务，推出《转型综改进行时》《“反对‘四风’服务群众”》《三中全会精神在山西》等专栏，圆满完成全省转型综改试验区建设、党的群众路线教育实践活动、道德建设、党的十八届三中全会、全国和省“两会”、首届文博会等重大主题和重大活动的宣传报道任务。全国“两会”期间央视上稿总量连续9年位列全国省级台前列。两件作品荣获第23届中国新闻奖三等奖，5件作品荣获提名奖。

广播影视公共服务体系建设再创佳绩。2013年，共放映农村公益电影33.9万场，超额完成1332场，实现了“一村一月放映一场电影”的目标。根据全省文化强省建设规划要求，积极推进城市数字影院建设。新增影院25家（总数达到85家），银幕新增89块（总数达到351块），票房收入2.88亿元，比2012年增长36%，超过全国29%的平均水平。

2013年，共建设完成5451个自然村的广播电视“村村通”覆盖任务，比原定目标任务超额2276个村，使近百万的农民群众看上了高品质的51套数字电视、4套图文电视。加强“村村通”运维体系建设，组织开展“回头看”验收活动，落实维护经费643万元，确保“村村通”“优质通”“长期通”。

无线覆盖高山发射台站的基础设施改造进展顺利，制定了《2013年山西省广播电视高山无线发射台站基础设施建设实施方案》，确定“十二五”期间中央投资6750万元，省级财政配套3850万元，分三批对53个高山艰苦发射台站的基础设施进行改造。

影视剧创作生产又结硕果。2013年，全省共拍摄完成电影24部、电视剧7部、专题片5部、电视动画片1部28集。其中，《粉墨春秋》在央视3D频道播出，《来电不善》在央视影视频道播出，《幸福生活万年长》在央视8套电视剧频道播出。共荣获国际奖2项、国家级奖4项、省“五个一工程奖”11项。影视剧的创作拍摄数量、在央视的播出数量等均有较大幅度增长。

安全播出保障有力。圆满完成元旦、春节、“五一”“十一”“两会”“十八届三中全会”等各个重要保障期的安全播出任务，受到国家新闻出版广电总局的通报表彰。

专项治理工作成效显著。组织开展“抵制低俗之风”“打击违法违规网站”“整治广播电视广告播出秩序”“整治境外卫星电视传播秩序”四项专项行动。抵制低俗之风专项整治方面，查处了太原广播电视台的《私家车娱乐秀》、省台的《老梁故事会》等7个存在违规问题的栏目。打击违法违规网站专项整治方面，关闭了金哈哈影院、乐看影视、多多影院等7家违法视听网站。广播电视广告播出秩序专项整治方面，查处虚假违法广告3045条次，涉及合同金额4亿多元。大力实施广播影视“公益广告全覆盖工程”，加大公益广告的播出力度，仅太原地区已播公益广告6万次、时长1550小时。境外卫星传播秩序专项整治方面，收缴非法卫星地面接收设施7000套件，查处并拆除非法设置的卫星接收设施2.5万座，取缔非法销售安装点726个。

（王　珽　杨松吟）

出版事业

【2013年出版工作综述】 非时政类报刊体制改革后续工作基本完成。2013年，全省非时政类报刊出版单位核销事业编制、注销事业单位法人工作基本完成，社会保险关系接续的基础性工作初步完成。围绕转企改制6条标准，开展全省非时政类报刊改革情况督查调研，山西省组建5大报刊传媒集团和6家专业报刊传媒中心等转企改制工作，给各非时政类报刊出版单位带来了勃勃生机，改革成效初显。

继续实施新闻出版重大项目带动战略。2013年，共有6个项目入选全国新闻出版改革发展项目库，其中，山西今鼎公司的“绿色印刷水墨新材料与印刷复制新技术开发应用”、山西科技新闻出版传媒集团的“基于三网融合的山西省农村数字出版公共服务体系建设”、山西新华印业有限公司“扩大绿色印刷产能”3个项目赢得中央文化产业发展专项资金支持1900万元；23个项目入选“十二五”国家重点图书出版物规划项目；语文报社有限责任公司、《新课程》杂志社有限责任公司入选全国首批“数字出版转型示范单位”。争取国家出版基金支持，《中华佛教史》等6个项目获得2013年国家出版基金项目资助资金500余万元，组织《五台山佛教文化遗产档案》等17个项目申报2014年国家出版基金项目。全省共有6家出版物印刷企业通过绿色印刷认证。

山西出版“走出去”成果明显。2013年，组织省内8个出版社的6000余种图书参加“第二十三届全国图书交易博览会”，其中，新版图书1000余种。组织省内77种报纸、200种期刊参加“中国（武汉）期刊交易博览会”，山西省新闻出版局获得刊博会优秀组织奖称号。“第八届北京国际印刷技术展览会”“上海国际印刷周”“中国·稷山第二届包装印刷洽谈会”等参展工作圆满完成。版权输出取得新成果，在“第二十届北京国际图书博览会”上，共签订版权输出协议22项，达成版权输出意向53项、引进版权意向15项，连续7年实现版贸顺差;《中国思想地图:老子》等3种图书入选“第十二届输出版优秀图书”。

参展首届山西省文化产业博览交易会。在首届山西文博会上，山西省新闻出版行业共设置了“新闻出版精彩跨越”主题展区以及山西日报报业集团、山西出版传媒集团两大集团展区，集中展示数字出版、绿色印刷、创意设计、3D打印等行业发展新动态。21个产业发展项目参加现场招商和推介签约，现场签约金额4.5亿元。

出版宣传和发行工作主题鲜明。2013年，省内各类出版媒体深入开展党的“十八大”精神、“中国梦”、落实中央“八项”规定、党的群众路线教育实践活动等宣传工作。《中国共产党文风建设论》《我在春天等你》两种选题入选全国深入学习宣传贯彻党的“十八大”精神主题出版重点选题;深入开展党的“十八大”精神、“中国梦”、“宣传思想工作会议”精神等农家书屋主题宣讲活动，受到基层干群好评。山西省新闻出版局为全省2.8万个农家书屋配送“十八大”辅导读物4种计11.3万册，为省内8000个行政村书屋配送十八届三中全会读本4种计3.2万册。

严格出版物选题管理和审读。2013年重点审读报纸44种、期刊43种，编发《审读快报》48期，《专项审读报告》2期;核发书号2900余个，审批图书选题5600余种，批复备案音像电子选题320种，审核备案游戏产品1款;确定年度重点选题84种，发布优秀晋版图书书目共4期336种。把握正确出版方向、执行严格审批办法、长效坚持审读制度，省内出版物未出现任何政治性差错。

晋版出版物精品迭出。2013年，《八路军》荣获第四届中华优秀出版物(电子出版物)奖，《林毅夫自选集》《襄垣鼓书》等5种出版物获得相应类别的提名奖，《中国教育文化研究丛书(4册)》等3种图书入选第四届“三个一百”原创图书出版工程。《山西日报》《新型炭材料》《日用化学品科学》3种报刊被评为全国“百强报刊”。《讲给孩子的中国科

2013年晋版出版物获国家奖项情况

所获奖项	出版物	获奖单位
第四届中华优秀出版物奖图书提名奖	《林毅夫自选集》 《物联网——开启全新生活的智能时代》 《中国戏曲文物通论》	山西经济出版社 山西人民出版社 山西教育出版社 三晋出版社
2012年度“大众喜爱的50种图书”	《讲给孩子的中国科学》	希望出版社
第四届中华优秀出版物奖	《八路军》 《襄垣鼓书》 《襄垣秧歌》	山西春秋电子音像出版社
2013年度国家出版基金资助项目	《二十世纪之中国:乡村与城市社会的历史变迁》 《晚清民国书法善本集成》 《中国古代制瓷工程技术史》 《中华佛教史(11册)》	山西经济出版社 山西人民出版社 山西人民出版社 山西教育出版社 山西教育出版社
2013年向全国青少年推荐百种优秀图书	《儿童安全自救早知道》	希望出版社
深入学习宣传贯彻党的十八大精神主题出版重点选题	《中国共产党文风建设论》 《我在春天等你》	山西教育出版社 希望出版社
2013年中小学图书馆(室)推荐书目	《牵扯着蜗牛慢慢走》 《小城故事》 《乍放的玫瑰》 《世界科技五千年(上)》 《世界科技五千年(下)》	希望出版社
百强报刊	《山西日报》 《日用化学品科学》 《新型炭材料》	
全国“向青少年推荐100种优秀图书和100部优秀影视片”展销展映展播活动	《讲给孩子的中国地理》 《流动的花朵》	希望出版社 希望出版社
2013年首届向全国青少年推荐50种优秀音像电子出版物	《八路军》	山西春秋电子音像出版社
2012年度输出版优秀图书奖	《中国思想地图:老子》 《再见》 《大医脉神》	山西人民出版社 希望出版社 山西科学技术出版社
第四届“三个一百”原创图书出版工程	《中国教育文化研究丛书(4册)》 《红色账簿:1921～1927》 《讲给孩子的世界科学(3册)》 《中国古代手工业工程技术史(上下册)》	山西教育出版社 北岳文艺出版社 希望出版社 希望出版社
第三届中国出版政府奖	《八路军》 《山西文化资源地图》 《画说平遥古城》(印刷复制)奖提名奖	山西春秋电子音像出版社 山西教育出版社 山西科学技术出版社 山西人民印刷有限责任公司

学》《流动的花朵》《儿童安全自救早知道》等优秀出版物成功入选多项国家级重点出版物推荐名单。组织推荐59种出版项目、3家单位和4名个人参评第三届中国出版政府奖。

全民阅读活动蓬勃发展。2013年,以山西省第三届"全民阅读月"活动为龙头,各类主题阅读活动精彩纷呈。以"服务群众、优惠售书"为主题,举办历时9天的全省性大型图书展销活动,省内所有出版社和太原市新华书店均设立全民阅读活动优惠售书专柜专架。开展"我最喜爱的10本好书"评选活动,发布推荐书目100种,经省内读者认真推荐,《正能量》《邓小平时代》《百年孤独》等10本图书成功入选。组织开展"文化年货带回家"活动,共发放报纸、期刊2000余册(份),图书4900余册,音像电子出版物150余盘。省内30个家庭入选全国"书香之家"。

农家书屋建设取得新成效。积极探索农家书屋管理和使用的长效机制,制定下发《关于加强农家书屋管理实现长效可持续发展的意见》,完善《山西省农家书屋管理办法》,主要从资金管理、日常活动、维护更新、制度建设等方面入手,保证农家书屋的正常运行。组织开展全省农家书屋"回头看"验收工作,对吕梁、晋中等地农家书屋进行实地抽查,全省农家书屋总体运转情况良好。省市县乡村各级读书活动逐步兴起,多地进行了社区"流动书库"、公益捐书、"读书之星"评选等有益尝试。卫星数字农家书屋项目建设的专题调研圆满完成。依托已建书屋开展"送书下乡"工作,为省内828个优秀农家书屋更新图书和电子音像制品,包括图书696种714册、音像制品55张,共计63.7万册(张)843万元。

积极开展其他公共服务。与共青团山西省委联合开展向全省青少年推荐优秀图书活动,《乍放的玫瑰》《流动的花朵》等54种图书入选推荐书目,并在全省各大新华书店设立专柜专架展示展销,丰富青少年阅读世界。加强公益广告宣传工作,组织34家省内主流报刊围绕"讲文明树新风"等主题开展公益广告宣传。基本实现2013年秋季教材绿色印刷全覆盖。

【大力加强新闻出版监管和行政执法力度】 *强化新闻出版行政管理*。新调整保留9项行政审批事项(主动取消2项、下放1项、合并2项,承接新闻出版广电总局下放4项)。组织开展全省新闻出版行政审批专项检查,切实做好行政审批项目下放调整后的后续监管、落实和衔接工作,确保相关工作平稳、有序过渡。少儿图书专项质量抽查、第十八轮图书编校质量检查、报刊违法虚假广告专项治理、"3·15"中小学教科书绿色印刷、月饼包装装潢印刷品质量监督检查等专项行动收到良好成效。

完成市县两级政府机关软件正版化工作。截至2013年11月底,山西省市、县两级政府机关使用正版软件工作全部完成。全省11个市的市级政府机关、127个县(含开发区)的县级政府机关共投入6000多万元采购各类软件许可数11余万个,个别县超额完成乡镇级政府机关使用正版软件工作。

加强版权执法和监管。2013年,以"实施知识产权战略,支撑创新驱动发展"为主题,开展"4·26知识产权宣传周"活动,全省共发放各类宣传资料17余万件,销毁各类侵权盗版制品60余万件。组织开展"双打""剑网"等活动,继续加强版权行政执法和市场监管,全年主动监管网站100余个,查办各类侵权盗版案件97起,重点查办了"YY456音乐网"侵犯著作权等案件。继续做好企业软件正版化工作,全年100家企业实现软件正版化的工作目标基本完成。

"扫黄打非"工作。以查堵政治性非法出版物、扫除淫秽色情等文化垃圾、打击侵权盗版行为重点,组织开展"净网""清源""秋风"等专项行动,出版物市场和社会文化环境得到有效净化。2013年全省共查办各类"扫黄打非"案件185起,收缴非法出版物62万件,删除、屏蔽网络有害信息2500多条。

(潘　焱)

卫生·体育

WEISHENG TIYU

卫生·体育

卫生事业

【卫生事业概况】 2013年，山西省有卫生机构1.2万个，其中，医院1219个，医学科研机构7个。全省卫生机构床位数17.3万张，比2012年增长4.8%，其中，医院床位数12.8万个，增长6.7%。平均每千人拥有医院床位数3.5个。全省2013年卫生技术人员20.3万人，增长1.5%，其中，执业(助理)医师8.8万人，增长1.1%；注册护士7.5万人，增长7.1%。平均每千人拥有卫生技术人员5.6人。全省医院2013年总诊疗1.25亿人次，其中，医院4478.8万人次。

【医药卫生体制改革取得新成效】 2013年，全省新农合参合率99.3%，住院最高支付限额15万元，均创历史新高；将20类重大疾病实际补偿比例提高到70%，在阳泉、运城两市开展了重特大疾病新农合购买大病保险试点工作。在部分非政府办社区卫生服务机构开展基本药物制度试点工作，药品"零差率"销售覆盖所有实施综合改革的县级公立医院。在全国第4家制定了省级2013版基本药物补充品种目录，基本药物招标采购工作在国务院医改办会议上作了经验交流。县级公立医院综合改革范围由34个县(市、区)扩大到83个，占全省总县数的70%，超过国家50%的要求。城市公立医院改革试点积极推进。建立了乡村医生养老退出政府补助机制和村卫生室信息化运行补助机制。2013年，全省人均基本公共卫生服务经费由2012年的25元提高到30元，服务项目由10类41项扩展到11类43项，基本公共卫生服务网格化管理、家庭医生制和团队负责制的服务模式得到国家卫生计生委充分肯定，重大公共卫生项目任务全部完成。

【医疗服务能力有新提高】 2013年，全省医疗卫生机构诊疗人次数、出院人数、住院病人手术人次分别达到1.24亿人、366.2万人和80.4万人，分别比2012年增长4.5%、5.6%和7.7%。投入14亿元，新建和改扩建医疗卫生机构259个。省儿童医院新院区建设项目进展顺利，新增社区卫生服务机构95所，5所机构被评为国家级示范机构。积极鼓励社会力量办医，将民营医院纳入医院等级评审范围，为民营医疗机构培训管理和专业人员2000人次。在40所医院开展了护士岗位管理试点工作。启动实施16项京晋地区医疗卫生领域合作项目。完成各类基层卫生人才培训4.7万人次。4个专科被评为国家临床重点专科建设项目，山西省国家临床重点专科总数居中部省份前列。申报获批国家级和省级卫生科技攻关研究项目192项，其中，资助额度千万元以上的国家级重大项目两项。安排38所三级医院对口支援95个县级医院，组织630名二级以上医疗卫生机构主治医师以上医生对口支援210个乡镇卫生院。

【疾病预防控制和卫生应急工作加强】 2013年，扩大免疫规划疫苗报告接种率98%以上，艾滋病等重大传染病得到有效防控，大骨节病等地方病防治成果得到巩固，烟草控制大众传播活动获全国优秀组织奖，科学有序有效开展了人感染H7N9禽流感防控工作。为50余万名妇女进行了宫颈癌、乳腺癌检查，为贫困县儿童发放600余万营养包，全省孕产妇住院分娩率达99.9%，孕产妇死亡率、婴儿死亡率分别为15.97/10万、7.57‰，均提前达到山西省"十二五"目标。建设和改造无害化卫生厕所16.7万户，11个县城和6个乡镇荣获国家卫生县城(镇)称号，是创建成功最多的一年。完成组建国家紧急医学救援队伍任务，完成突发事件医疗卫生救援任务16起，救治伤员624人。成功救治汾西矿业"9·28"透水事故两名被困11天矿工，创造了医疗救治奇迹。

【卫生监督执法和食品安全风险监测工作有新进步】 举办三期医院院长依法执业专题培训，组织开展整顿医疗秩序专项行动、医疗质量万里行、抗菌药物临床应用专项整治、"健康校园"创建和饮用水卫生安全监管等活动。全年监督检查医疗卫生机构和公共场所6.6万户，查处案件3643件，取缔无证行医"黑诊所"789户次，监督覆盖率位居全国第一，案件查处数居全国第五。加强食品安全风险监测，构建省市县乡四级食源性疾病监测网络，食品中污染物和有害因素监测网络覆盖全省60%以上的县，高于国家50%的指标，食源性疾病事件监测实现县级全覆盖。

【中医药工作有新发展】 修订颁布《山西省发展中医药条例》，出台《山西省人民政府关于扶持和促进中医药事业发展的意见》，为加快发展中医药事业提供了法制保障。启动基层中医药服务能力提升工程，创建了12个省级基层中医药工作先进单位、39个省级中医药特色社区卫生服务中心、126个省级中医药特色乡镇卫生院。3所医院被评为全国综合医院中医药工作示范单位，7个专科被评为中医专业国家临床重点专科。中药资源普查进展顺利。

（刘 翔）

人口和计划生育

【2013年山西人口发展的基本特征】 人口总量有序增长，低生育水平继续保持稳定。2013年底，山西省常住人口3629.8万人，比"十一五"期末的2010年增加55.7万人，平均每年净增18.6万人。年平均增长速度为0.5%，比"十一五"时期的1.3%下降0.8个百分点。

2013年，全省出生人口39.2万人，出生率10.81‰，比2012年上升0.11个千分点；死亡人口20.2万人，死亡率5.57‰，下降0.26个千分点；自然增长人口18.9万人，自然增长率5.24‰，上升0.4个千分点；与"十一五"期末的2010年相比，出生率上升0.1个千分点，死亡率上升0.2个千分点，自然增长率下降0.1个千分点。由于20世纪80年代第三次人口出生高峰期出生的人口已陆续进入婚育年龄，由此形成了第四次人口出生高峰。第四次出生高峰在现行生育政策、经济社会发展影响和人们生育观念转变等多重作用下得到有效平抑，人口总量继续保持低速平稳增长，低生育水平持续稳定。

总人口性别比结构合理，变化态势趋于平稳。长期以来，山西省作为能源重化工基地，受行业结构影响，人口性别比一直处于偏高位置。2013年，全省常住人口中，男性1865.4万人，占常住人口的51.4%；女性1764.4万人，占常住人口的48.6%；性别比为105.7，高于全国平均水平0.6，山西省总人口性别比变化态势平稳。

人口老龄化速度继续加快，年龄结构总体更趋优化。2013年，全省常住人口中65岁及以上人口303.7万人，比重为8.4%。与"十一五"期末的2010年相比，65岁及以上人口增加了32.8万人，比重上升0.8个百分点。表明进入"十二五"以来，山西省人口老龄化速度在继续加快。2013年，全省常住人口中0～14岁人口574.7万人，占全部常住人口的15.8%；15～64岁人口2751.4万人，占全部常住人口的75.8%；年龄中位为36.1岁。山西省人口年龄结构总体上继续优化，处于一个少儿人口比重较快下降、老年人口比重逐渐上升、劳动年龄人口比重继续增加的时期。

劳动力资源依然丰富，"人口红利"助推转型跨越发展。2013年，山西省总人口抚养比为31.9%，其中，少儿抚养比20.9%，老年抚养比11%。当前山西省依然处于劳动力资源丰富、社会负担相对较轻，且有利于经济发展的战略机遇期，即"人口红利期"。

城镇化率稳步提高，人口的分布与经济发展更加协调。2013年，全省居住在城镇的人口占常住人口的比重为52.6%，比2012年提高1.3个百分点。2013年全省居住在城镇的人口为1907.9万人，增加57万人；乡村人口1721.9万人，减少38万人。

2013年全国城镇人口比重53.7%，比2012年提高1.2个百分点。与全国相比，山西省低于全国平均水平1.2个百分点，增长幅度高于全国0.1个百分点。表明山西省城镇人口比重稳步提高，与全国平均水平差距逐步缩小。

人口分布与经济发展、自然资源保持协调平衡，才能保证区域经济的可持续发展。由于特定的自然环境与各地区社会经济发展的差异，山西人口分布总体格局表现为纵向东、中、西三大地带的明显差异。2013年中部人口比重61.7%，城镇化率56.9%；东部人口比重27.1%，城镇化率47.9%；西部人口比重11.2%，城镇化率40.1%。人口总量的分布继续保持中部盆地人口稠密，东部山地和西部黄土丘陵人口稀疏的格局。人口的城乡分布也保持了中部高、东部其次、西部最低的基本状况，但区域间差距在缩小。城镇延伸，使城乡界限不断淡化，城、乡居民收入比由2010年的3.3∶1缩小至2013年的3.14∶1，城乡差距正在缩小；城镇辐射，使百姓生活幸福指数大幅度提升，城乡发展更加和谐。

教育事业全面发展，人口素质持续提升。2013年，人口抽样调查数据显示，全省15岁及以上人口平均受教育年限为9.7年。从各种受教育程度人口看，每10万人口中接受大专及以上受教育程度人口9589人，接受高中教育的1.7万人，接受初中教育的4.4万人，接受小学教育的2.1万人。与2010年相比，每10万人中大专及以上受教育人口增加868人，高中增加1009人，初中减少1012人，小学减少416人。体现出高中及以上受教育人口增加，初中及以下人口减少的态势。

2013年，全省文盲率（15岁及以上不识字）为2.1%，同"十二五"期末的2010年相比，下降0.5个百分点。表明山西省文化普及工作成效明显。

婚姻关系稳定，家庭户平均规模保持缩小态势。普遍结婚仍然是山西省人口婚姻的典型特点。2013年，15岁及以上人口中有80.8%的人有婚姻经历，在婚的占74.8%。20岁以上的人口中有过婚姻经历的占87.8%，在婚的占81.3%。2013年，全省家庭户规模（即平均每个家庭的人口）为3.1人。在2013年家庭户结构中，3人以下和4人的户分别占所有家庭户的66.3%和20.8%，5人及以上家庭户占所有家庭户的12.9%。从人口的家庭代际关系看，全省一代和两代户家庭户占所有家庭户的87.3%，三代及以上家庭户占所有家庭户的12.7%。家庭户规模无论是从人口数量还是代际结构都保持着持续缩小的态势。

（周俊英）

【**2013年人口和计划生育工作取得新进展**】 坚持计划生育基本国策，低生育水平保持稳定。加强组织领导，召开全省人口计生工作会议和人口计生领导小组扩大会议，与各市和省直相关部门签订目标责任书。加强任务落实，对年度重点工作进行细化分解，每季度制定工作计划予以推进。加强目标责任考核，制定《考核细则》，运用考核平台对市、县进行网上考核，对11个县进行半年督查，对11个市、30个县进行年终抽查考核。加强干部提拔、评先评优计划生育审核，全省共审核单位和个人9895个，否决18个。加强孕前管理服务，严格社会抚养费征收，开展利益引导和服务关怀，引导群众自觉实行计划生育。加强新型人口文化建设，创建13个省级人口文化建设示范基地。启动“圆梦女孩志愿行动”，集中打击“两非”，形成关爱女孩和综合治理出生人口性别比的良好局面，2013年全省人口低生育水平继续保持稳定。

深入推进优质服务，免费孕前优生健康检查项目全面完成。继续推进人口计生服务网络、优质服务和孕前优生咨询指导“三个全覆盖”。加强基层服务网络标准化、规范化、信息化建设，安排乡级服务中心建设项目27个，建成73个数字化服务站。继续开展优质服务先进单位创建活动，创建9个国家级和17个省级优质服务先进单位。继续推进优生促进工程，运用孕前优生咨询指导系统，开展免费孕前风险评估48.3万例。积极推进国家免费孕前优生健康检查项目，实现县级全覆盖。全年共检查27.5万人（目标人群25.5万人），目标人群覆盖率达108%，超出国家规定28个百分点，建起了预防出生缺陷、提高出生人口素质的重要防线。

加强流动人口服务管理创新，推进计划生育基本公共服务均等化。加强顶层设计，将流动人口计生工作纳入全省加强和创新社会管理全局予以推进。巩固完善“一盘棋”工作机制，建立了环渤海10个省（区、市），省内太原、晋南晋东南、晋北三大区和南同蒲沿线，毗邻省市、县

2013年山西省运动员参加世界大赛录取名次

比赛名称	姓名	项目	名次
澳大利亚体育节蹦床年龄组比赛	刘昌鑫	网上个人	1
澳大利亚体育节蹦床年龄组比赛	贾宇洁	网上个人	1
蹦床世界杯丹麦站	董栋	网上个人	1
蹦床世界杯丹麦站	董栋 涂潇	双人同步	1
第29届世界蹦床锦标赛	董栋 涂潇	网上团体	1
第29届世界蹦床锦标赛	董栋	网上个人	1
乒乓球团体世界杯比赛	武扬	女团	1
世界蹦床锦标赛年龄组比赛	刘昌鑫	网上15～16岁	1
澳大利亚体育节蹦床年龄组比赛	刘昌鑫	网上个人	1
澳大利亚体育节蹦床年龄组比赛	贾宇洁	网上个人	1
世界蹦床锦标赛年龄组比赛	贾宇洁	网上15～16岁	1
世界蹦床锦标赛年龄组比赛	许晴晴	网上13～14岁	1
世界运动会蹦床比赛	张雒	单跳个人	1
世界运动会蹦床比赛	董栋 涂潇	双人同步	1
东亚运动会射击比赛	王智伟	10米气手枪团体	1
国际射联世界杯系列赛韩国站	王智伟	50米手枪	1
国际射联世界杯总决赛	王智伟	50米手枪	1
亚洲射击锦标赛	刘毅	10米气手枪团体	1
亚洲射击锦标赛	王智伟	10米气手枪团体	1
亚洲射击锦标赛	王智伟	50米手枪团体	1
亚洲射击锦标赛	裴蕊娇	步枪三姿(青年组)团体	1
亚洲射击锦标赛	裴蕊娇	步枪三姿(青年组)	1
亚洲射击锦标赛	裴蕊娇	步枪卧射(青年组)团体	1
亚洲射击锦标赛	胡杨	10米气步枪团体(少年组)	1
第九届世界运动会武术散打比赛	周勇山	56千克级	1
第七届亚洲青少年武术锦标赛	王旭光	56千克级	1
艺术体操亚洲锦标赛	张豆豆	集体全能	1
艺术体操亚洲锦标赛	张豆豆	3球2带	1
东亚空手道锦标赛	刘哲	－84千米级	1
东亚空手道锦标赛	孙敬超	55千克级	1
东亚空手道锦标赛	刘哲	团体	1
东亚运动会空手道比赛	孙敬超	55千克级	1
国际空手道公开赛	董明明	67千克级	1
蹦床世界杯丹麦站	涂潇	网上个人	2
第29届世界蹦床锦标赛	涂潇	网上个人	2
第29届世界蹦床锦标赛	张雒	单跳团体	2
女子乒乓球世界杯	武杨	女单	2
乒乓球亚洲杯	武杨	女单	2
世界杯艺术体操比赛	张豆豆	集体全能	2
世界杯艺术体操比赛	张豆豆	3球2带	2
世界杯艺术体操比赛	张豆豆	5棒	2
世界蹦床锦标赛年龄组比赛	胡译乘	网上15～16岁	2
国际射联世界杯系列赛韩国站	王智伟	10米气手枪	2
国际射联世界杯总决赛	王智伟	10米气手枪	2
亚洲射击锦标赛	王智伟	10米气手枪	2
亚洲射击锦标赛	裴蕊娇	10米气步枪(青年组)团体	2

2013年山西省运动员参加世界大赛录取名次(续表)

比赛名称	姓名	项目	名次
亚洲射击锦标赛	陈妍	10米气手枪(少年组)团体	2
亚洲举重锦标赛	张盛国	94千克级	2
艺术体操法国世界杯大奖赛	张豆豆	3球2带	2
艺术体操亚洲锦标赛	张豆豆	5棒	2
国际空手道公开赛	孙敬超	55千克级	2
亚洲空手道冠军赛	孙敬超	55千克级	2
世界少年田径锦标赛	白佳旭	跳高	2
蹦床世界杯西班牙站	涂潇	网上个人	3
东亚运动会	王智伟	10米气手枪	3
亚洲射击锦标赛	陈妍	10米气手枪(少年组)	3
亚洲摔跤锦标赛	王路敏	60千克级	3
艺术体操法国世界杯大奖赛	张豆豆	集体全能	3
东亚运动会举重锦标赛	张倩	75千克级	3
亚洲杯举重比赛	邓亚威	56千克级	3
亚洲举重锦标赛	余莹	69千克级	3
亚洲空手道锦标赛	孙敬超	55千克级	3
亚洲空手道锦标赛	董明明	67千克级	3
亚洲BMX自行车锦标赛	赵志阳	个人赛	4
国际射联世界杯系列赛美国站	王智伟	50米手枪	4
亚洲射击锦标赛	王智伟	50米手枪	4
艺术体操法国世界杯大奖赛	张豆豆	5棒	4
国际射联世界杯系列赛德国站	王智伟	10米气手枪	5
国际射联世界杯系列赛西班牙站	王智伟	50米手枪	5
乒乓球世锦赛	武杨	女单	5
射箭世界杯比赛(第三站)	方玉婷	个人淘汰赛	5
射箭世界杯比赛(第一站)	方玉婷	团体淘汰赛	5
世界蹦床锦标赛年龄组比赛	余正文	网上13～14岁	5
世界艺术体操锦标赛	张豆豆	5棒	5
亚洲山地自行车锦标赛	白月	越野赛	5
亚洲射击锦标赛	胡杨	10米气步枪(少年组)	5
亚洲摔跤锦标赛	李乐	55千克级	5
艺术体操世界杯系列赛	张豆豆	集体全能	5
世界艺术体操锦标赛	张豆豆	集体全能	6
世界艺术体操锦标赛	张豆豆	3球2带	6
亚洲BMX自行车锦标赛	王宝玉	个人赛	6
短池游泳世界杯分站赛	陈紫怡	400米自由泳	7
亚洲射击锦标赛	裴蕊娇	10米气步枪(青年组)团体	8
短池游泳世界杯分站赛	魏淏博	400米自由泳	8

(区),省级相关部门4个层级的协作框架。推进乡镇(街道)流动人口"四统一"一站式服务管理。开发流动人口网上预约办证平台,实行一次性告知、首接负责制、限时办结制、特殊情况"承诺制"等措施,解决流动人口办证难问题。加快推进服务均等化,开展免费技术服务、免费发放避孕药具和"爱在流动"服务家庭系列活动,试点县由2012年的53个扩大到所有县(市、区)。加强流动人口信息化建设,实现与全国流动人口信息交换平台的链接,异地查询、交换流动人口个案信息4.6万人,反馈率达95%以上。加强流动人口统计监测和重要课题研究,在全省建立5000多个样本点,调查流动人口1.5万多人;完成《2013年山西省流动人口生存和发展研究报告》等4个课题。

推进人口信息化建设,人口管理服务信息系统实现全覆盖。继续完善"四网一库"为架构、九大应用系统为支撑的人口信息化体系。加强人口数据质量建设,全员人口信息库汇集了全省3650.8万常住人口的个案信息,实现了集中管理、动态更新;常住人口入库率99.1%,身份证号码准确率99.5%。加强人口数据分析运用,编发《山西人口动态》和《人口发展研究资讯》,人口信息辅助决策的能力大大提升。积极推进以全员人口信息库为基础的人口管理服务信息系统建设,试点县从2012年的21个县扩大到全省119个县(市、区),建立了基层人口综合管理服务新模式。

全面推进"三晋康家"工程,增强计生家庭民生福祉。实施《"三晋康家"工程2013年推进计划》,在长治召开了工作推进会。开展"幸福家庭"创建活动,2255户计生家庭被推选为"幸福家庭"。认真落实"4+2"奖励扶助政策,2013年全省共发放奖励扶助资金6.39亿元,惠及计生群众97.9万人(户);发放特别扶助金2336.9万元,扶助4625人。全省有14.5万户计生家庭在集体林权改革、扶贫移民搬迁、集体收益分配中,多领到1人份补助;34.9万户计生家庭在新农合和新农保中享受优先优惠;1.3万名农村独生子女中考加分被录取。继续开展生育关怀行动,各级计生协共投入740余万元,救助和慰问基层计生工作者和困难群众7491人,筹资748万元为24.9万户计生家庭办理意外伤害保险。"三晋康家"工程使更多的计生家庭走上了文明、健康、富裕、幸福的小康之路。

【山西省卫生和计划生育委员会成立】 2013年12月30日,经山西省委、省政府研究决定,将山西省卫生厅、山西省人口和计划生育委员会合并组建山西省卫生和计划生育委员会,为省政府组成部门,正厅级建制。

(张晋军)

体育事业

【体育事业概况】 2013年，全省有体育场地10165个，其中，体育场104个，体育馆34个，有看台的灯光球场201个，运动场189个，航空机场3个，射击场13个，游泳池142个。

2013年，全省有等级运动员1506人，其中，国际级运动健将29人，一级运动员256人，二级运动员1221人。全省有等级裁判员3256人，其中，一级裁判员198人，二级裁判员3058人。

【公共体育服务体系不断完善】 广泛开展全民健身活动，极大丰富群众文化生活。2013年，各级各类社会体育组织紧贴百姓生活，组织开展了全民健身大拜年、第27届奥林匹克日长跑、“8·8全民健身日”、第四届世界大学生龙舟锦标赛、省直机关干部健步行和第九套广播体操比赛等全民健身活动，对提高人民群众身体素质、促进社会和谐发挥起到了积极作用。

积极推进体育场地建设，有效改善群众健身条件。2013年，在全省实现行政村体育场所全覆盖的基础上，新建乡镇全民健身广场441个，申报和推进国家援建“雪炭工程”“全民健身中心”等建设项目。努力提升全民健身服务科学化水平，将全省“一村一品”活动开展情况、群众体育队伍骨干情况纳入农民体育健身工程电子档案中，形成覆盖村—乡(镇)—县—市的电子档案网络化管理模式。太原市依托汾河景区积极建设总长度近百千米的汾河体育健身长廊，临汾市将十大体育健身板块纳入汾河公园建设规划，为丰富群众文化生活创造良好条件。

壮大完善群众体育组织，有力保障健身事业发展。全省11个市、76个县成立体育总会。大力推进社会体育指导员队伍建设，培训各级社会体育指导员5324名，全省注册社会体育指导员总数达到4.4万名；起草《山西省全民健身站点管理办

2013年山西省运动员参加全国锦标赛和冠军赛冠军名录

比赛名称	姓名	项目
全国蹦床冠军赛	董栋	网上个人
全国蹦床冠军赛	张雒	单跳个人
全国蹦床冠军赛	刘昌鑫 王鹏军	网上同步
全国武术散打冠军赛	陈红兴	65千克级
全国武术散打冠军赛	刘玉春	85千克级
全国艺术体操锦标赛暨第十二届全运会测试赛	赵雅婷	少年个人球操
全国艺术体操锦标赛暨第十二届全运会测试赛	赵雅婷	少年个人全能
全国艺术体操锦标赛暨第十二届全运会测试赛	赵雅婷	少年个人棒操
全国艺术体操锦标赛暨第十二届全运会测试赛	赵雅婷	少年个人绳操
全国艺术体操锦标赛暨第十二届全运会测试赛	张豆豆	成年集体全能
全国艺术体操锦标赛暨第十二届全运会测试赛	张豆豆	成年3球2带
全国艺术体操锦标赛暨第十二届全运会测试赛	张豆豆	成年10棒
全国古典式摔跤锦标赛暨第十二届全运会预赛	闫鹏飞	66千克级
全国射击锦标赛	于炜 刘毅 王智伟	10米气手枪团体
第十二届全运会武术散打比赛第一次预赛	陈红兴	60千克级
第十二届全运会艺术体操预赛暨全国艺术体操冠军赛	赵雅婷	少年个人球操
第十二届全运会艺术体操预赛暨全国艺术体操冠军赛	赵雅婷	少年个人圈操
第十二届全运会艺术体操预赛暨全国艺术体操冠军赛	张豆豆	10棒
第十二届全运会艺术体操预赛暨全国艺术体操冠军赛	张豆豆	集体全能
全国BMX自行车冠军赛第二站	赵志阳	个人赛
全国BMX自行车冠军赛第二站	王宝玉 郜文彬 赵志阳	团体赛
全国BMX自行车冠军赛第三站	王宝玉 郜文彬 赵志阳	团体赛
全国BMX自行车冠军赛第四站	赵志阳	个人赛
全国BMX自行车冠军赛第四站	赵志阳 郜文彬 韦江斌	团体赛
全国BMX自行车冠军赛第五站	王宝玉 郜文彬 赵志阳	团体赛
全国BMX自行车锦标赛暨青年锦标赛	赵志阳	个人赛
全国BMX自行车锦标赛暨青年锦标赛	王宝玉 郜文彬 赵志阳	团体赛
全国场地自行车冠军赛第二站	杨娟	记分赛
全国道馆俱乐部男女柔道锦标赛	张雯	－63千克级
全国女子柔道锦标赛	张雯	－63千克级
全国青年拳击锦标赛	晋敦顺	49千克级
全国青年拳击锦标赛	车相男	64千克级
全国射箭奥林匹克项目锦标赛	方玉婷 于少卿 祝珊珊	团体淘汰赛
全国射箭冠军赛	方玉婷	70米排名
全国室外射箭锦标赛暨第十二届全运会预赛	祝珊珊	个人单轮60米
全国跆拳道锦标赛	侣慧	62千克级
全国武术套路冠军赛	高晓彬	棍术
全国武术套路冠军赛(传统项目)	郭泽儒	朴刀

法》，为基层群众开展全民健身活动提供有力保证。

深入落实《全民健身条例》，切实保障群众体育权益。进一步推进“三纳入”工作，积极落实全民健身人均事业经费；大力扶持长治市创建“国家全民健身示范城市”，并将此项工作列为省体育局年度目标责任考核“创新指标”；山西体育职业学院、太原体校、大同体校、阳泉体校等4所学校被国家体育总局命名为国家高水平体育后备人才基地（2013～2016年）；阳光体育活动和校园足球活动广泛开展，承办全国青少年户外体育活动和全国阳光体育校园行山西站活动，举办一系列全省青少年比赛和大中小学生比赛。

2013年山西省运动员参加全国锦标赛和冠军赛冠军名录（续表）

比赛名称	姓名	项目
全国武术套路冠军赛（传统项目）	王武剑	形意拳
全国蹦床锦标赛暨第十二届全运会预赛	董栋 涂潇 符冰 穆童 张雒 徐智 金仁泽（候补）	团体
全国蹦床锦标赛暨第十二届全运会预赛	董栋	网上单人
全国室内田径锦标赛	刘青	1500米
全国田径大奖赛第二站	丛琳琳	1500米
全国田径冠军赛暨大奖总决赛	刘青	1500米
全国中国式摔跤冠军赛	郭海燕	75千克级
全国中国式摔跤冠军赛	杜佳佳	70千克级
全国中国式摔跤冠军赛	王银凤	60千克级

【竞技体育实力不断增强】 全运会取得重大突破。227名运动员获得第十二届全运会决赛资格，参加16个大项、116个小项的比赛，取得10枚金牌、8枚银牌、6枚铜牌、7个第四名、8个第五名、9个第六名、10个第七名、5个第八名、3个集体项目第12名和总分557分。射击、游泳、乒乓球、拳击、击剑等项目实现重大突破，取得历史最好成绩。山西代表团在全国38个代表团中排名第15位，并被组委会授予体育道德风尚奖，取得运动成绩和精神文明双丰收。

高水平赛事精彩纷呈。2013年，承办了全国男子武术套路预赛、全国小轮车锦标赛。山西兴瑞篮球俱乐部夺得2012～2013赛季全国女子篮球甲级联赛冠军，这是山西省在三大球项目上获得的第一个全国冠军；大同雁北宾馆乒乓球俱乐部和吕梁大土河乒乓球俱乐部并列中国女子乒超联赛第三名；太原国际马拉松赛被评为“金牌赛事”。

赛风赛纪和反兴奋剂工作严抓不懈。认真贯彻落实国家体育总局反兴奋剂教育资格准入制度，加大对第十二届全运会参赛运动员及辅助人员培训力度，组织开展反兴奋剂考试、承诺、宣誓，层层签订责任书，确保山西省在第十二届全运会上未出现一例违规事件。加强第十四届省运会资格赛赛风赛纪和反兴奋剂监督检查。

跤王争霸

切实加强运动员文化教育和保障工作。认真贯彻落实省政府《关于进一步加强运动员文化教育和运动员保障工作的实施意见》，与省教育厅联合制定《山西省优秀运动员文化教育联席会议制度》。山西省体育人才职业转换中心挂牌成立。承办全国体育系统职业指导师高级研修班，举办2013年山西省退役运动员计算机技能培训班，为运动员生涯规划、职业培训、就业指导等发挥积极作用。

【体育产业和体育场馆建设积极推进】 体育产业集团获准成立。2013年，认真落实省政府办公厅《关于加快发展体育产业的实施意见》和省政府2013年116次常务会议精神，完成组建山西省体育产业集团前期各项准备工作。

山西体育中心运行良好。山西体育中心承办一系列赛事和群众体育活动，节假日期间对公众免费开放；省局所属8个运动项目管理中心顺利搬迁入驻，各运动队训练、生活、医疗保障条件得到改善。山西体育中心集举办赛事活动、促进全民健身、专业运动训练、体育产业开发、旅游景点观瞻、应急避险场所于一身的六大主体功能基本得到体现。

*体育彩票销量快速提升。*理顺管理体制，完善激励机制，加强网点建设，丰富产品结构。2013年全省体育彩票销售额15.6亿元，比2012年增长53.8%，超额完成省政府下达的10亿元目标考核任务。

*航空体育产业不断壮大。*在抓好航空体育项目的同时，积极开展飞播造林、防火灭虫、人工增雨等通航服务，不断扩大服务领域和范围，创造出良好的经济和社会效益。

【群众体育蓬勃发展】 2013年，山西省群众体育工作研究探索公共体育服务的实现方式和途径，逐步建立符合省情的公共体育服务体系，突出以贯彻落实《全民健身条例》和山西省《全民健身实施计划(2011～2015年》为主线，着眼于围绕“三边工程”、覆盖“五个百万”和“两个关爱”人群、抓住“一支骨干队伍”(社会体育指导员)，依法行政、贴近基层，不断强化各级政府履行公共体育服务职能，满足广大群众的体育健身需求，为构建和完善具有地方特色的全民健身服务体系、全面推进“十二五”体育事业发展发挥重要作用。

*发挥各级政府公共体育服务职能，依法推进全民健身工作。*全省11市、119个县(区、市)制定《全民健身实施计划》。长治市扎实推进“全民健身示范城市”试点创建工作。各市、县着力形成“政府主导、部门协同、全社会共同参与的全民健身工作机制”，各级政府依法履行公共体育服务职能进一步显现。

满足群众多元化健身需求，提高公共体育设施建设成效。“建、管”并举，扎实做好农村体育设施“全覆盖”工程“回头看”。省、市、县体育行政部门全部建立农村公共体育设施“电子档案”。新建乡镇型全民健身活动广场441个。2013年，体育总局援建中小型“全民健身活动中心”11个(原平市、静乐县、文水县、芮城县、垣曲县、永济市、寿阳县、壶关县、平定县、洪洞县、尧都区)；命名资助全民健身活动中心3个(潞城市、武乡县、侯马市)、全民健身户外活动基地3个(怀仁县、应县、临汾市九龙山庄)、县级体育场4个，共计扶持资金4400万元。

*提升广大群众的身体素质，丰富全民健身活动。*按照“亲民、便民、利民”的原则，围绕“四个重点”，贴近基层群众，以新年、春节、“全民健身日”“第十二届全运会”等重要节点和重大活动为主要抓手，百万农民、职工、青少年、老年人、妇女、残疾人、少数民族等人群的健身活动丰富多彩、“亮点”频出。第十二届全运会期间，组织山西省群体“双先”代表参加全国表彰活动，有75个先进单位、65个先进个人受到表彰。全年组织省、市举办的全民健身活动300多项。

*加快群众体育组织体系建设，壮大群众体育组织和骨干队伍。*2013年，培训各级社会体育指导员5324名，全省注册登记社会体育指导员4.4万余名。11个市，76个县成立体育总会，4个市11个县成立社会体育指导员协会，市、县两级单项体育协会1199个，建立城乡基层全民健身站点1.1万个。

*提升全民健身理念和意识，加大全民健身宣传力度。*利用报刊、广播、电视、网站等载体，围绕重点、广泛宣传，全民健身理念深入人心。

*指导广大群众科学健身，加强群众体育科研工作。*完善第三次国民体质监测，对第三次国民体质监测的4.7万个样本量进行认真分析、整理，完成第三次国民体质监测报告出版前的审定、校对。

【2013年山西体育十大新闻】 1.全运会成绩取得重大突破。在第十二届全运会上，山西代表团获得10枚金牌、8枚银牌、6枚铜牌，总分557分，参赛人数、金牌数、全国排位均超过上届全运会。射击、游泳、乒乓球、拳击、击剑等项目创历史最好成绩，实现重大突破。

2.职业体育成绩喜人。2月5日，山西兴瑞女篮首夺WCBA总冠军，成为WCBA历史上第五支总冠军队伍；3月，山西东方红胡晓苓队在全国围棋女子团体锦标赛上获得第五名，获得首届全国女子围棋甲级联赛的参赛资格，成为山西省继男女篮、女子乒乓球之后，第五支参加全国顶级职业联赛的队伍；11月，大同雁北宾馆乒乓球俱乐部和山西大土河乒乓球俱乐部并列中国女子乒超联赛第三名。

3.王智伟成为山西射击项目首个世界冠军。4月，世界杯韩国站，射击运动员王智伟以192.1环的总成绩获男子手枪慢射冠军。11月，王智伟又摘得国际射联世界杯总决赛50米手枪慢射金牌，成为山西射击项目第一个世界冠军。

4.武杨荣获山西首个乒乓球女子世界冠军，当选2013年十大新闻人物。3月31日，中国女队在乒乓球世界杯团体赛中夺冠，其中，山西乒乓球选手武杨以主力身份参赛。武杨在成为国乒第104位世界冠军的同时也成为山西历史上首个乒乓球女子世界冠军。9月23日，武杨再次摘得女乒世界杯单打亚军。

5.汾酒集团成功收购中宇俱乐部全部股权。11月，山西汾酒集团全资收购山西中宇职业篮球俱乐部。

6.太原国际马拉松赛被授予“金牌赛事”称号。9月28日，2013太原国际马拉松赛在山西煤炭交易中心鸣枪开跑，包括49名外籍运动员在内的13个国家和地区及国内20多个省(市、区)、行业体协的3万多名运动员参加，参赛人数再创新高。12月20日，以“清凉太原城，激情马拉松”为主题的2013太原国际马拉松赛被中国田径协会授予“金牌赛事”称号。

7.体育彩票销售和中奖两创新高。2013年，全省体彩销售双喜盈门。全年销量15.6亿元，销售额再创历史新高，增幅53.8%。高平市彩民中得“大乐透”2545万巨奖，刷新山西省体彩开售以来大奖最高纪录。

8.全运“双冠王”曹玥荣获“2013年感动山西十大人物”。12月28日，中国黄金杯2013“感动山西”十大人物评选结果揭晓。夺得第十二届全国运动会女子400米和200米自由泳两枚金牌，实现山西游泳“零的突破”的游泳运动员曹玥荣获“2013 年感动山西十大人物”称号。

9. 全民健身日涌动健身潮，公共体育服务体系不断完善。8 月 7 日，山西省社会体育指导员技能交流展示大会在山西体育中心举行，全省 11 个市 300 多名社会体育指导员展示健身精品项目。8 月 8 日，“全民健身日”全国棋牌项目万人同赛山西分会场活动举行。山西省不断拓展政府公共体育服务的形式和内容，逐步完善全民健身公共服务体系。节假日、“全民健身日”期间，以“天天健身，天天快乐”为主题，在举行丰富多彩的全民健身活动同时，公共体育场馆免费开放，为群众提供优质、健康、时尚的运动场所。

10. 山西运动员扬威国际体坛。7 月，蹦床选手董栋/涂潇、张雒在第九届世界运动会上分别赢得蹦床男子双人同步与男子单跳金牌。10 月，袁运子摘得第二届世界青少年女子拳击锦标赛青年组 54 千克级金牌，成为山西拳击项目首位夺得世界级大赛金牌的选手。10 月 6 日至 15 日，8 名山西运动员参加第六届东亚运动会，取得 4 金 1 银 2 铜，这是历届东亚运动会山西省参赛人数最多、成绩最好的一次。

（王宏德）

山西经济年鉴

YEARBOOK OF SHANXI ECONOMY

人民生活

RENMIN SHENGHUO

人民生活

城镇居民生活

【城镇居民可支配收入持续增长】 2013年，山西省城镇居民人均可支配收入为22455.6元，比2012年增加2043.9元，增长10%，在全国31个省(市、区)城镇居民可支配收入排序中居第20位，比2012年(21位)前移一位。按城镇居民可支配收入增长幅度排序，山西居第16位。

工资性收入不断增加。2013年，山西省城镇居民人均工资性收入16216.4元，增加1242.8元，增长8.3%，对可支配收入增长的贡献率为60.8%，是拉动城镇居民收入增长的主要因素。其中，工资及补贴收入15426.2元，增长6.7%，占工资性收入的95.1%，是工资性收入的重要组成部分。

经营净收入持续增长。2013年，山西省城镇居民人均经营净收入1220.9元，比2012年增加179.5元，增长17.2%，占可支配收入的5.4%，比2012年提高0.3个百分点。拉动可支配收入增长0.9个百分点。

财产性收入大幅增长。2013年，山西省城镇居民人均财产性收入为359.1元，比2012年增加57.3元，增长19%，增幅居四项收入之首，较2012年上升8.9个百分点。同时，财产性收入的构成也由原来的以利息与红利收入为主，逐步扩展为利息收入、股息与红利收入、保险收益、其他投资收入、出租房屋收入、知识产权收入和其他财产性收入，财产性收入内部结构趋于多元化。值得一提的是，2013年城镇居民出租房屋收入为178.3元，增长65.2%，占财产性收入比重位居第一。

转移性收入平稳增长。2013年，山西省城镇居民人均转移性收入为6217.2元，比2012年增加433.8元，增长7.5%，增幅与2012年基本持平。其中，养老金或离退休金收入为5398.4元，赡养收入为257.9元，捐赠收入为225.1元，是转移性收入的主要部分，推动转移性收入持续平稳增长。

【促进城镇居民人均可支配收入增长的主要原因】 增资政策的颁布实施为可支配收入的增长提供了政策保障。2013年，提高取暖补贴标准，下发应休未休假补贴，调整最低工资标准，提高城乡低保标准，落实市县机关公务员第三次津补贴，提高事业单位绩效工资等一系列政策的出台和落实，有力地促进了山西省城镇居民工资性收入平稳增长，拉动了可支配收入的持续增长。

经济环境的优化升级为可支配收入的增长提供了环境支撑。“十八大”以来，山西不断加大对第三产业的扶持力度，鼓励多种所有制经济共同发展，相继出台多种优惠政策，降低私营及个体经济的准入门槛，改善创业环境，拓宽创业渠道，调动了下岗失业人员和高校毕业生自主创业的积极性和主动性，从人力、物力、财力多方面促进了居民家庭经营净收入的快速增长，逐步成为拉动可支配收入增长的潜在动力。

城镇居民投资理财意识的不断增强为可支配收入的增长提供了持续动力。经济环境的逐步改善，居民可支配收入的不断增长，为居民投资理财提供了环境和物质的双重保障；同时，金融服务项目的逐步增多，人们投资理财意识的不断增强，为居民财产性收入的增长提供了多种选择，呈现多元化趋势。此外，近年来拥有两套及以上住房的居民户数越来越多，居民出租房屋收入快速增长，投资房产获取租金收入已成为城镇居民家庭投资理财的重要方式。

【城镇居民消费支出变化特点】 2013年，山西省城镇居民人均消费支出13166.2元，比2012年增加954.7元，增长7.8%。从八大类消费支出看，除了食品类支出微降外，其他类支出均有所增长。从增长点看，教育文化娱乐服务、医疗保健和家庭设备用品及服务等支出是拉动城镇居民消费增长的主要因素，分别拉动人均消费水平上升4.6个、1.4个和0.9个百分点。

食品消费支出下降，结构趋于优化。2013年，山西省城镇居民人均食品类支出3676.7元，比2012年下降4.6%；食品支出占家庭生活性消费支出的比重由31.6%下降到27.9%。其中，人均用于主食消费支出的增幅明显低于副食和其他食品消费支出。食品消费呈现营养化、多样化的趋势。城镇居民更加注重就餐环境和就餐服务，在外饮食支出更为拉动食品支出增长的重要因素之一。2013年，城镇居民人均在外饮食支出782.2元，增长6.8%，占食品消费的比重明显上升。

注重教育投资，讲究文明生活。2013年，山西省城镇居民人均教育文化娱乐服务支出2065.4元，比2012年增加559.2元，增长37.1%，居八大类消费支出之首。其中，城镇居民教育类消费支出853.5元，增长18.6%，成人教育费、培训班和其他教育费用支出分别增长20.4%、10.5%、36%；城镇居民人均文化娱乐服务支出435.5元，增长7.4%。

提升生活质量，改善居住条件。2013年，山西省城镇居民人均居住类支出1612.4元，比2012年增加173.5元，增长12.1%。其中，住房装潢支出258.3元，增长14.7%；维修用建筑材料支出89.9元，增长29.4%；物业管理费67.9元，增长10.1%；维修服务费22.5元，增长31.9%。

注重沟通交流，信息化程度明显提升。2013年，山西省城镇居民人均交通和通信支出1775.9元，比2012年增加103.6元，增长6.2%。交通通信支出的增长一方面源于移动电话拥有量的增加和接入互联网移动电话数量的增长。2013年全省城镇居民移动电话拥有量为每百户239部，增长27.1%。其中，接入互联网的移动电话105部，增长69.8%，购买移动电话的支出和手机上网的费用共同促进了通信支出的增长。另一方面是由于交通消费支出的明显增加，2013年全省城镇居民用于交通消费支出人均1137.9元，增长12.4%；家用汽车拥有量为每百户26辆，增长27%。

健康意识增强，医疗保健支出增加较多。2013年，全省城镇居民人均医疗保健支出1020.6元，比2012年增加114.7元，增长12.7%。其中，人均药品费支出515.5元，医疗费支出455元，滋补保健品支出123.4元，保健器具支出18.4元，依次增长17.7%、27.4%、45.1%和32.7%。

网上购物逐渐成为城镇居民购物新方式。2013年，全省城镇居民通过互联网购买商品或服务的人均支出由2012年的58.9元上升到99.8元，增长69.4%。其中，城镇居民电脑拥有量为每百户80台，增长7.8%；接入互联网的电脑70台，占拥有量的87.5%，为居民“网购”提供了基础条件。

（安　校　任启龙）

孝义市城市棚户区改造项目

农民生活

【农村居民收入实现较快增长】2013年，山西省农村居民人均纯收入7153.5元，比2012年增加796.9元，增长12.5%。

农村居民收入增长特点。一是工资性收入对农民增收的贡献最大，占比继续提高。2013年，全省农民人均纯收入中工资性收入3724.9元，比2012年增加549.4元，增长17.3%，对纯收入增长的贡献率达68.9%，占农民人均纯收入的比重由50%提高到52.1%。二是家庭经营收入仍是农民增收的重要来源，但占比有所下降。2013年，山西省农民人均纯收入中，家庭经营纯收入2503.6元，增加169.2元，增长7.2%，对纯收入增长的贡献率为21.2%，占农民人均纯收入的比重由36.7%下降到35%。三是财产性和转移性收入稳步增长。2013年，全省农民人均财产性纯收入154.9元，增加14.1元，增长10%，对纯收入增长的贡献率为1.8%，占农民人均纯收入的2.2%，与2012年持平。农民人均转移性收入770.1元，增加64.2元，增长9.1%，对纯收入的贡献率为8.1%，占农民人均纯收入的10.8%，下降0.3个百分点。四是低收入群体收入增速快于全省平均水平，农民之间收入差距有所缩小。据抽样调查资料显示：按农村居民纯收入五等份分组，2013年，全省最低20%收入组人均纯收入2283元，比2012年增长15.6%，高于全省平均12.5%的增长速度。最高20%收入组人均纯收入13798元。高收入组和低收入组人均纯收入之比由2012年的6.6∶1变为6.04∶1。五是山西省农民收入与全国及中部省份差距仍较大。从增长速度来看：2013年全国农村居民人均纯收入8896元，比2012年增长12.4%，山西省农民人均纯收入增幅高于全国平均水平0.1个百分点。在中部六省中，山西省农民人均纯收入增幅与湖南并列第4位，低于安徽（13.1%）、湖北

(12.9%)、湖南(12.7%)、河南(12.6%),高于江西(12.2%);在周边五省中,山西省农民人均纯收入增幅居第5位,低于内蒙古(12.9%)、陕西(12.8%)、河北(12.6%)、河南(12.6%)。从绝对量来看:2013年山西省农民人均纯收入比全国低1742元;比湖北低1713元,比江西低1627元,比河南低1221元,比湖南低1218元,比安徽低944元。

灵石文化艺术中心广场

【促进农民收入增长的主要原因】

粮食丰收和主要农产品价格上涨,拉动农民家庭经营收入稳步增长。一是粮食产量增加,为农民收入增长奠定了基础。二是主要农产品价格上涨,拉动农民收入增加。2013年山西农产品价格指数为106.3%,上涨6.3%,小麦、玉米、蔬菜、水果和牛、羊等主要农产品的价格指数分别上涨6.5%、1.5%、12.3%、6%、23.1%和11.2%。

就业形势总体良好,务工收入水平提高,推动农民工资性收入快速增长。一是务工形势较好,外出务工规模扩大。尽管2013年全省经济增速有所放缓,煤炭企业经营出现困难,但随着综改试验区的进一步推进,城镇化建设、各地工业园区建设和农村基础建设步伐加快,以及农民外出务工的环境不断优化,农民外出就业的总体形势继续向好。同时,为扩大就业规模,2013年山西省财政厅拨付7396万元就业专项补助资金,促进就业政策落实。加大力度贯彻落实山西省就业促进条例,为农村劳动力提供了大量就业机会。农民工监测年报数据显示,2013年全省农村从业劳动力中,农民工所占比重为45.6%,比2012年提高6.5个百分点,促进了农民务工收入的增长。二是务工报酬提升,农民外出从业收入增长。2013年,省委、省政府扶持中小企业力度加大,先后出台财政支持中小微企业15条和金融支持中小微企业12条,中小企业的经营状况日渐好转,本地务工人数增多,且劳动力市场价格继续提高。另外,随着蔬菜大棚、规模养殖等设施农业的发展,农村种植、养殖生产方式逐渐转变,雇工增多,农民在本地提供劳动所得也有较快增长。据农民工监测调查资料显示,2013年,全省农民外出务工当前工作月平均工资水平为2448.5元,比2012年增长27.4%,外出农民工较高收入人数占比提高,低收入人数占比下降。三是维权力度加大,有效保障了农民工利益。

强农惠农富农政策力度持续加大,农民转移性收入稳步增长。2013年,省政府下发《关于2013年新实施强农惠农富农补贴政策的通知》,在已累计出台50项强农惠农富农政策、资金规模50亿元的基础上,新出台10项强农惠农富农政策,新增资金8.9亿元,全年政策惠农资金接近60亿元。继续提高新农保标准,达到每人每月65元,增幅在18%以上。提高最低生活保证标准和“五保”供养标准,启动大病医保新政,扩大重大疾病救助范围,城乡医疗救助“一站式”结算覆盖全省80%以上的县(市、区)。继续执行为每户农民家庭发放一吨冬季取暖用煤的政策,部分市县在省里标准的基础上还有提高。在促进贫困地区农民增收方面,出台了《关于实施百企千村产业扶贫开发工程的指导意见》,支持引导百家以上大中型企业,带动数千个贫困村实现区域化、规模化产业扶贫开发,促进农民增收和企业转型,加快改变贫困地区面貌,推动全省经济实现可持续发展。截至2013年年底,58个贫困县正在实施的项目有209个,总投资690亿元,涉及设施农业、规模养殖、特色农业、农产品加工流通等领域,项目建成后可吸纳10万人就业,为促进贫困地区农民增收起到重要作用。

【农村居民生活消费变化的主要特点】 2013年,山西省农村居民生活消费支出6017.1元,比2012年增长8.1%。消费支出的八大类呈现全面增长。

生存型消费支出平稳增长。2013年,全省农民人均食品消费支出1985.6元,比2012年增加125.6元,增长6.8%。其中,主食用粮消费支出下降,肉禽蛋奶、蔬菜及制品消费支出增长。此外,居民在外饮食消费增长24.9%。随着收入的提高,生活质量的改善,农村居民购买服装更加追求品牌和时尚潮流。2013年,全省农村居民人均用于购买衣着支出545.7元,增长8.8%。

居住消费增速回落。2013年,全省农民人均用于居住消费方面的支出为1206元,比2012年增加63.8元,增长5.6%,增速回落32.9个百分点。其中,全省农民人均用于购买生活用房支出98.9元,减少126.5元,下降56.1%;全省农民人均用于装修生活用房材料支出124.6元,增长19.5%,增幅回落16.4个百分点。

享受型消费支出保持较快增长速度。一是家庭设备和用品支出持续增长。2013 年，全省农民人均用于家庭设备用品方面的支出为 332.4 元，比 2012 年增加 34.1 元，增长 11.4%。从冰箱、彩电、洗衣机、热水器等各种中高档电器拥有量来看，均有所增加。二是医疗保健支出增长较快。2013 年，全省农民人均用于医疗保健消费支出 559 元，增加 68.8 元，增长 14%。其中，医疗保健服务消费支出增长 20.3%，医疗保健用品支出增长 2%。三是交通通讯支出稳步增长。2013 年，全省农民人均用于交通和通讯支出 694.8 元，增加 68.8 元，增长 11%。交通工具用燃料、零配件、路桥费用及购买通信工具支出大幅度增长。

生活理念更加健康，消费层次不断提升。随着城镇化建设步伐的进一步加快，农村居民文化教育、娱乐消费理念不断提升。2013 年，全省农民人均用于文教娱乐消费支出 528.2 元，比 2012 年增加 30.2 元，增长 6.1%。其中，教育服务消费支出 377.2 元，增长 19.8%；休闲娱乐费用支出 13.6 元，增长 1.4 倍；体育用品消费支出增长 1.2 倍。

（潘会玲　刘　琳）

YEARBOOK OF SHANXI ECONOMY

县域经济发展概况

XIANYU JINGJI FAZHAN GAIKUANG

县域经济发展概况

太原市

【自然概况】 太原市是山西省的省会，位于山西省中部。东西长144千米，南北宽107千米，总面积6989平方千米，其中，城区面积1500平方千米。

太原是一座历史悠久的古城。古称晋阳，简称并(州)。自春秋晋定公十五年(公元前497年)赵简子筑晋阳城迄今已有2500多年的历史。战国时为赵国早期都城，秦汉置郡，北魏、北齐称"霸府""别都"。公元617年，李渊父子从晋阳起兵，推翻隋王朝，建立了唐朝的统治后，晋阳被称为"北都"，与京都长安、东都洛阳齐名。五代十国时的后唐、后晋、后汉、北汉都以晋阳为国都或陪都，因此，太原素有"龙城"之别称。宋太平兴国四年(公元979年)，宋太宗伐汉，将晋阳夷为废墟。宋太平兴国七年(公元982年)改为并州府，移治唐明镇(今太原市城西附近)；宋嘉祐四年(公元1059年)并州改为太原府。明、清两代为府、路所。辛亥革命后废除府制，归属阳曲县管辖。1927年确立太原市的建制。1997年5月，太原市行政区划重新调整，将9个县(市)区调整为6个区1个市3个县，即小店区、迎泽区、杏花岭区、尖草坪区、万柏林区、晋源区6个城区和古交市、清徐县、阳曲县、娄烦县4个市县。2013年总人口427.8万人。

太原属北温带大陆性气候，夏季炎热多雨，冬季寒冷干燥。年平均气温9.5℃，无霜期平均202天，年均降水量456毫米。主要农作物有小麦、水稻、玉米、蔬菜及葡萄、苹果等。

矿藏资源既有铁、锰、铜、铅等金属矿，也有煤、硫黄、矾土、硝石、石膏、黏土、石英、石灰石、白云石、大理石等非金属矿。煤、铁资源尤为丰富，正处在山西"煤海"的中心，含煤面积1282平方千米，约占全市总面积的1/5，已探明储量185亿吨。铁矿初步探明储量1.7亿吨。

太原是一个名胜荟萃的古城。自然景观有"阳曲八景"和天龙山、龙山、蒙山、崛嵋山等多处佳景，人文景观有新旧石器遗址和历代墓葬。位于市西南的晋祠，殿宇栉比，古树参天，山环水绕，景色秀丽，是闻名全国的旅游胜地。

【经济发展概况】 2013年，地区生产总值2412.87亿元，比2012年增长8.1%；固定资产投资1670.74亿元，增长26.5%；社会消费品零售总额1294.45亿元，增长13.6%；公共财政预算收入247.33亿元，增长14.7%；城镇居民人均可支配收入2.4万元，增长11%；农民人均纯收入1.1万元，增长12%。

调结构转方式成效初显。一、二、三产投资分别增长44.5%、21.9%和28.4%。省、市两级重点工程完成投资1765.43亿元。新兴接替产业投资和增加值双超传统产业，分别占到全市规模以上工业的53.2%和54.3%，亿元以上新兴接替产业项目105个，完成投资227.58亿元。服务业投资占全市投资的比重提高0.9个百分点，增加值占地区生产总值的54.8%。江铃重汽发动机、中天信安防科技、T800级高端碳纤维等重点项目进展顺利。都市现代农业取得新进展。国内首个反映产地煤炭市场价格的"太原指数"正式上线。武宿综合保税区封关运行，对外开放的格局进一步扩大。

城市基础设施建设扎实推进。新建改造并州路、府东府西街等城市主次干道105条，轨道交通2号线试验段开工。中环快速交通主线全长48.5千米，全程架设高架桥20.3千米，下穿通道16座，上跨道路、河道桥梁17座，大型互通立交8座，跨汾河特大异型桥1座，总计建设里程104.6千米，标志着太原步入立体交通时代。智慧城市建设迈出新步伐。生态太原建设力度加大，全年造林2.4万公顷，城市绿化253万平方米，建成区绿化覆盖率、绿地率分别提高0.8个和0.8个百分点。

省城环境质量明显提升。拆除分散燃煤锅炉543台，集中供热扩网2148万平方米。228台常年运行燃煤锅炉实施"煤改气"。完成11个城中村整村拆除，拔掉黑烟囱1.1万根。太化氯碱、晋阳选煤厂等232家污染企业实施关停、淘汰和搬迁。城南污水处理厂建成投运。汾河水库纳入国家重点支持江河湖泊动态名录，全市地下水位止降回升1.08米，集中式饮用水源地水质达标率保持100%。加大对汽车尾气排放的治理，淘汰3.6万辆老旧车辆。全年PM2.5达标率54.5%，优良天数162天，实现省城环境质量改善明显见效的目标。

民生社会事业进一步改善。全年完成保障性住房投资89亿元，基本建成2.96万套，分别增长49.4%和214%。5000户农村危房改造任务全面完成，2.3万贫困人口脱贫。城镇登记失业率控制在3.4%，城镇新增就业10.7万人。出台破产改制国有企业职工安置政策，积极稳妥解决职工养老、医疗保险问题。"一元菜"惠民活动深受好评。成功举办2013年太原国际马拉松赛。全年生产经营性事故起数下降3.8%，死亡人数下降6.6%。

（张清利）

古交市

【自然概况】 古交市位于山西省吕梁山脉中段东麓，省会太原以西23千米处，是一座典型的资源型工矿城市，也是省会太原唯一的县级市。1958年设立太原市古交工矿区，1988年撤区建市。市域面积1551平方千米，辖7个乡、3个镇、4个街道办事处，146个行政村，37个社区居委会。全市总人口20.9万人。

古交山地占总面积的95%以上，地貌特征为"一河三川"（汾河、大川、原平川、屯兰川）。土地总面积15.2万公顷，农业用地9.4万公顷。

古交境内矿产资源丰富，现已探明51种，以煤炭资源最为丰富，探明储量80.4亿吨，而且种类齐全，有肥煤、焦煤、瘦煤、贫煤和无烟煤。此外，已开发利用的矿产还有铁矿、铝土矿、石英、长石、石膏、石灰岩等矿产。

【经济发展概况】 2013年，古交市生产总值27.5亿元，比2012年下降12.2%；财政总收入13.4亿元，增长6.1%；公共财政预算收入8.45亿元，增长10.6%；农林牧渔业总产值3.92亿元，增长11.1%；粮食总产量1.03亿千克，增长1.8%；规模以上工业增加值8.9亿元，下降35%；固定资产投资69.4亿元，增长27.8%；社会消费品零售总额38.91亿元，增长17%；城镇居民人均可支配收入2.3万元，增长11.2%；农民人均纯收入1.1万元，增长12.1%。

努力在调整结构中促进产业转型。全年实施产业转型项目120余项，完成投资48.1亿元。加快传统产业改造提升，煤炭行业24座矿井中16座复工复产；焦化行业确立了华润煤业、山西焦煤、古交煤焦三大整合重组主体，月明鑫、银焱等企业的兼并重组工作进入了实质性操作阶段；建材行业西山华通粉煤灰水泥项目土建工程基本完成。积极培育新兴产业，西山蓝焰煤层气综合利用项目形成日产气量20万立方米的能力，实现产值7000余万元；科技园区落户的13个项目中8个建成，纳米聚晶金刚石、泡沫彩釉玻璃等6个项目试生产。巩固壮大现代服务业，金牛大厦改造、台湾商业街等项目开工，福福山生态狩猎区、龙城向新滑雪场提档升级，三产投资比重持续提升。精心培植现代农业，打造了10个省级"一村一品"专业村，建成4个现代农业园区，培植了3个省级著名商标。全年农产品加工企业销售收入3亿元。被太原市评为农产品质量安全监管先进县（市）。

努力在深化改革中增强发展活力。深入开展"双试点"工作，主动对接、落实、使用扩权强县下放权限，全方位推进转型综改，编制了《转型综改实施方案》和《2013年综改实验行动计划》，实施了四大领域20个重大项目，特别是借助转型综改有利时机，加快国企改制步伐，基本完成耐火材料有限公司、粮食系统等企业改制。坚持实行"六位一体"项目推进机制，全年完成项目储备1446亿元、项目签约210亿元、项目落地217亿元、项目开工52亿元、项目建设75亿元、项目投产71亿元，在太原市完成率综合排名第三。创新招商引资办法，充分发挥5个招商引资推进组和1个督查组的作用，分别与中铝矿产、国新能源等4个企业签订合作协议，实际到位资金47.6亿元。

努力在建管并重中提升城市品位。"两乡三镇"总体规划和10个村的新农村规划。积极加强城市建设，实施凤凰苑、丽景花苑、优景美郡等旧城改造项目，实施东部新城火山片区回迁安置小区、御景华府、北苑小区等新城建设项目，全市新增住房面积20余万平方米；强化基础设施建设，无害化生活垃圾处理场第一填埋区投入运行，第二污水处理厂、汾河蓄水美化等工程前期工作基本完成。全面强化城市管理，整治4条小街小巷、2个老旧片区，创建省级清洁工程示范乡镇、村庄和街道各1个。

努力在改善民生中提升居民幸福指数。全年各项民生事业支出6.8亿元，比2012年增长3.2%。统筹发展各项事业，科技方面争取国家、省级科技资金1790万元，申请专利157件，已授权8件；教育方面完成19所学校的标准化建设，新建5所幼儿园，改造8所学校危房；卫生方面基本完成公立医院改革，改扩建3所卫生院，完成14个村级卫生所标准化建设，推行新农合"先住院后付费"政策，筹资标准由295元提高到346元。城乡低保标准分别提高到426元和276元。新增城镇就业岗位6960个。着力为群众办实事解难事，年初承诺的1345套保障性住房建设等10件实事全部兑现，为低收入农户供应冬季取暖用煤2.9万吨，为98个行政村安装了1960盏太阳能路灯，为131个自然村1820户居民安装了广播电视卫星接收系统，新建改善了42处饮水安全工程，发放粮食、农资、农机具各类补贴1566万元。

（古交市人民政府办公室）

太原市迎泽区

【自然概况】 迎泽区地处太原市汾河之东、城区中部，南连小店区，北接杏花岭区，东与榆次市、寿阳县相邻，西隔汾河与万柏林区相望。全区下辖迎泽、柳巷、文庙、桥东、庙前、老军营6个街道办事处和郝庄镇，总面积117平方千米。2013年总人口60.1万人。

【经济发展概况】 2013年，全区生产总值454.06亿元，比2012年增长8.1%，总量继续保持全市第一；服务业增加值390.51亿元，增长7.4%；社会消费品零售总额310.64亿元，增长18.3%；规模以上工业增加值36.06亿元，增长11.3%；固定资产投资155.49亿元，增长38.6%；财政总收入28.97亿元，增长20.2%；公共财政预算收入14.99亿元，增长34.5%。

调结构，发展方式加快转变。实施商文旅一体发展，启动皇庙、书业诚、皇华馆等文物景点恢复性整治，完成食品街升级改造和西城、御都等大型商厦改扩建。楼宇总部经济助推现代服务业快速发展，中海油山西能源公司、渣打银行等一批知名企业区域总部落户迎泽区，企业创新园建设初具规模。苏宁易购太原频道、服装城集团电子商务平台、琥珀数码社区服务电子平台建成投运。启动兴农富民十大工程，孟家井润东农业科技博览园成为全省样板，都市现代农业发展取得新突破。项目支撑作用明显，签约招商项目8个，引资165.3亿元，64个省、市重点项目完成投资98.68亿元，促进了产业转型增效。

抓建设，综合承载能力显著提高。完成太行路、并州路等7项重点道路工程房屋征收，启动青年东街、幸福巷等8个老旧房及棚户区7500余户改造，完成征收7000余户、53万平方米，在全市率先实现500户以上棚户区改造全覆盖。稳步推进城中村改造，郝庄等3个重点村拆除14.7万平方米，王家峰等5个村涉及重点工程的拆除任务全部完成，剩余部分拆除4.5万平方米，建设回迁安置房12.2万平方米。持续加大农村基础设施建设，改造维修5条县乡公路，东部路网日趋完善；完成南沙河水库除险加固和南沙河截污收尾工程，河道安全隐患和污水横流现象基本消除；实施观家峪等3个村饮水安全工程，2000余人饮水安全问题得到有效解决。

重治理，宜居环境不断优化。引深城乡清洁工程，综合整治3个老旧片区、10条小街巷、19个重点村庄和高速公路、铁路沿线等城乡接合部；建立城市管理视频实时监控系统，城管数字化水平全面提升；成立火车站、朝阳街管理委员会，建立统一调度、部门协同的综合治理长效机制。深入推进改善省城环境质量"五大工程"和"五项整治"，完成污染企业关停搬迁，拆除分散燃煤采暖锅炉65台、常年运行燃煤锅炉35台，减少燃煤4.2万吨，取缔黑烟囱及土小燃煤设施3200余台。扎实开展身边绿化工程，建成街头小游园3个，新增绿化面积1.8公顷；重点推进东山旅游观光通道绿化、东山生态恢复和小山沟城郊森林公园三大工程，新造林886.7公顷。

（张国文）

太原市杏花岭区

【自然概况】 杏花岭区是1997年经国务院批准组建的城乡一体化新区，位于太原市的东北部，总面积170.2平方千米，其中，建成区面积32.2平方千米。全区现辖2个乡、10个街道办事处，108个社区，38个行政村。2013年总人口65.4万人。

【经济发展概况】 2013年，全区生产总值419.75亿元，比2012年增长10.2%；服务业增加值327.33亿元，增长9.6%；固定资产投资198.29亿元，增长25.3%；社会消费品零售总额141.13亿元，增长17.5%；公共财政预算收入16.23亿元，增长35%；城镇居民人均可支配收入2.5万元，增长11.6%；农民人均纯收入1.3万元，增长12.8%。作为中心城区，服务业增加值和公共财政预算收入两项指标增速在全市10个县(市、区)中名列第一。

深入调结构，发展方式加快转变。大力发展现代服务业，万达广场城市综合体、富力铂尔曼酒店等一批项目积极推进。现代物流业发展势头良好，丈子头特色农产品物流园一期、山西汽运冷链物流项目基本建成，华远现代物流园项目开工建设。加快发展文化旅游产业，采薇庄园、薰衣草生态园、东湖醋园等生态观光景点运营良好。支持推进工业转型升级，华能东山燃机热电项目开工建设。鼓励发展现代特色农业，继续推动花卉苗木"四大基地"建设，新建高档智能温室2.1万平方米、标准化日光节能温室1万平方米。积极发展科技事业，投入科技经费2890万元，扶持科技发展项目16个。杏花岭区荣获"全国科技进步先进区"称号。

着重强建管，承载能力显著提高。全力服务市重点工程建设，完成府东府西街、北中环街、太行路等5条道路工程房屋征收。实施东站货场、职工新村、晋东棚户区等15个棚户区改造项目。加快保障性住房建设，新开工7919套，完成目标任务的185%。积极推进城中村改造，实施享堂、道场沟、小枣沟整村拆除。2013年，全区共完成重点工程改造房屋征收1.5万余户、130多万平方米，旧城改造和建设力度明显加大。持续推进农村基础设施建设，完成杨家峪至大窑头、长沟新村至丈子头、牛驼寨至道场沟3条8.8千米农村公路建设，东部路网日趋完善。深入开展城乡清洁工程，推行网格化、精细化管理，推进星级单元创建活动，全区星级单元达到132个。城区主干道全部实现机械化作业，小街小巷专人定期清扫清洗。打造6条一流示范街道和19条一流示范街巷，实现全天候保洁、垃圾上门收集。新建小窑头压缩式新型垃圾中转站，升级改造教场巷、马道坡垃圾中转站，新改建18座公厕。综合整治东仓巷、旱西关等5个片区、44条小街巷，惠及1.8万户居民、5.9万人。

突出抓生态，宜居环境不断优化。坚持"治污"和"增绿"并举，强力推进城乡生态环境质量改善工作。深入实施改善环境"五大工程"和"五项整治"，替代改造分散采暖燃煤锅炉68台、常年运行燃煤锅炉56台，拔掉黑烟囱2348根，关停污染企业12家，减少冬季燃煤11.3万吨，占燃煤总量的1/3。坚持替代改造和保障供暖同步推进，确保居民温暖过冬。持续推进东山生态建设，重点打造牛驼、长沟、杨家峪、榆林坪"四大万亩片区"，高标准建成锦林、山庄头、长沟等5个生态观光园。完成绿化1800公顷，栽植各类苗木212万株。建成区园林绿化力度加大,新建小游园12个,新增绿化面积37万平方米。

持续惠民生,人民生活进一步改善。深入开展星级社区创建,带动提升社区整体服务水平。实施社区惠民项目524个,打造了一批社区特色服务品牌。加快推进教育重点工程,完成建设北路小学、柏杨树街小学、享堂南街小学教学楼和胜利东街幼儿园、卧虎山路小学附属幼儿园新改扩建项目,新增优质小学学位900个、幼儿学位450个。完成51所中小学义务教育标准化学校建设,办学环境进一步优化。推进社区公共卫生服务全覆盖,组建200个家庭医生服务团队,为居民群众提供优质、便捷的服务。多层面开展人口计生惠民工作,稳定低生育水平,提高出生人口素质。积极开展文化惠民项目,丰富群众文体生活。扎实推进就业再就业工作,城镇新增就业21850人。全年累计发放各类社会保障资金6.55亿元,有效保障困难群众的基本生活。

(杏花岭区人民政府办公室)

太原市万柏林区

【自然概况】 万柏林区位于太原市西部,东临汾河,西依龙山,控带山河,风景秀丽,素有“龙山叠翠钟灵秀。汾波浩荡涵物华”的美誉,是一块集区位优势明显、工业基础雄厚、商贸市场繁荣、生态环境良好、科研院所云集、内在潜力巨大的区域。下辖1个乡、14个街道办事处,辖区面积304.8平方千米,2013年常住人口76.6万人,是太原市面积最大、人口最多的中心城区。

【经济发展概况】 2013年,全区生产总值336.17亿元,比2012年增长3.6%;服务业增加值94亿元,增长3%;固定资产投资261.7亿元,增长32.6%;社会消费品零售总额195.31亿元,增长17.2%;公共财政预算收入10.62亿元,增长15.7%;农民人均纯收入1.6万元,增长11.8%。

经济平稳健康发展。坚决淘汰落后和过剩产能,关停污染企业31家。西山煤电、太重、晋机等传统产业升级改造,完成近20项重大技改项目。北车铁路装备制造基地等优质工业项目投资强度大,进展顺利。华润置地、绿地集团落户该区,公元时代城、迎泽世纪城、信达国际金融中心等商业综合项目开工建设,现代服务业呈现强劲发展势头。偏桥沟风情小镇、狮子崖等生态景区基本建成,构架起西山生态文化旅游业发展带。重大项目支撑作用明显,全年招商引资233.9亿元,54个重点工程项目完成投资210亿元,固定资产投资连续3年保持30%左右的高速增幅,拉动公共财政预算收入突破10亿元。

城乡面貌显著提升。全力推进城中村改造,前北屯、小王等10个重点推进村累计动迁2666户,拆除面积203万平方米,拆迁规模、速度走在全市前列。基本完成采煤沉陷区村民搬迁安置,九院小区一期、二期住房分配到位,三期工程正加紧建设。全力服务城市道路重点工程建设,率先完成100余万平方米动迁任务,中环路等4条城市主干道路通车,改造西苑南路等6条小街巷,46千米长的西山生态旅游道路全线贯通,“九纵八横”城市路网基本形成,区域承载力进一步提升。引深城乡清洁工程,健全基层城管队伍,加大环卫设施投入,主干道路实现机扫全覆盖。加大片区综合整治力度,多方筹措资金,打造和平南路等10个精品片区,整治渣土车辆、烧烤摊点等城市乱象,城乡面貌得到有效改善。

生态环境不断优化。以全省造林绿化现场会为契机,高标准实施2666.7公顷造林工程,精心打造观摩点,基本实现荒山林地绿化全覆盖,形成西山生态恢复循环圈,构筑太原西部绿色生态屏障。新建7处游园绿地,新增园林绿地面积39万平方米。圆满完成和平公园征地和动迁工作。强化节能减排和环境保护,省城环境质量改善“五大工程”和“五项整治”取得实效,完成污染企业关停、清洁能源替代、土小锅炉取缔等各项工作,涉煤污染行业基本退出主城区,“三河”河道综合治理新增8千米,空气质量排名全市领先,生态宜居水平进一步提升。

(万柏林区人民政府办公室)

太原市小店区

【自然概况】 小店区是太原市市辖区之一,位于太原市区东南部,是太原市“南移西进、扩容提质”城市发展战略的主要扩张区域,是太原市与晋中市联合开发的前沿地带。全区辖1个镇、2个乡、7个街道办事处,94个社区、62个行政村,面积295平方千米,建成区50平方千米。2013年总人口82万人。

作为省城的重要门户,小店区境内有全省最大的航空港——太原民航机场。太旧高速、大运高速、太榆路、太茅路、石太路、东山过境高速路、南外环高速路等公路干线和南同蒲铁路连接全省8个市和周边省市。

【经济发展概况】 2013年,全区生产总值553.27亿元,公共财政预算收入22.07亿元,农林牧渔业总产值14.21亿元,粮食总产量7500万千克,规模以上工业总产值69.1亿元,社会消费品零售总额392.68亿元,城镇居民人均可支配收入2.5万元,农民人均纯收入1.5万元。招商引资实际引进资金85.3亿元,名列太原市各县(市、区)第一。16个省级重点工程、58个市级重点工程完成实际投资239亿元,完成额居太原市第一。区财政累计投入惠民资金占财政总支出的80%以上,比2012年增长13%,成为全省县区级财政中民生投入总量最大、比例最高、惠民政策落实最好的县区之一。与人民群众幸福指数密切相关的教、科、文、农、林、水、医疗卫生、社会保障、生态环境支出从11.06亿元增加到14.17亿元,增长28.2%。

三次产业协调发展。着力构建与小店发展相适应的现代产业体系,三次产业比例为2.5∶27∶70.5。农业产业化快速推进。深入打造孙家寨等23个“一村一品”专业村。青玉油脂等“513”农产品加工龙头企业年销售收入35亿元,经济辐射带动能力进一步增强。全区各类农业园区发展到50余家,华辰高科等现代农业观光园进一步发展壮大。工业体系进一步升级。嘉节燃气热电联产项目、山西电机有限公司整体搬迁改造等新兴工业项目竣工在即。民营企业市场品牌和份额不断提升,华豹涂料成功开拓海外市场,奇美橱柜荣获中国橱柜行业"品牌·服务"体系建设十大示范企业称号。服务业迈向规模化、品牌化、高端化。

重点工程服务有力。创新服务模式,全力推进重点工程建设进度,16个省级重点工程、58个市级重点工程完成投资239亿元,完成额居太原市第一。突出服务综合保税区、南站片区建设和高新区、经济区发展,推动龙城片区开发。全年共完成重点工程和基础设施建设征地575.3公顷。

招商引资成效显著。积极组团参加第八届中博会等招商引资活动,签约项目10个,总投资达226.5亿元,为市下达任务的1.5倍。全区纳入统计项目实际引进资金85.3亿元,名列全市各县(市、区)第一。

基础设施建设力度空前。克服一切困难,完成涉及太原市政道路建设的60万平方米拆迁任务。投资1.7亿元自主改造建设电子街、富康街、人民路等3条市政道路和12条小街巷。投资1.9亿元完成公路建设里程54千米,在全省率先实现区乡公路路面铺装全覆盖,全区公路密度达324千米/百平方千米,位列全省第一。2013年,区级财政基础设施建设投入近5亿元,城乡综合承载能力进一步提升。

城乡管理水平不断提升。全力推进新庄、许东、龙保3个整村拆除项目,拆除面积20.8万平方米。引入万科集团等大型知名企业参与城中村改造,提升改造品质。高标准完成永康南路等8个老旧片区改造,综合整治45个村庄周边环境;取缔近百辆超期无证营运小巴,消除了安全隐患,方便了群众出行,基本实现城乡公交全覆盖。加大对违法占地、违法建设查处力度,查处"双违"案件209宗。城乡清洁工程、数字化城管工作考核继续排名太原市第一。

生态环境不断改善。实施"东山绿林、农村绿网、城区绿园"绿化工程,突出抓好东山"五龙城郊森林公园"建设,高标准绿化286.7公顷,栽植各类苗木100余万株,新修道路15.8千米,新建槐香园、百花园等6个景点,接受了省、市造林现场会观摩。深入开展省城环境质量改善行动,拆除分散燃煤采暖锅炉202台,占全市任务的近40%;实现常年运行燃煤锅炉清洁能源替代45台,拔掉城中村、棚户区黑烟囱1155根,完成未实施集中供热改造城中村清洁型燃煤替换8360吨,关停搬迁工业污染企业10家,取缔非法土小企业11家。建立区域大气污染防控机制,强化扬尘治理,整治秸秆焚烧。全年耗煤量减少33万吨,二氧化硫排放量减少1981.8吨,二氧化氮排放量减少660.6吨,烟尘排放量减少2972.7吨。

社会事业健康发展。区财政全年惠民资金投入占总支出的80%以上,增长13%。推进教育均衡发展,提升教育发展质量。完成7所幼儿园新建、改造任务和三十八中等4所中小学校建设。财政科技项目经费支出3153万元,增长15.8%。公开招聘100名医疗卫生人员,提高公共卫生和基本医疗服务能力。新农合参合率达99.6%,财政补贴人均65元,全省第一。巩固创建全国中医药示范社区工作先进单位成果,开展中医药特色乡镇卫生院、中医药特色社区卫生服务中心创建工作。社会保障工作稳步提升,城镇新增就业人数2.2万人,城镇登记失业率控制在3.2%以内。不断扩大社会救助覆盖面,全年共救助困难群众4934人(次),发放救助金982.8万元。建设平价菜店30家,惠及13万居民。实施35处农村饮水提质工程,完成12个村的太阳能路灯街道亮化,改善了农村生活品质。

(小店区人民政府办公室)

太原市尖草坪区

【自然概况】 尖草坪区位于太原市区北端,东西北三面环山,汾河纵贯南北,是太原市的上风头、水源地。全区总面积285.6平方千米。辖3个乡、2个镇、9个街道办事处、84个行政村、62个社区居委会。2013年总人口42.4万人。

【经济发展概况】 2013年,全区生产总值261.1亿元,财政总收入12.86亿元,公共财政预算收入5.9亿元,农林牧渔业总产值5.31亿元;粮食总产量1400万千克,工业总产值877.8亿元,社会消费品零售总额63.9亿元,城镇居民人均可支配收入2.5万元,农民人均纯收入1万元。

转型综改工作全面推进。10个综改重大项目全年完成投资24.77亿元。金融创新成绩显著,发放中小企业贷款10亿元,通过"助保贷"发放1600万元。土地累计流转6000公顷,占农业总用地的38.2%。"项目推进年"建设势头强劲。储备、签约、落地、开工、建设和投产项目投资全部超额完成年任务。加大招商引资力度,恒大地产、江苏润恒、义乌小商品等一批全国500强和知名企业落户该区。

工业新型化步伐加快。具有自主知识产权的核心技术创新型企业达到5家,太原冶金机械厂的"电渣重熔结晶器"项目为国际首创,晨层建材厂等3家企业被评为省级民营科技型企业,山西广立中小微企业创业基地被认定为省级中小企业创业基地。现代都市农业成效显著。以宇文为代表的绿色菜田面积达800余公顷,众成、美丽湾花卉扮靓汾河东岸。全区年出栏500头以上生猪养殖场(户)达11个,九牛5000头奶牛养殖园区实现了种养加、产供销一体化。庄头、宇文等农家乐加快升级,全区以休闲体验、旅游观光、生态餐饮为主题的农家乐已达40家。第三产业快速发展。山西鸿升国际汽车城二手车交易市场正式运行,晋东小商品批发市场改造项目和滨西商务中心二期进展顺利。辰兴优山美郡、滨河果岭、三千渡等房地产项目建设加快,龙康新苑、七平房等7个保障性住房建设全面推开,基本建成7662套。积极开

展文物保护，尖草坪区被授予“全省文物工作先进区”称号。各景区共接待游客42万人（次），旅游创收4000万元，分别增长18.7%和29%。

城乡建设顺利推进。拆迁61万平方米，保证了北中环桥、北中环街、西渠路、千峰北路北段、金桥北街等“一桥四路”工程建设，铁路征地拆迁工作基本完成。城中村改造进展顺利，光社、新村拆迁改造进入新阶段。城乡清洁工程稳步推进。开展片区综合整治、星级单元达标和“三沿一站”综合整治行动，区域环境面貌明显改观。省城环境质量改善成效明显。气化草坪工程进展顺利，郭家窑村102户村民率先全部使用上了天然气。引深省城环境质量改善“五大工程”和“五项整治”，关停污染企业16家，拆除燃煤锅炉61台，拔掉土小烟囱1461根，尖草坪区空气质量年度排名全市第一。生态建设水平不断提升。西山、北山绿化效果显著，累计栽植树木190余万株。实施阳曲五龙湾公园建设和北中环、新兰路、千峰北路绿化，绿化覆盖率、绿地率和人均公共绿地面积分别达到47.4%、40.6%和15.6平方米。

社会保障固根基。全年新增就业岗位1.1万个，全区各项社会保险参保人数26.6万人（次），新农合参保率继续保持100%。科教兴区强素质。新增专利企业25个。投入4000余万元，用于“百校兴学”和公办（村级）幼儿园工程建设。积极推进教学改革，区一中被评为“全国教育改革创新先进示范校”，“1+1”学案课堂教学改革荣获“太原市新课堂优秀成果一等奖”。卫生提质夯基础。区属公立医院改革全面完成并走在全市前列，尖草坪社区卫生服务中心被评为全国示范中心，尖草坪区被评为省级卫生应急综合示范区。文体共建促发展。为所有社区更新了体育健身路径，精心打造了10个精品村级体育健身广场，成功举办“傅山杯”全国传统武术邀请赛等9大系列文体活动，为偏远农村群众送戏送电影1200余场。

（尖草坪区人民政府办公室）

太原市晋源区

【自然概况】 晋源区位于山西省太原市区西南，依山傍水，山川各半，山川秀美，历史悠久，文化灿烂，有2500多年的建城史，是三晋文明的重要发祥地之一，素有“唐尧故地”“三晋之源”的美誉，是太原市重要的花卉、苗木、蔬菜、畜禽生产基地。1998年1月挂牌成立晋源区，区域面积287平方千米，2013年总人口22.6万人。辖金胜、晋祠、姚村3个镇，义井、罗城、晋源3个街道办事处，76个行政村，38个社区。

【经济发展概况】 2013年，全区生产总值46亿元，比2012年下降20.3%；规模以上工业增加值5.04亿元，下降57.3%；固定资产投资104亿元，增长33%；服务业增加值26.7亿元，增长0.5%；社会消费品零售总额24.62亿元，增长17.2%；财政总收入8.62亿元，增长26.1%；公共财政预算收入4.84亿元，增长25%；农民人均纯收入10488元，增长12%。

狠抓产业转型，经济内生动力持续增强。工业经济结构进一步优化。以省中小企业创业示范基地建设为标志，新型工业园区化建设迈出关键步伐。美佳矿业掘进机、北方重工开卷机二期扩建等项目投产达效。全年落实工业项目53个，新兴工业产业投资12.2亿元，增长35.6%，占工业投资的55.5%。以康培现代农业科技产业园、梅芝园艺花卉产业园、北河下设施蔬菜标准园为龙头，七大农业产业建设项目稳步推进，实现投资2亿元，带动农业投资完成4.2亿元，特色精品现代农业优势进一步显现。农林牧渔业总产值6.68亿元，农产品加工“513”工程销售收入5.2亿元。农产品质量检测中心投入使用。

以长风国贸第六馆和山西新九洲家具城为代表的服务业蓬勃发展。晋阳·万国汽车文化博览园、福建特艺城项目推进积极有效。蒙山大佛景区全年接待游客60万人（次），店头历史传统村落正式挂牌，编制完成《晋源区文化生态旅游产业发展战略规划》。第三产业占全区经济总量的58.1%。大力推进项目建设，完成签约项目总投资195亿元。阳光汾河湾、阳光城国际广场、怡佳·天一城等项目扎实推进。成成中学、市第二外国语学校落户该区。省儿童医院、市人民医院与区人民医院合作共建项目进展顺利。

狠抓民生改善，不断增进人民福祉。“百校兴学”工程全部完工。新（改、扩）建村级幼儿园8所。8所义务教育学校通过标准化建设评估验收。“两通”学校达到100%。国家科技富民强县项目、国家科技进步考核通过验收。创建各类科技示范点40个。开展农民实用技术培训2万人（次）。建成农村文体活动广场20个。医疗服务体系进一步健全，镇（街）村两级医疗机构100%达标。乡村医生签约服务被确定为全国15个联系点之一。新农合参合率达98.8%。新型农村养老保险累计参保7.6万人，城镇居民社会养老保险累计参保4630人。发放城市低保救助金971万元、农村低保救助金1159万元。全区城镇新增就业人员4007人，安置下岗失业人员2085人，城镇登记失业率控制在3.1%。为2166名农民工解决拖欠工资2500万元。保障性安居工程超额完成市下达任务。及时保质保量完成4万余吨“爱心煤”发放工作。打造15分钟便民商圈2个。完成第5届社区居委会换届选举工作。向全区人民承诺的十件实事全部兑现。全年民生类支出达4.02亿元，增长15.5%，占财政总支出的80%。

狠抓城镇化建设，城乡发展更加协调。9项省市重点工程保障任务征拆1370处、130.6万平方米。明太原县城新农村建设征拆55处、9.4万平方米，完成窑神庙、财神庙等8处历史遗存修复。西南环铁工程征拆8.6万平方米。

晋阳湖周边20个城中村改造全面展开，累计拆除宅院3172处、130万平方米。成功组织城中村改造项目推介会，确定棘针、木厂头等7个村的城改项目合作商。启动南阜、北阜、西寨村安置房建设。继续保持打击“两违”“四抢”的高压态势，拆除违建118处、19万平方米。完成龙山、古城2个公园建设。新开通301等5条城市公交线路。

狠抓生态建设，美丽晋源更加宜居。关停污染企业74家，拔掉城中村黑烟囱2395根，拆除锅炉88台，集中供热扩网面积达198万平方米。秸秆禁烧工作成为全市新亮点。87家使用土小燃煤设施的餐饮企业得到整治。冬季大气污染防控成效明显，为全面改善省城环境质量做出积极贡献。

完成市下达的造林任务1600公顷。7个城郊森林公园完成投资21.4亿元，完成绿化面积1533.3公顷，植树426万株，康培精品公园成为全市造林绿化的典范。实施柳子沙河河道整治，完成店头水生态修复工程，治理水土流失面积326.6公顷。

（晋源区人民政府办公室）

清 徐 县

【自然概况】 清徐县位处山西中部晋中平原，是全省市域城镇化“一核一圈三群”布局中太原都市核心区的重要组成部分。全县辖区面积609平方千米，辖4个镇、5个乡、1个街道办事处、188个行政村，24个社区居委会。2013年总人口34.8万人。

清徐县地处太原盆地西南部，年均降水量462毫米，无霜期183天。耕地面积29107公顷，森林面积7133公顷。有龙林山、中隐山、庙前山等大小山峰14座，皆为吕梁山脉。有汾河、潇河、象峪河等大小河流16条，均属汾河水系。有天然湖东湖、人工湖清泉湖、清泉西湖三个湖泊，湖面180余公顷。矿产资源有煤、铁、铝土、石膏等。煤炭有无烟煤、贫煤、褐煤等品种，储量31亿吨。

【经济发展概况】 2013年，全县生产总值113.2亿元，比2012年增长2.7%；固定资产投资69.96亿元，下降17.9%；公共财政预算收入6.25亿元，下降37.6%。农林牧渔业总产值25.75亿元，增长2.9%；粮食总产量1.2亿千克，增长2.3%；工业总产值206.42亿元，增长1.7%；社会消费品零售总额38.32亿元，增长15.2%；城镇居民人均可支配收入2.4万元，增长10.3%；农民人均纯收入1.3万元，增长12.2%。

以项目建设为龙头，提高经济增长的质量和效益。坚持走资源统筹、园区承载、龙头引领、集群推进、循环利用的发展路子，梳理编制产业发展规划，拓展整合以开发区为核心的“一区三园一带”总体框架，形成支撑和引领县域经济发展的主体功能区。大力实施“一县一业”“一村一品”，农民专业合作社达到668个。累计流转土地5400公顷，建成设施蔬菜866.7公顷。蔬菜产业信息化平台建设初具规模，无公害论证品种达到25个。基层农技推广服务体系建设实现全覆盖，全国农业厅（局）长会议推广清徐县代耕代种模式。农产品加工企业发展到82个，销售收入39亿元。融合发展现代农业与观光旅游业，建成农产品加工园、休闲观光农业园等50个现代农业示范园区，全县休闲观光旅游农业示范点达到45个。成功举办中国太原（清徐）国际醋文化节，全年接待游客120万人（次），收入1.1亿元。

以生态建设为路径，提高美丽清徐的品质和内涵。编制《清徐县林地保护利用规划（2010～2020年）》，完成造林任务1833.3公顷。加强节水型社会建设，完成潇河敦化大闸除险加固和5条河道治理工程，地下水位回升1.76米，万元工业增加值耗水量下降3.7%。实施环卫网格化管理，创建三星级单元11个、四星级单元2个。深入开展大气污染防控专项行动，重点整治工地扬尘、燃煤污染、机动车污染、工业企业排放、禁烧垃圾秸秆等，停产整治工业企业128户，对26户违法企业实施彻底断电，拆除7户铸铁企业主要生产设施，取缔配煤、洗砂等64户违法经营企业，拔掉烟囱110个。按照新的环境空气质量考核标准，全年二级以上天数达到202天。加强水源保护和水质监测，汾河出境断面化学需氧量和氨氮浓度值同比下降25.5%和18.5%。

以改善民生为要求，提高群众的幸福感和满意度。21所中小学标准化建设和7所幼儿园建设工程稳步推进。创建全省慢性病综合防控示范区，县医院荣获全省综合医院中医药工作示范单位称号。在全省率先为参合农民制作集门诊、住院、存储为一体的新型农村合作医疗就医卡，开展商业保险机构经办新农合大病补充保险试点工作。在全市率先组建公共资源交易平台，综合性政务服务中心投入运行，县级行政审批和公共服务保留事项全部纳入中心运行。搭建政银企三方合作平台，发放“助保贷”4000万元。“三公”经费同比压缩43%，控制不合理开支1445万元。

（清徐县人民政府办公室）

阳 曲 县

【自然概况】 阳曲县地处山西中部，忻定盆地与太原盆地之脊梁地带，为太原北大门，属太原市的近郊县，距省城太原17千米。北接忻府区、定襄县，东连盂县、寿阳县，西与静乐县和古交市接壤，南靠尖草坪区、万柏林区、杏花岭区。总面积2081平方千米。辖4个镇、6个乡、4个社区居民委员会、123个村民委员会、424个自然村。2013年总人口12.1万人。

【经济发展概况】 2013年，全县生产总值35.95亿元，比2012年增长11.6%；规模以上工业增加值23.01亿元，增长18.3%；社会消费品零售额8.74亿元，增长17.5%；财政总收入7.01亿元，增长22.1%；公共财政预算收入4.46亿元，增长29.3%；固定资产投资35.72亿元，增长40.4%；服务业增加值10.42亿元，增长2.2%；城镇居民人均可支配收入1.8万元，增长11.9%；农民人均纯收入5834元，增长12.7%。

产城一体快速推进。按照“规划引领、产城一体、基础设施先行”的发展思路，阳曲县转型发展产业园区和城东新区建设齐头并进。园区一期10.4平方千米，基本实现“七通一平”，管委会政务服务中心投入使用，总部经济大楼正在建设。108国道、314省道拓宽改造和宏兴路、隆辉北路、一号、二号支路如期建成。城东新区双阳路一期、二期及下穿北同蒲铁路工程竣工通车。连接园区、新城与旧城的环形框架道路基本形成，为推进产城融合发展奠定了坚实基础。

招商引资成效明显。举行现代农业项目招商新闻发布会和转型发展产业园区招商会主动招商，利用新晋商联盟、中博会等平台对接招商，借助山西卫视等新闻媒体广告招商，客商外资纷至沓来。同时，按照“六位一体”机制加以推进，新引进项目53个，总投资242亿元，开工在建26个，完成投资32亿元。太钢碳纤维试运行，太钢禄纬堡耐火材料正在建设，东山煤机即将开工，东辉镁基等9个项目正在对接。重点打造了东铝循环经济片区、隆辉北部高端装备制造及印刷产业片区、国防科技产业片区，入驻项目已经完成集约化布局；特别是大盂食品工业园开工，投资50亿元的宝迪等15个项目落户园区，进一步增强发展的后劲和动力。

“三农”发展有声有色。继续实施“万人脱贫大行动”，通过“4＋1”产业扶贫等措施，累计脱贫2.6万人。扎实推进百企千村产业扶贫开发，15个入驻企业总投资56.3亿元，太钢生态农业园、双合成玫瑰园、盛禾农场当年建设、当年开园。加快粮食、蔬菜、杂粮、经济林4个“10万亩”建设，粮食产量6766万千克，新增设施蔬菜666.7公顷，蔬菜产量2.07亿千克，荣获全国土地流转仲裁先进县和全省蔬菜奖补大县称号。大力发展养殖业，全县养牛1万头、猪10万头、羊30万只，进入全省养羊重点县行列。实施农业品牌战略，在太原市区设立6个农产品直营店，36辆蔬菜直通车开进省城100个社区。饮水安全提标工程覆盖71个村、1.1万人。全县“农家乐”建成26个。

民生保障不折不扣。认真办好七件实事，907公交直达泥屯，乡村公交线路开通29条，在全市率先实现县域公交全覆盖。山区教师免费、学生半价、老年人免费政策惠及千家万户。开工保障性安居工程504套，补贴廉租房139户，改造农村危旧房1414户。投资1000万元用于县城24小时供水和第二水厂配套建设，切实保障了居民用水安全。县级养老院、20个农村居家养老日间照料中心投用。县职教中心实训大楼、阳兴小学及幼儿园主体完工。改造中小学3所，新建幼儿园9所，寄宿制学校增建澡堂8个，县机关幼儿园改建项目投用，2348名教师享受免费体检。县城3所中学校长成功选聘，阳曲一中与北师大教育培训中心合作办学，高薪招聘教师10名。全县公开选聘事业人员95名、“三支一扶”人员20名。社区居委会增加到10个。

（阳曲县人民政府办公室）

娄烦县

【自然概况】 娄烦县地处太原市西北、吕梁山腹地、汾河中上游，距省城97千米，东依古交，西临方山，南毗交城，北连静乐，西北与岚县接壤，是集山区、老区、库区为一体的国家扶贫开发重点县，是省城最重要的水源地和生态屏障。全县总面积1289平方千米，辖3个镇、5个乡、142个行政村、6个居委会。2013年总人口10.7万人。

娄烦山川秀美，资源丰富，历史悠久，底蕴深厚。素有“山上有林，地下有矿，沟川有水，垣坪有粮，物丰地灵，人间美景”之称。全县境内群山环抱，山水相绕。现已探明的主要矿藏有煤、铁、大理石、硅等16种。其中，煤储量达15亿吨，铁矿储量达6亿吨以上。境内有被誉为“太原青藏高原”的云顶山，有被称作“高山平湖”的汾河水库，有党的创始人之一高君宇故居等人文景观。

【经济发展概况】 2013年，全县生产总值17.1亿元，比2012年增长10.6%；规模以上工业总产值29.57亿元，增长2.9%；农林牧渔业总产值3.6亿元，增长23.9%；粮食总产量1500万千克，增长5.8%；财政总收入11.13亿元，增长15.3%；公共财政预算收入6.05亿元，增长13.6%；固定资产投资13.63亿元，增长55.4%；社会消费品零售总额3.38亿元，增长17%；城镇居民人均可支配收入1.6万元，增长11%；农民人均纯收入4602元，增长13%。

工程建设成绩显著。在重点工程方面，龙泉能源、静静铁路、煤运集团技改项目3项省重点工程完成投资14亿元，完成任务的119%。洞河人工湿地水质改善工程、龙泉能源铁路专线两项市重点工程完成投资2.5亿元，完成任务的112%。重点项目储备、签约、落地、开工完成率分别为339%、571%、224%、3208%，四项指标全市排名第一。

现代农业加速发展。“一县一业”马铃薯种植面积5330公顷，占农作物播种面积的45%。全县围绕小杂粮、干果经济林、生态养殖、有机绿色蔬菜等特色农业，新发展“一村一品”村16个。建成日光节能温室大棚261栋，蔬菜大棚394栋，12个品种农产品通过了有机绿色认证，现代生态农业初具规模。

城乡发展统筹推进。投资1.8亿元，实施“一桥四路”工程，南大街东延、滨河北路拓宽改造、滨河南路西延、童子崖大桥及连接线工程及迎宾大道全部竣工通车，县城规划建设面积扩大了1倍，城镇化率比2012年提高了0.5个百分点，县城道路交通更加便捷，功能更加完善，提升了县城承载能力。总投资100亿元的龙泉循环工业园已完成投资33亿元，矿井和选煤厂联合试产，以此为契机，静游镇“百镇建设”完成规划审批，并启动了“以矿建镇”工作。

民生保障不断改善。2013年，开工建设保障性住房612套，完成农村危房改造1245户，库区移民二期工程全部交付使用，年内共计发放涉农直补资金、城乡低保金、供暖补贴、城乡医疗救助金1.5亿元，全县975名“五保”老人全部集中供养，建成16所日间照料中心，让农村空巢老人能够安享晚年。

完成7所幼儿园改扩建工作，新建娄烦二中综合教学楼投入使用，28所学校通过标准化验收。新农合连续4年实现“筹资全免费、参合全覆盖”，6所标准化卫生院投入使用，新（改）建村级卫生室23所，投资1.3亿元的县城综合性医院施工进展顺利。

（娄烦县人民政府办公室）

大同市

【自然概况】 大同市位于山西省北部，地处山西、河北、内蒙古“三角”地带，是国务院1984年批准的全国13个较大的城市之一。全市共辖4个区7个县，总面积1.4万平方千米。2013年全市总人口337.5万人。

大同市地处温带大陆性季风气候区，夏季气候温和，冬季寒冷漫长。年平均气温5.5℃，年平均降雨量在370毫米左右，无霜期大约100～156天，年日照时数为2973小时，光能利用潜力可观。主要农作物以黍、高粱、玉米、杂粮为主，地方特色植物资源有黄芪、黄花、枸杞、苦荞等。

悠久的历史为大同留下了丰富的文化遗产，现有各级文物保护单位346处，其中，世界文化遗产1处，国家级文物保护单位22处，省级文物保护单位20处，市县级文物保护单位300余处。建筑于北魏时期的云冈石窟是国内最大的石窟群之一，为1961年3月4日国务院公布的第一批全国重点文物保护单位，2004年被联合国教科文组织列为“世界文化遗产”，被誉为人类艺术的宝库，与龙门石窟和敦煌莫高窟齐名，合称为“石窟三圣”。大同九龙壁是我国建筑最早、规模最大、保存最好的龙壁。恒山悬空寺是我国唯一的高空绝壁建筑。建筑宏伟的上、下华严寺被誉为辽金艺术的博物馆。

大同市目前发现的矿产资源有42种，探明储量的有28种，主要有煤、铜、铁、锰、铝、锌、铅、金、银、石墨、沸石、石棉、花岗岩、大理岩等，其中，以煤炭储量最多，素有“煤海”之称。现已探明储量380亿吨，且品位高、埋藏浅、易开采。煤炭的生产量、出口量、外销量均居全国煤炭城市之首。依托煤炭资源优势，大同市年发电量约388亿千瓦小时，是华北地区重要的电力生产基地。

【经济发展概况】 2013年，全市生产总值967.4亿元，公共财政预算收入94.57亿元，粮食总产量10.2亿千克，规模以上工业增加值比2012年增长10%，社会消费品零售总额487.82亿元，城镇居民人均可支配收入2.1万元，农民人均纯收入6365元。

*坚持发展为要务，多措并举稳增长。*地方煤炭生产逆势增长57.8%，工业产品销售率提高1.6个百分点，增幅全省第一。金融机构贷款增加180亿元，增幅全省第一，存贷比提高3.85个百分点。“六位一体”推进重点工程建设，完成投资1185亿元。出台促进民营经济发展30条，民间投资增长50.3%。土地、资金等关键要素指标向县域经济倾斜，分配土地指标387.4公顷，增长180%；财政补助资金7.45亿元，增长31.3%；公共财政预算收入比重提高1.5个百分点，固定资产投资比重提高6.1个百分点。粮食生产克服多重自然灾害影响，实现“四连增”，突破10亿千克。一系列举措保障了经济稳步增长，全市生产总值增长8.3%，规模以上工业增加值增长10%，固定资产投资增长24.6%，社会消费品零售总额增长14%，公共财政预算收入增长17.8%，城镇居民人均可支配收入增长10.1%，农民人均纯收入增长12.8%。除地区生产总值和工业增加值外，5项主要经济指标增速好于全省平均水平。居民消费价格指数控制在2.7%，城镇登记失业率控制在2.8%。市区二级以上良好天数全省第二，PM2.5年均浓度值全省最低，万元生产总值综合能耗降幅全省第一。

*坚持综改为统领，多点突破增活力。*2013年，大同市出台3年实施方案和年度行动计划。“五规合一”完成用地分类标准、技术规程、数据底板“三统一”。取消、下放审批事项32项，市级投资审批权全部下放各县区。严格实行“两集中、两到位”，审批、服务事项全部纳入电子监察系统。出台户籍制度改革意见和实施细则。适时调整车用燃气价格、出租车运营价格，实行阶梯式水价。积极推动灵丘尾矿库用地管理、阳高农村土地承包经营权抵押、浑源林权质押等试点工作。建立政府性债务防控化解制度和风险预警机制。成立市金融工作机构，发挥市场作用，拓宽融资渠道，归还银行贷款本息36.2亿元，做到政府工程有序还欠、按进度付款、不拖欠农民工工资，兑现了“五个凡是”的承诺，维护了全市大局和建设队伍稳定。2013年被列为全国性综合交通枢纽城市，实现航空口岸临时开放，新增恢复9条航线，大同至香港通航，机场旅客吞吐量增长27%，增幅全省第一。接待国内外游客2355万人（次），旅游总收入增长23%；成功举办世界养生大会、云冈文化旅游节等重大文化活动。

*坚持转型为主攻，多业并重调结构。*同煤集团跻身世界500强，全市新增火电装机66万千瓦、风电40万千瓦、光电20万千瓦，总装机达到870万千瓦，保持全省第一。煤炭产业链条不断延伸，同煤60万吨甲醇试生产、10万吨活性炭主体完工，同车10万吨活性炭开工建设。新成新材料成为全省唯一在新三板挂牌企业。新增山西名牌产品7件、山西著名商标14件。成功申报“恒山黄芪”为国家地理标志保护产品、“大同县黄花”为国家地理标志证明商标。建成重点农业园区69个，新增设施农业2426.7公顷，发展膜下滴灌1633.3公顷，实现脱贫4.6万人。阳高县成为国家养生（养老）示范基地，灵丘空中草原和阳高大嘴窑杏园入选中国美丽田园景观。万昌物流园区列入交通部重点扶持项目，42万平方米云中商贸物流园投入运营，40万平方米新发地物流园局部试运营。第三产业占比首超二产，经济结构更趋合理。

*坚持民生为重点，多方努力促和谐。*2013年，全市财政民生支出192.8亿元，增长25.3%，占公共财政预算支出的82.4%。百校兴教

工程深入推进，新增3个集团校，实行全市义务教育阶段新生同一天电脑编班，体育中考全部实行机考。大同一中南北校区、五中、十二中等5所市直学校投入使用。城乡安居工程统筹推进，开工城镇保障房2.1万套，完成农村危房改造2.1万户，完成农村住房抗震改建4000户。投资1.32亿元，安装农村路灯2.3万盏，120万农民告别了摸黑走路的历史。面对汛期强降雨的严峻形势，及时转移安置农村受灾群众8452户，紧急搬迁安置古城危房1832户。恒安新区、魏都新城等小区治安管理和物业服务逐步加强。收入倍增工程有序推进，城镇新增就业5.7万人，转移农村劳动力3万人。增加企业退休人员基本养老金90元/月，提高城乡居民基础养老金10元/月。分别提高城乡低保标准30元/月、24元/月。解决16家涉拆自收自支事业单位1833名职工的工资待遇、养老保障问题。平安创建工程扎实推进，设立500万元安全生产有奖举报专项资金。

坚持城镇化为引擎，多元筹资搞建设。新区建设持续推进，太阳宫建成投运，为国际太阳能竞赛提供了有力保障。博物馆开始陈列布展。图书馆、大剧院、体育中心外装修基本完成。大力实施城镇提质工程。城区列入住建部智慧城市（区）试点。建成城市道路62条97千米。开通浑源—广灵、王庄堡—大营2条高速公路90千米，实现了高速公路县县通。实施房屋征收1.6万户，拆除建筑150万平方米。浑源列为全省大县城建设试点。推广广灵县城建设经验，全市大县城建设完成投资148亿元，完成“五个一”建设年度任务。城镇化率达到59%。大力实施生态建设工程，完成营造林2.1万公顷，新增城市绿化面积177万平方米，新增集中供热面积800万平方米，实施供热计量改造140万平方米，御东污水处理厂达标验收，东、西郊污水处理厂扩建工程投入运行，浑源神溪湿地列入国家湿地公园建设试点。大力实施城乡清洁工程，严格月考核、月通报制度，问责22人，市县两级投入3.5亿元，行政村全部配齐清扫保洁员、垃圾收集车，增加城乡环卫保洁人员1万人，为环卫工人发放早餐补助6元/天，清运积存垃圾90万吨，建设垃圾压缩站32座，垃圾焚烧发电厂日均新增处理量200吨，浑源、阳高垃圾处理场建成使用，城乡面貌大为改观。

（张志坚）

大同市城区

【自然概况】 大同市城区位于山西省北部，是大同市的政治、经济、文化中心。辖区面积46.1平方千米，设15个街道办事处，136个社区居民委员会。2013年总人口73.5万人。

区位优势得天独厚，是大同市铁路、公路运输的枢纽所在，东距北京380千米，南离省城太原352千米，京包、同蒲铁路，京大、大运、得大高速公路在此交会，大秦铁路以此为起点。境内有上下华严寺、善化寺、九龙壁以及鼓楼、圆通寺等文物景点，是别具一格、雄浑质朴的塞外风景名胜旅游区。

【经济发展概况】 2013年，全区生产总值136.4亿元，比2012年增长8.1%；公共财政预算收入4.1亿元，增长24%；固定资产投资217.2亿元，增长13.1%；社会消费品零售总额194.9亿元，增长18.4%；城镇居民人均可支配收入2.4万元，增长11%。城镇登记失业率控制在4.2%，人口自然增长率控制在4.6‰。招商引资共引进项目166个，总投资63亿元，实现税收8675万元。协税护税新增小微企业2895户。

城市管理提档升级。全年城市管理投入2.43亿元。建成复合式垃圾压缩站32座，新增环卫车辆77辆、垃圾桶5800个。为146个无物业小区配备清洁员349名、三轮收集车230辆。为全区2880名环卫工每人每月发放早餐补助180元。垃圾处理率达到95%，清扫保洁率达到90%。数字城管立案率98%，结案率保持在90%以上。

房屋征收有序实施。全年共征收3405户、30多万平方米，完成安置2780户。为2.5万户家庭发放廉租补贴，实物配租281套。对危旧平房进行排查，征收危房895户。

基础教育深入推进。全年教育投入2.73亿元。新建2所学校，完成2所学校教学楼建设，完成10所学校校园绿化美化。为全区学校装备多媒体、视频监控设备。举办首届教师文化周活动，内容包括29个大项、78个小项，参加人数达1.5万人（次）。成立教育督导和考核中心。强化校园安全，为学校和幼儿园配备专职校警或校园保安。

民生保障持续改善。全年发放低保金2.1亿元。医疗救助低保户1759人次455.4万元。城镇职工基本养老保险参保人数1.9万人，城镇居民社会养老保险参保人数2.5万人，城镇职工基本医疗保险参保人数1.8万人。全年城镇新增就业人数3403人。举办招聘会30场，提供有效就业岗位1.1万个。

（大同市城区人民政府办公室）

大同市矿区

【自然概况】 大同市矿区于1980年2月正式建区，地处大同市西南城乡结合部，区政府所在地新平旺校北街，距市中心12.5千米。辖区与南郊区相互交叉，无明确区域界限和辖区面积。全区下辖28个街道办事处，104个社区居民委员会。2013年总人口50.8万人，全部为城市人口，暂住人口7万多人。矿区无农业及相关产业，主要涉足第二、第三产业，第二产业以煤炭及为煤炭生产服务的煤机制造业、新型建材业为主，第三产业以煤炭运销、商贸服务业、餐饮业和现代物流业为主。

【经济发展概况】 2013年，全区生产总值21.23亿元，比2012年增长9.3%；规模以上工业增加值7203万元，增长11.4%；社会消费品零售总额75.3亿元，增长17.7%；财政总收入11.16亿元，下降2.4%；

公共财政预算收入1.49亿元，增49%；城镇居民人均可支配收入2.4万元，增长9.8%；主要约束性指标均控制在计划目标之内。

大力发展民营经济。落实全市“扶持民营经济发展30条”，出台《关于加快发展中小微企业和民营经济的实施细则》，在准入、融资、注册、用地等各个方面提供全程贴心服务，全方位激发民营经济活力，民营经济有了长足发展。全区共有民营经济经营户4975户，注册资金6.96亿元，从业人员1.5万多人，2013年民营经济上缴税收2.2亿元。

发展壮大煤机制造业。发挥煤机企业在结构调整中的主体作用，科技创新在产品升级中的带动作用，想方设法为煤机项目的实施缔造条件，为企业的项目用地、基础设施建设等提供配套服务，继完成华能煤机公司、虹云煤机公司2个煤机技改扩建项目后，富达昌刮板运输机项目、百易通防爆组合开关项目投入运营，同煤防爆电机、同煤胶带运输机、同力三期改扩建等5个产业协作项目全部投入生产，煤机制造业的产品领域和市场空间不断拓展，呈现出良好的发展势头，通过几年的发展，全区煤机制造业产值、税收等各项指标均有大幅增长，煤机企业全年实现产值3.2亿元，上缴税收2000万元。

加快发展商贸服务业。立足矿区人口多、区位优势明显这一特色，大力发展商贸物流业、现代餐饮业，以平旺为中心，恒安、口泉为两翼的商业区功能日趋完善，平喜路商业中心特色日益凸显，全区商贸餐饮规模以上企业达到36家。统筹推进社会服务各项事业，全年共征缴各类保险金1.13亿元，支出2亿多元，城镇居民养老保险参保人数3.4万人，城镇居民医疗保险参保人数13万人，基本实现了应保尽保。推进市政管理体制改革，组建大同市城市管理综合执法支队矿区大队，变多头执法为综合执法，变分散管理为集中管理，变单项服务为多项服务。高度重视食品药品安全工作，加强日常监督检查，保证人民群众的饮食用药安全。一刻不放松地狠抓安全生产，严格落实各项规章制度，深入开展安全生产专项整治，安全生产形势持续好转。

（大同市矿区人民政府办公室）

大同市南郊区

【自然概况】 南郊区作为历史文化名城大同市的近郊区，位于大同盆地北部，东临大同县，西接左云县，南连怀仁县，北靠新荣区。全区总面积1068平方千米。辖3个镇、7个乡、190个自然村。2013年总人口41.3万人。是全省首批达小康县区，是晋北地区最大的商品集散地，也是全省重点产煤县区之一。

南郊区旅游资源更是得天独厚，闻名中外的云冈石窟位于本区云冈镇境内，境内还有石窟、寺庙、摩崖刻石、新石器遗址等市级文物景点10余处。

【经济发展概况】 2013年，全区生产总值419.7亿元，比2012年增长7.4%；规模以上工业增加值313亿元，增长8.7%；社会消费品零售总额85.75亿元，增长17.4%；固定资产投资159.5亿元，增长19.7%；公共财政预算收入8.35亿元，增长1.2%；城镇居民人均可支配收入1.9万元，增长10.1%；农村居民人均可支配收入1万元，增长12.3%。

项目建设取得新成效。百企强区工程顺利实施，“六位一体”任务圆满完成，全区新上、续建各类项目75项，完成投资189.38亿元。项目建设到位资金168.6亿元，排名全市第一、全省第三。大唐热电二期2×33万千瓦热电联产、60万吨甲醇、山西和正环保建材一期工程、云中商贸物流园区、东信广场、百盛购物中心、同至人购物中心、温州商贸城、永久建材市场一期工程等一批重点项目已建成运营。60万吨烯烃、2×66万千瓦塔山二期坑口电厂扩建工程、10万吨煤基活性炭、亿丰世贸中心、和泰物流园区、永久建材市场二期工程等一批转型项目正在建设中。

现代农业实现新突破。大力实施百园立农工程，投资4.78亿元，新建、改扩建、提档升级各类农业园区86个，城郊型特色农业得到强劲发展。新建温棚495栋，全区温棚总栋数达10458栋，设施农业总面积达1213.3公顷；新建、改扩建玫瑰产业园、杨家窑、格林小镇等一批现代设施农业园区；扶持奶牛和肉羊养殖，全区奶牛存栏达2.4万头，羊饲养量达17万只，农民人均畜牧业纯收入1800元；华晟果蔬、夏进乳业等一批农业龙头企业实现扩容增效，年销售收入20.3亿元，创利税7000万元，安排就业1.3万人，带动农户6万户，户均增收820元；小型水利重点县项目顺利实施，完成1333.3公顷高效节水灌溉工程，进一步提高了农业综合生产能力。

城镇化建设迈出新步伐。“大县城”战略全面推进，城镇化水平显著提升，全区城镇化率达42.6%。城镇提质工程，重点抓了口泉中心区建设，投资2.12亿元，完成“四纵两横”6条道路6.9千米建设任务，水、电、气、暖等配套工程全部与大同市管网连接；总建筑面积26万平方米的新区安置工程、总建筑面积5500平方米的区民兵训练中心已全面开工。城乡安居工程，采煤沉陷区治理搬迁成效显著，新建成四方嘉苑、永同嘉苑、泉新嘉苑、峪欣家园4个安置区，安置了刘官庄、栗庄、兴旺庄等9个村、3011户、10539名受灾村民；总建筑面积58万平方米的西韩岭安置区，主体工程已竣工，外网配套工程正在建设中，建成后可安置受灾群众6000户、15000人。城市棚户区改造工程扎实推进，枫林逸景、华阳日月城、观澜华府等7个续建项目和时庄、下皇庄、高庄3个新建项目正在有序建设中。完成云佛新村北侧1548户廉租房主体工程，农村困难家庭危房改造1000户，移民搬迁600人，城乡人居环境大大改善。名城复兴工程，投资2000万元，完成五一街改造工程，区容区貌全面改善。完成土地房屋征收1.2万户、118万平方米，为大同城市建设提供了有力保障。

环境整治取得新成果。城乡清洁工程，区、乡、村三级累计投资近8700万元，购置设备，充实队伍，建立“以奖代补”机制，组建乡镇专业环卫队，新招环卫工人1100名，对历史形成的垃圾及农村“四堆”进行清理，城乡面貌焕然一新。生态建设工程，巩固提升“三山”“五路”绿化成果，完成京津风沙源治理工程1666.7公顷，对22个现代农业示范园和16个新农村进行绿化。实现节能降耗和环保减排目标，加大区域水环境治理力度，完成口泉河、甘河污水收集处理工程。

社会各项事业再上新台阶。百校兴教工程，全年共投资1.5亿元，实施西韩岭学校续建配套工程，新组建大同市实验小学分校、南郊区御东第一小学，新建2所标准化幼儿园，改扩建5所村级幼儿园，7所小学增设幼儿园，对4所薄弱学校进行改造，为73所薄弱学校配备教学设备，完成口泉一中规划、立项、设计等前期工作，实施“名师培训”工程，对370位学科带头人和校长后备人选进行专项培训。收入倍增工程，全面落实机关事业单位人员津贴补贴、绩效工资、带薪年休假制度，提高冬季取暖补贴标准，工资收入大幅增加。全年创业带动就业510人，转移农村劳动力1200人，城镇新增就业人员3460人，城镇登记失业率控制在4.2%以下。

（杨霄鹏）

大同市新荣区

【自然概况】 大同市新荣区位于山西省最北端，北部、西北部以长城为界与内蒙古自治区的丰镇市和凉城县接壤，东与阳高县、大同县相连，西与左云县毗连，南与大同市南郊区为邻。全区东西横跨53千米，南北纵深31千米，总面积1018平方千米，耕地面积4.2万公顷。全区辖1个镇、6个乡、140个村民委员会、173个自然村、5个居民委员会。2013年总人口11万人。

【经济发展概况】 2013年，全区生产总值25.49亿元，比2012年增长9.5%；规模以上工业增加值9.42亿元，增长13.6%；财政总收入5.06亿元，下降1.9%；公共财政预算收入1.97亿元，增长27.3%；社会消费品零售总额8.09亿元，增长17.4%；全社会固定资产投资49.7亿元，增长57.8%；农林牧渔业总产值6.46亿元，增长5.9%；农林牧渔业增加值3.87亿元，增长4.8%。城镇居民人均可支配收入1.8万元，增长10.1%；农民人均纯收入6389元，增长12.8%。

农村经济稳步增长。全区粮食直补和农资综合补贴面积1.8万公顷，补贴资金1963.2万元。全年金融部门累计发放春耕备耕小额贷款3332万元。投资2.66亿元，完成3个园区建设任务：谢家场农业科技加工园区加工马铃薯淀粉1500多吨；新康小杂粮项目石磨加工设备已安装调试，正在进行试生产；伊磊牧业园区完成规划设计，并完成棚圈建设73332平方米，建成青储窖7个、青储饲料4000吨，订购3000头澳洲奶牛和部分养殖机械；永胜种养园区建成棚圈、青储窖等，已购置了加工和养殖机械。依托三大园区，建成优质小杂粮、马铃薯繁育种植加工、食用油生产加工、无公害蔬菜、苗木培育和畜牧养殖六大基地，打造了具有地理标志的道士窑羊肉、大窑山莜面、安乐庄有机蔬菜、畅家岭大葱、四道沟农副产品、荣康粮油、科蕾木耳、得胜韭菜和精德马铃薯淀粉九大品牌。

持续推进生态文明建设。全区投资6200万元，累计完成造林1333.3公顷。其中，完成高速公路沿线荒山绿化386.7公顷，“两山”造林66.7公顷，矿区绿化66.7公顷，区级造林420公顷。巩固退耕还林成果项目及补植补造493.3公顷。通道绿化19千米，栽植樟子松、花灌木等2.5万株，补植补种苗木2.61万株。

加快转型发展步伐。一是煤矿生产建设安全有序。全年生产原煤370万吨，通过以量补价、以质补价，实现产值12亿元。强化煤矿安全监管，对全区5座煤矿、14座非煤矿山、6座尾矿库进一步强化了责任落实。共有5座煤矿、14座非煤矿山、6座尾矿库、4家危化和7座冶金工贸等36个企业签订了《安全生产承诺书》。2013年，共排查检查企业352次，排查各类隐患677条，隐患整改率100%。二是煤炭洗选行业逆势上扬。精洗煤产量增长近40%。中新公司洗煤25万吨，实现税收近1000万元。百川煤业精洗煤土建工程已经完工，正在安装设备。三是碳素产业集群发展。积极应对严重的欧债危机，新成新材料公司及时更新产品，完成产量9000吨，完成产值1.9亿元，在产量减少20%的情况下产值与2012年同期持平。宇林德炭材料有限公司110吨天然石墨锂电池负极材料项目主体工程完工。全区碳素制品加工能力达到17万吨，占到全国的近1/6。

基础设施建设步伐加大。深入开展城乡环境卫生综合整治，全区城乡清洁工程累计投入资金2078万元。全区140个行政村全部实施了城乡清洁工程，申报达标村65个，创建示范村7个，创建明星村3个。实现了居民街巷硬化、亮化全覆盖。区乡村新增绿地6.3万平方米，植树4万株，发展庭院经济770个，种植果树6500株，新增“小菜园”510个。

社会保障覆盖范围进一步扩大，保障水平进一步提高。企业、机关事业、新型农村和城镇居民养老保险参保6.7万人，失业保险7000人，工伤保险4200人。全区城镇职工和居民医疗保险参保2.2万人，生育保险参保6836人。新农合补助标准由240元提高到280元，参合率96.1%。全面落实计生家庭奖励扶助政策，奖励扶助2142人，奖励资金124.4万元。为98名农村计生家庭子女发放中小学住宿生活补助6.6万元，为3567名参加农村新型合作医疗中的计生家庭发放补助10.7万元。高度关注弱势群体，扎实做好低收入人群保障工作，发放新农保养老金489.5万元，城居保养老金16.3万元，失业金2.6万元，工伤157.6万元，城市低保金545万元，农村低保金673万元，“五保”供养金180万元，孤儿救助金16.6万元，优抚对象抚恤补助金146.4万元。

（新荣区人民政府办公室）

左云县

【自然概况】 左云县位于山西省北端，大同市西部，北隔长城与内蒙古凉城县接壤，西南与朔州市右玉、山阴、怀仁县毗邻。全县总面积1314平方千米，辖3个镇、6个乡、228个行政村。2013年总人口15.9万人。

地处黄土高原东部边缘，地貌特征以黄土丘陵区为主，平均海拔1200米以上，气候类型属温带半干旱大陆性气候，年平均气温5.5℃，多年平均降水量409.7毫米，无霜期121天。

【经济发展概况】 2013年，全县生产总值36.5亿元，比2012年增长9.9%；社会消费品零售总额18.6亿元，增长17.7%；固定资产投资总额118.7亿元，增长20.6%；公共财政预算收入4.9亿元，增长42.1%；农民人均纯收入8413元，增长13.2%；城镇居民人均可支配收入1.9万元，增长10.8%。

全面加强项目建设，转型发展迈出新步伐。项目建设“六位一体”任务圆满完成，其中，项目储备2462.08亿元，签约272.43亿元，落地167.23亿元，开工288.53亿元，建设124.83亿元，投产157.62亿元。现代化矿井改造建设取得新成效，2座煤矿具备转产条件，23座兼并重组煤矿累计完成投资68.01亿元，占总概算投资的74.5%，全县共生产原煤1700万吨。转型项目建设积极推进，完成京能集团2×35万千瓦煤制气项目配套电厂和京能马道头煤电一体化2×35万千瓦发电项目前期报批工作，顺利实施同煤中海油煤制天然气项目先期建设所需109.7公顷土地征收工作。

大力发展特色农业，促农增收取得新成效。全县粮食总产量3520万千克。马铃薯播种面积6666.6公顷，优种覆盖率80%以上，建成京奥和长丰马铃薯淀粉深加工项目。百园立农工程完成投资2.67亿元，占计划投资的114%。生态畜牧养殖业快速发展，新上弘淇、恒达等20个养殖项目，标准化养殖小区86个，全县棚圈面积20多万平方米，养羊小区67个，被省政府确定为全省20个养羊重点县之一。农田水利建设步伐不断加快，完成小流域治理300公顷，新建水源工程57处、节水工程34处、饮水工程21处，解决了22个村、9160人的饮水安全问题。农村面貌持续改善，完成24个新农村的建设，亮化146个行政村街道，实施3个整村推进村项目和两个易地移民搬迁项目，百企千村扶贫工程完成投资6020万元。新增各类农民专业合作社61家，总数达到291家。

统筹推动城乡发展，环境面貌发生新变化。全力实施名城复兴工程和城镇提质工程，编制完成《左云县历史文化名城保护性规划》《左云县旧城区控制性详细规划》和《左云县摩天岭长城风景名胜区总体规划》。强力推进“大县城”战略，实施云川路改造、市民广场建设等工程，开工建设西门村农贸市场，完成鹊儿山镇百镇建设年度任务。大力实施城乡安居工程，建设廉租住房408套，抗震加固农村住房900户，改造农村危房1700户。扎实开展城乡清洁工程，县城创建示范街4条，228个行政村实现清洁工程全覆盖。持续实施生态建设工程，完成大呼高速公路满眼绿等三项造林绿化工程，新增造林面积2266.6公顷。大力开展节能减排工作，完成主要污染物减排目标，万元生产总值综合能耗下降5.5%，县城空气质量二级以上天数355天，县域环境进一步改善。

（左云县人民政府办公室）

大同县

【自然概况】 大同县战国时属赵，汉置平城县，辽重熙十七年（公元1048年）从云中县分置大同县，大同县之名自辽始。全县现辖3个镇、7个乡、175个行政村，2013年总人口18.9万人。

大同县地处山西省东北部，大同盆地中间地带，县境平均海拔1157米，平均全年日照时数2576.6小时，无霜期111天左右。境内有大小河流13条，年平均降水量390毫米，水资源储量1亿立方米。全县国土总面积1497平方千米，耕地面积4.2万公顷。11种矿产资源中，玄武岩储量最大，已探明储量69亿立方米，分布面积211.8平方千米。黄花、绿豆、杏脯等特色农产品通过国家绿色食品认证，“大同黄花”“小明绿豆”先后取得国家原产地认证、农产品地理标志认证。

【经济发展概况】 2013年，全县生产总值22.68亿元，比2012年增长7.5%；公共财政预算收入1.61亿元，增长16%；农林牧渔总产值13.04亿元，增长12.2%；粮食总产量8828万千克，增长13.2%；工业总产值12.86亿元，增长17.8%；社会消费品零售总额12.88亿元，增长17.5%；城镇居民人均可支配收入1.5万元，增长9.8%；财政总收入3.43亿元，增长0.8%；农民人均纯收入6364元，增长12.5%。

结构调整成效明显。2013年完成固定资产投资69.3亿元，争取落实土地指标238公顷，促进了大同论坛、万昌物流、恒岳重工、玉鑫农牧等一大批项目落地生根。成功引进海尔—大同虚实网、郑州威厚IT产业、国家新能源检测实证基地等一批新兴产业项目。

特色种植规模发展。黄花新增面积1333.3公顷，总规模达到4000公顷，主导产业的品牌效应成效显现。蔬菜、杏果、杂粮面积分别达到5333.3公顷、6000公顷、1万公顷。84个村被省列为“专业村”。百园立农工程11个园区，完成投资4.3亿元，销售收入7亿元。各项惠农补贴全部发放到户。完成坊城河水头段河道治理、小型水库除险加固、党留庄膜下滴灌等惠农工程。

生态品质不断提高。投资8000万元，造林2666.7公顷。高标准完成县城到机场城际路、同源高速公路绿化52千米，生态建设成果不断巩固，被评为“全国绿化模范县”。两项节能工程、三项污染减排工程、两项水土保持和河流治理工程全面完成。

基础建设扎实推进。投资3亿元，先后完成西坪公园一期、城南路建设、汽车综合服务园、县城新增污水管网等工程，启动实施县城体育馆建设，城市品位明显提升。委托省规划设计院编制的县城总规和详规已基本完成。县城自来水供水管网工程完成可研批复。

（大同县人民政府办公室）

天镇县

【自然概况】 天镇县位于山西省东北部，地处山西、河北、内蒙古三省（区）交界处。全县辖有11个乡镇、221个行政村。2013年总人口20.9万人。

全县土地总面积1635.1平方千米，海拔高度在976～2106米之间。地貌特征为山区多、平原少，山区、丘陵、平原分别占总面积的51%、29%和20%。

天镇属大同断陷盆地，为大陆性北温带干旱区季风气候，四季分明，冬季偏长，风多雨雪少，蒸发量大，年均降水量400毫米，常年平均气温6.7℃，昼夜温差平均13.7℃，无霜期120天。

天镇没有煤炭资源，但其他矿产资源比较丰富，已探明的矿产有39种，地热水、铁、石墨、花岗岩、大理石、白云岩、玄武岩、霞石正长岩、泥炭等都具有一定的开采价值。

天镇现存文物古迹388处，国家级重点文物保护单位慈云寺、汉墓群和省级文物保护单位盘山石窟、古长城以及玉皇阁、惠庆塔等都具有较高的开发和观赏价值。

【经济发展概况】 2013年，全县生产总值18.89亿元，比2012年增长7.6%；工业总产值8.72亿元，增长26.8%；固定资产投资48.74亿元，增长54.5%；社会消费品零售总额7.65亿元，增长17.3%；财政总收入1.4亿元，增长16.7%；公共财政预算收入7048万元，增长28%；城镇居民人均可支配收入1.6万元，增长10.5%；农民人均纯收入4735元，增长12.5%。

项目建设成效明显。重点工程项目“六位一体”任务超额完成，项目落地完成率全市第三，重点工程建设完成率全市第二。新能源产业项目加快推进，华润大梁山二期50兆瓦风电和大唐30兆瓦光电项目顺利并网发电，全县并网装机总容量达到230兆瓦；晋能70兆瓦光电和华润神头山100兆瓦风电项目开工建设，华能武家山20兆瓦光电、北京国润天能沙屯堡50兆瓦光电和神华国华吉地山100兆瓦风光互补项目取得省发改委路条。招商引资力度加大，成功引进规划总投资7.2亿元的中地良种奶牛科技园项目，规划总投资3.5亿元的弘百发公司箱式变电站、消防泵、棚（地）膜系列项目。

现代农业稳步发展。同煤现代农业产业园、中地良种奶牛科技园两大龙头项目落地实施，土地流转等前期工作基本完成。设施农业规模不断壮大，全年新增各类蔬菜大棚5100栋，新建、改扩建规模养殖园区14个。产业链条逐步完善，博诚公司年产5000吨脱水蔬菜项目完工投产。北京东城区17家直营店运行良好，全年销售蔬菜及其他农副产品2.2万吨，营业收入8100万元。农村基础建设和扶贫开发工作扎实推进，发展节水灌溉2286公顷、膜下滴灌520公顷，解决了8个村、8000人的安全饮水问题，实施8个村的整村推进扶贫开发和1600人扶贫移民工程。农业综合生产能力持续提升，粮食总产量达到1.62亿千克。

城乡面貌变化较大。投资1.15亿元，完成迎宾路、武宁街1.8千米管网及道路改造工程，对沿街广告牌匾及建筑立面进行整治，高标准建成迎宾大桥。投资1.47亿元，完成县城集中供热一期工程，供热能力达到160万平方米，已实现供热13万平方米。推进华润天然气加气站及输配管网建设工程，实现接网供气4084户。滨河南街启动建设，南洋河治理工程顺利推进。开工建设保障性住房10万平方米、商品住房66.6万平方米，法律服务中心、国税综合业务大楼等启动建设，综合档案馆、汽车客运站投入使用。新平堡省级重点镇建设有序推进，慈云寺保护修缮工程全部完工。城乡清洁和亮化工程全面开展，配置各类设备430多辆（台），打造迎宾路、武宁街两条容貌示范街，新建垃圾填埋场1个，县城主要街道和164个行政村安装路灯4060盏。天大高速公路大梁山隧道工程加快建设，马走线宣家塔段改线工程完工通车。

生态环境逐步改善。投资约8000万元，实施京包铁路北侧万亩仁用杏基地、天大高速和马走线2条通道、18座荒山及3个出省口等八大绿化工程，绿化总面积4533公顷。实施逯家湾镇生态修复治理工程，完成治理面积440公顷，回填、挖除沙坑沙堆67处，实现占补平衡新造耕地147.3公顷，造林地239.3公顷，治理河道53.4公顷。

民生保障有力有效。通过县乡统建、农户自建等方式，完成新建住房4946间。高度关注弱势群体养老问题，新建农村敬老院3所，为1937名国有集体企业退休职工返还个人抵垫养老保险资金1066万元。打造天镇家政服务品牌，600多名农村妇女在北京等地工作。

（天镇县人民政府办公室）

浑 源 县

【自然概况】 浑源县国土总面积1968平方千米，地形呈“南山北坡中盆地”，山地、丘陵、盆地分别占总面积的56%、26%和18%，年降水量400毫米左右。2012年被确定为燕山—太行山片区扶贫县。

县内有煤炭、花岗岩、油页岩、正北芪等20多种资源，境内现有文物保护单位21处，其中，国家级重点文物保护单位7处。

2013年，全县总人口34.9万人。

【经济发展概况】 2013年，全县生产总值38.6亿元，公共财政预算收入2.19亿元，固定资产投资80.37亿元，农林牧渔业总产值16.43亿元，粮食总产量1.57亿千克，工业总产值32.18亿元，社会消费品零售总额25.1亿元，城镇居民人均可支配收入1.7万元，农民人均纯收入5143元。

现代农业加速培育。大力实施百园立农工程，粮食生产实现“八连增”。建成示范园区8个，新增黄芪规范化种植2330公顷、仁用杏等经济林860公顷、设施农业80公顷，春润、神农、泰丰等特色园区成为全市百园立农工程典型。“513”企业亮相山西省农展会和武汉国际农产品交易会，销售收入2亿元。“百企千村”产业扶贫工作扎实推进，“三园一中心”产业规划初步确定。实施完成一批农村饮水安全、中低产田改造和18个乡镇农村亮化工程，群众的生产生活条件显著改善。

产业转型步伐加快。百川煤业正式投产，全年生产原煤722万吨，上缴税费1.39亿元。花岗岩产业有序开发，全年生产整形料1.1万立方米，上缴税费2909万元。积极培育黑色花岗岩接续产业，与厦门泉州商会成功签约。大唐、国电两大风电项目投产发电20万千瓦，开工建设15万千瓦；低热值煤发电项目、抽水蓄能电站项目顺利推进。锦华能源废弃矿渣综合开发利用、大唐新能源风电检修、万众传媒等一批低耗高效项目落户园区，工业经济呈现出绿色、环保、可持续的新特点。

景区开发初见成效。大力实施名城复兴工程，修编规划5个，完成名城、名镇、名村、风景名胜区“四名”保护建设投资4493万元，被评为“省级文物保护先进县”。实施岳门湾古建修缮、索道迁建等一批景区基础设施建设项目，开发恒山文化旅游纪念品60余种。恒山系列宣传片多次登录央视重点栏目，全方位、多角度、深层次宣传大景区。恒山景区门票收入5503万元，接待游客90.3万人次，旅游产业总收入3.7亿元，分别增长9.9%、9.2%、5.7%。

城乡建设统筹推进。大力实施城镇提质工程，城镇化率36.1%。煤炭大楼、武装部大楼等新建项目主体竣工，铺开云阁街、会府街、天峰路北延等道路建设及新区地下管网基建工程，新区建设稳步推进。完成书院街、兴源街等道路建设和翠屏路、天峰路等道路改造工程，9条小街小巷道路硬化工程，启动实施商业街区、天峰南路东侧等七大片区开发工程，旧城改造全面提速。王繁、广源2条过境高速相继通车，洪朔线改线和大磁窑—张庄旅游专线工程有序推进，路网体系进一步完善。张庄、东辛庄等城中村改造以及中心集镇建设工程全面铺开，大县城战略初见成效。

生态建设成绩斐然。大力实施生态建设和城乡清洁工程，全县绿化覆盖率26.7%。投资1亿多元，完成50.8千米高速公路通道绿化工程、京津风沙源治理和退耕还林成果巩固工程，新增造林3867公顷。投资4000余万元，完成首都水资源保护、中小流域治理等一批水土保持工程。投资2300余万元，率先在142个“五类村”配备了专业设备和清扫人员，对重点区域、重点路段和居民生活区定期保洁。建立城乡清洁网格化长效管理机制，县城新增保洁面积28万平方米，主次干街道实现全天保洁。

民生事业明显改善。投资近1.2亿元，实施校舍建设、标准化操场和信息化建设三大工程。就业创业培训任务完成，省级创业基地县试点工作全面铺开。养老、医疗提标政策全面兑现落实，发放离退休人员遗属取暖补贴和公职人员带薪休假补贴1654万元，新农合补偿资金7899万元，发放城乡低保金8472万元，环卫工人早餐补助、低收入农户冬季取暖用煤依规落实。新开工廉租房、公租房、安置房26万平方米4368套，完成首批廉租房实物配租工作。投资5400万元，实施农村危房改造和抗震加固工程3400户，农村住房条件显著改善。

（李长春）

广　灵　县

【自然概况】 广灵县地处太行山北端，恒山东麓，东与河北省蔚县毗邻，南同灵丘县接壤，西和浑源县相连，北接阳高县和河北省阳原县。辖2个镇、7个乡、180个行政村。国土面积1283平方千米。2013年总人口18.6万人。

广灵属温带大陆性季风气候，年均气温7℃，年均降水量388毫米。平均海拔1650米，最高为西北六棱山顶2375米，最低为壶流河出境处930米左右。

广灵是一个传统农业大县，是大同市优质杂粮生产基地，也是国家扶贫开发重点县和山西省“晋西北和太行山革命老区扶贫开发”战略实施重点县。

矿产资源储量较大的仅有高钙石灰石和富镁白云岩，为国家级镁及镁合金产业基地。生态环境良好，绿化覆盖率18.9%，有湿地2000多公顷，2007年设立壶流河湿地省级自然保护区。

旅游资源丰富，历史文化底蕴深厚，享有“中国民间文化艺术之乡”“国际剪纸艺术之乡”“中国最佳文化生态旅游名县”等美誉。

广灵还是全省首家全国第54家国家级绿色农业示范区建设单位、“中国绿色名县”“国家首批绿色能源示范县”“国家首批有机产品认证示范创建县”、山西省文化建设示范县、山西省文化建设先进县。

【经济发展概况】 2013年，全县生产总值19.38亿元，比2012年增长7.5%；全社会固定资产投资48.81亿元，增长60.4%；规模以上工业总产值14.69亿元，增长4.9%；财政总收入1.77亿元，增长21.1%；农林牧渔业总产值10.53亿元，增长5.3%；公共财政预算收入0.87亿元，增长41.1%；社会消费品零售额7.89亿元，增长17.6%；农民人均纯收入4982元，增长12.8%；城镇居民人均可支配收入1.6万元，增长10.5%。

“大县城”建设成绩突出。城镇提质工程高标准、高质量推进，旧城区6条道路改造、13条县城道路建设、县城绿化工程顺利竣工，城中村改造有序推进，形成“一河两区”的大县城框架。广灵“大县城”建设被作为“广灵模式”在全市推广。大力实施城乡安居工程，开工建设城镇保障性住房200套，完成城镇保障性住房续建工程主体2175套、农村抗震改造400户、农村危房改造4100户。城乡清洁工程名列全市前

茅，被评为2013年省级卫生县城。17个重点推进村"四化四改"任务完成，被省委表彰为街道亮化先进县。

产业转型步伐加快。大力实施百园立农、百企强县工程，产业结构日趋优化。17个百园立农项目顺利实施，园区销售收入7.2亿元。订单种养面积3133.3公顷，"513"龙头企业销售收入10.05亿元。新增"一村一品"专业村12个。食用菌产值2.3亿元。粮食总产量1.43亿千克，实现四连增。广灵画眉驴获农业部2013年地理标志认证，广灵县被确定为全省15个肉羊养殖基地县之一。大力发展环保工业，化工、风电、生物质能发电、新型干法水泥等重点产业项目建设进展顺利，工业经济继续保持了平稳运行的良好态势。

民生事业协调发展。全县民生投入10.23亿元，占公共预算支出的81.7%。百校兴教工程扎实推进，打造示范校5所，建成标准化公办幼儿园3所，实施3所学校教师周转宿舍建设项目及8所幼儿园学前教育推进工程，完成5所村级幼儿园改扩建工程。收入倍增工程超额完成年度目标任务。新农合参合率99.7%，增长0.2%。"五保户"集中供养率21.3%，排在全市乃至全省前列。发放低收入农户冬季取暖用煤5.9万户，补助环卫工人早餐费每人每天6元。解决了7000人、1060头大牲畜的吃水问题。县级公立医院改革顺利推进。

生态文明不断进步。扎实推进生态建设工程，实施总投资1.98亿元的壶流河湿地省级自然保护区生态治理与保护、水神堂环境综合整治和水神堂公园绿化工程。完成太行山绿化400公顷、巩固退耕还林433.3公顷、荒山造林266.7公顷、世行五期造林153.3公顷、现代农业示范干果园区400公顷、京津风沙源治理1333.3公顷、高速通道绿化51.1千米，治理水土流失1266.7公顷，县城建成区绿化5.9万平方米。万元生产总值综合能耗下降3.6%。壶流河出境断面水质控制在四类标准以内。饮用水源地水质达标100%。县城二级以上良好天数337天。

文化旅游加快发展。名城复兴工程顺利实施，六棱山风景名胜区修路8千米，植树种草66.7公顷。祥和谷四季度假区项目完成投资近2000万元。大力实施"文化旅游提升"工程，成功举办文化旅游年，旅游产业总收入8.8亿元。文物工作再上新台阶，被授予"2013年全省文物工作先进县"称号。以剪纸为主的文化产业增加值达到8130万元，占全县生产总值的4.3%。

（广灵县人民政府办公室）

灵丘县

【自然概况】 灵丘县地处山西省东北部，大同市东南端。全县国土面积2732平方千米，耕地3.4万公顷。地形由85.8%的土石山区、8%的丘陵和6.2%的平川三部分构成。境内群山连绵，山水以海拔2234米的太白巍山和流经本县58千米、流域面积1611平方千米的唐河为代表。气候属半干旱大陆性气候，南山、川下、北山三个差异明显的气温带适宜多种农作物生长。全县辖3个镇、9个乡、254个行政村、414个自然村。2013年总人口23.8万人。

【经济发展概况】 2013年，全县生产总值31.5亿元，比2012年增长7.5%；公共财政预算收入2.3亿元，增长7%；农林牧渔业总产值6.99亿元，增长8.9%；粮食生产喜获丰收，总产量7992万千克，增长8%；工业总产值29.9亿元，减少12.5%；社会消费品零售总额23.74亿元，增长17.9%；城镇居民人均可支配收入1.9万元，增长9.5%；农民人均纯收入5195元，增长13%。

项目建设取得新突破。按照"六位一体"工作机制，项目储备、签约、落地、开工、建设、投产均超过年度计划。全年实施重点工程48项，其中，省级重点工程2项，市级重点工程46项，完成投资62.45亿元，占年任务的113.9%。组团参加"中洽会""中博会"和山西省首届"文博会"等省内外招商洽谈会6次，成功签约项目9个，签约资金147亿元。

经济转型迈出新步伐。县政府先后与山煤集团、山西大晋、盛世桑业、太原润生四家企业签订了战略合作协议，与太原美特好集团达成合作意向。围绕"百企强县"工程，以工业新型化为目标，大力发展循环产业和新兴产业。总投资1.2亿元的豪洋公司利用铁尾矿生产加气混凝土砌块项目，土建工程已完工；总投资9800万元的石工公司锰渣循环再生利用项目，一期工程已建成投产；风电、水电和珍珠岩深加工等一批新兴产业项目也均取得重大进展。共向中小企业发放贷款1.23亿元。

统筹城乡凸显新亮点。以城市治"五乱"、农村治"四堆"为重点，累计投入资金2819万元，开展大规模卫生集中整治和检查行动，出动人员5万余人(次)，动用大型车辆12万辆，清理垃圾9万多吨。全县共评选出环卫保洁示范街道和景观容貌示范街2条，示范乡2个，明星村5个，示范村24个，达标村140个。

民生事业再谱新篇章。全年投入教育卫生、社会保障、道路交通等民生支出达7.6亿元，实现了保工资、保运转、保民生、促发展的目标。围绕"百校兴教"工程，完成9所学校食堂建设工程和2所标准化幼儿园新建工程，基本完成城镇幼儿园主体工程。创建国家级人口计生优质服务先进县工作通过验收，中医院顺利通过二级甲等医院评审，新农合人均筹资标准提高到340元，参合人数18.8万人，参合率92%。围绕"收入倍增"工程，城市低保和农村低保标准每月分别提高30元和24元。新农保参保人数11.8万人，城镇居民养老保险参保人数达到1590人。扩大企业职工基本养老保险、失业保险、生育保险、工伤保险覆盖面，基本医疗保险达到应保尽保。完成8.2万户低收入农户冬季取暖用煤发放任务，为环卫工人每天补助早餐费6元。

（灵丘县人民政府办公室）

阳高县

【自然概况】 阳高县位于山西省东北部，山西、河北、内蒙古三省（区）交界处，国土总面积1678平方千米。辖 7 个镇、6 个乡、261 个行政村。2013 年总人口 27.7 万人。

全县三面环山，森林覆盖率 17%。最高海拔 2420.5 米，最低海拔 980 米，是典型的黄土丘陵区。气候属内陆干燥气候区，年平均降水量 400 毫米左右，无霜期 159 天。境内水资源居大同市各县区前列，河川径流量年平均达 8194 万立方米，地下水资源量达 1.24 亿立方米/年。

【经济发展概况】 2013 年，全县生产总值 25.65 亿元，比 2012 年增长 6.2%；公共财政预算收入 9422 万元，增长 8.8%；农村经济总收入 31.22 亿元，增长 15.9%；农林牧渔业总产值 20.88 亿元，增长 8.4%；粮食总产量 2.5 亿千克，增长 5.9%；规模以上工业总产值 15.64 亿元，增长 13.7%；社会消费品零售总额 9.04 亿元，增长 18.3%；城镇居民人均可支配收入 1.6 万元，增长 9.3%；农民人均纯收入 5186 元，增长 13%。

工业经济快速发展。一是全力推进重点项目建设。同煤橡胶输送带、御泉饮品矿泉水 2 个项目当年开工、当年建成。高锰酸钾项目土建工程基本完工，设备已订购。华电友宰南顶山风电项目一期工程 24 个风机吊装已完成，正在进行并网调试。金光公司和晨昀碳素两个技改搬迁项目于 8 月份开工建设。二是继续完善园区基础。完成园区服务中心大楼主体工程、白登河大桥扫尾工程、安泰路两侧绿化工程。三是大力开展招商引资。共引进河南减速机、山西国际电力 70 兆瓦光伏发电、大同阿特斯 50 兆瓦光伏发电、同煤阳高 2×350 兆瓦热电 4 个工业项目，引资额达 47.7 亿元。守口堡水库正式开工，白登河综合治理工程、污水处理项目前期工作顺利推进。四是作为“创建国家安监总局安全产业示范园区试点单位”的工业园区，基础承载力和对外吸引力进一步提升，被评为“全国最具投资潜力中小城市百强县”。

设施农业大步迈进。一是产业园区发展迅速。全年推进设施蔬菜、畜牧养殖、粮食高产创建、杏果采摘、农业观光旅游五大类 17 个项目，完成年度目标任务。列入市考核的 7 个项目，推进迅速，累计完成投资 4.31 亿元。全年生猪饲养量、奶牛存栏量、羊饲养量分别达到 92 万头、2.2 万头、50 万只，蔬菜总产量 5.9 万千克，粮食总产量实现“七连增”，达到 2.5 亿千克。二是农业基础不断夯实。通过实施小农水重点县、土地开发整理、中低产田改造等项目，新增耕地 85.5 公顷，改良耕地 700 公顷，发展膜下滴灌 600 公顷，新增水浇地 466.7 公顷。被评为全国蔬菜产业重点县、全省“一县一业”先进县、全省四大生猪养殖大县之一，全国粮食生产先进县。

城乡环境日益改善。以打造特色宜居县城为总目标，县城小街小巷硬化工程共硬化小街小巷 295 条 8.1 万平方米。维修公厕 28 座，新建公厕 5 座。集中供热工程投资 5860 万元，建设一网 4 千米，二网 8 千米，安装 80 吨锅炉 2 台。重点项目工程年内推进政府街、辕门街、阳光财富城、义和福地四大商业核心区建设，涉及商业面积 12 万平方米，住宅面积 6 万平方米，总投资 4.25 亿元。

社会事业全面加强。百城兴教工程规划总投资 9000 多万元，重点铺开 10 个工程项目，已完成投资 7000 多万元，新增校舍面积 5.2 万平方米，投资 400 多万元为阳高一中、阳高二中、阳高三中、新华小学、新建南关小学等学校解决集中供热入网问题，通过公开招聘为农村学校补充特岗教师 48 名。全县参合人口 21.5 万人，参合率 98.7%，人年均筹资水平由 2012 年的 290 元提高到 340 元。继续强化开展新型农村养老保险、城镇居民养老保险、社会保险工作，全县城镇基本养老保险参保 2.9 万人，新农保 16 万人，城镇基本医疗保险 4 万人，失业保险 8858 人，工伤保险 1.2 万人，生育保险 1.5 万人，社会保障体系进一步完善。强化就业创业服务，全年城镇新增就业 1365 人，下岗失业人员再就业 210 人，就业困难人员就业 114 人，城镇登记失业率 2.2%。扎实开展扶贫济困工作，认真实施国家扶贫开发试点、整村推进、饮水安全项目，2 万多农民的生产生活条件得到改善。

（阳高县人民政府办公室）

大同经济技术开发区

【自然概况】 大同经济技术开发区于 1992 年 11 月由省政府批准设立，2010 年 12 月经国务院批准，升级为国家级经济技术开发区。2006 年国务院四部委核准规划面积 8.2 平方千米，是山西省第二家国家级经济技术开发区，是大同市和晋北经济圈唯一的国家级开发区。开发区实行“一区多园”管理模式，目前管理区面积 30.2 平方千米（含规划面积 22 平方千米的两个医药工业园区）。行政管辖 1 个城南街道办和樊庄、蔚洲疃两个社区，人口 7050 人。入区企业职工 13000 多人。

【经济发展概况】 2013 年，全区生产总值 35.54 亿元，比 2012 年增长 6.6%；社会消费品零售总额 18.71 亿元，增长 16%；规模以上工业增加值 9.66 亿元，增长 8.1%；全社会固定资产投资 52 亿元，增长 26.8%；财政总收入 6.34 亿元，下降 1.4%；公共财政预算收入 3.07 亿元，增长 5.8%；外贸进出口总额 1.52 亿美元，增长 77.9%，其中，出口完成 15243 万美元，增长 77.2%，占全市出口总额的 72.6%。医药产值、利税分别完成 40.76 亿元、4.11 亿元，增长 8.1%和 23.7%。

下大力气推进招商引资。全年新引进中澳农产品国际加工物流港项目、大同国际医药物流园项目、中国北车集团大同电力机车公司活性炭升级技术改造项目、山西东方农产品交易及检测中心项目等项目 10 个，总投资 81.92 亿元，其中，10 亿元以上项目 3 个，30 亿元以上项目 1 个。这些项目建成投产后，年新增产值 278 亿元，利税 52 亿元；目前，正在洽谈和深入对接薄膜太阳能制造基地等 13 个项目，总投资 434.9 亿元。

扎实推进重点项目建设。全年储备项目投资3026.6亿元。签约项目4项，完成投资237亿元。落地项目省市两级重点项目17项，完成落地金额53.11亿元。开工项目省市两级重点项目19项，完成投资73.53亿元。建设项目省市两级重点13项，完成投资51.89亿元。投产项目省市两级重点项目16项，完成投资85.88亿元。

大力创优经济发展环境。依托品牌优势，加大政策资金扶持力度。年内成功获批"山西省中小企业创业基地"。目前，大同开发区已有国家级政策平台2个，省级政策平台6个。充分挖掘各类平台的政策叠加效应，争取各类项目扶持资金2485.2万元。将财政预算收入的10%列入带动性项目、科技创新、节能减排、生态环保、循环利用等方面项目扶持，年内对8个相关项目采取财政贴息、项目补助等方式扶持资金2780万元。积极协调推进省单列用地指标用于入园项目所需，切实保障了项目的较快落地。11月，经过中国质量认证中心审核，圆满完成了开发区ISO9001质量标准化管理认证，打开了国家级开发区国际化、标准化、规范化运行通道。

推动医药企业搬迁。医药企业搬迁是该区实现制药企业规模扩张、产业集聚和升级的重大举措。计划搬迁改造升级的11家医药企业总投资64亿元，已完成投资41亿元。年内重点推进国药威奇达、国药中抗、普德药业等3家建成药企达产达效；推进振东泰盛、同达药业、星宇星火等3家药企完成后续扫尾工程，即将认证投产；推进仟源、惠瑞2家在建药企开工；积极为天丰、利群、利丰3家企业搭建合作平台，加快兼并重组步伐。积极引导国药威奇达对维敏、星宇星火及仟源部分生产线的重组，同达对亚宝、光明的重组，促进医药产业资源、技术、市场的优化和竞争力的扩张。11家医药搬迁企业全部达产达效后，预计可实现工业总产值129.7亿元，实现利税24.96亿元。经过近年来的持续发力推动，目前，医药园区已成为全省最大的医药产业集聚龙头，享有国家级政策品牌1个，省级政策品牌6个。

民生及社会事业投入加大。全区财政直接民生支出5887万元，增长17.4%，占公共财政预算支出的16.9%。为3046户低收入农户供应冬季取暖爱心煤，为环卫工人每天补助早餐费6元，为辖区50岁以上居民发放生活补贴282.2万元。按照动态管理的原则，将樊庄、蔚洲疃两社区279户602人纳入低保，每人每月提标30元。积极扶持规模种养业，鼓励农民合资办集体企业，带动辖区两社区居民人均纯收入9520元，比2012年增长10%。启动并开工了蔚洲疃城市棚户区改造工程，一期14万平方米，20栋楼的主体工程开工建设。樊庄城市棚户区改造项目争取列进全市重点民生工程，一期750套，7万平方米安置住房将于2014年开工。年内投资295万元，完成2所小学多媒体班班通、视频监控建设系统。

（大同开发区管委会）

阳泉市

【自然概况】 阳泉市地处山西省中东部，太行山中段西侧，全境国土面积4570平方千米，其中，山地占73.6%，丘陵占13.7%，平原占12.7%。现辖平定县、盂县、郊区、城区和矿区5个县（区），一个省级经济技术开发区，共有32个乡镇，12个街道办事处，960个行政村。2013年总人口138.6万人。

阳泉是典型的资源型城市。境内矿藏资源丰富，已探明的矿藏多达52种，是全国重要的无烟煤生产基地和四大耐火材料生产基地之一。建市以来，累计生产原煤16亿吨，每平方公里产煤35万吨，是全国单位面积产煤最多的地区。

阳泉旅游资源丰富、自然风景秀丽。现已发现文物古迹432处，国家、省、市级文物保护单位27处。境内有驰名中外的万里长城第九关、唐代平阳公主驻守的娘子关，有风景如画的千古绝唱春秋时期赵氏孤儿藏身之处——藏山旅游景区，有历代文人学者隐居治学的冠山书院，有近代著名女作家石评梅的故居，有比八达岭长城早150年建成的中山国古长城，还有水温达80℃、医疗保健效果神奇的梁家寨温泉等。

阳泉是山西的东大门，位于太原和石家庄之间，是中西部地区连接京津唐、环渤海地区和沿海发达地区的重要通道，具有承东启西、东进西联的区位优势。境内铁路纵横交错，公路四通八达。石太铁路、石太高速铁路客运专线、石太高速公路、太阳高速和307国道横贯东西，阳涉铁路、阳五高速及207国道纵贯南北。阳泉距太原和石家庄机场均不足一小时车程，空中交通便利。

【经济发展概况】 2013年，全市生产总值611.8亿元，比2012年增长7%；社会消费品零售总额256.1亿元，增长13.5%；公共财政预算收入46.79亿元，下降17.8%；城镇居民人均可支配收入2.3万元，增长6.8%；农民人均纯收入达到9742元，增长12.2%。

转型步伐加快。河坡发电公司2×35万千瓦项目地面以下土建工程基本完工，中广核风电公司风力发电项目开工，盂县鑫磊2×35万千瓦和阳煤远盛电厂2×35万千瓦项目取得路条，山西国际能源裕光煤电2×100万千瓦项目有望近期取得路条，正在积极争取南煤集团西上庄2×60万千瓦项目。扩大煤化。阳煤集团盂县"24·40"尿素项目试车成功，平定年产60万吨乙二醇项目加紧前期工作。创新冶金。兆丰铝业氧化铝二期70万吨项目投产，20万吨高精铝板带一期12.5万吨项目试运行。做大旅游。梁家寨大宋温泉度假景区酒店试运营，藏山风景区生态景观大道建成通车，娘子关、水神山等重点景区建设加快推进。

"三农"工作扎实推进。粮食总产量2.91亿千克，再创历史新高。新发展"一村一品"专业村160个，累计达到247个。新增设施蔬菜70.7公顷，栽植干果经济林2933.3公顷，种植中药材866.7公顷。积极推进华北奕丰生态园等一批特色现代农业示范园区建设。全市农产品加工龙头企业销售收入17.6亿元,增长43%。启动"22233"百企千村产业扶贫开发工程。104个新农村建设重点推进村、3个集中连片示范区建设进展顺利。

城市综合承载能力得到提升。加快推进阳五高速、西环高速、307复线等一批公路建设工程。启动道路畅通工程,实施洪城路拓宽和南大东街、桃南中街、南山南路大修等道路工程,保晋路、桃北东路、平坦立交桥续建等工程相继建成通车,在政府广场和新一中等一些道路的关键节点修建了地下通道、过街天桥,撤并公交站点、优化线路、建设公交港湾,交通拥堵的状况得到初步缓解。作为全国试点城市,加快"智慧阳泉"建设,完成28个部门单位的信息化系统整合接入工作,市区和县城主要公共场所实现了无线互联网免费全覆盖。完成城市总体规划、市域总体规划和生态新城控制性详规。成立生态新城建设管委会,搭建投融资平台,确定了六大类35个新城建设项目,新城大道供热、供水管网等工程基本完成。继续推进大县城和中心镇建设,全市城镇化率达到64%。与此同时,着眼于打基础、利长远,重启了娘子关二期供水工程,积极谋划推进阳泉北站至大寨的城际铁路建设。

生态文明建设不断加强。实施大气污染防治"净空工程",狠抓节能减排和生态环境治理。全年万元生产总值综合能耗下降3.5%,化学需氧量、氨氮、二氧化硫、氮氧化物、烟尘、粉尘分别下降0.7%、0.5%、4.9%、6.8%、7.6%、3.9%,均提前超额完成省下达的减排任务,市区二级以上天数329天,空气质量稳定达到国家二级标准,地表水出境断面水质趋好。完成营造林8426.7公顷,阳泉市被评为"全国绿化模范城市"。

民生继续改善。全年民生支出占公共财政支出的76.5%。新增就业2.5万人,城镇登记失业率控制在3.1%。启动实施城乡居民医疗大病保险试点工作,全市社会保险综合覆盖率95%以上。制定实施稳定物价的十条措施,平抑物价取得明显成效。新建保障性住房7035套,基本建成1万套。

(赵成全)

阳泉市城区

【自然概况】 阳泉市城区是全市政治、经济、文化中心和商贸、物流、信息的主要集散地,是全市城市化进程的第一平台。城区位于市境中部偏南,西邻矿区、北接开发区、东南两面与郊区相连,辖区面积16.2平方千米,约占全市总面积的0.4%。下辖上站、下站、北大街、南山、义井、坡底6个街道办事处、44个社区居委会,2013年总人口19.5万人。

【经济发展概况】 2013年,全区生产总值140亿元,比2012年增长6.2%;服务业增加值115.6亿元,增长8.5%;全社会固定资产投资66.9亿元,增长20.2%;社会消费品零售总额144.36亿元,增长21.5%;公共财政预算收入5.04亿元,增长86.7%;城镇居民人均可支配收入2.4万元,增长10%。

着力推进重点项目,经济总量稳步增长。按照"六位一体"和"项目推进年"的总体要求,严格落实区级领导包保重点项目责任制,强化全程跟踪服务,强力推进重点项目。全年项目储备动态保持在353个,总投资2001亿元左右;签约项目34个,总投资141亿元;落地项目53个,总投资82.65亿元;开工项目29个,总投资47.41亿元;56个省、市重点工程累计完成投资73.41亿元;16个项目先后投产,项目总投资49.66亿元。

加大招商引资力度,发展活力持续增强。深入实施大开放、大招商战略,以开放增活力,以开放促发展。组团参加中博会、厦洽会、广洽会等大型招商活动,组织具有城区特色的面塑、剪纸两项优秀文化产品参加全省首届文博会。成功举办阳泉与深圳山西商会招商合作洽谈会,诚邀广东省物流协会两次来城区协商物流园区合作项目。全年共引进各类外来资金30.68亿元,综合考评排名全市第一。

加强城市建设管理,市容环境持续改善。2013年新增绿化面积6.5万平方米,绿化覆盖率36.9%,绿地率33.4%,人均公共绿地面积16.7平方米。深入持久地开展城市环境卫生整治,连续18年获得省级"卫生区"称号。强化治污减排工作,加强烟尘控制区和高污染燃料禁燃区建设,辖区空气质量优良率达90%。

切实保障改善民生,促进社会公平正义。始终把改善民生作为政府工作的出发点和落脚点,全年投入民生领域的财力占到区公共财政预算总支出的66.2%。深层推进素质教育,教育教学质量保持全市领先水平。义务教育标准化学校建设通过省级验收,区青少年校外活动中心和青少年国防教育基地如期竣工。大力实施学前教育推进工程,荣获"山西省实施'学前三年行动计划'先进县区"称号。全年新增就业3395人。加强社区卫生服务机构示范创建工作,1所国家级、7所省级示范社区卫生服务机构通过专家复评。21家社区卫生服务机构全部落实了基本药物制度,区人民医院所有药品实行零差率销售。全面落实最低生活保障制度,全年共发放保障金2756.7万元。严格执行廉租住房政策,新增实物配租160户,启动了200套廉租房、公租房建设工程。

(阳泉市城区人民政府办公室)

阳泉市矿区

【自然概况】 阳泉市矿区地处山西省中部东侧,太行山中段西麓,位于市区西部和南部,属温带大陆性季风气候。辖区总面积19.1平方千米,分旧区和新区两块,旧区位于市区西部,共9.8平方千米;新区在贵石沟地区,共9.35平方千米。全区共设5个街道办事处,38个社区居民委员会。2013年总人口24.7万人。

矿区境内矿产资源蕴藏丰富,可开采的矿产资源有10余种,开采价值较大的主要是无烟煤、煤层气、硫铁矿等,优质无烟煤可采储量21亿吨,煤层气年供气量达3600万立方米,是全国最大的无烟煤生产基地。

【经济发展概况】 2013年,全区生产总值163.9亿元,比2012年增长4%;规模以上工业增加值135.6亿元,增长3.2%;固定资产投资93.8亿元,增长20%;公共财政预算收入3.2亿元,增长6.7%;社会消费品零售总额18.7亿元,增长10.9%;城镇居民人均可支配收入2.4万元,增长9.4%;财政总收入7.06亿元,增长13.8%,增幅连续3年位居全市县(区)第一。

总部经济稳健发展。实施区级领导联系企业制度,将总部经济扶持范围扩大到区域内的重点纳税企业,保持了区域税源的稳定。引进的阳煤原材料供应商、中间商户数比2012年增长45.7%,新增税源实现税收近千万元,比2012年增长1.2倍。全面实施《促进总部经济发展的意见》《扶持税域内企业发展的办法》,应付账款质押等金融创新模式全面开展,依托政、银、企金融扶持平台帮助企业融资8800余万元。着力推动商贸企业向实体经济转化,5户供应商发展为实体企业。以"飞地"模式引进7个项目,共计投资24.3亿元。

第三产业特色显现。落实《加快第三产业发展意见》《加快家庭服务业实施办法》等政策。中国工业版画阳泉研究院落户矿区,洪城河文化广场正式挂牌启用,国家级"矿区基层文化园区服务业标准化试点"通过国家中期验收,煤雕、铝箔画等5大类百余件产品参加了首届山西文博会展出。北京易盟公司矿区分公司注册成立,95081服务平台初步搭建。新建蔡东、蔡西等12个社区便民蔬菜直销店。建成马家坪、段南沟2个"15分钟便民商圈"。全区三产增加值20.8亿元,增长7.8%。

项目建设扎实开展。2013年,围绕项目建设狠抓招商引资,包装项目67项,总投资488.2亿元;签约45项,协议利用外资124.5亿元,到位资金32.6亿元。签约和到位资金均排名全市第二。

发展环境不断优化。着力搭建企业发展平台,区中小企业创业基地通过省级认定,争取省级发展资金415万元。继续加大科技支持力度,为25项科技项目配套687万元,对236项专利发放资助(奖励)15万元。扎实推进"品牌兴区""质量兴区"等活动,新增1家山西省名牌产品,2户企业荣获"山西省守合同重信用"称号,15家企业被评为A级以上质量信誉等级企业。全区民营经济总收入17.9亿元,增长12%。

生态环境治理持续加强。提升绿化水平,新建、改造绿地9.6万余平方米,增设花柱、挂盆2600余个(盆),完成矸山绿化357.5公顷。推进环保模范城市创建,空气质量二级以上天数329天。

社会管理创新进一步加强。立足顶层设计,在各社区实行"一委一居一中心"管理模式,形成覆盖全区的高效管理格局。继续完善食品安全三级监管网络,构建起责任明确、反应迅速、覆盖全面的监管体系。以桥头街道为试点,探索实施区直管社区"扁平化"管理综合体制改革,在工作层面上撤销桥头街道办事处,将原先的7个社区调整整合为5个,变"区—街道—社区"三级管理体制为"区—社区"直管体制。着眼于提高运行效率,将13个部门、53类信息充实整合到区级社会服务管理指导中心,与升华等驻地企业建立起信息共享、快速反应的联动机制,受理网格员上报的居民生产生活问题7654件、办结率99%。以创新项目为依托,着重加强重点人群服务管理,特困帮扶基金会帮扶困难群众3847人/次,共计540余万元。

扎实落实各项惠民举措。全年新增就业3156人,失业率控制在3.9%以内,各项社会保险参保率均超额完成市下达的任务。低保标准上调到380元。全年发放义务兵优待金、重度残疾人特殊救助金、普通高中经济困难学生资助等政策性惠民补助资金4145万元。退养居干生活补贴、社区干部津贴每人每月分别提高50元、100元。规范落实30套廉租住房实物配租工作,完成28户贫困残疾人家庭无障碍改造。在平潭步行街等5个公共场所实现免费无线网络覆盖。

(阳泉市矿区人民政府办公室)

阳泉市郊区

【自然概况】 阳泉市郊区处于山西省东部,环绕阳泉市区。全区总面积617平方千米,耕地7866.7公顷,辖4个镇、4个乡、184个行政村,2013年总人口28.8万人。

郊区气候属于温带大陆性气候,年平均气温11℃,年平均降水量572毫米,无霜期221天。

境内现有无烟煤、铝矾土、硫铁矿、黏土、铁矿石、白云石、石灰石、石英砂、紫砂陶土等10多种得天独厚的矿产资源,是全国四大耐火材料基地之一。

人文环境优良,民风淳朴,有全国现存最早的宋代建筑玉泉山关王庙,清代民居建筑银圆山庄,近代女杰、著名女作家石评梅女士的故居石家花园,中国历史文化名村小河村,4A级国家旅游景区翠枫山等一批人文景观和旅游景点。

【经济发展概况】 2013年,全区生产总值78.3亿元,比2012年增长11.2%;公共财政预算收入5.2亿元,增长1.9%;规模以上工业增加值27.1亿元,增长15.4%;固定资产投资70.7亿元,增长26%;社会消费品零售总额12.9亿元,增长10.3%;农民人均纯收入1万元,增长11.8%;城镇居民人均可支配收入1.9万元,增长10.3%。

重点工程项目有序推进。认真落实项目"六位一体"工作机制,全年引进百万元以上经济技术合作项目66项,实际到位资金75.8亿元;实施投资项目100个,完工41个,完成投资45.8亿元,以河坡电厂"上大压小"、华佳发煤站扩建、宝鑫现代养殖场为重点的"336"工程项目进展顺利。东城科技创新园项目规划全面启动,307复线小微企业集聚区打造平台200公顷,阳煤集团龙兴腾森铸造等7个项目顺利入驻。继续加快传统产业改造提升,保安煤业150万吨项目投入生产，鸿泰煤业45万吨项目转产验收，旧街、神堂和坡头等标准化矿井建设以及联合荣大与恒源耐火重组项目有序实施。

农业农村工作扎实有效。全年生产粮食2994万千克，生猪存栏达到5.4万头，蛋鸡存栏200万只，奶牛存栏1032头，新增温室大棚13.3公顷、果园86.7公顷、养殖小区10个、省级“一村一品”专业村11个。裕盛源调味品生产线建成投产，宝鑫养殖场建设顺利推进。成功举办桃林沟第十届“桃花节”、第四届“关公文化旅游节”和西南舁首届“苹果采摘节”，一批乡村旅游项目悄然兴起。184个行政村清洁工程全面启动，81个行政村街道亮化全部完工，新增的15个省级新农村建设重点推进村“四化四改”和“五个一”工程全面完成，平坦镇芦湖等4个村顺利搬迁。

人居环境质量明显提升。荫营城区“五网”全部入地，供水、供热管网改造顺利完工，大型运输停车场建设有序推进。京昆高速17.7千米通道绿化全面完成，全区新增造林面积2000公顷，森林覆盖率达到25.8%。积极配合生态新城重点工程建设，漾泉大道一期进入扫尾阶段，保晋路拆迁如期完成，珍宝园建设、市检察院技侦中心大楼等工程进展顺利。大气污染防治有效加强，“4+2”约束性指标严格控制在市下达指标范围之内，荫营城区二级以上天气达到337天，荫营镇跨入“省级生态乡镇”行列。

社会各项事业全面进步。2013年，区财政划拨175万元为487名村办幼儿教师每人每月补助300元，新招聘的40名幼儿教师和50名小学教师全部上岗，桃林沟等5所标准化幼儿园投入使用。实现了60岁以下村医养老保险全覆盖，新选聘的40名大学生村医充实到基层一线，为81个村级卫生所配备了血糖仪、制氧机等医疗设备，区急救中心和李家庄、杨家庄卫生院改造工程圆满完成。特别是公立医院改革全面启动，区医院与北京301医院开通了远程诊疗系统，实行了新农合“一卡通”和参合农民住院免缴押金等惠民措施，群众看病难、看病贵的问题得到有效缓解。全年新增城镇就业岗位4010个，转移农村剩余劳动力2812人，建成保障性住房808套，完成农村危房改造100户，荫营敬老院获“全国文明敬老院”称号，“暖心煤”发放在8月底提前完成。“为生命护航”行动深入开展，出生人口素质有效提高。全年申请专利240余件，10家企业成为省、市专利工作试点。

（阳泉市郊区人民政府办公室）

盂　县

【自然概况】　盂县位于山西省东部、太行山西麓，隶属阳泉市。北依五台县、定襄县，西接阳曲县、寿阳县，南连阳泉市郊区、平定县，东邻河北省平山县、井陉县。全县国土总面积2442平方千米，占全市国土面积的51%，辖8个镇、6个乡、453个行政村。2013年总人口约31.7万人。

盂县地域广阔，境内以山地为主，拥有西烟川、苌池川、城坪川3个山间盆地。全县属温带大陆性气候，年平均降水量530毫米，年平均气温9.1℃，平均无霜期179天。

【经济发展概况】　2013年，全县生产总值137亿元，比2012年增长8.8%；公共财政预算收入6.92亿元，下降25.5%；农林牧渔业总产值7.6亿元，增长8.4%；粮食总产量1.35亿千克，增长1.5%。工业总产值184.7亿元，下降2.8%；社会消费品零售总额41.26亿元，增长14.6%；城镇居民人均可支配收入2.3万元，增长9.6%；农民人均纯收入9800元，增长12.2%。

高度重视“三农”工作，现代农业提质增效。粮食生产实现“十连增”，总产量达到1.35亿千克。新建科学储粮小粮仓6000套。华北奕丰科技园、新布衣生态农业、金地苗圃基地等项目先后建成运行；以康泰来生态农业、鑫源伟业种羊基地为主的西烟现代农业示范园区建设取得重要进展，规模化种植、养殖不断向前推进。全年新增蔬菜日光温室33.3公顷，全省设施农业现场会在盂县召开；全年新增核桃种植面积1333.3公顷，种植中药材700公顷、万寿菊333.3公顷；肉牛、肉羊、生猪、蛋鸡饲养量分别达到7000头、11.3万只、17万头、60万只。开展种植、畜牧、林木保险工作和设施蔬菜保险试点工作，实现了玉米、能繁母猪、林木保险全覆盖，全年新增“一村一品”专业村28个。大寨核桃露、乌河小杂粮等农产品加工企业稳步发展，“513”农产品加工销售收入8.8亿元。农村经济总收入112亿元。

全力推进项目强县，产业转型步伐加快。制定实施转型综改试验2013年行动计划，全年新建、续建重点建设项目106项，完成投资133.6亿元，是近年来项目建设数量最多、投资最大的一年。其中，鑫磊66万吨冶金灰项目、跃进煤业120万吨技改项目、东坪煤业充填式采煤项目、阳煤化工一期项目、吉天利铅酸蓄电池项目、鲁中耐材7万吨铝矾土均质料和3万吨高铝制品耐材项目、昕亮木业红木家具和铝木复合门窗等项目相继建成投产或投入试运行。中节能扬德煤层气发电项目、中广核一期5万千瓦风电项目、辰通煤业和路家村煤业技改项目、燕莎—鑫帝城购物广场等项目建设进展顺利。

抓好城镇化建设，城乡一体协调进步。突出抓好城乡路网、公共交通、给水供电等基础功能的提升完善，城镇化率达到36.8%，提高1.7个百分点。高城山路二期、藏山景区观光大道、盂上线道路拓宽改造和孙交线交口至土塔段改造工程相继建成并投入使用。天然气公司至藏山游园外环公路、刘家村至鹿峪村运煤专线开工建设。积极发展城乡公交，县公交客运有限公司投入运行，新增天然气客车47辆，有力地推进了城乡公交一体化。县城二期供水工程进展顺利，完成水源井及水源地管网建设。仙人乡、梁家寨乡旱井水质净化工程和集中供水工程全部完工，解决了10个村7000多人的安全饮水问题。对黄树岩水库和灯花水库进行除险加固。龙华口水库移民新村建设和移民搬

迁安置加快推进。330个行政村街道亮化工程全部完成。

倾力发展民生事业，人民生活稳步提高。为民承诺办理的10件实事基本兑现。更加注重就业工作，全年新增就业4108人，公开招聘教师51名、公务员26名，安排困难大学生100名，城镇登记失业率控制在3.9%。更加注重社会保障，企业退休人员、城乡低保对象和农村60岁以上老人养老金均按提标标准发放到位，社会保险覆盖率97.9%。县中医院新建工程完成主体，城镇居民医保和新农合财政补助发放到位，新农合参合率和城镇医疗参保率分别达到99.8%、98%。开展基本公共服务工作，为城乡居民建立了健康档案，为特定人群进行免费体检。新建完善的县第四中学、第四实验小学和孙家庄中学投入使用，7所中心幼儿园完成改扩建；盂县一中后勤社会化管理优化改善，减轻了学生负担；高考二本以上达线人数901人，创历史新高。全年申请各项专利79件，被科技部确定为"国家可持续发展实验区"。完成保障性住房建设932套、农村困难家庭危房改造900户、农村残疾人危房改造60户。为每户农民发放1吨"暖心煤"，并为农村人口每人发放50元冬季用煤补贴。

（盂县人民政府办公室）

平 定 县

【自然概况】 平定县位于山西省中部东侧，是山西的东大门。东邻河北井陉，西连寿阳，南毗昔阳，北接阳泉市郊和盂县。素有"文献名邦"之称，是中国刻花瓷艺术之乡。县境东西最长处54千米，南北最宽处50.4千米，全县面积1394平方千米。辖10个乡镇、318个行政村。2013年总人口34万人。

境内资源丰富，山川秀美，交通便利，有"晋冀通衢"之称。现已探明的30多种矿种中尤以无烟煤、高铝黏土、硫铁矿、石灰石著称，其中以煤炭为最，孙中山先生曾有"以平定煤，铸太行铁"之说。境内娘子关、冠山书院、固关长城、浮山、药林寺等旅游景区名扬三晋。

【经济发展概况】 2013年，全县生产总值81.95亿元，比2012年增长11.5%；公共财政预算收入4.7亿元，下降14.5%；规模以上工业增加值32亿元，增长17.7%；粮食总产量1.26亿千克，增长4.1%；全社会固定资产投资112亿元，增长26%；社会消费品零售总额28.5亿元，增长14.5%；城镇居民人均可支配收入2.1万元，增长9.9%；农民人均纯收入9240元，增长12.5%。

大力开展"项目推进年"活动，项目建设实现新突破。全年共实施94个重点工程项目，总投资465.27亿元，完成投资118.33亿元。

现代农业稳步发展。福润禽业3000万只肉鸡加工项目正式投产，带动4个10万只规模肉鸡养殖场以及其他场（户）出栏肉鸡126万只；蛋鸡、生猪饲养总量分别达到134.6万只、21.6万头，被评为"畜牧业生产先进县"。设施蔬菜、优质核桃、优质小杂粮种植面积分别达到220公顷、8800公顷和386.7公顷。8个"513"农产品加工龙头企业销售收入4.33亿元，增长21.6%。新发展"一村一品"专业村49个，累计达到78个。

新兴工业不断壮大。"煤与非煤"联动发展，工业增加值38.77亿元，增长17.1%。汇能煤业转入生产矿井，冠裕煤业、富鑫煤业进入联合试运转；煤炭产量247.9万吨，增长22.7%；阳煤乙二醇、阳煤远盛热电、兆丰高精铝板带等煤电铝、煤化工项目实施顺利，非煤产业增加值占规模以上工业增加值的38.9%。投资1.8亿元打造的王家庄产业园区初具雏形。财政投入1000万元，撬动建行"助保贷"资金近1亿元，解决了中小企业融资困难。实施品牌兴县战略，莹玉牌骨质瓷获得中国陶瓷工业协会"中国陶瓷行业名牌"产品称号，"黄安""冠窑""龙筋"被认定为省著名商标。

第三产业有效突破。理顺冠山景区管理体制，平东红色旅游发展势头良好。农资配送储藏物流园建成运行，晋东商贸物流园一期完工。整合交通行业资源，组建山西新东方交通集团有限公司。服务业完成增加值31.09亿元，占全县生产总值的37.9%。

启动实施"三城联创"，新型城镇化建设步伐加快。城镇规划不断完善。县城总体规划、县域城镇体系总体规划通过评审，龙川工业园区、张庄新型工业产业园区总体规划、西部新区控制性详规以及张庄镇、巨城镇2个乡（镇）的总体规划修编完成，完成国家级卫生城、省级园林城和省级环保模范城的规划编制工作。基础设施建设力度不断加大。太旧高速公路平定出入口、烈士陵园路和七亘隧道等改造工程竣工。阳左高速、国道307复线水峪至娘子关一级公路、冠山舍利文化园旅游专线等主体完工；王家庄产业园区路、阳五高速平定北互通连接线、药林寺旅游公路序时推进。阳泉汽车客运南站平定总站完成"三通一平"，自强路（南关段）、评梅西街延伸段、新北大街主体完成。新增煤气用户4773户，达到3.8万户。新增集中供热用户2000余户，达到3.5万户，供热总面积达到410万平方米。

切实加强生态建设，城乡环境明显改观。推进娘子关饮用水源地污染企业关闭搬迁等生态环境治理工程，全面完成二氧化硫、氮氧化物、烟尘、工业粉尘、化学需氧量、氨氮六项污染物减排任务，县城二级以上天气天数349天，环境空气质量稳定达到国家二级标准，地表水出境断面（南坪断面）达到四类水质标准。万元地区生产总值能耗下降4.7%，万元工业增加值用水量下降7%。营造林1758公顷，荣获"全省林业六大工程建设先进单位"称号。318个行政村配备保洁人员763名、建设村级垃圾池1878个、配置垃圾清运车辆319台、启动了10座垃圾中转站选址建设，农村环境卫生得到改观，荣获省城乡清洁工程先进县称号。

加快发展社会各项事业，民生福祉不断提升。全年财政用于民生领域的投入9.4亿元，比2012年增长14.6%。完成省、市、县三级政府承诺为民兴办的17件实事。努力稳定扩大就业，新增就业4251人，城镇登记失业率控制在3.9%。实施保障性住房工程，253户城镇低收入家庭喜迁嘉山一期廉租房，改造农村危房200户。发展医疗卫生事业，高标准建设100个村级卫生室，提高了新农合和城镇居民基本医疗保险财政补助标准。成功创建省级慢性病综合防控示范县，县中医医院和鹊山村被联合命名为省级中医药文化宣传教育基地。发展教育文化事业。在全省率先实行公交车集中免费接送义务教育阶段寄宿制学生。冠山书院、开河寺石窟、天宁寺双塔被国务院核定公布为第七批全国重点文物保护单位，西锁簧、瓦岭、娘子关、上董寨、下董寨被住建部、文化部、财政部联合公布为第二批“中国传统村落”“下董寨跑马排春节习俗”“黄瓜干制作工艺”成功申报省级非遗保护项目。高标准改造县体育场及文化宫，为30个偏远乡村免费送戏下乡222场（次）。打造“无限古州”，县城主要公共场所无线互联网免费全覆盖。推进城乡公交客运一体化工作，县城及10个乡（镇）实现公交客运全覆盖，309个行政村开通客车。全县70周岁以上老年人、现役军人、残疾人实现了乘坐城乡公交全免费。保质保量免费为10万余户低收入农民每户发放1吨爱心煤。

（平定县人民政府办公室）

阳泉经济技术开发区

【自然概况】 阳泉经济技术开发区创建于1993年2月。开发区位于阳泉市市区的东北部，区域总面积10.1平方千米，分东、西两区，其中，西区规划建设面积1.3平方千米，东区规划建设2.5平方千米，辖区内共有5个行政村。

【经济发展概况】 2013年，全区生产总值13.01亿元，比2012年增长14.5%；规模以上工业企业增加值3.39亿元，增长11.9%；固定资产投资28亿元，增长26%；社会消费品零售总额10.34亿元，增长10.4%；外贸进出口总额5546万美元，增长3.8%。财政总收入2.98亿元，增长10%；公共财政预算收入1.72亿元，增长20.7%。

【园区转型发展特点】 项目质量得到提高。2013年项目建设“六位一体”完成项目储备628.08亿元，签约113.8亿元，落地43.02亿元，开工41.88亿元，省、市重点工程完成投资57.43亿元，项目投产完成68.96亿元，完成率综合排名全市第二。努力引进重大项目，投资7亿元的阳泉同方信息港项目正式签约，建成后将与百度云计算联手成为推动开发区乃至全市信息产业发展的重要引擎。突出抓好高新技术人才和项目，在“传统项目向高新技术项目转变、招商引资向招才引智转变”方面取得突破，签订了智能视频监控软件开发项目协议、LED蓝宝石研究项目协议等，高速光收发器项目、“阳泉北美产业园”项目和盛世光明软件项目等一批人才和项目引进正在积极洽谈中，开发区海外人才创新创业基地的作用逐步凸显。大力推进重点项目，为百度公司有效解决了电价、税收等问题，为晋东物流园项目推进扫清障碍，协助红星美凯龙举办了对外推介招商活动。积极发展中小项目，刻花瓷文化产业创意园项目奠基，奇瑞4S店、大众4S店、奥迪4S店与丰田4S店等，共同打造阳泉市汽车销售、维修新园区；标准化厂房的建设、总部经济大楼的落成和小微企业服务站的成立，将为众多中小项目的入区提供更加良好的环境。

城市建设呈现新亮点。投资9000万元，完成拆迁扫障3.9万平方米，保晋路实现全线通车。完成天津路改造、青岛南路建设工程。完成北山公园西大门的规划设计和方案论证，2014年有望开工建设。按照“建设”与“管理”并重的原则，开展市容环境集中整治活动、泉中路道路两侧违章经营专项整治等活动，完成ISO14001环境管理体系认证。

社会事业取得新进步。社会保障：开发区成为全市唯一的“五险统征”试点区，太行工贸公司、五龙房地产公司承担的保障性住房建设任务全面完成。综合治理：社会服务管理指导中心正式投入运行，全市“天网”工程建设现场会在开发区召开。教育事业：下五渡幼儿园主体完工，阳泉十中校园文化建设受到社会好评。社区建设：康达社区迁入新址，成为开发区第一个标准化社区。大华、桃源等社区基础设施进一步完善。安全生产：形势持续好转，未发生重大安全生产事故。

长治市

【自然概况】 长治位于山西省东南部，与河南、河北两省接壤，平均海拔1000米，地处太行山之巅，有“与天为党”之说，史称“上党”，宋代大文豪苏东坡曾在这里留下“上党自古天下脊”的美丽诗篇。现辖13个县（市、区）和1个高新技术开发区，总面积1.4万平方千米。2013年总人口338.8万人。

长治是华夏文明的重要发祥地。炎黄始祖炎帝神农氏曾在这里“尝百草、得五谷、教民耕种”，实现了人类从游牧到定居、从渔猎到农耕的伟大转折。华夏典籍中记载的精卫填海、女娲补天、后羿射日、愚公移山等脍炙人口的传说均发端于长治，长治被誉为“中国神话的故乡”。

长治是历史文化名城。至今已有2300多年的建城历史，历朝历代为郡、州、府所在地。秦置上党郡，南北朝始称潞州，明朝嘉靖年间潞州升格为潞安府，增设长治、平顺两县，取“长治久安”之意，长治之名由此而来。

长治是山西省能源和工业基地的重要组成部分。现已探明的地下矿藏有40多种，其中，煤炭探明储量295亿吨，占山西省全部储量的12%。水资源总量19亿立方米，境内河流分属海河、黄河流域，地均占有量和人均占有量分别是全省的1.9倍和1.6倍，是华北地区的相对富水区。

长治是旅游资源丰富的城市。

境内有被称为“稀世珍宝”的2.5亿年前的树化石等自然遗产，有八路军太行纪念馆、黄崖洞兵工厂等革命遗址遗迹551处，有太行山大峡谷、天脊山、灵空山等以喀斯特地貌、丹霞地貌为特征的众多自然风景区，是八百里太行的最美地段。现有7个国家AAAA级风景区。

长治是天蓝水碧、生态较好的城市。地处被誉为“黄金人居带”的北纬36～37度之间，森林覆盖率30.9%，冬无严寒、夏无酷暑，年均气温9.7℃，有“清凉之都，高山盆景”的美誉。市区东有50平方千米的老顶山国家森林公园，西有27平方千米的漳泽湖和32平方千米的长治湿地，内有20千米长的环城水系，非常适宜人居人游。

【经济发展概况】 2013年，全市生产总值1333.7亿元，比2012年增长8.5%；公共财政预算收入148.7亿元，增长11.4%；固定资产投资1086.8亿元，增长25.4%；规模以上工业增加值843.7亿元，增长10.5%；城镇居民人均可支配收入2.3万元，增长9.9%；农民人均纯收入9119元，增长12.3%。

产业发展得到新的提升。第一产业方面，粮食产量超过16亿千克，再创历史新高。农业产业化龙头企业新上项目144个，完成投资53.2亿元，占农业项目总投资的46.5%。新增省级“一村一品”专业村226个，增长53%。农产品加工行业实现增加值28.3亿元，增长17.3%。第二产业方面，加快煤矿技改，全年竣工投产矿井14座，新增煤炭产能1335万吨。加快焦炭行业重组，整合产能600余万吨。加快电力行业“上大压小”，漳泽电厂改扩建，欣隆、高河、赵庄低热值发电和协鑫煤电一体化等新上电厂项目推进顺利。全年煤、焦、冶、电等传统产业增加值708亿元。围绕七大新兴产业板块，实施了190个新兴产业项目，投资367亿元，新兴产业增加值120亿元，占工业增加值的14.2%。第三产业方面，加快现代物流、鲜活农产品流通和商业便民体系建设，全社会消费品零售总额441.9亿元，增长14.3%。大力发展现代旅游，旅游总收入211.7亿元，增长27.2%。服务业增加值占地区生产总值的比重较上年提高2.1个百分点。免征5400多户小微企业增值税和营业税，新培育销售收入超亿元的“小巨人”企业18户，新创办小微企业2107户，全年民营经济增加值537.4亿元，增长18.1%。三次产业结构的比重为4.3∶65∶30.7。

改革开放取得实质性进展。按照全市转型综改三年实施方案和2013年行动计划，实施了10个重大事项、30个重大标杆项目。推进行政审批制度改革，全年共取消24项、下放29项市级行政审批项目。推进金融体制创新，全市95家企业在山西股权交易中心挂牌，中信银行、晋商银行在长治市设立分行，长治商业银行成功改制为长治银行，长子、长治县的农信社改制为农村商业银行，组建了3支股权投资基金及基金管理公司。推进产业创新驱动，市级以上企业技术研发中心达到49个，院士（博士）工作站30家，实施省级以上科技创新项目77项，全年专利申请量1654件，增长21.5%；授权量781件，增长13%；签订各类技术合同76项，合同成交额3.1亿元。推进对外开放，在全省率先形成“政校企联合、产学研一体”发展模式，与清华大学、天津大学、华南理工大学等161所知名院校和科研院所建立了合作关系，合办科研机构29个，全年招商引资实际到位资金725.6亿元，增长23%。建立了十大出口企业集群，新认定4个省级外贸转型示范基地，进出口总额再次突破10亿美元。

城镇建设步伐加快。在主城区新开工建设15条市政道路、5座市政桥梁、8座人行过街天桥、3座铁路立交桥，改造30条背街小巷，主城区“三环八纵十二横”道路贯通率达到80%以上。改造和新增燃气管道53千米，13万户市民用上了天然气。新增集中供热面积460万平方米，改造供水管网38.2千米，铺设入地电缆38.9千米，新安装路灯7500余盏、亮化道路37条，新增绿地面积21万平方米。新购置64辆公交车，万人拥有量11.54标台，排名全省第一。主城区城建工程投资40亿元、拆迁55万平方米，分别相当于过去5年、10年的总和。11个县城开工建设重点城建工程107项，53个重点镇和240个中心村的建设分别投资13.1亿元和8.5亿元。全市城镇化率达到46.9%，提高1.6个百分点。

民生改善成效显著。实施投资4.6亿元的教育惠民工程，近50万名学生受益。加强校企合作，推动近5000名职业学校毕业生在240家企业就业。城镇新增就业岗位5万个，城镇登记失业率为1.7%。城乡居民基础养老金标准提高15元，达到70元，城乡低保保障标准每人每月分别提高30元、24元，城镇居民医保和新农合财政补助标准提高40元，达到280元，14.5万农村低保户和“五保户”的个人缴纳部分全部由市级财政负担。在全国率先实施新生儿出生缺陷干预救助健苗工程，免费为近2万名新生儿进行血样检测，对971名新生儿开展干预救助。新开工各类保障性住房20577套，基本建成18030套。全市公益文化设施建设达标率87.1%，名列全省第一。深入推进农村“五件实事”，改造农村困难家庭危房9200户，易地搬迁特困群众12429人，改扩建村级幼儿园103所，完成2433个行政村亮化工程，全面实施乡村清洁工程。实施54个百企千村产业扶贫项目，完成投资23.4亿元，全市又有4.3万贫困人口稳定脱贫。

生态环境持续改善。深入实施“六大”林业生态建设工程，完成营造林2.9万公顷。主城区新增绿化覆盖面积43万平方米，绿化覆盖率45.3%。实施保护“母亲河”“生命泉”工程，浊漳河南源店上段人工湿地工程基本完成，辛安泉文王山地垒河段防污整治工程进展顺利。强力推进全市工业企业的环保达标，实施162个重点节能改造项目，完成67万平方米既有建筑节能改造，淘汰落后产能85.3万吨。开展主城区“蓝天行动”，强力推进治污减排，加强污水、垃圾无害化处理设施建设和运营管理。全市万元地区生产总值能耗下降3.5%，6项主要污染物的减排全部完成省定目标任务。

（李　鹏）

长治市城区

【自然概况】 长治市城区位于山西省东南部，地处太行之巅、漳河之滨的上党盆地，是长治市政治集聚区、产业集聚区和交通商贸集聚区，是上党城镇群的核心。1976年2月建区。全区总面积55.6平方千米。辖10个街道办事处、28个行政村、51个社区居委会。2013年总人口50.3万人，有回、满、蒙、朝等30多个少数民族。

城区属温带半湿润气候，年平均日照时间2600个小时，平均降水量620毫米，平均气温9℃，森林覆盖率11.8%，人均占有公共绿地10平方米，绿化覆盖率45.3%，平均空气湿度59%～60%。冬无严寒、夏无酷暑，素有“清凉之都”“绿色之城”的美誉。区域内有石子河、黑水河两条季节性河流，属海河流域浊漳河水系，境内流长7.8千米。

城区人文底蕴深厚，最早有人类活动的时间，大致可追溯至一万年前的旧石器时代。区内有新石器时代遗址2处，古建筑62处，有上党门、城隍庙、碧霞宫等古迹，现存118处不可移动文物。随着社会事业的不断发展，城市建设水平的不断提高，城区先后荣获“全国文明城市”“国家卫生城市”“国家园林城市”等一大批国字号荣誉。

【经济发展概况】 2013年，城区生产总值164亿元，比2012年增长7%；规模以上工业增加值22.8亿元，增长6.1%；社会消费品零售总额261.9亿元，增长21.6%；固定资产投资134.5亿元，增长24.6%；财政总收入24.6亿元，增长20.3%；公共财政预算收入4.74亿元，增长9.6%；城镇居民人均可支配收入2.5万元，增长10.2%；农民人均纯收入10470元，增长11.7%。

项目建设取得新成效。深入实施总投资352亿元的100个重点项目建设，“六位一体”目标任务圆满完成。重点培育的39家龙头企业中，有14家列入全市百强，初步形成“百强企业三大方阵”。创新招商方式，全年签约项目19个，签约总额219.4亿元。推进科技进步和技术创新，全年专利申请量497件，位居全市第一。重点培育高新技术企业5家，实现了高新技术企业零的突破。

城市建设有了新突破。坚决执行全市“大干城建年”工作部署，奋战130天，完成38万平方米建筑拆迁、30.6公顷土地征用和282户居民搬迁，路网征迁全面告捷。投资3800万元，完成30条背街小巷硬化改造任务。激战2个月，开展“三项治理”清理整治行动百余次，精心打造100个精品单位、100个精品小区和100条精品小巷，荣获城乡清洁工程省级先进区称号，蝉联省级卫生区18连冠。与此同时，投资1000万元，大力改善城管、环卫的硬件设施，城管巡逻车、垃圾收集车、街头果皮箱等更新换代、焕然一新。启动“便民服务网点进社区”工程，设置早餐点和便民蔬菜直销点56个，副食、家政等便民服务点176个，市民满意度90%以上。

城中村改造迈出新步伐。加快规划编制步伐，制定《城中村综合改造三年推进计划(2014～2016年)》，出台《城中村改造实施纲要》，编制完成南关等6个村的土地利用规划和附城等5个村的修建性详细规划草案。科学划分城中村改造十大片区，在全市首家实现了“一户一档”管理全覆盖。稳步实施拆迁安置，启动7个村、建设规模达50万平方米的安置楼建设。结合城市路网改造，拆迁面积达20万平方米。出台《关于坚决打击在城中村改造范围内违法违规建筑的通告》，在全面摸排的基础上，重点打击现行的“两违”行为，整治面积6.3万平方米，没收违法占地10公顷，城中村改造在规范中有序推进。

城市文明实现新提升。顺利完成全国文明城市创建迎检测评任务。加强公民道德建设，深入开展“道德讲堂”和“三关爱”学雷锋志愿服务等活动，涌现出宋忠平等一批道德模范，“好人城市”的品牌叫响全国。所有街道都建立了300平方米以上多功能文化站，在全市率先实现农家书屋、社区阅览室全覆盖，成功创建“国家公共文化服务体系示范区”。成功举办第五届社区(农村)文化艺术节，放映公益电影350场、送戏下乡20场，组织开展各类大型文体活动近500场。

民生事业开创新局面。2013年，全区用于民生事业的总投资6.2亿元，占到公共财政支出的77%，增长29%，民生投入再创新高。淮海小学、城区二中、八一路小学附属幼儿园等一批中小学校和幼儿园的基础设施建设顺利推进。社会保障持续向好，城镇新增就业4100余人，创业带动就业1250人，社会保障足额拨付率及社会化发放率保持100%，企业退休职工基本养老金人均月增资210元，城镇居民基础养老金人均提高15元，居委干部、环卫工人、市容监察队员等财政补助人员月增资165元。全区低收入农户“暖心煤”工程受到好评，群众满意度持续提升。

(城区人民政府办公室)

长治市郊区

【自然概况】 长治市郊区地处太行山西麓，上党盆地东缘，区域面积285平方千米。全区平均海拔930米，年均气温9.1℃，冬无严寒，夏无酷暑，四季分明。现辖5个镇、1个乡、1个旅游开发区、2个街道办事处、122个行政村。2013年总人口28.5万人。

历史悠久，文化璀璨。6000多年前，炎帝神农氏来到老顶山，人类从此实现了由游牧到定居、渔猎到农耕的伟大转折，开创了中华文明之先河；壁头新石器文化遗址、观音堂、二贤庄、潞商申家二十四院等人文景观星罗棋布，传统文化源远流长；革命战争年代，朱德、彭德怀等老一辈无产阶级革命家在此运筹帷幄、浴血奋战，揭开了解放战争的序幕。

东山西水，南秀北美。东有近50平方千米的老顶山国家森林公园，群峰叠翠，五龙腾跃，九顶竞秀，被誉为长治市的“城市之肺”；西有50平方千米的漳泽湖和长治湿地，波光粼粼、水草丰茂，蓄水量近2亿立方米，是华北地区相对富水区，被誉为长治市的“城市之肾”；北有富庶物产，厂矿林立，商贾云集；南有环城生态农业景观，田园牧歌，娱乐休闲。

【经济发展概况】 2013年，全区生产总值182.1亿元，比2012年增长13.1%；规模以上工业增加值143亿元，增长16.1%；固定资产投资150.2亿元，增长30.8%；社会消费品零售总额35.9亿元，增长14.8%；财政总收入30.9亿元，增长0.6%；公共财政预算收入6.2亿元，增长5.2%；城镇居民人均可支配收入2.9万元，增长11.3%；农民人均纯收入1.2万元，增长12.5%。在全市考核的8项主要指标绝对值和增幅排名中，有11项名列全市前三，荣获全国科技进步先进县（区）、全国生态文明先进县（区）、全国最具农业投资价值县（区）和全省农民增收先进县（区）等20余项国家、省部级称号。

招商引资力度前所未有，项目建设成效显著。2013年，把招商引资和项目建设作为兴区之本、强区之策，赴沿海承接项目，到高校寻找项目，找名企合作项目，全年共组织7个招商小分队外出招商15次，完成招商引资签约项目73个，总投资754.2亿元，引资688.8亿元，到位资金96.47亿元，签约项目个数、签约金额、到位资金连续3年排名全市第一。坚持一切工作项目化，项目推进制度化的工作思路，进一步完善“四个一”“三六九”工作法等推进机制，项目建设持续保持强势推进的良好势头。全区共开工建设重点项目206个，总投资678.51亿元。95个项目顺利竣工投产，完成投资141.4亿元。

产业转型取得重大突破，经济发展步入良性轨道。坚持信息化与工业化深度融合的发展思路，以延伸抓循环为路径，以转型上高端为方向，狠抓传统产业的改造升级和新兴产业的发展壮大，初步形成煤化工循环经济、生物医药、先进装备制造、新能源新材料、煤电一体化、现代物流、文化旅游和特色农产品加工等“八大新型产业板块”。全区非煤产业工业增加值48.65亿元，占比35%，较2010年提高26.7个百分点。新兴产业产值86.76亿元，增长7.1%；工业增加值17.2亿元，增长16.3%；实现税收1.15亿元，增长5.5%，经济发展的质量和效益进一步提升。

同步推进“四化”建设，全面统筹城乡协调发展。在加快推进工业新型化的同时，以资本引进、技术推广和装备投入为重点，出台10项强农惠农政策，将主要干道两侧、老顶山片区等区域列为农业调产重点，流转土地1173.3公顷，基本建成具有高新技术含量和较好发展前景的农业园区10个，新建和扩建设施农业项目20个，开工建设占地166.7公顷全省首个太阳能光伏科技大棚项目，农业现代化迈出新步伐。故县新钢城、漳泽新型工业城、老顶山旅游城“三城”建设有序推进，“4个中心集镇”有3个开工建设，“20个中心村”建设开工9个，市政府确定首批改造的15个“城中村”有8个村进入实质性施工阶段，城镇化率68%，提高4.8个百分点。进一步深化“生态文明建设百村竞赛”活动，投入资金近亿元，出动人力32.5万人次，动用车辆8万多台（次），集中开展道路交通、环境卫生、市容市貌“三项治理”百日行动。

全力保障有效改善民生，人民生活水平明显提高。新建幼儿园2所，改扩建幼儿园12所，高标准落实农村寄宿制学校“一颗鸡蛋一两肉”工程，教育环境明显改善，教学质量不断提高。总投资2.8亿元的新建郊区医院、乡镇卫生院改造以及卫生综合业务用房主体完工，新建了一批高标准村级卫生所。公立医院改革正式启动，全区卫生服务机构基本药物制度实施率100%，郊区医院晋升“二级甲等”行列。全面完成创建全国公共文化服务体系示范区和创建全国全民健身示范城工作，基本建成功能齐备、服务免费、全民共享的区、乡、村三级公共文化服务网络。组团参加山西省首届文博会，签约文化旅游项目3个，签约资金71.5亿元，位列全市第一；农村“五件实事”年度任务全面完成，总投资7400万元、建筑面积3.9万平方米的首批经济适用房和60套廉租房即将投入使用。城市低保每人每月提高30元，农村低保每人每月提高24元。城镇新增就业岗位2600个，登记失业率控制在1%，转移农村劳动力3100人。

（郊区人民政府办公室）

潞城市

【自然概况】 潞城市历史悠久，秦置潞县，隋开皇十六年（公元596年）始称潞城县，1994年撤县设市，现辖4个镇、3个乡、2个办事处。国土总面积615平方千米。2013年总人口23.1万人。

潞城交通便利，邯长、太焦铁路，长邯、长安高速和207、309国道穿境而过，长潞城际线10分钟可达长治市区，长治飞机场坐落境内。

潞城矿产资源丰富，石灰岩、溶剂白云石、石膏等储量多、易开采，境内有华北“第二大泉”——辛安泉域。

潞城工业基础雄厚，境内有天脊煤化、王曲电力、潞安焦化、华润水泥等国省属企业，有潞宝、兴宝、卓越等一批民营企业，拥有“天脊”硝酸磷肥、“唐宫悦”酒、“圣堂”陈醋等多个国家、省名牌产品。

潞城文化底蕴深厚，境内有辛安原起寺、八路军总部北村旧址等国保单位和潞宝毛主席纪念馆等旅游景点；“民间社火”和“上党落子”列入首批国家级非物质文化遗产名录。潞城是国家级园林城市、平安城市、卫生城市、绿化模范市、省级综改试点市和扩权强县试点市。

【经济发展概况】 2013年，全市生产总值89.4亿元，比2012年增长1.3%；财政总收入10.01亿元，增长25%；公共财政预算收入4.6亿元，增长28.2%；农林牧渔业总产值7.3亿元，增长4.3%；粮食总产量1.3亿千克，增长1.3%；工业总产值186.3亿元，增长－10.3%；规模以上工业增加值63.5亿元，增长0.2%；固定资产投资108.6亿元，增长34%；社会消费品零售总额11.5亿元，增长14.3%；城镇居民人均可支配收入2.1万元，增长10.5%；农民人均纯收入9600元，增长12.5%。

综改工作成效明显。建立金融网，组织12家企业在省股权交易中心挂牌，支持永腾建材在新三板上市，组建小微专营银行和建材产业支行。实施工矿废弃地复垦利用、二次开发利用存量土地等8项土地管理制度改革，城乡建设用地增减挂钩复垦35.3公顷、工矿废弃地复垦133.3公顷。完善人才引进办法，建立1个博士后、2个博士工作站。主动承接扩权强县放权事项。11个省级综改试点县(市)综合考评中，潞城名列第四。

项目建设势头强劲。全年签约引进项目40个，签约总额290亿元。大力实施重点项目142个，总投资440亿元，建成投产76个。

结构调整纵深推进。新发展核桃经济林1333.3公顷，大葱、旱地西红柿等特色种植3333.3公顷，新建、扩建标准化规模养殖场5个。引进豆制品、核桃深加工等项目，龙头企业销售收入5.9亿元；在长治市首家注册成立家庭农场，农民专业合作社达到390家。现代煤化工工业园区被确定为省级新型工业化产业示范基地，潞宝园区成为长治市首家获得区域环评的工业园区。总投资120亿元的12个重点煤化工项目有序推进，潞宝合成氨、苯加氢2套装置、2座6.3米大焦炉项目顺利建成，潞宝2座6.7米大焦炉、潞安12万吨钴基合成油、天脊27万吨硝酸等项目开工建设。总投资33亿元的12个现代服务业项目开工建设，卢医山庄生态园建成营业，金威超市等工程主体完工。服务业在三次产业中占比23.2%，较上年提高2.8%。

城乡建设统筹发展。天然气置换工程顺利完工，热电联产和供热扩容等基础实施工程进展顺利，城市集中供热面积新增40万平方米。完善城中村改造办法，东南山等城中村改造顺利启动；城西颐龙湾、水岸春城等一批精品住宅小区进展顺利。城镇化率52.9%，提高2.3个百分点。重点镇建设顺利推进，店上镇被命名为全省“百镇建设”示范镇。新造林3400公顷，森林覆盖率21.6%，荣获“全国绿化模范县(市)”称号。

民生事业持续改善。省政府确定的农村五件实事扎实推进。12所农村幼儿园设施配套、68所农村义务教育薄弱校改造工程全部完成；婴城幼儿园、三中实验综合楼项目主体完工。新农合财政补助标准提高到每人每年280元，参合率99.6%；公立医疗机构全面实行零差率销售，基本药物价格下降20%。人口自增率控制在3.27‰。城乡居民社会养老保险标准提高到每人每月70元，城乡居民低保标准分别提高到每人每年5124元、2376元。新增就业岗位4121个，转移农村劳动力3920人。发放低收入农户“暖心煤”5.8万吨。

（潞城市人民政府办公室）

长治县

【自然概况】 长治县位于山西省东南部，北靠长治市城郊，东接壶关县，西连长子县，南和东南分别与晋城的高平市、陵川县相邻，区位优势明显。长晋高速、207国道、长陵公路、长晋二级公路、太焦铁路纵贯县境南北。全县国土面积483平方千米，是山西省县域面积最小的县。全县辖6个镇、5个乡、254个行政村、4个居委会。2013年总人口34.6万人。

煤炭资源丰富，煤田面积占全县国土面积的90%。煤炭地质储量48亿吨，可采储量40亿吨，属全国100个重点产煤县之一。

【经济发展概况】 2013年，全县生产总值166.8亿元，比2012年增长4.2%；公共财政预算收入22.1亿元，增长10.5%；固定资产投资108.6亿元，增长30.2%；社会消费品零售总额21.7亿元，增长14.6%；规模以上工业增加值107.6亿元，增长6.9%；城镇居民人均可支配收入2.3万元，增长9.3%；农民人均纯收入1.2万元，增长11.6%。

保持经济平稳运行。2013年，强化经济形势监测研判和经济运行调度，采取有效措施，及时解决经济运行中的突出矛盾和问题，实现了平稳发展。充分发挥投资拉动作用，突出抓好项目建设，全年开工建设89个市级以上重点项目，完成投资148.7亿元。继续发挥煤炭产业的县域经济支撑作用，完成7个矿井改造项目并进入联合试运转。帮助支持煤炭企业扩大产销量，巩固老客户，开辟新渠道，县属煤矿全年生产原煤1338万吨，销售1263万吨，基本实现了产销平衡。进一步扶持非煤产业，筛选12家企业入选全市千企百强工程，为33家企业申报上级财政专项资金。成功汽车、易通低温发电机组、日盛达光伏玻璃等一批重点产业项目陆续投产并形成新的经济增长点。雅瑞地毯、无极荧光灯等项目进展顺利，玉通机械与三一重工集团展开合作，太行山农产品物流园区的经济社会效益日益显现。进一步夯实农业基础。全县粮食总产量1.33亿千克，新增设施蔬菜面积1066.7公顷。农业龙头企业快速发展，全年完成农产品销售收入4亿元。全面落实各项强农惠农富农政策，全年发放惠农补贴5750万元。振兴、荆圪道成功入选农业部美丽乡村。

加快城乡统筹发展。编制完成《县城总体规划(2010～2030年)》《一城五镇五十村体系规划》。实施了一批重点基础设施建设项目。城际快速路县城至荫城段、县城新市街东延、向阳街东延工程竣工通车。县城集中供水率100%，新增供热面积80万平方米，县城居民供热普及率80%。集中供气已完成4条街道的主管线报规、勘探、设计工作，通气居民2200余户。城中村、城边村改造整体推进，总投资2.5亿元的韩店村一期改造工程完工。坚持城乡统筹、镇村联动、互惠一体，有序推进新型城镇化。荫城、苏店“百镇示范镇”建设，振兴新区就地城镇化，西申家庄、荆圪道等中心村建设步伐加快，实现了集镇与中心村的联动发展。

加强生态文明建设。积极实施荒山造林，大力发展干果经济林，完成造林绿化任务513.3公顷。新增25个省级园林村镇、5个市级园林村镇。县城绿化8万余平方米，顺利通过省级园林县城验收。“碧水蓝天”工程扎实推进，深入开展化工行业安全隐患、浊漳河流域排污、土小石灰窑等专项整治行动。查处5家违法排污企业，取缔土小石灰窑145座，污染减排任务全面完成。建成2座自动空气质量日报站，在县城开展了PM2.5监测。深入开展城乡“三项整治”行动，完成15个村的环境连片整治工作，城乡人居环境得到明显改善。加强以小流域为重点的水土流失治理，治理面积667公顷。陶清河上游河道治理工程完成1千米。

继续发展民生事业。大力推进以保障和改善民生为重点的社会建设，全面提升社会发展水平。全年县级财政投入17.5亿元用于民生社会事业，占地方公共财政支出的62%。继续深入实施“四个全民”工程，大力推进义务教育均衡发展，改扩建4所寄宿制学校，撤并4所农村小学。高考成绩连续5年名列全市前茅。进一步优化教育资源，县二中初、高中实行单独办学。为全县幼儿及中小学生免除各类费用5500万元，投入880余万元实施“蛋奶营养餐”工程。实施更加积极的就业政策，全年新增城镇就业3839人，城镇失业率控制在1.3%以下。社会保障体系更加完善，养老、医疗保险实现全覆盖。全县累计参加各类养老保险人员21万人，城镇医保、新农保待遇在全省领先。新农合参合率99.7%。为全县1200余名城乡大病医疗患者发放救助金490余万元。完成冬季供煤工作，为全县9万余户农户供煤14万吨。保障性安居工程顺利推进，开工建设保障性住房1697套，棚户区改造4092套，农村危旧房改造1300户。完成136户、480人的扶贫移民搬迁工作。

（长治县人民政府办公室）

襄垣县

【自然概况】 襄垣县位于太行山西麓，上党盆地北缘。辖8个镇、3个乡、323个行政村。总面积1178平方千米。2013年总人口27.5万人。

历史悠久。公元前455年赵襄子筑城得名“襄垣”，汉初置县，历代未改，至今已有2400多年。历史上曾涌现出西汉杰出政治家张良、比唐玄奘到印度取经早230年的东晋高僧法显等一批杰出人物。襄垣还是中华连氏的发祥之地，2009年4月国民党名誉主席连战曾专程回襄寻根祭祖。

资源丰富。矿产资源有煤、铁、铝、锰等30余种，其中，煤炭探明储量75.8亿吨，可开采40亿吨。县属煤矿15座，核定产能1625万吨。海河流域浊漳河水系的西、南、北三大干流在襄垣汇集，大中小型水库14座。其中，后湾水库库容1.45亿立方米，是山西省六大水库之一。

区位优越。太焦铁路、太长高速公路、国道208线、省道榆长线以及即将建设的霍黎高速穿境而过。距长治机场45千米、长治市区40千米，与长治享有同城效应。

【经济发展概况】 2013年，全县生产总值214.8亿元，比2012年增长7.2%；公共财政预算收入22.4亿元，增长30.7%；规模以上工业增加值164.9亿元，增长6.9%；固定资产投资151.4亿元，增长44.1%；农林牧渔业总产值11.6亿元，增长6.5%；粮食总产量1.8亿千克，增长4.6%；社会消费品零售总额20.1亿元，增长13.9%；城镇居民人均可支配收入2.6万元，增长11.2%；农民人均纯收入1.1万元，增长13.2%。

产业转型步伐加快。一产方面，新增设施蔬菜866.7公顷、智能化育苗大棚5万平方米，申报省级蔬菜标准园3个，建成冷库6.1万立方米；新建规模养殖场15个，栽植干果经济林666.7公顷；新上油籽牡丹、天下襄、康润农林牧等16户投资在3000万元以上的龙头企业，初步形成“合作社＋基地＋农户”“公司＋农户”等多种产业化模式。二产方面，围绕建设中国新能源新材料基地目标，编制现代煤化工产业发展规划并获省级批复，列入全省、全市产业发展布局。规划建设150平方千米以精细煤化工为基础的大型工业园区，目前面积达到88平方千米，入园企业（项目）63个。围绕煤基合成油、焦炉煤气制甲醇烯烃、煤制乙二醇聚酯建材、煤制PTA（精对苯二甲酸）及延伸加工四条产业链，投资1128亿元首批启动建设了潞安高硫煤清洁利用油化电热一体化、七一鸿达煤基多联产、襄矿20万吨合成气制乙二醇等十大标杆项目，全年共完成投资134亿元。全部投产达效后，可实现年产值1000多亿元，安排产业工人6万人。三产方面，仙堂山旅游区四大区域31个景点已基本正式对外开放，仙堂山旅游专线全线通车，宝峰湖旅游区、襄子文化产业园建设成效初显。长治八一百货大楼有限公司进驻华丽港购物广场，物流、信息、金融等现代服务业加速发展。

民生基础不断夯实。新建续建34条204千米道路，开通县城免费公交，实现城乡公交客运全覆盖。完成造林绿化4520公顷，栽植各类苗木356万株，生态环境持续改善。建设10项兴水拦蓄和水库加固工程，新增拦供水能力1944万立方米。完成教育园区3所学校主体、14所农村幼儿园改扩建工程，落实高中阶段教育免费政策。新建社会福利服务中心和老年公寓，提高城乡低保和大病救助标准。建成和美苑1209套保障性住房与和馨苑660套保障房，并全部配售到户。

（襄垣县人民政府办公室）

屯留县

【自然概况】 屯留县地处山西省东南部、上党盆地西侧，是长治市“1＋6”上党城镇群之一。全县总面积1142平方千米。辖14个乡镇（区）、294个行政村。2013年总人口26.8万人。

【经济发展概况】 2013年，全县生产总值118.9亿元，比2012年增长12.6%；财政总收入20.03亿元，增长24.8%；公共财政预算收入6.61亿元，增长21.1%；规模以上工业增加值92.2亿元，增长16.1%；全社会固定资产投资99.2

亿元，增长29.8%；城镇居民人均可支配收入、农民人均纯收入分别为2万元、1.1万元，增长9.8%、12.2%。

千方百计抓项目，发展后劲日益增强。2013年，共实施重点项目82个，总投资450.1亿元，其中，新建项目40个，续建项目42个。全年储备项目总投资4048.7亿元。签约项目总投资132.6亿元，落地项目总投资95亿元，新开工项目总投资133.6亿元，重点建设项目完成总投资121.85亿元。

全力以赴调结构，质量效益同步提升。现代农业提质增效，粮食总产量2.43亿千克。新发展干鲜水果106.7公顷，蔬菜总面积4733.3公顷。畜禽总量722万只(头)。建成“一乡一业”特色乡镇5个，“一村一品”特色产业村57个。完成6座小型水库除险加固设计报批工作，治理绛河河道10.4千米，新增土地流转466.7公顷，新发展合作社69家，农业机械化综合水平达到80.2%。发展农业特色生态园10个，新进省级农业产业化重点龙头企业5家，规模以上农业龙头企业销售总额突破50亿元。工业经济加快转型，实施工业新型化项目36个，总投资274.86亿元，完成投资48亿元。三产商贸蓬勃兴起，社会消费品零售总额11.6亿元，增长14.7%；旅游总收入增长25%。第三产业增加值占地区生产总值的比重较上年提高0.5个百分点。

建管并举促统筹，城乡建设有力推进。编制完成县城18平方千米总体规划和城际道路两侧各500米控制性详规。县城“七纵七横一环”道路框架基本形成，禹王路、久安路、滨河南北路等14条道路配套设施不断完善。扎实开展交通市容卫生“三项治理”双月行动。余吾、路村、渔泽、上村、李高等5个小城镇和20个中心村建设稳步推进。岭上、南浒庄、东兴旺等压煤村庄搬迁和王村、官庄等企业防护区内搬迁取得阶段性成效，全县城镇化率37.3%。

标本兼治创环境，美丽屯留展现新颜。高标准完成造林绿化2006.7公顷、中幼林抚育200公顷、农田林网533.3公顷、城际路绿化15.2千米，全县森林覆盖率30%。县城绿化覆盖率44.4%，绿地率39.6%，城市人均公园绿地面积11.3平方米。集中供热工程有序推进，县城集中供热质量明显提高。“燃气入屯”工程全面实施，完成管道铺设30千米，入户安装3000户。改造高耗能行业项目5个，固体废物综合利用率达80%。

广拓渠道惠民生，社会事业全面发展。32所义务教育薄弱校改造、8所农村闲置校舍改建、6所小学教学点增设附属幼儿园顺利完成，启智幼儿园投入使用。余吾、李高中心卫生院改扩建完工。建设达标乡镇文化站11个，改造升级村文化室、农家书屋80个，蓬莱宫、先师和尚舍利塔跻身第七批国保单位行列。建成城乡社区老年人日间照料中心7个，参加五项社会保险人数26万人（次），城镇社会保险参保率达98.4%，新农合参合率达100%。城镇新增就业3730人，转移农村劳动力4209人，公开招聘公益性岗位幼儿教师26人，城镇登记失业率控制在1.2%。开工建设保障性住房1549套，发放低收入农户冬季取暖用煤7.4万吨。

（屯留县人民政府办公室）

平顺县

【自然概况】 平顺县地处太行山南麓，晋、冀、豫三省交界处，国土总面积1550平方千米。辖5个镇7个乡、262个行政村。2013年总人口15万人。

平顺山清水秀，风光绝美。境内遍布秀美绝伦的山水峡谷，属北方稀有的喀斯特地形地貌和部分丹霞地貌，拥有两个国家4A级景区，一处国家地质公园，全县文物古迹1566处，其中，有国保14处，省保5处，堪称“中国古代建筑艺术博物馆”。

平顺区位优越，交通便捷。北靠环渤海经济圈，南邻中原城市群，西接上党城镇群，东达沿海发达地区，长安高速、中南铁路穿境而过，2小时进中原，3小时达太原，4小时抵京津。

平顺生态良好，适宜人居。地处“黄金人居带”的北纬36～37度之间，与承德避暑山庄属于同一气候类型，冬无严寒，夏无酷暑，全县森林覆盖率41.6%，空气质量二级以上天数始终维持在360天左右，是名副其实的“天然氧吧”，被誉为上党地区的后花园，华北地区的绿色屏障。近年来，先后荣获国家卫生县城、全国园林城、全国绿化模范县、中国绿色名县、全国生态文明先进县、中国最具幸福感休闲城市、中国优秀生态旅游县、中国低碳旅游示范区等称号。

【经济发展概况】 2013年，全县生产总值21.76亿元，比2012年增长8.8%；财政总收入1.60亿元，公共财政预算收入7459万元。农林牧渔业总产值4.61亿元，粮食总产量5587万千克。社会消费品零售总额6.54亿元，增长14.9%。城镇居民人均可支配收入1.7万元，增长9.5%；农民人均纯收入4155元，增长13%。

景区开发高标推进。总投资5.2亿元的通天峡景区一期工程全面完工并正式对外开放，总投资18亿元的红色西沟、神龙湾、太行水乡景区整合开发项目总体规划通过专家评审。新增4处国家级文物保护单位。奥治村、虹霓村入选中国传统村落名录。

工业园区初具雏形。清华机械厂平顺航天工业园快速推进，一期工程建成投产，二期工程顺利开工。新型工业园区完成总体规划，基础设施建设进展顺利，文正卓越、弘泰化工和西沟龙鼎3家高精尖企业已经入驻。铁矿采选为支柱的单一产业布局开始扭转，新能源、新材料、机械制造、航天工业等新兴产业多元格局逐步形成。

生态建设大幅提升。全年完成造林绿化5080公顷，全县生态环境优质良好，环境保护6项减排指标超额完成，空气质量二级以上天数362天。

高效农业稳步推进。全年实施测土配方施肥1.1万公顷，实施万亩玉米高产创建720公顷，集中连片实施马铃薯高产创建710公顷，实施旱作农业技术推广玉米地膜覆盖4133公顷，新建设施蔬菜70公顷，农产品加工龙头企业销售收入完成4.22亿元。

生态产业蓬勃发展。全年完成干果经济林、灌木经济林2333公顷。振东集团3.3万公顷中药材种植GAP基地和中药饮片加工项目进展顺利，储存加工车间建设完成。大红袍公司农副产品配送中心及香菇丝系列产品加工扩建项目建成投产。37个"一村一品"产业扶持项目全部完成。

整村推进强力实施。整村推进项目涉及9个乡镇15个行政村，共发展核桃经济林233公顷，连翘167公顷，多种经济林30公顷，蔬菜大棚60座。建成24个移民小区，完成移民搬迁3231人。

社会事业全面进步。新建和改扩建乡村幼儿园10所，平顺二中、五中学生公寓和操场整体完工；小学阶段文化素质抽样检测优生率58%、及格率96%。全国第一家劳模文化网站"平顺劳模文化网"正式开通运行，劳模文化精神系列丛书《平顺劳模故事》出版发行，申纪兰同志被评为山西省特级社会责任人物。14辆新能源客运班车投入运营。33处农村安全饮水、587套保障性住房、900户农村危房改造、169个行政村街道亮化工程全部完工，安装太阳能路灯3380盏，50个自然村1万人告别了"旱井水"。青羊镇、东寺头乡等4个乡镇卫生院竣工投入使用，全县新型农村合作医疗参合率99.9%。新增城镇就业人数1830人，转移农村剩余劳动力4954人，各类保险参保人数13.9万人，下拨发放低保金、救灾款、优抚款3000余万元。

（平顺县人民政府办公室）

黎城县

【自然概况】 黎城县位于长治市东北部，地处晋冀豫三省交界，是太行革命老区。全县国土总面积1101平方千米，耕地1.9万公顷。辖5个镇、4个乡、251个行政村。2013年总人口16.1万人。

黎城是中国千年古县、国家卫生县城、全国文明城镇、国家园林县城、中国绿色名县、中国核桃之乡、中国精品文化旅游县、中国民间文化艺术之乡、中国影视文化拍摄基地。

矿产资源丰富。现已发现各类矿产21种，探明储量的有6种。其中，铁矿总储量2亿吨，硅矿储量10亿吨，白云石储量20亿吨，钾矿储量5亿吨，石膏矿储量5000万吨。

2009年，黎城启动煤炭勘探工作，现初步探明，以主焦煤为主的优质煤炭储量在2亿吨左右。目前各种矿产资源中，铁矿优势最为突出，探明总储量为2.03亿吨，黎城生产的铁精矿粉，是国内少有的可用来生产高科技粉末冶金的原材料。

自然风光秀丽。黎城地处太行山核心地段，北部山区属丹霞地貌，地形奇特，是八百里太行雄奇风光最为独特的一段，素有"太行画廊"之称。人民大会堂"山西厅"的核桃木刻"太行日出"的原景，就采自该县板山风光。

生态环境良好。黎城气候温和，四季分明，冬无严寒、夏无酷暑，光照充足，雨量适中。年平均气温10.4℃，平均降水量547毫米，无霜期184天。全县森林覆盖率50%以上。2013年，县城空气优良以上天数305天，人均公园绿地面积10.9平方米。

黎城水资源丰富，境内有清、浊漳河和漳北、漳南、勇进三大灌区，小泉小水40多处，有"上党小江南"的美誉，是华北地区少有的富水区。特别是源泉水、清泉水和洗耳河水，流量大，流速稳定，经检验属于低钠、低矿化度、含锶较高的优质矿泉水。

文化底蕴深厚。黎城历史悠久，文明史长达5000多年，是古黎侯国所在地，"黎民百姓""洗耳恭听"等成语典故和女娲补天、蚩尤争天、许由洗耳、燕王争雄、西伯戡黎等神话传说、历史故事均产生于此。"黎侯布虎"和"上党落子"被列为国家级非物质文化遗产。黎城是抗战时期太行山抗日根据地的腹心，被誉为"一座没有围墙的抗战博物馆"。黄崖洞兵工厂被誉为"新中国军事工业的摇篮"，小寨村冀南银行是新中国金融事业的发源地。

【经济发展概况】 2013年，全县生产总值32.7亿元，比2012年增长10%；公共财政预算收入1.6亿元，增长0.8%；粮食总产量8024万千克，增长0.6%；工业总产值88亿元，增长16%；社会消费品零售总额10.2亿元，增长13.7%；全社会固定资产投资40亿元，增长33.9%；城镇居民人均可支配收入1.4万元，增长9.4%；农民人均纯收入6096元，增长11.5%。

"四大园区"支撑工业发展项目新、后劲足。新材料工业园区扎实推进。中技金谷低碳建筑技术创新及产业化示范项目一期工程建成试产，成功承办了由国家住建部、发改委组织的2013年建筑行业低碳技术创新及产业化示范工程项目启动会。这一示范项目的启动，填补了省、市新型建材领域的空白。蓝天燃气引进美国比克比能源系统公司煤高效洁净转化技术，消化吸收，攻克难关，试产成功。新能源产业园区开工建设。协鑫集团250兆瓦太阳能光伏发电项目完成选址和审批，具备开工条件，油气板块LNG"四位一体"新能源西件示范站奠基开工，赵家山示范站完成选址。铁路物流园区初具规模。华驰500万吨物流项目基本建成，具备接轨条件，国新能源和鑫源物流扩建项目抓紧实施。现代（汽运）物流园区全面启动。引进浙江杭申集团完成考察选址及初步规划。以产品优势互补、资源循环利用为原则，太行钢铁和长福焦化、华太焦化整合重组为"新太行"集团；青春玻璃6兆瓦余热发电项目建成投入试运行。

现代农业助推特色产业品质优、发展快。现代农业示范园区一期基本建成。完成2栋连栋温室、3栋连栋拱棚、50座日光温室及加工车间、冷库建设，园区中国农大无土栽培新技术在全市示范效应明显。大力实施核桃产业片区开发项目，新完成62.6万株核桃树栽植任务，种植面积新发展1333.3公顷，基本实现农业人口人均一亩核桃树目标。原生态农业提升品质优势，黎城县的绿色、无公害优质农产品成为省内外市场消费的新卖点。新发展设施蔬菜140公顷。完成造林绿化面积3260公顷。改善5个乡镇、8个村、5400人的饮用水条件。新建、改扩建标准化养殖场16个。推广有机农产品标准化生产综合配套技术333.3公顷。完成中低产田改造333.3公顷。新发展农民专业合作社120家。农民务工、设施蔬菜、畜禽养殖等在农民收入中的比重进一步增加。

*红山战略引领文化旅游势头足、品牌亮。*红山景区大见成效。投资1.3亿元,新修100千米旅游路,全长38千米的太行红山景区至207国道4条旅游专线基本完工,洗耳河、四方山、广志山、杨岐山、白岩寺等景区建设进展顺利。黎侯古城魅力初现。一期工程完成主体建设,样板展示区建成开街,"太行第一古城"的独特魅力开始展现。黄崖洞景区再现新姿。景区设施建设全面推进,一期工程基本建成,黄崖洞景区将以崭新的姿态展示在游客面前。在加强景区开发建设的同时,积极实施"红色百村"保护工程,一大批红色文化资源得到发掘、整理与有效保护;大力度推进旅游宣传,在北京、太原、邯郸、长治等地举办大型太行红山风光摄影展,在北京地铁站设立太行红山风光宣传栏,太行红山、黎侯古城、黄崖洞正成为全省乃至全国响亮的旅游品牌。

*统筹规划城乡建设项目多、推进快。*注重规划引领,完成县城总体规划修编报批工作。铺开新区主框架道路、教育西街、古城西环路、南外环路、白岩寺至古城连接线等12条主(次)道路建设工程,鼓楼街、城西路和城北街等路段新建工程竣工通车。黎城印象、顺鑫阳光(一期)、宏远广场(二期)、隆祥名邸(二期)等住宅小区建设顺利推进。县城集中供热工程主干管网和换热站建设全面铺开。集中供气完成4000米支管网建设,供水管网升级改造1000米、新敷设2500米。启动实施污水深度处理回用工程。县城生活垃圾无害化处理率100%。以县城建设为引领,带动3个重点镇20个中心村,完善学校、卫生院、村卫生室等基础设施建设,完成164个行政村街道亮化工程,重点镇和中心村的承载服务、辐射能力进一步提升。

*倾心聚力民生事业投入多、覆盖广。*投入教育资金2722万元,继续实施义务教育阶段"两免一补"、学前教育贫困幼儿资助、职业高中免费全覆盖、生源地无息助学贷款、"一颗鸡蛋"和"一两肉"等13项教育惠民工程;投资3000万元,新办5所幼儿园,改扩建17所幼儿园;投资1800万元,完成职业高中综合实训楼建设。卫生部门减少群众药费支出245万元,新型农村合作医疗补偿群众11670人次、3160多万元,完成黄崖洞镇卫生院改造和县急救中心项目建设,对50个村卫生室进行标准化改造。城乡低保共覆盖8915户、1.3万人,基本做到应保尽保。投资1860万元开工建设幸福庄老年公寓,投资550万元的古城社区老年日间照料中心完成主体工程,投资700万元的南委泉敬老院和4个农村日间照料中心投入使用。完成300户农村困难群众危房改造。城镇新增就业2800余人,转移农村劳动力3700余人。开工建设保障性住房1769套。移民搬迁工作,投资643万元,将水峧、南庄、北庄和红崖4个村142户486人搬出山庄窝铺。落实公务人员待遇工作,筹集6000多万元增加财政供养人员工资和取暖补贴。

(黎城县人民政府办公室)

壶关县

【自然概况】 壶关县地处山西省东南部、太行山东南端,东与河南省林州、辉县两市接壤,西与长治市郊区、长治县为邻,北与平顺县相连,南与晋城市陵川县毗邻。全县版图面积1013平方千米。辖5个镇、7个乡、1个经济开发区、390个行政村。2013年总人口29.5万人。

境内地势东高西低,平均海拔1252.5米,年均气温9.1℃,无霜期153天,年平均日照时数2665小时,降雨量545毫米,平均相对湿度64%,属暖温带季风气候,是一个山区县、农业县和国家扶贫开发重点县。

【经济发展概况】 2013年,全县生产总值40.9亿元,比2012年增长12.5%;工业总产值93.9亿元,增长3.3%;规模以上工业增加值25亿元,增长15%;固定资产投资38.2亿元,增长30.9%;财政总收入4.66亿元,增长13.7%;公共财政预算收入2.16亿元,增长6.5%;农林牧渔总产值7.76亿元,增长8.7%;社会消费品零售总额14亿元,增长14.5%;粮食总产量1.22亿千克,增长2.7%;城镇居民人均可支配收入1.7万元,增长10%;农民人均纯收入4005元,增长13.5%。

*突出项目建设引领。*大力开展"项目建设年"活动,认真落实"一个项目、一个领导、一套班子、一抓到底"的包抓责任制,扎实推进总投资181亿元、总数量112个的"双百"重点工程,全年有87个项目建成竣工或基本完工。狠抓招商引资,成功引进世界500强华润燃气、潞安旱地西红柿深加工和晋通公司钕铁硼等22个项目,签约资金104亿元,当年落地开工20个,项目建设"六位一体"任务提前超额完成。

*加快产业转型步伐。*工业方面,常平集团坚持产业转型、多元发展,30万吨矿渣纤维保温材料项目步入试生产,入股投资太行山大峡谷旅游开发,实现了资源型企业向可持续发展的华丽转身。壶化集团致力打造爆破服务产业,80万千克起爆具项目完成设备安装,自主研发的数码电子雷管在我国最大露天煤矿神华集团黑岱沟露天矿成功实施抛掷爆破,被省科技厅确定为"国际科技合作基地"。邦仕得制药、钕铁硼、光纤接入、煤机制造等一批招商项目落地建设,新兴产业蓬勃兴起。农业方面,大力推进"一村一品、一县一业",紫团公司调理食品项目正式投产,被农业部认定为全国主食加工示范企业。郭氏食品"郭国芳"商标被认定为中国驰名商标,郭氏羊汤荣获山西省十大传统名吃,辛寨醋业"辛世芳"商标被认定为山西省著名商标。大象集团24万吨饲料加工主厂房和长林、

下好牢2个肉鸡养殖基地主体建成。成功举办首届旱地西红柿采摘节，旱地西红柿种植面积达到2666.6公顷，覆盖5个乡镇120余个村，有效带动了农民增收致富。出资4.1亿元对太行山大峡谷完成资源整合。全年接待游客、门票收入、旅游社会总收入分别增长38.7%、50%、35.1%，各项指标创历史之最。2013年，全县三产比达到10.3∶59.1∶30.6。

城乡面貌大为改善。2013年，抓住全市建设“1+6”上党城镇群的良好机遇，加快县城开发建设，完成总投资16亿元的玉壶广场、文体馆等十大城建重点工程，集中开展打击违法占地、违法建设“两违”整治专项行动和县城道路交通、环境卫生、市容市貌“三项治理”活动，顺利通过国家卫生县城和省级文明县城复查验收，县城功能日益完善，县城品位大大提升。因地制宜推进百尺、店上、晋庄、常平和桥上5个重点集镇和20个中心村建设，城乡一体化发展迈出新步伐。特别是实行“五个结合”抓移民、“六种模式”搞搬迁，积极探索移民搬迁、产业扶贫多元致富新机制，完成55个自然村834户3004人的移民搬迁任务，移民扶贫工作走在全市乃至全省前列。

生态建设迈上台阶。大力推进城乡绿化，深入实施“荒山披绿、干果增效、通道提档、园林乡村”四大林业生态建设工程，全县森林覆盖率53%，县城人均绿地面积41.3平方米。加大环保执法力度，扎实抓好治污减排，依法关闭小石料、小石灰、小缸厂等土小企业17家，县城垃圾填埋场基本建成，污水处理厂改造升级进展顺利，全年空气质量优良率95%。切实推进公共机构节能，全民节能意识逐步增强。投资1780万元实施农村环境连片整治示范项目，城乡生态环境进一步改善，宜居水平进一步提高。

倾力改善民生民计。千方百计克服财政压力，积极筹措资金为全县近万名干部职工增发了烤火费、公务员津贴补贴和事业人员绩效工资，向全县人民承诺的职业教育补贴、企业退休人员养老、饮水安全等十件实事全部兑现。优先发展教育事业，总投资3000万元的城南幼儿园建成竣工，33所项目校“三通两平台”建设基本完成。投资1450万元全面推进公立医院改革，投资2700万元的县医院医技大楼建成使用，县乡村三级医疗机构全部实行药品零差率销售，20种重大疾病提高报销比例。建设各类保障性住房761套，完成农村危房改造800户，城乡困难群众居住条件持续改善。投资3225万元为全县284个行政村安装太阳能路灯，成为全省首家完成行政村街道亮化工程的项目县。科学应对各种自然灾害，投资1000余万元对冷冻、干旱、洪涝和房屋倒塌等进行救助，投资2800余万元完成县乡村公路水毁修复和道路安保工程。继续推进城乡最低生活保障、社会救助、医疗救助等各类保障救助工作，新型农村社会养老保险覆盖率100%，新型农村合作医疗、城镇居民养老和医疗参保率均达到98%以上。

（壶关县人民政府办公室）

长子县

【自然概况】 长子县位于山西省东南部，上党盆地西侧。因尧王大儿子丹朱受封于此而得名。共辖7个镇、5个乡、2个管理中心、399个行政村。国土面积1029平方千米，耕地4.5万公顷。2013年总人口35.7万人。

长子历史悠久，是尧王故里、千年古县、精卫之乡、西燕国都，共有国家级、省级文物保护单位各3处，金元时期古建筑39处，占全市70%以上。境内有距今2.5亿年的木化石群，亚洲最大、世界罕见。2013年以来，先后荣获国家园林县城、美丽中国示范县、全国科技进步先进县、全省社会管理综合治理先进县、全省农村中医药工作先进县等省级以上荣誉。顺利通过全国文明县城、国家卫生县城、全国公共文化服务体系示范县和省级和谐文明县城年度复核检查。

【经济发展概况】 2013年，全县生产总值104.3亿元，比2012年增长11.9%；工业增加值70.8亿元，增长16%；固定资产投资88.3亿元，增长33.7%；社会消费品零售总额13.6亿元，增长14.3%；财政总收入30.37亿元，增长0.3%；公共财政预算收入10.1亿元，增长15.2%；城镇居民人均可支配收入2.1万元，增长11%；农民人均纯收入9752元，增长12%；粮食总产量2.39亿千克，创历史新高。

项目建设成效显著。全年共确定重点项目122个，总投资458.3亿元，当年开工建设99个、竣工27个。项目储备、签约、落地、开工、建设和投产“六位一体”建设任务超额完成。着眼于成长性好、辐射带动性强、资源转化率高，重点推进了一批以康宝生物雪莲及体外生物诊断试剂、轩阳科技北冬虫夏草、山河矿山装备制造、潞酒厂迁建、禾能秸秆发电为代表的新型工业项目，以方兴蔬菜检测加工及物流配送、浩润脱水蔬菜、绿生源双孢菇、雨润集团10万头种猪养殖为代表的特色农业项目，以能交投物流园、新易达物流园为代表的现代物流项目。加大招商引资力度，签约引进广东温氏集团百万头生猪一体化养殖、尧王古城、阿里巴巴山西·长子产业带平台等转型项目，有力支撑了全县的转型发展。

宜居县城再添魅力。2013年，委托浙江大学城乡规划设计研究院编制完成长子县城市发展战略规划和东湖新区概念性规划，新建住宅小区8个、楼房27栋，可容纳城镇人口1万多人，城镇化率提高2.3个百分点，县城规模进一步扩大。完成西环路拓宽改造、鹿谷大街延伸改造、县城集中供热二期、供水管网改造等基础设施工程，加快推进五星级大酒店、城市规划展览馆、县医院住院大楼、霍尔辛赫公寓楼等城建精品工程，县城功能日益完善。集中开展打击违法占地、违法建设专项行动，整顿县城小产权房，深入推进县城交通秩序、市容市貌和环境卫生“三项治理”，加强城乡生态建设和环保工作，新增绿化面积2066.6公顷，全县森林覆盖率28%，县城环境空气质量二级以上天数持续保持在365天，荣获“国家园林县城”和“美丽中国示范县”称

号。

民生福祉不断提高。全县共完成农村困难家庭危房改造700户、易地扶贫搬迁28户100人、村道亮化329个村、安装路灯6580盏、农村幼儿园新建和改扩建10所，乡村清洁工程全面启动。承诺的惠民政策全部兑现，县财政投入近亿元，开通免费公交车，实行全县幼儿教育免学费、县级公立医院看病免挂号费，提高一户多残家庭生活补助，为环卫工人和中小学生购买了意外伤害保险，实行规模发展设施蔬菜、食用菌和畜禽养殖补贴，增发行政事业单位工作人员津补贴、取暖费和带薪休假补助。开工建设保障性住房1633套，建成1853套。新增城镇就业岗位2409个，择优招录120名大学生充实到教育、卫生等基层一线。

（长子县人民政府办公室）

武乡县

【自然概况】 武乡县位于太行山西麓，山西省东南部，长治市最北端。总面积1610平方千米。辖9个乡、5个镇、1个农业开发区、377个行政村、942个自然村。2013年总人口18.3万人。

*矿产资源丰富。*主要有煤、铝矾土、白云岩、天然矿泉水等20多种，其中，煤探明储量28.6亿吨，年生产能力1100万吨，是全国重点产煤县之一；白云岩探明储量18亿吨，是山西省四大金属镁原材料主要生产基地之一。

*旅游资源独特。*武乡县是全国红色旅游重点县、中国优秀旅游目的地、山西省革命文物重点县。革命遗址遍布全县，馆藏国家级革命文物342件，被列为全国30条红色旅游精品线路之一，在全国100个红色旅游经典景区中武乡就有3个。有国家AAAA级景区、华北第一溶洞——太行龙洞，山西省六大水库之一——太行龙湖，太行山中段精华——太行板山，原始森林宝库“天然氧吧”——崇城山。

*交通优势明显。*太长高速、208国道、太长公路、太焦铁路纵穿南北，武左地方铁路、南沁公路、邢汾高速横贯东西。

【经济发展概况】 2013年，全县生产总值68.8亿元，比2012年增长9.9%；规模以上工业增加值45.8亿元，增长11.1%；社会消费品零售总额9.79亿元，增长14.2%；城镇居民人均可支配收入1.7万元，增长10%；农民人均纯收入4476元，增长13.4%。公共财政预算收入5.59亿元，增长11%。

*转型综改迈出新步伐。*制定出台支持煤炭产业发展“二十条”，促进煤炭安全生产。全年共生产原煤508万吨，东庄、槐安煤业完成技改投入生产。武乡山水水泥公司日产3000吨水泥熟料生产线投入试生产。五矿轻量化新材料产业集群项目总规正式批复，一期1万吨镁、3万吨镁合金及100万套压铸件项目完成投资2.2亿元。城关建材、昱昇建材等4家新型建材企业建成投产。“两园一剧”升级版带动红色旅游蓬勃发展，《太行山》实景剧被省委宣传部评为第十届精神文明建设“五个一工程”特别奖。启动实施太行山影视文化创意产业园、八路军烈士陵园新“两园”项目，前期规划设计基本完成。北社—砖壁红色旅游公路全面开工建设。成功举办第三届八路军文化旅游节，到郑州、石家庄等周边省会城市举办旅游推介会，红色旅游品牌进一步打响叫亮。新增快捷酒店3个，农家乐200余户。全年接待游客225万人次，增长24%；旅游综合收入23.6亿元，增长26%。服务业占地区生产总值比重达到27.3%。

*“三农”工作实现新突破。*大力发展规模健康养殖，新建、续建养殖小区（场）32个，3个规模养殖项目取得突破性进展，武乡县荣获“全省畜牧兽医工作先进县”称号。鑫四海全循环生猪生态养殖及屠宰加工项目石北种猪场投入生产，存栏PIC祖代种猪2400头，繁育仔猪1万多头；绿农公司每年4000万只肉鸡养殖及屠宰加工项目故城北涅水种鸡场饲养肉种鸡10万套，丰州松庄、石盘玉品、故城大寨养殖场饲养肉鸡130万只，石北小良养殖场具备生产条件；山西多维牧业羔羊养殖育肥综合项目建成羊舍93栋，引进优种湖羊1500余只。培育壮大龙头企业14个，销售收入6.66亿元，大山禽业、晋昌农业生态园、众益生态、鑫四海4个企业跨入省级农业产业化龙头企业行列。发展各类农民专业合作社954个，组建联合社6个。“百企千村”产业扶贫强势起步，山西潞安集团和山西焦煤集团进驻武乡县，启动实施油用牡丹、食用菌和肉羊养殖等产业扶贫项目。全面推进3128人的易地移民搬迁工程，21个移民点全部开工。全年累计投入各级各类扶贫资金5564.7万元，稳定脱贫1万人。持续稳定抓好粮食生产，粮食总产量1.13亿千克。

*群众生活有了新改善。*全年教育、医疗、社保、“三农”等民生支出9.4亿元。村级幼儿园改扩建、农村危房改造等省政府确定的“五件实事”圆满完成，特别是在全市率先完成行政村街道亮化工程，安装路灯5780盏，广大农民群众彻底告别了摸黑走路的历史。投资1340万元，完成学校标准化建设15所，改善薄弱学校87所。实施县级公立医院改革，药品全部实行“零差价”销售，新型农村合作医疗参合率99.5%。城乡低保实现应保尽保，共发放保障金3266万元，城乡居民社会养老保险参保人数超过11万人，城镇基本医疗保险参保人数3.3万人。实施景兴花苑、舒香门邸、兴隆小区等保障房建设项目，建成保障房358套。县城热电联供如期供暖，6.3万户农村低收入农户“暖心煤”全部发放到位。

*改革创新探索新路径。*在全市率先开展“四位一体”信用体系建设，推行“农金村办”金融服务模式，选取56个行政村建立“农金服务站”进行试点，与478户农户达成贷款协议，发放贷款2350万元。推行中小微企业“助保贷”业务，为13家企业投放贷款6800万元。财信担保公司与信用联社合作，为21个项目提供担保贷款两批1980万元。积极开展县域城镇化基金试点工作，武乡县被列入全省3个城镇化建设基金试点县之一，首批募集到位资金1亿元。

（武乡县人民政府办公室）

沁　县

【自然概况】 沁县位于山西省东南部、长治市北部。辖6个镇、7个乡、306个行政村、6个社区。总面积1318平方千米。2013年总人口17.4万人。是一个典型的纯农业县、全省扶贫开发工作重点县,是中国绿色名县、全国生态文明先进县、全国绿化模范县、全国有机产品认证创建县、全省"一县一业"示范基地、全省限制开发的农产品加工区域。

境内水源充沛,土肥地广。全县有大小泉水270多处,河流126条,湖泊湿地30余处,水域面积2000公顷;有耕地面积4万公顷,其中1/3近4年未施用过化肥,荒山荒坡2万公顷,林地7.3万公顷,有"一圪垯土"之称。得天独厚的小气候和自然条件孕育出中国名米沁州黄、唯思可达等驰名产品,堪称"有机食品的天然粮仓""太行山上的鱼米之乡"。

境内生态完好,宜居宜游。无煤矿、无污染,光照足,空气好,平均海拔1000米左右,年平均气温8.9℃,降雨量606毫米,全年无霜期170多天。境内有"千泉湖"国家级湿地公园、北方水城国家级水利风景区等40多处生态景观,全县森林覆盖率38.5%以上,建成区绿化率40.6%,2013年县城空气质量一级以上天数126天。

境内四通八达,区位独特。自古以"北控晋阳、南襟潞泽"而闻名,地处省会太原和市府长治的中间地带,太长高速公路和新规划建设的霍黎高速公路在沁县交会,208国道、太焦铁路纵贯南北,309省道和二沁铁路横跨东西。

【经济发展概况】 2013年,全县生产总值16.3亿元,比2012年增长8.1%;公共财政预算收入7241万元,增长18.1%;农林牧渔总产值7.02亿元,增长5.83%;粮食总产量1.8亿千克,增长5.8%;规模以上工业总产值6.4亿元,增长13.8%;社会消费品零售总额7.53亿元,增长13.8%;城镇居民人均可支配收入1.4万元,增长9.8%;农民人均纯收入4325元,增长12.7%。

项目建设扎实推进。全县储备项目198个,签约项目29个,落地项目74个,开工项目111个,建设项目67个,建成投产项目134个。储备、落地完成率长治市第一,签约、投产完成率长治第二,开工、建设完成率分别名列长治市第三、第四。深入开展"招商引资活动季",设立招商引资专项基金,先后引进汾酒集团生态循环产业开发、振东集团中药材种植加工、碧水源集团园区基础设施建设、中科院科技合作等一批高端产业项目。

重点产业蓬勃发展。新发展谷子1333公顷、设施蔬菜400公顷、核桃1333公顷、小杂粮667公顷、中药材333公顷,畜禽养殖达到589万多头(只)。有机认证种植面积2667公顷。沁州黄农业产业示范园区16家企业入驻、21个项目落地建设。华安焦化6.8万吨焦炉煤气制液化天然气项目顺利实施。沁园春矿泉水开发二期工程试产出水。成功举办第五届端午民俗文化节。重点实施南湖文化园、漳河源头自然风景区等35个文化旅游项目,累计完成投资26亿多元。

城镇建设稳中求进。按照"山、水、城一体化"的定位,委托浙江大学城市规划研究院对县城总规进行高标准设计、高质量修编。先后铺开县城道路改造等11项重点城建工程。建成保障性住房1034套。新建汽车客运站、残疾人康复中心、环保监测大楼。县城生活垃圾处理工程主体完工。图书馆主体封顶。湖滨花苑、西湖苑、清华苑等集中住宅小区项目有序开发。5个重点镇、20个中心村规划设计基本完成。全县城镇化率比2012年提高2.9个百分点,达到37.3%。

民生事业优先发展。高中教育学生毛入学率90%,学前三年毛入园率71%。新增就业人数1825人。新农合参合率99%。人口自然增长率控制在4‰以内。县、乡、村(社区)三级公共文化服务体系日益健全,农村数字电视整体转换工程入户安装2万余户,免费为农民群众放映电影3700多场(次)。改造农村困难家庭危房1000户,移民搬迁95户299人,对210个行政村街道进行亮化,完成8所村级幼儿园改扩建和乡村清洁工程建设任务,省政府确定的"五件实事"如期完成,全县人民群众生产生活条件得到整体改善。

(沁县人民政府办公室)

沁源县

【自然概况】 沁源县地处太岳山东麓,山西省东南部,长治市西北部。自西汉刘邦元年(公元前206年)置县,初名谷远,后为谷近,北魏建义元年(公元528年)因沁河之源得名沁源。全县总面积2548平方千米。辖5个镇、9个乡、254个行政村。2013年总人口16万人。

沁源生态优美、景色宜人。全县森林面积14万公顷,森林覆盖率62%,是全国的"油松之乡",全国天然林保护重点县。草地面积9万公顷,是华北南部唯一的亚高山草甸区。境内有沁河、汾河两大水系,年平均径流量2.6亿立方米,是山西相对富水区。气候温和,空气湿润,平均温度8.6℃,年相对湿度65%。境内四季山清水秀、地绿天蓝,处处绿树婆娑、郁郁葱葱。葳蕤的森林,温润的气候,被誉为太岳胜景"天然氧吧"。境内旅游资源丰富,有灵空山、菩提寺、花坡、沁河源等景区,特别是灵空山景区被称为油松之王的"九鼎松",一树九杆,挺拔参天,已载入大世界吉尼斯纪录。

境内矿产资源丰富。储量大的有煤、铁、铝矾土、石灰岩等。煤炭总储量128亿吨,可开采储量90亿吨(主焦煤60亿吨,动力煤30亿吨),含煤面积占总面积的80%,是全国重点产煤县、全省主焦煤基地县。铁矿总储量5800万吨。铝矾土储量1.5亿吨。野生资源种类繁多,尤以野生中药材连翘、党参、丹参、黄芩、柴胡、桔梗为多,野生天然食品有黑木耳、蘑菇、黄花菜、蕨菜、山核桃等20余种。

【经济发展概况】 2013年,全县生产总值101.7亿元,比2012年增长

10.1%；财政总收入27.75亿元，增长8.5%；粮食总产量保持稳定增长，达到7630亿千克；公共财政预算收入14.52亿元，增长23.5%；城镇居民人均可支配收入2.5万元，增长10.8%；农民人均纯收入9677元，增长11.9%；社会消费品零售总额17.5亿元，增长14.4%。

以现代农业为方向，在推进农业产业化中增收富民。围绕"一县一业"和"一村一品"，推广种植脱毒马铃薯3.7万公顷，人工种植连翘3333.3公顷；浩兴、沁河缘、坤泰乳业等农业示范园区初具规模，带动发展"一村一品"专业村18个，达到国家级示范村1个；加快建设生态庄园23个，新增农民专业合作社98家，重点打造省级示范社3家、市级示范社7家、县级示范社27家，全县流转土地666.7公顷。攻坚扶贫开发，制定出台百人以下自然村扶贫移民具体办法，对移民搬迁户除省市每人补助6200元外，县财政每人增补1.3万元，完成移民搬迁128户428人，稳定脱贫5000人。挂牌成立山西省羊产业技术体系专家工作站，继续开办现代农业农村青年人才专修班，组建农业产业协会6个，以农民专业合作社为基础的产业组织体系更加完善。

以结构调整为抓手，在推进工业转型中跨越发展。以全省转型综改试验区建设为契机，抓住传统产业改造提升重点，实施18个煤矿升级改造项目，南山、新超、太岳3座煤矿转入生产，全年生产原煤714万吨；突破发展新兴产业难点，太岳山风电一期10万千瓦并网发电，蓝天石油压裂支撑剂一期10万吨生产线试运行，元昌5万吨石油压裂支撑剂正式投产，沁新煤电铝循环经济产业项目奠基启动，通洲150万吨综合煤化工项目谋划运作；凸显生态特色农业亮点，成功举办农业产业化暨庄园经济招商推介会，厚德集团10万头肉驴产业项目引进实施，好乐草莓种植规模占到全国夏季草莓种植面积的一半，南石苗木基地规模位居全省前列；培育生态旅游卖点，全县域交通大循环工程启动实施，北莱沟国际滑雪场完成20千米旅游道路改造和造雪系统、索道招标，灵空山风景区通过国家级示范项目验收。

以生态宜居为目标，在推进市域城镇化中彰显魅力。按照规划先行、分步实施、有序建设的原则，修订完善各类发展规划，实施重点城镇化项目22个，安置房小区投入使用，丁城渠景观带一期工程竣工，人民路、胜利南路完成地下管网改造，安泽至沁源天然气通气试运行；档案馆、城建展览馆、文化中心、新天地商业步行街开工建设。积极创建国家级园林县城、卫生县城，市政配套设施实现提档升级；郭道镇纳入全省"百镇"试点小城镇建设。新上3个110千伏变电站，实施163个行政村街巷亮化，改造崔程线等8条乡村道路，完成20个村环境卫生集中连片整治；全面铺开永和水电站建设，建成农村饮水安全工程9处，治理龙头河等河道4条；造林绿化4200公顷，小流域治理313.3公顷，非煤矿山生态植被恢复治理54.5公顷。

以关注民生为宗旨，在促进社会和谐中凝心聚力。新改扩建农村小学(幼儿园)8所、义务教育薄弱学校4所，县体育馆、二中、二院正式投入使用，县中医院主体完工；开工建设公租房1026套，改造农村危房900户，配建廉租房198套。探索实行医疗全程救助"一站式"管理，新增基本药物采购154种，20种重大疾病补偿提高到70%，率先在全省建立乡村医生退养机制；积极推进三年教育质量提升工程，中、高考成绩扩量进位，全省第一所红军小学在县实验小学挂牌；创建国家公共文化服务体系示范区，开展一系列群众性文化活动，成功申报省、市非物质文化遗产项目13项，县图书馆被评为国家一级馆。加强就业再就业工作，城镇新增就业3327人，就业困难和失业人员再就业577人，帮扶创业就业659人。继续为全县低收入农户每户提供1.5吨取暖用煤。

（沁源县人民政府办公室）

长治高新技术开发区

【自然概况】 长治高新技术产业开发区(简称长治高新区)规划面积9.3平方千米，2005年重新调整后四至范围7.53平方千米，管辖捉马村、史家庄村、化家庄村和小化家庄村等4个自然村。2013年，长治高新区户籍人口2.6万人，常住人口约10万人。

【经济发展概况】 2013年，长治高新区科工贸总收入57.3亿元，比2012年增长10.2%；生产总值23.5亿元，增长11.9%；工业总产值33亿元，增长10%；工业增加值12亿元，增长15%；财政总收入5.7亿元，增长33%；公共财政预算收入1.5亿元，增长15.4%。

招商引资工作步伐大。2013年，长治高新区全年共签约项目13个，总投资43.43亿元，增长44.8%；招商引资到位资金10.67亿元，增长20.4%；特别是签约引进投资20亿元的北京中海大地投资有限公司云计算数据产业园、投资7.1亿元的清华同方科技孵化园、投资5亿元的中国科技开发院高新技术孵化及产业化基地等11个亿元以上的孵化经济、研发经济、总部经济、楼宇经济项目。

项目建设持续发力。2013年，长治高新区重点推进项目42个，总投资119亿元，新上项目7个，完成投资35亿元。居然之家、移动枢纽楼、金威超市等项目投入运营，为加快转型跨越创造了新的增长点。

科技创新引领作用明显。2013年，长治高新区共完成科技三项费用651万元，科技支出4651万元。在建的康宝基因工程疫苗、德国西门子大型特种电机、玉华再制造、中信高科软件园等高新技术项目加快推进产学研一体化。特别是在原先废旧砖厂基础上，投资1.2亿元新建孵化面积2.7万平方米的科技孵化园，10月投入使用，成为区域科技孵化和自主创新的高地。

城中村改造稳步推进。2013年，长治高新区持续深入推进"零村庄"改造。3年共拆迁433户，拆迁15.2万平方米；完成投资9.64亿元，建成53.6万平方米的安置房。启动连接郊区漳泽工业园的经二路、纬五路工程。开展"三项治理"百日行动。完成市政府下达的7.2万平方米城市主干道征迁任务，特别是在史家庄村集中拆迁105户共计4.3万平方米，按时间拆完全市面积最大、密度最大、难度最大的连片居民区。管委会提前完成机关的整体搬迁，为打通延安北路创造了条件。

社会事业投入加大。2013年，长治高新区辖区4个村经济收入3.54亿元，增长12.5%；村民人均收入1.7万元，增长10.5%。教育支出1693万元，义务教育入学率100%、巩固率98%，启动市政府重点工程容海幼儿园建设工程。新增就业2340人，增长41.8%。医疗卫生支出405万元，新农合参保人数增长2.2%。启动中心医院改扩建工程。征缴各类社会保险基金750万元，增长9%。社会保障和就业支出851万元，增长34.7%；全年为低保户、困难户发放各类补助金193.4万元。

（李立平）

晋城市

【自然概况】 晋城市位于山西省东南部，属暖温带季风气候，四季分明，冬长夏短，雨热同季，温和宜人。全年无霜期165～198天，东部山区较短。年平均降水量一般为624.6～680.8毫米，最大降水达到1010.4毫米，年平均湿度63%～68%；年平均气温7.9℃～11.7℃，最高气温38.6℃。

境内群山连绵，太行山雄居东部，中条山横卧西南，四周崇山峻岭，峰峦叠嶂。南面山势蜿蜒而下，伸向中州平原；中部丘陵起伏，盆地镶嵌其间；沁丹两河从西北向东南畅流出境，归入黄河。整个地形，状若簸箕。山地占全市总面积的58.6%，丘陵占28.5%，平川占12.9%。

东南两面与河南省的焦作、济源、洛阳接壤，西与临汾市、运城市相交，北与长治市毗邻。全市东西宽160千米，南北长约100千米，总面积9490平方千米，其中，市区面积147平方千米。现辖1个市（高平）、1个区（城区）、4个县（泽州、阳城、陵川、沁水）、84个乡（镇、街道办事处）。2013年总人口230.1万人。是国家园林城市、国家卫生城市、中国优秀旅游城市、全国文明城市先进市、全国绿化模范城市和山西省环保模范城市。

晋城自然风光和文化遗存相得益彰。蟒河、历山、王莽岭峻险奇秀，皇城相府、长平古战场、炎帝陵底蕴深厚。全市拥有古文化遗址63处，国家级重点文物保护单位66处。尤其是现存宋、金时期基本保存完好的木结构古建筑46处。

晋城资源丰富，宝藏遍地。煤、煤层气、白云岩、石灰岩、铝土矿等矿产资源储量丰富。特别是煤炭资源储量大，品质优，享誉全国。全市含煤面积占总面积的49%，无烟煤探明储量占全国的1/4多、山西的1/2多，煤炭产量占全国的近5%，煤层气在全国率先实现规模化商业化开发。晋城气候温和，雨量充沛，森林覆盖率达35.7%，是华北地区相对的富水区、华北地区最大的蚕桑丝绸基地和山西省重要的畜牧业基地。

【经济发展概况】 2013年，全市生产总值1031.9亿元，比2012年增长9.3%；固定资产投资837.7亿元，增长27.9%；公共财政预算收入94.6亿元，增长14.1%；社会消费品零售总额306.6亿元，增长14%；外贸出口总额2.6亿美元，增长5.5%；城镇居民人均可支配收入2.3万元，增长10%；农民人均纯收入9026元，增长12.3%。

政策调控作用明显，产业结构进一步优化。2013年，晋城市出台保煤保价10条措施、助推实体经济12条意见、加快园区建设8项办法、推动中小微企业发展等一系列政策措施，促进全市经济平稳运行。煤炭行业增加值增长13.9%，非煤行业增加值增长7.3%。其中，电力行业增长1.7%，煤层气行业增长18.3%，煤化工行业增长3.6%，装备制造业增长13.9%，旅游总收入增长30%。民营经济增加值完成662.5亿元，增长17.2%。银行业贷存比达51.1%，提高3.9个百分点；规模外融投资达366.4亿元，增长124.8%。62个工业转型项目累计投资112.3亿元。总投资194亿元的34个重点商贸物流项目正在加快建设。

项目建设步伐加快，招商引资势头强劲。扎实开展“项目推进年”活动，全市固定资产投资完成837.7亿元。其中，第一产业投资完成59.4亿元，增长1.1倍；第二产业投资完成391.4亿元，增长7.7%；第三产业投资完成386.9亿元，增长47%。全年签约招商引资项目286个，资金到位606.7亿元。当年签约、当年落地项目超过1/3；非资源类占比达85%，10亿元以上项目超过75%。“六位一体”年度目标全部超额完成，固定资产投资增速连续两年居全省第一。继续加强与长三角、环渤海等经济发达地区的联系。与中海油、中国恒天集团、南非卡卡杜市等签订战略合作协议。组团参加第八届中博会、农博会等大型展会。举办第二届中国（晋城）太行山国际文化旅游节。晋城经济开发区升级为国家级开发区，出口监管仓库、保税仓库顺利通过海关验收。

城乡统筹扎实推进，生态环境治理成效明显。中心城市投资近百亿元，启动了包括17条城市道路的41项城建重点工程。新增集中供热面积140万平方米，新增市区煤层气用户1.2万户。西北片区实施整体改造，兰花片区、金村片区、北石店片区和金匠工业园区等加快建设。大县城、中心镇和美丽乡村统筹推进。河西镇、町店镇被命名为省级园林城镇。周村、天井关村等17个村列入中国传统村落名录，11个镇村新入选中国历史文化名镇名村。农村新增清洁能源用户3万户。节水型社会试点市建设通过国家水利部验收。新增造林绿化面积1万公顷，在全省率先实现国家森林城市创建目标。实施污染减排项目58个，对六大重点耗能行业进行能效对标，6项主要污染物排放量大幅削减。丹河人工湿地建成投运。

“三农”工作全面加强，农民收入稳定提高。落实强农惠农资金32.4亿元。全年粮食总产量9.05亿千克。生猪出栏达165.4万头，位居全省第一。新建现代农业示范园区30家，13.3公顷以上的设施农业园区达到97家。新发展农民专业合作社1108个。加快“一村一品”“一县一业”和新农村连片示范区建设，实施街道亮化、移民搬迁、危房改造和农村清洁工程，启动“百企千村”产业扶贫工作。扎实开展干部下乡住村帮扶活动，解决实际问题3930项，村容村貌和农村生产生活条件进一步改善。

民生事业不断发展，人民生活持续改善。民生支出增长25%，占到全市公共财政支出的83%。太原科技大学晋城校区正式招生，圆了全市人民多年的大学梦。新改扩建幼儿园53所，免除城市义务教育教科书费惠及学生6.7万人。表彰“晋城专家”和“晋城名师”，提高乡村医生工作待遇。连续七届荣获“全国科技进步先进市”称号。城镇新增就业岗位4.2万个，城镇登记失业率控制在1.5%以内。城乡居民基础养老金、企业离退休人员基本养老金实现“九连增”。城乡居民殡葬惠民政策全面实施，市社会福利院新楼投入使用。新开工各类保障性住房17908套。继续开展公益演出、周末大剧场、特色文化村镇、农村电视数字化升级改造等文化低保工程。

（陈高晋）

晋城市城区

【自然概况】 晋城城区位于山西省东南部，雄踞太行之巅，扼晋、豫两省之要塞，是山西通往中原、走向全国的重要门户，也是全国沟通东西、联结南北的重要支点。城区面积149.6平方千米。辖1个镇、7个办事处、62个行政村、75个社区。2013年总人口48.5万人。目前，建成区范围内同时驻有晋城市、城区、泽州县和开发区4个政府机构，是晋城市的政治、经济、文化、信息、金融、交通中心。

城区环境宜人，文脉流长。全区绿化总面积3266.7公顷，绿化覆盖率45.8%，绿地率43.2%，人均公共绿地面积15.5平方米，主要绿化指标均超全省、全国平均水平。空气质量优良，冬无严寒，夏无酷暑，气候宜人。人文景观有白马禅寺、程颢书院、景德桥、景忠桥、怀覃会馆、文峰笔塔等。

城区区位优越，交通便捷。太焦铁路、侯月铁路纵贯全境，境内有二连浩特至广州、太原至澳门等省际公路5条，与国道207、省道太洛路、陵沁路、晋韩路等纵横交错，距郑州、洛阳、长治3个机场均在100千米左右。辖区内城乡路网四通八达，公路通车总里程347.7千米，实现了全区行政村通油路、通客车目标。

【经济发展概况】 2013年，全区生产总值215.1亿元，比2012年增长10.2%，增速排名全市第二；公共财政预算收入9.7亿元，增长38.3%，公共财政预算收入增速排名全市第一；规模以上工业增加值11.3亿元，增长15.2%，增速排名全市第二；全社会固定资产投资226.3亿元，增长31.5%，增速排名全市第二；社会消费品零售总额160.9亿元，增长17.8%，增速排名全市第一；城镇居民人均可支配收入2.5万元，增长9.9%；农民人均纯收入1万元，增长12.4%。

加快推进产业结构调整，转型发展迈出新步伐。主导产业持续壮大。围绕打造区域性商贸物流中心，着力推进总投资193亿元的34个重点商贸物流项目建设。喜临门生活港、金广源购物广场、栖菁园农产品批发市场等一批新项目开业运营，微软技术实践中心项目成功签约，以金融证券、电子商务为代表的现代服务业态蓬勃发展，服务业朝着集群化、品牌化、高端化迈进。服务业增加值125.3亿元，拉动经济增长4.9个百分点，对经济发展的贡献率达到47.7%。以晟皓光电、天煜煤层气、科威工业园等为代表的新型工业发展壮大，以司徒现代都市农业园、摩登大地农庄等为代表的城郊型农业加快发展。

强力推进城镇化建设，城乡统筹取得新突破。全力启动西北片区改造。遴选确定清华大学建筑设计院为片区进行顶层设计。把景西路北段延伸工程作为开局工程，克服拆迁任务重、资金筹措难等困难，举全区之力完成景西路沿线16万平方米的拆迁任务，道路施工正在进行。通过积极争取，市政府下放城区57项职能，第一次取得城市改造建设的主动权。北石店新区建设步伐加快。加紧推进基础设施配套和商业开发，晋城大医院门诊楼主体完工，集中供热站、污水处理厂开工建设，北石店商务中心建成招商。19个城中村改造项目有序推进，共完成房屋拆除面积近40万平方米，开工楼座126栋，开工建设面积121万平方米，完成投资26.8亿元。新农村建设力度加大。公共财政更多向“三农”倾斜，全年累计投入近2.3亿元。为3个涉农镇（办）专项列支城乡统筹资金1100万元，进一步增强了镇（办）统筹城乡发展的能力。在大力发展城郊型农业的基础上，新培育省市级“一村一品”专业村18个。大力实施农村清洁能源工程，新增农村煤层气用户1644户。圆满完成19个行政村亮化任务，全区农村实现街道亮化全覆盖。

大力推进生态文明建设，城乡环境实现新变化。组织实施“两山两河一场”五大生态工程，着力解决生态欠账和环境污染问题。白水河治理工程、苇匠生活垃圾填埋场封场整治工程全面开工建设，白马寺山后山地质灾害治理工程得到省发改委可研批复，北石店河治理工程正在加紧办理前期手续。特别是吴王山城郊森林公园项目，实现了当年规划设计、当年开工建设、当年初具规模。积极实施通道绿化、村庄绿化和景观绿化等生态工程，完成投资2000万元，绿化面积93.3公顷。投资2000万元扎实开展城乡清洁工程，改造旱厕1000座。

着力保障和改善民生，人民生活质量有新提高。全年各项民生支出达9.2亿元，占公共财政预算支出的62%。9件为民实事基本完成，一批群众关注的热点难点问题得到有效解决。就业和社会保障力度加大。全年新增就业7380人，农村劳动力输出与转移2825人。基本建立覆盖城乡的社会保障体系，被评为“全省城乡居民社会养老保险经办管理服务示范区”。企业离退休人员基本养老金实现“九连增”,城乡居民基础养老金发放标准走在全省前列。城镇职工和城镇居民医疗保险最高支付限额居全省第一。城乡低保标准每人每月分别提高到416元和188元,发放低保金3716万元,惠及4213户、10841人。发放大病救助金115.2万元,348名群众得到救助。集中救助困难群众1000户,救助标准提高到每户1000元。为1650名一线环卫工人每人每月增资165元,达到1320元。为3000名残疾人发放生活补贴。为义务兵家庭发放优待金1600万元。为1400多名80岁以上老年人发放尊老金,新建14家社区日间照料中心,推行政府购买养老服务试点,养老服务水平稳步提升。投入1000万元对市区6处低洼地段进行治理。加快保障性安居工程建设,全年新开工保障性住房800套,为969户居民发放廉租住房租赁补贴365.6万元。社会事业全面进步。高度重视发展教育。加大学前教育投入力度,投入2000余万元对20所幼儿园进行改造提升,将33所民办幼儿园改为普惠性幼儿园。投入1384万元对11所学校校舍和7所学校的供暖设施进行改造。汇仟小学建成投入使用。汇仟幼儿园开工建设。第十一中学、第十二中学完成选址、立项等前期工作。发动社会各界捐资助学2100万元,在全社会营造了尊师重教的浓厚氛围。大力发展医疗卫生事业。市二院住院楼主体完工。

(城区人民政府办公室)

泽 州 县

【自然概况】 泽州县位于山西省东南部,太行山南端,是山西通向中原的重要门户。东与陵川县相连,西与阳城、沁水县衔接,北与高平市毗邻,南与河南省济源、博爱、沁阳等县(市)交接。总面积2023平方千米。辖14个镇、3个乡、632个行政村。2013年总人口48.8万人。

泽州是华夏文明的发源地之一。有三万年前的新石器时代文明遗址,有女娲补天、孔子回车等许多人文历史传说。境内文物古迹遍布,历史名人众多,现存国保单位8处。曾哺育和造就了唐代著名佛经注疏家高僧慧远、宋代文学家刘羲叟、首创诸宫调的北宋艺术家孔三传、南宋抗金名将梁兴、民国时期“山西第一才子”郭象升等一批历史文化名人。

境内矿产资源丰富。全县含煤面积420平方千米,占全县总面积的20.8%,煤炭探明储量48亿吨,是全国重要的无烟煤基地。全县水资源总量3.54亿立方米,是华北地区相对富水区。

【经济发展概况】 2013年,全县生产总值217.2亿元,比2012年增长9.1%;公共财政预算收入13.3亿元,增长6.5%,总量位居全市第一;规模以上工业增加值55.4亿元,增长10.5%;社会消费品零售总额31.3亿元,增长17.2%;城镇居民人均可支配收入2.4万元,增长9.9%;农民人均纯收入1万元,增长12%;外贸进出口总额4.86亿美元,增长17.7%。

项目建设推进有力。2013年,始终把项目建设放在全县工作的重要位置来抓,“六位一体”超额完成年度目标任务。全县固定资产投资143.8亿元,增长13.1%。兰花物流、月星广场等项目在省市观摩检查中受到好评。晋煤高硫煤洁净利用、天泽4060、兰花己内酰胺、清慧制造等一批重点项目进展加快。义乌小商品城、晋宏汽贸城、沃尔玛商业综合体等项目签订框架协议。南村铸造工业园完成规划,巴公中小微创业孵化园挂牌成立,泽州文化创意产业园开园运行。

产业结构得到优化。出台一系列扶持中小微企业发展的政策措施,建立中小微企业发展基金,开展“聚力贷”“助保金”等业务,撬动银行资金4亿元。切实加大“五大”园区基础设施建设力度,煤化工、铸造、装备制造、现代物流等产业发展条件和环境持续向好,规模不断壮大。全县非煤规模以上工业增加值38.5亿元,占全县规模以上工业增加值总量的69.4%,非煤产业完成税收11.8亿元,对财政的贡献率达到35%。非煤产业已经成为经济发展的重要支撑。

现代农业稳步发展。2013年,粮食总产量2.28亿千克。大力发展“一村一品、一县一业”,省市级“一村一品”专业村194个,增长78.4%;生猪出栏80.2万头,增长14.6%;新发展设施蔬菜339栋55.7公顷;流转土地1066.7公顷。无公害蔬菜、经济林、食用菌、有机农产品、畜禽养殖“五大基地”规模不断扩大,彤康、晋宏等重点龙头企业销售收入8.4亿元。加快农业基础设施建设,冶底水库等4座病险水库完成除险加固,新增农业灌溉面积666.7公顷。与山西农大合作共建“一地一站四院”,基层农技推广体系改革富有成效。

城乡面貌不断提升。围绕建设“美丽泽州”,统筹推进城镇化建设和生态建设。丹河龙门湿地公园完成投资3000余万元,绿化外围山体133.3公顷,与北京东方园林公司签订框架协议;府城街、丹河西路形成路基,青山街、丹川路完成前期。基础设施更加完善。大周公路下村段等7条县乡公路完成改造,5个生活污水处理厂和4个生活垃圾填埋场进展顺利。全县集中供热面积达到80万平方米,增长14.3%;煤层气用户发展到3.4万户,占到全县总户数的24.3%。巴公、南村、金村等重点乡镇人口集聚和辐射带动能力进一步提升。强化重点行业排污监管,加强植树造林、生态修复和水源地保护,全县森林覆盖率比2012年提高1个百分点,达到36%。深入开展农村清洁工程,投入1亿元集中整治农村环境,行政村街道亮化实现全覆盖。

社会事业持续改善。加大财政惠民支持力度,全年民生支出达到9.17亿元,占公共财政预算支出的40.5%。投资5.7亿元完成十大惠民工程,着力解决就业、上学、就医等难题。新创办实体企业120家,新增城镇就业人口5870人;新农合累计补偿1.3亿元;人口计生工作进一步加强,1.5万户计生家庭享受到奖励扶持政策带来的实惠。解决了2.5万人的饮水安全问题。切实加强社会保障,"五大保险"参保范围不断扩大;财政支出绩效管理取得全国第77名、全省第二的好成绩。

(泽州县人民政府办公室)

高平市

【自然概况】 高平市位于山西省东南部,背倚三晋腹地,面揽千里中原,居上党之要,扼晋豫之冲。全市总面积946平方千米。辖9个镇、4个乡、3个办事处。2013年总人口48.9万人。

高平历史悠久,是华夏文明的重要发祥地之一。羊头山上,始祖炎帝首开农耕文化之先河;长平之战、高平之战,奠定了大秦、北宋一统中国的根基。

高平气候温和宜人,四季分明,雨热同季。海拔最高1391.1米,最低800米。年均降水量600毫米,年均气温10.2℃,最低气温-16℃、最高气温37℃,年日照时间2398小时左右。全市水资源总量9943万立方米,可利用量5501万立方米。张峰水库供水工程完成后,每年可新增供水量3700立方米。全市建成区绿化覆盖率41.5%。

高平是全国100个重点产煤县(市)之一,全市含煤面积约860平方千米,无烟煤探明储量66亿吨,具有低灰、低硫、高强度、发热量大、热稳定性好等显著特性,性能优质的3号煤曾经为英国皇室壁炉专用煤。目前煤炭年生产能力为2500万吨,远景产能可达到4200万吨。同时,煤层气储量丰富。当前供气能力为3.2亿立方米/年,远期将达到10亿立方米/年。另外,正在筹建的沟底煤电气化一体化开发项目,可为全市经济发展提供充足的煤炭及煤层气资源。

太焦铁路、二广高速、207国道纵贯南北,嘉南铁路、高新高速、高沁高速、坪曲线横跨东西。南距郑州机场150千米,北距长治机场55千米,同天津、日照、连云港3个海港有高速公路相连。随着郑(州)太(原)高铁开工建设,高平将被纳入中原城市群"1小时经济圈"。

【经济发展概况】 2013年,全市生产总值233.5亿元,比2012年增长8.4%;公共财政预算收入12.6亿元,增长6.1%;粮食总产量2.45亿千克,平均单产445.2千克,分别增长0.5%和3.9%;农林牧渔业总产值23.5亿元,增长2.3%;工业总产值169.3亿元,下降21.7%;全市固定资产投资138.1亿元,增长31.9%;社会消费品零售总额47.8亿元,增长17.5%;城镇居民人均可支配收入2.3万元,增长10.2%;农民人均纯收入9702元,增长12.2%。

改革开放迈出新步伐。2013年,成立市政府金融办和非政府性融资平台长隆投资公司,新设晋信达等4家小额贷款公司和5家投资咨询公司,积极推进银企对接。加大土地创新力度。实施3项用地新机制,矿业存量土地整合利用71.7公顷,工矿废弃地复垦利用83.3公顷,全年上报省政府批复项目用地159公顷。深化行政审批制度改革。完成全国政务公开和政务服务试点任务,48家单位和16个乡镇全部实现审批服务事项网上办理。

签约项目硕果累累。分别与晋煤集团签订西部煤电气化一体化项目合作协议,与上海嘉定签订发展"飞地经济"框架协议,与恒天集团达成年产100万吨精密铸件项目合作意向,与上海悦恒公司达成上海国际汽车城项目协议;组团参加中博会、农博会等招商活动,签约项目71个,签约资金297亿元。

工业经济实现新进展。稳固煤炭产业。按照"保安全、稳生产、扩销售、降成本"方针,加快骨干矿井建设,5座矿井建成投产,5座矿井联合试运转,原煤产量达到1988万吨。先后到山东、江苏等地开拓市场,稳定了煤炭销售。培育新兴产业。实施"3+1"发展战略,扎实推进百万吨汽车零部件、百万吨精密铸件、百万吨球墨铸管"三大基地"建设和西部煤电气化一体化建设。华润药业、科兴光电、安泰防护服等11个项目试生产,高平南变电站完成主体,米山、陈区变电站建成投运。特别是宏圣可建、凯永养殖代表晋城市接受省委、省政府的观摩检查,受到充分肯定。

城乡面貌发生新变化。按照"打造丹河景观、建设两条道路、提升四山绿化、构建大循环圈"的城市建设新思路,打响了15项城建工程大会战。重点推进城市拆迁改造,出台城市房屋征收安置补偿办法和城中村改造实施细则,顺利完成新北小区211户房屋拆迁,并启动回迁安置工程。丹河市区中段河道治理继续推进,长平桥改造基本完工,神农路南延建成通车,锦华街东段基本建成。成功引进全国房地产前十强碧桂园集团,开创了城市借力发展的新范式。全年造林913.3公顷,七佛山、西山、牛山、韩王山绿化提升全面铺开。

"三农"工作收获新成效。认真落实强农惠农政策,全年市财政投入农业资金达3.9亿元。持续抓好粮食生产,粮食总产量2.45亿千克,再创历史新高。大力发展现代农业,全年出栏生猪150万头,新发展设施蔬菜338.6公顷,创建省级"一村一品"专业村35个;8座病险水库完成除险加固,张峰供水东延一期工程全面开工;对18个村、11所学校的吃水工程进行提升改造,惠及群众2.3万人。投资4000余万元实施城乡环境卫生清洁工程,省政府下达的"五件实事"任务全面完成。

社会事业取得新进步。"十件实事"基本兑现。积极创建省级创业型城市,城镇新增就业岗位6071个。城乡居民基础养老金由每人每月65元提高至80元。投资1000余万元,实现市区公交车乘车全免费。开工建设保障性住房3000套。南部热源厂完成主厂房基础工程,新增市区北部供热面积70万平方米、供气5100户。完成1.2万户农户有线电视数字整转。申报科技专利271项,荣获"全国科技进步考核先进市"称号;全面启动炎帝陵修复保护工程,举办海峡两岸神农炎帝文化高层论坛,推动"炎帝文化”品牌走向中国，走向世界；第十一届中国兔肉节盛大开幕。

（高平市人民政府办公室）

陵 川 县

【自然概况】 陵川县位于山西省东南端，地处晋豫之交，雄居太行之巅，为山西省东南之门户、中州平原后花园。全县共辖7个镇、5个乡、378个行政村。2013年总人口25.4万人。总面积1751平方千米，耕地面积3万公顷，林地面积12万公顷。陵川县属太行山革命老区，属于省级贫困县，是全省“两区”开发县（区）之一。境内风峦叠嶂，生态环境良好，森林覆盖率52.1%。

【经济发展概况】 2013年，全县生产总值32.3亿元，公共财政预算收入1.75亿元，粮食总产量1.18亿千克，全社会固定资产投资30亿元，社会消费品零售总额14.41亿元，城镇居民人均可支配收入1.4万元，农民人均纯收入6109元，财政总收入4.2亿元。

积极应对下行压力，经济发展稳中有进。2013年，坚持稳增长、调结构、促转型工作主线不动摇，实施各类重点工程项目67项，完成投资25.2亿元。签约项目38个，到位资金18.04亿元。全年新增企业和个体工商户1000余户，为企业提供金融贷款5.4亿元，减免、退税600余万元。骏通铸管公司的“骏通”牌、工具公司的“工”牌、古陵山食品公司的“古陵山”牌3个商标荣获“山西省著名商标”称号，县域经济综合实力在应对挑战中不断增强。

坚持绿色生态理念，产业转型步伐加快。关岭山煤业正式投产，司家河煤业进入联合试运转，南营河等4家煤矿正在加紧建设。宝贵石艺、行源化工等一批项目顺利推进，鸿恺服饰、德通电子等一批项目建成投产。在稳定粮食生产的基础上，实施“三河一岭”中药材片区开发，推进正嘉原种猪、鸿生商品猪、偏桥底肉鸡和适度规模养殖园区建设，加快食用菌大棚立体栽培改造，扩大旱地蔬菜、设施蔬菜建设规模。开工建设佰润普物流园区、参洋党参初加工、百孚百富生物质能源、昶烨生猪屠宰等一批农业新型项目，完成珍菇坪工厂化食用菌生产项目，鸿生生物、古陵山食品、马圪当农业开发公司3家企业进入省级重点龙头企业榜单。加快“三区两园”创建工作，王莽岭国家地质公园揭碑开园，棋子山森林公园成功申报国家森林公园，王莽岭成功申报省级风景名胜区，凤凰欢乐谷成功申报省级休闲旅游度假区，“太行山公园”商标通过国家工商总局初审。全年接待游客275万人（次），门票收入4750万元，旅游总收入突破6亿元。

突出基础设施建设，城乡环境不断优化。磨河水库开工建设。赵马线棋源山庄至古郊段竣工通车。高陵高速沿线可视荒山绿化和环县城绿化成效明显。县城黄围东街、棋山路新建和鸿雁街翻修改造如期完成。县城集中供热新增供热面积32万平方米，集中供气新增用户1500户。集中实施了一批小城镇建设工程，崇文、礼义、附城列入全国重点镇建设名单。在巩固全省两轮“五个全覆盖”成果的基础上，新解决1万人的饮水安全。推广秸秆生物质燃料锅炉1000台，完成无害化厕所改造1万座，为330个村配备了垃圾清运车，行政村路灯亮化实现全覆盖。

着力保障改善民生，群众福祉日益提升。实施教师周转宿舍、乡镇中心幼儿园等4项教育重点工程。改扩建乡镇卫生院3所，基层群众就医条件明显改善。稳步提高新农合标准，参合率达到98.9%。城乡低保、新农保基础养老金、企业离退休人员养老金再次提标，各类社会保险参保人数达到23.5万人。完成创业孵化基地一期工程主体建设，全年新增城镇就业岗位2640个，转移输出富余劳动力1万人。完成移民搬迁1500人，启动百企千村产业扶贫开发工程。200套限价商品房公开配售，108套廉租房配租到位，新改造农村危房550户。成功举办第二届消夏晚会，盲人曲艺队创作的钢板鼓书《退钱》荣获第十届中国艺术节大赛“群星奖”，舞龙舞狮表演荣获国家体育总局“全国民族传统文化推广奖”。

（陵川县人民政府办公室）

阳 城 县

【自然概况】 阳城县位于山西省东南部，太行、太岳、中条三山交会处，与河南济源接壤，是山西通往中原的门户。全县总面积1968平方千米。辖10个镇、7个乡、1个办事处、467个行政村。2013年总人口39万人。

阳城气候温和。属于暖温带大陆性气候，平均气温11.7℃，平均日照时数2400小时，无霜期180天左右，多年平均降水量627毫米。

阳城资源丰富。已探明矿产资源有20多种，主要是无烟煤、铝矾土、陶瓷黏土、白云石等。可利用水资源储量15.8亿立方米，属山西相对富水县。森林覆盖率51.2%，林木绿化率56.9%，被命名为山西省园林县城。境内有动植物1100多种，野生中药材300余种，为国内四大山茱萸产地之一。境内旅游景点众多。有以“中国北方第一文化巨宅”、国家5A级景区皇城相府为代表的古堡民居建筑群，有以国家级森林公园、国家4A级景区蟒河为代表的山水景区，还有以亚高山草甸喀斯特地貌而闻名的析城山景区。

阳城历史悠久。古称获泽，西汉置县，距今已有2000多年历史。历史上曾有“十凤齐鸣、十凤重鸣”之美谈。清康熙、雍正年间，与陕西韩城、安徽桐城同为文化发达之乡。在泽州府所辖5个县中文风最高，赢得“名列三城、风高五属”的美誉。南宋有与李唐齐名的大画家萧照，清代有主持编纂《康熙字典》的文渊阁大学士陈廷敬、著名数学家张敦仁。

【经济发展概况】 2013年，全县生产总值162.7亿元，比2012年增长9.1%；全社会固定资产投资119.2亿元，增长31.2%；财政总收入

32.8亿元，增长8%；公共财政预算收入10亿元，增长14%；工业增加值95.1亿元，增长9.5%；社会消费品零售总额33.5亿元，增长13.7%；城镇居民人均可支配收入21245元，增长10.4%；农村居民人均纯收入9014元，增长12%。

抓转型，调结构，产业发展呈现新态势。2013年，阳城县在稳住煤炭这个基本面的同时，全力推动产业转型发展。以陶瓷为主导的非煤产业强势推进。全年新建12条建瓷生产线，新增产能1亿平方米，总产能达到2亿平方米；晋陶、三英等一批文化瓷、工业瓷项目顺利投产，山溪、金龙等项目有序推进，横向配套、纵向延伸的产业格局初步形成。以旅游为龙头的现代服务业多极推进。全面启动打造"全国古堡民居第一县"工作，加快推进蟒河景区和析城山景区旅游道路建设，景区承载功能进一步增强；积极参加蒙之旅"欢乐游"等旅游推介活动，荣膺2013"美丽中国"十佳旅游县，带动了三产服务业的繁荣发展。以蚕桑为代表的特色农业稳步发展。新建养蚕大棚860余栋、小蚕共育基地13个，蚕茧总收入达1.5亿元；组建成立兴阳蚕桑农民合作联合社，加盟成员71家，抗御市场风险能力进一步增强。畜牧业鸡、猪、羊饲养量分别增长12.5%、12.1%、6.6%。新增干果经济林333.3公顷、中药材2933.3公顷、设施蔬菜46.7公顷，发展食用菌1100万袋（棒）。新发展农民专业合作社101个，全年粮食总产1.74亿千克。

抓招商，扶民营，项目建设取得新进展。招商引资取得显著成效。积极参加中博会、陶博会等各类招商洽谈活动，高科技反光材料、星光陶瓷等41个项目成功签约。民营经济扶持力度加大。出台《促进中小实体经济加速发展的若干意见》，争取上级各类专项扶持资金325万元，下拨中小企业专项扶持资金1000万元，帮助181家中小企业解决融资贷款9.5亿元，民营企业融资难问题得到缓解。"六位一体"目标全面完成。全年项目动态储备2483.8亿元、签约449亿元、落地194.6亿元、开工113.4亿元、投产126.9亿元、省市重点工程建设投资151.5亿元。

抓统筹，促协调，城乡面貌发生新变化。大县城建设扎实推进，建设高标准城市绿道10千米，滨河西路坪头至坡底段延长线全面完工，县城主要街道路面完成改造，县城生活垃圾处理厂正式投运，建成便民公厕5所，城市功能更加完善。"美丽乡村"连片区建设正式启动，北留、润城连片区内32千米环线基本建成，47千米休闲观光道路加紧推进；东冶镇蔡节村、磨滩村和横河镇受益村等示范点建设有序铺开。水、电、路等基础设施建设力度加大，芹张公路一期顺利通车，西汉线改造全面完成，城乡路网更加通畅；新建上黄、横河2座35千伏变电站，东冶35千伏变电站增容和町上等3条线路改造全部完工，电力供应更有保障；张峰水库一干渠供水工程完成前期，建设饮水安全提升工程9处，7000人的饮水安全状况得到改善。生态建设成效明显，万元生产总值综合能耗下降3.6%，空气质量二级以上天数349天；造林面积960公顷，建成省级生态镇1个、生态村3个，县级生态村10个。

抓民生，强服务，社会事业实现新提升。努力惠民生，投资2.5亿元的城市集中供热一期顺利完工，惠及县城居民5500余户；人民医院迁建工程主体完工，公立医院和乡村卫生院（所）全面实现基本药物零差率销售；全力推动文化事业繁荣发展，大型上党梆子现代戏《山妹子》赴京演出获七项大奖；引进、转化、推广新技术、新工艺、新产品24项，申报各类专利179项，被科技部授予"全国科技进步先进县"称号。着力解民忧，新增就业岗位8500余个；新农合个人年度住院累计封顶线由10万元提高到15万元，城乡居民基础养老金由65元提高到80元，城乡低保年保障标准人均分别增长360元、288元；发放各类医疗救助资金505万元、救灾救济款633万元；建成经济适用房588套，改造农村危房233户，困难群众的生活得到进一步改善。

（郭曙光）

沁水县

【自然概况】 沁水县位于山西省东南部，晋城市西北部，地处太行、太岳、中条三大山系衔接处。县境四周环山，构成与邻县的天然分界。东与高平市、晋城市以老马岭、岳神山为界，西与翼城县以东坞岭为界，南邻阳城县以仙翁山为界，北接长子县、安泽县、浮山县以宇峻山、关爷岭、香山岭为界，西南与垣曲县以历山舜王坪为界。地形东西长，南北窄。东西长约150千米，南北宽约55千米。地势西高东低，最高处西南舜王坪海拔2358米，最低处东南尉迟村沁河出境处海拔520米，相差1838米。

全县总面积2676.6平方千米。下辖龙港、中村、郑庄、端氏、嘉峰、郑村、柿庄7个镇和樊村河、土沃、张村、苏庄、胡底、固县、十里7个乡，242个建制村，9个社区。2013年，全县总人口21.5万人。

沁水县自然资源丰富。初步查明的矿产资源有煤、煤层气、铁、锰、铜、锆、钛、水晶岩、石灰岩、白云石、耐火黏土、矿泉水等18种。煤炭和煤层气储量最大。全县含煤面积2421.9平方千米，占全县总面积的90.5%；煤炭地质总储量269.5亿吨，探明储量121亿吨，且以无烟、优质、发热量大的"兰花煤"而享誉中外。境内煤层气资源探明储量6000亿立方米，是国内最好的一块煤层气整装气田。

野生动物全县220余种，属国家重点保护的珍稀动物有金钱豹、金雕、猕猴、大鲵（娃娃鱼）等26种。位于县城西南部的历山是国家级自然保护区，被誉为"山西动植物宝库"。

全县土地面积26.5万公顷，耕地面积3.2万公顷，基本农田面积2.5万公顷，林业用地18万公顷，有林面积12.9万公顷，森林覆盖率48.6%。野生植物有400余种，属国家重点保护的植物品种有红豆杉、连香树、领春木等11种。

沁水属相对富水县。境内共有县河、沁河、端氏河、龙渠河、苏庄河、必底河、郑村河、土沃河、芦苇河、中村河十大河流。水资源总量6.75亿立方米，过境水资源量3.67亿立方米，本地水资源量3.08亿立方米（河川径流量2.93亿立方米）。地下水资源量1.07亿立方米，重复计算量0.92亿立方米。沁河为境内最大河流，发源于山西沁源西北的二郎神沟，流经境内苏庄、郑庄、端氏、嘉峰4个乡镇82千米，境内流域面积456.8平方千米，系山西省八大河流中含沙量最少的河流。

沁水气候属暖温带季风气候。四季分明，冬长夏短，雨热同季，季风强盛。2013年平均气温11.4℃，较历年偏高1.0℃，较2012年偏高1.4℃。年总降水量600.1毫米，较历年偏多32.3毫米，较2012年偏多243.2毫米，全县降水时空分布严重不均，造成两头旱中间涝的气候现象，特别是7月份降水量达318.5毫米，是沁水县有气象记录以来7月份的次大值（1966年7月份降水量为334.4毫米），导致全县部分乡镇出现严重的洪涝灾害。全年出现2次暴雨过程，分别是7月4日降水量64.3毫米、7月10日降水量52.0毫米。大风日数1天，与历年同期值4天相比偏少3天。初霜日10月25日，终霜日4月21日，无霜期186天。雷暴日数25天。最大冻土深度56厘米。

【经济发展概况】 2013年，全县生产总值167.2亿元，比2012年增长11.7%，增幅全市第一。规模以上工业企业30家，工业增加值66.3亿元，增长23%，增幅全市第一；工业总产值100.2亿元，增长6%；实现利税23.2亿元，下降16.7%；工业销售产值96.1亿元，增长15.7%；实现利润14.1亿元，下降29.3%；上缴税金14.5亿元，下降20.1%。财政总收入34.5亿元，增长5.9%；公共财政预算收入10.5亿元，增长15.5%。农业总产值9.2亿元，增长9.5%；农村经济总收入42.33亿元，增长14.3%；农作物播种面积3.2万公顷，下降4.9%；粮食总产量1.29亿千克，减产6%。农民人均纯收入7932元，增长12.5%。城镇居民人均可支配收入2万元，增长10.7%，增幅全市第一。社会消费品零售总额17.7亿元，增长17.6%。固定资产投资总额109.5亿元，增长13.1%。

*在提升工业经济规模和品质上先行先试。*2013年，总投入38亿元，集中实施十大以煤为基和十大工业转型项目，全年非煤产业完成增加值73.1亿元，占全县生产总值的比重比2012年提高4.5个百分点，以煤炭、煤层气两大产业为支柱，新型建材、瓦斯发电、装备制造等产业为主导的新型工业体系初步搭建。在煤炭产业的物流运输上先行先试，以49%的股份与县煤运公司合作组建天燃能源公司；以39%的股份与晋煤集团宏圣公司组建煤炭物流贸易公司，实现了规范煤炭销售和既有格局下煤炭产业经济效益最大化的双赢。在参与煤层气开发利用上先行先试，以40%的股份与国新能源合作组建沁水国新能源公司，共同实施煤层气管道输送项目；以33.5%的股份与北京商络合作组建浩坤公司，共同实施煤层气液化项目，在群雄逐鹿的格局中用市场手段赢得了利益分配上的话语权。

*“三农”投入持续加强。*产业龙头持续壮大，枫彩彩色苗木、博大灵芝北虫草建成投产，嘉沁食用菌、大象肉鸡、博大灵芝北虫草等项目进展顺利。截至2013年底，全县新建肉鸡养殖大棚63栋，新增设施蔬菜180公顷，新增苗木花卉1000公顷，以“八条路径”（发展种养抓增收、加大补贴抓增收、鼓励创业抓增收、输出劳务抓增收、以工补农抓增收、技能培训抓增收、移民并庄抓增收、扶贫帮困抓增收）和“五个三”（政策导向“三个集中”：资源集中利用、资金集中投放、基础设施集中配套；产业布局“三个集聚”：项目集聚、园区集聚、大户集聚；发展模式“三个多元”：经营体制多元、创业形式多元、扶贫开发多元；城乡统筹“三个优先”：优先发展大县城、优先发展小城镇、优先发展新农村；发展理念“三个突破”：思想解放上实现突破、体制机制上实现突破、干部作风上实现突破）战略为导向，三大集群（苗木花卉航母集群、食用菌航母集群、畜牧业航母集群）、六大园区（大象肉鸡产业园区、嘉沁循环农业园区、沁河苗木花卉园区、华康绿色蔬菜园区、郑庄高端农业园区和龙港农业中小企业创业园区）、六大基地（具有区域特色的畜禽基地、最具特色苗木花卉基地、循环生态食用菌基地、绿色安全杂粮基地、优质无公害果蔬基地和高产优质桑药基地）为支撑的农业产业化体系基本形成。农民收入持续增加，2013年，全县农民人均纯收入比2012年增加881元，增长12.5%，城乡居民收入差距进一步缩小。

*城市建设步伐加快。*三年来，县财政累计投入10亿元，撬动社会资金、企业资金20亿元，相当于整个“十一五”总投入的80%，成功走出一条政府主导、市场运作、企业投资、共建共赢的城市建设融资路子。县城总规、控规以及核心区设计全面完成，端氏、嘉峰、郑村、中村等特色城镇规划完成。城市综合展馆、沁水大酒店、全民健身中心等一大批地标性建筑进展顺利，端氏、嘉峰、郑村、中村小城镇建设初具规模，30个新农村的村庄绿化、环境整治、产业发展有了新起色。

*重点工程强力推进。*省市下达的“六位一体”任务全部超额完成。项目储备完成2261亿元，项目签约376.4亿元，项目落地189.4亿元，项目开工137.5亿元，省市重点工程投资86.5亿元，投资完成率169.6%；项目投产140.2亿元。全县的“六个十大项目”完成年度任务，投资完成率105%。招商引资3年签约项目58项，签约总额889亿元。

*始终坚持富民与强县并重。*安排5.4亿元，集中实施文、教、卫、吃、住、行、环、保、气、暖十大惠民工程，解决了一批群众反映的热点难点问题，实现了“四个率先”：在全省率先实现“3＋9＋3”免费教育，在全省率先提高老年人基础养老金发放标准，在全市率先对农村患大病居民进行二次补偿，在全市率先对适龄妇女和60

周岁以上老年人进行免费健康检查。

（张丽霞）

朔州市

【自然概况】 朔州市地处晋西北，居内外长城之间，是山西、陕西、内蒙古交界区域的一座新兴城市。1989年1月，朔州从原雁北地区划分出来，成为省辖市。全市共辖2个区4个县，总面积1.07万平方千米。2013年总人口174.4万人。

朔州文化底蕴厚重。两万八千年前，峙峪“猎马人”拉开了史前文化的序幕。长期农耕文明和草原文明的碰撞交融，孕育出无数智勇双全的将帅、聪颖卓越的志士和名垂青史的豪杰，先后出现过5位皇帝和13位宰相。西汉著名女诗人班婕妤、三国曹魏名将张辽和“中华门神”尉迟恭等都是朔州人。朔州境内有与法国埃菲尔铁塔、意大利比萨斜塔并称为世界三大奇塔的应县佛宫寺释迦塔，有全国罕见的以减柱艺术筑就的朔城区崇福寺，有秦代著名将领蒙恬筑城养马的马邑古城，有见证蒙汉交融、晋商辉煌的著名“西口”杀虎口，以及汉墓群、金沙滩等标志性景区景点，彰显出历史遗存和人文资源交相辉映的文化内涵。

朔州地理区位优越，交通便利。东距首都北京约502千米，南距省城太原约200千米，境内铁路、高速公路、国道纵贯南北、横贯东西，县乡公路四通八达，全市公路通车里程1万千米，万人拥有公路59.7千米。

朔州气候宜人，风光秀丽。平均海拔在1000米以上，年平均气温为4.2℃～8.4℃，年平均降水量为400毫米左右。4～9月，近半年的时间，温度湿度指数都在55～75之间。夏季白天最高气温一般不超过30℃，昼夜温差可达20℃。

朔州煤电产业优势明显。现已探明的煤炭储量约493亿吨，是我国重要的动力煤基地。2013年，全市原煤产量达2.2亿吨，居全省第一，在全国地级市中位居前三。朔州是北方著名的小杂粮基地，燕麦、荞麦、黍子、豌豆等小杂粮品种丰富，品质优良。

【经济发展概况】 2013年，全市生产总值1026.4亿元，比2012年增长9.5%；工业增加值554.9亿元，增长11.5%；固定资产投资774.7亿元，增长26.9%；社会消费品零售总额230.9亿元，增长14.8%；公共财政预算收入95.3亿元，增长13.1%；城镇居民人均可支配收入2.4万元，增长9.9%；农民人均纯收入9040元，增长13%；居民消费价格涨幅2.9%。

加快调整产业结构，发展质量得到提升。2013年，大力改造提升传统产业，加快推进煤电一体化、促进工业经济循环发展。加快建设现代化矿井，标准化矿井35座，原煤产量2.2亿吨。壮大电力产业，全市电力装机容量754.95万千瓦，发电量278.7亿千瓦小时，风力发电、太阳能发电、生物质能发电等新能源电力装机规模121.5万千瓦，居全省第一。促进陶瓷产业提档升级，日用瓷产量16.2亿件，居全省第一。稳定发展乳品产业，乳制品产量28.1万吨，居全省第一。粉煤灰综合利用企业50家，年消化粉煤灰330万吨，居全省第一。亚洲粉煤灰协会年会在朔州市召开，具有朔州特色的循环经济产生国际影响。培育壮大新兴产业，铺开装备制造、新型材料、医药、化工、特色食品加工等新兴产业项目99项，总投资726.4亿元，其中，22个投资5亿元以上项目投资118亿元。非煤电工业投资145.5亿元，增长56.3%。服务业投资365.3亿元，增长22.3%。第三产业投资额超过第二产业投资额。旅游总收入84.1亿元，增长29.8%。产业结构发生积极变化，一二三产占地区生产总值比重调整为6∶56∶38。

加大“三农”工作力度，生态畜牧经济区建设成效显著。大力实施强农惠农富农政策，各级财政投入“三农”资金20亿元。加强农田水利基本建设，农田实灌面积13.2万公顷。粮食总产量11.8亿千克，再创历史新高。加快发展特色农业，新增110个“一村一品”专业村，全市省级示范村317个，6个县（区）全部进入全省30个牛羊产业重点县行列。农产品加工龙头企业销售收入130亿元。大力推进产业扶贫开发、干部包村增收和机关定点扶贫，又有1.6万贫困人口实现脱贫。扎实推进“五件实事”，改造农村困难家庭危房14800户，易地搬迁特困群众1596户，改扩建村级幼儿园20所，乡村清洁工程全面启动，行政村街道亮化任务在全省率先完成。同时，为全市农户免费发放43万吨取暖煤；财政投资7355万元，集中解决了88个农村的饮水困难。朔州市被省委省政府表彰为全省粮食生产先进市、全省增加农民收入先进市、全省行政村主街道路灯亮化工作先进市、全省百企千村产业扶贫先进市。

大力推进城市建设，城镇化水平稳步提高。按照“规划引领、完善功能、提升品位、文化塑造、生态支撑”的理念，深化“五城联创”，全面推进国家园林城市、国家卫生城市、国家环保模范城市、国家双拥模范城市、全国文明城市创建活动。加大中心市区建设力度，改扩建7条城市道路，新增绿地面积21.6万平方米，建成区绿化覆盖率42%；拆除小锅炉20座，增加集中供热面积3万平方米；特别是下决心启动了市民期盼已久的七里河综合治理工程，以改变城市面貌。积极推进大县城和重点镇建设。全市城镇化率51.1%，比上年提高1.1个百分点。加强公路建设，完成投资24.35亿元，通车里程突破1万千米。建成朔州环城高速西南段、荣乌高速公路山阴至平鲁段以及贯穿平川4个县（区）的旅游生态观光路。持续推进植树造林，投入12.8亿元，营造林2.2万公顷。积极推进节能减排，万元地区生产总值综合能耗下降3.6%，主要污染物减排任务全部完成。朔州市荣获国家园林城市称号。

着力保障和改善民生，社会事业全面进步。始终把改善民生作为工作的出发点和落脚点，在财政增收难度加大的情况下，财政支出进一步向民生倾斜，全市财政在民生领域投入124.65亿元，占一般预算支出的80.7%。加快发展教育。新改扩建32所公办幼儿园。中北大学朔州校区招生规模进一步扩大，朔州师专正式挂牌。积极发展医疗卫生事业。深化医药卫生体制改革，积极推进县区公立医院改革。县乡村三级医疗卫生机构达标率100%。计划生育工作排名同类市全省第一。大力发展文化事业。玉龙马术队代表山西参加第十二届全运会。稳定扩大就业。新增城镇就业人数2.4万人。新开工城镇保障性住房1.9万套，完成农村住房抗震改建3000户。

（聂日旺）

朔州市朔城区

【自然概况】 朔城区地处雁门关外，古称马邑、朔州、鄯阳。汉属雁门郡，北齐称朔州，隋唐称鄯阳，后称朔县。1989年朔州建市时，朔县更名为朔城区，是朔州市委、市政府所在地，全市的政治、经济、文化中心。全区国土总面积1793平方千米。辖9个乡、2个镇、4个街道办事处、299个行政村、43个社区居委会。2013年总人口51.4万人。

朔城区地势由西向东倾斜，西、南、北三面环山，中部和东部是平川。属典型的温带大陆性气候，年均降水量400毫米左右，年均气温6.8℃，全年日照时数2862.6小时，平均无霜期120天左右。地势平坦，土壤肥沃，农业生产条件较好，曾连续8年夺得全省农建"禹王杯"。全区7.1万公顷耕地，50%是水浇地，天然草场6.7万公顷，为全国粮食生产先进区县。

朔城区历史悠久，文化底蕴深厚，人文荟萃。汉朝著名女诗人班婕妤、三国时魏国名将张辽等均诞生于此，历史上著名的"马邑之谋"孕育于此。境内比较著名的自然景观有紫金山保护区和素有"塞上西湖"之称的神头天然湿地以及近年来建设的西山森林公园、金沙植物园、恢河公园；人文景观有"峙峪人"遗址，大型汉墓群和国家级重点文物保护单位、全国现存的三大辽金佛寺之一的崇福寺。

朔城区矿藏富集，种类较多，已初步探明的矿藏有35种之多，煤炭和石灰石两大资源最为突出。煤炭已探明储量195亿吨，占全省煤炭储量的1/10、朔州储量的40%；石灰石储量1600亿吨，且品位极高，含钙高，含镁、碱少，开采价值很高；铝矾土储量7000万吨，黏土储量1500万吨，水资源总量3.54亿立方米。

【经济发展概况】 2013年，朔城区生产总值281.3亿元，比2012年增长10.5%，总量、增速均位居全市第一；财政总收入28.57亿元，增长13.8%；公共财政预算收入13亿元，增长19.4%；工业增加值100亿元，增长13.6%；固定资产投资217.7亿元，增长31%；社会消费品零售总额87.3亿元，增长55.1%；城镇居民人均可支配收入2.5万元，增长10.4%；农民人均纯收入1万元，增长13%。

"三农"工作扎实推进。注重科技推广，完成1.5万公顷玉米丰产方建设，巩固壮大十大种植基地，粮食总产量达到3.17亿千克，实现了十连增，继续位居全国产粮大县行列，连续6年荣获全省粮食生产先进县称号。大力发展特色现代农业，重点推进总投资5.8亿元的新农苑二期、紫金山二期、金土地食用菌科技园、华源农业观光园、西山一号等十大农业科技园，全区新增设施蔬菜480公顷，累计达到2533.3公顷。规模健康养殖取得新进展，新建改造规模养殖场35个，总数223个，成为全省奶牛养殖基地和生猪、肉羊养殖重点区。

产业转型成效显著。坚持把发展新型工业作为产业转型的主攻方向，以富甲循环工业园区、东坡马营堡煤电园区2个标杆园区为平台，加快煤炭产业升级改造，全年煤炭洗选1658万吨，发运2300万吨，煤炭工业基础进一步夯实。特别是大力推进总投资134亿元的17个新型项目，天朔电动汽车和非道路矿用车、元兴工业包装制品、丰泰铝型材、朔芳亚麻、中煤四达二期、华源科技、金升鑫科技等8个项目投产，工业新兴产业投资增速达到46.1%，经济发展质量进一步提升。坚持把发展现代服务业作为转型发展的重中之重，围绕发展煤炭加工和物流、总部经济、现代物流业和高端服务业，重点推进总投资320多亿元的中煤金海洋企业总部基地、北京电子城·朔州数码港、北京华联、神华准池铁路总部经济等16个高端服务业项目，服务业增加值比重达56.7%。

城市功能日趋完善。2013年，共铺开城建类项目124项，计划总投资605亿元，开工92项，竣工67项，完成投资386亿元。老城改造竣工面积达到33.8万平方米，四大街、文昌阁、文庙等标志性建筑基本完工。新修改造的20条(座)城市路桥，除3座桥梁外均已完工。铺开保障性住房建设项目30项，17个小区建成交付使用。推进照什八庄、南泉村、雒儿庄、张家河等6个城中村、城边村改造，新建建筑面积83.6万平方米。进一步强化城市管理，完成10条城市道路和9个小区绿化达标任务，完成14条街道人行道铺装改造和7条街道强弱电下地管道铺设以及1200多家沿街门店牌匾整治，完成12条道路亮化工程，城市亮灯率达到99%，城市面貌日新月异。

生态建设再上台阶。围绕"一山两河一湖"的生态治理格局，实施总投资38.5亿元的十大生态治理工程，重点推进5333.3公顷西山生态六期、93.3公顷金沙植物园二期、12千米恢河治理六、七期和10千米七里河综合治理等工程。特别是对七里河沿线下团堡乡、北旺庄街道14个村1100多户43万平方米房屋及地上附着物进行征收，为全面综合治理奠定了基础。全区林草覆盖率45%，城市新增绿地面积72.6万平方米，成功创建国家级园林城市，被省政府评为山西省林业生态区。

民生事业不断改善。投资1亿多元新建、改扩建城镇幼儿园16所，开工建设九中、十一小，教育基础设施进一步完善。健全医疗卫生服务体系，区一医院成功创建"三级"医院，中医院复诊启动有序推进。推进文化科技事业发展，崇福景区创建国家4A级工作扎实推进，马邑博物馆成功申报为国家三级博物馆。

（朔城区人民政府办公室）

朔州市平鲁区

【自然概况】 朔州市平鲁区位于山西省西北部，总面积2314平方千米。平均海拔1400米，属北温带半干旱大陆性季风气候，四季分明，年平均气温5.4℃，无霜期115天，年均降雨量430毫米左右。

境内土地广阔，气候凉爽，雨量适中，雨热同季。共有土地23.3万公顷，其中，耕地8万公顷，宜林地5.3万公顷，牧坡5.6万公顷。种植业主要以莜麦、山药、胡麻、豌豆、荞麦、谷黍等小杂粮为主。养殖业主要以牛、羊为主，是全国绿色农畜产品基地区（县）。

境内资源丰富，已探明储量的矿产资源有煤、高岭土、石墨、石灰石等40余种，煤炭储量达137亿吨，储煤面积336平方千米，地质构造简单，贮藏浅，易开采，煤质优良。2013年全区总人口20.7万人。

【经济发展概况】 2013年，全区生产总值257.7亿元，公共财政预算收入16.8亿元，农林牧渔业总产值9.92亿元，粮食总产量6613万千克，工业总产值462亿元，社会消费品零售总额25.8亿元，城镇居民人均可支配收入1.8万元，农民人均纯收入6982元。

大力推进重点项目建设。2013年，实施重点工程92个，总投资728亿元，累计完成投资152亿元。北坪园区8个项目投产达效，实现产值40亿元、利税4.2亿元；2×66万千瓦煤矸石电厂、劣质煤综合利用、平安化工、氧化亚氮、硝酸钙、矿山支护材料、服装厂7个项目加紧建设。东露天园区累计完成投资168亿元，实现产值30亿元。成功引进服装厂、煤制天然气、光电信息产业等大项目。各乡镇强力推进"两个5000万"项目建设，引进项目23个，总投资12亿元。

全力推进产业结构调整。建成标准化矿井22座，已验收18座；全年原煤产量1.3亿吨，入洗原煤1.17亿吨，原煤入洗率90%；大力实施"一矿一企"战略，煤炭资本投资或参股非煤产业超过100亿元，煤炭企业的非煤产值比重超过3%。建成电力项目240.5万千瓦，在建电力项目377万千瓦，千万千瓦电力基地快速形成。大力推进工业固废利用，全年综合利用工业固废物2514万吨，煤矸石综合利用率为61%，粉煤灰综合利用率为20%，在打造全国工业固废综合利用示范基地上实现重大突破。

创新机制发展现代农业。全区农作物播种面积5.7万公顷，特色小杂粮连片种植达到2.8万公顷。建成标准化肉羊养殖园区30个，肉牛养殖园区3个，培育优质牧草基地3466.7公顷。全区羊饲养量50万只，牛饲养量1.6万头。投资8000万元建设农业综合开发产业园区。农产品加工销售收入6.3亿元。探索形成"买下一个村、移民一个村、办一个企业、绿化一片荒山"的生态畜牧发展模式。

强力推进新型城镇化建设。实施总投资20亿元的公共设施、路网水系等25项城建工程。新增城市绿化面积110万平方米，城市人均公共绿地14.1平方米，建成区绿化覆盖率42%。

大力推进城乡生态建设。完成大片造林5733.3公顷，通道绿化100千米，四旁植树60万株，新育苗266.7公顷。全区林地面积8.3万公顷，森林覆盖率28%，林木绿化率36%。各乡镇完成"一乡一条路，一村一片林，一人一棵树"的任务。实施蓝天碧水工程，矿山生态恢复治理开工118项，新建住房节能标准施工执行率95%。全年环境空气质量二级天数330天，综合污染指数1.94。

加快发展各项社会事业。全年完成民生投入12.9亿元，占公共财政预算支出的54.5%。医药体制改革成效显著，基本药物药价、门诊和住院费用分别下降30%左右，新农合参合率99.9%，人均筹资水平348元，比省定标准高8元。养老保险实现全覆盖，企业养老金实现"九连增"，"全民医保"全面实现。完成5所乡镇敬老院改建工程，一次性安置退役士兵105名，新增城乡低保769户1620人，农村医疗救助369人。区财政投资1000多万元，实现了城区有线电视、城区公交、机关党报党刊订阅"全免费"。

（平鲁区人民政府办公室）

山阴县

【自然概况】 山阴县地处山西省北部，因位于恒山余脉翠微山北而得名。总面积1651平方千米。辖4个镇、9个乡、257个行政村。2013年总人口24.3万人。

【经济发展概况】 2013年，全县生产总值171亿元，比2012年增长9.6%；农林牧渔业总产值27.5亿元，增长14.3%；规模以上工业总产值184.6亿元，增长1%；固定资产投资121.3亿元，增长27.6%；社会消费品零售总额29.7亿元，增长9.6%；公共财政预算收入12.6亿元，增长18.6%；城镇居民人均可支配收入2.5万元，增长9.8%；农民人均纯收入1.1万元，增长12.5%。

一批重大转型项目落户山阴。2013年，紧紧围绕经济结构优化和发展质量提升"两大任务"，在煤电产业、战略性新能源产业、现代农牧产业的发展上精准发力，标准化矿井建设、煤炭洗选、现代煤化工、中煤华昱水泉煤矿露天开采、光伏发电、昱光二期发电、宇昊蘑菇种植加工、现代化奶牛养殖园区等一大批战略性转型项目有的建成投产，有的稳步推进，有的开始落地，经济转型跨越的上升通道得到延伸拓展，为振兴新一轮县域经济崛起奠定了坚实基础。

不断加大"三农"支持力度。全面实施农田灌溉末级渠系、"小农水"、中低产田改造、玉米高产创建地膜覆盖等工程项目，大力提高农业机械化程度，全面落实各项惠农政策，农业效益得到新的提升。粮食总产量2.55亿千克，增长1.3%，实现了新的突破，连续2年获得省政府的表彰奖励，巩固了全省粮食生产重点县的地位。畜牧乳品产业基础更加牢固。古城集团销售收入突破10亿元大关，实现了历史性跨越。

致力于加强城乡基础设施建设。历时2年，投资2亿余元，完成虎山线山阴段全长34千米的虎山线改建工程，方便了北部山区群众出行，确保了运煤通道的畅通。此外，生态新区完成河阳大道南北延伸路基和桑干河大桥工程，以及文魁塔、文殊寺主体工程等，推进府东街拆迁等旧城改造，完成偏玉线、古马线等道路改建。开展桑干河山阴境内全线生态水系治理。

坚持把保障和改善民生作为政府工作的出发点和落脚点。兴办了一大批事关群众切身利益的社会事业。特别是针对山区部分村庄人畜吃水长期处于困难状态，投资5478万元，新打13眼深井，山区40个村、1所学校和1座煤矿，为2万多人解决了吃水困难问题。

（孙培峰）

应　县

【自然概况】 应县地处山西北部、朔州东端。总面积1708平方千米。辖3个镇、9个乡、298个行政村。2013年总人口33.4万人。是全国蔬菜产业重点县、全国全省粮食生产先进县、全省现代农业示范县、一县一业蔬菜基地县、奶牛养殖基地县。

【经济发展概况】 2013年，全县生产总值58.1亿元，比2012年增长10%；农业总产值28.3亿元，增长21%；粮食总产量3亿千克，增长18.3%；工业总产值73亿元，增长23%；社会消费品零售总额23.3亿元，增长6.9%；公共财政预算收入1.7亿元，增长13.3%；城镇居民人均可支配收入1.8万元，增长10%；农民人均纯收入7402元，增长13%。

产业转型升级迈出新步伐。2013年，坚持"园区承载、项目带动"战略，铺开总投资520亿元的120个重点项目和工程。新型工业强势发展。依托新型产业科技创新园区，全面推进总投资340亿元的31个工业项目，精心构筑新能源、高档陶瓷、农副产品加工、新型建材化工、装备制造五大产业板块。现代农业蓬勃发展。两大园区建设全面推进，3333.3公顷现代农业示范园区完成和顺苗木二期、天喜农业园一期等一批设施农业项目；万亩现代养殖示范园区完成基础设施建设，9个养殖小区已建成运行，年育肥、屠宰肉羊量达到73万只，养殖和牛1500头。在两大示范园区项目群的引领下，全县日光温室和移动大棚发展到1000公顷，设施农业收入2.2亿元；规模健康养殖小区189个。特别是成功引进新西兰恒天然集团投资15亿元的3万头奶牛养殖项目，项目全部建成后，全县奶牛养殖规模将达8万头。

文化旅游和商贸物流业稳步发展。推敲了24年的木塔维修方案基本确定，修缮工作即将启动实施。文化旅游产业园区推进工艺美术城和乙斑古建2个项目；商贸物流园区开工建设总投资21.3亿元的天津港散货物流园一期、华联农副产品物流区、金亿建材市场、汽配商贸城4个项目。

城乡面貌发生新变化。县城建设方面，铺开总投资99.3亿元的38项城市综合改造工程。新农村建设方面，推进南河种等5个集镇和中曹山、席家堡等12个中心村建设，铺开298个行政村清洁工程。争取到国家财政部美丽乡村建设项目。完成172个行政村亮化工程。实施长彦、西铺2个村391人的异地扶贫搬迁工程。完成3000户农村危房改造工程。交通路网建设方面，重点推进总投资16.23亿元的12项城乡道路改造建设工程，完成投资近3亿元的生态旅游观光线等4项工程。特别是北同蒲铁路应县火车站已经建成，目前正在试运营，大西高铁应县段也即将通车。生态水系建设方面，重点完成县城排水综合改造工程。推进龙首山、石柱山两大生态森林建设工程和小石峪、马兰峪两条河道治理工程。启动桑干河湿地建设工程和北楼口水库改造工程。造林绿化方面，完成总投资2.15亿元的城乡生态绿化工程。

人民幸福指数实现新提高。铺开总投资1.2亿元的县一中、二中教学楼、2个体育中心、5所城乡幼儿园、县职中实训楼6项基础设施建设工程。总投资2亿元的县医院迁建工程、4所乡镇卫生院改扩建工程投入使用。公立医院改革全面启动。进一步扩大新农合覆盖面，全县参合人数19万人，新农合补偿14.3万人（次），共6420万元。在全省首届文博会上获得19项大奖，应县被评为"全省科普示范县"。全省全民体育健身现场会在应县召开，清宁公园和祇园广场分别被评为全国、全省优秀全民健身场所。干部职工增资政策得到落实，人均月增资707元，一次性拉平与兄弟县（区）的工资差距。全年发放各类社保资金1.84亿元、民政资金1.15亿元。投资3500万元在县城大面积安装信息监控系统，集中开展社会治安综合整治。

（应县人民政府办公室）

怀 仁 县

【自然概况】 怀仁县地处雁门关外大同盆地中部。全县三分山、七分川，总面积1230平方千米。辖10个乡镇，162个行政村。2013年总人口33.2万人。

【经济发展概况】 2013年，全县生产总值198.87亿元，比2012年增长10.5%；规模以上工业增加值112.53亿元，增长13.6%；服务业增加值73.03亿元，增长6.5%；财政总收入27.73亿元，增长10.9%；公共财政预算收入11.26亿元，增长31.9%；城镇居民人均可支配收入2.6万元，增长10.4%；农民人均纯收入1.1万元，增长12.8%；固定资产投资112.47亿元，增长29.4%；社会消费品零售总额52.38亿元，增长8.2%。

坚持以煤为基、多元发展，产业转型成效显著。2013年，坚定不移推进"煤成亿吨"战略。集华兴业300万吨发煤站、金海洋金沙滩运销站试产运行；大同焦煤矿2万吨大列专线基本建成，全年煤炭销售4200万吨。深入推进"以煤扶瓷、瓷成精品”战略，金沙滩陶瓷工业园区初具规模，新建企业6家，东兴、东方、佳美乐3个陶瓷企业建成投产，全县陶瓷产量达到11.5亿件。成功举办“金沙滩”杯全省工艺陶瓷美术大赛和全市陶瓷职工技能大赛，“怀仁陶瓷”知名度进一步扩大。新兴产业快速发展，玉龙精细化工乙撑胺、华元医药产业基地、朔煤电工业固废循环综合利用3个投资5亿元以上的产业转型项目，主体基本完工，部分生产线开始试生产。

坚持大上项目、上好项目，重点工程推进有力。全年开工重点工程116项，完成投资166.11亿元。大力开展招商引资，先后参加第八届中博会、首届山西省文博会、北京招商推介会、朔州承接东部产业转移（杭州）企业恳谈会等大型招商活动，共签约项目26个，总投资435.6亿元。全年签约项目落地14个，开工建设10个。

坚持以农载牧、以牧富民，“三农”工作扎实有效。大力推进全省“一县一业”羔羊养殖示范基地建设，全年新建养殖小区328个，新增棚圈面积64万平方米。全县标准化养殖小区累计596个，棚圈面积117万平方米，养殖专业合作社406家。全县羔羊饲养量432万只，农民人均养羊纯收入5192元。农业产业化水平得到提升，金沙滩羔羊肉业、瑞誉羊毛加工2个项目建成投产，清凉山羔羊肉业、永军肠衣加工公司进入设备安装阶段。“羊成商品”稳步推进，在北京招商推介会上签订羊肉贸易合同5个，签订金额6.9亿元；在第十一届中国（武汉）畜牧业博览会上，“怀仁羔羊肉”获得“优质品牌畜牧产品”和“最佳美食”两项大奖。克服春季大旱影响，农业生产稳步发展，粮食产量2亿千克，增长18.9%，实现四连增。新农村建设扎实推进，高标准打造了15个新农村建设示范村，完成农村改厕2万个，解决了5个村4300人的饮水安全问题，完成1500户农村危房改造工程，实施76个村的亮化工程，亲和、陈家堡等7个小集镇建设初具规模。

坚持产城联动、以城促产，“大县城”建设步伐加快。投资60多亿元，实施城建重点工程35项，培育形成现代商贸服务新体系。金沙滩国际酒店贵宾楼、金沙滩建材市场、金沙滩购物广场、美之居家居城、银合财富广场主体已竣工；华联商贸第一城的红星美凯龙家具城、华联商厦、同至人购物中心已全部封顶。金沙滩、怀贤、仁福3条商业街初具规模，图书馆、体育馆、规划馆按进度推进，庞家大院、准提书院、美食街主体工程全部完工。完成热源厂三期扩建工程，新增供热面积240万平方米。新建起九龙壁广场和旺火广场，改造背街小巷10条，修建星级公厕5座。实施污水处理厂升级改造和垃圾处理厂配套工程。改造贯通仁德路、湖东路、仁和路等8条城市道路，高标准建成生态观光旅游、西山生态园林、南小寨—金沙滩陶瓷园区等6条公路。一中西区、县医院东区、怀义街3项城市棚户区改造工程全部完工，开始回迁。

坚持造林绿化、水系恢复，生态环境明显改善。加快大片造林和水系建设，构建起“一城两山三湖七河百村”的生态格局。完成金沙滩生态经济园林区四期工程，新造林6666.7公顷。大力实施兴水战略，鹅毛河水系湿地公园一期工程和三台湖工程顺利完工，全县水面面积增加到3666.7公顷，成为休闲度假的旅游胜地和招商引资的重要平台。加快平川绿化，推进了10个乡镇46个村的村镇绿化和庭院绿化。加大节能减排力度，实施清洁能源替代工程，化学需氧量、二氧化硫等六项环保约束性指标全部完成，县城空气质量二级以上天数353天。

坚持共建共享、普惠民生，“幸福怀仁”建设全面推进。建设标准化公办学校32所，改扩建农村幼儿园5所。成立校车公司，95辆校车投入营运，有效保障了学生乘车安全。全年新开工建设各类保障性住房4903套，年度建成6427套。县乡村三级医疗卫生服务体系达标率100%。新农合参合人数17.2万人，参合率99.3%。社会保障水平进一步提高。养老、医疗、失业、工伤、生育保险覆盖面不断扩大，五大社会保险基金收入2.46亿元，累计支出2.4亿元，累计结余3.53亿元。惠民工程持续实施。为7.6万户低收入农民发放了“暖心煤”。

（怀仁县人民政府办公室）

右玉县

【自然概况】 右玉县位于晋西北边陲，地处朔州、大同、呼和浩特市三角地带，是山西的北大门。全县国土面积1969平方千米。辖4个镇、6个乡、1个旅游区、321个行政村。2013年总人口11.4万人。全县平均海拔1400米，年均气温4.2℃。

境内矿产资源丰富，主要有煤、硅线石、石灰石、铁矿石、黄金、云母、沸石、石墨等，初步探明煤田面积165平方千米，储量达34亿吨。森林覆盖率超过52%，被誉为“塞上绿洲”。

【经济发展概况】 2013年，全县生产总值52亿元，比2012年增长10%；规模以上工业增加值24.12亿元，增长12.8%；财政总收入8.7亿元，增长7.4%，公共财政预算收入4.2亿元，增长19.3%；农林牧渔业总产值10.62亿元，增长5.76%；粮食总产量3724万千克，增长17.4%；固定资产投资73.9亿元，增长25.7%；社会消费品零售总额12.38亿元，增长6.4%。城镇居民人均可支配收入1.7万元，增长10%；农民人均纯收入5212元，增长13.3%。

工业转型步伐加快。2013年，地方监管的4座煤矿全部通过质量标准化验收。玉龙240万吨洗煤厂投入运营。全县风电装机容量新增10万千瓦，累计达50万千瓦。永昌LED产业园一期项目投产。铁峰科技工业园开工建设。惠洁粉煤灰综合利用项目具备试产条件。泉鑫公司单晶莫来石竖窑改造项目投产。西口洋洋公司1万吨羊肉加工项目主体完工。臣丰苦荞饮料、塞上绿洲沙棘饮料项目开始试产。

“三农”工作成效明显。2013年，全县总播种面积4.3万公顷，种植燕麦6667公顷。打造19个“一村一品”示范村。新建标准化肉羊养殖小区6个，全县羊饲养量达75万只。山远生猪养殖基地投入生产。

完成小流域综合治理5000公顷、旱作高效农业建设250公顷,新增耕地65.2公顷。草原生态保护补奖机制进一步落实。

旅游业发展态势良好。《全县旅游景区总体规划》和《杀虎口景区控制性详规》完成编制评审。与朔煤电合作的杀虎口景区开发项目开工。实施了海子湾水库下游湿地公园和大南山显明寺、牛心孕璞等景点恢复性修建工程。成功举办了第四届生态旅游文化节。全年接待游客117万多人(次),旅游收入11.13亿元。

城乡面貌大为改观。《全县城乡总体规划》通过评审。编制完成《县城天然气规划》等专项规划。推进实施拆迁改造、路网建设、住房安居、新区绿化和基础设施配套等18项重点工程。开工建设各类安居住房70多万平方米。虎山线县城段、玉羊街、梁威路等7条城市主干道路改扩建工程基本完工。开工建设县城新水厂和天然气项目。新区绿化工程及人民公园改建工程全面完成。农村基础条件大为改善。实施10个扶贫整村推进项目,完成13个村的安全饮水工程、243个行政村的街道亮化工程,改造农村危房2200户。路网建设扎实推进。准池铁路右玉段完成铺轨。通市路改建工程、大呼高速路连接线防护工程部分完工。

生态建设提档升级。投资3亿多元,实施绿化造林工程,完成荒山大片造林4000公顷,通道绿化216千米,村庄绿化55个,庭院绿化1980户。加快苗木产业发展,新增面积667公顷,育苗总面积4000公顷。

社会事业全面进步。教育事业稳步提升。累计投入2.66亿元,新一中投入使用,上堡等4所幼儿园和雨露希望小学新教学楼完工。全县中小学通过义务教育学校标准化建设市级验收。文化事业繁荣发展。创作完成反映"右玉精神"的道情现代戏《绿色梦》。剪纸艺术馆建成布展,右玉展览馆成为全省爱国主义教育基地。市县广播节目实现了全覆盖。医疗卫生计生工作成绩显著。医改工作进一步推进。县农村急救中心主体完工。完成2所乡镇卫生院改扩建工程。人口计生工作综合考核全市排名第一。科技事业成效明显。成立永昌LED等企业科研中心,宏宇牧业公司科普基地被表彰为全国"基层科普行动计划"先进单位。

(右玉县人民政府办公室)

朔州经济开发区

【自然概况】 朔州经济开发区成立于1992年,1996年经山西省人民政府批准为省级开发区。开发区现有规划面积57.9平方千米,管辖面积86.9平方千米,按地理位置分为朔东新区、朔南新区和西盐池生态园区,区内常住人口3.4万人。朔东新区以平朔铁路线为界,分为铁东区和铁西区。铁东区12平方千米为工业园区。铁西区4.4平方千米属城市规划区,目前已建成各类居民住宅小区45个,建成面积近200万平方米;朔南新区即红旗牧场,地势开阔,矿藏丰富,朔南大道贯通南北,是开发区未来重要的发展区域。代管的西盐池生态园区位于山阴县古城镇,原为部队农场,总面积15.8平方千米,大部分为盐碱地。

【经济发展概况】 2013年,开发区生产总值26.09亿元,比2012年增长11.2%;财政总收入4亿元,增长38.2%;公共财政预算收入2.5亿元,增长42%;工业增加值17.1亿元,增长34.1%;固定资产投资50.34亿元,增长33.1%;社会消费品零售总额5.91亿元,增长14.4%;服务业增加值9.35亿元,增长8.6%;城镇居民人均可支配收入2.5万元,增长11.1%;农民人均纯收入7044元,增长32.2%。

加快转型升级步伐。项目规模定位在新型制造业项目投资10亿元以上,现代商贸物流项目投资5亿元以上,高新技术项目投资2亿元以上。2013年,招商引资签约项目22个,签约额303.1亿元。坚持"高端化定位、大项目支撑、新产业带动",先后引进了液态钒电池、煤转油、蓝宝石生产、黄金珠宝加工、台湾工业园碳纤维等科技含量较高的新能源、新材料、新技术转型项目。

重点项目强力推进。2013年,全区共有55个重点项目(续建22个,新建33个),总投资268.7亿元。22个续建项目中,同煤浙能麻家梁煤矿、温州机电城一期、上海通用别克4S店、廉租房建设等11个项目全部竣工。33个新建项目中,安普电动车、新时代集团整体搬迁、万洋密封件、诺亚人防设备、朔南新区农垦公路、朔南元博中学等20个项目已开工建设,6个项目全部竣工。

民生和社会事业超常规发展。2013年,坚持保民生办实事,大力实施城乡居民增收工程,全力为民办好10件实事。一是在穆寨新村和红旗牧场新建文化活动中心,穆寨新村老年活动中心已正式启用,红旗牧场文化活动中心建设前期准备工作已完成。二是新建社区服务管理中心,目前正在筹备阶段。三是开发区第一幼儿园(牛津国际朔州斯宾赛快乐幼儿园)和睿和新城吉的堡幼儿园及朔南元博中学建成使用。四是为穆寨村538名、红旗牧场630名符合条件的(男60周岁、女55周岁以上)人员进行免费健康体检。五是实行高中阶段免费教育和教育奖励制度,落实资金90多万元,受益学生220余人。六是按自愿原则为失地农民户籍变更为城镇户口。七是在朔南新区建设供热系统。八是红旗牧场廉租房建设(600套)已全部完工并通过验收。红旗牧场危房改造工程项目(921套),主体结构全部完成。红旗牧场整体搬迁住房工程已完成施工图审等前期工作。九是在红旗牧场一、二、三分场医务室设立及动物防疫体系建设工作正在实施中。十是为辖区承包地办理农业保险,提高种地职工及村民抗风险能力。红旗牧场734公顷玉米和2898头母牛纳入保险。

(经济开发区政府办公室)

忻　州　市

【自然概况】 忻州市位于山西省北中部,东倚太行,西临黄河,南接太原、吕梁，北邻朔州、大同，是全省唯一横跨省境东西的市。面积2.5万平方千米，占全省总面积的1/6；2013年总人口311.4万人，占全省总人口的9%；辖14个县(市、区)、191个乡镇(办事处)、4893个行政村。忻州是全国18个集中连片贫困地区之一，14个县(市、区)中有11个国家扶贫开发重点县，有6个县分属国家确定的吕梁山、太行山连片特困地区。

忻州资源富集，具有工业开采价值的矿藏有50余种，其中，煤炭探明储量207.17亿吨、保有储量200.1亿吨，铁矿探明储量15.95亿吨、保有储量15.02亿吨，地热田总面积32.3平方千米。

忻州素有摔跤之乡、民歌海洋的美誉，北路梆子、二人台、挠羊赛是忻州文化体育的传统品牌。有全国重点文物保护单位24处、省级重点文物保护单位47处、三级以上文物藏品2466件，有国家级非物质文化遗产保护名录11项、省级26项。全市有97处旅游景区景点，分为五台山佛教古建文化旅游区、芦芽山自然生态旅游区、雁门关边塞古战文化旅游区、忻府原平温泉休闲度假旅游区、河保偏黄河风情旅游区等五大特色旅游区。现有五台山、禹王洞、赵杲观等3个国家级森林公园。

【经济发展概况】 2013年，全市生产总值654.7亿元，比2012年增长9%；固定资产投资815.2亿元，增长24.8%；社会消费品零售总额266.9亿元，增长14.6%；公共财政预算收入73.7亿元，增长13.1%；城镇居民人均可支配收入2万元，增长9.9%；农民人均纯收入5426元，增长13.6%。居民消费价格涨幅3%，城镇登记失业率3.2%。

积极应对下行压力，经济保持平稳发展。2013年，加大项目攻坚力度。坚持"八位一体"推进项目建设，省、市两级重点工程完成投资814亿元。大西客运专线忻州站建设有序推进，灵河高速浑源王庄堡至繁峙段建成通车。五台山机场与省民航机场集团签署托管协议。云中水厂并网运行。重大基础设施项目完成投资249亿元。加快重点产业发展。加快煤炭企业达产达效，完成产量6161.5万吨、发运量5318万吨。神达集团计划单列获批运行。神华河电一期等电力项目加快建设，华润宁武低热值煤发电项目取得"路条"。加快打造千万千瓦级风电基地。同德氧化铝一期项目进展加快。蓝天公司着力打造节能环保锅炉制造基地，久力公司首开全市矿山废弃物转化利用先河，节能环保产业成为发展的新亮点。五台山旅游区加快改造提升，芦芽山、雁门关旅游区加快创建5A级景区。服务业发展提速，占地区生产总值的比重超过40%。非煤产业占规模以上工业增加值比重超过60%。免征1.1万户企业的所得税和增值税、625户小微企业的营业税。"营改增"试点惠及企业1000余户。新增中小企业担保资金3300万元。市财政投入3000万元，吸收社会资本7000万元，设立中小企业创业投资基金，支持中小微企业发展。全市财政注入"助保贷"项目风险补偿金4531万元，带动企业缴纳助保金1698万元，累计贷款3.79亿元，惠及企业83户。推动民营企业转型升级，全年新增中小微企业1212个、营业收入超亿元的"小巨人"企业16个。

精心实施第二个"大干城建年"，市域城镇化取得预期成效。城区总投资22.9亿元的29条城市道路全部竣工通车，"五馆一院"加快建设，108国道城区过境改线竣工通车，列入全省"百镇建设"的示范镇建设任务顺利完成。城镇化率提高1.5个百分点以上。

认真做好"三农"工作，农民收入持续较快增长。1座小型病险水库和3座病险水闸除险加固任务完成，推进灌区节水改造，农田实灌面积超过12.6万公顷。粮食总产量16.95亿千克，再创历史新高。新发展温室大棚733.3公顷，建设特色现代农业示范园区111个，新发展"一村一品"示范村273个，着力提升8个省级"一县一业"县建设水平。农产品加工企业销售收入突破50亿元，增长30%以上。新认证"三品"83个，新认证地理标志农产品5个，羊饲养量525万只，新增农民专业合作社1375个。狠抓"百企千村"产业扶贫开发工程，省属9户帮扶企业全部进驻，成立农业开发公司11个。开工建设4万人的易地扶贫移民搬迁房，主体完工率82.3%。全市扶贫开发重点县农民人均纯收入突破5000元，全年减贫人口10万余人。认真办好农村"五件实事"。改造农村困难家庭危房11720户，按计划推进特困群众易地搬迁，新建、改扩建村级幼儿园60所，为农村配备保洁员8729人、保洁车3758辆，为3591个村安装太阳能路灯71773盏，完成行政村街道亮化任务。

大力改善生态环境，美丽忻州建设迈出新步伐。试行能耗交易机制，深入开展创模工作，积极开展大气污染防治，忻州城区二级以上天数287天，空气质量稳定达到国家二级标准。狠抓集成创卫，五台县、宁武县、保德县以及繁峙县砂河镇、五台县台怀镇、定襄县河边镇创卫工作通过验收，其他各县创卫前期工作扎实推进。全市通过验收发文的全国卫生城镇达到11个，位居地级市全国第二位、全省第一位。狠抓造林绿化，扎实推进"两山"造林、"两网"绿化、"两林"富民、"两区"增绿，完成营造林4.1万公顷。

切实保障、改善民生，社会事业不断发展。全年城镇新增就业3.9万人，转移农村劳动力4.3万人。全面加强社会保障。城乡居民基础养老金每人每月增加10元，企业退休人员基本养老金提高10%。城镇居民医保和新农合财政补助标准提高40元。出台城乡居民低保管理办法和低收入群众认定办法，城乡低保标准每人每月分别提高30元、24元。切实提高城乡居民收入。第三次提高全市公务员津贴补贴标准，全部兑现事业单位人员绩效工资。提前完成96万吨农户取暖煤发放任务。实施"一元菜"工程。努力改善城乡居民居住条件。新开工各类保障性住房1.7万套，基本建成1.2万套；城区春节前一次公开摇号分配8030套。3000户农村住房抗震改建工程基本竣工。统筹城乡社会事业发展。新建、改扩建公办幼儿园36所，县级公立医院综合改革试点稳步推进，忻州市人民医院主体完工，市儿童医院完成选址。

实施“十大文化工程”，戏曲电影《黄河管子声》、数字电影《徐向前》开机，遗山墓园重修开园，忻州挠羊赛成为山西唯一入选首届全国体育非物质文化推广与保护遗产项目。

*着力推进改革开放，发展的动力活力不断增强。*加快推进转型综改区建设。出台3年实施方案和2013年行动计划以及重大产业转型项目认定办法和若干优惠政策。加快建设“三个门户”、打造“三个集散地”、发展“六大经济板块”。积极推进企业改革。钨丝厂改革和忻通公司、水务集团重组基本完成，云河集团、云马公司、云瑞公司转型和破产工作顺利推进。钨丝厂、云马公司、云瑞公司3个企业职工安置工作基本完成。民营企业致力打造经营、管理和技术3个团队，加快现代企业制度建设。蓝天公司技术中心成功创建国家级企业技术中心，12户企业技术中心通过省级认定，1户企业被认定为省级行业技术中心，新认定市级企业技术中心66户，实现了全市国家级企业技术中心的零突破和市级企业技术中心全覆盖。深化行政审批制度改革。市级行政审批事项取消5项、下放6项、调整2项，压减至107项，审批时限比法定时限减少2/3。努力扩大对外开放。全年签约项目188个，总投资1642.7亿元，招商引资到位资金突破500亿元。

（银培秀）

忻州市忻府区

【自然概况】 忻府区位于山西省北中部，东连定襄，西邻静乐，南靠阳曲，北依原平。其前身为县级忻州市，2000年撤地设市时，改为县级行政区，是市委市政府所在地，地处晋西北交通枢纽中心，素有“三关总要”“晋北锁钥”之称。南北41千米，东西49千米。地形西高东低，逐步倾斜，北、西、南三面环山，东部开阔平坦，为忻定盆地的主体部分。区域总面积1954平方千米，其中，山地905平方千米，占46.3%；平原693平方千米，占35.4%；丘陵356平方千米，占18.2%。2013年总人口55.4万人。辖11个乡、6个镇、3个街道办事处、394个行政村。

【经济发展概况】 2013年，全区生产总值113.8亿元，比2012年增长8.4%；农业总产值13.3亿元，增长0.3%；工业增加值36.35亿元，增长10.4%；规模以上工业增加值21.48亿元，增长13%；公共财政预算收入4.34亿元，增长19.4%；全社会固定资产投资95.4亿元，增长14.9%；社会消费品零售总额105.2亿元，增长68.5%。城镇居民人均可支配收入2.16万元，增长10.6%；农民人均纯收入6988元，增长14%。

*“三农”基础不断夯实。*传统农业稳中有增。积极实施粮食高产创建，建设万亩玉米丰产方12个，粮食生产持续稳产高产，总产量3.2亿千克。推广种植张杂谷1557.4公顷，亩均经济效益达到2200元左右，成为覆盖山区群众增收致富的又一途径。特色产业加速发展。大力推进“一村一品”建设。初步形成以玉米为主，辣椒、甜糯玉米、甜瓜、干鲜果、核桃等为特色的种植新格局。种植甜瓜1040公顷，成功探索上架栽培的增产技术，亩均产量成倍增长，温室甜瓜最早于4月3日开园上市，每千克售价70元，经济效益显著提升。义井甜瓜已申报特色农产品地理标志认证。畜牧养殖形成规模。新建16个规模养殖小区，完善24个标准化规模养殖小区。积极实施羊品种改良和奶牛健康养殖项目。成立养羊协会，成功申报省级养羊重点县区，编制完成《2013～2020年全区羊产业发展规划》。扶持锦园种羊基地、天尧肉业屠宰加工、龙翔育肥园区等一批龙头企业上马。

*转型动力不断增强。*招商引资成效突出。与广东侨商考察团、北京君达投资、中电投、华能等大集团进行对接洽谈。总投资100亿元的华能太阳能光伏发电项目、总投资10亿元的中广核集团风力发电项目等一批大项目签订了合作意向。签约引进总投资20亿元的欧蓓莎国际商贸城、一期投资5亿元的航天设施农业光伏发电项目。投资平台逐步完善。投资9480万元完善忻州煤化工（禹王）循环经济园区基础设施。投资9700万元配套建设忻州蓝天科技创新园区道路、管网、污水处理厂。规划建设龙岗生物科技园和金山工业园区。综改建设纵深推进。通过增减挂钩，解决了忻州华润等10个重点项目的用地指标。建立第二批中小企业“助保贷”企业池，为企业贷款8500万元。落实“一园六企”机制，引进山西中通管业年产20万米管材、省四建钢构件项目。加速推进旅游集散地建设，完成忻府区旅游整体规划。

*城乡面貌不断改善。*城区基础设施建设保障有力。完成“第二个大干城建年”征迁协调、服务保障工作。确保慕山路等城区20条道路工程的顺利实施，保障108国道改线工程全面建设，完成康乐、酒吧、名吃、古玩4条街的征迁协调任务。配合完成“7451”工程9条道路的绿化任务。古城系列开发进展有序。稳步推进古城改造，投资1094万元实施了古城南北大街道路改造。古城区新增绿化覆盖面积3800平方米，绿化覆盖率15.2%。完善城市管理，创建光明街保洁示范一条街。城乡综合整治成效显著。积极开展“三项集中整治”，清理垃圾点950处，清运垃圾52.2万立方米，新建垃圾填埋场41个。

（忻府区人民政府办公室）

原平市

【自然概况】 原平市是晋北唯一的县级市，辖7个镇、11个乡、3个街道办事处，共有520个行政村。2013年总人口49.8万人。

市情特点可概括为“地域广阔、资源富集，区位优越、交通便利，特色闻名、百业齐备，人文荟萃、山川秀美”，有“铝电名城、酥梨基地、三班故里、慧远故里、晋贤故里、将军之乡、书画之乡、诗歌之乡、民间艺术之乡”之美称，是中国诗歌之乡、全国科技进步先进市、山西省卫生城市、文化强市、双拥模范城，连续5年被评为全国粮食生产先进县。2011年被列为“山西省资源型经济转型综合配套改革试验区先行试点”和“扩权强县试点”，是全省6家、忻州唯一的“双试点”。

【经济发展概况】 2013年，全市生产总值118.1亿元，比2012年增长9.9%；固定资产投资134.6亿元，增长17.4%；社会消费品零售总额49.4亿元，增长24.1%；公共财政预算收入8.5亿元，下降4%；农林牧渔总产值22.6亿元，增长8.1%；粮食产量3.61亿千克，增长3%；工业总产值207.9亿元，增长17%；城镇居民人均可支配收入2.2万元，增长10%；农民人均纯收入7321元，增长14.1%。

项目建设实现新突破。深入开展“双包三服务”活动，坚持“八位一体”、对口推进机制，全年启动实施项目240个，总投资412.9亿元，累计完成投资247.7亿元，在忻州市产业考核项目观摩中名列第一。循环经济示范区已入驻项目26个，总投资154亿元，累计完成投资51.4亿元，列为省级新型工业化产业示范(培育)基地、省级工业循环经济产业基地、省级中小企业创业基地、国家火炬计划煤机配套装备特色产业基地；2013年投产企业12个，年产值完成8.2亿元，发展效益初步显现。与此同时，中电投铝业三期正在筹备上马自备电厂，同华电厂二期有序推进，中远新能源汽车产业园全面开工，豪德汇通文化商贸物流园区“三通一平”基本完工，德金农副产品加工贸易园区即将运营，高龙电力、天兰锅炉、煤层气液化等项目取得实质性进展。

“三农”工作再上新台阶。农业基础不断夯实，发放各类补贴资金7177万元。大力发展高效农业，新建了总投资1.2亿元的双惠现代农业示范园区，成为原平市设施农业的又一亮点。实施“酥梨换优”工程，引进新品种玉露香梨，促进了酥梨产业的提质增效。18个乡镇农产品质量安全监管中心建成投用，为杜绝农产品质量安全事故提供了保障。在原有203个村的基础上增加新农村重点推进村56个、新农村建设集中连片示范区1个。继续巩固提升农村两轮“五个全覆盖”成果，省政府确定的“五件实事”基本完成。所有农户都领到了“暖心煤”。

城乡统筹取得新成效。实施创卫攻坚，大规模改造城区道路21条、32.5千米，硬化街巷户道43万平方米，提升畅通能力，拉大了城市框架；拆除乱搭乱建及影响市容市貌建筑，新建便民集贸市场6个，新增污水管网长度8.8千米，改造旱厕6450座，新增绿化面积62.9万平方米；城北集中供热工程完成主管网铺设，2个地下人防商业城(大十字街、范亭广场)均完成主体工程，大西客运站站前广场完成规划；4500人的特困群众异地搬迁住宅楼基本建成，4632套保障性住房任务实际开工5374套。

(赵世伟　赵计斌)

定襄县

【自然概况】 定襄县位于山西省北中部忻定盆地东侧，东连五台，南毗盂县、阳曲，西邻忻州，北接原平。全县国土面积865平方千米。辖3个镇、6个乡、155个行政村。2013年总人口22.1万人。

定襄地处山西“一核一圈三群”经济圈内，距忻州市20千米，距太原市90千米，距北京市500千米，朔黄铁路、太河铁路、三瑶公路、忻台公路、忻阜高速公路贯穿全境，交通便利、通讯发达。

定襄资源较为丰富，现初步查明的矿产有十余种，储量较大的有铁矿、大理石、石灰石、纹石、白云石等。石灰石和白云石不仅储量大，而且品位高、易开采，是制造水泥和冶金的优质原料。境内水资源充足，尤其是汤头地下热水及南庄、圣阜山矿泉水资源丰富，具有较高的商业开发价值。

【经济发展概况】 2013年，全县生产总值42.7亿元，比2012年增长7.9%；公共财政预算收入2亿元，增长13%；农林牧渔业生产总值6.24亿元，下降10.4%；工业总产值54.4亿元，增长6.4%；全县粮食总产量1.6亿千克，下降6.1%；社会消费品零售总额15.4亿元，增长16.2%；城镇居民人均可支配收入2.2万元，增长9.2%；农民人均纯收入9035元，增长12.7%。

高度重视“三农”工作。大力推广设施农业，全县设施农业发展到386.7公顷，仅受禄乡设施农业园以色列大棚、节能温室达到1300座，实现收入6600万元。以甜瓜、蔬菜为主要作物的设施农业亩均收入5万元，最高达10万元。南王乡赵村招商引资1500万元建设大棚温室，成为设施农业的又一亮点；大力推进“一村一品”，全县“一村一品”专业村79个，19个达到省级标准。“定襄甜瓜”通过全国农产品地理标志认证。投资2.9亿元实施高标准农田建设示范项目、整建制玉米高产创建项目、雁门关生态畜牧项目等15个农业重点项目，有力促进了农业基础条件的改善和农民的增收；大力发展羊产业，制定出台《定襄县加快羊产业发展的实施意见》，简化养殖用地审批手续，优惠政策极大地刺激了农民的创业热情，年底羊存栏达到10万只，羊产业正成为农民致富的新渠道。

全力扶持民营经济。制定出台《定襄县加快民营经济发展的实施意见》，鼓励锻造业从技术改造、规模扩张、产品升级、产业延伸等方面积极探索整合转型之路，力争用3年的时间，将全县锻造企业整合到100户以内，市场份额占到国内外的一半以上。强化融资服务，通过组织政银企座谈会，帮助82户企业融资2.5亿元。

大力发展第三产业。定襄县与中国旅游投资股份有限公司签订协议，开发九大农业文化旅游板块，联手打造大旅游品牌。改造凤凰山景区旅游公路，完成河边文化产业园区土地征迁和旧街改造工程，“神汤都”温泉项目自2013年6月份运营以来，成为忻州、太原人的乡村休闲旅游目的地。东峪景区通过微信广泛宣传，声名远扬，游客倍增。开工建设投资35亿元的永旺物流园区项目，为现代服务业的发展奠定了基础。

加大招商引资力度。制定优惠政策，出台《定襄县招商引资优惠政策和奖励办法》，进一步激发了干部群众争资上项、外来客商投资创业的热情；10月27日成功举办了首届“魅力定襄”自行车环城邀请赛，出版了定襄宣传画册，参与拍摄电影《徐向前三战阎锡山》，进一步扩大了定襄的知名度；组团赴北京、上海和广州等地外出招商8次，全年招商项目18个，总投资207亿元；项目建设成效明显。2013年全县共储备项目282个，总投资900亿元；有111个项目落地，落地金额71亿元；有64个项目开工，总投资65亿元；有58个项目投产，完成投资38亿元。

（杨屹峰　李戍军）

五台县

【自然概况】　五台县位于山西省东北部，国土面积2865平方千米。辖1个区、6个镇、13个乡、573个行政村。2013年总人口30.2万人。

矿产资源储量丰富，已发现的矿产资源达26种，主要有煤、铁、铝土矿、白云岩等，品位较高，极具开发价值。水资源充足，5条较大河流总长268.8千米，水资源储量2.8亿立方米，水能理论蕴藏量45032千瓦。

文物古迹和红色景点众多，有国家级文物保护单位12处，省级保护单位8处，市、县级保护单位95处，保存历代不同风格的寺庙129处。有世界遗产五台山，“亚洲第一古建”南禅寺，古代建筑瑰宝佛光寺，有徐向前元帅故居和纪念馆、白求恩模范病室旧址等红色景点以及驼梁景区、南梁沟等自然景点。

【经济发展概况】　2013年，全县生产总值37.6亿元，公共财政预算收入2.9亿元，农林牧渔业总产值9.4亿元，粮食总产量1.14亿千克，工业总产值26.3亿元，社会消费品零售总额18.7亿元，城镇居民人均可支配收入1.9万元，农民人均纯收入4555元。

*“三农”工作全面推进。*重点发展以建安、东冶、阳白、东雷为中心的第一产业，以神西、陈家庄为中心的干鲜果经济林。在落实上级各项强农惠农政策的基础上，县财政又投入1000万元“三农”补贴资金，推动农业现代化建设，新发展日光温室大棚50公顷。阳白现代设施农业园区初具规模。东雷农业科技示范园区发展壮大。投资1.8亿元的金道物流农副产品仓储物流基地完成市场和冷库建设。总投资2.5亿元的北京中扶惠邦有限公司成功试种籽粒苋53.3公顷，生产籽粒苋种子32吨，已建圈舍1万平方米，养羊1000余只，2013年10月12日全市羊产业发展暨籽粒苋推广现场会在五台县召开。“一县一业”肉牛基地示范园区建设有力推进，养殖规模场户达到4094个。投入资金320万元建立健全动物疫病防控体系，动物免疫密度达到100%，全年未发生动物疫情。大力扶持农副产品加工龙头企业，全年销售收入1.42亿元。扶贫开发工程加紧实施，减贫1.1万人。

*工业发展后劲增强。*以工业园区为载体，重点发展以豆村、蒋坊为中心的第二产业，以茹村、白家庄为中心的煤炭产业。大力推进工业园区建设，继智通源红木家具厂入园投产，总投资3亿元年产1万台的德奥电梯制造项目又开工建设。煤铁铝镁电产业不断壮大，华能新能源峨岭5万千瓦风电项目建成投产。

*大旅游格局加快形成。*重点发展清水河高洪口以上地区以旅游地产和旅游服务业为主的第三产业。五台山旅游区改造提升工程大力推进，“又见五台山”大型情景体验剧剧场主体工程已完成。全年接待国内外游客464万人次，旅游总收入46.56亿元，比2012年增长19%。

*城市品位进一步提升。*重点发展以台城、沟南为中心的城市基础设施建设、房地产开发、现代物流产业。以“山上山下齐创卫，台怀台城比翼飞”为目标，秉持“本色创卫、绿色创卫、特色创卫”理念，投资2.67亿元，打赢创卫十大攻坚战。县城和台怀镇被命名为国家卫生城镇。重点实施“1234”城建工程。一是占地13万平方米的玉轩桥水景工程。二是长1.2千米的迎宾北路和长1千米的学府街2条道路。三是休闲场所建设、市场建设、交通设施3项基础工程。四是垃圾处理场、昌源屠宰厂、自来水厂改造、迎宾路泄洪渠截污治理4项市政工程。同步实施绿化、硬化、净化、美化、亮化工程，县城绿化面积134万平方米，建成区绿化覆盖率35.2%，人均达33.5平方米；县城水面面积106万平方米，人均达26.5平方米；县城休闲健身广场面积24万平方米，人均达6平方米。城市品位进一步提升。

（董　骄　马　峰）

代　县

【自然概况】　代县位于山西省东北部。东邻繁峙，西接原平，南界五台，北毗山阴，东北与应县相接，西北与朔州毗邻。全县地形由东北向西南倾斜，南北两山对峙，中部平川，滹沱河由东北向西南横贯全境。总面积1729平方千米。全县辖6个镇、5个乡、377个行政村。2013年总人口21.8万人。

代县区位优越，交通便利。地处北京、太原、大同三大都市圈交会处，境内108、208国道纵横交错，大运高速穿境而过，京原铁路横贯东西，县乡村道路便捷通畅，交通网络四通八达。

代县矿产资源丰富，已知矿藏24种，铁矿为境内主要矿产资源之一，总储量15亿吨，位居全省第一；金红石矿探明储量8650万吨，远景储量2亿吨，规模、品位、储量位居全省第一、全国第二。

代县是中国历史文化名城、中国现代民间绘画之乡、中国民间文化艺术之乡、国际精品文化旅游县、中国特色文化产业示范县、中国传统建筑文化旅游目的地，拥有雁门关、边靖楼等有中国特色文化遗址432处，国保文物4处，省保文物8处。

【经济发展概况】　2013年，代县生产总值58.6亿元，比2012年增长12.3%；财政总收入13.2亿元，增长10.4%；公共财政预算收入5.6亿元，增长42.6%；社会消费品零售总额8.1亿元，下降19.8%；固定资产投资33.6亿元，增长59.6%；城镇居民人均可支配收入1.9万元，增长10.8%；农民人均纯收入4098

元，增长13.2%。

项目建设扎实开展。全县项目储备1307.43亿元，项目出库311.8亿元，项目签约101亿元。项目落地84个，完成73.97亿元；项目开工13个，完成44.2亿元；41项省市重点项目，完成投资36.24亿元；项目投产44个，完成38.89亿元。

“三农”工作稳步推进。全年粮食总产量7477万千克。畜类饲养量29.2万头，存栏18.2万头，出栏11万头；禽类饲养量228.3万只，存栏64.1万只，出栏164.2万只；肉类产量7400吨，蛋产量1443吨。按照规模化、特色化、精细化的发展思路，统筹推进农业基础设施和农产品龙头企业建设。“一村一品”村63个，农民专业合作社发展到672个，农产品加工龙头企业销售额3.2亿元。完成整村推进15个村，全县减贫1万人。积极推动“百企千村”产业扶贫开发工程，与太钢集团公司签署以牛羊养殖、中药材种植和建设农产品龙头企业为主的投资11.8亿元的扶贫意向书。

工业经济平稳运行。通过关小建大、资源整合，矿山企业由25家整合为22家，规模以上企业78家。一批对县域经济发展具有长远带动作用的骨干项目取得突破性进展。久力尾砂制砖和加气混凝土砌块项目投产运营，产值上亿元，年可处理尾矿砂120万立方米。200万吨水泥技改扩建项目设备基本安装完毕。200万吨钢铁项目、2000公顷工业聚集区项目取得突破性进展。白峪里等8家铁精矿粉新建、改扩建项目完工。礼信橡胶二期项目开工建设。成功签约总投资6亿元的国际商贸物流城项目、总投资50亿元的江苏三丰光伏发电项目和总投资20亿元的英利光伏发电项目。全县安全生产标准化达标企业78家。

文化旅游产业蓬勃发展。成功举办第三届“中国雁门关国际边塞文化旅游节”，全面铺开雁门关风景区旅游循环公路和生态绿化、赵杲观景区开发、边塞旅游文化体验中心等建设项目，出台《代县文化旅游产业发展扶持办法》，涌现出天顺昌泥塑、一剪阁剪纸、杨氏工艺品雕刻、紫塞旅游产品开发等一批研发、生产、销售旅游文化产品企业，进一步完善了产业体系。被中国文化管理协会、文化经济专业委员会授予“中国特色文化产业示范县”称号，被中国民族建筑研究会授予“中国传统建筑文化旅游目的地”称号。全年各景区接待游客140万人次，旅游综合收入突破15亿元。

民生实事全面落实。全年共发放低保金4643万元、“五保”供养金492.1万元，实施医疗救助872人次、258.7万元。城镇新增就业3382人。县、乡、村三级医疗机构全部实行基本药物制度、药品零差率销售，基本药物品种从原来的516种增加到720种。275个村5500盏太阳能路灯亮化工程全部完工。2084套保障性住房全部开工，1200户农村危房改造项目和续建的250套保障性住房全部完工，800户加固抗震危房基本完工，容纳1052户3000人的移民工程进展顺利。“爱心煤”发放任务全部完成。大运高速路连接线改造工程竣工通车，繁大高速公路竣工。投资2564万元新建、改造完成县直第二示范幼儿园和68所乡村幼儿园，投资1000万元的县直第三示范幼儿园开工建设。新农保、城居保基础养老金由每人每月60元提高到70元，城镇居民医保财政补贴标准提高到年人均280元。

生态环境进一步优化。全面加强环境保护和生态治理，积极开展流域环境综合治理、造林绿化、生态环境保护等工程。完成造林2133.3公顷，水土流失治理3000公顷，建成区绿化覆盖率44.9%，人均公园绿地面积10.5平方米，生活垃圾处理率95%以上。开展城区大气环境污染集中整治、重点流域环境综合整治等12项专项行动，二级以上天气364天，滹沱河郑家营桥断面水质达到国家Ⅳ类标准。

（代县人民政府办公室）

繁峙县

【自然概况】 繁峙县位于山西省东北部，总面积2368平方千米。全县辖3个镇、10个乡、1个居民办事处、401个行政村。2013年总人口27.2万人。

繁峙资源丰富，现已探明储量的有金、银、铜、铁、钼等27种，其中，钼矿探明储量10.1万吨，岩金矿纯金储量20吨，均居全省之首。铁矿探明储量9.1亿吨。风力资源充足，大营镇、横涧乡附近风力资源最为充足，高度65米处平均风速达7.42米/秒，风功率充足。境内有大小河流10余条，滹沱河自东自西流经县境80余千米汇入海河，中小型水库4座，水资源总储量约1.81亿立方米。拥有宜牧草地8万公顷，林地总面积13.2万公顷，森林覆盖率20.6%。旅游资源丰富，有古寺名刹、山隘关口、革命遗址等县级以上文物景点45处，国保单位6处。

【经济发展概况】 2013年，全县生产总值60.12亿元，比2012年增长9.1%。规模以上工业增加值52.5亿元，增长13.8%。固定资产总投资61亿元，增长30.1%。社会消费品零售总额9.84亿元，下降13.8%。财政总收入8.93亿元，增长20.5%；公共财政预算收入3.6亿元，增长26.7%。城镇居民人均可支配收入2万元，增长10.2%；农民人均纯收入5381元，增长14.2%。

项目建设强势推进。2013年，以项目建设为总抓手，实行“四个一”推进机制，90项重点工程完成投资72.64亿元。41项省市重点工程项目完成投资58.89亿元。“六位一体”考核目标全部超额完成任务。在全市组织的重点项目观摩评比中，荣获三等奖。

产业转型提档升级。二次资源整合涉及的企业已有8家经省国土资源厅划定了矿区范围，有9家办理了环评批复。金矿资源整合工作也取得较大进展。华茂公司淘汰落后减量置换技改升级项目全面开工。后峪铜钼矿项目前期手续基本完成，制约繁峙县矿山企业发展的“五台山国家地质公园”、五台山风景名胜区臭冷杉保护区规划范围调整都有了实质性进展。华能集团风力发电项目、诚达集团二期项目均并网发电，全县风电产能达到20万千瓦。

农业发展提质增效。粮食总产量7524万千克，增产3.2%。农民人均纯收入突破5000元，再度荣获“全省农民增收先进县”称号。新型农业经营主体蓬勃发展。规模以上农业产业化龙头企业达25家，辐射带动8900户农户，流转土地3479.6公顷，户均增收5000余元。农民专业合作社发展到414家，种植专业大户发展到68户，家庭农场发展到108家。全年新增设施农业66.7公顷，总面积达到394.6公顷。特别是集义庄万亩现代有机农业示范园区，被确定为市级农业科技示范园区，并申报省级农业科技示范园区。全县取得“三品”认证27个。制定《关于推进全县畜牧业规模化产业化发展的实施意见》《繁峙县关于加快牛羊产业发展的实施意见》，鼓励支持畜牧业发展。全县标准化养殖小区发展到77个，规模养殖户2200户；猪、羊、牛、禽饲养量分别达到26万头、42万只、4.2万头、60万只，肉、蛋、奶总产量分别达到1.9万吨、2万吨、0.1万吨。全县畜牧业总产值3.97亿元，占农业总产值的54.8%。编制《繁峙县北部浅山区10万亩造林绿化工程总体规划》，累计投入各类绿化资金1.32亿元，完成造林4400公顷，全县森林覆盖率20.6%。2013年，全县贫困人口人均收入增长15%。

城乡面貌显著改观。按照“完善大框架、逐年打通微循环”的总体思路，滹源街西延伸工程、永丰街、光明南路基本完工，县城东循环公路全线贯通。滹沱河环境综合治理东延伸工程完成工程量的80%以上，县城新建排水管网1.1千米。投资4.1亿元，实施砂河镇污水处理、集中供水、集中供暖等十项创卫重点工程，砂河镇被国家爱卫会命名为国家卫生镇。在全县13个乡镇的141个行政村实施乡村清洁工程，农村“三乱”问题得到有效整治，繁峙县被省住建厅评为城乡清洁示范县。

社会事业全面发展。全年用于教育事业的支出为3.99亿元，比2012年增长13.4%。实施16所中小学校的薄弱学校餐厅改造工程。评选繁峙名师20名，每人发放奖金1万元，发放高考奖200万元。2013年高考二本B类以上达线272人，创历史最好成绩，实现了年初确定的翻番目标；中考全市综合排名跃进5个位次。全年用于医疗卫生事业的支出1.42亿元，增长10.5%；人均基本公共卫生服务经费提高到30元，11类国家基本公共卫生服务项目和6类重大公共卫生项目全面实施。13个乡镇卫生院和8个分院网上采购药品1541.1万元，县财政补贴385.3万元，全部实现“零差率”销售；县级公立医院改革不断深入，投入1000多万元用于县医院医技大楼内部设备更新及人才培养，投入411万元对县医院全部药品“零差率”销售和检查费用的下调进行补贴。城乡养老覆盖面不断扩大。按时足额发放城乡低保金3955万元，城乡低保对象实现应保尽保；全县城乡居民养老保险参保人数达14.5万人。为“五保户”发放保障金329.8万元，为孤儿发放生活费166万元，为城乡大病保障群众发放医疗金378万元。2013年，新农合统筹基金补偿支出6968.8万元，受益群众达21.6万人(次)。全县城镇新增就业3163人，由政府补贴、民营企业安排大中专毕业生就业130名。

（程　巍）

宁　武　县

【自然概况】 宁武县地处晋西北管涔山麓，属古楼烦国故地，内长城外三关要塞，是三晋母亲河——汾河的发源地，是国家扶贫开发重点县。全县总面积1987.7平方千米，其中，山区面积1888平方千米，占全县总面积的95%。县境平均海拔1600米，年平均气温6.2℃，无霜期90～120天，年降水量550毫米左右。全县辖4个镇、10个乡、464个行政村。2013年总人口16.3万人。

宁武境内资源丰富，素有“地下黑色宝库”和“地上绿色银行”的美誉。煤炭资源初步探明可采储量230亿吨，分布面积1114平方千米，占全县总面积的56%，具有煤种全、煤质好、煤层厚、覆盖浅的特点，是全国重点产煤县之一。境内拥有55万公顷原始次生林，森林覆盖率21.7%，栖息着国家一级保护动物山西省鸟褐马鸡等200多种珍稀动物，生长着100多种珍贵中药材。旅游资源得天独厚、门类齐全、品位高雅，涵盖了山、石、林、草、洞、湖、泉、谷、庙、关等十大系列，可供观赏的自然人文景观达150多处，密集度和品位之高全国少有，是中国北方地区独具特色的山水自然生态与人文景观旅游新区。

【经济发展概况】 2013年，全县生产总值41.5亿元，比2012年增长7.8%；固定资产投资55.4亿元，增长35.7%；财政总收入13.7亿元，下降7.2%；公共财政预算收入5.7亿元，增长14.2%；规模以上工业增加值30.3亿元，下降2.3%；社会消费品零售总额7.3亿元，增长5.2%；农民人均纯收入3777元，增长13.5%；城镇居民人均可支配收入1.7万元，增长9.7%。

综改试验取得进展。围绕转型综改路线图，重点创新了5项改革。创新行政运行体制，启动运行新政务服务中心，压减行政审批事项60余项，提高行政运行效率；创新土地管理机制，矿业存量用地整合利用、城乡建设用地增减挂钩两项改革试点获得批复，完成拆旧区土地复垦面积37.2公顷，获得全国“国土资源集约节约模范县”称号。创新投资融资机制，积极探索企业融资办法，县财政注资500万元开展“助保贷”业务，支持中小微企业发展。创新城乡统筹机制，成立农资交易所，开展村改居、平改楼试点。创新政策引导机制，制定出台《扶持农业产业化发展促进农民增收的实施意见》和《循环经济工业园区招商引资优惠办法》。

项目建设再创佳绩。深入开展“项目推进年”活动，统筹推进项目建设“八位一体”，获得全市项目建设二等奖的好成绩。全年共实施项目152个，总投资294.08亿元，完成投资65.31亿元，其中，省市重点工程58个，总投资173.45亿元，完成59.55亿元。项目储备2172亿元，项目签约75亿元，项目落地46.8亿元，项目开工125.14亿元，项目建设59.55亿元，项目投产66.31亿元。

产业转型成效明显。一产方面，坚持以发展现代农业为首要任务，大力实施五大富民增收工程，认真落实强农惠农政策，加快“一乡一业”建设，农林牧渔业生产总值3.1亿元，粮食总产量2527万千克。种植上主攻设施农业，狠抓化北屯循环农业、怀道千亩食用菌、余庄高源脱毒马铃薯、西马坊农业集约化经营四大农业科技示范园区的后续建设和体制运营；养殖上培育龙头企业，推进雨润10万头商品猪养殖、大象清福千万只肉鸡养殖、紫云牧业百万只肉羊精细加工三大龙头养殖项目，畜牧业产值突破1.2亿元；农产品加工上突出本土特色，重点扶持五谷园、芦芽农夫等7个规模加工企业。二产方面，坚持“以煤为基、多元发展”，24座整合主体矿井有18座开工建设，完成投资25亿元，全县煤炭产量1341.5万吨。全力推进煤电一体化进程，华润2×350兆瓦煤矸石电厂已取得路条，同煤2×660兆瓦煤电一体化项目已上报省发改委，仍在继续积极推进。大力发展风电光电产业，国电谢家坪风电一期并网发电，福光盘道梁风电即将并网发电，余庄光热发电项目已取得国家能源局路条。积极实施煤转化战略，宁煤集团煤矸石砖厂已进入设备调试阶段。三产方面，以打造国家5A级景区为目标，编制“五大景区”建设详规，成立芦芽山旅游投资有限公司，不断加快开发建设力度。东寨游客服务中心、星级酒店、大型演艺广场、汾河源头提升改造等工程竣工并投入使用，王化沟悬空村保护性开发项目完工并投入运营；汾河源头景观提升改造工程全部完工，东寨旅游服务特色一条街主体工程基本完工，冰洞沟绿道、硅化木保护馆正在加快建设。全年接待游客72万人(次)，旅游总收入5.1亿元，分别增长10.8%、13.3%。以发展现代物流业为重点，总投资5亿元的豪德汇通商贸物流园区和投资1800万元的阳方口特色农产品物流园区基本建成。

城乡面貌明显改观。全面推进“4442”城镇建设后续工程，重点实施“一山一环”工程。西城新区基本建成。东城新区一纵六横道路全部贯通，一批新地标相继建成。旧城区改造有序推进。西北片区完成“五通一平”。四馆建设基本完工。四大广场除人民广场外，已全部投入使用。阳方口镇和东寨镇基础设施建设取得新成效，南山公园改造基本完工，县城南外环路全线开工。在时间紧、任务重、标准高的情况下，深入开展国家卫生县城创建活动，实施“十大创卫工程”，顺利取得“国家卫生县”称号。深入开展乡村清洁工程，全县城乡面貌变化显著。

民生福祉全面改善。就业方面，城镇新增就业2017人，转移农村劳动力2953人，安置困难高校生290人。社会保障方面，七大保险扩面征缴发放任务全部完成。教育工作方面，积极推进“教育管理年”各项工作，全面落实“三免”政策和“营养餐”工程。先后投入3000万元为27所中小学配置办公教学设施。87所幼儿园改扩建项目全部完工，新招聘幼儿教师86名。安居工程方面，总投资5454万元的303套棚户区改造项目开工建设，全年完成投资1200万元。850户农村危房改造竣工验收。医疗方面，全县14个乡镇卫生院、8个社区卫生服务站以及441个村卫生室实现基本药物制度全覆盖。新建县人民医院正式投入使用。公益事业方面，投资1.8亿元的第二热源厂投入使用；备受群众关注的公交车投入运营，方便了群众出行，完善了城市功能。

（宁武县人民政府办公室）

静乐县

【自然概况】 静乐地处汾河上游，东临忻州，南连娄烦，西接岢岚，北靠宁武，国土面积2058平方千米。全县辖4个镇、10个乡、1个居民办事处、381个行政村、450个自然村。2013年总人口15.9万人。

境内资源丰富，尤以煤水为最，含煤面积达1300平方千米。汾河由北到南纵贯县境40千米，是全省少有的富水县。县城距忻州89千米、太原81千米、北京400余千米，太佳、忻保两条高速横贯县境，忻黑线、宁白线、忻五线、康北线网络分布，宁静铁路投入运营，静静铁路开工建设，是太原、忻州和晋西北联系的重要枢纽。

【经济发展概况】 2013年，全县生产总值21.5亿元，比2012年增长12%；固定资产投资52.8亿元，增长38%；公共财政预算收入2.34亿元，增长33%；规模以上工业增加值7亿元，增长15%；社会消费品零售总额5.8亿元，下降9.2%；城镇居民人均可支配收入1.6万元，增长10.7%；农民人均纯收入4566元，增长14.5%，全市排名第一。

扎实推进项目攻坚。2013年，坚持把招商引资、项目建设作为转型跨越的根本抓手，认真落实全省综改试验区建设和市政府“一园六企”制度，全力以赴调整产业结构，“八位一体”推进项目建设，42项省市重点工程顺利实施，6项考核指标均排全市前列。立足促转型、强基础、增后劲，以煤为基、多元发展，不断培育循环经济，壮大产业集群，煤焦电化产业进一步延伸。晋北煤业启动投产，大远煤业具备生产条件，汾源煤业正在申请验收。“1830项目”开始试生产，天然气供气工程即将投入使用。国电5万千瓦风电项目并网发电，龙源15万千瓦风电项目、县电厂生物质能发电项目、双路110千伏变电站全面实施。

全力狠抓“三农”工作。始终把“三农”工作摆在全局工作的重要位置，围绕“五个一”目标，抢抓政策机遇，培育“一村一品、一乡一业”，狠抓藜麦、玫瑰、养羊、小杂粮种植加工四大产业。按照“一手抓麦、一手抓花、河东藜麦、河西玫瑰”的发展思路，确立了“做大优势、打造品牌，努力建设特色农业大县”的奋斗目标。全年种植藜麦666.7公顷，成为全球第三大种植基地，荣获“中国藜麦之乡”称号。玫瑰推广到320公顷，加工厂一期工程主体完工。大力发展规模养羊，新建标准化养殖小区7个，新发展羊4万只，养殖总量达到27.4万只。发展小杂粮示范区6666.7公顷，农民专业合作社发展到293个。特色农业的全面兴起，进一步扩张了农业投入、激发了农村活力、拓宽了增收渠道，农村经济焕发出勃勃生机。

不断强化基础建设。按照“县域城镇化、城乡生态化”的发展要求，不断强化基础建设，实施生态治理，城乡面貌发生明显变化。总投资11.2亿元的汾河西区综合开发一期工程主体全部完工，人武部办公楼、公安局技侦大楼、交警队技术业务用房、文化中心、梅苑酒店、静汾苑小区、汾水尚苑住宅小区投入使用，体育中心地下人防工程、滨江花园商品住宅小区即将开工。静静铁路项目开始征地拆迁，466套保障性住房按进度实施，9个村、3000人的饮水安全工程按期完工。以“三山两河”为重点，持续加大生态环境综合治理力度，全年造林3006.7公顷，水土流失治理3020公顷，县城生活垃圾处理厂、污水处理厂、杜家村污水处理厂全部完工。

着力保障和改善民生。农村“五件惠民实事”扎实开展，全县共安装路灯5840盏，“村村亮”工程圆满完成。5000人的移民任务全面落实。完成农村危房改造1000户。改扩建农村幼儿园2所。乡村清洁工程全面实施，所有农村都建起垃圾池，购置垃圾桶，配齐保洁员，农村生活环境明显改善。全年共新增城镇就业岗位1752人，养老保险、医疗保险以及各类补贴补助、低保五保、救灾救助等惠民政策全面落实，4.8万吨惠民煤按时发放到户。

（静乐县人民政府办公室）

神池县

【自然概况】 神池县位于山西省的西北部，管涔山脉的西北麓。东邻朔州，西连五寨，南接宁武，西北靠偏关，东北界平鲁。全县总面积1472平方千米。地势东高西低，最高海拔2545米，最低海拔1300米。东北部为土石山区，海拔均在1900米以上，西部是黄土丘陵区，海拔在1600米以上，县城海拔1548米（比泰山顶还高出3米）。属温带大陆性季风气候，年平均气温为4.6℃，最冷极端气温为零下33.8℃，最热极端气温为34.8℃。年均无霜期114天，最短96天，最长165天。年平均降水481毫米。自然特征可以概括为：地多坡广、高寒冷凉、风大沙多、十年九旱，是一个典型的农牧交错区。辖3个镇、7个乡、1个街道办事处、251个自然村、241个行政村。是全省35个国家级贫困县之一。2013年全县总人口10.8万人。

【经济发展概况】 2013年，全县生产总值16.3亿元，比2012年增长12.1%；规模以上工业增加值1.8亿元，增长13.3%；粮食总产量1.3亿千克，增长2.3%；社会消费品零售总额5.65亿元，下降19.1%；财政总收入3.78亿元，增长8.9%；公共财政预算收入1.98亿元，增长21.9%；城镇居民人均可支配收入1.7万元，增长9.9%；农民人均纯收入5353元，增长12.9%。

特色农业再攀新高。全县粮食总产量1.3亿千克，创历史新高。在成功取得胡油、胡麻、羊肉、莜麦、黑豆、黍子6个地标认证的基础上，又成功申报“中国亚麻油籽之乡”，通过国家粮食行业协会认定。加快“一核两线”标杆示范带建设。以东湖设施农业园区为核心，全县温室大棚发展到86.7公顷。围绕西长线和阳河线，建成膜下滴灌、渗水地膜、起垄马铃薯3个高产旱作农业示范片和胡麻、莜麦等六大特色种植基地。投入1000万元，捆绑各类涉农资金3000万元用于发展羊产业，新建标准化养殖小区7个，羊发展到80.1万只。神池羊产业在全省畜牧产业经验交流大会上作为典型示范推广。神池被省农工委、农业厅授予“畜牧生产先进县”称号，被市政府授予“发展羊产业先进县”称号，平陆、沁水等县区先后组团考察了神池县羊产业。扶贫开发力度进一步加大。继续实施整村推进，帮助农民发展种草养羊。投资1.66亿元，建成馨乐苑移民小区。被省扶贫开发领导组授予“扶贫开发工作考核先进县”称号。进一步完善绿色食品工业园区的基础设施，长祥圆等5家企业入园，万吨燕麦片厂进入试生产。在第三届中国县域现代农业发展高层会议上，神池被授予“品牌农业示范县”称号，特色农业跨入一个新的发展阶段。

项目建设成效明显。扎实开展“项目推进年”，“八位一体”推进项目。全县建成投产的风电场达到9期45万千瓦，与北京瑞宏伟业投资有限公司等六大集团签订93万千瓦光电开发协议，已取得8万千瓦的“路条”。200万吨新型干法水泥项目完成投资7亿元。5个建成运营的煤台发运量达到563万吨，上缴税金7598万元。神池县被市政府授予“煤炭工作先进县”称号。积极开展招商引资，引进18项，总投资157.3亿元；实施省市重点工程项目34项，完成投资37.62亿元。

社会事业全面进步。扎实推进第二个“大干城建年”，投入2.4亿元用于“路、水、医、校、电”等基础设施建设，特别是在财政困难的情况下，投资1.3亿元完成南过境公路建设，于7月顺利通车。投资2.2亿元完成23.5万平方米的旧城改造。全面铺开国家卫生城镇创建工作，在城区14个片区实施绿化、硬化、美化、亮化和垃圾清倒、管网入地等工作。全力创建国家级平安县，筹资1630万元实施“六六创安”工程，“创安”工作代表全市接受了省级检查验收。省五项惠民实事全面推进，投资1574万元亮化了10个乡镇158个村，安装了太阳能路灯3160盏。投资2900万元新建和谐苑移民小区。投资675万元完成7个乡镇、560户农民的农村危房改造工程。投资243万元全面铺开乡村清洁工程。投资197万元完成八角明德、东湖等6所幼儿园改扩建任务。投入1.6亿元完成就业再就业、养老、优抚、救灾、低保等各项社会保障工作。全年城镇新增就业1618人，转移农村劳动力2000人，城镇登记失业率控制在4.2%以内。社会组织管理工作被省人社厅、省民政厅评为先进。为全县3.3万户农民及时足额发放冬季取暖用煤。修复丁家梁圆明观古迹，维修了国家级登山健身步道。虎北乡毛家皂村在第一次全国水利普查中，被省水文水资源勘测局确定为“三晋母亲河”汾河源头。

（神池县人民政府办公室）

五寨县

【自然概况】 五寨县地处晋西北黄土高原丘陵区，位于忻州市西八县的中心位置。东接神池县，西连岢岚县，南临宁武县，西北与偏关县、河曲县接壤。全县总面积1391平方千米。下辖3个镇、9个乡、250个行政村。2013年总人口10.9万人。

全县耕地面积3.6万公顷，人均耕地0.4公顷。主要作物有马铃薯、玉米、小杂粮、蔬菜、中药材等。五寨是一个传统的畜牧养殖大县，畜牧业收入占到农民人均纯收入的60%。

五寨县处在山西两大经济轴和两大能源基地之间，即处于黄河轴和同蒲轴之间，东有宁静煤炭能源基地，西北有神华能源基地及河、保、偏煤铝电能源基地，是西煤东运的重要通道之一和晋西北物资转运与商品集散的重要经济活动中心。

五寨县的生态环境较好，南有芦芽山自然风景区、华北最大的亚高山草甸荷叶坪、生态自然旅游区“五寨沟”；东西两梁有2.6万公顷柠条，是华北最大的狩猎区。全县共有林地面积5.8万公顷，其中，乔木林1.3万公顷，灌木林4.5万公顷，建成南山以天然林为主的水源涵养林，东西两梁以柠条、杨树为主的防风固沙林，平川以农田林网为主的农田防护林，沟壑区以乔灌混交为主的水土保持林，初步形成“两山两梁”“两纵两横”“四条百里绿色屏障”的生态格局，2000年被列为全省退耕还林试点县，2005年被命名为国家生态示范区，2009年被确定为全省集体林权制度改革试点县，2011年获得全国绿化先进县称号。

【经济发展概况】 2013年，全县生产总值20.6亿元，比2012年增长7.8%；工业总产值8.3亿元，增长15.5%；规模以上工业增加值2亿元，增长16.2%；公共财政预算收入1.9亿元，增长6.7%；农林渔牧业总产值7.7亿元，增长24%；固定资产投资总额23.3亿元，增长46.8%；社会消费品零售总额5.7亿元，下降16.2%；城镇居民人均可支配收入1.7万元，增长9.7%；农民人均纯收入5121元，增长13.8%；粮食产量1.8亿千克，增长12.3%。

*项目建设扎实推进。*全年组织实施重点项目154个，总投资113.6亿元。其中，省市重点项目40个，总投资78.74亿元，完成投资27.59亿元。三岔加气站、汽贸汽配城、混凝土搅拌站、甚喜茶园、万兴制粉、甜糯玉米加工等一批产业项目建成投产。积极引进潞安集团投资800亿元的煤炭清洁利用油—化—电—热一体化园区建设项目，华能、华电、大唐、中电电气等4家企业的风电、光电项目。与此同时，积极应对煤炭市场寒潮，全年组织发运煤炭2680万吨，比2012年增长11.5%，县域经济总量进一步扩张。

*农村经济加快发展。*认真落实各项强农惠农政策，全年农林水事务支出2.2亿元，占财政总支出的22.7%，增长59%。围绕玉米、马铃薯、小杂粮三大主导产业，建成万亩玉米高产创建示范片2个、万亩马铃薯高产创建示范片1个、200公顷连片小杂粮丰产示范区3个，全县玉米、马铃薯、小杂粮种植面积分别达到2.7万公顷、1万公顷、1万公顷，全年粮食总产量1.8亿千克，再创历史新高。完成膜下滴灌节水示范工程539.1公顷，全县农田实灌面积超过2926.7公顷。建成温室大棚47.2公顷，农民专业合作社105个，完成产品认证30个。全县龙头加工企业销售收入6亿元。制定《促进羊产业发展的实施意见》，发展专业合作组织130个，全县羊养殖量发展到48.6万只。

*城市面貌明显改观。*大力实施县城“东移北扩”战略，总投资近3亿元，实施东城新区开发、二道河沿河景观工程、北园新村路改造、小街小巷硬化、颐峰公园续建、垃圾无害化处理等一系列市政建设工程。出台《五寨县城市管理办法》，深入开展“创模”活动，对县城主街道进行了美化、亮化、绿化，提前启动“创卫”工程，扎实推进乡农清洁工程，县城面貌大为改观，发展环境明显改善。

*基础设施不断夯实。*总投资6000余万元，总长42千米的五阳线改造工程全线开工。从旧堡沿东干渠至阳岢路全长3.5千米的东环路建设工程全面开工。全长2.1千米的北园新村路改扩建工程全部竣工。总长4.3千米的旅游路、清涟路拓宽改造工程投入使用。农村饮水安全工程兴建提水工程15处，解决了15个村、4000人的饮水安全问题。实施南山环城绿化、颐峰公园绿化、二道河护岸景观绿化、通乡通村路绿化等8项林业工程，完成造林绿化2733.3公顷。深入开展大气污染综合防治，组建西八县环境监测站化验服务中心，生活垃圾处理场、污水处理厂正常运营。

*社会事业全面进步。*加大县财政对民生事业的投入力度，全年财政用于各项民生支出5.7亿元。投资2400余万元。大力实施名校、名师、名生战略，深入推进新课程改革，全面加强教师队伍管理，公开招聘特岗教师60名，教育教学水平显著提升。全年新增就业岗位1631个，城镇登记失业率控制在3.7%以内。全面加强低保对象复核排查，5280名城市低保对象、13450名农村低保对象应保尽保。劳动就业和社会保障服务中心项目竣工，社会福利大楼投入使用。新开工各类保障房486套。第一人民医院医技楼、卫生监督所业务用房建成并投入使用。

（五寨县人民政府办公室）

岢岚县

【自然概况】 岢岚县位于晋西北黄土高原中部，管涔山西北麓，属中温带大陆性季风气候，平均气温6.2℃，无霜期120天，降水量450毫米。境内以山地丘陵为主，总面积1984平方千米，平均海拔1443米。辖2个镇、10个乡、202个行政村。2013年总人口8.6万人。

岢岚生态良好，境内有耕地5.2万公顷、林地11.9万公顷、天然牧坡9.12万公顷，是一个农田广阔、牧草丰茂的农牧业县份，种植小杂粮、发展畜牧业具有得天独厚的自然条件和环境优势。晋岚绒山羊、中华红芸豆两个国字号品牌，成为农民增收脱贫的主要支撑。

岢岚环境优美，境内保存完好的宋长城绵延30多千米，有2000公顷荷叶坪高山草甸，县城南山森林公园、东山山地公园、北山文昌公园1333公顷。境内气候凉爽，空气清新，碧水蓝天，是避暑旅游的理想之地。

【经济发展概况】 2013年，全县生产总值17.1亿元，比2012年增长12%；规模以上工业总产值15.06亿元，增长25.3%；工业增加值4.4亿元，增长15.4%；农林牧渔业生产总值5.86亿元，增长0.5%；粮食总产量5256万千克，增产21.7%；固定资产投资33.2亿元，增长35.8%；社会消费品零售总额6.3亿元，增长2.6%；公共财政预算收入1.4亿元，增长19.7%；城镇居民人均可支配收入1.9万元，增长11%；农民人均纯收入4541元，增长14.3%。

项目建设成效显著。认真落实省市“项目推进年”部署，坚持“八位一体”推进项目，全年规划实施202个项目，总投资273亿元，其中，省市重点项目39个，总投资75.29亿元。完成项目储备368个1214亿元，签约38个106亿元，落地50个45.59亿元，开工32个39.57亿元，建设投资35.18亿元，投产64个40.68亿元，开工完成率全市第一。

结构调整全面推进。壮大煤炭物流，全年完成煤炭发运量400万吨，易达、观音堂、同煤等煤炭集运站新建项目基本竣工。培育新兴产业，总投资261亿元的阳煤集团岢岚清洁能源循环经济产业园区项目落户岢岚，晋兴奥隆200万吨新型水泥、建隆石材、锦绣石材等项目稳步推进。开发新型能源，大唐风电燕家村一期投产发电，大阳坡一期、龙源一期2个风电项目和220千伏变电站项目开工建设。

农民增收势头强劲。推进晋岚绒山羊育种中心续建工程，为10个规模养殖场、16个行政村提供种羊5000只，改良绒山羊17.3万只，全县羊饲养量达到53.2万只，农民人均畜牧业纯收入2388元；全县种植红芸豆8667公顷，建设21个科技示范园区867公顷、“一村一品”示范村11个，农作物总播种面积3万公顷，农民人均种植业纯收入2019元；实施百企千村产业扶贫，启动潞安集团“百万只羊”工程；加快农业产业化，全年农产品龙头企业实现销售收入达5.6亿元。

城乡面貌深刻变化。加快城市建设，广惠园道路管网工程全部完成，世纪嘉苑主体完工。南山森林公园景点和文昌塔公园基本建成。总投资5330万元的振兴路、岢大线、景观路等8条道路完工。形胜大酒店、集中供热、城市供水二期工程等8个城建引资项目有序推进。完成南山、北山、东山绿化2000公顷。夯实“三农”基础，完成农田灌溉1007公顷，水土流失治理3333公顷，膜下滴灌405公顷，解决了3500人、2119头大畜的饮水安全。实施乡村清洁整治工程，捆绑资金对6个乡镇36个重点村进行集中打造，村容村貌明显改观。扎实推进移民搬迁，完成12个村700户2000人的搬迁任务。

民生保障不断加强。岢岚中学新校区的教学楼、行政办公楼、艺术楼等8个项目主体完工，实施校舍安全、农村薄弱学校改造等工程。推进医药卫生体制改革，县乡村三级医疗卫生机构全部实行国家基本药物制度，药品零差价全覆盖。加强社会保障，新型农村社会养老保险参保4万余人，城镇新增就业2020人，城乡低保每人每月分别提标30元、24元。完成2012年454套保障性住房的内外装饰和附属工程，开工建设2013年200套保障性住房。

（陈培成　张建军）

偏关县

【自然概况】 偏关县地处山西省西北部，位于山西、内蒙古交界地带，西临黄河与内蒙古准格尔旗隔河相望，北倚长城与内蒙古清水河县接壤，东接朔州、神池，南邻河曲、五寨，国土总面积1685.4平方千米。

境内丘陵起伏，沟壑纵横，总的地势东高西低，平均海拔1380米。年平均气温变化于3℃～8℃之间，无霜期105～145天，年平均降雨量425毫米，是黄河入晋第一县和引黄万家寨水利枢纽所在地。

明代与宁武关、雁门关合称“外三关”，为“三关首镇、九寨屏藩、晋北锁钥”！境内长城、古堡、黄河相得益彰，边塞历史文化和黄河风情文化氛围浓郁，旅游资源丰富独特，发展黄河长城文化特色旅游前景广阔。偏关县现辖4个镇、6个乡、248个行政村。2013年总人口11.4万人。

【经济发展概况】 2013年，全县生产总值25.72亿元，比2012年增长7.3%；财政总收入4.11亿元，增长19.8%；公共财政预算收入2亿元，增长19.3%。农业总产值8.1亿元，增长4.3%。工业增加值8.61亿元，增长9%。全县社会消费品零售总额6.97亿元，下降7.9%。城镇居民人均可支配收入1.6万元，增长10.9%；农民人均纯收入4753元，增长13.5%。

稳增长，调结构，全县重点产业经济实力进一步壮大。全年完成签约项目9个，签约资金121亿元；落地项目43个，落地投资额32.27亿元；开工项目28个，开工投资额17.26亿元；投产项目14个，投资总额36.84亿元，任务完成率全市排名第一；35项省市重点工程完成投资17.98亿元。全力扶持涉煤和新型产业，煤炭物流项目落地20个，其中，煤炭铁路发运企业7个，年设计发运能力3000万吨，6个获得铁路部门批准，3个开工建设；洗选煤项目5个，年设计加工能力1260万吨，3个建成投产；配煤中心8个，年设计储售能力420万吨，全部拿到煤炭经营许可证，4个投入运营。全县正在形成铁路煤台东西贯通，洗、选、储、售一体化发展的产业体系。此外，风电、光电等优势新型产业发展势头也令人振奋。全县风力发电能力有望达到75万千瓦。光伏发电方面，大唐、华能、同煤、中国风电、中电投等5家企业已分别与偏关县签署了共同开发合作协议，发电能力将达到23万千瓦以上。

拓渠道，促增收，全县农村经济呈现新风貌。农业产业结构进一步优化。鼓励扶持发展设施农业，新发展日光温室和塑料大棚701座，温室、大棚总数达到2700余座。畜牧业不断发展壮大。新建7个标准化养殖小区和5个养殖示范场，新发展规模养殖示范户100户，规模养殖户3561户，全县养羊数量60.8万只，成功引进温州宇宙集团一期加工能力50万只的羊肉深加工项目。仁用杏经济林初具规模。在继续实行“政府倡导、农户自愿、技术包干、集中管理”经营模式的促进下，10个乡镇一年栽植1333.3公顷仁用杏，创造了当年成活率95.3%的奇迹。扶贫攻坚成效明显。完成8个乡镇10个村的整村推进建设和3个乡镇10个村的中央专项彩票公益金整村推进。农村“五件实事”全面落实，为1800户农村困难家庭进行危房改造，170个行政村安装3400盏路灯，各行政村组建了专门垃圾清扫清运队伍、配备了收运车辆等设施，改扩建3所村级幼儿园，马家坡移民新区功能逐步完善，将实现特困群众易地搬迁4500人以上。

强规划，重特色，全县城乡环境面貌明显改观。城乡规划逐步完善。在县城东部和罗汉坪区域进行城镇建设总体规划，完成新建1～2条与外环路连通的高标准道路规划。城乡基础建设长足发展。全年市政工程完成投资1.1亿元。垃圾处理场、二级汽车站已顺利完工。“一村一井”工程完成投资1600万元，打钻深井38眼。县城西北循环路于国庆节前建成通车。神河高速路偏关段、县城外环路基本建成。城区综合管理水平不断提高。对城区8条主街(路)、27条小街(巷)路、17个居民住宅区进行了命名，安装了新颖别致的街路标识牌。

挖内涵，创经典，全县旅游产业发展突显活力。实施精品战略，旅游产业不断发展壮大。全力打造“五大景区”，逐步提高旅游知名度，乾坤湾“一区八景”工程已基本完工，护宁寺景区建设顺利推进，水泉红门口“地下长城”景区进行了前期规划设计，老牛湾村被国家财政部、文化部、建设部三部委评为山西唯一的3A级中国传统古村落。强化景区建设，旅游环境进一步改善。在老牛湾新修2.5千米的旅游循环路。在护宁寺景区新建旅游公路和2个停车场。寺沟西口码头和寺沟长城修复工程，全面开工建设。老牛湾大型码头建设项目工可已获省交通厅批复。成立偏关境内首家旅行社，组建了讲解队伍。加大宣传力度，偏关旅游知名度得到提升。在央视、凤凰卫视及省市电视台集中宣传老牛湾景区，中央4台《快乐学汉语》栏目和中央7台《乡土》栏目分别免费制作播放了《黄河老牛湾》和《偏关人家》专题片，2013年《中国国家地理杂志》第四期刊登了老牛湾—“百里长峡中最美的回环”，北京金尊影视文化传播中心在老牛湾和寺沟以黄河为背景拍摄了《黄河管子声》实景剧，进一步提升了偏关旅游景点在国内外的知名度。

重民本，惠民生，人民群众生活质量再上新台阶。教育事业优先发展。全年教育经费投入1.72亿元。新建的196套教师周转房全部投入使用。投资446万元的马家坡移民新区幼儿园暨九年一贯制学校完成主体工程。偏关中学多媒体教学“班班通、堂堂用”工程已完成并投入教学使用。卫生计生事业全面推进。进一步改善医疗卫生环境，县人民医院住院综合楼已完成主体工程建设，2个乡镇中心卫生院业务用房改扩建项目已全部完工并投入使用。新型农村合作医疗参合率99.7%。稳步实施基本药物制度，乡、村医疗机构全部实行药品零差率销售。计生工作“五项任务”整体推进，食品药品监管体制改革基本完成。城乡居民生活条件持续改善。新开工建设保障性住房、棚户区改造1264套，完成续建任务772套。为36443户低收入农户发放“爱心煤”，为2435户低收入困难家庭发放租赁住房补贴。广播电视“村村通”工程完成1.1万套实施任务，占全市实施总量的1/6。

（高　瑞　秦小龙）

河　曲　县

【自然概况】 河曲县地处山西省西北黄土高原地区，是山西、陕西、内蒙古三省区结合部，明清时有“水旱码头”之称，是国家非物质文化遗产河曲民歌、二人台、河曲河灯会的发祥地，是中国北方民歌之乡和中国最具文化风情旅游名县。总面积1323平方千米，耕地面积4万公顷。辖4个镇、9个乡、340个村。2013年全县总人口14.7万人。

境内矿产资源分布较广，储量丰富。初探有相当储量的矿种6类18种，其中，煤储量120亿吨，铁矿储量15.6亿吨，铝矾土储量1.79亿吨。此外，还有高岭土、锰矿、油页岩、工程砂等矿产资源。

【经济发展概况】 2013年，全县生产总值65.9亿元，比2012年增长11.8%；财政总收入15.69亿元，增长1.8%；公共财政预算收入5.83亿元，增长6.7%；农林牧副渔总产值5.84亿元，增长7%；工业总产值85亿元，增长16%；社会消费品零售总额10亿元，与2012年持平；固定资产投资总额81.34亿元，增长35.5%；城镇居民人均可支配收入1.9万元，增长9.7%；农民人均纯收入4535元，增长13.8%。

项目推进年成效显著。始终将项目建设作为调整产业结构、转变发展方式的重要载体，“储备、签约、落地、开工、建设、投产、服务、考核”八位一体，统筹推进，6项主要考核指标全部提前超额完成。年度实施省市重点项目55个，完成投资额

65.39亿元；扎实开展招商引资，“中博会”“文博会”签约项目4个，项目签约额92亿元。在年度重点工作项目观摩考核中，被评为全市重点项目考核优秀县。

农业产业化步伐加快。全面落实各项支农惠农政策，加大财政补贴、项目支持、企业带动力度，使脱毒马铃薯、种草养畜、设施农业成为农民群众致富增收的支柱产业。农业产业化程度不断提升，发展马铃薯种植5533.3公顷，脱毒种薯普及率达到87%；发展新型日光节能温室18.6公顷，小弓棚蔬菜种植133.3公顷，富硒功能性农作物120公顷；发展标准化畜禽养殖户130户，新建标准化羊舍2.2万平方米，全县牛饲养量7100头，羊22.3万只，猪5.2万头，鸡53万只。农民专业化、组织化程度不断提高，“一村一品”专业村达到47个，发展农民专业合作社71个，“三品一标”认证7个；百企千村产业扶贫山煤河曲乳制品项目破土动工，农产品加工“513”企业销售收入2.15亿元。

工业新型化转型提速。积极探索实施转型综改年度计划，着力打造新型能源工业基地，统筹经济运行监测分析和综合调度，煤电化产业稳步发展。3座井工煤矿实现产能提升，神华国能河曲电厂二期、同德产销爆一体化、晋神磁窑沟煤矿、振钢癸二酸建成投产。神华神东低热值煤发电一期、神达选煤厂及输煤地道和3大露天煤矿相继开工建设，神华国能河曲电厂三期项目被神华集团列为A类实施项目。主要工业产品产量稳定增长，生产原煤1207万吨，增长17%；发电116亿千瓦小时，增长13%。

基础设施日益完善。加快城市基础设施建设，新建二级汽车客运站，完成长城大街等市政工程续建项目，完成污水抽排泵站、管网建设、管线入地等市政公用事业工程。引黄灌溉工程楼子营至县城段正式通水浇地。实施173个村3.7万人的饮水质量达标工程，“一村一井”竣工23处。统筹推进新农村建设，巩固两轮“五个全覆盖”，启动实施乡村清洁工程、村村亮等“五件实事”，安装完成260个村5200盏太阳能路灯，进一步改善了农村生产生活条件。

生态环境明显改善。对高耗能企业采取强制措施，拆除2户高耗能企业3台落后产能设施。规模以上工业企业单位工业总产值能耗同比下降8.7%；环保约束性指标圆满完成。启动神河高速通道绿化标杆工程、沿黄经济林富民工程、“两点一线”生态林治本工程，造林绿化2133.3公顷，城区绿化53.3公顷。城区环境空气质量二级以上天数359天。

社会事业协调发展。深入推进教育教学工作，启用河曲中学新校区，完成1所义务教育薄弱学校改造工程，新建和改扩建幼儿园4所。深化医药卫生体制改革，储备医务人才46人，新农合参合率99.9%。巩固、完善和拓展“创卫”成果，市容环境卫生保洁转入规范化管理，2013年年底正式命名挂牌“国家卫生县城”。社会保障体系进一步完善，启动“一卡通”制度，新农保参保率99.4%，城镇居民医保参保率95%，全民健康档案完成率90%。公开招聘未就业的大中专毕业生89名，新增城镇就业2153人。社会救助力度不断加大，发放城乡低保金4235万元，发放医疗救助金351万元，发放灾民救助款物计283万元，“五保”供养1521人发放资金426万元，保障重点优抚对象、扶助其他社会救济对象943人发放资金594万元；开工建设保障性住房798套，完成农村危房改造310户，落实住房租赁补贴1170户230万元。

（河曲县人民政府办公室）

保德县

【自然概况】 保德县地处晋西北黄土高原，背靠巍巍吕梁山，面临滔滔黄河水，东与岢岚县为邻，南与吕梁市的兴县毗邻，西隔黄河与陕西省府谷县相望，北与河曲县接壤。全县总面积997.5平方千米，南北纵长约45千米，东西宽约22千米。辖4个镇、9个乡、341个行政村，属国家扶贫开发重点县。2013年总人口16.3万人。

境内梁峁起伏、沟壑纵横、植被稀少、岩石裸露，立地条件差，自然灾害多。地处中纬度，地势东高西低，平均海拔840米，属典型的温带大陆性气候，年均日照2814小时，气温8.8度，降水量410毫米，无霜期145天左右。农作物以豆类、薯类、糜谷、玉米为主。全县耕地面积3.6万公顷，林地1.3万公顷，草地5065公顷，宜林荒山1.7万公顷，森林覆盖率8.8%。

早在新石器时期，就有人类繁衍生息。县内各级文物保护单位253处，非物质文化遗产1100余项。保德是民歌之乡、红枣之乡、神秘的三趾马化石之乡。保德铜贝更是人类金属货币之鼻祖，开中华5000年钱币文化之先河。史上涌现出不少可歌可颂的黄河骄子，有名垂青史的杨家军，明代五省总督陈琦瑜，当代著名女高音马玉涛，全国劳模造林英雄张侯拉。

全县已探明的矿产资源有煤、铝、铁、硫、红土、长石、粗砂、石灰石、高岭土、油母页岩等14种，煤炭储量127亿吨，煤层气储量初步探明达1000亿立方米，油母页岩储量达10亿吨，铝土矿总储量1.64亿吨，铁矿总储量37.8亿吨，石灰石可开采量360亿吨，硫磺矿储量11.52亿吨，“天桥泉”地下水可采量14.5立方米/秒。此外，长石、粗砂、红土等资源储量也较为丰富。保德油枣堪称一绝，系山西八大名枣之一，享誉全国，畅销世界。

【经济发展概况】 2013年，全县生产总值75.8亿元，比2012年增长9%；固定资产投资79.6亿元，增长35.1%；社会消费品零售总额12.4元，增长3.4%；公共财政预算收入6.77亿元，增长11.5%；城镇居民人均可支配收入2.1万元，增长9.2%；农民人均纯收入5108元，增长12.7%；原煤产量2024万吨，实现历史性突破。荣获山西省县域经济发展考核C类县第一名。

项目建设成效明显。全面贯彻省、市“项目推进年”总体部署，落实“八位一体”工作机制，项目储备、签约、落地、开工、建设、投产任务均超额完成，省、市两级重点工程完成投资66.39亿元。同德氧化铝、中石油煤层气、兴保铁路等主攻项目快速推进，王家岭工业园区500万吨矿井、高耐特石油支撑剂、吉港冠宇余热发电项目全面完工，泰安、泰山隆安2座矿井正式投产，神达晋保、同舟煤业进入联合试运转，保德至三岔、保德至瓦塘煤层气管道项目进入试运行，煤炭物流园区、百盛新能源蓄电池项目主体完工。在全市项目观摩检查评比活动中荣获一等奖。

农民收入持续增长。现代农业加快发展。农作物播种面积2.8万公顷，粮食总产量4606万千克。新发展温室大棚33.5公顷，设施农业总面积266.7公顷。新建标准化养殖小区4个、规模养殖场7个，发展科技养殖示范户20个。培育农产品购销组织10个、营销经营大户43个、农民专业合作社59个。新上千万元以上农业产业化企业2个，农产品加工企业销售收入2.86亿元。农业基础建设不断加强。完成"小水网"工程2处，展开农村饮水安全工程25处，新打机井22眼。农村"五件实事"完成序时任务。改造农村危房50户，特困群众易地搬迁1500人，306个村配置乡村清洁人员325人，261个行政村安装太阳能路灯5220盏。繁庄塔高新农业示范园投入运营，康熙枣园南北大门、红枣展示厅建设完工。

城乡面貌明显改观。"创卫"工作圆满完成9个大项、52个小项、239项具体任务，顺利通过检查验收。新城区"一横四纵"路网及配套设施建设全面完工。水系、水厂、绿化、挖山填方垫地造地等工程扎实推进。同舟广场、兴保塔及附属工程、步云路、龙池、大新公路等项目投入使用。体育馆、职工培训中心、计生综合服务中心完成主体工程。造林4366.6公顷，森林覆盖率10.1%，荣获山西省林业"六大"工程建设先进单位称号。全面实施煤改气工程，5200余户居民安装了壁挂炉、生活气灶，气化率达到45%。农村环境连片整治、铁匠铺集中饮用水源地治理、朱家川河污水处理厂和人工湿地工程取得阶段性成效。省级园林城市各项指标通过初步验收，省级环保模范城市通过预验收。义门镇完成省级卫生镇创建工作。

民生福祉不断改善。城镇新增就业2364人，城镇登记失业率控制在3.2%以内。各类社保参保人数15.7万人，发放"社会保障卡"7.7万张，发放各类保障资金4468万元。中考综合排名稳居全市前三，职中对口升学率连续3年蝉联全市第一。新县人民医院投入运行，义门、林遮峪2所中心卫生院顺利完工。人口自然增长率控制在5.6‰，荣获全省计划生育优质服务先进县称号。启动第二轮《保德县志》编纂工作，开展送戏下乡62场、广场文化周活动36场。保障性住房竣工450套，进行主体施工550套，新开工408套。此外，免费发放取暖用煤4.9万吨、碘盐501吨。

改革继续深入推进。出台转型综改3年实施方案和2013年行动计划。充分利用扩权政策，直报和办理投资类项目36个。加快行政审批制度改革，审批事项精简到97项，办理时限缩短1/3。全面推广"助保贷"，金融生态环境进一步优化。深入推进城乡建设用地增减挂钩等试点工作，土地瓶颈得到有效缓解。

（韩晋春）

晋中市

【自然概况】 晋中市位于山西省中部，毗邻省府太原，地处山西连接南北、贯通东西的核心位置，总面积1.64万平方千米，下辖1个区、1个市、9个县和1个国家级经济技术开发区，有118个乡镇、14个街道办事处、2749个行政村。2013年总人口330.5万人。是全省重要的新型工业基地、现代农业基地和新兴文化旅游城市、现代物流枢纽城市。

自然资源禀赋优越。晋中矿藏资源丰富，已探明储量的矿产有煤、铁、铝、石膏等17种，煤炭储量200亿吨，原煤年生产能力突破1亿吨。晋中四季分明、气候宜人，具有发展现代农业得天独厚的良好条件。晋中是国家级农业科技园区、山西省现代农业示范区，全市设施蔬菜、水果、花卉和苗木种植面积达到1.7万公顷，肉蛋奶产量多年位居全省之首，山西老陈醋、平遥牛肉、左权绵核桃、太谷壶瓶枣等7种特色产品纳入国家地理标志保护体系，农副产品出口20多个国家和地区。

区位交通优势独特。晋中是山西连接华北和我国中西部地区的重要交通枢纽，是太原都市圈的核心组团。市城区距武宿国际航空港15千米。市内11个县（区、市）全部通铁路，10个县（区、市）通高速公路，公路密度达88.8千米/百平方千米，市域高等级公路总里程全省第一。太原铁路货运物流中心、方略保税物流中心已获批开建，22个大型物流项目在这里集聚，项目全部完工后，晋中将成为全国第二大铁路货运物流中心。

历史文化积淀厚重。晋中是中华文明发祥地之一、著名的晋商故里，历史悠久厚重，文化遗存丰富。全市不可移动文物5500余处，44处列为国家文物保护单位，数量居全省首位。这里有迄今为止保存最完整的明清县城、世界文化遗产平遥古城，有乔家、王家、常家等晋商巨贾大院，有被誉为"中国彩塑艺术馆"的平遥双林寺。晋中非物质文化遗产丰富，16项被列入国家和省级名录，是中国社火、清明文化、寿星文化、牛郎织女文化、民间文化艺术、化石文化之乡。

【经济发展概况】 2013年，全市生产总值1022.2亿元，比2012年增长9.1%；规模以上工业增加值472亿元，增长13%；固定资产投资940亿元，增长26.5%；财政总收入220.8亿元，增长4.9%，公共财政预算收入115.1亿元，增长16%；社会消费品零售总额441.3亿元，增长13.8%；外贸出口额2.5亿美元，与2012年持平；城镇居民人均可支配收入2.4万元，增长10%；农村居民人均纯收入8991元，增长13.3%。

产业转型迈出新步伐。深入开展"项目推进年"活动，全市项目储备、签约、落地、开工、建设、投产均超额完成省定任务。非煤产业工业增加值比重提高0.7个百分点，新兴产业投资增长48.6%，对全市产业转型升级形成有力的支撑和拉动。传统产业改造步伐加快。全市煤炭行业新增25个现代化矿井，新增产能1950万吨；焦化行业兼并重组取得实质性进展，企业数量由27户减少至12户。新兴产业培育力度加大。以青云直升机、吉利汽车、平遥煤化光学新材料等项目为标志的装备制造业、新材料工业发展提档加速。以太铁货运物流中心为标志的现代物流业加快成长。旅游总收入突破300亿元，增长39.4%；绵山获批5A景区，《又见平遥》效应凸显，晋中市通过国家旅游服务业标准化示范城市验收。文化产业增加值占地区生产总值比重的5.5%，继续保持全省前列。特色现代农业势头良好。粮食总产量18.2亿千克，再创历史新高。11个"一村一品"精品示范片区初步形成，新发展特色专业村243个，主导产业人均纯收入占到农民人均纯收入的72%。新发展设施蔬菜4066.7公顷、养殖(园区)237个、干果经济林1.3万公顷。全市农产品加工企业销售收入135亿元。新发展农民合作社1256家，保持全省领先，培育生态庄园、沟域经济、家庭农场等经营大户140个。流转土地7.5万公顷，占家庭承包耕地的27.2%。园区承载能力提升。全市8个重点工业园区累计入驻企业516户，销售收入占全市的40%，介休义安循环经济园区、灵石中煤循环经济园区、榆次工业园区收入均超过百亿元。

城乡面貌发生新变化。全市实施城镇化项目466项，完成投资266.5亿元。城镇化率提高1.5个百分点。加快太原晋中同城化发展。城区市政重点工程完成投资119.6亿元，供水、供热、供气、污水和垃圾处理率进一步提高，路网建设、城市扩容、环境改善、便民设施取得新进展，高校新区6.7万师生入驻，科技创新城建设启动，完成汇通北路、迎宾街东延、文津街、乌金路等12条城市主要道路建设和晋中北高速出口扩容改造，大西铁路专线晋中站基本建成，城市轨道交通项目成功启动。推进特色城镇建设。10个县市完成大县城建设投资129.4亿元，村镇建设投资173.5亿元。阳黎高速昔左段即将通车，基本实现县县通高速。恋思、石膏山、泽城西安3个新水源工程下闸蓄水，东山供水、中部引黄晋中供水工程进展顺利。12个电力设施项目建成，新增变电容量403万千伏安。狠抓生态环境保护。约束性指标全部完成，PM2.5有效监测天数达标率超省定任务28.4个百分点。完成造林合格面积3.5万公顷，林木绿化率增加1.2个百分点，榆次区通过省级林业生态县验收。城乡面貌明显改观，左权县、平遥县分别被命名为全国和全省文明县城，灵石、和顺分别被命名为国家园林县城和省级园林县城，灵石、左权成为全市首批国家卫生县城。

民生事业得到新改善。全市财政用于民生领域支出增加31亿元，增长21.7%。建成保障性住房2.6万套，名列全省前茅。农村"五件实事"完成年度任务。城镇新增就业4.8万人，登记失业率1.9%，低于控制目标。居民消费价格涨幅3%，控制在年度目标以内。各类保险参保人数、保费征缴额进一步提高，城乡低保实现应保尽保。"爱心煤"政策惠及89万户农民家庭。第一轮学前教育三年行动计划全面完成，新改扩建公办标准化幼儿园175所，入园率高出全省14.1个百分点，义务教育均衡发展晋中模式在全国推广。县域医药卫生一体化综合改革和公立医院试点改革积极推进，新农合参合率99.4%。文化体制改革、文化惠民工程、文艺创作以及文物和非物质文化遗产保护传承取得新进展。全民健身活动蓬勃开展，竞技体育水平进一步提高。扶贫开发"双百工程"扎实推进，全市又有3.2万人脱贫。

（张　静）

晋中市榆次区

【自然概况】 榆次区是太原——晋中同城化核心区，全区总面积1328平方千米。总人口64.8万人，人均地区生产总值3.2万元。全区辖6个镇、4个乡、9个街道办事处、272个行政村、64个社区。

榆次历史文化悠久，是仰韶文化的重要发源地，早在战国时期就已设立县制，距今有3000多年的历史。

榆次交通物流发达，铁路运输便捷，境内拥有南北同蒲线、石太线、太焦线、太中银、大西多条铁路专线，108国道、太长、太旧、大运高速沟连贯通。

榆次自然环境优越，年平均气温9.8℃，降雨量418～483毫米，年日照时数2662小时，无霜期158天，农业气候条件比较优越。

榆次物产资源丰富，境内已探明的矿产资源有煤、耐火黏土、砖瓦黏土、建筑用砂石等11种，煤炭已探明储量2亿吨。

【经济发展概况】 2013年，全区生产总值208.3亿元，比2012年增长9.1%；规模以上工业增加值71.8亿元，增长14.2%；全社会固定资产投资总额194.4亿元，增长37.7%；社会消费品零售总额139.8亿元，增长16.8%；公共财政预算收入10.8亿元，增长10.5%；外贸进出口总额7637.1万美元，增长23%；城镇居民人均可支配收入2.5万元，增长10.6%；农民人均纯收入1.2万元，增长14.1%。

项目建设扎实推进。深入开展"项目推进年"攻坚，落实"六位一体"工作机制，全年项目储备2336.4亿元、签约221.6亿元、落地226.6亿元、开工130.8亿元、建设172.6亿元、投产150.9亿元。投资173亿元的56项重点工程全面实施，22个项目竣工投产，高校新校区、太重榆液、太钢万邦等重大项目建设取得阶段性成果。加快招商引资，总投资60亿元的瑞光热电二期、总投资18亿元的康师傅饮品及方便面等项目洽谈顺利推进。严厉打击"两违"行为，拆除"两违"建筑面积13.5万平方米、304宗，营造了项目落地的良好环境。

新型工业蓄势发力。深入推进工业强区战略，优势产业不断壮大，纺机、液压集群突出技术研发和市场拓展，榆次液压研究院和院士工作站正式挂牌，成功举办全国液压及装备制造产业研讨会，榆次液压产业集群被科技部列为国家"创新型产业集群试点"。冶金产业抓住太钢万邦30万吨铬铁项目，以企组园，盘活资源，扎实推进以太钢万邦为龙头的新材料工业园建设；食品行业在积极引进康师傅、可口可乐等行业巨头的同时，培养德御坊杂粮形成规模，依托东湖老陈醋、三盟醋业等企业为龙头，扶持传统酿醋产业上档升级，区属规模企业实现产值223.8亿元。工业园区集聚能力不断提高，投资1.7亿元用于基础设施完善，入园企业272家，实现产值159.8亿元，完成税收5亿元。

农业产业结构优化。全力实施“一村一品”工程，“粮、菜、果、牧、苗”五大产业提档升级，农林牧渔总产值27.43亿元。全区粮食播种面积3.3万公顷，总产量2.12亿千克；设施蔬菜面积7733公顷，总产量169万吨，保持全省领先；水果生态经济林发展框架形成，干鲜果经济林面积达1.7万公顷，总产量6000万千克；投资3亿元新改扩建10个标准化养殖园区，肉蛋奶总产量突破8万吨；引进全省最大的苗木绿化公司康培集团，建成特色苗木基地1000公顷，创造了“土地出租＋林业劳务”的农民增收新模式，榆次区被授予“全省农民收入增长先进县”称号。改善生态环境，营造合格林2413.3公顷，完成通道绿化48.5千米，完善村庄绿化173个，森林覆盖率达到18.5％，被授予“省级林业生态区”称号。

第三产业发展提速。着力塑造精品文化旅游品牌，投资9亿元的乌金山景区建设工程基本完成，狂欢谷盛大开园，乌金山国家森林公园、明乐庄园跻身国家4A、3A级景区，全年共接待游客571万人，门票收入6100万元，旅游综合收入突破63.6亿元；现代物流业发展势头强劲，太铁、中储、红星美凯龙等商贸物流项目进展顺利，汇隆市场、晋粮物流一期投入营运。

（榆次区人民政府办公室）

介 休 市

【自然概况】 介休位于山西省中南部，汾河横过境北，绵山雄峰屹立境南，周边与平遥、灵石、汾阳、孝义、沁源等县（市）接壤。全市总面积744平方千米。2013年总人口41.3万人。辖7个镇、3个乡、5个街道办事处、231个行政村。因史出春秋时期割股奉君、功不言禄的介子推，东汉时期博通古籍、名震京师的郭林宗和北宋时期出将入相五十载的文彦博三位贤士名达，素有“三贤故里”之称。

介休市地处中纬度大陆性季风气候区域，属暖温带大陆性气候。一年四季分明，雨热同季，降雨主要集中于夏季。全年平均气温12.3℃，平均日照时数2083.1小时，平均降雨614毫米，无霜期192天，其分布趋势为平川丘陵长于南部山区。

【经济发展概况】 2013年，全市生产总值149.1亿元，比2012年增长5.4％；规模以上工业增加值86亿元，增长5.5％；公共财政预算收入11.7亿元，下降4.6％；固定资产投资100亿元，增长31.9％；社会消费品零售总额70.6亿元，增长16.9％；农林牧渔总产值9.99亿元，增长2.9％；粮食总产量1.44亿千克，增长4.4％；城镇居民人均可支配收入2.5万元，增长9.7％；农民人均纯收入9809元，增长12.7％。

发展基础更加坚实。2013年，深入开展“项目推进攻坚年”活动，落实项目建设“双16条”，超额完成“六位一体”任务，62个省、市重点项目完成投资134.9亿元，7个省重点工程完成投资61.8亿元，22个重点项目建成投产，成为经济发展新的增长点。强化园区承载，义安循环经济园区加快建设全省千万吨级焦化基地，完成焦化兼并主体重组；装备制造园区以中加大型锻件、煤化成套设备等项目落地为标志，园区建设取得重大突破；新材料园区水、电、路、气等基础设施基本到位；青云通航园区以建设全国重要的航空产业基地为目标，一期工程基本具备生产条件。

综改转型成效显著。充分利用全省转型综改和扩权强县试点机遇，加快发展十大工业百亿元产业和现代服务业，推进“四个转变”。“小转大”，5座煤矿正常生产，5座完成竣工验收，实现煤炭产量546万吨；加快焦化兼并重组项目建设，单户产能将全部提升到200万吨以上；完成5户洗煤企业技改，洗煤产业加快提升。“粗转精”，志尧、福源超高功率石墨电极项目投产，带动碳素产品结构升级；义棠煤业煤层气发电开工建设，大唐路鑫低热值煤发电项目拿到“路条”，将促进资源就地转化；安泰H型钢实现产量77万吨，打开国际、国内两个市场。“重转轻”，新材料、装备制造、煤化工等新型产业快速发展，三佳有机硅、益达甲醇、博创纳米氧化锌等先进生产装备经济效应逐步显现，安晟泡沫陶瓷保温材料应用得到省、市高度关注，逐步在全省推广。绵山风景区跻身国家5A级旅游景区，历史文化名城复兴工程再现老城历史风貌，张壁古堡推进堡内文物景观修复和基础设施升级改造，天峻山景区完成保护开发规划，张兰古玩城一期竣工。绵建大厦内装修加快实施。引进太原同至人、上海华联等知名商贸企业。

城乡面貌焕然一新。80项城镇化重点工程完成投资31.3亿元，城镇化考核蝉联晋中第一。打造6.8平方千米北部新城，新增城市道路10千米，纬二路东延工程完工，新区道路当年开工、当年通车。新增天然气用户2000户，集中供热面积60.8万平方米。文化艺术中心、法院审判法庭等完成主体建设，义安生态新区开工，气象局搬迁全面推进。审批人防面积8.2万平方米，人均达0.4平方米。提升2.4平方千米老城形象，完成历史文化街区一期、博物馆等建设。完成金融路改造，启动朝阳路、北河沿街片区改造。完成2000户居民“非煤化”改造。实施十大创卫攻坚工程，创建国家卫生城市通过暗访。启动城市总体规划修编。13个便民市场基本完工。加快重点镇、中心村建设，实施28.5千米交通工程，义安新村完工入住，连福镇上西堡移民小区主体完工，张壁入选全国美丽乡村建设试点，新村一期完工入住，全面铺开覆盖231个行政村的乡村清洁工程。狠抓生态环境保护，实施邢汾高速通道绿化等十大造林工程，建成北坛游园、新城公园，开工绵山和经四路公园。

现代农业迈出新步。建成78个省、市“一村一品”专业村和连福核桃加工、张兰设施蔬菜专业镇。

土地流转面积达6000公顷，发展农民专业合作社360个，其中，省级示范社16个。完成汾河综合治理一期工程。新发展核桃干果经济林466.7公顷，总面积达5933.3公顷。绿健60万只蛋鸡项目一期建成投产，全市畜禽饲养量达520万头(只)。忠平年产5000吨核桃露、1200吨核桃仁扩建项目投产。农产品加工产值28亿元。全省蔬菜生产暨晋中盆地设施农业现场会和晋中现代畜牧业现场会先后在介休市召开。

社会事业加速发展。坚持教育优先发展，积极推进学前教育“三年行动计划”，建成28所幼儿园。实施“十院兴医”工程，新建人民医院完成主体工程，4个乡镇卫生院投入使用；医药卫生体制改革成效显现，基本药物零差价覆盖所有公立医院，基层医疗卫生机构运行机制不断完善，公立医院改革稳步推进。住房保障水平不断提升，新开工保障房2850套，基本建成4389套，完成配租配售1017套。全面加强社会保障，发放企业职工养老金3.29亿元，城乡居民养老保险参保率达到98.8%，新农合参合率99.8%。城乡低保标准每月分别提高30元、24元。完成5个农村老年日间照料中心建设。

改革创新取得突破。创新金融服务，市政府500万元风险补偿金撬动5000万元“助保贷”资金；协调金融机构建立辅导企业制度，全年金融机构贷款余额达170亿元，增长10%。创新用地保障，充分利用增减挂钩、矿业用地改革等政策增加用地指标，全年供地68宗、180公顷，争取建设用地指标100公顷，盘活存量用地9公顷。

（介休市人民政府办公室）

榆 社 县

【自然概况】 榆社县地处太行山中段西麓，晋中市东南部。太焦铁路、太长高速贯穿南北，汾邢高速横跨东西，交通便利。全县总面积1699平方千米。2013年总人口14.2万人。辖4个镇、5个乡、1个城区管委会、272个行政村。

榆社属丘陵山区，四周高、中间低，最高海拔2011米，最低海拔961米，平均海拔1100米。境内浊漳河北源水系纵横交错，水资源充足。气候为暖温带大陆性季风气候，年均气温8.8℃，年降水量560毫米，无霜期165天。

【经济发展概况】 2013年，全县生产总值23.8亿元，比2012年增长1.9%。财政总收入3.82亿元，增长17.9%，增幅列全市第一；公共财政预算收入1.71亿元，增长20.3%，增幅列全市第二。社会消费品零售总额9.41亿元，增长16.5%；城镇居民人均可支配收入1.7万元，增长9.2%；农民人均纯收入3774元，增长12.8%。

特色农业迅猛发展。大幅度增加“三农”投入，统筹4000万元财政专项扶持资金，撬动核桃栽植、设施蔬菜、笨鸡养殖三项产业实现规模扩张、效益提升。全年新增核桃经济林2433.3公顷，累计达到7533.3公顷，提前2年完成“十二五”农民人均1亩核桃的目标任务；新增设施蔬菜241.2公顷，总量达到497.9公顷；新增笨鸡65.5万只，年存栏数200万只以上。认真落实强农惠农政策，粮食总产量再创新高，达到6689万千克。建成省级“一村一品”专业村48个，市级“一村一品”专业村40个。214个行政村街道亮化工程全面完成，新农村建设取得实效。

工业转型步伐加快。工业产业运行平稳，柳泉煤电工业园年产600万吨煤矿项目获省政府探矿权协议出让批复。化工工业园东方红制漆公司3万吨特种涂料项目、榆化公司精细化工项目和丰晔新型建材项目投入试生产。医药工业园广生公司100亿粒植物胶囊项目6条生产线投入试生产，天生公司6000吨中成药技改扩产项目主体完工，广华源药用软包装公司成为全县第6户规模以上企业。东庄食品工业园野狼山庄生猪屠宰线项目建成投产，五福小杂粮加工、主力阿胶功能食品技改、森生核桃深加工等项目主体完工，四大园区的项目支撑作用明显。万元生产总值能耗降幅3.6%，六项污染物减排任务全面完成。

第三产业步入轨道。完成旅游投资1.45亿元，“云竹湖风景区旅游策划及总体规划”和控制性详规编制完成，流转景区建设用地155.1公顷。成功举办第七届云竹湖休闲旅游垂钓节和环湖自行车嘉年华等赛事活动。全年旅游总收入2.1亿元，增长57%。

城乡建设提档升级。加大保障性住房建设力度，顺利实施1082套保障性住房工程，改造农村危房1061户。云竹湖出口——前庄11.5千米县乡公路改造工程开工建设，城市公交启动运行。完成迎春路绿化、县城区绿化、4条城市小街小巷亮化等工程，顺利实施东河下游综合治理、文峰后山公园建设、供热设施和污水处理升级改造等工程，城区二级以上天气达到357天，山水生态型宜居县城建设加快。

民生事业全面进步。县直二幼、云竹和郝北3所幼儿园、职业中学实训楼、榆社三中综合楼等工程建成投用。大力实施县文体活动中心、乡镇文化站示范点和农家书屋规范化建设等工程，石勒文化等4个“非遗”项目被列为省级保护名录。新农合参合率99.4%，村卫生室规范化达标率95%，人口自然增长率控制在4.45‰。城镇新增就业1820人，下岗失业人员再就业283人，农村劳动力转移2450人，城镇登记失业率控制在2.2%以内，发放各类救助资金2672.4万元，社会保障扎实有效。

（田永进）

左 权 县

【自然概况】 左权县位于山西省东南部、太行山主脉西侧。原名辽县，1942年9月为纪念在此殉国的八路军副总参谋长左权将军，易名为左权县。全县辖5个镇、5个乡、1个城区管委会、203个行政村、8个居委会。

全县总面积2028平方千米，耕地面积1.6万公顷，有“八山一水一分田”之称。年平均气温 7.8℃,年均降水量 502.6 毫米,无霜期 110～180 天,属大陆性季风半干旱区。

左权是革命老区,抗战时期,仅有 7 万人口的小县,就有 1 万人参军、1 万人支前、1 万人牺牲,为民族独立和解放做出了巨大贡献。

左权是资源富区,属全国 100 个重点产煤县之一,是颇负盛名的“中国核桃之乡”;左权是文化名区,有“万首民歌千出戏”之称,是“中国民间文化艺术之乡”,特别是“左权开花调”被列为国家首批非物质文化遗产保护名录;左权是旅游景区,境内有龙泉国家森林公园等 800 余处自然景观、150 余处革命遗址以及元代文庙大成殿等多处人文历史景观;左权是山西“边区”,地处晋、冀、豫三省交界,素有“晋疆锁钥、山西屏障”之称。

【经济发展概况】 2013 年,全县生产总值 35.1 亿元,比 2012 年增长 7.6%;公共财政预算收入 4.4 亿元,增长 1.6%;农林牧渔总产值 4.98 亿元,增长 9.2%;粮食产量 5625 万千克,增长 8.8%;规模以上工业增加值 11.7 亿元,增长 7.4%;全社会固定资产投资 77 亿元,增长 32.9%;社会消费品零售总额 11.2 亿元,增长 17.4%;城镇居民人均可支配收入 2 万元,增长 10.9%;农民人均纯收入 3699 元,增长 14.3%。

农业规模迅速扩张。新发展核桃树 1533.3 公顷、莲菜 133.3 公顷、杂粮 933.3 公顷,种植中药材 301.8 公顷,麻田莲菜园区被农业部列为设施蔬菜标准园。在全省率先组建“土地银行”,流转土地 666.6 公顷,发展 133.3 公顷以上庄园 4 处,全县庄园总数达 247 处。扶持“一村一品”专业村 86 个,注册各类农民专业合作社 660 个。创新“百企千村”产业扶贫开发工作,建设九龙岗核桃文化园,与晋煤集团协定上马核桃深加工、农产品交易中心项目,形成“五进五化”扶贫开发模式。

工业转型步伐加快。中豪镍业、德源晟变频器竣工投产,晋煤蓝焰煤层气抽采、天煜煤层气液化项目顺利推进,扬德石港低浓度瓦斯发电项目即将并网发电。金隅水泥、天福建材粉煤灰蒸压砖等 9 个非煤项目完工,煤与非煤产值比达 1∶2,产业结构更趋优化。龙泉产业创新示范园、山煤晋中智能物流园全面启动,潞安焊接材料、潞安瑞福莱醋厂等园区项目开工,与阳煤集团签订百亿元化工园、万吨级聚酰胺项目,工业园区化发展格局初步形成。

文化旅游取得突破。《太行奶娘》剧目赴国家大剧院演出,央视《新闻联播》予以报道。苇则寿圣寺、寺坪普照寺大殿被国务院公布为第七批国家级重点文物保护单位。成功举办首届“麻田莲花节”、李有才板话节。“桃花红·杏花白”民歌传承基地、芹泉母子山、太行龙泉旅游开发顺利推进,茂丰、日月星生态庄园被评定为省级旅游休闲度假区。全年共接待游客 92.5 万人(次),旅游综合收入 8.2 亿元。

(左权县人民政府办公室)

和 顺 县

【自然概况】 和顺地处山西省东陲,太行山中段,清漳河上游,总面积 2250 平方千米,是晋中市版图最大的一个县。辖 5 个镇、5 个乡、294 个行政村。耕地面积 2.2 万公顷,属全国扶贫开发重点县。2013 年总人口 14.6 万人。

和顺是资源富集之县。已探明的矿产资源有煤炭、白云岩、铝矾矿、粘土矿等 29 种,煤炭储量达 128.6 亿吨,白云矿储量高达 910 亿吨。

和顺是生态秀美之乡。和顺县山大坡广、林丰草茂,宜林宜牧面积达 10 万公顷,发展畜牧业具有得天独厚的自然条件,“和顺肉牛”被国家质检总局认证为国家地理标志保护产品。全县森林覆盖率 28%,是全国林业基地县。

和顺是交通枢要之区。和顺坐靠山西,面向冀、鲁、津、京,东与河北省邢台相邻,西通省府太原,北连太旧高速,南下上党盆地,省道董榆线横穿东西,207 国道和阳涉铁路纵贯南北。随着阳左高速、汾邢高速相继开通和和邢铁路的建设,和顺将成为连接太行东西最便捷的通道,成为坐靠山西、面向津冀鲁豫的山西“东大门”。

【经济发展概况】 2013 年,和顺县生产总值 42.97 亿元,比 2012 年增长 11.7%;规模以上工业增加值 22.6 亿元,增长 18.9%;固定资产投资 51.1 亿元,增长 13.6%;社会消费品零售总额 11.1 亿元,增长 17.5%;公共财政预算收入 6.3 亿元,增长 18.5%;农林牧渔业总产值 4.98 亿元,增长 2.1%;粮食总产量 6023 万千克,增长 22%;城镇居民人均可支配收入 1.8 万元,增长 11.1%;农民人均纯收入 4347 元,增长 13.5%。

“三大”产业持续健康发展。2013 年投资 7.4 亿元实施煤矿技改,全年原煤产量达到 1326 万吨。山西都宝集团天池瓦斯电厂实现并网发电。华耀 300 万吨煤炭物流超市项目达产达效并被列为晋中市转型物流园。佰裕东日产 1000 吨面粉生产线项目、阳煤华鑫煤机维修制造项目一期工程投产运行。山西新光金属资源综合利用有限公司具备试生产条件。山西星光煤电 2×350 兆瓦低热值煤发电项目正在核准立项。工业园区完成投资 3000 万元,园区框架基本拉开。双孢菇产业发展壮大,菇床面积达到 26 万平方米,成为农民增收的新支柱。积极推进“十企百区千户”现代养牛业致富工程,建成标准化养牛园区 88 个,农民人均养牛收入 1593 元。培育省、市级“一村一品”专业村 41 个。发展农民专业合作社 779 个,带动农户 1.7 万个。全县旅游发展规划通过省市专家评审。成功举办第二届许村国际艺术节。完成旅游项目投资 4844 万元,旅游综合收入 3.52 亿元。

项目建设和招商引资工作卓有成效。2013 年,共实施重点项目 75 个,开工率 92%,完成投资 44.7 亿元,投资完成率 65.9%,竣工项目 49 个。先后与晋煤集团、江苏鸿典集团签订合作协议,新签约项目 5 个,签约资金达 258.7 亿元,完成市下达任务的 235%,到位资金 10.97 亿元,项目储备 65 个,积蓄了发展后劲。

十大城建工程引领大县城建设。南北内环、西外环、泰和湿地公园、新热源、文体中心、城市规划展览馆等十大城建重点工程推进顺利，北内环、西外环建成通车，城市框架进一步拉开，市容市貌进一步改善。顺利通过省级园林县城验收，成为2013年全市唯一一个通过省级园林县城验收的县份。与此同时，董榆线一级路改造、和榆高速2条连接线工程全部开工，组建和邢铁路投资公司，大交通格局初步显现。恋思水库工程实现下闸蓄水，配套管网工程铺开建设。大力实施山上治本和身边增绿“双十”精品工程，造林3866.7公顷，生态环境质量明显改善。

十件实事力推民生改善。2013年，县财政用于民生的投入达到7.57亿元，比2012年增长15%。新增就业2151人，开发公益性岗位111个。落实低收入农户取暖用煤4.3万吨。建设保障性住房1553套。改造农村危房300户。为1.2万余名义务教育阶段中小学生免费提供营养奶。新建中医院投入使用。

（宋　勇）

昔阳县

【自然概况】 昔阳县位于晋中市东部，太行山西麓，东临河北赞皇县，西、南分别和本市的寿阳、和顺县毗邻，北面和阳泉市平定县接壤。总面积1954平方千米。辖5个镇、7个乡、335个行政村。2013年总人口23万人。

昔阳平均海拔1116米，属温带半干旱大陆性气候，年平均气温9.5℃，年降水量624毫米左右，无霜期158天。

昔阳历史源远流长，早在旧石器时代，就有人类在这里耕耘生息，秦时设沾县，东汉设乐平郡，隋初乐平郡降为县，民国初因与江西乐平县重名，故改昔阳县。

境内矿产资源丰富，有煤、铁、铜、铝矾土等各类矿藏40多种，煤炭总储量达到73.3亿吨，是全国重点产煤县之一。

区位优势明显，石太铁路、太旧高速相邻而过，阳涉铁路、207国道、317省道贯通全境，阳左高速具备通车条件，是全国公路建设示范县。河山毓秀，景色宜人，大寨旅游景区被评为全国AAAA景区，为全省五大特色旅游景区之一。

【经济发展概况】 2013年，全县生产总值50.17亿元，比2012年增长6.8%。公共财政预算收入5.42亿元，增长30%。农林牧渔总产值7.42亿元，增长14.4%。粮食总产量1.76亿千克，增长18.1%。全县规模以上工业总产值51.04亿元。全社会消费品零售总额19.22亿元，增长17%。城镇居民人均可支配收入1.9万元，增长10%。农民人均纯收入6065元，增长13%。

特色农业稳步推进。按照“西菜东果中养猪，千家万户种蘑菇”的农业发展思路，全年蔬菜种植面积1466.7公顷，核桃干果经济林10666.7公顷，猪的饲养量突破50万头。尤其是食用菌产业发展迅猛，双孢菇种植已覆盖7个乡镇、52个村、315户，总面积达到51.7公顷。此外，还高薪聘请了农业技术专家，启动果农培训、技术指导、品种改良工程，大力发展苹果产业，引进优质盆栽矮化苹果3000余株，发展红星五代瓦里短枝93余公顷。四大特色产业齐发力，成为农民增收致富的重要渠道，带动全县农民人均增收1800余元。

项目建设实现突破。实施重点工程项目68项，总投资184.04亿元，开工率100%，完成投资77.13亿元。2013年，成功引进昔阳有史以来最大的工业项目——阳煤昔阳煤电化产业循环园区项目，总投资340亿元，涉及电厂、电石、PVC等10个项目。2013年11月28日，阳煤氯碱化工项目奠基开工，创造了“当年签约、当年立项、当年开工”的“昔阳速度”。同时，还启动了全市一流的巴洲城镇化示范园建设工程。2013年，流转土地66余公顷，农业观光采摘园初具规模，卫生院主体完工，乐平镇政府迁入园区，配套建设了瑶弯、巴洲2处公园。

城市建设更有品位。坚持“三城同建、四城联创、五化同步”的城市建设理念，投资34亿元实施54项城建重点工程，县城面貌更加靓丽。上城区继续恢复学大寨时期旧貌，不断丰富红色文化内涵；下城区初步打通迎宾路、小西外环，改造13条背街小巷，城市功能更加完善；新城区改造松溪大道，西庄新村搬迁入住，民兵训练中心投入使用，集公安刑侦大楼、煤销综合服务大楼、会展中心于一体的标志性建筑已竣工，铺开了留庄新村、晨熙顺景、新城广厦等安居工程，新城建设初具规模。实施环城绿化、墺垴山森林公园等生态工程，城市人均公共绿地38.9平方米，城市绿地覆盖率达到40.4%。加强城市精细化管理，成立城市管理委员会，组建100余人的社管大队，开展市场秩序整顿，实行包街道责任制，城市管理规范有序。

民生民利日益改善。教育文化亮点纷呈。投资5700万元，新建改扩建中小学和幼儿园36所。成功承办中古、中澳两次国际女篮对抗赛。医疗体系不断健全。加快推进县乡村三级医疗卫生体系建设，新建改扩建村级卫生室36个。社会保障日趋完善。落实各类保障资金1.5亿多元，建成各类保障性住房1092套，分配廉租房、经济适用房359套。投资1亿元，建设全省一流的千人养老院，一期工程顺利完成。社会风气持续好转。县财政拿出1000万元成立好人基金会，评选表彰“昔阳好人”。公共服务更加完善。投资1800余万元，对220个行政村进行街巷亮化。实施“3215”工程，即新建30个停车场，200个廉租摊位，10个免费活动室，50个街心公园。

（赵　彪）

寿阳县

【自然概况】 寿阳县位于山西省东部，太行山西麓，是山西晋中的东大门。全县国土面积2100平方千米，耕地面积6.9万公顷。辖7个乡、7个镇、2个城区管委会、206个行政村。2013年总人口21.3万人。

寿阳是清“三代帝师”祁寯藻、

刘胡兰式女英雄尹灵芝故里，是“中国寿星文化之乡”和“寿文化研究基地”。

境内矿产资源丰富，含煤面积1890平方千米，已探明煤炭储量70亿吨，是全国“重点产煤县”。

【经济发展概况】 2013年，全县生产总值98.7亿元，比2012年增长4.4%；工业总产值97亿元，减少11.2%；规模以上工业增加值55.4亿元，增长4.1%；农林牧渔业总产值18.8亿元，增长11.8%；固定资产投资84.5亿元，增长7.1%；公共财政预算收入7.7亿元，减少22.2%；社会消费品零售总额20.7亿元，增长16.9%；城镇居民人均可支配收入2.6万元，增长10.2%；农民人均纯收入9397元，增长13.4%。

做大新型产业，转型发展势头强劲。主导产业持续提升，五大集团煤炭企业技改扩规基本完成，七元矿建设加速推进，明泰国能2×350兆瓦低热煤发电项目具备开工条件。新能源、新材料、新煤电化、新装备制造四大新型产业初步构建，江苏鸿典纳米复合膜、北京蓝凯博醚基燃料、阳煤乙二醇等转型项目全面铺开，地球卫士环保石头纸项目主体基本完工，国新煤层气热电联产、鑫世泰秸秆发电、强伟造纸二期等一批新型产业项目即将投产运行，成为工业转型的新亮点。粮食、蔬菜总产量分别达到3.25亿千克和80.3万吨，增长5.2%和14.8%。金粮集团千万只养鸡园、金谷光伏生态庄园全面铺开，景康现代农业示范园、裕丰沃得利养殖园投入运行，成为现代农业发展的新标杆。

实施项目攻坚，发展后劲显著增强。瞄准大集团、大企业、科研院所、高科技领军项目，给优惠、帮服务、创环境，全年引进新型产业项目7个，引资356亿元，日本住友株式会社冷链仓储物流、深圳亚太传媒泛家居产业城等一批优势项目落户发展，实现了项目建设无外资的历史突破、传统项目向高端项目的突破、单一项目向上下游链条式、园区化发展的突破。顺利推进建设项目66个，完成投资137亿元；投产转型项目17个，六位一体完成额居全市前列。

推进城乡统筹，环境面貌持续改观。奋力推进中心城区拆迁攻坚，铺开安置楼建设。高标准规划设计，启动北部新城建设。全社会城建工程完成投资32亿元，铺开市政重点工程30项，白马河综合治理工程进入配套完善阶段，四季公园、滨河公园全部完善，6条城市道路、12条街巷硬化工程全面完成。全年新增供热面积70万平方米、天然气用户3000户，垃圾、污水处理率达到85%、86%。3个示范小城镇、4个矿区移民新村顺利推进。全年投资2亿元，新增造林4800公顷，省级园林城市通过验收评审。

倾力关注民生，社会保持和谐稳定。寿阳一中新校区投入使用。第二人民医院、中医院开始运行，人民医院迁建工程启动建设，基本药物全部实现零差率销售，被评为全国卫生应急综合示范县。创业就业工程深入开展，新增就业2893人。

（寿阳县人民政府办公室）

太谷县

【自然概况】 太谷县位于山西省中部，地处晋中盆地东北部。县域东西长50千米，南北宽约39千米，总面积1049.9平方千米，为山西省南北交通与通往晋中南部的交通枢纽。县域地貌形态分山地、丘陵、平原，地势由东南向西北倾斜。辖3个镇、6个乡、16个居委会、198个村委会、310个自然村。2013年总人口30.4万人。

【经济发展概况】 2013年，全县生产总值66亿元，比2012年增长8.8%；财政总收入8.01亿元，增长11%；公共财政预算收入3.5亿元，增长3.5%；农林牧渔总产值28.4亿元，增长9.3%；粮食总产量2.23亿千克，增长6.2%；工业总产值70.7亿元，增长12.5%；社会消费品零售总额27.7亿元，增长17.4%；城镇居民人均可支配收入2.2万元，增长10.3%；农村居民人均纯收入1.2万元，增长14%。

农业产业拾级而上。扎实推进农业“四个一”工程，积极探索国家级农业改革与建设试点县各项任务，三大农业实现全面提升，现代农业呈现五方面亮点。规模经营再提速，设立1000万元土地专项补助资金，流转耕地1066.6公顷，新建8个千亩园区，6个标准化果园，10个标准化养殖小区，设施蔬菜、苗木花卉、干鲜果种植面积分别达到6266.7公顷、7533.3公顷、1.1万公顷、水果8333.3公顷，畜产品综合产量25.5万吨；经营主体再壮大，家庭农场达到229户，新增农民专业合作社80个、联合社9个，绿美园林、正林农资等8户企业入选省级重点龙头企业，山西农产品国际交易中心正式签约，国有大型企业省投集团落户太谷；融资渠道再拓宽，成立农村产权交易中心，开展农村土地收益担保贷款试点，筹建山西金谷现代农业开发投资有限公司，涉农贷款24.8亿元，增长16%；科技服务再提升，巨鑫现代农业园区建设的全省首家脱毒快繁育苗中心投入使用，并与山西农业大学合作开展“一区三园”建设，探索产学研一体化发展。

工业转型扎实推进。技术改造引领传统产业升级，玛钢铸造产业振兴计划全面实施，胡村玛钢铸造园区核心区2户企业投产，山西铸造研发展示中心开工在即，15户企业完成23条自动化生产线改造，行业税收突破亿元大关；循环发展支撑骨干企业壮大，恒达循环经济园区精密铸造基础完工，电石渣水泥投产，生产链条更加完善，财政贡献稳居七大行业之首，入库税收1.2亿元，增长62%；功能完善加快新型产业集聚，水秀新型产业园区110千伏变电站、35千伏第二电源具备输电能力，污水处理厂建设启动，天然气气源及时引入，工业园区承载能力大幅提升，入园企业达到29家，7家企业投产，起步区4户企业形成产业链条，园区产值实现3.84亿元；品牌优势加速特色产业发展，通宝醋业老陈醋试生产，快速陈化技术获国家发明专利；广誉远国药在一线城市开设14家精品店，销售收入增长32%，迁址工作启动实施。

特色旅游魅力初显。深入实施

错位发展战略，旅游四大版块不断完善。多元旅游异彩纷呈，大禾NAPA橡树谷奥特莱斯购物城主体完工，全省商业旅游文化新地标正在崛起；鑫炳记太谷饼博物馆、山西中医药博物馆、怡园酒庄酒窖展区倍受游客青睐，文化魅力得到彰显；凤凰山森林公园初具规模，成为省城周边最受网友好评的十大免费自驾游景点之一；北汪、任村、范村3个乡镇农家乐唱响"四季歌"，空前火爆；感受自然山水风光的徒步游、骑行游成群结队，引领健康生活；营销接待能力得到提升，成立全市首家"旅游地接服务中心"，推出"谷色古香、魅力太谷"精品线路，3个生态庄园具备接待能力、2个乡村酒店开门迎客，旅游产品其林麦秆画获全国小商品博览会二等奖，全年共接待游客230万人(次)，旅游综合收入突破13.5亿元，生态旅游城市特征愈加明显。

城乡建设焕然一新。以建设"省城后花园"为目标，主动融入太原晋中同城发展，城建60项重点工程完成投资30.6亿元，城镇化率达到50.6%。城市品位快速提升，按照"改造旧城、保护古城、开发新城"的建设思路，城南片区城中村综合改造全力推进，古城保护工作有序开展，北部新城"三带、三轴、四大中心"的发展构架初步成型，金谷广场东路、凤仪东街绿化、龙城高速连接线亮化等一批基础工程完工，蕴含晋商精神和非物质遗产文化的金谷广场、谷色古香的南山广场、融入箕子思想的箕城公园对外开放，城市个性得到彰显。镇村建设加速推进，胡村集镇新区一期工程完工，完成108国道过境段亮化和长安街风貌整治。范村镇建成幸福苑移民小区。35个农村住宅小区建设顺利推进，2100余户村民住上新居。城区体制改革深入实施，完成"一镇三区"社区划分，县城周边4个乡镇15个村的3万余人纳入城市管理范围，规划建成区面积扩大到24平方千米。为288名农民办理农转非手续。

生态优势更加彰显。以创建省级园林城市和林业生态县为目标，通过采取"大决心、大工程、大投入"等超常规举措，生态建设取得明显成效。山更"绿"，投资5亿元，凤凰山绿化荒山荒坡1466.7公顷，铺开4大功能区16个景点建设，全县共绿化荒山荒坡3400公顷，林地绿化率、森林覆盖率分别提高4个和1个百分点，人均公共绿地达到9平方米。河更"净"，投资9.9亿元，开展乌马河综合改造治理工程，治理河道滩涂3.5千米，清理垃圾280万立方米，将再现碧水绕城美景。"天"更蓝，狠抓节能减排，累计投入1.3亿元，进一步扩大城市集中供热、供气面积，开展初始排污权核定和大气污染防治，实现了铸造企业环境治理全覆盖，六大污染物减排任务超额完成，城区空气环境质量稳定达到国家二级标准。城更"靓"、村更"美"，投入350万元，开展城乡环境卫生综合整治，城区8条主要街道清扫保洁实现市场化运作，4条主干道广告牌匾得到更新亮化，创建了1个省级生态文明乡镇、2个生态文明村。

民生事业巩固提高。文艺精品推陈出新，新编秧歌剧《孟母三迁》作为非遗剧目在省晋剧院展演，动漫电影登陆央视，成为全国首部以动漫形式展演的非遗剧目。卫生事业健康发展，荣获全国基层中医药工作先进县、省级食品安全示范县称号。农村"五件实事"扎实推进，完成5所标准化幼儿园改扩建和700户农村困难家庭危房改造，100个村实现街巷亮化，城乡清洁工程实现全覆盖。社会保障继续扩面，省级创业型城市创建工作扎实开展，新增城镇就业岗位2639个，失业率控制在2%以内。城市社区500米健身圈任务提前完成。保障性住房工程有序推进，开工2120套，建成2193套。

(太谷县人民政府办公室)

祁　县

【自然概况】　祁县位于山西省中部，太岳山北麓，太原盆地南部，汾河中游东岸，平面轮廓呈东南至西北长条状，总面积854平方千米。辖6个镇、2个乡、3个城区、1个省级经济开发区，共160个行政村。2013年总人口27万人。

祁县古称"昭馀"，因"昭馀祁泽薮"而得名。西汉初年正式置县，距今已有2200多年的历史。

【经济发展概况】　2013年，全县生产总值58.7亿元，比2012年增长5%；规模以上工业增加值12.7亿元，增长3.4%；财政总收入5.6亿元，增长9.6%；公共财政预算收入2.6亿元，增长12.6%；固定资产投资44.7亿元，增长35.2%；社会消费品零售总额31.3亿元，增长16.4%；外贸进出口总额5049.9万美元，增长15.8%；农林牧渔业总产值23.7亿元，粮食总产量2.2亿千克；城镇居民人均可支配收入2.3万元，增长9.5%；农民人均纯收入1.2万元，增长13.6%。

狠抓项目建设，发展后劲明显增强。积极落实"项目落地年"各项措施，重点项目"六位一体"顺利推进。完成项目储备166个，总投资达到2068.4亿元；新签约项目23个，总投资117.3亿元；落地项目45个，总投资111.6亿元；开工项目34个，总投资51.3亿元；建设项目39个，完成投资46.9亿元；投产项目50个，总投资57.3亿元。启动创建全省无矿产资源县经济转型综改试点县工作。经济开发区建设全面提速，完成征地100公顷，110千伏变电站建成并投入运营。经济开发区入驻企业64户，2013年生产总值12.9亿元，财政收入2.1亿元，产业集聚效应进一步显现。

工业转型步伐加快。国家玻检中心项目进入设备安装和人员培训阶段，获批筹建"全国玻璃器皿知名品牌创建示范区"。在美国纽约设立玻璃器皿海外营销中心，当年完成销售额200万美元。在太原长风商务区开设"玻璃器皿体验店"，在上海自贸区成立晋商国际贸易公司，玻璃器皿产业发展的内生动力不断增强，出口比2012年增长33.5%。酒类饮品业快速发展，上缴税金突破亿元。三益和天波公司成功在天津股权交易所挂牌。全年落地新能源、新材料等新兴产业项目10个。

现代农业持续发展。出台《牛业发展规划》，落实奶牛补贴等惠农政策，新发展标准化养殖场11个，牛饲养量15.8万头，新发展水果800公顷、干果经济林1533.3公顷、设施蔬菜400公顷，完成造林2400公顷。荣获国家级肉牛标准化生产示范县、全国绿化模范县称号，被水利部确定为全国小型水利工程管理体制改革50个示范县。千朝农谷在全省率先引进澳大利亚安格斯种牛1000头并启动良种繁育体系建设。新发展"一村一品"专业村35个，省市级专业村122个。

旅游建设成效显著。启动古城保护与开发规划设计工作。乔家大院景区建设取得突破性进展，旅游区管理处正式组建并运营，5A景区创建顺利通过景区质量等级评定，景区环境、面貌焕然一新。麓台山、紫金山开发全面启动。红海玻璃文化艺术园被命名为山西省第二批文化产业示范基地和国家3A旅游景区。乔家大院千朝农谷完成景观温室主体、水上乐园钢结构、日光温室、房车营地及微地形建设。昌源河国家湿地公园完成游客服务中心、旅游通道和沿河两侧30千米护岸林等工程建设。"一城一院二山三园"的大旅游格局更加明晰，旅游产业呈现出持续发展的良好势头。

坚持城乡统筹，一体发展步伐加快。实施总投资4.1亿元总里程113.8千米的十大道路建设工程，城市框架逐步拉大，人民群众出行更加便捷。县城区实施总投资17亿元的10项市政重点工程。集中供热面积31.2万平方米。省级园林县城创建通过初验，城市绿地率34.6%。古城东侧城区综合改造完成308户8.6万平方米房屋征收工作，总投资10亿元的田森汇商务住宅开发项目进展良好。

注重民生优先，人民生活持续改善。全年民生事业投入9.5亿元，占公共财政预算支出的75%。市、县政府承诺实事全部兑现。打掉土炼油18个，拔掉小烟囱23个，彻底取缔铝矾土燃煤倒烟窑。谷任线、丰西线、祁晓线(108国道至里村段)、温峤路、体育路、紫金路等道路建设和昭馀古城16条小街巷改造工程全部完工。大西客专连接线工程基本完工。为全县六大类人群免费提供体检、健康指导和访视。设立农村居民大病救助基金200万元，首批32名农村特困大病患者得到救助。为全县60岁以上城乡居民每人每年提高基础养老金120元。完成中医院主体建设工程。示范、贾令、里村3所标准化幼儿园投入使用。建成各类保障性住房3275套，完成农村危房改造477户。

(祁县人民政府办公室)

平遥县

【自然概况】 平遥县辖5个镇、9个乡、3个街道办、273个行政村。2013年总人口51.2万人。国土面积1260平方千米，耕地5.1万公顷。地势东南高、西北低，山地、丘陵、平川分别占到46.6%、21.1%、33.3%。

境内文物数量众多，有各级文物保护单位120处，其中，国家级19处、省级1处、市级4处；拥有丰富完整的旅游资源体系，是全省"一山(五台山)、一城(平遥古城)、一水(壶口瀑布)"旅游格局的重要组成部分和全省晋商文化旅游的龙头、现代服务业基地。

境内富藏煤、铁、石膏、石灰石等矿产资源。水资源非常贫瘠，人均、亩均占有量低于全省平均水平。

【经济发展概况】 2013年，全县生产总值94.6亿元，比2012年增长8.7%；财政总收入12.5亿元，增长3.8%；公共财政预算收入6.2亿元，增长13.8%；农林牧渔业总产值23.5亿元，增长2.1%；粮食总产量2.78亿千克，增长13.3%；规模以上工业增加值33.13亿元，增长13%；固定资产投资68.3亿元，增长33.8%；社会消费品零售总额45.7亿元，增长16.9%；城镇居民人均可支配收入2.2万元，增长10.1%；农民人均纯收入8718元，增长12.7%。

现代农业势头良好。2013年，投资1.2亿元，大力扶持产业发展和基础设施建设。新建健康规模养殖小区(场)24个，完工21个，全县畜禽饲养量、肉蛋奶总产分别达到1679万头(只)、14.9万吨；新建设施蔬菜园区4个，蔬菜总产量达到42万吨；新增干鲜果经济林1466.7公顷，累计达到1.9万公顷；实施龙头企业技改扩建项目20余个，规模以上农业龙头企业销售收入28亿元；实施5大类水利工程，改造建设高标准农田近1333.3公顷，农业生产条件进一步改善。

新型工业逆势前行。2013年，铺开重点项目20个，新增投资37.41亿元，11个项目投产或试运行。其中，煤化新型光学材料产业园一期项目进入量产阶段，石头造纸项目主体完工。峰岩铸造熔炉项目即将投入运行。中科鸿基生物产业园一期项目试运行。温家沟煤矿达到省级二级标准化矿井，木家庄煤矿、金众煤业通过竣工验收，全县煤炭产量208万吨，增长10%。煤化、峰岩两大集团分别纳税2.05亿元、1亿元，37户规模以上工业企业完成纳税5.14亿元，占财政总收入的41.1%。

文化旅游持续繁荣。2013年，创建成为国家旅游标准化示范县，国家AAAAA景区创建通过景观质量评审。清理取缔非法营运三轮客运车898辆、黑景点7处。游客服务中心投入使用。成功举办平遥国际摄影大展、平遥中国年、第三届梨花旅游节，生态横坡、农家六河、影视洪堡等乡村旅游稳步发展，平遥古城生态旅游文化产业园项目正式启动。"又见平遥"演出562场，观演人数24.8万人，门票收入3279万元。平遥古城荣获2014年全球百大优价旅游目的地、中国十大魅力小城等殊荣。全年接待游客550万人(次)，综合收入54.16亿元，分别增长31.9%、34.2%，增幅位居全省重点景区之首；受"美丽山西休闲游"优惠政策影响，门票收入1.17亿元，下降29.1%。

城市建设大刀阔斧。2013年，按照"中部神龟灵动、两翼凤凰展翅"的城市发展理念，实施总投资80亿元的城市扩容提质项目50余项，是该县城建史上投入最大、项目最多、效果最好的一年。双林、文景大道建设顺利推进，滨河路、永安路延伸、环城南路西段等6条道路新建改造工程全部完工。征收迎薰门两侧房屋近20万平方米。完成惠济河综合治理2.1千米。新增城市绿地10.9万平方米。城市垃圾无害化处理厂正常运行。热电联产集中供热工程全线贯通，污水处理厂中水回用工程同步实施。供热、供气、供水扩网入户统筹推进，城镇化率达到39.5%，增幅全市第一。对城墙重点险段、3处县保单位实施抢险修缮，保护修缮传统院落38处，整治主要旅游通道两侧破损院落10处，对古城内14条重点街巷、5700余户居民的电力管网和线路进行改造。为187个行政村安装太阳能路灯2890盏。完成乡村造林绿化2546.6公顷。

（平遥县人民政府办公室）

灵石县

【自然概况】 灵石县位于山西省中部、晋中市南端，县域面积1206平方千米。辖6个乡、6个镇、3个城区、291个行政村。2013年总人口26.7万人。

【经济发展概况】 2013年，全县生产总值193.5亿元，公共财政预算收入15.9亿元，农林牧渔总产值7.5亿元，粮食总产量5863万千克，工业总产值301.8亿元，社会消费品零售总额54.5亿元，城镇居民人均可支配收入2.8万元，农民人均纯收入1.2万元。

结构调整不断深入。2013年，坚持抓项目增投资促转型，实施重点工程78项，完成投资170.6亿元，增长32.2%。新引进项目6个、总投资261亿元。投资对经济增长的贡献率达到66%。工业新型化步伐加快，9座技改矿井竣工投产，中煤“18·30”等项目投产试产，存山北斗导航智慧应用云计算、聚义煤矸石制纤维等转型项目开工建设。非煤项目投资额占二产投资比重提高20个百分点，新兴产业产值增长44.4%。现代农业扎实推进，粮食总产量5863万千克，肉蛋奶产量2.2万吨。“一村一品”专业村发展到268个，新植补植核桃林2920公顷，新发展设施蔬菜69.3公顷。第三产业拉开布局，文化旅游项目培育和要素整合同步推进，接待游客438万人（次），旅游综合收入36.6亿元。

城乡面貌明显改善。实施“大县城”战略，城建重点工程完成投资42亿元，与北京首创集团合作的城乡一体化建设项目正式启动。整村搬迁14个村、7000余人。全县城镇化率达到48.2%。基础设施建设力度加大，石膏山水库下闸蓄水，5项电力线路完成改造，5条道路建设工程快速推进。生态环境明显改观，万元生产总值综合能耗下降3.9%，二氧化硫等6项减排任务超额完成。新造生态林1733.3公顷，通道绿化104.5千米，改造城市公共绿地22块。县城区空气环境质量优良率达到90%以上。成功创建国家卫生县城和国家园林县城。

综改试验扎实推进。认真实施综改方案，全面落实行动计划。成立全国首支城镇化建设的私募基金，募集资金4.5亿元，为5个项目融资2.8亿元。开展“助保贷”业务，5户中小企业贷款2200万元。推进土地“三项改革”，两轮城乡建设用地增减挂钩解决项目用地52.1公顷，矿业存量土地整合利用复垦土地24.1公顷，为露采矿解决临时用地143.2公顷。加快户籍制度改革，办结“农转非”306人。深化审批制度改革，行政审批事项由76项精简为52项。完成县级公共资源交易中心组建。用足用好扩权强县政策，利用下放权限办理事项496项。

民生保障更加有力。2013年，县财政用于民生领域支出12.7亿元，占到总支出的52%，比2012年增长17.3%。城镇新增就业5273人，转移农村劳动力5481人。城乡居民基础养老金每人每月提高10元，城乡居民最低生活保障标准每人每月分别提高30元和24元。开工建设保障性住房2785套，完成农村危房改造440户。教育、卫生、文化、体育等事业蓬勃发展，乡镇中心幼儿园实现“全覆盖”，新建改建农村卫生所42所，县图书馆成功创建国家一级馆，建成12处社区健身场地。安全生产形势稳定向好，事故起数、死亡人数比2012年下降15.1%和13.8%，全年未发生较大以上安全事故。

（灵石县人民政府办公室）

晋中经济技术开发区

【自然概况】 晋中经济技术开发区是1996年1月经山西省人民政府批准设立的省级开发区，2012年3月经国务院批准升级为国家级经济技术开发区。管辖面积55.8平方千米。区内有17个村，常住人口8.4万人。

【经济发展概况】 2013年，开发区生产总值31.9亿元，比2012年增长45.8%；规模以上工业增加值12.7亿元，增长25.5%；财政总收入8.5亿元，增长16.6%；社会消费品零售总额61.6亿元，增长22.6%；固定资产投资43.7亿元，增长22.1%；进出口总额2031.9万美元，增长32.4%；工业总产值58亿元，增长48%。

工贸主导产业稳步发展。2013年，全区规模以上工业产值35.11亿元，比2012年增长19.8%；销售产值30.59亿元，增长19.1%，产销率为87.1%。其中，医药食品企业完成产值10.13亿元，增长20%；装备制造企业完成产值15.2亿元，增长18.5%；限额以上商贸企业销售总额105.2亿元，增长20.7%。

招商引资成效明显。2013年，共签约项目9项，总投资184.5亿元。9个项目计划占地105.2公顷，亩均投资1168.5万元。到2013年12月底已有5个项目落地并办理相关手续，其余4个正在快速推进。全年共储备项目36项，总投资2405亿元。代表性的有世界500强企业西田奥莱商业综合体项目、绿地集团科技创新园项目、中海油集团催化剂项目，还有国内500强苏宁电器山西地区管理总部及配送中心、红星美凯龙仓储物流项目。

项目建设速度加快。2013年，全区安排建设项目（包括国家、省、市工程）103个，总投资306亿元，总占地574.7公顷。其中，产业类项目53项，基础设施类重点工程43项，其他类项目7项。到2013年12月已开工建设69项，当年实际完成投资56亿元；列入市考核重点工程

(项目)共7类38项,总投资179.8亿元。省级重点工程完成投资7.75亿元。

科技引领日趋显现。2013年,新认定德元堂药业等3户高新技术企业,总户数达到7户,申报国家、省、市各类科技项目11项,申报专利65项。出台《科技引领人才支撑创新发展的实施意见》以及配套的系列科技创新的政策文件,财政下拨科技发展资金1000万元,重点资助安特制药、鸿基实业、贝斯特、福润家具、晋能艾斯特等11个企业的15个科技研发项目。

民生事项摆位突出。2013年初确定了11项惠民实事,到12月底6项已完成,其余5项正在推进。城乡社会保障力度不断加大,17个村60周岁以上村民,已全部纳入新农保范畴,实现了全覆盖,基础养老金从2013年1月起在原标准的基础上又提高10元,在晋中各县(区、市)最高。针对失地农民、失业人员积极开展技能培训和创业培训,全年新增城镇就业2097人,创业带动就业257人,失业人员再就业407人,就业困难人员就业176人,转移农村劳动力2037人。2013年,以龙田"城中村"改造为示范,全力推进新社区建设,一期工程顺利开工。2013年11月,龙田村首批符合条件的村民转为城镇居民后首次领到了城镇职工养老金。

"三农"工作有效推进。2013年重点针对农业产业化龙头企业,加大特色农产品产业支撑项目贷款贴息和扶持工作;进一步规范发展农民专业合作社,鼓励帮助农户联合发展,建成省、市示范社各1家;强农惠农补贴政策得到落实,新一轮"五个全覆盖"全面完成;农业生产平稳发展,农民人均纯收入比2012年增长14.2%,达到13100元。

(李　茂　李双喜　张　峰)

吕梁市

【自然概况】 吕梁市辖1个区2个市10个县,148个乡镇,13个街道,3118个行政村、196个社区。2013年总人口379.3万人。

全市总面积21095平方千米,山区、半山区面积占92%。全市耕地保有量54.8万公顷,基本农田保护面积43.1万公顷。无霜期190天,全年降水量542.9毫米。

全市矿产资源多达40种,尤以煤、铁矿石、铝土矿储量大、品位高著称。全市含煤面积占总面积的54.3%,预测储量1538亿吨,煤种齐全,被誉为"国宝"的4号优质主焦煤储量达62亿吨。铁矿资源储量15亿吨,占全省的29.6%。铝土矿储量12亿吨,占全省的46%。

旅游资源丰富,共有全国重点文物保护单位17处,省级重点文物保护单位43处,市级重点文物保护单位52处,县级文物保护单位1458处;有汾酒文化园、汾阳贾家庄生态园、柳林昌盛农场等3处国家级工、农业旅游示范点,有晋绥边区革命纪念馆、"四八"烈士纪念馆、刘胡兰纪念馆、石楼红军东征纪念馆等4处红色旅游经典景区,有汾酒文化景区、卦山景区、玄中寺景区等3处国家AAAA级景区,柳林黄河三峡母亲峰景区国家AAA级景区。有旅行社58个、分社17家、旅游咨询点12个,星级饭店14个。

【经济发展概况】 2013年,全市生产总值1228.6亿元,比2012年增长9.5%;公共财政预算收入163.98亿元,增长15.5%;规模以上工业企业增加值875.6亿元,增长12%;固定资产投资872.9亿元,增长26.4%;社会消费品零售总额357.2亿元,增长14.2%;外贸进出口总额7.48亿美元,增长30.1%;居民消费价格涨幅3%,控制在年度目标3.5%以内;城镇登记失业率2.1%,低于4.2%的控制目标。地区生产总值、公共财政等4项主要经济指标增幅位居全省前列。

以综改试验为统领、以项目建设为抓手,经济结构调整迈出重要步伐。全面加快项目建设,全年共铺开重点工程173个,完成投资1445亿元,在省重点工程"六位一体"12项考核指标中,吕梁获得5个第一、2个第二、1个第三,走在全省前列,有力促进了结构调整和产业升级。传统产业继续做大做强,临县霍煤1000万吨煤矿、兴县肖家洼1000万吨煤矿、兴县中铝100万吨氧化铝、孝义信发180万吨氧化铝、汾阳杏花村酒业集中发展区、交城国锦2×30万千瓦电厂等项目基本建成或正式投产。孝义信发铝系二期、汾阳国峰2×30万千瓦电厂等项目全面开工建设。中阳中澳生态铝循环经济一体化等项目落地奠基。高新技术产业取得重大突破,吕梁军民融合协同创新研究院在应用微小卫星、无人系统、能源互联网及新材料工业等领域取得较大进展,特别是"天河二号"落户吕梁,为吕梁成为全省、全国重要的运算中心奠定了基础。全年新兴产业增加值增速高出工业增加值7个百分点,占到工业增加值的20.6%,创历史新高。第三产业健康发展,孝义义乌商品交易国际博览城基本建成,沃尔玛、红星美凯龙、居然之家等现代物流企业进驻吕梁,商贸流通现代化水平进一步提高。全市第三产业增加值达到296.5亿元,占全市生产总值的比重增长1.9个百分点。

农业基础地位不断巩固,农业农村面貌发生明显变化。粮食总产量11.6亿千克,实现"九连增"。"三农"支出113.96亿元,比2012年增长12.4%。"8+2"农业产业振兴工程顺利起步,建成核桃和红枣标准化管理示范园区2333.3公顷、绿色谷子生产基地1533.3公顷,新发展林下中药材866.7公顷、设施蔬菜168.7公顷,建设一级种薯和绿色商品薯基地各666.7公顷,发展窑洞食用菌6015孔、574.5万棒。扶贫攻坚扎实开展,启动"百企千村"产业扶贫工程,50家省市企业与10个贫困县、1000个贫困村结对开发,组建开发公司20家,实施各类项目63个。易地扶贫搬迁、片区开发、整村推进等扶贫开发项目顺利推进,实现12.7万低收入贫困人口稳定脱贫。造林绿化深入推进,全年共造林5.2公顷,栽植核桃林3.4公顷。在汾阳市成功举办第七届世界核桃大会。

基础设施建设日趋完善,发展后劲进一步增强。城镇化建设稳步推进。《吕梁城市总体规划》(2013～2030年)得到省政府批复,吕梁新区主干路网、河道整治以及供水、供气、供热管网建设全面铺开，回迁安置房及部分配套设施相继开工。实施大县城建设项目211项，完成投资44.75亿元。保障性安居工程开工3万套，建成2.4万套。全市城区集中供热普及率67.9%，燃气普及率76%，污水处理率75.6%，生活垃圾处理率51.3%。城镇化率43.1%，提高1.5个百分点。基础设施不断完善。吕梁机场正式通航，中南、太兴及吕临支线铁路加快推进，西纵、环城2条高速基本具备通车条件。完成农村公路建设338千米。中部引黄工程进展顺利，龙门供水取水枢纽主体工程完工，千年水库主要工程建设任务基本完成，坪底供水工程大坝主体全面封顶。新打机井200眼，增加灌溉面积3333.3公顷。煤层气勘探开发利用迈出重大步伐，地面抽采量15亿立方米，输气管网架构基本形成。

社会事业同步推进，城乡统筹取得新进展。义务教育全面发展，交城、文水、方山、岚县完成薄弱学校改造任务，石楼、兴县、临县在城镇学校扩容改造和农村寄宿制学校附属生活设施建设方面取得实质性进展。全年新改扩建城区幼儿园21所、农村幼儿园75所。科技创新成果斐然，申请专利963件，全社会研究与试验发展经费4亿元，增长18%。山西吕梁国家农业科技园区正式获批，建成1个国家级企业技术中心、2个省级工程技术研究中心。医药改革继续深化，全市13个县级综合医院全部达到二级甲等标准，圆满完成县级公立医院改革试点任务。新农合参合人数276.3万人，参合率98.5%，筹资标准提高到每人340元。新农保参保人数170.9万人，领取待遇人数36万人。文化事业不断繁荣，10个省级非遗项目通过评审，晋剧《刘胡兰》获全国舞台艺术最高奖“文华剧目奖”。吕梁慈善总会正式成立。卫生扶贫、物价管理、防震减灾等工作受到国家表彰或中央领导肯定，为吕梁赢得了荣誉。

城乡居民收入快速增长，人民生活质量得到新改善。落实增收措施。上调最低工资标准，发布企业工资指导线，落实带薪休假制度；培育富民产业，加大补贴力度，积极培训和转移劳动力，鼓励以工补农、以城带乡，推进机关定点扶贫、干部包村下乡。通过一系列有效措施，城乡居民收入较快增长，城镇居民人均可支配收入2万元，增长9.9%；农民人均纯收入6067元，增长13.1%。完善社会保障。城乡居民基础养老金每人每月增加10元，企业退休人员基本养老金提高10%，城镇居民医保财政补助标准提高40元，城乡低保补助标准每人每月分别提高30元、24元，失业人员失业保险金标准提高15%以上。财政筹资570万元，将市属48户国有特困企业的3043名职工纳入医疗保险和大病保险。改善生态环境。12个县(市)和吕梁市区平均优良天数比例达到91.8%，市区PM2.5日均浓度达标率为78.9%，全省排名第二。

（吕梁市人民政府办公室）

吕梁市离石区

【自然概况】 离石区地处山西省西部，吕梁山脉中段西侧，现辖2个镇、3个乡、7个街道办事处、193个行政村(378个自然村)、13个居委会。总面积1324平方千米，其中城区12平方千米。2013年总人口32.7万人。

离石资源丰富，潜力巨大。全区含煤总面积175平方千米，总储量17.35亿吨，已探明含煤面积300平方千米，占离柳矿区的38.2%，地质储量为31亿吨，占矿区总储量的40.3%，其中焦煤6.48亿吨。

离石山川秀美，名胜众多。区境内风景点包括安国寺、汉画像石、彩家庄民居、西华镇草原、宝峰山、白马仙洞、金阁寺、神仙山等集人文景观、古建筑、古城堡建筑、自然风景为一体的名胜古迹，具有较高的史学、科学、艺术价值。

【经济发展概况】 2013年，全区生产总值85亿元，比2012年增长0.2%；公共财政预算收入12.16亿元，增长9.1%；固定资产投资66.48亿元，增长32.1%；社会消费品零售总额59.5亿元，增长21.1%；城镇居民人均可支配收入2.2万元，增长9.8%；农民人均纯收入4377元，增长14.2%。

加快推进项目建设，经济发展后劲有了新的增强。认真落实“三包一”项目服务推进机制，铺开各类续建、新建重点工程27项，完成投资70亿元。90万吨金晖荣泰煤业建成投产。贾家沟和永宁两对矿井实现试运转，新增煤炭产能210万吨。环保造纸项目第一条生产线试产成功。日产4000吨熟料亿龙水泥项目基本建成。八大产业园区基础性工作全面推进，引领转型发展的标杆项目无人机产业园区开工建设。大力发展现代商贸服务业，天源物流、居然之家开工建设，旭海物流、早餐工程等完成前期准备。引入市场机制，确定安国寺、宝峰山景区开发建设主体，高标准规划、高品位建设，旅游产业开发呈现出崭新局面。把实施“8+2”农业产业化项目作为一项富民工程来抓，全年累计落实奖补资金近2亿元，整合投入各类扶持资金5.6亿元。打造核桃精品示范园区15个。建成30万吨的饲料厂、5万头的标准化育肥场、千头祖代种猪场。完善蔬菜种植区的配套设施。鼓励种植589公顷中药材。引导农民利用空闲窑洞发展食用菌128万棒。据初步估算，仅通过农业产业化开发，全区农民人均增收超过1000元。

大力改善基础设施，城镇化步伐明显加快。全力参与配合吕梁新城建设，全年拆迁房屋42.6万平方米，预收土地647公顷，开工建设安置楼40栋，竭尽全力为新城道路、河道整治等重点工程项目建设清障开路，保证了各项重点工程项目顺利实施，新城雏形已初步呈现。东城开发建设的战略性思路已经确定，数字生态科技城建设扎实起步，河道综合整治和六座跨河桥梁工程进入扫尾阶段。基础设施建设加快推进，白马仙洞旅游公路基本完工，坪头高速互通完成前期工作，店梁线改造工程开工建设。农村基础建设，完成143个行政村的亮化任务，农村便民“五件实事”3年任务两年全部完成，完成700人的移民搬迁任务，解决3000人的农村安全饮水问题。大力推进生态文明建设，完成马家沟流域生态脆弱区666.7公顷荒山绿化，关停东义42万吨焦化厂，城区环境空气质量二级以上天数322天，空气质量优良率88%以上。

持续加大民生投入，群众幸福感不断增强。2013年，坚持民生优先，民生领域投入占公共财政总支出的72%以上。千方百计筹措资金2.73亿元，兑现了干部职工住房公积金、津补贴、取暖费提标、事业人员绩效工资、养老保险等工资福利政策，干部职工的工资福利待遇全部落实到位。教育事业投入8070万元，新增"一村一所"幼儿园15所，完成三中教学实验楼、西崖底小学多功能室和袁家庄中、小学附属工程；教育城域网顺利完工，实现了教育的同城化。实施100个农家书屋的标准化建设，深入开展文化下乡，群众精神文化生活日益丰富。加强公共卫生体系建设，提高合作医疗补偿标准，12.7万人(次)农民得到补偿金额3667万元，减轻人民群众的就医负担。完成五大保险征缴扩面任务，城镇医保、城乡低保和"五保"供养提标扩面，全年下发各类保障救助资金7212万元。

（离石区人民政府办公室）

孝 义 市

【自然概况】 孝义市位于山西省中部，吕梁山下，汾水之滨，是一个以煤焦、铝电、化工、建材、农副产品加工和商贸为支柱产业的新兴城市。市域面积945.8平方千米。2013年总人口47.6万人。辖7个镇、5个乡、5个街道办事处、379个行政村。1992年撤县设市。

境内矿产资源丰富，煤炭探明储量90亿吨，是全国首批50个重点产煤县(市)之一。铝矿探明储量2.6亿吨，约占全国储量的16%、山西储量的44%。铁矿、石膏、石灰岩、耐火黏土等储量丰富。孝义也是享誉海内外的汾州核桃主产区。

【经济发展概况】 2013年，全市生产总值412.3亿元，比2012年增长16.1%；公共财政预算收入25.2亿元，增长1.5%；工业总产值581.5亿元，增长17.6%；农林牧渔业总产值22.84亿元，增长5.3%；粮食总产量1.39亿千克，增长7.6%；社会消费品零售总额113.1亿元，增长21.1%；城镇居民人均可支配收入2.6万元，增长10.5%；农民人均纯收入1.2万元，增长13.4%。在第十三届全国县域经济基本竞争力评价中，继续位列中国百强第65位。

产业转型重点项目扎实推进。一是"焦化并举、以化为主"的循环产业格局初步形成。将全市22户焦化企业整合为8户，集中上马总产能1800万吨的新型焦化项目。金晖兆隆10万吨可降解塑料、金州10万吨针状焦、晋茂20万吨粗苯精制、金岩和鹏飞各60万吨甲醇等煤炭产业链延伸项目加快推进。二是铝电化产业实现规模发展。兴安300万吨4A沸石及多品种氢氧化铝、50吨金属镓项目建成投产，信发一期180万吨氧化铝建成投产、100万吨液碱主体完工，晋能2×35万千瓦低热值煤发电项目加快推进。三是战略性新型产业加快发展。华夏动力电动汽车驱动电机、动力锂电池项目投产，与上汽申沃合作启动了新能源客车联合研制生产基地；煤矸石制陶瓷微珠，晋越峰纳米超级电容电池等项目加快建设。四是现代农业实现特色化发展。落地项目30个，开发六大系列240余种产品，培育20余个国家级、省级名牌产品，形成肉禽、果蔬、小杂粮、核桃四大特色产业链，孝义现代农业园区升级为国家级农业科技园区。五是"孝汾平介灵"区域休闲购物中心正在形成。先后建成运营沃尔玛、美特好、华美新天地等商贸项目，义乌商品交易国际博览城、红星美凯龙城市综合体、居然之家、丰邦汽车商务广场、东金商业广场等项目正在加快建设。

特色城镇化实现新跨越。加快推进实施面积57平方千米主城区、4个特色中心镇和20个社区化中心村的"1420"特色城镇化建设。进一步完善"八横九纵一环"的交通网络，初步形成以胜溪湖绿色长廊和城市快速通道为轴心的"一河两岸、沿河环湖"滨河景观城市框架。稳步推进高阳、振兴、大孝堡居民安置区建设。梧桐新区、胜溪新村、西泉集中居住区32个村2.3万村民搬迁入住。市区生活垃圾实现无害化处理，集中供热和集中供气普及率分别达到95%、89%。启动下堡、杜村、南阳"一镇两乡"，梧桐、下栅"一镇一乡"一体化综合改革。全市城镇常住人口35万人，城镇化率超过70%。

市域生态化展现新面貌。高标准实施胜溪湖及孝河、兑镇河等"一湖六河"流域生态环境综合整治，打造了直抵汾河的20多千米生态、旅游、文化、产业走廊。扎实推进美丽乡村、绿色企业、绿色街道创建。森林覆盖率32.1%，绿化覆盖率43.5%，人均公园绿地12.5平方米。国家级胜溪湖湿地公园建成开园，胜溪湖森林公园被评为省级五星级公园，曹溪河森林公园获批省级旅游休闲度假区。

社会民生事业不断进步。吕梁职业技术学院一期投入使用，太原理工大学现代科技学院已具备招生开学条件。古城保护修建工程稳步实施。碗碗腔小戏《影戏缘》荣获第十届中国艺术节"群星奖"。加快推进胜溪湖森林公园、湿地公园、三皇庙国家4A级景区创建工作。山西大医院孝义分院正式揭牌。实行市级公立医院托管乡镇卫生院体制，初步建立起全域医疗资源一体化管理体系。新农合、新农保以及城镇居民养老、医疗保险全面推行，城乡低保应保尽保。1958套保障房分配到户。农村"五保户"集中供养实现全覆盖。棚户区改造人民医院周边片区主体完工，三贤片区加快推进。

（孝义市人民政府办公室）

汾 阳 市

【自然概况】 汾阳市位于晋中盆地，西靠吕梁山，东临汾河水，距太原96千米。现辖9个镇、2个乡、5个街道办事处、262个行政村、37个社区。国土面积1179平方千米。2013年总人口42.4万人。

历史名城。自春秋初叶(公元前594年)置瓜(虢)衍县始，历经战国之兹氏、西晋之隰城、唐朝之西河、明清之汾州，至今已有2600余年历史，期间设郡、州、府治长达2000余年。

革命老区。1925年，创建了吕梁第一个党组织——汾阳特别支部；1930年，中原大战后冯玉祥率部在此成立汾阳军校，9.18事变后开设了以反蒋抗日为内容的爱国主义教育课；1931年，建立了北方第一支红军——红军晋西游击队；抗日战争时期，周恩来、邓小平等先后来过汾阳，罗荣桓率八路军115师343旅在薛公岭连续3次伏击日军，阻止了日军西渡黄河。涌现出抗日英雄蒋三，为电影《扑不灭的火焰》原型。

文化大市。境内有杏花村等三处新石器遗址、全国最高古砖塔"文峰塔"、全国第二大悬塑珍品金代建筑太符观、杏花村汾酒老作坊和北榆苑五岳庙等百余处文化古迹。曾孕育出唐代律诗鼻祖宋之问，明代数学巨匠王文素，当代中国油画之父卫天霖，联合国原副秘书长冀朝铸，著名晋剧表演艺术家马玉楼、田桂兰，导演贾樟柯等杰出人物。作家马烽、孙谦在此写下《我们村里的年轻人》等名著。市区现有山西医科大学汾阳学院、山西省农科院经济作物研究所、山西省汾阳医院（三甲）、吕梁学院汾阳师范分校等科教单位。

品牌之乡。汾阳市20世纪90年代已形成门类齐全的轻、重工业体系，产品有10项获"国优"称号，57种获"省部优"称号。是闻名全国的"汾州核桃之乡""汾州小米之乡"，全国最大的清香型白酒生产基地杏花村被誉为"中华名酒第一村"。

区域中心。地理区位优势明显，连接吕梁、晋中、临汾，自古为"秦晋旱码头"。境内307国道、340省道、汾介公路、汾屯公路、汾平高速连接线纵横交错，青银高速与汾平高速相互交汇，孝柳铁路与太中银铁路南北贯通，为现代物流商贸发展新区。

【经济发展概况】 2013年，汾阳市生产总值109.92亿元，比2012年增长2.1%；规模以上工业增加值59.48亿元，增长1.9%；固定资产投资53.03亿元，增长15.9%；社会消费品零售总额51.47亿元，增长22.4%；公共财政预算收入9.01亿元，增长22.6%；城镇居民人均可支配收入1.7万元，增长10%；农民人均纯收入9933元，增长13.2%。

产业转型扎实推进。"项目建设推进年"活动顺利开展，重点项目建设"六位一体"各项指标全部超额完成，项目储备278个1988.91亿元，项目签约36个311.04亿元，项目落地55个153.19亿元，项目开工33个133.54亿元，项目投资28个138.14亿元，项目投产71个147.95亿元。项目落地、项目开工、省重点项目投资三项指标完成率均排吕梁市第二。杏花村酒业集中发展区6大板块、22个项目累计投资95亿元。阳城商贸物流经济开发区18个项目开工9个，完成投资7.5亿元。吕梁三泉焦化工业园区工业总产值32亿元，国峰煤电项目经省发改委核准，完成投资8亿元。规模以上工业总产值132.15亿元，下降7.7%。深圳家具行业协会的19家会员企业签约落户万泰国际商城。中节能光伏农业科技大棚电站项目省发改委核准。

"三农"工作稳步发展。落实强农惠农政策，市财政安排"三农"投入2.6亿元，增长55.5%。农林牧渔业增加值10.24亿元，增长3.7%；粮食总产量2.19亿千克，增长7.4%，实现了"五连增"。推进"8+2"农业产业化工作，"513"龙头企业销售收入20.4亿元，增长29.1%；新增核桃经济林3333.3公顷，建成高产示范基地6180公顷，发展林下经济5400公顷，171户农民利用990孔空闲窑洞发展食用菌87.2万棒。新农村建设试点村和重点推进村196个，省级标准"一村一品"专业村59个；新发展农民专业合作社291个，转移农村劳动力3762人。7月21～23日成功举办第七届世界核桃大会，汾阳的对外知名度明显提升。

城乡建设日趋完善。新修编的《城市总体规划》上报省政府审批，编制了5个乡镇总体规划和4个片区控规，启动城市控规和杏花村、阳城的"五规合一"工作。完成城市广场和文峰街东段、规划路等4项道路工程，开工英雄南路打通至汾介线等3项道排工程；整修路面和便道3.2万平方米，改造供水管网1.4万余米，天然气用户2.5万余户，集中供热面积330万平方米。推进城镇组群发展，杏花新区3个新村的居民楼主体完工，大部分村民回迁入住；新区道路框架基本成型，5项道排工程正在施工，白酒交易大厦等3项工程主体封顶。铺开西北环等6项交通工程，实施35千伏线路改造等5项电力项目；完成禹门河综合治理一期工程，展开小相河等河道治理工程，节水灌溉和饮水安全部分工程投用。全市累计完成基础设施建设投资8.6亿元。

社会事业不断进步。教体事业完成9项薄弱学校改造工程。教学质量提高，高考二本B类以上达线1319人，首次突破千人大关，增加398人。开展全民健身，群众体育工作受到国家体育总局表彰。社会保障发放低保金等7431.6万元、低收入农户冬季取暖用煤12.9万吨。为3.4万人进行健康体检。投资4.45亿元，完成1206套保障房建设。民生工程省"五件实事"扎实推进，完成660户农村危房改造、22所村级幼儿园改扩建和170个村的街道亮化任务。400名特困群众异地搬迁主体工程完工，铺开年投资1600余万元的乡村清洁工程，完成吕梁市"便民六件实事"任务，投资2970万元的社会福利中心投用。基本公共卫生服务新农合参合率96.9%，30周岁以上参合农民免费体检。人口自然增长率4.33‰。申报各类专利237项。新建4个乡镇综合文化站。文化科技等工作取得较好成绩。

生态环境逐步改善。以"净空、净水、减排"为重点，推进环保模范城市创建工作，突出饮用水源地保护，打击非法土炼油，升级改造再生橡胶回收利用，环境质量明显好转。城乡绿化面积持续增加，成功创建省级园林城市；水土流失治理733.3公顷。土地节约集约利用水平提升，被国土部授予"第二届国土资源节约集约模范市"称号，奖励33.3公顷土地利用计划指标。

（汾阳市人民政府办公室）

文 水 县

【自然概况】 文水县位于山西省中部，太原盆地西缘，吕梁山脉东麓，地处太原、晋中、吕梁三市交会点，距山西省会太原76千米，属太原经济圈，是一代女皇武则天的故里、女英雄刘胡兰的家乡。辖7个镇、5个乡、1个办事处、199个行政村。2013年总人口42.8万人。

全县东西长72千米，南北宽30千米，总面积1064.4平方千米。境内地势西高东低，具有基岩中山区、土石低山区、黄土丘陵区、山前倾斜平原区、冲积平原区5种地貌类型。其中，冲积平原区面积501.7平方千米，占全县总面积的47%；基岩中山区面积420平方千米，占全县总面积的39%。

水资源丰富，境内主要河流有汾河、文峪河、磁窑河、三道川河等，尤其是西部山区蕴藏着大量优质天然矿泉水。

生物资源丰富，树种以云杉、油松、落叶松、桦、杨等为主，经济林以梨、枣、核桃、葡萄、沙棘等为主，野生植物主要有乔木、灌木、藤本植物、草本植物、菌类5类，其中，野生药材品种有党参、黄芪、猪苓、枸杞、柴胡等50余种；野生动物200余种，包括国家一级保护动物褐马鸡，二级保护动物金钱豹、穿山甲、麝等。

矿产资源主要有煤、石灰岩、石英石、石棉、铅、银、石膏等，其中，已探明西山煤田面积74平方千米，储量约14亿吨；作为优质建筑材料的石灰石储量达73亿立方米；砂储量在16046.4万立方米以上，且质优，易开采。

【经济发展概况】 2013年，全县生产总值58.74亿元，比2012年增长11%；财政总收入6.02亿元，增长7.2%；公共财政预算收入2.64亿元，增长20.7%；固定资产投资19.98亿元，增长39.3%；规模以上工业生产总值150亿元，增长16.8%；规模以上工业增加值38.62亿元，增长15.9%；农林牧渔业生产总值20.26亿元，增长4.2%；社会消费品零售总额15.51亿元，增长13.5%；城镇居民人均可支配收入1.6万元，增长9.4%；农民人均纯收入7109元，增长12.5%；外贸进出口总额4840万美元，增长83.3%；粮食总产量2.71亿千克，增长4.1%。

工业发展方面。主导产业方面，形成以海威钢铁为龙头的钢铁循环产业园区，以光华铸管、成凯机车、汾西安泰矿机、兴宇机械、华一重工等为主的机械装备制造产业，以吉港水泥等企业为主的建材产业，以白玉酒厂、海华酒厂等为主的白酒酿造产业。项目建设方面，海威公司年产60万吨高速线材项目竣工投产，国金电力2×350兆瓦发电项目和2×200万吨固废综合利用项目顺利推进，华一重工大型锻造件项目开工建设，汇晶公司氮化物项目进展顺利。白酒原酒集聚区发展项目规划编制已经完成，海华公司形成年产3000吨基酒、1万吨生物保健酒的生产能力。太中银铁路海威钢铁货运站站内和货场铺轨。招商引资方面，晋能集团年产500兆瓦太阳能电池及600兆瓦太阳能组件项目、美锦能源集团年产30万吨不锈钢原料生产项目和年产100万吨不锈钢项目落地文水，为县域经济发展积蓄了后劲。

农业发展方面。作为吕梁市乃至全省的农业大县、农业强县，全县有耕地4万公顷，其中90%属水浇地。2013年，全县粮食总产量2.71亿千克，再创历史新高。实施“5+4”农民收入翻番工程，大象农牧、诚信种业、仙塔食品、胡兰乡食品、汇丰源食品、贤美食品、野山坡饮料、康欣药业、锦绣农牧、森源饲料被省定为新一轮省级龙头企业；万头肉牛养殖、设施蔬菜等55个项目立项建设，争取上级资金3.41亿元；继续加快新农村建设，建成13个新农村重点推进村和8个高标准新农村示范村。推动农业基础设施建设，实施玉米高产创建、“三微五环”技术推广、测土配方施肥、小型农田水利、千井灌溉、高效节水灌溉工程等项目。

第三产业方面。2013年，县政府重点扶持以武则天、刘胡兰和苍儿会为主的“2+1”生态文化旅游建设，大力实施红色旅游发展战略，先后完成刘胡兰故居广场建设、红色旅游路（胡兰村至南安镇）建设等。同时，依托苍儿会生态资源优势，着力推进苍儿会生态旅游开发建设，目前已完成休闲度假村、棒槌山、武皇湖、子夏草堂、农业采摘园、神树、棒槌山游步道等子项目建设，通过“山西休闲旅游度假区”验收，并被列为国家3A级旅游景区。

民生事业方面。2013年9月，投资1.8亿元的新文水中学正式建成投入使用，教育事业实现了稳步发展；新县医院建设完成主体工程，医疗卫生体制改革逐步推进；扎实开展农村两轮“五个全覆盖”和省“五件实事”、市“六件实事”，民生事业得到显著改善；认真落实城乡低保、医疗、养老、就业、失业、扶贫等保障政策，做好扶老、助残等社会福利和社会救助工作，加快保障性住房建设，城乡居民社会保障体系得到进一步健全。同时，加快推进2013年转型综改6大改革、8项重大事项和12个重点项目建设，行政审批制度改革“两集中、两到位”工作圆满完成。

（文水县人民政府办公室）

交 城 县

【自然概况】 交城地处山西省中部，晋中盆地西缘，是吕梁的东大门，太原的近郊县。全县辖6个镇、4个乡、148个行政村。面积1822.1平方千米。2013年总人口23.5万人。

交城县山区是温带大陆性气候，边山及平川属暖温带大陆性气候，全年日照时数2741.8小时，平川及边山年均气温10.5℃，无霜期165天，山区年均气温7℃～10.3℃，无霜期90～120天，年均降水465.2毫米。

交城县资源丰富，已探明蕴藏矿产资源30余种，依托2号配焦煤、低硫低磷铁矿等资源优势，铸造、冶炼、煤炭、机械、化工、建材等产业发展潜力极大。

【经济发展概况】 2013年，全县生产总值70.25亿元，比2012年增长7.6%；工业总产值180亿元，下降5%；公共财政预算收入5.74亿元，增长3.2%；农林牧渔业总产值5.74亿元，增长2.1%；粮食总产量4638万千克，增产1.7%；社会消费品零售总额17.19亿元，增长13.7%；城镇居民人均可支配收入1.6万元，增长10.4%；农民人均纯收入6897元，增长13.6%。

产业建设稳步推进。2013年，全县共实施省市县重点项目47个，总投资672亿元，累计投资163亿元。特别是国锦煤电2×30万千瓦热电联产项目、义望铁合金16万吨锰铁合金项目、华鑫肥业1860项目等一批骨干项目进入设备安装阶段。项目引进成效明显，湖北宜化集团与美锦集团投资110亿元建设煤化工循环经济产业园；汾酒集团和大连雪龙集团建设万头雪龙黑牛标准化示范基地。农业产业化发展稳步推进，出台《"8+2"农业产业三年发展规划》《雪龙黑牛产业发展规划》。全县设施蔬菜种植面积达到198.2公顷，核桃种植面积达到4066.7公顷。旅游开发加快推进，完成《庞泉沟旅游开发总体规划》，卦山、玄中寺、吕梁英雄广场等景区服务功能不断完善。景区申报捷报频传，玄中寺被国务院确定为国家级文物保护单位，卦山—玄中寺景区被省政府批准为省级风景名胜区，吕梁英雄广场被市政府确定为红色革命教育基地。2013年，全县游客人数110万人(次)，门票收入1678万元。

城乡建设统筹推进。龙门供水工程进展顺利，山区隧洞开挖接近尾声，平川压力管线改线设计方案通过省发改委、省水利厅批复，准备开工建设。山医大一院交城分院、园区污水处理厂前期准备全部完成，生活垃圾处理厂整体框架基本形成。开工建设各类保障性住房1376套，完成新开路中段132户回迁安置任务、604套经济适用房建设、500套棚户区改造、225户农村困难群众危房改造任务。城市发展规划馆建成投运，高速引线改线一期工程、开发区路网改扩建工程竣工通车，交通环境得到有效改善。华鑫热力站、南街热力站投入使用，全县供热面积达到200万平方米。柏叶口水库开始蓄水，旮旯水电站、县城供水管网改造扎实推进。会立乡岔口移民工程分配入住，洪相乡舍堂、天宁镇杨家底移民工程主体完工。方便农民"六件实事"四年任务提前2年全部完成，共改扩建红白理事厅96个、农村幼儿园47个、洗澡理发室111个、磨面豆腐坊64个，114个村安装太阳能路灯，有效地改善了农村生产生活条件。

社会事业协调发展。职业中学新校园主体工程基本完工，14所农村幼儿园投入使用。公立医院改革扎实推进，全县16.2万农民参加新农合，参合率达99.6%。不断完善城乡社会保障体系，向低收入农户发放冬季取暖用煤6.5万吨，向低收入城乡居民发放低保金4832万元、医疗救助金310万元；医疗保险、工伤保险、养老保险等参保人数稳步提高。落实各项促进就业创业的扶持政策，共转移农村劳动力3500人，新增城镇就业岗位6068个，开发公益性岗位456个，城镇登记失业率控制在3.8%。

(交城县人民政府办公室)

兴　县

【自然概况】 兴县位于山西省西北部、吕梁市北端，东与岢岚、岚县接壤，南和临县、方山毗连，北与保德为邻，西经兴神黄河大桥与陕西省神木县相通。全县国土面积3168平方千米(全省第一)。辖7个镇、10个乡、376个行政村。2013年总人口28.4万人。

北齐设县，始称蔚汾；唐贞观元年(627年)，易名合河；金兴定二年(1218年)改称兴州，寓意兴盛；明洪武二年(1369年)又称兴县至今。历史上名人辈出：金代刘海，状元及第；清代孙嘉淦、康基田，誉满天下；近现代开明士绅牛友兰、刘少白，功勋卓著。兴县是革命老区。抗日战争和解放战争时期，兴县是著名的晋绥边区首府所在地。毛泽东同志在此发表了《在晋绥干部会议上的讲话》和《对晋绥日报编辑人员的谈话》两篇光辉著作；中共七大5位书记处书记(毛泽东、朱德、刘少奇、周恩来、任弼时)都曾路居此地；贺龙元帅在此战斗和生活了11年之久。兴县曾以贫瘠的土地开荒100余万亩，供养边区4万余名党政军人员；9万人口的小县参军过万，牺牲千余，为中国革命做出了巨大贡献。

兴县是资源富区。全县境内已发现煤炭、煤层气、铝土矿、含钾岩石等23种矿产资源。其中，煤炭预测资源储量461亿吨，查明资源储量136亿吨；铝土矿预测资源储量5亿吨，查明资源储量1.86亿吨；含钾岩石储量4.7亿吨，工业储量3.7亿吨。

兴县是发展新区，目前已有山西焦煤、中国铝业、中国华电、华润集团等大企业相继入驻，承载了煤电铝等大项目。

【经济发展概况】 2013年，农林牧总产值7.52亿元，粮食总产量9291万千克。规模以上工业总产值101.54亿元。地区生产总值63.7亿元，比2012年增长2.3%；公共财政预算收入8.02亿元，增长9.4%；社会消费品零售总额5.71亿元，增长14.2%；规模以上工业增加值52.47亿元，增长1.8%；固定资产投资48.45亿元，增长33.3%；财政总收入27.05亿元，增长7%；城镇居民人均可支配收入1.6万元，增长9.6%；农民人均纯收入3230元，增长14.1%。

重点项目建设推进顺利。全年共有9个项目列入省、市重点工程项目，总投资349亿元；县重点工程项目34个，总投资122亿元。全年累计完成投资88亿元。一些事关全局的重大项目在年内均取得重大进展，中铝100万吨氧化铝项目顺利投产，肖家洼1000万吨煤矿年内建成并投入试生产，工业大道路基基本形成，晋能和华电的2个电厂项目前期工作基本结束，具备了建设条件。

农业农村工作全面加强。新建规模养殖小区11个，为53.3公顷蔬菜大棚提供种苗；新造核桃经济林3333.3公顷，完成吕梁山生态脆弱区造林3246.7公顷；完成水土保持治理4766.7公顷，新打灌溉深井

40眼，新建提水工程34处，引水工程16处，为21个村庄的7000人、636头大畜和29所农村学校的4200名师生解决了安全饮水问题。完成涉及403人的移民主体工程，完成48个村的新农村建设任务。

基础设施状况持续改善。继续推进燃气工程和集中供热工程，铺设中低压天然气管网21.1千米，燃气普及率提高6个百分点，城区集中供热普及率提高3个百分点。编制完成蔡家崖革命历史文化保护规划，并开工建设中共中央晋绥分局旧址历史风貌修复工程。完成蔚汾北路改造工程及蔚汾河北岸箱涵扩建工程，完成连城大道附属工程及新区河北片道路工程，完成蔚汾河清淤蓄水工程并实现蓄水，建成南山生态文化公园，完成120师学校地下主体工程，基本建成友兰中学二期工程。配合完成中南部铁路通道、太兴铁路、西纵高速县境内工程的年度建设任务，启动了沿黄公路和县道曹家坡至枣林坡段公路改造工程。

各项民生事业有序发展。突出抓好“方便农民六件实事”，新建农村幼儿园9所，新建澡堂102个、理发室72个，在290个村主街道安装了太阳能路灯，新建碾米磨面豆腐坊161个，新建农村红白事务厅53个，改造社会综合福利院1所。拿出483万元对高考达线学生进行资助。建立以电子病历和医院管理为重点的医院信息系统，并与新农合、职工医疗保险信息系统衔接，实现了互联互通。继续为县医院年薪40万元聘请骨科专家1名，年薪30万元聘请心血管专家1名，并以年薪10万元加住房一套聘请硕士研究生6名。县财政对新农合的补助标准由每人每年240元提高到280元，扩展了慢性病补偿范围，全面提高儿童先心病、白血病等20种重大疾病的医疗保障水平，开展乡村两级门诊统筹总额预付制和住院按病种付费的支付方式改革，将门诊补偿比例提高到80%。将城镇低保标准提高到每人每月235元，农村低保标准提高到每人每月134元，农村“五保户”供养标准提高到每年1800元。新建廉租房200套、公租房150套、棚户区改造510套、限价商品房500套，累计配租廉租房321套，缓解了城市中低收入家庭住房难的问题。

（兴县人民政府办公室）

临　县

【自然概况】 临县地处黄河中游山西西部，东屏吕梁山连接方山，西临黄河与陕西佳县、吴堡县隔河相望，北靠兴县，南接离石、柳林。全县国土总面积2979平方千米，耕地面积10.9万公顷，属山西第二大县。

临县属黄土丘陵沟壑区，地势东北高西南低，地貌比例大致是“五山四沟一分平”。最高点海拔1923米，最低点海拔673.6米。临县地处中纬度地区，属暖温带大陆性气候，四季分明：冬季寒冷干燥少雪，春季干旱多风少雨，夏季炎热雨量集中，秋季较为温凉湿润。随着东北高而西南低、海拔相对高差1267米的地势特征，形成东北寒凉、西南热暖的明显气候差异。

2013年，全县总人口59万人。

【经济发展概况】 2013年，全县生产总值40.3亿元，比2012年增长11.5%；公共财政预算收入6.24亿元，增长5.2%；农林牧渔总产值16.19亿元，增长4.2%；粮食总产量1.22亿千克，增产2.8%；工业总产值19.28亿元，增长15.2%；社会消费品零售总额31.5亿元，增长14.5%；城镇居民人均可支配收入1.3万元，增长10.7%；农民人均纯收入3488元，增长13.8%。

煤炭产业。全年煤炭产量820万吨，洗煤产量43万吨，焦炭产量23.4万吨。涉煤项目审批进度加快。美锦锦源600万吨矿井取得国家发改委核准手续，霍州煤电2×350兆瓦低热值煤发电厂、潞安元丰240万吨矿井取得国家发改委的开工“路条”。霍州煤电临县北煤炭铁路专用线、林家坪铁路专用线取得省发改委核准手续。涉煤开工项目进展顺利。霍州煤电吕临能化千万吨矿井、千万吨洗煤项目快速推进，2×350兆瓦低热值煤发电项目奠基开工，10千米工业大道建成通车，共完成投资17亿元。晋煤太钢600万吨矿井取得实质性进展。汇丰焉头90万吨、楼俊泰业120万吨、裕民焦煤90万吨、离柳鑫瑞120万吨、西山晟聚60万吨、华润联盛黄家沟120万吨、胜利煤焦120万吨、华烨煤业120万吨等8对建设矿井双回路建设顺利实施，矿井建设进展顺利。

红枣产业。2013年，红枣产量4800万千克。全年建成红枣标准化管理示范园区200公顷，有机红枣基地66.7公顷，富硒红枣生产试点6.6公顷，城北科技园区中鹰大红枣、红日子、丰润、枣福莱等4户红枣深加工项目建设快速推进，龙头支撑带动作用增强。建设红枣产地交易市场，启动山西省红枣质量监督检验中心建设。推进2000公顷有机红枣认证，打造“天下有机红枣第一县”，申报了红枣地理标志认证和名优农产品，争夺市场话语权。

项目建设强力推进。霍州煤电千万吨矿井、洗煤项目快速推进，10千米工业大道建成通车，2×350兆瓦发电项目进展顺利。晋煤太钢600万吨矿井取得实质性进展。裕民焦煤、华烨煤业、汇丰焉头等8对建设矿井双电源供电项目顺利推进。中石油、奥瑞安煤层气项目日产气量达到15万立方米。西纵高速路面工程基本完成，太佳高速黄河大桥基本贯通。中南铁路、太中银铁路吕临支线、太兴铁路建设取得新的进展，安业火车站扩容方案基本确定，白文、临县北、车赶、林家坪等4个战略装车点具备开工条件。中部引黄工程临县段顺利开工。临县重点项目在全市“六位一体”综合考核排名第二。

扶贫开发成效显著。推进“8+2”农业产业化，建成红枣标准化示范园区200公顷，有机红枣基地66.7公顷。城北科技园区中鹰大红枣、枣福莱等4个红枣加工项目快速推进，龙头带动效应增强。新发展核桃林4333.3公顷，品种改良666.7公顷。在安家庄等乡镇发展绿色谷子示范基地133.3公顷。在石白头、安家庄等乡镇发展窑洞食用菌910孔。启动“百企千村”产业扶贫开发工程，完成核桃林栽植333.3公顷，铺开3个镇5个村的移民搬迁工程，省属企业焦煤集团养羊项目启动前期工作。实施千井富民工程32处，完成阳坡小流域综合治理3处，累计新增农田浇灌面积8000公顷，完成中低产田改造1500公顷。落实粮食直补、良种补贴等资金7179.5万元，补贴面积7.3万公顷，全年粮食产量1.22亿千克，实现"十连丰"。落实农机购置补贴资金1185万元，受益农户7625户。

（临县人民政府办公室）

柳林县

【自然概况】 柳林县地处山西省中西部，黄河东岸，是山西的西大门。全县国土面积1288平方千米。辖15个乡镇257个行政村。2013年总人口34.5万人。

柳林县在新石器时代就有人类繁衍生息，大禹治水的遗迹至今仍存。县城所在地柳林镇兴于明、盛于清，商贾云集、物贸繁盛，享有"小北京"的美誉。柳林盘子、柳林弹唱、伞头秧歌、柳林芝麻饼、柳林碗团、柳林剪纸等被列为国家级非物质文化遗产，独具黄河文化特色的柳林盘子会名驰华夏，被誉为"东方狂欢节"。

柳林县矿产资源丰富，煤炭探明储量54.3亿吨，远景储量达100亿吨，其中4号优质主焦煤被誉为"国宝"；铝矾土探明储量4000万吨，品位世界一流；煤层气探明储量400亿立方米，单井日产可达7200立方米；石灰岩储量203亿吨，裸露面积50～60平方千米；石膏、紫砂泥、重晶石、大理石等矿产资源也极为丰富。

农作物独具特色，东部正在建设2万公顷核桃林，西部1.8万公顷红枣林正常年景产量可达3万吨，属全国五大产枣县之一，柳林"木枣"名列全国八大名枣之首。

柳林县扼秦晋之交通要冲，素有"华北门户""秦晋通衢"之称，西与陕西吴堡隔河相望，东与离石新南区相接，柳林县城距吕梁机场仅30千米。307国道横贯县城中部，孝柳铁路西接同蒲线，青银高速公路穿境而过，太中银高铁和山西中南大通道铁路途经柳林，沿黄干线公路、沿黄旅游公路纵贯县境，"四纵六横"的交通干线和村村相接的县道相连，形成了承东启西、四通八达的大交通网络。

【经济发展概况】 2013年，生产总值252.1亿元，比2012年增长3%。公共财政预算收入30.1亿元，增长18.5%。工业总产值382.1亿元，下降13.5%。农业总产值3.66亿元，增长3.4%。粮食总产量3682万千克，增长1.7%。社会消费品零售总额29.7亿元，增长14.2%。城镇居民人均可支配收入2.4万元，增长15%。农民人均纯收入8441元，增长14%。

煤炭工业方面。全年煤矿基本建设完成投资7.5亿元，有14对矿井对照国家"六个标准"全部达标；26对整合矿井中投产和进入联合试运转20对，原煤产量3750万吨。凌志华泰和宏盛聚德等一批洗煤项目建成投产，洗精煤产量1892万吨。

转型发展方面。创造性地提出并推行"1＋2"模式，即全县所有煤炭主体企业和驻柳国有大型企业必须上马一个真正意义上的非煤转型项目，同时领办或扶持一个农业园区。2013年，通过此模式上马的非煤产业收入达24亿元，已经成为柳林县新的经济增长点。此外，投资360亿元建设的煤矸石综合利用产业示范园区，是吕梁最大的转型标杆园区；投资100亿元建设的光电子产业园区，着力打造在国内外均有影响的"吕梁光谷"；在吕梁市范围内实施的"8＋2"农业产业化增收工程，柳林县财政投入最多、农民得实惠最多，红枣、核桃及小杂粮等产业得到了新的发展。

城镇化推进方面。前瞻性地提出"一核两区三中心"城镇化发展框架结构。在此基础上，投资34.8亿元实施北大街片区改造，完成后可容纳居民1.1万户3.5万人；投资28亿元铺开21个棚户区改造项目，完成后可安置居民1.1万户；城镇化率已达41.3%，增加6个百分点，增幅全市第一。总投资5.62亿元的聚雅公路、总投资1.38亿元的八石公路和总投资4800万元的清河西路庙湾段改线工程实现通车，龙花垣220千伏变电站、高红园区110千伏变电站和雅沟110千伏变电站二期增容工程建成投运，列入省"百镇建设"项目的留誉、成家庄中心集镇改造工程全面启动，"方便农民五件实事"任务全部完成，城乡发展水平大幅提升。

民生改善方面。在生态修复上以每年投入5亿元以上的资金推进造林绿化工程，仅2012年和2013年就完成绿化面积1.4万公顷，森林覆盖率32.8%。医疗卫生事业上全面实施"健康柳林"计划，并在连续2年荣获"全省十佳卫生县城"的基础上，继续开展"省级卫生县城"创建工作，为2015年开始创建"国家级卫生县城"奠定了坚实基础。社会保障上提出"城乡居民各项政策性保障达到全市最高水平"的目标，柳林县各项政策性保障已达到吕梁市最高水平。太中银铁路柳林南站新增4趟进站列车，清河雕塑园、展览馆、文化馆、图书馆全部实现免费开放。

（柳林县人民政府办公室）

石楼县

【自然概况】 石楼县位于吕梁山西麓，黄河东岸。东与交口县相邻，南与临汾市隰县、永和县接壤，北与中阳县、柳林县毗连，西隔黄河与陕西省清涧县相望。总面积1808平方千米。现辖4个镇、5个乡、134个行政村。2013年总人口11.4万人。是全国14个连片特困地区县份之一。

石楼属暖温带大陆性季风气候，年均气温9.2℃，平均积温3204℃，年降雨量495.38毫米，平均无霜期181天。耕地3.2万公顷，主要农作物有玉米、大豆和以谷子为主的小杂粮等，2013年粮食总产量4145万千克。养殖户有2230个，规模以上42个，畜牧业产值达到1.3亿元。

石楼资源丰富，森林覆盖率29%，是全省退耕还林第一大县。煤炭储量约53亿吨，煤层气（天然气）储量2000亿立方米以上。石楼工业基础较为薄弱，主要工业有煤矿、水泥等。

【经济发展概况】 2013年，全县生产总值7.93亿元，比2012年增长7.1%；规模以上工业企业增加值1.57亿元，增长15.3%；固定资产投资7.27亿元，增长1.5%；社会消费品零售总额1.93亿元，增长11.8%；公共财政预算收入6914万元，增长4.4%；城镇居民人均可支配收入10991元，增长9.9%；农民人均纯收入2363元，增长12.7%。

农业产业有了新提升。大力实施“8＋2”农业产业化振兴三年计划，突出抓好农业园区、合作社和龙头企业建设。在园区建设上，重点在东部3个乡镇建成集中连片的3个万亩核桃生态综合示范园，在沿黄5乡镇建成6个千亩红枣精品示范园。龙头培育上，重点扶持长荣妇女蘑菇、有旺蔬菜、龙兴源等5个合作社，培育树德、东瑞等5个农产品加工龙头企业，壮大农夫山庄、富民林牧等一批规模养殖户，引领带动全县农业产业向科学化、规模化、集约化方向迈进。

项目工作有了新进展。狠抓资源型项目。按照“六位一体”项目推进机制，重点引进和注册了石楼县新石能源投资有限公司，铺设县城供气管网，在移民小区率先实现管道供气，实现气化石楼的新突破；2×35万千瓦低热值煤电厂项目争取到省发改委的“小路条”，立项工作取得新进展。完善项目管理机制。制定出台《石楼县工程建设项目监督管理暂行办法》，强化对政府性投资项目建设的监管。

基础设施迈出新步伐。水利方面，完成屈产河中小河流治理项目和40眼“一村一井”工程，支持服务坪底水库和中部引黄两大省级水利工程。电力方面，重点改造城乡电网71个台区，完成罗村110千伏变电站招投标基础性工作，开工东卫220千伏变电站建设项目。交通方面，重点开工留村—和合、裴沟—乔子头乡村公路工程，争取并完成石口至石楼二级路升级改造立项和石楼至汾阳高速公路列入全省高速公路路网规划工作。

民生事业有了新改善。教育工作上，统筹城乡义务教育均衡发展，教育教学质量不断提高，特别是高考二本上线人数屡创新高，达线率连续7年稳居全市山区9个县第一。卫生计生工作上，完成县医院住院综合楼主体建设工程和罗村、裴沟卫生院改扩建工程，县中医院新建项目获得立项批复。人口自然增长率控制在6.3‰；文化旅游上，开展“两馆一站”免费开放工作，实施黄河第一湾景区观景台、停车场等基础设施建设，启动棋盘山旅游开发项目前期工作。社会保障上，重点完成800套廉租住房、500套棚户区安置房主体工程和1600户农村危房改造项目。抗灾救灾上，面对百年一遇强降雨的袭击，全党动员，全民参战，组织1670户3500余人成功避险。同时积极争取上级各类救灾资金和社会捐助1000余万元，组织引导受灾群众开展自救与互助，把灾害损失降到最低程度。

（石楼县人民政府办公室）

交口县

【自然概况】 交口县位于山西省中部西侧，吕梁山脉中段，东与孝义、灵石接壤，南与汾西、隰县相连，西与石楼相靠，北与中阳为邻。全县总面积1258平方千米。辖7个乡镇、95个村委、381个自然村。2013年总人口12.2万人。

境内地势西高东低、沟壑纵横，全县平均海拔1200米，最高点为海拔2954米的黄云洞，最低点为海拔830米的双池河河床。全年平均日照为2627小时，平均气温6.7℃，平均降水量618毫米，无霜期142天。

矿产资源蕴藏丰富，主要有煤、铝、铁、硫、白云岩、耐火黏土等14种，含矿面积850平方千米，占国土总面积的67.1%，且分布广、储量大、埋藏浅、易开采，尤其在发展铝镁产业方面潜力较大。

全县文物古迹和革命遗迹星罗棋布，拥有云梦山、牡丹洞、元代千佛寺、清代韩极碑坊、晋西民居、红军东征总指挥部旧址、毛主席路居地、幸福泉等众多文物古迹和革命遗迹，在生态休闲旅游方面极具开发价值。

【经济发展概况】 2013年，全县生产总值44.27亿元，比2012年增长13.1%；财政总收入20.06亿元，增长11.3%；公共财政预算收入7.82亿元，增长38.3%；农林牧渔业总产值3.3亿元，增长13.8%；粮食总产量2952万千克，增长3.7%；工业总产值120.68亿元，增长12.7%；规模以上工业增加值43.5亿元，增长17.6%；社会消费品零售总额4.07亿元，增长14%；城镇居民人均可支配收入1.5万元，增长10.1%；农民人均纯收入5424元，增长13.6%。

重点项目建设扎实推进。2013年，抓住省、市“项目推进年”重大契机，大力推进概算总投资740亿元的6大类55个重点工程项目建设。吕梁学院交口实习实训基地主体工程建设基本完成。云梦山旅游开发项目已完成投资3500余万元，停车场、旅游公路路基、游客中心土石方挖填及桩基工程已基本完成。华瑞2×35万千瓦低热值煤电厂项目，35项支撑性文件完成28项，五通一平等基础工程基本完成。信发240万吨氧化铝及配套100万吨电解铝等深加工项目，氧化铝项目正式投产，正在筹备自备电厂和铝材项目。兴华科技铝基新材料项目，前期手续已办结并开工建设。道尔200万吨低品位铝土矿综合利用项目，一期工程建成投运。产业发展呈现体系进一步壮大、链条进一步拉长、布局进一步合理的良好态势。

城市扩容提质力度加大。2013年，按照扩张南北、拓展中心的思路，全年完成北部新区五麟大街1.8千米北延，南部新区道路1.1千米河道改造和中心商贸区17万平方米改造房屋征收工作。县城西环路、迎宾北苑和两栋标志性建筑开工建设，煤炭大厦、铝业大厦、东征文化广场、会展中心、体育场等项目开工或完成主体，交口客运站建成搬迁投运。县城城镇化率提高4个百分点，达40%；县城集中供热、供气、供水、供电、通信及污水管网改造和延伸配套，集中供热覆盖面新增10万平方米，达到80万平方米，天然气用户新增600户，污水管网扩建4.5千米。城市品位进一步提升，功能进一步完善，发展环境不断优化，城市面貌不断提升。

*农业科学发展步伐加快。*围绕农民就业和稳定增收目标，统筹推进“一村一品”“一县一业”“5+2”农业产业化振兴计划。全年建成86.4公顷绿色谷子高产示范片1个，发展中药材种植324.5公顷，种植平菇530孔窑洞1.5万平方米，新栽核桃经济林2000公顷；建设标准化养殖小区13个，组织农民培训2.4万人次，申报“一村一品”专业村6个，新上或扩建5个农业项目，农业龙头企业完成销售收入2.5亿元；启动实施“百企千村”产业扶贫项目，规划现代农业科技示范园区10个。农业基础得到进一步巩固，产业富民、农民增收的步伐明显加快。

*民生保障水平稳步提升。*医疗、失业、工伤等各类社会保险覆盖面继续扩大，新型农村社会养老保险参保人数达到5.4万人，城镇居民社会养老保险参保2859人，发放城市低保救助金1275万元、农村低保救助金1077万元。全县人均基本公共卫生服务经费提高到30元，新农合、城镇居民医疗保险人均补助标准提高40元；有效应对罕见强降雨灾害，加强对特困群众、受灾户、残疾人、“五保户”等弱势群体基本生活救助保障；新开工保障性住房890套，续建完工787套，完成农村危房改造700户。县公共财政民生事业支出稳定在70%以上。

*生态环境建设持续改善。*坚持开发、建设和保护并重，突出抓好生态脆弱区、通道、环城、村庄、矿区五大造林工程，全年完成造林任务3066.7公顷，完善提高道路绿化工程57千米。继续推进节能减排、露采企业环保整治、重点企业环保整改、违法排污排查整治和以“净空、净水、减排”为重点的绿色生态工程攻坚等专项行动，县城环境空气质量优良天数达96%。

（交口县人民政府办公室）

方 山 县

【自然概况】 方山县位于吕梁山中段西翼，东临娄烦、交城两县，西靠临县，南和离石区相连，北与兴县、岚县接壤。全县辖5个镇、2个乡、169个行政村。总面积1434.1平方千米。2013年总人口14.7万人。全县耕地面积1.8万公顷，林地面积8.5万公顷，森林覆盖率41%。

方山县历史悠久，人杰地灵。西汉置皋狼县，距今已有2000多年历史，后来几次与离石分合，1971年恢复县置。古有天下廉吏第一于成龙，近有早期革命志士张叔平。

境内北川河纵贯南北，七大沟横卧东西，有充足的水资源，横泉水库库容8000万立方米，可为离石、柳林等地提供充足的水源。有丰富的矿产资源，有煤、铁、铝矾土、稀土等30余种。旅游资源丰富，有国家级风景名胜区北武当山、国家级自然保护区庞泉沟，号称“塞北小西藏”云顶山亚高山草甸和高峡出平湖的南阳天池等24处景观。

【经济发展概况】 2013年，全县生产总值27.2亿元，比2012年增长11.9%；规模以上工业增加值18.1亿元，增长15.9%；农林牧总产值2.8亿元，增长7.4%；粮食总产量3615万千克，增长9.1%；固定资产投资14.2亿元，增长17.2%；社会消费品零售总额7.3亿元，增长12.3%；财政总收入9.4亿元，增长11.1%；公共财政预算收入3.6亿元，增长18.9%；城镇居民人均可支配收入1.6万元，增长9%；农民人均纯收入3340元，增长13.1%。

*项目建设强力推进。*全年完成项目储备778亿元、签约152亿元、落地43亿元、开工50亿元、投资57亿元、投产40亿元。金晖凯川、金晖瑞隆、汇丰新星3个煤矿全部完成竣工验收，引进中铝恒亚、安华汇丰2个铝矾土深加工项目，国电风力发电、宝塔山透闪石粉深加工、山西光腾石材加工以及庞泉工贸扩建项目扎实推进。招商引资取得实效，全年共对接项目11个，签约项目5个，总投资达75亿元。

*“三农”工作成效显著。*大力实施农业“8+2”产业化增收工程，新栽核桃林2000公顷，推广脱毒种薯666.7公顷，新发展设施蔬菜17.3公顷、窑洞食用菌952孔，新建、扩建千万元以上的养殖场3个，完成万寿菊订单面积666.7公顷，以中药材为主的林下经济复合种植333.3公顷，新育苗233.3公顷。全面启动“百企千村”产业扶贫开发工程，17户省市县企业参与方山县产业扶贫开发，协议投资22亿元。实施“六大造林工程”，绿化总面积4666.7公顷，总投资1.1亿元。完成整村推进25个村，异地移民搬迁1500人，全年减少贫困人口1.1万人。

*基础设施加快建设。*加快吕梁新区建设，完成拆迁3800余户、面积67万平方米，开工安置区6个、24栋楼。新增县城集中供热面积20万平方米，完成天然气入户外围工程226户。完工积翠工业园区大道路基工程。完成北川河综合治理（城区段）河道工程。建成店坪35千伏变电站。

*民生事业协调发展。*投资1540万元完成薄弱学校改造一期任务，高考二本以上达线人数124人。新农合参合率98%。完成北武当山、南阳沟景区总体规划大纲评审，硬化积云路25千米，延伸北武当山后山步道20千米。省“五件实事”和市“便民六件实事”年度任务完成或超额完成。新增城镇就业3596人，新建蔬菜平价惠民超市9个，发放暖心煤5.6万吨。

（方山县人民政府办公室）

中 阳 县

【自然概况】 中阳县位于山西省西部，吕梁山脉中段西麓，黄河支流三川河上游的南川河流域。东西45千米，南北47千米，国土总面积1441平方千米。东与汾阳、孝义两市交界，西与柳林、石楼两县接壤，南与交口县相连，北与离石市毗邻。全县总面积1441.4平方千米。辖7个乡镇、100个行政村。2013年全县总人口14.4万人。

全境呈不规则菱形，地势由东南向西北倾斜，最高海拔2100.7米，最低846米，平均海拔1473.4米。地貌东南部为土石森林区，西部为黄土丘陵区，沿川为河谷区。气候属暖温带亚干旱区大陆性季风气候，年平均气温8℃，多年平均降水量518.6毫米，全年日照时数

2708.4小时，无霜期平均为143天。

境内土地资源辽阔，森林覆盖率达43.8%。生物资源雄厚，有甘草、茯苓、党参、松子、山楂、菌类等300多种中草药材和采集野生植物，有包括国家一类、二类保护动物褐马鸡、金钱豹、獐在内的上百种野生动物。粕籽羊是中阳久负盛名的土特产，属"三晋百宝"之一。

矿产资源丰富，有煤、铁、铝矾土、石英等20多种矿产资源，尤其以煤的储量大、品质优、埋藏浅而著称，全县含煤面积450平方千米，储量49亿吨。

【经济发展概况】 2013年，全县生产总值66.97亿元，比2012年增长7.5%；公共财政预算收入7.19亿元，增长9.6%；农林牧渔业总产值2.33亿元，增长4.8%；粮食总产量2122万千克，增长4.9%；工业总产值156.8亿元，增长22%；社会消费品零售总额11.7亿元，增长12.9%；城镇居民人均可支配收入1.6万元，增长7.7%；农民人均纯收入4870元，增长12.1%。

工业方面。中钢一体系升级改造、桃园东义水泥熟料项目竣工投产，鑫隆、苏村2对煤矿联合试运转，荣欣、暖泉、沈家峁3对煤矿实施三期工程，大唐桃园热电项目审批工作取得实质性进展。成功引进投资300亿元的中澳生态铝和16亿元的华润20万千瓦风电项目。

农业方面。全年粮食产量2122万千克，核桃示范园丰产管理4000公顷，发展林下中药材334.4公顷，栽培食用菌50万支，造林绿化、封山育林5533.3公顷，受到省、市通报表扬；厚通、紫云2个投资亿元以上的养殖项目进展顺利，全县规模养殖场(户)达到329户。

基础设施建设力度空前。大力推进"两路两片区一交通枢纽"拆迁改造工程，完成拆迁420户10.7万平方米，总体进展快，群众反响好。下枣林移民工程具备入住条件，张子山移民三期5栋主体建成。陈家湾净水厂开工建设，下枣林110千伏变电站完成立项、征地等前期工作，东山过境公路取得全部支撑性文件，万吴线工程进展顺利，原209国道太高至乔家沟段街路一体化改造工程建成通车，改造农村公路14千米，全市交通重点工程现场推进会在中阳县召开。

继续加大民生投入，社会事业协调发展。基本公共卫生均等化服务扎实推进，国家基本药物制度覆盖县乡医疗机构和村卫生室，新农合参合率99.7%，农民受益程度明显提高。配套完善设施、器材、书籍，县乡村公共文化阵地得到加强。创作《山曲曲飞过圪梁梁》等一批文艺作品。新增城镇就业2300人，转移农村劳动力3410人。职工五大保险基本覆盖面继续扩大，城乡居民养老金、低保金、"五保"供养金、大病救助款等全部按政策落实兑现。廉租房三期、四期主体建成，改造农村危房750户，4.6万吨"爱心煤"发放到户，省、市"便民实事"完成年度任务。

（中阳县人民政府办公室）

岚　县

【自然概况】 岚县地处晋西北黄土高原，吕梁山北端，汾河上游，北靠岢岚，西接兴县，东邻静乐，南连娄烦、方山。全县辖4个镇、8个乡、1个城区居民管理委员会、167个行政村、336个自然村。总面积1512平方千米。2013年总人口17.7万人。

岚县物华天宝，资源富集。境内矿产资源丰富，有煤、铁、石灰石、硅、铜、锰、大理石、水晶石等20多种，煤铁资源尤为丰富。铁矿探明储量13.6亿吨，远景储量21亿吨。煤田总面积220平方千米，探明储量26.1亿吨，远景储量48亿吨，属优质动力煤，开发利用前景广阔。岚县环境优美，气候宜人。平均海拔1415米，年平均气温6.8℃。夏日气候凉爽，绿色盈目，是理想的避暑胜地。

岚县荣获"十二五"首批生态(人文)宜居县、最具发展潜力县、省级卫生县城、省级卫生县城十佳县、全省城乡清洁工程先进县等荣誉，2012年成功创建吕梁市第一个国家卫生县城，2013年通过省级园林县城、省级文明县城初验。

岚县历史悠久，文化底蕴深厚。春秋晋国建汾阳邑，明洪武年间定名岚县至今。境内有省、市重点文物保护单位多处。岚县是世界著名生殖生理学家、"试管婴儿之父"张民觉先生的故乡。

【经济发展概况】 2013年，全县生产总值20.8亿元，比2012年增长12.3%；公共财政预算收入6.19亿元，下降16%；农林牧渔业总产值4.96亿元，增长16.2%；粮食作物总产量7584万千克地，增长1.8%；规模以上工业企业增加值20亿元，增长45%；固定资产投资53亿元，下降12.4%；社会消费品零售总额8.39亿元，增长13%；城镇居民人均可支配收入1.5万元，增长9.3%；农民人均纯收入3721元，增长12.9%。

项目建设进展顺利。2013年，总投资125亿元的省重点项目、亚洲规模最大的露天冶金矿山——太钢袁家村铁矿2200万吨采矿、750万吨精矿粉、200万吨球团项目全面投产。投资30亿元，集新材料设计制造、核心技术延伸拓展、特殊相关产品设计制造为一体的江川国威新材料工业园区落户岚县，一期年产2万吨生物质复合材料和1200万只软磁芯项目当年启动、当年开工、当年建成。正利煤业投产达效，昌恒煤焦具备投产条件，同安、龙达2座煤矿正式开工建设。继亨30万吨铸造技改配套518立方米高炉及汽车配件总装生产线项目投产，形成集生铁冶炼—炉前精铸—机械加工为一体的新型装备制造业产业链。投资5亿元的大唐风电一期48兆瓦项目、投资8.3亿元的山西中盛达2×48兆瓦风电项目等42个项目全部开工，完成建设投资82.22亿元。

招商引资成效显著。2013年，成立由县长挂帅的招商引资领导组，给各乡镇、各经济部门下任务，压担子，形成人人头上有责任、人人肩上有担子、人人都是招商引资主体的工作格局。成功引进一批重大项目，全县经济发展后劲不断增强。与安邦集团签订战略合作框架协议，规划总投资303.8亿元，建设集煤矿、洗煤、发电、粉煤灰综合利用、电解铝及相关产业为一体的煤电工业园。与广东广新矿业资源集团有限公司签订总投资6亿元的合作框架协议。与中电投初步达成煤电一体化项目意向。与大象农牧集团签订总投资7.5亿元的生猪产业化开发项目协议。全年招商引资额338亿元。

农业产业化步伐加快。抓住国家对吕梁山集中连片贫困地区扶贫开发和山西省“百企千村”产业扶贫开发工程机遇，加快“一主三辅”农业产业化建设步伐。马铃薯种植总面积3.3万公顷，完成3万公顷无公害产地认定和30万吨无公害产品认证，启动岚县马铃薯地理标志产品认证工作；培育脱毒微型薯500万粒，新建原种基地150公顷、一级种薯基地1500公顷、绿色食品马铃薯基地1500公顷；落实马铃薯主导产业“助保贷”扶持政策，拓宽企业融资渠道；集电子交易、产品检验检测、恒温贮藏为一体的绿禾薯业马铃薯批发市场主体完工；康农薯业、宜芳食品等龙头企业进行了改造升级。油松育苗产业实现规模扩张，总面积达到9000公顷。推广舍饲养殖，扩大规模养殖，生态养殖产业加快发展。同时以扩大就业、增加农民收入为核心，加大政策、资金扶持力度，推进小微企业快速发展，全县新增中小微企业237户，从业人员达到2万余人。

城镇化建设稳步推进。立足打造省城“后花园”目标定位，深入推进国家文明县城、园林县城、卫生县城、环保县城“四城”同创工作，国家卫生县城已通过最终验收和公示，省级文明县城和省级园林县城也通过初验。全面实施“三河九园”绿化工程，启动岚河、上明河、岚城河生态修复治理工程，9个公园升级改造顺利完成。加快推进市政供水管网改造工程，新增集中供热面积15万平方米，城区居民天然气使用户数达到3300余户。新建城市规划馆和儿童游乐场，改造提升图书馆、青少年活动中心，完善市政公共文化设施。

民生事业协调发展。加大教育投入力度，总投资3.6亿元的岚县中学（新建）项目主体完工，配套设施也基本完成。总投资2亿元的职业教育中心加快建设。乡村幼儿园建设加快推进，中小学校舍标准化改造基本完成。促进基本公共卫生服务均等化，不断改善医疗卫生条件，总投资2亿元的岚县人民医院（新建）项目主体完工。完成基层医改工作，实施公立医院改革，落实国家基本药物制度，新型农村合作医疗参合率100%。太佳高速连接线西段基本贯通，岚河南路建设顺利推进，饮马池、茅龙山旅游公路建设全面启动。打造岚县特色文化品牌，“岚县八音”入选第四批省级非物质文化遗产扩展项目，“岚城面供”正在申报国家级非物质文化遗产保护项目，白龙山风景区列入全省首批休闲旅游度假区。

（岚县人民政府办公室）

临汾市

【自然概况】 临汾市位于山西西南部，汾河之滨，为“两山夹一川”地形，属温带大陆性气候，四季分明，雨热同期，土地肥沃，物产丰富。现辖1个区2个市14个县和2个省级经济技术开发区，总面积2.02万平方千米。2013年总人口439.1万人。

临汾历史文化悠久。10万年人类诞生之源在临汾，5000年华夏文明之宗在临汾，600年大槐树移民之根在临汾。据统计，元代以前地上文物资源山西占全国总量的70%，临汾占山西的30%。

临汾矿产资源丰富。已探明矿种38种。煤炭资源最为著名，储藏面积1.5万平方千米，占全市国土总面积的75%，总储量960亿吨，占全省的23.7%，是全国三大优质主焦煤基地之一。除煤炭之外，铁矿是临汾的第二大矿产资源，储量4.2亿吨，富矿占全省的70%以上，生铁产量占全省的43%。大理石、石膏等资源在全省也占有重要位置。

临汾农业产业发达。素有“棉麦之乡”和“膏腴之地”美誉。盛产小麦、棉花、玉米、谷子、烟叶、西瓜等，是华北地区重要的粮棉生产基地，粮食总产量占全省的15%左右，其中小麦占全省的35%以上。东西两山干鲜果品种多、产量大，林牧业相对发达，有115个农产品获得国家绿色认证。

【经济发展概况】 2013年，全市生产总值1223.9亿元，比2012年增长8.5%；规模以上工业增加值661.8亿元，增长12.6%；公共财政预算收入118.2亿元，增长6.7%；城镇居民人均可支配收入2.2万元，增长10.3%；农民人均纯收入7768元，增长12.6%。

全力扶持实体经济。认真落实中央、省宏观调控政策，推出“煤炭25条”“强化经济运行20条”、支持中小微企业发展等政策“组合拳”。开展“煤矿基本建设年”活动，新增投产矿井20座，新增产能2340万吨，全市原煤产量7041万吨。

项目建设势头强劲。扎实开展“项目推进年”活动，实施省市重点项目394项，全年项目储备2万亿元，项目签约3019亿元，项目落地1705亿元，项目开工完成1407亿元，省市县重点工程建设完成1157亿元，项目投产完成1250亿元。

“百里汾河新型经济带”建设成效显著。《经济带发展战略规划》编制完成。滨河东路南北延路基工程基本完成，河道水利工程洪洞至襄汾段基本完工，生态绿化完成1700多万平方米。18个工业园区销售收入占到全市规模以上企业销售收入的63.9%，10个农业园区有8个形成规模，6个物流园区有4个开工建设，5个文化旅游园区全部实施开发，11个“两区同建”工程启动实施。百里汾河新型经济带已经初具雏形，正成为临汾转型跨越发展的强大引擎。

产业结构不断优化。工业加快转型提升，焦化行业45户企业完成省定兼并重组任务，钢铁行业完成立恒整合中宇工作，淘汰落后炼铁产能75万吨、炼钢产能100万吨。实施新装备、新技术、新材料、新能源等转型项目104个，全市高新技术企业发展到23家，省级以上企业技术中心达到19家，新兴产业投资

增速达到50.6%。农业获得稳步发展,“大水网”涉临工程进展顺利,累计完成投资2.81亿元。全年完成灌溉面积14.2万公顷,水土流失治理2.7万公顷,生态修复5.3万公顷。粮食总产量达到23.2亿千克,再创历史新高。“四个百万亩”基地和现代农业园区建设规模进一步扩大,新发展设施蔬菜2933.3公顷、水果9466.7公顷、干果1.3万公顷、中药材7333.3公顷。大力推广“公司+合作社+农户”,新确立“一村一品”专业村232个,新发展农民专业合作社1513个,家庭农场达到1348个,农业产业化龙头企业达到362家。三产呈现蓬勃兴起,物流业规模持续扩大,山西国际陆港园区建设加快推进,正在积极申报临汾综合保税区。旅游业稳步发展,共接待国内外游客2143万人,旅游总收入195亿元,4A级景区6个。金融、保险等服务业迅猛发展。三产所占比重提高1.8个百分点。

交通建设步伐加快。全市公路通车总里程1.8万千米,新增209千米,全省排名第一。霍永高速东段和西段一期工程基本完工,吉河高速路基和桥涵完成60%,大运高速土门连接线拓宽改造工程全面完成。霍侯一级路北段改造和桃临线霍州至汾西段竣工投用。新建改建农村公路231千米,其中集中连片特困地区农村公路36千米。临汾机场航站楼和高架桥主体完工。大西高铁、中南铁路、张台铁路加快建设。

城乡面貌显著改观。中心城区完成河西新城和空港园区控制性详细规划,完成临汾高铁站地下空间利用等规划,市区控规覆盖率85%。建成市规划展览馆、市行政服务监察中心、中大街中段贯通等工程。启动实施五一东路、二中路、北外环拓宽改造、秦蜀路南延、市民广场一期、集中供热九期、污水处理厂改扩建、市区天然气置换等工程。城市管理得到加强,多年困扰市区交通秩序的三轮车得到有效整治。县城建设取得显著成绩,城市功能进一步健全,控规覆盖率70%。新农村建设取得新进展,30个新农村连片示范区、300个重点推进村建设任务全面完成;农村“五件实事”超额完成年度任务,行政村街道亮化全面完成。

生态环境明显改善。先后出台绿色生态工程、创建园林城市、PM2.5防控、市区大气污染防治等实施方案,狠抓节能减排、大气污染防治、水环境修复治理和农村生态保护,实施节能改造项目76个,万元工业增加值能耗下降3.5%,六项主要污染物减排超额完成省定任务。按照新的《环境空气质量标准》评价,市区二级以上天数167天,一级18天,PM2.5达标率好于省定标准。汾河水质得到明显改善,化学需氧量和氨氮分别下降37.9%和20.9%。大力实施“两山”“两网”“两林”“两区”和“双保”林业五大工程,新造林4.1万公顷。涝洰河河道治理工程全面启动,完成投资1.87亿元。

社会事业全面进步。市图书馆、博物馆等工程加快实施。市直学校改造工程全部投用,5个县薄弱校改造全面完成,全市新建、改扩建农村学校169所、公办标准化幼儿园30所、村级幼儿园65所。临汾新医院建筑工程竣工,正在进行设备安装,市精神病医院主体完工,市第三人民医院迁建工程进展顺利,市第四人民医院和市妇幼保健院成功创建三甲,完成9家县级公立医院改革,新农合参合率达99.1%。市区成功创建省级卫生城,16个县被评为省级以上卫生县城。人口自然增长率、免费孕前优生健康检查、出生人口性别比综合治理三项计划生育指标圆满完成,被省政府评为综合先进市。保障水平不断提高,全年新增城镇就业6.3万人,城镇登记失业率为2.8%。各项社会保险累计参保人数达到468.2万人。开工建设各类保障性住房26333套,完成农村危房改造8000套。扶贫开发扎实推进,实施“百企千村产业扶贫工程”,启动7个项目,总投资17.4亿元。与陕西省榆林市合作,实施吕梁山有机苹果产业开发项目,在全国率先实现产业扶贫项目跨省协作。认真开展易地扶贫搬迁、住村联户、片区开发、整村推进等工作,实现贫困人口脱贫6.1万人。

(临汾市人民政府办公厅)

临汾市尧都区

【自然概况】 尧都区总面积1304平方千米。辖6个乡、10个镇、9个办事处(8个城市街道办事处、1个农村办事处),372个行政村(869个自然村)、50个社区居委会。2013年总人口96万人。

【经济发展概况】 2013年,全区生产总值243亿元,比2012年增长6.6%;规模以上工业增加值63.7亿元,增长10.4%;固定资产投资239亿元,增长33.8%;社会消费品零售总额191.1亿元,增长17%;财政总收入36.86亿元,增长12.3%;公共财政预算收入15.7亿元,增长20.6%;城镇居民人均可支配收入2.4万元,增长11.5%;农民人均纯收入1万元,增长12.8%。

农业经济。尧都区主要以粮食、果蔬和畜牧业为主,占全区整个经济的比重较小。过去是全省主要的粮棉基地,现为全省主要的粮食、果蔬和畜牧业生产基地。全区耕地总面积4.5万公顷。16个乡镇分为西山资源型、平川城郊型和东山纯农业型。西山区域以养殖、林果为主,平川区域以粮食、蔬菜为主,东山区域以粮食、水果、畜牧业为主。全区核桃面积1.3万公顷,优质水果8666.7公顷,设施蔬菜4333.3公顷。全区现有16个农产品获国家、省无公害认证,年销售收入500万元以上的农副产品加工企业达25户。

工业经济。主要以煤、焦、铁产业为主,是全省重要的煤化工生产基地。工业经济仍然是全区经济的骨干支撑力量。全区拥有大唐热电、临汾热电、同世达集团、海姿焦化、光宇电源等规模以上企业52家。全区煤矿从52座整合煤矿18座,年产能从1100万吨提升到1425万吨。2013年规模以上工业主要产品产量:原煤662万吨,洗精煤265万吨,焦炭238万吨,生铁160万吨,钢材343万吨,水泥86万吨。全区第二产业纳税500万元以上企业有20家。

第三产业。主要以餐饮、商贸、市场、物流、金融为主，三产占据经济总量的半壁江山。全区有限额以上批发和零售业80家，餐饮住宿业40家、大中型商贸企业20余家、大中型酒店和饭店100余家、各类专业市场30余家、初具规模的电子商务企业1家、物流企业100余家、家政服务企业80余家、中介机构100余家。存款额达700亿元以上。2013年旅游业接待海内外游客570万人次，旅游总收入52亿元。全区第三产业纳税500万元以上企业29家。

（尧都区人民政府办公室）

侯马市

【自然概况】 侯马市位于山西省南部，临汾盆地南端，东与曲沃县毗连，西与新绛县接壤，南依紫金山与闻喜县、绛县为邻，北隔汾河与襄汾县、新绛县相望。东西长17.5千米，南北宽16.5千米，总面积220.1平方千米。辖新田乡、凤城乡、高村乡3个乡人民政府和张村、上马、路东、路西、浍滨5个街道办事处。2013年总人口24.3万人。

【经济发展概况】 2013年，财政总收入6.56亿元，比2012年增长13.6%。城镇居民人均可支配收入2万元，增长9.5%；农村居民人均纯收入1万元，增长12.1%。全市生产总值83.18亿元。公共财政预算收入3.3亿元，增长12.3%。农林牧渔业总产值6.11亿元。粮食总产量8236万千克。规模以上工业企业主营业务收入110.52亿元，下降5.1%。社会消费品零售总额70.18亿元，增长60.9%。

创新、生态两大工业园区快速启动。创新园区以推动传统产业提档升级为突破口，华强集团、汇丰建材等本土企业的资源综合利用项目竣工投产；建邦集团煤化工循环经济项目完成产能置换、用地审批、焦炉选型、道路开通等前期工作，具备开工建设条件；淘汰落后产能任务顺利完成，大利、新利焦化170万吨焦炉依法拆除。生态园区以发展先进制造和清洁能源为主导，汤荣汽配、东鑫铸造、威创动力、中晋机械、众合特钢等关联企业通过行业协会组成松散联合体。同煤集团2×300兆瓦热电联产项目完成工程总投资的75%。通盛集团LNG项目、模范铸造异地扩产项目开工建设。与中核集团、中节能等“国字头”企业达成投资合作意向。平阳重工、北铜铜业、旺龙药业产业基地扩产改造项目前期启动。普天小微创业园的法尔胜光缆扩容改造项目进入设备安装调试阶段，入园企业82家，被认定为全省首批中小企业创业示范园区。

传统商贸改造升级加快。城市商业综合体、金钻国际广场、新兴纺织城、原车站商场改造等商贸开发项目取得实质性进展，古玩城项目全面启动；北方轻工城一期加建改造工程完工运营，新增商户1300余户，市场入驻率95%；晋都茶城、海宁皮草、鸿明都家具城等一批专业市场投入运营。现代物流快速成长，方略保税物流3.5万平方米联检办公楼和11万平方米特殊监管仓库主体工程完工。以服务商贸市场为支撑、与现代营销模式相适应的电子商务平台建设已筹备就绪，即将启动实施。100余户服装、鞋帽、床品加工企业建成投产，具有标杆意义的宏盛鞋业年产100万双生产线项目落地生根，招鸾引凤的5个加工园区初见雏形。

城市基础设施建设力度加大。晋都路立交桥、建工路、呈王路及23条背街小巷和农贸市场等改造工程完工，打造了新田路、市府路两条显示城市文明的示范路、样板路；投资1亿多元，在东城新区和路西城区等集中供热空白区域先期启动了管网对接工程；城市供气管网、供水管网进一步向城郊延伸，全市有22个村用上天然气、41个村接上自来水。城市绿化覆盖率和森林覆盖率分别达到43%和21.8%，城乡人居环境得到进一步改善；文明单位创建率达90%以上，文明社区创建率达100%。

转型综改试验工作迈出实质性步伐。“6111”行动计划启动实施，6项重大改革、10项重大事项、10个重大项目、1个重大课题取得实质性进展。扩权强县试点工作稳步推进，全年共审批办理投资类事项95项、非投资类事项223项。继续深化行政审批制度改革，审批事项由258项缩减到103项。区域同城化发展取得新进展，与开发区、陆港园区建立招商互动、利益共享机制，与周边5个县（市）实现公交互通，与曲沃实现有线电视同网。金融创新力度加大，农村商业银行、建设银行、中国银行分别推出流转土地抵押贷款、小微企业“助保贷”和无抵押、无担保贷款业务，全年各金融机构贷款余额达62.7亿元。积极对接国家政策导向，争取全省小型农田水利建设重点县项目8000万元资金和省级一般转移支付比2012年增加7000多万元。

民生及社会事业投入加大。完成10所义务教育阶段学校标准化建设，新扩建及附设幼儿园10所；深化卫生体制改革，三级医疗机构达标率98.1%，新农合参合率99.9%，处于临汾市领先水平；提供就业岗位1.5万余个，城镇新增就业7611人，城镇登记失业率控制在2%以内；全力保障底线民生，保质保量完成3.4万吨低供煤发放工作；200套棚户区、200户农村危房改造工程全部开工，700套限价商品住房正进行土地收储和建设方案初设；公共文化服务体系建设加快实施，城市社区文化活动场所实现全覆盖，东城新区综合文体活动中心建设快速推进；实施文化惠民工程，全年免费送电影、送戏下乡1300场次。拿出6000多万元，将财政供养人员的津贴、补贴、绩效工资和取暖费提高标准部分全部兑现。在保证政府投资项目资金按比例足额到位情况下，偿还国债资金和历年欠款7145万元。

（耿文静　赵香琴）

霍州市

【自然概况】 霍州市地处山西中南部，晋中、临汾交界，是临汾市的“北大门”。境内东北高、西南低，平原、丘陵和山地各占1/3。全市总面积765平方千米。辖3个乡、4

个镇、5 个街道办事处，有 199 个行政村、34 个社区居委会。2013 年总人口 28.8 万人。

矿产储量丰富。探明储量的矿藏有煤炭、石灰岩、铝矾土、铁矿等20余种。石灰岩储量5000万吨，铝矾土 1200 万吨，铁矿 50 万吨，煤炭为最大约55亿吨。

水利资源较为充足。山西最大的河流汾河流经市区 30 余千米，中镇霍山七里峪、陶唐峪两个多流量的泉水从东向西常年涌流不断。

旅游优势得天独厚。有重点文物保护单位 106 处，最著名的是国家级重点文物保护单位、全国唯一保存完整的古代州级衙署——霍州署。国家级森林公园——中镇霍山七里峪被誉为“华北绿肺”“天然氧吧”“生物宝库”。

工业基础实力强劲。煤炭、电力、化工是工业经济的三大支柱。有国电、兆光 2 个大型发电厂，电力装机容量达到 300 万千瓦，占到临汾市的 3/4。霍煤集团 50 亿元非煤产业已成功入驻霍东新产业聚集区，为晋南地区最大的煤机加工制造基地。

农业发展特色鲜明。三大农业基地基本建成，无公害蔬菜种植面积 2667 余公顷，核桃栽植面积 1733 余公顷，养殖户 260 余个。同时，梨湾小米、城南大葱、东湾芦笋、三教苹果等名牌产品远销大江南北。

【经济发展概况】 2013 年,全市生产总值 85.57 亿元,比 2012 年增长 9%；工业总产值 158 亿元,增长 12.6%；固定资产投资 119.49 亿元,增长 34.1%;社会消费品零售总额 28.27 亿元,增长 25%;城镇居民人均可支配收入 2.2 万元,增长 10%;农民人均纯收入 9840 元,增长 12.2%;财政总收入 15.66 亿元,公共财政预算收入 7.1 亿元。农林牧渔业总产值 6.46 亿元,增长 6.6%;粮食总产量 7265 万千克,增长 3%。

产业转型步伐稳健。霍煤机电设备制造一期工程投入生产。液化天然气调峰储气项目即将投产。力拓、紫晟、丰峪、什林、兴盛园等煤炭企业改扩建工程进展顺利,霍煤、国电、兆光等原有骨干企业均保持了平稳发展态势。无公害蔬菜种植面积 2667 余公顷,优质核桃栽植面积 1733 余公顷。养殖场 260 个。特别是西张垣现代农业生态循环示范园区,建成农技服务中心、智能育苗中心和批发市场,打通绿化了园区道路,芦笋、草莓和蔬菜等产业已见成效。七里峪景区停车场、游客服务中心主体完工,上霍线尉侯段改线加速推进,林溪晋茶度假酒店即将完工。陶唐峪景区开发详规已经完成。新天地购物广场、州里街、联源物流等一批三产重点项目即将投入使用。全年共签约项目 26 个,投资意向达 200 多亿元,招商引资工作成绩斐然。

城乡一体快速推进。启动实施开元小区、汇元小区、经二路、经十路、霍东新区基础配套、新增水源地、中镇大道和高铁车站广场等建设工程,促进了新城的体扩容增。州署文化产业园、中镇国际花园及东关村、李诠庄、西街城中村改造工程快速推进。融通大街、锦和小区、建材路、漪汾路、科技街、国道 108 线、新建南路涧河大桥基本建成;热电联产集中供热、天然气扩户基本实现全覆盖,极大地改善了老城区的综合功能。投资 5000 多万元,建设霍冯线及部分乡村街巷硬化工程。投资 1000 多万元,为 122 个行政村安装了高标准太阳能路灯 2440 盏。投资 200 余万元,开展乡村清洁工程。

生态环境持续好转。汾河生态治理工程,累计投资 2.4 亿元,实施河道清淤、堤防修复、库区防渗、钢筋混凝土挡墙、橡胶坝底座等工程。完成兆光、霍化减排项目,关停中冶、矸石电厂 2 台机组,整顿洗煤、矸石加工 17 家企业,万元生产总值能耗同比下降 3.9%,超额完成节能减排任务。市区一级天数 63 天,二级天数 274 天,第 5 年荣获省级卫生城市称号。

发展红利普惠百姓。党校综合教学楼、残疾人服务中心及部分保障房投入使用。职教中心教学楼、实训楼、报告厅和一中图书楼等项目主体完工。新医院、劳动技校、白龙退沙中心幼儿园、实验中学东校区等项目有序推进。成功举办 10 场“幸运霍州·激情飞扬”大型消夏文艺晚会,参加各类大型文体活动 20 余次,门球比赛全省三连冠。基本药物制度全面推行,医疗服务水平不断提高。

（霍州市人民政府办公室）

曲沃县

【自然概况】 曲沃县位于山西省南部、临汾盆地南端,县域总面积 437.9 平方千米。辖 1 个城市社区工委(6 个城市社区)、2 个乡(51 个行政村)、5 个镇(101 个行政村),2013 年总人口 24.1 万人。

境内地势平坦，气候温和，土壤肥沃，宜农宜林，交通发达，水电矿产资源富集，人文历史古迹众多。历史上曾是“武公据之以兴晋，文公依之而称霸”的晋国建都之地，素有“桐叶封唐地，三晋发端处”之美誉。

【经济发展概况】 2013 年,全县生产总值 100.3 亿元,比 2012 年增长 11%;财政总收入 8.23 亿元,增长 9.6%;公共财政预算收入 2.99 亿元,增长 18%;农林牧渔业总产值 20.7 亿元,增长 6.8%;粮食总产量 1.93 亿千克,增长 6.7%;工业总产值 258.63 亿元,增长 13.2%;社会消费品零售总额 16.61 亿元,增长 14.1%;城镇居民人均可支配收入 2.2 万元,增长 11.7%;农民人均纯收入 1 万元,增长 13.8%。

工业经济平稳向好。突出协调帮扶，稳步推进千万吨级钢铁工业园区、马庄新型装备制造园区、山西国际陆港曲沃项目园区、紫金山黄金产业开发园区等大工业园区的建设。特别是千万吨级钢铁工业园区各企业在政策和市场的双重压力下，仍然保持了稳定生产和正常运转，通才公司污泥回收、南环路、120 吨转炉配套和立恒公司厂区生态化建设等项目全面竣工，为打造“全省千万吨钢铁基地”奠定了基础。与此同时，还分别与山东润峰集团、上海华仪集团签署光伏发电、风力发电等新型产业合作项目。

农业经济形势喜人。重点实施

"晋之源"八大系列精品农业园区中的高显汾河滩涂循环农业园区、浍河北岸生态农业观光园区和太子滩现代农业示范园区的产业配套及景观塑造工程。其中，立恒公司以"工业经营农业"的形式，投资2亿余元建设的晋之源太子滩现代农业示范园区成效尤为显著，该园区内规划建设的南渔北引示范区、双千亩莲鱼共养区、高科技智能温室区、五粮液集团优质杂粮生产区、晋国历史文化游览区、生态湿地保护区等六大区域，成为"晋之源"系列农业园区建设的新亮点。

文化旅游发展加快。突出以文兴旅，大力推进晋国文化旅游区、桥山黄帝文化风景区以及曲村大悲院、南林交龙泉寺、浍河民俗山庄、晋都绿港生态园等景区景点的建设和修复，取得明显成效。晋国博物馆馆区陈列布展、墓址复原、内外装修、设备安装以及绿化、美化、亮化等各项工程大部分完成，多媒体宣传片《晋国风云》完成制作，晋国历史故事情景剧部分章节成功试演。

城市建设如火如荼。突出环境优化，大力推进东城新区开发。新区吉祥路、如意路通连文公大街的北拓工程已全面完工，新区中央核心区大贯通、大循环的"三纵三横"主干道路框架全面形成。国际酒店、商业广场和数十栋高层住宅拔地而起。晋园建设进展迅速、效果明显，晋都文化中心"五馆一院一中心"的所有场馆正在加紧建设，万人广场、晋国宫、文公舫、仿古街、如意湖等一系列富有历史文化特征的单体建筑已经落成，一个设施齐备、功能完善、生态优美、文化彰显的城市新中心正在呈现。

人民生活持续改善。完成曲沃中学生活区一期、曲沃二中办公生活用房、兴华中学教学楼、东城幼儿园主体、28千米的县乡循环道路翻新改造以及新人民医院门诊楼及附属工程，积极推进县级公立医院综合改革，高标准设计建造一批钢结构仿古公交停靠站，开通1、2路城市公交。

（侯建伟）

翼城县

【自然概况】 翼城县位于山西省临汾市东南端，地处黄河流域汾浍之间，东北部群山环抱，西南部平坦辽阔，境内平川、丘陵、山区大体各占1/3，县域总面积1170平方千米。辖4个乡、6个镇、212个行政村。2013年总人口31.6万人。

翼城历史悠久，文明富庶。相传尧及其后裔封于此，古称唐；西周初年，周成王封其弟叔虞于唐，建都于翼，为"翼城"始，迄今已有3100多年的历史。

翼城风光秀美，底蕴深厚。有华北地区最大的自然保护区——历山舜王坪风景旅游区，历山、绵山、佛爷山3个风景旅游区初具规模。

翼城交通便利，通信快捷。自古为晋南承东启西之咽喉要地。处于山西、陕西、河南三省"大三角"以及山西南部临汾、运城、晋城三市"小三角"的中心地带，地理位置适中，现代物流业蓬勃发展。

翼城气候宜人，物产富饶。盛产小麦、玉米、小杂粮和干鲜果等，是全国商品粮基地县、山西省果品生产重点县、全省瘦肉型商品猪基地县、新兴优质奶牛养殖县。

翼城三面环山，资源丰富。已初步探明的矿藏有30余种，以煤、铁、石灰石为主，铜、铝、石膏、硫黄等亦有蕴藏。煤炭已探明储量19.95亿吨，多属低硫、低灰、高发热量优势电煤。铁矿储藏量达7214万吨，主要为磁铁矿，低硫、低磷，品位在35%～61%之间。

【经济发展概况】 2013年，全县生产总值88亿元，比2012年增长8.4%；规模以上工业增加值49.9亿元，增长12.5%；固定资产投资54.5亿元，增长34.3%；社会消费品零售总额32.8亿元，增长16.3%；城镇居民人均可支配收入2.2万元，增长11%；农民人均纯收入8076元，增长13.1%；公共财政预算收入5.5亿元，增长0.6%。

农业发展势头良好。2013年，粮食生产获得丰收，总产量1.96亿千克。强化政策扶持，新发展水果经济林413公顷、核桃经济林240公顷、设施农业66.7公顷，20个专业村"一村一品"项目全部启动实施。新增县级农业龙头企业8家、专业合作社64家，全县无公害农产品数量达到43个、产地认证面积达到1万公顷。翼众张桥无公害蛋鸡养殖基地、富民万只肉羊养殖和长汇20万吨饲料加工项目投产运营，富华奶牛场改扩建、鑫坤3万只肉羊养殖、12个生猪养殖场改扩建项目完成年度建设任务。实施农机装备与服务提升、南梁片基本农田整理、王庄片高标准农田建设、小型农田水利重点县等项目建设，农业生产条件持续改善。123个行政村装上了太阳能路灯，16个重点村新农村建设和400人异地扶贫搬迁安置工作扎实推进。

工业转型克难攻坚。强化工业要素保障，争取企业专项扶持资金6300余万元，组织煤炭企业签订购销对接合同49.6万吨，审批发放小微企业助保金贷款5000万元，3座变电站完工投用。永益30万吨大口径铸管项目投入试生产。舜达公司1.6万吨热模锻压力机主机设备从俄罗斯发货，与阳煤集团装备制造局等企业开展合作对接。全县原煤产量完成441万吨，7座整合煤矿主体技改工程基本完工，3座达到联合试运转条件。阳煤翼城煤电化循环经济产业园区项目正式签约，园区规划经省发改委评审并批复，选址已确定，进入实质性推进阶段。翼钢等5家冶炼铸造企业的卫生防护距离得到重新调整确认。7座铁矿取得安全设施设计批复，达到复工建设条件。

城乡建设统筹推进。完成县城总体规划修编及供水、道路等专项规划的编制工作。古北线改造、县城水源地建设、北环路西段工程相继完工，县城70%的背街小巷实现硬化，城西防洪排水、唐霸文化公园和翼侯高速桥上连接线工程完成年度建设任务。县城集中供热供气覆盖范围和运行质量进一步提高。城乡环境卫生综合整治取得阶段性

成效，建筑市场秩序有所好转。文物修缮、遗址保护和历山、城内“古城新村”景区建设取得积极进展。节能减排完成年度任务，PM2.5监测系统投入试运行，城区环境质量持续提升，二级以上天数达到350天。完成通道绿化300千米、矿区绿化100公顷、荒山绿化233.3公顷。

民生事业全面进步。2013年，完成16所中小学校、5所村级幼儿园改造工程，汇丰中心幼儿园、5所乡镇中心幼儿园、三中标准化操场建成投用。完成2个乡镇卫生院、4个分院的业务用房建设和危房修缮，新中医院投入运营。全县近29.7万居民有了规范化的电子健康档案。实现农村劳动力转移就业5212人，新增城镇就业4620人、困难群体再就业470人。继续扩大各类社会保险、社会救助覆盖范围和保障水平，进一步提高新农合报销补偿比例、60周岁以上老人基本养老金补助和城乡低保、“五保”、80周岁以上农村籍老人敬老金发放标准，启动了农村老年人日间照料中心建设。对180余户残疾人家庭实施帮扶救助。

（翼城县人民政府办公室）

襄汾县

【自然概况】 襄汾县位于山西省临汾市中南部，东邻浮山县、翼城县，南接曲沃县、侯马市、新绛县，西傍乡宁县，北靠尧都区。县境南北长39.3千米，东西宽26.5千米，总面积1034平方千米。辖7个镇、6个乡、348个行政村。2013年总人口45.1万人。

襄汾历史悠久，源远流长，是中华民族的发祥地之一、华夏文明的根祖之地。驰名中外的“丁村人”，10万年前就在这里繁衍生息。华夏之祖尧帝，5000年前在陶寺建国立都、兴业安邦。以丁村和陶寺两大遗址为代表的丁陶文化享誉三晋，闻名全国。襄汾土地肥沃，水源充足，资源丰富，交通便捷，是传统的农业大县，也是新兴的工业强县。

【经济发展概况】 2013年，全县生产总值125.05亿元，比2012年增长9.1%；公共财政预算收入7.45亿元，增长6.4%；农林牧渔业总产值23.5亿元，增长5.3%；规模以上工业总产值251.27亿元，增长5.9%；社会消费品零售总额35.42亿元，增长23.2%；城镇居民人均可支配收入2.2万元，增长11.3%；农民人均纯收入9206元，增长12.6%。

现代农业扎实推进。2013年，改善灌溉面积1万公顷，增加秋粮复播面积2670余公顷，全县粮食总产量4.22亿千克，再创历史新高。狠抓8个和2个基地建设，蔬菜、果树、中药材等特色农业的种植面积稳中有增，南辛店、景毛、新城3个万头生猪养殖园区完成建设。侯临日产10吨杏鲍菇项目投产达效，天美食品、三盛合酿造、奥格姆食用菌、敬德面粉4家企业成为全省“513”农产品加工龙头企业。赵康辣椒通过国家地理标志认证，五谷丰醋业跻身山西省著名商标行列。241个行政村的街道亮化工程全部完工，乡村清洁工程全面铺开，环境状况得到有效改善。

工业转型步伐加快。积极组织、参加各类商贸洽谈活动，晋润冷链物流、戎子酒庄生产基地等项目成功落户襄汾县，特别是世界500强企业，新兴际华下属新兴重工襄汾绿色铸造科技产业园落地奠基，成为襄汾县工业经济发展中的一个里程碑。大力推进焦化行业整合重组，在全省淘汰1500万吨落后产能的形势下，襄汾县整合主体企业由1家增加到4家，产能由760万吨增加到820万吨，股份制联合重组的万鑫达模式在全省推广。改造升级传统产业，宏源10万吨甲醇、光大90万吨干熄焦项目投产达效。坚持发展循环经济，星原100万吨高速线材、400万吨高活性石灰项目建成投产，中升100万吨高线盘螺项目进入试生产。着力培育新兴产业，辉瑞制药园区一期工程通过国家食品药品监督管理局验收，宏木林日产2万张石膏板生产线投入运营。

城乡环境有效改善。邓庄、汾城“百镇工程”建设规划已经完成，城乡规划体系不断完善。滨河东路和汾河治理全部达到年度目标进度，“百里汾河新型经济带”襄汾段建设取得新进展。复兴路、丁陶大道北延等路网工程进展顺利，晨光家园、泽欣花园等住宅小区主体完工，旧城街巷改造、自来水管网建设、集中供热扩面等提质工程稳步实施。县城二级以上天数338天。

文化旅游加快发展。龙澍峪景区一期工程完工并开园迎客，丁村、陶寺、汾城和玛斯兰德温泉度假小镇等景区正在加紧规划编制等前期工作。丁村入选第六批中国历史文化名村，襄陵文庙、邓庄灵光寺琉璃塔入选国家第七批文物保护单位，文物保护得到进一步加强。晋尧古玩市场投入试运营，唐人居晋作家具完成改造提升，丁村土布成为集自主创新、联合加工生产为一体的文化产业。荷花文化旅游节、尉村跑鼓车节、赵氏孤儿忠义文化节、龙澍峪祈福节和陶寺龙文化节等活动成效初显，全县文化旅游产业收入10.37亿元，比2012年增长21.4%。

社会事业全面进步。省级公立医院改革试点工作如期完成，新农合大病保障范围进一步扩大，县医院河西新院建设进展顺利，全省计划生育优质服务先进县通过验收，食品药品监管体制改革工作走在全市前列。新增城镇就业7320人。五大保险参保人数42.9万人次。全年发放社会救助资金5266万元，6万余名60周岁以上老人享受到城乡居民养老保险待遇。建成保障性住房672套，改造残疾人和农村困难家庭危房535户。《陶寺文化新论》和历史文化专著《襄汾》排版审定，《丁陶鼍鼓》摘得第十届中国艺术节“群星奖”，平阳麻笺、徐记锣鼓等5项传统文化项目入选第四批省级非遗保护名录。

（襄汾县人民政府办公室）

洪洞县

【自然概况】 洪洞位于山西南部，临汾盆地北端。全县辖9个镇、7个乡、463个行政村、902个自然村。总面积1494平方千米。2013年总人口74.6万人。

境内拥有煤、铁、石膏、硅石、铝

矾土、石灰岩、油页岩等30余种矿产资源，煤炭探明储量44亿吨，具有煤质好、埋藏浅、分布广的特点。

旅游资源丰富，名胜古迹众多。以广胜寺、大槐树寻根祭祖园和苏三监狱为代表的人文名胜及自然景观达252处。

全县水资源充沛。地下水资源1.4亿立方米/年，广胜寺霍泉是县内最大的碳酸盐岩溶泉，流量为8000万立方米/年。

【经济发展概况】 2013年，全县生产总值165.5亿元，财政总收入23.5亿元，公共财政预算收入11.5亿元，限额以上工业增加值104.8亿元，固定资产投资138.9亿元，社会消费品零售总额46.5亿元，城镇居民人均可支配收入2万元，农民人均纯收入8249元。

产业结构不断优化。农业现代化稳步推进，粮食总产量4.1亿千克；重点发展天泽现代农业转型综改示范园，土地流转800公顷，种植色叶苗木266.7公顷；巩固发展了大槐树农业生态园和历山农业观光园，建成设施蔬菜373.3公顷，药材353.3公顷，果树140公顷，核桃1266.7公顷；规模养殖水平逐步提高，畜禽存栏牛1万头，羊11万只，猪24万头，禽类250万只。工业新型化步伐加快，华翔精密制造三期、飞虹科技高功率激光器、山焦20万吨甲醇、三维3万吨四氢呋喃等项目竣工投产；山焦烯烃、晋能低热值煤发电等项目进展顺利。第三产业蓬勃发展，成功举办第23届大槐树文化节、三月三等民间传统节庆活动，全年接待游客372万人（次），门票收入5200万元，被评为“山西省重点旅游县”。

城乡面貌持续改善。高标准完成汾河生态修复治理与保护二期工程，大槐树文化中心室内外装修进展顺利，涧南东街竣工通车，霍侯一级路翻新亮化、城区路灯节能改造及桥梁夜景工程全部完成，垃圾无害化处理厂投入运营；新增供热面积50万平方米、天然气用户6000户，城区供热率和气化率分别达83%和75%。安装农村太阳能路灯7360盏。全年造林2600公顷，植树394万株，城区绿化覆盖率47.4%。城区二级以上天数335天，一级天数78天。荣膺国家卫生县城、省级环保模范城、省级园林县城、省级文明县城称号。

民生事业全面进步。教育方面，完成3座乡镇中心幼儿园和10所义务教育标准化学校建设，职业中学教学楼主体封顶，高考二本以上达线1783人，连续5年创新高。卫生方面，新农合参合率99.4%，成功申报“省级计划生育优质服务先进县”。科技方面，全年发明专利32件，被评为“全国科技进步先进县”。社保方面，全年实现就业再就业7505人，完成各类保障性住房1436套，分配廉租房348套，改造农村危房423户。文化方面，深入开展“魅力百村欢乐行”文化下乡活动，荣获“全国群众体育先进县”称号。

（洪洞县人民政府办公室）

古　县

【自然概况】 古县位于山西省临汾市东北部，太岳山南麓，总面积1206平方千米。辖4个镇、3个乡、111个行政村。2013年总人口9.4万人。

古县资源丰富，是全省优质主焦煤生产基地，探明储量近50亿吨；古县历史悠久，是战国名相蔺相如的故里；古县风景优美，是“天下第一牡丹”的生长之地，古县牡丹景区是国家AAAA级旅游景区；古县环境宜人、社会和谐、民风淳朴，是临汾首家国家卫生县城，也是国家园林县城、省级文明和谐县城、省级环保模范县城和省级文化强县。

【经济发展概况】 2013年，全县生产总值51.3亿元，比2012年增长11.8%；工业总产值97.4亿元，工业增加值40.2亿元，增长16%；公共财政预算收入4.8亿元，下降14.3%；固定资产投资39.5亿元，增长40.8%；社会消费品零售总额7.4亿元，增长13.8%；城镇居民人均可支配收入2.3万元，增长11.1%；农民人均纯收入7179元，增长12.5%；原煤、焦炭、洗精煤产量企稳回升，分别为514万吨、217万吨、520万吨，增长31.9%、7.9%和11.5%。

农业产业良性发展。2013年，粮食总产量5866万千克，比2012年增长5%；农林牧渔业总产值4.2亿元。依托片区开发项目，核桃栽植2200公顷，90余万株，核桃主业地位进一步巩固。着力培育连翘产业，高标准发展260公顷，连翘产业步入规范化轨道。1个县级和7个乡镇级农业示范园区得到巩固提升。推进产业结构调整，支持农民合作组织发展特色种植和特色养殖，全县农民专业合作社487个。全年争取涉农资金4800万元，实施农业综合开发、土地整理、巩固退耕还林、红色小流域治理等农田水利项目，农业生产条件得到极大改善。

工业转型步伐加快。煤炭兼并重组工作顺利推进，8座基建矿井完成投资10亿元，下辛佛、柳沟、老母坡、泓翔、蔺润等5座矿井转入生产，兰花宝欣煤业进入联合试运转，煤炭产能首次突破500万吨。华宝工业园区环评通过省专家评审。国新正泰焦炉煤气制备天然气项目进入试车阶段，成为全省乃至全国的标杆项目。利达焦化6万吨合成氨项目已经市经信委备案，基建工程全面铺开。西山煤电古县2×35万千瓦煤矸石综合利用发电项目，前期工作取得一定进展。

旅游产业初具规模。坚持“文化旅游品牌化”发展战略，初步形成三大旅游品牌品牌：牡丹旅游品牌。以三合牡丹景区和张家大院为亮点内容的石壁河流域风景区初具规模，系列配套服务设施相继完成。中国古县牡丹文化旅游节已连续举办6届，“天下第一牡丹”的品牌影响力和辐射力不断得以提升。生态霍山品牌。由正泰煤气化有限公司投资建设，集休闲、避暑、度假、商务会务于一体的半森缘休闲避暑度假村一期工程完工，“生态霍山”的品牌效应逐步显现。红豆杉品牌。古县华兴农业科技有限公司在北平镇党家山投资建设国家级红豆杉种植基地，打造集观光农业、生态旅游、休闲娱乐于一体的综合旅游园区。“赏牡丹、登霍山、望灵空山”的旅游线路，逐步融进省市旅游发展格局。

基础建设稳步推进。文昌新区道路工程主体完工，城市建设实现

扩容提质;城市园林绿化升级提档,被国家住建部命名为“国家级园林县城”;全面实施城乡环境清洁工程和创建省级林业生态县工作,全县环境卫生面貌和生态建设得到持续改善。12个新农村重点推进村建设任务全部完成,连片示范区进一步巩固。

*民生事业统筹发展。*古县三中正式投入使用,古阳、下冶、石壁、旧县4所乡镇中学教育资源有效整合;高考成绩刷新历史纪录,稳居全市山区县前茅。新医院附属及装修工程进入攻坚阶段。县政府年初承诺的10件实事全部落到实处,人民群众共享到公共财政阳光。县、乡、村三级社会管理指导(服务)中心初步建成。全县安全形势持续向好,工矿商贸领域连续10年未发生较大以上安全事故。

(古县人民政府办公室)

浮山县

【自然概况】 浮山县位于太岳山南麓,临汾盆地东缘。辖2个镇、7个乡、2个社区居民委员会、185个村委会。全县总面积940平方千米。2013年总人口12.9万人。

浮山历史悠久,文化灿烂。自唐武德二年建县至今已有1300多年的历史。境内有老君洞、清微观、唐代天圣宫遗址等众多文物古迹,尧文化、道教文化、弟子规等传统文化资源丰富。

浮山物华天宝,资源丰富。境内有煤、铁、石灰石等38种矿藏。石灰岩估算资源量1.9亿吨。铁矿石探明储量1.2亿吨,平均品位40%以上,被誉为“人参铁”,是山西省富铁矿生产基地之一。

【经济发展概况】 2013年,全县生产总值46.9亿元,比2012年增长10.9%;公共财政预算收入1.98亿元,增长0.1%;农林牧渔业总产值7.12亿元,增长3.6%;粮食总产量1.02亿千克,增长3.7%;规模以上工业总产值66.3亿元,增长23.4%;社会消费品零售总额6.66亿元,增长13.1%;城镇居民人均可支配收入2.1万元,增长9.1%;农民人均纯收入6224元,增长11.6%。

*以项目建设为引擎,全力推动经济发展。*2013年,完成项目储备700亿元、签约144亿元、落地72.7亿元、开工50.76亿元、投产23.01亿元。年初确定的50个重点项目,完成投资22.3亿元,9个市级重点监测项目完成投资11.05亿元。

*以转型发展为主导,全力打造接续产业。*一是中强煤焦电化材一体化园区,完成总体规划调整和批复,取得煤焦联合主体资格,园区基础设施全面开工,项目建设加快推进,年产3.2万吨活性炭项目建成投产,中强铁路自备专用线顺利开工。二是春山煤矿获国家能源局批复,正在办理划界延期手续;福山煤业90万吨升级改造正在加紧实施。三是三利万吨铬系合金铸球、太平洋矿用电缆项目即将试产,华润浮山风电项目推进顺利。四是非煤矿山管理进一步加强,企业换证工作取得明显进展。

*以现代农业为目标,全力促进农业增效。*大力发展生态农业、循环农业和特色农业,培育壮大龙头企业。着力打造张庄农业示范园区的升级版——“印象田园”生态农业示范区,分步实施设施农业体验区、锦绣园林观赏区和休闲养生度假区三大版块。设施农业体验区完成园区水、电、路等配套设施建设和道路绿化,建成日光节能温室403座、春秋大棚550座,2013年被评为全省设施蔬菜生产先进县。玉杰农业循环经济项目加快推进,万吨全价饲料生产线正式投产,玉杰牧业繁育养殖项目顺利完工。振强杂粮醋建设项目完成生产设备安装调试。核桃产业新发展666.7公顷,14个“一村一品”专业村全部通过验收,各类农民专业合作社累计发展到443个。

*以“三城联创”为抓手,全力打造宜居家园。*深入开展市级文明城、省级卫生县城、省级环保模范城创建活动和城乡环境综合整治百日大会战,加大环境整治资金投入,全县上下共同参与,城乡环境大为改观。省级卫生县城和市级文明城顺利通过验收,省级环保模范县城创建工作有序推进。文体活动中心和尧山广场投入使用,城市街巷改造工程全面启动,天坛路、财政巷高标准改造完成。集中供热面积达到50万平方米,集中供气覆盖城区居民3000户,垃圾处理二期工程开工建设,污水管网覆盖面进一步扩大。110千伏文昌变电站建成投用。临浮城际公交开通营运。27个新农村重点推进村实施“四化四改”“六通六个一”改造建设,141个行政村完成路灯安装。

*以保障和改善民生为根本,全力增进群众福祉。*县示范幼儿园建成投用,13所农村幼儿园改建完成,乡镇学前教育基本实现全覆盖;职业中学学生宿舍楼整体竣工,学生操场主体工程基本完工。中医院、妇幼保健院和卫生综合办公大楼投入使用,新农合参合率95.5%。城镇新增就业837人,城镇登记失业率控制在4%以内。各类社会保险累计参保人数12.9万人次。946名贫困学生享受到生活补助,150名大学生全部享受助学金。发放各类民政救助资金3736万元。棚户区改造和廉租房建设全面完成。

(浮山县人民政府办公室)

吉县

【自然概况】 吉县位于黄河中游,山西吕梁山南麓,属黄土高原残垣沟壑区。东西最长跨度62千米,南北宽48千米,总面积1777.3平方千米,占全市总面积的8.8%。辖3个镇、5个乡、79个村民委员会、567个自然村。2013年总人口10.8万人。属国家扶贫重点开发县。

【经济发展概况】 2013年,全县生产总值17.7亿元,比2012年增长8.6%;规模以上工业增加值8.1亿元,增长12.5%;固定资产投资22.5亿元,增长35.4%;社会消费品零售总额5.38亿元,增长13.3%;财政总收入2.46亿元,增长0.2%;公共财政预算收入1.19亿元,增长12.8%;城镇居民人均可支配收入1.5万元,增长9.7%;农村居民人均纯收入3562元,增长13.5%。

*苹果提质升级开启新篇章。*遵

循产业发展规律，顺应苹果有机化发展趋势，启动实施有机苹果开发试点工作，1666.7公顷果园通过有机苹果转换认证，成功举办中国吕梁山特困地区山地有机苹果产业开发启动大会。实施减密间伐、节水灌溉、生草覆盖、地膜保墒及防雹网、生物物理杀虫设施安装等工程，进一步规范苹果标准化生产规程。苹果深加工项目进展顺利，顶吉食品投产上市，达明一派试产成功，苹果产业产、贮、加、销一体化格局初步形成。全年苹果总产量15万吨，产值6亿多元，直接出口540吨，创汇30.4万美元。

旅游彰显优势实现新突破。修订、完善壶口景区发展规划，积极推进壶口瀑布国家5A级景区创建工作，壶口游客服务中心、停车场、游览步行道、电子门禁、监控系统等工程建成投入使用。加快人祖山开发，完成人祖文化国际大厦、窑洞宾馆主体工程以及景区旅游循环公路路基工程。拍摄2集人文历史纪录片《人祖山之悠》。全省风景名胜区工作会议在壶口召开，中央电视台连续2年在国庆假期直播壶口瀑布壮美景观，壶口的知名度和吉县的影响力进一步扩大，旅游综合效益再创新高。

工业快速崛起呈现新态势。积极应对煤炭市场低迷的不利形势，组织企业参加煤博会及煤炭订货会，推动了煤炭产销有效衔接。桑峨煤电材一体化项目实施了勘探和勘测划界等工作；中石油煤层气开发项目实施排采井数据采集和自动化监控系统建设，明珠集气站投入运营。中石化煤层气开发项目钻井308口。中油中泰煤层气利用项目覆盖县城22个小区和部分商业用户。创建中小微企业创业基地，全县民营企业已发展306个。加大节能减排工作力度，全年万元生产总值能耗降幅3.4%，空气质量二级以上天数363天。

城乡建设管理有了新提升。编制完成城市控制性规划。新城区一期工程基本完成，二期工程有序推进，公检法业务用房主体工程已完成，武装部、人行业务用房等项目进展顺利。老城区糖酒肉食公司片区、城关供销社片区改造工程基本完成，309国道霖雨桥至前下岭桥段道路改造工程全面完成。实施旧区复垦、土地开发整理、农村环境综合治理、造林绿化、流域治理等工程。完成8个重点推进村、5个整村推进村、6个移民新村、7个“一村一品”专业村建设任务，树立8个“一村一品”标杆村，完成42个行政村街巷道亮化任务，新建、改造农村安全饮水工程12处。

社会民生事业得到新发展。实施教育提质、医疗健康、文化强县、扩大就业、社会保障五大民生工程和涉及用水、行路、住房等方面的10件民生实事。43所中小学全部通过市级标准化学校验收；完善新医院基础设施并投入使用，完成中垛、文城卫生院的改建工程及13个村卫生室标准化建设工程；新农合参合率99%，财政补助标准提高到280元，门诊统筹报销比例提高到80%，全年合作医疗基金补偿11.3万人次、2060多万元。文化方面，开展元宵社火表演、佳木斯快乐舞步健身操、广场消夏文艺演出、文化下乡等活动，实行图书馆免费开放，拍摄20余部微电影，反映了全县干部群众建设新家园、创造新生活的精神风貌。就业和社会保障方面，提高城乡最低生活保障标准，扩大“五险一金”、社会救助覆盖面，全年发放养老、医疗、救助及优抚安置等各类保障金1亿多元。

（强培家）

乡　宁　县

【自然概况】 乡宁县位于山西省临汾市西隅，东与临汾尧都区、襄汾县接壤，西隔黄河与陕西韩城市相望，南以河津市、稷山县为邻，北接吉县。全县共辖10个乡镇、182个村委、1113个自然村。2013年总人口23.8万人。

全县森林覆盖率31.7%，林木绿化率45%，是临汾市林业资源最为丰富的县分之一。全县总面积2029平方千米，是山西省面积最大的县份之一。煤田面积1600平方千米，占全县总面积的78%，是临汾市煤炭资源最丰富的县份。总储量153亿吨，可采储量107亿吨，其中2号主焦煤是国家三大稀缺煤种之一，是全国三大优质主焦煤基地之一和全国首批100个重点产煤县之一。煤炭资源整合后，全县保留29座矿井，设计年产能2715万吨。

乡宁历史悠久，文脉厚重。春秋时期因晋鄂侯居此，称曰鄂，战国先属韩后属赵，秦属北屈，汉为骐县。之后相继改称平昌、吕香、吉乡、昌宁等，五代后唐改昌宁县为乡宁县沿袭至今，迄今已有2000多年历史。比较著名的历史人物有明代兵部尚书郑崇俭、清代方志大家杨笃等。文物古迹有战国荀息墓、隋唐千佛洞、宋代柏山寺、金代寿圣晨钟、明代结义庙、清代古长城等。境内的云丘山、万宝山、云泰山、高天山、峰岭山峦起伏，气势雄伟，是休闲养生、避暑纳凉的极好去处。具有浓郁乡宁特色的土特产品主要有下县长山药、乡宁豆腐、空心月饼、乡宁油糕和“琪尔康”翅果油、戎子葡萄酒等。

【经济发展概况】 2013年，全县生产总值85.33亿元，比2012年增长12%；财政总收入22.07亿元，下降14.9%；公共财政预算收入12.92亿元，下降17%；农林牧渔业总产值5.37亿元，增长4.9%；粮食总产量8134万千克，增长4.2%；工业总产值103.86亿元，增长4.4%；规模以上工业增加值64.69亿元，增长17.8%；固定资产投资总额50.99亿元，增长33.5%；社会消费品零售总额15.19亿元，增长14.1%；城镇居民人均可支配收入2.1万元，增长9.8%；农民人均纯收入6829元，增长13%。

农业基础持续稳固。认真落实各项强农惠农政策，各类补贴9677万元。农业持续获得丰收，粮食总产量8134万千克。新栽植核桃933.3公顷，总面积9200公顷。实施“一村一品”专业村项目25个，千亩以上特色产业专业村53个。投资1亿元，高标准建设管头连片示范区和24个重点村，完成148个行政村街道亮化和2000人移民搬迁。深入开展农田水利基本建设、土地开发整理等工程，改造中低产田440公顷，建设淤地坝2处，新增耕地142.1公顷，新建饮水安全工程21处，解决了7000人饮水安全问题，完成农民科技培训1.2万人次，“三农”基础不断夯实。

*产业质量持续提升。*认真落实省煤炭20条、市煤炭25条优惠政策，制定县煤炭减负12条，加快矿井建设进度，1座建成投产，5座申报联合试运转，全年生产原煤858万吨。焦化企业完成兼并重组。补充完善“内留外引”优惠政策，出台《中小微企业“惠商贷”管理办法》，积极参加各类招商引资会议，“六位一体”重点项目建设超额完成年度任务。戎子酒庄和琪尔康销售收入突破4亿元，云丘山旅游步入正轨，双凤祥百万株核桃园规模逐步壮大，产业结构趋向合理。

*城乡面貌持续改观。*积极巩固“省级卫生城”创建成果，省级环保模范城、省级双拥模范城通过初验，省级园林城、省级文明县城创建步伐加快。罗河河道治理、迎旭广场改扩建、解放路改扩建、北山甬道二期等市政工程建成投用，县城引黄供水、鄂河河道综合治理、新城“三纵九横”交通标志和天眼等重点工程进展顺利，新城综合开发全面启动，城市功能不断完善。继续开展环境污染集中整治，昌宁、管头16个村环境连片整治示范项目有序推进。大力开展造林绿化，完成造林面积3866.7公顷。新增供热面积30万平方米、供气用户1500户。全县二级以上天数356天，空气污染综合指数平均值下降到1.6，城乡生态环境稳步改善。

*群众幸福指数持续攀升。*临吉高速连接线建成通车，53.1千米道路标准化工程竣工投用，樊家坪至金桥沟改线工程进展顺利，道路交通条件明显改善。乡宁220千伏输变电工程进展顺利，农网升级改造完成98.5千米。实施59所义务教育学校标准化建设工程，改建幼儿园48所，免除义务教育阶段、高中阶段学生学费、书本费和住宿费1100余万元，发放困难学生生活补助500余万元。教师节奖励368万元。招考教师195人、医护人员102人，确保教育、卫生事业发展人才支撑。完成县级公立医院综合改革任务，药物补偿487万元，公共卫生服务惠及城乡居民。全面加强社会保障，新农合参合率、城镇登记失业率、人口自然增长率均完成市定指标。保障性住房开工建设628套，改造农村危房500户，完成420套廉租房实物配租。发放各类保障补助7287万元，免费供应冬季取暖用煤14.3万吨。

（乡宁县人民政府办公室）

蒲　县

【自然概况】　蒲县地处吕梁山脉南端西麓，临汾西北部。总面积1510平方千米。辖4个镇、5个乡、93个行政村。2013年总人口10.9万人。

*蒲县历史悠久。*据境内薛关龙王庙细石器遗址发掘证实，远在一万二千年以前，已有先民在此繁衍生息。相传唐尧时期，尧的老师蒲伊子曾隐居于此，县名由此而来，古有蒲国、蒲阳、蒲子之称。

*蒲县区位独特。*蒲县是临汾通往隰县、大宁、永和等地乃至吕梁市的石楼、交口的门户，素有“晋西锁钥”之称。县境地势东高西低，东、南、北三面环山，五川沟壑相通，七垣条带分布，西部与中部为黄土沟壑区，东南部为土石山区。昕水河及其支流南川河、碾沟河、北川河穿流县境。境内海拔最高1946米，最低790米，县城960米，是临汾市海拔最高的县城。

*蒲县资源丰富。*主要有煤、铁、铝矾土、油母页岩、石灰石等20余种，尤以煤炭为最，含煤面积1360平方千米，占总面积的90%以上，地质储量181.7亿吨。全县土地总面积15.1万公顷，耕地2.3万公顷，林地9.7万公顷，基本农田1.7万公顷。农产品种类较多，以玉米、马铃薯、蔬菜为主，小杂粮有莜麦、荞麦、豆类等，干鲜果以核桃、苹果为主。境内现有各类文物保护单位108处。自然景观有五鹿山国家级自然保护区、梅洞山天然林保护区，人文景观有国家级文物保护单位柏山东岳庙，以及真武祠、段云书艺馆、蒲子文化宫等。

【经济发展概况】　2013年，全县生产总值51.22亿元，比2012年增长12.6%；规模以上工业增加值40.9亿元，增长18.3%；全社会固定资产投资36.76亿元，增长47%；财政总收入14.88亿元，下降1.2%；公共财政预算收入9.01亿元，增长18.7%；社会消费品零售总额5.89亿元，增长13.7%；粮食总产量6012万千克，增长6.1%；农林牧渔业总产值3.49亿元，增长6.3%；城镇居民人均可支配收入2万元，增长10.4%；农民人均纯收入6277元，增长12.6%。

*转型发展步伐加快。*2013年，启动实施总投资438亿元的77项重点工程。大唐100兆瓦风电和山煤国际煤炭集运站2个招商项目落地建设，宏源2×350兆瓦低热值煤发电项目通过初评；煤气化煤机维修制造、山煤300万吨重介选煤项目即将竣工，龙祥干法水泥二期完成土建工程和部分设备安装；16座矿井竣工投产或进入联合试运转，形成1245万吨生产能力，全市新矿井建设现场会在蒲县召开。落实全省“煤炭20条”，为企业减免费金3亿多元，稳定煤炭产销，全年原煤产量达到894万吨。“两个十万亩”打造提档升级，新栽补栽核桃1333.3公顷、63万株，建成山中垣万亩核桃示范基地，山中乡被认定为“首批国家级核桃示范基地”，蒲县被确定为“国家级马铃薯栽培农业标准化示范区”。成功举办武汉招商引资推介会，签约7个重大项目，协议资金39.28亿元。

*城乡建设深入推进。*旧城改造拉开序幕，鹿城山水小区（五十孔窑）顺利拆迁；主街改造、锦绣大桥、第一中学、奥体中心投入使用，翠屏山森林公园、迎宾公园竣工开放，蒲红路路基形成，保障性住房二期、西关市场主体完工，滨河大道二期、保障性住房三期、锦绣公园、平安公园改造完成年度任务。乔家湾“百镇建设”完成投资

7855万元。五鹿山旅游公路、曹午线薛关—白家庄段竣工通车，曹村—薛关段路基基本形成。西坪垣220千伏输变电工程主体完工，11千米城网入地、98千米农网改造全面完成。

生态环境明显改善。2013年，造林4533.3公顷，林木覆盖率52.5%。关闭取缔高耗能企业2家，10家企业完成脱硫、脱硝治理，11座煤矿污水处理系统投入运行，万元生产总值综合能耗下降3.8%，达到1.9吨标煤。农村环境连片整治项目完成任务的40%，城乡环境综合整治清除垃圾400万立方米，粉刷墙面68万平方米，群众“环保意识”“生态观念”明显增强，“美丽蒲县”建设正在还原生态底色。

社会事业全面进步。新建一中、县直幼儿园竣工投用。成功创建“国家级计划生育优质服务先进县”。元宵社火、消夏月、文艺等“文化大餐”普惠百姓，全县第一届运动会成功举办。东岳庙“4A”景区创建通过省级验收，井沟战役红色旅游景区完成总体规划。全年新增城镇就业2142人，转移农村剩余劳动力8323人；各类社会保险参保人数9.5万人，基金累计滚存3.39亿元；发放低保金2676万元，农村“五保”供养、医疗救助、优抚资金598万元。

（杜建设　冀小刚）

大　宁　县

【自然概况】 大宁县位于山西省吕梁山南端，临汾市西部，黄河东岸。全县总面积967平方千米。现辖2个镇、4个乡、84个行政村、309个自然村。2013年总人口6.6万人。

北周保定元年（公元561年）始置大宁县，距今已有1453年的历史。地貌属黄土高原残垣沟壑区，有“三川十垣沟四千，周围大山包一圈”之说。海拔最高1740米，最低481米。年平均气温10.9℃，昼夜平均温差12.7℃，年平均日照数2466.7小时，无霜期213天，年均降雨量493毫米，四季分明，光照充足；昕水河、义亭河纵贯全境，可利用的小泉小水有198处，全县水资源总量为4769.6万立方米；已探明的煤炭、煤层气、黄河砂岩储量分别在21亿吨、300亿立方米、30亿立方米以上。人文和自然景观有二郎山原始森林、黄河仙子祠、新旧石器遗址等。

【经济发展概况】 2013年，全县生产总值4.4亿元，比2012年增长6.2%；财政总收入5390万元，增长11.2%；公共财政预算收入3125万元，增长11.5%；城镇居民人均可支配收入1.4万元，增长9.4%；农民人均纯收入2249元，增长11.8%；社会消费品零售总额2.47亿元，增长12.8%；固定资产投资8.05亿元，增长35%。全县粮食总产量3900万千克，增长18%。

主导产业扎实推进，基地规模不断扩大。坚持区域布局、连片开发、规模发展的原则，先后实施连片扶贫开发、一县一业、一村一品等项目，加快推进“优质苹果、设施蔬菜、高效养殖”三大基地建设。全年新增苹果经济林2333.3公顷，完成吉宁果蔬物流交易市场主体工程；完善蔬菜大棚水利配套设施，生产各类瓜菜6000吨，产值达960万元，菜农户均增收8000多元；完成丰冠源万头猪场二期工程，建设猪舍、饲料房近6000平方米，引进种猪500头。全县发展养猪专业合作社8个，年出栏达到2万头。

工业经济不断扩张，发展后劲持续增强。启动轻工业园区、移民新区“两区同建”建设项目，新建工业厂房两座，与鑫辉公司等两家电子元件企业签订进驻协议，启动移民新区的基础工程。编制完成三多循环工业经济园区总体规划，开展三多矿区煤炭详查和煤层气地震勘探工作，探明煤炭资源21亿吨，煤层气、天然气储量500亿立方米。在而吉村建成全县首座太阳能发电站，能源开发迈出新步伐。同德化工公司实现产值3000万元，辰康公司麦绿素生产线已投入生产。

重点工程有序推进，城乡建设步伐加快。新建城南滨河路，改写了大宁县城一条街的历史。实施城西路改造、保障性住房、古乡大桥、旧城改造等城建重点工程，拆除破旧建筑1.1万平方米，新增建筑面积3.2万平方米，城市开发步伐不断加快。完成城市供水改造工程，日增供水量400吨，启动10万平方米供热站建设工程，实施天然气利用工程，铺设天然气管道9703米，入户468户，城市功能不断完善。启动易地扶贫搬迁工程，实施50个行政村的路灯亮化工程，改造农村危房500户，完成3所村级幼儿园改扩建及乡村清洁工程的年度任务，农村“五件实事”全面推进。

基础建设不断加强，生态环境有效改善。新建总投资2.67亿元的220千伏变电站，启动110千伏变电站建设工程，完成“宁大线”公路改造一期和南外环路改造工程。实施坡改梯、以工代赈、土地开发、农业综合开发等工程，新增机修梯田920公顷、机耕路15千米，修筑生产坝26座，平整土地1800公顷。实施“三北”防护林、天然林保护和巩固退耕还林成果工程，新增造林面积2766.7公顷。安装了两套PM2.5自动监测系统，对大气中有害颗粒物质进行全面监测。大力实施节能减排，单位生产总值能耗同比下降3%。

民生保障持续改善，社会事业全面进步。教育发展上，在全市率先推行15年免费教育，免费为学生发放校服和教辅材料，增设礼仪课。招聘29名特岗教师，全县共有46名学生被国家二本以上院校录取。卫生事业上，特殊病种大额门诊扩大到30个病种，实行网络直报工作，推行报销公示制度，尽力满足农民群众就医需求。全县新农合参合率为99.9%，报销医药费1600万元。持续稳定低生育水平，人口自然增长率为4.79‰。社会保障上，新增城镇就业512人，城乡居民基本养老保险、城镇职工基本养老保险、城镇基本医疗保险参保人数分别达23633人、8071人、13136人，失业率控制在3.8%以内。为全县所有公民免费缴纳了自然灾害公众责任保险。全年共发放城乡低保、"五保"、大病医疗救助等各类救助资金1900万元。

（大宁县人民政府办公室）

永 和 县

【自然概况】 永和县地处晋西吕梁山脉南端，黄河中游晋陕大峡谷东岸，临汾市西北边缘，是革命老区、省界边区，属吕梁山集中连片特困地区扶贫开发工作重点县。全县国土面积1212平方千米。2013年总人口6.5万人。辖2个镇、5个乡、79个行政村。县域经济发展以农业为主。以红军东征永和纪念馆和黄河乾坤湾为代表的旅游文化资源独特。

【经济发展概况】 2013年，全县生产总值6.3亿元，比2012年增长6%；全社会固定资产投资7亿元，增长8%；社会消费品零售总额3.6亿元，增长12.4%；公共财政预算收入3014万元，增长28.3%；城镇居民人均可支配收入1.5万元，增长9.2%；农民人均纯收入2462元，增长11.6%。

*转型发展步伐加快。*美特好农产品存储加工配送中心于12月份竣工，并开始试生产。工业产业上，以勘探开发、加工利用为重点，建成了年处理100万立方米的煤层气集气站，日处理达到40万立方米。山西燃气产业集团投资的LNG项目核准落地。旅游产业上，完成黄河蛇曲国家地质公园景区绿化。成功举办"天下永和、大美乾坤"中外百名摄影家看永和"活动。永和县在"第四届中国特色镇发展论坛暨美丽中国特色镇主题行"活动上作了主题发言，对外宣传力度进一步加大。

*城乡面貌明显改善。*城市建设上，以"三城联创"为目标，重点实施城市燃气供热、廉租房建设、城市棚户区改造等6个城市建设项目，城市服务功能更加完善。公路建设上，重点实施了楼山旅游路路面改造、阁底至地质公园段公路升级改造、刘家庄公路路面拓宽改造项目，全县道路通行能力进一步改善。电力通信建设上，农网改造升级、交口开闭所升压改造、35千伏变电站建设、104千米输电线路改造、13千米输电线路架设、8座移动通信基站建设全部完成，全县供电和通信质量得到明显提高。

*民生事业得到改善。*以刘家庄、赵家沟小流域综合治理为重点，强力推进芝河源头生态精品农业园区建设，完成坡改梯833.3公顷，共完成改造2800公顷，提高粮食单产量。实施农村饮水改造工程，完成了30个自然村的饮水设施改造，解决了3000余人饮水困难问题。大力发展教育卫生事业。改善学前教育教学条件，不断加强教师队伍教师。教育教学质量不断提高，高考达二本线以上55人，中考达重高线42人，创历年来最好成绩。继续深化医药卫生一体化综合改革，在全市率先实行所有药品零差价销售。新型农村合作医疗保障水平进一步提高，全县参合率达到99.6%以上，共为9.3万人次参合农民报销医疗费用1595.8万元。

（永和县人民政府办公室）

汾 西 县

【自然概况】 汾西位于山西省中南部，因地处汾河之西而得名。全县面积880平方千米，现有耕地2.6万公顷。辖9个乡镇(社区)、126个行政村(居委会)。2013年总人口14.7万人。

汾西县矿产资源丰富。煤炭资源地质储量16.6亿吨、铝土矿15亿吨、石膏矿10亿吨、硫铁矿4.8亿吨、铁矿石2.1亿吨。

汾西县属典型的黄土丘陵残垣沟壑区，气候温和、生态优美，地势西北高东南低，海拔900～1000米，年平均气温10.1℃，年均降水量480毫米，无霜期170天左右。

【经济发展概况】 2013年，全县生产总值18.4亿元，比2012年增长6.9%；规模以上工业增加值5.3亿元，增长22.8%；固定资产投资20.9亿元，增长38.8%；公共财政预算收入1.25亿元，增长8.8%；社会消费品零售总额8.8亿元，增长13.7%；城镇居民人均可支配收入1.9万元，增长18%；农民人均纯收入2670元，增长13.3%。

*重点工程有序推进。*2013年，开工实施重点工程34项，完成投资45.95亿元。巨开元煤业新矿井基建项目顺利开工。石膏加工项目落实了资源配置、进入选址建设阶段。酸铁联产、铝系工业项目正在跟进土地调规、用地申报和资源审批工作。成功举办汾西县北京招商引资推介会，引进世纪今典石膏、森茂陶瓷、超敏蛋白等11个项目，签约资金达到191亿元。

*特色农业多元并进。*新建续建肉鸡养殖棚88个，全县达到281个，年出栏2200万只肉鸡。坚持建管并重的原则，新建核桃经济林1026.7公顷，全县面积达到9400公顷。新建玉露香梨基地3333.3公顷，扩大扁桃栽植666.7公顷。建设樱桃基地33.3公顷。发展獭兔养殖5万只。稳定栽桑养蚕133.3公顷。新增改善基本农田800公顷。

*城市建设突飞猛进。*全面推进三垣一城工程建设，架通平安大桥，改造桃临公路，拆平汾西大道，拉大了城市框架，县城面积扩大到11.3平方千米。北环路、北外环路铺油通车，法院、检察院等办公设施进入装修阶段，县医院、移动大楼、垃圾填埋场即将投入使用，北街低矮房改造、廉租住房续建工程顺利回迁入住。县城空气质量二级以上天数340天。

*民生福祉大幅增进。*规划建设14个新农村建设重点推进村、9个连片区和14个示范亮点村，完成89个行政村街道亮化，解决了8000人的饮水困难问题，改造了200户农村困难家庭危房、5所村级幼儿园，为1万余名民政对象缴纳了医疗保险资金。完成冬季供煤和城市煤气置换天然气工作，保障了城乡居民温暖过冬；筹资4000余万元，增发财政供养人员津贴；投资1.57亿元，兑现了10件49项利民为民实事。启动了县级公立医院改革，新农合参合率达到99%。

（汾西县人民政府办公室）

隰　县

【自然概况】 隰县，古称隰州，地处晋西吕梁山南麓、临汾市西北部，属黄土高原残塬沟壑区。总面积1415.3平方千米。辖8个乡镇、97个行政村、351个自然村，是国家级扶贫开发重点县。2013年总人口10.5万人。

隰县历史源远流长，文化底蕴深厚，素有“三晋雄邦”“河东重镇”之美誉。建城已有2600多年的历史。早在公元前16世纪，就是商朝属下的基方小国。春秋时代曾是晋文公重耳的封地。后汉刘渊曾迁都于此。隋朝废郡置州，始以“隰”命名。民国元年改称隰县。

隰县是革命老区，著名的红军东征、晋西事变、午城战役等重大革命历史事件发生在这里。隰县是国家级生态示范区、全国造林百佳县，梨园风光清纯秀美。小西天悬塑艺术精美绝伦。中国梨博园、紫荆山、石马沟、马刨泉等风景区景色宜人。明代大观楼气势非凡。

隰县拥有发展绿色农业、特色农业得天独厚的气候、土壤和光照条件，“中国金梨之乡”闻名遐迩，先后被农业部和国家林业局命名为“中国金梨之乡”“中国酥梨之乡”，梨果面积2.1万公顷，中国第一梨——隰县“玉露香”市场看好，驰名海内外。

【经济发展概况】 2013年，全县固定资产投资16.92亿元，比2012年增长47.2%。外贸进出口总额128万美元，超市定目标59万美元。城镇居民可支配收入1.7万元，增长10.8%。农民人均纯收入3937元，增长13.6%。财政总收入1.24亿元，增长12.4%。公共财政预算收入7670万元，增长19.2%。全县生产总值11.18亿元，增长6%。社会消费品零售总额7.44亿元，增长13.4%。服务业增加值6.29亿元，增长6%。

*产业结构趋于优化，“三农”工作扎实推进。*2013年，粮食总产量达到8105万千克，创历史最高水平。高标准完成8个行政村新农村建设。实施53个行政村亮化工程，安装太阳能路灯1060盏。农产品龙头企业销售收入2.58亿元，农业特色产业质量和效益进一步提高。大力实施综合治理项目，全县森林覆盖率32.8%，二级以上天数350天，空气优良率大于90%，成为临汾西山地区“天然氧吧”。梨果产业扩规提质。一是增加投入，扩张规模；二是建章立制，规范管理；三是打造品牌，提升效益。成功申报玉露香梨地理标志和有机转换认证。央视七套《乡约》栏目走进隰县。积极参加梨果推荐会、博览会、展销会，多角度推介，大力度宣传，品牌效应不断释放，梨果价格节节攀升，市场供不应求。全县梨果产量达2.1亿千克、产值达4.2亿元。工业经济持续推进。午城酿酒、天天饮料等“农字号”企业产品畅销，“香思老汉”小蒜推向市场。汾西正佳煤业开始出煤，煜佳合冶炼试生产，畜禽定点屠宰场即将投产试营。蕙丰饮料绿色食品加工及种植基地、永顺醋业食醋加工和30万平方米模板生产线建设项目顺利推进。三产发展步伐加快。中国梨博园和小西天景区荣获国家4A级旅游景区，成为隰县靓丽名片。明代大观楼和七里脚石窟被确定为第七批国家重点文物保护单位。成功举办“中国·隰县第三届梨花节”，中国梨博园、幼奥中心开园迎宾，小西天景区广场建设接近尾声，游客接待中心即将投入使用，隰州大酒店正式运营，“吃、住、行、游、购、娱”等配套服务设施日趋完善，带动全年旅游总收入7.09亿元。

*城乡面貌发生巨变。*连续几年新建或改造11条街、9座桥、13个公园（广场）和15座公厕，建起51栋商住高层、97栋6层楼房，总面积达100万平方米。新安装太阳能路灯200余盏，铺设污水管网6.73千米、燃气管网12千米，城区集中供热面积达到近100万平方米，基本实现全覆盖。城镇化率达到40.8%，垃圾处理率100%。城市功能日臻完善，形象和品位大幅提升。隰县连续5年被评为“山西省十佳卫生县城”。

*民生事业全面发展。*教育发展方面，完成四中教学楼、下李、南关两所公立幼儿园和留城、均庄、瓦窑坡3所村级幼儿园建设。新建或改建12所寄宿制学校食堂和宿舍，硬件水平进一步提高。为全县中小学装备10万套图书，1560种实验仪器，1.1万件音体美器材和200个多媒体教室。县医院晋升“二级甲等”，中医院启动“二级乙等”创建，单采血浆站、下李卫生院和卫生监督所业务用房主体完工。稳步推进医改工作，新农合参合率稳定在98%以上，报销城乡居民医疗费用1800余万元。文化体育方面，完成《隰县志》二轮修订和《隰县年鉴》（2011～2012年）、《隰县大事记》编纂工作，出版发行《隰行漫记》《印象梨博园》等文学作品。社会事业方面，各类参保人数达10.1万余人次，征缴支付总额2.04亿元。城镇新增就业人数1665人，城镇失业率控制在4%以内，为7家单位公开招聘30名高校毕业见习生，有效缓解了就业难问题。

（隰县人民政府办公室）

安　泽　县

【自然概况】 安泽县位于山西省南部，临汾市东部，太岳山东南麓，地处临汾、长治、晋城交界。辖4个镇、3个乡、103个行政村和1个社区服务中心、4个社区居委会。总面积1967平方千米。2013年总人口8.3万人。

*安泽历史悠久。*早在五千多年前就有先民定居，西汉时设立县治。魏晋南北朝时，因其位于安吉、泽泉两地之间，故取两地首字而称“安泽”，蕴有“安居吉地，泽泉美境”的内涵，县名沿用至今已有1479年的历史。安泽古风承袭，历史人文底蕴深厚，不仅孕育了“五夫三卿、四代八杰”的晋国上大夫郤芮、冀缺一家和协助司马光编纂《资治通鉴》的刘恕等历史名人，而且在“百家争鸣”的春秋战国时代，还诞生了伟大的思想家、教育家、文学家，先秦“诸子

百家”集大成者——荀子。

安泽资源丰富。全县煤炭资源面积达1944平方千米，储量240多亿吨，均为优质主焦煤和优质电煤，煤层气储量多达4400多亿立方米。粮食作物以玉米为主，年产量稳定在1亿千克以上，杂粮有小麦、谷子、高粱、大豆和薯类等；野生植物多达1000余种，有药用价值的中药材400余种，尤其是野生连翘面积达6.7万公顷，蕴藏量达500万千克，占全国总产量的1/4。松蘑、草磨、木耳、羊肚菌等菌类物质，年产量可达200万千克。

安泽生态良好。是国家级生态示范区、省级森林公园，也是全国首家通过ISO14001国际环境管理体系认证的县。拥有麻衣寺、黄花岭、青松岭、安泰山和荀子文化园等5个省级森林公园和红泥寺省级自然保护区。全县林木覆盖面积13.2万公顷，林木绿化率达67.2%，居全省首位；水资源丰富，有较大的河流23条，小泉小水145处，黄河一级支流，全省第二大河——沁河由北而南贯穿全县109千米，人均水资源占有量为2500立方米，是全省人均的9倍。良好的生态环境、丰富的矿产资源、深厚的文化底蕴，为安泽工农业发展夯实了先天基础。

【经济发展概况】 2013年，全县生产总值48.27亿元，比2012年增长10.1%；规模以上工业增加值36.48亿元，增长12.9%；固定资产投资41.64亿元，增长35.1%；社会消费品零售总额6.97亿元，增长14.5%；城镇居民人均可支配收入2万元，增长10.4%；农民人均纯收入6532元，增长13.9%；公共财政预算收入4.86亿元，略有增长。

产业转型明显加快。农业上，坚持规模化、生态化、品牌化，突出政策调动、项目驱动，大力实施“双千万”奖补工程，推出17条具体的奖补措施，极大地激发了农民群众调产积极性，新发展蔬菜春秋棚327座、日光温室48座，新发展农民专业合作社62个，成功引进金玉玉米、瑞生园等龙头企业，农业活力进一步增强。四大主导产业发展成效明显，实施有机玉米产业化项目，逐步扩大有机玉米面积；开展“核桃管理年”活动，补栽核桃35万株；加快连翘“一县一业”基地县建设，实施33.3公顷连翘育苗基地、1000公顷中药材惠农种植项目，顺利通过连翘地理标志产品认证；着力发展规模健康养殖，规模大户突破200户，黄牛存栏达到1.5万头，猪、羊、家禽存栏分别达到2.8万头、11万只、58万只。工业上，坚持以煤为基、多元发展，完成四座煤矿的提能改造建设，全县原煤产能达到510万吨；完成天盛化工15万吨煤焦油深加工、1.2亿块煤矸石烧结砖、120万吨重介洗煤等项目土建工程，煤焦产业链进一步延伸拓展。

城乡面貌明显改善。在城镇化建设上，突出“大城建”“大交通”战略，实施垃圾处理厂、奥体中心、保障性住房、县城街巷道改造等10项城建重点工程，铺开乡镇连通路、工业园区路等交通路网建设工程，进一步加快了城镇化步伐。特别是投资304万元，修复水毁漫水桥67座，解决了群众出行难问题。在新农村建设上，完成53个行政村街道亮化工程和17个村年初自选项目建设，解决了7个自然村、0.4万人的饮水安全问题。实施总投资1167万元的农村环境整治工程，农村生产生活条件明显改善。在生态建设上，完成造林任务733.3公顷，重点实施劳井至边寨大油松通道绿化和月亮湾植物园工程。

民生事业明显进步。在社会事业上，投资4000余万元，完成义务教育标准化设施配套、良马卫生院等工程，加强县医院、中医院医疗设备配备，持续实施“十二年教育全免费”等惠民工程；新型农村合作医疗参合率达99%以上。完成7个乡镇文化站提升改造工程，开展“送戏下乡”“乐在周五”等群众性文化活动和省级文明县城创建工作。在社会保障上，新增就业岗位840个，转移农村劳动力1720人，城镇失业人员再就业170人；全面加强城乡低保、医疗救助、“五保”供养工作。实施涉民审批“零”收费、全县人民意外伤害保险等10件民生实事。

（安泽县人民政府办公室）

运城市

【自然概况】 运城古称“河东”，北依吕梁山与临汾市接壤，东峙中条山与晋城市毗邻，西、南与陕西省渭南市、河南省三门峡市隔黄河相望。全市辖1个区2个市10个县5个省级经济开发区，149个乡镇（办事处），3196个行政村。全市总面积1.4万平方千米。2013年总人口522.4万人。

运城属暖温带大陆季风气候区，平均海拔350～400米。气候温和，土壤肥沃，光照充足，农业生产条件优越。全市年平均总降水量455.7毫米，日照2080.1小时，气温14.6℃。

运城矿产资源丰富，原材料工业基础较好。发现矿种61种，其中，28种列入《国家储量表》，已经开发利用的34种。盐湖镁盐产量位居全国第二，铜矿和玻璃石英砂岩储量分别占山西省的95%和67%，芒硝、铝、金、银、锌、钴等矿产储量在山西乃至全国都占有重要位置。万荣、临猗新煤田，预计储量11.5亿吨。

五千年文明看运城，这里是“中华”之源，“华夏”之根。古老的运城盐池，面积132平方千米，已有4000多年的开发历史。市级以上重点文物保护单位178处，国家级90处，省级57处，市级31处。这里有天下第一武庙解州关帝庙，东方壁画艺术宝库芮城永乐宫，中华瑰宝唐开元大铁牛，中国四大历史文化名楼鹳雀楼，气势壮观的舜帝陵，《西厢记》故事发生地普救寺等，关圣文化建筑群名列中国世界文化遗产预备名单第五位。人物电视纪录片《蒲旦宗师王秀兰》拍摄成功。新编古装剧《青丝恨》和现代剧《山村母亲》获中国戏剧梅花奖。《还债局长》获得省“五个一工程奖”。第二届全国优秀保留剧目《山村母亲》在全国巡演。

【经济发展概况】 2013年，全市生产总值1140.1亿元，比2012年增长

9.2%。三次产业占生产总值的比重为17.2∶44.3∶38.5。农林牧渔业总产值366.2亿元，增长4.6%。规模以上工业总产值1633.4亿元，规模以上工业增加值406.3亿元，增长13.1%。固定资产投资1008.9亿元，增长22%。社会消费品零售总额564.7亿元，增长14.3%。外贸进出口总额17.5亿美元，增长65.1%。财政总收入91.2亿元，增长13.9%；公共财政预算收入45.4亿元，增长9.3%。城镇居民人均可支配收入2.1万元，增长10.6%；农民人均纯收入7198元，增长12.8%。

工业发展势头喜人。工业增速和效益名列全省前茅。全市规模以上工业增加值增长13.1%，增幅比全国、全省分别高3.4个和2.6个百分点，实现利税98.6亿元，增长48%；中小企业完成总产值1296.8亿元，增长13.7%。全市工业增加值和实现利税两项指标增幅全省排名第一，是近年来工业发展最好的一年。“5+15”工业园区累计完成工业总产值1100亿元，占全市工业总产值的67%，成为全市工业发展的主战场。园区新签约和开工建设的项目80%以上都同产业集群密切关联。铝深加工产量40万吨，占到全省的87%。煤炭产量达到855万吨。与省内外大企业大集团联合重组步伐加快。实施创新驱动战略，新增4家省级企业技术中心。产学研合作进一步深化，被确定为“山西省产学研合作示范基地”。金融业实现税收3.5亿元，增长57%。“运城信贷融资服务平台”顺利开通。荣获“中国金融生态示范城市”称号。

“三农”工作全面提升。全年粮食产量31亿千克，水果总产量53亿千克，双双再创历史新高。水果出口7000万千克，增长133%。肉类和禽蛋总产量分别增长5.5%、5.9%。农村土地流转力度加大。在全省率先出台《关于积极引导农村土地流转促进农业现代化发展的若干意见》。新绛、盐湖土地流转的经验得到省委、省政府的充分肯定。全市土地流转面积达到8.2万公顷，位居全省第一。农产品加工业增势强劲。农产品加工销售收入205.4亿元，增长18.7%，已占到全省的1/5。农村基础设施建设不断加强。完成农村公路建设改造873千米。“一村一品”专业村累计达到949个，占行政村总数近30%。专业村主导产业人均收入4530元，占到农民人均纯收入的65%。新增农民合作社1920家，累计达到8755家。现代农业示范区建设力度加大。7个省级现代农业示范县累计建设各类示范园区235个，完成投资77.9亿元。

城镇化步伐不断加快。强化规划引领，挖掘城市价值。编制完成10余项城市专项规划、12个县(市)总规、6个重点镇近期建设规划和20个乡镇总体规划，中心城区控规覆盖率达到53%。对东部新区、高铁商务区等重点片区重新进行功能定位与城市设计。中心城市、大县城、小城镇、新农村四位一体统筹推进。实施城镇化项目215项，完成投资103.9亿元，城市建设力度是近年来最大的一年。生态智慧城加快建设。绿坡、治湖、兴业全面展开，完成《生态智慧城概念规划》和《盐湖生态文化旅游风景区概念规划》，进一步明确了产业定位。盐湖生态文化旅游景区、碧桂园商业街及高端居住社区等一批重大项目达成投资意向。扎实推进“四城联创”，市容市貌明显改观。

城乡生态持续改善。全年造林2.7万公顷，森林覆盖率提高1个百分点。平陆县被评为“全省林业生态县”。创建国家生态乡镇1个，省级生态县1个。以“一池、四库、三渠、一河、四滩”及各公园水系贯通为主的城市水系修复项目启动实施，涑水河、汾河环境综合整治扎实推进。淘汰铁合金、造纸、印染、电力等行业落后产能企业6家。大力发展循环经济，工业固体废弃物综合利用率达到67.5%。全市万元生产总值综合能耗下降3.8%，化学需氧量、氨氮、二氧化硫、氮氧化物、烟尘和工业粉尘等6项主要污染物年度减排任务全面完成。

文化旅游产业快速发展。制定《运城市加快文化旅游产业发展若干意见》，重点实施盐池生态圈保护与修复、关圣文化建筑群建设、文化创意园区培育、青铜文化产业壮大、包装彩印文化园提升和历史文化古城保护六大工程。《关圣文化建筑群申遗工作实施方案》编制完成。成功举办关帝圣像巡游台湾和福建活动，关公文化影响力进一步扩大。开工建设文化项目15个，累计投资50.8亿元。参加深圳文博会和山西首届文博会取得丰硕成果，共签约项目16个，达成合作意向228亿元。赴北京、上海、杭州、南京、广州等地深入开展旅游宣传推介，开通了重点城市旅游专列，运城机场进出港人数首次突破100万人次。全年旅游总收入212.6亿元，比2012年增长28.1%。

社会事业全面发展。全市财政新增1000万元扶持教育事业发展，并动员社会各界积极参与，资助了2240名家庭经济困难的大学生顺利入学。首次评选50名优秀教师享受运城名师待遇，清理33名不称职的中小学教师。新型农村合作医疗参合率达到99.6%。城乡居民最低生活保障标准每人每月分别提高30元和24元，惠及27.2万人。新开工各类保障性住房21897套，基本建成15170套。每人取暖费在提高一倍之后，又增加了1000元的补助，圆满完成128万户134万吨“爱心煤”发放任务，有效保证了居民温暖过冬。25个项目通过第四批省级非遗名录审批，新增省级非物质文化遗产24项。农村五件实事进展顺利。全面完成11430户农村危房改造任务，特困群众易地搬迁项目首次扩大到8个非扶贫重点县。1928个行政村街道亮化任务圆满完成。改扩建69所村级幼儿园。

改革开放实现新突破。行政审批制度改革深入推进。在全省率先将13个县（市、区）公立医院全部列入省改革试点，全省医改工作现场会在运城市召开。公交改制平稳实施，建立了“国有主导、多方参与、公司经营、规模发展”的运营新机制。“四化同步”“五规合一”等改革深入实施。理顺了省级开发区与所在县(市、区)在土地利用、行政管理和财税分配等方面的关系，明确了开发区的产业定位，极大地激发和释放了开发区的发展活力。全年招商引资到位资金691.2亿元，增长22.9%。全市10亿元以上续建和新开工项目，由年初的63项增加到年底的101项，项目总投资规模大幅增长。以全省“飞地经济”试点市为契机，加大招商引资力度，引进了一批转型跨越发展的大项目、好项目。投资600亿元的深圳家居产业园成功签约并将落地开工。积极推进大通关建设，运城海关、出入境检验检疫大楼主体完工。进出口国别或地区达到121个。合同利用外资7715万美元。

（李　政）

运城市盐湖区

【自然概况】 盐湖区地处秦晋豫三省交会的黄河“金三角”地带，是运城市委、市政府所在地，是全市的政治、经济、文化中心。全区辖22个乡镇办、314个行政村，42个社区。2013年总人口69.1万人。总面积1237平方千米。

【经济发展概况】 2013年，全区生产总值181.3亿元，比2012年增长9.3%；规模以上工业增加值38.8亿元，增长14.6%；固定资产投资219.8亿元，增长22.1%；社会消费品零售总额183.5亿元，增长16.9%；财政总收入25.17亿元，增长25%；公共财政预算收入6.71亿元，增长1.4%；外贸进出口总额3.23亿美元，增长146.5%；城镇居民人均可支配收入2.2万元，增长11.6%；农民人均纯收入8375元，增长13.1%。

项目建设再创佳绩。全年争取用地指标266.7公顷，一大批好项目、大项目签约落地、开花结果。新中宝高阻隔药包、喜洋洋节能住宅、博鸣木业、新科果业等22个新建项目投产达效。运城高铁站前广场、中磁科技万吨永磁材料、珠水科技聚氨酯树脂、龙飞高性能铝板带、福同惠大楼等33个项目主体完工。焦煤盐化、亚宝健康产业园、清尚创意孵化基地、东星向上广场等36个项目破土动工。完成关公街东延线、北门滩湿地公园环湖路以及高铁通站路等道路的建设任务。全区共实施重点项目84项，总投资778亿元，年内投资173.95亿元。

工业经济稳步推进。开拓新型产业。结合自身优势，在盐湖工业园和城西机电化工产业聚集区确定了生物医药、新型材料、高效节能电机、家居产业和盐化工5个主攻产业，聘请和君咨询、博为国际、北京大学等专业机构进行产业链设计，依托石药银湖、中磁科技、九龙电机、博鸣木业、焦煤盐化等龙头企业，聚合30余家上下游关联企业，集群效应初步显现。孵化中小企业。全年孵化小微企业104家，新登记个体工商户1836户，新增民营企业369家，培育省级“小巨人”企业1家、市级“小巨人”企业2家，新增规模以上企业13家，规模以上工业企业达到72家，累计完成工业总产值200亿元，增长17%，推动工业经济走上了良性发展的轨道。

现代农业蓬勃发展。以秋补夏，扩大粮食种植面积，粮食产量达到2.6亿千克。迎太塑料、颐源乳业、海升果汁等20余家工商企业通过“公司＋农户”的模式，为农民开辟了致富新天地。全区新增“一村一品”专业村26个，总数达到93个，新发展农业专业合作社127家，加快了农业产业化进程。完成120千米“三纵三横”农业示范园道路建设任务，园区的休闲、观光、科普等外延功能日趋完善。实施“六路一河双万亩”绿化工程，总投资5000万元，植树500万株，造林2000公顷，森林覆盖率提高1.5个百分点。在旱塬地带新发展双季槐666.7公顷，全区双季槐种植面积达到3333.3公顷，仅此一项就使当地农民增收2.5亿元。投资2300万元，完成水利引黄渠系163千米，新增、恢复灌溉面积3466.7公顷，改善灌溉面积3000公顷，解决了7个村1.2万人的饮水安全问题。成立农村产权交易服务中心，为支持农村土地流转搭建了平台，全区流转土地面积达到8200公顷。

现代服务业态势良好。区财政拿出年度公共财政收入的10%，依托转型发展专项引导基金，与亿鹏投资合作设立城镇化投资基金，与典石投资合作设立运城农业风险投资基金，与中国水务集团合作设立基础设施建设投资基金，有效破解了融资难题。成立运城市企业信用促进会，融资1亿元，撬动10亿元贷款，支持成长型企业发展。区农村信用社成功改制为运城农村商业银行，资产总额净增加35亿元，税收突破6000万元。组建12家小额贷款公司，累计发放贷款25.6亿元。舜帝德孝公园、凤凰谷、九龙山等旅游景点服务功能不断完善，全年接待游客1139万人(次)，旅游收入83.12亿元，增长25.8%。

城镇化建设步伐加快。新修学院西路、开元大道等15条道路，总长34.1千米。城中村、城郊村改造力度加大，曹允村、陶上村30栋住宅楼全部封顶。东郭、北相、三路里等小城镇建设步伐加快，全年新修县乡道路19条，总长82.9千米。扎实开展农村环境连片整治和危房改造工作，为187个村安装3700盏太阳能路灯，新完成800户危房改造任务。尤其是以创建“国家卫生城市”为契机，深入开展城乡环境卫生综合整治，累计投入劳力15万人(次)，出动车辆35万台(次)，清理各类垃圾32万立方米，粉刷墙面51万平方米，拆除乱搭乱建3000余处，使城乡人居环境发生了明显变化。

民生保障力度加大。全年民生支出18.26亿元，占公共财政支出的85.7%，增长9.5%。2013年区政府承诺的8件实事全部完成。全年总投资1600万元，对18所中小学和16所农村幼儿园进行了改造扩建。深化医疗卫生体制改革，投资517万元，改善了基层卫生院所医疗条件。为全区1.9万名70岁以上老人和2299对符合生育条件的育龄夫妇进行了免费体检。加强就业和社会保障，全年新增城镇就业1.07万人，转移农村劳动力1.9万人，城镇登记失业率控制在0.5%以内。社会保险覆盖面不断扩大，城镇医疗保险参合率达95%以上，新农合参合率达99%以上。按照每人每年800元的补助标准，为900多位老人发放了高龄补贴。老年人日间照料中心由2012年的20家发展到155家，4150名老人的晚年生活得到照料，探索了农村养老新路子。连续3年累计增加财政投入1.2亿元，用于提高全区广大干部职工待遇，实现同城同酬。增加投入2500万元，提高了干部职工的取暖标准。全面完成低收入农户“户均一吨煤”发放任务。坚持“政府埋单、农民看戏”，为农村送戏150场。盐湖蒲剧团《祝你幸福》获全国第23届“白玉兰奖”。

（盐湖区人民政府办公室）

永济市

【自然概况】 永济市地处晋、陕、豫三省交界的黄河“金三角”区域中心。全市国土总面积1208平方千米。下辖7个镇、3个街道办事处、265个行政村、23个社区居委会。2013年总人口45.3万人。

永济历史悠久，古称蒲坂。上古唐虞时代为虞舜建都之地，是中华民族的发祥地之一。1994年1月，撤县设市。

【经济发展概况】 2013年，全市生产总值127.2亿元，比2012年增长9.1%；规模以上工业增加值45.3亿元，增长14.1%；固定资产投资81.67亿元，增长29.1%；财政总收入6.83亿元，增长13.8%；公共财政预算收入2.99亿元，增长6.3%；社会消费品零售总额45.14亿元，增长16.9%；城镇居民人均可支配收入2.1万元，增长10.4%；农民人均纯收入9076元，增长12.3%。

工业经济迈出新步伐。围绕三大优势产业，共实施重点工业项目15项。华拓铝业铝合金棒、康裕油脂年产1.5万吨一级精炼油、创拓新型建材公司粉煤灰砖、宏远化工新能源综合利用、三丰机电标准化厂房、蒲洲电厂烟气脱硝等9个项目基本建成投产。广海铝业5万吨铝型材及表面处理、东方华茂2万吨铝型材加工、康意制药8亿支注射剂、长荣科技生猪养殖加工等6个项目完成时序进度。特别是争取多年的2×35万千瓦电厂项目的启动实施、贵阳久联与宏远化工的战略重组，进一步助推了全市工业经济发展。

招商引资实现新突破。围绕铝深加工、机电制造、农产品加工和旅游文化“3＋1”主攻产业，编制铝深加工、轨道交通制造产业集群发展深度规划，制订《主攻产业园区化发展集群化招商工作方案》，组建了15支招商小分队，策划包装重点项目131个，总投资484.5亿元。先后与国家、省有关部门和中铝、中电投、广亚铝业、广州碧桂园等企业进行了广泛接触，全年共实施招商引资项目61个，总投资145.5亿元，实际到位资金68.3亿元。特别是达成合作意向的广亚集团200公顷铝深加工综合园区、阳煤集团和海丰铝业合作等大型项目，将对全市转型跨越发展产生积极而深远的影响。

“三农”工作取得新成效。采取“公司＋合作社＋基地＋农户”经营模式，强力推进农业产业结构调整，肉鸡养殖、绿色蔬菜基地、高效干鲜果基地、润源食用菌基地、双万亩生态林带等5个农业调产工程顺利推进，卿头现代循环农业示范园区基础设施建设全面竣工。全市新增肉鸡出栏1505万只、设施蔬菜260公顷、大田蔬菜733.3公顷、特色蔬菜及创汇芦笋266.7公顷、干鲜果3333.3公顷、速生杨生态林333.3公顷。粮食总产量4.54亿千克。各类合作社达到702家，实现了村级“全覆盖”。全年流转土地面积1.1万公顷，特别是沃华集团采用“集约化经营、规模化发展”模式，将土地变成了绿色工厂，将农民变成了产业工人，在全市起到了示范带动作用。

城乡面貌发生新变化。2013年，市文化中心、涑水河城区段综合整治、伍姓湖及城市排污导流管网改造、蒲洲电厂烟气脱硝、蒲津世贸广场、市档案馆等一批重点项目顺利实施，特别是舜帝山森林公园西扩工程，进一步改善了城市生态环境，提升了城市绿化水平，城市建成区绿化覆盖率达到40.3%，绿地率达到33.8%，人均公共绿地面积达到13.2平方米，超过了省级园林城市验收标准。东外环路路面工程、富强街西延工程等全面完工，进一步拉大了城市框架。小城镇建设取得明显成效，新农村省级重点推进村达到168个，占全市总村数的63.5%。

旅游产业实现新发展。2013年，成功举办了鹳雀楼诗歌文化节、普救寺爱情文化节、五老峰登山节及“中国梦·永济情”书画摄影展等文化旅游活动，进一步扩大了永济知名度。神潭大峡谷旅游综合服务区二期工程、鹳雀楼内部布展和外部提升工程、蒲津渡遗址博物馆展厅布展、五老峰景区黑龙潭防洪蓄水等旅游景区提升项目全面竣工。积极对接旅游文化招商项目，与碧桂园集团签订伍姓湖开发框架协议。精心策划包装精品旅游线路，积极开拓河南市场，开通旅游微博、微信宣传平台，加大网络营销力度。2013年，接待游客423万人（次），增长21.6%；门票收入3500万元，增长25%。

（永济市人民政府办公室）

河津市

【自然概况】 河津市总面积593平方千米。全市共辖2个镇、5个乡、2个街道办事处、148个行政村。2013年总人口40.3万人。

【经济发展概况】 2013年，全市生产总值195.6亿元，规模以上工业增加值105.2亿元，财政总收入18.27亿元，公共财政预算收入6.9亿元，固定资产投资122.8亿元，社会消费品零售总额71.5亿元，城镇居民人均可支配收入2.1万元，农民人均纯收入9660元，各项指标综合排名运城第一。

项目建设。坚持把项目建设作为转型跨越发展的重要支撑，认真落实“六位一体”工作要求，先后为39个重点项目报批建设用地107.2公顷，为72家企业办理环评手续，为22个项目审批环境总量，协调金融机构优先向重点项目发放贷款25亿元。九龙大街、龙门150万吨水泥等重点项目建成投用，全年确定的70项重点工程有24项基本建成，项目开工率和建成率名列运城前茅。

产业转型。按照《河津市传统产业及工业园区转型发展规划》和《晋南铝工业基地发展规划》，积极推进煤矿复工复产，全年产煤820

万吨。加快焦化企业兼并重组，全市焦化企业由12家整合为4家。加快建设王家岭循环经济工业园区、铝工业园区、高新技术园区和百底煤化工园区等4大园区，积极支持新兴产业发展，全年新兴产业实现产值39亿元，增长18%，工业经济发展的质量和效益明显提升。

招商引资。围绕铝工业和煤化工两大主攻产业，组织招商小分队与山东铝业、辽宁忠旺、上海铝行业协会等进行深度对接，组织企业家赴上海、山东、辽宁等地参观考察，先后引进美国KBR阳光精细化工、华昌工业型材等42个项目，引进资金61亿元，招商引资工作名列运城第一。

城镇化建设。按照“大城区、小城镇、中心村”三位一体工作思路，全力抓好30项基础建设工程，城市客运站、城南排洪渠、城乡集中供水、台头庙文化休闲广场等工程基本完工；市医院新建、紫金街北延、万春街北延等工程进展顺利。扎实推进四城联创，翻修改造6条城市街道，亮化地标建筑30余处，新增城市绿化面积7.5万平方米，城乡面貌明显改观。

“三农”工作。加强农田水利建设，完成第一轮全国小型农田水利重点县建设任务，成功争取到第二轮全国小农水重点县项目，为今后3年新增农田水利建设资金7000万元。加快农业产业化进程，扶持建立家庭农场58家，发展“一村一品”专业村15个，新增专业合作社70家，全市市级以上龙头企业达到12家。积极推进农村楼宇式住宅建设，全市楼宇式住宅达到183栋，总面积90万平方米。投资760万元，为农村安装太阳能路灯，基本实现农村主巷道亮化全覆盖。

生态改善。加强环境综合治理，19家国家、省重点监控企业全部实行在线监测，关停土小企业45家。绿化提升河运高速南出口、侯禹高速西出口等重要节点，完成道路绿化22千米、企业绿化8个、村庄绿化30个，全年植树造林1533.3公顷，被授予全省“三北”防护林工程建设先进县市称号。

国计民生。加大教育投入力度，完成11所中小学、幼儿园改扩建工程。努力提升教学质量，高考二本达线1448人。扎实推进医药卫生体制改革，市人民医院公立医院改革走在全省前列。提高新农合补偿标准，大病保障由8种增加到20种，补偿比例提高5%，受益49.2万人（次）。关注弱势群体生活，发放城乡低保2705万元，大病医疗救助510万元，改造农村危房540户，各项保障能力进一步增强。

（河津市人民政府办公室）

临猗县

【自然概况】 临猗县位于山西省西南部运城盆地北沿，西临黄河，东望太岳，北屏峨嵋岭，南面中条山。全县国土总面积1339平方千米，耕地10万公顷。辖9个镇、5个乡、2个区、375个行政村。2013年总人口58.2万人。

【经济发展概况】 2013年，全县生产总值118亿元，比2012年增长9.4%；规模以上工业增加值23.8亿元，增长15.7%；固定资产投资77.5亿元，增长28.5%；财政总收入4.08亿元，增长7.1%；公共财政预算收入2亿元，增长7.9%；社会消费品零售总额49.1亿元，增长16.9%；外贸进出口总额1.64亿美元，增长49.3%；城镇居民人均可支配收入2万元，增长11.3%；农民人均纯收入8844元，增长13.6%。全年实施重点项目72个，完成投资81.16亿元。

“三农”基础愈加稳固。水利设施、高标准农田示范区、农技推广服务站建设取得新成效，农业机械化、果树间伐、苹果无公害认证、枣树搭棚、农业化学投入品产销用全程管理等工作扎实推进。“临猗苹果”地理标识通过农业部认定注册。涌现出北景丰淋牧业与农户“风险共担、利益共享”的“公司＋农户”新模式，全县畜禽存栏新增42万头（只），达到198万头（只），出栏新增148万头（只），达到368万头（只）。蔬菜面积发展到3266.7公顷，形成333.3公顷设施蔬菜、万亩露地蔬菜、1333.3公顷优质莲菜、千万斤小平菇等4个蔬菜基地。全年粮食播种面积6.1万公顷，总产量3.22亿千克，增长2%；苹果总产量17.5亿千克，增长1%，销售收入42.36亿元，增长21%；鲜枣总产量1.99亿千克，受灾减产但应对及时，销售收入仍达8.29亿元，实现了减产不减收。在黑河举办第二届苹果推介会，签单2.6亿千克22.6亿元。新增专业合作社199个，新增土地流转246.7公顷，新增农村劳动力转移5271人，农民工资性收入、经营性收入、资产性收入、资本性收入等非农业产业收入占到农民人均纯收入的24%。农民收入增速连续3年高于城镇居民，城乡收入差距缩小的趋势越来越明显。

工业经济态势向好。投资1.8亿元配套完善临猗县工业园、楚侯高科技工业园基础设施。临猗县工业园区现已入驻企业52家，总产值突破100亿元，占全县工业总产值的80%，被确定为山西省新型工业化产业示范基地；楚侯高科技工业园区已签约项目17个，落地项目12个，开工项目5个，投产项目1个。本土企业新上项目24个，完成投资32亿元。建立了“政府主抓、企业主导、小分队服务、点对点招商”的集群化招商新机制，当年落地开工项目35个，实际到位资金50.2亿元，超出目标任务40亿元的25.5%。依托精细化工、纺织服装和装备制造三大产业，设计产业链条8个，策划包装招商项目86个，总投资357亿元。新增省级企业技术中心3个，新增国家级高新技术企业1个，新增规模以上企业5家（丰通建材、康圣纺织、澳神建材、特种变压器、万方制衣）、亿元以上企业2家（力达纸业、香汇食品），培育“小巨人”企业2家（力达纸业、中惠伟业塑料），全县工业总产值116亿元，增长26.6%。

第三产业稳步发展。2013年，第三产业增加值完成39亿元，占生产总值的32.9%。万佳美特好超市、巍山商贸城等项目进展顺利，全县限额以上商贸流通企业新增2家，达到24家，外贸企业达到20家。县城住宅建设工程13项，总投资33.84亿元，新增商品房预售49.9万平方米。傅作义故居修复及景点开发一期工程和临晋县衙本体维修工程均已完工。全年旅游组团56.5万人(次),增长18%;旅游总收入4.1亿元,增长20%。各项贷款余额65.4亿元,增长22%。县信用联社向农商银行改制进展顺利。投资6000余万元的35千伏三管变电站和北辛变电站改扩建完工,投资3326万元的农网升级改造顺利完成。全县年供电量9.7亿千瓦小时,增长8.4%。

城镇化建设日新月异。县城建设上,南城新区实现投资16亿元,占地120公顷的涑水公园基本完工,总长15千米的7条街道建成通车,奥特莱斯商业综合体、丰喜国际广场、大剧院、中心广场正在建设。县城15条街道24千米的街景整治如期完成。投资8300万元的南环路等5条街道7.6千米的改造拓宽、投资1.05亿元覆盖40家单位和小区80万平方米的集中供热一期、投资7000万元的县城63万平方米的绿化、投资1000万元的高速西口和北口亮化绿化等工程全面完成,投资1000万元的县城西口综合整治一期工程进展顺利。小城镇建设上,投资2700万元的临晋镇桑泉文化广场被列为全省百镇建设标杆项目,投资2000余万元的40余千米乡镇街道改造和投资320万元的乡镇街景整治工程全面完工。交通建设上,投资6000万元的165千米县乡道路改造工程顺利竣工,投资7600万元的舜帝大道已完成土方工程。

民生民计保障有力。全年民生支出13亿元,占到财政总支出的73.1%,增幅达12%。干部职工津补贴、教育支出、参军优抚对象抚恤补助金及城乡低保、养老保险、医疗保险等社会保障资金标准与支出持续增长。公立医院卫生体制改革顺利推进。投资7552万元建成经济适用房774套7万平方米,投资666万元实施棚户区改造100套1.2万平方米,投资98.8万元对562户廉租房住户进行补贴。城乡供水一体化一期工程竣工投运,县城及9个乡镇31万人喝上了达标水。

社会事业协调推进。县文化活动中心、6个省级标准乡镇健身广场建成并投入使用,送戏下乡96场,送影下乡4500场,八集眉户电视剧《峨嵋岭》拍摄完成,大型现代戏《守望》参加第十四届山西省"杏花奖"评比调演,眉户剧团被中宣部、文化部命名为"全国第五届服务农民、服务基层先进集体",苏绣作品《将星升起的地方》和《义炳乾坤》参展山西省首届文博会并获奖,韩振远的短篇小说《炭河》获山西省"赵树理文学奖"。投资1.2亿元,栽植苗木3000万株,新增城乡绿地132万平方米;拆除取暖燃煤锅炉32台,新增消烟脱硫装置30台,煤改天然气锅炉6台,县城空气2级以上天数347天,超任务67天;6家企业排污设施提标扩容;投资2000万元的21.5千米污水管网工程和投资500万元的20千米涑水河河道治理工程全部完工。建立124家重点企业基本信息库,督促111家企业制定各类安全应急处置预案694个,建立了安全隐患排查整改长效机制,隐患整改率97.6%。完成食品药品安全监管机构改革任务,全年检查生产经营单位3640户次,整改达标261家,取缔18家,吊销许可证7家。

(祁艳妮)

芮城县

【自然概况】 芮城县是山西省的南大门,地处晋、秦、豫三省交界的黄河中游"金三角"地带,素有"鸡鸣一声听三省"之美誉。全县辖7个镇、3个乡、1个城镇居民管理委员会、172个建制村、714个自然村、6个社区。2013年总人口40.2万人。

境内北高南低,东西狭长,阶梯分布,一面阳坡,东西最大距离66千米,南北最大距离25千米,总面积1178平方千米。

【经济发展概况】 2013年,全县生产总值73.6亿元,比2012年增长9.1%;公共财政预算收入1.44亿元,增长0.7%;农林牧渔业总产值40.8亿元,增长11.8%;粮食总产量3.22亿千克,增长2.1%;规模以上工业总产值60.7亿元,增长34.9%;固定资产投资总额51.5亿元,增长27.9%;社会消费品零售总额24.75亿元,增长17.2%;城镇居民人均可支配收入2万元,增长11.3%;农民人均纯收入7667元,增长12.6%;在岗职工年平均工资3.9万元,增长26.5%;外贸进出口总额1049万美元,增长16.3%。各项节能减排和环境保护的约束性指标均在控制指标范围内,积极申报全国首批100家生态文明先行示范区。

工业上现代医药产业集群发展势头强劲。2013年,芮城县按照"园区化发展,集群化招商"的要求,确立了以亚宝为龙头,以医药为主攻,横向配套、纵向延伸,做大做强产业集群的发展思路,编制现代医药产业发展规划,围绕亚宝设计了6条产业链,大力推进集群化招商。全年共推进工业项目22个,涉及主攻产业项目10个,年内建成投产5个。园区新入驻企业5家,企业总数达到25家。特别是全县医药相关配套企业达到18家,基本形成集群化发展态势。有2家企业进入规模以上企业行列,全县规模以上工业企业总数达到23家。

招商引资和项目建设持续加力。2013年,芮城县按照生态创建和主攻产业发展的要求,重新修订《招商引资优惠政策》,组建6支招商小分队,大力开展专业招商、集群招商、定点招商。全年招商引资到位资金31.95亿元。项目的储备、签约、落地、开工、建设、投产"六位一体"指标均完成全年目标任务。运城市考核的61个重点项目,除大唐电厂二期扩建项目转交风陵渡开发区负责外,其余60个项目全部完成年度目标任务。"双十"工程和48个重点项目,建成完工57个,11个跨年度项目稳步推进。

"三农"工作稳步推进。2013年,芮城县实施大禹渡泵站扩容改造工程,新增和恢复引黄灌溉面积8466.7公顷;完成小农水重点工程、小流域治理、中低产田改造等农田水利基础设施建设,进一步改善了农业生产条件。全年粮食产量3.22亿千克,再次荣获"全国产粮大县"殊荣。县财政拿出800万元作为旱地小麦播种补贴,保证粮食播种面积。全年发展现代苹果标准化示范园133.3公顷、设施蔬菜203.3公顷、红枣丰产管理示范园200公顷、核桃经济林666.7公顷、高标准葡萄观光示范园33.3公顷、大樱桃示范基地33.3公顷，申报认证无公害苹果2.2万公顷、有机苹果120公顷，新建“一村一品”专业村20个，启动新农村建设重点推进村22个；天之润枣业红枣深加工能力不断提升，投资12亿元的广东温氏集团百万头生猪养殖一体化项目落地开工。

文化产业和文化事业双繁荣。2013年，芮城县创新举办中国（芮城）永乐宫第六届国际书画艺术节，并将其提升到国展级别。文化街投入运营。百梯山、圣天湖、九峰山等景区建设有序推进，年内完成投资1.8亿元。旅游相关产业收入稳步提升，文化产业对经济发展的拉动作用日益彰显。文博馆全面开放，《芮城县志》通过评审，“送戏下乡、电影惠民”活动深入开展，全年送戏下乡215场，巡回放映公益电影2178场；机关文化、乡村文化、广场文化和全民健身活动热潮涌动，群众性书画艺术活动广泛开展，进一步满足了人民群众文化生活需求。

“大县城”建设步伐加快。2013年，芮城县按照“大县城”建设的要求，围绕建设宜居宜业、精美县城的目标，高标准编制县城总体规划、县城控制性详细规划、环城林带水系等一系列规划，明确新型城镇化建设的路线图和时间表。完成8条城市道路的排水、人行道或非机动车道建设，7条道路和永乐广场的绿化工程，新建八仙公园，县城新增绿化面积25万平方米，绿化覆盖率达到38%。新建和改造公厕23座。同时，运宝高速芮城一级路连接线全面通车，中条山隧道工程进展顺利，新建、改造县乡公路和旅游公路17千米，完成自然村“村村通”20个村30千米。全县城镇化率达到45.5%，比2012年提高3.1个百分点。

“四城联创”和生态创建深入推进。2013年，芮城县通过宣传发动、干部带动，大力开展市容市貌、街道秩序和城乡环境卫生专项整治活动，“四城联创”和创建国家级生态文明县的149项硬指标，93项已基本完成。实施集中供气供热、“三荒”造林、城市绿化亮化、农村环境连片整治、兆益生物废水综合治理5个生态工程。改造燃煤锅炉20个，新增天然气居民用户5000户。累计完成5个国家级生态乡镇的创建验收。全年完成造林绿化2246.7公顷，建立城乡环境卫生整治和林木管护长效管理机制，林木覆盖率由2012年的41.1%提高到43%；全年二级以上天数365天，一级天数125天，县域空气质量不断提升。

民生民计持续改善。2013年，芮城县财政用于民生方面的支出达8.8亿元，占到财政总支出的72.6%。确定的10件为民实事全部兑现。省政府确定的2013年度“农村五件实事”全部完成，完成困难家庭危房改造1335户、困难群众易地搬迁90户400人、107个行政村街道亮化和6所村级幼儿园改扩建工程，启动了覆盖全县的乡村清洁工程。建设各类保障房661套。新型农村养老保险，城镇居民医疗保险、养老保险参保率进一步提高；全年发放低保金4000余万元，农村“五保”供养金298万元，农村和城镇低保实现了应保尽保。

（董少峰）

万荣县

【自然概况】 万荣县位于山西省西南部，地处黄河、汾河交汇处，由原万泉县、荣河县合并而得名。东靠稷王山脉与闻喜县、盐湖区毗连，西隔黄河与陕西韩城相望，南依孤峰与临猗县接壤，北眺吕梁与河津市、稷山县为邻。全县共辖4个镇、10个乡、281个行政村。2013年总人口44.7万人。总面积1081.5平方千米，耕地面积7.3万公顷。

地形呈长方条带状三级台地，东高西低。境内海拔500～700米，昼夜温差大，光照时间长，年平均气温11.8℃，无霜期195天，年降雨量平均为545.3毫米。

万荣是闻名全国的中国笑话之乡、中国苹果20强县、中国建筑防水之乡、中国果菜无公害十强县、中国名特优经济林柿之乡、中国楹联文化县。中磁科技公司、北京汇源果汁、朗致药业等一批国内外知名企业先后在万荣安家落户。

【经济发展概况】 2013年，全县生产总值55.87亿元，比2012年增长8.5%；规模以上工业增加值10.92亿元，增长14%；固定资产投资54.29亿元，增长25.5%；社会消费品零售总额24.3亿元，增长16.9%；外贸进出口总额3096万美元，增长80.6%；财政总收入2.73亿元，增长11.6%；公共财政预算收入1.01亿元，增长7.1%；城镇居民人均可支配收入1.8万元，增长10.5%；农民人均纯收入6369元，增长13.8%。

项目建设取得新成效。蒙华铁路万荣段即将开建，煤炭资源勘查12个钻孔全部见到煤层。成立10支专业招商队伍，主动外出招商，引进了投资10.5亿元的小茴香薄片深加工、投资4.2亿元的荣博辣椒产业园、投资4亿元的汇源生产线扩建、投资2亿元的凯丰机采棉加工等项目。

现代农业迈出新步伐。新发展有机化农业基地25个。成功认证有机小麦60公顷、有机苹果13.3公顷、有机大闸蟹133.3公顷、有机鲤鱼133.3公顷。完成果树大间伐4320公顷，树形大改造5333.3公顷，改良品种206.7公顷；全县苹果总产量达到6.7亿千克，总产值17.49亿元。完成中低产田改造460公顷，坡耕地综合治理333.3公顷，机械化保护性耕作3000公顷；西范、北赵引黄、夹马口北扩三大灌区新修渠道167千米，全县农田灌溉面积达到3.2万公顷。

工业发展跨上新台阶。汇源农副产品加工园区，铺开“三纵三横”框架道路建设工程，新引进凯丰、天天香等项目。恒磁工业园区，建成“一纵两横”框架道路，新落地朗致药业产业园和华康现代中药科技产业园项目。荣河防水建材园区，新建坤盛精碳科技项目，组建了新一届混凝土外加剂协会。皇甫工业园区，新建世纪阳光项目，山西联合镁业镁合金一体化项目达成合作意向。

文化旅游开创新局面。景区设施进一步完善。六大景区全年接待游客155万人（次），门票收入1498

万元。文化开发渐入佳境。电视剧《快乐的万家村》在山西卫视播出，《李家大院》拍摄完成，万荣花鼓和笑话产品参加了省文博会，受到广泛好评。中国农林卫视、运城电视台开辟了万荣笑话专栏节目，万荣笑话剧在北京举办了专场晚会，“中华笑城·欢乐万荣”的知名度不断提升。

城乡建设展现新面貌。大县城建设上，投资2.4亿元，新建道路25.3千米；启动实施城北公园、城市生态公园、现代生态农业示范园、南坡110千伏城南变电站正式建成。县医院门诊生态林带等项目。大楼、综合住院楼、实验中学和体育场投入使用。中医院门诊大楼、美特好连锁超市等项目进展顺利。小城镇建设上，荣河西环路、汉薛西大街、贾村大街、王显银河大道等工程顺利实施，里望商贸物流城、通化商贸中心、贾村综合超市、万泉商业街等项目相继建成。

民生福祉得到新改善。提高了4124名企业退休人员养老金发放标准。成立17个农村老年人日间照料中心。开工建设各类保障性住房1005套，竣工818套；完成农村危房改造200户，建成移民新房336户。公开招录中小学和特岗教师258名，招录新闻工作人员9名，城镇新增就业9162人，登记失业率控制在0.6%以内。高考达二本线以上788人，两大类达线658人。全县基本药物实现“零差率”销售。117家新建村卫生室全部完工。

（万荣县人民政府办公室）

新 绛 县

【自然概况】 新绛县位于山西省西南部，汾河下游盆地，运城市北端。总面积593平方千米，耕地3.5万公顷。辖8个镇、1个乡、1个区、220个行政村。2013年总人口33.9万人。

县域南北高中间低，是运城盆地的一部分。一般海拔400～600米，最高海拔1438.4米，最低海拔381.9米。中部有汾河、浍河等，年径流量达16.2万立方米，两岸为河谷平原是主要粮棉产区。气候属暖温带大陆性半干旱季风气候，年均气温13℃，年降雨量496毫米，无霜期190～198天。是国家级历史文化名城、全国文化先进县、全国无公害蔬菜生产基地县、全国食品安全示范县、中国鼓乐之都、中国澄泥砚之都、中国民间艺术之乡、中国楹联文化县。

【经济发展概况】 2013年，全县生产总值70.5亿元，比2012年增长8.8%；财政总收入4.76亿元，下降5%；公共财政预算收入1.87亿元，增长2.7%；固定资产投资58.2亿元，增长23.8%；规模以上工业增加值32.6亿元，增长14%；社会消费品零售总额32.9亿元，增长16.7%；城镇居民人均可支配收入1.9万元，增长11%；农民人均纯收入7851元，增长12.3%。

项目建设再结硕果。全县共实施项目153项，总投资88.93亿元，完成投资58.2亿元。重点项目“六位一体”建设全面推进，高义钢铁2×1380立方米炼铁高炉、申通石油年产20万吨石油压裂支撑剂一期等一批项目建成投产，全县十大产业项目和惠民实事年度任务基本完成。围绕煤化工循环经济和农副产品深加工2个主攻产业，大力开展集群化招商，积极同香港易高环保、山西焦煤集团、阳煤集团、浙江新雅集团等产业集聚龙头企业成功对接项目23个，签约项目19个，意向投资达到169亿元。全县招商引资到位资金45.7亿元。

新型工业稳步发展。充分挖掘煤化园作为运城市“5＋15”重点工业园区的潜力和优势，大力开展园区化发展集群化招商。煤化园立足循环发展，科学规划设计，集聚产业要素，延伸产业链条，规划设计了5条产业链，投资54亿元，实施高义钢铁2×1380立方米炼铁高炉、中信焦化年产10万吨甲醇联产3.5万吨合成氨、中信焦化二期150万吨焦化、申通石油年产20万吨石油压裂支撑剂等8大项目。轻纺园突出技术创新，充分发挥创业基地作用，大力扶持小微企业发展。三泉水西家具园、北张石雕园、万安钻石园等农民创业园势头良好，为工业新型化注入了新的动力。

现代农业加速推进。大力实施设施蔬菜扩规提质工程，新发展设施农业513.3公顷，蔬菜种植面积达2万公顷，产销量达14.2亿千克，产值超过16亿元。全县共发展省级“一村一品”专业村62个，县级“一村一品”专业村80个，蔬菜专业合作社175家。成功举办第三届新绛“一村一品”展示交流会，现场交易及订单额近亿元，签约项目6个，意向投资额56亿元。全县粮食总产量2.47亿千克，干果经济林新增666.7公顷，生猪年出栏29.4万头。特别是积极开展金融支持土地流转试点工作，初步形成一套以土地承包经营权等农村物权进行抵押贷款的办法。全县土地流转面积9466.7公顷，占到耕地面积的26.8%。

城乡统筹打开新局。新城建设上，突出“现代、生态、宜居、文化”，完成“七纵八横”骨干道路的硬化、美化、绿化、亮化，实施人民医院、冰凌沟大桥、新城水系、凤凰岭生态森林公园建设工程；丽华苑、龙盛华庭等一批高品位住宅小区相继落成入住，环保监测中心、国土交易大厦、新城汽车站等单位先后投入运营。古城保护上，着力增强服务功能，全面完成正平街、四府街道路升级改造及配套亮化、绿化工程，完成钟音巷、石人巷等24条小街小巷硬化改造。大力实施城乡环境卫生整治，完成西尉——东张、泽掌——小聂等12.6千米道路改造，实施旅游路、新站台路等重点道路绿化和小片林建设，见缝插绿新增城市绿地面积5.9万平方米，建成区绿化覆盖率达到34.7%。

三产发展持续加力。全面实施“三楼大堂”衙署文化景区三期、李毓秀故居修复、绛州澄泥砚文化园等一批文化产业项目建设，名城一日游、两日游线路得到进一步优化；大力弘扬以《弟子规》为代表的传统文化，新绛县被评为“中国最佳楹联文化县”；同北京展地文化公司签订总投资38亿元的绛州旅游项目整体开发协议，加速资源优势向产业优势转变的市场化进程。启动晋南农产品商贸物流园建设前期工作，完成汾河湾市场二期改造，商贸物流产业要素集聚加速，市场前景看

好。编制完成“绛州不夜城”规划，启动龙湖大酒店建设，海泉大酒店建成投入使用，全县接待能力和服务水平明显提高。

社会事业成效显著。实施西街学校整体搬迁，完成2所标准化幼儿园主体工程建设，启动新绛二中新校区加固维修工程，公开公平招聘200名中小学教师。2013年全县高考二本达线2383人，达线率48.6%，连续9年稳居全市榜首，有20名学生考入北大、清华等国内一流大学。加快推进医疗体系建设，实施医药卫生专业技术人员公开招聘，完成县人民医院主体工程建设，全县“五星级”卫生室达到200所，三级医疗卫生机构达标率100%。大力推进就业工作，新增就业岗位6800个。积极实施7万平方米经济适用房和廉租房建设，全面完成400户农村困难家庭危房改造。8万余户低收入农户暖心煤供暖前保质足量发放到位。

（董　丹）

稷山县

【自然概况】 稷山县位于山西省西南部，运城市北端。全县辖7个乡镇1个社区办。2013年总人口35.4万人。全县总面积686平方千米，耕地面积3.8万公顷。是一个传统的农业县，粮食作物以小麦、玉米为主。支柱产业主要是新型煤焦化产业，以金属镁、锰铁和钢铁为主的冶炼产业、新型化工产业、板枣及枣加工产业、纸包装文化产业、优质蛋鸡产业、特色医疗区域服务产业等。

稷山历史文化源远流长。稷山是中华五千年文明发源地之一，农业始祖五谷之神后稷曾在此教民稼穑，数千年农耕文明先河在这里开启。中华之“华”和江山社稷之“稷”均出处于稷山。农耕始祖后稷在稷山源开粒食，树艺五谷，开启了中华民族的农耕文化。稷山县城早在春秋时期就独立设县，公元598年改高梁县为稷山县，至今1400多年，可谓千年古县。

稷山特色资源蕴含丰富。稷山境内有山有河，四季分明，可谓一方宝地。地处暖温带大陆性气候区域，年平均气温13.5℃，年降水量463毫米。地貌为中间低、两边高的鞍形状态，北为吕梁山尾脉，南为稷王山，汾河从中间穿过。矿产资源主要有白云岩、石灰岩、石英石、石英砂、云母、蛭石、辉绿岩、磷灰岩等；山西母亲河汾河自西向东流经35个自然村，自然流程43.5千米。

【经济发展概况】 2013年，全县生产总值66.9亿元，比2012年增长8.3%；财政总收入4.06亿元，增长7.7%；公共财政预算收入1.67亿元，增长12.3%；规模以上工业增加值18.8亿元，增长13.1%；外贸进出口总额1.48亿美元，增长167.9%；固定资产投资53.2亿元，增长22.6%；城镇居民人均可支配收入1.9万元，增长10.2%；农民人均纯收入7581元，增长13%；社会消费品零售总额22.1亿元，增长16.9%。县级可用财力9.5亿元，创历史新高。

工业结构加速转型，产业集群质效俱增。园区建设取得突破。西社新型煤焦化循环经济示范园区被省经信委确定为“省级新型工业化产业示范基地”，在全市“5+15”园区观摩评比中名列前茅，在全省108家工业园区中产值、效益排名第20位，在全省30个煤化工园区中进位第10，对财政的贡献率达75%。翟店印刷包装文化产业园区的研发中心和标准化厂房加速建设，年初确定的森森包装等5个项目投产达效。高新技术园区的晋龙饲料科技研发中心项目产生效益。3个园区已成为县域经济转型跨越发展最具生机和活力的板块。利用3个工业园区平台，紧盯行业龙头，开展了卓有成效的招商工作。化工领域世界500强、国内100强之一的阳煤集团的“3052”(30万吨合成氨、52万吨尿素并联产6.5万吨LNG)项目于2013年9月6日开工建设，开启大型国企进驻稷山县的先河；中国电力投资集团山西新能源公司一期50兆瓦太阳能发电项目前期工作正在进行，将成为新能源产业的领军企业；中国铁路勘探第一设计院和太原铁路局牵头建设的西社工业园区铁路专运线项目列入全省重点项目名单，于2013年9月9日签约，项目建成后园区物流能力将显著提高，产业集聚能力进一步提升，园区物流运输成本进一步降低，产业竞争力进一步增强。中国·黄河金三角·稷山翟店第二届包装印刷贸易洽谈会成功举办。全年招商引资完成46.3亿元。项目建设富有成效。全年实施工业项目6项，总投资12.85亿元，其中东方公司2×12兆瓦锰铁高炉煤气发电、永东化工10万吨改质沥青、永恒工贸100万吨轧材二期、秦晋电力2×12兆瓦生物质发电等项目建成投产，预计新增产值38.45亿元，利税2.94亿元。

现代农业活力凸现，“三农”工作势头良好。粮食总产量2.36亿千克，实现“十一连增”，增幅全市第一。板枣面积达到1万公顷，年产量5000万千克左右。成功举办山西·稷山第四届板枣科技文化活动周，板枣生产与乡村旅游初步实现有效融合，被省农业厅和省旅游局评为山西省休闲农业和乡村旅游示范县。蛋鸡存栏达920万只，稳居全省第一。示范园区竞相发展。稷王现代农业示范园、太阳均和100万只蛋鸡养殖示范园、稷峰城郊3333公顷板枣观光示范园等5个特色产业示范园区，实现标准化生产、规模化经营，成为引领该县现代农业发展的样板。新农村建设持续推进。投资1407万元在124个村庄安装太阳能路灯2480盏。新栽苗木42万株，对122个新农村绿化进行提档升级。县财政列出专项资金对120个村的环境卫生进行高标准整治和常态化管理。建成8个高标准新农村连片区。“一村一品”多点开花。新增“一村一品”专业村18个，涌现出板枣、核桃、鲜桃、大棚蔬菜、蛋鸡养殖、中药材、无公害葡萄等专业村。兴水战略普惠百姓。水利基础设施投资7091万元，修建水渠100余千米，新增和恢复水地面积1333.3公顷，为粮食增产和现代农业发展夯实了基础。

城乡建设同步推进，城镇化率有新提升。召开“三城联创”千人动员大会，实施11项联创达标工程，总投资达3.3亿元，开展了系列文明县城、卫生县城、生态县城创建活动，市民的文明素质明显提升。“省级文明县城先进县”荣誉称号花落稷山。重点工程顺利实施。总投资12.98亿元，重点实施汾河生态公园一期土建工程、大佛北路改造、城东水系等20项精品工程。大佛北路、稷王路改造、体育路、文化路等城建基础设施工程顺利完工。生态环境持续改善。坚持不懈实施森林县城建设，县城及周边的山头、河坝、绿地等栽植苗木41.7万株，新增绿化面积27.8万平方米，县城绿化覆盖率36.2%，提高1个百分点。交通能力全面提升。全县新修县乡村公路154千米，闻苍线蔡村段二级公路顺利通车，闻合高速闻苍线太阳段、太阳至翟店的2条二级公路连接线高标准建成，全县7个乡镇全部建成二级公路，县城和乡镇之间实现二级公路全覆盖，乡镇与乡镇之间实现等级公路全覆盖。翟店和西社2个全省百强示范镇城镇化投资达1.42亿元，镇区绿化、道路、排水等设施进一步完善。

社会事业亮点纷呈，民生保障不断加强。县财政用于民生的投入持续加大，达到8.2亿元，增长10%，占到总支出的67%。3761名80岁以上老人领取长寿健康补贴。可容纳1000余名幼儿的稷王幼儿园主体完工，2014年秋季投入使用。在县乡村主要路口、重要场所安装视频探头7874个，实现天眼工程全覆盖。504套保障性住房全面竣工。县政府承诺的10件实事8件完成，2件在建。乡村两级承诺的686件为民实事完成676件，完成率达到98.5%。社会保障不断加强。县老年公寓和康宁护理院投入使用，该区域已形成集居家养老、护理、医疗、保险为一体的现代养老新模式。教育工作成效明显。就业渠道不断拓宽。全年新增就业6150人，转移农村劳动力7259人，补贴就业困难大学生586人，公开招聘公务员和事业单位工作人员177人。

（稷山县人民政府办公室）

闻喜县

【自然概况】 闻喜古称桐乡、左邑，公元前111年，汉武帝在此欣闻平南越大捷而喜，遂赐名“闻喜”。闻喜地处山西南部、运城北端，南同蒲铁路、大西高铁、大运高速、闻合高速和二级公路穿境而过。全县总面积1167平方千米。辖7个镇、6个乡，2013年总人口41.1万人。

闻喜地形地貌复杂，主要地貌可概括为：三山（中条山、稷王山、紫金山）、两垣（北垣、后宫垣）、两条川（涑水川、美良川）、三道丘陵（峨眉岭、鸣条岗、中条山前沿）插中间。气候温和，日照充足，四季分明，属典型的暖温带大陆性气候，适于农作物生长，是山西省小麦生产大县。

【经济发展概况】 2013年，全县生产总值100.96亿元，比2012年增长9.5%；公共财政预算收入2.7亿元，增长23.4%；农林牧渔业总产值20.54亿元，增长4.7%；粮食总产量2.7亿千克，增长2.7%；规模以上工业增加值56.74亿元，增长14.4%；财政总收入6.03亿元，增长17.2%；固定资产投资90.37亿元，增长23.4%；社会消费品零售总额32.9亿元，增长16.7%；城镇居民人均可支配收入2万元，增长11.1%；农民人均纯收入6723元，增长13.3%。

项目建设掀起热潮。全年共实施重点项目60个，总投资215.9亿元。其中，产业类项目25个，瑞格再生铝、宏业池炉等项目建成投产，闻喜工业园、鑫宇豪塑料容器、金阳光蓄电池等13个跨年度项目正在实施；基础设施项目17个，东镇外环线、电网改造等项目建成投用，小浪底引黄、500千伏变电站等一批大项目顺利实施；民生项目8个，“天眼”工程等项目已经完工，保障住房、县城安全供水等项目顺利启动；生态项目10个，县城至东镇一级路绿化等项目扎实推进。成功引进凡客诚品、海能油库、左邑商贸等45个重点项目，总投资225.7亿元，到位资金45.8亿元。

工业强县步伐加快。园区建设扎实推进，闻喜工业园主干道路和招商展示中心正在建设。围绕镁铝深加工和高档玻璃器皿加工制造2个主攻产业，大力推进园区化发展集群化招商，已有10余家企业达成入园意向。新兴产业不断壮大，实施新兴产业项目51个，完成投资56亿元。科技创新步伐加快，八达镁业、宏业玻璃获得市级企业技术中心认定，银光集团与清华大学合作研制出海水激活电池板等产品，被市委、市政府评为“十佳创业团队”，全县申报各类专利80件，一批产品跨入山西省著名商标和名牌产品行列。

“三农”工作全面推进。科技兴农战略有效实施，日光温室、大棚蔬菜形成规模，农业生产机械化率达到75%以上，良种覆盖率100%。农业产业化水平不断提升，一批优质小麦、蔬菜、特色养殖等现代农业示范园相继建成，“一村一品”专业村达到84个，农民专业合作社增加到638家，农产品加工企业发展到134家。以连片示范区建设为统领，实施农村清洁工程和街道亮化工程，村容村貌明显改观，农民增收途径日益增多。

城乡面貌持续改观。城建上，一批重点工程先后实施，特别是涑水河公园，总投资5.5亿元，道路、桥梁等5个工程全面动工，拉开大县城战略的序幕。城镇建设上，一批水、电、路等基础设施工程陆续建成投用。交通上，启动闻合高速连接线工程，完成侯郭线、东镇外环线路面改造等道路工程。水利上，白土河防洪等工程顺利实施，一批农田水利工程完工投用，闻喜入选高效节水灌溉项目重点县。

生态建设成效显著。大力实施重点减排工程，改造城区燃煤锅炉，各项减排指标和城区空气二级天数均超额完成任务。进一步加快节能技改，全县工业固废利用率达到80%以上，基本实现企业小循环、行业大循环。加强涑水河环境综合整治，河道治理、达标排放、沿岸绿化等工作成效显著。积极创建省级林业生态县，营造林建设、道路绿化、磨盘岭绿化和园林村建设成效显著，以康培公司为龙头的苗木产业快速扩张，全县森林覆盖率增长到19.5%，闻喜被评为全省林业“六大”工程先进县。

“文化强县”战略深入实施。文化惠民工程落到实处，乡镇文化站、农家书屋和县博物馆、图书馆全部免费开放。文化产业快速发展，闻喜被确定为“山西花馍之乡”，闻喜花馍在北京、太原等地开设旗舰店近100家，并远赴美国夏威夷参加了中国风情文化节大型展览，花馍、刺绣、布艺等一批特色文化产业群正在形成。文化精品影响力扩大，东镇双喜门被认证为世界最大的双喜门，《马拉鼓车》成功摘取中国文化节最高奖项“群星奖”桂冠，郭家庄仇氏碑楼群被确定为国家级文物保护单位。

民生保障更加有力。2013年，投入民生资金8.1亿元，比2012年增长13%。医疗卫生上，基层医疗机构全面实施基本药物制度，省级计生服务先进县创建工作顺利达标，新农合参合率达到99.9%，补偿农民91万人(次)，发放补偿金1.1亿元。就业和社会保障上，城镇新增就业8500余人，转移农村劳动力1.6万人。城乡低保和农村“五保”实现应保尽保，23家日间照料中心揭牌运营。

（行景欣　杨　帆）

夏　县

【自然概况】 夏县因中国历史上夏朝在此建都而得名，号称“华夏第一都”，是中华民族的发祥地之一。全县地形概貌为“七山二川一丘陵”，全县总面积1352.6平方千米，耕地面积3.9万公顷。辖6个镇、5个乡、257个行政村、864个自然村。2013年总人口35.9万人。

【经济发展概况】 2013年，全县生产总值41.3亿元，比2012年增长9.1%；财政总收入1.9亿元，增长12.6%；公共财政预算收入9904万元，增长22.2%；粮食总产量2.73亿千克，增长5.6%；工业总产值19亿元，增长19.6%；规模以上工业增加值5亿元，增长15.6%；社会消费品零售总额20.5亿元，增长17.1%；城镇居民人均可支配收入1.9万元，增长10%；农民人均纯收入5311元，增长13.2%。

始终坚持“六位一体”，项目建设扎实推进。2013年，深入开展“项目推进年”活动，不断加大项目储备、签约、落地、开工、建设、投产“六位一体”推进力度，重点规划实施了工业企业、市政建设、道路建设、社会民生等领域55个重点项目。特别是润恒物流、格瑞特酒业、好医生华禹药业等产业项目，投资规模大、产业关联度高、带动能力强，为加快转型跨越发展提供重要支撑。

突出抓好“五大重点”，县域经济稳步发展。引进实施润恒物流、天润风电、好医生华禹、晨丰交通、翔天钢铁复产改造等一批大项目，为加快工业企业发展注入新的活力。大力推进农业现代化，坚持把“一村一品”“一县一业”作为切入点和突破口，大力发展优质蔬菜、水果、中药材、畜牧养殖等特色产业，不断壮大晋星牧业、翱翔生物等农副产品加工龙头企业。2013年，全县新增设施蔬菜373.3公顷，药材1333.3公顷，“一村一品”专业村发展到182个，农产品加工龙头企业达到18家。大力推进市域城镇化，按照大县城建设的总体规划，完成白沙河中大桥、康杰路、西北环、水头至县城路面改造、县城排水管网改造、菜市场建设等一批重点城建工程，城市框架进一步拉大，功能更加完善。特色小城镇建设取得初步成效。新农村提档升级工程顺利实施，城乡人居环境明显改善。大力推进城乡生态化，围绕“山上治本、身边增绿、产业致富”的思路，狠抓重点区域通道绿化、园林村提档升级、荒山荒坡增绿等工程，生态建设水平进一步提升。2013年，全县造林3066.7公顷，森林覆盖率44.6%，比2012年提升2个百分点。大力推进文化旅游产业发展，2013年接待游客1.1万人（次），增长21.8%；旅游总收入7.76亿元，增长24.5%。

着力保障和改善民生，人民群众的幸福指数进一步提升。着力实施经济适用房建设、农村危房改造、饮水安全、山区电网改造等民生工程，覆盖城乡的社会保障体系更加健全。2013年，全县民生支出11.1亿元，比2012年增长28%。

（李　霞）

绛　县

【自然概况】 绛县位于山西省南部、运城市东北端，同侯马市及晋东南地区紧邻。辖8个镇、2个乡、205个行政村。2013年总人口28.6万人。总面积994平方千米。

绛县自然生态环境良好，全县林木覆盖率达31%，超过全国平均水平，大气质量达国家一级标准。水资源丰富，水质优良，富含矿物质。林果、动物等生物及金、银、铜、铁、花岗岩等矿产资源丰富。

绛县历史悠久，是尧之故乡，晋之故都，西汉大将周勃之封地。公元前541年晋平公设置绛县，使绛县成为古代中国的第一个“县”，号称“天下第一县”。

绛县文物资源丰富，现有国家一级文物保护单位太阴寺，省级文物保护单位晋文公墓、晋灵公墓、晋献公墓等，新发掘的横水西周古墓群以揭开古倗国地理谜团而获得2项国家级大奖。绛县还是龙舞文化的发祥地之一，绛县飞龙获得国家专利，曾参加过十一届亚运会开幕式和香港回归庆典，先后出访过日本、马来西亚等国。

【经济发展概况】 2013年，绛县生产总值56.6亿元，比2012年增长10.3%；规模以上工业增加值27.8亿元，增长13%；全社会固定资产投资63.1亿元，增长18.4%；社会消费品零售总额18.6亿元，增长16.3%；外贸进出口总额1100万美元，增长23%；财政总收入2.21亿元，增长62.5%；公共财政预算收入7600万元，增长18.8%；城镇居民人均可支配收入1.9万元，增长12.9%；农民人均纯收入6610元，增长12.3%。

项目建设扎实推进。全年实施各级重点项目107个，总投资162.9亿元，累计投资60.43亿元。投资2.7亿元的卫东一级公路顺利通车。安峪长杆220千伏智能变电站投入运行。城西生态公园完成园区绿化及一级道路建设。大唐热电厂完成所有审批手续。与上海物贸达成协议注资明迈特公司实施新型材料制造项目。与浩伦集团达成协议拟投资2.5亿元在陈村镇创建中小微企业创业基地。

招商引资成效显著。成立10支县级领导挂帅的招商小分队，围绕安峪工业园和军民结合航空产业园两大园区主攻产业链条策划、包装了63个项目，组团赴各地开展招商活动，主动对接了20家企业，引进各类项目30个，签约资金175.4亿元。

工业新型化强势推进。引进投资12.7亿美元的绛县军民结合航空产业园项目，目前建设三类通用机场所有手续已办结，飞机制造公司名称已核准，投资方已与德国M&D公司签署技术转让协议。一期土地征收38.1公顷，入园一级公路正在实施，机场、组装车间及航材生产区正在设计，预计2014年开工建设。全面推进安峪工业园区建设，向新型材料产业进军。明迈特70万吨镍铬铁合金一期5台炉投产1台，产能达到40万吨，2014年底全部投产后，具备新材料生产条件。大唐安峪热电厂已取得全部核准手续。与上海物贸达成建设100万吨新材料项目投资意向。德生公司二期年产40万套全钢丝子午线轮胎生产线建成，5万套工程胎项目全线投产。天润风电一期建成即将并网。山西晋安通陈村富家山（中国风电）30万千瓦风电项目奠基动工。群力橡塑年处理6万吨废旧轮胎循环再利用项目、甲祥机械年产10万吨机加项目一期、亚博商贸180万吨洗煤项目、鑫泽煤业180万吨洗煤项目建成投产。

农业现代化步履稳健。2013年，粮食总产量1.69亿千克，创历史新高。新增"一村一品"示范专业村16个，总数达到49个。新增山楂133.3公顷、大樱桃200公顷、中药材666.7公顷、苗木333.3公顷，新建规模养殖场10个。农林水事务支出2.1亿元，增长23%。实施投资1600万元的小型农田水利重点县工程。"引黄入绛"支线规划通过审批。黑河综合治理完成工程总量的80%。完成蛤蟆峪水库除险加固工程。完成农田灌溉1.4万公顷、水保治理面积1600公顷。实施末级渠系85.2千米。南樊万亩高标准农田示范工程完成533.3公顷。土地流转3466.7公顷。发放农机补贴628万元。新增农民专业合作社165个，总数达到623个。为农民提供技术培训1.8万人（次）。发展家庭农场21户。维之王新厂投产，上市工作完成风险投资评估。引进了总投资2.6亿元的隆立康鹿业农业综合体项目，正在进行土地平整。农村街巷亮化工程安装太阳能路灯2580盏。农村改厕10021户。易地扶贫搬迁1081人。

三产规模化快速发展。编制完成《绛县旅游发展总体规划》。美丽蝴蝶谷旅游区一期漂流投入运行。成功举办大樱桃采摘文化节，实现特色农业和旅游业融合发展。文化馆、图书馆、文化站全部实行免费开放。举办消夏文化周等一批群众性文化活动。送戏下乡200场、电影下乡2460场。《三晋石刻大全运城市绛县卷》编撰完成，《绛县名典》加快编辑，《绛县志（1991～2008年）》完成初步评审。获得省政府第二批山西文化强县称号。编制《南柳泰山庙保护维修设计方案》，修缮工程已经国家文物局立项并完成招标。启动太阴寺修缮工程。对全县重要碑刻开展集中保护。全年服务业增加值完成20.8亿元，增长9.2%，在三次产业中占比36.4%。

社会事业全面发展。政府机关幼儿园完成整体搬迁。新招聘中小学教师111名。完成3所初中扩容改造工程，新改扩建22所高标准幼儿园。申报各类科技项目22项。启动县级公立医院综合改革试点工作。县医院住院大楼完成装修。获得"全省农村中医药工作先进单位"称号。严格落实基本药物制度。扎实推进公共卫生服务项目。新农合全年补偿金额5974万元。城乡居民基础养老金提高到每人每月65元，全年共支付各项社会保险待遇4.18亿元。农村低保纳保10239人，补差标准每人每年提高了88元。城市低保纳保5052人，补差标准每人每月提高45元。优抚对象待遇全部落实。新开工建设经济适用房100套、公共租赁住房50套。改造林业棚户区26户、城市棚户区200套。实施农村危房改造1800户、贫困残疾人危房改造20户。完成"暖房子"工程168万平方米。完成低收入农户冬季取暖用煤发放任务。城镇新增就业5570人，创业带动就业1735人，失业人员再就业1380人，就业困难人员就业592人，转移农村劳动力6336人，劳动力培训4878人。

（绛县人民政府办公室）

平陆县

【自然概况】 平陆地处晋、秦、豫黄河"金三角"地带，是山西的南大门。辖6个镇、1个区、4个乡、228个行政村。2013年总人口26.3万人。全县总面积1173.5平方千米，耕地3万公顷，素有"平陆不平沟三千"之称。

矿产资源丰富，已探明的矿藏有煤、铝、金、铜、铁、磷、石膏、大理石等26种，总储量25亿吨以上，煤炭预获储量8.4亿吨，铝矿远景储量1.16亿吨。是"中国大天鹅之乡""全国生态示范区""全国绿色能源示范县""国家出口苹果质量安全示范县"、全省"林业生态县"。

【经济发展概况】 2013年，全县生产总值32.2亿元，比2012年增长8.6%；固定资产投资41.2亿元，增长21.2%；规模以上工业增加值6亿元，增长13%；公共财政预算收入1.14亿元，增长7.3%；粮食总产量1.06亿千克，减产1.1%；外贸进出口总额6067万美元，增长42%；社会消费品零售总额21.2亿元，增长16.5%；城镇居民人均可支配收入1.7万元，增长10.6%；农民人均纯收入4745元，增长12%。

重点项目建设持续推进。2013年确定的24个重点项目，完成投资40.6亿元。支撑工业发展的中广核风电一期5万千瓦、康乐橡塑年产3万吨再生胶、新环橡塑120万套汽车上支架总成、昌盛仓储中心等4个生产经营性项目完工试产。增进群众福祉的"两街一路"、太阳文体广场、土地整理、农田水

利等5个基础设施改善项目建成投用。事关平陆转型跨越的复晟240万吨氧化铝、平曹公路升级改造、黄河金三角平陆大天鹅生态经济示范区等重大项目，正在加快推进。保障性住房、易地扶贫搬迁、龙陡峡景区等项目，全面完成进度目标。

工业发展基础持续夯实。按照“园区化发展、集群化招商”思路，聘请东北大学设计研究院编制了“煤电铝材一体化”产业发展规划，设计了煤电联产、铝电联营、产业配套的“三纵一横”产业链条，使平陆工业发展方向更加明确。园区龙头企业——投资120亿元的复晟240万吨氧化铝项目，当年完成投资15亿元。6个煤矿的改扩建、大金禾180万吨洗煤项目正在推进。4×30万千瓦低热值电厂，普大集团与新兴际华已签订框架协议。工业发展基础进一步夯实。

农民增收渠道持续拓宽。一方面，不断加大“粮、果、烟、菜、牧”五大主导产业扶持力度。筹资1400万元，间伐改造果园3800公顷，建成高标准苹果示范园区14个；2.4万吨苹果走出国门，占到全省苹果出口的55%。种植烟叶933.3公顷、蔬菜3666.7公顷，新建人畜分离养殖示范小区和专业村各10个，农业精品化步伐加快。另一方面，不断改善农业基础条件。投资1.5亿元，实施水利水保、移民后扶、土地整理、综合开发等一大批项目，农业抵御自然灾害能力进一步增强。

城乡面貌持续改观。筹资8.2亿元，实施“两街一路”、太阳文体广场、体育馆、垃圾填埋场、汽车客运站、“三线入地”等15个项目，城市功能不断完善，综合承载力进一步提升。采用“经营城市”的理念，对“两街一路”进行改扩建，破解了城市建设资金不足的瓶颈，打通了县城的多处丁字口和断头路，加快了新老城区的渗透与融合。采用拍卖地下土地使用权的办法，引资3200万元，在县城中心地带建起了太阳文体广场，为广大市民提供了一个购物、休闲、娱乐场所。建管并重，城乡美丽度明显提升。春元街蔬菜市场投入使用，圣人市场基本竣工，小吃、水果、蔬菜摊点步入“划行归市、集中经营”的轨道。投资1612万元，为146个行政村安装太阳能路灯2920盏。投资2000余万元，深入开展城乡环境卫生整治和“乡村清洁”工程。环境治理保洁机制不断健全，乡村“五堆”和县城“脏乱差”现象得到有效改善。

民本民生持续改善。投资2100余万元，新建县实验幼儿园，改扩建农村幼儿园5所；公开招聘幼儿教师80名，选招特岗教师120名；率先在全市实现多媒体教学“班班通”；高考六大类达线571人，实现“十连增”。卫生计生工作深入推进。全县基本药物配送率达到100%，新农合参合率98.9%，人口自然增长率4.97‰，低生育水平保持稳定。

社会保障救助体系更加完善。职工养老、医疗、失业、工伤、生育等保险覆盖面不断扩大。新增就业5312人，下岗再就业1287人，农村劳动力转移就业8269人。334户城市住房困难户拿到了经适房钥匙，874户特困户领到了廉租住房补贴，2439户农村困难群众搬进了新居。7.7万吨“爱心煤”全部发放到位。足额发放城乡低保金6618万元、“五保”供养金367万元。建成日间照料中心115个，率先在全省探索出农村社区日间照料养老服务的新模式。生态建设再结硕果。投资4500万元，完成造林绿化、龙门关森林公园提档升级等任务1200公顷，森林覆盖率达到42.6%，荣获全省“林业生态县”称号。

（平陆县人民政府办公室）

垣曲县

【自然概况】 垣曲县位于山西省南部，运城市东端。东北与阳城、沁水两县毗连，北和翼城、绛县接壤，西与闻喜县交界，西南连接夏县，东邻河南省的济源市，南与河南省的渑池、新安隔河相望。总面积1620平方千米，山地面积占97.2%。辖11个乡(镇)，188个行政村。2013年总人口23.5万人。

【经济发展概况】 2013年，全县生产总值39.7亿元，比2012年增长9.9%；规模以上工业增加值20.1亿元，增长16%；固定资产投资40.7亿元，增长35%；社会消费品零售总额18.4亿元，增长17.2%；公共财政预算收入1.43亿元，增长18.1%；城镇居民人均可支配收入18646元，增长10%；农民人均纯收入4794元，增长13.6%。

“三农”工作取得新成效。粮食生产再获丰收。积极应对干旱天气，努力实施以秋补夏，全县粮食种植面积2.8万公顷，总产量8807.6万千克。调产成效逐步显现。核桃经济林发展到1.2万公顷，后期管理持续加强，2013年挂果1333.3公顷，销售收入1500余万元，华峰片区被评为“国家级核桃示范基地”；蔬菜、辣椒、水果、蚕桑、烟叶、中药材等特色农业种植面积9400公顷，食用菌发展到610万袋，养蜂2.2万箱，规模养殖场36个；全县建成“一村一品”专业村102个，特色农业年产值3.53亿元，占到农民家庭经营收入的45%以上。产业化水平不断提升。全县农民专业合作社达到380家，实现土地流转3333.3公顷；山里红核桃深加工、沐风香菇酱二期扩建、燕鑫薯业薯农服务体系等项目加快建设，县内农副产品加工企业销售收入6.9亿元。农业生产条件进一步改善。小浪底引黄工程进展顺利。投资5340万元，实施农技推广体系、中低产田改造、农发水保、坝系续建、坡改梯、生态治理、土地整理等十余项农田水利基本建设工程，全县改善修复耕地1400公顷，新增和改善农田灌溉面积880公顷。扶贫开发持续推进。投资2000万元的新一轮片区开发项目正在抓紧实施。东环花苑扶贫移民工程全面完工，已有200余户群众入住新居；新实施惠民花苑、徐西移民小区和乐尧新村3个扶贫移民集中安置工程，可集中安置贫困村群众1800户7000余人。2013年全县贫困人口比2012年减少7000人。

主攻产业得到新发展。五龙集

团循环经济一期项目，已经建成投产；投资10亿元的国泰公司年产500万平方米微晶玉石板材项目正在建设。6个关联项目全部建成，山西富瑞克20万吨陶粒砂一期、国泰公司20万吨铁精粉、燕尾沟煤矿30万吨无烟煤、盛元7000万块节能墙体建材等项目已经正式投产；鑫玉12万吨陶粒砂、方圆8万吨陶粒砂技改项目即将投产。积极搭建融资平台，为46家企业协调贷款11.7亿元，增长25.5%，有效化解了企业发展资金短缺难题；成立中小企业服务联盟，新孵化小微企业70户，中小微企业666家，全县工业总产值46.3亿元，增长19.1%。文化生态旅游持续发展。投资7020万元，新建以舜文化为主题的诸冯山景区，完成白马山景区旅游公路路基工程，完善历山、皇姑幔、猕猴源、望仙、革命老区纪念馆等景区基础设施。奇石、根雕经营户200余家，面塑、刺绣、手工艺品加工等文化产业加快发展。成功举办“垣曲自然风光摄影大赛”和第二届“山西垣曲梅花石推介会”，建立旅游宣传网站，历山景区通过中央电视台推向全国，垣曲旅游知名度进一步扩大，全年接待游客13.6万人（次），旅游总收入9200万元。

生态环境质量实现新提升。持之以恒造林绿化。完成营造林4053.3公顷。建设农村小游园51个，园林村绿化72个，打造生态乡镇3个、生态村13个。高标准完成县城9条街道绿化。补植补栽实现通道绿化全覆盖。企业、机关、社区、学校新增绿地面积26.5万平方米。苗木基地发展到360公顷。全县共栽植各类苗木近600万株，森林覆盖率46.8%。古城国家级湿地公园新建荷花景观区72公顷，围库造坝1.2千米，形成水面26.7公顷。强化监管治污减排。整治违法排污企业30余家，规范企业排污口80余处。有色公司十八河尾矿库扬尘污染得到有效治理。县城洗浴锅炉全部改用清洁能源。PM2.5监测系统建成投入运行。华峰、王茅农村环境连片整治示范项目加快推进。二氧化硫等6项指标全面完成减排任务，全年二级以上天数330天。

大县城建设呈现新面貌。高起点编制县城控制性详规和绿地、排水专项规划，规划引领作用更加明显；县城建成区面积由13.8平方千米向25平方千米拓展，发展空间更加广阔。完成滨河东路、建设路硬化、5条街路人行道改造、4120户天然气进区入户和5座城市公厕建设，垃圾处理场、汽车和家居专业市场、远通物流中心等工程稳步推进，城市功能更加完备；亳清河县城段生态治理工程400米试验段成功蓄水，楹联文化广场和闻垣路口护坡改造建设完成，更新安装城市路灯329盏，沿街单位楼体全面亮化。

社会事业取得新进步。民生工程全力推进。1030套保障性住房建设和1335户农村困难家庭及残疾人危房改造、3900人易地扶贫移民、5所村级幼儿园改扩建、121个行政村街道亮化、乡村清洁等省政府确定的“五件实事”全部落实。5.7万户农村低收入家庭冬季取暖用煤全部发放到位。涉及8000人的饮水安全工程竣工使用。总投资2.5亿元的县医院整体迁建工程全面完工，正式投入使用。被称为“地下红旗渠”的后河水库引水工程，历经8年艰苦施工，全面建成运行。新建和改扩建10所乡镇中心园、新城初中科技楼和3所乡镇初中餐厅等工程全面完成，全县中小学办学条件进一步改善；340名教师校际交流，选派135名优秀教师到名牌院校学习进修，教师整体素质得到提升。免除中职教育在校学生学费428.6万元，资助各级各类学生4959人785万元。皋落、古城、历山3个乡镇卫生院被评为“省级中医药特色乡镇卫生院”。社会保障卡累计发放13.3万张，全县干部职工个人津补贴和取暖费补贴新增7500余万元。

（垣曲县人民政府办公室）

转型跨越发展专文

ZHUANXINGKUAYUE FAZHANZHUANWEN

围绕大局　突出重点　抓出特色
深入开展“依法维权年”活动

山西省人大常委会副主任、省总工会主席　田喜荣

当前，我国已进入全面建成小康社会的关键时期和全面深化改革的历史新阶段，工会工作要牢牢把握好一个总基调，即“围绕中心抓大事、突出重点抓维权、根据特色抓亮点”，并将其贯穿始终。

围绕中心抓大事，就是要紧紧围绕党和国家的中心工作，认真贯彻党和政府的一系列决策部署，坚持工会工作正确方向，坚定不移地走中国特色社会主义工会发展道路。当前尤其要通过劳动竞赛、技术创新、弘扬劳模精神等途径，引导广大职工群众参与改革、促进发展，为党和政府的中心工作建功立业。突出重点抓维权，就是要在劳动关系中代表劳动者一方，当好代表者和维护者，切实把维护职工合法权益作为基本职责。工会工作点多、面宽，必须坚持有所作为、有所不为，弄清工会工作的“四至线”，明确服务对象，找准工作的着力点，把劳动报酬、民主参与、改制破产企业职工养老保障、职业病防治等作为维权工作的重点，切实抓出成效。根据特色抓亮点，就是要根据各地实际和行业特点，从党政所需、职工所盼、工会所能的事情出发，从为农民工讨薪、职业培训、职工文体活动等诸多方面，集中力量，真抓实干，创先争优，创造性地开展工作，使工会工作各有特点，各有亮点，从而体现工会作为，发挥工会作用。

根据总基调，山西省总工会决定2014年开展全省工会“依法维权年”活动，履行好工会基本职责，团结动员全省广大职工在全面深化改革、推动转型跨越发展中充分发挥主力军作用。

一、切实增强工会履行基本职责的责任感和自觉性

（一）维护职工合法权益是社会主义制度的根本要求，也是党和国家的神圣职责。我们的党是工人阶级的先锋队，全心全意为人民服务是党的根本宗旨，我们的国家是工人阶级领导的国家，保障和发展广大职工群众的权益，是党和国家的神圣职责。作为党领导的工人阶级群众组织，在国家治理体系中，工会最为重要的职责就是维护职工的合法权益。各级工会要从完善和发展中国特色社会主义制度的战略高度来加深对维权工作重要性认识，切实履行职责，让广大职工群众更多分享国家发展进步的成果。

（二）维护职工合法权益是发挥广大职工群众积极性、主动性、创造性最重要的工作，也是最基础的工作。改革已进入攻坚区和深水区，许多改革措施直接关系到职工群众的切身利益。马克思说过：“人们为之奋斗

的一切，都同他们的利益有关。”抛开职工的利益谈积极性主动性创造性，是苍白无力的。工会组织要把依法维权放在全面深化改革的大背景下去谋划、把握和推进，把广大职工的积极性主动性创造性引导好、保护好、发挥好，激励他们踊跃投身转型综改试验区建设。

（三）维护职工合法权益是工会赢得职工群众信赖支持的根本问题，也是工会的本职工作。一方面，职工群众加入工会，就是期望工会能够代表和维护他们的权益。如果维不好权，工会就失去了被信赖和支持的根源。工会组织只有引导职工群众在法治的框架内合理反映诉求，保护和发展好职工的权益，才能赢得职工信赖。另一方面，维护职工合法权益，必须是在党领导下的维权，是围绕中心、服务大局的维权，也是从我国国情和实际出发的维权。维护职工权益，最终还要靠发展的办法来解决。

二、准确把握维权工作的重点

（一）更加注重维护职工的劳动就业权益。就业始终是民生首要问题。山西每年新增城镇就业人口约有50万人，需转移就业的农村劳动力有近40万人，2014年大中专毕业生将达18.3万人，就业形势难言乐观。各级工会要主动与政府有关部门开展联合行动，积极争取政府就业专项资金支持，通过就业介绍、职业培训、就业援助等多种形式，帮助农民工、特别是下岗失业职工实现就业、再就业。同时要发挥工会优势，扶持职工以创业带动就业。

（二）着力维护职工的技能培训权益。一方面，推进山西转型综改试验区建设，要从依赖“人口红利”转变为“人才红利”；另一方面，提高素质、增长本领的权益，也是职工最重要的权益。各级工会要通过职业培训、岗位练兵等途径，积极配合全省农民工职业技能提升计划，建立完善技术工人培养、评价、选拔、使用、激励机制，提升职工职业技能。当前，尤其要督促企业落实国家提取职工教育培训经费的规定（1.5%～2.5%），确保60%以上直接用于一线职工培训。

（三）突出维护职工的收入分配权益。党的十八届三中全会明确指出：“着重保护劳动所得，努力实现劳动报酬增长和劳动生产率提高同步，提高劳动报酬在初次分配中的比重”。工会维权的重中之重，就是工资分配问题。要抓住工资集体协商工作这个“牛鼻子”，以非公有制企业、中小企业为重点，积极推行工资集体协商和行业性区域性工资集体协商，做到劳动生产率与劳动报酬同步增长。社会保障属于二次分配。要积极推动落实社会保险法，以非公企业为重点，提高医疗、养老等社会保险的覆盖率、参与面，保障农民工公平享有社会保障权利。同时要引导企业履行社会责任，帮助困难职工家庭改善生活、教育、医疗等条件，发挥三次分配领域中帮扶救济的积极作用。

（四）维护好职工的劳动安全权益。保障职工安全生产，关键要督促企业落实安全生产法，严格落实安全生产责任制，实现本质安全。要深化“安康杯”竞赛活动，完善群众性安全生产监督机制。要开展“矽肺病”防治专项维权行动，配合有关部门加强对灰尘粉尘多的煤矿、非煤矿山、水泥制造、建材加工等重点行业、中小企业的职业危害防治工作，坚持事前预防、事中防护、事后维权。要强化安全文化建设，提高职工安全意识和安全素质，变“要我安全”为“我要安全”，把安全生产作为一种习惯。

三、解决好“桥”与“船”的问题

（一）关于坚持依法维权的问题。涉及职工权益的法律法规很多，基本的有《工会法》《劳动法》《就业促进法》《劳动合同法》《职业病防治法》《安全生产法》《劳动争议调解仲裁法》《社会保险法》和《公司法》《破产法》《企业民主管理规定》等，以及地方性法规，工会干部要认真学习、熟知于心、运用自如。大力弘扬社会主义法治精神，增强广大职工学法遵法守法用法意识，将法治意识贯穿于整个维权工作中。提高广大工会干部运用法治思维和法治方式开展维权的能力，坚持重大决策依法、开展工作合法、遇到问题找法，做到主动维权、依法维权、科学维权。今后，山西各级工会都要普遍建立法律顾问制度，出台规范性文件、制定重大决策、开展维权活动等都要建立合法审查机制，真正做到依法维权、依法治会。

（二）关于健全维权机制的问题。从宏观层面来讲，主要是加强立法参与，建立健全政府与工会联席会议、劳动关系三方机制，配合人大执法检查、政府监察、政协视察活动。山西各级工会将积极推动《山西省企业工资集体协商条例》出台，使全省开展工资集体协商有法可依。从微观层面来讲，主要是以职工代表大会为基本形式的企事业单位民主管理制度和平等协商签订集体合同制度。在推进以混合所有制为主要形式的国有企业改革中，企业改制、职工安置等涉及职工切身利益的重大问题，必须经职工代表大会审议通过。以中小企业以及外来务工人员集中的建筑、餐饮等行业为重点，充分发挥劳动合同、集体合同制度在维权中基础性作用。继续探索完善社会化劳动争议调解机制，学习借鉴“枫桥经验”，努力把劳动争议化解在基层、解决在萌芽状态。

（三）关于分层分类维权的问题。要区分层次。工会领导机关要加大宏观维护力度，加强立法和政策参与，搞好对基层工会的指导和服务，为基层工会创造良好的环境和条件。基层工会要围绕职工关心的热点和难点问题，集中力量在工会维权最有力、服务职工最有效的机制建设上下功夫，切实帮助职工解决实际问题。要区分类别。对生产经营正常和效益较好的行业、企业，要把建立职工工资正常增长和调整机制作为维权重点；对拖欠职工工资的行业、企业，要把按时发放、解决拖欠工资作为维权重点。要因人而异。根据困难职工、农民工、青年职工、知识分子等不同群体的需求，有针对性地开展维权工作。对于机关事业单位、国有企业、外资企业的职工，要重点维护其政治民主权益；对于农民工和困难企业、中小企业的职工，要重点维护其劳动经济权益。

（四）关于打造维权品牌的问题。在已有的送温暖、困难帮扶、金秋助学、大病互助等基础上，打造新的维权品牌。2013年，山西省总工会开展的“农民工有困难找工会、拿不到工资找工会”专项行动，共直接帮助4004名农民工追讨薪资3492万元，成效显著。2014年，省总工会将在建立农民工工资应急周转金、全天候受理投诉等好做法的同时，重点在工会与政府有关部门的联动上下功夫，逐步形成工会主导，人社、公安、法院等部门参与的工作机制，使这项活动进一步制度化、品牌化，实现常态化和长效化。各级工会要从实际出发，打造各具特色的维权品牌，通过品牌建设，真正把作用发挥出来，在职工中赢得工会声誉。

四、重点突破，带动全会工作水平提升

（一）以维权促发展，激发主人翁精神，团结动员广大职工在山西转型跨越发展中发挥主力军作用。一要打造劳动竞赛品牌。转型综改试验区建设竞赛上升为国家级竞赛，要扎扎实实把这项竞赛抓下去，进一步丰富内容、创新形式、拓展范围，创造经验、形成品牌。二要广泛开展职工职业技能大赛。在不同层次、不同行业、不同工种轰轰烈烈地开展，推动企业建立完善优秀高技能人才（劳模）创新工作室，带动一大批技术人才的成长。三要提高劳模待遇标准。推动劳模提高待遇、增加补助资金。四要弘扬劳模精神，树立社会主义核心价值观。真正把具有时代特点、业绩突出、精神崇高的劳模选树出来，大力培养健康向上、积极进取的先进职工文化，引导广大职工群众践行社会主义核心价值观。

（二）以维权带组建，让职工真正感受到工会组织是最可信任的“职工之家”，工会干部是最可信赖的“娘家人”。着力解决基层工会组织作用发挥问题，让工会组织真正成为“职工之家”。努力建设信念坚定、为民服务、勤政务实、敢于担当、清正廉洁的工会干部队伍，让工会干部真正成为职工的“娘家人”。积极做好工会干部协管工作，工业增加值占比50%以上、市政府所在地和职工人数5万以上的县市或区，都要大力推进高配。积极培育社会化工会工作队伍，推动把社会化工会干部纳入政府公益岗位管理，充实工会干部队伍。

（三）以维权促转变作风。一要强化问题意识。针对职工群众反响强烈、反映集中的难点热点，认真细致地调查了解，分析梳理，找到症结。正视职工维权、服务及工会工作领域存在的问题和矛盾，立足大局分析思考，积极寻求解决问题的方式和途径。二要强化担当意识。把功夫下在每个职工身上，敢于触及各种矛盾和问题，据理力争，依法解决。以维护职工合法权益为己任，把职工群众满意不满意作为检验工会工作的重要标准。三要强化底线意识。职工权益受到侵害，工会要当好第一知情人、第一报告人、第一帮助人。由于工会干部自身不作为，造成不良后果，社会影响较大，甚至发生极端事件的，要追究工会领导的责任。

突出规范化　回归法治化
推动全省信访工作在创新中发展、
在规范中提升、在压力下奋进

山西省信访局局长　**李体柱**

2013年是信访工作的转型提升之年。省信访局认真贯彻落实中央对信访工作的一系列改革举措，牢牢把握“突出规范化、回归法治化”这个总方向，紧紧围绕“建立完善一整套科学管用的体制机制”这个总目标，积极探索新形势下用群众工作理念抓信访工作的具体方法，推动全省信访工作在创新中发展、在规范中提升、在压力下奋进，圆满完成各项目标任务。全省信访形势保持了持续向好、平稳可控的态势。山西省创新群众工作方法、解决信访突出问题的做法，在全国推广。

一、深入推进领导干部接访下访，大量矛盾和问题在市县层面得到解决

党的群众路线教育实践活动开展以来，我们把教育实践活动作为提升信访工作水平的重大契机，及时向省委提出了把领导干部抓信访工作情况纳入教育实践活动的建议，并积极推动建立“省委常委、副省长定期直接接待群众来访制度”，掀起了几十名省级领导、几百名市级领导、几千名县级领导接访下访、化解难题热潮。形成了信访工作从源头做、全过程做、靠大家做的格局和各部门协调配合的强大合力，把大量信访群众吸附在了基层、大量信访问题解决在了属地。

二、深入推进疑难信访问题攻坚，最大限度减少信访存量、控制信访增量

2013年通过党的群众路线教育实践活动、书记点评会、百日双千案攻坚战、省政府前半年信访通报会、疑难信访问题再攻坚等方式，交办化解3450件疑难信访事项。健全常态化督导机制，成立了由省信访局领导班子成员和挂职厅级督查专员带队的包市督导组，

对11个市进行定点对接、包市督导、带案督办，推动了疑难信访问题解决。特别是“百日双千案攻坚战活动”成效十分明显，办结率99%，息诉息访率93%。全省信访存量明显减少，2013年新发生的信访问题98%以上得到有效处理、妥善化解。

三、深入推进信访秩序规范，有效维护群众的合法权益

严格依照《信访条例》，对信访工作行为、信访人的信访行为、解决信访问题的责任者和信访事项制造者行为进行全面规范。一是召开全省规范化建设运城现场会。学习交流先进经验，全面启动规范化建设工作。二是圆满完成集中劝返和化解进京非访“专项行动”任务。在中央联席办召开的“专项行动”总结会上作了交流发言。三是开展省委、省政府“门前好起来”专项治理。理顺思路，出台处置预案，完善处置机制，省委、省政府门前及周边信访秩序明显好转。四是全面放开网上投诉受理。进一步畅通信访渠道，减少群众“访累”。五是探索完善考核通报制度。制定市级信访工作、部分省直部门企业和信访工作重点县等3个考核办法，改变简单以信访数量考核和过度考核的做法。六是出台《督查工作规则》。完善限期办结制度，实行挂牌督办、带案督导。七是完善来访接待工作规则和信访事项三级终结制度。确保群众苦有诉处、话有人听、事有人办。八是推动健全社会稳定风险评估机制。把充分听取信访部门的意见作为“前置程序”。九是学习贯彻国家信访局《关于机关干部纪律作风约法三章》。对信访工作中的“拦卡堵截”等问题，严厉查处，追究责任。十是落实《山西省党员领导干部信访工作责任追究暂行办法》。严格追究信访矛盾制造者的责任，增强了各级干部抓信访工作的责任感。

四、深入推进改革创新，探索完善用群众工作理念抓信访工作的新办法新机制

一是健全信访问题“联包联调”机制。完善县、乡、村三级信访工作网络，发动群众排查矛盾隐患，随时随地处置各类矛盾纠纷，预防和推动解决问题能力明显提升。二是健全“双交办、双包案”机制。对“三跨三分离”事项，同时交由属地责任单位主要领导和问题所属省直单位主要领导包案，从条块两个渠道共同推动问题化解。“百日双千案攻坚战”活动中，共“双交双包”疑难信访事项102件，化解率达到100%。三是健全“开门办信访”机制。借助第三方力量参与信访工作，变一元调处为多元调处，用柔性调处补充刚性调处。推广“十人包一案”的做法，用更加灵活的调解方式，促进了难题的解决。四是健全信访老户教育转化机制。把解决实际问题与解决思想问题相结合，省财政投入700万元，带动各市加大对疑难事项化解的资金投入，通过项目上筛选、手续上帮办、资金上帮助，救助帮扶120余名信访老户解决了困难，维护了社会稳定。五是健全正面宣传和舆论引导机制。与山西电视台合作开办直击信访现场的纪实类节目《民生大接访》，播出90多期，让群众了解了信访部门的职能和作用，以及依法信访的办法和渠道，促进公众正确认识、有序参与合法信访，在全社会形成了大力支持信访工作、共同做好群众工作的良好氛围。

五、深入推进党风廉政建设，树立信访干部的良好形象

2013年初在全省信访系统开展了“走群众路线、解百姓忧难、树信访新风”主题活动，把教育实践活动作为加强党风廉政建设与提升信访工作水平的双重机遇，一手抓思想政治建设、业务能力建设和纪律作风建设，一手抓创新群众工作方法、解决信访突出问题，实现了教育实践活动与信访业务工作“两手抓、两促进”。通过活动进一步改进了信访系统干部作风，强化了基层基础建设工作，市县信访接待大厅覆盖率达到90%，基层信访服务体系逐步健全，初信初访办理率达到100%，重信重访控制在20%以内。举办了“全省信访系统党的群众路线教育暨业务能力提升培训班”，进一步提升了信访部门做好群众工作的职能作用。

六、切实做好2014年的信访工作

2014年是全面贯彻落实党的十八届三中全会精神的开局之年，也是信访制度和信访工作的改革创新之年。信访工作的总体思路是：认真贯彻党的十八届三中全会精神和习近平总书记对“枫桥经验”指示精神，坚持“两个理念”，实施“五个创新”，推进“四项规范”，实现“三个确保”。

（一）坚持“两个理念”。一是群众工作的理念。注重运用群众工作的理念和方法推进信访工作，让信访群众在每一个信访事项的办理中都能感受到党和政府的温暖，让群众的信任之访成为满意之访。二是依法办访的理念。法治是破解信访难题的根本出路，《信访条例》是信访工作的主要法律依据。必须把《信访条例》贯彻落实到信访工作各个环节。

（二）实施“五个创新”。一是创新“阳光信访”机制。加强对全国信访信息系统的应用管理，建立健全便捷高效、公开透明、便于监督的网上信访运行机制。完善民生热线、视频接访、绿色邮政、信访代理等做法，更加重视群众来信尤其是初次来信的办理，在市县两级全部实行联合接访，做到“件件有回音、事事有着落”。二是创新“责任压实”机制。压实领导责任，坚持“书记面对面点评信访工作”“省委常委、副省长定期直接接待群众来访”等制度，市县两级在教育实践活动中要完善领导干部包联信访事项制度，不断加大领导干部接访下访的力度和密度，督促“一把手”担当信访工作责任制；压实职能部门责任，发挥好信访联席会议作用，探索建立群众工作部，督促各职能部门承担起预防和解决信访问题的主体责任；压实基层属地责任，实行责任倒查，各级对本地的信访疑难问题，应主动上手，多做矛盾的“终点站”，不做“中转站”，坚决纠正上交矛盾的现象。三是创新“事要解决”机制。落实“一案十人”“第三方参与”“双交双包”“听证息访”等措施，形成攻坚克难的强大合力。对新产生的信访事项，化解率必须达到100%。四是创新“督查督办”机制。严格落实新修订的《山西信访工作督查规则》，对信访事项进行强有力的督察督办，力求调动各职能部门的积极性，形成解决信访问题的合力。对社会关注度高的重大疑难信访问题，要列入党委政府督查机构的工作范围。

五是创新“科学考核”机制。严格按照考核办法进行考核，把主要精力引导到加强基层基础、抓好源头预防上，引导到有效化解矛盾纠纷上。根据国家信访局《信访事项办理群众满意度评价工作暂行办法》，进行满意度评价。

（三）推进“四项规范”。一是规范信访工作行为。严格执行《信访条例》规定的程序。根据《接待群众来访规则》，在期限内认真登记、受理、办理、复查、复核信访事项，并及时答复信访人。严格信访工作人员责任追究，学习贯彻国家信访局《关于机关干部纪律作风约法三章》，对信访工作中的“销号”“拦卡堵截”等问题，严厉查处，追究责任。二是规范解决信访问题责任者。完善信访事项限期办结制度，实行挂牌督办、带案督导。根据《信访条例》第38条，对在信访工作中推诿、敷衍、拖延、弄虚作假造成严重后果的工作人员，向有关行政机关提出给予行政处分的建议。三是规范信访事项制造者。强化源头预防，健全社会稳定风险评估机制，把充分听取信访部门的意见作为“前置程序”和“刚性门槛”。强化矛盾产生责任倒查，落实《山西省党员领导干部信访工作责任追究暂行办法》，对不作为、乱作为和作风简单粗暴引发信访问题的严肃追究责任。四是规范信访人信访行为。一手抓引导群众依法逐级反映诉求，使群众合理合法的诉求都能在政策和法律的框架内得到切实回应；一手抓信访活动中违法行为的查处，使闹访滋事等违法行为都能得到依法处理。

（四）实现“三个确保”。确保不发生因信访问题引发重大群体性事件和极端恶性事件，确保不发生因信访问题引发媒体炒作事件，确保进京非正常上访退出全国排名前十位。

抓好平安监狱建设　强化维护稳定职能
在服务转型跨越发展中布局谋篇干事创业

山西省监狱管理局党委书记　**句轶旺**

监狱是国家的刑罚执行机关，承担着惩罚改造罪犯，维护社会稳定的重要职能。监狱机关必须从山西经济社会发展的大局出发，充分发挥好教育改造罪犯的职能，最大限度地维护好社会的安全稳定，为全省转型跨越发展营造稳定和谐的社会环境。2013年以来，山西省监狱机关认真贯彻落实党的“十八大”和十八届二中、三中全会精神，以开展党的群众路线教育实践活动为契机，认真落实省委省政府的决策部署，自觉把监狱工作纳入到全省工作大局中，在推进平安建设、法治建设，服务转型跨越发展上布局谋篇，干事创业，圆满完成省委省政府下达的各项任务。

一、牢牢抓住保稳定这个首要政治任务，全力打造平安监狱，把监狱工作纳入到平安山西建设大局中

（一）以确保安全稳定为重点，确立创建“平安监狱”工作思路。监狱是国家的刑罚执行机关，是维护社会稳定的重要力量，确保安全稳定是监狱工作的首要政治任务。2011年6月，新一届局党委班子组建以来，牢牢把握确保监狱安全稳定这一首要政治任务，明确创建“平安监狱”的总体工作思路，提出用三年时间创建“平安监狱”，从硬件上打造牢固可靠的监管设施，从软件上提升监狱管理的科学化水平，同时锻造一支本领作风双过硬的民警队伍，谋求监狱的长治久安，山西监狱整体工作水平明显提高。

（二）以制度建设为重点，推进依法治监。先后出台《服刑人员大病统筹管理办法》《罪犯违规违纪行为处罚办法》《罪犯检举揭发制止违规违纪行为奖励办法》《罪犯交付执行工作规范》《罪犯日常考核奖惩办法（试行）》等执法工作制度，执法工作走上规范化轨道。根据中央政法委、司法部关于严格规范罪犯减刑假释保外就医工作精神，出台《监狱长八项第一责任》《提请罪犯减刑假释暂予监外执行八项禁止规定》《山西省监狱人民警察执法施教“八严禁”》等一系列规定，着力规范监狱安全稳定和执法施教工作，促进了平安监狱建设。

（三）以一线建设为重点，强化基层基础工作。一是钱往基层用。加强监管设施改造和建设。自筹资金对基层监狱的外围警戒设施、应急指挥中心等进行改造，完成监狱信息化一期建设工程任务，监管设施得到很大提升。二是人往基层流。实行局领导一线工作法、机关干部蹲点包监狱制度、监狱领导干部监区值班制度，推行“去机关化”改革，将从优待警政策落实到基层一线，激发了一线民警的工作积极性。三是劲往基层使。强调实干，注重落实。局领导带头实行包片蹲点，联系基层单位。与武警部队积极协调沟通，以防脱逃、防暴狱、防劫持人质、防里应外合冲击监狱为重点课目，制定完善应急预案，开展联合处置突发事件演练，组建狱内快速反应分队，监狱的防暴处突能力有了明显改善。

二、牢牢抓住“改造人”这个根本宗旨，强化罪犯教育，规范执法行为，着力提高执法施教工作质量，把监狱工作融入全省转型跨越发展全局中

（一）加强罪犯教育，发挥教育改造攻心治本作用。一是大力加强罪犯的思想道德教育。有层次、有重点、有特色地开展认罪悔罪教育、爱国主义教育和中华民族优秀传统文化教育活动。二是大力加强罪犯的文化教育。针对性地开展扫盲教育，抓好义务教育，鼓励罪犯参加电大、函大、自考等各种形式的学历教育，不断提高罪犯文化素养。三是大力加强罪犯职业技术教育。开展岗位技术培训和职业技能培训，更好地满足罪犯劳动改造岗位技能要求和刑释后的就业需要。省监狱管理局职业技能培训工作模式成为全国推广的三种模式之一。2013 年，实现了罪犯九年制义务教育纳入所在地区教育规划且培训经费由自筹到省财政预算拨款、罪犯职业教育纳入正规技校教育的突破。四是大力加强罪犯的管理教育。认真落实《服刑人员行为规范》，加强罪犯良好行为习惯的养成教育。针对职务犯等重点罪犯的特点实施分类教育，采取加强入监教育、安排特定劳动岗位、加强心理疏导、实施亲情帮教和警示教育等方法促进其教育改造，收到良好效果。五是大力加强罪犯的劳动教育。认真落实“5＋1＋1”模式，优化产业结构，大力发展劳务加工业，充分发挥劳动改造功能，强化了罪犯的教育改造质量。通过有效措施，山西省监狱系统的罪犯改造质量得到较大提升，罪犯守法守规率、刑释罪犯的重新犯罪率等项指标均好于全国平均水平。

（二）规范执法行为，切实提高监狱执法公信力。一是加大创新力度。联合出台执法细则，根据《刑法修正案（八）》、新刑诉法的颁布实施，加强监狱执法制度建设，与有关部门联合出台《关于贯彻执行〈最高人民法院关于办理减刑、假释案件具体应用法律若干问题的规定〉的实施意见》以及《拟呈报假释罪犯再犯罪危险评估办法》，对原有办理减刑、假释案件具体实施细则和办法进行修订和完善，妥善解决了新旧司法解释衔接问题。与公检部门联合印发《罪犯交付执行工作规范》，为做好罪犯收押衔接工作提供了可靠依据和操作规范。二是加强执法监督。将检察监督作为一项重要的执法机制，贯穿于罪犯减刑、假释、保外就医等重要执法工作中，检察机关全程监督监狱执法。建立完善减刑假释审核委员会和暂予监外执行委员会制度，形成审核委员会和局长办公会两级审查机制。三是充分保障罪犯合法权益。实行服刑人员大宗生活物资采购办法，罪犯人均伙食费及人均消耗主副食实物量均超过部颁标准。服刑人员大病统筹管理工作稳步推进，确保了罪犯有病能够得到及时医治。

三、牢牢抓住民主集中制这一根本组织原则和从严治警这一主线，抓班子带队伍，把监狱工作切入到“为民务实清廉”作风建设的大背景中

（一）坚持和发扬民主集中制，着力提高领导班子的战斗力。进一步完善党委内部的议事和决策机制，进一步完善集体领导和个人分工负责相结合的制度，发扬民主集中制，致力班子建设，局狱两级领导班子形成了各负其责、各尽其力、融洽和谐、团结干事的良好氛围。

（二）坚持“一学习”“两整顿”，切实加强民警队伍建设。狠抓民警政治业务学习和纪律作风及监管秩序整顿。在学习方面，坚持政治建警，扎实开展基层组织建设年活动和“十八大”精神学习贯彻活动，进一步提高广大民警的政治素质，打牢执法为民的思想基础。坚持素质强警，组织参加省委组织部自主选学培训，举办优秀中青年领导干部培训班及各类专项学习培训。认真落实专业技术人才培养计划，全系统具有专业技术职称的人员占民警总数的 87.9％，广大民警业务素质不断提升。在加强学习的同时，抓住纪律作风和监管改造秩序两个重要环节，开展“民警纪律作风、监管改造秩序”两项整顿活动，以转变作风和落实制度加强队伍建设，为创建平安监狱提供组织保障。

（三）瞄准“四风”问题抓整改，全面推进党风廉政建设。一年来，全局上下持续推进党风廉政建设和反腐败斗争，进一步建立健全党风廉政建设责任制，注重廉政制度体系构建，充分发挥权力运行的制约和监督机制的长效作用，制定了一系列规范权力运行具体制度，在全系统推行党委书记（监狱长）不直接分管人事、财务、工程建设、物资采购等工作，建立健全“副职分管、正职监管、集体领导、民主决策”工作机制，发挥制度的刚性约束力，形成不敢腐的惩戒机制、不能腐的防范机制、不易腐的保障机制。不断巩固作风建设成果，进一步规范监狱领导廉洁为民从政行为和监狱民警公正严格执法行为，匡正风气，切实加强全省监狱系统党风廉政建设。特别是党的群众路线教育实践活动开展以来，针对“吃喝不正之风”“权力寻租”“衙门作风”“工作秩序涣散、纪律松弛”等涉及“四风”的问题进行专项检查、集中整治，查摆问题，立行立改，制订整改方案，逐项狠抓整改落实，“四风”问题明显得到纠正。

煤炭流通体制市场化改革的新亮点

中国(太原)煤炭交易中心党组书记、主任　**曲剑午**

自2005年国务院出台《关于促进煤炭工业健康发展的若干意见》(国发〔2005〕18号)以来,山西坚持以推进市场化改革为取向,全面推进煤炭生产流通管理体制和运行机制改革创新,取得了重大突破,有力地促进了煤炭工业的科学发展,有效保障了国家能源的安全和供给。

近年来,山西举全省之力强力推进煤炭资源整合和煤矿兼并重组,全省煤炭领域的开发秩序、产业素质、安全水平和综合效益都有了显著提升,为山西实现转型跨越发展奠定了重要的能源基础。与此同时,山西省大力深化煤炭流通体制改革,按照国务院《关于促进煤炭工业健康发展的若干意见》中关于"加快建立以全国煤炭交易中心为主体,以区域市场为补充,以网络技术为平台,有利于政府宏观调控、市场主体自由交易的现代化煤炭交易体系"的要求,2007年5月,经国务院批准,山西组建中国(太原)煤炭交易中心(以下简称:交易中心),肩负起煤炭订货方式改革、交易体制机制创新和搭建基于第三方服务的煤炭交易平台的重要使命;成为集煤炭交易、货款结算、物流配送、信息咨询、贸易融资、商务会展等多种服务于一体的现代煤炭商品交易市场;具有汇集信息、撮合交易、规避风险、发现价格、提供服务五大功能。

一、政策措施,助推交易中心快速发展

交易中心的组建成立,是适应国家煤炭订货方式和流通体制机制改革发展的新需要;是建设山西新型能源和工业基地、调整产业结构,实施中部崛起战略的新举措;是服务于煤炭产运需,实现"公开、公平、公正"交易的新平台;是运用现代电子商务、网络技术创新煤炭交易的新手段。推进交易中心建设发展作为资源型地区转型综改试验区的重点内容,受到国家和山西省委省政府的高度重视。

《国务院关于山西省国家资源型经济转型综合配套改革试验总体方案的批复》(国函〔2012〕98号)中明确强调:"把中国(太原)煤炭交易中心建设成为立足山西、服务全国、面向世界的高水平、现代化的交易中心。"

《山西省国家资源型经济转型综合配套改革试验实施方案(2013～2015年)》(晋政发〔2013〕16号)明确规划了"提升中国(太原)煤炭交易中心功能。在煤炭交易、煤炭物流和金融服务体系建设方面开展配套改革和体制机制创新。完善煤炭现货交易,启动煤炭中远期交易,争取动力煤期货交易"的任务目标。

依托政策和资源优势,交易中心迎来了快速发展的有利时机,煤炭现货交易自2012年2月23日正式启动运营以来,克服了经济增速放缓、煤炭市场持续低迷、煤炭交易工作难度加大等诸多困难,通过健全制度、完善功能、营销拓展、强化服务、减免费用等多种措施,扎实推进,平稳发展,取得了阶段性成果。截至2013年12月31日,交易中心累计注册交易商7556户,遍及全国31个省(区)市;2013年全年累计交易总量13.04亿吨,交易总额8518.14亿元。其中,铁路煤炭交易量8.7亿吨,交易额6100.96亿元;公路煤炭交易量4.34亿吨,交易额2417.18亿元。交易中心已逐步发展成为国内注册交易商最多,现货交易量最大的煤炭交易市场,对提升山西煤炭市场影响力,规范全省煤炭经营秩序,提高交易效率,降低交易成本等方面起到了积极的作用。在现货交易、信息服务、资金结算、价格发现等功能方面积累了宝贵经验。它的建设、运营和发展对建立健全我国能源的供应、保障和交易体系,维护国家能源安全,实现山西由煤炭资源、生产大省向贸易、服务大省转变具有十分重要的意义。

二、创新突破,铸就交易中心鲜明特色

交易中心自上线运营以来,始终坚持公开、公平、公正的"三公原则",不以赢利为目的,在政府的宏观调控和指导下,以煤炭产地现货交易为特征,积极探索新型煤炭交易方式,帮助市场主体增加交易机会、降低交易风险、提高交易效率,推进市场主体自由交易,实现了多项创新和突破。

(一)四个创新。一是方式创新。交易中心自主设计研发煤炭电子交易平台,与交易商的日常业务实现无缝对接,交易商可线上线下灵活交易,使煤炭交易真正实现"及时、便捷、高效",形成"永不闭幕的交易会",实现了方式创新。二是模式创新。为了与传统的销售模式相衔接,积极推进市场化运行,交易中心设计了挂牌交易、竞价交易、邀约交易和协商交易4种交易模式和年度交易、日常交易、专场交易3种运营方式,共同构成了交易中心的核心交易体系,实现了模式创新。三是交易体系创新。为了给交易商提供全程化、全方位的综合服务,交易中心确立了新型现代交易服务理念作为发展方向,着力打造以交易服务为核心、信息服务为基础、物流服务为保障、金融服务为延伸的“一核三系”四位一体的煤炭交易综合服务体系，实现了交易体系创新。四是研究创新。交易中心积极开展煤炭行业相关领域课题研究，中心研究的煤炭动态战略储备与预警体系课题现已列入国家能源局科研项目，并获得国家能源局软科学研究优秀成果奖。目前，交易中心正依托现货交易平台，着力研发煤炭行业的升贴水制度，实现了研究创新。

(二)三个突破。一是交易中心自运营以来，开发建设了煤炭统计调度信息系统和运输计划提报系统，通过有效整合合同、计划、调运、煤炭销售票据等相关数据信息，实现了山西省煤炭销售工作的规范化、标准化、信息化和自动化。同时，交易中心运用网络传输技术、视频处理技术、地理信息技术等先进科技手段，积极推进山西省铁路发煤站点的信息化联网。通过采集和综合展现煤炭的装车数据、发煤站存煤数据、发煤站视频监控数据等信息，使各发煤站点成为煤炭交易系统的延伸，在提高全省煤炭运销的信息化管理水平上实现新突破。二是交易中心以“广泛交流、自主衔接、公平交易、创新服务”为主题，召开2013年度中国煤炭交易大会，累计签订年度交易合同7.88亿吨。2013年12月12日交易中心又成功举办2014年全国煤炭交易大会，本届交易大会充分发挥企业的市场主体作用，采取纯市场化运作、无任何行政干预，实现供需双方特别是煤电交易双方全部自主协商、自主定价。大会期间，交易中心共签订年度交易合同9.55亿吨，成交规模创历史最高水平，成为煤炭传统交易向现代交易转型升级的市场典范，实现了新形势下煤炭供需衔接机制的新突破。三是交易中心自2011年开始与相关研究机构合作，开展煤炭价格指数研发工作，以此作为煤炭生产、消费、贸易企业参与交易活动的参考指标，作为政府了解煤炭市场、进行宏观调控的参考依据，作为科研机构分析与研究煤炭行业的重要工具。该指数作为国内首个煤炭主产地价格指数，设有“中国太原煤炭交易价格综合指数”和动力煤、炼焦煤、喷吹煤、化工煤4个分煤种指数，完善了我国煤炭价格指数体系。2013年5月23日，指数在经过内部试发布29期后，正式与新华社联合向社会公开发布。指数正式发布以来，及时、客观、全面地反映了以山西为代表的主产地煤炭价格水平和变化情况，帮助煤炭供需企业及时把握煤炭价格变化趋势，得到了广大交易商和煤炭企业的认可。在2014年度煤炭交易大会期间，同煤集团、山西煤销集团、山煤国际、国新能源、太原煤气化等共1249笔合同、1.61亿吨交易量是利用中国太原煤炭交易价格指数定价。指数的推广应用为交易中心建立市场风向标打开了突破口。

三、积极探索，谋求交易中心跨越腾飞

自2012年12月以来，国务院连续发出3个促进煤炭工业健康发展的文件，对今后一个时期煤炭工业发展做出重大决策和部署，为煤炭行业改革发展指明了方向。近期，国家发展改革委又公布《煤炭经营监管办法(修订稿)》，明确提出要培育和健全煤炭交易市场体系，引导企业通过煤炭交易市场开展煤炭经营。

交易中心作为我国目前唯一经国务院批准冠以“中国”字样的煤炭交易中心，一直致力于煤炭市场化改革的创新和发展，在着力抓好煤炭现货交易的同时，交易中心认真研究商品交易市场的特点和实质，率先提出“以推动煤炭产地现货交易向场外交易等交易功能提升为核心，以完善交易服务体系、金融服务体系、物流服务体系、信息服务体系、风险管理体系为手段，以建立专业化公司为支撑，采用集团化、跨市场模式，通过多层次、多元化市场的建设，构建功能齐全、层次分明、方式多样、手段先进的现代能源市场交易体系”的总体发展思路，受到了国家和相关部门的高度关注。中国(太原)煤炭交易中心正按照中央和山西省委省政府的一系列指示精神，抓住我国煤炭市场化改革进程加快以及山西综改试验区建设的良好机遇，不断完善现有的基础现货交易市场，大力发展场外衍生品市场，未来在形成国内层次化能源交易市场体系的基础上逐步建立国内外市场的联动，实现交易中心的跨越发展，更好地促进煤炭及相关产业的升级换挡。

加大转型力度　夯实发展基础

建设银行山西省分行行长　高　强

认真学习和领会十八届三中全会精神、习近平总书记关于科学发展重要论述的精神，扎实贯彻落实总行转型发展战略部署，科学研判地方区域经济发展形势，捕抓机遇，找准目标，明晰路径，狠抓落实，是促进建行山西省分行“又好又快”发展的必然选择。

山西的区域经济结构单一、脆弱，结构调整压力巨大，加快转型尤为紧迫，对银行业的经营发展是重大考验。两年来，建行山西省分行坚定“又好又快”发展的信念和目标，致力于转型、提质、夯基础。2012年实现等级行晋升二类行，名列第21位，KPI考核系统排名第7位；2013年，在经济下行、煤价下跌的艰难形势下，成功“稳固二类行”，等级行排名第23位，KPI考核第16位。但是，建行山西省分行发展的基础还不扎实，正处于粗线条发展向精细化管理转变的关节点。面对经济下行的压力，既要保持定力，又要主动作为，坚持转型发展不动摇，坚持加快发展不动摇，夯实发展基础，提升竞争实力。

一、研判经济形势变化，踏准经济发展走向，改变“一煤独大”的传统观念，着力抓好非煤产业，开拓民生领域的业务市场

两年来，建行山西省分行主动转变“一煤独大”的观念，适度收紧对煤炭行业的信贷资源投入，不断加大对教育、医疗、文化、水利、环保等行业的拓展力度。先后与省内20多家本科院校、17家医院开展业务合作，财政社保卡累计发卡734万张；在风险可控的前提下，定向拓展与民生领域关联度较高的中小企业及个人贷款业务，加快“三类贷款”发展速度。负债结构和信贷资产调整取得初步成效，截至2014年一季度，建行山西省分行机构存款余额498亿元，占全部对公存款余额的41.6%，较2011年上升3个百分点，成为稳存增存的主要增长极。2011年至2014年一季度，各项贷款新增338亿元，其中，煤炭行业贷款新增占比26.9%，较2011年煤炭行业贷款余额占比降低0.7个百分点；教育、卫生领域等机构类贷款新增占比7.4%，较2011年机构类贷款余额占比提高5.2个百分点；三类贷款新增占比52.1%，较2011年三类贷款余额占比提高42.5个百分点。

二、狠抓“三大一高”战略落地，夯实中小客户群体，改善客户结构，打造坚实的“金字塔形”客户基础

客户基础是银行业务发展兴衰成败的基础，是银行服务实体经济、支持地方经济发展的载体。既要坚定不移地着力抓好“三大一高”户战略的推进与落地，又要本着选择、支持好项目、好客户的原则，着眼于微循环、神经末梢系统的中小民营领域的金融服务。在客户结构方面，形成以大集团、大企业为塔尖，中小客户为基础的“金字塔”客户结构。在客户市场定位方面，以战略的高度重新审视与民生领域紧密相关的衣、食、住、行、游、学、医等消费型批发、零售业客户，做实做厚资金流末端客户群体。在客户关系维护方面，充分发挥客户经理队伍的作用，打造专业化、特色化的服务优势，培育建设银行最为忠实的客户群体。

三、积极融入新型城镇化建设，着力推进网点“三综合”转型，加大网点及渠道建设力度，优化机构布局

银行支持服务城镇化建设，网点布局和建设必须跟上城镇化建设的步伐，这是银行融入城镇化建设，实现自身可持续发展的基础。为此，建行山西省分行根据全省经济金融发展趋势，对全分行网点整体布局做出重大战略调整。针对太原南部高新园区、开发园区较为集中，以及太原、晋中两个城市同城化的纽带区域，专门组建设立了服务科技创新城和高新技术开发区的二级支行，紧跟全省城市建设及县域经济发展，两年新增建设网点26个；积极推进“三综合”网点转型，提升机构网点综合竞争力，有63个单功能网点实现综合化转型，剩余35个单功能网点到2014年底将全部转型到位；探索自助渠道服务模式，针对大型企业社区，推出了以自助服务为主导的金融服务进社区，着力打造“自助超市”服务品牌，两年新增自助设备1000台，着力拓展渠道服务的基础实力。

四、注重人才队伍的培养，强化考核管理，打造一支特别能战斗的客户经理队伍

客户经理是客户拓展与维护客户关系，直接在一线为客户提供金融服务的最为重要的载体，客户经理队伍的强弱，直接关系到银行竞争力的强弱。随着业务快速发展，以及“三综合”的不断推进，客户经理的转型提质首当其冲。两年来，建行山西省分行将客户经理队伍建设作为业务转型与快速发展的必要条件，明确打造3000人(对公、对私、柜面各1000人)客户经理队伍。出台了对公、对私条线客户经理管理办法及两个条线的经营管理系列办法。举办对公、对私客户经理专业培训班，请总行专家、先进兄弟行的优秀客户经理到山西传授经验。结合业务发展重点，组织对公、对私客户经理技能大赛。为客户经理的成长创造条件，拓宽晋升通道，将二级分支行的高级客户经理由一名增至两名。截至目前，对公客户经理958人，对私1211人，柜面结算758人，总计2927人，基本达到3000人队伍的目标。下一步将对客户经理的准入、退出、培训、晋升、考核等方面不断完善制度和办法，形成系统化、标准化、常态化的管理，打造一支特别能战斗的客户经理队伍。

五、坚持合规经营，加大风险防控力度，守住信贷资产质量底线

2013年底，分行成立“放款中心”，严格贷前风险防控措施及相关条件的落实，切实解决贷款审批条件落实不严、信贷管理人员履岗能力不强等信贷经营及基础管理问题。2014年，针对经济下行的严峻形势，按照总行“信贷风险防控年”活动的总体部署和要求，从多方面、多渠道采集信息，分析排查可能出现的风险；寻求多途径化解风险的措施和手段，重点解决涉煤企业还贷能力下降，民营企业信息不对称，企业资金链、担保链断裂，押品管理不规范等突出问题，坚决守住信贷资产质量的底线。

六、巩固群众路线教育实践活动成果，建立整改治理长效机制，继续深化专项整治，进一步加强作风建设

群众路线是我们党的生命线和根本工作路线。开展党的群众路线教育实践活动，特别是通过聚焦“四风”查摆问题，整改问题，增强工作作风，对建行山西省分行班子执行力的提升、队伍战斗力的提高，具有重大而深远的意义。要进一步巩固路线教育成果，建立长效的问题查摆机制、整改机制，始终将“严管理、抓落实、重细节”要求，过硬的作风建设，贯穿到各项工作中，认真剖析查找各项工作和业务发展中存在的问题，解决发展难题，以超常规的思路、超常规的努力，狠抓工作效能，推进业务发展，着力打造“好银行”。

深化客货运输改革　推进企业科学发展
努力争当服务山西经济转型发展的火车头

太原铁路局局长　**杨绍清**

2013年，太原铁路局坚持“让人民群众满意”的根本标准，全力服务山西省资源型经济转型综合配套试验区建设，努力为山西省经济发展提供坚强的运力支持。

一、深化货运改革，释放运输能力，不断增强服务国民经济和山西转型跨越发展的能力

（一）积极稳妥，实施货运改革。以网上受理、“实货制”运输和全程物流服务为重点，按照“前店”“后厂”模式构建方便、快捷、高效的货运体系，路局新组建货运营销中心，站段层面成立12个区域性货运营销中心、157个货运营销网点。在运输组织上，严格按照总公司规范收费要求，对所有费用一次报价、一次收取，实现一口价收费；零散“白货”敞开受理、随到随办，全局零散白货兑现率大幅提高；使用固定车底一周一循环组织方式，开行辐射管内9条干支线的5对沿零列车，创新性实施跨局沿途零担货物转接行包，赢得好评。在物流服务上，全方位拓展门到门运输全程物流，采取自购和与社会物流企业合作形式，全局39个货运站具备接取送达、上门装卸、仓储、提供装载加固材料4项服务项目。在货运营销上，与2300多个客户建立了一对一、一对多、多对一的服务关系，更好地为企业客户服务。

（二）充分挖潜，扩充运输能力。大力实施投入小、见效快、产出大的“短平快”扩能改造工程，缓解区段运输“瓶颈”，扩充运输能力。一是增设中间站。针对南北同蒲、石太、太焦、宁岢等干支线区间过大的实际，先后增设多个中间站，便于列车在车站会让，提高区段通过能力。二是实施配套设备扩能改造。针对大秦、南北同蒲、宁岢等线大幅增量造成的部分车站到发能力不足问题，先后对湖东、榆次、魏家滩、店坪等车站实施了增设和延长站线、改造道岔等站场扩能工程，进一步提高区段、车站通过和接发能力。

（三）精心组织，提升运输效率。以侯月、石太、丰沙大“三线”增量为重点，南区保质、北区上量，努力实现运输高产高效。一是优化运输组织。积极与邻局配合协作，对5000吨、5500吨大列优先审批，优先配空装车；组织管内各枢纽集中突运接卸，组织快入快出，打满增量线路和分界口；组织各编组站、区段站满轴、满长开车，最大限度实现多拉快跑；积极组织管内煤焦、剥岩土循环运输，省内电煤“点对点”直达运输。二是充分释放运力。提高京原线原平—灵丘间、石太线榆次二场—榆次客站间、孝柳线东槽—孝西间、南同蒲线礼元—侯马北等干支线牵引重量，增加南北同蒲跨区域机车直通交路，开行了侯马北—原平的直通列车。三是高效组织接卸。面对煤炭市场低迷、到港船舶减少、港口转运不畅等不利局面，实行港口协调办、站段、煤炭企业合署办公，坚持路港联动，建立“四港联动均衡卸车组织”等机制，动态调整装车菜单，全面提升港口接卸能力。

（四）主动协调，助推地方经济发展。密切关注省内经济发展对铁路运输的要求，根据区域经济发展需要，动态调整运力。一是确保重点物资运输。坚持对节日物资、煤炭、粮食、石油等重点物资运输进行重点组织，做到“优先承运、优先配车、优先装车、优先挂运、优先放行”。二是满足企业运力需求。主动掌握省内各企业生产、储备、销售、需求等第一手资料，主动上门提供运输服务，支持地方企业发展。

二、加强客运设施建设，提升站车服务品质，想方设法满足人民群众出行需求

（一）确保客车绝对安全。把客车安全作为各项工作的重中之重、首中之首，研究制定“确保旅客列车绝对安全的风险控制措施”，持续加强对客车安全风险的识别、研判和动态防控。一是保证设备安全可靠。明确对担当客运任务的机车、发电车、餐车、客车车体和客车通道道岔等重点设备的检查要求，加大维修检查的力度、频度和范围，对所有客车通道上的设备全部实行记名修、记名检，确保运行状态良好，杜绝任何行车设备“带病”运行。二是狠抓客运现场作业。对列车调度员、机车乘务员、临客“三乘”人员和调车作业人员等主要行车工种进行100%的强化培训，确保熟练掌握安全卡控措施、服务技能和突发事件处置程序；运用覆盖全局主要生产岗位、关键作业区域的视频摄像头，加强对设备质量、职工作业和旅客乘降的动态监控。三是强化旅客乘降安全。严格实行实名制购票和验票，严格落实控制列车超员的有关规定，源头上保证站车秩序良好；全局实名验车站的验证口全部开启，杜绝旅客在进站口发生拥堵、踩踏；坚持由副站长（副主任）以上干部上站台组织旅客乘降，客流较大时拉警戒线进行防护，确保旅客乘降绝对安全。四是严格“三品”查堵。坚持落实“全覆盖”安检要求，对所有进站上车的旅客、铁路职工和携带物品做到100%检查，坚决把易燃、易爆、危险品堵在站外车下。

（二）努力为旅客出行提供便利条件。一是提升运力。针对春节、“五一”、国庆及周末等出行高峰，采取增开临客、加挂车辆、硬卧代硬座等措施，科学安排列车开行方案，完善客运产品结构。二是方便购票。综合利用窗口、电话、网络、自动售票机等多种方式，动态增开应急窗口，及时开行流动售票车。投资在太原、大同、介休、平遥、太谷站新增多台自动售票机；在太中银线交城、文水、汾阳、吕梁、柳林南等站实行同城售票，深受旅客欢迎。三是方便学生、务工人员购票。在多所学校开展学生团体票12306互联网订票培训，自助售（取）票机加装学生证读卡器设备，在太原、大同、临汾、运城、吕梁等车站设立务工人员团体专口，优先办理务工人员团体往返票。四是加强信息服务。各车站充分利用公告栏、广播、电子屏、微博等信息媒介，加强互联网购票、电话订票、POS机及支付宝支付、自助式取购票、手机购票等方式的宣传，引导旅客有序购票；在售票大厅明显位置不间断向旅客公布预售期、售票时间、车票剩余情况、热门车次限购张数、正晚点等信息。五是净化购票环境。全局动车组、临客列车、无座席票额全部投放公网发售，所有售票人员实行实名制售票。

（三）全面提升服务质量。一是大力改善站车服务设施。对全局各客运车站电子显示屏、引导标识、雨棚、电梯、空调、座椅及供水餐饮服务旅客的客运设备设施进行了全面检查和整修。二是提升基本服务品质。在进京、进沪、进穗、进川等4个方向的旅客列车上推出涵盖49种菜品的标准化菜谱，盒饭保证供应，县城以上车站保证24小时有开水，其他小站有旅客就保证有开水。三是做好重点旅客服务。以太原站“改梅助困室”“李静导购台”两个局级服务品牌为核心，打造重点旅客服务网络，全流程为特殊重点旅客提供链接式服务；为县级以上车站配置了轮椅，并在候车室设置5座以上的重点旅客候车区；在地级市车站开辟母婴哺乳区。

三、推进安全风险管理，强化安全基础建设，全力确保铁路运输安全持续稳定

（一）夯实设备基础。强化线路基础质量。2013年，先后在大秦、南北同蒲、侯月、石太等干线及太原、榆次等枢纽，开展了为期187天的5次集中修施工和5次综合施工，全局线路设备质量得到很大改善。提升工装和安全装备水平。建设机车安全6A、货车5T、牵引供电6C、一体化综合视频监控等6个安全检测监测系统，建设完善15个生产调度指挥中心，建成湖东、茶坞、侯马北三大TFDS集中检测中心，2013年完成大秦线65台红外线设备的统型改造，统型设备达到90%，全局信号集中监测和5T安全预警监控体系实现全覆盖，全局安全装备水平得到大幅提升。

（二）推进“七大”安全风险控制工程。以全面实施“固定设备基础改造、移动设备检修基地建设、网络视频监控全覆盖、调度集中指挥和安全实时监测、集成化信息网络、安全标准化建设、职工生产生活条件改善”等“七大”安全风险控制工程为重点，建成机务系统湖东、太原北、太原三大机车检修基地，满足全局机车运用检修需求；建设工务系统介休大型养路机械检修基地、湖东钢轨焊接和钢轨整修基地，满足全局大型养路机械维修养护和钢轨大修、维修需求；完善车辆系统湖东车辆段现代化检修基地、太原北车辆段C70型车辆检修基地、侯马北车辆检修基地、太原客车检修基地、太原南动车检修及停留基地，逐步实现车辆检修自动化、检测智能化、管理科学化、监控网络化。“七大”安全风险控制工程，瞄准全路一流水平，积极应用新技术、新装备，全局科技保安全水平跻身全路先进行列。

（三）狠抓关键卡控。从路局到各部门、各单位，分层建立推行领导挂牌督办制度，各级领导班子按照谁分管、谁挂牌、谁负责的原则，对安全突出问题进行挂牌督办，涉及面广、结合部多的由党政正职亲自挂牌负责。坚持开展防洪、施工、客车、防火防爆、货运、电务、防溜和重载安全等方面的专项整治，对照“确保旅客列车绝对安全风险卡控措施”“安全风险管理惯性问题”等安全管理基础重点，逐一列表，逐项对照，进行逐层拉网式排查，及时发现各类隐患、问题，加强对现场安全的动态控制。

（四）狠抓作业标准落实。在现场管理上，坚持“解决问题、教育为主”的方针，各级检查人员在现场检查发现问题时，必须与问题责任人见面或通话，提出解决建议和整改要求。在安全教育上，集合发生在自身和兄弟局的典型案例，根据安全事故、设备故障、职工“两违”等问题的不同类型进行梳理，整理成典型案例，大力开展点对点“举一反一”、面对面“一事一教”的案例警示教育。在考评管理上，建立职工个人“违章、违纪”档案，实施“两纪”积分考核办法；对发现设备故障重大隐患、防止各类事故的干部职工重奖快奖，在干部职工中营造“安全立功就受奖”的浓厚氛围。

（五）强化责任落实。坚持从干部和管理上对安全问题查原因、堵漏洞。将全局年初工作会、职代会议定的事项统一梳理分解，明确牵头负责的分管局领导、部门、单位及完成标准、期限等，每月进行督办通报。对路局安全生产周例会议定的事项，逐项督办落实情况，并在下周例会上进行通报点评。建立领导人员阶段重点任务“百分赛”、日常安全绩效考核“千分榜”相结合的干部绩效考核量化机制，每月分系统对领导干部现场检查绩效统计分析、分层比对、排名晾晒，对干部岗位作为、岗位履责的进行量化考核。从抓干部能力和作风、抓具体、抓关键、抓过程、抓落实、抓考核、抓安全投入、抓设备质量、抓职工培训教育、抓《安全问题通知书》发放质量和闭环管理等十个方面入手，坚持在生产岗位、在施工现场、在突发事件的处理等八个方面考察和评价干部，建立干部岗位作为奖励举报机制，促使各级干部主动作为。

改革创新　提质增效
倾力打造“绿色山煤、幸福山煤、百年山煤”

山煤集团董事长、党委书记　**郭　涛**

2013年，我们以党的“十八大”精神为指引，以改革创新为动力，谱写了凝聚共识、合力攻坚、成绩显著的新篇章。一年来，我们紧紧围绕打造“绿色山煤、幸福山煤、百年山煤”的战略愿景，按照年初职代会上提出的“量效并举、改革创新”的工作方针，科学驾驭复杂局势，理性调整发展战略，圆满完成各项目标任务，实现了危机中目标不动摇、改革不停步、发展不减速，为2014年全面落实中央和全省经济工作会议精神，对标“全面深化改革、强化创新驱动、加快先行先试”的要求，实现改革创新、提质增效的目标，奠定了坚实基础。

一、2014年集团公司工作的指导思想

以党的“十八大”和十八届三中全会精神为指导，全面落实中央和全省经济工作会议精神，以“改革创新、提质增效”为主线，以“打牢基础、规范管理”为主题，以继续强化观念转变、结构调整、改革创新、管理提升为突破口，以持续增强执行力为保障，走“苦练内功、深挖内潜”的内涵发展之路，努力实现规模与结构、质量与效益相统一的目标。

二、2014年集团公司工作重点

（一）坚持“一个中心”，即始终坚持以经济效益为中心。一是要将安全作为企业最大的效益。始终坚持“安全第一”的方针，坚持“安全第一、生产第二”的原则，倾全集团之力优先保证安全投入、优先强化安全工作。将全员认识提升、干部作风转变、“三基”工作强化作为安全工作的主要抓手，切实从思想上认清安全工作是一切工作的关键和要害所在，通过强化基层、夯实基础和锤炼基本功来提高安全工作的管控力、执行力和战斗力。坚持统筹兼顾原则，实现“大安全”管理，在突出抓好生产矿井的安全生产和整合矿井安全管理的基础上，将煤与非煤、井下与地面、生产与生活的安全重点全面纳入安全管控范围，统筹部署安全工作，构建广领域、全覆盖的安全体系。二是要将煤矿生产建设作为效益的最大支撑。积极破解生产制约瓶颈，精心组织、开足马力生产，多出煤、多创效。千方百计加强成本管理，力争实现吨煤成本再降2元，向成本管理要效益。强化煤质管理。将煤质管理作为一把手工程，从生产源头到洗选、储存、装车等各个环节加强质量监管，同时科学合理地组织配采、配洗和销售工作，向煤质管理要效益。对标先进，推广大平矿成本管控经验，走低成本、高效益之路。基建矿井要着重优化设计、优化系统、优化投资，加强施工组织，做到少投快建，确保提前投产、达产。煤业公司要全力推进基建矿井投产达效，尽快形成新的效益增长点。三是要在销售工作上实现真正的效益。继续坚持“套上煤源对用户、锁定用户找煤源”的销售思路，持续做好煤业公司、股份公司、地市公司、港口公司的体制机制创新工作。抓好销售流程梳理和再造工作，全面推进矿贸一体化。加大市场开发力度，贴近市场调整产品结构，发挥原有外资企业优势，抓好煤炭进出口及转口贸易。强化销售领域的信息获取工作，建立市场行情分析和预警机制，准确地指导销售工作。四是要将非煤产业作为新的效益增长点。氧化铝贸易要力争实现利润2亿元，同时积极探索形成“贸易加实体”的可持续发展模式；投资板块要在强化原有股权管理职能的基础上增强现有贸易公司的盈利能力，积极探索新的产业领域，实现非煤贸易的新突破；房地产板块主要是做好现有项目的建设、销售和管理工作，打造自身品牌，形成竞争实力。产业扶贫项目要坚持“社会效益和经济效益并重”的原则，注重产业延伸，形成规模效应，成为集团公司转型发展的新支柱。同时，加强对参股企业的股权管理工作，在保证参股项目健康发展的基础上，维护好股东利益，保障好投资权益。

（二）实施“两大攻坚”，即实现管理强化与改革深化。一是全力提升管理水平。(1)持续强化集团管控能力，实现自上而下的有机统一。进一步完善风险防范。从财务角度，要进一步加大资金管控力度，尤其是以现金流管理为核心确保资金链的安全。在进一步优化融资结构，降低融资成本的基础上，加强对资金运转的管控，加快资金周转的频率和对资金用途的监管，推动资金产生更高的效益，进一步加强财务管理体系建设，继续加大清欠工作力度。从法律角度，要加强合同管理，严格执行合同会签制，严肃合同签订相关制度与规定，杜绝合同风险。从审计角度，在例行审计的基础上要抓好对重点项目、重点投资的专项审计工作，通过审计及时发现经营管理中的问题，有效防范经营管理风险。(2)大力强化二级板块总部的能力建设，形成运转顺畅的工作格局。(3)全面梳理优化工作流程，建立系统、科学、实用的标准和制度体系。二级板块公司和三级企业要在集团各项制度的基础上，对自身工作流程进行认真梳理，细化出台适合自身企业和行业实际的制度和流程，尤其是要进一步加强和完善考核体系建设。(4)持续抓好开源节流，做好降耗挖潜工作。减少生产、贸易、管理各个环节上不必要的开支，降低全系统运营成本。深入挖掘内、外两种潜力，内部在做好提效工作的基础上着重盘活资产，在全系统优化资源配置，对闲置的设备设施等资源采取内部调用、内部租赁、内部转让、内部划拨等方式充分予以利用，减少重复购置；外部要利用好税收政策和财政政策，争取扶持资金，赢得补贴资金。(5)深入开展对标工作，打造争先恐后的工作业态。深入开展对标工作，建立集团总部、板块公司、子分公司、基层企业四级对标体系，明确攻坚方向和内容。通过动态对标、持续改进，在集团内营造一种比、学、赶、帮、超的氛围，通过对标管理，提升管理水平，增强核心竞争力。

二是着力深化企业改革。全面深化机构改革，各级企业的机构和职数设置要严格按照规定进行报批，裁减可设可不设或职能重叠的机构，合并业务相近、职能交叉的机构，切实建立起一个精干高效的机构体系。着力深化劳动用工机制改革，继续对下属企业用工计划进行宏观调控，下达年度用人指标；加强劳动用工管理，进一步降低人工成本和劳务费用，提高劳动生产率；建立企业与员工双向选择的用人制度，形成企业自主用人、劳动者自主择业的机制。进一步深化分配机制改革，继续完善工效挂钩办法，统筹安排工资总额和劳务性支出计划，确保重点业务发展的需要。加强工资总额支出的预算管理。加强劳务性支出的计划管理，切实加强对劳务性支出的控制。持续深化干部选拔机制改革，进一步完善干部考核和监督机制，探索建立机关和基层干部双向交流的机制。

（三）筑牢“三大保障”，即筑牢转型发展、优质发展和良性发展的保障。一是提升项目建设能力，保障企业转型发展。重点抓好一体化循环经济项目，以争取到河曲电厂的路条为契机，全力推进打造低质煤综合高效利用工业园区；积极与上海同业煤化集团调研合作消化劣质煤的煤制气、煤制油等煤化工项目。强化前期工作，统筹抓好项目的立项、设计、可研审查等各个环节，加强项目论证和分析，及时规避风险。加快未建项目的手续办理进度。加快未开工项目的手续审批进度。太原电机厂、长治经坊等地产项目，要抓紧对接、全力推进。灵丘荒漠化尾矿生态环境综合治理与光伏发电项目要抓紧立项、尽早开工。对已开工的项目，要严格控制时间节点，及时解决存在问题，确保每个项目都能按期完成；强化项目过程管理，抓好责任落实；实施投资全过程控制，推行项目后评价。二是提升科技创新能力，保障企业优质发展。建立健全科技创新机制，在集团层面主要建立科技决策、咨询和实施的组织体系和考评体系，在基层单位主要建立科技成果应用、科技项目实施体系，形成职责分明、分工合作的科技创新和成果转化管控体系。加大科技人才培养力度，实施“走出去、请进来”的科技人才培养战略，开展科技人才专业培训，构建分层分类的科技人才培训体系，加强科技人才储备工作，提升科技人才队伍的自主创新能力。提升企业科技创新能力，探索建立适应市场需求和具有山煤特色的技术创新体系，完善产学研协同的创新机制，在低质煤转化和节能减排等方面取得突破，在智能电网、智能矿灯、燃料电池与煤矸石综合利用、低温废热回收等循环经济方面加大研究力度，形成自主知识产权的拳头产品和核心技术。三是提升党建工作能力，保障企业良性发展。不断创新工作思路，扎实加强领导班子建设，强化党的作风建设，注重和谐企业建设，充分发挥好党建工作保驾护航的重要作用。

实施“五五战略” 加快转型跨越 为全面建成小康社会而努力奋斗

长治市市长 席小军

2013年，全市上下紧紧围绕实施“五五战略”、率先实现全面小康的发展目标，攻坚克难、逆势而上，全力保增长、上项目、抓转型、惠民生、强安全、促稳定，较好地完成了年初确定的各项预期目标任务，经济社会发展取得了来之不易的新成效。

2014年是务实推进“五五战略”的关键一年，是加快转型跨越发展的重要一年。做好2014年的政府工作，任务艰巨，意义重大。

一、2014年政府工作的总体要求

高举中国特色社会主义伟大旗帜，以邓小平理论、“三个代表”重要思想、科学发展观为指导，全面贯彻落实党的十八届三中全会精神，坚持稳中求进、改革创新的总基调，以实施“五五战略”为统领，以实现“四个率先”为目标，以保障和改善民生为根本，深入开展党的群众路线教育实践活动，奋力做好稳增长、抓改革、上项目、促转型、惠民生、强安全、保稳定的各项工作，确保完成经济社会发展的各项目标任务。

二、2014年全市经济社会发展的主要预期目标

地区生产总值增长10%左右，全社会固定资产投资增长23.5%，公共财政预算收入增长10%，社会消费品零售总额增长15%，规模以上工业企业增加值增长12%，城镇居民人均可支配收入增长11%，农民人均纯收入增长12%，城镇新增就业岗位4.3万个，城镇登记失业率控制在4.2%以内，居民消费价格涨幅控制在3.5%左右。

三、2014年政府工作主要任务

（一）*多措并举促企业增效益*。一是抓企业投产见效。降成本：把省、市出台的和即将出台的一系列帮扶企业的政策措施不折不扣地落实到企业和项目上，实实在在为之松绑减负，实实在在地降低企业生产成本，提升产品竞争力。占市场：组织开展形式多样的促销活动，编制长治工业产品和使用目录，加大宣传推介，四通八达跑营销，见缝插针占市场。推动市域企业间的联盟合作，重点是稳固拓展煤电合作，促使更多的用电大户与电厂建立直供电关系，鼓励企业和政府投资项目在同质同价的前提下优先使用本地产品，加强物流配送的统筹协调，加快网上交易的平台建设，力争全年主要工业产品产销率达到95%左右。抓投产：对应建成投产的企业项目要倒排工期，制定任务书、列出时间表，督促企业抓住施工黄金期，完成建设实物量，奠定投产见效的基础。快节奏的为企业解决报批文件、建设用地、拆迁补偿、环评安评等问题，高效率地为企业组织竣工验收和开展试生产。确保85%以上的规上工业企业正常生产。确保年内吉祥煤业60万吨技改、七一新型洗煤、潞宝干熄焦二期等29个传统产业项目和煤焦油加氢、水合肼、无极荧光灯、雅瑞地毯、石油压裂支撑剂、己内酰胺、乙二醇、取向硅钢、低温发电机组、基因工程疫苗等261个新兴产业项目竣工投产、达产达效。确保全年新创办中小微企业1500户，培育“小升规”企业23户、年销售收入超亿元“小巨人”企业15户。二是抓企业要素保障。积极为企业提供煤、电、油、气、运等生产条件的基础上，重点解决好资金、土地、人才、创新驱动、园区承载等方面的问题。在解决融资难上，加快构建政府引导、市场主导的政企银对接互助平台，切实解决企业贷款难和“倒贷”难的问题。通过企业联盟以及资产、订单、专利抵押和商标专用权质押等多种方式拓宽融资渠道；推广“助保贷”“信义贷”等融资产品，提高金融支持小微企业覆盖率。财政存款与银行贷款挂钩，鼓励银行开发多种金融产品支持各类企业的资金需求；建立财政资金和民间资本融合的担保体系，为企业融资进行担保。在解决用地难上，以县（市、区）为主体大力整合和调剂使用闲置土地资源。2014年各县（市、区）闲置土地的调剂使用量和收回量要达到闲置土地总量的50%以上，以保证新项目用地。同时，强化土地一级管理，只要是好项目并符合土地利用总体规划保证优先供地。在解决人才短缺上，继续深化与清华大学等著名高校和科研院所的合作，着力培养合格的企业管理人才；充分发挥职业教育资源优势，不断加强在专业设置、定向培养、师资配备、教学实习等方面与企业的深度合作，加快为企业输送急需的实用人才。在解决创新驱动难上，建立长治技术交易市场，构建高效便捷的技术信息平台。引导企业加大科研投入，鼓励企业自主建立技术研发中心和加大专利申请工作。继续发挥好博士(院士)工作站的作用，对中小企业开展的科研活动给予积极扶持。力争全年高新技术企业数量增长30.8%、销售额占规上工业企业销售额的比重达到15.8%，有效发明专利拥有量完成340件，长治市高新技术开发区进入国家级行列。在解决园区承载力不足上，按照“九通一平”和“先地下后地上”的原则，加快路、电、气、治污、通讯、物流以及办公研发、文化休闲为主的基础设施建设；建立统一的一站式服务平台，争取工商、税务、环保、住建、人社等部门入园办公。力争建成1个国家新型工业化示范基地和1个省级工业园区，全市工业园区产值达到1200亿元以上，工业总产值占比提高2个百分点。三是抓企业运行监管。市县政府加强跟踪调度和分析研判，强化对重点行业、重点企业的运行监管和政策引导，建立监测预警机制，高度关注各项指标任务的完成情况，对经济运行中存在的问题及时有效应对。加强税收征管，确保应收尽收。加强统计工作，建立统计信息共享机制，完善统计名录库，帮助企业及时办理入库手续，做到应入即入、应统尽统。四是抓项目招商引资。积极组织企业参加各类投资贸易博览会，紧紧盯住国内外一流科研院所、高等院校开展产学研对接，紧紧盯住世界500强、国内200强、行业10强、最具成长性的上市公司开展洽谈，重点引进一批科技含量高、带动能力强的项目。每个县(市、区)都要谋划新上2～3个低碳、绿色、环保、真转型的高新技术项目和2～3个高效、生态、真富民的农业产业化项目。特别强化项目评估，建立和实施项目联审机制，对新上项目开展前期综合评价，以投入、产出、效益定项目、供土地、给政策。对长期不动工、不建设、不生产的“圈地”项目，必须依规退出，收回土地，不能迁就。

(二)大刀阔斧深化转型综改。一是在转变政府职能方面，重点是行政审批制度改革。再造行政审批流程，明确“权力清单”，严格审批时限，切实体现服务优先、效率优先、规范优先。衔接好与行政审批改革相配套的各项工作。加强行业指导和政策引导，规范组织运作。2014年全部审批事项进入政务大厅，实现“三集中、三到位”，并逐步推行在线审批。8月底前全面完成行政审批制度的改革任务。同时，积极做好市县政府机构改革工作，完善政府机构设置和职能配置；完成工商、质监行政管理体制的调整和机构改革。二是在土地管理制度改革方面，继续深入推进城乡建设用地增减挂钩、矿业存量土地整合利用和工矿废弃地复垦利用试点，进一步拓展用地空间。加大土地开发整理力度。强力推进节约集约用地，提高单位土地投资强度和产出效益。严格规范土地一级市场，争取实现市本级土地供应的效益最大化。三是在金融改革方面，加快金融商务区建设。加快市级转型发展基金的建立和运作。发展各类股权基金。积极推进农信社改制为农村商业银行。鼓励具备条件的民间资本依法发起设立或参股中小型银行。继续推动企业债务融资。扩大市场直接融资规模。大力推进金融生态环境建设，全面提升防范化解金融风险能力。四是在财税体制改革方面，改革预算管理制度，强化预算约束，推行绩效预算。认真落实煤炭清费立税和资源税从价计征改革。继续推进“营改增”，落实各项税收优惠政策，减轻企业负担。启动实施政府购买公共服务改革试点工作。五是在企业改制方面，要解决部分市属国有企业、城镇集体企业和商业企业改制不规范、不彻底、不到位的问题。加快对企业的彻底改制步伐，防止国有资产流失，保障职工合法权益。

(三)突出优势发展现代农业。一是大力发展特色现代农业。规划建设10个千亩玉米高产示范田。新发展6666公顷(10万亩)设施蔬菜、1万公顷(15万亩)特色中药材、1.3万公顷(19万亩)干果经济林。新建20个市级现代农业示范园区、30个高标准设施蔬菜示范园区、100个市级“一村一品”示范村，不断提升现代种植业水平。重点推进天一公司肉驴基地、鑫四海种猪基地、潞宝金和生肉鸡屠宰基地、多维牧业种羊基地等9个投资亿元以上的养殖项目，新增100个标准化规模养殖场，扶持培育20个良种繁育基地，不断优化现代养殖业结构。培育壮大金泽生物、太行紫团、沁州黄、林盛果业、方兴农业、沁州绿等列入全市百强企业的27个农业产业化龙头企业，带动全市农产品加工销售收入达到180亿元、增长20%。建成全市农产品质量安全监管与溯源系统，实现对农产品从生产源头到产品上市的全程质量监控。二是创新发展现代农业经营体系。倾力创建国家新型职业农民培育整体推进试点市，年内完成1.5万名新型职业农民的培训任务。大力培育专业大户、家庭农场、农民合作社、农业企业等新型农业经营主体，培育100个经营规模在33公顷(500亩)以上的种植大户，新建30家省级示范社、50家市级示范社、80家县级示范社，发展300个家庭农场。稳定农户承包权，放活土地经营权，规范县乡村三级土地流转服务体系及县乡两级土地承包经营权纠纷调解仲裁体系建设，支持承包经营权人以经营权向金融机构抵押融资。做好潞城市等农村土地承包经营权确权登记颁证试点工作。深化集体林权制度配套改革，推进森林保险全覆盖。三是加大扶贫开发力度。切实做好精准扶贫贫困村和贫困人口的识别工作，重点实施“百企千村”产业扶贫开发工程。以现代农业发展为途径，加快推进武乡油用牡丹种植、沁源好乐草莓、平顺中药材产业开发、壶关旱地西红柿深加工等10个产业扶贫开发项目。扎实做好“千村万人”就业培训工作，对5000名农村贫困劳动力开展就业培训，逐步消灭“零就业家庭”。结合农村“五件实事”，继续加强农村困难家庭危房改造，易地搬迁农村贫困人口2.4万人。扎实开展领导干部包村增收和机关单位定点扶贫工作，实现贫困重点村定点帮扶全覆盖，确保再有4.3万贫困人口稳定脱贫。四是致力改善农村人居环境。制定改善农村人居环境规划纲要和2014年行动计划，重点实施好以农村基础设施和公共服务为重点的完善提质工程，以采煤沉陷区治理、易地搬迁、危房改造为重点的农民安居工程，以垃圾污水治理为重点的乡村清洁工程，以美丽乡村建设为重点的宜居示范工程，逐步改善农村生产生活条件。重点培育120

个市级美丽宜居示范村，建设一批安居乐业的美丽家园。

（四）积极稳妥推进城镇化和服务业发展。一是继续推进主城区功能提升。实施“三河一渠”环城水系综合治理、火车站改造等七大重点工程。实施道路改造工程，确保年内“三环八纵十二横”基本贯通。同步规划实施一批停车场、加油（气、电）站、照明、供热、供水、供气、垃圾中转站、公厕、园林绿化等市政基础工程。优先发展公共交通，有效缓解城市拥堵。二是继续推进上党城镇群建设。大县城重点围绕加强市政基础设施和公共服务设施建设，做实做强产业园区和核心产业，不断壮大县域经济规模，提高吸纳人口和集聚产业的综合承载能力。重点镇要进一步完善发展规划，因地制宜建设一批各具特色的工业强镇、商贸重镇、文化名镇和旅游大镇，努力成长为县域副中心。中心村要结合美丽乡村建设，完善农村基础设施，积极推进新型农村社区化。每个县（市、区）重点建设1～2个万人以上的示范镇、3～5个3000人以上的示范村。大力推动城市供水、供气、供热、污水、垃圾处理和园林绿化等基础设施向周边县区延伸，坚持建管并举，注重生态宜居，促进城乡一体化发展。三是继续推进服务业发展。现代物流业方面，加快推进长子中南铁路物流港、新易达（二期）等重点项目建设，促进华驰物流项目建成投产；大力发展第三方物流，支持物流企业信息化改造，提升物流业发展水平，促进物流业转型升级。智慧城市建设方面，依托总投资30亿元的云计算建设项目，打造综合信息集成平台，提供全方位的智慧政务、智慧民生、智慧产业服务。商贸流通领域方面，加快建设区域商业中心，发展大型综合类仓储式商场、购物中心，重点打造城隍庙古玩藏品、昌盛电子产品、云步餐饮等特色商贸街区；大力发展连锁经营、物流配送、电子商务、网上购物等现代流通新业态。加快推进中介服务、创意设计、管理咨询等新兴生产性服务业发展。文化旅游业方面，形式多样地塑造长治的旅游品牌，重点推进太行八路军文化产业园、太行山大峡谷景区景点建设；做好平顺太行水乡、神龙湾、红色西沟景区资源整合工作；加快炎帝综合体、长治游客集散中心建设，全面提升旅游业发展水平。

（五）毫不松懈狠抓安全生产管理和生态环境治理。一要全力抓好安全生产。强化政府监管责任，坚持管行业必须管安全，管业务必须管安全，管生产经营必须管安全，党政同责，一岗双责，齐抓共管。落实企业主体责任，持之以恒、不折不扣地落实企业的各项安全管理制度和安全生产责任。二要强力抓好大气污染防治和节能减排。坚决打好“向污染宣战、享碧水蓝天”十大环保攻坚战，关、停、并、转规划区内重污染企业；更新改造燃煤锅炉，加大治理油气、黄标车、扬尘、餐饮油烟、垃圾、秸秆焚烧等。逐步完善城市垃圾无害化处理。建立重污染天气监测预警体系，加强应急处置和联合执法，严厉打击超标排放、超量排放、渗坑排放、恶意排污等违法行为。在煤炭、焦化、冶金、电力、化工、建材等行业大力实施先进技术的节能改造。严格限制高耗能产业发展，淘汰落后产能150万吨。推进一批工业固废利用重点项目的达产达效，提高利用率2个百分点。推广节能产品、倡导低碳生活、鼓励绿色出行。三要着力改善水环境质量。继续推进浊漳河流域生态环境综合治理，开工建设长治市人工湿地工程，严厉查处、取缔浊漳河沿岸废水排放不达标企业，分阶段完成化工企业生产用岩溶水置换地表水工作。推进山西大水网骨干项目辛安泉供水改扩建工程建设，加强辛安泉水源地保护。建成主城区应急备用水源主体工程。加快推进市污水处理厂二期工程建设。提升县区城镇污水处理能力。加强农村饮用水质量检测，保障农村饮水安全。四要大力实施造林绿化工程。突出抓好“八大”林业生态工程建设，完成营造林2.7万公顷（40万亩），森林蓄积量增加100万立方米。加大园林绿化建设力度，配套跟进市政道路、单位、小区的整体绿化。建立生态文明建设目标评价考核体系，完善生态补偿机制，全面推进采空区、沉陷区、水土流失区、煤矸石山的生态环境治理修复，严格控制主城区周边的煤炭开采，促进全市生态环境持续改善。

（六）扎扎实实做好民生和社会事业。一是优化就业创业环境。实施更加积极的就业政策，加强人力资源市场建设，形成覆盖城乡的公共就业服务网络。拓宽高校毕业生就业渠道。统筹抓好农村劳动力、城镇就业困难人员和退役军人的就业工作。出台创业型城市建设实施意见，建立创业基金，落实税费减免、社保补贴、创业指导等扶持政策，鼓励创业就业，每个县（市、区）至少建立一个创业孵化基地。二是均衡发展教育事业。整合教育资源，组建长治职业教育学院和幼儿师范高等专科学校，推进职教园区建设。基本普及高中阶段教育。实施义务教育学校标准化建设，加快农村义务教育薄弱学校改造。为全市3万名农村义务教育阶段寄宿制学生提供高标准免费营养餐。探索以名校组建教育集团、联盟校等办学模式，让更多的学生享受优质教育资源。全市义务教育阶段学校校长、教师交流实现全覆盖。新建、改扩建公办幼儿园18所，改造农村幼儿园35所，完成主城区3所公办幼儿园建设。三是加强医药卫生事业。健全全民医保体系，完善重特大疾病医疗保险和救助制度，全面推开新农合大病保险工作。巩固和发展县级公立医院改革成果，稳步推进市级公立医院改革，积极推动基本药物制度向非政府办基层医疗卫生机构延伸。加强全科医生转岗培训。深化“平安医院”创建。启动建设长治市精神卫生中心。做好人口计生工作，提高出生人口素质。四是健全社会保障体系。强化社会保险扩面征缴工作，整合城乡居民基本养老保险制度，积极推进“五险”统征。企业退休人员基本养老金再提高10%。城镇居民医保和新农合财政补助标准再提高40元，达到320元。城乡居民最低生活保障水平每人每月分别提高25元、22元。健全社会救助体系，增强社会救助兜底功能。稳定物价水平，完善社会救助和保障标准与物价上涨挂钩的联动机制。五是加快保障房建设。完善基本住房保障和供应体系，2014年再开工建设城镇保障性住房1.2万套、基本建成1.1万套，完成投资35亿元。规范保障性住房管理、分配，推进公共租赁住房和廉租住房制度并轨运行。加大普通商品住房供给，促进房地产市场健康发展。六是繁荣发展文化事业。继续实施文化惠民工程，深入开展各类公益文化活动，大力推进市博物馆、科技馆、图书馆、文化艺术中心等文化基础设施建设，进一步巩固提升公共文化服务体系示范区创建水平。加强非物质文化遗产的保护和传承。鼓励文化创新，打造文化精品。创优五大文化院团发展条件。七是加强和创新社会治理。认真实施“六五”普法，不断深化“法治长治”建设。扎实推进社会“网格化”管理，畅通社情民意诉求渠道，有效预防和化解社会矛盾。完善社会治安防控和公共安全体系，依法严密防范和惩治各类违法犯罪活动。加强应急管理和防灾减灾能力建设，妥善应对各类突发事件。依法管理民族宗教事务，促进社会和谐稳定。加大工资支付监控和欠薪查处打击力度，保护农民工权益。严格食品药品安全监管，确保人民群众饮食、用药安全。

推进两大任务　做好三篇文章
夯实五个基地　建设美丽朔州

朔州市市长　李海渊

2013 年，朔州市紧紧围绕经济结构优化和发展质量提升“两大任务”，积极应对经济下行压力，统筹稳增长、调结构、促改革、惠民生，有效施策、攻坚克难，各项工作稳中有为、稳中有进，实现了全年经济社会发展主要预期目标。

2014 年是贯彻落实党的“十八大”、十八届三中全会精神，全面深化改革的一年，是扎实推进“两大任务”、加快朔州转型跨越发展的关键之年。必须牢牢抓住机遇，敢于担当责任，勇于直面矛盾，善于破解难题，为朔州发展做更多实事，为朔州人民谋更多福祉。

一、2014 年政府工作的总体要求

高举中国特色社会主义伟大旗帜，以邓小平理论、“三个代表”重要思想、科学发展观为指导，全面贯彻落实党的“十八大”、十八届三中全会和习近平同志系列重要讲话精神，紧扣“两大任务”，坚持稳中求进，勇于改革创新，着力做好煤电一体发展、循环经济发展、现代农业发展“三篇文章”，着力打造综合能源、固废利用、日用陶瓷、畜牧养殖、特色农产品加工“五个基地”，着力保障和改善民生，深入开展党的群众路线教育实践活动，全面推进经济、政治、文化、社会和生态文明建设，促进经济持续健康发展，保持社会和谐稳定，为推进转型跨越发展，建设美丽朔州、塞上明珠而努力奋斗。

二、2014 年经济社会发展的主要预期目标

地区生产总值增长 10％左右，工业增加值增长 12％，固定资产投资增长 23％，社会消费品零售总额增长 14％，公共财政预算收入增长 11％，城镇居民人均可支配收入增长 11％，农民人均纯收入增长 12％，城镇新增就业岗位 2.4 万个，居民消费价格总水平涨幅控制在 3.5％左右。

三、2014 年政府工作的主要任务

（一）巩固煤电，壮大多元，加快经济提质增效升级。围绕巩固煤电、壮大多元，认真实施转型综改 2014 年“223”行动计划。一要推进煤电一体化发展。落实煤炭探矿权、采矿权改革措施，加快建设现代化矿井，合理安排煤炭新增产能。积极发展低热值煤发电和风能、太阳能、生物质能等新能源电力产业，加快建设电力外送通道。完善煤电一体化机制，促进煤电联营发展。年内新增 5～10 座标准化矿井，推动平朔 2×66 万千瓦、平朔 2×35 万千瓦、同煤朔南 2×35 万千瓦、山西国际能源昱光二期 2×35 万千瓦等低热值煤发电项目和中电国际神头发电公司 2×100 万千瓦项目、16 个风电项目开工建设。二要实施重大项目引领带动战略。实施省市重点工程 266 项，当年完成投资 658 亿元。集中力量主攻十大重点工程：高速铁路、高速公路、飞机场为重点的重大交通设施工程，七里河综合治理工程，电力建设工程，朔城区北京电子城，平鲁区光电信息产业园，山阴县大型煤化工项目，怀仁县金沙滩陶瓷建材项目群，应县恒天然奶牛牧场群，右玉县食品工业项目群，开发区钒电池产业化项目。三要大力发展循环经济。设立 1 亿元的循环经济发展专项资金。加快推进粉煤灰资源化利用，重点抓好固废园区建设。积极推动晋北煤化工基地建设。启动实施国家创新驱动发展战略朔州行动计划和低碳创新行动计划，深化与高等院校和科研单位的产学研合作，支持企业技术研发，加强科技攻关。四要积极培育新兴产业。深入开展“朔州企业家投资在朔州”活动，鼓励投资新兴产业，培育壮大装备制造和新能源汽车产业，提升陶瓷产业，做大特色农产品加工业，加快发展高新技术产业。五要加快发展服务业。规划建设城市综合体，打造特色商业街。鼓励发展电子商务，扩大日用瓷出口，提升商贸流通业发展水平。开展“美丽朔州清凉游”活动，建设雁门关大广武旅游区。六要提升开发区和工业园区发展水平。以工业园区为主体，对接京津冀，融入环渤海，承接大产业，落地好项目。八大工业园区至少要开工建设两个投资5亿元以上的产业转型项目，力争有三个园区建成省级开发区。七要支持企业健康发展。积极落实扶持企业发展的各类政策，进一步研究制定财政金融等政策措施。组建朔州农村商业银行。推进银企对接，培育资本市场。加大对中小企业的支持力度，培育更多“小巨人”企业。

（二）以农载牧，以牧富民，加快推进农业现代化。以农民户均1个大棚、1头牛、人均10只羊的“1110”为目标，加快发展特色现代农业，当好雁门关生态畜牧经济区建设排头兵。一要强化农业支持保护政策。在落实好中央和省各项强农惠农富农政策的基础上，进一步加大财政对农业生产的补贴和奖励补助力度，设立9000万元的现代农业专项扶持资金，重点扶持规模种植、规模养殖和特色农畜产品加工项目。二要大力发展特色现代农业。深入推进“一村一品、一县一业”，大力实施农民户均增收万元工程。实施百万亩玉米高产创建地膜覆盖工程、杂粮产业振兴计划、高效设施农业工程和规模健康养殖工程。加快推进应县恒天然奶牛牧场群和山阴县10个千头现代化牛场。三要加快构建新型农业经营体系。深化农村改革试验区建设，做好土地承包经营权确权登记颁证工作，引导农村土地有序流转，培育专业大户、家庭农场、农民合作社、农业企业等新型农业经营主体，发展多种形式适度规模经营。培育壮大农产品加工龙头企业，推广公司加基地、基地连农户的经营模式。鼓励农产品加工企业整合重组，加强品牌建设。推进农业科技创新，加快发展农业机械化。推进供销合作社改革发展，健全农业社会化服务体系。四要深入实施产业扶贫开发工程。创新扶贫方式，实施精准扶贫。积极推进中煤华昱能源公司现代农业示范园区、同煤集团鑫邦燕麦5万吨燕麦加工、阳煤集团晋西北1万吨优质牛羊肉加工等产业扶贫项目。鼓励引导社会力量参与扶贫事业，继续开展领导干部包村增收、机关定点扶贫工作。2014年再实现2万贫困人口脱贫。五要着力改善农村人居环境。坚持巩固两轮“五个全覆盖”成果与办好“五件实事”相结合，大力实施完善提质工程、农民安居工程、环境整治工程和宜居示范工程。六要继续办好“五件实事”。2014年再改造农村困难家庭危房7100户，改造农村幼儿园14所，易地搬迁农村贫困人口2238人，深入推进乡村清洁工程，培训1万名新型职业农民。

（三）完善功能，提升品位，加快建设塞上明珠。一要加快提高中心城市建设和管理水平。按照“一山两河一湖”的总体布局，下力气推进十大城建工程。规划修编工程、七里河综合治理工程、朔州老城改造完善工程、路桥建设工程、供水工程、集中供热工程、气化工程、净化工程、绿化工程和优质公交工程。二要推进县域城镇化。平鲁区要加快与中心市区同城化步伐，山阴县要重点建设生态新城，怀仁县要抢抓撤县设市机遇进一步提高城镇化水平，应县要建设旅游文化名城，右玉县要打造生态旅游胜地。三要继续推进“五城联创”。巩固国家园林城市创建成果，统筹推进国家卫生城市和国家环保模范城市创建工作。积极推进国家双拥模范城市创建工作。扎实推进省级文明城市创建活动。四要建立健全城镇化体制机制。加快建立规范透明的城市建设投融资机制。继续推进户籍制度改革。深化土地管理制度改革。健全城镇住房制度。促进房地产市场健康发展。五要加强生态文明建设。把生态文明理念融入城镇化进程。持续推进造林绿化，全年营造林2.2万公顷。加强水生态建设。完善生态补偿机制，推进采空区、沉陷区、水土流失区的生态治理修复。严肃查处环境违法行为。

（四）改善民生，优化服务，加快提高人民生活水平。一要优先发展教育。促进义务教育均衡发展，加快发展职业教育，实施特殊教育提升计划。积极发展高等教育，完成中北大学朔州校区一期工程建设和基础实验室配套，提升朔州师专和朔州职业技术学院办学水平。加强教师队伍和师德建设，切实减轻学生课业负担。二要大力发展医疗卫生事业。完善基本药物制度，健全全民医保体系。提升乡村卫生院（室）医疗水平，加强社区卫生机构建设，做好市人民医院升级为三级综合医院的配套保障工作，筹建朔州大医院。加强医德医风建设，提升医疗服务质量。落实单独二孩政策，实施计划生育失独家庭养老扶助。三要加快文化改革发展。积极创建国家公共文化服务体系示范区。完善公共文化服务设施网络。加强文化遗产保护。广泛开展全民健身活动。整合市属文化企业，推动文化事业单位组建理事会。四要积极扩大就业。推进以创业孵化基地为载体的国家级创业型城市建设，实施大学生创业引领计划和就业促进计划，统筹做好农村转移劳动力、城镇困难人员、退役军人等就业工作。五要完善社会保障体系。推进社会保险参保全覆盖，推广社会保障卡应用，加大五险统征力度。整合城乡居民基本养老保险制度，提高企业退休人员基本养老金和城乡低保水平，筹建市级老年公寓。建立以财政投入为主的临时救助基金，为特殊困难群众基本生活提供保障。健全应急保障机制，建立市级应急物资储备制度，建设应急救灾物资储备库。新建各类保障性住房1.3万套。六要坚持不懈抓好安全生产。严格实行网格化监管。继续推进煤矿、非煤矿山、交通运输、危险化学品等重点行业企业安全生产标准化建设。严肃追究责任，严格落实安全生产目标责任考核“一票否决制”。加强安全生产教育培训。七要推进社会治理创新。加强基层社会管理和服务体系建设。搞好第三次全国经济普查。健全和落实重大决策社会稳定风险评估机制。改革信访工作制度。深入开展普法教育。加强社会治安综合治理。

加快建设富裕文明、开放和谐、充满活力的新型工业旅游城市

忻州市市长　**郑连生**

2013年，忻州市坚持主题主线，坚持综改统领，坚持稳中求进，认真实施“3581”发展战略，扎实推进各项工作，总体完成年初确定的目标任务。

2014年是全面贯彻落实党的“十八大”和十八届三中全会精神、扎实推进转型跨越发展的关键一年。做好2014年的政府工作，意义尤为重要。

一、2014年政府工作总体思路

坚持以中国特色社会主义理论体系为指导，准确把握稳中求进和改革创新的总要求，创新实施“3581”发展战略，以转型综改试验区建设为统领，全面深化改革，抓好重点突破，扎实推进经济、政治、文化、社会、生态文明建设，确保实现科学发展、转型跨越、赶队前行、进位争先的年度目标，加快建设富裕文明、开放和谐、充满活力的新型工业旅游城市，为忻州与全省同步全面建成小康社会而努力奋斗。

二、2014年经济社会发展的主要预期目标

地区生产总值增长9%，固定资产投资增长20%，社会消费品零售总额增长14%，公共财政预算收入增长11%，城镇居民人均可支配收入增长12%左右，农民人均纯收入增长13%以上，城镇新增就业3.7万人，城镇登记失业率控制在4.2%以内，居民消费价格总水平涨幅控制在3.5%左右。

三、2014年政府工作重点

（一）坚持以综改区建设为统领，加快赶队前行、进位争先。一是大力开展“转型综改攻坚年”活动。认真落实转型综改三年实施方案和2014年行动计划，在抓好“四个重大”上下功夫，推进20项重大改革、30个重大事项、30个重大项目、3项重大课题。认真做好“三县、两园、一县一企”等综改试点工作，切实发挥引领示范作用。二是努力加快以转化促转型的步伐。把综改试验区建设的着力点放在服务转化需要、统筹推进改革上，推动现有企业转化升级。坚持以扩张促转化，加快做大总量，发挥规模效应。抓紧提升煤炭生产、洗选能力，尽快达到批复产能；抓紧完成煤电园区规划，全力争取低热值煤发电项目，加快推进河保偏、原宁静煤电基地建设，确保“十二五”末全市电力装机达到1000万千瓦。坚持以延伸促转化，开发上下游产品，延长产业链条。重点发展煤—电、煤—化、煤—焦—化、铁矿—铁精粉—钢（铸）、铝矿—氧化铝—铝型材等产业链，努力构建全产业链。坚持以提升促转化，加快企业技术创新，增强市场竞争能力。坚持以衍生促转化，加快产品系列开发和新产业培育。切实提高矿产资源、旅游资源、农业资源的开发转化利用率，尽快把资源优势转化成优势产业；进一步做大煤炭物流业，加快定襄永旺物流园区建设；推动温泉休闲产业转型升级。推进产业集聚发展，加快建设“三个门户”，加快打造“三个集散地”，加快发展“六大经济板块”，切实提升“一园六企”建设水平。三是不断扩大对外开放。做好中博会、能博会等参展工作，提升招商引资水平。创新开发区和各类园区管理体制，积极发展“飞地经济”，加快产业集聚区建设。加快融入大太原都市圈、晋陕蒙金三角、环渤海经济圈，深化与长三角、珠三角、东三省等地区的合作。进一步引才引智，力争在引进国内国际500强企业上取得新突破。四是深化金融创新。积极引导民间资本进入金融领域，推动农村信用社改制，大力发展村镇银行、融资性担保公司等金融机构。着力推动金融创新，切实提高全市存贷比。建立银企对接长效机制。鼓励支持优质企业通过票据、债券、股权、上市等方式实现直接融资。不断优化金融生态环境，严厉打击各类非法集资活动，规范小额贷款公司放贷行为，有效防范金融风险。

（二）认真解决经济运行中的突出问题，促进经济健康协调可持续发展。一要搞好经济运行监测。不断完善市县两级经济运行监测联席会议和工业经济运行监测联席会议制度，切实发挥预警和参谋作用，牢牢掌握经济工作主动权。二要着力服务企业生产经营。认真落实清费立税改革，严格矿产资源规费集中征收管理。保障企业资金链安全，发挥中小企业创业投资基金作用，推动中小企业“助保贷”项目全覆盖，提升企业财务管理水平。鼓励企业技术创新。支持蓝天公司国家级技术中心建设和同德化工申报国家级技术中心，

扩大省、市级技术中心的覆盖面。三要大力促进企业健康发展。精心实施中小微企业成长工程，加快资源型企业转型项目建设，新培育中小微型企业1000个、年营业收入超亿元的“小巨人”企业10个，新上转型发展项目100个。做好服务企业上市工作。四要不断扩大消费。鼓励信息消费和新兴服务类消费，支持发展社区便民早餐、洗浴等生活服务业，完善家政服务网络体系，加快“15分钟便民商圈”建设。推进农超对接，加快农产品市场建设，降低流通成本。规范消费市场秩序。

（三）不断引深项目建设攻坚战，夯实稳增长的基础。一要狠抓重点工程建设。继续坚持“八位一体”抓项目，统筹基础设施、产业发展、城镇化和生态环保、民生事业等重点领域投资，保持固定资产投资较快增长。2014年安排省、市两级重点工程471项，年内计划完成投资729亿元。完工大西客专忻州段，加快原神、繁五高速公路建设，继续推进国道108线神堂堡至砂河段一级公路改建、集中连片特困地区县乡公路改造，加快五台山机场建设，抓好山西大水网忻州项目区建设。二要加快重大产业发展。布局几个大型、特大型煤电、煤化工项目。开工建设华润宁武、忻州广宇两个电厂项目，加快神华国能二期2×66万千瓦、河曲电厂三期2×100万千瓦项目前期工作。潞安五寨煤制油、阳煤岢岚煤制气项目及早开工建设。加速推进阳方口煤炭洁净化循环经济工业园区规划。加快新石焦化200万吨焦炭及化产品回收项目。加速推进北辛窑等重点煤矿建设。加快准池、准朔沿线集运站建设，推动煤炭运销产业稳定发展。加快同德氧化铝项目建设，启动信发氢氧化铝项目。加快推进忻州开发区忻通刮板机、美新液压支架和采煤机项目，带动煤机装备和维修基地建设。三要加快工业园区建设。支持忻州经济开发区扩区，不断优化发展环境，完善基础设施，吸引外来投资，培育支柱产业，搞好示范引领。大力提升原平循环经济示范区等十大市级工业园区建设水平，推进繁峙砂河航空产业园建设。四要加快新型服务业发展。积极发展现代物流、研发设计、检验检测等生产性服务业，大力发展育幼养老、家政服务、健康休闲等生活性服务业。加快提升五台山、芦芽山、雁门关、老牛湾等景区水平，积极打造顿村—奇村—汤头—云中河景区温泉休闲度假养生旅游集散地，促进全市旅游产业转型升级。五要着力提高项目建设质量。对重大产业建设项目实行三级分类考核，发挥好考核导向作用。加强新建项目经济、社会和环保评估，严格市场准入标准。继续开展项目观摩，不断引深项目建设攻坚战。

（四）继续做好“三农”工作，切实增加农民收入。一要稳定发展粮食生产。加快牧马河等灌区节水改造和“一村一井”项目建设，完成14座中小型水库专项应急除险加固工程，做好小型水库重建工作，新解决4万农村人口饮水安全问题。确保全市耕地保有量和基本农田数量不减少、质量有提高，完成土地开发年度任务。推进中低产田改造和粮食高产工程，建设万亩粮食高产示范区50个，不断提升农业综合生产能力，切实保障粮食安全。搞好粮食收储，重视解决“卖粮难”问题。二要加快推进农业产业化。大力培育国家级、省级农产品知名品牌，新增认证“三品”50个以上；加快推进以豆面、莜面、荞面为主的杂粮主食化，以亚麻油、糯玉米、马铃薯为主的农产品副食化，以杏仁、月饼、毛健茶为主的土特产礼品化。壮大龙头企业，完善“337”工程支持政策，培育10大农业产业化企业（集团）。建设产业基地，打造10个蔬菜标准示范园。完善8个省级“一县一业”项目县建设，“一村一品”专业村达到1000个，推动忻定原甜糯玉米、静乐藜麦、神池胡麻等地方特色农业规模化。大力培育农产品营销公司和经纪人队伍，推动农产品网上交易。建设农民专业合作示范社省级30家、市级50家、县级80家，不断完善“公司＋基地＋农户”机制，稳定农民增收预期。三要加快羊产业的发展。市财政设立5000万元专项资金用于激励养羊业发展，重点支持良繁体系、规模养殖、疫病防控、饲草产业、屠宰加工、市场体系建设和籽粒苋种植推广。力争全年羊饲养量达到700万只以上，在发展大型屠宰和绒毛、羊皮、饲草饲料加工企业上实现新突破。四要大力推进扶贫开发。加快实施“百企千村”产业扶贫开发工程，以选定的15个项目为示范，形成各类企业投身产业扶贫的生动局面。加快移民搬迁，再搬迁3万人；完善移民小区配套设施，切实提高移民小区的入住率。改进扶贫方式，统筹片区开发、整村推进、教育培训等工作，实施精准扶贫，切实提高扶贫质量，再减少贫困人口9万人。五要扎实办好“五件实事”。改造农村困难家庭危房1.3万户，改造农村幼儿园30所，推进易地扶贫搬迁，开展乡村清洁工程，启动新型职业农民培训工作。继续为农民办实事、办好事。

（五）精心实施第三个“大干城建年”，加快推进新型城镇化。一要完善新型城镇化发展规划。按照大雁型城镇体系格局，加快“一区四群”城镇体系建设；实施大县城战略，推动县城、集镇、中心村协调发展。坚持“五规合一”，把产业规划放在突出位置，推动产城融合发展。坚决维护规划权威，提高县城规划水平。二要加快中心城区和县城扩容提质。中心城区完成以改造南北主轴、贯通东部出口，优化城区循环、提升路网功能，强化城市管理、奠定创卫基础为重点的新一轮建设任务。加快城区西部防洪设施建设。推进国道208线忻州城区改线工程，尽快形成城市路网西环线。抓好城中村改造试点，大力推进城市棚户区集中连片改造。抓好城区道路管网配套和老旧管网改造。投运忻州汽车客运中心，启动城市公共交通场站建设，完善文化活动场所、便民市场等配套设施，不断提升中心城市的承载服务能力。加快各县（市）新区建设和旧区改造，完成“百镇建设”13个示范镇建设任务。三要不断提高城市管理水平。深化“三项集中整治”，严厉查处违法建设。抓好各类保障性住房建设，加强建筑质量管理。创新城市供热、供水、供气、公交等公共产品服务机制。完善数字城管平台，提升城市管理科技水平。深入开展市民教育，大力提升市民素质。四要完善城镇化健康发展体制机制。鼓励社会资本参与投资运营城市公用设施。深化户籍制度改革，推行居住证制度，不断推进城镇基本公共服务常住人口全覆盖。

（六）积极推进生态文明建设，打造宜业宜居的美丽忻州。一要狠抓节能降耗。加强重点工业企业节能监察，抓好工业、建筑、交通等领域和煤炭、电力、化工等重点行业节能降耗工作。深入开展社会节能，推广应用节能产品和技术设备。强化建筑节能。二要强力推进减排治污。大力推进工业污染源治理，突出抓好燃煤电厂、水泥企业烟气脱硝等环保设施改造，严格控制区域排污总量。加强大气污染防治，扎实开展大气污染集中整治攻坚行动。启动现有污水处理厂提标改造，加快推进乡镇污水处理厂建设。高度重视农村环境问题，突出畜禽养殖污染治理，建成一批农业源减排试点。三要加快推进造林绿化和生态治理修复工程。深化增绿理水。开展“林业生态建设年”活动，全面推进造林绿化。深化集体林权制度改革，落实林权抵押贷款、林地流转等配套措施。加大京津风沙源治理力度。加强汾河、滹沱河、峨河周边区域排污管理，开展静乐县东碾河等5条中小河流治理，确保地表水和地下水环境安全。完善生态补偿机制，推进采空区、沉陷区、水土流失区生态环境治理修复。四要切实做好“创模”“创卫”工作。加快推进城区创建全国环保模范城市、省级园林城市、国家可再生能源应用示范城市“三城同建”工作，启动创卫前期工作。五要加强环境监测和环保执法。加快市级监控平台升级改造，健全监测网络，搞好PM2.5监测发布。保持高压治污态势，加大环保执法力度，确保不发生重大环境事故和环境事件。

（七）高度重视民生保障，统筹推进教育文化社会事业协调发展。一要千方百计扩大就业。实施更加积极的就业政策，加大就业岗位开发力度，提高就业技能培训针对性和实效性，积极帮助困难人员就业。二要促进教育事业优先发展。大力发展学前教育，新建、改扩建15所标准化公办幼儿园，改造30所农村幼儿园。启动忻州一中北校区建设等项目前期工作，扩大优质教育资源覆盖面。加快发展现代职业教育，抓好实训基地建设。实施特殊教育提升计划，推进继续教育改革发展。加强教师队伍建设和师德师风建设，充实农村教师队伍，落实边远贫困地区教师待遇。健全家庭困难学生资助体系。不断规范办学行为，切实减轻学生课业负担。三要着力增加居民收入。认真执行最低工资制度，加强企业职工工资调控，推动规模以上企业工资集体协商全覆盖。支持农民以承包经营权入股实现农业产业化，鼓励农村发展合作经济，健全农民工工资支付保障机制，多渠道增加农民收入。着力稳定市场物价，努力保障群众生活。四要切实搞好社会保障。继续扩大城镇职工和城乡居民养老、医疗、失业、工伤、生育等各项保险覆盖面。整合城乡居民基本养老保险制度和城乡居民医疗保险制度。严格城乡居民最低生活保障管理。企业退休人员基本养老金提高10%，城镇居民基本医保和新农合人均财政补助标准提高40元，城乡低保标准每人每月分别提高25元、22元。提高农村“五保”对象供养补助标准。扩大种植业、养殖业等农业保险覆盖面，有效防范农业风险。五要加快文化改革发展。深化文化体制机制改革，促进转企改制国有文艺院团改革发展。加强网络文化建设和管理，不断提高应对网络舆情的能力。完善城乡公共文化服务体系，实施好“送戏下乡”和“文化惠民”工程。加快发展文化创意、广告会展、数字动漫等新兴产业。加强文物和非物质文化遗产保护，依法打击破坏和盗窃文物等违法犯罪行为。发展体育事业，推动全民健身运动广泛发展，努力提升竞技体育水平。六要大力发展卫生事业。健全全民医保体系，加强疾病预防控制，完善重特大疾病医疗保险和救助制度。完善社区卫生服务体系，推进城乡公共卫生服务均等化。巩固和发展县级公立医院综合改革成果，确保市人民医院投入运行。全面做好人口计生工作，实施一方是独生子女的夫妇可生育两孩政策。七要加强和创新社会治理。完善信访工作制度，有效预防和化解社会矛盾。推进城镇社区网格化管理，探索农村社区管理新模式。加大食品药品安全监管力度。加强应急管理和防灾减灾能力建设，妥善应对各类突发事件。加强社会治安综合治理，严防严惩各类违法犯罪活动。

（八）坚持不懈抓好安全生产，为各项工作奠定基础。一是完善四个体系。完善政府监管责任体系，完善企业主体责任体系，完善岗位责任体系，完善应急体系。二是严格四项管理。严格安全风险预控管理，严格全员安全管理，严格值班管理，严格安全档案管理。三是坚持三项制度。坚持警示教育制度，坚持监督举报制度，坚持重奖重罚制度。四是强化专项整治。深化安全生产大检查，突出抓好煤矿、非煤矿山、尾矿库、道路交通、危险化学品、民爆物品、特种设备、建筑施工、消防、水库、学校、商场等重点行业、重点领域安全生产，夯实安全生产基础。强化从严问责，坚决杜绝重特大事故，有效遏制较大事故，努力减少一般事故。

（九）全面深化改革，切实激发转型跨越的动力和活力。一是深化行政审批制度改革。进一步简政放权，优化审批流程，加强监督。二是完成政府机构改革。完善政府机构职能配置，严格控制机构编制。三是深化企业改革。积极稳妥地推进市属国有企业的改革。推动民营企业建立现代企业制度，支持民营企业做大做强。四是扎实推进事业单位分类改革。严格分类管理，严格编制管理，积极稳妥地推进自收自支事业单位改革。五是深化农村改革。切实做好农村土地承包经营权确权登记颁证试点工作，有序推进农村土地流转，发展多种形式规模经营。鼓励发展专业大户、家庭农场、农民合作社、农业企业等新型农业经营主体。六是深化工商登记制度改革。推进公司注册资本认缴制，实行企业年检改年报和先照后证，为各类企业发展创造良好环境。

加快实现稳定脱贫　全面建成小康社会

吕梁市市长　董　岩

2013年，吕梁市深入贯彻落实党的“十八大”和十八届三中全会精神，按照“打基础、利长远、惠民生”总体要求，着力推动转型跨越发展，经济社会各项工作取得了显著成绩。

2014年是全面贯彻落实党的“十八大”和十八届三中全会精神的重要一年，是实施“十二五”规划的关键一年。做好2014年的工作，任务艰巨，责任重大。

一、2014年政府工作的指导思想

认真贯彻党的十八届三中全会精神，全面落实市委三届五次全会暨全市经济工作会议决策部署，牢牢坚持“打基础、利长远、惠民生”总体要求，以转型综改试验区建设为统领，以经济结构调整为主线，以扶贫攻坚为要务，以民生改善为根本，攻坚克难，逆势奋进，着力推动经济平稳健康发展，保持社会和谐稳定，为开创各项工作新局面，为走出资源型地区转型跨越发展新路、全面建成小康社会努力奋斗。

二、2014年经济社会发展主要预期目标

地区生产总值增长9%，全社会固定资产投资增长23%，社会消费品零售总额增长14.5%，公共财政预算收入增长8%，城镇居民人均可支配收入增长12%，农民人均纯收入增长15%，城镇新增就业岗位4.1万个，城镇登记失业率控制在4.2%以内，居民消费价格涨幅控制在3.5%左右。

三、2014年政府工作重点

（一）促进经济平稳健康增长。一是千方百计营造宽松发展环境。认真落实一系列政策措施，全力为企业减负卸压、增强活力。充分发挥市场调控作用，抓好现有企业提产增效。加快复工复产验收，帮助企业尽快恢复生产经营。支持引进原创发明专利和技术，着力培育新的经济增长点。实行领导一对一挂牌帮扶机制。鼓励企业转变经营理念。加强行业组织和协调，特别是煤焦行业要加快建立与大客户的稳固联系，切实增强抗御市场波动的能力。强化发改、经信、统计等经济综合部门对经济运行分析工作，创新服务方式，切实发挥好对经济运行的分析、研判、监测和预警作用。二是坚定不移抓好项目建设。以深入开展“项目见效年”活动为契机，项目建设“六位一体”全面推进。2014年要完成项目储备2万亿元，项目签约1500亿元，项目落地1500亿元，项目开工1500亿元，项目建设1450亿元，项目投产1500亿元，全年固定资产投资突破1000亿元，力争达到1100亿元。不断深化领导包联项目制度，完善项目考核奖惩办法，坚持重点工程月调度机制，积极开展项目集中审批月活动，实行项目先期预审协调和并联审批机制，高效、规范推进项目建设。进一步加大招商引资力度，以商招商、以企招商、以园招商，力求在新兴产业、重点领域取得新突破。加快实施人才强市战略，大力引进一批高端人才和紧缺人才。深化区域合作，积极发展飞地经济，主动对接京津产业转型。三是全力以赴激发企业活力。落实梯度扶持政策，实施“星火”创业工程，新创办1500户中小微企业；实施“小升规”企业壮大工程，新增加30户营业收入2000万元以上规模企业；实施“小巨人”培育工程，新增15户营业收入亿元以上“小巨人”企业。同时，积极支持企业进行技术改造和创新挖潜，增强企业内生活力。四是毫不动摇推进园区建设。逐步解决各类园区“乱、散、弱、小”的问题，对现有各类园区进行清理整顿，整合要素，提升水平，形成特色，创立品牌，按“一县一区”的原则申报省级经济开发区。重点推进孝义市国家级循环经济城市创建工作，加快兴县中铝循环经济园区率先发展。五是多措并举创新金融服务。积极构建政府引导、市场主导的政企银合作平台。支持新的金融机构落户吕梁，鼓励现有金融机构扩容增量，延伸服务覆盖面。鼓励引导民间资本进入金融服务领域，大力发展村镇银行、小额贷款公司、融资性担保公司，积极创造条件，开办地方银行。鼓励金融机构创新服务，加快推出适合企业发展的各类金融产品，着力缓解企业融资困难。加快企业上市步伐，支持企业发行债券，扩大私募基金规模，提高直接融资能力。大力整顿金融秩序，依法打击非法集资，积极防范和化解区域性金融风险，努力营造良好的金融生态环境。

（二）加快转变经济发展方式。1.做大做强传统产业，着力打造“四大产业基地”，夯实经济平稳健康发展基础。一要推进煤电一体。在加快建设现代化矿井的同时，全力争取低热值煤发电项目，规划发展一批坑口电厂，实现“输煤”向“输电”转变、单一矿井向煤电一体转型。编制完成全市火电发展规划，力争到“十二五”末，全市电力装机容量达到1000万千瓦，打造成煤电一体化发展产业基地。二要坚持焦化并举。巩固焦炭企业兼并重组成果，全市焦炭总量控制在4500万吨以下，单企规模达到200万吨级，园区（集中区）焦炭生产占到全市总产能的85%以上。大力发展煤化工产业，不断延伸煤化工产业链，实现焦油、粗苯、焦炉煤气等焦炭副产物集中加工和综合利用，逐步实现由初级产品向碳材料和精细化工转变，打造焦化一体化发展产业基地。三要延伸冶金加工。在发展冶金下游产业上做文章，进一步推进交城、岚县、交口等生铁铸造加工基地发展壮大，同时重点加强铝系产业发展，依托交口、孝义、兴县三个铝镁集中加工区，着力延伸铝土矿—氧化铝—电解铝—铝型材—高端铝加工产业链条，重点规划上马一批附加值高、市场前景好的铝材加工项目，打造生态铝循环经济一体化发展产业基地。四要实现白酒集聚。推动白酒生产由产量扩张向市场扩张转变、分散发展向集中发展转变、散白酒向品牌白酒转变。加快完善杏花村酒业集中发展区建设，支持文水散白酒集中发展，支持白酒行业成立战略联盟，鼓励中低端白酒企业与汾酒集团合作，改造提升生产工艺，创新管理手段，稳步扩展消费市场，打造白酒行业规模、品牌一体化发展产业基地。

2. 培育壮大新兴产业，着力打造“三大产业集聚带”，构建市域经济新的增长极。一要提升装备制造业水平。确保实现孝义与上海合作的新能源客车一期项目整车下线，同时重点抓好孝义金晖矿山煤机设备、文水华一重工列车车轮车轴、光华高效离心球墨铸管等重点项目建设，着力打造装备制造产业集聚带。二要培育新能源、新材料产业。加快推进大唐岚县河口和王狮风电、云顶山文水和离石风电等新能源项目，积极扶持孝义宏天源铝系列材料、任氏华普瑞锂离子电池材料等新材料项目建设，着力打造新能源、新材料产业集聚带。三要推动旅游产业成长。全面启动全市旅游产业发展规划编制工作，积极推进旅游资源整合，支持条件成熟的胜溪湖森林公园、柏洼山等景区申报国家4A级旅游景区。发展建设太原都市圈绿色生态休闲度假板块、黄河民俗风情板块、特色文化板块和红色经典板块，着力打造红色、古色、绿色旅游产业集聚带。

同时，高度重视服务业发展，加快吕梁天源物流中心、汾阳阳城商贸物流区、孝义丰邦农商贸批发市场、红星美凯龙等服务业重点项目建设，积极推进15分钟便民商圈建设，培育新的消费市场和消费习惯，把更多的消费留在吕梁，确保服务业增加值增幅高于全市经济增长速度。

3. 加快推进创新驱动，着力打造“高新科技核心区”，增强转型跨越发展核心竞争力。引深与国防科技大学合作，全力支持吕梁军民融合协同创新研究院发展，积极推进无人机产业基地、柳林李家湾光电子产业园、岚县江川国威新材料等“一院三基地”建设，着力实现高性能云计算、应用微小卫星、无人机系统和能源互联网的产业化，积极做好全省煤炭产业清洁安全低碳高效发展科技攻关项目试点工作和低碳创新行动，着力打造以离石区为中心、辐射带动全市各县(市、区)的高新科技核心区。

(三)深入推进转型综改区建设。建立完善循环经济发展促进机制。进一步创新循环经济发展模式，着力构建企业小循环、园区中循环、区域大循环三级联动的循环经济发展机制。大力支持孝义市创建国家级循环经济示范县(市)。构建促进就业长效机制。继续推进政府购买基层公益性岗位工作，实施就业培训、就业援助和就业信息服务“三个全覆盖”，建立统一的人力资源市场。探索建立生态环境保护修复多元投入和补偿机制。加快发展环保产业，鼓励和引导社会资本参与生态环境治理，构建环境保护多元投入机制。统筹使用矿山生态恢复治理保证金投向污染河流综合整治。深化教育、医药卫生体制改革。整合教育资源，改革办学体制，大力推进义务教育均衡发展。深入推进公立医院综合改革，推动基本药物制度向非政府办基层医疗机构延伸试点。健全科技创新体制机制。坚持产学研协同创新，强化自主创新能力建设。创新农业生产经营机制。全力推进“8＋2”农业产业化振兴计划，加快家庭经营、集体经营、合作经营、公司经营等共同发展的新型农业经营体系建设。深化财税管理体制改革。实行全口径预算管理，实施全面规范的预决算公开，自觉接受社会监督。合理划分市、县事权和支出责任，进一步提高民生支出比例。全面启动20个重大事项、30个重大项目建设，支持和推进孝义、柳林综改试点和扩权强县试点工作。

(四)扎实做好“三农”工作。一是发展特色现代农业。强力推进“8＋2”农业产业化。重点扶持建设6333公顷核桃、红枣示范园，5333公顷绿色杂粮示范片，3000公顷绿色马铃薯基地，新发展8333公顷林下经济，种植食用菌1400万棒，完成肉牛改良3万头、人工种草867公顷、引进湖羊种羊4500只，建设200公顷西兰花出口基地。同时，积极扶持一批农民专业合作社、家庭农场、专业大户。市财政注入3000万元“助保金”，启动市级“助保贷”业务，培育壮大加工龙头，推动农产品加工企业集群发展，大力推进兴县农业园区、临县城北红枣园区、汾阳核桃产业园区等项目建设。全市农产品加工总量达到130万吨，销售收入突破100亿元。加大新型职业农民培训力度，继续实施农业科技示范展示工程，扎实推进山西吕梁国家农业科技园区建设，努力提高农业综合生产能力。突出抓好粮食生产，重视粮食流通工作，确保粮食总量、结构平衡和粮食安全。二是深入推进扶贫攻坚。扎实推进百企千村产业扶贫开发工程。年内再启动200个贫困村的产业扶贫开发。切实抓好千村万人就业培训素质提升工程，贫困劳动力培训就业人数达到1万人以上，完成引导性培训15万人，新转移5万人。年内完成易地扶贫搬迁1万人以上，新扶持整村推进村100个。力争片区扶贫开发项目在10个贫困县(区)全覆盖、彩票公益金扶贫项目在6个国定贫困县全覆盖。争取再有13万低收入贫困人口稳定脱贫。三是改善农村人居环境。启动实施“四大工程”：以农村基础设施和公共服务为重点的完善提升工程，以采煤沉陷区治理、易地搬迁、危房改造为重点的农民安居工程，以垃圾污水治理为重点的乡村清洁工程、环境整治工程，以美丽乡村建设为重点的宜居示范工程，年内率先建设一批省、市级美丽宜居示范村。年内再改造农村危房1万户，解决7.4万农村人口和1.7万名师生的饮水安全问题。集中力量抓好我市“便民六件实事”，如期兑现向全市人民的承诺。

（五）积极稳妥推进城镇化。一是加快形成离柳中方城镇组群。以离石、柳林、中阳、方山同城化发展为目标，努力打造太原都市圈西部区域中心。要尽快实现柳林李家湾、中阳金罗、离石交口和方山峪口等区域与中心城区功能衔接和互补；统一规划建设离柳中方水电气暖、通信、学校、医院等各类公益事业，推进离柳中方一体化发展。坚定不移有序推进吕梁新区建设，加快完善水、暖、电、气等市政基础设施，抓好城市生活污水、生活垃圾处理设施和地下管网、防洪排涝等体系建设。全力推进离石、方山安置房建设，年内完成吕梁大道（一期）、新区与环城高速及机场连接线、八条街道、九座桥梁、站前广场、北川河整治（一期）等工程，加快推进离石、方山安置区幼儿园、中小学和吕梁长途汽车站等工程建设，搭起新区城市基础设施主框架。同时，坚持新区建设与中心城区提质并举，年内完成市区控制性详规编制工作，严厉打击违法违规建设行为。大力实施扩容提质工程，年内开工建设第二污水处理厂，新建自来水厂投入使用，彻底解决城区供水不足的问题；打通滨河东路、呈祥路两条断头路，提升改造凤山公园循环路，新建四座过街天桥，维修改造城区小街小巷30条，缓解城区交通压力。大力实施增绿提质工程，对原有公园、绿地提升改造，新增绿地面积15000平方米。稳步推进住房保障工程，新建公共租赁住房2144套，棚户区改造13400套。二是推动孝义、汾阳率先实现城镇化。依托孝汾平介灵城镇组群布局，明确孝义、汾阳两市“引领吕梁山、融入太原圈”的发展定位，进一步做好两市与孝汾平介灵城镇组群的规划衔接。坚持组团式发展，突出区位、资源和文化优势，加快建设功能完备、产业强劲的新型城市，不断提升两市作为区域中心的辐射带动功能，引导吕梁城镇化向纵深发展，形成太原都市圈的二级核心区和吕梁城镇化的先导示范区。三是加快大县城、重点镇建设。全程启动和推进各县（市、区）城镇体系规划和城镇总体规划的编制修编工作。积极开展县城基础设施、公共服务设施、公园绿地、中心街市、居住社区“五项建设”和景观风貌、环境卫生“两项整治”，提高大县城吸纳人口、优化服务、集聚产业的综合承载能力，切实解决好各县城新增人口就业、入学、就医、社保等问题，真正实现公共服务均等化，促进群众生活方式向现代化、健康化转变，努力提高人民群众的幸福指数。继续加强百镇建设，支持有条件的重点镇、中心村就地、就近城镇化，探索一条符合吕梁实际、符合百姓意愿的新型城镇化建设模式，加快城乡一体化、均衡化发展进程。

（六）大力加强基础设施建设。一是加快形成立体交通网络。中南铁路、太兴铁路以及西纵高速、环城高速、太佳高速黄河大桥等工程年内要确保通车。加快战略装车点建设。抓紧做好已列入全省高速规划的西纵高速南段、兴县黑峪口—静乐丰润、汾阳—石楼3条高速公路的前期工作，力争方山大武—祁县城赵高速开工建设。积极争取开通直达太原城际快速列车。加快完善吕梁机场配套设施和增开航线工作。二是加快水利基础设施建设。继续加快龙门供水、千年水库等重点水利设施建设。积极推进峪口沟中型水库、离石北寒沟等5座小型水库工程的前期工作，做好中部引黄工程建设协调保障，启动受益9个县（市、区）小水网规划审批后续设计工作。加大农田水利、水库（水闸）除险加固、中小河流治理等民生工程建设力度，完成农田实灌面积10.4万公顷。不断完善和健全防汛抗旱应急体制和管理机制，全面提升防汛抗旱能力。三是加快电网建设。完成中南铁路配套的1座500千伏、4座220千伏输变电工程和6座牵引站供电工程。完成文水国金、汾阳国峰两个220千伏电厂送出工程。完成交口桃红坡220千伏变电站和文水南安、孝义西盘粮、汾阳城中等110千伏输变电工程，进一步完善吕梁电网网架结构。大力实施农网改造升级工程，逐步消除农村“低电压”现象。四是加快“气化吕梁”建设。加快煤层气由勘探向开发转变，力争两年内实现地面煤层气总产能25亿立方米，煤矿瓦斯抽采量16亿立方米。加快交口、石楼、方山、中阳天然气、煤层气民用普及水平，争取年底实现县城区“气化”全覆盖。加快天然气、煤层气综合开发利用，重点在发电和工业燃料、压缩和液化煤层气等领域的利用技术推广，逐步提高清洁能源工业化利用水平。

（七）全面发展各项社会事业。一要优先发展教育事业。启动第二轮学前教育三年行动计划，新建城镇标准化幼儿园21所，改造农村幼儿园44所。继续推进义务教育标准化建设和改造薄弱学校，孝义、离石通过国家义务教育均衡发展评估验收。启动特殊教育提升计划，新建临县、柳林特殊教育学校。启动基础教育信息化建设工程和教育教学提升工程，建成200所具有示范带动意义的特色学校。基本普及高中阶段教育。努力构建现代职业教育体系。支持高等教育健康发展。继续做好家庭困难学生的资助工作，确保每一个贫困家庭学生上得起学。二要大力发展医疗卫生事业。继续深化医药卫生体制改革，以取消“以药补医”为重点，实现县级公立医院改革全覆盖，同时推动基本药物制度向基层非政府办医疗机构延伸。进一步提高基本医疗保障服务水平，新农合人均筹资标准提高至390元，政策范围内住院费用报销比例达到70%。积极推进新农合大病医疗保险。加快中心医院、中医院、妇幼保健院等市级医疗卫生机构建设，积极筹建吕梁护理职业学院，启动建设市、县120医疗紧急救援机构。新建、改扩建一批基层医疗卫生服务机构。做好人口计生工作。深入开展爱国卫生运动，加快吕梁市创建国家级卫生城市步伐。三要不断完善社会保障体系。推进社会保障城乡一体化，建立统一的居民基本养老保险制度，积极支持养老机构建设。城镇职工医保、城镇职工和居民大病保险实行市级统筹。继续提高企业退休人员基本养老金。城镇居民基本医保财政补助标准提高到人均320元，城乡低保月均保障标准分别提高25元、22元，农村“五保户”集中供养、分散供养标准每人每年分别提高1900元、500元。推动医保付费方式改革，实现医疗保险省内异地就医即时结算。鼓励发展社会养老机构。加大对困难企业职工、下岗失业人员的救助力度，持续增加农村贫困人口的低保覆盖面。扶持发展各类慈善事业，形成全方位社会救助体系。稳定居民消费价格总水平，抓好价格调节基地建设，努力增加市场供应，推进平价商店建设和市场建设。四要加快文化兴市步伐。深化文化体制机制改革，推动政府部门由办文化向管文化转变。完善公共文化服务体系，加快市级“五馆一院”、县级“三馆一院”建设。建立政府购买公共文化服务长效机制，深入开展送戏下乡、送文化下乡活动，不断扩大公共文化产品覆盖范围。广泛开展群众性文化生活，推进文艺精品创作，加快发展文化产业。强化文化市场和广电安全监督管理，加大网络舆论引导和管控力度。加强文物和非物质文化遗产保护工作。五要统筹发展其他事业。

（八）深入推进生态文明建设。一要强力推进节能降耗。推进工业、建筑、交通、公共机构等领域节能降耗，做好煤炭、焦化、冶金、电力、化工、建材等重点行业节能工作。推进千家企业节能低碳行动，引导企业实施节能技术改造。严格执行固定资产投资项目节能评估审查。二要突出抓好治污减排。深入开展大气污染防治专项行动。加快重点行业环保设施升级改造，扩大集中供暖范围，抓好加油站油气治理、餐饮业油烟污染治理和城区扬尘污染防治，做好黄标车淘汰和机动车环保检测治理等重点工作。全力推进水体治理，启动7条主要河流沿线12县（市、区）水环境质量综合整治规划工程建设项目；推进以污水处理提质扩容、截污管网扩展为主的城市环境基础设施建设。加强饮用水水源地保护工作。扎实开展生态环保创建活动。加大农村环境集中连片整治、畜禽养殖场和屠宰场的排污整治力度。三要加大造林绿化和生态治理修复力度。依托“三北”防护林、退耕还林、天然林保护等国家重点工程，深入开展造林绿化，推进吕梁山生态脆弱区植被恢复工程，实施好通道绿化、交通沿线荒山绿化、环城绿化、村庄绿化、矿区植被恢复等增绿工程。年内完成造林4.2万公顷，新发展核桃林2万公顷。完善生态补偿机制，深入开展地质灾害调查评估、综合防治和工程治理。持续加大水土资源保护，继续推进“五百千”重点水保生态治理工程。

（九）全力维护社会安全稳定。全力做好安全生产工作。严格落实“党政同责、一岗双责、齐抓共管”的安全生产责任制。加快隐患排查治理体系建设，深入开展安全生产专项整治，保持打非治违高压态势，加大督查检查力度，及时发现和消除安全隐患。坚决杜绝重特大安全事故，遏制较大事故、减少一般事故，促进全市安全生产形势持续稳定好转。建立健全农产品质量全过程追溯管理体系，全面强化食品药品监管。全力维护社会稳定。深入开展“平安吕梁”建设，加强社会治安管理，完善打防控一体化的社会治安防控体系。创新群众工作方法，进一步规范和畅通群众诉求表达渠道，有效预防和化解社会矛盾。加强应急管理和防灾减灾能力建设，妥善应对、及时处置各类突发事件和群体性事件，全力维护政治稳定、社会安定。

率先转型　全力跨越
加快建设文明开放、富裕和谐新临汾

临汾市市长　**岳普煜**

2013年，临汾市扎实推进“稳增长、调结构、促改革、惠民生”等重点工作，圆满完成各项任务。2014年是贯彻落实党的十八届三中全会精神、全面深化改革的重要一年，深化改革推动发展的空间更加广阔，但同时发展面临的内外部环境更加复杂多变，经济下行压力加大。我们既要做好应对困难局面的准备，又要坚定发展信心，牢固树立战略思维和底线思维，全力推动转型跨越发展。

一、2014年政府工作的总体思路

高举中国特色社会主义伟大旗帜，全面贯彻党的“十八大”、十八届二中、三中全会和十二届全国人大二次会议精神，贯彻落实习近平总书记系列重要讲话精神，深入开展党的群众路线教育实践活动，认真落实省委、省政府和市委的决策部署，坚持稳中求进的总基调，深入开展改革创新年、转型攻坚年、环境提升年、服务群众年活动，着力推动发展，着力深化改革，着力改善环境，着力保障民生，加快建设文明开放、富裕和谐的新临汾。

二、2014年全市经济社会发展的主要预期目标

全市生产总值增长9%，财政总收入增长9%，公共财政预算收入增长6%，规模以上工业增加值增长

13%，全社会固定资产投资增长21%，社会消费品零售总额增长14%，城镇居民人均可支配收入增长10%，农民人均纯收入增长11%，城镇登记失业率控制在4.2%以内，居民消费品价格水平涨幅控制在3.5%左右。

三、2014年政府工作重点

（一）全面深化改革。一是大力推进转型综改。实施好三年综改试验方案和2014年行动计划，落实“16112”重大改革任务，力争在重点领域改革方面取得突破。深化国有企业改革，进一步建立现代企业制度，鼓励发展混合所有制经济，开展非国有资本参与国企改革试点工作。深化财税体制改革，完善预算管理制度，积极推进煤炭资源税从价计征。深化投资体制改革，创新金融产品，扩大股权、债权融资。深化开发区建设机制改革，探索实施临汾、侯马经济技术开发区扩区工作，大力发展“飞地经济”。深化招商引资工作机制改革，创新招商引资模式。深化农村土地制度改革，认真做好土地承包经营权确权登记颁证试点工作，加强土地经营权流转管理和服务。深化林权制度配套改革，规范林权登记管理，完善林权地籍信息管理系统。二是加快建设“百里汾河新型经济带”。编制出台产业发展、生态建设、园区推进、城镇化等方面的专项规划。加快推进基础设施建设和产业园区发展。临汾一级客运西站投入使用，滨河东路贯通工程和滨河西路北延工程完工通车，完善临汾—襄汾、临汾—洪洞城际公交。健全18个新型工业园区、10个现代农业园区、6个物流园区和5个文化旅游园区服务保障体系，完善园区功能，不断提升项目承载能力、就业吸纳能力和人口容纳能力。打造“百里汾河文化旅游创意长廊”，建设汾河生态国家级体育公园。三是实施创新驱动战略。制定《国家创新驱动发展战略临汾行动计划（2014～2020年）》和《临汾市低碳创新行动计划》。创新科技发展机制。促进科技和产业融合发展。创新人才引进和培育机制，大力引进各类高层次、高技能人才。

（二）促进经济平稳健康发展。一是强化经济运行调节。建立重点企业PMI、主导产品市场价格指数等监测平台，强化经济运行监测预警。细化扶持骨干企业和中小微企业发展的政策措施。清理规范涉企行政事业性收费项目，减轻企业负担。强化产销衔接，积极开拓市场，加大对困难行业和企业的帮扶力度。支持煤炭、焦化、钢铁等上下游企业开展多种形式的联合协作，增强企业抵御市场风险的能力。二是进一步扩大消费。加快发展现代商贸服务业，抓好奥特莱斯、红星美凯龙、生龙国际、上东世纪等重大商贸项目建设。深化提升“万村千乡”市场、社区蔬菜直销点、放心早餐工程，加快建设城市商贸中心、特色商业街、“15分钟便民商圈”和农产品现代流通体系，发展一批农超对接、农校对接、农餐对接企业。严厉打击制售假冒伪劣产品、价格欺诈、计量欺骗等不法行为，让人民群众安全、放心消费。三是努力促进投资增长。扎实开展“项目见效年”活动，全面加大项目投资、协调、服务力度，进一步增强全市经济发展活力和发展后劲。全年项目储备2万亿元，签约2000亿元，落地1700亿元，开工1300亿元，建设1300亿元，投产1200亿元，实施省市重点建设项目383项，总投资6333亿元，2014年完成投资916亿元。四是激发民营经济活力。加大支持非公经济发展力度，全力推进小微企业创办、“小升规”企业成长、“小巨人”企业培育工程。积极搭建中小企业服务平台，新建小微企业服务站25个。支持民间资本以独资、参股、控股等多种方式进入基础设施、市政公用设施和教育、文化、医疗卫生等领域。年销售收入超亿元“小巨人”企业达到11户，新办中小微企业2000户，创建国家和省级中小企业创业示范基地5个。

（三）加快产业转型升级步伐。一是改造提升传统产业。加快推进煤矿“四矿四化”建设，全市煤矿安全质量标准化一级矿井达到10座，其他矿井达到三级以上标准，新增投产矿井20座，原煤产量力争达到8000万吨。继续推进焦化行业兼并重组，淘汰落后焦化产能370万吨，延伸煤化工下游链条。推动区域钢铁企业联合重组，支持组建晋南钢铁集团。提升钢铁企业装备水平，加快产品升级换代。促进电力工业高效清洁发展。二是培育壮大新兴产业。加快发展装备制造、新能源、新型材料、电子信息等产业，重点抓好新兴际华高端铸件、铃木电梯、平阳重工等项目。着重发展风电、煤层气、光伏等新能源产业。承接沿海电子产业转移，建设电子信息产业集群。加快侯马开发区国家电子商务示范基地、易商中国电子商务平台、“同城购”购物平台等项目建设，推进电子商务快速发展。大力发展新型建材和高性能结构材料等新型材料。三是提升现代服务业水平。大力发展文化、旅游、物流、金融等产业，全市服务业增加值占比提高1个百分点以上。推进文化创意、文化传播、文化产品制作、文化交流娱乐等产业发展，重点加强剪纸、刺绣、锣鼓等非物质文化遗产的保护、传承和开发。围绕创建“中国优秀旅游目的地城市”，推进大槐树、壶口等国家5A级旅游景区和汾河公园、东岳庙、彭真纪念馆等4A级旅游景区创建工作。重点推进山西国际陆港、临汾空港经济区等现代物流园区建设，努力把临汾打造成为全国性的现代物流枢纽城市。重点支持金融业发展，积极引进更多商业银行、保险公司、信托担保机构落户临汾；大力发展金融租赁、投资组合、商业代理、保险中介、消费信贷等金融业务，增强金融服务功能；进一步深化农村信用社改革，促进农村信用社向商业银行转变；加强对担保公司、贷款公司的监管；促进保险业快速健康发展。积极发展育幼养老、家政服务、健康休闲等服务业。

（四）进一步做好“三农”工作。一是发展特色现代农业。推进“四个百万亩”特色农业基地和8个“一县一业”基地县建设。推进粮食高产创建工程，推广机械化保护性耕作等先进农机技术，增强农业综合生产能力，搞好粮食收储，确保粮食安全。大力推进畜禽标准化养殖，稳步提升畜禽综合生产能力。抓好“两平台一通道”建设，巩固完善市、县、乡、村农业科技服务体系。继续实施农业产业化“393”工程，重点培育年销售收入超亿元以上龙头企业15家。二是提高农村公共服务水平。实施农村人居环境改善工程，加快农村路、水、电、气等基础设施建设，逐步改善农村生产生活条件。加快新农村建设，做好农村学校、农村文化体育设施和服务标准化工作。继续办好“五件实事”。大力实施乡村清洁、农村困难家庭危房改造、农村幼儿园改造、贫困人口易地搬迁工程，培训1万名新型职业农民。三是扎实搞好扶贫开发。加大扶贫开发力度，实施精准扶贫，完成贫困人口脱贫6万人，易地扶贫搬迁7150人，完成整村推进39个村，确保贫困地区农民人均纯收入增幅高于全市平均水平。全面推进“百企千村”产业扶贫开发工程。实施“千村万人”就业培训计划。深入推进连片特困地区扶贫攻坚，加快推进吕梁山集中连片特困地区山地有机苹果产业化项目，实施干鲜果畜禽循环项目。开展领导干部包村增收、机关定点扶贫工作。继续实施古县、安泽等片区开发项目。

（五）积极推进新型城镇化。一是加快建设中心城市。建立和完善城市规划体系，中心城区控规覆盖率达到100%。着力打造汾河两岸核心区，建设河西新城和东部新区，逐步疏散老城区，实现城市品质总体提升。河西新城突出完善交通网络，拉大城市框架。加快推进市图书馆、博物馆、美术馆、奥体中心、市民广场等公共基础设施建设，全面提高城市承载能力。老城区着力畅通交通网。改造城中村2个、城郊村18个。二是完善新型城镇体系。完善和实施“一带两圈多点”的城镇化规划，加快百里汾河新型城镇带、临汾都市圈和侯马都市圈、12个大县城和60个重点镇建设。促进农业转移人口落户城镇，引导农村人口就近城镇化。积极推进户籍制度改革，逐步放宽落户条件，进一步完善就业、养老、上学、医疗等各项配套政策，引导农村居民向城镇集聚。加快城市棚户区、国有工矿棚户区、林区棚户区改造步伐。三是加快城乡交通基础设施建设。全市在建和开建高速公路331千米，完成129千米，完成集中连片特困地区农村公路195千米。加快临汾机场建设，力争年底试航。

（六）加快推进生态文明建设。一是狠抓大气污染防治。从严治理涉气企业污染，加快市区和县城周边钢铁、焦化、建材企业搬迁步伐；加快推进集中供热、供气改造，加强餐饮企业油烟治理，重点实施市区天然气置换和26个“城中村”、80个“城郊村”的燃煤炉灶气化改造。加强PM2.5监测预报，提高重污染天气的应对能力。二是深入推进水环境治理。实施主要河流地表水跨界断面考核，全面启动实施北城壕沟排水、向阳路防汛、污水一厂扩容、河西污水处理、龙祠水源净化五大环保工程，市区和17个县城实现管网铺设到位、污水收集处理达标到位、垃圾收集处理到位，确保河流水质持续改善。三是强力推进节能减排。积极申报国家节能减排财政政策综合示范城市。开展千家企业节能低碳行动，重点实施50个节能改造项目。持续推进“十城万盏”半导体照明应用示范工程。大力推进结构减排、工程减排和管理减排，严格控制新上高耗能、高污染项目，建设完善企业减排监控系统，确保污染减排监控数据传输率达到75%以上。四是保护和修复生态环境。进一步加大“两山”“两网”“两林”“两区”和“双保”林业五大工程建设力度，重点实施高速公路通道绿化、吕梁山生态脆弱区植被恢复两个标杆项目。创建省级园林城市，启动国家园林城市创建工作，重点实施街道绿化工程。做好国家主体功能区建设试点工作。结合草地确权，大力开展天然牧坡改良和人工种草。

（七）着力推进社会建设。一是繁荣发展文化事业。大力实施“文化强市”战略。加快市县乡村文化基础设施建设，提升公共文化服务水平。以“大美临汾”为主题，开展“群众文化基层行”活动。加强对外文化交流。加快广播电视发展步伐，加强对新兴数字媒体的监管。扎实开展“扫黄打非”工作。广泛开展全民健身活动。二是持续改善教育、医疗条件。深化教育综合改革，全面实施素质教育，提升教育质量；加快发展学前教育，均衡发展义务教育，推进义务教育阶段学校标准化、信息化建设；全面提升高中教育发展水平，大力发展职业教育，积极发展特殊教育、成人教育，规范发展民办教育；积极推进山西师大和临汾学院新校区建设。优化配置医疗资源，启动市区医疗资源整合工作，打造以三甲医院为龙头的医疗联合体；建成市精神病医院，加快市第三人民医院建设；巩固新型农村合作医疗制度，确保参合率稳定在95%以上；完善国家基本药物制度，全面深化县级公立医院改革，大力发展中医药事业。坚持计划生育基本国策不动摇，全市人口自然增长率控制在6.5‰以内。三是全面加强社会保障。抓好各类社会保险提标扩面工作。推进城乡居民保险制度整合和管理服务一体化，提高失业、工伤、生育保险待遇水平，做好医疗保险城镇居民门诊统筹试点工作，实行社会保障“一卡通”。不断完善城乡低保、大病救助、住房保障等制度，新开工建设各类保障性住房1.8万套，基本建成1.3万套。进一步扩大住房公积金覆盖面。做好弱势群体和困难群众的救助工作。四是持续推进社会治理创新。健全落实重大决策社会稳定风险评估机制，加强和改进信访工作，完善矛盾纠纷排查调处机制，及时就近化解社会矛盾。加强基层社会服务体系建设，健全村务公开、居务公开和民主管理制度。完善网络舆情监管机制。加强社会治安综合治理，严厉打击各类违法犯罪活动。加强应急救援管理，提高公共安全和防灾救灾减灾能力。深化全民普法教育，做好法律援助，加强社区矫正和安置帮教工作。

（八）切实抓好安全生产。严格执行安全生产法律法规，全面落实安全生产责任，完善安全生产长效机制。健全完善安全生产岗位责任制。深入开展“打非治违”活动，持久开展安全生产大检查，切实抓好煤矿、非煤矿山、危险化学品、尾矿库、水库、道路交通、桥涵隧道、地质灾害、森林防火、食品药品、特种设备、建筑施工、学校等重点行业和领域的安全隐患排查治理。加大安全投入，强化人员培训，推进科技兴安。构建市县乡村四级食品药品安全监管体系，启动建设市食品药品检验检测中心。严格落实安全生产目标责任考核“一票否决制”，严格事故责任追究，努力减少一般事故，有效防范较大事故，坚决杜绝重特大事故，为改革发展提供安全保障。

坚定信心　凝心聚力　锐意进取　真抓实干
努力建设"美丽河东、大美运城"

运城市市长　王清宪

2013年，全市人民深入贯彻落实党的"十八大"和十八届三中全会精神，紧紧围绕"五大战略重点"和建设"美丽河东、大美运城"的美好愿景，创新发展理念，拓宽转型路径，点燃工作激情，狠抓工作落实，全市经济发展活力增强，社会保持和谐稳定。

2014年是推进"五大战略重点"深入实施，为运城新一轮经济社会发展夯实基础的重要一年。做好2014年的各项工作，意义十分重大。

一、2014年政府工作的总体要求

深入贯彻落实党的"十八大"、十八届三中全会、习近平总书记一系列重要讲话精神和全国、全省"两会"、市委三届五次全会精神，坚持稳中求进、改革创新的总要求，以转型综改试验区和晋陕豫黄河"金三角"承接产业转移示范区建设为统领，以开展党的群众路线教育实践活动为契机，全面深化改革，强化创新驱动，统筹推进工业新型化、农业现代化、市域城镇化、城乡生态化和文化旅游产业"五大战略重点"，大力推行"核心在转型、重点在项目、关键在领导、根本在落实"的工作机制，为建设美丽河东、大美运城努力奋斗。

二、2014年全市经济社会发展的主要预期目标

地区生产总值增长9%左右，规模以上工业增加值增长12.5%，固定资产投资增长20%，社会消费品零售总额增长12%，财政总收入增长10%，公共财政预算收入增长8%，城镇居民人均可支配收入增长11%，农民人均纯收入增长13%，城镇新增就业岗位5.7万个，城镇登记失业率控制在4%以内，居民消费价格水平涨幅控制在3.6%左右。

三、2014年政府工作重点

（一）全面深化改革开放，不断提升创新发展新境界。一是切实转变政府职能。推动政府部门的职能整合与互动，提高公共资源的利用效率和行政效率。进一步简政放权，切实优化审批流程。加快工商登记制度改革。完成市、县政府机构改革，推进事业单位分类改革。严格控制机构编制和财政供养人员。培育中介组织，发挥其在社会事务管理中的作用。二是深化国有企业改革。实施"国企改革三年推进计划"，分类推进，发展壮大一批、改制退出一批、关闭破产一批、整体下放一批，利用3年时间，基本完成全市国有企业的改革改制。三是深化财政体制改革。改革预算制度，实行零基预算。提高财政资金的利用效率。加强地方政府债务管理，防范财政风险。积极探索社会资本进入城市基础设施领域新途径，推行政府购买公共服务新模式。同时，加强税收征管，推进社会综合治税。四是探索创新金融支持地方经济机制。继续实行财政资金存储规模与银行放贷规模挂钩的机制，鼓励银行支持地方发展。鼓励金融创新，构建"企业＋担保＋风险补偿＋奖励＋银行"的融资机制，支持产业集群化发展和重点项目建设。围绕建设黄河"金三角"区域金融中心目标，着力打造东部新区金融商贸区，启动实施北部高铁商务金融港。健全金融体系，积极引进银行、非银行金融机构入驻，加快农商行发展，鼓励民间资本设立新型农村金融组织和民营银行。加快推进企业上市，积极引进私募股权基金和产业投资基金，扩大直接融资比例。举办好第十届银保企洽谈会。五是深化区域合作，提升开放水平。积极推进综改转型试验区建设。加快推进晋陕豫黄河"金三角"区域合作规划审批工作。探索建立"黄河金三角跨区域政府合作协调机制"。加强与友好城市的经济协作。积极推进航空口岸建设，申请设立运城保税区。

（二）狠抓园区化集群化发展，加快推进工业新型化。一要改造提升传统产业，延伸产业链条，实现循环发展。重点抓好"煤—电—铝—材""煤—焦—化"和金属镁产业链。坚定不移地推进铝产业链的延伸，加强技术攻关，发展高端铝产品加工，提高铝产业的竞争能力，加快建设全国铝加工基地。加快建设2×35万千瓦低热值煤发电及铝深加工项目，实现煤电铝材一体化。加快永济2×35万千瓦蒲州电厂和华圣铝业的整合力度，实现铝电联营。抓好阳煤集团60万件汽车发动机铝合金缸体项目，提升铝深加工能力。煤—焦—化产业链要着力抓好河津阳光集团和稷山西社工业园的煤焦化产业循环经济园区，以及新绛煤化工产业循环经济示范园。金属镁产业链要以银光华盛镁业为龙头，加快项目建设进度，形成以镁合金铸件、型材、锻件、板材为主体，终端产品相匹配的完整产业体系。加快中条山有色集团10万吨金属镁项目建设。钢铁、化工等传统产业要加快整合力度，延伸产业链条，提高传统产业竞争力。二要坚定不移地推动主攻产业园区化集群化发展。重点抓好煤电铝材、煤焦化、运输装备制造、金属镁、化工、医药、农副产品加工、新材料、家具制造等9大产业集群，基本涵盖了"5+15"工业园区所确定的32个主攻产业。各县(市、区)、各开发区要全力抓好各自的主攻产业，每个主攻产业的新上项目不得低于10个，落地资金不得低于30亿元，当年完成投资不低于10亿元。把园区作为产业集群发展的主阵地，强化综合服务功能配套，积极对接省内大型煤炭集团，用足用好工业扶持资金，重点支持产业集群龙头企业、公共服务平台、共性关键技术攻关和产业链延伸。加大金融对产业集群发展的支持力度，引导金融机构扩大信贷投放，加大对实体经济和产业集群发展的支持力度，确保重点主攻产业贷款余额年均增长30%以上。三要支持民营经济和中小微企业集群化发展。加快中小微企业创业基地和公共服务体系建设，全年孵化小微企业2000户，培育新增规模以上工业企业35户，发展壮大亿元"小巨人"企业10户。四要加快信息化建设步伐。申报建设国家智慧城市。切实推进已经签约的山西省首个"宽带示范城市"建设。加强与移动、联通、电信三大运营商合作，推进大数据平台建设。大力发展电子商务产业集群。大力推进电子政务建设。注重工业化与信息化融合发展，重点抓好大运重卡、银光镁业试点示范企业建设。

(三)高度重视"三农"工作，加快推进农业现代化。一是稳定发展粮食生产。重点建设60个粮食万亩高产示范片，实施中低产田改造2万公顷，确保全年粮食播种面积稳定在63万公顷左右，粮食总产量23亿千克以上。加强农业基础设施建设，继续实施"三引六扩、河库成网"规划，加快小浪底引水、北赵引黄二期和国家小农水重点县项目等工程建设。加快土地整理和高标准基本农田建设。提升主要粮食作物综合机械化作业和科技服务水平。二是积极引导土地流转。确定土地规模经营的投资主体，引导农民流转土地，积极稳妥地推进土地规模化经营。探索建立土地流转的长效机制。大力扶持新型农业经营主体，新培育100家重点示范合作社和家庭农场。三是着力构建农产品物流体系。加快大型综合农贸批发市场、物流配送中心建设，推进"农超对接"。大力发展农产品电子商务、现代物流业态，开辟和拓展农产品销售的新路径。四是加快发展特色农业。结合每个县(市、区)的产业基础和比较优势，搞好农业产业规划和项目设计。苹果、蔬菜、红枣、核桃、樱桃、山楂等特色农业，要逐步实现区域化布局、标准化生产、规模化种植、产业化经营。因地制宜，大力发展"一村一品""一县一业"。抓好"菜篮子"工程。继续抓好运城国家级农业科技园区和盐湖区、新绛县、永济市等国家级现代农业示范县(区)建设。划定优质农产品保护区，提升运城市农产品在全国的知名度和市场占有率。五是大力发展规模养殖业。大力发展规模养殖，力争在全市新建规模养殖场(小区)60个。加快芮城温氏集团百万头生猪养殖、稷山晋龙集团百万只蛋鸡养殖、河津万春牧业6万头肉牛养殖、闻喜象丰农牧科技肉鸡产业化等项目建设。六是发展壮大农产品深加工企业。支持粟海、忠民、维之王、格瑞特等100家龙头企业做大做强，全面提升农业产业化水平，力争全市农产品加工销售收入达到221亿元，增长8%以上。七是强化农产品市场营销。创新营销方式，注重品牌建设，增强农产品的市场竞争力。瞄准高端市场，精心组织运城特色农产品展销活动。整合农业产业链条各环节的国内外资源，带动农产品标准化生产与加工，拓宽农产品销售渠道。八是加快美丽乡村建设。认真落实省政府"五件实事"部署，完成农村危房改造2万户，改造农村幼儿园40所，贫困人口易地扶贫搬迁1万人，深入推进乡村清洁工程，培训新型职业农民1万人。全年解决饮水安全人口5.3万人。加强农村生态建设。抓好扶贫开发工作，实施百企千村产业扶贫开发工程，力争全年实现3万贫困人口脱贫。

(四)坚持以人为本，加快推进市域城镇化。一是高起点高标准抓好规划。对城市的总体规划、道路框架、土地利用、产业布局和生态环境保护等进行整体规划。坚决维护规划的严肃性和权威性。二是"四位一体"功能互补推进市域城镇化。2014年全市计划实施城建重点项目313项，总投资455亿元，年内完成投资143亿元。中心城市着眼于发挥辐射带动作用，围绕"四个100"目标，路水林产四管齐下，统筹推进"八区联动"。老城区全面推进城市棚户区改造。中心区起动群众呼吁多年的河东西街沿长线建设，打通城区东西走廊交通瓶颈。东部新区整体推进区域开发。北部新区加紧完善区域路网，打造高铁高端商务区。南部新区加快生态智慧城建设。西部关圣景区壮大文化旅游产业。运城经济开发区、空港经济开发区围绕产业定位，优化投资环境，让更多符合产业定位的项目落地。三是高标准规划设计建设辐射黄河"金三角"地区的大型会展中心。抓好10个旅游酒店、10个商务写字楼、10个商业综合体的招商与建设，打造运城地标性建筑和产业承载体。支持民间资本进入基础设施、公共服务等领域。大县城着眼于通过产业集聚，实现人口集聚的功能，抓好道路、水系、供电、供气、供暖、亮化、通讯、应急排水、垃圾处理、污水处理10个方面的基础设施建设和广场、公园、公共交通、剧院、图书馆、群众艺术馆、养老院、医疗卫生、学校、保障性住房10个方面的公共服务设施建设。小城镇着眼于繁荣农村市场和就近提升农村公共服务水平的功能，发展特色鲜明的重点镇。新农村着眼于发挥推动土地规模经营和作为"一村一品"空间节点的功能，引导自然村向有条件的中心村集中，逐步推动村庄结构调整，改善农村人居环境。四是加快推进生态智慧城建设。抓紧编制完成《生态智慧城总体规划》和专项规划。加快环湖南路和跨湖大道改造。推进盐湖治理、环湖主题公园、山体修复等生态系统建设。加快中央商务区会展中心等招商项目的开工建设。五是完善城市功能，发展现代物流。以高铁商务区为中心，建设辐射黄河“金三角”和山西全省的物流仓储配送中心。六是强化城市管理。严格城市管理执法，严肃查处违规违章建筑。探索政府购买城市公共服务的新模式，率先在环卫清洁、园林绿化等方面进行试点。全力争创国家卫生城市，继续抓好城市环境集中整治活动。

（五）大力实施生态兴市战略，加快推进城乡生态化。一要抓好造林绿化。重点抓好通道、城郊森林公园和荒山绿化，着力搞好沿路、沿河、沿山、沿湖生态绿化，森林覆盖率增长1个百分点。抓好城市绿化工程，绿地率提高0.5个百分点。二要加大节能减排力度。加大淘汰落后产能力度，关小上大、扶优汰劣，提高工业废弃物处理和利用水平。搞好新能源应用、地热资源开发。三要抓好大气污染防治。严格环保执法，大力整治燃煤污染、机动车污染和重点行业污染。力争2015年年底，所有火电、钢铁、水泥、石化、焦炭企业及工业锅炉完成脱硫除尘设施建设与提标改造，达到新排放标准要求。推进集中供热和燃煤锅炉改环保锅炉工作。四要抓好水生态保护。逐步完善全市水网体系，统筹推进中心城市水系和水体生态治理工程。实施汾河、涑水河、姚暹渠环境综合整治。建设并运营好污水处理厂。严格落实地表水跨界断面水质考核生态补偿机制，城市集中式饮用水水源地水质达标率100%。

（六）高端创意策划，整合资源优势，加快文化旅游产业发展。搞好文化旅游产业顶层创意策划，不断拓展文化旅游市场，把文化资源的历史价值转化为大众消费产品。加大景区建设和旅游产品的开发力度，把关帝庙、盐湖和生态智慧城连片打造成全市文化旅游的龙头景区、全球华人朝拜关公的圣地和驰名中外的旅游目的地。强化旅游宣传促销，加大城市形象宣传力度。大力发展大型旅游公司。推进关圣文化建筑群申遗工作。

（七）加大招商引资和项目建设力度，充分发挥投资拉动作用。持之以恒招商引资，大力开展专业化、定向化、集群化招商，积极引进一批大项目、好项目。全力推进“飞地经济”和“总部经济”发展。积极开展“运城之友”“回乡创业”等主题招商。加大项目建设力度，计划开工项目重点抓好绛县经济开发区科创中医药健康产业园、绛县莱特通用航空产业、天昊文化综合产业、美特好物流仓储、四川波鸿威斯卡特北方工业园等项目。已开工项目重点抓好北方铜业多金属综合捕集回收、际华220万件高档服装及1000万双特种鞋底和新型包装材料研发生产、永济热电2×35万千瓦电厂等项目。计划竣工投产项目重点抓好大西客运专线运城段、绛县明迈特镍铬合金、华晋纺织牛仔布生产等项目。全力抓好土地要素协调，调规划，提前做好各自土地总体利用规划的调整；增减挂，各县（市、区）实施增减挂项目不得低于67公顷，省级开发区争取用地指标不得低于100公顷；列重点，将更多的项目纳入省级以上重点项目盘子，争取土地指标倾斜；保供地，对全市批而未供土地进行全面清理，尚未占用的要向工业园区集中调整使用。高度重视土地单位面积的投资规模和投资强度，提高土地单位面积投资对地区生产总值和财政收入的贡献率。

（八）加快社会事业发展，着力保障和改善民生。一是千方百计扩大就业。针对性地搞好职业技能培训，增强就业创业能力。完善就业服务体系，落实促进就业的各项措施，重点做好高校毕业生、复转军人及城镇就业困难群体就业工作。二是切实加强社会保障。落实各项社会保障政策。进一步提高城乡最低生活保障标准。做好大病致贫农民的救助工作。坚持保障性住房与工业园区的社区化紧密结合，合理布局，开工建设各类保障性住房2.6万套，建成1.2万套。三是全面发展社会事业。加快发展职业教育，培养高级职业技能人才，打造具有运城特色的专业技能村（镇），努力创建全国职业技能培训基地和人才基地。抓好中心城区中小学幼儿园建设。加快医疗卫生事业发展。抓好北部新区综合医院及健康城建设，抓好市、县两级远程医疗系统建设。支持中医药事业发展。重视发展养老事业。稳步实施“单独两孩”政策。进一步加大科技投入，重视科技人才的引进使用。完善现代公共文化服务体系，加快市级“五馆一院”和县级“四馆一院”建设。发展全民健身、竞技体育和体育产业。加快非物质文化遗产的挖掘申报和保护利用。四是高度重视安全生产。严格落实安全生产“两个主体”责任，切实抓好煤矿、非煤矿山、尾矿库、消防、防汛、道路交通、森林防火、危险化学品、烟花爆竹、民爆物品等领域以及学校、商场等人员密集场所的安全隐患排查治理。重视对气体泄漏、爆炸等事故的防范。严厉打击非法超限超载。加强重大危险源检测监控管理。进一步完善隐患排查治理体系，探索建立安全预防控制体系，确保全市安全生产形势持续稳定好转。加快创建食品安全放心城市。狠抓农产品质量安全源头监管，健全食品药品安全监管体制。

拓展资源优势　打造产业高地

太原不锈钢产业园区管委会主任　**郭建发**

2014年是贯彻落实党的十八届三中全会精神、全面深化改革的开局之年，也是全面推进园区转型跨越发展的重要一年。2014年园区工作的指导思想是：以党的“十八大”和十八届三中全会精神为指导，深入贯彻落实科学发展观，以助力中国梦、实现钢园梦为指引，进一步解放思想，强力攻坚，开拓创新，狠抓落实，为把园区建设成为全球最具竞争力的不锈钢深加工基地、国内知名的新型装备制造业基地、华北领先的现代物流示范基地奠定坚实的基础。

一、加强理论学习，增强信念自觉，坚定理想信念

坚持把理论学习摆在突出位置，从理论联系实际、指导实践上下真功夫，以解决思想和工作中存在的实际问题为出发点，以改进工作作风和工作方式、提高成效为落脚点，不断提高理论学习效果，实现理论与实践相统一。坚持“三会一课”制度、中心组理论学习制度，采取个人学习与集体学习相结合、“走出去、请进来”等方式，制定周密的学习计划，认认真真、原原本本地深入学习邓小平理论、“三个代表”重要思想、科学发展观等重大战略思想和习近平总书记一系列重要讲话精神，不断加强广大干部职工的自身理论修养，提高政治敏锐性和政治鉴别力，树立科学的世界观、人生观和价值观，进一步坚定中国特色社会主义道路自信、理论自信、制度自信。

二、强化制度建设，增强责任自觉，加快跨越发展

坚持在统筹兼顾好经济发展、改善民生和强化公共服务、完善社会管理等多重目标的同时，通过加强顶层设计，充分挖掘体制机制层面所蕴含的巨大制度“红利”，为园区发展把好方向、定准调子，全力推动园区实现跨越式发展。强化党建工作责任体系。坚持党要管党的原则，把党建工作与中心工作相互融合、相互促进，同步研究、部署、落实、考核，营造党建工作的良好氛围。注重发挥非公有制党组织和国有企业党组织的作用，积极探索新形势下党建工作的创新之路，促进园区事业的科学发展，提高服务经济发展的能力。强化决策议事体系。完善科学的决策议事制度，充分发挥专家、专业机构的作用，在涉及园区改革发展稳定的重大事项决策、重要项目引进、园区整体规划、用地建设等决策事项上，做到充分酝酿、充分沟通、充分调研、充分论证，进一步提升决策的民主化、科学化、规范化水平。强化考核管理体系。建立健全园区内部绩效管理考核机制，充分调动工作人员的积极性，真正形成以考核促管理、以考核促工作、以考核促落实的工作局面。继续深化亩效化管理，形成以考核增效益，以效益促跨越的良性发展局面。构建“规划部门引导，土地部门主导，建设部门督导，执法部门联动”的土地集约利用体系，从2014年起，园区新建项目厂房原则上不低于两层，并鼓励建设多层厂房。以差异化管理为原则，针对不同类型的企业分层次制定年度目标责任制，在细化量化招商引资、工业增加值、财税收入等主要经济指标的同时，统筹纳入节能减排、循环经济及社会发展目标。强化项目建设体系。完善“储备、签约、落地、开工、建设、投产”项目推进责任体系，坚持“一个项目、一个班子、一套方案、一跟到底”的推进模式，形成“分管领导解难题、责任单位包服务、项目单位保进度、督查部门促落实”的四轮驱动工作机制，建立项目目标责任管理表，确定进度，倒排工期，全面推进项目建设。强化为民服务体系。建立与企业、周边被征地乡镇（街办）“一对一”服务体系，领导班子按照所包联系点，定期深入基层进行调研，关心了解群众的生产、生活情况。

三、坚持真抓实干，增强务实自觉，营造良好风气

始终树立科学正确的政绩观，克服“重显轻潜”“重大轻小”“庸、懒、怠、软、逸”等问题，以提升企业和群众的满意度为出发点，以切实解决各类热点难点问题为落脚点，以推进各项工作全面进步为抓手，在提高执行力上下功夫，切实抓好园区工作的落实，形成立说立行、真抓实干的良好风气。全力推进“国家循环化改造示范试点园区”建设，预计年内天大化工、中力信达、太钢工业园、创新中心项目全部开工建设。积极推进“全国创新型产业集群试点园区”建设，设立产业集群发展专项引导资金，支持科技服务机构建设，支持鼓励企业加入产业协同创新体系，鼓励企业积极申报高新科学技术企业，鼓励企业积极申报专利、成果等。通过整合资源，形成合力，全面推动“两个园区”建设，使园区在健康、规范发展的基础上，步入内涵、可持续发展的快车道。按照“量质齐升”的思路，做大做强“三大产业集群”。打造公共技术服务平台与公共商务平台，进一步增强科技发展驱动力。继续完善“助保金”贷款平台建设，扩大“助保贷”融资规模，进一步破解企业发展资金短缺的瓶颈。全面推进扩区增容战略实施，启动扩区工作。加大招商引资力度，探索产业链招商、网络招商、媒介招商等新模式，形成“选商引智”新格局。加大基础设施建设投入力度，逐步实现内部路网全面贯通。加强服务效能建设，规范政务服务大厅运行，提升行政服务的针对性和实效性。

四、强化作风建设，增强修身自觉，提升思想境界

强化“全心全意为人民服务”的宗旨意识，自觉坚守党性，加强思想理论，提高政治觉悟、纪律作风、道德品质等方面修养，始终做到“讲党性、重品行、作表率”。进一步弘扬焦裕禄精神，自觉把个人的理想追求同园区转型跨越发展的伟大事业紧紧联系在一起。坚持秉公用权、诚实守信，自觉做到一身正气，一尘不染。注重培养崇高的精神境界和道德情操，坚决抵御腐朽没落思想观念和生活方式的侵蚀，思想境界不断升华。

五、注重廉洁自律，增强纪律自觉，提高拒腐防变能力

严格执行廉政准则，主动接受监督，带头规范权力行使，把权力关进制度的笼子，坚决反对消极腐败现象。全体党员领导干部要时时自重、自省、自警、自励，处处慎权、慎欲、慎微、慎独，管住自己、管住亲友、管住身边的人，从最细微处着手，以身作则、防微杜渐。认真贯彻执行中央“八项规定”，省委“五个不准”、市委“八条禁令”和园区“五严格九不准”相关规定，不断改进工作作风，建立起抵制“四风”的长效机制，自觉做弘扬优良作风的表率。加强领导班子和干部队伍建设，努力解决干部“要发展”的问题。坚持把“想干事，能办事，清清白白干成事”的干部选拔到重要岗位，用“焦裕禄”式的干部支撑园区发展。坚持将党风廉政建设与业务工作共同安排、共同落实、共同监督考核，形成一岗双责、齐抓共管的整体合力。强化制度的约束力和执行力，建立具有园区特色的惩治和预防腐败体系。

扎实工作　锐意进取　加快把小店建设成为更加全面、更高水平的一流城区、三晋首区

太原市小店区区长　**杨继承**

2013年，全区干部群众认真贯彻落实党的“十八大”、十八届二中、三中全会和习近平总书记一系列重要讲话精神，按照稳增长、调结构、促改革、惠民生、保稳定的总体要求，推动经济社会发展稳中有进、稳中向好，小店区再次跻身中国市辖区综合实力百强。

2014年是全面深化改革的开局之年，是实现“十二五”规划的关键之年，也是把小店建设成为一流城区、三晋首区的推进之年。做好2014年的各项工作，意义尤其重大。

一、2014年政府工作的指导思想

认真贯彻落实党的“十八大”、十八届二中、三中全会和习近平总书记一系列重要讲话精神，深入践行社会主义核心价值观和太原市三个核心价值观，围绕区委提出的“七化”工作目标，以党的群众路线教育实践活动为契机，以深化改革、全面创新为驱动力，坚持统筹兼顾、整体规划、分类指导、分步推进的工作理念，全力攻克农民增收、城中村改造、服务重点工程三大难点，始终坚守安全生产、社会稳定、干部作风三条底线，进一步完善功能区发展、企业项目、驻地单位三大服务体系，加快推动更加全面、更高水平的一流城区、三晋首区建设。

二、2014年经济社会发展的主要预期目标

地区生产总值增长8%左右，规模以上工业增加值增长11%，固定资产投资增长10%以上，社会消费品零售总额增长14%，公共财政预算收入增长9%，城镇居民人均可支配收入增长10%，农民人均纯收入增长12%，城镇登记失业率控制在3.25%以内，人口自然增长率、节能减排指标完成市下达任务。

三、2014年政府工作重点

（一）打造高端产业，提升发展水平。一是实施创新驱动发展战略。以山西科技创新城、综合保税区、汾东新区开发建设为契机，加强产、学、研协同创新，促进科技成果应用转化，培育认定高新技术企业5家，专利申请量达到2000件以上，努力实现项目带动、资本推动、创新驱动共同促进科学发展，构建与区情相适应的

现代产业体系,打造区域经济转型跨越发展的升级版。二是夯实农业基础地位,发展现代都市农业。以增加农民收入为核心,大力发展农业园区。以土地流转为抓手,提高农业生产集中度。鼓励和扶持在东部山区发展以特色农产品培育、民俗展示、生态景观体验为主要内容的生态观光旅游农业。在南部农村继续发展以蔬菜、养殖、农产品加工和农业观光为主要内容的现代农业。大力发展新型农业经济,突出扶持10个以上规模产业大户或龙头企业。打造"小店科技农业片区、汾河沿岸生态高效现代农业产业区、太太线沿线生态休闲农业片区和东山五龙城郊森林公园"等4个亮点片区和30个示范园区,努力创建全省休闲农业示范区。积极开展新型职业农民培训,提高农业从业者素质。落实农业支持和保护政策,严格农产品质量安全管理和动物疫情防控。推动农村各项改革,加快农村宅基地和农村集体建设用地使用权确权工作,开展农村土地承包经营权确权办证试点。三是补足产业短板,发展新兴工业。以山西煤机等重点项目为抓手,支持都市工业发展。加大财政、金融等扶持力度,用好"助保金"贷款等调控手段,重点发展科技含量高、附加值高的工业项目,扶优、扶强华豹、青玉、奇美等一批本土企业,引进一批具有国内外影响力的企业。大力发展信息产业,推进信息化与工业化的深度融合,促进工业结构整体升级。四是抓好三产转型升级,发展现代服务业。整合资源,在南内环街、亲贤北街、长风街、南中环街、晋阳街等区域,大力发展楼宇经济。切实加强技术服务、成果交易、科技金融、人才支撑等创新和服务载体建设,吸引世界500强、全国百强和省内大型企业注册落户小店,着力打造总部经济功能区。大力发展住宿餐饮、零售、金融、商业地产、文化创意等产业,培育特色街区。加快发展网络消费,支持社区家政、农产品销售、移动互联网服务应用3个电子商务平台建设。整合提升全区汽车服务业,壮大以汽车业为龙头的现代物流产业。认真做好第三次经济普查。五是加大招商引资力度,提升招商引资水平。着眼产业定位,突出产业配套招商、产业集群招商、高新技术产业招商,积极引进科技含量高、附加值高、辐射带动能力强的项目,完善产业链条,促进高端产业集聚。创优发展环境,打造投资洼地。

(二)抓好服务保障,实现搭车快跑。一要强化服务意识。牢固树立抓服务就是促发展、抓服务就是惠民生、抓服务就是聚潜力的理念,倾全区之力抓好各项服务工作。二要提高服务水平。建设企业服务中心,建立涵盖入驻服务、政策服务、人才服务的企业专业服务机制,推进投资创业便利化。深入推进"两集中、两到位"审批制度改革。行政审批事项能精简的精简到位、能下放的下放到位,民生服务能延伸的延伸到位。坚持"六位一体",深入开展"项目见效年"活动,力求在土地、资金、配套设施等发展要素服务创新上取得新突破。健全完善项目化管理,突出抓好美特好总部电子商务、IMK研发中心、大族集团高精密机床等项目对接与跟踪服务。服务功能区发展,抓好山西科技创新城和高新区、经济区、综合保税区、汾东商务区、龙城片区、南站片区建设涉及的征地、迁坟、拆迁等工作。服务好山西大学新校区、山西财经大学新校区和山西煤机等大型驻地单位新建、迁建工作。三要实现借力发展。依托"一城六区"布局与规划,主动承接功能区产业转移和要素外溢,提升金融、信息、商务等生产性服务业发展水平。发展创意、教育咨询、轻工业制造、物流等中小型企业,形成服务性配套产业。加强与驻区省市行政事业、大中专院校、科研院所等单位的沟通交流,主动提供良好服务。

(三)加强城乡建设管理,打造宜居城区。一是大力改善城乡基础建设条件。抓好滨河东路南延、太行路南延、长治路改造南延等22项市政道桥建设项目的征地拆迁工作。自主改造建设富康街东延等5条道路,完善城镇路网。实施大王线等7项农村公路建设工程,累计50.7千米,惠及南部30余个村庄,进一步改善乡村群众出行条件。二是加快推进城中村改造。力争完成杨家堡、亲贤两个社区整村拆除改造,加快龙保、小吴、西峰3个村的拆除改造步伐,全力完成北营、郑村、范家堡、狄村、许西、寇庄、王村7个村涉及市政建设的宅基地拆除任务。加快许东、新庄城中村项目达效。推进集体经济改制后公司换届选举工作,理顺城中村党组织、居委会、公司关系,规范城中村改造过渡期管理。科学制定涉及山西科技创新城首批建设项目的西温庄、东温庄、田庄3个城中村改造方案,力保4月份完成首批开工项目土地征收和附属物拆迁工作。三是引深城乡清洁"四位一体"专项行动。以创建"国家卫生城市"和"文明城区"为总抓手,高标准实施益丰西街片区等10个老旧片区综合改造,每个街办至少改造1个老旧片区。提升单元达标质量和效益,三星级以上单元创建率达到90%以上。进一步提高环卫作业机械化水平,强化环卫作业绩效考核。加大投入,提升乡村清洁水平。开展建筑用土专项治理,制定整治标准,加大整治力度,提升渣土处置运输精细化管理。加强城乡管理行政执法队伍规范化建设,突出治理小店城镇区域范围内门店"乱象",整治占道经营等城市顽疾,开展小店城镇"六街三路"清洁示范街创建活动,高标准打造建成区连片城乡清洁示范街区。四是重拳打击"双违"建设。以"零容忍"的高压态势,严厉打击"双违"建设,实现减存量、零增量。坚决遏制违法占地、违法建设行为,确保城乡建设规划的严肃性、权威性和科学性。

(四)提升环境质量,建设生态文明。一是建设美丽乡村。以空间布局科学化、自然环境生态化、功能设施城镇化、村容村貌特色化、农业产业现代化、村级管理民主化为目标,改善农业生产条件和乡村人居环境。实施太榆、北张退水渠清淤疏浚和薛店、武宿排洪防汛等工程,完成39千米末级渠系改造,消除汛期排洪安全隐患。进一步推进农村群众饮水安全进程。加大投入,实现农作物秸秆综合利用率达到95%。升级改造小店街办、西温庄乡、刘家堡乡、北格镇灌溉机井等供电设施,提高农村电网安全水平。突出功能定位和产业特色,加快建设宜居、宜业的美丽乡村,打造5个以上美丽乡村示范点。二是加强生态绿化建设。加快推进生态林网、县乡公路及通道、城镇园林绿化工程建设。开工建设东山“五龙城郊森林公园”登山步道和人工湖景工程，完成200公顷绿化提档升级。实施建成区绿色覆盖系统工程，推进和谐公园建设，高标准建设12处街景游园。三是打好环境质量改善攻坚战。继续大力实施省城环境质量改善“五大工程”和“五项整治”。严格落实大气污染防治行动计划，实施清洁能源替代与黑烟囱拔除并举，突出抓好高污染燃料禁燃区管控工作。加强节能减排，推进工业企业提标升级，加大污染企业淘汰关停力度。进一步强化环保执法，加强扬尘污染、土小燃煤设施、餐饮业油烟治理，严控垃圾和秸秆焚烧。建立健全区域大气污染防控联动长效机制。

（五）加大民生普惠，增进百姓福祉。一是构建社区便民服务体系。完善社区便民服务设施，完善社区服务中心综合功能。发挥财政资金的引导作用，引入市场机制，通过运作有偿、低偿、无偿三种服务模式，提供相关便民利民服务。在建成区打造“15分钟便民服务圈”，实现“十个全覆盖”，逐步建立设施完备、功能完善、服务高效、管理精细的社区服务体系。二是推动实现更高质量的社会保障。着力完善促进就业创业机制，健全完善人力资源市场体系。推行城乡最低生活标准“一体化”，加快实现“五险”统一征缴，落实保险资金集中办理。提升困难群众大病医疗救助水平，做好特殊人群的社会保障和服务工作，提高优抚保障能力。深化绿色殡葬改革，提高公共服务水平。加强保障性住房建设和管理，确保质量安全和分配公平。全年社保、医疗、教育、科技、“三农”、城乡清洁等方面的民生投入要在全市保持第一。三是推进社会各项事业协调发展。推进教育优质均衡发展。开工建设汾东中学，服务太原五中新校区建设，新改扩建4所公办标准化幼儿园。继续公开招聘补充中小学教师，健全教师培养培训和义务教育学校校长教师交流轮岗制度。加快推进公办学校标准化和信息化建设，确保义务教育发展基本均衡县（市、区）达标验收。加快公立医院改革，服务好市中心医院迁建。充实基层公共卫生服务队伍，提升基层公共服务水平。抓好人口计生工作，启动实施“单独两孩”政策的各项工作，关爱帮扶“失独家庭”等计划生育特殊家庭。积极推进农村日间照料和社区居家养老，鼓励民营资本介入，推进养老服务产业健康有序发展。完善汾东文体中心功能，健全文化公共服务体系。加大政府购买公共服务力度，实现文化惠民项目与群众文化需求的有效对接。鼓励发展慈善事业。支持国防和军队建设，巩固提升双拥模范区建设成果。

（六）创新社会治理，保障群众安居乐业。一要认真抓好安全生产。坚持底线思维，强化“三位一体”安全生产隐患排查治理，在安全事故易发领域，推行安全责任保险制度，筑牢社会安全和谐基础。严格落实安全生产目标责任考核“一票否决制”，切实抓好消防、城乡燃气、道路交通、食品药品、危化品、护林防火、特种设备、建筑施工等领域及学校、商场、娱乐场所等人员密集场所的安全隐患排查治理。按照“全覆盖、零容忍、严执法、重实效”的要求，持续保持打非治违的高压态势，坚决遏制重特大事故，减少一般性事故。二要努力促进社会和谐。进一步畅通群众诉求表达、利益协调、权益保障渠道。完善相关政策，实现“四级联动”城乡社会网格化管理和人民调解、行政调解、司法调解联动工作体系有机结合，着力从源头上预防和减少信访案件发生。运用法治思维和法治手段维护公平正义，坚决遏制信访不信法、借访谋利以及为追求个人利益非法缠访闹访等不良倾向。三要深化平安小店建设。严密防范和严厉打击违法犯罪活动，加快完善立体化社会治安防控体系。夯实基层公共安全基础，突出群防群治、专群结合，保持良好的社会治安秩序。实施“天网治安工程”，继续深化城乡接合部、城中村、出租房屋、“九小场所”、校园及周边整治。加大对涉恐、涉爆犯罪的防范和打击。四要加强市场监管。严厉打击假冒伪劣、侵犯知识产权、价格欺诈、哄抬物价、非法集资、超限超载等违法违规经济行为。完成食品药品监管体系改革，深入开展食品药品安全专项整治。推进工商登记制度改革，确保“宽进”改革顺利推进。加强税收征管，强化协税护税体系建设。五要强化应急管理。完善应急预案，规范应急处置工作程序。加强应急队伍建设，突出抓好应急救援日常演练，提高应急处置能力。强化突发事件的信息报送和预警工作，确保重大突发事件及时准确上报和妥善处置。六要加强基层基础建设。夯实农村基层组织建设和管理，不断健全农村社会管理机制。抓好第十届农村“两委”换届工作。进一步完善区、街办（乡、镇）、社区（村）、基础网格“四级联动”的城乡网格化管理体系，发挥社团、中介组织治理职能，实施社会多元化综合治理。

锐意进取　攻坚克难
为早日建成“示范区、引领区、先行区”而努力奋斗

太原市迎泽区区长　**冯原平**

2013年，全区上下深入贯彻落实党的“十八大”和十八届三中全会精神，紧紧围绕主题主线，以昂扬饱满的热情攻坚克难、顽强拼搏，全力推动率先转型跨越和“三区”建设再上新台阶，区四届人大三次会议确定的任务目标圆满完成，各项工作取得了突破性进展。

2014年是贯彻落实党的十八届三中全会精神、全面深化改革的第一年，也是深入实施“十二五”规划、加快实现“三区”建设总目标的攻坚之年。做好2014年的各项工作，意义十分重大。

一、2014年政府工作的指导思想

以邓小平理论、“三个代表”重要思想、科学发展观为指导，全面贯彻落实党的“十八大”和十八届三中全会精神，按照市委十届五次全会和区委四届四次党代会的安排部署，坚持稳中求进总基调，以扎实开展党的群众路线教育实践活动为契机，进一步解放思想，改革创新，实干苦干，稳扎稳打，全面推进经济发展、产业升级、社会进步、生态文明、民生改善，努力实现经济持续健康发展和社会和谐稳定。

二、2014年经济社会发展的主要预期目标

地区生产总值增长8%，服务业增加值增长8%，固定资产投资增长21%，社会消费品零售总额增长15%，公共财政预算收入增长10%。

三、2014年政府工作重点

（一）持续推进产业优化升级，提高区域核心竞争力。一是加快服务业升级。瞄准建设一流商业街区，继续抓好产业聚集区功能提质和环境改善，加大钟楼街、文瀛湖等片区保护力度，着力打造“柳巷智慧生活商圈”，鼓励扶持区域重点企业发展电子商务等新型业态，推动传统服务业向智慧服务业转型。制定和实施楼宇总部经济三年行动规划，升级改造楼宇招商网站，完善配套政策和措施，提升楼宇经济的规模和质量。实施产城联动，结合城市道路改造、棚户区和城中村改造，科学规划产业布局，引进和承接信息、金融等服务业支柱产业，建设一批特色商业街区，促进产业集群集聚发展。二是推进重点项目建设。狠抓项目效益建设，落实储备、签约、落地、开工、建设、投产“六位一体”推进机制，完善重大项目策划储备制度、领导联系项目制度，抓好已签约和落地项目的跟踪服务。加快国海广场、晋商国际广场等重点项目建设，力争启动迎泽高科技孵化基地、总部经济发展基地、东山电子商务园区和太行路海鲜市场等项目建设，企业创新园项目争取年内建成投运。深度开展项目策划、包装和推介，抓好产业、园区和主题招商，重点引进一批投资强度高、带动性强、市场前景好的项目。三是深化改革创新。创优发展环境，完善投资鼓励政策，健全投资者权益有效保障机制，实现各类投资主体的公平竞争。加大对民营企业的扶持服务力度，切实降低民营企业创业成本和各行业领域准入门槛。探索创新区属企业资产运营模式和资产管理方式，破解企业生存、发展难题。强化科技支撑，巩固扩大人才、科技服务平台和产学研联盟，推动科技成果转化利用，培育更多的品牌企业和小巨人企业，以协同创新提升区域产业能级。

（二）大力提升城市建管水平，优化宜居宜业环境。一是加大城市建设改造力度。全力配合、按期完成建设路、南沙河快速路、解放南路等道路改造房屋征收，上马松小线松庄至观家峪段道路改造项目，做好规划范围内违建拆除和房屋征收工作。继续抓好棚户区和建成区老旧危房改造，加快幸福巷、青年东街、东岗等9个老旧房和棚户区回迁安置房建设，启动一批城市路网建设涉及的老旧房及棚户区改造。全面打响城中村改造攻坚战，启动店坡、马庄、新沟、东太堡、郝家沟5个村整村拆除，力争完成枣园、赵北峰、王家峰、郝庄、双塔5个村整村拆除，加快村民回迁安置房建设，进一步提升城市基础承载力。二是引深城乡清洁工程。实施东陵里、水系等6个片区环境综合整治，打造一批环境优美的宜居社区院落和示范村庄。改进环卫作业方式，加强环卫清洁设施建设。持续巩固火车站、朝阳街等重点区域治理成果，根除城市环境“顽疾”。三是加快城市管理体制改革。建立高效有序的城市管理体制和运行机制，加大城市基础信息投入、管理和应

用，加快重点难点区域实时监控全覆盖。建立区、街(镇)两级城管应急队伍，提升城管应急能力。进一步提升环卫作业精细化水平，健全城乡清洁工程目标责任制考核办法。四是强力推进环境污染治理。开展高污染燃料禁燃区创建活动，抓好燃煤锅炉替代改造和污染企业关停搬迁，结合城中村、棚户区改造，再拆除一批土小燃煤设施，解决燃煤污染问题。加大环境执法力度，深入开展工地扬尘治理、垃圾秸秆禁烧、机动车尾气整治、大气污染防控等专项行动，落实重污染天气应急预案，确保环境安全。实施建成区绿色覆盖系统工程，巩固和保持现有园林景观，新建一批街头绿地和街心公园，打造城市特色街景。

（三）全面发展各项社会事业，满足多样化民生需求。一是推进民生改善。加强就业帮扶，鼓励灵活就业和自主创业，重点抓好高校毕业生、农村转移劳动力、城镇困难人员和退役军人就业工作，全区新增就业1.9万人以上。抓实基本保障和救助，推进社保险种、人群"两个全覆盖"；城乡低保对象"一站式"医疗救助比例提高到70%；新农合区级补助标准由62元/人提高到70元/人，人均筹资水平达到435元，对农村低保对象和五保户实行个人缴费部分全额补贴。抓细困难群体服务，实施城乡低保爱心粮工程、优抚对象健康关爱行动，扩大无收入贫困残疾人子女和残疾学生助学范围，实现低保残疾人家庭无障碍设施全覆盖。抓好保障性住房建设，进一步缓解低收入群体的住房困难。加大资金投入，再实施一批惠民实事，解决好群众的实际困难。二是创新公共服务。加大教育投入，生均公用经费标准小学由680元提高到840元，中学由840元提高到1000元；加大校舍安全工程力度，新改扩建3所学校、两所标准化公办幼儿园，建设6所数字化校园；夯实教师专业素养，深化科研课题研究，打造全国一流的教研室；规范办学行为，均衡配置教师，引深联盟校活动，促进义务教育优质均衡发展。健全基层医疗卫生服务体系，完成区中医院搬迁，加快口腔医院、中医院、骨伤科医院等特色专科建设，拓展家庭医生签约服务范围，提高便民惠民服务水平；深化公立医院试点改革，完善目标考评体系，提升公立医院活力。加大社区建设力度，提档改造22个社区服务场所，实现社区(村)惠民项目资金全覆盖，扩大居家养老服务的范围和内容，继续推进社区电子便民服务平台建设。落实单独两孩政策，提升人口计生服务均等化水平。建设区防震减灾科普教育基地，开展科普示范社区创建活动，提高全民科学素质。三是深化文化惠民工程。加快实施社区图书阅览室"十二五"全覆盖工程，启动社区全民健身场地设施三年全覆盖工程。将文化产业扶持资金列入财政预算，加快培育现代文化市场体系，打造一批文化品牌企业和艺术精品。完善提升双塔大景区，加大文庙、崇善寺等片区保护力度，推进区域文物古迹的发掘和整理。培育"商文旅"一体化产业产品链，设计开发两条旅游线路，进一步激发区域文化活力。

（四）加快推进城乡一体化，促进农民增收、农村发展。一是大力发展现代都市农业。制定出台现代都市农业扶持激励办法，加快推进孟家井现代农业示范园、前头河回源大雁养殖园等兴农富民十大工程，打造一批乡村生态旅游和都市休闲观光特色农业品牌。扶持农民专业合作社发展，形成示范引领，带动农民增收。推进东山地区新农村建设规划全覆盖，加速城镇化进程。二是加强农村基础设施建设。做好东山地区公路建设规划，持续改善农村地区交通条件。继续推进农村饮水安全工程，解决水峪等3个村2500余人的饮水安全问题。实施外麻地沟、柳沟、捐子3个村水土保持生态建设项目，改善水土流失状况。启动南沙河上游部分河段河道治理，确保防汛安全。新建区动物卫生监督所，提高重大动物疫病防控能力。三是加大东山生态建设步伐。加快东山现代林业示范工程建设，完成133公顷绿化任务，持续提高森林覆盖率。规划实施集产业、生态于一体的东山生态园建设，加快推进东山绿化提档升级和电子商务、现代物流、旅游休闲、高端养老等生态环保产业发展。加强区森防矿管队伍建设，强化森林资源保护，坚决打击私挖滥采；加大对"两违"和"四抢"的打击力度，依法维护城乡建设秩序。

（五）高度重视安全稳定，构建和谐发展新局面。创新社会治理。完善区、街(镇)、社区(村)三级社会治理服务体系，深化"平安迎泽"建设。加大治安乱点和突出问题排查整治力度，营造良好的社会秩序。完善和落实矛盾预防化解、社会群体服务管理及信访维稳、风险评估、社区矫正、安置帮教等机制，最大限度地维护稳定。加强法律援助，维护群众合法权益。依法加强宗教人员和宗教组织的服务管理。畅通和规范群众诉求渠道，切实将信访问题解决在基层。强化应急管理，提高突发事件处置能力。稳妥做好第十届村委会换届选举。完成第三次全国经济普查任务。狠抓安全生产。落实"两个主体责任"，完善安全生产责任测评体系，提高企业安全生产标准化水平。抓好重点行业领域的安全管理和综合治理。健全消防隐患排查、整治责任落实机制，推进社区消防队伍建设，启动3条森防通道建设。加快食品药品监管体制改革，建立统一、高效的监管体系。严肃事故责任追究，遏制重特大事故，减少一般性事故，促进安全生产形势持续稳定好转。加强防汛、防震减灾等工作，保障人民群众生命财产安全。

加快转型跨越发展
建设绿色和谐宜居新城区

太原市杏花岭区区长　李　浓

2013年，杏花岭区以科学发展观为指导，牢牢把握稳中求进总基调，攻坚克难、顽强拼搏，全力推动宜居和谐城区建设，各项工作取得突破性进展。向全区人民承诺的“十大重点工程”“十件惠民实事”全面完成。

2014年是全面深入贯彻落实党的“十八大”和十八届三中全会精神，加快建设宜居和谐城区的重要一年。经济社会发展处于提高运行质量和效益，加快转型跨越的关键时期，我们要紧抓发展机遇、全力做好2014年各项工作。

一、2014年经济社会发展的指导思想

以邓小平理论、“三个代表”重要思想、科学发展观为指导，全面贯彻落实党的十八届三中全会和省委、市委十届五次全会精神，紧紧围绕“创宜居环境，建和谐城区”目标，坚持稳中求进、改革创新，以转型跨越发展为主题，以保障和改善民生为主线，以提高经济增长质量和效益为中心，以推进项目建设为载体，全面加强经济、政治、文化、社会、生态文明建设，解放思想，转变作风，狠抓落实，加快构建绿色和谐宜居新城区。

二、2014年经济社会发展的主要预期目标

地区生产总值增长9%，公共财政预算收入增长10%，固定资产投资增长21%，社会消费品零售总额增长14%，农民人均纯收入增长10%以上。

三、2014年政府主要工作任务

（一）加快产业优化升级，推动经济健康持续增长。一要大力发展现代服务业。大力发展现代服务业，推动服务业发展提速、比重提高、水平提升。加快推进太原富力铂尔曼大酒店、丈子头农产品物流园一期工程等项目，力争早日投入运营。积极推进万达广场城市综合体、华远现代物流产业园、华联胜利购物中心等项目，高效服务，优化环境，加快进度。大力发展城市综合体、总部经济和楼宇经济，推进电子商务、信息技术、金融保险等生产性服务业，鼓励房产物业、居民健康服务、社会化养老等生活性服务业，支持社区超市、便利店、肉菜店、医疗、维修等便民利民项目。发展文化旅游产业，配合实施天主教堂片区、五一路片区等历史文化片区保护开发，依托普光寺、文殊寺、浙江会馆等历史文物，培育新的文化休闲观光景点。二要积极支持工业转型。加快改造提升传统产业步伐，提高产业素质和竞争优势。支持服务华能东山燃机热电项目建设，建成后将替代太原东部现有供热小机组、小锅炉，实现集中供热860万平方米，大幅提高能源利用效率、推进节能减排、改善空气质量。进一步加快现有工业企业转型步伐，支持鼓励驻地企业“退城入园”，腾出现有土地，积极发展现代服务业项目，延伸打造新的产业价值链，实现“腾笼换鸟”、转型升级。三要推动创新驱动发展。持续优化发展环境，完善投资鼓励政策，健全投资者权益保障机制，实现各类投资主体的公平竞争。积极发展民营经济，加大对民营企业的扶持服务力度，切实降低民营企业创业成本和各行业领域准入门槛。强化科技支撑，巩固扩大人才、科技服务平台和产学研联盟，推动科技成果转化利用，培育更多的品牌企业和小巨人企业。加快重点项目建设，落实储备、签约、落地、开工、建设、投产“六位一体”的推进机制，狠抓项目效益建设，以项目促发展、增后劲、强实力。

（二）坚持贴近群众服务群众，更好地保障和改善民生。一要推进民生改善。积极做好就业再就业工作，鼓励创业促进就业，城镇新增就业1.9万人。认真落实各项社会保障政策，推进社会保险统一征缴，建立健全城乡一体化社会保障体系。完善低保医疗救助，对1万余名城乡低保对象应由个人支付的基本医保费用实行全免。推行城乡医疗救助与基本医疗保险同步结算机制，对城乡低保对象、五保户、重点优抚对象实施“一站式”医疗救助。细化困难群体服务，实施优抚对象健康关爱行动，扩大无收入贫困残疾人子女和残疾学生助学范围，实现低保残疾人家庭无障碍设施全覆盖。二要强化社区建设。持续改善社区办公条件，重点解决38个100平方米以下社区办公用房，实现标准化社区全覆盖。加强社区队伍建设，提高社区干部素质和能力。继续抓好惠民项目的实施，提升社区服务居民的能力，拓展服务领域，为居民营造宜居宜业的良好环境。三要创新公共服务。积极推进教育资源均衡化、标准化、优质化工程，提升教育信息化水平，实施柳溪街小学教学楼新建项目，完成北中环街小学、东华门小学等14所学校操场标准化改造。抓好城乡居民健康促进项目，为108个城乡基层卫生服务机构配备自助体检设备，完善服务功能，打造城乡居民15分钟健康服务圈。继续做好人口和计生工作，落实单独二孩政策。推进文化惠民工程。

（三）着力提升城市建管水平，加快宜居城区建设。一是加大城市建设改造力度。全力推进、按期完成建设路快速化改造、北中环连接解放路五一路微循环改造、府东府西街12条微循环改造等重点道路改造的房屋征收工作。加快棚户区改造，实施小东关、五龙口等9个棚户区改造。积极推进城中村改造，完成小枣沟、道场沟整村拆除，实施杨家峪、敦化坊城中村整村拆除工作，加快村民回迁安置房建设。推进集中供热全覆盖，规范区域供热管理，实施管道液化气供应站天然气改造。二是引深城乡清洁工程。扎实开展星级单元创建活动，提升城市管理精细化、信息化、网格化水平。实施西缉虎营、七府园、金刚里3个片区综合整治，下大力气抓好无依托居民楼院、楼道专项整治和管理。改进环卫作业方式，加强环卫基础设施建设。提升城区园林绿化水平，结合城市改造，见缝插绿，拆墙见绿，建园植绿，新建一批街头绿地和街心游园。三是强力推进环境污染治理。继续下大力气抓好环境质量综合整治，扎实开展大气污染防治。深入推进燃煤锅炉替代、污染企业关停等"五大工程"和扬尘污染整治、土小燃煤设施整治等"五项整治"，加快"无煤区"建设，落实重污染天气应急预案，确保全区环境质量的持续改善。

（四）深入推进东山生态建设，促进农村发展农民增收。一要加快东山生态建设。继续抓好东山植树造林工作，以"一轴、两带、一片"为重点，完成绿化733公顷。开展通道绿化工程，高标准进行通道绿化及两侧提档绿化。围绕洪子峪现代农业基地，搞好周边延伸绿化。二要提升东山产业发展水平。高标准制定东山生态旅游开发和土地利用规划，积极发展现代物流、文化、养老等产业，扶持培育观光旅游、运动休闲、消夏避暑、婚庆、儿童娱乐等服务项目。加大招商引资力度，用足用活用好政策，实现生态与产业的有效融合。支持发展花卉苗木产业，推进长沟现代农业示范园等都市农业项目，实现农业发展上规模、提档次。三要切实促进农民增收。坚持因地制宜、各具特色，实施"一村一品"工程，引领农村经济发展。加大惠农富农政策支持力度，鼓励农业适度规模经营，增强发展活力。扶持农民专业合作社，形成示范带动，促进农民增收。巩固农村两轮"五个全覆盖"成果，持续改善农村人居环境，加快美丽乡村建设。

（五）高度重视安全稳定，巩固和谐发展局面。一要狠抓安全生产。认真落实政府属地管理责任，坚持和完善全区安全生产监管责任落实体系。进一步督促和推动企业落实安全生产主体责任，完善企业隐患排查治理体系和预防控制体系，严格责任考核，做到安全投入到位、安全培训到位、基础管理到位、信息公开到位、应急救援到位。继续深化重点行业领域安全专项整治和"打非治违"专项行动，突出抓好燃气燃油管道、危险化学品、消防安全、人员密集场所的整治，切实开展森林防火、防汛防涝、地质灾害治理等工作。改革食品药品监管体制，加大隐患排查和非法违法行为打击力度，保障全区食品安全。二要创新社会治理。完善"三级平台、四级管理"的社会网格化服务管理体系，提高社会管理科学化水平。强化社会治安综合治理，严厉打击各类违法犯罪活动，维护社会长治久安。进一步创新群众工作方法，解决好涉及群众切身利益的问题，切实维护稳定。三要推进民主法制和精神文明建设。贯彻依法治区要求，深入实施"六五"普法，规范执法行为，提高服务水平，维护公平正义。落实民族宗教政策，依法管理民族宗教事务。积极培育和倡导社会主义核心价值观，自觉遵循，主动践行，展现积极向上的精神风貌。

攻坚克难　奋发有为
倾力建设一流产业、生态、宜居大区

太原市万柏林区区长　**杨俊民**

2013年，全区深入贯彻落实党的"十八大"和十八届三中全会精神，在市委、市政府和区委的正确领导下，紧紧围绕"一流产业、生态、宜居大区"建设目标，迎难而上、主动作为，经济社会发展稳中有进、稳中向好。

2014年是全面贯彻落实党的十八届三中全会精神、加快建设全省一流强区的关键一年。做好2014年的各项工作，影响重大，意义深远。

一、2014年政府工作的总体思路

全面贯彻落实党的"十八大"、十八届三中全会精神和省、市、区委全会精神，坚持"稳中求进、改革创新"的总要求，深入开展党的群众路线教育实践活动，突出抓

好产业发展、民生改善、城中村改造、作风改进四大重点工作，推进各项事业全面发展，加快“一流产业、生态、宜居大区”建设步伐，为建设一流省会城市再做新贡献。

二、2014年经济社会发展主要预期目标

地区生产总值增长9%，规模以上工业增加值增长6%，服务业增加值增长9%，固定资产投资增长25%，社会消费品零售总额增长15%，公共财政预算收入增长11%，农民人均纯收入增长10%以上。

三、2014年政府工作重点

（一）坚持重点项目引领，加快推进产业转型升级。一是改造提升传统产业，打造高端装备制造等产业集群。加快北车铁路装备制造基地建设，充分发挥辐射带动作用，形成现代装备制造产业集群。积极支持西山煤电、太重、晋机等大型企业加快实施重大技改项目，大力支持煤气化、平板玻璃厂等企业转型项目开工建设，推动传统产业转型升级改造。加快狮头水泥、东峰煤业等工业项目建设，确保年内投产达效。实施创新驱动战略，强化与太原理工大学、太原科技大学等高校、科研院所的合作，加快三益科技创新园建设，搭建创新资源汇聚平台，建设产学研协同创新基地。二是坚持集聚发展方向，构建现代服务业发展新格局。充分发挥城中村改造、市政重点道路建设释放的能量和机遇，积极构建“一街一路”服务业产业带，加快高端商业圈建设，积极推进华润中心、华润置地广场、绿地中央广场、焦煤综合服务基地、信达国际金融中心、公元时代城、居然之家建材总部大厦、海唐广场、迎泽世纪城等一批重点项目建设，打造集大型商业、总部经济、楼宇经济等业态于一体的城市综合体，引领全区现代服务业快速发展。三是培育发展新兴产业，扩大西山生态旅游影响力。依托自然资源优势，做“山水”文章，打“清凉”品牌，根据西山旅游总体规划，积极推出精品旅游线路，坚持市场化运营，完善特色景区建设，推动重点景区提档升级。大力发展文化娱乐、休闲避暑、高端养老等新兴产业，逐步形成“吃、住、行、游、购、娱”要素齐备的生态特色旅游新格局。四是实施项目拉动战略，形成新的经济增长点。深入开展“项目成效年”活动，继续“六位一体”抓好重点工程项目建设。紧扣总投资1331亿元的37个重点项目开展工作，2014年确保完成投资200亿元以上。做好重点工作目标管理，认真落实“一事一表”、领导包联、调度例会、现场办公、考核督查等制度，加快推进重点项目落地和建设。

（二）坚持城乡统筹发展，加快城中村改造步伐。一要全力推进城中村改造。大力推进村集体经济改制工作，完善“村规民约”，成立群众广泛参与的“自改委”，形成强力推进城中村改造的良好氛围。全面加快下元、南寒、前北屯、小王、沙沟、南社6个已整村拆除村的建设；完成东社、红沟、黄坡、小井峪、后北屯、北寒6个村的整村拆除任务；积极稳妥推进南上庄、新庄、大井峪、窊流4个村的旧村拆除；认真做好大王、后王、南屯、瓦窑、彭村等城中村改造前期准备工作。二要加大棚户区改造力度。新开工保障性住房、棚户区改造项目6个，完成开工新建3594套住房的年度任务。加快续建西山千亩保障房、九院小区三期、九院廉租房、西南环线拆迁安置等项目建设。三要加快建设美丽乡村。进一步做好“三农”工作，以促进农民增收为核心，大力发展现代都市农业。着力改善农村人居环境，村庄建设突出田园风光，保持特色风貌和形态，抓好环境美化整治，加大农村道路建设、养管力度，完善基础设施配套。积极推进山城建设，突出产业发展和宜居功能，实现山、水、城、林、人和谐共融。

（三）坚持科学精细管理，提升宜居宜业水平。强化城市建设管理。继续推进城市基础设施建设，全力服务市政重点工程建设，畅通中环路、迎泽西大街等周边微循环路网，启动兴华西街、西机路、前北屯路、滨河体育中心周边主次干道新建改造工程，进一步拓展城市发展空间。加强城市常态化管理，狠抓城市管理顽疾治理，对影响群众出行的小街巷实施改造，提高城市宜居度。深入推进城乡清洁工程。进一步加大环卫工作投入，实施城市主干道路大型机扫全覆盖，完善“六位一体”精细化保洁模式。重点实施西机路等八大片区综合整治。大力开展星级单元创建，确保城乡清洁工程考核位次前移，全面提升区域环境面貌。

（四）坚持生态建设优先，打造一流生态大区。一是实施西山绿化提档工程。巩固全省造林绿化现场会成果，继续加大西山生态绿化投入力度。高品质提档升级1713公顷林地，重点实施西山“蛇盘兔”采矿遗址生态修复保护区建设、桃花沟等景区基础设施配套等工程，积极推进西山国家矿山地质公园建设，着力增加生态景区内涵，进一步提升西部生态绿色屏障水平。二是实施城市增绿创景工程。加大公共空间的绿量配置，创新机制，调动企业单位绿化积极性，见缝插绿、拆墙见绿、建园植绿。强化对游园绿地的综合管护，大力提升城市园林绿化水平。推进水域环境综合整治，继续实施“三河”源头治理工程，配合做好黑水河等河道治理美化。三是实施环境质量改善工程。深入推进全面改善省城环境质量“五大工程、五项整治”，加大环境治理力度，划定生态保护红线，严格生态环境损害责任追究制。全面开展能效对标活动，加快西山矿区转型升级，推进绿色、循环发展。全力支持太古供热项目隧道工程建设。加大环境保护执法力度，严格新上项目准入制度，坚决淘汰西外环至西山前山地带的污染企业和落后产能，确保环境质量持续稳定向好。

（五）坚持改革引领发展，激发全社会创业创新活力。一是深入开展“转型综改攻坚年”活动。加快转型综改先行试点区建设，围绕产业转型、生态修复、城乡统筹、民生改善四大任务，大胆探索、先行先试。积极推进和平老工业区搬迁改造方案的实施，争取中央资金、项目等支持，走出一条老工业基地调整改造的新路子。二是积极推进各项改革。深化行政审批制度改革。改革人才引进制度。推行政府购买服务。完成食品药品监督管理体制改革。完成卫生与计生行政部门机构职责整合和工商、质监管理体制调整。推进区属企业改制彻底到位。加快事业单位分类改革。三是加大招商引资力度。着眼投资强度大、科技含量高、产业链长，对发展具有支撑和带动作用的重大项目，切实增强招商引资实效，创新招商方式，提高引资质量，抓好中国远大、兰花集团、海尔地产等大企业集团的引进。四是大力发展民营经济。不折不扣落实国家和省、市、区鼓励支持非公有制经济发展的政策措施，鼓励和引导民营经济特别是中小微企业发展。加强对重点民营企业的服务，不断优化发展环境，通过“助保贷”缓解中小微企业融资难，支持民营企业加快产业转型，尽快做大做强。

（六）坚持保障改善民生，实现发展成果公平共享。一要办好人民满意教育。均衡配置教育资源，科学布局学校，促进城乡教育统筹和教育公平。加强教师队伍建设，不断提高教育教学质量。继续加强学校“硬件”“软件”建设，新建特殊教育学校，基本完成义务教育学校标准化建设。加强学前教育，新改扩建4所公办幼儿园，探索幼儿园分级分类管理。二要加快医疗卫生发展。推行城乡基本公共卫生服务均等化，推进公立医院综合改革。建设两个社区卫生服务中心，着力抓好10个社区的区中心医院门诊延伸卫生所建设。协助做好市妇幼医院、市三院迁址新建工作。加快区疾控中心建设，完善新农合大病商业保险制度，构建多层次的医疗保障机制。三要完善社会保障体系。坚持就业优先，充分发挥就业指导中心作用，强化技能培训、创业就业扶持，统筹做好城镇困难人员、大学生、农村转移劳动力、退役军人、沉陷区搬迁居民等群体的就业工作。坚持做好“底线民生”，稳步提高统筹层次和保障水平，完善城乡居民基本医疗保险政策，城乡居民养老保险区级补贴每人每月增加20元。落实各项救助制度，实施对1000户特殊困难群众家庭的综合救助。发展社会福利、慈善和养老事业。完善九院小区公共服务设施配套，使采煤沉陷区搬迁群众安居乐业。四要强化基层基础建设。完成好第十届农村两委换届选举。做好第三次全国经济普查。广泛开展文体惠民活动，启动全区公共文化设施标准化、均等化、网络化全覆盖建设，丰富群众精神文化生活。加强社区建设，完善网格化管理和服务，两年内基本完成社区服务站标准化建设。完成区级十方面承诺事项，解决好群众反映强烈的突出问题。

（七）坚持安全第一理念，促进社会和谐稳定。一是切实抓好安全生产。牢固树立安全发展理念，建立健全“党政同责、一岗双责、齐抓共管”的安全生产机制。持续开展覆盖各行业领域的安全生产大检查，依法依规，严抓严管。强化企业安全生产主体责任，完善隐患排查治理和预防控制体系，坚决抓好煤矿、非煤矿山、护林防火、食品药品、建筑施工、道路交通、消防、危险化学品、特种设备、防洪防汛、城市燃气等重点领域的安全生产专项整治，保持打击私挖滥采的高压态势，严厉打击各种非法违法生产行为。加强应急处置能力建设，推动全区安全生产形势持续稳定好转。二是全力维护社会稳定。加强和创新社会治理，完善社会服务管理平台建设，提高社会治理科学化水平。做好信访工作，攻坚化解信访积案，强化初信初访交办督办，确保社会和谐稳定。加强社会稳定风险评估，及时预防和化解社会矛盾。强化社会治安综合治理，预防和打击各类违法犯罪活动，有效应对和处置各类突发事件，扎实推进平安城区建设。

苦干实干　奋力拼搏
谱写晋源改革开放和现代化建设新篇章

太原市晋源区区长　**尤天拴**

2013年，全区上下深入贯彻落实科学发展观和党的“十八大”、十八届二中、三中全会及习近平总书记一系列重要讲话精神，紧紧抓住建设晋阳新区的战略机遇，抓项目，谋转型，保稳定，惠民生，促跨越，团结拼搏，真抓实干。全区经济持续健康发展，社会保持和谐稳定，生态环境大幅改善，人民生活品质不断提高，圆满完成了年初确定的各项目标任务。

2014年是全面贯彻落实党的十八届三中全会精神、全面深化改革的开局之年，是认真实施“十二五”规划、力争率先全面建成小康社会的关键之年。做好2014年的各项工作，意义非常重大。

一、2014年政府工作的总要求

深入贯彻党的“十八大”和十八届三中全会精神，紧紧抓住晋阳新区建设的战略机遇，围绕“时尚都市乐居区、文化生态旅游区、现代产业集聚区”建设目标，以项目建设为引领，以目标管理为抓手，以城中村改造为突破，推进经济、社会、民生事业全面发展，深入开展党的群众路线教育实践活动，为建设一流省会城市做出更大的贡献。

二、2014年全区经济社会发展的预期目标

地区生产总值增长6%，规模以上工业增加值降幅控制在15%以内，全社会固定资产投资增长22%，社会消费品零售总额增长15%，服务业增加值增长7%，财政总收入增长12%，公共财政预算收入增长10%，农民人均纯收入增长10%，约束性指标完成市政府下达的任务。

三、2014年政府主要工作任务

（一）坚持以科学规划为引领，全力构建现代产业新体系。一是新兴工业园区化要有新突破。强化校企、院企合作，加快构建“产学研一体化”区域创新体系。以提高经济发展效益和质量为目标，加大对新兴产业、高端产业等高新技术企业的引进和扶持力度。重点加快省中小企业创业示范基地建设，积极做好园区规划和产业布局，完善园区基础设施配套，加快建成一批标准化厂房，为企业进驻创造良好条件。引进一批占地少、无污染、效益好、见效快的项目入园落地，接纳因保障重点工程被拆传统优势企业的进驻。二是现代都市农业要有新成绩。积极推动农村土地流转，提高土地利用效率，高标准建设一批农业产业园区。重点推进康培现代农业科技产业示范园、“晋农之窗”农业文化博览园等5个园区建设，尽早投产达效。加强科技推广应用，提升现有200公顷晋祠水稻品质，重振“晋祠大米”品牌。提高大寺荷风农业观光园、北河下设施蔬菜标准园等园区的科技含量，加快农超对接，不断提高效益，增加农民收入。三是现代服务业要有新贡献。大力发展总部经济、楼宇经济和功能齐全、配套完善的大型城市商业综合体，提高城市综合服务功能。加快办理晋阳·万国汽车文化博览园各项手续，推动其早建设、早投产、早达效。围绕服务省中小企业创业示范基地和晋阳·万国汽车文化博览园，积极发展新型仓储物流、金融、信息等面向生产的现代服务业，进一步提升服务业在全区经济中的比重。四是文化旅游产业要有新亮点。继承和挖掘深厚的古晋阳文化，带动文化产业大发展。加快晋阳古城遗址公园考古等基础工作，启动晋源文庙、阿育王塔保护规划编制，配合支持明太原县城、太山龙泉寺保护开发。充分发挥生态和旅游资源优势，引入社会力量参与开发建设，积极推进蒙山大佛景区市场化运作。以西山旅游路为纽带，建设高标准农家乐基地，完善和提高旅游综合接待和服务能力，把旅游产业打造成新的经济增长点。

（二）坚持民生优先理念，全力建设和谐新晋源。一是繁荣发展教科文卫事业。推进教育、卫生资源均衡化、标准化、优质化发展。力争成成中学、市第二外国语学校、省儿童医院、市人民医院和区人民医院合作共建项目开工建设。继续实施老旧校舍改造工程。完成教育信息化改造。完成晋祠二中、电厂中学操场修建工程。推进农村科技服务体系建设，完成农民科技培训2万人次。继续完善公共文化和体育服务设施。实施人才强卫战略，建立全区基本医疗和公共卫生信息管理平台，强化乡村医生签约服务和医疗市场监管。改扩建金胜、晋祠、姚村3个镇卫生院。组织实施“美丽晋源·幸福人家”计生惠民项目，不断提高人民群众生活品质。二是努力提高社会保障水平。强化社保资金安全监管，稳步推进“五险统征”，进一步扩大各类保险覆盖面。积极开展和谐社区创建活动，改扩建5个社区办公场所，建成30个农村老年人日间照料中心。加强劳动保障监察和争议调解仲裁，构建和谐的劳动关系。完善人才引进、培养和激励机制，提升人才队伍素质，激发人才队伍活力。完成市政府下达的保障性安居工程任务。高标准建设3个集中树葬区。完善商业便民服务网络，继续完善15分钟便民商圈，提档升级农村便民连锁店20家，在新城建设一座商业中心。继续做好双拥、人民武装、民族宗教、档案、人防、治超、防震减灾、妇女儿童、老龄、残疾人、慈善救助和红十字事业等工作。

（三）坚持以人为本，全力推进新型城镇化。一要强力推进城中村改造。围绕晋阳湖公园和晋源新城建设，重点突破、分类推进晋阳湖片区20个村、新城片区9个村的城中村改造。重点完成棘针、木厂头两个村整村拆除，启动北堰、城北等7个村的整村拆除。加快城中村安置项目手续的办理和建设步伐，全面展开已完成整村拆除的义井、吴家堡等5个村的安置房建设，完成北阜村、南阜村的安置房主体工程，完成董茹等6个村集体经济改制及村改居工作。二要加快城市基础设施建设。不断完善水电气暖路等基础设施，加快晋源新城城市带建设，提升区域吸引力和承载力。重点实施新城片区古城大街、昌宁东西路、纬三路西延等区域路网建设。以明太原县城安置区建设为契机，狠抓新城东区建设，加快区内企业搬迁，完善城市服务功能。完成古寨集中供水工程，基本建立农村饮水水质监测体系。完成吴家堡、姚村等4个变电站和3个集中树葬区配套专用公路建设。完成武装部营房建设。加强城管执法队伍建设，提高城市管理水平。积极协调，力争使晋源区城市基础设施纳入全市统一建管体系之中。三要全力保障重点工程实施。加快晋阳湖公园8平方千米范围内的征拆清表。完成明太原县城城墙马道、城内5个集中连片区和晋阳污水处理厂地块的征拆清表。服务和保障好南中环西延、长兴南北街、迎宾桥等汾河桥梁、大运高速姚村互通工程、晋祠大景区综合整治、西南环铁等省市重点工程的实施。严格落实土地政策，严厉查处“两违”“四抢”行为，进一步规范用地和建设秩序。

（四）坚持绿色发展主题，全力推进生态文明建设。一是大力改善环境质量。重点推进清洁型供热全覆盖、污染企业关停等五大工程，实施扬尘污染控制、焚烧污染治理等五项整治，完成好全面改善省城环境质量各项任务。认真落实环境应急机制各项措施，做好监测点位综合整治。强化污染企业、耗能大户的监控力度，落实节能减排各项措施。二是着力抓好生态建设。重点实施西山生态环境治理项目660公顷。完成太汾路晋祠至牛家口4千米通道、柳子沙河两岸高标准绿化工程。完成水土流失治理、生态修复管护面积各300公顷。继续实施冶峪沙河、柳子沙河河道综合治理工程。服务好七大城郊森林公园建设。加强护林防火，确保森林资源安全。三是整治优化城乡环境。建立和完善城乡环境卫生管理机制，探索精细化管理新办法。重点开展以“道路整洁、牌匾规范、绿化亮化”为主要内容的新城片区综合整治。深入推进城乡清洁工程星级单元达标创建。新建两座大型垃圾转运站，购置垃圾密闭收运车辆，推行垃圾上门收集和密闭运输。

（五）坚持安全稳定底线，全力筑牢改革发展基础。狠抓安全生产。以“杜绝重特大事故、预防一般事故”为目标，完善安全隐患排查治理和预防控制体系，严格落实政府监管责任、企业主体责任，深入开展覆盖各个领域的安全生产专项整治和安全生产大检查行动，全面排查整治安全隐患，切实抓好煤矿、建筑领域、道路交通、危险化学品、民爆物品、特种设备、消防等各方面的安全。完善食品安全监管体系，切实保障广大人民群众食品安全。始终保持高压态势，坚决防止私挖盗采死灰复燃。严格执行安全生产责任追究制度，严肃查处各类违法违规行为，确保安全责任全面落实。进一步提高应急处置能力，有效应对各类突发事件。创新社会管理。按照“源头治理、动态管理、应急处置”的原则，大力加强和创新社会管理。积极调处社会矛盾，引申积案化解，深入基层排查不稳定因素，将不和谐因素化解在基层、解决在萌芽状态。严密防范和依法打击各类违法犯罪活动，推进“平安晋源”建设。完善基层社会服务管理体系建设，构建“三级平台、四级网络”，实现网格化管理、组团式服务。认真做好第十届村委会换届选举工作，继续提升农村“三资”管理水平，全力维护农村社会稳定。

全面建设经济繁荣、文化发展、安全和谐、美丽宜居的新古交

古交市市长　**贾慕权**

2013年，市政府团结带领全市人民，认真贯彻落实党的“十八大”和十八届三中全会精神，紧紧围绕建设“四个一流”的战略目标，坚定不移促转型，攻坚克难稳增长，持之以恒惠民生，全市经济社会呈现出了稳中有进、稳中向好的局面。

2014年是全面深化改革的开局之年，也是完成“十二五”规划目标任务的关键一年。做好2014年的工作，意义重大，影响深远。

一、2014年政府工作的总体要求

认真贯彻党的“十八大”和十八届三中全会精神，以开展党的群众路线教育实践活动为契机，以转型综改为统领，以打造“四个一流”为目标，坚持改革开放和稳中求进，深入实施“35510”产业发展战略和“2112”项目推进工程，统筹城乡发展和民生改善，强化安全生产和环境治理，全力促进经济社会平稳较快发展，努力建设经济繁荣、文化发展、安全和谐、美丽宜居的新古交。

二、2014年经济社会发展主要预期目标

地区生产总值增长9%，规模以上工业增加值增长20%，服务业增加值增长5%，固定资产投资增长22%，社会消费品零售总额增长15%，公共财政预算收入增长8%，城镇居民人均可支配收入增长10%，农民人均纯收入增长11%。

三、2014年政府主要工作任务

（一）强化“三大”支撑，在促进经济增长上见到新成效。一是以煤矿复工为基础，强化主导产业支撑。强力推进煤矿复工复产，力争全年21座复工，6座达到联合试运转条件，实现原煤产量245万吨。依托洗煤行业协会，搞好原煤、资金、技术等要素协调服务，促进全市洗煤企业恢复正常运营。加快焦化产业提升整合步伐，增强吸纳带动能力，实现企业整体运营，切实夯实煤焦产业对经济发展的基础支撑。二是以项目建设为抓手，强化重大项目支撑。全年组织实施各类项目180项，实现投资超百亿元，其中实施工业项目33项，完成投资42.5亿元；实施城乡建设项目56项，完成投资37.5亿元；实施农业项目47项，完成投资3.4亿元；实施民生项目28项，完成投资7.6亿元。重点实施兴能电厂三期等7项省级重点项目和盛华能源光伏发电、汾河城区段蓄水工程等30项太原市级重点项目。继续发挥科技园区平台作用，完善园区基础设施配套，开展园区二期规划，新建科技企业孵化器大楼，加快纳米空气净化设备等项目落地开工，完成10个以上新项目储备，增强对经济发展的有效支撑。三是以鼓励扶持为手段，强化民营企业支撑。进一步落实民营经济发展优惠政策，放宽投资领域和发展空间，鼓励引导民间资本投资创业，掀起二次创业热潮。加大扶持力度，帮助民营企业解决生产经营中面临的人才、技术、土地、资金、管理等方面的难题，进一步搭建银企对

接平台，发挥“助保金”融资平台作用，增强对中小微企业的有效信贷，切实缓解资金瓶颈制约。

（二）加速“三化”进程，在推动转型升级上实现新突破。一要坚持“可持续”原则，加快推进工业新型化。推进传统产业提升改造，支持华润、西山、煤运等驻地企业配套发展下游产业，实施华润焦炉气制液化天然气、低热值煤发电、干熄焦改造等项目建设，加快推进西山华通粉煤灰水泥项目，延伸“煤—焦—化”“煤—电—材”产业链条，构建具有古交特色的煤炭产业循环发展模式。积极培育新兴产业，大力实施中联煤层气开发、振发新能源太阳能发电、蓝焰煤层气综合利用和昆仑天然气CNG加气站等项目建设，推进中电投、中广核等风电项目开工建设。支持科技园区泡沫彩釉玻璃、赛隆陶瓷、中药饮片加工等项目达产达效。二要坚持“内涵式”发展，加快推进农业产业化。扎实推进农业产业化进程，鼓励引导发展牛羊规模养殖和小杂粮种植加工等优势项目；重点扶持12个“一村一品”专业村，培育100户种养殖示范户；巩固岔口老农、龙城向新和福福山等20个现代农业园区，支持海粟、源林、狐山岩茶等农产品加工和营销企业发展壮大；积极培育专业大户、家庭农场、农民合作社、龙头企业等新型农业经营体系。夯实农业发展基础，完成土地开发整理440公顷，实施御道川小型水库、屯兰川上游段河道治理、庙沟小流域沟坝地治理和宋家庄坝滩联治等水利项目；新建气象防灾减灾预警中心，强化农产品质量安全监测体系建设，开展农民实用技术、农产品质量安全等各类培训1万余人次，进一步夯实农业基础地位。三要坚持“高水平”提升，加快推进服务业现代化。对标省会服务业发展水平，改造升级金牛西大街、东曲、马兰滩等商业组团，打造人民路高端商业街，力争新引进一批国际知名品牌。大力发展煤焦集运等现代物流业，探索培育矿山机械、重型车辆销售服务等专业市场。深入推进福福山生态狩猎区、龙城向新滑雪场、二龙山生态旅游和山西明湖水上乐园等旅游项目建设，培育城郊生态休闲观光市场。

（三）抓住“四项”重点，在统筹城乡发展上再上新水平。一是新城开发与旧城改造并重，切实提升城市品位。按照“特色山水城市”的定位，健全完善城市控规、重点区域详规等规划体系，编制中心城区改造、城市道路系统等专项规划。加快东部新城火山、三岔口、河口、古钢4大片区11个新建工程和金牛大厦改造等项目建设，推进当中街、西曲、川西、王家沟和大川河矿等片区旧城改造，启动中心城区自由港CBD城市综合体一期工程，切实促进城市扩容提质。二是基础建设与城市管理并举，不断完善城市功能。实施屯村—太克线二级公路新建、滨河北路改造等城市道路工程，启动汽车客运站建设。全力支持古交电厂三期省城热源项目开工建设，配套实施古交供热管网改造，实现古交城区集中供热全覆盖。启动实施国新能源焦炉煤气置换天然气项目。实施第二污水处理厂、6个乡镇垃圾转运站、火山和草庄头输变电站、10千伏原相线电网改造和殡仪馆等基础设施建设项目，改造旧城区供水、供热、供气、污水等管网，推进东部新城市政配套工程。深入实施城乡清洁工程。严厉查处违法占地、违法建筑等行为。切实强化农村公路管理与养护。深入推进科技治超，严厉打击超限超载行为。三是山上增绿与水中造景并行，用心做足山水文章。开展国家园林城市申报工作，加快省级林业生态市创建，重点实施金牛森林公园南山景区提档、太克线通道绿化增景、1.6千米汾河城区段蓄水美化一期和水泉寨公园提质改造4项工程，完成大川河公园、火山公园、屯村城郊公园3个公园规划设计，不断拓展城市园林绿地规模，大幅度提升城市形象和品位。四是特色小镇与美丽乡村并存，全力加快城镇化步伐。加快采煤沉陷区综合治理步伐，重点实施嘉乐泉社区采煤沉陷综合治理项目，完成马兰滩、镇城底安置小区房屋分配，科学规划、及早启动梭峪、镇城底等第二批沉陷区村庄整体搬迁安置。加快马兰、河口、镇城底等建制镇扩容提质，开展农村人居环境整治，吸引农民、生产要素向中心村庄、集镇集聚，建设一批设施完善、产业合理、交通便利、环境宜人的“美丽乡村”。

（四）突出“四大”攻坚，在推进改革创新上迈出新步伐。一是力促在“双试点”推进上更加有力。深入开展扩权强县试点工作，探索推行扩权强镇试点。严格落实《转型综改试验2014年行动计划》，推进新型农业、土地流转、生态修复、医药卫生体制改革等8项重大改革，开展地质灾害综合治理、现代服务业发展、信用体系建设等10项重大事项，实施产业转型、城乡统筹、生态修复和民生改善4大领域30项重大项目。深入实施城乡建设用地增减挂钩省级试点，积极盘活存量矿业用地，拓展用地空间。二是力促在发展环境上更加优化。深入推进“两集中两到位”制度，深化行政审批制度改革，进一步削减行政审批事项，创新服务行为。完善乡村两级政务服务体系，规范乡级便民服务中心运行。加大对损害发展环境行为的查处力度，切实营造“重商、亲商、扶商、安商”的良好氛围。三是力促在招商选资上更加灵活。进一步强化招商引资措施，发挥5个招商引资推进组专业招商和科技园区“引资引智引项目”的平台作用，吸引新项目入驻古交。鼓励支持乡镇、街办打破行政地域界线，发展“飞地经济”，推动招商项目合理布局、集聚发展。全力抓好与华润、中电投、西山等企业签订的战略合作协议的落实，切实提高项目履约率和资金到位率。四是力促在农村产权制度改革上更加深入。围绕建立权属清晰、权责明确、保护严格、流转顺畅的农村产权秩序，稳妥推进农村集体土地所有权、集体建设用地使用权和农村土地承包经营权等农村产权确权，有序引导农村土地、林地合理流转，加速农村资产资本化步伐，切实增强农民财产性收入，创新激活农村发展活力。

（五）加强“四项”监管，在规范发展秩序上亮出新举措。一要全面加强安全监管。始终把安全工作作为各项工作的重中之重，加强煤矿企业安全监管，突出抓好“一通三防”及防治水措施落实，全面推进“六大”避险系统建设，夯实煤矿安全基础。切实强化非煤矿山、道路交通、消防、危化品、护林防火、建筑工程、食品药品等领域的安全监管，严厉打击非法违法采矿行为，严防各类事故发生。进一步完善应急管理体系,切实增强应急保障和处置能力。二要更加重视环境监管。以大气污染治理为突破口,深入推进工业企业脱硫除尘等环保设施提升改造,继续实施高速路周边污染源治理和煤矿矸石山生态修复综合治理,全面开展工地扬尘污染、机动车尾气污染、土小燃煤设备等专项整治,彻底清理废旧场址,严格监控工业企业排污行为,切实提升城市环境质量。三要不断强化财税管理。健全完善税源监控体系,强化对煤焦铁产品公路外销、个体税收和零散税源管理,严厉打击偷逃税费行为,切实做到应收尽收。积极培植新的税源,充分挖掘潜在税源,确保财政收入稳定增长。严格实行政府集中采购和国库集中支付,切实降低行政成本。四要严格规范市场管理。倡导文明经商、诚信经营,维护健康的市场秩序。不断强化价格监管,特别是食品价格监管,发挥价调基金作用,稳定居民消费价格水平。更加注重食品药品和重点产品的质量安全监督,健全完善检验检测体系,打击食品非法添加和滥用添加剂行为,确保人民群众"舌尖上的安全"。

(六)实施"八大"工程,在注重改善民生上得到新提升。一是实施科技推广工程,申请科技专利150项,开发应用信息化技术及成果5项,引进高层次科技创新人才1～2名、重大高新技术产业化项目和重点成果转化项目2～3项。二是实施教育提升工程,完成37所学校标准化建设,实施两所学校C级危房改造和两所学校标准化提升,启用马兰滩初中学校,推进义务教育均衡发展;开展职教中心和党校教学楼建设前期工作。三是实施卫生强基工程,深化医药卫生体制改革,实施妇幼保健计生指导中心、中医院和东曲社区卫生服务中心3个业务用房建设,改扩建梭峪、阁上、镇城底3个卫生院,支持古交矿区矿山急救中心项目建设,为中心医院配备大型核磁医疗设备,全面提升医疗服务水平。四是实施文化惠民工程,启动文化中心建设项目,打造"忠"文化、撕纸艺术等地方文化品牌,全面完成广播电视台采编播系统数字化改造。五是实施社保就业工程,进一步扩大养老、医疗、失业、工伤、生育等社会保险覆盖面,深入实施城乡居民养老保险,扎实推进新型农保;切实抓好就业再就业工作,出台高校毕业生创业小额贷款政策,鼓励扶持创业,新增城镇就业岗位6000个;加强农民工工资支付管理,实行保证金制度和监督发放制度,确保按时足额发放。六是实施民政保障工程,完善查灾减灾救灾、社会救助、社会福利服务体系,积极落实省和太原市社会救助提高标准;加强市乡村三级低保工作人员队伍建设,强化低保联审联批,切实保障困难群体正常生活。七是实施计生服务工程,巩固提升国家计生优质服务先进单位创建成果,深入推进"三晋康家"工程,积极落实"单独两孩"政策。八是实施平安创建工程,健全基层武装组织体系,加强社会治安综合治理,严厉打击"两抢一盗"等犯罪行为,扎实推进"六网覆盖"工程,完善治安卡口系统,开展安全乡村创建活动,妥善处理各种社会矛盾,切实维护社会和谐稳定。

奋力打造开放包容、富裕和谐、田园秀美的一流强县

清徐县县长　**王琳玉**

2013年是清徐县从容应对挑战,奋力攻坚克难的一年。全县上下立足当前,着眼长远,凝心聚力,迎难而上,经济社会发展实现稳中有进、稳中向好、稳中提质。

2014年是全面贯彻落实党的十八届三中全会精神、深化改革开放的开局之年,也是实现"十二五"奋斗目标、加快转型跨越发展的攻坚之年,更是清徐负重赶超、砥砺奋进,全面建成小康社会的关键之年,做好政府的各项工作至关重要。

一、2014年政府工作的总体要求

高举中国特色社会主义伟大旗帜,以邓小平理论、"三个代表"重要思想、科学发展观为指导,全面贯彻落实党的"十八大"、十八届二中、三中全会和中央经济工作会议及省、市全委会议精神,围绕全省"转型攻坚、创新驱动、项目见效"三项重点任务和全市"加快一流的新兴产业基地、一流的自主创新基地和一流的现代宜居城市建设"奋斗目标,坚持稳中求进总基调,加快改革创新,加速产业结构调整,提升经济质量效益,统筹城乡发展,有效增强社会活力,着力保障改善民生,切实维护社会稳定,扎实开展党的群众路线教育实践活动,奋力打造开放包容、城乡一体、产业低碳、田园秀美的全省综合实力一流强县。

二、2014 年经济社会发展主要预期目标

地区生产总值增长7%左右;全社会固定资产投资增长21%左右;社会消费品零售总额增长13%左右;公共财政预算收入确保增长9%,努力实现两位数增长;城镇居民人均可支配收入增长10%;农民人均纯收入增长10%;城镇新增就业4000人,城镇登记失业率控制在4%以内。

三、2014 年政府工作重点

(一)推进项目建设,蓄积发展新能量。一是建设重点项目。按照"六位一体"项目推进机制,简化审批手续,开通绿色通道,加快征地拆迁、手续办理、工程建设等工作。强力推进阳煤化工、警校迁建等6个省重点工程项目和六味斋食品加工、丰润冷链食品等12个市重点工程项目,完成投资60.6亿元;重点抓好宁化府醋产业园、国控集团科技工业园等29个县重点工程项目建设,完成投资44.1亿元,着力提高项目开工率、投资完成率和竣工率。二是培育优势项目。着眼内部挖潜,支持发展本土企业转型项目,鼓励成功人士回乡创业,激发民间资本投资积极性。积极开展招商引资活动,全力培育一批利长远、增后劲、强基础的战略性新兴产业。重点跟踪对接太阳能发电、江铃汽配、华丰现代农业等19个储备项目,主动服务,加快签约,力促开工,增强经济发展后劲。三是储备潜力项目。围绕产业转型、城乡统筹、生态治理、民生改善等领域,准确把握项目资金投向,主动承接产业转移,全方位、多角度争取工程项目和建设资金。建立健全项目库动态管理机制,形成"储备一批、包装一批、推出一批"的良性运作格局。全力做好项目前期工作,突出抓好高性能钕铁硼生产、炭黑煤焦油加工、新工艺湿法炭黑、醋糟综合循环利用等项目,跟踪抓好各类项目的意向转化率、合同履约率和资金到位率。

(二)调整产业结构,增强发展新实力。一要以工业新型化引领转型。加快整合煤矿复工复产,抓好锦富、麦地掌、赵家山等煤矿技改升级,力争年内东于、南岭、碾沟煤矿投产运行。加快淘汰钢铁、焦炭、水泥等传统行业落后产能。以美锦、梗阳等焦化集团为主体,发展焦炉煤气转化和煤焦油深加工项目,延伸产业链,大力发展循环经济。扶持精细化工、机械制造、汽车配件、磁材等新型产业发展壮大。全力推进精细化学品中间体、循环经济环卫产业、汽车链接零部件、生物质热电联产、分级式稀土永磁交流电机等重点项目建设,尽快实现产能。二要以农业现代化助推转型。围绕农业增效、农民增收,实施"四大工程",大力发展高效观光农业。农业基础建设工程。实施省级3333公顷基本农田整理示范区建设项目,加强耕地保护。推广综合配套技术,创建省级农机化综合示范县。开展粮食高产项目创建活动,粮食产量稳定在12万吨以上。龙头企业壮大工程。以"513"工程为载体,重点培育扶持10个产业化龙头企业,推行"公司+农户""公司+基地+农户"发展模式,加速农产品产销一体化。加快培育发展联户经营、专业大户、家庭农场等新型生产经营主体,鼓励发展专业合作、股份合作等多种形式的农业合作社,稳步提高农业组织化、专业化、集约化程度。特色产业发展工程。大力推进农业品牌建设。继续发展"一县一业""一村一品",培育18个"一村一品"专业村。完成3个育苗中心配套物联网建设。打造马峪、东于、柳杜葡果集约连片发展带、西边山干果经济林基地,发展壮大特色葡果产业。加快现代生态畜牧业发展,肉牛、奶牛、瘦肉猪年出栏、存栏稳中有升。农业总产值增长3.8%以上,农产品加工销售收入增长10%以上。园区示范引领工程。加快太原现代农业示范区建设,积极参与"百企千村"产业扶贫工程,吸引社会资源、非农资金向农业转移,争取引进两个大型农业产业化项目,突出抓好锦地有机蔬菜基地等重点项目建设。继续打造"葡峰山庄万亩葡萄""水塔醋文化""大禾高效蔬菜"三大主题产业园,年内扶持4个以上省、市现代农业示范园区建设项目。加强园区与科研院校合作,加速科技创新和成果转化,发展"智慧"农业。三要以发展现代服务业加速转型。加快发展交通运输、商贸流通、住宿餐饮等生活性服务业,鼓励发展农产品网络直销、信息服务等电子商务。扶持劳务中介、特色教育、医药保健等公共服务业。积极承接省城大型物流业及关联产业转移,加快引导仓储物流业向现代物流业升级,打造省城南部现代物流节点县。深入挖掘非物质文化遗产内涵,实施宝源老醋坊提档升级工程,做强醋文化等特色品牌。加快打造西边山生态旅游区、汾河休闲观赏带、集义蔬菜主题公园,发展特色产业旅游经济。

(三)培育园区经济,打造发展新引擎。根据"五规合一"要求,编制《清徐县产业发展规划(2014~2025年)》。按照"一区三园一带"总体框架和产业布局,做大园区经济总量,培育新的经济增长极。组建经济开发区管委会,加速发展园区经济,加快推进开发区市政道路及水、电、气等基础建设,提升园区承载力。孟封食品工业园以水塔醋产业园、大唐枣业、晋丰循环农业园等项目为依托,加快完善农副产品加工和市场流通体系,加强"农企""农超""农批"对接,发展订单农业模式;积极探索"飞地经济"模式,跟踪对接航空产业等重大项目,完成尧城机场征地及基础设施建设,提升园区发展整体实力。徐沟文化产业园加快编制晋韵文化园区规划,引进国家级广告创意(文化)产业园,确保紫林醋文化产业园尽快实现产能,六味斋食品加工项目投产见效,打造文化产业集群;王答产业园以承接省城产业转移、加强与太榆科技城衔接融合为内容,打造省城南部科技创新基地。引导培育新型建材等产业发展,打造省级中小企业创业基地;加快暖气片行业技改升级,整合现有企业土地资源,引进符合环保要求的先进生产工艺及绿色转型技术,推进行业可持续发展,再铸暖气片产业辉煌。208国道现代物流和休闲农业产业带继续扶持美特好等物流企业做大做强,抓好丰润冷链食品、天鹏肉制品加工等重点项目落地建设,打造特色种养殖、食品加工、商贸流通、物流配送产业带,发展特色休闲旅游经济。

(四)统筹城乡发展,夯实发展新基础。一是实施大县城战略。积极争取对接滨河东西路南延,加快建设太祁高速清徐南互通、307国道改线工程,推进西关大街南延、六合路北延、拥军路以及榆古路、清东路县城段改线工程,拉大县城路网框架。升级改造仁武路、

陈同路等县乡公路，县级公路好路率达到 90%。加大县城水热气管网改造力度，完善市政设施运行监管机制，扩大 3G/4G 网络和光速宽带覆盖面，提升县城承载能力。实施新一轮农村农网升级改造工程。加快引进卓达新城、奥特莱斯商业园等项目，提升规划建设水平，实现城市创新发展、多元发展。二是加快城中村改造。编制完善清源文庙保护规划和重点片区规划。在陈庄、孔村、西木庄开展城中村改造试点工作，探索总结城中村改造的方法和经验。徐沟镇启动北关、新庄旧村改造。加快改造宏乐老旧片区，整治违章建筑和广告牌匾，优化街巷道路管线管网，形成集中连片的亮点片区。三是推进美丽乡村建设。以"百镇建设"为抓手，实施徐沟金川路东延、东大街改造项目，启动城隍庙维修保护工程，扩大新农村天然气入户覆盖面。编制孟封镇近期发展规划，加强基础设施建设，完善服务功能。加快推进农村人居环境整治，大力实施村庄绿化工程，全面改善农村生产生活条件。

（五）建设生态文明，优化发展新环境。一是切实抓好节能减排。严格实行节能减排目标责任制，落实重点耗能企业动态监管和实时监测制度。积极开展洗煤行业整合重组和企业挥发性有机物污染治理工作。原则上不再审批炼焦、电石、铁合金、电解铝等"两高一低"新增产能项目，规划建成区内禁止新建火电、钢铁、水泥、化工及燃煤锅炉等重污染项目。实施排污权有偿交易。按时完成美锦电厂、焦化企业装煤工序地面站和焦炉烟气治理、双喜废气治理等任务。积极拓展节能领域，推进公共机构及社会领域节能工作，提倡低碳节约生活方式。二是全面加快生态修复。以规模化节水灌溉增效示范县和中小河流治理项目为重点，加快实施灌区改造和末级渠系防渗改造工程。强化城市饮用水水源地保护，严格地下水管理，确保地下水稳步回升。编制《清徐县林业发展总体规划（2014～2024 年）》，重点抓好葡峰森林公园提档造林、大运高速和 307 国道通道绿化、农田林网改造、河道绿化等。三是深入开展综合整治。全面实施改善环境质量五大工程、五项整治，制定"多源一网"供热体系规划，全力推进清洁型供热全覆盖工程和"气化清徐"工程。加快天然气管网建设，年内农村炊事和采暖气化改造达到 10%。健全秸秆垃圾禁烧管理机制，加强工业企业、建筑工地和道路扬尘污染整治，分批次完成出租车气化改造，严控机动车尾气排放。建立完善监测预警和应急体系，实现环境空气质量适时发布和预报，提升重污染天气应急处置能力。

（六）深化改革开放，激发发展新活力。调整修改县级土地规划，严格设施农用地、农村集体建设用地审批管理，加快实施集体建设用地使用权和宅基地使用权确权登记发证工作。启动基本农田划定工作，推进农村土地经营权确权登记颁证试点。加强县、乡、村三级农村承包土地流转管理服务体系建设，规范农村土地经营权流转行为，完善土地流转审核备案。推进矿业用地整合，完成增减挂钩北营项目区工作。探索建立县乡财税征收考核奖励机制，大力发展城市产业和集镇产业，拓展新生税源，壮大财税总量。加强财政预算源头管理，优化支出结构，提高财政资金使用效率。强化政、银、企交流合作，组建民营企业家协会，稳步扩大中小微企业"助保贷"覆盖面。继续巩固和落实"两集中两到位"制度，优化审批流程，规范审批服务。加强中介机构管理，推进固定资产投资项目联合审批。建立公共资源交易平台，健全交易、监督、管理机制。积极探索开展"扩权强镇"工作。加快建设电子政务 OA 办公系统及政务局域网。加快推进卫生、计生等机构职能整合。健全机构编制和机关事业单位工作人员管理制度。积极稳妥推进县属国有企业、集体企业改制。实施工商登记制度改革。

（七）保障改善民生，共享发展新成果。一是全面发展社会事业。继续实施标准化学校配套建设工程，加快教育均衡化、标准化、信息化建设。完成两所中学合并和两所小学并入中学九年一贯制办学工作。实施特殊教育学校配套工程。招聘医疗技术人员充实力量，完成县卫生监督所建设项目，积极申报妇幼保健院综合楼新建项目，创建 10 所示范村星级卫生所。开展流动人口均等化计生服务，人口自然增长率控制在 6.5‰以下，争创全国计划生育优质服务先进县。落实文化惠民下乡政策，完成第六次体育场地普查工作，做好全国文化先进县复查验收工作。组织企业与高校、科研院所开展人才、项目对接，引进培育 3 家高新技术企业，实施 1 项重大高新技术产业化项目。进一步提高新农合、新农保、城镇居民养老保障范围，扎实做好弱势群众帮扶工作。完善居家养老制度和服务。健全房屋产权登记及保障房、廉租房和限价房建设供应制度，做好保障性住房分配和廉租住房申报工作。二是筑牢安全生产底线。严格落实"两个主体责任"，加强基层基础建设和企业现场安全管理，推进安全标准化建设。加快建设煤矿瓦斯监控中心，提高煤矿安全保障能力。集中开展护林防火、交通运输、危险化学品、烟花爆竹、食品安全等重点领域的安全隐患排查和整改治理行动。严格煤气、天然气管线安全管理；继续开展"土小锅炉"取缔工作，加强特种设备安全监管；启动农村日用消费品配送中心建设项目，健全完善农村流通网络，提高农村食品安全保障能力；加强公共场所消防安全，组建徐沟镇专职消防队。三是创新社会服务管理。继续完善治安防控体系和农村社会治安"五个全覆盖"工程，提升治安防控保障能力。构建大调解工作体系，完善矛盾纠纷联调机制，有效化解社会矛盾。年内完成第十届村委会换届选举工作。依托基层"网格化"服务管理体系，整合优化网格管理人员，在全市率先建立服务管理新机制。组建综合执法队伍，保持打击"双违"高压态势。切实维护农民工合法权益，投诉举报、劳动人事争议仲裁结案率达到 98%以上。完善各类应急预案，加强应急演练，提升抢险救灾、应对突发事件能力。

转型跨越求发展　实现美丽"阳高梦"

阳高县县长　**邢　斌**

2013年，县政府紧密团结和依靠全县人民，坚定"富民强县、和谐安康"发展目标，大力实施"五化一体"发展战略，攻坚克难，奋力开拓，经济建设和社会发展开创了新局面。

2014年是全面贯彻落实党的"十八大"和十八届三中全会精神的重要一年，是全面深化改革的开局之年，也是实现"十二五"规划目标攻坚克难之年。做好2014年的各项工作，责任重大，意义深远。

一、2014年政府工作的总体要求

以党的"十八大"、十八届三中全会精神为指导，以稳中求进、改革创新为基调，认真贯彻落实县委十三届八次全会精神，紧紧围绕"富民强县、和谐安康"的发展目标，按照"以农为基、培育产业"的具体路径，统筹兼顾，合理布局，以"十大工程"为抓手，全面推进"五化一体"战略，着力在园区工业、设施农业、城镇建设、民生事业、县域生态上取得新突破，进一步提升阳高经济社会转型跨越发展的协调性和可持续性。

二、2014年经济社会发展的主要预期目标

地区生产总值完成27.96亿元，增长9%；规模以上工业增加值3.55亿元，增长11%；全社会固定资产投资完成77.84亿元，增长35%；社会消费品零售总额9.95亿元，增长14%；公共财政预算收入9736万元，增长3.3%；城镇居民人均可支配收入17809元，增长13%；农民人均纯收入5917元，增长14.1%。

三、2014年政府工作重点

（一）扎实推进名城复兴工程。抓好景区建设及文物保护开发。一是完成大泉山景区水保科技示范园修建、布展，大泉山广场建设、大泉山村搬迁及周边村容村貌整治和道路建设。二是开工建设云林寺本体修缮工程，同步开展周边环境整治。三是积极推进安家皂古堡、古民居和镇边堡古堡保护性修复及周边环境整治工程。四是加快建设安家皂佳润生态度假区、东小村竹柳观光园和温泉度假区。五是争取项目资金，新建和改造旅游长廊主干道路24千米。推进文体事业。大力扶持"二人台"等民间艺术发展，挖掘、保护和传承优秀传统文化，增强自豪感和凝聚力。充分利用各类公共文化服务设施，开展形式多样的群众文化活动和全民健身活动，丰富城乡居民文化生活。

（二）扎实推进百企强县工程。一是全力推进重点项目。确保推动同煤通泰橡胶输送带、京元锰业高锰酸钾等5个项目建成或投产，力争河南起重机减速器、阿特斯光伏发电等4个项目开工建设，大同黄金矿业公司堡子湾金矿项目复产，力促同煤集团热电联产、衡安自动风门、废旧轮胎回收利用、同安电线电缆搬迁等7个项目加快推进前期工作。支持好医生药业上马中药材种植项目和开发燕麦保健产品。力促驭龙药业上马玉米深加工项目。二是继续夯实园区基础。完善园区总体发展规划，编制详细规划、可行性报告、环评报告和安全产业园区规划，申报省级园区。同时，积极筹措资金，实施五项基础建设工程。三是大力发展民营经济。广泛宣传扶持中小微企业和民营经济发展有关政策，激发全社会创业热情。认真落实全市扶持民营经济发展30条，在项目审批、先证后照、土地使用、税费征收等方面给予大力支持。探索建立中小企业发展和创业投资专项资金，解决项目融资难、融资贵问题。争取创办中小微企业创业园区，推动民营经济集群化发展。

（三）扎实推进百园立农工程。一是壮大产业规模。新发展设施蔬菜600公顷，改扩建养殖园区13个。引进嘉兴养殖公司，建设10万只肉羊标准化养殖园区。与浙江大学合作，实施奶牛种质改良及高效饲养管理技术项目。力争生猪、羊饲养量和奶牛存栏量分别达到100万头、60万只、2.6万头，申报全国生猪养殖大县。围绕百里生态旅游长廊建设，新栽杏树707公顷。二是完善产业链条。建成和富移民新村和合创农业公司蔬菜预冷批发市场，年内投入运营，解决预冷销售问题。完成北方四季牧场生猪屠宰分割车间建设。服务同煤集团"百企千村"产业扶贫项目，力争上马肉羊屠宰加工、蔬菜市场物流项目，填补产业空白。三是夯实产业基础。完成小型农田水利重点县建设项目，新增有效灌溉面积2000公顷。实施膜下滴灌工程800公顷、地膜覆盖项目1.7万公顷。改造中低产田733公顷。

（四）扎实推进百校兴教工程。一是改善办学条件。完成县职业技术学校、南关小学扫尾工程，新建金色童年幼儿园，改建南关幼儿园，启动阳和首席幼儿园。力争完成狮子屯小学改建工程。完成阳高一中供电专线架设工程。合理配置教育技术装备，改善38所薄弱学校教学条件。二是加强师资队伍建设。为阳高一中、四中补充33名硕士学历优秀教师，为农村义务教育学校补充97名特岗教师。严格规范办学行为，加强师德师风教育，严肃查处乱收费、乱办班、乱补课等问题。三是推动均衡发展。探索中小学校长、教师交流机制，实行公办义务教育学校划片就近招生和电脑编班制度，积极开展校际扶助活动和城乡联盟校试点工作。切实优化农村学校布局，逐步构建“幼儿不出村，大村有小学，乡乡有初中”的良性教育格局。

（五）扎实推进城镇提质工程。一是完善旧城基础。完成政府街和镶门街开发改造扫尾工程、镶门西街地下管网改造及路面建设工程、义和路路面硬化工程。新建云林寺公园、政府街广场，改建火车站广场。硬化小街小巷5万平方米，同步改造供水管网8.13千米，建设污水管网12.4千米。二是铺开新区建设。启动白登河公园防渗蓄水建设工程。推进高柳街拓宽改造、阳高一中南侧和职业技术学校北侧道路建设前期工作。完成积大线改线工程的路基和桥涵建设，推进长神线改线工程，加快构建环城公路网。三是推进村镇建设。以乡镇驻地村、中心村和文化景观特色村为重点，叠加项目资金，完善乡村基础设施和公益事业，推进城镇新型化。

（六）扎实推进城乡安居工程。一是做好住房保障工作。完成12.5万平方米保障性住房扫尾工程，新建2万平方米。探索建立分配和管理制度，做好保障房安置工作。推进廉租房和公租房并轨工作。做好住房公积金提标扩面工作。二是改善农村住房条件。认真实施危房改造项目，特别是要改造农村危房、土窑，确保群众住得安全舒心。

（七）扎实推进收入倍增工程。一是大力发展富民产业。围绕农民增收，完善县乡村三级产业发展规划。认真落实强农惠农各项政策措施，强化项目扶持和科技服务，新发展“一村一品”专业村21个。突出抓好畜禽免疫防疫工作，确保畜牧业健康发展。二是认真实施连片扶贫。加强跟踪服务，确保和富移民新村一期工程尽快完工。加大项目资金统筹整合力度，实施二期工程。新建日光温室200栋、住房200套。完成20个贫困村整村推进项目。三是加大社会保障力度。加强就业创业培训，年内培训5000人，力争新增就业1200人，输出劳务5000人。做好城乡困难群体、弱势群体的救助工作。完成大泉山敬老院建设，提高“五保户”集中供养能力。扩大社会养老保险覆盖面。加强新农合基金筹集和管理，扩大重大疾病保障范围，提高支付限额和住院报销比例。推进卫生计生机构合并和县级公立医院改革。改扩建大白登、狮子屯、长城3所乡镇卫生院。解决农村2000人的饮水安全问题。

（八）扎实推进城乡清洁工程。加强县城环境综合治理。深入开展县城环境综合整治，坚决杜绝建筑乱搭乱建、摊点乱摆乱设、车辆乱停乱放、广告乱贴乱画、垃圾乱倾乱倒等不文明现象。严格落实沿街商铺“门前三包”责任制，加强卫生保洁管理，创建卫生保洁和市容市貌示范街。加大县城环境清扫保洁力度，建设垃圾运转站，启动运行县城生活垃圾处理厂。引深农村环境卫生整治。继续以清理“四堆”为切入点，深入实施农村环境整治，进一步完善农村环卫设施。加大交通沿线和文物景点周边环境整治力度，塑造良好的对外“窗口”形象。

（九）扎实推进生态建设工程。大力实施造林绿化工程，完成百里生态旅游长廊通道绿化57.2千米，完成大泉山、绿苑山和致富山荒山绿化667公顷，完成村庄绿化10个，实施京津风沙源治理333公顷。强化环境保护和治理，加强节能减排监测和管理，坚决杜绝违法超标排放；推进农村环境连片整治，在龙泉、大白登、狮子屯3个乡镇建设污水处理站等设施；实施白登河河道治理二期工程，疏浚大白登段河道6.9千米，修建堤防工程14.9千米。

（十）扎实推进平安创建工程。高度重视安全生产工作，进一步强化安全发展理念，认真落实安全生产责任制，扎实开展隐患排查和综合治理，突出抓好道路交通、校园校车、建筑施工、环境保护、消防、防汛、森林防火、特种设备、危险化学品、易燃易爆物品和公共场所的安全管理，有效防范和坚决遏制重特大事故发生。理顺食品药品安全监管机制，强化监管能力建设，深入开展专项整治，确保广大群众身体健康。加强源头治理，严厉打击私挖滥采、超限超载。完善公共安全应急管理体制，增强保障公共安全和处置突发事件能力。进一步完善社会治安防控网络建设，建立治安案件信息快速反应机制。严厉打击违法犯罪行为，确保社会大局和谐稳定。加强信访工作，严格落实各级领导干部定期接访、下访制度，强化包案化解工作责任，化解信访积案。建立健全重大建设项目社会稳定风险评估机制，从源头上化解矛盾，夯实社会管理基础。

立足优势谋转型　夯实基础促跨越

浑源县县长　**赵亚雄**

作为晋北典型的资源型县区和全国扶贫开发工作重点县之一，2013年，浑源县在找优势、明方向，抓统筹、促转型，打基础、惠民生等方面进行了一系列不懈努力，有力推进转型综改工作，县域经济社会实现持续快速健康发展，为全面建成小康社会，实现“富裕浑源、诚信浑源、和谐浑源”奋斗目标夯实了基础。

一、立足县情实际，准确把握转型跨越发展方向

浑源县地处大同市东南，晋冀蒙三省交界地带，资源丰富，优势明显。一是自然资源比较独特。属山西省八大煤田之一，是世界石材极品“中国黑”花岗岩主产地，也因盛产“正北芪”被誉为“中国黄芪之乡”，此外，境内还富存膨润土、油页岩、萤石等诸多稀缺矿产资源。二是旅游资源得天独厚。现有国保单位7处，省保单位6处，中华五岳之一北岳恒山和世界建筑奇迹“悬空寺”蜚声海内外，曾是北魏皇家行宫的汤头温泉誉称“华北第一泉”，境内还有神溪湿地、千佛岭等具有开发利用价值的众多自然景观和文化遗迹。三是人文资源底蕴深厚。唐朝中书令郝杰、金朝丞相苏保衡、著名文学家刘祁等众多历史名人出自浑源，是晋北地区值得深入研究的历史文化地域。浑源是晋北地区特色和个性非常明显的县城，特色在于儒释道文化兼容并蓄，中原文化与塞外文化水乳交融，京郊文化与民间文化相互渗透；个性在于历史悠久，古迹众多，文化灿烂，资源丰富。浑源转型跨越发展，必须是基于个性特色、在比较优势基础上的发展，让资源禀赋成为浑源经济发展的物质支撑，让文化财富成为浑源社会进步的精神支柱，让个性特色成为浑源地域文明的重要标志。四是区位优势占尽地利。浑源地处环京津黄金地带和环渤海经济圈的重要辐射区域，北岳恒山位于两大世界文化遗产云冈石窟和五台山旅游黄金线路中段。境内高速公路四通八达，通车里程125千米，与京大、大运、荣乌高速互通，与京冀蒙晋构成了“四小时经济圈”，交通非常便利。五是发展条件比较优越。浑源可以享受资源型经济转型综合配套改革试验区、晋西北集中连片扶贫开发等国家政策支持；浑源广大干部群众干事创业的激情持续高涨，这是全面推进转型跨越的重要基础和条件。立足自身优势，抢抓发展机遇，加快转型跨越，已经成为浑源的必然选择。

二、统筹发展要素，增强转型跨越发展内在动力

（一）*以项目为载体，实施百企强县工程，助推工业新型化。*制订《浑源县转型综改试验实施方案》和年度行动计划，确定转型综改重大项目10个，2013年完成投资31.02亿元。一是改造提升传统产业。重点在做强煤炭和花岗岩等产业上下功夫，全年生产原煤722万吨，生产花岗岩整形料1.1万立方米。二是发展壮大新型产业。风电项目投产20万千瓦、在建15万千瓦，低热值煤发电、抽水蓄能电站项目顺利推进，全县循环经济标杆项目——锦华废弃矿渣及土地综合开发利用项目奠基开工，万众传媒数据生产基地、恒东汽配物流城、沙圪坨新型建材区建设项目进展顺利。三是扶持发展小微企业。简化审批程序，降低准入门槛，加大创业扶持力度，支持小微企业向专、精、特、新方向发展，全县民营企业总数达到577户，实现工业增加值19.4亿元。

（二）*以增收为目标，实施百园立农工程，推进农业现代化。*一是夯实农业基础。恢复改善灌溉面积2333公顷，农作物总播面积达4.1万公顷，粮食产量达到1.58亿千克，稳步实现“八连增”。完成7个村农村饮水安全工程和17个村的节水工程。农业科研、农技推广、动植物防疫等服务体系进一步健全，农业发展基础更加牢固。二是加快示范园区建设。重点培育发展了春润、神农、巨丰、泰丰等八大农业示范园区，初步形成观光农业、种植、养殖、种苗、中草药、农产品加工等多个产业同步推进的现代农业发展局面。三是扶持发展特色农业。新增黄芪规范化种植2333公顷、仁用杏等经济林867公顷，“恒山黄芪”通过国家级地理注册认证，浑源被列为全省30个牛羊养殖重点县之一。“513”企业亮相山西省农展会和武汉国际农产品交易会，完成销售收入2亿元。全县农村专业合作社达到431个，有机食品、无公害农产品、绿色农产品认证总量达到14个。

（三）*以旅游为抓手，实施名城复兴工程，加快文化旅游产业化。*一是保护文化名城。实施历史文化街区消防水源工程、州衙院落硬化和土地祠修复工程、永安寺技防工程，完成恒山景区无线网络监控系统工程、森林防火监控工程，推进岳门湾古建、索道迁建等工程，名城、名镇、名村、名胜区完成投资4493万元，被评为“省级文物保护先进县”。二是建设文化名山。恒山系列宣传片多次登陆央视三套、七套、十套重点栏目，全方位、大角度、深层次展现了北岳恒山的自然风光之美、历史厚重之美、人文精神之美。瞄准市场导向，健全产业发展要素，开发特色旅游纪念品60余种，取得良好的经济效益和社会效益。2013年，恒山景区门票收入5503万元，接待游客90.3万人次，完成旅游总收入3.7亿元，比2012年分别增长9.9%、9.2%、5.7%。三是打造文化名县。全面加强城乡文化基础设施建设，深入推进文化惠民工程，深入开展文化下乡活动，群众文化生活更加丰富。

（四）以城镇化为引擎，实施城镇提质工程，提速县域城镇化。《城市总体规划》送审报批，《新区3平方千米重点地段控制性详细规划》和《旧城区七个改造片区的修建性详细规划》编制完成。2013年，城镇化率达到36.1%，被确定为全省重点推进的11个大县城之一。全面铺开新区建设，全面加快旧城改造，七大片区拆迁工作稳步推进，开发城市建设用地117公顷，城市发展空间不足的问题得以缓解。构建完善发达的路网体系，全县高速通车里程达到125千米，县城外围新的交通环线初步形成。完成集中供热扩容工程，新增供热面积30万平方米，集中供热普及率达到34%。启动智慧城市建设工程，健全完善110智能指挥系统、交通应急指挥中心和“天眼”工程，城市管理逐步走向精细化、智能化、科学化。

（五）以生态为保障，实施生态建设工程，实现城乡生态化。完成高速路通道绿化、京津风沙源治理、巩固退耕还林成果等工程，新增造林3867公顷，全县绿化覆盖率26.7%。实施污染减排烟气治理工程和污染减排涉水企业治理工程，完善能耗企业监测网，推广建筑节能新技术，倡导全民节能新理念，形成全社会追求绿色低碳的新风尚。2013年，淘汰高耗能变压器2台，实施建筑节能改造2万平方米，圆满完成6项主要污染物减排考核任务，二级以上天气达327天。

三、着力改善民生，实现转型跨越发展根本目标

（一）实施百校兴教工程，促进教育资源均等化。重点实施校舍建设、标准化操场建设和信息化建设三大工程。完成新建浑源七中一期工程、两个标准化幼儿园建设工程和5个村级幼儿园改扩建工程；实施5所学校的信息化建设工程，完成浑源中学、浑源三中、示范中学、北岳小学4所学校标准化操场建设工程。全面实施农村义务教育学生营养改善计划和职业教育免费工程。切实加大对教师乱办班、乱补课、乱收费行为的督查力度，教育教学管理逐步纳入科学化、规范化、制度化轨道。2013年高考，全县二本以上达线人数532人，创历史新高。

（二）实施收入倍增工程，实现增收渠道多元化。积极落实各项创业就业优惠政策，2013年新增城镇就业人员1355人，转移农村劳动力5023人，建立大瑞食品、民康医院、恒山酿酒厂3家企业创业基地。提高社会保障覆盖面。全年城乡居民社会养老保险参保人数18万人，基础养老金每人每月增加10元，达到65元；企业退休人员养老金平均每人每月增加195元，城乡居民医疗保险财政补助标准每人每月提高40元。推进实施5个乡镇卫生院周转宿舍和27个村卫生室项目。启动医疗救助“一站式”服务，为720名救助对象发放救助金28万元。全年新农合参合率99.3%，补偿住院资金7899万元。发放计划生育家庭配套奖励资金200余万元。全年发放城乡低保金8472万元，为低收入农户发放冬季取暖用煤11.2万余吨。积极开展百企千村产业扶贫对接工作，在生态畜牧、设施农业等领域实现了新进展。

（三）实施城乡安居工程，推进住房保障一体化。着力构建满足不同层次需求的住房体系，形成保障住房多轨建设、公开承租、梯度消费的住房模式。全面推进10万平方米廉租房、11万平方米公租房、5万平方米安置房建设工程，首批472户最低收入居民入住廉租房。完成3000户农村危房改造工程、18个乡镇的行政村街道亮化工程、400户农村住房抗震加固工程和3500名特困群众的异地搬迁工作。

（四）实施城乡清洁工程，确保环境整治长效化。全县城乡清洁工程投入达2300万元，共配备清扫保洁人员1120人，环卫设施设备10余台（辆）；投入600万元，基本实现了村村建有垃圾池、配有垃圾清运车，较大村庄还配备了清扫保洁车和垃圾桶；城市垃圾处理厂正式启用试运行，已填埋处置垃圾14500余吨，垃圾无害化处理率达到62%；县城增加清扫保洁面积28万平方米，主次干街道清扫保洁率实现100%，小街小巷清扫保洁率达到60%。

（五）实施平安创建工程，推动安全管理常态化。牢固确立“安全工作从负抓起”的理念，实施安全监管能力建设工程、“天眼工程”“平安浑源一号”严打整治专项行动、领导干部主动下访活动，全县安全生产社会综治和信访维稳形势持续好转，平安浑源取得阶段性成果，维护了全县大局稳定。

全力打造宜居、宜业、宜游的山水特色新灵丘

灵丘县县长　罗永山

2013年，灵丘县深入贯彻落实党的"十八大"和十八届三中全会精神，按照市委、市政府"负重赶超，争先进位"的总要求和"坚持一个统领，抓好三件大事，打好四大硬仗，实施十大工程"的总部署，围绕县委"抓五点，促七化"的发展思路，对标一流，攻坚克难，扎实苦干，全县经济建设和社会各项事业呈现出稳中有进、稳中向好的发展态势。

2014年是贯彻落实党的十八届三中全会精神、全面深化改革的开局之年，是实现"十二五"规划目标的第四年，做好2014年的工作，对全面深化改革、完成"十二五"规划目标和同步小康建设至关重要。

一、2014年政府工作的总体要求

以党的十八届三中全会精神为指导，深入贯彻落实中央、省、市一系列会议精神，坚持稳中求进、改革创新的总要求，紧紧围绕全市"转型发展，绿色崛起"的发展战略，按照"争先进位，负重赶超"和"一三四十"总体部署，进一步解放思想、深化改革、扩大开放，积极调整产业结构，不断优化发展环境，切实加强社会建设，着力改善群众生活，在"五抓"上有新举措，在"七化"上有新成效，促进全县经济社会转型跨越发展，全力打造面向京津唐地区的宜居、宜业、宜游的山水特色城镇。

二、2014年县域经济社会发展的主要预期目标

地区生产总值增长9%，达到34.3亿元；规模以上工业增加值增长6%，达到11.13亿元；固定资产投资增长38%，达到96.32亿元；社会消费品零售总额增长14%，达到26.1亿元；公共财政预算收入增长11.2%，达到2.51亿元；城镇居民人均可支配收入增长12%，达到20297元；农民人均纯收入增长14.1%，达到5927元。城镇新增就业岗位1000个，城镇登记失业率控制在4.2%以内。

三、2014年政府主要工作任务

（一）以综改试验工作为统领，着力在先行先试上取得新突破。一是进一步深化土地管理制度改革。加快推进尾矿库用地管理、城乡建设用地增减挂钩和农村集体建设用地流转试点工作，探索建立在土地利用总体规划基础上的"五规合一"改革，解决土地、项目、规划、环评不衔接，项目落地难问题；盘活存量建设用地，清理闲置低效土地，节约集约利用土地；探索建立城乡统一的建设用地市场，开展农村集体经营性建设用地出让、租赁、入股试点工作。二是深入推进金融创新工作。启动农村土地收益保证金贷款试点工作，开展农村土地流转收益权登记转让，为有机农业、水利、城镇建设提供融资服务，探索金融支持城镇化建设新路径；探索建立融资考核激励机制和风险补偿机制，推广建行"助保金"贷款业务和工行"银行＋保险"商品融资模式，切实解决中小微企业融资难、融资贵、融资慢的问题。三是探索矿山生态治理补偿机制。以灵丘县矿山生态环境治理建设工程和阳坡荒漠化治理光伏发电项目为抓手，积极探索工矿废弃地生态治理多元投入机制和有效利用模式。四是推进工商登记制度改革。推进公司注册资本由实缴制向认缴登记制转变，"一址一照"向"一址多照"或"一照多址"注册登记模式转变，探索注册登记模式由先证后照向先照后证转变，企业年检制向年报制转变。五是创新人才培养引进机制。加快人才培养，优化人才结构，创新人才引进机制，设立人才"回归计划"，留住人才、用好人才，激励人才成长。六是建立健全公共服务供给体系。以满足多元化的公众需求为导向，探索建立政府主导、多元参与的公共服务供给体系。七是推动民营经济发展。认真落实市委、市政府扶持民营企业发展的30条优惠政策，优化服务环境，改进服务手段，创新服务方式，提高资源、土地、贷款等生产要素配置效率和公平性，提供政策、法规、信息等方面的超前服务，抓大、壮中、育小、扶微，不断打造民营经济增长的新亮点。八是探索城乡一体化发展新路径。以有机农业园区建设为抓手，通过发展有机种植业、养殖业和有机农产品加工业，提高农产品附加值，增加农民收入，带动生态旅游等相关产业发展；通过土地流转，积极探索工商资本进入新农村社区建设通道和城乡一体化发展路径，实现农村资源变股本、股本变资金、农民股民化、农村景区化、农业产业化，最终实现农民就地城镇化。

（二）以"百企强县"工程为抓手，着力在工业新型

化上取得新突破。一是抓园区建设。重点抓好以巍山工业园区为龙头，以山煤光伏产业园、大禹航空产业园为亮点的大园区建设。巍山工业园区申报成为省级工业园区，实行“一区多园”发展模式，因地制宜地打造冶金工业园、新材料产业园和农业科技园3个不同功能定位的产业园，重点发展冶金、新型建材、新能源、节能环保和现代物流等特色产业。山煤光伏产业园2014年开工建设，大禹航空产业园前期工作顺利推进。二是抓产业发展。抓好巍山矿区资源整合工作，2014年要取得实质性进展。提升传统产业。加快推进金地公司2×320立方米富锰渣技改生产线项目和宗银公司银制品深加工项目投产达效，继续实施豪洋公司利用铁尾矿生产加气混凝土砌块项目和石工公司锰渣循环再生利用二期工程项目。发展新兴产业。重点实施总投资10.68亿元的山煤集团光伏发电项目，完成总投资5亿元的润生生物科技基地一期工程，实施总投资5亿元的新材料产业园区项目等。三是抓重点项目。全年计划实施重点项目48项，其中，省级重点项目2项，市级重点项目46项，完成投资95亿元。对在建的重点项目加强管理，围绕“项目见效”，强化指导和服务，切实加快工程进度，确保如期竣工。

（三）以“百园立农”工程为抓手，着力在农业现代化上取得新突破。一是大力发展有机农业。灵丘有机农业园区建设项目是集“百企千村”产业扶贫工程、省转型综改重大项目、农村人居环境改善工程和省政府“五件实事”于一体的综合性工程项目。根据《山西灵丘有机农业园区实施规划》，2014年要重点实施红石塄乡上车河、下车河和白崖台乡南张庄、古路河、烟云崖5个试点村“有机农业＋生态旅游＋村庄改造”项目的开发建设。二是大力发展规模养殖业和设施农业。坚持“以农载牧、以牧富农”的原则，按照全市养羊业“五个一”目标，稳步扩大肉羊饲养量，加快肉牛养殖，努力建设高标准、上规模的养殖园区，力争羊饲养量达到80万只，牛饲养量达到10万头。同时抓好其他畜禽养殖和设施农业建设。三是加快推进片区扶贫开发和“百企千村”扶贫工程。重点发展片区扶贫开发核桃产业项目。推进“百企千村”扶贫工程，启动实施山煤阳坡荒漠化治理项目，实现农民增收和企业转型双赢。四是加快基本农田改造。建设高标准农田300公顷，实施耕地综合生产能力提升334公顷。五是全面完成省政府确定的为农民办的五件实事。如期完成农村危房改造、农村幼儿园改造、农村贫困人口易地搬迁、乡村清洁工程、新型职业农民培训“五件实事”。

（四）以“名城复兴”工程为抓手，着力在旅游产业化上取得新突破。一是加快平型关军事文化园建设。平型关军事文化园项目围绕打造“胜利的起点，成功的摇篮”红色品牌，由北京建工集团在平型关大捷遗址建设一个集教育、体验、休闲、娱乐为一体的军事文化创意产业园区。二是加快乡村旅游度假区建设。结合有机农业第一期工程，在上车河、下车河等5个村落加快建设以“乡村俱乐部”形式为主要内容的乡村度假区。三是推进通用航空产业园建设。四是加快唐河湿地公园建设。五是加强重点文物保护。实施觉山寺砖塔维修工程。六是推进灵丘博物馆配套设施建设。

（五）以“城镇提质”和“城乡清洁”工程为抓手，着力在县域城镇化上取得新突破。在城镇建设上，加快完成县城总体规划和控制性详规，尽快完成湿地公园总体规划和冉庄河流域村庄规划。启动育英街贯通的前期准备工作。加快县城水系建设，沟通唐河、泽水河、沙河、塌涧河4条水系，力争早日蓄水。重点实施十大城建工程，使城镇的承载力更强、辐射力更大、功能性更全。在交通建设上，在全县形成以高速路、国省道、县乡路为骨架，乡镇与乡镇之间连通循环的腹地成网、外延顺畅、纵横交错、四通八达的大交通格局。完成南环路3.1千米改线工程，完成唐之洼—上野窝—串岭段改造工程，开工建设小彦—凤凰山雷达站国防公路工程，实施平型关高速路口南延工程。在城乡管理上，全面引深城乡清洁工程。完善环卫基础设施。继续推进保洁示范街、容貌示范街创建。搞好城市绿化，加快园林化建设。开展村容村貌整治活动，改善人居环境。健全城乡清洁工程定期考核公示制度和长效运行机制。

（六）以“生态建设”工程为抓手，着力在城乡生态化上取得新突破。一是加快建设锅帽山森林公园。整合林业、水利、交通、以工代赈等项目资金，集中实施生态绿化、路网建设和水利设施工程，打造总面积6667公顷（10万亩）的集生态旅游、荒山绿化、休闲观光和产业发展为一体的综合生态示范园。2014年计划完成绿化工程153公顷，规划改造景区道路19.3千米，并完成相应的水利设施配套工程。二是大力开展植树造林。全年计划完成营造林2000公顷，继续拓展平型关1.3万公顷生态环境林建设工程。三是加强水资源保护利用。重点抓好门头峪水库主体建设工程，实施北跃灌区改扩建工程，积极推进以现有四大灌区和新建赵北井灌区为主的小农水重点县建设。加强饮用水源地保护，继续实施好农村饮水安全工程。四是积极开展节能减排。落实节能降耗年度责任目标，认真开展大气污染防治工作，确保实现污染物排放达标。加大淘汰落后产能力度，努力实现全县单位地区生产总值能耗下降。五是抓好农村环境综合整治。重点对武灵、东河南两乡镇18个村的饮用水源地、污水和生活垃圾进行集中连片整治，使农村环境状况明显改善。

（七）以“收入倍增”“城乡安居”“百校兴教”和“平安创建”工程为抓手，着力在社会和谐化上取得新突破。一是实施“百校兴教”工程。完成城镇幼儿园建设工程，新建东河南镇中心幼儿园，完成上寨镇中心幼儿园示范打造工程，完成乡镇驻地以上的20所中小学校的信息化建设，完成城镇二小和落水河小学的体育场建设。不断深化学校管理体制和课堂教学模式改革，进一步规范学校办学和教师从教行为，积极发展民办教育，推动形成办学主体多元、办学形式多样、充满生机活力的办学体制。二是实施“城乡安居”工程。新建廉租住房1000套，农村危房改造2000户。提前谋划，及早开工，做好衔接，加快安置。三是实施“收入倍增”工程。通过就业、创业、社保、扶贫等渠道，推动高校毕业生、农村剩余劳动力和就业困难群体进入小微企业和有机农业种养加企业就业，拓宽增收渠道，增加城乡居民收入。强化社会保障和公共服务，加快建设社会福利中心儿童部和东河南镇敬老院。继续扩大企业养老保险覆盖面，努力实现“五险统征”。抓好卫生计生工作，完成县医院综合住院楼装修项目、下关卫生院改扩建工程和26个村卫生室建设工程；全面推进“三晋康家”工程，提高人口素质，促进人口与经济社会协调发展。抓好文体工作，广泛开展全民健身运动，提高全民健身质量和水平。四是实施“平安创建”工程。抓好安全生产工作，强化安全生产“红线”意识，建立“党政同责、一岗双责、齐抓共管”责任体系。深入开展安全生产大检查，突出抓好非煤矿山、尾矿库、道路交通、消防、危险化学品、食品药品、特种设备、民爆物品和公共场所等行业领域的监督检查，严厉打击非法违法生产建设行为，构建安全生产长效机制，夯实安全生产基础。加强社会治理创新，完善社会治安防控体系建设。高度重视和认真解决群众反映的信访问题，认真开展矛盾纠纷排查化解工作，切实消除和化解各种不稳定因素，构建稳定和谐的经济社会发展环境。

加快建设自然、生态、文明、富裕、美丽的幸福怀仁

怀仁县县长　吴秀玲

2013年，怀仁县紧紧围绕“两大任务”，以转型发展为主题，以“一县八区十成”为路径，齐心抓转型，集智谋跨越，聚力促发展，全县经济社会保持了平稳较快的发展态势。

2014年是贯彻落实党的十八届三中全会精神、全面深化改革的开局之年，是全面建成小康社会决定性阶段的重要一年，做好全年各项工作，意义十分重大。

一、2014年政府工作的总体要求

全面贯彻落实党的“十八大”和十八届三中全会精神，坚持稳中求进工作总基调，把改革创新贯穿于经济社会发展全过程，以转型跨越发展为主线，紧紧围绕“两大任务”，全面推进“一县八区十成”战略，着力保障和改善民生，着力夯实安全生产基础，着力保持经济持续健康发展，着力发展现代服务业，着力推进生态文明，全力打造全国现代日用陶瓷生产基地、全国羔羊养殖加工基地、华北综合物流基地、全省循环经济示范基地、全省煤炭运销基地，加快建设自然、生态、文明、富裕、美丽的幸福怀仁。

二、2014年经济社会发展的主要预期目标

地区生产总值增长10%左右，公共财政预算收入增长10%，固定资产投资增长23.5%，工业增加值增长12%，社会消费品零售总额增长15%，城镇居民人均可支配收入增长11%，农民人均纯收入增长12.5%。完成省市下达的节能减排、安全生产等约束性目标任务。

三、2014年政府工作重点

（一）推进产业转型升级，形成多元发展新格局。坚持稳中求进、稳中有为，2014年计划实施重点工程123项，总投资693亿元，年内计划完成投资137亿元。依靠项目带动，不断提升传统产业，壮大新兴产业，优化产业结构，转变发展方式，努力提高经济发展的质量和效益。一是夯实煤炭基础。坚持“以煤为基”，继续延长煤炭产业链条，不断提升煤炭产业循环率。狠抓安全质量标准化矿井建设，力争年内全县6座煤矿全部建成质量标准化矿井。完成大同焦煤矿输煤系统和亲和发运站项目，增加发运能力1000万吨。加快煤电一体化、煤建材、煤转化等煤基特色产业发展步伐，争取完成同煤漳电王坪二期2×60万千瓦低热值煤热电项目、国电怀仁2×60万千瓦低热值煤热电项目的报批工作；新建阳光新城煤矸石砖生产线，扶持朔煤电工业固废综合循环利用项目和宝城等4家煤矸石烧结砖项目达产，推进废弃资源的综合利用，实现绿色发展、循环发展、低碳发展。二是提升传统产业。坚持“煤瓷联合”，投资18.25亿元，实施陶瓷项目11个，高标准建设金沙滩陶瓷工业园区，推动陶瓷产业上档升级。重点抓好柴沟煤矿工业瓷生产线、朔煤电陶瓷彩瓦生产线、尊屹国宴瓷生产线、晶屹建筑陶瓷生产线建设，全年日用瓷产量达到15亿件。积极配合市政府建设陶瓷技术研发机构，为陶瓷产业提供技术支撑。三是壮大新兴产业。坚持“多元发展”，以金沙滩医药化工园区、食品加工园区为载体，大力发展医药产业、

装备制造业、农产品加工业等产业。加快华元医药产业基地建设进度，争取年内建成投产。加快建设龙首山小杂粮及饲料加工项目。推动新能源产业发展，新建山西钛阳能 5×1 万千瓦光热发电项目，抓好大唐新能源、中晟源太阳能光伏发电和中晟源节能产品加工等项目。四是做强现代服务业。实施 15 项重点工程，着力改善消费环境，扩大消费需求，逐步形成背靠大同，面向太原，集文化娱乐、餐饮美食、会展物流、避暑休闲、旅游度假于一体的游、购、娱集散中心。重点抓好金沙滩商贸城、华联第一城、运发家具城、三合商贸中心、东海购物中心等续建工程以及招商工作。加大金沙滩民俗文化、金沙滩商业旅游购物两个项目群建设力度，提高人流、物流、信息流的集聚能力。推进怀仁小商品城、中央储备粮怀仁直属库、云山汽车文化城、怀仁汽车文化园区等项目落地开工，拓展现代商贸物流发展领域。

(二)推进农业现代化，增强农村发展新活力。一是建设畜牧强县。大力实施“羊成商品”战略，千方百计增加农民收入。继续扩大养殖规模，羊饲养量达到 500 万只。提升农业产业化水平，扶持金沙滩羔羊肉业、清凉山羔羊肉业等屠宰加工企业达产达效。新建金艺、利贞、顺源 3 家肉羊屠宰加工厂，使全县肉羊屠宰加工能力达到 600 万只。启动运行种猪场及定点屠宰场，努力把怀仁建设成为全国闻名的生态畜牧大县。二是改善农业生产条件。启动河头乡百谷寨等 3 个村基本农田整理项目，完成金沙滩镇盐丰营等 5 个村基本农田整理项目。适时启动鹅毛河湿地公园二期工程。实施 2013 年小型水利高效节水重点县建设项目。在 4 个乡镇的 12 个村和 1 个农场建设膜下滴灌 1300 公顷。实施东作里水库建设工程。完成金桥水库的设计和报批工作。三是提高种植业效益。加快圣天万亩示范园建设进度，继续推广玉米、豆类万亩丰产方集成技术，建设一批省级现代农业示范园区。全年种植玉米 2.9 万公顷，粮食总产量达到 2.3 亿千克，增长 15%。大力发展设施农业，新建日光温室大棚 1000 个。优化种植结构，提高种植业收益占农民人均纯收入的比重。

(三)推进新型城镇化，打造城乡发展新引擎。一要增强大县城辐射力。统筹推进新区开发和旧城改造，续建规划馆、图书馆、体育馆，完善金沙滩、怀贤街、仁福路 3 条商业街，完成污水处理厂升级改造工程，完成工矿棚户区和城市棚户区改造综合配套工程，实施仁福路、仁华路、仁人路、怀善街 4 条道路新建改造工程。加快“智慧怀仁”建设进度，推进市容市貌管理向城乡接合部延伸。二要增强小集镇带动力。依托八大园区和 7 个小集镇，促进产业集聚和人口集聚，培育形成羊产品物流、食品加工、矿山配件、汽配服务等具有鲜明地域特色的经济综合体。完善集镇基础设施，引导农村人口向小集镇和中心村集聚，推动农民就近城镇化。三要增强新农村吸引力。制订《怀仁县改善农村人居环境规划(2014～2022 年)》。巩固“十个全覆盖”成果，大力实施乡村清洁工程，推动农村公共事业全面发展。整合村庄整治、危房改造、农村环境连片整治等项目资金，扎实推进新农村建设，加快城乡一体化进程。四要构建畅通怀仁大格局。适时启动大仁路、大峪口—庄头、西黄线等 3 条公路的建设工程，进一步完善交通网络。

(四)推进生态文明建设，创造永续发展新优势。一要加强林业生态建设。完善城市道路绿化工程，绿化“三馆”周边区域，进一步扩大城市绿地面积。加快建设美丽乡村，绿化村镇 2000 公顷，发展庭院经济林木 10 万株，打造全长 160 千米的农业示范区经济循环圈。绿化口泉河水系西岸，继续实施金沙滩生态经济园林区建设工程。二要加大环境保护力度。扎实开展“绿色生态工程”，落实环境治理责任，确保“十二五”末目标任务圆满完成。加大大气污染防治力度，减少大气污染物排放量。完成环境监控中心建设，对重点污染源实施在线监测和监控，实现县城 PM2.5 监测全覆盖。新建换热站 13 座，新修一次管网 15 千米，新增供热面积 200 万平方米，满足新增住房供暖需求。

(五)深化体制机制创新，建立改革发展新秩序。一要坚持和完善农村基本经营制度。坚持家庭经营基础性地位，扎实开展土地确权和颁证试点工作，依法维护农民土地承包经营权、宅基地使用权、集体收益分配权。积极开展土地流转工作，加快构建新型农业经营体系。完善县乡村三级科技服务体系，加大对新型农民的科技培训力度。积极推进农业转移人口市民化，努力提高农民工融入城镇的素质和能力。二要创新羔羊养殖健康发展促进机制。充分利用全省“一县一业”羔羊养殖示范基地平台，建立羔羊养殖专项惠民补贴基金，大力发展基础母羊，支撑羔羊产业做强做大。筹建羊产品研发中心，培育适应当地养殖、肉质鲜美的“怀仁羊”新品种，增加羊产业科技含量，提高羊产品市场竞争力。三要完善煤炭企业多元发展促进机制。坚持以煤扶瓷、以煤扶牧，引导和支持煤炭企业转型发展，积极构建煤炭企业多元化生产格局。落实省政府促进煤炭经济可持续增长的“20 条”措施和市政府 10 条措施，提高全县煤炭现代高端、就地转化能力。四要推进行政审批制度改革。坚持市场化的改革方向，深化行政审批制度改革，扎实做好精简、调整、合并、取消、承接行政审批事项工作。创新审批运行机制，加强行政审批绩效管理，进一步提高行政审批效率。五要坚持大开放促进大招商。继续加大招商引资力度，积极承接东部和京津冀地区重大产业转移。严格落实招商目标责任制，引资额力争达到 197 亿元。进一步优化投资环境，加强园区基础设施建设。开工建设陶瓷工业园区和玉龙化工两个 35 千伏变电站。为陶瓷工业园区铺设天然气输气管道 35 千米。积极开展园区环评报批工作，适时启动污水处理计划。六要探索和建立商贸物流与旅游业一体化发展的新机制新模式。制订《怀仁县商贸物流与旅游业一体化发展规划》，加强顶层设计，推进各类要素和资源整合，促进购物、旅游和文化体验的融合发展。丰富商贸旅游产品，设计一批品位高、参与度高的精品景点和旅游活动，提高商贸旅游业的核心竞争力。

(六)推进民生社会事业，共享科学发展新成果。一是实施“五有”工程。学有所教，加大对全国重点师范院校毕业生的招聘力度，扎实推进“三名”工程。促进中小学校内涵式发展，进一步集聚优质教育资源。劳有所得，健全促进就业创业体制机制，统筹做好高校毕业生、农村转移劳动力、城镇困难人员和退役军人就业工作。病有所医，建立基本药物制度，推进全民基本公共卫生服务均等化。加强人才队伍建设，提高医护人员的整体素质和医疗水平。不断完善新农合制度，参合率达到99.6%以上。坚持计划生育基本国策，稳定低生育水平，提高出生人口素质。老有所养，稳定做好五大保险，提高统筹层次和保障水平。解决好孤老病残等弱势群体生活问题。住有所居，稳步做好同煤棚户区、柴沟煤业棚户区、中联煤业棚户区、金沙滩农牧场棚户区、金沙滩林场棚户区等10个项目续建工作。推进矿业公司、砂石煤业、矿山救护大队国有工矿棚户区改造工程，全面改善城乡居民住房条件。二是繁荣文化旅游事业。实施文化惠民工程，努力推进国家公共文化服务体系示范区创建工作。完善配套设施，完成金沙滩生态旅游区国家4A级景区申报工作，做大怀仁旅游产业。拓展金沙滩湿地公园优势，大力发展乡村生态旅游，不断提高旅游业的经济效益和社会效益。三是加强安全生产。严格落实"两个主体责任"和安全生产挂牌监管责任，建立健全网格化安全管理制度；大力开展安全乡村、安全社区创建工作，全面构建安全防控体系。切实加强煤矿、道路交通、危险化学品、非煤矿山、森林防火、食品药品、消防、学校等各个领域的安全工作，推动企业"安全投入到位、安全培训到位、基础管理到位、应急救援到位"，进一步夯实安全基础。扎实推进"打非治违"行动，严厉打击私挖滥采行为，确保安全生产形势持续好转。四是创新社会治理。强化社区网格化管理，建立和完善乡镇综合性社区服务中心。加强流动人口和特殊人群管理服务，完善实有人口动态管理机制。建立健全突发公共事件应急处置机制，有效提高防灾减灾和应对突发事件能力。加强重大建设项目社会稳定风险评估工作，完善信访工作和矛盾调处机制，深入排查矛盾隐患，畅通群众诉求渠道。继续实施天网工程，严密防范、严厉打击各类违法犯罪活动，推进平安怀仁建设。

加快实现"五区"目标　建设幸福和谐美丽忻府

忻州市忻府区区长　**赵志伟**

2013年，忻府区认真贯彻落实市委"3581"战略，紧紧围绕"五区"建设目标，坚持以转变干部观念、改进工作作风为先导，以"三个二十"为抓手，抢抓机遇，凝心聚力，攻坚克难，全区经济社会发展保持了稳定向好的总体态势，较好地完成了区十四届人大三次会议确定的目标任务。

2014年是全面贯彻落实党的"十八大"和十八届三中全会精神、扎实推进转型跨越发展的关键一年。做好2014年的政府工作，意义重大，影响深远。

一、2014年政府工作指导思想

深入学习贯彻党的"十八大"、十八届三中全会和习近平总书记系列重要讲话精神，全面落实中央、省、市工作部署，按照市委"3581"发展战略，围绕"五区"建设目标，扎实开展党的群众路线教育实践活动，坚持稳中求进、改革创新，以引深综改试验促进产业发展，以服务保障大干城建促进城镇化建设，以调整优化结构促进农民增收，以兴办惠民实事促进民生改善，以创新社会治理促进和谐稳定，凝心聚力，攻坚克难，为全面建成产城融合、城乡统筹、幸福和谐的美丽忻府而努力奋斗。

二、2014年全区经济社会发展主要目标

地区生产总值增长9%，达到106亿元；全社会固定资产投资增长20%，达到86亿元；社会消费品零售总额增长14%，达到94亿元；地方公共财政预算收入增长10.6%左右，达到4.8亿元；城镇居民人均可支配收入增长12%，达到24146元；农民人均纯收入增长13%以上，达到7896元。

三、2014年政府工作重点

（一）以项目建设为引擎，着力增添转型发展新动力。一是打造发展平台。进一步抓好园区扩容提质，加快完善园区设施、产业和服务配套，健全落实园区保障机制，增强园区综合承载力和竞争力。整合提升禹王循环经济园区和蓝天科技创新园区，规划建设金山工业园区、龙岗生物科技园区和现代物流园区。二是扩大招商引资。全力推动产业招商、专业招商、资源招商。更加注重提升招商实效，抓好总投资20亿元的欧蓓莎商贸城、总投资10亿元的华能风力发电等16个签约项目落地。三是推进重点项目。加快推进20个重点项目，确保欧蓓莎商贸城、广宇二期、华润水泥、云中制药、中通管业等项目开工建设。确保三源煤机、禹王铁路专线、忻园脱水蔬菜、瑞科墙材等项目年内竣工。加快蓝天锅炉、金宇三期、晨辉煤机等已开工项目建设进度。四是完善推进机制。按照“八位一体”推进项目的总体要求，全面抓好储备、签约、落地、开工、建设、投产、考核、服务项目工作的各个环节。全力抓好蓝天2.2万蒸吨新能源锅炉、三源煤机液压支架、金宇三期等15个续建项目，广宇二期、欧蓓莎商贸城、华润水泥等20个新开工项目，华能风力发电、顿村温泉开发等8个前期项目。五是激发社会活力。积极应对政府机遇性投资减少的影响，加大“项目建设年”推进力度，鼓励、支持、引导非公有制经济发展，激发非公有制经济活力和创造力。营造全民创业的氛围，大力发展中小微企业、服务业、手工业、电子商务。

（二）以农民增收为主线，着力打造“三农”工作新亮点。一是发展特色产业。培育壮大玉米、张杂谷、甜瓜三大特色产业，实施2～3个部级万亩玉米丰产方；继续扩大张杂谷种植面积，争取达到2000公顷；规划布局好温室、大棚、露地三大甜瓜种植区，力争种植面积达到1333公顷以上。二是推广新品示范。积极推广藜麦、油用牡丹、树莓、籽粒苋等新品种的示范种植，采取政策扶持，带动形成新的产业。三是打造知名品牌。加大特色种植业发展力度，实施“一县一业”项目2个，“一村一品”项目34个。扶持农产品加工龙头企业打造具有地方特色的品牌，做强做大甜糯玉米、甜瓜、辣椒优势品牌，扩大品牌影响力。四是发展羊产业。积极调动好农民和社会的积极性，大力推进养羊产业。建设肉羊屠宰加工厂、饲料加工厂、种羊场、种羊繁育中心等配套项目。积极推广籽粒苋的种植，改进牧草结构和品质。五是改善生产条件。发展节水灌溉，改造灌溉渠道，建设7.5千米的团结渠及配套工程。实施中低产田改造，建设奇村高标准示范农田613公顷。六是创新经营模式。规范发展农民专业合作社，提高农民组织化程度。不断完善“公司＋基地＋农户”的机制，推动农业规模化生产。

（三）以产城融合为支撑，着力开创城乡发展新局面。一是全力服务“第三个大干城建年”。重点围绕城区“8＋22”道路建设，在顺利完成征迁任务，积极配合保障道路工程建设，及时协调解决工程建设中遇到问题的同时，做好立面整治、道路绿化、安置房建设、补偿款发放等工作。二是持续推进古城系列开发。积极协调推进忻州古城保护性规划的编制工作。进一步改造老城区基础设施。完善古城区43千米排水、排污系统，实施古城区雨水管网改造工程。三是稳步推进城中村棚户区改造。加快推进城中村棚户区改造，规划建设安置房5395套。启动实施好1408套公租房建设项目。四是积极提升市民素质。营造人民城市人民爱的深厚氛围，在提升市民幸福指数的同时提升所有市民对城市的归属感、认同感和自豪感，不断增强城市的核心竞争力。五是加快推进移民工程建设。继续实施扶贫移民搬迁工作，加快推进怡居园移民小区建设。六是大力改造城乡道路。结合城区道路建设，以构建辐射城乡的交通网络为目标，全面完成忻金线、忻宏线的改造。

（四）以文化旅游为龙头，着力走出三产富区新路子。一是实施规模开发。加快推进顿村温泉旅游集散地的规划建设，争取引进大集团进行开发建设。整合顿村、奇村、合索的地热资源，高起点打造集温泉疗养、休闲康体、观光娱乐、运动健身、商务会议等于一体的大型综合性温泉度假休闲旅游区。二是打造旅游线路。推动发展文化旅游产业，规划开发提档建设禹王洞、忻口战役、陀罗山等人文生态旅游景点，推出成熟的2～3条旅游线路。三是发展商贸物流。优先发展现代物流，重点推进欧蓓莎国际商贸城、晋煤物流、东联汽贸、国囤物流等项目。积极发展为居民生活服务的生活性服务业，打造15分钟便民商圈。四是扶持电子商务。大力扶持电子商务发展，鼓励企业从事电子商务，培养电子商务人才，推广电子商务技能，培育1～2家电子商务服务企业，打造1～2个电子商务村，带动商贸物流产业发展。五是发展文化产业。深入开展抗战文化、跤乡文化、八音文化、貂蝉文化、元好问文化、忠义文化、傅山文化研究，扩大地方文化影响力。大力弘扬诚信文化，扶持民间文化。

（五）以生态环境为基础，着力彰显美丽忻府新魅力。一要加强大气治理。围绕创建国家环保模范城，大力推进城区大气污染治理，扩大城区集中供热面积，推动企业环保改造，坚决关停、搬迁污染企业。二要狠抓节能降耗。对高能耗、高污染的资源消耗性项目严格把关，杜绝“两高一资”项目的申报审批。加强对万元产值能耗不降反升企业的节能监察力度。三要强化环境监管。加强监测站点和执法队伍建设，建立完善的监测数据分析和巡查抽查机制。坚持有案必查、违法必处、高压治污，确保不发生环境事故和群体性事件。四要实施生态建设。以中心城区、旅游点绿化、国省通道绿化为重点，全面推进各项造林绿化工程，造林2313公顷。积极争取实施牧马河环境综合整治工程。

（六）以保障民生为根本，着力建设和谐首善新忻府。一是突出抓好创业就业工作。实施更加积极的就业政策，千方百计落实城镇就业岗位3338个，落实自主创业优惠政策，以创业带动就业。加强职业技能培训和就业援助，统筹指导高校毕业生、农村剩余劳动力、城镇困难人员、退役军人、化解产能过剩中出现的下岗人员、有劳动能力的残疾人等群体的多渠道灵活就业。二是不断完善社会保障体系。统筹推进城乡最低生活保障制度和城镇企业基本养老、城乡居民大病医疗保险，稳步推进新型农村社会养老保险。三是着力优化社会公共服务。大力改善办学条件，促进义务教育均衡发展和城乡、区域义务教育资源配置均衡化。积极争取立项和多渠道、多形式筹资改扩建村级幼儿园5所，缓解农村幼儿入园难的问题。继续推进公共卫生体系建设，积极提升新农合服务质量，深入推进医疗卫生机构改革。启动卫生监督所、中医院、妇幼保健院建设，争取年内主体完工。加大人口计生工作力度，切实稳定人口出生率，提高人口质量。巩固提升农民健身场所、农家书屋、广播电视等“全覆盖”工程，充分发挥丰富农民文化生活的积极作用。

打好“四大战役” 推进“八大工程”
转型跨越发展 建设美丽原平

原平市市委书记 **薛根生**

原平地处山西省北中部，是晋北地区唯一的县级市。全市辖7个镇、11个乡、3个街道办事处，520个行政村，49.7万人。市域面积2560平方千米，耕地面积7.4万公顷。原平市地域广阔、资源富集，区位优越、交通便利，特产闻名、百业齐备，人文荟萃、山川秀美。2011年获批成为山西省转型综改先行试点市和扩权强县改革试点市，是全省六家、忻州唯一的“双试点市”。

近年来，原平市紧紧抓住“双试点”历史机遇，围绕“扭住跨越发展，挺进全国百强，建设新型工业基地、商贸物流中心、和谐宜居家园”的奋斗目标，坚决打好思想大解放、作风大转变、项目大会战、教育大整顿“四大战役”，深入推进创建园区、创卫攻坚、天牙景区、滹沱治理、范亭广场、城南水系、城市畅通、范中振兴“八大工程”，全市经济社会发展和各项工作均取得了新进展。

2013年，全市生产总值118.1亿元，比2012年增长9.9%；固定资产投资完成134.6亿元，增长17.4%；社会消费品零售总额45.5亿元，增长16.7%；公共财政预算收入8.5亿元，下降4%；城镇居民人均可支配收入21885元，增长10%；农民人均纯收入7321元，增长14.1%。各项主要经济指标中，除财政税收因经济下行略受影响外，其他指标以及环境保护等约束性指标均较好地完成了任务。

一、加快转型跨越，经济发展步入新阶段

2013年共实施省、忻州市重点项目101个，总投资369.7亿元。全市储备项目247个，投资额3936亿元，完成全年任务的218.7%；签约项目25个，投资额641亿元，完成全年任务的116.5%；落地项目116个，落地投资额320亿元，完成全年任务的101.4%；开工项目86个，投资额104.3亿元，完成全年任务的100.8%；省市重点工程累计建设完成投资94.3亿元，完成全年任务的107.4%；投产项目139个，投资额108.8亿元，完成全年任务的117.3%。极大地扩大了市域经济总量，特别是在忻州市年度项目观摩评比考核中名列第一。一是创建循环经济示范区。总规划面积50平方千米的循环经济示范区日益发展壮大，一期10平方千米已初具规模；总投资12亿元的基础设施建设已完成投资4亿元，总投资3.3亿元的“三横三纵”6条主干道和7条支线全部竣工，通车里程27.7千米；总投资154亿元的26个项目入驻园区，38栋25万平方米的标准化厂房拔地而起，12个企业先后竣工投产；2013年实现产值8亿元，并且形成了全省最大的钢结构生产基地和全省最大的煤机装备生产修理基地两大产业集群。二是壮大优势产业。在中电投山西铝业两期形成300万吨氧化铝生产能力的基础上，积极推进总投资396亿元的60万吨铝深加工及资源综合利用三期项目的前期工作，力争早日开工建设；总投资56亿元的同华电厂二期2×660兆瓦机组项目已预开工。三是打造商贸物流中心。日昇家居建材市场已启动运营。德金农副产品加工贸易园区招商工作顺利进行，即将投入运营。豪德汇通文化商贸物流中心项目、中远新能源汽车产业园、晋原市场开发改造，均已全面开工建设。四是发展现代农业。以北岗、王家庄、双惠三大设施农业示范园区为龙头，加快推进传统农业向精品农业、高效农业、生态农业发展。粮食播种面积持续保持在3.7万公顷左右，粮食产量稳步增长，2013年达到3.6亿千克，再创历史新高。

二、建设美丽原平，民生改善展现新气象

*美丽原平画卷初展。*坚持以增进民生福祉为出发点，按照“东拓南改、三水环城”的思路，建成了占地千亩，彰显忠孝文化，集亭台楼阁和奇山秀水为一体的天牙山风景区；建成了占地200公顷，防洪与景观并容、生态之韵与园林之美兼具的滹沱河水利风景区；建成了占地30公顷，变渣山废水为“一河四湖”的卧牛河生态公园(一期)；建成了占地19.2公顷，集场馆设施和人工湖景为一体，成为全新壮观城市地标群的范亭广场。

*全民创卫锦上添花。*围绕“创国家卫生城市、建美丽文明原平”的目标，2013年新建、改造城区道路21条，新增街巷硬化面积43万平方米。新增绿化面积62.9万平方米。整治和美化临街立面156万平方米。

整改餐饮店455家、“五小行业”254家、食品加工小作坊83家、药店71家。改造城中村9个。新建便民市场5个、农副产品综合批发市场1个。2013年的创卫工程总投资近4亿元，整体工作已全面完成。目前，正在扎实推进迎接国家爱卫会终审验收工作，力争2014年挂牌成功。

发展成果全民共享。先后实施“4965”和“5678”民生工程，特别是持续加大教育投入，投资1.63亿元新建了一批中小学和幼儿园，教育大整顿效果明显。2013年全市高考二本以上达线756人，创下历史最高纪录。投资11亿元全面完成农村两轮“五个全覆盖”和“五件实事”，广大农民群众得到了更多、更大的实惠。

三、弘扬原平精神，砥砺奋进干出新气势

大力传承和弘扬“崇文尚武、自强包容”的原平精神，以崇文之品强能修德，以尚武之力争先跨越，以自强之为建功立业，以包容之心促进和谐。积极倡导“五四三”工作要求，探索形成了“四通、四重、四问”的市委“三四”工作法，一套推进工作落实的体制机制基本形成，干事创业、敢闯敢试正在广大干部队伍中蔚然成风。积极转变政府职能，建成了全省一流的政务服务中心，建立了限时办结、“并联式”快审快批、保姆式贴心服务等制度，提高工作效率，破解发展瓶颈，更好地为经济建设服务。特别是招商引资的步伐大大加快，出台一系列招商引资优惠政策和奖励办法，成立了京津冀、珠三角、东北、沪浙、苏锡常宁五大区域招商局，2011年以来，签约项目62个，签约引资额达到1893亿元，被评为“全省投资环境创优十佳县(市)”。

四、大塑原平形象，创先争优实现新突破

高擎领跑旗帜，坚持率先发展，各项工作走在了忻州市、山西省乃至全国前列。连续3年荣获“忻州市年度目标责任考核优秀市”称号，连续4年在全省和忻州市项目观摩评比中获一等奖，连续5年获得农业部“全国粮食生产先进县”称号，2011年获得自1978年以来全省两家、忻州唯一的受国务院表彰的“粮食生产先进县”称号。被中宣部、司法部授予“全国法制宣传教育先进市”，被科技部授予忻州历史上唯一的“国家科技进步先进市”和“国家火炬原平煤机配套装备特色产业基地”称号，被中国诗歌学会授予“中国诗歌之乡”称号。被省政府授予“山西省文化强市”称号，政法综治、社会管理创新排名忻州第一、全省领先，信访维稳经验在全国信访会议上交流推广，成为全省信访工作两面旗之一。2012年组织工作满意度测评，排名忻州第一，位居全省前茅。连续3年获得“全省政风行风评议先进市”称号。农廉工作及“三资”管理的经验做法在忻州市进行了全面推广。

五、2014年重点工作

(一)总体思路。全面贯彻落实党的“十八大”、十八届三中全会精神，按照山西省、忻州市经济工作会议的安排部署，坚定实施“扭住跨越发展、挺进全国百强”总体战略，以“双试点”改革为统领，以党的群众路线教育实践活动为抓手，扩张总量，调优结构，普惠民生，树好形象，突出招商引资，打造千亿园区，统筹协调发展，建设美丽原平。

(二)政府工作重点。全面实施“2330”工程，即两大重点：突出招商引资、建设千亿园区。三大任务：启动沉陷区治理、推进乡镇体制改革、抓好转型综改创新。完成30个重点项目(工作)：包括同煤化工项目、同煤电力物流项目、同煤朔州煤电项目、同煤热电项目、新石煤焦化项目、碧望生物科技项目、北方化工项目、煤层气液化项目、以色列农业合作项目、子干养殖籽粒苋种植项目、豪德汇通文化商贸物流项目、规模健康养殖项目、子干生态园项目、中小学幼儿园建设工程、“绿水青山”石头造纸项目、工业旅游及欢乐谷项目、印象梨乡文化产业园项目、天牙山长寿疗养院项目、疾控中心等单位综合业务大楼建设项目、大营温泉文化旅游项目、炕围画产业开发项目、创建国家卫生城市工作、大西客运站广场建设项目、太平街蔬菜市场项目、晋原市场改造项目、县乡公路建设项目、城北排水收集系统工程项目、城北集中供热项目、城市供水系统升级改造项目。

(三)主要促增措施。一是进一步加大招商引资力度。继续把招商引资作为推动全市转型跨越发展的重中之重，认识再提高、工作再加压，再掀新一轮招商引资工作热潮。依托工业园区，注重招大引强，重点引进产值上百亿元的企业，发展产值上百亿元的产业集群。二是加强园区建设。加快供电、供水等基础设施建设步伐，积极引进公共服务机构，推进工业园区健康发展。对入园企业继续坚持市级党政领导包保和对口强力推进责任制，千方百计保开工、保进度、保投产。三是进一步做好煤、铁企业复工复产工作，设法使这些高税收行业尽快生产达效。龙矿盘道、华融龙宫、神达花沟等力争建成投产，石矿奇村井、神达卓达、昌鑫矿业等力争开工建设，全年煤炭产量力争达到1000万吨，铁精粉产量力争达到50万吨。四是强化项目跟进服务。确保北方化工、魅力山河旅游文化产业园等项目落地建设，确保新石煤化工、神达洗选等完成年度建设任务，确保同煤脱硝催化剂、先得亚麻、天瑞铝业、恒一新型建材等建成投产，确保与同煤集团议定的电力物流园区、朔州煤电、低热值煤发电等项目尽快落实。五是加大对中小微企业的扶持力度。帮助破解融资难、融资贵等问题，力争助保贷总量达到1亿元以上。六是毫不放松保障和改善民生。大力实施教育兴市战略，推进教育均衡发展；进一步巩固和扩大创卫成果，确保2014年挂牌成功；突出抓好安全生产、社会治安、信访稳定等工作，有效防范和坚决遏制重特大事故发生，确保社会大局稳定。

团结进取　顽强拼搏
为谱写好“中国梦”原平新篇章而努力奋斗

原平市市长　温建军

2013年，原平市紧紧抓住“双试点”历史机遇，团结和带领全市人民，围绕年度目标任务，创新攻坚，克难奋进，各项工作稳中有为、稳中有进，经济社会保持健康协调发展。

2014年是贯彻落实十八届三中全会精神的开局之年，是实现“十二五”规划目标的关键一年。做好2014年的各项工作，意义十分重大。

一、2014年政府工作的指导思想

全面贯彻落实党的“十八大”、十八届三中全会精神，按照山西省、忻州市经济工作会议的安排部署，坚定实施“扭住跨越发展、挺进全国百强”总体战略，以“双试点”改革为统领，以党的群众路线教育实践活动为抓手，扩张总量，调优结构，强化服务，树好形象，突出招商引资，打造千亿园区，着力改善民生，建设美丽原平。

二、2014年经济社会发展主要预期目标

全市生产总值增长9%，达到129亿元；公共财政预算收入增长8%，达到9.1亿元；固定资产投资增长20%，达到162亿元；社会消费品零售总额增长14%，达到52亿元；城镇居民人均可支配收入增长12%，达到24500元；农民人均纯收入增长13%，达到8270元。

三、2014年政府主要工作任务

（一）以改革创新为统领，着力破解发展难题。一是大力开展转型综改年活动。明确“1123”综改任务，制定和落实好改革的时间表、路线图和任务书，力求在深化土地管理创新、健全科技创新体制、创新城市网格化管理等10项重大改革方面，取得新的突破；在推进循环经济示范区建设、完成国家级卫生城市创建、实施农副产品品牌战略等10项重大事项方面，取得新的进展；在上报省、忻州市的20个重大项目及3个重大课题上，取得新的成效。二是不断深化扩权强县工作。进一步优化经济发展环境，改革社会管理，充分发挥行业协会等社会组织在管理、协调、服务等方面的作用。做好第二批拟下放权限和扩权强镇工作的对接准备。三是加大招商引资力度。积极引进先进发达地区的资金、技术和信息，用好用活当地土地资源和劳动力，探索“飞地经济”发展模式。立足忻定原城市组群，加快融入太原大都市圈，深化与发达地区在产业、能源、文化交流等领域的合作。做好中博会、能博会等重大展会参展工作，提升招商“选”资水平，推动产业向循环化、高端化、集群化方向发展。四是继续搞好企业改革。对设备完好、产能不足、产品有一定市场的矿机、鼓风机厂，积极寻求大企业、大集团，走兼并重组的混合所有制之路；对可以退城入园的崞山水泥、化工公司，通过搬迁改造上项目安置原有职工；对复产无望的钢铁公司、专机等，利用闲置土地建设物流园区、大型超市和批发市场，逐步解决职工生活难题。五是着力推进金融创新。拓宽融资渠道，搭建政银企对接平台，壮大村镇银行和担保公司，鼓励和支持民间资本以独资、参股、控股等多种方式进入公共基础设施建设管理领域；对政府性担保机构增资扩股，进行股份制改造，探索政府资产良性经营运作模式；出台《原平市政府性融资管理暂行办法》，统一资金管理，建立政府性债务风险评估机制和偿还机制，采取资产和权益抵押、特许经营等模式，努力防范和化解政府债务风险，确保财政资金安全。

（二）以化解经济下行压力为突破口，促进经济健康协调可持续发展。一是强化经济运行监测。及时了解和掌握年度计划执行情况，分析和预测经济发展趋势，及时采取相应措施，牢牢把握经济工作的主动权。二是服务企业生产经营。创优经济发展环境，认真做好清费立税工作，促进企业增收创税。拓展中小微企业“助保贷”业务，争取放贷规模达到3亿元以上。做好煤矿与非煤矿山企业复工复产工作。三是推进企业科技创新。实施创新驱动战略，突出企业创新主体地位，大力培育科技型中小企业、科技型企业家，积极扶持泰宝密封、佳诚液压、盛源化工、如亮饲料等“小巨人”领军骨干企业。通过引进科技人才、加强校企合作、提升科技含量、延伸产业链条、研制开发新产品等途径，逐步把密封件、大型鼓风机、皮带运输机、锅炉等传统和潜力产业向示范区集聚，加速国家火炬计划煤机配套装备特色产业基地建设。

（三）以项目见效年为契机，推进产业转型升级。一是加快示范区建设。循环经济示范区要按照忻州市提出的“五年初步建成千亿园区”的指示要求，继续在选好商、用好地、抓进度、搞服务、促投产上狠下功夫，采取各项措施帮助入园企业解决困难问题，促进早日达产达效；努力创造条件，争取签约项目、在谈项目早日落地。积极推进已开工的26个入园项目，力促总投资50亿元的新石新型煤化工、总投资12亿元的神达洗选一期等12个项目尽快竣工投产。加快北方化工40万吨氯系化工新材料、碧水青山6万吨环保纸、同煤电力环保6000立方米脱硝催化剂等项目备案入园。加速供水、供电、污水处理、集中供热、天然气输配、铁路专用线、公租房等基础设施建设。二是促进大项目发展。加快建设总投资20亿元的豪德汇通文化商贸物流园区、总投资4.8亿元的中远新能源汽车产业园等项目，积极推进总投资50亿元的中电投山西铝业2×660兆瓦低热值煤发电、总投资12亿元的华润风电和总投资6.8亿元的煤层气液化站等项目。加快同华电厂二期和煤矿技改项目进度，进一步夯实煤电产业集群发展基础。三是构筑多元产业支撑。大力发展新能源、新材料、电子信息、生物医药、节能环保等新兴产业。改造提升煤炭化工、机械加工、装备制造等传统产业，依托山西乾原金属粉末有限公司延伸产业链条，提高铁矿产品附加值，做大做强铁产业。大力发展商贸物流业，上马晋龙汽贸、晋龙保鲜仓储、盛源冷链物流等项目，建设区域性物流枢纽和有影响力的现代物流基地。大力发展文化旅游业，扶持炕围画、剪纸等产业发展，全力推动“印象梨乡”文化创意产业园区和大营温泉文化旅游开发项目落地开工，申报天牙山、滹沱河景区列入国家级4A景区，争取天牙山列入省级地质公园。

（四）以做强特色农业为抓手，促进农民持续增收。一是加大强农惠农力度。继续贯彻落实好种粮农民直接补贴、良种补贴、农资综合补贴等政策，加大农机购置补贴力度，实施好畜牧良种补贴政策，强化农业防灾减灾、稳产增产关键技术补助。同时，认真落实好省政府新出台的10项惠农政策。鼓励土地流转，对生产经营大户给予补助奖励，发展多种形式的适度规模经营。二是树立品牌意识。大力推进“一村一品牌、一乡一特色”建设，扶持一批设施蔬菜、露地无公害蔬菜、小杂粮、中药材等专业村，新增省级“一村一品”专业村32个。继续发展玉露香梨、酥梨种植。培育品牌企业，扶持一批有优势、有特色、前景好的骨干企业和生产大户。以建成投用的如亮饲料30万吨蛋鸡生产线为平台，打造全省一流的饲料加工、畜禽养殖龙头企业；加快发展无公害、绿色和有机农产品认证认定，提升小杂粮、设施农产品的质量和安全水平。三是建设产业基地。完善提升王家庄农业示范园区、解村北岗设施农业园区和双惠现代农业示范园区，增加名、优、特品种的生产比重，扩大设施农业规模与品质。新建5个500只以上的种羊场，打造年内出栏53万只、明年70万只的羊产业大市。建设香宁猪业、华牧肉鸡、瑞林肉牛等优质畜产品基地，着力形成“繁育、加工、销售”一体化体系。实施饲草饲料高效利用工程，全市年内达到万亩的规模。加强动物疫情监测和疫病防控，确保不发生区域性重大疫情、不发生重大畜产品质量安全事件。鼓励引导工商资本投资农业，建立“公司＋基地＋农户”的新型产业化组织体系，推动农超对接、农企对接，真正实现规模化生产和集约化经营。四是夯实农业发展基础。加强中低产田改造和玉米丰产方建设，完成基本农田划定工作，抓好农村土地承包经营权确权登记发证，落实最严格的耕地保护和集约节约用地制度，加强土地执法，坚决守住耕地红线和粮食安全底线，确保玉米播种面积保持在4.7万公顷以上，粮食产量保持在3.5亿千克左右。抓好农田灌溉，提高水利设施利用率，完成6座小型水库的除险加固工程。通过新打机井、架设变电线路、铺设节水管道、改良土壤结构、推广先进适用技术，发展高效农业，提高粮食综合生产能力。五是办好新五件实事。搞好农村两轮“五个全覆盖”和“五件实事”回头看，继续抓好农村困难家庭危房改造、特困群众易地搬迁、村级幼儿园改扩建和乡村清洁工程，同时抓好新型职业农民培训工程，通过对1.5万人的技术培训和职业教育，提升其经营管理能力，建设适应现代农业发展需要的实用人才队伍。

（五）以城乡一体化为方向，共筑美丽宜居原平。一是完善新型城镇化发展规划。坚持“五规合一”，坚决维护规划权威，确保一切建设行为在规划内进行；编制《城乡总体规划》和近期建设规划、城市防洪排涝等专项规划，推动市区与7个建制镇融合发展。科学规划108国道经济长廊、滹沱河生态经济带以及滨河新区，把产业规划放在突出位置，推动产城融合，提升城市规划水平。二是加强基础设施建设。实施城北排水收集系统工程，建设雨污分离的管网体系；完善城北集中供热续建工程，年内具备150万平方米的供热能力；加快太平街农产品市场建设，确保上半年建成投用；开工建设大西客运站广场及道路循环工程，争取年内完工；实施城区主次干道亮化工程。同时，加快豪德汇通文化商贸物流中心、晋原市场开发（恒泰城）、旧政法大院改造（中央时代广场）等城市地标性建筑建设进度，进一步增强城市的承载力和服务功能。三是强化城市管理。严格落实规范化、精细化管理措施，主次干道全天候清洁保洁，居民小区垃圾及时清运，各种车辆有序停放，商贩摊点入市归店，农贸市场规范经营。充分利用现代信息技术，整合公安、城管、国土、安全、环境等公共信息资源，提升城市智能化管理水平，打造“智慧城市”，建设“美丽原平”。四是巩固扩大创卫成果。教育和引导全体市民争做文明市民，积极申报省级文明城市。推动创卫成果向农村延伸，结合小城镇建设和城乡环境卫生清洁工程，大力改善村容村貌。

（六）以创建环保模范城为目标，加强生态文明建设。一是推进减排治污。加强PM2.5监测，抓好工业污染源治理、水污染源减排等工作。继续开展以滹沱河流域为重点的环境综合整治，打击违法排污企业，确保地表水稳定达标，促进轩岗镇污水处理厂规范化运行。突出抓好重点源监控管理，严把项目准入关，严格实施重大项目环境评价，争创省级环保模范城市。二是严抓节能降耗。继续以铝厂、轩煤、同华、超腾等规模以上工业企业作为重点节能管理对象，确保综合能耗下降任务的完成。加速淘汰落后产能，发展循环经济，加强资源综合利用，推进工业固体废弃物等资源再利用。三是深化造林增绿。大力倡导全民义务植树，积极争取省、地合作造林项目，突出重点，打造亮点，抓好崞阳、沿沟荒山造林和干果经济林工程，完善提升大运高速、灵河高速通道绿化。围绕省级循环经济示范区、天牙山风景区和滹沱河东西循环圈等重点区域，打造园林景观区、干果富民区、生态增绿区。

（七）以民生改善为根本，统筹推进社会事业协调发展。一是深入实施“科教兴市”战略。继续加大财政对教育的投入，确保教育经费投入不低于财政经常性收入增幅。规划建设3所城区标准化幼儿园，完成城区两所高标准小学的规划选址，开工建设寄宿制思源实验学校；改扩建兰村、东社、子干、沿沟、刘家梁中学，打造5所区域重点中学。通过优化学校布局，促进教育均衡发展，解决中小学择校、城镇学校大班额、幼儿“入园难”等突出问题。坚持名校引领，加强范中、原中等学校与国内知名学校的协作，提升知名度，提高办学水平。巩固和扩大全国科技进步先进市创建成果，提升全民科学意识和科技素养。二是继续推进“文化强市”战略。进一步加强城乡文化体育场所建设与管理，丰富城乡群众文化生活。做精文化产品，壮大文化产业，打造“中国民间艺术之乡”。做好慧济寺、洪福寺、石鼓神祠等文物保护单位的抢修工作，争取炕围画列入国家非物质文化遗产名录。开展全国第一次可移动文物普查，年内完成全国第六次体育场地普查工作。挖掘整合文化资源，争创全国文化先进市。三是提升卫生计生服务水平。巩固完善基本医疗保障制度，开展县级公立医院综合改革，推进农村居民重大疾病医疗保障工作。完成崞阳镇、苏龙口镇两所中心卫生院建设，新建疾控中心、妇幼保健院、卫生监督所综合业务大楼，拟建新型中医院，满足广大人民群众对中医药服务的需求。稳步实施“单独两孩”政策，推进村级计生服务室标准化建设。四是不断改善交通条件。管理维护好县乡公路，建立健全农村街巷硬化的长效管护体制，大力发展城市公共交通，切实加强出租车管理。年内完成子干—南白通乡公路建设，完成二广高速崞阳出口拓宽改造和灵河高速崞阳出口连接线工程，争取二广高速原平出口拓宽改造工程立项核准。五是切实搞好就业和社会保障。拓宽就业渠道，完善信息服务平台，解决好高校毕业生、农村转移劳动力、退役军人等各类群体的就业问题。开展多层次、多形式的职业技能培训和创业培训，深入推进以创业带动就业，以充分就业促进民生改善。启用社会福利中心，完善社会救助体系，严格居民最低生活保障管理，确保应保尽保、应退尽退。进一步提高城镇职工和城乡居民养老、医疗、失业、工伤、生育等各项基本保险覆盖面，推进社保卡的普及和应用。建设1019套保障性住房，努力解决困难群众住房问题。开工建设基层就业和社会保障服务中心及4个乡镇服务站，逐步实现公共服务标准化、规范化。

（八）以责任落实为重点，维护好安全稳定发展大局。一是扎实做好安全生产工作。坚持“全覆盖、零容忍、严执法、重实效”，健全完善四个体系，严格四项管理，坚持三项制度。加大安全投入，加强安全培训，深入开展安全生产大检查。从严规范矿业秩序。强化食品安全监管。切实抓好道路交通、危险化学品、烟花爆竹、特种设备、建筑施工、地质灾害防治和城镇燃气及管道等方面的安全。二是认真抓好信访维稳工作。集中力量解决信访突出问题，筑牢信访维稳第一道防线。加强和创新社会管理，深化“平安原平”创建活动，严厉打击各种违法犯罪行为，提升群众安全感和满意度。进一步排查矛盾纠纷，从源头上预防和减少社会矛盾的发生。三是妥善解决群众关心的热点难点问题。切实抓好保障性住房建设、棚户区改造、农村危旧房改造、特困群众易地搬迁、扶贫移民搬迁等民生工程。整合要素资源，实施综合治理，积极争取列入山西省治沉试点，努力实现“消除灾害、保障民生、改善环境、节约资源、村矿共赢”的目标。

加快建设宜居宜业宜游美丽新五台

五台县县长　**武新亮**

2013年，五台县以创卫为抓手，以进位为目标，全力建设宜居宜业宜游美丽新五台，解放思想、转变作风、狠抓落实，全县经济运行平稳向好，产业龙头企业不断兴起，经济结构进一步优化；创卫圆满成功，城市品位进一步提升，人民群众生活水平进一步提高。

2014年是贯彻落实党的十八届三中全会精神、全面深化改革的开局之年，是实现“十二五”规划的关键之年。做好2014年的工作，意义十分重大。

一、2014年政府工作总的指导思想

坚持以中国特色社会主义理论体系为指导，深入贯彻落实党的十八届三中全会、中央经济工作会议和省市全委会暨经济工作会议精神，把握稳中求进和改

革创新总要求，以党的群众路线教育实践活动为引领，弘扬创卫精神，提速项目引擎，大力推进旅游国际化、工业新型化、农业现代化、特色城镇化、城乡生态化，为加快建设宜居宜业宜游美丽新五台而努力奋斗。

二、2014 年经济社会发展主要预期目标

完成地区生产总值 38.6 亿元，增长 9%；全社会固定资产投资 48 亿元，增长 32%；社会消费品零售总额 19.5 亿元，增长 14%；财政总收入 7.39 亿元，增长 12.5%；公共财政预算收入 3.2 亿元，增长 10.4%；城镇居民人均可支配收入 20780 元，增长 10%；农民人均纯收入 5200 元，增长 13%。

三、2014 年政府主要工作任务

（一）用创卫精神抓项目建设，坚决打赢项目攻坚战。一是加大招商引资力度。以园区为载体定向招商，引进一批产业关联度高、资金投入大、带动性强的产业项目，真正把园区建成招商引资的“特区”。定点招商、以商招商，瞄准浙江省湖州市南浔区定点招商，形成引一个、带一批、辐射一片的“磁场效应”。对口招商，充分发挥农委、经信、旅游服务中心、煤炭工业服务中心专门招商机构的作用，对应一二三产、煤炭产业，对口招商。专业队伍招商，以招商局为主体，各类园区要组建相应的专业队伍，形成全县的招商方案，认真细致考察，确保引得进、稳得住、能发展。二是“八位一体”推进项目建设。健全项目推进机制，改变项目推进考核方式，责任到人，全力推进。建立快速报批机制，开辟重点项目推进“绿色通道”，加快推进项目建设。扎实推进省市重点工程和县乡产业化项目。全面完成市政府下达的省市重点工程建设任务。实施省市重点工程 41 个，年计划完成投资 37 亿元。全力实施县乡产业化项目。按照“分类指导、区别对待”的原则，实行重大产业建设项目分类考核的办法。

（二）以农业园区建设为抓手，加快农民脱贫致富步伐。重点发展以建安、东冶、阳白、东雷为中心的第一产业，以神西、陈家庄为中心的干鲜果经济林，推进农业现代化，加快农民脱贫致富步伐。县财政再拿出 1000 万元用于“三农”补贴，重点支持园区建设、龙头企业、设施农业、农副产品加工、羊产业发展和籽粒苋、万寿菊推广种植等，带动各类资金向这些产业聚集，加大“三农”投入。一是全力建设农业产业化园区。抓好阳白现代循环农业园区、东雷农业科技示范园区、东雷农副产品加工产业园区和东雷扶贫移民新区建设。农副产品加工产业园区与扶贫移民新区要一次规划、分步实施，形成优势互补、相互促进、良性互动，用加工业保障移民人口就业，让移民人口支撑园区发展。二是扶持壮大农业龙头企业。扶持金道物流有限公司成为全县农副产品仓储加工销售龙头企业。扶持北京中扶惠邦投资有限公司成为全县羊产业发展的龙头企业。三是大力推广籽粒苋和万寿菊种植。全县推广种植籽粒苋 667 公顷，在忻阜高速公路两侧 500 米范围内推广种植万寿菊 533 公顷，形成特色种植带、产业经济带、旅游景观带。四是加大扶贫开发力度。实施连片特困地区区域发展扶贫攻坚项目，重点发展设施农业、养殖业、经济林，扶持仓储物流、羊产业等龙头企业。抓紧实施“百企千村”产业扶贫开发工程。完成劳动力转移培训 580 人、“千村万人”培训 650 人的任务，抓好 8 个村整村推进项目，完成易地扶贫搬迁 500 人。实现减贫 1.5 万人的年度目标。

（三）全力建设工业园区，不断增强工业发展后劲。以工业园区为载体，重点发展以豆村、蒋坊为中心的第二产业，以茹村、白家庄为中心的煤炭产业，培育加工制造业集群，壮大煤铁铝镁电支柱产业，不断增强工业发展后劲。高标准建设工业园区，全力完成园区东扩基础设施建设工程。全力扶持两个工业企业，扶持年产 1 万台的德奥电梯制造项目和农夫山泉有限公司年产 17.6 万吨的矿泉水项目早日投产达效。不断壮大支柱产业，煤产业上，进一步规范两座煤矿的生产秩序，严格按照开采设计方案开采，建设标准化矿井；积极稳妥地做好移民搬迁工作，建设西天和、中庄移民新村。铁选业上，帮助促进铁选企业加快完善证照，尽快复工复产，力争生产精铁粉 100 万吨以上；延伸产业链条，促进铁选企业向规模化、深加工方向发展。铝产业上，协调推进中电投山西铝业五台矿业 50 万吨采矿区扩建和年产 100 万吨的中电投白家庄铝土矿项目，争取铝土矿产能达到 300 万吨。镁产业上，全力推进云海镁业二期 3000 吨镁合金压铸件扩能项目。电产业上，积极推进华能五台风力发电有限公司黄花梁 10 万千瓦风电项目。

（四）大力推进五台山改造提升工程，加快形成大旅游格局。重点发展以旅游地产和旅游服务业为主的第三产业。大力推进五台山改造提升工程。一是加快完善清水河流域环境整治和生态建设、“又见五台山”大型情境剧项目、LNG 天然气集中供热工程、污水厂改扩建等续建工程。二是启动实施山泉水厂、香蜡厂、集中供水、展示中心布展等项目。三是规划设计北台顶索道、旅游观光有轨小火车等项目。四是积极推进数字化景区建设、灵峰圣境核心景区综合整治二期工程。五是开工建设佛教禅舍和国际旅游大酒店。

（五）巩固创卫成果，进一步提升县城品位。一是巩固创卫成果，健全长效管理机制。完善城市管理制度，加大执法工作力度，整治环境卫生和交通管理秩序。继续开展整顿违法违规建设活动，打击违章建筑和违法占地行为。健全长效管理机制，推动土地、建设、交通秩序管理工作步入法制化、制度化轨道，巩固创卫成果。大力实施乡村清洁工程，完善乡村环境卫生管理体制，做好清扫保洁、垃圾统一清运、村容村貌整治等工作，不断改善农村人居环境。二是加强城市基础设施建设。连通新城区、畅通微循环。实施台牖园三期工程和文昌山公园后期工程。建设保障房 180 套，改造农村困难家庭危房 600 套。建设集电子监察、行政审批、公共服务、资源配置、信息公开、风险防控于一体的政务服务中心。

（六）积极推进生态文明建设，进一步改善生态环境。实施荒山、矿山、通道、环城、村镇绿化工程，完成忻阜高速公路两侧荒山造林绿化任务。抓好节能减排，推进天然气入园、入企、入户工程。加强污水处理厂、垃圾处理场运行管理，完善城市排污管网。加大大气污染、噪音污染、农村污染源治理力度，确保县城空气优良率达到90%以上。

（七）着力改善民生，推进社会事业全面进步。一是扎实推进省政府为民兴办的五件实事。包括农村困难家庭危房改造，农村幼儿园改造，贫困人口易地扶贫搬迁，新型职业农民培训，乡村清洁工程。二是高度重视教育。继续重奖教育功臣，充分调动教师工作积极性。集中力量兴办师生最关心的实事好事。完成职业中学餐厅、宿舍楼建设工程。落实教育惠民政策，推进教育公平。三是千方百计扩大就业。统筹做好高校毕业生、农村转移劳动力、城镇困难人员等的就业工作，加大就业岗位开发力度，加强职业技能培训，完善就业服务体系，加大创业扶持力度，提高就业水平。年内完成城镇新增就业3023人，城镇登记失业率控制在4.2%以内。四是活跃群众文化生活。争取文化馆、图书馆、体育馆开工建设。做好文化遗产抢救保护工作。实施好“送戏下乡”“送电影下乡”等惠民工程。争取县广播电视综合业务大楼投入使用。五是提高人民健康水平。完成县卫生监督所、陈家庄乡、高洪口乡卫生院建设和5个乡镇卫生院周转房宿舍建设项目。全面深化医药卫生体制改革，进一步完善新型农村合作医疗制度，启动新农合“一卡通”，健全基本药物制度，提高基本公共卫生服务质量。加强传染病预防工作，提升各级医疗机构应对突发公共卫生事件的能力。加强人口与计划生育工作，人口自然增长率控制在6.5‰以内。六是搞好社会保障。进一步扩大城乡养老、医疗社会保险覆盖面，完善社会救助体系，严格居民最低生活保障管理，确保应保尽保。做好低收入农户冬季取暖用煤的供煤工作。

（八）扭住“两个主体责任”，推进安全生产持续稳定好转。完善政府的监管责任体系、企业的主体责任体系、岗位责任体系和应急体系。严格安全风险预控管理、全员安全管理、值班管理和安全档案管理。坚持警示教育制度、群众监督制度和重奖重罚制度。零容忍抓好安全生产各项工作，坚决杜绝重特大事故，有效遏制较大事故，着力减少一般事故，努力实现本质安全。

加快建设实力代县、活力代县、魅力代县

代县县长　**郝江陵**

2013年，代县坚持主题主线和稳中求进工作总基调，全面实施“三大战略”，奋力推进“五大跨越”，深入开展“大干城建年”“项目推进年”“安全生产标准化建设年”活动，较好地完成了十五届人大三次会议确定的各项任务。

2014年是贯彻落实十八届三中全会的开局之年，做好2014年的各项工作，对全面完成“十二五”规划目标，加快县域经济转型跨越发展具有重要意义。

一、2014年政府工作的总体思路

以党的“十八大”及十八届三中全会精神为指导，把握稳中求进总基调，创新实施“三大战略”，纵深推进“五大跨越”，坚持讲政治、讲正气、讲廉洁，深入开展党的群众路线教育实践活动，扎实推进“四城联创”，强力推动项目建设，持续办好民生实事，促进转型发展、全面发展、可持续发展，建设实力代县、活力代县、魅力代县。

二、2014年经济社会发展主要预期目标

地区生产总值增长10%左右，固定资产投资增长22%左右，社会消费品零售总额增长14%，公共财政预算收入增长8.9%左右，城镇居民人均可支配收入增长12%左右，农民人均纯收入增长13%以上。

三、2014年政府工作重点

（一）突出抓好项目建设，增强县域经济发展后劲。一是加大争资上项力度。进一步加强组织领导，完善招商引资优惠奖励政策。继续扶持鼓励规模以上工业企业捆绑发展转型项目，争取年内所有规模以上企业实现新上一个转型发展项目的目标。大力发展民营经济，掀起全县民间资本投资创业的热潮。加大招商引资力度，创新招商引资方式，争取引进一批投资多、附加值高、科技含量高、发展前景好、符合国家产业政策、带动县域经济快速健康发展的大项目、好项目。二是狠抓重点项目建设。扎实开展“项目见效年”活动，统筹推进基础设施、产业发展、城镇化和生态环保、民生社会事业等重点领域项目建设，扭住年度投资49.48亿元的40个省、市、县重点项目，全面抓好项目“八位一体”工作各环节，强力推进项目建设。三是强化项目指导与服务。落实各种税费减免政策，为企业营造良好的经营环境。继续实行县领导包项责任制，把好项目准入关，简化审批手续，减少办事环节，深入项目实

地，提供优质服务。完善中小企业信用担保体系，积极推动银企合作，拓宽融资渠道，为金融资本支持项目建设创造条件。加大对破坏项目建设行为的查处力度，保障项目按期完成。

（二）创建全国卫生县城，提升历史文化名城品位。一要做实基础工作。坚决维护规划权威，确保所有项目建设行为在规划范围内实施。加强城乡规划管理，健全城乡规划民主管理和科学决策机制，维护城乡规划的科学性和严肃性。二要扎实推进各项工作。深入开展“城建攻坚年”活动，重点实施市容改造整治、城中村改造、垃圾填埋场和集中供热站、农贸市场、广场、公厕等建设工程。完善城市功能，改善县城环境面貌，实施城区主次干道管网入地，路面硬化、绿化、亮化、净化、美化等工程。实施新城体育路等4条道路建设工程，加快新城体育中心、供热站和八大住宅小区建设进度，第二小学、新城幼儿园尽快完成规划，力争年内启动建设。三要营造浓厚创建氛围。加大宣传力度，形成“人人知晓创卫、人人支持创卫、人人参与创卫”的良好氛围。

（三）推动产业优化升级，加快工业经济转型发展。一要加强工业经济运行监测。密切关注工业经济运行态势，重点加大对优势产业和骨干企业的运行监控、预警、预测和分析，及时掌握发展动态，采取应对措施，确保工业经济持续、平稳、健康运行。加强重点项目后续服务，帮助重点企业解决实际困难，推动早日达产达效。二要推动传统产业优化升级。坚持“抓大限小、扶优除劣”，继续鼓励铁精矿粉加工企业加大投入，改造提升企业装备水平。年内完成李家庄昌盛、厚旺、白峪里等13家重点企业的15个铁精矿粉技改项目。加快延伸铁产业链条，发展高端产业，提高产品附加值。年内力争200万吨钢铁项目启动基础设施建设，尽快实现铁矿石—铁精粉—钢铁—钢铁产品的延伸转化。三要推进重大产业项目建设。重点加快推进工业园区和新材料产业、新能源产业、新型制造业项目建设。工业园区，要完善相关报批手续，争取完成主体路网框架等基础设施建设、生活区一期工程。新材料产业，重点抓好200万吨水泥、尾砂制砖、尾砂微晶石、尾砂磁化复合肥和瑞工新型建材项目。新能源产业，重点抓好两个风电、两个光伏发电项目。新型制造业，重点抓好礼信橡胶输送带建设项目，争取年内投产。

（四）发展特色现代农业，促进农民持续稳定增收。一是大力发展特色现代农业。加大新品种、新技术引进示范推广力度，加快以黍、谷、红芸豆为主的小杂粮基地建设，力争“十二五”末种植面积达到667公顷。加快三镇三乡“百村万户”干果经济林基地建设，力争仁用杏、核桃达到“双十万”亩的目标。推进“一村一品”建设，发展示范村20个。加快“一县一业”肉鸡基地县建设，实施饲料加工和种鸡孵化项目，力争发展年出栏60万只的养殖场3个，肉鸡年出栏量达到500万只。紧抓省、市“畜牧振兴计划”“四补一贴”等产业扶持政策，大力发展羊产业，力争“十二五”末饲养量达到70万只。继续培育壮大农产品加工龙头企业，在黄酒、水果玉米、小杂粮、水稻、干鲜果、畜牧加工等产业上给予重点扶持，发展无公害、绿色有机农产品，加大“三品”认证力度，壮大代县的优势产业。二是提高基础保障水平。稳定发展粮食生产，确保粮食播种面积稳定在2.3万公顷左右，力争总产量突破8500万千克。优化粮食种植结构，搞好新品种、新技术的推广和应用，实施粮食高产创建、旱作农业技术推广、测土配方施肥、保护性耕作和玉米机收秸秆还田等项目。大力开展农田水利基本建设，实施农田水利重点县建设项目、京津风沙源治理水利水保项目、农村饮水安全工程、峪河河道和王家会水库治理工程、中解水库应急除险加固工程。努力改善县乡交通状况，实施高苏线繁代界—选仁段、雁门关旅游路108线—试刀石段、雁靖大街平城—108线交叉段县乡公路改造工程。三是大力推进扶贫开发。改善扶贫方式，实施精准到户扶贫，统筹推进产业扶贫、整村推进、教育培训等扶贫项目，切实改善贫困群众的生产生活条件。抓好移民搬迁项目，确保滨河移民新区全部完工。推进百企千村产业扶贫工程，加强沟通对接，全力搞好服务，推动利益共享，调动太钢集团和县内企业的积极性，力争实施更多带动农民脱贫致富的好项目。四是激发“三农”发展活力。全面深化农村改革，着力培育家庭农场、农业合作社等新型农业经营主体。大力发展农产品销售公司、经纪人队伍，推进农产品网上交易和农超、农校、农餐对接，发展订单农业，搞活农产品生产流通。不断创新“龙头企业＋基地＋合作社＋农户”生产经营模式和利益联结驱动机制，加快农业产业化发展。积极开展农村体制机制创新，做好土地承包经营权确权登记颁证试点工作，规范土地流转市场，运行好土地流转平台，促进农业产业化、规模化、集约化发展。五是扎实办好惠民实事。认真落实各项强农惠农政策，增加农民政策性收入。在巩固新旧“五个全覆盖”和2013年省政府“五件实事”的基础上，扎实办好农村困难家庭危房改造、农村幼儿园改造、贫困人口易地扶贫搬迁、乡村清洁、新型职业农民培训新的“五件实事”。

（五）做强现代服务业，拉动城乡经济繁荣发展。一是做强做大旅游业。推进景区建设。雁门关景区继续实施生态治理工程，完成循环公路建设任务，创建国家5A级旅游景区；边塞旅游文化体验中心完成整体装修及配套设施建设。培育多样化旅游产品，扶持推动更多的旅游产品生产企业进入实质性运营。深入贯彻执行《旅游法》，维护安全、健康、有序的旅游市场秩序。加大宣传营销力度，努力打造全省乃至全国的知名旅游目的地。二是繁荣发展文化产业。大力发展文化创意、演艺娱乐、动漫制作等文化产业，推出一批反映地域特色的优秀文学、音乐、影视作品，打造中国著名的古战边塞影视文化基地。继续强化农家书屋及村级文化室建设，逐步完善覆盖全县的农村文化设施网络，积极开展“文化三下乡”活动，丰富群众文化生活。加强城乡文化场所的监督管理，深入开展打击黑网吧、侵权盗版和非法出版等活动。三是突出发展服务业。扶持发展一批规模物流企业，实施国际商贸物流城项目一期工程和盛兴铁矿粉物流中心项目，逐步整合壮大物流业，形成以代县为中心，辐射晋中、大同、内蒙古、河北等地的商贸物流循环产业链。大力发展育儿养老、家政服务等生活服务业，满足城乡居民多样化需求。加快金融、保险等服务业发展，引导、规范小额贷款公司和民营银行经营。

（六）推进生态文明建设，着力改善城乡人居环境。一要扎实推进减排治污。健全重大污染源动态监管体系，强化企业排污监管，加大环境执法力度，确保顺利完成6项减排目标任务。推进企业清洁生产，从源头减少废物的产生，实现由末端治理向污染预防和生产全过程控制转变。高度重视农村环境，突出抓好畜禽养殖污染治理。大力推进大气污染综合治理，加强PM2.5监测和防治，改善全县环境空气质量。扎实抓好环境区域整治、重点流域整治，实施峨口污水处理厂建设项目，确保滹沱河、峨河等流域水质达标、城区饮用水源地达标率100%。二要强力抓好节能降耗。抓好工业、建筑、交通运输、公共机构等领域的节能降耗工作，深入开展社会节能，加强节能技术、产品的应用推广，加快淘汰落后的生产工艺、技术和设备，大力推动传统产业优化升级。严格源头准入，制止高耗能、高污染产业盲目投资和低水平重复建设。三要加强造林绿化建设。以县城、风景区、旅游点、国省道沿线绿化为重点，全面推进各项造林绿化工程，改善生态环境，增加绿地面积。重点完成经济林建设2000公顷、生态林建设667公顷，实施灵河高速公路和大运高速公路连接线通道绿化工程，抓好雁门关风景区、新城绿化工程。

（七）改善和保障民生，全面推进社会事业发展。一要千方百计扩大就业。落实各项就业政策，全面做好大学生、退役军人、下岗职工等各类人群的就业工作。加强就业技能培训，积极鼓励、扶持各类人群自谋职业和自主创业。继续抓好雁门关创业孵化基地建设，努力打造成全县创业带动就业的品牌工程、示范基地。二要大力发展教育事业。继续加大教育投入，年内建成第三示范幼儿园、代县第四幼儿园，完成6所农村幼儿园的改扩建任务。大力实施农村义务教育营养改善工程，继续推进县镇学校扩容及寄宿制学校建设，完成好中小学图书、仪器和多媒体设备的装备工作。继续提高困难家庭学生的资助水平，扩大受助范围，全面推进教育均衡发展。提升教育管理水平，充实教师队伍，加大教师培训力度，提高教师的师德水平和业务能力，促进教育质量稳步提升。三要提高卫生计生服务水平。继续深化医疗卫生体制改革，完善基本药物制度，推进县级医院改革，全面提升县医院和乡村卫生院（室）服务水平。扎实推进计划生育各项工作。健全完善县级食品药品监督管理体制，加强乡镇食品药品监管网络、能力建设，构建横向到边、纵向到底的食品药品安全防线。四要不断提高社会保障水平。扩大社会保障覆盖面，提高各项社会保险统筹层次和待遇水平。加强劳动用工管理，构建和谐稳定的劳动关系。完善县、乡、村三级灾害救助应急体系。扩大种植业、养殖业等农业保险覆盖面。加强城乡低保工作。创新社会养老服务体系。加快推进残疾人社会保障和服务体系建设。加快保障性住房建设和危房改造，改善低收入家庭的居住条件。

（八）加强和创新社会管理，营造和谐稳定社会环境。一要狠抓安全生产。落实政府监管主体责任，落实企业主体责任。开展第三个"安全生产标准化建设年"活动，全面加强非煤矿山、尾矿库、危险化学品、冶金等领域和行业的标准化建设，强化企业生产经营活动的全过程安全管理和重点监督。改善安全生产条件，提升安全生产水平。深入开展专项整治，重点抓好矿山、危险化学品、烟花爆竹、民爆物品、道路交通、建筑施工、食品药品、超限超载及消防等重点行业和领域的专项整治。坚决杜绝重特大事故，有效遏制较大事故，努力减少一般事故，安全生产形势由持续稳定好转向根本好转转变。二要加强和创新社会综合治理。推进乡镇、村（社区）社会服务管理中心规范化建设，完善网格管理机制，夯实社会治理基层基础工作。完善社会治安防控体系，创新流动人口和特殊人群服务管理，严厉打击各种犯罪活动，切实维护社会稳定。加强和改进群众工作和信访工作，做好矛盾纠纷排查调处工作。加强应急管理工作，健全社会预警体系和应急机制，提高应对各类突发事件和保障公共安全的能力。

加快建设更具实力、更富活力、更加美丽、更为幸福的新繁峙

繁峙县县长　孔保宝

2013年，繁峙县攻坚克难、开拓创新，努力克服经济下行的巨大压力，圆满实现了全年经济社会发展预期目标。

2014年是贯彻落实党的十八届三中全会精神、扎实推进转型跨越发展的关键之年，做好新一年的各项工作，意义深远，责任重大。

一、2014年政府工作的总体要求

深入学习贯彻党的“十八大”及十八届三中全会精神和习近平总书记系列重要讲话精神，认真落实县委十二届五次全会暨全县经济工作会议精神，把握稳中求进和改革创新的总要求，全面实施市委“3581”发展战略，以党的群众路线教育实践活动为统领，把工作重心转移作为新的战略要点，进一步深化“一个理念”，创新推动“六大战略重点”，以“一区一带十大产业园区”为承载平台，以项目建设为抓手，全力保持经济稳定增长，加快转型步伐，统筹城乡发展，做大特色城镇，增进民生福祉，扎实推进经济、政治、文化、社会、生态文明建设，努力实现经济持续健康发展和社会和谐稳定，为全面建成小康社会奠定坚实基础。

二、2014年经济社会发展主要预期目标

地区生产总值增长9%，全社会固定资产投资增长20%，社会消费品零售总额增长14%，规模以上工业增加值增长12%，公共财政预算收入增长12%，城镇居民人均可支配收入增长12%，农民人均纯收入增长14%。

三、2014年政府工作重点

（一）扭住项目和投资不放松，加快产业转型步伐。一要继续打好项目建设攻坚战。在继续完善以往续建项目的基础上，重点抓好135个省、市、县重点项目，力争年内完成项目投资79.84亿元。项目建设中，继续实施“八位一体”考核办法，全面抓好各个环节的工作。加大招商力度，打出资源品牌来招商，打出区位优势资源来招商，打出优良的环境品牌来招商。继续实行“一个项目、一名领导、一套班子、一抓到底”的工作机制，做好项目工作全流程的服务，千方百计突破项目建设的瓶颈制约。二要加快传统产业转型升级步伐。以全产业链和循环经济模式改造传统产业。完成华茂公司跨区域资源配置，培育华茂的完整产业链；鼓励华茂、中兴等企业延伸产业链条，向制造业发展；加快铁矿、金矿资源整合步伐，完成鑫东、金鼎等17个矿山企业技改项目；按照繁峙冶金铸造工业园区的产业布局和设计规划启动道路等基础设施建设。同时，挖掘地方潜力，布局新项目、好项目，形成产业集聚区，力争将县工业园区打造成省级经济技术开发区。三要大力发展生态畜牧业。全力发展羊产业。重点抓好太重集团10万只现代化标准化肉羊养殖科技示范园区、程琳铁选有限公司2.5万只能繁母羊养殖示范园区和安家山万只肉羊养殖示范园区、砂河养殖园区以及两个存栏1.3万只基础母羊的种羊场养殖项目。依托大企业和规模养殖户在全县大力发展“1+5”肉羊家庭养殖专业户8000户，建设年出栏1000只以上羔羊育肥场200个，力争到2015年，全县羊饲养量达到70万只。积极稳妥发展奶山羊，引导建设标准化的羊奶加工企业。继续壮大猪产业。以雨润集团繁峙裕丰畜牧有限公司种猪基地为龙头，推广“公司+基地+农户+银行+政府”的模式，加快雨润集团养殖基地三期、育肥猪代养以及规模化育肥猪养殖示范基地等项目的建设，力争到“十二五”末，全县生猪出栏达到60万头以上。培育牛品牌。抓好银河畜牧扩建工程和富元牧业奶牛养殖新场的建设。肉牛以万锦肉牛出口基地为龙头，进一步加强与国内外大型企业的合作，对全县的能繁母牛进行改良，选育具有繁峙地域特色的肉牛品种。禽类养殖业要抓好富云牧业30万只蛋鸡、10万吨饲料场扩建工程，积极发展个体规模养殖，力争全县禽类养殖总量达到80万只。四要积极发展新能源。继续加大清洁能源的发展，推进华能新能源风力发电项目、中电投山西新能源有限公司云雾峪风电场三期项目、协合风电投资有限公司乔家窑风电场以及顺风光电投资有限公司太阳能光伏发电项目的建设，力争到2015年，风电、太阳能发电能力达到60万千瓦。五要做大文化旅游和现代物流业。大力发展文化旅游产业，突出抓好砂河旅游集散地的建设，抓好平型关关楼、关堡的修复完善以及毛主席路居纪念馆的建设、岩山寺周边环境的整治。大力发展现代物流业。鸿生物流公司要引

进人才，与市场对接，用先进的电子商务物流理念打造一流的物流园区。六要全力推进低空经济发展。积极规划繁峙县航空产业园区，加快滹源通用机场建设，尽快完成土地规划的调整、立项、科研、选址等各项工作，加大招商力度，促进年内开工建设。

（二）坚持农村基本经济制度，切实做好“三农”工作。一要抓好土地流转。将土地流转作为“三农”工作的一个重点，各乡镇在搞好土地确权登记、颁证试点工作的同时，积极稳妥地抓好土地流转工作，通过土地流转，大力发展畜牧业、小杂粮、设施蔬菜等特色农业。二要稳定粮食生产。进一步扩大种植面积、调整种植结构，全年粮食产量稳定在7800万千克。实施玉米高产创建工程，整合农业综合开发、小农水、土地整理等项目，打造集义庄、金山铺两个核心示范区和杏园等6个万亩玉米高产创建示范区，全县玉米种植面积稳定在2万公顷以上，玉米产量达到6000万千克。实施杂粮提升工程，建立4个万亩杂粮示范区（片），在砂河、横涧、柏家庄等乡镇建立亚麻籽生产基地，推动杂粮产业向“特色产品＋规模基地＋集优技术＋龙头企业＋绿色品牌”方向发展。实施蔬菜加工转化工程，依托集义庄新发地科技有限公司和绿源恒通有限公司，建立胡萝卜生产基地，力争全年转化加工蔬菜4000吨。三要继续改善农业基础条件。改善水利基础设施，重点实施好滹沱河南岸、繁城安家山水源和节水灌溉工程、羊眼河灌区末级渠系工程等项目。抓好杏园乡、集义庄乡中低产田改造和繁城镇土地开发整理项目。完成扶贫公路改造工程。实施农业机械化示范县建设项目。培育农机合作社8个，家庭农场5个，培训作业人员2500人，力争全县农业机械化综合水平达到76%。四要加大扶贫攻坚力度。全力推进太重集团在繁峙实施的10万只现代化标准化肉羊养殖科技示范园区项目。积极引导和鼓励矿山企业转型转产。对实施转型项目的金方圆矿业有限公司等10家企业要重点扶持。做好易地扶贫搬迁工作，在建移民房要加快工程进度，完善基础设施，尽快分配到户。按照精准扶贫的工作要求，开展到村到户的贫困状况调查和建档立卡工作，逐户制定针对性帮扶措施。五要大力发展特色现代农业。鼓励有条件的乡镇继续发展设施农业，重点扶持集义庄万亩现代有机农业示范园区拓展市场，完善机制，扩大规模，在全县发挥引领示范作用。各乡镇要因地制宜，挖掘优势资源，重点围绕牛羊养殖加工、设施农业、干鲜果种植、小杂粮加工、旅游开发等，发展一批“一村一品”“一乡一业”的大项目，全县新增“一村一品”专业村20个。大力培育农村经纪人，发展农副产品专门营销队伍，增加农民收入。

（三）抢抓新型城镇化战略机遇，全面提升城镇化质量和水平。一要维护规划权威。坚持规划先行，认真落实“五规合一”的要求。坚持项目跟着规划走，维护规划的权威。二要全力实施城建重点工程。重点完善县城东循环、南循环、滨河公园东延、滹源街拓宽改造等在建项目，全力实施光华街西延、南关大桥以及砂河和谐街东延、旧府路拓宽改造等新建工程。三要继续完善基础设施。县城实施东牌楼公园、西牌楼高速公路出入口美化以及市政维护改造工程，确保国家卫生城市的复审验收。抓好县城和砂河水、暖、气等基础设施建设，全县新增集中供热面积145万平方米，基本实现县城、砂河集中供暖全覆盖；完成砂河镇区铁路南部供水主管网的铺设，彻底解决砂河镇区安全饮用水的问题；实施天然气入户工程，全县天然气管网覆盖1.5万户。建立和完善市政管理长效机制。加大城中村街巷整治力度，通过市场化手段推进城区和城中村保洁一体化管理。

（四）积极推进生态文明建设，打造宜居宜业美丽繁峙。一要抓好污染减排和节能降耗。巩固“创模”成果，年内开展PM2.5的监测。开展燃煤灰尘、工业粉尘、建筑扬尘的集中整治以及机动车污染治理，实施好砂河镇污水处理管网二期和县城污水处理中心提质改造等减排工程。实施工业企业清洁生产的技术改造，有效减少大气污染物的产生量和排放量。狠抓节能降耗，推进工业、建筑、交通、公共机构等领域节能降耗。二要全力实施造林绿化重点工程。在完成好京津风沙源治理项目的同时，重点实施高速公路繁峙到砂河段、北部浅山区二期、砂河北坡森林公园二期、碧秀公园提升改造、毛主席路居馆景区等五大绿化造林工程，新增造林绿化面积4000公顷。三要全力推进乡村清洁工程。抓好乡村清洁工程，从转变生产生活方式入手，采取源头预防、过程控制、末端治理相结合的综合措施，推进农村环境根本改善。建立长效机制，将乡村清洁工程列入年度目标责任考核。

（五）以保障和改善民生为重点，统筹推进社会事业发展。一要办好人民满意教育。继续调整学校布局，农村学校较快撤并，整体规划，将1000人以上无学校的村逐步恢复办学。抓好薄弱学校建设，扶持乡村薄弱学校的建设，全面提升乡村两级办学水平。继续提高教育教学质量，继续抓好繁中、砂中教学质量的提升，实行强弱学校结对帮扶、义务教育学校校长、教师交流、城镇教师支援农村教育等工作制度，实现优质教育资源和乡村教育资源强弱联合，形成城乡协调互助发展的格局。继续加大教育投入。完善教育激励机制，继续实施“名师”评选工程。着力发展学前教育、职业教育、民办教育。二要大力发展医疗卫生事业。进一步改善县人民医院医疗条件，强化与省级以上三级医院的协作，提高诊疗水平。加快中医院建设进度，争取年内投入使用。继续推进城乡基本公共卫生服务均等化，扎实完成好43项基本公共卫生服务任务。巩固全民基本医保，整合城乡居民基本医疗保险制度，提高居民医保政策补贴，推行城乡居民大病保险。完善基本药物制度，继续对县人民医院、乡镇卫生院、村卫生室医药零差价销售实行补贴。坚持计划生育基本国策，落实一方是独生子女的夫妇可生育两个孩子的政策。三要加快文化事业发展。加强公民道德和精神文明建设。提高公共文化服务水平，组织好100场免费“送戏下乡”演出活动和4824场农村公益数字电影放映，新建村级文化活动室40个，强化乡镇文化站带动功能；抓好“三馆一院”的建设。加大全民健身运动宣传力度，完善各类健身设施，形成覆盖城乡、比较健全的全民健身公共服务体系。四要积极扩大就业。继续实行大中专毕业生到本县就业补助的政策，鼓励大学毕业生自主创业。多渠道抓好城镇困难人员、退役军人等弱势群体的就业工作。城镇登记失业率控制在4.2%以内。五要抓好保障房建设。将保障房建设和城中村、棚户区改造相结合，完成好新建675套和续建3796套保障房的建设任务。完善已建成保障房的基础设施配套工程，做好保障房分配工作。六要着力办好15件实事。

（六）强化责任落实，切实抓好安全生产工作。进一步强化责任。坚持把政府监管责任放在第一位，坚决做到综合监管、部门监管、专门监管、行业监管、属地监管的全覆盖。强化企业安全生产主体责任，真正把安全生产监管责任落实到岗位、落实到人，切实做到安全投入到位、基础管理到位、应急救援到位。严格安全风险预控管理、全员安全管理、值班管理和安全档案管理。强化专项整治。深化开展安全生产大检查，突出抓好非煤矿山、尾矿库、道路交通、危险化学品、民爆物品、特种设备、建筑施工、学校、商场等重点行业、重点领域安全生产，夯实安全生产基础。坚决遏制重特大事故，减少一般性事故。

（七）全面创新社会治理，保障社会和谐稳定。深化平安建设。严厉打击各种违法犯罪活动。深入推进以视频监控为重点的“六网覆盖”工程。扎实开展对城乡接合部、城中村、工矿区、出租房屋、九小场所、中小学校幼儿园及周边地区的集中整治，消除各种治安隐患。构建军警民联防联管机制，加强各类应急救援队伍的建设和应急物资的储备管理，不断提高应对各类突发事件的能力。推动社会治理重心下移。进一步完善网格化管理和社会化服务机制。切实加强城乡社区建设，强化基层组织作用。完善群众权益协调保障机制。加大矛盾纠纷和不稳定因素排查、化解、稳控力度，化解一批信访积案。进一步健全完善县、乡、村三级调解组织。在“六大领域”开展矛盾纠纷专业调解工作，维护正常信访秩序。

为把宁武建设成为全省
新型能源基地和特色旅游县而努力奋斗

宁武县县长　王　卓

2013年，宁武县坚持综改统领，坚持稳中求进，积极应对经济下行压力，认真实施“4484”发展战略，扎实推进各项工作，较好地完成了年初确定的各项目标任务，实现了经济社会平稳发展。

2014年是贯彻落实党的十八届三中全会精神的开局之年，也是转型综改攻坚年、项目见效年，做好2014年的政府工作，意义特别重大。

一、2014年政府工作总体思路

全面贯彻落实党的十八届三中全会和中央省市政府工作会议精神，以开展党的群众路线教育实践活动为契机，以落实省委“转型综改攻坚年”和市委“3581”发展战略为统领，紧紧围绕“4484”总体发展要求，牢牢把握稳中求进总基调，突出改革、发展、转型三大主题，狠抓项目建设和结构调整不动摇，全力推进城镇建设和扶贫攻坚不松劲，坚持改善民生和提高人民生活水平不放松，坚守安全稳定和作风底线不懈怠，振奋精神，扎实工作，改革创新，努力破解制约资源型经济转型的瓶颈，不断谋求经济社会发展的新突破，不断开创转型跨越发展的新局面，不断谱写增进人民福祉的新篇章，为早日把宁武建设成全省新型能源基地和特色旅游强县而努力奋斗。

二、2014年经济工作的主要预期目标

地区生产总值增长10%。固定资产投资增长23%。社会消费品零售总额增长13%。财政总收入增长7.2%，公共财政预算收入增长13.8%。城镇居民人均可支配收入增长12%，农民人均纯收入增长18%。城镇登记失业率控制在4.2%以内。居民消费价格总水平涨幅控制在3.5%以内。

三、2014年政府主要工作任务

（一）改革先行，抓好“三个五”的提升和创新。一是抓好五类标杆。把宁煤集团作为标杆企业，想方设法外拓市场，延伸产业链条，抓好技改提升。把煤制烯烃项目作为产业转型的标杆项目，积极推进，力争“十二五”期间落地。把阳方口煤化工产业园区作为标杆园区，加快“三通一平”建设进度。把旅游产业作为全县的标杆产业，不断完善现代旅游要素和基础设施。把凤凰、阳方口、东寨作为标杆乡镇，力争在城镇建设、招商引资、深化改革等方面取得新成绩。二是深化五项改革。创新行政运行机制改革，深入推进行政审批

制度各项工作，精简审批事项，简化办事程序，打造服务型政府；创新土地管理机制改革，继续抓好增减挂钩、矿业存量土地整合利用、露天采矿用地三项改革，保障城乡建设用地；创新投融资机制改革，积极引进民营银行，全面深化农村信用合作社产权制度改革，探索组建农村商业银行，通过"助保贷"平台，盘活中小微企业，积极发挥城投公司和旅投公司作用；创新城乡统筹机制改革，加快推进农村土地流转，探索"土地银行"模式，财政予以适当补贴，鼓励农民以多种形式参与土地流转；创新政策引导机制改革，继续完善对龙头企业、优势产业和产业园区的奖励扶助政策，引导各类产业向园区集聚，支持龙头企业发展壮大。同时，抓好国有企业改制、食品药品监督管理体制、粮食流通领域、卫生计生部门整合等各项改革工作。三是打好五个攻坚战。打好"两河治理"攻坚战，继续对汾河和恢河实施以河道治理、两岸绿化、河水净化为重点的综合治理工程；打好植树造林攻坚战，加快推进生态修复；打好土地复垦攻坚战，年内完成复垦造地667公顷；打好移民搬迁攻坚战，扶贫移民、生态移民同步推进；打好非煤产业攻坚战，坚持以煤为基，多元发展，大力发展战略性新型产业。

（二）保增长、保民生、保安全。一是保增长。（1）全力推进转型项目建设。紧紧围绕"项目见效年"，抓好项目的投产达效。抓好省市重点工程建设，2014年安排省、市两级重点工程总投资60亿元，其中，10亿元以上项目2个，5亿元以上项目3个。统筹推进"八位一体"，全面抓好项目储备、签约、落地、开工、建设、投产、考核、服务等各个环节。加大招商力度，创新招商方式，以超常之举招大商、引大资、上大项。（2）全力帮扶企业渡过难关。各级各部门要走出机关，主动服务、上门服务，重点解决好项目的竣工验收和投产达效。进一步清费立税，严禁向企业乱摊派、乱罚款、乱收费。强化服务意识，关心中小微企业，提高对中小微企业的金融服务水平，促进中小微企业健康发展。（3）全力抓好增收节支。进一步强化对重点行业、重点税源、重点税种的监管，加大稽查和清欠力度，严堵税费漏洞，确保应收尽收。降低行政成本，加强财政投资项目评审和专项资金管理，提高资金使用效益。

二是保民生。（1）尽心竭力做好教育工作。加大投入改善办学条件，充分提高教育技术装备，完善学校的管理和考核任用机制，深入开展教师素质提升工程，实现幼儿教育全覆盖，启动实施高中阶段免费教育，大力发展职业教育，办人民满意的教育。（2）千方百计扩大就业工作。统筹做好高校毕业生、退役军人、农村转移劳动力等各类人群的就业工作。落实好各项就业扶持政策，全年实现城镇新增就业1680人，完成科技培训1180人，劳动力转移培训540人。（3）切实抓好卫生工作。重点是抓好三级医疗保障和"三险"覆盖。提高县乡村三级医疗技术水平，努力实现"小病不出乡、大病不出县"，解决人民群众看病难的问题。"三险"覆盖，即城镇职工医疗保险、城镇居民医疗保险、新型农村合作医疗实现城乡居民医保全覆盖。提高新农合人均筹资水平，逐步提高报销比例，扩大报销范围，巩固和完善基本药物制度，推动基本公共卫生服务均等化，解决人民群众看病贵的问题。同时，启动公立医院体制改革，加强计划生育工作，做好疫情防控、传染病防治等工作。（4）不遗余力抓好社保工作。完善社会救助体系，稳步提高保障水平。合并新型农村社会养老保险和城镇居民社会养老保险，建立统一的城乡居民基本养老保险制度，继续推进社保"一卡通"。扩大社会保障覆盖面，做好低保、"五保"及各项社会救助工作。（5）办好五件实事。办好农村困难家庭危房改造、特困群众易地搬迁、村级幼儿园改扩建、乡村清洁工程和新型职业农民培训五件实事，确保办一件，成一件。

三是保安全。牢固树立一种意识，落实"两个责任"（严格落实政府安全监管主体责任和企业安全生产主体责任），严格三项管理（即安全风险预控管理，值班管理，安全档案管理），健全完善四大体系（即岗位责任体系，安全素质提升体系，安全监管奖惩考核体系，应急救援体系），扎实抓好五项工作（严厉打击非法采矿，扎实开展安全生产"责任落实年"活动，突出抓好重点行业领域的安全工作，继续开展打击违法采矿和地质灾害治理专项行动，深入推进创建"安全乡村""安全单位"活动）。

（三）扎实抓好"六项工作"。一是抓好产业转型升级。（1）积极发展现代农业。做大羊产业。积极推进紫云牧业羊产业园区建设，通过羊银行发展模式，带动千家万户种草养羊，使羊产业成为全县农民增收的优势产业。利用中央彩票公益金1200万元对4个乡10个村实施整村推进养羊项目，配套抓好饲草种植的加工推广工作。重点扶持30户养羊大户，争取到年底全县羊饲养量达到50万只。做强食用菌。打造怀道千亩食用菌和西马坊集约化经营两大科技示范园区，辐射带动全县食用菌产业做大做强，使之成为宁武"一县一业"的主导产业。做优小杂粮。引进优种，改良品种，扩大规模，提高产量；搞好深加工，精心包装策划，全面提高附加值；实施品牌战略，推进"三品"认证，力争毛健茶和芥菜成为中国地理特色标志的农产品。（2）坚持煤电并举，做强做大新型工业。煤炭产业重点是"抓大保好促销"。"抓大"就是要全力抓好4个骨干矿井建设，"保好"就是重点保证5个优质配焦煤矿井的生产和建设，"促销"就是积极拓宽销售渠道，全力解决好煤炭销售难的问题。电力产业重点是做好煤电、风电、太阳能发电三篇文章，继续推进煤制烯烃、同煤低热值煤发电等项目的路条争取工作，加快发展建材加工、煤机制造等非煤产业。（3）坚持多措并举，培育新型服务业。全面启动芦芽山创建国家5A级景区工作。大力振兴文化产业，充分挖掘宁武的文化底蕴和内涵，大力开发具有地方特色的旅游文化产品，全面提升景区知名度。大力发展商贸物流业，加快推进4个万吨列以上集运站建设，加快两个蔬菜物流园区建设，辐射带动全县商贸服务业快速发展，努力把宁武建设成晋西北重要的物流供应基地和商贸交易中心。

二是抓好"三农"工作。（1）提升农业现代化水平。继续推进四大优势产业，实施五大富民增收工程，加快14个乡镇的特色产业建设。设施农业上，新建集生态采摘、乡土风情、娱乐休闲和农事体验于一体的东寨休闲农业观光园区，年内基本建成。养殖业上，着力推进雨润生猪养殖园区、紫云牧业、大象清福肉鸡养殖项目生产环节的对接，力争年内全部建成投产。加工业上，提高永禾、五谷园、星星食品、田园等9大龙头加工企业的产品质量，延伸产业链条。(2)抓好农业基础设施建设。重点实施马营沟小流域和公海小流域综合治理、阳方沟坝滩联合整治、汾河源头重点水源地保护工程，李家沟、中白泉河道维护工程、流域生态建设工程，潘家湾、阳房灌区扩建工程和马家梁节水灌溉等农田水利工程，维护汾源水电站。同时，继续完善汾河源头生态园建设工程。(3)建立良好的农业经营体制。鼓励农民发展壮大专业合作社、家庭农场、专业大户。通过建立经纪人等形式激活农村市场，促进农业经济大发展。

三是抓好城乡统筹建设。(1)坚持规划引领，维护规划权威。完成县城《总体规划》的修编和《控制性规划》的编制工作。(2)不断完善基础设施，打造宜居宜业的环境。围绕“一城两镇”进一步完善城市基础设施，改善基础条件。东城新区主要是完成体育馆、档案馆、博物馆、图书馆建设并尽快投入使用，年内完成主次干道工程区域内的征收拆迁工作；西城区主要把西城新区和移民新区统筹规划，重点抓好棚户区的改造，完成城中村小街小巷硬化工程，对旧城区老旧街的下水管网进行改造，对县城主街道以及部分广场进行绿化；西北片区主要是加快新高中、新职中建设，规划建设一个移民小区和教师周转房小区。完成西北片区求学路、供水水厂及管网建设和东大街3千米供水管网铺设。提升改造滨河路，全面完工南外环，基本建成西北外环路，与灵河高速公路融会贯通。东城区人民广场续建工程要力争完工，体育场广场要通过拆迁改造，打造成开放式休闲广场。南山公园建设启动二期工程，力争把南山公园打造成具有宁武地域特色的主题公园。(3)加强城市管理，提升市民素质。巩固创卫成果。全力做好保障房建设。提高公共产品的保障机制。统筹城乡上，在实施好省委确定的农村五件实事的基础上，重点抓好移民搬迁工作，全年完成移民1000人。

四是抓好生态文明建设。抓好生态绿化，提高环境质量。重点对两片(县城周边绿化、分水岭马营海湿地公园)、两河(恢河县城段和汾河东寨段)、四线(即宁白线、旅游线、忻保高速、灵河高速四条主干线)，进行全面绿化和改造提升，全面推进县城造林绿化工程，全年完成植树造林3333公顷；以汾河、恢河为重点，严格周边区域排污管理，确保地表水和地下水环境安全。推进防污减排，搞好大气污染防治。大力推进工业污染源治理、扬尘面源控制、燃煤除尘锅炉改造、黄标车淘汰、车用油升级、天然气入户使用等工作；加强环境隐患排查，加快淘汰落后产能，加大煤炭行业和重点企业节能减排改造力度。狠抓节能降耗，进一步提高能源利用率。重点抓好两户省定千家企业(同煤阳方口煤业、宁煤庄旺煤业)和两户市属百家企业(同煤梨园河煤业、潞宁煤业)的用能监控，确保完成省市下达的节能指标任务。加强环境监测，完善应急调控机制。健全监测网络，加大数据分析和巡查抽查，完善应急预案，把发现的问题解决在萌芽状态。

五是抓好社会管理创新。大力推进平安宁武建设，完成视频监控建设，严厉打击各种违法犯罪活动，提高社会治安综合治理水平。完善突发公共事件预警和应急处置机制，健全指挥、信息、调处三大平台，提高应对突发事件能力。推进网格化管理，强化社会管理创新，不断夯实社会基层基础，有效预防和化解社会风险矛盾。

六是抓好政府自身建设。解放思想，建设创新型政府；转变职能，建设服务型政府；加强作风建设，建设效能型政府；勤政为民，建设廉洁型政府。

攻坚克难　锐意进取
奋力建设“百里汾河川、太原后花园”

静乐县县长　王　昕

2013年，静乐县坚持“扬正气、树新风、创环境、促发展”的工作主线，咬定“百里汾河川、太原后花园”的奋斗目标，扎实工作、拼搏进取，圆满完成十五届人大三次会议确定的各项目标任务，实现了“十八大”之后的良好开局。

2014年是贯彻落实党的十八届三中全会精神、全面深化改革的第一年，是完成“十二五”规划目标任务、扎实推进转型跨越发展的关键一年，也是建设富裕文明美丽和谐新静乐、推进小康社会进程的重要一年。做好2014年的政府工作，意义十分重大。

一、2014年政府工作总体思路

全面贯彻落实党的十八届三中全会精神、中央经济工作会议精神，以及省、市全委会和经济工作会议精神，把握稳中求进和改革创新的总要求，以“扬正气、树新风、创环境、促发展”为统揽，以党的群众路线教育实践活动为抓手，全面深化改革，抓好重点突破，结合“三城同创”加快城镇化建设进程，统筹推进经济、政治、文化、社会、生态文明和党的建设协调发展，奋力开创富裕文明、美丽和谐新静乐建设新局面。

二、2014年经济发展的预期目标

地区生产总值增长10%，达到23.4亿元；固定资产投资增长30%，达到60.3亿元；社会消费品零售总额增长16%，达到6.17亿元；公共财政预算收入增长18%，达到2.8亿元；城镇居民人均可支配收入增长15%，达到1.9万元；农民人均纯收入增长20%，达到5480元。

三、2014年政府主要工作任务

*（一）立足增强发展后劲，引深项目攻坚，力求在投资拉动上取得更大突破。*一是加大项目建设力度。加快推进39项省市重点工程，以项目建设的大力度推动经济社会大发展，确保完成项目储备640亿元、签约85亿元、落地39亿元、开工44亿元、建设60亿元、投产49亿元的年度目标任务。二是全力服务重点项目。全面落实国家、省市有关税费减免、信贷支持等政策措施，快捷办理支撑性文件，帮助企业解决资金、技术、人才、用地等方面存在的问题。特别是在项目建设用地上，要通过增减挂钩、盘活存量、矿业用地整合等方式，满足年度用地需求，为全县经济发展提供用地保障。三是严格项目管理考核。认真落实市政府重大产业项目分类管理制度，切实提高主要指标核算能力，确保统计数据应统尽统、及时上报。层层落实责任，以项目考核的刚性要求、有力措施，确保提前完成任务。加强环境治理，确保重点项目引得来、留得住、上得去、见成效。

*（二）强化转型综改导向，优化工业结构，力求在上档升级上取得更大突破。*一是改造提升传统产业。全力支持四大集团加快矿井建设进度，大远煤业、汾源煤业实现投产，其他煤矿完成年度建设任务。认真落实省政府煤炭开采、低热值煤发电、煤层气开发3个“20条”和市政府配套措施，坚持走煤电一体化路子，积极开展低热值煤发电、煤层气开发、坑口电站等项目的前期申报工作。鼓励发展煤炭深加工产业，提高煤炭资源就地转化率。鼓励现有企业加快技改进度，积极引进资金、引进技术，扩大规模，增强产业竞争力。二是培育壮大新兴产业。充分利用非煤矿山、天然气、风能、生物质能等清洁能源，发展节能、环保、绿色工业，提高非煤产业比重。年内，1830、龙源15万千瓦风电、生物质能发电、天然气开发、洁净改性型煤、润赢矿业石英项目全面投产，赤泥洼石灰厂、娑婆长石厂、钰鑫隆石料厂开工建设，积极培育一批以非煤资源为原材料的建材企业，力争工业产业低碳化水平明显提高。全面落实国家鼓励政策，扶持中小企业做大做强，推动民营企业在国家鼓励的新领域投资开发。三是加快发展园区产业。积极申报省级经济开发区，编制园区规划，完善配套设施，吸引项目落户。以工业化理念发展农业，加快藜麦产业园区建设，建成集特色种养加为一体的园区示范点，培育新的经济增长极。组建专门招商机构，做好项目包装，创新招商方式，加强与发达地区合作，力争引进更多项目，实现优势资源和优势资本对接。

*（三）坚持产业富民战略，发展现代农业，力求在农民增收上取得更大突破。*一是做大特色产业。狠抓藜麦、玫瑰、养羊、小杂粮种植加工四大产业，年内种植藜麦1333公顷，藜麦产业园区开工建设；玫瑰发展到1000公顷，加工厂一期工程投入使用。大力发展养羊，规划建设屠宰、皮毛、饲料加工企业，新建标准化养殖场12个，新增养羊20万只，全县饲养量达到50万只。发展特色小杂粮种植，扶持农产品龙头企业3个。加强科技管理，大力发展设施农业、生态农业、有机农业。二是健全服务体系。发展农村合作经济组织，培育农业经纪人队伍。发展订单农业，推广网上交易。加强优种培育、病虫害防治、品牌研发等科技服务。抓好藜麦、玫瑰、小杂粮、黑山羊等特色产品的地标认证、有机认证、绿色认证和QS认证，提高产品效益，打造知名品牌。三是推进扶贫开发。加快“百企千村”产业扶贫项目建设，扶持农业产业发展。巩固提升农村两轮“五个全覆盖”成果，全力办好农村困难家庭危房改造、特困群众易地搬迁、村级幼儿园改扩建、新型职业农民培训、乡村清洁工程五件惠民实事，不断推进城乡一体化建设。整合涉农资金，统筹安排扶贫项目。推动农村土地经营权合理流转，加快发展现代农业。探索新型抵押担保方式，逐步完善服务中小企业和“三农”工作的金融体系。

*（四）围绕县城扩容提质，实施“三城同创”，力求在城乡建设上取得更大突破。*一是坚持规划引领。完成县城总体规划和4个镇的总体规划，加快编制控制性详规以及各类专项规划，进一步优化城乡布局。科学设置前置条件，强化规划约束力，让城市建设在科学、规范、法制的轨道上运行。二是完善县城功能。按照“一轴两带三园九路、八个主题绿地公园”的总体思路，实施“12398”工程。改造县城管网线路，规划建设集贸市场，实施小街小巷改造，提升县城形象。实施地下人防工程，启用汾河西区已建成工程，完善配套设施。三是加强城市管理。增设环卫设施，完善管理制度，创新管理模式，建立长效机制，不断提高城市管理水平。加大监管力度，严守建设用地红线。深入开展市民教育，切实营造人民城市人民爱的浓厚氛围。以县城建设为引领，推动基础设施向农村延伸、社会事业向农村辐射、公共服务向农村覆盖，统筹城乡同步发展。

*（五）打造绿色生态品牌，发展观光旅游，力求在生态治理上取得更大突破。*一要加强生态建设。重点实施两带两线一点一片的“2211”绿化工程，完成岑山、风神山汾河沿线两条绿化带建设，完成忻黑线、宁白线两条通道绿化补植提档工程，推进岑山山地公园和风神山片区绿化。结合培育特色农业产业，扩大以玫瑰、油用牡丹、苗木等为主的花草种植，打造汾河川百里花廊、高速景观带。二是狠抓节能减排。大力推进工业污染源治理，突出抓好燃煤企业环保设施改造，加快淘汰落后产能，严格控制排污总量。加强大气污染防治，统筹推进城市扬尘、农村环境整治。加强重点企业节能监测，推进企业能效对标。深入开展社会节能，推广应用节水、节电、建筑节能、供热计量等节能产品和技

术设备。三要发展生态旅游。制定旅游规划，整合生态资源、人文资源、社会资源。加大田园农庄开发力度，力争在汾河川新发展2～3个高标准示范点，发展生态休闲旅游。

（六）高度重视民生保障，全力兴办实事，力求在统筹发展上取得更大突破。一要优先发展教育。全面实施学前教育三年行动计划。实施义务教育提升工程，强化职中基础建设，提升高中办学水平，加强教师队伍建设，努力办好人民满意的教育。二要积极扩大就业。做好高校毕业生、农村转移劳动力、城镇困难人员、退役军人等群体的就业工作。加大就业岗位开发力度，增设政府公益性岗位，加强劳动技能培训，积极帮助困难人员就业。三要完善社保体系。进一步扩大养老、医疗、失业、工伤、生育等各项保险覆盖面，整合城乡居民养老保险和医疗保险，按政策提高保障标准。逐步推行种植业、养殖业等农业保险，抵御农业风险，保障农民利益。四要发展文体事业。推进文化体制改革，加快文化产业开发，做好民间剪纸、静乐八音、静乐道情等非物质文化遗产申报工作。实施广播电视“村村通”扩面提质工程，推广使用移动多媒体、网络视听等新型电子平台。巩固农村体育场所全覆盖成果，大力开展群众性体育活动。五要提升卫生水平。加强疾病预防控制，完善大病医疗救助制度。深化医药卫生体制改革，推进城乡公共卫生服务均等化。改造两所乡镇卫生院，规划建设中医院、卫生监督所，完善村卫生室设施和服务。落实节育措施和奖扶政策，全面做好计生工作。六要创新社会管理。健全信访工作制度，规范信访秩序，有效预防和化解社会矛盾。探索农村社区管理新模式，启动社会福利服务中心、日间照料中心建设，强化农村留守儿童、妇女和老年人关爱服务。健全食品药品安全监管体制，保障人民群众饮食、用药安全。完善“天眼”工程和“三级平台、四级网络”，严厉打击“黄赌毒”等各类违法犯罪，扎实推进平安静乐建设。

（七）严守安全工作底线，突出隐患排查，力求在安全保障上取得更大突破。一是落实主体责任。完善政府监管责任、企业主体责任、岗位责任和应急管理“四个体系”，严格安全风险预控、全员安全、值班、档案“四项管理”，坚持警示教育、监督举报、重奖重罚“三项制度”，坚持“党政同责、一岗双责、齐抓共管”，企业要严格履行主体责任，确保做到投入、培训、管理、信息、救援“五个到位”。二是强化隐患排查。深入开展安全生产专项整治，扎实推进“打非治违”行动，突出抓好重点领域的安全监管，加强人员密集场所的安全防范。全面落实隐患整改、跟踪督办和复查验收责任。严格实行“一票否决”，以铁的纪律抓好安全生产。三是完善应急管理。加强应急避难场所建设，强化物资储备管理，不断提高应急处置能力和水平。健全应急档案，加强应急培训，规范应急工作程序。

开拓创新　扎实苦干
努力建设富裕、美丽新神池

神池县县长　**冯晓雷**

2013年，神池县深入开展“项目推进年”“第二个大干城建年”活动，稳增长、调结构、促改革，圆满完成年度目标任务，政府各项工作取得新成绩。

2014年是实施“十二五”发展规划的攻坚之年，是扎实推进转型跨越发展的关键之年，做好2014年的各项工作，责任重大，意义深远。

一、2014年政府工作的指导思想

全面贯彻落实党的十八届三中全会精神，按照中央、省、市经济工作会议的总体要求和市委“3581”发展战略，牢牢把握稳中求进、改革创新的总基调，以更加科学的态度，改革创新的精神，务实苦干的作风，奋力争先的勇气，围绕全面建成小康社会的宏伟目标，扭住项目不放松，坚持为民不动摇。以规模特色种植和绿色食品工业园区为着力点，加快特色农业强县建设；以农民增收为核心，加快全省高繁种羊生产基地县建设；以强财活县为着眼点，加快风电光电、煤炭集散基地建设；以民生改善为根本，加快社会事业建设；以创建国家卫生县城为抓手，加快美丽神池建设；以生态功能区试点为机遇，加快生态文明建设；以党的群众路线教育实践活动为载体，全面加强政府自身建设，努力开创神池经济社会协调健康发展的新局面。

二、2014年经济社会发展主要预期目标

全县地区生产总值增长10%，达到17.93亿元；工业增加值增长14%，达到2.05亿元；社会消费品零售总额增长15%，达到5.98亿元；固定资产投资增长25%，达到28.44亿元；财政总收入增长5.2%，达到4亿元；公共财政预算收入增长10%，达到2.2亿元；城镇居民人均可支配收入增长13%，达到18932元；农民人均纯收入增长15%，达到6156元。

三、2014年政府工作重点

（一）打造全省高繁种羊生产基地县。继续把羊产业作为"一县一业"来实施好、发展好，全面推进"1237"发展战略。"1"就是到年底全县羊饲养量突破100万只，农民人均养羊13只，人均养羊收入达到4500元。"2"就是强化县乡两级羊产业协调领导组和养羊协会的服务功能，全方位互通信息，为羊产业发展搞好服务。"3"就是建立健全科学养殖体系、防疫检疫体系、加工及品牌营销体系。通过品种改良，培育发展优质高繁种羊。建立完善县、乡、村三级防疫检疫网络，完善疫病追溯和畜产品网格化监管体系。力争已开工建设的两个10万～20万只的肉羊屠宰加工厂投产运营。不断放大地标认证效应，争取引进现代化加工企业，深度开发羊产品，进一步提升神池羊产品的知名度和竞争力。"7"就是重点抓好七项工程，包括饲草加工利用工程，科技服务工程，良种繁育工程，安全保障工程，标准化小区建设工程，网络信息服务工程，品牌创建工程。

（二）建设"一核两线"高产高效标杆示范带。一是实施"12316"特色农业工程。"1"就是"一村一品""一乡一站"建设。发展"一村一品"专业村12个，新建7个乡镇农技站。"2"就是抓好1.5万公顷（23万亩）旱作农业地膜覆盖。"3"就是发挥全县300余户农民专业合作社致富带头作用。"1"就是重点培育一批6.7公顷（100亩）以上的种粮大户和家庭农场。"6"就是实施杂粮振兴"六个一"工程，捆绑各类涉农资金推广400公顷（6000亩）膜下滴灌和400公顷（6000亩）渗水地膜。二是创建六大农产品种植基地。抓好"一核两线"高产高效标杆示范带建设，以东湖核心农业园区为示范，充分利用已建成的温室大棚，科学种植以果类、菌类为主打的鲜特果蔬，提高市场占有率和竞争力。以阳韩、西长两条公路线辐射、带动全县的农业机械化集中连片作业。创建小杂粮、油料、旱作农业"三新"示范园区，巩固好胡麻、莜麦、马铃薯、旱地杂交谷子、旱地南瓜、红芸豆六大特色种植基地。三是培育龙头企业。充分发挥六个地标认证的经济效应，加快绿色食品工业园区建设。力争长祥圆、豆制品厂、食品药品配送中心等企业尽快建成投产。争取达成与桂龙集团的合作，引进集胡麻油深加工、杂粮精包装、饲料细加工等项目，带动神池月饼产业、胡油产业、燕麦产业、羊产业、小杂粮加工产业的不断发展壮大。四是建设社会主义新农村。进一步完善农村土地流转制度，推进农村土地承包经营权流转，加快发展农业适度规模经营，切实制止耕地撂荒。深入实施"阳光工程"和"农民工培训工程"。继续实施乡村清洁工程，抓好农村危房改造，改善农村人居环境。在进一步做好省五项惠民实事、巩固新旧"五个全覆盖"成果的基础上，再建设一批示范村。

（三）加快生态文明建设。依托京津风沙源治理工程和巩固退耕还林成果工程，突出抓好"一路一环两座山"的"112"绿化工程。完善2013年2467公顷绿化后续工作。完成市政府下达的3800公顷绿化造林任务。推进水土保持综合治理、坡地梯田改造综合治理500公顷，实施京津风沙源小流域综合治理1600公顷，完成水源工程54处、节水工程15处。争取井儿上引黄工程300万立方米调蓄水库项目年内开工。力争国家主体功能实验区试点项目落地。全面推进环境综合治理，加大污染防治力度，减轻资源环境压力。

（四）实施项目带动战略。一要积极招商引资。以园区为载体，以重点企业为主体，以专业队伍为骨干，围绕六大地标、风光电开发等方面，开展与大企业、大集团的沟通、对接，力争引进大的龙头企业，完成市政府下达的签约55亿元、自主招商50亿元任务。二要推进项目建设。严格落实重点项目领导责任制和"八位一体"项目推进机制，力争完成项目储备330亿元，全面完成市政府下达的5亿元以上项目2个，3亿元以上项目3个，1亿元以上项目4个的产业项目升级任务。重点争取总投资3亿元，建设规模为20万吨的高密度均化耐火材料项目落地。三要突出综改试验。重点推进土地管理制度改革和金融创新，逐步推进重大改革、重大事项、重大项目和重大课题，全力抓好华能温家山风电等12个标杆项目。积极稳妥地推进行政审批制度、文化体制和医疗卫生体制改革，创造条件推动国有企业改制。

（五）巩固三晋风电第一县地位。加快风电建设，重点建设华能新能源温家山10万千瓦风电场项目、国电山西洁能柳沟5万千瓦风电项目、山西艾特科创五连山风电二期5万千瓦风电项目和山西国际能源坝堰梁三期5万千瓦风电项目，力争年底风电装机总容量达到14期70万千瓦。发展光伏发电产业，分类推进已签约的93万千瓦光电项目，强化项目落地。力争取得8万千瓦路条的大唐国际永祥山、大赵庄、黑草咀光伏发电项目、上海航天机电韩家洼梁光伏发电项目和山西艾特科创义井光伏发电项目核准并开工建设。

（六）推进晋西北煤炭集散基地建设。加快煤矿建设，完成山西忻州神池宏远煤业有限公司采区巷道的开拓布置，完成山西忻州神池兴隆煤业有限公司矿井一期工程建设。配套煤炭储运，帮扶神池运通煤炭储运有限公司，确保正常运营，为全县运营的煤台储备煤源。扩大运销能力，继续扩大已建成运营的5大煤炭集运站的运销规模，确保山西晋兴中通能源公司长城梁万吨装煤站顺利运营，山煤华茂煤炭运销有限公司庄儿上煤炭集运站年底建成并开始试运营，力争年底全县建成运营的煤台达到7个，发运能力突破1500万吨。利用太平庄境内神朔旧线，力争煤炭集运站及农副产品物流园区项目落地，以煤矿、储煤场、煤台的建设带动和壮大公路运输业。

（七）举全县之力创建国家级卫生县城。一要高起点规划。高起点、宽视野完善城市总体规划，高质量、高标准完成县城规划区详规，控制建筑密度，强化立体发展，增加绿地布局，植树种草，彰显人文，提升品位。二要高标准建设。全面实施“3456”工程。“3”就是做好县城主要街道的美化、绿化、亮化3项工作；“4”就是做好新建火车站站前广场，改扩建教育小区东侧休闲广场，迁址第一供热源和改造城东供水管网4项民生工程；“5”就是改扩建温岭路、国铁路、桂龙路、保险公司路、南关东街5条道路；“6”就是改造旧城区街巷600条，铺设排水管网3万米。继续做好保障性住房建设工程。三要高水平管理。抓整治，重点整治店外经营、占道经营，规范城市秩序。抓规范，整治乱占道、随意经营，整治乱贴、乱画，整治乱停、乱放，整治乱泼、乱倒污物垃圾。抓宣传，利用各种媒体强化宣传，营造良好的创卫氛围。抓长效，建立健全整治市容市貌、环境卫生、交通秩序长效机制，以治理脏、乱、差为突破口，对城市进行综合整治，着力建设城在园中、城在林中、城水相依、宜居宜业的靓丽秀美县城。

(八)加强民生保障，统筹推进社会各项事业。一要突出公共服务。优先发展教育事业，加快发展学前教育，均衡发展义务教育，努力扩大高中教育，不断拓展职业中学校企联合办学的路子；加强教师队伍建设，不断提高教育质量；抓好学校基础设施建设，新建职业中学实验实训大楼。加快发展医疗卫生事业，深化公立医院改革，进一步提升基本医疗保障和医保基金管理水平。扎实开展计生服务工作，不断提高城镇人口的计划生育管理与服务水平。积极申报神池月饼传统加工技艺为国家级非物质文化遗产。着力建设生态旅游服务基地。二要突出民生保障。加大帮扶高校毕业生、建设基层就业平台、开发公益性岗位等工作力度，推进就业再就业工作再上新台阶。建立完善社会保障体系，统一城乡养老保险制度，启动事业单位自收自支人员养老保险工作，实现养老保险全覆盖。深化国有企业体制改革。完善济困、救灾等救助体系。全面完成基层就业和社会保障服务建设项目。完成新建联通基站2个、光纤到户改装2500线、新建联通光缆、电缆管道；完成移动基站升级改造工程，推进宽带小区全覆盖。三要突出社会治理。深化平安神池创建工作，继续开展“六六创安工程”，全面建立“网格化”社会管理模式。强化信访维稳工作，落实“双首接”制度，加大积案化解力度。抓好网上信访案件的办理。调动社会力量参与信访工作，形成“全员接访”的局面，促进社会稳定和谐。四要突出安全生产。认真落实政府及相关部门安全生产“一把手”负责制。强化日常培训教育。继续加大对道路、煤矿、燃气、建筑、食品等重点行业领域的监管力度。加强应急管理，实现应急预案、应急设施、应急演练“三落实”，努力实现本质安全。

奋力建设富裕、和谐、繁荣、秀美、宜居生态旅游县

五寨县县长　**张宇光**

2013年，五寨县紧紧围绕“发展经济、优化环境、改善民生”三大工作重点，深入推进“五化”建设，较好地完成了年初确定的各项目标任务。2014年是贯彻落实党的十八届三中全会精神、全面深化改革的开局之年，也是实现“十二五”规划、推进五寨转型跨越的关键之年。我们要坚定信心，抢抓机遇，改革创新，奋发有为，推动全县经济社会发展再上新台阶。

一、2014年政府工作总体思路

全面贯彻落实党的“十八大”、十八届三中全会和中央、省、市经济工作会议精神，把握稳中求进和改革创新的总要求，紧紧抓住转型综改试验区建设的契机，以党的群众路线教育实践活动为抓手，围绕“发展经济、优化环境、改善民生”三项重点，深入推进“五化”建设，全面加强经济、政治、文化、社会和生态文明建设，加快打造晋西北物流集散地，建设全省民富县强、安定和谐、文化繁荣、山川秀美、绿色宜居的生态旅游名县，为与全市、全省同步建成小康社会而努力奋斗。

二、2014年经济社会发展的主要预期目标

全县地区生产总值增长11%，固定资产投资增长23%，社会消费品零售总额增长17%，公共财政预算收入增长10%左右，城镇居民人均可支配收入增长12%左右，农民人均纯收入增长18%。

三、2014年政府工作重点

(一)紧紧扭住项目建设，不断增强发展后劲。一是坚持“八位一体”，推进项目。进一步挖掘、筛选、储备一批符合产业政策的好项目，确保完成项目储备投资任务283亿元。创优发展环境，创新招商方式，全民

招商、以商招商、以企招商，做大本地项目，引进外地项目，确保完成项目签约任务55亿元。切实加强签约项目的跟踪服务、协调管理，全力促进签约项目落地开工，确保完成项目落地任务30亿元。及时办理土地、规划、环评、施工合同等支持性文件，努力为项目提供基础保障，确保完成项目开工任务29亿元。继续完善项目推进措施，搞好在建项目服务，确保完成省市重点工程投资33亿元。完成项目投产任务29亿元，形成新的经济增长点。二是突出产业重点，发展项目。紧紧围绕已经确定的38个省市重点项目和市政府考核的12个重点产业项目，创新推进措施，细化责任进度，全力以赴加快项目推进。未落地的项目加快完善前期手续，尽快落地。能开工的项目尽快开工建设。能建成的项目加快进度，确保投产达效。重点做好潞安集团总投资800亿元的煤炭清洁利用油—化—电—热一体化园区建设项目的协调服务，争取项目落地。积极协助华能、华电、中电电建等企业做好风能、光能发电项目的前期工作。确保花岗岩综合加工园区、生物质能发电项目、生物质型煤项目建成投产。确保煤层气液化调峰储气设施项目、神朔铁路分公司第二基地建设项目、神朔线绕行技改项目、晋西北烟草配送中心项目顺利开工。三是强化协调服务，保障项目。继续完善重点项目管理考核办法，落实“五个一”项目推进工作机制，全面加强对重点项目的协调管理、跟踪服务、监督考核，及时解决项目推进中遇到的各类难题，为项目提供全方位的优质服务，保障项目加快推进、顺利建设。

（二）全面抓好农业生产，逐步推动产业升级。一是稳定发展粮食生产。紧紧围绕玉米、马铃薯、小杂粮三大主导产业，建设连片200公顷以上玉米丰产方20个，连片200公顷以上马铃薯丰产方20个，连片200公顷以上杂粮丰产方20个，建成333公顷小杂粮种植示范区1个，333公顷甜糯玉米基地8个，200公顷谷子基地6个，66公顷红芸豆基地5个。力争全年粮食产量达到2亿千克，农民人均纯收入突破6000元。二是突出马铃薯基地县建设。继续做大做强马铃薯产业。在保证种植面积和脱毒种薯播种率的基础上，重点抓好李家坪、孙家坪、梁家坪等乡的马铃薯示范片基地建设。努力加快马铃薯种薯繁育步伐，逐步完善三级种薯繁育体系，满足农户种植需求。三是着力推进农业产业化。加快发展无公害、绿色和有机农产品，新增“三品”认证10个，确保无公害、绿色、有机食品基地保持在2.3万公顷以上。在继续扶持壮大双喜、汇丰、康宇等现有龙头企业的基础上，确保山煤五寨绿色农产品有限公司投资6亿元的绿色农产品综合开发项目、康宇公司的6000万穗甜糯玉米加工三期项目、润泽公司的2万吨马铃薯颗粒全粉项目等顺利开工建设、达产达效，全县农副产品年加工年销售收入突破6.5亿元。结合“一县一业”“一村一品”，加大甜糯玉米、马铃薯、小杂粮、中药材、蔬菜五大优势产业基地建设力度，新发展“一村一品”专业村12个、设施农业46.7公顷。建设20公顷以上的马铃薯园区6个、甜糯玉米园区5个、小杂粮园区12个、中药材园区3个、蔬菜园区3个。规划建设北园新村农副产品交易市场、东城区集贸市场，为农产品商品化搭建平台。不断完善农村社会化服务体系，新发展农民专业合作社15个，规模农产品购销组织20个，农产品营销大户50个。积极引导和规范农村土地承包经营权流转，通过转包、租赁、承包、转让等方式，完成5000公顷耕地流转任务，发展家庭农场300个，实现规模化种植、标准化生产、集约化经营，提高农业产业化水平。四是广泛推广农业科技。加大农业科技示范推广力度，切实提高农民的科技致富能力。大力引进和推广玉米联合收割机、马铃薯收获、播种机等现代化农业机具，不断提高全县农业机械化作业水平。

（三）突出发展规模养羊，快速提高农民收入。加大县财政投入力度，鼓励支持羊产业发展。积极争取省扶贫办羊产业发展补助资金260万元，扶持小河头、杏岭子等8个村的养羊产业。对规划实施的18个整村推进村，按照群众参与、政府补贴、市场运作的方式，扶持发展养羊项目。金融部门要切实加大对羊产业发展的信贷支持。国土部门要严格按照设施农业用地的有关政策管理，提倡集约、节约用地。确保2014年全县羊养殖量发展到80万只，2015年达到100万只。发展一批养羊专业合作社，建设一批标准化养殖小区。力争到2014年年底，全县规模健康养殖园区达到60个，规模养殖场（户）达到500个。鼓励和支持农民种植草玉米、草莜麦、籽粒苋等饲草作物，发展饲料加工。进一步完善县乡村三级畜牧技术服务网络体系建设。逐步建立县级畜牧专家库，为羊产业发展提供人才保障和技术支撑。

（四）强化基础设施建设，继续改善农村条件。一是加强水利建设。完成“引黄入五”调蓄水库、峤峪水库立项工作。实施农村饮水安全工程，解决13个村、3000人、1200头大畜的饮水困难。完成京津风沙源治理工程和坡耕地试点工程。补充完善山洪灾害防治非工程措施建设项目。二是改造交通路网。加快县乡公路建设，确保五阳线改造工程、东环路建设工程在国庆节前如期竣工。力争完成3条公路改造和10千米路面改造工程。三是优化电力结构。争取开工建设五寨（管涔）500千伏变电站工程，全面实施新一轮农网升级改造，完成10千伏线路新建、改建工程。四是办好“五件实事”。改造农村困难家庭危房300户，新建和改扩建农村幼儿园2所，完成2330人的扶贫移民搬迁，扎实开展乡村清洁工程，启动新型职业农民培训工作。进一步完善养老、教育、卫生事业基础设施，广泛开展全民健身运动，继续开展文化“三下乡”活动，启动实施广播电视“户户通”工程，全力抓好16个村的农村环境综合整治示范工程。五是抓好新农村建设。启动实施30个新农村重点村和1个连片示范区建设。突出抓好5个新农村样板村建设，打造精品，以点带面，提升全县新农村建设水平。

（五）竭诚服务煤炭运销，引领带动三产提质。大力优化各种环境，为现有煤炭运销企业提供宽松、良好的经营环境，确保全年煤炭发运量稳定在2600万吨以上。鼓励支持煤炭运销企业进行资源整合、技术创新、升级改造，千方百计促成本地企业与大型煤炭企业、电力企业合作，实现联合经营、规模发展。在抓好煤炭运销的同时，加快推进现代物流园区建设，认真抓好北环汽配汽贸城、北环物流中心、晋西北商贸物流园区、晋西北粮食物流中心等4个项目建设，带动商贸物流、汽修汽配、餐饮住宿等相关产业的发展。

（六）更加重视教育事业，加快教育振兴步伐。加大投入，优化教育资源配置。继续加大教育基础投入，改善县城办学条件，积极实施薄弱学校改造计划，努力实现全县教学点数字教育资源全覆盖。继续加强寄宿制学校标准化食堂建设，继续实施农村义务教育学生营养改善计划，切实加强校园安全管理，坚决杜绝校园安全事故发生。强化管理，提升教育教学质量。继续加强教师队伍管理，完善教师岗位聘任制度，发挥优秀教师的核心带动作用，推动五寨教育教学水平的整体提升。营造氛围，创优教育发展环境。营造"重教为先、支教为荣、从教为乐"的良好氛围，让全社会更加关心、关注、支持教育事业，用实际行动支持教育事业发展。

（七）强力推进市政建管，确保创卫圆满完成。坚持规划引领，维护规划权威。完成县城总体规划的评估和修编，搞好供水、排水、绿化等专项规划，完成城市防涝和燃气专项规划，确保城市建设合规合法、科学有序。加快城市建设，打造宜居县城。继续加大市政建设投入，加快推进县城"东移北扩"，改造旧城区，建设新城区。重点抓好11项市政建设工程。加强城市管理，确保创卫成功。严格土地用途管制，从严查处、打击非法占地行为；积极开展农村土地开发和整理，加快土地收购储备，加大用地指标争取力度，大力实施城乡建设用地增减挂钩项目，切实保障项目用地需求。规范市政管理执法，不断规范公共权力，全面加强城市管理执法队伍建设，有效惩处各类违规违法行为。深入开展全民"创卫"，重点规划建设好农贸市场、公厕、生活垃圾中转站、城市绿化地，改造排水管网、架空管线、居民旱厕，确保"创卫"圆满成功。加快三岔小集镇建设，在完善基础设施建设的基础上，以环境卫生整治为重点，切实改善三岔镇的生活环境，提升集镇管理水平。

（八）精心整治生态环境，努力建设美丽五寨。全面加强环境保护。实施县城污水处理厂提标改造工程，扎实开展大气污染防治，严格控制节能减排指标，进一步提升全县的空气质量。投入生态建设资金3000万元，实施8项造林绿化工程，为2015年全省造林绿化现场会打好基础。全面整顿私挖滥采。对现有的各类采砂、采矿业进行全面整顿，严格规范管理，坚决取缔非法、违法开采行为。

（九）全面加强社会管理，持续增加人民福祉。一要认真抓好安全生产。严格落实政府安全生产监管责任、企业安全生产主体责任。重点抓好道路交通、护林防火、非煤矿山、建筑施工、食品药品、危险化学品等领域的安全隐患排查，有效杜绝安全事故发生。建立全方位、全过程的安全生产纪实档案。加强监督排查，对安全生产工作不力、事故隐患问题突出的单位和个人进行严肃问责。全面加强安全警示教育，切实提高全社会的安全意识和防范能力。二要扎实抓好信访维稳。规范信访秩序，及时妥善地解决群众合理诉求。建立多元化矛盾纠纷化解机制，引导群众依法表达诉求。深入开展"大下访、大接访"活动，有效化解积案，妥善处理各类信访问题，切实维护群众合法利益。三要深入开展平安创建。全面实施"六六创安"工程，完善社会治安防控体系，依法严厉打击各类犯罪，加强社会治安综合治理，深入开展全民法制宣传教育，全力创建省级平安县。四要全面提高保障水平。认真落实社会保障政策，切实抓好就业再就业工作，确保城镇登记失业率控制在3.7%以内。进一步提高城镇职工和城乡居民养老、医疗、失业、工伤、生育等各项保险覆盖面，提高统筹层次和保障水平。提高企业退休人员基本养老金、城镇居民基本医保和新农合人均财政补助标准。严格城乡居民最低生活保障管理，完善城乡低保户、五保户、残疾人等困难群众、弱势群体的社会救助体系。全面提高社会福利中心管理服务水平。加快发展医疗卫生事业，完成县急救中心建设，充实基层医疗卫生队伍。继续实施国家基本药物制度，推进公共卫生服务均等化。强化食品药品安全监管，保障人民群众饮食用药安全。积极支持国防建设，做好双拥共建和退役士兵安置工作。抓好计划生育工作，稳定低生育水平，提高出生人口素质。

加快建设青山绿水、文明宜居、人和业兴的美好新岢岚

岢岚县县长　**侯俊生**

2013年，岢岚县迎难而上，奋勇争先，扎实推进各项工作，较好地完成了年初确定的目标任务。2014年是全面贯彻落实党的十八届三中全会精神、扎实推进转型跨越发展的关键一年，做好2014年的政府工作，

意义十分重大。

一、2014年政府工作总体思路

以中国特色社会主义理论体系为指导，全面贯彻落实党的十八届三中全会和中央、省、市经济工作会议精神，抓住转型综改试验区和扶贫开发试点县的政策机遇，把握稳中求进和改革创新总要求，以“八个年建设”为主线，以党的群众路线教育实践活动为引领，以创建国家卫生县城为抓手，坚持生态发展、特色发展、务实发展，切实加快产业转型步伐，持续推进产业化扶贫工作，着力加大开放引进力度，深入推进城乡一体化建设，不断加强党的建设，为建设青山绿水、文明宜居、人和业兴的美好岢岚而努力奋斗。

二、2014年经济社会发展的预期目标

地区生产总值增长11%，固定资产投资增长23%，社会消费品零售总额增长15%，公共财政预算收入增长15%，城镇居民人均可支配收入增长10%，农民人均纯收入增长15%。

三、2014年政府工作重点

（一）突出创新驱动，加快转型跨越。一是推进10项重大改革。推进行政体制和政府机构改革，提升行政效能和公共服务水平；深化社会保障制度改革，推进城乡养老、医保一体化；加快集体林权制度改革，建立责权明确、流转规范的现代林业产权制度；构建新型农业经营体系，探索家庭经营、集体经营、合作经营等共同发展的农业经营模式；加快农村土地承包经营权流转，发展种养能手、农业专业合作社、专业大户等新型经营主体；完善促进就业长效机制，制定落实各项就业扶持政策；加快县公立医院管理体制、运行机制和补偿机制改革，建立科学的医疗绩效评价机制和适应行业特点的人才培养、人事薪酬制度；完善金融服务体系，发展新型金融机构，加大“助保贷”融资力度，扶持中小微企业健康发展；完善县级机关和乡镇责任制考核，推动全县各项事业又好又快发展。二是抓好10个重大事项。抓好项目建设、煤焦产业两个事项，发挥好项目支撑和产业带动作用；抓好生态建设、羊豆品牌、扶贫开发、农业生产能力建设等4个事项，打造绿色岢岚，夯实“三农”发展基础；抓好交通事业、公用设施、住房保障、创卫工作4个事项，全面改善城乡环境，整体提升县城形象。三是落实10个重大项目。晋兴奥隆新型建材项目年内投产，阳煤集团晋西北园区煤制天然气项目开工，加快易达洗煤厂及配套铁路专用线、兴茂侏罗纪铁路专用线项目、大唐大阳坡和龙源大涧风电项目建设，抓好周通农业、山阳药业、潞岚农牧百万只养羊项目及220千伏输变电工程项目。四是开展3项重大课题研究。着眼晋兴奥隆、阳煤集团煤制气项目的引进，就吸纳劳动力开展适合岢岚的城镇化模式研究；围绕发展现状、产业结构、基础建设等，开展县域资源的普查研究；依托周通绿色农业生态开发项目建设，就岢岚农业产业化的发展方向、运行机制、综合开发模式进行系统研究。通过三大课题的研究，探索岢岚经济社会长远发展的新路子。

（二）突出项目见效，加快产业振兴。一是实施项目带动。认真落实县委“工程项目见效年”部署，完善“八位一体”推进项目机制，全力以赴抓项目、谋跨越、促转型，全年规划各类项目212个，总投资213亿元，年度计划投资44.6亿元。二是优化产业体系。以阳煤集团煤制气和鑫宇焦化液化天然气项目带动发展煤化工产业，以易达、福耀、山煤、万达、观音堂、同煤等铁路专用线项目带动煤炭物流产业，以大唐、龙源风电和光伏发电项目带动清洁能源产业，以周通农业生态开发和山阳药业沙棘黄酮等项目带动农业综合开发产业，以晋兴奥隆水泥、石材加工等项目带动新型建材产业。通过优化产业布局，促进三次产业均衡发展。三是加快园区建设。胡家滩煤焦镁化工业园区要继续完善功能，主动融入阳煤集团清洁能源产业园区，承接下游和相关产业。加大安塘煤炭运销加工集中区煤炭发运，辐射带动周边洗选煤厂，形成开放互补的产业集中区。加快高家会园区入园的3个项目建设进度，同时扩大规模吸纳新的产业项目。依托山西易达等铁路专运线项目规划建设宋家寨煤炭物流园区。依托晋兴奥隆水泥项目规划建设大聚会新型建材工业园区。四是提升服务水平。领导带头抓项目，将全县18个省重点、28个市重点和16个县重点项目全部落实联系领导；工作倒逼抓进度，实行工作倒逼，确保协同推进；改进作风抓服务，切实帮助企业解决项目建设中存在的困难和问题；督查观摩抓落实，定期研究推进项目工作，公开通报项目建设进度，确保项目建设的质量和实效。

（三）突出“三农”发展，加快增收富民。一是稳定粮食生产。认真贯彻中央1号文件及省市强农惠农富农政策。大力实施农田水利建设。大力发展高效农业。建设万亩高效农业科技示范园区，实施6667公顷地膜覆盖工程，培育12个“一村一品”示范村，实施红芸豆“111”出口基地建设。二是振兴畜牧业。制定出台加强畜牧业发展的意见。加大品系培育力度，发展规模养殖，推广高产饲草，打造晋岚绒山羊品牌，提升畜牧业的整体竞争力。三是发展生态林业。全面实施以一区、两线、三山为主的“123”林业重点工程，完成营造林任务3000公顷。创新林业体制机制，建立林业产权交易中心平台，拓宽林业投融资渠道；稳步推进林权流转，扶持集约经营、规模经营、产业经营，提高规模效益。四是推进农业产业化。扶持山地阳光、暖神绒毛、普利丰、芦峰食品等本土企业，推进红芸豆、沙棘的精深加工和绒山羊皮毛绒肉的一体化开发，延长产业链，提高附加值。依托新引进的潞岚农业羔羊育肥园区、芦芽春红芸豆综合加工项目、周通绿色农业生态开发项目、方圆农副食用菌种植项目、大洋育肥羊全价料项目，进一步加快农业产业化进程。

（四）突出机制创新，加快扶贫攻坚。一是扎实推进扶贫项目。“百企千村”产业扶贫开发，实施潞安“百万只羊”工程，扶持规模养殖场和重点繁育户。片区开发，利用3000万元集中连片特困地区扶贫资金，在岚漪镇、大涧等4个乡镇养殖绒山羊1万只、生态绿化400公顷。整村推进，投资400万元在水峪贯、西豹峪等6个乡实施养羊项目。移民搬迁，完成1000人的移民搬迁任务。雨露计划，资助高职生和中职生1540

名，每人一次性补助1500元，中专生每生每年享受国家助学金1500元。项目争取，千方百计争取各类扶贫项目，跟进落实整村推进、移民搬迁、"一村一品"产业项目资金和教育扶贫资金。二是创新扶贫开发机制。对全县贫困户进行摸底调查，逐户制定帮扶措施，实施精准扶贫。坚持领导干部包村、机关定点扶贫和企业帮扶制度，做到人员、工作两个到位和项目、措施、帮扶资金、增收计划四个落实。依托"千村万人培训计划"，开展职业农民培训1000人，科技带头人培训2000人，农村劳动力技能培训600人，另外要对全县规模养殖户进行饲养管理技术培训。

（五）突出创卫主题，加快城市建设。一是完善城镇发展规划。稳步实施"大县城"战略，辐射带动集镇、中心村协调发展，逐步构建以县城为中心的"X"型城镇体系格局，促进人口向县城集中、产业向园区集聚、特色在县城体现。确立规划权威性，确保城市建设高起点规划、高水平建设，逐步把岢岚打造成集黄土风情、边塞风光、绿色生态于一体的山水园林宜居城市。二是推进县域中心建设。按照"一核两心两轴两带五片区"的布局规划，不断拉大框架，优化结构，提升功能。优化4条外循环，改造城周国道209线、岢大线、东外环、北外环4条道路，同时建设神舟高速出口景观林区，打造县城三入口的迎宾大道和绿色长廊；改造城区路网，对城区七横五纵23条街道15千米的街巷路网进行大规模改造。加快城市生态建设，不断增加城区绿地面积，实施绕城岚漪河、北川河的河道综合整治项目。三是积极推进小城镇建设。抓住三井镇列入全省"百镇建设"工程的契机，不断提高承载功能和城镇品位，逐步将三井建成人口集中、产业发展、辐射北川的县域次中心、特色小城镇。四是提升城市管理水平。加强综合整治，巩固"三项治理"成果，加强重点区域、关键环节、难点部位的集中整治。提高市民素质，加强宣传教育，提高文明素养。加强爱国卫生工作。加强环境保护，加快工业污染源治理，加强城区大气污染集中整治，启动污水处理厂提质改造，治理城区主干道噪声污染和工地扬尘污染，确保城区环境质量明显提升。

（六）突出民生保障，加快协调发展。一是优先发展教育事业。加快发展学前教育，巩固提高义务教育，创新发展高中教育。引深教育信息化，加快优质数字教育资源全覆盖。加强教师队伍建设，提升业务素质。创建平安校园，实现安全教育课程化、安全演练系列化、安全管理制度化。深化素质教育，促进学生全面发展。二是大力发展文化事业。加强文物保护开发，争取北寺塔、南山雁塔、毛主席路居馆列入全省文物保护单位。实施新农村文化惠民工程。推进文化产业发展，加快旅游文化资源开发，支持鼓励文化企业和文艺团体健康发展，丰富人民群众文化生活。加强文化执法，净化文化市场。发展体育事业，提倡全民健身，广泛开展群众性体育活动。三是稳步发展卫生事业。继续推进公立医院改革，药品实行零差价销售；完善社区和乡村卫生服务体系，积极推进基本公共卫生服务均等化；理顺食品药品监督管理体制，加大对重点领域和环节的监管力度，营造安全放心的餐饮、食品和用药环境；做好人口计生工作。深入推进"三晋康家"工程，依法征收社会抚养费，规范流动人口管理工作。四是完善社会综合保障。稳定和扩大就业，城镇新增就业1549人，完成各类就业培训1552人，转移农村劳动力1519人。扩大失业保障范围，参保人数4100人，基金征缴150万元。实施城乡低保提标工程，加强乡镇敬老院建设和规范化管理。抓好城乡医疗救助、救灾救济工作，落实好各项优抚政策。加强残疾人工作，落实"阳光家园"计划和基层党组织扶贫助残工程，实施关爱残疾人健康的一系列行动。五是加强住房保障。提高保障性住房入住率，切实解决好以扶贫移民户为主的农村困难人群、以下岗失业人群为主的城镇低收入群体的住房困难。完成201套公租房建设、600户农村危房改造、153套棚户区改造工程。

（七）突出和谐稳定，加快安全发展。一是加强安全生产。加快安全生产"四四三"体系建设。严格落实政府监管和企业主体责任。抓好重点行业重点领域的安全生产，组织开展危险化学品、易燃易爆、道路交通、建筑施工等方面的专项治理。加大安全生产事故责任追究力度，坚决遏制和杜绝重特大安全事故的发生。二是加强信访稳定工作。妥善处理各类信访问题，及时把不稳定因素解决在萌芽状态。完善矛盾大调解工作机制，规范信访秩序，建立多元化矛盾纠纷化解机制，切实维护群众合法利益。三是加强社会治理。着力加强社会稳定风险评估，有效预防化解社会矛盾。完善社会防控体系，强化公共安全管理，开展社会治安专项整治，保障人民安居乐业。

加快建设富裕文明、开放和谐充满活力的新河曲

河曲县县长　李旭清

2013年，河曲县坚持稳中求进，稳中有为，真抓实干，攻坚破难，总体完成了年初确定的目标任务，县域经济实现平稳较快发展，为转型跨越发展打下坚实基础。

2014年是贯彻落实党的十八届三中全会精神、全面深化改革的开局之年，是实现"十二五"规划目标的关键之年，也是全面落实"1266"工作思路、推动县域经济转型跨越发展的奋进之年。做好2014年的政府工作，意义深远，责任重大。

一、2014年政府工作总体思路

深入贯彻落实党的"十八大"、十八届三中全会和中央、省、市经济工作会议精神，紧紧围绕市委"3581"发展战略，坚持科学发展为主题，转变经济发展方式为主线，牢牢把握稳中求进的总基调，紧紧抓住全面深化改革的战略先机、综改先行先试的政策先机、沿黄区域合作的发展先机，全面推进"1266"工作思路，用战略思维统揽全局、用创新思维推动发展、用问题思维攻坚克难、用底线思维掌控局面、用辩证思维统筹兼顾，以敢于担当、敢为人先的精神，紧跟大势，乘势而上，赢得发展制高点和主动权，努力把河曲建设成为富裕文明、开放和谐、充满活力的黄河晋陕蒙三角区经济文化中心。

二、2014年经济社会发展主要预期目标

地区生产总值增长10%，固定资产投资增长20%，社会消费品零售总额增长14%，公共财政预算收入确保完成市级任务，力争增长10%左右，城镇居民人均可支配收入增长12%左右，农民人均纯收入增长13%以上。

三、2014年政府主要工作任务

*（一）突出质量效益稳增长，谋划转变发展方式的新篇章，在产业转型升级上开新局。*一是按照"八位一体"要求，全力抓好重点项目建设。常态化开展"项目服务月"活动，确保"八位一体"全面落实。全年安排省、市重点工程45个，安排A类考核重大产业项目9个。积极推进神华低热值煤发电一期、二期、神华国能河曲电厂三期、黄柏煤矿、河曲区块煤层气勘探、振钢天然气加气站等能源项目，加紧筹备和建设山煤低热值煤综合利用循环工业园区、桃园华川二期选煤等循环经济项目，按进度完成"五馆三院"、保障性住房、回迁楼、城市热电联供管网、城市集中供气管网等民生基础设施项目，启动实施黄河大街与高速公路连接线、益民北路等道路工程，开工建设五沙铁路、河曲电厂二期运煤专线等铁路项目，努力保持固定资产投资的有效增长和重点项目的顺利推进。同时，把推进项目见效作为应对经济下行压力的重要手段，从政策、资金、技术、人才、环境、报批等各个环节给予便利并提供优质服务，确保项目进得来、留得住、发展好。二是按照板块经济布局，加快构筑煤电化产业集群。着力提升改造传统产业，全力支持神华上榆泉、晋神沙坪、晋神磁窑沟、神达惠安、神达麻地沟煤矿建设现代化矿井，完成年度改造达标任务，山煤旧县、神达梁家碛、煤运猫儿沟3个露天煤矿按要求完成年度建设任务。全力服务工业企业，支持同德化工、中天隆水泥、中通管业等企业改造升级，规模发展。着力延伸煤炭产业链条，提高煤炭资源就地转化水平，支持所有煤矿配套建设洗煤厂，协助煤炭企业报批洗选煤项目；支持已建成的洗选煤厂开足马力生产，提高煤炭洗选率。坚持走煤电一体化路子，帮助神达梁家碛煤矿、黄柏煤矿做好电力项目的配套工作，支持神华上榆泉煤矿、山煤旧县露天煤矿建设电力项目。着力培育煤电化新型产业，吸引粉煤灰、煤矸石转化、煤层气开发利用、煤炭物流园区、煤炭信息服务、新型煤化工等与煤炭有关的上下游项目、关联项目落户，引导和推动资金、设备、技术、人才等生产要素向五大产业园区集聚，进一步做大做强园区经济。三是按照"西部门户"建设定位，加大招商引资力度，激发多元资本的投资活力。财政增加"助保贷"基金200万～300万元，落实扶持民营企业发展的政策措施，鼓励和引导本地中小企业参与各领域投资经营，围绕大企业大集团，开展协作配套；围绕龙头企业，延伸和壮大产业链；围绕优势产业，大力发展特色产业集群。全力促进旅游产业发展，积极筹备重点旅游项目。积极发展货运物流服务，争取开工建设豪德物流园区、豪德商贸中心和开元路大型仓储物流中心，

推动佳佳乐、万家福日用品消费配送中心向农村发展。充分利用科技、电子商务等新型商贸业态，鼓励、引导、发展新型物流业态，建设面向呼包鄂榆开放、辐射周边、宜居宜业宜游的“桥头堡”。

（二）突出扶贫攻坚抓增收，谋划农业产业化的新篇章，在农民增收致富上开新局。一是培植农业支柱产业片区。抓好“一村一品、一县一业”产业基础建设。重点建设以赵家沟为中心的脱毒马铃薯示范园区，打造辐射高山区、半山区的脱毒马铃薯繁育推广基地，培育特色产业品牌；积极推进唐家会（设施农业科技园区）、南元（农业科技示范园区）为主的“一园两区”高效农业示范园区，推广和扩大沿河乡镇瓜果蔬菜高效农业板块；大力支持以富硒农业为主的糜谷豆薯杂粮农业，建设以土沟为中心的山区生态农业示范园区，延长种养加产业链条。二是强力推动羊产业发展。以企业自繁型、农企合作型、大户聚集型、合作社整村推进型为重点，创新羊产业发展模式，以奖代补给予扶持，积极探索政府、企业、金融、合作社“四位一体”产权经营机制，种羊与肉羊同步发展，新建50个羊专业合作社（养殖场），10个规模养羊小区，羊饲养量达到33万只，让羊产业尽快成为覆盖农村的致富产业。鼓励和扶持发展传统养殖业和渔业，抓紧抓好重大动物疫病防控。三是加大扶贫开发工作力度。整合涉农资金，实行扶贫政策、规划、资金和帮扶“四到村、四到户”。完成10个村的彩票公益金整村推进项目建设任务，加快东兴社区、北元移民小区建设进度，贫困人口易地搬迁1500人，力争减少贫困人口7000人。协助煤炭企业完善推进机制，有序推进矿区移民搬迁。加大智力扶贫力度，力争全年培训3.5万人次，新增转移就业6880人，转移农村劳动力2580人。推进百企千村产业扶贫，鼓励所有的县内优势企业投身参与扶贫产业。加快山煤河曲9万吨乳制品项目及奶源基地建设，争取保利文化产业扶贫项目早日实施，扶持发展一批带动能力强的扶贫产业项目，积极培育农民持续稳定增收的更多渠道。四是强化农业产业服务能力。进一步培育壮大振钢化工、河滩饲料、圣达淀粉、莲芯硒美、晋北牧业、兴农科技等涉农企业，打造一批带动能力强、市场前景广的农业龙头企业。积极开展“三品一标”登记认证和商标注册，打造河曲特色的优质农产品地域品牌。强化农业科技支撑体系建设，着力抓好种子、种苗、种畜、种禽“四种”培育工程，增强农业技术服务基层能力，加快农业机械化进程。构建新型农业经营体系，引导农民进行土地流转，大力培养和发展家庭农场等新型经营主体，扶持培养职业化新型农民，抓好农产品营销平台建设，全面提高农民市场组织化程度。五是加快农田水利基本建设。以引黄灌溉和“一村一井”节水灌溉为依托，构建覆盖全县农业用水的“灌溉小水网”；改造提升沿黄3333公顷水浇地，发展膜下灌溉67公顷；新建节水工程26处，水源工程58处；实施人畜饮水安全工程，解决19处4900人的饮水安全问题。实施王寺峁旧坝加固工程和朱家川河道治理工程。新建改造10千伏供电干（支）线17.3千米，低压线路17台区8.8千米，保障农业用电，提高农业综合生产能力。

（三）突出生态文明城镇化，谋划统筹城乡发展的新篇章，在建设美丽河曲上开新局。一是突出扩容提质，推进城市建设。全力推进三大板块建设，重点抓好“65332”市政工程。旧城区重点推进南元村城中村改造。中心区重点加强城市管理，完善市政服务功能。新城区主要解决整体开发、规范建设的问题，年内主要完成配套地下排水、排污、供暖管网，启运二级汽车客运站。二是突出依法有序，强化城乡管理。坚持规划引领，严格完善执行各项规划。落实好网格化监管责任，下大力气整治违法违章建设行为。坚持长效管理，巩固扩大“创卫”成果，强化属地管理责任，深入推进城乡环境卫生清洁工程，建立健全卫生保洁机制和市场、交通、建设秩序运行机制。坚持问效问责，严格控建拆违和长效保洁考核，推动城乡规划、用地、环卫、绿化等管理的效能化和制度化。三是突出集聚效应，助推城镇发展。引导推动新型化工业、产业化农业向这些城镇集中，逐步培育产业集聚、用地集约、人口集中、特色鲜明的小城镇。在巩固两轮“五个全覆盖”的基础上，落实好“五件实事”，完成新农村建设重点推进村任务。强化农村客运管理，实施好农村公路安保工程，进一步强化城乡交通基础设施建设。重点支持楼子营镇的“创卫”活动，迈出特色小城镇建设的实质性步伐。四是突出生态建设，提高环境质量。深入推进城区绿化、李家峁造林工程、神树咀生态建设3项重点工程，和灵河高速、沿黄公路、韩（家楼）禹（庙）公路3条公路绿化工程，启动实施三大露天煤矿矿区绿化，创建省级园林县城和省级林业生态县。全年新增绿化面积4967公顷。加大矿山地质环境的恢复治理，完善矿山环境恢复治理保证金提取使用管理，启动采煤沉陷区治理，防治地质灾害，改善生态环境。完成水土流失治理4000公顷。五是突出节能降耗，注重资源节约。继续推进建筑节能改造。严格执行阶梯电价、阶梯水价制度，落实万元生产总值能耗核算制度。提升污水处理厂中水回用效率。加强河道采砂规范化管理。严守耕地保护红线，确保全县耕地总量动态平衡、用途不变。六是突出治污减排，优化生存环境。加大环保执法监察力度，严查各类环境违法行为。严格神华国能河曲电厂、中天隆水泥烟气脱硝的环保监督，加强露天煤矿的环保现场监督和扬尘污染治理，从源头上杜绝污染物排放。全面常态化开展集中式饮用水源监测管理，保障饮水安全。深入推进乡村清洁工程，抓好农村环境的连片整治，减少农业面源污染。

（四）突出以人为本保民生，谋划社会事业协调发展的新篇章，在推进共建共享上开新局。一是优先发展教育事业。合理调剂区域师资编制，适度加大教育经费投入，合理配置教师、教学设备等资源。加强教育教学管理，强化师资、师德建设，促进各级各类教育均衡发展。落实好第二轮学前教育三年行动和城乡学校共建计划。继续实施营养改善工程以及寄宿制学校免住宿费等制度。二是提升医疗服务水平。深化医药卫生体制改革，全面落实基本公共卫生服务均等化各项工作。县医院综合住院楼争取年内启用。加快推进城镇人口信息网格化管理，强化优生优育和人口管理服务，持续稳定低生育水平。三是千方百计扩大就业。落实就业扶持政策，搞好职业技能培训，创新重点项目用工综合服务平台，为落户河曲的大型企业提供优质的人力资源和用工保障。积极创造就业条件，鼓励高校毕业生、返乡有志青年自主创业、自谋职业，以创业带动就业。四是完善社会保障体系。扩大社保覆盖面，提高社保标准，整合城乡居民基本养老保险制度和城乡居民医保制度。提高农村“五保”对象供养补助标准，建立一级重度残疾人护理补贴和贫困一级重度残疾人生活补贴制度。完善弱势群体救助体系建设。继续实施碘盐免费供应全覆盖。五是改善城乡住房条件。继续抓好住房公积金的归集和服务。开工建设公共租赁住房110套，城市棚户区改造100套，农村危房改造300套，新增廉租住房补贴150户。按政策将保障性住房落实到户，切实解决城市低收入家庭住房困难问题。六是积极发展文体事业。认真做好“河曲三宝”的传承和创新，激励西口文化作品创作，振兴二人台地方剧种。实施全民健身计划，做好图书馆、文化馆（站）免费开放工作，广泛开展“文化下乡”活动，不断丰富群众文体生活。

（五）突出安全维稳强基层，谋划和谐稳定发展的新篇章，在社会管理创新上开新局。一要坚守安全底线。强化主体责任落实，完善企业生产责任体系。强化隐患排查整治，持续开展覆盖各行业、各领域的安全生产专项整治，扎实推进“打非治违”行动，管控好、整治好重大危险源和重点领域、重点行业。强化应急体系建设，完善应急管理体制机制和预案体系，提高应急事件的预防和处置能力。强化安全生产培训，强化基层基础建设，切实提高综合监管水平。二要深化平安创建。加强社会治安综合治理，提高视频防控网络监控范围，完善基层社会服务管理体系，进一步提高平安建设水平。推进“六五”普法宣传教育。强化矛盾纠纷排查化解，健全和完善重大决策社会稳定风险评估机制，畅通和拓宽群众诉求表达渠道，有效预防和化解社会风险矛盾。三要优化发展环境。培育和弘扬社会主义核心价值观，引导群众自觉做良好道德风尚的建设者、社会文明进步的推动者。进一步加大交通秩序管理力度，严厉打击各类交通违法行为；加强短途非法超限超载治理，维护交通和运输秩序。进一步规范市场经营秩序，深入开展文化、农资等市场专项整顿，强化食品药品监管。进一步优化生产经营环境，营造和谐有序的发展环境。

务实奋进　开拓创新
全面建设经济繁荣、环境优美、社会和谐新保德

保德县县长　**郭新生**

2013年，保德县紧紧围绕建设“三晋新型工业强县、中西部物流集散地、优秀宜居宜业城市”的总体目标，深入开展第二轮“项目推进年、农民增收年、城市建设年、作风转变年”活动，扎实推进各项工作，总体完成年初确定的目标任务。2014年是深入贯彻落实党的十八届三中全会精神、全面深化改革的第一年，是实现“十二五”奋斗目标、加快转型跨越的关键之年。

一、2014年政府工作指导思想

全面贯彻落实党的“十八大”、十八届三中全会精神和中央、省市一系列决策部署，按照县委十三届五次全体（扩大）会议要求，牢牢把握“稳中求进、改革创新”的工作总基调，以党的群众路线教育实践活动为抓手，继续大力开展“项目推进年、农民增收年、城市建设年、作风转变年”活动，着力推进“文明保德”和“平安保德”建设，促进经济持续健康发展，保持社会和谐稳定，在全面建设“三晋新型工业强县、中西部物流集散地、优秀宜居宜业城市”的新征程中迈出坚实步伐。

二、2014年经济工作主要预期指标

地区生产总值增长9%，固定资产投资增长20%，社会消费品零售总额增长14%，公共财政预算收入增长10%左右，城镇居民人均可支配收入增长12%左右，农民人均纯收入增长13%以上，城镇新增就业2149人，城镇登记失业率控制在4.2%以内，居民消费价格总水平涨幅控制在3.5%左右。加强对各项主要指标的统筹平衡，完成市下达的各项约束性指标。

三、2014年政府工作重点

（一）大力推进转型综改区建设。一是扎实做好顶层设计。认真落实转型综改三年实施方案和2014年行动计划，继续创新“五规合一”规划统筹协调机制，切

实抓好重大改革、重大事项、重大项目、重大课题。二是推进重点领域改革。深化行政审批制度改革。进一步简政放权，认真做好审批权限下放的承接工作，优化办事程序，缩短审批时限，提高行政效率。完成政府机构改革。完善政府机构职能配置，严格控制机构编制。加快事业单位分类改革。深化农村改革。鼓励发展家庭农场、专业大户、农民合作社等新型经营主体，有序推进农村土地流转，开展农村土地承包经营权确权登记颁证工作。深化工商登记制度改革。同时，进一步深化土地利用、户籍制度、国有企业、财税体制、科技创新、民生领域等方面的改革，提高服务经济社会发展的水平。三是深化金融领域创新。规范政策性投融资，做实投融资平台。引导民间资本进入金融领域，依法设立村镇银行、投资担保公司等金融机构。严厉打击各类非法集资活动，规范小额贷款公司放贷行为，有效防范金融风险。四是继续扩大开放引进。发展“飞地经济”，加快产业集聚区建设，积极融入山西、陕西、内蒙古“金三角”经济圈。扩大与驻保企业、周边县市、发达地区的合作，落实好各项战略合作协议。主动参加各类招商引资活动，加大引资、引智、引才力度，真正引进一批具有引领带动作用的大项目、好项目。

（二）坚定不移推进项目建设。一要狠抓重点工程建设。继续坚持“八位一体”工作机制，进一步创新举措、创优环境，确保完成项目储备965亿元、签约80亿元、落地51亿元、开工31亿元、建设72亿元、投产66亿元的任务。按照省市“项目见效年”的总体要求，全年安排省、市、县重点工程60项，其中，省重点工程8项、市重点工程21项、县重点工程31项，总投资318亿元，年度完成投资73亿元。牢固树立“产业第一、项目至上、企业为重、服务为本”的理念，认真解决项目建设中的突出问题，促进固定资产投资持续增长和县域经济健康发展。二要发展煤电铝化板块。煤炭产业，重点加快煤炭企业提升改造和相关产业联动循环发展。年内，同舟、晋保、望田三座矿井要竣工投产，金山、芦子沟、王家岭三座矿井要进入联合试运转，力争全年煤炭产量达到2000万吨。兴保地方铁路要完成路基、桥梁、隧道、涵洞等主体工程，加快推进3000万吨煤炭集运站，同时启动王家岭至冯家川长距离带式输送系统工程。东恒煤业物流园区和王家岭运煤专线要投入运营。电力产业，力促国新能源2×60兆瓦煤层气发电、神华中机电33兆瓦瓦斯燃烧发电两个项目建成投产，争取王家岭2×350兆瓦低热值煤发电项目开工建设。铝产业，加快同德氧化铝项目建设，争取国庆节前后联动试车；启动山东信发集团200万吨氢氧化铝及配套建设项目。化工产业，海通日处理50万立方米煤层气、国新能源日处理60万立方米煤层气液化项目要开工建设，百盛新能源蓄电池项目要建成投产。三要加快推进园区建设。按照现代园区建设理念，做好保德经济开发区及“一区四园”的规划设计、前期报批工作，加快杨家湾铝电建材工业园区、王家岭煤化工循环工业园区、义门工业园区以及冯林韩农业产业园区建设，早日打造为对外开放的高地和新的经济增长极。四要发展壮大民营经济。认真落实支持中小微企业发展政策，加快资源型企业转型项目建设，新培育中小微企业28个。推动民营企业建立现代企业制度，支持企业做大做强。做好清费立税工作，切实减轻企业负担。

（三）进一步做好“三农”工作。一要提升农业综合生产水平。加强农田水利建设，新建林遮峪、土崖塔两个小水网，新打机井22眼，大力发展节水农业。严守2.3万公顷耕地保护红线，划定永久农田。实施土地开发复垦整理，新增耕地133公顷。加快建设667公顷优质玉米、667公顷优质马铃薯、1334公顷特色小杂粮基地，确保粮食产量稳定在3500万千克以上。二要加快发展特色现代农业。畜牧产业，大力发展羊产业，推广籽粒苋种植133公顷；建设养殖小区3个、规模养殖示范场10个，培育科技示范户30户。蔬菜产业，完成老旧温室大棚修复改造，提高生产能力。小杂粮产业，积极培育营销主体，发展10个农产品购销组织和30个营销经纪人大户。“两红一核”产业，栽植核桃66.7公顷，打造667公顷优质红枣基地，建设康熙枣园二期工程。三要不断壮大农业龙头企业。引导每个乡镇建设1个龙头企业，推动龙头企业扩规、提档、增效，力争销售收入达到3亿元以上。重点抓好西府海棠酒业、林遮峪红枣酿酒等建设项目，争取年底投产、产品上市。积极推动冯家川天生红枣酒项目、故城农副产品物流园区的落地建设。四要大力推进产业扶贫开发。改进扶贫方式，实施到户式精准扶贫。统筹安排扶贫项目，完成易地搬迁1500人，整村推进10个村，农村富余劳动力转移3000人，实现7000人稳定脱贫。加快推进潞安集团红枣矮化密植、油用牡丹种植基地及加工厂、同煤集团规模养牛基地等项目，全力搞好服务，推动利益共享。

（四）积极稳妥推进新型城镇化。一要坚持高标准规划。成立县城规划委员会，提高县城规划水平。坚持“五规合一”，把产业规划放在突出位置，推动产城融合发展。坚决维护规划权威，确保一切建设行为在规划内进行。二要加快大县城建设。紧紧抓住全省大县城建设试点县的契机，开展第三个“城市建设年”。新城区先行建设水系、水厂、排洪渠等公共设施，继续实施挖山填方垫地造地工程，开工建设中小学、幼儿园、文化展示公园等项目。旧城区完成职工培训中心、文化活动中心等续建工程，开工建设党校教学大楼。巩固扩大“创卫”成果，确保省级环保模范城市和省级园林城市通过验收。严厉查处违法建设，规范土地建筑市场秩序，建立健全城市管理长效机制。三要推进小城镇建设。按照全省百镇建设规划，完成杨家湾省级重点镇建设，启动桥头、义门省级重点镇申报工作。开展王家岭煤业“以矿建镇”试点工作。抓好沿河乡镇的美化绿化和基础设施建设，促进产业和人口集聚。加大对乡镇所在地的环境综合整治，努力打造基层政府对外形象。四要强化新农村建设。实施农民安居工程，完成全县采空区移民搬迁规划，启动神华矿区范围内7个移民搬迁村的安置工程，推进义门镇梁家村、杨家湾镇移民新村的搬迁入住。开展农村环境卫生综合整治，大乡镇打造3个、小乡镇打造2个卫生达标示范村，完成义门镇“创卫”达标验收和2个生态乡镇、3个生态村示范创建。大力发展农村公共事业，扎实做好省政府“五件实事”。

（五）深入推进生态文明建设。一要狠抓节能降耗。加强工业企业节能监察，抓好重点行业节能降耗。推广应用新型建筑材料，完成既有建筑节能改造1万平方米。积极倡导低碳消费，促进全社会节能。二要强化治污减排。大力开展大气污染集中整治，发展燃气用户3000户，改善城区空气质量。突出抓好电力、水泥企业环保设施建设，严格控制区域排污总量。年内完成桥头镇污水处理厂和杨家塔人工湿地建设，开展规模化养殖场污染减排治理二期工程。加大环保执法力度，确保不发生重大环境事故和环境事件。三要加强城乡绿化。以全市“林业生态建设年”为契机，以“一山、一路、两区”为重点，造林4000公顷，实现防护林、经济林、风景林合理布局，地、路、山、村综合治理，做到植绿和护绿并重，确保栽一片、成一片、绿一片。四要开展生态修复。出台全县资源开采生态环境恢复治理规划。重点实施飞龙谷生态修复项目和朱家川河流保德段综合治理工程。加快推进京津风沙源二期工程，治理面积1200公顷。

（六）着力保障和改善民生。一是千方百计扩大就业。全面落实就业再就业各项政策，积极开展职业培训，多渠道开发就业岗位，统筹做好高校毕业生、农村转移劳动力、城镇困难人员、退役军人等群体的就业工作。大力发展家庭服务业、手工业、电子商务、连锁经营、物流配送等新兴产业，以创业带动就业。二是完善社会保障体系。按照“社会政策要托底”的要求，不断提高社会保障水平。企业退休人员基本养老金提高10%，城镇居民基本医保和新农合年人均财政补助标准提高40元，城乡低保标准每人每月分别提高25元、22元。探索实行种植业、养殖业等农业保险，降低农业自然风险。启动实施316套公共租赁房和50套城市棚户区改造房，完成1108套保障性住房建设，交付入住450套，确保困难群众有房住、住房质量有保障。三是坚持优先发展教育。大力发展学前教育，年内启用7所村级幼儿园。均衡发展义务教育，启动中小学“信息化建设工程”，推动基础教育改革向纵深发展，不断提高课堂教学效率。强化高中教育，加快发展职业教育，开展名校名师引入工程，建立教师定期补充机制，不断提高教育教学水平，力争高考二本以上达线人数实现新突破。规范学校办学行为，治理教育“三乱”现象，营造良好的教育发展环境。四是提升医疗计生服务水平。完善社区卫生服务体系，推进城乡公共卫生服务均等化。加强县医院人才队伍建设，充分利用先进设备，全面提升综合管理服务水平。开设名医堂，发展中医特色专科，争创“全国中医药工作先进县”。理顺食品药品监管体制。做好人口计生工作。五是推动文化大发展大繁荣。开展征集评选保德文化主题词活动，打造独具特色的文化名片。继续设立文化产业发展基金，健全公共文化服务体系，加强非物质文化遗产的传承与保护。加快旅游文化创意开发，着力开发沿黄风情旅游线路。加强网络文化建设和管理，把握正确的舆论导向。积极开展广场文化周、送戏下乡等文化活动，支持群众性体育活动，不断丰富群众精神文化生活。六是开展“文明保德”建设活动。以“厚德、敬业、诚信、友善”为主题，以“八争八创”为主要内容，全面倡导积极向上、文明健康、理性包容的生活方式和生活态度，不断提高市民素质，在全社会营造崇尚文明、追求文明的新风尚。七是深化“平安保德”建设活动。开展“六安联创”，加强视频监控系统和巡逻队伍建设，严厉打击各类违法犯罪活动，确保全县政治稳定、社会安定。进一步提升社会治理能力，充分发挥网格化管理和人民调解员的作用，深入推进基层社会服务管理体系建设。开展重大项目社会稳定风险评估，从源头上预防和化解社会矛盾。加强企业劳动用工管理，全面落实工资保证金制度。认真解决信访问题。不断完善应急管理体系，妥善应对各类突发事件。

（七）坚持不懈抓好安全生产。一是建立长效机制。进一步完善政府的监管责任、企业的主体责任、岗位责任、重奖重罚、应急五大体系，扎实抓好安全风险预控、全员安全、安全档案、值班四项管理，认真实施警示教育、群众监督、不定期抽查三项制度，不断提高全社会的安全意识，最大限度压缩事故隐患的空间。二是开展专项整治。深入开展安全生产大检查。突出抓好煤矿、非煤矿山、道路交通、危险化学品、建筑施工、消防、学校、商场等重点行业、重点领域的安全生产，深化打非治违专项行动，夯实安全生产基础。三是严格责任追究。严格落实安全生产目标责任考核“一票否决制”，强化从严问责，坚决杜绝重特大事故，有效遏制较大事故，努力减少一般事故，以铁的纪律推动安全生产形势向稳定好转坚实迈进。

着力打造实力汾阳、魅力汾阳、活力汾阳

汾阳市市长　李玉林

2013 年，汾阳市统筹稳增长、调结构、促改革、惠民生，较好地完成了经济社会各项目标任务。2014 年是贯彻落实党的十八届三中全会的开局之年，做好 2014 年的各项工作，对全面完成“十二五”规划目标，全面深化改革，加快经济转型跨越发展具有十分重要的意义。

一、2014 年政府工作的指导思想

全面贯彻落实党的十八届三中全会和中央、省、吕梁市经济工作会议精神，以科学发展观为指导，以开展党的群众路线教育实践活动为契机，以深化改革、稳中求进为目标，以提高经济增长质量和效益为中心，上项目稳增长，重保障惠民生，打基础强后劲，创环境保生态，转作风促落实，着力打造“实力汾阳、魅力汾阳、活力汾阳”。

二、2014 年经济社会发展的主要预期目标

地区生产总值完成 120 亿元，增长 9%；固定资产投资 64.7 亿元，增长 22%；社会消费品零售总额 54.7 亿元，增长 14%；公共财政预算收入 9.46 亿元，增长 5%；城镇居民人均可支配收入 1.9 万元，增长 11%；农民人均纯收入 1.1 万元，增长 13%。

三、2014 年政府主要工作任务

（一）抓项目、促转型，加快经济发展。一是深入开展“项目见效年”活动。坚持以项目建设作支撑，支持白酒、煤焦等传统产业转型升级，大力发展潜力支柱产业。狠抓项目储备、签约、落地、开工、投资和投产“六位一体”进度，全面提升项目建设质量和速度。全力以赴抓好总投资 395 亿元的 64 个重点项目，完成项目投资 120 亿元，全部项目完成审批，4/5 以上的项目开工建设，1/3 以上项目建成投产，力争 3 年内全部建成。二是加快六大园区建设。杏花村酒业集中发展区要继续加快中汾酒业建设速度，推动中汾酒业与汾酒集团的资产合作，完成华樽、古杏、青花瓷 3 个项目的改扩建工作，年内全部投产达效，积极筹建“全国清香型白酒酿造产业知名品牌创建示范区”；阳城商贸物流经济开发区要完善路、水、电、气等基础设施，9 个已开工项目年内完工；三泉焦化工业园区要积极申报省级工业园区，加快国峰煤电建设速度，恢复金桃园 200 万吨/年焦炭生产能力，启动粉煤灰综合利用建设项目；肖家庄科技工业园区和栗家庄食品工业园区要进一步完善基础设施，发展特色产业；演武、阳城废旧轮胎综合加工利用产业园要加快资源整合，全力推进再生胶产业改造升级。三是大力发展商贸业。加快现有 40 个项目建设进度，力争新开工项目 6 个，完工 8 个，完成投资 19 亿元。积极发展文化旅游服务业，修编《汾阳市旅游总体规划》，加快文湖景区综合开发、贾家庄农业休闲游、峪道河自然人文游和栗家庄休闲生态游等旅游项目建设。大力发展住宿、餐饮、家政、养老等生活性服务业，谋划建设商业综合体项目。四是创新招商引资方式。大力开展“以商招商、以企引企、借产业优势、引企业进驻”的招商活动，围绕产业集群和链条延伸，力争引进一批辐射带动能力强、经济社会效益好、技术含量高的大项目、好项目。建立签约项目定期分析调度和协调推动机制，完善招商引资考核办法，提高项目开工率。全年完成项目签约金额 150 亿元，到位资金 60 亿元。五是扶持中小微企业发展。落实国家、省、市有关支持中小微企业和个体工商户发展的政策，对符合产业导向的创新项目，积极推荐、申报省市重点项目，向上争取中小企业发展资金、服务体系建设资金等专项资金。鼓励各类金融机构支持中小微企业。鼓励和支持中小微企业、个体工商户在文化旅游、现代物流、金融服务、育幼养老、医疗保健等行业快速发展。

（二）抓“三农”、促增收，夯实农业基础。一是夯实传统农业基础。高度重视粮食生产，确保农业投入只增不减，全市农作物播种面积达到 4.3 万公顷，粮食播种面积稳定在 4 万公顷，粮食总产量稳定在 2 亿千克以上。肉、蛋、奶产量分别达到 3.3 万吨、2.2 万吨和 1.3 万吨，生猪、牛、羊、家禽饲养量分别达到 36 万头、2.2 万头、12.5 万只和 1000 万只。二是提升农业产业化水平。继续推进“8+2”农业产业化三年振兴计划，新建 5 个核桃经济林综合管理示范园区，谋划一批以生猪、肉牛、肉羊为重点的规模养殖项目，完善生猪、蛋鸡、肉羊、肉鸡、肉牛五大区域性养殖基地。坚持家庭经营基础性地位，培育专业大户、家庭农场、农民合作社、农业企业等新型农业经营主体，发展多种形式适度规模经营。加快特色产业发展，积极开展“三品一标”认证工作。扶持

农产品加工龙头企业发展，实现销售收入25亿元。三是改善农业生产条件。完成中低产田改造2000公顷，测土配方施肥面积3.9万公顷。实施太中银铁路向阳灌区隧洞引水、禹门河等4处河道治理工程和农村饮水安全工程，解决5000人的饮水安全问题，新建、改造水闸3座。加快中国节能环保集团贾家庄村光伏农业科技大棚电站项目建设进度。完成机耕面积3.3万公顷、机播面积3.3万公顷、机收面积2.3万公顷。四是推进新农村建设。全力为农民办好“五件实事”，即完成农村困难家庭危房改造、特困群众异地搬迁、村级幼儿园改扩建、乡村清洁工程和新型职业农民培训。积极争取百企千村产业扶贫开发政策支持，在农民人均收入低于7000元以下的村，重点扶持1500户食用菌种植户和2000户规模养羊户，完成130人的异地扶贫移民搬迁工作。建设30个新农村重点村和21个“一村一品”专业村，抓好千村万人就业培训素质提升工程，完成引导性培训1万人。健全土地流转体系，建立信息库和流转网络，规范土地流转程序，形成统一的流转市场。

（三）抓城建、提品位，改善人居环境。一是城乡规划要严标准。加强对规划编制的集体审议，维护规划管理的严肃性和权威性。明确各片区功能、性质、定位，做好道路宽度、停车场所、建筑色彩、风格和高度各项指标的控制。科学编制道路、供热、供气、给水、排水、绿化、环卫、照明8个专项规划，使之与总体规划有机衔接。对城区290余万平方米未改造的棚户区和城中村，要全部编制控规。二是城市建设要高水平。高水平实施城市基础设施建设。先行完善已铺开的城市改造和市政设施建设工程。新铺开雨污水管网改造和管网工程，启动南支退、中退水渠改造、城区局部污水归集处理整治工程和汽车客运站及省汽运集团汾阳公司整体搬迁项目。制定城中村改造的政策措施，分步有序推进改造工程，年内重点打造西门、西关、北门、南关城中村改造示范区。积极创新城市发展和建设模式，充分引入市场机制，盘活现有资源，解决城市建设资金不足的问题。三是城镇建设要有特色。坚持产业化带动城镇化，以“一城两区”城镇组群为重点，着力打造以产业集聚为中心的新型城镇化示范点。杏花村新区重点完成酒文化风情一条街和新区路网建设工程，配套完成道路照明工程。杏花村镇污水处理厂完成调试、投入运营。开工建设杏花新区小学、幼儿园。启动杏花新区垃圾处理厂建设工程，铺开第二自来水厂和集中供热的可行性研究工作。阳城新区重点要围绕项目推进，加快规划道路建设。四是城市管理要精细化。对城区主要街道实行全覆盖、全天候保洁，加强背街小巷、城乡接合部、城市入口处垃圾乱堆乱放和渣土清运、广告乱贴、乱涂乱画等问题的治理，清除卫生死角，实现城市保洁精细化。加强重点地段、主要干线的交通管理，建立良好的城市交通秩序。加大综合执法力度，扎实开展违规建设、占道经营、乱停乱放、环境卫生4方面违规行为的专项整治，进一步改善市容市貌。五是基础设施建设要有实质性进展。狠抓道路交通建设，汾孝大道、西北环、火车站连接线全面竣工。加快战略装车点建设进度。抓紧火车站站前广场建设工作。做好重点水利工程建设。加快城乡电力设施建设，城区110千伏输变电工程竣工并投入运营。

（四）抓民生、重保障，提升幸福指数。一要不断提升保障水平。实施更加积极的就业政策，建立经济发展和扩大就业联动机制，建立健全城乡统筹的公共就业服务体系，全面做好高校毕业生、农村转移劳动力、城镇困难人员、退役军人等群体的就业工作。以创业带动就业，城镇登记失业率控制在4%以内。加大劳动执法监察力度，严惩用工单位恶意欠薪行为。积极扩大养老保险覆盖面，做好失地农民养老保险发放、新型农村社会养老保险和城镇居民社会养老保险合并实施工作。完善社会保险关系转移接续制度。创新发展模式，吸引社会资金参与保障房和棚户区改造建设工程，开工建设2000套保障房。二要坚持教育优先发展。加大教育投入，继续推进农村义务教育薄弱学校改造计划，加大义务教育学校标准化建设力度，完善禹门河小学、杏花苑小学建设工程。发挥汾阳艺体教育的优势，启动市职教中心、青少年校外活动中心建设。促进教育均衡发展，加强教师队伍建设，加大教师引进和培训力度，继续开展与广东省中山市的教育合作交流活动。三要加强卫生计生工作。以深化医药卫生体制改革为重点，健全城乡卫生服务体系，完善基本药物制度。全面铺开公立医院改革，完成市人民医院搬迁，落实中医院二期项目。加强慢性病综合示范区和基层卫生应急能力建设，坚持计划生育基本国策，稳定低生育水平，统筹解决人口问题，人口自然增长率控制在6‰。四要统筹推进其他社会事业。大力发展文化事业，落实政府购买公共文化服务等惠民政策，新建5个乡镇、街道综合文化站。加强文物和非物质文化遗产保护，加快文化产业发展。

（五）抓环保、促生态，实现绿色发展。一要坚定不移抓好节能减排。落实节能减排政府责任制和企业约束机制，实施严格的环境准入标准、污染排放标准和淘汰落后产能计划。全面清理高耗能、高排放、低产能企业，坚决关停严重污染企业。大力发展循环经济和清洁生产，开发利用新能源和可再生能源。实行严格的水资源管理制度，推进节水型社会建设。二要深入开展环境综合治理。积极落实大气污染防治规划，城市建成区营业性炉灶全部改用电、气等清洁能源，狠抓工业废气治理、扬尘污染治理等工作。加强对饮用水水源地保护，做好河流治理规划和重点流域水污染防治工作。着力解决突出环境问题，铺开部分路段的管线埋设工程，加快垃圾焚烧发电厂配套设施、生活垃圾填埋场等环保基础设施建设，建立健全污染源监管长效机制，争取年底通过省级环保模范城市验收。三要扎实做好城乡清洁绿化工作。抓好乡村清洁工程，建立市、乡、村三级管理体制，健全乡、村两级环境卫生监督和作业队伍，保持常态化清洁、保洁。以主城区为核心、乡镇农村为组团，实现城乡绿化一体化。推进环城水系景观绿化工程。完成汾平高速通道100公顷造林和青银高速通道补植补造工程。启动杏花酒业集中发展区北部边山丘陵区绿化工程。

（六）抓安全、强管理，营造和谐社会。安全生产方面，进一步强化安全生产和监管主体责任落实。构建安全生产综合监管信息平台，全面推进安全生产标准化建设。加大隐患排查治理力度，深入开展安全生产大检查，坚决遏制重特大事故，促进安全生产形势持续稳定好转。健全突发事件应急管理体系，提高对突发事件的处置能力。加强地质灾害治理，严格耕地保护制度，严厉打击私挖滥采和违法占地行为，维护正常的土地秩序。社会管理方面，大力推进信访工作体制机制创新，加强社会矛盾排查化解。积极推广社区网格化管理试点工作经验和做法，提升全市社区管理水平。加快建立食品药品安全监管制度，努力形成生产、流通、消费全过程追溯体系。加大公安信息化建设硬件设施投资力度，年内完成社会治安技术防控体系"平安城市"项目，严厉打击各类违法犯罪活动。

转型跨越　进位争先
强力打造"八位一体"小康新偏关

偏关县县长　曲俊安

2013年，偏关县紧紧围绕转型跨越这条主线，强势实施"双五"发展战略，千方百计强基础、稳增长、调结构、惠民生、促和谐，全县经济社会实现平稳较快发展。

2014年是贯彻落实党的十八届三中全会精神、全面深化改革的开局之年，是实现"十二五"规划目标任务的关键一年，也是偏关深度提升"双五"发展战略的重要一年，做好2014年的工作意义深远，责任重大。

一、2014年政府工作的总体要求

深入贯彻落实党的十八届三中全会和中央、省、市经济工作会议精神，把握稳中求进和改革创新总要求，深度提升"双五"发展战略，重视民生、深化改革、推动发展；紧紧围绕党的群众路线教育实践活动，规范行为、改进作风、强化党建；以提高经济增长质量和效益为中心，坚持自我加压，破解难题，稳步跨越，为全面建成工业经济强劲化、农业产业优势化、旅游文化精品化、生态建设效益化、城镇建设升级化、民生实事普惠化、农民增收多元化、党的建设更强化"八位一体"小康新偏关而努力奋斗！

二、2014年经济社会发展的主要预期目标

地区生产总值增长9%，固定资产投资增长20%，社会消费品零售总额增长14%，财政总收入增长10%左右，公共财政预算收入增长10%左右，城镇居民人均可支配收入增长12%左右，农民人均纯收入增长18%以上。

三、2014年政府主要工作任务

*（一）以"提质增量"为核心，跟踪服务好项目建设，实现产业集聚发展的新突破。*一是开展"项目见效年"活动。跟踪服务好55万千瓦华润风电项目，力求年内取得实质性进展；继续推进已签订协议的华能、大唐、中国风电、同煤、中电投等5家公司光伏发电项目的前期工作，力争早日具备开工条件；继续扩大招商引资，力争更多的光伏发电企业落户偏关，努力打造晋西北"新能源基地县"。确保已投产运营的吉泰、泰鑫、广盛恒等3个洗煤企业统计入规，已开工的锦兴洗选煤项目建成投产。保障服务好大阳湾、紫金、安泰、盛宝等4个配煤企业落地建成。积极推进已开工的国新、同煤、博泰3个煤炭集运站，力争年内建成。积极协调服务远东晋兴和方大晋兴两家煤炭发运企业做好项目前期工作。做好正泰、兴运、神达、乾瑞德等8个煤炭物流项目的落地建设工作。二是抓好招商引资工作。计划争取中央和省级资金项目26项，项目总投资7.86亿元。创新招商引资方式，年内力争引进一批新型优势项目落户偏关。三是创优发展环境。继续实行四大班子领导包联项目责任制和项目指挥部负责制。积极主动为落地企业服务，完善水、电、路等基础设施建设，协助企业解决用地、用工、用电、融资等难题。大力扶持中小微企业，积极开展"助保贷"金融服务，帮助中小微企业解决资金困难，持续提升企业发展活力。

*（二）以增加农民收入为主线，大力推进农业升级改造，实现农业产业化发展的新突破。*一是全面提升传统种植业。全县总播种面积稳定在2.8万公顷以上，粮食种植面积达到2.5万公顷，确保粮食产量达到5000万千克以上。继续扩大"张杂谷子"等优良品种的种植面积。从优质小杂粮中选择1～2个农产品申报国家地理标志产品认证，打造偏关农产品特色品牌。大力扶持发展粮食加工企业，重点跟踪服务好宏钜大磨坊有限公司小杂粮加工项目，力争年内建成投产。大力发展特色基地，形成条块结合，优势鲜明的"无公害"果蔬生产基地。实施好大棚土壤改良项目。改造6个村102座大棚的配电设施。大力推广优种优法、地膜覆盖、平衡施肥、立体种植、旱作节水等农业实用技术。多渠道、多形式开展对农民的各种培训，培养更多有文化、懂技术的新型农民，不断提升种植业科技含量，优化品质、提高单产、增加效益。继续实行农机购机补贴和机收补贴政策，逐步提高农业机械化服务水平，全县综合机械化水平达到40%以上。二是大力发展现代畜牧

业。继续扩大偏关县青羊岭种羊场的生产规模，不断完善11个肉羊种羊扩繁场的建设。在进一步完善原有养殖小区的基础上，新建万只以上养羊小区2个、标准化养羊小区7个、标准化养羊场20个，新发展舍饲养殖示范户100户，全县羊饲养量发展到77万只以上。种植饲草400公顷，鼓励支持规模养殖户引进推广籽粒苋种植，同步推广饲草料的青贮、氨化、微贮技术，满足羊产业大规模发展的饲草需求。完善防疫体系。不断完善县乡村三级防疫检疫网络，建立疫病追溯体系和畜产品网格化监管体系，确保羊产业健康发展。积极推动山投集团偏关农业开发有限公司建设大型羊产业示范基地，服务好恒兴食品有限公司百万只羊肉深加工项目，确保项目一期工程年内建成投产。在继续实施舍饲养羊“六配套”和以奖代补政策的基础上，全面落实“三补一贴”等养羊优惠政策，真正将奖补资金用于扩大养殖规模，提高养羊数量，激励全县羊产业跨越式发展。三是继续扶持发展经济林。继续扩大规模，新发展经济林747公顷。加强后期管护，逐步建立健全经济林管理机制，做好后期管理工作，成立经济林技术专业合作社，为经济林发展提供技术支撑。延伸产业链条，围绕产品销售提前做好货源摸底、包装设计、农超对接、市场联系等相关工作。积极引进建设果品加工企业，延伸产业链条，实现加工增值。四是着力改善农村人居环境。加快农业基础设施建设，实施好京津风沙源治理、“一村一井”、乡村道路改造等重点工程。启动新一轮农网改造升级工程，进一步改善农业基础条件。实施农村饮水安全工程，解决15个村3000人饮水安全。实施农村环境综合整治项目，完成4个乡镇17个村的环境整治任务。扎实办好“五件实事”，再改造农村困难家庭危房1200套，异地搬迁农村贫困人口500人，扎实推进村级幼儿园改扩建、新型农民职业培训、农村乡村清洁工程。五是加快推进农村综合改革。全面完成集体土地所有权登记发证和农村建设用地登记发证工作。利用好城乡用地“增减挂”项目，积极组织实施第三批、第四批“增减挂”项目。依法规范土地承包，积极推进土地流转。同时，大力培育扶持农村新型经营主体，创立新型经营模式，激发农村发展活力。

（三）以创建国家卫生城镇为牵引，扎实推进城镇基础建设，实现特色城镇化发展的新突破。一是进一步完善城乡规划。扩大城区范围，完成县城总体规划的修编工作，逐步完善全县城镇发展规划体系。服务大路网建设，协调联系准朔铁路加快建设进度，确保灵河高速连接线后期工程尽快推进，争取209国道改线项目早日开工。二是进一步加快基础设施建设。积极争取污水处理厂提标改造项目，加快推进垃圾处理场的后续工作，扩大城区集中供热面，启动县城污水管网清淤工程，完成城区部分街巷道路硬化、排水管网铺设和街路绿化亮化工程等市政建设项目，进一步改善城市基础设施。三是进一步提升城区综合管理水平。规范房地产开发和城区建设。启动运行二级汽车站，规范交通运营秩序。规划建设1座城区居民取暖用煤市场。继续深化城区环境“五项治理”，实施县城环境综合治理工程。

（四）以建设和完善“五大景区”为重点，不断完善提升景点品位，实现旅游内涵发展的新突破。一是做强文化旅游品牌。全面提升老牛湾景区品质，全力创建AAA级景区和省级风景名胜区。分步实施护宁寺景区10项工程，加快黄河、长城边塞风情游护宁寺景区建设进度。完善全县旅游发展总体规划和寺沟护宁寺景区、水泉地下长城景区项目的详细规划方案，进一步提升全县景区的整体服务能力和影响力。二是实现文物资源转化。强化文化与旅游的互动，以偏关的人文资源和历史传说、历史事件为题材，创作一批优秀的文艺作品。完成长城寺沟段一期工程建设并积极争取二期工程立项。三是壮大文化旅游经济。开发特色旅游产品，提升旅游服务质量和水平。多角度进行宣传报道，扩大偏关旅游的知名度。

（五）以改善民生为根本，促进社会全面进步，实现社会和谐发展的新突破。一是积极改善民本民生。加快推进城乡社会保障体系建设，完善全民医保体系，扩大新型城乡居民社会养老保险、工伤保险等社会保险覆盖面。实施更加积极的就业政策，积极做好各类人员的就业工作，城镇登记失业率控制在4.3%以内。健全社会救助体系，加快社会福利中心建设进度。全力推进扶贫开发工作，实施好整村推进、教育扶贫和中央彩票公益金等扶贫项目。加快保障性住房建设进度。加强食品、药品、农产品监管，切实保障人民群众健康安全。二是统筹发展社会事业。办好人民满意的教育。继续加大教育基础投入，推进义务教育服务均等化，促进城乡基础教育均衡发展。强化教学管理，提高各级各类学校的教学质量。提升医疗卫生服务水平。健全公共卫生服务体系，落实国家基本药物制度，优化卫生资源配置。完成6个乡镇卫生院周转房建设项目和县急救中心建设项目。大力实施“文化强县”战略。加快构建公共文化服务体系，发挥好乡镇文化站服务功能。加大“文化下乡”力度，丰富群众文化生活。开展好文物保护工作，实施县城鼓楼的维修加固工程，积极争取隆岗寺修缮和护宁寺雕塑恢复项目。加大生态建设力度。重点在“两湾一山、两条通道”规划造林5133公顷（“两湾一山”即老牛湾、乾坤湾、紫金山；“两条通道”即灵河高速公路支线、平万线县城至老牛湾干线公路）。围绕各类约束性指标，切实加强节能目标责任管理，全面完成淘汰落后产能工作任务。确保万元地区生产总值能耗下降幅度大于2%，工业固废综合利用率达到50%。加强重点流域、饮用水源地和地下水保护。强化环境评估，加强对排污企业的监测监管，确保城区二级以上天数达到330天以上。三是切实维护社会稳定。继续完善基层社会服务管理体系，全面推进社会治安视频监控系统建设。创新社会管理，坚决打击违法犯罪行为，确保社会治安稳定。落实信访责任制，切实解决群众关心的热点、难点问题。四是全力抓好安全生产。完善“四个体系”，即政府的监管责任体系，企业的主体责任体系，岗位责任体系和应急体系；严格“四项管理”，即安全风险预控管理，企业全员安全管理，值班管理和安全档案管理；坚持“三项制度”，即警示教育制度，群众监督制度，重奖重罚制度。确保不发生重特大安全生产事故，努力营造平安和谐环境。

改革创新　攻坚克难
奋力开创资源型经济转型发展新局面

吕梁市委常委、孝义市市委书记　**张旭光**

孝义市位于山西中部，吕梁山下，汾水之滨，太原盆地西南缘，是一座典型的资源型城市。长期以来，煤焦产业在推动经济社会快速发展的同时，也带来环境污染严重、产业结构单一、安全事故多发等一系列问题。特别是2008年煤炭资源整合以来，100余座地方小煤矿关停，洗煤、炼焦企业因失去就近资源优势而关闭整合，孝义站在了兴与衰的“十字路口”。加快资源型经济转型发展，成为摆在全市干部群众面前必须破解的一道难题。

近年来，孝义市按照省委、省政府和吕梁市委、市政府的部署和要求，以转型综改为统领，以循环经济为路径，以项目攻坚为抓手，认清形势、坚定信心，改革创新、攻坚克难，探索出了一条资源型经济转型的新路。2013年，全市地区生产总值412.3亿元，公共财政预算收入25.2亿元，规模以上工业增加值294.2亿元，全社会固定资产投资280.2亿元，社会消费品零售总额106.5亿元，城镇居民人均可支配收入25582元，农民人均纯收入12244元。在经济下行压力加大的背景下，展现出了发展的良好态势。

一、主要做法及成效

（一）依托新型煤化工园区，兼并整合、多元延伸，煤焦产业焕发出新的生机与活力。按照“多联产、长链条、精加工”理念，将全市22户焦化企业整合为8户，全部采用世界一流6.98米顶装和6.25米捣固工艺，目前已完成产能整合1664万吨。同时，围绕焦炉煤气制甲醇、煤焦油深加工、粗苯精制及深加工三大产业链条，新上鹏飞60万吨甲醇及15万吨合成氨、金州50万吨煤焦油深加工及10万吨针状焦、金晖兆隆10万吨生物可降解塑料等7个新型化产项目；晋茂20万吨粗苯加氢精制一期10万吨项目投产，年内将达到1000万吨焦化、60万吨甲醇、60万吨煤焦油深加工、10万吨苯加氢、5万吨针状焦生产能力，初步形成“以化为主”的现代煤化工产业格局。

（二）依托装备制造园区，实施煤电铝一体化联营，铝系产业成为新的产业转型支撑。以煤电铝一体化发展为主攻方向，先后引进山东信发、杭州锦江等17个亿元以上项目，加速推进铝矾土资源向氧化铝、电解铝、铝合金、铝系装备的转型升级步伐。信发180万吨氧化铝投产，100万吨液碱试运行；宏天源铝系深加工项目建成投产；晋能2×35万千瓦低热值煤发电项目加快推进。目前，全市氧化铝产能已达到700万吨。2013年，全市铝工业规模总产值达到112.6亿元，占全市的19.4%；上缴税收9.41亿元，占全市的20.9%。特别是兴安、信发两大铝型材项目已列入省中部铝工业产业集群重点项目，着力打造全国重要的铝工业基地。

（三）依托高新科技产业园区，突出抓好科技创新发展，高新科技产业从无到有，总体规模不断扩大。坚持以新能源、新材料等战略性新兴产业为主攻方向，先后引进7个高新科技项目。申沃华夏新能源客车研制生产基地首台纯电动大巴成功下线，年内形成500台生产能力；西辛庄100兆瓦太阳能光伏发电项目首期30兆瓦、晋能清洁能源LNG汽车改装综合利用项目开工；任氏华普瑞锂离子电池正极材料、瑞康温医用敷料年内投产。全市高新科技产业完成税收占全市总税收比重从2010年的2.8%增加到2013年的5.1%，实现由资源依赖向创新驱动转型的初步成效。

（四）依托现代服务业集中示范区，统筹优势资源、集聚知名品牌，现代服务业成为经济增长的重要板块。围绕打造区域现代服务业集聚区，引进实施30个亿元以上现代服务业项目，第三产业完成税收从2010年的7.1亿元增加到2013年的13.1亿元，占税收总收入比重从15.7%增加到28.9%。其中，沃尔玛、美特好、华美新天地、大众4S店，以及肯德基、德克士、必胜客等快餐连锁企业相继投入运营；义乌商品交易国际博览城一期、红星美凯龙城市综合体京粤奥特莱斯、家居体验生活馆、迪士尼水上乐园三个子项目年内投入运营；居然之家、丰邦汽车商务广场、东金商业广场等项目加快建设，“孝汾平介灵”休闲购物中心正在形成。

（五）依托现代农业园区，坚持龙头带动、突出特色，农业产业化步伐明显加快。围绕肉禽、果蔬、小杂粮、核桃四大特色产业链，重点打造现代农业示范园区，培育发展大象1亿只肉鸡屠宰加工及60万吨饲料生产、铭信1000万只枫叶鸭养殖加工、威尔仓储产销一体化基地等农业龙头企业33个。2013年,园区实现产值15.6亿元,带动农民人均增收2000元,被国家科技部批准为国家级农业科技园区。同时,连续7年大力度推进核桃富民战略,全市核桃经济林总面积达到3.3万公顷,基本实现中西部山区宜栽核桃地全覆盖,农业人口人均核桃0.2公顷,成为农民增收致富的"摇钱树"。

二、主要认识及体会

(一)坚持思想转型,以思想的大解放、观念的大更新引领经济转型。把思想解放、思想转型作为推动经济转型的先导工程。孝义市结合全国资源枯竭城市经济转型试点、全省转型综改试点、扩权强县试点的探索实践,在全市广泛开展"解放思想、转型发展"大讨论,组织百名干部下江南学习考察,邀请知名专家学者做客"孝义大讲坛",引导党员干部进一步解放思想、更新观念,不等、不靠、不推、不拖、不怕,以锐意进取、改革创新的精神推进经济转型。

(二)坚持项目引领,以园区的大建设、项目的大攻坚推进经济转型。经济转型的核心是转型,关键是项目。孝义市以循环经济为基本路径,从2010年开始持续深入推进"转型项目大攻坚"活动,依托千万吨级新型煤化工园区、装备制造业园区、高新科技产业园区、现代农业园区、中心城区现代服务业集中示范区"五大园区",大上项目、上好项目,累计实施了总投资1896.6亿元的94个亿元以上项目,42个建成投产或部分投产,构建起了新的转型产业布局。

(三)坚持深化改革,以体制的大改革、机制的大创新助推经济转型。坚持哪个地方制约转型,就要在哪个地方大胆改革、大胆创新。围绕破解引项难,成立10个专业招商局,定点式、跟进式、持续式招商。围绕破解人才缺,成立孝义市招才引智苏州工作总站,引进两位两院院士、5名外国专家、28名中组部千人计划专家等,为转型助力献策。围绕破解用地难,大力开展城乡建设用地增减挂钩试点工作,特别是实施35亿元的梧桐安置区工程,置换工业园区用地477公顷。

(四)坚持民生为本,以民生的大改善、生活的大提质促动经济转型。实现经济转型,民生民本不能忘。孝义市把解决群众关切的教育、医疗、住房等民生问题紧紧抓在手上,以城区优质学校为龙头,组建9个集团化办学共同体,实现城乡中小学教育优质均衡发展。太原理工现代科技学院首期招生3800人,期盼多年的大学梦成为现实。推行市级公立医院托管乡镇卫生院改革,基层卫生院所服务能力显著提升。铺开5630套公廉租房建设,2506套分配到户。13个乡镇实现"五保户"集中供养。发展成果的普惠,进一步凝聚了民心,促动了转型。

(五)坚持弊革风清,以作风的大扭转、形象的大转变领导经济转型。干部是转型成败的决定性因素。孝义市坚决落实党风廉政建设的党委主体责任和纪委监督责任,深入推进党的群众路线教育实践活动,集中解决政治生态和党员干部作风问题。修复开放"中共孝义建党第一址""中共孝义县委诞生地"等红色历史文化资源,用党的光辉历史教育干部,震慑了不良风气,振奋了精神状态,以党风政风和社会风气的进一步好转汇聚起推动经济转型的正能量。

加快转型跨越发展
建设富裕、文明、和谐新兴县

兴县县长　梁志锋

2013年,全县上下精诚团结,奋力拼搏,克难攻坚,经济社会发展保持了稳定向好的态势,县十五届人大三次会议确定的发展目标基本实现。2014年是全面深化改革的起步之年,也是完成"十二五"规划目标的攻坚之年。做好2014年的经济工作,意义重大,影响深远。

一、2014年政府工作的总体思路

深入贯彻落实党的"十八大"、十八届三中全会及中央、省委、市委经济工作会议精神,牢牢把握"稳中求进"的主基调,把稳增长、扩总量作为核心任务,把转方式、调结构作为工作主线,把增收入、惠民生作为根本目标,努力保持全县经济社会健康快速发展。

二、2014年经济社会发展的奋斗目标

地区生产总值增长7%,规模以上工业增加值增长10%,公共财政预算收入增长20.8%,固定资产投资增长24%,社会消费品零售总额增长14.5%,城镇居民人均可支配收入增长12%,农民人均纯收入增长

15%，城镇登记失业率控制在4.2%以内，居民消费价格总水平涨幅控制在3.5%左右。

三、2014年政府工作重点

（一）全力抓好山西兴县经济开发区建设。山西兴县经济开发区是在山西兴县资源环保型循环经济综合开发示范基地的基础上，申报的一个省级经济开发区。开发区规划面积16平方千米，涉及7个乡（镇），25个行政村。开发区严格按照“项目建设一体化”和“减少资源跨区域大规模调动”的总体要求，布局4个循环园区。一是魏家滩煤电化材园区。规划占地4平方千米。规划项目：煤炭3000万吨、洗煤3000万吨，低热值煤发电2700兆瓦，煤制油360万吨、石脑油深加工130万吨，废渣水泥120万吨、水泥熟料180万吨，粉煤灰提取氧化铝和白炭黑30万吨。目前该园区斜沟煤矿已建成投产。二是瓦塘煤电铝材园区。规划占地6平方千米。规划建设1000万吨煤矿及洗煤厂、530万吨铝土矿矿山、6×350兆瓦的低热值煤自备电厂以及配套建材厂、240万吨氧化铝厂、100万吨电解铝厂、100万吨高端铝加工、400万吨水泥厂等项目，形成煤炭—选煤—电力—电解铝—粉煤灰综合利用和铝土矿—氧化铝—电解铝—高端铝加工—赤泥综合利用两大产业链条。目前，一期100万吨氧化铝项目已投入试生产，130万吨铝土矿矿山基本建成。三是康宁煤电气材园区。规划占地3平方千米。规划项目：煤炭1000万吨、洗煤1000万吨、配煤1000万吨，低热值煤发电1900兆瓦，煤层气液化（LNG）日产100万立方米，砌块砖2.4亿块。目前该园区肖家洼煤矿及配套选煤厂已投入试生产。四是固贤煤电化园区。规划占地3平方千米。规划项目：煤炭1590万吨、洗煤1590万吨，低热值煤发电1400兆瓦，煤制天然气40亿立方米。目前该园区金地煤业90万吨煤炭资源整合矿井技改基本完成。

（二）突出“两大产业”。一是电力产业。着力抓好电力产业发展，开工建设华电锦兴2×350兆瓦低热值煤发电项目、晋能集团2×350兆瓦低热值煤发电项目、山西省电力公司康宁220千伏变电站和山西国际电力集团花子110千伏变电站项目。二是煤层气产业。依托华盛、中联煤、中澳等企业，积极推进日产30万立方米煤层气液化调峰项目，年内打井48口，力争建成3亿立方米中央处理站，完成约120千米输气管道建设，力争2014年年底城区供暖用上本地煤层气。

（三）推进“七大工程”。一是农业产业化工程。在康宁镇建设占地66.7公顷的农业产业化园区，同步规划1座农产品交易市场。引进山西大象禽业有限公司建设6万头种猪养殖基地。打造小杂粮基地、红枣基地、核桃基地、马铃薯基地、畜牧养殖五大基地。在全县打造50个精品示范村。赵家坪、孟家坪、贺家会、蔡家会4个乡镇打造以谷子和豆类为主的杂粮精品示范村22个；瓦塘、高家村、罗峪口、圪达上4个乡镇打造以红枣为主的红枣示范村5个；孟家坪、贺家会、蔡家崖、瓦塘、魏家滩5个乡镇打造以核桃经济林为主的核桃种植示范村5个；东会、固贤、交楼申、恶虎滩4个乡镇打造以马铃薯种植为主的马铃薯示范村6个；在全县打造以养羊、养猪、养鸡、养牛为主的养殖示范村9个；把康宁镇花子村、蔚汾镇千城村、高家村镇西坪村打造成为设施蔬菜示范村。发展100个“一村一品”专业村。其中，杂粮专业村29个、红枣专业村18个、核桃专业村10个、畜牧养殖专业村19个、马铃薯专业村15个、蔬菜专业村2个、中药材专业村4个、食用菌专业村3个。二是城市基础设施建设工程。全力推进新区建设，启动新区商品房建设。积极推动县城棚户区改造，对具备条件的区域尽快开工建设。启动文化路、人民路、紫石街改造工程。完成中共中央晋绥分局旧址历史风貌修复工程。实施晋绥森林公园三期绿化工程，新造林200公顷。完成蔚汾北路改造工程（景观工程）。完成县城垃圾处理工程。大力推进山西省资源环保型循环经济综合开发示范基地城镇总体规划的修编，着力提高控制性详细规划的覆盖面。三是教育基础设施建设工程。着力打造精品初中、精品小学和精品幼儿园。继续完善友兰中学二期工程，继续完善校舍安全的配套工程，全面建设120师学校，全面完成新区幼儿园配套工程，启动西城幼儿园建设，力争再建成3～5所标准化乡（镇）幼儿园。四是交通物流建设工程。着力构建“三纵三横六贯通”的大交通框架。继续推进山西中南部出海通道、太兴铁路、岢临高速和蔡家崖至魏家滩工业大道建设工程，全力推进兴县黑峪口到静乐丰润高速项目启动，开工建设肖家洼煤矿铁路专用线、蔡家崖煤炭集运铁路专用线以及通昌集运站项目，完成县道曹家坡至枣林坡段31千米路面改造工程，开工建设全长28.5千米的省道（S218）—“四八”烈士纪念馆红色旅游公路。五是环境整治工程。启动蔚汾河、岚漪河流域水环境质量综合整治。继续推进城区集中供热供气工程，新建燃气集中供热点5处，新增集中供热面积33.6万平方米，进一步提高城市集中供热、供气普及率，减少大气污染，提高空气质量。建立健全安全监管体制机制及网络信息平台，完善各项安全生产制度，全面强化政府及部门监管责任和企业主体责任，扎实推进各行业各领域的执法检查和隐患排查，严格防范各类安全生产事故，强化安全生产目标考核和责任追究，促进全县安全发展。全面推行信访稳定风险评估制度和矛盾纠纷排查化解制度，把矛盾纠纷最大限度地消灭在当地、化解在基层、解决在萌芽状态。深入开展打击“黄、赌、毒、欺、讹、诈”专项行动，严厉打击无理阻挠、非法干扰项目建设和强买强卖、强销地材、强行运输、强行服务、扰乱市场秩序的行为，为企业发展和项目建设创造安全有序的治安环境。六是惠民工程。严格落实国家、省、市的惠民政策。新建公租房200套1万平方米，限价商品房500套，棚户区改造700套。启动20个村的整村推进项目。新打灌溉深井40眼。解决16个自然村、4027人、519头大畜和47所学校5928名师生的饮水安全问题。完成县级福利服务中心二期工程建设。力争启动住房公积金制度。全力推进全额事业单位养老保险制度改革。继续深化医药卫生体制改革，特别是县级公立医院改革，提高医疗服务质量，减轻群众看病就医负担。加强国家公共卫生服务项目的规范管理，提高广大人民群众健康水平。城市和农村低保保障标准分别提高25元和22元，农村五保户集中和分散供养补助标准提高10%。健全社会救助标准与物价上涨挂钩的联动机制。完善县、乡、村三级的公共文化服务体系，大力发展文化产业，县级图书馆、文化馆，17个乡镇综合文化站和所有行政村的农村文化活动室向群众免费开放，无线广播信号实现行政村全覆盖。七是红色旅游工程。重新布展晋绥边区革命纪念馆，继续推进中共中央晋绥分局旧址历史风貌修复工程，开工建设蔡家崖村历史文化名村修复工程，完成"四八"烈士纪念馆的布展工作，开工建设失事飞机同型号原机展陈及副馆，筹备成立"山西晋绥文化发展基金会"；制作《口述晋绥历史》专题片。同时，统筹兼顾全面工作，促进经济社会协调发展。

加快建设实力岚县、富裕岚县、幸福岚县、美丽岚县

岚县县长　**油晓峰**

2013年，岚县按照市委"打基础、利长远、惠民生"的总体要求，紧紧围绕建设实力岚县、富裕岚县、幸福岚县、美丽岚县、和谐岚县、勤廉岚县目标，全力实施"3+1""1+3"发展战略，较好地完成了县十五届人大三次会议确定的各项目标任务，全县经济社会保持了平稳较快发展的良好势头。

2014年是全面贯彻落实党的十八届三中全会精神、全面深化改革的开局之年，是进入"十二五"规划的第四年，做好2014年的工作，对全面深化改革、完成"十二五"规划目标和同步小康建设至关重要。

一、2014年政府工作总体思路

认真贯彻落实党的十八届三中全会和中央、省、市经济工作会议精神，以党的群众路线教育实践活动为统领，以综改试点县建设为抓手，以狠抓落实为主题，着力加快项目建设，着力加大扶贫攻坚力度，着力保障改善民生，着力维护社会和谐稳定，加快推进实力岚县、富裕岚县、幸福岚县、美丽岚县、和谐岚县、勤廉岚县建设，为全面建成小康社会而努力奋斗。

二、2014年县域经济和社会发展的主要预期目标

地区生产总值22.7亿元，增长9%；固定资产投资64.7亿元，增长22%；社会消费品零售总额9.6亿元，增长14%；财政总收入10亿元，与2013年基本持平；公共财政预算收入6.8亿元，增长10%；城镇居民人均可支配收入16694元，增长12%；农民人均纯收入4316元，增长16%；城镇新增就业岗位1900个，城镇登记失业率控制在4%以内；居民消费价格涨幅控制在3.5%左右。

三、2014年政府主要工作任务

*（一）更加注重转型发展。*2014年共确定省市县重点项目50个，总投资191.4亿元，年内完成投资97.17亿元。完成项目储备任务1400亿元，完成项目签约任务130亿元，完成项目落地任务130亿元，完成项目开工任务90亿元，完成项目建设任务75亿元，完成项目投产任务115亿元。一是突出发展新型工业。采掘业：抓好正利、同安、龙达、昌恒四大煤业矿井建设，太钢集团岚县矿业有限公司2200万吨铁矿采选和200万吨球团项目全面正常投产运行。产业链延伸：年内安邦集团岚县华源能源有限公司2×350兆瓦低热值煤电厂项目开工建设，正利煤业200万吨重介洗煤项目开工建设，加快完成普明工业园区铸造和水泥产能扩展建设。新兴技术产业：全面推进岚县江川国威新材料有限公司新材料工业园区二期项目，加大电力项目建设力度。二是提升发展现代农业。坚持"一主三辅"农业产业化建设，推动农村土地有序流转，扶持规模经营，加速传统农业向现代农业跨越。马铃薯主导产业：基本建成5000万粒微型薯生产设施，建成原种、一级种薯繁育基地和绿色食品马铃薯、有机马铃薯基地，完成有机马铃薯产品认证和"岚县土豆"地理标志认证，全县马铃薯种植面积达到1.7万公顷。油松育苗产业：成立集育苗、营林、销售为一体岚县种苗总公司。创新山地育苗新机制和模式。生态养殖产业：加快推进大象集团生猪产业化开发项目，扶持发展规模以上牛、羊养殖示范区，建立完善畜禽良种繁育及推广体系，大力推广实施舍饲养殖，落实动物疫病防控责任，扎实抓好各项综合防控工作。小杂粮产业：打造小杂粮种植基地，加强名牌产品的申报认证和"三品"认证工作，引进扶持科技含量高、辐射带动能力强的龙头企业，延长产业链，增加附加值。现代农业示范园区：建设集试验示范、推广应用、教育培训、休闲观光、精品生产、市场营销、展示展览七大功能为一体的示范带动力强的现代农业园区。健全乡镇农业技术推广综合服务中心和农业气象服务体系。引导和鼓励农民发展先进适用农机，提高农业机械化、现代化水平。三是

着力发展三产服务业。健全城乡流通网络，畅通工业品下乡、农产品进城渠道。着力抓好美食一条街、商业一条街等项目建设。鼓励发展加盟连锁、电子商务、物流配送、社区服务、社会养老、居家养老等现代服务业。加快旅游商品、食宿交通等相关产业配套，积极开发其他人文、自然旅游资源，做大做强旅游产业。

（二）更加注重城乡统筹。一是持续提升城市建管水平。坚持规划先行。高质量、高水平做好城市总规、详规和专项规划修编，全面开展土地开发利用规划、城乡建设规划、产业发展规划、生态建设规划“四规合一”工作。巩固提高“四城同创”成果。积极开展卫生县城、文明县城、园林县城、环保县城各项创建工作。加快县城扩容提质。加快完成县城“一户一表”供水改造及配套输水管网改造工程，全力推进城南热源厂燃煤锅炉及配套供热管网建设工程，进一步普及天然气。加快北兴综合安置小区重点项目建设。加快保障性住房建设，新建保障性住房800套，改造农村危房500户。强化城市管理。有序规划审批城中村农房建设，加强城区环境秩序综合治理，扩大居民小区物业化管理覆盖面。二是加快建设美丽宜居村镇。积极拓宽小城镇建设投融资渠道，创新土地管理机制，积极推进“百镇建设”，吸引城市智力和资本下乡，增强农村发展活力。加快完善集镇水、电、路、讯及垃圾处理、污水处理等配套设施，完善农村供水管理机制，积极推进镇村街景改造，大力整治集镇交通秩序。重点抓好普明、社科、岚城、梁家庄等中心乡镇建设。深入开展农村环境整治，继续实施农村清洁工程、点亮行动。依法严厉打击农村违法违规建设行为，继续抓好新农村示范村和重点村建设。三是切实加强基础设施建设。加强交通基础设施建设，全面推进“两线八路六站”建设。加强城乡电网建设，做好中低压电网规划和项目储备，新建双回10千伏城网高压供电线路，完成8个村10千伏以下低压电网改造和25台高耗能变压器改造工程，进一步提升供电质量。加强农田水利设施建设，全力推进岚河岚城河综合治理项目，完成新建20眼深井任务，完成10处农村安全饮水工程，启动实施岚城水库应急除险加固工程，完成水土保持初步治理面积3000公顷。加强国土资源管理，实施好基本农田划定保护工作，强化城乡建设用地审批、监管，积极推进土地增减挂钩、废弃工矿用地改革试点，加快土地整理和补充耕地进度，完善农村集体土地所有权确权登记工作，依法保护土地所有者和使用者的合法权益。

（三）更加注重生态文明。一是持续抓好城乡绿化。以园林县城建设、身边增绿和荒山荒坡绿化为主，全年绿化造林2000公顷。加强与黑茶山国有林管理局合作绿化，完成吕梁山生态脆弱区综合造林1333公顷。抓好县城和乡镇所在地以及高速公路、国省干道沿线绿化美化工程。高度重视滩涂、湿地保护，加快河道两岸、破损山体和工矿废弃地的整治和修复，重点推进县城懿荷公园和湿地公园建设。继续实施封山育林工程，突出抓好森林防火工作。继续完善集体林权制度改革，加快林权证登记发证工作，全面推进配套改革。二是加大环境保护力度。严把项目建设环评审批关，严控高污染高耗能企业落户。加快推进岚河环境保护综合治理，加快城镇环保基础设施建设，完成污水处理厂二期和煤矿疏干水建设工程，确保年内建成投用。逐步完善环境监测体系，强化扬尘治理，加强细颗粒物监测和防控，有效防治大气污染，减少雾霾天气。加强饮用水水质监测和水源保护区环境监管，启动1000人以上集中式供水饮用水源保护区的划定和保护工作。三是深入开展节能减排。持续推进主要污染物减排，落实节能降耗年度责任目标，确保实现污染物排放达标。加大淘汰落后产能力度。严厉打击违法排污行为，坚决整治土小企业，杜绝发生环境污染事件。

（四）更加注重改革开放。一是加快综改试点建设。大力开展“转型综改攻坚年”活动，紧紧围绕两项重大改革（推进投融资机制体制改革、深化户籍制度改革）、五个重大事项（着力推进招商引资、加快发展中小微企业、推进扶贫开发工程、全力推进“四城同创”、统筹推进城乡社会保障体系建设）、十个重大项目（2×350兆瓦低热值煤电厂，新材料工业园区二期，河口、王狮两个48兆瓦风电，生猪产业化开发，太兴铁路专用线及货运集运站，污水处理厂二期，生活垃圾焚烧发电，城南热源厂，800套保障性住房）和一个重大课题（适合县域经济发展的土地政策研究），先行先试，大胆创新，持续推进资源开发、资源转化和新兴产业建设步伐。二是深化重点领域改革。完善财政体制机制改革，健全财政财务预算、核算和审计制度，推进乡镇国库集中收付改革。加快投融资体制改革，加强政府性债务风险防控。创新融资方式，强化银企合作，激活民间资本，畅通融资渠道，着力解决企业融资难题。创新农村金融体制，扩大农村有效抵押质押权范围，不断创新农村金融产品和金融服务。规范集资融资行为，加强民营金融机构监管。完善村级集体财务和资产资源管理监督机制，提升农村“三资”管理水平。全面推进食品药品监管体制改革。继续深化教育领域综合改革和医疗卫生体制改革。三是加大招商引资力度。精心组织参加好各种招商活动，创新招商引资方式，全力招好商、招大商。切实提高签约项目的履约率、落地率、资金到位率和投产达产率，提升招商引资质量和效果。继续把争取项目资金列入工作的重中之重，积极争取项目资金。积极支持各类企业健康发展，引导大企业加快技术升级和品牌培育，实施“星火”创业工程，推进中小微企业发展。

（五）更加注重民本民生。一要着力抓好扶贫攻坚。实施“一村一策、一户一法”的点对点、面对面精准式扶贫，力争全年减少贫困人口1万人。抓好产业扶贫，以发展马铃薯产业为主，实施好上级财政扶贫资金1000万元片区开发项目；抓好太钢“百企千村产业扶贫”项目，建设万亩苗圃基地和万只肉羊育肥基地。抓好整村推进，重点扶持日光蔬菜大棚，种植、养殖、农副产品加工等项目，年内力争扶持10个村。抓好农民技术培训，实施好“千村万人就业培训”和“雨露计划”培训项目。抓好扶贫移民，捆绑使用扶贫移民项目资金，加快县城、中心村镇和矿区移民新村建设。加强移民户后续管理。做好对贫困大学生、中高职学生的教育扶贫工作。二要大力发展社会事业。坚持优先发展教育，进一步优化学校布局，完善县城和乡镇中心幼儿园建设，继续推进中小学标准化建设和薄弱学校改造，加快职中建设进度，加强教师人才队伍建设，建设平安和谐校园。大力发展医药卫生事业。继续夯实三级卫生服务网络，扩大国家基本药物制度覆盖面，健全基层医疗机构稳定长效补偿机制；巩固基层医改成果，推动县级公立医院改革。加快推进县急救中心建设，健全完善急救体系。加强基本公共卫生服务项目实施。鼓励社会力量办医，提高医疗覆盖水平；加强医德医风建设，提高医疗服务水平。全面加强人口计生工作，严格落实国家人口计生政策，创新人口服务与管理机制，稳定低生育水平。加强公共文化设施建设，创新文化经营体制，丰富群众文化生活。完成全县有线电视一张网建设。启动乡村生态旅游项目。积极开展“送戏、送电影、送科普图书”下乡活动。强化社会保障，积极推进国有集体企业改制工作。加大养老、医疗等保险统筹力度。积极做好开展大病救助各项准备工作。加大对留守儿童、空巢老人、流浪人员、残疾人等弱势群体的救助力度，进一步扩大各类保险覆盖面。同时，加大科技创新奖扶力度，稳步提升专利申请和授权量。加快发展体育事业，推进全民健身运动。加强精神文明和思想道德建设，提升全民文明素养。抓好第三次全国经济普查工作。统筹发展其他社会事业。三要加强社会治理。高度重视信访稳定工作。强化县、乡、村群众工作三级网络建设，健全落实信访工作责任制和责任追究制，加强社会矛盾排查化解，畅通信访渠道，妥善解决群众合理合法诉求，规范信访行为和秩序。高度重视安全生产工作。严格落实安全生产政府和企业两个主体责任，严格落实安全生产网格化监管体系。经常性开展安全隐患排查治理工作。严格追究安全生产工作中的失职、渎职行为。减少一般安全事故，严防较大安全事故，坚决杜绝重特大安全事故。完善食品药品安全监管体系，确保群众饮食用药安全。健全社会风险评估机制和应急管理体系，提高突发事件处置能力。抓好气象灾害监测预警及信息发布，加强地质灾害治理，保障群众生命财产安全。高度重视社会治安综合治理。尽快完成“天眼工程”，严厉打击违法犯罪活动，深入开展“打黑除恶”行动，进一步提升人民群众安全感。巩固扩大“治超”成果。加强司法宣传教育，深入开展各类专项活动，保持对各类违法犯罪活动的强大威慑力，确保全县社会大局和谐稳定。

转变作风　狠抓落实
为建成富裕、文明、和谐新临县努力奋斗

临县县长　李双会

2013年，临县人民锐意进取，攻坚克难，全县经济社会保持了平稳较快发展。2014年是贯彻落实党的十八届三中全会精神的开局之年，是全省转型综改试验区建设的攻坚之年，也是临县实现跨越赶超、推动扶贫攻坚的关键之年。做好2014年的工作，意义十分重大。

一、2014年政府工作的总体要求

以党的“十八大”、十八届三中全会和省、市经济工作会议精神为指导，以党的群众路线教育实践活动为契机，坚持稳中求进、争先进位总基调，按照市委“打基础、利长远、惠民生”总体要求和县委“上大项目强实力、促进和谐聚合力、转变作风增活力”总体思路，围绕建设“新型工业、新型城市、新型农村”三大目标，以扶贫攻坚为核心、以项目建设为支撑、以城镇建设为途径、以民生改善为主线、以深化改革为动力、以安全稳定为保障，转变作风，狠抓落实，为建成富裕、文明、和谐新临县努力奋斗。

二、2014年经济社会发展的主要预期目标

地区生产总值完成43.5亿元，增长11%；规模以上工业增加值20亿元，增长15%；固定资产投资52亿元，增长28%；公共财政预算收入6.55亿元，增长5%，争取完成市下达任务；社会消费品零售总额36亿元，增长14.5%；城镇居民人均可支配收入14700元，增长12%；农民人均纯收入4050元，增长16%。居民消费价格指数涨幅控制在3.5%以内。

三、2014年政府工作重点

（一）把扶贫攻坚作为第一任务，进一步促进农村致富增收。一是加快农业产业化发展。突出抓好红枣、核桃、养殖三大产业，扶植蔬菜、小杂粮、马铃薯、食用菌、林下经济等产业发展。沿黄乡镇要念好“红枣经”，实施万亩以病虫害防治、避灾技术为重点的红枣林标准化基地建设，提高红枣品质和产量。城北农业科技园区中鹰大红枣、枣福莱等4个红枣加工项目投产达效，带动鸿潮、满江红等10户红枣加工企业改造升级。

启动山西省红枣质量监测检验中心项目，树立临县红枣品牌，打造“中华枣都”形象。新发展核桃林400公顷，全县核桃林要达到2万公顷。积极推进白文朝阳农牧与蒙牛集团二期合作3000头标准化奶牛场项目建设，做好全县肉羊养殖产业发展规划。建设小川流域400公顷绿色谷子、兔坂万亩大豆和沿川万亩玉米高产示范区，建成白文、城庄1000公顷绿色马铃薯生产基地、城庄40公顷设施蔬菜大棚，新发展农村窑洞种植食用菌1000孔。实施万亩黄花菜、万亩大豆林下种植试点，多渠道增加农民收入。二是推进产业扶贫开发工程。省焦煤集团在白文、城庄等乡镇种植667公顷构树，实施10万只肉羊养殖，建设100万只屠宰项目，带动全县养殖业健康发展，形成育肥、屠宰、加工、销售一体化的养殖产业新格局。裕民、华烨、胜利、焉头等市属企业要在三交、湍水头、林家坪、招贤等乡镇新发展优质核桃林1333公顷，实施移民搬迁3000人，建成产业扶贫开发示范工程。结合片区扶贫开发项目，在白文、城庄片区新发展优质核桃林2000公顷，带动全县核桃产业健康快速发展。三是落实“三农”政策。推进农村土地流转。支持鼓励大户牵头，加快农村土地流转，逐步实现规模化种植、产业化发展。落实强农惠农富农政策。县财政要继续向“三农”倾斜，粮食直补等补贴政策要确保落实到位。实施农民素质提升工程。落实好全省千村万人就业培训行动计划，完成农村劳动力转移培训1万人，努力培育新型农民。四是完善农业服务体系。建立健全农技推广、动物疫病防控、农产品质量安全监管体系。继续强化干部包村帮扶制度，“三农”服务部门要充分发挥农业政策的宣传作用、项目资金的筹集作用、技术推广的指导作用、典型培养的示范作用、扶贫攻坚的引领作用，推动农业产业化和扶贫攻坚实现新突破。五是办好省市便民实事。完成省政府“五件实事”和市政府“六件实事”年度任务，有效解决工程建设管理中存在的问题，确保项目正常投入使用。

（二）把项目建设作为第一抓手，进一步提升县域经济实力。一是加快项目建设。2014年确定省、市、县重点项目100个，总投资835亿元。要发挥重点项目的示范引领作用，促进产业结构优化升级。全年原煤产量突破1200万吨，推动县域经济持续稳定增长。制定煤层气发展规划，规范开采秩序。围绕农业产业化发展，引导项目投资向红枣、核桃、养殖三大产业集中。煤炭企业要继续实施“1＋1”工程，履行社会责任，支持地方公益事业，带动地方经济发展。二是确保项目见效。强化审批服务。坚持土地先行，用活用好增减挂钩政策，最大限度地保障项目用地需求。项目审批部门要主动帮助项目承载单位办理立项、环评、选址、建设等手续，确保项目早落地、早开工、早投产、早见效。强化协调服务。成立一把手负责的项目协调服务机构，强化项目监察，营造高效率、零干扰、低成本的项目建设环境。强化项目管理。继续执行项目调度会议制度，按照“建设一批、上报一批、储备一批”的办法抓好项目规划、筛选、论证等工作，实现项目管理储备常态化。

（三）把城镇建设作为第一途径，进一步完善城镇化体系。一是完善城乡规划。编制完成两个乡镇总体规划和《碛口国家级风景名胜保护区总体规划》。启动《县城给水专项规划》《县城排水专项规划》《县城道路专项规划》《县城照明专项规划》的编制工作，完善城乡建设规划体系，确保城乡建设规范有序。二是加快城市建设。树立大县城理念，构建三交一县城一城庄的带状大县城框架体系，逐步形成商贸集散、功能齐全、宜居宜业的晋西北大县城走廊。开工建设太佳高速连接线工程，南城新区凤凰路工程。实施自来水管网改造工程。启动城北热源厂项目。改造城网中低压线路。新建集贸市场、大型建材市场和大型停车场。完成西山生态公园扫尾工程。启动东山生态公园规划，最大限度地绿化、亮化、美化，提升城市品位。加快城区在建工程的建设进度。启动实施城市棚户区改造项目。加快城中村改造开发步伐，切实改善人居环境。三是促进城乡统筹。探索城镇建设新模式，统筹推进小城镇建设。北部城庄、木瓜坪等乡镇要结合霍州煤电职工生活区建设，规划实施移民安置区。南部三交、林家坪等乡镇要结合晋煤太钢、美锦锦源等工业集中区，统筹规划职工生活区、地质灾害治理和移民搬迁项目。西部兔坂、克虎、刘家会等中心镇，要完善集贸功能，建成规模适度、具有较强辐射带动能力的商贸型中心镇。碛口镇要结合景区规划，突出地方特色，发展旅游产业，建成文化旅游重镇。四是强化城乡管理。加大城区市容市貌、建筑领域、交通秩序、环境卫生等整治力度，完善长效管理机制，实现城市管理整治常态化。取缔搬迁非法经营摊点，取缔占道经营、店外经营、流动摊点，落实防尘、降噪措施，确保城区规范有序。严厉打击未批先建、乱修乱建行为。出台物业管理办法，规范小区物业管理。扎实开展城乡环境卫生争先创优活动。深入开展乡村清洁工程，完善基础设施，搞好美化、绿化、亮化，突出特色，注重实效，提高档次。五是加强基础设施建设。加快推进“大路网、大电网、大水网、大气网”等四网覆盖工程，切实改善基础环境。

（四）把民生改善作为第一目标，进一步提高群众生活水平。一是优先发展教育事业。加快推进高级中学建设。加快推进兔坂九年制学校建设工程，实施农村薄弱学校改造计划。实施乡村幼儿园建设三年计划。抓好农村学校布局结构优化调整后续工作，强化队伍管理，提升队伍素质。落实好职业教育免学费、普通高中助学金、义务教育阶段“两免一补”等教育惠民政策。开展全民素质提升工程。二是发展医疗卫生事业。新城大医院力争年内投入使用。完成9个乡镇卫生院业务用房和41所村卫生室建设项目。巩固完善新农合基本医疗保障制度，提高人均筹资标准，参合率达到98％以上。深化县级公立医院改革，继续实施12类42项基本公共卫生服务项目和9项重大公共卫生服务项目，完善基层医疗机构运行机制，优化人才结构，提升服务水平。三是大力发展文化事业。推进“551”文化工程（创建5个农村文化先进乡镇、50个农村文化示范村、100个农村文化活动室）。挖掘文化资源，抓好非物质文化遗产的传承和保护。争取省级碛口文化生态保护实验区项目落地，启动碛口美术馆建设。加强文物保护工作。启动旅游总体规划，推动旅游产业健康发展。四是加强住房保障工作。建立公租房、棚户区改造、危房改造、限价商品房“四轮驱动”的住房保障机制，加快保障性住房建设进度。出台廉租房分配办法。完成保障性住房、农村困难家庭危房改造年度任务，切实解决城乡居民住房困难问题。五是完善社会保障体系。抓好社会保险扩面工作，努力实现社会保障全覆盖。促进就业再就业工作，加强劳动培训，提高就业服务水平。完善城乡医疗保障和重特大疾病救助制度。不断完善农村“五保”、城乡低保、残疾人、困难职工等社会救助体系，实行动态管理，农村低保扩展10%，“五保”对象应保尽保。落实农民工工资保证金、应急周转金制度，保障农民工的合法权益。六是完成灾后重建扫尾工程。完成水利、交通、教育、卫生等基础设施恢复重建工程，确保灾后重建任务年内完成。七是加强生态文明建设。实施造林绿化工程，完成“三北”防护林1293公顷、天然林保护1533公顷、退耕还林荒山造林353公顷，城庄—程家塔通道绿化9.6千米。启动规划西纵高速临离段40千米通道绿化工程。深入开展大气污染整治行动，推进沿川乡村煤改气工程。加大水污染治理力度，加强水源地保护，推广生态养殖项目，确保居民饮用水安全。实施地质灾害治理项目，重点治理采煤沉陷区。

（五）把深化改革作为第一动力，进一步优化全县发展环境。一是推进综合改革。加强财税管理，优化税收结构，加大征管力度。严格预算管理，整合项目资金，最大限度地发挥资金使用效益。推进企业改革，已铺开的企业改革要积极稳妥推进，条件成熟的企业要按政策、按程序推进改制。深化政银企合作，加强企业与金融单位的协调服务，解决中小企业融资难的问题。落实农村改革政策，建立农村产权流转交易平台，完善对农村种养大户、家庭农场、农民专业合作社的贴息、补贴等扶持制度，调动农民的积极性和创造力。二是支持企业发展。落实好支持企业六条措施。解决好企业在生产经营过程中遇到的困难，不给企业增加负担，严厉打击干扰破坏企业生产经营的非法行为，营造“亲商、富商、安商”的发展环境。加大招商引资力度，积极引进技术人才、管理人才和实用人才，为经济社会发展提供强有力的人才和智力保障。

（六）把安全稳定作为第一保障，进一步打造平安和谐临县。一要抓好安全生产。建立健全“党政同责、一岗双责、齐抓共管”的安全生产责任体系，严格落实安全生产政府和企业两个主体责任。深入开展安全隐患大排查、大整治活动，突出煤矿、非煤矿山、道路交通、消防、食品药品等重点行业领域的排查整治，实现安全排查整治常态化。启动非煤矿山资源整合，夯实非煤矿山行业安全基础。整合人力资源，抓好队伍建设。继续推进安全生产基层基础工作，积极创建安全乡村、安全社区、安全保障型企业，发挥乡镇安监站和村级预警员的作用，保障全县安全发展。二要维护信访稳定。建立健全矛盾纠纷预警、排查、化解和信访风险评估机制，依法、及时、妥善化解各类矛盾。规范信访秩序，切实维护社会稳定。三要加强社会治安。创新社会管理模式，实行社会治安网格化管理。继续推进基层基础、治安防控、公安信息化、执法规范化、服务管理等“五大体系”建设，构建专群结合、网上网下联动、打防控一体化的社会治安防控体系，保持打击违法犯罪的高压态势，努力建设平安临县。

狠抓“三大建设”　突出“四个重点”
奋力夺取县域经济二次腾飞新胜利

方山县县长　**田安平**

2013年，方山县按照市委“打基础、利长远、惠民生”总体要求，围绕县委九届四次全会提出的工作思路和目标任务，积极应对经济下行压力，全县经济社会各项工作稳中有为、稳中有进、稳中向好。

2014年是全面贯彻落实十八届三中全会精神的开局之年，是完成“十二五”规划的关键之年，更是方山县深入推进二次创业的攻坚之年，做好2014年工作具有十分重要的意义。

一、2014年政府工作总体思路

认真贯彻党的“十八大”、十八届三中全会和中央、省、市经济工作会议精神，以党的群众路线教育实践活动为契机，围绕“打基础、利长远、惠民生”的总体要求，大力实施“五位一体”战略，突出抓好大项目、新型城镇化和干部作风“三大建设”，统筹推进扶贫攻坚、民生改善、社会和谐、党的建设四个方面的重点工作，着力推进二次创业，全面实现方山县域经济的二次腾飞。

二、2014年经济发展预期目标

地区生产总值增长9%，固定资产投资增长17%，社会消费品零售总额增长14%,公共财政预算收入增长12%。城镇居民人均可支配收入增长10%,农民人均纯收入增长14%。居民消费价格指数涨幅控制在3.5%以内。

三、2014年政府工作重点

(一)突出抓好大项目、新型城镇化和干部作风"三大建设"。一是坚定不移地推进大项目建设。①实施项目见效工程。抓紧抓好事关方山全局的金晖瑞隆、凯川、汇丰新星3个煤矿和中铝恒亚、安华汇丰两个铝矾土深加工项目,庞泉工贸矿山机械扩建、宝塔山透闪石粉深加工、广汇万寿菊循环经济产业链、雪帝沙棘果汁综合利用、北武当山景区开发等一批重大项目落到实处,见到实效。②实施产业优化升级工程。大力抓好洗煤项目建设,使全县煤炭年产量达到600万吨以上,洗煤能力稳定在1000万吨以上。继续加快两个铝矾土深加工项目建设。加快推进新星集团年产15万吨球墨铸造项目的达产达效和合作拓展工作。方山联盛2×350兆瓦低热值煤电厂项目要千方百计挤进全省"1920"盘子,国电风力发电项目要建成一期5万千瓦风力发电。加快推进北武当山后山景点开发、索道缆车项目建设,逐步将方山的旅游产业做大做强。③实施优势产业集群工程。把建设高标准的工业园区作为一项突破性工作来抓,尽快完善积累工业园区水、电、路、气、通信等基础设施建设。进一步创新招商引资引智、项目建设管理考核机制,加大向上争取、对外引进力度,吸纳一批贡献率高、带动力强、聚集功能突出的重大项目入园。④实施市场主体培育工程。全面落实支持企业发展的各项政策,促进中小企业快速健康发展。进一步放宽市场准入。积极支持优势骨干企业兼并重组、改造提升、扩充产能,着力打造经济总量大、经营机制活、外向度高、核心竞争力强的大企业、大集团。⑤实施综改攻坚工程。实施好方山县转型综改三年实施方案和2014年行动计划,重点抓好财税管理体制、国有企业、农村工作三项重大改革。二是坚定不移地推进新型城镇化建设。①优化城镇化布局。以吕梁中心城区为核心,重点推进与柳林、中阳、方山的一体化发展。继续加大重点项目征地拆迁力度,重点解决已开工未拆迁和影响2014年度汛安全的项目拆迁问题,加快安置区建设,确保拆迁户按时回迁,积极稳妥抓好"农转非"工作。继续抓好"大县城"建设,尽快修编县城总体规划,完善县城控制性详细规划,县城集中供热再扩展20万平方米、天然气入户500户,完成县城方正北街改造,加快方正南街的延伸,完成县城生活饮用水提质改造工程,扎实推进保障性住房建设,大力推进新高中、老干部活动中心建设步伐,加快推进以城中村、棚户区改造为重点的开发建设。②强化城镇产业支撑。大武镇要充分发挥机场、高速、铁路的交通枢纽优势,发展空港经济和现代物流业,使方山县成为吕梁市最重要的物流中心。以建筑装潢、交通运输、家政服务等为重点发展劳务产业,打响"方山劳务"品牌。同时,大力推进以蔬菜种植加工业、商贸业为主的峪口,以特色农产品加工业、畜牧养殖业和新兴产业为主的马坊、麻地会,以旅游服务业为主的北武当以及依托工业园区和大型企业集团正在崛起的积翠等特色乡镇建设。③推进城乡一体化。扎实推进新农村重点村、中心村建设,大力实施乡村清洁工程,推进农村人居环境综合整治。继续巩固提升农村两轮"五个全覆盖"和省"五件实事"、市"便民六件实事"成果,加快研究户籍、土地、财税、住房、教育、社会保障等政策及体制机制问题,逐步推进城乡基本公共服务均等化,探索一条具有山区特色的新型城镇化道路。三是坚定不移地推进干部作风建设。扎实开展党的群众路线教育实践活动。着力创优发展环境,增强服务意识。倡导勤政务实、敢于担当的工作作风。

(二)以扶贫攻坚和发展富民产业为重点,夯实"三农"发展基础。一要做大做强农业特色产业,推进产业富民。重点抓好马铃薯、蔬菜、食用菌、畜牧、核桃五大特色产业,促进农业增效农民增收。同时,扶持发展万寿菊种植、育苗产业,推广以黄芩、柴胡等中药材为主的林下经济。着力打造峪口农业科技示范园区、马坊农业园区、店坪、石站头、张家塔核桃园区五大园区,抓好峪口兴隆湾蔬菜、圪洞横沟苗木和北武当阳湾中药材三大批发市场建设,上马峪口绿色蔬菜产品果蔬和肉牛屠宰加工两大综合性农产品深加工企业。二要强化扶贫开发举措,推进帮扶富民。突出"精准扶贫"工作理念,对贫困村贫困户建档立卡,确定帮扶责任人,逐村逐户制定帮扶措施,2014年再减少贫困人口8000人以上,实施整村推进项目10个村。深入推进"百企千村"产业扶贫开发工程,紧紧抓住山西焦煤、汾酒集团、国际能源三户大型国有企业对方山进行产业帮扶的机遇,大力发展富民产业,稳定增加农民收入。山西焦煤集团要积极推进饲料种植加工及肉牛养殖加工一体化项目和冷链物流中心建设。汾酒集团要加快建设万亩高粱原粮种植基地和豌豆原粮种植基地。国际能源集团要开工建设规划以新星生态园为中心,集休闲、观光、旅游于一体的农业园区。三要深化农村改革,推进政策富民。做好农村土地承包经营权确权颁证登记工作,稳妥推进农村土地使用权流转,积极探索建立土地流转市场体系,增加农民的土地收益和财产性收入。认真落实列入省政府"五件实事"之一的10万新型职业农民培训,培养造就新型农民队伍。积极推进农村金融改革,大力发展小额贷款公司、村级互助资金合作社等新型农村金融组织,加大信贷扶持力度,完善信贷资金扶持龙头企业的运行机制,为广大农民提供方便快捷的金融服务。

(三)以夯实基础设施、优化人居环境等民生改善为重点,提升群众幸福指数。一要大力实施民生工程。交通方面要确保大武—祁县城赵高速公路建设工程顺利施工,完成太佳高速连接线建设、积翠工业园区大道路面硬化和峪口—松窝旅游路的升级改造,维修改造危桥17座。水利方面要服务好峪口沟小型水库项目建设,实施北川河城区以北河道整治、中小河流治理和黄家沟坝工程项目,新建灌溉设施10处、农村饮用水安全工程9处、中型淤地坝1座,提高全县供水保障能力。电力方面要以保障电力供应为重点,建成车道崖35千伏变电站。二要加强生态文明建设。继续推进"百里绿色走廊"和吕梁机场周边绿化工程建设,实施吕梁山生态脆弱区造林绿化、"三北"防护林、天然林保护、巩固退耕还林成果等造林项目,高标准绿化太佳高速连接线、吕梁环城高速通道两侧及沿线10个村庄。加强地质灾害综合防治，科学开展工程治理。深化以“净空、净水、减排”为重点的绿色生态工程，实施北川河生态综合治理二期工程，完善污水管网建设，提高污水收集率，着力推进绿色发展、循环发展和低碳发展，建设美丽方山。三要全面提升人居环境。继续深化城乡环境、市场秩序、建筑施工、交通管理专项整治活动，实施新一轮环境提升工程，突出抓好城市垃圾、污水集中处理，沟河整治，饮用水源保护，积极探索建立城乡保洁长效机制。重点抓好县城随意摆摊设点、占道经营、店外经营等行为的监管，严厉打击违法占地、私搭乱建、小产权房违规出售等行为，全力塑造整洁卫生、温馨宜居、优美文明的良好形象。

（四）以民主法制建设、宣传文化建设、社会事业发展、平安创建为重点，推进和谐方山建设。一要以民主法治构和谐。支持和保障人大及其常委会依法履行各项职能，增强监督实效。充分发挥人民政协政治协商、民主监督、参政议政的作用，把政治协商纳入决策程序。扎实推进依法治县进程，营造公正、高效、权威的司法环境。深入推进“六五”普法教育。进一步增强全民国防观念，搞好国防动员建设。二要以宣传文化创和谐。大力加强社会公德、职业道德、家庭美德、个人品德教育，深化群众性精神文明创建活动。把握正确舆论导向，加强社会舆情分析研判，增强突发事件的新闻应急反应能力。深化文化体制改革，加快推进县图书馆、文化馆、体育馆和影剧院“三馆一院”等重点文化惠民工程建设。挖掘传统文化内涵，做大做强廉政文化（廉吏于成龙）和道教文化（北武当山）等地方特色文化产业，力争全县文化产业增加值占县域生产总值的比重逐年提高。三要发展社会事业促和谐。教育方面，坚持优先发展教育事业，实施农村幼儿园改扩建工程，基本实现行政村幼儿园全覆盖。完工城北幼儿园，启动使用城南幼儿园，完工城南体育场建设，实施教师周转房工程。继续推进中小学标准化建设和薄弱学校改造，加强校长和教师队伍建设，强化教学管理，提高教学质量。医疗卫生方面，继续深化医药卫生体制改革，在县级综合医院实行药品零差率销售，加强医疗卫生人才队伍建设，不断提升新农合保障水平，将新农合人均标准提高至390元，切实解决群众看病难、看病贵问题。社会保障方面，更加重视就业工作，通过政府购买、优先招录、全程服务等方式为农民工、困难群体、退役军人等各类人员创造更多就业岗位，新增就业人数3000人。抓好高校毕业生就业政策的落实，提高高校毕业生就业率。加快推进覆盖城乡居民的社会保障体系建设，逐步扩大保障范围，提高保障标准，努力实现人人享有基本生活保障目标。四要以平安建设保和谐。深入推进司法体制改革，加强和创新社会管理，全面推进网格化管理、信息化建设，增强社区服务功能。加强政法队伍建设和基层政法综治组织建设，加快构建专群结合、网上网下联动、打防控一体化的社会治安防控体系。建立健全严格的食品药品安全监管机制，切实保障人民群众身体健康和生命安全。完善自然灾害救助应急机制，提升应对灾害的科学化管理水平。继续落实党政领导安全生产“一岗双责”包保制度，严格安全生产监管，深化隐患排查治理，保持对打击违法生产的高压态势，确保安全生产形势稳定好转。建立健全矛盾纠纷预警、排查机制，从源头上寻找解决信访问题的办法，真正把问题解决在基层，化解在萌芽状态。

凝心聚力　改革创新
奋力谱写交城转型跨越发展新篇章

交城县县长　薛凤奎

2013年，交城县牢牢把握“打基础、利长远、惠民生”的总体要求，紧紧围绕“1359振兴工程”，全力推进产业建设、城乡统筹、民生改善、安全稳定等重点工作，凝心聚力，扎实工作，全县经济社会发展实现稳中有进、稳中向好。

2014年是深入贯彻落实党的十八届三中全会精神、全面深化改革的开局之年，也是实现“十二五”规划目标、推动转型跨越发展的攻坚之年。做好2014年政府工作，意义十分重大。

一、2014年政府工作总体思路

全面贯彻落实党的“十八大”、十八届三中全会精神及中央、省、市一系列重要会议精神，坚持“稳中求进、改革创新”总基调，按照“打基础、利长远、惠民生”总要求，以党的群众路线教育实践活动为统领，持续实施“1359振兴工程”，着力推进产业建设，着力保障和改善民生，着力维护社会和谐稳定，着力加强党的建设，凝心聚力，改革创新，为奋力谱写交城转型跨越发展新篇章而努力奋斗。

二、2014年全县经济社会发展的预期目标

地区生产总值完成76.57亿元，增长9%；公共财政预算收入6.31亿元，增长10%，力争完成6.72亿元；全社会固定资产投资49.48亿元，增长24%；社会消费品零售总额19.6亿元，增长14%；城镇居民人均可支配收入18221元，增长11%；农民人均纯收入7931元，增长15%。

三、2014年政府主要工作任务

（一）抓好“一城两园区”建设。一是抓好“大县城”建设。把大县城建设作为城镇化建设的重中之重，坚持新区开发与旧城改造同步、扩容提质与凸显特色并重，完善县城服务功能，加快基础设施建设，优先解决影响县城发展大局的关键问题，通过“大县城”带动小城镇和中心村，辐射广大农村地区，实现城乡统筹发展。着力抓好10项重点工作。(1)编制完成《大县城建设实施方案》《县城水系规划》《城市排水防涝专项规划》《城市照明专项规划》《卦山—玄中寺风景名胜区总体规划》。(2)完成开发区集中供热工程、廉租房热力站、东环路供热管网连接线建设，提高热源应急保障能力。(3)实施天然气入户工程，完善供气手续审批，提高天然气普及率。(4)完成县城主干路补植补造工程、南环路绿化工程、高速引线绿化工程，积极开展园林单位、园林小区、园林道路创建工作，提升县城园林化水平。(5)完成县城供水管网改造、沙河西街地下管网配套设施建设，启动县城污水处理厂再生水利用工程。(6)发展城乡公交客运，开通城市公共交通，对平川客运班线运营车辆实施公交化改造。(7)启动县城东城区建设，打造集产业研发、服务保障、群众职工安置于一体的发展新区。(8)完成5条小街小巷的道路硬化工程，改善群众出行环境。(9)加强城市管理，积极推进市政设施、交通秩序、市容市貌、群众素质的综合提质，全面提高县城净化、亮化、绿化、美化水平。(10)大力推进夏家营“百镇建设工程”，打造小城镇建设的新亮点。

二是抓好经济开发区建设。(1)完善产业体系。巩固提升以煤焦化、煤化工为主的支柱产业，整合升级以现代装备制造业为主的主导产业，培育扶持以生物医药、新能源、新材料为主的新兴产业，通过延伸产业链发展循环经济，依托存量企业抓好改造升级，依靠品牌创建提高产品附加值，依靠科技创新提升企业竞争力，构筑符合交城实际、具有交城特色的现代工业体系。(2)提升服务功能。理顺开发区运行机制，提高服务和管理水平。扎实推进基础设施建设，启动大型物流园区建设，合理布局输变电工程，完善功能配套，优化投资环境。(3)加强土地管理。严格执行国土资源部《闲置土地处置办法》，对圈而不建、建而不成、成而不产及倒闭企业闲置土地进行清理整治，启动退出机制，盘活土地资源，优先保障重点工程、重点项目建设用地。(4)坚持开放引进。充分发挥开发区平台作用，采取多种形式开展项目推介，力争引进一批产业高端项目、优质配套项目和科技创新项目。(5)扶持企业发展。大力实施“扶优扶强”战略，实施中小微企业成长工程，每个行业确定3～5户有发展潜力的企业作为支持和帮扶的重点，全力支持实体经济发展。

三是抓好农业示范园建设。大力发展设施蔬菜，启动《现代高效农业示范园规划》编制，完成园区基础设施建设。继续采用土地集中流转、连片规模开发、农民入园打工的发展模式，倾力扶持原和源公司建设农业一体化项目，加快推进瑞景苑公司千亩花卉产业园，香树林公司艾叶、玫瑰、薄荷生物技术产业项目，建丰农牧与山西农大合作的大学生实践教学基地和大学生就业基地建设，带动更多的农民增收致富。大力发展畜牧养殖，全力支持汾酒集团和大连雪龙集团合作，在山区乡村建设万头雪龙黑牛标准化示范基地，打造养殖、育肥、屠宰、加工、销售一体化产业链。抓好畜牧养殖、采摘、农产品加工等专业合作组织建设，提高农业产业规模化、市场化水平。大力实施扶贫攻坚，深入实施百企千村产业扶贫开发工程，对纳入结对帮扶的乡村和企业进行重点支持，完成好1041人易地扶贫搬迁任务、1300户农村困难群众危房改造任务，促进贫困群众脱贫致富，减少农村贫困人口6000人。大力推进美丽乡村建设，启动庞泉沟镇山水村美丽乡村试点工作，扎实办好省“五件实事”，巩固好便民“六件实事”，建立长效管护机制，不断提升农村基础设施和公共服务水平。

（二）抓好“一线两重点”建设。一是加强旅游产业开发。加大景区保护力度，完善提升卦山、玄中寺4A级景区整体功能，加强卦山风景区古树名木抢救保护，完成卦山、玄中寺地质灾害治理工程建设。扎实推进景区建设，启动中国红枣文化博物园、柏叶口风景区、古冶生态园建设；完成隆美水上乐园建设，并申报国家4A级旅游景区；认真做好关帝山国家森林公园、文峪河国家湿地公园的保护与开发，大力发展一批生态旅游、休闲度假、农业观光为一体的生态庄园。加大庞泉沟旅游沿线环境整治力度，打造西社龙门至庞泉沟百里绿色走廊。大力发展假日旅游，充分发挥区位优势，加大宣传推介力度，把省城太原及周边地区的游客吸引过来，形成以一日游、两日游为主的假日旅游经济。实施讲解培训工程，提高讲解员素质，提升旅游服务质量和水平。加快发展服务业，鼓励发展大型超市、电子商务、金融保险等现代服务业，改造提升商贸物流、餐饮住宿等传统服务业，形成消费便捷、服务优良的现代服务体系。二是加强重点项目建设。大力实施项目带动战略，全力以赴抓好项目储备、签约、落地、开工、建设和投产六个环节，确保每一个重点项目落到实处、见到实效。尽快完成国锦煤电2×30万千瓦热电联产项目、华鑫肥业1860项目、义望铁合金16万吨锰铁合金项目等项目建设。尽快开工盛锦化工焦化副产品深加工项目、润锦化工焦炉煤气综合利用项目、义望铁合金10万吨液态废渣制取矿棉资源综合利用项目等项目建设，确保完成年度投资计划。全力推进县重点产业项目建设，切实抓好煤炭项目手续报批工作，力争取得实质性进展。建立健全项目储备制度，做深做实项目筛选和论证，不断充实、更新和完善项目储备库，实行动态管理、分类管理，确保完成1862亿元的储备任务。严格落实项目包联制度、现场办公制度、研判分析制度、直通车制度等八项制度，千方百计为项目落地创造条件。三是加强重点工程建设。加快推进龙门供水工程山区隧洞开挖工程、平川压力管线铺设工程建设，确保年内完工。全面启动山医大一院交城分院建设。加快推进基础设施建设，完成城市垃圾处理厂、园区污水处理厂、旮旯水电站、高速引线配套工程、高速收费站改扩建工程建设；扎实推进全省高效节水重点县建设，实施农村安全饮水工程，解决好7000人的饮水安全问题。加快推进保障性住房建设，完成110套新开路南段回迁安置房、215套经济适用房、500套南环路棚户区、352套林业棚户区改造工程建设。继续实施农村电网升级改造工程，增强农村供电保障能力。全力以赴推进铁路集运站建设，早日发挥铁路对经济社会发展的综合带动作用。

（三）抓好办实事惠民生工程。一是发展社会事业。优化教育资源布局，完善城北小学配套工程，加快推进机关幼儿园、交城二中图书实验楼建设。继续做好家庭困难学生的资助工作。深化医药卫生体制改革，完成县中医院、县妇幼站公立医院改革任务，办好乡镇卫生院和村卫生室，不断完善三级医疗卫生服务体系。认真落实人口计划生育政策，积极创建全国计划生育优质服务先进县。强化城乡公共文化服务，完成非物质文化遗产保护传习所建设，加快推进体育馆、县城全民健身中心和乡镇全民健身广场建设，不断丰富群众文化生活。同时，统筹做好民族宗教、防震减灾、拥军优属、史志编撰、档案建设等工作，切实搞好第三次经济普查和地理国情普查，促进各项事业稳步发展。二是完善社会保障。继续扩大城乡低保、农村"五保"、大病救助覆盖范围，城乡低保标准每人每月分别提高25元、22元，农村"五保"对象集中供养、分散供养补助标准提高10%。进一步提高基本医疗保障服务水平，将新农合人均标准提高到390元，政策范围内住院报销比例达到70%。启动社会福利服务中心建设，鼓励社会力量发展老龄事业，支持各种形式的老年公寓建设。加大就业与再就业力度，落实就业优惠政策，新增城镇就业岗位6100个，城镇登记失业率控制在3.8%以内；积极开展千村万人就业培训行动，新增农村贫困劳动力就业1500人。严格执行农民工工资保证金制度，依法保障农民工的合法权益。三是加强生态建设。高度重视污染减排，深入实施大气污染防治行动，加快推进县级污染物自动监控平台、磁窑河环境综合治理项目建设，全面提高全县环境质量。严格落实企业污染防治主体责任，严厉打击偷排偷放、超标排污等环境违法行为，防止环境污染事故发生。继续推进节能降耗，推进千家企业节能低碳行动，确保完成万元地区生产总值能耗下降4%的目标。大力实施造林绿化，重点抓好高速景点绿化工程、城北绿色屏障绿化工程、开发区路网绿化工程建设，扎实推进村庄绿化、农田林网建设工程，完成1867公顷造林任务。四是强化安全稳定。全力开展安全生产大检查大整治活动，深入持久地抓好煤矿、非煤矿山、道路交通、护林防火、食品药品、危险化学品、特种设备和公共场所等各个行业领域的安全监管，严厉打击私挖滥采、毁地挖沙、开山取石等非法违法行为，确保全县安全形势持续稳定。加大食品药品监管力度。加强动物疫病防控体系建设。高度重视护林防火。加强交通安全监管。加强应急管理体系建设，完善应急预案，强化应急演练，不断提高处置突发事件的能力和水平。加强社会综合治理，全面推进社会网格化管理，建立健全治安防控体系，依法严厉打击各类违法犯罪活动。加强信访稳定工作，深入开展矛盾纠纷排查调处工作，解决群众合理诉求，全力维护社会和谐稳定大局。

冲刺"全国百强"
建设富裕家园、绿色家园、幸福家园

柳林县县长　**武跃飞**

2013年，柳林县积极应对挑战，奋力攻坚克难，县域经济社会保持了平稳发展。在全省2013年县域经济考核中，继续位居前三。

2014年是全面贯彻党的"十八大"和十八届三中全会精神，扎实推进转型跨越发展的关键之年，也是完成"十二五"规划任务的攻坚之年。我们一定要坚定信心，攻坚克难，做好各项工作，奋力开创转型跨越的新局面。

一、2014年政府工作的总体思路

全面贯彻落实中央、省、市各级会议精神，紧紧围绕县委七届四次全体（扩大）会议确定的目标任务，坚定信心，迎难而上，把握一个基调，抓好五大攻坚，致力稳增长、调结构、促改革、惠民生、防风险，为冲刺"全国

百强”，全面建成人民满意的富裕家园、绿色家园、幸福家园而努力奋斗。

二、2014年经济社会发展主要奋斗目标

地区生产总值完成280亿元，增长10%；公共财政收入完成33亿元，增长9.6%；城镇居民人均可支配收入达到26000元以上，增长10%；农民人均纯收入达到9600元以上，增长14%。森林覆盖率力争达到34%。城镇化率力争达到43%。

三、2014年政府主要工作任务

（一）力保经济增长不滑坡。一是要办好煤炭的事。各煤炭企业抓住原材料价格下降、成本降低的机遇，集中精力加快技改步伐。年内大庄、聚德、柳家庄、贺昌、赵家庄5对矿井由联合试运转转入正式生产，郭家山、龙门塔、同德3对矿井进入联合试运转，哪哈沟、曹家山、碾焉3对矿井完成建设工程。全县26对矿井中投产、联合试运转的矿井要达到23对，县属企业原煤产量稳定在3000万吨左右。同时，加快贺昌、西坡、邓家庄等坑口洗煤项目建设，全县洗精煤产量达到2000万吨以上。同时，尽快建立和形成“一个品种一个价格一致对外”的“三个一”联合机制。二是要帮好企业的忙。继续不折不扣执行2013年提出的以不出台任何新的收费政策为核心的“保企业7条措施”，严格执行好省、市出台的扶持煤焦企业发展的各项减负政策。广开思路、广开门路、广开财路，调动和发挥各方面积极性，力促银企合作、供需合作，帮助企业渡过难关。三是要用好项目的劲。2014年全县共安排重点建设项目81个，总投资708.62亿元，年度计划投资189亿元。其中，民生建设项目46个，年度计划投资65亿元；重点产业项目35个，年度计划投资124亿元。各级各部门要为项目建设创造良好环境，切实解决村企矛盾、村矿矛盾、征地拆迁等突出问题。

（二）加快转型发展不停步。一要完善“1+2”模式推进机制。对“1+2”模式敲定的12个非煤转型项目和9个农业园区项目全面盘点、逐个突破。进一步探索建立有效推进“1+2”模式的新机制、新办法。已投产项目要狠抓经营管理提效益，特别是要强化项目自身内部的循环造血功能；正在建设的项目要积极探索多元化的投入机制，多方引进投资商、合作商，确保项目顺利推进，早投产、早见效；尚未启动的项目要进一步敲定落实。没有明显效益和潜力的，要果断调整。二要加快工业园区建设步伐。坚定不移地推进王家沟煤矸石综合利用产业示范园区铝产业循环经济一体化项目，年产60万吨阻燃剂技改项目年内进入试生产；与香港崴睿控股有限公司合作的总投资350亿元的“215”系列项目，2014年开工建设60万吨氧化铝、50万吨铝镁合金项目的目标不动摇；与美国雅保公司合作的总投资2.4亿元的年产5万吨超细氢氧化铝阻燃剂项目年内开工建设。李家湾光电子产业园区建设年内要完成7栋科研厂房、卫星通信楼主体工程，入园6个项目，完成投资10亿元以上。高红工业园区已入园的2×30万千瓦煤矸石发电2号机组要并网发电；已建成的300万吨洗煤厂要采取租赁、承包或出售、联营等形式，想办法投入运行；动员首钢资源集团、国际电力和其他有意向的企业，在园区上马新的项目。同时，启动煤层气产业园区建设，山西中联八盘山煤层气压缩项目年内投入运营；开工建设金家庄煤层气液化项目。启动光伏发电园区建设，上马与北京泓润翔新能源投资管理有限公司合作的总投资28亿元的300兆瓦光伏发电项目。三要加大中小微企业扶持力度。2014年县财政划拨资金1000万元用于扶持中小微企业。同时，总额3000万元的科技三项费用也主要投向中小微企业。结合中央、省、市出台的扶持中小微企业发展政策，2014年向上级争取中小微企业扶持资金不低于5000万元。此外，采取财政出资引导、社会融资扩充的办法，先期设立总计1亿元的“中小微企业创业投资基金”，给中小微企业融资找门路，给民间资本投资找出路。继续推进“柳林县中小企业创业基地”建设，30万吨型煤厂要建成投产。积极推进大集团企业与中小微企业产品配套对接，走以大带小、大小企业联合协同发展之路。

（三）统筹城乡发展不减力。一要加快推进城镇化建设。加快城镇化建设步伐，采取更多、更灵活的融资方式，开工建设总投资20亿元的307国道改线项目；加快推进总投资33.8亿元的北大街片区改造项目，年内完成投资10亿元，铺开沟岔至新建煤矿路口的边坡治理工程、拆迁安置房建设工程，完善北大街附属设施；全面推进总投资28.5亿元的20个棚户区改造项目，年内完成投资10亿元，新铺开1000套安置房建设。此外，柳林火车站、汽车站建设，寨东、薛家湾安置楼，药材公司、公路段、旧煤炭局及田家沟北路地块开发，柳林影剧院、旧公安局以及抗旱服务队综合改造，体育场完善，汇丰广场及水厂改扩建，城东110千伏、孟门110千伏、贺昌35千伏变电站和留誉、成家庄、三交中心集镇建设，孟门黄河护岸工程等城乡基础建设均要加快建设进度。二要大力改善农村人居环境。坚持与巩固两轮“五个全覆盖”和办好“五件实事”相结合，与工业化、城镇化和新农村建设相结合，与实施百企千村产业扶贫开发工程、移民搬迁、采煤沉陷区治理、农村危房改造相结合，与经济社会发展总体规划相结合。按照“示范村、重点村、改善村”三个类别，坚持先近后远、先大后小的原则，强力推进农村人居环境改善。每个乡镇至少推进一个示范村建设，全省林业现场会沿线农村要早动手、早见效。全力整合资金，全县各部门所有涉农资金，确保统一使用于2014年县委、县政府确定的农村人居环境改善的重点村上。集中开展“清违治乱攻坚行动”，全面巩固和提升“三项整治”和城乡清洁工程成果。三要不断夯实农业产业基础。坚守耕地红线，确保全年粮食播种面积不低于1.9万公顷，粮食总产量达2700万千克以上。完成三交坪上、孟门西坡提灌工程和槐树沟农业文化园区小型提灌一期、二期工程。高红黄河提水工程主体完工。启动中部引黄柳林配套水网工程，开工建设成家庄调蓄库。以落实“8+2”农业产业振兴计划为总抓手，新发展食用菌3万平方米、绿色谷子267公顷、林下经济作物3000公顷、家庭养殖场20个。巩固已建成的200公顷设施蔬菜基地。新发展“一村一品”专业村20个。继续推进“助保贷”业务，集中力量打破农业企业资金短缺的发展瓶颈。年内争取培育10户精品示范社，发展1户大型联合社，重点扶持20户农产品加工龙头企业。同时，抓好规模化、科技化生产基地建设。建成残次枣饲料加工项目。

（四）推进民生改善不动摇。一要办好社会事业。在城乡低保、“五保”、孤儿救助、优抚补助等各项政策性保障已达全市最高标准的同时，进一步加大对特殊人群、特殊困难的保障和救助力度，研究出台提高大病救助标准的政策。继续抓好高中、幼儿园标准化建设，在小学、初中标准化建设上下功夫。巩固医改成果，探索建立更加有效的收入绩效分配制度，充分调动乡村医护人员的积极性；加大对医保定点销售的监督力度，严厉打击非药品销售等套取医保资金的不法行为。深挖文化资源，强化文物保护，推进产业开发，全面推进各项文化事业发展。二要抓好生态环保。全力打造龙门垣生态经济综合示范园区、槐树沟生态农业文化园区、王老婆山生态综合治理区、军渡出省口干石山绿化工程区四大片区。进一步巩固完善307国道、沿黄干线、沿黄旅游公路沿线的通道绿化和荒山绿化；全面完成八石公路沿线的通道绿化和荒山绿化。年内完成荒山绿化2000公顷、核桃林栽植2000公顷。新铺开50个村企绿化工程。严格落实各企业的减排任务和责任，重点加强对涉水企业的排污监测，遏制企业偷排、超排、直排行为。实施好柳林泉保护和三川河河道治理工程。做好县城禁煤区规划。完成宏光发电有限公司、浩博焦化厂、森泽煤铝有限公司烟尘、粉尘在线监测设备安装和对比验收，全面完成各项环保指标任务。三要保好安全稳定。全面构建“党政同责、一岗双责、齐抓共管”的安全生产新机制。坚持“管行业必须管安全、管业务必须管安全、管生产经营必须管安全”的原则，进一步细化安全生产监管职责，全面完善安全生产责任体系。加快隐患排查治理体系建设，推进隐患排查制度化、规范化和常态化。深化重点行业领域安全生产专项整治，深入推进“安全保障型乡村和企业”创建工作。依法依规妥善处理群众合理诉求，切实解决好征地拆迁、地质灾害补偿、劳资纠纷等事关人民群众切身利益的问题；把涉法涉诉信访纳入法制轨道解决，建立涉法涉诉信访依法终结制度；整顿规范信访秩序，依法打击无理缠访、闹访行为。建立健全矛盾问题就地化解工作机制，力争群众反映的问题在第一时间、第一地点、第一环节、一次性解决到位，从源头上预防和减少信访问题的发生。

加快经济转型　推动跨越发展

中阳县县长　**乔晓峰**

2013年，全县上下坚持以科学发展观为指导，深入贯彻党的十八届三中全会精神，扎实开展“两大活动”“三项整治”“四大推进”，经济社会保持了良好发展态势。

2014年是全面深化改革的开局之年，也是实施“三年打基础、五年大跨越”发展战略的关键之年。做好政府各项工作，意义十分重大。

一、2014年政府工作的总体思路

认真贯彻党的十八届三中全会精神，紧紧围绕“打基础、利长远、惠民生”的总体要求，扎实推进“三年打基础、五年大跨越”发展战略，以转型综改试验区建设为统领，改革创新，稳中求进，突出抓好产业发展、城乡统筹、生态文明、民生改善、安全稳定，切实加强政府自身建设，为全县经济社会转型跨越发展奠定坚实基础。

二、2014年经济社会发展的主要预期目标

地区生产总值73亿元，增长10%；规模以上工业增加值68亿元，增长13%；固定资产投资46亿元，增长22%；社会消费品零售总额13亿元，增长14%；公共财政预算收入9.21亿元，增长28%；城镇居民人均可支配收入18600元，增长13%；农民人均纯收入5650元，增长16%；服务业增加值10亿元，增长5%。

三、2014年政府工作重点

（一）以转型综改为统领，激发经济社会发展活力。一要积极推进改革。扎实开展“转型综改攻坚年”活动，深入实施2014年行动计划，整体推进4个重大改革、6个重大事项、11个重大项目，力争在解决制约发展的突出问题上取得突破。完成新一轮政府机构改革。认真落实省政府“煤炭17条”“保障工业运行12条”以及市政府“煤炭10条”政策措施；研究出台县中小企业发展20条，启动“助保贷”业务，创新融资模式，减免涉企税费。深化财政管理机制改革，确保资金集约、规范、安全。二要努力扩大开放。全力打造省级经济开发区，按照“一区两园”模式修编完善规划，建设尚家峪以钢铁为主导、枝柯以生态铝为主导的循环经济产业园。坚持大招商、招好商，特别要把东过境公路招商作为头等大事，力争早日开工建设。创新人才引进机制，着力解决创新不足、人才短缺的问题。

（二）以产业建设为支撑，增强县域经济发展后劲。一是推进工业新型化。坚持以煤为基、多元发展，提升传统产业，发展接续产业，建设好煤（化）、钢、铝、电“四大基地”。大力提升煤化产业。全面加快煤矿建设步伐。未批准开工建设的，全力以赴报批；已取得开工手续的，加快建设进度，尽早投入生产。鑫隆煤矿达产达效，苏村煤矿转入正常生产，沈家峁煤矿通过竣工验收，暖泉、荣欣一期实现联合试运转。力争年底生产矿井达到4对，有效产能达到720万吨。同时，积极推动福裕煤化工与晋能集团合作，重启项目建设。致力做精钢铁产业。支持中钢公司加快研发优质钢、特种钢，实现链条成本优势向产品研发优势转变、精细管理优势向节能增效优势转变。积极发展铝系产业。牢牢抓住全省煤电铝材一体化发展的契机，全力争取中阳县生态铝产业规划纳入全省总盘子，坚定不移推进中澳生态铝循环经济一体化项目开工建设。切实壮大电力产业。坚持热电、风电、太阳能发电并举，大唐桃园2×350兆瓦低热值煤发电项目完成核准前期手续，华润新能源200兆瓦风电取得省级“路条”，北京东旭200兆瓦太阳能发电项目签约落地。二是推进农业特色化。产业扶贫是发展农业产业的新契机、新平台，要深入实施中央彩票公益金扶贫项目、百企千村产业扶贫工程和千村万人就业培训计划，围绕种、养、加，加快推进“8+2”农业产业化工程。全力做好核桃这篇大文章，壮大专业技术队伍，财政专项投入1000万，普遍开展核桃丰产管理，建设高标准示范园4000公顷，新发展林下中药材333公顷，全面禁止核桃林地套种高秆作物。大力推进规模健康养殖，厚通生猪、紫云肉羊两个龙头养殖项目一期工程年内建成投产，新建改扩建5个投资千万以上的养殖场。通过“公司+基地+农户”模式，提高规模效益，带动农民增收。着力延伸农业产业链条，发挥慧仁核桃、兴源钙果的辐射带动作用，提高核桃、小杂粮等农产品的转化率。培育畜禽屠宰加工企业，增加畜牧产品附加值。扶持合作社、联合社、家庭农场。实施品牌战略，提升产品知名度，扩大市场占有率。三是推进服务业现代化。发挥物流、商流密集的区位优势，发展现代物流业，力争鑫琪物流公司列入省级电子商务示范基地。挖掘千年古县底蕴，高起点编制文化旅游规划；积极引导社会力量投资，全力创建柏洼山国家“AAAA”景区，争取启动车鸣峪、上顶山旅游开发；加大剪纸交流推介力度，以多样化设计、多形式包装拓展市场。

（三）以基础设施建设为重点，加快特色城镇化进程。一要科学编制规划。坚持各类规划有机对接，高标准编制县域城镇体系规划，修编经济社会发展规划、县城总体规划和控制性详规，完善中心集镇总体规划；做好中心村选定和规划编制，不断完善顶层设计。二要加快城乡建设。以创建国家卫生县城、省级文明县城、省级环保模范城为载体，促进城区扩容提质。加快推进中钢大道南延、滨河西路南延工程，凤城立交桥交通枢纽工程，桥坡底片区完成剩余拆迁任务以及雷家沟棚户区完成拆迁安置和附属设施配套。第一人民医院住院楼主体封顶，净水厂改造工程投入使用，新增供热面积4万平方米。分步实施自来水管网、排水系统雨污分离、街面修复等工程，大力完善城区照明设施。加快水电路基础设施建设，推进城网、农网改造工程，实施水源地保护工程，加强陈家湾水库库区管理。三要改善农村人居环境。分步启动实施省、市改善农村人居环境“四大工程”。年内梗阳移民工程分配到户，张子山移民三期工程加快建设、四期工程争取启动。易地扶贫移民1300人，改造农村危房324户。继续实施省、市“便民实事”，加强后续管理，真正把好事办扎实、实事办长远。

（四）以节能、减排、增绿为抓手，提高生态文明建设水平。提升营林水平。实施城区东西两山绿化提升工程，年内东山裸露地带全面绿化，西山完成栽植任务，蓄水池建成投用，道路系统路基成型。集中改造西山乡镇低效林2000公顷。严禁羊群散养和林地复垦，加强森林防火，巩固绿色成果。强化节能减排。严格能耗管理，推进节能技改，年内完成腾阳90万吨焦炉淘汰任务。加强重点污染源在线监测，完成重点企业排污口规范化整治，加快涉气企业除尘脱硫设施更新，推进城区燃煤锅炉改造，实现大气污染防治年度目标。铺开南川河综合整治，启动垃圾无害化处理场建设，完成城区段东方涵接入工程，建成投运玉洁污水处理厂二期工程和煤矿污水处理站，力争南川河出境断面水质达到省五类标准。

（五）以改善民生为宗旨，统筹发展社会事业。统筹发展社会各项事业。完善提升中小学校基础功能，优化教师队伍结构，合理配置资源，稳步提升教育质量。深化医疗卫生体制改革，提升医疗机构服务能力，推进基本公共卫生服务均等化。搞好优生优育服务，稳定低生育水平。开展全民健身运动，丰富群众精神文化生活。继续扩大职工五大保险覆盖面，建立统一的城乡居民基本养老保险制度。积极发展其他社会事业，统筹推进各项工作。全力做好“8项民生实事”

（六）以安全稳定为底线，深化平安中阳建设。扎实抓好安全生产。坚持安全发展理念，树立安全生产“红线”意识，强化政府和企业两个主体责任，深入开展安全生产大检查，引深打非治违行动。坚持安全生产八项制度，强化煤矿瓦斯治理和水害防治。严格食品药品安全监管，保障人民群众“舌尖上的安全”。加大对地质灾害、非煤矿山、道路交通、民爆物品、危化、防汛、建筑施工、人员密集场所等重点行业和领域的隐患排查整治，扎实开展安全保障型乡村和企业创建活动，推动安全生产形势由稳定好转向根本好转转变。着力维护社会稳定。继续推行县级领导定期接访、信访问题集中研判等制度，妥善解决群众合理合法诉求，依法化解信访疑难案件，巩固扩大“三大活动”成果。加强社会治安综合治理，完善基层社会服务管理三级中心建设，推进城区“天眼”全覆盖，严打各类违法犯罪活动，进一步提升人民群众满意度。健全应急管理体系，加强队伍建设，不断提高处置突发事件的能力。

加快实现转型跨越发展　全面建设富裕和谐交口

交口县县长　**刘应刚**

2013年，交口县围绕“打基础、利长远、惠民生”的总要求，团结带领全县人民，抢抓机遇、苦干实干，经济社会发展取得新成就。2014年是深入贯彻落实十八届三中全会精神的开局之年，面对新形势、新要求，我们要积极应对，扎实苦干，努力实现经济的转型跨越发展。

一、2014年政府工作的总体要求

认真贯彻党的十八届三中全会精神，按照县委九届四次暨经济工作会议的安排部署，紧紧围绕“转作风、抓转型、保稳定、惠民生”的工作要求，以“止缓、回稳、促增”为切入点，着力加快经济转型升级，着力推动“三农”发展，着力改善基础条件，着力保障改善民生，着力维护社会和谐稳定，着力打造为民务实清廉政府，全面推进“四基地一城市”建设，努力实现资源型欠发达地区转型跨越发展。

二、2014年全县经济社会发展的主要预期目标

地区生产总值完成48亿元，增长10%；规模以上工业增加值完成45亿元，增长15.5%；全社会固定资产投资完成38亿元，增长25%；服务业增加值完成7亿元，增长12.5%；社会消费品零售总额4.6亿元，增长15%；公共财政收入8亿元，增长2.3%，力争完成市下达的9.43亿元；城镇居民人均可支配收入16980元，增长13%；农民人均纯收入6290元，增长16%。

三、2014年政府工作重点

（一）注重转型发展，着力推进产业转型升级。一要扎实推进“项目见效年”活动。全力推动总投资564亿元的7大类57个重点工程项目（续建23个，新实施34个），力争开工建设46个，建成投运32个，完成审批12个，完成项目开工100亿元、项目投资70亿元、项目投产125亿元、项目储备1170亿元、项目签约95亿元、项目落地100亿元。特别要抓好省市确立的13个重点工程项目，确保项目建设快速推进，真正见效。二要坚定不移促进产业转型升级。煤炭行业：重点推进8座煤矿的手续完善和规范化、标准化建设，力争年内永兴煤业正式验收投产，鑫建煤业、晟凯煤业变更主体并完成基建。焦化行业：在推进产能整合的基础上，提升技术装备，延伸发展化产系列项目，提高产品附加值。冶炼行业：加快企业环保技术改造，积极发展适销对路的炉前铸造项目。同时抓住京津冀地区产业梯度转移契机，积极推进产能整合、兼并重组和产业承接，延伸开拓装备制造产业。铝镁行业：巩固提升信发240万吨氧化铝项目，积极完善配套设施，筹建后续深加工项目。三要集中力量突破转型标杆项目。加快推进道尔铝系高温材料、兴华铝基新材料、华瑞电厂、云梦山旅游等标杆性项目，力争年内取得实效。同时加快中冶1200兆瓦太阳能装备、四季天风100万千伏风力发电项目论证对接，完成前期手续。四要千方百计扶持企业发展。建立“一企一策”“一对一”帮扶机制，积极帮助企业解决信贷融资、原料保障、市场开拓、项目建设等方面的困难和问题。全面落实各级中小微企业扶持政策，鼓励本土民营企业做大做强。进一步扩大招商引资，组织好招商引资专场推介会，力争引进更多的大项目、好项目；抓住全省转型综改主体功能区建设机遇，积极争取列入全省铝工业基地县；抢抓政策机遇，想方设法推动新能源、新材料、新型制造业及光电子等高新技术产业落户，推动实现新型产业大突破。

（二）注重农民增收，着力推进“三农”发展。一是发展五大特色农业。继续推进“5+2”农业产业化振兴计划，壮大5大特色农业规模，逐步形成品牌效应。核桃产业，推动新裕村万亩核桃林基地建设，完善种管机制，提升全县核桃林管护水平。特色种植产业，以桃红坡高家条为中心，辐射桃红坡、双池、回龙10个村发展绿色谷子种植；以石口下蒿城为中心，辐射石口、康城15个村发展红芸豆、红小豆种植。加强设施蔬菜栽培管理技术的跟踪服务和指导，确保稳产增收。特色养殖产业，扶持发展放养藏香猪、本地山猪、蛋鸡和舍饲养羊、蜜蜂等规模养殖户30户。引进推广奶牛养殖。食用菌产业，以香菇、平菇为重点，建设5个菌棒加工基地，发展菌类种植200万棒。林下经济产业，以林药、林豆、林草套种为主，建设林下中药材种植基地。二是实施五项基础工程。（1）实施科技兴农工程。年内推广冷凉区农作物地膜覆盖4000公顷，测土配方施肥1.1万公顷，保护性耕作1333公顷，玉米机收2000公顷。建设试验示范基地15个，试验示范新品种77

个、新技术26项。新上生物有机肥项目，推进有机农产品基地建设。(2)推进龙头带动工程。发展壮大双轩、米师傅、神岭牧业等农业龙头企业，培育发展一批专业化程度高、运行规范、带动力强的专业合作社；建设双池农副产品仓储物流批发市场；启动实施有机农产品认证，加快创建特色农业品牌，推动农产品转化升值。拓宽融资渠道，加强农银对接，启动实施“助保贷”业务。(3)创新农业服务体系建设工程。提升基层综合服务能力。扶持发展专业技术协会、农民经纪人队伍，加快健全新型农业社会化服务体系。(4)加强就业培训工程。完成引导性培训8000人，科技培训500人，努力培养一支懂技术、高素质的农业带头人。(5)创建农村人居环境工程。统筹推进农村基础完善提质、农民安居、环境整治、美丽宜居示范创建工程建设。巩固新旧两轮“五个全覆盖”和“方便农民五件实事”成果，稳步提升农村社会发展水平。三是推进“百企千村”产业扶贫。年内重点推进石口、桃红坡、双池三个园区。加快推进露采企业集中连片高标准土地复垦；整合捆绑发改、交通、农业等相关部门项目资金，完善设施配套。深化农村土地制度改革，推动土地流转，引导适度规模经营。探索建立符合实际、实现共赢的村、企合作农场式、合作社式经营体制，完善相关配套政策，推动农业生产现代化发展。建立完善精准扶贫机制，完成全县贫困村、贫困户的登记建档工作，全面推进扶贫攻坚，解决6000人以上的脱贫问题。

(三)注重基础建设，着力改善发展条件。一是坚持规划引领，修订完善总规、控规和集镇建设规划，突出功能定位，彰显特色品位。推进扩容提质，完善县城南山公园、南部新区、中心商贸区、北部新区“一园三区”建设，启动建设“一纵三横”城市道路及下村川河道治理项目，完善城市水网、电网、污水管网和供热、供气管网建设，加强市政运营管理，深入开展城乡清洁工程，推进智能城市建设。打造特色集镇，加快双池“百强镇”建设，积极争取实施全国首批传统村落保护项目。依托园区建设、企业集团，统筹资源开发、生态保护、人口集聚、产业集聚等因素，引导推进特色中心集镇建设。二是生态建设方面，持续实施生态脆弱区、通道、环城、村庄、矿区等重点地段、重点区域造林工程，完成窑西线、关西线通道绿化，高标准打造石口至云梦山旅游公路绿化景观，扎实做好护林防火、封山禁牧工作。加强节能减排和环境保护，开展大气污染防治、重点区域环境综合治理和城乡环境友好创建活动，严格落实能耗限额、污染物排放标准，坚决淘汰能耗高、污染重的企业。三是基础设施建设方面，全力推进“一铁两高七线”交通项目建设。全力配合支持中部引黄工程建设，招商配套建设水网、水库等供水工程。加快推进桃红坡220千伏输变电线路架设，新建温泉110千伏输变电站，力争年内投运，提高电力供给能力。加快天然气管线铺设，加快天然气进城入户，推进“气化交口”建设。

(四)注重社会建设，着力保障和改善民生。一是强化社会保障。高度重视企业停产、限产对就业增收的影响，广泛开展就业培训、就业援助、就业信息服务、公益性岗位开发、企业劳务协作等活动，多渠道开发就业门路。进一步健全完善城乡医疗、养老保险制度，做好衔接配套，确保全面覆盖。加强社会救助，建立重大疾病应急救助制度，提高对重大疾病患者、特困群众、残疾人、五保户、优抚对象等弱势群体救助水平。二是发展社会事业。统筹推进教育、文化、卫生、科技、体育等各项社会事业，统筹城乡资源配置，推进城乡一体化均衡发展。全面深化教育改革，启动县级公立医院改革，推进文化体制改革。深入推进联盟办学、协作办院，加强师德师风、医德医风建设，推动全县教育、卫生服务水平稳步提高。三是大办实事好事。在全面落实上级各项惠民政策的基础上，从农民最盼望、最现实的利益问题入手，集中财力、物力，力争办好15件实事。

(五)注重安全稳定，着力营造平安和谐的发展环境。一是强化安全生产。严格安全生产责任落实和制度执行，持续开展安全隐患排查治理，深入推进“安全保障型乡村和企业”创建活动，坚决杜绝重特大事故发生。完善应急管理、食品药品监管、防灾减灾机制，推进公共安全体系建设。二是创新社会治理。加强县乡村三级社会管理服务中心建设。加强社会矛盾排查化解，建立畅通有序的诉求表达、心理干预、矛盾调处、权益保障机制，规范信访行为和秩序。强化社会治安综合治理，全面推进网格化管理，持续开展流动人口、劳动用工、民爆物品专项整治，依法严密防范和惩治各类违法犯罪活动。加快建立完善矛盾纠纷排查调处、社会服务管理、城乡一体智能视频防控、打防管控一体化、社会治理综合防控“五大体系”，推进“平安交口”建设。

培育改革开放新优势
建设工贸科产业新体系

晋中开发区管委会主任　**温毓诚**

2013年，开发区按照打造新型产业集聚地、高新技术辐射极、生态文明新城区的新定位，抢抓转型综改、太原晋中同城化、山西科技创新城等三大机遇，以改革创新为动力，以大项目引进与建设为主攻方向，经济上创新型发展更具活力，政治上团结统一基础更加坚实，社会协调建设更加和谐，文化建设发挥着日益独特的作用，基层党的建设更具凝聚力、战斗力，改革开放取得突破性进展。

2014年是贯彻落实党的十八届三中全会精神、全面深化改革的第一年，是实现"十二五"规划目标的攻坚之年，也是全省开展的"转型综改攻坚年"，做好2014年的工作，意义十分重大。

一、2014年开发区工作的总体要求

以科学发展观为指导，深入贯彻"十八大"和十八届三中全会精神，对标国家级的标准，顺应同城化、科技创新城、108廊带崛起的历史机遇，以全面深化改革为动力，突出科技创新、产业集聚、服务能力、民生改善四大任务攻坚，开疆拓土，聚能强势，全面完成省市确定的各项目标任务，加快建设"工贸科"协调发展的新型城区。

二、2014年开发区经济社会发展主要预期目标

区内生产总值38.28亿元，比2013年增长20%；规模以上工业增加值15.39亿元，增长21%；财政总收入10.4亿元，增长22%；公共财政预算收入5.38亿元，增长22%；固定资产投资54.63亿元，增长25%；外贸进出口总额2438.3万美元，增长20%。

三、2014年开发区主要工作任务

(一)实现经济转型升级。(1)目标升级。一是国家级发展标准。紧紧围绕省、市主体功能区规划，以"工贸科"为新的功能定位，尽快完成"五规合一"规划编制工作；以建设"产、学、研、居"四位一体的新区为目标，持续推进"3+2"区域功能布局，做大做强"4+1"主导产业，做实工业板块—上海绿地集团、商贸板块—西田奥莱集团(中国)有限公司等两个世界500强企业对接洽谈和落地前期工作。二是省级"科技创新城"承载。首先解决12.3平方千米的核心区，包括农村、企业、公共设施占地面积及位置，拆迁补偿等问题；充分利用科技创新城的扶持政策，调整区内的基本农田，争取用地规划指标，谋划发展新空间。三是市级"转型"示范。按照开发区转型综改总体实施方案，2014年拟定的任务有5项改革和3个重点事项，各级领导和责任单位要主动作为，认真抓好组织实施。四是提前跨上"5亿元"台阶。继续加大对重点行业、重点企业的帮扶力度，在大力发展第三产业尤其是现代服务业的基础上，强化财政和税收监管，确保2014年公共财政预算收入提前越过5亿元台阶。

(2)环境创造。一是基础要素培育。进一步破解土地制约，切实做到基本农田保护、规划建设指标、当年用地指标、占补平衡造地"四个环节"的联动，最大限度做实土地要素。同时，确保规划到哪里，项目在哪里落地，水、电、路、气等设施就跟进到哪里。2014年，全区市政基础设施配套工程项目共安排49项，计划总投资30.2亿元。这批项目已开始办理相关手续，春节后将依次开工。二是高端要素导入。人才、技术、信息、金融、研发、咨询、评估等高端要素需要不断集聚、提升。要做实海归创业中心、移动云计算中心、三晋国际电子商务平台、福润家具电子商务平台、中国网库晋中基地等项目以及晋商国际、泰鑫商务、和田大厦等中小企业集聚地的载体作用，打造高端要素平台，集聚会计事务所、律师事务所、评估机构、金融机构、研发服务机构入区，促进高端要素配置向优势企业、重点项目倾斜。三是生态环境提质。提高项目引进门槛，杜绝高耗能、高排放、高污染项目入区建设，把好入口关；坚持生产、生活、生态"三位一体"协调发展，严格环境执法监管，积极推进工程减排、结构减排和管理减排，努力从源头遏制新污染源的产生和排放量的扩张。加强生态绿化环境建设，全力抓好总占地118公顷、投资10亿元的"三园七线"等生态绿化工程以及高铁晋中车站站前广场绿化工程的深入推进，人均绿化率再增加1%。四是社会环境安全、稳定、和谐。积极创建安全发展先进城市。不断着力提高教育水平、发展科技事业、促进社会就业、加强社会保障、提高群众健康水平、丰富群众文化生活民生事业。集中解决好城中村改造和农村改制进程中人民群众的切身利益问题和拆迁征地补偿问题等，增强公共服务能力，协调各方利益关系，进一步提高区内人民群众生活幸福满意度，促进社会和谐稳定。五是金融服务现代化推进。进一步健全金融体系，推动区内金融市场多元化发展，为项目建设、企业发展提供强有力的资金保障。搭建银企合作交流平台，充分调动各类金融机构扶持中小微企业的积极性。创新投融资机制，对区内主业突出、市场前景好、科技含量高、持续赢利性强的企业，列为重点培育辅导上市企业行列。以投资公司为主体，加快债券发行工作推进，鼓励担保公司投融资创新，为中小企业开辟多元化融资渠道。

(3)考核科学。按照“创新核心、市场决定、民生优先、生态美好”的原则，不断完善科学的政绩考核体系。首要任务是发展，但同时要将经济发展的质量效益、结构优化、公平分配、社会保障、环境保护、人民群众满意度、幸福指数等综合指标纳入考核评价体系，同时做好打基础、利长远、惠民生的实事。

(二)夯实经济转型新基础。一是以现有的骨干企业为重点，做好规模和限额以上企业的支持和服务工作。对产品有市场、创新企业给予帮助与支持，鼓励引导企业进一步改进技术、扩大规模，这是全年保持经济平稳运行的基础。二是以重点项目建设为主抓手，全力做好各类项目推进。2014 年，开发区安排建设与推进项目 115 项，项目总投资 244 亿元，2014 年计划投资 59 亿元。另外，正在洽谈争取落地的重点项目有 7 项，项目总投资 950 亿元以上。三是以城市扩容提质为抓手，统筹园区和城乡基础设施配套。抓好综合通道、安宁西街、迎宾西街改造等 11 条新建道路的开工建设。亮化改造工程、乡村清洁工程、引黄水调压站建设、龙湖集中供热站、机械园专供线等 9 项市政公用项目要同步推进。加快实现信访接待大厅、高炮团营区、雨污排水改造、汇通路街景改造等工程。四是围绕农民增收重点，抓好农村经济社会稳步转型发展。加快农村城市化进程。充分发挥农产品加工龙头企业的带动作用，提升企业生产能力和核心竞争力。认真落实粮食、农机、水库移民、种植业保险等各项补贴工作，扶持农村合作社向规模化、专业化、现代化经营转变。力争农民在转居后人均纯收入在 5 年内实现翻两番，接近城镇居民水平，使全体农民群众完全融入城市生活。

(三)体制改革要有新举措。一是着力培养“狮子型”干部。在干部队伍中始终保持昂扬的精神状态和创业激情。注重实际锻炼，着力提升招商洽谈、项目审批、项目建设、考核督查、社会管理等五支队伍的能力，使其成为攻坚克难的精兵强将。坚持用实践标准判断和衡量用人的效果，引导干部敢走新路、少走弯路、不走错路，把关键时刻勇于担当、能打硬仗的干部用到重要岗位，让有为者有位、能为。二是完善发挥现有体制优势。改革创优环境，降低组织成本。开发区从体制上实行党工委、管委会、投资建设有限公司三块牌子，一套人马，凸显经济功能；9 个综合部门，减少了行政组织成本。优化项目审批招商部门受理、考察—党政联席会议研究决定—重点项目集体联合审批程序，以及审批—进地—开工—建设—投产全程跟踪服务机制。三是培育特色创新机制。在便民服务事项方面，进一步强化区级、社管处、农村三级联动的便民服务体系。鼓励民营资本进入各个领域，打破行业垄断，支持民企与国企、外企平等竞争。在经济转型中带动促进政府行政方式的转型。四是健全“进地、开工、建设、生产”的保障机制。进一步完善管委会、职能部门、农村、企业四级联动机制，充分发挥服务项目建设队伍的有效作用，互通信息，及时跟进，确保进地、开工、建设、生产等各个环节有效衔接。同时坚持重点项目审批全程代理服务、落地开工项目全程跟踪服务、建成项目主动上门服务、强化协调解决项目推进中的难点问题，加快项目建设推进。

(四)社会管理新水平。一是抓好生产安全、食品安全。突出隐患风险监控体系，督促落实企业主体责任、政府监管部门的监督管理责任，全面落实安全生产责任。充分发挥安委会的组织协调作用和专家队伍的技术能力，积极开展部门联动，在技术装备、综合制度、安全文化三个层面共同推进、综合治理。深入开展安全生产规范化、标准化建设。加大对触犯食品安全法律法规行为的惩治力度，严肃处理食品安全事件。二是抓好企业建设、生产、经营安全。全面贯彻落实项目法人制、招标投标制、合同管理制和工程监理制，维护好建筑市场的秩序，规范市场产销主体的行为，严查违法违规行为。三是抓好应急处置跟进工作。适时启动集减灾、避灾、救灾物资储存等功能为一体的避灾工程建设，加强公共卫生综合管理职能，做好重大疾病和突发公共卫生事件的防控工作，构建有效的公共安全预防体制，不断提升公共安全应急能力。四是抓好农村和谐稳定构建工作。围绕城中村改造和产业项目推进做好农村农民的跟踪服务，创新农村管理机制和司法服务机制。以社会管理网格化为依托，把依法规范村务活动和依法打击各种邪恶行为结合起来，进一步化解农村社会矛盾，维护农村社会秩序，构建和谐社会新型社区。

(五)民生改善新高度。一是加强教育体系培育。城中村改造、新城区建设与小学幼儿园同步规划建设。初高中按市政府统一规划安排，实现区内民工子女上学与区内居民同等待遇，对特困生给予适当补助，让区内居民子女都能上得起学。依托高校新校区，鼓励职业教育和就业培训中介机构入区发展。二是进一步完善医疗保健体系。开发区医院主体完工，完善提高农村医疗保障，探索建立“普惠性、有效性、预防性”的医疗体系，强化面向家庭需要的、依托社区的医疗服务功能，让群众就近看得上病、看得起病。三是继续推进社会保障到位。努力适应工业化和城镇化要求，不断扩大城镇基本养老保险、失业保险、医疗保险、新型农村社会养老保险等各项社会保险覆盖面，做到征缴到位。确保社会保险按时足额发放率 100%和社会化发放率 100%。加大社会保障基金现场监督检查覆盖面，按收支两条线管理，确保专款专用，管理到位。四是加强公租房配套工作。以在区企业统一申请，对符合条件的非农户，按程序申请、公示、分配公租房。另外，外地商户来区投资并设立常驻的单位，属于企业引进并保留特殊专业的人才，获得特殊荣誉复转军人，均可申请公租房。五是推进文化产业、设施建设。完成贾氏祠堂和灵贞观等文物的修缮保护工作。发展现代文化，扶持物联谷科技有限公司做大做强，加快完成三网融合试点小区建设，进一步扩大覆盖范围。发展农村和社区群众性文体活动，增强文化凝聚力。立足现有的黑陶工艺、龙湖紫云轩、双合成文化产业园提升企业文化，充分发挥开发区区位、交通、人才、资金、技术和信息等方面的优势，着力引进投资大、规模大、关联度高的具有重大示范效应和产业拉动作用的文化产业项目，提升文化产业的整体实力和竞争力。六是实施民生工程。国家、省、市提出的惠民工程、民生实事确保全部落实到位。在此基础上，有针对性地解决特困群体、特殊人群的差异化民生需求，让开发区发展的成果惠及全区群众。

深化改革　改善民生
努力开创都市核心区建设新局面

榆次区区长　张祖祁

2013年，榆次区把握稳中求进总基调，脚踏实地，迎难而上，全力以赴抓项目、稳增长、促转型、惠民生、保稳定，较好地完成了各项目标任务，都市核心区建设迈出坚实步伐。

2014年是贯彻落实党的十八届三中全会精神全面深化改革的开局之年，也是实现“十二五”规划目标的攻坚之年，做好2014年的工作，意义重大、影响深远。

一、2014年政府工作的总体要求

深入学习贯彻党的“十八大”和十八届三中全会精神，紧紧围绕市委率先发展和区委十二届四次全会目标任务，扎实开展群众路线教育实践活动，以统筹发展为主线，以项目建设为抓手，以生态建设为基础，以科技创新为动力，深化改革，改善民生，推进城乡一体，加快转型跨越，努力开创都市核心区建设新局面。

二、2014年经济社会发展主要预期目标

地区生产总值增长10%，规模以上工业增加值增长13%，全社会固定资产投资增长25%，公共财政预算收入增长10%，社会消费品零售总额增长14%，外贸进出口总额增长8%，城镇居民人均可支配收入增长11%，农民人均纯收入增长15%。

三、2014年政府主要工作任务

（一）深化各项改革，增强赶超发展动力。一是深入推进重点领域和关键环节改革。深化财政体制改革，加强税源培植和税收征管，细化预算管理，强化财政投资项目评审。深化科技创新体制改革，做好企业技术创新主体培养，加快科研成果市场化转化进程。有序推进国有企业改制，盘活存量资产，妥善安置职工。加快社会领域改革，推进城乡基本公共服务均等化。二是稳步推进农村改革。完善农村产权制度改革，启动3个村土地承包经营权确权登记颁证试点工作，探索农村土地承包经营权流转有效方法，培育新型农业经营主体，加快建立区乡两级统一的土地流转交易平台。深化集体林权制度改革，开展林权流转工作，完善和启动生态公益林森林生态效益补偿制度。推进农业转移人口市民化，同时做好就业、养老、医保及相关配套措施的衔接工作。推进农民的转移优化，培养新型职业农民队伍，完善新型职业农民长效扶持机制。三是统筹推进其他各项改革。启动政府和工作部门权力清单制度，依法公开权力运行流程；严控机构编制，确保财政供养人员实现只减不增。深化教育领域综合改革，统筹城乡义务教育资源均衡配置，健全校长教师轮岗和学区制。推进医药卫生体制改革，创新基层医疗卫生管理体制，完善基本药物制度。改进和完善信访工作机制，落实信访依法终结制度。统筹文化、科技、收入分配、社会保障、食品药品监管等领域的改革。

（二）实施项目攻坚，提升经济增长后劲。一是推进重点工程。围绕总投资936亿元的56项重点工程，确保年内完成投资183.3亿元。对基本具备开工条件的经纬铸造基地、太铁物流等16个项目，加快完善环评、规划、选址等前期工作，确保项目及早开工；对康师傅、山西云智慧、瑞光二期等11个投资10亿元以上的新建重大项目，排出时间表和路线图，确保尽快开工；对山西新能源汽车、6904车载方舱、中新房不锈钢精加工、金粮肉鸡养殖等重大续建项目，加强帮扶对接，力争尽早竣工投产。二是强化项目服务。对重大项目成立专门工作班子，全程跟踪、协调服务，推动重点项目加快落地、提速建设；持续抓好施工环境综合整治，严厉打击阻碍项目建设行为；加强督查问效，强化现场调度，确保项目顺利推进、如期完工、达产达效。三是优化要素支撑。依托“助保贷”“园区贷”搭建企业融资平台，进一步加强政银企对接，争取金融机构加大对重点项目、重点企业的信贷投放力度，积极拓宽中小企业融资渠道，重点培育2～3家优质中小企业在天津、山西股权交易中心挂牌。积极争取项目建设用地指标，用足用活用好相关土地政策，切实提升土地资源的调控和保障能力，提高土地节约集约利用率。四是加大项目储备。坚持招商引资、招商选资和招商引智相结合，建立完善招商项目预评估制度，谋划引进储备一批市场前景好、投资回报高、带动作用强的新项目。加快建立招商引资“企业库、项目库”，务实推进与京津冀、东部沿海地区的产业合作。围绕装备制造、新材料、食品加工、信息应用等高新产业发展，力争在关键领域重大项目引进上取得突破，实现“储备一批、引进一批、开工一批、投产一批”的良性循环。

（三）加速新型工业，着力优化产业结构。一是推动创新驱动步伐。统筹全区科技资源，加强政校企对接，建立政产学研用一体化合作机制，建设高校新校区学生创新创业基地和科技企业孵化器，推动科技成果转化。突出企业技术创新主体，支持有条件企业建立院士专家工作站、博士后科研流动站、技术研发中心，建设液压、纺机国家产品质量监督检验中心。有效利用院士工作站、液压研究院等公共服务平台，在高端液压马达、液压阀、液压泵等技术研发上取得新突破。力争全年认定高新技术企业10家、培育重点专利示范企业10家、实施科技重点项目10项以上。二是壮大优势产业集群。巩固液压、纺机集群龙头地位，加快经纬纺机“多元化”发展步伐。加速博世通、海洋、榆航等民营液压企业投产进度，带动全区装备制造行业技术升级，抢占国内高端产品市场份额。加速太钢万邦30万吨镍铬合金项目达产达效，推动国电二期2×300兆瓦项目开工建设。抓好东湖、三盟等大型醋企发展壮大，规范整合小作坊生产经营秩序。三是加快发展实体经济。加快推进园区基础设施管网、防洪排水、工业用蒸汽等配套工程的建设进度，切实降低企业生产经营成本。强化经济运行调度，落实各项帮扶政策，切实帮助企业解决实际困难。努力做好以提升综合素质为目标的企业家队伍建设。积极鼓励中小企业转型升级，扶持一批有发展潜力的企业做大做强，推动一批纳税过千万元的骨干企业技改扩能，引导和培育小微企业上档升级。

（四）发展都市农业，激发“三农”工作活力。一是做强五大产业。按照“粮食集约化、蔬菜设施化、养殖园区化、果业优质化、苗木规模化”思路，实施“五个一”工程。全区粮食总产量保持在2亿千克以上，发展什贴—东赵、庄子—长凝两个万亩杂粮片区。整合实施“一县一业”蔬菜基地县和晋中盆地设施蔬菜基地项目，打造乌金山、东阳、北田—庄子3个万亩设施蔬菜园区。完善北田、庄子“三横两纵”优势核心区水果生态经济林框架，扩大干果种植面积。围绕生猪、奶牛、肉鸡、肉羊养殖，重点建设10个规模养殖园区。推进东赵、长凝、什贴、张庆、修文康培苗木基地和华晨美景海棠种植基地建设。二是实施龙头带动。突出抓好产业链延伸的关键环节，提高农产品附加值。以金粮集团为龙头，重点抓好肉鸡养殖基地和屠宰线建设；以丰润泽为龙头，重点抓好工厂化育苗基地、温室大棚建设和优势品牌打造；以丰沃公司、兴阳合作社为龙头，重点抓好种植、储藏、营销为一体的合作社培育；以威特、华信安康和公司为龙头，重点抓好干果规模发展和技术提升；以东清一、二线万亩设施蔬菜基地为龙头，重点抓好标准化生产和净菜加工，打造榆次区“一县一业”蔬菜品牌。同时，发挥典型带动效应，在张胡、牛村和明乐、丰润泽“两村两园”积极探索休闲观光农业新路子，开辟农民增收新渠道。三是健全服务体系。不断增强政策、市场、科技、信息和农产品质量监管服务，推进科技成果转化，在农业科技园区创建2～3个科研工作站，努力在良种培育、良法种养、生物农药等应用技术领域取得创新成果。强化农产品质量安全监管，大力推进标准化生产，创建50个农业产业标准园。规范提升农业合作社，打造19个区级以上示范社，引导建立5个旗舰型合作社联合体。健全覆盖所有行政村的农业信息系统，加强自然灾害和市场信息监测预警，有效提高农业的抗风险能力。四是改善基础设施。重点实施3333公顷高标准基本农田整理、250公顷开发造地及田家湾水库除险加固、小型农田水利高效节水重点县、潇河上游综合治理等工程，提升现代农业发展水平。改善路网条件，完成中都路北延、乌金山旅游消防专用公路建设，铺开乌金山林场、庆城林场防火通道等级路建设，规划启动源涡—东墕县乡路。

（五）创新现代服务，加速实施发展转型。一要大力发展现代物流。积极推动现有物流业联合重组，扶持引进一批原材料采购、运输、仓储、成品加工、配送等方面的物流服务企业；加快推进太铁、中储、普洛斯等重点物流项目，努力打造区域性物流集散中心；加强汇隆市场农副产品流通信息化，引导蔬菜经纪人驻场对接，逐步完善城乡市场网络体系。二要加快文化旅游发展。高度重视文化产业，支持和帮扶重点文化产业项目建设。积极申报榆次老城创建4A级景区、老醯醋博园创建3A级景区。启动北田、庄子打造休闲农业、乡村旅游及养生养老示范镇、示范村工作。三要提升商贸服务水平。加快实施沃尔玛、家乐福、红星美凯龙等城市综合体项目，全力完善商务功能。积极推进市城区“十五分钟便民商圈”建设，扶持60个便民店改造升级，构建农村鲜活农产品流通体系，提升城乡商业集聚辐射能力。

（六）统筹城乡一体，全面加快城镇化步伐。一要积极配合市政工程。牢固树立市区一体理念，全力做好高校新校区配套、锦纶路改建、晋中一院迁建等重大项目的征地、拆迁工作。二要有序改造城中村。围绕城市核心区、高校新校区配套服务区，铺开小东关、聂店等11村的整村改造和4个村的10个片区改造。围绕棚户区改造，启动部分片区危房改造。三要统筹推进城镇建设。加快完善全区城镇化发展规划，推动经济社会发展规划、土地利用规划、城镇建设规划“三规融合”，完善以水、电、路、气、暖为重点的集镇基础设施和公共服务功能。四要加快建设宜居新村。全面完成牛村、张胡、伽西的新村改造，逐步完善新农村规划，进一步拓展居住、生态、休闲、养老功能，在条件成熟的村启动新农村改造。

（七）突出生态文明，努力改善人居环境。一要强化节能减排。扎实做好大气污染防治，全面推进燃煤锅炉清洁能源替代、区域供热锅炉提标和电力、水泥等重点行业脱硫、脱硝、扬尘污染整治。强化水污染防治，加快第二污水厂二期工程和集中式饮用水源地保护。加强项目节能评估和审查，重点做好年综合能耗3000吨以上的16户重点耗能企业的节能管理，规范对全区28户新型墙材企业的管理。二要加强生态建设。实施乌金山1333公顷和董榆线333公顷荒山绿化、9.2千米通道绿化、2000公顷农田林网建设。探索“生态环境＋观光产业＋新农村建设”新模式，加大产业、村庄融合力度，建设美丽家园。三要整治城乡环境。认真实施城乡清洁工程，理顺管理体制，建立长效机制，强化责任落实，加大资金投入，提升服务水平，重点对国省干道、城乡接合部、主要道路出入口、围村垃圾等进行集中清理整治。全力改善城乡人居环境。

（八）保障改善民生，推动和谐榆次建设。一要加强社会保障。引深省级创业型城市创建，做好高校毕业生、城镇失业困难人员、农村转移劳动力等重点群体的指导帮扶，努力扩大就业、促进创业，确保全年新增城镇就业8500人，转移农村劳动力4700人，城镇登记失业率控制在4.2％以内。整合城镇居民养老保险和新型农村养老保险，建立统一的城乡居民基本养老保险制度。探索新型养老模式，搞好国家养老服务业综合改革试点，鼓励发展民办养老服务机构。二要发展社会事业。强化义务教育均衡发展战略，深化教学改革，提升教育质量，确保通过“全国义务教育发展基本均衡县”验收。大力发展医药卫生事业，积极推进医改工作。扎实推进社区卫生服务机构综合改革，探索高校新校区社区卫生服务办法。坚持计划生育基本国策，做好计划生育工作。确保人民群众饮食用药安全，积极探索食品药品监管长效机制。三要强化安全生产。严格落实安全生产政府和企业两个主体责任，强化安全准入制度，扎实推进安全生产标准化建设，动态实施安全生产分级分类管理。深入实施安全生产大检查、打非治违、专家会诊等行动，打牢安全生产基础。不断加大安全投入，强化人员培训，推进科技兴安。严格落实安全生产目标责任制考核，坚决遏制各类事故，促进全区安全生产形势持续稳定好转。四要促进社会和谐。大力加强社会公德、职业道德、家庭美德和个人品德教育，推进移风易俗，形成良好社会风尚。依托网格化工作平台，完善基层综合服务管理模式，着力构建人民调解、行政调解、司法调解与社会组织调解有效衔接的大调解工作体系，建立调处化解矛盾纠纷综合机制，把矛盾纠纷化解在萌芽状态。强化应急管理，妥善应对各类突发事件。深入推进“平安榆次”建设，加强社会治安综合治理，依法打击各类违法犯罪活动，保障人民群众安居乐业。

办好“三件大事”　实现“两个率先”
奋力开创介休转型跨越发展新局面

介休市市长　**王怀民**

2013年，介休市坚持以转型综改为统领，积极应对经济下行压力，埋头苦干，主动作为，各项工作实现稳中有为、稳中有进。2014年是贯彻落实党的十八届三中全会精神、全面深化改革的开局之年，是落实“十二五”规划、扎实推进转型跨越发展的关键之年，也是经济形势最复杂、经济运行最困难的一年。做好2014年的工作，责任重大，意义深远。

一、2014年政府工作总体要求

全面贯彻落实党的“十八大”、十八届三中全会和习近平总书记系列讲话精神，坚持稳中求进总基调，以安全为天、环保为地、发展为要、项目为上的总体部署，以改革创新、自身建设的总体保障，办好综改攻坚、创新驱动、项目见效三件大事，努力完成各项增长和约束性指标，为实现市委五届六次全会提出的“两个率先”而努力奋斗。

二、2014年经济社会发展主要预期目标

地区生产总值增长10％，规模以上工业增加值增长13％，全社会固定资产投资增长25％，公共财政预算收入增长17％，社会消费品零售总额增长14％，城镇居民人均可支配收入增长10％，农民人均纯收入增长13％。新增城镇就业岗位5100个，城镇登记失业率控制在4.2％以内。居民消费价格涨幅控制在3.5％左右。

三、2014年政府工作重点

（一）促进经济平稳发展。一要高度重视实体经济。重视解决实体经济问题，保障实体经济健康运行。针对煤焦下滑精准发力，用好省政府煤炭“20条”、保障工业运行“12条”和晋中市政府煤矿及涉煤企业“10条”等稳增长政策，减轻企业负担，政府和企业共渡难关。针对金融趋紧精准发力，深化政银企对接合作，引导金融机构扩大信贷投放，缓解企业融资难题。针对市场疲惫精准发力，引导企业生产适销对路产品，重点做好原煤、精煤、焦炭、有机硅、甲醇、H型钢、保温材料、飞机等产品的市场开拓；引导企业运用电子商务现代营销方式，好产品实现高效益。针对帮扶企业精准发力，开展中小企业规范化管理提升活动，提升企业授信贷款额度、破解资金难题；充分发挥洗煤、碳素等行业协会服务作用，加强企业交流合作和信息资源共享。二要努力扩大投资规模。进一步激活民间投资，拓展投资空间，全年完成投资125亿元。突出产业投资，完成106亿元，其中，新型产业86亿元。坚持以煤为基，多元发展，在发展低热值煤发电、“气化介休”等清洁能源方面增加投资。加大装备制造、纳米材料、煤化工、节能环保、轻型飞机等高新技术产业投资。三要加快推进项目建设。扎实开展“项目见效年”活动，组织实施总投资571亿元的92个重点项目，突出抓好两个省级转型综改重大项目、8个转型综改结转项目和重点项目。谋划和寻源一批符合产业政策的重大产业项目、城镇化项目、生态和民生项目，完成招商引资200亿元。继续实施市级领导包扶重点项目、24小时直通车、项目责任考核等制度。设立发展新兴产业和改造提升传统产业项目专项资金6000万元，用于以奖代补、贷款补贴和绩效奖励。

（二）加快产业转型升级。一要巩固提升传统产业。扎实推进现代化矿井建设，16座标准化矿井全部建成。推进煤电联营，加快大唐路鑫低热值煤发电项目建设，推进义棠煤业煤层气发电项目投产。积极推进千万吨级焦化基地建设，完善现代企业法人治理结构，完成焦化行业实质性整合。积极盘活洗煤企业存量，实施12户重点企业综合技改。推动钢铁产业转型升级，提高产品竞争力。延伸碳素产业链条，提升产业级次。二要大力发展新兴产业。装备制造业上，积极扶持青云项目形成300架生产能力，启动零部件配套建设；建成中加20万吨大型锻件、煤化成套设备项目。新材料产业上，重点建设博创纳米高科技2万吨纳米氧化锌、2万吨纳米氧化铝和5000吨纳米贵金属项目。煤化工产业上，以化产规划为引领，提升循环经济水平，积极发展煤制气、煤制油、针状焦项目，加快安泰集团和中华煤气合作的焦炉煤气制天然气、昌盛20万吨煤焦油馏分加氢项目建设进度。新型建材产业上，推进安晟泡沫陶瓷保温材料二期项目。扶持发展矸石砖、矿渣粉等新型墙材项目。节能环保产业上，创建全省固废综合利用示范区，在五个乡镇建成五个LNG和CNG天然气站。三要加快发展现代服务业。在构建区域商贸物流中心方面迈出实质步伐。深度打造文化旅游“五张名片”，完成绵山5A景区2千米道路改造，张壁古堡启动北堡门、民宅修缮，历史文化街区完成在建工程，张兰古玩市场完成续建工程，天峻山景区启动10千米景区旅游道路建设。

（三）实施园区带动战略。一要完善园区基础设施。实施装备制造园区4条新道路建设，加快四大园区引水入园、中水回用等用水工程建设，提高义安工业园区污水处理厂运行效率，完善天然气管网，开工建设石河110千伏变电站，为装备制造园区企业提供电力保障。二要项目向园区集中。今后全市新上工业项目，按照产业集聚、集群发展布局，除个别特殊项目外全部入驻园区。义安循环经济园区要落地一批煤化工、特种钢、超高功率石墨电极新项目；装备制造园区要加快正在洽谈的30万吨螺旋焊管、泓兴LED、景辉光伏等新项目落地进度；新材料园区要做好有机硅及深加工、铝材加工、光学材料等项目前期工作；青云通航园区一期工程投产，二期工程做好前期。三要创新园区管理机制。建立园区管理机构，重点推动义安工业园区进入省级经济开发区，构建园区投融资平台，吸引整合各类资源、资产、资金、资本向园区集中。

（四）积极推进新型城镇化。一要提升城市功能品质。加快打造“‘一城两区新城’和历史文化老城”。实施城市绿化“五个一”工程。完成国家卫生城市创建。在老城区实施老旧小区、城中村“非煤化”改造。加快老城区朝阳路、北水门街和北河沿街等集中连片棚户区改造。完成老城历史文化街区续建工程。二要创新城市管理秩序。严格执行城市规划。加强绿地管护。严禁城区扬尘，提高城区机扫率和清扫保洁质量。建成“数字化”城管平台。提高物业管理水平和覆盖面。引导社会资金发展城市公交。加强市政、出租车管理。探索社会协同、公众参与的城管新模式。三要建设特色美丽乡村。完成三佳乡总规修编和城中村改造、中心村、张兰镇区“美丽乡村”规划编制。加快农村特别是镇区道路、供水、排水、供热、天然气、垃圾处理等基础设施建设。推进农村道路交通工程。加快石场坊、甘草岭、赵家窑等村移民搬迁。制定出台城中村改造配套政策，启动一批城中村改造项目，建设城市新社区。

（五）扎实做好“三农”工作。一要抓好产业培育和扶贫开发。新发展田李、南贾、西刘屯等22个“一村一品”专业村和义安蔬菜专业镇。设施蔬菜要巩固提升10个原有园区，加快凌云、东旺等新园区建设。高效养殖完成新建和改扩建规模养殖园区21个。重视农副产品深加工重点项目建设。完成产业扶贫任务。二要抓好水利基础设施建设和植树造林。加快推进汾河综合整治二期重点工程。完成龙凤河、樊王河河道治理。实施“东山调水”“中部引黄”规划设计和供水管网、调蓄水库等配套设施建设。抓紧石口子水库前期工作。实施核桃经济林、东夏线通道绿化、矿区绿化等十项林业重点工程。建立公益林森林生态效益补偿基金制度。三要抓好土地增减挂钩项目和经营权流转。完成第一批土地增减挂钩义棠项目区拆旧和复垦。土地流转完成义安镇9个村确权登记颁证试点。组建市级土地流转交易服务中心、乡镇交易所、村级服务站三级网络，构建家庭农场、生态庄园等新型农业经营主体。四要抓好农村人居环境改善和乡村清洁工程。巩固农村两轮“五个全覆盖”和“五件实事”成果，积极实施新一轮农民安居、完善提质、环境整治、宜居示范四项工程。扎实推进乡村清洁工程。20%的村达到示范村标准，30%的村达到先进村标准，创建3个示范镇。

（六）关注改善保障民生。一要继续推进教育卫生文化事业发展。引深规范教育盟区管理和集团化办学模式改革，创建国家义务教育发展基本均衡县。继续深化医药卫生体制改革，巩固基层医疗卫生机构改革成果，完善基本药物制度，健全疾病预防控制和卫生监督体系，推进城乡基本公共卫生服务均等化。新建人民医院及7所乡镇卫生院投入使用。稳步推进3所公立医院综合改革，扶持中医药事业发展，创建全国农村中医药工作先进县和慢性非传染性疾病综合防控示范县。继续做好人口计生工作。推进“文化介休”建设，创建“慈孝之都”。二要继续完善社会保障体系。加大社保征缴和管理力度，扩大社会保险覆盖率；建立最低生活保障标准和资金投入自然增长机制，完善城乡特困群众医疗救助制度；城镇居民基本医保和新农合人均财政补助标准由280元提高到320元。在建保障性住房小区完成主体建设，落实商品房配建5%保障房政策。完成保障房配租配售5000套。完成农村危旧房改造任务。三要切实抓好就业、收入、物价等重点民生。积极开发就业渠道和岗位，落实扶持政策，帮扶特殊群体和就业困难人员就业，鼓励高校毕业生、退伍军人和失地农民自主创业和灵活就业，强化就业指导和服务。落实促进农民增收扶持政策，增加农民收入。完善市场价格监管机制，保持物价总体稳定。四要加强社会治理能力建设。整合社区管理、治安管理、交通管理等信息资源，建设综合治理系统。加强社会治理，有效预防和化解社会矛盾。加强食品药品安全监管。强化社区功能，全面推行以市域网格单元管理为基点的社会管理模式，实行全覆盖、全方位、全过程动态管理服务。

（七）努力改善生态环境。全面落实企业环保主体责任，严厉打击环境污染犯罪活动，严防环境污染事件发生。加快实施涉及乡镇石料企业整合关闭，修复治理生态环境。严格环评审批，严格固定资产节能审查，推广太阳能、空气能、地源热、中水源热等新技术。大力发展绿色建筑。全力实施34个污染减排工程。扎实开展大气污染防治。实施清洁水行动计划，加强饮用水源保护。整治农业面源污染。

（八）切实抓好安全生产。严格落实安全生产责任，继续加大安全生产投入，抓好安全标准化建设和分级分类管理。强化安全生产培训。狠抓煤矿、危化、非煤矿山等重点行业隐患排查整治，保持“打非治违”高压态势，严防事故发生。严格落实安全生产目标责任考核，确保安全生产形势继续平稳好转。

（九）全力推进改革创新。推动重点领域改革。深化财政体制改革，完善财政源头评审、投资跟踪评审、政府采购物资等制度。探索税收体制改革。深化投资体制改革，鼓励民间资本进入市政、金融、社会事业等领域。推行工商登记制度改革。加快户籍制度改革，推进城中村“村改居”试点。深化土地管理制度，加强土地节约集约利用。规范改制企业国有资产收益分配制度。支持金融机构改革，完成农村信用联社改制农村商业银行，研究民间借贷法治化，严厉打击非法集资。稳妥推进工商企业改制。强化创新驱动。金融创新，发展普惠金融，鼓励企业通过资本市场直接融资。科技人才创新，突出企业科技创新主体作用，设立科技人才奖励和培养基金，建立政产学研协同创新机制。信息化创新，充分利用政务信息化平台，提高政务信息化水平，引领舆情和谐，发挥网评队伍作用，优化政务环境，发挥网络舆情正能量。

全力以赴加快经济建设　坚定不移增进人民福祉

灵石县县长　**刘　旋**

2013年，灵石县紧紧抓住“双试点”机遇，深入实施“十二五”规划，着力推动转型跨越，全县经济社会保持稳中有进的发展势头。2014年是深入贯彻落实党的十八届三中全会精神、全面深化改革的第一年，是实现“十二五”战略目标的关键之年。做好2014年的工作，事关全局和长远。

一、2014年政府工作的总体要求

深入贯彻落实党的“十八大”、十八届三中全会和中央、省、市经济工作会议精神，按照县委十三届五次全会部署，坚持稳中求进的总要求，以全面深化改革为动力，以项目建设为抓手，以新型城镇化为引领，以优化发展环境为保障，全面提升县域经济发展水平，为加快转型跨越发展、在全省率先全面建成小康社会而努力奋斗。

二、2014年经济社会发展主要预期目标

地区生产总值增长9%，规模以上工业增加值增长13%，全社会固定资产投资增长25%，公共财政预算收入增长1.9%，社会消费品零售总额增长14%，城镇居民人均可支配收入增长10%，农民人均纯收入增长13%，城镇新增就业人数2600人，城镇登记失业率控制在4.2%以内，居民消费价格涨幅控制在3.5%左右。

三、2014年政府工作重点

（一）全力实施综改攻坚。一是加快金融创新发展。做实做大做优城镇化建设基金，完善基金管理，搞好资本运作，最大限度地服务企业发展和项目建设。构建政银企联动机制，促进银企合作，进一步提高存贷比，切实为煤焦等重点企业发展提供金融服务和支持。完善农村信用担保体系，铺开土地收益保证贷款试点工作。规范民间融资，鼓励发展小额贷款公司和融资担保公司。积极培育金融产品，扩大中小企业"助保贷"业务。二是深化土地管理制度改革。在南关、两渡、梁家焉3个乡镇3个村开展农村土地承包经营权确权登记试点工作。加快农村土地承包经营权流转，全年流转土地1333公顷以上。继续实施城乡建设用地增减挂钩项目，完成矿业存量土地整合利用复垦任务，做好露天采矿用地方式改革试点工作。三是推进户籍制度改革。放宽城镇落户准入条件，实行按居住地登记户口制度。铺开上村等14个村的村改居工作，有序推进农业人口市民化。着力解决失地农民、村改居人群的职业培训、子女入学、社会保障等问题，逐步使"农转非"群体享受与城市居民同等待遇。四是构建县厅合作机制。运用"双试点"优势，积极搭建基层创新与顶层设计相结合的合作平台，加强与省直部门对接互动，争取相关政策在灵石率先实施，项目资金在灵石优先落户。

（二）大力推进项目建设。一是加快重点工程建设。实施139项重点工程，完成投资180亿元以上。对81项新建工程，做好立项、土地、环评等前期工作，促进项目早日开工。对58项续建工程，倒排工期，加快进度，确保44项完工。二是加大招商引资力度。强化企业招商主体作用，全力引进一批支撑经济发展的大项目、好项目。加强与京津冀等地区的市场对接，承接产业转移，扩大招商成果。落实本土企业投资上项优惠政策，调动本土企业项目建设的积极性，鼓励和引导煤焦企业建设非煤项目。注重选商选资，重点围绕机械装备、新材料、现代农业、文化旅游等领域开展专题招商和点对点招商，不断优化投资结构。全年招商引资完成200亿元以上。三是健全项目推进机制。继续实行县级领导包项目和重点项目指挥部工作机制。加强项目督查，强化要素保障。落实新兴产业和传统产业项目专项资金政策，对符合条件的项目进行以奖代补、贷款贴息扶持和绩效奖励。

（三）加快产业转型升级。一是巩固提升煤焦产业。高标准推进现代化矿井建设，力争12座煤矿竣工投产或联合试运转。大力开展煤炭行业技术革新和工艺改造，降低生产成本，提高产品质量。加快洗煤行业技术改造，完成梗阳、旗盛等7个洗煤技改项目。支持焦化企业适应市场变化，开发新产品、延伸产业链，由"以焦为主"向"焦化并重"转变，重点抓好聚源焦炉煤气制天然气项目。加快煤电一体化发展，铺开启光2×350兆瓦低热值煤发电项目建设。探索煤炭、洗煤、焦化企业产销一体化发展的路子。认真落实涉煤企业帮扶措施，最大限度减轻企业负担，千方百计帮助企业渡过难关。二是培育壮大新兴工业。积极推动冶金、建材行业上档升级，重点抓好东方希望、晋阳碳素、俄铝碳素、聚义煤矸石制纤维等项目。扎实推进永泰煤矿机电制造、亨泰荣和镁合金压铸件等一批现代制造业项目。全力发展北斗导航智慧应用云计算等新一代电子信息制造业。三是加快发展现代服务业。提升旅游业发展级次，铺开王家大院5A级景区和石膏山、红崖峡谷两个4A级景区创建工作，推进金山森林休闲度假区、静升古镇文物保护修缮等工程，启动资寿寺修复保护工作。加大旅游产品开发力度。抓好宣传促销，吸引客源，旅游综合收入增长20%。加快发展包装、流通、加工、配送等多种物流形态，重点抓好亿丰商贸城、锐通泰综合物流中心等项目。

（四）进一步做好"三农"工作。一是大力发展特色现代农业。落实强农惠农政策，调动农民种粮积极性，粮食总产量稳定在5000万千克以上。巩固提升"一村一品"工程，创建省级专业村15个、市级专业村20个。按照"稳规模、提质量"的思路发展核桃产业，重点提升5条百里核桃经济林走廊，打造13个精品示范基地。扩大设施蔬菜建设规模。加快发展现代畜牧业，重点抓好驰鑫生猪、福苑蛋鸡等养殖项目。鼓励发展特色种植，培育2～3个药材种植基地，种植小杂粮2000公顷。支持企业、大户和社会力量发展庄园经济，打造特色农业"综合体"。积极培育农产品加工龙头企业，力争新增农产品加工企业3户，申报"513"工程企业5户。二是加强农业基础设施建设。完善农业水利设施，实施两渡后庄等水利配套工程，逐步解决核桃林灌溉问题。加大农业综合开发力度，加快中低产田改造。认真落实农机补贴政策，提高农业机械化水平。三是扎实推进新农村建设。巩固完善两轮"五个全覆盖"成果。实施城乡清洁工程，改善农村人居环境。加快职业农民队伍建设，培训新型职业农民2000人。积极推进农村安居工程建设，完成危房改造500户。四是深入实施扶贫开发。落实"百企千村"扶贫开发工程，以南关、王禹、坛镇3个乡镇、71个贫困村为主战场，积极推进企业产业扶贫开发。改进扶贫方式，实施精准扶贫，扎实开展领导干部包村增收和机关定点扶贫工作。

（五）加速推进新型城镇化。一是加快静升新区建设。鼓励社会资本参与新区开发，重点抓好首创城乡一体化建设项目。加快新区配套设施建设，完成纬九路下穿高速、供气主管网延伸、大西高铁站前广场及配套主干道等工程，铺开新区变电站、供水站、热源厂等工程。二是完善城乡基础功能。实施县城新建热源厂、迎宾路下穿南同蒲铁路改造等6项市政工程，进一步完善城市功能。继续改善交通条件。增强"水支撑"能力。强化电力保障。三是加大整村搬迁力度。结合采煤沉陷区、地质灾害治理和扶贫移民，启动25个村的整村搬迁，重点抓好两渡14个村的整村搬迁、集中安置试点工作。完成鑫源新村、阳光小区二期等移民小区建设工程。四是提高城乡管理水平。突出规划调控作用，完成城乡一体化发展规划，铺开县城主要街道景观风貌、城市天际线、城市色彩、室外广告、城市亮化等专项规划编制工作。坚决制止和打击违法建设行为。巩固国家卫生县城、国家园林县城创建成果，完善数字化城管平台，开展环境卫生综合整治，不断提高宜居水平。

（六）全面加强生态建设。一是扎实搞好大气污染防治。实施大气污染防治行动计划。全力开展治污攻坚。着力解决道路交通运输、建筑工地和重点企业的扬尘污染问题。实施燃煤锅炉综合整治。加快能源结构调整，积极发展天然气、焦炉煤气等清洁能源。建立健全重污染天气监测预警体系和应急响应机制，实现PM2.5监测全覆盖。二是强力推进节能减排。深入开展节能行动计划和能效对标活动。加大落后产能淘汰力度。加强重点污染企业的日常监管，确保主要污染物稳定达标排放。对4户焦化和4户电力企业实施深度治理。加快静升和南关河西、河东污水处理厂建设，提高乡镇生活污水处理能力。抓好规模化畜禽养殖污染治理工作。三是积极开展造林绿化。营造生态林1933公顷，新育苗33公顷，完成通道绿化83千米，建设护林防火通道41.5千米，创建省级生态乡镇1个、生态村2个。加强对县城“三山”、永吉大道两侧山体、大运高速公路绿化、108国道主林带等重点区域的综合管护，进一步巩固造林成果。

（七）持续改善民生民利。一是扎实做好就业和社会保障工作。以高校毕业生、农村转移劳动力、城镇困难人员和搬迁移民为重点，进一步提高就业服务水平，转移农村劳动力3860人，安置下岗失业人员540人，就业困难人员再就业120人，创业带动就业850人。健全社会保障体系，不断提高养老、医疗、失业等各类保险的统筹层次和保障水平。进一步完善社会救助体系，落实好城乡低保、农村“五保”等政策，保证特殊群体基本生产生活。二是集中办好事关群众切身利益的10件实事。三是大力发展社会事业。加快义务教育均衡发展和信息化建设，力争通过全国义务教育发展基本均衡县评估验收。改善办学条件，实施第五小学等5所学校的新改扩建及30所学校操场塑胶、硬化工程。继续推进县级公立医院改革，加快县人民医院建设工程。完成食品药品监管机构改革，全面推行生产经营者首负责任制、食品药品质量可追溯制和安全责任追究制。实施文化惠民工程和“全民文化行动”。启动县城公共体育健身场馆建设。继续稳定低生育水平，人口自然增长率控制在6.2‰以内。四是加强和创新社会管理。推进各类社会治理服务网格融合共建，规范网格化监管平台运行管理。加强信访稳定工作，及时就地化解社会矛盾。强化防灾减灾能力和应急管理，妥善应对各类突发事件。深入推进平安灵石建设，加强社会治安综合治理，依法打击各种违法犯罪活动，保障人民群众安居乐业。广泛开展群众性精神文明创建活动，启动省级文明和谐县城创建工作。

（八）切实抓好安全生产。一是严格落实两个主体责任。确保政府部门安全监管责任落实到位。强化企业安全生产主体责任，督促企业加大安全投入，提高隐患自查自纠能力。严格执行安全生产和重大安全生产事故风险“一票否决”。二是积极推进企业安全标准化建设。重点抓好煤矿、非煤矿山、危险化学品和冶金等工贸企业的安全标准化创建工作。将标准化建设纳入企业安全生产目标任务考核内容。三是深入开展隐患排查治理。继续引深“两行动一活动”和安全生产大检查行动，突出抓好煤矿、非煤矿山、道路交通、森林防火等重点行业领域的隐患排查。开展砂石料企业专项整治。建立隐患等同事故追责制度。

真抓实干　开拓进取
加快建设谷色古香美丽新太谷

太谷县县长　**武晓花**

2013年，太谷县紧紧围绕富民强县总目标，以加强组织建设为主题，以加快项目推进为主线，全力实施五大类234个项目，较好地完成了十五届人大三次会议确定的各项目标任务，美丽太谷建设迈出坚实步伐。

2014年是实施“十二五”发展规划的攻坚之年，党的十八届三中全会开启了全面深化改革的新征程。我们一定要坚定加快发展的信心和决心，牢牢把握发展机遇，应势而谋、乘势而动、顺势而为，打造经济发展的升级版，圆好太谷发展梦。

一、2014年政府工作总体思路

认真贯彻党的“十八大”及十八届二中、三中全会精神，紧紧抓住建设全国十大区域城市群、全省综合改革试验区、山西科技创新城、108国道综合廊带、太原晋中同城化等一系列重大机遇，以改革为统领，以创新为动力，大力实施234战略，即：围绕“组织建设、项目推进”两条主线，擦亮“农业、文教、生态”三个品牌，做好“做大菜篮子、构筑承接地、打造后花园、建设卫星城”四件大事，奋力赶超、争先进位，全面加快谷色古香美丽新太谷建设步伐。

二、2014年经济社会发展主要预期目标

地区生产总值完成68亿元，增长9%；规模以上工业增加值16.2亿元，增长13%；财政总收入9.24亿元，增长15.5%，力争完成10亿元；公共财政预算收入3.95亿元，增长11.5%，力争完成4.2亿元；固定资产投资60.5亿元，增长25%；社会消费品零售总额31亿元，增长15%；农民人均纯收入14332元，增长15%；城镇居民人均可支配收入25417元，增长15%。

三、2014年政府主要工作任务

（一）做大菜篮子，加速推进农业现代化，全面加快建设富裕太谷。一是强投入夯基础。加大“连片发展、财政奖补”力度，继续实施土地流转、集约化育苗、农业保险、贷款贴息等扶持政策，完成3133公顷的节水工程和1333公顷的农田改造，稳定粮食生产，加快推进10个千亩设施蔬菜园区建设，着力提升两个苗木基地，全力实施8个标准化干鲜果园和4个葡萄酒庄建设，着力建设10个标准化养殖园区，确保增加设施蔬菜、苗木花卉、干鲜果种植面积，提高畜产品综合产量。二是重改革激活力。加快山西农产品国际交易中心建设进度，重点打造农产品国际网络交易平台，发展订单农业。抓好农村土地承包经营权确权登记颁证和土地收益保证贷款两项试点工作，完善农村产权交易中心功能，健全“三园两场”抵押贷款机制，激活农业资本，破解农民融资难题。积极推进山西农业大学“一区三园”建设，以大学生创业园为重点，实施20个科研项目，加快农业科技成果市场化、产业化，解决农业科技推广应用问题。以山西金谷现代农业投资有限公司为平台，整合农业资源，有效调动社会资本，探索集团化发展产业链的现代农业运营模式。培育新型经营主体，制定新型职业农民认定管理办法，完善“龙头企业＋基地＋合作社＋农户”的产业化经营体系，积极引导各类资本开展农业综合开发，全面加快三次产业融合发展。三是抓科技提品质。鼓励各类经营主体规模应用新品种、新技术，开展“三品一标”认证和品牌创建。整合优势产品资源，集中培育优势品牌，提升农产品的影响力和附加值。推进标准化生产，开展土壤改良试点，推广使用生物药剂，逐步构建从田间到餐桌全过程监管和质量追溯体系。

（二）构筑承接地，加速推进工业新型化，全面加快建设富强太谷。一是继续提升传统产业。铸造产业实施2014年行动计划。强化服务管理，完善水、电、路等园区基础设施。出台铸造产品质量联盟标准，以加入中国铸协为契机，争取“中国玛钢之都”称号。适时启动铸造产业兼并重组工作。建立行业预警机制，营造公平发展环境。碳素产业加快技改升级，实施腾飞碳素2.5万吨、三晋碳素2万吨石墨化阴极炭块项目建设，提升产品市场占有率和竞争力。二是加快培育新兴产业。以水秀新型产业园区建设为重点，加快园区功能配套，实施给水和污水处理工程，全面完成9.4千米天然气管道铺设和5条园区道路建设。提高办事效率，规范企业经营秩序，强化对投产企业的运行监测。加快项目建设进度，积极创建省级工业示范园，抓好落地、开工、投产三个环节。三是全力支持支柱产业。促进恒达循环经济园区不断完善循环产业链条，确保电石渣水泥项目达效，推进精密铸造一期工程完工。完成南山医药食品园区规划，加快广誉远国药和荣欣堂迁建进度，推进中远威溶栓胶囊和万科医疗设备生产线改扩建，完成黄河中药饮片及提取物、海宏牧业高端羔羊肉深加工项目建设。四是全力破解要素制约。加强金融创新。完善金融机构考核激励办法，加强政银企对接，开展融资规模2亿元的“助保贷”业务。鼓励民间资本发展小额贷款公司、融资担保公司。强化信用体系建设，设立350万元的中小企业发展专项资金，开展企业规范管理提升行动，加快建立现代企业制度，做好通宝醋业、中远威药业上市工作。强化用地保障。建立节约集约用地考评体系，盘活闲置工矿土地，开展山区空壳村建设用地增减挂钩。破解用电瓶颈。加快220千伏变电站规划建设工作，合理分配电能。鼓励技术创新。开展联合攻关，加快行业技术升级；鼓励企业自主创新、申报专利，组织申报4～5家高新技术企业，提高企业核心竞争力。加强人才工作。继续实施“企业用人、财政供养”人才政策，开展精英企业家、企业管理人才培训，激发企业转型升级内生动力。鼓励品牌创建。重点培育4个山西省著名商标，5个名牌产品和质量信誉等级企业，支持一批本土企业做大做强。

（三）打造后花园，加速推进旅游特色化，全面加快建设魅力太谷。一是打响品牌扩大影响。启动全新综合形象宣传，完成“谷色古香”整体商标注册，着力建设综合性的区域品牌，进一步提升太谷知名度。大力弘扬母亲文化，举办好第三届孟母文化节。积极培育文化产业，加强对传统中医药、太谷饼、葡萄酒等特色产业的文化包装，提升文化内涵，加快建设山西非物质文化遗产展示区和全省文化旅游产品集散中心。二是做美生态提升魅力。继续推进“一山一河一城”造林绿化工程，力争林地绿化率达到38%，争创省级园林城市，确保建成省级林业生态县。加强环境保护。开展PM2.5自动在线监测工作，强化对铸造、化工等行业环保监管，实施中水回用工程建设，新增集中供热面积60万平方米、集中供气5000户，推进规模化畜禽养殖企业规范化管理，实施行政村水源地保护、生活垃圾处置工程，开展美丽乡村创建活动，做实旅游产业发展的生态基础。三是串珠成链整体推介。启动全县旅游发展总体规划编制工作，完成南山片区旅游专项规划。抓好石亩生态园、佛峪生态园、杏林生态园、水晶坡生态园、棋盘山河谷漂流、中医药博物馆二期工程等旅游景点建设。探索景区、景点投资和管理市场化运作新模式，加快凤凰山森林公园景点开发。开展“谷色古香、美丽太谷”生态养生文化旅游系列活动，加快构建“春赏花、夏纳凉、秋采摘、冬滑雪”四季游格局。四是提升功能主动融入。提升旅游接待环境和档次，加快融入全省旅游经济圈。提升乡村酒店、生态庄园、农家乐接待水平；推进智慧旅游建设，加强旅游景点推介宣传；设立特色文化旅游产品购物点，提高旅游综合收入；培养、选拔、储备一批导游人才队伍，提升接待水平。

（四）建设卫星城，加速推进城乡一体化，全面加快建设精品太谷。一是加快扩容提质。以品位提升为重点，实施金谷南广场及太州路景观通道等工程。以基础配套为重点，实施滨河南北路、北关和纱厂社区道路综合改造等7项工程。以改善人居环境为重点，实施10万平方米城南保障性住房建设、700户农村危房改造工作，开展集中供热、供气以及城南排水、城北城市总退水渠改造等8项工程。以完善城乡路网为重点，完成凤凰山至凤翼山通道、范家庄危桥改造等工程，进一步改善百姓出行环境，带动边山一线综合开发。二是强化规划管理。重点完成县城及两个乡镇总体规划，开展北部新城核心区、城中村改造两个控规编制，做好历史文化名城保护、四大工业园区、城市燃气、排水防涝专规编制。全面提升管理水平，强化行政执法联动机制，严格制止和严厉打击违法占地、违章建筑、破坏环境等行为；完善市场化保洁长效机制，加强乡村保洁队伍和环卫设施建设，加大对高速出口、火车站、旅游通道、主要干道的环境整治。三是推进体制改革。完善9个城市社区和3个单位社区基础设施，提升社区服务功能。平稳推进5个城中村改造。积极探索农村社区化治理模式和服务机制，开展15个新农村社区建设，加快农村社区向城市社区转变。

（五）倾力保障改善民生，促进社会和谐稳定，全面加快建设幸福太谷。一是积极做好就业和社会保障。探索政府投资和重大项目新增就业岗位预估、考核机制，做好“零就业家庭”、“4050”人员、失地农民等困难群体就业保障工作。推进“五险统征”工作，完善统一的城乡居民基本养老保险制度，提高城镇居民医保和新农合人均财政补贴标准；认真落实低保“五保”、优抚对象、孤儿的各项政策待遇。建立一级重度残疾人护理补贴和贫困一级残疾人生活补贴制度，每人每年补贴480元。着力改善农村人居环境，扎实开展干部“包村增收、驻村下乡”和产业扶贫“双百”工程，推进范村镇和侯城乡移民新区建设，重点解决3100余人的饮水安全。科学布局乡村公交站点和通信基站，解决好山区学生上学、百姓出行、通信盲区等问题。二是全面加快社会事业发展。优先发展教育事业，完善“六大盟区”运行长效机制和教学质量评价体系，启动实施名师、名校长培养工程，打造“六个一”特色素质教育，实施第二轮学前教育三年行动计划，深化职业教育校企对接改革，提高职业教育水平。强化卫生服务，实行基本药物统一采购管理，加快推进县级公立医院改革，完善食品药品监管体系，全力保障群众饮食用药安全。开展文明城市创建，大力开展社会公德、职业道德、家庭美德和个人品德教育，营造社会良好风尚。三是坚持抓好安全生产。积极创建安全发展先进城市，强化安全生产政府和企业两个主体责任，严格安全生产准入，扎实推进安全生产标准化建设。实施安全生产大检查、打非治违、专家会诊、危险化学品集中整治等行动，开展安全生产“三责”教育和生产安全培训，加快乡镇安监站和安全乡村建设。四是加强和创新社会治理。深入开展平安创建活动，加强社区网格治理；重视网络舆情引导，加大互联网监管；加强信访稳定工作，及时化解社会矛盾。强化防灾减灾能力和应急管理，妥善应对各类突发事件。加强社会治安综合治理，依法打击各种违法犯罪活动，维护良好社会秩序，保障人民群众安居乐业。

实施“五县战略”
建设美丽文明新祁县

祁县县长　张　鹏

2013年，祁县紧紧围绕“四化”同步、城乡统筹总目标，突出抓好项目建设和民生改善两件大事，同心协力，攻坚克难，扎实推进“三区一基地”建设，经济社会发展实现了稳中有进、稳中提效。

2014年是全面贯彻落实党的十八届三中全会精神、全面深化改革的开局之年，也是完成“十二五”规划的攻坚之年。我们必须坚定加快发展的信心，抢抓机遇、乘势而上，推动各项工作再上新台阶。

一、2014年政府工作总要求

全面贯彻落实党的十八届三中全会精神，坚持稳中求进、改革创新的总要求，以全面深化改革为动力，以转型综改为统领，观念先行、项目承载、突出特色、创新驱动，加快特色工业强县、现代农业大县、文化旅游名县、生态宜居美县、文明和谐新县建设，全面推进经济、政治、文化、社会、生态文明建设，深入开展党的群众路线教育实践活动，全面推进党的建设新的伟大事业，为“四化”率先发展、建设美丽文明祁县、全面建成小康社会努力奋斗。

二、2014 年经济社会发展主要预期目标

地区生产总值增长 9%，规模以上工业增加值增长 13%，固定资产投资增长 25%，公共财政预算收入增长 14.3%，社会消费品零售总额增长 14%，城镇居民人均可支配收入增长 12%，农民人均纯收入增长 13%，外贸进出口总额增长 7%。城镇新增就业岗位 3564 个，城镇登记失业率控制在 4.2%以内。居民消费价格涨幅控制在 3.5%左右。

三、2014 年政府重点工作

（一）加快转型综改步伐，全力推进重点领域改革。一是加快转型综改先行区建设。科学制定《祁县无矿产资源县经济转型综改试点县实施方案》，规划东连太谷、北接清徐、西到汾河、南到东观镇区，占地 150 平方千米的转型综改先行区，与 108 综合发展廊带整体推进，重点建设经济开发区、乔家大院景区、东观镇区、现代农业示范区四大板块，积极争取上级政策、项目、资金支持，全力打造祁县转型综改试验田。二是稳妥推进土地管理制度改革。加快推进第二轮土地增减挂钩项目。探索建立土地开发多元投入和补偿奖励机制，鼓励民间资本参与土地开发。建设县级土地流转中心和流转交易市场，成立乡镇土地交易所。建立节约集约用地考评体系，开展批而未供、未用和低效利用土地专项整治。积极探索农村集体经营性建设用地通过出让、租赁、入股和抵押等方式入市流转，建立城乡统一的建设用地市场。三是加快金融创新发展。开展多种形式的政银企保对接，加大对小微企业、“三农”和重点项目的金融服务力度，发展普惠金融。积极推动符合条件的企业到不同层次的资本市场挂牌，多途径拓展融资渠道。培育发展政策性担保机构，加快国有资产经营运作平台建设。加快农信社改制，适时设立村镇银行、股份制银行等中小金融机构，鼓励县域外金融机构在祁县设立分支机构。构建金融维权政、银、法联动机制，建设诚信祁县体系。四是深化行政体制改革。做好国务院、省、市取消和下放行政审批事项的承接工作。深入推进“两集中两到位”改革。深化投资评审制度改革。积极推动政府购买公共服务改革，凡事务性管理服务原则上向社会购买。鼓励民营资本进入城市基础设施建设、教育、卫生等行业领域。

（二）加快项目建设步伐，不断增强发展后劲。一是加大招商引资力度。构建“大招商”格局，办好“山西祁县招商网”，加强网络招商。重点抓好以企招商、以商招商、专业招商、中介招商等工作。确保完成全年招商引资 120 亿元的目标。二是强化重点项目服务。2014 年确定了 117 项重点工程和 28 项重点推进工作，统称“百项工程”。每个项目对应一名县级领导、一个工作组，对所包项目全程服务，确保每个项目落到实处，抓出成效。同时整合招商引资和项目建设工作力量，优化项目管理服务，建立重点项目工作年度目标考核机制，确保项目“六位一体”顺利推进。

（三）加快工业转型升级，提升企业核心竞争力。一是加强经济开发区建设。推进开发区省级创新体制机制试点工作，完成开发区扩区、移位、升级的论证和批复。进一步加大开发区投入力度，拉大开发区发展框架。强化招商引资工作，推进开发区产业集聚。推进开发区总体发展规划、控制性详细规划和产业发展规划编制、论证、评审工作，完成开发区区域环境影响总体评价。完成开发区污水处理厂及管网建设、供水管网和祁太退水渠改造工程。重点推进一批在建项目早日投产达效。帮助明昇钢管、安达不锈钢等公司利用现有资源，寻求合作伙伴，盘活企业资产。二是加快产业提质增效。玻璃器皿业，积极推进祁县考古、历史与玻璃艺术博物馆建设，开展技能大赛和工艺美术大师评定。酒类饮品业，加快推进伊利、统一、红星等项目建设，抓好燕京、今麦郎等现有企业的产能提升和市场扩展。水泵制造业，积极引导企业错位发展，提升行业整体竞争力。材料加工业，重点支持填补华北地区空白的微孔、超微孔碳砖项目，积极筹建磁材产业园。三是推动企业自主创新。突出企业创新主体地位，支持企业引进创新型人才。支持大华技术研发中心升级为省级中心。扶持宇通、神龙等企业组建碳素、水泵技术研发中心。加快国家玻检中心、世达培训中心等公共服务平台建设步伐。支持三益、红海、天波等企业与国内外高校、科研院所加强合作，研发新产品。帮助磁性材料产业引进高端人才，组建磁性材料研究院，促进产业快速壮大。

（四）提高农业产业化水平，夯实农民增收基础。一是壮大特色产业。整合特色农业资源，组建现代农业投资有限公司，集团化发展现代种养、技术贸易、农产品加工、物流配送等农业产业链，打造精品特色农业。继续实施“四个十”工程。与果树所合作共建，推进 3333 公顷国家级出口酥梨质量安全示范园区创建。完善奶业扶持政策，组建养牛协会，围绕伊利液态奶项目，推进山西九牛两个万头标准化奶牛养殖场和 25 个标准化奶牛养殖园区建设。加快推进千朝农谷安格斯种牛良种繁育和万头肉牛标准化养殖园区建设。新发展“一村一品”专业村 20 个，巩固提升 4 个市级“一村一品”精品片区，打造特色农业基地县。二是拓宽增收渠道。认真落实中央一号文件精神，坚守耕地保护红线，稳定粮食生产，确保粮食安全。加大对新型职业农民和新型农业经营主体领办人的教育培训力度。落实各项惠农政策，扶持家庭农场、专业大户，重点实施青山玫瑰生态开发、火龙鸟蛋鸡饲养等 10 项农业产业化项目。探索农民宅基地使用权、土地经营权抵押贷款，激活农村土地潜力，增加农民财产性收入。提高专业合作社经营水平和农民组织化程度。推进市“双百”工程，加大产业扶贫力度。实施总投资 1.8 亿元的左家滩水库新建、鲁村水库除险加固等 10 项水利重点工程，夯实农业基础，保障农民增收。三是改善农村人居环境。巩固完善两轮“五个全覆盖”成果，全面完成省政府确定的“五件实事”任务。深入推进乡村清洁工程，着力改善农村面貌。完善农村公路养护和安全管理。提高农村饮水安全工程建设标准，重点解决昭馀、贾令等5个乡镇、9个自然村的饮水安全问题。加强水源地水质监测与保护，组建水质化验控制中心。推进“气化农村”建设，提高天然气覆盖率。积极探索“以宅基地换钱、换房、换地方”模式，改善农村居民居住条件。四是加强农村基层组织建设。推进基层政权和民主建设，加大农村两委主干的教育培训，不断提升农村两委主干的素质和能力。继续推行“四议两公开”“一事一议”工作法，规范民主议事和决策程序。落实“阳光农廉网”与村务公开栏同步公开工作。完成好第十届村委会换届选举工作，配强村委会班子，增强村级组织的凝聚力、战斗力，促进农村经济和社会持续健康发展。

（五）加快大县城建设，推进城乡一体融合。一是推进一体化发展。完成《祁县县域总体规划》评审，完善重点镇和中心村规划。大力推进古城东侧、建材厂等棚户区改造工程，加快昌源新区建设，推进东观、白圭、大贾等整村改造，探索东观镇小城镇扩权强镇试点，实施汽贸、建材、农副产品等产城一体城镇化项目。深入推进户籍制度改革，完成东关、张北、王村、圪垛等村“村改居”工作，促进农业人口有序实现市民化。二是完善基础设施。实施城建重点工程，完善水、电、路、气、热等基础设施。完善城乡路网，拉大城市框架。完善城市功能，启用大西客专东站、汽车客运站，为群众出行提供便捷服务。加快城市基础设施向全县范围延伸，促进城乡一体化发展。三是提升管理水平。高标准实施城市路网景观化改造。严格城乡规划，加强城市管理，严厉打击违法用地和违法建设行为。全面启动数字城管，推动城市管理融入社会化网格建设。加强环卫基础设施建设，提高保洁标准。加强爱国卫生工作，争创国家级卫生县城。

（六）大力推进城乡生态化，建设宜居祁县。一是强化节能减排。推进资源性产品价格改革。实施建筑效能提升、节能产品惠民工程。积极推进循环经济省级试点工作，推广节能新工艺、新技术、新产品。严格控制主要污染物排放总量，加快淘汰城区燃煤小锅炉。加快PM2.5监测全覆盖。启动实施水清洁行动计划。加强农业面源污染治理。加大环境执法力度，严厉打击违法排污企业。二是建设生态家园。争创省级低碳试点县，重点实施“三路两园一线一河”绿化工程。实施村庄绿化工程，重点打造10个园林村。扎实推进“美丽乡村”建设，开展“美丽机关”“美丽社区”“美丽校园”“美丽企业”创建活动。

（七）推进文化旅游发展，构建大旅游格局。一是丰富县域文化内涵。组织申报“中国诗词之乡”，举办晋商社火节、祁太秧歌、民间剪纸等文化活动。完善公共文化服务体系建设，打造晓义、申村、谷恋等20个农民文化活动示范点。二是全力打造旅游强县。围绕“一城一院两山三园”大旅游格局，大力推进古城保护与开发。抓好乔家大院5A景区创建后续工作。进一步完善昌源河国家湿地公园旅游设施，推进植物园建设。三是促进文旅融合式发展。积极申报省、市重点文化产业项目。大力推进晋商游学之旅、晋商文化大讲堂和祁县古城一日游活动。打造以乔家大院为龙头，谷恋古村为核心，周边六村为载体的慢城旅游。

（八）大力发展商贸物流业，激活县域经济新活力。一是积极发展商贸服务业。积极推进汽贸汽配、家居建材、玻璃器皿、肉牛肉羊、辣椒酥梨等专业市场建设。实施现代流通晋中示范园区项目。加快玻璃器皿全国连锁店布局。二是大力发展现代物流业。培育和引进大型运输企业集团。规划建设县城和东观两个物流园区。新建货运物流网，实现信息、资源、服务共享，全力打造山西省重要的物流集散地。

（九）着力保障和改善民生，促进社会和谐发展。一是加强就业和社会保障。全面落实就业再就业各项政策，建设就业和社会保障服务中心，开展就业援助和服务活动，动态消除零就业家庭。推进社保制度改革。全面启动社会保障“一卡通”。落实社会帮扶、救助、福利、优抚等政策，进一步扩大社保覆盖面。加强农村和城镇居民最低生活保障工作，实现应保尽保。成立慈善总会，启用祁县救助管理站、城赵敬老院，新建县级社会福利中心。二是推动社会事业协调发展。抓好校长和教师两支队伍建设，推进教育布局调整。继续深化医药卫生体制改革。落实好单独二孩政策。加大农产品质量和食品药品安全监管力度，严厉打击各种违法生产经营行为。完善价格调控机制，稳定市场物价。实施山区乡镇移动通信信号全覆盖工程。推动全民健身工程。三是加强和创新社会治理。全面推进“六五”普法和社区矫正工作，构建矛盾纠纷大调解工作体系。畅通群众信访渠道，维护社会公平正义。健全社会治安防控体系。加强应急管理和防灾减灾能力建设，全面提升突发事件应对处置能力。坚持“党政同责”“一岗双责”，推行“党委领导、政府监管、企业负责、社会监督”的安全生产新格局，确保安全生产形势持续稳定。

凝心聚力　砥砺奋进
为早日实现“平遥梦”“黄金期”的总目标而努力奋斗

平遥县县长　曹治胜

2013年，全县上下紧紧围绕“平遥梦”“黄金期”总目标，抓改革、谋发展，破难题、保民生，全县经济社会呈现稳中有进、稳中提质的良好态势。

2014年是深入贯彻落实党的十八届三中全会精神、全面深化改革的第一年，是完成“十二五”目标的关键一年。我们一定要把握机遇，激情创业，顺势而为，开创平遥发展的一片新天地。

一、2014年政府工作的总体思路

全面贯彻党的“十八大”和十八届三中全会及中央、省市一系列会议精神，按照县委总体部署，以党的群众路线教育实践活动为契机，以转型综改为统领，以项目攻坚为突破，以改革创新为抓手，坚持问题导向、结果导向、民生导向，主攻三大产业，打胜四大战役，强化五大保障，办好惠民实事，全面加快晋商文化旅游中心城市建设，为早日实现“平遥梦”“黄金期”的总目标奠定坚实基础。

二、2014年经济社会发展的主要预期目标

地区生产总值增长9%，规模以上工业增加值增长13%，全社会固定资产投资增长25%，公共财政预算收入增长3%，社会消费品零售总额增长14%，城镇居民人均可支配收入增长10%，农民人均纯收入增长13%。

三、2014年政府工作的主要任务

（一）做优现代农业、做强新型工业、做大文化旅游。一是走好“四条路子”，发展现代农业。大力扶持健康规模养殖、设施农业和干鲜果业发展，积极推进粮食生产和标准化基地建设。发展水果200公顷，提升467公顷，发展干果667公顷，改造133公顷。建设设施农业133公顷。新建健康规模养殖小区20个。培育一批标准化基地建设典型。支持产粮大户发展和粮食专业村建设，努力确保粮食安全。建设完善市级以上专业村40个、专业乡镇1个，县级专业村30个、专业乡镇1个。以治土、兴水、改电为重点，进一步改善农业生产条件。实施高标准农田建设和土地治理项目。实施百公里末级渠道再建、万人人畜吃水、山洪灾害治理、水库应急除险加固、惠济河综合治理5项水利工程，力争启动小胡调蓄水库、水磨头应急水源两项新水源建设工程。完成农村中低压电网升级改造。抓好龙海鸡肉、五阳面粉等龙头企业技改扩建项目，规模以上农业龙头企业销售收入突破30亿元。积极支持品牌建设，对新获得的商标和新认证的产品给予财政奖励。以新型职业农民、农民专业合作社、种养殖专业大户、农业产业化龙头企业为重点，加快培育新型农业经营主体。改扩建乡镇农技推广站14个，建设完善标准化村级服务点10个，积极推进农产品质量安全监管、动植物疫病防控、气象防灾减灾等公共服务体系建设。二是坚持“四轮驱动”，发展新型工业。全力加快工业产业转型升级步伐，全县煤炭产量达到250万吨；煤化焦化公司完成产能购买，峰岩焦化公司完成主体重组，全县焦化实际产能达到280万吨。加大橡胶企业技改力度，产量突破20万吨。新型光学材料一期项目尽快达产达效，力争启动二期工程。液化天然气一期项目投产运行，日处理能力达到30万立方米。10万吨金属镁及镁铝制品生产线一期投产。以打造108廊带发展“升级版”为目标，加大功能完善、企业引进、项目建设力度，推进工业新区发展。统筹抓好四大产业集聚基地建设。重点支持一批科技型企业引进先进人才和技术，建立产学研一体化支撑体系，力争形成1～2项科技型、实用型专利技术。从资金、土地、电力、环境容量等方面，对企业发展给予倾斜支持。力争完成土地利用总体规划修编工作，完成工业新区、宁固、双林3个变电站增容改造，启动东泉110千伏变电站和洪善特高压变电站建设。三是做好“四篇文章”，发展文化旅游。加强古城宣传营销，强化与重点景区、重点旅游城市和友好城市的联合营销，进一步巩固一线城市，拓展二线城市及海外高端消费市场。完善道路建设，推进乡村旅游发展，培育一批集产、展、销于一体的旅游产品生产企业，实施好平遥古城生态旅游文化产业园一期工程。继续扶持文化产业发展，提升“又见平遥”演出质量，举办好平遥国际摄影大展，丰富和创新平遥中国年活动，推进全省中医药文化养生旅游示范基地建设,努力打造一批全国有影响、全省有地位的文化品牌。加强古城交通管控措施,严格规范导游管理,努力营造良好的旅游秩序。

(二)统筹推进遗产保护、城市建设、乡村建设和环境整治。一是注重特色,打好遗产保护大会战。尽快启动城墙结构加固工程,完成双林寺大雄宝殿本体修缮和基础加固工程,继续选择30～50户传统民居进行保护修缮,对4处县保单位实施抢险维修,实施好古城供配电管网设施升级改造、古城亮化升级改造和南内马道贯通等项目,建设非物质文化遗产综合传习中心。二是立足精品,打好城市建设大会战。实施好总投资125亿元的7大类、70余项城建工程。完成多条道路改造、延伸工程。启动建设寒石艺术馆、全民健身活动中心、文化艺术会展中心等项目。完成17.2千米热电联产集中供热主管网建设,同步实施中水回用工程。启动污水处理厂二期项目。新增天然气用户5000户。集中供水改网入户1000户。三是着眼长远,打好村镇建设大会战。完成平遥县城总体规划修编和除古陶、孟山以外12个乡镇的总规编制工作。统筹推进交通、给排水、环卫等基础设施建设,逐步打造区域性中心集镇。深入推进以"四化四改"和"两个十"为主线的新农村建设,全面加快美丽乡村建设。加大对违规建设住宅小区和违法占地行为的打击力度,认真开展农村集体土地建设用地使用权和村民宅基地使用权确权发证工作,进一步规范建设行为,维护用地秩序,守住耕地红线。四是突出重点,打好环境整治大会战。开展大气污染专项整治,全面铺开污染防治设施提标升级改造工程,确保城区空气质量优良天数达到30%以上。实施垃圾清理、河道疏浚、河床硬化、绿化配套工程。严厉打击乱修乱建、乱停乱放、违规施工、违规经营行为,坚决维护古城风貌。新增城市绿化面积50万平方米,新增造林绿化面积2333公顷,力争创建成为省级林业生态县。

(三)强化五大保障,做好政府工作。一是激发活力源。全力推进各项改革,助推经济社会发展。新增土地流转面积2000公顷。在3个村开展农村土地承包经营权确权登记颁证试点工作。制定旅游景点能进能出的门票管理办法,统筹推进旅游电瓶车公交化运营。放大农商行改制成果,启动运营晋中银行平遥支行,继续实施金融机构支持县域经济发展奖励政策;积极发展"助保贷"业务,全面拓展中小微企业融资平台。启动物资总公司、外贸总公司、肉联厂和药材公司改制。组建新的粮油集团公司。严格执行房产税、城镇土地使用税征管制度。创新融资模式,引导更多的社会资本参与基础建设和产业发展。认真研究国家产业政策,努力向上争取最大的政策红利。二是夯实支撑点。进一步完善工程推进、要素保障和考核促进三大机制,全力以赴推进项目建设,力争完成投资80亿元以上。创新招商方式,强化引资责任,着力提高招商引资的对接率和成功率。重新修订招商引资优惠政策,努力形成本土企业和外来客商双轮驱动投资平遥的强大合力。探索设立亩均投资、亩均产值、亩均纳税等约束性指标,进一步提高土地利用效率。三是严把环境关。深入推进"两集中、两到位"行政审批制度改革,全面提升服务水平和行政效能。加大融资、担保、贴息等政策支持力度。制定入企检查审核备案制度,努力为企业营造宽松的发展环境。四是织牢安全网。严格落实安全生产政府和企业两个主体责任。以煤矿安全、食品安全、学校安全、古城消防、森林防火为重点,深入开展安全检查、打非治违、专家会诊、集中整治行动,坚决杜绝重特大事故发生。健全完善县乡食品药品长效监管体系。加强安全生产标准化建设,夯实安全生产管理基础。严查重处各类安全生产事故,努力确保安全生产形势的稳定好转。五是集聚正能量。健全网格化社会服务管理体系,切实保障人民群众生命财产安全。进一步畅通渠道,完善制度,妥善解决群众合理合法诉求。完成第十届村民委员会换届选举。积极开展社会主义核心价值观全民教育行动,努力形成文明、和谐、诚信、友善的社会氛围。

扎实苦干　锐意进取
奋力开创富民强县和谐榆社建设新局面

榆社县县长　贾尚明

2013年,榆社县深入实施"农业富县、工业强县、商贸活县、科教兴县"四大战略,以项目建设为抓手,着力稳增长、促转型、惠民生,经济社会发展稳中有进。2014年是贯彻落实党的十八届三中全会精神的重要之年,也是实施"十二五"规划的关键之年。做好2014年的工作,任务艰巨,责任重大。

一、2014年政府工作的总体要求

全面贯彻落实党的十八届三中全会及中央和省、市经济工作会议精神,坚持稳中求进、改革创新的总要求,以稳增长、扩总量为核心,以增收入、惠民生为目的,深入实施"农业富县、工业强县、商贸活县、科教兴县"四大战略,着力抓好项目建设、现代农业、新型工业、三产开发、城乡发展、民生改善等重点工作，不断增强经济发展内生力，加快形成赶超发展新优势，为建设富民强县和谐榆社奠定坚实基础。

二、2014年经济社会发展奋斗目标

全县地区生产总值增长7%，规模以上工业增加值增长7%，公共财政预算收入增长13%，全社会固定资产投资增长25%，社会消费品零售总额增长10%，城镇居民人均可支配收入增长10%，农民人均纯收入增长14%。

三、2014年政府主要工作任务

（一）以项目建设为抓手，增强经济发展后劲，推动全县综合实力实现新提升。一是扩大项目招商。突出以商招商、以企引企，吸引更多投资者到榆社投资兴业。深化以资源引项目、资本换项目、资金促项目，力争在现代农业、新型工业、旅游开发等领域，引进一批大项目、好项目。二是落实项目责任。严格落实承包重点项目责任制，健全项目推进调度机制，完善项目直通车制度，严格督办落实和进度考核，确保项目建设取得实效。三是强化项目服务。抓好项目策划、设计、包装等工作，提高项目可行性和成熟度；通过土地增减挂钩等措施，做好土地置换、集约利用、盘活存量等工作；创新融资方式，确保项目建设资金；加紧完善项目开工建设、投产验收等要件支撑；严把项目安全关、质量关，加快建设进度，确保按时达产。

（二）以农民增收为核心，精心打造致富产业，实现特色农业开发新突破。一是提升现代农业水平。大力度推进土地流转，建立县、乡两级土地流转产权交易机构，开展土地承包经营权确权登记试点；制定实施土地流转扶持办法，支持土地向专业大户、农民合作社、农业企业流转，发展多种形式的现代种养业和农产品加工业等规模经营。大力发展核桃、蔬菜、笨鸡蛋、小杂粮等有机农业、绿色农业，致力打造全省有机食品基地。鼓励核桃经营向大户、企业等流转，提高管护水平，打造核桃栽植标准示范园；鼓励规模经营，重点打造浊漳河沿岸万亩高效设施蔬菜园区；新发展优质笨鸡50万只以上，饲养总量突破250万只，带动畜牧养殖业多元化快速发展。同时，实施好333公顷中药材种植等项目，促进农民增收。二是夯实农业基础设施。大搞农田水利建设，增强农业综合开发水平。实施云竹水库灌区世行二期、云竹河河道治理、坡耕地水土流失治理、应急水源建设等一批水利工程，推进国家级农业综合开发中低产田改造、机井排灌电网改造项目，完成农技服务体系建设、农产品检验检测站建设、土地整理和占补平衡等项目，进一步夯实农业发展基础，促进农业增效。三是加快新型农村建设。扎实推进乡村清洁工程，建立完善农村清扫保洁和垃圾处置体系。高效使用“一事一议”财政奖补、移民搬迁、农村危房改造等资金，充分发挥115个新农村建设重点推进村的辐射带动作用，加快农村发展。继续抓住省、市部门定点扶贫和领导包村增收的机遇，推进产业扶贫开发和农民脱贫致富。实施好全省“千村万人就业培训行动计划”，推进农村实用人才和经纪人队伍建设。加强农经管理队伍建设，提高农经管理工作水平，壮大集体经济。

（三）以产业集聚为方向，优化工业产业结构，推进县域工业经济新跨越。促进主导产业升级，继续做强做优煤电、化工、医药、食品四大产业园区，延伸产业链条，发展循环经济。煤电产业，积极运作柳泉煤矿探矿权协议出让，争取完善采矿权手续，促进煤电一体化。化工产业，大力发展化工下游产业，积极上马氯乙酸、对苯二酚等精细化工项目；加快推进东方红制漆公司特种涂料项目建设，实施荣鑫公司2.4亿块蒸压炭化砖、晋中祁宏60万立方陶粒制品项目，力争年内建成投产。医药产业，强力推进广生100亿粒植物胶囊、天生6000吨中成药技改扩产等项目达产达效；加快发展医药上游产业，积极运作梅花、山煤入股广生，落地实施明胶生产项目，促进医药产业发展壮大。食品加工业，重点推进五福小杂粮、主力阿胶、森生核桃等项目投产达效，推动田禾公司1000吨冷榨精炼火麻油项目入园建设，加快金粮公司肉鸡屠宰及蛋品包装项目建设，推进工业新型化进程。培育中小企业发展，全面推进中小企业规范化管理提升行动，不断提高中小微企业现代管理水平。继续实施中小企业成长工程，不断推动向特色化、规模化、品牌化方向发展。规范运作中小企业融资平台，继续加大助保贷工作力度，多渠道缓解中小企业融资压力。加强对重点中小企业的分类指导，通过典型带动，示范引领，促进中小微企业抱团发展。

（四）以旅游开发为重点，拓宽商贸流通空间，增强三产发展新活力。突出抓好旅游开发。完成云竹湖周边环境整治工程，加快推进云竹变电站增容改造等工程，为云竹湖风景区建设创造条件、改善环境。高标准规划建设地质公园和化石博物馆。挖掘整合富有地域特色的旅游资源，精心打造化石文化、帝王佛教文化、山水文化、箕子文化“四大旅游名片”，建设独具特色的旅游名胜区。多元发展商贸服务。传统商贸业，加强规范管理，不断提升批发零售、餐饮住宿、金融保险等行业水平；新型服务业，创新政策引导，放宽准入条件，积极培育电子商务、农超对接、中介服务等新型业态，发展多元化的现代商贸企业集群。继续实施好“万村千乡”市场工程，加快推进县城、乡镇集贸中心建设和农村便民店信息化改造，促进城乡流通优化升级。

（五）以扩容提质为中心，致力建设精品县城，塑造美丽榆社新形象。强力推进城乡建设，全面兴起城市建设新高潮，实施4大类、20余项重点工程。一是市政建设。突出抓好6项重点工程。二是住房建设。继续加大保障性住房建设力度，续建、新建各类保障性住房1980套，逐步解决城乡中低收入家庭住房困难问题。加快旧城改造和城中村改造步伐，推动城市转型升级。三是重点镇建设。实施云竹镇绿化、亮化工程，以及镇区集中供热、中心街市建设、镇区景观风貌整治及旅游通道环境整治等项目，打造全省“百镇建设”重点镇。四是交通建设。完成云竹湖出口—前庄公路改造工程等，积极争取实施境内道路改造升级。加强交通运输管理，加大超限超载治理力度，确保交通安全畅通。继续加强生态治理。抓好生态绿化，实施汾邢高速绿色走廊、黄土高原绿化示范、浊漳河源头绿化等工程，加大森林资源管护力度，积极推进云竹湖风景区周边绿化。狠抓节能减排，完成华能榆社电厂机组脱硫除尘、污水处理厂中水回用等工程，加强大气、水、土壤等污染防治，降低能耗水平，控制污染排放。改善城乡环境，改革城市管理体制，构建城乡环境综合整治新机制，积极创建园林小区和生态乡村，切实遏制“脏、乱、差”现象，打造城乡群众生产、生活新环境。

(六)以改善民生为目标，加快社会事业发展，开创和谐榆社建设新局面。一要做好就业和社会保障工作。落实各项就业政策，培育人力资源市场，着力解决高校毕业生、退役军人、城市“零就业”家庭和困难群体的就业问题。全年新增就业 1700 人，创业带动就业 500 人，转移农村劳动力 2110 人。加大社会保障投入力度，企业退休人员基本养老金提高 10%，城镇居民基本医保和新农合人均财政补贴提高到 320 元，城乡低保标准每人每月分别提高 25 元、22 元；建立一级重度残疾人护理补贴和贫困一级残疾人生活补贴制度，对 300 名贫困残疾人进行康复救助，全面构建覆盖城乡居民的社会保障体系。二要提高城乡社会事业发展水平。优先发展教育事业，继续实施农村寄宿制学生营养餐工程，完成县直机关幼儿园、连家庄幼儿园改扩建等工程，优化教育教学环境。加强科技和人才工作，加大科技投入，进一步落实人才引进使用办法，推动人才战略实施。加快发展医疗卫生事业，深化医药卫生体制改革，将新农合大额门诊补偿病种由 21 种增加到 30 种，实施县医院改扩建和西马、兰峪、讲堂乡卫生院改扩建工程，新建 42 个标准化村卫生室，推进中医院建设工程，不断改善医卫条件。加强人口和计划生育工作，调整完善计生政策，提升人口和计划生育管理服务水平，确保人口自然增长率控制在 7‰以内。积极推动文体广电事业发展，全面推进“农村、社区、机关、校园、企业、军营”六个文化建设；建成投用文体活动中心，实施广电网络升级改造；挖掘特色文化资源，打造特色文化精品。三要加强和创新社会治理。完善社会治安防控体系。完善矛盾纠纷排查化解体系，严格落实信访责任制，健全解决信访突出问题工作机制。完善社会治理体系，以“网格化”为载体，抓好社会治安综合治理。做好第十届村民委员会换届工作。四要确保安全生产形势持续稳定。强化落实部门监管责任、乡镇属地管理责任和企业主体责任，构建安全生产责任体系新格局。重点地抓好工业生产、建筑施工、道路交通、森林防火、特种设备、食品药品等重点领域的安全监管工作。推进安全生产标准化建设。狠抓隐患治理和应急处置能力建设，提高安全管理水平。加大安全生产指标考核权重。坚决杜绝重大以上事故，遏制较大事故，有效减少一般事故，保持全县安全生产形势持续稳定。

纵深推进转型跨越发展　全面加快美丽和顺建设

和顺县县长　**马海军**

2013 年，和顺县围绕打造“五地两区”、建设山西“东大门”的总体目标和县十五届人大三次会议确定的主要目标任务，攻坚克难，砥砺奋进，取得了发展稳中有进、社会和谐稳定、民生持续改善的良好成绩。

2014 年是深入贯彻落实十八届三中全会精神，全面深化改革的开局之年，也是实现“十二五”发展规划的攻坚之年，做好 2014 年的工作压力大，任务重，必须自加压力，扎实苦干，善做善成。

一、2014 年政府工作的总体思路

深入贯彻落实党的“十八大”、十八届三中全会和中央、省、市经济工作会议精神，牢固树立“和民心、顺民意”的理念，围绕打造“五地两区”、建设山西“东大门”总目标，坚持群众路线，坚持改革创新，坚持科学发展，坚持转型跨越，充分释放改革动力，挖掘经济增长潜力，保持加快发展定力，全面激发市场活力，着力保障改善民生，促进全县经济健康稳定发展。

二、2014 年全县经济社会发展主要预期目标

地区生产总值完成 46 亿元，增长 7.2%；规模以上工业增加值 25.5 亿元，增长 13%；固定资产投资总额 60 亿元，增长 17.4%；社会消费品零售总额 12 亿元，增长 12.1%；公共财政预算收入 6.79 亿元，增长 8%；城镇居民人均可支配收入 19566 元，增长 10%；农民人均纯收入 5095 元，增长 17.2%。

三、2014 年政府工作重点

(一)新型工业化做到四个坚定不移。一是坚定不移把煤炭循环发展作为转型升级的主战场。以打造循环经济示范区为目标，加快推进泊里 500 万吨大型骨干矿井建设，鸿润、良顺煤业竣工投产，北关、益德煤业联合试运转。争取山西星光煤电 2×350 兆瓦低热值煤发电项目开工建设，正邦、一缘、新大地等瓦斯电站年内开工建设。阳煤集团新上化工项目开工建设。积极落实县政府优化煤炭企业发展环境的实施意见，切实为煤炭企业减负，帮助企业渡过难关。二是坚定不移把非煤替代产业培育壮大作为新的经济增长极。加快推进佰裕东面业小杂粮加工项目和农副产品批发市场建设。大力发展以煤机制造为主的装备制造业、新材料产业和各类加工业。鼓励和吸引民间资本参与经济建设，发展新型非煤产业和新兴战略产业，培育新的经济增长极。三是坚定不移把工业园区作为转型发展的大平台。实施工业园区二期路网及绿化、亮化等配套设施建设。坚持园区化发展与集群化招商并重，江苏鸿典集团新型空气净化设备项目、新型包装材料项目、山西星光煤电 2×350 兆瓦低热值煤发电项目入驻园区并开工建设。四是坚定不移把中小微企业作为县域经济的重要补充。切实营造有利于中小微企业发展的社会环境、政策环境、市场环境、创业环境、成长环境和服务环境。积极推进助保贷业务，引导和促进民营企业和中小微企业做大做强。以龙旺公司上市为契机，积极推动正邦集团上市。

（二）农业现代化深挖四个潜力。一是在做大产业规模上深挖潜力。全力促进农业生产经营专业化、标准化、规模化、集约化。新增设施蔬菜和食用菌种植面积 500 公顷，新栽植核桃经济林 333 公顷，建设标准化核桃示范园 733 公顷。新建中药材生产基地 333 公顷，总种植规模达 4000 公顷。加快推进“十企百区千户万人”现代养牛业致富工程和以双孢菇为主的设施蔬菜产业，逐步形成“园区养殖＋销售＋屠宰加工＋双孢菇种植＋品牌市场”的产业链条。重点抓好西部横岭、阳光占双孢菇廊带和东部青城片区双孢菇设施农业建设。围绕特色主导产业，高标准发展“一村一品”专业村 50 个。发展家庭农场 5 个。扩大天凯现代农业示范园的示范效应，培育农业产业化龙头企业 30 个。进一步完善各类农民专业合作经济组织的优惠政策，大力发展各种农民专业中介组织，鼓励其采取公司、协会、市场、合作社加农户等多种组织方式，带动更多的农民进入市场。新发展省、市级农民专业合作社 20 个。二是在提升农业农村基础条件上深挖潜力。积极实施农村人居环境改善工程。继续开展农村土地综合治理。实施农机化推进项目，鼓励乡镇组建大型农机专业合作社。加快疫病防控、农产品质量安全监管体系建设。三是在实施精准扶贫上深挖潜力。实施彩票公益金双孢菇项目，帮助 240 余个贫困户当年户均增收 5 万元。扎实推进“百企千村”产业扶贫开发工程，实施产业化扶贫项目 12 个。实施“千村万人”就业培训计划，对全县的贫困村、贫困户、贫困人口进行建档立卡、精准识别，实现精准化扶贫。带动 9000 人脱贫。四是在创新发展机制上深挖潜力。大力发展沟域经济，依托一缘禽业公司、绿和公司、天宏合作社，着力提升红堡沟、内阳沟、虎峪沟三条沟域经济带。优化县乡土地流转服务平台，促进土地有序流转。开展农民职业技术培训，培育新型职业农民 2000 人，使新型农民成为现代农业发展主力军。

（三）现代服务业突出三个重点。一要重点发展文化旅游业。围绕打造文化旅游避暑休闲目的地，充分发挥“牛郎织女文化”品牌优势和生态优势，促成河北省邢州集团投资开发牛郎织女景区；完善全县乡村生态旅游发展规划，许村文化旅游基础设施项目开工建设，扶持现有乡村旅游提档升级 2 处，打造生态旅游线路 2 条，全年游客接待量达到 80 万人次以上，实现旅游综合收入 5.82 亿元。实行政府购买文化产品政策，县政府列入预算资金 500 万元扶持文化事业和文化产业，积极开展文化惠民和文化交流活动。二要重点发展商贸物流业。以阳煤集团为主体，高起点规划以煤炭销售、铁路货运为主的商贸物流园，高标准打造县域物流服务集中区。加强城乡商贸设施建设，扩大餐饮、商贸、住宿等传统消费，积极发展健康、养老、家政等生活性服务业，促进连锁经营、电子商务等新兴消费，合理引导住房等大宗消费，不断增强消费对经济的拉动作用。三要重点发展金融服务业。积极引导和推进保险、担保、小额贷款公司的规范健康发展，严厉打击非法集资、融资行为。增强对“三农”经济和小微企业等弱势领域的金融支持和服务，力争实现全县贷款增幅不低于全市水平，贷款增量不低于上年水平。

（四）城镇化建设强化一个控制、推进五项工程。一个控制，就是严格落实规划的理念和要求，强化规划控制，集中有序开发，提升建筑品位，提高城乡发展质量。五项工程，一是推进县城扩容提质工程。对张翼、梁余两河进行综合治理。实施城区增绿及道路两侧绿化工程。文体中心和城市展览馆建设力争年内竣工。完成北外环、南内环延伸及沿线开发、新和大街顺延西外环、滨河路连接北外环开通工程。完成县城南北内环自来水管网工程。推进城区排水管网雨污分流，扩大县城生活污水收集管网，提高污水收集率。积极稳妥地推进房屋征收工作。二是推进城乡清洁工程。突出城乡接合部、城中村、乡镇所在地、国省道干线村等重点区域，以治脏、治乱、治破为重点，深入推进城乡清洁工程。三是推进集镇建设工程。加快李阳中心镇建设，积极申报“全国重点小城镇”，松烟、横岭等其他乡镇要结合自身优势加快城镇化发展。四是推进路网畅通工程。董榆线一级路改建工程和阳左高速、和榆高速和顺段两条连接线年内通车，安和线城市过境段完成改线。积极争取太（原）和（顺）铁路纳入全国“十二五”路网规划。五是推进水源开发和改造工程。恋思水库管网投入使用。完成九京供水应急除险清淤改造工程。开工建设井子水库。进一步加大水源开发力度，整合优化配置水资源，创新水利管理机制，最大限度地满足县域经济发展和城乡人民生活质量提高的用水需求。

（五）突出项目建设和招商引资两大抓手。2014 年，和顺县实施 11 类 82 项重点项目，总投资 207.99 亿元，年度计划投资 87.38 亿元。其中，政府投资 21.91 亿元，社会投资 65.47 亿元。围绕全年重点项目建设任务，认真落实项目建设“六位一体”调度服务机制，协调解决好项目建设中的土地征迁、立项审批、用电用水等突出问题，形成“在谈项目快落户、在批项目快开工、在建项目快竣工、竣工项目快达产”的良性格局。抢抓东部产业和京津冀能源产业向中西部转移的机遇，以江苏南京、昆山为平台，建立重点客商跟踪制度，营造亲商、尊商、安商的良好氛围，努力引进一批环保型、创税型和高成长性项目。对引进的项目实行全程跟踪服务，切实提高项目履约率、资金到位率和项目竣工率。力争全年引进千万元以上项目10个、协议引资100亿元以上。

（六）生态文明建设在两个方面下功夫。一方面是在生态文明建设上下功夫。积极推动马坊、横岭、阳光占西部生态功能保护区建设，指导全县产业合理布局、资源有序开发。进一步巩固封山禁牧成果，加强森林防火，严厉打击偷挖盗伐林木行为，依法规范项目建设占用林地行为。规范矿山开采秩序，抓好矿山生态修复，重点抓好露天煤矿开采土地复垦和生态恢复。完成环城绿化、通道绿化、荒山造林2600公顷，森林覆盖率增加1个百分点；完成南山环城绿化400公顷，太行山绿化示范工程400公顷。启动县级生态公益林补偿。另一方面是在节能减排上下功夫。推进环境监测能力建设，开展各类环保专项行动，突出抓好大气污染防治，把好项目准入关，加强对重点企业的节能减排监管，大力发展循环经济，坚决淘汰落后产能，确保环境空气质量持续好转。

（七）民生改善健全三大体系、办好十件实事。一是健全民生保障体系。建立健全就业援助制度，对就业困难人员实行优先扶持和重点帮助，努力提高困难群体就业率。开发公益性岗位115个。完善治理欠薪工作机制，确保农民工工资按时发放。进一步扩大社会保险覆盖面。加快保障性安居工程建设，推进棚户区、农村危房改造，切实改善困难群众住房问题。提高社会救助水平，完善困难群体大病救治长效机制，做好困难职工帮扶工作。二是健全社会治理体系。创新社会管理，深入开展平安和顺建设。进一步严格安全生产措施，突出抓好重点行业、重点领域安全监管，严防重特大事故发生。扎实开展矛盾纠纷排查化解，妥善解决群众反映的热点难点问题。加强食品药品监督。加大煤炭运销秩序整治力度。切实抓好第十届村民委员会换届选举工作。三是健全社会服务体系。优先保障教育投入，优化学校布局，努力推进教育均衡发展。引深学前教育三年行动计划，新建两所、改造一所农村幼儿园。加大中小学课堂教学改革力度，提升高中教育质量，推动职业教育与企业对接。积极实施公立医院改革。实行药品零差价销售。新农合参保率稳定在98%以上。积极开展群众性体育运动。扩大数字电视覆盖面。坚持计划生育基本国策，人口自然增长率控制在6‰以内。

（八）改革创新积极推进三个层面的改革。以综改试验区建设深入推进为契机，在行政体制层面，推进政府机构改革，深化行政审批制度改革，积极推进行政服务“两集中、两到位”改革，不断提高行政效能。抓好财税体制改革。实施全面规范、公开透明的预算制度，加强政府财务管理能力，提高财政资金使用效益。积极推动社会购买公共服务改革。在金融体制层面，深化农村金融体制改革，健全多层次、广覆盖的农村信用担保体系，建立农村资产交易中心。鼓励和引导民间资本进入金融服务领域，丰富金融产品，延伸服务平台。通过市场化运作搭建投融资平台，组建城市建设投资有限公司和交通投资有限公司，缓解基础设施建设资金困难问题。在农村体制层面，规范和完善农村家庭土地承包经营制度，推进农村集体土地确权登记发证，依法保障农民土地承包权益，维护农民宅基地用益物权和集体收益分配权。深化户籍制度改革，探索实施“村改居”工作，促进农业转移人口市民化。

在机遇和挑战并存的形势下
加快转型升级　建设综改强区

阳泉市郊区区委副书记、区长　**韩加政**

阳泉郊区是典型的资源型农业县区，煤炭、铝矾土等矿产资源较为丰富。但长期以来对资源的过度依赖，也导致支柱产业单一粗放、生态环境遭受破坏、资源利用水平偏低等资源型经济发展的深层次矛盾和问题日益突出，严重制约了全区经济社会的可持续发展，加快经济结构的战略性调整势在必行、迫在眉睫。2011年8月，郊区被确定为省级转型综改试点县区，如何充分利用好转型综改试验区这个大品牌、大平台、大载体，并以此为总抓手，破解难题、深化改革、增强活力、科学发展，成为摆在我们面前的一个全新课题。为此，我们深化了对郊区发展机遇和挑战的认识，不等不靠、主动作为，根据自身实际，大胆先行先试，特别是

2014年以来，按照省委、省政府转型综改攻坚年的工作要求，进一步加大工作力度，全力推进转型综改工作。

一、紧扣郊区实际，明确工作思路，坚定发展信心

从郊区的发展情况来看，当前存在的问题主要表现为：一是发展步伐不快。2013年地区生产总值占阳泉市地区生产总值的12.8%，在全省23个市地辖区当中排名第20位，在27个扩权强县试点县区中排名第23位，在11个转型综改试点县区中排名最末。二是发展质量不高。主要工业产品基本为"两高一低"，即高能耗、高污染和低附加值产品，可持续发展能力不强，相对有技术含量的机械制造业产值仅占全部工业总产值的1.5%。三是发展后劲不足。经济发展仍然以资源型经济为主，后续发展缺乏一批带动作用强、支撑能力大、贡献率高的大企业、大项目来支撑。

基于对形势的深入分析，我们适时提出了全面实施"五大战略"，打造生态宜居新城、建设现代城郊强区的发展思路。实施"五大战略"的核心内涵主要是：实施产业强区战略，确立产业转型是"第一支撑"的理念，走出资源型城郊经济发展的新路子；实施拓城靓区战略，确立城镇化建设是"第一抓手"的理念，走出新型城镇化发展的新路子；实施综改活区战略，确立改革创新是"第一动力"的理念，走出转型综改试点的新路子；实施民生安区战略，确立改善民生是"第一追求"的理念，走出社会事业协调发展的新路子；实施实干兴区战略，确立党的建设是"第一保障"的理念，走出党建科学化的新路子。"五大战略"的发展思路符合郊区的发展实际，同时涵盖了转型综改的四大任务，即产业转型、生态修复、城乡统筹、民生改善，是郊区实现绿色发展、统筹发展的必然途径，也是推动科学发展、又好又快发展的动力源泉。

二、紧扣四大任务，做好规定动作，提升发展水平

创新民营经济发展机制。制定出台了《关于进一步促进中小微企业发展的实施意见》，建立重点企业项目库，完善政银企协调联系制度，致力培育民营企业"小巨人"。通过搭建银企对接平台，先后为4家民营企业协调流动资金贷款1200多万元，帮助他们顺利渡过难关，保持了平稳较快增长。目前，郊区"小巨人"企业培育项目库已有企业14家，2014年有望实现民营"小巨人"亿元企业零的突破。

创新人才培养引进机制。重点搭建服务平台，创优发展环境。一方面，完善人才储备机制，将郊区户籍的离校未就业高校毕业生纳入"省公共就业服务管理信息系统"，通过就业情况动态跟踪，实现就业和用人单位的有效对接。另一方面，强化人才引进机制，重点引进外聘高级人才，助推郊区发展。2014年，省农科院9位专家被区政府聘为"农业科技专家"，专门指导现代城郊农业发展。目前，郊区共有外聘人才145名，其中高级人才67名，中级人才65名，其他技术人才13名。同时，大力实施农民技术培训教育工程，切实增强农民致富增收的能力。

深化城乡一体化发展机制。按照"规划建设一体化、产业布局一体化、基础设施一体化、城乡社会事业一体化、城乡社会保障一体化、城乡公共管理一体化"的标准，制定了《城乡一体化"六化"标准》，确保城乡统筹工作有序推进。在全力配合好阳泉60平方千米生态新城起步区各重点项目建设的基础上，积极启动了8平方千米的"大荫营"建设的总体规划，努力用3～5年时间，着力把区政府所在地荫营镇打造成一座集行政、商贸、文教、居住、物流、生态为一体的低碳绿色风情小城。目前，荫营镇区环境整治和水、电、气、暖等基础设施改造工程已全部完工。

创新公共服务供给体制机制。制定了《关于开展财政支出绩效评价工作的指导意见》《预算绩效目标申报参考评价指标》等一系列办法规程，着力强化财政资金投入的绩效管理，提高财政性资金使用效益，全面提升政府公共服务水平。2014年1～9月，在涉及民生的"支农惠农、学有所教、病有所医、老有所养、住有所居、文化下乡"六个方面，共支出3.78亿元，占支出总额的56.9%。

三、紧扣改革创新，突出自选动作，破解发展难题

融资创新破难点。设立了科技创业、转型技改和企业市场风险联动"三个1000万元"专项扶持基金，对高新技术项目引进、企业技改扩建以及临时性经营困难的企业提供大力扶持。同时，每年拿出1000万元作为增信资金，通过"助保贷"方式加大扶持力度。已帮助14家中小企业银行贷款7360万元，并拿出500万元开展土地收益保证贷款试点工作。

项目服务抓重点。重点成立三大中心，加快项目审批。即挂靠发改局成立项目储备中心，挂靠招商局成立项目招商中心，挂靠监察局成立项目服务中心，切实解决项目建设中存在的手续办理周期长和投资软环境不优等问题。出台了《关于对投资建设项目实行联合预审，推进并联审批的实施办法》，变串联审批为并联审批，年初确定的102个投资项目有85%以上顺利办结前期手续。

联村党委拓亮点。大胆创新组织设置，将党建工作融入推动转型发展的任务中来，变"小组织"为"大党委"，增强组织合力，激发基层活力，共享发展资源，助推经济跨越。组建了以枣园、桃林沟、辛兴、西河为代表的区域产业型、园区发展型、社会管理型、村企和谐型4大类7个联村党委，提高了资源优化配置，促进了区域融合发展。

土地流转搞试点。制定出台土地储备、用地供应、土地交易、地价管理、推介招商、出让管理、征地拆迁、集中安置等"八统一"管理办法。2014年以来，郊区共流转土地1000公顷，总体呈"大户领种、企业领租、市民领养"三位一体的流转格局。其中，河北投资商在平坦镇石板片村领种土地13公顷建设的玫瑰种植园初具规模；南沟村把整块土地化整为零向市民出租，不仅让农民增加了收入，而且让市民吃上无公害蔬菜，体验到了农耕文化带来的乐趣。

产业融合成焦点。充分挖掘小泉小水、古村古院、民俗民风、红色遗址等历史文化资源，积极推动现代农业与乡村旅游的深度融合，全力打造阳泉市民休闲观光的"半小时经济服务圈"。以"市外桃源、醉美乡游"为主题，着力推出桃林沟桃花节、关王庙文化节、辛庄

红色旅游节等十大旅游项目推介活动，宣传了郊区，增加了农民收入。

机遇与挑战并存，困难和希望同在。面对新形势和新任务，郊区抓住机遇、发展自己，以综改工作的扎实推进，带动了全区经济社会的持续健康发展。我们将继续紧紧围绕中央和省、市委相关的安排部署，吃透精神拓思路，研究政策找出路，结合实际闯新路，为实现富民强区目标而努力奋斗。

奋力打造实力盂县、美丽盂县、活力盂县、平安盂县、幸福盂县

盂县县长　**杜平华**

2013年，全县上下认真贯彻落实党的“十八大”和十八届三中全会精神，紧紧围绕“率先转型跨越、率先建成小康”的“两先”目标，大力实施“四大战略”，努力克服经济下行压力，攻坚克难，负重奋进，统筹抓好稳增长、调结构、促改革、惠民生、保稳定的各项工作，经济社会发展取得新的成就。

2014年是认真贯彻落实党的十八届三中全会精神、全面深化改革的开局之年，是实施“十二五”规划的关键之年，做好政府的各项工作，意义重大。

一、2014年政府工作的总体要求

全面贯彻落实党的“十八大”、十八届三中全会精神和县委十二届四次全会及全县三级干部会议精神，坚持稳中求进、改革创新的总要求，以“二四四二”总体思路和“六抓六促”为统领，以提高经济增长质量和效益为中心，把保持经济平稳较快发展作为首要任务，着力推进产业转型、“三农”工作、城镇化建设、改革创新、生态文明、文化旅游、安全稳定、民生事业实现新突破，为打造实力盂县、美丽盂县、活力盂县、平安盂县、幸福盂县而努力奋斗。

二、2014年经济社会发展主要预期目标

地区生产总值增长11%左右，全社会固定资产投资增长25%以上，公共财政预算收入增长17%以上，规模以上企业工业增加值增长13%左右，社会消费品零售总额增长13%左右，粮食总产量稳定在1亿千克以上，农民人均纯收入增长10%以上，城镇居民人均可支配收入增长10%以上。

三、2014年政府主要工作任务

（一）着力推进产业转型。一是做实煤炭。加快煤矿提升改造步伐。突出抓好坤宁煤业现代化矿井新建工作，积极推进常顺、秀南、路家村、皇后、辰通、玉泉等6个矿井提升改造工作。加大对县营跃进、东坪、石店三大煤矿和控股煤炭企业的监管力度，全面构建现代企业管理制度。进一步提升煤炭加工转化能力，推进上社二景210万吨、新阳升160万吨洗配煤项目建设。大力整顿煤炭运销秩序，加大驻矿稽查力度，更好地发挥煤炭产业在经济发展中的支撑作用，努力打造全省新型重点产煤县。二是加快电力。积极争取格盟国际2×100万千瓦盂县电厂项目批复工作，力争年内开工建设；完成中广核一期5万千瓦风电项目，开工建设二期项目；加快推进鑫磊2×35万千瓦低热值煤热电联产项目、阳光电源5万千瓦光伏发电项目、圣天宝地清城煤矿36×500千瓦煤层气发电项目和上社二景煤层气发电项目建设，努力打造全市电力建设主战场。三是振兴耐材。积极支持西小坪耐材20万吨新型复合材料项目、南娄集团20万吨特种耐材项目、鲁中耐材3万吨铝矾土均质料及高铝制品二期项目、晋盂矿业公司120万吨铝土矿废渣浮选项目。通过创新模式、资源整合、资本重组、贷款打包等方式，抓好停产、半停产耐火企业的恢复性生产。加快现有耐材园区改造、提升和扩张工作，引导大型耐材企业对小型企业实行兼并。积极引导耐材企业推进技术创新，培育知名品牌，增强竞争能力，努力打造全国新型耐材生产基地。四是整合非煤。按照“政府主导、市场运作、依法管理、科学利用”的方针，由晋盂矿业公司牵头对区域性铝矾土资源进行整合重组，由西潘乡牵头对大理石资源进行整合重组，由上社镇牵头对铁矿资源进行整合重组。积极推进阳煤集团兆丰铝业对划定铝矾土资源的科学开采和规范化开采，实现非煤资源的集约利用、良性开发、加工转化、科学营销。

（二）着力推进“三农”工作。一是加快农业产业化发展。大力实施“2315”农业提升工程。以康泰来、鑫源、鸿泽规模养殖、种植为主的西烟现代农业示范园区建设为重点，大力发展食用菌种植、蔬菜种植、种羊养殖和肉牛养殖；以孙家庄辰厚种植为重点，大力发展核桃、中药材和小杂粮种植；以紫牛庄聚鑫源养殖为重

点，大力发展肉羊养殖；以路家村鑫兴生猪养殖为重点，大力发展生猪养殖。继续搞好种植、畜牧、林木等保险工作，确保农业安全。进一步推进大寨核桃露、乌河小杂粮等农产品加工龙头企业发展壮大，全县农产品“513”工程销售收入达到9亿元，农村经济总收入达到123亿元。二是高度重视粮食生产。强化耕地保护制度，守住3.7万公顷耕地“红线”，粮田种植面积达到3万公顷。重点抓好“两川、三坪、四沟”优质玉米带生产和双万亩粮食高产创建工作。强化农业新技术、新品种的普及运用，扩大延伸地膜覆盖和机械化耕作。进一步加强农田水利基本建设，开工建设乌河水库和檀山沟水库，不断改善农业生产条件，实现粮食高产高效，确保粮食安全。三是积极推进美丽乡村建设。以新农村建设示范村和重点推进村为带动，重点抓好温池、北娄、闫家沟、东梁、清城等100个中心村的规划建设。采取县财政适度奖补的办法，选择14个“美丽乡村”建设试点村，全面开展美丽乡村建设行动。拓展引深农村清洁工程和农村环境连片集中整治工作，不断优化农村人居环境。深入推进省“百企千村”产业扶贫开发工程和“千村万人农民就业培训”工程，全面落实强农惠农富农政策。

（三）着力推进城镇化建设。一要加快“大县城”建设步伐。拓展路网基础，分年度选择搞好小街小巷提质改造，进一步方便市民出行。优化承载功能，完成县国防动员指挥中心、环二级公路亮化、金龙西街电网入地改造和县城污水收集管网建设工程，启动秀水河综合治理工程，新建和改造县城公厕，完善公交站点建设。提升绿化水平，进一步抓好县城主要街道、重要节点的绿化美化提升工作。二要深入开展县城环境“三项整治”。以治脏、治乱、治污三大整治为重点，强化县城管理，优化县城秩序。建设县城垃圾中转站，抓好县城周边乡镇垃圾集中倾倒场站建设，实现“城中村”“城周村”与县城同步环卫。进一步强化交通秩序整顿。强化房地产市场监管，清理规范“小产权房”建设。创新市政、环卫、供热等市场化运作的体制机制，推进城市管理市场化。进一步加大县城周边环境污染治理力度，有效控制污染物排放。三要统筹抓好小城镇建设。南娄、路家村、孙家庄、牛村、苌池等县城周边乡镇，逐步融入与县城的同城化发展。统筹抓好西烟、上社、梁家寨、仙人4个乡镇的小城镇规划建设，形成“大县城”与小城镇建设的良性互动。加大力度搞好“城中村”“城周村”改造工作，进一步助推“大县城”建设。

（四）着力推进改革创新。一是深化土地管理使用改革。制定出台土地储备、土地供应、土地交易、地价管理、推介招商、出让管理、征地拆迁、集中安置等“八统一”的城乡土地使用和管理机制，构建城乡统一的土地市场，严格实行城乡建设用地增减挂钩。通过开展农村废弃地复垦、土地开发整理和利用关停煤矿、企业废弃地置换等措施盘活存量，拓展空间。深化农村土地流转制度改革，推进农村土地确权工作，充实完善县土地流转服务中心，探索农村集体经营性建设用地与国有土地同等入市、同权同价试点改革。二是创新投资融资体制。深化金融创新，积极支持企业上市，发展创业投资、私募股权投资基金；支持民间资本依法发起设立村镇银行、融资担保公司、小额贷款公司等。通过市场运作、盘活资产、出让服务等多种形式，努力化解政府债务，使财政资金更好地用于转型发展和民生改善。三是深化行政审批制度改革。进一步推进行政审批“两集中、两到位”工作。进一步搞好行政审批事项的清理、精简和下放项目的承接工作。制定出台《重点项目审批“绿色通道”暂行办法》，构建重点项目审批“绿色通道”。进一步推进县、乡、村三级政务服务场所建设和电子政务平台建设，着力提升政务效率和服务水平。四是加快企业改制步伐。通过盘活企业资产存量等方式，积极推进县营企业、二轻企业的改制工作和解困工作。五是实施“扩权强镇（乡）”试点工作。选择秀水、南娄、西烟、梁家寨4个乡镇作为“扩权强镇（乡）”试点，秀水镇要重点抓好“城中村”和“城周村”改造，助推“大县城”建设；南娄镇重点抓好综合工业园建设，推进产业升级；西烟镇要围绕鑫磊循环经济和现代农业两大园区建设，推进土地流转，繁荣镇域经济；梁家寨乡立足山水优势，积极发展具有区域特色的乡村现代旅游服务业，努力打造“旅游专业乡”。同时，要积极探索推进户籍制度改革。六是支持非公有制经济发展。积极发展民营经济和混合所有制经济。实施中小微企业成长工程，积极扶持科技创新型民营企业做大做强。政策引领、优化服务，县政府确定的招商引资优惠奖励政策全部适用于民营经济，鼓励激发全民创业，下大力发展实体经济。

（五）着力推进生态建设和环境保护。一要出重拳强化大气污染防治。以抓好工业污染点源治理为重点，以细颗粒物（PM2.5）和可吸入物（PM10）治理为突破口，健全政府统领、企业施治、市场驱动、公众参与的大气污染防治新机制。淘汰、取缔县城燃煤小锅炉，推进车辆新能源改造，强化餐饮业油烟排放、机动车尾气排放和扬尘排放等治理力度，禁燃区面积达到县城建成区面积80％以上。继续加强对煤矿、耐火、水泥、石灰等重点排污企业的综合整治。二要硬手腕抓好节能减排工作。启动PM2.5数据监测，强化对煤矿、耐火、水泥等重点耗能企业的节能监测和目标考核，大力推进天然气等清洁能源替代工作。加强交通运输、建筑施工、公共机构、居民生活等领域的节能工作。实施东坪、跃进煤业矿井水处理工程，年内投入运行。完成县污水处理厂提标改造工程，提高中水回用率。严厉打击违法违规排放和偷排等行为，严肃查处环保污染案件，确保二氧化硫、化学需氧量等环境约束性指标全面完成。三要强力度推进生态保护与建设。积极开展水生态系统保护与修复工作，加强滹沱河、龙华河和温河水源地及县域内中小河流的保护治理。加快龙华口水库移民搬迁工作。积极引深生态建设和造林绿化，扎实抓好盂五高速、太阳高速、阳泉西环高速和秀水至南娄4条“绿色走廊”绿化工程，继续推进县内西部水源涵养林、东部生态旅游、北部干果经济林“三个绿色生态循环圈”建设。大力提升县城周边绿化水平。强化林政执法，依法严厉打击各种破坏森林资源的违法行为。

（六）*着力推进文化旅游发展*。进一步弘扬“忠义、崇文、包容、争先”的盂县精神，在全县上下努力形成知荣辱、讲正气、守诚信、愿奉献、促和谐的良好社会风尚，为转型跨越提供精神动力。创新文化管理体制，搞好公益性文化事业单位内部改革和经营性文化单位转企改制。繁荣文化创作，创新文化市场管理，加大对文化遗产和特色民间艺术的保护、开发、抢救和传承力度。强化文化基础建设，完成县文化中心建设主体工程，推进中国楹联文化县创建工作，加强乡镇文化站、村文化室的规范化管理和服务工作。大力发展旅游产业，重点抓好藏山风景区三期工程建设和梁家寨温泉度假区开发，推进休闲农业和乡村旅游项目建设，完成国保文物府君庙、泰山庙维修工程，努力打造全省忠义文化旅游主景区。积极发展现代物流，围绕发展高铁经济，积极发展汽车物流、建材物流等现代服务业；信托阳泉北站积极推进商贸合作，努力打造晋东地区重要物流集散地。

（七）*着力推进安全生产和社会治理*。一要大力强化安全生产。进一步落实政府的监管责任和企业的主体责任，确实搞好以煤矿为重点，覆盖非煤矿山、道路交通、建筑施工、学校机关、大型商场、危险化学品和天然气使用等各行各业的安全综合整治工作。深入开展安全生产大检查，突出抓好煤矿瓦斯治理和水患治理两个关键环节，坚决遏制重特大事故发生。进一步强化食品药品安全监管。加强防火防汛工作，杜绝一切事故发生。二要严厉打击私挖滥采。始终保持对私挖滥采的高压态势，严厉打击涉煤、涉铝、涉铁等私挖滥采行为。引导鼓励社会参与、全民监管，形成打击私挖滥采的浓厚氛围和广泛基础，维护正常的矿业秩序。三要推进社会治理创新。进一步完善“天网工程”和交通红绿灯更新改造。坚持严打整治，加强社会治安综合治理，严厉打击各种刑事犯罪活动。高度重视信访工作，及时化解矛盾纠纷。抓好社会应急管理工作，提高应急处置突发事件的能力，全力维护社会稳定。

（八）*着力提升民生改善*。一是实施科教兴县工程。深入开展义务教育基本均衡县创建工作。启动全县中小学体育场新改扩建基础建设工程，完善第五实验小学（特殊教育学校）、清城中学、下庄小学、东会里小学校安工程和10所新建幼儿园附属设施建设，规范现有幼儿园幼教管理。加大科技引进和推广力度，全年完成各种专利申请85件。二是实施社会保障工程。城镇基本养老保险、医疗生育保险、失业保险、工伤保险、农村新型养老保险等五项保险参保人数达到10万人次以上，吸纳社会保险费1亿元以上；城乡居民社会养老保险综合参保率达到90%以上，60周岁以上老人基础养老实现全覆盖。三是实施医疗健康工程。完成县中医院和卫生监督所新建工作。进一步深化医疗制度改革，继续推行基本药物零差率销售。强化县、乡、村三级医疗机构基础建设，三级医疗机构达标率达到99%以上。引深推进新型农村合作医疗，参合率稳定在99.9%以上。四是实施就业创业工程。多渠道开发就业岗位，新增城镇就业4000人，完成技能培训2500人。做好困难群体、退役军人、“4050”人员和大学生的就业再就业工作。通过政府购买公益性岗位，解决好“零就业”家庭的就业问题。城镇登记失业率控制在4.2%以内，转移农村剩余劳动力3000人。五是实施住房安居工程。健全完善城镇保障性住房准入、分配管理制度。完成306套廉租房、162套公租房、588套经适房建设和672套经适房主体工程。

突出五个重点　抓好五件大事
奋力向国家高新区目标迈进

长治高新区管委会主任　**王辅刚**

2013年，长治高新区深入贯彻党的十八届三中全会和中央省市经济工作会议精神，围绕市委、市政府实施“五五”战略的决策部署，持续深入推进“一二三五五”发展战略，高新区发展的规模和功能全力提升，奋力向国家高新区目标迈进。

一、2014年工作的指导思想

认真贯彻落实党的“十八大”和十八届三中全会精神，认真贯彻落实中央、省、市经济工作会议精神，全面落实市委“五五”战略，深入推进“一二三五五”发展战略，突出扩区升级、招商引资、项目见效、创新驱动、城中村改造五个重点，抓好深化改革、民生改善、社会管理、文化强区、党的建设五件大事，奋力向国家高新区目标迈进。

二、2014 经济工作预期目标

科工贸总收入 310 亿元，增长 10.7%；生产总值 170 亿元，增长 10%；工业总产值 252 亿元，增长 10%；工业增加值 158 亿元，增长 10.5%；公共财政预算收入 7.26 亿元，增长 10.8%；固定资产投资 30 亿元。

三、2014 年工作重点

(一)突出五个重点。一是突出升级扩区，向国家高新区目标奋力迈进。加快推动扩区，争取市委、市政府早日上会研究，将郊区六个村委托高新区管理，为高新区项目落地及长远发展提供充分的发展空间；精心准备迎检，认真完善申报材料，准备迎接来自上级科技部门及其他方面的检查验收；继续争取省委省政府、市委市政府支持，广泛协调科技部、环保部、发改委、国土部、建设部等国家部委，力争年内顺利进入国家高新区队伍。二是突出选商选资，着力提升高新产业集聚能力和水平。2014 年完成签约项目 10 个，签约项目总投资 30 亿元，增长 10%，签约项目到位资金 9 亿元，增长 12.5%。抓好"孵化器"招商，力争北大医学部"人工心脏院士工作站"、美国德益"高功率储能技术博士工作站"、台湾"锌空气动力燃料电池博士工作站"、中国农业大学"超临界研究博士工作站"等四个博士院士工作站在高新区落户，同时力争年内再引进 5 个高科技成果转化项目，使科技孵化园的科技孵化和科技成果转化的功能得到有效发挥。瞄准高端项目、名牌项目、世界 500 强、国内 100 强、行业 100 强、上市公司、驰名著名商标企业开展招商，集中力量引进大项目，发展大企业，形成大产业，推动大发展。尽快签约引进投资 20 亿元的北京恩源电子商务总部基地、投资 10 亿元的中国科技开发院高科技产业园、投资 7.1 亿元的清华同方科技孵化园、投资 4 亿元的新光能源智能控制器、投资 3.9 亿元的中国农大紫马铃薯加工产业化、投资 3.5 亿元的人工心脏、投资 3 亿元的湖北银兴商业文化、投资 2 亿元的深国投长治新一城等 8 个亿元以上项目。充分利用长治市作为环渤海经济圈、中原经济区成员市身份，组织招商小分队开展跨市、跨省的多领域、高层次交流，扩大与长三角、珠三角等经济发达地区的交流合作。加快与核心技术对接，引进行业高端技术，新上一批竞争力强的项目；加快与战略合作者对接，借助先进技术和雄厚资金实力，新上一批规模大的项目；加快与产业链条对接，以现有骨干企业为依托，着力引进上下游配套项目，新上一批产业链条长、增值空间大、关联度高的项目。三是突出项目见效，确保取得项目投产达效年丰硕成果。大力推动现有落地项目加快竣工投产，督促已建成项目尽快达产达效，营造全社会共同支持重点项目建设的良好氛围。2014 年计划完成项目储备累计 2646 亿元，项目签约 30 亿元，项目落地 30 亿元，项目开工 20 亿元，项目建设 30 亿元，项目投产 20 亿元。确定了 57 个重点支撑项目，总投资 200 亿元，年内计划完成投资 30 亿元。项目新建项目 27 个，总投资 124 亿元，年内计划完成投资 14.7 亿元；续建项目 30 个，总投资 75 亿元，年内计划完成投资 15.3 亿元。强力推动开展项目投产见效专项行动。对已竣工投产和预计 2014 年竣工投产的项目进行认真梳理，倒排达产达效"时间表"，因企施策、一企一策，集中力量解决突出问题。加强对项目报批、建设及验收等各个环节的跟进指导，缩短报批和验收时间。年内确保中信科技软件园等 32 个总投资 70 亿元的项目竣工；确保玉华再制造、移动枢纽楼、久豪科技等 30 个总投资 65 亿元的项目投产见效。强势出击实施清理低效企业专项行动。对工业园区的低效用地企业，要专门成立由土地部门牵头，经济、财政、国税、地税、招商等部门参与的工作小组进行清理。对每个企业都要明确期限、倒排工期、强力推进，确保清理低效企业尽快见到实际成效。对圈地未开工、开工多年未建成的企业，通过"腾笼换鸟"进行清退，或者盘活企业剩余的存量土地，重新安排企业入驻。对停产半停产企业，引导企业转产或者实施兼并重组，提高土地产出效益。强化措施推动重大项目评估评审制度。加强对新上项目的论证和评估，以效益定项目、以投入供土地、以产出给政策。实施项目进度督查考核和责任追究制，随时发现问题、解决问题。四是突出创新驱动，推动孵化经济尽快成为新的增长极。发挥好政府的导向作用，提升孵化服务水平。研究制定科技孵化器管理办法，提高孵化企业准入门槛。围绕提高服务能力和营造创新环境，为入孵企业主要提供研发、试制、经营的场地和设施，抓好创业培训、辅导、咨询服务，注重从政策、法律、投融资、人力资源、市场推广和加速成长等方面提供支持，降低科技企业的创业风险和创业成本，提高企业成长性，培育成功企业家。发挥好企业的主体作用，加速科技企业发展。对具有较强的科研集成创新和科技孵化能力的项目要高看一眼、厚爱一分，既要扶上马，也要送一程，确保这些项目尽快投入科技创新的强大洪流，使企业真正成为技术创新和将科技成果转化为现实生产力的主体。发挥好重大专项的基础作用，形成多元孵化格局。综合性孵化器和专业性孵化器齐驱并进，区内国家级孵化器属于综合性孵化器，要结合区域产业特色和优势，在煤基科技、矿用装备、生物医药、光电子、新材料等领域逐步培育形成专业孵化器。政府孵化器与民营孵化器互为补充。鼓励和支持有实力的民营企业兴办科技孵化器，提升高新区科技孵化功能和孵化经济总量，争创新的国家级孵化器品牌。五是突出拆迁改造，全面打造现代科技新城升级版。以实现"零村庄"、建设现代科技新城为目标，加快产业功能和城市功能融合，增强城市综合承载能力，推动城市建设向纵深发展。加快城中村改造。进一步完善城中村拆迁改造补偿方案，持续实现和谐拆迁。力争年内完成拆迁 400 户。完善城市设施。加快工业园区经二路、纬五路等重点工程建设，加速高新区工业园区和郊区漳泽工业园融合，通过园区化承载，实现工业化带动城市化，提升产城融合水平。创新城市管理。在全区范围内深入开展交通、卫生、市容"三项治理"活动，同步推进城市绿化，抓好新建道路绿化、建筑工程配套绿化、现有绿地提质升级，为市民构筑高品质的绿色生活空间。强化服务功能。加快推进容海和清蕾两个幼儿园、高新区中心医院等重点工程建设。市委市政府批准扩区托管后，要在托管区域的规划中，充分考虑到现代流通、商贸、金融、中介等服务业的配套，促进服务业发展提速、比重提高、水平提升，全力提升城市品位。

（二）抓好五件大事。一是坚持深化改革，全力推动体制机制创新。充分解放思想，做到“五破五立”：破除墨守成规、故步自封的保守思想，树立先行先试、敢行敢试的思想；破除按部就班、四平八稳的平庸思想，树立奋勇争先、追求一流的思想；破除回避矛盾、不敢担责的好人思想，树立勇于负责、敢于担当的思想；破除得过且过、被动应付的消极思想，树立积极进取、立说立行的思想；破除本位主义、部门利益的狭隘思想，树立服从大局、着眼长远的思想。通过思想大解放带动发展大提升。创新体制机制，积极争取机会、把握机遇，尽快促进落实高新区应该享有的政策权限。创新运行机制，减少办事环节，优化审批程序，为全区招商引资、项目建设、企业成长创造良好环境。完善人才政策，落实人才优先保证、人才创业扶持、人才合理配置等政策措施，积极建立有利于创新创业的动力机制，形成人才集聚、人才辈出、人才创新的生动局面。二是促进民生改善，努力实现率先全面小康。促进教育公平，全面贯彻党的教育方针，坚持立德树人。合理配置教育资源，实现教育公平发展；鼓励社会力量兴办教育，容海和清蕾两个幼儿园力争年内竣工。提升就业水平，逐步形成政府激励创业、社会支持创业、劳动者勇于创业新机制；稳妥处置劳资纠纷，维护劳动者合法权益；年内就业人数增长30%，劳资纠纷结案率达到100%。加强社会保障，逐步完善更加公平可持续的社会保障体系，在社会保险扩面和征缴管理上下功夫，争取园区新入企业全部参保；年内社会保险基金征缴增长5%，参保人数增长8%。改善就医环境，统筹推进医疗保障、医疗服务、公共卫生、药品供应、监管体制各项工作，改善居民就医环境；加快中心医院改扩建工程，争创省级示范社区卫生服务中心，四村居民参合率和居民住院直补率达到100%。坚持计划生育基本国策，认真落实人口计生工作管理责任制，各项指标均控制在市下达的任务目标范围内。保障底线民生，进一步做好优抚安置、残疾人救助、困难户、“五保户”、老党员的救助工作；积极帮助进城农民工解决好就业、居住、医疗、子女入学等方面的困难。三是创新社会治理，保持安全稳定良好形势。健全公共安全体系。建立健全党政同责、一岗双责、齐抓共管的安全生产责任体系，强化安全监管责任，严格落实企业安全生产主体责任，健全安全生产制度，深化安全专项整治，对重点领域和人员密集场所开展安全隐患拉网式排查，切实做到“全覆盖、零容忍、严执法、重实效”，全力推动安全形势保持根本性和本质性好转。加强社会综合治理。以网格化管理、社会化服务为方向，健全基层综合服务管理平台，及时反映和协调人民群众各方面各层次利益诉求。运用法律手段处理项目建设、城中村改造等重点工程建设中遇到的矛盾和纠纷，对影响重点工程推进和人民群众切身利益的不法行为坚决予以严厉打击，为项目建设和人民群众生活营造良好的法治环境。加强流动人口管理，有效整治社会治安乱点，严密防范和惩治各类违法犯罪活动。认真做好新形势下的群众工作，继续落实信访包保责任制，深入开展下访接地气、矛盾大排查活动，全力保障人民群众合理合法的利益诉求。四是建设文化强区，弘扬创业创新文化精神。创业创新文化是高新区的灵魂，要不断强化创新意识、提倡创新精神、营造创新文化。五是提升党建水平，强化科学发展组织保证。扎实开展教育实践活动，着力推进基层组织提升年活动，加强干部队伍建设，抓好党风廉政建设。

全面建设“宜商、宜容、宜居、宜游、宜学”新城区

长治市城区区长　李国强

2013年，长治城区坚定信念，应对挑战，“双擎四驱”顺利推进，转型跨越稳中有为，经济建设好中见快，社会事业蓬勃发展，各项工作呈现出新气象。

2014年是城区经济社会发展奏出最强音的一年，区委审时度势，提出建设“五宜”城区的新目标，规划了“5+4”产业集聚的新路径，明确了“六增工程”的新抓手，发展的目标更加明确，发展的路径更显清晰，发展的抓手更为有力。

一、2014年政府工作的总体要求

深入贯彻党的“十八大”、十八届三中全会精神，认真落实省、市各项决策部署，紧紧围绕“五五”战略，全力推进“双擎四驱”，以开展党的群众路线教育实践活

动为载体,着力加强政府自身建设;以推进转型综改区为契机,着力深化改革创新;以实施"六增工程"为抓手,着力增强发展活力,团结拼搏,攻坚克难,全面谱写"宜商、宜容、宜居、宜游、宜学"的"五宜"城区建设新篇章。

二、全区经济社会发展的主要预期目标

地区生产总值增长8%,规模以上工业增加值增长5%,固定资产投资增长21%,社会消费品零售总额增长15%,公共财政预算收入增长9%,城镇居民人均可支配收入增长11%,农民人均纯收入增长13%。

三、2014年政府将重点抓好五个方面的工作

(一)以改革创新为动力,打造经济升级版。一是推进改革创新。进一步推进行政审批制度改革。积极实施财税体制改革,加强财政资金管理。深入实施医药卫生体制改革,完善基本药物制度,鼓励引导社会集资办医。妥善做好卫生、计生、工商、质监、食品药品体制机制改革工作。积极落实城乡建设用地增减挂钩政策,尽力保障重点项目建设用地需求。积极稳妥分类推进事业单位改革。不断增强科技创新,加大高新技术企业创新力度,年内力争建成省级技术研发中心1个、市级技术研发中心2个,进一步提升企业核心竞争力。二是狠抓项目达效。围绕81个重点项目,确保项目储备完成750亿元,签约完成170亿元,落地完成50亿元,开工完成100亿元,建设完成150亿元,投产完成100亿元。确保新建项目快开工、续建项目快推进、竣工项目快投产。设立全区重点项目建设指挥部,健全完善"一个项目、一套班子、一份方案、一抓到底"的项目责任制。创优发展环境,全力开展招商引资。做好各类大型展会参展工作,力争全年引进亿元以上新兴产业项目不少于15个。三是提档第三产业。制定服务业发展的指导意见。大力扶持以金融保险、现代物流为重点的生产性服务业,以商贸流通、文化旅游为重点的生活性服务业,以教育医疗、社区服务为重点的公共服务业,逐步提高现代服务业比重。加强商贸流通市场监督管理。积极抓好"四大特色集聚街"建设,形成带动力强、管理完善、特色鲜明的产业发展模式。四是发展园区经济。用足用活综改试验区和省级示范基地优惠政策,加快理顺城南工业园区体制机制,完善园区功能,强化基础设施建设。

(二)以保护环境为重点,建设美好新家园。一是重拳整治环境污染。重点整治大气污染,严格控制燃煤污染,完成47家餐饮单位油烟治理。加大建筑工地、道路扬尘、杂物焚烧等监管力度,有效遏制各类扬尘污染。狠抓企业排污治理,确保全区25家重点排污企业设施稳定运行,排污符合标准,实现全区空气环境质量明显改善。二是着力打造生态景观。深入实施造林绿化工程,完成义务植树42万株、通道绿化2.6万平方米和低效林改造13公顷。新创建区级以上园林化单位20个。认真做好林木管护和森林防火工作。加强农田水利基础设施建设,加大水资源管理和节约保护力度,推进节水型社会建设。三是全面提升城管水平。推进城管网格向小区、楼院延伸,实现城市管理网格化全覆盖。搭建市容市貌监控平台,加快城管"数字化"进程。新建一批便民服务网点群,不断扩大"10分钟便民服务圈"辐射范围。全面引深交通卫生市容"三项治理"集中行动,重点整治农村环境卫生、各类专业市场和"五小"场所,实现城市管理服务的长效化和常态化,确保通过国家卫生城市复审。

(三)以"大干城建年"为契机,打好城建攻坚战。(1)关于城中村改造。全面启动10大片区的改造工作,加快28个村(菜场)"两规划一方案"的编制出台,完善所有城中村改造项目手续办理。抓好马坊头村整村改造、桃园村无形资产改制、紫坊村产业升级的典型。坚持安置优先的原则,年内完成100万平方米安置房建设和1000套安置房交付使用的任务。坚持"建新必须拆旧"的原则,年内确保拆迁面积达到80万平方米。(2)关于"三河一渠"治理。高起点设计、高标准建设、高效率推进,通过市场化运作,公司化管理,力争用两年时间完成环绕主城区的石子河、黑水河、南护城河和东防洪渠的治理工程。(3)路网征迁。完成15条道路的征迁任务,同时推进50条背街小巷硬化、5个棚户区和12个重点片区改造工程。

(四)以城市文明为引领,多措并举抓提升。积极开展各类文明主题创建,深入推进"五好家庭""道德楷模"等文明系列评选活动,提高市民文明素养和道德水准。积极推进文化繁荣,不断强化阵地建设。做好体育场所场地普查工作,设立51个市民健身晨练点,实现文体资源全民共享。实施"文化低保"工程,完成基层文艺演出100场,放映优秀电影400场,送戏下乡20场。推出特色文化产品,促进多元文化共同繁荣。积极推进柏后炎帝庙、"刘伯承工厂""抗日五专署"等旅游景点建设,不断增强区域旅游吸引力。持续强化社会治理。做好第十届村民委员会和第四届社区居民委员会换届选举工作。落实信访政策,健全重大决策社会稳定风险评估机制,有效预防和化解社会矛盾。强化应急能力,健全自然灾害应急救援体系,做好防灾减灾工作。全面加强人民武装,确保顺利通过省级双拥模范城考核验收。加强社会治安综合治理,坚决做好反恐防暴工作,严密防范和依法打击各种违法犯罪活动,全力建设平安城区。

(五)以改善民生为根本,筑牢基础办实事。一要坚持教育优先发展。继续加大教育投入力度,全面优化教育资源配置,深入推进"片区互动联合体工程",通过国家义务教育发展基本均衡区评估验收。加强师德师风建设。严格落实义务教育"两免一补"政策,重视和关爱残疾儿童、留守儿童、农民工子女、家庭经济困难等特殊群体教育问题。二要积极做好社会保障和就业工作。认真做好城乡养老保险制度衔接,统筹城乡养老保险,企业退休职工基本养老金提高10%。持续扩大社会保险覆盖面。大力拓宽就业渠道,统筹农村转移劳动力、城镇困难人员就业,帮扶高校毕业生等青年群体就业,登记失业率控制在3%。强化执法维权和劳动管理,有效净化劳动力市场。三要不断加强医药卫生事业。在区级公立医院推行药品零差率销售,巩固并深化基层医疗卫生机构基本药物制度实施成果。持续扩大新农合保障水平,补助标准由人均340

元提高到 390 元。大力开展"慢性非传染性疾病综合防控示范区"创建活动,完善慢性病监测体系。加强公共卫生服务体系建设,增强社区卫生服务能力。强化食品安全监管。深入实施"好娃娃"工程,持续稳定低生育水平。四要高度关注困难群众生活。落实国务院《社会救助暂行办法》,城市低保标准由每人每月 470 元提高到 495 元。加快廉租住房、公共租赁住房建设。有效发挥城乡居民医疗救助的"兜底"功能,切实为患大病群体减负,确保群众"病有所医"。支持发展慈善事业,保障低收入者和特殊困难人员的基本生活。五要坚决守住安全生产红线。进一步强化政府的监管责任和企业的主体责任,严格落实安全生产"一票否决制"。加快安全隐患排查治理长效机制建设,加大重点领域安全生产专项整治力度,严厉打击非法、违法、违规生产经营行为,严肃查处各类安全生产事故,坚决遏制重特大事故,促进全区安全生产形势根本好转。

解放思想　锐意改革
加速转型升级　实现新的跨越

长治市郊区区长　**金所军**

2013 年,长治郊区认真贯彻落实中央、省、市一系列决策部署,牢牢把握稳中求进总基调,坚定信心,克难奋进,全区经济发展逆势增长,社会和谐稳定,圆满实现了经济社会发展预期目标,整体工作在全市保持领先。

2014 年是全面贯彻落实党的十八届三中全会精神、全面深化改革的开局之年,是省委、省政府确定的"转型综改攻坚年""项目见效年"和"基层组织提升年",是市委、市政府确定的"五五"战略"务实推进、重点突破年",也是完成"十二五"规划目标的攻坚之年。面对新的发展形势,我们必须增强机遇意识、责任意识、拼搏意识和危机意识,大胆解放思想,锐意改革创新,加速转型升级,实现新的跨越。

一、2014 年政府工作的总体要求

全面贯彻落实党的十八届三中全会和中央、省市经济工作会议精神,抓好综改攻坚、创新驱动、项目见效、环境保护四件大事,突出民生改善、增收富民、村镇建设、安全稳定四个重点,结合党的群众路线教育实践活动,全面推进经济建设、政治建设、文化建设、社会建设、生态文明建设,努力开创深入实施"三四四五"发展战略新局面,在加快转型跨越、率先全面小康的伟大征程中再谱新篇章。

二、2014 年全区经济社会发展的预期目标

地区生产总值增长 11%左右,固定资产投资增长 21%,社会消费品零售总额增长 15%,公共财政预算收入增长 10.2%,城镇居民人均可支配收入增长 11%,农民人均纯收入增长 13%。

三、2014 年政府工作重点

(一)综改统领,推进重点领域改革取得新突破。一是积极推进政府职能转变。加快政府职能转变,做好行政审批事项的承接和清理,简化办事程序,优化审批流程,提升服务水平。继续开展"项目审批集中办结月"活动,争取将审批事项全部纳入政务大厅"一站式"办理,实行首问负责制、限期办结制,提高办事效率。积极开展政府机构改革。二是努力深化重点领域改革。扎实推进政府机构改革、行政审批改革、科技体制机制创新、金融改革创新、土地管理制度改革等 10 个领域的改革。重点做好农村信用联社改制工作,力争年内升级为漳泽农商行。鼓励发展小额贷款公司、村镇银行和典当行等金融企业,引导民间资本参股、投资金融机构及融资中介服务机构,进一步激活金融市场。积极开展城乡建设用地增减挂钩、矿业存量用地整合利用、工矿废弃地复垦利用、农村集体经营性建设用地流转工作,为项目建设拓展用地空间。建立土地流转管理服务平台,促进土地依法有序流转,探索集约利用土地新模式。持续深化医疗、户籍等方面的改革,充分发挥政策引导作用,推动农村人口向城镇集聚。创新人才引进机制,抓好人才培养、吸引、使用各个环节,打造一支结构合理、素质优良的高素质人才队伍。三是持续扩大对外开放。抓住综改试验区建设机遇,加强区域合作,主动对接和联系新兴经济体,积极进行产业承接与融合;强化园区建设,探索发展"飞地经济";广泛参与中博会、能博会等重大展会。

(二)创新驱动,深度转型力求新进展。一是加快科技创新平台建设。以建设"智慧城市"为契机,探索新型战略合作关系,鼓励区属企业依托驻区企业开发新产品、发展新项目，让企业成为配置创新要素的核心载体。大力实施科技创新“走出去”“引进来”战略，加强与重点高校和科研院所合作，加快博士(硕士、教授)工作站、研发中心和企业总部建设，尽快推进云计算产业园项目的落地和建设，促进科研技术的成果转化和运用推广。实施商标兴区战略，为企业提供知识产权申请、管理、信息利用、维权等一条龙知识产权托管服务，鼓励企业申请专利、商标，提升品牌意识和商标保护意识。二是优先发展高新技术产业。依托漳泽新型工业园、漳泽转型工业试验区、昌晋苑循环工业园、霍家工业园等重点园区，抓好潞安创力分布式光纤测温系统、布劳恩电梯、神通防爆电机等装备制造，霍家公司水合肼二期、无水乙醇、氯丁橡胶等精细化工，南耀集团产业链延伸项目等一批科技含量高、具有自主知识产权或技术创新能力的大项目、好项目，促进区产业结构由资源依赖型向创新驱动型转变。2014年要引进2～3个低碳、绿色、环保、真转型的高新技术项目。三是提档升级传统产业。大力发展煤气、焦油、粗苯、甲醇、烯烃等精细煤化工产业和与煤炭生产相关的环保产业、装备制造业、信息业、物流业、金融业等，形成外延性不断扩大、上下游紧密衔接、配套发展的产业链，全力打造新型产业集群，推动产业转型升级。抓企业生产销售，抓要素保障，抓运行监测，多措并举抓好企业增产达效，使传统产业在现有基础上有质的提升。四是加速发展第三产业。优先发展以电子商务、现代物流、信息咨询、金融、文化旅游、服务外包等为重点的三产服务业。切实加快老顶山商贸物流园、堠北庄昌盛物流园等专业市场、特色市场建设。依托“东山西水”和炎帝文化、潞商文化、红色文化、绿色文化等丰富旅游资源，把老顶山旅游城建设作为一号工程，切实加快炎帝苑和盐店沟特色旅游基地建设，做大做强文化旅游业。五是大力推进现代农业。积极发展以资本引进、技术推广为重点的设施农业，加快富民现代农业科技示范园建设，加强和中国农业大学等高校合作，建成现代农业试验示范及技术研发培训基地。重点抓好潞安光伏科技大棚、天苑农业科技园、步云农业科技园等特色现代农业生产基地建设，培养一批旗舰型农业产业化龙头企业和百强农业企业。落实好强农惠农富农奖励政策，规范土地流转，实现土地集约化、规模化经营；鼓励农民和社会力量大力发展特色种养殖专业大户、家庭农场、专业合作社，提升城郊特色农业现代化水平。

（三）加大力度，项目见效夺取新成绩。一是全力以赴保见效。2014年全区共确定重点项目150个，其中，续建项目43个，新建项目107个，总投资694.6亿元。要进一步强化区领导和部门包项目责任制，完善项目建设“三六九”工作法和“四个一”工作机制，促进项目早落地、早开工、早建设、早竣工、早投产。在全区开展促进项目投产见效专项行动，切实加强对项目报批、建设及验收等各个环节的跟进指导，集中整治各类阻工、扰工等问题，切实解决农民工工资问题，确保项目按时投产见效。二是面向高端抓招商。深入开展“招商引资月”活动，加强与高等院校和发达地区的合作与联系，引进一批行业高端技术，新上一批竞争力强的项目；加强与省内外重点企业及各省驻市商会、省市驻外地商会等战略合作与对接，引进一批成长性强的好项目；加快产业链条对接，以现有骨干企业为依托，新上一批产业链条长、增值空间大、关联度高的项目，努力在龙头企业和重大项目招引上实现新突破。三是瞄准产业集聚强园区。着力打造一批新型化、特色化、现代化的工业园区、物流园区、商贸园区、农业园区。重点抓好以漳泽新型工业园为代表的新能源、煤化工、冶金、电力等工业园区的整合、优化，提升园区容量、结构和承载力，形成产业集群，打造品牌优势，树立产业标杆，打造“百亿”工业园。

（四）以人为本，打造新型城镇化范式。一要加力城建重点工程建设。全速推进西南外环路、城西路南延、太行东街改扩建、英雄路改扩建、太行西街改扩建工程和长安连接线改线后的征拆任务。全面启动市城建惠民工程前期工作。博物馆、科技馆(规划展览馆)、图书馆(档案馆)、会展中心、文化艺术中心和火车站改造等6大惠民工程要结合城中村改造及早完成征迁工作。二要加快实施城中村改造。全面加快15个城中村“两规划一方案”的编制。同时，全力抓好新区重点片区改造，努力打造城乡一体化建设范式。三要加速“中心集镇”“中心村”建设进度。大力推进4个中心集镇和20个中心村的建设，积极完善规划和评审，抓好项目实施。因地制宜，着力打造一批各具特色的“中心集镇”和“中心村”，促进农民就地实现城镇化。

（五）协调发展，推动社会建设迈上新台阶。一是大力发展教育事业。在资金、人才等方面进一步向教育倾斜，提升初、高中办学水平。深入推进学前教育提升计划，继续实施义务教育学校标准化建设，落实好农村寄宿制学校营养餐工程。二是着力提升医疗服务水平。推动医改向纵深发展，巩固全民基本医保，推行城乡居民大病保险，进一步提高农村新型医疗保险覆盖面和补贴标准。加快郊区医院建设，引进高精尖医学人才，让群众能够就近享受优质医疗服务。扎实开展卫生防疫和保健工作，提高重大传染病、慢性病和职业病、地方病防治能力。坚持计划生育基本国策不动摇，深入实施“好娃娃”工程，持续稳定低生育水平。三是努力建设文化强区。认真践行社会主义核心价值观，积极开展各类文明主题创建活动。巩固国家公共文化服务体系示范区创建成果，建立覆盖城乡、惠及全民、结构合理、功能健全、实用高效的公共文化服务体系。实施“文化惠民”工程，深入开展“三下乡”“送欢乐下基层”等活动，不断满足人民群众日益增长的文化需求。大力发展文化产业，深度挖掘炎帝、山水、红色、潞商等人文资源的文化内涵，创作文化精品，提升文化产业在经济发展中的比重。四是全力创新社会治理。深入开展普法教育，进一步强化基层基础建设，切实加强社会管理综合治理。做好第十届村民委员会换届选举工作，健全村务公开和民主管理制度。强化应急管理，提高公共安全和防灾救灾减灾能力。加强国防后备力量建设，继续做好国防教育和双拥工作。

（六）民生为重，确保人民群众生活水平新提升。一是抓就业。不断完善城乡就业创业服务体系，大力开展职业技能培训，优化就业创业环境，以创新引领创业，以创业带动就业。做好淘汰落后产能企业职工安置和再就业工作。统筹农村转移劳动力、失地农民、退役军人等就业工作。二是抓增收。扶持扶强农村专业合作组织和家庭农场，落实好农民增收措施，不断增加农民的经营性收入、工资性收入、财产性收入和转移性收入。多渠道增加低收入者收入，努力实现城乡居民收入与经济同步增长。三是抓保障。建立健全城乡一体化的社会保障机制，进一步加大财政对民生工程的投入力度，不断巩固两轮“五个全覆盖”，认真办好“五件实事”。积极发展老龄事业，保障妇女权益，关心青少年发展，加强未成年人保护和困难家庭保障，支持慈善事业发展。四是抓安全。全面落实政府、部门的监管责任和企业的主体责任。切实抓好煤矿、非煤矿山、危险化学品、特种设备、建筑施工、水库、食品药品、防火防汛等领域和学校、商场等人员密集场所的安全隐患排查治理，完善安全生产长效机制，为改革发展提供安全保障。

（七）环保为要，努力建设生态文明新家园。进一步加大执法力度，实施最严格的环保监管和问责措施。强力推进节能减排，扎实抓好大气污染防治，确保污染物排放总量控制在市控范围之内。加大植树造林力度，高度关注采煤塌陷区生态修复，实施浊漳河水质治理工程，深入推进“生态文明建设百村竞赛”活动。认真落实《山西省改善农村人居环境规划（2014～2020年）纲要》和《2014 年行动计划》，大力实施完善提质、农民安居、环境整治、宜居示范“四大工程”，扎实开展“三项治理”，积极创建美丽乡村，努力打造幸福家园。

解放思想　先行先试
扎实推进转型综改试点市建设

潞城市市委书记　**唐立浩**

潞城是全省十大产焦县（市）之一，但焦化行业集中度低、科技含量低、产业链短、抗市场风险能力弱。在金融危机的冲击下，经济陷入困境，转型刻不容缓，迫在眉睫。经过积极争取，2011 年潞城市被确定为省级转型综改试点市，2013 年又被确定为省级扩权强县试点市。潞城市紧紧抓住这个大机遇、大平台、大政策，解放思想，先行先试，走出了一条资源型地区转型发展的新路子。2013 年潞城市被省委、省政府表彰为 24 个县域经济发展先进县（市区）之一，综改工作在 11 个省级试点县（市区）中排名第四。

一、以解放思想为先导，激活发展潜力，谋划转型综改

（一）解放思想，谋划转型。将解放思想作为推进转型综改试点市建设的第一法宝，深入开展解放思想大讨论，完善市委理论中心组学习制度和基层党组织学习制度，通过举办解放思想论坛、邀请专家讲课、派干部挂职锻炼等各种方式解放干部的思想，鼓励广大干部敢于冲破一切阻碍发展的思想束缚，革除一切不合时宜的机制弊端，只要有利于潞城事业、有利于潞城人民，就大胆地试、大胆地闯、大胆地干，在全市营造了敢闯敢试、干事创业的浓厚氛围。

（二）科学规划，引领转型。立足产业基础和区位优势，完善“以转型综改和扩权强县试点市建设为统领，引深实施‘三三’战略，突出抓好招商引资、项目建设和党的建设三项重点工作，精心打造现代煤化工、现代服务业和高新技术产业三大集聚区，加快推进工业新型化、农业现代化、市域城镇化、城乡生态化、文化特色化、社会和谐化‘六化’建设，再铸潞城新辉煌”的总体工作思路。制定了转型综改行动方案、三年实施方案、年度行动计划，编制了城市总体规划、翟店新区规划、产业发展规划、煤化工循环经济集聚区产业规划等，各项规划都做到了与综改方案协调衔接。

（三）创优环境，服务转型。确立并牢牢坚持“投资者是恩人、引资者是亲人、破坏发展环境者是罪人”“招商引资是项目建设的生命线”等理念，实施招商引资目标责任制、处级领导包项目责任制、重点项目集中审批制、限期办结制、倒排工期公示制、举报并查处不落实的人和事、追究破坏发展环境行为等各项制度和措施，创造了良好的政策环境、政务环境、信用环境、人文环境和治安环境。

二、以机制创新为突破，勇于先行先试，保障转型综改

（一）行政审批制度改革方面。集中清理 31 个行政审批部门行政审批事项，行政许可项目由原来的

185项减少为82项，非行政许可项目由原来的20项减少为11项，取消行政审批项目27项，调整为管理服务类项目64项。投资80多万元改造了政务大厅，对行政审批资源进行整合，行政审批事项全部进驻政务大厅。再造审批流程，简化审批手续，实行首席代表制、并联审批制、限时办结制，审批办结时间由40天缩短至15天。

（二）金融机制改革方面。一是建立政银企合作长效机制，开通了金融网，实现了政府、金融机构与企业间的信息沟通和项目对接。二是出台《财政性资金存放商业银行考核评价激励暂行办法》，将财政存款与金融机构贷款挂钩，激励金融机构支持地方经济。三是完成高风险农村信用联社改制农商银行。潞城农村信用联社属高风险信用联社，不良贷款率达70%以上。潞城市多方筹集资金1.8亿元，在全省率先完成高风险农村信用联社改制农商银行，消化不良资产10亿元。改制以来农商行累计投放各项贷款近60亿元，2013年上缴税金3494万元，较改制前增加3012万元。积极引进德国IPC公司微贷专家和微贷技术以及乌克兰清贷专家，组建了微贷部，累计发放小微贷款8000多万元；组建建材产业银行，形成“微贷、农贷、不良资产清收、金融市场业务”四大支柱型资产业务。四是大力拓展融资渠道。成立中安信达小额贷款公司，潞宝集团发行的10亿元企业债报至省发改委，永腾建材新三板上市正在运作。五是开展土地收益保证贷款试点工作。金融机构累计发放土地收益保证贷款542.4万元，有效解决了家庭农场、专业大户、农民专业合作社等新型经营主体的融资难题。六是开展专利权质押贷款试点工作，目前正在积极推进。

（三）土地管理机制改革方面。一是开展工矿废弃地复垦利用试点工作。潞城市是国土资源部批准的工矿废弃地复垦利用试点市，全市共有工矿废弃地586公顷，全部复垦后可解决建设用地置换指标493公顷。2013年完成工矿废弃地复垦144公顷，新增耕地111公顷。二是开展二次开发利用存量土地工作。对闲置、破产、停产或低效利用存量建设用地进行整合，近年来共盘活存量土地200公顷，解决了18个项目的用地问题。三是创新开展矿业用地整合利用工作。将原关闭煤矿建设用地复垦为农用地，建设用地指标置换到新整合煤矿企业使用，解决了3座兼并重组煤矿新建矿井用地。四是创新开展露天采矿用地和点式用地工作，为7家整合保留的石灰岩矿、石膏矿、环保砖厂等露天采矿企业办理了临时用地手续。此外，在2013年完成翟店镇农村土地承包经营权确权试点工作并取得成功经验的基础上，2014年潞城市被确定为山西省唯一的“整县域推进农村土地承包经营权确权登记颁证试点县（市）”，目前土地确权工作正顺利推进。

（四）人才机制创新方面。出台《加强人才工作的实施意见》《引进高层次人才暂行办法》，建立潞宝煤化工博士后工作站和卓越水泥、航空航天新材料、北京工商大学潞城农商行等3个博士工作站，引进国际电除尘学会秘书长、浙江大学教授闫克平所率的国家“八六三”科技攻关课题组，以及煤化工专家尹华清，水泥专家周明凯，航空航天新材料专家武哲、马云鹏等人才，为潞城转型发展提供了智力支持和人才保障。

三、以三大集聚区建设为平台，引领产业转型，推进转型综改

（一）现代煤化工循环经济集聚区建设方面。编制《潞城市现代煤化工工业园区发展规划》，形成“一区四园（潞宝、潞安、天脊、史回四大园区）”煤化工产业布局。潞城市现代煤化工工业园区被确定为省级新型工业化产业示范基地，正在申报省级煤化工循环经济开发区。潞宝、潞安、天脊园区开工建设了总投资150多亿元的15个现代煤化工项目。潞宝园区投资100多亿元开工建设7个项目，其中，世界上炉型最大、技术最先进的4座6.3米大型捣固焦炉，20万吨甲醇，1亿块环保节能新型砖4个项目建成投产；我国第一个100%以焦化苯为原料的10万吨己内酰胺项目中的8套装置，其中，合成氨、粗苯精制、环己酮3套装置已建成投产，其余5套装置2015年5月全部建成投产；两套干熄焦相继建成投产，园区集中污水处理和资源化利用项目年底建成。潞安园区在盘活总投资35亿元的30万吨甲醇及相关项目的基础上，投资5亿元建设了国内第一个具有自主知识产权的6万吨钴基合成油，预计2014年建成投产。天脊园区总投资15亿元开工建设了7个项目，其中，13万吨苯胺、25万吨硝酸铵钙两个项目建成投产，27万吨硝酸、苯胺和硝基苯固废再生资源处理、土壤调理剂3个项目预计2014年建成投产；2×15万吨碳酸钙渣综合利用、脱硝除尘改造两个项目预计2015年建成。

（二）现代服务业集聚区建设方面。编制翟店新区和城西新区规划，重点发展总部经济、楼宇经济、现代物流、金融服务、商贸会展、高端地产、餐饮服务等现代服务业。开工建设总投资70多亿元的汽车大世界、家电大世界、凯丰物流、华悦东风4S店、鑫宏诚4S店、金威超市潞城店、卢医山庄、金源新天地、颐龙湾、水岸春城、公园尊邸二区、昌运嘉苑、浅水湾等13个项目，其中华悦东风4S店、鑫宏诚4S店、卢医山庄、汽车大世界已投入运营。

（三）高新技术产业集聚区建设方面。加快构建以企业为主体、市场为导向、产学研用相结合的技术创新体系，出台《加强科技创新大力发展高新技术产业的意见》，引进德国捣固、意大利胺肟化、瑞士苏尔寿双氧水浓缩等国外先进化工技术，自主研发钴基合成油、大型鲁奇煤制氨、管式反应多孔硝铵等技术，29项技术国内领先。

此外，还建设了华润水泥、兴宝锰铁高炉、兴宝高速线材、航空航天新材料、永腾建材、泰山石膏板、远翔编织袋、鑫垚汽配、天正电器、潞安防爆电机、盈德气体、洛瑞电解铜、高分子新型材料、龙腾保温板、泓钰节能建材、钢架结构、嘉禾聚醋业等20多个“小巨人”项目。

通过推进转型综改和项目建设，潞城产业结构调整取得明显成效，经济发展走出低谷实现了快速增长。近年来开工建设的投资额在3000万元以上的112个项目中，已有48个工业项目建成投产，这些新投产项目累计新增税收8亿元(包括3亿元的抵扣)。固定资产投资由2010年的45.6亿元增至2013年的108.6亿元。

转型,转出了新思维、新路径;综改,改出了机制创新,改出了生机活力,带动了潞城各项事业的蓬勃发展。今后,潞城市一定在新的起点上,进一步解放思想,先行先试,扎实苦干,在转型跨越发展的伟大实践中奋力前行,再铸辉煌。

加速冲刺全省二十强　再铸潞城新辉煌

潞城市市长　**张　斌**

2013年,潞城市深入实施“三三”战略,扎实推进“六化”建设,攻坚克难,逆势奋进,较好完成了全年经济社会发展主要目标任务。

2014年是全面贯彻落实十八届三中全会精神的开局之年,是深化各项改革、推进产业转型的关键之年。要把改革创新贯穿于经济社会发展的各个领域、各个环节,以改革促发展、以改革促转型、以改革促民生改善。

一、2014年政府工作的总体要求

深入贯彻党的十八届三中全会精神,全面落实省、长治市经济工作会议精神和潞城市委五届四次全会、三干会的各项决策部署,以转型综改试点市建设为统领,深入实施“三三”战略,扎实推进“六化”建设,着力在深化改革、项目建设、产业转型、现代农业、城镇化建设、生态建设、文化建设、民生改善、作风建设等方面实现新突破,努力推动经济持续健康发展、人民安居乐业、社会和谐稳定。

二、2014年经济社会发展预期目标

地区生产总值增长10%,固定资产投资增长22%,规模以上工业增加值增长14%,公共财政预算收入增长10.6%,社会消费品零售总额增长15%,工业新兴产业投资增长30%,旅游总收入增长20%,农产品龙头企业销售收入7.05亿元,粮食总产量1.08亿千克。项目建设“六位一体”目标任务:储备1250亿元、签约250亿元、落地120亿元、开工140亿元、建设130亿元、投产130亿元。

城镇居民人均可支配收入增长11%,农民人均纯收入增长13%,城镇新增就业3412人,城镇保障性住房开工1477套、建成720套,新型职业农民培训700人,异地搬迁农村特困人口511人,改扩建村级幼儿园3所。

三、2014年政府主要工作任务

(一)深化改革要结出新硕果。一是全面落实综改行动方案。按照2014年综改行动计划,围绕民营经济发展、人才培养引进、城乡一体化发展和公共服务供给等重点改革任务,建立“五个一”工作机制,切实发挥好政府调控管理和市场配置资源的作用,让人民群众共享改革创新成果。二是深化行政审批制度改革。全面推行“三集中、三到位”审批,所有行政审批事项向市政务服务中心集中,优化审批流程。进一步简政放权,继续清理和精简行政审批事项。全面给企业松绑,激发市场活力。认真做好扩权强县对接工作。推进工商注册制度便利化改革。完善食药监管体制,完成食品药品监督管理局机构改革。推进户籍制度改革,着力解决农业转移人口落户城镇问题。三是加快推进土地机制创新。全面开展工矿废弃地复垦等工作,盘活存量,探索“飞地经济”,最大限度发挥土地资本效用。加快土地承包经营权确权登记工作,推进土地流转,建立农村产权交易市场,解放土地生产力。加快推进农村“三权”发证工作。四是努力拓展金融创新领域。完善金融体系,引进各类金融机构,培育发展小额贷款公司、融资性担保公司,支持农商行进一步优化公司治理,做大做强。拓宽融资渠道,鼓励重点企业发行债券、新三板上市和开展股权融资。创新信贷产品,推广微贷、土地收益保证贷款,支持小微企业和“三农”发展。建立金融支持地方经济发展激励机制,加强融资服务对接,加快信用体系建设,改善金融生态,提升金融服务经济能力。

(二)项目建设要冲刺新目标。一是大力推进招商引资。充实完善项目储备库。加大储备项目推介力度。创优政务环境,促进项目及早落地。实施以企引企,实施中介招商,实施网络招商,实施科技招商。通过精准招商,年内至少引进1～2个产品、技术或规模在全省、全国乃至全球领先的项目。二是推进项目投产达效。完善“双十机制”和“五大平台”,帮助企业解决道路、通水、通电、供气、通讯等实际困难,加快建设进度。对于新上项目，认真做好前期工作，千方百计抓开工。对于在建项目，集中力量促竣工。对于已竣工和预计2014年竣工的项目，全力以赴保障达产达效。

（三）产业转型要取得新进展。一是加快建设现代煤化工循环经济集聚区。依托潞宝、天脊、潞安三大园区，充分发挥煤化工企业的人才优势，加快推进全国一流现代煤化工循环经济集聚区建设。延伸发展甲醇下游深加工、焦化粗苯深加工、煤焦油深加工、硝基化肥深加工、硝基苯深加工五条现代煤化工产业链，转型生产新材料。二是加快建设现代服务业集聚区。推进经济结构调整，提升第三产业比重。帮助现有商贸、物流、酒店、餐饮、交通、运输等企业提高服务水平。引进金融、保险、会计、律师、电子商务、网络信息等生产性、生活性新型业态，满足城镇居民生产消费需求。大力发展旅游服务产业，整合旅游资源，打造精品线路；培育引进大型旅行社，成立旅游发展公司，开展形象包装和整体推介工作，扩大景点知名度。三是加快建设高新技术产业集聚区。引进高新技术企业和战略性新兴产业，推进产业多元发展。引导优势资源向新兴产业集中，集聚产业规模和竞争优势，培育新的经济增长点。四是加快完善工业园区基础设施。进一步完善基础设施建设，集聚更多的企业入驻。加快推进潞宝园区长襄城际路连接线、消防站、供水管线、污水深度处理厂和潞安园区物流路、供水管线建设，配套完善天脊园区道路、供水等基础设施，提升园区承载能力。

（四）现代农业要实现新发展。一是大力发展现代农业。充分发挥区位优势，引导发展观光、采摘农业，打造有机绿色无公害“菜篮子”工程。发展壮大特色种植、规模健康养殖，鼓励发展带动性强的农产品加工龙头企业，推进龙头企业扩规模、上档次、创品牌。二是创新农业经营体系。着力培育专业大户，新增5个长治市级示范社、10个县级示范社、50个家庭农场，做大做强新型农业经营主体。鼓励土地承包经营权向专业大户、家庭农场、农民合作社、农业龙头企业流转，发展多种形式规模经营。三是不断完善基础设施。坚守2万公顷耕地红线，提高耕地质量，推进小粮仓建设，保障粮食安全。重点推进河湃危桥改造、18千米农村公路翻修改造以及水土保持、饮水安全、低压电网改造、中低产田改造、万亩土地整理、千亩土地开发等工程建设，进一步改善农村生产生活条件。推广应用先进技术，不断提高机械化作业水平。持续推进新农村建设。办好省政府确定的农村“五件实事”。

（五）城乡建设要展示新形象。一是加快推进城市建设。修编城市总体规划和控制性详规，编制城南新区控制性详规及各类专项规划。完善“五纵七横”城市路网。改造升级市污水处理厂。继续实施集中供热扩容工程，新建2座换热站，新增供热面积30万平方米。持续开展道路交通、环境卫生、市容市貌三项治理，不断提高城市管理水平。大力推进棚户区和城中村改造，加大城镇低效建设用地再开发力度。加快新区开发，努力打造功能齐全、宜居宜业的卫星城市。二是加快推进重点镇建设。完善4个中心镇建设规划，统筹产业布局，着力培育特色鲜明的工业强镇、商贸重镇、文化名镇、旅游大镇，吸引周边农民就地城镇化。重点实施店上镇、翟店镇两个中心镇建设，推进翟店污水处理厂、供水厂建设，规划建设店上镇、微子镇两个污水处理厂，改善人居环境。三是加快推进中心村建设。稳妥推进21个中心村建设，打造“农民半小时生活功能圈”，引深实施基础设施、卫生整治、绿化美化等工程，着力改善农村人居环境。

（六）生态建设要坚持新标准。一是持续推进生态绿化。森林覆盖率提高2个百分点。争创省级林业生态市，建成省级生态村2个、长治市生态乡镇2个、潞城生态村20个。抓好城市绿地提档升级，建成区绿化覆盖率提高0.1个百分点。积极推进林权流转，发展林下经济，盘活森林资产，实现农民靠林增收、靠山致富。二是持续推进生态修复。浊漳河店上段人工湿地工程投入运行，加快辛安泉域水源地保护、浊漳河店上段河道治理等工程建设。完善供水保障体系，积极协调大水网建设，推进辛安泉供水改扩建工程。规模化养殖场、养殖小区配套建设废弃物处理设施比例达到60%以上。三是持续推进节能降耗。加大淘汰落后产能，在煤炭、焦炭、冶金、化工、电力、建材等六大高耗能行业，继续实施十大节能工程。鼓励水泥企业协同建设垃圾处理项目。推进废水、废渣、废气和余压、余热循环利用，重点抓好粉煤灰、煤矸石、尾矿等大宗固废综合利用。四是持续推进治污减排。重点监控企业污染源自动监控平台。淘汰7台10蒸吨以下燃煤锅炉，完成建成区面积80%的禁燃区划分工作。完成35座加油站、1座储油库和油罐车的油气回收治理。加强洗煤、石料、建筑行业和道路扬尘监管。开展大气污染防治，城市建成区实现PM2.5监测全覆盖。建立健全环境风险源档案和数据库，确保污染防治设施达标率100%，投运率、运行率95%以上。

（七）文化建设要激发新能量。践行社会主义核心价值观，加强精神文明建设，提升市民文明素质。以基础设施建设为重点，加强公共文化服务体系建设。规划建设县级数字电影院，完善乡镇综合文化活动中心，健全特色文化室、农家书屋、电子阅览室各项设施。推进电信网、广电网、互联网三网融合，发挥各类信息网络的文化传播作用。以服务群众为主线，丰富群众文化生活。继续实施“百千万”文化惠民工程，努力为人民群众提供方便、快捷、优质、高效的公共文化服务。以弘扬地域特色为主题，繁荣艺术创作。坚持传承与创新并举，积极创作富有浓郁地方特色、反映时代精神的文化作品。以活跃市场为目标，发展文化产业。鼓励开展文化创意和设计创新，创新开发特色文化产品和民间工艺品。积极引导民间资本投资文化产业。强化文化市场监管，营造积极向上的文化环境。

（八）民生改善要获得新实惠。一是加强素质教育。重视学生全面发展，强化德育教育，促进青少年身心健康。推进义务教育均衡发展。深入开展教育教学改革。健全困难家庭学生资助体系。引导社会力量办学，促进民办教育健康、可持续发展。二是强化就业培训。依托职业高中和职业技术学院，深化产教融合、校企合作，培养专业实用型人才。完善创业政策和服务体系，加强在岗职工、失业人员、职业农民、大学生等群体的创业就业培训。支持发展劳动密集型产业和服务业，多渠道开发就业岗位，逐步实现“零就业家庭”至少1人就业。三是提高医疗卫生服务水平。加强全科医生培养，提高中医药服务水平。巩固提高城镇居民医疗保险和新农合参保率，新农合财政补助标准提高到每人每年320元；全面完成公立医院改革，取消以药养医，减轻群众负担。完善市乡村三级公共卫生服务体系，促进公共卫生服务均等化。四是提升社会保障水平。推进社会保障城乡一体化，推行“五险”统征经办模式，扩大社会保险覆盖面。建立欠薪治理长效机制，有效维护劳动者合法权益。关注弱势群体，稳步提高城乡低保保障标准和“五保”对象供养标准，对因病、因灾等致贫家庭进行社会救助。五是维护社会和谐稳定。健全完善安全监管、安全信息、宣传教育、示范建设、安全达标、安全检查等六大体系，切实抓好煤矿、非煤矿山、危险化学品、道路交通、建筑施工、人员密集场所等重点行业、重点领域的安全专项治理。加大安全投入，创新监管手段。落实安全生产承诺制，严格目标考核“一票否决制”，坚决遏制重大事故、减少一般事故。深入开展“下访接地气、矛盾大排查”活动，及时解决群众合理诉求。全面开展社会治安综合治理，严厉打击各类违法犯罪活动，净化社会环境。培育发展和规范管理社会组织，促进社会事业全面发展。

努力建设实力武乡、富裕武乡、宜居武乡、幸福武乡、美丽武乡

武乡县县长　**阎新平**

2013年，武乡县深入贯彻落实全市“五五”战略和县委“文化引领、强基固本”总体思路，全力以赴保增长、调结构、强安全、惠民生，各项工作稳中有为、稳中有进。

2014年是贯彻党的十八届三中全会精神的开局之年，是省市委、政府确定的“转型综改攻坚年”“项目效益年”和“‘五五’战略务实推进年”“重点突破年”，也是县委、县政府“11355”战略破题开局、逆势奋进之年。做好2014年的工作，意义十分重大。

一、2014年政府工作的总体要求

认真贯彻党的十八届三中全会和中央、省、市经济工作会议精神，以综改试验区建设为统领，以转型跨越发展为主线，按照市委“五五”战略和县委“11355”战略总体部署，坚持文化引领、强基固本，着力打响“一个品牌”，倾力打造“三个基地”，全力实施“五大工程”，努力建设“五个武乡”，为率先走出一条国贫县脱贫翻番、全面建成小康社会新路而努力奋斗。

二、2014年经济社会发展主要预期指标

地区生产总值完成75.5亿元，增长10%；公共财政预算收入5.65亿元，与2013年持平并略有增长；固定资产投资24.4亿元，增长22%；社会消费品零售总额11.2亿元，增长15%；城镇居民人均可支配收入19201元，增长11%；农民人均纯收入5147元，增长15%；新增城镇就业岗位2000个，城镇登记失业率控制在3%以内；居民消费价格总水平涨幅控制在3.5%左右。

三、2014年政府主要工作任务

（一）打响全国红色旅游第一品牌，引领第三产业跨越发展。一是提升改造精品景区。实施提档升级、资源整合、深度挖掘、氛围营造、品牌营销五大措施，努力提升吃、住、行、游、购、娱六大要素水平，创优服务，打造精品。加快推进“两园一剧”提档升级，尽快完成红星杨旅游公司和武乡华严公司合并重组，打造成为省级旅游重点企业。积极开展八路军太行纪念馆、八路军文化园5A级景区申报和游击战体验园4A级景区申报。二是强力发展文化产业。加大投资力度，加快建设太行山影视文化产业创意园一期、八路军烈士陵园一期、红色旅游公路工程。保护和挖掘民歌、鼓书、琴书、三弦书等传统文化和民俗文化，抓好武乡秧歌、顶灯等非物质文化遗产的传承与创新，实施文化精品创作“八个一”工程，积极创作一批文化精品力作。深入推动文化与旅游、体育、科技的深度融合和集群发展，注重培育文化企业，发挥文化产业的引领作用。三是创新宣传促销方式。加强与“平遥古城”“乔家大院”等旅游景点的战略合作，力争列入全省骨干旅游线路。举办好第四届八路军文化旅游节和第五届八路军文化研讨会。

（二）打造三大产业基地，加快转型发展步伐。一

是以煤为基、多元发展，打造全省煤电一体循环经济产业基地。加快7座生产矿井的复产验收进度，加速推进5座煤矿技改。提高煤炭品质，增强市场竞争力。积极推进粉煤灰、煤矸石、镁渣等循环利用，大力培育煤—电—冶、煤—电—化等循环经济产业链。制定完善激励机制，鼓励和促进煤炭企业转型发展。二是龙头带动、集群发展，打造全国镁铝合金新材料产业基地。加强与中国五矿的合作，切实加快全国镁铝合金新材料产业基地建设。一期1万吨金属镁、3万吨镁合金项目6月底全面投产，煤矿瓦斯输送储配系统、配套还原罐等项目要加快建设进度，着力打造煤—煤矿瓦斯—电—硅铁—金属镁(铝)—镁(铝)合金加工—终端应用全产业链。三是壮大特色、创新主体，打造全省特色农产品生产加工产业基地。巩固壮大小杂粮、干水果、食用菌、油用牡丹、规模健康养殖五大特色农业产业。扶持发展新型经营主体，加大对农民专业合作社的培育和扶持，规范提升合作社管理水平。整合提升现有小米小杂粮加工企业，做大做强小米产业，积极引进核桃深加工企业，着力打造全省特色农产品生产加工产业基地。四是高起点规划、高标准建设，加速园区化助推产业现代化。一产方面，要结合移民搬迁，在县城及中心镇(村)周边集中规划、配套建设一批特色种植园区、规模健康养殖小区和农产品加工示范园区。二产方面，抓好蟠洪、和信两个工业园区的建设及申报省级开发区工作，加强园区水、电、路、排污、通信等配套设施建设。三产方面，以八路军文化产业园为核心，着力打造红色旅游品牌升级版；搞好现代物流园区建设，完善红星杨物流中心服务功能配套；在县城新区科学规划建设科教园区，发挥教育吸纳人口、集聚人才作用。

(三)坚决打胜扶贫开发攻坚战，建设富裕武乡。一是夯实农民增收基础。整合财政扶贫、以工代赈等各类涉农资金，大搞农田水利基本建设，稳定粮食生产，确保粮食产量保持在5000万千克左右。继续加大农业补贴力度，严格兑现国家、省、市相关政策和资金补贴，增加农民政策性收入。巩固完善2000公顷核桃经济林片区开发项目，增加农民产业性收入。鼓励农民进行土地流转、房产租赁、农机服务等，增加农民财产性收入。加大农村劳动力转移力度，鼓励农民发展交通运输、乡村旅游、农家乐等二、三产业，增加农民工资性收入。二是加快推进产业扶贫。深化与潞安、焦煤集团合作，全力推进山西潞安集团油用牡丹及食用菌种植项目，以及山西焦煤集团与多维公司合作的太行黑头羔羊养殖屠宰加工项目。三是扎实开展移民搬迁。加快县城移民小区、蟠龙镇神南村移民小区和洪水镇移民小区工程进度，年内建成入住。落实新确定的5400人搬迁任务。四要科学实施精准扶贫。突出抓好特困人员帮扶，一对一制定帮扶计划，实行精细化管理、精确化配置、精准化扶持。完成2000名新型农民职业培训，逐步提高农民素质。组织实施好10个村中央专项彩票公益金支持贫困革命老区整村推进项目。认真做好领导帮扶增收活动和机关单位定点扶贫工作。

(四)坚决打胜项目建设攻坚战，建设实力武乡。一是推进重大项目建设。2014年确定重点工程项目51个，新建项目32个，续建项目19个，总投资66.7亿元，计划完成投资25亿元。紧紧围绕项目建设“六位一体”要求，积极推进落地项目尽快开工建设，新建项目加快手续完善，开工项目加快建设进度，在建项目及早竣工投产，投产项目力促达产达效。二是创新招商引资方式。完善招商引资项目库，增强项目的吸引力，提高引资的成功率。大力实施产业链招商、园区招商、小分队招商、以企引企，试点开展委托招商、中介招商、驻点招商，加快与科研院所、世界500强、重点高校等对接，引进行业高端技术，新上一批竞争力强的项目。三是倾力抓好“十大工程”：五矿轻量化新材料产业集群项目建设工程，武乡西山发电有限公司二期扩建工程，五座煤矿技改扩建工程，太行山影视文化创意产业园建设工程，八路军烈士陵园建设工程，标准化规模健康养殖小区建设工程，红色旅游公路建设工程，武沁地方铁路建设工程，广志水库建设工程，涅河河道治理建设工程。

(五)坚决打胜新型城镇化攻坚战，建设宜居武乡。一是提升大县城功能品位。围绕县城总体空间布局，推进旧城、新区、龙湖区三个板块协调发展。旧城改造要完善集中供水等工程建设任务，推进实施道路排水等提质工程，加快棚户区改造步伐，启动城中村综合改造。新区要完成土地收储工作，全面启动道路及管网配套等基础设施建设工作。大力开展主城区违规占地、违章建筑“两违”专项整治行动，为城镇化建设创造良好条件。二是抓好重点镇扩容提质。全面推进四大镇建设，抓好洪水镇的工业、商贸发展，蟠龙镇的特色旅游，监漳镇、故城镇的农产品生产加工，奠定产业基础，加快产城共建。把基础设施建设和扶贫移民搬迁等工程相结合，完善城镇服务功能。三是发挥中心村带动作用。抓好庄底、新村等20个中心村建设，高标准建设农村社区，构建“农民半小时生活功能圈”。着力完善村庄基础设施，加强农村环境整治，改善农村生活环境，努力建设“美丽乡村”。四是创新推进体制机制。抓好县城总体规划修编。探索城中村、棚户区改造和扶贫移民搬迁协调推进新机制，整合财政、民政、扶贫、农业等政策和资金，推进城镇化协调发展。鼓励民间资本参与社会公用设施建设运营。推进户籍制度改革。通过挖掘存量土地潜力，实施土地收储，解决城镇化用地瓶颈。

(六)坚决打胜民生普惠攻坚战，建设幸福武乡。一是坚持优先发展教育。进一步改善学前教育环境，完善薄弱学校改造工程，改善职业中学办学条件，加快学校信息化建设。建立教师招聘长效机制，充实师资力量，提高教师队伍素质。二是大力发展医疗卫生事业。积极筹建成立县城常住人口基本公共卫生服务中心。加强以全科医生为重点的基层人才队伍建设，加大乡村医生的培训力度，提高乡村医生待遇，大力推进城乡医疗卫生机构对口支援工作，努力提升基层医疗卫生服务水平。逐步调整完善生育政策，确保单独两孩政策实施过程中低生育水平的稳定。三是提高社会保障水平。加强就业再就业工作，年内新增城镇就业2000人，下岗失业人员再就业400人，城镇登记失业率控制在3%以内；努力扩大养老、工伤、失业、医疗、生育保险等社保覆盖面，确保城乡居民社会保险综合参保率达到95%以上，新农合参合率稳定在99%以上；加快社会福利服务中心项目建设。城乡低保对象实现应保尽保，低保标准分别提高25元、22元。四是加大保障性住房建设力度。加快廉租房、公租房建设进度和棚户区、农村危房改造，完成农村危房改造1200户，建设保障性住房913套。五是丰富群众文体生活。深入实施文化惠民工程，广泛开展“全民阅读”、文化科技卫生“三下乡”等文化活动。广泛开展全民健身运动，促进群众体育和竞技体育全面发展。加强县乡村文体活动场所建设，逐步夯实文体活动基础。六是大力发展交通事业。完成5个村10千米公路建设，加大乡村公路管养力度。持续保持治超工作的高压态势，促进道路交通安全畅通。

（七）坚决打胜生态改善攻坚战，建设美丽武乡。一是突出造林绿化。实施“一环三线”规划，大力推进“山上治本”“身边增绿”“干果富民”三大工程，新造林3000公顷。高速公路通道绿化19千米，红色旅游公路绿化22千米，南沁线绿化提档35千米，村庄绿化提档30个，突出“美丽乡村”建设成效，保证森林覆盖率年增长1%。建立健全资源开采和生态环境治理恢复和补偿机制，加大地质灾害治理力度。二是狠抓治污减排。建成三个污水处理厂和县城垃圾卫生填埋场。完成农村环境连片集中整治示范项目，完善县城污水处理收集管网建设，逐步实现雨污分流。积极开展大气污染防治行动。深入开展煤炭、冶炼、矿山开采等企业环保设施的升级改造，强化畜禽养殖污染治理力度。三是推进节能降耗。推进工业、建筑、交通、公共机构等领域节能降耗，做好煤炭、电力、建材等重点行业节能工作。推进重点节能改造项目建设，推进企业节能低碳行动和企业清洁生产。实施节能产品惠民工程。四是实施兴水战略。优先利用地表水，合理开发浅层地下水，严格控制深层地下水开采。大力实施兴水战略，建设“两库两干两河”工程。

（八）进一步转变社会管理方式，保稳定促和谐。坚持不懈抓好安全生产，重点围绕政府、部门、企业三个层面做好20项工作。切实抓好煤矿、非煤矿山、道路交通、危险化学品、特种设备等高危行业和森林防火、建筑施工、消防等重点领域及人员密集场所安全的监管，做到安全监管全覆盖。健全和落实重大决策和重大项目社会稳定风险评估机制，建立畅通有序的诉求表达、心理干预、矛盾调处、权益保障机制，有效预防和化解社会矛盾。扎实推进城镇社区“网格化”管理，做好特殊人群管控工作。积极探索农村社区管理新模式，健全农村留守儿童、妇女和老年人关爱服务体系。加快建立最严格的食品药品安全监管制度，保障人民群众饮食、用药安全。加强完善应急机制，强化防灾减灾能力建设，妥善应对各类突发事件。加强社会治安综合治理，严密防范和依法惩治各类违法犯罪活动，扎实推进平安武乡建设。

加快“四化”步伐　建设三晋第一县

襄垣县县长　张志刚

襄垣是典型的以产煤为主的资源大县，煤炭产业占到全县经济总量的80%以上，多年来形成了产业单一畸形、煤炭一业独大的产业格局。为破解资源型经济发展瓶颈，近年来，我们按照省委、省政府转型跨越发展战略，立足自身比较优势，紧抓转型综改、扩权强县试点县的历史机遇，牢树“清廉、务实、明快、和谐”四大执政理念，夯实“修路、栽树、兴水、重教”四项工作基础，坚持以煤为基、多元发展，以工业新型化、农业现代化、市域城镇化、城乡生态化“四化”一体推进为统揽，全力打造中国“新能源新材料基地、新城镇新农村典范”县，全面建设平安襄垣、创新襄垣、美丽襄垣、幸福襄垣，加快走出县域版的转型跨越发展新路。

一、新型工业化突出高端引领，以大项目支撑大转型，全面打造新能源新材料基地

（一）靠超前的战略视野抢占产业发展制高点。一是站位全国全省层面谋划项目。县级主要领导和招商引资部门负责同志，必须对国家战略性新兴产业布局和省市产业结构调整方向做到心中有数，及早谋划跟进。二是突出依托先进技术建设项目。集中各种资源要素，与国内外行业巨头合作，重点建设一批高技术项目。三是立足产业循环推进项目。在项目布局时，努力打造上下产业链条有机衔接，基本形成煤基合成油、焦炉煤气制甲醇烯烃、煤制乙二醇聚酯建材、煤制PTA（精对苯二甲酸）及延伸加工四条产业链。

（二）凭完善的要素配置吸引企业竞相入驻。完善配套夯实基础，凡是签约项目，路、水、电等相关基础设施必须及时到位。如七一鸿达煤基多联产项目（包括500万吨焦化、180万吨甲醇、60万吨甲醇制烯烃）签约后，同时引进美国空气化工、新加坡胜科水务等世界知名企业提供气体供给、污水处理等基础服务，既提升了项目配套水平，又变1个项目为3个项目。打造园区拓展空间，依托资源优势和煤化工产业基础，和周边县区联手，在襄垣的王桥、富阳、侯堡一带，规划建设一个占地150平方千米的大型精细煤化工园区，目前园区规划面积已达到88平方千米。东部王桥新型煤化工产业示范区主攻以精细煤化工为基础的新能源、新材料产业，西部富阳高新技术产业示范区主攻低碳、环保、附加值高的高新科技产业。技术引领高端发力，积极推进产学研一体化，提升自主研发和科技创新能力。已建成2个博士工作站，引进9名博士。清华大学、天津大学、山西大学、九三学社专家组、北京橡胶研究院等18所学校院所确定在襄垣设立研发中心。新上项目核心技术有31项国际领先、3项亚洲第一、16项全国一流，5项填补山西空白。

（三）以务实的拼搏精神打造"襄垣速度"。2013年3月，先后有中冶集团、新加坡胜科集团、美国AP公司、中信集团4家世界500强企业集中落户襄垣，其中，投资46亿元的中冶硅钢项目，3月签约，4月立项，5月批复，6月开工，年底初步建成，创造了项目建设的"襄垣速度"。这主要得益于在项目推进上的四点做法：一是实行"三到四定"工作法，围绕重大项目，突破分工界限，领导牵头挂帅，组建"六大推进办公室"，协调推进项目建设。二是坚持"一个项目、一名领导、一套人马、一抓到底"的项目推进机制。三是对投资亿元以上的重点工程项目，建立领导组、指挥长、办公室三级调度制度。四是新建行政服务中心，所有行政审批事项集中进驻大厅办理。对新上项目前置手续实行"并联审批"和限时办结。

二、农业现代化致力提质增效，以高投入实现高收益，加快培育新农业新农民步伐

（一）加大反哺农业工作力度，着力培育特色农业产业，发展壮大农业龙头企业。稳步实施粮食单产提高工程。建设连片玉米高产田2000公顷、红薯种植基地3333公顷、小杂粮基地3333公顷，力争玉米单产达到550千克，杂粮产量增加30%，杂粮亩均收益提高300元，建成具有特色优势的绿色"杂粮地"。强化农民农业技术培训。通过科技下乡、举办农业知识讲座、发放农业知识读本等形式，培训农民1万人次，有效提升了农民的科技素质。抓好农业三大板块建设。在设施蔬菜上，新建设施蔬菜园园区123个，同步配套建成7个智能化育苗中心；建设2座大型蔬菜批发市场、7座冷库。在规模养殖上，新上广发禽业2万吨有机肥加工、山窝窝20万只蛋鸡养殖等一批标准化、规模化养殖场和肉类加工企业。在经济林上，重点发展优质核桃、黄梨种植2000公顷，全县将形成具有县域特色的"一村一品、一县一业"和"丘陵梨桃平川菜、规模养殖龙头带"的农业产业化经营新格局。

（二）探索"三动"发展现代农业新模式。一是规划先动。出台《农业产业发展五年规划》，规划重点建设县城中部休闲观光农业区、东部风景旅游农业区、西部依山傍水生态农业区、北部传统特色农业文化产业区，做好以生态文明建设推动农业现代化这篇大文章。二是政策推动。制定《关于推进农业产业化发展的扶持办法》《关于促进农村土地承包经营权流转引导发展适度规模经营的意见的通知》等政策文件，综合运用补助、贷款、贴息、以奖代补、税收优惠等措施，促进农业产业化发展。三是公司牵动。以"公司＋基地＋农户"作为主要实现形式，扶持了林盛果业等一批集种植、深加工为一体的农业产业化龙头企业。

三、市域城镇化重在创新破题，以真改革激活真动力，努力建成新城镇新农村典范

（一）用规划引领解决"城乡如何一体"的问题。坚持县城扩容提质、重点镇特色带动、中心村优化布点，用3～5年时间，构建"一城三区五镇六十六中心村"新格局，到2015年，全县新城镇人口集聚率达到70%以上。"一城"就是以现有建成区为中心，升级扩容，完善功能，使县城规划面积扩张到105平方千米，人口规模达到20万～30万人；"三区"就是依托王桥园区、富阳园区、河东移民安置区3个承载平台，构建产城融合发展新格局；"五镇"就是立足比较优势、地理条件和产业基础，以5个重点镇为统筹城乡发展的节点，因地制宜建设特色小城镇；"六十六中心村"就是打破现有乡村行政区划，以2～3平方千米为服务半径，选定66个村作为集聚点，引导扶持农户逐步搬迁集聚。

（二）用市场机制解决"钱地从哪里来"的问题。在建设资金上，坚持市场化方向，利用资本运作破解投融资难题，成立漳江投资经营有限公司、城市投资公司、保障性住房运营公司，各乡镇分别组建村镇建设投资公司，与县政府兴通城投资公司股权衔接，形成专司新城镇新农村建设的投融资体系。全力推动金融试点创新工作，以少部分机动财力作杠杆，组建城镇化建设与发展基金，首支认购规模达10亿元，拿出5亿元作担保，撬动30亿～50亿元社会资金；利用县级城投平台融资26亿元，形成当年建房、当年投运、当年回收资金、政府不举债的良性运作机制。在建设用地上，通过复垦农村闲置宅基地、废弃工矿建设用地、劈山填沟造地等措施，2000公顷土地进入置换程序，实际新增建设用地201公顷。同时组建土地收储平台，由国土部门负责，入轨运行建设用地收储工作，实行"复垦一块、收储一块、安置一块、开发一块"。以村镇建设投资公司为平台，各自平衡本乡镇的建设用地指标，实行"搬迁一块、复垦一块、盘活一块、建设一块"，不断提高土地供应能力。在建设模式上，根据不同性质采取不同方式，采空塌陷村和压煤村整村搬迁由致灾或受益煤矿企业出资建设、负责搬迁；其余城镇化工程根据实际情况，分别以县、镇投资公司和引进的大型国有企业集团为建设主体。已有5个乡镇分别与中信集团、泛华集团、潞安集团等多家大型国有企业集团签订了合作建设新城镇的框架协议，部分工程已进入实质性建设阶段。

（三）用配套政策解决"村民能走得起"的问题。将采空塌陷村、压煤村整体搬迁和"下山出沟"工程作为新城镇新农村建设的重中之重。按照“政府主导、规范操作,企业负责、整村搬迁”的原则推进采煤塌陷和压煤村搬迁,按照“政府引导、农民自愿”的原则实施“下山出沟”工程,按照“政府投资为主,村民和社会参与为辅”的原则建设镇村集中安置点,力争通过2～3年的努力,把全县的采空塌陷村和压煤村全部搬迁完毕,引导全县419个地处偏远山区、群众生产生活成本高、人口不足百人的小自然村2.2万人搬迁进城、入镇、并村。同时,制定“下山出沟”财政补助、采空塌陷村和压煤村搬迁、农民工和进城农民购房贷款贴息、进城农民就业及技能培训等一系列政策。

(四)用统筹方式解决“镇村建设标准”的问题。着眼于打造襄垣范式,在运作机制上做文章,在推进方式上提标准。坚持统一规划设计审查、统一土地收储价格、统一旧宅评估标准、统一镇村建设理念、统一建筑设计标准、统一管理施工建设、统一安置方式标准、统一建设公共设施、统一整合支农资金、统一推动配套改革的“十统一”模式,走出一条独具特色的城镇化之路,努力建成中国新城镇新农村典范县。

四、城乡生态化强化境界提升,以硬措施取得硬效果,不断凸显新生态新环境优势

(一)树立“栽树就是栽人文、栽历史、栽政绩”理念,加快造林绿化步伐。每个乡镇规划建设一个万亩绿化基地,每个单位、每名干部都有义务植树任务,在全县形成全民上阵、全员参战的造林绿化声势。探索和完善“财政拨、部门筹、社会集、劳务代”的多元化投入机制,把企业用地、污染物排放、生产量与荒山绿化面积挂钩,硬性分解任务,实行“捆绑”审批。煤焦、化工等重点碳排放企业按照“一矿一企绿化一山一沟”的办法,结合划定区域和任务成立专业队绿化荒山。落实包地块、包栽植、包管护、包成活、包成林的“五包”责任制,签订目标责任书,确保造林绿化质量和效果。2013年,全县累计投入2.4亿元,新增绿化面积6533公顷,林木绿化率提高5.6个百分点。

(二)着眼“造福于民的生态工程”高度,加快气化襄垣建设。县城居民基本实现焦炉煤气和液化石油气全覆盖。农村户用沼气1.3万户,占全县总农户的30%。积极抓好过境天然气工程对接,规划建设输气管网覆盖13个乡镇(区)30个村,输气管网达166千米。利用煤层气资源丰富的优势,引进国新能源集团组建合资公司,对襄垣煤层气进行综合开发利用,推动县境内燃气管网与全省燃气大管网的对接,形成天然气、煤层气“双气源”供应格局,并通过国新能源全省燃气大管网实现余气外输。通过多“气”并进,到“十二五”末,力争全县城乡居民燃气使用率达到65%以上,整体上实现由烧煤到用气的跨越。

(三)把握“最重要的幸福指数”定位,加快提升群众精神文化和健康生活水平。投入7200万元新改建一批基层医疗卫生机构,全县新农合参合率达到99.7%;全面取消以药“补”医,所有药品全部实行零差率销售;率先建成全国首批、全省唯一的国家卫生应急综合示范县。健全县、乡、村三级公共文化服务网络,村级文化活动室、电子阅览室、农家书屋、农村有线电视、公益电影放映等实现全覆盖,成功创建国家公共文化服务体系示范区。文化旅游产业开发、非遗保护、文艺创作等工作也走在全省前列。

加快“四化”步伐,建设三晋第一县,是28万襄垣人民的努力方向和奋斗目标。我们将认真贯彻十八届三中全会精神和省委省政府、市委市政府决策部署,抓住深化改革的大机遇,用好先行先试加快综改试验区建设的大平台,大干实干、攻坚克难,不断开创“四化”发展新局面,为转型跨越发展做出积极贡献!

奋力打造“中国硅都、世界红山、宜居古城”

黎城县县长　**郝献民**

黎城县以打造“中国硅都、世界红山、宜居古城”为引领,以转型跨越发展为主线,坚定信念,扎实工作,圆满完成县十五届人大三次会议确定的各项目标任务。

2014年是全面贯彻党的十八届三中全会精神、全面深化改革的第一年,是圆满完成“十二五”规划目标任务的关键一年。做好2014年的工作,意义十分重大。

一、2014年政府工作总体要求

认真贯彻落实党的“十八大”、十八届三中全会和中央、省、市经济工作会议精神,紧紧围绕“中国硅都、世界红山、宜居古城”三大战略实施,以项目建设、企业增效为抓手夯实基础,以深化改革、创新驱动为突破增添活力,以增加收入、改善环境为重点普惠民生,以党的群众路线教育实践活动为契机改进作风，咬定目标、增强定力，坚定信心、鼓足干劲，确保经济社会发展取得新成效。

二、2014年县域经济社会发展预期目标

地区生产总值增长11%，工业增加值增长12%，公共财政预算收入增长7.4%，社会消费品零售总额增长15%，全社会固定资产投资增长22%，城镇居民人均可支配收入和农民人均纯收入分别增长12%和14%，居民消费价格总水平涨幅控制在3.5%左右，城镇登记失业率控制在3%以内。

三、2014年政府主要工作任务

（一）抓好园区建设，促进实体经济提质增效。一是做大做强新兴产业。中技金谷一期年产900万平方米硅酸钙板生产线全面投产，蓝天燃气煤高效洁净转化项目一期3万吨活性炭生产线正式投产，协鑫油气板块“四位一体”新能源西仵、赵家山两个示范站建成运行，协鑫太阳能光伏发电项目一期30兆瓦年内并网发电，启动潞安100兆瓦太阳能地面电站、昌明新能源30兆瓦地面光伏电站项目。二是加快发展物流产业。千万吨级铁路物流园区全面建成，加快现代（汽运）物流园区前期工作，组建大型运输集团。207国道改线工程年内建成通车，做好309国道过境段改建工程前期工作。三是整合提升传统产业。做大骨干企业，做好特色产品。全力支持粉末冶金恢复生产，太行钢铁、金元钢铁加快重组整合，积极稳妥做好改制企业遗留问题化解工作。

（二）围绕农民增收，加快发展现代农业。大力发展现代农业。现代农业示范园区全面建设二期工程，低碳建筑体系日光温室大棚示范项目前半年建成并投入生产。生态农业科技产业园区完成仓储冷链物流区建设，三泰科技、奥利种业、昌晋粮油等项目全面开工建设，飞鹤三泰年内启动迁建入园工作。二要拓宽农民增收渠道。强化经营促增收，支持鼓励加快培育以专业大户、家庭农场、农民专业合作社为主体的新型农业经营体系，培育新的农村市场经济主体；做好土地承包经营权确权登记试点工作，加大推进农村土地依法规范流转工作力度。依托产业促增收，核桃产业片区完成36.4万株栽植任务，大面积提高核桃种植效益；把原生态精品农业作为黎城农业产业开发的主打特色，新增种植面积2000公顷；新建10个畜禽养殖小区，新发展15个省级“一村一品”专业村；加快太行山中药材种植基地及药材饮片加工项目建设；完善农产品质量安全监管体系。抓好务工促增收，完成6000名新型职业农民培训，新增转移农村劳动力5000人，逐步消灭“零就业家庭”。继续开展粮食稳定增产行动，粮食种植面积稳定在1.3万公顷以上，粮食总产量稳定在8000万千克以上；切实做好粮食储备，再发放1万套科学储粮器具。三要改善农村基础条件。加快协调实施辛安泉供水工程，完成段家庄水库除险加固、南港沟小流域综合治理工程。继续实施农村饮水安全工程。充分发挥三大灌区水利优势，加强灌渠配套和维修管护。完成中低产田改造333公顷，保护性耕作5333公顷，土地整理开发133公顷。继续以荒山造林、干果经济林、核桃低效林改造为重点，建设15个造林绿化精品工程，完成造林绿化2667公顷。

（三）打造宜居古城，推进城镇化建设。一要提升承载服务功能。完成县城总体规划评审，启动城市专项规划和控制性详规编制工作。加快实施新区各项重点工程，稳步推进旧城改造工程。加快县城给水、排水、排污、强电、弱电等地下管网升级改造，继续做好垃圾处理、污水处理和中水回用工作。加快推进环城周边森林和景观生态园建设，引深园林单位、园林小区创建，加快县城水系规划建设步伐。二要加强执法管理水平。全面开展以交通、卫生、市容市貌为主要内容的集中整治活动。整合现有的安全生产、教育、政法等网络平台，加快医疗、交通、供热、水电智能化平台建设，启动智慧县城建设。三要推进城乡一体化建设。全面加强重点镇和中心村建设。加大街道硬化、绿化、净化、供水、排水等基础设施建设力度，改善提高教育、文化、体育、卫生等公共服务水平。全面开展环境卫生整治工作，建立和完善农村环境卫生管理长效机制。扎实推进农村人居环境改善，致力建设美丽乡村。

（四）加快开发建设，全面打造大旅游格局。一是全面推进景区建设。太行红山景区完成核心区修建性详规，启动太行红山世界自然遗产申报工作。继续实施四方山景区循环路、广志山古建筑群遗址修复等工程。黎侯古城一期全面建成开街。黄崖洞景区年内全部建成并对外开放。继续实施“红色百村”和“民俗生态百村”开发保护工程，对黎城抗战史进行深入挖掘整理。二是大力开发文化旅游产品。着力打造黎侯虎、上党落子戏曲脸谱、麦秆画、根雕等具有黎城特色文化符号的旅游产品，深入挖掘黎城传统节日内涵，使传统民俗文化走向市场。鼓励和支持社会资金投资文化旅游企业，积极打造国家级产业示范基地。加快发展农家乐、红色客栈、生态农庄等富有地方特色的旅游产品。三是加强对外宣传推介。举办第二届“中国黎城太行红山国际自行车骑游文化活动周”。充分运用电视、网络等现代媒体，进一步扩大黎城旅游的知名度。积极组织参加各类旅游交易会、博览会，努力打造资源共享、信息共享的旅游营销大格局。

（五）大力改善民生，提高人民幸福指数。一要优先发展教育事业。在广大农村学校实施营养餐工程，提高寄宿制学生饮食营养水平；加强农村寄宿制学校建设，切实改进学生住宿、卫生条件；深化教育教学改革，提升教育教学质量。二要做好卫生计生工作。积极稳妥推进卫计机构改革和县级公立医院综合改革，完善医疗保障体系，巩固扩大基本医疗保险覆盖面。继续提高广大农村医疗保障水平，再完成50个村卫生室标准化改造。启动实施“单独两孩”政策，不断完善人口计生利益导向机制。三要发展文化体育事业。积极做好国家公共文化服务体系示范区创建后续管理工作，全面完成县文化馆、图书馆和县体育场馆建设。加强重点文物古迹的修缮和保护工作。依法加强和规范网络文化管理。积极开展全民健身活动。四要努力扩大就业。建立人力资源信息平台，重点做好高校毕业生、农村转移劳动力、城镇困难人员和退役军人等群体的就业工作。加强劳动者职业技能培训，开展下岗失业人员创业小额贷款工作。五要完善社会保障体系。整合城乡居民基本养老保险制度，继续开展养老、医疗、失业、工伤和生育五项社会保险的参保扩面工作，积极推进“五险统征”工作落实。城乡低保标准分别提高 25 元、22 元，五保户集中供养率不低于 50%。完成 10 个农村老年日间照料中心建设。六要加大环境保护力度。深入实施大气污染防治行动计划，重点整治焦化、钢铁、建材等重点工业企业的废水、废气排放以及燃煤锅炉、建筑工地、道路扬尘、餐饮油烟等主要污染源，使全县空气质量和水环境质量明显改善。七要切实抓好安全生产工作。树立安全红线意识，严格落实主体责任和监管责任，深入开展道路交通、非煤矿山、冶金工贸、建筑施工、特种设备、危化物品、人员密集场所等行业领域的安全隐患排查治理活动。八要加强和创新社会管理。完成食品药品监管体制改革，加强食品药品安全监管，保障人民群众饮食用药安全。完善信访工作和矛盾调处机制，健全基层社会服务网格化管理体系，有效预防和化解社会矛盾。推进社会治安综合治理。

实施“六提”工程　增强内生动力
为率先全面建成小康社会做出新贡献

屯留县县长　**段树新**

2014 年，屯留县以邓小平理论、“三个代表”重要思想和科学发展观为指导，认真落实党的十八届三中全会和省市一系列会议精神，坚持稳中求进、改革创新总基调，纵深推进“二四六”发展战略，加快内涵发展步伐，重点实施项目建设提效、产业转型提速、园区建设提档、城镇化建设提质、民生福祉提高、生态文明提升“六提工程”，以群众路线教育实践活动为抓手，促进经济持续健康发展、保持社会和谐稳定，奋力开创全县转型跨越发展新局面。

一、突出改革创新，释放发展新活力

（一）稳步推进各项改革。大力实施转型综改 3 年实施方案和 2014 年行动计划，力争在重大改革方面取得突破。加快政府职能转变，重点做好简政放权。深化财税体制改革，积极探索政府购买公共服务的方式方法。妥善做好卫生、计生、工商、质监、食品药品等单位的体制机制改革工作。加快农村经营机制改革，开展农村集体建设用地、宅基地使用权确权登记试点工作。深化户籍制度改革，落实放宽城镇落户条件有关政策。继续稳妥推进各类事业单位改革。加快县信用联社股份制改革步伐，积极引进长治银行、长治潞州农村商业银行来屯留设立支行和村镇银行，强化商业金融对“三农”和县域中小微企业的服务功能。

（二）不断强化创新驱动。积极实施创新驱动发展战略，完善科技创新体系，支持各类创新要素向企业集聚，推动企业组织、制度、技术和管理创新。大力调整产品结构，鼓励企业开展技术创新，推进技改扩能，提高产品质量，扩大市场占有份额。积极引导企业与高等院校开展产学研合作，年内新增博士工作站 2 个。进一步加大帮扶企业力度，出台实施《关于促进中小微企业健康发展的扶持办法》。培育产值 10 亿元企业 3 个、亿元企业 10 个、5000 万元企业 5 个，力争更多企业进入全市“千企百强”行列。加大人才引进培养力度，为转型跨越发展提供强有力的智力支撑。

（三）着力优化发展环境。出台更加优惠的政策，因地制宜，一企一策，使企业以最小的成本入驻屯留，以最高的效率生产经营；创造更加优良的环境，坚持优质服务零距离、环境保障零干扰、政策落实零折扣，不断完善“项目单位和六部门双承诺”工作法，重拳治理不作为、乱作为、变相吃拿卡要等损害发展环境的现象和行为；采取更加灵活的机制，把握上级政策，借鉴外地经验，多措并举破解土地、资金、环评等制约因素，确保重大项目引得来、留得下。

二、聚力项目建设，打造跨越新引擎

（一）争取资金上项目。切实加强项目库建设，选择符合国家产业政策、符合上级扶持的前期项目，精心组织，加快运作，争取更多项目进入省市计划盘子。全面推行县乡村三级联动招商引资机制，继续采取驻地招商、区域招商、以商招商、产业招商等方式，力争全年引进高端项目、转型项目 20 个，签约项目落地率不低于 70%，到位资金 50 亿元，以招商引资的大成果引领项目建设的大推进。

（二）全力以赴建项目。2014年共确定重点项目75个，总投资473.05亿元。其中续建项目36个，新建项目39个。对续建项目要倒排工期，全力推进，确保宏发木业、三宝生化阿奇司坦原料药、华亿年产60万长米矿用运输胶带、吉华精细30万吨煤焦油深加工、清华高端综采液压支架生产线技改等项目年内竣工投产、达产达效；对新建项目抓前期、抓保障、抓开工、抓进度，力争古城电厂一期、国药控股长治医药基地、太重集团长治液压整体搬迁等项目尽快落地、顺利建设。

（三）落实责任保项目。按照省委项目"六位一体"和县委"三不两零四个一"的要求，扎实开展项目投产达效专项行动，力争全年项目储备1250亿元，项目签约210亿元，项目落地80亿元，项目开工100亿元，项目建设110亿元，项目投产130亿元。坚持县级领导联系帮扶企业制度和重点项目制度，定期召开工业经济运行调度会、银政企座谈会，及时协调解决企业和项目存在的实际困难和问题。

三、加速工业转型，构建产业新体系

（一）做大工业园区。继续加快完善"一路两带六园"基础设施和配套服务设施，提高园区的吸引力和综合承载能力，尽快形成相互关联和支撑的产业配套优势。强化经营园区理念，建立健全企业退出机制。激活园区存量，做大园区增量。围绕全市建设200平方千米现代煤化工循环集聚区，以余吾、王村、渔泽现有煤矿产能和焦化产能为基础，2014年重点打造"一园三基地"：即屯留煤化工循环经济产业园，余吾煤气化、精细化工产业基地，王村焦炉气化工、焦油加工、粗苯加工产业基地和渔泽乙炔化工、电石化工、焦炉气化工3个产业基地。

（二）做强传统产业。全力加快古城900万吨矿井建设，年内完成常村煤矿通风系统改造、余吾煤业南风井和小南村煤矿90万吨技改项目，煤炭产量稳定在2300万吨左右。注重煤炭销售，通过减费让利、精简环节等措施，千方百计开拓市场，以销促产、以销带产。继续推进麟源、祥瑞、尔安、兴旺、华诚等大型焦化企业兼并重组，切实推进康庄园区11万千伏安电站建设，加快实施古城2×1000兆瓦超临界发电机组项目，力争年内开工建设。

（三）做优新兴产业。重点打造七大新兴产业板块：现代煤化工循环经济板块，重点抓好麟源150万吨焦化产能置换、吉华精细30万吨煤焦油深加工、煤基合成油技改等项目；生物医药板块，重点抓好太行药业中药提取技改、国药控股长治有限公司医药基地等项目；先进装备制造板块，重点抓好清华高端综采液压支架生产线、长治液压整体搬迁等项目；新能源新材料板块，重点抓好华亿年产60万长米矿用运输胶带、紫金昌粉煤灰新型墙体材料等项目；现代物流板块，重点抓好西街物流园区、乾元峰建材物贸园等项目；文化旅游板块，重点抓好老爷山旅游景区、屯绛水库旅游开发、上党战役纪念馆、巍山国际体育产业园等项目；特色农产品生产加工板块，重点抓好金泽生物苏氨酸、亨德谊速冻调理食品等项目。

四、促进农业升级，拓展富民新路径

（一）以基地建设促产业升级。以"一乡一业、一村一品"为抓手，继续抓好十大特色农业园区建设，着力推进五大主导产业升级。优质粮食要向提高单产要效益，大力推广玉米生产全程机械化技术，确保粮食总产量稳定在2.4亿千克左右，做好"中国玉米之乡"文章；绿色蔬菜要向连片集中发展，加快本源、祥麟、助民等20个蔬菜园区建设，叫响"屯留蔬菜"品牌；干鲜水果要由"扩张型"向"内涵型"转变，集中打造西贾、张店、上莲等千亩精品核桃示范园，改造667公顷（1万亩）核桃低产低效林；畜牧养殖要发挥标准化示范作用，重点抓好瑞康源禽业20万套蛋种鸡场和10万只无公害蛋鸡项目，力争畜牧产值占农业总产值比重达到45%；苗木花卉要转变单一发展方式，重点发展延伸旖旎生态园玫瑰产业链。同时，进一步扶持金泽生物、亨德谊食品等龙头企业做大做强，推动农企对接、农超对接，力争涉农龙头企业销售收入达到52.5亿元。

（二）以土地流转促规模升级。结合农村土地承包经营权确权登记颁证试点工作，以政策扶持为杠杆，以土地流转为重点，鼓励和引导农户采取转包、互换、转让、入股合作等形式，有序推进承包土地向种田能手和专业大户、家庭农场、农民合作社、龙头企业流转，加快发展多种形式规模经营，落实集体所有权，稳定农户承包权，放活土地经营权，力争新增土地流转133公顷（2000亩）、新发展合作社50个、家庭农场20个，培育一批规模经营大户。持续加大"三农"投入，着力加快辛安泉饮水、小型农田水利重点县和粮食产能等项目建设，开工建设6座小型水库除险加固工程，农机化综合水平达到82.2%。

（三）以农民培训促技能升级。整合农广校、职业中学、人社、科技等培训资源，启动5000人培训计划，加快农村劳动力转移步伐。集中力量做好扶贫开发工作，抓住精准扶贫要义，深入开展"百企千村"扶贫工程，年内完成易地搬迁农村特困人口1080人。以"双十增收"工程为载体，全面落实各项强农惠农富农政策，努力拓宽农民增收渠道。

五、推进城乡统筹，建设宜居新家园

（一）精细建管，打造魅力县城。完善城镇规划体系，加快完善县城总体规划和城际道路两侧控制性详规。优化城市基础设施，继续推进"东进西控南移北改"城市布局，拉大城市框架，拓展城市空间。切实抓好城市排水管网、污水处理、园前连接线、集中供热、天然气入城等配套设施，不断完善城市功能，增强城市承载力。提升精细管理水平，深入开展交通市容卫生"三项治理"活动，提高市民素质，提升文明水平，建立常态化、长效化、精细化城市管理机制。

（二）扩容提质，构筑特色乡镇。以屯留全域谋划城镇化布局，推进人口向城镇集中、基础设施和公共服务设施向农村延伸，不断提升"一城五镇"辐射带动力。以企业带动型、塌陷治理型、商贸带动型、扶贫搬迁型、工矿搬迁型为主，继续加快上村、渔泽、李高、余吾、张店5个集镇建设。重点推进上村大集镇建设进度，打造经典示范，带动整体提升，力争全县城镇化率达到39.5%。

（三）以点带面，建设美丽乡村。切实加快上村镇、南湝庄、东兴旺等压煤搬迁和王村、官庄等企业防护区内搬迁进度，倾力打造20个精品亮点中心村。稳步推进新农村建设步伐，巩固提升两轮“五个全覆盖”和“农村新五件实事”成果，深入推进乡村清洁工程，建立农村环境卫生长效机制。

六、融合文化旅游，促进三产新提升

一是坚持文化引领。积极培育和践行社会主义核心价值观，加强公民道德教育。不断开发培育具有屯留特色的文化产品，壮大文化产业。积极实施“文化低保”、文化信息资源共享、农村电影放映和送书送戏下乡等工程，提升公共文化服务水平，丰富群众文化生活。鼓励文化艺术精品创新。广泛开展“书香屯留”全民阅读活动。二是坚持旅游带动。修订完善《屯留县旅游产业发展总体规划》，促进文化与旅游、科技、体育等产业融合发展。启动老爷山4A级旅游景区创建工作，加快巑山省级休闲旅游度假区建设速度，建设开通老爷山旅游景区循环路。推出系列化、精品化旅游产品和线路，叫响“红色、古色、绿色”品牌，努力把旅游产业做大做强。三是坚持多业联动。实施“商贸活县”战略，规划、改造、建设一批品位高、配套全的商贸中心和专业市场。大力发展餐饮娱乐、家政服务、体育健身、电子商务等服务业，引进知名品牌商家，加快形成广覆盖、多层次、社会化的服务体系。

七、强化生态建设，描绘绿色新画卷

一是高标准完成造林任务。深入实施增绿、护绿活动，力争全县森林覆盖率提高1个百分点。突出抓好潞安采煤塌陷区矿山地质环境治理示范工程。切实加大林木管护力度，认真做好森林防火工作，确保全县森林无火情发生。二是全方位加强综合整治。加大自然生态系统修复力度，实施中小河流、病险水库除险加固等一批项目建设。积极做好地质灾害监测预警和隐患治理，有效预防次生灾害。强化县垃圾处理场、污水处理厂运行管理，探索建立乡镇垃圾、污水处理机制。加强水源、水厂、水质监管监测，切实保障饮水安全。认真落实污染减排目标责任制。深入推进城乡环境综合整治活动。三是多举措管控资源能源。进一步优化国土资源开发布局，严守耕地保护红线，严查违法占用土地行为。把绿色发展、低碳环保、循环经济落实到企业生产的各个环节，提高资源就地转化率和废物利用率，实现资源深度开发和循环利用。继续推进农村能源沼气建设，加大“三沼”综合利用力度。创新节能管理机制，加强公共机构、社会服务等重点领域节能工作。积极倡导绿色消费、低碳生活、文明出行。

八、坚持共建共享，丰富幸福新内涵

（一）切实加强社会治理。用法治思维和法治方式化解社会矛盾、处理信访案件、维护社会稳定。扎实开展“树正气、化积案、转作风、促发展”双月攻坚行动，不断引深领导干部接访下访活动。继续深化“平安屯留”创建，建好用好“网格化管理”三级阵地。深入开展社会治安专项整治行动，依法严厉打击各类违法犯罪行为。积极做好应急管理工作，不断提高突发事件快速应对处置能力。严格落实安全生产“党政同责、一岗双责、齐抓共管”总要求，加大对煤矿、消防、道路交通、食品药品、建筑工地、危险化学品、公共集聚场所等重点行业和领域的安全生产专项整治力度，确保全县安全稳定局面。

（二）高度重视社会保障。建立健全城乡统筹的公共就业服务体系，全面做好高校毕业生、农村转移劳动力、城镇困难人员、退伍军人等群体的就业工作，力争城镇新增就业岗位4000人，创业带动就业880人，转移农村劳动力4350人。整合城乡居民基本养老保险，稳步推进机关事业单位养老保险。逐步提高城乡低保、五保供养、医疗救助标准，完成6个农村社区老年人日间照料中心建设任务。加快落实火化制度，着力推进县殡仪馆和公墓建设。加大对留守儿童、空巢老人、残疾人等弱势群体救助力度，努力构建覆盖城乡居民的社会保障体系。

（三）全面发展社会事业。坚定不移推进“屯留教育五年振兴计划”，积极谋划高中、职中学校布局，力争高考二本以上达线人数再创新高。进一步加大教育投入力度，在县城新建一所小学，促进农村教育资源均衡配置，提升全县义务教育阶段标准化建设水平。全面落实第二期学前教育三年行动计划，确保每个乡镇办好1～2所公立幼儿园。稳步推进县级公立医院改革，巩固提升“新农合”成果，促进全县基本公共卫生服务均等化。推进人口计生改革，稳妥实施“单独两孩”政策，继续开展“好娃娃”康家福家创建活动。扎实开展全民健身活动，打造县城群众“十分钟健身圈”，办好第三届农民运动会。积极做好“双拥共建”工作，大力开展国防教育，创新国防动员和民兵预备役力量体系建设。

锐意进取　真抓实干
奋力打造“三宜”美丽平顺

平顺县县长　秦　军

2013 年，平顺县按照全市实施“五五”战略、率先全面小康的战略部署，紧紧围绕建设“一地两区”、打造“三宜”美丽平顺的发展思路，团结和带领全县人民，埋头苦干，攻坚克难，圆满完成年初确定的各项目标任务。

2014 年是贯彻落实党的十八届三中全会精神、全面深化改革的开局之年，是实现“十二五”规划的关键之年，也是平顺建设“一地两区”、打造“三宜”美丽平顺的务实推进年，做好 2014 年的工作，意义十分重大。

一、2014 年政府工作的总体要求

深入贯彻落实党的十八届三中全会精神，按照省、市总体部署，弘扬纪兰精神，坚持稳中求进，加快脱贫攻坚，推进改革创新，突出抓好产业提质、项目达效、民生改善、生态惠民、安全稳定五大工程，以群众路线教育实践活动为抓手，加强党的建设，促进经济社会持续健康发展，奋力开创建设“一地两区”、打造“三宜”美丽平顺新局面。

二、2014 年经济社会发展的主要预期目标

地区生产总值增长 10%，全社会固定资产投资增长 22%，社会消费品零售总额增长 15%，公共财政预算收入增长 9%，城镇居民人均可支配收入增长 11%，农民人均纯收入增长 13%，城镇登记失业率控制在 4.2%以内，居民消费价格总水平涨幅控制在 3.5%左右。

三、2014 年政府工作重点

（一）突出风情特色，倾力打造高端旅游产业。一是整合旅游资源。组建平顺旅游运营集团公司。加快山西晋能集团长治分公司太行水乡、神龙湾、红色西沟资源整合开发进程。加快对“古建精粹”“红色经典”“民俗风情”“人间奇迹”等自然人文旅游资源的融合进度，努力形成景区与景区之间优势互补、客源互通大旅游产业发展格局。将生态休闲游、红色经典游、自驾探险游、乡村民俗游、古建文化游 5 条精品线路纳入华北地区旅游线路大循环圈。二是完善要素配套。扶持具有浓郁地方特色的旅游相关产业发展，加大对旅游纪念品、特色小吃、农副土特产品的开发力度。抓好太行新天地旅游风情小镇、神龙湾景胜桃源大酒店、西沟红色旅游公路等项目建设。按照星级梯次发展景区周边“农家乐”，满足不同消费群体需求。依托旅游业形成的人流、物流、信息流，带动餐饮、住宿、商务、信息服务等行业快速发展。加大对景区周边环境整治力度，创造良好的景区发展环境。加大旅游从业人员培训力度。引进一批商贸物流企业项目，全面带动生活消费、休闲养生、旅游度假、商贸物流等第三产业蓬勃发展。三是打造风情城镇。制定长期发展规划，做好基础设施建设，提升城市品位，加快城西新区建设进程，打造旅游服务和商业娱乐中心。做好集中供热二期工程，基本实现县城供热全覆盖。完成县城 19 千米路段弱电管线入地。全力推进华润集团 CNG 加气站建设和县城、新型工业园区天然气管道铺设工程。新建保障性住房 326 套。同时，实施“一城三镇二十个中心村”推进战略，建设一批以风情小镇为主体的特色镇、中心镇，促进新型城镇化建设，稳步推进农村转移人口落户，城镇化率提升 2 个百分点。四是建设美丽乡村。深入挖掘乡村深厚的文化底蕴，打造一批地方特色浓郁、生态环境优美、兼具审美和旅游价值的村镇。深入开展“生态文明建设百村竞赛”活动，做好美丽乡村、环境整治村、基础条件改善村、移民新村等四类村庄规划，完成农村危房改造 1027 户，切实改善农村人居环境，完成 15 个“美丽乡村”建设。

（二）围绕总量增量，全面推进生态文明建设。一是推进造林绿化。大力实施“三北”防护林黄土高原综合治理、太行山绿化、“两河”治本、“两林”富民、通道绿化等造林绿化工程，扩张林域面积，通道提档绿化。以发展核桃经济林和灌木经济林（连翘）为重点，促进生态林向经济林转变。突出抓好长平高速公路和平龙线改造段通道绿化工程。深化集体林权制度改革，强化林木管护，进一步巩固造林绿化成果。二是加强环境保护。加大环境执法力度，狠抓节能减排，严格项目源头把控，彻底淘汰不符合国家产业政策和环保要求的设备和生产工艺。强化环境监测，推进浊漳河实会断面自动监测站项目实施。及时向社会公布 PM2.5 监测数据。三是推广高效农业。实施万亩马铃薯、万亩玉米高产创建、3333公顷旱作农业玉米地膜覆盖技术推广和160公顷马铃薯脱毒种薯繁育项目。以亚行贷款河川流域平顺农业综合开发项目、西沟村百亩香菇种植基地等项目为重点,新增设施蔬菜66.7公顷。推进纪兰饮料年产1万吨核桃原浆扩建、大红袍千棚香菇种植、太行绿野金丝菜深加工、金达绿源标准化果园等项目建设,做大做强农副产品深加工产业。加快农村土地流转,把好耕地红线,确保耕地、基本农田不减少。四是开发生物制药。全面推进振东147公顷中药材繁育及种植基地建设、长治欣玉东寺头乡中药材种植基地和卧虎山连翘种植基地建设,稳定种植面积,系统开发中药材饮片、中药新药和相关产品,提高现代中药发展水平。加快"三品"认证步伐,确保"一县一业"中药材基地县项目和15个省级"一村一品"产业项目取得实效。

(三)坚持低碳环保,加快高新技术产业开发。一是稳步推进园区建设。加快清华航天工业园二期工程建设进度。完善新型工业园区基础设施建设,加快推进山西文正卓越年产50万台汽车电喷装置、西沟龙鼎6万吨加固材料等项目投产达效,促进中国汽车零部件工业公司50亿元整车制造和江苏张家港富瑞特装有限公司10亿元汽车发动机改装项目入驻园区,尽快落地开工。二是培育壮大新兴产业。做好大唐新能源平顺虹梯关风力发电项目、溯头水电站建设项目、侯壁水电站增效扩容改造工程,引进漳泽电力200兆瓦风光互补发电场项目、山西国际电力光伏发电有限公司40兆瓦太阳能发电项目等。同时,加大新材料、硅产业、镁产业的开发力度,挖掘新兴产业的后发力。三是改造提升传统产业。抓好非煤矿山资源整合工作,帮助已办理采矿证的企业全面复产,协助未办理证照的企业完善手续,尽快复工。四是强力推进项目建设。按照项目储备、签约、落地、开工、建设和投产"六位一体"协调推进的要求,突出抓好2014年确定的70个重点项目,认真落实项目抓办机制,确保项目建设扎实推进。围绕旅游服务、新能源、新材料、装备制造等产业,坚持招大商、大招商、招好商,引进一批投资强度大、科技含量高、带动能力强的大项目。

(四)注重以人为本,扎实增进民生福祉。一是加大扶贫开发力度。完成5500人移民搬迁,实施13个整村推进项目,积极整合扶贫、涉农、社会资金,规模发展增收产业。培训农村劳动力1500人,切实提高农民就业能力。将晋能集团、振东集团、塔山集团、大红袍公司等7个企业列入"百企千村"产业扶贫开发行列,创新帮扶模式,千方百计增加农民收入。二是加快发展教育事业。实施"1516"工程,着力构建更加完备的现代教育体系。推进中小学标准化建设,基本实现教育教学资源标准化配置全覆盖。深化课堂教学改革,全面提升教育教学质量。落实"两免一补"政策,实施贫困学生资助工程、农村寄宿制学生营养改善工程。强化校园安全管理。三是大力发展卫生事业。完成北耽车、杏城两个乡镇卫生院住院部建设工程。继续扩大基本药物制度实施范围,力争在全县公立医疗机构实行基本药物零利率销售。进一步提高新农合参合率,切实减轻农民医药费用负担。认真做好妇幼保健和疾病预防控制工作,扶持中医药事业发展,提升公共卫生服务能力。引进培养高素质卫生人才,逐步在县级医院建立起高层次的卫生人才队伍。四是完善社会保障体系。做好高校毕业生就业援助工作,开展失业人员再就业培训、大学生实用技能培训。巩固完善城乡社会保障体系,实现应保尽保。加强岗位设置和聘用制管理工作,深化事业单位人事制度改革。加大农民工工资支付专项执法检查力度,维护农民工合法权益。五是推动文化繁荣发展。深入推进社会主义核心价值体系建设,不断提供优质丰富的文化产品,满足人民群众的精神文化需求。实施文化下乡惠民工程,丰富城乡居民业余文化生活。加强非物质文化遗产的保护和开发利用,做大做强文化包装旅游。大力发展文化产业,积极拓展新的文化业态,提升平顺文化软实力。

(五)立足本质安全,不断创新社会管理。一是维护社会稳定。进一步畅通信访渠道,推动信访积案化解。完善矛盾纠纷排查化解工作机制和社会稳定风险评估机制。加强社会治安综合治理,依法打击刑事犯罪和经济犯罪,营造和谐稳定的社会环境。二是狠抓安全生产。严格政府和企业两个主体责任的落实,严守安全生产高压线。强化安全监管队伍建设,创新安全监管方式。加强对非煤矿山、尾矿库、建筑施工、道路交通、消防、危险化学品、食品药品等重点行业领域的专项治理工作;提升应急管理能力,强化应急队伍建设,建立隐患排查治理长效机制,有效防范安全生产事故的发生。三是探索农村社会管理。建立农村留守儿童、留守妇女、留守老年人关爱服务体系。重视化解农村社会矛盾,及时反映和协调农民各方面利益诉求,从源头上预防和减少社会矛盾。

打造"三大基地" 实现"六个突破"
加快转型跨越 全面实现小康

长子县县长 马先明

2013年,长子县持续引深"六化"建设、实现"六个提升",着力保增长、保项目、保安全、保民生,经济发展和社会事业稳中有进、稳中有为,较为圆满地完成县十五届人大三次会议确定的工作任务。

2014年是深入贯彻落实党的十八届三中全会精神、全面深化各项改革的开局之年,也是加快推进转型跨越发展、率先全面建成小康社会的攻坚之年。

一、2014年政府工作的总体要求

高举中国特色社会主义伟大旗帜,以邓小平理论、"三个代表"重要思想、科学发展观为指导,深入贯彻落实党的"十八大"、十八届三中全会和习近平总书记系列重要讲话精神,认真落实省、市工作部署和全县三干会要求,坚持稳中求进、改革创新,坚持转型发展、率先发展,围绕打造"三大基地"、实现"六个突破",着力抓发展保增长、抓项目促转型、抓统筹惠民生、抓改革增动力,奋力开创全县经济社会发展新局面,为率先全面建成小康社会奠定坚实基础。

二、2014年全县经济社会发展的主要预期目标

地区生产总值115亿元,增长10%;规模以上工业增加值78亿元,增长13%;固定资产投资107.78亿元,增长22%;公共财政预算收入13.03亿元(含上划市级),增长11.6%;城镇居民人均可支配收入23445元,增长11%;农民人均纯收入11020元,增长13%;社会消费品零售总额15.68亿元,增长15%;粮食总产量2亿千克以上。

三、2014年政府工作重点

(一)着力保持经济平稳增长。一是抓好煤炭重点产业。扩产能、增产量,加快赵庄、三元、垚志达等煤矿的扩能技改步伐,提高全县煤炭总产能,力争全县煤炭总产量达到2100万吨。促销售、占市场,强化煤炭企业市场意识,发挥煤运公司营销作用,大力开拓煤炭外销市场。减负担、创环境,减少对煤炭企业的一般性检查,落实部分涉煤基金、服务费减免缓政策,协调解决好企业发展难题和企村关系,为煤炭企业发展创造良好环境。二是加快项目投产达效。大力抓好2014年确定的总投资451.6亿元的98个重点项目,抓紧做好立项、规划、环评、用地等前期工作,开通项目"绿色通道",实行"一站式"服务,高效、规范推动项目快落地、快开工、快建设。对已经落地建设、尚未投产达效的产出性项目,要落实责任,倒排工期,强化服务,快速推进。力争2013年已开工未建成项目45%建成、应投产项目80%投产,2014年新建项目90%开工建设,全年重点工程投资完成110亿元。三是加强经济运行指导。密切关注重点行业、重点企业运行走势,定期召开经济运行分析会议,督促各经济主管部门主动对接企业、提供服务、解决问题。加强税源管理,严格税收征管。增强统计工作的科学性、规范性,促进符合条件企业及时纳入统计口径,做到应统则统。

(二)着力推动产业转型发展。一要突出发展新型工业。坚持以煤为基、多元发展,打造煤电气一体化循环发展基地。抓紧赵庄瓦斯发电项目立项,加快赵庄、高河两个已列入全省第三批重点待批低热值煤发电项目前期工作,尽快拿到"路条",力争上半年开工建设。抓好一批煤矸石环保砖厂,促进资源综合利用。进一步规范境内煤层气勘探、开采行为,加大管线连通和就地利用力度,满足县城居民供热、用气需求。加快宋村工业园区建设步伐,完善供水、供电、供气、道路、排水、污水处理等基础设施,提升园区承载能力。发展生物医药、健康食品、装备制造等新型产业。支持澳瑞特健身器材、福源淀粉、昌利食品等中小企业发展,提高中小企业的市场竞争力和财政贡献率。二要提升发展特色农业。依托"三农"工作基础,做大做强设施蔬菜、食用菌、规模养殖、烤烟四大产业板块,打造优质农产品生产加工基地。以方兴、惠民、生贵、潞汇等农业园区为示范,大力发展温室大棚、生贵式大棚、小拱棚。以绿生源、兴农科等双孢菇种植园区为引领,扩大食用菌种植面积,上马深加工、生态有机肥项目,提高种植效益。以雨润集团10万头种猪养殖、广东温氏集团百万头生猪一体化养殖、晋西牧业万头肉牛养殖等项目为带动,引进先进管理模式,带动农村规模养殖。以王峪、横水、石哲为重点,建设清洁型烟叶种植基地,稳定种植规模，提高烤烟品质。以方兴、浩润、双龙、绿森、晋科等农产品加工企业为龙头，推动长子特色农业走上规模化、产业化、市场化、品牌化发展之路，力争全年农业龙头企业销售收入增长20%，农产品加工转化率达到50%。三要加快发展现代服务业。借助中南铁路优势，实施物流港建设规划，打造大型物流商贸基地。加快建设能交投长子南铁路集运站，全力推进新易达综合物流园二期和山煤集团长子煤炭物流园项目，支持潞安集团、晋煤集团建设辐射下属煤矿、连接中南铁路的矿用铁路专用线，带动物流业快速崛起。大力发展电子商务，抓好阿里巴巴·山西长子产业带平台运营，开拓长子特色产业产品网上营销新天地。着力发展商贸金融服务业，更好发挥长子农商银行、融汇村镇银行等地方金融企业的作用。加快文化旅游开发步伐，挖掘古色、绿色、特色旅游资源。四要持续抓好招商引资。完善招商引资项目库，采取多种招商方式，高端定位，好中择优，努力引进产业带动能力强、财政增收作用大、符合低碳绿色环保要求的好项目。鼓励各乡镇、各单位走出去、走上去，多争取政策性资金和项目。坚持招商引资和招才引智相结合，做好专业人才和高端人才的引进工作。

（三）着力推进新型城镇化。一要加快新区开发。进一步完善东湖新区规划，以东湖为核心，规划建设教育园区、商贸超市、精品住宅和环湖绿地，拓展县城空间，提升集聚能力。二要抓好旧城改造。重点实施多条道路拓宽改造工程，以旧城路街改造为切入点，把路街拓宽改造与城中村改造、困难企业改制结合起来，努力探索政府主导、社会参与、市场运作的旧城改造模式，整合资产资源，有效盘活土地，改善居住条件，改变旧城面貌，提升城市品位。三要加强城市管理。大力抓好交通秩序、市容市貌和环境卫生“三项治理”。认真开展违规建设、违章建筑集中整治行动，规范县城开发建设秩序。做好全国文明县城、国家卫生县城复查验收工作，巩固创建成果，优化人居环境。加快“智慧城市”建设步伐，积极推动城市管理手段现代化、科技化。四要推进重点镇中心村建设。坚持规划先行、政策配套，着重扶持推动大堡头镇建设物流服务型小集镇、宋村乡建设园区带动型小集镇、慈林镇建设矿区带动型小集镇、鲍店镇建设传统商贸型小集镇、石哲镇建设生态旅游型小集镇。以改善基础设施、整治人居环境为突破，着重抓好下霍、西汉、酒村等20个中心村建设，努力实现道路硬化、路灯亮化、村庄绿化、环境净化、公共设施配套化、一村一品特色化、人口适度集中化，带动全县新农村建设。

（四）着力保障和改善民生。一要把惠民政策落实好。认真执行中央和省、市出台的粮食、农资、良种、农机具等强农惠农补贴政策，确保足额落实到位。继续落实好长子县已推出的各项惠民政策，做到按时发放兑现。扎实抓好2014年实施的各项惠民举措，实现社会保障补助提标，城镇居民基本医保和新农合财政补助每人提高40元，城乡低保标准每人每月分别提高25元、22元，企业退休人员基本养老金和农村五保集中供养对象补助各提高10%。实行农村义务教育寄宿制学校学生营养餐工程，每个学生每天补助3元。开展健康保健惠民，为农村寄宿制学校十五岁以上学生免费进行结核病筛查，为5000名农村妇女免费进行“两癌”筛查。实行农民素质提档，培训新型职业农民1000名。助推农业产业化，对集中连片设施蔬菜、食用菌园区和规模养殖场继续给予补贴。二要把民生项目实施好。修复10条50千米县乡村损毁道路。新铺设县域配水管线10千米，保障群众饮水安全。扩大集中供热面积。完成43个行政村中低压农网改造，提高农村供电标准。完成县医院住院大楼主体工程，满足群众看病需求。完成多所幼儿园及中、小学改扩建工程，进一步改善办学条件。开工建设保障性住房1093套，完成农村易地扶贫搬迁150人，抓好保障性住房建设。三要把社会事业和社会建设推进好。发展人民满意教育，提高教育教学质量，力争中高考再上新台阶。加大科技创新力度，建立企业研发中心，促进科技成果推广应用。深化医疗改革，促进基本公共卫生服务均等化，创建“全国中医药工作先进县”。加强食品药品监管，保障“舌尖上的安全”。提升计生服务质量，稳定低生育水平，创建“全国计划生育优质服务先进县”。弘扬和践行社会主义核心价值观，加强公民道德和精神文明建设。完善公共文化服务体系，实施文化惠民，争创“全国文化先进县”。开展全民健身活动，重视文物保护工作。提供就业创业服务，认真做好大中专毕业生、城镇失业人员、复转军人等群体的就业工作。推进社会治理创新，建立重大决策、重大项目社会稳定风险评估机制，实行领导干部大厅接访和带案下访制度，发挥农村社区网格化管理作用，解决群众诉求、化解农村矛盾、维护基层稳定。推进基层民主，认真做好第十届村委换届选举工作。开展普法宣传，加快依法治县进程。加强社会治安综合治理，深化平安长子建设，依法打击各类违法犯罪活动，增强广大群众的社会安全感。

（五）着力加强生态文明建设。一要突出抓好环保攻坚。严格执行环保准入制度，加强企业环保监管，集中开展环境保护百日攻坚和大气污染防治专项行动，抓好一期供热和县城建成区内燃煤锅炉改造，强化建筑工地扬尘污染治理，加强重要环保指标监测，推进工业、建筑、交通、公共建筑等领域的节能降耗工作，强化节水节能节材和资源综合利用。二要大力推进生态保护。抓好六大造林绿化工程及火烧迹地的植被恢复，提高森林覆盖率1个百分点。毫不放松抓好护林防火工作。巩固国家园林县城创建成果，扎实抓好县城园林绿化。切实解决好煤矿采空区地质灾害治理问题。加强水土保持，抓好岚河、雍河河道治理工程。大力实施乡村清洁工程，全面推行垃圾不落地管理，加快实现垃圾村收集、乡转运、县处理。三要严格规范土地管理。做好基本农田划定工作，严守耕地红线，保护基本农田。加强各类农用地监管工作，强化乡村土地管理责任体系。严格项目准入和用地管理制度，强化用地规划调控，做好土地开发整理，促进土地节约集约利用，保障重点项目建设和民生用地。切实加大联合执法力度，严肃查处各类土地违法行为，确保土地管理规范有序。

（六）着力抓好重点领域改革。一是推进行政体制改革。进一步简政放权，抓好行政审批制度改革。稳步推进政府机构改革和事业单位分类改革。抓好财税体制改革，完善预算约束，加强政府性债务管理，防控债务风险。重视审计工作，加强事中事后监管。二是深化农村综合改革。开展农村土地承包经营权确权登记颁证试点工作，坚持和完善农村基本经营制度，推进农村土地有序流转，引导和鼓励农村土地向专业大户、家庭农场、示范园区和农民合作社适度集中，培育新型农业经营主体。完善农村林权制度改革。健全农业社会化服务体系，构建农技推广网络。三是创新发展体制机制。落实转型综改3年实施方案和2014年行动计划。继续抓好城乡建设用地增减挂钩、矿业存量用地整合利用和工矿废弃地复垦利用试点工作，努力保障项目建设用地需求。抓紧农村集体建设用地使用权确权登记颁证工作，探索建立城乡统一的建设用地市场。继续推动“助、保、贷”融资模式，有效化解中小企业融资难题。深入开展银政合作、银企对接，引导各金融机构创新金融服务。认真做好国有二轻困难企业改制，使闲置土地得以重新利用，做到国有资产不流失、职工生活有保障。

坚持机制创新　推进转型跨越

壶关县县长　**崔江华**

创新始终是推动一个国家、一个民族向前发展的重要力量。壶关作为一个欠发达的山区县、农业县和国家扶贫开发重点县，始终坚持以创新驱动促进转型升级，抢抓综改机遇，创新发展机制，统筹城乡发展，加快转型跨越，县域经济社会呈现出稳中求进、稳中向好、持续发展的良好态势。

一、创新招商机制，引资上项快发展

（一）以优惠的招商政策激励引资上项。制定出台《壶关县招商引资十大优惠政策》，在环境、服务、用地、办证、税费、奖励等方面做出明确规定，尽最大努力调动各方招商引资的积极性。在税款征收上，实现“免三减二”政策，3年内缴纳各种税收的县级留成部分全部奖励返还企业，3年后按50%的比例再奖励返还企业两年；在规费收取上，对项目建设期间涉及的行政事业性收费全部免收，建成后需要收费的，5年内先征后返；在奖励兑现上，大奖重奖招商引资有功之臣，对引资额在5000万元以上的，一次性给予100万元到500万元不等的奖励。

（二）以明确的目标管理推动引资上项。为确保招商引资取得实效，出台“15311”招商引资办法，下到村支书、主任，上到县四套班子领导，全部确定了招商任务。所谓“1”就是县委书记、县长每人每年要引进一个1亿元以上的项目；“5”就是人大、政协“一把手”和县委常委、政府副县长每人每年要引进一个5000万元以上的项目；“3”就是人大政协副职和其他副处领导，以及乡镇党委书记、经济综合部门负责人每人每年要引进一个3000万元以上的项目；“11”就是其他科级干部和农村支部书记、村委主任，每人每年要引进一个100万～1000万元的项目；每个骨干企业每年要引进或上马一个1000万元以上的项目，其中工业骨干企业每年要引进或上马一个1亿元以上的项目。

（三）以完善的联络机构加强引资上项。县政府成立招商引资领导组，领导组下设工业、农业、旅游、城建、社会事业5个招商小分队，并在北京、深圳、广州、郑州、太原等地设立了招商联络点，形成网络化的招商引资机构，采取以商招商、以企招企、专业招商、组团招商的方式，强化了招商引资工作。近三年，全县共签约项目63个，签约金额达到430亿元。这些项目的开工、建设和投产，将大大增强壶关县域经济实力。

二、创新园区机制，集聚产业促转型

（一）实行统一规划。注重园区规划与城乡建设规划、产业发展规划、土地利用规划、环境保护规划“五规合一”，高水平、高标准规划建设了城北工业物流园区、城南特色农产品生产加工园区和城东太行山大峡谷休闲旅游三大产业园区。其中，城北工业物流园区重点布局以钢铁、化工以及先进装备制造、医药器械制造等为主的新型工业园区和现代物流集散中心，目前已有常平集团、壶化集团、华兴环保、壁虎涂料、壶关集运站、晋通磁材、天安煤机、联合医疗等20多个企业进驻园区；城南特色农产品生产加工园区重点发展特色农业、设施农业和生态农业，园区内农业龙头企业已达

22家，是长治市农业龙头企业数量最多的县区，也是全省“513”工程农产品加工先进县，其中，紫团公司是国家级扶贫龙头企业，郭氏食品、辛寨陈醋等3家企业是省级扶贫龙头企业；城东太行山大峡谷休闲旅游园区依托国家4A级景区太行山大峡谷景区，全力打造全国一流的休闲旅游度假基地。2013年，出资4.1亿元协议买断10个景区的投资经营权，对大峡谷旅游资源进行了整合，引进西安曲江文旅集团对大峡谷进行高水平托管经营，真正形成了“统一规划、统一管理、统一开发、统一经营、统一品牌”的“五统一”旅游新格局，同时积极争取将原省道川荫线改为县道和旅游专用公路，彻底解决了制约大峡谷旅游发展的体制机制和交通瓶颈问题，并联合山西电视台率先推出全国首档实景山水闯关节目—冲关大峡谷，在全省率先走出一条旅游资源整合和综改试验的新路子。2013年，大峡谷共接待游客162万人次，门票收入2100万元，旅游社会总收入22.23亿元。

（二）严格准入机制。根据项目的容积率、投资强度和节能减排要求，对进驻园区项目做到“六看”，即看科技含量、看经济效益、看投资强度、看能源消耗、看生态环境、看产业关联度，凡在环境保护、安全生产、资源利用等方面不符合标准的，绝对不得进入园区，特别是不能把污染大、能耗高、效益低的项目引进园区，宁上“科技鸟”，不上“脱毛鸡”，宁上“小快精”，不上“不见效”，宁上“高就业”，不上“高能耗”，宁可没有项目，坚决不上圈地项目、污染项目。

（三）加强配套管理。成立园区建设领导组，统一对园区建设、项目引进、入驻企业等提供“一站式、一条龙”服务。在园区建设上，加快完善园区的道路、供水、供电等基础设施建设，做到“七通一平”，增强园区进驻功能。在项目推进上，严格落实力度包抓责任制，真正做到了“一个项目、一个领导、一个部门、一套方案、一抓到底”。在金融服务上，设立技术创新和企业发展专项基金，建立融资管理平台和担保平台，全力帮助企业拓展融资渠道。在人才引进上，制定实施“2111”招才引智战略，成立博士工作站，从北大、清华引进10多名高科技人才，为企业发展提供了智力保障。

三、创新开发机制，统筹城乡建宜居

一是坚持市场化开发。坚持“政府主导、企业投资”的原则，在统一管理的前提下，采取谁投资、谁受益的方式，做足做活土地经营文章，内引外联，巧打市场牌，积极鼓励企业、老板投资参与，加快推进房产开发、城镇建设。同时，通过争取上级资金、土地房产置换等方式，加快完善部门办公设施，既加快了城镇建设步伐，又完善了政府服务职能，推进了城镇化建设的良性发展。二是坚持社会化融资。一方面，千方百计增加县级财力投入力度，将城镇化发展资金列入财政专项预算，严格把关，精打细算，为城乡建设提供了财力保障；另一方面，积极采取“向上争、向外引、向内融”的办法，努力争取各类城乡建设资金。近年来，共吸引民间投资150多亿元。三是坚持生态化引领。以打造绿色壶关、建设生态文明县为目标，持续推进造林绿化，全县生态文明建设取得显著成效，全县绿化面积由1978年的5800公顷增加到6.9万公顷，森林覆盖率53%，县城人均绿地面积41.3平方米，初步构建起“城郊森林化、道路林荫化，农田林网化、城乡绿化一体化”的生态格局。同时，加强环境保护和监察，狠抓节能减排，强化在线监测，“三同时”执行率达100%，6项主要环境指标均控制在要求之内，空气质量稳定保持二级标准。四是坚持多元化配套。在户籍管理方面，制定出台《壶关县推进市域城镇化、膨胀城镇人口若干规定》，进一步放宽户籍限制，消除体制障碍，降低进城门槛，真正让进城农民享受到与城镇居民同等的待遇。在项目用地方面，制定出台《壶关县县城改造房屋征收与补偿办法》《壶关县农村宅基地管理办法》等政策措施，对城乡用地手续办理、用地审批、违法违规建筑都做出明确处置规定，进一步规范了土地管理，提高了土地利用率。在创业就业方面，成立家政服务公司，免费提供职业介绍、就业指导、档案代管、社保服务等服务，促进城镇居民就业致富。

四、创新保障机制，增进福祉惠民生

（一）构建惠民保障体系。按照广覆盖、保基本、多层次、可持续的方针，进一步建立完善养老、医疗、失业、工伤、生育等“五险合一”的社会保障体系，继续落实城乡最低生活保障、社会救助、医疗救助等各类保障救助工作，完善城乡居民医疗救助、最低生活保障、自然灾害救助和五保户集中供养等专项制度，新型农村养老保险参保率达到90%以上，新型农村合作医疗保险参保率达到95%，真正让广大群众过上了更加幸福、更有尊严的生活。

（二）实行惠民承诺制度。坚持每年都向全县人民做出承诺，尽最大财力，推出实施一批为民利民的实事好事，让广大群众真正感受到党和政府的温暖关怀。近三年来，投资8亿多元，实施完成了为民承诺的六大民生工程、六大惠民工程、40项惠民举措以及每年的10件实事，进一步巩固和扩大惠民成果，全县农民喝上了安全水，走上了水泥路，领上了养老金，报销了医药费，读上了免费书，住上了保障房，烧上了暖心煤，享受到了改革发展的殷实成果。

（三）创新惠民投入机制。用足用活国家、省、市扶贫开发政策，大力推进片区开发、整村搬迁、对口帮扶等扶贫项目，着力打好扶贫开发攻坚战。坚持分类指导与整体推进相结合，坚持资金支持与政策扶持相结合，坚持科学规划与严格管理相结合，坚持扶贫移民与产业富民相结合，5个结合力促移民扶贫，统筹推进移民搬迁，取得明显成效，有效促进农民增收、农业增效、农村发展。全面落实各项惠民政策，确保粮食直补、农资直补、良种补贴、农机补贴等各项惠农支农政策不折不扣落实到位；全面落实全省农村困难家庭危房改造、行政村街道亮化、村级幼儿园改扩建和乡村清洁工程等惠民实事，进一步改善农村生产生活环境，提高农民生活质量。同时，千方百计筹措资金，出台各项扶持政策，帮助高校毕业生、退役军人、农村转移劳动力、城镇就业困难群体就业创业。

五、创新服务机制，提高效能创环境

大力推进行政审批制度改革，共减少行政许可项目49项，减少非行政许可项目67项，并对县本级保留的148项行政审批项目进行流程优化，统一进驻政务大厅，做到项目审批“三集中、三到位”。深入开展“项目办结月”活动，组织发改、住建、规划、国土、环保、工商、电力等有关部门集中办公，为企业项目提供“一站式”服务，千方百计解决手续审批、土地供应、项目融资等难题，确保洽谈项目快签约，签约项目快落地，落地项目快建设，建设项目快投产。县政府出台“三三”工作制度，严格要求在工作落实中坚持“三个三”，即“三项制度、三个时间、三个追究”，“三项制度”即包抓责任制、首接负责制、限时办结制；“三个时间”即攻坚克难“111”，一般事项一天内办理，较大事项一周内办理，特殊事项一月内办理；“三个追究”即对于不负责任的、不能限时办结的、失职渎职违规违纪的，分别给予通报批评、诫勉谈话、撤免停降等党政纪处分。县纪检监察部门和县委、县政府督查室，把监督检查贯穿于各项工作的全过程，进行跟踪督促检查，确保各项工作顺利开展。进一步改进监察督查方式，完善工作机制，狠抓综合整治，拓宽监督渠道，强化行政问责，坚决惩处“吃拿卡要”和“不作为、乱作为、慢作为”的人和事，做到查处一案，整治一线，教育一片。

加快建设宜居和谐幸福新沁源

沁源县县长　杨红旗

2013年，沁源县紧扣市委、市政府“五五”战略和县委、县政府“集中力量办好两件大事、统筹城乡建设美丽家园”的工作思路，着力经济转型、农民增收、城乡统筹三大攻坚，同步推进项目建设、民生改善、安全稳定等各项工作，全县经济社会发展保持了稳中有进的良好态势。

2014年是全面完成“十二五”规划的攻坚之年，政府的工作任务尤为艰巨。面对挑战与机遇，我们务必要准确把握发展大势，稳住心神、保持定力，努力把政府工作提升到更高层次、更高水平。

一、2014年政府工作的总体要求

全面贯彻落实党的十八届三中全会、习近平总书记系列重要讲话和中央、省、市、县经济工作会议精神，围绕全面建成小康沁源的总目标，坚持稳中求进的总基调，抓住资源型地区转型综改这条主轴主线，大力实施“234”年度行动计划，强化经济转型、扶贫增收、城乡统筹、项目驱动、生态文明、安全稳定、改革创新、民生保障工作，力争稳步迈过“爬坡越坎”阶段，顺利突破转型升级“拐点”，全力打造沁源经济升级版，奋力夺取宜居和谐幸福新沁源建设的新成果。

二、2014年全县经济社会发展的主要预期目标

地区生产总值增长10.5%，固定资产投资增长22%，规模以上工业企业增加值增长13%，社会消费品零售总额增长15%，公共财政预算收入增长10.2%，城镇居民人均可支配收入增长11%，农民人均纯收入增长13%。

三、2014年政府工作重点

（一）强化结构调整，突破传统产业依赖，打造经济转型升级新引擎。一是做大特色农业。瞄准建设全国肉驴养殖、优质夏季草莓种植基地和全省最大的苗木基地，加快实施天一生态肉驴养殖项目。创建国家夏季草莓标准化示范区。实施南石苗木基地二期项目，建设珍稀树种植物基因库和名贵树种育苗基地。全力推进卧龙10万只生态蛋鸡、三安集团33公顷超有机小杂粮等一批重点农业项目，巩固好现代特色农业发展的良好势头。二是做强新型工业。加快常信、鑫能、晋杨等17个煤矿升级改造，年内李城、鑫运、凤凰台、金晖隆泰4座煤矿联合试运转，长沁新兴煤业正式投产，全县生产矿井达到16座，原煤产量达到800万吨以上。抓好通洲集团煤焦电气产业集群循环发展，力争开工150万吨综合煤化工、2×35万千瓦低热值煤发电项目，加紧运作二期150万吨焦化、20万吨液化天然气、15万吨煤焦油等产业循环项目。实施黄土坡120万吨选煤厂、马军峪煤层气发电和6个煤矸石、矿渣建材项目，推进太岳山风电二期15万千瓦、康伟南山14×700千瓦瓦斯发电、蓝天石油压裂支撑剂二期、沁新双40万吨氢氧化铝等项目建设，力争在新型产业发展上有大作为、新突破。三是做活第三产业。坚持“三区同创”的发展思路，主打红色、生态、宗教和民俗文化旅游特色牌，抓紧北莱沟国际滑雪场建设，实施灵空山景区提档、太岳军区司令部旧址基础设施建设等工程，加快推进民居民俗博物馆建设，挖掘包装一批传统“非遗”文化精品，拓展民俗文化旅游。创新“助保贷”、股权上市等金融服务，培育发展养老产业、会展经济、仓储物流、电子商务、家政服务、医疗保健等新兴产业。

（二）强化“三农”工作，发挥集群开发优势，实现农民尽快增收致富。一是加快产业化发展。扩大脱毒马铃薯标准化基地建设，增加抚育野生连翘、生态连翘种植面积。继续壮大浩兴优质黑山羊养殖项目，续建沁党参等万亩中药材种植项目，高位推进坤泰乳业、农丰菇业、沁河缘农林牧、益佳健康养殖等现代农业示范园区的提标上档。二是抓好庄园经济。因产制宜、多元模式发展生态庄园，以螺山、锦绣、菩提等庄园为示范，发展三次产业复合体的庄园经济。因地制宜发展优质小杂粮、高山旱地蔬菜、散养土鸡、黑毛猪等特色农业，申请注册“沁源马铃薯”地理标志证明商标，积极申报绿色、有机、无公害等产品认证。因需制宜流转土地，建立健全土地流转市场和服务体系，引导适度规模经营。三是实施精准扶贫。鼓励县内重点企业参与产业扶贫开发，用足用活省市各类扶贫政策和资金。着力创新精准扶贫机制。年内完成移民搬迁1100人、科技就业培训500人。结合扶贫开发，积极发展中小微企业，创办小微企业50个，培育“小巨人”企业2个、“小升规”企业2个，转移农村劳动力2500余人，年内实现稳定脱贫6000人。四是完善配套保障。继续完善产业组织体系建设，升级一批合作社，打造一批示范社。整合各项涉农资金，提高财政支农资金使用效益。实施基本农田保护1.9万公顷、生态小流域治理313公顷、土地整理398公顷、机械化保护性耕作3533公顷。推进中峪、白家滩、上庄3个村的农村土地承包经营权确权登记颁证试点，搞好城北村的农村集体产权制度改革试点，全面完成农村集体“三资”清产核资工作。

（三）强化城乡统筹，着力改善人居环境，巩固新型城镇化建设品牌。一是注重产城融合。将劳动密集型企业优先向重点镇、中心村布局，以产业发展带动重点村镇的空间拓展和基础设施完善，以城镇化建设促进人才、技术、资金、信息等要素的流通和集聚，逐步构架特色城镇新格局。二是坚持品质立城。扎实稳妥推进旧城改造。着力加大城市基础设施和公共服务设施建设力度。集中供热普及率达到77%，污水处理率达到80%，城镇化率提高2个百分点以上。关心社区建设，规范小区物业管理，不断提高环卫保洁、设施维护、城管执法等市政精细化管理水平，继续当好全市城镇化的新样板。三是建设美丽村镇。加快郭道、王和、李元、灵空山四个特色重点镇建设进程，重点实施郭道镇“百镇建设”10个扩容提质项目。推进乡村清洁工程，打造10个美丽乡村示范村、20个环境集中整治村、30个基本生产生活条件改善村，建成27个人口达1100人以上的中心村和1个新农村连片示范区。启动3条省级补助公路建设，续建4条县乡公路。完成永和水电站枢纽主体工程1135米高程和移民新村建设任务，筹划古寨水库建设，实施李家庄水库应急除险加固和伏贵等14个村的饮水安全工程，改造提升重点饮水返困村供水设施。推进3个110千伏变电站建设任务，增容3个35千伏变电站。夯实农村发展基础，全力改善人居环境。

（四）强化项目驱动，坚持做到质效兼取，积蓄经济增长极的后发优势。一是千方百计保项目。围绕开展“项目达效年”活动，政府投资优先考虑省市重点项目、民生项目、续建项目和有补助资金的项目。主动介入跟踪服务，切实把各种资源、工作精力聚焦到项目上。着力盘活存量、做好增量，强化目标管理，盯紧建设进度，年内完成项目储备1250亿元、签约210亿元、落地80亿元、开工120亿元、建设85亿元、投产110亿元。二是凝神聚力抓招商。突出招商与生态环境的融合，不断拓展“现代综合煤化工”“庄园经济”“生态旅游”“养老产业”等招商平台。创新小分队招商，包装策划，宣传推介，进行主题招商、主题开发。全面实施招项目、引资金、引观念、引技术、引管理、引人才、引机制的“一招六引”策略，全面提升专业化招商水平。年内至少引进两个在全省乃至全国领先的项目，谋划新上两个以上高效、生态、富民的农业产业化龙头项目。三是质效兼取强保障。规划建设太岳、蓝天、灵空山、沁北、通洲五大工业园区。突出土地的集约节约利用，合理划分土地功能，切实保障建设用地需求，2014年批准的土地供应率不低于25%。突出服务的提质增效，既抓重大产业项目跟踪服务，又抓中小微企业项目扶持帮办，营造全社会亲商安商厚商的浓厚氛围。

（五）强化生态文明，深入开展综合治理，要让蓝天碧水青山定格永驻。一是狠抓造林绿化。推进“两山”造林和“两林”富民工程，抓好128千米乡村道路绿化。积极创建国家园林县城，实施旧城区拆迁后闲置地绿化等工程，深入开展园林化单位、企业、小区创建活动。大力开展环村绿化、街巷绿化、庭院绿化和公共绿地建设。二是狠抓节能减排。严格执行规划和建设项目环境影响评价制度，严控“两高一资”项目，扎实推进重点行业和企业节能改造，全县万元地区生产总值综合能耗下降8%。加强水污染防治和大气污染治理。建设重点污染源自动监控系统，提升环境监测站标准化水平。化学需氧量、氨氮、二氧化硫、氮氧化物、烟尘、工业粉尘六项主要污染减排指标分别下降3%以上。三是狠抓环境整治。加强沁河源头、水源涵养区湿地生态修复和保护。推进关闭矿井生态恢复和煤矿企业矸石山治理，综合治理率达到80%以上。深入开展交通卫生市容“三项治理”活动，规范县城垃圾无害化处置运行管理，建立县城、乡镇、村庄、企业环境综合治理联动机制。

（六）强化安全稳定，更加突出基层基础，推动来之不易的形势继续好转。一是严格落实责任。落实政府监管责任，进一步理清综合监管与行业监管、属地监管的职责和关系；充实加强基层安全生产执法力量，提升队伍素质和监管能力。落实企业主体责任，加大技术改造投入，加大安全生产考核权重，实行安全生产风险和重大事故风险“一票否决”。二是严查隐患整改。引深安全生产大检查，落实隐患集中整治和日常治理。加强防灾减灾体系建设，完善突发事件应急管理机制。深入开展企业安全生产标准化达标创建活动，切实推动隐患排查治理常态化。三是严抓制度建设。从严整治煤矿、非煤矿山、森林防火、道路交通、食品药品、疫病防治、环保、防汛、学校、人员密集场所等重点行业领域的安全管理，规范重点企业、重大隐患领导挂牌督办制度。创新社会管理，推进平安建设，深入开展社会矛盾纠纷排查化解，做好新形势下的信访工作。对涉及群众利益的重大事项，建立社会稳定风险评估机制，以制度的创新和落实规范安全生产行为，维护社会稳定大局。

（七）强化改革创新，最大限度激发活力，促进发展的原动力永续不竭。一是向行政审批制度改革要效能。认真清理行政审批事项，强化后续管理。充分发挥政务大厅窗口的平台作用，深化“两集中、两到位”。逐步建立项目审批和业务监管分离、窗口管理和监督问效分离的“双分离”运行机制，全面推进行政审批提速提效。二是向落实重点改革事项要效果。用足用活国家赋权省政府的重大改革政策，做好通洲集团低热值煤发电项目争取的后续工作。推进矿业存量土地整合利用、农村土地承包经营制度改革、事业单位分类改革、医药卫生体制改革等改革事项，进一步增强拉动发展的内在活力。三是向产学研一体建设要效益。以企业为创新主体，积极组织申报各级科技计划项目19项，与重点院校、科研院所联合技术攻关项目两项，申请专利80件。促进农业企业与科研院校联袂，集聚人才、嫁接技术、孵化项目，增加驴、羊、食用菌、牛奶加工、道地中药材等产业的科技含量，提高农产品附加值，提升产业化效益和水平。

（八）强化民生保障，全力发展社会事业，务求群众享受到的发展成果只增不减。一是坚持教育优先发展。加强教育基础设施建设，加强联盟学校、师资队伍建设和教育督导，扩大学前教育资源，均衡发展义务教育。加强农村义务教育寄宿制学校营养餐工程。提高寄宿学生生活水平和寄宿制学校管理水平。二是提升医疗卫生水平。完善医疗卫生基础设施，落实县卫生监督综合业务楼建设项目。加大公立医院改革力度。加强卫生技术人员队伍建设。增强医疗保障，推行新农合“一卡通”。全面推进基本公共卫生服务均等化，实施重大疾病防控项目，巩固省级卫生监督示范县成果。三是扩大社会保障覆盖面。做好就业再就业工作。开工建设各类保障性住房，改造农村危房，配租廉租住房，完成县城及3个镇公租房主体建设。推进社会保险“五险统征”，继续扩大养老、医疗、工伤、失业、生育等基础保障覆盖面。建立低收入家庭经济状况核对机制，进一步完善社会救助制度，保障社会救助公平公正。四是全面发展各项社会事业。广泛开展社会主义核心价值观宣传教育，深入推进文化惠民工程，加强文化遗产保护开发，加大农家书屋、广播电视村村通等公共文化服务建设力度。完善全民健身“三纳入”制度，开展群众性文化体育活动。推进“好娃娃”工程，整体提高人口素质。充分发挥价调基金杠杆作用，保障物价稳定、市场繁荣。

推进转型跨越　建设美好黎都

长治县县长　**李文兵**

2013年，长治县深入贯彻落实市委“五五”战略和县委“四个发展”战略，以加快转变经济发展方式为主线，以综改试验区建设为引领，牢牢把握稳中求进总基调，统筹抓好稳增长、调结构、促改革、惠民生各项工作，基本完成县十五届人民代表大会第三次会议确定的主要预期目标。

2014年是长治县确定的项目投产达效年。做好2014年的工作，对夯实县域经济发展基础，实现全面可持续稳健发展具有十分重要的意义。

一、2014年工作指导思想

认真贯彻落实党的“十八大”、十八届三中全会和中央、省、市经济工作会议精神，以全市“五五”战略为引领，深入推进四个发展，综改强动力，转型求红利，“三农”稳基础，安全作保障，为民聚合力，务实创业绩，促进经济社会持续健康发展，为率先全面建成小康社会不懈努力。

二、2014年经济社会发展的主要预期目标

地区生产总值增长12%，全社会固定资产投资增长25%，公共财政预算收入增长10%，城镇居民人均可支配收入、农民人均纯收入分别增长11%、13%。

三、2014年政府工作重点

（一）纵深推进综合配套改革。一是推进财税体制改革。加快公共财政体系建设，完善预算管理制度。注重税源培养，加强税收征管。建立健全政府性债务管理制度，加强债务管理，控制债务风险。二是创新用地制度。加快做好城乡建设用地增减挂钩,使用好新增的增减挂钩指标,缓解项目用地矛盾。制定严格土地投资强度标准,切实提高土地的集约节约利用和产出效益。对违法占地采取高压态势,确保耕地红线。三是加强金融创新。加强融资服务平台建设,继续支持、引导有条件的企业挂牌上市。发展私募基金和城投基金。深入开展"助保贷"业务。推进村镇银行的发起组建,争取省中小企业创投基金支持,进一步拓宽中小企业融资渠道。四是推进科技体制改革。建立产学研协调创新机制,充分发挥企业的创新主体作用和大企业的骨干作用,激发中小企业创新活力。建立科技基金使用新机制,刺激和鼓励企业创新。五是推进市场准入制度改革。将注册资本实缴登记制改为认缴登记制,取消企业和个体工商户年检验照。通过更有效的扶持政策,促进民营经济和中小微企业等各类市场主体成长。

(二)努力推动经济平稳健康发展。一是集中力量抓好项目投产达效。扎实推进"项目投产达效年"活动。2014 年确定的 66 个市级以上重点项目全部开工建设,年内完成投资 130 亿元。抓好成功汽车一期、易通低温余热发电机组、日盛达光伏玻璃等新投产项目效益提升。促进捷成数控、潞安安太、华南纸业、玉通机械、7 个矿井改造等项目提质增效。农产品物流园区的水果交易区、鲜活农产品配送中心、禽蛋肉奶仓储区、粮种交易区等项目 5 月前投入运营,水产交易区、中央大厨房、粮食仓储区、禽蛋肉奶交易区 10 月投入运营。做好振东集团 5 万吨保健酒生产、万达商业综合体和山煤凯德世家商业综合体等项目前期工作。初步形成装备制造业、新能源新材料产业、医药健康产业和较为发达的商贸物流产业体系。二是努力促进煤炭产业平稳健康发展。加大矿井升级改造力度,7 座建设矿井中,实现 3 座竣工投产,2 座进入联合试运转,2 座主体工程完工。稳定煤炭产量,实现保产增效。出台煤炭销售奖励办法,支持有条件的煤炭企业抱团"走出去",联手开拓市场。继续扩大鲁东、鲁中、鲁西南及河南市场。鼓励煤炭企业提高煤炭产品附加值,增强市场竞争力。做实县属的煤炭企业集团,形成县域内煤炭产业链的合力和竞争优势。三是扎实推进园区建设。指导企业做好发展规划,主导园区编制总体规划、产业规划及相关配套规划,增强园区承载能力。进一步完善园区功能配套。保障工业园区供电。农产品园区完成综合服务楼、集中供热一期工程,开工建设煤气一期工程、辛安泉饮用水接入工程。创业园区的经一路、纬二街两条主干道年内竣工,完成供电、供水和集中供热管网铺设工程。提升园区管理水平和服务能力,进一步理顺园区体制架构和管理机制,规范园区运行,创优投资环境。四是注重招商引资质量。建立招商项目科学评估体系,把带动能力强、用地少、科技含量高、效益好的项目作为引进重点。实施产业链招商行动计划,确定招商重点区域,以商引商,科技招商,形成产业集聚发展,实现招商引资效益倍增。五是加快数字长治县建设。设立信息化建设基金,推动信息化和工业化深度融合,推动信息技术在生产制造、服务业、经营管理、节能减排、安全生产等领域的应用。六是加强经济运行监测。建立经济形势调度分析例会制度,加强对重点行业经济运行态势的监测分析,从整体上把握全县经济运行走势,引导企业进行适应性调整。七是强化政府投资项目计划管理。减少一般性项目投资,重点投向"三农"、基础设施、民生社会事业及环保等领域,优化政府投资结构。

(三)积极稳妥扎实推进县域城镇化。一是不断优化城镇空间布局。完善城乡建设规划体系。逐步实现全县经济社会、城镇化和土地利用的"多规衔接"、"多规合一"。二是加快大县城、中心村镇建设。实施光明路改造工程,加快迎宾街、光明路等主干道街景提质和民生小广场、和谐广场建设。推进城中村和城边村改造。加快集中供热四期、污水处理厂升级改造和集中供气管网铺设工程建设,完善城市功能配套。扎实推进荫城、苏店两个全省"百镇示范镇"建设,进一步提升振兴新区农村就地城镇化建设水平,增强荆圪道、西申家庄等中心村辐射带动能力。加快小城镇和农村新型社区建设,积极推动非农产业比重较高、人口达到一定规模的乡村实现就地城镇化,建立新型城镇化社区。三是有序推进农业转移人口市民化。稳步实施户籍制度改革,逐步把符合条件的农业转移人口转为城镇居民。完善城镇住房和社会保障体系,落实城乡养老保险制度统筹衔接办法,稳步实现基本公共服务常住人口全覆盖。2014 年重点解决一批城中村居民成建制转户,有序转移一批农村富余劳动力。四是提升城镇化建设管理水平。加强传统历史乡村和民族文化建筑保护,注重人文传承与城镇建设相结合。严格规范城乡建设秩序,大力度整治违法占地、违法建设行为。创新城市管理机制,巩固全国文明县城和全国卫生县城创建成果,推进智慧城市建设,形成精细化、常态化管理机制,全面提高城乡管理水平。

(四)加快推进农业现代化。一是培育现代农业产业化集群。重点抓好蔬菜、生猪、农产品加工基地建设,大力发展设施蔬菜产业集群,新增设施蔬菜 400 公顷。发展以金科养殖、东升养殖等为龙头的养殖产业集群,加快标准化规模养殖场建设,新增 10 个标准化养殖场。深入实施全市农业产业化"双十工程",发展以省级农产品加工龙头企业为主的农产品加工产业集群,全年新增两个以上示范性农业产业集群。二是构建新型农业经营体系。培育专业大户、家庭农场、农民专业合作社、农业企业等新型农业经营主体,有序推动土地承包经营权向新型农业经营主体流转。进一步规范现有农村专业合作社,提升合作社经营水平。制定新型农民培训计划,培养有文化、懂技术、会经营的职业农民。三是确保粮食安全。加大强农惠农政策支持力度,抓好保质保量的耕地占补平衡,严格耕地保护,稳定粮食播种面积,加快高标准粮田建设和中低产田改造。力争粮食总产量稳定在 1.3 亿千克以上。四是加强农村基础设施建设。继续实施农村公路改造工程,改造县乡公路、农村公路 45 千米。改造农村危房 1228 户。解决 15 个村 1.5 万人的农村饮水安全问题。

（五）加大生态建设和环境治理力度。一是着力构筑绿色生态屏障。深度绿化城际快速通道、南外环道路、海子河公园、黎都公园，完成通道绿化50千米。继续实施造林灭荒工程，荒山造林193公顷。在东南山区新建以核桃树为主的集中连片干果经济林800公顷。二是实施生态修复工程。加快推进陶清河生态治理。加快推进煤矿采空区治理。实施12个地灾隐患点的地灾治理和复绿工程。三是加大城乡环境整治。抓好“三项整治”和农村环境整治，坚持做好乡村清洁工程，改善农村生产生活条件。启用生活垃圾综合处理厂，创建1个生态乡镇和15个生态村，进一步提升人居环境质量。四是强力推进大气污染防治。突出抓好治企、控车、除尘等重点工作。加大主要污染源治理力度，淘汰黄标车，逐步取缔燃煤锅炉。实施煤炭、建材、造纸、制药等重点行业大气污染治理攻坚行动，确保完成污染物排放削减目标，县城空气质量二级以上天数达到340天以上。五是加大环境保护执法力度。建立“横向到边，纵向到底”的县乡村三级网络化监管体系，坚决打击破坏环境违法犯罪行为。

（六）积极推动文化事业繁荣发展。强化公共文化服务。巩固好公共文化服务体系示范区建设成果，扎实推进文化惠民工程，深入开展送书下乡、送戏下乡、送电影下乡活动。弘扬传承传统文化精髓。制定出台传统文化保护和扶持办法，深入挖掘整理八音会、潞安鼓书、干板秧歌等优秀民间传统文化。做好重要文化遗产申报工作，积极推进文物博物展览馆项目建设，保护开发好全县的传统文化资源。做大做强文化产业。推进文化旅游融合发展，启动荫城古镇旅游开发规划，积极推动民间民俗文化展演活动与旅游开发相结合，把传统文化形式融入旅游市场开发。加快推进重大文化项目建设，推动文化产业规模化、品牌化、特色化发展。

（七）毫不放松抓好安全生产。建立更加完善的安全生产责任体系，切实抓好政府、企业安全责任的“双十到位”，确保安全监管责任各项措施落到实处。建立更加完善的安全生产长效预防机制，对重点领域、重要场所、薄弱环节常抓不懈，做到事故防范更加可控。建立更加完善的隐患排查机制，将隐患排查整改作为一项常规工作抓实抓好。建立更加完善的应急救援机制，加强应急救援体系建设，切实提高全县应急救援快速反应能力。建立健全食品药品安全保障体系和监管体系，加强基层监管网络建设，强化安全监管责任和责任追究，确保人民群众“舌尖上的安全”。扎实开展安全生产专项整治，全面开展包括煤矿企业、非煤矿山、危险化学品、道路交通、特种设备、建筑施工等各行业的安全专项整治。严格事故责任追究和行政问责，坚决遏制重特大事故，减少一般性事故，为全县经济社会发展创造良好的安全生产环境。

（八）不遗余力增进民生福祉。一是建立普惠保障。坚持保基本、兜底线、可持续，抓好社会保险扩面征缴工作，推进五险统征，扩大社会保障“一卡通”使用功能。提高企业退休人员基本养老金和城乡居民社会养老保险基础养老金水平。加强社会养老服务体系建设，鼓励社会力量参与养老事业，发展居家养老服务。二是办好基础教育。加快促进义务教育均衡发展，加大对农村的教育投入，提高农村学校办学质量。抓好在建幼儿园学校的续建工程。健全教师培养和流动机制，促进优质教育资源的合理流动。探索教育合作模式，教育园区投入使用。继续实施教育惠民工程，全面落实中央职业教育助学政策，做好15年免费教育、贫困大学生资助和中小学营养餐补助等惠民实事。三是提高就业水平。加快“创业型县城”创建工作，推进创业孵化基地建设，大力促进农村转移劳动力、城镇困难人员就业，争取全年扶持创业企业30家，新增城镇就业4200人，就业率保持在95%以上。四是改善卫生条件。深化公立医院综合改革，完善国家基本药物制度，提高基层卫生医疗服务能力。加快卫生资源调整，完成县中医院建设工程，推进县大医院项目建设，新建、改建部分乡镇卫生院和社区卫生服务站，推进县乡公共卫生医疗机构标准化建设。全面推进新农合支付方式改革，积极探索新农合重大疾病医疗保险。做好人口计生工作，启动实施国家“单独两孩”生育政策。广泛开展全民健康活动，提高人民群众健康水平。五是完善住房保障。加快推进以公租房、棚户区改造为重点的保障房建设，2014年再开工建设保障性住房264套；棚户区改造基本完成6个小区的改造任务，争取5600户居民入住。规范保障性住房管理、分配、收回制度，推进公共租赁住房和廉租房制度并轨运行，多渠道解决中低收入家庭住房困难。六是创新社会治理。坚持社会管理重心下移，完善社会服务管理平台，加强社区居委会和农村基层组织建设，推进城镇社区“网格化”管理，做好村民委员会换届工作。加强专业和行业人民调解委员会建设。加强信访基层工作，认真对待、妥善处理群众合理诉求。加强社会治安综合治理，深入推进“平安黎都”建设，依法严厉打击违法犯罪行为，努力保障人民安居乐业，社会安定有序。

加快把城区建设成为
产业转型先导区、城乡一体先行区、生态文明示范区

晋城市城区区长　王学忠

2013年，晋城城区坚持以科学发展观为统领，紧紧围绕市委、市政府“一争三快两率先”战略部署，坚持不懈稳增长、调结构、促改革、惠民生，全区经济社会发展呈现出稳中有进、稳中有为、稳中提质的良好局面。

2014年是全面贯彻落实党的“十八大”和十八届三中全会精神，扎实推进转型跨越发展的关键之年。城区处于发展的重要战略机遇期，我们一定要珍惜难得的发展机遇，珍惜城区经济社会健康快速发展的大好形势，珍惜政通人和、团结干事的良好局面，进一步坚定信心，真抓实干，努力推动各项工作再上新台阶。

一、2014年政府工作总要求

认真贯彻落实党的十八大、十八届三中全会精神，紧紧围绕省委、市委决策部署，坚持稳中求进、改革创新总要求，以规范化、制度化、科学化统领经济、政治、文化、社会和生态文明建设，全面深化改革，强化创新驱动，加快先行先试，着力加快产业转型，着力加快城乡统筹，着力加快美丽城区建设，着力保障和改善民生，着力推进社会治理创新，着力夯实基层基础，唱响“争先综改、竞逐中原”主旋律，争当全市“一争三快两率先”排头兵，加快建设产业转型先导区、城乡一体先行区、生态文明示范区。

二、2014年城区经济社会发展的主要预期目标

全区生产总值增长10%，规模以上工业增加值增长12%，全社会固定资产投资增长30%以上，社会消费品零售总额增长15%，公共财政预算收入增长10%，城镇居民人均可支配收入增长11%，农民人均纯收入增长11%以上。

三、2014年政府工作重点

（一）唱响争先竞逐主旋律，凝聚改革发展正能量。开展“转型综改攻坚年”活动。全力推进转型综改3年实施方案和2014年行动计划。在重大项目上，突出抓好西北片区改造、北石店镇“四化同步”两个市级综改试点和白马寺山后山地质灾害治理等标杆项目。在重大事项上，重点抓好低碳城市试点建设、中心城市扩容提质、气化晋城、城乡统筹等工作，确保转型综改走在全市前列。实施“竞逐中原”战略。加紧制定竞逐中原实施方案，重点加大同中原经济区在产业转移、社会事业等方面的对接力度，促进开放互动、融合发展。在产业发展上，面向中原城市群和晋东南城镇群，科学完善商贸物流发展规划，大力发展商贸物流业，打造晋冀豫毗邻地区重要的商贸物流中心；深度挖掘城区的生态和人文资源，加强与中原经济区的交流合作，着力打造区域性文化旅游休闲目的地。在社会事业上，建立科技创新、教育培训、文化卫生、社会保障和就业创业等社会事业领域的城际交流合作机制，加快推动社会发展和民生改善。深化关键领域改革。深化政府机构改革，加快转变政府职能，认真做好上级下放审批事项的承接工作，最大限度地简政放权，加快政府职能转变，完成政务服务中心、社会服务管理中心、公共文化服务中心“三中心”项目主体工程，加快打造高绩效政府。深化财税体制改革。盘活存量资金，整合规范各种专项转移支付。改革预算管理制度，推进预算绩效管理。优化公共财政支出结构，进一步规范政府采购、政府投资项目管理和财政资金分配使用。深化投融资改革。探索创新融资模式，为西北片区改造等城建项目提供资金保障。鼓励社会资本参与城市公用设施投资运营。积极稳妥推进国有、二轻和供销企业改革。按照现代企业制度要求，优化股权结构，健全治理结构，鼓励各类资本参与改革改制，积极发展混合所有制经济。完成农村信用社改组为农村商业银行工作。

（二）坚定转型方向不动摇，打造经济发展升级版。一是围绕主导产业促转型。以商贸物流为主的服务业是城区经济发展的主导产业，也是推动城区经济转型的战略重点。做大做强生活性服务业。重点发展商贸物流、电子商务、休闲旅游、民生服务等行业和领域。着力推动商贸物流业提档升级，加快推进金融财富广场、皇城相府城市综合体、兰花国际购物广场等六大商业综合体和豪德二期等大型商贸物流园区建设，着力推进特色商业街和“15分钟便民商圈”建设；大力发展电子商务，立足同城优势，引入京东、淘宝等运营模式，搭建本市电子商务平台，打造线上交易品牌；积极发展休闲旅游业，不断提高接待水平和服务质量，打造晋城旅游“大本营”；加快发展民生服务业，积极发展育幼养老、家政服务、物业服务、体育健身、医疗保健、教育培训等业态。培育壮大生产性服务业。围绕全市经济结构调整和产业升级，大力发展信息中介、金融保险、研发设计、检验检测、物联网服务等业态；加大与微软中国的对接力度，促进微软产业园项目早规划、早落地，填补晋城市高端信息产业空白。二是发展新型工业促转型。突出抓好北石店工业园区建设，积极争取将园

区纳入全市工业园区建设大盘子，助推园区建设。加快推进海斯药业入驻园区并开工建设。着力推进各类企业扩大规模、提升效益，重点抓好金鼎煤机、金驹煤电化、天煜煤层气、晟皓光电等项目建设，努力打造装备制造、生物医药、热电联供、新能源、环保节能五大支柱产业协调发展新格局。三是依托招商引资促转型。加强和长三角、珠三角、环渤海经济圈及中原地区、周边城市的产业对接，引进更多的战略投资者，争取1～2个50亿元以上的大项目落户城区。千方百计创造良好的投资环境，力争使每一个项目都能引得进、留得住、发展得好。四是推进项目建设促转型。积极开展“项目见效年”活动，认真落实重点项目“六位一体”推进机制，积极破解立项、规划、土地、拆迁、资金等难题，争取项目早日落地建设，早日达产达效。全年全区共安排省市区重点工程105项，总投资508.4亿元，年内力争完成142.8亿元，确保继续走在全市前列。五是支持实体经济促转型。用足用好支持实体经济和中小企业发展的各项政策措施，加强融资担保、创业辅导、企业孵化、人才培训等为重点的公共服务体系建设，引导企业加快技术升级和品牌培育。深化工商登记制度改革，推行公司注册资本认缴登记制等各项改革措施，为各类企业发展创造良好环境。

（三）打好城市改造主动仗，“四位一体”推进城市建设。一是扎实推进西北片区改造。高标准抓好规划设计。加紧编制完成西北片区开发策划研究、城市规划设计及重点地段修建性详细规划方案。全方位抓好道路建设。景西路北段延伸工程建成通车，河道和景观工程基本完工；书院西街、道西路、电厂路、晋春街全面开工建设，片区“井”字型路网架构初步形成。大力度抓好片区改造。重点推进景德桥、古书院、张岭、西上庄等9个城中村改造，加快启动后圪塔、泰康、泰安3个社区连片改造。二是扎实推进北石店新区建设。加快建设“两街一路”。全面打通百灵街，开工建设尚安街。加快推进畅安路沿线商业项目落地和街景街区建设。完成晋城大医院门诊楼、集中供热站、污水处理厂建设任务。抓好抓实司徒、南石店、北石店、东王台、王台铺等5个村改造，全面启动朝天宫城中村改造。三是扎实推进城中村改造。围绕完善政策、规范运作、增量提质三大重点，下功夫、用实劲，力争取得新的进展。着眼于完善政策，学习借鉴外地城中村改造的经验，取长补短，为我所用。积极争取市政府早日出台城中村改造征收补偿办法，组织编制城区城中村改造总体规划。重点推进白水、钟家庄、连川等11个续建项目。推动晓庄、西巷、中原街、时家岭等4个项目开工建设，加快启动金华、凤西、泰昌、万苑等4个社区连片改造和吴王山周边叶家河、吴家沟两个村连片改造。着眼于增量提质，力争申报项目总数新增20个，批复项目总数新增15个。强化对村（社区）的工作指导，使城中村改造与招商引资、产业发展、城市基础设施完善、公共服务功能配套、集体经济壮大、群众就业增收相结合，实现经济效益和社会效益的最大化。在城中村改造中，同步做好村（社区）转制工作。四是扎实推进市政重点工程建设。开工建设书院东街改造工程、景西路南段延伸工程和白水街西段延伸工程。全力配合好文博路北段、207国道改线、陵沁路改线、市区河道清淤工程等市政道路和基础设施建设，做好协调服务，保障工程用地、进地和顺利建设。

（四）把握城乡统筹着力点，加速推进城乡一体化。一是加快发展城郊型农业。坚守耕地保护红线，最大程度提高亩产量，保障粮食增产增收。大力发展生产型、体验型、休闲旅游型农业，重点抓好司徒现代都市农业园、大张村现代生态农业园、东上村景熙农业园等十大农业园区。以洞头生态旅游为示范引领，积极发展农家乐休闲旅游，以产业带动农村发展。围绕农民增收做活土地流转文章，切实做好农村土地承包经营权确权登记颁证工作。认真落实好种粮补贴、良种补贴、农机购置补贴、农资价格补贴等惠农政策，切实保障农民转移性收入。进一步加强农村劳动力转移培训工作，不断提高农民务工收入。深入挖掘农业内部增收潜力，持续提高农民经营性收入。二是推进城乡基础设施和公共服务均等化。加大财政对农村教育、卫生、文化、社会保障等社会事业和基础设施的投入力度。将农村危房改造、采煤沉陷区治理、扶贫开发等各种措施结合起来，加快推进城乡水、电、气、暖等基础设施衔接配套，努力实现城乡基本公共服务全覆盖。继续加强新农村建设，环绕中心城市周边，保护和建成一批保留农村景观风貌、聚落形态以及传统农耕文明的“美丽乡村”。大力鼓励社会资本投向农村建设，允许企业和社会组织在农村兴办各类民生事业，让城乡居民共享发展成果。三是强化农村（社区）社会治理。切实加强农村资产、资源、资金管理，促进农村健康可持续发展。加快推进农村（社区）转制，理顺产权关系，优化资产管理。落实好农村“一定三有”政策，保障条件困难的村（社区）集体正常运转。健全农村留守儿童、妇女和老年人关爱服务体系。组织实施好第十届村委、第四届社区居委换届选举工作。

（五）树立生态文明新理念，创优宜居宜业新环境。一是实施“三山三河一场”七大生态治理工程。二是持续开展造林绿化。加大造林绿化力度，结合地质灾害治理、城市水系建设等工程，持续提升绿化规模、档次、品味，打造生态绿色城区。依法依规管好林地，巩固现有林地成果。三是打好改善环境质量攻坚战。积极推进低碳城市试点工作。加快工业污染源治理。继续推进高污染燃料禁燃区建设，加快淘汰供暖和工业燃煤小锅炉。集中力量开展扬尘污染治理，重点抓好建筑施工、道路运输、散料堆场扬尘污染防治。全面加大餐饮油烟污染治理。全面落实气化晋城任务，确保两年内实现100%的气化率目标。四是抓好城乡环卫整治。中心城区，重点加快环卫作业服务市场化进程，提高环卫运行质量和精细化管理水平。周边农村，重点以城乡清洁工程为抓手，因地制宜，整体推进，全力破解城乡接合部“脏乱差”问题，着力推进农村道路硬化、污水处理、水沟治理、卫生改厕等工作，不断改善农村人居环境。

（六）围绕民生改善求实效，提升人民群众幸福感。一要优先发展教育。增加投入，优化布局，提高教育水平。高标准推进职业中学实训楼、八中、十一中、十二中等11所学校建设，总投资5亿元，2014年确保完成投资3亿元。对10所中小学校基础设施进行提升改造。提高农村中、小学校生均公用经费补助标准。积极推进义务教育均衡发展，逐步缩小城乡教育差距。加强校长队伍管理，强化师德师能师风建设。切实减轻学生课业负担，促进学生身心健康。深化课堂教学改革，全面提升教育教学质量，打造城区优质教育品牌。二要大力促进就业创业。健全完善覆盖城乡的公共就业服务体系，建立城乡一体化的就业服务平台，扎实做好高校毕业生、农村转移劳动力、城镇就业困难人员、退役军人等群体的就业工作。完善创业政策，加大创业扶持，以创业带动就业。完成城镇新增就业8000人，农村劳动力输出与转移1000人，创业带动就业1000人。城镇登记失业率控制在3%以下。三要完善社会保障体系。继续推进社会保险扩面征缴工作，重点抓好非公经济从业人员、农民工、灵活就业人员的社会保险费征缴。整合城乡居民基本养老保险制度。推进机关事业单位养老保险制度改革。继续提高企业退休人员基本养老金。切实加强被征地农民社会保障。城镇居民基本医保和新农合年人均财政补助标准分别提高36元、40元，达到335元、343元。城乡低保标准每人每月分别提高25元、22元，达到441元、210元。加大农村五保户集中供养、分散供养的保障力度。完善住房保障体系，完成保障性住房建设任务。加强贫困残疾人康复救助。四要加快发展医疗卫生事业。健全全民医保体系，完善重特大疾病医疗保险和救助制度。深入推进市二院、中医院公立医院改革和基层医疗卫生机构综合改革。市二院住院楼和急救中心项目全面完工，卫生监督所项目开工建设，已建成的社区卫生服务中心确保配套到位、投入使用。做好人口计生工作，启动实施“单独两孩”政策，继续推进“宝贝计划”，提高出生人口素质。五要繁荣科技、文化、体育等社会事业。实施创新驱动发展战略，积极引进推广信息技术和先进实用技术，加大各类人才的培养、引进力度，提高企业自主创新能力；加强科普工作，提高全民科学素养。深化文化体制机制改革。设立文化发展基金，专项扶持文化事业和文化产业发展。继续开展文化惠民工程，完善公共文化服务体系，创作更多的文化精品。做好文物资源的挖掘保护工作。广泛开展全民健身活动，办好第三届全民运动会。加强国防后备力量建设，促进军民融合发展。做好第三次经济普查工作。

（七）创新社会治理保平安，确保安全稳定无事故。一要狠抓安全生产。牢固树立安全发展理念，严格落实安全生产责任，完善安全生产长效机制。加强安全检查，强化隐患排查治理和“打非治违”，坚决遏制各类事故发生。着力做好食品药品监管体制改革后的全行业监管工作，建立最严格的覆盖全过程的食品药品安全监管制度，确保人民群众饮食用药安全。二要加强和创新社会治理。健全完善区、镇(办)、村(社区)三级社会服务管理信息平台建设，引深网格化管理机制。大力培育和发展商会类、科技类、社区服务类社会组织。加强应急管理和防灾减灾能力建设，妥善应对各类突发事件。加强社会治安综合治理，依法严密防范和惩治各类违法犯罪活动，扎实推进平安城区建设。完善信访工作和矛盾调处机制，切实解决事关群众切身利益的突出矛盾和问题。

务实创新　锐意进取
奋力打开开发区跨越发展新局面

晋城经济技术开发区管委会主任　**程　琳**

2013年，晋城开发区抢抓山西综改试验区、中原经济区政策机遇，紧紧围绕市委“一争三快两率先”的战略部署，坚持“创新发展、跨越发展、和谐发展”的理念目标，全区经济社会发展取得显著成绩。

2014年是贯彻落实十八届三中全会精神、全面深化改革的开局之年，也是奋力推进转型跨越、实现“十二五”目标的攻坚之年。全区广大干部群众一定要敏锐把握形势，果断抢抓机遇，发挥优势，合力攻坚，巩固和保持平稳较快发展的好势头，开创各项工作新局面，实现全区经济社会发展新跨越。

一、2014年开发区工作的指导思想和总体要求

认真贯彻落实党的“十八大”、十八届三中全会精神和习近平总书记系列讲话精神，以改革创新、稳中求进为总要求，以建设全市“争先综改、竞逐中原”先行区、示范区为目标，全面深化改革，强化创新驱动，加快先行先试，着力提高经济发展的质量和效益，着力打造升级版的开发区发展模式，着力保障和改善民生，着力保持社会和谐稳定，以教育实践活动为抓手提高党建科学化水平，为进一步开创转型跨越发展新局面而努力奋斗。

二、2014年经济社会发展主要预期目标

工业总产值、增加值增速不低于10%，力争15%。公共财政预算收入增长6%。全社会固定资产投资增速不低于25%。新增利用外资不少于1亿美元，外贸

进出口增幅力争达到5%。

三、2014年开发区主要工作任务

（一）突出高新特色，推进重大项目招引工作实现新突破。一要加强专业招商。坚持定点、跟进、持续式的招商工作思路，继续紧盯富士康、晋煤等大集团、大企业，加快富士康"小眼球"光学模具、新一代智能手机精密机构件和金鼎煤机二期等重点项目落地、建设。二要加强特色招商。积极做优做强高科技项目，努力完成科技研发基地项目和汽车尾气催化器项目落地建设。同时，突出服务外包、现代物流等项目的招商引资。三要加强以企招商。推动金鼎公司与上海宝钢集团合作的煤层气设备制造项目、皇城中道能源与国内实力汽车企业合作的新能源电动车项目等开工建设。推进项目储备、签约、落地、开工、建设、投产，保证完成市政府下达的年度招商引资任务，全力做好拟观摩项目的各项准备工作。

（二）狠抓责任落实，推进重大项目建设取得新成果。一是全力抓好重点工程建设。2014年全区拟安排省级重点工程3项，市级重点工程26项。要全力加大要素协调，实行责任追究，确保各项工程顺利完成。二是大力扶持高新产业。以建设晋城市科技研发基地为重点，完善开发区科技创新公共服务平台。继续加大财政扶持科技事业发展投入力度。不折不扣落实高新技术企业的各项优惠政策，多渠道为科技企业争取上级专项资金扶持，支持开发区企业上市融资。

（三）狠抓基础设施配套，着力改善民生，展现产城融合建设新面貌。一是要集中财力改善硬环境，继续完善金匠东街、武庄路、孟匠路、区间路工程，启动金匠西街、金石路、络桦路等"两街五路"工程建设，实现金匠110千伏变电站建成投运。二是继续推进城市棚户区改造工程，新启动金匠新区茶元社区改造工程，积极谋划其他社区的合并改造。三是坚持优先发展教育，实施好农村义务教育薄弱学校改造计划，新建开发区中学、郝匠小学，实现社区居民子女就近入学。四是实施好"百企千村产业扶贫工程"，积极融入"美丽晋城"建设。五是进一步扩大社会就业，健全失地农民就业机制，定期组织劳企对接，鼓励和支持劳动者自主创业和自谋职业，动态消除失地农民"零就业"家庭。六是完善社会保障体系，扩大社会保险覆盖面，加强城镇居民社会养老保险和新农保工作制度化、规范化管理，加大优抚工作力度，帮扶社会弱势群体。

同时，狠抓"四风"整治，扎实有效地开展好群众路线教育实践活动。深入开展"基层组织提升年"活动，全面推进基层服务型党组织建设。精心组织好社区"两委"换届工作，确保全区社会安全稳定。开展好法制宣传教育，大力开展"平安小区、平安企业、平安校园"等基层安全创建活动，妥善处理好信访问题，加强生产建设、生活服务等领域的安全监管，加大社会治安综合治理力度，严厉打击各种违法犯罪行为。提质提气提效，着力提升干部队伍的综合素质。加强监督、优化环境，推进党风廉政建设取得新成效。

坚持深化改革　推进综改攻坚
促进全市经济社会持续健康发展

高平市市长　**邹树琦**

高平是典型的资源型城市，长期以来形成的"一煤独大"的产业结构和资源依赖，严重制约了自身发展。2010年国务院批准山西省为国家资源型经济转型综合配套改革试验区，2011年高平市随即也被列为全省转型综改试验试点市，为高平提供了加速调整结构的重大历史机遇，也为高平推进经济社会全面协调可持续发展提供了最有效的抓手。

近年来，我们以转型综改为统领，围绕产业转型、生态修复、城乡统筹、民生改善四大领域，大胆先行先试，抓住关键环节改革创新，推进实施了一批标杆园区、标杆项目和标杆企业建设。特别是全省转型综改试验区建设推进大会以后，我市进一步加强了对转型综改工作的组织领导，编制综改实施方案和年度行动计划，制定工作推进时间表，在3年内实施转型综改"222"任务，即20项重大改革、20件重大事项、20个重大项目。通过持续深入推进，初步探索出一条具有高平特色的转型综改之路。

一是借力转型综改，推进民营经济做实做强。促进民营企业调结构、转方式、上水平，在政策、资金、土地等方面进行了大力扶持。制定出台《关于加快中小微企业发展的实施意见》，从财税扶持、融资担保等方面为中小微企业提供帮助，市财政拿出1亿元对符合条件的企业进行贷款贴息，缓解了企业融资难问题。同时，为进一步发展壮大高平市传统的冶铸产业，全力支持泫氏铸管和福川制铁公司做大做强，优先保障企业项目用地，帮助企业协调银行贷款，协调整合全市其他冶铸资源，组建铸管集团。目前，泫氏铸管企业产品行销世界40多个国家和地区，铸铁排水管连续多年全国产销量第一。目前民营经济总量占到全市经济总量的38%,税收占财政收入的31%,从业人员占全社会从业人员总数的80%以上。

二是借力转型综改,推进人才强市战略实施。制定了《高平市中长期人才发展实施意见》,大力实施"13668"人才强市战略。市财政专门设立1000万元高层次人才培养基金,每年定期组织全市优秀企业家到北京等地参加高级企业管理人才培训班,大力培养企业带头人;对2500余名科技、教育、卫生等专业技术人才进行专题培训,对300名优秀乡土人才进行创业培训。积极吸引外来人才,先后吸引20余名国内外高精尖人才来高平投资兴业,招聘56名硕士研究生充实到科研生产一线,在晋城范围内聘请50余名原国有大型企业高管人员担任企业技术顾问。建立人才储备制度,对高平籍未就业大学毕业生进行储备,每年储备300名,解决了高校毕业生就业困难以及高平人才短缺的双重问题。

三是借力转型综改,推进城乡统筹发展。以推进大县城建设、园镇一体发展和新农村建设为重点,积极实施城镇化发展战略。在大县城建设上,实施"五纵五横五组团"城市路网及炎帝文化生态苑建设,拉大城市框架,提升城市品位。在城镇建设投融资上,以市场化方式吸引社会投资建设公共基础设施,通过深化与大型煤炭企业的合作,由煤炭企业在高平建设城市基础设施和社会公益事业,达到企地共赢;引进合作商,以BOT模式建设了总投资1.4亿元的南部热源厂。在园镇一体化融合发展上,促进五大工业园区和五个中心镇建设有机结合,推进产城互动、城乡一体发展,其中国家级小城镇试点马村镇投资10亿元,完善了镇区和煤电化工业园基础设施建设。在新农村建设上,以农村人居环境改善为重点,大力实施农村气化、绿化和环境整治工程,巩固了新农村建设成果。

四是借力转型综改,推进公共服务均衡发展。按照均衡发展、民生优先、资源整合的原则,优先发展教育,优先发展公共卫生,优先发展乡村文化事业。在实现12年教育全免费的基础上,重点实施了农村幼儿园达标工程、初高中校园提质工程和中小学校信息化建设工程,创建全国义务教育发展基本均衡县工作已通过省级验收。在实现村村有卫生室和全市公立医疗机构药品零差率销售的基础上,重点加强乡村医生队伍建设,建立了乡村医生培养和选聘机制,并对农村164名高中以上学历青年进行卫生专业培训,列入村医后备队伍进行培养。大力发展乡村文化,村村建设了文化图书室、健身场所和文化队伍,大力实施文化惠民工程,全力创建全国文化先进县。

当前,全省转型综改已进入攻坚时期。但是,在国内外经济下行压力不断加大的形势下,高平的经济发展也受到了的严峻的挑战,如何在困境中实现转型发展,成为我们必须解决的重大问题。为此,我们将围绕"钱从哪里来、事情如何办、现在做什么、发展靠什么、能为高平经济社会拉动什么"等五个问题,抢抓机遇,大胆改革,积极破解发展难题,推进综改攻坚。

一是解决"钱从哪里来"的问题。精简开支,树立过紧日子的思想,压缩所有非生产性、非重点性、非项目性的资金,进行重新审批、重新核算、重新整合,全部投到重点工程项目上来,用于拉动经济增长,同时精简压缩经费。积极向上争取资金,主要是争取中央、省、晋城市的对口扶持、专项资金,争取更多的项目列入上级计划。深化投融资体制改革,积极探索市场化运作模式,推进和落实更多地向社会资本开放的项目,吸引社会资本来投资建设工程,用财政资金调动撬动社会资本。

二是解决"事情如何办"的问题。积极用市场化、企业化的方式来搞建设。综合考虑工程的建设、管理、运营,理顺开发、投资、产权的关系,明确建设主体、管理主体,以企业化的方式运营。一方面方便社会融资,明晰公司产权,一方面公司可以用项目、用产权来担保、来贷款,把项目做活。能用市场做的事情绝不用政府的手段来做,能混合做的不单独做,政府不再大包大揽。同时,在民生事业上量力而行,不做超出发展能力的事情,不超前预支,保持与经济社会发展的水平相适应。做实做细每一项工程。要求每一个领导干部都有会算账、算好账的意识和本领,在工程建设上,不贪大求多,做一件成一件,真正把工作做实,把项目做实,不做半拉子工程。

三是解决"现在做什么"的问题。结合转型综改任务,主攻土地、金融两项"规定动作"改革和园区、户籍、审批三项"自选动作"改革。土地管理制度创新方面,认真落实供地、保地、节地、用地等措施,扩大土地储备范围,盘活存量闲置土地,重点抓好44公顷城乡建设用地增减挂钩、168公顷矿业存量土地整合、123公顷工矿废弃地复垦利用,最大限度提高土地利用率和产出率。金融机制创新方面,组建交投公司,搭建投资、融资、建设、管理为一体的投融资平台。组建金融办,发展小额贷款公司和融资性担保公司,认真落实中小微企业发展的30条意见,缓解企业发展融资难题。行政审批制度改革方面,抓住全国100个、全省3个依托电子政务平台加强政务公开和政务服务工作试点的契机,整合网络资源,创新审批服务方式,打造阳光电子政务。园区管理体制方面,把新能源科技创新园和西部煤电气一体化工业园作为主攻目标,按照"产业集结、工业集聚、企业集群"的发展路径,尝试"政府引导、市场运作、多元投入、滚动发展"的运作模式,努力把园区打造成高新科技、高新材料、高层次人才聚集的标杆园区。户籍制度改革方面,制定出台实施意见,简化户口审批手续,加快配套制度改革,稳妥推进户籍制度改革。

四是解决"发展靠什么"的问题。项目建设是转型综改的抓手。严格实行"六位一体"工作机制,全力推进项目建设。在当前乃至"十三五"期间,主要发展以下产业:一是煤炭产业。狠抓骨干矿井建设,加快建设煤炭洗选配送中心,加快推进西部煤电气化一体化、煤转化等煤基特色产业,完善煤炭全产业链,提高煤炭产业附加值和话语权。二是铸造产业。按照打造百万吨精密铸造和百万吨精密铸件基地的要求,支持泫氏铸业做大做强,把冶铸产业做成高平的领军产业、优势产业、支柱产业。同时,加强福川制铁与中国恒天集团的对接,在高端装备制造业上迈出实质性步伐。三是旅游产业。挖掘高平市的炎帝文化遗存，依托炎帝陵、炎帝行宫、羊头山景区、炎帝中庙、炎帝寝宫等景点，打造"炎帝故里"品牌；以长平之战纪念馆为核心，打造长平之战古军事文化品牌。同时，通过整合串联全市的相关景点，构建神农炎帝文化、永禄寺庄长平之战、陈区宗教体验旅游、马村原村古村落旅游、米山登山览胜旅游、河西石末寺观休闲旅游六大旅游片区。通过发展文化旅游产业，带动服务业规模扩大和产业提升。四是现代农业。以创建国家现代农业示范区为目标，一手抓生猪产业，积极打造"高平生猪"品牌，建成雨润200万头生猪屠宰和上海杰隆5000吨猪血加工项目，形成从玉米种植、饲料加工、生猪养殖、沼渣利用到生猪屠宰、熟肉制品、猪血加工的完整循环产业链；一手抓蔬菜产业，打造优势蔬菜品牌，发展设施蔬菜面积1333公顷，设施蔬菜园区52个，使这两大产业成为农业经济发展的主导力量。同时，积极推进美特好加工配送物流园工业项目，带动高平市农业提档升级。五是商贸物流产业。建成盛业广场、泫氏家装、澳林大酒店、长平建材等服务业领军型企业，加快兰花盛祥商贸综合体、高平大酒店建设，打造城市15分钟便民商圈。加强与大企业、大集团的对接，促进丹尼斯、居然之家、苏宁电器等项目的落地，发展商贸物流产业。

五是解决"能为高平经济社会拉动什么"的问题。转型综改的最终目标是要实现重大改革、重大事项、重大项目的新突破，是要带动全市产业转型、生态修复、城乡统筹、民生改善等经济社会发展方方面面实现新的提升，这是每一个部门、每一个单位开展工作、做出决策的着力点和基本点。推进依法行政。要求全市各级各部门自觉遵守和服从各项工作制度。严格遵守市委关于加强制度建设、提升工作合力的举措，严格遵守市政府工作规则、议事规则，做好决策，完成好工作任务。加快项目建设。深入开展"五项重点百日攻坚"活动，集中优势资源，加大建设力度，确保圆满完成"六位一体"指标任务，实现项目突破，促进产业转型，增强经济发展的质量和效益。积极招商引资。主动承接东部产业转移，突出重点区域、重点产业招商；突出优势资源，做好项目包装工作；突出服务管理，狠抓项目跟踪落实；突出优化环境，打造高平的投资乐土。确保安全稳定。始终保持敬畏之心，严格坚守安全红线，不断提高安全生产知责、履责、尽责意识，做到思想认识到位、责任分解到位、工作落实到位、资金保障到位、警示教育到位、技术措施到位。

今后高平将始终以转型综改为统领，坚持深化改革，坚持顶层设计与基层探索、借鉴经验与发挥特色、着眼长远与立足当前相结合，先行先试、敢行敢试、快行快试，推进综改攻坚，努力促进经济社会持续健康发展，为实现"打造炎帝故里、建设大美高平"的目标而不懈奋斗。

稳中有进　进而有为
奋力开拓泽州转型跨越发展新局面

泽州县县长　高喜全

2013年，面对严峻形势，泽州县委、县政府审时度势，对症施治，有效应对，各项工作有序推进，重点工作亮点纷呈，经济社会保持了稳中有升、稳中有为、稳中向好的发展态势。

2014年是全面贯彻落实党的十八届三中全会精神、全面深化改革的开局之年，也是实施"十二五"规划的关键之年，改革发展的任务重大而艰巨。做好2014年的工作，意义尤为重要。

一、突出转型综改这个主题

（一）全面深化改革。按照中央和省里确定的路线图和时间表，制定泽州全面深化改革实施意见。一是突出重点，从制约经济社会发展最突出的问题改起。深化行政审批、财税、金融、投融资、国有资产经营等体制改革，努力破除制约经济发展体制机制弊端。二是关注热点，从群众最期盼的领域和环节改起。大力推进收入分配、社会保障、医疗卫生、食品药品、生态环境等群众关注的热点事项改革，统筹推进教育、文化、科技、体育等社会事业管理体制改革，加快推进户籍等统筹城乡综合配套改革。三是创造亮点，做好转型综改试点县工作。全力推进《综改实施方案》和2014年行动计划，在重大改革、重大事项、重大项目、重大课题上先行先试，率先突破，打造亮点。

（二）强化要素保障。探索土地利用新机制，全年复垦土地333公顷，争取周转指标333公顷。拓宽融资渠道，加强与金融机构合作，积极对接农发行、国开行，建立土地收储融资平台，保障重大项目建设资金。

（三）优化发展环境。进一步简化办事程序，再造审批流程，缩短审批时限，改进服务方式。进一步完善工作推进激励机制，激发全县干部群众干事创业热情。进一步加大突出问题整治力度，切实转变工作作风。

二、打好四大硬仗

（一）打好金村统筹城乡低碳试验区建设硬仗。一是抓好丹河龙门湿地公园建设。加强与东方公司合作，完成3平方千米核心区景观和防洪水利工程建设。二是抓好新区路网建设。府城街、青山街、丹河西路、丹川路建成通车。启动学苑街、金村大道南段、主城区与金村区连接道路、太岳街东段、龙化路等城建道路建设，拉大城市框架，为新区扩容奠定基础。三是抓好市场化运营。组建新区建设开发投资公司，采取土地储备等融资方式，吸引金融机构和社会资金参与开发建设。

（二）打好巴公转型综改扩权强镇试点硬仗。一是加快改革创新步伐。在巴公镇设立行政审批、规划建设、社会管理等机构，支持巴公在财税、土地、城乡统筹、园区建设等综合配套改革方面大胆探索，初步建立起财权、事权、人权有机统一的"园镇一体"行政管理体制。二是加快基础设施建设。延伸科工贸大街、开工建设民生路等道路工程。加快集中供水、供暖、供气、排水等市政设施建设。抓好镇区村改造、园区村搬迁，开工建设巴原幼儿园，加快生态绿道和巴公河改造。三是加快园镇同步发展。大力实施工矿废弃地复垦，复垦土地133公顷。抓好清慧装备制造园、钢铁煤化工工业园、中小微企业孵化园建设，以工业化带动城镇化。

（三）打好项目建设硬仗。一是六位一体推进项目。2014年，初步确定38个重点城建和重大项目，项目总投资540亿元，年度计划投资75亿元。二是招商引资引进项目。积极对接先进地区、先进企业，组建装备制造、新型产业、现代农业、文化旅游四个专业招商团队，争取在引进十亿、百亿项目上有突破性进展。全年完成招商引资额300亿元，到位资金100亿元。三是做大园区承接项目。切实抓好南村、周村等园区的水、电、路、气等基础设施建设，统筹推进园区村庄搬迁、土地流转等各项工作，进一步提升园区承载力。四是培育产业催生项目。加快推进煤化工产业，重点抓好晋煤高硫煤洁净利用、兰花己内酰胺、天泽4060等项目。壮大非煤主导产业，整合现有铸造企业，组建泽州铸造集团，开工建设铸造基地配套项目；抓好清慧三期、天巨重工三期、兴达拖拉机变速箱等项目建设。做强现代物流业，全力推进城东物流园建设，重点抓好兰花物流、月星二期、义乌小商品城、晋宏汽贸城、沃尔玛综合体等项目。大力发展新兴产业，重点抓好兰花纳米新材料、硕阳光伏发电等项目。繁荣文化旅游业，制定《文化产业扶持政策》，推进泽州文化产业园建设；坚持文化与古建古宅、传统技艺、旅游景区相结合，加快旅游业发展。

（四）打好煤矿复产达效硬仗。加强煤炭经济运行监测，做好复产复工、生产经营、安全管理等工作，巩固好泽州经济基本面。天安要确保14座煤矿复产，7座正常建设；天泰5座煤矿和王坡煤业要全部复产；煤运3座煤矿要加快建设进度。车寨井田要完成前期，正式开工建设。2014年全县煤炭产量要完成1000万吨，力争达到1500万吨，为以煤为基、多元发展奠定基础。

三、致力五个提升

（一）致力在新型城镇上实现新提升。坚持以人的城镇化为核心，以农业转移人口市民化为首要任务，以扩容提质和产业支撑为重点，把小城镇建成辐射带动区域发展的核心和平台。环城乡镇，要融城连城，加快城市化改造，进一步完善功能，集聚人口，打造经济强镇。长河沿线乡镇，要以交通路网建设为纽带，以旧村改造、压煤村庄搬迁为抓手，推进"水、暖、路、气"等基础设施共建共享，打造工业重镇。东南部山区乡镇要从道路交通、就医就学、移民搬迁等入手，进一步增强小城镇承载聚集和辐射带动能力，打造特色集镇。

（二）致力在美丽泽州上打造新亮点。全力做好治水、治污、供气、供暖、修路、增绿"六篇文章"。"治水"就是抓好丹河、长河河道综合治理，改造任庄水库，开工建设东大河、石河水库，实施连片供水。"治污"就是继续深化农村环境卫生整治，开展农村人居环境改善工作，加强环境保护和节能减排，抓好乡镇垃圾填埋场、污水处理厂建设。"供气"就是加快"气化泽州"建设，全县煤层气用户新增5000户。"供暖"就是要完成东沟川底集中连片供暖工程和下村、巴公集中供暖工程，进一步扩大中心城镇和重点村集中供暖成效。"修路"就是抓好大周公路、南高线高会段等公路建设，配合市里做好晋阳一级、207国道改线工作。"增绿"就是以丹河龙门湿地公园为龙头，重点抓好镇区、园区、景区绿化，大力建设干果经济林、矿山生态修复、义务植树、育苗四个基地，绿化提升100个行政村。同时配合市里抓好玉屏山生态区建设。

（三）致力在现代农业上取得新成效。切实抓好粮食生产，全年粮食产量力争稳定在2.5亿千克左右。以"一村一品、一县一业"为抓手，大力发展家庭农场、农民专业合作社等新型农业经营主体，加快土地流转，全力推进"五大基地"建设。开工建设伊健谷物早餐奶，规划建设高都农业科技示范园区，积极扶持彤康、泽地萃、康鑫等龙头企业发展壮大，巩固扩大益丰园、绿之丰等现代农业园区。下决心抓好农产品质量和食品安全，确保群众"舌尖上的安全"。

（四）致力在民营经济上实现新突破。深入推进全民创业，支持中小微企业发展，培育创新型企业5家，创建5家标准化管理标杆企业。进一步加强舆论导向、土地协调、融资服务、人才培育、产业服务和质量保障六大平台建设，新发展实体企业100家，培育小巨人企业10家，新增就业岗位5000个。

（五）致力在民生改善上取得新进步。坚持民生优先，继续实施十大惠民工程。加大教育投入，重点抓好枣园九年一贯制学校，泽州二中学生宿舍楼等项目建设。改善医疗条件，新建县人民医院综合门诊楼，继续实施乡镇卫生院综合治理工程。完善保障体系，统筹推进"五大保险"提标扩面，巩固新农合参合率和新农保参保率。健全社会救助、农村优抚和社会福利体系，保障低收入和困难群众的基本生活。加快保障房建设，完成1000套限价商品房建设任务。突出煤矿安全，确保安全生产形势持续平稳。创新社会治理，加强信访稳定，强化应急管理，完善治安防控体系，深入推进平安创建活动。

加快建设“生态美、百姓富、县域强”的新阳城

阳城县县长　窦三马

2013年，阳城县围绕“率先在全省全面建成小康社会”的奋斗目标，团结带领全县人民，抢抓机遇，排难而进，全县经济社会保持了平稳健康的发展态势。

2014年是贯彻落实党的十八届三中全会精神、全面深化改革的第一年，也是加快全面建成小康社会进程的关键之年。做好2014年的工作，任务艰巨，意义重大。

一、2014年政府工作的总体思路

深入贯彻落实党的“十八大”和十八届三中全会精神，围绕“增收就业、富民强县”总目标，坚持“稳中求进、改革创新”总基调，用改革统领经济社会发展全局，统筹推进城镇化、工业化、特色农业现代化，突出抓好“田园城市、美丽乡村，城乡一体、产城融合，园区集聚、特色带动”，推动全县经济社会健康发展，实现生态美、百姓富、县域强。

二、2014年全县经济社会发展的主要预期目标

地区生产总值增长10%，全社会固定资产投资增长29%，社会消费品零售总额增长15%，公共财政预算收入增长10%，城镇新增就业5000人以上，城镇居民人均可支配收入增长11%左右，农村居民人均可支配收入增长11%以上。

三、2014年政府主要工作任务

（一）坚持以综改试验为统领，加快改革创新步伐，激发转型跨越强大动力。一是稳步推进各项改革。深化农村综合改革。稳妥推进农村产权制度改革，开展土地承包经营权确权登记试点工作；探索土地承包经营权抵押、担保办法，促进土地规范流转、规模经营，赋予农民更多财产权利。支持农村信用社进行股份制改革，建成地方商业银行。深化财税体制改革。加强国有资产经营管理，提高资产收益比例。改革和完善财政预算管理体制，推行财政预决算和“三公”经费公开，从严从紧支配财政资金。深化政府机构改革。控制机构编制总量，优化政府职能配置，做好工商、质监行政管理体制调整对接工作，稳步推进事业单位分类改革。深化户籍制度改革。完善农民落户城镇的配套政策，有序推进农业转移人口市民化。二是加快综改强县步伐。积极审慎做好省市县三级扩权、综改事项的政策对接，全力推进町店镇市级转型试验先行试点工作。创新行政审批流程，全面提高审批效率。建立抓落实工作机制，力促政策优势转化为发展优势。三是着力强化科技创新。大力实施科技强县战略，继续实施“12345”科技重点工程。研究改进科技资金补贴办法，加大对蚕桑、食用菌和以谷子为代表的小杂粮等特色产业的扶持力度，充分发挥科技对农民增收的推动作用。加强人才队伍建设，增强创新发展的智力支撑。四是加快发展民营经济。全面落实各项优惠政策，健全创业投资和中小企业贷款担保体系，正确引导民间资本投向，扶持中小微企业做大做强。实行宽进政策，鼓励全民创业，发展实体经济。五是全面提升招商水平。围绕培育非煤主导产业，把招商引资的重点集中到产业集聚和产业配套上，突出在吸引陶瓷及相关产业链条、关联产业项目方面下功夫。巩固扩展以企引企、以商招商成果，坚持内外商同等待遇，引导招商引资项目向园区集中，着力引进一批先进制造业、现代服务业和战略性新兴产业项目，逐步形成“分头招商、集中落地、各享其成”的项目招商机制。六是合力推进项目建设。继续实行县级领导对口联系重点工程制度，健全完善联动协调、跟踪服务、督查考评“三大机制”，及时解决项目建设中遇到的困难和问题，全方位保障和推进项目建设。

（二）坚持以产业转型为导向，加快三次产业发展，增强县域经济综合实力。一是打造新型工业“升级版”。千方百计稳住煤炭基本面。全面落实省市保煤各项政策，清理规范涉煤收费，促进煤炭工业可持续发展。力促西冯街、皇联、史山、四侯、西河5矿投产达效，惠阳煤矿联合试运行，力争原煤产量达到1200万吨。统筹煤层气与煤炭资源协调开发，抓好潘庄区块煤层气、大宁井下瓦斯预抽放等项目建设，提高煤炭产业的综合效益。集中力量壮大陶瓷产业。新上5条以上建瓷生产线，重点抓好星光、金龙、盛世二期等项目建设；力推水立方陶瓷墨水、高档陶瓷熔块、鑫源兴琉璃瓦等项目建成投产，生产具有阳城特色的文化瓷、工艺瓷；与景德镇陶瓷学院合作设立博士科研工作站，依

托晋陶引进建设陶瓷研发中心，引领产业上档升级；利用八甲口综合集运站铁路集装箱运输优势，建设集中仓储发运中心；鼓励通过陶瓷文化交流、产业研讨、产品展销，真正把“阳城陶瓷”打造成全国知名的地域品牌。全力以赴建设“一廊四园”。芦苇河生态经济走廊要加速推进町店片“一区两基三中心”（陶瓷产业区，新型陶瓷材料生产基地、高档陶瓷产品培育基地，陶瓷研发中心、物流中心、综合服务中心）和沿线小城镇建设，进一步提升承载能力。演礼园区要加快基础设施配套建设，修建标准厂房，以入股、租赁、分期回购等方式为入园项目提供便利；以“飞地经济”为突破口，加强与有意向的投资商洽谈对接，尽早引进项目入园。安阳园区要力争启动煤层气输气管道建设。北留园区要开工建设天泽二期和晋豫铁道物流园项目。芹池园区要顺势调整产业定位，培育新的陶瓷产业平台。二是打造现代农业新优势。实施农业龙头带动工程。持续把蚕桑作为现代特色农业的龙头、一县一业的标杆来扶持，用好蚕桑发展资金，把补贴的重点向优质蚕茧倾斜，增强辐射带动效应；建立鲜茧收购农企双方议价机制，提高蚕茧质量，稳定蚕茧价格；充分发挥蚕桑合作社抱团闯市场的作用，提高蚕桑带动农民增收能力。大力振兴谷子产业，打响“阳城小米”品牌。着力推动干果经济林、设施蔬菜、中药材、食用菌等特色种植和鸡、猪、羊等养殖稳步发展。实施农业强基工程。坚守耕地红线，确保3.2万公顷基本农田数量不减。实施农业有害生物预警和控制区域站、旱作节水农业、坡耕地综合治理、白桑坝滩联治项目，完成1333公顷（2万亩）中低产田改造和1467公顷（2.2万亩）水土流失治理任务，提高综合生产能力，确保粮食总产稳定在1.5亿千克以上。实施农民素质提升工程。鼓励发展股份制合作社、家庭农场，推进规模化、集约化、产业化经营。大力开展实用技术、管理技能、经营知识培训，培养新型职业农民。三是打造三产服务业增长极。皇城相府景区以建设“国家风景名胜区”为目标，加快推进5A级景区扩建项目建设。蟒河景区着眼于升级“5A”，全面提高二期效益，力促单一的观光游向多元化观光游、休闲游、健康游转变。规划建设两条旅游观光道路，并在沿线发展特色“农家乐”，培植文、农、商、旅“四位一体”新型旅游业态，全面丰富旅游内涵。同时，大力发展现代物流、电子商务、商贸餐饮、健康养老等生产生活性服务业。

（三）*坚持以统筹城乡为引擎，加快新型城镇化建设步伐，建设美丽家园。*一是打造田园城市。旧城改造方面，实施“古城复兴”工程，完成南城墙东段440米加固修复任务。完成育英街等3条道路建设改造，加快南部片区、甄阳巷城中村改造步伐，进一步改善城市面貌。新区建设方面，拉大城市框架，沿获泽河轴线继续向上游延伸，铺开苏庄桥建设，完成滨河路至演礼园区连接线前期，促进主城区与演礼园区沟通衔接，有效缓解县城交通压力。品位提升方面，巩固“两河六园一环道”建设成果，在主城区与五大功能片区周边合理规划永久农田，鼓励和引导群众先行在绿道周边发展精品果园、精致菜园、精美花圃，推动城市与田园高度融合，促进生态效益、经济效益和社会效益有机统一。二是建设美丽乡村。突出地域特色，弘扬传统文化，有序推进农村人居环境综合整治。以刘善—磨滩—董封旅游道路为轴线，把历史人文景观与山水生态景观连成一片，把沿线不同风格的“美丽乡村”串珠成链，彰显阳城“大山大水大气势”。北留、润城片区集中力量在古城堡、古村落周边建设大地景观、休闲农场、市民农园等生态农业观光点、体验处，赋予传统农业新的生命力；东冶、横河片区要发挥山水生态优势，发展一批具有“山乡风貌、农家特色”的“农家乐”，力促生态优势转化为群众增收优势。三是突出低碳绿色。深入开展节能降耗，确保降耗总量完成市控指标。加快“净化阳城”建设，实施阳电3～5号机组、西城水泥厂、煤矸石热电厂脱硫脱硝技术改造，全面开展PM2.5环境质量检测，努力提升空气质量；实施县城污水处理厂提标改造工程，新建北留、润城、町店、皇城相府4个污水处理厂，力促污水达标排放。加快“气化阳城”建设，全面铺开煤层气集中控制调峰站和城镇燃气管道集输项目工程，完成市定气化进度要求。加快“绿化阳城”建设，以“三河五路”（沁河、芦苇河、获泽河和阳翼、阳济、芹张、壁索、阳杨公路）为轴带，完成造林1133公顷、通道绿化补植150千米，建成生态园林村10个，为群众提供更多的绿色福利。四是完善基础设施。继续实施农村安全饮水工程，推动张峰—干渠（郑庄—芹池段）供水工程全面开工。让群众用电方便，加快演礼110千伏输变电工程建设，完成润城东110千伏、桑林35千伏输变电工程，实施农网升级及低电压治理和城网改造工程建设。让群众行路方便，开工建设演礼快速通道，加快阳蟒高速、晋阳一级公路前期进度，力争尽早开工建设。让群众住房方便，继续加大保障性住房建设力度，确保完成市定2800套建设任务。

（四）*坚持以改善民生为根本，加快发展社会事业，着力提升群众的幸福感和满意度。*一是保障底线民生。进一步健全完善城乡低保、“五保”供养、社会救助、南部山区留守老人住房就医等“托底”政策。不断提高城乡低保和农村“五保”集中供养标准，实现动态管理下的应保尽保。优先安排山区留守老人危房改造，推行县级医院巡回医疗就诊制度，解决山区农村群众住房安全和就医难问题。推动社会福利服务中心建成投用，全面做好医疗救助、孤儿救助和救灾救济工作。二是完善基本民生。深入开展创业型城市创建工作，积极为高校毕业生、城镇失业人员、农村剩余劳动力等重点群体提供更多就业机会。以“五险统征”为扩面征缴的重要抓手，建立统一的城乡居民养老保障体系，推动新型农村合作医疗工作重点由扩面向提质转变。加快新建实验小学和南城幼儿园建设，年内完成主体；积极落实第二轮学前三年行动计划，适龄幼儿毛入园率达到97.8%；抓好职业教育，加大职业培训力度，注重专业、产业、就业“三业”融合，以培训提技能、促就业；加强师德师能建设，深化教学改革，提升教育教学质量。完成人民医院迁建扫尾工程，年内投入使用；加速公立医院综合改革，巩固完善基本药物和基本公共卫生制度。强化疾病防控体系建设，深入开展爱国卫生运动，提高群众健康水平。三是解决热点民生。不折不扣完成保障性住房和集中供热二期，新建、改建便民公厕5所、停车场3处。成立城市综合监察大队，加大城市管理力度，着力对县城秩序进行综合整治，大力缓解“城市病”。四是突出社会建设。狠抓安全生产，加强行业安全监管，保持安全形势长期平稳。强化社会治安综合治理，严厉打击各类违法犯罪活动。增强防恐反恐意识，加大对邪教组织的打击力度。完善应急管理预案，提高保障公共安全和处置突发公共事件的能力。加强信访工作，狠抓社会矛盾排查化解，维护社会大局稳定。深化文化体制改革，丰富群众文化生活，促进文化产业发展。倡导全民健身运动，增强全民身体素质。扎实开展人口和计生工作，提高人口出生素质。加强社会主义核心价值观教育，提高群众文明素养。深入推进“六五”普法，完成第十届村民委员会换届选举。

创新思路谋发展　改进作风促落实
招商引资抓项目　兴企强区惠民生

临汾经济开发区管委会主任　尚日红

2013年，临汾经济开发区始终以党的“十八大”精神为指导，严格按照年初经济工作总体部署，不断转变思路，抢抓机遇，优化环境，夯实基础，全面促进老区和工业园区双轮驱动，齐头并进，确保了区域发展“稳中有为，稳步向好”的良好势头。

2014年是全面落实党的十八届三中全会精神和深化改革的开局之年，也是实施“十二五”规划的关键之年。做好2014年的工作，意义十分重大。

一、2014年开发区经济工作的总体要求

全面落实党的“十八大”和十八届三中全会精神，牢固树立“发展是第一要务”的理念，坚持“稳中求快进，创新大发展”的总方针，以临汾市百里汾河新型经济带和“一市两园”建设为契机，以招商引资为重点，以项目落实为突破，以工业园建设为载体，以群众路线教育实践活动为抓手，以党的建设为保障，科学统筹区域优势，进一步加快现有区域城镇化和工业园区工业化建设，确保二次发展取得新突破，努力把临汾开发区建设成为山西省产业转型的样板区和晋南经济发展的引领区。

二、2014年开发区主要经济发展预期目标

区内生产总值增长35%，达到78.3亿元；工业总产值增长15%，达到24亿元；工业增加值增长16%，达到7.3亿元；招商引资合同资金增长11%，达到130亿元；固定资产投资增长20%，达到33.5亿元；财政总收入增长14%，达到3.9亿元；进出口总额增长15%，达到6000万美元。

三、2014年开发区工作重点

（一）全面提升“老区”新型城市经济发展品位。一是盘活各类潜在资源。充分发挥开发区政策、资金等优势，把城投公司与招商引资项目库紧密结合起来，面向社会聘用高新管理人才，全面投放市场运作，把现有政策、资金、社会关系、政府优势变为有形资产，发挥其企业化效应，逐步将区城投公司扶持为区支柱型企业，助推全区经济建设。二是全面加速老区城镇化进程。在加快城市基础设施配套和现有“城中村”改造的基础上，加速东北片区“城中村”改造筹建步伐，做好南孝、党家楼、北孝及上樊、下樊、造漆厂联片改造整体规划，留足社区配建土地，全面改善居民住房环境。同时，针对老区重点引进一批商贸、物流、总部经济等服务型产业，解决群众的就业问题，提高开发区城镇化速度，打造开发区城镇化品牌，加快老区新型城市经济园建设速度。三是着力加大扩区力度。做实做细扩区申请工作，力争2014年在扩区问题上取得实质性突破。初步形成高端大型商业聚集、银行集群、总部基地格局，使临汾中心城市的功能尽早呈现。

（二）全面加快甘亭新型工业园建设速度。一是实现园区基础设施建设大突破。进一步加快基础设施配套，牢牢抓住工业园被列入“一市两园”和“循环化改造”试点这个有利契机，紧紧围绕建设一个生态新城和工业新城的奋斗目标，加大资金投入力度，完善园区基础设施配套，完成1、6大道闭路循环，形成便利的路网和供水供电供热体系，确保园区达到“七通一平”的标准。继续完善园区学校、酒店、保障性住房等服务设施，壮大“六大主导产业”的龙头企业。二是实现园区招商引资大突破。用足用活工业园政策优势，科学统筹金融、土地等各方面资源，着力破解产业结构单一瓶颈，重点引进投资10亿元以上大项目5～10个。三是实现园区项目建设大突破。在加快推进临汾新能源汽车产业园项目、年产10万吨新型分离材料项目、年产10万吨果汁饮料生产项目、年产200台锅炉节能水处理器项目、标准化厂房项目、搅拌站项目、尧天LED项目、物流项目的同时，紧紧围绕装备制造、新能源、新材料等发展方向，加强与投资30亿元大宗商品交易中心、投资150亿元电动汽车、投资60亿元碳纤维、投资10亿元现代纺织服装产业园、投资20亿元冷链物流园等项目洽谈，力争早日落地开工建设。以此为基础，建设一批千亩大厂、百亿企业，千方百计、不遗余力把工业园建设成为以新能源汽车基地、新材料基地、现代物流基地、光电产业基地、农产品深加工基地为支柱的“五大产业基地”，全面提升园区综合竞争力。同时，加快出台《加快工业园区发展的若干意见》，集中全区人财物优势，加大园区开发建设的力度和速度，尽早形成“五大基地”架构，使工业园真正成为百公里经济带上一颗璀璨明珠。

（三）全面开拓招商引资的空间和深度。以装备制造、新能源、新材料、总部经济、电子商务、高端商业为目标，着力引进一批实力雄厚、影响深远、带动力强的大企业。已与中国梅亿（香港）新能源控股公司达成协议，投资150亿元建成年产50万辆电动汽车生产基地。主要做好三个方面工作：一是充分发挥招商局牵头抓大和招商主力军的作用，做好老区招商引资工作。本着“大招商、招大商”原则，按照老区城市规划要求和“十二五”发展方向，侧重做好老区招商。提高项目准入门槛，构建多元招商网络，巩固好与“中关村”、珠三角、长三角和台湾地区招商关系，拓宽京津塘环渤海地区招商范围，重点引进一批国内乃至国际500强企业，尤其是高端商贸科技、物流配送、电子信息、总部经济等项目。二是进一步加强招商力量，侧重搞好工业园招商引资工作。充实招商队伍，创新招商引资方式、方法和途径，重点在工业产业上下功夫，通过企业招商、专题招商、以商招商等多种形式，为园区引进5～10个投资10亿元以上的大项目、好项目。三是做好全员招商引资工作。继续实行全员招商和专业招商相结合的制度，科学分解下达招商引资任务，严格落实招商引资激励机制。

（四）全面协调推进项目建设的进度。一是继续实施领导包联等配套制度。强化对口及时协调解决项目建设中的矛盾和问题，全面提升项目建设速度。二是继续实行调度会制度。严格按照省、市重点项目“六位一体”工作要求，研究解决项目建设过程中遇到的问题，增强部门合力，为项目建设排除障碍，为企业快速发展创造宽松环境。三是加大已引进和正在实施的项目推进工作。对已经引进和正在实施的项目进行全面清查核实，完善相关手续，千方百计解决长期制约项目发展的瓶颈问题。四是进一步优化服务环境。做到想企业之所想，急企业之所急，确保项目引得来、引得好、落得实。

（五）进一步做好安全生产和社会稳定工作。一是抓好安全生产工作。进一步加大安监力度，完善安全生产监管机构，理顺运行机制，深入开展商务、物价、工商、质监、建筑工地等专项执法检查活动，确保市场安全、食品安全和施工工地安全；完善各项应急管理机制和应急预案编撰工作，规范24小时值班轮守制度，提高应对突发事件能力，确保安全生产形势持续稳定。二是抓好综合治理和社会稳定工作。坚持以人为本，做好安全稳定、信访接待、民生保障、隐患排查和专项治理工作。对敏感区域和特殊单位集中开展排查整治活动。加大治安乱点整治力度，严厉打击各类刑事犯罪、经济犯罪、涉毒犯罪等，维护市场经济秩序，确保社会和谐稳定。三是抓好消防、燃气、防汛、地震等安全工作。重点抓好全区消防安全、社会安全、企业安全、社区安全等工作，为社会稳定和经济发展提供有力保障。

（六）进一步做好土地管理和转型综改工作。一是进一步提升土地集约利用率。继续实施土地集约利用战略，促进土地利用结构优化，从提高土地集约度入手，尽快使取得用地指标的土地进入实质性开发利用阶段，确保全年供地率达到80%以上。同时按规定处置好区内闲置土地。二是健全规范土地市场体系，强化土地法制管理。在城市规划和土地利用总体规划基础上，依法依规出让土地。三是妥善解决社区生产发展用地问题。在“城中村”改造和项目开发过程中，科学制定土地调配计划和高效密集用地规划，妥善解决好社区生产发展用地问题。严格按照建设项目用地控制性指标要求，运用级差地租和税费杠杆共同作用，科学界定新进企业投资强度和建设进度等硬性控制要求，严肃供地行为，积极推行少用地、巧用地和零增地扩张战略，力争新入区企业全部达到省级“亩产量”标准。四是全力做好转型综改工作。按照省市转型综改试验区建设方案和要求，全面推进转型综改工作，增加标杆项目数量，加快标杆项目建设，重点在先行先试和改革创新上取得新突破。

（七）进一步做好社区和民生工程建设。一是积极推进和谐社区建设。继续加大区财政对社区和农民的扶持力度，落实中央和省市区各项惠民政策，理顺社区居民的社保和医保工作。完善信访接待，化解群众矛盾，营造和谐发展氛围。二是不断壮大社区集体经济，由社区成立的股份有限公司作为社区发展媒介，理顺社区在招商引资、城中村改造等方面程序，加速社区经济发展，促进开发区“城中村”改造尽快实现“六个转变”，即：村民转为居民（股民）、村委会转为社区居委会、农村集体经济转为城市混合经济或股份制经济、集体土地转为国有土地、村民居住用房由平房转变为楼房、城中村转为城市现代化文明社区。三是全面加强社会事务管理。继续深化各项体制改革，不断探索社会管理发展新举措。进一步规范城乡居民医保、养老保险、失业保险等“三险”工作，研究解决失地农民再就业的管理问题，出台针对失地农民的再就业培训办法，保证农民切身利益。四是进一步加强社区文化和精神文明建设。积极开展就业技能培训、社区文化展演等活动，提升居民就业和创业的能力和素质，确保农民在失去土地之后能快速就业。继续完善社区文化广场、活动中心等配套设施，让广大居民真正享受到城镇化建设带来的好处，着力提升社区居民的幸福指数。

继往开来　再创佳绩
奋力打造产业高端、动力强劲、平台广阔、特色鲜明的开发区

侯马开发区管委会主任　**李朝旗**

2013年，面对错综复杂的经济形势和艰巨繁重的发展任务，开发区全面贯彻落实党的“十八大”和十八届三中全会精神，不断加大工作力度，持续推进经济社会各项事业前进，取得明显成效。

2014年是全面贯彻落实党的十八届三中全会精神的开局之年。面对全会提出的一系列关于改革的新目标、新任务，怎样落实会议精神，谋划未来工作，制定目标任务，把握关键环节，对我们都至关重要。

一、2014年开发区工作的总体要求

以党的“十八大”和十八届三中全会精神为统领，以党的群众路线教育实践活动为抓手，按照省委省政府、市委市政府和省商务厅的总体部署，深入开展改革创新年、转型攻坚年、环境提升年、服务群众年活动，全面推进产业集聚、升级品牌服务、促进社会和谐、推动党的建设，努力打造产业高端、动力强劲、平台广阔、特色鲜明的开发区，争当百里汾河新型经济带产业排头兵。

二、2014年经济发展主要预期目标

区内生产总值完成46.5亿元，增长20.5%；公共财政预算收入1.25亿元，增长11.5%；工业总产值29.1亿元，增长21.8%；工业增加值14.6亿元，增长20.1%；全区企业主营业务收入228亿元，增长22.6%；招商引资实际到位额25亿元，增长25%。

三、2014年主要工作任务

（一）以项目建设为重点，全面推进产业集聚。一是切实加快项目建设。落实“六位一体”工作流程，对园区物流配送中心、百思富食品加工配送基地、新型电供热设备等11个在建项目，要督促项目单位搞好资金筹措，加快工程进度，争取早日建成，早日达效。对铃木电梯二期、恒威新生电商产业园、旭辉磁材等11个落地开工项目，要积极帮助企业破解资金筹措、征地拆迁、风险管控等难题，进一步优化建设环境，营造共同支持项目工程建设的良好氛围，确保早建设、早投产、早见效。对医疗器械产业园、志盛太阳能扩建等11个正在办理前期手续的项目，要积极帮助项目单位做好立项、土地、环评等各方面工作，为项目落地创造条件，尽快促成落地。二是全力抓好招商引资。进一步加大招商推介，创新招商方式，在全方位招商的基础上，重点围绕“大电子”“大电商”“大健康”三个产业集群，加强与长三角、珠三角、环渤海等地区的交流互动。下半年要在珠三角地区组织一场较大规模的招商推介活动，盯紧规模大、带动强、技术含量高、发展前景好的项目，主动对接，持续跟进，确保招商成果。在大电子方面，要充分发挥好国家级加工贸易梯度转移重点承接地平台优势，围绕已形成的智能终端、家用电器、LED、光伏新能源、电子元器件等电子电器产业基础，突出横向配套和产业链上下游延伸，引进一两个处于产业链条高端的电气化龙头大项目，成为领军企业，形成聚集效应。在大电商方面，要围绕国家电子商务示范基地建设，依托平台企业，重点抓好五个结合，即与实体经济相结合，与线上金融相结合，与现代物流相结合，与新型商业模式相结合，与国内知名电商园区结合。在大健康方面，要大力发展医疗器械产业，做好医疗器械加工和营销企业的培育孵化，加快医疗器械产业园配套建设。力争到年底前再引进几十家医疗器械相关企业，培育壮大医疗器械产业。同时，做优旺旺、好友乐等绿色食品，做强旺龙、新星等健康医药，打造山西具有一定影响力的大健康产业基地。三是盘活园区存量土地。CBD商务办公园区要加快文明路北几个企业的升级改造。现代物流园区要充分发挥晋运集团等大物流公司的统领作用，整合聚集中小物流公司，形成适应形势发展的新的运营业态。承接产业转移示范园区要对现有项目的空闲土地做出利用规划，合理安排项目布局。

（二）以环境提升为重点，全面升级品牌服务。一是要进一步提高行政效能。一方面，对上沟通，争取更大的审批权限；另一方面，按照规定将所有管理行政许

可项目全部进驻审批大厅，实现集中办理。继续完善一站式办公、一条龙服务，全力营造政策宽松、管理优化、服务高效的发展环境。二是要进一步提高服务标准。始终围绕企业发展来想事情、办实事，做好、做细、做实"保姆式"服务。持续加大督查纠风力度，杜绝"不作为、慢作为、乱作为"和"吃拿卡要"等损害发展环境的事件发生。三是要进一步做优服务平台。重点抓好电子商务示范基地、承接产业转移示范园区服务中心、中小微企业服务中心和公路物流服务中心四个服务平台运行。探索创新发展模式，重点做好集中办公、实行并联审批等综合配套服务，做好零门槛入区、注册住所挂靠等托管服务以及其他配套商务秘书服务。

（三）以管理创新为重点，全面促进社会和谐。一是切实抓好目标责任考核。修订和完善目标责任考核体系，更加注重激励导向，更加有利于调动大家的创业热情，收到良好的激励效果。二是认真抓好安全稳定工作。安全生产工作要继续紧紧抓住认识、责任、作风三个关键环节，扎实开展好"安全隐患排查、安全生产专项整治和打非治违"三项行动，持续提高安全生产管理水平。创新信访稳定工作方式方法，完善社会治安防控体系建设，健全社会稳定风险评估机制和预警应急机制，有效整合资源力量，多渠道、多形式化解不稳定因素，扎实推进"平安开发区"建设。三是不断加强城市建设管理。继续加强城市基础设施建设，加快完成建工路扫尾、呈王路东段人行道修缮和旺旺北支路打通工程，完成区内绿化、亮化、美化工程，做好承接产业转移示范园区 10 千伏供电专线和惠仁堂 10 千伏供电专线建设工程，完成 100 套保障房建设任务。进一步提升城市管理水平，以环境清洁化、标准化、优美化、秩序化为主要内容，突出治脏、治乱两个环节，营造良好的生产生活环境。四是切实加强人力资源保障。做好人才引进政策体系建设，优化人才创业发展环境。通过"订单培训"，打造人才培训基地，保障企业用工需求。帮助企业做好技术研发中心建设工作，重点启动高新产业孵化中心运行工作，积极支持孵化一批高新技术项目。五是努力提升文明创建水平。文明委加强指导，文明办、工、青、妇等组织积极参与，带动各部门、各企业以"道德讲堂""文明窗口""文明传播""志愿者服务"等活动为载体，弘扬好人好事，提升精神文明建设水平，为开发区全面发展提供强大的精神动力和道德支撑。

凝聚力量　锐意进取　真抓实干
建设文明开放、富裕和谐的新尧都

尧都区区长　王　震

2014 年是贯彻党的十八届三中全会精神、全面深化改革的重要一年，也是尧都区加快转型跨越发展的攻坚之年。深化改革推动发展的空间更加广阔，同时发展面临的内外部环境更加复杂多变。我们必须坚定发展信心，凝聚力量，锐意进取，真抓实干，扎实做好全年的各项工作，全力推动经济社会转型跨越发展。

一、2014 年政府工作总体思路

以党的"十八大"、十八届二中、三中全会精神为指导，深入开展党的群众路线教育实践活动，按照转型综改总要求和市委、市政府"四个年"活动总体部署，全面贯彻落实区委八届四次全会精神，以百里汾河新型经济带建设为引领，坚持稳中求进，改革创新，加快推进产业转型、新型城镇化、生态建设和民生改善，促进经济持续健康发展，确保社会和谐稳定。

二、2014 年全区经济社会发展主要预期目标

生产总值完成 266.1 亿元，增长 9.5%；规模以上工业增加值 72 亿元，增长 13%；固定资产投资 296.3 亿元，增长 24%；财政总收入 43 亿元，增长 16.6%；公共财政预算收入 17.2 亿元，增长 9.3%；社会消费品零售总额 213.4 亿元，增长 14%；城镇居民人均可支配收入 26751 元，增长 11%；农民人均纯收入 11159 元，增长 11%。

三、2014 年政府主要工作任务

（一）加快综改试验区建设，全面深化各项改革。一是大力推进综改攻坚。扎实开展"转型攻坚年"活动，围绕百里汾河新型经济带，突出工业园区建设，抓好涝洰河生态建设工程、2 万公顷核桃基地、奥特莱斯芭蕾雨、中国五矿西里北铁矿综合开采、帝尧文化主题生态公园等十大标杆项目，实施学前教育普惠、医疗服务提质、美丽尧都创建等八项惠民工程，统筹推进经济建设、社会建设、文化建设、生态建设和民生改善，确保

综改试验区建设迈出新步伐。二是加快重点领域改革。深化财税体制改革，完善预算管理制度，加强政府性债务管理，积极推进煤炭资源税从价计征和“营改增”工作。深化投资体制改革，建立民间资本投资项目库，支持民间资本进入基础设施、市政设施和教育、文化、医疗卫生等领域。深化土地管理制度改革，加强土地经营权流转管理和服务，推动土地经营权等农村产权流转交易。探索建立城乡统一的建设用地市场，用足用活城乡建设用地增减挂钩政策，推进工矿废弃土地复垦利用。实施12个土地开发项目和9个建设用地复垦项目，新增耕地200公顷。深化林权制度配套改革，规范林权登记管理，完善林权地籍信息管理系统。创新融资模式，推进银企对接，积极探索短融、BOT、BT、企业债券等融资模式。重点抓好二期企业债券发行和土地收储融资工作。创新招商引资方式，提升招商引资质量和水平。创新政府服务方式，探索和实施政府购买服务，推进城市管理、公共基础设施运营、社区公共服务实现市场化。三是实施创新驱动战略。制定《国家创新驱动发展战略尧都行动计划(2014～2020年)》和《尧都区低碳创新行动计划》。围绕城乡建设、医疗卫生和文化事业等重点行业和领域，创新人才引进和培育机制，制定招才引智优惠政策，引进一批高层次、高技能人才。围绕改造传统产业、发展新兴产业和建设农业三大基地，创新科技发展机制，促进科技和产业融合发展。年内培育市级创新型企业3家，高新技术企业达到5家，市级以上技术研究中心达到10家，专利申请总量突破230件。

(二)强化投资和消费拉动，促进经济平稳发展。一是继续加大投资力度。强化项目建设主体责任，继续落实项目包联责任制和“三定一抓一评”督查机制，确保项目建设在力度、速度和强度上实现新提升。全年项目储备2000亿元，签约160亿元，落地293亿元，开工245亿元，投产226亿元；实施省、市、区重点建设项目97个，完成投资195亿元。二是进一步扩大社会消费。推进环城商贸体系、特色商业街和15分钟便民商圈建设，发展一批乡村基本生活综合服务中心和农超对接企业，支持发展养老、健康、旅游、文化、信息等新兴服务业。全区社会消费品零售总额增长14%以上。三是支持中小微企业健康发展。加强工业经济运行调度，协调煤、焦、电企业联合协作，优化配置煤、电、油、运、资金等生产要素，积极开拓市场，促进产销衔接。注入1000万元专项资金，建立助保贷平台，支持中小企业健康发展，力争规模以上企业达到56家，工业增加值增长13%以上。

(三)加快产业转型升级，积极构筑新型产业体系。一是加快工业园区建设。完成贾得工业园区分区规划。进一步细化钢铁、精密铸造、煤化工、高新技术等八大产业的规划布局，加快园区基础设施建设。全力推进项目入园。重点抓好中国五矿西里北铁矿300万吨综合开采项目，加快推进同世达和太原煤气化公司300万吨焦化项目，进一步加强与中煤集团的联系对接，争取260万吨焦化项目早日落地建设。统筹抓好宝珠制药、云鹏药业、正杰电器、天安电器、北斗导航系统等项目建设。加快推进三星电子产品生产基地、广州捷能环保建材、山西精铸实业铸件等项目入园。二是加快工业企业转型升级。全力抓好煤炭工业。加快四通煤业、蓝宝公司等10座煤矿基建改造步伐，年内雪坪、龙驭等5座基建矿井竣工试运转。继续抓好煤炭生产和统一经销工作，确保原煤产销量达到600万吨，力争700万吨。扶持鼓励企业升级改造。重点抓好光宇电源30万兆瓦智能灯具、志强钢铁25万吨精密铸件等10个改扩建项目，推动企业转型升级。三是加快发展现代服务业。以打造环城商贸体系为目标，加快十大商贸工程建设。城北重点加快奥特莱斯芭蕾雨项目建设。城东重点启动上海红星美凯龙大型家居购物广场项目，启动临汾建材家居博览城项目，启动上东世纪CBD城市综合体项目，恒安新东城美特好项目国庆节前开业运营。城南重点启动北京新发地尧都农贸批发市场项目。城西重点启动临汾汽车博览城项目。四是加快三大物流园区建设。继续加快城南生活性物流园区建设，重点实施兴荣物流园改扩建项目。继续加快城北生产性物流园区建设，重点启动临运物流中心项目，启动乔李空港物流园区建设，推进中信空港仓储物流园项目。五是加快推进三大文化旅游项目。仙洞沟景区年内完成帝尧文化主题生态公园门户区、隧道、景观桥及配套设施工程。尧帝陵景区年内完成祭祀大殿装修工程。加快发展文化产业，重点推进乐视网络视听基地项目。

(四)加快农业产业化进程，增强农村发展活力。一是加快三大基地建设。核桃产业基地总面积达到2万公顷，重点建设金殿、县底示范区和土门、一平垣、魏村5333公顷连片示范区，完成380眼集雨旱井和60千米道路建设工程，实现水、路配套。加快建立运营管理长效机制，积极引进深加工项目，确保核桃产业持续健康发展。扩大设施蔬菜基地达到5000公顷，优质水果基地达到9333公顷。认真落实强农惠农政策，加强基本农田保护，确保粮食产量稳定在25万吨以上。二是全力抓好尧都生态产业园建设。支持乐视控股集团，建设集有机农业、种植酿造、旅游观光于一体的高效农业园区和葡萄酒产业基地。重点完成千亩进口酿酒葡萄种植园项目，启动实施5个酿酒酒庄和葡萄酒国际展示交易中心项目。三是大力推进产业化经营。加快培育农业品牌，提升市场竞争力。进一步加大对亿佳美、澳坤量子、中德农牧等十大龙头企业的扶持力度。鼓励发展农民专业合作社，力争市级以上示范合作社达到40家。四是提高农村公共服务水平。制定和实施改善农村人居环境规划纲要，大力实施以农村基础设施和公共服务为重点的完善提质工程，以采煤沉陷区治理、异地搬迁、危房改造为重点的农民安居工程，以垃圾污水治理为重点的环境整治工程，以美丽乡村建设为重点的宜居示范工程，逐步改善农村生产生活条件。全力推进“乡村清洁工程、农村困难家庭危房改造、农村幼儿园改造、贫困人口易地搬迁和新型职业农民培训工程”五件实事，进一步提升农村发展水平。

(五)统筹城乡发展，不断提升城镇化水平。全力推进东城建设，按照“一轴两翼”发展规划，继续实施“北进东扩、西南提升”工程，加快东城扩容提质步伐。继续加快涝洰河生态建设，重点实施河道治理工程、景观建设工程、区域路网工程和跨河桥梁工程。加快东城道路建设，以拉大框架、完善路网为重点，实施九项道路工程。全面完成在建工程。加快东城公共设施建设，重点实施东城医院内外装修工程、东城城市综合体项目、区级全民健身活动中心项目、东城商业公园项目和师大文理学院新校区建设项目等5项工程。继续推进主城区、西城区重点项目，加快主城区道路工程建设。加快西城区重点工程建设，继续做好奥体中心、广电中心、规划六路等省、市重点项目的征地拆迁工作。全面完成汾河综合治理和生态修复工程。加快实施城中(郊)村改造，全面推进20个重点村城中村改造。

(六)加快生态文明建设，努力建设美丽尧都。一是继续实施春秋大绿化工程。全年植树128万株，完成75.8千米通道绿化和23个景点绿化工程；加大“两山、两林、两区”造林绿化工程建设力度，完成营造林4067公顷；围绕创建国家园林城市，完成五一东路、秦蜀路、中大街、景观大道、贾得工业园区主干道等新建道路绿化工程。二是继续开展城乡环境综合整治。抓好农村环境卫生整治。健全完善农村环境卫生管理长效机制，规划建设垃圾转运点和填埋场所，重点解决城乡接合部和农村背街背巷脏、乱、差问题。全面开展东城环境综合整治，规范城乡建设秩序。以城乡接合部为重点，开展违法占地和违法建设整治，提升城乡综合管理水平。三是狠抓大气污染防治。新增东城供热面积30万平方米，协调推进市区9.3万户天然气置换和91个城中(郊)村燃煤炉灶气化改造工作，做好市区范围内115台采暖锅炉、114处建筑工地和5个煤焦发运站的监测治理，继续强化53家工业企业深度治理。建立区级污染源监控中心，加强PM2.5监测预报，提高重污染天气的应对能力。四是强力推进节能减排。做好煤、焦、铁、建材等重点行业节能工作，推进工业、建筑、交通、公共机构等领域节能降耗。推广节能产品和技术，推动企业清洁生产和低碳行动。严格节能评审，加强节能预警，确保万元生产总值综合能耗下降3.5%以上。深入推进水环境治理，加强饮用水源地保护。

(七)加快发展民生事业，全面推进社会建设。一是加快发展文化事业。加强城乡公共文化服务体系建设，抓好16个乡镇、9个办事处综合文化站和372个农村文化活动室、农家书屋规范化管理。实施文化惠民工程，开展公益电影放映、送戏下乡活动。加强非物质文化遗产保护。大力发展影视、动漫、创意等文化产业，鼓励发展具有尧都地方特色的文艺创作。广泛开展全民健身活动。二是全面发展各类教育。深化教育综合改革，全面实施素质教育。加强教师队伍建设，建立合理流动机制。改善义务教育办学条件，启动216所中小学信息化工程。大力发展职业教育，启动实施技工学校搬迁工程。提高高中教育发展水平，积极发展特殊教育、成人教育，规范发展民办教育，促进各类教育协调健康发展。三是加快发展医药卫生事业。继续深化公立医院综合改革，推进区级医院整合工作。提升新农合保障水平，人均筹资标准由340元提高到390元。推进城乡基本公共卫生服务均等化。完善药品食品监管体系，加快推进卫生计生机构整合工作。落实人口计生政策，加强流动人口计划生育管理，全区人口自然增长率控制在6.5‰以内。四是全面加强社会保障。推进城乡居民养老保险制度整合和管理服务一体化，做好医疗保险城镇居民门诊统筹试点工作，实行社会保障“一卡通”。完善失地农民社会保障体系，抓好各类社会保险提标扩面工作。加强社保基础设施建设，完成区就业和社会保障服务中心、15个乡镇服务站项目。加大保障性住房建设力度，新开工建设保障性住房4700套，基本建成1396套。

(八)加强社会治理创新，确保社会和谐稳定。全力抓好安全生产。强化安全发展理念，全面落实安全生产责任。切实抓好煤矿、非煤矿山、私挖盗采、危险化学品、道路交通、人员聚集场所、建筑施工、食品药品、校园社区等行业和领域的安全隐患排查治理。强化安全基层基础工作，严格落实安全生产“一票否决制”，确保全区安全生产形势持续稳定。加强社会治理创新。深入推进社区“网格化”和城乡“两实”管理工作。加强和改进信访工作，完善矛盾纠纷排查调处机制，启动区信访服务中心建设。加强网络舆情监管，推进社会治安综合治理，抓好应急体系建设，确保社会和谐稳定。

凝聚共识　驱动创新
为实现“中国梦·兴霍梦”而努力奋斗

霍州市市长　**崔山原**

2013年，霍州市千方百计稳增长，多措并举调结构，创新理念促改革，倾情倾力惠民生，圆满完成年初各项预期目标，实现了稳中有为、稳中提质、稳中有进。

2014年是全面贯彻落实党的“十八大”和十八届三中全会精神，扎实推进转型跨越发展的关键一年。面对新形势、新机遇，我们既要防微虑远，趋利避害，更要勇于担当，创新图强，全力推进各项工作再上新台阶。

一、2014年政府工作的总体思路

高举中国特色社会主义伟大旗帜，全面贯彻落实党的“十八大”和十八届二中、三中全会以及习近平总书记系列讲话精神，深入开展党的群众路线教育实践活动，认真落实市委六届四次全委会和三级干部大会各项决策部署，坚持稳中求进总基调，以百里汾河经济带为引领，牢牢抓住工业转型、农业增效、三产提质、城乡一体、民生改善、社会稳定六大重点，凝聚共识，驱动创新，为建设幸福美丽新霍州，实现“中国梦·兴霍梦”而努力奋斗。

二、2014年经济社会发展的主要预期目标

全市生产总值增长5%，财政总收入增长13.6%，公共财政预算收入增长12.5%，规模以上工业增加值与上年基本持平，全社会固定资产投资增长20%，社会消费品零售总额增长15%，城镇居民人均可支配收入增长12%，农民人均纯收入增长13%，居民消费价格涨幅控制在3%以内。

三、2014年政府工作重点

（一）围绕转型抓项目，力促工业经济跨越崛起。一要深挖骨干企业潜力。充分发挥霍煤、霍电、兆光等大型企业的引领带动作用，挖掘企业潜力，延伸产业链条，启动实施PVC建材和粉煤灰综合利用项目，提升河西和城北两大工业园区的产业聚集。同时，加快推进力拓、什林、兴盛园等煤矿的扩能改造，力争年内达到设计生产能力。二要壮大新型工业实力。根据“一核双轴四区”的规划框架，加快霍东新产业聚集区“六通一平”等基础设施配套。大力招商引资，以政策对路、绿色环保、高新高效为标准，广招细选，紧盯不放，直至落地。加大对新上项目的跟踪服务力度，霍煤机电设备制造一期项目要尽快形成规模，投产达效，并适时启动二期建设。液化天然气调峰储气项目要加紧设备调试，尽快投入运营。晨皓5万吨纯净水项目要尽快启动生产线建设。华润10万千瓦风能发电项目要力争完成道路建设和设备安装。三要激发中微企业活力。全面落实上级扶持中微企业发展的相关政策，鼓励民间资本投资公共基础等放开领域。积极搭建中微企业服务平台，强化市场引导，优化要素服务，促进各类中微商企投资创业，做大做强。

（二）突出特色上规模，力促农民群众持续增收。一要壮大基地规模。发展特色经济林基地，新栽植优质核桃133公顷，达到1867公顷，同时要加强技术服务和管护。规模养殖基地，新发展养殖场（户）20个，达到280个，积极扶持龙头养殖企业，确保发挥龙头效应。扩大无公害蔬菜种植基地面积，改造设施，提升品质，增产增效。特别是要继续推进西张垣现代农业生态循环示范园区建设，打造绿色安全、优质高效的现代农业示范区，休闲采摘、旅游观光的生态农业重点区，循环发展、增收致富的集约农业样板区。二要做强品牌农业。积极扶持梨湾小米、东湾芦笋、城南大葱、开元豆腐、十里铺甜瓜等传统特色农产品增产增效。高度重视核桃、苹果、小杂粮等传统产业的精深加工和设计包装。推进无公害农产品认证工作，扶持鼓励农业公司注册经营。三要保障粮食增产。继续加强农田水利基础建设，重点实施末级渠系建设和东王村高标准农田示范项目。积极推广旱作农业、测土配方施肥等农业技术。大力推进坡耕地治理、土地复垦改造等工程。认真落实粮食直补、农机具补贴等各项强农惠农政策。进一步稳定种植面积，改善生产条件，调动农民生产积极性，确保粮食主业稳定增产。四要扶持农民创业。强化农民创业就业技能培训，支持自主创业，鼓励合作经营，引导务工就业，促进广大农村劳动力有序转移。加大科技惠农力度。培养扶持一大批劳动致富能手、农民经纪人、科技小康户和家庭农场、生态农庄等新兴农业经营主体。

（三）依托优势铸品牌，力促第三产业提质增效。一要加快景点建设。以建设星级景区为目标，着力打造“一署两峪”。霍州署，在完善提高一期工程的基础上，适时启动东西辅线保护开发工程，真正打造闻名全国的署衙景区。七里峪景区，加快推进入口片区停车场、游客服务中心、人工湿地保护、林溪晋茶度假酒店、商务服务中心和道路改线六大工程，抓紧启动滨水游憩区、西部换乘区、景区水库和客运站四大工程的前期工作。陶唐峪景区，修订完善规划，启动征地拆迁，尽快实施建设。同时，加快对其他文物旅游资源的保护修缮和适度开发，整体提升霍州市旅游业的知名度和竞争力。二要深挖文化内涵。分类挖掘整理，通过网络传媒、著书立说、文艺创作等形式，展现传统文化的独特魅力。重视传统文化产业的宣传包装，提高技艺，做大做强。丰富传统文艺的表演形式，创新剧目，增加内涵。积极推进各种文化站馆有序开放，发挥作用。三要繁荣商贸经济。建设好一批商贸服务项目，重点加快署前文化园、浙商创意园、联源物流园、州里街、人防商业街、华怡三期等项目建设，提升接待水平，繁荣市场经济。

（四）完善功能提品位，力促城乡建设亮点纷呈。一是加快扩容提质。按照城市“五大板块”的规划布局和相关修建性详规，全力推进旧城改造、新区开发和城市交通建设。旧城改造主要是围绕提高品位实施十大项目，新区开发主要是围绕扩大容量实施五大项目，城市街道主要是围绕完善功能实施“四街六路”改建新建工程。二是建设宜居村庄。继续围绕硬化、亮化、绿化、美化目标，扎实推进新农村建设。加快推进李诠庄新农村标准化住房项目、大张和西张新农村“两区同建”连片改造项目、百亩沟旧村迁建工程。启动规划贯通“两峪一山”、交集高铁车站、通达市区的骨干通道，分期打造以高铁广场为枢纽、以生态旅游为主题的东部城乡建设板块。积极推进城乡公共资源均衡配置，构建以城带乡、城乡一体、“四化”同步、共同发展的城乡建设新格局。三是整治城乡环境。以“四城联创”为抓手，狠抓市容环境整治，创新城市管理办法，提升城市管理水平；严格落实节能减排目标，加强企业排污监管，启用PM2.5监测设备，确保完成节能减排任务；热电联产、天然气继续增容扩户，实现市区及周边全覆盖。保证污水处理厂和垃圾处理场正常运转；加强饮用水源地保护，启动水源地东移及东区供水管网工程；加快推进汾河生态治理，启动南涧河、对竹河治理工程；实施霍冯线、义邢线、南赵线等通道绿化和汾河沿线荒山绿化、南山绿化工程，积极创建省级园林城市；大力推进乡村清洁工程，全面改善城乡居民生存环境；持续引深移风易俗、文明殡葬活动。

（五）办好实事惠民生，力促人民群众幸福安康。一是办好人民满意的教育。加大教育投入力度，启动劳动技校改扩建、霍东新区小学建设等项目。实施基础教育信息化工程，为全市中小学配齐网络教学设备。统筹推进基础教育、高中教育、职业教育、幼儿教育协调发展。加强师德师风建设，提升教师队伍素质，不断提高教育教学水平。二是搞好群众放心的医疗。加快推进普仁集团新医院建设。深化医药卫生体制改革，完善基本药物制度，健全医疗救助体系，提高医疗服务水平，努力做到小病不出乡，大病不出城，费用可保障。优化计生服务，提高人口素质。三是拓宽求职就业的渠道。规范招人用人制度，消除各种就业歧视。抓好大中专毕业生、复转军人等重点人群的创业就业工作。挖掘市内就业岗位，拓展市外就业渠道，全年新增就业岗位5800个，城镇登记失业率控制在4%以内。四是强化弱势群体的救助。继续巩固和扩大养老、医疗、失业、工伤、生育等保险的社会覆盖面，进一步提高报销比例和保险待遇。加大城乡“四类”困难家庭学生、农村80岁以上老人、贫困大学生等弱势群体的帮扶救助力度。推行好四大班子包联孤儿、爱心助学、优抚安置、集中供养等制度。启动陶唐峪敬老院二期、市儿童福利院建设等工程，完成新建公租房200套、限价商品房292套，改造工矿棚户区144套、城市棚户区464套。

（六）创新机制强治理，力促社会大局和谐稳定。一要主动化解矛盾。建立重大决策、重点工程社会风险评估机制，完善信访工作长效机制，引导群众通过法律手段维护自身合法权益。二要强化安全监管。进一步明确安全生产的监管责任和主体责任，扎实开展安全隐患排查整治活动。全力抓好煤矿、非煤矿山、道路交通、学校医院、食品卫生、危险化学品、易燃易爆物品、护林防火、公共聚集场所等方面的安全工作，坚决遏制重特大事故发生。继续深化“打非治违”行动，严厉打击各种私采滥挖和私接乱缠天然气管道行为，确保全市安全生产形势持续稳定好转。三要创新社会治理。启动“智慧霍州”建设。引深“六六创安”工程。加强流动人口等特殊人群的教育管理。加强应急管理体系建设，提高防灾减灾、安全事故、突发事件应对能力，创造更加安全、舒适、和谐的生产生活环境。四要推进民主法制。进一步完善村民自治组织和企事业单位民主管理制度，依法推进政务、村务、企务公开，做好第十届村委会换届选举工作。支持人民法院、检察院依法履行职责。支持工会、共青团、妇联等群团组织开展工作。加强政府法制工作，推进“六五”普法，做好法律援助，提高全民法制意识。五要引深文明创建。加强社会公德、职业道德、家庭美德、个人品德教育。深化城市社区管理，健全运行机制，提升服务水平。推动诚信体系建设，以政务诚信带动商务诚信和社会诚信。加强未成年人思想道德教育，形成良好的社会风尚。

做好四个坚持　推进四项转变
努力开创全县转型跨越全新发展之路

曲沃县县长　郭惠勇

曲沃，位于山西省南部，临汾盆地南端，境内地势平坦、资源丰富、交通便利、水电充沛、文化底蕴深厚，是春秋时期的晋国建都之地。县域总面积 437.9 平方千米，辖 5 个镇 2 个乡 158 个行政村，总人口 24 万人。

“十二五”以来，在省委、省政府“转型、跨越、翻番”的战略决策和部署下，曲沃应时而上、顺势而为，立足自身发展实际，提出了实施“产业强县、城建靓县、文化立县”三大战略、建设“全省千万吨钢铁基地、全省最大的设施蔬菜基地、全国晋文化研究开发基地”的总体思路和目标，并坚持以项目建设为抓手，全力推进“551011”工程任务，即：建设工业五大园区、狠抓农业五大重点、实施城建十大系列工程、打造一条旅游观光走廊、全力办好改善民生这件大事，全县经济社会进入了转型发展、跨越发展的快车道。2013 年，全县生产总值 100.3 亿元，比 2012 年增长 11%；规模以上工业增加值 66.33 亿元，增长 13.6%；公共财政预算收入 2.99 亿元，增长 18%；城镇居民人均可支配收入 22455 元，增长 11.7%；农民人均纯收入 10138 元，增长 13.8%。继 2012 年之后，再次在全市目标责任考核中位列前三，在全省县域经济发展考核评价中被授予全省“县域经济发展先进县”称号。在具体实践中，主要做法就是“做好四个坚持，推进四项转变”：

一、坚持工业集群化发展，推动工业经济发展由分散经营向区域联合转变

曲沃作为一个欠发达的内陆县份，发展工业经济仍然是其快速提升县域经济发展实力的有效途径。而曲沃的工业主导产业与全省很多县份一样，都是以钢铁、焦化等产业为主。面对市场竞争激烈、产业同质化现象严重的现实，去年以来，曲沃将加快推进工业产业集群化发展、提高市场竞争力作为保持工业主导产业稳健发展的主要手段，全面推进以钢铁、装备制造、现代物流、黄金开发等产业为主的各大工业园区集群化建设，特别是把发展形势最严峻、对全县经济影响最大的千万吨级钢铁工业园区建设作为全年工作的重中之重，在积极引导园区企业引进先进管理经验和生产技术、置换产能、关小上大，更新设备、改善环境的同时，大力发展园区循环经济，实现了钢铁材成龙配套、余能多级转化、废弃物综合利用、上下游产业关联互动的循环体系，使得园区企业年节约成本 8 亿元以上，确保了企业在全省乃至全国同行企业大幅减产、限产有的甚至倒闭破产的大环境下，仍然保持了正常的生产运营；启动实施了晋南钢铁集团组建计划，目前以县境内立恒钢铁公司为首，已经联合了周边县市其他 5 家钢铁企业组建成立了晋南钢铁贸易公司。公司运营以来，通过统一采购、统一物流、统一销售的市场化运作模式，大大降低了企业的生产成本，仅原料采购一项，就可为企业年节约资金 10 亿元以上，2014 年年内将完成晋南钢铁集团的组建工作。这种“抱团式发展”的经营模式，不仅结束了过去关联企业单打独斗的局面，由“竞争对手”变为“合作伙伴”，同时也使企业取得了区域市场话语权，有效增强了抵御风险的能力，实现了在逆境中发展壮大。

二、坚持农业园区化发展，推动农业产业发展由传统模式向品牌模式转变

农业经济是整个县域经济发展的基础支撑。对于农业人口占到全县总人口 4/5 的曲沃来说，农业经济发展更是决定全县经济发展整体实力能否根本提升的基石。曲沃是一个农业生产条件相对较好的县份，一家一户从事各类特色种植业的传统模式比较普遍，但就农产品而言，却存在着优质不优价的问题，这也一直制约着全县农业产业的快速发展。为此，近年来，曲沃按照省委、省政府“一县一业、一村一品”的发展要求，充分发挥自身农业自然和产业优势，把农业品牌建设作为解决此问题的主攻方向，积极探索推行“文化＋农业＋农民＋园区”的农民致富新模式，全力实施“晋之源”农业品牌统一打造工程，对全县各类农产品进行了统一冠名、统一包装、统一对外销售，以此来提高品牌市场影响力、拓宽销售渠道。在此基础上，为进一步扩大产业规模、提升产品品质，又大力实施了晋之源系列农业园区统一打造工程，对规划建设的以设施蔬菜、优质大蒜、红提葡萄、优质苹果、高效莲菜等高效产业为主的八大农业园区统一以“晋之源”给以冠名，并从形象环境、产业示范以及“水、电、路、林、技术、网络”五覆盖等方面进行了统一建设和完善，特别是引导立恒公司以“工业反哺农业”的理念和“工业经营农业”的形式，投资2亿元实施的晋之源太子滩立恒现代农业园区建设成效显著，园区内规划建设的晋国文化游览区、高科技智能温室区、茅台集团优质杂粮生产区、双千亩莲鱼共养区、特种水产养殖区等六大区域，在全市乃至全省现代农业园区建设中树立了新标杆。截至2013年底，全县以设施蔬菜为主的高效种植业面积达到6667公顷，成为促进广大农民增收致富的主要支撑。

三、坚持特色文化旅游业发展，推动文化旅游业发展由探索期向成长期转变

三产服务业是县域经济发展的重要组成部分，其发展程度高低既是衡量县域经济产业结构是否合理的基本标尺，也是决定县域经济发展空间大小的一个重要参考。曲沃作为春秋时期晋国都城的所在地，是三晋文明的发祥地，境内文物古迹众多，物质的、非物质的文化遗产十分丰富，特别是有曾轰动海内外、发掘出9代19座晋侯墓葬的曲村—天马遗址。正是基于所拥有的得天独厚的文物旅游资源，全县将旅游业作为发展第三产业的重点，并积极推动晋国博物馆等景区景点的建设，但仅靠晋国博物馆和一些还未开发的旅游景观很难支撑起这一产业的发展。为此，近年来，曲沃从丰富内容、增加内涵开始着手，确定将旅游和文化融合发展的基本思路，并本着突出主题特色、调动各方投资的建设原则，将景区景点的建设作为承载文化旅游业的发展平台，规划建设晋国文化旅游区、桥山黄帝文化风景区、浍河自然风景区、磨盘岭现代农业观光区、景明生态旅游区和太子滩休闲观光度假区等六大旅游景区，并经过一年的紧张建设，各景区的主题特色更加鲜明、文化内涵更加丰富、景区环境有效改善、功能设施进一步完善，对外接待水平不断提升，初步形成一条集文化传承、文物保护、景观游览、农业观光、温泉养生、科普教育等为一体的精品旅游观光带。特别是在全县文化旅游产业发展的龙头景区—晋国文化旅游区的建设上，坚持系统性全面开发的思路，全面推进景区主体场馆—晋国博物馆的各项后续扫尾工作，并于2014年6月14日进行了试开馆，成功迎接了中国文化遗产日山西省主场活动在此举办。除此之外，还编辑制作了晋国历史宣传片《晋国风云》，筹划编排了晋国历史故事情景剧，启动了曲村—天马国家考古遗址公园、晋国影视城和《晋国风云》大型演艺综合体暨晋国文化产业园等一批重大潜力项目的各项前期工作，力求将其打造成集遗址保护、文物展示、学术研究、影视拍摄、生态旅游于一体的全国首座全面展示晋国历史文化的综合性平台，成为全省晋文化带中的一颗璀璨明珠。

四、坚持城镇化发展，推动城乡建设由基础功能向品位化方向转变

城镇在县域经济发展中发挥着中心平台作用，只有推进新型城镇化进程，才能使县域相关各行业实现生产要素的合理配置，推动县域经济发展。2012年全省城镇化率已达50%以上，曲沃的旧城区规划控制区面积为18平方千米，城镇化率还不足35%，而且旧城区服务功能设施标准不高，更新缓慢，城镇化进程相对滞后，这与我们所处区位、经济发展要求极不相称。为此，近年来，县委、县政府按照“有利于土地资源节约集约利用，有利于促进人口聚集，有利于加快新型城镇化进程”的要求，以做大扮靓县城为主要路径，以加快东城新区开发为突破口，全力推进涉及主干道路、排水、商业住宅、商业广场、星级酒店、部门业务用房等方面的20余项工程建设，新区中央核心区大贯通、大循环的“三纵三横”主干道路框架全面形成；国际酒店、商业广场和数十栋高层住宅拔地而起。特别是高标准、快速度地推进了占地20公顷的县城主题公园—晋园的建设，公园内万人广场、晋国街、晋国宫、文公舫、晋水桥、戏苑等一系列富有历史文化特征的单体建筑主体落成，如意湖、音乐水幕喷泉以及其他景观水系建设也已完成，目前公园已经正式对外开放；处于公园中心的晋都文化中心“五馆一院一中心”的所有场馆正在加紧建设，部分主体已经竣工，2014年年底前将全面投入使用，一个设施齐备、功能完善、生态优美、文化彰显的城市新中心蔚然形成。与此同时，积极探索镇村建设向“人口适度集中、产业相对集聚、功能配套集成”的片区整合方向发展，全面落实上级扶持农村的各项政策资金，进一步加大农村基础设施资金投入力度，重点推进特色小城镇建设和“产业建园区、农民进社区”两区共建试点工作，为下一步小城镇和新农村的示范建设奠定了基础。

在狠抓经济建设的同时，曲沃坚持把改善民生作为发展经济的根本出发点和落脚点，有效落实省委、省政府确定的农村“五件实事”，继续加大对文教卫生、社会保障等各项社会事业的投入力度和发展力度，深入开展安全生产隐患排查，积极化解社会治安综合治理和矛盾纠纷，广大人民群众的安全感、满意度进一步提升，全县呈现出了政治稳定、社会安定、人民安居乐业的良好局面。

凝心聚力　真抓实干
加快建设和谐、富强、美丽新汾西

汾西县县长　**张安文**

2013年，汾西县围绕办好“三件大事”、发展“三大产业”、实施“五大战略”，扎实推进各项工作，全县经济社会继续保持平稳较快的发展态势。

2014年是深入贯彻落实十八届三中全会精神，全面深化改革的开局之年，是完成“十二五”规划的攻坚之年，做好2014年的工作，意义十分重大。

一、2014年政府工作的总体思路

深入贯彻落实党的“十八大”、十八届三中全会，县委十二届四次全会暨全县经济工作会议精神，以开展党的群众路线教育实践活动为契机，牢固树立发展第一要务理念，解放思想，真抓实干，扎实开展城市建设年、项目落地年、园区建设年、旅游开发年、服务群众年活动，全力以赴办好“三件大事”，坚持不懈地发展“三大产业”，坚定不移推进“五大战略”，加快建设和谐富强美丽新汾西。

二、2014年全县经济社会发展的主要预期目标

全县生产总值增长9.5%，规模以上工业增加值增长13%，固定资产投资增长26%，社会消费品零售总额增长14%，公共财政预算收入增长9%，城镇居民人均可支配收入增长11%，农民人均纯收入增长11%，城镇登记失业率控制在4.2%以内，居民消费品价格水平涨幅控制在3.5%左右。

三、2014年政府工作重点

（一）开展“项目落地年”活动，培育新型工业产业。一要重点推进工业项目落地。坚持以煤为基、多元发展，用足用活全省转型综改政策，加强土地、资源、资金等要素保障，培育煤炭、石膏、硫铁矿、铝矾土等新型工业产业。争取100万吨低品位硫铁矿强化富集与酸—铁联产项目落地开工、年产90万吨巨开元煤业矿井基建项目和年产120万吨巨同塬煤业矿井基建项目建设实施、110千伏开垣变电站建设项目并网运行、年产20万吨的永坤矿业石膏加工项目主体完工、年产10万吨的世纪金典石膏矿井和生产设施建设项目全面完成、年产180万吨氢氧化铝和40万吨高精铝板带箔项目完成用地审批和资源配置。加快推进30万吨矾土基均质合成材料和20万吨高端铝质耐火材料项目落地实施，启动实施年产15万套森茂高档卫生陶瓷洁具生产项目。二要继续加大招商引资力度。在产业转型升级、重大基础设施建设、社会事业发展等领域筛选一批储备项目，完成项目建议书、可研、土地和规划的预评审等基础资料。全方位推进招商引资工作，力争在引项目、引资金、引技术等方面有明显成效。三要激发中小微企业发展活力。鼓励支持民间资金以独资、参股、控股等多种形式进入基础设施建设、城市公共事业、小区物业管理和金融、教育、文化、旅游、医疗等领域。充分发挥中小微企业担保公司的融资平台作用，采取贷款贴息的扶持政策支持中小微企业发展，激发全社会投资创业的主动性和积极性。

（二）开展“园区建设年”活动，加快农业产业化进程。一要按照“一县一业、一村一品、一长一园”的要求，建设规模化种养产业园区。抓住全省实施干鲜果畜禽循环项目的机遇，规划建设1～2个有机肥加工企业，初步形成“核桃（粮食）—饲料—肉鸡—肥料—核桃（粮食）”干鲜果畜禽循环产业。继续坚持“公司＋基地＋农户”的模式，扩大肉鸡养殖规模，延伸产业链条，在全县新建规模肉鸡养殖棚8个，完善配套“两池两室”25户，年出栏肉鸡2500万只；建设万头规模的商品猪养殖场，带动周边120余户农民发展养猪产业。通过土地经营权流转，建设规模化、集约化核桃经济林园区，在全县建成3～5个千亩以上的核桃示范园；逐步推行“433”建管新机制，提升核桃经济林建设管理水平。支持龙荞生物、麒麟小米、众心蚕丝、晋发兔业等加工企业，发展独具地方特色的苦荞、小米、桑蚕、药材、食用菌、大棚菜、肉羊、肉牛、獭兔等特色种养园区，在全县新建60个“长字号”种养示范园。二要按照“山水田林路综合治理、垣坡沟坝渠立体开发”的模式，实施坝系农业综合开发。整合以工代赈、农业开发、土地整理、生态建设、水土保持等项目，连片规划，集中治理，建设生态高效坝系农业示范园区。三要按照产业扶贫、整村推进、劳动力素质提升“三位一体”的要求，扎实推进扶贫开发。加强与山西焦煤集团的对接，实施肉鸡深加工和农副产品营销项目，确保农民收入稳定增长；扎实开展机关企业与贫困村“一对一”帮扶工作，采取产业扶贫、基础扶贫、科技扶贫等措施，帮助贫困村农民群众尽快脱贫致富。大力实施农村人居环境改善工程，完成4个乡镇15个村的户用沼气建设。实施5个村的农村饮水安全工程。改造4个乡镇(区)的农村电网。实施8个乡镇120个行政村的乡村清洁工程。完成200户农村困难家庭危房改造。实施8个贫困村整村推进工程。建设15个新农村精品示范村、1个市级新农村示范点。实施"百村千人"农民实用技术培训工程，完成劳动力转移培训550人，农民技能培训2200人。认真落实粮食直补、良种补贴、农资综合补贴等强农惠农的各项政策，真正让农民群众得到实惠。

(三)开展"城市建设年"活动，提升城镇化发展水平。一要认真做好县城规划工作。认真编制县城控制性规划和专项规划，科学确定县城的总体规模和空间布局，合理定位县城的产业分布和功能分区，完善配套公共服务、市政公用设施和生态建设系统。严把规划审批关，坚决制止和打击违法建设行为。二要加快建设大县城。同步推进旧城改造和新区开发。建设汾西大道，完成路基、路面、综合管沟和亮化、绿化工程建设。实施古郡仁德房地产、北街荣辉房地产等开发项目和保障性安居工程。续建永安廉租住房、粮食服务中心危房改造等基础设施建设项目。整合农业开发、林业、水利、住建、环保、国土等项目，实施马沟河地质灾害治理和城区绿化、美化、净化工程，营造功能完善、环境优美、生活舒适的人居环境。三要规划建设小集镇。完善小集镇建设规划，推进资源型、商贸型、农副产品加工型等区域性中心集镇建设。加快完善集镇教育、文化、医疗卫生、交通、电力、供水、通信、金融等基础设施，做好街巷硬化、集镇绿化、路灯亮化、环境净化等工作，改善集镇面貌。引导各类中小微企业向集镇有序集中，配套餐饮、运输、商贸、物流等服务产业，在全县逐步形成以县城为核心、以中心集镇为依托的新型城镇化体系。四要切实加强城市管理。逐步建立城市管理的长效机制。以县城主次街道、集贸市场、夜市摊点、客运车站、城乡接合部为重点，严格落实沿街单位门前"五包"责任制，有效解决卫生死角和垃圾乱倒等问题；加大控违拆违执法工作力度，严厉处罚乱贴乱画、乱搭乱建、乱设乱摆等违法违规行为；建立公安交警和城管执法联动机制，规范城市交通秩序。

(四)开展"旅游开发年"活动，做强现代服务产业。一要合理规划开发旅游资源。修订完善全县旅游产业总体规划。完成师家沟文物修缮工程和姑射山真武祠抢险维修工程。配套具有汾西地方特色的农家乐、文艺表演和农副产品销售等服务，使师家沟清代民居、姑射山生态景区尽快融入山西晋商文化游、临汾百里汾河文化旅游创意长廊之中。二要深度挖掘传承特色文化。深化文化体制改革，创新文化管理机制。对具有地方特色的非物质文化遗产进行保护、传承和开发。充分利用乡村两级文体活动场所，开展经常性、多形式的文化体育活动，丰富群众的精神文化生活。大力弘扬"坚韧、包容、务实、图强"的汾西精神，提升汾西人民的自信心和自豪感。三要大力发展物流商贸等服务产业。新建汾西汽车客运站，构建起以高速公路为中枢、以干线公路为骨架、以县乡公路为网络的大交通格局，推进交通运输产业的快速发展。建设望客隆仓储物流配送中心和众益农贸批发市场，加快配送服务、仓储管理、现代物流等产业发展。拓展金融服务领域，为企业融资和农民小额贷款提供支持。大力发展信息科技、咨询评估、远程教育、物业管理、家政服务、养老育幼、医疗保健等新型服务产业，提高服务业在县域经济中的比重。

(五)开展"服务群众年"活动，发展各项民生事业。一要切实维护安全稳定。严格执行安全生产法律法规，全面落实安全生产责任制，深入持久地开展煤矿、非煤矿山、危险化学品、道路交通、地质灾害、森林防火、食品药品、特种设备、建筑施工、消防、学校等重点行业和领域的安全隐患排查治理，有效防范一般事故，坚决杜绝较大事故。始终保持打击非法采矿高压态势，巩固打击非法采矿成果。加强社会治安综合治理，严厉打击各类违法犯罪行为，扎实推进"平安汾西"建设。健全领导信访包案调处化解工作机制，加强和改进信访工作，及时化解各类矛盾，维护全县社会的和谐稳定。二要优先发展教育事业。加强教师队伍管理，深化教育综合改革，全面提升学前教育、义务教育、高中教育、职业教育和成人教育水平。继续加大教育投入，改善办学条件，建设职教中心、团柏中学及5所小学学生食堂，新建第一小学、第二小学塑胶操场，实施三中学生公寓楼和第二小学、僧念小学教学楼工程。新建青少年活动中心和阳光公共体育场。三要加强卫生计生工作。完成卫生和人口计生机构整合。积极推进公立医院改革，落实基本药物制度，加强疾病预防控制、基层卫生服务、农村合作医疗、妇幼保健和地方病防治等工作。配套县人民医院医疗设施，新建县卫生综合业务用房和部分乡镇、村委的医疗卫生设施。理顺食品药品监管职能，健全县乡管理机构。扩建县人口计生服务中心，提高计划生育优质服务水平，确保全县人口自然增长率控制在6‰以内。四要提升财税征管水平。完善财税征收措施，落实征收管理责任，确保各种税费应征尽征，确保财税收入足额入库；优化财政支出结构，坚决压缩一般公共服务支出，保工资、保运转、保民生、保稳定、保发展。创新投资机制，拓宽融资渠道，为公共设施和重大民生项目提供资金支持。五要注重生态环境建设。扎实深入地开展"环境提升年"活动和打击环境污染违法犯罪"百日会战"专项行动，全力抓好大气环境质量、水体质量、城乡清洁、生态治理、交通秩序改善提升工程。加大环保执法力度，严把环保准入关口，严格落实环境影响评价和"三同时"制度。做好节能减排工作，加快管道天然气建设，启动县城大型集中供热工程，大力推广利用风能、太阳能、沼气等可再生能源。实施造林绿化工程，营造生态林1133公顷，管护天然林3.8万公顷。六要完善社会保障体系。优先保障城乡居民、机关事业人员医疗保险和养老保险投入，逐步提高失业、工伤保险待遇水平，进一步完善城乡低保、大病救助、民政优抚、残疾人保障等各项制度。实施就业和社会保障服务设施项目。做好高校毕业生、农村转移劳动力、城镇下岗职工的就业工作，推进中等职业教育免费、就业培训和就业指导信息服务"三个全覆盖"。

实施三大战略　抓好三个重点
加快建设富裕、文明、和谐新大宁

大宁县县长　樊　宇

2013年，大宁县继续实施“生态立县、林果富民、工业强县”三大战略，突出抓好“产业发展、民生改善、生态建设”三个重点，扎实推进30件实事的落实，全县经济社会各项事业保持了良好的发展势头。

2014年是贯彻落实十八届三中全会精神、全面深化改革的起步之年，是完成“十二五”规划的攻坚之年，也是推进全县经济社会转型跨越、为全面建成小康社会奠定坚实基础的重要一年。我们要准确把握政策机遇，乘势而上，奋勇争先，全力推动经济社会转型跨越发展。

一、2014年政府工作的总体思路

以邓小平理论、“三个代表”重要思想、科学发展观为指导，以践行党的群众路线为主线，全面贯彻党的“十八大”、十八届二中、三中全会和县委十一届四次全会精神，贯彻落实习近平总书记系列重要讲话精神，坚持实施“生态立县、林果富民、工业强县”三大战略不动摇，深入开展改革创新年、转型攻坚年、环境提升年、服务群众年活动，全面深化改革，突出产业培育，加快工业崛起，注重改善民生，提升生态质量，统筹城乡发展，加快建设富裕文明和谐新大宁。

二、2014年全县经济社会发展的主要预期目标

全县生产总值增长9%，规模以上工业增加值增长13%，全社会固定资产投资增长21%，社会消费品零售总额增长14%，财政总收入增长6.7%，公共财政预算收入增长11.8%，城镇居民人均可支配收入增长10%，农民人均纯收入增长11%，粮食总产量稳定在2万吨以上，人口自然增长率控制在6.5‰以内。

三、2014年政府工作重点任务

（一）坚持以“产业发展”为主体，在壮大县域经济综合实力上取得新突破。一是发展现代特色农业。落实各项强农惠农富农政策，加快转变农业发展方式，创新农业经营机制，进一步提高农业现代化水平。整合和统筹使用片区扶贫开发、“一县一业”“一村一品”等项目资金，培育壮大优质苹果、设施蔬菜、高效养殖三大主导产业。优质苹果方面，围绕建设6667公顷苹果基地的目标，继续在太德、安古等八大垣面发展壮大苹果基地建设规模。采取果药、果粮、果菜（菌）、果瓜间作模式，大力发展果园林下经济。积极申报大宁苹果产地证明和商品注册，打造大宁苹果品牌。设施蔬菜方面，围绕建设优质设施蔬菜基地的目标，继续巩固扩大甜瓜、黄瓜、西红柿等品种。依托南菜园蔬菜批发市场，设立蔬菜集散地，建立健全蔬菜销售网络。发挥阳煤集团、政拓公司和德福食用菌有限公司的龙头示范作用，试种精细高端的食用菌，新建工厂化食用菌生产基地。高效养殖方面，把以猪、羊为主的养殖业作为建设有机苹果基地的配套产业来抓，生猪养殖要以丰冠源万头猪场为龙头，采取“公司＋合作社＋农户”的发展模式，辐射带动更多农户，不断扩大饲养量，年出栏量达到5万头。同时，积极创办健康养殖小区，巩固和扩大圈养羊的规模。通过发展高效养殖业，为有机产业的发展提供充足的肥料源。二是加快工业发展步伐。①加大山西宁扬能源有限公司100万立方米煤层气液化项目推进力度，完成项目审批、选址、环评等前期工作，争取年内启动建设。②加快煤层气勘探开发速度，在徐家垛、曲峨、太古等重点乡镇完成三维地震勘探工作。③支持政拓、吉宁果蔬公司等龙头企业，建设果蔬恒温冷藏库和交易市场，形成生产、储存、加工、销售产业链，提高农副产品附加值和市场占有率。④提高同德化工乳化炸药生产能力，确保年销售量达8000吨。⑤加快辰康公司大麦生产基地建设，提高麦绿素生产规模，力争年产量达50吨。三是加快“两区同建”进程。加快轻工业园区建设，完成厂房及水、电、路等基础设施建设，完善园区公共服务平台。创优发展环境，完善土地、财政、税收、金融等各项优惠政策，加大招商引资力度，吸引更多企业落户园区。加快移民新区建设，依托土地增减挂钩、易地扶贫搬迁、以工代赈、农村危房改造等项目，大力推进移民新区建设。四是推进城乡一体化发展。编制城市控制性和详细性规划。严厉打击私搭乱建行为，坚决杜绝无序建设，切实维护规划的严肃性。加快城市新区建设，重点抓好城西路改造、城南滨河路开发、东城新区建设等城建工程，完善城市功能。深入开展市容市貌环境综合整治，有效改善城市环境。统筹推进农村人居环境综合整治，加快建设美丽乡村。继续办好农村“五件实事”，大力实施乡村清洁、农村困难家庭危房改造、农村幼儿园改造、贫困人口易地搬迁工程和培训新型职业农民。

（二）坚持以“民生改善”为核心，在提高人民群众生活水平上取得新突破。一要优先发展教育事业。继续实行15年免费教育，进一步完善贫困学生资助政策和义务教育阶段学生营养改善计划。抓好教育基础设施建设，新建县直机关幼儿园，不断改善办学条件。加强师德师风和学校“校风、教风、学风”建设，优化教育发展环境。深化教育领域综合改革，统筹城乡义务教育资源均衡配置，促进教育均衡发展。二要大力发展卫生事业。深化医药卫生体制改革，统筹推进医疗保障、医疗服务、公共卫生、药品供应、监管体制综合改革，扎实推行公立医院改革。加快推进县医院创建国家二级甲等医院进程，投入配备CT、DR等医疗设备。加强卫生人才队伍建设。加强医德医风建设，不断提高医疗服务水平。加强卫生基础设施建设，启动实施二级妇幼保健院建设工程。巩固扩大新型农村合作医疗和城镇基本医疗保险覆盖面，全面提升医疗保障水平。加强人口和计划生育工作，稳定低生育水平，提高出生人口素质。三要完善社会保障体系。大力实施就业创业工程，提供更加积极的创业优惠政策。推进社会保障全覆盖，实现养老、医疗保险覆盖城乡居民，失业、工伤、生育保险覆盖规定职业人群。新开工建设保障性住房300套，有效缓解低收入人群住房困难的问题。科学制定低保管理细则，有效保障困难群众的基本生活。四要繁荣发展文化事业。强化文化体育基础设施建设，实施体育场、全民健身活动中心建设工程，提升公共文化服务水平。广泛开展群众性健身活动，加强未成年人思想道德教育，全面普及科学知识，倡导文明健康的生活方式，全面加快文化体育事业发展。五要推进民主法制建设。认真执行人大及其常委会的决议决定，依法向人大及其常委会报告工作，自觉接受人大的法律监督和政协的民主监督，广泛听取各民主党派、工商联、无党派人士的意见和建议，高度重视并认真办理人大代表、政协委员的议案和提案。积极支持人民法院、检察院依法履行职责，充分发挥工会、共青团、妇联等群团组织的桥梁纽带作用。加强基层民主建设。深入开展“六五”普法教育，提高全民法律素质，推进依法治县进程。六要切实抓好安全生产。全面落实安全生产责任，完善安全生产长效机制。持久开展安全生产大检查，切实抓好非煤矿山、危险化学品、道路交通、桥涵隧道、地质灾害、森林防火、食品药品、建筑施工、学校等重点行业和领域的安全隐患排查治理。构建县乡村三级食品药品安全监管体系，设立县综合检验检测中心。严格落实安全生产目标责任考核“一票否决制”，严格事故责任追究，努力减少一般事故，有效防范较大事故，坚决杜绝重特大事故，为改革发展提供安全保障。七要全面加强社会管理。加强社会治安综合治理，健全完善网格化管理机制，打造基层平安建设综合平台，严密防范和依法打击违法犯罪活动，确保人民安居乐业。加强和改进信访工作，完善矛盾纠纷排查调处机制。全面落实稳定物价的各项政策措施，保持市场物价基本稳定。加强应急管理体系建设，提高公共突发事件的应急处置能力。

（三）坚持以“生态建设”为抓手，在加快绿色大宁建设进程上取得新突破。一要抓好林业生态建设。以建设绿色大宁为方向，做好吕梁山生态脆弱区植被恢复工作，大力实施“三北”防护林、天然林保护、巩固退耕还林成果等造林绿化工程，全年完成造林面积1780公顷。抓好护林防火、封山禁牧工作，确保全县森林资源安全。深化集体林权制度改革，鼓励各类社会化投资，积极发展个体、股份制和股份合作制等非公有制林业。二要加大生态综合治理。整合农业综合开发、土地整理、坡耕地水土流失综合治理等项目资金，重点打造昕水至太德生态精品示范工程，集中连片，综合投入，进一步扩大生态综合治理覆盖面。三要加强环境保护工作。优先保护水源地，加快改善地表水水质，强化工业水污染防治，抓好农村水环境保护，全力保障群众饮用水安全。抓好大气环境提升，严治煤烟、工业废气、机动车尾气和二次扬尘污染，有效控制区域大气污染，确保二级以上天数达到300天以上。做好节能减排工作，注重资源节约利用，倡导低碳生活。

大力实施“六县”战略
加快建设生态安泽、富裕安泽、幸福安泽

安泽县县长　毛跟云

2013年，安泽县大力实施“六县”战略，着力稳增长、调结构、保安全、惠民生，经济社会发展取得新进展、新突破。

2014年是国家新一轮改革的启动年，也是安泽转型发展的关键年、爬坡迈坎的攻坚年。我们一定要牢固树立底线思维，保安全、保增长、保民生，全力做好2014年的各项工作。

一、2014年政府工作的总体要求

以党的“十八大”精神为指导，全面贯彻落实十八届三中全会精神，按照中央、省、市经济工作会议的部署，围绕稳中求进总基调和转型跨越主线，以项目做实、推进产业升级，为民务实、推进服务升级，基础夯

实、推进党建升级为重点，大力实施生态立县、农业固县、工业强县、城镇塑县、文化兴县、民生和县战略，助推县域经济和社会各项事业平稳较快发展，为建设生态安泽、富裕安泽、幸福安泽奠定坚实基础。

二、2014年全县经济和社会发展的预期目标

地区生产总值增长10%，规模以上工业增加值增长14%，公共财政预算收入增长12.5%，固定资产投资增长26%，社会消费品零售总额增长14%，城镇居民人均可支配收入增长11%，农民人均纯收入增长13%，粮食总产量稳定在13万吨以上，城镇登记失业率控制在4.2%以内。

三、2014年政府主要工作任务

（一）力保经济平稳发展。一要帮助企业走出困境。加强经济运行调度，搭建原料供求、市场营销和银企合作平台，推动煤炭、焦化上下游产业链有序衔接，多渠道解决工业品滞销等问题。继续强化协调服务，认真帮助企业解决用地、用水、用电及项目手续报批等方面的困难，坚决打击和治理扰乱企业正常生产经营的行为。认真落实国家税费改革政策，深化财税体制改革，完善预算管理制度，积极推进煤炭资源税从价计征。二要保障支柱企业生产。加快玉华和玉和泰150万吨、安鑫120万吨、登茂通90万吨煤矿安全生产许可证的变更和办理，推行焦化企业精细化管理，推进循环经济产业链的完善。加快天盛15万吨煤焦油深加工、宏泰1.5亿块煤矸石烧结砖等重点项目的投产达效，尽快形成新的经济增长点。三要推动民营经济发展。落实好支持非公有制经济发展的政策措施，完善服务体系，加强引导扶持，全力推进小微企业创办、"小升规"企业成长、"小巨人"企业培育等工程。充分发挥中小企业信用担保、中小微企业发展资金等平台作用，切实解决融资难题，支持各类企业发展壮大，新培育年营业收入500万元以上企业9户。

（二）全力推进项目建设。抓好项目落地，组建强有力的项目建设专班，帮助项目单位做好前期工作，重点要解决好土地问题，加大土地开发与整理力度，合理调配建设用地，最大限度地满足项目用地需求。加快项目建设，抓好40项重点项目，倒排工期，确保月任务完成、季目标兑现。严把项目评审关、招投标管理关、决算审计关和竣工验收关，确保每个项目都经得起检验。加大招商引资力度，以优化投资结构为重点，突出要素招商、环境招商，引进科技含量高、辐射范围大、吸纳就业能力强的大项目、好项目。更好地发挥市场在资源配置中的决定性作用，对涉及交通、供气、供热等公共服务项目和景区建设、城市开发等项目，既要注重发挥政府的监管职能，更要积极推行市场化的运作方式，切实用政府权力的"减法"换取市场活力的"加法"。准确把握中央、省、市政策取向和投资动态，重点抓好河流治理、工业技改、社会事业等方面的立项争资工作，力争到位政策性资金1.8亿元以上。

（三）加快产业转型升级。一是启动实施园区移民工程。加快永鑫、太岳焦化卫生防护距离内的居民搬迁工作，切实解决"厂中村、村中企"矛盾，优化企业发展空间，改善群众生活环境。二是加快园区基础设施建设。统筹推进园区电力、道路、取水、污水处理、网络通信等基础设施建设，重点完成园区管理中心展厅、唐城外环路、一级用电企业供电能力改造等工程建设。启动冀氏煤电化工业园区规划编制工作。三是延伸产业链条。坚持"以煤为基、多元发展"，改造提升传统产业。煤矿以矿井现代化、矿山新型化、矿区城镇化、矿域生态化为目标，重点加快煤矿安全改造、瓦斯治理示范矿井和煤矿地质补充勘探等项目建设，确保4座煤矿全部达到安全质量标准化一级矿井。焦化产业以信息化、集约化、循环化为方向，重点推进永鑫甲醇钴基费托合成8万吨油品技改、工业废气综合利用制6万吨合成氨项目和太岳60万吨焦炉烟气余热回收项目，提升焦化产业素质和市场竞争力。煤电、煤层气产业要抢抓省政府"低热值煤发电20条"、煤层气矿业权分级审批试点等政策措施，积极推进6×100万千瓦煤电一体化、中石油煤层气勘探、冀氏矿区煤层气抽采综合利用等项目的申报和核准。煤化工产业要重点抓好同世达200万吨二甲醚、永鑫煤制2×60万吨甲醇等大工业项目的前期运作，力争取得实质性进展。四是补齐三产"短板"。突出"文化与旅游深度融合"，打好荀子与生态两张牌，建设精品景区，打造精彩线路，推行精细服务。加快特色旅游产品开发，加强跨区域景区合作。编制完成现代物流园区总体规划和控制性详规，加快永鑫铁路专用线建设，培育专业化的物流企业，打造链条式的发展模式。同时，启动日用消费品配送项目，加快电子商务、中介服务、职业培训等新型服务业发展，推动家政、物业管理为主的社区服务业发展，提升服务业比重。

（四）扎实做好"三农"工作。一要夯实农业基础。继续实施"双千万"工程，细化完善奖补措施，将财力更多地向特色产业、园区基地倾斜，调动农民群众调产的积极性。加强农业综合生产能力建设，重点完成4667公顷以上秸秆还田、400公顷中低产田改造、67公顷土地开发、327公顷土地治理高标准农田建设、667公顷基本农田整理等工程，增强农业发展后劲。二要发展特色农业。加快有机玉米产业化龙头企业建设，推动玉米产业由"数量型"向"质量型"转变；着力实施核桃产业巩固提升工程，打造示范园区；加快推动连翘"一县一业"进程，用好国家地理标志产品认证，引进加工型龙头企业；发展规模健康养殖，优化畜禽结构，重点完成16个规模养殖场户的无害化设施建设。同时，鼓励发展绿色、生态品牌农业，林药、林菌、林禽产业，土法养殖、绿色种植产业。三要强化龙头带动。完善"龙头企业＋基地＋合作社＋农户"的经营模式，鼓励扶持润祥农贸、蔺泉酿酒、惠源科贸等现有企业，扩规模、创品牌、延长产业链，提高农产品加工转化率和市场占有率。完善农业招商优惠政策，力争引回"块头大、辐射大"的农副产品加工企业。进一步规范发展农民专业合作社。四要改善农村人居环境。突出抓好基础设施提质、农民安居、环境整治、宜居示范四大工程。制定实施改善农村人居环境规划纲要和2014年行动计划，推进农村困难家庭危房改造、易地扶贫搬迁、农村环境整治等工程。尤其是农村危房改造，要以309国道、326省道沿线为重点，逐步辐射、拓展到全县，打造具有乡土气息、人居文化的宜居示范工程。

（五）统筹推进城乡建设。一是抓规划。进一步完善县城总体规划、控制性详规及各项基础设施规划，切实加大规划执行力度，坚决维护规划的权威性和严肃性。二是抓建设。拉大框架与完善功能相结合、地面建设与地下设施相结合、新城开发与旧城改造相结合，扎实推进县城“一纵一横”改造提升工程。实施沁河附桥、保障性住房、信用联社办公大楼、县城绿化改造、义唐河改造等工程，提升城市建设水平。三是抓管理。强化联合执法，健全监管网络。持续开展县城环境综合整治，规范客运、交通、市场秩序。实施连通路工程，“十二五”末实现镇通公路大循环，配合抓好中南铁路、长临高速、安沁高速等工程建设。实施泗河良马项目区农发水保、和川小流域综合治理等水利工程，严厉打击电子捕鱼、乱采河砂等行为，确保沁河流域生态平衡安全。持续推动农村饮水安全工程。完成县城饮水安全工程，保障用水，提高水质。此外，要加快桃曲移民新村、和川水库移民工程，全面完成城网、农网电力升级改造工程，加速城乡一体化发展。

（六）加强生态文明建设。做好林业增效增收文章。突出顶层设计，加强与上级林业部门和科研院所的“产学研”对接，把生态的发展、森林的保护、群众的致富有机结合起来，推动林业综合开发利用、系统高端发展，向林业要效益、要增收。全力实施造林绿化工程。突出“山上治本、身边增绿”，完成“两山两林两区”2833 公顷绿化任务。突出抓好乡村通道绿化工程，重点实施 326 省道郭庄至府城、马唐公路府城至东湾的行道树栽植工程，着力实施冀氏南孔滩至斜沟通道绿化工程，打造结构合理、功能完备的绿色长廊。全面加强护林防火工作。强化综合执法，坚持严查重处，坚决打击毁林开荒、乱砍滥伐、盗挖倒卖林木等违法行为。突出抓好森林防火，加强县森防大队、乡应急分队、村瞭望监控体系建设，强化野外用火管理，提高应急处置能力，确保森林资源安全。切实加大环境保护力度。深入开展“环境提升年”活动，重点实施大气、水体、城乡清洁、生态、交通秩序五项提升工程。严把项目审批关，严把节能减排关，严厉打击污染环境、破坏生态的行为，保护安泽的蓝天碧水。

（七）切实抓好安全稳定。严格落实安全生产责任制，深入开展安全生产大检查和专项整治活动，重点抓好煤矿、危化品、防汛、道路交通、学校、民爆物品、公共聚集场所、食品药品、非煤矿山、建筑施工、动物防疫等领域的安全工作。切实加强煤矿安全监管和隐患排查治理，严防事故发生。健全完善“三级中心、一网一格”体系，突出社会管理与服务并重，排查化解社会矛盾纠纷。进一步加强和改进信访工作，切实解决群众反映强烈的突出问题。继续深化“平安安泽”“法治安泽”建设，完善治安防控网络，切实维护社会治安。加强应急管理，不断提高对自然灾害、事故灾难、公共卫生和社会安全事件的应急处置能力。

（八）着力保障改善民生。一要办好人民满意的教育。普及学前教育，新建杜村、良马中心幼儿园，冀氏中心幼儿园投入使用，推进农村闲置校舍改建幼儿园工作，“十二五”末实现镇镇都有公立幼儿园。推进义务教育均衡发展，完成冀氏中学等 7 所项目校建设任务以及部分学校功能用房建设、场地改造、“三通两平台”信息化建设、实验室装备。扎实推进“三名”创建、“顶岗支教”等活动。继续实施好“十二年教育全免费”“住宿生交通补助”等教育惠民工程。二要抓好医疗卫生服务。启动县医院门诊楼、中医院骨伤省级重点专科建设，实施冀氏、杜村卫生院建设项目，加大医疗设备投入力度。加强卫生人才补充、引进和培养工作，继续深入开展“对口援医”活动，提高卫生服务水平。巩固“全国计生服务先进县”创建成果，促进人口长期均衡发展。三要推动好文化事业发展。大力弘扬荀子文化、红色文化、生态文化，修缮保护 326 省道红色革命旧址。认真做好文化场馆免费开放、农家书屋建设等工作，丰富群众文化生活。深入开展第二届“感动安泽”人物评选活动，推动“道德讲堂”建设，加强公民道德思想教育。四要做好社会保障工作。进一步拓宽创业、就业渠道，全年城镇新增就业 650 人以上，农村劳动力转移就业 1300 人以上。进一步推进城乡居民社会养老保险工作，切实提高参保率。积极发展社会福利和慈善事业。完善社会保障和社会救助服务体系，加强城乡低保、“五保”供养和优抚对象保障工作，稳步提高待遇水平。

为建设富裕古县、优美古县、文明古县而努力奋斗

古县县长　李　强

2013 年，古县坚持主题主线，以提高经济增长质量和效益为中心，深入实施“四化三县”战略，攻坚克难，开拓创新，较好地完成了九届人大三次会议提出的目标任务。

2014 年是古县“十二五”发展的重要一年，也是负重转型、爬坡过坎的关键之年。我们必须增强责任意识、机遇意识、进取意识，在认清大势中加快发展，在提质增量中转型发展，在统筹兼顾中协调发展。

一、2014 年政府工作的总体思路

全面贯彻党的“十八大”、十八届三中全会和习近平总书记系列重要讲话精神，以党的群众路线教育实践活动为契机，认真落实市委、市政府“四个年”活动和县委九届四次全会确定的“推进四化战略、抓好五项建设”的总体部署，以“123”工程（10 大园区、20 件实事、30 项重点工程）为引擎，重点抓好优化环境、转型攻坚、城乡发展、民生改善、安全生产和政府自身建设六件大事，全力以赴克服经济下行带来的困难，齐心协力推动经济社会平稳向好发展。

二、2014 年全县经济社会发展的主要预期目标

生产总值完成 56.3 亿元，增长 9.5%；规模以上工业增加值 45.4 亿元，增长 13%；固定资产投资 49.7 亿元，增长 26%；公共财政预算收入 5.4 亿元，增长 12.5%；社会消费品零售总额 8.4 亿元，增长 14%；城镇居民人均可支配收入 25327 元，增长 11%；农民人均纯收入 7969 元，增长 11%。

三、2014 年政府工作重点

（一）优化发展环境，激发经济活力。一是优化服务环境。严格落实省市有关促进煤炭经济的举措，引导煤焦企业增量、稳价、降本、提效，帮助企业找销路，拓市场，指导企业强化内部管理，减少运行成本。同时，取消不合理收费项目，严格规范执法行为，协调解决好地企、民企关系，为企业发展营造最优的社会环境。二是破解发展难题。加强银企对接联系，开展“助保贷”业务，想方设法解决企业融资难的问题。出台扶持中小微企业发展政策，壮大经济总量。用足用活城乡建设用地增减挂钩、矿业存量土地整合利用、工矿废弃地复垦整合等政策措施，争取用地指标，保障重点项目用地需求。重点解决 323 线交通拥堵问题，开展中南铁路古阳至安泽连接线前期工作，极力破解交通瓶颈。三是加大招商引资力度。充分利用资源优势，有针对性地开展产业链延伸推介、产品推介等多种形式的招商活动，以资源引资金，以资源换项目。建立招商引资利益导向机制，制定激励政策，引导社会力量参与招商引资活动。着力提升服务质量，落实相关优惠政策，实行全程跟踪服务，以政策推动招商，以招商促进项目，以项目带动县域经济长足发展。

（二）实施转型攻坚，加快产业结构调整。一是加快工业转型升级。发挥涧河、华宝两大工业园区产业集聚优势，围绕“上下联产、焦化并举”，形成空间集中开发、资源集约利用、产业集群发展的新型格局。加快实施 6 座基建矿井改扩建工程，尽快释放煤炭产能。继续推进焦化行业兼并重组后续工作，重点抓好华康 200 万吨铸造焦、正泰 120 万吨 6 米顶装焦炉升级改造项目的前期手续办理，争取年内开工建设。利达焦化 6 万吨合成氨项目要加快建设步伐。国新正泰焦炉煤气制备天然气项目要尽快投产达效。积极与西山煤电、中铝山西分公司协调联系，促使煤矸石发电和铝矾土开采项目早日落地。二是大力推进农业产业结构调整。坚持核桃主导产业地位不动摇，有效整合扶贫及林业资金，实施片区核桃示范园建设二期工程，发展核桃经济林 50 万株，综合管护 300 万株。继续推广发展林下经济，有效解决“林粮矛盾”。加快连翘产业发展，建设高标准连翘生产基地 333 公顷，对比试验田 20 公顷，打造华北地区最大的连翘集散地。在北平镇党家山流转土地 100 公顷，打造国家级黑格斯曼地亚红豆杉种植基地。试种油用牡丹，提高牡丹品牌综合经济效益。围绕设施蔬菜、中药材、特色养殖等产业，整合政策资金，大力发展特色农业产业园区。积极培育专业大户、家庭农场、农民合作社等新型农业经营主体，继续支持农业龙头企业发展，加强产品质量认证和市场准入，不断提高农业科技含量和市场竞争力。三是加快培育新兴产业。积极发展旅游产业，完善古县旅游总体规划，推行市场化运作模式，主打牡丹、霍山、太岳山三张旅游牌，加大景区基础设施建设力度，延伸旅游产业链条，发展吃、住、行、游、购、娱综合旅游经济，不断提高旅游综合效益。着手谋划现代物流业，在县城北部和南部分别打造煤焦物流产业园和农产品现代物流集散中心。逐步推行公共服务社会化，政府带头购买服务，不断规范用工行为。支持鼓励全社会力量发展服务性产业，多领域、全方位促进第三产业水平提升。

（三）统筹城乡发展，改善人居环境。一是加快城市基础设施建设。充实完善县城总体规划，保持规划的权威性和连续性。继续实施县城南部扩张战略，拉大城市框架。实施糖酒公司商住楼、文渊小区等地产开发项目，提高城市承载能力。启动城市集中供热改造工程，完成地下管网和路面改造工程。巩固“五城”成果，加强以治堵、治乱、治脏为重点的城市管理，保护县城绿地红线，因地制宜建设特色小游园。通过完善基础建设和公共服务，增强县城辐射力和带动力。二是加快农业基础设施建设。严格落实惠农政策，坚守耕地红线，加快实施土地整理开发、农业综合开发、红色小流域治理、中低产田改造、土地保护性耕作、气象灾害防治等六大农田水利工程，提高粮食生产能力，保证粮食产量稳定在 5000 万千克以上。继续深入开展百企千村产业扶贫开发工程，加大农企对接力度，通过先期 24 个村企的示范带动作用，促进农民增收和企业转型。同时，深化农村体制改革，完善林权改革配套制度，落实农村土地集体所有权，稳定农户承包权，放活土地经营权，加快构建现代农业经营体系。三是加快城乡人居环境改善。继续落实省政府“五件实事”，完成农村危房改造 1100 户，农村特困群众易地移民搬迁 200 口人，改造农村幼儿园 1 所，加强职业农民培训。以环境提升年为契机，以城乡接合部、城中村、公路沿线村、出入境口为重点，实施城乡清洁工程。巩固北平、石壁、南垣卫生创建成果，加快实施古阳农村环境综合整治和旧县小城镇建设。完成农村安全饮水工程，解决 2300 口人的饮水安全问题。积极争取省级采空区治理试点县，分期、分批妥善解决采空区移民搬迁。推进户籍制度改革，放宽落户条件，做好进城农民就业、就学、就医等社会保障工作，吸引农民向城镇聚集，让广大农民平等参与新型城镇化进程，共享新型城镇化成果。四是深入推进生态文明建设。大力开展植树造林，种植干果经济林 733 公顷，荒山绿化 333 公顷。实施通道绿化补植补栽，完成“两网”绿化 200 千米。完成四旁及义务植树 65 万株，提高绿化覆盖率。着力推进节能降耗，深入开展能效对标行动，突出做好工业企业、交通、建筑、公共机构等领

域节能工作，大力倡导文明、节约、绿色的消费方式和生活习惯。抓好减排治污工作，深入开展重点行业脱硫、脱硝、除尘改造，完成25座抑尘站建设，加强农业面源污染治理。加大环境执法力度，严肃查处违法行为。

（四）狠抓民生事业，提高保障水平。一要全面推进教科、文体工作。继续完善新三中基础设施，加快古县全民健身中心建设。鼓励社会力量积极发展学龄前幼儿教育。深化教育教学改革，规范学校管理体制，提高教育教学质量。发展特色职业教育，加强职业技能培训。依托县图书馆总分馆系统、县文化馆、乡镇文化站、村文化活动室等基层文化阵地，广泛开展群众性文化体育活动，丰富群众精神文化生活。继续免除全县城乡用户的数字电视维护收视费。加强文物和非物质文化遗产保护，做好非物质文化遗产的挖掘和申报工作。加强精神文明建设，培育和践行社会主义核心价值观，启动古县首届道德楷模评选活动，努力建设文明古县。二要不断强化卫生、计生工作。巩固和发展县级公立医院综合改革成果，完善基本药物制度和基层医疗卫生机构运行机制，保证药品质量和零差价。用好人均35元的基本公共卫生资金，推进基本公共卫生服务均等化。尽快完成新建人民医院后续建设及医疗设备配套任务。继续培养基层医药卫生人才，加强全科医生培养，充实乡镇医疗服务队伍。完成35个村卫生室的改造提升，改善农村居民就医条件。免费对全县农村妇女进行“两癌”筛查，提高农村妇女保健水平。坚持计划生育基本国策，强化计生服务功能，提高新生儿健康水平，落实好“单独二孩”政策，确保人口自然增长率控制在6.5‰以下。三要统筹做好社会保障工作。健全城乡居民最低生活保障制度。改革完善大病医疗救助制度，有效整合医疗救助资金，提高资金使用效率。新建五马、韩母、辛庄、旧县4所农村老年人日间照料中心。实施阳光家园托养补助项目，对全县重度残疾人按照城乡居民最低生活标准分类进行补助。基本完成337套保障性住房任务，新开工建设300套保障性住房。统筹推进城乡居民基本养老保险，不断提高适龄农民、城镇居民参保率。加强企业职工养老保险征缴工作，扩大征缴企业范围。免费为全县中小学生代缴意外伤害保险。城乡居民基本医保财政补助标准提高到人均320元。实施积极的就业政策，加大农村转移劳动力职业培训力度，不断优化就业创业环境。加强劳动监察执法，保障劳动者合法权益。健全农民工工资支付保障机制，完善最低工资制度，增加农民工资性收入。四要创新社会综合治理工作。加强对流动人口、特殊人群的管理和服务，积极开展以“六六创安”为主要内容的社会综合治理工作。完善信访工作责任制，依法依规解决群众反映强烈的突出问题。巩固和深化“平安古县”建设活动，完善社会治安防控体系，严厉打击各类违法犯罪活动。完善应急指挥中心建设和应急救援预案体系，不断提高应对自然灾害、事故灾难、公共卫生事件和社会安全事件的应急处置能力，确保社会和谐稳定。

（五）狠抓安全生产，保障人民生命安全。进一步落实“党政同责、一岗双责、齐抓共管”的安全生产责任体系。加快推进安全生产综合监管平台建设。扎实开展安全隐患排查、安全生产专项整治、打非治违等专项行动。做好护林防火、重大动物疫病防控、防汛抗旱、防地质灾害等各项工作。深化食品药品监管体制改革，健全监管体系，保障群众“舌尖上的安全”。继续推动重点行业领域专项治理，突出抓好煤矿安全治本攻坚。加强非煤矿山、危险化学品、道路交通、建筑施工、人员密集场所、学校等行业领域的源头管控，减少一般事故，有效防范较大事故，坚决杜绝重特大事故，确保实现全面安全、本质安全、持久安全。

团结奋进　砥砺前行
谱写美丽“中国梦”的洪洞新篇章

洪洞县县长　**郑步电**

2013年，洪洞县全力以赴保增长、促发展、惠民生，经济社会发展呈现出“经济总量不断提升，产业结构逐步优化，民生事业持续改善，社会管理全面加强”的良好局面。

2014年是全面贯彻落实党的“十八大”和十八届三中全会精神，扎实推进转型跨越发展的关键一年。党的十八届三中全会开启了全面深化改革的新征程，全省转型综改区建设向纵深推进，全市“百里汾河新型经济带”建设步伐加快，发展基础和条件更加有利，发展空间更为广阔。做好2014年的工作，任务艰巨，责任重大。

一、2014年政府工作的总体思路

全面贯彻落实党的“十八大”和十八届三中全会精

神，深入开展党的群众路线教育实践活动，坚持稳中求进工作总基调，树立底线思维，紧紧围绕“百里汾河新型经济带”建设，继续提升“六城同创”活动，突出抓好深化改革、项目建设、结构调整、统筹城乡、改善民生、治理环境六个重点，积极推进政府职能和干部作风两个转变，为全面建成富裕文明、生态宜居、开放和谐的新型工业旅游城而不懈奋斗。

二、2014年经济社会发展的指导性指标

生产总值完成185亿元，增长12%；公共财政预算收入12.6亿元，增长9.6%；限额以上工业增加值121亿元，增长15%；固定资产投资163.3亿元，增长21%；社会消费品零售总额51亿元，增长16%；城镇居民人均可支配收入22508元，增长12%；农民人均纯收入9321元，增长13%。

三、2014年政府工作重点

（一）围绕转型升级，加快推进产业结构调整，不断提升县域经济竞争力。一是做优现代农业。以促进农民增收为核心，继续加大对农业产业化发展的政策、资金等方面的扶持力度，实现现代农业园区化发展、产业化经营。重点建设以“两区同建”为特色的甘亭现代农业转型综改示范园，巩固壮大大槐树农业生态园和历山农业观光园。严守耕地红线，改善耕种条件，创新耕作模式，提高农机水平，认真落实各项粮食补贴，全面完成1333公顷沃土工程建设任务，力争粮食生产再创佳绩。积极发展特色现代农业，加快推进“一村一品”。鼓励发展专业大户、家庭农场、农民合作社、农业企业等新兴经营主体。加快实施赵城兴源、辛村亨丰温室蔬菜和兴唐寺鸿昌经济林项目，扶持培育富盟生猪、合丰肉羊等规模养殖项目。同时，严把生产环境安全关，确保农产品质量安全。二是做强新型工业。坚持以煤为基、多元发展，传统产业以改造提升为重点，加快技术改造和换代升级。年内完成3座矿井的改扩建工程，山焦60万吨烯烃完成土建工程，三维生化车间、远中焦化产品检验平台投入使用，山水水泥、恒古空心砖、宏裕活性石灰等项目实现投产；积极推进山水7.5兆瓦纯低温余热发电和晋能低热值煤发电项目。新兴产业以扩张规模为重点，全面推进装备制造、高新技术、新能源、新材料等产业发展。绿如蓝电动助力车、槐丰新型复合软包装印刷制品、晨枫果汁饮料、江苏鸿典新材料一期等项目年内竣工投产；加快实施华正碳基纤维、锦江新能源汽车配件、江苏中小企业园等项目。三是做大第三产业。大力发展文化旅游业。深度挖掘、整合、包装和展示特有资源，促进文化、旅游深度融合、互促发展。加快景区建设，深入推进广胜寺景区拓展改造工程；加快实施明代监狱拓展提升工程。强化宣传推介，以根祖文化为核心，认真做好大槐树5A级景区申报创建工作。优化旅游线路，加强服务配套，全面提升旅游接待能力和水平。积极发展各类服务业。完善产业规划，认真落实促进服务业发展的各项政策措施，鼓励社会资本投入服务业产业。重点实施投资5000万元的“手拉手”拓展训练基地、投资3500万元的犇河物流和投资3500万元的虹通物流配送中心建设工程。完成投资3亿元的大槐树湾里、辛村南段等5个专业市场建设。加快推进恒富铁路专用线项目。同时，进一步完善生产发展和生活消费服务功能，促进服务业总量扩大、层次提升。

（二）围绕活力激发，加快推进改革创新步伐，不断提升开放合作影响力。一是深化经济体制改革。加快财税体制改革。完善预算管理制度，加快预算管理标准化体系建设，盘活财政资金存量，加强政府性债务管理，加强政府性投资项目管理，确保有限的财政资金发挥最大的效益。加快资源性产品价格改革。建立完善居民水、电、气等阶梯价格制度，开展自然资源资产化管理试点，建立完善资源有偿使用和生态补偿制度，促进矿业权依法流转。加快农村土地制度改革。落实集体所有权，稳定农户承包权，放活土地经营权，加快构建立体式复合型现代农业经营体系，加强对农村土地开发利用的指导和协调，加强土地经营权流转管理和服务，推动土地经营权等农村产权流转交易公开、公正、规范运行。加快林权制度配套改革。积极探索公益林补偿、林权流转、建设林业合作社、造林直补、森林保险等方面的典型经验和做法，规范林权登记管理，完善林权地籍信息管理系统，逐步形成良性发展长效机制。二是推进体制机制创新。创新用地机制。继续用足用活城乡建设用地增减挂钩试点县、矿业存量土地整合利用、工矿废弃地复垦利用三项有利政策，大力推进土地开发复垦整理工作。节约集约利用土地，提高单位土地的综合利用效率。建立城乡统一的建设用地市场，探索开展允许农村集体经营性建设用地出让、租赁、入股，实行与国有土地同等入市、同权同价试点工作。创新融资机制。规范政府融资平台，加强银企对接，鼓励企业直接向市场融资；规范发展小额贷款公司、融资性担保公司，探索新型抵押担保手段，完善服务小微企业、“三农”和社区的金融服务体系。创新科技发展机制。加大对企业产品开发、品牌创建、市场开拓的支持力度，构建以企业为主体、市场为导向、产学研相结合的技术创新体系。创新人才引进和培育机制。拓展人才交流引进平台，加强专业技术队伍建设。创新园区发展机制。提高园区规划、建设和管理水平，促进成长性强的大项目、好项目向园区集中；探索多元化的投资体制，努力形成以区建区、以区养区的发展新模式。三是构建开放型经济新体制。建立民间资本投资开放项目库，鼓励非公企业参与能源开发和转型综改重大项目，支持民间资本以独资、参股、控股等方式进入城市建设、公用事业、商务服务等领域。继续深化“三个三分之一”招商工作法，加强与“长三角”“珠三角”“京津冀”等重点地区的经济合作，开展和参加各种招商引资活动，想方设法引进高端大项目和资本、科技、人才等资源要素。全面实施“中小企业成长工程”和“小微企业培育工程”，积极落实扶持小微企业的政策措施，健全信用担保、创业辅导、企业孵化等公共服务体系，保障小型微型企业的健康快速发展。

（三）围绕品质打造，加快推进新型城镇化建设，不断提升科学发展承载力。一是强化中心城市建设。加快扩容提质步伐，提升城市人口吸纳力和产业承载力，建设“一河两岸”的滨河生态城市。以汾河、涧河、漠河

"三水环城"为目标，认真做好城市发展"水文章"。注重城市综合承载能力提升，大槐树文化中心年内投入使用。实施大西高铁和中南铁路2个客运站及站前广场工程。加快恒富花苑、新城国际购物广场等商住小区建设。深化巩固"六城同创"成果，继续抓好城市重点区域、城乡接合部位、公共聚集场所的综合治理。二是强化基础设施建设。切实抓好各类专业规划和城镇、农村规划，逐步实现城乡规划全覆盖。加快"百里汾河新型经济带"路网建设，完善农村生产生活条件，完成2万人的饮水提质和3座小型水库除险加固工程。三是强化特色乡镇建设。加快乡镇建设步伐，稳步推动产业发展、城乡建设、土地利用、民生改善、生态保护等"五规合一"，有序推进甘亭、广胜寺、赵城等特色城镇发展。积极落实户籍制度改革相关政策，稳步推进城镇基本公共服务常住人口全覆盖，引导农村居民向城镇集聚，力争城镇化率达到37.8%。四是强化农村人居环境建设。全面启动农村人居环境改善工作，把改善农村人居环境与巩固两轮"五个全覆盖"成果和办好省定"五件实事"相结合，与实施"百企千村"产业扶贫开发工程相结合，推进农村人居环境改善，建设一批家园美、田园美、生态美、生活美的美丽乡村，力争2020年实现村美人富、充满活力的乡村发展目标。

（四）围绕环境优化，加快推进生态文明建设，不断提升发展环境支撑力。一是加快推进生态建设。逐步实施广胜寺旅游通道和汾河两岸的深度绿化，推进广胜寺景区荒山造林绿化和霍侯一级路通道绿化，不断提高森林覆盖率和植被覆盖率。完善林业有害生物防控体系。科学实施城区绿化，注重增加植物的多样性、绿化的景观性和园林的观赏性。严格饮用水源地保护，确保饮用水源达标率100%。二是强力推进减排治污。坚持管理性控污和工程性治理两手抓，严格执行国家产业政策和"三同时"制度。不断扩大城区集中供热、供气范围，年内供热率达到90%，供气率达到81%。加快推进赵城和广胜寺污水处理厂建设工程。强化扬尘治理，有效防治大气污染，减少雾霾天气，空气质量二级以上天数保持在320天以上，综合污染指数保持在1.6以下。三是着力推进节能降耗。严格落实节能减排目标责任制，深入开展能效对标，积极推广建筑、交通、公共机构等领域节能降耗，做好重点行业企业节能改造，实施节能产品惠民工程，确保完成各项节能降耗指标。鼓励发展绿色经济，探索畜禽排泄物和农作物秸秆资源化利用新模式，提高农业废弃物资源化利用水平。

（五）围绕民生改善，加快推进社会事业发展，不断提升人民群众幸福指数。一是统筹发展教育，提升群众"满意度"。实施教育资源优化整合和筹建，加大师资力量的补充配备建设，建立教师队伍长效补充机制。加强各类幼儿园的清理和规范。加快义务教育学校标准化建设。推进职业教育、特殊教育发展，完成职业中学建设工程。加强教师师德建设和学生素质教育，巩固高考二本以上达线率，提高一本和名牌大学达线率。二是完善医疗服务，提升群众"健康度"。深化医药卫生体制改革，巩固基本药物制度，加快公立医院改革步伐，完善城乡医疗卫生服务体系。强化食品药品监管，严厉打击非法添加和滥用添加剂行为。加强医德医风建设和医疗市场监管，构建和谐医患关系。坚持计划生育基本国策，提高出生人口素质，促进人口长期均衡发展。三是繁荣文化事业，提升群众"内涵度"。大力发展公益性文化事业，广泛开展各类文化下乡和群众性体育活动，努力构建现代公共文化服务体系。积极做好文物保护和非遗申报工作。深入开发民间艺术，创造文化精品，加强对外交流，唱响独具魅力的洪洞文化品牌。四是加强社会保障，提升群众"幸福度"。严格落实社保政策，统筹推进养老、失业、医疗、工伤、生育等保险覆盖面持续扩大。不断完善社会福利、社会救助体系，加大城乡低保、失独家庭、残疾人、孤儿等困难群体救助力度。加快保障性住房建设和供应。落实各项创业就业扶持政策，加强劳动者技能培训和权益保护，城镇登记失业率控制在4.2%以内。五是强化社会治理，提升群众"安全度"。严格落实安全生产责任，加大安全生产投入，强化从业人员培训，不断深化企业安全标准化和分级分类动态监管。切实抓好煤矿、非煤矿山、道路交通、危险化学品、森林防火等领域及学校、商场等人员密集场所的安全隐患排查治理，确保安全生产形势持续稳定好转。畅通群众利益诉求渠道，完善基层社会管理和服务体系，强化治安防控体系建设。加强应急管理，提高公共安全和防灾减灾能力，努力提升群众安全指数。

加快转型跨越发展
打造幸福、平安、法治新蒲县

蒲县县长　赵志慧

2013年，蒲县对标"三年翻番"目标和"五项工作"任务，克难攻坚，真抓实干，年度目标责任考核全市第二，经济社会发展和政府自身建设呈现新的变化。

2014年是全面深化改革的起跑年，也是完成"十

二五”规划的攻坚年。我们要始终保持清醒头脑，抢抓全面深化改革这一重大历史机遇，坚定信心，开拓创新，把县委十二届七次全会制定的美好蓝图变为生动现实！

一、2014 年政府工作的总体要求

深入贯彻落实党的“十八大”、十八届三中全会和中央经济工作会议精神，认真落实省委十届五次全会暨全省经济工作会议、市委三届五次全会暨全市经济工作会议部署，坚持稳中求进、改革创新的总要求，抢抓转型综改试验区建设的重大机遇，突出全面深化改革这一总揽，坚持生态环境、文化教育两个优先，做好工业转型、农业升级、三产提速、城乡一体四篇文章，打造幸福、平安、法治三大品牌，开拓创新、奋发进取，苦干实干、大干快干，万众一心、不懈奋斗，全面开创转型跨越发展新局面。

二、2014 年经济社会发展主要预期目标

地区生产总值 56 亿元，增长 10%；规模以上工业增加值 46 亿元，增长 14%；全社会固定资产投资 45 亿元，增长 22%；社会消费品零售总额 6.7 亿元，增长 14%；公共财政预算收入 9.88 亿元，增长 9.6%；城镇居民人均可支配收入 22444 元，增长 11%；农民人均纯收入 7030 元，增长 12%。居民消费价格总水平涨幅控制在 3.5%以内。城镇登记失业率控制在 4.2%以内。

三、2014 年政府主要工作任务

（一）牢牢把握“一个总揽”，全力集聚科学发展“动力源”。一是加快政府职能转变。厘清政府与市场的关系，尽快引入市场机制。推进政府职能向提供公共服务、维护社会公平、创造良好发展环境转变。提高行政审批效能，减少和调整审批事项。二是推进财税体制改革。完善预算管理制度，加强支出管理，调整支出结构，推进财政决算和“三公”经费公开；健全债务管理制度，逐步将政府性债务纳入全口径预算管理，防范债务风险；加强政府性投资项目管理，严格执行财政投资评审制度，进一步完善政府采购运行机制，确保有限的政府资金发挥最大效益。三是深化农业农村改革。坚持和完善农村基本经营制度，促进城乡要素平等交换、公共资源均衡配置。加快构建新型农业经营体系，鼓励土地承包经营权向新型经营主体流转，全面推进农村土地承包经营权、集体建设用地使用权确权和宅基地使用权登记颁证工作。深化集体林权制度改革，完善资源有偿使用和生态补偿机制，推动社会资本投入生态修复。积极推进征地、补偿、保障“三同步”，妥善解决失地农民的创业就业和社会保障问题。四是破解投资融资难题。完善投资运营和回报补偿机制，吸引社会资本组成投资基金。加快推进企业股份制改造，鼓励企业运用票据、债券、股票等方式融资。引导银行优化信贷结构、扩大投放。支持担保公司和小额贷款公司发展，为中小企业提供信贷服务。五是创新用地保障机制。科学统筹用地分配，适度增加工业园区建设用地指标，优先保障社会事业、新兴产业和重点项目用地，确保有限的土地集约高效利用。用足用活城乡建设用地增减挂钩、矿业存量土地整合利用政策。加快旧城改造、移民并村步伐，盘活城乡存量建设用地。六是加大对外开放力度。大力开展产业链招商。鼓励在外蒲县籍企业家回乡投资创业。对重点项目“六位一体”推进情况一月一汇总、一季一排队，比公关成效看项目落地，比服务效率看资金到账。

（二）强势推进“两个优先”，全力夯实长远发展“奠基石”。一要打好生态建设攻坚仗。以国家级生态文明先进县、环保模范城市、园林县城、卫生县城“四城联创”为抓手，标本兼治，综合治理，推进由“煤”变“林”、由“黑”变“绿”。依法取缔和关闭高耗能、高污染企业，推进重点行业、重点企业节能技术改造，推广太阳能、天然气、沼气等清洁能源，改造城内营业性超标排放燃煤锅炉，基本实现城区天然气入户全覆盖。严把环境“准入关”，严控“两高一资”项目建设。严管施工现场和渣土运输，大幅减少扬尘污染。继续推进百里昕水河生态修复工程，大力改善流域生态环境。落实污染源头治理责任，升级改造沿河煤矿、选煤、电力等企业污水处理系统，城区污水处理实现中水回用，黑龙关污水处理站竣工运行。大力推进中线引黄调蓄水库建设，四沟水库完成大坝主体，刁口水库完成规划设计。加强水源地保护和湿地建设，改善局部小气候。高标准实施临午线蒲县段百里绿色长廊提档升级、翠屏山森林公园二期、北山森林公园三期工程，完成古午线、五鹿山旅游公路、临吉高速连接线通道绿化，林木覆盖率提高到 54%。二要打好文化繁荣主动仗。凝聚文化力量，大力实施社会公德、职业道德、家庭美德、个人品德“四德”工程，大力弘扬蒲伊文化的优良传统，大力推进政务诚信、商务诚信、社会诚信和司法公信，深化“文明和谐县城”创建和乡风文明提升。繁荣文化事业。推进城乡文化基础设施提档升级，推动公共文化设施向社会开放，完成 78 个村 1.5 万户有线电视数字化改造，实施不可移动文物保护修复，扎实开展送戏、送电影、送文艺“三下乡”活动。壮大文化产业。创新公共文化管理运行机制和服务模式，引导鼓励各类社会主体参与公共文化服务、兴办公益性文化事业，培育、开发特色文化产品，加快地方文化“走出去”的步伐。三要打好教育质量翻身仗。完善校舍改造、设施配备、人才培养资金保障机制，优化财政性教育经费支出结构，大力改善办学条件。实施教育“品牌”战略，在全国范围内引进名校长、名师，培养一批省、市级学科带头人、骨干教师，带动形成优秀教师梯队。深化学校分配制度改革，严格执行和落实绩效工资政策，强化教学质量目标考核。促进优质教师资源共享和城乡学校“共赢”，缓解学生择校热，办更好更公平的教育。

（三）倾力作答“四篇文章”，全力打造转型发展“升级版”。一是工业转型要在培育、延伸、壮大上下功夫。提升煤炭市场竞争力：加快整合改造矿井建设步伐，积极组织煤炭生产，全县形成 1770 万吨生产能力，年产原煤 800 万吨以上；优化资源配置，强化内部管理，降低煤炭企业生产和管理成本；建立区域性煤炭供给市场，统一对外销售，提高市场占有率；围绕煤电材、煤焦化、煤电化等产业链，规划煤制油、煤制甲醇等煤化工项目，完成 500 万吨焦化基地一期前期工作。提升非

煤产业占比率：整合铸造企业，发展汽车零部件铸造加工，建设临汾西山最大的高端铸造生产基地；大唐100兆瓦风电项目完成升压站建设和15台风电机组安装任务，龙祥干法水泥二期日产4500吨熟料项目试运行，太原煤气化煤机维修制造项目建成投产。提升工业园区利用度：加紧编制五大园区总规和详规，完善园区配套设施，广泛吸引社会资本参与园区基础建设；成立园区管理机构，强化对入园企业的运行分析和监测调度，优化政务服务环境。二是农业升级要在规模、有机、高效上求突破。靠品牌化推动：加快打造“西山核桃第一县”“晋南马铃薯第一县”，集中打造20个千亩以上示范基地，改造低产低效林，新上核桃深加工生产线，年消化核桃提高到5000吨以上；马铃薯产业要“变小为精”，推动规模发展、特色发展、高效发展，打造“美红紫”特色有机薯品牌，以“公司＋农户”的形式，初步形成规模、特色、价格优势，抢占马铃薯高端市场，促进种植户增产增收。靠规模化撬动：每个农口部门确定1～2个、乡镇确定2～3个土地流转试点，鼓励农民以互换、转包、出租、转让、入股、股份合作等形式流转土地承包经营权，有序推进土地向专业大户、家庭农场、农民专业合作社、农业企业流转，力争打造3～5个现代农业示范精品园区，实现规模、效益、质量新提升；实施河西村生态农业示范园等项目，推动传统农业向生态、园林、观光等多功能聚合的现代农业转变。靠有机化拉动：严把生产环节安全关，加快地理标志、绿色食品、有机食品认证；大力发展节水灌溉，大力推进中低产田改造和土地整理，重点发展节水农业、旱作农业和设施农业，到2016年，全县高产田比例提高到60%；大力推广农业新技术，推进农业技术集成化和农业生产机械化，马铃薯种收基本实现机械化。三是三产提速要在做强、做大、做旺上谋出路。做强旅游业。围绕东岳文化、绿色生态和红色经典三大资源优势，加快推进柏山东岳庙景区、五鹿山自然保护区、梅洞山景区、井沟战役遗址综合开发，新建柏林湾旅游服务区，争创东岳庙国家“4A”级景区；大力发展乡村旅游，完善避暑度假、健康养生、购物娱乐等配套产业，提高旅游资源的经济效益。做大物流业。致力构建“带动西山、辐射全市、直通沿海”的物流体系，加快建设肖家沟现代物流园区煤炭集运站项目；鼓励本县物流企业与国内知名企业合作，吸收现代物流理念、技术和管理方法，扩大连锁经营，提高物流标准化程度和市场竞争力。做旺商贸业。加强城乡商业网点规划建设，积极引进连锁超市、名商名店，推进农副产品批发市场和集贸市场建设；大力发展电子商务、育儿养老、家政服务、餐饮娱乐、健康休闲等生活性服务业，满足群众多层次、多样化需求。四是城乡一体要在布局、配套、管理上见实效。打造大县城。大力实施城市“东延西扩”、旧城“连片改造”、绿地“南北上山”工程，完善城市功能，提升城市品位；采取抵押、拍卖、置换等形式，吸引社会力量参与旧城改造；加快锦绣大桥周边修复、保障性住房三期、新闻中心等项目建设，提升新区内涵和质量；完成滨河大道西延、水质提升、北街公园、垃圾中转站等项目，启动西气东输县城段改线工作，实施城区空地增绿工程，提升城市吸引力、影响力和承载力。发展小城镇。乔家湾作为全省“百镇建设”之一，要高起点规划、高标准建设、高品质发展，加大旧村改造、景观道路、生态走廊建设力度，打造县西小城镇建设典范。黑龙关、薛关作为东西大门，要加快改善基础设施和公共服务，推进绿化、美化、亮化、净化，提升“门户”形象；加快建设县东工矿园区型、商贸集散型，县城综合服务型，县西绿色产业型、生态宜居型等示范小城镇。建设新农村。积极争取上级资金扶持，深入实施完善提质、农民安居、环境整治和宜居示范四大工程，大力改善农村面貌和生产生活条件。推进农村集中式供水，重点解决蒲城、薛关、黑龙关3个乡镇、5个自然村3201人饮水安全问题，自来水普及率达到96%；加大地质灾害治理力度，启动27个采煤破坏村避让搬迁工作；改造农村困难家庭危房300户，白家庄移民新村安置移民48户，努力解决困难群众的住房问题；建立完善农村清扫保洁和垃圾收运处置体系、乡村环境卫生整治长效机制；大力推进美丽乡村建设，年内创建1个省级生态乡镇、4个省级生态村，引领全县农村人居环境建设。畅通循环路。积极配合洪大高速做好前期工作，力争启动征地拆迁，早日结束蒲县不通高速的历史；霍永高速连接线路基形成，打通蒲县出境北通道；加快村通循环公路建设，形成网络化连接、一体化发展交通格局。构建强电网。积极推进电网建设，建成西坪垣—蒲城、西坪垣—太林110千伏输电线路工程，完成电网改造升级和克城373线路改造，为转型跨越提供优质可靠的电能支撑。同时，大力推进城乡环境综合整治，加大综合执法力度，重拳整治脏乱差和非法建设，打造整洁有序、文明美观的宜居之城。

(四)加快构建“三大品牌”，全力开创和谐发展新境界。一要大力发展“幸福民生”。强化劳动就业保障，以零就业家庭、失地农民、高校毕业生等特殊群体为重点，完善公益岗位就业援助、小额担保贷款等政策措施，促进转移就业和劳务输出，新增就业人数5000人，城镇登记失业率控制在4.2%以内，实现“零就业”家庭动态归零。大力实施全民健康行动，深入推进爱国卫生、全民健身、中小学生阳光体育工程，增强人民体质。完善基本医疗服务和公共卫生服务体系建设，全民健康服务中心投用，新改扩建太林、山中、黑龙关乡镇卫生院，改善群众就医条件。加强公共卫生服务和重大传染病防控，建立城乡居民普惠性健康档案和体检制度，完善疾病应急救助机制，积极开展优生健康检查，增加大病统筹病种，提高大病保障水平，完成“国家级慢性病综合防控示范区”创建。扎实推进养老、工伤、医疗、失业、生育等保险扩面工作，新增参保1000人，各类社会保险参保人数达到9.6万人。提高城乡低保、“五保”供养、医疗救助标准，扩大覆盖面，实现动态管理、应保尽保。建立健全分层分类救助机制，加大助医、助学等专项救助力度，推进社会救助制度化、系统化、常态化。推进“百企千村”产业扶贫开发，全年减少贫困人口4000人。二要倾力保障“平安民生”。坚持“党政同责、一岗双责、齐抓共管”，完善社区、乡镇“大网格”，村组、企业“小网格”安全管理平台。升级改选全县安全监控系统和煤炭企业监控网络，确保隐患早发现、早处置。开展100%整治“专项行动”，突出重点行业、重点部位、重点时段，不定期组织拉网式排查，对排查出的隐患要彻底整改。对企业违法违规行为，要坚持“严执法、零容忍”，从严从快从重处罚。三要全力打造“法治民生”。加快推进社区规范化建设和网格化管理，落实非公经济组织、新社会组织的社会管理职责。实施视频监控三级网络工程，有效预防、严厉打击各类违法犯罪活动。完善公共突发事件应急机制，提高应急处置能力。依靠群众化解社会矛盾，运用法治方式处理信访积案，完善法律服务和司法救助体系，引导群众以理性合法的方式主张权利、表达诉求、维护权益。严格落实食品药品安全监管责任，加大监管力度，依法打击各类食品药品安全违法行为。

转型跨越迈大步　进军中部百强县

襄汾县县长　张宏志

2013年，襄汾县创新奋进，顽强拼搏，扎实推进各项工作，较好地完成了年初确定的目标任务，经济社会发展呈现出稳中有进、稳中向好的态势。2014年是襄汾县坚持改革创新、扎实推进转型跨越发展的关键一年。做好2014年的各项工作，任务艰巨，责任重大。我们要积极应对各种困难和挑战，切实增强加快发展的信心和决心，全力推动各项工作再上新台阶。

一、2014年政府工作的总体思路

全面贯彻党的“十八大”和十八届二中、三中全会精神，深入开展党的群众路线教育实践活动，坚持稳中求进的总基调，认真落实全市改革创新年、转型攻坚年、环境提升年、服务群众年“四个年”活动安排部署，紧紧围绕“转型跨越迈大步，进军中部百强县”赶超目标，强化招商引资发展引擎，加快现代农业基地、新型工业强县、宜居宜业新区、根祖文化之乡建设步伐，提升安全生产、生态建设、社会治理工作水平，抓好事关广大群众福祉的民生工程，坚定信心，创新奋进，顽强拼搏，负重赶超，全力推动经济社会持续健康快速发展。

二、2014年全县经济社会发展的主要预期目标

地区生产总值完成137.1亿元，增长9.5%；规模以上工业企业增加值82.5亿元，增长13.5%；全社会固定资产投资105亿元，增长26%；社会消费品零售总额37.34亿元，增长14%；公共财政预算收入8.35亿元，增长12%；城镇居民人均可支配收入24690元，增长11%；农民人均纯收入10219元，增长11%。城镇登记失业率控制在4.2%以内。居民消费价格总水平涨幅控制在3.5%左右。

三、2014年政府主要工作任务

（一）加快转型升级，转变经济发展方式。一是改造提升传统产业。焦化方面，继续加大整合重组力度，支持鸿达集团并购产能，实现260万吨级焦化项目建设目标。钢铁方面，加快星原、中升、新金山钢铁企业国家行业准入步伐，实施新金山100万吨轧钢和中升100万吨高速线材技改项目，全力打造优质特钢集聚区。矿山方面，积极推进金属、非金属矿山资源整合，优化矿山布局，促进合理开发，把铁矿企业做强做大。二是培育壮大新兴产业。积极发展装备制造、新型材料、医药轻工等新兴产业，构建多元支撑的产业格局。全力推进新兴重工绿色铸造科技产业园一期30万吨高端铸件及研发中心项目建设，加快实施辉瑞制药二期固体制剂和襄汾县药胶厂药用食用明胶项目，帮助山佳阀门、荣世达机械制造等企业破解发展难题，扩大生产规模，提高综合竞争力。认真落实中央、省、市扶持小微企业发展的一系列优惠政策，加快小企业创业基地建设，培育行业“小巨人”。三是大力发展现代服务业。启动丁村游客服务中心、民俗风情街和陶寺遗址博物馆、陶寺遗址公园、龙澍峪景区二期工程。做好赵康普净寺古建修复和汾城古建筑群修缮、古街道改造及功能门区建设。推进燕村生态农业观光旅游和玛斯兰德温泉小镇建设。实施东岭滑雪场二期和昌明摄影基地项目。推进文化创意、文化传播、文化产品制作等产业发展。依托铜艺、漆艺、陶艺等传统工艺，开发一批独具特色的文化产品。抓好大美古韵生产基地、山西帝尧麻笺功能区、唐人居晋作家具展示区建设。积极发展科技研发、创新驱动、金融保险、现代物流等生产性服务业，着力抓好家政服务、育幼养老、健康休闲等生活性服务业。四是加快推进工业园区建设。坚持新上项目向园区集中、生产要素向园区集聚、政策重点向园区倾斜。适度调整工业园区规划，争取申报河东冶金焦化工业园区，重点打造永固新兴重工绿色铸造科技产业园区和河西煤化工园区。

（二）做好“三农”工作，确保农民持续增收。一是夯实基础，保障粮食安全。严格落实耕地保护制度，确保全县耕地和基本农田数量不减、质量不降。实施农业综合开发，推进小型农田水利重点县建设，率先建设农业机械化综合示范县，主要粮食作物综合机械化水平达到92%以上。创建4个小麦高产万亩示范区，确保粮食总产稳定在4亿千克以上。二是壮大规模，发展现代农业。重点打造襄陵现代农业示范园区、新城万亩官滩红枣园区、汾城万亩核桃经济林园区、南贾君诚肉羊养殖加工小区。采取财政贴息、信贷支持、税费减免等措施，集中力量建设一批标准化龙头企业。扩大天美食品、三盛合酿造、侯临杏鲍菇生产规模，支持碧云天年产30万吨饲料加工项目投产达效，推动尧京葡萄酒庄、戎子葡萄酒庄生产基地建设。发展特色高效农业，支持赵康三樱椒、荀董中药材等产业做强做大，建设中药材标准化生产基地666公顷，新增干果经济林666公顷、设施蔬菜400公顷。新建、扩建永固、西贾、南辛店3个年出栏1万头的标准化猪场和古城存栏1000头的种猪场。引导农民兴办专业合作、股份合作、信用合作等多种类型的合作主体，鼓励发展专业大户、家庭农场等新型农业经营主体。三是多措并举，促进农民增收。加大科技对农业的支持力度，实施农业技术进村入户到田，让农民在提高产出水平中增收；做好农村土地承包经营权确权登记颁证工作，引导农村土地经营权有序流转，让农民在土地流转中增收；全面落实各项强农惠农富农政策，逐步增加财政资金、土地出让金和信贷资金对农业的投入，让农民在政策补贴中增收；扎实开展阳光工程培训、送教下乡等活动，培育造就新型农民队伍，让农民在创业和技能提升中增收；有序推进农村剩余劳动力转移，倾力打造“永固饼子”等劳务输出品牌，让农民在外出务工中增收。四是示范引领，建设美丽乡村。深入实施完善提质、农民安居、环境整治和宜居示范四大工程，有效改善农村人居环境。打造襄陵镇薛村、汾城镇孝村、新城镇邓曲、邓庄镇贾庄4个美丽宜居示范村。

（三）统筹城乡发展，加快新型城镇化进程。一是注重规划引领。全面启动县城控制性详细规划编制工作，重点做好东城区控制性详细规划和县域路网规划。二是加快城市建设。坚持新城建设和旧城改造并举，启动一批棚户区、城中村和老旧街巷改造工程，增加公共绿地、停车场地和文体活动场所。进一步拉大框架、完善功能、提升城市品位。三是加强城镇管理。加大治脏力度，以城乡卫生、集贸市场、主干道路、出入接口为重点，严格整治垃圾乱倒、污水滥流、物品随意堆放等现象，彻底清理卫生死角。加大治乱力度，从根本上解决乱搭乱建问题，开展物业整顿，加快社区服务中心建设，着力提高小区管理水平。加大治堵力度，坚持公交优先原则，严厉打击黑出租，规划公共停车场所，对各种交通违法和占道经营行为进行集中整治，规范城市交通秩序。四是推进小城镇发展。加快邓庄、汾城两个省定重点镇建设，争取古城、汾城两个乡镇列入全国重点镇并启动建设。结合资源、区位、产业等因素，有方向性地培育经济强镇、商贸重镇和旅游名镇；依托河西煤化工园区、河东冶金焦化工业园区和重点企业，以产业为支撑，培育新兴小城镇，引导农村居民向城镇集聚。

（四）狠抓项目推进，增强发展后劲。一是在项目引进上下功夫。大力推进市场化招商引资和招才引智，促进以企引企、以商招商，以情动人、以德招商；要素招商、环境招商，在全社会形成招商引资的浓厚氛围。支持民间资本以独资、参股、控股等多种形式进入基础设施、市政公用设施和教育、文化、医疗卫生等领域，进一步激发民间资本的活力。二是在项目建设上下功夫。建立重大项目倒逼机制，落实储备、签约、落地、开工、建设、投产各环节，加快项目建设进度，加大对重点项目建设的支持扶持力度。三是在项目服务上下功夫。继续坚持重点项目领导包联责任制，实行“三个24小时”办理机制，切实帮助解决项目推进过程中的困难和问题。对于投资额度大、产业拉动强、具有战略意义的重大项目，实行“一事一议”“一企一策”，全力推进，确保好项目引得来、留得住、上得去。四是在项目见效上下功夫。严把新上项目论证关，启动退出机制，盘活存量土地，规范用地秩序，提升节约集约用地水平。

（五）推进节能减排，切实改善生态环境。一是坚决整治大气污染。重点抓好靠近临汾市区和县城乡镇的污染治理。积极推进集中供热、供气改造步伐。继续开展餐饮油烟、机动车尾气和建筑工地、道路交通、工矿企业扬尘污染等专项治理。加大环境执法力度，严惩重罚环境违法行为，确保全年县城空气质量二级以上天数不低于300天。二是深入开展水环境治理。完善县城饮用水水源地环境评估制度，全面排查治理水源地环境安全隐患，确保水源地水质安全。强化对汾河沿线企业的监管，严厉查处偷排、漏排污水等违法行为。巩固农村环境连片整治成果，加强畜禽养殖行业环境治理，排查整治农村人畜集中饮水工程，保障乡村人畜饮水安全。三是不断强化节能降耗。严格行业准入门槛，严把新建项目能耗审批关，从严控制高耗能行业过快增长。扎实推进工业、建筑、交通领域节能工作。强化公共机构节能工作，实施节能产品惠民工程。四是大力推进生态建设。以建设全省林业生态县为目标，重点抓好通道绿化、退耕还林、干果经济林、双龙湖湿地公园等林业工程。落实封山禁牧制度。开展“一企一山、一企一沟”矿山复绿行动。加强乡村、企业绿化工作。

（六）坚持科学理财，提高财政保障能力。加强对房地产、专业市场和个体工商户等纳税主体的税收监管，挖掘小税种增收潜力，规范罚没收入管理；坚持依法征管，加大清欠力度，确保应征不漏，应收尽收。统筹安排财力，集中财力办大事；强化预算约束，从源头上控制财政资金支出。严格“三公”经费管理，制止铺张浪费行为，精打细算，厉行节约。加大审计和监督检查力度，强化对重大投资项目、重点工程和涉及民生的专项资金审计；严把决算关，对虚报、套取、转移、挪用建设资金等违纪违规问题从严处理。

（七）狠抓安全稳定，创建平安和谐襄汾。一要毫不松懈抓好安全生产。大力开展“安全生产强基年”活动，切实抓好非煤矿山、尾矿库、危险化学品、冶金、水库、民爆物品、道路交通、建筑施工、森林防火、特种设备、学校、商场等重点行业和领域的隐患排查治理和安全监管。加大安全投入，强化安全培训，推进科技兴安。强化责任追究，严格落实“一票否决”制，努力减少一般事故，有效防范较大事故，坚决杜绝重特大事故，为经济社会发展提供安全保障。二要不遗余力推进社会治理。进一步加强和创新社会治理，健全完善社会服务治理信息平台，加强流动人口和特殊人群管理服务，规范网络和虚拟社会管理，开展社区网格化治理，构建社区“五位一体”管理新模式。认真开展“百日双百案”群众信访诉求化解专项活动，建立健全信访防范、风险评估、初信初访接待处理等机制。严厉打击各类违法犯罪行为，全力维护社会稳定。加强应急救援管理，积极开展地质灾害、防汛、消防、交通、企业等应急救援演练，有效提高应急反应和处置能力。

（八）保障改善民生，增进人民群众福祉。一是优先发展教育。继续加大教育投入，确保教育经费实现“三个增长”；统筹义务教育资源配置，完成98所农村薄弱学校改造任务，促进城乡教育均衡发展。强化教师队伍建设。加快发展学前教育，积极发展特殊教育。深化课堂教学改革，提升教育教学质量。二是繁荣文化事业。加强基层文化服务体系建设，公共文化设施场地全部免费开放。开展送戏下乡、送电影下乡活动，进一步丰富群众的文化生活。加强对外文化交流，进一步扩大襄汾的对外影响。加快广播电视发展步伐，加强对新兴数字媒体的监管。规划整合体育健身场馆和设施，广泛开展各类健身活动，不断提高全县人民的身体素质。三是促进创业就业。建设县乡村三级就业人才服务网络体系，着力抓好高校毕业生、城镇困难人员、退役军人就业工作，加大零就业家庭援助力度。全年实现城镇新增就业6300人，转移农村劳动力6500人，培训技能人才800人、农村劳动力2000人、新成长劳动力1000人。四是强化社会保障。认真执行城乡低保实施办法，将城乡居民低保最高标准分别提高到360元和170元。落实城乡贫困群体医疗救助制度和临时救助制度，对农村贫困重大疾病患者实行“一站式”救助。新开工建设各类保障性住房900套。五是提升健康水平。引深医药卫生体制改革，完善国家基本药物制度。巩固新型农村合作医疗成果，确保参合率稳定在95%以上。加快县域医疗资源整合，推进医院规范化管理。坚持计划生育基本国策不动摇，全县人口自然增长率控制在6.5‰以内。全面推行食品药品安全网格化监管、格式化检查、痕迹化管理，确保人民群众“舌尖上的安全”。

创新实干　克难奋进
努力开创翼城转型跨越发展新局面

翼城县县长　**杨春权**

2013年，翼城县紧紧围绕“重规划、按规律、讲规矩”的发展理念和“接地气、干实事、争一流”的执政理念，认真抓好“三件大事”，扎实推进“五项工作”，齐心协力，砥砺奋进，经济社会发展取得新成效。

2014年是全面深化改革的开局之年，也是实现“十二五”规划目标的关键之年，做好214年工作责任重大，任务艰巨。

一、2014年政府工作的总体要求

深入贯彻落实党的十八届三中全会精神，按照市委“改革创新年、转型攻坚年、环境提升年、服务群众年”活动要求和县委十二届五次全会暨全县经济工作会议部署，以稳中求进、改革创新为总基调，以群众路线教育实践活动为抓手，牢牢坚持“重规划、按规律、讲规矩”的发展理念，大力弘扬“接地气、干实事、争一流”的执政理念，认真抓好“改革发展、安全稳定、作风建设”三件大事，扎实推进“产业升级新型化、现代农业规模化、城乡环境生态化、公共服务均等化、社会治理现代化”五项工作，不断提升经济社会发展的质量和效益。

二、2014年全县经济社会发展的主要预期目标

全县生产总值增长9%，规模以上工业增加值增长13%，全社会固定资产投资增长21%，社会消费品零售总额增长14%，公共财政预算收入增长12.5%，城镇居民人均可支配收入增长10%，农民人均纯收入增长11%，城镇登记失业率控制在4.2%以内，居民消费品价格水平涨幅控制在3.5%左右。

三、2014年政府工作重点

（一）全面推进改革创新。一是深化经济体制改革。支持县投资集团公司按照现代企业法人制度，推行专业化管理和市场化经营，拓宽投融资渠道。完善财政管理制度，建立规范合理的政府债务管理及风险预警机制；推进预算管理、国库集中支付、政府采购和非税收入收缴四项改革，夯实财政管理基础；积极推进"营改增"试点工作，完成煤炭行业清费立税目标任务；加快政府向社会购买服务的改革，建立健全政府购买公共服务机制。深化招商引资工作机制改革，建立招商引资项目库；支持民间资本以独资、参股、控股等多种方式进入基础设施、市政公用设施和教育、文化、医疗卫生等领域；创新招商引资模式，变项目招商为要素招商、环境招商。二是深化农业农村改革。搞好农村土地承包经营权确权登记颁证试点工作。筹建县级土地承包纠纷仲裁机构和乡镇土地流转中心，推动土地承包经营权流转交易，允许农民以土地承包经营权入股发展农业产业化经营。深化农村集体林权制度改革。探索建立城乡统一的建设用地市场，开展农村集体经营性建设用地出让、租赁、入股试点工作。积极推进户籍制度改革，逐步放宽落户条件，进一步完善就业、养老、上学、医疗等各项配套政策，引导农村居民向城镇集聚。三是鼓励支持创业创新。改革工商登记制度，降低创业门槛，加强市场秩序监管。建设小微企业孵化基地，在财政扶持、税收优惠和企业融资上更多地向小微企业倾斜，推动全民创业。创新科技发展机制，设立工业发展专项基金，促进科技和产业融合发展，力争新增两户市级企业技术中心，争取3个项目列入省技术创新项目计划。创新人才引进和培育机制，公开选聘一批企事业单位紧缺的专业技术人才。

（二）大力发展现代特色农业。一是打造现代农业示范园区。推进粮食高产创建工程，重点抓好9个万亩小麦和6个玉米高产园区建设，完善隆化万亩谷子园区配套设施。巩固提升林果产业，推进优势产业带54个村的苹果产业规模扩张。抓好3个千亩核桃示范园区建设。积极培育翅果油树经济林带。集中开展苹果、核桃等经济林幼苗管护专项行动，加大果农技术培训力度。以南梁、南唐、里砦、唐兴、中卫5个乡镇的设施农业示范园区建设为引领，形成多元化投入机制，打造"日光温室、移动拱棚、露地大田"三类互补的设施农业发展新格局。积极推广"种养结合、循环利用"的畜牧业发展新模式，推进丰盛、鑫坤、康兴等养殖园区建设。高水平打造菁铧、富华、长汇等现代农业园区，力争创建1个省级农业示范园区。二是培育新型农业经营主体。培训1000名新型职业农民。继续推进"358"示范社建设行动，积极发展土地流转、资金互助合作社和跨区域联合社等新型合作组织，不断提升合作社发展水平。加大农业产业化龙头企业扶持力度，强化龙头企业与农户、农民合作社的利益联结机制。举办一次综合性的特色农产品展销活动，加大农产品宣传、推介和促销力度。三是夯实农业农村发展基础。强力推进民生水利建设，继续搞好小型农田水利重点县项目，启动规模化节水项目和小河口灌区节水改造工程。加强生态水利建设。完成南梁片万亩土地整理项目，争取启动中卫乡吴寨等4个村的万亩高标准农田建设。整体推进农机装备与服务提升。大力实施农村困难家庭危房改造、特困群众异地搬迁、村级幼儿园改扩建、乡村清洁工程等省定惠农实事。加大扶贫开发力度，年内完成450人的异地扶贫搬迁安置。启动实施农村贫困人口就业培训计划。引导县内企业与贫困村开展项目合作对接，积极开展领导干部包村增收、机关定点扶贫工作。完成新一轮农网改造工程，提高农村薄弱地区的供电保障能力。

（三）加快工业提质增效。一是强化运行调控服务。建立重点行业、重点企业运行监测平台，完善预测预警机制。抓好煤、电、运等生产要素的协调配置，积极开展产销衔接、政银企对接服务活动，千方百计帮助企业拓宽销售渠道和融资渠道，稳定生产经营。推动企业强弱联合和重组整合，支持煤炭、钢铁等上下游企业开展联合协作。完善整合煤矿与所在乡村的定期协调会商机制，共建和谐企地关系。二是推进重点项目建设。加快整合煤矿技改扩建。落实好全市煤炭25条措施，创优煤炭发展环境，全年原煤产量达到300万吨以上。抓好煜森180万吨洗选煤、堡子90万吨洗煤厂、永利年产1.2亿块煤矸石烧结砖等煤炭产业链延伸项目，推动煤炭企业与洗选加工企业的合作，提高煤炭产品附加值。抓紧阳煤翼城煤电化循环经济产业园区项目实施，年内重点推进一期2×350兆瓦电厂项目的核准及前期准备工作，加快项目落地，及早开工建设。以多种方式推进翼钢项目建设，争取舜达公司与中信集团等优势企业的对接合作，大力发展精密铸造，延伸"铸造—机加—装配总成"产业链条。完成华星铸件、兰鑫纺织、江源生物等企业技改项目，实现产品提档升级。三是激发中小微企业活力。大力开展为中小微企业"送服务、送政策、送温暖"活动，认真落实扶持中小微企业发展的优惠政策。培育和发展各类融资担保机构，推动金融机构加大对中小微企业的信贷支持，鼓励小额贷款公司合理控制贷款利率水平。扩大"助保贷"业务规模，对有发展潜力的小微企业给予重点倾斜和优先扶持。

（四）提升现代服务业水平。一是培育壮大文化旅游产业。加强重点文保单位和革命遗址的修缮，积极申报苇沟—北寿城国家级遗址公园项目，启动大河口墓地再次挖掘和后续展示工作，加快历山景区开发项目建设。注重规划引导，对部分文保单位和景区进行整体包装，逐步完善配套设施，全力打造特色精品旅游线路。推进绵山文化产业园区建设。加大对外宣传推介力度，助推文化旅游强县建设。二是增强商贸物流业服务功能。完善农村现代商贸流通体系，完成50个便民连锁店的信息化改造，加快3个乡镇的物流配送中心建设。抓好农产品交易市场的新建和改扩建工程，积极发展社区便民菜市场，提高农产品流通效率。加强粮食收购、储存、运输等流通环节的管理，提高粮食安全保障能力和产业化经营水平。引导交通运输企业运用电子商务手段扩大物流业务。三是推进服务业创新发展。加强创业指导服务，帮助个人创办小微服务业企业。加快农村信用联社改制进程。积极引进异地金融机构落户翼城。鼓励社会力量发展育幼养老、家政服务、健康休闲等服务业。探索有序推进广播电视网、电信网与互联网"三网"融合的发展模式。

（五）积极推进新型城镇化。一是提升县城综合承载能力。完成县城控制性详规、重点工程项目修建性详规以及县城燃气、亮化等专项规划编制工作。加强市政公用设施和公共服务设施建设，年内重点完成5万平方米县城背街小巷硬化、城西防洪排水二期、净水处理厂、高标准公厕、汽车站迁建、综合服务中心等6项工程。积极推进集中供气管网和沁水煤层气管道衔接，加快实施大唐公司县城集中供热项目。以“城中村”改造、西城区开发为重点，推进功能区科学布局，不断拓展县城发展空间。创新县城管理模式，建立多部门参与的综合执法联动机制，强化规划执行和精细化管理，重拳治堵、治乱、治脏。规范县城住宅小区物业管理。深化文明县城创建工作，注重文化元素与县城建设的融合。二是培育发展特色小城镇。加强小城镇规划建设，促进人口和产业集聚。建立乡镇土地收储中心，鼓励各类市场主体参与城镇建设，开展旧房、旧村、旧厂改造和荒地、废弃地开发利用。积极做好唐兴、里砦、南梁“全国重点镇项目”申报工作。进一步改善乡镇交通条件，加大农村公路养护管理力度，提高农村客运运营效率和通达深度。三是推进美丽乡村和新型农村社区建设。将新农村建设与移民搬迁、农村危房改造和城镇化有机结合，完善城乡环境卫生管理长效机制，统筹推进农村人居环境综合整治，加快建设美丽乡村。启动一批美丽乡村建设试点工作，积极探索多种新型农村社区建设新模式。加快推进农村环境连片整治示范项目，有效改善项目区农村卫生环境和生态环境。开展基础性工作，积极向上争取全省采煤沉陷区治理试点县项目。

（六）加强生态文明建设。一要狠抓大气污染防治和水环境治理。认真落实大气污染防治方案和行动方案，严格实行县城高污染燃料禁烧区管理，加快燃煤锅炉除尘改造步伐，有效控制燃煤烟尘。严格建筑工地、企业周边及道路运输扬尘监管，加大街道除尘保洁力度。强化机动车环保检测。加强重污染天气监测预警预报。抓好浍河流域环境监管和饮用水源地保护。积极改造和完善城区污水管网，提升污水收集率和处理率。二要强力推进节能减排。抓好城北加气站建设，大力发展公共交通，倡导绿色出行。实施重点行业能效水平对标，抓好工业、建筑、公共机构等领域节能工作。大力推进结构减排、工程减排和管理减排，从严控制新上高耗能、高污染项目，继续实施烧结机脱硫除尘改造和煤矿矿井废水治理，强化规模化畜禽养殖污染治理，抓好污染防治设施的运行管理，加快污染源自动监控平台建设，确保主要污染物稳定达标排放。三要大力开展造林绿化。完成古北线沿线绿化和100千米乡村道路绿化工程，持续推进环城绿化、城区绿化、村庄绿化、荒山绿化和浍河流域治理绿化。加大森林保护和林木管护力度，巩固造林绿化成果。

（七）扎实做好财税工作。一是挖掘财税增收潜力。落实结构性减税、支持企业技术创新、节能减排等税收优惠政策，发挥财政资金的导向和杠杆作用，促进产业转型升级，增强财源发展后劲。坚持依法治税，推进信息管税，堵塞征管漏洞，强化收入攻坚。加强行政收费、政府性基金和国有资产、资源收益等非税收入的征管。用足用活财税政策，争取更多的转移支付和专项资金。二是优化财政支出结构。大力压减一般性支出，财政优先保工资、保运转、保民生、保重点。不开工新建政府投资项目，续建项目严控追加支出和超概算问题。强化财政“一事一议”奖补工作，探索建立县乡两级事权与支出责任相适应的转移支付制度。三是强化财政资金管理。规范财政结余结转资金和财政暂付款管理，建立定期清理机制。健全财政投资评审制度，引入社会审价中介机构，实行“三级”复审，加强全过程监管，提高评审质量。强化预算绩效评价和政府采购监管，加大对民生专项资金、支农惠农资金和部门“三公”经费的审计监督力度。加强机关事业单位财政供养人员管理。严格乡镇财政资金监管，狠抓源头和风险点防控。

（八）持续保障和改善民生。一要加强就业和社会保障工作。大力促进就业创业，年内新增城镇就业3000人，新增劳动力转移就业4000人。坚持保基本、兜底线、保公平、可持续，抓好各类社会保险提标扩面工作。推进新农合支付方式改革，不断完善城乡低保、大病救助制度。深化“三关爱”活动，实施好敬老养老工程，加快农村老年人日间照料中心建设，进一步做好贫困家庭的帮扶工作，加强残疾人、孤儿等弱势群体的救助保护。完成400套保障性住房建设。在县城发展7家农副产品平价商店，发挥节日期间的稳价惠民作用。二要统筹社会事业协调发展。大力提升中小学办学条件和教学质量。提高翼城中学、四中等12所中小学的基础设施水平，完成义务教育阶段学校教学设备配套任务；完善定期补充教师的良性机制，建立校长教师定期交流轮岗制度；整合职业教育资源，做好职业技术学院筹建工作。加快县医院迁建项目前期工作，年内启动建设。深化县级公立医院和基层医疗卫生机构综合改革，加强县乡村三级医疗卫生服务网络建设，加大全科医生和乡村医生培训力度，有效开展城乡医院对口帮扶工作，逐步建立“分级诊疗、双向转诊”制度。扎实做好新形势下人口计生工作，稳步实施“单独两孩”生育政策。加快县城5个公共文化活动室建设，积极推动公益性文化体育设施面向社会公众开放，广泛开展文化下基层和全民健身活动，抓好数字电视扩网增户工作。进一步繁荣文学艺术创作，扶持发展实体书店，倡导全民阅读。逐步完善公益性殡葬服务设施，鼓励支持社会力量参与殡葬改革。三要切实抓好安全生产。牢固树立安全发展理念，强化“红线”意识，严格执行安全生产法律法规，全面落实安全生产责任。扎实推进企业ABCD分级动态监管，建立科学监管长效机制。深入开展“打非治违”活动，持久开展安全生产大检查。启动安全生产综合监管信息平台建设。全面构建县乡村三级食品药品安全监管体系。严格落实安全生产目标责任考核“一票否决制”，减少一般事故，坚决杜绝三人以上较大事故。四要加强和创新社会治理。健全社会服务管理体系，统筹公共文化活动室和社区管理服务中心建设。加强和改进信访工作，健全信访联席会议制度和矛盾纠纷排查调处机制，及时跟进预防和化解社会矛盾。进一步完善网络舆情监管机制。深化“平安翼城”创建，推进社会治安综合治理“网格化”管理工作，严厉打击各类违法犯罪活动。建立农民工工资支付保障联席会议制度，着力预防和解决农民工工资拖欠问题。加强应急救援管理，提高应对和处置自然灾害等突发事件的能力。

加快转型跨越　壮大县域经济　改善人民生活

河津市市长　**杜中伟**

河津市是一座以资源加工为主的新兴工业城市。2014 年以来，在落实省委、省政府转型综改工作的实践中，河津市以改革创新为动力，以提高质量效益为目标，着力在产业提升、人才引进、城乡统筹、公共服务等方面先行先试，创新发展，积极探索资源型城市可持续发展之路。

一、发展民营经济，加快转型升级

一是高端策划，科学引导。聘请中国冶金规划院编制《河津市传统产业转型发展规划》，聘请北京安泰科公司编制《晋南铝工业发展规划》，规划王家岭循环经济工业园区、铝工业园区等 4 个工业园区，主要设计了煤焦油深加工、焦炉煤气深加工、粗苯深加工、多品种氧化铝和铝的精深加工 5 条产业链条，策划了 4×350 兆瓦低热值煤发电、20 万吨乙二醇、50 万吨电解铝及铝深加工等一批重点项目，全力打造传统经济转型发展的升级版。二是延伸链条，集群招商。围绕煤焦油气化和铝深加工两条产业链，按照“小分队走出去扩大影响，大团队请进来深入对接”的办法，以龙头企业、行业协会、科研院所、未来市场为重点，大力开展主攻产业园区化发展集群化招商，2014 年 1～9 月，全市招商引资项目 39 个，到位资金 45.11 亿元。其中煤化工产业集群项目 13 个，到位资金 16.5 亿元；铝深加工产业集群项目 9 个，到位资金 8.2 亿元。三是出台政策，推动转型。制定出台《工业行动方案》《招商引资行动方案》《五大产业基地发展规划》《煤炭企业创业转型发展一对一服务活动》《加强中小企业担保公司建设的实施意见》等一系列转型经济发展政策，为民营企业加快转型提供政策支撑。四是创新机制，激发活力。抢抓转型综改和扩权强县机遇，加大机制体制创新力度，积极破解发展瓶颈。创新金融服务机制，完成农商行改制，引进晋商银行，发挥财政担保作用，将财政资金存入商业银行，为企业担保贷款；完善企业土地手续，帮助企业用土地手续到银行融资；通过短期融资债券、中小企业直接融资等方式，1～9 月全市金融机构各项存款 173.18 亿元，较年初增加 13.34 亿元，增长 89%，贷款余额 104.94 亿元，较年初增加 20.26 亿元，增长 19%。创新土地保障机制，积极争取全省城乡建设增减挂钩试点，把民营企业用地纳入土地利用总体规划和年度用地计划，优先保证民营企业发展用地。创新环保服务机制，利用“十一五”减排指标，完善 72 家企业环境审批手续，为经济发展争取更多的环境容量。创新科技创新机制，积极争取到山西可持续发展实验区项目，以多品种氧化铝开发为重点，在远东铝业、腾茂科技、津华药业、津津化工等企业建立研发中心，全面提升民营企业核心竞争力。1～9 月，新上工业转型项目 20 个，新兴产业企业达到 37 家，产值达到 80 亿元，产业转型发展迈出了新步伐。

二、加强城乡统筹，推进产城互动

一是坚持高起点规划。聘请山西省城乡规划设计研究院编制完成“一总四专”规划，完成 2 镇 5 乡小城镇规划和 89 个新农村建设规划。按照“大县城、小城镇、中心村”三位一体发展思路，明确“一城三区四园”的发展方向。三区，即以中心城市区域和河津老城为主规划建设新耿区，以铝基地、清涧办、铝工业园区为主规划建设龙门区，以王家岭煤矿、樊村、僧楼两镇为主规划建设万春区。二是坚持高标准建设。实施了城区教育布局调整、东赵路拓宽改造、市人民医院、城市客运站、城市垃圾处理场、莲池公园、赵家庄环境连片整治、紫金街北延、农网升级改造等基础设施项目，城市功能进一步完善，品位进一步提升，城镇化进程进一步加快。三是坚持高效益管理。牢固树立“城市让生活更美好、文明让城市更美丽”的理念，积极创建国家卫生城市、国家文明和谐城市、省级园林城市、省级环保模范城市，城市污水处理率达到 80%，城市集中供热率达到 70%，全市林木覆盖率达到 27.6%。四是坚持加快城镇化进程。以工业化带动城镇化，以王家岭循环经济、铝工业、高新技术和百底煤化工四大园区为载体，推动主导产业集聚发展。目前全市共有工业企业 220 家，其中规模以上企业 81 家，产值 10 亿元以上 8 家，30 亿元以上 4 家，共有 6 万农民就地转化为产业工人，外来务工经商及流动人口达到 10 万人。以服务业推动城镇化，发挥公路、铁路、高速三纵三横的交通区位优势，大力发展商贸物流、文化金融等现代服务业，目前，全市共有专业市场6个，大型商业综合体8个，物流运输企业123家，客货车辆2965辆、金融机构11家，第三产业占市域生产总值的比重达到30%。

三、坚持人才强市，积极招才引智

把人才作为转型跨越的第一资源，实施科教人才强市工程，面向国内外广招职业经理、科研、专业技术、营销等四类贤才。坚持招商与"招才"同步、引资与"引智"相结合的原则，成立招才引智局，设立人才专项资金，出台《招才引智百人计划》，从人才的引进、服务、培训和使用各个环节进行跟进，对特定高层次人才给予补助科研经费、提供项目启动资金、安置随迁配偶、解决子女上学问题、现金奖励等优惠政策。完善人才培训、吸引、使用工作机制，激发各类人才创业的活力和热情。目前，全市已引进各类高层次人才176名，其中，博士11名，硕士36名，高级工程师43名。全市共有创新型企业8家，民营科技企业15家，高新技术企业2家，省级企业研发中心两个，中南大学、西北设计院等多家单位在河津建立了定点研发和成果转化基地。

四、加大财政投入，完善公共服务

按照"政府主导、社会参与、公办民办并举"的公共服务供给模式，加大财政投入力度，实行市场化、社会化服务，健全基本公共服务体系，加快发展教育、卫生、医疗等各项社会事业。教育方面，投资3500万元组建职业中学，投资3800万元实施城区学校布局调整工程，投资1000万元实施3所农村幼儿园工程，有力地推进了城乡教育均衡发展。医疗卫生方面，投资2.5亿元实施市人民医院新建工程；深化医疗卫生体制改革，全市所有公办医疗机构和村级卫生室全部实行基本药物制度，药物价格平均下降25%以上；提高新农合补偿标准，对20种大病按住院费用20%予以报销，对重大疾病患者实施二次补偿；21家卫生医疗机构纳入政府购买服务范围，1～9月政府购买公共卫生服务支出410万元。就业方面，通过政府购买基层公共管理和社会服务岗位的办法，建立创业孵化基地，对入住基地的高校毕业生进行场地租赁补贴，提供免费创业培训、创业指导、小额担保贷款。与社会机构建立委托培训关系，政府向社会培训机构购买服务资金149万元。养老服务业方面，建立社会化养老服务体系，政府向社会养老院、老年人日间照料中心等机构购买服务，集中供养人数960余人。城乡清洁工程方面，投资1000余万元，为全市148个行政村配备清洁车和保洁员，支出农村环境卫生补助资金91万元。文化方面，积极开展"戏曲下乡、电影下乡"等文化惠民活动，全力推动"三馆"（公共美术馆、图书馆、文化馆）免费向社会开放。

此外，取消行政审批7项，非行政许可审批减少8项，建立了行政审批电子监察平台；印制了《农村土地承包政策资料汇编》，完成土地流转面积2800公顷；推进工商登记制度，登记各类企业280户；聘请国家发改委宏观经济研究院编制《河津市循环经济发展规划》，确定了发展循环经济重点项目，延伸产业链条，推进资源综合利用；各相关部门积极同省市部门对接，在政策把握、工作重点等方面进行了交流探讨；编制了《河津市2014年转型综改行动计划》，完善转型综改工作机制，细化任务，责任到人，促进转型综改工作顺利推进。

打造稷王文化名城　建设幸福美丽稷山

稷山县县长　**李亚丽**

2013年，稷山县抢抓机遇，务实苦干，立足"三基地一名城"的战略定位，深入开展"两年"（项目推进年、作风转变年）活动，持续推进"五化"（工业园区化、农业现代化、城镇集群化、城乡生态化、民生普惠化）进程，始终坚持"五个着力"（强化项目建设、开展招商引资、打造三大工业园区、推进城乡一体化、保障和改善民生），全力推进园区化发展和集群化招商，全县经济和社会呈现出逆势上扬、稳步向好的态势。

2014年是深入贯彻落实党的十八届三中全会精神、全面深化改革的第一年，也是完成"十二五"规划任务的攻坚之年，更是稷山经济转型跨越发展、民生持续改善的关键之年，做好各项工作意义重大。

一、2014年政府工作的总体思路

深入贯彻落实党的"十八大"、十八届三中全会和中央省市"两会"精神，以科学发展为主题，坚持稳中求进、改革创新的总要求，立足"三基地一名城"的战略定位，全面深化改革、强化创新驱动，加快建设全省一流的新型煤焦化产业示范园区和印刷包装文化产业示范园区,加快建设全国闻名的特色板枣基地和蛋鸡养殖基地,加快建设区域特色医疗卫生服务中心和科教文化强县,加快建设宜居宜业、生态文明美丽稷山,强力推进工业集群化、县域城镇化、农业现代化、城乡生态化、民生普惠化,为打造稷王文化名城,建设幸福美丽稷山努力奋斗。

二、2014 年县域经济社会发展主要预期目标

地区生产总值增长 9%左右,规模以上工业增加值增长 12.5%,全社会固定资产投资增长 20%,财政收入增长 8%左右,公共财政预算收入增长 9%左右,社会消费品零售总额增长 12%,外贸进出口总额增长 10%,城镇居民人均可支配收入增长 11%,农民人均纯收入增长 13%,城镇新增就业岗位 4600 个,城镇登记失业率控制在 4%以内,居民消费价格涨幅控制在 3.5%左右。

三、2014 年政府主要工作任务

(一)以工业园区为支撑,多策并举,推进工业集群化。一是抓好规划配套,加快工业集群化。完善规划延长产业链条,西社园区要突出“煤焦冶炼—焦炉煤气综合利用—煤焦油深加工—固体废弃物综合利用”循环发展产业链,招引企业,增量扩规,提质增效;翟店园区要突出“造纸—印刷—技术研发—物流、服务”成龙配套产业链。加快山东华鹏纸业等大型企业入园步伐,巩固提升现有企业,增强带动辐射能力。完善配套设施提高承载能力,西社园区要立足于打造全省一流煤焦化产业园区的定位,提升建设标准,完善基础设施,提高物流能力;翟店园区要争创品牌,完善功能,招引企业,促进园区产业发展;高新技术园区要启动骨干道路建设工程,加快项目入驻步伐,大力培育电子商务、仓储物流、楼宇经济等新型产业。二是突出特色优势,加快工业集群化。煤焦化冶是稷山县新型工业发展的重要基础,要依托现有产业基础,整合各种要素资源,集中力量推进新型煤焦化冶产业发展。2014 年总投资 36.85 亿元,启动实施七大项目。三是开展联合重组,加快工业集群化。加快重组民企、引进外企步伐,实现联合国企新的突破,以国企进入和加盟,带动县域传统产业管理、技术、效益同步提升。重点抓好加快打造 200 万吨级大型焦化企业步伐、引进焦化产能和国有大型焦化企业、推进重庆天圣制药(即将上市)与文水制药的跨区域合作、推进山西国化能源有限公司煤层气输气管道建设、创新园区企业集群化发展机制等五件大事。四是壮大中小企业,加快工业集群化。引导企业转产,支持因国家产业政策而整合的煤焦企业,通过合作、租赁、并购、重组等方式进行转产,实现企业转型升级;帮扶企业做大,支持发展一批创新能力强、经济效益好、发展模式新的企业;培育节能企业,引导青龙泵业公司在自主产权的基础上,实施年产 1 万台(套)高效节能双吸泵项目;增加规模以上企业,西社镇以煤焦化冶为重点,翟店镇以印刷包装为重点,稷峰镇以高新技术、机械制造、灯笼加工为重点,清河镇以现代农业示范和金刚石刀具加工为重点,太阳乡以仿古镙钿为重点,化峪镇以陶瓷产业为重点,蔡村乡以现代农业为重点。全年新增规模以上企业 14 家。五是强化招商引资,加快工业集群化。研究出台招商引资和项目推进的政策措施和实施意见。根据主导产业链条,设计包装 300 万吨焦化、20 万吨炭黑、20 万吨乙二醇、20 万吨 LNG、5 万吨镁合金及深加工、印刷包装、工业陶瓷、农副产品加工、文化旅游等一批有发展潜力的项目。采取多种形式积极到长三角、珠三角等地进行招商引资。2014 年县财政列出 500 万元专项资金支持招商引资工作,力争引进项目资金 40 亿元以上,为集群化发展提供融资支撑。

(二)以城镇化建设为龙头,统筹城乡发展,推进城乡一体化。一是优化城镇布局,推进城乡一体化。完善县城总体规划修编和稷王文化名城概念性规划。按照“双宜”(适宜居住、适宜创业)和“双二十”(20 平方千米、20 万人口)目标,合理规划布局产业区,通过产业区建设带动周边村镇融入城市圈同步发展。全县乡镇村在两年内要完成村镇发展规划和建设规划。规划要符合实际,彰显稷王文化特色,有产业支撑,注重城中村和空心村改造,保护现有的古建、古树、古迹,体现乡村的原始风貌和人文特色。二是强化以人为本,推进城乡一体化。要把让农民进得来、留得住、有活干、生活好作为目标,研究支持在县城打工经商农民购买经适房,租住廉租房,逐步解决进城农民的住房问题;探索落实国家城镇化农业人口转移落户政策,争取把翟店镇列为全省小城镇户籍改革试点和扩权强镇试点;强化产业支撑,加快三产发展,引导更多农民进城从事工业生产、交通运营、销售经营等产业,为农民就业创业提供更多更好的机会。三是完善城市功能,推进城乡一体化。打通主干道路,完成体育路建设工程,把稷王路、大佛路南延至滨河公园。搭建为民平台,建设城市政务中心和便民服务中心。解决城市内涝,启动实施县城排水防涝设施规划建设项目。建设休闲公园,持续推进城东水系、滨河公园湿地建设、民乐园提升等项目。方便市民出行,完成稷山汽车客运站建设项目。提升亮化水平,亮化运稷一级路、大佛路、富强街、康复街、体育路、文化路等。加强城市管理,加快国家级卫生县城创建步伐,推进垃圾中转站建设,提高环卫人员待遇,提升城市保洁水平,规范城市交通秩序,引深文明创建活动,把城市管护办法和方式延伸至乡镇。四是立足产城同建,推进城乡一体化。翟店、西社两个全省百强示范镇要率先发展,进一步加大基础设施建设力度,依托区域产业引导农民就近务工,翟店镇争创全国重点镇,其他乡镇依据各自优势,确定发展重点,市场化运作小城镇建设项目,全县城镇化率提高 2 个百分点。新农村建设上要引导自然村向有条件的中心村集中,进一步推动村庄结构调整,改善农村人居环境,加快农村城镇化、农民市民化,具体工作中要注重连片发展,每个乡镇至少新建一个新农村发展连片区,全年建设 10 个高标准新农村示范村。五是鼓励多元融资,推进城乡一体化。创新城市建设投融资机制,拓宽城市建设融资渠道,引入城投公司加快城市基础设施建设,支持社会资本参与城市公用设施投资和运营。逐步把城市供水、供气、供热、环卫等市政公用设施推向市场，通过购买服务，实现市场化运作。

（三）以农民增收为核心，发展特色产业，推进农业现代化。一是加强基础设施建设，推进农业现代化。以全县粮食稳产增产为基础，进一步完善财政支农资金稳定增长机制，全面落实各项惠农强农政策，积极争取国家、省、市支农项目，大力开展以农田水利为重点的农业基础设施建设。实施新增粮食产能建设、稷王现代农业示范园设施蔬菜园区和化峪高标准农田建设示范工程等项目。实现18个村连片高标准农田整理项目和8个村补充耕地项目，进一步提高农业综合能力。使全县粮食面积保持在4.3万公顷，粮食总产量保持1.8亿千克左右，夯实农民增收基础。二是提升农业产业水平，推进农业现代化。鼓励民间资本投资发展设施农业、观光农业，争取把清河农业示范园纳入省焦煤集团的粮菜基地。加强农业产业化龙头企业建设，扶持晋龙、贵妇人、友臻等农副产品龙头企业做大做强。推动农业生产规模化、组织化和集约化发展，加强农业产业结构调整。积极与科研院所联合，制定标准化管理模式，逐步实现无公害绿色产业。继续加强农产品无公害、绿色、有机“三品”认证。提高现代农业市场化意识。不断拓宽农产品销售渠道，进一步发展电子商务，利用现代化的营销策略和手段推销特色农产品。加大红枣、核桃、中药材等农副产品出口力度，打入国内高端市场和国际市场，提升市场占有率。三是加快农村综合改革，推进农业现代化。积极探索建立农村土地流转服务市场，推进农村土地向企业、集体经济组织、专业合作社、农业大户集中，促进农业规模经营。完善“龙头企业＋专业合作社＋基地＋农户”的产业经营模式。结合小城镇建设探索农村土地合理流转、集约经营新模式，规范和新发展一批专业合作社，创建一批家庭农场。着力新型职业农民培育和劳务输出，加强农村劳动力技术、技能培训，全年培训农民2万人，多渠道引导农民增收。

（四）以绿色低碳为主题，加强环境保护，推进城乡生态化。一是扎实开展植树造林。推进省级生态县城创建步伐。县城要立体绿化、见缝插绿，实施全方位绿化，加快城东水系、城南滨河、城北各山头、城南荒沟荒坡绿化，县城绿化覆盖率达到36.5％。每个乡镇20％的村要高标准绿化。全县林木覆盖率达到24.2％。二是深入推进节能减排。重点抓好4个领域的节能工作：工业领域抓好永祥煤焦、东方资源等高能耗企业的工业固体废弃物综合利用；建筑行业改造现有建筑2万平方米，新建建筑实施节能全覆盖；交通领域要鼓励使用清洁燃料，减少尾气排放；供暖方面启动集中供热项目和天然气扩面工程，建设集中供热中心和交换站，新发展天然气用户3500户。扎实推进工程减排、结构减排和管理减排，确保万元生产总值综合能耗逐年下降。三是全面加强环境保护。加强环境治理和保护，加大对雾霾天气的监测和治理。加快推进结构性污染治理，严厉打击非法违法排污行为。县城空气质量二级以上良好天数达到300天以上。加强农村环境综合治理，实现农村清洁工程全覆盖。严格汾河水质监管。进一步建立和完善饮用水源地保护机制，全面开展农村饮用水源地水质监测和保护工作，确保广大人民群众饮水安全、环境卫生和生活文明。

（五）以保障民生为根本，提升幸福指数，推进民生普惠化。一是坚持教育优先发展。发展幼儿教育，建设5所村级幼儿园。加强基础教育，实施薄弱学校改造工程，完善5所中小学基础设施。启动县城新初中建设。壮大职业教育，优化普高和职高学生比例，深化产教融合，校企合作。整合职业教育和社会培训资源，全面提升劳动人员的就业创业能力，培养高素质和技能型人才。实施教师队伍提升工程，强化教师专业培训，进一步提升教师队伍整体素质。二是提高全民健康水平。加快区域医疗卫生服务中心建设步伐。建立以县疾控中心为主、乡村两级卫生组织为基础的公共卫生突发事件应急体系，创建国家级慢性病综合防控示范县。深入推进公立医院改革，提升医疗服务水平，完善基本药物制度，规范医疗服务行为，构建和谐医患关系。三是着力推进文化工程。大力弘扬社会主义核心价值观，加快社会主义核心价值体系建设。丰富农村文化生活，电视数字机顶盒开户达到3万户，提升农村文化活动室标准，规范200家农家书屋，农村电影放映2400场，送戏下乡300场次。争取成功申报螺钿镏金工艺等国家级非物质文化遗产项目。深入挖掘稷王文化内涵，抓好文化旅游产业开发。四是持续完善社保体系。社保覆盖率达98％以上，继续为80岁以上老人发放长寿补贴。社会保障卡发放16万张，实现持卡全覆盖。着力改善城乡贫困家庭住房条件，保质保量完成保障性安居工程和农村危房改造任务。认真抓好创业就业，持续开展电子商务创业培训。全年转移农村剩余劳动力6000人；城镇新增就业4600人，创业就业680人，职业技能培训1万人，城镇失业人员再就业950人，城镇登记失业率控制在4％以内。五是切实加强安全生产。严格落实安全生产责任制。强化道路交通安全、校园安全、药品安全、生产安全、消防安全、特种设备安全等重点领域的安全监管和隐患排查整治。加强安全乡村创建和企业标准化建设。坚决遏制一般事故、防止较大事故发生，扎实开展打非治违活动。加大职业健康监管力度。进一步整顿规范市场秩序，严厉打击市场违法行为。六是不断创新社会管理。加强综治基层基础建设，着力解决流动人口、特殊人群等方面的突出问题。进一步稳定低生育水平，提高人口素质。继续举办银保企洽谈会，开展金融下乡活动，加强银企对接，积极引进银行、非银行金融机构入驻，健全金融体系。深入开展普法教育。建立完善立体化社会治安防控体系，促进社会和谐稳定。加强基层组织建设。落实农民工工资保证金制度。畅通群众诉求表达渠道，深入排查化解社会矛盾，不断提高社会服务管理水平，维护社会公平正义。

加快建设经济繁荣、社会和谐、民生殷实、生态优美的新平陆

平陆县县委书记　郭　宏

2013年是我们肩负新使命、应对新考验、战胜新挑战的一年，也是全县各项工作实现新突破、迈出新步伐、取得新成效的一年。一年来，县委、县政府团结带领全县干部群众，深入实施"一二三四五"经济社会发展总体思路，点燃激情、超常发展，敢于担当、奋勇争先，全县呈现出经济平稳较快增长，社会保持和谐稳定，各项事业全面进步，广大干群团结干事的良好态势，主要经济指标全部完成年初确定的目标。

2014年是贯彻落实党的十八届三中全会精神、全面深化改革的开局之年，是实现"十二五"规划目标至关重要的一年，我们要圆满完成本次人代会确定的各项目标任务，切实兑现向全县人民做出的庄严承诺，必须围绕"一二三四五"经济社会发展总体思路，紧紧扭住项目建设、五化同步、民生改善、和谐稳定等工作重点，大力践行雷厉风行、严谨创新、敢于担当的工作作风，奋力实现建设经济繁荣、社会和谐、民生殷实、生态优美新平陆的宏伟目标。

一、实现建设新平陆宏伟目标，增强信心是前提

信心是动力源泉，信心比黄金更重要。近三年来，全县上下在加快转型跨越发展的伟大实践中，形成了人心思变、人心思上、人心思进、干事创业的良好氛围，锤炼了一大批政治坚定、作风务实、善于谋事、敢于担当、勇于进取的好领导、好干部，为促进经济社会发展奠定了良好的发展基础，使平陆在前进道路上走得更加从容、更加稳健、更加自信。我们要进一步解放思想，振奋精神，切实挖掘发挥区位优越、资源富集、文化灿烂等方面的明显优势，进一步加强项目建设和招商引资等工作力度；充分利用山西综改试验区、中原经济区和晋陕豫黄河金三角承接产业转移示范区的政策优势，分析研判形势，超前谋划工作，提升发展的质量和效益，加快转型跨越步伐，在前所未有的机遇和挑战中赢得主动，赢得优势，赢得未来。

二、实现建设新平陆宏伟目标，狠抓项目是关键

项目是经济社会转型跨越发展的有效载体。2014年，全县确定了总投资242.5亿元的35个重点项目，这35个项目是2014年工作的重中之重，是完成投资和各项目标任务的关键。要继续实行县级领导包项目制度，严格落实"一个项目、一个领导、一个班子、一套方案、一抓到底"工作机制，着力抓好项目协调推进，确保项目圆满完成。在建项目抓进度，复晟铝业240万吨氧化铝、大金禾180万吨洗煤、平曹公路等10个在建项目，要倒排工期、责任到人、加快进度，确保早日投产达效。新上项目抓推进，凯迪五龙山风电、粟海肉鸡养殖加工以及新湖大街西扩、新康国际购物广场等20个新上项目，要全力落实好征地拆迁、安置补偿等各项开工准备工作，积极协调解决项目建设中存在的各种问题，确保顺利推进。储备项目抓对接，通过向上争取、主动对接和互利合作等方式，积极谋划储备一批新项目，使项目盘子更加充实。切实做好2×15兆瓦生物质发电、黄河金三角果业生态城、黄河城郊森林公园等5个储备项目的洽谈对接，力争项目早日签约落地。同时要采取"小分队对接、大队伍引进"的招商方式，组织专业招商团队走出去，吸引当地有意向的企业家到平陆投资兴业，实现点对点对接，提高招商引资效率。

三、实现建设新平陆宏伟目标，统筹五化是重点

实现建设新平陆的宏伟目标，必须突出重点、攻坚克难，努力保持转型的定力、鼓起转型的勇气、增强转型的智慧，趟出一条具有平陆特色的转型跨越发展新路子。一要着力加快工业集群化发展。围绕"煤电铝材一体化"主攻产业，纵向延伸、横向配套，着力打造相互衔接、优势互补的"三纵一横"产业链条，形成"煤电联产、铝电联营、铝深加工"的产业格局。二要着力加快农业精品化发展。牢固树立"大农业"理念，在确保粮食安全的前提下，加快土地流转，加大财政扶持力度，继续把苹果产业作为全县发展精品农业和现代农业的重中之重，着力在增强品牌意识、扩大对外宣传、提高包装水平、开拓高端市场、强化示范引导五方面下功夫，大力推进果业向规模化、标准化、精品化方向迈进。三要着力加快三产规模化发展。加快黄河金三角平陆大天鹅生态经济示范区、老龙潭景区项目建设步伐，搞好张店休闲农业主题公园和风口优山美地CCRC度假养生社区的规

划和建设。利用区位和交通优势,不断完善物流体系,发展物流企业,壮大物流产业,逐步把平陆建成一个现代物流基地。四要着力加快城乡一体化发展。按照中央城镇化工作会议关于“推进以人为核心的城镇化”部署要求,坚持“五区联动”,通过东扩、西进、南移、北联、中改等项目的实施,全力加快城乡一体化建设步伐,使农民群众享受到更多更好的公共资源、公共管理和公共服务。五要着力加快县域生态化发展。按照“绿色引领、高端为先、生态休闲”的要求,狠抓造林绿化工作,着力实施六大造林工程,确保森林覆盖率增长一个百分点,努力争取创建国家级“林业生态县”。

四、实现建设新平陆宏伟目标,改善民生是根本

一是以“安民”为基础,打造“平安平陆”。紧紧抓住人、车、屋、网、场、会(组织)等关键环节,以网格化管理和三级服务中心为平台,全面推进社会管理体系建设;加大对严重刑事犯罪的打击力度,有效遏制“黑彩”、涉毒、涉赌等违法犯罪行为,努力维护良好的社会治安秩序;全面贯彻落实县委关于领导干部接访、下访、包积案化解等信访工作制度,进一步做好初信初访、疑难案件化解工作;切实增强安全生产意识,严格落实政府安全监管和企业安全生产两个主体责任,最大限度维护人民群众生命财产安全。二是以“惠民”为重点,打造“幸福平陆”。坚持“全覆盖、保基本、多层次、可持续”方针,加快完善覆盖城乡的社会保障体系;进一步加大财政投入,认真落实农村困难家庭危房改造、农村幼儿园改造、贫困人口易地扶贫搬迁、乡村清洁工程和新型农民职业培训等新的“五件实事”;进一步加大对教育、就业、医疗卫生等社会事业的投入力度,加大老年日间照料中心建设力度,抓好县人民医院、保障性住房等民生工程建设。深入推进文化惠民,扩大公共文化、体育事业,努力让人民群众过上更加幸福美好的生活。三是以“富民”为根本,打造“小康平陆”。扎实开展干部下乡住村帮扶和“访民生、知民情、解民事”活动,全力解决好群众最关心、最直接、最现实的利益问题。突出创业富民、就业富民、政策富民,扶持自主创业,以创业带动就业,努力使更多的城乡居民有稳定的收入来源,努力实现居民收入与经济发展同步增长。

五、实现建设新平陆宏伟目标,强化党建是保障

一要加强基层组织建设。全县基层党支部要着力建设“六有”基层服务型党组织:即有坚强有力的领导班子,建设服务意识强、服务作风好、服务水平高的党组织领导班子;有本领过硬的骨干队伍,培养带头服务、带领服务、带动服务的党员干部队伍;有功能实用的服务场所,建设便捷服务、便利活动、便于议事的综合阵地;有形式多样的服务载体,创新贴近基层、贴近实际、贴近群众的工作抓手;有健全完善的制度机制,形成规范化、常态化、长效化的工作制度;有群众满意的服务业绩,取得群众欢迎、群众受益、群众认可的实际成效。二要加强干部作风建设。扎实开展党的群众路线教育实践活动,按照中央“八项规定”和严以修身、严以用权、严于律己,谋事要实、创业要实、做人要实“三严三实”的要求,坚决反对“四风”,认真查找党员干部作风不良的问题,坚决革除干部队伍中存在的“精神疲软、怕字当头、不敢担当”的不良风气,坚决克服“夸夸其谈、光说不练、答应不办”的不良风气,坚决杜绝“消极懈怠、推诿扯皮、作风漂浮”的不良风气,始终以“把事情做到最好”的理念,“抓铁有痕、踏石留印”的作风,立说立行、真抓实干的效率,推动各项工作落实。三要加强党风廉政建设。要切实增强廉洁意识、自律意识,坚持做到“四自”(自重、自省、自警、自励),“五慎”(慎初、慎欲、慎独、慎友、慎微),从点滴做起,真正做到自身清、家属清、身边清,自觉维护党员干部的良好形象。

敢于担当　勇于负重　善于创新

大秦铁路股份有限公司湖东车辆段段长　**邢　东**

湖东车辆段是2005年5月由原北京铁路局大同铁路分局大同车辆段、湖东车辆段、秦皇岛车辆段“三段合一”组建而成,是中国500强企业之一大秦铁路股份有限公司的下属单位,管辖范围西起黄河边,东至渤海湾,纵贯经晋、冀、京、津“两省两市”。全段共有湖东、大同两大检修生产基地和大同、湖东、大新、茶坞、秦皇岛、迁曹六大管理区域,建有货车厂、段修台位93个,厂修能力24辆/日、段修能力108辆/日,轮轴大修、新组装75条/日,主要担负着大秦、京包、北同蒲3大干线,口泉、云冈、大准、迁曹、平朔、神朔等6条支线及部分专用铁路线运用车辆的维修任务。

近年来,湖东车辆段以服务社会经济发展为己任,以创建全路重载货车示范段为目标,以为大秦线重载运输提供优质车辆装备为宗旨，秉承“安全第一、质量至上”的管理理念，围绕检修能力、流程控制、配件加修、检测检验四项重点，强力推进一体化重载货车检修扩能改造，大力实施“人才强段、科技兴段”战略，着力打造特色企业安全文化，在全国铁路率先建成集厂修、段修、辅修、临修、集中整备、轮对大修“六位一体”的重载货车综合检修基地，开创了跨越式发展的新局面，踏上了持续发展的新路程。

一、服务运输大局，为大秦线重载运输提供优质车辆装备，全力打造一流重载货车检修基地

大力实施扩能改造，满足重载货车检修需求。近年来，大秦线重载运输持续增量，C80配属车辆不断增加，车辆检修需求与检修能力矛盾日益突显。湖东车辆段以段整体规划为切入点，克服重重困难，积极筹措资金，组织新建占地1万平方米的拥有轮对、车轴检修等5条流水线的轮轴大修库，轮轴大修、新组装达到日均75条，年生产货车车轴1.7万多条。新建了6048平方米的配件加修库和1715平方米的制动室，日均检修厂段修配件84辆份、9000多件配件。大力扩充厂段修台位，全段厂段修台位由原有的66个增至93个，厂、段修日检修能力分别达到24辆、108辆。通过优化生产布局、实施扩能改造，全段厂段修任务每年以11.5%速度持续增长，检修能力实现“井喷式”扩充，生产规模和能力远远超过部分车辆工厂水平，C80配属车辆厂、段修实现了完全自主检修。

创新货车维修体制，确保重载货车运用品质。湖东车辆段依托HMIS、AEI、走行公里系统，实行重载货车“客车化”管理，按照检修周期整列扣修，实现了定检车“大进大出”格局；积极推进C80货车整列整备，新建完善4条整备线路，保证了C80配属车辆5个月循环整备一次，临修甩车率逐年下降；整合湖东、茶坞两大机检中心，采取“人机结合”“人机分开”“机检对比”等作业方式，重载货车运行品质得到大幅提升，创造了全路车辆安全保证区段3086千米的最长纪录。

二、紧盯源头质量，着力提前预想、超前防范，构建重载货车风险控制体系

突出配件专业化检修，以“零故障”交检保证检修源头质量。大力推行配件专业化检修，组织重新调整钩缓、制动等8条检修工艺线，将配件检修和分解组装彻底分开，实行“辆份配送”；划小管理单元，成立厂修、检修、轮对、轮轴、修配车间，实现了配件“专业集中检修”。建立厂修制动、钩缓等6个配送单元和构架、交叉杆等3个组装模块，从分解、检修、储备到装配实行“单元化”管理、“模块化”组装。狠抓质量控制检验体系建设，在创新质量考核机制上下功夫，推行质检、验收发现问题对比考核制度，促进了“三检一验”制度的有效落实。提出了对探伤、制动、轮轴检修等重点班组和探伤、检测、试验等关键岗位由段重点管理的新思路，落实指标考核，大力开展打擂比武竞赛，关键岗位防控风险能力得到有效提升。

突出故障超前防范，以“零故障”始发保证重载货车安全运行。深入推进安全风险管理，在车辆故障管理手段和方式上不断突破，自主研发《重载货车安全风险预警系统》，实时发布重点车故障信息，厂修、段修、整备、站修终端处置故障，实现了由“发生检、发现修”向“预测检、针对修”的转变。充分发挥湖东、茶坞两大TFDS集中检测优势，搭建TFDS场际质量比对分析平台，实现了作业互控、质量互控。对严重影响段安全的20项车辆故障和管理漏洞进行大力整治，针对长期存在的10项车辆惯性故障，集中组织技术力量进行专项攻关，一举攻克了基础制动别劲、侧架滑槽磨耗板折断窜出等多项技术难题，确保了大秦线重载货车运输安全、高效畅通。

突出检修过程控制，以“内控参数”提升风险控制能力。结合大秦重载运输实际，组织制定14项车辆检修、运用质量内控参数，动态实现了大秦线C80配属车辆定检“零过期”、轮对“零过限”、制动“零关门”的“三零”目标。积极推行检修过程“可视化”管理，将标识管理充分运用到配件状态的控制上，创新使用了不合格质量“禁用牌”、不合格工艺“禁动牌”、大部件“分色标签”及TA、TP预报故障轮对“加锁”等质量控制手段，明确了螺栓、快装接头划线、圆销涂点和塞门涂漆等34项技防措施，使现场能够以更加直观的方式识别质量漏洞。使用磁性筒、吸附牌等方法，所有配件实现“票随物走”，做到物、卡、信息“三卡控”。大力实施“天眼”工程，在定检车间6大生产区域、140个关键部位安装视频监控设备，实现了入线摆车、配件检修、落成试验、网络化修车全过程动态监控。通过强化生产过程控制，车辆检修一次交验合格率持续保持在97%以上。

突出设备指标管理，以“设备精度”保证产品质量。将强化装备质量作为落实工艺的关键点，大力推行探伤、检测关键设备“准入”“准用”、等级和性能指标管理，确保关键设备动态100%达标。组织实施数字化检修线改造，实现配件下车、送修、检修、装车全程检修信息的智能导入、无纸流转和数字控制，轴颈检测、轮座选配、轴承压装等关键工序全部实现智能化控制。全面实施设备管理“包片”、维修“包机”，每季开展优质优价评比，对设备维修者、使用者实行等级考核和奖励。组织成立设备精度评价小组，建立关键设备精度季度评价制度，全面提高关键设备精度，为提升产品质量提供了坚实的装备保障。

三、立足安全发展，深化安全风险管理，强力推进安全生产标准化建设

突出管理规范化，以管理落责夯实安全基础。组织编制段管理细则、四大系统规范管理、十项保障机制的“1+4+10”长效管理体系。突出“一岗一标准、一事一流程”，细化完善部门、岗位安全管理职责386个、工作标准354个、工作流程148个。实行干部全积分业绩管理，定期评价分析，建立干部失责曝光台、举报箱，形成干部履职倒逼机制，促进了管理岗位落责。

突出作业标准化，以岗位落标防控安全风险。落实“岗位第一责任人”，强化岗位基本职责、基本流程、基本技能的“三基”建设，以工艺定流程、以流程定岗位、以岗位定班组，制定了1075个、484个卡控项点和388个岗位风险控制“一口清”，编制了涵盖作业要点、作业程序、作业标准及工装设备等图文并茂的岗位作业指导书299个。搭建岗位对标落标竞赛平台，日算账对比，月积分考核，组织实施“标准化岗位”竞赛；狠抓班组自控、互控、他控能力建设，组织对班组长进行全解重聘，按月开展“标准化示范班组”评比；突出车间自管能力提升，每季实施车间对标评估，促进了职工岗位落标。

突出检查常态化，以动态检查促进标准落实。制定完善五项常态化检查整治制度，将开展专项整治与日常专项检查有机结合，每周由专业科室牵头确定一项检查重点，开展一个专项检查。严格安全问题深度分析制度，对每一件事故、故障和安全典型问题，从岗位、班组、车间、科室等不同层面深入剖析根子原因，促进了问题整改解决；明确干部“五清四会”要求，开展“五定三率”考核评价，以动态检查促进了作业标准的落实。

四、凝聚企业发展后劲，大力实施人才强段战略，为大秦线重载运输提供优秀人才保障

大力实施“人才强段”战略。制定并实施“塔式”人才建设远期规划，建立段、车间、班组三级教育网络，建成了“一个中心，五大培训基地”，实施大学生、专业拔尖人才、首席工程师等六项人才培养工程；建立大学生重载人才数据库，将近三年新分配的49名大学生全部下到班组担任副工长进行早期重点培养，对表现突出的9名大学生安排到车间担任副主任进行挂职锻炼；三年内公推直选152名“湖辆之星”优秀重载人才；向太原铁路局推荐提拔领导干部9人，培养选拔正科级干部27人。

大力实施“科技兴段”战略。制定科技创新激励机制，推进科技创新创效，成立58个QC攻关小组，研制出《重载货车安全风险预警系统》《手制动机组装分解试验台》等120多项科研攻关成果，获得国家专利5项、全国优秀职工技术创新成果1项、中国铁道学会科学技术奖2项、太原铁路局科技进步奖11项、太原铁路局合理化技术改进成果18项、省部局优秀QC成果38项，闸瓦厚度、钩舌使用、撑杆改造多项科研成果、标准建议被总公司和路局纳入规章范畴。高级技师刘书学的“书学技改工作室”被中国铁路总公司评为“优秀技能工作室”，享受山西省政府津贴。

五、养成良好习惯，将安全文化有形化、具体化，全力打造特色企业安全文化品牌

提炼特色安全价值理念，着力推进安全文化“内化于心”。总结提炼出“我的安全我负责、我的收入我做主”“日常标准就是最高标准”“让标准成为习惯、让习惯服从于标准”等一系列具有湖辆特色的安全价值理念，广泛征求意见，组织编印《安全文化手册》《职工文明公约》。大力推行正反典型、算账对比、案例剖析、亲情关爱、画中有话的“安全教育五法”，让具有湖辆特色的安全理念深入到人心、融入岗位、渗透到日常。

突出有形化、具体化，着力推进安全文化“外化于形”。制定《湖东车辆段企业安全文化建设规范》，编印了涵盖岗位职责、工作流程、安全管理、技术标准等安全文化建设丛书84册。全面推行现场6S管理，制定6大类152项管理标准，编印定置管理、技防措施等12种管理图册，通过宣传教育、典型示范、机制建设等方式将安全文化有形化、具体化。

营造浓厚安全氛围，着力推进安全文化“物化于境”。“用环境感染人、用环境改变人”，湖东车辆段将安全价值理念、管理思路、事故案例、先进典型，通过网、刊、台、频、站、校、路、视“八个一”载体进行深度宣传，形成了网上、路上、墙上、柜上、桌上、岗上无处不在，书、画、图、文、声、像整体联动的安全文化氛围，打造了春见花、夏见绿、秋见果、冬见青的塞北“园林式厂区”，构建了集安全文化路、文艺回廊、文化广场为一体的安全文化主阵地，让职工在不知不觉中受到熏陶，起到“润物无声”的效果。

健全安全制度体系，着力推进安全文化“固化于制”。制定了3大系列、24册、1316项重载管理和技术标准，构建了涵盖安全风险识别、研判、控制、处置、评估和考核为一体的安全风险管理体系，建立了涵盖安全管理、干部作风、现场控制等15个方面的干部业绩评价体系，安全制度体系日趋完善。

攻难克坚　弯道超车
依托项目建设实现经济低迷时期的快发展

运城市驻新绛县煤化产业循环经济示范园办事处

新绛县煤化产业循环经济示范园是山西省工业新型化产业示范基地，也是运城市“5+15”重点工业园区之一，由全国煤化工设计技术中心规划设计，按照“减量化、再利用、资源化”原则，以煤炭深加工为基础，以发展循环经济为方向，向下延伸和横向扩展并举，形成资源优化、原料互供、技术互助、公用工程和基础设施集中建设格局，实现规模效益的最大化。

一、立足循环经济，规模逐步壮大，发展前景良好

新绛县煤化产业循环经济示范园成立于2002年，占地400公顷，入驻企业33家，固定资产投资106亿元，拥有职工万余人。年产优质冶金焦390万吨、合成氨24万吨、尿素40万吨、顺酐15万吨、甲醇12万吨、复合型坠砣 80 万块，是全国最大的顺酐、过氯乙烯、复合型坠砣生产基地，拥有 6 大系列、30 多个产品，形成煤、焦、化、肥、电、冶炼、建材为一体的循环经济产业链条。2013 年，园区工业总产值突破 113 亿元，上缴税金突破 2.7 亿元，占全县税收的 60% 以上，产业集聚度高、经济总量大、贡献份额多。

（一）规划先行，管理到位。园区始终坚持规划设计先行的思路，周密细致谋划发展方向，科学合理布置产业格局，做到了远景发展有规划，管理服务有机构。2004 年，聘请全国煤化工设计技术中心对煤化产业循环经济示范园进行总体规划设计，根据园区发展，2009 年由山西省化工设计院对园区发展进行详细规划，2012 年制定发展“十二五”规划，并获山西省经济和信息化委员会的批复。山西省生态环境研究中心对园区发展规划做了环境影响评价，通过了山西省环保厅的审查。为加强和进一步规范园管理服务职能，2009 年 5 月，山西省机构编制委员会办公室批复成立正处级规格的运城市驻新绛县煤化产业循环经济示范园办事处，为园区科学健康发展提供了坚强的管理服务保障。

（二）物流便利，设施到位。优越的交通位置、丰富的资源储备和良好的基础设施建设，为园区赢得了广阔的发展空间。园区位于晋陕豫黄河金三角产业转移示范区中心位置，距西安、太原、郑州 3 个中心城市均只有不到 3 小时车程，距交通方面 108 国道、晋韩高速、大运高速，大西高速铁路均在 10 千米半径内，距中部内陆省份唯一的集功能叠加、政策优惠于一体的山西方略保税物流中心距煤化园区 11 千米，有着得天独厚的物流条件。同时，周边资源储备丰富，北面紧邻产煤大县襄汾，西北与三大主焦煤基地之一的乡宁县接壤，邻近的有河津、霍州、蒲县等煤炭大县可提供丰富配煤。几年来，园区累计投资 6000 余万元加强基础设施建设，兴建 110 千伏变电站一座，铺设供水管道 8 千米、供气管道 10 千米、排水渠 10 千米，拓宽骨干道路 3.5 千米，栽植各类树木 5 万余株，安装路灯 120 盏，组建了园区专业环卫队。后勤服务方面，建设了煤化园区综合服务大楼及职工公寓，建设了职工技能培训学校和人才交流中心，成立了煤化园区专职消防队和安全警示教育基地。同时，投资 1.2 亿元日供水 3 万吨引黄水净化项目和日处理 2 万吨工业废水综合处理回用项目已开工，建成运行后可实现工业生产使用地表水、工业污水集中处理、中水循环回用的目标。投资 4000 余万元的南社 110 千伏变电站开工建设，工业用电将实现“双回路、无间隙”，基础设施功能进一步完善、生产生活更加便捷。

（三）产业关联，循环到位。循环经济是新绛煤化园的主要特色，更是园区赖以生存的不变法则。几年来，园区发展并形成了 5 条产业循环链条：一是焦化—焦炉气—合成氨—化肥及甲醇产业链。二是焦化—焦油回收—焦油深加工产业链。三是焦化—粗苯回收—粗苯精制—顺酐—芳烃深加工产业链。四是焦炭—镍铬合金铁冶炼—炼钢—钢材、锻件产业链。五是废渣、粉煤灰—水泥—水泥构件产业链。据统计，园区每年可减少废气排放 7.5 亿立方米，节约标煤 120 万吨，节电 3 亿千瓦小时，节水 170 万吨，减少固废排放 150 万吨，有效降低了成本、提升了效益、扛住了危机、保住了环境，经济效益和社会效益实现了双丰收。

二、狠抓两个对接，延伸三大链条，完善六大功能

2013 年以来，新绛县煤化产业循环经济示范园区围绕运城市委、市政府提出的“园区化发展，集群化招商”工作部署，瞄准重点区域，开展了定向化、专业化、集群化招商，力求实现“政府主导、企业主体、行业合作、中介桥梁、园区载体、社会广泛参与”的全民招商大格局，抢抓新机遇，做实大项目，打造具有明显竞争力的新型煤化工产业集群。

（一）狠抓两个对接，即加强与科研院所和行业协会的对接联系。2013 年，委托中科院煤炭化学研究所完成产业链的规划设计，正在争取中科院煤炭化学研究所在园区建立中试试验基地；对接洽谈二氧化碳精致尿素制碳酸二甲酯及精苯深加工项目，中科院已与园区达成初步意向；积极同山西煤焦化行业协会联系，在园区建立信息服务平台，让企业及时了解焦化市场行情。

（二）延伸三大产业链条。2014 年煤化园区重点围绕 3 条产业链延伸下游精细化工。一是煤焦油深加工产业链，以恒德化工为依托，重点与云南众一化工、昆明炭黑研究所及泫宝香港国际有限公司进行对接，重点发展特种高色素炭黑等下游精细化工。二是苯加工产业链条，以恒强化工、普森化工为依托，重点延伸顺酐产业链条。三是以宇丰、高义钢铁为龙头，精心打造铁路精密铸锻园，探索统一品牌、统一质量、统一质检、统一包装、统一销售的总部经济模式。

（三）完善六大功能。金融服务方面，中国工商银行和农业银行已在园区设立金融服务网点；医疗卫生服务方面，升级改造后的南社中心卫生院与煤化园区近在咫尺，为企业员工就医提供了便利条件；物流服务方面，配套发展了丰华运输、恒裕物流、锦海运输等公路物流运输企业。2014 年新上了煤化园物流园的建设项目，建成后将实现仓储、货运、货运站台、融资服务、海关等功能，目前已完成地质勘探，正在进行规划设计；教育培训方面，建设幼儿园和职业技术学校，与省职业技术学校联合办学，建设职业技能培训学校、职工免费图书室等，解决园区内 8000 余名职工孩子的就学问题；科技服务方面，依托国家科技惠民政策，实施二化工园区安全一体化技术推广为示范项目，对园区企业的危险工艺和重大危险源实施全天候动态监测及自动化保护切断，园区整体安全性实现质的飞跃。

三、强力招商，做实项目，推动转型升级

2013 年以来，煤化园区在成立 10 支专业招商小分队的基础上，广泛发动社会各界有志之士，特别是聘请新绛在外工作人员开展招商，与科研院所和专业招商机构广泛联系，围绕产业链条，策划了 20 个项目，对接企业 60 余家，对接成功正在做前期工作的项目 5 个，试运行项目 1 个，在建项目 6 个。

四、腾笼换鸟，优化资源，盘活土地拓展发展空间

工业建设用地的供需矛盾一直是制约园区进一步

发展的瓶颈，煤化园区本着节约、集约用地原则，先后出台了闲置土地处置办法和关闭停产企业资产处置办法，积极联系关停企业的老总，商谈闲置土地厂房的出让利用，以解决新入驻企业项目的用地难题。2013年以来，先后完成华阳洗煤厂与恒强化工有限公司土地、资产转让，丰泰洗煤厂与申通石油压裂支撑剂有限公司土地、资产转让，凯明达化工有限公司与重庆冶炼有限公司土地、资产转让，盘活闲置土地18.7公顷，占闲置土地总额的70%，为下一步调优结构、延长链条腾出了发展空间。

五、排查隐患，牢筑根基，安全环保周密细致

企业的一切经营活动都围绕安全环保来进行，在排查治理安全生产隐患中，做到不留死角，不走过程，对查出的问题实行"零容忍"，现场提出处理意见并跟踪落实。防汛工作方面，坚持以预防为主、防治结合、早防治、早治理的原则，对园区公共排水渠的安全隐患进行排查治理，组织实施了汾河排水口加固改造工程，确保汛期安全。提高危化企业在面临突发事故时的应急处置能力，进一步提高应急响应人员的业务素质，增强全员安全意识。

奋力建设全省一流新型煤焦化循环经济示范园区

稷山县西社工业园区管委会

稷山县西社工业园区位于稷山县西社镇，是山西省经信委确定的省级新型煤焦化产业示范基地，园区建设列入2013年全省重点工程项目，是运城市重点工业园区之一。园区规划年限20年，规划用地面积28平方千米。辖区内有企业100余家，职工近万人。其中，规模以上企业12家，骨干企业6家。六大龙头企业2011年工业总产值87亿元，利税3亿元。2012年1～9月工业总产值43亿元，利税1.9亿元。

园区现有产业主要有煤焦化、煤化工、冶金、电力、铸造、建材六大行业，拥有年产370万吨焦、80万吨铁、100万吨钢、10万吨锰铁、30万吨煤焦油、100万吨水泥、2万吨金属镁的生产能力，产值近50亿元，利税3亿元。通过技术整合，产业升级，循环发展，形成年产500万吨焦、80万吨煤焦油、30万吨炭黑、30万吨甲醇、30万吨锰铁的生产能力，实现产值150亿元，利税8亿元。

园区的产业定位是焦化并举，上下联产，循环发展，走煤焦化冶一体化发展道路。即以煤焦为基础开发新型煤焦化循环经济产业体系，由传统煤焦化产业向新型煤焦化产业转型和跨越，由产品结构雷同、初级产品多、深加工产品少向深加工多、附加值高方向转型和跨越，由平均规模小、企业多向规模化、产业集中、大企业集团方向转型和跨越，由整体技术、装备水平低向国内外先进技术、装备方向转型和跨越。

园区将重点发展以下项目：1040万吨/年洗煤项目，500万吨焦化/年项目，120万吨生铁及140万吨粗钢项目，140万吨生铁深加工项目，1340立方米炼铁高炉项目，30万吨锰铁项目，10万吨镁合金项目，100万吨煤焦油项目，5万吨洗油项目，4万吨针状焦项目，28万吨炭黑项目，10万吨粗苯项目，200万吨灰渣制超细微粉项目，4亿块免烧砖项目。

西社工业园区作为稷山县三大园区中重点园区，在园区的各种规划和审批手续上力求完善，虽然园区起步较晚，但起点较高，在规模设计上力求达到全省一流水平，争取成为省级示范园区。稷山县举全县之力，集各界精英，精心打造和建设的示范园区，园区的路、水、电、气等基础设施建设基本到位，建成后道路网络四通八达，水电供应充足方便，企业入驻环境优良，服务设施功能齐全，管理措施精细一流，政策落实良好配套，将成为全市乃至全省一流的新型煤焦化循环经济示范园区。

山西经济年鉴

YEARBOOK OF SHANXI ECONOMY

国民经济统计资料

GUOMINJINGJI TONGJIZILIAO

2013年国民经济统计资料

行政区划(2013年)

<table>
<tr><td rowspan="3">市 名</td><td colspan="3">城 市</td><td rowspan="2">市辖区</td><td rowspan="2">县</td><td rowspan="2">镇</td><td rowspan="2">乡</td><td rowspan="2">街 道
办事处</td></tr>
<tr><td>合 计</td><td>地级市</td><td>县级市</td></tr>
<tr><td>22</td><td>11</td><td>11</td><td>23</td><td>85</td><td>564</td><td>632</td><td>202</td></tr>
<tr><td>太原市</td><td colspan="8">小店区 迎泽区 杏花岭区 尖草坪区 万柏林区 晋源区 清徐县 阳曲县
娄烦县 古交市</td></tr>
<tr><td>大同市</td><td colspan="8">城 区 矿 区 南郊区 新荣区 阳高县 天镇县 广灵县 灵丘县 浑源县
左云县 大同县</td></tr>
<tr><td>阳泉市</td><td colspan="8">城 区 矿 区 郊 区 平定县 盂 县</td></tr>
<tr><td>长治市</td><td colspan="8">城 区 郊 区 长治县 襄垣县 屯留县 平顺县 黎城县 壶关县 长子县
武乡县 沁 县 沁源县 潞城市</td></tr>
<tr><td>晋城市</td><td colspan="8">城 区 沁水县 阳城县 陵川县 泽州县 高平市</td></tr>
<tr><td>朔州市</td><td colspan="8">朔城区 平鲁区 山阴县 应 县 右玉县 怀仁县</td></tr>
<tr><td>晋中市</td><td colspan="8">榆次区 榆社县 左权县 和顺县 昔阳县 寿阳县 太谷县 祁 县 平遥县
灵石县 介休市</td></tr>
<tr><td>运城市</td><td colspan="8">盐湖区 临猗县 万荣县 闻喜县 稷山县 新绛县 绛 县 垣曲县 夏 县
平陆县 芮城县 永济市 河津市</td></tr>
<tr><td>忻州市</td><td colspan="8">忻府区 定襄县 五台县 代 县 繁峙县 宁武县 静乐县 神池县 五寨县
岢岚县 河曲县 保德县 偏关县 原平市</td></tr>
<tr><td>临汾市</td><td colspan="8">尧都区 曲沃县 翼城县 襄汾县 洪洞县 古 县 安泽县 浮山县 吉 县
乡宁县 大宁县 隰 县 永和县 蒲 县 汾西县 侯马市 霍州市</td></tr>
<tr><td>吕梁市</td><td colspan="8">离石区 文水县 交城县 兴 县 临 县 柳林县 石楼县 岚 县 方山县
中阳县 交口县 孝义市 汾阳市</td></tr>
</table>

国民经济主要指标

指　　标	单位	1978年	1980年	1985年	1990年	1995年	2000年	2005年	2010年	2013年
一、年末总人口	万人	2424	2476	2673.5	2899	3077	3247.8	3355.2	3574.1	3629.8
二、全社会从业人员	万人	965	1003	1154.1	1304	1424.5	1392.4	1500.2	1685.9	1844.2
职工人数	万人	268	299	377.1	438.7	463.5	370.2	352.1	384.5	446.6
三、地区生产总值	亿元	88.0	108.8	219.0	429.3	1076.0	1845.7	4230.5	9200.9	12602.2
四、农业生产										
1. 农林牧渔业总产值	亿元	29.0	38.2	62.9	124.8	299.7	322.4	483.8	1047.8	1447.0
2. 主要农产品产量										
粮　食	万吨	706.96	685.7	822.7	969	917.1	853.4	978.0	1085.1	1312.8
棉　花	万吨	6.94	7.8	7.3	11.2	9.1	4.5	10.3	6.9	3.1
油　料	万吨	4.23	13.4	44.4	39.4	22.3	44.8	21.3	17.6	19.5
猪牛羊肉	万吨	18.23	17.3	20.9	29.3	56.1	59.2	81.0	63.6	72.6
3. 大牲畜年末数	万头	223.64	224	260.4	293.2	358.6	309.3	312.7	127.6	123.9
猪年末数	万头	578.5	531.2	372.1	363.1	561	519.5	626.1	474.8	502.2
羊年末数	万只	872.04	909.9	414.3	709.6	915	1058.4	1196.4	734.7	878.0
五、工业生产										
1. 工业增加值	亿元							1756.7	4591.5	6006.1
轻工业	亿元							107.1	224.9	338.1
重工业	亿元							1649.6	4366.6	5667.9
2. 主要工业产品产量										
原　煤	万吨	9825	12103	21418	28597	34731	25152	55426	74096	96257
发电量	亿千瓦小时	106.63	120.2	184.6	314.2	506	624.7	1316.5	2150.6	2603.7
钢	万吨	119.99	149.4	183.7	238.6	339.8	472.7	1654.7	3048.8	4671.4
成品钢材	万吨	74.04	86.4	110.8	128.8	217.1	392.6	1368.6	2866.4	4487.0
水　泥	万吨	255.87	287.9	458.7	612.5	1169.9	1434.0	2310.7	3670.3	5269.1
金属切削机床	台	3131	1706	1288	1678	688	832	1813	1822	466
布	万米	32756	38652	37555	42948	35593	33253	36256	7381	7553
机制纸及纸板	万吨	9.35	11.55	18.75	35.44	59.69	27.00	40.49	21.8	34.2
六、运输邮电										
1. 货物运输量	万吨	15620	18080	29181	50111	65962	86624	125367	124677	156048
铁　路	万吨	9166	11067	16110	23332	26095	28779	49067	63836	73181
2. 货物周转量	百万吨千米	18964	22538	36101	59493	71805	86808	136312	233242	359237
铁　路	百万吨千米	17848	20965	30869	47955	53638	59797	96970	136247	231373
3. 旅客发送量	万人	4498	5865	10564	15960	21337	31818	40209	39059	34781
铁　路	万人	2124	2523	3391	3226	3308	2953	3433	5746	6294

注：本表工业统计口径为年主营业务收入500万元及以上工业法人企业，工业总产值按现价计算。

续表

指　　标	单 位	1978 年	1980 年	1985 年	1990 年	1995 年	2000 年	2005 年	2010 年	2013 年
4. 旅客周转量	百万人千米	3874	4979	9318	12604	17510	22458	32954	37157	38644
铁　路	百万人千米	2710	3564	6214	6681	8066	8336	10564	15582	18982
5. 邮电业务总量	亿元	1.1	1.2	1.6	2.5	13.8	75.9	280.6	260.0	360.0
七、固定资产投资										
全社会固定资产投资	亿元	21.5	28.2	91.7	123.4	295.6	625.2	1859.4	6352.6	11200.2
第一产业	亿元	0.2	1.8	1.1	5.2	7.6	12.0	50.1	281.3	714.0
第二产业	亿元	13.2	16.2	55.5	75.6	140.2	289.6	1130.4	2628.1	4657.9
第三产业	亿元	8.1	10.2	35.1	42.6	147.7	323.6	678.9	3443.2	5828.3
八、商　　业										
社会消费品零售总额	亿元	32.38	42.7	89.4	158.0	376.0	722.7	1401.2	3318.2	5139.3
九、财　　政										
财政总收入	亿元	19.6	21.0	25.0	51.7	129.4	194.6	757.8	1810.2	
地方财政收入	亿元	19.6	21.0	25.0	51.7	72.2	114.5	368.3	969.7	1701.6
地方财政支出	亿元	21.1	19.6	35.5	54.9	112.9	225.1	668.8	1931.4	3030.1
十、物价指数(以 1950 年为 100)										
商品零售价格总指数	%	143.1	148.8	174.5	290.6	510.2	500.5	506.8	580.8	631.5
城镇居民消费价格总指数	%	141.3	150.6	181.1	301.4	595.6	690.0	718.8	832.6	923.4
十一、工　　资										
全部职工工资总额	亿元	16.7	21.9	41.0	90.7	215.5	256.1	548.1	1268.8	2120.8
全部职工平均工资	元	632	754	1122	2111	4721	6918	15645	33544	47417
国有单位职工工资总额	亿元	14.6	19.0	33.9	75.9	186.2	200.9	394.4	760.3	867.6
国有单位职工平均工资	元	655	795	1200	2263	5094	7249	16027	33119	43228
十二、教育、文化										
高等学校在校学生数	人	20940	33104	41946	51309	67420	125674	407036	562924	676817
中等专业学校在校学生数	万人	2.9	4.6	5.1	8.7	10.7	19.7	20.2	20.7	16.4
普通中学在校学生数	万人	194.3	179.6	157.0	145.1	151.0	199.8	261.2	253.7	214.0
小学在校学生数	万人	377.4	384.2	335.2	297.4	327.0	343.6	350.3	291.1	229.6
报纸出版数量	万份	17869	17590	55174	54361	59254	58825	329713	206698	219694
杂志出版数量	万份	598	1905	7981	2815	3586	2657	5914	4000	3384
图书出版数量	万册	6422	9055	9991	12166	13919	10105	10081	13183	13452

注:1995 年以后的财政收入与以前年份不可比,1997 年以后的财政收支为一般预算收支。
2010 年、2011 年邮电业务总量按 2010 年不变价格计算。

国民经济主要比例关系

单位：%

指　　标	1978年	1980年	1985年	1990年	1995年	2000年	2005年	2010年	2013年
一、国内生产总值中三次产业比例									
第一产业	20.7	19.0	19.3	18.8	15.7	9.7	6.2	6.0	5.9
第二产业	58.5	58.4	54.8	48.9	46.0	46.5	55.7	56.9	53.3
第三产业	20.8	22.6	25.9	32.3	38.3	43.8	38.1	37.1	40.9
二、工业增加值中轻重工业比例									
轻工业							4.9	5.6	5.6
重工业							95.1	94.4	94.4
三、农林牧渔业总产值内部比例									
农业产值	78.3	73.7	74.4	72.2	62.2	65.3	58.2	63.8	64.4
林业产值	7.0	8.4	7.4	4.9	5.9	4.4	3.4	6.2	6.2
牧业产值	14.6	17.8	18.1	22.6	31.5	29.7	30.7	23.9	23.4
渔业产值	0.1	0.1	0.1	0.3	0.4	0.6	0.6	0.6	0.7
农林牧渔服务业							7.1	5.4	5.3
四、全社会固定资产投资中三次产业的比例									
第一产业	0.8	6.2	1.2	4.2	2.6	1.9	2.7	4.4	6.4
第二产业	61.5	57.5	60.5	61.3	47.4	46.3	60.8	41.4	41.6
第三产业	37.8	36.3	38.3	34.5	50.0	51.8	36.5	54.2	52.0
五、固定资产投资额占国内生产总值的比例		25.9	41.9	28.7	27.5	33.9	44.5	69.0	88.9
六、文教卫生科学事业费占财政支出的比例		20.4	23.0	28.4	30.2	25.0	22.4	24.6	28.8

注：工业口径为国有企业和年产品销售收入500万元及以上非国有企业。

人口和自然资源

项　　目		2013 年	项　　目		2013 年
全省总户数	（万户）	1313.25	在岗职工	（万人）	446.6
全省总人口	（万人）	3629.8	城镇私营企业及个体	（万人）	233.5
城镇人口	（万人）	1907.9	土地面积	（万平方千米）	15.67
乡村人口	（万人）	1721.9	平原	（万平方千米）	3.12
人口出生率	（‰）	10.8	丘陵	（万平方千米）	6.96
人口死亡率	（‰）	5.6	山地	（万平方千米）	5.58
人口自然增长率	（‰）	5.2	森林覆盖率	（%）	18.03
人口密度	（人/平方千米）	232	水资源总量	（亿立方米）	106.25
社会从业人员	（万人）	1844.2	地下水资源量	（亿立方米）	88.34

注:本表水资源总量和地下水资源量为 2012 年数据。

地区生产总值及构成

（按当年价格计算）

年　份	绝　对　数　（万元）				构　　成　（%）		
	总　　计	第一产业	第二产业	第三产业	第一产业	第二产业	第三产业
1952	159978	93831	27484	38663	58.7	17.2	24.1
1957	291594	115415	93994	82185	39.6	32.2	28.2
1962	324083	110666	121848	91569	34.1	37.6	28.3
1965	439158	127041	205199	106918	28.9	46.7	24.4
1975	698101	208009	346700	143392	29.8	49.7	20.5
1978	879946	182040	514685	183221	20.7	58.5	20.8
1980	1087619	206348	635098	246173	19.0	58.4	22.6
1984	1974231	462487	1031178	480566	23.4	52.3	24.3
1985	2189896	422629	1200573	566694	19.3	54.8	25.9
1986	2351114	379020	1282495	689599	16.1	54.5	29.4
1987	2572290	390647	1379696	801947	15.2	53.6	31.2
1988	3166851	485368	1632920	1048563	15.3	51.6	33.1
1989	3762551	637472	1887453	1237626	16.9	50.2	32.9
1990	4292736	808080	2100746	1383910	18.8	48.9	32.3
1991	4685131	687729	2362793	1634609	14.7	50.4	34.9
1992	5511228	829433	2702838	1978957	15.1	49.0	35.9
1993	6804100	972700	3350300	2481100	14.3	49.2	36.5
1994	8266600	1238400	3965700	3062500	15.0	48.0	37.0
1995	10760300	1686900	4944500	4128900	15.7	46.0	38.3
1996	12921100	1982800	6002100	4936200	15.3	46.5	38.2
1997	14760000	1918400	7075700	5765900	13.0	47.9	39.1
1998	16110800	2072500	7612500	6425800	12.9	47.3	39.8
1999	16671000	1599600	7854700	7216700	9.6	47.1	43.3
2000	18457200	1798600	8583700	8074900	9.7	46.5	43.8
2001	20295300	1710900	9560100	9024300	8.4	47.1	44.5
2002	23248000	1978000	11343100	9926900	8.5	48.8	42.7
2003	28552200	2151900	14633800	11766500	7.5	51.3	41.2
2004	35713700	2763000	19194000	13756700	7.7	53.8	38.5
2005	42305300	2624200	23570400	16110700	6.2	55.7	38.1
2006	48786100	2767700	27556600	18461800	5.7	56.5	37.8
2007	60244500	3119700	34544900	22579900	5.2	57.3	37.5
2008	73154000	3135800	42423600	27594600	4.3	58.0	37.7
2009	73583100	4775900	39938000	28869200	6.5	54.3	39.2
2010	92008600	5544800	52340000	34123800	6.0	56.9	37.1
2011	112375500	6414200	66352600	39608700	5.7	59.0	35.2
2012	121128300	6983200	67315600	46829500	5.8	55.6	38.7
2013	126022400	7410100	67129300	51483000	5.9	53.3	40.9

全社会固定资产投资

单位：万元

年份	总计	房地产开发	农户	住宅	第一产业	第二产业	第三产业
1978	214935		11313	15006	1645	132080	81210
1979	232713		14940	38261	10752	131838	90123
1980	281960		21173	59117	17560	162157	102243
1981	254719		38452	76511	13723	129473	111523
1982	345486		38244	95144	20698	186438	138350
1983	448347		57569	96277	26159	257200	164988
1984	688991		63475	114800	15352	384594	289045
1985	916918		87387	158060	11443	554744	350731
1986	970247		106473	176525	22578	600777	346892
1987	1062371	6207	136987	193745	25621	597032	439718
1988	1076779	5421	141201	169236	33359	662277	381143
1989	1079587	2370	136709	184680	28614	668424	382549
1990	1234137	28486	164556	220354	51962	756324	425851
1991	1495206	32642	202269	238231	56159	934621	504426
1992	1727858	51869	119330	240328	48795	1079071	599992
1993	2512628	129685	191765	415095	84534	1424294	1003800
1994	2909041	116512	201153	464303	63897	1427878	1417266
1995	2955570	150886	188798	456871	76160	1401945	1477465
1996	3334714	147893	302383	666374	90324	1587144	1657246
1997	3983959	181736	317673	708704	104368	2008130	1871461
1998	5346852	278653	331200	920980	83706	2135036	3128110
1999	5753507	350458	245781	1083149	103046	2261965	3388496
2000	6251628	394556	344392	1113447	119648	2896273	3235707
2001	7083468	466464	399594	1021534	205239	3090533	3787696
2002	8382683	674331	462572	1173468	334467	3793232	4254984
2003	11163486	950740	533216	1210898	359529	6127825	4676132
2004	14776985	1449898	621851	1551521	362856	8697815	5716314
2005	18593969	1779937	757098	2245567	501034	11304223	6788712
2006	23214735	2086231	933279	3503467	651894	13463726	9099115
2007	29271653	2589251	1157947	4619967	838947	16171517	12261189
2008	36351396	3279807	1443268	5651842	1119701	18688907	16542788
2009	50335333	4772748	1785790	7600820	2203844	21636020	26495469
2010	63526011	5922376	2179375	9003350	2812813	26281280	34431918
2011	73730582	7901982	2353725	11877169	2712048	33485814	37532720
2012	91763142	10104513	2784109	14670489	3814072	41466603	46482467
2013	112002376	13086275	2865426	16889560	7140003	46579278	58283095

人民物质文化生活提高情况

指标	单位	1978年	1980年	1985年	1990年	1995年	2000年	2005年	2010年	2013年
一、城乡居民收入										
城镇居民人均可支配收入	元	301.4	379.9	595.3	1290.9	3306.0	4724.1	8913.9	15647.7	22456.0
农民人均纯收入	元	101.6	155.8	358.3	603.5	1208.3	1905.6	2890.7	4736.3	7154.0
职工平均工资	元	632	754	1122	2111	4721	6918	15645	33544	47417
二、平均每人住房面积										
城镇居民建筑面积	平方米							25.6	28.0	31.1
农村居民居住面积	平方米	9.4	11.1	13.7	16.5	17.1	21.6	24.2	28.7	33.5
三、交通、文化、教育、卫生										
每百户拥有(抽样)										
电视机(彩电)										
城镇居民	台			18.8	60.1	86.2	107.2	113.7	111.8	111.5
农　民	台			1.3	6.7	20.6	63.5	82.3	109.0	109.8
洗衣机										
城镇居民	台		1.6	57.5	81.7	91.2	93.4	99.8	100.7	104.5
农　民	台			2.8	13.8	19.8	51.7	69.3	81.0	86.8
移动电话										
城镇居民	台							109.7	146.6	196.1
农　民	台							27.5	107.7	191.9
每百人每天拥有报纸	份	2.0	2.0	5.8	5.3	5.3	5.0	27.0	16.2	16.6
每人每年拥有杂志	册	0.8	1.2	1.9	1.5	1.2	0.8	1.8	1.1	0.9
每万人拥有在校大学生	人	8.6	13.4	15.7	17.7	21.9	38.7	121.3	157.5	186.9
每千人拥有医院床位数	张	2.7	2.9	3.3	3.5	3.4	2.4	2.4	3.1	3.5
每千人拥有卫生技术人员	人	3.2	3.5	4.2	4.6	5.7	4.2	3.9	5.5	5.6
四、储　蓄										
城乡居民储蓄存款年末余额	亿元	7.2	12.9	52.9	231.3	844.5	1748.4	4119.7	9223.0	13339.4
平均每人储蓄存款余额	元	30	52	198	798	2744	5383	12278	25805	36750

注：1997年以后每千人拥有医院床位数及卫生技术人员数与以前年份不可比。

2013年全国各省市区国民经济主要指标排序

省市区	常住人口(万人)			地区生产总值(亿元)			人均地区生产总值(元)			地区生产总值比上年增加%		
	指标值	位次	比重(%)	指标值	位次	比重(%)	指标值	位次	比重(%)	指标值	位次	比重(%)
全国总计	**136072**			**568845.2**			**41908**			**7.7**		
北　京	2115	26	1.55	19500.6	13	3.43	93213	2	222.4	7.7	30	0.0
天　津	1472	27	1.08	14370.2	19	2.53	99607	1	237.7	12.5	1	4.8
河　北	7333	6	5.39	28301.4	6	4.98	38716	16	92.4	8.2	27	0.5
山　西	3630	18	2.67	12602.2	23	2.22	34813	22	83.1	8.9	23	1.2
内蒙古	2498	23	1.84	16832.4	15	2.96	67498	6	161.1	9.0	21	1.3
辽　宁	4390	14	3.23	27077.7	7	4.76	61686	7	147.2	8.7	24	1.0
吉　林	2751	21	2.02	12981.5	21	2.28	47191	11	112.6	8.3	26	0.6
黑龙江	3835	15	2.82	14382.9	17	2.53	37509	17	89.5	8.0	29	0.3
上　海	2415	24	1.77	21602.1	12	3.80	90092	3	215.0	7.7	30	0.0
江　苏	7939	5	5.83	59161.8	2	10.40	74607	4	178.0	9.6	19	1.9
浙　江	5498	10	4.04	37568.5	4	6.60	68462	5	163.4	8.2	27	0.5
安　徽	6030	8	4.43	19038.9	14	3.35	31684	26	75.6	10.4	11	2.7
福　建	3774	16	2.77	21759.6	11	3.83	57856	9	138.1	11.0	6	3.3
江　西	4522	13	3.32	14338.5	20	2.52	31771	25	75.8	10.1	13	2.4
山　东	9733	2	7.15	54684.3	3	9.61	56323	10	134.4	9.6	19	1.9
河　南	9413	3	6.92	32155.9	5	5.65	34174	23	81.5	9.0	21	1.3
湖　北	5799	9	4.26	24668.5	9	4.34	42613	14	101.7	10.1	13	2.4
湖　南	6691	7	4.92	24501.7	10	4.31	36763	19	87.7	10.1	13	2.4
广　东	10644	1	7.82	62164.0	1	10.93	58540	8	139.7	8.5	25	0.8
广　西	4719	11	3.47	14378.0	18	2.53	30588	27	73.0	10.2	12	2.5
海　南	895	28	0.66	3146.5	28	0.55	35317	21	84.3	9.9	17	2.2
重　庆	2970	20	2.18	12656.7	22	2.22	42795	12	102.1	12.3	3	4.6
四　川	8107	4	5.96	26260.8	8	4.62	32454	24	77.4	10.0	16	2.3
贵　州	3502	19	2.57	8006.8	26	1.41	22922	31	54.7	12.5	1	4.8
云　南	4687	12	3.44	11720.9	24	2.06	25083	29	59.9	12.1	4	4.4
西　藏	312	31	0.23	807.7	31		26068	28	62.2	12.1	4	4.4
陕　西	3764	17	2.77	16045.2	16	2.82	42692	13	101.9	11.0	6	3.3
甘　肃	2582	22	1.90	6268.0	27	1.10	24296	30	58.0	10.8	9	3.1
青　海	578	30	0.42	2101.1	30	0.37	36510	20	87.1	10.8	9	3.1
宁　夏	654	29	0.48	2565.1	29	0.45	39420	15	94.1	9.8	18	2.1
新　疆	2264	25	1.66	8360.2	25	1.47	37181	18	88.7	11.0	6	3.3

省市区	规模以上工业主营业务收入(亿元)			规模以上工业利润总额(亿元)			发电量(亿千瓦小时)			粗钢产量(万吨)		
	指标值	位次	比重(%)	指标值	位次	比重(%)	指标值	位次	比重(%)	指标值	位次	比重(%)
全国总计	**1029149.8**			**62831.0**			**53975.9**			**77904.1**		
北京	18624.8	18	1.81	1254.8	18	2.00	335.8	29	0.62	2.3	29	
天津	27011.1	14	2.62	1992.8	11	3.17	624.3	27	1.16	2289.5	9	2.94
河北	45766.3	7	4.45	2560.9	6	4.08	2499.4	9	4.63	18849.6	1	24.20
山西	18404.7	19	1.79	547.9	25	0.87	2627.9	7	4.87	4519.6	5	5.80
内蒙古	19550.8	17	1.90	1682.6	16	2.68	3520.7	3	6.52	1978.6	11	2.54
辽宁	52150.4	6	5.07	2461.6	7	3.92	1544.3	16	2.86	5972.9	4	7.67
吉林	21950.7	16	2.13	1230.1	19	1.96	769.5	25	1.43	1245.4	20	1.60
黑龙江	13569.8	23	1.32	1150.2	20	1.83	834.0	24	1.55	740.2	24	0.95
上海	34533.5	10	3.36	2415.2	8	3.84	959.5	22	1.78	1800.6	13	2.31
江苏	132270.4	2	12.85	7834.1	2	12.47	4289.4	1	7.95	8469.1	2	10.87
浙江	61765.5	4	6.00	3385.9	5	5.39	2939.3	5	5.45	1387.0	19	1.78
安徽	33079.5	11	3.21	1758.8	14	2.80	1965.8	12	3.64	2351.5	8	3.02
福建	32847.1	12	3.19	1959.5	13	3.12	1767.7	13	3.27	1624.6	17	2.09
江西	26700.2	15	2.59	1756.7	15	2.80	874.6	23	1.62	2156.6	10	2.77
山东	132319.0	1	12.86	8507.7	1	13.54	3510.9	4	6.50	6119.8	3	7.86
河南	59454.8	5	5.78	4410.8	4	7.02	2861.8	6	5.30	2736.0	7	3.51
湖北	37864.5	8	3.68	2080.7	10	3.31	2158.2	10	4.00	2887.8	6	3.71
湖南	31616.6	13	3.07	1585.1	17	2.52	1347.0	18	2.50	1746.5	14	2.24
广东	103655.0	3	10.07	5854.9	3	9.32	3964.8	2	7.35	1442.9	18	1.85
广西	16726.0	21	1.63	874.0	22	1.39	1259.5	19	2.33	1666.6	16	2.14
海南	1640.7	30	0.16	110.8	30	0.18	230.7	30	0.43			
重庆	15417.1	22	1.50	878.4	21	1.40	627.4	26	1.16	608.9	25	0.78
四川	35251.8	9	3.43	2168.4	9	3.45	2597.3	8	4.81	1711.5	15	2.20
贵州	6878.4	27	0.67	477.3	26	0.76	1676.3	14	3.11	485.2	26	0.62
云南	9773.1	24	0.95	549.1	24	0.87	2148.4	11	3.98	1883.9	12	2.42
西藏	93.4	31	0.01	7.2	31	0.01	29.1	31	0.05			
陕西	17763.0	20	1.73	1973.3	12	3.14	1508.7	17	2.80	916.9	23	1.18
甘肃	8443.7	26	0.82	286.7	27	0.46	1195.0	20	2.21	953.9	22	1.22
青海	2045.4	29	0.20	141.3	28	0.22	600.3	28	1.11	147.6	27	0.19
宁夏	3374.5	28	0.33	139.1	29	0.22	1096.5	21	2.03	32.2	28	0.04
新疆	8608.0	25	0.84	795.4	23	1.27	1611.7	15	2.99	1176.9	21	1.51

注:规模以上工业主营业务收入、规模以上工业利润总额为快报数据。

续表 2

省市区	社会消费品零售总额（亿元）			全社会固定资产投资额（亿元）			农林牧渔业总产值（亿元）			粮食总产量（万吨）		
	指标值	位次	比重（%）	指标值	位次	比重（%）	指标值	位次	比重（%）	指标值	位次	比重（%）
全国总计	**237809.9**			**447074.4**			**96995.3**			**60193.8**		
北　京	8375.1	11	3.52	6847.1	25	1.53	421.8	27	0.43	96.1	31	0.16
天　津	4470.4	23	1.88	9130.3	22	2.04	512.4	28	0.43	174.7	27	0.29
河　北	10516.7	9	4.42	23194.2	5	5.19	5832.9	4	6.01	3365.0	7	5.59
山　西	5139.3	17	2.16	11031.9	18	2.47	1447.0	24	1.49	1312.8	18	2.18
内蒙古	5114.2	19	2.15	14215.5	14	3.18	2699.5	16	2.78	2773.0	10	4.61
辽　宁	10581.4	7	4.45	25107.7	4	5.62	4349.7	10	4.48	2195.6	12	3.65
吉　林	5426.4	16	2.28	10133.5	20	2.27	2670.6	17	2.75	3551.0	4	5.90
黑龙江	6251.2	15	2.63	12126.0	16	2.71	4633.3	9	4.78	6004.1	1	9.97
上　海	8052.0	13	3.39	5647.8	27	1.26	323.5	29	0.33	114.2	28	0.19
江　苏	20796.5	3	8.75	36373.8	2	8.14	6158.0	3	6.35	3423.0	5	5.69
浙　江	15225.5	4	6.40	20777.1	7	4.65	2837.4	15	2.93	734.0	23	1.22
安　徽	6542.4	14	2.75	18621.6	10	4.17	4009.2	11	4.13	3279.6	8	5.45
福　建	8275.3	12	3.48	15327.4	12	3.43	3282.0	13	3.38	664.4	24	1.10
江　西	4576.1	22	1.92	12866.1	15	2.88	2578.4	18	2.66	2116.1	13	3.52
山　东	22294.8	2	9.38	36789.1	1	8.23	8750.0	1	9.02	4528.2	3	7.52
河　南	12426.6	5	5.23	26220.9	3	5.87	7198.1	2	7.42	5713.7	2	9.49
湖　北	10885.9	6	4.58	19307.3	9	4.32	5160.6	6	5.32	2501.3	11	4.16
湖　南	9018.6	10	3.79	17846.3	11	3.99	5043.6	7	5.20	2925.7	9	4.86
广　东	25453.9	1	10.70	22307.8	6	4.99	4946.8	8	5.10	1315.9	17	2.19
广　西	5133.1	18	2.16	11907.7	17	2.66	3755.2	12	3.87	1521.8	15	2.53
海　南	992.9	28	0.42	2697.4	28	0.60	1144.9	25	1.18	190.9	26	0.32
重　庆	4599.8	21	1.93	10429.6	19	2.33	1513.7	23	1.56	1148.1	20	1.91
四　川	10561.4	8	4.44	20325.2	8	4.55	5620.3	5	5.79	3387.1	6	5.63
贵　州	2366.2	25	0.99	7373.6	24	1.65	1663.0	21	1.71	1030.0	22	1.71
云　南	4004.6	24	1.68	9968.3	21	2.23	3056.0	14	3.15	1824.0	14	3.03
西　藏	293.2	31	0.12	876.0	31	0.20	128.0	31	0.13	96.2	30	0.16
陕　西	4999.5	20	2.10	14867.3	13	3.33	2562.5	19	2.64	1215.8	19	2.02
甘　肃	2173.8	26	0.91	6527.9	26	1.46	1517.7	22	1.56	1138.9	21	1.89
青　海	544.1	30	0.23	2361.1	30	0.53	310.3	30	0.32	102.4	29	0.17
宁　夏	610.5	29	0.26	2651.1	29	0.59	430.0	26	0.44	373.4	25	0.62
新　疆	2108.2	27	0.89	7724.5	23	1.73	2538.9	20	2.62	1377.0	16	2.29

注：本表全社会固定资产投资额不包括跨省项目投资。

续表 3

省市区	房地产开发投资额（亿元）			商品房销售额（亿元）			海关进口总额（亿美元）			海关出口总额（亿美元）		
	指标值	位次	比重(%)	指标值	位次	比重(%)	指标值	位次	比重(%)	指标值	位次	比重(%)
全国总计	**86013.4**			**81428.3**			**19503.2**			**22093.7**		
北　京	3483.4	10	4.05	3530.8	9	4.34	3660.1	2	18.8	631.1	8	2.86
天　津	1480.8	21	1.72	1615.5	17	1.98	795.0	7	4.1	490.1	9	2.22
河　北	3445.4	11	4.01	2779.7	13	3.41	239.4	11	1.2	309.6	13	1.40
山　西	1308.6	23	1.52	728.3	27	0.89	78.0	25	0.4	80.0	23	0.36
内蒙古	1479.0	22	1.72	1177.4	23	1.45	79.0	24	0.4	40.9	27	0.19
辽　宁	6450.8	3	7.50	4759.2	5	5.84	499.5	9	2.6	645.4	7	2.92
吉　林	1252.4	24	1.46	993.0	25	1.22	191.0	15	1.0	67.6	25	0.31
黑龙江	1604.8	20	1.87	1582.3	19	1.94	226.5	12	1.2	162.3	19	0.73
上　海	2819.6	14	3.28	3911.6	8	4.80	2370.4	3	12.2	2041.8	4	9.24
江　苏	7241.5	1	8.42	7913.7	2	9.72	2220.0	4	11.4	3288.1	2	14.88
浙　江	6216.2	4	7.23	5396.0	3	6.63	870.4	6	4.5	2487.5	3	11.26
安　徽	3946.2	6	4.59	3182.9	10	3.91	173.0	16	0.9	282.5	14	1.28
福　建	3703.0	9	4.31	4232.1	6	5.20	628.5	8	3.2	1064.8	6	4.82
江　西	1174.6	26	1.37	1647.9	16	2.02	85.8	23	0.4	281.7	15	1.27
山　东	5444.5	5	6.33	5215.1	4	6.40	1323.7	5	6.8	1341.9	5	6.07
河　南	3843.8	8	4.47	3074.1	11	3.78	239.6	10	1.2	359.9	12	1.63
湖　北	3286.0	12	3.82	2790.3	12	3.43	135.4	18	0.7	228.4	16	1.03
湖　南	2628.3	15	3.06	2525.6	15	3.10	103.5	20	0.5	148.2	21	0.67
广　东	6489.6	2	7.54	8941.1	1	10.98	4552.2	1	23.3	6363.7	1	28.80
广　西	1614.6	19	1.88	1375.8	21	1.69	141.4	17	0.7	186.9	18	0.85
海　南	1196.8	25	1.39	1032.7	24	1.27	112.8	19	0.6	37.1	28	0.17
重　庆	3012.8	13	3.50	2682.8	14	3.29	219.0	14	1.1	468.0	10	2.12
四　川	3853.0	7	4.48	4020.3	7	4.94	226.2	13	1.2	419.5	11	1.90
贵　州	1942.5	18	2.26	1276.7	22	1.57	14.0	28	0.1	68.9	24	0.31
云　南	2488.3	16	2.89	1487.2	20	1.83	98.5	22	0.5	159.4	20	0.72
西　藏	9.7	31	0.01	10.6	31	0.01	0.5	31	0.0	32.7		
陕　西	2240.2	17	2.60	1608.1	18	1.97	99.0	21	0.5	102.3	22	0.46
甘　肃	724.6	28	0.84	474.1	28	0.58	55.6	26	0.3	46.8	26	0.21
青　海	247.6	30	0.29	158.8	30	0.20	5.6	30	0.0	8.5		0.04
宁　夏	559.0	29	0.65	443.7	29	0.54	6.7	29	0.0	25.5	30	0.12
新　疆	825.7	27	0.96	861.0	26	1.06	52.9	27	0.3	222.7	17	1.01

注：海关进口、出口总额口径为按经营单位所在地分。

续表 4

省市区	城镇居民人均可支配收入(元)			城镇居民人均现金消费支出(元)			农村居民人均纯收入(元)			农村居民人均生活消费支出(元)		
	指标值	位次	比重(%)	指标值	位次	比重(%)	指标值	位次	比重(%)	指标值	位次	比重(%)
全国平均	**26955.1**			**18022.6**			**8895.9**			**6625.5**		
北京	40321.0	2	149.6	26274.9	2	145.8	18337.5	2	206.1	13553.2	2	204.6
天津	32293.6	6	119.8	21711.9	5	120.5	15841.0	4	178.1	10155.0	4	153.3
河北	22580.3	19	83.8	13640.6	28	75.7	9101.9	12	102.3	6134.1	17	92.6
山西	22455.6	20	83.3	13166.2	30	73.1	7153.5	23	80.4	5812.7	20	87.7
内蒙古	25496.7	10	94.6	19249.1	8	106.8	8595.7	15	96.6	7268.3	10	109.7
辽宁	25578.2	9	94.9	18029.7	9	100.0	10522.7	9	118.3	7159.0	11	108.1
吉林	22274.6	23	82.6	15932.3	15	88.4	9621.2	11	108.2	7379.7	9	111.4
黑龙江	19597.0	29	72.7	14161.7	24	78.6	9634.1	10	108.3	6813.6	12	102.8
上海	43851.4	1	162.7	28155.0	1	156.2	19595.0	1	220.3	14234.7	1	214.8
江苏	32538.0	5	120.7	20371.5	6	113.0	13597.8	5	152.9	9909.8	5	149.6
浙江	37851.0	3	140.4	23257.2	4	129.0	16106.0	3	181.0	11760.2	3	177.5
安徽	23114.2	15	85.8	16285.2	14	90.4	8097.9	20	91.0	5724.5	22	86.4
福建	30816.4	7	114.3	20092.7	7	111.5	11184.2	7	125.7	8151.2	7	123.0
江西	21872.7	24	81.1	13850.5	26	76.9	8781.5	14	98.7	5653.6	24	85.3
山东	28264.1	8	104.9	17112.2	11	94.9	10619.9	8	119.4	7392.7	8	111.6
河南	22398.0	21	83.1	14822.0	23	82.2	8475.3	16	95.3	5627.7	25	84.9
湖北	22906.4	17	85.0	15749.5	17	87.4	8867.0	13	99.7	6279.5	16	94.8
湖南	23414.0	12	86.9	15887.1	16	88.2	8372.1	17	94.1	6609.5	13	99.8
广东	33090.0	4	122.8	24133.3	3	133.9	11669.3	6	131.2	8343.5	6	125.9
广西	23305.4	13	86.5	15417.6	19	85.5	6790.9	25	76.3	5205.6	27	78.6
海南	22928.9	16	85.1	15593.0	18	86.5	8342.6	18	93.8	5465.6	26	82.5
重庆	25216.1	11	93.5	17813.9	10	98.8	8332.0	19	93.7	5796.4	21	87.5
四川	22367.6	22	83.0	16343.5	13	90.7	7895.3	21	88.8	6308.5	15	95.2
贵州	20667.1	26	76.7	13702.9	27	76.0	5434.0	30	61.1	4740.2	30	71.5
云南	23235.5	14	86.2	15156.1	22	84.1	6141.3	29	69.0	4743.6	29	71.6
西藏	20023.4	27	74.3	12231.9	31	67.9	6578.2	26	73.9	3574.0	31	53.9
陕西	22858.4	18	84.8	16679.7	12	92.5	6502.6	27	73.1	5724.2	23	86.4
甘肃	18964.8	31	70.4	14020.7	25	77.8	5107.8	31	57.4	4849.6	28	73.2
青海	19498.5	30	72.3	13539.5	29	75.1	6196.4	28	69.7	6060.2	19	91.5
宁夏	21833.3	25	81.0	15321.1	20	85.0	6931.0	24	77.9	6489.7	14	97.9
新疆	19873.8	28	73.7	15206.2	21	84.4	7296.5	22	82.0	6119.1	18	92.4

续表 5

省市区	居民消费品价格指数（%）			农产品生产价格指数（%）			城镇居民恩格尔系数（%）		农村居民恩格尔系数（%）	
	指标值	位次	比全国高低（%）	指标值	位次	比全国高低（%）	指标值	位次	指标值	位次
全国平均	**102.6**			**103.2**			**35.0**		**37.7**	
北京	103.3	5	0.67	104.7	11	1.50	31.1	29	34.6	21
天津	103.1	9	0.46	105.4	8	2.14	36.6	13	34.9	20
河北	103.0	12	0.34	105.1	9	1.85	32.3	25	32.0	28
山西	103.1	10	0.44	106.1	5	2.91	27.9	31	33.0	27
内蒙古	103.2	6	0.60	103.3	16	0.04	31.8	28	35.5	17
辽宁	102.4	24	−0.20	101.1	27	−2.12	32.2	26	35.2	19
吉林	102.9	13	0.27	100.4	29	−2.86	29.2	30	33.0	26
黑龙江	102.2	29	−0.38	101.0	28	−2.23	35.8	16	35.2	18
上海	102.3	27	−0.33	104.1	12	0.91	34.9	20	37.5	13
江苏	102.3	26	−0.28	103.4	15	0.14	34.7	21	33.1	25
浙江	102.3	28	−0.33	103.0	17	−0.19	34.4	22	35.6	16
安徽	102.4	25	−0.21	103.7	13	0.49	39.1	6	39.6	11
福建	102.5	22	−0.15	103.0	18	−0.20	37.0	10	44.2	5
江西	102.5	21	−0.09	102.3	24	−0.97	37.7	9	42.3	8
山东	102.2	30	−0.39	105.9	6	2.69	32.9	24	34.5	22
河南	102.9	14	0.25	102.6	21	−0.65	33.2	23	34.4	23
湖北	102.8	15	0.20	101.8	26	−1.40	39.7	4	36.8	15
湖南	102.5	19	−0.08	102.1	25	−1.17	35.1	18	38.4	12
广东	102.5	23	−0.16	103.5	14	0.32	36.7	12	44.8	3
广西	102.2	31	−0.42	102.5	22	−0.68	37.9	7	40.0	10
海南	102.8	17	0.15	100.0	30	−3.26	44.8	2	48.0	2
重庆	102.7	18	0.03	103.0	19	−0.26	40.7	3	43.8	6
四川	102.8	16	0.18	102.6	20	−0.61	39.6	5	42.2	9
贵州	102.5	20	−0.08	102.4	23	−0.80	35.9	15	43.0	7
云南	103.1	8	0.49	104.9	10	1.68	37.9	8	44.2	4
西藏	103.6	3	0.93				48.1	1	54.2	1
陕西	103.0	11	0.42	107.4	3	4.14	36.4	14	31.8	29
甘肃	103.2	7	0.54	105.9	7	2.64	36.8	11	37.1	14
青海	103.9	1	1.32	110.4	1	7.16	35.3	17	30.9	31
宁夏	103.4	4	0.78	106.7	4	3.47	32.0	27	31.2	30
新疆	103.9	2	1.32	108.5	2	5.26	35.0	19	33.9	24

2013年各市基本情况排序

名　称	常住人口（万人）		地区生产总值(亿元)		人均地区生产总值(元)		地区生产总值比上年增长(%)		公共财政收入(万元)		农林牧渔业总产值(亿元)	
	指标值	位次	指标值	位次	指标值	位次	指标值	位次	指标值	位次	指标值	位次
太原市	427.8	3	2412.9	1	56547	2	8.1	10	2473261	1	72.2	10
大同市	337.5	6	967.4	9	28741	8	8.3	9	945719	8	101.5	7
阳泉市	138.6	11	611.8	11	44251	4	7.0	11	467903	10	20.1	11
长治市	338.8	5	1333.7	2	39474	5	8.5	7	1486623	3	98.6	8
晋城市	230.1	9	1031.9	6	44940	3	9.3	3	945755	7	77.8	9
朔州市	174.4	10	1026.4	7	59003	1	9.5	1	953000	6	127.9	4
晋中市	330.5	7	1022.2	8	31015	7	9.1	5	1151305	5	162.0	3
运城市	522.4	1	1140.1	5	21887	10	9.2	4	454211	11	366.2	1
忻州市	311.4	8	654.7	10	21074	11	9.0	6	737018	9	112.4	6
临汾市	439.1	2	1223.9	4	27949	9	8.5	7	1181496	4	163.5	2
吕梁市	379.3	4	1228.6	3	32484	6	9.5	1	1639780	2	116.9	5

名　称	粮食总产量（万吨）		工业销售产值（当年价，亿元）		社会消费品零售总额（万元）		城镇居民人均可支配收入(元)		农民人均纯收入(元)	
	指标值	位次	指标值	位次	指标值	位次	指标值	位次	指标值	位次
太原市	32.8	10	2572.1	1	12944531	1	24000	2	11288	1
大同市	102.5	8	919.0	9	4878184	4	21430	8	6365	9
阳泉市	29.1	11	677.2	11	2560980	10	23238	5	9742	2
长治市	160.8	5	1933.2	2	4419358	5	22803	6	9119	3
晋城市	90.5	9	994.1	8	3066166	8	23250	4	9026	5
朔州市	117.6	6	1292.8	6	2308550	11	24013	1	9040	4
晋中市	182.4	3	1291.5	7	4412602	6	23714	3	8991	6
运城市	310.4	1	1594.8	5	5647109	2	20718	9	7198	8
忻州市	169.6	4	724.7	10	2668730	9	20324	10	5426	11
临汾市	232.3	2	1855.9	4	4914802	3	21936	7	7768	7
吕梁市	115.9	7	1865.3	3	3572360	7	20145	11	6067	10

2013 年全省各市、县、区主要经济指标

市、县、区名称	常住人口（人）		地区生产总值（万元）		公共财政收入（万元）		公共财政支出（万元）		农林牧渔业总产值（万元）	
	指标值	位次	指标值	位次	指标值	位次	指标值	位次	指标值	位次
太原市										
小店区	820004	2	5532711	1	220732	5	296653	5	142141	38
迎泽区	601109	9	4540608	2	149882	10	150955	44	9039	115
杏花岭区	653854	7	4197479	3	162281	7	183584	27	14354	113
尖草坪区	424294	27	2610880	8	59008	50	95958	103	53146	84
万柏林区	765956	3	3361656	6	106169	22	165917	35	15112	112
晋源区	225849	74	460093	78	48428	61	89747	110	66804	72
清徐县	348408	38	1131975	39	62503	44	134864	60	257579	12
阳曲县	121395	104	359544	90	44561	66	103504	95	83556	55
娄烦县	107433	113	171332	113	60492	49	114686	88	35985	103
古交市	209388	80	275119	96	84513	29	131450	64	39176	101
大同市										
城　区	735362	5	1364347	32	41166	70	124515	74		
矿　区	507515	15	212355	105	14977	101	107154	94		
南郊区	413455	29	4196849	4	83481	31	120654	78	113751	43
新荣区	110006	108	254938	100	19713	92	68444	116	64565	75
阳高县	277023	56	256522	99	9422	110	152389	42	208858	23
天镇县	209781	79	188914	109	7048	116	135985	57	105297	46
广灵县	185932	84	193750	108	8742	111	125224	72	105256	47
灵丘县	238041	67	314656	95	22563	84	117184	82	69962	70
浑源县	349448	37	386011	87	21957	85	171390	31	164313	32
左云县	159071	94	365249	89	48994	59	109524	92	50439	89

市、县、区名称	粮食总产量（吨）		工业销售产值（万元，当年价）		社会消费品零售总额（万元）		城镇居民人均可支配收入（元）		农民人均纯收入（元）	
	指标值	位次	指标值	位次	指标值	位次	指标值	位次	指标值	位次
太原市										
小店区	74760	73	684150	65	3926847	1	25207	9	15414	2
迎泽区	399	115	611738	72	3106382	2	25275	8	15092	3
杏花岭区	887	114	672848	68	1411301	10	25207	9	13335	4
尖草坪区	14018	109	8669635	1	638985	20	25072	12	10785	16
万柏林区	1796	112	5619908	2	1953086	4	25004	15	15835	1
晋源区	22973	106	371136	86	246219	51	24981	16	10488	19
清徐县	120274	54	1843165	25	383194	33	23903	23	13052	5
阳曲县	67660	75	785456	60	87405	93	18024	83	5834	74
娄烦县	14673	108	240985	94	33767	117	15754	108	4602	91
古交市	10345	111	238886	95	389059	32	23262	31	11109	14
大同市										
城　区			979890	47	1948864	5	23845	24		
矿　区			30401	115	752962	16	23587	26		
南郊区	59830	81	1560932	32	857531	15	19479	69	10476	20
新荣区	50708	91	204401	100	80902	96	17983	84	6389	66
阳高县	250630	18	157427	103	90397	91	15760	107	5186	81
天镇县	162468	40	81370	110	76462	98	16341	101	4735	90
广灵县	143222	44	111172	109	78913	97	16311	102	4982	85
灵丘县	79918	68	242996	93	237374	53	19844	65	5195	80
浑源县	155225	42	226535	96	251007	49	16617	97	5143	82
左云县	35207	101	159573	102	186342	64	19765	66	8413	47

续表 1

市、县、区名称	常住人口（人）		地区生产总值（万元）		公共财政收入（万元）		公共财政支出（万元）		农林牧渔业总产值（万元）	
	指标值	位次	指标值	位次	指标值	位次	指标值	位次	指标值	位次
大同县	189256	83	226851	102	16095	99	115436	86	130485	41
阳泉市										
城　区	195205	82	1400182	30	29749	78	50385	119		
矿　区	246744	63	1639321	27	31974	75	61232	117		
郊　区	287787	51	783435	54	52023	58	112159	90	48313	94
平定县	339662	40	819452	53	47362	64	151726	43	76330	61
盂　县	316632	46	1370353	31	69160	38	153213	41	76044	63
长治市										
城　区	502836	16	1640005	26	47388	63	79895	114	10874	114
郊　区	284555	54	1820954	20	62311	46	116420	84	52774	85
长治县	346406	39	1667932	24	221271	4	282498	7	102851	48
襄垣县	274908	57	2147911	15	223605	3	285775	6	116012	42
屯留县	268277	60	1189246	35	66058	42	139416	53	110189	44
平顺县	150298	95	217623	103	7459	114	99609	98	46155	97
黎城县	160537	91	326790	92	16088	100	86300	111	47742	95
壶关县	294873	50	409622	84	21598	86	134721	61	77644	59
长子县	357411	35	1043228	41	100792	24	180780	28	183924	29
武乡县	182503	85	688201	59	55945	55	132590	63	52628	86
沁　县	173896	87	163295	114	7241	115	99499	99	70173	69
沁源县	160249	92	1016706	42	145190	11	187219	25	42250	99
潞城市	231004	72	894390	47	45696	65	100951	96	73248	66

市、县、区名称	粮食总产量（吨）		工业销售产值（万元，当年价）		社会消费品零售总额（万元）		城镇居民人均可支配收入（元）		农民人均纯收入（元）	
	指标值	位次	指标值	位次	指标值	位次	指标值	位次	指标值	位次
大同县	88281	62	122325	108	128760	77	14883	112	6364	68
阳泉市										
城　区			221941	97	1443592	9	24081	21		
矿　区			3198517	8	187289	62	23950	22		
郊　区	29935	102	527645	76	128709	78	19360	70	10289	24
平定县	125591	50	900618	53	285323	45	21340	45	9240	39
盂　县	135353	46	1764434	27	412645	31	23105	32	9800	32
长治市										
城　区	1765	113	786052	59	2619390	3	24849	18	10470	21
郊　区	54032	88	4772316	4	358895	34	29045	1	12461	7
长治县	132760	47	1629492	31	216943	56	23380	30	11782	11
襄垣县	184005	32	3120646	10	201016	60	25854	3	10657	18
屯留县	242778	21	2016909	23	116368	82	19872	64	10750	17
平顺县	55867	87	220980	98	65392	107	16954	92	4155	100
黎城县	80241	67	864416	55	102153	86	13921	117	6096	72
壶关县	121833	53	905312	52	139114	75	16720	96	4005	102
长子县	239344	22	1088746	43	136374	76	21122	50	9752	33
武乡县	113366	57	715062	64	97888	89	17299	89	4476	96
沁　县	180479	34	78164	111	75345	99	14118	116	4325	99
沁源县	76299	69	1268864	40	175267	68	25008	14	9677	35
潞城市	125437	51	1864773	24	115213	83	20943	55	9600	37

市、县、区名称	常住人口（人）		地区生产总值（万元）		公共财政收入（万元）		公共财政支出（万元）		农林牧渔业总产值（万元）	
	指标值	位次	指标值	位次	指标值	位次	指标值	位次	指标值	位次
晋城市										
城　区	485314	20	2150850	14	97031	26	150008	46	19411	111
沁水县	214588	77	1671630	23	104552	23	175623	30	91930	53
阳城县	389870	33	1627216	28	100336	25	198328	20	149133	36
陵川县	233719	71	323412	93	17549	95	129466	67	78536	58
泽州县	488208	19	2172085	13	133010	12	227256	11	204160	26
高平市	488870	18	2335259	12	126366	15	220788	13	234793	16
朔州市										
朔城区	513754	13	2813338	7	130046	13	273861	8	286105	7
平鲁区	207024	81	2576773	9	168286	6	236891	10	99249	51
山阴县	243078	65	1710184	22	125915	16	204079	19	274806	10
应　县	334032	42	581257	69	17069	97	138845	55	283231	9
右玉县	114028	105	520392	72	41810	69	108720	93	106190	45
怀仁县	332253	43	1988723	17	112616	20	209745	15	218804	20
晋中市										
榆次区	647871	8	2082633	16	108446	21	209376	16	274271	11
榆社县	137347	101	238424	101	17132	96	94588	106	52020	87
左权县	164067	88	351124	91	44186	67	119586	80	49817	91
和顺县	146355	99	429732	80	62964	43	135210	59	49870	90
昔阳县	230043	73	501675	75	54168	57	128962	68	74203	65
寿阳县	212937	78	986648	45	76619	34	141524	50	187898	28
太谷县	304279	48	660005	62	35441	73	130488	65	283715	8

市、县、区名称	粮食总产量（吨）		工业销售产值（万元，当年价）		社会消费品零售总额（万元）		城镇居民人均可支配收入（元）		农民人均纯收入（元）	
	指标值	位次	指标值	位次	指标值	位次	指标值	位次	指标值	位次
晋城市										
城　区	11123	110	426881	79	1609018	8	24799	19	10174	25
沁水县	128589	49	961006	48	177010	67	20337	59	7932	51
阳城县	173567	38	1448024	34	344813	36	21245	46	9014	43
陵川县	118317	55	125842	107	144132	74	14237	115	6109	71
泽州县	227984	24	2161497	18	313150	41	23838	25	10129	27
高平市	245256	20	1673297	30	478042	27	23499	28	9702	34
朔州市										
朔城区	317153	8	2903055	13	873270	14	25074	11	10394	23
平鲁区	66130	77	4552149	5	257614	48	18483	80	6982	60
山阴县	254850	17	1752635	28	296916	44	25046	13	11374	13
应　县	300519	10	649835	69	233145	54	18060	81	7402	55
右玉县	37236	98	416590	81	123827	80	17252	90	5212	79
怀仁县	200525	29	2654014	14	523778	23	25510	6	11093	15
晋中市										
榆次区	212111	28	2147595	20	1397665	11	24960	17	12129	9
榆社县	66892	76	343521	87	94099	90	16773	94	3774	105
左权县	56252	86	375703	85	111791	84	19561	67	3699	107
和顺县	60227	79	395406	84	110985	85	17787	85	4347	98
昔阳县	175742	36	613574	71	192901	61	18616	77	6065	73
寿阳县	324983	5	921257	51	206575	58	25616	4	9397	38
太谷县	222784	26	524448	77	276968	47	22102	37	12463	6

续表 3

市、县、区名称	常住人口（人）		地区生产总值(万元)		公共财政收入（万元）		公共财政支出(万元)		农林牧渔业总产值(万元)	
	指标值	位次	指标值	位次	指标值	位次	指标值	位次	指标值	位次
祁　县	269505	59	587278	67	25546	82	121266	77	237399	13
平遥县	511996	14	945686	46	61960	47	198211	21	235473	14
灵石县	267030	61	1934646	19	158943	8	207937	18	75453	64
介休市	413475	28	1491194	29	117255	18	197860	22	99995	50
运城市										
盐湖区	690685	6	1813167	21	67070	41	214941	14	219914	19
临猗县	582164	11	1180038	37	20070	87	184185	26	783705	1
万荣县	446706	24	558732	71	10074	108	147189	47	324615	6
闻喜县	411270	30	1009583	43	27053	80	156560	40	205387	25
稷山县	353833	36	669447	61	16707	98	128066	69	209696	22
新绛县	338849	41	705301	57	18675	94	139045	54	334185	4
绛　县	286488	53	566244	70	7600	113	125555	71	153718	35
垣曲县	235134	69	396672	86	14335	103	125135	73	80361	57
夏　县	358794	34	413363	83	9904	109	141623	49	325893	5
平陆县	262584	62	322345	94	11407	107	123971	76	162686	33
芮城县	401986	32	736509	56	14400	102	161794	37	407802	2
永济市	452554	22	1271847	33	29961	76	167930	33	376966	3
河津市	402872	31	1955801	18	69101	39	175979	29	139061	39
忻州市										
忻府区	554243	12	1138209	38	43449	68	161445	39	133254	40
定襄县	221309	75	427145	81	20019	88	114847	87	62459	76
五台县	302298	49	376003	88	29086	79	162917	36	93512	52

市、县、区名称	粮食总产量（吨）		工业销售产值（万元，当年价）		社会消费品零售总额(万元)		城镇居民人均可支配收入(元)		农民人均纯收入(元)	
	指标值	位次	指标值	位次	指标值	位次	指标值	位次	指标值	位次
祁　县	223657	25	442981	78	313081	42	23400	29	11507	12
平遥县	278482	11	1014386	45	457202	29	22136	36	8718	45
灵石县	58629	83	3040020	12	545309	22	27667	2	11913	10
介休市	144164	43	3096043	11	706026	18	25297	7	9809	31
运城市										
盐湖区	260350	16	2044745	22	1834667	7	21942	40	8375	48
临猗县	322387	6	865061	54	491081	26	20355	58	8844	44
万荣县	175172	37	311724	89	242979	52	18042	82	6369	67
闻喜县	270727	13	2156247	19	328959	37	20431	57	6723	63
稷山县	235982	23	735219	63	220974	55	18872	74	7581	54
新绛县	246593	19	1272648	39	328773	38	19920	63	7851	52
绛　县	169288	39	957942	49	186334	65	18545	79	6610	64
垣曲县	88076	63	250145	92	183516	66	18646	75	4794	87
夏　县	273468	12	166944	101	204563	59	18600	78	5311	78
平陆县	106569	59	284642	91	211739	57	16780	93	4745	89
芮城县	322099	7	539224	75	247461	50	20969	54	7667	53
永济市	454219	1	2319206	17	451415	30	21169	47	9076	41
河津市	178993	35	4044029	6	714647	17	21094	51	9660	36
忻州市										
忻府区	315455	9	837927	58	1052082	13	21559	44	6988	59
定襄县	156140	41	425290	80	154055	72	21681	43	9035	42
五台县	114005	56	218928	99	187202	63	18886	73	4555	93

市、县、区名称	常住人口（人）		地区生产总值（万元）		公共财政收入（万元）		公共财政支出（万元）		农林牧渔业总产值（万元）	
	指标值	位次	指标值	位次	指标值	位次	指标值	位次	指标值	位次
代　县	217735	76	585927	68	56011	54	130000	66	56314	81
繁峙县	271662	58	601203	65	36163	71	150805	45	72612	67
宁武县	163038	89	415409	82	57201	53	135686	58	31271	107
静乐县	159073	93	214536	104	23407	83	116064	85	46854	96
神池县	107745	112	162745	115	19790	91	100838	97	101625	49
五寨县	109368	110	206223	107	18712	93	97235	102	76707	60
岢岚县	85784	116	171447	112	13606	104	109772	91	58646	78
河曲县	147429	96	659029	63	58339	51	117345	81	58375	79
保德县	163029	90	757911	55	67712	40	124055	75	64970	73
偏关县	113990	106	257231	98	20007	89	95004	105	81029	56
原平市	497691	17	1180690	36	84511	30	221696	12	226315	18
临汾市										
尧都区	959843	1	2430223	11	157258	9	299110	4	179626	30
曲沃县	241353	66	1002919	44	29887	77	112800	89	206743	24
翼城县	316379	47	880205	48	55058	56	145917	48	147575	37
襄汾县	450912	23	1250500	34	74530	35	196264	23	235155	15
洪洞县	745555	4	1655444	25	114610	19	300381	3	210452	21
古　县	93579	115	513434	73	47798	62	91401	109	42165	100
安泽县	83440	117	482672	76	48609	60	85827	112	67145	71
浮山县	129751	102	469007	77	19825	90	81571	113	71272	68
吉　县	108381	111	177445	111	11880	106	95588	104	85135	54
乡宁县	237538	68	853296	50	129206	14	171199	32	53658	83

市、县、区名称	粮食总产量（吨）		工业销售产值（万元，当年价）		社会消费品零售总额（万元）		城镇居民人均可支配收入（元）		农民人均纯收入（元）	
	指标值	位次	指标值	位次	指标值	位次	指标值	位次	指标值	位次
代　县	74767	72	546249	74	81214	95	19250	71	4098	101
繁峙县	75242	71	1093793	42	98362	88	20981	53	5381	76
宁武县	25278	105	563800	73	72887	103	17421	88	3777	104
静乐县	44970	94	139407	104	57718	110	16418	99	4566	92
神池县	130215	48	36186	114	56542	113	16754	95	5353	77
五寨县	182314	33	76052	112	57232	111	17480	86	5121	83
岢岚县	52560	90	132836	106	63478	108	19135	72	4541	94
河曲县	64239	78	741022	62	100459	87	19497	68	4535	95
保德县	46061	93	925521	50	123863	79	21085	52	5108	84
偏关县	53268	89	134596	105	69728	104	16161	103	4753	88
原平市	361163	4	1375593	37	493907	25	21885	42	7321	56
临汾市										
尧都区	260909	15	2052454	21	1918966	6	24100	20	10053	28
曲沃县	192665	31	2475157	15	166130	70	22455	34	10138	26
翼城县	196452	30	1788394	26	327887	39	21948	39	8076	50
襄汾县	421948	2	2459669	16	354185	35	22242	35	9206	40
洪洞县	404588	3	3124487	9	465059	28	20096	62	8249	49
古　县	58660	82	852560	56	74040	101	22817	33	7179	57
安泽县	112169	58	840350	57	69700	105	20256	60	6532	65
浮山县	101983	60	646408	70	66627	106	21128	49	6224	70
吉　县	43047	95	69193	113	53775	114	14634	113	3562	108
乡宁县	81339	65	682239	67	151891	73	21160	48	6829	62

地方经济法规·规章

DIFANGJINGJI FAGUI GUIZHANG

法规

山西省信息化促进条例

（2013年8月1日山西省第十二届人民代表大会常务委员会第四次会议通过）

第一章 总 则

第一条 为了加快信息化发展，提高信息化水平，规范信息化行为，保障信息安全，促进经济发展和社会进步，根据有关法律、行政法规，结合本省实际，制定本条例。

第二条 本条例适用于本省行政区域内信息化规划与建设、信息资源共享与开发利用、信息产业发展、信息技术应用与服务、信息安全保障等活动。

第三条 县级以上人民政府应当将信息化建设和发展纳入国民经济和社会发展规划，建立健全信息化工作领导统筹协调机制，制定信息化发展政策和措施。

县级以上人民政府应当设立信息化发展专项资金，逐步增加信息化投入。

鼓励公民、法人和其他组织依法投资信息化建设和发展，其合法权益受法律保护。

第四条 县级以上人民政府经济和信息化主管部门（以下简称信息化主管部门）负责本行政区域内信息化建设和发展的统筹推进、指导协调和监督管理。

县级以上人民政府发展和改革、公安、国家安全、财政、教育、商务、住房和城乡建设、规划、广播电视等部门以及省通信管理机构，在各自职责范围内负责信息化建设和发展的有关工作。

第五条 鼓励和支持信息化研究与创新、信息技术人才的培养与引进、信息化知识的普及、信息技术的推广与应用。

第六条 县级以上人民政府应当建立信息化绩效评估指标体系和考核制度，对在信息化建设和发展中做出突出贡献的单位和个人给予表彰。

第二章 信息化规划与建设

第七条 信息化主管部门应当组织编制本行政区域信息化发展规划，经本级人民政府批准后公布实施。

经批准的信息化发展规划，不得随意变更；确需变更的，应当经本级人民政府批准。

信息化主管部门应当会同有关部门对信息化发展规划实施情况进行监督检查。

第八条 县级以上人民政府应当采取措施推动公共信息基础设施的共建共享和互联互通，推进电信网、广播电视网、互联网在业务、网络和终端等层面的融合。

第九条 电信网、广播电视网和互联网等公共信息基础设施的建设，应当符合本行政区域信息化发展规划，统一标准，实行集约化建设和管理，提高公共信息基础设施利用率。

任何单位和个人不得损毁或者擅自拆除、迁移电信网、广播电视网、互联网等公共信息基础设施。

第十条 新建建筑物内的电信网、广播电视网、互联网等信息管线、配线设施以及建设项目用地范围内的信息管道，应当纳入建设项目的设计文件，并与建设项目同时施工。

建筑物驻地网应当对电信、广播电视、互联网业务经营者和其他驻地网建设者，实行平等接入。

第十一条 固定资产投资类信息化项目的审批、核准或者备案，按照国家和省有关固定资产投资项目管理规定，由政府投资主管部门办理，并将办理结果告知信息化主管部门。

政府投资的固定资产类信息化项目和涉及公共服务、公共利益的非政府投资信息化项目，有关投资部门或者建设单位应当将办理结果告知信息化主管部门。

第十二条　从事信息基础设施建设、计算机信息系统集成、信息系统工程监理等信息化服务和工程建设、监理活动的单位和个人，应当按照国家有关规定取得相应资质和资格。

建设单位不得将信息化工程发包给不具备相应资质的单位；同一信息化工程的施工和监理，不得由相互有隶属关系或者其他利害关系的单位承担。

第十三条　省质量技术监督部门会同省信息化主管部门根据国家信息化建设标准和技术规范，制定本省信息化建设标准和技术规范并监督实施。

第十四条　信息化工程竣工后，应当按照国家和省有关规定进行验收。

信息化工程的施工单位应当对信息化工程质量承担保修责任。保修期自工程竣工验收合格之日起不得少于两年。

第十五条　信息化主管部门会同有关部门对信息化工程进行绩效评价，将评价结果作为申请新建、改建、扩建或者运行维护信息化工程项目的主要依据。

第三章　信息资源共享与开发利用

第十六条　县级以上人民政府应当建立和完善本行政区域的人口、法人、自然资源与空间地理、宏观经济、文化等基础信息数据库，促进政务信息资源共享和信息资源社会化开发利用。

信息资源共享与开发利用的具体管理办法，由省人民政府制定。

第十七条　省信息化主管部门会同有关部门制定统一规范的政务信息资源的相关标准、共享目录，依托全省统一的电子政务网络和信息资源共享交换平台，完善共享交换体系。

设区的市、县(市、区)人民政府及其有关部门编制本行政区域或者本单位信息共享目录，向信息资源共享交换平台提供相关信息，并依法向社会提供信息服务。

第十八条　国家机关应当遵循一个数据一个来源和谁采集、谁更新、谁负责的原则，在各自职责范围内做好信息资源采集、维护、更新，避免重复采集、多头采集。

国家机关以外的单位和个人采集信息，应当征得被采集人同意，说明信息的使用目的、方式和范围，不得违反法律、法规的规定和双方的约定收集、使用信息。

任何单位和个人不得非法获取信息，不得非法披露所采集的信息，不得非法出售或者以其他非法方式将获取的信息提供给他人。

第十九条　信息资源开发利用应当依法保护国家秘密、知识产权、商业秘密和个人隐私。

鼓励和支持对信息资源的公益性开发利用，引导和规范对信息资源的增值性开发利用。

鼓励和支持信用服务机构依法采集、整合信用信息，为社会提供信用征信、评估评级、信用管理等服务。

第二十条　公共服务机构和其他拥有公众信息的单位，应当采取措施，防止个人信息的泄露、篡改、毁损和丢失。

公民发现泄露个人身份、散布个人隐私等侵害其合法权益，或者受到商业性电子信息侵扰的，有权要求服务提供者删除有关信息或者采取其他必要措施予以制止，同时可以向公安机关举报。

公民、法人和其他组织有权要求采集、使用其信息的单位和个人更正、删除与其相关的不实信息。

第四章　信息产业发展

第二十一条　省人民政府应当制定鼓励信息产业发展的优惠政策和措施，加大对信息产业、示范企业和信息技术自主创新的扶持力度，发展集成电路、软件、高端元器件、电子设备等基础产业，培育有特色的信息产业，推动信息技术创新与应用。

县级以上人民政府应当根据本行政区域信息化发展规划和经济社会发展需要，支持信息产业基地和园区建设，加大对园区配套基础设施和公共服务设施的资金投入。

第二十二条　省信息化主管部门应当会同有关部门编制信息产业发展目录，定期公布信息产业关键技术名称和产品指南。

第二十三条　符合条件的从事电子信息产品制造、软件开发、信息服务的企业，按照国家和省有关规定，享受税收减免、投资融资、土地使用、政府采购、人才培养等方面的优惠政策。

第二十四条　设计、制造电子信息产品，应当采用节约资源、保护环境的材料、技术和工艺。

鼓励采用先进技术和工艺集中处理废弃电子信息产品。

第二十五条　鼓励和支持企业、高等院校、科研机构联合研究、开发、推广信息技术产品和服务，推进创新成果的产业化。

鼓励和支持企业、高等院校、科研机构建立信息化人才实习、培训基地，合作培养人才。

第二十六条　培育、发展信息技术转让和知识产权交易市场，促进信息技术成果转化。

第二十七条　信息化主管部门应当会同有关部门加强信息产业市场的监督管理，维护公平竞争秩序和消费者的合法权益。

第五章　信息技术应用与服务

第二十八条　省信息化主管部门会同有关部门编

制本地区信息技术推广应用指南，确定推广应用目标和重点领域，组织实施重点推广应用项目。

第二十九条　县级以上人民政府应当培育、发展信息化和工业化深度融合试验区和示范企业，加快信息技术区域、行业、企业的示范应用，建立健全信息化和工业化融合水平评估体系，推行企业首席信息官制度，推进信息化和工业化深度融合。

实施信息化和工业化融合项目的企业，应当组织专家对项目的需求与效益、实施基础、技术方案等进行评估，并将评估结果报送信息化主管部门，作为信息化主管部门支持企业开展信息化和工业化融合的依据。

第三十条　县级以上人民政府应当推动信息化和工业化融合公共服务体系建设，支持信息化共性技术开发、技术创新服务等专业公共服务机构发展，支持面向行业和中小企业的公共信息服务平台建设，支持信息化外包服务业发展。

第三十一条　鼓励采用先进适用的信息技术改造传统产业，推动信息技术集成应用和信息化科技工程建设，加快煤炭、冶金、装备制造业等行业的升级改造。

鼓励采用信息技术培育和发展文化、旅游产业，推动实现文化、旅游资源的数字化、网络化。

第三十二条　县级以上人民政府应当加快农村信息基础设施建设，在农业生产经营、农村社会管理、农村文化生活等方面，推广应用信息技术，促进新农村建设和现代农业发展。

第三十三条　省人民政府应当建设和完善全省统一的电子政务网络。

县级以上人民政府应当建立统一的电子政务平台，推进信息技术在社会管理、公共服务、内部办公和监督检查等方面的应用。

第三十四条　县级以上人民政府应当加强教育信息化建设，实现优质教育资源共享，推进义务教育均衡发展，提高各类教育水平。

高等院校应当加强信息化建设，采用先进的信息技术，提高教学与科研水平。

第三十五条　鼓励和支持电子商务建设和应用，建立和完善社会信用服务、安全认证、在线支付和现代物流等支撑体系，促进电子商务发展。

第三十六条　社会保障、环境保护、交通运输、教育、卫生、广播电视、气象等部门以及供电、供水、供气等公共服务机构，应当建立健全公共服务信息系统，及时、准确提供与民生相关的公共信息服务。

第三十七条　县级以上人民政府应当采取措施，推进适合残疾人使用的信息交流技术和产品的研发、应用，为残疾人信息交流提供服务。

第三十八条　省信息化主管部门应当会同统计等有关部门建立信息化评价指标体系。

信息化主管部门应当对本行政区域内的信息化发展水平进行调查、分析、预测和评估，定期发布评价报告。有关部门、企业事业单位和社会团体应当及时提供相关数据。

第六章　信息安全保障

第三十九条　县级以上人民政府应当建立信息安全保障机制，提高信息安全风险防御能力和信息安全突发事件处置能力。

第四十条　信息网络与信息系统的运营、使用单位及其主管单位，应当建立信息安全警示、宣传教育等管理制度，明确信息安全管理人员，保障信息网络与信息系统安全运行。

第四十一条　信息系统的运营、使用单位应当根据国家和省有关规定，确定信息系统的安全等级，依法向公安机关备案，并根据安全等级进行建设、测评和整改。

涉及国家安全、国家秘密的信息系统安全分级保护和信息安全系统建设，应当按照国家有关规定执行。

第四十二条　能源、交通、金融等领域涉及国计民生的重要信息系统和电信网、广播电视网、互联网等基础信息网络，以及航空航天、油气管网、电力系统、水利枢纽、城市设施等重要领域工业控制系统的运营、使用单位，应当按照国家有关规定进行信息安全检查和风险评估，并采取相应的安全保护措施。

第四十三条　信息安全系统应当与信息化工程同时设计、同时施工、同时投入使用，采用依法认证的信息安全产品，所需经费列入工程预算。

第四十四条　从事安全运行维护管理、风险评估、等级保护等信息安全专业服务活动的，应当符合国家和省有关规定，并接受有关部门监督。

第四十五条　信息网络与信息系统运营、使用单位及其主管单位，应当建立和完善信息安全监控系统，加强对信息内容的安全监管，防止违法信息的传播。

网络信息服务提供者发布的信息应当合法、真实。

第四十六条　信息化主管部门应当会同有关部门编制本行政区域信息安全突发事件应急预案，由本级人民政府批准，并报上一级信息化主管部门备案。

基础信息网络和重要信息系统的运营、使用单位及其主管单位应当制定本单位信息安全突发事件应急预案，定期组织演练。应急预案应当报同级信息化主管部门备案。

信息网络与信息系统发生信息安全突发事件的，运营、使用单位及其主管单位应当迅速采取措施，降低损害，防止事态扩大，保存相关记录，并按照相关规定及时向有关部门报告。

第七章　法律责任

第四十七条　违反本条例规定，法律、行政法规已有法律责任规定的，从其规定。

第四十八条　违反本条例规定，新建建筑物内的电信网、广播电视网、互联网等信息管线、配线设施以及建设项目用地范围内信息管道，未纳入建设项目的设计文件，并与建设项目同时施工的，由有关主管部门责令改正，并处以该项建设所需费用1倍以上3倍以下的罚款。

第四十九条　违反本条例规定，未取得相应资质，从事信息基础设施建设、计算机信息系统集成、信息系统工程监理等信息化服务和工程建设、监理活动的，由信息化主管部门责令限期改正，没收违法所得，并处合同标的价款3%的罚款。

违反本条例规定，建设单位将信息工程发包给不具备相应资质单位的，由信息化主管部门责令改正；有关部门对直接负责的主管人员和其他直接责任人员依法给予处分。

第五十条　违反本条例规定，非法获取信息，非法披露、非法出售或者以其他非法方式向他人提供所获取信息的，由公安机关责令停止违法行为，没收违法所得；对单位处10万元以上50万元以下的罚款，对个人处1万元以上5万元以下的罚款；构成犯罪的，依法追究刑事责任。

第五十一条　信息化主管部门和其他有关部门工作人员玩忽职守、滥用职权、徇私舞弊的，依法给予处分；构成犯罪的，依法追究刑事责任。

第八章　附　　则

第五十二条　本条例自2013年10月1日起施行。

山西省森林公园条例

（2013年8月1日山西省第十二届人民代表大会常务委员会第四次会议通过）

第一章　总　　则

第一条　为了培育、保护和合理利用森林风景资源，规范森林公园建设和管理，促进生态文明建设，满足人民群众提高生活质量的需求，根据《中华人民共和国森林法》和有关法律、行政法规的规定，结合本省实际，制定本条例。

第二条　本省行政区域内森林公园的规划、设立、建设、保护、利用和管理适用本条例。

第三条　本条例所称森林公园，是指以森林资源为依托，具有一定规模和质量的森林风景资源与环境条件，按照法定程序批准设立，保护森林风景资源、自然文化资源和生物多样性，为公众提供休闲健身、森林旅游、生态科普和科学研究等服务活动的区域。其中，地处城镇周边、政府组织建设的森林公园统称为城郊森林公园。

森林公园的建设和保护属于社会公益事业。森林公园的建设、保护、利用和管理，坚持统筹规划、分级管理、严格保护、科学利用、协调发展的原则，实行政府主导、林业主管、部门合作、社会参与的运行机制。

第四条　县级以上人民政府应当加强对发展森林公园事业的领导，将森林公园公共基础设施建设纳入当地国民经济和社会发展规划，为森林公园的森林风景资源保护和森林公园管理机构提供必要的条件和经费保障，统筹、协调解决森林公园建设、保护、利用和管理中的重大事项。

第五条　县级以上人民政府林业主管部门负责本行政区域所属森林公园的监督管理工作，其他有关部门按照各自职责做好与森林公园相关的管理工作。

县级以上人民政府林业主管部门所属森林公园管理机构负责本行政区域所属森林公园的业务指导和监督管理的具体工作。

第六条　森林公园内的单位、居民以及在森林公园内从事建设、经营、游览等活动的单位和个人，应当履行保护森林公园景观、动植物资源和各项设施的义务，遵守森林公园的管理制度，服从森林公园管理单位的统一管理。

任何单位和个人对破坏、侵占森林公园内森林风景资源的行为有权进行监督、制止和举报。

第二章　规划建设

第七条　省林业主管部门应当根据全省森林风景资源状况，编制全省森林公园发展规划，报省人民政府批准实施，报国务院林业主管部门备案。

市、县级林业主管部门应当根据全省森林公园发展规划和本行政区域森林风景资源状况，编制本行政区域森林公园发展规划，报同级人民政府批准实施，报上一级林业主管部门备案。

森林公园发展规划应当符合国民经济和社会发展规划、环境保护规划、土地利用总体规划、城乡规划，与自然保护区发展规划、文化自然遗产保护规划、风景名胜区体系规划、地质公园规划和旅游发展规划等相衔接。

第八条　森林公园规划范围内的森林、林木、林地、土地、寺庙、文物、历史文化遗产等，产权和隶属关系明确的，其产权和隶属关系不变，其用途不得擅自改变。

第九条　设立国家级森林公园，按照国务院林业主管部门规定的条件和程序办理。

第十条　设立省、市、县级森林公园，申请人向所在地县级林业主管部门提出申请，分别由同级林业主管部门审核，报同级人民政府批准，报上一级林业主管部门备案。设立省级森林公园，还应当事先征得所在地县、市级人民政府同意；设立市级森林公园，还应当事先征得所在地县级人民政府同意。

国有林单位申请设立森林公园，应当符合当地森林公园发展规划。省直国有林单位申请设立省级森林公园，由省林业主管部门审核，报省人民政府批准，报国务院林业主管部门备案；市直国有林单位申请设立市、省级森林公园，分别由市、省级林业主管部门审核，报市、省级人民政府批准，报上一级林业主管部门备案。

森林公园批准设立后，由批准机关向社会公布。

第十一条　森林、林木、林地以及其他土地的所有权人或者使用权人可以申请设立森林公园。申请设立森林公园应当具备下列条件：

（一）符合森林公园发展规划；

（二）森林覆盖率在60%以上，其中城郊森林公园林木绿化率在60%以上；

（三）森林公园面积：省级在200公顷以上，市级在100公顷以上，县级在30公顷以上；

（四）森林风景资源质量等级：省级达到国家标准二级以上，市、县级达到国家标准三级以上，城郊森林公园可适当放宽标准；

（五）法律法规规定的其他条件。

第十二条　申请设立森林公园应当提交下列材料：

（一）申请报告；

（二）可行性研究报告；

（三）森林、林木、林地以及其他土地所有权、使用权证明材料。

第十三条　申请设立森林公园，批准机关所属的林业主管部门应当组织有关专家实地考察、论证，出具书面意见。批准机关自受理申请之日起20日内做出书面决定，符合条件的予以批准；不符合条件的，不予批准并书面说明理由。

未经批准，任何单位或者个人不得以森林公园名义开展相关活动。

第十四条　经批准设立的森林公园需要更名、分立、合并或者变更地界范围与隶属关系的，应当按照设立程序，报原批准机关批准。

国有林单位设立的森林公园不得变更隶属关系。

第十五条　森林公园有下列情形之一的，原批准机关应当予以撤销并向社会公布：

（一）因管理不善或者不可抗力导致森林风景资源受到严重破坏，景观质量明显下降，达不到森林公园设立条件且无法恢复的；

（二）批准设立后三年内未进行建设，保护和管理措施得不到落实的；

（三）林地性质或者主要用途发生重大改变，无法继续保护和利用森林风景资源的；

（四）法律法规规定的应当予以撤销的其他情形。

第十六条　经批准设立的森林公园应当组建相应的森林公园管理单位，并按照有关规定进行法人登记。其中，国有林单位设立的森林公园和政府筹资建设的森林公园，其管理单位应当进行事业法人登记，管理经费列入本级财政预算，管理职责不得委托他人行使。

第十七条　森林公园管理单位在林业主管部门和森林公园管理机构的监督指导下，负责组织编制、实施森林公园总体规划。

编制或者修编森林公园总体规划的设计（咨询）单位，应当具有工程规划设计国家乙级以上资质。

第十八条　森林公园总体规划应当在森林公园批准设立之日起18个月内编制完成；森林公园变更地界范围的，应当自批准之日起12个月内完成总体规划修编。森林公园总体规划的规划期一般为10年，在规划期满前1年，应当根据建设发展情况进行修编，并报原批准机关批准。

第十九条　省、市级森林公园的总体规划应当报省林业主管部门批准，县级森林公园的总体规划应当报市林业主管部门批准。

森林公园总体规划批准后应当向社会公布。

经批准的森林公园总体规划不得擅自改变。确需调整或者修编的，应当按照原审批程序办理。

第二十条　森林公园建设应当按照森林公园总体规划进行，项目建设应当与周边景观和环境相协调，相应的防火、服务、环境保护设施应当同时设计、同步建设、同时使用。

第二十一条　森林公园核心景观区和城郊森林公园内，除必要的保护和辅助设施外，不得建设住宿、餐饮、购物、娱乐等永久性设施。

森林公园内禁止建设破坏自然景观、地质遗迹、历史文化遗址、古生物化石遗迹和妨碍游览、污染环境、破坏资源的工程设施。已建项目不符合森林公园总体规划的，应当限期改造、拆除，恢复植被。

森林公园内不得新建高尔夫球场、狩猎场等项目。

第二十二条　森林公园内建设各类永久性设施，应当符合森林公园总体规划，经森林公园管理单位同意后，按照有关法律法规的规定办理土地等相关手续。

第三章　保护利用

第二十三条　森林公园管理机构应当定期组织开展森林风景资源的调查、监测、建档工作，编制森林风景资源保护名录，明确保护对象和范围。

对古稀树木以及有特殊文化价值的森林风景资源，应当划定保护区域，采取专门保护措施。

第二十四条　森林公园内的林木应当严格保护。因提高森林风景资源质量的需要，按照有关法律法规的规定审批后，可以进行抚育或者更新性质的采伐。

森林公园管理单位应当培育具有地域特色的风景林木、植被，形成多树种、多层次、乔灌草相结合的森林景观，丰富生物多样性，提高森林公园的森林覆盖率、游览观光价值和综合功能。

森林公园内河流、湖泊、岩溶泉、瀑布等自然景观，应当按照国家有关规定和森林公园总体规划进行保护和利用。

第二十五条　森林公园管理单位应当对林业有害生物进行调查、监测和预防，发现疑似重大或者危险性林业有害生物等异常情况的，应当及时采取措施并报告当地林业主管部门。

第二十六条　森林公园管理单位应当健全护林防火管理制度，建立森林防火监测和处置体系，制定防火应急预案，配备必要的防火人员、设施，加强防火宣传和用火管理。

森林公园毗邻区域的单位应当协同森林公园管理单位，共同搞好护林防火工作，实行联防联治。

第二十七条　严格森林公园林地征收、征用、占用审批，未经批准不得改变森林公园林地性质和用途。

国家重点工程、省重点基础设施工程建设项目确需征收、征用、占用森林公园林地的，经原森林公园批准机关同意后，按照有关法律法规的规定报批。

经批准的建设项目，项目单位和施工单位应当加强管理，采取有效措施，减少对森林景观和环境的影响。

第二十八条　森林公园内禁止下列行为：

(一)开矿、采石、挖沙、取土、毁林开垦等；

(二)损毁高山草甸；

(三)在非指定区域使用明火；

(四)伤害或者擅自猎捕野生动物；

(五)采挖树木(苗)或者树根；

(六)擅自移动或者损毁园内设施、设备和游览服务标识；

(七)刻划、污损景物景观或者损毁林木、花草；

(八)随意丢弃垃圾；

(九)法律法规禁止的其他行为。

第二十九条　鼓励企业、事业单位、社会团体和个人参与建设、经营森林公园景区(点)旅游开发项目。

森林公园管理单位可以以森林风景资源使用权，通过公开招投标方式引进社会资金，按照森林公园总体规划，建设、经营森林公园景区(点)旅游开发项目。合作双方应当签订书面合同，明确双方权利义务。

第四章　服务管理

第三十条　森林公园建设完成，经同级林业等有关主管部门验收合格，办理相关手续后向公众开放。未经有关部门验收合格的，不得向公众开放。

第三十一条　省林业主管部门应当会同有关部门制定森林公园建设、服务、管理等方面的技术标准和规范，实行森林公园分类分级标准化管理。

第三十二条　森林公园管理机构应当加强对森林公园的业务指导和监督管理，提供相关服务，并接受社会监督：

(一)加强对森林公园总体规划实施情况的监督检查；

(二)建立健全森林公园监督管理制度；

(三)对森林公园管理单位履职情况进行监督检查；

(四)对森林风景资源等情况进行动态监测；

(五)建立和完善森林公园信息系统，组织对外宣传推介，提供相关信息服务。

第三十三条　森林公园管理单位应当加强管理，保护公园环境，完善服务设施，提高服务质量：

(一)健全公园管理制度，建立信息统计报送制度，建设宣传和信息发布等公共服务平台；

(二)加强对公园管理和服务人员的教育、培训、管理；

(三)加强对公园内经营单位和个人的管理、服务、指导；

(四)加强公园安全管理，根据生态承载力确定游客接待容量，在危险地段和游客可能遭受伤害的区域设置安全防护设施和警示标识，健全突发事件应急机制；

(五)按照国家和本省有关规定减免门票，为老年人、儿童、学生、现役军人、残疾人等提供优惠，有条件的免费向公众开放；

(六)城郊森林公园免费向公众开放；

(七)提供游览服务设施以及无障碍设施；

(八)在明显位置设置游览路线、服务设施等标识标牌，公示收费事项，告知禁止事宜；

(九)加强生态科普宣传，普及自然科学和生态文化知识。

第三十四条　森林公园门票的收费标准，由省价格主管部门会同有关部门，根据体现公益、合理成本、分类定价和公开透明的原则，区别不同性质和特点确定。

其他相关服务收费标准，由价格主管部门根据分级管理、公开透明的原则确定。

第三十五条　国有林单位设立的森林公园，其门票以及相关收入应当上缴同级财政，实行收支两条线管理，专项用于森林公园建设、维护和管理。

森林公园门票收入的3%统一上缴省财政，统筹用于全省森林风景资源调查、监测、建档和森林公园的管理工作。

第三十六条　森林公园内从事经营活动的单位和个人应当遵守国家有关法律法规和公园管理制度，诚信经营、文明服务，在森林公园管理单位指定的区域从事经营活动。

在森林公园内进行教学科研、采集标本以及影视拍摄、集会活动的，应当征得森林公园管理单位同意，并按照有关规定办理审批手续。未经批准，不得开展相关活动。

第五章　法律责任

第三十七条　违反本条例规定，有关法律法规有法律责任规定的，从其规定。

第三十八条　违反本条例第十三条第二款、第十四条第二款、第二十一条、第二十八条第二项规定的，由县级以上林业主管部门责令停止违法行为，有违法所得的没收违法所得；造成森林风景资源破坏的，责令恢复原状、赔偿损失，并处以10万元以上30万元以下的罚款。

第三十九条　违反本条例第二十八条第五项、第六项，第三十六条第二款规定的，由县级以上林业主管部门责令停止违法行为，有违法所得的没收违法所得，并处以500元以上5000元以下的罚款。

第四十条　违反本条例第二十八条第七项、第八项，第三十六条第一款规定的，由森林公园管理单位责令停止违法行为，予以批评教育；拒不改正的，由县级以上林业主管部门处以50元以上200元以下的罚款。

第四十一条　县级以上人民政府及其相关部门、森林公园管理机构、森林公园管理单位的工作人员玩忽职守、滥用职权、徇私舞弊的，依法给予处分；构成犯罪的，依法追究刑事责任。

第六章　附　　则

第四十二条　本条例自2013年10月1日起施行。

山西省高速公路管理条例

（2005年12月2日山西省第十届人民代表大会常务委员会第二十一次会议通过）
根据2011年12月1日山西省第十一届人民代表大会常务委员会第二十六次会议关于修改部分地方性法规的决定修正
2013年9月29日山西省第十二届人民代表大会常务委员会第五次会议修订

第一章　总　　则

第一条　为了加强高速公路管理，保障高速公路完好、安全和畅通，维护高速公路投资者、经营者和使用者的合法权益，根据有关法律、法规，结合本省实际，制定本条例。

第二条　本条例适用于本省行政区域内高速公路的养护、经营、使用和管理。

第三条　高速公路的管理应当遵循集中、统一、安全、高效、便民的原则。

第四条　省交通主管部门主管全省高速公路工作，其所属的省高速公路管理机构负责高速公路管理的具体工作。

省人民政府其他有关部门和高速公路沿线各级人民政府应当协助做好高速公路的管理工作。

第五条　取得高速公路收费权或者利用贷款、集资建设高速公路经批准收取车辆通行费的单位（以下统称高速公路经营单位），应当依法从事高速公路养护、收费、经营、服务等活动。

第六条　省公安机关负责全省高速公路的交通安全管理工作。省公安机关交通管理部门具体负责高速公路的交通秩序、交通事故处理和治安管理工作。

第二章　养护管理

第七条　高速公路经营单位应当按照高速公路的技术规范和操作规程，做好高速公路养护工作，保证高速公路经常处于良好的技术状态。

高速公路经营单位应当对高速公路及其附属设施进行巡查和检测。发现危及高速公路安全运行状况的，应当及时组织修复或者采取措施排除险情。

第八条　省高速公路管理机构应当对高速公路的养护质量及其附属设施的状况进行检查。对达不到高速公路养护技术规范的，应当责成高速公路经营单位限期采取相应措施。

第九条　在高速公路上从事养护作业，施工路段工作面超过2千米且相邻工作面的间距少于10千米的，高速公路经营单位应当编制施工路段现场管理预案，报省高速公路管理机构和省公安机关交通管理部门备案，并在施工前7日通过新闻媒体和高速公路可变信息板发布施工地点、起止时间等有关信息。

第三章　服务与收费

第十条　高速公路经营单位应当健全制度，加强管理，公开办事程序，接受社会监督，保障服务设施完好，为通行车辆及人员提供安全、快捷、文明的服务。

第十一条　高速公路服务区应当根据实际需要，提供住宿、餐饮、车辆维修、加油等经营性服务和停车、洗手间等公益性服务。

第十二条　高速公路经营单位应当建立快速清障、救援机制，保障救援电话畅通。接到清障、救援信息后，应当立即通知有关单位和人员赶赴现场处理，并及时清障。

实施清障、救援可以按照国家和省有关规定收取费用。

第十三条　省高速公路管理机构和高速公路经营单位应当及时通过新闻媒体和可变信息板，向社会发布高速公路交通状况、施工作业、气象变化等有关信息。

第十四条　经省人民政府批准，高速公路经营单位有权收取车辆通行费。

进入高速公路的货运车辆，其通行费可以采用计重收费的方式收取。具体办法由省人民政府规定。

第十五条　进入高速公路的车辆应当在收费站入口处领取通行凭证，驶出时在收费站出口处交回通行凭证，不得冲卡和中途更换通行凭证。

对无通行凭证、行驶时间超出最低时速所需时间且无正当理由或者U型转弯的车辆，高速公路经营单位可以按照其可能行驶的最长里程计收车辆通行费。

第十六条　收费站应当根据车流量开启足够的收费道口，保证车辆畅通。

收费站工作人员的配备，应当与收费道口的数量、车流量相适应。

任何单位和个人不得在收费站区从事与高速公路收费及交通安全无关的活动。特殊情况须经省人民政府批准，但不得影响高速公路收费及交通安全。

第十七条　高速公路经营单位及其工作人员不得有下列行为：

(一)在车辆通行费标准之外加收或者代收其他费用；

(二)强行提供商业性服务；

(三)擅自放行未经批准的超限运输车辆；

(四)违规操作收费系统。

第十八条　全省高速公路实行统一的联网收费。省高速公路管理机构负责管理全省高速公路联网收费和拆分账结算工作。

第十九条　省高速公路管理机构应当对高速公路经营服务质量进行监督检查。对达不到管理规范要求的，应当责成高速公路经营单位采取相应措施，限期改正。

高速公路经营单位应当加强对收费人员的业务培训和职业道德教育。收费人员应当做到文明礼貌，规范服务。

第四章　路政管理

第二十条　省高速公路管理机构依法管理和保护高速公路及其附属设施，依照本条例规定检查、制止破坏高速公路及其附属设施的行为。

第二十一条　高速公路经营单位应当按照规定设置明显的公路标志、标线。

未经省交通主管部门批准，任何单位和个人不得在高速公路用地范围内设置宣传牌等非公路标志。

第二十二条　除高速公路防护、养护需要的以外，禁止在高速公路边沟外缘 50 米，匝道、高速公路连接线外缘 20 米，收费站周围 50 米范围内，修建建筑物和地面构筑物。

第二十三条　超限运输车辆不得在高速公路上行驶。超过高速公路限载标准确需行驶的，应当经省交通主管部门批准，并按照要求采取有效的防护措施。承运人不能采取防护措施的，由省交通主管部门帮助其采取防护措施，所需费用由承运人承担。

除发生故障、交通事故等情况外，进入高速公路的车辆，中途不得装卸货物。

省高速公路管理机构可以在高速公路入口处设置超限运输检测装置，对货运车辆进行检查。

第二十四条　禁止下列危及高速公路及其附属设施安全的行为：

(一)占用、污染、损毁高速公路；

(二)损坏、擅自移动、涂改高速公路设施；

(三)在高速公路用地范围内堆放杂物、挖沟引水；

(四)在高速公路大中型桥梁周围 200 米，隧道上方和洞口外 100 米范围内，以及在高速公路两侧 50 米内，从事挖砂、采石、取土、爆破、倾倒废弃物等活动；

(五)在高速公路下掘进采矿；

(六)运输易抛洒物品未采取有效封闭措施；

(七)危及高速公路及其附属设施安全的其他行为。

第二十五条　在高速公路上维修车辆时，应当使用垫木板、支轮三角木、修车漏油垫等辅助工具，并按照规定设置警示标志。

第二十六条　高速公路路政管理人员执行公务时，应当按照规定统一着装，佩戴标志，持证上岗。执行路政管理任务的专用车辆，应当设置统一的标志和示警灯。

第五章　交通安全管理

第二十七条　省公安机关交通管理部门应当依法加强高速公路治安管理，维护高速公路及其服务区、收费站、超限运输检测站(点)的治安秩序，保护司乘人员、高速公路管理人员的人身、财产安全。

第二十八条　机动车在高速公路上行驶，不得超过限速标志标明的速度。

禁止行人、非机动车、拖拉机、轮式专用机械车、铰接式客车、全挂拖斗车以及其他设计最高时速低于 70 千米的机动车进入高速公路。

第二十九条　运输危险化学、易燃易爆物品的，应当执行国家有关规定。

第三十条　进入高速公路的车辆不得随意停车。因发生故障或者其他紧急情况确需临时停车的，应当停在紧急停车带或者右侧路肩内。

第三十一条　养护人员进行养护作业时，应当穿着统一的安全标志服。

养护车辆、工程作业车应当设置统一的标志和示警灯。进行作业时，应当开启示警灯，在不影响过往车辆通行的前提下，其行驶路线和方向不受交通标志、标线限制。但是，洒水车、清扫车不得逆向行驶。

养护单位应当在施工现场采取安全防护措施，并在距离施工现场不少于 500 米处设置明显的警示标志。

省公安机关交通管理部门应当加强施工现场的交通安全监督检查。发生交通堵塞时，应当及时分流、疏导，维护交通秩序。

第三十二条　除高速公路路政、交通安全管理和养护人员外，任何人不得在高速公路隔离栅以内行走、作业和逗留。

第三十三条　遇有自然灾害、恶劣气象条件或者重大交通事故等严重影响交通安全的情形，采取其他措施难以保证交通安全时，省公安机关交通管理部门可以实行交通管制。高速公路经营单位应当积极配合，在高速公路入口处设置明显的警示标志。确需封闭高速公路的，省公安机关交通管理部门应当会同省高速公路管理机构及时向社会公告。

第三十四条　省公安机关交通管理部门和省高速公路管理机构接到交通事故报警后，应当立即赶赴现场，先组织抢救受伤人员，并按照各自职责，采取措施，尽快处理事故，恢复交通。

省公安机关交通管理部门处理交通事故时，涉及高速公路路产损失的，应当通知省高速公路管理机构，并配合省高速公路管理机构处理路产损失的赔偿。

第三十五条　省公安机关交通管理部门应当加强巡查，对事故多发点段加强管理，采取有效措施预防事故发生。发现路况存在安全隐患的，应当及时通知高速公路经营单位。确需改进、完善的，高速公路经营单位应当及时采取措施。

第六章　法律责任

第三十六条　违反本条例第七条第一款规定的，由省交通主管部门依照《收费公路管理条例》第五十四条的规定予以处罚。

第三十七条　违反本条例第十六条第一款规定的，由省交通主管部门对高速公路经营单位处1万元以上5万元以下罚款；对直接负责的主管人员和其他直接责任人员依法给予处分。

第三十八条　违反本条例第十七条第(一)、(二)、(四)项规定的，由县级以上工商、价格等行政主管部门依法予以处罚。

违反本条例第十七条第(三)项规定的，由省交通主管部门对高速公路经营单位按放行车辆数每辆处1000元罚款；责令承运人或者驾驶员纠正超限行为，可处2000元以上3万元以下罚款。

第三十九条　违反本条例第二十一条第二款规定的，由省交通主管部门责令限期拆除，可处5000元以上2万元以下罚款；逾期不拆除的，由省交通主管部门拆除，所需费用由设置者承担。

第四十条　违反本条例第二十三条第二款规定的，由省交通主管部门责令停止违法行为，可处500元以上3000元以下罚款。

第四十一条　违反本条例第二十四条第(一)、(二)、(三)、(四)、(六)、(七)项规定的，由省交通主管部门依照《中华人民共和国公路法》第七十六条、第七十七条的规定予以处罚。

违反本条例第二十四条第(五)项规定的，由省交通主管部门责令停止违法行为、采取补救措施，可处3万元以上5万元以下罚款。

第四十二条　违反本条例第二十五条规定，在高速公路上维修车辆，未使用垫木板、支轮三角木、修车漏油垫等辅助工具的，由省交通主管部门责令改正，可处100元以上300元以下罚款。

第四十三条　违反本条例规定，在高速公路上进行养护作业施工，未采取安全防护措施、设置明显的警示标志，致使通行的车辆、人员及其他财产遭受损失的，负有相关职责的单位应当依法承担赔偿责任。

第四十四条　违反本条例规定，对高速公路造成损害的，依法承担赔偿责任。

对高速公路造成损害的车辆，必须立即停车，保护现场，接受处理。当场不能处理的，省交通主管部门可以责令车辆停放指定地点，暂扣交通部门核发的证件。待处理后，放行车辆，退还证件。

第四十五条　省交通主管部门可以委托省高速公路管理机构行使本章规定由其行使的行政处罚权。

第四十六条　违反本条例交通安全管理规定的，由省公安机关交通管理部门依法予以处罚。

第四十七条　省交通主管部门、省高速公路管理机构、省公安机关交通管理部门及其工作人员有下列行为之一的，对直接负责的主管人员和其他直接责任人员依法给予处分；构成犯罪的，依法追究刑事责任：

(一)违反规定在高速公路上拦截车辆的；

(二)违法扣留车辆及其他有效证件的；

(三)非法收取他人财物的；

(四)未履行法定职责的。

第七章　附　　则

第四十八条　本条例自2006年3月1日起施行。2003年9月17日山西省人民政府发布的《山西省高速公路管理暂行办法》同时废止。

山西省发展中医药条例

（2013年9月29日山西省第十二届
人民代表大会常务委员会第五次会议通过）

第一章　总　　则

第一条　为了促进中医药事业发展，发挥中医药在医疗卫生保健中的独特作用，提高公众健康水平，根据有关法律、行政法规的规定，结合本省实际，制定本条例。

第二条　发展中医药事业应当贯彻中西医并重的方针，坚持继承和创新相结合的原则，保持、发挥本省中医药特色和优势，运用现代科学技术，丰富、发展中医药理论和实践，促进中医药医疗、保健、科研、教育、产业、文化全面协调发展，建设中医药强省。

第三条　县级以上人民政府应当加强对中医药工作的领导，将中医药事业纳入国民经济和社会发展计划，建立健全中医药服务体系，建立完善中医药工作协调机制，并将发展中医药事业专项经费纳入财政预算，逐步增加对中医药事业的投入。

第四条　县级以上人民政府中医药行政主管部门负责本行政区域内的中医药管理工作，食品药品监督管理部门负责中药的监督管理工作，其他有关部门在各自的职责范围内负责中医药有关工作。

第五条　鼓励单位和个人通过投资、捐助、技术合作等方式举办、参与举办中医医疗机构或者中药企业。

第二章　医疗机构与从业人员

第六条　县级以上人民政府在制定区域卫生规划时应当合理配置中医医疗机构，并按照下列规定建立完善中医医疗服务体系：

(一)按照国家规定标准设置中医医疗机构；

(二)在综合医院设置中医科、中药房，并按照国家规定标准设置中医病床；

(三)在乡(镇)卫生院和社区卫生服务中心设置中医科、中药房，配备具有资质的中医药从业人员；

(四)社区卫生服务站和村卫生室(所)能够提供中医药服务。

县级以上人民政府举办的中医医疗机构合并、撤销或者改变性质，应当经省人民政府中医药行政主管部门同意。

第七条　县级以上人民政府应当保障政府举办的中医医疗机构的用地面积、业务用房和医疗设备、专业技术人员的配备等达到国家和省规定的基本标准。

中医医疗机构的建设用地，按照有关法律、法规的规定，依法以划拨方式取得。

第八条　鼓励社会资本举办各类中医医疗机构。社会资本举办的中医医疗机构按照国家有关规定，在医保定点、科研立项等方面与政府举办的中医医疗机构享受同等待遇。

第九条　中医医疗机构应当发挥中医药特色，吸收和运用现代医学诊疗技术，提高中医诊疗技术水平，提供优质的中医药服务。

第十条　中医药从业人员按照国家和省有关规定，在职称晋升、工资待遇等方面享受优惠政策。

县级以上人民政府应当制定政策，鼓励高等、中等中医药院校毕业生和中医执业医师到偏远山区医疗卫生机构和其他基层医疗卫生机构工作或者开展服务活动。

第十一条　具有中等以上中医专业学历的中医执业医师和执业助理医师开展诊疗活动时，可以运用现代医学诊疗技术。

第十二条　全科医师和乡村医生应当具备中医药基本知识以及运用中医药知识、技术处理常见病和多发病的基本技能。

注册在村卫生室(所)的中医执业医师、执业助理医师或者掌握中医药知识技能和中药材识别能力的乡村医生，按照国家有关规定可以自种、自采、自用中草药，并保证用药安全。

第十三条　省人民政府中医药行政主管部门应当建立完善中医院、中医重点专科和名中医评审制度。

第三章　中药与中药产业

第十四条　县级以上人民政府应当将中药产业作为新兴产业，按照有关规定在资金支持、税收优惠、金融服务等方面加大支持力度，延伸中药产业链，培育和发展中药特有品种和晋药品牌。

第十五条　县级以上人民政府有关部门应当加强药用野生动植物资源保护，支持开展药用野生、珍稀濒危动植物资源的繁育和人工种植、养殖以及替代品的研究与开发。

第十六条　县级以上人民政府有关部门应当加强道地药材原产地保护和良种繁育，支持中药材生产基地建设，开展技术培训和示范推广，建立中药材交易信息平台，促进规模化生产经营，发展壮大中药材产业。

第十七条　县级以上人民政府中医药行政主管部门应当会同有关部门开展中药资源普查，建立中药信息库和特有、道地药材种质资源库。

第十八条　支持运用传统工艺炮制中药饮片、生产传统剂型中成药。

鼓励运用现代科学技术和方法研发安全、有效、简便的中药新药或者中药新剂型。

鼓励运用中医经典处方、中医经验方研制中药制剂。

第十九条　医疗机构配制中药制剂，应当依法取得《医疗机构制剂许可证》和制剂批准文号。未取得《医疗机构制剂许可证》的，经省人民政府食品药品监督管理部门批准，可以委托符合条件的医疗机构或者药品生产企业配制中药制剂。

医疗机构中药制剂经省人民政府食品药品监督管理部门批准，可以在医疗机构之间调剂使用。

第二十条　县级以上人民政府有关部门应当加强对中药材种植、养殖、采集以及中药研制、生产、经营和使用的监督管理。

医疗机构应当规范中药进货渠道，严格验收中药质量，建立药品档案。

第四章　教育与科研

第二十一条　省人民政府应当加强中医药高等教育和重点学科建设，提高中医药教育和科研水平，培养中医药高级人才。

第二十二条　县级以上人民政府有关部门应当建立和完善中医药从业人员继续教育制度，加强对中医药学科带头人和中青年技术骨干的培养。

鼓励不具备相应学历的在职中医药从业人员参加学历教育。

第二十三条　县级以上人民政府中医药行政主管部门应当建立和完善中医药师承教育制度，支持具备条件的中医执业医师作为师承教育的指导老师带徒授业。

鼓励医疗机构培养和引进名中医药专家、中西医结合专家。

第二十四条　县级以上人民政府中医药行政主管部门应当在县级中医医疗机构，建立中医药适宜技术推广培训基地，并加强对基层医疗卫生机构从业人员的中医药基本知识和技能的培训。

中医医疗机构和具备条件的基层医疗卫生机构应当推广和运用中医药适宜技术，提供中医医疗和预防保健服务。

第二十五条　县级以上人民政府中医药行政主管部门应当采取措施，鼓励西医药从业人员学习中医药、中医药从业人员学习西医药，加强中西医结合人才培养。

第二十六条　县级以上人民政府应当将中医药科技工作纳入科技发展规划并设立中医药专项，加强中医药基础理论和临床研究，支持中医药产学研相结合，鼓励跨行业、跨学科中医药科学研究。

省人民政府中医药行政主管部门应当会同有关部门建立中医药科学技术研发体系和评价体系，完善中医药科技服务体系和科技成果转化机制，推广、应用中医药科技成果。

第二十七条　县级以上人民政府有关部门应当加强中医药科研机构建设，保障其业务用房、仪器装备、技术人员达到国家规定的标准。

第二十八条　鼓励运用现代科学技术，开展对疾病的中医药防治技术和方法研究，开发和应用中医药新技术、新成果。

第二十九条　鼓励申请中医药专利、注册商标、地理标志、药用植物新品种权和中医药著作权等知识产权。对不适宜公开的工艺和方法等，可以采取技术秘密的方式实施保护。

中医药秘方、经验方、专利技术和其他科研成果受法律保护，可以依法转让或者许可使用，也可以作价入股。

第三十条　开展中医药专业技术人员职称评审和中医药科研项目立项、评奖等活动时，应当成立中医药评审、鉴定组织，并吸收中医药专家参加。

第五章　保障与促进

第三十一条　县级以上人民政府应当制定扶持中医药事业发展的优惠政策。有关部门制定政策涉及中医药时，应当征求同级中医药行政主管部门的意见。

县级以上人民政府应当加强中医药管理机构建设，市、县级卫生行政主管部门应当设置中医药管理机构或者配备中医药管理人员。

第三十二条　县级以上人民政府应当落实国家和省对中医医疗机构的优惠政策，制定有利于促进其发挥中医药特色服务的补偿办法，提高政府举办的中医医疗机构从业人员工资经费补贴标准。

第三十三条　实行政府指导价的中医类医疗服务价格，由省人民政府价格主管部门会同中医药行政主管部门制定。

医疗服务价格应当体现中医药服务成本和技术劳务价值。

第三十四条　县级以上人民政府应当完善中医药应急体系建设，加强中药储备，发挥中医药在突发事件卫生应急和重大传染病防治中的作用。

发生灾情、疫情等突发事件时，县级以上人民政府中医药行政主管部门可以组织中医药专家研究提出治疗方案。治疗方案确定的治疗用处方，由符合条件的中医医疗机构提出申请，经省人民政府食品药品监督管理部门批准后配制医疗机构中药制剂。

第三十五条　县级以上人民政府应当加强对中医药文化遗产的保护，对中药老字号、驰名商标、著名商标、列入非物质文化遗产项目的中医药和确有疗效的民间诊疗技术，给予重点保护和扶持。

县级以上人民政府应当采取措施，总结和传承名中医药专家学术思想和实践经验，保障和改善其工作条件。具体办法由省人民政府制定。

第三十六条　有下列情形之一的，由县级以上人民政府给予表彰、奖励：

(一)在中医药医疗、教育、科研、管理、交流以及促进中西医结合等方面成绩显著的；

(二)捐献或者发掘、整理、保护有价值的中医药学术文献以及有特效的处方、诊疗技术的；

(三)带徒授业成绩显著的；

(四)长期在基层医疗卫生机构从事中医药工作成绩显著的；

(五)资助、捐助中医药事业贡献突出的；

(六)对促进中医药事业发展有其他突出贡献的。

第三十七条　县级以上人民政府有关部门应当将符合条件的中医医疗机构纳入城镇职工基本医疗保险、城镇居民基本医疗保险、新型农村合作医疗、工伤保险和生育保险定点医疗机构范围，将符合规定的针灸、推拿等中医诊疗项目、中成药、中药饮片和定点医疗机构中药制剂纳入支付范围，并按照国家规定适当提高报销比例。

第三十八条　县级以上人民政府中医药行政主管部门和其他有关部门应当规范中医药服务行为，依法查处非法中医药活动。

县级以上人民政府有关部门应当依法保护中医药从业人员的合法权益，维护中医医疗机构的医疗秩序。

第三十九条　广播、电视、报刊、网络等大众传播媒体应当宣传普及中医药知识，弘扬中医药文化。

任何组织和个人不得以中医药名义从事有损社会公共利益的宣传活动。

第六章　法律责任

第四十条　违反本条例规定，县级以上人民政府有关部门的工作人员在中医药监督管理工作中滥用职权、玩忽职守、徇私舞弊的，依法给予处分；构成犯罪的，依法追究刑事责任。

第四十一条　违反本条例规定，未经省人民政府中医药行政主管部门同意，擅自合并、撤销政府举办的中医医疗机构或者改变其性质的，由上一级人民政府责令限期改正，并对直接负责的主管人员和其他直接责任人员依法给予处分。

第四十二条　违反本条例规定，以中医药名义从事有损社会公共利益的宣传活动的，由有关部门给予批评教育，责令停止违法活动；违反治安管理规定的，由公安机关依法给予处罚；构成犯罪的，依法追究刑事责任。

第七章　附　　则

第四十三条　本条例自2013年10月11日起施行。2001年5月19日山西省第九届人民代表大会常务委员会第二十三次会议通过的《山西省发展中医条例》同时废止。

规　　章

山西省流动人口服务管理办法

（山西省人民政府令第234号）

第一章　总　　则

第一条　为保障流动人口的合法权益，规范流动人口服务管理，维护社会秩序，促进经济发展和社会和谐，根据有关法律、法规，结合本省实际，制定本办法。

第二条　本办法适用于本省行政区域内流动人口服务管理活动。

本办法所称流动人口，是指离开户籍所在地进入本省行政区域内居住或者在本省行政区域内跨县（市、区）居住的人员。但本省设区的市所辖各区常住人口跨区居住的除外。

香港特别行政区居民、澳门特别行政区居民、台湾地区居民、华侨和外国人、无国籍人的居住登记，按照国家有关规定执行。

第三条　流动人口服务管理遵循公平对待、便捷服务、合理引导、依法管理的原则。

第四条　县级以上人民政府应当将流动人口服务管理工作纳入本行政区域国民经济和社会发展中长期规划和年度计划，建立健全覆盖流动人口管理、权益保障和公共服务体系，将流动人口服务管理工作经费和居住证工本费纳入同级财政预算并予以足额保障。

第五条　县级以上人民政府公安机关负责本行政区域内流动人口的居住登记和居住证的发放、管理工作。

县级以上人民政府发展和改革、教育、民政、财政、司法行政、人力资源和社会保障、住房和城乡建设、卫生、人口和计划生育、工商行政管理等有关部门和机构应当按照各自职责，协调配合，共同做好流动人口管理、权益保障和公共服务等工作。

工会、共青团、妇联等群众团体应当协助做好流动人口服务管理的相关工作。

第六条　县级以上人民政府应当依托乡镇人民政府、街道办事处、村（居）民委员会建立和完善流动人口综合服务管理平台，配备流动人口协管人员。

乡镇人民政府、街道办事处、村（居）民委员会应当配合公安机关做好辖区内流动人口居住信息采集和居住证受理、发放等服务管理工作。为流动人口提供劳动就业、社会保障、计划生育、教育等公共服务。

第二章　居住管理

第七条　流动人口服务管理实行居住登记和居住证制度。

第八条　流动人口拟在居住地居住10日以上30日以下的，应当自到达之日起10日内持有效身份证件向居住地公安派出所申报居住登记。

第九条　流动人口登记信息包括：姓名、性别、民族、出生日期、公民身份号码、近期照片、常住户籍所在地住址、居住地住址、服务处所、受教育状况、劳动就业、社会保障、计划生育、未满16周岁的随行人员、签发机关和签发日期等内容。

第十条　流动人口在申报居住登记时，应当提供真实、准确、完整的信息。

第十一条　流动人口登记信息错误或发生变动的，居住登记申报人应当自变动之日起10日内持本人有效身份证件向居住地公安派出所办理更正或变更登记。

第十二条　在宾馆、酒店、旅店、招待所以及可供住宿的其他经营性服务场所住宿的人员，由经营单位按照有关规定进行登记。

在医院住院就医的人员，由医院按照患者住院管理相关规定进行登记。

在各类教育、培训机构寄宿就学或者培训的人员，由其寄宿的单位在入学时进行登记。

流浪乞讨人员救助管理机构负责对求助的流浪乞讨人员进行登记。

第十三条　房屋出租人或者其委托代理人、中介服务机构应当在流动人口入住后24小时内登记，并在

10日内向居住地公安派出所报告，督促流动人口申报居住登记。流动人口终止居住的，房屋出租人或者其委托代理人、中介服务机构应当自流动人口离开之日起10日内报告居住地公安派出所。

第十四条　用人单位聘用流动人口，应当自聘用之日起10日内组织流动人口申报居住登记；与流动人口终止或者解除劳动关系的，应当自终止或者解除劳动关系之日起10日内报告居住地公安派出所。

第十五条　大型集贸市场、商品集散地经营管理机构以及建设工程的建设单位或者建设单位委托的项目管理、工程总承包、施工总承包单位应当自流动人口入驻之日起10日内，将流动人口登记信息报告居住地公安派出所，并督促流动人口申报居住登记。

第十六条　年满16周岁拟在居住地居住30日以上的流动人口，应当在到达居住地10日内申报居住登记的同时，申领《山西省流动人口居住证》(以下简称居住证)。

探亲、访友、旅游、出差和依法不需要领取居住证的除外；未满16周岁的公民应随其监护人登记，不领取居住证。

第十七条　流动人口申领居住证时，应当出示有效身份证件、近期照片、房屋租赁登记备案证明或借住证明等材料。符合申领条件的，公安派出所应当自受理之日起10日内发放居住证，偏远地区可延长至15日；对不符合申领条件的，应当告知申领人，并说明理由。

居住证一人一证，有效期为五年。

居住证的名称、式样、规格、材质和制作单位由省人民政府公安机关统一规定。

第十八条　居住证由县级人民政府公安机关签发。每年签注一次。

居住证持有人在居住地连续居住的，应当在居住满一年前30日内，到居住地公安派出所或者受公安派出所委托的社会服务机构办理签注手续。

逾期未办理签注手续的，居住证废止；补办签注手续后，居住证持有人在居住地的居住年限连续计算。

第十九条　居住证持有人在居住证有效期限内，居住地址变动的，应当自到达现居住地10日内在居住地公安派出所办理居住登记变更，跨公安派出所管辖区域变动的，居住证持有人应先到原居住地公安派出所办理居住登记注销手续。

居住证持有人离开登记居住地不再居住的，应当自离开前10日内到居住地公安派出所办理居住证注销手续，并交回居住证。流动人口死亡的，由其近亲属、房屋出租人或者用人单位等办理居住证注销手续。

居住证持有人在30日内返回登记居住地的，不办理居住证注销手续。

第二十条　居住证有效期满，居住证持有人需继续在居住地居住的，应在有效期满30日前到居住地公安派出所办理换发手续。

居住证严重损毁不能辨认的，居住证持有人应当及时到居住地公安派出所申请办理换领手续。居住证丢失的，原居住证持有人应当持有效证件或证明及时到居住地公安派出所申请办理补领手续。

居住证持有人换领新证时，应当交回原证。

第二十一条　公安机关人民警察依法执行公务时，经出示执法证件，有权查验居住证，流动人口不得拒绝。

有关行政管理部门和机构工作人员在依法执行公务或者为流动人口提供服务时，经出示执法证件或者工作证件，要求流动人口出示居住证的，流动人口应当予以配合。

除公安机关人民警察依法执行公务外，其他任何单位和个人不得收缴或者扣押居住证。

第二十二条　任何单位和个人不得伪造、变造、买卖居住证或者使用伪造、变造的居住证，不得骗取、冒领、出租、出借、转让居住证。

第二十三条　公安机关为流动人口中的育龄妇女办理居住登记时，应当核查流动人口婚育证明，没有婚育证明的，应当及时通报给居住地人口计划生育部门。人口计划生育部门在核查流动人口婚育证明时，发现没有办理居住登记的，应当及时通报居住地公安派出所。

第二十四条　省人民政府公安机关应当建立全省统一的流动人口综合信息服务管理系统，实现流动人口基本信息整合与共享。具体办法由省人民政府公安机关另行规定。

第二十五条　公安机关和有关行政管理部门、公共服务机构、商业服务组织及其工作人员应当对知悉的流动人口信息予以保密。

第三章　权益保障和公共服务

第二十六条　流动人口的合法权益受法律保护，任何单位和个人不得侵犯。流动人口依法享有居住地人民政府提供的公共服务。

流动人口应当遵守法律、法规，依法履行义务。

第二十七条　县级以上人民政府应当将流动人口权益保障和公共服务纳入居住证登记制度，逐步推进流动人口基本公共服务均等化。

第二十八条　居住证持有人享有下列权益：

(一)依法参与居住地有关社会事务管理；

(二)依法参加居住地社会组织；

(三)依法参加社会保险，按相应规定缴纳社会保险费并享受社会保险待遇；

(四)居住地人民政府规定的住房保障；

(五)实行计划生育的，按照规定在生产经营等方面获得支持、优惠，在社会救助等方面享受优先、优待；

(六)获得法律援助；

(七)法律法规规定的其他权益。

第二十九条　居住证持有人享有下列公共服务：

(一)求职登记和失业登记的政策咨询、职业指导、职业介绍、就业信息查询等服务；

(二)按照规定参加居住地专业技术职称资格评定或者考试、职业(执业)资格考试、职业(执业)资格登记；

（三）实行计划生育的育龄夫妻免费获得避孕药具，免费享受国家规定的计划生育技术服务；

（四）国家规定的传染病防治、儿童计划免疫等基本公共卫生服务；

（五）在居住地办理往来港澳地区的商务签注；

（六）在居住地申领机动车驾驶证，办理机动车注册登记；

（七）乘坐城市公共交通工具享受与常住人口同等优惠；

（八）居住地人民政府规定的其他公共服务。

第三十条　设区的市人民政府可以根据本地实际情况，确定居住证持有人享受公共服务的具体内容。

流动人口符合居住地人民政府规定条件的，可以申请常住户口。

第三十一条　流动人口符合居住地人民政府规定条件的，其适龄子女接受学前教育、义务教育应当与常住户口学生同等对待。

第三十二条　县级以上人民政府民政部门应当做好城市生活无着落流浪乞讨人员的救助管理和流浪未成年人的救助保护工作。

第三十三条　流动人口户籍所在地乡镇人民政府、街道办事处应当加强流出人员的教育、培训，保护留守妇女、儿童和老人的合法权益。

第三十四条　有关行政管理部门、公共服务机构和商业服务组织应当为居住证的办理和使用提供便利。

第四章　法律责任

第三十五条　违反本办法，法律、法规、规章已有处罚规定的，依照其规定。

第三十六条　违反本办法，流动人口未申报居住登记和申领居住证的，由公安机关责令限期改正。

第三十七条　违反本办法，房屋出租人或者其委托代理人、中介服务机构未登记、报告流动人口居住或者终止居住基本信息的，由公安机关责令改正，并对房屋出租人或者其委托代理人处100元以上300元以下罚款；对中介服务机构法定代表人或者直接责任人处200元以上500元以下罚款，情节严重的，处500元以上2000元以下罚款。

第三十八条　违反本办法，用人单位未组织、督促流动人口申报居住登记或者与流动人口终止、解除劳动关系后未报告的，由公安机关责令改正，并对法定代表人或者直接责任人处300元以上500元以下罚款；情节严重的，处500元以上3000元以下罚款。

第三十九条　违反本办法，大型集贸市场、商品集散地经营管理机构以及建设工程的建设单位或者建设单位委托的项目管理、工程总承包、施工总承包单位未报告流动人口基本情况的，由公安机关责令改正，并对法定代表人或者直接责任人处200元以上500元以下罚款；情节严重的，处500元以上2000元以下罚款。

第四十条　违反本办法，骗取、冒领、出租、出借、转让居住证的，由公安机关收缴居住证，处200元以上500元以下罚款；违法行为人有非法所得的，没收非法所得。

第四十一条　违反本办法，非法收缴或者扣押居住证的，由公安机关处500元以上1000元以下罚款；情节严重的，处1000元以上3000元以下罚款。

第四十二条　公安机关、相关行政管理部门和其他机构及其工作人员在流动人口服务管理工作中玩忽职守、滥用职权、徇私舞弊，泄露流动人口登记管理信息，侵犯流动人口合法权益的，对直接负责的主管人员和直接责任人员，由其所在单位或者上级主管部门依法给予行政处分；构成犯罪的，依法追究刑事责任。

第五章　附　　则

第四十三条　本办法所称居住证，是指流动人口在本省行政区域内合法居住的证明和享受权益、公共服务的有效证件。

第四十四条　本办法所称有效身份证件，是指居民户口簿、居民身份证和临时居民身份证等。

第四十五条　首次申请领取、到期换发居住证，免收证件工本费。损坏换领、丢失补领居住证，应当缴纳证件工本费。

损坏换领、丢失补领居住证工本费标准，由省人民政府价格主管部门会同财政部门按照国家有关规定核定。

第四十六条　流动人口在本办法施行前领取的暂住证，在有效期内继续有效，并享受本办法规定的居住证持有人享有的权益和公共服务，有效期满需要继续居住的，依照本办法申领居住证。

第四十七条　本办法自2013年4月15日起施行。

山西经济大事记

SHANXI JINGJI DASHIJI

2013年山西经济大事记

1月

1日

〇山西省境内煤炭全部实现电子化交易，告别了中国煤炭行业传统的一对一的实物交易模式。

〇《山西省公路条例》正式施行。

〇山西省经公路运输的煤炭全部在中国（太原）煤炭交易中心上线交易。

6日

〇省委书记袁纯清深入扶贫开发重点县联系点武乡县参加县委常委民主生活会。他强调，要以密切联系群众为重点，进一步改进工作作风，加快富民强县和农民增收步伐。

10日

〇代省长李小鹏深入太原市就推进产业转型、发展现代农业、扩大投资规模、抓好实体经济进行调研，并看望慰问困难群众。

11日

〇山西省出生缺陷干预求助基金会正式成立，成为首个地方成立出生缺陷干预求助基金会的省份。

12日

〇代省长李小鹏会见华润集团董事长宋林、总经理乔世波一行，双方就加快推进兴县资源环保型循环经济产业园等项目建设进行了深入交流。

17日

〇省委书记袁纯清、代省长李小鹏会见国家质检总局局长、党组书记支树平一行。

18日

〇代省长李小鹏会见武警部队副司令员薛国强、潘昌杰一行。

24日

〇代省长李小鹏会见中国进出口银行董事长、行长李若谷一行，双方就积极探索银企合作进行了交流。

30日

〇省长李小鹏会见中煤能源集团公司总经理王安一行，双方就深化省企合作、加快项目建设进行了深入交流。

31日

〇省长李小鹏会见中国气象局党组书记、局长郑国光一行。郑国光表示，中国气象局将紧密结合山西实际，从项目、资金、技术和人才等方面，进一步加强对山西气象工作的支持。

〇省长李小鹏会见中国电子科技集团党组书记樊友山一行，双方就在科技创新、产业对接、人才引进等方面进一步加强合作进行了深入交流。

〇省长李小鹏会见三一集团有限公司董事长梁稳根一行。

2月

2日

〇省长李小鹏会见上海电气（集团）总公司董事长徐建国一行，双方将进一步深化合作，深入对接，打造晋沪两地友好合作的示范项目。

6日

〇省长李小鹏会见中国保利集团董事长陈洪生、总经理张振高一行。

〇山西省组织申报的“静乐县慢性肾脏病一体化防控模式建设及示范推广”“柳林县煤烟型大气污染综合治理与示范”两个项目正式成为首批国家科技惠民计划项目，获得2949万元经费支持。

〇平鲁县成功入选住建部公布的首批国家智慧城市试点县名单，是山西唯一一家县级区域试点。

20日

〇省长李小鹏在省发改委调研。他强调，省发改委要进一步提升宏观谋划、统筹协调的能力和水平，发挥职能作用，为改革发展服好务。

〇省长李小鹏会见中储粮总公司总经理赵双连一行。

3月

7日

〇省委书记袁纯清、省长李小鹏走访华能集团公司，与公司总经理曹培玺、党组书记黄永达进行座谈，就进一步深化交流合作、建设重点项目、实现互利双赢深入交换了意见。

8日

○省长李小鹏会见法国驻华大使白林女士。

9日

○省长李小鹏会见中国大唐集团公司总经理陈进行一行，双方就进一步加强能源领域合作进行了深入交流。

11日

○山西省与农业部签署共同推进山西特色现代农业发展战略合作备忘录。合作备忘录围绕把山西建成全国重要的特色农产品基地这一目标，提出加强省部在粮食高产创建、农作物种业、园艺产业、畜牧业、特色渔业、旱作节水农业、农业机械化、农产品加工业、农产品市场建设和信息服务、农业服务体系建设等十个方面的合作，共同加快推进山西特色现代农业发展。

14日

○省长李小鹏走访国家电网公司，与公司党组书记、总经理刘振亚进行座谈，就进一步加强互利合作、加快重点项目建设深入交换意见。

21日

○省委书记袁纯清在山西大学就产学研一体化和大学生思想政治工作进行调研。他强调，要提高产学研一体化水平，提高大学生思想政治素质，为转型跨越提供科技和人才支撑。

22日

○省长李小鹏深入运城市盐湖区、临猗县，实地检查指导抗旱保麦和春耕生产工作，并主持召开座谈会，分析全省春耕生产形势，安排部署抗旱保春耕工作。

○我国第一个煤炭系列期货品种焦煤期货，在大连商品交易所正式挂牌上市。

28日

○省委书记袁纯清深入晋中市左权、榆社、平遥、介休等县（市），就产业转型、文化旅游、农民增收等进行调研。他强调，要加大引进开发创新力度，加快农业产业化、规模化步伐，大力发展文化旅游产业。

○省长李小鹏先后到山西傲维光视光电科技有限公司、省技术产权交易中心和山西大学化工学院，就推动科技创新，服务转型跨越发展进行专题调研。

○26日至28日，全国妇联书记处书记范继英一行深入太原市和晋中市的社区、农村专题调研山西省妇联宣传思想工作等情况。

4月

7日

○省长李小鹏会见新疆昌吉州州长马雄成一行。

10日

○8日至10日，北京市代表团在晋考察。期间，两省市召开工作交流座谈会，双方政府签署《关于深化落实〈区域合作框架协议〉的实施意见》，两省市工信、农业、商务、卫生、教育等部门以及太原市政府与中关村科技园区管委会之间签署了合作协议。

11日

○省委书记袁纯清深入长治市武乡县，就扶贫开发、产业转型、农民增收等进行调研。他强调，要主攻产业开发，把农民增收作为主要任务，加快脱贫致富步伐。

13日

○省长李小鹏会见伊利集团董事长兼总裁潘刚一行。

18日

○省长李小鹏会见中国华电集团总经理云公民一行，双方就推进项目、深化合作进行了会谈。

○太原市民营经济开发区与山西煤炭资产经营有限公司签订“联航航空科技产业园项目”合作框架协议，全国首个无人机研发基地由此正式落户太原。

22日

○省长李小鹏赴大西铁路客运专线北六铺施工工地调研，实地察看工程进展情况，并主持召开座谈会。他强调，要保持必要的铁路投资规模和建设规模，加快铁路项目建设。

○省长李小鹏会见国家统计局局长马建堂一行。

25日

○省委书记袁纯清在吕梁市专题调研产业扶贫开发工作。他强调，要发挥组织、政策、技术、市场优势，把企业的资本、管理、技术、市场优势和农村的土地、劳动力优势以及特色资源优势结合起来，坚持市场化方向、公司化运作，打一场产业扶贫开发的整体战，实现企业增资和农民增收的双赢。

27日

○省长李小鹏在太原、晋中两市就太榆科技创新城规划情况进行考察调研。他强调，要科学布局、统筹规划，凝聚共识、全力推进，全力加快太榆科技创新城建设步伐。

5月

7日

○省委常委、常务副省长高建民会见来晋调研考察的人社部党组成员、中纪委驻人社部纪检组长袁彦鹏一行。

○山西四建总承包施工的“省城十大建筑”之山西体育中心主体育场，荣获第十一届中国土木工程詹天佑奖。

8日

○6日至8日，省委书记袁纯清、省长李小鹏率山西省代表团赴安徽省学习考察。期间，两省召开工作交流座谈会，双方政府签署《全面战略合作框架协议》，两省工业和信息化、教育、科技、旅游等部门签署了合作框架协议。

10日

○8日至10日，省委书记袁纯清、省长李小鹏率山西省代表团赴山东省学习考察。期间，两省召开工作交流座谈会，双方政府签署《关于深化战略合作的指导意见》，两省工业和信息化、教育、科技、旅游等部门签署了合作框架协议。

15日

○省长李小鹏在高等院校联系点太原理工大学，就大力推进科学研究和技术开发，积极推进产学研一体化进程，加强科技成果转化，服务山西经济社会发展进行调研。

〇山西省政府与中国航天科工集团公司签署《战略合作框架协议》，双方将在山西合作建设“中国航天科工山西研究院”。

16 日

〇省委书记袁纯清深入晋城市高平、阳城、沁水等县（市），就产业转型、服务“三农”、抗旱保种等进行调研。他强调，要壮大新兴产业，加快转型步伐，保持经济持续健康发展。

20 日

〇17 日至 20 日，第九届中国（深圳）国际文化产业博览交易会在深圳召开。本届文博会，山西展团共签订 26 个项目，协议融资总额 52 亿元。

〇18 日至 20 日，第八届中国中部投资贸易博览会在河南郑州举办。山西代表团签约经济技术合作项目 33 个，投资总额 1690.2 亿元，拟引资额 1645.7 亿元。

21 日

〇山西省·天津市工作交流座谈会在太原举行，双方政府签署了合作框架协议。

23 日

〇21 日至 23 日，以中共中央政治局委员、天津市委书记孙春兰为团长，天津市委副书记、市长黄兴国，市人大常委会主任肖怀远，市政协主席何立峰为副团长的天津市党政代表团，在山西参观考察，共商深化合作、共赢发展大计。

〇22 日至 23 日，中央统战部副部长，全国工商联党组书记、常务副主席，全国非公有制经济人士理想信念教育实践活动领导小组组长金哲洙一行在山西就开展非公有制经济人士理想信念教育实践活动进行调研。

〇山西公路煤炭交易上线暨中国太原煤炭交易价格指数发布仪式在中国（太原）煤炭交易中心举行。

25 日

〇晋能有限责任公司在太原成立。晋能有限责任公司是在原山西煤炭运销集团有限公司与山西国际电力集团有限公司的基础上合并重组的以煤炭生产、电力、贸易物流、新能源、燃气等产业为一体的现代综合能源集团。

28 日

〇省委书记袁纯清率山西省代表团赴美国、哥斯达黎加、加拿大访问。访问期间，代表团与三国就加强经济贸易、城市建设、能源开发利用、文化旅游等领域的交流合作进行磋商，签署省州政府及企业的合作协议和意向。

30 日

〇省长李小鹏深入临汾市尧都、霍州、洪洞、曲沃、侯马等县（市、区），就项目建设、产业转型、民生改善、生态修复等进行调研。他强调，要鼓足干劲，坚定信心，扎实推进各项工作的全面落实。

6 月

3 日

〇省长李小鹏到山西毕业生就业市场和山西大学，就 2013 年高校毕业生就业工作进行调研。他强调，要全方位拓宽就业渠道，努力促进高校毕业生充分就业。

4 日

〇省长李小鹏会见来晋考察的阿里巴巴董事局主席马云等云锋基金会企业家一行。

6 日

〇省长李小鹏会见中国地震局局长陈建民一行，并共同签署《山西省人民政府、中国地震局共同加强山西防震减灾能力建设合作协议》。

〇国家能源局正式下发文件，同意委托山西省核准低热值煤发电项目。这是新中国成立以来，国家首次把能源项目核准权限委托省级政府，在全国史无前例。

〇3 日至 6 日，以匈牙利索尔诺克州州长桑德尔·科瓦奇为团长的匈牙利索尔诺克州代表团对我省进行友好访问。

13 日

〇省长李小鹏会见来晋考察的中国南车股份有限公司董事长郑泓昌一行。

19 日

〇18 日至 19 日，省委书记袁纯清深入武乡县砖壁村下乡住村。他强调，要把下乡住村作为联系群众的一项基本制度坚持下去。

20 日

〇潞安集团与格盟国际能源有限公司煤电联营合作协议签字仪式在太原举行，这是我省第三个大型煤电联营合作项目，标志着我省推进煤电一体化发展、构建和谐煤电关系又迈出重要一步。省长李小鹏、韩国电力公社社长赵焕益等出席签约仪式。

24 日

〇省委书记袁纯清、省长李小鹏会见由香港大公报董事长兼社长、香港新闻工作者联合会主席姜在忠率领的香港知名媒体高层采访团一行，李小鹏与采访团一行进行了座谈。

25 日

〇省长李小鹏会见中国保利集团公司董事长徐念沙、保利文化集团股份有限公司董事长陈洪生一行，双方共同出席了省文化厅与保利文化集团战略合作签约仪式。

26 日

〇24 日至 26 日，全国人大常委会原副委员长许嘉璐在山西视察。他强调，在注重经济建设的同时，一定要注重文化建设，以促进家庭幸福，社会和谐。

〇25 日至 26 日，省委书记袁纯清在临汾调研，主持召开党的群众路线教育实践活动座谈会，听取基层党员干部对省委工作及“四风”方面的意见建议。

30 日

〇省委书记袁纯清、省长李小鹏会见前来出席全国文化厅（局）长座谈会的文化部部长蔡武一行。

〇文化部与山西省正式签订文化建设战略合作框架协议。

7 月

2 日

〇省委书记袁纯清、省长李小鹏会见莅晋调研的国家卫生计生委主任李斌一行。

3 日

〇6 月 29 日至 7 月 3 日，首届山西文化产业博览交易会在太原召开，交易会共签约项目 161 个，签约金额 735 亿元。来自 14 个国家和地区、24 个省市的共计 1200 多家企业和单位的 1 万多种产品参展。

4 日

〇省委书记袁纯清、省长李小鹏会见前来山西就“深化金融体制改革”进行调研的全国政协副主席、民革中央常务副主席齐续春一行。

9 日

〇8 日至 9 日，省长小李鹏带领有关部门负责人在京分别拜会了国家发改委、财政部、国土资源部、中国证监会、中国铁路总公司负责人，就加快推进转型综改试验区建设、进一步深化省部省企合作进行了深入会谈；并与五大电力集团负责人举行座谈，就构建和谐煤电关系、推进山西综合能源基地建设进行了友好会商。

10 日

〇省委书记袁纯清、省长李小鹏会见莅晋调研信访工作的国务院副秘书长、中央联席会议办公室主任、国家信访局局长舒晓琴一行。

11 日

〇省长李小鹏会见中国海洋石油总公司总经理杨华一行。

15 日

〇山西传媒学院揭牌成立。

16 日

〇省长李小鹏会见莅晋考察的中国北车集团公司总经理崔殿国一行。

17 日

〇16 日至 17 日，省委书记袁纯清在大同市调研。他强调，要坚持绿色发展，增进人民福祉；解决“四风”突出问题，使群众路线教育实践活动取得实效。

〇省长李小鹏会见中国国电集团党组书记、董事长乔保平，总经理陈飞虎一行。

20 日

〇省委书记袁纯清、省长李小鹏会见莅晋调研的农业部部长韩长赋一行。

24 日

〇23 日至 24 日，省长李小鹏在阳泉市调研经济社会发展情况。他强调，要坚定信心，坚持以煤为基、多元发展，努力走出一条资源型地区转型跨越发展的新路子。

25 日

〇省委书记袁纯清、省长李小鹏会见莅晋调研的民政部部长李立国一行。

〇省委书记袁纯清会见加拿大联邦参议员胡子修和加拿大密西沙加市市长黑兹尔·麦卡利恩一行。

8月

1 日

〇省委书记袁纯清、省长李小鹏会见国家税务总局党组书记、局长王军。在晋期间，王军在太原小店区、省税干校、西山煤电集团等地进行调研，对“营改增”试点等工作给予指导。

3 日

〇省长李小鹏深入运城市专题调研铝工业发展情况。他强调，要解放思想，坚定信心，切实着力破解当前工业企业发展面临的困难和问题，努力实现工业经济持续健康发展。

6 日

〇省长李小鹏会见中国建筑材料集团董事长、中国医药集团董事长宋志平一行，双方就进一步加强建材、医药领域的合作进行了深入交流。

8 日

〇省委书记袁纯清、省长李小鹏会见中国保监会主席项俊波一行。

〇煤电企业中长期购销协议签约仪式在中国（太原）煤炭交易中心举行。省内 7 大煤炭集团分别与中央 5 大电力集团和浙能、格盟等地方发电集团签署协议。

〇山西焦煤集团与中国大唐集团签订合作框架协议。焦煤集团将参与重组大唐集团所属 4 个电厂，双方将加大煤、电产业优势互补力度。

9 日

〇省政府与中国华能集团公司就进一步加强能源领域合作进行座谈。省长李小鹏和华能集团总经理曹培玺、党组书记黄永达出席座谈会。

〇省长李小鹏会见中国东方航空集团公司总经理刘绍勇一行，双方就进一步加强航空事业合作进行了深入交谈。

14 日

〇13 日至 14 日，省委书记袁纯清深入忻州市调研。他强调，要以党的群众路线教育实践活动为动力，让转型成果更好地惠及民生。

16 日

〇全国双拥办调研组莅晋考察双拥工作，并召开座谈会，听取全省双拥工作情况汇报。

21 日

〇省委书记袁纯清深入阳泉市调研。他强调，开展党的群众路线教育实践活动，是山西转型跨越发展最大的推动力，要牢固树立转型为了群众、转型依靠群众的观点。

〇20 日至 21 日，省长李小鹏在吕梁市交城县、离石区、方山县、岚县调研。他强调，要立足山西实际，扩大投资，推动转型，让广大群众共享改革发展成果。

24 日

〇省长李小鹏在太原市就产业转型、对外开放、城市规划建设等工作进行调研。他强调，要加快转型，率先发展，当好全省经济社会发展火车头。

26 日

〇全球电流等级最高的 1700V/3600A IGBT 模块产品在永济电机公司成功下线。该产品填补了我国在大电流领域的空白，实现了我国 IGBT 高端器件产业化的重大突破。

28 日

〇省长李小鹏到忻州市静乐、河曲、偏关、神池、五寨县调研“三农”和扶贫开发工作。他强调，要统筹推进农业现代化、工业化、城镇化、生态化，加快贫困地区振兴发展。

29 日

〇山西股权交易中心有限公司在太原举行揭牌仪式，进驻山西国贸中心开业运营，并迎来首批866家挂牌展示中小企业。

上，长治、晋城两市同获“国家森林城市”命名，是山西省首批获此殊荣的两个城市。

六巡视组进驻山西省开展为期两个月的巡视工作。

9月

4日

〇省委书记袁纯清、省长李小鹏会见国家工商总局党组书记、局长张茅一行。

6日

〇3日至6日，全国政协副主席卢展工带领全国政协教科文卫体委员会调研组莅晋，就革命老区公共文化服务体系建设进行调研，并赴革命老区武乡县、左权县开展送文化下基层活动。

8日

〇4日至8日，全国人大常委会副委员长兼秘书长王晨率领全国人大常委会执法检查组，在山西省就《中华人民共和国义务教育法》贯彻落实情况进行检查。

10日

〇省委书记袁纯清深入太原古交市的采煤沉陷区，就深入开展党的群众路线教育实践活动、解决群众最急最盼的问题进行调研。他强调，各级党委、政府及有关部门、企业要时刻把群众安危冷暖放在心中、抓在手上，确保群众居住安全，帮助群众发展经济、增加收入。

12日

〇8月31日至9月12日，第十二届全运会在沈阳举办。山西体育代表团共获得10枚金牌、8枚银牌和6枚铜牌，积557分的成绩，在38个代表团中居第15位。

15日

〇省委书记袁纯清带领省观摩检查组，实地考察运城市重点工作和项目推进情况，开启了2010年以来的第四轮观摩检查。

19日

〇2013年平遥国际摄影大展在世界文化遗产地平遥古城开幕。来自32个国家和地区的1600位摄影师参加本届展览，参展作品1.2万余幅。

26日

〇在中国森林城市建设座谈会

10月

13日

〇省长李小鹏会见国家烟草专卖局党组书记、局长凌成兴一行。

16日

〇16日至20日，第三届中国（山西）农博会在中国（太原）煤炭交易中心举行。展会期间签约投资项目192个，总投资603.7亿元；贸易签约项目1530个，签约381.8亿元。

18日

〇省长李小鹏会见由霍英东集团行政总裁霍震寰、香港菱电发展有限公司主席胡晓明率领的香港山西商会访问团一行。

26日

〇第十四届“文华奖”揭晓，山西艺术职业学院华晋舞剧团舞剧《粉墨春秋》荣膺“文华大奖”，山西戏剧职业学院说唱剧《解放》获文华优秀剧目奖。

28日

〇省长李小鹏带领省观摩检查组在吕梁市进行观摩检查。他强调，要弘扬不怕困难、敢于奋斗的吕梁精神，深化改革，争先进位，加快建设科学发展新吕梁。

29日

〇省长李小鹏带领省观摩检查组，对晋中市重点工作和项目推进情况进行观摩检查。他强调，要以转型综改试验区建设为统领，深化改革，锐意创新，不断开创全市“四化”率先发展新局面。

30日

〇省委书记袁纯清、省长李小鹏带领省观摩检查组，对太原市重点工作和项目推进情况进行观摩检查。观摩检查组强调，太原市要以开展党的群众路线教育实践活动为动力，发挥优势，加快转型，面向京津扩大开放，建设一流省会城市。

31日

〇根据中央统一部署，中央第

11月

2日

〇省城太原的两项重大民生工程——轨道交通2号线一期工程和华能太原东山燃机热电厂开工建设。

4日

〇中北大学刘有智教授荣获何梁何利基金“科学与技术创新奖”。

16日

〇山西省慈善总会将“山西慈善医院”的牌匾正式授予山西龙城医院，该医院成为山西省挂牌的首家慈善医院。

19日

〇由中国科学院大气物理研究所和山西省气象局共同承建的大气物理联合实验室，在山西省气象局揭牌成立。

27日

〇省委书记袁纯清、省长李小鹏会见来晋出席全国工商系统非公党建工作会议的国家工商总局党委书记、局长李茅，中组部部务委员吴玉良一行。

〇26日至27日，省长李小鹏深入驻村点左权县柏峪村和贫困县联系点和顺县，就发展现代农业、加快贫困地区发展、加强党的基层组织建设、抓好安全生产工作进行调研，向基层干部群众面对面宣讲党的十八届三中全会精神。

12月

5日

〇省长李小鹏就贯彻落实十八届三中全会精神，深化国有企业改革在太钢集团调研，并召开省属国有骨干企业负责人座谈会。

6日

〇省委书记袁纯清、省长李小鹏会见全国政协副主席、致公党中央主席、科技部部长万钢一行。

〇科技部与省政府在太原举行部省工作会商会议，全国政协副主席、科技部部长万钢与省长李小鹏签署《部省工作会商制度议定书》。

7日

〇全国政协副主席、致公党中央主席、科技部部长万钢到长治、晋城就深化科技体制改革进行调研。

16日

〇中国质量领域最高政府性荣誉——首届中国质量奖在北京航天城举行颁奖仪式，太钢不锈钢股份有限公司以总排名第四的成绩荣获中国质量奖提名奖，成为山西省和钢铁行业唯一获此殊荣的企业。

26日

〇省城太原中环路全线建成通车。中环路主线全长48.5千米，全程架设高架桥20.3千米，总计建成里程104.6千米。中环路的建成标志着太原城市快速交通体系框架基本形成，省城终于进入全互通立交时代。

（马天天　整理）

光荣榜

GUANGRONGBANG

光荣榜

2013年山西企业100强

序号	企业名称	序号	企业名称	序号	企业名称
1	山西焦煤集团有限责任公司	34	阳城国际发电有限责任公司	67	大唐阳城发电有限责任公司
2	晋能有限责任公司	35	赛鼎工程有限公司	68	山西凯嘉能源集团有限公司
3	大同煤矿集团有限责任公司	36	山西昆明烟草有限责任公司	69	山西鲁能河曲发电有限公司
4	山西潞安矿业(集团)有限责任公司	37	山西南耀集团	70	山西华翔集团有限公司
5	山西晋城无烟煤矿业集团有限责任公司	38	中钢集团山西有限公司	71	朔州大运果菜批发市场有限公司
6	阳泉煤业(集团)有限责任公司	39	孝义市金达煤焦有限公司	72	山西海宁皮革城发展有限公司
7	太原钢铁(集团)有限公司	40	山西省平遥煤化(集团)有限责任公司	73	山西晋鑫煤焦化有限公司
8	山西煤炭进出口集团有限公司	41	山西襄矿集团有限公司	74	山西大唐国际神头发电有限责任公司
9	太原铁路局	42	山西天泽煤化工集团股份公司	75	山西潞安羿神能源股份有限公司
10	中煤平朔集团有限公司	43	华通路桥集团有限公司	76	太原建工集团有限公司
11	山西省国新能源发展集团有限公司	44	山西中煤东坡煤业有限公司	77	神华国能神头第二发电厂
12	山西建筑工程(集团)总公司	45	太原市梗阳实业集团有限公司	78	经纬纺织机械股份有限公司榆次分公司
13	山西能源交通投资有限公司	46	山西尧都农村商业银行股份有限公司	79	太原市市政工程总公司
14	太原重型机械集团有限公司	47	孝义市金岩电力煤化工有限公司	80	山西葫芦堂煤业有限公司
15	山西潞宝集团	48	山西华宇集团有限公司	81	山西华顿实业有限公司
16	美锦能源集团有限公司	49	山西漳山发电有限责任公司	82	山西省长治经坊煤业有限公司
17	中条山有色金属集团有限公司	50	太原市第一建筑工程集团	83	山西煤矿机械制造有限责任公司
18	天脊煤化工集团股份有限公司	51	沁和能源集团有限公司	84	国投昔阳能源有限责任公司
19	首钢长治钢铁有限公司	52	太原市河西农产品有限公司	85	招商银行股份有限公司太原分行
20	晋西工业集团有限责任公司	53	山西楼东俊安煤气化有限公司	86	山西南娄集团股份有限公司
21	晋城福盛钢铁有限公司	54	山西中煤平朔宇辰有限公司	87	山西怀仁联顺玺达柴沟煤业有限公司
22	山西兰花煤炭实业集团有限公司	55	山西运城市龙飞有色金属有限公司	88	山西寿阳段王煤业集团有限公司
23	山西中阳钢铁有限公司	56	山西晋丰化工有限责任公司	89	长治市霍家工业有限公司
24	山西大昌汽车集团有限公司	57	山西通州煤焦集团股份有限公司	90	山西天工电力发展有限公司
25	中化二建集团有限公司	58	山西平遥峰岩煤焦集团有限公司	91	孝义市鹏飞实业有限公司
26	中煤集团山西华昱能源有限公司	59	太原轨道交通装备有限责任公司	92	山西汾西重工有限责任公司
27	中国北车大同电力机车有限责任公司	60	山西榆社化工股份有限公司	93	山西中煤杨涧煤业有限公司
28	中电投山西铝业有限公司	61	山西宏厦建筑工程第三有限公司	94	淮海工业集团有限公司
29	孝义市兴安化工有限公司	62	大唐太原第二热电厂	95	山西平朔煤矸石发电有限责任公司
30	山西美特好连锁超市股份有限公司	63	山西沁新能源集团股份有限公司	96	朔州市跃胜实业公司
31	中石化山西太原石油分公司	64	朔州中煤平朔能源有限公司	97	智奇铁路设备有限公司
32	山西宝力金属材料集团有限公司	65	长治市长宁钢铁集团有限公司	98	山西康宝生物制品股份有限公司
33	山西振东实业集团有限公司	66	长治清华机械厂	99	山西省太原唐久超市有限公司
				100	交口县旺庄生铁有限责任公司

2013年度粮食生产、农民增收、街道亮化、百企千村产业扶贫开发和易地扶贫搬迁先进集体

一、粮食生产先进集体

（一）先进市（5个）：

朔州市　运城市　晋中市　大同市　忻州市

（二）先进县（20个）：

阳曲县　阳高县　天镇县　盂　县
沁　县　襄垣县　高平市　应　县
朔州市朔城区　原平市　五寨县　汾阳市
孝义市　寿阳县　平遥县　安泽县
襄汾县　闻喜县　芮城县　夏　县

二、农民增收先进集体

（一）先进市（6个）：

太原市　晋中市　朔州市　阳泉市　长治市
晋城市

（二）先进县（20个）：

太原市小店区　娄烦县　浑源县
大同市南郊区　平定县　长治县
长治市郊区　沁水县　山阴县
保德县　静乐县　柳林县
石楼县　太谷县　晋中市榆次区
曲沃县　古　县　霍州市
临猗县　永济市

三、街道亮化先进集体

（一）先进市（9个）：

一等奖：运城市　晋城市　吕梁市　阳泉市
二等奖：临汾市　忻州市　太原市　大同市
朔州市

（二）先进县（30个）：

太原市晋源区　古交市　大同市南郊区
广灵县　盂　县　壶关县　长子县
泽州县　高平市　陵川县　怀仁县
朔州市朔城区　应　县　宁武县　繁峙县
神池县　岚　县　兴　县　汾阳市
孝义市　平遥县　灵石县　隰　县
临汾市尧都区　曲沃县　翼城县　临猗县
芮城县　垣曲县　万荣县

四、百企千村产业扶贫开发先进集体

（一）先进市（4个）：

忻州市　太原市　吕梁市　朔州市

（二）先进县（8个）：

阳曲县　浑源县　武乡县　山阴县　繁峙县
柳林县　吉　县　万荣县

五、易地扶贫搬迁先进集体

（一）先进市（2个）：

忻州市　晋中市

（二）先进县（10个）：

天镇县　平顺县　陵川县　五寨县
岢岚县　方山县　临　县　左权县
隰　县　垣曲县

2013年山西省人口和计划生育工作先进单位

一、2013年人口和计划生育工作目标责任制考核综合先进奖

A类：阳泉市、长治市、太原市

B类：朔州市、忻州市、临汾市

二、2013年人口和计划生育工作目标责任制考核先进奖

晋中市、晋城市、运城市、大同市、吕梁市

三、2013年人口和计划生育工作目标管理责任制考核先进县（市、区）

太原市万柏林区、灵丘县、朔州市朔城区、忻州市忻府区、汾阳市、灵石县、阳泉城区、长治县、晋城市城区、翼城县、夏县

四、2013年计划生育优质服务先进单位

娄烦县、左云县、五寨县、定襄县、保德县、五台县、交口县、武乡县、壶关县、襄汾县、大宁县、洪洞县、汾西县、闻喜县、垣曲县、绛县、新绛县

宁武县县委书记任宁虎检查汾河源头治理工作

宁武县县长王卓调研旅游绿道建设

综改统领　稳中求进

——宁武县

化北屯千亩循环农业科技示范园区

神达栖凤煤矿

2013年，宁武县坚持综改统领，稳中求进，积极应对经济下行压力，认真实施“4484”发展战略，在逆境中前行，在困境中发展，扎实推进各项工作，实现了经济社会平稳发展。2013年生产总值41.5亿元，比2012年增长7.8%；固定资产投资完成55.4亿元，增长35.7%；公共财政预算收入5.7亿元，增长14.2%；社会消费品零售总额6.7亿元，增长16.3%；农民人均纯收入3777元，增长13.5%；城镇居民人均可支配收入17421元，增长9.7%。

★综改试验稳步推进。围绕转型综改路线图，重点创新行政运行体制、土地管理机制、投资融资机制、城乡统筹机制、政策引导机制等五项改革，土地管理机制创新获得“全国国土资源集约节约模范县”称号。

★项目建设再创佳绩。2013年实施项目152个，总投资294.08亿元，完成65.31亿元。项目储备2172亿元。项目签约75亿元，项目落地46.8亿元，项目开工125.14亿元，项目投产66.31亿元。获得全市项目建设二等奖。

★产业转型成效初显。认真落实各项强农惠农政策，大力实施五大富民增收工程。狠抓化北屯循环农业、怀道千亩食用菌、余庄高源脱毒马铃薯、西马坊农业集约化经营等四大农业科技示范园区后续建设和体制运营。坚持“以煤为基、多元发展”，全县煤炭产量1341.5万吨。全力推进煤电一体化进程，华润2×350兆瓦低热值煤电厂落地宁武，国电谢家坪风电一期并网发电。

★民生质量显著改善。七大保险扩面征缴发放任务全部完成。全面落实“三免”政策和“营养餐”工程。实现了基本药物制度全覆盖。新县人民医院投入使用。第二热源厂投入使用，公交车投入运营。

（宁武县政府办　供稿）

万柏林生态园

迎难而上　主动作为　建设全省一流强区

——太原市万柏林区

2013年，万柏林区紧紧围绕"一流产业、生态、宜居大区"建设目标，迎难而上、主动作为，经济社会发展稳中有进、稳中向好。

★经济平稳健康发展。全区生产总值336亿元，比2012年增长3.6%；规模以上工业增加值179亿元，增长2.8%；固定资产投资完成261.7亿元，增长32.6%；社会消费品零售总额193亿元，增长16%；公共财政预算收入10.6亿元，增长15.7%；农民人均纯收入15835元，增长11.8%。全年招商引资233.9亿元，54个重点工程项目完成投资210亿元，固定资产投资连续3年保持30%左右的高速增幅。

★生态环境不断优化。以全省造林绿化现场会为契机，高标准实施造林工程，基本实现荒山林地绿化全覆盖，形成西山生态恢复循环圈。强化节能减排和环境保护，省城环境质量改善"五大工程"和"五项整治"取得实效。空气质量排名全市领先，生态宜居水平进一步提升。

★民生事业明显改善。优先发展教育，办学条件进一步改善，教学质量有了实质性提升。深入推进医疗事业发展，加大对公立医院补贴，实现药品无加价医疗，完善三级卫生服务体系建设。人口计生工作被评为全省目标责任制考核先进区。大力繁荣文化事业，建成惠及全民的公益美术馆、壁画馆，书画展、摄影展和广场文体活动常态化。突出抓好社会保险政策"全覆盖"工程，城乡居民养老保险覆盖面99.8%以上。新农合区级筹资标准人均增加20元，率先引入大病商业保险。城乡低保标准实现一体化，统筹提高到每人每月430元。深入开展为群众"办实事、解难事"活动，区级10件承诺事项全部兑现。

（万柏林区政府办　供稿）

千峰游园

葡萄苑社区

采煤沉陷区安置项目

西外环出口

城中村改造回迁项目

南内环西街西延

西曲矿夜景

古交发电厂

经济发展稳中有进 各项事业协调发展

——古交市

2013年，古交市紧紧围绕建设"四个一流"战略目标，坚定不移促转型，攻坚克难稳增长，持之以恒惠民生，经济社会呈现出稳中有进、稳中向好的局面。全年生产总值27.5亿元，比2012年下降12.2%；规模以上工业增加值8.9亿元，下降35%；固定资产投资69.4亿元，增长31%；服务业增加值14.9亿元，增长0.6%；社会消费品零售总额38.5亿元，增长15.8%；财政总收入13.4亿元，增长6.1%；公共财政预算收入8.5亿元，增长10.6%；城镇居民人均可支配收入23262元，增长11.2%；农民人均纯收入11109元，增长12.1%。荣获全国科技进步考核先进(县)市等两项国家级荣誉、林业"六大工程"建设先进单位等20余项省级荣誉。

★努力在调整结构中促进产业转型。全年实施产业转型项目120余项，完成投资48.1亿元。积极培育新兴产业，西山蓝焰煤层气综合利用项目形成日产气量20万立方的能力，纳米聚晶金刚石、泡沫彩釉玻璃等6个项目试生产。精心培植现代农业，打造了10个省级"一村一品"专业村，建成4个现代农业园区，培植了3个省级著名商标。

★努力在深化改革中增强发展活力。深入开展"双试点"工作，实施了四大领域20个重大项目。坚持实行"六位一体"项目推进机制，全年项目落地217亿元、项目开工52亿元、项目建设75亿元、项目投产71亿元，在太原市完成率综合排名第三。创新招商引资办法，与中铝矿产、国新能源等4个企业签订合作协议，实际到位资金47.6亿元。

★努力在改善民生中提升居民幸福指数。全年各项民生事业支出6.8亿元，增长3.2%。完成19所学校标准化建设，基本完成公立医院改革，推行新农合"先住院后付费"政策，计生工作通过国家优质服务先进单位评比验收。城镇医疗、养老、失业等五大保险参保范围不断扩大，新农保、城居保、城镇居民医保补助标准进一步提高。年初承诺的10件实事全部兑现。

（古交市政府办　供稿）

太古高速

新型城镇化建设

市区鸟瞰

体育场

汾河公园

学校一角

新建廉租房项目主体完工

守口堡水库施工现场

富民强县 和谐安康

——阳高县

2013年，阳高县大力实施"五化一体"发展战略，攻坚克难，奋力开拓，经济建设和社会发展开创了新局面。全县生产总值25.65亿元，比2012年增长6.2%；规模以上工业增加值3.19亿元，增长7.9%；公共财政预算收入9422万元，增长8.8%；全社会固定资产投资57.66亿元，增长46.7%；城镇居民人均可支配收入15760元，增长9.3%；农民人均纯收入5186元，增长13%；社会消费品零售总额8.73亿元，增长14.3%。

★强力推动项目建设，壮大工业经济。大力实施"百企强县"工程，同煤通泰橡胶输送带、御泉饮品矿泉水项目，当年开工、当年建成。华电友宰南顶山风电项目并网发电，京元锰业高锰酸钾项目稳步推进，金光公司和晨昀碳素搬迁项目全面开工。河南起重机减速器、山西国际电力光伏发电、阿特斯光伏发电项目顺利落地。龙泉工业园区成功列入"创建国家安监总局安全产业示范园区试点单位"。

★大力发展设施农业，做强富民支撑。大力实施"百园立农""收入倍增"工程，蔬菜、畜牧、杏果三大主导产业规模和效益进一步提高。加大农建投入，农业综合生产能力进一步提升，粮食总产量2.58亿千克，被评为"全国粮食生产先进县"。

★统筹城乡基础建设，改善人居环境。大力实施"城镇提质""城乡清洁"工程，完成义和福地、阳光财富城改造工程，推进政府街、辕门街开发改造工程，建成县城全民健身广场。全面铺开罗文皂集镇建设，启动大白登、王官屯、马家皂集镇建设。市容市貌、村容村貌明显改观。

同煤通泰橡胶输送带项目建成

和富扶贫移民日光温室园区

全民健身广场建成投用

新建县职业技术学校

★加快生态文明建设,推动绿色发展。大力实施“生态建设”“名城复兴”工程,启动建设百里生态旅游长廊,被评为“全国生态文明建设先进县”。铺开白登河综合治理工程。统筹规划文化体验、观光休闲、养生养老等产业园区,大泉山景区建设、云林寺本体维修等项目顺利推进。成功承办第七届世界养生大会,被授予“全国养生养老示范基地”称号。

★协调发展社会事业,促进全面进步。大力实施“百校兴教”“城乡安居”“平安创建”工程,推动各项社会事业协调发展。和富扶贫移民日光温室园区一期工程圆满完成,探索出一条扶贫开发新路子。推进乡村医疗卫生体制改革,基本药物实现零差价。加大社会保障力度,各类社会保险覆盖面进一步扩大,困难群体得到有效救助。倾心倾力办实事解民忧,县政府向全县人民承诺的“八件实事”全部完成。

(阳高县政府办 供稿)

和富扶贫移民日光温室园区

大泉山森林公园

灵丘县县长罗永山(中)调研设施农业

县长罗永山(右三)检查指导重点工程建设

稳中有进 稳中向好

——灵丘县

2013年,灵丘县对标一流,攻坚克难,扎实苦干,全县经济建设和社会各项事业呈现出稳中有进、稳中向好的发展态势。

★综合实力得到新提升。2013年,全县生产总值31.5亿元,比2012年增长7.5%;社会消费品零售总额22.9亿元,增长13.9%;规模以上工业增加值10.5亿元,增长8.1%;固定资产投资总额完成69.8亿元,增长41.6%;财政总收入5.1亿元;公共财政预算收入2.3亿元,增长5%;农民人均纯收入5195元,增长13%;城镇居民人均可支配收入19844元,增长9.5%;粮食生产喜获丰收,总产量7.6万吨。在全市县区2013年度目标责任考核中获良好类第一名。

★项目建设取得新突破。全年实施重点工程48项,完成投资62.45亿元,占年任务的113.9%。石工公司水泥粉磨站、春阳公司苦荞系列产品生产线等项目已全部完工。全年签约项目9个,签约资金147亿元,占年任务的210%。

★经济转型迈出新步伐。委托中国农业大学编制完成《山西灵丘有机农业园区实施规划》,并通过验收评审,被省政府确定为全省转型综改70个重大项目之一。围绕"百企强县"工程,以工业新型化为目标,大力发展利用铁尾矿生产加气混凝土砌块等循环产业和风电、水电和珍珠岩深加工等新兴产业。不断加强园区建设,以巍山工业园区建设为主体,重点推进冶金产业园、新材料产业园和农业科技园建设。围绕"名城复兴"工程,编制了旅游总体规划,重点推进南部田园峡谷旅游区和西部战事遗址旅游区建设。围绕综改试点工作,积极推进土地、金融、规划、行政审批、非煤矿产资源开发利用五大领域的改革创新。

县长罗永山(右三)在灵丘一中调研

县长罗永山(右一)看望农村老党员

★统筹城乡凸显新亮点。围绕"城镇提质"工程,按照建设"山水特色城镇"目标,编制县城总体规划,全面实施"大县城"战略和"百强镇"建设。围绕"城乡清洁"工程,城市治"五乱"、农村治"四堆",人居环境得到较大改善。

★民生事业再谱新篇章。全年投入教育卫生、社会保障、道路交通等民生支出达7.6亿元,实现了保工资、保运转、保民生、促发展的目标。围绕"百校兴教"工程,完成9所学校食堂建设工程和两所标准化幼儿园新建工程,基本完成城镇幼儿园主体工程。围绕卫生计生工作,卫生监督所建设工程全面完工,创建国家级人口计生优质服务先进县工作通过验收,中医院顺利通过二级甲等医院评审,新农合参合率达到92%。扩大企业职工基本养老保险、失业保险、生育保险、工伤保险覆盖面,基本医疗保险达到应保尽保。围绕"平安创建"工程,安全生产形势保持了总体稳定,社会管理创新工作深入推进。2013年人民群众安全感测评在全省119个县区中排名第一。

(灵丘县政府办　供稿)

建设中的灵丘县车河有机农业社区

灵丘县春阳公司一角

改革创新 攻坚克难

——孝义市

2013年是孝义市经济社会发展、党的建设和党风廉政建设取得明显成效，而且将影响深远的一年。

经济发展迎难而上、逆势而进。面对严峻形势，沉着应对、稳扎稳打，全年地区生产总值412.3亿元，比2012年增长16.1%；公共财政预算收入25.2亿元，增长1.5%；规模以上工业增加值294.2亿元，增长23.8%；全社会固定资产投资280.2亿元，增长26.6%；社会消费品零售总额106.5亿元，增长14.1%；城镇居民人均可支配收入25582元，增长10.5%；农民人均纯收入12244元，增长13.4%，资源型经济转型结出丰硕成果。入围第十四届全国县域经济基本竞争力与县域科学发展百强，成为全省唯一且连续八年位居全国百强的县市。

转型综改和扩权强县试点强力推进，综改增动力、收红利。充分运用“双试点”政策，着力破解招商引资难、项目审批难、企业用地难、资金筹措难，抓住发展先机，释放了发展活力。统筹城乡发展，启动下堡河流域“一镇两乡”、梧桐镇与下栅乡“一镇一乡”一体化综合改革试点，全域一体化改革力度空前。深化政务体制改革，建成公共资源交易中心，规范扩权权限运行，项目审批平均缩短15个工作日。创新地方金融机构发展机制，各项贷款净增104.7亿元，增长57.2%，位居全省和吕梁市前列。综改试点全省考评第一，被确定为全国4个资源再生型城市之一、全省首个国家循环经济示范创建县级市。

党风政风、社会风气的变化令人振奋。全市广大党员干部群众深入学习贯彻习近平总书记系列重要讲话，自觉用讲话精神武装头脑、指导实践、推动工作。市委制定出台《关于改进工作作风、密切联系群众的若干规定》，深入开展党政机关违规用车、党员干部大操大办、节日期间公款送礼、吃喝不正之风、办公用房清理“五个专项治理”，扎实开展“访民生、知民情、解民事”集中走访活动，密切了党群干群关系，党风政风转变带动了社会风气明显好转。

（孝义市委办　供稿）

市人民广场

太原理工大学现代科技学院启用

晋茂20万吨粗苯加氢精制项目一期投产

梧桐安置区

中沃华夏新能源纯电动客车下线

孝河湿地

以人为本 四化互动 建设宜居宜业宜游的区域中心城市

——孝义市

近年来，孝义市始终把推进特色城镇化放在重要战略位置，紧紧围绕资源型城市经济转型和区域性中心城市建设目标，大胆突破，创新实践，全域统筹推进城镇化建设，探索出一条具有孝义特色的新型城镇化发展道路，有力促进了经济社会持续健康发展。2013年，全市生产总值412.3亿元，公共财政预算收入25.2亿元，城镇居民人均可支配收入25582元，农民人均纯收入12244元，位列全国百强第65位。城市建成区面积31平方千米，城镇人口35万人，城镇化率超过70%。先后获得"国家园林城市""省级综合宜居城市"等称号，顺利通过创建国家卫生城市专家评审，正在申报创建全国文明城市验收。

★坚持"四化"互动，推进"三个集中"，统筹优化布局城镇发展形态。2010年，在全省率先启动《城乡一体化规划》，坚持新型工业化、特色城镇化、农业现代化和市域生态化"四化"同步推进、协调发展。按照"人口向城镇集中、产业向园区集中、土地向适度规模经营集中"的思路，启动实施以规划面积57平方千米的主城区为龙头、4个特色中心镇为支点、20个社区化农民居住区为辐射的"1420"特色城镇化工程，形成孝河、兑镇河、下堡河"人"字形三大生态城镇带。同时，规划发展煤化工、装备制造、高新科技、现代农业和现代服务业"五大园区"，形成"一心、三带、五园"空间布局，构建了市域一体、城乡一体、产城一体的城镇发展格局。

（一）立足扩容提质，打造一流主城区。一是拓展城市空间。将孝河确定为城市中心绿轴，确立了"一河两岸、沿河环湖"的发展方向。相继完成湖滨路拓宽、时代大道等城市干道工程，形成"八横九纵一环"路网骨架，拉大了城市框架。大力实施孝河、胜溪湖"一河一湖"生态景观带建设，开启城市发展"孝河—汾河时代"。二是集聚人口规模。主要实施高教文体园区建设工程、整村搬迁进城工程、城市化农民集中居住区建设工程等三大工程，有效集聚城市人口，搬迁进城人口10万余人。三是大力发展现代服务业。依托中心城区现代服务业集中示范区，积极引进知名品牌，布局建设了沃尔玛、肯德基等大型购物、专业卖场、生活体验新型服务业态。

（二）立足组群发展，加快中心镇村建设。坚持因地制宜、分类推进，加快镇村有序合理集聚发展，形成适度规模。主要探索了四种模式：一是产城融合模式。在城市规划区周边合理布局煤化工、装备制造业、高新科技和现代农业园区，全市90%以上的新兴产业项目入驻，实现了园区与集镇互动、融合发展。二是区域组群模式。启动实施"一镇两乡"一体化综改

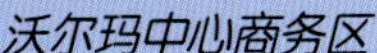
沃尔玛中心商务区

华美新天地时尚购物广场

试验区建设，打破行政区划，集中规划2万人的下堡新区。腾出空间、集聚要素，重点发展资源开采加工、商贸物流以及特色种养、生态旅游产业。三是镇矿一体模式。针对兑镇、阳泉曲等乡镇与矿区相邻，因矿而兴的实际，积极探索"镇矿一体化"发展模式，推进以矿带镇、镇矿融合发展。四是联村发展模式。依托胜溪现代农业示范园区，启动实施概算投资10亿元，整合搬迁7村、1.5万人的胜溪新村示范工程。

★坚持以人为本，突出"三个一体化"，全面提升城镇化质量和水平。围绕基础设施、公共服务、生态建设城乡一体化，持续加大投入，努力提高城镇综合承载能力。

（一）城镇基础设施一体化。一是加强道路交通建设。以"打通断头路，完善路网骨架；改造旧道路，优化城市交通；连接高速路，形成快速通道"为核心，持续数年大办交通，累计实施市政道路、桥梁工程80余项，村通油路率100%，城乡公交运营线路全覆盖，市域实现"半小时"通达。二是完善市政公用设施。建成4座热源厂，集中供热普及率95%。投资1.1亿元实施天然气次高压西延工程，率先实现"气化孝义"。对接全省"大水网"启动市域水网规划，城乡自来水普及率100%。水、气、热、电、通讯等市政设施正在由城区向乡村覆盖。

（二）基本公共服务一体化。一是促进城乡创业就业。把保障进城农民就业增收放在首位，大力开发公益性岗位。组织开展"委托式、定单式"就业培训，转移农村劳动力近万人。大力发展中小微企业，2013年全市中小微企业和个体工商户从业人员达12.9万人。二是统筹城乡教育资源。以城区学校为龙头，组建崇文小学教育集团、六中教育集团等9个覆盖全

市中小学校的集团化办学共同体，并逐步扩大到幼儿园，实现优质教育资源城乡共享。三是深化医药卫生体制改革。投资3亿元完成市乡村三级医疗卫生院所标准化建设，399个医疗机构实现药品“零差率”销售。推行市级公立医院托管乡镇卫生院机制，逐步建立起全域医疗资源一体化管理体系。四是健全社会保障体系。城乡基本医疗、养老保险基本实现全覆盖。新农合重大疾病保障由8项扩大至30项以上，参合率99.6%。实施“一乡一所规模养老院”工程，新建乡镇养老院13所，9个乡镇实现五保户集中供养。着力改善城乡困难群众居住条件，累计铺开5303套公廉租房建设，建成2478套、分配到户1958套。完成749户农村困难家庭危房改造。

（三）城乡生态建设一体化。一是塑造特色滨水景观。铺开孝河生态综合治理工程，建成胜溪湖森林公园，胜溪湖湿地公园开园。二是塑造城市园林景观。大力实施以大型公园为重点的“绿肺”工程，以城市道路绿化为重点的“绿廊”工程，以街头游园、庭院绿化为重点的“绿景”工程，以城周防护林为重点的“绿环”工程。建成区绿地面积达到776.9万平方米，绿化覆盖率43.5%。三是塑造城乡生态景观。每年投入造林绿化资金2亿元以上，大力实施荒山绿化、通道绿化，城乡可绿化空间基本实现全覆盖；大力实施村镇绿化、矿区绿化、企业绿化，构建了出门见绿、绿荫环绕的生活空间；突出林业富民，发展核桃经济林3.3万公顷，基本实现宜栽核桃地区全覆盖。全市森林覆盖率32.1%。

★坚持体制创新，破解“三大难题”，有效激发城镇化发展活力。牢牢把握省转型综改、扩权强县“双试点”机遇，大胆解放思想、先行先试，着力破解要素、体制制约，推动城镇化加速发展。

（一）着力破解融资难。一是建立融资平台。组建成立城市建设投资公司，在全省率先设立金融办，制定出台扶持金融发展的优惠政策。二是争取上级投资。对重大基础设施提前储备立项，千方百计争取列入国家和省投资建设计划。三是放宽准入领域。在公用事业领域推行特许经营，向社会放开城市基础设施建设项目。四是激活民间资本。引入广西碧园、福建天福等开发商，参与城中旧区（棚户区）改造，引入南京雨润集团参与城中村改造。

（二）着力破解用地难。一是挂钩置换。2011年在全省率先争取到城乡建设用地增减挂钩试点，大力实施旧村庄、废弃工矿企业拆迁和土地复垦整治，争取用地指标466.4公顷，拆旧复垦282.8公顷。二是节约用地。积极推进迁村进城、集聚产业，着力提高建设用地节约集约化程度，2011年荣获“全国首批国土资源节约集约模范县市”称号，获得33.3公顷用地指标奖励。三是流转盘活。成立农村土地流转服务中心，完善土地流转服务平台，出台土地流转补贴政策，累计流转农村家庭承包耕地6387公顷，占耕地的22%，促进了农业规模经营。

小城镇化建设——梧桐新区

采煤沉陷区治理项目

华夏动力新能源客车装配车间

孝义千万吨级煤化工园区

（三）着力破解管理难。一是探索扩权强镇机制。启动下堡河流域"一镇两乡"、梧桐与下栅"一镇一乡"一体化综合改革试点，打破行政区划，整合行政职能，统筹布局规划，试行下放财权、事权，进一步激发镇域发展活力，加快推进乡镇集群发展。二是创新社区治理机制。开展"大办社区年""社区建设年"活动，城市社区由24个增加到48个，划分为308个社会管理网格，构建起市、街道、社区、网格"四级联动"服务管理模式。配齐配强社区专职工作人员，将疾控、计生、民政等部门公共服务职能延伸到各社区，居民步行15分钟便能享受到服务。三是强化依法管理机制。从城市规划、建设管理、环境卫生、综合执法、车辆管理等各方面入手，明确部门职责，健全规章制度，完善建立了综合执法与专业执法、统一执法与分级执法、日常执法与专项整治相结合的执法机制。四是引进市场运作机制。积极探索向市场购买公共服务，将市政设施维护、绿化养护、城市"牛皮癣"清除等工作全面推向市场。城乡环卫管理实行分段责任承包，有效降低了成本，提高了效率，促进了就业。

（孝义市政府办　供稿）

铭信禽业加工车间

胜溪新村设施蔬菜基地

胜溪湿地

脱毒种薯原种培育基地

油松育苗

经济社会发展再上新台阶 美好岚县建设迈出坚实步伐

——岚 县

2013年，岚县按照市委“打基础、利长远、惠民生”的总体要求，紧紧围绕建设实力岚县、富裕岚县、幸福岚县、美丽岚县、和谐岚县、勤廉岚县目标，全力实施“3+1”“1+3”发展战略，全县经济社会保持了平稳较快发展的良好势头。

★县域经济快速增长。2013年全县生产总值20.8亿元，比2012年增长13.2%，全市第三；规模以上工业增加值20亿元，增长45%，全市第一；社会消费品零售总额8.39亿元，增长13%；城镇居民人均可支配收入14906元，增长9.3%；农民人均纯收入3721元，增长12.9%；外贸出口总额220万美元，完成市下任务的333%，增幅全省第一。全社会固定资产投资完成53亿元，财政总收入9.28亿元，公共财政预算收入6.19亿元。

★项目建设进展顺利。总投资125亿元的省重点项目、亚洲规模最大的露天冶金矿山——太钢袁家村铁矿2200万吨采矿、750万吨精矿粉、200万吨球团项目全面投产。投资30亿元的江川国威新材料工业园区一期年产2万吨生物质复合材料和1200万只软磁芯项目当年启动、当年开工、当年建成。继亨30万吨铸造技改配套518立方米高炉及汽车配件总装生产线项目投产。投资5亿元的大唐风电一期48兆瓦项目、投资8.3亿元的山西中盛达2×48兆瓦风电项目等42个项目全部开工，完成投资82.22亿元。

★招商引资成效显著。与安邦集团签订战略合作框架协议，规划总投资303.8亿元，建设集煤矿、洗煤、发电、粉煤灰综合利用、电解铝及相关产业为一体的煤电工业园。与广东广新矿业资源集团有限公司签订总投资6亿元的合作框架协议。与大象农牧集团签订总投资7.5亿元的生猪产业化开发项目协议。全年招商引资338亿元，完成市下任务的218%，增幅全市第三。

★农业产业化步伐加快。马铃薯种植总面积1.5万公顷，启动了岚县马铃薯地理标志产品认证工作。集电子交易、产品检验检测、恒温贮藏为一体的绿禾薯业马铃薯批发市场主体完工。康农薯业、宜芳食品等龙头企业进行了改造升级。油松育苗产业实现规模扩张，总面积4000公顷。推广舍饲养殖，扩大规模养殖，生态养殖产业加快发展。推进小微企业快速发展，全县新增中小微企业237户，从业人员2万余人。

新材料工业园区

新建的岚县人民医院

★城镇化建设稳步推进。国家卫生县城通过最终验收和公示，省级文明县城和省级园林县城通过初验。全面实施"三河九园"绿化工程，九大公园升级改造顺利完成。加快推进市政供水管网改造工程，新增集中供热面积15万平方米，城区居民天然气使用户数3300余户。新建城市规划馆和儿童游乐场，改造提升图书馆、青少年活动中心。普明"百镇"建设和岚城、梁家庄等中心乡镇建设全面推进，新农村建设重点推进村、"百村行动计划""四化四改""五个一"工程全部完成。

30轨制岚县中学新区

★民生事业协调发展。总投资3.6亿元的岚县中学(新建)项目主体完工，配套设施基本完成。总投资2亿元的职业教育中心加快建设。中小学校舍标准化改造基本完成。总投资2亿元的岚县人民医院(新建)项目主体完工。完成基层医改工作，实施公立医院改革，落实国家基本药物制度，新型农村合作医疗参合率100%。太佳高速连接线西段基本贯通。"岚县八音"入选第四批省级非物质文化遗产扩展项目，"岚城面供"正在申报国家级非物质文化遗产保护项目，白龙山风景区列入全省首批休闲旅游度假区。加强乡镇文化站、农家书屋、农村电影放映等文化惠民项目建设，初步建立了覆盖城乡的基本公共文化服务体系。省政府提出的"便民五件实事"开工率100%，市政府提出的"5+1"工程年度目标任务和县政府在年初向全县人民承诺的"10件实事"全部完成。

岚河公园一角

(岚县政府办　供稿)

阳泉郊区区长韩加政(左二)调研乡村旅游

西南舁万亩优质果园

实施五大战略　建设城郊强区

——阳泉市郊区

阳泉郊区地处山西省东部，太行山中段的娘子关境内。总面积617平方千米，总人口23万人，是一个典型的资源型农业县区。近年来，阳泉郊区大力推进工业新型化、区域城市化、农业现代化、城乡生态化，呈现出经济较快增长、民生不断改善、事业更加进步、社会安定和谐的良好势头。2013年，全区生产总值78.3亿元，财政总收入9.98亿元，农民人均纯收入10289元，城镇居民人均可支配收入19360元。

★实施“双加双培”，促进产业升级。大力实施“煤耐+新型”“园区+项目”的“双加双培”工程，培育传统主导产业、培植新兴接替产业，扎实开展“项目见效年”活动，打牢发展基础，推进产业再造。东城科技创新园、河底商贸物流园、西南舁耐火工业园、307复线小微企业集聚区、荫营现代农业示范园全面铺开。

★发展城郊农业，加快农民增收。以“菜、果、蛋”为主导，大力发展现代设施农业，基本形成以河底现代农业综合园、西南舁万亩优质果品园、平坦·义井双百万只蛋鸡养殖园为重点的农副产品供应基地。叫响“三舁”苹果、“冬春”蔬菜、“晋阳府”食醋、“老妮儿”食品等特色品牌，助推农业走上标准化生产、品牌化经营之路。

全国最早的武庙建筑、国家重点文物保护单位——玉泉山关王庙

国家4A级景区——桃林沟景区

山西河坡发电有限责任公司规划图

新城大道

万亩生态新城森林公园

中国历史文化名村、中国传统古村落——小河古村评梅景区

★繁荣商贸旅游，提升服务能力。发展商贸物流业，引进华港新能源重卡物流园、邯郸远洋汽车文化综合体等项目。发展文化旅游业，重点打造桃林沟生态娱乐园、西南舁休闲采摘园、刘关张忠义文化园、辛庄红色旅游园、小河历史民俗园等五大乡村旅游基地和新城森林公园、保安生态沟、龙泉沟垂钓园等三大观光园区。

★加大民生投入，促进民生改善。在全市率先实现两轮"五个全覆盖"的基础上，重点实施教育、养老、医疗、社保等一系列惠民工程。区人民医院与北京301医院开通了远程诊疗系统，并实行了新农合"一卡通"和参合农民住院免缴押金等惠民措施。启动了行政村通公交全覆盖工程，覆盖85%的行政村，实现了城乡公交一体化。

（阳泉郊区政府办　供稿）

阳泉金隅通达高温材料有限公司厂区

副省长张复明在介休调研教育工作

万亩核桃林基地

稳中有为 稳中有进

——介休市

2013年，介休市以转型综改为统领，积极应对经济下行压力，直面矛盾，埋头苦干，主动作为，加快赶超，各项工作稳中有为、稳中有进。全市生产总值149.1亿元，比2012年增长5.4%；规模以上工业增加值86亿元，增长5.5%；公共财政预算收入11.7亿元，下降4.6%；固定资产投资完成100亿元，增长31.9%；社会消费品零售总额68.7亿元，增长13.9%；城镇居民人均可支配收入25297元，增长9.7%；农民人均纯收入9809元，增长12.7%。

★发展基础更加坚实。深入开展"项目推进攻坚年"活动，超额完成"六位一体"任务，62个省、市重点项目完成投资134.9亿元，22个重点项目建成投产。义安循环经济园区加快建设全省千万吨级焦化基地，装备制造园区中加大型锻件、煤化成套设备等项目落地，新材料园区水、电、路、气等基础设施基本到位，青云通航园区一期工程基本具备生产条件。

★综改转型成效显著。加快发展十大工业百亿元产业和现代服务业，推进"四个转变"。"小转大"，实现煤炭产量546万吨，焦化单户产能将全部提升到200万吨以上；"粗转精"，志尧、福源超高功率石墨电极项目投产，义棠煤业煤层气发电开工建设，安泰H型钢打开国际、国内两个市场；"重转轻"，新材料、装备制造、煤化工等新型产业快速发展，三佳有机硅、益达甲醇、博创纳米氧化锌等先进生产装备经济效应逐步显现，安晟泡沫陶瓷保温材料应用逐步在全省推广；"黑转绿"，绵山风景区跻身国家5A级旅游景区，历史文化名城复兴工程再现老城历史风貌，张壁古堡推进堡内文物景观修复和基础设施升级改造。

★城乡面貌焕然一新。80项城镇化重点工程完成投资31.3亿元，城镇化考核蝉联晋中第一。打造6.8平方千米北部新城，义安生态新区开工。实施十大创卫攻坚工程，加快重点镇、中心村建设，义安新村完工入住，张壁入选全国美丽乡村建设试点，新村一期完工入住，全面铺开覆盖231个行政村的乡村清洁工程。狠抓生态环境保护，全面开展大气污染防治。

★现代农业迈出新步。建成78个省、市"一村一品"专业村和连福核桃加工、张兰设施蔬菜专业镇。发展农民专业合作社360个，其中省级示范社16个。粮食总产量1.4亿千克，农产品加工产值28亿元。全省蔬菜生产暨晋中盆地设施农业现场会和晋中现代畜牧业现场会先后在介休召开。

★社会事业加速发展。积极推进学前教育"三年行动计划"，完成中小学综合实践教育基地改建。实施"十院兴医"工程，基本药物零差价覆盖所有公立医院，公立医院改革稳步推进。全面加强社会保障，城乡居民养老保险参保率98.8%，新农合参合率99.8%。

（介休市政府办　供稿）

总投资4亿元的汾河综合整治工程

安泰集团120万吨H型钢生产车间

可容纳3600人就读的新介休一中

拥有世界领先技术的青云通用飞机

全国美丽乡村建设试点——张壁新村

全省一流的县级博物馆

转型跨越 稳中有进

——灵石县

灵石县县委书记 段燕翔

灵石县县长 刘旋

2013年，灵石县紧紧抓住“双试点”机遇，深入实施“十二五”规划，着力推动转型跨越，全县经济社会保持稳中有进的发展势头。

★主要指标继续增长。2013年，全县生产总值193.4亿元，比2012年增长18.4%；规模以上工业增加值129.5亿元，增长24.1%；全社会固定资产投资133亿元，增长30.8%；社会消费品零售总额53.1亿元，增长14.5%；公共财政预算收入15.9亿元，增长14.9%；城镇居民人均可支配收入27667.3元，增长9.9%；农民人均纯收入11913.5元，增长13.3%。规模以上工业增加值、公共财政预算收入、城镇居民人均可支配收入等3项指标绝对额居全市第一，地区生产总值、规模以上工业增加值、全社会固定资产投资、社会消费品零售总额等4项指标增幅超过全市平均水平。

★结构调整不断深入。坚持抓项目增投资促转型，实施重点工程78项，完成投资170.6亿元，增长32.2%。新引进项目6个，总投资261亿元。投资对经济增长的贡献率达到66%。工业新型化步伐加快，9座技改矿井竣工投产，中煤“18·30”等项目投产试产，存山北斗导航智慧应用云计算、聚义煤矸石制纤维等转型项目开工建设。非煤项目投资额占二产投资比重提高20个百分点，新兴产业产值增长44.4%。现代农业扎实推进，粮食总产量达到5600万千克，肉蛋奶产量达到2.2万吨。“一村一品”专业村发展到268个，新植补植核桃林2920公顷，新发展设施蔬菜69.3

灵石县县长刘旋调研安全工作

灵石城镇化建设基金支持的美多园花卉种植项目

公顷。第三产业拉开布局,文化旅游项目培育和要素整合同步推进,接待游客438万人次,实现综合收入36.6亿元。

★城乡面貌明显改善。实施"大县城"战略,城建重点工程完成投资42亿元,与北京首创集团合作的城乡一体化建设项目正式启动。整村搬迁14个村、7000余人。全县城镇化率达到48.2%。基础设施建设力度加大,石膏山水库下闸蓄水,5项电力线路完成改造,5条道路建设工程快速推进。生态环境明显改观,万元生产总值综合能耗下降3.9%,二氧化硫等6项减排任务超额完成。县城区空气环境质量优良率达到90%以上。成功创建国家卫生县城和国家园林县城。

★综改试验扎实推进。认真实施综改方案,全面落实行动计划。成立全国首支城镇化建设的私募基金,募集资金4.5亿元,为5个项目融资2.8亿元。开展"助保贷"业务,5户中小企业贷款2200万元。推进土地"三项改革"。加快户籍制度改革。深化审批制度改革,行政审批事项由76项精简为52项。完成县级公共资源交易中心组建。用足用好扩权强县政策,利用下放权限办理事项496项。

石膏山福苑蛋鸡养殖项目

新建的阳光集贤苑移民住宅小区

静升河城区段整治

★民生保障更加有力。县财政用于民生领域支出12.7亿元，占到总支出的52%，比2012年增长17.3%。城镇新增就业5273人，转移农村劳动力5481人。城乡居民基础养老金每人每月提高10元，城乡居民最低生活保障标准每人每月分别提高30元和24元。开工建设保障性住房2785套，完成农村危房改造440户。教育、卫生、文化、体育等事业蓬勃发展，乡镇中心幼儿园实现“全覆盖”，新建改建农村卫生所42所，县图书馆成功创建国家一级馆，建成12处社区健身场地。人口计生工作走在全省前列。食品药品安全监管力度继续加大。安全生产形势稳定向好，事故起数、死亡人数分别下降15.1%和13.8%，全年未发生较大以上安全事故。

2014年，灵石县将深入贯彻落实党的十八大、十八届三中全会和中央、省、市经济工作会议精神，坚持稳中求进的总要求，以全面深化改革为动力，以项目建设为抓手，以新型城镇化为引领，以优化发展环境为保障，全面提升县域经济发展水平，为加快转型跨越发展、在全省率先全面建成小康社会而努力奋斗。

（灵石县政府办　供稿）

中煤化工1830项目

聚义煤矸石制纤维项目工地

聚义煤矸石制纤维项目

北斗导航智慧应用云计算项目工地

美轮美奂的山城夜景

椒仲村移民新村

盂县县委书记张玉斌调研农业项目

盂县县长杜平华在行政审批服务大厅调研

统筹抓好各项工作 经济社会发展取得新成就

——盂 县

重点工程建设工地

光伏发电项目

2013年，盂县紧紧围绕"率先转型跨越、率先建成小康"的目标，大力实施"四大战略"，攻坚克难，负重奋进，经济社会发展取得新成就。先后荣获全国科技进步先进县、全国防震减灾工作先进县、全国政府性债务审计先进公务员集体，全省高速公路建设模范单位、全省城乡居民社会养老保险经办管理服务示范县、全省餐饮服务食品安全示范县、全省文物旅游工作先进县等称号。

★经济实现平稳发展。2013年，全县生产总值137亿元，比2012年增长8.8%。公共财政预算收入6.92亿元。规模以上企业工业增加值82.7亿元，增长11.6%；全社会固定资产投资完成113.7亿元，增长26.4%；社会消费品零售总额41.26亿元，增长14.6%；农民人均纯收入9800元，增长12.2%；城镇居民人均可支配收入23105元，增长9.6%。

★现代农业提质增效。粮食生产实现"十连增"，总产量达到1.35亿千克。华北奕丰科技园、新布衣生态农业、金地苗圃基地等项目建成运行，以康泰来生态农业、鑫源伟业种羊基地为主的西烟现代农业示范园区建设取得重要进展。全省设施农业现场会在盂县召开。开

现代农业园区食用菌项目

鑫园伟业养殖项目

展种植、畜牧、林木保险工作和设施蔬菜保险试点工作，实现了玉米、能繁母猪、林木保险全覆盖，全年新增“一村一品”专业村28个。大寨核桃露、乌河小杂粮等农产品加工企业稳步发展，“513”农产品加工销售8.8亿元。农村经济总收入112亿元。

★城乡一体协调进步。突出抓好城乡路网、公共交通、给水供电等基础功能的提升完善，城镇化率36.8%。330个行政村街道亮化工程全部完成，全省农村街道亮化现场会在盂县召开。

★生态文明有效提升。城乡绿化继续引深，西部水源涵养林、东部生态旅游、北部干果经济林3个绿色生态循环圈建设稳步推进。全县森林覆盖率28.5%，绿化覆盖率38%。全省农村改厕指导现场会在盂县召开。

★文旅融合同步发展。纪录片《大汖》和《忠义之乡——盂县》先后在央视播出，《大汖》获得CCTV“活力中国”特别奖。电视片《滹沱河畔》、电视剧《第一目标》、电影《钱在囧途》在盂县拍摄。大力发展文化旅游产业，藏山风情园、藏山翠谷、水神山风景区、仙人山西峪等一批文化旅游建设项目顺利推进。

★人民生活稳步提高。为民承诺的10件实事基本兑现。企业退休人员、城乡低保对象和农村60岁以上老人养老金均按标准发放到位，社会保险覆盖率97.9%。新农合参合率和城镇医疗参保率分别达到99.8%、98%。更加注重教育发展，高考二本以上达线人数901人，创历史新高。更加注重科技创新，全年申请专利79件，被科技部确定为“国家可持续发展实验区”。

（盂县政府办　供稿）

森态植物园

学府公园

路城市市委书记唐立浩深入潞宝园区项目建设一线调研

潞城市市长张斌调研卓越水泥博士工作站

先行先试促改革 抢抓机遇谋发展

——潞城市

2013年，潞城市认真贯彻党的十八大、十八届三中全会精神，以综改试验区建设为统领，深入实施“三三”战略、扎实推进“六化”建设，攻坚克难，砥砺奋进，全市呈现出经济平稳发展、事业全面进步、民生持续改善、社会和谐稳定的可喜局面。

★转型综改深入推进。解放思想，先行先试，在金融、土地、人才等机制创新上进行探索。开通金融网，实现了政府、金融机构与企业间的信息沟通和项目对接。将高风险信用社改制农商银行，2013年农商行上缴税收3494万元，较改制前的482万元增加了3012万元；实施工矿废弃地复垦利用、城乡建设用地增减挂钩等5项土地制度改革，复垦126公顷，新增耕地111公顷。建立了潞宝煤化工等3个博士后工作站。综改工作在11个省级试点县（市区）中排名第4。

正在建设中的城西新区

农商行德国IPC顾问开展贷前调查

潞安园区拥有自主知识产权的钴基合成油项目

天脊园区世界最大的硝酸生产基地27万吨硝酸装置

★产业转型势头强劲。精心打造现代煤化工、现代服务业、高新技术产业三大集聚区，现代煤化工工业园区被确定为省级新型工业化产业示范基地，潞宝、潞安、天脊三大园区开工建设了总投资150亿元的4座世界上炉型最大技术最先进的6.3米捣固焦炉、我国第一个以焦化苯为制造原料的10万吨己内酰胺、6万吨钴基合成油、27万吨硝酸等15个煤化工项目。建设了华润水泥、兴宝高速线材、航空航天新材料、永腾建材、远翔编织袋等20多个“小巨人”项目。在翟店新区和城西新区建设了汽车大世界、家电大世界、金威超市、卢医山庄、颐龙湾、水岸春城等12个现代服务业项目。服务业增加值比重达到23.2%，同比提高2.8个百分点；新兴产业投资比重增速达到40%，同比提高4.3个百分点；三次产业结构比由3.9∶75.7∶20.4调整为4.7∶72.1∶23.2。被省委、省政府表彰为“县域经济发展先进县(市)”。

★城乡统筹初见成效。城南供水工程进展顺利，长襄城际线潞城段开工建设，天然气置换工程顺利完成，热电联产和集中供热扩容工程如期竣工。城中村改造强力推进，城镇化率达到52.9%。4个中心集镇和21个中心村建设顺利推进，店上镇被命名为全省“百镇建设”示范镇。

★生态修复不断加强。建成生态村20个，辛安泉镇被命名为“省园林乡镇”，全市森林覆盖率21.6%，林木覆盖率28.9%，建成区绿化覆盖率40.4%。工业废弃物综合利用率65%。全市二级以上天数316天，环境空气质量稳定达到国家二级以上标准。

★民生改善持续推进。省政府确定的农村“五件实事”扎实推进，市政府确定的10件实事全部兑现。686套保障性住房建成并公正分配到户。68所农村义务教育薄弱学校改造完成，12所农村幼儿园设施配套到位。公立医院改革顺利推进，村级卫生所实现全覆盖。

（潞城市委　供稿）

现代煤化工集聚区潞宝园区

省长李小鹏在潞城调研

长治市市委书记马天荣在永腾集团调研

经济健康发展 人民安居乐业 社会和谐稳定

——潞城市

2013年，潞城市深入实施“三三”战略，扎实推进“六化”建设，攻坚克难，逆势奋进，较好地完成了全年经济社会发展主要目标任务。

★综合实力稳步提升。全市财政总收入10.01亿元，较2012年增长25%，增幅居长治第一；一般预算收入4.6亿元，增长28.2%，长治第二；固定资产投资108.6亿元，增长34%，长治第二；社会消费品零售总额11.5亿元，增长14.3%；城镇居民人均可支配收入20943元，增长10.5%；农民人均纯收入9600元，增长12.5%；地区生产总值89.3亿元，增长1.3%；规模以上工业增加值63.5亿元，增长0.2%。荣获“中国最具投资潜力中小城市百强县(市)”“中国最具区域带动力中小城市百强县(市)”称号。

★综改工作成效明显。深入推进综改试点市建设，金融、土地、人才创新实现新突破。建立金融网，组织12家企业在省股权交易中心挂牌，支持永腾建材在新三板上市，组建小微专营银行和建材产业支行，金融机构各项贷款余额32.8亿元。实施工矿废弃地复垦利用、二次开发利用存量土地等8项土地管理制度改革，有力保障了重点项目建设用地需求。完善人才引进办法，建立潞宝博士后工作站、卓越水泥、航空航天新材料两个博士工作站。主动承接扩权强县放权事项，各项优惠政策得到落实。11个省级综改试点县(市)综合考评中，名列第四。

★项目建设势头强劲。变招商引资为招商选资，先后引进一批符合国家产业政策、科技含量高、市场前景好的大项目、好项目。全年签约引进项目40个，签约总额290亿元，超年度任务10亿元。实施重点项目142个，总投资440亿元，建成投产76个，“六位一体”项目建设任务超额完成。

★结构调整纵深推进。一产方面，粮食总产量达到1.3亿千克，增长1.3%。新建、扩建标准化规模养殖场5个，畜禽总饲养量220万头(只)。引进豆制品、核桃深加工等项目，龙头企业销售收入5.9亿元，较长治市下达指标增长14%。在长治市首家注册成立家庭农场，新增农民专业合作社20家，总数达到390家。二产方面，现代煤化工工业园区被确定为省级新型工业化产业示范基地，潞宝园区成为长治市首家获得区域环评的工业园区。总投资120亿元的12个重点煤化工项目有序推进。三产方面，总投资33亿元的12个现代服务业项目开工建设，其中，卢医山庄生态园建成营业。服务业在三次产业中占

长治市市长席小军在西南山棚户区改造项目现场调研

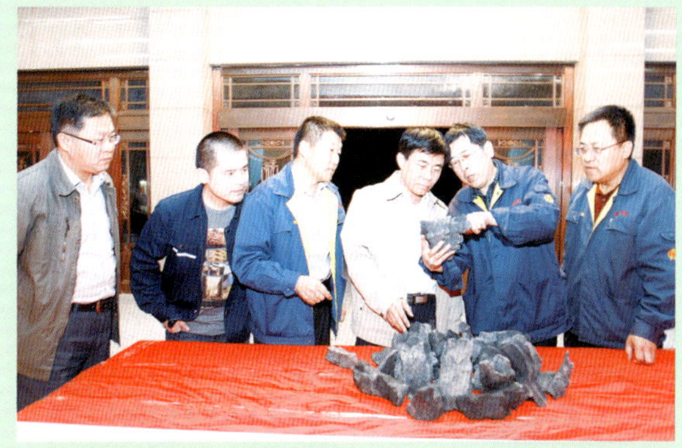
潞城市市委书记唐立浩听取在潞宝集团调研

比达到23.2%，提高2.8个百分点。

★城乡建设统筹发展。翟店供水工程进展顺利，长襄城际线潞城段开工建设，天然气置换工程顺利完成，热电联产和供热扩容项目如期竣工，新增城市集中供热面积40万平方米。完善城中村改造办法，东南山等3个社区城中村改造顺利启动；总投资50亿元，在城西新区开工建设了颐龙湾、水岸春城等一批精品住宅小区。城镇化率达到52.9%，提高2.3个百分点。4个重点镇和21个中心村建设顺利推进，店上镇被命名为全省“百镇建设”示范镇。森林覆盖率达到21.6%，荣获“全国绿化模范县(市)”称号。辛安泉域水源地保护、浊漳河店上段人工湿地和河道治理等工程顺利推进。全年城市空气质量二级以上天数316天。

★民生事业持续改善。市五届人大三次会议确定的10件实事圆满完成。省政府确定的农村5件实事扎实推进。12所农村幼儿园设施配套、68所农村义务教育薄弱校改造工程全部完成；婴城幼儿园、三中实验综合楼项目主体完工。新农合财政补助标准提高到每人每年280元，参合率99.6%；公立医院改革稳步推进，公立医疗机构全面实行零差率销售，基本药物价格下降20%；市乡村三级医疗卫生服务体系不断完善。城乡居民社会养老保险标准提高到每人每月70元，城乡居民低保标准分别提高到每人每年5124元、2376元。新增就业岗位4121个，转移农村劳动力3920人。发放低收入农户“暖心煤”5.8万吨。顺利通过第四届省级文明城市复查验收。农村文体场所实现全覆盖，“百千万”文化惠民工程全面完成。繁荣文艺创作，舞蹈《海英和她的妈妈们》荣获第十届中国艺术节“群星奖”。安全生产专项整治深入开展，率先在各县区建成安全信息化平台，安全生产形势总体平稳，成为长治市唯一受省政府表彰的县(市)。

(潞城市政府办　供稿)

潞城市市长张斌在潞宝集团调研

城西新区颐龙湾项目基本建成

东华路延伸项目建成通车

天脊27万吨硝酸项目

长治县县委书记 裴少飞

长治县县长 李文兵

经济平稳健康增长 转型发展迈上新台阶

——长治县

2013年，长治县以加快转变经济发展方式为主线，以综改试验区建设为引领，牢牢把握稳中求进总基调，统筹抓好稳增长、调结构、促改革、惠民生各项工作。

★保持经济平稳运行。2013年，全县生产总值167.1亿元，比2012年增长4.2%；公共财政预算收入22.1亿元，增长10.5%；固定资产投资完成108.6亿元，增长30.2%；社会消费品零售总额21.7亿元，增长14.6%；规模以上工业增加值107.6亿元，增长6.9%；城镇居民人均可支配收入23380元，增长9.3%；农民人均纯收入11782元，增长11.6%。粮食总产量1.33亿千克。振兴、荆圪道两村成功入选农业部“美丽乡村”名录。

★加快城乡统筹发展。编制完成《县城总体规划(2010-2030年)》《一城五镇五十村体系规划》。实施了一批重点基础设施建设项目。县城集中供水率100%，县城居民供热普及率80%。城中村、城边村改造整体推进，荫城、苏店“百镇示范镇”建设，振兴新区就地城镇化，西申家庄、荆圪道等中心村建设步伐加快。

★着力推动改革开放。加快政府职能转变和机构改革，取消15项行政审批事项，承接市里下放的行政审批事项11项。综改扩权“双试点”改革迈出新步伐。建立黎都股权投资基金，组建长治黎都农商银行。日益康公司在香港OTC市场成功上市。全年招商签约项目51个，签约资金543亿元，实际到位资金88.5亿元。

★加强生态文明建设。积极实施荒山造林，大力发展干果经济林，新增25个省级园林村镇、5个市级园林村镇，顺利通过省级园林县城验收。“碧水蓝天”工程扎实推进，深入开展城乡“三项整治”行动，城乡人居环境明显改善。

★继续发展民生事业。全年县级财政投入17.5亿元用于民生社会事业，占地方公共财政支出的62%。继续深入实施“四个全民”工程，高考成绩连续五年名列全市前茅。养老、医疗保险实现全覆盖，城镇医保、新农保待遇在全省领先。文化事业进一步繁荣，被评为“中国曲艺之乡”，入选首批“国家公共文化服务体系示范区”，县图书馆被评为“国家一级图书馆”。全民健身事业蓬勃开展，荣获“全国群众体育先进县”称号。

(长治县政府办　供稿)

省长李小鹏在成功集团调研

长治市市委书记马天荣在晟龙实业调研

高中阶段教育免费

长治市市长席小军在日盛达调研

城乡养老全覆盖

长治县天下都城隍景区

太行山农业园区剪彩

阎老村农业示范园

温室大棚

产业转型 生态修复 城乡统筹 民生改善

——高平市

2013年，高平市认真落实全省转型综改的各项任务，立足实际，制定实施了高平市2013~2015年转型综改《"222"实施方案》和2013年转型综改《"558"行动计划》，在转型综改上进行了积极的探索和有益的尝试。

★改革创新，释放经济发展活力。深化行政审批制度改革，完成全国政务公开和政务服务试点任务，48家单位和16个乡镇全部实现审批服务事项网上办理。推进用地机制创新，深化三项用地新机制改革。加快金融制度创新，成立市政府金融办和非政府性融资平台长隆投资公司，新设晋信达等4家小额贷款公司和5家投资咨询公司，银企签约率落实90%。强化人才创新，制定实施联系专家和优秀人才制度，建成各类人才数据库；改进人才选拔机制，进行乡镇副书记、市直单位副科级领导干部公开选拔；依托创业孵化基地、科技星火学校、大中型企业，设立大学生创业平台。

★项目引领，夯实产业转型基础。全力推进重点项目百日攻坚大会战，"六位一体"任务全面完成。"3+1"项目明

花园式现代化矿井

兰花华润药业

山西凯永养殖有限公司循环农业示范园

确转型新思路，深化同大型企业集团和经济发达地区合作，分别与晋煤集团签订西部煤电气化一体化项目合作协议，与上海嘉定签订发展“飞地经济”框架协议，与恒天集团达成年产100万吨精密铸件项目合作意向，与上海悦恒公司达成上海国际汽车城项目协议，全力支持泫氏铸管做大做强，扎实推进了百万吨汽车零部件、百万吨精密铸件、百万吨球墨铸管“三大基地”和西部煤电气化一体化园区建设。园区建设打造转型新平台，马村镇和米山镇分别被确定为晋城市园镇一体化发展试点和产业转型发展试点。新能源科技创新园被省委、省政府确定为晋城市“一市两园”之一，是晋城市确定的“飞地经济”园区，煤电化工业园被批准为副处级工业园。重点项目增添转型新引擎，华润药业、科兴光电、安泰防护服等11个项目试生产，高平南变电站完成主体，米山、陈区变电站建成投运，一批中小项目落地生根。特别是宏圣可建、凯永养殖代表晋城市接受省委省政府的观摩检查，受到充分肯定。民营经济激发转型新活力，制定扶持中小微企业发展的30条意见，设立中小微企业发展专项资金和小额担保贷款基金，与银行合作开展“助保金”贷款。

110千伏变电站

融高太阳能车间

海诺科技

福川制铁车间

科兴光电生产车间

城市污水处理厂

马村工业园区

★全力攻坚，加快城乡统筹步伐。认真实施城镇化发展战略，同步推进大县城建设、园镇一体发展和新农村建设。实施大县城战略，按照“打造丹河景观、建设两条道路、提升四山绿化、构建大循环圈”的城市建设新思路，打响15项城建工程大会战。推进园镇一体发展，结合四大工业园区和五个中心镇建设，推进产城互动、城乡一体发展，其中国家级小城镇试点马村镇投资10亿元，完善了镇区和煤电化工业园基础设施建设。巩固新农村建设成果，在率先实现新农村两轮“五个全覆盖”的基础上，全面实施美化、亮化、净化等农村人居环境改善工程。省政府下达的“五件实事”任务全面完成。启动“廉洁乡村、制度乡村、富裕乡村”建设工程，实施农村集体经济破零攻坚，推进一批产业扶贫项目，农民群众致富能力不断提升。

★大美高平，创新生态治理思路。大手笔推进生态绿化，提出“打造炎帝故里、建设大美高平”的发展思路，大手笔投入打造丹河景观、提升四山绿化，丹河市区中段河道治理继续推进，七佛山、西山、牛山、韩王山绿化提升全面铺开。优结构推进节能减排，低碳城市试点建设工作列入省转型综改20项重大事项之一。倡导低碳生活，建设低碳城市，对居住建筑进行节能改造，加快淘汰落后产能和生产设备，全市煤矸石、粉煤灰综合利用率达75%。

★五有目标，落实民生改善措施。学有良教，全年累计投入4300万元，完成7所幼儿园续建工程和10所新建幼儿园建设任务；完成总投资2.2亿元的高平市实验高中建设工程，每年拨付120万元对乡镇非在编幼儿教师进行岗位补助，全年用于惠民惠生资金1.2亿元，15年免费教育建设目标逐步实现；全市高考二本以上达线人数1568人，8名考生被北京大学录取。病有适医，2013年，全市新农合参合率98.8%；加快推进公立医院综合改革，基本药物制度实现全覆盖，取消“以药补医”，公立医院药价降低30%以上。住有安居，2013年，将保障房建设列入十件实事工程，全年开工建设保障性住房3000套。劳有多得，积极创建省级创业型城市，开展“个十百千万”全民创业活动。老有颐养，大力构建城乡社会养老服务体系，建设养老服务机构15所，158个村（居）委开展了城乡社区日间照料中心试点工作，基本实现全市乡镇养老服务机构全覆盖。投资1000余万元，实现市区公交车乘车全免费。

（高平市政府办　供稿）

长平苑

高平市第二批经济适用房风景如画

锦华街

高平市丹河市区段

宽敞的乡镇公路

高平市文化活动中心

南湖公园

果则沟全景

高平市一中

省长李小鹏在泽州调研

有机肥谷子生产基地

各项工作有序推进 重点工作亮点纷呈

——泽州县

2013年，泽州县团结一致、齐心协力、奋力拼搏，经济社会实现了平稳健康发展。

★县域经济稳中有升。2013年，全县生产总值217.3亿元，比2012年增长9.1%；公共财政预算收入13.3亿元，增长6.5%，总量全市第一；规模以上工业增加值55.4亿元，增长10.5%；社会消费品零售总额30.3亿元，增长13.6%；城镇居民人均可支配收入23838元，增长9.9%；农民人均纯收入10129元，增长12%；外贸进出口总额4.86亿美元，增长17.7%。

★项目建设推进有力。全县固定资产投资完成143.8亿元，增长13.1%。兰花物流、月星广场等项目在省市观摩检查中受到好评。晋煤高硫煤洁净利用、天泽4060、兰花己内酰胺、清慧制造等一批重点项目进展加快。南村铸造工业园完成规划，巴公中小微创业孵化园挂牌成立，泽州文化创意产业园开园运行。

★产业结构得到优化。出台了一系列扶持中小微企业发展的政策措施，建立中小微企业发展基金，撬动银行资金4亿元。全县非煤规模以上工业增加值38.5亿元，占全县规模以上工业增加值总量的69.4%，非煤产业税收实现11.8亿元，对财政的贡献率为35%，非煤产业成为经济发展的重要支撑。

★转型综改起步良好。编制《泽州县资源型经济转型综合配套改革试验实施方案》，出台实施《2013年行动计划》。狠抓巴公省级转型综改扩权强镇试点，“园镇一体”发展格局初步形成。

川底乡中心小学

兰花己内酰胺项目鸟瞰

全部行政村通公路

★现代农业稳步发展。全力克服旱灾影响，粮食总产量2.28亿千克。大力发展“一村一品、一县一业”，省市级“一村一品”专业村达到194个，增长78.4%。无公害蔬菜、经济林、食用菌、有机农产品、畜禽养殖“五大基地”规模不断扩大，彤康、晋宏等重点龙头企业销售收入8.4亿元。与山西农大合作共建“一地一站四院”，基层农技推广体系改革富有成效。

★城乡面貌不断提升。围绕建设“美丽泽州”，统筹推进城镇化建设和生态建设。丹河龙门湿地公园完成投资3000余万元，大周公路下村段等7条县乡公路完成改造。集中供热面积80万平方米，增长14.3%；煤层气用户3.4万户，占全县总户数的24.3%。森林覆盖率提高1个百分点，达到36%。

★社会事业持续改善。全年民生支出9.17亿元，占公共财政预算支出的40.5%。投资5.7亿元完成十大惠民工程，着力解决就业、上学、就医等难题。切实加强社会保障，“五大保险”参保范围不断扩大；财政支出绩效管理取得全国第77名、全省第2名的好成绩。

（泽州县政府办　供稿）

丹河人工湿地

巴公镇城镇化建设

中国第一湾之秋

建设美丽新原平 挺进全国百强市

——原平市

省长李小鹏在原平市调研

中国诗歌学会授予原平诗歌之乡称号

2013年，原平市"扭住跨越发展、挺进全国百强"，连续第三年实施"四大战役""八大工程"（创建园区、全民创卫、天牙山景区、治理滹沱、范亭广场、卧牛公园、城市畅通、振兴范中），取得极不平凡、令人瞩目的业绩。

★创造原平速度，经济发展步入新阶段。2013年，全市生产总值由2009年的51.4亿元增长到118.1亿元，年均递增29.7%；公共财政收入由4.2亿元增长到8.5亿元，年均递增19.3%；固定资产投资由57.2亿元增长到134.6亿元，年均递增23.9%；城镇居民人均可支配收入由12859元增长到21885元，年均递增14.2%；农民人均纯收入由3935元增长到7321元，年均递增16.8%。各项指标均保持两位数以上的快速增长，创造了史无前例的"原平速度"。

★建设美丽原平，民生改善展现新气象。按照"东拓南改、三水环城"的思路，建成天牙山风景区、滹沱河水利风景区、卧牛河生态公园（一期）、范亭广场，彻底结束了原平作为一个"市"、却没有相匹配的"场馆"的历史。先后实施"4965"和"5678"民生工程，特别是持续加大教育投入，投资1.63亿元新建了一批中小学和幼儿园，教育大整顿效果明显，高考二本以上达线756人，创下历史最高纪录；投资11亿元全面完成农村两轮"五个全覆盖"和"五件实事"，广大农民群众得到了更多、更大的实惠。

★弘扬原平精神，砥砺奋进干出新气势。积极倡导

原平天牙山风景区

滹沱河水利风景区

"五四三"工作要求，探索形成"四通、四重、四问"的市委"三四"工作法，一套推进工作落实的体制机制基本形成。积极转变政府职能，建成全省一流的政务服务中心。特别是招商引资步伐大大加快，2011年以来，签约项目62个，签约引资额1893亿元，被评为"全省投资环境创优十佳县(市)"。

★大塑原平形象，创先争优实现新突破。连续3年荣获"忻州市年度目标责任考核优秀市"称号。连续4年在全省和忻州市项目观摩评比中获一等奖，2010、2013年两次获得第一名。连续5年获得农业部"全国粮食生产先进县"称号。被中宣部、司法部授予"全国法制宣传教育先进市"称号，被科技部授予"国家科技进步先进市"和国家火炬原平煤机配套装备特色产业基地称号，被中国诗歌学会授予"中国诗歌之乡"称号，被省政府授予"山西省文化强市"称号。政法综治、社会管理创新工作忻州第一、全省领先，信访维稳经验在全国信访会议上交流推广，成为全省信访工作的两面旗之一。在2012年组织工作满意度测评中获忻州第一，全省前茅。连续3年获得"全省政风行风评议先进市"称号。农廉工作及"三资"管理的经验做法在忻州市全面推广。

（中共原平市委秘书处　供稿）

中电投山西铝业有限公司二期氧化铝生产系统

国家级非物质文化遗产原平凤秧歌

循环经济示范区

循环经济示范区佳城液压项目

同华电厂全景

扭住跨越发展 挺进全国百强

——原平市

2013年，原平市紧紧抓住“双试点”历史机遇，创新攻坚，克难奋进，各项工作稳中有为、稳中有进，经济社会保持健康协调发展。全市生产总值118.1亿元，比2012年增长9.9%；固定资产投资完成134.6亿元，增长17.4%；社会消费品零售总额45.5亿元，增长16.7%；公共财政预算收入8.5亿元，下降4%；城镇居民人均可支配收入21885元，增长10%；农民人均纯收入7321元，增长14.1%。全年签约项目25个，总投资641.6亿元。被确定为全国20个小城市建设用地节约集约利用评价试点县之一。获得“全国科技进步先进市”“山西省农田水利建设先进市”“全省粮食生产先进单位”“全省社会管理综合治理标兵单位”等称号。

★坚持龙头引领，项目建设实现新突破。深入开展“双包三服务”活动，坚持“八位一体”、对口推进机制，全年启动实施项目240个，总投资412.9亿元，累计完成投资247.7亿元，在忻州市产业考核项目观摩中名列第一。循环经济示范区入驻项目26个，总投资154亿元，累计完成投资51.4亿元，列为省级新型工业化产业示范（培育）基地、省级工业循环经济产业基地、省级中小企业创业基地、国家火炬计划煤机配套装备特色产业基地。同华电厂二期有序推进，中远新能源汽车产业园全面开工，豪德汇通文化商贸物流园区“三通一平”基本完工，德金农副产品加工贸易园区即将运营，高龙电力、天兰锅炉、煤层气液化等项目取得实质性进展。

中电投山西铝业

高效设施农业

★落实惠民政策，“三农”工作再上新台阶。发放良种补贴、粮食直补、农资综合补贴7177万元。粮食产量达到3.61亿千克，再创历史新高。大力发展高效农业，在完善提升北岗设施农业和王家庄温室示范园区的同时，新建了总投资1.2亿元的双惠现代农业示范园区，成为原平设施农业的又一亮点。实施“酥梨换优”工程，促进酥梨产业提质增效。18个乡镇农产品质量安全监管中心建成投用。在原有203个村的基础上增加新农村重点推进村56个、新农村建设集中连片示范区1个。继续巩固提升农村两轮“五个全覆盖”成果，省政府确定的农村危房改造、扶贫移民搬迁、行政村街道亮化、村级幼儿园改扩建、乡村清洁工程“五件实事”基本完成。

★实施创卫攻坚，美丽原平绘制新画卷。大规模改造城区道路，硬化街巷户道，改造更新市区交通设施，新建6个便民集贸市场，全面清理卫生死角，建成区实现了“垃圾不落地”，顺利通过国家爱卫办初审。开展以滹沱河流域为重点的环境综合整治，淘汰不符合排放标准的“黄标车”，拆除集中供暖覆盖范围内的燃煤炉灶，滹沱河水质和大气质量进一步好转。全面完成造林绿化任务，天牙山风景区被评为3A级景区。

双惠公司育苗车间

酥梨丰收

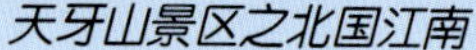
天牙山景区之北国江南

滹沱河水利风景区

★保障和改善民生，社会事业再谱新篇章。深入开展创业型城市和农村劳动力转移就业示范县创建工作，城镇登记失业率稳定控制在2.8%以内。加强社会保障，城乡居民基础养老金每人每月增加10元，企业退休人员基本养老金提高10%，城镇居民医保和新农合财政补助标准提高40元，城乡低保每人每月分别增加30元、24元。深入推进教育大振兴，高考达线人数创历史新高。市第一人民医院综合业务大楼投入使用，21所乡级医疗卫生机构和503个村级卫生室全部实现基本药物"零差率"销售，南城社区卫生服务中心荣获"全国敬老文明号"称号。福寿康老年公寓成为"全国爱心护理工程建设基地"。群众性文体活动丰富多彩。慧济寺晋级第七批国家级文物保护单位，楼烦寺被中央统战部、国家宗教局评为第二届全国创建"和谐寺观教堂"先进集体。

（原平市政府办　供稿）

炕围画艺术

范亭广场

城市新貌

城市夜景

污水处理厂

卧牛河公园

荣获"全国科技进步先进市"授牌仪式

太原西山地区综合整治生态建设

为使资源枯竭地区恢复生态和产业转型，西山生态综合整治工作以生态资源资本化为突破口，以建设西山城郊森林公园为切入点，建立多元投入机制，推动西山经济转型、文化复兴、城乡统筹。

★整治背景。太原西山地区东起汾河，西至西山，北起崛围山，南至天龙山，总面积约699平方千米。西山地上、地下资源丰富，历史上是一个文化风景带，植被茂密，文化积淀深厚，文物古迹众多，现有国家、省、市级文物保护单位38处，其中，国家级文物保护单位11家。近代以来又是一个能源重化工产业聚集区，"一五"期间，国家在西山地区建设了西山煤电、太原化肥厂、磷肥厂、化工厂、一电厂等10余家大型国有企业，集聚了数千家中小企业。多年超强度开发，使西山的生态环境受到了严重破坏，成为典型的重化工污染区和资源枯竭区，加之基础设施欠账较多、产业结构不合理、城乡统筹矛盾突出等问题，导致西山地区经济社会发展严重滞后、可持续发展能力衰竭。建设美丽太原，西山生态修复与环境整治势必先行。

★工作思路。2008年，山西省委、省政府做出太原市西山地区综合整治战略决策，并列入省重点工程之一。2009年，太原市成立了太原市西山地区综合整治办公室，2011年出台《关于促进西山城郊森林公园建设的实施意见（试行）》，提出了"政府主导、市场运作、公司承载、园区打造"的工作思路。在破坏较严重的西山前山地区，东至西环高速路、西至第一山脊线、南至黄楼沟、北至汾河二库旅游路，规划了200平方千米、21个城郊森林公园，以自然生态资源吸引社会投资，变过去的政府投资为企业投资，变政府建设主体为企业建设主体，推动西山地区的生态建设和产业转型。一是政府主导。政府制定政策，编制规划，营造环境，优化服务和监督考核。二是市场运作。把产业资本、金融资本和山水资本、人文资本结合起来，把西山的山水资源、人文景观作为市场要素配置，把荒山荒地作为资产去运作。三是公司承载。充分发挥公司力量，做到谁投资谁受益，谁受益谁管护。四是园区打造。一个园区一个特色，一个公园一个主题，做到主题定位明确，景观各有特色，形成汇集旅游休闲、养老理疗、运动健身、儿童游乐、文化创意等现代服务业的生态景观区、产业发展区。

西山旅游公路

环投天丽公园

盛科公园

康培公园

公园美景

★主要政策。(一)建设单位在完成不低于80%公园可绿化面积前提下，不高于20%的土地面积用于公园配套设施建设和适度开发；先绿化，后实施项目建设，第一年、第三年完成应绿化任务的30%，第二年完成40%；绿化亩均投入不低于3.5万元。

(二)国有林地林木70年认养。集体土地50年流转，地上附着物给农民予以补偿。

(三)公园配套设施和适度开发建设用地先征后转，实行挂牌出让。

(四)政府规费减免，土地出让金按收支两条线用于补偿企业西山生态建设。

(五)重大基础设施建设项目政府先行。

★建设成效。实施生态资源资本化改革以来，西山生态建设多元化投入机制逐步形成，现有13个国有、民营企业参与建设，城郊森林公园雏形初现，生态环境明显改善。一是整治与保护并重。搬迁、淘汰，关停太化、煤气化、狮头水泥等8家大型污染企业、小煤矿76座，封堵2000多个私挖乱采黑口子，清理煤堆350处，关停小化工、小水泥90家，关停淘汰区属污染企业343家。二是基础设施建设得到加强。政府投资12亿元，实施了西山旅游路和绿化引水上山工程建设，入园企业新建了公园内水、电、气、输水泵站、变电站、污水处理站、雨污水收集系统等配套设施。三是生态面貌明显改观。企业投资57亿元，完成绿化4267公顷，栽植乔灌藤草158种、1126余万株(丛)，播种草坪111万平方米，修建园内道路114千米，修建蓄水池、景观湖91万立方米，铺设输水管网184千米，新增水面面积33万平方米，清运垃圾、煤矸石300多万吨，治理破坏面面积139万平方米。过去的荒山荒坡、矸石山、垃圾场披上了绿装，过去的污染源、粉煤灰池变成了景观湖。四是企业转型成功入轨。西山生态资源资本化改革为企业转型发展、跨越发展提供了广阔平台，一批涉及煤炭、化工、冶金、房地产的国有、民营企业，投资西山生态建设，在大力度、高标准实施绿化的同时，规划布局文化、旅游、养老休闲、运动健身、文化创意等一批现代服务业项目。五是促进了城乡统筹。建设西山城郊森林公园企业已支付农民土地流转、地上附着物补偿等费用上亿元，同时，企业为村集体修建道路，兴建水窖，修缮庙宇，为当地农民提供大量就业机会，深得村民赞誉。治理西山、建设西山、发展西山，和谐共生，共同发展，已成为全社会的共识。

(太原市政府办公厅　供稿)

国信公园一隅

晋峰公园

晋峰公园

公园花卉

省长李小鹏在平朔劣质煤综合利用示范项目建设工地调研

省长李小鹏在平朔煤矸石发电公司调度中心调研

应对下行稳增长　迎难而上调结构　多措并举促改革　千方百计惠民生

——朔州市

2013年，朔州市致力转型跨越，加快发展经济，全面改善民生，全市经济社会发展保持平稳健康的良好态势，在全省目标责任考核中被省委、省政府表彰为优秀市。

★经济运行平稳健康。2013年，全市生产总值1026.4亿元，比2012年增长9%；工业增加值554.9亿元，增长11.5%；固定资产投资完成774.7亿元，增长26.9%；社会消费品零售总额218.8亿元，增长14.5%；公共财政预算收入95.3亿元，增长13.1%；城镇居民人均可支配收入24013元，增长9.9%；农民人均纯收入9040元，增长13%。扎实开展"朔州企业家投资在朔州"和"项目推进年"活动，省市两级重点工程完成投资905亿元。招商引资签约项目169个，到位资金740.8亿元。大力推进转型综改试验区建设，制定实施"十二五"后3年实施方案和2013年行动计划。新建企业技术研发中心18家，申报专利1245件，总量跃居全省第三，增幅居全省第一。转型综改工作排名全省第一。

★发展质量有效提升。标准化矿井达到35座，原煤产量2.2亿吨。全市电力装机容量754.95万千瓦，发电量278.7亿千瓦小时，其中，新能源电力装机规模121.5万千瓦，全省第一。日用瓷产量16.2亿件，全省第一。乳制品产量28.1万吨，全省第一。粉煤灰综合利用企业50家，年消化粉煤灰330万吨，全省第一。亚洲粉煤灰协会年会在朔

西山森林公园

朔州市市委书记王安庞在安家岭井工一矿井下实地查看采掘工作面现场

朔州市市委书记王安庞义务植树

朔州市市长李海渊在市第四小学调研

朔州市市长李海渊义务植树

州召开。99项新兴产业项目完成投资726.4亿元。非煤电工业完成投资145.5亿元，增长56.3%。服务业完成投资365.3亿元，增长22.3%。旅游总收入84.1亿元，增长29.8%。

★“三农”工作成效显著。大力实施强农惠农富农政策，各级财政投入“三农”资金20亿元。粮食总产量11.75亿千克，再创历史新高。新增110个“一村一品”专业村，全市省级示范村达到317个，六县区全部进入全省30个牛羊产业重点县行列。农产品加工龙头企业销售收入130亿元。扎实推进“五件实事”，改造农村困难家庭危房1.5万户，易地搬迁特困群众1596户，改扩建村级幼儿园20所，乡村清洁工程全面启动，行政村街道亮化任务在全省率先完成。同时，为全市农户免费发放43万吨取暖煤，集中解决了88个农村的饮水困难。被省委、省政府表彰为全省粮食生产先进市、全省增加农民收入先进市、全省行政村主街道路灯亮化工作先进市、全省百企千村产业扶贫先进市。

★城市建设稳步提高。按照“规划引领、完善功能、提升品位、文化塑造、生态支撑”的理念，全面推进国家园林城市、国家卫生城市、国家环保模范城市、国家双拥模范城市、全国文明城市“五城联创”活动。加大中心市区建设力度，改扩建7条城市道路，新增绿地面积21.6万平方米，建成区绿化覆盖率42%；拆除小锅炉20座，增加集中供热面积3万平方米；特别是下决心启动了市民期盼已久的七里河综合治理工程，城市面貌加快改变。积极推进大县城和重点镇建设，全市城镇化率比2012年提高1.1个百分点。加强公路建设，完成投资24.35亿元，通车里程突破1万千米。建成朔州环城高速西南段、荣乌高速公路山阴至平鲁段以及贯穿平川四县区的旅游生态观光路。持续推进植树造林，营造林2.2万公顷。积极推进节能减排，万元地区生产总值综合能耗下降3.6%，主要污染物减排任务全部完成。荣获“国家园林城市”称号。

红山荞麦农田

设施农业

★社会事业全面进步。2013年，全市财政在民生领域投入124.65亿元，占一般预算支出的80.7%。新改扩建32所公办幼儿园。高考二本以上达线率高出全省平均水平9.9个百分点。中北大学朔州校区招生规模进一步扩大，朔州师专正式挂牌。县乡村三级医疗卫生机构达标率100%。计划生育工作排名同类市全省第一。实施送戏下乡等文化惠民工程，启动创建第二批国家公共文化服务体系示范区。玉龙马术队代表山西参加第十二届全运会。新增城镇就业人数2.4万人。提高企业工资指导线、最低工资标准、机关事业单位人员津补贴和取暖补贴标准，落实带薪年休假制度。提高城乡居民低保标准、新农合财政补助标准、企业退休人员基本养老金、城乡居民基础养老金以及20种重大疾病补偿比例，制定实施城乡居民临时救助办法和农村五保户供养办法。新开工城镇保障性住房1.9万套，完成农村住房抗震改建3000户。扎实开展安全生产大检查和“回头看”活动，生产经营性事故死亡人数下降36.5%，占省定控制指标的69.6%，煤矿百万吨死亡率为零。被表彰为“治超工作优秀市”和“全国社会管理综合治理优秀市”。

（朔州市政府办公厅　供稿）

北大固废研究中心

中北大学朔州校区

保障性住房迎宾苑小区

应县释迦塔景区

中煤金海洋循环工业园区全景

风力发电

古城乳业

应县瓷器

人民公园

恢河综合治理

居然之家

赶队前行　进位争先

——忻州市

2013年，忻州市坚持主题主线，坚持综改统领，坚持稳中求进，认真实施“3581”发展战略，扎实推进各项工作，总体完成年初确定的目标任务。

★经济保持平稳发展。2013年，全市生产总值654.7亿元，比2012年增长9%；固定资产投资完成815.2亿元，增长24.8%；社会消费品零售总额246亿元，增长14.2%；公共财政预算收入73.7亿元，增长13.1%；城镇居民人均可支配收入20324元，增长9.9%；农民人均纯收入5426元，增长13.6%。

★市域城镇化取得预期成效。忻州城区总投资22.9亿元的29条城市道路全部竣工通车，云中河景区工程和9条主干道绿化基本完成。列入全省“百镇建设”的示范镇建设任务顺利完成。城镇化率提高1.5个百分点。

★农民收入持续较快增长。全市粮食总产量169.5万吨，再创历史新高。建设特色现代农业示范园区111个，新发展“一村一品”示范村273个，着力提升8个省级“一县一业”县建设水平。农产品加工企业销售收入突破50亿元，增长30%以上。新认证“三品”83个，新认证地理标志农产品5个。羊饲养量525万只，正在成为农民致富的重要支柱。

★美丽忻州建设迈出新步伐。试行能耗交易机制，提前半年完成淘汰落后产能任务。市级创模规划通过环保部评审。忻州城区二级以上天数287天，空气质量稳定达到国家二级标准。五台县、宁武县、保德县以及繁峙县砂河镇、五台县台怀镇、定襄县河边镇创卫工作通过验收，位居地级市全国第二、全省第一。

中兴公司卡盘铸造项目

晋神磁窑沟煤业有限公司

繁庄塔高新农业示范园

脱毒马铃薯制种产业园区

山西美新通用机械煤机液压支架项目

代县久力新型材料项目

煤层气输气项目

兴保铁路项目

城区道路改造

慕山路

凤凰山生态园神汤温泉

云中河景区

★社会事业不断发展。全面加强社会保障，切实提高城乡居民收入。认真执行全省最低工资标准，切实提高低收入职工收入。扎实推进义务教育学校标准化建设，实施普通高中“四化一改”工程，扩大中等职业教育覆盖面。县级公立医院综合改革试点稳步推进，忻州市人民医院主体完工。全民健身活动蓬勃开展，忻州挠羊赛成为山西唯一入选首届全国体育非物质文化推广与保护遗产项目。扎实推进平安忻州建设，市公安局获得第八届全国“人民满意的公务员集体”称号。

★发展动力活力不断增强。晋商银行、交通银行进驻，忻府区农商行成立，五台农商行忻州秀容小微专营支行开业。积极推进企业改革。蓝天公司技术中心成功创建国家级企业技术中心，12户企业技术中心通过省级认定，1户企业被认定为省级行业技术中心。努力扩大对外开放，全年签约项目188个，总投资1642.7亿元，招商引资到位资金突破500亿元。

（忻州市政府办公厅　供稿）

北路梆子联唱

锣鼓闹春

挠羊赛

跤王争霸

五台山

雁门关

交城县会立乡肉牛养殖

临县朝阳农牧有限公司标准化千头奶牛奶源基地项目

转型跨越　成绩显著

——吕梁市

2013年，吕梁市按照“打基础、利长远、惠民生”总体要求，着力推动转型跨越发展，经济社会各项工作取得显著成绩。

★积极应对复杂困难局面，调结构、促转型，市域经济保持平稳增长。2013年，全市生产总值1228.6亿元，比2012年增长9.5%；公共财政预算收入163.98亿元，增长15.5%；规模以上工业企业增加值875.6亿元，增长12%；固定资产投资完成872.9亿元，增长26.4%；社会消费品零售总额344亿元，增长14.2%；外贸进出口总额7.48亿美元，增长30.1%。生产总值、公共财政等4项主要经济指标增幅位居全省前列。

★以综改试验为统领、以项目建设为抓手，经济结构调整迈出重要步伐。扎实推进综改试验区建设，编制完成转型综改2013—2015年三年实施方案和年度行动计划，“五规合一”、户籍管理、行政审批、中小微企业融资、矿产资源产权交易等五项重大改革顺利推进，扶贫开发、资源转化、生态建设、城镇化等10个方面重大事项全面启动，20个重大项目进展顺利。全面加快项目建设，全年共铺开重点工程173个，完成投资1445亿元，在省重点工程“六位一体”12项考核指标中，吕梁获得5个第一、2个第二、1个第三，走在全省前列，有力促进了结构调整和产业升级。传统产业继续做大做强，临县霍煤1000万吨煤矿、兴县肖家洼1000万吨煤矿、兴县中铝100万吨氧化铝、孝义信发180万吨氧化铝、汾阳杏花村酒业集中发展区、交城国锦2×30万千瓦电厂等项目基本建成或正式投产。孝义信发铝系二期、汾阳国峰2×30万千瓦电厂等项目全面开工建设。中阳中澳生态铝循环经济一体化等项目落地奠基。高新技术产业取得重大突破，吕梁军民融合协同创新研究院在应用微小卫星、无人系统、能源互联网及新材料工业等领域取得较大进展，特别是“天河二号”落户吕梁，为吕梁成为全省、全国重要的运算中心奠定了基础。全年新兴产业增加值增速高出工业增加值7个百分点，占到工业增加值的20.6%，创历史新高。第三产业健康发展，孝义义乌商品交易国际博览城基本建成，沃尔玛、红星美凯龙、居然之家等现代物流企业进驻吕梁，商贸流通现代化水平进一步提高。全市第三产业增加值达到296.5亿元，占全市生产总值的比重较2012年增长1.9个百分点。

★农业基础地位不断巩固，农业农村面貌发生明显变化。粮食总产量11.6亿千克，实现“九连增”。“三农”支出113.96亿元，增长12.4%。“8+2”农业产业振兴工程顺利起步，建成核桃和红枣标准化管理示范园区，发展林下中药材、设施蔬菜，建设一级种薯和绿色商品薯基地，发展窑洞食用菌。启动“百企千村”产业扶贫工程，50家省市企业与

离石区食用菌发展

柳林红枣

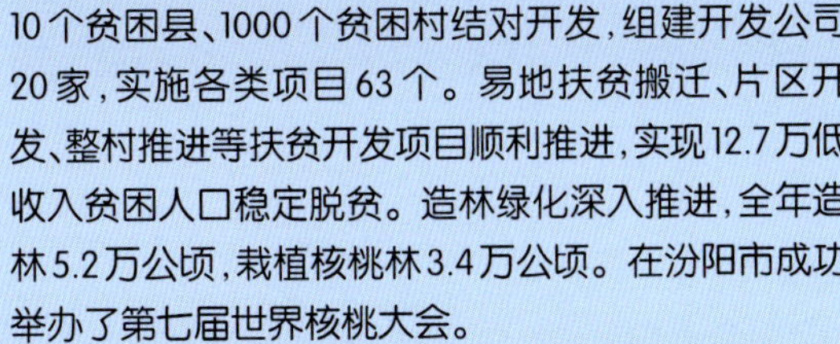

10个贫困县、1000个贫困村结对开发，组建开发公司20家，实施各类项目63个。易地扶贫搬迁、片区开发、整村推进等扶贫开发项目顺利推进，实现12.7万低收入贫困人口稳定脱贫。造林绿化深入推进，全年造林5.2万公顷，栽植核桃林3.4万公顷。在汾阳市成功举办了第七届世界核桃大会。

★基础设施建设日趋完善，发展后劲进一步增强。城镇化建设稳步推进。《吕梁城市总体规划》(2013—2030年)得到省政府批复，吕梁新区主干路网、河道整治以及供水、供气、供热管网建设全面铺开，回迁安置房及部分配套设施相继开工。实施大县城建设项目211项，完成投资44.75亿元。保障性安居工程开工30335套，建成24648套。全市城区集中供热普及率67.9%，燃气普及率76%，污水处理率75.6%，生活垃圾处理率51.3%。城镇化率43.11%，提高1.5个百分点。吕梁机场正式通航，中南、太兴及吕临支线铁路加快推进，西纵、环城两条高速基本具备通车条件。中部引黄工程进展顺利，龙门供水取水枢纽主体工程完工，千年水库主要工程建设任务基本完成，坪底供水工程大坝主体全面封顶。煤层气勘探开发利用迈出重大步伐，地面抽采量15亿立方米，输气管网架构基本形成。

石楼县退耕还林

汾阳市杏花村酒业集中发展区

石楼县一村一井工程

兴县清泉醋厂发酵车间

太钢集团岚县矿业有限公司铁矿采选项目

★社会事业同步推进，城乡统筹取得新进展。义务教育全面发展，交城、文水、方山、岚县完成薄弱学校改造任务，石楼、兴县、临县在城镇学校扩容改造和农村寄宿制学校附属生活设施建设方面取得实质性进展。全年新改扩建城区幼儿园21所、农村幼儿园75所，高中阶段毛入学率93.5%。高考二本B类以上达线人数首次突破万人大关。科技创新成果斐然，申请专利963件，全社会研究与试验发展经费达到4亿元，增长18%。山西吕梁国家农业科技园区正式获批，建成1个国家级企业技术中心、2个省级工程技术研究中心。医药改革继续深化，全市13个县级综合医院全部达到二级甲等标准，圆满完成县级公立医院改革试点任务。新农合参合率98.5%，筹资标准提高到每人340元。文化事业不断繁荣，10个省级非遗项目通过评审，晋剧《刘胡兰》获全国舞台艺术最高奖"文华剧目奖"。吕梁慈善总会正式成立。卫生扶贫、物价管理、防震减灾等工作受到国家表彰或中央领导肯定。

★城乡居民收入快速增长，人民生活质量得到新改善。上调最低工资标准，发布企业工资指导线，落实带薪休假制度；培育富民产业，加大补贴力度，积极培训和转移劳动力，鼓励以工补农、以城带乡，推进机关定点扶贫、干部包村下乡。城镇居民人均可支配收入20145元，增长9.9%；农民人均纯收入6067元，增长13.1%。企业退休人员基本养老金提高10%，失业人员失业保险金标准提高15%以上。12个县（市）和吕梁市区平均优良天数比例达到91.8%，市区PM2.5日均浓度达标率78.9%，居全省第二。

（吕梁市政府办公厅　供稿）

孝义市沃尔玛综合商务区

临县霍州煤电千万吨煤-电-材一体化综合项目

孝义市华夏动力新能源客车生产基地车间

柳林高红循环经济产业示范园区

吕梁职业技术学院

太兴铁路

太佳高速、西纵高速互通

吕梁新区吕梁大道

柳林县经济适用房

省长李小鹏在方盛液压调研

晋中市市委书记张璞调研介休青云直升机建设基地

稳中有为 稳中有进 稳中提效

——晋中市

2013年，晋中市把握稳中求进总基调，抢抓综改试验和同城化发展机遇，凝心聚力谋发展、稳增长、促转型、惠民生，全市经济和社会发展稳中有为，稳中有进，稳中提效。

★经济发展取得新成绩。2013年，晋中市生产总值增长9.1%，规模以上工业增加值增长13%，固定资产投资增长27.1%，社会消费品零售总额增长13.8%，公共财政预算收入增长16%，城镇居民人均可支配收入增长9.9%，农村居民人均纯收增长13.3%。多项指标增幅高于全省平均水平，位次较上年前移。

★产业转型迈出新步伐。深入开展“项目推进年”活动，全市项目储备、签约、落地、开工、建设、投产均超额完成省定任务。非煤产业工业增加值比重提高0.7个百分点，新兴产业投资增长48.6%，对全市产业转型升级形成有力的支撑和拉动。传统产业改造步伐加快。全市煤炭行业新增25个现代化矿井，新增产能1950万吨；焦化行业兼并重组取得实质性进展，企业数量由27户减少至12户。新兴产业培育力度加大。以青云直升机、吉利汽车、平遥煤化光学新材料等项目为标志的装备制造业、新材料工业发展提档加速。以太铁货运物流中心为标志的现代物流业加快成长。旅游总收入突破300亿元，增长39.4%，绵山获批5A景区，《又见平遥》效应凸显，晋中市通过国家旅游服务业标准化示范城市验收。文化产业增加值占全市生产总值的5.5%，继续保持全省前列。特色现代农业势头良好。粮食总产量18.2亿千克，再创历史新高。11个“一村一品”精品示范片区初步形成，新发展特色专业村243个，主导产业人均纯收入占到农民人均纯收入的72%。全市农产品加工企业销售收入135亿元。新发展农民合作社1256家，保持全省领先，培育生态庄园、沟域经济、家庭农场等经营大户140个。园区承载能力提升。全市8个重点工业园区累计入驻企业516户，销售收入占全市40%，介休义安循环经济园区、灵石中煤循环经济园区、榆次工业园区收入均超过百亿元。

晋中市市长胡玉亭深入榆次太钢万邦镍铬合金项目企业调研

榆次区康培苗木基地

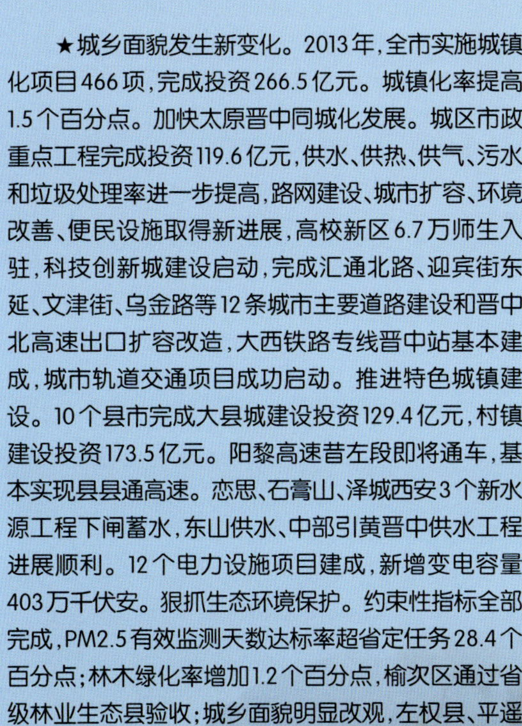

★城乡面貌发生新变化。2013年，全市实施城镇化项目466项，完成投资266.5亿元。城镇化率提高1.5个百分点。加快太原晋中同城化发展。城区市政重点工程完成投资119.6亿元，供水、供热、供气、污水和垃圾处理率进一步提高，路网建设、城市扩容、环境改善、便民设施取得新进展，高校新区6.7万师生入驻，科技创新城建设启动，完成汇通北路、迎宾街东延、文津街、乌金路等12条城市主要道路建设和晋中北高速出口扩容改造，大西铁路专线晋中站基本建成，城市轨道交通项目成功启动。推进特色城镇建设。10个县市完成大县城建设投资129.4亿元，村镇建设投资173.5亿元。阳黎高速昔左段即将通车，基本实现县县通高速。恋思、石膏山、泽城西安3个新水源工程下闸蓄水，东山供水、中部引黄晋中供水工程进展顺利。12个电力设施项目建成，新增变电容量403万千伏安。狠抓生态环境保护。约束性指标全部完成，PM2.5有效监测天数达标率超省定任务28.4个百分点；林木绿化率增加1.2个百分点，榆次区通过省级林业生态县验收；城乡面貌明显改观，左权县、平遥县分别被命名为全国和全省文明县城，灵石、和顺分别被命名为国家园林县城和省级园林县城，灵石、左权成为全市首批国家卫生县城。

榆社笨鸡散养基地

昔阳县水磨头渔乡

和顺县天凯集团现代农业观光示范园

安晟科技产品推介新闻发布会

★综改试验实现新突破。“108国道综合发展廊带”的项目建设、城市管理、土地流转、审批改革等取得实质性进展。积极建设区域资本市场，在全省率先挂牌运营晋中民间融资登记服务中心，天津股权交易所山西分市场即将挂牌运行，灵石县设立全国首支县域经济发展和城镇化建设私募基金。着力破解用地难题，左权县在全省首家推出“土地银行”，引导民间资本实施土地开发。创新环境容量市场化交易，环保排污权交易开始网络受理业务。

★民生事业得到新改善。2013年，全市财政用于民生领域支出增加31亿元，增长21.7%。建成保障性住房2.7万套，名列全省前茅。农村“五件实事”完成年度任务。各类保险参保人数、保费征缴额进一步提高，城乡低保实现应保尽保。“爱心煤”政策惠及89万户农民家庭。第一轮学前教育三年行动计划全面完成，新改扩建公办标准化幼儿园175所，入园率高出全省14.1个百分点；义务教育均衡发展晋中模式在全国推广。县域医药卫生一体化综合改革和公立医院试点改革积极推进，新农合参合率达到99.4%。文化体制改革、文化惠民工程、文艺创作以及文物和非物质文化遗产保护传承取得新进展。全民健身活动蓬勃开展，竞技体育水平进一步提高。扶贫开发“双百工程”扎实推进，全市又有3.2万人脱贫。安全生产较大以上事故的起数和死亡人数均实现“双下降”，全年无重大事故。食品药品安全保障水平进一步提升。

（晋中市政府办公厅　供稿）

青云直升机总装厂房

太钢万邦炉料有限公司生产车间

山西银河电子新型车载方舱建设现场

《又见平遥》观众排队入场

海创科技园效果图

太谷凤凰山万国风情园实景

东阳镇卫生院

昔阳县城文化墙

平遥古城生态旅游文化产业园鸟瞰图

稳增长 调结构 促改革 惠民生

——临汾市

临汾市市委书记罗清宇在襄汾调研

临汾市市长岳普煜调研城区建设

2013年，临汾市扎实推进“稳增长、调结构、促改革、惠民生”等重点工作，圆满完成各项任务。全市生产总值1223.6亿元，比2012年增长8.5%；规模以上工业增加值661.8亿元，增长12.6%；公共财政预算收入118.2亿元，增长6.7%；城镇居民人均可支配收入21936元，增长10.3%；农民人均纯收入7768元，增长12.6%。

★积极应对下行压力，经济保持平稳健康发展。全力扶持实体经济。认真落实中央、省宏观调控政策，推出“煤炭25条”“强化经济运行20条”、支持中小微企业发展等政策“组合拳”。开展“煤矿基本建设年”活动，新增投产矿井20座，新增产能2340万吨，全市原煤产量达到7041万吨。先后组织全市煤炭、煤焦、煤电、银企和重点项目供需对接会，千方百计帮助企业解决生产经营困难，促进了经济的平稳运行。

强化投资支撑。扎实开展“项目推进年”活动，实施省市重点项目394项，全年项目储备2.09万亿元，项目签约3019亿元，项目落地1705亿元，项目开工1407亿元，省市县重点工程建设完成1157亿元，项目投产1250亿元。在项目工作12项全省排名中，夺得两个第二、3个第三。全社会固定资产投资突破千亿元大关，完成1036.3亿元，增长26%。

加快市场建设。社区便民商圈、蔬菜直销点、"万村千乡"、新网工程等城乡流通体系建设成效明显，锦悦城、华纳新天地、居然之家等投入运营，奥特莱斯、红星美凯龙、生龙国际、上东世纪等有序推进。社会消费品零售总额475.5亿元，增长13.7%。

★着力推进转型综改，产业结构调整的步伐明显加快。综改区建设扎实推进。制定实施转型综改区建设《三年实施方案》和《2013行动计划》，全面铺开产业转型、生态修复、城乡统筹、民生改善四大任务，扎实推进"五规合一"、户籍制度、用地制度、金融创新和医药卫生体制等五项重大改革，确定了10个重大项目，完成投资58亿元。省级试点侯马市、市级试点尧都区在"村改居"、金融、土地、区域协同发展机制等方面取得了积极进展。

经济带建设取得实效。坚持规划指导、基础先行、产业入园、两区同建，加快建设"百里汾河新型经济带"。《经济带发展战略规划》编制完成。滨河东路南北延路基工程基本完成，河道水利工程洪洞至襄汾段基本完工，生态绿化完成1700多万平方米；18个工业园区销售收入占到全市规模以上企业销售收入的63.9%，10个农业园区有8个形成规模，6个物流园区有4个开工建设，5个文化旅游园区全部实施开发，11个"两区同建"工程启动实施。百里汾河新型经济已初具雏形，展现出强劲的发展活力和良好的发展前景。

产业结构不断优化。工业加快转型提升，焦化行业的45户企业完成省定兼并重组任务，钢铁行业完成立恒整合中宇工作，淘汰落后炼铁产能75万吨、炼钢产能100万吨。实施新装备、新技术、新材料、新能源等转型项目104个，全市高新技术企业发展到23家，省级以上企业技术中心达到19家，新兴产业投资增速达到50.6%。农业获得稳步发展，"大水网"涉临工程进展顺利，累计完成投资2.81亿元。粮食总产23.2亿千克，再创历史新高。"四个百万亩"基地和现代农业园区建设规模进一步扩大。大力推广"公司+合作社+农户"，新确立"一村一品"专业村232个，新发展农民专业合作社1513个，家庭农场达到1348个，农业产业化龙头企业达到362家。三产蓬勃兴起，物流业规模持续扩大，山西国际陆港园区建设加快推进，正在积极申报临汾综合保税区。旅游业稳步发展，全年共接待国内外游客2143万人，旅游总收入195亿元，4A级景区达到6个。金融、保险等服务业迅猛发展。三产所占比重提高1.8个百分点。

★统筹推进城乡建设，城乡一体化进程全面提速。交通基础设施建设步伐加快。全市公路通车总里程1.8万千米，新增209千米，居全省第一。霍永高速东段和西段一期工程基本完工，吉河高速路基和桥涵完成60%，大运高速土门连接线拓宽改造工程全面完成。霍侯一级路北段改造和桃临线霍州至汾西段竣工投用。新建改建农村公路231千米，其中，集中连片特困地区农村公路36千米。临汾机场航站楼和高架桥主体完工。大西高铁、中南铁路、张台铁路加快建设。

城市建设加快发展。完成河西新城和空港园区控制性详细规划，完成临汾高铁站地下空间利用等规划，市区控规覆盖率85%。建成市规划展览馆、市行政服务监察中心、中大街中段贯通等工程。启动实施五一东路、二中路、北外环拓宽改造、秦蜀路南延、市民广场一期、集中供热九期、污水处理厂改扩建、市区天然气置换等工程。城市管理得到加强，县城建设取得显著成绩，城市功能进一步健全，控规覆盖率70%。

新农村建设取得新进展。30个新农村连片示范区、300个重点推进村建设任务全面完成。农村"五件实事"超额完成年度任务，行政村街道亮化全面完成。

生态环境明显改善。先后出台绿色生态工程、创建园林城市、PM2.5防控、市区大气污染防治等实施方案，狠抓节能减排、大气污染防治、水环境修复治理和农村生态保护，实施节能改造项目76个，万元工业增加值能耗下降3.5%，6项主要污染物减排超额完成省定任务。按照新的《环境空气质量标准》评价，市区二级以上天数167天，空气质量指数全省第三，PM2.5达标率好于省定标准。汾河水质得到明显改善，化学需氧量和氨氮分别下降37.9%和20.9%。大力实施"两山""两网""两林""两区"和"双保"林业五大工程，新增造林4.2万公顷，超省定任务19个百分点。涝洰河河道治理工程全面启动，完成投资1.87亿元。

尧王台现代农业

光宇电源

吉县苹果

翼城铸造

曲沃钢铁基地

★夯实基础落实责任，发展环境更加和谐稳定。集中教育整顿活动成效明显。认真开展“夯实基础管理、落实工作责任”集中教育整顿活动，围绕安全生产、社会稳定、民生改善等方面，共查找整改安全隐患和突出问题1.5万个，建立制度1.5万项，构建了分级负责、层层落实的制度体系和责任体系。

安全生产形势稳定好转。开展“安全生产稳定年”活动，强化两个主体责任，推进“隐患排查、专项整治和打非治违”三项行动，不断加大企业安全标准化建设力度，实施ABCD分级分类动态监管，加强对煤矿、非煤矿山、尾矿库、危险化学品、森林防火、冶金、食品药品、道路交通、地质灾害等重点行业和领域的安全监管，关闭取缔非法企业439家。全年生产经营性事故同比下降132起，没有发生重特大事故，全市安全生产形势持续稳定好转。

★尽心竭力改善民生，人民群众得到更多实惠。社会事业全面进步。市图书馆、博物馆等工程加快实施。市直学校改造工程全部投用，5个县薄弱校改造全面完成，全市新建、改扩建农村学校169所、公办标准化幼儿园30所、村级幼儿园65所。临汾新医院建筑工程竣工，市精神病医院主体完工，市第三人民医院迁建工程进展顺利，市第四人民医院和市妇幼保健院成功创建三甲，完成9家县级公立医院改革，新农合参合率99.1%。市区成功创建省级卫生城，16个县被评为省级以上卫生县城。人口自然增长率、免费孕前优生健康检查、出生人口性别比综合治理三项计划生育指标圆满完成，被省政府评为综合先进市。

扶贫开发扎实推进。实施“百企千村产业扶贫工程”，启动7个项目，总投资17.4亿元。与陕西省榆林市合作，实施吕梁山有机苹果产业开发项目，在全国率先实现产业扶贫项目跨省协作。认真开展易地扶贫搬迁、住村联户、片区开发、整村推进等工作，实现贫困人口脱贫6.1万人。

社会保障水平不断提高。全年新增城镇就业6.3万人，城镇登记失业率为2.8%。各项社会保险累计参保人数468.2万人。开工建设各类保障性住房2.6万套，完成农村危房改造8000套。

（临汾市政府办公厅　供稿）

省长李小鹏在长治县雅瑞地毯公司调研

长治市市委书记马天荣在长治县调研开发建设工作

攻坚克难 逆势而上

——长治市

长治市市长席小军在长治县王庄煤矿井下检查安全生产

2013年，长治市紧紧围绕实施“五五战略”、率先全面小康的发展目标，攻坚克难、逆势而上，全力保增长、上项目、抓转型、惠民生、强安全、促稳定，较好地完成了年初确定的各项预期目标任务，经济社会发展取得了来之不易的新成效。全市生产总值1333.7亿元，比2012年增长8.5％；公共财政预算收入148.7亿元，增长11.4％；粮食产量超过16亿千克，再创历史新高。城镇居民人均可支配收入22803元，增长9.9%；农民人均纯收入9119元，增长12.3%。先后荣获国家森林城市、国家公共文化服务体系示范区、全国全民健身示范城市、国家智慧城市试点市、全国创建幸福家庭活动试点市和全国法治城市创建活动先进单位等多个国家级称号。

★确保经济运行处于合理区间。抓传统产业稳定支撑。加快煤矿技改，全年竣工投产矿井14座，新增产能1335万吨。加快焦炭行业重组，整合产能600余万吨，实现了焦炭产能向优势企业集中。加快电力行业“上大压小”，漳泽电厂改扩建、欣隆、高河、赵庄低热值发电和协鑫煤电一体化等新上电厂项目推进顺利。抓新兴产业做强

长治市市委书记马天荣在壶化集团调研

长治市市委书记马天荣在沁源蓝天工业园调研

做大。紧紧围绕七大新兴产业板块，加快推进成功汽车、日盛达光伏玻璃等190个新兴产业项目的建设和投产，完成投资367亿元、增长50.4%，占工业总投资的67.2%。抓现代农业基础夯实。重点实施“双十”增收富民工程，绿色食品、无公害农产品、有机食品认证数量全省第一。农产品加工增加值28.3亿元、增长17.3%，成为继煤炭、焦炭和冶金行业之后的第四大工业行业。抓服务业有效拉动，全社会消费品零售总额425.8亿元、增长14.3%。建立了十大出口企业集群，新认定4个省级外贸转型示范基地。抓项目建设持续带动，全年招商引资实际到位资金725.6亿元、增长23%；带动全社会固定资产投资完成1086.8亿元、增长25.4%。

★推进转型综改有实质性进展。推进行政审批制度改革。全年取消24项、下放29项市级行政审批项目。完善“一站式、保姆式”服务和严格问责制，提高审批效率，改善发展环境，规范政府行为。推进土地管理制度改革。推进金融体制创新。全市95家企业在山西股权交易中心挂牌，占全省挂牌企业总量的12.5%。中信银行、晋商银行在长治设立分行，长治商业银行成功改制为长治银行。推进产业创新驱动。在全省率先形成“政校企联合、产学研一体”发展模式，与清华大学、天津大学、华南理工大学等161所知名院校和科研院所建立了合作关系，合办科研机构29个；市级以上企业技术研发中心达到49个，博士（院士）工作站达到30家，实施省级以上科技创新项目77项。

长治市市长席小军在郊区霍家沟工业园区调研

长治市市长席小军在城区调研道路改扩建

城区高科公司电视白板项目

长治县成功集团微车制造

★加大城市建设和民生改善力度。主城区九大城建重点工程基本完成，构筑起“三环八纵十二横”的路网骨架，道路贯通率达到80%以上。主城区城建工程完成投资40亿元、拆迁55万平方米，分别相当于过去5年、10年的总和。11个县城开工建设重点城建工程107项，53个重点镇和240个中心村的建设分别完成投资13.1亿元和8.5亿元。全市城镇化率46.9%，比2012年提高1.6个百分点。

教育惠民工程投资4.6亿元，近50万名学生受益。通过校企对接，近5000名职业学校毕业生在240家企业就业。“好娃娃”工程深入推进，在全国率先实施新生儿出生缺陷干预救助健苗工程。新开工各类保障性住房2万余套，基本建成1.8万套。全市公益文化设施建设达标率87.1%，全省第一。

精准实施“百企千村”产业扶贫、移民扶贫、专项扶贫、科教扶贫、定点扶贫五大扶贫开发工程。48家参与百企千村产业扶贫的企业，共实施项目54个，完成投资23.4亿元。1.2万名山庄窝铺的贫困群众搬出大山，进城入镇，占到全省年度搬迁总人数的12.4%。全市又有4.3万贫困人口稳定脱贫。

★提升生态建设和环境保护水平。全力推进“六大”林业生态建设工程，完成营造林2.9万公顷，超额完成省定目标任务46.6个百分点。主城区绿化覆盖率45.3%，超出省定目标0.5个百分点。实施保护“母亲河”“生命泉”工程，浊漳河南源店上段人工湿地工程基本完成，辛安泉文王山地垒河段防污整治工程进展顺利。强力推进全市工业企业的环保达标，全市万元地区生产总值能耗下降3.5%，6项主要污染物的减排全部完成省定目标任务。扎实开展城市“三项治理”和农村环境卫生集中整治。主城区大气综合质量指数同比下降24.5%，主要污染物PM2.5浓度同比下降33.9%。

（长治市政府办公厅　供稿）

北一环路铁路立交桥

郊区霍家沟

长治县晟龙碳光玻璃项目

沁县沁园春矿泉水项目

易通低温发电机项目

襄垣恒瑞化工聚氯乙烯项目

高新区巨成车业

改扩建后的府后东街

省长李小鹏在晋城调研

晋城市市委书记张九萍在泽州县调研

经济持续健康发展 社会和谐稳定

——晋城市

2013年，晋城市坚持“稳中求进”总基调，围绕“一争三快两率先”总战略，以提高发展质量和效益为中心，以转型综改试验区建设为抓手，稳增长、调结构、促改革、惠民生，经济社会发展呈现出稳中有进的良好态势。全市生产总值1031.8亿元，比2012年增长9.3%；固定资产投资完成837.7亿元，增长27.9%；公共财政预算收入94.6亿元，增长14.1%；社会消费品零售总额297.1亿元，增长14%；外贸出口总额2.6亿美元，增长5.5%；城镇居民人均可支配收入23250元，增长10%；农民人均纯收入9026元，增长12.3%。

★政策调控作用明显，产业结构进一步优化。面对错综复杂的经济形势，市政府及时出台保煤保价10条措施、助推实体经济12条意见、加快园区建设8项办法、推动中小微企业发展等一系列政策措施，促进了全市经济平稳运行。煤炭行业增加值增长13.9%，非煤行业增加值增长7.3%。民营经济增加值662.5亿元，增长17.2%。银行业贷存比达51.1%，同比提高3.9个百分点，规模外融投资达366.4亿元，增长124.8%。62个工业转型项目累计完成投资112.3亿元。总投资194亿元的34个重点商贸物流项目正在加快建设。

★项目建设步伐加快，招商引资势头强劲。扎实开展“项目推进年”活动，全市固定资产投资完成837.7亿元。全年签约招商引资项目286个，资金到位606.7亿元。当年签约、当年落地项目超过1/3。非资源类占比达85%，10亿元以上项目超过75%。“六位一体”年度目标全部超额完成，固定资产投资增速连续两年居全省第一。继续加强与长三角、环渤海等经济发达地区的联系。与中海油、中国恒天集团、南非卡卡杜市等签订了战略合作协议。举办了第二届中国（晋城）太行山国际文化旅游节。晋城经济开发区升级为国家级开发区，出口监管仓库、保税仓库顺利通过海关验收。

晋城市市长刘润民在城区调研

设施农业

煤层气开发利用

金鼎煤机

★改革力度不断加大，综改建设初见成效。制定2013-2015年转型综改《实施方案》和2013年《行动计划》。全面展开巴公扩权强镇、西北片区改造等10个综改试点。启动国家低碳城市创建工作，出台“飞地经济”行动计划，制定《气化晋城实施方案》。积极“竞逐中原”，与郑州铁路局、济源市、焦作市签署了合作协议，与中原经济区10市开通了旅游直通车。加大简政放权力度，在全市行政机关推行了服务承诺、首问责任、限时办结三项制度和建设项目联合办理、重点项目审批“绿色通道”、行政审批首席代表制三个办法。对巴公综改试点、西北片区改造下放了涉及9个部门的57项审批权限。组建煤炭和煤层气工业管理局，下发《深化户籍管理制度改革实施意见》，成功申报全国循环经济示范创建市、智慧城市试点市和新能源汽车示范城市。

★城乡统筹扎实推进，生态环境治理成效明显。中心城市投资近百亿元，启动了包括17条城市道路的41项城建重点工程。新增集中供热面积140万平方米，新增市区煤层气用户1.2万户。西北片区实施整体改造，兰花片区、金村片区、北石店片区和金匠工业园区等加快建设。大县城、中心镇和美丽乡村统筹推进。河西镇、町店镇被命名为省级园林城镇。周村、天井关村等17个村列入中国传统村落名录，11个镇村新入选中国历史文化名镇名村。农村新增清洁能源用户3万户。节水型社会试点市建设通过国家水利部验收。新增造林绿化面积1万多公顷，在全省率先实现了国家森林城市创建目标。实施污染减排项目58个，对六大重点耗能行业进行能效对标，6项主要污染物排放量大幅削减。丹河人工湿地建成投运。

城市鸟瞰

阳城县城建设

城市景观绿化

皇城相府

王莽岭

蟒河

吴王山公园

图书馆、美术馆、档案馆

★“三农”工作全面加强，农民收入稳定提高。落实强农惠农资金32.4亿元。全力开展“一抗两保”，全年粮食总产达9.05亿千克。生猪出栏达165.4万头，位居全省第一。新建现代农业示范园区30家，设施农业园区达到97家。新发展农民专业合作社1108个。加快“一村一品”、“一县一业”和新农村连片示范区建设，实施了街道亮化、移民搬迁、危房改造和农村清洁工程，启动“百企千村”产业扶贫工作。扎实开展干部下乡住村帮扶活动，解决实际问题3930项，村容村貌和农村生产生活条件进一步改善。

★民生事业不断发展，人民生活持续改善。民生支出增长25%，占到全市公共财政支出的83%。太原科技大学晋城校区正式招生，圆了全市人民多年的大学梦。新改扩建幼儿园53所，免除城市义务教育教科书费惠及学生6.7万人。表彰“晋城专家”和“晋城名师”，提高乡村医生工作待遇。连续七届荣获“全国科技进步先进市”称号。城镇新增就业岗位4.2万个，城镇登记失业率控制在1.5%以内。城乡居民基础养老金、企业离退休人员基本养老金实现“九连增”。省定5件实事和市定10件实事全部完成。

（晋城市政府办公厅　供稿）

丹河湿地公园

创新理念奋勇争先 铸就转型跨越新辉煌

——运城市

2013年，运城市紧紧围绕“五大战略重点”和建设“美丽河东、大美运城”的美好愿景，创新发展理念，拓宽转型路径，点燃工作激情，狠抓工作落实，全市经济发展活力增强，社会保持和谐稳定。全市生产总值1140.1亿元，比2012年增长9.2%；规模以上工业增加值406.3亿元，增长13.1%；固定资产投资完成1008.9亿元，增长22%；社会消费品零售总额552.1亿元，增长14.3%；外贸进出口总额17.5亿美元，增长64%；财政总收入91.2亿元，增长13.9%；公共财政预算收入45.4亿元，增长9.3%；城镇居民人均可支配收入20718元，增长10.6%；农民人均纯收入7198元，增长12.8%。财政总收入、规模以上工业增加值、外贸进出口总额3项指标增速全省第一。

★紧紧围绕“五大战略重点”，深入调查，认真研究，进一步明晰了发展思路和推进路径。工业新型化方面，按照“全市经济一盘棋，错位发展、差异竞争、优势互动”的思路，坚持传统产业改造提升和新兴产业园区化发展集群化招商两条路径，大力发展产业集群。农业现代化方面，按照“土地规模化、组织企业化、技术现代化、经营市场化”的思路，推动土地流转、农业产业板块设计招商、农产品深加工和农产品物流体系建设。市域城镇化方面，按照“工业化、信息化、城镇化、农业现代化和城乡生态化”互动推进的思路，探索“工业集群化、集群园区化、园区社区化、社区城镇化、土地规模化、城乡生态化”的互动机制，努力构建有运城特色的统筹城乡一体化发展之路。在总体布局上，统筹中心城市、大县城、小城镇、新农村功能互补、协调发展；在城市建设上，突出“城市功能完善、产业空间拓展、土地集约利用、市民方便宜居”四个目标一个过程实现。城乡生态化方面，生态绿化按照“山上治本、身边增绿、林业增效、产业富民”的思路，着力提高森林覆盖率；城市绿化做到“横有厚度、纵有层次，点成缀、线成景、片成林”；环境保护坚持“整治修复并举、治本治源结合”，强化节能减排，淘汰落后产能，加强大气、水、土壤污染防治，持续改善生态环境。文化旅游产业方面，按照“高端创意、整合资源、政府引导、市场运作”的思路，加快文化与旅游深度融合。

★科学谋划，强力落实，“五大战略重点”取得令人振奋的成绩。工业增速和效益名列全省前茅。工业增加值和实现利税两项指标增幅全省排名第一，是近年来工业发展最好的一年。园区化集群化发展成效初显，"5+15"工业园区累计完成工业总产值1100亿元，占全市工业总产值的67%，成为全市工业发展的主战场。传统产业改造提升步伐加快。围绕煤电铝材、煤焦化和金属镁等产业链条延伸，推动传统产业改造升级。铝深加工产量40万吨，占到全省的87%。产学研合作进一步深化，被确定为“山西省产学研合作示范基地”。金融支持实体经济力度加大，荣获“中国金融生态示范城市”称号。

运城市市长王清宪在新绛调研

芦笋加工

隆兴公司日光温室

月季园

河津市民乐无公害韭菜基地

中国运城·北方家居产业基地项目效果图

电解铝生产现场

大西高铁运城段

“三农”工作全面提升。全年粮食产量31亿千克，水果总产量53亿千克，双双再创历史新高。农村土地流转力度加大。新绛、盐湖土地流转的经验得到省委、省政府的充分肯定，全市土地流转面积达到8.2万公顷，全省第一。农产品加工业增势强劲，农产品加工销售收入已占到全省的1/5。农村基础设施建设不断加强。现代农业示范区建设力度加大，7个省级现代农业示范县累计建设各类示范园区235个，完成投资77.9亿元。

城镇化步伐不断加快。编制完成10余项城市专项规划、12个县(市)总规、6个重点镇近期建设规划和20个乡镇总体规划，中心城区控规覆盖率53%。对东部新区、高铁商务区等重点片区重新进行功能定位与城市设计。中心城市、大县城、小城镇、新农村四位一体统筹推进。实施城镇化项目215项，完成投资103.9亿元，城市建设力度是近年来最大的一年。生态智慧城加快建设。盐湖生态文化旅游景区、碧桂园商业街及高端居住社区等一批重大项目达成投资意向。城市管理水平不断提升，市容市貌明显改观。

城乡生态持续改善。造林绿化成效明显。平陆县被评为“全省林业生态县”。创建国家生态乡镇1个，省级生态县1个。节能减排力度加大。淘汰铁合金、造纸、印染、电力等行业落后产能企业6家。大力发展循环经济，工业固体废弃物综合利用率67.5%。全市万元生产总值综合能耗下降3.8%。

文化旅游产业快速发展。《关圣文化建筑群申遗工作实施方案》编制完成。成功举办关帝圣像巡游台湾和福建活动，关公文化影响力进一步扩大。文化产业开发力度加大。开工建设文化项目15个，累计投资50.8亿元。全年旅游总收入212.6亿元，同比增长28.1%。

★克服财力紧张的困难，着力保障和改善民生，人民生活水平得到新提高。2013年，全市民生支出186.3亿元，占到财政总支出的81.2%，是民生支出总量最多的一年。社会事业全面发展。全市财政新增1000万元扶持教育事业发展，并动员社会各界积极参与，资助了2240名家庭经济困难的大学生顺利入学。加强教师队伍建设，首次评选50名优秀教师享受运城名师待遇，清理33名不称职的中小学教师。高度关切群众冷暖，每人取暖费在提高一倍之后，又

学苑路立交桥美景

鹳雀楼

增加了1000元的补助，并对采取区域锅炉、燃气锅炉等方式供热的小区或企业进行了奖励性补贴，圆满完成128万户134万吨“爱心煤”发放任务，有效保证了居民温暖过冬。农村五件实事进展顺利。安全生产持续稳定好转，全年各类生产经营性事故起数和死亡人数又有新的下降。

★坚持以开放促改革，以改革促发展，经济社会发展活力显著增强。“四化同步”“五规合一”等改革深入实施。理顺了省级开发区与所在县(市、区)在土地利用、行政管理和财税分配等方面的关系，明确了开发区的产业定位，极大地激发和释放了开发区的发展活力。招商引资实现新突破。全年招商引资到位资金691.2亿元，同比增长22.9%，超额完成省定目标任务的140%。以全省“飞地经济”试点市为契机，加大招商引资力度，引进了一批转型跨越发展的大项目、好项目。投资650亿的中国运城·北方家居产业基地项目落地开工。《晋陕豫黄河金三角区域合作规划》上报国务院，即将上升为国家战略。积极推进大通关建设，运城海关、出入境检验检疫大楼主体完工，成为运城市进一步扩大开放的重要标志。

(运城市政府办公厅　供稿)

黄金水岸

历山国家森林公园

现代都市农业

楼宇总部经济

经济健康发展 社会和谐稳定

——太原市迎泽区

老年餐桌

2013年，迎泽区紧紧围绕主题主线，全力推动率先转型跨越和"三区"建设再上新台阶，各项工作取得突破性进展。

★保增长，综合实力持续提升。2013年，全区生产总值454.06亿元，比2012年增长8.1%；服务业增加值390.51亿元，增长7.4%；社会消费品零售总额307.52亿元，增长17.1%；固定资产投资完成155.49亿元，增长50.8%；财政总收入28.97亿元，增长20.2%；公共财政预算收入14.99亿元，增长34.5%。

★调结构，发展方式加快转变。启动了皇庙、书业诚、皇华馆等文物景点恢复性整治，完成食品街升级改造和西城、御都等大型商厦改扩建。中海油山西能源公司、渣打银行等企业区域总部落户迎泽，企业创新园建设初具规模。苏宁易购太原频道、服装城集团电子商务平台、琥珀数码社区服务电子平台建成投运。启动兴农富民十大工程，孟家井润东农业科技博览园成为全省样板。签约招商8个项目，引资165.3亿元，64个省、市重点项目完成投资98.68亿元。

★惠民生，人民生活进一步改善。投入2.1亿元，全面完成20件惠民实事。在全省率先实现低保对象参加基本医保全免费，社会散居孤儿养育金标准、新农合补贴和高龄低保老人保健津贴标准全省最高；实行低保群体"一站式"医疗救助和高血压、糖尿病患者基本药物免费治疗。3个街办实现社区居家养老服务全覆盖，海边街社区在全市率先开设老年餐桌。提前两年率先实现校校标准化，成为全省唯一一家国家级义务教育发展基本均衡区。流动人口计划生育均等化服务实现全覆盖。

（迎泽区政府办　供稿）

社区一站式服务

改造后的食品街

百校兴学工程

改造后的并州路

城市绿化

小山沟城郊森林公园

湖滨国际会堂

万亩蔬菜温室大棚

建设中的嘉节热电联产项目

一流城区　三晋首区

——太原市小店区

2013年，小店区按照稳增长、调结构、促改革、惠民生、保稳定的总体要求，推动经济社会发展稳中有进、稳中向好。全年生产总值311.8亿元，比2012年增长6%；规模以上工业增加值16.2亿元，增长8.4%；固定资产投资366.3亿元，增长28.5%；社会消费品零售总额388.7亿元，增长12.9%；财政总收入43.3亿元，增长22.5%；公共财政预算收入22.1亿元，增长21.4%；城镇居民人均可支配收入25207元，增长11.6%；农民人均纯收入15414元，增长12.8%。固定资产投资额、社会消费品零售总额、财政总收入、公共财政预算收入等综合指标总量全市各县（市、区）第一，再次跻身“中国市辖区综合实力百强”。荣获“全国科技进步考核先进区”等国家级荣誉30项、“山西省县域经济市辖区考核评价第一”等省级荣誉70项、“依法行政示范区”等市级荣誉31项。

★转型跨越取得新突破。农业产业化快速推进。深入打造孙家寨等23个“一村一品”专业村，设施蔬菜总产量占到全市总量的1/4。青玉油脂等“513”农产品加工龙头企业年销售收入35亿元，经济辐射带动能力进一步增强。各类农业园区50余家，华辰高科等现代农业观光园进一步发展壮大。工业体系进一步升级。嘉节燃气热电联产项目、山西电机有限公司整体搬迁改造等新兴工业项目竣工在即，恒立诚磁业有限公司顺利投产。民营企业市场品牌

黄陵街道民航社区便民服务代办点大厅

武宿国际机场

和份额不断提升，华豹涂料成功开拓海外市场，奇美橱柜荣获2013中国橱柜行业“品牌·服务”体系建设十大示范企业称号。服务业迈向规模化、品牌化、高端化。招商引资成效显著，签约项目10个，总投资达226.5亿元，为市下达任务的1.5倍。

★城乡建设管理迈上新台阶。基础设施建设力度空前。区级财政基础设施建设投入近5亿元，城乡综合承载能力进一步提升。在全省率先实现区乡公路路面铺装全覆盖，公路密度全省第一。城中村改造扎实推进，城乡管理水平不断提升，城乡清洁工程、数字化城管工作考核继续排名全市第一。

太原南站

★民生改善取得新成效。民生投入持续加大，全年惠民资金投入占总支出的80%以上，同比增长13%。启动实施“全区义务教育优质均衡发展促进工程”，90%中小学校通过市级标准化学校验收。在全市率先实现对区属普通高中贫困生免除学杂费。财政科技项目经费支出3153万元，同比增长15.8%，全国县（市、区）科技综合指标考核排名全省城区组第一。新农合参合率99.6%，财政补贴人均65元，全省第一。巩固创建全国中医药示范社区工作先进单位成果，开展中医药特色乡镇卫生院、中医药特色社区卫生服务中心创建工作。生态建设加速推进，突出抓好东山“五龙城郊森林公园”建设，环境质量不断改善。

（小店区政府办　供稿）

武宿立交桥

东山五龙城郊森林公园

天美新天地

南中环桥景观

晋源区区委书记王立刚调研省市重点工程保障工作

晋源区区长尤天拴调研城中村改造项目

经济健康发展　社会和谐稳定

——太原市晋源区

2013年，晋源区紧紧抓住建设晋阳新区的战略机遇，抓项目，谋转型，保稳定，惠民生，促跨越，团结拼搏，真抓实干，全区经济持续健康发展，社会保持和谐稳定，生态环境大幅改善，人民生活品质不断提高。2013年生产总值46亿元，比2012年下降20.3%；规模以上工业增加值5.04亿元，下降57.3%；固定资产投资完成104亿元，增长33%；服务业增加值26.7亿元，增长0.5%，社会消费品零售总额24.4亿元，增长16.1%；财政总收入8.62亿元，增长26.1%；公共财政预算收入4.84亿元，增长25%；农民人均纯收入10488元，增长12%。

★狠抓产业转型，经济内生动力持续增强。以省中小企业创业示范基地建设为标志，新型工业园区化建设迈出关键步伐。全年落实工业项目53个，新兴工业产业投资占工业投资的55.5%。以康培现代农业科技产业园、梅芝园艺花卉产业园、北河下设施蔬菜标准园为龙头，七大农业产业建设项目稳步推进。农产品质量检测中心投入使用。以长风国贸第六馆和山西新九洲家具城为代表的服务业蓬勃发展。蒙山大佛景区全年接待游客60万人次，店头历史传统村落正式挂牌，第三产业占全区经济总量的58.1%。大力推进项目建设，完成签约项目总投资195亿元。

★狠抓民生改善，不断增进人民福祉。“百校兴学”工程全部完工。8所义务教育学校通过标准化建设评估验收。“两通”学校达到100%。国家科技富民强县项目、国家科技进步考核通过验收。创建各类科技示范点40个。新农合参合率达98.8%，镇(街)村两级医疗机构100%达标。乡村医生签约服务被确定为全国15个联系点之一。全年民生类支出4.02亿元，占财政总支出的80%。

省市重点项目——康培城郊森林公园

发展中的蒙山大佛景区

晋祠水稻

新兴农业项目——花卉生产基地

省市重点项目——省中小企业创业示范基地开工建设

★狠抓城镇化建设，城乡发展更加协调。9项省市重点工程保障任务征拆1370处、130.6万平方米。明太原县城新农村建设征拆55处、9.4万平方米，完成窑神庙、财神庙等8处历史遗存修复。晋祠大景区综合整治三期工程完成前期工作。晋阳湖周边20个城中村改造全面展开。

★狠抓生态建设，美丽晋源更加宜居。深入推进五大工程，大力开展五项整治。集中供热扩网面积达198万平方米。鼓励、补贴、监管相结合，秸秆禁烧工作成为全市新亮点。七大城郊森林公园完成投资21.4亿元，康培精品公园成为全市造林绿化的典范。实施柳子沙河河道整治，完成店头水生态修复工程。深入推进城乡清洁工程，城乡面貌焕然一新。

（晋源区政府办　供稿）

转型跨越中的晋源——罗克佳华科技公司

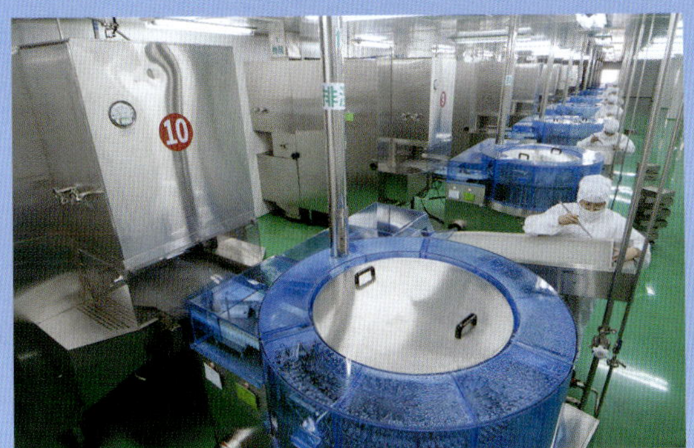

转型跨越中的晋源——太原制药厂

丰收的喜悦

太原高新区管委会主任赵伟东深入园区企业调研

国家火炬计划软件产业基地

内抓提升转型　外抓扩区跨越

——太原高新技术产业开发区

太原高新技术产业开发区(简称"太原高新区")成立于1991年7月,1992年11月经国务院批准成为国家级高新区,是山西省目前唯一的国家级高新区。太原高新区地处省城太原高等院校密集、科研力量雄厚、基础设施良好的学府区域,发展高新技术产业具有得天独厚的优势。

截至2013年底,太原高新区拥有各类入驻企业3000余家,其中按新办法认定的高新技术企业104家,初步形成了以电子信息、光电、生命科学、煤化工技术研发、文化创意、新材料、新能源与环保节能为特色的高新技术产业格局。全区现有国家火炬计划软件产业基地、国家科技兴贸创新基地、国际科技合作基地、国家级留学人员创业园、国家中小企业国际合作基地、国家文化产业示范基地和山西动漫游戏产业发展基地、山西省海外高层次人才创新创业基地、山西省信息化产业示范基地、山西省循环经济试点园区。拥有国家级企业技术中心3家、工程技术研究中心两家、公共服务平台4家、产业研究开发机构两家和省级企业技术中心19家、工程技术研究中心5家。共有25个科技园(孵化器),4人入选国家"千人计划",8名"千人计划"人才来区创业,成为全省高新技术人才、项目、企业最为聚集的区域。

2013年,太原高新区科工贸总收入1604.8亿元,比2012年增长8.9%;工业总产值1380.3亿元,增长9%;地区生产总值389亿元,增长3.7%;实现利税78.4亿元,增长6.4%;区级财政收入16.87亿元,增长4.4%。

2013年,太原高新区招商引资工作成绩显著。全年共引进入区企业473家,注册资金总额41.47亿元。重点围绕信息安全产业园、物联网产业园、电子商务产业园进行招商。入驻企业有山西众人网络安全科技有限公司、山西贡天下商贸有限公司、山西百事帮科技股份有限公司等。

太原高新区引进建立了IBM智慧城市联合创新中心、仿真技术应用国家工程研究中心;与山西大学、太原理工大学、太原科技大学等科研院所开展产学研合作;与中科院过程所联合建设"新型节能环保技术联合实验室";与清华大学化工学院、中科院理化所、中科院半导体所等开展项目合作;成立了山西省产业技术研究院有限责任公司,搭建全方位的科技攻关和成果转化平台。

太原高新区着力构建多层次金融服务平台,成立了规模为4亿元的信息安全产业专项基金,重点扶持信息安全产业领域的企业;设立研发专项基金,鼓励区内企业与国家级科研院所开展合作;与中国建设银行山西省分行等合作开展"助保金贷款"业务,解决小微企业融资难问题。

国际科技合作基地

清华科技园太原分园

太原高新区大力加强人才服务平台建设，加快院士工作站和博士后工作站建设，成立了3家院士工作站，8家企业博士后科研工作站。支持海外高层次人才创业发展，太原留学人员创业园被科技部命名为“国家国际科技合作基地”。截至2013年底，共引进和扶持国家“千人计划”和山西省“百人计划”企业等一流水平项目16个。

2013年，太原高新区新区建设快速推进，完成97.6公顷新区收储土地转用指标规划及土地申报工作和新区范围内的实地踏勘工作。大运西路、八号线开工建设。100万平方米孵化器、加速器建设顺利施工。

（太原高新区管委会　供稿）

国家级留学人员创业园

太原高新区向一流的创新型特色园区迈进

200KM高速列车不锈钢车厢板

A区景色

快速发展的太原不锈钢产业园区

——太原不锈钢产业园区

2013年，不锈钢园区以加强选商引智为重点，以推进项目建设为核心，以提高整体效益为主线，以提升服务能力为抓手，推动园区经济社会全面进步，为打造全国一流特色产业开发区奠定了坚实的基础。

★主要指标圆满完成，重点项目有序推进。2013年园区规模以上企业工业增加值3.06亿元，比2012年增长28%；固定资产投资完成26.3亿元，增长28%；公共财政预算收入1.2亿元，增长29%；引资到位32亿元，增长33.3%；不锈钢加工转化量17.8万吨，增长10.1%。全年新续建项目23个，总投资94.1亿元，完成投资48.2亿元。

★招商引资成果明显，三大集群初步形成。全年新签约项目7个，总投资117亿元。特别是国药、海尔正式签约，华润、晋能达成合作意向，这4个世界500强企业的引进，在园区招商引资历史上具有里程碑式意义。园区产业布局在“量质齐升”的基础上，不锈钢产业集群、新型制造产业集群、现代物流产业集群等“三大产业集群”初具规模。基础设施快速推进，承载能力逐步提高。

不锈钢精密钢带

可替代进口硬质合金刀具

数控工具系统

车间一角

车间一角

★服务能力明显提升，发展环境更趋优化。强化服务意识，深化服务内涵，创新服务方式，园区发展环境进一步优化。区内审批事项由78项核减为55项，为入区企业提供一条龙、保姆式服务。按照“两集中、两到位”原则，组建综合服务大厅，为企业提供“一站式”服务。与农信社共同建立“助保金”贷款平台，与工行、民生等多家银行深度合作，解决企业融资需求。全面推行亩效化管理，企业亩均税收从1.1万元提高到1.3万元，增长20%。科技创新能力得到新提高，建成院士、博士后工作站两个，国家级企业技术中心4个，获得国家级专利184项。获得“山西省中小企业创业基地”称号，经科技部批准成为全市唯一的“全国创新型产业集群试点园区”。循环园区建设取得新成绩，被国家发改委和财政部批准为省内唯一的“国家循环化改造示范试点园区”。

（太原不锈钢产业园区管委会办公室　供稿）

巴西10件套厨具

高精度齿轮刀具

高精度普通刃具

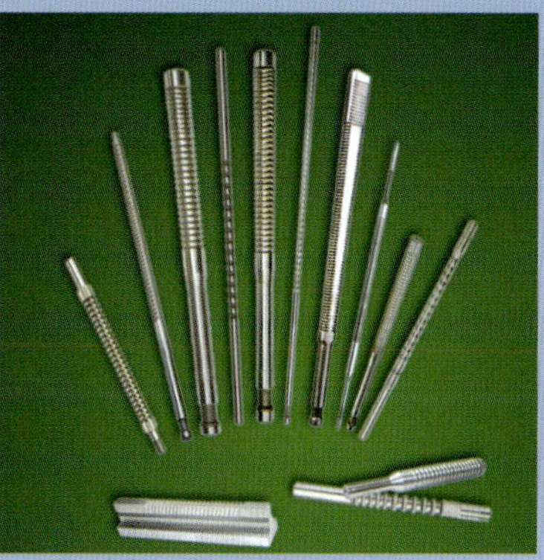
高精度拉削刀具

省纪委副书记、监察厅厅长冯改朵在杏花岭区政务服务中心调研

太原市副市长王建生在杏花岭区调研环保工作

创宜居环境　建和谐城区

——太原市杏花岭区

2013年，杏花岭区牢牢把握稳中求进总基调，攻坚克难、顽强拼搏，全力推动宜居和谐城区建设。深入调结构，发展方式加快转变；着重强建管，承载能力显著提高；突出抓生态，宜居环境不断优化；持续惠民生，人民生活进一步改善；全力稳增长，综合实力持续提升，各项工作取得突破性进展。2013年，全区生产总值419.75亿元，比2012年增长10.2%；服务业增加值327.33亿元，增长9.6%；固定资产投资完成198.29亿元，增长29%；社会消费品零售总额139.71亿元，增长16.3%；公共财政预算收入16.23亿元，增长35%；城镇居民人均可支配收入25207元，增长11.6%；农民人均纯收入13335元，增长12.8%。上述7项主要经济指标增速均高于全市平均水平。作为中心城区，服务业增加值和公共财政预算收入两项指标增速在全市10个县（市、区）中名列第一。向全区人民承诺的“十大重点工程”“十件惠民实事”全面完成。荣获“全国科技进步先进区”称号。

（杏花岭区政府办　供稿）

杏花岭区区长李浓深入社区走访调研

杏花岭区落实义务教育“一法一办法”工作汇报会

杏花岭区区长李浓接待信访群众

金沙滩现代设施农业园

金沙滩医药工业项目群

实现新突破 迈出新步伐 取得新成效

——怀仁县

2013年，怀仁县以转型发展为主题，齐心抓转型，集智谋跨越，聚力促发展。坚持以煤为基、多元发展，产业转型成效显著。坚持大上项目、上好项目，重点工程推进有力。坚持以农载牧、以牧富民，“三农”工作扎实有效。坚持产城联动、以城促产，“大县城”建设步伐加快。坚持造林绿化、水系恢复，生态环境明显改善。坚持共建共享、普惠民生，“幸福怀仁”建设全面推进。全县经济社会保持了平稳较快的发展态势。全县生产总值198.87亿元，比2012年增长10.5%；规模以上工业增加值112.53亿元，增长13.6%；财政总收入27.73亿元，增长10.9%；公共财政预算收入11.26亿元，增长31.9%；城镇居民人均可支配收入25510元，增长10.4%；农民人均纯收入11093元，增长12.8%；固定资产投资完成112.47亿元，增长29.4%；社会消费品零售总额49.63亿元，增长14.6%。在全市目标责任考核中再次排名第一。先后荣获全国科技进步先进县、国家卫生县城、全国群体工作先进县、全国计划生育优质服务先进县、全国风沙源治理先进集体、中国最具特色生态旅游名县、“美丽中国·生态旅游”十佳示范县、山西省环境保护模范城、全省农田水利基本建设先进县、全省“一县一业”建设先进县、全省畜牧生产先进县、全省政风行风评议先进县、全省既有建筑节能改造示范县等32项市级以上称号，被住建部列为国家“智慧城市”试点县。

（怀仁县政府办 供稿）

金沙滩旅游购物项目群——中国怀仁海宁皮革城

城市相依，人水相连

大同市市长李俊明在浑源调研

浑源县县委书记张清河(左一)、县长赵亚雄(右一)调研春润农业观光园区

稳中求进 改革创新

——浑源县

2013年,浑源县坚持以转型综改为统领,深入实施"突破浑源、率先崛起"战略,强力推进十大工程,开创了经济发展、社会和谐的新局面。全县生产总值38.52亿元,比2012年增长7.7%;规模以上工业增加值13.43亿元,增长9.8%;全社会固定资产投资完成80.37亿元,增长71.9%;社会消费品零售总额24.25亿元,增长14.1%;城镇居民人均可支配收入16617元,增长10.5%;农民人均纯收入5143元,增长13.1%。财政总收入3.72亿元,公共财政预算收入2.2亿元。

★产业转型取得阶段性成果。超额完成项目储备、签约、落地、开工、建设、投产"六位一体"年度目标任务。百川煤业正式投产,花岗岩产业有序开发,风电项目、低热值煤发电、抽水蓄能电站项目顺利推进,工业经济呈现出绿色、环保、可持续的新特点。加快发展非公有制经济,大力扶持小微企业,全县民营企业总数达到577户,销售收入19.2亿元,上缴税金1.94亿元。

★现代农业步入战略性扩张。农作物总播种面积4.1万公顷,粮食产量1.58亿千克,稳步实现"八连增"。春润、神农、泰丰等特色园区成为全市百园立农工程典型。"恒山黄芪"通过国家级认证。畜牧业发展成绩喜人,被列为全省30个牛羊养殖重点县之一,恒山畜产品成功列入大同市"小巨人"重点企业培育计划。"百企千村"产业扶贫成功对接,农村脱贫路子进一步拓宽。

神溪湿地

黄芪加工

花岗岩加工

★城乡建设开始前瞻性谋划。立足建设现代旅游城市，《城市总体规划》送审报批，《历史文化名城保护规划》正式启动，《神溪湿地及凤凰山修复总体概念设计及启动区方案深化设计》有序推进，《新区3平方公里重点地段控制性详细规划》和《旧城区七个改造片区的修建性详细规划》编制完成，县城发展蓝图基本绘就。全年完成市政建设投资6亿多元，城镇化率提高2个百分点，达到36.1%。

★生态环境得到有效性治理。继续强化京津风沙源治理，巩固退耕还林成果，全县绿化覆盖率26.7%。实施首都水资源保护项目，综合治理中小流域，水土保持工程取得良好生态效益。

★民生事业实现均衡性发展。民生支出8.19亿元，占县级公共财政预算支出的74.7%。投资近1.2亿元实施校舍建设、标准化操场和信息化建设工程。浑源七中建成招生，成为县城新区的一大亮点。就业创业培训任务圆满完成，省级创业基地县试点工作全面铺开。基础养老金标准由55元提高到65元，新农合筹资标准由290元提高到340元，参合率99.3%。县级公立医院改革顺利推进，基本药物由516种增加到718种。新农合住院报销上限提高到15万元。

（浑源县政府办　供稿）

悬空寺胜境

浑源县廉租房惠民工程

风力发电

忻府区区委书记张钰祥在甄家庄村调研新农村建设

忻府区区长赵志伟在峪口村实地调研张杂谷种植

凝心聚力　赶超跨越

——忻州市忻府区

2013年，忻府区紧紧围绕“五区”建设目标，抢抓机遇，凝心聚力，攻坚克难，全区经济社会发展保持了稳定向好的态势。

★综合实力不断提升。2013年，全区生产总值113.8亿元，比2012年增长8.4%；公共财政预算收入4.34亿元，增长19.4%；规模以上工业增加值21.48亿元，增长13%；全社会固定资产投资完成95.4亿元，增长27.2%；社会消费品零售总额96.99亿元，增长11%。

★“三农”基础不断夯实。传统农业稳中有增，粮食总产量达到3.21亿千克。特色产业加速发展，初步形成以玉米为主，辣椒、甜糯玉米、甜瓜、干鲜果、核桃等为特色的种植新格局。畜牧养殖形成规模，成功申报省级养羊重点县区。

★转型动力不断增强。招商引资成效突出。签约引进了总投资20亿元的欧蓓莎国际商贸城、一期投资5亿元的航天设施农业光伏发电项目。投资平台逐步完善，规划建设龙岗生物科技园和金山工业园区。

★幸福指数不断提高。人民收入持续增长。城镇居民人均可支配收入21559元，增长10.6%；农民人均纯收入6988元，增长14%。社会救助广泛覆盖。社会保险、工伤保险、医疗保险和城乡居民养老保险覆盖范围稳步扩大，新型农村合作医疗参合率稳定在99.9%左右。省政府安排的“五件实事”和区委区政府确定的20件惠民实事全面完成。各项事业不断进步，中考、高考达线率保持稳定增长，村级卫生工作机制逐步完善，乡村医生待遇得到落实，医疗服务市场秩序进一步规范。

（忻府区政府秘书处　供稿）

山区人民致富新途径——张杂谷种植

香瓜节展销现场

旧京原路改造竣工通车仪式

晨辉锻压设备厂房建设实景

神池县四大班子领导上街督查点评环境卫生整顿、交通秩序整顿进展情况

神池县县长冯晓雷(右三)在烈堡乡冯庄子村养殖户调研

稳中有进　再创佳绩

——神池县

2013年，神池县深入开展“项目推进年”“第二个大干城建年”活动，稳增长、调结构、促改革，圆满完成年度目标任务，各项工作取得新成绩。

★经济运行健康平稳。2013年，全县生产总值16.3亿元，比2012年增长12.1%；规模以上工业增加值1.8亿元，增长13.3%，固定资产投资完成27.2亿元，增长39.7%；社会消费品零售总额5.2亿元，增长16.3%；财政总收入3.8亿元，增长8.9%；公共财政预算收入2亿元，增长21.9%；城镇居民人均可支配收入16754元，增长9.9%；农民人均纯收入5353元，增长12.9%。项目建设成效明显，全县建成投产的风电场达到9期45万千瓦；招商引资157.3亿元，全市第三；省市重点工程完成投资计划119.9%，全市第二。生态建设取得突破，被市委、市政府授予“环境保护工作先进县”和“林业生态建设先进县”称号。

★特色农业再攀新高。在成功取得胡油、胡麻、羊肉、莜麦、黑豆、黍子6个地标认证的基础上，又积极申报“中国亚麻油籽之乡”，成功通过国家粮食行业协会认定。加快“一核两线”标杆示范带建设。以东湖设施农业园区为核心，全县温室大棚发展到86.7公顷。建成膜下滴灌、渗水地膜、起垄马铃薯三个高产旱作农业示范片和胡麻、莜麦等

神池县大棚油桃种植成功

神池县海泉万只种羊场

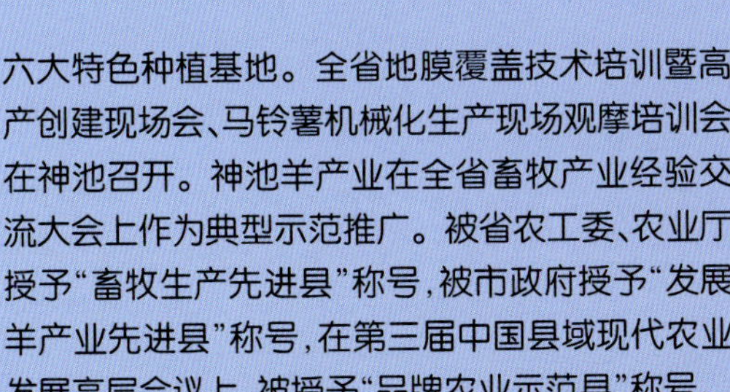

六大特色种植基地。全省地膜覆盖技术培训暨高产创建现场会、马铃薯机械化生产现场观摩培训会在神池召开。神池羊产业在全省畜牧产业经验交流大会上作为典型示范推广。被省农工委、农业厅授予“畜牧生产先进县”称号，被市政府授予“发展羊产业先进县”称号，在第三届中国县域现代农业发展高层会议上，被授予“品牌农业示范县”称号。

★社会事业全面进步。投入2.4亿元用于“路、水、医、校、电”等基础设施建设，投资2.2亿元完成23.5万平方米的旧城改造。全面铺开国家卫生城镇创建工作，全力创建国家级平安县。省5项惠民实事全面推进，两轮“五个全覆盖”成果得到进一步巩固。教育事业健康发展，被省教育厅评为“学前教育三年行动计划先进县”。投入1.6亿元完成就业再就业、养老、优抚、救灾、低保等各项社会保障工作。

（神池县政府办　供稿）

建设中的年产200万吨干法水泥厂

县城外环路通车

五台县羊产业龙头企业——北京中扶惠邦有限公司养羊场

阳白现代循环农业园区——五台山酿酒厂

宜居宜业宜游美丽新五台

——五台县

《又见五台山》剧场

2013年，五台县以创卫为抓手，以进位为目标，全力建设宜居宜业宜游美丽新五台，全县经济运行平稳向好，产业龙头企业不断兴起，经济结构进一步优化；创卫圆满成功，城市品位进一步提升，人民群众生活水平进一步提高。

★经济运行平稳向好。2013年，全县生产总值37.1亿元，比2012年增长8.3%；规模以上工业增加值9.2亿元，增长14.5%；全社会固定资产投资完成36.2亿元，增长39.2%；社会消费品零售总额17.3亿元，增长16.3%；财政总收入6.6亿元，增长28.1%；公共财政预算收入2.9亿元，增长27%；城镇居民人均可支配收入18886元，增长9.7%；农民人均纯收入4555元，增长13.2%。

★项目建设成效明显。编制了《五台县产业发展中长期规划(2013-2025年)》。“八位一体”推进项目建设，项目储备471项，投资总额1832.5亿元，完成率305.4%。项目落地42项，完成投资45亿元，完成率113.1%。项目开工24项，完成投资28亿元，完成率177.9%。项目竣工投产9项，完成投资50.2亿元，完成率125.6%。成功引进农夫山泉有限公司投资3亿元年产17.6万吨的矿泉水项目和投资3亿元年产1万台的德奥电梯制造项目。

★“三农”工作全面推进。重点发展以建安、东冶、阳白、东雷为中心的第一产业，以神西、陈家庄为中心的干鲜果经济林。阳白现代设施农业园区初具规模。东雷农业科技示范园区发展壮大。总投资2.5亿元的北京中扶惠邦籽粒苋育种及优质饲料生产基地、进口杂交优质肉羊养殖基地、优质肉羊精细屠宰加工场加紧建设。“一县一业”肉牛基地示范园区建设有力推进。连片特困地区区域发展与扶贫攻坚试点项目、中央彩票公益金支持革命老区整村推进项目、易地扶贫搬迁工程、“百企千村”产业扶贫开发工程等加紧实施。

农副产品仓储加工销售龙头企业——金道物流有限公司

★工业发展后劲增强。以工业园区为载体，重点发展以豆村、蒋坊为中心的第二产业，以茹村、白家庄为中心的煤炭产业。大力推进工业园区建设，工业园区总体规划面积246公顷，先期已实施40公顷。煤铁铝镁电产业不断壮大。

★大旅游格局加快形成。重点发展清水河高洪口以上地区以旅游地产和旅游服务业为主的第三产业。五台山改造提升工程，旅游服务基地医院、学校，污水处理厂改扩建、展示中心布展等大力推进。《又见五台山》大型情境体验剧剧场主体工程完成。全年接待国内外游客464万人次，旅游总收入46.56亿元，增长19%。

★城市品位进一步提升。重点发展以台城、沟南为中心的城市基础设施建设、房地产开发、现代物流产业。投资2.67亿元，打赢创卫十大攻坚战。县城和台怀镇被命名为国家卫生城镇，城市品位进一步提升。

★社会事业协调发展。省政府为民兴办的五件实事扎实推进。高考、中考成绩名次前移，职业教育录取数排名进入全省五强。新农合参合率99.8%，门诊统筹报销比例由65%提高到70%。成功创建省级计划生育优质服务先进县。城市农村低保应保尽保，社保实现一卡通。

（五台县政府办　供稿）

工业园区在建企业——德奥电梯制造有限公司

玉轩公园夜景

忻州市市长郑连生调研河道治理工程

《又见五台山》奠基仪式

全力推进改造提升工程

——五台山风景区

根据省委、省政府推进转型综改试验区建设的总体部署及转型综改试验2013年《行动计划》，五台山景区全力以赴、扎实推进改造提升工程，重点实施了五台山清水河流域环境治理与生态建设和《又见五台山》大型情境体验剧两大项目。

★五台山清水河流域环境治理与生态建设项目。该项目总投资5亿元，主要实施忻阜高速公路通道绿化提升、五台山清水河流域河道治理、景区生态修复三大工程。项目开工以来，得到省市县各级各部门领导的重视和支持，多次深入一线工地检查指导工作，及时解决存在的问题和困难，有力地推进了各项工程的顺利实施。目前，忻阜高速公路通道绿化提升、五台山清水河流域河道治理、景区生态修复等工程有的已经完工，有的正在积极推进，大大改善了五台山的生态环境，增强了基础设施承载功能，提升了景区的旅游品质，为全面打造国际、人文、风光、休闲、会展五台山奠定了坚实基础，必将促进五台山旅游产业的转型跨越发展。

★《又见五台山》大型情景体验剧项目。该项目投资4.96亿元，包括建设剧场及相关设施，组建艺术团，配置演出道具等。剧场主体结构已于2013年底完工，招聘演员161名，已开始组织排演节目，预计年内正式试演。《又见五台山》大型情境体验剧项目是省委、省政府确定的省级重点项目，是全力打造"五个五台山"和国际知名旅游品牌、促进五台山旅游产业转型跨越发展的重大举措，是五台山景区和北京观印象艺术发展有限公司合作实施的一项文化产业项目，必将进一步完善景区旅游产品构成，丰富和传承佛教文化，促进文化旅游的大繁荣，有力推动景区旅游经济转型跨越发展。

（五台山风景区　供稿）

河道治理工程

金界寺桥梁工程

《又见五台山》之外景

偏关县县委书记王源在乡村道路建设现场调研

偏关县县长曲俊安在国新铁路煤炭集运站建设现场调研

稳中求进 改革创新

——偏关县

2013年，偏关县强势实施“双五”发展战略，千方百计强基础、稳增长、调结构、惠民生、促和谐，经济社会平稳较快发展。全县生产总值25.7亿元，比2012年增长7.3%；全社会固定资产投资完成19.3亿元，增长48.7%；社会消费品零售总额6.4亿元，增长16.2%；财政总收入4.1亿元，增长20.2%；公共财政预算收入2亿元，增长19.3%；规模以上工业增加值8.6亿元，增长9%；城镇居民人均可支配收入16161元，增长10.9%；农民人均纯收入4753元，增长13.5%。

★项目建设带动有力，发展基础更加坚实。全年签约项目9个，签约资金121亿元；落地项目43个，投资额32.27亿元，完成年度任务的112.1%；开工项目28个，投资额17.26亿元，完成年度任务的162.4%；投产项目14个，投资总额36.84亿元，完成年度任务的174.7%，任务完成率全市第一。

★涉煤和新型产业蓬勃发展，支撑能力明显提升。煤炭物流产业体系已具雏形，落地项目达20个。华能10万千瓦风电项目并网发电，大唐5万千瓦、龙源5万千瓦风电项目已经省发改委核准，华润55万千瓦风电合作项目成功签约。

★特色产业不断壮大，现代农业提质增效。全县粮油总产量6750万千克，创50年来最高水平。扶持发展设施农业，新发展日光温室和塑料大棚701座，温室大棚总数达到2700余座。进一步优化发展养羊产业，全县养羊数量达到60.8万只。引进温州宇宙集团一期加工能力50万只羊肉深加工项目。仁用杏经济林初具规模。

经济林

羊养殖场

西山公园

煤炭洗选

★景区建设高点定位，特色旅游亮点频现。以老牛湾旅游为中心，黄河、长城两条线为主轴，乾坤湾“一区八景”工程已基本完工。老牛湾村被财政部、文化部、建设部评为山西唯一的3A级中国传统古村落。在央视、凤凰卫视及省市电视台集中宣传老牛湾景区，2013年《中国国家地理杂志》刊登了《老牛湾——“百里长峡中最美的回环”》，进一步提升了偏关旅游景点在国内外的知名度。

★社会事业全面进步，民生福祉日益改善。教育事业优先发展，全年教育经费投入1.73亿元。县人民医院住院综合楼完成主体工程建设，新型农村合作医疗参合率99.7%。农村“五件实事”全面落实。

（偏关县政府办　供稿）

高速公路

保障性住房

省长李小鹏在久力公司尾矿砂制砖车间调研

代县县长郝江陵在施工现场调研

转型跨越　成果丰硕

——代县

2013年，代县全面实施“三大战略”，奋力推进“五大跨越”，深入开展“大干城建年”“项目推进年”“安全生产标准化建设年”活动，多项经济指标增幅位居全市前列，经济社会继续保持平稳较快的发展态势。全年生产总值58.6亿元，比2012年增长12.3%；固定资产投资完成33.6亿元，增长59.6%；社会消费品零售总额7.5亿元，增长16.1%；公共财政预算收入5.6亿元，增长42.6%；城镇居民人均可支配收入19250元，增长10.8%；农民人均纯收入4098元，增长13.2%。被国家禁毒委授予“2013年禁毒铲毒县级优秀组织单位”称号，被国家统计局授予“全国企业一套表联网直报先进集体”称号，被国家粮食总局授予“全国粮食流通监督检查示范单位”称号，被省政府授予“全省人口计生优质服务先进单位”称号，被省财政厅授予“财政支出管理绩效考评优秀单位”称号。

★项目建设扎实推进。全县项目储备1307.43亿元，完成率130%；项目落地73.97亿元，完成率101%；项目开工44.2亿元，完成率109.4%。扎实开展“大干城建年”活动，新城累计投资23亿多元，荣获“项目建设攻坚战先进县”称号。

★“三农”工作稳步发展。认真落实各项强农惠农支农政策，全年投入涉农资金2.12亿元。建成“一村一品”村63个，农民专业合作社发展到730个。黄酒、水果玉米、小杂粮、稻米等八大产业初具规模，农产品加工龙头企业销售额3.2亿元，增长58.8%。

★工业经济平稳增长。久力尾砂制砖和加气混凝土砌块项目投产运营，200万吨水泥技改扩建项目设备基本安装完毕，礼信橡胶二期项目开工建设，2000公顷工业聚集区完成一期控制性规划并通过评审，成功签约总投资6亿元的国际商贸物流城项目、总投资50亿元的江苏三丰光伏发电项目和总投资20亿元的英利光伏发电项目。非煤矿山安全生产标准化建设经验和做法在全省示范推广，全国重点地区金属非金属矿山安全生产工作座谈会在代县召开。

★文化旅游产业蓬勃发展。成功举办第三届“中国雁门关国际边塞文化旅游节”，全面铺开雁门关风景区旅游循环公路和生态绿化、赵杲观景区开发等建设项目，出台《代县文化旅游产业发展扶持办法》，涌现出天顺昌泥塑、一剪阁剪纸等一批旅游文化产品企业。被中国文化管理协会、文化经济专业委员会授予“中国特色文化产业示范县”称号，被中国民族建筑研究会授予“中国传统建筑文化旅游目的地”称号。

金鸡农牧发展有限公司

代县久力新型材料有限公司

恢复建设中的西门瓮城

第三届雁门关国际边塞文化旅游节

★民生保障全面改善。巩固提升新旧"五个全覆盖"工程建设成果，扎实推进省政府确定的5件实事。县医院实施改革试点工作，县、乡、村三级医疗机构全部实行基本药物制度、药品零差率销售，新农保、城居保基础养老金由每人每月60元提高到70元，城镇居民医保财政补贴标准提高到年人均280元。生态环境明显改善，建成区绿化覆盖率44.9%，人均公园绿地面积10.5平方米。

（代县政府办　供稿）

新修的赵杲观栈道

小杂粮示范田

五彩藜麦

转型跨越　赶队前行　进位争先

——静乐县

悬钟山地质奇观

2013年，静乐县坚持“扬正气、树新风、创环境、促发展”的工作主线，咬定“百里汾河川、太原后花园”的奋斗目标，扎实工作、拼搏进取，圆满完成各项目标任务，实现了良好开局。

★经济运行质量有效提升。2013年，全县生产总值21.3亿元，比2012年增长12%，增幅全市第三；固定资产投资52.8亿元，增长38%；公共财政预算收入2.34亿元，增长33%，全市第二；规模以上工业增加值7亿元，增长15%，全市第三；社会消费品零售总额5.3亿元，增长16.6%，全市第二；城镇居民人均可支配收入1.7万元，增长10.7%；农民人均纯收入4566元，增长14.5%，全市第一，被省委评为“全省农民增收先进县”。

天柱山景区

玫瑰种植基地

养羊基地

★工业转型步伐持续加快。全力以赴调整产业结构，“八位一体”推进项目建设，42项省市重点工程顺利实施，6项考核指标均排全市前列。晋北煤业启动投产，大远煤业具备生产条件。1830项目开始试生产，天然气供气工程即将投入使用。国电5万千瓦风电项目并网发电，龙源15万千瓦风电项目、县电厂生物质能发电项目、双路110千伏变电站全面实施。

★农业农村面貌明显改变。围绕“五个一”目标，培育“一村一品、一乡一业”，狠抓藜麦、玫瑰、养羊、小杂粮种植加工四大产业。荣获“中国藜麦之乡”称号。大力发展规模养羊，养殖总量27.4万只。特色农业全面兴起，农村经济焕发出勃勃生机。

★各项社会事业全面发展。农村“五件惠民实事”扎实开展，农村生活环境明显改善。养老保险、医疗保险以及各类补贴补助、低保五保、救灾救助等惠民政策全面落实。教育教学质量明显提高，全县二本以上达线174人，应届生达线率位居全市前列，高考成绩再创历史新高。剪纸、刺绣等新兴产业逐渐兴起。深入开展安全隐患排查治理，着力化解信访积案，安全形势稳步好转。

（静乐县政府办　供稿）

风电场建设项目

1830化工项目

城市绿化

城市建设

保德红枣精品示范林

同舟广场

经济健康发展　社会和谐稳定

——保德县

2013年，保德县紧紧围绕建设"三晋新型工业强县、中西部物流集散地、优秀宜居宜业城市"的总体目标，深入开展第二轮"项目推进年、农民增收年、城市建设年、作风转变年"活动，扎实推进各项工作，总体完成了年初确定的目标任务。

★经济发展稳中有进，综合实力显著提升。2013年生产总值75.8亿元，比2012年增长9%；固定资产投资完成79.6亿元，增长35.1%；社会消费品零售总额11.38亿元，增长15%；公共财政预算收入6.77亿元，增长11.5%；城镇居民人均可支配收入21085元，增长9.2%；农民人均纯收入5108元，增长12.7%；财政总收入17.78亿元，绝对值居全市第一；原煤产量2024万吨，实现历史性突破。荣获山西省县域经济发展考核C类县第一名。

★八位一体统筹推进，项目建设成效明显。项目储备、签约、落地、开工、建设、投产任务均超额完成，省、市两级重点工程完成投资66.39亿元。王家岭工业园区500万吨矿井、吉港冠宇余热发电等项目全面完工，泰安、泰山隆安2座矿井正式投产，神达晋保、同舟煤业联合试运转，保德至三岔、保德至瓦塘煤层气管道项目试运行，煤炭物流园区、百盛新能源蓄电池项目主体完工。在全市项目观摩检查评比活动中荣获一等奖。

★农业基础更加巩固，农民收入持续增长。粮食总产量4750万千克，设施农业总面积266.7公顷，新上千万元以上农业产业化企业两个，农产品加工企业销售收入2.86亿元。繁庄塔高新农业示范园投入运营。农村"五件实事"完成序时任务。

铜贝广场

兴保塔

新城区路网

★基础设施不断完善，城乡面貌明显改观。完善基础设施、提高管理水平、提升市民素质的“三位一体”创卫模式，“创卫”工作顺利通过检查验收。新城区“一横四纵”路网及配套设施建设全面完工，同舟广场、步云路、大新公路等项目投入使用，体育馆、职工培训中心等完成主体工程。生态环境明显改善，森林覆盖率10.1%，荣获“山西省林业‘六大’工程建设先进单位”称号。全面实施煤改气工程，气化率45%。省级园林城市通过初步验收，省级环保模范城市通过预验收。义门镇完成省级卫生镇创建工作。

★各项事业全面进步，民生福祉不断改善。积极推进学前教育三年行动计划，中考综合排名全市前三，职中对口升学率连续三年全市第一。新县人民医院投入运行，义门、林遮峪两所中心卫生院顺利完工，荣获“全省计划生育优质服务先进县”称号。6件实事基本完成。创建国家卫生县城工作顺利通过达标验收。

（保德县政府办　供稿）

保德夜景

县委书记范波涛深入田间地头调研农情

县长孔保宝调研重点工程

攻坚克难　开拓创新　稳步发展

——繁峙县

2013年，繁峙县攻坚克难、开拓创新，努力克服经济下行压力，各项工作取得新成绩。全县生产总值60.12亿元，比2012年增长9.1%；规模以上工业增加值52.5亿元，增长13.8%；固定资产投资完成61亿元，增长30.1%；社会消费品零售总额9.07亿元，增长16.5%；财政总收入8.9亿元，增长20.5%；公共财政预算收入3.6亿元，增长26.7%；城镇居民可支配收入20981元，增长10.2%；农民人均现金收入5381元，增长14.2%。砂河镇被国家爱卫会命名为"国家卫生镇"，被国家体育总局评为"全民健身先进县"，被省政府授予"计划生育优质服务先进县""政风行风建设先进县"称号，滹源通用机场建设获得北京军区空军核准，滹沱河源头水利风景区获国家水利部批准。

★项目建设强势推进。实行"四个一"推进机制，90项重点工程完成投资72.64亿元。"六位一体"考核目标全部超额完成任务。在全市组织的重点项目观摩评比中，荣获三等奖。

中兴实业有限公司卡盘铸造车间

繁峙县宝山鼎盛科技有限公司生产车间

繁峙县新发地生态农业科技发展有限公司设施蔬菜园区

★农业发展提质增效。积极调整种植结构，整合涉农资金，加大政策支持力度，粮食增产、农民增收。粮食总产量7520万千克，增产3.2%，农民人均纯收入突破5000元，再度荣获“全省农民增收先进县”称号。集义庄万亩现代有机农业示范园区，已成为忻州规模最大、标准最高、功能最全的农业园区，被确定为市级农业科技示范园区，并申报省级农业科技示范园区。

繁峙县富云牧业养殖有限公司

★城乡面貌显著改观。实施“大县城”战略，按照“完善大框架、逐年打通微循环”的总体思路，滹源街西延伸工程、永丰街、光明南路基本完工，县城东循环公路全线贯通。滹沱河环境综合治理东延伸工程完成工程量的80%以上。在全县13个乡镇的141个行政村实施乡村清洁工程，农村生态环境质量进一步提高，被省住建厅评为“城乡清洁示范县”。

★社会事业全面发展。全年用于教育事业的支出3.99亿元，增长13.4%。办学条件改善，教学质量提高。2013年高考二本B类以上达线272人，实现了年初确定的翻番目标。全年用于医疗卫生事业的支出1.42亿元，增长10.5%。11类国家基本公共卫生服务项目和6类重大公共卫生项目全面实施。城乡养老覆盖面不断扩大，城乡低保对象实现应保尽保。省政府新办的“五件实事”和繁峙县的10件实事全部完成年度目标。

（繁峙县政府办　供稿）

生态林业建设

梁家碛露天煤矿种养加农业产业开发一体化项目

山西振钢化工有限公司癸二酸项目生产线

稳步前行 开拓奋进

——河曲县

2013年，河曲县坚持稳中求进，稳中有为，真抓实干，攻坚破难，总体完成年初确定的目标任务。全县生产总值63.86亿元，比2012年增长11.8%；财政总收入15.69亿元，增长1.8%；公共财政预算收入5.83亿元，增长6.7%；规模以上工业增加值45.34亿元，增长14%；固定资产投资完成81.34亿元，增长35.5%；社会消费品零售总额9.26亿元，增长16%；城镇居民人均可支配收入19497元，增长9.7%；农民人均纯收入4535元，增长13.8%。被省政府授予"山西省县域经济发展先进县"称号。

★项目推进年成效显著。2013年实施省市重点项目55个，完成投资额65.39亿元；签约项目4个，项目签约额92亿元。被评为"全市重点项目考核优秀县"。

★农业产业化步伐加快。全面落实各项支农惠农政策，加大财政补贴、项目支持、企业带动力度，脱毒马铃薯、种草养畜、设施农业成为农民致富增收的支柱产业。"一村一品"专业村47个，农民专业合作社71个，百企千村产业扶贫山煤河曲乳制品项目破土动工，农产品加工"513"企业销售收入2.15亿元。

★工业新型化转型提速。着力打造新型能源工业基地，煤电化产业稳步发展。生产原煤1207万吨，增长17%；发电116亿千瓦小时，增长13%。工业总产值85亿元，增长16%。煤电产业为主的板块经济，成为县域经济稳定增长、保障后续发展的重要支撑。

★基础设施日益完善。加快城市基础设施建设，新建二级汽车客运站，完成长城大街等市政工程续建项目。实施173村3.7万人的饮水质量达标工程，"一村一井"竣工23处。统筹推进新农村建设，巩固两轮"五个全覆盖"，启动实施乡村清洁工程、村村亮等"五件实事"。

★社会事业协调发展。深入推进教育教学工作，启用河曲中学新校区，完成8所义务教育薄弱学校改造工程，高考二本以上达线349人，创历史之最。深化医药卫生体制改革，新农合参合率99.9%，新农保参保率99.4%，城镇居民医保参保率95%，全民健康档案完成率90%。

（河曲县政府办　供稿）

山西中通管业生产车间

山西河曲晋神磁窑沟煤业有限公司

第三届“陆野杯”晋陕蒙冀民歌二人台大赛

河曲县践行社会主义核心价值观广场文化系列活动

神华神东电力低热值煤电厂一期项目

岢岚县县长侯俊生在吴家庄调研

岢岚县县长侯俊生(右四)在晋鑫奥隆新型建材公司调研

县域经济平稳发展 各项事业统筹推进

——岢岚县

2013年，岢岚县负重拼搏、奋力赶超，扎实推进各项工作，较好完成了年初确定的目标任务。

★扎实推进项目攻坚，县域经济平稳发展。坚持“八位一体”推进项目，全年规划实施202个项目，总投资273亿元，开工32个、39.57亿元；建设投资35.18亿元，投产64个、40.68亿元，开工完成率全市第一。在项目建设带动下，全县生产总值17.1亿元，增长12%；固定资产投资33.2亿元，增长35.8%；规模以上工业增加值4.4亿元，增长15.4%；社会消费品零售总额5.9亿元，增长16%；公共财政收入1.4亿元，增长15.9%；城镇居民人均可支配收入19135元，增长11%；农民人均纯收入4541元，增长14.3%。

★扎实推进结构调整，转型跨越势头强劲。壮大煤炭物流，全县煤炭发运量400万吨。培育新兴产业，晋兴奥隆200万吨新型水泥等项目稳步推进。开发新型能源，大唐风电燕家村一期投产发电，大阳坡一期、龙源一期两个风电项目和220千伏变电站项目核准并开工建设。

★扎实推进品牌战略，增收产业亮点纷呈。以羊豆品牌为依托，发展特色农业。全县羊饲养量53.2万只，农民人均畜牧业纯收入2388元。做大“一县一业”主导产业，推进晋岚绒山羊育种中心续建工程，改良绒山羊17.3万只。打造“一村一品”国际品牌，全县种植红芸豆8667公顷，建设10大类21个科技示范园区867公顷、“一村一品”示范村11个。实施百企千村产业扶贫，成立潞岚公司，启动“百万只羊”工程。

★扎实推进民生保障，社会事业全面进步。实施校舍安全、农村薄弱学校改造等工程。县乡村三级医疗卫生机构全部实行国家基本药物制度，药品零差价全覆盖。新型农村社会养老保险参保4万余人，城乡低保每人每月分别提标30元、24元。扎实推进城乡统筹，实施“22883”城建重点工程，发展交通事业，改造农村基础设施，发展基础明显改善。扎实推进环境保护，生态建设成效显著，省级环保模范县城通过初验。

（岢岚县政府办　供稿）

中国晋岚绒山羊育种中心

山西易达公司煤运铁路专用线

风电场

经济发展 环境优化 民生改善

——五寨县

设施农业大棚

万兴公司马铃薯加工

2013年，五寨县紧紧围绕“发展经济、优化环境、改善民生”三大工作重点，逆势而为、扎实苦干、赶队前行，深入推进“五化”建设，各项工作取得新成绩。

★经济指标持续攀升。2013年，全县生产总值20.7亿元，比2012年增长7.8%；规模以上工业增加值2亿元，增长16.2%；全社会固定资产投资完成23.3亿元，增长46.8%；社会消费品零售总额5.3亿元，增长16%；公共财政预算收入1.9亿元，增长5.1%；城镇居民人均可支配收入17480元，增长9.7%；农民人均纯收入5121元，增长13.8%。

★项目建设扎实推进。全年组织实施重点项目154个，总投资113.6亿元。项目储备、签约、落地、开工、建设、投产“六项”考核任务全部完成或超额完成。

★农村经济加快发展。全年农林水事务支出2.2亿元，占财政总支出的22.7%，增幅达59%。围绕玉米、马铃薯、小杂粮三大主导产业，实施粮食高产创建和示范基地建设，全年粮食总产量1.9亿千克。

★城市面貌明显改观。大力实施县城“东移北扩”战略，总投资近3亿元实施了东城新区开发、二道河沿河景观工程等一系列市政建设工程，城镇化水平明显提升，县城面貌大为改观。

★社会事业全面进步。全年财政用于各项民生支出达5.7亿元。完成前所幼儿园、一中综合大楼等校舍建设，继续实施“一颗鸡蛋工程”，全面推行学生营养改善计划。积极落实就业和再就业扶持政策，城镇登记失业率控制在3.7%以内。企业离、退休人员养老金、城乡低保金、优抚金、救助金按政策足额发放。第一人民医院医技楼、白求恩血液净化中心等建成并投入使用，国家基本药物制度全面推行，新型农村合作医疗稳步推进。“八大角秧歌”通过省级初评，即将列入省非物质文化遗产名录。

（五寨县政府办　供稿）

春野牧业生态养猪

马蹄山植树造林

汾阳市市委书记李建国在汾阳王酒业有限公司调研

汾阳市市长李玉林陪同省人大常委会副主任李政文在汾州裕源土特产品有限公司调研

重大改革重大事项重大项目 助推实力汾阳魅力汾阳活力汾阳建设

——汾阳市

一、重大改革

1.以项目建设作支撑，支持白酒、煤焦等传统产业转型升级，大力发展潜力支柱产业。开展“项目见效年”活动，狠抓项目储备、签约、落地、开工、投资和投产“六位一体”进度，加快六大园区建设。

2.组织汾州裕源土特产品有限公司等11户企业，参加“吕梁市山西大学商务学院校园招聘会”，招聘人才，促进就业。为121名高校毕业生人事代理。培训新型职业农民6.1万人次。

3.深化教育、医疗卫生体制改革。组织70余名教师赴中山市教育合作交流。新型农村合作医疗住院补偿提高5个百分点。基层医疗卫生单位和村级卫生所实行基本药物制度，实现网上统一采购、统一配送、统一价格销售，开通网上采购结算平台。

4.以杂粮、蔬菜、食用菌、林下经济、核桃、畜牧六大产业为重点，推进“8+2”农业产业化振兴计划；坚持家庭经营，培育专业户、家庭农场、农民合作社、农业企业等新型农业经营主体，发展多种形式的适度规模经营。

二、重大事项

1.“8+2”农业产业化三年振兴计划。谷子、食用菌、蔬菜、林下套种豆类、中药材等农业产业顺利推进。农业产业化“513”工程省级龙头企业认定7个，农产品加工企业350余家，带动农户24.9万户，实现销售收入10.4亿元。

2.新农村建设。出台《关于继续实施百村扶贫增收计划的通知》，各包扶单位帮助包扶村制定发展规划，解决实际问题。

3.农民增收。投资2700万元的百万只标准化肉鸡养殖基地展开前期建设。规划标准化养殖园区10个，完成圈舍及附属设施9000平方米。

4.酒业基地建设。推动中汾酒业与汾酒集团资产合作，促进杏花村酒业集中发展区投产，展开“全国清香型白酒酿造产业知名品牌创建示范区”筹建工作。

5.发展旅游产业。依托杏花村、文峰塔、贾家庄，打造汾酒文化、文湖文化和文化创意三大文化园区；推进汾酒老作坊、山西酿酒博物馆、杏花古镇、汾阳王府文化旅游和贾家庄农业休闲游等项目建设。

6.商贸物流基地建设。山西阳城商贸物流经济开发区15个项目开工建设。

7.城镇化建设。保障性住房已开工2478套。前杨寨村搬迁工程完工。杏花村新区风情一条街及南环、北环等

第七届世界核桃大会在汾阳召开

新区路网、雨污水管网等工程正在建设。阳城新区东经十三路等道路建设开工。

8.水利工程建设。杏花村水库、文湖湿地公园项目展开可研修改并申请省水利厅列入全省计划。

9.城乡绿化。青银和汾平高速(汾阳段)通道绿化、荒山绿化任务已完成,杏花村北部边山丘陵区绿化栽植树木1.6万株。1333公顷核桃标准化管理示范园区、禹门河二期道路绿化即将开工建设。

10.教育卫生事业。改扩建农村幼儿园4所,农村幼儿园教玩具配备20所;杏花小学幼儿园、南薰小学扩轨、青少年活动中心正在建设或前期准备。市人民医院达到二级综合医院标准初验条件。

三、重大项目

1.山西杏花村酒业集中发展区建设项目。中汾酒业主体工程完工90%,部分投产;青花瓷、古杏、华樽、汾酒保健酒基本具备投产条件。

2.汾州核桃产业园高新技术综合加工建设项目。投资1.8亿元,饮料和核桃油车间设备安装,准备试产。

3.国峰2×300兆瓦低热值煤发电项目。总投资32亿元,已投资8亿元,预计2015年6月建成投产。

4.阳城商贸物流经济开发区。总投资60亿元,已投资8.2亿元,万泰国际商城项目预计2014年10月开业运营。

5.山西山宝食用菌公司万吨双孢菇生产项目。总投资2.17亿元,已投资8200万元,部分投产。

6.中节能光伏农业大棚发电项目。总投资5亿元,预计2014年7月并网发电。

7.昊阳光伏背板膜项目。总投资2亿元,完成投资8180万元,一期工程试生产。

8.泰众新能源磷酸铁锂及锂电池项目。总投资3.5亿元,完成投资3200万元,正在建设之中。

(汾阳市政府办　供稿)

国家地理标志产品——汾州核桃

杏花村酒业集中发展区

山西国峰2×300兆瓦煤矸石综合利用发电项目

稳中求进　改革创新

——交城县

会立乡肉牛养殖

瑞景苑农业科技有限公司基地花卉生产展示厅

2013年，交城县牢牢把握“打基础、利长远、惠民生”的总体要求，紧紧围绕“1359振兴工程”，全力推进产业建设、城乡统筹、民生改善、安全稳定等重点工作，凝心聚力，扎实工作，全县经济社会发展实现稳中有进、稳中向好。

★县域经济平稳发展。2013年，全县生产总值70.25亿元，比2012年增长7.6%；公共财政预算收入5.74亿元，增长3.2%；规模以上工业企业增加值60.62亿元，增长8.3%；全社会固定资产投资完成39.9亿元，增长31.5%；社会消费品零售总额17.19亿元，增长13.7%；城镇居民人均可支配收入16416元，增长10.4%；农民人均纯收入6897元，增长13.6%，全年各项预期目标全部完成。

★产业建设稳步推进。2013年，全县共实施省市县重点项目47个，总投资672亿元，累计完成投资163亿元，投产完成率全市第一，投资完成率全市第三，六位一体综合考核全市第五。农业产业化发展稳步推进，出台了《“8+2”农业产业三年发展规划》《雪龙黑牛产业发展规划》。全县设施蔬菜种植面积198.3公顷，核桃种植面积4067公顷。旅游开发加快推进，完成《庞泉沟旅游开发总体规划》，玄中寺被国务院确定为国家级文物保护单位，卦山——玄中寺景区被省政府批准为省级风景名胜区，吕梁英雄广场被市政府确定为红色革命教育基地。

天骄食业有限公司连栋大棚红枣设施栽培

义望铁合金

★城乡建设统筹推进。龙门供水工程进展顺利，平川压力管线改线设计方案通过省发改委、省水利厅批复。山医大一院交城分院、园区污水处理厂前期准备全部完成，生活垃圾处理厂整体框架基本形成。城市发展规划馆建成投运，高速引线改线一期工程、开发区路网改扩建工程竣工通车。柏叶口水库开始蓄水。方便农民“六件实事”4年任务提前两年全部完成。

★生态环境持续改善。深入开展大气污染防治专项行动，城市空气优良率97.5%。造林绿化扎实推进，全年共完成造林绿化3133公顷，栽植各类苗木550万株，生态环境持续改善。

★社会事业协调发展。职业中学新校园主体工程基本完工，14所农村幼儿园投入使用。全县高考二本以上达线人数连续两年突破千人大关。公立医院改革扎实推进，新农合参合率99.6%。医疗保险、工伤保险、养老保险等参保人数稳步提高。

（交城县政府办　供稿）

美锦建华

省人大副主任安焕晓在交口县县长刘应刚陪同下调研山西道尔投资有限公司

吕梁市市长董岩在交口县县委书记徐宇平、县长刘应刚陪同下调研山西道尔投资有限公司

克艰攻难　奋力前行

——交口县

2013年，交口县围绕“打基础、利长远、惠民生”的总要求，抢抓机遇、迎难而上、苦干实干，经济社会发展取得新成就。全县生产总值44.3亿元，比2012年增长13.1%；工业增加值43.5亿元，增长17.6%；财政总收入20.05亿元，增长11.3%；公共财政收入7.82亿元，增长38.3%；全社会固定资产投资完成32.2亿元，增长32.6%；社会消费品零售总额4.1亿元，增长14%；城镇居民人均可支配收入15029元，增长10.1%；农民人均纯收入5424元，增长13.6%。

★经济转型取得新突破。“六位一体”扎实推进项目建设，全年55个重点工程项目，完成立项45个，开工41个，完工或投运23个，完成投资121亿元。特别是兴华铝基新材料、云梦山生态旅游开发、道尔200万吨低品位铝土矿综合利用、冶炼企业循环化改造等一批重点项目的开工或投运，为全县经济发展注入新的活力。

★农业农村出现新变化。扎实推进“5+2”农业产业化振兴计划，发展“一村一品”专业村6个。新上或扩建农业项目5个，农业龙头企业销售收入2.5亿元。巩固提升新旧两轮“五个全覆盖”成果，提前完成“方便农民五件实事”建设任务。全县农业产业规模得到壮大，农村生产生活条件持续改善。

★基础建设取得新进展。启动运作铁路项目，两条高速纳入全省高速路网规划。引黄工程8支洞全部开工。温泉110千伏输变电站开工建设。县城五麟大街北延、青城大街南拓、吕梁学院交口分院、中心商贸区、东征文化广场等一批重点市政项目开工建设，城区框架拉大2.2平方千米。双池“百强镇”建设全面启动，特色小城镇建设稳步推进，城镇化率提高4个百分点。

已完成主体建设的吕梁学院实习实训基地

即将竣工的天眼工程——110指挥中心

北部新区五麟大街延伸工程

建成投运的交口客运站

★民生事业得到新改善。新建幼儿园10所、村卫生室5所，改扩建乡镇卫生院3个，文化“三馆一院”开工。义务教育通过省标准化验收，3994名贫困寄宿学生享受“营养改善计划”。全县人均基本公共卫生服务经费提高到30元，新农合、城镇居民医疗保险人均补助标准提高40元。有效应对罕见强降雨灾害，加强对特困群众、受灾户、残疾人、五保户等弱势群体基本生活救助保障。县公共财政民生事业支出稳定在70%以上。

（交口县政府办　供稿）

拓展延伸建设中的南部新区

临县县委书记张建国(右一)、县长李双会(左一)陪同吕梁市市委书记高卫东(右三)在红枣园区调研

县长李双会(右二)在玉坪乡蛋鸡养殖基地调研

稳中求进　争先进位

——临县

中南部铁路配套电力工程吕梁北500千伏输变电工程

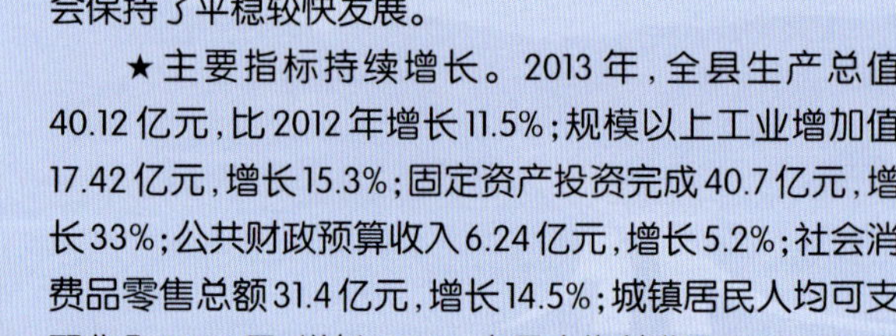

2013年,临县人民锐意进取,攻坚克难,全县经济社会保持了平稳较快发展。

★主要指标持续增长。2013年,全县生产总值40.12亿元,比2012年增长11.5%;规模以上工业增加值17.42亿元,增长15.3%;固定资产投资完成40.7亿元,增长33%;公共财政预算收入6.24亿元,增长5.2%;社会消费品零售总额31.4亿元,增长14.5%;城镇居民人均可支配收入13131元,增长10.7%;农民人均纯收入3488元,增长13.8%。

★项目建设强力推进。霍州煤电千万吨矿井、洗煤项目快速推进,工业大道建成通车,2×350兆瓦发电项目进展顺利。晋煤太钢600万吨矿井取得实质性进展。中石油、奥瑞安煤层气项目日产气量15万方。中南铁路、太中银铁路吕临支线、太兴铁路建设取得新进展。重点项目在全市"六位一体"综合考核排名第二。

★"三农"工作成效显著。推进"8+2"农业产业化,中鹰大红枣等4个红枣加工项目快速推进,龙头带动效应增强。启动"百企千村"产业扶贫开发工程,焦煤集团养羊项目启动前期工作。

临县—柳林—临汾天然气输气管道工程临县首站

设施蔬菜项目

设施蔬菜项目

★民生事业全面进步。全县学校布局优化调整基本完成，4.3万名学生享受到营养餐改善计划，1.2万名经济困难学生享受到生活补助，4871名贫困家庭学生享受到雨露计划补助。深化医药卫生体制改革，公立医院取消“以药补医”，实行药品“零差率”销售。新型农村合作医疗参合率98.8%。廉租房续建工程基本完成，新建工程进展顺利。完成省市政府“九件实事”年度任务。

（临县政府办　供稿）

临县朝阳农牧有限公司标准化千头奶牛奶源基地项目

霍州煤电千万吨煤电材一体化综合项目

太佳高速、西纵高速化林互通

红枣产业化

中南铁路高架桥

经济社会持续发展 人民生活持续改善

——兴县

2013年，全县上下精诚团结，奋力拼搏，克难攻坚，经济社会发展保持了稳定向好的态势。

★主要经济指标平稳增长。2013年，全县生产总值63.4亿元，比2012年增长2.3%；规模以上工业增加值52.5亿元，增长1.8%；社会消费品零售总额5.7亿元，增长14.2%；固定资产投资完成48.5亿元，增长33.3%；财政总收入27亿元，增长7%；公共财政预算收入8亿元，增长9.4%；城镇居民人均可支配收入15936元，增长9.6%；农民人均纯收入3230元，增长14.1%。

★重点项目建设推进顺利。全年有9个项目列入省、市重点工程项目，总投资349亿元；县重点工程项目34个，总投资122亿元。全年累计完成投资88亿元。中铝100万吨氧化铝项目顺利投产，肖家洼1000万吨煤矿年内建成并投入试生产。

★农业农村工作全面加强。新建规模养殖小区11个。新造核桃经济林3333公顷，完成吕梁山生态脆弱区造林3247公顷。完成涉及403人的移民主体工程。完成48个村的新农村建设任务。

★基础设施状况持续改善。继续推进燃气工程和集中供热工程。编制完成蔡家崖革命历史文化保护规划，并开工建设中共中央晋绥分局旧址历史风貌修复工程。建成南山生态文化公园。配合完成中南部铁路通道、太兴铁路、西纵高速县境内工程的年度建设任务，启动了沿黄公路和县道曹家坡至枣林坡段公路改造工程。

★各项民生事业有序发展。突出抓好“方便农民六件实事”。建立了以电子病历和医院管理为重点的医院信息系统。县财政对新农合的补助标准由每人每年240元提高到280元，门诊补偿比例提高到80%。城镇低保标准提高到每人每月235元，农村低保标准提高到每人每月134元，农村五保户供养标准提高到每年1800元。

（兴县政府办　供稿）

清泉醋厂发酵车间

友兰中学主楼

建设中的中南部出海大通道

核桃种植

低产低效林改造

改革创新 稳中求进

——中阳县

2013年，中阳县扎实开展“两大活动”“三项整治”“四大推进”，经济社会保持了良好发展态势。

★经济发展稳中有进。2013年，全县生产总值66.97亿元，比2012年增长20.4%；规模以上工业增加值62.42亿元，增长29%；固定资产投资完成37.59亿元，增长33%；社会消费品零售总额11.75亿元，增长13.3%；公共财政预算收入7.19亿元，增长9.6%；城镇居民人均可支配收入16455元，增长9.7%；农民人均纯收入4870元，增长13.5%。

★产业建设稳步推进。全年规划实施重点项目86个，建成投产26个。中钢一体系升级改造、桃园东义水泥熟料项目竣工投产，梗阳煤矿产能由120万吨提升到210万吨，成功引进投资300亿元的中澳生态铝和16亿元的华润风电项目。核桃示范园、林下中药材、栽培食用菌等特色农业，厚通、紫云养殖项目建设步伐加快。

★城乡建设统筹发展。大力实施“两路两片区一交通枢纽”工程，梗阳移民工程具备入住条件，太高至乔家沟段街路一体化改造工程建成通车。矿业秩序、交通秩序、建筑秩序“三大整治”取得明显成效，市级文明和谐县城顺利通过验收。

★民生福祉持续改善。省级标准化教研室创建达标，一中数字校园一期工程投入使用；中、高考成绩再创新高，教育教学质量稳步提高。剪纸艺术走进课堂，公益电影免费下乡。公立医院基本药物集中采购，实现零差率销售；新农合参合率99.7%。职工五大保险覆盖面继续扩大，城乡居民养老、低保、五保、大病救助等按政策全部落实兑现。省、市“便民实事”完成年度任务。

（中阳县政府办　供稿）

鑫隆煤业

中钢公司

核桃园区田间道路、旱井配套

中钢大道南延

龙泉湖

副省长张复明在百度云计算工地调研

阳泉市市委书记洪发科在开发区调研

转型发展中的阳泉开发区

——阳泉经济技术开发区

阳泉经济技术开发区创建于1993年2月，位于山西省阳泉市市区的东北部。区域总面积10.1平方千米，分东，西两区，其中，西区规划建设面积1.3平方千米，东区规划建设2.5平方千米。

2013年，全区生产总值13.01亿元，比2012年增长14.5%；规模以上工业企业增加值3.39亿元，增长11.9%；固定资产投资完成28亿元，增长26%；社会消费品零售总额10.34亿元，增长10.4%；外贸进出口总额5546万美元，增长3.8%；财政总收入2.98亿元，增长10%；公共财政预算收入1.72亿元，增长20.7%。

★项目质量得到新提高。全年项目建设"六位一体"项目储备628.08亿元，项目签约113.8亿元，项目落地43.02亿元，项目开工41.88亿元，省、市重点工程完成投资57.43亿元，项目投产完成68.96亿元，完成率综合排名全市第二。努力引进重大项目，投资7亿元的阳泉同方信息港项目正式签约。突出抓好高新技术人才和项目，与李茂贞博士签订了智能视频监控软件开发项目协议，与马兆远博士签订了LED蓝宝石研究项目协议，梁安辉博士的高速光收发器项目、"阳泉北美产业园"项目和盛世光明软件项目等一批人才和项目引进也在积极洽谈中。积极发展中小项目，刻花瓷文化产业创意园项目正式奠基，奇瑞4S店、大众4S店开张，奥迪4S店正在建设。

★城市建设呈现新亮点。保晋路全线通车，天津路改造、青岛南路建设完成。开展市容环境集中整治活动、泉中路道路两侧违章经营专项整治等活动，完成ISO14001环境管理体系认证。

★社会事业取得新进步。开发区成为全市唯一的"五险统征"试点区。社会服务管理指导中心投入运行，全市"天网"工程建设现场会在开发区召开。下五渡幼儿园主体完工，阳泉十中校园文化建设受到好评。康达社区迁入新址，成为开发区第一个标准化社区。安全生产形势持续好转，未发生重大安全生产事故。

（阳泉经济技术开发区　供稿）

阳泉市市长陈永奇在开发区奥伦胶带公司调研

阳泉开发区管委会主任马骥带队检查防汛工作

阳泉开发区党工委书记要真在平坦垴村检查私挖滥采工作

阳泉同方信息港签约仪式

建成通车的保晋路

山西阳泉(昆山)台商座谈会暨签约仪式

晋中市市委书记张璞在太重榆液调研

省农科院东阳基地高产大豆研究项目

推进城乡一体 加快转型跨越 都市核心区建设迈出新步伐

——晋中市榆次区

2013年，榆次区把握稳中求进总基调，脚踏实地，迎难而上，全力以赴抓项目、稳增长、促转型、惠民生、保稳定，较好地完成了各项目标任务，都市核心区建设迈出坚实步伐。

★整体经济稳中有进。2013年，全区生产总值208.3亿元，比2012年增长9.1%；规模以上工业增加值71.8亿元，增长14.2%；全社会固定资产投资总额194.4亿元，增长37.7%；社会消费品零售总额136亿元，增长13.7%；公共财政预算收入10.8亿元，增长10.5%；外贸进出口总额7637.1万美元，增长23%；城镇居民人均可支配收入24960元，增长10.6%；农民人均纯收入12129元，增长14.1%。赶超跨越、进位争先的步伐持续加快。

★项目建设扎实推进。全年项目储备2336.4亿元，签约221.6亿元，落地226.6亿元，开工130.8亿元，建设172.6亿元，投产150.9亿元，均超额完成市定任务。投资173亿元的56项重点工程全面实施，总投资60亿元的瑞光热电二期、总投资18亿元的康师傅饮品及方便面等项目洽谈顺利推进。

★新型工业蓄势发力。深入推进工业强区战略，优势产业不断壮大，纺机、液压集群突出技术研发和市场拓展，榆次液压研究院和院士工作站正式挂牌，榆次液压产业集群被科技部列为国家"创新型产业集群试点"。纺机、液压、冶金、食品四个主导行业产值大幅增长，工业园区集聚能力不断提高。

庄子乡牛村新农村建设

设施农业

太重榆液项目

★现代农业规模扩张。全力实施"一村一品"工程，"粮、菜、果、牧、苗"五大产业提档升级。设施蔬菜全省领先，北田、庄子"三横两纵"水果生态经济林发展框架形成。投资3亿元新改扩建10个标准化养殖园区，创造了"土地出租＋林业劳务"的农民增收新模式，被授予"全省农民收入增长先进县"称号。森林覆盖率达到18.5%，被授予"省级林业生态区"称号。

★第三产业提速发展。着力塑造精品文化旅游品牌，投资9亿元的乌金山景区建设工程基本完成，狂欢谷盛大开园，乌金山国家森林公园、明乐庄园跻身国家4A、3A级景区，荣获"全国休闲农业与乡村旅游示范县"称号；宜融公司投资拍摄的3D动漫电影《终极大冒险》荣获第15届华表奖和第29届金鸡奖。

★城乡一体进程加快。树立市区共建一盘棋理念，配合完成了高校新校区、迎宾街东延等46项市政工程。推进城乡一体化建设，积极探索融居住、观光、养老功能于一体的旧村改造模式。

★和谐社会全面深化。大力推进义务教育均衡发展，教育质量稳步提升，高考二本B类达线1145人，全国义务教育均衡发展现场会和全国第四届教育学术年会在榆次召开。稳妥推进医疗卫生体制改革，人口计生工作连续18年全市考核第一。扎实推进社会保障工作，五项保险覆盖面进一步扩大。

（榆次区政府办　供稿）

新投产的太钢万邦30万吨镍铬合金项目

通道绿化

乌金山封山育林

正在建设的乌金山旅游消防通道

天波水泵、三益强磁登陆天津股交所

乔家大院5A景区创建

稳中有进 稳中提效

——祁 县

2013年，祁县紧紧围绕“四化”同步、城乡统筹总目标，突出抓好项目建设和民生改善两件大事，同心协力，攻坚克难，扎实推进“三区一基地”建设，经济社会发展实现了稳中有进、稳中提效。全县生产总值58.2亿元，增长5%；规模以上工业增加值12.7亿元，增长3.4%；财政总收入5.6亿元，增长8.9%；公共财政预算收入2.6亿元，增长10.7%；固定资产投资完成44.7亿元，增长35.2%；社会消费品零售总额30.5亿元，增长13.5%；外贸进出口总额5049.9万美元，增长15.8%；城镇居民人均可支配收入23400元，增长9.5%；农民人均纯收入11507元，增长13.6%。

★狠抓项目建设，发展后劲明显增强。完成项目储备166个，总投资2068.4亿元；新签约项目23个，总投资117.3亿元；落地项目45个，总投资111.6亿元；开工项目34个，总投资51.3亿元；建设项目39个，完成投资46.9亿元；投产项目50个，总投资57.3亿元。启动创建全省无矿产资源县经济转型综改试点县工作。经济开发区建设全面提速，入驻企业64户，2013年生产总值12.9亿元，占全县经济总量的22.1%。

★推进产业转型，内生动力不断提升。工业转型步伐加快。出台《关于扶持玻璃器皿产业发展的若干意见》，每年安排500万元专项资金扶持玻璃器皿企业技改上项、开拓市场。国家玻检中心进入设备安装和人员培训阶段，获批筹建“全国玻璃器皿知名品牌创建示范区”，在美国纽约设立玻璃器皿海外营销中心，出口增长33.5%。酒类饮品业快速发展，上缴税金突破亿元。机械制造业和材料加工业自主研发能力进一步增强，两户企业荣获“省级高新技术企业”称号；三益和天波成功在天津股权交易所挂牌。现代农业持续发展。出台《牛业发展规划》，落实奶牛补贴等惠农政策，牛饲养量15.8万头。荣获“国家级肉牛标准化生产示范县”“全国绿化模范县”“全国小型水利工程管理体制改革示范县”称号。新发展“一村一品”专业村35个，东观蔬菜、古县酥梨、峪口苹果、城赵和贾令畜牧养殖4个片区61个专业村纳入全市11个“一村一品”精品片区规划范围。旺达合作社和东海合作社荣获“农业部农机示范合作社”称号。旅游建设成效显著。乔家大院旅游区管理处正式组建并运营，5A景区创建顺利通过景区质量等级评定。红海玻璃文化艺术园被命名为山西省第二批文化产业示范基地和国家3A旅游景区。

太原长风商务区祁县玻璃器皿体验店

田森汇

安格斯母牛良种繁育基地

★坚持城乡统筹，一体化发展步伐加快。城市功能日趋完善。全力推进“一轴两区四线”大县城建设，县城区实施了总投资17亿元的10项市政重点工程。城乡路网逐步健全，实施了总投资4.1亿元113.8千米的十大道路建设工程，城市框架逐步拉大。城乡面貌大为改观。省级园林县城创建通过初验，城市绿地率34.6%；大力实施乡村清洁工程，被省财政厅确定为“美丽乡村建设试点县”。

★注重民生优先，人民生活持续改善。全年民生事业投入9.5亿元，占公共财政预算支出的75%。为全县65岁以上老年人、高血压患者、Ⅱ型糖尿病患者、重型精神病患者、孕产妇、0-6岁儿童六大类人群免费提供体检、健康指导和访视。设立农村居民大病救助基金200万元。为全县60岁以上城乡居民每人每年提高基础养老金120元。完成中医院主体建设工程。示范、贾令、里村3所标准化幼儿园投入使用。

（祁县政府办　供稿）

千朝农谷总体规划

山西伊利公司鸟瞰图

昭馀明珠

文化中心

顺发热电

省长李小鹏在太谷调研

胡村玛钢园区自动化生产线

奋力赶超　争先进位

——太谷县

2013年，太谷县紧紧围绕富民强县总目标，以加强组织建设为主题、以加快项目推进为主线，全力实施五大类234个项目，美丽太谷建设迈出坚实步伐。

★积极应对经济下行压力，综合实力稳步提升。2013年生产总值66亿元，比2012年增长8.8%；规模以上工业增加值15.5亿元，增长14%；财政收入8亿元，增长11%；公共财政预算收入3.5亿元，增长3.5%；固定资产投资完成48.4亿元，增长38%；社会消费品零售总额27亿元，增长14%；农民人均纯收入12463元，增长14%；城镇居民人均可支配收入22102元，增长10%。农民人均纯收入绝对值跃居全省第一。荣获"山西省县域经济发展先进县市"称号，位居38个B类县第一名。

★致力推动产业转型升级，三次产业加速融合。现代农业提质增效。积极开展国家级农业改革与建设试点县各项任务，扎实推进农业"四个一"工程。绿美园林、正林农资等8户企业入选省级重点龙头企业。山西农产品国际交易中心落地开工，全市首家农村产权交易中心成立运营，山西金谷现代农业投资有限公司正式签约，巨鑫脱毒快繁育苗中心投入使用，山西农大"一区三园"项目稳步实施。在农业部改革与建设试点县中期绩效考核中位居全国第六，华北第一。工业转型步伐加快。水秀新型产业园区、胡村玛钢铸造园区、恒达循环经济园区、南山医药食品园区等四大工业园区企业集中、行业集聚态势更加明显，四大工业园区支撑产业转型升级步伐加快。第三产业蓬勃发展。深入实施错位发展、旅游带动战略，生态旅游、商贸物流和交通运输等现代服务业快速发展。"谷色古香、美丽太谷"精品线路，农家乐、采摘游备受青睐，徒步游、骑行游成为新亮点。

★扎实推进城乡一体发展，城乡面貌日新月异。城乡建设更具品位。总投资120亿元的60项城建重点项目，完成投资30.6亿元，城镇化率50.6%。按照"改造旧城、保护古城、开发新城"的建设思路，城南片区综合改造工程全力推进，古城保护工作有序开展，北部新城"三带、三轴、四大中心"发展框架已现雏形。生态环境更加宜居。林地绿化率、森林覆盖率分别达到34.4%、22.4%，城镇人均公共绿地面积11平方米；创建了1个省级生态文明乡镇、两个生态文明村。

全省首家农村产权交易中心

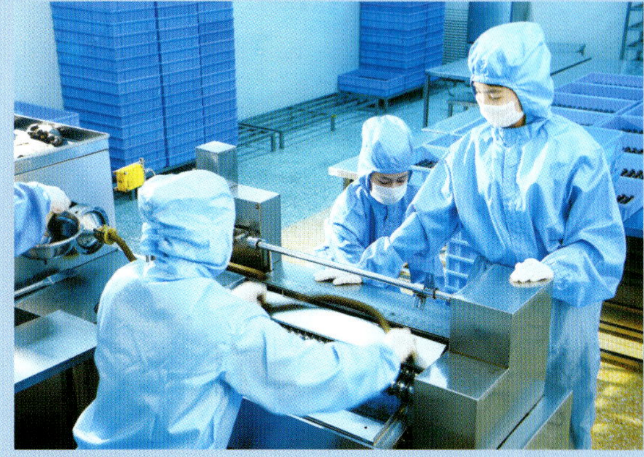
广誉远车间

★着力改善民生和加强社会管理，民生指数持续攀升。社会事业健康发展。义务教育均衡发展经验在全国推广，中、高考成绩和优生数稳居省市前列。积极开展全民健身活动，被国家体育总局、中国武术协会评为全国群众体育工作先进县、全国武术之乡先进单位；扎实开展基本公共卫生服务，乡村医疗服务能力明显提高，荣获“全国基层中医药工作先进县”“省级食品安全示范县”称号。惠民实事全部落实。城乡低保和五大社会保险覆盖面进一步扩大。全面落实优抚人群免费乘坐城市公交车、高龄老人生活补助、保障低收入农户冬季取暖用煤等惠民政策，政府承诺的民生实事全部兑现。

（太谷县政府办　供稿）

凤凰山森林公园

大王堡村新农村建设小区

太谷农家乐采摘

箕城公园

六河村生态增效、农民增收工程

平遥煤化新型光学材料

迎难而上　奋力前行

——平遥县

2013年，平遥县紧紧围绕“平遥梦”“黄金期”总目标，抓改革、谋发展，破难题、保民生，全县经济社会呈现稳中有进、稳中提质的良好态势。地区生产总值94.6亿元，比2012年增长8.7%；公共财政预算收入6.2亿元，增长13.8%；规模以上工业增加值33.13亿元，增长13%；固定资产投资68.3亿元，增长33.8%；社会消费品零售总额44.5亿元，增长13.8%；城镇居民人均可支配收入22136元，增长10.1%；农民人均纯收入8718元，增长12.7%。

★排难奋进谋转型，发展更加有力。现代农业势头良好。投资1.2亿元，大力扶持产业发展和基础设施建设。新建健康规模养殖小区(场)24个，完工21个，全县畜禽饲养量、肉蛋奶总产分别达到1679万头(只)、14.9万吨；新建设施蔬菜园区4个，蔬菜总产量42万吨；新增干鲜果经济林1467公顷，累计达到1.9万公顷；实施龙头企业技改扩建项目20余个，规模以上农业龙头企业销售收入28亿元；实施5大类水利工程，农业生产条件进一步改善。新型工业逆势前行。铺开重点项目20个，新增投资37.41亿元，11个项目投产或试运行。37户规模以上工业企业纳税5.14亿元，占财政总收入的41.1%。文化旅游持续繁荣。创建成为“国家旅游标准化示范县”，国家5A景区创建通过景观质量评审。平遥古城荣获“2014年全球百大优价旅游目的地”“中国十大魅力小城”等殊荣。全年接待游客550万人次，综合收入54.16亿元，分别增长31.9%、34.2%，增幅位居全省重点景区之首。

环城地带南段综合整治工程

民生工程

★大刀阔斧搞建设，环境更加宜人。按照“中部神龟灵动、两翼凤凰展翅”的城市发展理念，实施了总投资80亿元的城市扩容提质项目50余项。双林、文景大道建设顺利推进，滨河路、永安路延伸等6条道路新建改造工程全部完工。新增城市绿地10.9万平方米。热电联产集中供热工程全线贯通，供热、供气、供水扩网入户统筹推进，城镇化率达到39.5%，增幅全市第一。

★全力以赴保民生，人民更加幸福。县政府承诺的10件实事基本兑现落实。投资1500万元，在洪善、段村、宁固、东泉新建乡镇敬老院4所。二中教学楼、实验中学教辅楼投入使用，二幼具备入驻条件，10所农村中小学校和5个教学点新建项目基本完工，新改建标准化幼儿园11所。基本建成保障性住房3263套，改造农村危房278户。城乡居民月增基础养老金10元，企业退休人员人均月增养老金218元；农村五保分散和集中供养年保障标准分别提高600元、1200元，城乡低保月保障标准分别提高30元、24元。人民医院住院楼主体完工。乡镇综合文化站、行政村文化活动室实现全覆盖。

★矢志不移抓创新，活力更加凸显。规范流转土地1933公顷。一针、二针、纺配、纺纱、火柴和减速器厂改制基本完成，商业大厦完成拍卖。平遥古城保护管理委员会启动运行。信用联社成功改制农商行。被评为“全国国土资源节约集约模范县”。在四川成都举办“平遥古城经济发展及投资环境论坛”，首开省外宣传推介先河，全年签约项目16个，总投资239亿元。

★统筹兼顾促规范，社会更加和谐。开展“打非治违”、安全生产大检查、“百日除隐患保安全”活动；进一步畅通信访渠道，落实接待制度，强化案件办理，被评为“全省积案化解先进单位”；网格化管理、“平安平遥”“法制平遥”建设稳步推进，被评为“全国法治县创建活动先进单位”“全省社会管理综合治理标兵单位”。

（平遥县政府办　供稿）

“平遥中国年”活动

平遥国际摄影大展

泰和湿地公园

新光资源综合利用项目

发展稳中有进 社会和谐稳定 民生持续改善

——和顺县

2013年，和顺县围绕打造“五地两区”、建设山西“东大门”的总体目标，攻坚克难，砥砺奋进，取得了发展稳中有进、社会和谐稳定、民生持续改善的良好成绩。全年生产总值42.89亿元，比2012年增长11.7%，全市第三；工业增加值22.6亿元，增长18.9%，全市第二；固定资产投资51.1亿元，增长13.6%；社会消费品零售总额10.8亿元，增长14.3%，全市第三；公共财政预算收入6.3亿元，增长18.5%，全市第四；城镇居民人均可支配收入17787元，增长11.1%，全市第一；农民人均纯收入4347元，增长13.5%，全市第五。先后荣获“全国肉牛标准化养殖示范县”“山西省园林县城”“省级卫生县城”“山西省林业‘六大’工程建设先进县”“全省国土资源节约集约模范县”等称号，农村公路管护工作连续五年全市第一，全市煤炭工业信息化建设工作推进现场会、全市学前教育三年行动计划经验交流现场推进会在和顺召开。

石拐会议纪念馆

新建和顺一中操场全景

正邦互斯发电

李阳煤业全景

★三大产业持续健康发展。投资7.4亿元实施煤矿技改，全年原煤产量1326万吨。山西都宝集团天池瓦斯电厂并网发电。华耀300万吨煤炭物流超市项目达产达效并被列为晋中市转型物流园。佰裕东日产1000吨面粉生产线项目、阳煤华鑫煤机维修制造项目一期工程投产运行。工业园区完成投资3000万元，园区框架基本拉开。全年粮食总产6056万千克，增长22%。双孢菇产业发展壮大，成为农民增收的新支柱。积极推进"十企百区千户"现代养牛业致富工程，建成标准化养牛园区88个，农民人均养牛收入1593元。培育省、市级"一村一品"专业村41个。发展农民专业合作社779个，带动农户1.7万个。全县旅游发展规划通过省市专家评审。

★项目建设和招商引资卓有成效。全年实施重点项目75个，开工率92%，完成投资44.7亿元，投资完成率65.9%，竣工项目49个。先后与晋煤集团、江苏鸿典集团签订合作协议，新签约项目5个，签约资金258.7亿元，完成市下达任务的235%，到位资金10.97亿元，项目储备65个，积蓄了发展后劲。

★十大城建工程引领大县城建设。南北内环、西外环、泰和湿地公园、新热源、南山公园、文体中心、城市规划展览馆、城区综合整治、串村新区十大城建重点工程推进顺利，北内环、西外环建成通车，城市框架进一步拉开，市容市貌进一步改善。顺利通过省级园林县城验收。李阳镇被省政府确定为"省级百镇重点镇"之一，回黄村入选第二批中国传统村落名录。大力实施山上治本和身边增绿"双十"精品工程，生态环境质量明显改善。

★十件实事力推民生改善。全年县财政用于民生的投入7.57亿元，增长15%。县政府向全县人民承诺的"十件实事"成效明显。城乡居民社会保险覆盖面进一步扩大。教育质量稳步提高，教学条件明显改善。为1.2万余名义务教育阶段中小学生免费提供营养奶。新建中医院投入使用。深入开展安全生产专项整治活动，狠抓护林防火，安全生产形势总体平稳。社会管理水平得到提升，平安和顺建设扎实推进。

（和顺县政府办　供稿）

西外环路

和顺新城

稳增长 促转型 惠民生

——榆社县

2013年，榆社县深入实施“农业富县、工业强县、商贸活县、科教兴县”四大战略，以项目建设为抓手，着力稳增长、促转型、惠民生，经济社会发展稳中有进。全县生产总值23.8亿元，比2012年增长1.9%；财政总收入3.82亿元，增长17.9%，增幅全市第一；公共财政预算收入1.71亿元，增长20.3%，增幅全市第二；全社会固定资产投资完成9.88亿元，增长31.7%；社会消费品零售总额9.16亿元，增长13.4%；城镇居民人均可支配收入16773元，增长9.2%；农民人均纯收入3774元，增长12.8%。

★特色农业迅猛发展。大幅度增加“三农”投入，统筹4000万元财政专项扶持资金，撬动核桃栽植、设施蔬菜、笨鸡养殖三项产业实现规模扩张、效益提升。农业综合开发工作得到加强，中低产田改造、河道综合治理、土地整理开发等农业重点工程扎实推进。粮食总产再创新高，达6879万千克。建成省级“一村一品”专业村48个，市级“一村一品”专业村40个。214个行政村街道亮化工程全面完成，乡村清洁工程启动实施，新农村建设取得实效。

★工业转型步伐加快。以园区建设为承载，大力发展循环经济，工业产业运行平稳。柳泉煤电工业园年产600万吨煤矿项目获省政府探矿权协议出让批复，化工工业园东方红制漆公司3万吨特种涂料项目、榆化公司精细化工项目和丰晔新型建材项目投入试生产，医药工业园广生公司100亿粒植物胶囊项目6条生产线投入试生产，东庄食品工业园野狼山庄生猪屠宰线项目建成投产。

★第三产业步入轨道。完成旅游投资1.45亿元，“云竹湖风景区旅游策划及总体规划”和控制性详规编制完成，

榆社环云竹湖捷安特自行车邀请赛

负有盛名的榆社云竹湖土林

浊漳河万亩高效设施蔬菜片区

笨鸡生态养殖

云竹湖游客接待中心和环湖路等项目开工建设。全年旅游总收入2.1亿元，增长57%。物流园区建设稳步推进，农家店信息化改造、农产品流通体系建设等工程顺利实施，商贸流通网络构架日趋完善，三产发展空间有效拓展。

★城乡建设提档升级。高标准完成县城总体规划、控制性详细规划和郝北镇、河峪乡总体规划，城乡规划体系更加完善。加大保障性住房建设力度，城乡"住有所居"加快推进。城市公交启动运行，城乡交通条件得到改善。顺利实施东河下游综合治理、文峰后山公园建设、供热设施和污水处理升级改造等工程，山水生态型宜居县城建设加快。

★民生事业全面进步。继续深化教育改革，高考达线579人，应届达线率全市第一；启动实施义务教育寄宿制学生营养餐工程，县直二幼、云竹和郝北3所幼儿园、职业中学实训楼、榆社三中综合楼等工程建成投用，教育教学条件明显改善。大力实施县文体活动中心、乡镇文化站示范点和农家书屋规范化建设等工程，石勒文化等4个"非遗"项目被列为省级保护名录。医疗卫生体制改革引向深入，新农合参合率99.4%，村卫生室规范化达标率95%。

（榆社县政府办　供稿）

日新月异的安居工程

山西东方红制漆有限公司榆社项目

省长李小鹏在晋中开发区调研

晋中市市委书记张璞在晋中开发区燃气学校调研

培育改革开放新优势 建设工贸科产业新体系

——国家级晋中经济技术开发区

2013年，晋中开发区按照打造新型产业集聚地、高新技术辐射极、生态文明新城区的新定位，以改革创新为动力，以大项目引进与建设为主攻方向，创新型发展更具活力，社会协调建设更加和谐，改革开放取得突破性进展。

★经济发展好中见快。2013年，开发区生产总值31.9亿元，比2012年增长45.8%；规模以上工业增加值12.72亿元，增长25.5%；财政总收入8.5亿元，增长16.6%；固定资产投资完成43.7亿元，增长22.1%；进出口总额2031.9万美元，增长32.4%；工业总产值58亿元，增长48%；农民人均纯收入13100元，增长14.2%。

★招商引资成效明显，全年签约项目9项，总投资184.5亿元，任务完成率全市第三。

★科技引领日趋显现，新认定德元堂药业等3户高新技术企业，总户数达到7户，约占全市的30%。全年申报国家、省、市各类科技项目11项，申报专利65项。

★创新要素活力，增强发展动力。改革创新有效推进，晋商银行晋中分行、交通银行晋中分行入驻开业，金融办组建并启动运行。探索建立技术创新体系，以华辉凯德、安特等为代表的企业技术研发中心成果显现。外向型经济初见端倪，美资独资企业华纳机械产品全部出口美国，联邦制药产品出口中东和非洲等地，鸿基科技与德国IFR公司基本达成技术合作意向。

★民生事项摆位突出。市政府承诺改善民生实事中涉及的7项任务全部完成。以龙田“城中村”改造为示范，全力推进新社区建设，同步推进农村改制。城乡社会保障力度不断加大，17个村60周岁以上村民全部纳入新农保范畴，实现了全覆盖。强农惠农补贴政策得到落实，新一轮“五个全覆盖”全面完成。

（晋中开发区　供稿）

晋中市市长胡玉亭在中航兰田调研

晋中开发区管委会主任温毓诚现场指挥拆迁

晋中物联谷科技有限公司

晋中开发区与新疆准东工业园签约

山西新华现代出版物连锁有限责任公司

山西华纳机械加工有限公司产品展厅

山西华辉凯德制药有限公司外景

乐视农业产业园

临汾市电力电缆有限责任公司电缆生产车间

文明开放、富裕和谐的新尧都

——临汾市尧都区

山西正元盛邦制药有限公司制剂生产车间

2013年，尧都区委、区政府团结带领全区人民，克服困难，扎实工作，经济社会发展取得重大成就。全区生产总值243亿元，比2012年增长6.6%；规模以上工业增加值63.7亿元，增长10.4%；财政总收入36.9亿元，增长12.3%；公共财政预算收入15.7亿元，增长20.6%；城镇居民人均可支配收入24100元，增长11.5%；农民人均纯收入10053元，增长12.8%。经济总量继续位居全市第一。

★积极应对下行压力，经济发展取得新成效。强化项目投资拉动，实施省、市、区重点建设项目68项，当年完成投资171亿元。“六位一体”指标在全市4项第一、2项第二。创新融资方式，成功发行15亿元企业债券。全社会固定资产投资完成239亿元，增长33.8%。全力扶持实体经济，全年新增小微企业590户。努力扩大社会消费，全区社会消费品零售总额187.2亿元，增长14.2%，消费总量全市第一。

★加快经济结构调整，转型发展迈出新步伐。全区三次产业比例达到3.8∶32.5∶63.7，发展的质量和效益稳步提升。“三农”工作成效显著。核桃总面积达到1.3万公顷，成为全省核桃产业发展最快的县区。葡萄种植及酿酒文化产业基地项目进展顺利。农村“五件实事”年度任务圆满完成。工业转型稳步推进。贾得工业园区已具备入园条件。中煤260万吨焦化及煤化工等重点工业项目进展顺利。第三产业快速发展。奥特莱斯芭蕾雨嘉励商城主体工程封顶，生龙国际商贸城开工建设。中信空港物流园区项目已经省发改委立项批复，山西大图置业帝尧文化主题生态公园项目推进顺利。

★全力推进城乡建设，环境面貌发生新变化。东城建设力度空前。承担实施的市级重点工程进展顺利。城中村改造扎实推进，尧庙镇乔村锦悦城“产城融合”发展模式得到省、市充分肯定。生态环境进一步改善，城乡面貌明显改观。

★大力发展社会事业，人民生活质量有了新提高。全区教育、医疗、文化、科技等各项事业协调发展，社会保障、社会救助、就业指导体系不断完善。五一路学校、6个乡镇卫生院、87所薄弱学校改造工程全面完成，医疗、养老等六大保险参保人数达到60.2万人，1.8万户城乡居民纳入低保范围，6600套保障性住房开工建设，200套农村危房改造全面完成。

（尧都区政府办　供稿）

山西光宇半导体照明股份有限公司封装生产车间

山西临龙泵业有限公司生产的泥沙杂质泵

涝洰河生态建设工程——龙湾园一角

奥特莱斯商业街区

霍州署

液化天然气调峰储气项目

稳中有为　稳中提质　稳中有进

——霍州市

2013年，霍州市千方百计稳增长，多措并举调结构，创新理念促改革，倾情倾力惠民生，圆满完成年初各项预期目标。全市生产总值85.49亿元，比2012年增长9%；工业增加值56.98亿元，增长12.6%；固定资产投资完成119.49亿元，增长34.1%；社会消费品零售总额25.61亿元，增长13.2%；城镇居民人均可支配收入21915元，增长10%；农民人均纯收入9840元，增长12.2%；财政总收入15.66亿元，公共财政预算收入7.1亿元。

★立足结构调整，精准发力推进产业转型。工业聚力转型升级，霍煤机电设备制造一期工程投入生产，液化天然气调峰储气项目即将投产，成为“气化山西”的重要标杆项目之一。力拓、紫晟、丰峪、什林、兴盛园等煤炭企业改扩建工程进展顺利。农业狠抓扩产增效。“三大基地”建设持续推进，着力打造西张垣现代农业生态循环示范园区，芦笋、草莓和蔬菜等产业已见成效。三产强化上档提质。成功举办第八届“中镇霍山·华夏州署”文化旅游月，新天地购物广场、州里街、联源物流等一批三产重点项目即将投入使用。全年签约项目26个，投资意向200多亿元。

★聚焦绿色发展，持续不断推进生态建设。生态修复扎实推进，汾河生态治理累计投资2.4亿元，年内有望蓄水成景。节能减排上档达标，万元生产总值能耗同比下降3.9%，超额完成节能减排任务。环卫治理成效显著，市区一

大西高铁霍州站站前广场

霍州市七里峪镇山广场

霍东新产业聚集区煤机制造加工项目

级天数63天，二级天数274天，第五年荣获省级卫生城市桂冠。

★关注百姓福祉，持之以恒推进民生改善。建设了残疾人服务中心、职教中心教学楼、新医院等一批民生工程。狠抓了教育教学改革、文化体育事业等一批重点工作，完善了爱心助学机制、孤儿包联机制、新农合和企业职工医保机制、财政供养人员住院报销提升机制等一系列保障机制。基本药物制度全面推行。保障水平更高，惠及群众更广。

（霍州市政府办　供稿）

棚户区改造项目——州里街花园小区

新天地购物广场

汾河生态治理工程

洪洞县县委书记　王黎明

洪洞县县长　郑步电

保增长　促发展　惠民生

——洪洞县

2013年，洪洞县全力以赴保增长、促发展、惠民生，经济社会发展呈现出“经济总量不断提升，产业结构逐步优化，民生事业持续改善，社会管理全面加强”的良好局面。全县生产总值165.5亿元，比2012年增长9.8%；公共财政预算收入11.5亿元，增长21.1%；限额以上工业增加值104.8亿元，增长13.5%；固定资产投资完成138.9亿元，增长37%；社会消费品零售总额43.8亿元，增长13.1%；城镇居民人均可支配收入20096元，增长9.7%；农民人均纯收入8249元，增长12.1%。县政府向全县人民承诺的7件实事全部兑现，先后荣获国家卫生县城、全国科技进步先进县、全国群众体育先进县、省级环保模范城、省级园林县城、省级文明县城、山西省重点旅游县、省级计划生育优质服务先进县等称号，全市城市管理综合执法和深化“平安临汾”建设两次现场会在洪洞成功召开。

★积极调整经济结构，全力优化产业布局，发展方式稳步转变。现代农业提质增收。粮食生产再获丰收，总产达4.15亿千克。天泽现代农业转型综改示范园实施了皇英小镇现代农村社区建设项目，大槐树农业生态园和历山农业观光园发展蔬菜、药材种植，果树、核桃栽植等。畜禽养殖规模扩大，农业基础设施不断完善。工业经济提速增效。悦昌、亿隆煤业完成矿井升级改造，华翔精密制造三期、飞虹科技高功率激光器、山焦20万吨甲醇等项目投产达效，山焦60万吨烯烃、晋能低热值煤发电项目进展顺利。深入推行“三个三分之一”招商法，签约项目20个，意向投资176亿元，江苏鸿典新材料、华正碳基纤维、晨枫果汁饮料等项目相继落地洪洞。第三产业提档增量。旅游开发

洪洞县县委书记王黎明、县长郑步电调研汾河生态修复治理与保护工程上游段治理工作

小麦丰收

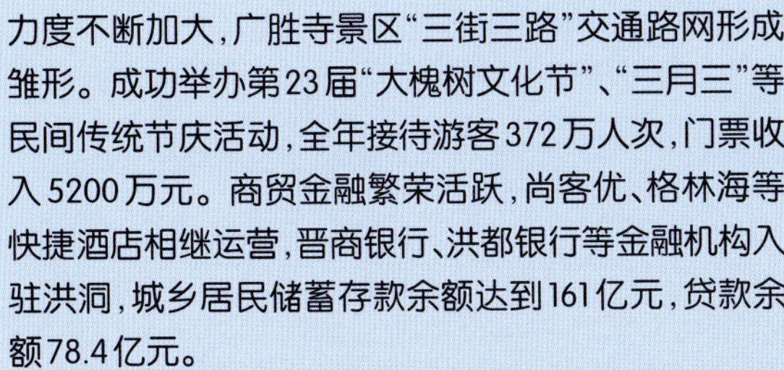

力度不断加大，广胜寺景区“三街三路”交通路网形成雏形。成功举办第23届“大槐树文化节”、“三月三”等民间传统节庆活动，全年接待游客372万人次，门票收入5200万元。商贸金融繁荣活跃，尚客优、格林海等快捷酒店相继运营，晋商银行、洪都银行等金融机构入驻洪洞，城乡居民储蓄存款余额达到161亿元，贷款余额78.4亿元。

★纵深拓展城市空间，倾力完善基础设施，城乡面貌更加靓丽。突出框架拓展、品质提升、体系完善，编制完成《洪洞县城总体规划》、15个专项规划及12个乡镇规划。“百里汾河新型经济带”框架工程进展顺利，高标准完成以城区段引河、桥梁、东岸景观公园和上游段中度治理为主要内容的汾河生态修复治理与保护二期工程；滨河东路贯通工程二标段率先完工，作为全市的标杆工程，顺利迎接了全省重点项目观摩活动的检阅。生态环境更加优美。六城同创持续深化，继续保持对市容环境、交通秩序的清理整治和市民行为的规范教育，扎实开展乡村清洁工程，城乡发展环境不断优化。城区二级以上天数335天，一级天数78天。

规模化养殖

恒富美尔美陶瓷生产线

华翔美的生产车间

大西高铁洪洞西站

★全面强化公共服务，努力创新社会管理，发展基础得到夯实。社会事业持续进步。各类教育协调发展，为全县3000余名五类特殊家庭学生发放补助200余万元，3座乡镇中心幼儿园和10所义务教育标准化学校建设顺利完成，职业中学教学楼主体封顶，高考二本以上达线1783人，连续5年再创新高。医疗卫生体制改革逐步深化，全面实施国家基本药物制度，新农合参合率达99.4%。社会保障水平不断提高，各类保险参保人数达到61万人，全年实现就业再就业7505人，发放各类低保和救助金9616万元，为低收入农户发放低供煤20.5万吨，完成各类保障性住房1436套，分配廉租房348套，改造农村危房423户。加强重点文物的修缮保护，净石宫、商山庙、关帝庙被列录为国家级重点文物保护单位；重八席、娄氏胃灵散、贾氏乌金散被列为省级非物质文化遗产。

（洪洞县政府办　供稿）

洪洞县体育场

滨河公园

大槐树文化节

新建廉租房小区

县城中心广场

洪洞县人民医院

襄汾县县委书记王国平在尧京葡萄种植园区调研

襄汾县县长张宏志在光大企业调研

转型跨越迈大步 进军中部百强县

——襄汾县

2013年，襄汾县创新奋进，顽强拼搏，扎实推进各项工作，经济社会发展呈现出稳中有进、稳中向好的态势。

★经济实力稳步提升。2013年，全县生产总值125.17亿元，比2012年增长9.1%；规模以上工业企业增加值72.68亿元，增长12.7%；固定资产投资完成83.35亿元，增长34.7%；社会消费品零售总额32.75亿元，增长14%；城镇居民人均可支配收入22243元，增长11.3%；农民人均纯收入9206元，增长12.6%；公共财政预算收入7.45亿元，增长6.5%。

★现代农业扎实推进。全县粮食总产量4.64亿千克，再创历史新高。狠抓八大园区和两大基地建设，蔬菜、果树、中药材等特色农业的种植面积稳中有增，南辛店、景毛、新城3个万头生猪养殖园区完成建设。侯临日产10吨杏鲍菇项目投产达效，天美食品、三盛合酿造等4家企业成为全省“513”农产品加工龙头企业。赵康辣椒通过国家地理标志认证，五谷丰醋业跻身山西省著名商标行列。

★工业转型步伐加快。晋润冷链物流、戎子酒庄生产基地等项目成功落户，新兴重工襄汾绿色铸造科技产业园奠基。大力推进焦化行业整合重组，产能由760万吨增加到820万吨，股份制联合重组的万鑫达模式在全省推广。改造升级传统产业，宏源10万吨甲醇、光大90万吨干熄焦项目投产达效。坚持发展循环经济，星原100万吨高速线材、400万吨高活性石灰项目建成投产，中升100万吨高线盘螺项目进入试生产。着力培育新兴产业，辉瑞制药园区一期工程通过国家食品药品监督管理局验收。全县重点项目“六位一体”工作全市综合排名第三。

★城乡环境有效改善。坚持抓规划、抓建设、抓管理、抓融合，城乡一体化发展实现了新突破。县城总体规划修编、城中村改造修建性详细规划和住房建设规划通过专家评审，邓庄、汾城“百镇工程”建设规划已经完成，城乡规划体系不断完善。滨河东路和汾河治理全部达到年度目标进度，“百里汾河新型经济带”襄汾段建设取得新进展。复兴路、丁陶大道北延等路网工程进展顺利，晨光家园、泽欣花园等住宅小区主体完工，旧城街巷改造、自来水管网建设、集中供热扩面等提质工程稳步实施，“大县城”发展战略扎实推进。大力整治环境污染，积极推进生态建设，县城二级以上天数达到338天。

襄陵现代农业示范园区——万亩大棚设施蔬菜

★文化旅游加快发展。以“根祖文化之乡”建设为目标，文化旅游业发展迈出新步伐。龙澍峪景区一期工程完工开园迎客。丁村入选第六批中国历史文化名村，襄陵文庙、邓庄灵光寺琉璃塔入选国家第七批文物保护单位。丁村土布成为集自主创新、联合加工生产为一体的文化产业。“荷花文化旅游节”“尉村跑鼓车节”等活动成效初显，全县文化旅游产业收入10.37亿元，增长21.4%。

★社会事业全面进步。教学条件明显改善，教师队伍不断加强，办学质量全面提升。省级公立医院改革试点工作如期完成，新农合大病保障范围进一步扩大，全省计划生育优质服务先进县通过验收，食品药品监管体制改革工作走在全市前列。《丁陶鼍鼓》摘得第十届中国艺术节“群星奖”，“平阳麻笺”“徐记锣鼓”等5项传统文化项目入选第四批省级非遗保护名录。

（襄汾县政府办　供稿）

光大焦化公司90万吨干熄焦项目

星原学校教学楼

即将竣工的滨河公园住宅小区

洪昌养殖有限公司

国家文物保护单位——师家沟清代民居

持续健康发展的新汾西

——汾西县

2013年，汾西县围绕办好三件大事、发展三大产业、实施五大战略，扎实推进各项工作。全县生产总值18.4亿元，比2012年增长8.2%；规模以上工业增加值5.3亿元，增长13.3%；固定资产投资完成20.9亿元，增长38.8%；社会消费品零售总额8.8亿元，增长13.7%；城镇居民人均可支配收入18625元，增长10.2%；农民人均纯收入2670元，增长13.3%；公共财政预算收入1.25亿元，增长8.8%；粮食总产量5.8万吨，增长4.6%。

★项目建设成效显著。实施了34项重点工程，完成投资45.95亿元，增长126%。巨开元煤业工业广场建设和开垣110千伏变电站建设项目启动实施，永安镇农业开发、佃坪乡淤地坝建设等重点工程全面完成，10千伏以下农网升级工程和太阳山二电源输变电工程顺利竣工。

★特色产业稳步发展。全县肉鸡养殖大棚281个，年出栏肉鸡2200余万只，被省政府列为“全省一县一业肉鸡养殖重点县”。组建了核桃研究所，全县面积达到9400公顷，被省林业厅确定为“全省核桃产业重点县”。启动师家沟文物修缮、姑射山景点开发等工程，着力打造姑射山——汾西古楼——清代民居“三点一线”游。

霍永高速汾西引线4号大桥

姑射山风景区

★社会事业全面进步。实施学生营养餐改善计划，被评为"全市党政一把手教育工程考核先进县"。启动县级公立医院改革，落实基本药物制度，新农合参合率81%，被评为"省级卫生应急综合示范县"；加强食品药品监督检查，完善检验监测体系建设，被评为"全省餐饮服务食品安全示范县"；认真落实计划生育奖扶政策，被评为"省级人口计生优质服务先进县"。投资2300余万元，建设了14个新农村建设重点推进村、9个连片区和14个示范亮点村，实现了全县所有行政村街道亮化"全覆盖"，兑现了县政府承诺的10个方面49项利民为民实事。

（汾西县政府办　供稿）

百里坝系工程

促转型　惠民生　稳发展

——安泽县

实施碧水蓝天工程，大力发展循环工业

安泽县一中

安泽县新建中医院

月亮湾湿地公园

2013年，安泽县大力实施“六县”战略，着力稳增长、调结构、保安全、惠民生，经济社会发展取得新的进展、新的突破。

★综合实力明显提升。2013年，全县生产总值48.27亿元，比2012年增长10.1%；规模以上工业增加值36.48亿元，增长12.9%；固定资产投资完成41.64亿元，增长35.1%；社会消费品零售总额6.97亿元，增长14.5%；城镇居民人均可支配收入20256元，增长10.4%；农民人均纯收入6532元，增长13.9%；公共财政预算收入4.8亿元，较2012年略有增长。

★产业转型明显加快。大力实施农业“双千万”工程，安泽连翘顺利通过国家地理标志产品认证。坚持以煤为基、多元发展，着力推进唐城煤焦化工业园区建设。大力实施“旅游带动”战略，持续推进荀子文化园建设。

★城乡面貌明显改善。实施垃圾处理厂、奥体中心等10项城建重点工程，进一步加快了城镇化步伐。完成53个行政村街道亮化工程和17个村年初自选项目建设，解决了7个自然村4000人的饮水安全问题，实施了总投资1167万元的农村环境整治工程。实施劳井至边寨大油松通道绿化和月亮湾植物园工程，打造交通沿线“绿色风景”和县城绿化“景观园林”。

★民生事业明显进步。投资4000余万元，完成义务教育标准化设施配套、良马卫生院等工程，持续实施“十二年教育全免费”等惠民工程，新型农村合作医疗参合率99%以上。全面加强城乡低保、医疗救助、“五保”供养工作。实施了涉民审批“零”收费、全县人民意外伤害保险等10件民生实事。

（安泽县政府办　供稿）

太德垣百亩苹果经济林

有机蔬菜示范园区

务实创新　跨越发展

——大宁县

2013年，大宁县继续实施“生态立县、林果富民、工业强县”三大战略，突出抓好“产业发展、民生改善、生态建设”三个重点，扎实推进30件实事的落实，全县经济社会各项事业保持了良好的发展势头。

★县域经济稳步发展，综合实力持续增强。2013年，全县生产总值4.4亿元，比2012年增长6.2%；财政总收入5390万元，增长11.2%；公共财政收入3125万元，增长11.5%；城镇居民人均可支配收入14326元，增长9.4%；农民人均纯收入2249元，增长11.8%；社会消费品零售总额2.47亿元，增长13.4%；固定资产投资完成8.05亿元，增长35%；粮食总产量3.9万吨，增长18%。

★主导产业扎实推进，基地规模不断扩大。坚持区域布局、连片开发、规模发展的原则，先后实施了连片扶贫开发、一县一业、一村一品等项目，“优质苹果、设施蔬菜、高效养殖”三大基地建设加快推进。

★工业经济不断扩张，发展后劲持续增强。启动了轻工业园区、移民新区“两区同建”建设项目。编制完成三多循环工业经济园区总体规划。在而吉村建成全县首座太阳能发电站，能源开发迈出新步伐。

★重点工程有序推进，城乡建设步伐加快。新建城南滨河路，实施城西路改造、保障性住房、古乡大桥、旧城改造等城建重点工程，城市功能不断完善。启动易地扶贫搬迁工程，农村“五件实事”全面推进。

大宁县社会福利中心

新建城南滨河路

★基础建设不断加强，生态环境有效改善。新建总投资2.67亿元的220千伏变电站，启动110千伏变电站建设工程，完成"宁大线"公路改造一期和南外环路改造工程。实施坡改梯、以工代赈、土地开发、农业综合开发等工程。实施"三北"防护林、天然林保护和巩固退耕还林成果工程。

★民生保障持续改善，社会事业全面进步。在全市率先推行15年免费教育。特殊病种大额门诊扩大到30个病种，全县新农合参合率99.9%，被评为"全省人口和计划生育优质服务先进县"。为全县所有公民免费缴纳自然灾害公众责任保险。全年发放城乡低保、五保、大病医疗救助等各类救助资金1900万元。

（大宁县政府办　供稿）

坡改梯水土流失治理工程

曲沃县县委书记　朱晓东

曲沃县县长　郭惠勇

美丽曲沃　幸福家园

——曲沃县

2013年，曲沃县紧紧围绕实施“产业强县、城建靓县、文化立县”三大战略，围绕建设“全省千万吨钢铁基地、全省最大的设施蔬菜基地、全国晋文化研究开发基地”的总体思路，全面延伸拓展“551011”工程，大力实施“221”工作任务，有效推动了全县经济社会平稳较快发展。

县域实力稳步提升。2013年，县域生产总值100.3亿元，比2012年增长11%；规模以上工业增加值66.33亿元，增长13.6%；财政总收入8.23亿元，增长9.6%，其中公共财政预算收入2.99亿元，增长18%；城镇居民人均可支配收入22455元，增长11.7%；农民人均纯收入10138元，增长13.8%。在全省2013年度县域经济发展考核当中名列前茅，被评为“2013年度县域经济发展先进县”。

城市建设

现代农业示范园区

工业经济平稳向好。在政策和市场的双重压力下，突出协调帮扶，稳步推进千万吨级钢铁工业园区、山西国际陆港曲沃项目园区、紫金山黄金产业开发园区等各大工业园区建设，特别是钢铁产业重组壮大、组建晋南钢铁集团的强工富县计划顺利实施，县域钢铁企业向整合捆绑、区域联合的健康方向发展，全县工业经济取得稳中有进、稳中向好的发展成效，初步形成了以钢铁冶金、装备制造、煤电化工、物流贸易、黄金开发为主的新型循环工业联动发展格局。

经济转型步伐加快。大力实施"强农兴旅"品牌打造计划，全力发展现代农业和文化旅游业，全县以"晋之源"统一冠名的八大农业园区加快建设，特色突出、成效明显，特别是以"工业反哺农业""工业经营农业"理念，投资2亿余元建设的晋之源太子滩现代农业示范园区受到省市一致好评。积极打造"诗经山水·晋都曲沃"文化旅游品牌，继续推进"六区一线"精品旅游带建设，以"晋国文化、黄帝文化、佛道文化、民俗文化、农耕文化、山水文化"为主要内容的文化旅游业雏形基本形成。

人民生活持续改善。大力推进东城新区和社会事业发展，新区中央核心区"三纵三横"主干道路框架全面形成，国际酒店、商业广场以及数十栋高层住宅拔地而起，占地21.2公顷的集历史文化、现代功能、生态休闲、集会健身于一体的晋园建设接近尾声。科教文卫、社会保障等社会各项事业健康发展。省委、省政府下达的第一轮农村"五件实事"工作任务全面完成。曲沃中学生活区、县人民医院门诊楼等一大批教育、医疗基础设施纷纷竣工，县乡道路翻修改造、市政交通公共设施、保障性住房等的建设完成年度目标，各类社保制度圆满落实，全县人民的幸福指数进一步提升。

（曲沃县政府办　供稿）

工业园区

文化旅游建设

民生事业

冬枣让农民走上致富路

苹果经济林

稳中求进 改革创新

——翼城县

2013年，翼城县紧紧围绕“重规划、按规律、讲规矩”的发展理念和“接地气、干实事、争一流”的执政理念，认真抓好“三件大事”，扎实推进“五项工作”，齐心协力，砥砺奋进，经济社会发展取得新成效。全县生产总值88亿元，比2012年增长8.4%；规模以上工业增加值49.9亿元，增长12.5%；固定资产投资完成54.5亿元，增长34.3%；社会消费品零售总额32.1亿元，增长14%；城镇居民人均可支配收入21948元，增长11%；农民人均纯收入8076元，增长13.1%；公共财政预算收入5.5亿元，增长0.6%。

★农业发展势头良好。粮食生产再获丰收，20个专业村“一村一品”项目顺利实施。无公害农产品认证43个，产地认证面积1万公顷。翼众张桥无公害蛋鸡养殖基地、富民万只肉羊养殖和长汇20万吨饲料加工项目投产运营。全年用于“三农”的财政投入3.2亿元，比上年增长1倍。

★工业转型克难推进。3座变电站完工投用，原煤矿双回路电源资产完成整体移交。全县煤炭产量441万吨。阳煤翼城煤电化循环经济产业园区项目正式签约。永益30万吨大口径铸管项目投入试生产，产品填补了全省市场空白。

★城乡环境持续改善。完成县城总体规划修编及供水、道路等专项规划的编制工作。城乡环境卫生综合整治取得阶段性成效。县城70%的背街小巷实现硬化，县城集中供热供气覆盖范围不断扩大。文物修缮、遗址保护和历山、城内“古城新村”景区建设取得积极进展。节能减排完成年度任务，城区环境质量持续提升。

★社会事业全面进步。全年涉及民生的财政支出6.47亿元，占公共财政预算总支出的44%。16所中小学校和5所村级幼儿园改造工程按期完工，汇丰幼儿园、5所乡镇中心幼儿园和三中标准化操场建成投用。教师队伍进一步充实，中、高考成绩位居全市前列。科技项目申报和资金争取工作取得突破，科普基地建设达到全省县级领先水平。新中医院投入运营，县医院、中医院全面实行药品零差率销售，推行“先看病、后付费”制度。提高新农合报销补偿比例、60周岁以上老人基本养老金补助和城乡低保、农村“五保”、农村籍老人敬老金、义务兵优抚金的发放标准。启动了农村老年人日间照料中心建设，全县近29.7万居民有了规范化的电子健康档案。

（翼城县政府办　供稿）

翼众公司被农业部命名为全国蛋鸡标准化示范场

翼城县与阳煤集团煤电化循环经济产业园区项目合作签约仪式

永益铸业公司30万吨大口径球墨铸管项目

翼城县九龙公园

纺纱企业

稳中求进 改革创新

——蒲县

太原煤气化蒲县华胜煤业

蒲县赢晟园铸造

2013年，蒲县对标“三年翻番”目标和“五项工作”任务，克难攻坚，真抓实干，年度目标责任考核全市第二，经济社会发展和政府自身建设呈现新的变化。

★综合实力更强。2013年，全县地区生产总值51.34亿元，比2012年增长12.6%；规模以上工业增加值40.9亿元，增长18.3%；固定资产投资完成36.76亿元，增长47%；社会消费品零售总额5.89亿元，增长13.7%；公共财政预算收入9.01亿元，增长18.7%；城镇居民人均可支配收入20219元，农民人均纯收入6277元，分别增长10.4%和12.6%。主要经济指标增速全市靠前，“三年翻番”目标基本实现。

★转型步伐更快。2013年启动实施总投资438亿元的77项重点工程，项目总量和投资总额创历史新高。大唐100兆瓦风电和山煤国际煤炭集运站项目落地实施，太原煤气化煤机维修制造、山煤国际300万吨重介选煤项目即将竣工，16座矿井竣工投产或进入联合试运转。建成山中垣万亩核桃示范基地，山中乡被认定为“首批国家级核桃示范基地”，蒲

蒲县现代农业示范园

临大路百里绿色长廊

新建蒲县一中

县被确定为“国家级马铃薯栽培农业标准化示范区”。成功举办武汉招商引资推介会，签约7个重大项目，协议资金39.28亿元。

★城乡变化更大。具有里程碑意义的旧城改造拉开序幕，乔家湾“百镇建设”完成投资7855万元。五鹿山旅游公路、曹午线薛关——白家庄段竣工通车，曹村——薛关段路基形成。西坪垣220千伏输变电工程主体完工，11千米城网入地、98千米农网改造全面完成。

★生态环境更优。全年造林4533公顷，林木覆盖率52.5%。万元生产总值综合能耗下降3.8%。农村环境连片整治项目完成70%工程量，群众环保意识、生态观念明显增强，“美丽蒲县”建设正在还原生态底色。

★民生改善更实。新建一中、县直幼儿园竣工投用，高考二本达线82人，创历史新高。卫生计生工作成效显著，创建“省级慢性病综合防控示范区”工作获优秀县，成功创建“国家级计划生育优质服务先进县”。东岳庙国家“4A”级景区创建通过省级验收。

（蒲县政府办　供稿）

蒲县人民医院

蒲县奥林匹克体育中心

蒲县龙祥干法水泥

蒲县保障性住房

临汾市市长岳普煜在古县调研核桃产业发展

古县县长李强在文昌新区现场办公

提质增量转型发展 统筹兼顾协调发展

——古 县

2013年，古县坚持主题主线，以提高经济增长质量和效益为中心，深入实施“四化三县”战略，攻坚克难，开拓创新，全县整体经济形势稳中有进、稳中有为。

★经济保持较快发展。2013年生产总值51.4亿元，比2012年增长11.8%；工业增加值40.2亿元，增长16%；公共财政预算收入4.8亿元，完成任务的105.6%；固定资产投资完成39.5亿元，增长40.8%；社会消费品零售总额7.4亿元，增长13.8%；城镇居民人均可支配收入22817元，增长11.1%；粮食总产量5.9万吨，增长5%；农民人均纯收入7179元，增长12.5%。

★转型步伐明显加快。农业产业结构调整成效显著。《古县核桃栽培管理技术规程》认证发布，成为省级农业标准化示范区。积极引导农户发展“林药间作”“林菜间作”等林下经济，形成以南垣陈香、北平贾寨为代表的多个示范点。大力培育连翘，连翘产业高标准起步。北平高山有机蔬菜、古阳绿生源大棚蔬菜、永乐尧峪设施农业等园区规模不断扩大。特色养殖健康发展，被评为“省级养牛重点县”。工业转型升级深入推进。涧河、华宝两大工业园区规划获批。投资3.5亿元的国新正泰焦炉煤气制备天然气项目单机试车。华盛机械铸造项目完工并投入运行。兰花、泓翔瓦斯发电项目投入运行。

★城乡建设水平进一步提升。农业基础设施不断加强。12个新农村重点推进村建设任务全面完成。投资4000余万元实施土地整理开发、农业综合开发、中低产田改造等项目，农业生产条件得到极大改善。省定“五件实事”完成年度任务。交通基础设施进一步完善，城市基础设施建设不断夯实。生态环境持续优化，古县县城被命名为“国家园林县城”。

★社会事业统筹推进。教育基础进一步夯实。新建三中正式投入使用，教学质量稳居山区县前列。文化科技卫生工作稳步推进。广播电台、数字电视实现全覆盖，免除城乡居民数字电视维护收视费。凌云八音会被列入省级非物质文化遗产保护名录。新建人民医院主体完工，县级公立医院综合改革通过国务院医改办评估。社会保障能力持续增强。各类社会基本保险实现全覆盖，城乡居民社会养老保险养老金由每人每月55元提高到90元。实施新农合惠农工程，参合农民在各级医疗机构补偿比例比市平均水平高5%。社会治理水平大幅提升，被市综治委表彰为“平安先进县”。

（古县政府办　供稿）

古县永乐乡尧峪村农业示范园区

优质核桃示范基地

新建古县人民医院

新建古县三中

古县荣获“国家级园林县城”称号

国家AAAA级旅游景区牡丹景区

侯马开发区党工委书记毛克明在企业调研

侯马开发区管委会主任李朝旗在企业调研

产业高端 动力强劲 平台广阔 特色鲜明

——侯马经济开发区

电子信息产业园

志盛新能源光伏全自动串焊线

新百佳电子组装线

铃木电梯电气车间

2013年，侯马开发区依托山西方略保税物流中心、加工贸易梯度转移重点承接地、中国现代物流产业基地和国家电子商务示范基地四个国家级发展平台，重点发展了“大电子”“大电商”“大健康”三大产业群。

在“大电子”项目上重点引进了新百佳电子科技、志盛新能源光伏、铃木电梯、远航太阳能助力车等10余家电子电气类企业。“大电商”项目上引进了恒威新生网络科技、敦煌网、中国网库、黄河金三角工业品交易中心等35家国内知名电商，形成了大宗商品交易、外贸服务、内贸服务、电商配套四大行业，服务周边企业3000余家。“大健康”项目引进了台湾旺旺集团工业园、旺龙药业等绿色食品和健康医药企业，同时吸引了30余家医疗器械类企业入区发展。

（侯马经济开发区管委会 供稿）

大宗商品交易中心

山西恒威新生网络科技

山西黄河金三角工业品交易中心

旺旺集团工业园

旺龙药业有限公司

临汾市市委书记罗清宇在临汾开发区视察滨河东路北延工地建设情况

临汾市市长岳普煜在临汾开发区视察西大街工地建设情况

先行先试 跨越发展

——临汾经济开发区

2013年，临汾经济开发区严格按照年初经济工作总体部署，开拓奋进，真抓实干，在经济发展、城市建设、工业园开发、招商引资、项目落实、社区民生、党风廉政等方面都实现新的突破，为开发区的转型跨越和二次发展奠定了坚实基础。

2013年区内生产总值完成58.7亿元，比2012年增长66%；工业总产值完成21亿元，增长16%；工业增加值完成6.3亿元，增长14%；企业主营业务收入256亿元，增长13%；招商引资合同资金117.5亿元，增长76%；财政收入3.4亿元，增长13%；土地出让金入库3.2亿元，增长19%。

★招商引资和项目建设扎实推进。2013年签订项目入区合同（协议）4项117.5亿元，占任务的135%。引进投资百亿元的江苏鸿典新材料、投资32亿元的玉柴新能源汽车产业园等一批重量级项目。投资4亿元的全市最大家居商场居然之家投入运营。圆满完成"六位一体"任务，项目储备1449.1亿元，占任务的207%。三级22个重点项目全部开工，开工完成率位列全市第一。

★工业园区建设成绩卓著。圆满完成南外环、第五大道验收，第一大道征地划线和地表清理赔付等工作。全年新落地项目3个，新开工项目5个，投资2亿元的华翔机加工项目投入运营，年产10万吨的饮料等项目建成。引进了碳纤维、电动汽车等一批新能源项目。编制完成了临汾开发区循环化改造申报方案（草案），正在积极申报当中。

★城市建设效果显著。实施河汾四路、工业路、坂下街续建、滨河东路北延等工程，打通了备受全市人民关注的中大街南段，并将建成全市首条高标准景观大道。同时，完成了绿化、防汛排污、市政设施维护等任务；实施了保障房、公厕和垃圾中转站等三项惠民工程；深入开展市容市貌综合整治工作，美化靓化了区域环境。

★安全生产形势持续好转。健全安全生产责任体系，完善部门和综合相结合的监管体制。深入开展安全隐患排查整改工作，实施了建材、机械、轻工、纺织、烟草、商贸等八大行业安全生产标准化推进和各行业（领域）职业健康监管工作。深入开展打击违法生产经营专项行动和安全生产大检查活动，狠抓消防、建筑工地、燃气等安全工作，确保了辖区稳定。

★社会稳定形势明显增强。深入开展"严打整治"和矛盾纠纷排查摸底化解行动，不断加强重大节日安全保卫、民爆物品管理和信访工作，确保了辖区重大恶性信访案件"零发生"。全年破获各类刑事案件174起，抓获犯罪嫌疑

临汾开发区党工委书记林泽忠(前左一)、管委会主任尚日红主任(前右二)率领全区副科级以上干部进行全区重点项目观摩

江苏鸿典新材料项目入驻临汾开发区(洪洞·甘亭)工业园签约仪式

人84人，严厉打击了各类违法犯罪行为，维护了良好的社会治安秩序，为区域经济和社会发展奠定了坚实基础。

★廉洁政府和机关效能建设大幅提升。严格落实《八项规定》和《厉行节约反对浪费条例》，引深行政审批制度改革，应用移动互联技术和新型服务终端，推进三级联动便民平台。扎实开展民主评议政风行风和商务、工商、质监、土地各类活动，全年审查各类项目88个，核减金额1108.6万元，核减率10.8％。完成采购项目47个，节省资金25.2万元，资金节省率8.8%。

★和谐社区建设蓬勃开展。全面落实城乡居民的各类补助、“两免一奖”、医保、经适房、廉租房等各项惠民政策，应发的各类补贴、补助全部及时足额发放到居民手中。同时，加快社区道路硬化，完善社区交通配套。扎实推进土地收储、劳动监察、教科文卫体，以及民政、司法、统计、计生、综治、人大、人武、工青妇和残联等工作，精神文明建设蓬勃发展。

（临汾开发区管委会　供稿）

临汾开发区参加2013年山西省临汾市(广州)招商引资·招才引智推介会

临汾开发区举行三级联动便民服务工作启动仪式

临汾开发区华翔公司生产车间

临汾开发区坂下街道路通车仪式

长治城区区委书记孙刘琳（左一）调研路网征迁工作

长治城区区长李国强（中）调研社区工作

经济建设好中见快 社会事业蓬勃发展

——长治市城区

2013年，长治市城区坚定信念，应对挑战，鸣鼓攻坚，砥砺奋进，“双擎四驱”顺利推进，转型跨越稳中有为，经济建设好中见快，社会事业蓬勃发展，各项工作呈现出新气象。

★经济发展取得新成效。项目建设扎实推进。实施了总投资352亿元的100个重点项目建设，“六位一体”目标任务圆满完成。产业转型不断增强。着力构建“四大产业板块”，初步形成“百强企业三大方阵”。招商引资成效明显。全年签约项目19个，签约总额219.4亿元。创新驱动持续发力。全年专利申请量497件，全市第一。重点培育高新技术企业5家，占全市总量的23%，实现了高新技术企业零的突破。2013年全区生产总值164亿元，比2012年增长7%；规模以上工业增加值22.8亿元，增长6.1%；社会消费品零售总额245.8亿元，增长14.2%；固定资产投资完成134.5亿元，增长24.6%；财政总收入24.6亿元，增长20.3%；公共财政收入4.74亿元，增长9.6%；城镇居民人均可支配收入24849元，增长10.2%；农民人均纯收入10470元，增长11.7%。

旅游重点项目“刘伯承工厂”旧址修缮一期工程竣工

“大家走到一起来”社区文化艺术节红火开展

青年志愿者弘扬志愿精神传递文明正能量

LED电子白板等工业新型化项目投产

城区三产服务业重点项目——龙盛装饰城

桃园村城中村改造首批拆迁户享受到城镇职工养老保险

★城市建设有了新突破。路网征迁全面告捷。投资3800万元，完成30条背街小巷硬化改造任务。“三项治理”卓有成效，荣获城乡清洁工程省级先进区称号，蝉联省级卫生区18连冠。便民服务圈更加完善。生态建设不断加强。建成区绿化覆盖率45.3%，荣获“国家森林城市”称号。

★城中村改造迈出新步伐。规划编制步伐加快。制定了《城中村综合改造三年推进计划(2014～2016年)》，出台《城中村改造实施纲要》，在全市首家实现“一户一档”管理全覆盖。拆迁安置稳步实施。“两违”整治成效明显。城中村改造在规范中有序推进。

★城市文明实现新提升。顺利完成全国文明城市创建迎检测评任务。深入开展“道德讲堂”和“三关爱”学雷锋志愿服务等活动，涌现出宋忠平等一批道德模范，“好人城市”的品牌叫响全国。所有街道都建立了300平方米以上多功能文化站，在全市率先实现了农家书屋、社区阅览室全覆盖，成功创建“国家公共文化服务体系示范区”。

★社会管理呈现新亮点。基础工作更加扎实。“363”社会管理模式不断完善，“三位一体”网格化平台列入“国家科技惠民计划”。“六星示范社区(农村)”创建先进做法在全省推广，被民政部推荐为“全国和谐社区建设示范城区”。人民调解工作受到司法部表彰。

★民生事业开创新局面。2013年，全区用于民生事业的总投资6.2亿元，占到公共财政支出的77%，增长29%。教育事业稳步发展。“片区互动联合体工程”深入实施，教学课改全国领先，教育工作综合排名全市第一。卫生事业不断加强。基层医疗机构集中整顿工作受到国家好评。社会保障持续向好。城镇登记失业率1.1%，超额完成年度目标任务。社会保障足额拨付率及社会化发放率100%。

(长治市城区政府办　供稿)

马坊头城中村改造重点项目快速推进

路网征迁工作全面告捷

改扩建后的淮海小学展现靓丽新姿

市委常委、郊区区委书记潘贤掌在大辛庄镇调研

郊区区长金所军深入堠北庄镇调研

综改攻坚　创新驱动　跨越发展

——长治市郊区

老顶山旅游开发区瓦窑沟村

2013年，长治市郊区以招商引资和项目建设为抓手，以提高经济增长质量和效益为中心，以民生改善和社会和谐根本，深入实施省、市转型跨越发展战略，推动经济社会又好又快发展。全区开工建设重点项目206个，总投资678.5亿元，当年竣工项目95个。多项工作走在省、市前列，先后荣获全国生态文明先进区、全国科技进步县(市)、中国绿色生态农业示范区和全省农民增收先进县等20余项国家、省部级荣誉称号。

★发展速度逆势上扬。2013年，全区生产总值182亿元，规模以上工业增加值143亿元，固定资产投资150亿元，财政总收入30.9亿元，公共财政预算收入6.2亿元，社会消费品零售总额35.9亿元，农民人均纯收入和城镇居民人均可支配收入分别达到12461元、29045元，各项指标增幅均高于省市平均水平。在全市考核的7项主要指标增幅排名中，3项排名全市第一、1项第二。

★发展质量稳中显优。全区现有规模以上企业41家，全市百强企业13家，初步形成煤化工循环经济、生物制药、装备制造、新能源新材料、煤电一体化、现代物流、文化旅游和特色农产品加工等八大新型产业板块。2013年，新兴产业产值86.76亿元，增长7.1%；工业增加值17.2亿元，增长16.3%。

★农业现代化特色鲜明。以资本引进、技术推广和强力扶持为抓手，出台了10项强农惠农政策，新发展高标准农业园区10个，新建和改扩建设施农业项目20个。

★市域城镇化稳步推进。持续推进“3城4镇20个中心村”建设，3城建设有序推进，4个中心集镇有3个开工建设，20个中心村开工建设9个，市政府首批确定改造的15个城中村有7个进入实质性实施阶段，城镇化率达到68%。

★发展成果人民共享。从最突出问题着手，从最具体工作抓起，在全市率先完成省市确定的两轮“五个全覆盖”和“五件实事”民生工程任务，在实现“老有颐养、病有良医、学有优教、劳有厚得、住有宜居”方面迈出了新步伐。

（长治市郊区政府办　供稿）

霍家工业有限公司1.5万吨水合肼项目

昌晋苑煤化工业园

潞安太阳能50兆瓦科技大棚光伏项目

长治工程机械汽贸城

开展文化科技卫生“三下乡”活动

凝心聚力逆势奋进 经济社会平稳较快发展

——襄垣县

中共长治市委常委、襄垣县县委书记　田志明

襄垣县县长　张志刚

2013年，襄垣县以综改试验为统领，以转型发展为主题，以改善民生为宗旨，围绕现代产业、新型城镇、民生服务、改革创新、安全保障“五大体系”，着力打造中国“新能源新材料基地、新城镇新农村典范”，全县经济社会平稳较快发展。

★经济运行稳中有升。2013年，全县生产总值214.7亿元，比2012年增长7.2%；公共财政收入22.4亿元，增长30.7%；规模以上工业增加值164.9亿元，增长6.9%；固定资产投资完成151.4亿元，增长44.1%；社会消费品零售总额20.1亿元，增长13.9%；城镇居民人均可支配收入25854元，增长11.2%；农民人均纯收入10657元，增长13.2%。

★产业转型全面加快。一产方面，出台农业产业扶持政策，全年粮食总产量1.84亿千克，增长4.5%。申报省级蔬菜标准园3个。新建林盛果业、天下襄、绿龙养殖等16个投资3000万元以上的龙头企业，初步形成“合作社+基地+农户”“公司+农户”等多种产业发展模式。二产方面，编制了现代煤化工产业发展规划并获省级批复，被列入全省、全市产业发展布局。规划建设150平方千米以精细煤化工为基础的大型工业园区，目前面积达到88平方千米，入园企业项目63个。引进中冶集团等5个世界500强企业和华电集团等8个中国500强企业。围绕煤基合成油、焦炉煤气制甲醇烯烃、煤制乙二醇聚酯建材、煤制芳烃及延伸加工四条产业链，投资1128亿元首批启动建设潞安高硫煤清洁利用油化电热一体化等十大标杆项目，全年完成投资134亿元。三产方面，仙堂山景区31个景点正式对外开放，物流、信息、金融等现代服务业加速发展。

★民生基础不断夯实。围绕全国新城镇新农村典范县战略定位，规划了“一城三区五镇六十六中心村”发展格局，城乡一体化稳步推进。以“修路、栽树、兴水、重教”为重点，建设了40项民生工程。开通县城免费公交。提高城乡低保和大病救助标准。国家公共文化服务体系示范区创建成功，农村文化活动场所、有线电视基本全覆盖。行政村街道亮化工程全面完成。

★综改试验全省领先。科学编制新型煤化工产业、战略性新兴产业、农业产业、文化旅游产业、县域城镇五大规划。组建漳江投资经营有限公司、城市投资公司、保障性住房运营公司和村镇建设投资公司，搭建起城乡一体的投融资建设主体平台，为全省提供了范式。成立了全省第一家城镇建设私募基金，首期认购规模达10亿元。创新土地收储机制，建立完善县乡两级土地收储平台。建成博士工作站2个，引进博士9名。

（襄垣县政府办　供稿）

省长李小鹏在襄垣调研

襄垣县富阳工业园区省级工业园区

襄垣县林盛果业果蔬深加工生产线

襄垣县襄子老粗布车间一角

襄垣县古韩大道

屯留县县委书记郭泽兵深入企业检查安全生产工作

屯留县县长段树新深入和宁电石厂调研

把握稳中求进总基调 唱响转型跨越主旋律

——屯留县

2013年，屯留县围绕"奋力冲刺中部百强县、率先全面建成小康社会"的总目标，负重谋发展，兜底保民生，全力抓落实，奋力争进位，经济社会发展取得新成效。全县生产总值118.9亿元，比2012年增长12.6%；财政总收入20.03亿元，增长24.8%；公共财政预算收入6.61亿元，增长21.1%；规模以上工业增加值92.2亿元，增长16.1%；全社会固定资产投资99.2亿元，增长29.8%；城镇居民人均可支配收入、农民人均纯收入分别达到19872元、10750元，增长9.8%、12.2%。

★千方百计抓项目，发展后劲日益增强。2013年实施重点项目82个，总投资450.1亿元。储备项目总投资4048.7亿元，签约项目总投资132.6亿元，落地项目总投资95亿元，新开工项目总投资133.6亿元，重点建设项目完成总投资121.85亿元，投产项目总投资135.6亿元，"六位一体"目标任务超额完成。

★全力以赴调结构，质量效益同步提升。现代农业提质增效，粮食总产量2.42亿千克，连续5年全市第一，获全国产粮大县奖励资金1000万元。建成"一乡一业"特色乡镇5个，"一村一品"特色产业村57个。发展农业特色生态园10个，规模以上农业龙头企业销售总额突破50亿元。实施工业新型化项目36个，总投资274.86亿元，完成投资48亿元。

高标准住宅小区

天然氧吧

潞安煤基合成油示范厂

★建管并举促统筹，城乡建设有力推进。编制完成县城总体规划，县城“七纵七横一环”道路框架基本形成。扎实开展交通市容卫生“三项治理”行动，进一步巩固了国家卫生县城、省级文明县城创建成果。余吾、路村、渔泽、上村、李高等5个小城镇和20个中心村建设稳步推进，全县城镇化率37.3%。

★标本兼治创环境，美丽屯留展现新颜。全县森林覆盖率30%，县城绿化覆盖率44.4%，绿地率39.6%，城市人均公园绿地面积11.3平方米。集中供热工程有序推进，“燃气入屯”工程加快实施，污水处理厂升级改造，全面完成市政府下达的6项主要污染物年度减排指标任务。

★广拓渠道惠民生，社会事业全面发展。省政府确定的“农村新五件实事”和县政府承诺的“十件实事”全部落实。32所义务教育薄弱校改造、8所农村闲置校舍改建、6所小学教学点增设附属幼儿园顺利完成。余吾、李高中心卫生院改扩建完工。蓬莱宫、先师和尚舍利塔跻身第七批国宝单位行列。城镇社会保险参保率98.4%，新农合参合率100%。

（屯留县政府办　供稿）

山西安泰矿工防护设备有限公司

启智幼儿园

上党城镇群路网工程屯留连接线

盛世屯留

副省长王一新在壶关县八泉峡景区调研

壶关县县委书记李全心在大峡谷调研

稳中求进 稳中向好 持续发展

——壶关县

2013年，壶关县抢抓综改机遇，引深"四五"战略，统筹城乡发展，加快转型跨越，强化安全维稳，积极改善民生，县域经济社会呈现出稳中求进、稳中向好、持续发展的良好态势。荣获全国最美健康养生旅游名县、全国最佳生态宜居旅游名县、全省百日双千案攻坚战先进县、全省治超工作先进县、全省学前教育模范县等称号。

★突出项目引领，县域实力持续增强。扎实推进总投资181亿元、总数量112个的"双百"重点工程，全年有87个项目建成竣工或基本完工。2013年全县生产总值40.7亿元，比2012年增长12.5%；规模以上工业增加值25亿元，增长15%；固定资产投资38.2亿元，增长30.9%；财政总收入4.66亿元，增长13.7%；公共财政预算收入2.16亿元，增长6.5%；社会消费品零售总额14亿元，增长14.5%；城镇居民人均可支配收入16720元，增长10%；农民人均纯收入4005元，增长13.5%。

★加快产业调整，转型发展步伐坚实。坚持传统产业抓改造，新兴产业抓引进，中小企业抓培育，大力推动经济结构优化升级。壶化集团被省科技厅确定为"国际科技合作基地"。紫团公司被农业部认定为"全国主食加工示范企业"。郭氏食品"郭国芳"商标被认定为中国驰名商标，郭氏羊汤荣获"山西省十大传统名吃"称号，辛寨醋业"辛世芳"商标被认定为山西省著名商标。出资4.1亿元对太行山大峡谷完成资源整合，引进西安曲江文旅集团，成功实行托管经营，在全省率先走出一条旅游资源整合和综改试验的新路子。

青龙峡景区

"冲关大峡谷"节目录制现场

壶关县县长崔江华在壶化集团调研

山西紫团食用菌生产车间

★加强城镇建设，城乡面貌大为改善。加快县城开发建设，总投资16亿元的玉壶广场等十大城建重点工程全部完工或主体完工。顺利通过国家卫生县城和省级文明县城复查验收。因地制宜推进百尺、店上、晋庄、常平和桥上5个重点集镇和20个中心村建设，城乡一体化发展迈出新步伐。

★突出治污减排，生态建设迈上台阶。深入实施“荒山披绿、干果增效、通道提档、园林乡村”四大林业生态建设工程，全县森林覆盖率53%，县城人均绿地面积41.3平方米。全年空气质量优良率95%。

★倾力改善民生，群众福祉大幅提升。优先发展教育事业，总投资3000万元的城南幼儿园建成竣工，33所项目校“三通两平台”建设基本完成。投资1450万元全面推进公立医院改革，投资2700万元的县医院医技大楼建成使用，县乡村三级医疗机构全部实行药品零差率销售，20种重大疾病提高了报销比例。投资3225万元对全县284个行政村安装太阳能路灯，成为全省首家完成行政村街道亮化工程的项目县。继续推进城乡最低生活保障、社会救助、医疗救助等各类保障救助工作，新型农村社会养老保险覆盖率100%，新型农村合作医疗、城镇居民养老和医疗参保率98%以上。

（壶关县政府办　供稿）

郭氏食品流水生产线

城乡建设

上党城镇群路网工程城际连接线壶关段

武乡县县长阎新平深入蟠龙镇安乐庄走访

县长阎新平在蟠龙镇南郊村、烟里村等地走访调研

稳中有为 稳中有进

——武乡县

2013年，武乡县深入贯彻落实全市“五五”战略和县委“文化引领、强基固本”总体思路，全力以赴保增长、调结构、强安全、惠民生，各项工作稳中有为、稳中有进。

★经济发展取得新成效。2013年，全县生产总值68.9亿元，比2012年增长9.9%；规模以上工业增加值45.8亿元，增长11.1%；社会消费品零售总额9.78亿元，增长14.2%；城镇居民人均可支配收入17299元，增长10%；农民人均纯收入4476元，增长13.4%。固定资产投资完成20亿元，占市任务的105%；财政总收入12.1亿元，占市任务的100.8%；公共财政预算收入5.59亿元，增长11%。

★转型综改迈出新步伐。制定出台支持煤炭产业发展“二十条”，全年生产原煤508万吨。武乡山水水泥公司日产3000吨水泥熟料生产线投入试生产。五矿轻量化新材料产业集群项目总规正式批复。《太行山》实景剧被省委宣传部评为第十届精神文明建设“五个一工程”特别奖。启动实施太行山影视文化创意产业园、八路军烈士陵园新“两园”项目。全年接待游客225万人次，增长24%；旅游综合收入23.6亿元，增长26%。服务业占地区生产总值的27.3%。

县长阎新平调研保障性住房工程

县长阎新平调研东山供水工程

县长阎新平实地指导城乡建设规划

县长阎新平在八路军总部旧址调研

★"三农"工作实现新突破。大力发展规模健康养殖，新建、续建养殖小区(场)32个，荣获"全省畜牧兽医工作先进县"称号。培育壮大龙头企业14个，大山禽业、晋昌农业生态园、众益生态、鑫四海4个企业跨入省级农业产业化龙头企业行列。"百企千村"产业扶贫强势起步，启动实施油用牡丹、食用菌和肉羊养殖等产业扶贫项目。大力实施造林绿化工程，荣获"全省造林绿化先进县"称号。生态乡村创建取得新成效，故城镇"省级生态乡镇"和蟠龙镇庄底村"国家级生态村"通过考核评审。

★群众生活有了新改善。全年教育、医疗、社保、"三农"等民生支出达到9.4亿元。村级幼儿园改扩建、农村危房改造等省政府确定的"五件实事"圆满完成。实施县级公立医院改革，药品全部实行"零差价"销售，新型农村合作医疗参合率99.5%。城乡低保实现应保尽保。

(武乡县政府办　供稿)

平顺县县委书记吴小华在羊井底梨园调研

县委书记吴小华在文正卓越汽车电喷车间调研

稳中求进　改革创新　成绩斐然

——平顺县

2013年，平顺县按照全市实施"五五"战略、率先全面小康的战略部署，紧紧围绕建设"一地两区"、打造"三宜"美丽平顺的发展思路，团结和带领全县人民，埋头苦干，攻坚克难，圆满完成年初确定的各项目标任务。

★各项主要指标圆满完成。2013年县域生产总值21.96亿元，比2012年增长8.8%；规模以上工业企业增加值11.09亿元，增长15%；全社会固定资产投资完成26.95亿元，增长31.4%；社会消费品零售总额6.54亿元，增长14.9%；城镇居民人均可支配收入16954元，增长9.5%；农民人均纯收入4155元，增长13%；公共财政预算收入7459万元，增长3.5%。项目投产46个，完成投资81.92亿元，占全年任务的292.6%，投产完成率居全市第一。

★"一地两区"建设成效初显。全国一流旅游目的地拉开框架。景区开发高标准推进。总投资5.2亿元的通天峡景区一期工程全面完工并正式对外开放。总投资18亿元的红色西沟、神龙湾、太行水乡景区整合开发项目总体规划通过专家评审。新增4处国家级文物保护单位，国保总数达到14处，居全市之首。奥治、虹霓入选中国传统村落名录。全年接待游客188万人次，增长28.8%；旅游综合收入9.11亿元，增长30%。被评为"山西省休闲农业与乡村旅游示范县"。新型工业园区初具雏形。清华机械厂平顺航天工业园快速推进，一期工程建成投产。新型工业园区完成总体规划，已入驻的文正卓越一期汽车新能源发电机、起动机生产线建成投产，并建成平顺首个博士工作站。光伏发电、水力发电、风力发电、LNG加气站等新能源项目推进顺利，新兴产业投资同比增长70%，快于传统产业87.6个百分点。全国生态建设示范区渐入佳境，环境保护6项减排指标超额完成，空气质量二级以上天数362天。高效农业稳步推进，全县粮食总产量5587万千克，农产品加工龙头企业销售收入4.22亿元，全部超额完成市下达目标任务。生态产业蓬勃发展，37个"一村一品"产业扶持项目全部完成，被省委、省政府表彰为"全省一县一业先进县"。

★民生事业稳步推进。脱贫攻坚强力实施。省定产业扶贫企业晋能集团与大红袍公司控股开发花椒芽菜系列产业顺利推进。市定产业开发企业山西振东集团，在平顺成立了山西振东道地连翘公司和党参开发公司。社会事业全面进步。省政府确定的"五件实事"进展顺利，县政府年初承诺的10件惠民实事圆满完成。全国第一家劳模文化网站"平顺劳模文化网"开通运行，申纪兰被评为"山西省特级社会责任人物"。新型农村合作医疗参合率99.9%。

（平顺县政府办　供稿）

县委书记吴小华在职业中学调研

县委书记吴小华在通天峡景区调研

县长秦军在北社蔬菜大棚调研

县长秦军检查矿山安全生产工作

县长秦军深入集中供热公司调研

县长秦军慰问困难群众

沁源县县委书记　李丁夫

沁源县县长　杨红旗

稳中求进　稳中有进

——沁源县

2013年，沁源县着力经济转型、农民增收、城乡统筹三大攻坚，同步推进项目建设、民生改善、安全稳定等各项工作，千方百计保增长、促转型、惠民生，全县经济社会发展保持了稳中有进的良好态势。连续两年蝉联“中国最具投资潜力中小城市百强县”“中国最具区域带动力中小城市百强县”称号，荣获“2013年度中国新型城市质量化500强县”称号，被全国爱卫会命名为“国家卫生县城”。

★积极应对风险压力，县域综合实力持续增强。2013年全县生产总值101.6亿元，比2012年增长10.1%；规模以上工业增加值74.5亿元，增长11.1%；固定资产投资完成77.2亿元，增长32.3%，高于全市平均水平6.9个百分点；社会消费品零售总额17.5亿元，增长14.4%；公共财政预算收入14.5亿元，增长23.5%，总量和增速全市前三；城镇居民人均可支配收入和农民人均纯收入分别达到25008元、9677元，增长10.8%和11.9%。

★致力优化经济结构，产业转型步伐持续加快。实施18个煤矿升级改造项目，全年生产原煤714万吨；突破发展新兴产业难点，太岳山风电一期10万千瓦并网发电，蓝天石油压裂支撑剂一期10万吨生产线试运行，元昌5万吨石油压裂支撑剂正式投产；凸显生态特色农业亮点，好乐草莓种植规模占到全国夏季草莓种植面积的一半，南石苗木基地规模位居全省前列。

★着力壮大特色农业，农民增收渠道持续拓宽。围绕“一县一业”和“一村一品”，推广种植脱毒马铃薯，人工种植连翘，浩兴、沁河缘、坤泰乳业等农业示范园区初具规模，带动发展“一村一品”专业村18个，其中达到国家级示范村1个，建设生态庄园23个。挂牌成立山西省羊产业技术体系专家工作站。

★注重城乡基础统筹，特色城镇建设持续提速。按照规划先行、分步实施、有序建设的原则，实施重点城镇化项目22个。积极创建国家级园林县城、卫生县城，郭道镇纳入全省“百镇”试点小城镇建设，城镇化建设的生态宜居特色更为明显。

沁丰薯业种薯基地

国电太岳山风电项目

全国最大的夏季草莓生产基地——好乐草莓

★突出项目招商建设，带动发展效应持续显现。铺开总投资450亿元的重点项目176个，其中，16个省级重点项目和83个市级重点项目当年完成投资120亿元，"六位一体"考核指标全部超额完成。签约重点项目50个，签约资金191亿元，到位资金51亿元，项目不断接续、梯次推进的良性格局基本形成。

★大力改善民生福祉，群众幸福指数持续提升。新改扩建农村小学(幼儿园)8所、义务教育薄弱学校4所，全省第一所红军小学在县实验小学挂牌。探索实行医疗全程救助"一站式"管理，20种重大疾病补偿提高到70%，率先在全省建立乡村医生退养机制。创建国家公共文化服务体系示范区，成功申报省、市非物质文化遗产项目13项，县图书馆被评为国家一级馆。县城开通免费公交，城乡低保、医疗保险、社会救助、大病互助等惠民政策全面落实。

(沁源县政府办　供稿)

沁源县蓝天工业园20万吨石油压裂支撑剂项目

沁源一中全景

县域经济稳步发展 社会事业有序推进

——黎城县

蓝天燃气煤高效洁净转化

2013年，黎城县以打造“中国硅都、世界红山、宜居古城”为引领，以转型跨越发展为主线，坚定信念，扎实工作，圆满完成县十五届人大三次会议确定的各项目标任务。全县生产总值32.8亿元，较2012年增长10%；规模以上工业增加值16.5亿元，增长16%；财政总收入3.51亿元，公共财政收入1.6亿元，增长0.8%；全社会固定资产投资完成40亿元，增长33.9%；社会消费品零售总额10.2亿元，增长13.7%；城镇居民人均可支配收入13921元，增长9.4%；农民人均纯收入6096元，增长11.5%。

★“四大园区”支撑工业发展项目新、后劲足。新材料工业园区扎实推进，中技金谷低碳建筑技术创新及产业化示范项目被国家发改委列为全国低碳建筑产业化生产基地，一期工程建成试产。蓝天燃气引进美国比克比能源系统公司煤高效洁净转化技术，试产成功。新能源产业园区开工建设，协鑫集团250兆瓦太阳能光伏发电项目具备开工条件，油气板块LNG“四位一体”新能源西仵示范站奠基开工。铁路物流园区初具规模，华驰500万吨物流项目基本建成。现代(汽运)物流园区全面启动。

中技金谷新型建材

★现代农业助推特色产业品质优、发展快。现代农业示范园区一期基本建成，园区中国农大无土栽培新技术在全市示范效应明显。生态农业科技产业园区路网全面铺开。核桃产业片区形成规模效应，基本实现农业人口人均一亩核桃树目标。

现代农业园区

★红山战略引领文化旅游势头足、品牌亮。红山景区大见成效，黎侯古城魅力初现，黄崖洞景区再现新姿。太行红山、黎侯古城、黄崖洞正成为全省乃至全国响亮的旅游品牌。

★统筹规划城乡建设项目多、推进快。2013年共铺开城镇化建设项目43个，鼓楼街、城西路和城北街等路段新建工程竣工通车。县城集中供热工程主干管网和换热站建设全面铺开。成功创建国家园林县城，继“国家卫生县城”“全国文明城镇”之后，又一次摘得“国”字号品牌。

★倾心聚力民生事业投入多、覆盖广。教育工作，投资2722万元，继续实施义务教育阶段“两免一补”、学前教育贫困幼儿资助、职业高中免费全覆盖、生源地无息助学贷款等13项教育惠民工程；高考全市综合排名第一，中考全市综合排名第二。卫生工作，全面启动公立医院综合改革，实现药品零差率销售；计生工作顺利通过“国家级计划生育优质服务”先进县评估验收。文化体育工作，深入开展文化体育惠民工程，乡镇综合文化站、村级文化活动室全面整改达标，县文化馆、图书馆、档案馆开工建设，通过全市公共文化服务体系全国示范区和全民健身全国示范市“双创建”达标验收，被市政府命名为“创建国家公共文化服务体系示范区标兵县”。社保工作，五项社会保险参保扩面工作稳步推进，提高了城乡居民基础养老金和城镇居民医保财政补助标准。

黎侯古城

(黎城县政府办　供稿)

阳城县县委书记王晋峰调研蚕茧收购工作

阳城县县长窦三马调研田园城市建设

增收就业　富民强县

——阳城县

2013年，阳城县抢抓机遇，排难而进，全县经济社会保持了平稳健康的发展态势。全年完成生产总值162.7亿元，比2012年增长9.1%；全社会固定资产投资完成119.2亿元，增长31.2%；社会消费品零售总额33.4亿元，增长13.7%；公共财政预算收入10亿元，增长14%；城镇居民人均可支配收入21245元，增长10.4%；农村居民人均纯收入9014元，增长12%。

★抓转型，调结构，产业发展呈现新态势。以陶瓷为主导的非煤产业强势推进，总产能达到2亿平方米。以旅游为龙头的现代服务业多极推进，全面打造"全国古堡民居第一县"，荣膺2013"美丽中国"十佳旅游县称号。以蚕桑为代表的特色农业稳步发展，蚕茧总收入达1.5亿元。

★抓招商，扶民营，项目建设取得新进展。招商引资取得显著成效，高科技反光材料、星光陶瓷等41个项目成功签约。出台了《促进中小实体经济加速发展的若干意见》，民营经济扶持力度加大。"六位一体"目标全面完成，省市重点工程建设投资151.5亿元。

★抓统筹，促协调，城乡面貌发生新变化。大县城建设扎实推进，"美丽乡村"连片区建设正式启动，水、电、路等基础设施建设力度加大，建成省级生态镇1个、生态村3个，县级生态村10个。

★抓民生，强服务，社会事业实现新提升。公立医院和乡村卫生院（所）全面实现基本药物零差率销售。大型上党梆子现代戏《山妹子》赴京演出获7项大奖。被科技部授予"全国科技进步先进县"称号。新农合个人年度住院累计封顶线由10万元提高到15万元，城乡居民基础养老金由65元提高到80元，城乡低保年保障标准人均分别增长360元、288元，困难群众生活进一步改善。

（阳城县政府办　供稿）

芹池镇川河村规模养蚕示范基地

安阳建瓷园区现代化生产线

全国戏剧文化奖作品《山妹子》剧照

晋城市市委书记张九萍在城区调研

晋城市市长刘润民在城区调研

争先综改 竞逐中原

——晋城市城区

2013年，晋城市城区紧紧围绕市委、市政府"一争三快两率先"战略部署，坚持不懈稳增长、调结构、促改革、惠民生，全区经济社会发展呈现出稳中有进、稳中有为、稳中提质的良好局面。全区生产总值215.1亿元，比2012年增长10.2%，增速全市第二；财政总收入49.4亿元，增长13.7%，公共财政预算收入9.7亿元，增长38.3%，增速均为全市第一；规模以上工业增加值11.3亿元，增长15.2%，增速全市第二；全社会固定资产投资完成226.3亿元，增长31.5%，增速全市第二；社会消费品零售总额155.9亿元，增长14.1%，增速全市第一；城镇居民人均可支配收入24799元，增长9.9%；农民人均纯收入10174元，增长12.4%。在全省县域经济发展综合考评中，名列全省23个市辖区第4名，受到省委、省政府通报表彰。先后荣获全省实施"十二五"妇女儿童发展规划示范区、全省老龄工作示范区、省级慢性病综合防控示范区、全省社会管理综合治理先进集体等称号，被命名为"国家餐饮服务食品安全示范区"，连续4年被评为"全国科技进步先进县(区)"。

★加快推进产业结构调整，转型发展迈出新步伐。项目建设全市领先，重点工程"六位一体"完成额和完成率综合排名全市第一，在市委、市政府重点工作观摩检查测评中全市第二。围绕打造区域性商贸物流中心，着力推进总投资193亿元的34个重点商贸物流项目建设。以晟皓光电、天煜煤层气、科威工业园等为代表的新型工业发展壮大，以司徒现代都市农业园、摩登大地农庄等为代表的城郊型农业加快发展。全区三次产业比重调整为0.5∶41.2∶58.3，产业结构更加优化。

★强力推进城镇化建设，城乡统筹取得新突破。西北片区改造全力启动，北石店新区建设步伐加快，城中村改造稳妥推进。新农村建设力度加大。在大力发展城郊型农业的基础上，新培育省市级"一村一品"专业村18个。大力实施农村清洁能源工程，圆满完成19个行政村亮化任务，农村水、电、气、暖等基础设施更加完善，城乡共建共享的格局初步形成。

★大力推进生态文明建设，城乡环境实现新变化。组织实施"两山两河一场"五大生态工程，白水河治理工程、苇匠生活垃圾填埋场封场整治工程全面开工建设，吴王山城郊森林公园当年规划设计、当年开工建设、当年初具规模。积极实施通道绿化、村庄绿化和景观绿化等生态工程，扎实开展城乡清洁工程，启动低碳城市试点，城乡环境面貌进一步改善。

喜临门生活港

吴王山森林公园

★深入实施“争先综改、竞逐中原”战略，改革开放焕发新气象。制定实施“十二五”后3年实施方案和2013年行动计划，转型综改区建设进入实质性推进阶段。西北片区改造和北石店镇“四化同步”两个市级转型综改试点取得明显进展。食品药品监管体制改革基本完成，行政审批制度改革、事业单位分类改革等稳步推进。持续加强招商引资，全年共签约项目26个，协议引资216.2亿元，外来资金到位97.3亿元。

★着力保障和改善民生，人民生活质量有新提高。全年各项民生支出9.2亿元，占公共财政预算支出的62%。9件为民实事基本完成，一批群众关注的热点难点问题得到有效解决。基本建立覆盖城乡的社会保障体系，被评为“全省城乡居民社会养老保险经办管理服务示范区”。企业离退休人员基本养老金实现“九连增”，城乡居民基础养老金发放标准居于全省前列。城镇职工和城镇居民医疗保险最高支付限额居全省第一。

（晋城城区政府办　供稿）

晟皓光电科技有限公司

汇邦SOHO现代城施工现场

司徒农业园

省长李小鹏实地调研开发区皇城相府中道能源科技工业园区

争先综改 竞逐中原

——晋城经济技术开发区

2013年，开发区抢抓山西综改试验区、中原经济区政策机遇，紧紧围绕市委“一争三快两率先”的战略部署，坚持“创新发展、跨越发展、和谐发展”的理念目标，全区经济社会发展取得显著成绩。

★发展环境上档升级。2013年，国务院批准晋城经济开发区升级为国家级经济技术开发区，在晋城开发区建设史上具有里程碑意义，为跨越发展带来了先机。开发区紧密结合实际，制定出台转型综改工作方案。组成课题组与省政府研究中心合作，深入中原经济区，开展产业链对接和项目合作课题研究，提出开发区“竞逐中原”战略研究报告。积极转变政府职能，缩短审批时限，提高审批效率，开发区15%的行政审批项目比省、市承诺办理时间缩短20%。

★经济发展态势良好。进一步确立转型升级理念，优化发展思路，创新发展举措，积极化解土地、资金、审批、环保等要素制约矛盾，千方百计营造有利企业发展的环境，开发区经济继续保持稳定较快增长的良好势头。2013年，

省委常委、宣传部长胡苏平在开发区晋氏文化丝麻创意产业园调研

全区规模以上工业增加值增长9.3%；公共财政预算收入3亿元；外贸出口2.03亿美元，增长17.6%；固定资产投资完成44.2亿元，增长36.3%；培植纳税超亿元企业3家，超千万元企业9家。综合实力在全省开发区中继续保持领先。

★招商引资成效显著。主动出击，择优选佳，鼓励高新，引进项目向多元转变，先后赴北京、天津、上海、台湾等地，与微软、富士康、中汽技术研究中心洽谈合作。全年签约项目12个，总投资248亿元，完成任务的148.5%，居全市第二。招商引资到位资金91.1亿元，完成目标的101.2%；落地项目总投资116.7亿元，完成目标的179.6%。

★项目建设再创佳绩。认真落实“六位一体”推进机制，强化督查检查，跟踪问责问效，重点工程项目强力推进。金匠东街基本通车，公租房建设基本完工，中道能源、金鼎煤机、富士康智能手机机构件等项目全部完成投资。开工项目总投资108.9亿元，完成目标的241.3%。在全省重点项目观摩活动中，3个观摩项目受到省、市领导的高度评价。

★组织建设取得新成效。在基层党组织创建中推行五星级管理、服务型党组织工作，建立了两支党员志愿服务队、21个党员服务中心(站、点)；实行“双报到”制度，主动亮明身份，14个社区共报到533名党员。服务群众常态化，党员服务零距离；在创新党建管理模式上，实行社区、非公企业网格化管理，将14个社区划分为57个网格，将569家非公企业全部录入网格化管理之中，党建工作做到既有形覆盖，又有效覆盖。

★党风廉政取得新进展。全面贯彻落实党风廉政建设责任制，认真开展“学党章、守纪律、转作风”专题教育月活动，开发区干部作风明显好转。严格按照中央“八项规定”办事，出台了《关于转变工作作风加强廉洁自律的十条规定》。农村党风廉政建设强化制度创新，社区建立了每月“民主日”制度，成立了社区财务监督小组、“三资管理中心”实行社区“居账委管”制，用制度管权管事管人，更加科学地防治腐败。